Langenscheidt
Fachwörterbücher

Langenscheidt
Routledge

Dictionary of
Business
Concise Edition
English

English – German
German – English

Third thoroughly revised and enlarged edition

by
Dipl.-Volkswirt Ludwig Merz

Langenscheidt

Berlin · München · Wien · Zürich · New York

Langenscheidt Routledge

Fachwörterbuch Kompakt Wirtschaft Englisch

Englisch – Deutsch
Deutsch – Englisch

Dritte, stark bearbeitete und erweiterte Auflage

von
Dipl.-Volkswirt Ludwig Merz

Langenscheidt

Berlin · München · Wien · Zürich · New York

Bibliografische Information Der Deutschen Nationalbibliothek
Die Deutsche Nationalbibliothek verzeichnet diese Publikation in der Deutschen Nationalbibliografie; detaillierte bibliografische Daten sind im Internet über http: // dnb.ddb.de abrufbar.

3., stark bearbeitete und erweiterte Auflage

gekürzte Ausgabe des Langenscheidt-Routledge Fachwörterbuchs *Wirtschaft, Handel & Finanzen* mit Genehmigung von Routledge Ltd. / Taylor & Francis Group, London
Satz: Hagedorn medien[design]
Druck: Graph. Betriebe Langenscheidt, Berchtesgaden / Obb.
Printed in Germany
ISBN 978-3-86117-297-0

1. 2. 3. 4. 5. | 12 11 10 09 08

Vorwort

Das Langenscheidt Routledge Fachwörterbuch Kompakt Wirtschaft Englisch erfuhr in der dritten Auflage in allen Teilen eine vollständige Überarbeitung. Alle Fachgebiete wurden aktualisiert und, teilweise erheblich, auf insgesamt 42.000 Einträge erweitert. Schwerpunkte waren hierbei u.a. der übergreifende Bereich Finanzierung-Bank-Börse-Rechnungslegung (von Basel II bis einschließlich der erst in jüngerer Zeit relevant gewordenen Finanzmarktkrisen-Terminologie), Arbeit und Soziales sowie das neue eigenständige Fachgebiet Bildung (mit Schwerpunkt Aus-, Fort- und Weiterbildung).

Viele Neueinträge, soweit sie weniger geläufigen Zusammenhängen entstammen, wurden wieder mit Zusatzinformationen (Erläuterungen, Definitionen, Verweisungen und Kurzkommentaren) zu fachlichen Zusammenhängen, Synonymen, Antonymen usw. versehen. Wir möchten so bei wenig verbreiteten oder in überraschenden Zusammenhängen auftauchenden Begriffen aus komplexen Fachgebieten Orientierung und Hilfestellung bieten. Einige Beispiele: ABCP, conduit, IFRS for SMEs, marginal worker, originate-to-distribute business model, regulatory procedure with scrutiny, REIT, secondary workers, SIV, Bürokratie-TÜV, Einelternfamilie, Entlassungsproduktivität, Normenkontrollrat, Produktivitätspeitsche...

Auch der Anhang wurde gründlich überarbeitet, aktualisiert und erweitert, darunter insbesondere die Berufsbezeichnungen in der Wirtschaft und die Wirtschaftsindizes und -indikatoren. Neu eingefügt wurden die zweisprachigen Tabellen Zahlungsbilanz und Mathematische Symbole mit vielen praktischen Beispielen zur englischen und deutschen Lesart.

Mit diesem Fachwörterbuch wenden wir uns an die Studenten und Dozenten in wirtschafts- und businessorientierten Kursen, in fachrelevanten Bachelor-Studiengängen an Hochschulen, Fachhochschulen und Akademien, an Fort- und Weiterbildungsinstitutionen von Kammern, Verbänden und Kommunen, aber nicht zuletzt auch an ökonomische Laien und alle fachsprachlich interessierten Praktiker aus Handel und Gewerbe.

Mein Dank geht an die Redaktion des Langenscheidt Fachverlags, insbesondere an Konstanze Ernst, die mich mit außergewöhnlichem Engagement und höchster fachlicher wie kommunikativer Kompetenz, manchmal mit Nachsicht, in allen Phasen der Bearbeitung zuverlässig betreut hat. Anregungen, auch kritische Hinweise zur Vervollkommnung des Fachwörterbuchs sind, wie immer, willkommen: Bitte senden Sie diese an den Langenscheidt Fachverlag, Postfach 40 11 20, 80711 München.

Saulheim, im April 2008 *Ludwig Merz*

Preface

This third edition of the Langenscheidt Routledge Concise Dictionary of Business English has been thoroughly revised. All the fields covered have been updated and expanded (in some cases substantially), raising the total number of entries to 42,000. Particular attention has been paid to the overarching realm of finance, banking, the stock market and accountancy (from the Basle II Accord to the credit crunch terminology so relevant in recent times), employment and social affairs, and education with a focus on training and further training (a new addition to the dictionary).

Once again, many new entries applying to somewhat unusual contexts feature additional clarification (including explanations, definitions, references, and brief comments on how they are used) as well as for instance synonyms and antonyms. Our aim is to provide guidance to the way terms which are uncommon or appear in surprising contexts and stem from complex fields are employed. Examples include ABCP, conduit, IFRS for SMEs, marginal worker, originate-to-distribute business model, regulatory procedure with scrutiny, REIT, secondary workers, SIV, Bürokratie-TÜV, Einelternfamilie, Entlassungsproduktivität, Normenkontrollrat and Produktivitätspeitsche...

The appendix has also been completely revised, updated and expanded, in particular the job descriptions used in business as well as economic indices and indicators. Two new elements in the appendix are the bilingual tables listing terminology connected to the balance of payments and also mathematical symbols, including many practical examples showing how they are to be read in English and German.

This dictionary is aimed at students and lecturers on economics and business courses, of relevant bachelor studies at colleges, universities and academies, and on further training programmes run by chambers, professional associations and local authorities, as well as other members of the business community requiring linguistic assistance and anyone else with an interest in economics.

I would like to thank the editorial team of Langenscheidt Fachverlag. In particular, I am indebted to Konstanze Ernst, who gave me such strong support throughout this project with her combination of extraordinarily hard work and high expertise and communicative skills – tempered on occasion with a degree of forbearance.

As usual, ideas and critical suggestions designed to improve the dictionary are welcome. They should be posted to Langenscheidt Fachverlag, Postfach 40 11 20, 80711 München, Germany.

Saulheim, April 2008 *Ludwig Merz*

Benutzungshinweise • Directions for use

1. Beispiele für die alphabetische Ordnung Examples of Alphabetization

ABC method
ABCC
abeyance / be in
ability
ability to pay
ability-to-pay principle
able • be able to meet the demands
able to pay
able to work
answer *v*
answer *v* for
answer • in answer to your letter
answerable
answerable for
answerable to
answering machine
answerphone
ante
ante meridiem
antedate
anti-employee
anti-fraud
anticipate

Eintrittsgeld
Einvernehmen kommen / zu einem
einvernehmlich
Erbschaftssteuer
Erbschaftssteuererklärung
Erbschafts- und Schenkungssteuer
Ereignis
Ereignis nach dem Bilanzstichtag
erleiden • einen Fehlschlag erleiden
Erliegen kommen / zum
erlöschen
Erlöschen
ermächtigen
Ermächtigung
Ermächtigungsschreiben
Ermangelung eines Gegenbeweises / in
ermäßigen
ermäßigte Steuer
ermäßigter Beitrag
ermäßigter Satz
Ermäßigung

2. Bedeutung der Zeichen • Meaning of symbols

/	forefront / at the = at the forefront Fehlschlag erleiden / einen = einen Fehlschlag erleiden
[ ]	opposing [dissenting] votes = opposing votes *or* dissenting votes innerbetriebliche Ausbildung [Schulung] = innerbetriebliche Ausbildung *oder* innerbetriebliche Schulung
( )	capacity utilization (rate) = capacity utilization *or* capacity utilization rate Dispo(sitions)kredit = Dispokredit *oder* Dispositionskredit
( )	Kursive Klammern enthalten Erklärungen. Italicized brackets contain explanations.
•	kennzeichnet Wendungen indicates phrases

In der Sprachrichtung Deutsch-Englisch werden die Schreibvarianten des amerikanischen und britischen Englisch nicht doppelt dargestellt, sofern sie sich verklammern lassen: z. B.: colo(u)r, fulfil(l)ment
In der Sprachrichtung Englisch-Deutsch wird von Schreibvarianten des amerikanischen Englisch auf die britisch-englische Schreibung verwiesen: z. B.: instalment *(BE) s.* installment

3. Abkürzungen • Abbreviations

adj	Adjektiv / adjective
adv	Adverb / adverb
AE	amerikanisches Englisch / American English
BE	britisches Englisch / British English
cf	vergleiche / compare with
Deu	Deutschland / Germany
e. g.	(exempli gratia) for instance
etw.	etwas
f	Femininum / feminine noun
jarg.	Jargon / jargon
jmd.	jemand
jmdm.	jemandem
jmdn.	jemanden
jmds.	jemandes
m	Maskulinum / masculine noun
n	Neutrum / neuter noun
obs.	veraltet / obsolete
pl	Plural / plural
s.	siehe / see
sb	somebody
sth	something
ugs.	umgangssprachlich / colloquial
v	Verb / verb
z. B.	zum Beispiel

Fachgebietskürzel • Subject-area labels

Admin	Verwaltung / Administration
Bank	Bankwesen / Banking
Bil	Bildung (Aus-, Fort- und Weiterbildung) / Education
Börse	Börse und Wertpapiere / Stock Market
Comp	Computer & Internet / Computer & Internet
Fin	Finanzierung / Financing
Frei	Freizeit & Tourismus / Leisure & Tourism
Gen	Allgemeine Geschäftssprache / General Commercial Language
Grund	Grundbesitz / Property
Imp / Exp	Import / Export / Import / Export
Ind	Industrie / Industry
Komm	Kommunikation / Communications
Media	Medien / Media
Mgt	Management / Management
Pat	Patentwesen / Patents
Pers	Personalführung / Human Resource Management
Pol	Politik / Politics
Recht	Recht / Law
RW	Rechnungswesen / Accounting
Soz	Soziale Sicherheit / Social Security
Stat	Statistik, Mathematik / Statistics, Mathematics
Steuer	Besteuerung / Taxation
Transp	Transport & Logistik / Transport & Logistics
Umwelt	Umwelt / Environment
V&M	Verkauf & Marketing / Sales & Marketing
Versich	Versicherungswesen / Insurance
WiWi	Wirtschaftswissenschaften (VWL + BWL) / Economics and Business Administration

Datenstruktur konform mit ISO ISO 1951(2007)

Internationale Normung ist weltweit akzeptiert und zielt auf eine Vereinheitlichung bei der Produkterstellung. Die ISO-Norm 1951(2007) garantiert eine weltweit anerkannte Darstellung der Wörterbuch-Einträge und bürgt für Qualität.

Das Werk entspricht der neuen deutschen Rechtschreibung (Stand 1.8.2006).

Englisch – Deutsch

A

A level *(Abk. für Advanced level; BE) (Soz) (Abschluss der Sekundarreife)* ≈ Abitur *n (Germany)*; ≈ Hochschulreife *f*, ≈ Matura *f (Austria, Switzerland)*; ≈ Maturitätsprüfung *f (Switzerland)*

a priori *adj (Gen)* a priori, grundsätzlich, von vornherein

a priori statement *(Gen)* Apriori-Aussage *f*

A-share *(BE) (Börse)* stimmrechtslose (Stamm-)Aktie *f*

A1 *adj (Gen)* erstklassig

AAGR *(Abk. für average annual growth rate) (Stat, WiWi)* durchschnittliche jährliche Wachstumsrate *f*

abandon *v* 1. *(Gen)* aufgeben, fallen lassen *(plan, project)*; verzichten auf *(right, claim)*; verlassen *(person, place)*; 2. *(Versich)* abandonnieren; 3. *(Recht)* aufgeben, überlassen, verzichten auf *(right)*; 4. *(Börse)* aufgeben *(option)*

abandon *v* **any claim** *(Recht)* jeglichen Anspruch fallen lassen

abandonment 1. *(Gen)* Verlassen *n*; 2. *(Pers)* Aufgabe *f*; 3. *(Transp, Versich)* Abandon *m*, Abandonnement *n*, Preisgabe *f* des Schiffs, Schiffsaufgabe *f (marine)*; 4. *(Recht)* Abandon *m*, Preisgabe *f*, Überlassung *f*, Verzicht *m (of a right)*; 5. *(RW)* Außerbetriebnahme *f (assets, Vermögensteile, insbesondere Anlagevermögen)*; Ausbuchung *f (taking an asset from the books)*; 6. *(Pat)* Aufgabe *f (of patent right)*

abandonment clause *(Versich)* Abandonerklärung *f*, Verzichtklausel *f*

abandonment of a position *(Pers)* Aufgabe *f* einer Stellung

abate *v* 1. *(Gen)* senken, ermäßigen *(tax, price)*; beheben *(nuisance)*; 2. *(Recht)* erlassen, herabsetzen, mindern *(sentence)*; einstellen *(writ, action)*

abatement 1. *(Gen)* Nachlassen *n*, Kürzung *f*, Ermäßigung *f (of tax)*; 2. *(Recht)* Minderung *f (of contract)*; Rabatt *m*, Nachlass *m (of price)*

abatement of taxes *(Steuer)* Steuernachlass *m*

abbreviated keyboard command *(Comp)* abgekürztes Tastaturkomando *n*, abgekürzter Tastaturbefehl *m*

abbreviation *(Gen)* Abkürzung *f*

ABC *(Abk. für analysis of benefits and costs) (WiWi)* KNA *f*, Kosten/Nutzen-Analyse *f*, Nutzen-Kosten-Analyse *f (synonymous: cost benefit analysis, CBA)*

ABC analysis *(Mgt, WiWi)* ABC-Analyse *f (Verfahren der Schwerpunktbildung, cf ABC method)*

ABC evaluation analysis *(Mgt, WiWi)* ABC-Analyse *f (Verfahren der Schwerpunktbildung, cf ABC method)*

ABC method *(Gen, Mgt)* ABC-Verfahren *n (inventory management according to the ABC inventory control system; Verfahren der Schwerpunktbildung, z. B. in der Material- und Lagerwirtschaft die Klassifizierung der Teile nach dem Mengen-Wert-Verhältnis: A-Teile = geringer mengenmäßiger und hoher wertmäßiger Anteil, C-Teile = hoher mengenmäßiger und geringer wertmäßiger Anteil, B-Teile dazwischen)*

ABCC *s.* Association of British Chambers of Commerce

ABCP *(Abk. für asset-backed commercial paper) (Bank, Fin)* forderungsbesichertes Commercial Paper *n*, forderungsgedecktes CP *n*, vermögensbesichertes Commercial Paper *n*, forderungsunterlegtes Commercial Paper *n*, ABCP *n*, *(ugs.)* ABCP-Papier *n (short-term debt instrument backed by a pool of assets provided by the issuer; the assets used as collateral include medium-term trade receivables, consumer debt receivables and structured debt instruments like CDOs = collateralized debt obligations = strukturierte, forderungsbesicherte Schuldverschreibungen, a form of finance where assets are specifically pledged in support of the loan -in contrast to normal bank lending- against cash flow, i. e. securitization with income-producing assets; Commercial Paper, besichert durch einen Forderungspool aus –im Gegensatz zu den ABS- heterogenen, teilweise komplex strukturierten Finanzinstrumenten mit häufig intransparenter Risikostruktur, einer Kombi-*

nation elementarer Anlageinstrumente mit Derivaten; Emission durch ABCP--Zweckgesellschaften = ABCP-Conduits oder SIVs = special investment vehicles = strukturierte Anlagevehikel)

ABCP conduit *(Abk. für asset-backed commercial paper conduit) (Bank, Fin)* ABCP-Zweckgesellschaft *f*, ABCP--Conduit *n (a financial intermediary like a special-purpose vehicle = SPV = Zweckgesellschaft or a special investment vehicle = SIV = strukturiertes Anlagevehikel, which funds the purchase of heterogenous medium-term assets like trade receivables = Handelsforderungen aus Warenlieferungen, consumer debt receivables = Verbraucherkreditforderungen and structured debt instruments through the issuance of ABS = asset-backed securities in the form of short-term asset-backed commercial paper = ABCP = vermögensbesichertes CP; Einzweckgesellschaft, die heterogene mittel- bis langfristige Forderungen, darunter hochrentierliche, komplex strukturierte Finanzinstrumente, ankauft und durch die damit besicherte Emission kurzfristiger Commercial Paper bei Inkaufnahme erhöhter Fristentransformations- und Bonitätsrisiken refinanziert nach dem Prinzip ‚aus kurz mach lang')*

ABCP program *(AE) (Bank, Fin) s.* ABCP programme

ABCP programme *(Abk. für BE asset--backed commercial paper programme) (Bank, Fin)* ABCP-Programm *n*, Asset--backed Commercial Paper-Programm *n*, Emissionsprogramm *n* für vermögensbesichertes CP, Geschäftsplan *m* zur Emission von forderungsunterlegter Commercial Paper *(issues of short--term asset-backed revolving paper, predominantly with an original maturity of under one year, typically of 270 days, backed by heterogenous medium-term assets like trade receivables, consumer debt receivables and structured debt instruments; Emissionsprogramm kurzfristiger, revolvierend begebener, forderungs- bzw. vermögensbesicherter Geldmarktpapiere, meist von besonderen banknahen Einzweckgesellschaften = special-purpose vehicles, wie ABCP-Conduits oder SIVs = structured investment vehicles = strukturierte Anlagevehikel zur Refinanzierung ihrer mittel- bis langfristigen, teilweise komplex verbrieften Aktiva begeben; das Fristentransformationsrisiko = maturity conversion risk ist besonders hoch, da die zugrunde liegenden, risikobehafteten Besicherungsaktiva meist auf mittel- bis längerfristigen Verträgen beruhen, z. B. auf Hypotheken-, Kredit- oder Leasingverträgen)*

abeyance/be in 1. *(Gen)* ruhen, in der Schwebe sein, schweben, zeitweilig außer Kraft sein *(law, rule)*; 2. *(Recht)* vorläufig unwirksam sein *(property)*

ability *(Gen)* Befähigung *f*, Fähigkeit *f*, Geschick *n*, Können *n*, Leistungsfähigkeit *f*

ability to pay 1. *(Bank, Fin, RW, WiWi)* Solvenz *f*, Zahlungsfähigkeit *f*, Zahlungspotenzial *n*; 2. *(Pers, Recht, Steuer)* Zahlungsfähigkeit *f*

ability-to-pay principle *(Steuer, WiWi)* Zahlungsfähigkeitsprinzip *n*, Leistungsfähigkeitsprinzip *n (principle of taxation)*

ability to work *(Pers, WiWi)* Arbeitsfähigkeit *f*, Erwerbsfähigkeit *f*

able *adj (Gen)* fähig • **be able to afford to buy sth** *(WiWi)* sich etw. leisten können • **be able to meet the demands** *(Gen)* den Anforderungen entsprechen

able *adj* **to pay** *(Gen)* solvent, zahlungsfähig

able *adj* **to work** *(Pers, WiWi)* arbeitsfähig, erwerbsfähig

abolish *v* 1. *(RW)* aufheben; 2. *(Gen, WiWi)* abbauen, abschaffen, aufheben, beseitigen; 3. *(Recht)* abschaffen

abolishment *(Gen, Recht, WiWi)* Abschaffung *f*, Aufhebung *f*

abolition *(WiWi)* Beseitigung *f (of job)*; Vernichtung *f*, Aufhebung *f*, Abschaffung *f (of trade control)*

abolition of tariffs *(WiWi)* Abschaffung *f* [Aufhebung *f*] von Zöllen

abolition of trade barriers *(WiWi)* Beseitigung *f* von Handelsschranken

abort *v (Gen)* abbrechen, scheitern lassen *(mission, trial, launch)*
about-face *(AE) (Gen, Pol)* Kehrtwendung *f*, Kehrtwende *f*, Schwenkung *f*
about-turn *(BE) (Gen, Pol)* Kehrtwendung *f*, Kehrtwende *f*, Schwenkung *f*
above *(Gen)* oberhalb • **as above** *(Komm)* wie oben, o.a.
above average *(Gen, WiWi)* überdurchschnittlich, über dem Durchschnitt
above-average growth *(WiWi)* überdurchschnittliches Wachstum *n*
above board *(Gen)* ehrlich *(action, deal)*; offen *(person)*
above par *(Börse, Fin)* über dem Nennwert, über pari
above the line 1. *(Fin, RW)* in den schwarzen Zahlen *(GuV)*; über dem Strich *(Bilanz, GuV)*; 2. *(Bank, Gen)* im Haben *(Kontostand)*
abridge *v* 1. *(Komm)* abkürzen *(contents)*; 2. *(Gen)* verkürzen
abroad *adv (Gen)* im Ausland • **from abroad** *(Gen)* ausländisch
abrogate *v (Admin, Recht)* aufheben *(contract)*
abrogation *(Admin, Recht)* Außerkraftsetzung *f*, Aufhebung *f (of Community Law)*
ABS *(Abk. für asset-backed securities) (Bank, Fin, RW)* Asset-Backed Securities *fpl*, ABS-Papiere *npl*, verbriefte (Kredit-)Forderungen *fpl*, aktivabesicherte Forderungen *fpl*, vermögensbesicherte Forderungen *fpl*, besicherte Wertpapiere *npl*, forderungsbesicherte Wertpapiere *npl*, verbriefte Zahlungsansprüche *mpl*; forderungsbesicherte Anleihen *fpl*, vermögensgesicherte Anleihen *fpl*, ABS-Anleihen *fpl (securities backed by a pool of homogenous unsecuritized assets assigned to a SPV = special-purpose vehicle and designed to service the investors' claims from the payment streams of that asset pool; ein Pool von –im Gegensatz zum ABCP- homogenen unverbrieften Forderungen wird zur Besicherung sowie zur Bedienung der ABS-Investoren aus den Zahlungsströmen dieser Vermögenswerte = assets auf eine Zweckgesellschaft = SPV übertragen, die sich über die Emission der ABS refinanziert)*
abscond *v (Recht)* sich entziehen *(debtor)*
absence 1. *(Gen)* Nichtvorhandensein *n (lack)*; Abwesenheit *f*, Fehlen *n*, Fernbleiben *n*, Nichterscheinen *n (being elsewhere)*; 2. *(Recht)* Nichterscheinen *n (nonappearance)*; Abwesenheit *f (non-presence)* • **in sb's absence** *(Gen)* in jmds. Abwesenheit • **in the absence of detailed information** *(Gen)* mangels genauer Informationen • **in the absence of evidence to the contrary** *(Recht)* mangels Beweises des Gegenteils, in Ermangelung eines Gegenbeweises
absence of a quorum *(Mgt)* Beschlussunfähigkeit *f*
absence of formal requirements *(Recht)* Formfreiheit *f*
absence of next of kin *(Recht)* erbenloser Nachlass *m*
absent *adj (Gen, Pers)* abwesend, fern, nicht zugegen • **be absent due to illness** *(Pers)* aus Krankheitsgründen abwesend sein
absentee rate *(Gen, Pers)* Abwesenheitsrate *f*
absolute *adj* 1. *(Gen)* absolut; 2. *(Recht)* rechtskräftig; endgültig *(verdict, decree)*; unbeschränkt *(power, authority)*; 3. *(Recht)* bedingungslos *(contract)*; endgültig *(court order, decree)*
absolute deviation *(Stat)* absolute Abweichung *f*
absolute limit *(Gen)* absolutes Limit *n*; äußerste Frist *f (within prescribed time limits)*
absolute liquidity ratio *(Fin, RW)* Barliquidität *f*, Kassaliquidität *f*, Liquidität *f* ersten Grades *(ratio of cash to current liabilities, der Quotient aus Zahlungsmitteln und kurzfristigen Verbindlichkeiten)*
absolute measure *(Stat)* dimensionslose Maßzahl *f* [Zahl *f*]
absolute monopoly *(WiWi)* reines Monopol *n*, vollkommenes Monopol *n*
absolute surplus value *(WiWi)* absoluter Mehrwert *m*
absolute term *(Stat)* Konstante *f*
absolute title *(Grund)* uneingeschränktes Eigentumsrecht *n*
absolute URL *(Comp, Komm)* absolute

Website-Adresse *f (e. g.: http://www.langenscheidt.de/katalog/wirtschaft_und_handel_26.html)*
absolutely unbiased estimator *(Stat)* stets erwartungstreue Schätzfunktion *f*
absorb *v* 1. *(RW)* absorbieren, verrechnen; 2. *(Gen, WiWi)* absorbieren *(purchasing power)*; abfangen, auffangen, übernehmen *(cost)*; aufnehmen, übernehmen *(business, company)*; eingliedern *(staff, management)*
absorb *v* **overheads** *(RW)* Gemeinkosten verrechnen
absorbed *(Fin, RW)* verrechnet *(cost accounting)*
absorbed basis *(RW)* Vollkostenbasis *f*
absorbing capacity *(Börse, WiWi)* Aufnahmefähigkeit *f (of security market)*
absorption 1. *(RW)* Verrechnung *f*; 2. *(WiWi)* Abschöpfung *f*, Absorption *f*, inländische Gesamtnachfrage *f*, Aufnahme *f*; 3. *(Fin)* Auflösung *f*, Übernahme *f*, Verrechnung *f*, Vollkostenrechnung *f (of a company)*; 4. *(Gen)* Absorption *f*, Aufnahme *f (of costs, profits, business)*; Bindung *f (of resources)*
absorption account *(RW)* Wertberichtigungskonto *n*
absorption approach *(WiWi)* Absorptionstheorie *f*
absorption costing *(RW)* Vollkostenrechnung *f (full absorption cost accounting; Umlegung aller Kosten auf die Kostenträger = units of output)*
absorption rate *(RW)* Gemeinkostenzuschlag *m*
absorptive capacity *(Gen, WiWi)* Aufnahmefähigkeit *f*, Absorptionskapazität *f (of market)*
abstain *v* 1. *(Gen)* sich enthalten; 2. *(Pol)* sich der Stimme enthalten *(from voting)*
abstract 1. *(WiWi)* Abstrakt *n*, Kurzfassung *f*, Zusammenfassung *f (summary)*; 2. *(Gen)* Auszug *m*, Kurzfassung *f (of document)*; 3. *(Recht)* Auszug *m*, Zusammenfassung *f (extract)*; 4. *(Stat)* Jahrbuch *n*; 5. *(Pat)* Auszug *m*, Übersicht *f*
abundance 1. *(WiWi)* Überfluss *m*; 2. *(Gen)* Ergiebigkeit *f*, Fülle *f*, Menge *f*
abuse *(Gen, Pat, WiWi)* Missbrauch *m*, missbräuchliche Ausnutzung *f*
abuse of a dominant position *(Pol, WiWi)* missbräuchliche Ausnutzung *f* einer beherrschenden Stellung, Missbrauch *m* einer marktbeherrschenden Stellung *(EU competition law)*
abuse of administrative authority *(Gen)* Amtsmissbrauch *m*
abuse of market power *(WiWi)* Marktmachtmissbrauch *m*
abuse of power *(Gen)* Machtmissbrauch *m*
abusive practice *(Pol, WiWi)* missbräuchliche Verhaltensweise *f*
a/c *s.* account
academic *(Bil)* Universitätslehrkraft *f (teacher or scholar in an institute of higher education)*
academic career *(Pers)* akademische Laufbahn *f*, Hochschullaufbahn *f*
academic labor market *(AE) s.* academic labour market
academic labour market *(BE) (Pers)* Arbeitsmarkt *m* für Lehrkräfte an Hochschulen und Universitäten *(nicht: Arbeitsmarkt für Akademiker)*
accede *v (Pol)* zustimmen
accede *v* **to** *(Pol)* beitreten
accede *v* **to a treaty** *(Pol)* sich einem Abkommen anschließen
accede *v* **to an office** *(Pol)* ein Amt antreten
accelerate *v* 1. *(Bank)* vorzeitig fällig stellen *(maturity)*; 2. *(Gen)* beschleunigen, forcieren, steigern; 3. *(Gen, WiWi)* sich beschleunigen, zunehmen *(growth, inflation)*
accelerated amortization *(Fin, RW)* beschleunigte Amortisation *f*, vorzeitige Tilgung *f*
accelerated depreciation *(Fin, RW)* beschleunigte, progressive Abschreibung *f*
accelerated growth *(WiWi)* beschleunigtes Wachstum *n*, forciertes Wirtschaftswachstum *n*
accelerating inflation *(WiWi)* zunehmende Inflation *f*
acceleration 1. *(WiWi)* Akzeleration *f*; 2. *(Gen)* Beschleunigung *f (in rate)*
acceleration of maturity *(Bank)* Vorverlegung *f* der Fälligkeit
acceleration principle *(WiWi)* Akzelerationsprinzip *n (investment hypothesis)*

accelerator 1. *(WiWi)* Akzelerator *m*; 2. *(Gen, Mgt)* Akzelerator *m*, Beschleuniger *m*, Accelerator *m (Berater oder beratende Unternehmen, die junge Unternehmen u. a. in Management-, Finanzierungs- und Marketingfragen zur Begrenzung von Start-up-Risiken beraten)*
accelerator-multiplier interaction *(WiWi)* kombinierte Akzelerator- und Multiplikatorwirkung *f*
accept *v* 1. *(Bank)* akzeptieren, annehmen *(bill, credit card)*; 2. *(Komm)* annehmen, entgegennehmen *(call)*; 3. *(Gen)* abnehmen, akzeptieren, anerkennen, übernehmen
accept *v* **a bill** *(Recht)* einen Wechsel akzeptieren
accept *v* **a tender** *(Gen)* den Zuschlag erteilen
accept *v* **liability** *(Gen)* Haftung anerkennen, Haftung übernehmen
acceptability *(Gen)* Annehmbarkeit *f*, Brauchbarkeit *f*, Tragbarkeit *f*
acceptable *adj* 1. *(Bank)* beleihbar, lombardfähig; 2. *(WiWi)* annehmbar; 3. *(Gen)* akzeptabel, annehmbar, tragbar
acceptable job offer *(Soz)* zumutbares Stellenangebot *n*
acceptance 1. *(Bank)* Akzept *n*, akzeptierter Wechsel *m (completed bill)*; 2. *(Gen)* Zuschlag *m (of bid, tender)*; Annahme *f (of contract, goods)*; Billigung *f*, Einwilligung *f (assent)*; Abnahme *f (goods)*; 3. *(Ind)* Annahme *f*; 4. *(Recht)* Annahme *f (of contract, goods)*; 5. *(Media)* Annahme *f (approval of product)*; Abnahme *f (of manuscript)*; 6. *(V&M)* Akzeptanz *f (of brand)*
acceptance as performance *(Recht)* Erfüllungsannahme *f*
acceptance bank *(Bank)* Akzeptbank *f*
acceptance bill *(Bank)* Dokumententratte *f*, zum Akzept vorgelegter Wechsel *m*
acceptance commitments *(Fin)* Akzeptverbindlichkeiten *fpl*
acceptance credit 1. *(Bank)* Akzeptkredit *m*; 2. *(Fin, Imp/Exp)* Akzept-Akkreditiv *n*, Wechselrembours *m*, Rembourskredit *m*
acceptance house *(Bank)* Diskontbank *f*, Akzepthaus *n*
acceptance liabilities *(Fin)* Akzeptverbindlichkeiten *fpl*
acceptance liability *(Bank)* Akzeptlinie *f*, Wechselobligo *n*
acceptance line *(AE) (Bank)* Akzeptlinie *f*, Akzeptkreditrahmen *m*
acceptance of lump sum settlement *(Fin, Pers)* Annahme *f* einer Abfindung
acceptance of proposal *(Gen)* Antragsannahme *f*
acceptance test *(V&M)* Markttest *m*, Pretest *m*
acceptance trial 1. *(Ind)* Abnahmeprüfung *f*; 2. *(V&M)* Abnahmetest *m*, Abnahmeprüfung *f*
acceptances outstanding 1. *(RW)* eigene Akzepte *npl*; 2. *(Fin)* Akzeptumlauf *m*
accepted *adj* 1. *(Bank, Comp)* akzeptiert; 2. *(Gen)* akzeptiert, mit Akzept versehen
accepted draft *(Bank)* akzeptierter Wechsel *m*
accepting *adj (Bank, Fin)* akzeptgebend, akzeptierend
accepting bank *(Bank, Fin)* akzeptgebende Bank *f*, akzeptierende Bank *f*
accepting house *(Bank, Fin)* Akzeptbank *n*, akzeptierende Bank *f*, Akzepthaus *n*
acceptor 1. *(Bank)* Akzeptant *m*, Bezogene(r) *f(m)*, Trassat *m (of bill)*; 2. *(Recht)* Akzeptant *m (of contract)*
access 1. *(WiWi)* Zugriff *m*, Zugriffsmöglichkeit *f*; 2. *(Gen)* Zutritt *m*, Zugang *m* • **access denied** *(Comp, Komm)* Zugriff verweigert, Zugriff abgelehnt • **give sb access to** *(Gen)* jmdm. Zutritt erteilen zu • **limit access** *(Pers)* Zugang beschränken
access charge *(Comp, Komm)* Zugangsgebühr *f*
access fee *(Comp, Komm)* Zugangsgebühr *f*
access right *(Recht)* Zugriffsberechtigung *f*
access rights *(Comp, Komm)* Zugriffsrechte *npl*
access to a scheme *(Soz)* Eintritt *m* in eine (arbeitsmarktpolitische) Maßnahme
access to employment *(Pers)* Zugang *m* zur Beschäftigung, Zugang *m* zum Erwerbsleben

access to the labor market *(AE) (Pers) s.* access to the labour market
access to the labour market *(BE) (Pers)* Zugang *m* zum Arbeitsmarkt
access to working life *(Pers)* Zugang *m* zum Erwerbsleben
accessibility *(Gen)* Zugriffsfähigkeit *f*, Zugriffsmöglichkeit *f (of information)*
accession 1. *(Fin)* Zuwachs *m*; 2. *(Gen)* Akzession *f*, Zustimmung *f*; Antritt *m (to office)*; Beitreten *n*, Beitritt *m (to treaty)*
accession criteria *(Pol, WiWi)* Beitrittskriterien *npl (EU)*
accession negotiations *(Pol)* Beitrittsverhandlungen *fpl (EU)*
accession to the EU *(WiWi)* EU-Beitritt *m*
accessories 1. *(Gen)* Nebenausgaben, Nebengebühren, Nebenkosten *pl*; 2. *(V&M)* Zubehör *n*
accessory *(Recht)* Komplize *m*, Komplizin *f*, Helfershelfer *m*, Mittäter(in) *m(f)*
accessory advertising *(V&M)* begleitende Werbeaktion *f*, Zusatzwerbung *f*
accessory charges *(Gen)* Nebenausgaben *fpl*, Nebengebühren *fpl*
accident *(Gen)* Unglück *n (air, rail)*; Unfall *m (on road, at home, work)*; Zufall *m (chance)*
accident at work *(Pers)* Unfall *m* am Arbeitsplatz, Arbeitsunfall *m*, Berufsunfall *m*
accident prevention *(Pers)* Unfallverhütung *f*
accidental *adj (Gen)* zufällig
accidental sampling *(WiWi)* stichprobenartige Untersuchung *f*, zufallsbedingtes Stichprobenverfahren *n*
accommodate *v* 1. *(Bank)* gewähren *(with loan)*; 2. *(Gen)* eine Gefälligkeit erweisen *(do a favour for)*; entgegenkommen *(oblige)* • **accommodate a loan** *(Bank, Fin)* einen Kredit einräumen, ein Darlehen gewähren
accommodating credit *(RW)* Überbrückungskredit *m*
accommodating items *(Imp/Exp, Stat, WiWi)* Restposten *mpl* der Zahlungsbilanz, Saldo *m* statistisch nicht aufgliederbarer Transaktionen
accommodating transactions *(WiWi)* Ausgleichstransaktionen *fpl*
accommodation 1. *(Fin)* kurzfristiges, ungesichertes Darlehen *n*, Überbrückungskredit *m*; 2. *(Gen)* Anpassung *f (adaptation, compromise)*; kurzfristiges Darlehen *n (financial)*; Entgegenkommen *n*, Gefälligkeit *f (obliging attitude)*
accommodation acceptance *(Gen)* Gefälligkeitsakzept *n*
accommodation draft *(Fin)* Gefälligkeitswechsel *m*
accommodation endorsement *(Fin, Gen)* Gefälligkeitsindossament *n*
accommodation loan *(Fin)* Überbrückungskredit *m*, kurzfristiges, ungesichertes Darlehen *n*, Gefälligkeitsdarlehen *n*
accommodation policy *(WiWi)* akkommodierende Politik *f*, unterstützende Politik *f*
accommodative policy *(Pol, WiWi)* akkommodierende, anpassende Geldpolitik *f* [Politik *f*] *(central bank)*
accompanying *adj (Gen)* begleitend
accompanying document *(Admin, Komm)* Begleitschein *m*, Begleitpapier *n*
accompanying letter *(Admin, Komm)* Begleitbrief *m*, Begleitschreiben *n*
accomplice *(Gen, Recht)* Komplize *m*, Komplizin *f*
accomplishment 1. *(Gen)* Ausführung *f*, Vollendung *f (of task)*; Realisierung *f (of objectives)*; 2. *(Pers)* Leistung *f (feat)*; 3. *(Recht)* Vollziehung *f*
accomplishment of goals *(Mgt, WiWi)* Zielrealisierung *f*
accordance *(Gen)* Übereinstimmung *f*, Gewährung *f* • **in accordance with** 1. *(Gen)* übereinstimmend mit, gemäß, im Einklang mit *(standard, regulation)*; 2. *(Recht)* in Übereinstimmung mit, gemäß • **in accordance with your instructions** *(Gen)* gemäß Ihren Anweisungen
accordance with/in 1. *(Gen)* übereinstimmend mit, gemäß, im Einklang mit *(standard, regulation)*; 2. *(Recht)* in Übereinstimmung mit
according to *(Gen, Recht)* gemäß, laut, nach, zufolge
according to international law *(Recht)* völkerrechtlich
account *v* **for** 1. *(Gen, Recht)* Rechenschaft ablegen; Rechenschaft ablegen über, sich verantworten für, verant-

wortlich sein für *(render an account)*; 2. *(Gen)* berücksichtigen; nachweisen, abrechnen *(expenses)*; bereinigen *(inflation)*

account *(a/c)* 1. *(RW)* Konto *n*, Kto. *(book-keeping)*; 2. *(Bank)* Bankkonto *n*, Konto *n*, Kto.; 3. *(Gen)* Rechnung *f*, *(obs.)* Faktura *f (bill, invoice)*; Etat *m*; Bericht *m*, Darstellung *f*, Wiedergabe *f (report)*; 4. *(Comp, Komm, Recht)* Zugangsberechtigung *f (network, mailbox)*; Benutzerkonto *n (user)*; 5. *(V&M)* Kunde *m (customer)*; Etat *m*, Konto *n*, Kto.; 6. *(Börse)* Abrechnungszeitraum *m* • **for the account of** *(Bank)* zugunsten von *(Banküberweisung)* • **no-account, n/a** *(Bank)* kein Konto • **on account, o/a** 1. *(Bank)* à Konto; 2. *(Gen)* gegen Kredit; auf Rechnung • **on account of** *(Gen)* wegen • **on account of payment** *(Recht)* zahlungshalber • **on no account** *(Gen)* auf keinen Fall • **query an account** *(Bank, Comp, Soz)* ein Konto abfragen *(from May 2005 financial and social security agencies have the right to detect accounts and gain an insight into master data of account holders; Einblicknahme der Finanz- und Sozialversicherungsbehörden in die Kontenstammdaten der Kunden deutscher Banken)*

account balance *(Bank, RW)* Kontostand *m*, Saldo *m*

account current *(Bank, Fin)* laufende Rechnung *f*, offene Rechnung *f*

account holder *(Bank)* Kontoinhaber(in) *m(f)*

account in balance *(RW)* ausgeglichenes Konto *n*

account management 1. *(Bank, RW)* Kontoführung *f*; 2. *(V&M)* Kundenbetreuung *f*, Kundengruppenmanagement *n*

account matching *(RW)* Kontenabstimmung *f*

account movement *(RW)* Kontobewegung *f*

account of assets and liabilities *(Recht)* Vermögensaufstellung *f*

account-only check *(AE) (Bank)* s. account-only cheque

account-only cheque *(BE) (Bank)* Verrechnungsscheck *m*

account query *(Bank, Comp)* Kontenabfrage *f*

account reconciliation *(RW)* Kontenabstimmung *f*

account rendered *(Admin, RW)* erteilte Rechnung *f*, ausgestellte Rechnung *f*

account retrieval procedure *(Bank, Comp, Soz)* Kontenabrufverfahren *n (synonymous: account screening; from May 2005 financial and social security agencies have the right to detect accounts and gain an insight into master data of account holders; das effiziente Ermitteln der und die Einblicknahme in die Kontenstammdaten der Kunden deutscher Banken durch die Finanz- und Sozialbehörden ohne Vorabinformation der Betroffenen)*

account statement *(Bank)* Kontoauszug *m (issued by bank)*

account turnover *(RW)* Kontoumsatz *m*

accountability *(Gen)* Rechenschaftspflicht *f*, Verantwortlichkeit *f*

accountable *adj* 1. *(RW)* buchungspflichtig, zu verbuchen *(transaction)*; rechenschaftspflichtig; 2. *(Admin, Pers)* weisungsgebunden; 3. *(Gen)* verantwortlich, haftbar; 4. *(Recht)* strafmündig

accountancy *(acc., accy)* 1. *(RW)* Rechnungswesen *n*, Kontenführung *f (als betriebliche Funktion neben Beschaffung, Produktion, Absatz usw.)*; Buchhaltung *f (als organisatorische Einheit, Abteilung)*; 2. *(Bil, Pers)* Buchführung *f (Ausbildungsfach und Tätigkeit des Buchhalters)*; 3. *(Gen)* Wirtschaftsprüfung *f*, *(BE)* Steuerberatung *f*

accountant *(Gen, Pers, RW)* Buchhalter(in) *m(f) (general)*; Steuerberater(in) *m(f)*, Wirtschaftsprüfer(in) *m(f)*, Rechnungsprüfer(in) *m(f) (for tax)*

accounting *(Admin, Pers, RW)* Buchführung *f*, Buchhaltung *f*, Rechnungswesen *n*; Rechnungslegung *f*, Bilanzierung *f*; Abrechnung *f*

accounting and reporting law *(Recht, RW)* Bilanzrichtliniengesetz *n (Germany)*

accounting balance of payments *(Imp/Exp, WiWi)* statistische Zahlungsbilanz *f*

accounting by functions *(Admin, RW)*

Abteilungserfolgsrechnung *f*, Grenzplankostenrechnung *f (direct costing)*
accounting clerk *(Admin, Pers, RW)* Buchhalter(in) *m(f)*
accounting concept *(AE) (RW)* Bilanzierungsgrundsatz *m*
accounting concepts *(RW, WiWi)* Bilanzierungsregeln *fpl*, Grundsätze *mpl* der Rechnungslegung
accounting conventions 1. *(Admin, RW)* Buchhaltungs- und Bilanzierungsrichtlinien *fpl*; 2. *(Bank, WiWi)* Bilanzierungsregeln *fpl (BOP)*; Grundsätze *mpl* der Rechnungslegung
accounting data *(RW)* Buchungsdaten *pl*, Buchungszahlen *fpl*
accounting date [day] *(RW)* Abrechnungstag *m*, Abrechnungsstichtag *m (synonymous: settlement day, account day)*; Bilanzstichtag *m (synonymous: balance sheet date)*
accounting department *(RW)* Buchhaltungsabteilung *f*, Buchhaltung *f*
accounting directive *(Recht, RW)* Bilanzrichtlinie *f*
accounting directives law *(Recht, RW)* Bilanzrichtliniengesetz *n*
accounting entry *(RW)* Buchung *f*
accounting error *(RW)* Buchungsfehler *m*
accounting event *(RW)* Buchungsvorfall *m*
accounting exchange on the assets side *(RW)* Aktivtausch *m*
accounting for inflation *(WiWi)* Inflationsbereinigung *f*
accounting fraud *(RW)* Bilanzdelikt *n*
accounting income *(RW)* Periodengewinn oder -verlust *m (net profit)*; Periodeneinkommen *n (revenue)*
accounting information *(RW)* Buchungsdaten *pl*
accounting papers *(RW)* Urbelege *mpl*
accounting par value (of shares) *(Fin, RW)* rechnerischer Wert *m* (von Aktien oder Anteilen)
accounting period 1. *(RW)* Rechnungsjahr *n*; 2. *(Fin)* Bilanzierungsperiode *f*; 3. *(Börse)* Abrechnungsperiode *f*, Börsenhandelsperiode *f*
accounting plan *(RW)* Bilanzgliederung *f*, Kontenplan *m*
accounting policy *(RW)* Bilanzierungs- und Bewertungsverfahren *n*
accounting practices *(Bank, RW, WiWi)* Bilanzierungspraktiken *fpl*
accounting price 1. *(Gen)* innerbetrieblicher Verrechnungspreis *m*, Verrechnungspreis *m (synonymous: transfer price)*; 2. *(WiWi)* Schattenpreis *m*
accounting principles *(RW)* Bilanzierungsgrundsätze *mpl*, Buchführungsgrundsätze *mpl*
accounting profit *(RW)* Buchgewinn *m*, rechnerischer Gewinn *m*
accounting rate of return *(Fin, RW)* Rendite *f (of a financial instrument without reference to maturity)*
accounting ratio *(Fin, RW, WiWi)* finanzwirtschaftliche Kennzahl *f*
accounting records *(RW)* Buchführungsunterlagen *fpl*, Geschäftsbücher *npl*
accounting return *(RW)* rechnerische Rendite *f*
accounting rules *(RW)* Bilanzierungsgrundsätze *mpl*, Buchführungsgrundsätze *mpl*
accounting standards *(RW)* Rechnungslegungsgrundsätze *mpl*
accounting value *(RW)* Buchwert *m*
accounting year 1. *(RW)* Abrechnungsperiode *f*, Rechnungsjahr *n*; 2. *(Fin)* Bilanzjahr *n*; 3. *(Steuer)* Geschäftsjahr *n*, Wirtschaftsjahr *n*
accounts *(Bank, RW)* Konten *npl*; Jahresabschluss *m*, Abschluss *m (annual balance sheet, income statement, notes, annual report and audit report; Jahresbilanz, Gewinn- und Verlustrechnung und, u. a. bei Kapitalgesellschaften, Anhang, Lagebericht sowie Prüfungsbericht)*; Geschäftsbücher *npl*
accounts appraisal *(RW)* Abschlussbewertung *f*
accounts certification *(RW)* Bestätigungsvermerk *m*
accounts department *(Admin, RW)* Buchhaltung *f*, Buchhaltungsabteilung *f*
accounts payable *(A/P) (RW)* Kreditoren *mpl*, Verbindlichkeiten *fpl* (aus Lieferungen und Leistungen); *(ugs.)* offene Rechnungen *fpl*
accounts receivable *(A/R) (RW)* Außen-

stände *mpl*, Forderungen *fpl* (aus Lieferungen und Leistungen), Debitoren *mpl*

accounts receivable account *(RW)* Debitorenkonto *n*

accounts receivable financing *(AE) (Fin, RW)* Finanzierung *f* durch (Voraus-) Forderungsabtretung, Factoring *n*

accounts receivable ledger *(RW)* Debitorenbuch *n*, Kundenbuch *n*

accounts receivable turnover *(Fin)* Debitorenumschlag *m*, Debitorenlaufzeit *f*, Umschlagshäufigkeit *f* der Forderungen

accredit *v (Gen)* bestätigen, zulassen, akkreditieren

accredited *adj (V&M)* akkreditiert, anerkannt, bevollmächtigt

accrual 1. *(RW)* Abgrenzung *f*, Rechnungsabgrenzung *f*; Abgrenzungsposten *m*; 2. *(Gen)* Anfallen *n*, Auflaufen *n*, Ansammlung *f*, Zuwachs *m*, Zuwachsen *n*

accrual accounting *(RW)* Prinzip *n* der Periodenabgrenzung, periodengerechte Abgrenzung *f*

accrual basis (concept) *(RW)* Periodenabgrenzung *f*, Periodenabgrenzungsprinzip *n*, periodengerechte Aufwands- und Ertragsrechnung *f*, Grundsatz *m* periodengerechter Zuordnung

accrual concept *(RW)* Grundsatz *m* der Periodenabgrenzung, Periodenabgrenzung *f*

accrual of income *(Fin, RW)* zufließende Erträge *mpl*

accrual of interest *(Bank, RW)* Auflaufen *n* von Zinsen

accrual principle *(RW)* Grundsatz *m* der Periodenabgrenzung, Grundsatz *m* periodengerechter Zuordnung, Periodenabgrenzung *f*

accruals *(RW)* antizipative Aktiva *pl*, Rechnungsabgrenzung *f*, antizipative Posten *mpl*; Rückstellungen *fpl (IAS 37; synonymous: accrued liabilities)*

accruals accounting *(RW)* Periodenabgrenzung *f*

accruals entries *(RW)* Abgrenzungsbuchungen *fpl*

accrue *v* 1. *(RW)* auflaufen, rückstellen, passivieren; abgrenzen, entstehen; 2. *(Bank, Fin)* anhäufen, auflaufen, entstehen, anfallen, bilden

accrue *v* **a reserve** *(RW, Steuer)* eine Rückstellung bilden

accrue *v* **interest** *(Bank)* Zinsen auflaufen lassen

accrued *adj (RW)* antizipativ abgegrenzt, rückgestellt, entstanden; aufgelaufen *(interest, Zinsen)*

accrued asset *(RW)* antizipativer Aktivposten *m*, sonstige Forderung *f*

accrued assets *(RW)* antizipative Aktiva *npl*

accrued charges *(RW)* antizipative Passiva *pl*

accrued compound interest *(Bank)* aufgelaufene Zinseszinsen *mpl*

accrued expenses *(RW)* antizipative Passiva *npl*, passive Rechnungsabgrenzungsposten *mpl*; sonstige Verbindlichkeiten *fpl*

accrued interest 1. *(Fin)* aufgelaufene Zinsen *mpl*, fällige Zinsen *mpl*; 2. *(Börse)* Stückzinsen *mpl*

accrued liabilities *(RW)* Rückstellungen *fpl (IAS 37)*; passive Rechnungsabgrenzungsposten *mpl*

accrued revenue *(RW)* antizipative Aktiva *npl*, aktive Rechnungsabgrenzungsposten *mpl*

accumulate *v* 1. *(WiWi)* akkumulieren; 2. *(Fin)* anhäufen, kumulieren; 3. *(Gen)* akkumulieren, anhäufen; thesaurieren *(profit)*; 4. *(Börse, Steuer, Versich)* kumulieren; 5. *(Gen)* auflaufen

accumulated depreciation *(RW)* akkumulierte Abschreibung *f (systematic depreciation)*; Sonderabschreibung *f*, Wertberichtigungen *fpl* auf das Sachanlagevermögen *(special write-down)*

accumulated profits *(RW)* Gewinnvortrag *m*, Bilanzgewinn *m (on balance sheet)*

accumulated stock of debt *(Bank)* kumulierter Schuldenstand *m (ECB)*

accumulated surplus *(RW)* aufgelaufener Gewinn *m*, Gewinnvortrag *m*

accumulation 1. *(WiWi)* Akkumulation *f*; 2. *(Fin)* Aufzinsung *f*, Kumulierung *f*; 3. *(Gen)* Ansammlung *f*, Bildung *f (of capital, wealth, interest)*; 4. *(Börse, Steuer)* Kumulierung *f*

accumulation factor *(Stat)* Aufzinsungsfaktor *m*
accumulation of capital *(Fin, WiWi)* Kapitalbildung *f*, Substanzbildung *f*
accumulation of surpluses *(WiWi)* Überschussbildung *f*
accuracy 1. *(RW)* Genauigkeit *f (of figures)*; Bilanzwahrheit *f (of balance sheet figures)*; 2. *(Gen)* Richtigkeit *f (of figures, data, judgment)*; Genauigkeit *f*, Korrektheit *f (of report, document, aim)*
accurate *adj (Gen)* exakt, genau *(description, figures, estimate)*; richtig, zutreffend *(judgment)*; einwandfrei, korrekt *(report, aim)*
accuse *v (Recht)* beschuldigen, anklagen
achievement of objectives *(Mgt, WiWi)* Zielerreichung *f*
achievement-oriented *(Pers)* leistungsorientiert; zielorientiert
achievement-oriented society *(Pers)* Leistungsgesellschaft *f*
acid (test) ratio *(Fin, RW)* Liquidität *f* zweiten Grades *(liquidity ratio; synonymous: quick ratio, liquid ratio; relation of current assets minus stock to current liabilities = Umlaufvermögen minus Vorräte dividiert durch kurzfristige Verbindlichkeiten)*
acknowledge *v* 1. *(Comp, Komm)* bestätigen *(message, order)*; 2. *(Gen)* anerkennen; eingestehen, zugeben *(mistake)*; quittieren *(letter)*; abzeichnen *(with initials)*; 3. *(Recht)* notariell beurkunden; bestätigen, notariell beglaubigen *(debt, authority, right)*
acknowledgement 1. *(Bank)* Anerkenntnis *n*; 2. *(Komm)* Bestätigung *f*, Gegenzeichnung *f*, Abzeichnung *f*, Empfangsbestätigung *f*; Anerkenntnis *f*, Bestätigung *f (of signature, initials on document)*; 3. *(Gen)* Empfangsbestätigung *f*, Anerkennung *f (of payment)*; Zugeständnis *n*, Eingeständnis *n (of mistake)*; Quittung *f (proof of payment)*; 4. *(Recht)* Anerkenntnis *n*, Beurkundung *f*
acknowledgement by a notary *(Recht)* notarielle Beglaubigung *f*, notarielle Beurkundung *f*
acknowledgement of debt 1. *(Bank, Fin, Gen)* Schuldanerkenntnis *f*; 2. *(Recht)* Anerkenntnis *n*
acknowledgement of order *(Gen)* Auftragsbestätigung *f*
acknowledgement of receipt 1. *(Komm)* Empfangsbestätigung *f*; 2. *(Gen)* Annahmebestätigung *f*
acquire *v* 1. *(RW)* anschaffen, sich aneignen, aufkaufen, erwerben, erlangen; 2. *(Fin)* erwerben *(reputation)*; 3. *(Börse)* erwerben *(option)*
acquire *v* **an interest in sth** *(Gen)* einen Anteil an etw. erwerben, eine Beteiligung an etw. erwerben, sich an etw. beteiligen
acquired company *(Fin, RW, WiWi)* übernommene Gesellschaft *f*
acquired goodwill *(RW)* (entgeltlich) erworbener Firmenwert *m*, derivativer Firmenwert *m*, derivativer Geschäftswert *m*, derivativer Goodwill *m (must be included under assets - steuerrechtlich aktivierungspflichtig - according to German tax law; opposite: self-generated goodwill = originärer oder selbst geschaffener Firmen- oder Geschäftswert)*
acquired rights *(Gen)* Besitzstand *m (vested rights)*
acquiring company *(Gen)* erwerbende Gesellschaft *f*, übernehmende Gesellschaft *f*
acquis communautaire *(Pol)* EU-Rechtsbestand *m*, gemeinschaftlicher Besitzstand *m*, Acquis Communautaire *m*
acquisition 1. *(RW)* übernommene Gesellschaft *f*, Akquisition *f*, Aufkauf *m*, Übernahme *f (a subsidiary acquired by takeover)*; 2. *(Bank)* Übernahme *f*; 3. *(WiWi)* Akquisition *f (a subsidiary acquired by takeover)*; Aufkauf *m*, übernommene Gesellschaft *f (of company)*; Erwerb *m*, Übernahme *f (of goods)*; 4. *(Fin)* Erwerb *m*, Aufkauf *m*, übernommene Gesellschaft *f*, Akquisition *f (a subsidiary acquired by takeover)*; 5. *(Gen)* Ankauf *m*, Erwerb *(of goods)*; Übernahme *f (of company)*
acquisition accounting *(RW)* Übertragungsbilanz *f*; Anschaffungswertprinzip *n (method of consolidation)*
acquisition costs *(Gen, Versich)* Akquisitionskosten *pl*; Einstandskosten *pl*, Einstandspreis *m*, Anschaffungskosten *pl*

acquisition of a holding *(Fin, RW)* Erwerb *m* einer Beteiligung
acquisition of assets 1. *(RW)* Übernahme *f* von Unternehmensteilen, Übernahme *f* eines Unternehmens; 2. *(Gen, Pol)* Eigentumsbildung *f*
acquisition of control *(Gen, Mgt)* Kontrollerwerb *m (beim Beteiligungs- oder Unternehmenskauf)*
acquisition of participations *(Fin)* Beteiligungserwerb *m*
acquisition policy *(Börse)* Übernahmepolitik *f*
acquisition value *(Gen, Recht, RW)* Anschaffungswert *m*; Einstandskosten *pl*, Einstandspreis *m*
acquit *v* 1. *(RW)* tilgen; 2. *(Fin)* abtragen, tilgen *(debt, duty)*; 3. *(Recht)* freisprechen *(accused)*
acquittal *(Recht)* Befreiung *f* von Verbindlichkeiten *(for debt)*; Freispruch *m (of accused)*
acquittance *(Recht)* Quittung *f (proof of payment)*
acronym *(Comp, Komm)* Akronym *n*, Kürzel *n*
across-the-board *adj (Gen)* allgemein, generell, pauschal
across-the-board price increase *(Gen, WiWi)* Preisanstieg *f* auf breiter Ebene, Preisanstieg *f* auf breiter Front, genereller Preisanstieg *f*, allgemeiner Preisanstieg *f*
act *v (Gen)* agieren, funktionieren, handeln, tätig sein, tätig werden, wirken
act *v* **in good faith** *(Recht)* in gutem Glauben handeln
act *v* **on sb's behalf** *(Recht)* im Namen von jmdm. handeln, im Auftrag von jmdm. handeln *(on behalf of particular person)*; im Auftrag Dritter handeln, in fremdem Namen handeln *(on behalf of unspecified person)*
act 1. *(Gen)* Akt *m*, Handlung *f (deed)*; 2. *(Recht)* Gesetz *n*, *(action of a person statute)* Handlung *f*; 3. *(Pol)* Akte *f*, Beschluss *m*
act of acknowledgement *(Recht)* Beurkundung *f*
act of God *(Recht)* höhere Gewalt *f*
acting *adj (Gen)* amtierend, geschäftsführend, stellvertretend
acting director *(Mgt)* amtierender Direktor *m*, amtierende Direktorin *f*, geschäftsführender Direktor *m*, geschäftsführende Direktorin *f*, GD
action 1. *(Recht)* Klage *f*, Verfahren *n*; 2. *(WiWi)* Aktion *f*, Handlung *f*; 3. *(Gen)* Handlung *f*, Tat *f*, Tätigkeit *f*, Tätigwerden *n*, Vorgehen *n* • **out of action** *(Gen)* außer Betrieb • **take legal action** *(Recht)* gerichtlich vorgehen
action based on liability *(Recht)* Haftungsklage *f*
action for damages *(Recht, Versich)* Schaden(s)ersatzklage *f*
action for payment *(Recht)* Zahlungsklage *f (Klage auf Zahlung einer Summe; anders: Klage auf Herausgabe beweglicher Sachen)*
action-oriented *adj (Gen)* handlungsorientiert
action scope *(Mgt, WiWi)* Handlungsspielraum *m*
activate *v* 1. *(Ind)* in Betrieb setzen *(mechanism)*; 2. *(Mgt)* in Kraft setzen, aktivieren *(contingency plan, procedure)*
activation charge *(Komm)* Aktivierungsgebühr *f*
activation fee *(Komm)* Aktivierungsgebühr *f*
active *adj* 1. *(RW)* ausstehend *(debt)*; 2. *(Fin)* aktiv, lebhaft, arbeitend *(capital, assets)*; 3. *(Gen)* arbeitend, aktiv, tätig *(person)*; 4. *(Mgt)* aktiv, geschäftsführend; 5. *(V&M)* lebhaft *(market)*; 6. *(Börse)* gängig, lebhaft *(market)*; lebhaft gehandelt *(securities)*; 7. *(Steuer)* aktiv
active balance of payments *(Fin, WiWi)* aktive Zahlungsbilanz *f*
active circulation of bank notes *(WiWi)* Banknotenumlauf *m*
active dealings *(Börse)* lebhafte Umsätze *mpl*, lebhafter Handel *m*
active employment policy *(Pers)* aktive Arbeitsmarktpolitik *f*
active population *(Pers)* Erwerbstätige *mpl*
active share *(Börse)* gängige Aktie *f*
active trade balance *(Imp/Exp, WiWi)* aktive Handelsbilanz *f*
actively traded *adj (Börse)* lebhaft gehandelt
activity 1. *(Bank)* Kontoumsatz *m (account)*; 2. *(WiWi)* Beschäftigung *f*; 3.

(Fin) Aktivität *f*; 4. *(Pers)* Beschäftigung *f*; 5. *(Gen)* Tätigkeit *f*; Aufgabengebiet *n* *(duties)*; 6. *(Börse)* Umsatz *m*

activity accounting *(WiWi)* Abteilungserfolgsrechnung *f*, Kostenrechnung nach Verantwortungsbereichen, Kostenrechnung nach Aufgabenbereichen; Grenzplankostenrechnung *f*, Deckungsbeitragsrechnung *f*, Teilkostenrechnung *f (direct costing; opposite: full costing = Vollkostenrechnung)*

activity classification *(RW)* Kostenstellengliederung *f*

activity element *(RW)* Kostenstelle *f*

activity level *(Admin, RW, WiWi)* Beschäftigungsgrad *m*, Prozessniveau *n*

activity rate *(WiWi)* Erwerbsquote *f*; Beschäftigungsgrad *m (VWL)*

activity ratio *(RW)* Beschäftigungsgrad *m (Plankostenrechnung: Verhältnis von Ist-Bezugsgröße zu Plan-Bezugsgröße; anders: VWL und BWL)*

activity report *(Gen)* Tätigkeitsbericht *m*

actual *adj* 1. *(Fin)* aktiv, aktuell; 2. *(Gen)* effektiv, real, tatsächlich, echt, gegenwärtig, Ist…

actual amount 1. *(Bank, RW)* Ist-Bestand *m*, Effektiv-Bestand *m*, Ist-Betrag *m*, Istbetrag *m*, Istwert *m*; 2. *(Fin)* ausmachender Betrag *m*

actual balance *(Bank, RW)* Ist-Bestand *m*, Ist-Betrag *m*, Kontostand *m (outlay, expenditure)*

actual cash value *(a.c.v.)* 1. *(Gen)* effektiver Barwert *m*; Sollwert *m*; angemessener Marktwert *m*, fairer Marktpreis *m (synonymous: fair market value; the amount of money, less depreciation, that it would cost to replace something damaged beyond repair with a comparable item)*; 2. *(Fin, WiWi)* Kapitalwert *m*; Zeitwert *m*, Marktwert *m (value of an investment calculated as the sum of its initial cost and the present value of expected future cash flows; Summe der einer Investition zurechenbaren und auf einen definierten Zeitpunkt zum Kalkulationszinssatz diskontierten Nettorückflüsse, einschließlich Anschaffungsauszahlung und Liquidationserlös)*

actual cost *(RW)* Istkosten *pl*, Ist-Kosten *pl*, pagatorische Kosten *pl*, tatsächliche Kosten *pl (synonymous: outlay cost; opposite: implicit cost = kalkulatorische Kosten, opportunity cost = Opportunitätskosten)*

actual cost system *(RW)* Istkostenrechnung *f (synonymous: actual cost accounting)*

actual earnings *(Pers, RW)* Effektivlohn *m*, Effektivverdienst *m*

actual hourly earnings *(Pers)* tatsächliche Stundenverdienste *mpl*

actual inventory *(AE) (Gen)* Istbestand *m*

actual level of unemployment *(WiWi)* tatsächliche Arbeitslosigkeit *f*

actual loss *(Fin)* effektiver Verlust *m*

actual man-hours *(Pers)* Ist-Stunden *fpl*

actual output *(Ind)* Ist-Beschäftigung *f*, Ist-Leistung *f*, Ist-Ausbringung *f*

actual price 1. *(RW)* Marktpreis *m*; 2. *(WiWi)* Marktpreis *m*; 3. *(Börse)* Tageskurs *m*, Tagespreis *m*

actual receipts *(Gen)* Isteinnahmen *fpl*

actual value *(Bank, RW)* Istwert *m*, effektiver Wert *m*

actual versus target comparison *(Gen, WiWi)* Soll-Ist-Vergleich *m*

actual wage *(Pers, RW, WiWi)* Effektivlohn *m*, Reallohn *m*

actualize *v (Fin, Gen)* aktualisieren

actuarial *adj (Stat, Versich)* versicherungsmathematisch

a.c.v. *(Abk. für actual cash value)* 1. *(Gen, RW)* effektiver Barwert *m*; Sollwert *m*; angemessener Marktwert *m*, fairer Marktpreis *m (synonymous: fair market value; the amount of money, less depreciation, that it would cost to replace something damaged beyond repair with a comparable item)*; 2. *(Fin, WiWi)* Barwert *m*; Zeitwert *m (value of an investment calculated as the sum of its initial cost and the present value of expected future cash flows; Summe der einer Investition zurechenbaren und auf einen definierten Zeitpunkt zum Kalkulationszinssatz diskontierten Nettorückflüsse, einschließlich Anschaffungsauszahlung und Liquidationserlös)*

ad 1. *(Gen)* Werbung *f*; 2. *(Media, V&M)* Annonce *f*, Anzeige *f*, Inserat *n (in print)*; Werbespot *m (television, radio)*

ad hoc *(Gen)* ad hoc, fallweise

ad hoc announcement *(Börse, Mgt)* Ad--hoc-Meldung *f*, Ad-hoc-Mitteilung *f*, Börsen(pflicht)mitteilung *f*, Börsen--Pflichtmeldung *f*
ad hoc decision *(Gen, Pol, WiWi)* Ad--hoc-Entscheidung *f (z. B. geldpolitische Entscheidung)*
ad valorem (customs) duty *(Imp/Exp, Steuer)* Wertzoll *m*, ad valorem Zoll *m*
ad valorem tax *(Fin, Imp/Exp, Steuer, WiWi)* Wertsteuer *f*
adaptability *(Gen)* Anpassungsfähigkeit *f*, Verwendungsfähigkeit *f (of product, machine, system)*
adaptive expectations *(WiWi)* adaptive Erwartungen *fpl*
add *v* 1. *(Gen)* anfügen, beifügen; 2. *(Stat)* hinzufügen *(points)*; addieren, aufsummieren, hinzurechnen, zusammenzählen *(column, figures)*
add *v* **up** 1. *(RW, Stat)* aufsummieren, zusammenrechnen *(bill, column of figures)*; zusammenzählen *(sum total)*; addieren *(figures, results)*; 2. *(RW, Stat)* aufgehen, stimmen *(figures, results)*
add *v* **up to** *(Gen)* betragen, sich belaufen auf
add-carry *(Comp, Gen)* Additionsübertrag *m*
add-on 1. *(RW)* Zusatz *m*; 2. *(Bank)* Zuschlag *m*; 3. *(Gen)* Ergänzung *f*; 4. *(Mgt)* Zusatz *m*
add-on costs *(Admin, RW)* Lohnnebenkosten *pl*, Personalnebenkosten *pl*, Personalzusatzkosten *pl*, Zusatzkosten *pl*
add-on method *(Fin)* Aufzinsungsmethode *f*
add-on sales *(AE) (V&M)* Anschlussaufträge *mpl (market research)*
added value *(Gen, WiWi)* Wertschöpfung *f*, Mehrwert *m*
addition 1. *(RW)* Anlagenzugang *m (new asset)*; Zugang *m (to fixed assets)*; 2. *(Gen)* Addition *f*, Beigabe *f*, Ergänzung *f*, Hinzufügung *f*, Vergrößerung *f*, Zuwachs *m*; 3. *(Versich)* Zuschlag *m*; 4. *(Media)* Einfügung *f*, Hinzufügung *f (text amendment)*
addition of fixed asset units *(RW)* Anlagenzugänge *mpl*
additional capital *(Bank, Fin)* Ergänzungskapital *n*
additional charge 1. *(RW)* Zusatzgebühr *f*, Zuschlag *m*; 2. *(Komm)* Nachgebühr *f*
additional conditions *(Gen)* Zusatzbedingungen *fpl*
additional cover *(Börse)* Nachschussforderung *f (synonymous: margin call)*
additional demand *(Pers, WiWi)* Zusatzbedarf *m*, Zusatznachfrage *f*
additional income *(Gen)* Zusatzeinkünfte *fpl*, Nebeneinkünfte *fpl*, Nebeneinnahmen *fpl*
additional interest *(Bank, RW)* Zinszuschlag *m*
additional margin *(Börse)* zusätzlicher Einschuss *m*
additional need *(Pers, WiWi)* Zusatzbedarf *m*, Zusatznachfrage *f*
additional pay *(Pers)* Prämie *f*
additional purchase *(Börse, Gen)* Zukauf *m*
additional respite *(Recht)* Nachfrist *f (trade contracts)*
additional terms *(Recht)* Zusätze *mpl (contracts)*
additions *(RW)* Zugänge *mpl*
additive *(Gen)* Zusatz *m*
address *v* 1. *(Komm)* adressieren *(parcel, envelope)*; 2. *(Gen)* anreden, ansprechen *(person)*; angehen *(problem)*; 3. *(Recht)* richten an *(directive, complaint)* • **address your complaints to** *(Gen)* richten Sie Ihre Beschwerden an
address *(Komm)* Adresse *f*, Anschrift *f (of person, company, building)*; Ansprache *f*, Rede *f (talk, speech)*; Aufschrift *f*
address label *(Komm)* Adressaufkleber *m*, Adressetikett *n*
addressee *(Komm)* Adressat(in) *m(f)*, Empfänger(in) *m(f)* • **to addressee only** *(Komm)* eigenhändig
adequacy of own funds *(Bank, WiWi)* Eigenmitteldeckung *f*
adequate *adj* 1. *(RW)* angemessen; 2. *(WiWi)* hinreichend; 3. *(Fin)* ausreichend; 4. *(Gen)* adäquat, angemessen, auskömmlich, ausreichend *(explanation, funds, report, supply, technique)*
adequate care *(Recht)* ausreichende Sorgfalt *f*
adequate sample *(Stat)* repräsentative Stichprobe *f*
adequate target rate *(Fin)* Kalkulationszinsfuß *m*, interner Zinsfuß *m*, Renta-

bilitätsziel *n (profit)*; angestrebte Kapitalverzinsung *f (rate of interest)*

adequately funded *adj (Fin, RW)* fristenkongruent, fristgerecht finanziert

adhere *v* **to** *(Gen)* einhalten *(contract)*; befolgen, festhalten an *(principle)*

adherence to *(Gen)* Festhalten *n* an

adherence to contract *(Recht)* Vertragseinhaltung *f*

adjourn *v* 1. *(Recht)* vertagen *(case)*; 2. *(Mgt)* unterbrechen, vertagen *(meeting)*; 3. *(Gen, Pol)* die Sitzung beenden *(parliament)*

adjournment 1. *(Recht)* Vertagung *f*; 2. *(Mgt)* Aufschub *m (of decision)*; Unterbrechung *f (of meeting)*

adjudge *v* **sb bankrupt** *(Recht, RW)* jmdn. für zahlungsunfähig erklären, Insolvenzverfahren über jmds. Vermögen eröffnen

adjudge *v* **sth to sb** *(Recht)* jmdm. etw. zusprechen

adjudicate *v* 1. *(Gen)* entscheiden, urteilen; 2. *(Recht)* zuerkennen, zusprechen

adjudicate *v* **bankruptcy** *(Recht)* Insolvenz eröffnen; Konkurs eröffnen

adjudicate *v* **sb bankrupt** 1. *(Recht, RW)* jmdn. für zahlungsunfähig erklären; 2. *(Gen)* jmdn. gerichtlich für bankrott erklären

adjudication *(Recht)* Rechtsspruch *m*, Entscheid *m*

adjudication in bankruptcy *(Fin, Recht, RW)* Eröffnung *f* des Insolvenzverfahrens

adjust *v* 1. *(Bank, RW)* bereinigen, berichtigen, korrigieren *(correct)*; 2. *(Gen)* regulieren, einstellen auf, richtigstellen; berichtigen *(schedule)*; 3. *(RW)* abgrenzen

adjust *v* **a claim** *(Recht, Versich)* eine Forderung regulieren, einen Anspruch [Schaden] regulieren

adjust *v* **downwards** *(WiWi)* nach unten angleichen [anpassen]

adjust *v* **upwards** *(WiWi)* nach oben angleichen [anpassen]

adjustable *adj* 1. *(Fin)* variabel verzinslich *(mortgage rate)*; 2. *(Gen)* regelbar; variabel *(hours, rate)*; einstellbar, justierbar, verstellbar *(appliance, position, speed)*

adjustable rate mortgage *(Bank, Grund)* variabel verzinsliche Hypothek *f*

adjusted *adj* 1. *(RW)* angepasst, bereinigt, berichtigt; 2. *(Gen)* bereinigt, berichtigt, reguliert

adjusted balance sheet *(RW)* berichtigte Bilanz *f*

adjusted for inflation *(WiWi)* inflationsbereinigt

adjusted for price changes *(Stat, WiWi)* preisbereinigt, real *(at constant prices, zu konstanten Preisen)*

adjusted trial balance *(RW)* berichtigte Rohbilanz *f*, berichtigte Saldenbilanz *f*, berichtigte Probebilanz *f*

adjusting entry *(RW)* Berichtigungsbuchung *f*

adjustment 1. *(RW, Stat)* Berichtigung *f (of statistics, error)*; Abgrenzung *f (accrual accounting)*; 2. *(WiWi)* Gehaltsanpassung *f*, Lohnangleichung *f (wages)*; 3. *(Gen)* Angleichung *f (to situation)*; Anpassung *f (of prices, rates, charges)*; Ausgleich *m*, Einstellung *f*, Berichtigung *f (regulation)*; 4. *(Versich)* Beilegung *f*, Bereinigung *f*; Entschädigungsleistung *f*, Nachverrechnung *f*, Regelung *f* des Anspruchs, Regulierung *f (payment)*; Schadenfestsetzung *f*, Schlichtung *f (fixing)*

adjustment credit *(Bank, WiWi)* Überbrückungskredit *m*

adjustment factor *(Gen, WiWi)* Anpassungsfaktor *m*

adjustment gap *(WiWi)* Anpassungslücke *f*

adjustment of assessed value *(Steuer)* Wertfortschreibung *f*, Fortschreibung *f*

adjustment of the labor market *(AE)* *(Pers)* *s.* adjustment of the labour market

adjustment of the labour market *(BE)* *(Pers)* Arbeitsmarktanpassung *f*, Anpassung *f* des Arbeitsmarktes

adjustment speed *(WiWi)* Anpassungsgeschwindigkeit *f*

administer *v (Gen)* verwalten

administered *adj (Pol, WiWi)* administriert, reguliert *(price)*

administered inflation *(WiWi)* administrierte Inflation *f*

administered prices *(Pol, WiWi)* administrierte Preise *mpl*

administration 1. *(Gen, Mgt)* Unternehmensführung *f*, Unternehmensleitung *f*, Unternehmensverwaltung *f* Verwaltung *f*, Admin.; Leitung *f*, Bewirtschaftung *f* *(managing)*; 2. *(WiWi)* Durchführung *f*; Ministerium *n* *(government department)*; 3. *(Pol)* Verwaltung *f*, Admin., Verwaltungsbehörde *f* *(authorities)*; Ministerium *(department)*; Regierung *f*, Reg., Administration *f* *(government)*; Amtsperiode *f*, Exekutive *f* *(term in office)*

administration expenses *(RW)* Verwaltungsgemeinkosten *pl*, Verwaltungskosten *pl*

administration lag *(WiWi)* Durchführungsverzögerung *f*

administrative *adj* *(Gen)* administrativ, verwaltungsmäßig, verwaltungstechnisch, verwaltend, Verwaltungs…

administrative agency *(Gen)* Verwaltungsbehörde *f*, Behörde *f*

administrative assistance *(Recht)* Amtshilfe *f*, Hilfe *f* der Verwaltung

administrative authority *(Gen)* Verwaltungsbehörde *f*

administrative barriers to trade *(Imp/Exp)* administrative Handelshemmnisse *npl* *(international trade)*

administrative center *(AE)* *(Gen)* *s.* administrative centre

administrative centre *(BE)* *(Gen)* Verwaltungszentrum *n*, Zentralverwaltung *f*, Hauptverwaltung *f*

administrative cost 1. *(RW)* Verwaltungsgemeinkosten *pl*; 2. *(Gen)* Verwaltungskosten *pl*; 3. *(Steuer)* Steuererhebungskosten *pl* *(of collecting tax)*

administrative decision *(Recht, Steuer)* Bescheid *m*

administrative expenses *(RW)* Verwaltungsausgaben *fpl*, allgemeine Verwaltungskosten *pl*, Sachaufwand *m*

administrative fine *(Recht)* Bußgeld *n*

administrative lag *(Pol, WiWi)* Handlungsverzögerung *f*

administrative law *(Recht)* Verwaltungsrecht *n*

administrative office *(Gen)* Dienststelle *f*

administrative order *(Recht)* Verwaltungsanordnung *f*

administrative overheads *(RW)* Verwaltungsgemeinkosten *pl*

administrative provisions *(Recht)* Verwaltungsvorschriften *fpl*

administrative regulations *(Recht)* Verwaltungsvorschriften *fpl*

administrative staff *(Pers)* Verwaltungspersonal *n*

administrator 1. *(Gen, Mgt, Pers)* Verwalter(in) *m(f)*, Verwaltungsfachmann *m*, Verwaltungsfachfrau *f*, Verwaltungsleiter(in) *m(f)*; 2. *(Recht)* Nachlassverwalter(in) *m(f)* *(of an estate)*

admissibility criteria *(Recht)* Zulässigkeitsvoraussetzungen *fpl*, Zulässigkeitskriterien *fpl*

admissible *adj* 1. *(Gen)* erlaubt, zulässig *(idea, plan, document)*; 2. *(Pat, Recht)* zulässig *(evidence, witness, appeal)*

admission 1. *(Gen)* Eintritt *m*, Zutritt *m* *(to a place)*; Aufnahme *f*, Eintritt *m*, Zulassung *f* *(to a profession, society)*; Eintritt *m*, Eintrittsgeld *n* *(price for a ticket)*; Eingeständnis *n*, Zugeständnis *n* *(confession)*; 2. *(Recht)* Zulassung *f* *(to profession)*; Geständnis *n* *(confession of guilt)*

admission examination *(Bil)* Aufnahmeprüfung *f*

admission fee *(Gen)* Eintritt *m*, Eintrittsgeld *n*, Eintrittspreis *m* *(to place)*; Aufnahmegebühr *f*, Eintrittsgebühr *f*, Zulassungsgebühr *f* *(to organization, society)*

admission procedures *(Pers)* Zulassungsverfahren *n*

admission requirement *(Pers)* Zulassungsvoraussetzungen *fpl*

admission restriction *(Pers)* Zulassungsbeschränkung *f*

admission rules *(Pers)* Zugangsbestimmungen *fpl*, Zugangsregelungen *fpl*

admission to listing *(Börse)* Börseneinführung *f*, Börsenzulassung *f*

admission to quotation *(Börse)* Zulassung *f* zur Börsennotierung

admit *v* 1. *(Gen)* hereinlassen *(let in)*; zugeben, einräumen *(acknowledge)*; anerkennen *(a claim)*; 2. *(Pers)* aufnehmen *(new partner to business)*

admittance *(Gen)* Eintritt *m*, Zutritt *m*, Zulassung *f*

adopt *v* 1. *(RW)* feststellen *(annual accounts)*; beschließen *(procedure)*; 2. *(Pol)* verabschieden *(budget, resolu-*

nes Unternehmen *n*, Zweigunternehmen *n*; Schwestergesellschaft *f (associated)*; Tochtergesellschaft *f (subsidiary, synonymous: associated company, affiliate)*; Beteiligungsgesellschaft *f (between 5 % and 50 % of the voting stock; Beteiligung zwischen 5 % und 50 %; ab 50 % aufwärts: subsidiary)*
affiliated enterprises *(Stat)* kapitalmäßig verbundene Unternehmen *npl*, verbundene Unternehmen *npl (BOP)*
affiliated firm *(Gen)* Zweigfirma *f*, Zweigniederlassung *f*
affiliated group *(Gen)* Konzern *m*
affirm *v (Recht)* bestätigen *(court decision)*
affirmation *(BE) (Recht)* Bekräftigung *f*, bindendes Versprechen *n (warranted qualities, contract law)*
affluence *(WiWi)* Reichtum *m*, Überfluss *m*, Wohlstand *m*
affluent society *(Gen, WiWi)* Überflussgesellschaft *f*, Wohlstandsgesellschaft *f (Galbraith)*
affordability index *(Stat)* Kaufkraft-Index *m*
affordable *adj (Gen)* bezahlbar, erschwinglich
afloat *adj* 1. *(Gen)* im Umlauf, zirkulierend *(in circulation)*; schuldenfrei, ohne Schulden *(free of debt)*; liquide *(solvent)*; 2. *(Transp)* schwimmend, verschifft *(on ship)*
aforementioned *adj (Komm)* oben erwähnt, oben genannt, o.g.
after-care 1. *(Gen)* Nachsorge *f (medical care)*; 2. *(Soz)* Betreuung *f*, Resozialisierungshilfe *f (of released prisoners)*
after date *(Gen)* ab Ausstellungsdatum, ab dato, ab heute, dato nach heute, nach Ausstellungsdatum
after-hours dealing *(Börse)* nachbörslicher Handel *m*
after-hours market *(Börse)* Nachbörse *f*
after sales *(V&M)* Nachverkauf *m (auction)*
after-sales manager *(Pers)* Kundendienstleiter(in) *m(f)*
after-sales service *(V&M)* Kundendienst *m*
after tax *(RW, Steuer)* nach Steuern
after-tax income *(RW, Steuer)* Ertrag *m* nach Steuern, Gewinn *m* nach Steuern
after-tax yield *(RW, Steuer)* Nachsteuerrendite *f*, Rendite *f* nach Steuern
against all risks *(Versich)* gegen alle Gefahren
against documents *(Gen)* gegen Dokumente, gegen Vorlage der Dokumente
against payment *(Gen)* gegen Bezahlung, gegen Zahlung
age *v (RW)* nach Fälligkeit aufschlüsseln *(accounts)*
age *v* **inventories** *(RW)* Inventar nach Alter aufstellen
age at entry *(Versich)* Abschlussalter *n*, Beitrittsalter *n*, Eintrittsalter *n*
age at expiry *(Versich)* Abgangsalter *n*, Endalter *n*
age bracket *(Media, V&M)* Altersgruppe *f (market research)*
age distribution *(Pers, Pol, WiWi)* Altersaufbau *m*, Altersgliederung *f*, Altersstruktur *f*, Altersverteilung *f*
age of entry *(Bil)* Eintrittsalter *n*, Zugangsalter *n*
age of retirement *(Pers, Soz)* Ruhestandsalter *n*, Rentenalter *n*, Pensionierungsalter *n (bei Beamten)*; rentenfähiges Alter *n*, Ruhestandsgrenze *f*
age pattern *(Pers)* Altersaufbau *m*, Altersstruktur *f*, Altersverteilung *f*
age ranking of fixed assets *(Fin, RW)* Altersaufbau *m* des Anlagevermögens, Altersstruktur *f* des Anlagevermögens
age structure *(Pers)* Altersaufbau *m*, Altersstruktur *f*, Altersverteilung *f*
ageing of receivables *(RW)* Aufschlüsselung *f* der Forderungen nach Fälligkeit
agency 1. *(RW)* Agentur *f*, Vertretung *f*; 2. *(Bank)* Zweigniederlassung *f*; 3. *(WiWi)* Behörde *f*, Dienststelle *f*; 4. *(Gen)* Vertretung *f*, Agentur *f*, Geschäftsstelle *f*, Stellvertretung *f*, Vertretung *f (representation)*; Personalvermittlungsbüro *n (employment)* • **through the agency of** *(Gen)* durch [mit] Unterstützung von
agency agreement 1. *(Gen)* Vereinbarung *f* über eine Agententätigkeit; 2. *(Recht)* Vertretungsvertrag *m*; 3. *(V&M)* Agenturvertrag *m*
agency bank *(Bank)* Konsortialbank *f*, Zweigniederlassung *f*
agency commission *(Gen)* Agenturvergütung *f*, Provision *f*

agency fee 1. *(Bank)* Abwicklungsgebühr *f*, Vermögensverwaltungsgebühr *f*; 2. *(Gen)* Agenturkosten *pl*, Vertreterprovision *f*

agency law *(Recht)* Recht *n* der Handelsvertretung

agency relationship *(Pers, RW)* Vertretungsverhältnis *n*, Vertretungsbeziehung *f*

agency theory *(Mgt, WiWi)* Agency--Theorie *f*

agenda 1. *(Gen)* Tagesordnung *f*; 2. *(Mgt)* Agenda *f*, Programm *n*

agent 1. *(Gen)* Handelsvertreter(in) *m(f)*, Vertreter(in) *m(f)*, Beauftragte(r) *f(m)*, Bevollmächtigte(r) *f(m)*, Agent(in) *m(f)* *(person)*; Mittel *n* *(thing)*; 2. *(Ind)* Händler(in) *m(f)* *(person)*; Mittel *n* *(means)*; Agens *n* *(liquid)*; 3. *(Recht)* Handelsvertreter(in) und Eigenhändler(in) *m(f)*, Stellvertreter(in) *m(f)* *(authorized person)*; Vertreter(in) *m(f)* *(contracts)*; 4. *(V&M)* Vertreter(in) *m(f)*

agent general *(Pers)* Generalbevollmächtigte(r) *f(m)*, Generalvertreter(in) *m(f)*, Handlungsbevollmächtigte(r) *f(m)*

agent's commission *(Gen, V&M)* Vertreterprovision *f*

agglomeration *(WiWi)* Ballungsraum *m*, Ballungszentrum *n*, Agglomeration *f*

agglomeration economies *(WiWi)* Agglomerationsvorteile *m*

aggregate *v* *(Stat)* sich belaufen auf, insgesamt betragen

aggregate *adj* *(WiWi)* gesamt, gesamtwirtschaftlich, volkswirtschaftlich

aggregate 1. *(WiWi)* Gesamt-, Aggregat *n*; Masse *f*, Menge *f*, Summe *f*; 2. *(Stat)* Aggregat *n* • **in the aggregate** *(Gen)* insgesamt

aggregate balance *(RW)* Gesamtsaldo *m*

aggregate data *(WiWi)* gesamtwirtschaftliche Daten *npl*, aggregierte Zahlen *fpl*

aggregate demand *(WiWi)* gesamtwirtschaftliche Nachfrage *f*, Gesamtnachfrage *f*

aggregate demand curve *(WiWi)* Gesamtnachfragekurve *f*

aggregate income *(Gen)* Einkommenssumme *f*, Gesamteinkommen *n*; Volkseinkommen *n*

aggregate output *(WiWi)* Sozialprodukt *n*

aggregate production *(WiWi)* gesamtwirtschaftliche Produktion *f*

aggregate risk *(Gen)* Gesamtrisiko *n*

aggregate sales listings *(BE)* *(Steuer)* zusammenfassende Meldungen *fpl*

aggregate supply curve *(WiWi)* Gesamtangebotskurve *f*

aggregate value added *(WiWi)* gesamtwirtschaftliche Wertschöpfung *f*

aggressive *adj* 1. *(Gen)* initiativ, offensiv, risikoreich, spekulativ; 2. *(V&M)* aggressiv *(campaign)*

aggressive advertising *(V&M)* aggressive Werbung *f*

aggressive investment *(Börse, Fin)* (hoch)spekulative Anlage *f*

aggressive pricing *(V&M)* aggressive Preispolitik *f* *(marketing)*

aging of receivables *(RW)* Aufschlüsselung *f* der Forderungen nach Fälligkeit *(synonymous: ageing of receivables)*

agio *(Börse, Fin)* Agio *n*, Aufgeld *n*

agio account *(RW)* Kapitalrücklage *f*

agree *v* *(Gen)* abstimmen *(accounts, books)*; sich einigen auf [über] *(report, proposal)*; sich absprechen, Absprache treffen *(reach agreement)*; übereinstimmen *(tally)*; übereinkommen *(statements)*; zustimmen, einverstanden sein; sich einigen *(share opinion)*

agree *v* **accounts** *(RW)* Konten *npl* abstimmen

agree *v* **on** *(Gen)* sich einigen auf, sich einigen über, vereinbaren *(price, terms of sale)*

agree *v* **to a contract** *(Recht)* einem Vertrag zustimmen

agree *v* **upon** *(Gen)* sich einigen auf [über], vereinbaren *(price, terms of sale)*

agreed *adj* *(Gen, Recht, Versich)* vereinbart, beschlossen, abgemacht, verabredet *(time, place)*

agreed period *(Recht)* vereinbarte Zeit *f* *(contract)*

agreed wage *(Pers)* Tariflohn *m*

agreement 1. *(Gen)* Übereinkommen *n*, Vereinbarung *f*, Einigung *f*, Übereinkunft *f* *(between people)*; Übereinstimmung *f* *(between figures)*; Vertrag *m*, Abkommen *n* *(treaty, contract)*; 2.

(Recht) Vertrag *m*, Verständigung *f* • **as per agreement** *(Gen)* laut Übereinkunft, vereinbarungsgemäß, vertragsgemäß • **come to an agreement** *(Recht)* sich verständigen

agreement for exclusiveness *(Recht, V&M)* Alleinvertriebsvertrag *m (sales)*

agreement of clearing *(Bank)* Clearingabkommen *n*, Verrechnungsabkommen *n*

agreement of service *(Recht)* Dienst(leistungs)vertrag *m*

agricultural commodity *(WiWi)* agrarischer Rohstoff *m*

agricultural export subsidy *(WiWi)* Agrarexportbeihilfe *f*

agricultural land *(Grund, WiWi)* landwirtschaftlich genutzte Fläche *f*

agricultural levy *(WiWi)* Agrarabschöpfung *f*

agricultural loan *(Bank)* Agrardarlehen *n*

agricultural market organization *(Pol, WiWi)* Argrarmarktordnung *f (EU; exclusion of the market mechanism)*

agricultural price support *(WiWi)* Agrarpreisstützung *f*

agricultural product *(WiWi)* Agrarerzeugnis *n*, landwirtschaftliches Erzeugnis *n*

agricultural show *(Ind, V&M, WiWi)* Agrarmesse *f*, Landwirtschaftsschau *f*

agricultural subsidy *(WiWi)* Agrarsubvention *f*, Agrarzuschuss *m*

agriculture *(Gen)* Landwirtschaft *m*

agroforestry *(Stat)* Wald-Feld-Bau *m*, Forstwirtschaft *f*

agroindustry *(Ind)* Agroindustrie *f*

aid *v* 1. *(WiWi)* Beihilfe leisten, unterstützen, Entwicklungshilfe leisten *(developing country)*; fördern *(development, understanding)*; 2. *(Gen)* unterstützen *(person)*

aid 1. *(Bank)* Entwicklungshilfe *f*, Beihilfe *f (development)*; 2. *(Fin, WiWi)* Hilfe *f*; 3. *(Gen)* Beistand *m*, Unterstützung *f*; 4. *(Recht)* Vorschub *m*, Beihilfe *f*

aid in kind *(Fin, WiWi)* Sachhilfe *f (for development)*

aid loan *(Bank)* Entwicklungshilfekredit *m*

aid scheme *(Fin, WiWi)* Hilfsprojekt *n*, Hilfsprogramm *n (for development)*

AIDA *s.* attention, interest, desire, action

ailing bank *(Bank)* notleidende Bank *f*

ailing enterprise *(Gen)* notleidendes Unternehmen *n*, angeschlagenes Unternehmen *n*

ailing industry *(Ind)* schrumpfende Industrie *f*, Industrie *f* im Niedergang; Industrierückgang *m*, verfallende Industrie *f*

aim *(Gen)* Bestreben *n*, Vorhaben *n*, Ziel *n*, Zweck *m*

air *(Ind, Transp)* Luft *f* • **by air** *(Komm, Transp)* auf dem Luftweg, per Flugzeug *(mode of transport)* • **by air mail** *(Komm, Transp)* per Luftpost • **on the air** *(Media, V&M)* auf Sendung

air cargo *(Transp)* Luftfracht *f*

air carrier *(Transp)* Luftverkehrsgesellschaft *f*, Luftfrachtführer *m*, Luftfahrtunternehmen *n*; *(jarg.)* Carrier *m*

air date *(Media, V&M)* Sendedatum *n*, Sendetermin *m (for broadcast)*

air freight *(Transp)* Luftfracht *f (mode of shipment)*

air letter *(Komm)* Aerogramm *n*, Luftpost(leicht)brief *m*

air mail *(Komm, Transp)* Luftpost *f*

air space *(Recht, Transp)* Luftraum *m*

air transport *(Transp)* Lufttransport *m*, Luftverkehr *m*, Beförderung *f* auf dem Luftweg

airborne time *(Transp)* Flugzeit *f*

aircraft *(Transp)* Flugzeug *n*, Luftfahrzeug *n*

aircraft industry *(Ind, Transp)* Luftfahrtindustrie *f*, Flugzeugindustrie *f*

aircraft operator *(Transp)* Flugzeugbetreiber *m*

aircrew *(Pers)* Flugzeugbesatzung *f*

airlift *(Transp)* Lufttransport *m*

airline *(Transp)* Fluggesellschaft *f*, Fluglinie *f*

airplane *(AE) (Transp)* Flugzeug *n*

airport *(Transp)* Flughafen *m*, Flugplatz *m*

airport tax *(Steuer)* Flughafengebühr *f*, Flughafensteuer *f*

airtime *(Media, V&M)* Sendezeit *f (for broadcast)*; Fernsehwerbezeit *f (for television advertising)*

airway *(Transp)* Flugkorridor *m*, Fluglinie *f*, Flugroute *f*, Flugstraße *f*, Flugstrecke *f*, Luftverkehrslinie *f*

aleatory *adj* 1. *(Versich)* aleatorisch, zufallsabhängig; 2. *(Recht, V&M)* aleatorisch

aleatory contract 1. *(Versich)* aleatorischer Vertrag *m*, Spekulationsvertrag *m*, Risikovertrag *m*; 2. *(Recht)* aleatorischer Vertrag *m*, einseitiger Vertrag *m*

alien corporation *(Recht)* ausländische Gesellschaft *f*

alienable *adj (Grund, Recht)* veräußerlich *(transferable)*

alienate *v* 1. *(Fin)* abziehen *(capital)*; 2. *(Gen)* abwerben, entfremden; veräußern *(property)*; 3. *(Recht)* veräußern, abziehen

alignment *(Gen)* Ausrichtung *f*, Gruppierung *f*, Angleichung *f*, Anpassung *f*

all-day trading *(Börse)* Rund-um-die--Uhr-Handel *m*, ganztägiger Handel *m*

all-in *adj (Gen)* alles eingeschlossen, alles inbegriffen, gesamt, global, pauschal *(rate)*

all-inclusive *adj (Gen)* alles eingeschlossen, alles inbegriffen, gesamt, global, pauschal *(rate)*

all or nothing clause *(Börse)* Alles-oder--nichts-Klausel *f (tender)*

all-purpose *adj* 1. *(Fin)* universal *(financial statement)*; 2. *(Gen)* multifunktional

all rights reserved *(Media, Recht)* alle Rechte vorbehalten *(copyright)*

all-season *adj (Gen, Mgt)* ganzjährig

all-time high 1. *(Börse, WiWi)* Rekordhöhe *f*, absoluter Höchststand *m*; 2. *(Gen)* historischer Rekord *m*, historischer Höchstkurs *m*

all-year *adj (Gen, Mgt)* ganzjährig

alleged *adj (Gen, Recht)* angeblich, vermutlich

alleviate *v* **unemployment** *(Pers)* Arbeitslosigkeit abschwächen, Arbeitslosigkeit mildern

alliance 1. *(Gen)* Bund *m*; 2. *(Pol)* Bündnis *n*, Pakt *m*, Allianz *f*; Bund *m*, Koalition *f*

allied industries *(Ind)* verbundene Gewerbe *npl*, verbundene Industriezweige *mpl*

allocate *v* 1. *(Komm)* zuteilen, zuweisen *(shares)*; 2. *(WiWi)* umlegen, aufteilen, zuteilen, zuweisen, verteilen *(funds, resources)*; 3. *(Fin)* bereitstellen *(money)*; 4. *(Gen)* aufteilen, kontingentieren, vergeben *(work)*

allocate *v* **costs** *(RW)* Kosten umlegen, Kosten verrechnen, Kosten zuweisen, Kosten aufteilen

allocate *v* **overhead cost** *(RW)* Gemeinkosten verrechnen

allocate *v* **resources** *(Fin, Mgt, RW)* Mittel bewilligen, Mittel zuweisen; Ressourcen zuteilen

allocate *v* **to** *(RW)* kontingentieren, umlegen, zurechnen *(money, duties)*; einstellen in *(e. g. to reserves)*

allocation 1. *(RW)* Zuweisung *f*, Zuführung *f (of funds to the reserves = den Rücklagen zuführen)*; Umlage *f*, Zuteilung *f*, Zurechnung *f (amount allocated)*; 2. *(WiWi)* Allokation *f*; 3. *(Fin)* Bereitstellung *f (of funds)*; 4. *(Gen)* Kontingent *n*, Auftragsvergabe *f (of contract)*; Aufgabenverteilung *f (of duties)*; Zuweisung *f*, Aufschlüsselung *f*, Bereitstellung *f*, Aufteilung *f*, Vergabe *f (of resources)*

allocation account *(RW)* Verrechnungskonto *n*

allocation by tender *(BE) (Börse)* Vergabe *f* im Submissionswege

allocation of cost *(RW)* Kostenaufteilung *f*, Kostenumlage *f*, Kostenverrechnung *f*

allocation of overheads *(RW)* Gemeinkostenverrechnung *f*; Gemeinkostenumlage *f*

allocation of resources *(WiWi)* Ressourcenallokation *f*, Allokation *f* der Ressourcen, Aufteilung *f* der Ressourcen

allocation of responsibilities 1. *(Fin)* Verteilung *f* der Verantwortungsbereiche; 2. *(Gen, Pers)* Aufgabenzuweisung *f*, Aufgabenverteilung *f*

allocation system *(Gen, WiWi)* Zuteilungssystem *n*, Allokationssystem *n*

allocation to the reserves *(RW)* Zuführung *f* zu den Rücklagen, Einstellung *f* in die Rücklagen

allocations to provisions *(RW)* Zuführungen *fpl* zu den Rückstellungen

allocative efficiency *(WiWi)* Allokationseffizienz *f*

allocative mechanism *(WiWi)* Allokationsmechanismus *m*

allot *v* 1. *(RW)* zuweisen *(allocate)*; verteilen *(distribute)*; 2. *(Fin)* zuteilen, zuweisen *(money)*

allotment 1. *(RW)* Zuweisung *f (allo-*

cation); Verteilung *f (distribution)*; 2. *(Fin)* Zuteilung *f*, Zuweisung *f (of money)*
allotment of bonus *(Versich)* Bonuszuteilung *f*
allotment of securities *(Börse)* Stückezuteilung *f*, Wertpapierzuteilung *f*
allotment price *(Börse)* Zuteilungskurs *m*
allotted volume *(Bank)* Zuteilungsvolumen *n (ECB, monetary policy)*
allottee *(Börse)* Bezugsberechtigte(r) *f(m)*, Zeichner(in) *m(f)*, Zuteilungsempfänger(in) *m(f)*
allow *v* 1. *(Bank)* vergüten; 2. *(Gen)* erlauben, genehmigen, gestatten *(action, change)*; anerkennen, stattgeben, bewilligen, zubilligen, einräumen *(claim)*; gewähren *(grant money, resources)*; 3. *(Pers)* zulassen; 4. *(Versich)* anerkennen, gewähren *(claim)*
allow a credit *(Bank)* einen Kredit *m* einräumen
allow *v* **for** *(Gen)* berücksichtigen, in Anrechnung bringen
allowable *adj* 1. *(Gen)* erlaubt, statthaft, zulässig; 2. *(Steuer)* absetzbar, abzugsfähig
allowable catch *(WiWi)* erlaubte Fangquote *f (EU, fishery)*
allowance 1. *(RW)* Rückstellung *f*, Wertberichtigung *f*; 2. *(Gen)* Anrechnung *f*, Toleranz *f*, zulässige Abweichung *f (tolerance)*; 3. *(Ind)* Toleranz *f*; 4. *(Steuer)* Steuerfreibetrag *m*, Freibetrag *m* • **make allowance for sth** *(Gen)* etw. berücksichtigen
allowance for bad debts *(RW)* Wertberichtigung *f* auf uneinbringliche Forderungen
allowance for depreciation *(RW)* Abschreibung *f*, Abschreibungsbetrag *m*; Absetzung *f* für Abnutzung, AfA
allowances *(BE) (Pers)* Zuschüsse *mpl*
allowed *adj (Gen)* bewilligt
allowed time *(Pers)* Vorgabezeit *f (for job)*
alongside ship *(Transp)* längsseits Schiff
alphanumeric data *(Gen)* alphanumerische Daten *pl*
alter *v (Gen)* ändern, umändern, umschreiben, verändern
alter *v* **a document** *(Recht)* Urkundenfälschung begehen
alternate *adj (Gen)* abwechselnd, im Wechsel, alternierend *(by turns)*; aufeinanderfolgend *(successive)*
alternate member *(AE) (Gen)* stellvertretendes Mitglied *n*, Stellvertreter(in) *m(f) (stand-in)*
alternating shift *(Pers)* Wechselschicht *f*
alternative *(Gen)* Wahl *f*, Möglichkeit *f (option from several)*; Alternative *f (option from two)*
alternative cost 1. *(RW)* entscheidungsrelevante Kosten *pl*, relevante Kosten *pl*, Grenzkosten *pl (cost accounting; synonymous: incremental cost, relevant costs)*; 2. *(Fin, WiWi)* Alternativkosten *pl*, Opportunitätskosten *pl (synonymous: opportunity cost, cost of foregone alternatives; the cost of using a resource in one activity is measured in terms of its best alternative use)*
alternative technology *(Ind, Umwelt)* alternative Technologie *f*
alternative use *(WiWi)* alternative Nutzung *f*
a. m. *(Abk. für ante meridiem) (Gen)* vormittags *(before noon)*
amalgamate *v* 1. *(Gen, WiWi)* fusionieren, zusammenlegen; sich zusammenschließen *(companies, activities, shares)*; 2. *(Fin)* verschmelzen
amended *adj (Gen)* abgeändert, revidiert, berichtigt • **as amended** *(Recht)* in der Fassung von
amendment 1. *(Recht)* Änderung *f*, Novellierung *f*; 2. *(Pat)* Zusatz *m*, Ergänzung *f (addition)*; Änderung *f*, Abänderung *f (change)*; 3. *(Pol)* Änderung *f*, Abänderung *f (to law, constitution)*
amendment of a law *(Recht)* Gesetzesnovelle *f*
amendments to legal provisions *(Komm, Recht)* Änderungen *fpl* von Rechtsvorschriften, Änderungen *fpl* rechtlicher Vorschriften
American Board of Trade *(Gen)* Amerikanische Handelskammer
American short ton *(Gen)* amerikanische Tonne *f*
American Standard Code for Information Interchange *(Comp)* ASCII-Code *m* • **in ASCII** *(Comp)* im ASCII-Code, in ASCII
American terms *(WiWi)* amerikanische

Parität *f*, amerikanische Bedingungen *fpl (grain trade)*

amicable *adj (Gen)* einvernehmlich, gütlich; freundschaftlich *(person)*

amicable settlement 1. *(Gen)* gütliche Beilegung *f*; 2. *(Recht)* außergerichtlicher Vergleich *m*

amicably *adv (Gen, Recht)* gütlich, einvernehmlich

amortizable *adj* 1. *(RW)* abschreibungsfähig, tilgbar; 2. *(Bank, Fin)* tilgbar, amortisierbar, rückzahlbar

amortization 1. *(RW)* Abschreibung *f*, Amortisation *f*, Tilgung *f*; 2. *(Bank)* Amortisierung *f*; 3. *(Fin)* Rückfluss *m*, Rückzahlung *f*, Schuldentilgung *f*

amortization expense *(RW)* Tilgungszahlung *f*

amortization method *(RW)* Tilgungsart *f*

amortize *v* 1. *(RW)* abschreiben, amortisieren *(asset)*; tilgen, zurückzahlen *(debt, mortgage)*; 2. *(Bank)* abschreiben, amortisieren *(asset)*

amount *v* **to** *(Gen)* betragen, sich belaufen auf

amount *(Gen)* Betrag *m*, Summe *f (of money)*; Menge *f (of goods)*; Anzahl *f (of people)*

amount brought forward *(RW)* Vortrag *m*

amount due *(Fin)* fälliger Betrag *m*, geschuldeter Betrag *m*

amount invested *(RW)* angelegter Betrag *m*

amount of a bill *(Gen)* Rechnungsbetrag *m*

amount of work *(Mgt)* Arbeitspensum *n*

amount outstanding *(Gen, RW)* ausstehender Betrag *m*

amount overdue *(RW)* überfälliger Betrag *m*

amount repayable *(RW)* Rückzahlungsbetrag *m*

amount to be invested *(Bank)* Investitionssumme *f*

analyse *v (BE)* 1. *(Gen)* analysieren, prüfen *(sales, costs, results)*; 2. *(Mgt)* analysieren, auswerten

analysis 1. *(Gen)* Analyse *f*, Prüfung *f (account, report)*; 2. *(Mgt)* Auswertung *f*, Untersuchung *f*

analysis of cost variances *(RW)* Kostenabweichungsanalyse *f*

analysis of costs by nature *(Fin, RW)* Kostenartenrechnung *f (annual accounts)*

analysis of costs by types of costs *(Fin, RW)* Kostenartenrechnung *f*

analysis of time series *(Gen, Stat)* Zeitreihenanalyse *f*

analyst 1. *(Börse, Fin)* Analyst *m*, Finanzanalyst *m*; 2. *(RW)* Bilanzanalytiker *m*

anchor currency *(WiWi)* Ankerwährung *f*

ancillary *adj (Gen)* ergänzend, zusätzlich, Neben…, Zusatz…

ancillary services *(Gen)* Nebenleistungen *fpl*

annexe *(BE)* 1. *(Gen)* Anhang *m*, Zusatz *m (document)*; Anbau *m (building)*; 2. *(Recht)* Anhang *m*, Anlage *f*

announce *v (Gen)* durchsagen *(over intercom)*; bekanntmachen, bekanntgeben; ankündigen *(profit, figures)*

announcement *(Gen)* Bekanntgabe *f*, Bekanntmachung *f*

announcement effect *(Pol, WiWi)* Ankündigungseffekt *m*, Signalwirkung *f*

annual *adj (Gen)* jährlich

annual *(Gen, V&M)* Jahrbuch *n*

annual abstract of statistics *(Stat)* statistischer Jahresbericht *m*

annual accounts *(Fin, RW)* Bilanz *f*, (handelsrechtlicher) Jahresabschluss *m (including: annual balance sheet, income statement, cash-flow statement, notes, annual report and audit report; Jahresbilanz, Gewinn- und Verlustrechnung und, bei Kapitalgesellschaften z. B., Kapitalflussrechnung, Anhang, Lagebericht sowie Prüfungsbericht)*

annual amortization *(Bank)* jährliche Tilgungsrate *f*

annual audit *(Fin, RW)* Jahresabschlussprüfung *f*

annual average *(Gen)* Jahresdurchschnitt *m*

annual basis *(Stat)* Jahresbasis *f*

annual cash flow *(RW)* jährlicher Cashflow *m*, jährlicher Einnahmeüberschuss *m*

annual depreciation *(Gen, RW)* jährliche Abschreibung *f*

annual earnings *(RW)* Jahresgewinn *m*

annual financial statements *(Fin, RW)*

Jahresabschluss *m (annual balance sheet, income statement, cash-flow statement, notes, annual report and audit report; Jahresbilanz, Gewinn- und Verlustrechnung und, bei Kapitalgesellschaften z. B., Kapitalflussrechnung, Anhang, Lagebericht sowie Prüfungsbericht)*

annual general meeting *(AGM) (Gen)* Jahreshauptversammlung *f*, Hauptversammlung *f*, HV *f*, Jahresvollversammlung *f*

annual growth rate *(Stat, WiWi)* Jahreswachstumsrate *f*

annual hours contract *(Pers)* Jahresstundenvertrag *m*

annual income *(Pers)* Jahreseinkommen *n*, Jahreseinkünfte *pl*

annual increment *(Gen)* jährlicher Zuwachs *m*

annual installment *(AE) s.* annual instalment

annual instalment *(BE)* 1. *(Fin, RW)* Annuität *f*, Jahresrate *f*; 2. *(Gen)* jährliche Rate *f*, Jahresrate *f*

annual leave *(Pers)* Jahresurlaub *m*

annual low *(Börse)* Jahrestiefpunkt *m*

annual meeting *(Gen, Mgt)* Jahreshauptversammlung *f*, Hauptversammlung *f*, HV

annual mortgage constant *(Stat)* Jahrestilgungsbetrag *m* einer Ratenhypothek, Jahrestilgungsbetrag *m* einer Abzahlungshypothek

annual output *(Ind)* Jahresleistung *f*, Jahresproduktion *f*, jährliche Ausbringung *f*; Output *m* pro Jahr

annual percentage rate *(APR) (AE)* 1. *(Fin, Gen)* effektiver Jahreszins *m*, Effektivzins *m*; 2. *(Recht)* auf Jahresbasis umgerechneter Prozentsatz *m (a method, specified by law, for calculating the nominal annual rate of return, to compare instruments with different ways of computing interest, e. g. weekly, monthly…)*

annual proceeds *(Gen, RW)* Jahresertrag *m*

annual rate *(Stat)* Jahresrate *f*

annual report *(Mgt, RW)* Geschäftsbericht *m*, Jahresbericht *m (prepared each year to give a true and fair view of a company's state of affairs)*; Lagebericht *m*

annual return 1. *(RW)* Jahresrendite *f*; 2. *(Recht)* Jahresbericht *m (legal document)*

annual sales report *(Gen)* jährlicher Verkaufsbericht *m*, Jahresumsatzbericht *m (showing turnover breakdown)*

annual statement of accounts *(RW)* Jahresabschluss *m*

annual tax return *(RW, Steuer)* Jahressteuererklärung *f*, jährliche Steuererklärung *f*

annual turnover *(RW)* Jahresumsatz *m*

annual working time *(Pers)* Jahresarbeitszeit *f*

annual yield *(RW)* Jahresertrag *m*, Jahresrendite *f*

annualised percentage rate *(APR) (BE)* 1. *(Fin, Gen)* effektiver Jahreszins *m*, Effektivzins *m*; 2. *(Recht)* auf Jahresbasis *f* umgerechneter Prozentsatz *(a method, specified by law, for calculating the nominal annual rate of return, to compare instruments with different ways of computing interest, e. g. weekly, monthly…)*

annualize *v* 1. *(Fin, Gen)* auf Jahresbasis umrechnen; 2. *(Steuer)* Jahresausgleich durchführen

annually *adv (Gen)* jährlich

annuity 1. *(Fin)* Annuität *f*; 2. *(Gen)* Rente *f*

annuity business *(Versich)* Rentengeschäft *n*

annuity due *(Fin)* vorschüssige Rente *f*

annuity factor *(Fin, WiWi)* Rentenfaktor *m*

annuity fund *(Gen)* Rentenfonds *m*

annuity immediate *(Fin)* nachschüssige Rente *f*

annuity installment *(AE) (Versich) s.* annuity instalment

annuity instalment *(BE) (Versich)* Rententeilbetrag *m*, Rententeilzahlung *f*

annuity insurance *(Versich)* Leibrentenversicherung *f*, Rentenversicherung *f*

annuity method *(Fin)* Annuitätenmethode *f (time-weighted method of investment analysis, dynamische Investitionsrechnung)*

annuity payable in advance *(Versich)* vorschüssige Rente *f*

annuity policy *(Versich)* Rentenversicherungsschein *m*, Rentenpolice *f*
annul *v* 1. *(Gen)* annullieren, kündigen *(contract)*; annullieren, aufheben *(decision)*; 2. *(Recht)* annullieren, aufheben, für ungültig erklären, rückgängig machen
annulment 1. *(Gen)* Annullierung *f*, Kündigung *f (of contract)*; Annullierung *f*, Aufhebung *f (of decision)*; 2. *(Recht)* Rückgängigmachung *f*, Annullierung *f*, Aufhebung *f (invalidation)*
annulment of contract *(Recht)* Vertragsaufhebung *f*
anonymously *adv (Gen)* ohne Namensnennung, anonym, namenlos
answer *v (Gen)* antworten auf, erwidern auf *(invitation, advertisement)*; beantworten, antworten auf *(letter, question)*
answer *v* **for** *(Gen)* garantieren für, haften für, sich verantworten für *(safety of product)*; Rede und Antwort stehen für, verantwortlich sein für, bürgen für *(debt)*; sich eigenen für, taugen für
answer *v* **for a debt** *(Gen)* für eine Schuld *f* einstehen, für eine Schuld *f* geradestehen
answer *(Recht)* Antwort *f*, Erwiderung *f*, Klageerwiderung *f* • **in answer to your letter** *(Komm)* in Beantwortung Ihres Schreibens • **there's no answer** *(Komm)* es meldet sich niemand *(telephone)*
answerable *adj* 1. *(Gen)* haftbar, verantwortlich; 2. *(Recht)* haftbar
answerable *adj* **for** *(Gen)* verantwortlich für *(synonymous: responsible for)*
answerable *adj* **to** *(Gen)* verpflichtet gegenüber, verantwortlich gegenüber *(synonymous: responsible to)*
answering machine *(Gen, Komm)* Anrufbeantworter *m*
answerphone *(Komm)* Anrufbeantworter *m*
ante *(Gen)* vor
ante meridiem *(a. m.) (Gen)* vormittags *(before noon)*
antedate *v (Gen)* (zu)rückdatieren *(document, cheque)*
anti-cyclical *adj (WiWi)* antizyklisch
anti-employee *adj (Gen, Pers)* arbeitnehmerfeindlich
anti-employer *adj (Pers)* arbeitgeberfeindlich
anti-fraud *(Recht)* Betrugsbekämpfung *f*
anticipate *v* 1. *(Gen)* erwarten, antizipieren, vorwegnehmen *(problem, delay, development)*; 2. *(Börse)* eskomptieren *(the impact of future events)*
anticipated *adj (Gen)* voraussichtlich, erwartet; im Voraus, vor Fälligkeit, vorzeitig *(repayment)*
anticipated profit *(RW)* erwarteter Gewinn *m*
anticipated redemption 1. *(Bank)* vorzeitiger Rückkauf *m*; 2. *(Börse, Fin)* Ablösung *f*, vorzeitige Tilgung *f (bonds)*
anticipated repayment *(Gen)* vorzeitige Rückzahlung *f*
anticipated sales *(V&M)* voraussichtliche Verkäufe *mpl*, geplante Verkäufe *mpl*, geplante Umsätze *mpl*
anticipation *(Gen, WiWi)* Erwartung *f (expectation)*; Vorwegnahme *f*, Antizipation *f (action in advance)*
anticipatory contract *(Recht)* vorweggenommener Vertrag *m*
anticipatory hedge *(Börse)* antizipatives Sicherungsgeschäft *n*
anticompetitive *adj (Fin, V&M, WiWi)* wettbewerbsbeschränkend, wettbewerbsschädlich
anticompetitive practices *(V&M, WiWi)* wettbewerbsbeschränkende Praktiken, wettbewerbswidriges Verhalten *n*
anticyclical policy *(WiWi)* antizyklische Fiskalpolitik *f*, antizyklische Politik *f*
antidumping agreement *(Pol)* Antidumpingabkommen *n*, Antidumpingvereinbarung *f*
antimonopoly law *(Recht)* Kartellgesetz *n*, Kartellrecht *n*
antimonopoly laws *(Recht)* Kartellgesetzgebung *f*
antitrust acts *(Recht)* Antitrustrecht *n*, Kartellgesetze *npl*, Kartellgesetzgebung *f*, Kartellrecht *n*
antitrust law *(Recht)* Antitrustrecht *n*, Kartellgesetz *n*, Kartellrecht *n*
apiece *adv (Gen, V&M)* je Stück, pro Stück
apparatus 1. *(Gen)* Instrument *n*; 2. *(Ind)* Aggregat *n*, Apparat *m*, Einrichtung *f*, Instrument *n*, Vorrichtung *f*

apparel industry *(AE) (Ind)* Bekleidungsindustrie *f*, Textilindustrie *f*
apparent defect *(Recht)* erkennbarer Mangel *m (contracts)*
apparent good order of the goods *(Transp)* einwandfreier äußerer Zustand *m* der Waren
appeal *v (Recht)* Rechtsmittel einlegen
appeal *v* **a court decision** *(Recht)* Berufung einlegen, in Berufung gehen, Revision einlegen, in Revision gehen
appeal *v* **against** *(Recht)* Rechtsmittel einlegen, Revision einlegen *(court decision)*; Berufung einlegen, anfechten *(judgment, ruling)*
appeal *v* **against a decision** *(Recht)* Beschwerde führen, eine Entscheidung anfechten
appeal *v* **against a judgment** *(Recht)* Rechtsmittel gegen ein Urteil einlegen, ein Urteil anfechten
appeal *v* **for funds** *(Fin, Gen)* Geldmittel einwerben
appeal *v* **for tenders** *(Gen)* ausschreiben
appeal *v* **to** *(Gen)* Anklang finden bei, gefallen *(attract)*; Aufruf richten an, sich wenden an *(ask for support; wegen eines Anliegens)*
appeal 1. *(Gen)* Anreiz *m*, Anklang *m (attraction)*; Aufruf *m*, Ersuchen *n (call)*; 2. *(Recht)* Rechtsmittel *n*, Beschwerde *f*, Revision *f*, Berufung *f*, Anfechtung *f*; 3. *(V&M)* Anziehungskraft *f (of product)*
appeal court *(Recht)* Berufungsgericht *n*, Rechtsmittelinstanz *f*
appeal for funds *(Fin)* Spendenappell *m*, Spendenaufruf *m*
appeal for tenders *(Börse, Fin)* Aufforderung *f* zur Angebotsabgabe, Ausschreibung *f*, Tenderaufruf *m*
appeal proceedings *(Recht)* Berufungsverfahren *n*
appeals procedure *(Recht)* Rechtsmittelverfahren *n*
appear *v* **in court** *(Recht)* vor Gericht erscheinen
appearance *(Gen)* Auftritt, Aussehen *n*, Erscheinungsbild *n*
appellant *(Recht)* Berufungskläger(in) *m(f)*; Revisionskläger(in) *m(f) (civil law)*; Revisionsführer(in) *m(f) (criminal law)*
appellate court *(Recht)* Berufungsgericht *n*, Revisionsgericht *n*
appellee *(Recht)* Berufungsbeklagte(r) *f(m)*; Revisionsbeklagte(r) *f(m) (civil law)*; Revisionsgegner(in) *m(f) (criminal law)*
append *v* 1. *(Komm)* beifügen; 2. *(Comp)* anhängen *(file, data)*; 3. *(Gen)* beifügen, setzen, versehen mit *(signature)*
appendix *(Gen, Komm)* Anhang *m*, Anlage *f*
appliance *(Gen)* Anwendung *f (action)*; Gerät *n*, Vorrichtung *f (device)*
applicability *(Comp, Recht)* Anwendbarkeit *f*
applicable *adj (Gen)* geeignet, verwendbar, anwendbar, zutreffend • **not applicable** *(Gen)* nicht zutreffend
applicable national law *(Recht)* anwendbares einzelstaatliches Recht *n*
applicable provisions of law *(Recht)* geltende Rechtsvorschriften *fpl*
applicable regulations *(Recht)* geltende Vorschriften *fpl*
applicant 1. *(Fin)* Aktienzeichner(in) *m(f)*; 2. *(Gen)* Anmelder(in) *m(f) (for licence)*; Antragsteller(in) *m(f) (for grant)*; 3. *(Pers)* Stellenbewerber(in) *m(f)*, Bewerber(in) *m(f)*, Kandidat(in) *m(f) (for job)*; 4. *(Recht)* Antragsteller(in) *m(f)*, ersuchende Stelle *f*; 5. *(Pat)* Anmelder(in) *m(f)*, Antragsteller(in) *m(f) (for patents)*
applicant country *(Pol)* Bewerberland *n (EU)*
applicant for a place at university *(Pers)* Studienbewerber(in) *m(f)*
applicant for a training place *(Bil, Pers)* Bewerber(in) *m(f)* für einen Ausbildungsplatz, Lehrstellenbewerber(in) *m(f)*
applicant for a university place *(Pers)* Studienbewerber(in) *m(f)*
applicant for an apprenticeship *(Bil, Pers)* Lehrstellenbewerber(in) *m(f)*
applicant for shares *(Fin)* Aktienzeichner(in) *m(f)*, Anteilszeichner(in) *m(f)*
application 1. *(Gen)* Bewerbung *f (for job, licence)*; Anwendung *f*, Verwendung *f (of technique, law)*; Ersuchen *n*, Antrag *m (for grant)*; Konkretisierung *f (of idea)*; 2. *(Pers)* Stellengesuch *n*, Bewerbung *f*, Bewerbungsschreiben *n (for job)*; 3. *(Pat)* Verwendung *f (of idea, technique)*; Anmeldung *f (for registration)*; 4. *(Börse)* Zeichnung *f* von Wertpapieren *(for*

shares) • **make an application for** 1. *(Gen)* einen Antrag stellen auf; 2. *(Pers)* sich bewerben um • **upon application** *(Gen)* auf Antrag

application deadline *(Pers)* Bewerbungsfrist *f*

application fee *(Bank)* Zeichnungsgebühr *f*

application for a job *(Pers)* Stellenbewerbung *f*, Bewerbung *f* um eine Stelle, Bewerbung *f* um einen Arbeitsplatz

application for admission *(Börse, Gen)* Zulassungsantrag *m*, Aufnahmeantrag *m (to the stock exchange)*

application for export licence *(BE) (Imp/Exp)* Antrag *m* auf Ausfuhrgenehmigung

application for export license *(AE) (Imp/Exp) s.* application for export licence

application for listing *(Börse)* Antrag *m* auf Börsenzulassung, Zulassungsantrag *m*

application for quotation *(Börse)* Antrag *m* auf Börsennotierung

application for shares *(Börse)* Aktienzeichnung *f*

application form 1. *(Admin)* Bewerbungsformular *n*; 2. *(Gen)* Anmeldeformular *n*

application is pending *(Pat)* Patent (ist) angemeldet

application level *(Bank)* Anwendungsstufe *f*

application of funds *(RW)* Mittelverwendung *f*

application of funds statement *(RW)* Kapitalflussrechnung *f*

application right *(Börse)* Zeichnungsrecht *n*

applications engineering *(Ind)* Anwendungstechnik *f*

applied *adj (Gen)* angewandt *(research)*

applied cost *(RW)* verrechnete Kosten *pl*

applied economic research *(WiWi)* angewandte Wirtschaftsforschung *f*

applied economics *(WiWi)* angewandte Wirtschaftswissenschaften *fpl*, angewandte Wirtschaftstheorie *f*

applied overheads *(RW)* verrechnete Gemeinkosten *pl*

applied research *(Mgt)* angewandte Forschung *f*, anwendungsbezogene Forschung *f (opposite: fundamental research = Grundlagenforschung)*

apply *v* 1. *(Gen)* anwenden, gebrauchen, verwenden; 2. *(Recht)* anwenden *(law)*; 3. *(Gen)* anwendbar sein, Anwendung finden *(rule)*

apply *v* **for** 1. *(Gen)* nachsuchen um, beantragen *(passport, licence)*; 2. *(Pers)* sich bewerben um *(job, employment)*; 3. *(Pat)* anmelden

apply *v* **for a job** *(Pers)* sich um eine Stelle bewerben

apply *v* **for a loan** *(Bank, Fin)* ein Darlehen beantragen, einen Kredit beantragen

apply *v* **for a post** *(Pers)* sich um eine Stelle bewerben

apply *v* **for membership** *(Pol)* Beitrittsantrag stellen, sich um die Mitgliedschaft bewerben *(EU)*

apply *v* **for shares** *(Börse)* Aktien *fpl* zeichnen

apply *v* **for unemployment benefit** *(Soz)* Arbeitslosengeld beantragen

apply *v* **in person** *(Gen)* sich persönlich bewerben

apply *v* **income to a period** *(RW)* Erträge einer Periode abgrenzen

apply *v* **to** *(RW)* zuschreiben *(a period)*; umlegen, verrechnen, zurechnen *(attribute)*

appoint *v* 1. *(Gen, Pers)* einstellen, ernennen *(person)*; festlegen *(date, place)*; berufen, bestimmen *(committee)*; 2. *(Recht)* bestellen *(annual auditor, liquidator)*

appointed *adj* 1. *(Gen)* ernannt *(agent, chairman)*; 2. *(Recht)* bestellt *(annual auditor, liquidator)* • **at the appointed time** *(Gen)* zum festgesetzten Zeitpunkt

appointed day *(Gen)* festgesetzter Termin *m*

appointed time *(Gen)* Termin *m*

appointment 1. *(Gen)* Ernennung *f*, Bestellung *f (of person)*; Termin *m (with doctor, lawyer)*; Verabredung *f (to meet)*; 2. *(Pers)* Berufung *f (to a job)*; 3. *(Recht)* Bestellung *f* • **by appointment only** *(Gen)* nur nach Absprache, Termin nach Vereinbarung, nur nach Voranmeldung

appointment vacant *(Pers)* freie Stelle *f*

schlichten *(dispute)*; 3. *(Börse, Fin)* Arbitragegeschäfte machen
arbitration 1. *(Ind, Pers)* Schiedsverfahren *n*, Schiedsgerichtsverfahren *n*, Arbitration *f*; 2. *(Recht)* Schlichtung *f*
arbitration agreement *(Gen, Recht)* Schiedsabkommen *n*, Schiedsvereinbarung *f*, Schiedsvertrag *m*
arbitration committee *(Gen)* Schiedsausschuss *m*
arbitration of exchange *(Börse, Fin)* Devisenarbitrage *f*
arbitration tribunal *(Gen)* Schiedsgericht *n*, Schiedsgerichtshof *m*
arbitrator 1. *(Pers)* Schlichter(in) *m(f)*, Vermittler(in) *m(f) (bei Arbeitsstreitigkeiten)*; 2. *(Recht)* Schiedsrichter(in) *m(f) (person)*; Schiedsstelle *f (institution)*
archive *(Media)* Archivbestände *mpl*
area 1. *(WiWi)* Fläche *f (surface size)*; Region *f (region)*; Raum *m*, Gebiet *n*; 2. *(Gen)* Gebiet *n (in town)*; Bereich *m*, Gebiet *n (of knowledge)*; Spielraum *m (scope, extent)*; Raum *m (space)*; Region *f (region)*
area code *(Komm)* Vorwahl *f*, Vorwahlnummer *f*
area manager *(Mgt)* Bereichsleiter(in) *m(f)*, Gebietsleiter(in) *m(f)*
area of application *(Gen)* Anwendungsbereich *m*
area of expertise *(Gen, Pers)* Fachgebiet *n*, Sachgebiet *n (of professional)*
area of industrial concentration *(WiWi)* industrielles Ballungsgebiet *n*
area of practice *(Recht)* Fachgebiet *n*
area of responsibility *(Gen)* Aufgabenbereich *m*, Geschäftsbereich *m*, Verantwortungsbereich *m*
area of work *(Pers)* Arbeitsgebiet *n*, Arbeitsbereich *m*, Tätigkeitsgebiet *n*
arise *v (Gen)* auftauchen • **should the occasion arise** *(Gen)* gegebenenfalls
arithmetic *adj (Stat)* arithmetisch
arithmetic average *(Stat)* arithmetisches Mittel *n*, arithmetischer Durchschnitt *m*
arithmetic mean *(Stat)* arithmetisches Mittel *n*, arithmetischer Durchschnitt *m*
arithmetical *adj (Fin)* rechnerisch
arm's length *adj (Gen, Steuer, V&M)* wettbewerblich, auf Marktpreisbasis, auf rein geschäftlicher Basis, unabhängig
arm's-length bargaining *(Gen)* Verhandlung *f* zwischen unabhängigen Partnern
arm's-length competition *(Gen)* freier Wettbewerb *m*
arm's-length price *(RW, V&M)* Wettbewerbspreis *m*, Marktpreis *m*
arm's-length principle 1. *(Gen, Steuer, V&M)* Unabhängigkeitsgrundsatz *m*, Prinzip *n* der rechtlichen Selbstständigkeit; 2. *(Recht)* Drittvergleichsgrundsatz *m*
around-the-clock shopping *(V&M)* Rund-um-die-Uhr-Shopping *n*
arrange *v* 1. *(Bank)* aushandeln, vereinbaren *(loan)*; 2. *(Gen)* anordnen, einrichten, festsetzen, ausmachen *(date)*; regeln, vereinbaren *(details)*; ansetzen *(meeting)*; 3. *(Recht)* Vergleich schließen, sich vergleichen
arrange *v* **a loan** *(Bank, Fin)* ein Darlehen aushandeln
arrangement *(Gen)* Gliederung *f (organization)*; Vergleich *m (agreement with creditor)*; Einigung *f*, Übereinkommen *n*, Übereinkunft *f*, Vereinbarung *f*, gütliche Einigung *f (in dispute)*; Anordnung *f (ordering)*; Ordnung *f* • **by arrangement** *(Gen)* nach Vereinbarung
arrangement fee *(Bank)* Provision *f* der Führungsbank
arranger *(Bank)* Führungsbank *f*, Arranger *m*, Arrangeur *m*
array of products *(V&M)* Produktpalette *f*, Warensortiment *n*
arrearages *(Fin)* Rückstände *mpl*, rückständige Zahlungen *fpl*
arrears *(Börse, Fin, Gen)* Rückstände *mpl* • **be in arrears** *(Fin, Gen)* im Rückstand sein, rückständig sein
arrears of interest *(Bank)* Zinsrückstände *mpl*
arrest *v (Recht)* verhaften
arson *(Recht, Versich)* Brandlegung *f*, Brandstiftung *f*
art *(Gen, Media)* Kunst *f* • **the art of the possible** *(Pol)* die Kunst *f* des Möglichen
article 1. *(Gen, WiWi)* Ware *f*, Ware *f*, Gegenstand *m*, Artikel *m (small object)*; 2. *(Recht)* Artikel *m (part of law)*

article for personal use *(Gen)* Artikel *m* des persönlichen Bedarfs, Gegenstand *m* des persönlichen Bedarfs
article of consumption 1. *(Gen)* Gebrauchsgegenstand *m*; 2. *(V&M)* Verbrauchsartikel *m*, Konsumartikel *m*
articles of agreement *(Gen, Recht)* Vertragsbestimmungen *fpl*
articles of association *(BE) (Recht)* Gründungsurkunde *f*, Gesellschaftsvertrag *m*, Satzung *f (corporation)*
articles of incorporation *(AE) (Recht)* Gründungsurkunde *f*, Gesellschaftsvertrag *m*, Satzung *f (corporation)*
artificial barrier to entry *(WiWi)* künstliche Zutrittsschranke *f (market)*
artificial obsolescence *(V&M)* künstliches Veralten *n*
as collateral *(Bank, Gen)* zur Absicherung, als Sicherheit
as is *(Gen, Recht)* wie die Ware liegt und steht, wie besichtigt
ascending sort *(Comp, Gen)* aufsteigende Sortierung *f*
ascertain *v* 1. *(RW)* ermitteln, feststellen *(statements, price)*; 2. *(WiWi)* erheben, ermitteln
ascertained fact *(Gen)* festgestellte Tatsache *f*
ASCII *s.* American Standard Code for Information Interchange
ascribe *v (Gen)* beimessen, zuschreiben
ask *v* **for an expert opinion** *(Gen)* ein Gutachten einholen
asked and bid *(Börse)* Brief- und Geldkurs *m (selling and buying price)*
asked price 1. *(RW)* Ausgabepreis *m*; 2. *(Grund)* Angebotspreis *m*, Verkaufspreis *m*; 3. *(Börse)* Angebotskurs *m*, Briefkurs *m*
asked quotation *(Börse)* Briefquotierung *f*
asked spread *(Bank, Börse)* Briefspanne *f*
aspiration level *(V&M, WiWi)* Anspruchsniveau *n*
assault *(Recht)* tätliche Beleidigung *f*, Drohung *f*
assay *v* **sth** *(Gen)* den Feingehalt feststellen, den Feingehalt prüfen
assembler 1. *(Pers)* Monteur *m*; 2. *(Ind)* Montagefirma *f*
assembly 1. *(Gen)* Zusammenkunft *f (of people)*; 2. *(Ind)* Baugruppe *f*, Bausatz *m*, Montage *f*; 3. *(Pol)* Versammlung *f*
assembly line *(Ind, Pers)* Band *n*, Fließband *n*, Montageband *n*
assembly plant *(Ind, Pers)* Montagewerk *n*
assent *(Gen)* Beipflichten *n*, Einwilligung *f*, Zustimmung *f (acquiescence)*; Billigung *f (to proposal)*
assert *v (Gen)* behaupten, versichern
assert *v* **a claim** *(Recht)* einen Anspruch geltend machen
assertiveness *(Pers)* Durchsetzungsvermögen *n*, Selbstbehauptung *f*
assertiveness training *(Pers)* Selbstbehauptungstraining *n*
assess *v* 1. *(Gen)* begutachten, einschätzen, taxieren, bewerten *(proposal, offer)*; bemessen, beurteilen *(fine)*; festsetzen *(income, price, value)*; 2. *(Steuer)* veranlagen *(for tax purposes)*
assess *v* **dispassionately** *(Bank, Gen)* nüchtern beurteilen
assess *v* **realistically** *(Bank, Gen)* nüchtern beurteilen
assessable *adj* 1. *(Gen)* schätzbar; 2. *(Steuer)* steuerpflichtig
assessable income *(Steuer)* steuerpflichtige Einkünfte *pl*; zu versteuerndes Einkommen *n*
assessed income tax *(Steuer)* veranlagte Einkommensteuer *f*
assessment 1. *(Gen)* Begutachtung *f*, Bemessung *f*, Beurteilung *f*, Einschätzung *f*, Bewertung *f (of proposal, offer)*; 2. *(Steuer)* Veranlagung *f*, Vermögensbewertung *f*
assessment base *(Soz, Steuer)* Bemessungsgrundlage *f*
assessment center *(AE) (Pers) s.* assessment centre
assessment centre *(BE) (Pers)* Assessment Center *n*, Personalauswahlverfahren *n*
assessment of compensation *(Recht)* Feststellung *f* der Höhe des Schaden(s)ersatzes
assessment of financial needs *(Fin, Mgt)* Ermittlung *f* des Finanzbedarfs, Finanzbedarfsermittlung *f*, Ermittlung *f* des Kapitalbedarfs, Kapitalbedarfsermittlung *f*, Bedarfsschätzung *f*

assistant manager *(Mgt, Pers)* stellvertretender Direktor *m*, stellvertretende Direktorin *f*
associate *(Gen)* Gesellschafter(in) *m(f)*, Partner(in) *m(f)*, Teilhaber(in) *m(f)*
associate company *(WiWi)* verbundene Gesellschaft *f*
associated *adj* 1. *(Gen)* verbunden; 2. *(Pat)* verwandt
associated company *(Gen, Recht, WiWi)* verbundenes Unternehmen *n*, Konzernunternehmen *n*, angeschlossenes Unternehmen *n*, kapitalmäßig verbundenes Unternehmen *n*, Zweigunternehmen *n*, Tochtergesellschaft *f*, assoziiertes Unternehmen *n*, Schwestergesellschaft *f (synonymous: affiliate, affiliated company, affiliated enterprise, associated enterprise)*; Beteiligungsgesellschaft *f (between 5 % and 50 % of the voting stock; Beteiligung zwischen 5 % und 50 %; ab 50 % aufwärts: subsidiary)*
associated company abroad *(Fin, Gen)* Auslandsbeteiligung *f*
associated country *(WiWi)* assoziiertes Land *n (EU)*
associated enterprises *(Fin, Gen)* kapitalmäßig verbundene Unternehmen *npl*
association *(Gen)* Gesellschaft *f*, Handelsgesellschaft *f*, Personenvereinigung *f*, Vereinigung *f*, Interessenverband *m (professional group)*; Verband *m*, Verein *m*, Bund *m*, Verbund *m (non-profit-making)* • **in association with** *(Gen)* gemeinsam mit, in Zusammenarbeit mit
Association of British Chambers of Commerce *(Ind)* Vereinigung der britischen Industrie- und Handelskammern, ≈ Deutscher Industrie- und Handelstag *m*, DIHT
assortment *(Gen)* Auswahl *f*
assortment of goods *(Gen)* Sortiment *n*, Warensortiment *n*
assume *v (Gen)* übernehmen, annehmen, unterstellen *(take on)*; annehmen *(suppose)*; voraussetzen *(presuppose)*
assume *v* **responsibility for sth** *(Gen)* die Verantwortung für etw. übernehmen
assume *v* **the expenses** *(Gen)* die Kosten übernehmen
assumption *(Gen)* Übernahme *f*, Annahme *f*, Vermutung *f (taking on)*; Voraussetzung *f (supposition)*
assumption of liability *(Recht)* Haftungsübernahme *f (contracts)*
assumption of losses *(Fin, Gen)* Verlustübernahme *f*
assumption of the risk 1. *(Bank, Fin)* Risikoübernahme *f*, Risikotragung *f*; 2. *(Recht)* Gefahrübernahme *f (contracts)*
assurance *(BE) (Versich)* Lebensversicherung *f*, Versicherung *f*
assurance payable at death *(BE) (Versich)* Lebensversicherung *f* auf den Todesfall
assure *v* 1. *(Gen)* zusichern; 2. *(Versich)* versichern
at maturity *(Bank, Fin)* bei Fälligkeit, zum Fälligkeitstermin, bei Verfall
at sign 1. *(Komm)* at-Zeichen *n*, Klammeraffe *m (@, separator in E-Mail addresses)*; 2. *(V&M)* zum Preis von *(at the specified price)*
atomistic competition *(WiWi)* atomistische Konkurrenz *f*
attach *v* 1. *(Comp)* anhängen *(file, data)*; 2. *(Recht)* pfänden • **no strings attached** *(Gen)* ohne Bedingungen *(agreement)*; *(ugs.)* ohne Haken *(conditions)*
attached file *(Comp, Komm)* angehängte Datei *f (e-mail)*
attachment *(Recht)* dinglicher Arrest *m*
attend *v (Mgt)* teilnehmen an *(meeting)*
attend *v* **a training course** *(Bil)* einen Lehrgang besuchen, an einem Lehrgang teilnehmen
attend *v* **school** *(Bil)* die Schule besuchen, die Universität besuchen
attend *v* **to** *(Gen)* bedienen *(customer)*; sich kümmern um *(problem)*
attend *v* **university** *(Bil)* die Universität besuchen
attendance bonus *(Pers)* Anwesenheitsprämie *f*
attendance fees *(Pers)* Sitzungsgeld *n*, Tagegeld *n*
attention *(Gen)* Aufmerksamkeit *f*, Beachtung *f* • **for the attention of** *(Gen, Komm)* zu Händen, z. Hd., zu Händen von, z. Hd. v.
attention getter *(V&M)* Blickfang *m (advertising)*
attention, interest, desire, action *(Al-*

DA) (V&M) Aufmerksamkeit, Interesse, Wunsch, Aktion
attention value *(V&M)* Zugkraft *f*
attest *v (Recht)* bezeugen
attest *v* **to** *(Recht)* bekunden, beurkunden, bezeugen, beglaubigen
attestation *(Recht)* Bestätigung *f*, Zeugenaussage *f*
attested by a notary *(Recht)* notariell beglaubigt [beurkundet]
attitude 1. *(Gen)* Haltung *f*; 2. *(Mgt)* Einstellung *f*, Standpunkt *m*; 3. *(V&M)* Einstellung *f (products, ideas)*
attitude survey *(V&M)* Verhaltensstudie *f (market research)*
attitude to work *(Pers)* Einstellung *f* zur Arbeit, Arbeitseinstellung *f*, Berufseinstellung *f*, Arbeitsverhalten *n*, Berufsverhalten *n*
attn *s.* attention
attorney *(AE) (Recht)* Anwalt *m*, Anwältin *f*
attorney-at-law *(AE) (Recht)* Rechtsanwalt *m*, Rechtsanwältin *f*
attorney-client privilege *(AE) (Recht)* anwaltliche Schweigepflicht *f*, Verschwiegenheitspflicht *f*
attorney for the defense *(AE) (Recht)* Verteidiger(in) *m(f)*
attorney for the opposing party *(AE) (Recht)* Gegenanwalt *m*
attorney's fees *(AE) (Recht)* Anwaltskosten *pl*
attract *v (Gen)* hereinholen *(orders)*
attract *v* **new business** *(Gen, V&M)* Aufträge beschaffen, Aufträge hereinholen
attractive offer *(Gen)* attraktives Angebot *n*, günstiges Angebot *n*
attributable *adj (Media, Pol)* zuschreibbar *(comment)*
attribute *(Gen)* Eigenschaft *f*, Merkmal *n*
attribute *v* **sth to sth** *(Gen)* etw. auf etw. zurückführen *(success, failure)*
attrition *(Pers)* natürlicher Arbeitskräfteabgang *m (natural wastage)*
atypical employment *(Pers, Pol)* atypische Beschäftigung *f*; atypische Beschäftigungsverhältnisse *npl*
atypical forms of employment *(Pers)* atypische Beschäftigungsverhältnisse *npl*
au fait *adj (Gen)* vertraut, auf dem Laufenden • **be au fait with** *(Gen)* vertraut sein mit
auction *v (Gen, V&M, WiWi)* versteigern, auktionieren
auction *v* **off** *(Gen, V&M, WiWi)* versteigern
auction *(Gen, V&M, WiWi)* Auktion *f*, Versteigerung *f*
auction market *(WiWi)* Auktionsmarkt *m*
auction room *(Gen)* Auktionslokal *n*
audience 1. *(Gen)* Leserschaft *f (for the press)*; 2. *(Frei, Media)* Zuschauer *mpl*, Zuhörer *mpl (for television)*; 3. *(V&M)* Zielgruppe *f (advertising)*
audio conference *(Komm)* Fernsprechkonferenz *f*, Konferenzschaltung *f*
audiovisual *adj (Gen, Komm, Media, V&M)* audio-visuell
audiovisual aids 1. *(Komm)* audio-visuelle Hilfen *fpl*; 2. *(Media)* audio-visuelle Unterstützung *f*
audiovisual display *(V&M)* audio-visuelle Anzeige *f*
audit *v (Fin, RW)* prüfen, Bücher prüfen *(accounts)*
audit *(Fin, RW)* Abschlussprüfung *f*, Buchprüfung *f*, Prüfung *f*, Rechnungsprüfung *f*, Revision *f*, Wirtschaftsprüfung *f (corporate audits)*; Qualitätsaudit *n*, Audit *n (quality audit)*; Haushaltskontrolle *f (by government audit agency; durch den jeweiligen Rechnungshof)*
audit agent *(RW)* Prüfer(in) *m(f)*, Auditor(in) *m(f)*
audit certificate *(Mgt, RW)* Testat *n* des Prüfers, Testat *n*, Bestätigungsvermerk *m*, Prüfungsvermerk *m (Prüfungsobjekt: Jahresabschluss)*; Prüfungsbericht *m (ausführliche Langform)*
audit client *(RW)* Revisionskunde *m (auditing)*
audit company *(Mgt, RW)* Wirtschaftsprüfungsgesellschaft *f*
audit coverage *(RW)* Prüfungsumfang *m*
audit firm *(Mgt, RW)* Wirtschaftsprüfungsgesellschaft *f*
audit independence *(RW)* Prüfungsunabhängigkeit *f*
audit of accounts *(Mgt, RW)* Rechnungsprüfung *f*
audit opinion *(RW)* Testat *n*, Bestäti-

gungsvermerk *m*, Prüfungsvermerk *m* *(Prüfungsobjekt: Jahresabschluss)*
audit plan *(RW)* Prüf(ungs)plan *m*
audit report *(RW)* Bestätigungsvermerk *m*, Prüfungsbericht *m*, Testat *n*, Revisionsbericht *m*
audit scope *(RW)* Prüfungsumfang *m*
audit standard *(RW)* Prüfungsgrundsatz *m*
audit trail *(RW)* Prüfspur *f*, Prüf(ungs)-kette *f*, Prüfungspfad *m*
auditable *adj (RW)* prüffähig
audited accounts *(RW)* geprüfter Abschluss *m*
audited circulation *(Media, V&M)* kontrollierte Auflage *f*
auditee *(RW)* geprüftes Unternehmen *n* *(company)*
auditing *(RW)* Buchprüfung *f*, Prüfungswesen *n*, Revision *f*
auditing department *(RW)* Revisionsabteilung *f*, Innenrevision *f*
auditing manual *(RW)* Revisionshandbuch *n*
auditing principle *(RW)* Prüfungsgrundsatz *m*, Prüfungsrichtlinie *f*
auditing standard *(RW)* Prüfungsgrundsatz *m*, Prüfungsrichtlinie *f*
auditor *(RW)* Bilanzprüfer(in) *m(f)*, Buchprüfer(in) *m(f)*, Rechnungsprüfer(in) *m(f)*, Wirtschaftsprüfer(in) *m(f)*; Auditor *m (quality audit)*
auditor's certificate *(RW)* Bestätigungsvermerk *m*, Prüfungsbericht *m*, Testat *n*
auditor's report *(RW)* Bestätigungsvermerk *m*, Prüf(ungs)bericht *m*, Testat *n*
auditor's statement *(RW)* Bestätigungsvermerk *m*, Prüf(ungs)bericht *m*, Testat *n*
austerity 1. *(Gen)* Nüchternheit *f*; 2. *(WiWi)* Austerity *f*, wirtschaftliche Einschränkung *f*, wirtschaftliche Entbehrung *f*, Sparpolitik *f*
austerity measure *(WiWi)* Sparmaßnahme *f*
austerity programme [package] *(Pol, WiWi)* Sparprogramm *n*, Sparpaket *n*
authentic *adj (Gen, Recht, RW)* verbindlich *(text)*
authenticate *v* 1. *(Gen, RW)* beurkunden; 2. *(Recht)* beglaubigen glaubhaft machen *(claim)*
authenticated document *(Recht)* beglaubigte Urkunde *f*
authentication 1. *(Gen, RW)* Beurkundung *f*; 2. *(Recht)* Beglaubigung *f*, Glaubhaftmachung *f (of claims)*; 3. *(Börse)* Echtheitsbescheinigung *f*
authentification *(Comp, Komm)* Authentifizierung *f*, Identitätsnachweis *m*
author *v* 1. *(Media)* verfassen, schreiben; 2. *(Recht)* verfassen
author *(Media, Recht)* Autor(in) *m(f)*, Verfasser(in) *m(f)*
author's copy *(Media, Recht)* Autorenexemplar *n*
author's fee *(Media, Pat)* Autorenhonorar *n*, Tantieme *f*
author's rights *(Media, Recht)* Autorenrechte *f*
author's specimen copy *(Gen)* Belegexemplar *n*
authoritative *adj (Recht)* maßgeblich, verbindlich
authoritative principle *(RW)* Maßgeblichkeitsprinzip *n (Deu; synonymous: authoritative concept; Übertragung der formalen und inhaltlichen handelsrechtlichen Jahresabschlussvorschriften, der GoB, in den Bereich der Steuerbilanz; opposite: reverse authority = umgekehrte Maßgeblichkeit)*
authorities/the *(Gen)* die Staatsgewalt *f*
authority 1. *(Gen)* Amtsgewalt *f*, Befugnis *f*, Weisungsgewalt *f*, Kompetenz *f*, Autorität *f (person, expert)*; 2. *(Pat)* Amt *n*, Behörde *f (national)*
authority to act and sign *(Mgt, Pers, Recht)* Handlungsvollmacht *f (may be limited; e. g. general authority of a manager = Generalvollmacht, z. B. eines Geschäftsleiters; partial authority = Teilvollmacht; specific authority = besondere Vollmacht; special authority = Spezialvollmacht, Sondervollmacht)*
authority to purchase 1. *(Fin)* Authority to Purchase *f*; 2. *(Gen)* Ankaufsermächtigung *f*
authority to sign *(Gen)* Zeichnungsberechtigung *f (on behalf of a third party)*
authorization 1. *(Bank)* Autorisation *f*, Befugnis *f*, Ermächtigung *f*, Genehmigung *f*; 2. *(Gen)* Erlaubnis *f*, Ermächtigung *f*, Genehmigung *f*; 3. *(Recht)* Bevollmächtigung *f*, Vollmachterteilung *f*

(delegation of power); 4. *(Pat)* Erlaubnis *f*, Genehmigung *f* • **subject to authorization** *(Gen)* genehmigungspflichtig *(synonymous: subject to approval)*

authorize *v* 1. *(Gen)* bevollmächtigen, ermächtigen, Vollmacht erteilen *(person)*; erlauben, genehmigen *(action)*; 2. *(Recht)* beauftragen

authorized *adj (Gen)* bewilligt, befugt, bevollmächtigt *(person)* • **be authorized to sign** *(Gen, Recht)* unterschriftsberechtigt sein

authorized agent *(Gen)* Bevollmächtigte(r) *f(m)*, bevollmächtigter Vertreter *m*

authorized capital 1. *(WiWi)* autorisiertes Kapital *n*; 2. *(Fin)* bedingtes Kapital *n* *(unissued capital)*

authorized capital stock *(Fin)* autorisiertes Grundkapital *n*

authorized dealer 1. *(Recht, V&M)* Vertragshändler(in) *m(f)*; 2. *(Börse)* zugelassener Händler *m*, zugelassener Devisenhändler *m*

authorized expenditure *(RW)* bewilligte Ausgaben *fpl*

authorized representative *(Gen, Pers)* bevollmächtigter Vertreter *m*, bevollmächtigte Vertreterin *f*

authorized share capital *(Fin, RW)* autorisiertes Aktienkapital *n*, genehmigtes Kapital *n*

authorized shares *(Börse)* genehmigte Aktien *fpl*

authorized stock *(Börse)* genehmigte Aktien *fpl*, genehmigtes Aktienkapital *n*

autocomplete *v (Comp, Komm)* automatisch vervollständigen, autovervollständigen

autofinancing *(Fin)* Eigenfinanzierung *f*, Selbstfinanzierung *f*

automate *v (Ind)* automatisch fertigen, automatisieren

automated account screening *(Bank, Steuer) (Deu)* automatisiertes Kontenabrufverfahren *n*, automatisiertes Konten-Screening *n (the right for tax and social security agencies in Germany to detect accounts and gain an insight into master data of account holders; Einblicknahme der Finanz- und Sozialverwaltungen in die Kontenstammdaten der Kunden deutscher Banken)*

automated cash dispenser *(Bank)* Geld(ausgabe)automat *m*, GAA

automated exchange of information *(Bank, Fin, Steuer)* automatischer Informationsaustausch *m (EU interest taxation agreement = EU-Vereinbarung zur Zinsbesteuerung, EU-Zinsrichtlinie = EU Interest Directive)*

automated teller card *(Bank)* Geldautomatenkarte *f*

automated teller machine *(Bank, Fin)* multifunktionaler Bankautomat *m*, SB--Bankautomat *m*

automatic cash dispenser *(Bank)* Geldausgabeautomat *m*, GAA, Geldautomat *m*

automatic control *(Gen, Mgt)* Regelung *f*, Selbststeuerung *f*

automatic data processing *(Comp)* automatisierte Datenverarbeitung *f*

automatic debit transfer system *(Fin)* Einzugsverfahren *n*

automatic funds transfer *(Bank, RW)* automatischer [automatisierter, elektronischer] Zahlungsverkehr *m*

automatic processing *(Comp)* automatische Verarbeitung *f*

automatic reinvestment *(Börse)* automatische Wiederanlage *f*

automatic stabilizer *(Pol, WiWi)* automatischer Stabilisator *m*

automatic teller *(Bank, Fin)* SB-Bankautomat *m*, Geldautomat *m*

automatic telling machine *(Bank, Fin)* multifunktionaler Bankautomat *m*, SB--Bankautomat *m*

automatic transfer *(Bank)* automatische Überweisung *f*

automatic transfer service *(BE) (Bank)* automatischer Überweisungsverkehr *m*, automatischer Verrechnungsdienst *m*

automotive *adj (Ind)* motorisch, selbstfahrend

automotive industry *(Ind)* Autoindustrie *f*, Kraftfahrzeugindustrie *f*

automotive stock *(Börse)* Automobilwerte *mpl*

autonomous *adj (Gen)* autonom

autonomous consumption *(WiWi)* au-

tonomer Konsum *m (einkommensunabhängiger Konsum)*
autonomous expenditure *(WiWi)* autonome Ausgaben *fpl*
autonomous investment *(WiWi)* autonome Investition *f*
autonomous wage bargaining *(Mgt, Pers, WiWi)* Tarifautonomie *f*
autonomy *(Gen)* Autonomie *f*, Selbstverwaltung *f*
autonomy in collective bargaining *(Mgt, Pers, WiWi)* Tarifautonomie *f*
autorespond *v (Comp, Komm)* automatisch beantworten
availability 1. *(WiWi)* Disponibilität *f (of monetary reserves)*; 2. *(Gen)* Lieferbarkeit *f*, Verfügbarkeit *f*; 3. *(Media)* Sendeplatz *m (radio)*; 4. *(V&M)* noch verfügbare Werbezeit *f (of time on radio, TV)*
availability for employment *(Pers)* Verfügbarkeit *f* zur Aufnahme einer Arbeit, Verfügbarkeit *f* zur Aufnahme einer Beschäftigung
availability of jobs *(WiWi)* Arbeitsplatzangebot *n*
available *adj* 1. *(Gen)* erhältlich, lieferbar *(obtainable)*; erreichbar *(able to be contacted)*; verfügbar, vorhanden *(ready for use)*; 2. *(Pers)* verfügbar • **available on a current basis** *(Gen)* aktuell verfügbar • **available at short notice** *(Gen)* kurzfristig lieferbar [verfügbar] • **make available** *(Gen)* bereitstellen *(money)* • **not available** *(Gen)* nicht zu erreichen, nicht erreichbar *(person)*; nicht lieferbar *(product)*
available asset *(Bank, RW)* liquider Aktivposten *m*
available cash *(Fin, RW)* Barliquidität *f*, Liquidität *f* ersten Grades
available for employment *(Pers)* verfügbar für eine Beschäftigung, verfügbar für eine Arbeit
available funds *(Fin, RW)* flüssige Mittel *npl*
available income *(Fin, Steuer)* verfügbares Einkommen *n*
avails *(Gen)* Ertrag *m*, Nutzen *m*, Vorteil *m*
average *v (Gen, RW)* den Durchschnitt ermitteln von *(calculate the average of)*
average *v* **out** *(Fin)* ausgleichen, den Durchschnitt ermitteln von *(costs, profit)*
average *adj (Gen)* durchschnittlich, normal
average 1. *(Gen)* Durchschnitt *m*, Mittelwert *m*; 2. *(Versich)* Havarie *f*, Seeschaden *m (maritime)*; 3. *(Börse)* Durchschnittskurs *m*, Aktienindex *m* • **at an average** *(Gen)* durchschnittlich, im Durchschnitt • **on (an) average** *(Gen)* durchschnittlich, im Durchschnitt
average amount *(Gen)* Durchschnittsbetrag *m*
average annual growth rate *(AAGR) (Stat, WiWi)* durchschnittliche jährliche Wachstumsrate *f*
average claim *(Versich)* Durchschnittsschaden *m*
average consumer *(V&M)* Normalverbraucher(in) *m(f)*
average cost *(RW, WiWi)* Durchschnittskosten *pl*
average cost pricing *(WiWi)* Preisbildung *f* auf Durchschnittskostenbasis, Preisbildung *f* auf Normalkostenbasis
average costs 1. *(RW)* durchschnittliche Kosten *pl*; 2. *(WiWi)* Durchschnittskosten *pl*, Stückkosten *pl*
average duration of life *(Versich)* mittlere Lebenserwartung *f*
average earner *(Pers, Soz)* Durchschnittsverdiener(in) *m(f)*
average earning *(Pers)* Durchschnittsverdienst *m*
average fixed cost *(RW)* durchschnittliche Fixkosten *pl*
average hourly earnings *(Pers)* Durchschnitts-Stundenverdienst *m*, durchschnittlicher Stundenlohn *m*
average interest rate *(Bank)* Durchschnittsverzinsung *f*
average life *(Gen, RW)* betriebsgewöhnliche Nutzungsdauer *f*, mittlere Nutzungsdauer *f (of machine, product)*
average mark-up *(Gen)* durchschnittlicher Preisaufschlag *m*
average market price *(Börse, Fin, Gen)* Durchschnittskurs *m*, durchschnittlicher Marktpreis *m*
average maturity *(Börse)* durchschnittliche Laufzeit *f (of security)*
average pay *(Pers, RW)* Durchschnittseinkommen *n*

average propensity to consume *(WiWi)* durchschnittliche Konsumneigung *f*
average propensity to save *(WiWi)* durchschnittliche Sparneigung *f*
average rate *(Börse, RW)* Durchschnittskurs *m*, Durchschnittssatz *m*
average remuneration *(Pers)* Durchschnittsentgelt *n*, Durchschnittsverdienst *m*
average return method *(WiWi)* Rentabilitätsvergleichsrechnung *f*; Wirtschaftlichkeitsrechnung *f*
average revenue *(Fin, RW)* Durchschnittserlös *m*, Durchschnittsertrag *m*
average sold circulation *(Media)* durchschnittliche verkaufte Auflage *f*
average tax rate *(Steuer)* durchschnittlicher Steuersatz *m*, Durchschnittssteuersatz *m*, T/Y
average total cost *(RW)* durchschnittliche Gesamtkosten *pl*
average unit cost *(RW)* durchschnittliche Stückkosten *pl*
average utilization *(Ind)* durchschnittliche Auslastung *f*
average variable costs *(WiWi)* variable Durchschnittskosten *pl*
average wage *(Pers)* Durchschnittslohn *m*
average yield *(Fin, RW)* Durchschnittsertrag *m*, Durchschnittsrendite *f*
averaging 1. *(Fin)* Durchschnittsmethode *f*; 2. *(Börse, Gen, Steuer)* Durchschnittsbildung *f*
averment *(Recht)* Behauptung *f*
aviation industry *(Transp, WiWi)* Flugzeugindustrie *f*, Luftfahrtindustrie *f*
avoid *v* 1. *(Gen)* vermeiden; 2. *(Recht)* anfechten, annullieren, aufheben; 3. *(Pat)* anfechten; 4. *(Steuer)* umgehen, vermeiden
avoidable costs *(Gen)* Differenzkosten *pl*, negative Opportunitätskosten *pl*
avoidance 1. *(Gen)* Vermeidung *f*; 2. *(Recht)* Anfechtung *f*, Annullierung *f*, Aufhebung *f*
avoidance clause *(Recht)* Anfechtungsklausel *f*
avoidance of tax *(Steuer, WiWi)* Steuervermeidung *f*
award *v (Gen)* erteilen, (ver)geben *(contract)*; gewähren
award *v* **damages** *(Versich)* Schaden(s)ersatz zahlen
award 1. *(Gen)* Erteilung *f*, Vergabe *f*; 2. *(Pers)* Prämie *f*; 3. *(Recht)* Schiedsspruch *m*; 4. *(Mgt)* Zuschlag *m (bonus)*; Auftragserteilung *f*, Zuschlag *m (of contract)*
awarded *adj (Gen)* erteilt
awareness *(Gen, V&M)* Bewusstsein *n*, Bekanntheit *f*

B

BA *(Abk. für Bachelor of Arts) (Bil) erster akademischer Grad in den Geisteswissenschaften, einschließlich Sozialwissenschaften, vor dem Master-Abschluss*
Bachelor *(Bil)* Bachelor *m*, Bakkalaureus *m (niedrigster akademischer Grad in GB und den USA)*
Bachelor of Arts *(BA) (Bil) erster akademischer Grad in den Geisteswissenschaften, einschließlich Sozialwissenschaften, vor dem Master-Abschluss*
Bachelor of Business Administration *(BBA) (Bil, Pers)* Betriebswirt(in) *m(f)*, Diplomkaufmann *m* (grad.), Diplomkauffrau *f* (grad.)
Bachelor of Economics *(Pers)* Volkswirt(in) *m(f)* (grad.)
back *v* 1. *(WiWi)* decken *(currency)*; 2. *(Gen)* (unter)stützen *(support)*; befürworten *(approve)*; 3. *(Recht)* indossieren *(endorse)*
back *v* **down** *(Gen) (ugs.)* einen Rückzieher machen; nachgeben
back *v* **out** *(Gen)* zurücktreten, *(ugs.)* aussteigen *(deal)*; *(ugs.)* einen Rückzieher machen
back-pedal *v (Gen, Pol) (ugs.)* einen Rückzieher machen, zurückrudern
back end *(jarg.) (Media)* letzter Teil *m*
back interest *(RW)* rückständige Zinsen *mpl*, Zinsrückstand *m*
back office *(Bank) (jarg.)* Abwicklung *f*, Abwicklungsstelle *f*, Back Office *n*
back order *(V&M)* unerledigter Auftrag *m*
back payment *(Pers)* Lohnnachzahlung *f*, Nachzahlung *f*
back rent *(Pers)* rückständige Miete *f*
back tax *(Steuer)* Steuerrückstände *mpl*

back-to-back transaction *(Bank)* Gegengeschäft *n*

backdate *v* 1. *(Gen)* rückdatieren; 2. *(Recht)* rückwirkend in Kraft treten lassen

backdated pay *(Pers)* rückwirkende Entlohnung *f*

backed bill of exchange *(Fin)* avalierter Wechsel *m*

backer 1. *(Fin)* Geldgeberin *m*, Sponsor *m*; 2. *(Gen)* Befürworter(in) *m(f)*; Indossant *m*

background 1. *(Gen, WiWi)* Hintergrund *m (to situation)*; 2. *(Pers)* Werdegang *m*, Vorbildung *f (professional, academic)*; Erfahrung *f (experience)*

background information *(Gen)* Hintergrundinformation *f*

background paper 1. *(Fin)* Hintergrundpapier *n*, Zusammenfassung *f* der Hintergründe; 2. *(Media)* Vortrag *m* über die Hintergründe

background story *(Media)* Hintergrundbericht *m*

backing 1. *(WiWi)* Unterstützung *f*; Stützung *f (of a currency)*; 2. *(Gen)* Unterstützung *f (support)*; Befürwortung *f (approval)*; 3. *(Recht)* Indossament *n (endorsement)*; 4. *(Börse)* Stützungskäufe *mpl*

backing syndicate *(Fin)* Auffangkonsortium *n*

backlog *(Gen)* Arbeitsrückstand *m*, Auftragsrückstand *m*

backlog demand *(Gen)* Nachholbedarf *m*

backlog effect *(Bank, Börse)* Nachholeffekt *m (BOP)*

backlog of final orders *(Gen)* Bestand *m* an festen Aufträgen

backlog of orders *(Gen)* Auftragsbestand *m*, Auftragsrückstand *m*

backlog of payments *(RW)* Zahlungsrückstände *mpl*

backlog of work *(Gen)* Arbeitsrückstand *m*

backscratching *(BE) (Pol)* Politik *f* gegenseitiger Unterstützung, *(ugs.)* Bildung *f* von Seilschaften, Klüngelpolitik *f*, Klüngelei *f*, Amigo-Politik *f (AE: log-rolling, logrolling)*

backtrack *v (Gen, Mgt)* sich zurückziehen, *(ugs.)* einen Rückzieher machen *(from plan or promise)*

backup 1. *(Comp)* Sicherungskopie *f*, Backup *n*; 2. *(Gen)* Rückgriff *m*; Unterstützung *f*; 3. *(Versich)* Rückgriff *m*

backup capacity *(Bank)* Ausweichkapazität *f*

backup copy *(Comp)* Sicherungskopie *f (of file, data)*

backup credit line *(AE) (Bank)* Auffang-Kreditlinie *f*

backup facilities *(Gen)* Stützungsfazilität *f*

backup line 1. *(Bank)* Auffanglinie *f*, Rückgrifflinie *f*; 2. *(Fin)* Deckungsfazilität *f*; Kreditlinie *f*

backup service 1. *(Gen)* Hilfsdienst *m*; 2. *(V&M)* Kundendienst *m*

backup withholding *(AE) (Steuer)* zusätzliche Steuereinbehaltung *f*

backup withholding tax *(AE) (Steuer)* Anschlussquellensteuer *f*

backward *adj* 1. *(WiWi)* rückständig, unterentwickelt; 2. *(Gen)* rückwärts

backward-bending supply curve *(WiWi)* anomale Angebotskurve *f*

backward integration *(Ind, Mgt, WiWi)* Rückwärtsintegration *f*

backward linkage *(WiWi)* beschaffungsseitige Verflechtung *f*, Verflechtung *f* mit vorgelagerten Marktstufen

backward vertical integration *(Mgt, WiWi)* Rückwärtsintegration *f*

backwash effect *(WiWi)* Aushöhlungseffekt *m*

backyard/not in my *(NIMBY) (Pol, Umwelt)* nicht bei uns, nicht bei mir *(when it comes to e. g. new refuse disposal units or motorways; cf NIMBY-principle = Sankt-Florians-Prinzip)*

bad *(WiWi)* Übel *n*, negatives Gut *n*, negativer externer Effekt *m*, volkswirtschaftliche Kosten *pl*

bad and doubtful debt *(Bank)* notleidender Kredit *m*, Risikokredit *m*

bad check *(AE) (Bank) s.* bad cheque

bad cheque *(BE) (Bank)* ungedeckter Scheck *m*

bad debt *(Bank, Fin, RW)* uneinbringliche Forderung *f*, zweifelhafte Forderung *f*

bad debt loss 1. *(RW)* als Verlust abgebuchte Forderung *f*; 2. *(Bank)* aus zweifelhaften Forderungen herrührender Verlust *m*; 3. *(WiWi)* Verlust *m* durch uneinbringliche Forderungen

bad debt provision *(Bank, Fin, RW)* Rückstellung *f* für zweifelhafte Forderungen

bad debt risk *(Fin)* Forderungsausfallrisiko *n*

bad debtor *(Bank)* zahlungsunfähiger Schuldner *m*, zahlungsunfähige Schuldnerin *f*

bad investment *(Bank, Fin)* Fehlinvestition *f*

bad loan *(Bank)* notleidender Kredit *m*

bad loan provision *(Bank, Fin)* Rückstellung *f* für Risikokredite [notleidende Kredite]

bad name *(Gen)* schlechter Ruf *m*

bad paper *(Bank, Fin) (ugs.)* fauler Wechsel *m*

bad reputation *(Gen)* schlechter Ruf *m*

bad title *(Recht)* Rechtsmangel *m (contracts)*

bad will 1. *(Gen)* schlechter Ruf *m*; 2. *(RW)* negativer Firmenwert *m*, negativer Geschäftswert *m (consolidated accounts; opposite: goodwill = Firmenwert, Geschäftswert, Goodwill)*

baggage claim *(Frei)* Gepäckausgabe *f*

bail *(Recht)* Auslösung *f*, Kaution *f*, Bürgschaft *f*, Sicherheitsleistung *f*

bail *v* **out** 1. *(Recht)* die Kaution stellen für, gegen Kaution freibekommen; 2. *(Gen) (ugs.)* aussteigen

bail *v* **sb out** 1. *(Bank, Gen, Pol)* jmdm. aus der Klemme helfen; *(ugs.)* jmdn. herauspauken, jmdn. heraushauen *(cf moral hazard, too big to fail)*; 2. *(Recht)* die Kaution stellen für jmdn., jdn. durch Kaution aus der Haft freibekommen

bailiff *(Recht)* Gerichtsdiener(in) *m(f)*, Gerichtsvollzieher(in) *m(f)*, Vollstreckungsbeamter *m*, Vollstreckungsbeamtin *f*

bailing out *(Börse)* Abstoßen *n*, *(ugs.)* Aussteigen *n*, Ausstieg *m*

bailment 1. *(Bank)* Verwahrung *f*, Hinterlegung *f*; 2. *(Recht)* Hinterlegungsvertrag *m*

bailor *(Bank, Gen)* Einleger(in) *m(f)*, Hinterleger(in) *m(f)*

bait *(Gen, Pol, V&M)* Köder *m*, Lockvogelangebot *n*, Sonderangebot *n*

bait advertising *(AE) (V&M)* Lockvogelwerbung *f*

bait money *(Recht)* Vorzeigegeld *n (criminalistics, in der Kriminalistik zur Überführung Verdächtiger)*

balance *v* 1. *(Bank, Fin, RW)* abschließen, saldieren *(add up, Konto)*; 2. *(Gen)* ausgleichen *(equalize; losses)*; begleichen *(pay off)*

balance *v* **an account** *(Bank, RW)* ein Konto abschließen; ein Konto abstimmen; ein Konto ausgleichen

balance *v* **sth with sth** *(Gen)* etw. mit etw. saldieren

balance *v* **the books** *(RW)* die Bücher abschließen

balance *v* **the budget** *(Fin)* den Haushalt ausgleichen

balance *v* **the cash** *(RW)* Kasse machen

balance *(bal.)* 1. *(RW)* Saldo *m (difference between the totals of the debit and credit entries in an account)*; Ausgleich *m*, Kontoausgleich *m*; Rechnungsabschluss *m*; 2. *(Bank)* Kontostand *m*, Guthaben *n (credit balance)*; 3. *(Gen)* Rest *m (of a settlement)*; Ausgleich *m (equilibrium)*; Waage *f (weight)* • **on balance** *(Gen)* per Saldo, unter dem Strich

balance book *(RW)* Saldenbuch *n*

balance brought down *(b/d) (Fin, RW)* Saldovortrag *m*, Übertrag *m*

balance brought forward *(Fin, RW)* Saldovortrag *m*, Übertrag *n*

balance carried forward *(Fin, RW)* Saldovortrag *m*, Übertrag *n*

balance due to creditor *(Bank)* Saldo *m* zugunsten des Gläubigers

balance in bank *(Bank)* Bankguthaben *n*, Habensaldo *m*

balance of account *(RW)* Saldo *m*

balance of capital movements *(WiWi)* Kapital(verkehrs)bilanz *f (balance of payments, Zahlungsbilanz)*

balance of current payments *(WiWi)* Leistungsbilanz *f (BoP, Zahlungsbilanz; synonymous: balance of payments on current account)*

balance of invisible trade *(WiWi)* Bilanz *f* der unsichtbaren Transaktionen *(including services + income + current transfers = Dienstleistungen + Erwerbs- und Vermögenseinkommen + laufende*

bargain price *(Gen)* Schnäppchenpreis *m*, Gelegenheitspreis *m*, Spottpreis *m*
bargain rate *(Gen)* Schnäppchenpreis *m*, Sonderpreis *m*
bargain sale *(V&M)* Sonderverkauf *m*, Ausverkauf *m*
bargaining 1. *(Gen)* Handeln *n*, Verhandlung *f*; 2. *(Pers)* Tarifverhandlungen *fpl*
bargaining level *(Pers)* Verhandlungsebene *f*
bargaining position *(Gen)* Verhandlungsposition *f*
bargaining power *(Gen, WiWi)* Verhandlungsmacht *f*, Verhandlungsstärke *f*, Verhandlungsvollmacht *f*
bargaining range *(Pers)* Verhandlungsspielraum *m*
bargaining scope *(Pers)* Verhandlungsspielraum *m*
barometer *(WiWi)* Stimmungsbarometer *n*, Barometer *n*
barometric firm leadership *(S&M, WiWi)* Trendführerschaft *f*
barred by the lapse of time *(Recht)* verjährt
barrel *(Ind, Transp)* Tonne *f*, Barrel *n*, Fass *n*
barrier 1. *(WiWi)* Hindernis *n*, Schranke *f*; 2. *(Gen)* Barriere *f*, Beschränkung *f*
barrier to employment *(Pers, WiWi)* Einstellungshemmnis *n*, Einstellungshindernis *n*, Beschäftigungshemmnis *n*
barrier to entry *(WiWi)* Marktzutrittsschranke *f*, Zutrittsschranke *f*, Zugangsbeschränkung *f*
barrier to exit *(WiWi)* Marktaustrittsschranke *f*, Marktaustrittsbeschränkung *f*
barrier to trade *(WiWi)* Handelshemmnis *n*, Handelsschranke *f*
barriers to access *(Pol, WiWi)* Zugangsbarrieren *fpl*
barring *(Gen)* abgesehen von, ausgenommen • **barring unforeseen circumstances** *(Gen, Recht)* vorbehaltlich unvorhergesehener Umstände
barrister *(BE)* *(Recht)* Barrister *m*, Rechtsanwalt *m*, Rechtsanwältin *f*, Anwalt *m*, Anwältin *f*; *(AE)* Rechtsanwalt *m*, Anwalt *m* *(BE synonymous: barrister-at-law, darf im UK, im Gegensatz zum solicitor, vor höheren Gerichten plädieren; cf AE attorney)*
barrister-at-law *(BE)* *(Recht)* Barrister *m*, Prozessanwalt *m* *(der Barrister darf im UK, im Gegensatz zum solicitor, vor höheren Gerichten plädieren)*
barter *v* *(Gen, WiWi)* tauschen, Tauschhandel treiben
barter *(Gen, WiWi)* Naturaltausch *m*, Tausch(handel) *m*, Bartergeschäft *n*
barter economy *(WiWi)* Naturalwirtschaft *f*, Tauschwirtschaft *f*
barter trade *(WiWi)* Tauschhandel *m*
barter transaction *(WiWi)* Bartergeschäft *n*; Tauschhandel *m*
base budget *(RW)* Basisbudget *n*, Grundetat *m*
base capital *(WiWi)* Grundkapital *n*
base currency *(WiWi)* Bezugswährung *f*
base date *(Börse, WiWi)* Basistermin *m*, Basisdatum *n*, Bezugstermin *m*
base lending rate 1. *(Fin, WiWi)* Hauptzins *m*, Leitzins *m* *(general base lending rate in the UK)*; 2. *(Bank)* *(BE)* Eckzins *m* für Ausleihungen *(of the London Clearing-Banks; kurzfristge Ausleihungen für erste Adressen)*; 3. *(Gen, Ind)* Grundtarif *m*
base of calculation *(Gen)* Kalkulationsbasis *f*, Kalkulationsgrundlage *f*
base pay *(AE)* *(Pers, WiWi)* Grundlohn *m*, Grundgehalt *n*
base price *(Gen, Steuer)* Ausgangspreis *m*, Grundpreis *m*
base rate 1. *(Fin, WiWi)* Hauptzins *m*, Leitzins *m* *(general base lending rate in the UK)*; 2. *(Bank)* *(BE)* Eckzins *m* für Ausleihungen *(of the London Clearing-Banks; kurzfristge Ausleihungen für erste Adressen)*; 3. *(Gen, Ind)* Grundtarif *m*, Basistarif *m*
base salary *(AE)* *(Pers)* Grundgehalt *n*
base year *(Fin, WiWi)* Basisjahr *n*
based *adj* *(Gen)* ansässig, stationiert • **be based in** *(Gen)* seinen Sitz haben in, ansässig sein in, stationiert sein in
Basel II *(Bank, Fin)* Basel II *(Basel Committee on Banking Supervision, BCBS: International Convergence of Capital Measurement and Capital Standards, Internationale Konvergenz der Kapitalmessung und Eigenkapitalanforderungen. June 2004; Kurzbezeichnung für*

die Eigenkapital-Unterlegungsvorschriften des Baseler Ausschusses für Bankenaufsicht, BCBS; in den USA voraussichtlich erst nach 2009 in Kraft; Stand 2/2008)

baseline *(V&M)* Baseline *f (advertisement)*; Schlusszeile *f*

basic agreement *(Gen)* Rahmenabkommen *n*

basic amount *(Gen)* Grundbetrag *m*

basic balance *(WiWi)* Grundbilanz *f (BOP, ZB)*

basic commodity *(WiWi)* Grundstoff *m*, Rohstoff *m*

basic concept *(Gen)* Grundbegriff *m (term)*

basic conditions *(Bank, WiWi)* Grundverfassung *f*

basic education *(Bil)* Grundbildung *f*, Grundausbildung *f*

basic external position *(WiWi)* außenwirtschaftliche Grundposition *f (BOP)*

basic goods *(Gen, WiWi)* Güter *npl* des Grundbedarfs

basic goods sector *(Gen)* Grundstoffsektor *m*

basic income 1. *(WiWi)* Basiseinkommen *n*; 2. *(Fin)* Grundeinkommen *n*

basic industry *(Ind, WiWi)* Grundstoffindustrie *f*

basic knowledge *(Bil, Pers)* Grundkenntnisse *pl*

basic message *(V&M)* Grundaussage *f*

basic needs *(WiWi)* Grundbedürfnisse *npl*

basic pay *(BE) (Pers, WiWi)* Ecklohn *m*, Grundlohn *m*

basic premium *(Versich)* Grundprämie *f*

basic price *(Gen)* Basispreis *m*, Grundpreis *m*

basic rate 1. *(Pers)* Grundlohn *m*; 2. *(Media, V&M)* Anzeigengrundpreis *m*; 3. *(Steuer)* Eingangssatz *m*

basic rate of interest *(Bank, Fin)* Basiszins *m*, Eckzins *m*

basic relief *(Steuer)* Grundfreibetrag *m*

basic research *(Gen)* Grundlagenforschung *f*

basic rights *(Recht)* Grundrechte *npl*

basic salary *(Pers, WiWi)* Grundgehalt *n*

basic situation *(Pol)* Ausgangslage *f*

basic social rights *(Pol)* soziale Grundrechte *npl (EU)*

basic trend *(Gen)* Grundtendenz *f*

basic unit *(Gen)* Grundeinheit *f*

basic wage *(Pers, WiWi)* Grundlohn *m*, Ecklohn *m*

basic wants *(Soz, WiWi)* Grundbedürfnisse *npl*

basics 1. *(WiWi)* Grundbedürfnisse *npl*; 2. *(Gen)* Grundlagen *fpl*, Grundinformationen *fpl*

basis 1. *(Börse)* Basis *f*; 2. *(Steuer)* Basis *f*, Grundlage *f*

basis for assessment *(Steuer)* Bemessungsgrundlage *f*

basis of agreement *(Recht)* Vertragsgrundlage *f*

basis of calculation *(Fin)* Berechnungsgrundlage *f*

basis of contract *(Recht)* Vertragsgrundlage *f*

basis point *(Börse, Fin)* Basispunkt *m*

basket of commodities *(WiWi)* Warenkorb *m*

basket of currencies *(Fin, WiWi)* Währungskorb *m*

basket of products *(WiWi)* Warenkorb *m*

batch 1. *(RW)* Serie *f (of invoices)*; 2. *(Ind)* Charge *f*, Ladung *f*, Los *n*, Partie *f*, Stapel *m*; 3. *(Media)* Bündel *n*

batch production *(Ind)* Serienfertigung *f*, Serienbau *m*, Serienproduktion *f*

batch size *(Ind)* Losgröße *f*, Chargengröße *f*

be *v* **a write-off** *(ugs.; BE) (Gen)* Totalschaden sein, (nur noch) Schrottwert haben *(e. g. a vehicle, z. B. ein KFZ)*

be *v* **good value for money** *(WiWi)* sein Geld wert sein, preisgünstig sein; ein guter Gegenwert sein, einen guten Gegenwert darstellen

be *v* **hard-up** *(Gen)* knapp bei Kasse sein

be *v* **off sick** *(Pers)* aus Krankheitsgründen abwesend sein, aus gesundheitlichen Gründen abwesend sein, krankheitsbedingt fehlen

be *v* **on standby** *(Gen, Pers)* auf Stand-by sein *(Mitarbeiter, Gerät)*; Stand-by haben *(Notdienst)*

bear *v* 1. *(Gen)* bestreiten, tragen *(costs)*; 2. *(Börse)* auf Baisse spekulieren

bear *v* **a date** *(Gen)* datiert sein

bear *v* **interest** *(Bank, Fin)* sich verzinsen, Zinsen tragen, Zinsen bringen

bear *v* **the costs** *(Gen)* die Kosten tragen

best use value *(Gen, V&M)* optimaler Gebrauchswert *m*
bestow *v (Recht)* verleihen
better-off *adj (Gen)* bessergestellt
better-off *(Soz)* Bessergestellte *pl*, Wohlhabendere *pl*
better than average *adj (Gen)* überdurchschnittlich
better than expected *adj (Gen)* besser als erwartet
better than predicted *adj (Gen)* besser als vorhergesagt
b.f., b.fwd. *(Abk. für brought forward) (Fin, RW)* Saldovortrag *m*, Übertrag *m*
biannual *adj (Gen)* zweimal jährlich, halbjährlich; Halbjahres...
biannual report *(Mgt)* Halbjahresbericht *m*
bias 1. *(Fin, WiWi)* Tendenz *(monetary policy)*; 2. *(Gen)* Neigung *f*, Befangenheit *f*, Parteilichkeit *f*; Vorurteil *n (prejudice)*; 3. *(Stat)* Bias *m*; Verzerrung *f*
biased *adj* 1. *(Gen)* tendenziös, voreingenommen; 2. *(Stat)* verzerrt
BIC *s.* Bank Identifier Code
bid *v* 1. *(Gen)* Angebot machen; bieten *(at auction)*; 2. *(Mgt)* sich bewerben *(for project)*
bid *v* **away** *(Pers)* abwerben
bid *v* **for** *(Gen)* bieten
bid 1. *(Fin, RW)* Übernahmeangebot *n*; 2. *(Gen)* Gebot *n*, Kaufangebot *n*, Lieferangebot *n*, Offerte *f*, Angebot *n (tender)*; 3. *(Börse)* Übernahmeangebot *n*, Übernahmeversuch *m*; Geldkurs *m* • **bid is received** *(Gen)* Angebot liegt vor, Angebot geht ein
bid and asked quotations *(Börse)* Geld- und Briefkurse *mpl*
bid closing date *(Börse)* Einreichungsschluss *m*, Submissionsschluss *m*
bid-offer spread *(Börse)* Spanne *f* zwischen Ausgabe- und Rücknahmekurs
bid price *(Bank)* Geldkurs *m*
bid rate *(Bank)* Angebotskurs *m*, Geldkurs *m*, Rückkaufpreis *m* von Anteilen
bid spread *(Bank, Börse)* Geldspanne *f*
bidder 1. *(Fin)* Bewerber(in) *m(f)*, Bietende(r) *f(m)*; 2. *(Gen)* Bewerber(in) *m(f)*, Bieter(in) *m(f)*, Anbieter(in) *m(f)*
bidding *(Gen)* Abgabe *f* von Angeboten [Geboten]
bidding consortium *(Fin, Gen, Recht)* Bieterkonsortium *n*, Bietergemeinschaft *f*
bidding period *(Gen)* Ausschreibungsfrist *f*
bidding requirements *(Gen)* Ausschreibungsbedingungen *fpl*
biennial *adj (Gen)* alle zwei Jahre, zweijährlich, zweijährig
big bank *(Bank)* Großbank *f*
big business *(Gen)* Großbetrieb *m*, Großunternehmen *n*, großes Unternehmen *n*
big investor *(Fin)* Großanleger(in) *m(f)*
big-name *adj (Gen)* bekannt
big seller *(V&M)* Publikumsrenner *m*
big ticket *(ugs.) (Bank, Fin)* Großtransaktion *f*, Großgeschäft *n*
bilateral *adj (WiWi)* bilateral, zweiseitig
bilateral monopoly *(WiWi)* bilaterales Monopol *n*, zweiseitiges Monopol *n*
bilateral reference *(Pers)* zweiseitige Referenz *f*
bilateral trade agreement *(WiWi)* bilaterales Handelsabkommen *n*, zweiseitiges Handelsabkommen *n*
bilaterals *(Pol)* Chefgespräche *npl*
bill 1. *(Bank, Fin)* Wechsel *m*, Valutawechsel *m*; Tratte *f (payable, receivable draft)*; Schatzwechsel *m (treasury)*; Banknote *f*, Geldschein *m (money)*; 2. *(Gen) (BE)* Rechnung *f (invoice)*; 3. *(Recht)* Gesetzesvorlage *f (legislation)*; Klageschrift *f (writ)*; 4. *(Pol)* Vorlage *f*; 5. *(V&M)* Plakat *n (advertising poster)*; 6. *(Transp)* Frachtbrief *m*, Konnossement *n*
bill book *(RW)* Wechseljournal *n*, Wechselverfallbuch *n*
bill cover *(Bank)* Wechseldeckung *f*
bill for collection *(Bank)* Inkassowechsel *m*, Wechsel *m* zum Einzug
bill for discount *(Bank)* Diskontwechsel *m*
bill of charges *(RW)* Gebührenrechnung *f*
bill of entry *(Bank, Imp/Exp)* Einfuhrdeklaration *f (customs)*; Einfuhrerklärung *f*, Zolldeklaration *f*, Zoll(einfuhr)-erklärung *f*, Zolleingangsschein *m*
bill of exchange *(B/E) (Fin)* Wechsel *m*; *(AE)* Tratte *f (draft, gezogener Wechsel)*
bill-of-exchange financing *(Fin)* Wechselfinanzierung *f*
bill of freight *(Transp)* Frachtbrief *m*

bill of lading *(Imp/Exp, Transp)* Frachtbrief *m*, FB, Konnossement *n*, Ladeschein *m*; Seefrachtbrief *m*
bill of sale *(Recht)* Übereignungsvertrag *m*, Verkaufsurkunde *f*, Übertragungsurkunde *f*
bill payable at sight *(RW)* Sichtwechsel *m*
bill portfolio *(Bank)* Wechselportefeuille *n*, Wechselportfolio *n*
bill rate *(Fin)* Wechseldiskontsatz *m*, Wechselrate *f*
bill receivable *(RW)* Besitzwechsel *m*
billing *(Gen)* Fakturierung *f*, Rechnungslegung *f*, Rechnungsausstellung *f*, Rechnungsschreibung *f*, Abrechnung *f*
billing date *(Gen, RW)* Rechnungsdatum *n*
billion *(Stat, WiWi)* Milliarde *f (synonymous: a thousand million; AE, BE: a billion = 10^9 = 1,000,000,000.00 = Deu 1.000.000.000,00 = 1 000 000 000 = eine Milliarde)*
bills discounted *(Bank, Fin, RW)* diskontierte Wechsel *mpl*, Wechselkredite *mpl*
bills payable *(RW)* Schuldwechsel *mpl*, Akzeptobligo *n*
bimonthly *adj (Gen)* alle zwei Monate; zweimal im Monat
binary *adj (Comp, Stat)* binär
binary number *(Stat)* Binärzahl *f*, Dualzahl *f*
binational entity *(Bank, Pol)* binationale Stelle *f*
bind *v* 1. *(Ind)* binden, verbinden *(machinery)*; 2. *(Recht)* verpflichten
binding *adj (Recht)* bindend *(contracts)*; verbindlich *(decision)* • **not binding** *(Gen)* freibleibend, ohne Gewähr, unverbindlich
binding agreement *(Recht)* verbindliche Vereinbarung *f*
binding arbitration *(Recht)* verbindliche schiedsrichterliche Entscheidung *f*
binding bid *(Gen)* bindendes Angebot *n*
binding offer *(Gen)* bindendes Angebot *n*, Festangebot *n*, verbindliche Offerte *f*
binding promise *(Gen)* bindende Zusage *f*
biodiesel fuel *(Umwelt)* Biodieselbrennstoff *m*
biographical data *(Pers)* biografische Daten *pl*, Lebensdaten *pl*
biometric data *(Frei, Recht)* biometrische Daten *pl (z. B. Fingerabdruck, Iris, Stimme, Lichtbilder in Pässen und Ausweisen)*
bionics *(Bil, Gen)* Bionik *f (Kombination aus Biologie + Technik; Nutzung biologischer Funktionen in der Hochtechnologie, z. B. Informationsbionik, Strukturbionik)*
birth rate *(Pers, Stat)* Geburtenrate *f*, Geburtenziffer *f* • **years with a high birth rate** *(Soz)* geburtenstarke Jahrgänge • **years with a low birth rate** *(Soz)* geburtenschwache Jahrgänge
BIS *s.* Bank for International Settlements
bit 1. *(Comp)* Bit *n*, Bitabbildung *f*; 2. *(Stat)* Bit *n*
bits per inch *(Comp)* Bits *npl* pro Zoll
bits per second *(Comp)* Bits *npl* pro Sekunde
biweekly *adj (Gen)* vierzehntägig; zweimal wöchentlich
black economy *(WiWi)* Schattenwirtschaft *f*, Untergrundwirtschaft *f*
black market *(WiWi)* Schwarzhandel *m*, Schwarzmarkt *m*
black money *(Steuer)* Schwarzgeld *n*
black trading *(Gen)* Schwarzhandel *m*
blacklist *v (Gen, Ind, Pers)* auf die schwarze Liste setzen
blackmail *v (Gen)* erpressen
blame *(Recht)* Schuld *f*, Verschulden *n*
blank CD-R *(Comp, Media)* CD-Rohling *m*
blank endorsement *(Börse)* Blankoindossament *n*
blank form *(Gen)* Blankoformular *n*, Formblatt *n*, Vordruck *m*
blank signature *(Bank)* Blankounterschrift *f*
blanket agreement *(Gen, Pers)* Generalvertrag *m*
blanket coverage *(V&M)* Pauschaldeckung *f*
blanket insurance *(Versich)* Pauschalversicherung *f*
blanket order *(Gen)* Abrufauftrag *m*, Blankoauftrag *m*
blanket recommendation *(Börse)* allgemeine Empfehlung *f*
bleak outlook *(Gen)* trübe Aussichten *fpl*

breakeven level of income *(WiWi)* Basiseinkommen *n (of households)*
breakeven point 1. *(RW, WiWi)* Break--Even-Punkt *m*, Ertragsschwelle *f*, Nutzschwelle *f*; Gewinnschwelle *f (profits)*; 2. *(Mgt)* Rentabilitätsschwelle *f*
breakeven quantity 1. *(Fin, WiWi)* kritische Menge *f*, Break-Even-Stückzahl *f*; 2. *(V&M)* kostendeckende Menge *f*
breaking down *(Gen)* Aufschlüsselung *f*
breaking-off of university studies *(Bil)* Studienabbruch *m*, Abbruch *m* des Studiums
breakthrough *(Pol, WiWi)* Durchbruch *m*
bribe *v (Gen)* bestechen
bribe *(Fin)* Bestechungsgeld *n*, Bestechungsgeschenk *n*, Bestechung *f*, Schmiergeld *n*
bribery *(Gen)* Bestechung *f*
brick and mortar banks *(Bank)* traditionelle Filialbanken *fpl*; Bankfilialen *fpl*, Filialnetz *n*
brick and mortar enterprises *(Gen)* traditionelle Unternehmen *npl*, Old Economy-Unternehmen *npl*
bricks and mortar *(ugs.) (Gen, RW)* Sachanlagen *fpl*
bridge finance *(Fin)* Zwischenfinanzierung *f*, Überbrückungsfinanzierung *f*
bridge-head investment *(WiWi)* Einstiegsinvestition *f*
bridge loan *(AE) (Bank) s.* bridging loan
bridge-over loan *(Bank)* Überbrückungskredit *m*, Zwischenkredit *m*
bridging advance *(Bank)* Überbrückungskredit *m*, Zwischenkredit *m*
bridging allowance *(Soz)* Überbrückungsbeihilfe *f*, Überbrückungsgeld *n*
bridging facility *(Bank)* Überbrückungsfazilität *f*
bridging loan *(BE) (Bank)* Überbrückungskredit *m*, Zwischenkredit *m*
brief *v* 1. *(Gen)* anweisen, informieren, instruieren, unterrichten; 2. *(Recht)* mit der Vertretung eines Falles betrauen, instruieren
brief 1. *(Gen)* Auftrag *m*, Instruktionen *fpl*, Kurzbericht *m*; 2. *(Recht)* Schriftsatz *m*
briefing 1. *(Gen)* Anweisungen *fpl*; 2. *(Mgt)* Einweisung *f*
briefing session *(Gen)* Einsatzbesprechung *f*
bring *v* **an accusation against sb** *(Recht)* gegen jmdn. öffentlich Klage erheben
bring *v* **an action against sb** *(Recht)* gegen jmdn. Klage erheben, jmdn. verklagen
bring *v* **forward** 1. *(Bank, Fin, RW)* übertragen, vortragen *(balance)*; 2. *(Gen)* vorverlegen *(date, meeting)*
bring *v* **forward a claim** *(Recht)* einen Anspruch geltend machen
bring *v* **in** 1. *(Gen)* einbringen, hereinbringen, verdienen *(revenue, sales)*; 2. *(Recht)* einbringen, einführen
bring *v* **out** *(Börse)* auf den Markt bringen *(new issue)*
bring *v* **pressure to bear on sb** *(Gen)* auf jmdn. Druck ausüben
bring *v* **sth up to date** *(Gen)* etw. aktualisieren, *(jarg.)* etw. updaten
bring *v* **sth under control** *(Gen, Mgt)* etw. unter Kontrolle bringen
brisk *adj (Börse, Gen, WiWi)* lebhaft, rege *(demand, trading)*
British Standard *(Ind, Recht)* britische Norm, ≈ Deutsche Industrienorm *f*, DIN
broad-based *adj (Steuer)* auf breiter Bemessungsgrundlage, breit fundiert, allgemein
broad market *(Börse)* aufnahmefähiger Markt *m*, lebhafter Handel *m*
broad monetary aggregate *(WiWi)* weit gefasstes Geldmengenaggregat *n (M3)*
broad money *(Bank)* Geldmenge *f* M3, Geldmenge *f* in ihrer weit(est)en Abgrenzung, Geldmenge *f* (weite Abgrenzung)
broad money stock M3 *(WiWi)* weit abgegrenzte Geldmenge *f* M3
broadband connection *(Comp, Komm)* Breitband-Verbindung *f*
broadly diversified *(Gen, V&M)* stark diversifiziert, weit aufgefächert
brochure *(Gen)* Broschüre *f*, Prospekt *m*, Werbeschrift *f*
broke *adj (Gen)* bankrott, *(ugs.)* pleite
• **go broke** *(Gen)* Bankrott gehen, *(ugs.)* Pleite machen
broken down *adj (Gen)* aufgeschlüsselt, untergliedert
broken period interest *(Börse, Fin, RW)* Stückzinsen *mpl*

broker *(Fin)* Börsenhändler(in) *m(f)*, Makler(in) *m(f)*, Broker(in) *m(f)*
broker's commission *(Börse)* Courtage *f*, Maklergebühr *f*, Maklerprovision *f*
broker's loan *(Börse)* täglich kündbarer Maklerkredit *m*
broker's statement 1. *(Gen)* Maklerabrechnung *f*; 2. *(Börse)* Courtagerechnung *f*
brokerage 1. *(Gen)* Maklergeschäft *n*; 2. *(Börse)* Courtage *f*
brokerage allowance *(AE) (Börse)* Maklergebühr *f*
brokerage commission *(Börse)* Maklerprovision *f*
brokerage statement *(Börse)* Courtagerechnung *f*
brought forward *(b.f., b.fwd.) (Fin, RW)* Saldovortrag *m*, Übertrag *m*, Vortrag *m*
browse *v (Komm)* blättern, durchsuchen *(internet, database)*
browser *(Comp, Komm)* Browser *m* *(basic internet surfing program)*
BRS *s.* bank reporting system
bubble economy 1. *(WiWi)* Blasenwirtschaft *f*; 2. *(Börse, Fin)* Spekulationsblase *f*, spekulative Blase *f*
bubble policy 1. *(WiWi)* Blasenpolitik *f*; 2. *(Umwelt)* Glockenpolitik *f*
buck *(Gen)* Dollar *m*
buck *v* **the trend** *(Gen)* gegen den Strom schwimmen, gegen den Trend laufen
bucks *(Gen) (ugs.)* Kohle *f*
budget *v (Fin, Pol, RW, WiWi)* Etat aufstellen, einplanen, etatisieren
budget *(Fin, Pol)* Budget *n*, Etat *m*, Finanzplan *m*; Haushaltsplan *m*, Staatshaushalt *m (of government)* • **be on a tight budget** *(Fin)* über ein knappes Budget verfügen
budget accounting *(Admin, RW)* Plankostenrechnung *f*
budget appropriation 1. *(Fin)* Ausgabenbewilligung *f*, Etatansatz *m*; 2. *(Pol)* Bewilligung *f* von Haushaltsmitteln
budget ceiling 1. *(RW)* Haushaltsplafond *m*; 2. *(WiWi)* Ausgabengrenze *f*
budget constraint *(Fin, WiWi)* Budgetrestriktion *f*
budget control *(Fin, RW)* Budgetkontrolle *f*, Finanzkontrolle *f*, Haushaltskontrolle *f*
budget cost *(RW)* Plankosten *pl*, Sollkosten *pl*, Vorgabekosten *pl (synonymous: budgeted cost, scheduled cost, standard cost)*
budget cut *(Fin, RW, WiWi)* Haushaltskürzung *f*
budget cuts *(Fin)* Budgeteinsparungen *fpl*
budget deficit *(Gen)* Haushaltsdefizit *n*
budget equation *(WiWi)* Bilanzgleichung *f*
budget incidence *(WiWi)* Budgetinzidenz *f*
budget line *(WiWi)* Bilanzgerade *f*
budget period *(Fin, RW, WiWi)* Haushaltsjahr *n*, Budgetperiode *f*, Haushaltsperiode *f*, Planungsperiode *f*
budget prices *(RW)* Preisansätze *mpl*, Kalkulationspreise *mpl*
budget proposal *(Fin, RW, WiWi)* Haushaltsvorlage *f*
budget resolution *(AE) (Pol)* Haushaltsverabschiedung *f*
budget review *(Fin, RW, WiWi)* Budgetrevision *f*, Planrevision *f*
budget surplus *(Gen)* Haushaltsüberschuss *m*
budget variance 1. *(RW)* Etatabweichung *f*; 2. *(Fin)* Planabweichung *f*
budget year *(Fin, Pol, RW)* Haushaltsjahr *n*
budgetary *adj (Fin, RW, WiWi)* haushaltsmäßig, haushalts..., budget...
budgetary adjustment *(Fin, RW, WiWi)* Budgetberichtigung *f*, Haushaltsanpassung *f*, Planrevision *f*
budgetary appropriation *(Fin, Pol)* Ausgabenbewilligung *f*, Haushaltsbewilligung *f (of government)*; Verpflichtungsermächtigung *f (for commitment; EU)*; Zahlungsermächtigung *f (for payment; EU)*
budgetary control *(BC) (Fin, RW)* Budgetkontrolle *f*, Plankontrolle *f*; Prognosekostenrechnung *f (establishment of budgets in advance of an accounting period and the continuous or periodical comparison of actual with budgeted results = laufender Soll-Ist-Vergleich to establish any variances = Abweichungen and to provide a basis for revision; neben der Standardkostenrechnung die zweite Form der Plankostenrechnung)*

budgetary control *(Fin, RW)* Budgetkontrolle *f*, Haushaltskontrolle *f*
budgetary costs 1. *(RW)* Vorgabekosten *pl*; 2. *(Fin, WiWi)* Budgetkosten *pl*, Sollkosten *pl*
budgetary deficit 1. *(Fin, WiWi)* Haushaltsdefizit *n*; 2. *(Gen, Pol)* Deckungslücke *f*
budgetary expenditure *(Fin, Pol)* Haushaltsausgaben *fpl*
budgetary period *(Fin, Pol)* Haushaltsjahr *n*, Finanzperiode *f*, Haushaltsperiode *f*
budgetary powers *(Pol)* Haushaltsbefugnisse *fpl*, Verantwortung *f* für das Budget, Zuständigkeit *f* für den Etat
budgetary revenue *(Fin)* Haushaltseinnahmen *fpl*
budgetary spending *(Fin, Pol)* Haushaltsausgaben *fpl*
budgetary statement *(Pol)* Haushaltsabschluss *m*
budgeted *adj (RW)* veranschlagt, im Haushalt vorgesehen
budgeted cost *(RW)* Plankosten *pl*, Sollkosten *pl*, budgetierte Kosten *pl*, Budgetkosten *pl*, Vorgabekosten *pl* *(budgetary control = Prognosekostenrechnung)*
budgeted income *(Mgt)* Sollertrag *m*, Planerlös *m*
budgeted profit *(Mgt)* Planergebnis *n*, Sollergebnis *n*
budgeting *(Gen)* Aufstellung *f* eines Haushaltsplanes, Budgetierung *f*, Etatisierung *f*, Finanzplanung *f*, Haushaltsplanung *f*
buffer stock *(WiWi)* Ausgleichslager *n*, Puffervorrat *m*, Vorratslager *n*
buffer store *(WiWi)* Ausgleichslager *n*, Pufferlager *n*
build *v* **up** 1. *(Gen)* aufbauen, herstellen, errichten *(firm)*; aufstocken *(reserves)*; 2. *(Grund)* bebauen *(land)*
build *v* **up from scratch** *(Gen)* von vorn beginnen, von null anfangen
build *v* **up momentum** *(Gen, WiWi)* Dynamik entfalten
building 1. *(Gen)* Gebäude *n*; 2. *(Grund)* Bau *m*, Bebauung *f*, Gebäude *n*
building activity *(Ind, WiWi)* Bautätigkeit *f*
building and loan association *(AE)* *(Bank, Fin)* Bausparkasse *f*
building block concept *(Ind)* Baukastenprinzip *n*
building loan agreement *(Bank)* Baudarlehensvertrag *m*
building mortgage *(Fin)* Bauhypothek *f*
building permit *(AE) (Grund)* Baugenehmigung *f*
building regulations *(Grund, Recht)* Bauvorschriften *fpl*
building site *(Grund, Ind)* Bau *m*, Bauplatz *m*, Baustelle *f*
building society *(BE) (Bank, Fin)* Bausparkasse *f*
built-in *adj (WiWi)* eingebaut
built-in flexibility *(WiWi)* automatischer Konjunkturstabilisator *m*, automatischer Stabilisator *m*
built-in inflator *(WiWi)* automatischer Inflationsverstärker *m* *(e. g. a sliding wage scale = eine gleitende Lohnskala z. B.)*
built-in obsolescence *(V&M, WiWi)* geplanter Verschleiß *m*, geplantes Veralten *n*
built-in stabilizer *(WiWi)* automatischer Konjunkturstabilisator *m*, automatischer Stabilisator *m*
bulge *(Börse)* rascher Kursanstieg *m*
bulk 1. *(WiWi)* Größe *f*, Großteil *m*, Masse *f*; 2. *(Gen)* Umfang *m*, Masse *f (volume)*; Menge *f*, Hauptteil *m*, größter Teil *m* *(majority)*; 3. *(Transp)* lose Ware *f*, Schüttgut *n* • **in bulk** *(Ind)* unverpackt
bulk business *(Gen)* Massengeschäft *n*, Mengengeschäft *n*; standardisiertes Geschäft *n*
bulk buyer *(Gen)* Großabnehmer(in) *m(f)*
bulk commodity *(Gen)* Schüttgut *n*, Massengut *n*
bulk discount *(Gen)* Mengenrabatt *m*
bulk goods *(Gen, Transp)* Schüttgut *n*, lose Ware *f*, unverpackte Ware *f*
bulk mail 1. *(Komm)* Postwurfsendung *f*; 2. *(Gen)* Massendrucksachen *fpl*
bulk order *(Gen)* Großauftrag *m*, Sammelauftrag *m*
bulk price *(Gen, WiWi)* Mengenpreis *m*
bulk purchaser *(Gen, WiWi)* Großeinkäufer(in) *m(f)*, Mengeneinkäufer(in) *m(f)*, Großabnehmer(in) *m(f)*

bulk storage *(Gen)* Großlager *n*, Massenspeicher *m*
bulky *adj (Gen, Transp)* sperrig
bull *(Börse)* Haussespekulant *m*, Haussier *m* • **go a bull** *(Börse)* auf Hausse spekulieren
bull buying *(Börse)* Haussekauf *m*, Kauf *m* auf Hausse
bull market *(Börse)* (spekulative) Börsenhausse *f*, Aktienhausse *f*
bull position *(Börse)* Hausseengagement *n*, Hausseposition *f*
bull transaction *(Börse)* Haussegeschäft *n*
bullet *(Bank, Börse)* Anleihe *f* ohne laufende Tilgung, endfällige Anleihe *f*
bullet loan *(Bank, Börse)* Anleihe *f* mit Endfälligkeit
bullet repayment *(Bank, Börse)* Anleihentilgung in einer Gesamtsumme
bulletin 1. *(Komm)* Nachricht *f*, offizieller Bericht *m*; 2. *(Media, V&M)* Nachrichtenblatt *n*
bullion *(Bank)* Edelmetallbarren *m*
bullion market *(Börse, V&M)* Goldbarrenmarkt *m*
bullion stock *(Gen)* Edelmetallbestand *m*
bullish movement *(Börse, Fin, WiWi)* Hausse *f*, Haussebewegung *f*, Haussephase *f*
bunching *(Steuer)* Bündelung *f*
bundle *v (V&M)* bündeln
bundled deal *(Börse)* Paketgeschäft *n*
buoyant *adj (WiWi) (rising)* steigend; belebt, lebhaft, aktiv
buoyant forces *(WiWi)* Auftriebskräfte *fpl*
buoyant tax *(Steuer)* lebhaft sprudelnde Steuer *f*
burden *(WiWi)* Auflage *f*, Belastung *f*, Gemeinkosten *pl*, Last *f*
burden of debts *(WiWi)* Schuldenlast *f*
burden of payment *(Steuer)* Zahlungsbelastung *f*, Zahlungslast *f*
burden of proof *(Recht)* Beweislast *f* • **party on which lies the burden of proof** *(Recht)* beweispflichtige Partei *f* • **the burden of proof lies with the defendant** *(Recht)* die Beweislast obliegt dem Kläger
burden of reporting *(Bank, Mgt)* Meldepflicht *f*
burden-sharing *(Gen)* Finanzausgleich *m*
bureau *(Gen)* Büro *n*, Amtszimmer *n* *(office)*; Amt *n*, Behörde *f*, Dienststelle *f*
bureaucratic *adj (Gen)* bürokratisch
burn *v* **capital** *(ugs.) (Fin, Mgt) (ugs.)* Kapital verbrennen, Kapital vernichten
burn rate *(Fin)* Burn Rate *f*, Kapitalvernichtungsrate *f*, *(ugs.)* Verbrennungsrate *f (negative cash flow indicating the distance of a lemming to the edge of the cliff or the time to financial distress)*
burst *v (Börse, Gen)* platzen, zerplatzen *(bubble)*
business *(Gen)* Angelegenheit *f (affairs to be attended to)*; Geschäfte *npl (commerce)*; Geschäft *n*, Unternehmen *n* *(enterprise, company)*; Betrieb *m*, Firma *f (firm)*; Geschäftsverbindungen *fpl (links, relations)* • **business is slack** *(Gen)* das Geschäft ist ruhig • **business transferred to** *(Gen)* Geschäftsübertragung auf • **do business** *(Gen)* Geschäfte tätigen • **do new business** *(Gen)* Neuabschlüsse *mpl* tätigen • **go out of business** *(Gen)* die Geschäftstätigkeit einstellen • **on business** *(Gen)* geschäftlich • **what line of business are you in?** *(Gen)* in welcher Branche sind Sie tätig?
business account *(Bank)* Geschäftskonto *n*, Geschäftsgirokonto *n*, Firmenkonto *n*; Firmenkunde *m*, Geschäftskunde *m*, gewerblicher Kunde *m (in wholsale banking; synonymous: corporate client, corporate account, business customer, business client, wholesale customer; opposite, retail banking: private customer = Privatkunde)*
business acquaintance *(Gen, Mgt)* Geschäftsbekanntschaft *f*, Geschäftsfreund *m*
business administration *(Admin)* Betriebswirtschaft *f*, Betriebswirtschaftslehre *f*
business affairs *(Gen)* geschäftliche Angelegenheiten *fpl*
business angels *(Fin, Mgt)* Unternehmensengel *mpl*, Business Angels *mpl (well-healed, experienced managers for the support of start-ups)*
business assets *(Fin, Gen, RW)* Betriebsvermögen *n*, Geschäftsvermögen *n*

business associate *(Gen)* Geschäftsfreund *m (synonymous: business friend)*; Firmenkunde *m*, Geschäftskunde *m (synonymous: business customer)*
business barometer *(WiWi)* Konjunkturbarometer *n*
business capital spending *(RW, WiWi)* Anlageinvestitionen *fpl*
business card *(Gen)* Geschäftskarte *f*, Visitenkarte *f*
business center *(AE) (Gen) s.* business centre
business centre *(BE) (Gen)* Geschäftsviertel *n*, Geschäftszentrum *n*, Handelszentrum *n (district)*
business charges *(Gen)* Betriebsausgaben *fpl*
business client *(Gen)* Firmenkunde *m*, Geschäftskunde *m*
business climate *(Gen, WiWi)* Stimmungslage *f* der Wirtschaft
business collapse *(Gen, Mgt)* Firmenzusammenbruch *m* Unternehmenszusammenbruch *m*, *(ugs.)* Firmenpleite *f*
business concern *(Gen)* Geschäftsbetrieb *m*, Handelsunternehmen *n*
business conditions 1. *(WiWi)* wirtschaftliche Rahmenbedingungen *fpl*, wirtschaftliches Umfeld *n*; 2. *(Gen)* Geschäftsbedingungen *fpl*
business confidence *(Pol, WiWi)* Unternehmervertrauen *n*
business connection *(Gen)* Geschäftsbeziehung *f*, Geschäftsverbindung *f*, befreundete Firma *f*
business corporation *(Gen, WiWi)* Kapitalgesellschaft *f*
business customer *(Gen)* Firmenkunde *m*, Geschäftskunde *m (synonymous: corporate account, corporate client, business associate, business customer; opposite: private customer = Privatkunde)*; Geschäftsfreund *m (synonymous: business friend, business associate)*
business customers *(Bank, V&M)* Firmenkundschaft *f*, gewerbliche Kundschaft *f*
business cycle *(WiWi)* Konjunkturzyklus *m*
business cycle theory *(WiWi)* Konjunkturtheorie *f*
business data processing *(Gen)* Wirtschaftsinformatik *f*, kommerzielle Datenverarbeitung *f*
business diversification *(Mgt)* Geschäftsdiversifizierung *f*
business economist *(Gen)* Betriebswirt(in) *m(f)*
business enterprise *(Gen)* Gewerbebetrieb *m*, gewerbliches Unternehmen *n*, Handelsunternehmen *n*, Wirtschaftsunternehmen *n*, Firma *f*, Fa.
business equipment and furnishing *(RW)* Betriebs- und Geschäftsausstattung *f*
business expansion 1. *(WiWi)* Konjunkturaufschwung *m*; 2. *(Mgt)* Geschäftserweiterung *f*, Geschäftsausdehnung *f*
business expenditure *(Gen, RW, Steuer)* Betriebsausgaben *fpl*
business expenses *(Gen, RW, Steuer)* Betriebsausgaben *fpl*
business exposures liability *(Recht)* Haftung *f* für Geschäftsrisiken
business failure *(Gen)* Insolvenz *f*, geschäftlicher Zusammenbruch *m*
business finance *(Fin)* Finanzwirtschaft *f*, Unternehmensfinanzierung *f*
business forecasting *(WiWi)* Konjunkturprognose *f*
business form 1. *(Recht)* Unternehmensform *m (organization)*; 2. *(Gen)* Formblatt *n*, Geschäftsformular *n (paper)*
business generalist *(Gen)* Generalist *m*
business goods *(Gen)* Geschäftswaren *fpl*
business graphics 1. *(Comp)* Geschäftsgrafik *f*; 2. *(Media)* Geschäftsgrafik *f*
business hours *(Gen)* Geschäftszeiten *fpl*, Geschäftsöffnungszeiten *fpl*, Öffnungszeiten *fpl* der Geschäfte
business incentives *(WiWi)* Konjunkturimpulse *mpl*
business incubator *(Gen)* Gründerzentrum *n*
business indicator *(WiWi)* Konjunkturbarometer *n*, Konjunkturindikator *m*
business insurance *(Versich)* Rückdeckungsversicherung *f*, Sachversicherung *f*
business interruption *(Gen)* Betriebs-

unterbrechung *f*, Geschäftsunterbrechung *f*
business judgement 1. *(Mgt)* unternehmerisches Ermessen *n*; 2. *(Recht)* Grundsatz *m* des unternehmerischen Ermessens
business law *(Recht)* Wirtschaftsrecht *n*
business letter *(Gen)* Geschäftsbrief *m*
business liability insurance *(Versich)* Betriebshaftpflichtversicherung *f*
business loan *(Bank)* gewerblicher Kredit *m*
business location *(Mgt, WiWi)* Wirtschaftsstandort *m*
business loss *(RW)* Geschäftsverlust *m*
business management *(Mgt, WiWi)* Betriebsleitung *f*, Geschäftsleitung *f*; Betriebsführung *f*, Geschäftsführung *f*, Unternehmensführung *f*; Unternehmensverwaltung *f*
business management agreement *(Mgt, WiWi)* Verwaltungsvertrag *m*
business manager *(Mgt, Pers)* Angestellte(r) *f(m)* in leitender Position, Hauptabteilungsleiter(in) *m(f)*, Geschäftsführer(in) *m(f)*, kaufmännischer Direktor *m*, kaufmännische Direktorin *f*, leitende(r) Angestellte(r) *f(m)*
business meeting *(Gen)* Meeting *n*
business model *(V&M)* Geschäftsmodell *n*
business objective *(V&M)* Unternehmensziel *n*
business operation 1. *(Mgt, WiWi)* Geschäftssparte *f*; 2. *(Gen)* Geschäft *n*, Geschäftstätigkeit *f*
business operations *(Gen)* Geschäftsbetrieb *m*, Geschäftstätigkeit *f*
business opportunity *(Gen)* Geschäftschance *f*, geschäftliche Möglichkeit *f*
business organization *(Gen)* Betriebsstruktur *f*, Firmenorganisation *f*
business-oriented *adj (Gen)* geschäftsorientiert
business outlook 1. *(WiWi)* Geschäftsaussichten *fpl*, Konjunkturaussichten *fpl*; 2. *(Gen)* Geschäftsprognose *f*, Wirtschaftsvorschau *f*
business owner *(Gen, Recht)* Betriebsinhaber(in) *m(f)*, Unternehmensinhaber(in) *m(f)*, Geschäftsinhaber(in) *m(f)*
business pages *(Media)* Wirtschaftsteil *m*
business paper 1. *(Bank)* Handelswechsel *m (commercial bill)*; 2. *(Media)* Wirtschaftszeitung *f*
business planning *(Mgt)* Betriebsplanung *f*, Unternehmensplanung *f*
business policy *(Admin, WiWi)* Geschäftspolitik *f*, Unternehmenspolitik *f*, Geschäftsmethoden *fpl*
business portfolio 1. *(WiWi)* Geschäftsfeld(er)-Portfolio *n*; 2. *(Börse, Fin)* Unternehmensportefeuille *n*
business practice *(Gen)* Geschäftspraxis *f*
business premises *(Gen)* Geschäftsgebäude *n*, Geschäftslokal *n*, Geschäftsräume *mpl*; gewerbliche Räume *mpl*
business press *(Media, V&M)* Wirtschaftspresse *f*
business purpose *(Recht, WiWi)* Geschäftsgegenstand *m*, Geschäftszweck *m*
business regulations *(Gen)* Handelsvorschriften *fpl*, Betriebsvorschriften *fpl*
business relations 1. *(WiWi)* Geschäftsbeziehungen *fpl*, Geschäftsverbindungen *fpl*; 2. *(Gen)* geschäftliche Beziehungen *fpl*
business risk 1. *(Fin, Gen)* unternehmerisches Risiko *n*, Unternehmerrisiko *n*, unternehmerisches Wagnis *n*, Unternehmerwagnis *n (synonymous: entrepreneurial risk)*; 2. *(Bank, Fin)* Kreditrisiko *n (synonymous: credit risk)*
business secret *(Pers)* Geschäftsgeheimnis *n*, Dienstgeheimnis *n*
business sector *(Gen)* Wirtschaftssektor *m*
business segment *(Mgt, WiWi)* Geschäftsfeld *n*, Geschäftsbereich *m*, Geschäftssparte *f*, Unternehmensbereich *m*
business segment reporting *(Mgt, RW)* Geschäftsfeld-Berichterstattung *f*
business service *(Gen)* Dienstleistung *f*
business situation *(Gen)* Wirtschaftslage *f*
business slowdown *(WiWi)* Konjunkturverlangsamung *f*, konjunktureller Abschwung *m*
business start-up 1. *(WiWi)* Betriebs-

gründung *f*; Unternehmensgründung *f*; 2. *(Gen, Recht)* Existenzgründung *f*
business strategy *(Gen, Mgt, WiWi)* Geschäftsstrategie *f*, Unternehmensstrategie *f*
business studies *(WiWi)* Betriebswirtschaftslehre *f*
Business-to-Business *(B2B) (Comp, Komm, V&M)* B2B *n*, elektronischer Handel *m* der Unternehmen untereinander, Internetgeschäft *n* zwischen Unternehmen, E-Commerce-Angebote *npl* für Firmenkunden
Business-to-Consumer *(B2C) (Comp, V&M)* B2C *n*, elektronischer Handel *m* der Unternehmen mit Privatkunden, Internetgeschäft *n* zwischen Unternehmen und Konsumenten, Internethandel *m* mit (End-)Verbrauchern
business travel *(Gen)* Geschäftsreise *f*
business trend *(Gen)* Geschäftstrend *m*
business trip *(Gen)* Dienstreise *f*, Geschäftsreise *f*
business venture *(Mgt)* (risikobehaftetes) Geschäftsprojekt *n*
business volume *(Gen)* Geschäftsumfang *m*, Geschäftsvolumen *n*
business year 1. *(RW)* Wirtschaftsjahr *n*; 2. *(Gen)* Geschäftsjahr *n*
businessman *(Gen)* Geschäftsmann *m*, Kaufmann *m*, Unternehmer *m*
businessman's risk *(Gen)* Unternehmerrisiko *n*
businesswoman *(Gen)* Geschäftsfrau *f*, Kauffrau *f*, Unternehmerin *f*
busy *adj* 1. *(Komm) (AE)* besetzt *(telephone line, signal, tone)*; belegt, in Betrieb *(machine)*; 2. *(Gen)* belebt; beschäftigt, tätig *(person)*
busy schedule *(Mgt)* voller Terminkalender *m*
buy *v* 1. *(WiWi)* anschaffen, beziehen, einkaufen, erwerben; 2. *(Gen)* kaufen, abnehmen
buy *v* **at market** *(Börse)* an der Börse kaufen
buy *v* **at the top of the market** *(V&M)* zu Höchstpreisen kaufen
buy *v* **back** *(Börse, Gen)* zurückkaufen
buy *v* **for the account** *(Börse)* auf Termin kaufen
buy *v* **forward** *(Börse)* per Termin kaufen, auf Termin kaufen
buy *v* **in** 1. *(Gen)* sich eindecken mit, einkaufen; selbst ersteigern *(at auction)*; 2. *(Börse)* Deckungskäufe vornehmen
buy *v* **off** *(Gen)* abfinden, aufkaufen
buy *v* **on a falling market** *(Börse)* in einem Baissemarkt kaufen, bei nachgebenden Kursen kaufen
buy *v* **on hire purchase** *(BE) (Fin, V&M)* auf Abzahlungsbasis kaufen, auf Mietkaufbasis kaufen, auf Abzahlung kaufen
buy *v* **on instalment** *(BE) (Gen)* auf Kredit kaufen
buy *v* **on installment** *(AE) (Gen) s.* buy on instalment
buy *v* **on the installment plan** *(AE) (Fin, V&M) s.* buy on the instalment plan
buy *v* **on the instalment plan** *(BE) (Fin, V&M)* auf Abzahlungsbasis [Mietkaufbasis, Abzahlung] kaufen
buy *v* **out** *(Gen)* aufkaufen *(company)*; auszahlen *(partner)*
buy *v* **shares on the open market** *(Börse)* Aktien an der Börse kaufen
buy *v* **sth on approval** *(Gen)* etw. auf Probe kaufen
buy *v* **sth on credit** *(Gen)* etw. auf Kredit kaufen
buy *v* **up** *(Gen)* aufkaufen *(company)*
buy-and-hold strategy *(Börse)* Kauf--und-Halte-Strategie *f*, Kaufen-und--Halten-Strategie *f (mittel- bis langfristige Anlagen)*
buy-back *(Fin)* Rückkauf *m*
buy-back agreement *(Bank, WiWi)* Rückkaufvereinbarung *f*
buy-back commitment *(Fin, Gen)* Rückkaufsverpflichtung *f*
buy-back deal *(Gen)* Kompensationsgeschäft *n*, Kompensationsgeschäft *n* mit Rückkaufvereinbarung, Gegengeschäft *n*
buy-back price *(Börse, Fin)* Rückkaufskurs *m*
buyer *(Gen)* Aufkäufer(in) *m(f)*, Einkäufer(in) *m(f)*, Käufer(in) *m(f)*, Erwerber(in) *m(f)*
buyer behavior *(AE) (V&M) s.* buyer behaviour
buyer behaviour *(BE) (V&M)* Käuferverhalten *n*

buyer credit *(Bank)* Beschaffungskredit *m*
buyer's market *(Börse, WiWi)* Käufermarkt *m*
buyer's option 1. *(Gen)* Kaufoption *f*; 2. *(Börse)* Käuferoption *f*
buyer's rate *(Börse)* Ankaufssatz *m*, Geldkurs *m*, Geld *n*
buying *(Mgt)* Beschaffungswesen *n*, Einkauf *m*
buying behavior *(AE) (V&M) s.* buying behaviour
buying behaviour *(BE) (V&M)* Kaufverhalten *n*
buying commission *(V&M)* Einkaufsprovision *f*
buying habits *(Gen, V&M)* Kaufgewohnheiten *fpl*
buying motive *(V&M)* Kaufmotiv *n*
buying pattern *(V&M)* Einkaufsverhalten *n*
buying power *(Gen, WiWi)* Kaufkraft *f*
buying price *(Gen)* Kaufpreis *m*
buying rate *(Fin)* Ankaufkurs *m*, Geldkurs *m*
buying rate of exchange *(Bank)* Ankaufskurs *m (foreign notes and coins)*; Ankaufssatz *m*, Geldkurs *m*
buying up *(Gen)* Aufkauf *m*
buyout 1. *(Fin)* Aufkauf *m*, Buy-out *m*, Übernahme *f (firm, participating interest)*; 2. *(Mgt)* Auszahlung *f*, Abfindung *f*; 3. *(Stock)* Aufkauf *m*, Buy-out *m*
by-product *(Gen, WiWi)* Nebenprodukt *n*
bylaws *(Recht)* Statuten *npl*
bystander *(Recht)* Außenstehende(r) *f(m)*, Dritte(r) *f(m)*; Zuschauer *m*, Unbeteiligter *m*

C

CA *s.* certification authority
cable network *(Komm)* Kabelnetz *n*
cadastre *(Grund, Steuer)* Grundbuch *n*, Kataster *n*, Grundstückswertregister *n*
cadre 1. *(Pers)* Personalstamm *m*, Stammpersonal *n*; 2. *(Pol)* Kader *m*
CAF *s.* cost and freight
CAL *s.* computer-aided learning
calculate *v (Gen)* ansetzen, berechnen, ausrechnen, durchrechnen
calculated *adj (Fin)* rechnerisch
calculated comparative value *(Bank, WiWi)* rechnerischer Vergleichswert *m*
calculation *(Gen)* Rechnung *f*, Berechnung *f*, Berechnen *n*, Kalkulation *f*
calculation formula *(Fin, WiWi)* Berechnungsformel *f*
calculus of probabilities *(WiWi)* Wahrscheinlichkeitsrechnung *f*
call *v (Komm)* anrufen aufrufen
call *v* **a meeting** *(Mgt)* eine Sitzung einberufen
call *v* **a strike** *(Ind, Pers)* einen Streik ausrufen, zum Streik aufrufen
call *v* **back** *(Komm)* zurückrufen
call *v* **in** 1. *(Fin)* aufrufen; kündigen *(credit)*; 2. *(Gen)* rückrufen
call *v* **sb as a witness** *(Recht)* jmdn. als Zeugen anrufen
call *v* **sb toll-free** *(AE) (Komm)* jmdn. gebührenfrei anrufen
call *v* **up** 1. *(Komm)* anrufen; 2. *(Fin)* aufrufen
call 1. *(Komm)* Anruf *m*, Ruf *m*; 2. *(Fin)* Abruf *m*, Einforderung *f (capital)*; Option *f*; 3. *(Gen)* Gespräch *n*; 4. *(V&M)* Nachfrage *f*; 5. *(Börse)* Kaufoption *f*, Vorprämie *f*; Zahlungsaufforderung *f (request to pay, cf margin call = Aufforderung zur Nachschusszahlung)* • **at call** *(Börse)* mit Kaufoption
call account *(Bank)* Sichteinlagenkonto *n*
call by call *(Komm)* Call-by-Call *n (network selection)*
call-center *(Comp, Komm, V&M)* Call--Center *n*; Telefon-Hotline *f (customer service)*
call charge *(Komm)* Gesprächsgebühr *f*
call deposit *(Bank)* Sichteinlage *f*, Sichteinlagen *fpl*
call diversion *(Komm)* Rufumleitung *f*
call exercise price *(Börse)* Basispreis *m* einer Kaufoption
call for tender *(V&M)* Aufforderung *f* zur Angebotsabgabe
call forwarding *(Komm)* Rufweiterschaltung *f*
call hold *(Komm)* Makeln *n*
call-in of a loan *(Fin)* Anleihe(n)-kündigung *f*
call loan *(Bank)* kurzfristiges Darlehen *n*
call money *(Bank)* tägliches Geld *n*, Tagesgeld *n*

call option 1. *(Gen)* Vorprämie *f*; 2. *(Börse)* Kaufoption *f*
call protection *(Börse)* Schutz *m* vor vorzeitiger Kündigung
call rate *(Bank, Fin)* Tagesgeldsatz *m*
call schedule *(Fin)* Tilgungsplan *m*
call tone *(Komm)* Rufton *m*
call waiting *(Komm)* Anklopfen *n*
call writing *(Börse)* Verkauf *m* von Kaufoptionen
callable loan *(Bank)* kurzfristig kündbares Darlehen *n*
called-in share *(Börse)* eingezogene Aktie *f*
called-up share capital 1. *(Fin, RW)* eingefordertes Kapital *n*; 2. *(Börse)* zur Einzahlung aufgerufenes Aktienkapital *n*
caller *(Komm, Media)* Anrufer *m*
calling *(Gen)* Aufforderung *f*, Einberufung *f*
calling program *(Comp)* Abrufprogramm *n*
camera *(Media)* Kamera *f* • **in camera** *(Recht)* nicht öffentlich, unter Ausschluss der Öffentlichkeit
camouflaged advertising *(V&M)* Schleichwerbung *f*
camouflaged inflation *(WiWi)* verdeckte Inflation *f*
camouflaged unemployment *(WiWi)* verdeckte Arbeitslosigkeit *f*
campaign 1. *(Gen)* Initiative *f*; 2. *(Pol, V&M)* Campagne *f*
cancel *v* 1. *(Bank)* annullieren, streichen; 2. *(Comp)* abbrechen; 3. *(Gen)* annullieren, stornieren *(order)*; 4. *(Pers)* kündigen; 5. *(Recht)* aufheben, auflösen, stornieren, wandeln, widerrufen, rückgängig machen; 6. *(Pat)* löschen
cancel *v* **a contract** *(Recht)* einen Vertrag aufheben
cancel *v* **an entry** *(Grund, Recht)* eine Eintragung löschen
canceled check *(AE)* *(Bank)* *s.* cancelled cheque
canceling clause *(AE)* *(Recht)* *s.* cancelling clause
canceling return *(AE)* *(Versich)* *s.* cancelling return
cancellation 1. *(RW)* Stornierung *f*, Stornobuchung *f*, Rückbuchung *f*; 2. *(Bank)* Annullierung *f*, Streichung *f*; 3. *(Gen)* Stornierung *f* *(of order)*; Absage *f* *(of appointment)*; 4. *(Recht)* Widerruf *m*, Rückgängigmachung *f*, Ungültigkeitserklärung *f*, Aufhebung *f*, Auflösung *f*, Kündigung *f*; 5. *(Pat)* Löschung *f* *(of entry)*
cancellation clause *(Recht)* Rücktrittsklausel *f*
cancellation provision clause *(Versich)* Rücktrittsklausel *f*
cancellation ratio *(Versich)* Stornoquote *f*
cancelled cheque *(BE)* *(Bank)* annullierter Scheck *m*
cancelling clause *(BE)* *(Recht)* Rücktrittsklausel *f*, Verfallsklausel *f*
cancelling return *(BE)* *(Versich)* Prämienrückzahlung *f*, Rückprämie *f*
candidate *(Pers, Pol)* Kandidat *m*
candidate country *(Pol)* Bewerberland *n* *(EU)*
candidate for entry into higher education *(Pers)* Studienbewerber(in) *m(f)*
candidate for entry into university *(Pers)* Studienbewerber(in) *m(f)*
canons of taxation *(Steuer)* Besteuerungsgrundsätze *mpl*
canvass *v* *(V&M)* Kunden werben
canvassing 1. *(Gen, V&M)* Direktvertrieb *m*, Akquisition *f*; 2. *(Bank, Börse)* ambulanter Vertrieb *m*
canvassing costs *(Gen)* Akquisitionskosten *pl*
cap 1. *(WiWi)* Grenze *f*, Begrenzung *f*; 2. *(Fin)* Obergrenze *f*, Höchstzinssatz *m* *(bei Cap-Floatern)*; Cap *m*, Maximalzinssatz *m*
cap goods *(WiWi)* unter die gemeinsame Marktordnung fallende Agrargüter *npl* *(EU: CAP = Common Agricultural Policy = Gemeinsame Agrarpolitik)*
cap levy *(WiWi)* Abschöpfung *f* im Rahmen der gemeinsamen Agrarpolitik *(EU: CAP = Common Agricultural Policy = Gemeinsame Agrarpolitik)*
cap *v* **an interest rate** *(Bank)* einen Zinssatz nach oben begrenzen
capability *(Gen)* Fähigkeit *f*, Leistungsvermögen *n*
capable of work *(Pers, Soz)* erwerbsfähig, arbeitsfähig
capacity 1. *(WiWi)* Kapazität *f* *(production)*; 2. *(Gen, Pers)* Befähigung *f*, Ka-

pazität *f (personal, professional)* • **at full capacity** 1. *(Gen)* bei voller Kapazität, bei voller Leistungsfähigkeit; 2. *(Ind)* bis auf den letzten Rest gefüllt, unter Volllast

capacity charge *(WiWi)* Kapazitätsauslastung *f*, Kapazitätsausnutzung *f*

capacity effect *(WiWi)* Kapazitätseffekt *m*

capacity to work *(Gen)* Arbeitsfähigkeit *f*

capacity use *(Gen)* Anlagenauslastung *f* *(in manufacturing, in der Fertigung)*

capacity utilization 1. *(WiWi)* Kapazitätsauslastung *f*, Kapazitätsausnutzung *f*; 2. *(Ind)* Bestückung *f*

capital 1. *(RW)* Eigenkapital *n*, Aktienkapital *n (equity)*; (Gesamt-)Kapital *n* *(the financial resources of a company, the sum of equity and liabilities, das abstrakte Kapital auf der rechten, der Passivseite der Bilanz)*; 2. *(Fin)* Kapital *n*; Vermögen *n (physical assets, Realvermögen, Realkapital, konkretes Kapital auf der Aktivseite der Bilanz, als Gegensatz zum abstrakten Kapital)*

capital 1. *(RW)* Aktienkapital *n*, Grundkapital *n*, Stammkapital *n*, Vermögen *n*; 2. *(Fin)* Kapital *n*, Vermögen *n*

capital account 1. *(Bank, RW)* Kapitalkonto *n*; 2. *(WiWi)* Kapitalbilanz *f*, Kapitalverkehrsbilanz *f (balance of payments, ZB)*

capital accumulation *(Fin, WiWi)* Kapitalansammlung *f*, Kapitalbildung *f*, Vermögensbildung *f*

capital adequacy *(Bank)* erforderliche Eigenkapitaldecke *f*, Kapitaldecke *f*, angemessene Eigenkapitalausstattung *f*, Kapitalausstattung *f*

capital aid *(WiWi)* Kapitalhilfe *f (development aid)*

capital allocation *(WiWi)* Allokation *f* des Kapitals, Kapitalallokation *f*, Kapitalzuweisung *f*, Kapitalzuteilung *f*

capital allowance *(BE)* 1. *(RW)* Abschreibung *f*, Abschreibungsbetrag *m*; 2. *(Steuer)* steuerliche Abschreibung *f*

capital and reserves *(RW)* Eigenmittel *npl*, Eigenkapital *n*

capital appreciation *(WiWi)* Vermögenszuwachs *m*

capital asset *(Fin)* Anlagegut *n*, Kapitalgut *n*, Wirtschaftsgut *n (investment)*

capital asset pricing model *(CAPM)* *(Börse, Fin, WiWi)* Kapitalanlagepreismodell *n*

capital assets 1. *(Gen, WiWi)* Kapitalanlagegüter *npl*, Anlagegüter *npl*; 2. *(Fin)* Kapitalanlagen *fpl*; 3. *(Steuer)* Anlagegüter *npl*, Anlagevermögen *n*, fixe Anlagen *fpl*

capital-backed *(Gen)* kapitalgedeckt, kapitalgesichert

capital base *(Fin)* Eigenkapitalausstattung *f*

capital budget 1. *(RW)* Investitionshaushalt *m*, Investitionsplan *m*; 2. *(WiWi)* Finanzbudget *n*, Kapitalbudget *n*, Wirtschaftlichkeitsrechnung *f*, Investitionsrechnung *f*

capital budgeting 1. *(RW)* Budgetierung *f* der Investitionen; 2. *(Fin)* Investitionsrechnung *f*, Wirtschaftlichkeitsrechnung *f*

capital commitment *(RW)* finanzielles Engagement *n*, Investitionsvolumen *n*, Kapitalbindung *f*

capital consumption *(WiWi)* Abschreibungen *fpl*, Kapitalverschleiß *m*

capital consumption allowance *(WiWi)* Abschreibungen *fpl*, Kapitalverschleiß *m*

capital costs *(WiWi)* Finanzierungskosten *pl*, Investitionskosten *pl*, Kapitalkosten *pl*

capital cover *(Bank)* Kapitaldeckung *n*

capital employed 1. *(Fin)* eingesetztes Kapital *n*, investiertes Kapital *n (synonymous: invested capital = sum of the shareholders' equity in a company + long-term debts = Eigenkapital + langfristiges Fremdkapital)*; 2. *(WiWi)* Nettogesamtvermögen *n (capital assets + net current assets = fixed assets + current assets – current liabilities = Anlagevermögen + Umlaufvermögen – kurzfristige Verbindlichkeiten)*

capital expenditure *(capex)* 1. *(Fin, RW)* Investitionsaufwand *m*, Investitionsaufwendungen *fpl*; 2. *(WiWi)* Investition *f*

capital expenditure appraisal *(WiWi)* Investitionsrechnung *f*

capital expenditure budget *(RW)* Investitionsbudget *n*, Investitionsplan *m*

capital expenditure evaluation *(Fin)* Wirtschaftlichkeitsrechnung *f*
capital flight *(WiWi)* Kapitalflucht *f*
capital flow 1. *(WiWi)* Kapitalverkehr *m*, Kapitalbewegung *f*; 2. *(Fin)* Kapitalfluss *m*
capital formation *(Fin, WiWi)* Kapitalbildung *f*, Vermögensbildung *f*
capital funds *(Fin)* Gesamtkapitalausstattung *f*, Eigenmittel *pl*
capital gains 1. *(Fin, Steuer, WiWi)* Kapitalzuwachs *m*, Wertzuwachs *m*, Kapitalgewinn *m*; 2. *(Börse)* realisierte Kursgewinne *mpl*
capital gains tax *(Steuer)* Wertzuwachssteuer *f*, Kapitalgewinnsteuer *f*, Vermögenszuwachssteuer *f*, Steuer *f* auf Veräußerungsgewinne
capital goods *(Gen)* Anlagegüter *npl*, Investitionsgüter *npl*, Kapitalgüter *npl*
capital growth *(Börse)* Kapitalzuwachs *m*, Substanzerhöhung *f*, Wertzuwachs *m*
capital income tax *(Fin, Steuer, WiWi)* Vermögens(zuwachs)steuer *f*; Steuer *f* auf Kapitalerträge, Kapitalertragsteuer
capital increase *(WiWi)* Erhöhung *f* des Kapitals, Kapitalzuwachs *m*
capital inflow *(WiWi)* Kapitalzufluss *m*
capital-intensive *adj (WiWi)* anlagenintensiv, kapitalintensiv
capital-intensive industry *(Fin, Ind, WiWi)* kapitalintensive Industrie *f*
capital investment 1. *(WiWi)* Anlageninvestition *f*, Investition; 2. *(Fin)* Kapitalanlage *f*
capital investment appraisal *(Fin)* Investitionsrechnung *f (Wirtschaftlichkeitsrechnung zur Überprüfung der Vorteilhaftigkeit = profitability alternativer Investitionsobjekte)*
capital investment strategy *(Fin)* Investitionsstrategie *f*
capital-labor ratio *(AE) s.* capital-labour ratio
capital-labour ratio *(BE) (WiWi)* Kapitalintensität *f*; Verhältnis *n* von Kapitalkosten zu Arbeitskosten, Kapitalkosten-Arbeitskosten-Verhältnis *n*
capital lease *(Fin, Gen)* Finanzierungs-Leasing *n*, aktivierungspflichtiger Leasingvertrag *m*
capital lease agreement *(Gen)* Finanzierungs-Leasingvertrag *m*
capital leverage *(Fin)* Fremdkapital-Hebel *m*, Hebelwirkung *f* des Fremdkapitals
capital levy *(Steuer, WiWi)* Vermögensabgabe *f*
capital loss *(Fin, WiWi)* Kapitalverlust *m*, Kapitalveräußerungsverlust *m*, Kapitalwertminderung *f*
capital market *(Gen, WiWi)* Kapitalmarkt *m*
capital market interest rate *(Bank)* Kapitalmarktzins *m*
capital market yield *(Börse)* Kapitalmarktrendite *f*
capital movement *(Fin, WiWi)* Kapitalbewegung *f*, Kapitalverkehr *m*
capital needs *(Fin)* Kapitalbedarf *m*
capital outflow *(Fin, RW, WiWi)* Kapitalabfluss *m*
capital outlay *(WiWi)* Investitionsaufwand *m*, Investitionsausgaben *fpl*
capital-output ratio *(Fin, WiWi)* Kapitalkoeffizient *m*
capital owner *(Fin)* Kapitalgeber *m*, Kapitaleigner *m*
capital paid in excess of par value *(RW)* Agio *n*, Kapitalrücklage *f*
capital procurement *(Bank, Börse, Fin)* Kapitalbeschaffung *f*
capital productivity *(WiWi)* Kapitalproduktivität *f*
capital profit 1. *(RW, WiWi)* Kapitalgewinn *m*; 2. *(Fin, Gen)* Kapitalwertzuwachs *m*; 3. *(Steuer)* Kapitalgewinn *m*
capital program *(AE) (Fin) s.* capital programme
capital programme *(BE) (Fin)* Investitionsprogramm *n*
capital project *(Fin, RW)* Investitionsprojekt *n*, Investitionsvorhaben *n*
capital project evaluation 1. *(WiWi)* Bewertung *f* eines Investitionsprojekts; 2. *(Fin)* Investitionsrechnung *f*
capital raising 1. *(Bank)* Kapitalbeschaffung *f*; 2. *(Fin)* Kapitalaufbringung *f*, Kapitalaufnahme *f*
capital ratio *(Fin)* Eigenkapitalquote *f (ratio of equity to total assets, Verhältnis von Eigenkapital zu Gesamtkapital)*
capital reconstruction *(Fin)* Sanierung *f*

capital reorganization *(Börse)* Kapitalumstrukturierung *f*
capital requirements *(Fin)* Finanzbedarf *m*, Finanzierungsbedarf *m*
capital reserves *(RW)* Gewinnrücklagen *fpl*, gesetzliche Rücklagen *fpl*, Kapitalrücklage *f*, Kapitalreserve *f*
capital resources *(WiWi)* Kapitalausstattung *f*, Eigenmittel *npl*
capital rules *(Bank, Fin)* Eigenkapitalvorschriften *fpl*, Kapitalunterlegungsvorschriften *fpl (rating, risk weighting = Risikogewichtung, Basle II)*; Eigenkapitalgrundsätze *mpl (Basel II, rating)*
capital sharing *(Pers)* Kapitalbeteiligung *f*
capital spending *(WiWi)* Investition *f*, Investitionsaufwand *m*, Investitionsaufwendungen *fpl*
capital stock *(AE)* 1. *(RW)* Kapitaleinlage *f*; 2. *(WiWi)* Kapitalstock *m*; 3. *(Fin)* Geschäftskapital *n*, Stammkapital *n*, Grundkapital *n*
capital stock issued *(Börse)* ausgegebenes Kapital *n*
capital structure *(Fin, RW, WiWi)* Kapitalstruktur *f*
capital surplus 1. *(RW)* Kapitalrücklage *f*; 2. *(Börse)* Aktienemissionsagio *n*
capital theory *(WiWi)* Kapitaltheorie *f*
capital transaction *(Fin)* Kapitalverkehr *m*
capital transfer *(Fin)* Kapitalübertragung *f*
capital transfer tax *(BE) (Steuer)* Erbschaft(s)- und Schenkung(s)steuer *f*
capital user costs *(WiWi)* Kapitalnutzungskosten *pl*
capital utilization *(WiWi)* Kapitalnutzung *f*
capital value *(Fin, RW, WiWi)* Kapitalwert *m*
capital write-down *(Fin)* Abschreibung *f*, Kapitalverminderung *f*
capitalism *(Pol, WiWi)* Kapitalismus *m*
capitalization 1. *(RW)* Aktivierung *f*; 2. *(Fin, WiWi)* Kapitalisierung *f*, Ausgabe *f* von Wertpapieren, Kapitalausstattung *f*; 3. *(Gen, Media)* Großschreibung *f*; 4. *(Börse)* Börsenkapitalisierung *f*
capitalization effect *(Steuer, WiWi)* Kapitalisierungseffekt *m*
capitalization rate *(Fin, WiWi)* interner Zinsfuß *m*, Kapitalisierungsfaktor *m*, Kapitalisierungssatz *m*
capitalization ratio *(Fin, Gen)* Anlagenintensität *f*
capitalize *v* 1. *(RW)* kapitalisieren, aktivieren, dem Kapital zuschlagen *(synonymous: carry as an asset; Gegensatz: als Aufwand = expense zu verbuchen)*; 2. *(WiWi)* kapitalisieren *(Barwerte künftiger Nettoüberschüsse summieren)* • **capitalized at ...** *(RW)* zu Buche stehen mit ... • **lightly capitalized** *(Fin)* mit geringer Eigenkapitalbasis, *(ugs.)* mit kurzer Kapitaldecke, *(ugs.)* mit knapper Kapitaldecke • **well capitalized** *(Bank, Fin) (AE)* mit ausreichender Eigenkapitalausstattung *f*
capitalize *v* **on** *(Gen)* aktivieren, nutzen
capitalized value *(Fin, WiWi)* Kapitalwert *m (value of an investment calculated as the sum of its initial cost and the present value of expected future cash flows; Summe der einer Investition zurechenbaren und auf einen definierten Zeitpunkt zum Kalkulationszinssatz diskontierten Nettorückflüsse, einschließlich Anschaffungsauszahlung und Liquidationserlös)*
CAPM *s.* capital asset pricing model
capping *(Bank)* Festlegung *f* einer Obergrenze, Plafondierung *f (of interest rate)*
captive *adj (AE) (Gen)* konzernintern, konzerneigen *(not for the market, limited to the group; interne Leistungen, nicht für den Markt bestimmt, sondern begrenzt auf den Konzern, z. B. Industrieversicherungen)*; Binnenkonzern-, für den Eigenbedarf
captive finance company *(WiWi)* konzerneigene Finanzierungsgesellschaft *f (rechtlich, aber nicht wirtschaftlich selbstständiges Unternehmen zur Erstellung von Finanzdienstleistungen für Konzerngesellschaften)*
captive market *(V&M, WiWi)* Markt *m* eines monopolistischen Anbieters
car industry *(Ind, Transp)* Automobilindustrie *f*, Kraftfahrzeugindustrie *f*
car pool *(Ind, Transp)* Fuhrpark *m*
car registration *(Transp)* Kraftfahrzeugzulassung *f*
car tax *(Steuer)* KFZ-Steuer *f*

carbon dioxide tax *(Steuer, Umwelt)* Kohlendioxidsteuer *f*, CO_2-Steuer *f*
card *(Gen, Pers)* Karte *f*, Visitenkarte *f*, Geschäftskarte *f*
card index *(Admin)* Kartei *f*
cardholder *(Bank, Fin)* Karteninhaber(in) *m(f)*; Kreditkarteninhaber(in) *m(f) (of credit card)*
cardinal utility *(WiWi)* kardinaler Nutzen *m*
cards *(Gen)* Entlassungspapiere *fpl* • **get one's cards** *(Gen) (BE)* gekündigt werden • **give sb his cards** *(Gen) (BE)* jmdn. an die Luft setzen, *(BE)* jmdn. entlassen
care *(Gen)* Aufsicht *f*, Betreuung *f*, Sorgfalt *f*, Obhut *f (supervision)* • **care of** *(Gen, Imp/Exp, Komm)* bei, per Adresse, p.A., p.Adr., zu Händen von, z. Hd. v.
career *(Pers)* Karriere *f*, berufliche Laufbahn *f*, Beruf *m*
career advancement *(Pers)* beruflicher Aufstieg *m*, berufliches Fortkommen *n*, berufliches Weiterkommen *n*
career adviser *(Pers)* Berufsberater(in) *m(f)*
career aspiration *(Pers)* Berufswunsch *m*
career counseling *(AE) (Pers) s.* career counselling
career counselling *(BE) (Pers)* Berufsberatung *f*
career decision *(Pers)* berufliche Entscheidung *f*, Berufsentscheid *m*
career development *(Pers)* Aufstieg *m*, berufliche Entwicklung *f*
career goals *(Pers)* Karriereziel *n*
career guidance *(Pers)* Berufsberatung *f*
career ladder *(Pers)* Karriereleiter *f*
career opportunities *(Pers)* Karriereaussichten *fpl*, Berufschancen *fpl*, berufliche Chancen *fpl*
career options *(Pers)* Berufswahl *f*
career-oriented training *(Pers)* berufsbezogene Aus- und Weiterbildung *f*
career path *(Pers)* berufliche Laufbahn *f*, beruflicher Werdegang *m*, Karriere *f*, Karriereleiter *f*
career pattern *(Pers)* Berufslaufbahn *f*, beruflicher Werdegang *m*, Berufsverlauf *m ("career" stellt allerdings häufig auf Fortschritt/Erfolg ab)*
career pattern survey *(Pers)* Berufsverlaufsuntersuchung *f*, Befragung *f* über Berufsverlauf
career planning *(Pers)* Karriereplanung *f*, Berufsplanung *f*, berufliche Planung *f*
career prospects *(Pers)* Laufbahnaussichten *fpl*, Karriereaussichten *fpl*
careers advice *(BE) (Pers)* Berufsberatung *f*
cargo *(Transp)* Beförderungsgut *n*, Ladung *f*, Frachtgut *n*, Transportgut *n*, Fracht *f*
cargo capacity *(Transp)* Frachtkapazität *f*, Ladungsfähigkeit *f*, Ladungskapazität *f*
cargo clearance *(Imp/Exp, Transp)* Frachtabfertigung *f*
cargo handling charge *(Transp)* Frachtladekosten *pl*, Frachtumschlagkosten *pl*, Güterverladungskosten *pl*
cargo homeward *(Transp)* Rückladung *f*, Retourfracht *f*
cargo outward *(Transp)* abgehende Fracht *f*
cargo transit *(Transp)* Frachttransit *m*
carriage *(Transp)* Beförderung *f (act, charge)*; Transport- und Spediteurkosten *pl*, Frachtgeld *n*; Transportkosten *pl (of persons and goods)* • **carriage and insurance paid** *(Imp/Exp, Transp, Versich)* frachtfrei versichert *(Incoterms)*; Fracht und Versicherung bezahlt *(named place of destination)* • **carriage forward** *(Imp/Exp, Transp)* Frachtkosten per Nachnahme, Transport- und Spediteurkosten zu Lasten des Empfängers, Portonachnahme *f* • **carriage free** *(Imp/Exp, Transp)* frachtfrei, frfr., frei Haus • **carriage paid** *(Imp/Exp, Transp)* Fracht bezahlt, frachtfrei, frfr. *(named place of destination)*
carriage of goods *(Transp)* Warenbeförderung *f (transport of merchandise; opposite: carriage of passengers = Personenverkehr)*; Güterverkehr *m*, Güterverkehrsgewerbe *n (i. w. S., in the broad sense: the industry)*
carriage of passengers *(Transp)* Personenverkehr *m*
carried forward *(Gen, RW)* Übertrag *m*, Vortrag *m*
carrier 1. *(Imp/Exp)* Beförderer *m*, Spe-

diteur *m*; 2. *(Transp)* Beförderungsunternehmer *m*, Transportunternehmer *m*, Frachtführer *m*; Lufttransportgesellschaft *f*, Fluggesellschaft *f*
carrier haulage 1. *(Imp/Exp)* Spedition *f*; 2. *(Transp)* Frachtunternehmen *n*
carrier's liability *(Versich)* Frachtführer-Haftpflicht *f*, Transporthaftung *f*
carry *v* 1. *(Fin)* übernehmen; 2. *(Gen)* tragen, befördern, transportieren *(transport)*; 3. *(V&M)* führen; 4. *(Börse)* Wertpapiere halten *(keep in stock)*
carry *v* **a loss** *(Fin)* einen Verlust tragen
carry *v* **as liability** *(RW)* passivieren
carry *v* **back** *(RW)* verrechnen, rücktragen
carry *v* **down** *(Fin)* übertragen
carry *v* **forward** *(Fin)* übertragen, vortragen • **to be carried forward** *(RW)* zu übertragen
carry *v* **out** 1. *(Gen)* abwickeln, ausführen, durchführen; 2. *(Recht)* vollziehen
carry *v* **out work** *(Pers)* Arbeit ausführen, Arbeit durchführen
carry-back 1. *(RW)* Rücktrag *m*; Verrechnung *f*, Verlustrücktrag *m (of loss)*; 2. *(Fin)* Verrechnung *f*
carry-back carry-forward system *(Steuer)* Verlustrücktrags-Verlustvortragssystem *n*
carry-back of loss *(RW)* Verlustrücktrag *m*
carry-over *(Fin, RW)* Saldovortrag *m*, Übertrag *n*
carry-over business *(Börse)* Reportgeschäft *n*
carry-over loss *(RW)* Verlustrücktrag *m*, Verlustvortrag *m*
carry-over rate *(Börse)* Reportsatz *m*
carrying charges *(Transp)* Speditionskosten *pl*, Transportkosten *pl (of commodities)*
carrying value *(RW)* Bilanzwert *m*, Buchwert *m*
cartage *(Transp)* Rollgeld *n*
cartel *(WiWi)* Kartell *n*
cartel law *(Recht)* Kartellrecht *n*, Wettbewerbsrecht *n*
case 1. *(Gen)* Kiste *f*, Tasche *f*, Aktenkoffer *m (for documents)*; 2. *(V&M)* Kasten *m*, Vorgang *m (file)*; 3. *(Recht)* Fall *m*, Prozess *m*; 4. *(Transp)* Kiste *f*, Koffer *m*
case book *(Recht)* Fallsammlung *f*
case file *(Gen)* Fallordner *m*, Vorgang *m*, Vorgangsakte *f*
case law *(Recht)* Fallrecht *n*, Präzedenzrecht *n*, Richterrecht *n*
case study *(Gen, Mgt, V&M)* Fallstudie *f*
cash *v (Bank, Fin)* einlösen
cash *v* **a check** *(AE) (Bank)* s. cash a cheque
cash *v* **a cheque** *(BE) (Bank)* einen Scheck einlösen
cash *v* **in** *(Börse)* aus einem Geschäft aussteigen, gegen bar verkaufen
cash *v* **in on sth** *(Fin)* aus etw. Kapital schlagen
cash *adj (Gen)* bar
cash-settled *adj (Gen)* bar abgerechnet
cash *(Gen)* Bargeld *n*, Barmittel *npl*, Geldmittel *npl*, Kasse *f*, *(ugs.)* Kohle *f* • **for cash** *(Gen)* in bar, gegen Barzahlung • **in cash** *(Gen)* bar, in bar • **on a cash basis** *(Gen)* gegen Barzahlung • **on a cash received basis** *(RW)* Lieferung nur gegen Barzahlung • **cash with order** *(Gen)* zahlbar bei Auftragserteilung, zahlbar bei Bestellung
cash accounting *(RW)* Einnahmen-Ausgaben-Rechnung *f*
cash against documents *(Imp/Exp)* Barzahlung *f* gegen Dokumente, Kasse *f* gegen Dokumente
cash and carry wholesaler *(V&M)* Selbstbedienungsgroßhändler(in) *m(f)*
cash and debt position *(Bank, Fin)* Liquiditätsstatus *m*
cash assets *(Fin)* Barvermögen *n*
cash balance 1. *(RW)* Barguthaben *n*, Geldbestand *m*; Kassenbestand *m*, Kassensaldo *m (takings)*; 2. *(Bank)* Bankguthaben *n*
cash basis of accounting *(RW)* Buchführung *f* auf Einnahmen- und Ausgabenbasis, Einnahmen-Ausgaben-Rechnung *f*
cash before delivery *(Gen, Imp/Exp)* Barzahlung *f* [Kasse *f*] vor Lieferung
cash benefit 1. *(Admin, Gen)* Geldleistung *f*; 2. *(Versich)* Bardividende *f*, Geldleistung *f*; 3. *(Pers, Soz)* Barleistung *f*
cash bills *(Bank, Fin)* Bundeskassenscheine *mpl (short-term zero bond)*
cash book *(Admin, RW)* Kassenbuch *n*

cash budgeting *(RW, WiWi)* Einnahmen--Ausgaben-Planung *f*, (kurzfristige) Liquiditätsplanung *f*
cash card *(Bank)* Geld(automaten)karte *f*
cash contribution *(RW)* Bareinlage *f*
cash cow *(WiWi)* Unternehmen *n* mit hohen Liquiditätsreserven
cash cow products *(Gen)* Cash-Cow--Produkte *npl*, ertragsstarke Produkte *npl*
cash credit *(Gen)* Barkredit *m*
cash dealings *(Börse)* Kassageschäfte *npl*
cash deposit 1. *(RW)* Bareinlage *f*, Barsicherheit *f*; 2. *(V&M)* Anzahlung *f*
cash deposit acknowledgement *(Fin)* Bestätigung *f* der Barhinterlegung
cash deposits ratio 1. *(Bank)* Barreservesatz *m*; 2. *(Fin)* Liquidität *f* ersten Grades
cash desk 1. *(Bank)* Kasse *f*, Kassenschalter *m*; 2. *(Gen)* Kasse *f*
cash disbursement *(RW)* Kassenausgang *m*, Kassenauszahlung *f*
cash discount 1. *(Fin, Gen)* Barzahlungsrabatt *m*, Skonto *m*; 2. *(V&M)* Barzahlungsrabatt *m*
cash dispenser *(Bank)* Geldausgabeautomat *m*, GAA, Geldautomat *m*
cash dividend *(Fin)* ausgeschüttete Dividende *f*, Barausschüttung *f*, Bardividende *f*
cash drain *(Fin)* Abgang *m* an flüssigen Mitteln
cash earnings *(Fin)* Bareinnahmen *fpl*, Barverdienst *m*, Reingewinn *m* plus Abschreibungen *fpl*
cash economy *(WiWi)* Schattenwirtschaft *f*, Untergrundwirtschaft *f*
cash entry *(Admin, RW)* Kassenbuchung *f*
cash equivalents *(Fin)* Bar(gegen)werte *mpl*
cash exchange rate *(WiWi)* Sortenkurs *m*
cash flow *(Fin, RW)* Barmittelstrom *m*, Einnahmeüberschuss *m*, Cashflow *m*
cash flow method *(Fin)* Kapitalwertmethode *f*
cash flow statement *(Fin)* Cashflow--Bericht *m*, Kapitalflussrechnung *f*
cash forecast 1. *(RW)* Kassenbudget *n*, Kassenplan *m*, Liquiditätsplan *m*; 2. *(Fin)* Liquiditätsprognose *f*
cash generating unit *(CGU) (RW)* Zahlungsmittel generierende Einheit *f (according to US-GAAP, IAS 36 and IFRS 3, the smallest identifiable group of assets that produces measurable cash flows; kleinste identifizierbare Gruppe von Vermögenswerten, die Mittelzuflüsse aus der laufenden Nutzung erzeugt)*
cash holdings *(RW)* Bargeldbestände *mpl*, Kassenbestände *mpl*, verfügbare Barmittel *npl*
cash in advance *(RW)* Vorkasse *f*
cash in hand 1. *(RW)* Barguthaben *n*, verfügbare Barmittel *npl*; 2. *(Fin)* Kassenbestand *m*, verfügbare Barmittel *npl*; 3. *(Gen)* Bargeld *n*
cash in transit *(RW)* durchlaufende Zahlungsmittel [Mittel] *npl*
cash income and outgoings plan *(RW)* Liquiditätsplan *m*
cash inflow *(Fin)* Barmittelzufluss *m*, Kapitalzustrom *m*, Zugang *m* an flüssigen Mitteln
cash inventory 1. *(Bank)* Geldbestand *m*; 2. *(Gen)* Bargeldbestand *m*
cash journal *(RW)* Kassenbuch *n*
cash management *(RW)* Finanzmanagement *n*, Gelddisposition *f*, Kassenhaltung *f*, Liquiditätssteuerung *f*, Kassenverwaltung *f*
cash management account *(Fin)* Gelddispositionskonto *n*
cash management system *(Bank)* Finanz-Disposystem *n*
cash market *(Börse)* Kassamarkt *m*
cash market rates *(Börse)* Kassakurse *mpl*, Kassamarktwechselkurse *mpl*
cash needs *(Fin)* Bargeldbedarf *m*
cash on delivery 1. *(RW)* Lieferung *f* gegen Nachnahme; 2. *(Fin, Gen, Imp/Exp)* Zahlung *f* durch Empfänger, Barzahlung *f* bei Lieferung; 3. *(Transp)* Lieferung *f* gegen Nachnahme
cash on hand 1. *(RW)* Barbestand *m*, verfügbare Barliquidität *f*; 2. *(Gen)* Barbestand *m*, Kasse *f*
cash outflow *(Fin, RW, WiWi)* Kapitalabfluss *m*
cash outlay *(Fin, RW, WiWi)* Barausga-

ben *fpl*, Barauslagen *fpl*, Kassenausgaben *fpl*

cash payment *(Bank)* Auszahlung *f* in bar, Bar(aus)zahlung *f*

cash payments *(Fin, RW, WiWi)* Barausgaben *fpl*, Barauslagen *fpl*, Kassenausgaben *fpl*

cash payments journal *(RW)* Kassenausgangsbuch *n*

cash position 1. *(RW)* Barposition *f*, Bestand *m* an liquiden Mitteln, Kassenstand *m*; 2. *(Bank)* Liquiditätsposition *f*; 3. *(Fin)* Barliquidität *f*

cash price *(Gen)* Barpreis *m*

cash purchase price *(RW)* Bareinkaufspreis *m*

cash ratio 1. *(Gen)* Liquiditätsgrad *m*; Barliquidität *f*; 2. *(Fin, RW)* Liquidität ersten Grades *(ratio of cash to current liabilities, Verhältnis der Zahlungsmittel zu den kurzfristigen Verbindlichkeiten)*

cash receipts *(RW)* Bareinnahmen *fpl*, Kasseneingänge *mpl*, Kasseneinnahmen *fpl*

cash receipts journal *(RW)* Kasseneinnahmenbuch *n*

cash record *(RW)* Kassenbeleg *m*

cash register scanner *(Comp, V&M)* Scanner-Kasse *f*

cash requirement *(RW)* Baranforderung *f*, Bedarf *m* an liquiden Mitteln, Geldbedarf *m*

cash reserve *(Bank, RW)* Barreserve *f*, Barmittelrücklage *f*, Liquiditätsreserve *f*

cash settlement *(Börse, Fin)* Barabfindung *f*, Geldabfindung *f*, Kapitalabfindung *f*, Barregulierung *f*

cash shortage *(Fin)* Bargeldknappheit *f*, Liquiditätsenge *f*

cash statement *(RW)* Kassenbericht *m*

cash surplus 1. *(RW)* Bargeldüberschuss *m*; 2. *(Fin)* Kassenüberschuss *m*

cash transaction *(RW)* Bargeschäft *n*, Barverkauf *m*

cash transactions velocity *(WiWi)* Umlaufgeschwindigkeit *f*

cash transfer *(Bank, Fin)* Barüberweisung *f*

cash value 1. *(RW)* Barwert *m*, Marktwert *m*; 2. *(Versich)* Kapitalwert *m*

cash voucher *(RW)* Kassenbeleg *m*

cash withdrawal *(Bank, RW)* Barabhebung *f*, Barentnahme *f*

cashier 1. *(Pers)* Kassenführer(in) *m(f)*; 2. *(V&M)* Kassierer(in) *m(f)*

cashier's check *(AE) (Bank) s.* cashier's cheque

cashier's cheque *(BE) (Bank)* Bankscheck *m*, Barscheck *m*, Kassenscheck *m*

cashless pay *(Pers)* bargeldlose Lohn- und Gehaltszahlung *f*

cashless payment system *(Bank)* bargeldloser Zahlungsverkehr *m*

casual employment *(Pers)* Gelegenheitsbeschäftigung *f*, Gelegenheitsarbeit *f*

casual jobs *(Pers)* Gelegenheitsarbeiten *fpl*

casual labor *(AE) (Pers) s.* casual labour

casual laborer *(AE) (Pers) s.* casual labourer

casual labour *(BE) (Pers)* Gelegenheitsarbeit *f*

casual labourer *(BE) (Pers)* Aushilfskraft *f*, Gelegenheitsarbeiter(in) *m(f)*

casual work *(Pers)* Gelegenheitsarbeit *f*

catalog *(AE) (Gen) s.* catalogue

catalog buying *(AE) (V&M) s.* catalogue buying

catalogue *(BE) (Gen)* Katalog *m*, Verzeichnis *n*

catalogue buying *(BE) (V&M)* Einkauf *m* im Versandhandel

catch line *(V&M)* Schlagzeile *f*

catch-up demand *(WiWi)* Nachholbedarf *m*

catch *v* **up** *(Gen, WiWi)* aufholen

catching-up process *(WiWi)* Aufholprozess *m*

categorize *v* 1. *(Admin)* klassifizieren; 2. *(Gen)* einreihen, einstufen

category 1. *(Gen)* Kategorie *f*, Merkmalsklasse *f*; 2. *(Pat)* Kategorie *f*, Klasse *f*; Warengruppe *f (of goods)*

category of costs *(Fin)* Kostenart *f*

cater *v* **for** *(Gen)* abgezielt sein auf, sorgen für, verpflegen

catering 1. *(Gen)* Gaststättenwesen *n*, Kantinenwesen *n*; 2. *(Pers)* Verpflegung *f*; 3. *(Frei)* Bewirtung *f*, Gastronomie *f*, Versorgung *f*; 4. *(V&M)* Verpflegung *f*

cause *v (Gen)* veranlassen, verursachen

cause 1. *(Gen)* Ursache *f*, Veranlassung *f*, Motiv *n (reason)*; 2. *(Pol)* Ursache *f*;

Mission *f*, Motiv *n (purpose, common, cause)*
cause of action *(Recht)* Klagegrund *m (for claim)*
cause of loss *(Gen)* Schadensursache *f*
causes of unemployment *(Soz, WiWi)* Ursachen *fpl* der Arbeitslosigkeit
caution money *(Recht)* Kaution *f*
cautioning as to rights *(Recht)* Rechtsmittelbelehrung *f*
cautious *adj (Gen)* vorsichtig, reserviert, umsichtig, zurückhaltend *(reticent)*
CC *s.* civil commotion
CCP *s.* central counterparty
ccTLD *s.* country-code Top-Level Domain
CD-R *s.* compact disc recordable
CD-Recordable *(Comp, Media)* CD-R, CD-Recordable *f (write-once)*; CD--Rohling *m*, Rohling *m (blank)*
CD-RW *s.* compact disc read/write
CD-Writer *(Comp, Media)* CD-Brenner *m*, CD-Rekorder *m*
cease *v (Gen)* aufhören, einstellen, beenden
cease *v* **to have effect** *(Recht)* nicht mehr rechtswirksam sein
cede *v* 1. *(Versich)* abgeben; 2. *(Recht)* abtreten, zedieren
cedent *(Recht, Versich)* Zedent *m*, Abtretende(r) *f(m)*
ceding company *(Versich)* abgebende Gesellschaft *f*, Zedent *m*, zedierende Gesellschaft *f*
ceiling 1. *(RW)* Höchstgrenze *f*; 2. *(Fin)* Höchstbetrag *m*
ceiling price *(WiWi)* äußerster Kurs *m*, Höchstpreis *m*
ceiling rate *(Börse)* Zinsobergrenze *f (interest rate futures)*
cellphone provider *(AE) (Komm)* Mobilfunkprovider *m*
celtic tiger *(Gen)* keltischer Tiger *m*, Irland *(Ireland in the 1990s)*
census *(Gen)* Großzählung *f*, Totalstatistik *f*, Zensus *m*
census of business *(AE) (WiWi)* Unternehmensstatistik *f*
census of manufacturers *(AE) (Ind)* Erzeugerstatistik *f*
census of population *(WiWi)* Volkszählung *f*, Bevölkerungsstatistik *f*
census of production *(WiWi)* Produktionsstatistik *f*
census of retail trade *(AE) (WiWi)* Einzelhandelsstatistik *f*
census sample *(V&M)* statistische Stichprobe *f*
center *(AE) s.* centre
central administration *(Recht)* Hauptverwaltung *f*
central bank 1. *(Bank)* Zentralbank *f*; 2. *(WiWi)* zentrale Notenbank *f*
central bank policy *(WiWi)* Notenbankpolitik *f*
central bank transactions 1. *(Bank)* Zentralbankgeschäft *n*; 2. *(WiWi)* Zentralbankgeschäfte *npl*, Zentralbankoperationen *fpl*
central counterparty *(Bank, Börse)* zentrale Gegenpartei *f*
Central European Time *(CET) (Gen)* mitteleuropäische Zeit *f*, MEZ
central government *(Gen, Pol)* Zentralregierung *f*
central government borrowing requirement *(WiWi)* Kreditbedarf *m* der Zentralregierung
central place theory *(WiWi)* Theorie *f* der zentralen Orte
central rate *(WiWi)* Leitkurs *m*
central Risk Service *(Bank, Fin)* Evidenzzentrale *f*
central Statistical Office *(BE) (WiWi)* statistisches Zentralbüro, ≈ statistisches Bundesamt *n*
centralization *(Gen)* Zentralisation *f*, Zentralisierung *f*
centralized *adj (Gen)* zentralisiert
centralized planned economy *(WiWi)* Zentralverwaltungswirtschaft *f*
centrally-planned economies *(WiWi)* Staatshandelsländer *mpl*
centre *(BE)* 1. *(RW)* Kostenstelle *f*; Rechnungsstelle *f*, Abrechnungsstelle *f (BE cost centre, AE cost center; a department or a function to which costs and/or revenues are charged)*; 2. *(Gen)* Mitte *f*, Mittelpunkt *m*; Sitz *m*, Hauptsitz *m*; Zentrale *f*, Zentralstelle *f*, zentrale Stelle *f*, Zentrum *n*
CEO *(Abk. für Chief Executive Officer, AE)* 1. *(Mgt, Pers)* Chief-Executive-Officer *m*, *(jarg.)* CEO *m*, Vorsitzende *m(f)* des Exekutiv-Ausschusses, Geschäftsfüh-

rer(in) *m(f)* (CEO), geschäftsführende(r) Direktor(in) *m(f)* (CEO), Vorsitzender *m* der Geschäftsführung (CEO) *(innerhalb des Board of Directors; der CEO hat die operative Leitungs- und Kontrollfunktion in amerikanischen Unternehmen, er führt das Tagesgeschäft und berichtet an den Chairman of the Board, den Vorsitzenden des Verwaltungsrats im monistischen Leitungssystem, wenn die beiden Ämter nicht als »Chairman of the Board and Chief Executive« in Personalunion geführt werden; im UK entspricht der CEO dem Managing Director)*; Vorstandsvorsitzender *m (im kontinentaleuropäischen zweistufigen Aufsichtsratssystem, Two-Tier Board, Two-Tier System)*; *(ugs.)* Konzernchef *m (in a group, in einer Unternehmensgruppe)*; 2. *(Recht)* Geschäftsführer(in) *m(f)*; Hauptgeschäftsführer(in) *m(f) (in a federation or association, in einem Verband)*

certainty *(Gen, WiWi)* Bestimmtheit *f*, Gewissheit *f*, Sicherheit *f*

certificate 1. *(Komm)* Bescheinigung *f*, Besch., Bestätigung *f*, Best.; 2. *(Fin)* Urkunde *f*, Urk.; 3. *(Gen)* Bescheinigung *f*, Besch., Zertifikat *n*; 4. *(Börse)* Anteilsschein *m*, Zertifikat *n*

certificate in duplicate *(Gen)* Urkunde *f* in doppelter Ausfertigung

certificate of apprenticeship *(Bil, Pers)* Lehrabschlusszeugnis *n*; *(ugs.)* Lehrzeugnis *n*

certificate of authenticity *(Comp, Komm, Recht)* Echtheitszertifikat *n*

certificate of compliance 1. *(Admin)* Bescheinigung *f* über Ordungsmäßigkeit; 2. *(Gen)* Einwilligungsbescheinigung *f*

certificate of deposit *(Fin)* Einlagenzertifikat *n*, Depositenzertifikat *n*, CD *n*

certificate of employment *(Pers)* Arbeitsbescheinigung *f*, Arbeitszeugnis *n*

certificate of incorporation *(Recht)* amtliche Registrierungsbescheinigung *f*; Gründungsurkunde *f*

certificate of indebtedness *(Gen)* Schuldurkunde *f*

certificate of manufacture *(Ind)* Ursprungszeugnis *n*

certificate of origin *(Fin, Imp/Exp)* Ursprungszeugnis *n*, Herkunftsbescheinigung *f*, Ursprungsbescheinigung *f*, Ursprungszertifikat *n*

certificate of ownership 1. *(Gen)* Eigentumsurkunde *f*; 2. *(Grund)* Eigentumsbescheinigung *f*, Eigentumsnachweis *m*

certificate of posting *(Komm)* Posteinlieferungsschein *m*

certificate of qualification *(Recht)* Befähigungsnachweis *m*

certificate of shipment *(Imp/Exp, Transp)* Ladeschein *m*, Verschiffungsbescheinigung *f*

certificate of title *(Grund)* Eigentumsnachweis *m*

certificate of value *(BE) (Imp/Exp)* Wertbescheinigung *f*

certificate of value and origin *(BE) (Imp/Exp)* Wert- und Ursprungszertifikat *n*, Wert- und Ursprungszeugnis *n*

certification 1. *(Gen)* Bestätigung *f*, Zertifizierung *f*; 2. *(Recht)* Beglaubigung *f*

certification authority *(Gen, Recht)* Zertifizierungsstelle *f*, Bestätigungsstelle *f*, Trust-Center *n*

certification mark 1. *(Gen)* Gütemarke *f*, Gütezeichen *n*; 2. *(Pers)* Verbandsmarke *f*; 3. *(Recht)* Gütemarke *f*, Gütezeichen *n*; 4. *(Pat)* Ursprungshinweis *m*

certified *adj* 1. *(Admin)* zertifiziert; 2. *(Recht)* amtlich beglaubigt

certified accountant *(BE) (RW)* zugelassener Wirtschaftsprüfer *m*, zugelassene Wirtschaftsprüferin *f*

certified accounts *(RW)* testierter Abschluss *m*

certified check *(AE)* s. certified cheque

certified cheque *(BE)* 1. *(Bank)* bestätigter Scheck *m*, gedeckter Scheck *m*; 2. *(WiWi)* bankbestätigter Scheck *m*

certified copy 1. *(Admin)* amtlich beglaubigte Kopie *f*; 2. *(Recht)* beglaubigte Abschrift *f*

certified declaration of origin *(Imp/Exp)* legalisierte Ursprungserklärung *f*, testierte Ursprungserklärung *f*

certified financial statement *(RW)* Abschluss *m* mit Bestätigungsvermerk, testierter Abschluss *m*

certified invoice *(Admin, RW)* Konsulatsfaktura *f*
certified mail *(AE) (Komm)* Einschreiben *n*
certified public accountant *(AE) (RW)* konzessionierte(r), zugelassene(r) Wirtschaftsprüfer(in) *m(f)*
certified standard *(Gen, Recht)* Zertifizierungsstandard *m*
certified true copy *(Recht)* beglaubigte Abschrift *f*, beglaubigte Kopie *f*
certify *v (Recht)* beglaubigen
CES production function *(WiWi)* CES--Produktionsfunktion *f (Produktionsfunktion mit konstanter Substitutionselastizität = constant elasticity substitution)*
cessation *(Gen)* Einstellung *f*
cessation of employment *(Pers)* Ende *n* der Beschäftigung, Ende *n* des Beschäftigungsverhältnisses, Ende *n* des Arbeitsverhältnisses, Beendigung *f* des Beschäftigungsverhältnisses, Beendigung *f* des Arbeitsverhältnisses
cessation of interest *(BE) (Bank)* Einstellung *f* von Zinszahlungen
cessation of payment *(Bank, Gen)* Zahlungseinstellung *f*
cession *(Gen, Recht, Versich)* Abtretung *f*, Zession *f*
ceteris paribus *(Gen)* unter sonst gleichen Umständen, ceteris paribus, ceteris paribus-Klausel *f*
C&F *s.* cost and freight
C/F *s.* cost and freight
CFO *(Abk. für 1. Chief Financial Officer, 2. cancel former order)* 1. *(Fin, Mgt)* CFO *m*; Leiter(in) *m(f)* der Finanzabteilung, Finanzleiter(in) *m(f)*; Leiter(in) *m(f)* Rechnungswesen und Finanzen; *(ugs.)* Finanzchef *m*; Finanzvorstand *m*; Geschäftsführer(in) *m(f)* CFO; Kaufmännischer Geschäftsführer *m* (CFO); Kaufmännischer Leiter *m* (CFO); Finanz-Controller *m (synonymous: executive financial officer, corporate financial manager; der CFO verantwortet im Board of Directors den Bereich der Unternehmensfinanzen)*; 2. *(Bank, Börse)* frühere Order stornieren; Vorauftrag stornieren *(instruction to terminate a previous order; cf good till cancelled)*
chain banking *(AE) (Bank)* Filialbankwesen *n*
chain of distribution *(Ind)* Verteilungskette *f*, Distributionskette *f*
chair *(Gen)* Gesprächsleiter(in) *m(f)* • **be in the chair** *(Mgt)* den Vorsitz führen
chair *v* **a meeting** *(Mgt)* den Vorsitz führen
chairman *(Mgt, Pers)* Tagungsleiter *m*, Versammlungsleiter *m*, Vorsitzender *m*
chairmanship *(Mgt)* Präsidentschaft *f*, Vorsitz *m*
chairperson *(Mgt, Pers)* Tagungsleiter(in) *m(f)*, Versammlungsleiter(in) *m(f)*, Vorsitzende(r) *f(m)*
chairwoman *(Mgt, Pers)* Tagungsleiterin *f*, Versammlungsleiterin *f*, Vorsitzende *f*
challenge *v* 1. *(Gen)* herausfordern; 2. *(Recht)* anfechten
Chamber of Commerce *(Gen, Recht, WiWi)* Handelskammer *f*, HK
Chamber of Commerce and Industry *(WiWi)* Industrie- und Handelskammer *f*, IHK
Chancellor of the Exchequer *(BE) (Fin, Pol, WiWi)* Finanzminister *m*, Schatzkanzler *m*
change *v* 1. *(WiWi)* ändern *(supply or demand)*; wechseln, einwechseln *(money)*; 2. *(Gen)* verwandeln *(convert)*; ändern, verändern *(alter)*; umwandeln, verändern *(transform)*; abändern *(amend)*; umtauschen *(swap)*; 3. *(Recht)* umwandeln *(sentence)*
change *v* **hands** *(V&M)* den Besitzer wechseln *(money, goods, business)*
change 1. *(WiWi)* Änderung *f (in supply or demand)*; 2. *(Gen)* Verwandlung *f (conversion)*; Änderung *f (alteration)*; Umwandlung *f*, Veränderung *f (transformation)*; Abänderung *f (amendement)*; Umtausch *m (swap)*; Wechselgeld *n (in coins)*; 3. *(Recht)* Umwandlung *f (of sentence)*
change dispenser *(Gen)* Wechselgeldautomat *n*
change of job *(Pers)* Arbeitsplatzwechsel *m*, Stellenwechsel *m*
change of ownership *(Recht)* Eigentumsübergang *m*
change of residence *(Pers)* Wohnungswechsel *m*, Wohnortwechsel *m*, Wechsel *m* des Wohnorts

change of tendency *(Gen, V&M)* Tendenzänderung *f*, Tendenzwechsel *m*; Trendänderung *f*
change of trend *(Stat, V&M)* Trendänderung *f*, Trendwechsel *m*; Tendenzänderung *f*
changes required *(Recht)* gebotene Änderungen *fpl*
channel *v (Gen)* kanalisieren
channel 1. *(Comp, Media, V&M)* Kanal *m*; 2. *(Gen, WiWi)* Wirk(ungs)-zusammenhang *m*, Wirkungsmechanismus *m*
channel of communication *(Mgt, Pers)* Kommunikationskanal *m*, Kommunikationsweg *m*
channel of distribution *(V&M)* Absatzkanal *m*, Absatzweg *m*
channel of payment *(Bank)* Zahlungsweg *m*
characteristic *(Gen, Recht)* Merkmal *n*
characteristics *(Gen)* Eigenschaften *fpl*, Ausgestaltung *f*
charge *v* 1. *(Bank, RW)* belasten; 2. *(Gen)* anrechnen, *(fee)* berechnen, *(amount)* in Rechnung stellen, berechnen; 3. *(Recht)* belasten, anklagen; 4. *(V&M)* berechnen
charge *v* **against** *(RW)* belasten
charge *v* **as an expense** *(RW)* als Ausgabe verrechnen
charge *v* **as present operating cost** *(RW)* als Aufwand verrechnen
charge *v* **forward** *(Gen)* Kosten per Nachnahme erheben
charge *v* **interest** *(Bank)* Zinsen berechnen
charge *v* **off** *(RW)* abbuchen, ausbuchen
charge *v* **to** *(Gen)* zurechnen *(expenses)*
charge *v* **to capital** *(RW)* aktivieren
charge *v* **with** *(Gen)* beauftragen
charge 1. *(RW)* Belastung *f*; 2. *(WiWi)* Abgabe *f*, *(fee)* Gebühr *f*; 3. *(Fin)* Gebühr *f*; 4. *(Gen)* Abgabe *f*, Anrechnung *f*, Kosten *pl*, Preis *m*; 5. *(Recht)* Anklage *f*, Belastung *f*, Rechtsbelehrung *f* • **at no charge** *(Gen)* kostenlos, gebührenfrei • **be in charge of** *(Gen)* zuständig sein für, leiten
charge back *(Bank)* Ausgleichsbuchung *f*, Rückbelastung *f*
charge card *(Bank, V&M)* Zahlungskarte *f*, Kreditkarte *f*, Kundenkreditkarte *f*
charge off *(RW)* Abbuchung *f*, Ausbuchung *f*, Verlust *m*
chargeable *adj* 1. *(Gen)* anrechenbar, zu berechnen, zu verantworten; 2. *(Recht, Steuer)* abgabenpflichtig
chargeable assets *(Steuer)* anrechenbare Vermögenswerte *mpl (capital gains tax)*
chargeable services *(Komm)* gebührenpflichtige Tatbestände *mpl*
charged to *(Bank, RW)* zu Lasten von, zu Lasten Konto ...
charges 1. *(RW)* Aufwendungen *fpl*; 2. *(Bank, Fin, WiWi)* Gebühren *fpl* • **charges paid** *(Imp/Exp, Transp)* Gebühren bezahlt • **charges prepaid** *(Gen)* Kosten vorausbezahlt
charges on banking transactions *(Bank)* Bankgebühren *fpl*
charitable foundation *(Steuer)* wohltätige Stiftung *f*
charitable trust *(Steuer)* wohltätige Stiftung *f*
charity *(Steuer)* Wohltätigkeit *f (beneficence)*; wohltätige Organisation *f* [Stiftung *f*]
charity fund *(Steuer)* Wohltätigkeitsfonds *m*
charity fundraising *(Fin)* Spendensammlung *f*
chart *(Gen)* Übersicht *f (table)*; Diagramm *n (diagram, graph)*; Schaubild *n*, tabellarische Darstellung *f*
chart analysis *(Bank, Fin, WiWi)* Chartanalyse *f*
chart of accounts *(RW)* Kontenplan *m*, Kontenrahmen *m*
charter 1. *(Imp/Exp)* Miete *f*; 2. *(Recht)* Gesellschaftssatzung *f*, Gründungsurkunde *f*, Statuten *npl (company law)*; 3. *(Transp)* Charter *f*, Miete *f*
charter contract *(Transp)* Chartervertrag *m*
charter flight *(Transp)* Charterflug *m*
chartered *adj (Gen)* konzessioniert
chartered accountant *(BE) (RW)* zugelassener Wirtschaftsprüfer *m*, zugelassene Wirtschaftsprüferin *f*
chartered bank *(Bank)* konzessionierte Bank *f*
chartism *(Börse)* technische Chartanalyse *f*

chartist *(Börse)* Chart-Wertpapieranalyst(in) *m(f)*
chat *v (Comp, Komm, Media)* chatten, plaudern *(Internet)*
chat *(Comp, Komm, Media)* Online-Gespräch *n*, Netzgeplauder *n*, Chat *m*
chattel mortgage *(Bank)* Pfandrecht *n* an beweglichen Sachen
chattel paper *(WiWi)* Urkunde *f* über Sicherungsverträge, Verkehrspapier *n*
chattels *(Recht)* bewegliche Güter *npl*
chattels personal 1. *(Recht)* Mobiliarvermögen *n*; 2. *(Grund)* bewegliches Vermögen *n*, persönliche Habe *f*
cheap *adj (Gen)* billig, preiswert
cheap money *(WiWi)* billiges Geld *n*
cheap money policy *(WiWi)* Politik *f* des billigen Geldes
cheapen *v (Gen)* verbilligen
cheat *v (Gen)* beschwindeln, betrügen
check *v* 1. *(Gen)* überprüfen, nachprüfen, *(ugs.)* checken *(examine)*; unter Kontrolle halten *(restrain)*; abhaken *(mark)*; 2. *(Transp)* kontrollieren *(ticket)*
check *v* **out** *(Frei)* sich abmelden; abreisen *(e. g. leave hotel)*
check *v* **thoroughly** *(Gen)* gründlich überprüfen, *(ugs.)* durchchecken
check *(Bank, Gen)* Prüfung *f (examination)*; Rechnung *f*, Überprüfung *f (invoice)*; Haken *m*, Häkchen *n*, Kontrollzeichen *n*, Kontrollvermerk *m (mark)*
check list *(Gen)* Aufnahmebogen *m*, Checkliste *f*, Kontrollliste *f*
check mark *(AE) (Gen)* Haken *m*, Häkchen *n*, Kontrollzeichen *n*, Kontrollvermerk *m*
checkbook *(AE) s.* chequebook
checker 1. *(Pers)* Kontrolleur(in) *m(f)*; 2. *(V&M) (AE)* Aufsichtsbeamter *m*, Aufsichtsbeamtin *f*
checking account *(AE) (Bank)* Girokonto *n*, Kontokorrentkonto *n*, Kontokorrent *n*, laufendes Konto *n*, Scheckkonto *n*
checkout 1. *(Frei)* Abmeldung *f (hotel)*; 2. *(V&M)* Ausgangskasse *f*, Kasse *f (in store)*
checkout lane *(V&M)* Kasse *f*, Ausgangskasse *f*
chemical industry *(Ind)* Chemieindustrie *f*, chemische Industrie *f*
chemical works *(Ind)* Chemiewerke *npl*
chemistry 1. *(Umwelt)* Chemie *f*; 2. *(Gen) (ugs.)* Chemie *f*, Verträglichkeit *f (between people)*; 3. *(Ind)* Chemie *f*
cheque *(BE) (Bank)* Scheck *m*
cheque account *(BE) (Bank)* Girokonto *n*, Kontokorrent(konto) *n*, laufendes Konto *n*, Scheckkonto *n*
cheque card *(BE) (Bank)* Scheckkarte *f*
cheque clearing *(BE) (Bank)* Scheckverrechnung *f*
cheque counterfoil *(BE) (Bank)* Scheckabschnitt *m*
cheque embargo *(BE) (Bank, Fin)* Schecksperre *f*
cheque forgery *(BE) (Bank)* Scheckfälschung *f*
cheque form *(BE) (Bank)* Scheckformular *n*, Scheckvordruck *m*
cheque issue *(BE) (Bank, Fin)* Scheckausgabe *f*, Scheckausstellung *f*
cheque payment *(BE) (Bank)* Scheckzahlung *f*
cheque payment system *(BE) (Bank)* Scheckeinlösungssystem *n*
cheque requisition *(BE) (Bank, RW)* Scheckanforderungsformular *n*
cheque to the amount of *(BE) (Bank)* Scheck *m* in Höhe von
cheque without provision *(BE) (Bank)* ungedeckter Scheck *m*
cheque without sufficient funds *(BE) (Bank)* ungedeckter Scheck *m*
chequebook *(BE) (Bank)* Scheckbuch *n*, Scheckheft *n*
cherry-picking *(Bank, Börse)* Rosinenpicken *n*
chief 1. *(Pers)* Vorgesetzte *f(m)*; *(ugs.)* Chef(in) *m(f)*; 2. *(Pol)* Parteivorsitzender *m*, *(ugs.)* Parteichef *m*; Oberhaupt *n (of state, eines Staates)*
chief accountant *(RW)* erster Buchhalter *m*, erste Buchhalterin *f*, Hauptbuchhalter(in) *m(f)*; Bilanzbuchhalter(in) *m(f)*
chief economist *(Gen)* Chefvolkswirt(in) *m(f)*, Leiter(in) *m(f)* der volkswirtschaftlichen Abteilung
chief editor *(Media)* Redaktionschef(in) *m(f)*, Chefredakteur(in) *m(f)*
chief executive 1. *(Pers)* Chief Executive (Officer) *m*, CEO *m*; 2. *(Mgt)* Generaldirektor(in) *m(f)*, leitende(r) Direktor(in) *m(f)*; oberster Verwaltungsbeamter *m*, oberste Verwaltungsbeamtin *f*, Gemeindedirektor(in) *m(f) (of local au-*

thority, Verwaltungsspitze einer Kommunalverwaltung); Generalbevollmächtigte(r) *f(m) (of business)*; Hauptgeschäftsführer(in) *m(f) (of an association, eines Verbandes)*

Chief Executive Officer *(CEO) (AE)* 1. *(Mgt, Pers)* Chief-Executive-Officer *m*, *(jarg.)* CEO *m*, Vorsitzende *m(f)* des Exekutiv-Ausschusses, Geschäftsführer(in) *m(f)* (CEO), geschäftsführende(r) Direktor(in) *m(f)* (CEO), Vorsitzender der Geschäftsführung (CEO) *(führt den Exekutiv-Ausschuss innerhalb des Board of Directors; der CEO hat die operative Leitungs- und Kontrollfunktion in amerikanischen Unternehmen, er führt das Tagesgeschäft und berichtet an den Chairman of the Board, den Vorsitzenden des Verwaltungsrats im monistischen Leitungssystem; im UK entspricht der CEO dem Managing Director)*; Vorstandsvorsitzender *m (im kontinentaleuropäischen zweistufigen Aufsichtsratssystem = two-tier board = two-tier system)*; *(ugs.)* Konzernchef *m (in a group, in einer Unternehmensgruppe)*; 2. *(Recht)* Geschäftsführer(in) *m(f)*; Hauptgeschäftsführer(in) *m(f) (in a federation or association, in einem Verband)*

Chief Financial Officer *(CFO) (Fin, Mgt)* Leiter *m* der Finanzabteilung, Finanzleiter *m*; Leiter *m* Rechnungswesen und Finanzen; *(ugs.)* Finanzchef *m*; Finanzvorstand *m*; CFO *m*; Finanz-Controller *m (synonymous: executive financial officer = EFO, corporate financial manager; der CFO verantwortet im Board of Directors den Bereich der Unternehmensfinanzen)*

chief negotiator *(Gen)* Chefunterhändler(in) *m(f)*

Chief Operating Officer *(COO) (Mgt, Pers)* geschäftsführender Direktor *m*, geschäftsführende Direktorin *f*; Hauptgeschäftsführer(in) *m(f)*, Geschäftsführer *m (in a federation or association, in einem Verband)*; Geschäftsleiter *m*, Verwaltungsleiter *m*; oberste Führungskraft *f*, Chef(in) *m(f)*

child labor *(AE) (Soz) s.* child labour

child labour *(BE) (Soz)* Kinderarbeit *f*

Chinese walls *(Bank, Börse, Fin)* Informationsbarriere *f*, innere Abschottung *f (insider trading)*; Vertraulichkeitsbereich(e) *m(pl)*

chip-card *(Bank)* Chipkarte *f*

chip card reader *(Comp, Komm)* Kartenleser *m*

choice *(Gen)* Wahl *f (choosing, thing chosen)*; Auswahl *f*, Sortiment *n (assortment)*

choice of field of study *(Pers)* Studienfachwahl *f*, Wahl *f* des Studienfaches

choice of field of subject *(Pers)* Studienfachwahl *f*, Wahl *f* des Studienfaches

choice of job *(Pers)* Arbeitsplatzwahl *f*, Wahl *f* des Arbeitsplatzes

choice of location *(Mgt, WiWi)* Standortwahl *f*

choice variable *(WiWi)* Entscheidungsvariable *f (decision theory)*

choose *v (Gen)* (aus)wählen

churning 1. *(Börse) (ugs.)* Provisionsschneiderei *f*; 2. *(Fin) (ugs.)* Gaunerei *f*, *(ugs.)* Provisionsschneiderei *f*

C.I. *s.* consular invoice

CI&F *s.* cost, insurance and freight

CIF contract *(Imp/Exp)* cif-Vertrag *m*

CIF landed *(Imp/Exp)* cif einschließlich Löschen

cipher *(Komm)* Ziffer *f*, Code *m*, Chiffre *f (code)*; Zahl *f (number)*

CIR *(Abk. für cost-income ratio) (Bank, RW)* Aufwandsrentabilität *f*, Aufwand--Ertrags-Verhältnis *n*, Aufwand/Ertragsrelation *f*, Aufwand/Ertrag-Relation *f (Verhältnis zwischen Verwaltungsaufwand und operativen Erträgen; Effizienzmaßstab für das operative Bankgeschäft)*

circa *adv (Gen)* ungefähr, ung., zirka, ca., rund, rd.

circuit 1. *(Komm)* Verbindung *f*; 2. *(Recht)* Gerichtsbezirk *m*

circular *(Komm)* Rundschreiben *n*

circular flow *(WiWi)* Wirtschaftskreislauf *m*

circular letter *(Komm, Mgt)* Rundbrief *m*, Rundschreiben *n*

circulate *v* 1. *(Komm, Media)* verbreiten *(newspaper, magazine)*; 2. *(Komm)* im Umlauf sein, kursieren *(information, news)*

circulating assets *(Fin, RW)* Umlaufver-

mögen *n (synonymous: current assets, floating assets)*
circulating capital *(WiWi)* Betriebskapital *n*
circulation 1. *(Komm)* Verbreitung *f*; 2. *(WiWi)* Umlauf *m (money)*; 3. *(Media)* Auflage *f*, Auflagenhöhe *f (of newspaper, magazine)*; 4. *(V&M)* Verbreitung *f*
circumstances *(Gen)* Sachlage *f*, Sachverhalt *m*, Situation *f* • **under the circumstances** *(Gen, Recht)* nach Lage der Dinge, unter den gegebenen Umständen • **under no circumstances** *(Gen, Recht)* unter keinen Umständen
circumstantial evidence *(Recht)* Indizienbeweis *m*
CIS *s.* Commonwealth of Independent States
citation 1. *(Recht)* Vorladung *f*; 2. *(Pat)* Entgegenhaltung *f*
cite *v* 1. *(Gen)* zitieren; 2. *(Recht)* vorladen; 3. *(Pat)* entgegenhalten
citizenship *(Pol)* Staatsangehörigkeit *f*, Staatsbürgerschaft *f*
city *(Pol)* Stadt *f*, Innenstadt *f*, Großstadt *f*
city states *(Pol)* Stadtstaaten *mpl (Berlin, Bremen, Hamburg)*
City/the *(Bank, Fin)* die City *(Finanzdistrikt von London)*
civil action *(Recht)* Zivilprozess *m*
civil claim *(Recht)* zivilrechtlicher Anspruch *m (contract)*
civil commotion *(Pol, Versich)* Aufruhr *m*, Bürgerunruhen *fpl*, innere Unruhe *f*
civil law *(Recht)* Zivilrecht *n*
civil liability *(Recht)* zivilrechtliche Haftung *f*
civil matter *(Recht)* Zivilsache *f*
civil penalty *(AE) (Recht, Versich)* Bußgeld *n*
civil rights *(Recht)* Bürgerrechte *npl*
civil servant *(Pers)* Beamter *m*, Beamtin *f*
civil service *(Gen)* öffentlicher Dienst *m*, Staatsdienst *m*; Zivilverwaltung *f*
civil wrong *(Recht)* unerlaubte Handlung *f*
civilian *(Pers)* bürgerlicher Beruf *m*
claim *v* 1. *(Gen)* beanspruchen, behaupten, fordern, verlangen; 2. *(Pat, Recht)* beanspruchen, Anspruch stellen; 3. *(Soz)* beantragen; 4. *(Versich)* Ansprüche geltend machen; 5. *(Recht)* Schadenersatz verlangen
claim *v* **benefit** *(Soz)* Antrag auf Leistungen stellen *(Unterstützungszahlungen usw.)*; Leistung beanspruchen, Leistungen beantragen
claim *v* **compensation** *(Recht, Versich)* Schaden(s)ersatz fordern
claim *v* **damages** *(Recht)* Schaden(s)ersatzansprüche stellen
claim 1. *(Gen)* Beanspruchung *f*, Behauptung *f*; 2. *(Versich)* Anspruch *m*, Forderung *f*, Schaden *m*, Schadensfall *m*
claim against third parties *(Recht)* Anspruch gegen Dritte
claim for compensation *(Versich)* Schaden(s)ersatzanspruch *m*
claim for damages *(Recht)* Schaden(s)ersatzanspruch *m*
claim for indemnification *(Versich)* Ersatzanspruch *m*
claim for refund *(Steuer)* Erstattungsanspruch *m*
claim in bankruptcy *(Fin, Recht)* Konkursforderung *f*, unbesicherte Forderung *f*
claim in private law *(Recht)* privatrechtliche Forderung *f*
claim of compensation *(Recht)* Entschädigungsanspruch *m*, Schaden(s)ersatzanspruch *m*
claim of recourse *(Versich)* Regressanspruch *m*
claim settlement *(Versich)* Schadenabwicklung *f*, Schadenregulierung *f*
claim to an inheritance *(Recht)* Erbanspruch *m*
claim to ownership *(Recht)* Eigentumsanspruch *m*
claim to repayment *(Recht, Steuer)* Rückzahlungsanspruch *m (synonymous: repayment claim)*
claimant 1. *(Pers)* Antragsteller(in) *m(f)*; 2. *(Versich)* Anspruchsberechtigte(r) *f(m)*, Geschädigte(r) *f(m)*; 3. *(Recht)* Forderungsberechtigte(r) *f(m)*
claims *(Versich)* Aufwendungen *fpl* für Versicherungsfälle
claims adjuster *(Versich)* Dispacheur *m*, Schadenregulierer *m*, Schadenssachbearbeiter(in) *m(f)*
claims and liabilities *(BE) (Fin, RW)* Forderungen und Verbindlichkeiten *fpl*
claims expenses *(Versich)* Schaden-

bearbeitungskosten *pl*, Schadenregulierungskosten *pl*
claims handling *(Versich)* Schadensbearbeitung *f*
claims limit *(Versich)* Höchstanspruch *m*, Anspruchsgrenze *f*
claims procedure *(Versich)* Behandlung *f* von Ansprüchen, Schadensbearbeitung *f*, Schadenbearbeitungsverfahren *n*
claims settlement *(Versich)* Schadenregulierung *f*
clandestine employment *(Pers)* Schwarzarbeit *f*
clandestine worker *(Pers)* Schwarzarbeiter *m*
clashing interests *(Gen)* widerstreitende Interessen *fpl*
class 1. *(Gen)* Klasse *f (category)*; Klasse *f (for education)*; Stil *m (quality, style)*; 2. *(Pat)* Klasse *f*, Kategorie *f (International Patent Classification, NICE Classification)*; 3. *(Pol)* Gesellschaftsschicht *f*, Klasse *f*, politische Klasse *f (in society)*; 4. *(Steuer)* Kategorie *f*, Klasse *f*
class action *(Recht)* Gruppenklage *f*
class of insurance *(Versich)* Versicherungsbranche *f*, Versicherungssparte *f*, Versicherungszweig *m*
classical dichotomy *(WiWi)* klassische Dichotomie *f*
classical economics *(WiWi)* klassische Nationalökonomie *f*, *(jarg.)* die Klassik *f*
classifiable *adj (Gen)* klassifizierbar
classification *(Gen)* Einstufung *f*, Klassifikation *f*, Klassifizierung *f*; Aufgliederung *f*, Aufschlüsselung *f*, Einteilung *f (analysis)*; Gliederung *f*, Einstufung *f (arrangement)*
classification by object *(Gen)* Einordnung *f* nach Objekt, Klassifikation *f* nach Objekt
classification of accounts *(RW)* Kontengliederung *f*
classification of occupations *(Pers)* Berufsgruppenklassifikation *f*
classification of risks *(Versich)* Gefahrenklassifikation *f*, Risikoeinstufung *f*
classification scheme *(WiWi)* Gliederung *f (BOP)*
classified ad *s.* classified advertisement
classified advertisement *(Gen, Media, V&M)* Annonce *f*, Kleinanzeige *f*, Kleininserat *n*, Inserat *n (synonymous: classified ad)*
classified information *(Pol)* Verschlusssache *f (document)*
classified stock *(Börse)* kategorisierte Aktie *f (voting or non-voting stock)*
classify *v* 1. *(Admin)* einstufen, klassifizieren; 2. *(Gen)* aufgliedern, eingliedern, einordnen, einteilen, sortieren; aufschlüsseln *(analysis)*; tarifieren *(customs)*
clause *(Gen)* Klausel *f*, Bestimmung *f* • **all or nothing clause** *(Börse)* Alles-oder--nichts-Klausel *f (tender)*
clause of arbitration *(Recht)* Arbitrageklausel *f*
clause of reservation of title *(Recht)* Eigentumsvorbehaltsklausel *f*, Eigentumsvorbehalt *m*
clawback *(Steuer)* Rückforderung *f* gewährter Steuervergünstigungen *(of tax relief)*
CLC *(Abk. für commercial letter of credit) (Fin, Imp/Exp)* Handelskreditbrief *m*, Akkreditiv *n (Außenhandelsfinanzierung; opposite: documentary letter of credit = Dokumenten-Akkreditiv)*
clean *adj* 1. *(RW)* schuldenfrei; 2. *(Fin)* schuldenfrei; 3. *(Gen)* rein, schuldenfrei, *(ugs.)* sauber; 4. *(Börse)* vorbehaltlos, unbeschränkt
clean acceptance *(Bank)* uneingeschränktes Akzept *n*
clean bill *(Fin, WiWi)* Wechsel *m* ohne Dokumentensicherung
clean bill of health *(Gen)* Attest *n* ohne gesundheitliche Einschränkungen
clean bill of lading *(Imp/Exp)* echtes Konnossement *n*, Frachtbrief *m* ohne Vorbehalt, Konnossement *n* ohne Einschränkungen, reines Konnossement *n*, Konnossement *n* ohne Vorbehalt
clean credit *(C/C) (Fin, Imp/Exp)* glattes Akkreditiv *n*, offenes Akkreditiv *n*, einfaches Akkreditiv *n (Außenhandelsfinanzierung)*
clean float *(WiWi)* sauberes Floaten *n (exchange rate, Wechselkurs)*
clean payment 1. *(Fin)* nicht dokumentäre Zahlung *f*, ordnungsgemäße Zahlung *f*, Zahlung *f* gegen offene Rech-

nung; 2. *(Recht)* Zahlung *f* netto Kasse *(contracts)*

clean record *(Recht)* keine Vorstrafen *fpl*, ohne Vorstrafen *fpl*

clean technology *(Umwelt)* saubere Technologie *f*, umweltfreundliche Technologie *f*

clear *v* 1. *(Bank)* verrechnen *(cheque)*; abrechnen *(funds)*; 2. *(Comp)* löschen; 3. *(Gen)* zahlen *(account, debt)*

clear *v* **the market** *(V&M)* den Markt *m* räumen, Marktausgleich finden

clear *v* **through customs** *(Imp/Exp, Transp)* abfertigen, verzollen

clear-cut *adj (Gen)* deutlich, klar umrissen

clear loss *(Fin)* Nettoverlust *m*

clear of debts *(Fin, Gen, RW)* schuldenfrei

clear profit *(Fin)* Nettoeinkommen *n*, Reinertrag *m*

clear title *(AE) (Recht)* unbelastetes Eigentumsrecht *n*

clearance 1. *(Fin)* Abrechnung *f*, Tilgung *f*; 2. *(Gen)* Zahlung *f (of account, debt)*; 3. *(Imp/Exp)* Klarierung *f*, Verzollung *f*, Zollabfertigung *f (customs)*; 4. *(V&M)* Räumung *f*

clearance agent *(Pers)* Zollagent *m*

clearance inwards *(Imp/Exp)* Einklarierung *f*, Einfuhrerklärung *f*, Eingangsdeklarierung *f*

clearance outwards *(Imp/Exp)* Ausfuhrerklärung *f*, Ausgangsdeklarierung *f*

clearance sale *(V&M)* Räumungsverkauf *m*

cleared *adj (Bank)* abgerechnet, verrechnet

cleared check *(AE) (Bank) s.* cleared cheque

cleared cheque *(BE) (Bank)* eingelöster Scheck *m*

clearing 1. *(Bank)* Abrechnungsverfahren *m*, Abrechnungsverkehr *m*, Giroverkehr *m*, Abrechnung *f*, Clearing *n*, Verrechnung *f*; 2. *(WiWi)* Verzollung *f (customs)*; 3. *(Gen)* Behebung *f*

clearing account *(RW)* Verrechnungskonto *n*

clearing agent *(Imp/Exp)* Abfertigungsagent *m*, Klarierungsagent *m*

clearing agreement *(Bank)* Verrechnungsabkommen *n*

clearing bank *(Bank, Fin)* Abrechnungsbank *f*, Clearingbank *f*, Girobank *f*

clearing center *(AE) (Bank) s.* clearing centre

clearing centre *(BE) (Bank)* Clearingstelle *f*, Clearingzentrale *f*

clearing day *(Bank)* Verrechnungstag *m*

clearing house *(Fin)* Abrechnungsstelle *f*, Clearinghaus *n*, Clearingstelle *f*

clearing system *(Bank)* Verrechnungssystem *n*, Clearingsystem *n*

clearing the market *(Börse, WiWi)* Abwicklung *f* aller Kauf- und Verkaufsaufträge

clearing transactions *(Bank)* Clearingverkehr *m*

clerical error *(Gen)* Schreibfehler *m*

clerical occupation *(Pers)* Büroberuf *m*

clerical personnel *(Pers)* Büropersonal *n*, Angestellte(n) *pl*, Büroangestellte(n) *pl*

clerical staff *(Pers)* Büropersonal *n*, Angestellte(n) *pl*, Büroangestellte(n) *pl*

clerical work *(Pers)* Büroarbeit *f*

clerk *(Pers)* Angestellte(r) *f(m)*, Büroangestellte(r) *f(m)*, Sachbearbeiter(in) *m(f)*

clickable *adj (Comp, Komm)* anklickbar

clicks and mortar *(Comp, Komm)* Internet-Ableger *m* etablierter Firmen *(internet spin-offs of established companies)*

client 1. *(Gen)* Auftraggeber(in) *m(f)*, Klient(in) *m(f)*, Mandant(in) *m(f)*; 2. *(V&M)* Kunde *m*, Kundin *f*

client account *(RW)* Anderkonto *n (advertising agency)*

client firm *(V&M)* Kunde *m*

climate protection *(Umwelt)* Klimaschutz *m*

climb *v* **the promotion ladder** *(Pers)* die Karriereleiter erklimmen

clock card *(Ind, Pers)* Stechkarte *f*, Stempelkarte *f*

clock frequency *(Comp)* Taktfrequenz *f (processor speed)*

clock *v* **in** *(Ind, Pers)* Arbeitszeit registrieren, anstempeln, stempeln

clock *v* **off** *(Ind, Pers)* abstempeln, Arbeitsende registrieren

clock *v* **on** *(Ind, Pers)* Arbeitszeit registrieren, Arbeitsanfang registrieren, anstempeln, stempeln

clock *v* **out** *(Ind, Pers)* (ab)stempeln, Arbeitsende registrieren
clocking *(Pers)* Stechen *n*, Arbeitszeiterfassung *f (hours of work)*
close *v* 1. *(RW)* abschließen *(books)*; 2. *(Fin)* auflösen; 3. *(V&M)* tätigen *(deal)*; einstellen *(sale)*
close *v* **down** 1. *(Gen)* schließen, *(ugs.)* zumachen *(branch, company)*; 2. *(Ind)* stilllegen, stillgelegt werden *(permanently)*; 3. *(Media)* das Programm beenden *(radio, television)*
close *adj (Gen)* eng *(cooperation, relationship)* • **in close competition** *(WiWi)* in scharfem Wettbewerb • **in close touch** *(Gen)* in engem Kontakt
close 1. *(Fin)* Schlusskurs *m*; 2. *(Börse)* Börsenschluss *m*, amtlicher Börsenschluss *m*
close examination *(Gen)* eingehende Prüfung *f*
close-out clause *(Bank)* Liquidationsklausel *f*
closed *adj (Gen)* geschlossen, abgeschlossen *(account)*; aufgehoben *(ended)*; nicht öffentlich *(not public)* • **closed to the public** *(Recht)* unter Ausschluss der Öffentlichkeit
closed contract *(Recht)* geschlossener Vertrag *m*
closed economy *(WiWi)* geschlossene Volkswirtschaft *f*
closed-end fund *(Fin)* geschlossener Investmentfonds *m*
closed-end investment fund *(Fin)* geschlossener Investmentfonds *m*
closed-end management company *(BE) (Fin)* geschlossene Investmentgesellschaft *f*
closed-out *adj (Börse)* abgewickelt
closed position 1. *(Fin)* geschlossene Position *f*; 2. *(Börse)* glattgestellte Position *f*
closed question *(V&M)* Alternativfrage *f (market research)*
closed user group *(Comp, Komm)* geschlossene Benutzergruppe *f*
closely-held corporation *(AE) (Gen, WiWi)* Gesellschaft *f* mit beschränkter Mitgliederzahl
closing 1. *(Fin)* Auflösung *f*; 2. *(Grund)* Auflassung *f*
closing agreement *(AE) (Steuer)* endgültige Vereinbarung *f*, schriftliche Abschlussvereinbarung *f*
closing balance *(Bank)* Endsaldo *m*
closing bid *(Gen)* Höchstgebot *n*
closing costs 1. *(Fin)* Abschlusskosten; 2. *(Grund)* Auflassungskosten *pl (real estate)*
closing date 1. *(Gen)* Abgabefrist *f*, Anmeldeschluss *m*, Schlusstermin *m*, Endtermin *m (final deadline)*; 2. *(RW)* Bilanzstichtag *m*, Abschlussstichtag *m*; 3. *(Media)* Einsendeschluss *m*; 4. *(Grund)* Auflassungsdatum *n*
closing down *(Gen)* Schließung *f*, Stilllegung *f (of branch, company)*
closing-down sale *(Gen)* Ausverkauf *m* wegen Geschäftsaufgabe
closing entry *(RW)* Abschlussbuchung *f*, Schlusseintrag *m*
closing inventory *(RW)* Endbestand *m*, Schlussbestand *m*
closing of a plant *(Ind, Mgt)* Betriebsschließung *f*
closing price 1. *(Fin)* Schlusskurs *m*; 2. *(Börse)* Schlusskurs *m*, Schlussnotierung *f*
closing purchase *(BE) (Börse)* Kauf *m* zum Börsenschluss
closing quotation 1. *(Fin)* Schlusskurs *m*; 2. *(Börse)* Schlusskurs *m*, Schlussnotierung *f*
closing statement *(Grund)* Auflassungsurkunde *f*
closing time *(Frei)* Polizeistunde *f (in pub)*
closure *(Gen)* Einstellung *f*; Schließung *f*, Stilllegung *f (of branch, company)*
closure of a firm *(Gen, Pers)* Schließung *f* eines Unternehmens, Betriebsstilllegung *f*, Stilllegung *f* eines Betriebes
clothing 1. *(Gen) (BE)* Kleidung *f*; 2. *(Ind)* Umhüllung *f*
clothing industry *(BE) (Ind)* Bekleidungsindustrie *f*
club *(Gen)* Klub *n*
club good *(WiWi)* Klub-Gut *n*, Klubgut *n*
cluster *(Gen)* Cluster *m*
cluster analysis *(V&M)* Clusteranalyse *f*, Klumpenauswahlverfahren *n (market research)*
cluster sample *(V&M)* Clustereinheit *f (market research)*
cluster sampling *(V&M)* Clusteranalyse *f*,

Klumpenauswahlverfahren *n (market research)*
clustering *(V&M)* Clustering *n*
co-op *s.* 1. cooperative; 2. consumers' cooperative; 3. cooperative society
co-owner 1. *(Bank, Gen)* Mitinhaber(in) *m(f)*; 2. *(Grund, Recht)* Miteigentümer(in) *m(f)*
Co. *s.* company
coach *(V&M)* Berater(in) *m(f)*, Begleiter(in) *m(f)*, Trainer(in) *m(f)*
coaching *(V&M)* Beratung *f*, Training *n*
Cobb Douglas production function *(WiWi)* Cobb-Douglas-Funktion *f*, Cobb-Douglas-Produktionsfunktion *f*
cobweb theorem *(WiWi)* Cobweb-Theorem *n*, Spinnwebtheorem *n*
COD *s.* cash on delivery
code 1. *(Gen)* Code *m*, Kode *m*; 2. *(Recht)* Kodex *m*
code number 1. *(Gen)* Kennzahl *f (synonymous: reference number)*; 2. *(RW)* Kennziffer *f (identification of accounting items, Kontokennziffer des Kontenplans)*
code of advertising practice *(V&M)* Werbekodex *m*
code of arbitration *(Börse)* Arbitragecode *m*
code of conduct *(Gen)* Verhaltenskodex *m*
code of ethics *(Gen)* Ehrenkodex *m*, Standesordnung *f*, Verhaltenskodex *m*
code of practice *(Gen)* Verhaltenskodex *m*, Verhaltensregeln *fpl*; Richtlinien *fpl*
code of procedure *(Börse)* Verfahrenscode *m*
code of professional ethics *(Recht)* Standesrecht *n*
coded data entry *(Comp)* verschlüsselte Dateneingabe *f*
codetermination *(Mgt, Pers)* Mitbestimmung *f*
codetermination at plant level *(Mgt, Pers)* betriebliche Mitbestimmung *f*
codified law *(Gen)* kodifiziertes Recht *n*
codify *v (Recht)* kodifizieren
coding 1. *(RW)* Benennung *f (identification of account)*; 2. *(Comp)* Codieren *n*, Codierung *f (programming language)*
cofinance *v (Fin)* mitfinanzieren
coheir *(Recht)* Miterbe *m*, Miterbin *f*
coherence *(Gen)* Einheitlichkeit *f*, Zusammenhalt *m*, Zusammenhang *m*, Verständlichkeit *f*
coherent *adj (Gen)* einheitlich, klar, zusammenhängend, verständlich
cohesion *(Gen)* Kohäsion *f*, Zusammenhalt *m*, Zusammenhang *m*
cohesion fund *(WiWi)* Kohäsionsfonds *m (EU)*
coin *v (WiWi)* ausprägen, prägen *(money)*
coin *(Gen)* Geldstück *n*, Münze *f*
coinage *(WiWi)* Münzprägung *f*; Währung *f (currency)*; Hartgeld *n*, Münzen *fpl (coins)*
coincide *v* 1. *(Gen)* gleichlaufen; 2. *(Recht)* übereinstimmen
coincide *v* **with** *(Gen)* übereinstimmen mit, sich decken mit, zusammenfallen mit
coincident indicator *(WiWi)* Präsensindikator *m*, synchroner Konjunkturindikator *m (econometrics)*
coins *(Gen)* Hartgeld *n*, Metallgeld *n*
cold call *(V&M)* unangemeldeter Besuch *m (by sales representative)*
cold calling *(V&M)* unangemeldeter Besuch *m (by sales representative)*
cold canvassing *(V&M)* ungezielte Kundenwerbung *f*
cold mailing *(V&M)* ungezielter Versand *m*
collaborate *v* 1. *(Gen)* mitarbeiten, zusammenarbeiten; 2. *(Pol)* kollaborieren
collapse *v* 1. *(WiWi)* zusammenbrechen *(market)*; stürzen, verfallen *(prices)*; 2. *(Gen)* zusammenbrechen *(system)*; 3. *(Börse)* stürzen
collateral *adj* 1. *(Fin)* zusätzlich; 2. *(Gen)* flankierend *(measure)*; begleitend *(phenomenon)*; seitlich
collateral 1. *(WiWi)* Sicherheit *f*, Sicherungsgegenstand *m*; 2. *(Fin)* Pfand *n* • **as collateral** *(Bank, Gen)* zur Absicherung, als Sicherheit
collateral acceptance *(Fin)* Avalakzept *n (by bank)*
collateral acceptor *(Fin)* Wechselbürge *m*, Wechselbürgin *f*
collateral bill *(Bank)* Vorschusswechsel *m*
collateral clauses *(Recht)* Nebenbestimmungen *fpl*
collateral loan *(Bank)* besichertes Dar-

lehen *n*; Lombarddarlehen *n*, Lombardkredit *m (securities)*
collateral loan business *(Bank)* Banklombardgeschäft *n*
collateral security 1. *(WiWi)* Sicherheitsleistung *f*, Sicherungsgegenstand *m*; 2. *(Fin)* dingliche Sicherheit *f*; 3. *(Recht)* akzessorische Sicherheit *f*
collateralization *(Bank)* Besicherungsmöglichkeiten *fpl*
collateralize *v* 1. *(Bank)* lombardieren *(securities)*; 2. *(Fin)* besichern
collateralized securities *(Bank, Fin)* beliehene Wertpapiere *npl*, besicherte Wertpapiere *npl*, zur Besicherung *f* hinterlegte Wertpapiere
colleague 1. *(Gen)* Arbeitskollege *m*, Arbeitskollegin *f*, Mitarbeiter(in) *m(f)*; 2. *(Pers)* Kollege *m*, Kollegin *f*, Mitarbeiter(in) *m(f)*
collect *v* 1. *(Gen)* erfassen *(statistics, data)*; zusammentragen, beschaffen *(information)*; einziehen, eintreiben *(receivables, tax)*; kassieren *(cash)*; 2. *(Börse)* einlösen, einziehen *(premium)*
collect *v* **a debt** *(Fin)* eine Forderung liquidieren [einziehen]
collect *v* **a payment** *(Fin)* eine Zahlung einziehen
collect *v* **statistics** *(Gen, Steuer, V&M)* statistisch erfassen
collect *v* **sums due** *(Fin)* fällige Beträge einziehen
collect *v* **taxes** *(Steuer)* Steuern erheben
collect *v* **unemployment compensation** *(AE) (Soz)* Arbeitslosenunterstützung beziehen
collect call *(AE) (Komm)* R-Gespräch *n (telephone)*
collecting bank *(Fin)* einziehende Bank *f*, Inkassobank *f*
collecting commission *(Bank, Versich)* Inkassoprovision *f*
collection 1. *(Gen)* Einzug *m*, Einziehung *f*, Inkasso *n*, Erfassung *f*, Erhebung *f*, Beschaffung *f (of statistics, information)*; Eintreibung *f (tax, receivables)*; 2. *(Börse)* Einlösung *f*, Einziehung *f (of premium)*
collection charge *(Gen)* Einzugsgebühr *f*, Inkassogebühr *f*
collection costs *(Gen)* Einzugskosten *pl*, Inkassokosten *pl*
collection department *(Fin)* Inkassoabteilung *f*, Kreditorenabteilung *f*
collection of accounts *(RW)* Forderungseinziehung *f*
collection of a bill *(RW)* Einziehung *f* eines Rechnungsbetrages, Wechseleinzug *m*, Wechselinkasso *n (bill of exchange)*
collection of commercial documents *(Recht)* Dokumenteninkasso *n (contracts)*
collective *adj (Gen)* gemeinsam, gemeinschaftlich, kollektiv, Kollektiv..., Sammel...
collective accident insurance *(Versich)* Gruppenunfallversicherung *f*
collective agreement *(Pers)* Kollektivvertrag *m*, Tarifvertrag *m*
collective authorization *(Pol, WiWi)* Sammelgenehmigung *f*
collective bargaining *(Pers, WiWi)* Lohnverhandlung *f*, Tarifverhandlung *f*
collective bargaining policy *(Pers)* Tarifpolitik *f*
collective bargaining round *(Pers)* Tarifrunde *f*, Lohnrunde *f*
collective dismissal *(Pers)* kollektive Entlassung *f*, Massenentlassung *f*
collective good *(WiWi)* öffentliches Gut *n*, Kollektivgut *n*
collective insurance *(Versich)* Gruppenversicherung *f*
collective labor agreement *(AE) (Pers)* s. collective labour agreement
collective labour agreement *(BE) (Pers)* Tarifvertrag *m*
collective order *(Gen)* Sammelbestellung *f*
collective ownership *(Pol, WiWi)* Gemeineigentum *n*
collective redundancy *(Pers)* Massenentlassung *f*
collective securities deposit Bank Girosammeldepot *n*
collectively *adv (Gen)* als Gesamtheit, gemeinsam, insgesamt
collectively agreed wage *(Pers)* Tariflohn *m*
collectively agreed wages *(Pers)* Tariflohn *m*
college *(Pers) (BE)* Hochschule *f*, berufsbildende (Ober-)Schule *f*, höhere Schule *f (e. g. Eton College)*; Akademie

f, *(AE)* Universität *f*, Hochschule *f*, berufsbildende (Ober-)Schule *f*; Fachbereich *m*, Universitätsinstitut *n*
college education *(AE) (Bil)* Hochschulausbildung *f*, Universitätsausbildung *f*, Hochschulstudium *n*, Universitätsstudium *n*
college graduate *(AE) (Pers)* Hochschulabsolvent(in) *m(f)*, Universitätsabsolvent(in) *m(f)*, Akademiker(in) *m(f)*
collusion 1. *(WiWi)* heimliche Absprache *f*, Kollusion *f*; 2. *(Recht)* Kolludieren *n*, Verdunkelung *f*
collusive bidding *(WiWi)* Anbieterabsprache *f*
collusive tendering *(WiWi)* Anbieterabsprache *f*
column *(Media)* Kolumne *f*, Spalte *f*
column heading *(RW)* Spaltenüberschrift *f*
columnar bookkeeping *(RW)* amerikanische Buchführung *f*
columnar journal *(RW)* in Spalten angeordnetes Grundbuch *n*
com *(Comp, Komm, V&M)* com *(commercial top-level domain)*
combat *v (Gen)* bekämpfen *(unemployment, inflation)*
combination 1. *(Fin)* Verschmelzung *f*; 2. *(Gen)* Kombination *f*, Zusammenschluss *m*
combine *v* 1. *(Gen)* sich zusammenschließen, zusammenwirken; 2. *(Gen)* zusammenfassen, kombinieren
combine *(WiWi)* Verbund *m*, Zusammenschluss *m*, Unternehmenszusammenschluss *m*, Kartell *n*, Kombinat *n* *(socialism)*
combined *adj (Gen)* kombiniert
combined advertising *(V&M)* Verbundwerbung *f*
combined balance sheet *(Fin)* konsolidierte Bilanz *f*
combined bottom-up/top-down method *(Mgt, WiWi)* Gegenstromverfahren *n (corporate planning and flow of information; gegenläufiger Informationsfluss bei der hierarchischen Unternehmensplanung: Kombination aus Top-down-Vorgaben der Unternehmensleitung mit "von unten" = bottom-up erhobenen Informationen)*
combined financial statement *(Fin, RW)* konsolidierter Abschluss *m*, Konzernbilanz *f*
combined statement of income *(RW)* konsolidierte Gewinn- und Verlustrechnung *f*
come *v* **before court** *(Recht)* vor Gericht erscheinen
come *v* **into effect** *(Recht)* rechtswirksam werden
come *v* **into force** *(Recht)* in Kraft treten, wirksam werden *(regulations, legislation)*
come *v* **into operation** *(Recht)* wirksam werden
come *v* **on stream** *(Ind)* in Betrieb gehen
come *v* **onto the market** *(V&M)* auf den Markt kommen
come *v* **out** *(Media)* erscheinen *(book, magazine)*
come *v* **to** *(Gen)* betragen, sich belaufen auf *(amount to)*
come *v* **to a standstill** 1. *(Gen)* zum Stillstand kommen; 2. *(Ind)* zum Erliegen kommen
come *v* **to an agreement** *(Recht)* sich verständigen
come *v* **to an understanding** 1. *(Gen)* sich einigen; 2. *(Recht)* sich verständigen
come *v* **to fruition** *(Gen)* sich verwirklichen
come *v* **to terms with sb** *(Recht)* mit jmdm. handelseinig werden, sich mit jmdm. einigen *(contract law)*
come *v* **under pressure** *(Gen)* unter Druck geraten *(to do sth)*
come *v* **under sb's jurisdiction** *(Admin)* unter eine Rechtsprechung fallen
come *v* **under scrutiny** *(Gen)* einer genauen Prüfung unterzogen werden
come *v* **up to scratch** *(Gen)* den Erwartungen entsprechen
comfort letter *(Bank, Börse, Gen)* Patronatserklärung *f*
comm. *s.* 1. commission; 2. committee
command *v* **a certain price** *(WiWi)* einen bestimmten Preis fordern
command economy *(Pol, WiWi)* Befehlswirtschaft *f*, Planwirtschaft *f*
commence *v (Gen)* beginnen
commencement 1. *(Gen)* Beginn *m*, In-Kraft-Treten *n*; 2. *(Versich)* Versicherungsbeginn *m (of policy)*

commencement of contract *(Recht)* Vertragsbeginn *m*
commensurate *adj* 1. *(RW)* angemessen; 2. *(Gen)* angemessen, entsprechend
commentary *(Gen)* Berichterstattung *f*, Erläuterung *f*, Kommentar *m*
commerce *(Gen)* Handel *m*, Handelsverkehr *m*, Wirtschaftsverkehr *m*
commercial *adj (Gen)* kaufmännisch, wirtschaftlich, kommerziell, gewerblich, geschäftsmäßig
commercial *(Media, V&M)* Werbespot *m (print, broadcast)*
commercial account *(RW)* Geschäftskonto *n*
commercial activity *(Ind)* gewerbliche Tätigkeit *f*
commercial agreement *(Gen, Recht)* Handelsabkommen *n*
commercial at 1. *(Komm)* at-Zeichen *n*, *(ugs.)* Klammeraffe *m (@, separator in E-Mail addresses, ASCII code 64)*; 2. *(V&M)* zum Preis von *(@; at the specified price)*
commercial bank *(Bank, Fin, WiWi)* Geschäftsbank *f*, Handelsbank *f*
commercial business *(Gen)* Handelsgeschäft *n*
commercial center *(AE) (V&M)* s. commercial centre
commercial centre *(BE) (V&M)* Handelsmetropole *n*, Handelszentrum *n*
Commercial Code *(Recht)* Handelsgesetzbuch *n*, HGB
commercial contract *(Recht)* Handelsvertrag *m (trade law)*
commercial credit risk *(Bank, Fin)* kommerzielles Risiko *n*
commercial development *(Gen)* wirtschaftliche Entwicklung *f*
commercial director *(Mgt, Pers)* kaufmännischer Direktor *m*, kaufmännische Direktorin *f*
commercial dock *(Transp)* Handelskai *m (shipping)*
commercial hedgers *(Börse)* gewerbliche Hedger *mpl*
commercial impracticability *(Gen)* wirtschaftliche Unmöglichkeit *f*
commercial invoice *(RW)* Handelsrechnung *f*
commercial language *(Gen)* Geschäftssprache *f*
commercial law *(Gen)* Handelsrecht *n*, Handelsgesetz *n*
commercial lending *(Bank)* gewerbliche Ausleihungen *fpl*
commercial letter of credit *(CLC) (Fin, Imp/Exp)* Handelskreditbrief *m*, Akkreditiv *n (foreign trade finance, Außenhandelsfinanzierung; opposite: documentary letter of credit = Dokumenten-Akkreditiv)*
commercial letting *(BE) (Grund)* kommerzielle Vermietung *f*
commercial loan *(Bank)* Gewerbekredit *m*
commercial manager *(Mgt, Pers)* kaufmännische Leiterin *f*, kaufmännischer Leiter *m*
commercial marine *(Transp)* Handelsmarine *f*
commercial occupancy *(Grund)* geschäftliche [kommerzielle] Nutzung *f*
commercial occupation *(Gen)* kaufmännischer Beruf *m*
commercial paper *(Börse)* Commercial Paper *n*, kommerzieller Wechsel *m*, kurzfristiges Handelspapier *n*
commercial policy *(WiWi)* Handelspolitik *f*
commercial port *(Transp)* Handelshafen *m*
commercial property *(Grund)* Geschäftsgebäude *n*
commercial purpose *(Gen)* kommerzieller Zweck *m* • **not for commercial purposes** *(Recht)* nicht zu gewerblichen Zwecken
commercial register *(Recht, V&M)* Handelsregister *n*
commercial registration *(Gen, Recht)* Handelsregister-Eintragung *f*, HR-Eintragung *f*
commercial representative *(Gen, Pers)* Handelsvertreter(in) *m(f)*
commercial risk *(Gen)* wirtschaftliches Risiko *n*
commercial standard *(Gen, V&M)* handelsüblich
commercial stock *(Gen)* Handelsbestand *m*
commercial training *(Pers)* kaufmännische Ausbildung *f*

commercial traveler *(AE) (Gen) s.* commercial traveller
commercial traveller *(BE) (Gen)* Geschäftsreisende(r) *f(m)*, Handelsreisende(r) *f(m)*
commercial usage *(Gen, Recht)* Handelsbrauch *m (contracts)*
commercial use *(Gen, Grund)* gewerbliche Nutzung *f*
commercial value *(Recht)* Handelswert *m (contracts)* • **no commercial value** *(Gen)* ohne Handelswert
commercial vehicle *(Transp)* Nutzfahrzeug *n*
commercialize *v (Gen)* kommerzialisieren, auf den Markt bringen, marktfähig machen
commercially *adv (Gen)* geschäftlich, kommerziell
commercially available *adj (Gen)* handelsüblich
commingling *(Börse)* Mischung *f*, Zusammenlegung *f (securities, trust banking)*
commission *v* 1. *(WiWi)* bestellen, in Auftrag geben; 2. *(Gen)* beauftragen, kommissionieren
commission 1. *(Bank)* Provision *f (payment)*; 2. *(WiWi)* Ausschuss *m (body)*; 3. *(Fin)* Maklergebühr *f (payment)*; Ausschuss *m (body)*; 4. *(Gen)* Order *f (order)*; Kommission *f (body)*; Komm., Gremium *n*, Ausschuss *m*
commission business *(Bank, Gen)* Auftragsgeschäft *n*
commission margin *(Bank, RW)* Provisionsspanne *f*
commission on guaranty *(Bank, Fin)* Avalprovision *f*
commission rate 1. *(Bank)* Courtage *f*, Provisionssatz *m*; 2. *(Börse)* Maklergebühr *f*
commission salesman *(Pers)* Verkaufskommissionär *m*
commissioned research *(Ind, WiWi)* Auftragsforschung *f*
commissioner for oaths *(BE) (Recht)* Notar *m*
commitment 1. *(Fin, Gen)* Zusage *f*, Verbundenheit *f*; 2. *(Recht)* Verbindlichkeit *f*, Verpflichtung *f*
committed *adj* 1. *(Fin)* zugesagt; 2. *(Gen, Recht)* verpflichtet
committed cost *(RW)* fixe Kosten *pl*
committed line of credit *(Bank)* Kreditlinienzusage *f*
committee 1. *(Gen)* Ausschuss *m*, Komitee *n*, Kommission *f*, Komm.; 2. *(Pol)* Ausschuss *m*, Gremium *n*
Committee of Governors of Central Banks *(Bank, Pol)* Gouverneursausschuss *m* der Zentralbanken
Committee of Permanent Representatives of the EC *(Pol)* Ausschuss *m* der Ständigen Vertreter (der EU-Mitgliedstaaten), AstV *m*, Coreper *m*, COREPER *m (EU; French: Comité des Représentants Permanents des pays membres de l'UE)*
Committee of the Regions *(CoR) (Pol)* Ausschuss *m* der Regionen, AdR *(EU)*
commodities *(Börse)* Waren *fpl*, Wa., Rohstoffe *mpl*
commodity 1. *(WiWi)* Wirtschaftsgut *n*, Ware *f (article of commerce)*; Rohstoff *m (raw materials)*; 2. *(Gen)* Handelsware *f*, Ware *f*
commodity agreement *(WiWi)* Rohstoffabkommen *n*
commodity basket *(Gen)* statistischer Warenkorb *m*
commodity cartel *(WiWi)* Rohstoffkartell *n*
commodity exchange *(Börse)* Warenbörse *f*, Produktenbörse *f*
commodity future *(BE) (Börse)* Warentermingeschäft *n*, Warenterminkontrakt *m*
commodity futures exchange *(Börse)* Warenterminbörse *f*
commodity paper *(Börse)* Warenpapier *n*
commodity price index *(Börse)* Rohstoffpreisindex *m*
commodity reserve currency *(WiWi)* Warenreservewährung *f*
commodity tax *(Steuer)* Verbrauchsteuer *f*, Warensteuer *f*
common *adj (Gen)* gemeinsam *(decision)* • **by common consent** *(Gen)* einstimmig
common access resources *(WiWi)* Allmenderessourcen *fpl*
common commercial policy *(Gen, Pol, Recht)* gemeinsame Handelspolitik *f (EU)*

common cost *(WiWi)* Gemeinkosten *pl*
common costs *(WiWi)* Gemeinkosten *pl*, Kosten *pl* der Kuppelproduktion
common currency *(WiWi)* Gemeinschaftswährung *f*
common customs tariff *(Imp/Exp)* Gemeinsamer Zolltarif *m*, GZT
common denominator *(Gen)* gemeinsamer Nenner *m (of diverging interests)*
common directive *(Recht)* allgemeine Richtlinie *f*
common external tariff *(WiWi)* gemeinsamer Außenzoll *m*
common foreign and security policy *(CFSP) (Pol, Recht)* gemeinsame Außen- und Sicherheitspolitik *f*, GASP *(EU)*
common fraction *(Stat)* gewöhnlicher Bruch *m*, einfacher Bruch *m*, gemeiner Bruch *m (synonymous: vulgar fraction, simple fraction; opposite: decimal fraction = Dezimalbruch)*
common law *(Pers, Recht)* Common Law *n*, gemeines Recht *n*
Common Market *(WiWi)* gemeinsamer Markt *m (EU)*
common pricing *(Gen)* Preisabsprache *f*
common share *(AE) (Börse)* Stammaktie *f*
common stock *(AE) (Börse)* Stammaktie *f*
common stock fund *(Börse, Fin)* Aktieninvestmentfonds *m*
Commonwealth of Independent States *(CIS) (Pol)* Gemeinschaft *f* Unabhängiger Staaten, GUS *f*
communicate *v (Gen)* mitteilen
communication 1. *(Gen, Komm)* Kommunikation *f (communicating)*; Korrespondenz *f*, Korr. *(by letter exchange of views)*; Gedankenaustausch *m*, Meinungsaustausch *m*; Nachricht *f (piece of news)*; Mitteilung *f (message)*; 2. *(Pat)* Benachrichtigung *f*, Mitteilung *f*
communication barrier *(Mgt, Pers)* Kommunikationshemmnis *n*
communication strategy *(Komm)* Kommunikationsstrategie *f*
communication to the public *(Recht)* öffentliche Wiedergabe *f (copyright law)*
communications 1. *(Komm)* Nachrichtentechnik *f*, Nachrichtenwesen *n*, Verbindungen *fpl*, Verbindungsmöglichkeiten *fpl*, Verkehr *m*; 2. *(Transp)* Verkehrsverbindung *f*, Verkehrsnetz *n*
communications network *(Komm)* Datenübertragungsnetz *n*
communities of practice *(Mgt)* virtuelle Expertengemeinschaften *fpl (an instrument of modern knowledge-based management; freiwillig, informell, hochmotiviert, hochreagibel, hierarchiefrei, multidisziplinär, zielorientiert und funktionsübergreifend arbeitende Expertengruppen, deren Mitglieder zur Wissensteilung bereit sind; ein Instrument modernen wissensbasierten Managements)*
community *(Gen)* Gemeinde *f*, Gemeinschaft *f*, Gemeinwesen *n*
Community Gemeinschaft *f (EU)*
Community action *(Gen)* Gemeinschaftsmaßnahme *f*
Community aid *(WiWi)* Gemeinschaftshilfe *f*
Community average *(Pol)* Gemeinschaftsdurchschnitt *m (EU)*
Community goods *(Imp/Exp)* EG-Waren *fpl*, Gemeinschaftswaren *fpl*
Community imports *(Imp/Exp)* EG-Importe *mpl*, Gemeinschaftseinfuhren *fpl*
Community initiative *(Gen, Pol)* Gemeinschaftsvorhaben *n (EU)*
Community institutions *(Pol)* Gemeinschaftsorgane *npl (EU)*
Community law *(Recht)* Gemeinschaftsrecht *n (EU)*
Community legislation *(Recht)* Gemeinschaftsrecht *n*, gemeinschaftliche Gesetzgebung *f*, Gemeinschaftsgesetzgebung *f (catch-all legislation, EU)*
Community level *(Gen, Pol)* Gemeinschaftsebene *f (EU)*
community of interests *(Gen)* Interessengemeinschaft *f*
Community rules *(Recht)* Gemeinschaftsvorschriften *fpl (EU)*
community service *(AE) (Soz)* gemeinnützige Arbeit *f*, Arbeit *f* für die Gemeinschaft
community shopping *(V&M)* Community Shopping *n (concentration of purchasing power, gemeinsamer Einkauf mehrerer Interessenten im Internet zur Kaufkraftverstärkung; power shopping)*

Community transit *(Imp/Exp, Transp)* EG-Durchfuhr *f*, EG-Transit *m*
community work *(AE) (Soz)* gemeinnützige Arbeit *f*, Arbeit *f* für die Gemeinschaft
commutable *adj* 1. *(Fin, Komm)* umwandelbar; 2. *(Gen)* ablösbar; 3. *(Recht)* abänderbar
commute *v* 1. *(Gen)* ablösen, umwandeln; 2. *(Recht)* umwandeln *(sentence)*; abändern *(decision)*; 3. *(Gen)* pendeln *(to work)*
commuter *(Gen)* Pendler(in) *m(f)*
compack *(Abk. für complex package)* *(V&M)* Güter- und Dienstleistungspaket *n*
compact disc recordable *(Comp, Media)* CD-R, CD-Recordable *f*, beschreibbare CD *f*, ein Mal beschreibbare CD *f* *(write-once)*
compact disc read/write *(Comp, Media)* CD-RW *f*, CD-Rewritable *f*, wiederbeschreibbare CD *f* *(write more than once)*
compact disc rewritable *(Comp, Media)* CD-RW *f*, CD-Rewritable *f*, wiederbeschreibbare CD *f* *(write more than once)*
Companies Registration Office *(Gen)* Gesellschafts-Registeramt *n*, Gesellschaftsregisterstelle *f*, Handelsregister *n* *(in Germany)*
company *(Gen, Recht, WiWi)* Gesellschaft *f*, Firma *f*, Fa., Unternehmen *n* • **the company is rated triple-A** *(Fin)* die Firma ist erstklassig [mit AAA] bewertet worden
company accounts *(RW)* Buchhaltung *f* der Unternehmung
company agreement *(Pers)* Gesellschaftsvertrag *m*
company benefits *(Pers)* betriebliche Sozialleistungen *fpl*
company capital *(Gen)* Gesellschaftskapital *n*
company goal *(Gen)* Unternehmensziel *n*
company headquarters *(Gen)* Zentrale *f*, Stammhaus *n*
company insolvency *(BE) (Recht)* Versolvenz *f* der juristischen Personen
company law *(Recht)* Gesellschaftsrecht *n*
company level *(Gen, Mgt)* Unternehmensebene *f*, Firmenebene *f* • **at company [enterprise] level** *(Gen, Mgt)* auf Unternehmensebene, auf Firmenebene
company liquidity *(Fin)* Unternehmensliquidität *f*
company logo *(Gen, V&M)* Firmenlogo *n*
company manpower planning *(Pers)* betriebliche Personalplanung *f*
company meeting *(Gen)* Aktionärsversammlung *f*
company name *(Gen, Recht)* Unternehmensname *m*, Firma *f*
company objective *(Gen)* Unternehmensziel *n*
company-owned *adj (Gen)* firmeneigen
company owner *(Gen, Recht)* Unternehmensinhaber *m*, Betriebsinhaber *m*, Geschäftsinhaber *m*
company pension *(Pers)* Betriebsrente *f*
company pension scheme *(Pers)* betriebliche Altersversorgung *f*
company planning *(Gen)* betriebliche Planung *f*, Unternehmensplanung *f*
company policy *(Gen)* Unternehmensphilosophie *f*
company purpose *(Gen)* Unternehmenszweck *m*
company results *(Gen)* Geschäftsergebnis *n*
company secretary *(BE) (Pers, Recht)* Company Secretary *m(f)* *(a senior employee in an organization with director status and administrative and legal authority; the company secretary may enter into contracts on behalf of the company; he/she may also be a board secretary with appropriate qualifications; leitender Verwaltungsangestellter einer britischen Kapitalgesellschaft mit Director-Status und weitgehenden rechtlichen Befugnissen; wird in der Regel nicht übersetzt, da ohne Entsprechung im kontinentaleuropäischen Unternehmensrecht)*
company strategy *(Gen, Mgt, WiWi)* Unternehmensstrategie *f*
company tax 1. *(Gen)* Körperschaftsteuer *f*; 2. *(Recht, Steuer)* Gesellschaftsteuer *f*
company taxation *(Steuer)* Unternehmensbesteuerung *f*
company training centre *(Pers)* betriebliche Ausbildungsstätte *f*

company's own field organization *(Gen)* firmeneigener Außendienst *m*
company's own shares 1. *(RW)* eigene Anteile *mpl*; 2. *(Börse)* Vorratsaktien *fpl*
company's risk *(Gen, Transp)* auf Gefahr der Firma
comparative *adj* 1. *(WiWi)* komparativ; 2. *(Gen)* vergleichend *(value)*
comparative advantage *(WiWi)* komparativer Vorteil *m*
comparative advertising *(V&M)* vergleichende Werbung *f*
comparative earnings analysis *(Fin)* Erfolgsvergleichsrechnung *f (benchmarking)*
comparative evaluation sheet *(Gen)* Angebotsanalyse *f*
comparative statistics *(WiWi)* komparative Analyse *f*
compare *v (Gen)* vergleichen
comparison group *(Pers, Stat)* Vergleichsgruppe *f*
compartmentalize *v (Mgt)* Bereiche bilden
compatibility *(Gen)* Verträglichkeit *f*, Vereinbarkeit *f*, Kompatibilität *f*
compatible *adj (Gen)* vereinbar, verträglich, kompatibel
compatible with the environment *(Umwelt)* umweltfreundlich
compensate *v* 1. *(Gen)* kompensieren; 2. *(Pers)* abfinden, entschädigen *(pay)*
compensating balance *(Bank)* Ausgleichsbilanz *f*
compensation 1. *(WiWi)* Ausgleich *m*, Entschädigung *f*, Kompensation *f*; Abstandsgeld *n (indemnification)*; Entgelt *n*, Arbeitsentgelt *n*, Abfertigung *f (Österreich)*; 2. *(Imp/Exp)* Kompensation *f*
compensation agreement *(WiWi)* Entgeltvereinbarung *f*, Schaden(s)ersatzvereinbarung *f (international trade)*
compensation factor *(Stat, Versich)* Ausgleichsfaktor *f*
compensation for damages *(Recht)* Schaden(s)ersatz *m*
compensation principle *(WiWi)* Kompensationskriterium *n*
compensation system *(Gen, Mgt)* Vergütungssystem *n*
compensatory *adj (Gen)* kompensatorisch
compensatory amount *(WiWi)* Entschädigungszahlung *f*, Entschädigungssumme *f*
compensatory financing 1. *(WiWi)* kompensatorische Finanzierung *f (international facilities for balance of payments)*; 2. *(Gen)* Schaden(s)ersatzleistungen *fpl*, Schadenzahlungen *fpl*; Ausgleichsfinanzierung *f (facilities)*; Abfindung *f*, finanzielle Abfindung *f (for damage, dismissal)*
compensatory fiscal policy *(WiWi)* kompensatorische Fiskalpolitik *f*
compensatory function *(Fin, WiWi)* Ausgleichsfunktion *f*
compensatory principle of taxation *(Fin)* Äquivalenzprinzip *n*
compensatory stock option *(BE) (Börse)* kompensatorische Aktienoptionen *fpl*
compensatory tax *(Steuer)* Ausgleichsabgabe *f*
compete *v (Gen)* konkurrieren
compete *v* **against sb** *(Gen)* mit jmdm. im Wettbewerb stehen
competence *(Gen)* Befugnis *f (authority)*; Zuständigkeit *f (responsibility)*; Fähigkeit *f (ability)*
competency of the court *(Recht)* Zuständigkeit *f* des Gerichts
competent authority *(Gen)* zuständige Behörde *f*
competing product *(V&M)* Konkurrenzprodukt *n*
competition 1. *(WiWi)* Wettbewerb *m*; 2. *(Gen)* Konkurrenz *f*
competition laws *(Pol, Recht)* Wettbewerbsrecht *n*, Kartellrecht *n*
competition policy *(Pol)* Wettbewerbspolitik *f*
competitive *adj* 1. *(WiWi)* wettbewerbsfähig; 2. *(Gen)* konkurrierend, konkurrenzfähig
competitive advantage *(WiWi)* Wettbewerbsvorsprung *m*, Wettbewerbsvorteil *m*
competitive bid *(V&M)* Gegenangebot *n*
competitive bidding procedure *(Gen)* Submissionsverfahren *n*
competitive devaluation *(WiWi)* Abwertung *f* aus Wettbewerbsgründen
competitive disadvantage *(V&M, WiWi)* Wettbewerbsnachteil *m*

competitive edge *(WiWi)* Wettbewerbsvorsprung *m*
competitive market *(WiWi)* Wettbewerbsmarkt *m*
competitive parity *(V&M)* Wettbewerbsparität *f*
competitive position *(WiWi)* Wettbewerbslage *f*, Wettbewerbsposition *f*
competitive price 1. *(WiWi)* freier Marktpreis *m*, Wettbewerbspreis *m*, wettbewerbsfähiger Preis *m*; 2. *(V&M)* Konkurrenzpreis *m*
competitive pricing *(Gen)* Wettbewerbspreisbildung *f*
competitive tendering 1. *(WiWi)* Mitabgabe *f* von Angeboten; 2. *(V&M)* Ausschreibung *f*
competitiveness *(Gen)* Konkurrenzfähigkeit *f*, Wettbewerbsfähigkeit *f*
competitor *(Gen, WiWi)* Konkurrent(in) *m(f) (country, product)*; Wettbewerber(in) *m(f)*
competitor analysis *(V&M)* Konkurrenzanalyse *f*
compile *v* 1. *(RW)* sammeln, zusammenstellen; 2. *(Gen)* zusammenstellen
complainant 1. *(Gen, V&M)* Beschwerdeführer(in) *m(f)*; 2. *(Recht)* Kläger(in) *m(f)*
complainer *(Gen, V&M)* Meckerer *m*, Nörgler *m*, Beschwerdeführer(in) *m(f)*
complaining party *(Recht)* beschwerdeführende Partei *f (contracts)*
complaint 1. *(Gen)* Beschwerde *f*, Reklamation *f*; 2. *(Recht)* Klage *f (civil action)*; Strafanzeige *f (criminal law)*
complement *v (Gen)* ergänzen
complementarity *(V&M, WiWi)* Komplementarität *f*, gegenseitige Ergänzung *f (market-place partners, goods or services)*
complementary *adj (Gen)* ergänzend, komplementär
complementary demand *(WiWi)* Komplementärnachfrage *f*, verbundene Nachfrage *f*
complementary goods *(V&M, WiWi)* komplementäre Güter *npl*
complementary technology *(Ind)* Komplementärtechnologie *f*
complete *v* 1. *(Fin)* abwickeln; 2. *(Gen)* vollenden, vervollständigen, ergänzen; abschließen, beenden *(sale, order)*; 3. *(Recht)* erfüllen *(contract)*
complete *v* **a training course successfully** *(Bil, Pers)* einen Lehrgang erfolgreich abschließen
complete *adj (Gen)* komplett, vollständig, total, voll
complete audit *(RW)* Jahresrevision *f*
completed *adj (Gen)* ergänzt, vervollständigt *(supplemented)*; vollendet, abgeschlossen *(finished)*
completion *(Gen)* Abschluss *m*, Beenden *n*, Beendigung *f*, Fertigstellung *f*, Vollendung *f*
completion deadline *(Recht)* Erfüllungsfrist *f (contracts)*
compliance *(Gen, Recht)* Einhaltung *f*, Erfüllung *f*, Übereinstimmung *f* • **in compliance with** *(Recht)* in Übereinstimmung mit
compliance audit *(RW)* Erfüllungsprüfung *f*
compliance costs 1. *(RW)* Erfüllungskosten *pl*; 2. *(Admin)* verwaltungsmäßige Verfügungskosten *pl*, Einhaltungskosten *pl*, *(ugs.)* Bürokratiekosten *pl*; 3. *(Umwelt)* Erfüllungskosten *pl*; 4. *(Gen)* Wohlverhalten *n*; 5. *(Steuer)* Kosten *pl* der Durchsetzung des Steueranspruchs *(inland revenue)*; durch Befolgung der Steuervorschriften verursachte Kosten *pl (companies' view)*; *(ugs.)* Bürokratiekosten *pl (esp. SMEs)*
comply *v (Gen)* einwilligen
comply *v* **with** 1. *(Gen)* erfüllen *(conditions)*; entsprechen *(standards)*; 2. *(Recht)* einhalten *(rule)*; befolgen *(law)*
component *(Gen)* Bestandteil *m*, Komponente *f*, Teil *n*, Werkstück *n*, Bauteil *n*
component factory *(Ind)* Zulieferbetrieb *m*, Fertigungsbetrieb *m*
component part *(Gen)* (wesentlicher) Bestandteil *m*, Komponente *f*, Einzelteil *n (of system)*
composite *adj (Gen)* gemischt, zusammengesetzt, synthetisch
composite commodity *(WiWi)* Güterbündel *n*
composite cost *(RW)* Mischkosten *pl*
composite currency *(WiWi)* Korbwährung *f*

composite demand *(WiWi)* zusammengesetzte Nachfrage *f*
composite index *(Fin, WiWi)* zusammengesetzter Index *m*
composite insurance *(Versich)* Kompositversicherung *f*
composite leading index *(WiWi)* synthetischer Frühindikator *m*
composite number [quantity] *(Stat)* zusammengesetzte Zahl *f (synonymous: composite quantity; opposite: prime = Primzahl)*
composite rate tax *(Steuer)* Pauschalsteuersatz *m*
composition *(Recht)* Beschaffenheit *f*, Vergleich *m*; Gesamtvergleich *m* mit Gläubigern *(with creditor)*
compound annual growth *(WiWi)* Gesamtjahreswachstum *n*
compound annual rate *(BE) (Bank)* kumulativer Jahressatz *m (of interest)*
compound growth rate *(WiWi)* Gesamtwachstumsrate *f*
compound interest *(Bank, Fin, Recht)* Zinseszins *m (contracts)*
comprehensive *adj (Gen)* umfassend, Gesamt...
comprehensive insurance *(Versich)* Kombination *f* verschiedener Versicherungsdeckungen, kombinierte Versicherung *f*
comprehensive personal liability insurance *(Versich)* kombinierte Privathaftpflichtversicherung *f*
comprehensive responsibility *(Gen)* Gesamtverantwortung *f*
comprehensively covered *adj (Versich)* vollkaskoversichert
compromise *v (Gen)* einen Vergleich schließen, einen Kompromiss schließen
compulsive buying *(V&M)* Kaufzwang *m*
compulsorily insured *adj (Soz)* pflichtversichert
compulsory *adj (Gen)* obligatorisch *(power)*; zwingend *(regulation)*
compulsory attendance *(Bil, Gen)* Anwesenheitspflicht *f*
compulsory contribution *(Soz, Versich)* Pflichtbeitrag *m*
compulsory deduction *(Gen)* Zwangsabzug *m*
compulsory education *(Pers)* Schulzwang *m*, Schulpflicht *f*
compulsory insurance *(Versich)* Pflichtversicherung *f*, Zwangsversicherung *f*
compulsory intervention *(WiWi)* Pflichtintervention *f (currency)*
compulsory liquidation *(Fin)* Zwangsliquidation *f*, Zwangsliquidierung *f*
compulsory margin *(BE) (Börse)* obligatorische Einschusssumme *f*, obligatorische Einschusszahlung *f*
compulsory notification *(Recht)* Meldepflicht *f*
compulsory pension insurance scheme *(Soz)* gesetzliche Rentenversicherung *f*
compulsory purchase 1. *(Gen)* Zwangskauf *m*; 2. *(Grund)* Zwangsenteignung *f*, Enteignung *f*
compulsory retirement *(BE) (Admin, Pers)* Zwangspensionierung *f*
compulsory saving *(BE) (Fin)* Zwangssparen *n*
compulsory subject *(Bil)* Pflichtfach *n*
compulsory third party insurance *(Versich)* Zwangshaftpflichtversicherung *f*
compulsory unemployment insurance *(Soz)* Arbeitslosenpflichtversicherung *f*
computed *adj (Fin)* rechnerisch
computed average return [yield] *(Fin, WiWi)* rechnerische Durchschnittsverzinsung *f*
computer *(Comp)* Computer *m*; Rechner *m (calculating machine)*
computer-aided *adj (Comp)* computergestützt, computerunterstützt, PC-gestützt, rechnergestützt, rechnerunterstützt
computer-aided crime *(Recht)* computerunterstützte Kriminalität *f*
computer-aided design *(Comp, Ind)* computerunterstützte Entwicklung *f*, computerunterstützte Konstruktion *f*, CAD *(development)*
computer-aided design and manufacturing *(Comp, Ind)* computerunterstützte Entwicklung und Fertigung *f*, CADM
computer-aided instruction *(Bil)* computerunterstützter Unterricht *m*, computergestützter Unterricht *m*

computer-aided learning *(Comp)* computerunterstütztes Lernen *n*, computergestütztes Lernen *n*, CAL
computer-aided manufacturing *(Comp, Ind)* computerunterstützte Fertigung *f*, CAM
computer-aided selling *(V&M)* computergestützter Verkauf *m*
computer-assisted *adj (Comp)* computergestützt, computerunterstützt, PC--gestützt, rechnergestützt
computer-assisted instruction *(Bil)* computerunterstützter Unterricht *m*, computergestützter Unterricht *m*
computer-assisted learning *(Bil)* computerunterstütztes Lernen *n*, computergestütztes Lernern *n*
computer-based *adj (Comp)* computergestützt, computerunterstützt, PC-gestützt, rechnergestützt
computer company *(Gen)* Computerhersteller *m*
computer-controlled *adj (Comp)* computergesteuert, rechnergesteuert
computer crime *(Comp, Recht)* Computerkriminalität *f*
computer-driven *adj (Comp)* computergesteuert, rechnergesteuert
computer fraud *(Recht)* Computerbetrug *m*
computer-integrated manufacturing *(Comp, Ind)* computerintegrierte Fertigung *f*, CIM
computer knowledge *(Bil, Comp, Pers)* Computerkenntnisse *fpl*
computer network *(Comp)* Computernetzwerk *n*, Rechnerverbund *m*
computer-operated *adj (Comp)* computergesteuert, rechnergesteuert
computer output *(Comp)* Ausgabe *f*, Ausg.
computer programmer *(Comp)* Programmierer(in) *m(f)*
computer return *(Steuer)* Computersteuererklärung *f*
computer science *(Comp)* Informatik *f*
computer scientist *(Comp)* Computerwissenschaftler(in) *m(f)*, Informatiker(in) *m(f)*
computer security *(Comp)* Datensicherheit *f*
computerized *adj (Comp)* computerisiert
computerized accounting system *(RW)* computergestütztes Buchungssystem *n*
concatenation of problems *(Pers)* Problemverflechtung *f*, Problemverkettung *f*
conceal *v* 1. *(Gen)* verbergen, verdecken, verheimlichen, verschleiern; 2. *(Recht)* verschweigen, verstecken *(information)*
concealed assets *(RW)* verschleierte Vermögenswerte *mpl*
concealed surplus of labor *(AE) (Admin)* *s.* concealed surplus of labour
concealed surplus of labour *(BE) (Admin)* versteckter Arbeitskräfteüberschuss *m*
concealed unemployment *(WiWi)* latente Arbeitslosigkeit *f*, verdeckte [versteckte] Arbeitslosigkeit *f*
concealment 1. *(Recht)* Verschweigen *n* *(of information)*; 2. *(Börse)* Verschleierung *f (of losses)*
concentration *(Gen)* Konzentration *f*, Unternehmenskonzentration *f (of companies)*
concentration of industry *(Ind, WiWi)* industrielle Zusammenballung *f*
concentration ratio *(WiWi)* Konzentrationsmaß *n*
concept 1. *(Gen)* Begriff *m*; 2. *(V&M)* Konzept *n*
concept of accrual *(RW)* Konzept *n* der Rechnungsabgrenzung
concept test *(V&M)* Akzeptanztest *m* einer Produktidee
conceptual framework *(RW)* Buchungsplan *m*, Buchungsrichtlinien *fpl* *(basis of accounting standards)*
concern *v (Gen)* angehen, betreffen
concern *(Gen)* Problem *n (worry)*; Betrieb *m*, Unternehmen *n (business organization)*
concertation *(Pol, WiWi)* Konzertation *f*, Konzertierung *f*
concerted *(Pol, WiWi)* gebündelt, konzertiert
concession 1. *(Gen)* Konzession *f (distribution right)*; 2. *(Pers)* Vergünstigung *f (privilege)*; 3. *(Recht)* Konzession *f (of grant, licence)*; 4. *(Grund)* Zugeständnis *n*; 5. *(Börse)* Bonifikation *f*, Preisnach-

lass *m*; 6. *(Steuer)* behördliche Zulassung *f*, Konzession *f*

concessionary rate *(Gen, V&M)* Sonderpreis *m*

concessions *(Gen)* Konzessionen *fpl*; Vorzugskonditionen *fpl (special treatment)*

conciliate *v (Pers)* schlichten, versöhnen *(labour dispute)*

conciliation *(Pers, Recht)* Schlichtung *f (of labour dispute)*

conclude *v* **a collective bargaining agreement** *(Pers)* Tarifvertrag abschließen

conclude *v* **a trade agreement** *(Pers)* einen Tarifvertrag abschließen, eine Lohnvereinbarung abschließen, eine Tarifvereinbarung abschließen

conclude *v* **a transaction** *(Gen)* ein Geschäft durchführen

conclude *v* **a wage agreement** *(Pers)* einen Tarifvertrag abschließen, eine Lohnvereinbarung abschließen, eine Tarifvereinbarung abschließen

conclusion *(Admin, Gen, Recht)* Abschluss *m (of agreement, contract)*

conclusive *adj (Gen)* endgültig

conclusive evidence *(Recht)* zwingender Beweis *m*

concrete evidence *(Recht)* konkreter Beweis *m*

concur *v (Recht)* übereinstimmen *(agree)*

condense *v (Media)* kürzen, komprimieren, zusammenfassen *(Text)*

condensed report *(Gen)* Kurzbericht *m*

condition 1. *(Gen)* Bedingung *f*; 2. *(Recht)* Auflage *f*; Bedingung *f*, Vertragsbedingung *f (of contract)* • **on condition that** *(Gen)* mit der Auflage, dass, unter der Voraussetzung, dass, unter der Bedingung, dass

condition of admission *(Pers)* Zulassungsbedingung *f*

conditional *adj (Recht)* bedingt

conditional acceptance *(Recht)* bedingte Annahme *f (contracts)*

conditional clause *(Recht)* Vorbehaltsklausel *f*

conditional employment contract *(Pers)* bedingter Arbeitsvertrag *m*

conditional offer *(Recht)* bedingtes Angebot *n (international contract law)*

conditionally *adv (Recht)* bedingt

conditions *(Recht)* Bedingungen *fpl*, Vertragsbedingungen *fpl (of contract)*

conditions for access *(Pers)* Zugangsbedingungen *fpl*, Zugangsvoraussetzungen *fpl*

conditions for eligibility *(Pers, Soz)* Anspruchsvoraussetzungen *fpl*

conditions for entry *(Pers)* Zugangsbedingungen *fpl*, Zugangsvoraussetzungen *fpl*

conditions in a planned economy *(Pol, WiWi)* planwirtschaftliche Bedingungen *fpl*

conditions of contract *(Recht)* Vertragsbedingungen *fpl*

conditions of employment *(Pers)* Arbeitsbedingungen *fpl*

conditions of issue *(Börse, Recht)* Emmisionsbedingungen *fpl*

conditions of living *(Soz)* Lebensbedingungen *fpl*

conditions under a planned economy *(Pol, WiWi)* planwirtschaftliche Bedingungen *fpl*

conduct *v* **a survey** *(Stat)* eine Erhebung durchführen

conduit *(Bank, Fin)* Zweckgesellschaft *f*, *(jarg.)* Conduit *n (synonymous: ABCP conduit; a financial intermediary like a special-purpose vehicle = SPV = Zweckgesellschaft or a special investment vehicle = SIV = strukturiertes Anlagevehikel, which funds the purchase of heterogenous medium-term assets through the issuance of short-term asset-backed commercial paper = ABCP = vermögens- oder forderungsbesichertes CP; Einzweckgesellschaft, die heterogene, mittel- bis langfristige Forderungen, darunter komplexe, strukturierte Finanzinstrumente, ankauft und durch die Emission kurzfristiger Commercial Paper bei Inkaufnahme erhöhter Fristentransformations- und Bonitätsrisiken durch Ausgabe kurzfristiger APCP refinanziert; cf ABCP conduit)*

confer *v* 1. *(Gen, Mgt)* sich beraten; 2. *(Recht)* übertragen, erteilen, verleihen *(right)*

confer *v* **authority on sb** *(Recht)* jmdm. eine Vollmacht erteilen

confer *v* **the right on sb to do sth** *(Gen)* jmdn. ermächtigen, etw. zu tun
conference *(Gen)* Konferenz *f*, Tagung *f*, Sitzung *f*
conference call *(Gen, Komm)* Konferenzschaltung *f*
conference delegate *(Mgt)* Tagungsteilnehmer(in) *m(f)*, Konferenzteilnehmer(in) *m(f)*, Delegierte(r) *f(m)*
conference proceedings *(Admin)* Tagungsbericht *m*, Tagungsprotokoll *n*, Sitzungsprotokoll *n*
conference report *(Admin)* Tagungsbericht *m*
conferral 1. *(Gen)* Erteilung *f*; 2. *(Recht)* Übertragung *f*, Verleihung *f (of right)*
confidence-building *adj (Pol)* vertrauensbildend, vertrauensfördernd
confidential report *(Admin)* vertraulicher Bericht *m*
confidentiality agreement *(Recht)* Geheimhaltungsvertrag *m (intellectual property)*
confidentiality of banking operations *(Bank)* Bankgeheimnis *n*
confirm *v (Gen)* bestätigen *(appointment)*
confirmation 1. *(RW)* Bestätigung *f*; 2. *(Gen)* Bestätigung *f*, Billigung *f (of plans)*; 3. *(Recht)* Bekräftigung *f*, Bestätigung *f (decision)*
confirmation notice *(Gen)* Bestätigungsmitteilung *f*
confirmation of employment *(Pers)* Einstellungszusage *f*, Einstellungsbestätigung *f*, Beschäftigungszusage *f*
confirmation of order *(Gen, Komm)* Auftragsbestätigung *f*
confirmed *adj (Gen)* bestätigt
confirmed copy *(Recht)* bestätigte Kopie *f (of legal document)*
confirmed irrevocable letter of credit *(Bank)* bestätigtes unwiderrufliches Akkreditiv *n*
confirming bank *(Bank)* bstätigende Bank *f (international trade)*
confiscate *v* 1. *(Gen)* konfiszieren; 2. *(Imp/Exp)* beschlagnahmen
conflict avoidance *(V&M)* Konfliktvermeidung *f*
conflict of interest *(Gen)* Interessenkonflikt *m*
conflict of objectives *(Pol, WiWi)* Zielkonflikt *m (synonymous: conflict of aims, conflict of goals)*
conflict prevention *(Gen, Pers, V&M)* Konfliktverhütung *f*
conflicting evidence *(Recht)* widersprüchliche Aussagen *fpl*, widersprüchliches Beweismaterial *n*
conflicting interests *(Gen)* widerstreitende Interessen *fpl*
conform *v (Gen)* entsprechen, übereinstimmen *(to rules, agree, comply with)*
conform *v* **to a standard** *(Gen)* einer Norm entsprechen
conformity *(Gen)* Übereinstimmung *f* • **in conformity with** *(Gen, Recht)* gemäß
confutable *adj (Recht)* widerlegbar
congestion 1. *(Komm)* Überlastung *f (telephone lines)*; 2. *(Gen) (market)* Andrang *m*, Stauung *f*, Ansammlung *f*
conglomerate *(WiWi)* Mischkonzern *m*, Konglomerat *n*
congress *(Mgt)* Kongress *m*, Tagung *f*
connect time *(Comp, Komm, V&M)* Verbindungszeit *f (Internet)*
connection 1. *(Gen)* Verbindung *f*; 2. *(Media, Pol)* Querverbindung *f*; 3. *(Transp)* Anschluss *m*, Verkehrsverbindung *f*
connection charge *(Comp, Komm)* Anschlussgebühr *f*
connection fee *(Comp, Komm)* Anschlussgebühr *f*
consensus 1. *(Gen)* Konsens *m*, Übereinstimmung *f*; 2. *(Pol)* Konsens *m*
consent *v (Gen)* zustimmen, einwilligen
conservatism principle *(RW)* Grundsatz *m* der Vorsicht
conservative *adj (Gen)* vorsichtig *(spending, estimate)*
conservative estimate *(Gen)* vorsichtige [konservative] Schätzung *f*
consideration 1. *(Admin)* Gegenleistung *f*; 2. *(Gen)* Berücksichtigung *f*, Überlegung *f*; 3. *(Versich)* Rücksichtnahme *f*; 4. *(Recht)* Rechtspflicht *f (contracts)*; Gegenleistung *f (contract)*
consign *v (Imp/Exp)* liefern, schicken, versenden
consignee *(Imp/Exp, Transp)* Empfänger(in) *m(f)*
consignee of goods *(Recht)* Warenempfänger(in) *m(f) (contracts)*
consignment 1. *(Imp/Exp)* Konsignation

f, Versendung *f*; 2. *(Transp)* Sendung *f*, Versand *m*, Konsignation *f* • **on consignment** *(Imp/Exp, Transp)* in Kommission, in Konsignation

consignment goods *(V&M)* Kommissionsware *f*

consignment note *(Transp)* Frachtbrief *m*, Ladeschein *m*, Versandanzeige *f*, Warenbegleitschein *m*

consignor *(Imp/Exp, Transp)* Absender(in) *m(f)*, Konsignant *m*, Versender(in) *m(f)*

consistency 1. *(RW)* Kontinuität *f (of procedures)*; 2. *(Gen)* Übereinstimmung *f*

consistent *adj* 1. *(Gen)* beständig; 2. *(Recht)* vereinbar *(claims, statements)*; 3. *(Mgt)* konsequent *(in methods)*

consistent *adj* **with** *(Recht)* übereinstimmend mit, vereinbar mit

consistent *adj* **with price stability** *(WiWi)* preisstabilitätsgerecht

consistent *adj* **with social welfare** *(Soz)* sozialverträglich

consistent *adj* **with the free market economy** *(Pol, WiWi)* marktwirtschaftskonform

consolidate *v* 1. *(Fin)* konsolidieren, verschmelzen; 2. *(Bank, RW)* konsolidieren; 3. *(WiWi)* konsolidieren, zusammenfassen

consolidated *adj* 1. *(Bank, Fin, RW)* konsolidiert; 2. *(Gen)* zusammengefasst, Sammel- • **on a consolidated basis** *(Fin, RW)* auf konsolidierter Basis

consolidated accounting *(BE) (RW)* konsolidierte Rechnungslegung *f*

consolidated accounts *(RW)* konsolidierter Abschluss *m*, Konzernabschluss *m*

consolidated annual accounts *(Mgt, RW)* konsolidierter Jahresabschluss *m*

consolidated annual reports *(Mgt, RW)* konsolidierter Lagebericht *m*

consolidated assets *(Fin)* konsolidiertes Konzernvermögen *n*

consolidated audited accounts *(RW)* geprüfter Konzernabschluss *m*

consolidated balance sheet *(RW)* konsolidierte Bilanz *f*, Konzernbilanz *f*

consolidated cash flow *(RW)* konsolidierter Cashflow *m*

consolidated financial statement(s) *(RW)* Konzernbilanz *f*, Gruppenabschluss *m*, Konzernabschluss *m*, konsolidierter Abschluss *m*

consolidated net profit *(RW)* konsolidierter Reingewinn *m* Konzerngewinn *m*

consolidated result *(RW)* Konzernergebnis *n*

consolidated sales *(Fin)* Konzernumsatz *m*

consolidated statement of condition *(AE) (Fin)* konsolidierter Finanzstatus *m*

consolidation 1. *(RW, WiWi)* Konsolidierung *f*; 2. *(Fin)* Verschmelzung *f (of holdings, business)*

consolidation method *(RW)* Konsolidierungsgrundsätze *mpl (annual accounts)*

consortium 1. *(Bank, Fin)* Konsortium *n*; 2. *(Gen)* Interessengemeinschaft *f*, Syndikat *n*; 3. *(Pers)* Arbeitsgemeinschaft *f (ad hoc)*; 4. *(Recht)* Konsortium *n*; eheliche Gemeinschaft *f (contracts)*

conspicuous consumption *(WiWi)* auffälliger Konsum *m*, Geltungskonsum *m*

constant *(Stat)* Konstante *f*

constant cost *(Gen)* fixe Kosten *pl (not output-related, unabhängig von der Ausbringung)*

constant elasticity of substitution production function *(WiWi)* CES-Produktionsfunktion *f*

constant prices *(Stat, WiWi)* konstante Preise *mpl* • **at constant prices** *(WiWi)* in konstanten Preisen, zu konstanten Preisen • **in terms of money at constant prices** *(Stat, WiWi)* zu konstanten Preisen, in konstanten Preisen, real *(opposite: in money terms = in nominal terms, Gegensatz: nominal, zu laufenden Preisen)*

constant returns to scale *(WiWi)* konstanter Skalenertrag *m*

constituent company *(Börse)* verbundenes Unternehmen *n*

constituted *adj* 1. *(Gen)* gegründet; 2. *(Recht)* ernannt *(a trust)*

constitution *(Recht)* Verfassung *f*, Statuten *npl*

constraining factor *(WiWi)* Engpassfaktor *m*

constraint 1. *(WiWi)* Nebenbedingung *f*,

Restriktion *f*, Zwang *m*; 2. *(Recht)* Nötigung *f*
constraints *(Stat, WiWi)* Randbedingungen *fpl*
construction cost index *(BE) (Börse)* Baukostenindex *m*
construction industry *(Grund, Ind)* Baugewerbe *n*, Bauindustrie *f*, Bauwesen *n*
consular invoice *(Imp/Exp, RW, Transp)* Konsulatsfaktura *f*
consult *v (Gen)* befragen, konsultieren
consultancy *(Gen)* Beratungsfirma *f*
consultancy agreement *(Gen)* Beratervertrag *m*
consultancy work *(Gen)* Beratungstätigkeit *f*
consultant 1. *(Gen, Pers)* Berater(in) *m(f)*; 2. *(Mgt)* Berater(in) *m(f)*, Gutachter(in) *m(f)*
consulting fee *(Gen)* Beraterhonorar *n*
consume *v (WiWi)* konsumieren, verbrauchen
consumer *(V&M, WiWi)* Konsument(in) *m(f)*, Verbraucher(in) *m(f)*
consumer advertising *(V&M)* Kundenwerbung *f*, Verbraucherwerbung *f*
consumer behavior *(AE) (V&M) s.* consumer behaviour
consumer behaviour *(BE) (V&M)* Konsumentenverhalten *n*, Verbraucherverhalten *n*
consumer benefit *(V&M, WiWi)* Verbrauchernutzen *m*
consumer buying power *(V&M)* Konsumentenkaufkraft *f*
consumer demand *(V&M)* Verbrauchernachfrage *f (market research)*
consumer durables 1. *(WiWi)* dauerhafte Konsumgüter *npl*, Gebrauchsgüter *npl*; 2. *(V&M)* langlebige Gebrauchsgüter *npl (type of goods)*
consumer electronics *(Comp, Frei, Komm, Media)* Unterhaltungselektronik *f*
consumer equilibrium *(WiWi)* Ausgleich *m* der Grenznutzen
consumer expenditure *(WiWi)* Konsumausgaben *fpl*, Verbrauchsausgaben *fpl*
consumer-goods industry *(Ind)* Konsumgüterindustrie *f*
consumer-goods sector *(WiWi)* verbrauchsnaher Bereich *m*
consumer loan *(Bank)* Verbraucherkredit *m*
consumer market *(V&M)* Konsumgütermarkt *m*
consumer organization *(V&M)* Verbraucherorganisation *f*, Verbraucherverband *m*
consumer panel *(V&M)* repräsentative Verbrauchergruppe *f (market research)*
consumer patterns *(V&M)* Verbraucherverhalten *n*
consumer preference *(V&M)* Konsumentenpräferenz *f*
consumer price index *(WiWi)* Verbraucherpreisindex *m*, Index *m* der Verbraucherpreise
consumer products *(V&M)* Konsumgüter *npl*, Verbrauchsgüter *npl*
consumer protection *(Recht, V&M)* Verbraucherschutz *m*
consumer protection law *(Recht, V&M)* Verbraucherschutzgesetz *n*, Verbraucherschutzrecht *n*
consumer protection laws *(Recht, V&M)* Verbraucherschutzgesetze *npl*
consumer relations manager *(Mgt)* Kundendienstleiter(in) *m(f)*
consumer research *(V&M)* Konsumforschung *f*
consumer sovereignty *(WiWi)* Konsumentensouveränität *f*
consumer spending *(WiWi)* Verbraucherausgaben *fpl*
consumer survey *(V&M)* Verbraucherbefragung *f*, Verbraucherumfrage *f*
consumer trend *(V&M)* Verbrauchertrend *m*
consumer's surplus *(WiWi)* Konsumentenrente *f*
consumers' cooperative *(Gen)* Konsumgenossenschaft *f*
consumers' panel *(V&M)* Verbraucherpanel *n*
consumption 1. *(WiWi)* Konsum *m*, Verbrauch *m*; 2. *(Gen)* Verzehr *m*
consumption function *(WiWi)* Konsumfunktion *f*
consumption goods *(Umwelt, V&M, WiWi)* Verbrauchsgüter *npl*
consumption pattern *(WiWi)* Konsum-

verhalten *n*, Verbrauchsgewohnheiten *fpl*
consumption per capita *(WiWi)* Pro--Kopf-Verbrauch *m*
consumption tax *(Steuer, V&M, WiWi)* Verbrauch(s)steuer *f (knüpft, im Gegensatz zur Einkommensbesteuerung, an die Einkommensverwendung beim Konsum an)*
contact person *(Gen, V&M)* Ansprechpartner *m*, Kontaktperson *f*
contagion effect *(Bank, WiWi)* Dominoeffekt *m*
contain *v (Gen)* eindämmen, eingrenzen *(demand, inflation)*
container *(Transp)* Behälter *m*, Container *m*, Transportbehälter *m*
containment 1. *(WiWi)* Eindämmung *f (demand, credit)*; 2. *(Gen, Pol)* Begrenzung *f*, Beherrschung *f*, Eingrenzung *f*, Zügelung *f*, Zurückhaltung *f*
containment of inflation *(WiWi)* Eindämmung *f* der Inflation
contemporaneous performance *(Recht)* Zug-um-Zug-Erfüllung *(contracts)*
contempt of court *(Recht)* Missachtung *f* des Gerichts • **in contempt of court** *(Recht)* unter Missachtung des Gerichts
content authoring *(Comp, Komm, Media)* Inhaltserstellung *f*, Inhaltsherstellung *f*, Content Authoring *n*
content for cash *(Comp, Komm)* Web--Inhalte *mpl* gegen Bezahlung, Bezahl--Content *m (internet business model)*
content provider *(Comp, Komm)* Content-Provider *m*, Inhalts-Anbieter *m*, Anbieter *m* von Inhalten
contention *(Gen)* Behauptung *f*
contents of contract *(Recht)* Vertragsinhalt *m*
contest *v (Recht)* anfechten *(will)*
contest *v* **a claim** *(Recht)* eine Forderung bestreiten
contest *(Gen)* Wettbewerb *m*, Wettstreit *m*
contestability *(WiWi)* Kontestierbarkeit *f*, Bestreitbarkeit *f*
contestable *adj* 1. *(Gen)* bestreitbar; 2. *(Recht, Versich)* anfechtbar
contestable market *(WiWi)* Markt *m* ohne Zutritts- und Austrittsschranken
contestation 1. *(Gen)* Bestreiten *n*; 2. *(Recht)* Anfechtung *f*
contested claim *(Fin)* bestrittener Anspruch *m*
context-sensitive *adj (Comp)* kontextabhängig, kontextsensitiv
contingency *(RW)* Eventualverbindlichkeit *f*, ungewisses künftiges Ereignis *n*
contingency plan 1. *(Fin)* Krisenplan *m*, Notstandsplan *m*; 2. *(Gen)* Alternativplan *m*, *(ugs.)* Schubladenplan *m*
contingency provision *(RW)* Rücklage *f* für ungewisse künftige Ereignisse
contingent *adj (Gen)* bedingt, ungewiss *(liability)*
contingent asset *(RW)* bedingtes Fremdkapital *n*
contingent claim *(RW)* Eventualforderung *f*
contingent fee *(Gen)* Erfolgshonorar *n*
contingent liability 1. *(Fin, RW)* Eventualverbindlichkeit *f*; 2. *(Recht)* Eventualverpflichtung *f*
contingent right *(Recht)* Anwartschaftsrecht *n (contracts)*
contingent work *(AE) (Pers)* atypische Arbeit *f*, atypische Beschäftigung *f*, Beschäftigung *f* von flexiblen Fremd- und Randbelegschaften
continuing education *(Pers)* ständige Weiterbildung *f*, Fortbildung *f*
continuing professional development *(CPD) (Gen)* berufliche Fortbildung *f*
continuous *adj (Gen)* durchgehend, fortlaufend
continuous audit *(RW)* laufende Buchprüfung *f*
continuous flow production *(Ind)* Fließarbeit *f*, Fließfabrikation *f*, Fließfertigung *f*
continuous forms *(Gen)* Endlosformulare *npl*
continuous interest *(Bank)* tageweise Verzinsung *f*
continuous inventory *(Gen)* laufende Inventur *f*
continuous learning *(Bil)* ständige Fortbildung *f*, ständiges Lernen *n*
continuous process *(Ind, WiWi)* dynamischer Prozess *m*, Fließprozess *m*
contra *(RW)* Gegenposten *m*
contra account *(RW)* Gegenkonto *n*, Wertberichtigungskonto *n*

contra entry *(RW)* Gegenbuchung *f*, Storno *m*, Stornobuchung *f*
contract *v (Gen)* kontrahieren *(agree, enter into)*; ansammeln *(debts)*; rekrutieren *(workers)*; abnehmen, schrumpfen *(diminish)*
contract *v* **a loan** *(Fin)* ein Darlehen aufnehmen
contract *v* **in** 1. *(Versich)* beitreten *(to pension scheme)*; 2. *(Recht)* sich anschließen
contract *v* **out** 1. *(Pers)* außer Haus vergeben *(work)*; 2. *(Recht)* freizeichnen, vertraglich ausschließen; 3. *(Fin, Versich)* nicht beitreten *(of pension scheme)*; 4. *(Recht)* sich nicht anschließen, austreten
contract *(Gen)* Vertrag *m*, Kontrakt *m*, Auftrag *m (order)* • **as stipulated in the contract** 1. *(Gen)* vereinbarungsgemäß; 2. *(Recht)* vertragsgemäß • **by contract** *(Recht)* vertraglich
contract agreement *(Recht)* vertragliche Vereinbarung *f*
contract bargaining *(Pers, Recht)* Vertragsverhandlungen *fpl*
contract cancellation *(Mgt, Recht)* Vertragskündigung *f*
contract curve *(WiWi)* Kontraktkurve *f*
contract date *(Recht)* Tag *m* des Vertragsabschlusses
contract delivery date *(BE) (Börse)* vertraglicher Liefertermin *m (currency futures)*
contract language *(Gen, Recht)* Vertragssprache *f*, Vertragstext *m*
contract law *(Recht)* Vertragsrecht *n*
contract negotiations *(Pers, Recht)* Vertragsverhandlungen *fpl*
contract of employment *(Gen, Pers)* Arbeitsvertrag *m*
contract of labor *(AE) (Gen, Pers)* Arbeitsvertrag *m*
contract of sale *(Recht)* Kaufvertrag *m*
contract of service *(BE) (Pers)* Dienstvertrag *m*
contract party *(Recht)* Vertragspartei *f*, Vertragspartner(in) *m(f)*
contract period *(Recht)* Vertragsdauer *f*
contract size *(Börse)* Kontrakteinheit *f*, Kontraktgröße *f (currency futures)*
contract termination *(Mgt, Recht)* Vertragsauflösung *f*
contract worker *(Pers)* Vertragsarbeitnehmer(in) *m(f)*, Werkvertragsarbeitnehmer(in) *m(f)*
contracting *(WiWi)* Kontrahierung *f*
contracting away *(V&M)* Abwerbung *f*
contracting out 1. *(Pers)* Arbeiten vergeben; 2. *(Recht)* Freizeichnung *f*
contracting party *(Recht)* Vertragspartei *f*
contraction *(WiWi)* Abschwung *m*
contraction of demand *(V&M)* Nachfrageschrumpfung *f*
contraction of money supply *(WiWi)* Geldverknappung *f*
contractionary open market policy *(WiWi)* kontraktive Offenmarktpolitik *f*
contractor 1. *(Gen)* Lieferant(in) *m(f)*, Vertragsschließende(r) *f(m)*; 2. *(Pers)* Auftragnehmer(in) *m(f)*, Lieferant(in) *m(f)*, Unternehmer(in) *m(f)*; 3. *(Recht)* Vertragspartei *f (party to a contract)*
contractual *adj* 1. *(Pers)* tariflich *(wages)*; 2. *(Recht)* vertraglich • **in contractual relationships** *(Bank)* im Rahmen der Privatautonomie
contractual agreement *(Recht)* vertragliche Vereinbarung *f (synonymous: contractual arrangement)*
contractual freedom *(Recht)* Vertragsfreiheit *f*
contractual penalty *(Recht)* Vertragsstrafe *f*
contractual penalty *(Recht)* Vertragsstrafe *f*
contractual use *(Recht)* bestimmungsgemäßer Gebrauch *m*
contracyclical policy *(WiWi)* antizyklische Politik *f*
contradict *v (Recht)* widersprechen
contrary to the contract *(Recht)* vertragswidrig
contravene *v (Recht)* zuwiderlaufen
contribute *v* 1. *(WiWi)* einbringen; 2. *(Gen)* beisteuern, beitragen; 3. *(Steuer)* spenden
contributed capital *(RW)* Kapitalrücklage *f (synonymous: paid-in capital, additional paid-in capital)*
contributer *(Soz)* Beitragszahler(in) *m(f)*
contribution 1. *(WiWi)* Beitrag *m*; 2. *(Fin)* Mitwirkung *f*, Umlage *f*
contribution analysis *(Fin)* Beitragsanalyse *f*, Deckungsbeitragsanalyse *f*

contribution costing *(RW)* Deckungsbeitragsrechnung *f*
contribution income *(Pers)* Beitragsaufkommen *n*
contribution margin *(RW)* Bruttogewinn *m*, Deckungsbeitrag *m*
contribution profit *(RW)* Kostenartenbeitrag *m (cost accounting)*
contribution rate *(Pers, Soz)* Beitragssatz *m (social security)*
contributory *adj (Recht)* beitragend, mitwirkend
contributory negligence *(Recht)* Mitverschulden *n*
control *v* 1. *(Mgt)* beherrschen, regulieren, lenken, leiten, steuern, überwachen; 2. *(Gen)* kontrollieren *(cf internal control)*; 3. *(WiWi)* kontrollieren; unter Kontrolle bringen *(e. g. inflation, unemployment; to control steht nur selten für kontrollieren, das meist besser mit to check = einfache Kontrolle, to inspect = gründlichere Kontrolle oder mit to monitor = dauerhafte Kontrolle übersetzt wird)*
control *v* **a market** *(Fin)* einen Markt beherrschen
control *v* **costs** *(Gen)* Kosten kontrollieren
control *v* **the purse strings** *(WiWi)* die Ausgaben kontrollieren
control 1. *(Admin)* Überwachung *f*; 2. *(WiWi)* Macht *f*; Aufsicht *f (supervision)*; Bewirtschaftung *f (economic planning)*; 3. *(Gen)* Kontrolle *f*, Beherrschung *f*
control circuit *(Mgt)* Regelkreis *m*, Management-Regelkreis *m*, Rückkopplungsschleife *f (Systemtheorie: Informations-Rückkopplung = feedback; opposite: feed forward = offene Steuerung; feed forward control = Steuerung, Vorwärtsregelung)*
control group *(V&M)* Kontrollgruppe *f*
control loop *(Mgt)* Regelkreis *m*, Management-Regelkreis *m*, Rückkopplungsschleife *f (Systemtheorie: Informations-Rückkopplung = feedback; opposite: feed forward = offene Steuerung; feed forward control = Steuerung, Vorwärtsregelung)*
control of abusive practices *(Komm, Recht)* Missbrauchsaufsicht *f*
control regulation *(Recht)* Überwachungsverordnung *f*
control stock *(Börse)* ausschlaggebender Aktienanteil *m*, wesentliche Beteiligung *f*
controlled *adj (Fin, Gen)* reguliert
controlled company *(Mgt, Recht)* abhängiges Unternehmen *n*, abhängige Gesellschaft *f*, beherrschte Gesellschaft *(rechtlich-formal selbstständig, wirtschaftlich unselbstständig, d. h. es wird von einem anderen Unternehmen über eine Kapitalbeteiligung beherrscht)*
controlled price *(Gen)* Festpreis *m*, gebundener Preis *m*, Richtpreis *m*
controller *(Fin, Mgt, RW)* Controller *m*, Leiter(in) *m(f)* des Rechnungswesens, Leiter(in) *m(f)* des Bereichs Rechnung und Finanzen, Prüfer(in) *m(f)*, Rechnungsprüfer(in) *m(f)*, Revisor(in) *m(f)*
controlling 1. *(RW)* Gegenrechnung *f*, Sammelkonto *n*, Hauptbuchsammelkonto *n*, Kontrollbuch *n*; 2. *(Mgt)* Kosten- und Leistungsverantwortung *f*
controlling company *(Börse, WiWi)* beherrschende Gesellschaft *f*
controlling interest 1. *(Admin, Fin)* Sperrminorität *f*; 2. *(Börse, Pers)* Mehrheitsbeteiligung *f*
convene *v (Mgt)* einberufen *(meeting)*
convenience flag *(Transp)* billige Flagge *f*, billige Handelsflagge *f (shipping)*
convenience foods *(V&M)* Halbfertig- und Fertiggerichte *npl*
convention 1. *(Gen)* Konvention *f*, Grundsatz *m*, Versammlung *f*; Konferenz *f (conference)*; 2. *(Recht)* Konvention *f*; 3. *(Mgt)* Konferenz *f*, Tagung *f*, Kongress *m*
conventional interest rate *(Fin, Gen)* Kalkulationszinsfuß *m*
convergence criteria *(Pol, WiWi)* Konvergenzkriterien *npl (ECB)*
convergence program *(AE)* *s.* convergence programme
convergence programme *(BE)* Konvergenzprogramm *n*
conversion 1. *(WiWi)* Konversion *f*, Konvertierung *f*, Umtausch *m*; 2. *(Fin)* Konvertierung *f*, Umrechnung *f*, Umtausch *m*, Konversion *f*; 3. *(Gen)* Um-

wandlung *f*; 4. *(Recht)* Umstellung *f*, Umwandlung *f* *(of sentence)*

conversion loan *(Fin)* Konversionsanleihe *f*, Wandelanleihe *f*

conversion price *(Fin, WiWi)* Umrechnungskurs *m*, Wandlungskurs *m*

conversion rate 1. *(WiWi)* Umrechnungskurs *m*; 2. *(Fin)* Umrechnungskurs *m*, Umrechnungssatz *m*

conversion ratio *(Börse)* Umtauschverhältnis *n*, Wandlungsverhältnis *n*

conversion right *(Bank, Fin)* Umwandlungsrecht *n* *(bei Wandelschuldverschreibungen)*

conversion table *(Stat)* Umrechnungstabelle *f*, Umsteigeschlüssel *m*

convert *v* 1. *(Bank)* umtauschen, wandeln *(money)*; 2. *(WiWi)* konvertieren, umtauschen *(currency)*; 3. *(Fin)* konvertieren, umrechnen, umtauschen, umwandeln, wandeln; 4. *(Gen)* verwandeln, umwandeln; 5. *(Recht)* umwandeln *(sentence)*; 6. *(Grund)* umbauen

convertibility *(WiWi)* Konvertibilität *f*, Konvertierbarkeit *f*

convertible *adj* 1. *(Bank)* wandelbar; 2. *(Fin)* umwandelbar, wandlungsfähig; 3. *(Gen, Recht)* umwandelbar

convertible bond *(Fin)* Wandelobligation *f*, Wandelschuldverschreibung *f*, Wandelanleihe *f*

convertible currency *(WiWi)* konvertierbare Währung *f*

convertible debenture *(Börse, Fin)* Wandelschuldverschreibung *f*

convey *v* 1. *(Gen)* befördern; 2. *(Recht)* übertragen; 3. *(Grund)* übertragen, übereignen, umschreiben; 4. *(Transp)* transportieren, übersenden *(goods)*

conveyance 1. *(Recht)* Grundstücksübertragung *f*, Übermittlung *f*; 2. *(Grund)* Grundstücksübertragung *f*, Umschreibung *f*; 3. *(Transp)* Spedition *f*, Versendung *f*, Transport *m*, Übersendung *f*

COO *(Abk. für Chief Operating Officer)* *(Mgt, Pers)* geschäftsführender Direktor *m*, geschäftsführende Direktorin *f*; Hauptgeschäftsführer(in) *m(f)*, Geschäftsführer *m*, Verwaltungsleiter *m* *(in a federation or association, in einem Verband)*; Geschäftsleiter *m*

cooling-off period *(Gen)* Bedenkzeit *f*, Denkpause *f* *(before signing a contract)*

cooperate *v* *(Gen)* kooperieren, zusammenarbeiten

cooperative *adj* 1. *(WiWi)* kooperativ; auf Genossenschaftsbasis *(trade, society, agreement)*; 2. *(Gen)* kooperativ *(compliant)*; hilfsbereit *(helpful)*

cooperative 1. *(WiWi)* Kooperative *f*; 2. *(Gen)* Genossenschaft *f*

cooperative advertising *(V&M)* Gemeinschaftswerbung *f* *(retailing arrangement)*

cooperative arrangement *(Gen)* Gemeinschaftsregelung *f*

cooperative marketing *(V&M)* genossenschaftliches Absatzwesen *n*

cooperative sector *(Bank)* Genossenschaftsbereich *m*, genossenschaftlicher Sektor *m*

cooperative society *(Bank, Gen)* Genossenschaft *f*

cooptition *(Pol, WiWi)* Wettbewerb-Kooperationslösung *f*, Mischung *f* aus Wettbewerb und Zusammenarbeit *(cooperation + competition)*

coordinate *v* *(Gen)* aneinander angleichen, aufeinander abstimmen, gleichordnen, gleichschalten, in Übereinstimmung bringen, koordinieren

coordination *(Gen)* Abstimmung *f*, Koordinierung *f*

copy *v* *(Gen)* kopieren *(photocopy)*

copy 1. *(Gen)* Abschrift *f*, Ausgabe *f* einer Zeitung, Kopie *f*, Exemplar *n*, Manuskript *n*, Artikelinhalt *m*, Ausfertigung *f*, Abdruck *m* *(reproduction)*; 2. *(V&M)* Text *m*

copy date *(V&M)* Anzeigenschluss *m*

copy deadline 1. *(Gen)* Anzeigenschluss *m*; 2. *(Media)* Redaktionsschluss *m*

copy protection system *(Comp, Komm, Media)* Kopierschutzsystem *n*

copy writer *(Gen)* Werbetexter(in) *m(f)*

copy writing *(V&M)* Abfassung *f* eines Reklametextes

copyright *adj* *(Recht)* urheberrechtlich

copyright *(Recht)* Copyright *n*, Urheberrecht *n*

copyright fee *(Media, Recht)* Urheberrechtsabgabe *f*, Urheberabgabe *f* *(on hardware sales)*

copyright owner *(Media, Recht)* Urhe-

berrechtsinhaber(in) *m(f)*, Rechtsinhaber(in) *m(f)*
copyright reserved *(Recht)* urheberrechtlich geschützt
core business *(Gen)* Kerngeschäft *n*
core hours *(Admin)* Kernstunden *fpl*, Kernzeit *f*
core inflation *(WiWi)* Kerninflation *f*
core operations *(Gen, Mgt)* Kerngeschäft *n*, Kernbereich *m (synonymous: core business activity)*
core product *(V&M)* Kernprodukt *n*
core skills *(Pers)* Schlüsselqualifikationen *fpl*
core staff *(Pers)* Stammpersonal *n*, Stammbelegschaft *f*, Kernbelegschaft *f*
core subject *(Bil)* Kernfach *n*
core workers *(Pers)* Stammbelegschaft *f*, Kernbelegschaft *f*, Stammarbeitskräfte *fpl*
core workforce *(Pers)* Stammbelegschaft *f*
COREPER *s.* Committee of Permanent Representatives of the EC
corner *v (Fin)* aufkaufen
corner *v* **the market** *(Börse, V&M)* Waren zu Spekulationszwecken aufkaufen
corner shop *(BE) (V&M)* Nachbarschaftsladen *m*, *(ugs.)* Tante-Emma--Laden *m*
corporate *adj (Gen)* gesellschaftlich, korporatistisch; Firmen..., Unternehmens...
corporate account 1. *(Bank)* Geschäftskonto *n*, Firmenkonto *n*, Geschäftsgirokonto *n*; 2. *(Gen)* Firmenkunde *m*, Geschäftskunde *m (synonymous: corporate customer, business associate, business customer, business account, corporate client, wholesale customer; opposite: private customer = Privatkunde)*
corporate advertising *(V&M)* Firmenwerbung *f*
corporate affiliate *(WiWi)* Konzerngesellschaft *f*
corporate assets *(Fin, RW)* Gesellschaftsvermögen *n*
corporate banking *(Bank)* Firmenkundengeschäft *n*
corporate body *(Recht)* juristische Person *f*, Körperschaft *f*
corporate client *(Bank)* Firmenkunde *m*
corporate customer *(Bank)* Firmenkunde *m*
corporate customers *(Bank)* Firmenkundschaft *f*
corporate earning *(RW)* Unternehmensertrag *m*, Unternehmergewinn *m*
corporate earning power *(WiWi)* Ertragskraft *f* eines [des] Unternehmens
corporate equivalent yield *(Steuer)* vergleichbare Unternehmensrendite *f*
corporate finance *(Fin, Mgt)* Unternehmensfinanzierung *f*, Finanzwirtschaft *f (eines Unternehmens)*
corporate funds *(Admin)* Gesellschaftsmittel *npl*
corporate goal *(Gen)* Unternehmensziel *n*
corporate governance *(Mgt)* wirksame Unternehmensführung *f* und -aufsicht *f*
corporate hierarchy *(Pers)* betriebliche Hierarchie *f*
corporate identity *(V&M)* Corporate Identity *n*, CI
corporate image *(Gen, V&M)* Firmenimage *n*, Unternehmensimage *n*
corporate insolvencies *(Fin)* Firmeninsolvenzen *fpl*, Unternehmensinsolvenzen *fpl (anders: Insolvenzen privater Haushalte = insolvencies of private households)*
corporate issue *(Fin)* Emission *f* einer Aktiengesellschaft
corporate law *(Recht)* Gesellschaftsrecht *n*
corporate lending *(Bank)* Firmenkredite *mpl*
corporate mission *(Gen)* Unternehmenszweck *m*
corporate name *(Gen)* Firmenname *m*
corporate objective *(Gen)* Unternehmensziel *n*
corporate participating interests *(Fin, WiWi)* Unternehmensbeteiligungen *fpl*
corporate profit *(RW)* Unternehmensgewinn *m*
corporate purchasing *(V&M)* Firmeneinkauf *m*
corporate savings *(Fin)* Unternehmensersparnisse *fpl*
corporate securities *(Börse, Fin)* Dividendenwerte *mpl*
corporate spending *(Steuer)* betriebliche Ausgaben *fpl*

corporate strategic planning *(Mgt)* strategische Unternehmensplanung *f*
corporate strategy *(Gen, Mgt)* Unternehmensstrategie *f*
corporate structure 1. *(Gen)* Firmenstruktur *f*; 2. *(Pers)* Betriebsstruktur *f*
corporate tax *(Gen, Steuer)* Körperschaftsteuer *f (synonymous: corporation income tax, corporation tax)*
corporate treasurer *(Mgt, Pers)* Leiter(in) *m(f)* der Finanzabteilung, Finanzvorstand *m*, *(ugs.)* Finanzchef(in) *m(f)*, Leiter(in) *m(f)* Finanzen *(synonymous: executive financial officer, EFO, chief financial officer, CFO, corporate financial manager)*
corporation *(corp.) (AE)* 1. *(Gen)* Firma *f*, Fa., Unternehmen *n*; *(BE)* rechtsfähige Gesellschaft *f*, Handelsgesellschaft *f*; 2. *(Recht)* Gesellschaft *f*; Kapitalgesellschaft *f*, juristische Person *f*; Aktiengesellschaft *f*, AG *f*; *(BE)* Körperschaft *f*
corporation tax *(BE) (Steuer)* Körperschaftsteuer *f*, KSt *f (synonymous: corporation income tax, corporate tax)*
correct *v* 1. *(Gen)* bereinigen, abändern, verbessern, berichtigen *(errors)*; 2. *(Media)* korrigieren
correcting entry *(RW)* Berichtigungsbuchung *f*, Berichtigungseintragung *f*, Korrekturposten *m*
correlation *(Stat)* Korrelation *f*
correlation coefficient *(Stat)* Korrelationskoeffizient *m*
correspond *v (Gen)* gleichkommen *(be similar)*
correspondence 1. *(Komm)* Briefwechsel *m*; 2. *(Gen)* Korrespondenz *f*, Korr. *(letters)*
correspondent bank *(Bank)* Korrespondenzbank *f*
correspondent banking *(Bank)* Korrespondenzbankbeziehung *f*; Korrespondenzbankgeschäft *n*
corrupt *v (Gen)* korrumpieren
cost *v* 1. *(RW)* (Kosten) bewerten, (Kosten) berechnen, (Kosten) kalkulieren; 2. *(Gen)* kosten *(the price of a good, i. e. the amount of money needed to pay for a thing, zu zahlender Geldbetrag)*
cost 1. *(Gen)* Kosten *pl*; 2. *(RW)* Prozesskosten *pl*, Verfahrenskosten *pl (cost accounting)*; Aufwand *m (profit and loss account)*; *(BE)* Herstellkosten *pl*, Anschaffungskosten *pl*, Anschaffungs- oder [und] Herstellungskosten *pl*, AK/HK *pl*, Buchwert *m (balance sheet)*; Preis *m (the amount of money needed to pay for a thing, zu zahlender Geldbetrag; the value of something in alternative uses, cf opportunity cost)*
• **at cost** 1. *(Gen)* zum Anschaffungspreis *m*, zum Selbstkostenpreis *m*; 2. *(RW)* zu Anschaffungs- oder Herstell(ungs)kosten
cost accounting *(RW)* Kostenrechnung *f*, Kosten- und Leistungsrechnung *f*, KLR *f*, Betriebsabrechnung *f*, Kostenbuchhaltung *f (opposite: financial accounting = Finanzbuchhaltung = Geschäftsbuchhaltung)*; internes Rechnungswesen *n (synonymous: management accounting, industrial accountancy, internal accountancy; opposite: financial accounting = externes Rechnungswesen)*
cost accounts *(RW)* Kostenkonten *npl*
cost allocation *(RW)* Kostenaufteilung *f*, Kostenumlage *f*, Kostenverrechnung *f*
cost analysis *(Fin, RW)* Kostenanalyse *f*, Kostenauswertung *f*
cost and freight *(Imp/Exp, Transp)* Kosten *pl* und Fracht *f (to named port of destination)*
cost and insurance *(Imp/Exp, Transp)* Kosten *pl* und Versicherung *f*
cost awareness *(Gen)* Kostenbewusstsein *n*
cost behavior pattern *(AE) (Fin)* s. cost behaviour pattern
cost behaviour pattern *(BE) (Fin)* Kostenverlauf *m*
cost-benefit analysis *(CBA) (WiWi)* Kosten-Nutzen-Analyse *f*, KNA *f*
cost center *(AE)* s. cost centre
cost centre *(BE)* 1. *(Gen, Mgt, WiWi)* Leistungszentrum *n*, Dienstleistungszentrum *n (erbringt Leistungen für das Gesamtunternehmen zu geringstmöglichen Kosten; opposite: profit center, profit centre: erwirtschaftet maximale Deckungsbeiträge zur Fixkostendeckung = covering of fixed costs)*; 2. *(RW)* Kostenstelle *f*

cost consciousness *(Gen)* Kostendenken *n*
cost constraint *(WiWi)* Kostenrestriktion *f*, Kostenbeschränkung *f*
cost containment 1. *(WiWi)* Kosteneindämmung *f*; 2. *(Gen)* Kostensenkung *f*
cost control *(Gen, Mgt)* Kostenkontrolle *f*, Kostenüberwachung *f*, Kostensteuerung *f (synonymous: expense control, cost monitoring)*
cost distribution *(RW)* Kostenumlage *f*, Kostenverrechnung *f (Verteilung der Kosten auf die Kostenstellen)*
cost-effective *adj* 1. *(WiWi)* rationell; 2. *(Gen)* kostendeckend, kostengünstig, kosteneffektiv
cost-effectiveness *(Gen)* Kostenwirksamkeit *f*
cost-effectiveness analysis *(WiWi)* Kosten-Wirksamkeits-Analyse *f*
cost-efficient *adj (Gen)* kosteneffektiv, rentabel
cost estimate *(Gen)* Voranschlag *m*
cost estimating *(Fin)* Kalkulation *f*
cost factor *(RW)* Kostenfaktor *m*
cost forecast *(RW)* Kostenvoranschlag *m*, Kostenprognose *f*
cost-income ratio *(CIR) (Bank, RW)* Aufwandsrentabilität *f*, Aufwand-Ertrags-Verhältnis *n*, Aufwand/Ertragsrelation *f*, Aufwand/Ertrag-Relation *f (Verhältnis zwischen Verwaltungsaufwand und operativen Erträgen; Effizienzmaßstab für das operative Bankgeschäft)*
cost increase *(Gen, WiWi)* Kostenanstieg *m*
cost, insurance and freight *(Imp/Exp, Transp)* Kosten *pl*, Versicherung *f* und Fracht *f (cargo delivery)*
cost leadership *(Gen)* Kostenführerschaft *f*
cost monitoring *(Gen, Mgt)* Kostenüberwachung *f (synonymous: expense control, cost control)*
cost objective *(WiWi)* Kostenvorgabe *f*, Kostenziel *n*
cost of a loan *(Bank)* Darlehenskosten *pl (to lender)*
cost of borrowing *(Bank)* Kreditbeschaffungskosten *pl*
cost of capital 1. *(Fin)* Finanzierungskosten, Investitionskosten; 2. *(WiWi)* Kapitalaufwand *m*, Kapitalkosten *pl (synonymous: capital cost, capital charges, i. e. interest, dividend, repayments of the capital; Kosten des produktiv eingesetzten Eigen- und Fremdkapitals = Kapital × Gesamtkapitalkostensatz; vgl. EVA-Konzept: EVA = NOPAT - Kapitalkosten)*
cost of education *(Bil)* Ausbildungskosten *pl*
cost of funds 1. *(Bank)* Kapitalbeschaffungskosten; 2. *(Fin)* Kapitalbeschaffungskosten *pl*, Refinanzierungskosten *pl*
cost of goods manufactured *(RW)* Herstellungskosten *pl*, Produktionskosten *pl*
cost of goods sold 1. *(RW)* Umsatzaufwendungen *fpl*; 2. *(WiWi)* Umsatzkosten *pl*
cost of labor *(AE)* s. cost of labour
cost of labour *(BE)* 1. *(Admin)* Arbeitskosten; 2. *(Steuer)* Lohnkosten *pl*
cost of living *(WiWi)* Lebenshaltungskosten *pl*, Lebenshaltung *f*
cost-of-living index *(WiWi)* Lebenshaltungsindex *m*, Preisindex *m* für die Lebenshaltung
cost of replacement *(Versich)* Wiederbeschaffungswert *m*
cost of sales 1. *(RW)* Selbstkosten *pl*, Umsatzaufwendungen *fpl*; 2. *(WiWi)* Einstandspreis *m* der verkauften Ware; 3. *(Fin)* Verkaufskosten *pl*
cost-of-service principle *(Fin)* Äquivalenzprinzip *n*
cost pattern *(Fin, RW)* Kostengefüge *n*, Kostenstruktur *f*
cost per click *(Comp, Komm, Media, V&M)* Cost-per-Click *m*, Kosten *pl* pro Klick *(internet advertising)*
cost per unit *(RW)* Stückkosten *pl*
cost price *(RW)* Selbstkostenpreis *m*
cost-push inflation *(WiWi)* kosteninduzierte Inflation *f*, Kosteninflation *f*
cost relief *(Bank, WiWi)* Kostenentlastung *f*
cost-saving *adj (Gen, Mgt)* kostensparend, kostendämpfend
cost-sensitive *adj* 1. *(WiWi)* kostenreagibel; 2. *(Gen)* kostenempfindlich *(customer)*
cost trimming *(Gen)* Kostensenkung *f*

cost-type accounting *(Fin, RW)* Kostenartenrechnung *f*
cost-unit accounting *(RW)* Kostenträgerstückrechnung *f*, Kostenträgerrechnung *f*, Kalkulation *f (auch: cost unit accounting)*
costing *(RW)* Kalkulation *f*, Kostenbewertung *f (process of determining the cost of products, services and activities)*; Kosten- und Leistungsrechnung *f*, KLR *f*, Kostenrechnung *f*, Betriebsabrechnung *f*, Betriebsbuchführung *f (synonymous: cost accounting)*
costs 1. *(Gen, RW)* Kosten *pl*, Ausgaben *fpl*; Spesen *pl (e. g. running costs -laufende Kosten- for labour or energy)*; 2. *(Recht)* Gerichtskosten *pl*, Prozesskosten *pl* • **costs are running into billions** *(Gen)* die Kosten steigen auf Milliardenhöhe
costs of production *(Ind)* Produktionskosten *pl*
Council Directive *(Pol)* Richtlinie *f* des Rates *(EU)*
counsel *v (Recht)* beraten *(advise)*; durch Rat Beihilfe leisten *(criminal law)*
counsel *(Recht)* Prozessanwalt *m*, Prozessanwältin *f (lawyer)*; Rechtsbeistand *m (legal advice)*
counsel for the defence *(BE) (Recht)* Verteidiger(in) *m(f)*
counter *(Gen)* Schalter *m*; Ladentisch *m*, Tisch *m (shop, supermarket)*
counter-cyclical *adj (WiWi)* antizyklisch
counter deal *(Bank)* Gegengeschäft *n*
counter entry *(RW)* Gegenbuchung *f*
counter trade *(WiWi)* Kompensationshandel *m*
counteract *v (Gen)* Maßnahmen ergreifen gegen
counterbalance *v* 1. *(RW)* aufrechnen; 2. *(WiWi)* auffangen
counterclaim *(Recht)* Gegenanspruch *m*, Widerklage *f*
countercyclical fiscal policy *(WiWi)* antizyklische Finanzpolitik *f*
countercyclical policy *(WiWi)* antizyklische Politik *f*
counterfeit *v (Recht)* fälschen *(Geld, Waren)*
counterfeit 1. *(Ind)* Imitation *f*, Nachahmung *f (fashion industry)*; 2. *(Recht)* Fälschung *f (money)*
counterfeiting *(Bank)* Banknotenfälschung *f*
countermeasure *(Gen)* Gegenmaßnahme *f*
counterpart 1. *(WiWi)* Kontrahent *m*; 2. *(Gen)* Ausfertigung *f*
counterpart of *(RW, WiWi)* Gegenposten zu *(BOP)*
counterparty *(Börse)* Kontrahent *m*
counterparty risk *(Bank)* Adressenrisiko *n*, Adressenausfallrisiko *n*, Gegenparteirisiko *n*, Kontrahentenrisiko *n*
counterperformance *(Recht)* Gegenleistung *f (contract law)*
country *(Pol)* Land *n*
country code *(Bank)* Ländercode *m*
country-code Top-Level Domain *(Comp, Komm, Recht)* ccTLD *(landesspezifische Top-Level Domain)*
country exposure *(Börse, WiWi)* Länderrisiko *n*
country in transition *(Pol)* Reformland *n*, Transformationsland *n*
country of origin *(Gen, Imp/Exp)* Herkunftsland *n*, Ursprungsland *n*
country-of-origin doctrine *(Recht, Steuer)* Herkunftslandprinzip *n (jurisdiction, taxation)*
country of residence *(Steuer)* Wohnsitzstaat *m*
country risk *(Fin)* Länderrisiko *n (provisions)*
country with a low-wage economy *(WiWi)* Niedriglohnland *n*
coupon *(cp.)* 1. *(Gen) (c., cp.)* Bon *m*, Gutschein *m*, Bezugsschein *m*; Kupon *m (advertising)*; 2. *(Bank, Fin)* Anleihezins *m*, Nominalzins *m*, Kupon *m*, Zins *m*, Verzinsung *f (synonymous: coupon rate = the rate of interest on a fixed interest security, e. g. a 6 % coupon pays interest of 6 % a year on the nominal value of a bond; eine Anleihe ist ausgestattet mit einem Kupon von z. B. 6 %, berechnet vom Nominalwert)*; Zinsschein *m*, Zinskupon *m (the detachable part of a bond securitizing the payment of interest, der verbriefte Anspruch auf die Zinszahlung aus einer Anleihe)*; Dividendenschein *m (on bearer stocks the detachable part of the certificate exchangeable for dividends,*

der verbriefte Anspruch auf die jeweilige Dividendenzahlung)
coupon collection *(Fin)* Einlösung *f* von Zinsscheinen
coupon rate *(Fin)* Nominalverzinsung *f*, Nominalzins *m*, Kupon *m (cf coupon)*
court *(Recht)* Gericht *n*, Gerichtshof *m*, Gerichtssaal *m (courtroom)* • **come before court** *(Recht)* vor Gericht erscheinen • **go to court** *(Recht)* prozessieren
court case *(Recht)* Rechtsfall *m*, Prozess *m*
court decision *(Recht)* Urteil *n*, Beschluss *m*, Entscheidung *f*
court of appeal *(Recht)* Berufungsgericht *n*, Rechtsmittelinstanz *f*
Court of Auditors *(RW)* Rechnungshof *m*
court of competent jurisdiction *(Recht)* zuständiges Gericht *n*
Court of Justice *(Recht)* Gerichtshof *m* der Europäischen Union, Europäischer Gerichtshof *m (EU)*
court of law *(Recht)* ordentliches Gericht *n*
court of record *(AE) (Recht)* Registergericht *n*
court rules *(Recht)* Verfahrensregeln *fpl*
covenant 1. *(Gen)* Nebenvereinbarung *f*; 2. *(Recht)* förmliches rechtsverbindliches Versprechen *n*, Vertrag *m*
covenant not to compete *(Recht)* vertragliches Wettbewerbsverbot *n*
cover *v* 1. *(Bank, Fin)* decken *(costs)*; 2. *(Ind)* verkleiden; 3. *(Börse)* decken • **be covered by insurance** *(Versich)* durch Versicherung gedeckt sein
cover *v* **a loss** *(Fin)* einen Schaden decken, einen Verlust abdecken
cover *v* **expenses** *(Fin)* Ausgaben decken
cover *v* **the risk** *(Bank)* das Risiko *n* abdecken
cover 1. *(Bank, Fin)* Deckung *f*; 2. *(Ind)* Verkleidung *f*; 3. *(Versich)* Versicherung *f*
coverage 1. *(Gen)* Erfassung *f*, Geltungsbereich *m*; 2. *(Media)* Deckung *f*, Deckungsbereich *m*, Einzugsbereich *m*
covering *(Komm)* Begleitschreiben *n*, Begleitbrief *m*
covering purchase 1. *(Gen, Recht)* Deckungskauf *m*; 2. *(Börse)* Deckung *f*
CPC *s.* cost per click
CPI *s.* consumer price index
C.R. *s.* company's risk
C/R *s.* company's risk
craft 1. *(Pers, WiWi)* Handwerk *n*; 2. *(Transp)* Boot *n*, Schiff *n (shipping)*
craft enterprise *(WiWi)* Handwerksbetrieb *m*
craft sector *(Pers, WiWi)* Handwerksektor *m*
crash 1. *(Comp)* Absturz *m*; 2. *(Gen)* Aufprall *m*; 3. *(Transp)* Absturz *m*, Aufprall *m*, Zusammenstoß *m*; 4. *(Börse)* Crash *m*, Kurssturz *m*, Kursabsturz *m*
create *v* 1. *(Gen)* schaffen *(opportunities)*; 2. *(Recht)* bestellen *(mortgage)*
create *v* **a market** *(V&M)* einen Markt schaffen
create *v* **demand** *(WiWi)* Nachfrage schaffen
create *v* **jobs** *(Pers)* Arbeitsplätze schaffen, Stellen schaffen
creative accounting *(RW)* aktive Bilanzgestaltung *f*, *(ugs.)* kreative Buchführung *f*
creative financing *(Fin)* unorthodoxe Finanzierungsmethode *f*
creative marketing *(V&M)* schöpferisches Marketing *n*
creative work *(Media, Recht)* schöpferisches Werk *n (copyright law)*
creator *(Media, Recht)* Urheber(in) *m(f)*, Schöpfer(in) *m(f) (copyright law)*
credentials *(Pers)* Zeugnis *n*, Zeugnisse *npl (certificate)*; Nachweise *mpl*, Empfehlungsschreiben *n*, Referenzen *fpl (reference)*; Beglaubigungsschreiben *n (diplomacy)*
credibility *(V&M)* Glaubwürdigkeit *f*
credit *v (Bank, Fin, RW)* gutschreiben
credit *v* **a sum to an account** *(Bank)* einem Konto einen Betrag gutschreiben
credit *v* **interest** *(Bank)* Zinsen gutschreiben
credit *(Bank, Fin, RW)* Kredit *m*; Guthaben *n* • **on credit** *(Fin)* auf Kredit • **to the credit of** *(Bank, RW)* zugunsten von *(Zahlungsverkehr)*
credit account *(Bank)* Girokonto *n*, Kre-

ditkonto *n*, Kontokorrentkonto *n*, Kreditkartenkonto *n*
credit agreement *(Fin)* Kreditvertrag *m*
credit analysis *(Bank)* Kreditprüfung *f*, Kreditwürdigkeitsprüfung *f*
credit approval *(Fin)* Kreditzusage *f*
credit assessment *(Bank, Fin)* Bonitätseinstufung *f*, Kreditbeurteilung *f*
credit balance *(Bank)* Guthaben *n*
credit card *(Bank, Fin)* Kreditkarte *f*
credit ceiling *(Bank)* Kredithöchstgrenze *f*, Kreditplafond *m*
credit conditions *(WiWi)* Kreditbedingungen *fpl*
credit creation multiplier *(WiWi)* Kreditschöpfungsmultiplikator *m*
credit crunch *(Bank, Fin, WiWi)* Kreditknappheit *f*, Kreditrestriktion *f*, Kreditklemme *f*
credit default option *(Bank, Fin, WiWi)* Kreditverzugsoption *f*
credit demand *(Bank)* Kreditnachfrage *f*, Kreditbedarf *m*
credit enhancement *(Bank)* Bonitätsverbesserung *f*
credit entry *(RW)* Gutschrift *f*, Habenbuchung *f*
credit facility *(Bank, Fin)* Kreditfazilität *f*, Kreditmöglichkeit *f*, Kreditrahmen *m*
credit information exchange *(Bank)* Evidenzzentrale *f*
credit institution *(Fin)* Kreditinstitut *n*
credit limit *(Bank)* Kredithöchstgrenze *f*
credit line *(Bank)* Kreditlinie *f*
credit market *(Bank, Fin, WiWi)* Kreditmarkt *m*
credit multiplier *(Fin)* Geldschöpfungsmultiplikator *m*
credit note *(Fin, Gen)* Gutschein *m*, Gutschrift *f*, Gutschriftsanzeige *f*
credit origination *(Bank)* Kreditausreichung *f*, Kreditgewährung *f*
credit purchase *(V&M)* Kreditkauf *m*, Zielkauf *m*
credit rating *(Fin)* Bonitätsbewertung *f*, Bonitätsbeurteilung *f*
credit rating agency *(Fin)* Kreditratingagentur *f*, Ratingagentur *f*, Kreditbewertungsagentur *f*
credit restriction *(Bank, Fin, WiWi)* Kreditdrosselung *f*, Krediteinschränkung *f*, Kreditrestriktion *f*
credit revolving *(Fin)* Revolvingkredit *m*
credit risk *(Fin, V&M)* Kreditrisiko *n*
credit sale 1. *(Recht)* Abzahlungskauf *m* ohne Eigentumsvorbehalt; 2. *(V&M)* Kauf *m* auf Kredit, Kreditkauf *m*
credit side *(RW)* Haben *n*, Habenseite *f*
• **on the credit side** *(RW)* im Haben *(accounting entry, Buchung)*
credit squeeze *(Bank, Fin, WiWi)* Kreditknappheit *f*, Kreditrestriktion *f*, Kreditdrosselung *f*, Kreditverknappung *f*
credit standing 1. *(Bank)* Bonität *f*; 2. *(V&M)* Kreditwürdigkeit *f*
credit sum *(Bank, Fin)* Kreditbetrag *m*
credit terms *(Bank)* Kreditkonditionen *fpl*
credit transactions *(Bank, WiWi)* Kreditverkehr *m*
credit transfer *(Bank)* Banküberweisung *f*
credit worthiness 1. *(Bank)* Kreditfähigkeit *f*, Kreditwürdigkeit *f*; 2. *(Fin)* Bonität *f*
creditor *(Fin, Gen)* Gläubiger(in) *m(f)*
creditor beneficiary 1. *(Gen)* Zahlungsempfänger(in) *m(f)*; 2. *(Versich)* Begünstigte(r) *f(m)*
creditors *(BE) (RW)* Kreditoren *mpl*, Verbindlichkeiten *fpl*
credits outstanding *(Bank, RW)* ausgereichte Kredite *mpl*, Kreditvolumen *n*, Ausleihungen *f*
creeping inflation *(WiWi)* schleichende Inflation *f*
crisis-like proportions *(Pol, WiWi)* krisenhafte Zuspitzung *f*
crisis management *(Mgt)* Krisenmanagement *n*
crisis of confidence *(Pol)* Vertrauenskrise *f*
criteria *(Gen)* Maßstäbe *mpl*, Kriterien *npl*
criteria for entry *(Pol)* Beitrittskriterien *npl (ESCB)*
criteria for selection *(Gen, Pers)* Auswahlkriterium *n*
critical *adj (Gen)* anspruchsvoll, kritisch
critical level *(Gen)* kritisches Niveau *n*
critical path method *(Mgt, WiWi)* CPM-Methode *f*, Methode *f* des kritischen Pfades
CRM *s.* 1. customer relations management; 2. customer relationship management
cross *v* **a check** *(AE) (Bank) s.* cross a cheque

cross *v* **a cheque** *(BE) (Bank)* einen Scheck zur Verrechnung ausstellen
cross-border *adj (Gen)* grenzüberschreitend
cross-border merger *(WiWi)* grenzüberschreitende Fusion *f*
cross-border trade *(WiWi)* grenzüberschreitender Handel *m*, internationaler Warenverkehr *m*
cross-checking of data *(Stat)* Datenabgleich *m*, Abgleich *m* der Daten
cross cultural management *(Mgt)* interkulturelles Management *n*, multikulturelles Management *n*
cross-currency *adj (Bank)* währungsübergreifend • **on a cross-currency basis** währungsübergreifend
cross default clause *(Bank, Fin)* Cross Default-Klausel *f*, Drittverzugsklausel *f*
cross-holdings *(Fin)* Kapitalverflechtungen *fpl*, wechselseitige Beteiligungen *fpl*, gegenseitige Beteiligungen *fpl (cf Germany Plc, Deutschland AG)*
cross-market liquidity effects *(Bank, WiWi)* marktübergreifende Liquiditätseffekte *mpl*
cross-party *adj (Pol)* parteiübergreifend
cross-platform *adj (Comp)* plattform-übergreifend, plattform-unabhängig, cross-plattform
cross price elasticity of demand *(WiWi)* Kreuzpreiselastizität *f* der Nachfrage
cross rate *(WiWi)* Cross Rate *f*, Kreuzparität *f*
cross-reference *(Gen)* Querverweis *m*
cross selling *(V&M)* Verbundabsatz *m*, Cross Selling *n*
crosscheck *(Bank)* Gegenprüfung *f*
crossed check *(AE) (Bank) s.* crossed cheque
crossed cheque *(BE) (Bank)* Verrechnungsscheck *m*
crowding out *(WiWi)* Crowding-Out *n*, Verdrängungswettbewerb *m*
Crown/the *(BE)* 1. *(Gen, Pol)* die Krone, der König, die Königin; 2. *(Fin, Recht)* der Staat, der Fiskus, die Staatskasse
crude oil *(Ind, Umwelt)* Rohöl *n*
crumbling of confidence *(Fin, Pol)* schwindendes Vertrauen *n*
crunch *(WiWi)* Verknappung *f*
culture shock *(Gen)* Kulturschock *m*
cum dividend *(Börse)* einschließlich Dividende
cum warrant *(Börse)* mit Bezugsrecht, mit Optionsschein
cumulative *adj* 1. *(Fin)* kumulativ; 2. *(V&M)* erfasst
cumulative preference shares *(BE) (Börse)* kumulative Vorzugsaktien *fpl*
cumulative preferred stock *(AE) (Börse)* kumulative Vorzugsaktien *fpl*
cumulative tax *(Steuer)* kumulative Steuer *f*
cure *(Recht, V&M)* Nacherfüllung *f (Vertragsrecht)*
currency 1. *(RW)* Laufzeit *f*; 2. *(Bank)* gesetzliches Zahlungsmittel *n*, Valuta *f*, Währung *f*; 3. *(WiWi)* Währung *f*
currency account 1. *(Bank)* Währungskonto *n*; 2. *(WiWi)* Devisenkonto *n*
currency appreciation *(WiWi)* Währungsaufwertung *f*
currency arbitrage *(Börse)* Devisenarbitrage *f*, Valutenarbitrage *f*
currency area *(Bank, WiWi)* Währungsraum *m*, Währungsgebiet *n*
currency band *(Fin)* Bandbreite *f*
currency basket *(WiWi)* Währungskorb *m*
currency board *(WiWi)* Currency Board *n*, Währungsrat *m*
currency code *(Bank)* Währungscode *m*
currency conversion Geldumstellung *f (ECB)*
currency deposits *(Fin)* Währungseinlagen *fpl*
currency depreciation *(WiWi)* Abwertung *f*, Währungsabwertung *f*
currency devaluation *(WiWi)* Abwertung *f*, Währungsabwertung *f*
currency holding *(Pol, WiWi)* Währungsbestand *m*
currency in circulation *(WiWi)* Bargeldumlauf *m*
currency market *(WiWi)* Devisenbörse *f*, Devisenmarkt *m*
currency of refuge *(WiWi)* Zufluchtswährung *f*
currency of settlement *(Bank, Imp/Exp)* Abrechnungsvaluta *pl*
currency of the credit *(Fin, Imp/Exp)* Akkreditivwährung *f*
currency realignment *(WiWi)* Neufestsetzung *f* der Währungsparitäten

currency reserves *(WiWi)* Währungsreserven *fpl*, Devisenreserven *fpl*
currency restrictions *(WiWi)* Devisenbeschränkungen *fpl*
currency revaluation *(WiWi)* Währungsaufwertung *f*
currency risk *(Fin, WiWi)* Währungsrisiko *n*
currency speculation *(WiWi)* Devisenspekulation *f*
currency unit *(WiWi)* Währungseinheit *f*
current *adj (Gen)* aktuell • **in current dollar terms** in jeweiligen Dollar gerechnet
current account *(BE)* 1. *(Bank)* Kreditkonto *n*, Girokonto *n*, Kontokorrentkonto *n*, laufendes Konto *n*, Scheckkonto *n*; 2. *(WiWi)* Leistungsbilanz *f (balance of payments)*
current account balance *(BE) (Bank, Gen)* aktueller Kontostand *m*
current account disequilibrium *(WiWi)* Leistungsbilanzungleichgewicht *n (BOP)*
current account imbalance *(WiWi)* Leistungsbilanzungleichgewicht *n (BOP)*
current account of the balance of payments *(WiWi)* Bilanz *f* in laufender Rechnung *(BOP)*
current and financial transactions *(WiWi)* Leistungs- und Kapitalverkehr *m (BOP)*
current cost *(RW)* laufende Kosten *pl*
current demand *(V&M)* laufende Nachfrage *f*
current expenditure *(Fin)* Betriebskosten *pl*, laufende Ausgaben *fpl*, laufende Unkosten *pl*
current financial assets *(Fin, RW)* kurzfristige finanzielle Vermögenswerte *mpl*, monetäres Umlaufvermögen *n (current assets minus inventories = Umlaufvermögen minus Vorräte = cash + bank deposits + current securities + current receivables = Kasse + Bankguthaben + Wertpapiere des UV + kurzfristige Forderungen = Zähler der Liquidität 2. Grades = numerator of acid test ratio; opposite: fixed-asset investments, non-current investments, long--term investments = Wertpapiere des Anlagevermögens)*
current financial year *(Fin)* laufendes Geschäftsjahr *n*
current income *(WiWi)* laufendes Einkommen *n*
current law *(Recht)* geltendes Recht *n*
current liability *(Bank)* kurzfristige Verbindlichkeit *f*
current market price *(Bank, RW)* Tageskurs *m (am Bilanzstichtag)*
current market value *(V&M)* aktueller Marktwert *m*
current period of unemployment *(Pers, WiWi)* bisherige Dauer *f* der Arbeitslosigkeit
current price 1. *(WiWi)* Marktpreis *m*; 2. *(Börse)* Tageskurs *m*
current rate *(Gen)* aktueller Satz *m*, derzeitiger Satz *m*
current ratio *(Fin, RW)* Liquidität *f* dritten Grades *(ratio of current assets to current liabilities; Liquiditätskennzahl: Quotient aus kurzfristigem Umlaufvermögen und kurzfristigen Verbindlichkeiten)*
current revenues *(Fin)* laufende Einkünfte *pl*
current spending *(WiWi)* laufende Ausgaben *fpl*
current transfers *(WiWi)* laufende Übertragungen *fpl (BOP)*
current value *(RW)* Marktwert *m (synonymous: market value)*; Zeitwert *m*, Tageswert *m*
current year *(Gen)* laufendes Jahr *n*
curriculum vitae *(BE) (Admin, Pers)* Lebenslauf *m*
curtailment *(Gen)* Beschränkung *f*, Verkürzung *f*
cushioning *(Pol, WiWi)* Abfederung *f*
custodial account *(Bank)* Depotkonto *n*, Treuhandkonto *n*
custodian *(Recht)* Verwahrer(in) *m(f)*
custody 1. *(Bank)* Verwahrung *f*; 2. *(Recht)* Haft *f*, Untersuchungshaft *f*; 3. *(Börse)* Aufbewahrung *f*
custom and trade practices *(Pers)* Handelsgepflogenheiten *fpl*, Handelspraktiken *fpl*
custom-made *adj (V&M)* kundenspezifisch
customary terms *(Gen, Recht, V&M)* übliche Bedingungen *fpl*

customer 1. *(Gen)* Auftraggeber(in) *m(f)*; 2. *(V&M)* Kunde *m*, Kundin *f*
customer accounting *(RW)* Kundenabrechnung *f*
customer awareness *(V&M)* Bekanntheitsgrad *m*
customer care *(V&M)* Kundenbetreuung *f*
customer needs *(V&M)* Kundenbedürfnisse *npl*
customer orientation *(V&M)* Kundenorientierung *f*
customer prepayment *(Fin, RW)* Kundenanzahlung *f*
customer records *(V&M)* Kundenkartei *f*
customer relations management *(V&M)* Kundenbetreuung *f*, Kundenbindung *f*
customer relationship management *(Mgt, V&M)* Kundenbindungsmanagement *n*, Management *n* der Kundenbeziehungen, Kundenbetreuung *f*, aktive Kundenbetreuung *f*, Kundenbindung *f*
customer research *(V&M)* Kundenforschung *f*
customer service *(V&M)* Kundenabteilung *f*, Kundenservice *m*, Kundendienst *m*
customer service department *(V&M)* Kundendienstabteilung *f*
customer support *(V&M)* Kundenunterstützung *f*
customer value *(V&M)* Kundennutzen *m*
customer value strategy *(Mgt, V&M)* Kundenorientierung *f*, Kundenfokussierung *f*
customized *adj* 1. *(Ind)* maßgeschneidert *(application)*; 2. *(Gen, V&M)* kundenspezifisch *(solution)*
customs 1. *(Gen)* Zoll *m*; 2. *(Imp/Exp)* Tarif *m*; 3. *(Steuer)* Einfuhrzölle *mpl*, *(agency)* Zollbehörde *f* • **no customs value** *(Imp/Exp)* ohne Zollwert
customs agency *(Imp/Exp)* Zollagentur *f*
customs and excise duties *(Imp/Exp, Steuer, WiWi)* Zölle und Abgaben *fpl*
customs barrier *(Gen)* Zollschranke *f*
customs check *(Imp/Exp)* Zollkontrolle *f*
customs clearance *(Imp/Exp)* Klarierung *f*, Verzollung *f*, Zolldurchlauf *m*, Zollabfertigung *f*
customs code *(Recht)* Zollgesetz *n*
customs control *(Imp/Exp)* Zollkontrolle *f*, zollamtliche Überwachung *f*
customs declaration 1. *(Fin)* Zollbürgschaft *f*; 2. *(Imp/Exp)* Zolldeklarierung *f*, Zollerklärung *f*, Zollinhaltserklärung *f*, Zollabfertigung *f*
customs duty *(Imp/Exp)* Zoll *m*, Zollabgabe *f*, Zollgebühr *f*
customs duty ad valorem *(Imp/Exp, Steuer)* Wertzoll *m*
customs entry 1. *(Bank)* Zolldeklaration *f*, Zollerklärung *f*; 2. *(Imp/Exp)* Zollangaben *fpl*, Zolldeklaration *f*, Zollerklärung *f*
Customs & Excise *(Imp/Exp)* britische Zoll- und Steuerbehörde
customs invoice *(Imp/Exp)* Zollfaktura *f*, Zollrechnung *f*
customs regulations *(Imp/Exp)* Zollbestimmungen *fpl*, Zollordnung *f*, Zollvorschriften *fpl*
customs tariff *(Imp/Exp)* Zolltarif *m*
customs union *(WiWi)* Zollunion *f*
customs value *(Imp/Exp)* Zollwert *m*
cut *v (WiWi)* senken, kürzen, verringern *(rates)*
cut *v* **back** 1. *(Fin)* einschränken; 2. *(Gen)* beschneiden
cut *v* **down** *(Mgt, Pers)* abbauen
cut *v* **employment** *(Mgt)* Beschäftigung abbauen [verringern]
cut *v* **jobs** *(Pers)* Stellen abbauen
cut *v* **oneself off** *(Gen)* sich abschotten
cut *v* **spending** *(WiWi)* Ausgaben kürzen
cut *v* **the number of jobs** *(Pers)* Arbeitsplätze abbauen
cut 1. *(WiWi)* Senkung *f (in rates)*; 2. *(Fin)* Herabsetzung *f*, Kürzung *f*, Verringerung *f*
cut in wages *(Pers)* Lohnkürzung *f*, Lohnsenkung *f*
cut-off rate 1. *(Fin)* endogener Kalkulationszinsfuß *m*; 2. *(Gen)* kritischer Satz *m*, Höchstsatz *m* einer Änderung
cutback of staff *(Pers)* Arbeitskräfteabbau *m*, Personalabbau *m*
cutoff time *(Börse)* Verfallzeit *f*
cutthroat competition *(WiWi)* ruinöse Konkurrenz *f*, Vernichtungswettbewerb *m*, Verdrängungswettbewerb *m*
cutting 1. *(Bank, Fin)* Herabsetzung *f (of rates)*; 2. *(Media)* Ausschnitt *m (from newspaper)*
cutting edge *adj (Gen)* auf dem neuesten

Stand; führend, richtunggebend, richtungweisend, bahnbrechend, innovativ; *(ugs.)* letzter Schrei *m*, topaktuell, Spitzen... *(synonymous: innovative, pioneering, ground-breaking, trend-setting)* • **be at the cutting edge** *(Gen, V&M)* an der Spitze der Entwicklung stehen, *(ugs.)* ganz vorne dabei sein, *(ugs.)* ganz vorne dran sein, *(ugs.)* ganz vorne mitmischen; die Vorreiterrolle haben, die Vorreiterrolle innehaben, Spitzentechnologie bieten

CV *s.* curriculum vitae

cyber *(Comp, Komm)* cyber, im virtuellen Raum

cybercrime *(Comp, Komm, Recht)* Cyber-Crime *n*, Internet-Kriminalität *f*

cyberlaw *(Comp, Komm, Recht)* Online-Recht *n*, Cyber-Recht *n*

cybermall *(Comp, Komm, V&M)* virtueller Marktplatz *m*

cybernetic *adj (Comp)* kybernetisch

cybernetics *(Comp)* Kybernetik *f*

cyberpark *(Comp, Ind)* Cyberpark *m*, Gewerbepark *m* für Hochtechnologieunternehmen

cyberspace *(Comp, Komm, Media)* Cyberspace *m*; der virtuelle Raum *m (virtual space)*

cybersquatting *(Comp, Komm, Recht)* Cybersquatting *n*, Domain-Grabbing *n (bad faith registration of trademarked names = geschützte Markennamen)*

cycle 1. *(WiWi)* Kreislauf *m*, Wirtschaftskreislauf *m*; Konjunkturschwankung *f*, Zyklus *m (recurring period)*; 2. *(Ind)* Takt *m*; 3. *(Transp, Versich)* Fahrrad *n (bicycle)*

cycle insurance *(Versich)* Fahrradversicherung *f*

cycle theft insurance *(Versich)* Fahrraddiebstahlversicherung *f*

cyclical *adj (Börse, WiWi)* konjunkturabhängig, konjunkturempfindlich, konjunkturell, zyklisch

cyclical decline *(WiWi)* konjunktureller Rückgang *m*, konjunktureller Verfall *m*

cyclical demand *(WiWi)* zyklische Nachfrage *f*

cyclical development *(WiWi)* Konjunkturentwicklung *f*, Konjunkturverlauf *m*, Wirtschaftsentwicklung *f*

cyclical fluctuation *(Börse)* konjunkturelle Schwankung *f*

cyclical movement *(WiWi)* Konjunkturschwankung *f*

cyclical shares *(Börse)* zyklische Werte *mpl*, konjunkturempfindliche Aktien *fpl*

cyclical trend *(WiWi)* Konjunkturentwicklung *f*, Konjunkturverlauf *m*, Wirtschaftsentwicklung *f*

cyclical unemployment *(WiWi)* konjunkturelle Arbeitslosigkeit *f*

cyclical upturn [upswing] *(WiWi)* Konjunkturaufschwung *m*, konjunktureller Aufschwung *m*, Wirtschaftsaufschwung *m*

cyclical variations *(WiWi)* Konjunkturschwankungen *fpl*, zyklische Schwankungen *fpl*

cyclically sensitive *adj (WiWi)* konjunkturelastisch, konjunkturempfindlich, konjunkturreagibel

D

daily *adj (Gen)* täglich, Tages...

daily allowance *(Gen)* Tagegeld *n*, Tagesentschädigung *f*

daily balance interest calculation *(Bank)* taggenaue Zinsabrechnung *f*

daily closing balance *(RW)* Kontostand *m*, täglicher Abschlusssaldo *m*

daily deposit *(Bank)* täglich verfügbare Einlage *f*

daily intake 1. *(Gen)* Tagesaufnahme *f*, Tagesmenge *f*; Tageszugang *m*, täglicher Eingang *m*; 2. *(V&M)* Tageseinnahme *f*

daily interest *(Bank)* Tageszins *m*

daily interest savings account *(Bank)* Sparkonto *n* mit Tageszinsen

daily money *(Bank, Fin)* Tagesgeld *n*, tägliches Geld *n*

daily money rate *(Bank)* Tagesgeldsatz *m*

daily position statement *(RW)* Tagesauszug *m*

daily quotation *(Börse)* Tageskurs *m*

daily statement *(Bank)* Tagesauszug *m*

daily volume *(Börse)* Tagesumsatz *m*

damage 1. *(Recht, Versich)* Schädigung *f*, Schaden *m*; 2. *(Pat)* Schaden *m*, Verlust *m*

damage caused by default *(Recht)* Verzugsschaden *m (contracts)*
damage claim *(Recht)* Schaden(s)ersatzanspruch *m (contracts)*
damage done *(Transp, Versich)* entstandener Schaden *m*
damage in transit *(Transp)* Transportschaden *m*
damage limitation *(Gen)* Schadensbegrenzung *f*
damage to health *(Versich)* Gesundheitsschädigung *f*, Gesundheitsschaden *m*
damage to property *(Fin)* Vermögensschaden *m*
damage to rented property *(Versich)* Mietsachschaden *m*
damages 1. *(Recht)* Schaden(s)ersatz *m*; 2. *(Pat)* Abfindung *f*, Entschädigung *f*
danger money *(Pers)* Gefahrenzulage *f*
danger pay *(Pers)* Gefahrenzulage *f*
dangerous *adj (Gen)* gefährlich
dangerous cargo *(Transp)* Gefahrgut *n*
dangerous goods *(Recht, Transp)* Gefahrgut *n*
dangerous waste *(Ind)* gefährliche Abfälle *mpl*
data *(Admin, Comp, WiWi)* Daten *pl*
data acquisition *(WiWi)* Datenerfassung *f*, Datenerhebung *f*
data basis *(Gen, Stat)* Datengrundlage *f*, Datenbasis *f*
data broadcasting *(Komm)* Datenfunk *m*, Datenrundfunk *m*
data capture *(Comp)* Datenerfassung *f*
data card *(Gen)* Datenkarte *f*, Karteikarte *f*
data carrier *(Comp)* Datenträger *m*
data center *(AE)* *s.* data centre
data centre *(BE)* 1. *(Comp)* zentrale Datenbank *f*, Datenzentrum *n*, Data Center *n*; 2. *(Komm, Media)* Informations-Zentrum *n*
data collection 1. *(Comp)* Datenerfassung *f*; 2. *(WiWi)* Datenerhebung *f*
data communications *(Komm)* Datenübermittlung *f*, Datenkommunikation *f*
data control *(Comp, Komm)* Datensteuerung *f*
data encryption *(Comp, Komm, Recht)* Datenverschlüsselung *f*
Data Encryption Standard *(Comp, Komm)* Verschlüsselungsstandard *m*
data exchange *(Comp, Komm)* Datenaustausch *m*
data file *(Comp)* Datendatei *f*
data flow *(Comp)* Datenfluss *m*
data garbage *(AE, jarg.) (Comp)* Datenmüll *m*, Datenschrott *m*
data input *(Comp)* Dateneingabe *f*
data integrity *(Comp)* Datenintegrität *f*
data management *(Comp)* Datenverwaltung *f*
data network *(Comp)* Datennetz *n*
data output *(Comp)* Datenausgabe *f*
data post *(BE) (Komm)* Datenpost *f*
data preparation *(Gen)* Datenaufbereitung *f*
data privacy *(BE) (Comp)* Datensicherheit *f*
data processing *(Admin, Comp)* Datenverarbeitung *f*, DV
data protection *(Comp)* Datenschutz *m*
data protection officer *(Comp, Pers)* Datenschutzbeauftragte(r) *f(m)*
data query *(Comp)* Datenabfrage *f*
data record *(Comp)* Datensatz *m*
data recording *(Gen, Stat)* Datenaufzeichnung *f*, Datenerfassung *f*, Datenerhebung *f*
data retention *(Comp, Komm, Recht)* Data-Retention *f*, Datenaufbewahrung *f*, Vorratsdatenspeicherung *f (EU)*
data security *(AE) (Comp)* Datensicherheit *f*
data series *(Stat)* Datenreihe *f*, Zahlenreihe *f*
data set *(Comp)* Datensatz *m*
data sheet *(V&M)* statistische Tabelle *f*
data source *(Stat)* Datenquelle *f*
data structure *(Comp)* Datenstruktur *f*
data subject's consent *(Comp, Recht)* Einwilligung *f* der betroffenen Person
data theft *(Comp, Recht)* Informationsdiebstahl *m*
data transmission *(Comp, Komm)* Datenübertragung *f*, Datenübermittlung *f*
database 1. *(Gen)* Datenbank *f*; 2. *(Stat)* Datenbestand *m*, Datenbasis *f* • **making databases available** *(Gen)* Datenbanken bereitstellen
database management system *(Comp)* Datenbankverwaltungssystem *n*, DMS *n*
databasis *(Stat)* Datenbestand *m*, Datenbasis *f*

date *(Gen)* Datum *n* • **at a later date** *(Gen)* zu einem späteren Termin • **out of date** *(Gen)* überholt; *(ugs.)* passé • **to date** *(Gen)* bis dato, bisher, bislang
date as postmarked *(Komm)* Datum *n* des Poststempels
date marking *(V&M)* Datumsangabe *f*
date of delivery *(Fin)* Liefertermin *m*
date of entry *(RW)* Buchungsdatum *n*
date of expiration 1. *(Bank, Fin)* Verfallstag *m (options)*; 2. *(Gen)* Verfalltag *m (bill of exchange, Wechsel)*; Fälligkeitstermin *m*, Verfalldatum *n*
date of expiry 1. *(Bank, Fin)* Verfallstag *m (options)*; 2. *(Gen)* Verfalltag *m (bill of exchange, Wechsel)*; Fälligkeitstermin *m*, Verfalldatum *n*
date of filing *(Pat)* Antragsdatum *n*
date of invoice 1. *(RW)* Rechnungsdatum *n*; 2. *(Gen)* Fakturendatum *n*, Rechnungsdatum *n*
date of issue *(Gen)* Ausstellungstag *m*
date of maturity 1. *(Bank)* Fälligkeitstermin *m*, Ablauftermin *m*; 2. *(Gen)* Fälligkeitsdatum *n*; 3. *(Börse)* Verfallstag *m*
date of receipt *(Gen)* Empfangsdatum *n*, Eingangsdatum *n*
date of redemption *(Fin)* Rückzahlungstermin *m*
date of repayment *(Fin)* Rückzahlungstermin *m*
date of required payment *(V&M)* Zahlungsziel *n*
dated *adj (Gen)* überholt, datiert • **be dated** *(Gen)* datiert sein
day *(Gen)* Tag *m* • **every first day of the month** *(Gen)* an jedem Ersten, jeden Ersten • **on a day-by-day basis** *(Gen)* auf täglicher Basis
day bill *(Fin)* Tagwechsel *m*
day-count convention actual/360 *(Bank)* Eurozinsmethode *f* act/360, Zinstage-Berechnungsmethode *f* act/360
day loan *(Bank)* Tagesgeld *n*, täglich fälliges Geld *n*
day of maturity *(RW)* Fälligkeitstag *m*
day of posting *(Gen)* Aufgabetag *m*
day off *(Pers)* arbeitsfreier Tag *m*, dienstfreier Tag *m*
day shift *(Pers)* Morgenschicht *f*, Tagesschicht *f*
day-to-day money *(Bank)* tägliches Geld *n*
day-to-day money-market rate *(WiWi)* Tagesgeldsatz *m (ECB)*
day trading *(Börse)* Tagesspekulation *f*
days after acceptance *(Gen)* Tage *mpl* nach Akzept
days after date *(Gen)* Verzugstage *mpl*
days to maturity *(Börse)* Zeitraum *m* bis zur Fälligkeit
daywork *(Pers)* Zeitlohnarbeit *f*, Schichtarbeit *f*
D/B *s.* documentary bill
DC *(Abk. für documents against cash) (Bank, Fin, Imp/Exp)* Dokumente *npl* gegen Barzahlung
DCF *s.* discounted cash flow method
DCF methods *(Abk. für discounted cash flow methods) (Fin, WiWi)* dynamische Methoden *fpl*, dynamische Verfahren *npl*, finanzmathematische Verfahren *npl*, finanzmathematische Methoden *fpl* der Investitionsrechnung, DCF-Methoden *f (synonymous: time-weighted methods, time-adjusted methods; z. B. Kapitalwertmethode, interner Zinsfuß-Methode; Gegensatz: statische Verfahren)*
DCF rate of return *(Fin, WiWi)* interner Zinsfuß *m (synonymous: internal rate of return, time-adjusted rate of return, time-weighted rate of return; dynamische Investitionsrechnung: der Zins, der den Kapitalwert einer Investition zu null werden lässt)*
de minimis rule *(Recht)* De-minimis-Regel *f (EU: Wettbewerbsrecht)*
deactivate *v (Gen, Komm)* deaktivieren
dead account *(Bank)* umsatzloses Konto *n*
dead load *(Gen)* Auftragsüberhang *m*
dead loss *(Gen)* Totalverlust *m*
dead season *(Media, V&M) (ugs.)* Saure-Gurken-Zeit *f*
dead stock 1. *(Admin)* totes Inventar *n*; 2. *(V&M)* unverkäufliche Ware *f*
dead time 1. *(Comp, Gen)* Stillstandszeit *f*; 2. *(Ind, Pers)* Brachzeit *f*
deaden *v (Gen)* abfedern, abfangen, auffangen
deadline *(Gen)* letzter Termin *m*, Termin *m*, Stichtag *m*, Anmeldeschluss *m*
deadlock *(Gen)* Sackgasse *f*

deadweight *(Gen)* Leergewicht *n*
deadweight cargo 1. *(Gen)* Eigengewichtsfracht *f*; 2. *(Transp)* Gewichtsfracht *f*, Schwergut *n*
deadweight effect *(Pers, Pol)* Mitnahmeeffekt *m*
deadweight loss *(WiWi)* Nettowohlfahrtsverlust *m*
deal *(Gen)* Geschäft *n*, Geschäftsabschluss *m*, Abschluss *m*, Handel *m* • **do a deal with sb** *(Gen)* ein Geschäft mit jdm. abschließen
dealer *(Börse, V&M)* Händler(in) *m(f)*
dealer audit *(V&M)* Händlerprüfung *f*
dealer network *(Börse)* Händlerorganisation *f*, Händlernetz *n*
dealing floor *(Börse)* Parkett *n*, Börsenparkett *n*
dealing line *(Bank)* Handelslimit *n*
dealing restrictions *(WiWi)* Geschäftsbeschränkungen *fpl*
dealings 1. *(Mgt)* Geschäfte *npl*, Geschäftsbeziehungen *fpl*; 2. *(Börse)* Abschlüsse *mpl*, Umsatz *m*
dealings for the account *(Fin)* Termingeschäfte *n*
dealings in futures *(Fin)* Futuregeschäfte *npl*
death *(Versich)* Todesfall *m*
death certificate *(Gen)* Sterbeurkunde *f*
death duty *(BE)* *(Steuer)* Erbschaftssteuern *fpl*, Erbschaftssteuer *f*
debasement *(WiWi)* Entwertung *f*, Verschlechterung *f*
debenture 1. *(Fin)* Schuldverschreibung *f*; 2. *(Börse)* Obligation *f*, Schuldverschreibung *f*
debit *v* 1. *(Bank, RW)* belasten, abbuchen *(account)*; 2. *(Gen)* abbuchen, ausbuchen
debit *(Fin, RW)* Belastung *f*, Lastschrift *f*, Schuldposten *m*; Ausbuchung *f*, Anrechnung *f (subtraction)*; Soll *n*, Sollseite *f* • **to the debit of** *(Gen)* zu Lasten von
debit authorisation procedure *(Bank)* Abbuchungsauftragsverfahren *n*
debit balance *(Fin)* *(obs.)* Debetsaldo *m*, Passivsaldo *m*, Sollsaldo *m*, Verlustabschluss *m*
debit card 1. *(Bank)* Debit-Karte *f*, Geldkarte *f*, Zahlungskarte *f*; 2. *(V&M)* Kundenkarte *f*
debit-card business *(Bank)* Geldkartengeschäft *n*
debit entry *(Bank, RW)* Lastschrift *f*
debit interest *(Fin)* Schuldzinsen *mpl*, Sollzinsen *mpl*
debit note *(Gen)* Belastungsanzeige *f*, Lastschriftanzeige *f*
debit ratio *(Fin)* Verschuldungsgrad *m (Quotient aus Fremdkapital und Eigenkapital)*
debit side *(RW)* Sollseite *f*; *(obs.)* Debetseite *f (opposite: credit side = Sollseite)*
debited to *adj (Bank, RW)* belastet, zu Lasten von
debriefing *(Mgt)* Abschlussbesprechung *f*, Nachbesprechung *f*
debt *(Fin, Gen)* Verbindlichkeiten *fpl*; Schuld *f*, Schulden *fpl*; Forderung *f* • **debt due by ...** *(RW)* (die Schuld ist) fällig am ..., Fälligkeit der Schuld ... • **debt due from** *(RW)* fällige Forderung von • **debt due to** *(RW)* Schuld fällig an • **debt owed by** *(RW)* Forderung an
debt burden *(WiWi)* Schuldenlast *f*
debt collection agency *(Fin)* Inkassobüro *n*
debt collection order *(Fin)* Inkassoauftrag *m*
debt convergence *(Bank, Pol)* Konvergenz *f* der Schuldenstände
debt discount *(Bank)* Damnum *n*, Abgeld *n*, Disagio *n*
debt equity conversion *(Fin)* Umwandlung von Schulden in Beteiligungen *(synonymous: debt-for-equity swap; Sanierung; Ersatz von Schulden durch Beteiligungen)*
debt equity ratio *(Admin, Fin, RW)* Verschuldungsgrad *m*, Verschuldungskoeffizient *m*
debt financing *(Fin, RW)* Fremdfinanzierung *f*
debt forgiveness *(Fin, Pol, WiWi)* Schuldenerlass *m*
debt-free *adj (Fin, Gen, RW)* schuldenfrei
debt instrument *(Gen)* Schuldurkunde *f*
debt interest *(Fin)* Schuldzinsen *mpl*
debt management *(WiWi)* Schuldenmanagement *n*; Schuldenstrukturpolitik *f*
debt redemption *(Fin)* Schuldentilgung *f*

debt reduction *(Fin)* Schuldenreduzierung *f*
debt refinancing *(Fin)* Umschuldung *f*
debt refunding *(Fin)* Umschuldung *f*
debt relief *(WiWi)* Schuldenerlass *m*
debt remission *(Fin, Pol, WiWi)* Schuldenstreichung *f*, Schuldenerlass *m*
debt rescheduling *(Fin)* Umschuldung *f*
debt-rescheduling procedure *(Fin, Pol)* Umschuldungsverfahren *n*
debt restructuring *(Fin)* Umschuldung *f*
debt retirement 1. *(RW)* Schuldentilgung *f*; 2. *(Fin)* Tilgung *f*
debt security *(Fin, WiWi)* Schuldverschreibung *f*
debt service *(RW)* Annuität *f*, Schuldendienst *m*
debt servicing charges *(RW)* Schuldendienst *m (Zinsen und Tilgung = interest and principal repayment)*
debt settlement *(Bank, Fin)* Schuldenregulierung *f*
debt swap *(Fin)* Schuldenswap *m*, Umschuldung *f*, Schuldentausch *m*
debtor 1. *(RW)* Sollseite *f (debit side)*; Schuldner(in) *m(f) (person)*; 2. *(Gen)* Schuldner(in) *m(f)*; 3. *(Recht)* Verpflichtete(r) *f(m)* • **give the debtor a notice of default** *(Recht)* den Schuldner in Verzug setzen
debtor bank *(Bank, WiWi)* Pensionsgeber *m*
debtor country *(Bank, Pol)* Schuldnerland *n*
debtor's default *(Fin)* Schuldnerverzug *m*
debtor's delay *(Recht)* Schuldnerverzug *m*
debts evidenced by certificates *pl (Bank)* verbriefte Verbindlichkeiten *fpl (securitized liabilities)*
decelerate *v (WiWi)* verlangsamen
deceleration *(WiWi)* Verlangsamung *f*
decentralization *(Mgt, Pol)* Dezentralisierung *f*
decentralized management *(Mgt)* dezentrale Leitung *f*, dezentralisiertes Management *n*
decentralized planning *(Mgt, WiWi)* dezentrale Planung *f*
deceptive advertising *(Gen, V&M)* irreführende Werbung *f*
deceptive packaging *(V&M)* Mogelpackung *f*
decide *v (Gen)* entscheiden
decide *v* **on** *(Gen)* beschließen
decimal fraction *(Stat)* Dezimalbruch *m (opposite: common fraction, simple fraction, vulgar fraction = gewöhnlicher Bruch, einfacher Bruch)*
decimal point *(Comp, Stat)* Dezimalpunkt *m*, Dezimalzeichen *n*; *(in Germany:)* Komma *n*
decimal to binary conversion *(Stat)* dezimal-binäre Umwandlung *f*
decision 1. *(Gen)* Entscheidung *f*; 2. *(Mgt)* Beschluss *m*
decision maker 1. *(Mgt)* Entscheider *m*, Entscheidungsträger *m (synonymous: decider)*; 2. *(Recht) (Deu)* Entscheidungsverantwortlicher *m (UMAG, Gesetz zur Unternehmensintegrität und Modernisierung des Anfechtungsrechts vom 22.9.2005)*
decision making *(Mgt)* Entscheiden *n*, Entscheidungsfindung *f*
decision-making body *(Bank, Mgt, Pol, Recht)* Beschlussorgan *n (ECB)*; Entscheidungsgremium *n (nach UMAG: Vorstand und Aufsichtsrat)*; Verwaltungsorgan *n*
decision-making process *(Mgt)* Entscheidungsprozess *m*
decision model *(Mgt)* Entscheidungsmodell *n*
decision process *(Mgt)* Entscheidungsprozess *m*
decision support system *(Mgt)* Entscheidungsunterstützungssystem *n*
decision tree *(Mgt, Pers)* Entscheidungsbaum *m*
decision unit *(Mgt)* Entscheidungseinheit *f*, Entscheidungsgremium *n*, Entscheidungsträger *m*
decisive *adj (Gen)* entschlussfreudig; entscheidend
decisive factor *(Gen)* Ausschlag *m*
decisive vote *(Pers)* ausschlaggebende Stimme *f*
declaration 1. *(Gen)* Erklärung *f*; 2. *(Börse)* Festsetzung *f*
declaration form *(Recht)* Meldeformular *n*
declaration of accession *(Pol)* Beitrittserklärung *f*
declaration of assignment *(Recht)* Abtretungserklärung *f*

declaration of intent *(Recht)* Absichtserklärung *f*, Willenserklärung *f*
declaration of invalidity *(Recht)* Ungültigkeitserklärung *f*
declaration of origin *(Imp/Exp)* Ursprungserklärung *f*
declaration of value *(Imp/Exp)* Wertangabe *f*
declare *v* 1. *(Comp)* deklarieren; 2. *(Fin, RW)* beschließen, erklären; bekanntgeben, ankündigen *(dividends)*; 3. *(Imp/Exp, Steuer)* deklarieren, erklären
declare *v* **null and void** *(Recht)* für ungültig erklären, annullieren
declare *v* **on oath** *(Recht)* an Eides statt erklären
declared dividend 1. *(RW)* ausgewiesene Dividende *f*, beschlossene Dividende *f*; 2. *(Fin)* angekündigte Dividende *f*
declared for home use *adj (Imp/Exp, V&M)* zur Überführung in den freien Verkehr angemeldet *(EU)*
declared insolvent *adj (Gen)* für insolvent erklärt
declared value for customs *(Imp/Exp)* erklärter Zollwert *m*
decline *v* 1. *(WiWi)* abnehmen, sinken, zurückgehen; 2. *(Gen, Recht)* ablehnen
decline 1. *(WiWi)* Rückgang *m*, Niedergang *m*, Abnahme *f (employment)*; 2. *(Börse)* Kursabschwächung *f*, Kursrückgang *m*
decline in employment *(Pers, WiWi)* Beschäftigungsrückgang *m*, Rückgang *m* der Beschäftigung, Beschäftigungsabnahme *f*
decline in price *(WiWi)* Preisrückgang *m*
decline in purchasing power *(V&M, WiWi)* Kaufkraftverlust *m*, Kaufkrafteinbuße *f*
decline in unemployment *(Soz, WiWi)* Rückgang *m* der Arbeitslosigkeit, Abnahme *f* der Arbeitslosigkeit
decline stage *(V&M)* Degenerationsphase *f (product cycle)*
declining *adj (Gen)* rückgängig, rückläufig
declining balance depreciation *(Fin, RW)* degressive Abschreibung *f*
declining balance method *(Fin, RW)* geometrisch-degressive Abschreibung *f*, geometrisch-degressive Abschreibungsmethode *f (US-GAAP; cf IAS: diminishing balance method)*
declining economic activity *(WiWi)* rückläufige Konjunktur *f*
declining interest rates *(WiWi)* sinkende Zinsen *mpl*
declining labour force *(Pers, WiWi)* zurückgehende Erwerbsbevölkerung *f*, rückläufige Erwerbsbevölkerung *f*, schrumpfende Erwerbsbevölkerung *f*, abnehmendes Arbeitskräftepotential *n*, schrumpfende Belegschaft *f*
declining population *(WiWi)* rückläufige Bevölkerungsentwicklung *f*, abnehmende Bevölkerung *f*, schrumpfende Bevölkerung *f*
declining production *(Ind)* Produktionsrückgang *m*
declining trend *(WiWi)* rückläufige Tendenz *f*
declining work force *(Pers, WiWi)* zurückgehende Erwerbsbevölkerung *f*, rückläufige Erwerbsbevölkerung *f*, schrumpfende Erwerbsbevölkerung *f*, abnehmendes Arbeitskräftepotential *n*, schrumpfende Belegschaft *f*
deconcentration *(Admin, Bank)* Dekartellisierung *f*, Entflechtung *f*
decrease *v (Gen)* sinken
decrease in unemployment *(Soz, WiWi)* Rückgang *m* der Arbeitslosigkeit, Abnahme *f* der Arbeitslosigkeit
decrease in value *(Fin, RW)* Wertvorschlag *m*
decreasing order *(Gen)* absteigende Folge *f*
decreasing rate *(Fin)* rückläufiger Kurs *m*
decree in bankruptcy *(Recht, RW)* Insolvenzeröffnungsbeschluss *m*
decruitment *(Pers)* Abbau *m* von Personal, Verkleinerung *f* der Belegschaft, Verringerung *f* des Beschäftigtenstandes
dedication *(Gen, Media)* Widmung *f*, Zueignung *f*
dedication purpose *(Komm, Recht)* Widmungszweck *m*
deductibility *(Bank)* Anrechenbarkeit *f*
deductibility of employer contributions *(Steuer)* Abzugsfähigkeit *f* der Arbeitgeberbeiträge
deductible *adj (Fin, Steuer)* absetzbar, abzugsfähig

deductible cash in hand *(Bank)* anrechenbare Kassenbestände *mpl*
deductible clause *(Versich)* Selbstbehaltsklausel *f*
deductible input tax *(Steuer)* abziehbare Vorsteuer *f*, abziehbare Vorsteuerbeträge *mpl*
deduction 1. *(Gen)* Abzug *m*, Rabatt *m*, Anrechnung *f*; 2. *(Steuer)* abzugsfähiger Betrag *m*, Absetzung *f*, Abzug *m* *(from income)* • **deduction of input tax** *(Steuer)* Vorsteuerabzug *m*
deduction at source *(Steuer)* Quellenabzug *m*
deed *(Recht)* Übertragungsurkunde *f*, Urkunde *f*, förmlicher Vertrag *m*
deed of covenant *(BE) (Steuer)* Schenkungsurkunde *f*, Versprechensurkunde *f*
deed of partnership *(Recht)* Gesellschaftsvertrag *m*
deemed approval *(Recht)* stillschweigendes Einverständnis *n*
deemed employee *(Gen)* Scheinselbstständige(r) *f(m)*
deepening of the European Union *(Pol)* Vertiefung *f* der Europäischen Union *(harmonization etc.)*
defalcation *(Recht)* Unterschlagung *f* von Geldern, Veruntreuung *f*
defame *v* *(Recht)* jmdn. verleumden
defame *v* **sb's reputation** *(Recht)* jmdn. verleumden
default *v* 1. *(Fin, Gen)* in Verzug geraten; 2. *(Recht)* nicht vor Gericht erscheinen
default 1. *(Fin, Gen)* Säumnis *f*, Ausfall *m*, Nichterbringung *f*; Verzug *m*, Zahlungsverzug *m*; Leistungsverzug *m*; 2. *(Recht)* Versäumnis *n*, Verzug *m*; Leistungsstörung *f*; 3. *(Comp)* Standard *m* • **in default** *(Fin, Gen)* säumig, in Verzug • **in the event of the borrower's default** *(Fin)* bei Verzug des Kreditnehmers; bei Eintritt des Garantiefalls
default in acceptance *(Recht)* Annahmeverzug *m*
default in delivery *(Recht)* Lieferverzug *m*
default in payment *(Fin)* Zahlungsverzug *m*
default interest *(Bank)* Verzugszinsen *mpl*
default judgment *(Recht)* Säumnisurteil *n*
default of the debtor *(Recht)* Schuldnerverzug *m*
default rate *(Bank, Fin)* Ausfallrate *f*, Kreditausfallrate *f*
default risk *(Bank, Fin)* Kreditausfallrisiko *n*
default surcharge *(BE) (Steuer)* Zuschlag *m* für Zahlungsverzug
defaulted bond *(Börse)* notleidende Anleihe *f*
defaulter *(Bank, WiWi)* säumiger Schuldner *m*
defaulting *(Fin, Recht)* säumig, in Verzug
defaulting debtor *(Bank)* säumiger Schuldner *m*, in Verzug geratener Schuldner *m*
defeat *v* *(Recht)* vereiteln
defective *adj* *(Recht)* fehlerhaft, mangelhaft
defective performance *(Recht)* mangelhafte Erfüllung *f*, Schlechterfüllung *f*
defective product *(V&M)* mangelhafte Ware *f*
defective service *(Gen)* mangelhafte Leistung *f*
defectiveness *(Recht, V&M)* Mangelhaftigkeit *f*
defence based on warranty for a defect *(BE) (Recht)* Mängeleinrede *f*
defend *v* *(Gen)* verteidigen
defendant *(Recht)* Beklagte(r) *f(m)*
defense attorney *(AE) (Recht)* Verteidiger(in) *m(f)*
defense lawyer *(AE) (Recht)* Verteidiger(in) *m(f)*
defensive conditions *(Gen)* Abwehrkonditionen *fpl*
defensive investment *(Börse)* defensive Anlagestrategie *f*, defensive Strategie *f* *(Bevorzugung wertstabiler, konjunkturresistenter schwankungsarmer Werte; cf vice funds)*
defensive securities *(Börse)* risikoarme Wertpapiere *npl*
defer *v* *(Gen)* aufschieben *(decision)*; stunden *(debt)*
defer *v* **a debt** *(RW)* einen Kredit verlängern
defer *v* **payment** *(RW)* eine [die] Zahlung aufschieben
deferment *(Gen)* Aufschub *m*

deferral 1. *(RW)* transitorischer Rechnungsabgrenzungsposten *m*, transitorischer Abgrenzungsposten *m (deferred charges = transitorische Aktiva, deferred income = transitorische Passiva)*; Abgrenzung *f*, Periodenabgrenzung *f*; 2. *(Gen)* Aufschub *m*, Stundung *f*
deferral of payment *(Bank)* Stundung *f*
deferred *adj* 1. *(RW)* aktivisch abgegrenzt *(balance sheet)*; 2. *(Gen)* aufgeschoben
deferred balances *(RW)* Abgrenzungsposten *mpl*
deferred billing *(V&M)* Rechnungsaufschub *m*
deferred charges *(RW)* transitorische Aktiva *npl*, aktive Rechnungsabgrenzungsposten *mpl*; Kostenabgrenzungen *fpl*, abgegrenzte Kosten *pl*
deferred compensation *(Pers)* nachträgliche Vergütung *f*
deferred credit *(RW)* transitorische Passiva *mpl*
deferred income *(RW)* transitorische Passiva *npl*, passive Rechnungsabgrenzung *f*, passive Rechnungsabgrenzungsposten *mpl*
deferred interest *(RW)* antizipative Zinsabgrenzung *f*
deferred item *(RW)* transitorischer Posten *m*
deferred payments *(Fin)* aufgeschobene Zahlungen *fpl*
deferred revenue *(Fin)* zurückgestellte Erträge *mpl*, zurückgestelltes Einkommen *n*
deferred tax *(Fin, Steuer)* aufgeschobene Steuer *f*, latente Steuer *f*
deferred tax liabilities *(Fin, Steuer)* gestundete Steuerverbindlichkeiten *fpl*
deferred taxation *(Fin, Steuer)* aufgeschobene Besteuerung *f*
deferred taxes *(RW, Steuer)* latente Steuern *fpl (Abgrenzung der Differenz zwischen dem fiktiven handelsrechtlichen und dem tatsächlichen steuerrechtlichen Steueraufwand)*
deficiency 1. *(Gen)* Ausfall *m*, Defizit *n*, Fehlbestand *m*; 2. *(Steuer)* Fehlbetrag *m*, Minderbetrag *m*
deficit *(Fin, WiWi)* Defizit *n*, Fehlbetrag *m*
deficit financing *(Fin, WiWi)* Defizit Spending *n*, Defizitfinanzierung *f*
deficit in education *(Pers)* Bildungsdefizit *n*, Bildungsmangel *m*
deficit ratio *(WiWi)* Defizitquote *f*
deficit spending *(WiWi)* Defizitfinanzierung *f*, Defizit Spending *n*
deficit-to-GDP ratio *(Pol, WiWi)* Defizitquote *f (EU, Maastricht-Kriterium)*
defined benefit *(Mgt, RW)* Leistungszusage *f*, leistungsorientierte Zusage *f (company pension scheme = betriebliche Altersversorgung; opposite: defined contribution = Beitragszusage)*
defined contribution *(Mgt, RW)* Beitragszusage *f*, beitragsorientierte Zusage *f (company pension scheme = betriebliche Altersversorgung; opposite: defined benefit = Leistungszusage)*
definitional equation *(Stat)* Definitionsgleichung *f*
deflate *v (WiWi)* deflationieren
deflation *(WiWi)* Deflation *f*
deflationary *adj (WiWi)* deflationär
deflationary gap *(WiWi)* deflatorische Lücke *f*
deflator *(WiWi)* Deflator *m*
deflator of aggregate sales *(WiWi)* Deflator *m* des Gesamtabsatzes, Preisindex *m* des Gesamtabsatzes
deflator of domestic demand *(WiWi)* Deflator *m* der Inlandsnachfrage, Preisindex *m* der Inlandsnachfrage
deflator of total sales *(WiWi)* Deflator *m* des Gesamtabsatzes, Preisindex *m* des Gesamtabsatzes
deforestation *(Umwelt)* Abholzung *f*, Entwaldung *f*
defrauder *(Recht, RW)* Steuerhinterzieher *m*, Betrüger(in) *m(f)*
defrauding *(BE) (Steuer)* Steuerhinterziehung *f*
defray *v* **the costs** *(Gen)* die Kosten tragen
defray *v* **the expenses** *(Gen)* die Kosten übernehmen, für die Spesen aufkommen
degree 1. *(Gen)* Grad *m (measure)*; 2. *(Pers, Soz)* Staatsprüfung *f*, Universitätsabschluss *m*, Hochschulabschluss *m*, Universitätsdiplom *n*
degree holder *(Bil)* Absolvent(in) *m(f) (in der Regel einer höheren Ausbildung)*
degree of exposure *(Börse)* Umfang *f* offener Positionen, Devisenengage-

ment *n*, Kreditengagement *n*, Wertpapierengagement *n*, Risikograd *m*

degree of fluctuation *(Börse)* Schwankungsintensität *f*

degree of goal accomplishment *(Mgt, WiWi)* Zielerreichungsgrad *m*, Zielerfüllungsgrad *m*

degree of industrialization *(Ind, WiWi)* Industrialisierungsgrad *f*

degree of maturity *(WiWi)* Reifegrad *m* *(einer Volkswirtschaft)*

degree of moneyness *(Fin, RW)* Geldgrad *m (of assets, Geldnähe von Vermögenswerten und Finanzinstrumenten)*

degree of performance *(Mgt, WiWi)* Zielerreichungsgrad *m*, Zielerfüllungsgrad *m*

degree of risk *(Gen)* Gefahrenumfang *m*, Risikograd *m*

degree of utilization *(Ind, WiWi)* Auslastungsgrad *m*

degressive tax *(Steuer)* degressive Steuer *f*

dehiring *(AE) (Pers)* Abbau *m* von Personal, Verkleinerung *f* der Belegschaft, Verringerung *f* des Beschäftigtenstandes

del credere *(Fin)* Delkredere *n*

delay *v (Gen)* aufschieben, verzögern

delay 1. *(Comp)* Verzögerung *f*; 2. *(Fin)* Säumnis *f*; 3. *(Gen)* Verspätung *f*, Verzögerung *f*, Verzug *m*, Aufschub *m*; 4. *(Recht)* Verzug *m*

delay in payment *(Fin)* Zahlungsverzug *m*

delay of the creditor *(Recht)* Gläubigerverzug *m*

delayer *v (Mgt, Pers)* flache Hierarchien bilden

delegate *v (Mgt)* übertragen, delegieren, erteilen

delegate 1. *(Pers)* Vertreter(in) *m(f)*; 2. *(Pol)* Abgeordnete(r) *f(m)*, Abg., Abgesandte(r) *f(m)*

delegation 1. *(Gen)* Delegation *f (of people)*; 2. *(Mgt)* Erteilung *f*, Übertragung *f (of powers, authority)*

delegation of authority *(Gen)* Vollmachtsübertragung *f*, Delegation *f* von Kompetenzen

delegation of signing authority *(Gen)* Erteilung *f* von Zeichnungsvollmacht

delete *v* **a debt** *(Fin)* Schulden streichen

deletion of debts *(Gen)* Schuldenstreichung *f*

deliberate *v (Recht)* beraten

deliberate act *(Recht)* bewusste Handlung *f*

delinquency 1. *(Fin)* Säumnis *f*; 2. *(Gen)* Nichtzahlung *f* bei Fälligkeit

delinquency ratio *(RW)* Ausfallquote *f*

delinquent *adj (Fin, Gen, Recht)* säumig

delist *v (Börse)* von der Börse nehmen, die Börsennotierung einstellen, nicht mehr an der Börse notieren; aus der Notierung streichen; sich von der Börse zurückziehen *(synonymous: go private; remove a security from the official register of a stock exchange)*

delisting rules *(Börse)* Delisting-Regeln *fpl*

deliver *v (Gen)* übergeben, liefern

deliverable *adj (Börse)* lieferbar

deliverable security *(Börse)* lieferbares Wertpapier *n*

delivered *adj (Gen)* geliefert, übergeben

delivered domicile *(Transp)* Lieferung *f* frei Haus

delivered duty paid *(Imp/Exp)* geliefert verzollt

delivered ex quay *(Imp/Exp)* geliefert ab Kai *(Incoterms)*

delivered free *adv (Gen, Komm)* portofrei *(postage paid, Porto für eine Postsendung wird vom Absender bezahlt)*; franko, franco *(Transport- oder Portokosten werden vom Absender bezahlt; im kaufmännischen Gebrauch allmählich veraltend)*

delivered goods *(Gen, Recht, V&M)* ausgelieferte Ware *f*, abgegebene Ware *f*

delivering carrier *(Transp)* Auslieferungsspediteur *m*

delivery 1. *(Komm)* Zustellung *f (of post)*; 2. *(Gen)* Aushändigung *f*, Auslieferung *f*, Lieferung *f*, Übergabe *f*; 3. *(Recht)* Übermittlung *f*

delivery against payment system *(Bank)* Lieferung *f* gegen Zahlung--System, L/Z-System *n (ECB)*

delivery charge *(Transp)* Zustellgebühr *f*

delivery contract *(Gen, Recht, V&M)* Liefervertrag *m*

delivery costs *(RW)* Lieferkosten *pl*, Bezugskosten *pl*
delivery day 1. *(Gen)* Tag *m* der Zustellung; 2. *(Börse)* Liefertag *m*
delivery fee *(V&M)* Zustellgebühr *f*
delivery instruction *(Gen, Komm)* Aushändigungsvorschrift *f (e. g. to addressee only = eigenhändig, against receipt = gegen Empfangsbescheinigung)*
delivery month *(Börse)* Liefermonat *m*
delivery of goods *(Gen)* Warenlieferung *f*
delivery performance *(Imp/Exp, Transp)* Liefererfüllung *f*
delivery period 1. *(Gen)* Lieferfrist *f*; 2. *(Börse)* Lieferzeitraum *m*
delivery receipt *(Imp/Exp, Transp)* Lieferbestätigung *f*, Warenempfangsschein *m*
delivery terms of sale *(Imp/Exp)* Lieferbedingungen *fpl*
delivery time 1. *(Gen)* Lieferzeit *f*; 2. *(Börse)* Lieferfrist *f*; 3. *(Transp)* Lieferzeit *f*
delivery versus payment *(Börse)* Lieferung *f* gegen Zahlung
delivery versus payment system *(Bank)* Lieferung gegen Zahlung-System *n*, L/Z-System *n (ECB)*
demand *v (Gen)* fordern
demand *v* **an explanation** *(Gen)* Rechenschaft fordern
demand 1. *(WiWi)* Bedarf *f*, Nachfrage *f*; 2. *(Gen)* Aufforderung *f*, Bedarf *m* • **in demand** *(Gen, Pers)* gefragt • **on demand** 1. *(Fin, RW)* bei Vorlage; bei Sicht, gegen Vorlage *(at sight)*; 2. *(Gen)* auf Verlangen
demand coverage *(V&M)* Bedarfsdeckung *f*
demand curve *(WiWi)* Nachfragekurve *f*
demand curve for labor *(AE) (Pers, WiWi) s.* demand curve for labour
demand curve for labour *(BE) (Pers, WiWi)* Nachfragekurve *f* nach Arbeit (-skräften), *(jarg.)* Arbeitsnachfrage *f*
demand deficient unemployment *(WiWi)* nachfragebedingte Arbeitslosigkeit *f*
demand deposit *(Bank)* Sichteinlage *f*
demand draft *(Fin)* Sichttratte *f*, Sichtwechsel *m*
demand-driven *adj (WiWi)* bedarfsorientiert; nachfragebedingt
demand for currency *(Bank)* Bargeldbedarf *m*
demand for goods *(WiWi)* Güternachfrage *f*
demand for manpower *(Pers)* Bedarf *m* an Arbeitskräften, Nachfrage *f* nach Arbeitskräften
demand for money *(WiWi)* Geldnachfrage *f*
demand function *(WiWi)* Nachfragefunktion *f*
demand-led growth *(Gen)* nachfragegesteuertes Wachstum *n*
demand management *(WiWi)* Nachfragesteuerung *f*
demand note *(Gen)* Zahlungsaufforderung *f*
demand-oriented *adj (V&M)* bedarfsgerecht, bedarfsorientiert
demand pattern *(WiWi)* Nachfragestruktur *f*
demand price *(WiWi)* Geldkurs *m*
demand-pull inflation *(Gen, WiWi)* Nachfrageinflation *f*
demand shift *(V&M, WiWi)* Nachfrageverschiebung *f*, Nachfrageveränderung *f*
demand-shift inflation *(WiWi)* Inflation *f* durch Nachfragestrukturveränderungen
demand side *(V&M, WiWi)* Nachfrageseite *f*
demand stimulus *(WiWi)* Nachfrageimpuls *m*
demarcation dispute *(Mgt, Pers)* Kompetenzstreitigkeit *f*
demerger *(Mgt, WiWi)* Entflechtung *f*
demerit good *(Pol, WiWi)* demeritorisches Gut *n (R. A. Musgrave: a good with a feature or a fact deemed to deserve an intervention from the government with the aim to reduce consumption or/and production; Staatseingriffe zur Begrenzung oder Verhinderung von Konsum oder Produktion eines Guts sind danach dann gerechtfertigt, wenn nach den Erkenntnissen der Regierung die Präferenzen unaufgeklärter Konsumenten verzerrt sind, z. B. Tabak, Alkohol)*

demographic policy *(Pol)* Bevölkerungspolitik *f*
demographic statistics *(Stat, WiWi)* Bevölkerungsstatistik *f*
demographic transition *(WiWi)* demografischer Wandel *m*
demolition cost *(Gen)* Abbruchkosten *pl*
demonetization *(WiWi)* Demonetisierung *f*
demotivate *v (Pers)* demotivieren
denationalize *v (WiWi)* reprivatisieren
denominate *v (WiWi)* denominieren, die Stückelung angeben von
denominate *v* **in** 1. *(Bank)* ausdrücken in; 2. *(WiWi)* als Rechengröße dienen
denomination 1. *(WiWi)* Wertbezeichnung *f*, Bezeichnung *f*, Stückelung *f*, Nennwert *m (coins)*; 2. *(Börse)* Stücke *npl*
denominator *(Gen, Stat)* Nenner *m*
department 1. *(Pol, WiWi)* Abteilung *f*; Ministerium *n*; 2. *(Gen)* Abteilung *f (in company)*; 3. *(Mgt)* Dezernat *n (civil service)*
department manager *(V&M)* Abteilungsleiter(in) *m(f)*
department store *(V&M)* Kaufhaus *n*, Warenhaus *n*
department store chain *(V&M)* Warenhauskette *f*
departmental burden *(RW)* Abteilungsgemeinkosten *pl*
departmental costing *(RW)* Abteilungskostenrechnung *f*
departmental expenses *(RW)* Abteilungsgemeinkosten *pl*
departmental head *(Gen)* Abteilungsleiter(in) *m(f)*
departmental manager *(Gen)* Abteilungsleiter(in) *m(f)*
departmental minister *(Pol)* Fachminister(in) *m(f) (EU)*
departmental overheads *(RW)* Abteilungsgemeinkosten *pl*
departmental profit *(RW)* Abteilungsgewinn *m*, Abteilungsspanne *f*
departmental profit margin *(RW)* Abteilungsspanne *f*
departmental structure *(Admin, Gen)* Abteilungsgliederung *f*
departmentation *(Admin)* Abteilungsgliederung *f*, Abteilungsbildung *f*
dependant *(Pers, Soz)* Unterhaltsberechtigte(r) *f(m)*, unterhaltsberechtigte(r) Familienangehörige(r) *f(m)*, abhängiger Familienangehörige(r) *f(m)*, (abhängiger) Angehörige(r) *f(m)*
dependency insurance *(Soz, Versich)* Pflegeversicherung *f (Germany)*
dependent *adj (Soz)* unterhaltsbedürftig, unterhaltsberechtigt, abhängig
dependent employment *(Pers)* unselbstständige Beschäftigung *f*
dependent labor force *(AE) (Pers, WiWi)* s. dependent labour force
dependent labour force *(BE) (Pers, WiWi)* abhängige Erwerbspersonen *fpl (synonymous: dependent working population; abhängig Beschäftigte und Arbeitslose)*
dependent patent *(Pat)* abhängiges Patent *n*
dependent variable *(Stat, WiWi)* abhängige Variable *f*
depletable resource *(Umwelt, WiWi)* erschöpfbarer Rohstoff *m*
deposit *v (Gen)* hinterlegen
deposit 1. *(RW)* Einzahlung *f (paying into a bank)*; Anzahlung *f (down-payment)*; 2. *(Bank)* Verwahrung *f*; 3. *(Umwelt)* Vorkommen *n*, Lagerstätte *f*; 4. *(Gen)* Hinterlegung *f*, Anzahlung *f*; 5. *(Recht)* Verwahrung *f*, Hinterlegung *f*; 6. *(Grund)* Kaution *f*; 7. *(V&M)* Pfand *n (bottle)*; 8. *(Börse)* Einschusszahlung *f* • **for deposit only** *(Bank)* nur zur Verrechnung
deposit account *(BE) (Bank)* Depositenkonto *n*, Einlagenkonto *n*, Sparkonto *n*
deposit balance *(Bank)* Guthabensaldo *n*
deposit bank *(Bank)* Depositenbank *f*, Girobank *f*
deposit certificate 1. *(Bank)* Einlagenschein *m*, Einlagenzertifikat *n*; 2. *(Fin)* Depotbescheinigung *f*
deposit currency *(Bank, WiWi)* Giralgeld *n*, Buchgeld *n*
deposit guarantee fund *(Bank, Recht)* Einlagensicherungsfonds *m*
deposit institution *(Admin)* Hinterlegungsstelle *f*
deposit interest *(Bank)* Einlagenzins *m*
deposit liabilities *(Bank, RW)* Einlagenverbindlichkeiten *fpl*

deposit margin *(Börse)* Originaleinschuss *m*
deposit money *(Bank, WiWi)* Buchgeld *n*
deposit multiplier *(WiWi)* Geldschöpfungsmultiplikator *m*
deposit rate *(Bank)* Einlagenzins *m*
deposit-taking business *(Bank)* Einlagengeschäft *n*, Passivgeschäft *n*
depositary 1. *(Admin)* Hinterlegungsstelle *f*; 2. *(Recht)* Treuhänder(in) *m(f)*, Verwahrer(in) *m(f)*
deposition *(Recht)* Hinterlegung *f*
depositor *(Bank, Gen)* Einleger(in) *m(f)*, Einzahler(in) *m(f)*, Hinterleger(in) *m(f)*
depository bank *(Bank)* Depotbank *f*
deposits *(Bank)* Depositen *pl*, Einlagen *fpl*
depot *(Gen)* Depot *n*, Warenlager *n*
depot charge *(Bank)* Depotgebühr *f*
depreciable amount *(RW)* Abschreibungsbetrag *m*
depreciable asset *(RW)* abnutzbares Vermögen *n*
depreciable basis *(RW)* Abschreibungsbasis *f*
depreciable fixed assets *(RW)* abnutzbares Anlagevermögen *n*
depreciable life *(Steuer, WiWi)* Nutzungsdauer *f*
depreciable property *(RW)* abnutzbares Vermögen *n*
depreciable real estate *(RW)* abnutzbares unbewegliches Vermögen *n*
depreciate *v* 1. *(RW, WiWi)* abwerten, entwerten *(currency)*; abschreiben *(investment, assets)*; 2. *(RW, WiWi)* an Kaufkraft verlieren *(currency)*; an Wert verlieren *(investment, assets)*
depreciation 1. *(RW)* Abschreibung *f*, Wertminderung *f*, Wertverlust *m (write--down)*; 2. *(Bank)* Wertverlust *m*; 3. *(WiWi)* Abwertung *f*, effektive Abwertung *f*, De-facto-Abwertung *f*, Entwertung *f*, Kursrückgang *m*, Wertverlust *f*, Wertminderung *f (currency)*; 4. *(Gen)* Verschlechterung *f*; 5. *(Grund)* Abschreibung *f*, Werteinbuße *f*, Wertminderung *f*, Wertverlust *f*
depreciation allowance *(RW)* zulässiger Abschreibungssatz *m*
depreciation method *(RW, WiWi)* Abschreibungsmethode *f*, Abschreibungsverfahren *n (method of depreciation)*
depreciation of fixed assets *(Bank)* Abschreibung *f* auf Anlagevermögen
depreciation procedure *(RW, WiWi)* Abschreibungsmethode *f*, Abschreibungsverfahren *n (method of depreciation)*
depreciation-prone *adj (Bank, WiWi)* abwertungsverdächtig
depreciation suspect *(Bank, WiWi)* Abwertungskandidat *m*
depression *(WiWi)* Depression *f*, Wirtschaftskrise *f*
depth *(Gen)* Tiefe • **in depth** *(Gen)* ausführlich, gründlich
deputy 1. *(Gen)* Stellvertreter(in) *m(f)*; 2. *(Pol)* Abgeordnete(r) *f(m)*, Abg.
deputy chairman of the executive board *(Mgt)* stellvertretender Vorstandsvorsitzender *m*
deregulate *v (Gen, WiWi)* deregulieren
deregulation of the labour market *(BE) (Pers, WiWi)* Deregulierung *f* des Arbeitsmarktes, Arbeitsmarktderegulierung *f*
dereliction of duty *(Recht)* Pflichtvernachlässigung *f*
derivative *adj (Börse)* derivativ, nachgeordnet
derivative instrument *(Fin)* Derivat *n*, derivatives Instrument *n*
derivative market *(Börse)* Derivativmarkt *m*, Derivatemarkt *m*
derivative product *(V&M)* Derivat *n*
derive *v* **income from trade or business** *(Steuer) (Deu)* Einkünfte aus Gewerbebetrieb erzielen *(ESt)*
derived demand *(WiWi)* abgeleitete Nachfrage *f*, derivative Nachfrage *f*
derogation *(Recht)* Beeinträchtigung *f*
DES *s.* Data Encryption Standard
descending sort *(Gen)* absteigende Sortierung *f*
describe *v* **in full detail** *(Gen)* ausführlich beschreiben
descriptive statistics *(Stat)* deskriptive Statistik *f*
deseasonalization *(Stat, WiWi)* Saisonbereinigung *f (von Zeitreihen)*
design *v (Gen)* zeichnen, entwerfen
design 1. *(Gen)* Entwurf *m*, Konstruktion

f, Zeichnung *f (sketch)*; 2. *(Pat)* Ausführung *f*, Design *n*, Modell *n*, Muster *n*
design and layout *(V&M)* Design und Lay-out *n*
design engineer *(Ind)* Konstrukteur *m*
design engineering *(Ind)* Konstruktionstechnik *f*
design law *(Pat, Recht)* Geschmacksmustergesetz *n*
design patent *(AE) (Pat, Recht)* Geschmacksmuster *n (BE: registered design)*
design right *(Pat, Recht)* Recht *n* auf ein Geschmacksmuster
designation 1. *(Gen)* Bezeichnung *f*; 2. *(Fin)* Designierung *f (funds, IWF)*
designation of inventor *(Pat)* Erfindernennung *f*
designation of origin *(Imp/Exp)* Ursprungsbezeichnung *f*
designed *adj (Gen)* entworfen
designer product *(V&M)* Designerprodukt *n*
desire 1. *(Gen)* Begierde *f*; 2. *(V&M)* Verlangen *n*, Wunsch *m*
desire to purchase *(V&M)* Kaufwunsch *m*
desk 1. *(Gen)* Schreibtisch *m*; 2. *(Börse)* Desk *n*, Handelsdesk *n*
desk research *(V&M)* Sekundärforschung *f*
deskill *v (Pers)* die berufliche Qualifikation entwerten, dequalifizieren, entqualifizieren
deskilling *(Pers)* Herabstufung *f* von Arbeitsplätzen
despecialisation *(Gen)* Generalisierung *f*
destination principle *(Steuer)* Bestimmungslandprinzip *n (VAT)*
destruction of capital *(WiWi)* Kapitalvernichtung *f*
destructive competition *(WiWi)* Verdrängungswettbewerb *m*
detachable *adj (Gen)* abtrennbar
detachment *(Pol)* Loslösung *f*
detail *v (Gen)* ausführlich beschreiben
detailed *adj (Gen)* ausführlich
detailed planning *(Mgt)* Detailplanung *f*, Feinplanung *f*
detailed record *(Recht, Steuer)* Einzelnachweis *m*
details *(Gen)* Angaben *fpl*, Einzelheiten *fpl*, Details *npl*
detain *v* 1. *(Recht)* inhaftieren; 2. *(Transp)* beschlagnahmen
detect *v (Gen)* aufspüren
détente *(Pol)* Entspannung *f*
deter *v* **from** *(Gen)* abhalten von
deteriorate *v (Gen)* sich verschlechtern
deterioration 1. *(Gen)* Verschlechterung *f*; 2. *(WiWi)* Passivierung *f (BOP)*
deterioration of the labour market situation *(BE) (Pers, WiWi)* Verschlechterung *f* der Arbeitsmarktsituation, Verschlechterung *f* der Arbeitsmarktlage
determinants *(Gen)* Determinanten *fpl*, Bestimmungsfaktoren *mpl*, Einflussfaktoren *mpl*
determine *v* 1. *(WiWi)* bestimmen, festlegen *(price)*; 2. *(Gen)* bemessen
detrended *adv (WiWi)* trendbereinigt
detriment *(Recht, Versich)* Schädigung *f*
• **to the detriment of** *(Gen)* zum Nachteil von, zum Schaden von
detrimental *adj (Gen)* schädlich
detrimental effect *(Recht)* schädliche Auswirkung *f*
detrimental to effective competition *(WiWi)* wettbewerbsfeindlich
devaluate *v (WiWi)* abwerten
devaluation *(WiWi)* Abwertung *f*
devalue *v (WiWi)* abwerten, devaluieren
develop *v (Ind)* konstruieren, entwickeln, aufschließen
developed and undeveloped land *(Grund)* bebaute und unbebaute Grundstücke *npl*
developed country *(Pol, WiWi)* Industrieland *n*, Industriestaat *m*
developed economy *(WiWi)* entwickelte Volkswirtschaft *f*
developed market *(V&M)* entwickelter [reifer] Markt *m*
developer *(Grund)* Bebauer *m*, Bauherr *m*, Bauunternehmer(in) *m(f)*; Erschließungsunternehmen *n*
developing country *(WiWi)* Entwicklungsland *n*
development 1. *(Comp, WiWi)* Entwicklung *f*; 2. *(Ind)* Entwicklung *f*, Konstruktion *f*
development aid *(WiWi)* Entwicklungshilfe *f*
development area *(BE) (WiWi)* Fördergebiet *n*

development bank *(Bank)* Entwicklungsbank *f*
development economics *(WiWi)* Entwicklungsökonomie *f*
development expenditure *(Fin)* Entwicklungskosten *pl*
development planning *(WiWi)* Entwicklungsplanung *f*
development policy *(Pol)* Entwicklungspolitik *f*
development potential *(Gen)* Entwicklungspotenzial *n*
development project *(WiWi)* Entwicklungsprojekt *n*
development stage enterprise *(AE)* *(WiWi)* junges Unternehmen *n*
development strategy *(Mgt)* Entwicklungsstrategie *f*
deviation *(Recht)* Abweichung *f (in law)*
device *(Gen)* Gerät *n*, Vorrichtung *f*
devise *v (Grund, Recht)* vermachen
devolution *(Recht)* Erbfall *m*
dial *v (Komm)* wählen *(telephone)*
dial *v* **direct** *(Komm)* direkt wählen
dial-up *(Komm)* Anwahl *f*
dictionary *(Media)* Wörterbuch *n*; Lexikon *n*, Enzyklopädie *f*
die *v (Gen)* auslaufen *(come to an end)*
die *v* **intestate** *(Bank, Recht)* ohne Hinterlassung eines Testaments sterben
difference equation *(WiWi)* Differenzengleichung *f*
difference in timing *(RW)* zeitliche Buchungsdifferenz *f*, zeitliche Diskrepanz *f*
different *adj (Gen)* unterschiedlich • **be of a different opinion** *(Gen)* anderer Meinung sein, eine andere Meinung vertreten
differential advantage *(WiWi)* marginaler Vorteil *m*, Vorteil *m* durch Preisdifferenz
differential analysis *(Mgt)* Differenzialanalyse *f*
differential cost *(WiWi)* Grenzkosten *pl*
differential costing *(WiWi)* Grenzplankostenrechnung *f*, Deckungsbeitragsrechnung *f*, Teilkostenrechnung *f (opposite: full costing = Vollkostenrechnung)*
differential price *(V&M, WiWi)* Preisdifferenzierung *f*, Preisgefälle *n*, Preisunterschied *m*
differential pricing *(V&M, WiWi)* Preisdifferenzierung *f*
differential tax incidence *(Steuer)* Differenzialinzidenz *f* der Besteuerung
differential theory of rent *(WiWi)* Theorie *f* der Differenzialrente
differentials *(BE) (Pers)* Lohngefälle *n*
differentiate *v (Gen)* differenzieren, unterscheiden
differentiated goods *(V&M)* differenzierte Ware *f*
differentiated marketing *(V&M)* differenziertes Marketing *n*
differentiated product *(V&M)* differenziertes Produkt *n*
differentiation 1. *(Gen)* Unterscheidung *f*; 2. *(V&M)* Differenzierung *f*
differentiation strategy *(BE) (V&M)* Differenzierungsstrategie *f*
diffusion *(Ind, V&M, WiWi)* Diffusion *f*
diffusion curve *(V&M)* Diffusionskurve *f*
diffusion index *(WiWi)* Diffusionsindex *m*
diffusion of innovations *(V&M)* Verbreitung *f* von Innovationen
digit rate *(Comp, Komm)* Baud-Rate *f*, Schrittgeschwindigkeit *f (rate of digital transfer)*
digital exchanges *(Comp, Komm, Media)* digitale Tauschdienste *mpl*
digital products *(Comp, Komm)* digitale Produkte *npl*, digitale Angebote *npl*
digital rights *(Comp, Pat, Recht, V&M)* digitale Rechte *f*
Digital Rights Management *(Comp, Media, Pat, Recht)* Digital Rights Management *n*, DRM *n*, DRM-System *n*, Verwaltung *f* digitaler Rechte, Copyright-Verwaltung *f* und Abrechnung *f*
digital signature *(Comp, Recht)* digitale Signatur *f*
digital TV *(DTV) (Komm, Media)* digitales Fernsehen *n*, digitales TV *n*
digitalize *v (Comp, Komm)* digitalisieren
digitalized music files *(Comp, Komm, V&M)* digitalisierte Musik-Files *npl*
digitize *v (Komm)* digital darstellen
digits deleted *(Börse)* gelöschte Dezimalstellen *fpl* auf dem Börsenticker
dilatory payer *(Fin)* säumiger Zahler *m*
diligence *(Gen)* Sorge *f*
dilute *v* **capital** *(Fin)* Kapital verwässern *(cf dilution of capital)*
diluted earnings per share *(Fin)* berei-

nigtes Ergebnis *n* je Aktie *(IAS 33; Berücksichtigung des Verwässerungseffekts durch eine maximal mögliche Aktienzahlerhöhung aus eingeräumten Bezugsrechten)*; *(Deu)* voll verwässertes Ergebnis *n* nach DVFA/SG je Aktie, *(jarg.)* vollverwässertes DVFA-Ergebnis *n* je Aktie *(cf DVFA/SG, dilution of capital)*

dilution *(Börse, Fin)* Verwässerung *f (cf dilution of capital, dilution of equity)*

dilution charge *(Börse, Fin)* Verwässerungsgebühr *f (synonymous: dilution fee; cf Verwässerungsgebühr)*

dilution factor *(Börse, Fin)* Verwässerungsfaktor *m (amount that new shares created affect the value of existing holdings; cf fully diluted earnings per share = vollverwässertes Ergebnis je Aktie)*

dilution of capital *(Börse, Fin)* Kapitalverwässerung *f*, Verwässerung *f* des Aktienkapitals *(the reduction in the value per share and/or the earnings per share when additional common stock/ordinary shares in the company is/are issued without a corresponding increase in its assets or profitability; synonymous: capital dilution, stock watering, dilution of equity; durch Ausgabe zusätzlicher Aktien, z. B. von Gratisaktien oder aus der Wandlung von Wandelanleihen)*

dilution of equity *(Börse, Fin)* Kapitalverwässerung *f*, Verwässerung *f* des Aktienkapitals *(synonymous: capital dilution, stock watering, dilution of capital)*

dilution protection *(Börse, Fin)* Verwässerungsschutz *m (cf dilution of capital)*

diminishing-balance depreciation *(RW)* degressive Abschreibung *f (cf diminishing balance method; applies a constant percentage reduction; Verminderung des Restbuchwerts um einen konstanten Abschreibungssatz)*; geometrisch-degressive Abschreibung *f*, geometrisch-degressive Abschreibungsmethode *f (accountancy according to IFRS/IAS; US-GAAP: declining balance method)*

diminishing balance method *(RW)* degressive Abschreibungsmethode *f*, degressive Methode *f* der Abschreibung, degressive Abschreibung *f (cf: diminishing-balance depreciation)*; geometrisch-degressive Abschreibungsmethode *f*, geometrisch-degressive Abschreibung *f (accountancy according to IFRS/IAS; US-GAAP: declining balance method)*

diminishing marginal rate of substitution *(WiWi)* abnehmende Grenzrate *f* der Substitution

diminishing marginal returns *(Grund, WiWi)* abnehmende Grenzerträge *mpl*, abnehmender Grenzertrag *m (neoklassische Produktionstheorie; cf law of diminishing returns = law of decreasing returns = Ertragsgesetz = Gesetz vom abnehmenden Grenzertrag)*

diminishing marginal utility *(WiWi)* abnehmender Grenznutzen *m*

diminishing returns *(Grund, WiWi)* Ertragsrückgang *m*; abnehmende Erträge *mpl*; abnehmender Grenzertrag *m (neoklassische Produktionstheorie; cf law of diminishing returns = law of decreasing returns = Ertragsgesetz = Gesetz vom abnehmenden Grenzertrag)*

diminishing returns to scale *(WiWi)* abnehmende Skalenerträge *mpl*

diminuation *(Recht)* Preisminderung *f*

Dinky *(Abk. für double income, no kids; ugs.) (Soz)* kinderloser Doppelverdiener *m (Plural: Dinkies; a Dinky is a partner in a well-off working couple with no children)*

dip *v* **into savings** *(Gen)* Ersparnisse *fpl* angreifen

direct *v* 1. *(Gen)* dirigieren; 2. *(Mgt)* leiten

direct *adj* 1. *(Gen)* direkt, unmittelbar; 2. *(Transp)* direkt *(route)*

direct access *(Gen)* direkter Zugriff *m*, Direktzugriff *m*

direct advertising *(V&M)* Direktwerbung *f*

direct and indirect taxation *(Steuer, WiWi)* direkte und indirekte Besteuerung *f*

direct arbitrage *(Fin)* einfache Devisenarbitrage *f*

direct cost *(RW)* direkte Kosten *pl*, Einzelkosten *pl (costs directly identifiable with a particular activity, einem Podukt* *oder Prozess direkt zurechenbare Kosten; synonymous: direct expense; opposite: overheads = Gemeinkosten)*; leistungsabhängige Kosten *pl (variable costs, variable Kosten im Hinblick auf die Auslastung)*

direct cost of sales *(Gen)* direkte Umsatzaufwendungen *fpl*, Sondereinzelkosten *pl* des Vertriebs

direct cost planning *(RW)* Einzelkostenplanung *f (identifiable direct costs = direkte Kosten; opposite: overheads = Gemeinkosten)*

direct costing *(Fin, RW, WiWi)* Direct Costing *n*, Deckungsbeitragsrechnung *f*, Grenzplankostenrechnung *f (cost accounting; synonymous BE: marginal costing)*

direct costs *(Fin, RW, WiWi)* direkte Kosten *pl*

direct crowding-out *(WiWi)* direktes Crowding-out *n*

direct crowding-out effect *(WiWi)* direkter Verdrängungseffekt *m (of private investors)*

direct debit *(Bank, Fin)* Abbuchung *f* durch Einzugsermächtigung, Einzugsverfahren *n*

direct debit authorization *(Bank, Fin)* Einzugsermächtigung *f*

direct debit order *(Bank)* Abbuchungsauftrag *m*, Einzugsauftrag *m*

direct deposit *(Bank)* Direkteinlage, Sparen *f* im Abbuchungsverfahren *n*

direct dialing *(AE) (Komm) s.* direct dialling

direct dialling *(BE) (Komm)* Durchwahl *f*, Selbstwahl *f*

direct exchange *(WiWi)* direkter Warentausch *m*

direct expenses *(RW)* direkte Kosten *pl*, Einzelkosten *pl*

direct export trading *(Imp/Exp)* direkter Exporthandel *m*, direktes Exportgeschäft *n*, Direktexport *m*

direct foreign investment *(Fin, WiWi)* ausländische Direktinvestition *f*

direct fund transfer *(Bank)* elektronischer Überweisungsverkehr *m*

direct insurance *(Versich)* Direktversicherung *f*, Erstversicherung *f*

direct interbank trading *(Bank)* Bankendirekthandel *m*

direct investment *(Fin, WiWi)* Direktinvestition *f (investment abroad)*; Beteiligungsinvestition *f (anders: Portfolio-Investition = portfolio investment)*

direct labor *(AE) (RW) s.* direct labour

direct labor costs *(AE) s.* direct labour costs

direct labour *(BE) (RW)* Fertigungslöhne *mpl*, Lohneinzelkosten *pl (cost accounting, Kostenrechnung)*

direct labour costs *(BE)* 1. *(RW) (BE)* direkte Lohnkosten; 2. *(Fin)* Fertigungslohnkosten *pl (cost accounting, Kostenrechnung)*

direct lending *(Bank)* Gewährung *f* gebundener Finanzkredite

direct liability *(Recht)* unmittelbare Haftung *f*

direct mail 1. *(Komm)* Postwurfsendung *f*; 2. *(V&M)* Direktversand *m*, Postversand *m*

direct marketing *(V&M)* Direktmarketing *n*

direct offering *(Börse)* Direktemission *f*, Direktplatzierung *f*

direct operating cost *(Gen, RW)* betriebsbedingter Aufwand *m*, Betriebsaufwand *m*

direct order *(V&M)* Direkteinkauf *m*, Direktbezug *m*, unmittelbare Bestellmöglichkeit *f*

direct outward investment *(Fin, WiWi)* Direktinvestionen *fpl* im Ausland

direct payment *(WiWi)* endgültige Zahlung *f*

direct placement *(Bank)* Direktplatzierung *f*

direct product profitability 1. *(WiWi)* Nettoproduktgewinn *m*; 2. *(V&M)* direkte Produktrentabilität *f*

direct purchase *(Gen)* Beziehungskauf *m*, Direkteinkauf *m*

direct quotation *(Bank)* Preisnotierung *f*

direct real income *(WiWi)* reales verfügbares Einkommen *n*

direct sales *(V&M)* Direktverkauf *m*

direct selling *(V&M)* Direktverkauf *m*

direct subsidiary *(Mgt)* direktes Tochterunternehmen *n*

direct tax *(Steuer)* direkte Steuer *f*

direct workers *pl (Pers)* produktionsnahe Arbeitskräfte *pl*, Arbeitskräfte *pl* in

der Fertigung, Arbeitskräfte *pl* in der Produktion
direct yield *(Bank, Börse)* Direktertrag *m*, Direktrendite *f*
directed at *adj (Gen)* ausgerichtet auf
directed interview *(V&M)* gelenktes Interview *n (market research)*
direction 1. *(WiWi)* Entwicklungsrichtung *f (of interest rates)*; 2. *(Recht)* Weisung *f*; 3. *(Mgt)* klare Linie *f*; 4. *(Pol)* Richtlinie *f*, Weisung *f*
directions for use *(Gen)* Benutzungsanleitung *f*, Gebrauchsanweisung *f*
directive 1. *(Fin, WiWi)* Richtlinie *f*; 2. *(Recht)* Weisung *f*; 3. *(Pol)* Richtlinie *f*, Weisung *f*
Directive *(Recht)* EU-Richtlinie *f*, Richtlinie *f (Community law = EU-Gemeinschaftsrecht: EU outline legislation prepared for enactment by the member states; EU-Richtlinien müssen vor dem In-Kraft-Treten in jedem Mitgliedstaat in nationales Recht umgesetzt werden; Gegensatz: Verordnung; opposite: regulation which immediately binds EU member states legally in every respect)*
Directive on Data Retention *(Komm, Recht)* Richtlinie *f* zur Vorratsdatenspeicherung *(EU)*
Directive on Services in the internal market *(Pol, Recht)* Richtlinie *f* für Dienstleistungen im Binnenmarkt *(EU, Dienstleistungsrichtlinie)*
Directive on the Posting of Workers *(Pers, Pol, Recht)* Entsenderichtlinie *f*, Richtlinie *f* über die Entsendung von Arbeitnehmern *(EU)*
directive style of leadership *(Pol)* autoritärer Führungsstil *m*
directly *adv (Gen)* direkt • **be directly responsible to sb** *(Gen)* jmdm. direkt unterstellt sein
directly related to *(Gen)* direkt bezogen auf
director 1. *(Pers)* Direktor(in) *m(f)*, Geschäftsführer(in) *m(f)*, Leiter(in) *m(f)*; 2. *(Mgt)* Vorstandsmitglied *n*
director general *(Pers)* Generaldirektor(in) *m(f)*
director's dealing(s) *(Recht)* Aktienhandel durch Organmitglieder *(dealing in a company's stock by one of its directors or officers; Handel der Board-, Aufsichtsrats- oder Vorstandsmitglieder sowie deren Mitarbeiter und Familienmitglieder mit den Aktien des eigenen Unternehmens sind aufsichtsrechtlich relevant wegen des Risikos von Interessenkonflikten und missbräuchlicher Ausnutzung von Insider-Informationen; Insider-Richtlinie, EG-Richtlinie zur Koordinierung der Vorschriften betr. Insidergeschäfte; WpHG §§ 12 ff: Insiderüberwachung)*
directorate general *(Admin, Pol)* Generaldirektion *f (EU)*
directors *pl (Mgt)* Directors *mpl*, Verwaltungsratsmitglieder *npl*; Unternehmensführung *f*, Unternehmensleitung *f*
directorship 1. *(Mgt)* Verwaltungsratsposition *f*, Führungsposition *f (im Verwaltungsrat, dem Board of Directors)*; 2. *(Pers)* Direktorat *n*
directory 1. *(Comp)* Verzeichnis *n*; 2. *(Gen)* Adressbuch *n*
directory assistance *(Komm)* Auskunft *f*
directory enquiries *(BE) (Komm)* Auskunft *f*
directory information *(AE) (Komm)* Auskunft *f*
dirty floating *(WiWi)* schmutziges Floaten *n*
dirty proof *(Media, V&M)* unleserlicher Abzug *m*
disability 1. *(Pers)* Behinderung *f*; Arbeitsunfähigkeit *f (of employee)*; 2. *(Versich)* Erwerbsunfähigkeit *f*
disability benefit *(Versich)* Erwerbsunfähigkeitsrente *f*
disability insurance *(Versich)* Invaliditätsversicherung *f*
disability pension *(Fin, Versich)* Invaliditätsrente *f*
disabled *adj (Pers)* behindert
disabled people *(Pers, Soz)* Behinderte *pl*, behinderte Menschen *pl*
disabled person *(Pers)* Behinderte(r) *f(m)*
disabled quota *(Pers)* Behindertenquote *f*
disadvantage *(Gen)* Nachteil *m* • **to the disadvantage of** *(Gen)* zu Lasten von
disaffirm *v (Recht)* aufheben
disaggregate *v (Stat, WiWi)* disaggregieren
disaggregation *(Stat, WiWi)* Disaggregation *f*, Aufgliederung *n*

disagio *(Gen)* Disagio *n*

disagree *v (Gen)* nicht einverstanden sein *(with plan)*; nicht übereinstimmen *(not tally)*

disagree *v* **with sb** *(Gen)* mit jmdm. über etw. uneins sein

disallow *v* 1. *(Gen)* verbieten; 2. *(Pers)* aberkennen

disallowable item *(BE) (Steuer)* steuerlich nicht absetzbare Position *f*

disassemble *v (Ind)* zerlegen

disaster *(Versich)* Katastrophe *f*

disburse *v* 1. *(Fin)* auszahlen, verausgaben; 2. *(Gen)* ausgeben

disbursement 1. *(RW)* Auszahlung *f*; 2. *(Fin)* Verausgabung *f*

disbursement period *(Versich)* Auszahlungsphase *f*

disc. *(Abk. für discount)* 1. *(Bank, Fin)* Skonto *m(n)*, Skto.; Diskont *m*; 2. *(Gen)* Rabatt *m*

disc *(Comp)* Disc *f*, Disk *f*, Scheibe *f (CD, DVD)*; Diskette *f (floppy)*; Platte *f*, Festplatte *f (hard)*; *(jarg.)* Silberling *m*

discharge *v* 1. *(Fin)* befreien *(of debt)*; 2. *(Gen)* begleichen, ausladen, befreien; 3. *(Pers)* entlassen; 4. *(Recht)* erlöschen, löschen *(legal duty)*; entlasten von *(obligations)*; 5. *(Transp)* löschen

discharge *v* **a debt** *(Recht)* eine Forderung befriedigen

discharge 1. *(Gen)* Erlöschen *n*, Erledigung *f*; 2. *(Recht)* Löschung *f*, Befreiung *f* von Verbindlichkeiten *(debt)*; 3. *(Transp)* Löschung *f*

discharge in bankruptcy *(Recht)* Insolvenzaufhebung *f*

discharge of a contract *(Recht)* Vertragserfüllung *f*

discharge of debt *(Fin)* Schuldbefreiung *f*

discharged *adj (Bank, Fin, Gen)* beglichen

disciplinary *adj (Pers, Recht)* disziplinarisch, Disziplinar...

disciplinary action *(Pers)* Disziplinarmaßnahmen *fpl*

disciplinary code *(Recht)* Disziplinarordnung *f*

disciplinary measures *(Recht)* Disziplinarmaßnahmen *fpl*

disciplinary proceedings *(Recht)* Disziplinarverfahren *n*

disciplinary rule *(Pers)* Disziplinarbestimmung *f*, Disziplinarordnung *f*

discipline *(Gen, Pers)* Disziplin *f* • **in an unrelated discipline** *(Bil)* fachfremd

disclaim *v (Recht)* freizeichnen, aufgeben

disclaimer 1. *(Versich)* Aufgabe *f* eines Anspruchs, Verzichtserklärung *f*; 2. *(Recht)* Aufgabe *f*; Verzicht *m*

disclaimer clause *(Recht, Versich)* Haftungsausschlussklausel *f*

disclose *v (Gen)* bekanntgeben, bekanntmachen

disclose *v* **to the public** *(Gen)* das Publikum unterrichten (über), bekanntgeben

disclosed reserves *(RW)* offengelegte Rücklagen *fpl*

disclosure 1. *(RW)* Berichterstattung *f*; 2. *(Recht)* Preisgabe *f*; 3. *(Börse, Fin)* Offenlegung *f*, Publizität *f*

disclosure of an invention *(Pat)* Bekanntgabe *f* [Offenlegung *f*] einer Erfindung

disclosure of directors' dealings *(Börse, Mgt, Recht)* Veröffentlichung *f* der Geschäfte von Organmitgliedern mit Wertpapieren der eigenen Gesellschaft, Offenlegung *f* [Ausweis *m*, Bekanntmachung *f*] der Geschäfte von Unternehmensinsidern mit Wertpapieren des eigenen Unternehmens

disclosure of executives' compensation [pay] *(Mgt)* Offenlegung *f* der Managergehälter

disclosure of information *(Pers)* Offenlegung *f* von Informationen

disclosure of revenue *(Fin, Recht)* Umsatzmeldungen *fpl*

disclosure practices *(Bank, RW)* Ausweisgewohnheiten *fpl*

disclosure requirement 1. *(RW)* Angabepflicht *f*; 2. *(Börse, Fin)* Publizitätserfordernis *f*

discontinuance 1. *(Gen)* Wegfall *m*, Fortfall *m*; 2. *(Recht)* Aufgabe *f (business)*

discontinue *v (Ind)* einstellen

discontinue *v* **the listing of a security** *(Börse)* die amtliche Notierung eines Wertpapiers einstellen

discontinued operations *(Ind)* eingestellter Betrieb *m*

discontinuous variable *(Stat, WiWi)* diskrete Variable *f*
discount *v* 1. *(RW)* abzinsen; 2. *(Bank)* diskontieren
discount 1. *(Bank)* Disagio *n*, Diskont *m*; 2. *(WiWi)* Diskont *m*; 3. *(Fin)* Diskont *m*, Preisnachlass *m*, Rabatt *m*, Skonto *m(n)*; 4. *(Gen)* Rabatt *m* • **at a discount** *(V&M)* mit Rabatt, mit Skonto • **at a discount of** *(Börse)* mit einem Disagio von
discount bill *(RW)* Diskontwechsel *m*
discount business *(Fin)* Diskontgeschäft *n*
discount charges *(RW)* Diskontspesen *pl*
discount factor *(Fin)* Abzinsungsfaktor *m*
discount house 1. *(Fin)* Diskontbank *f*, Diskonthaus *n*; 2. *(V&M)* Discounter *m*
discount instrument *(Börse)* Diskontinstrument *n*, Diskontierungsinstrument *n*
discount rate *(Bank)* Diskontsatz *m*
discount rate differential *(Fin)* Diskontgefälle *n*
discount scale, discount schedule *(Gen)* Rabattstaffel *f*
discount shop *(BE) (V&M)* Discounter *m*
discount table *(Fin)* Abzinsungstabelle *f*
discount window *(Bank, Fin)* Lombardfenster *n*, Diskontfenster *n*, Rediskontfazilität *f*
discount window lending *(Bank)* Lombardfenster *n*
discount yield *(Börse)* Diskontertrag *m*
discountable *adj* 1. *(Bank)* diskontfähig, diskontierbar; 2. *(Börse, Fin)* diskontierbar
discountable bill *(Fin)* diskontfähiger Wechsel *m*
discounted *adj (Börse, Fin, V&M)* eskomptiert, berücksichtigt, *(jarg.)* eingepreist
discounted bill *(Bank)* diskontierter Wechsel *m*
discounted cash flow *(Fin, RW)* abgezinster Cashflow *m*
discounted cash flow method *(DCF) (Fin, WiWi)* Interne-Zinsfuß-Methode *f* *(synonymous: internal rate of return method)*
discounted cash flow methods *(BE) (Fin, WiWi)* dynamische Methoden *fpl* der Investitionsrechnung, dynamische Methoden *fpl*, dynamische Verfahren *npl* der Investitionsrechnung, dynamische Verfahren *npl*, finanzmathematische Verfahren *npl* der Investitionsrechnung, finanzmathematische Verfahren *npl (preinvestment analysis; opposite: static techniques, static methods, statische Verfahren)*
discounted information *(Fin, WiWi)* eskomptierte Information *f*, eingepreiste Information *(in terms of the efficient market hypothesis = Kapitalmarkteffizienz-Hypothese relevant information is already fully reflected in the market price; die relevante Information ist bereits voll in den Kursen und Preisen vorweggenommen oder wiedergegeben und kann damit am Marktpreis nichts mehr verändern)*
discounted paper *(Fin)* Abzinsungspapier *n*
discounted present value *(Fin)* diskontierter Barwert *m*
discounter 1. *(Fin)* Diskontgeber(in) *m(f)*; 2. *(V&M)* Discounter *m*
discounting 1. *(Fin, RW)* Abzinsung *f*, Berechnung *f* des Gegenwartswerts; 2. *(Bank)* Diskontgeschäft *n*, Diskontierung *f*
discounting bank *(Bank, Fin)* Diskontbank *f*
discounting of bills *(BE) (RW)* Wechseldiskontierung *f*
discounting of notes *(AE) (RW)* Wechseldiskontierung *f*
discounting rate *(Fin)* Kalkulationszinssatz *m*, Kapitalisierungszinsfuß *m*
discouraged workers *pl (Pers, WiWi)* entmutigte Arbeitskräfte *pl (Personen ohne Beschäftigung, die keine Arbeit mehr suchen, da sie glauben, keine mehr zu finden; stille Reserve am Arbeitsmarkt)*
discrepancy *(Gen)* Abweichung *f*, Diskrepanz *f*
discrete variable *(Stat)* diskrete Variable *f*, unstetige Variable *f*
discretion *(Gen)* Ermessen *n* • **at the discretion of** *(Gen)* nach Ermessen von, nach Gutdünken von
discretionary *adj (Gen, Steuer, WiWi)* diskretionär

discretionary buying power *(V&M)* frei verfügbare Kaufkraft *f*
discretionary clause *(Recht)* Kann-Bestimmung *f*, Kann-Vorschrift *f*
discretionary cost *(WiWi)* diskretionäre Kosten *pl*
discretionary economic policy *(WiWi)* diskretionäre Politik *f*
discretionary fiscal policy *(WiWi)* diskretionäre Fiskalpolitik *f*
discretionary income *(WiWi)* frei verfügbares Einkommen *n*
discretionary order *(Börse)* Bestens-Auftrag *m*, interessewahrender Auftrag *m*
discretionary provision *(Recht)* Kann-Bestimmung *f*, Kann-Vorschrift *f*
discriminate *v (Gen, Recht, WiWi)* diskriminieren
discrimination at the workplace *(Pers)* Diskriminierung *f* am Arbeitsplatz, Benachteiligung *f* am Arbeitsplatz
discriminatory taxation *(Steuer)* diskriminierende Besteuerung *f*
discuss *v (Gen)* besprechen, diskutieren, erörtern
discuss *v* **an item** *(Gen)* einen Punkt erörtern
discuss *v* **at length** *(Gen)* eingehend besprechen
discussion *(Gen)* Besprechung *f*, Diskussion *f*, Erörterung *f* • **under discussion** *(Gen)* im Gespräch
diseconomies of scale *(WiWi)* Größennachteile *mpl*, Kostenprogression *f*
disembodied technical progress *(WiWi)* investitionsunabhängiger technischer Fortschritt *m*
disequilibrium *(WiWi)* Ungleichgewicht *n*
disequilibrium economics *(WiWi)* Ungleichgewichtstheorie *f*
disequilibrium in the balance of trade *(WiWi)* Ungleichgewicht *n* der Handelsbilanz
disequilibrium on the labor market *(AE) (Pers, WiWi) s.* disequilibrium on the labour market
disequilibrium on the labour market *(BE) (Pers, WiWi)* Arbeitsmarktungleichgewicht *n*, Ungleichgewicht *n* auf dem Arbeitsmarkt
disguised inflation *(WiWi)* versteckte Inflation *f (weniger Wert oder weniger Leistung werden für das gleiche Produkt oder die gleiche Dienstleistung geboten)*
disguised unemployment *(Pers)* versteckte Arbeitslosigkeit *f*
dishonour *v (Bank)* nicht einlösen, nicht honorieren
dishonour *v* **a cheque** *(BE) (Bank)* einen Scheck nicht einlösen
dishonour *(BE) (Bank)* Annahmeverweigerung *f*, Nichteinlösen *n*
dishonoured *adj (BE) (Bank)* nicht akzeptiert, nicht bezahlt, nicht honoriert
dishonoured bill of exchange *(BE) (Bank)* nicht bezahlter Wechsel *m*, notleidender Wechsel *m*
dishonoured cheque *(BE) (Bank)* nicht eingelöster Scheck *m*, uneingelöster Scheck *m*
disillusionment with politicians *(Pol)* Politikerverdrossenheit *f*
disincentive *(WiWi)* Leistungshemmnis *n*, leistungshemmender Einfluss *m*
disinflation *(WiWi)* Desinflation *f*
disinformation *(Gen, Pol)* Falschinformation *f* zu Täuschungszwecken, Desinformation *f*
disintermediate *v (Bank, WiWi)* Einlagen abziehen
disintermediation *(Bank, WiWi)* Disintermediation *f*
disinvestment *(Fin)* Desinvestition *f*
dislocation of workers *(Pers)* Freisetzung *f* von Arbeitskräften
dislocations *(WiWi)* Störungen *fpl*, Verwerfungen *fpl (capital markets)*
dismantle *v (Gen)* abbauen, auseinandernehmen
dismantling *(WiWi)* Abbau *m (of barriers)*
dismantling costs *(Gen)* Abbruchkosten *pl*
dismantling of a law *(Recht)* Aushöhlung *f* eines Gesetzes
dismiss *v* 1. *(Pers)* entlassen, verabschieden; 2. *(Recht)* zurückweisen *(claim)*
dismiss *v* **a complaint [lawsuit]** *(Recht)* Klage abweisen
dismiss *v* **a notion** *(Recht)* einen Antrag ablehnen
dismiss *v* **sb with notice** *(Pers)* jmdm. eine ordentliche Kündigung ausspre-

chen, jmdn. fristgerecht kündigen, jmdn. termingerecht kündigen
dismiss *v* **sb without notice** *(Pers)* jmdn. fristlos entlassen
dismissal 1. *(Pers)* Entlassung *f*, Kündigung *f*, Verabschiedung *f*; 2. *(Recht)* Zurückweisung *f*
dismissal for just cause *(Pers)* Entlassung *f* aus triftigem Grund, gerechtfertigte Entlassung *f*
dismissal notice *(Pers)* Entlassungsmitteilung *f*, Entlassungsschreiben *n*, Kündigungsmiteilung *f*, Kündigungsschreiben *n*
dismissal procedure *(Pers)* Kündigungsverfahren *n*
dismissal productivity *(WiWi)* Entlassungsproduktivität *f (the dismissal/employment of less productive workers increases/decreases the productivity of the rest of the producing unit or in the economy as a whole; Einstellungen/Entlassungen senken/erhöhen ceteris paribus die Produktivität produktiver Einheiten und der Gesamtwirtschaft, wenn die individuelle Produktivität der Eingestellten/Entlassenen geringer ist als die des Durchschnitts der Beschäftigten)*
dismissal protection *(Pers)* Kündigungsschutz *m*
dismissal with due notice *(Pers)* fristgerechte Kündigung *f*
dismissal with timely notice *(Pers)* fristgerechte Kündigung *f*
dismissal without notice *(Pers)* fristlose Entlassung *f*
dismissed *adj (Pers)* gekündigt, verabschiedet
disorderly market *(Börse)* ungeordnete Marktverhältnisse *npl*
disparage *v (Gen)* herabsetzen, Ruf schädigen
dispatch *v* 1. *(Komm, Transp)* absenden, befördern, schicken; 2. *(Gen)* erledigen, versenden *(execute)*
dispatch 1. *(Komm, Transp)* Abfertigung *f*, Versand *m*; 2. *(Gen)* Erledigung *f*, Versendung *f (execution)*
dispatch department *(Komm, Transp)* Versandabteilung *f*
dispatch note *(Komm, Transp)* Frachtzettel *m*, Postbegleitschein *m*, Versandschein *m*
dispatching *(Komm)* Versand *m*, Versendung *f*
dispatching charge *(Komm)* Versandgebühr *f*
displace *v* **labor** *(AE) (Pers) s.* displace labour
displace *v* **labour** *(BE) (Pers)* Arbeitskräfte freisetzen, Arbeitskräfte verdrängen
displace *v* **workers** *(Pers)* Arbeitskräfte freisetzen, Arbeitskräfte verdrängen
displaced labor *(AE) (Pers) s.* displaced labour
displaced labour *(BE) (Pers)* freigesetzte Arbeitskräfte *fpl*
displaced workers *(Pers)* freigesetzte Arbeitskräfte *fpl*
displacement *(Gen)* Verlagerung *f*
displacement effect *(Pers, Soz, WiWi)* Verdrängungseffekt *f (Verdrängung sozialversicherungspflichtig Beschäftigter aus ihrem regulären Arbeitsplatz, z. B. bei einer staatlich subventionierten sozial- oder arbeitsmarktpolitischen Maßnahme)*
displacement of jobs *(Pers)* Arbeitsplatzverlagerung *f*, Verlagerung *f* von Arbeitsplätzen
displacement of labor *(AE) (Pers) s.* displacement of labour
displacement of labour *(BE) (Pers)* Freisetzung *f* von Arbeitskräften, Verdrängung *f* von Arbeitskräften
display 1. *(Komm)* Auslage *f*, Ausstellung *f*, Warenauslage *f*; 2. *(V&M)* Schaufensterauslage *f*, Display *n*
display advertising *(V&M)* Großanzeige *f*, Schlagzeilenwerbung *f*
display article *(Gen)* Ausstellungsstück *n*
display material *(V&M)* Displaymaterial *n*
display pack *(V&M)* Schaupackung *f*
display stand *(Media, V&M)* Ausstellungsstand *m*
display until... *(DU) (V&M)* im Regal bis zum... *(for foodstuffs)*
displayed price 1. *(WiWi)* angegebener Preis *m*; 2. *(Gen)* Preisangabe *f*
disposable income *(Steuer, WiWi)* verfügbares Einkommen *n*
disposable packaging *(V&M)* Einwegverpackung *f*

disposable personal income *(WiWi)* verfügbares persönliches Einkommen *f*, verfügbares individuelles Einkommen *f*
disposal 1. *(Umwelt)* Entsorgung *f* *(waste)*; 2. *(Gen)* Verfügung *f*, Veräußerung *f*
disposal system *(Umwelt)* Entsorgungssystem *f*
dispose *v* **by will** *(Recht)* vermachen
dispose *v* **of** *(Bank, Börse)* verkaufen, verfügen über, *(ugs.)* aussteigen
dispose *v* **of property** *(Recht)* Vermögen veräußern
dispose of stock *(V&M)* Lagerbestände absetzen
disposition *(Recht)* Verfügungsgeschäft *n (transactions)*
dispute *v* 1. *(Recht)* bestreiten *(claim)*; anfechten *(will)*; 2. *(V&M)* umkämpfen
dispute 1. *(Gen)* Streit *m*; 2. *(Pers)* Auseinandersetzung *f*, Streitigkeit *f*
dispute of right *(Recht)* Rechtsstreitigkeit *f*
disregard *v* *(Mgt)* unberücksichtigt lassen
dissaving *(WiWi)* Entsparen *n*, negative Ersparnis *f*
dissemination *(Komm)* Verbreitung *f (of information)*
disseminator *(Bil, Media)* Multiplikator *m*, *(jarg.)* Informationsverbreiter *m*
dissent *(Recht)* Dissens *m*, abweichende Meinung *f*
dissenting opinion *(Mgt, Recht)* abweichende Meinung *f*
dissenting view *(Mgt)* abweichende Meinung *f*
dissolution 1. *(WiWi)* Liquidation *f*; 2. *(Gen)* Auflösung *f*, Zerstörung *f*; 3. *(Pers, Pol, Recht)* Auflösung *f*
dissolution of reserves *(RW)* Rücklagenauflösung *f*
dissolve *v (Gen, Recht)* auflösen
distance 1. *(Gen)* Strecke *f*; 2. *(Transp)* Entfernung *f*
distant *adj (Gen)* distanziert
distinction *(Gen)* Unterscheidung *f (difference)*; erste [beste] Qualität *f*
distinctive *adj (Pat)* unterscheidungsfähig
distinctiveness *(Pat)* Unterscheidung *f*, Verschiedenheit *f*
distort *v (WiWi)* verzerren
distorting factor *(WiWi)* Störfaktor *m*
distortion of competition *(WiWi)* Wettbewerbsverzerrung *f*
distortion of the market *(V&M, WiWi)* Marktverzerrung *f*
distortions *(WiWi)* Verwerfungen *fpl*
distress 1. *(Fin)* finanzielle Schieflage *f*; 2. *(Transp)* Seenot *f (shipping)* • **be in distress** *(Fin, Gen)* in Schwierigkeiten sein
distressed property *(Grund)* gepfändetes Eigentum *n*
distributable profit *(Fin, RW)* ausschüttungsfähiger Gewinn *m*
distribute *v* 1. *(Fin)* ausschütten *(dividends)*; 2. *(Media)* verbreiten *(newspaper, magazine)*; 3. *(V&M)* vertreiben
distribute *v* **a dividend** *(Börse, Fin)* eine Dividende ausschütten
distributed profit *(Fin, RW)* ausgeschütteter Gewinn *m*
distribution 1. *(Fin)* Verteilung *f*, Zuteilung *f*; 2. *(Gen)* Vertrieb *m*; 3. *(Recht)* Aufteilung *f (estate law)*; 4. *(Media)* Verbreitung *f (of newspaper)*; 5. *(V&M)* Distribution *f*, Vertrieb *m (trade or manufacturer)*; 6. *(Börse)* Ausschüttung *f (of dividends)*; Streuung *f*, Verteilung *f*
distribution allowance *(V&M)* Vertriebsprovision *f*
distribution area 1. *(Gen)* Absatzgebiet *n*; 2. *(Börse)* Ausschüttungsbereich *m*
distribution channel *(Gen)* Absatzkanal *m*, Absatzweg *m*
distribution network *(Gen)* Vertriebsnetz *n*
distribution of income *(WiWi)* Einkommensverteilung *f*
distribution of national income *(WiWi)* Verteilung *f* des Volkseinkommens
distribution of net profit *(RW)* Nettogewinnausschüttung *f*
distribution of risk *(Recht)* Risikoverteilung *f*
distribution policy *(Gen)* Absatzpolitik *f*, Vertriebspolitik *f*
distributional weight *(WiWi)* Verteilungsgewicht *n*
distributive ability *(Transp)* Vertriebsleistung *f*
distributive trades *(V&M)* Absatzwirtschaft *f*, Handel *m*

distributor *(Imp/Exp)* Agent(in) *m(f)*, Verteiler(in) *m(f)*, Vertriebsfirma *f*, Vertriebshändler(in) *m(f)*, Vertriebsorganisation *f*, Vertriebsunternehmen *n*
distributors' brand *(V&M)* Händlermarke *f*, Gemeinschaftsmarke *f*
district 1. *(Gen)* Bezirk *m*; 2. *(Pol)* Kreis *m*
district attorney *(AE) (Recht)* Staatsanwältin *f*, Staatsanwalt *m*
district council *(BE) (Pol)* Kreistag *m*
district court *(AE) (Recht)* Amtsgericht *n*
district office *(Gen)* Bezirksbüro *n*, Bezirksverwaltung *f*, Bezirksgeschäftsstelle *f*
disturbance *(Gen)* Störung *f*
disturbance of the market *(V&M, WiWi)* Marktstörung *f*
disutility *(V&M, WiWi)* Nachteil *m*, negativer Nutzen *m*
diverge *v (Gen)* abweichen
divergence *(Gen)* Divergenz *f*
divergence indicator *(WiWi)* Abweichungsindikator *m*
diversification 1. *(Gen, Mgt, Pers)* Diversifizierung *f*; 2. *(V&M)* Diversifikation *f*; 3. *(Börse)* Streuung *f*
diversification strategy *(V&M)* Diversifikationsstrategie *f*
diversified company *(WiWi)* breit gefächertes Unternehmen *n*
diversify *v (Gen, Mgt, Pers)* diversifizieren
diversify *v* **risks** *(Börse)* das Risiko streuen
diverting custom *(Recht, V&M)* Abwerbung *f*
divest *v (Fin, Recht)* abstoßen, veräußern
divest *v* **oneself of** *(Börse, Fin)* sich trennen, abstoßen, *(ugs.)* aussteigen
divestiture *(Fin, Recht)* Veräußerung *f* einer Tochtergesellschaft
dividend *(div.) (D:)* Dividende *f*, Div., Gewinnanteil *m* • **ex dividend, ex div.** *(Börse, Media)* ex Dividende, ex div. *(Kurs nach Dividendenabschlag)*
dividend coupon *(c., cp.) (Fin)* Kupon *m*, Dividendenschein *m (a securitization of the right to a dividend; er verbrieft als Zins- oder Dividendenschein den Zins- oder Dividendenanspruch des Inhabers)*
dividend exclusion *(Steuer)* Dividendensteuerbefreiung *f*
dividend in arrears *(Börse)* aufgelaufene [rückständige] Dividende *f*
dividend income *(Börse)* Dividendeneinkommen *n*
dividend payable in kind *(Fin)* Sachdividende *f*
dividend payment *(WiWi)* Gewinnausschüttung *f*
dividend payout policy *(Fin)* Dividendenpolitik *f*
dividend payout ratio *(RW)* Ausschüttungssatz *m*
dividend per share *(BE) (Fin)* Dividende *f* pro Aktie
dividend policy 1. *(Fin)* Ausschüttungspolitik *f*; 2. *(Börse)* Dividendenpolitik *f*
dividend reserve fund *(RW)* Dividendenrücklage *f*
dividend resolution *(Fin)* Ausschüttungsbeschluss *m*
dividend stripping *(Fin)* Dividenden-Stripping *n*
dividend tax *(Steuer)* Kapitalertragsteuer *f*
dividend warrant *(Fin)* Dividendenanteilschein *m*, Dividendenschein *m*
dividend withholding tax *(Steuer)* Dividendenquellensteuer *f*, Kuponsteuer *f*
dividend yield *(Börse)* Dividendenertrag *m*, Dividendenrendite *f*
dividends *(Fin, RW)* Dividenden *fpl*, Beträge *mpl*
dividends payable *(RW)* auszuschüttende Dividenden *fpl*
division 1. *(RW)* Aufteilung *f*; 2. *(Gen, WiWi)* Unternehmensbereich *m*, Abteilung *f*, Teilung *f*; 3. *(V&M)* Sparte *f*
division of labor *(AE) (WiWi) s.* division of labour
division of labour *(BE) (WiWi)* Arbeitsteilung *f*
divisional board of management *(Mgt)* Bereichsvorstand *m*
divisional director *(BE) (Pers)* Bereichsleiter(in) *m(f)*
divisional management *(Mgt, Pers)* Abteilungsleitung *f*, Bereichsleitung *f*
divisionalization *(Gen)* Divisionalisierung *f*, Spartenorganisation *f*
DMS *s.* database management system
DO *s.* district office
do *v* **a bad job** *(Pers)* schlechte Arbeit leisten

do *v* **a good job** *(Pers)* gute Arbeit leisten
do *v* **business** *(Gen)* Geschäfte tätigen
DOC *s.* direct operating cost
do-it-yourself work *(Soz)* Eigenarbeit *f*; Heimwerken *n*
docker strike *(Gen, Transp)* Hafenarbeiterstreik *m*
doctor's certificate *(Pers)* ärztliches Attest *n*, ärztliche Bescheinigung *f*
doctor's degree *(Bil)* Doktorgrad *m*, Doktortitel *m*, Promotion *f*
doctorate *(Pers, Soz)* Doktortitel *m*, Doktorgrad *m*
document 1. *(Gen)* Beurkundung *f*, Dokument *n*; 2. *(Recht)* Dokument *n*; 3. *(Steuer)* Beleg *m*
document holder *(Gen)* Dokumenteninhaber(in) *m(f)*
document management *(Comp, Mgt)* Dokumentenmanagement *n*
document of title *(Recht)* Eigentumsurkunde *f*
document retrieval *(Comp)* Dokumentenretrieval *n*, Dokumentenwiedergewinnung *f*
documentary *adj (Gen)* dokumentarisch
documentary *(V&M)* Dokumentarbericht *m (book)*; Dokumentarfilm *m (film)*; Dokumentarsendung *f*
documentary bill *(Fin)* Dokumententratte *f*
documentary credit *(Bank, Fin, Imp/Exp)* Dokumenten-Akkreditiv *n (opposite: commercial letter of credit = CLC = Handelskreditbrief)*
documentary draft *(Admin, Gen, Imp/Exp)* Dokumententratte *f*
documentary evidence *(Gen)* dokumentärer Nachweis *m*
documentary fraud *(Recht)* Urkundenbetrug *m*
documentary letter of credit *(Bank, Fin, Imp/Exp)* Dokumenten-Akkreditiv *n (opposite: commercial letter of credit = CLC = Handelskreditbrief)*
documentary remittance *(Bank)* Dokumentenrimesse *f*
documents against acceptance *(Fin, Gen)* Dokumente *npl* gegen Akzept
documents against cash *(Bank, Fin)* Dokumente *npl* gegen Barzahlung *(DC)*
documents against payment *(Gen)* Dokumente *npl* gegen Zahlung
dog *(V&M)* wenig erfolgreiches Produkt *n*, perspektivloses Produkt *n*
dogsbody *(Gen)* Handlanger, *(ugs.)* Mädchen für alles
dole *(BE) (Gen, Soz, WiWi)* Arbeitslosenunterstützung *f*, *(ugs.)* Stütze *f* • **be on the dole** *(Pers) (BE)* Arbeitslosenunterstützung empfangen [beziehen], *(BE; ugs.)* stempeln
dollar bill *(AE) (WiWi)* Dollarschein *m*
dollar drain *(WiWi)* Dollarabfluss *m*
dollar gap *(WiWi)* Dollarzinsspanne *f*
dollar premium *(Börse)* Dollarprämie *f (options)*
dollar price 1. *(Gen)* Dollarpreis *m (commodities)*; 2. *(Börse)* Dollarkurs *m*
dollar rate *(Börse)* Dollarkurs *m*
dollar securities *(Fin)* Dollartitel *mpl*
dollar shortage *(Börse)* Dollarmangel *m*, Dollarverknappung *f*
dollar spot and forward *(Börse, Fin)* Kassa- und Termin-Dollarkurs *m*
dollar terms/in current *(Bank, WiWi)* in jeweiligen Dollar gerechnet
dollar value LIFO *(Steuer)* LIFO-Dollarwert *m*
domain 1. *(WiWi)* Bereich *m*, Grundbesitz *m*; 2. *(Gen)* Bereich *m*; 3. *(Stat)* Definitionsbereich *m*
domain address *(Comp, Komm)* Domain-Adresse *f*, Domainadresse *f*
domain grabbing *(Comp, Komm, Recht)* Domain-Grabbing *n*, Cybersquatting *n*
domain holder *(Comp, Komm, Recht)* Domain-Halter *m*
domain name *(Comp, Komm)* Domain-Name *m*, Domainname *m*
domain registration *(Comp, Komm)* Domainregistrierung *f*
domestic *adj (WiWi)* einheimisch, inländisch, Binnen... *(trade)*; Inland..., Inlands... *(policy)*
domestic absorption *(WiWi)* inländische Absorption *f*
domestic assets *(Bank)* Inlandsguthaben *npl*
domestic banking system *(Bank)* inländisches Bankensystem *n*
domestic business *(Gen)* Inlandsgeschäft *n*
domestic concept *(Stat, WiWi)* Inländerkonzept *n*, Wohnortkonzept *n (VGR)*

domestic consumption *(WiWi)* Inlandsverbrauch *m*
domestic corporation *(WiWi)* inländische Kapitalgesellschaft *f*
domestic court *(Recht)* heimisches Gericht *n*
domestic credit expansion 1. *(WiWi)* inländische Kreditexpansion *f*; 2. *(Fin)* inländische Kreditausweitung *f*
domestic demand *(WiWi)* Binnennachfrage *f*, Inlandsnachfrage *f*
domestic economy *(WiWi)* Binnenwirtschaft *f*
domestic help *(Pers)* Hausangestellte *f*
domestic industry *(Ind)* inländische Industrie *f*, heimischer Wirtschaftszweig *m*
domestic investment *(WiWi)* Inlandsinvestition *f*
domestic labor market *(AE)* *(Pers)* *s.* domestic labour market
domestic labour market *(BE)* *(Pers)* heimischer Arbeitsmarkt *m*, inländischer Arbeitsmarkt *m*
domestic market *(WiWi)* Binnenmarkt *m*, Inlandsmarkt *m*
domestic product 1. *(WiWi)* Inlandsprodukt *n*; 2. *(Gen)* inländisches Erzeugnis *n*
domestic resource cost *(WiWi)* inländische Faktorkosten *pl*
domestic sales *(V&M)* Inlandsabsatz *m*
domestic savings *(WiWi)* inländische Ersparnis *f (national accounting)*
domestic situation *(WiWi)* binnenwirtschaftliche Lage *f*
domestic subsidiary *(WiWi)* inländische Tochtergesellschaft *f*
domestic system *(WiWi)* Verlagssystem *n*, Heimarbeit *f*
domestic trade *(WiWi)* Binnenhandel *m*
domestic waste *(Umwelt)* Hausmüll *m*
domestic worker *(Pers)* Hausangestellte(r) *f(m)*
domestic workers *pl (Pers)* einheimische Arbeitskräfte *pl*, inländische Arbeitnehmer *pl*
domicile 1. *(Gen)* Aufenthalt *m*; 2. *(Recht, Steuer)* Wohnsitz *m (person)*; Sitz *m*, Gesellschaftssitz *m (firm)*
dominance *(Gen)* Beherrschung *f*, Dominanz *f*
dominant *adj (Gen)* dominant, beherrschend
dominant position *(WiWi)* beherrschende Stellung *f*
dominate *v (Gen)* beherrschen *(market)*
donation *(Soz, Steuer)* Spende *f*
donor *(Gen, Soz)* Geber *m*
donor agency *(Soz)* Gebereinrichtung *f*
donor bank *(Bank)* Geberbank *f*
donor country *(Pol, WiWi)* Geberland *n*
door-to-door sales *(V&M)* Haustürverkauf *m*
door-to-door selling *(V&M)* Direktverkauf *m* durch Vertreter, ambulanter Verkauf *m*
doorstep selling *(V&M)* Haustürverkauf *m*, Haustürgeschäft *n*
dormant account 1. *(Bank)* stillgelegtes Bankkonto *n*, umsatzloses Konto *n*; 2. *(V&M)* umsatzloses Konto *n*
dossier *(Admin)* urkundliche Unterlagen *fpl*, Dossier *n*
dot *(Gen)* Punkt *m*
dot com *(Comp, Komm, V&M)* .com *(commercial top-level domain)*
dot com companies *(Comp, WiWi)* Dotcom-Unternehmen *fpl*, Dotcoms *npl (New Economy)*
double *v (Stat)* verdoppeln; sich verdoppeln
double counting *(Fin, RW)* Doppelzählung *f*
double-declining balance *(Fin)* degressive Abschreibung *f*
double digit *adj (WiWi)* zweistellig *(e. g. inflation)*
double earner *(Pers, WiWi)* Doppelverdiener *m(f)*
double earnings *(Pers, Soz)* Doppelverdienst *m*
double-entry accounting *(RW)* doppelte Buchführung *f*
double-entry bookkeeping *(RW)* doppelte Buchführung *f*
double-entry method *(RW)* Methode *f* der doppelten Buchführung
double figure inflation *(Fin, WiWi)* zweistellige Inflationsrate *f*
double gearing *(Bank)* doppelte Kapitalausnutzung *f*
double earner *(Pers, WiWi)* Doppelverdiener *m(f)*

double income household *(WiWi)* Doppelverdienerhaushalt *m*
double income, no kids *(Dinky, Dinkies) (ugs.) (Soz)* kinderlose Doppelverdiener *mpl (a Dinky is a partner in a well-off working couple with no children)*
double jobholders *(Pers)* Personen *fpl* mit Nebentätigkeit, Personen *f* mit einer zweiten Tätigkeit
double jobholding *(Pers, WiWi)* Mehrfachbeschäftigung *f*, Ausüben *n* von zwei Tätigkeiten, Ausüben *n* mehrerer Tätigkeiten
double layer writer *(Comp, Media)* Zweischicht-Brenner *m*, Doppel--Layer-Writer *m (DVD)*
double page *(Media)* Doppelseite *f*
double residency *(Recht, Steuer)* Doppelwohnsitz *m*
double tax agreement *(Steuer)* Doppelbesteuerungsabkommen *n*, DBA
double taxation *(Recht, Steuer)* Doppelbesteuerung *f*
double taxation agreement [treaty] *(Recht, Steuer)* Doppelbesteuerungsabkommen *n*, DBA *n*
doubtful debt *(RW)* zweifelhafte Forderung *f*
doubtful-debt provision *(RW)* Rückstellung *f* für zweifelhafte Forderungen
down *(Gen)* stillstehend • **be down** *(WiWi)* danieder liegen, gefallen sein *(prices)* • **down tools** *(Pers)* die Arbeit niederlegen *(strike, break from work)*
down market 1. *(Gen)* Abwärtstrend *m*; 2. *(V&M)* rückläufiger Markt *m*; unteres Marktsegment *n*; 3. *(Börse)* rückläufiger Aktienmarkt *m*
down-market product *(V&M)* Produkt *n* des unteren Marktsegments
down payment *(Admin, RW, V&M)* Anzahlung *f*
down-the-line personnel *(Pers)* Untergebene *pl*
down-the-line staff *(Pers)* Untergebene *pl*
downgrade *v (Pers)* herunterstufen *(job)*
downhill risk *(Börse)* Risiko *n* des Kursrückgangs
downhill trend *(Fin)* Abwärtstrend *m*
download *v (Comp)* herunterladen, runterladen, downloaden
download *(Comp, Komm)* Download *m*, Herunterladen *n*
downloadable *adj (Comp, Komm)* herunterladbar
downscale *v (Mgt)* auf eine niedrigere Ebene verlagern
downsize *v (Mgt, Pers)* abbauen, verkleinern, verringern
downsize *v* **the workforce** *(Pers)* den Personalbestand verringern
downstream *adv (Gen)* nachgelagert
downstream *(Comp, Komm)* Datenempfang *m (direction of data flow)*
downstream markets *(Gen)* nachgelagerte Märkte *mpl*
downswing *(WiWi)* Abschwung *m*, Talfahrt *f*, Schrumpfung *f*
downtime 1. *(Gen)* Stillstandszeit *f*; 2. *(Pers)* Brachzeit *f*; 3. *(Ind)* Brachzeit *f*, Ausfallzeit *f*
downtrend *(WiWi)* Abwärtstrend *m*, Konjunkturrückgang *m*
downturn *(Gen, WiWi)* Abschwung *m*
downturn of the economy *(WiWi)* Konjunkturabschwung *f*, Wirtschaftsabschwung *m*
downturn phase *(Fin)* Baisse *f*
downward *adj (Gen)* rückläufig *(trend)*
downward *adv (Gen)* abwärts
downward communication *(Mgt)* Informationsfluss *m* von oben nach unten
downward movement *(Gen)* Abwärtsbewegung *f*
downward pressure *(WiWi)* Abwertungsdruck *m (exchange rate)*; Druck *m (on currency, interest rates)*
downward pressure on prices *(V&M, WiWi)* Preisdruck *m*
downward realignment *(WiWi)* Abwertung *f*
downward slide *(Bank, Börse)* Talfahrt *f*
downward valuation adjustment *(Recht, Steuer)* Bewertungsabschlag *m*
draft *v* 1. *(Gen, Pers)* abfassen; 2. *(Recht)* entwerfen abfassen
draft 1. *(Bank)* Bankscheck *m*, gezogener Wechsel *m*, Tratte *f*, Wechsel *m*; 2. *(Gen)* Ausarbeitung *f*; 3. *(Recht)* Entwurf *m* • **in draft form** *(Recht)* als Entwurf
draft agreement *(Recht)* Vereinbarungsentwurf *m*, Vertragsentwurf *m*
draft budget *(RW)* Entwurf *m* des Haushaltsplans, Haushaltsentwurf *m*

draft contract *(Recht)* Vertragsentwurf *m*
draft law *(Pol, Recht)* Gesetzentwurf *m*
draft letter *(Komm)* Briefentwurf *m*
draft regulation *(Recht)* Entwurf *m* einer Verordnung, *(ugs.)* Verordnungsentwurf *m (EU)*
draft report *(Gen)* Vorbericht *m*
draft resolution *(Recht)* Entschließungsentwurf *m*
drafter *(Bank)* Trassant *m*
drag *v* 1. *(Comp)* ziehen *(mouse, window)*; 2. *(Transp)* schleppen
drag *v* **and drop** *v (Comp)* ziehen und loslassen, ziehen und ablegen, ziehen und fallen lassen, ziehen und einfügen *(mouse control)*
drain *(WiWi)* Abfluss *m*, Abschöpfung *f*, Entzug *m*
drastic measures *(WiWi)* drastische Maßnahmen *fpl*
draw *v* 1. *(Bank)* abheben, entnehmen *(money)*; 2. *(Börse)* zeichnen, ziehen; 3. *(Recht)* aufsetzen *(legal document)*
draw *v* **a check** *(AE) (Bank) s.* draw a cheque
draw *v* **a cheque** *(BE) (Bank)* einen Scheck ausstellen
draw *v* **a sample** *(Stat)* eine Stichprobe ziehen
draw *v* **benefit** *(Soz)* Leistungen beziehen
draw *v* **benefits** *(Soz)* Leistungen beziehen
draw *v* **income support** *(BE) (Soz)* Sozialhilfe beziehen, Sozialhilfe erhalten
draw *v* **on one's savings** *(Fin)* auf seine Ersparnisse zurückgreifen
draw *v* **retirement benefits** *(Pers)* eine Pension beziehen, Altersruhegeld beziehen
draw *v* **unemployment benefit** *(Soz)* Arbeitslosenunterstützung beziehen
draw *v* **unemployment compensation** *(AE) (Pers, Soz)* Arbeitslosengeld beziehen
draw *v* **up** 1. *(RW)* aufstellen; 2. *(Gen)* aufstellen; ausarbeiten, anfertigen, ausstellen *(plan, will)*; erstellen *(report)*; 3. *(Recht)* aufsetzen, ausfertigen, verfassen
draw *v* **up a shortlist** *(Pers)* eine Auswahlliste aufstellen
draw *v* **up a statement of account** *(Bank)* einen Kontoauszug machen
draw *v* **up an agenda** *(Mgt)* eine Tagesordnung aufstellen
draw *v* **welfare benefits** *(Soz)* Sozialhilfe beziehen, Sozialhilfe erhalten
draw *(Bank)* Kreditinanspruchnahme *f*
drawback 1. *(Gen)* Nachteil *m*; 2. *(Imp/Exp)* Zollrückschein *m*, Zollrückvergütung *f*
drawee *(Bank)* Akzeptant *m*, Bezogene(r) *f(m)*, Trassat *m*
drawer *(Bank)* Aussteller(in) *m(f)*, Trassant *m*
drawing account *(Bank)* Girokonto *n*
drawing board *(Mgt)* Reißbrett *n*
drawing board/on the *(Mgt)* im Entwurfsstadium
drawing up 1. *(RW)* Aufstellung *f*; 2. *(Pat)* Abfassung *f*, Konzipierung *f*
drawing-up of a balance sheet *(RW)* Aufstellung *f* einer Bilanz
drawn bill *(WiWi)* gezogener Wechsel *m*
drawn bond *(Börse)* ausgeloste Anleihe *f* [Obligation *f*]
drayage *(AE) (Transp)* Rollgeld *n*
dress *v* **up** *(RW) (ugs.)* frisieren *(balance sheet)*
drinking water *(Umwelt)* Trinkwasser *n*
drive *v (Gen)* antreiben, vorantreiben
• **driven by** *(Gen)* angetrieben von
drive *v* **a hard bargain** *(Gen)* hart verhandeln
drive *(Gen)* Antrieb *m*
driving force *(Gen)* Antriebskraft *f*
drop *v* 1. *(WiWi)* abfallen, stürzen *(rate)*; 2. *(Börse)* abfallen, stürzen
drop *v* **out** *(Gen)* aussteigen
drop *(Gen)* Rückgang *m (in spending)*; Abfall *m (rate)*
drop in earnings *(Fin)* Ertragsrückgang *m*
drop in employment *(Pers)* Beschäftigungseinbruch *m*, Einbruch *m* der Beschäftigung
drop in orders *(WiWi)* Auftragsrückgang *m*
drop in prices *(V&M, WiWi)* Preissturz *m*, Preisrückgang *m*
drop in unemployment *(WiWi)* Rückgang *m* der Arbeitslosigkeit
drop-out rate *(Bil)* Abbrecherquote *f (Schule, Universität, Lehrgang etc.)*
dropping out of university (studies) *(Bil)*

Studienabbruch *m*, Abbruch *m* des Studiums
drug *(Gen)* Arzneimittel *n*, Droge *f*
drug economy *(WiWi)* Drogenwirtschaft *f*
drug trade *(Gen)* Arzneimittelhandel *m*
drug trafficking *(Gen)* Drogenhandel *m*, Rauschgifthandel *m*
dry run *(Gen)* Probelauf *m*
DSL rate *(Comp, Komm)* DSL-Tarif *m*
DU *(Abk. für display until...)* *(V&M)* im Regal bis zum... *(for foodstuffs)*
dual banking *(AE)* *(Bank)* duales Bankensystem *n*
dual capacity *(Börse, Gen)* Doppelfunktion *f*
dual citizenship *(Pol)* doppelte Staatsbürgerschaft *f*
dual contract *(Recht)* zweiseitiger Vertrag *m*
dual economy *(WiWi)* duale Volkswirtschaft *f*
dual job holder *(Pers)* Doppelverdiener(in) *m(f)* *(one person)*
dual labor market *(AE)* *(WiWi)* *s.* dual labour market
dual labour market *(BE)* *(WiWi)* zweiter Arbeitsmarkt *m*
dual nationality *(Pol)* doppelte Staatsbürgerschaft *f*
dubious *adj (Gen)* fragwürdig, unreell, unseriös
dud check *(AE)* *(Bank)* *s.* dud cheque
dud cheque *(BE)* *(Bank)* ungedeckter Scheck *m*, *(ugs.)* fauler Scheck *m*
due *adj* 1. *(Bank)* verfallen; 2. *(Fin, Gen)* fällig, unbeglichen, zahlbar *(bill, debt)* • **at due date** *(Gen)* zum Fälligkeitstermin • **become due** *(Bank)* fällig werden; verfallen*(bill of exchange, Wechsel)* • **due basis** *(RW)* auf Basis der Verpflichtungen • **when due** *(Börse, Fin)* bei Fälligkeit
due and payable *adj (Gen)* fällig, zahlbar
due bill 1. *(Bank, Gen)* *(AE)* Schuldanerkenntnis *f*; 2. *(Fin)* fälliger Wechsel *m*
due capital *(Fin)* fälliges Kapital *n*
due date 1. *(RW)* Fälligkeitstag *m*; 2. *(Admin)* Fälligkeitstermin *m*; 3. *(Bank)* Verfallsdatum *n*; 4. *(Fin)* Fälligkeit *f*; 5. *(Gen)* Abgabefrist *f*, Fälligkeitsdatum *n*; 6. *(Recht)* Fälligkeitszeitpunkt *m*
due diligence 1. *(Börse, Fin, Mgt)* Due Diligence *f*, Due-Diligence-Prüfung *f*, Sorgfältigkeitsprüfung *f (IPO, mergers & acquisitions = Fusionen und Übernahmen; diligence grading: I reasonable, II ordinary, III great, IV extraordinary, V due)*; 2. *(Gen)* erforderliche Sorgfalt *f*, gebotene Sorgfalt *f*, gebührende Sorgfalt *f*; 3. *(Recht)* Sorgfaltspflicht *f (duty)*; verkehrsübliche Sorgfalt *f*
due diligence analysis *(Fin)* Due-Diligence-Prüfung *f*, Sorgfältigkeitsprüfung *f*
due process of law *(Recht)* rechtmäßiges Verfahren *n*, Rechtstaatlichkeit *f*
duly approved annual accounts *(RW)* ordnungsgemäß gebilligter Jahresabschluss *m*
dummy *(Recht)* Strohmann *m*
dummy activity *(Gen)* Scheinvorgang *m*
dummy corporation *(Recht)* Scheingesellschaft *f (trade law)*
dumping 1. *(Umwelt)* Ablagerung *f*, Lagerung *f (of waste)*; Verklappung *f (waste at sea)*; 2. *(Gen)* Dumping *n (prices)*; 3. *(V&M)* Verkauf *m* zu Schleuderpreisen; 4. *(Börse)* Abstoßen *n*; 5. *(Steuer)* Steuerdumping *n (tax haven)*
dun *v (Gen)* mahnen
dunning letter *(Gen, RW)* Mahnschreiben *n*, Mahnung *f*, Mahnbrief *m*
duopoly *(WiWi)* Duopol *n*
duplex copying *(Comp)* beidseitiges Kopieren *n*
duplex transmission *(Comp, Komm)* Duplexübertragung *f*
duplicate *v (Gen)* vervielfachen
durable *adj (Gen)* dauerhaft, langlebig
durable consumer good *(V&M, WiWi)* dauerhaftes Konsumgut *n*, langlebiges Konsumgut *n*
durable good *(V&M, WiWi)* langlebiges Gebrauchsgut *n*
durables *(V&M)* langlebige Gebrauchsgüter *npl*
duration 1. *(Fin)* Duration *f*; 2. *(Gen)* Dauer *f* • **for the duration of** *(Gen)* für die Dauer von
duration of a bond *(Fin)* Laufzeit *f* einer Anleihe
duration of apprenticeship *(Bil)* Dauer *f* der Lehre, Lehrzeit *f*
duration of contract *(Recht)* Vertragsdauer *f*

duration of contribution *(Pers, Soz)* Beitragszeit *f*
duration of employment *(Pers)* Beschäftigungsdauer *f*, Beschäftigungsperiode *f*, Dauer *f* der Anstellung, Dauer *f* der Beschäftigung, Beschäftigungszeit *f*, Dauer *f* der Beschäftigung, Dauer *f* des Beschäftigungsverhältnisses
duration of guaranty *(Gen)* Garantiedauer *f*
duration of service *(Pers)* Beschäftigungsdauer *f*, Dauer *f* der Beschäftigung
duration of training *(Bil, Pers)* Dauer *f* der Ausbildung, Dauer *f* der beruflichen Ausbildung, Dauer *f* der betrieblichen Ausbildung, berufliche Ausbildungsdauer *f*, Dauer *f* der Lehrzeit
duration of unemployment *(Pers)* Dauer *f* der Arbeitslosigkeit, Arbeitslosigkeitsperiode *f*
duration of unemployment benefit *(Pers)* Zeit *f* des Leistungsbezugs bei Arbeitslosigkeit
duration of unemployment benefits *(Pers)* Zeit *f* des Leistungsbezugs bei Arbeitslosigkeit
during *(Recht)* während
during normal business hours *(Gen)* während der üblichen Betriebszeiten, während der üblichen Geschäftszeiten
during working hours *(Pers)* während der Arbeitszeit *f*
dutiable *adj (Imp/Exp, Steuer)* abgabenpflichtig, zollpflichtig
duties under the employment contract *(Pers)* Pflichten *fpl* im Rahmen des Arbeitsvertrags
duty 1. *(Gen)* Dienst *m*, Zoll *m*; 2. *(Pers)* Aufgabe *f*; 3. *(Recht)* Pflicht *f*; 4. *(Steuer)* indirekte Steuer *f*, Steuer *f*, Zoll *m* • **on duty** *(Gen)* diensttuend, diensthabend
duty-free *adj (Imp/Exp, Steuer)* nicht zollpflichtig, zollfrei
duty-free allowance *(Imp/Exp, Steuer)* Freigrenze *f*, Zollfreibetrag *m*
duty-free goods *(Imp/Exp, Steuer)* zollfreie Waren *fpl*
duty-free warehousing *(Steuer)* Zolllager *n*
duty of care *(Recht)* Sorgfaltspflicht *f*
duty of care to the public *(Recht, V&M)* Verkehrssicherungspflicht *f*
duty-paid warehousing *(Steuer)* Freilager *n*
duty station 1. *(Gen)* Arbeitsplatz *m*; 2. *(Pers)* Dienstort *m*
duty to assist *(Recht, Steuer)* Beistandspflicht *f*
duty to disclose information *(Gen)* Auskunftspflicht *f*
duty to go and check adequately *(Mgt, Pol, Recht)* Pflicht *f* zur angemessenen Nachschau *f (laut UMAG die Pflicht der sog. Entscheidungsverantwortlichen nach den getroffenen Entscheidungen)*
duty to maintain industrial peace *(Pers, Soz)* Friedenspflicht *f*
duty to register [report] *(Recht)* Meldepflicht *f*
duty to warn *(Recht)* Aufklärungspflicht *f*
duty unpaid *(Imp/Exp, Steuer)* unverzollt
DVD *(Comp, Komm)* DVD *(digital versatile disc; digitale vielseitige Scheibe)*
DVD-R *(Comp, Komm)* DVD-R *f*, DVD-Recordable *f*, beschreibbare DVD *f*, ein Mal beschreibbare DVD *f*
DVD-RW *(Comp, Komm)* DVD-RW *f*, DVD-Rewritable *f*, wiederbeschreibbare DVD *f (digital versatile disc rewritable, digital versatile disc read/write)*
DWH *(Abk. für Data Warehouse) (Comp)* Datenlager *n*, Datenbanksystem *n*
dynamic *adj (Gen)* dynamisch
dynamic analysis *(WiWi)* dynamische Analyse *f*
dynamic evaluation *(Gen)* dynamische Bewertung *f*
dynamic hedging *(Fin)* dynamisches Absichern *n*, dynamische Absicherung *f*
dynamic positioning *(Gen, V&M)* dynamische Positionierung *f*
dynamic programming 1. *(Stat)* dynamische Programmierung *f*, dynamisches Programmieren *n*; 2. *(Gen)* dynamische Planung *f*
dynamization *(Soz, Stat, WiWi)* Dynamisierung *f (of a model, pensions)*

E

e-... *(Comp, Komm, Media)* E-..., e-... *(electronic)*
e-accounting *(RW)* E-Rechnungslegung *f*
e-business *(Comp, Gen, V&M)* E-Business *n*, elektronischer Geschäftsverkehr *m*, elektronische Geschäfte *npl*, elektronisches Geschäft *n (internal and external transactions)*
e-card *(Comp, Komm, Media)* E-Card *f (electronic card)*
e-commerce *(Comp, Komm, Recht, V&M)* E-Commerce *n*, elektronischer Handel *m*, E-Handel *m*, Handel *m* durch elektronische Medien, elektronischer Geschäftsverkehr *m*, elektronische Geschäfte *npl (external transactions)*
e-law *(Comp, Recht)* E-Recht *n*
e-learning *(Comp, Komm, Media)* E-Learning *n*, internetgestützte Aus- und Weiterbildung *f*, netzbasiertes Lernen *n*
e-mail 1. *(Admin)* elektronische Datenübermittlung *f*; 2. *(Comp)* E-Mail *f*, elektronische Post *f*
e-mail filter *(Comp, Komm, V&M)* E-Mail--Filter *m*
e-mail marketing *(Comp, Komm, Media, V&M)* E-Mail-Marketing *n*
e-marketplaces *(Comp, Komm, V&M)* E-Marktplätze *mpl*
e-money *(Bank, Comp, WiWi)* E-Geld *n*, Netzgeld *n*, elektronisches Geld *n*
e-payment *(Comp, Komm, V&M)* E-Zahlung *f*, E-Bezahlung *f*
e-procurement *(Admin, Comp, Gen)* elektronisches Beschaffungswesen *n*
e-recruiting *(Comp, Pers)* online-gestützte Personalsuche *f*, internet-gestützte Personalsuche *f*, E-Recruiting *n*
e-rights *(Comp, Komm, Media, Recht)* elektronische Rechte *npl (copyright law)*
e-signature *(Comp, Recht)* E-Signatur *f*
e-society *(Comp, Komm)* Informationsgesellschaft *f*, E-Society *f*
e-tourism *(Comp, Frei)* E-Tourismus *m*
e-voting *(Comp, Recht)* Online-Wahl *f*, E-Wahlen *fpl*
e-zine *s.* electronic magazine
EAD *s.* exposure at default
early adopters *(V&M)* aufgeschlossene Konsumenten *mpl*, frühe Übernehmer *mpl (target group in marketing: Personen, die bereit sind, ein neues Produkt früh anzunehmen)*
early edition *(Media)* Frühausgabe *f*
early repayment of a loan *(Bank, Fin)* vorzeitige Rückzahlung *f* eines Darlehens
early retirement *(Pers)* Vorruhestand *m*, vorgezogener Ruhestand *m*, vorzeitiger Ruhestand *m*, vorgezogene Pensionierung *f*, vorzeitige Pensionierung *f*
early-retirement allowance *(Pers)* Vorruhestandsgeld *n*
early-retirement annuity *(Fin)* Vorruhestandsrente *f*
early-retirement benefit 1. *(Fin)* Vorruhestandsrente *f*, vorzeitige Rente *f*; 2. *(Pers)* Frührente *f*
early retirement on a bridging pension *(Soz)* vorgezogener Ruhestand *m*, Vorruhestand *m*
early-retirement pension *(Pers)* vorgezogenes Altersruhegeld *n*
early-retirement scheme *(Pers)* Vorruhestandsregelung *f*
early retirer *(Pers)* Frührentner(in) *m(f)*, *(ugs.)* Vorruheständler(in) *m(f)*
early school leaving *(Bil)* vorzeitiger Schulabgang *m*, Schulabbruch *m*
early shift *(Pers)* Frühschicht *f*
early stage *(Gen)* Frühstadium *n*, Anfangsstadium *n*, Frühphase *f*, Anfangsphase *f (synonymous: initial stage; opposite: late stage = Spätstadium)* • **at an early stage** *(Gen)* im Frühstadium, im Anfangsstadium *(Entwicklung, Projekt)*; zu einem frühen Zeitpunkt • **in its early stages** *(Gen)* im Frühstadium, im Anfangsstadium; in der Anlaufzeit
early-stage financing *(Fin)* Frühphasenfinanzierung *f*, Anfangsfinanzierung *f*
early-withdrawal penalty *(Börse, Fin)* Vorschusszinsen *mpl*
earmark *v* 1. *(WiWi)* vorsehen, reservieren, bereitstellen, bestimmen *(finance)*; kennzeichnen *(funds, resources)*; 2. *(Gen)* an einen bestimmten Zweck binden

earmarked *adj (Frei)* reserviert, zweckgebunden
earmarked funds *(Fin)* zweckgebundene Mittel *npl*
earn *v* 1. *(Admin)* ertragen; 2. *(Bank)* bringen; 3. *(WiWi)* einbringen; 4. *(Fin)* bringen *(interest)*; erwerben *(reputation)*; 5. *(Gen)* erwerben *(reputation)*; 6. *(Pers)* verdienen
earn *v* **a living** *(WiWi)* seinen Lebensunterhalt verdienen
earn *v* **one's living** *(Gen, Soz)* seinen Lebensunterhalt bestreiten
earned income *(Gen, WiWi)* Erwerbseinkommen *n*
earned interest *(RW)* Zinseinkommen *n*
earned surplus *(RW, Versich)* Rücklagen *fpl*
earner *(Pers, WiWi)* Verdiener(in) *m(f)*, Lohn- oder Gehaltsempfänger(in) *m(f)*
earning capacity *(Gen)* Ertragskapazität *f*
earning performance *(Gen)* Ertragsleistung *f*
earning potential *(WiWi)* Ertragsmöglichkeiten *fpl*
earning power 1. *(Gen, RW)* Ertragskraft *f (of a company)*; 2. *(Pers)* Erwerbsfähigkeit *f*
earning reserves *(RW)* Gewinnrücklagen *fpl*
earnings 1. *(Fin)* Ertrag *m*, Gewinn *m*; Liquidität *f*; 2. *(Pers)* Arbeitseinkommen *n*, Verdienst *m*; 3. *(Steuer)* Einkommen *n*, Einkünfte *pl*
earnings at risk *(Bank, Fin)* Risikopotenzial *n*, Ertragsrisikopotenzial *n*, Value-at-Risk *m*, Risikowert *m (potential amount of value that can be lost or gained from changes in the price; Risikokennziffer zur Quantifizierung von Markt- und Preisrisiken von Kassa- oder derivativen Finanzinstrumenten: Verlust, der mit einem Konfidenzniveau - confidence level - von 99 % Wahrscheinlichkeit nicht überschritten wird; synonymous: value-at-risk)*
earnings before interest and tax(es) *(EBIT, Ebit) (Fin, RW)* Ergebnis *n* vor Zinsen und Steuern; operatives Ergebnis *n* vor Zinsen und Ertragsteuern, Betriebsergebnis *n* (Ebit), Ergebnis *n* vor Ertragsteuern und Zinsen, Ebit *n*; Gewinn *m* vor (Abzug von) Zinsen und Steuern; Gewinn *m* vor Ertragsteuern und Zinsaufwand; Ebit-Gewinn *m (synonymous: operating income, operating profit, trading profit, profit before interest and tax; Gewinn einschließlich der Zinsen und Steuern und nach Abzug außerordentlicher Aufwendungen und Erträge)*
earnings before interest, tax and amortization *(EBITA, Ebita) (Fin, RW)* Gewinn *m* vor Zinsen, Steuern und Geschäftswertabschreibungen
earnings before interest, taxes and amortization *(EBITA, Ebita) (Fin, RW)* Ergebnis *n* vor Zinsen, Steuern und Abschreibungen auf den Firmenwert, EBITA *n*, Ebita *n*, Gewinn *m* vor Zinsen, Steuern und Geschäftswertabschreibungen
earnings before interest, taxes, depreciation and amortization *(EBITDA, Ebitda)* 1. *(Fin, RW)* Ergebnis *n* vor Zinsen, Steuern und Abschreibungen auf Goodwill und Sachanlagen, Gewinn *m* vor Zinsen, Steuern und Abschreibungen auf Goodwill und Sachanlagen, EBITDA *n*, Ebitda *n*; 2. *(Media)* Ergebnis *n* vor Zinsen, Steuern und Abschreibungen *(unpräziser, aber in der Medienpraxis gebräuchlich)*
earnings before tax(es) *(EBT, Ebt) (Fin, RW)* Ergebnis *n* vor Steuern; Gewinn *m* vor Steuern; *(ugs.)* Vor-Steuer-Ergebnis *n*, Vorsteuerergebnis *n*, Vor-Steuer-Gewinn *m*; Ertrag *m* vor Steuern *(Ebit minus net interest income = Ebit minus Zinsergebnis)*
earnings capacity *(Fin)* Ertragskraft *f*
earnings differential *(Pers)* Einkommensgefälle *n*
earnings distribution *(Pers, Soz)* Verdienststruktur *f*
earnings drift *(Pers)* Lohndrift *f*
earnings forecast *(Fin)* Gewinnprognose *f*
earnings level *(Pers)* Verdienstniveau *n*, Höhe *f* des Verdienstes
earnings management *(RW)* Bilanzkosmetik *f*, Frisieren *n* der Bilanz *(manipulation of profits)*
earnings per share *(RW, Fin)* Gewinn *m* je Aktie

earnings performance *(RW, Fin, Gen)* Gewinnentwicklung *f*
earnings position *(Fin)* Ertragslage *f*
earnings prospects *(Pers)* Verdienstaussichten *fpl*
earnings-related *adj* 1. *(Pers)* verdienstabhängig, verdienstbezogen; 2. *(Soz)* einkommensabhängig
earnings report 1. *(Fin)* Gewinn- und Verlustrechnung *f*, GuV *f (unterjährige Ergebnisrechnung)*; 2. *(RW)* Ergebnisrechnung *f*, Erfolgsbilanz *f*, Aufwands- und Ertragsrechnung *f*
earnings yield 1. *(Fin)* Gewinnrendite *f*; 2. *(Börse)* Gewinn *m* je Stammaktie nach Steuern zu Kurs der Stammaktie x 100, Gewinnrendite *f*
ease *v (WiWi)* erleichtern *(credit controls)*; lockern
ease *v* **off** *(WiWi)* abflauen; leicht nachgeben
ease *v* **the strain on the labour market** *(BE) (Pol, Soz)* den Arbeitmarkt entlasten
ease of use *(V&M)* Bedienkomfort *m*
easing bias *(WiWi)* Neigung *f* zur Auflockerung, Neigung *f* zur Lockerung, Tendenz *f* zur Lockerung, weniger restriktiver Kurs *m (opposite: tightening bias; e. g. Fed monetary policy)*
easing of conditions *(Pol, WiWi)* Auflockerung *f* der Bedingungen
eastward enlargement *(Pol)* Osterweiterung *f (EU)*
eastward expansion *(Pol)* Osterweiterung *f (EU)*
easy *adj (Gen)* leicht • **with easy access to public transport** *(Gen)* verkehrsgünstig
easy monetary policy *(Bank, WiWi)* laxe Geldpolitik *f*
easy money *(WiWi)* leichtes Geld *n*, leicht verdientes Geld *n*
easy money policy *(WiWi)* Niedrigzinspolitik *f*, Politik *f* des leichten Geldes
easy terms of payments *(Bank)* günstige Zahlungsbedingungen *fpl*
easy to use *(Comp)* anwenderfreundlich, benutzerfreundlich
eavesdropping *(Gen, Komm, Recht)* Abhören *n (wiretapping)*
EBIT, **Ebit** *(Abk. für earnings before interest and taxes) (Fin, RW)* Ergebnis *n* vor Zinsen und Steuern, operatives Ergebnis *n* vor Zinsen und Ertragsteuern, Betriebsergebnis *n* (Ebit), Ergebnis *n* vor Ertragsteuern und Zinsen, EBIT *n*, Ebit *n*; Gewinn *m* vor Zinsen und Steuern, Gewinn *m* vor Ertragsteuern und Zinsaufwand *(synonymous: operating income, operating profit, trading profit, profit before interest and tax; Ermittlung: Gewinn einschließlich der Zinsen und Steuern und nach Abzug außerordentlicher Aufwendungen und Erträge; wichtige Kennzahl wegen ihrer international guten Vergleichbarkeit durch die Eliminierung unterschiedlicher Finanzierungs- und Steuerstrukturen; ein Maß der Ertragskraft im operativen Kerngeschäft)*
EBITA, **Ebita** *(Abk. für earnings before interest, taxes and amortization) (Fin, RW)* EBITA *n*, Ebita *n*, Gewinn *m* vor Zinsen, Steuern und Firmenwertabschreibungen, Ergebnis *n* vor Zinsen, Steuern und Geschäftswertabschreibungen, Ergebnis *n* vor Zinsen, Steuern und Goodwillabschreibungen; Ergebnis *n* vor Zinsen, Steuern und Abschreibungen auf den Goodwill
EBITDA, **Ebitda** *(Abk. für earnings before interest, taxes, depreciation and amortization)* 1. *(Fin, RW)* EBITDA *n*, Ebitda *n*, Gewinn *m* vor Zinsen, Steuern und Abschreibungen auf Goodwill und Sachanlagen, Ergebnis *n* vor Zinsen, Steuern und Abschreibungen auf Goodwill und Sachanlagen; 2. *(Media)* Ergebnis *n* vor Zinsen, Steuern und Abschreibungen *(etwas unpräziser, aber in der medialen Praxis gebräuchlich)*
EBITDASO, **Ebitdaso** *(Abk. für earnings before interest, taxes, depreciation, amortization and stock options) (Fin, RW)* EBITDASO *n*, Ebitdaso *n*, Gewinn *m* vor Zinsen, Steuern, Abschreibungen und Stock-Options; Gewinn *m* vor Zinsen, Steuern und Abschreibungen auf Goodwill, Sachanlagen und (Aktien-)Optionen
EBT, **Ebt** *(Abk. für earnings before taxes) (Fin, RW)* Gewinn *m* vor Steuern; *(ugs.)* Vorsteuerergebnis *n*, Vor-Steuer-Ergebnis *n*, Vorsteuergewinn *m*; Ertrag *m*

vor Steuern, Ergebnis *n* vor Steuern, Gewinn *m* vor Steuern *(Ebit minus net interest income = Ebit minus Zinsergebnis)*

EC *s.* 1. European Community; 2. European Commission

ECB *s.* European Central Bank

ECB General Council *(Bank, WiWi)* Erweiterter Rat *m* der EZB *(third decision-making body of the ECB)*

ECE *(Abk. für Economic Commission for Europe) (Pol, WiWi)* ECE *f*, Wirtschaftskommission *f* (der UN) für Europa, UN-Wirtschaftskommission *f* für Europa *(a UN agency seated in Geneva; eine Unterorganisation der Vereinten Nationen mit Sitz in Genf)*

eco-friendly *adj (Umwelt)* umweltfreundlich

Ecofin Council *(Abk. für Council of Economics and Finance Ministers) (Pol)* Ecofin-Rat *m*, Rat *m* der Wirtschafts- und Finanzminister *(EU)*

ecofriendly *adj (Umwelt)* umweltfreundlich

ecolabeling *(AE) s.* ecolabelling

ecolabelling *(BE)* 1. *(Umwelt)* Ökoetikettierung *f*, Ökokennzeichnung *f*; 2. *(Ind)* Umweltgütezeichen *n*

ecological *adj (Gen, Umwelt)* ökologisch

ecological consequences *(Umwelt)* ökologische Folgen *fpl*

ecological electricity *(Ind, Umwelt)* Ökostrom *m*

ecological hazards *(Umwelt)* ökologische Gefahren *fpl*

ecological indicator *(Umwelt)* ökologischer Indikator *m*

ecology *(Gen, Umwelt)* Ökologie *f*

ecology tax *(Umwelt)* Ökosteuer *f*, Umweltsteuer *f*

econometric *adj (WiWi)* ökonometrisch

economic *adj (Gen, WiWi)* Wirtschafts…, Volkswirtschafts… *(relating to the economy or to economics)*; wirtschaftlich, ökonomisch; betriebswirtschaftlich, volkswirtschaftlich, wirtschaftswissenschaftlich *(justified in terms of profitability; synonymous: managerial; meistens mit Bezug auf die produzierende Wirtschaft, knappe Güter oder die Wirtschaftswissenschaften; Achtung: cf economical = sparsam)*; *(obs.)* nationalökonomisch

economic agent 1. *(Pol, WiWi)* Geschäftsführer(in) *m(f)*, Wirtschaftsteilnehmer(in) *m(f)*, wirtschaftlicher Entscheidungsträger *m*, wirtschaftliche Entscheidungsträgerin *f*; 2. *(Gen)* Entscheider(in) *m(f)*

economic aid *(WiWi)* Entwicklungshilfe *f*

Economic and Monetary Union *(WiWi)* Wirtschafts- und Währungsunion *f*

economic approach 1. *(Gen, WiWi)* ökonomische Sicht *f*, ökonomische Sichtweise *f*; 2. *(Steuer)* wirtschaftliche Betrachtungsweise *f*

economic area *(WiWi)* Wirtschaftsgebiet *n*

economic batch quantity *(WiWi, Ind, Mgt)* optimale Losgröße *f*, wirtschaftliche Losgröße *f*

economic batch size *(WiWi, Ind, Mgt)* optimale Losgröße *f*, wirtschaftliche Losgröße *f*

economic boom *(WiWi)* Konjunkturaufschwung *m*

economic cheerleading *(Gen, WiWi)* ökonomische Aufmunterung *f*, ökonomisches Cheerleading *n*, ökonomische Stimmungsmache *f*, ökonomischer Zweckoptimismus *m (political brainwashing)*

economic climate *(Gen, WiWi)* Konjunkturklima *n*, wirtschaftliches Klima *n*, Wirtschaftsklima *n*

Economic Commission for Europe *(ECE) (Pol, WiWi)* Wirtschaftskommission *f* (der UN) für Europa, UN-Wirtschaftskommission *f* für Europa, ECE *f* *(synonymous: United Nations Economic Commission for Europe; a UN agency seated in Geneva; eine Unterorganisation der Vereinten Nationen mit Sitz in Genf)*

economic conditions 1. *(WiWi)* Konjunkturlage *f*, Wirtschaftslage *f*; 2. *(Fin)* Wirtschaftslage *f*

economic cost 1. *(RW)* Anschaffungskosten *pl*, Herstellungskosten *pl*, AK/HK *pl*; 2. *(WiWi)* Opportunitätskosten *pl*, Alternativkosten *pl (the cost of using a resource in one activity –Verwendung- is measured in terms of its best alternative use; all economic costs* *are opportunity costs, the cost of foregone alternatives, die Kosten knapper Güter stellen generell Opportunitätskosten in Höhe des Wertes nicht wahrgenommener Alternativen dar)*

economic crime *(WiWi)* Wirtschaftskriminalität *f*, Wirtschaftsverbrechen *n*

economic crisis *(WiWi)* Wirtschaftskrise *f*, Konjunkturkrise *f*

economic cycle *(WiWi)* Konjunkturzyklus *m*

economic development *(WiWi)* Konjunkturentwicklung *f*, wirtschaftliche Entwicklung *f*

economic dimensions *(Pol, WiWi)* wirtschaftliche Größenordnung *f*

economic downturn *(WiWi)* Konjunkturabschwächung *f*, Wirtschaftsabschwung *m*, Konjunkturabschwung *m*, Konjunkturabschwächung *f*

economic efficiency *(Gen, Mgt, WiWi)* Wirtschaftlichkeit *f*, ökonomische Effizienz *f (synonymous: operational efficiency; Streben nach einem günstigen Verhältnis zwischen dem Ertrag und den zu seiner Erlangung aufgewendeten Mitteln oder zwischen den Output-Größen und den zugehörigen Input-Größen)*

economic entity *(WiWi)* Wirtschaftseinheit *f*, Wirtschaftsgebilde *n*, wirtschaftliche Entscheidungseinheit *f (unit)*; Wirtschaftsteilnehmer(in) *m(f) (agent)*

economic expansion *(Gen, WiWi)* Wirtschaftsaufschwung *m*, wirtschaftliche Ausdehnung *f*

economic forecasting *(WiWi)* Konjunkturprognose *f*, Wirtschaftsprognose *f*

economic framework conditions *(WiWi)* wirtschaftliche Rahmenbedingungen *fpl*

economic good *(WiWi)* Wirtschaftsgut *n*, wirtschaftliches Gut *n*

economic growth *(WiWi)* Wirtschaftswachstum *n*

economic incentive *(WiWi)* wirtschaftlicher Anreiz *m*

economic indicator *(WiWi)* Konjunkturbarometer *n*; Konjunkturindikator *m*

economic law *(Recht)* Wirtschaftsrecht *n*

economic laws *(WiWi)* Wirtschaftsgesetzgebung *f*

economic liberalism *(Pol, WiWi)* Wirtschaftsliberalismus *m*

economic life *(Fin, Gen, V&M)* wirtschaftliche Lebensdauer *f*, wirtschaftliche Nutzungsdauer *f*

economic man *(Bil, WiWi)* Homo Oeconomicus *(an entirely rational and selfish person, free from malice and dogmatic resistance to change, met in pure form only in economic models; Modell eines vollkommen informierten, ausschließlich rational denkenden und wirtschaftlich, d. h. nutzenmaximierend handelnden "Menschen" der klassischen und neoklassischen Wirtschaftstheorie)*

economic manufacturing quantity *(Gen)* optimale Fertigungsmenge *f*, wirtschaftliche Losgröße *f*

economic obsolescence *(WiWi)* wirtschaftliches Veralten *n*

economic order quantity *(Ind, WiWi)* optimale Bestellmenge *f*, wirtschaftliche Losgröße *f*

economic outlook *(WiWi)* Konjunkturaussichten *fpl*

economic output *(WiWi)* Wirtschaftsleistung *f*, Output *m*

economic policy *(WiWi, Pol)* Wirtschaftspolitik *f*

economic price *(V&M)* wirtschaftlicher Preis *m*

economic progress *(WiWi)* wirtschaftlicher Fortschritt *m*

economic prospects *(WiWi)* Konjunkturaussichten *fpl*, Wirtschaftsaussichten *fpl*

economic recovery *(WiWi)* wirtschaftliche Erholung *f*, konjunkturelle Erholung *f*, Wiederbelebung *f* der Wirtschaft

economic refugee *(Gen, Pers, Pol)* Wirtschaftsflüchtling *m*

economic report *(WiWi)* Konjunkturbericht *m*, Wirtschaftsbericht *m*

economic research *(V&M, WiWi)* Wirtschaftsforschung *f*

economic resources *(WiWi)* ökonomische Ressourcen *fpl*

economic revival *(WiWi)* Konjunkturaufschwung *m*, Wirtschaftsaufschwung *m*, Wiederaufschwung *m* der Wirtschaft, Wiederbelebung *f* der Wirtschaft

economic sector *(WiWi)* Branche *m*, Wirtschaftszweig *m*
economic slowdown *(WiWi)* Konjunkturabschwächung *f*, konjunkturelle Abkühlung *f*
economic summit *(Pol, WiWi)* Wirtschaftsgipfel *m*
economic theory *(WiWi)* volkswirtschaftliche Theorie *f*
economic trend 1. *(WiWi)* Konjunkturentwicklung *f*, Konjunkturtrend *m*, Konjunkturverlauf *m*; 2. *(Gen)* Geschäftstrend *m*
economic upswing *(WiWi)* Konjunkturaufschwung *m*
economic viability *(WiWi)* Rentabilität *f*, Eigenwirtschaftlichkeit *f*
economical *adj* 1. *(Admin, Bank, Fin, WiWi)* ökonomisch; 2. *(Gen)* sparsam, ökonomisch
economical use of resources *(Umwelt)* rationelle Nutzung *f* von Ressourcen, wirtschaftlicher Ressourceneinsatz *m*
economically *adv* 1. *(Admin, Bank, WiWi)* wirtschaftlich; 2. *(Fin, Gen)* sparsam, ökonomisch, volkswirtschaftlich *(sparingly)*
economically active *adj (Pers)* erwerbstätig
economics *pl (WiWi)* Wirtschaftswissenschaften *fpl*, Wirtschaftswissenschaft *f*, Volkswirtschaftslehre *f*; *(obs.)* Nationalökonomie *f (the economic science; Achtung: economies = Ersparnisse, cf economies of scale)*
economics department *(Bil)* wirtschaftswissenschaftliche Abteilung *f*, volkswirtschaftliche Abteilung *f*
economics faculty *(Bil)* wirtschaftswissenschaftliche Fakultät *f*; volkswirtschaftliche Abteilung *f*
economies *(Gen)* Einsparungen *fpl*
economies of scale *(WiWi)* Skaleneffekte *mpl*, Skalenerträge *mpl*, Größenvorteile *mpl*, Größenkostenersparnisse *fpl*, positive Größeneffekte *mpl* (zunehmender Produktion) *(reduced cost per unit of output through mass production; synonymous: scale economies; opposite: absolute economies; Stückkostenersparnisse bei steigendem Output durch den degressiven Verlauf der langfristigen Durchschnittskostenkurve)*
economies of scope *(WiWi)* Verbundvorteile *mpl*, Diversifikationsvorteile *mpl*
economist *(WiWi)* Nationalökonom(in) *m(f)*, Ökonom(in) *m(f)*, Volkswirt(in) *m(f)*, Volkswirtschaftler(in) *m(f)*, Wirtschaftsexperte *m*, Wirtschaftsexpertin *f*, Wirtschaftswissenschaftler(in) *m(f)*
economize *(Gen, WiWi)* wirtschaften, sparsam wirtschaften, sparsam umgehen *(be economical; bewusst entscheiden über knappe Ressourcen)*
economy 1. *(Admin, WiWi)* Volkswirtschaft *f (of an area or a country)*; Wirtschaftlichkeit *f*, Wirtschaft *f*, Sparsamkeit *f (thrift of country)*; 2. *(Gen)* Konjunktur *f*
ecosystem *(Umwelt)* Ökosystem *n*
edge *(Gen)* Vorsprung *m*, Vorteil *m* • **have the edge over sb** *(Gen)* jmdm. überlegen sein
edit *v* 1. *(Comp)* aufbereiten; bearbeiten, editieren *(data, document)*; 2. *(Media)* redigieren
edition *(Comp, Gen, Media)* Ausgabe *f*, Ausg.
editor 1. *(Comp)* Editor *m (software)*; 2. *(Media)* Herausgeber(in) *m(f)*, Redakteur(in) *m(f)*
editorial *(Gen, Media)* Leitartikel *m*
education system *(Bil)* Ausbildungssystem *n*, Bildungswesen *n*
educational achievement *(Pers)* Bildungsabschluss *m*, Bildungsstand *m*, Bildungsniveau *n*
educational and training qualifications *(Bil)* Ausbildungs- und Befähigungsnachweise *mpl (EU)*
educational attainment *(Pers)* Bildungsabschluss *m*, Bildungsstand *m*, Bildungsniveau *n*
educational background *(Soz)* Ausbildung *f*, Bildungsweg *m*, Vorbildung *f*
educational course *(Bil)* Ausbildungslehrgang *m*, Bildungslehrgang *m*, Schulung *f*
educational deficit *(Bil, Pers)* Bildungsdefizit *n*, Bildungsmangel *m*, Mangel *m* an Bildung
educational expenditure *(Bil, Pers)* Bildungsausgaben *fpl*

educational institution *(Bil)* Bildungseinrichtung *f*, Bildungsstätte *f*, Bildungsinstitution *f*
educational leave *(Pers)* Bildungsurlaub *m*
educational level *(Pers)* Bildungsniveau *n*, Bildungsebene *f*, Bildungsabschluss *m*, Bildungsstand *m*
educational opportunity *(Pers)* Bildungschance *f*
educational qualification *(Bil)* Bildungszeugnis *n*, Bildungszertifikat *n*, Bildungsnachweis *m*
educational research *(Pers)* Bildungsforschung *f*
educational system *(Pers)* Bildungssystem *n*, Ausbildungssystem *n*
educational upgrading *(Pers)* Verbesserung *f* des Ausbildungsstandes
edutainment *(Comp, Komm, Media)* Edutainment *n (education + entertainment)*
EEC *s.* European Economic Community
EER *(Abk. für effective exchange rate) (WiWi)* EWK, effektiver Wechselkurs *m*
effect *v (Gen)* erzielen *(agreement)*; tätigen *(sale, purchase)*; durchführen *(settlement)*
effect *v* **a compromise** *(Gen)* einen Vergleich schließen
effect *(Gen)* Auswirkung *f*, Wirksamkeit *f*, Wirkung *f* • **come into effect** *(Recht)* rechtswirksam werden • **with effect from** *(Gen)* mit Wirkung vom
effect of taxation *(Steuer)* Steuerwirkung *f*
effect on employment *(Pers)* Beschäftigungseffekt *n*, Auswirkung *f* auf die Beschäftigung
effective *adj* 1. *(WiWi)* effektiv; 2. *(Gen)* wirksam, effektiv tatsächlich; wirklich, faktisch *(real)*; 3. *(Recht)* rechtswirksam • **become effective** *(Recht)* rechtswirksam werden, wirksam werden, in Kraft treten
effective annual percentage rate *(APR) (Fin)* effektiver Jahreszins *m*, Effektivzins *m*
effective annualized percentage rate *(APR) (Fin)* effektiver Jahreszins *m*, Effektivzins *m*
effective cost *(RW)* Istkosten *pl*, Ist--Kosten *pl*
effective exchange rate *(EER) (WiWi)* effektiver Wechselkurs *m*, EWK *m*
effective interest rate *(Bank)* Effektivzins *m*, effektiver Zins *m*
effective rate *(Bank, Fin)* Effektivzins *m*, Effektivverzinsung *f*, effektive Rendite *f*
effective rate of interest *(WiWi)* effektiver Zinssatz *m*
effective rate of return *(Bank, Fin)* Effektivzins *m*, Effektivverzinsung *f*, effektive Rendite *f*
effective yield *(Bank, Fin)* Effektivzins *m*, Effektivverzinsung *f*, effektive Rendite *f*
effectiveness *(Gen)* Wirksamkeit *f*
efficiency 1. *(Gen, WiWi)* Leistung *f*, Leistungsfähigkeit *f*, Effizienz *f*; Wirtschaftlichkeit *f*, Rentabilität *f (economic efficiency; monetary units = Wertgrößen)*; Produktivität *f*, Wirksamkeit *f*, Wirkungsgrad *m (industrial production; real terms = reale Größen)*; 2. *(Pers)* Leistungsfähigkeit *f*, Tüchtigkeit *f (of a person)*
efficiency calculation *(WiWi)* Wirtschaftlichkeitsrechnung *f*
efficiency gain *(Ind, Mgt)* Effizienzgewinn *f*
efficiency loss *(Ind, Mgt)* Effizienzverlust *m*
efficiency of labor *(AE) (WiWi) s.* efficiency of labour
efficiency of labour *(BE) (WiWi)* Arbeitsproduktivität *f*
efficiency ratio *(WiWi)* Arbeitsproduktivität *f*
efficiency review *(Mgt)* Erfolgskontrolle *f*, Leistungsüberprüfung *f*, Effizienzkontrolle *f*
efficiency rule *(WiWi)* ökonomisches Prinzip *n*, Rationalprinzip *n*, Wirtschaftlichkeitsprinzip *n (zwei Ausprägungen: cf ökonomisches Prinzip)*
efficient *adj* 1. *(Bank, WiWi, Fin)* effizient, wirtschaftlich *(effective)*; 2. *(Gen)* fähig, effizient *(person)*; leistungsfähig *(machine, factory)*; rationell *(method, system)*; wirtschaftlich *(wirksam)*
efficient allocation *(WiWi)* effiziente Allokation *f*
efficient market hypothesis *(Fin, WiWi)* Kapitalmarkteffizienz-Hypothese *f*, Hypothese *f* des effizienten Kapital-

markts, Hypothese *f* von der Kapitalmarkteffizienz
effluent fee *(WiWi)* Emissionsabgabe *f*
EFRAG *s.* European Financial Reporting Advisory Group
EFTA *s.* European Free Trade Association
elastic demand *(WiWi)* elastische Nachfrage *f*
elastic supply *(WiWi)* elastisches Angebot *n*
elasticity of anticipation *(WiWi)* Erwartungselastizität *f*
elasticity of demand *(WiWi)* Elastizität *f* der Nachfrage, Nachfrageelastizität *f*
elasticity of labor demand *(AE) (Pers) s.* elasticity of labour demand
elasticity of labor supply *(AE) (Pers) s.* elasticity of labour supply
elasticity of labour demand *(BE) (Pers)* Elastizität *f* der Arbeitskräftenachfrage
elasticity of labour supply *(BE) (Pers)* Elastizität *f* des Arbeitskräfteangebots
elasticity of substitution *(WiWi)* Substitutionselastizität *f*
elasticity of supply *(WiWi)* Angebotselastizität *f*
election campaign *(Gen, Pol)* Wahlcampagne *f*
election for chairman *(Gen)* Wahl *f* des Vorsitzenden
elections *(Pol)* Wahlen *fpl*
electricity *(Gen, Ind)* Elektrizität *f*
electricity consumption *(Ind)* Stromverbrauch *m*
electricity supply *(Ind)* Elektrizitätsversorgung *f*, Stromlieferung *f*
electronic *adj (Gen)* elektronisch
electronic banking *(Bank)* elektronische Abwicklung *f* von Bankgeschäften
electronic banking service *(Bank)* elektronische Bankleistung *f*
electronic business *(Comp, Komm, Media, V&M)* E-Business *n*, elektronische Geschäfte *npl*, Geschäft *n* durch elektronische Medien, elektronische Geschäftsabwicklung *f*, elektronisches Geschäft *n (interne und externe Geschäftsprozesse über elektronische Medien; anders: e-commerce)*
electronic commerce *(Comp, Komm, V&M)* E-Commerce *n*, elektronischer Handel *m*, E-Handel *m*, Handel *m* durch elektronische Medien, elektronischer Geschäftsverkehr *m*, elektronische Geschäfte *npl (external transactions)*
electronic data interchange *(Comp, Komm)* elektronischer Datenaustausch *m*
electronic data processing *(Comp)* elektronische Datenverarbeitung *f*, EDV
electronic form *(Comp, Gen, Komm, Recht)* elektronische Form *f (e. g. digital signature as writing)*
electronic funds transfer 1. *(Admin, Bank)* elektronischer Zahlungsverkehr *m*; 2. *(Fin)* belegloser Überweisungsverkehr *m*
electronic home banking *(Bank)* Homebanking *n*
electronic law *(e-law) (Comp, Recht)* E-Recht *n*
electronic magazine *(Comp, Komm, Media)* elektronische Zeitschrift *f*, elektronisches Magazin *n*, E-Zine *n*
electronic mail 1. *(Komm)* elektronische Datenübermittlung *f*, elektronische Post *f*, E-Mail *f*; 2. *(Comp)* elektronische Post *f*, E-Mail *f (networks, op sys)*
electronic manufacturing services *(Comp, Komm)* elektronische Fertigungsservices *mpl*, EMS
electronic media *(V&M)* elektronische Medien *npl*
electronic paper *(Comp, Komm, Media)* elektronisches Papier *n*, E-Papier *n*
electronic payment *(Bank, Comp, V&M)* elektronische Zahlungsabwicklung *f*, elektronische Zahlung *f*
electronic payment terminal *(Fin)* elektronisches Zahlungsterminal *n*, elektronisches Zahlungsverkehrsterminal *n*
electronic purse *(Bank, Comp, Komm)* elektronische Geldbörse *f*
electronic signature *(Comp, Komm, Recht)* elektronische Signatur *f*, elektronische Unterschrift *f*
electronic specialized dictionary *(Media, V&M)* e-Fachwörterbuch *n*
electronic wallet *(Bank, Comp, Komm)* elektronische Geldbörse *f (e. g. a smart card)*
electronically accessible *adv (Comp, Komm)* elektronisch abrufbar
eligibility *(Pers, Soz)* Berechtigung *f (Anspruch)*; Eignung *f*

eligibility criteria *(Pers, Soz)* Anspruchsvoraussetzungen *fpl*
eligibility for benefits *(Pers, Soz)* Anspruchsberechtigung *f* (auf Leistungen), Anspruch *m* auf Leistung, Leistungsberechtigung *f*
eligible *adj* 1. *(Bank, Pers)* förderfähig; 2. *(Gen)* anrechnungsfähig • **be eligible for benefit** *(Soz)* leistungsberechtigt sein, Leistungsvoraussetzungen erfüllen, anspruchsberechtigt sein • **be eligible for sth** *(Pers, Pol, WiWi)* zu etw. berechtigt sein, für etw. geeignet sein, für etw. qualifiziert sein; für etw. anspruchsberechtigt sein *(for subsidies or grants)*
eligible as collateral *(Fin)* beleihbar, lombardfähig
eligible assets *(Bank, Fin)* refinanzierungsfähige Sicherheiten *fpl*, zentralbankfähige Aktiva *pl (ECB)*
eligible for discount *(RW, Bank, Fin)* diskontfähig, rediskontfähig
eligible papers *(Bank)* zentralbankfähige Wechsel *mpl*
eligible person *(Pers)* Anwartschaftsberechtigte(r) *f(m)*
eliminate *v (Gen)* entfernen, ausschalten, beseitigen *(error)*; ausschließen *(possibility)*
elimination of jobs *(Pers)* Arbeitsplatzvernichtung *f*, Vernichtung *f* von Arbeitsplätzen
elimination of unemployment *(Pers, Soz, WiWi)* Beseitigung *f* der Arbeitslosigkeit
embargo 1. *(Imp/Exp)* Einfuhrsperre *f*, Einfuhrstopp *m (imports)*; 2. *(Media, Transp)* Embargo *n*; 3. *(Pol)* Sperre *f*
embargo on exports *(Imp/Exp)* Ausfuhrsperre *f*
embark on *(Gen)* einschlagen
embezzle *v* 1. *(Gen)* unterschlagen *(funds)*; 2. *(Recht)* veruntreuen; unterschlagen
embezzlement 1. *(Gen)* Unterschlagung *f*; 2. *(Recht)* Unterschlagung *f*, Veruntreuung *f (of funds)*
embodied technical progress *(WiWi, Ind)* investitionsgebundener technischer Fortschritt *m*
emergency meeting *(Gen, Pol)* Dringlichkeitssitzung *f*
emerging country *(Pol)* Schwellenland *n*
emerging markets *(WiWi, Pol)* Schwellenländer *npl*
EMF *s.* European Monetary Fund
EMFTA *(Abk. für Euro-Mediterranean Free Trade Area) (Imp/Exp, Pol)* Euromediterrane Freihandelszone *f*
emission trading *(Börse, Mgt)* Emissionshandel *m*
emissions reduction banking *(Umwelt, WiWi)* Umweltbankensystem *n*, Emissionsminderungsguthaben *n*
emissions trading *(Umwelt)* Handel *m* mit Umweltverschmutzungszertifikaten
emolument 1. *(Gen)* Bezüge *mpl*, Einkünfte; 2. *(Steuer)* Gewinn *m*, Nutzen *m*, Vergütung *f*
emoticon *(Comp, Komm)* Emoticon *n (an icon designating emotions)*
empirical *adj (Stat, WiWi)* empirisch
empirical findings *(WiWi)* empirische Befunde *f*
employ *v* 1. *(Gen)* anstellen, einstellen *(person)*; anwenden, verwenden *(method)*; 2. *(Pers)* beschäftigen
employability 1. *(Pers)* Beschäftigungsfähigkeit *f*; 2. *(Soz)* Vermittelbarkeit *f*
employable *adj* 1. *(Pers)* vermittelbar, arbeitsfähig; 2. *(Soz)* erwerbsfähig, arbeitsfähig
employable age *(Pers, Soz)* arbeitsfähiges Alter *n*, erwerbsfähiges Alter *n*
employed, employed persons *(Pers, WiWi)* Erwerbstätige *pl*, Beschäftigte *pl*
employee 1. *(Gen, Pers)* Angestellte(r) *f(m)*, Arbeitnehmer(in) *m(f)*, Beschäftigte(r) *f(m)*, Mitarbeiter(in) *m(f)*; 2. *(Mgt)* Beschäftigte(r) *f(m)*
employee activity rate *(WiWi)* Erwerbsquote *f*
employee appraisal *(Pers)* Personalbeurteilung *f*, Mitarbeiterbeurteilung *f*
employee assessment *(Pers)* Personalbeurteilung *f*, Mitarbeiterbeurteilung *f*
employee benefits *(Pers, Soz)* Sozialleistungen *fpl*
employee compensation *(AE) (Pers)* Arbeitnehmereinkommen *n*, Einkommen *n* aus unselbstständiger Arbeit *(Volkswirtschaftliche Gesamtrechnung = VGR = SNA = System of National Accounts)*; Arbeitnehmerverdienste *pl*

employee contribution *(Pers, Steuer)* Arbeitnehmeranteil *m*, Arbeitnehmerbeitrag *m*
employee development program *(AE)* *(Pers)* s. employee development programme
employee development programme *(BE)* *(Pers)* Fortbildungsprogramm *n*
employee earnings *(Pers)* Arbeitnehmerverdienste *mpl*
employee-elected representation *(Pers)* Arbeitnehmervertretung *f*
employee leasing *(Pers)* Arbeitnehmerverleih *m*, Arbeitskräfteverleih *m*
employee leasing company *(Pers)* Leiharbeitsfirma *f*, Zeitarbeitsfirma *f*
employee participation scheme *(Pers)* Arbeitnehmerbeteiligung *f*, Mitarbeiterbeteiligung *f*
employee profile *(Pers)* Mitarbeiterprofil *n*
employee profit-sharing *(Pers)* Gewinnbeteiligung *f* der Arbeitnehmer
employee rate *(BE)* *(Steuer)* Arbeitnehmeranteil *m*, Arbeitnehmerbeitrag *m*
employee selection *(Pers)* Personalauswahl *f*
employee shareholding scheme *(Pers)* Belegschaftsaktienplan *m*, Belegschaftsaktien-Beteiligungsplan *m*
employee training *(Pers)* Mitarbeiterschulung *f*, Personalfortbildung *f*, Weiterbildung *f* der Mitarbeiter
employee turnover *(WiWi, Gen, Pers)* Arbeitskräftefluktuation *f*
employee with experience *(Recht)* erfahrener Mitarbeiter *m*, erfahrene Mitarbeiterin *f*
employees 1. *(Gen)* Belegschaft *f*; 2. *(Mgt, Pers)* Beschäftigte *pl*
employees' committee *(Pers)* Betriebsrat *m*
employees' rights *(Pers)* Arbeitnehmerrechte *npl*
employer *(Fin, Gen, Pers, Steuer)* Arbeitgeber(in) *m(f)*, *(ugs.)* Brötchengeber *m*
employer rate *(BE)* *(Steuer)* Arbeitgeberanteil *m*, Arbeitgeberbeitrag *m*
employer survey *(Pers, Stat)* Unternehmerbefragung *f*, Unternehmenserhebung *f*, Erhebung *f* bei Unternehmen
employer's contribution *(Fin, Pers, Steuer)* Arbeitgeberanteil *m*, Arbeitgeberbeitrag *m*
employer's liabilities *(Steuer)* Arbeitgeberhaftpflicht *f*, Unternehmerhaftpflicht *f*
employer's pension commitment *(Pers, Versich)* Direktzusage *f*
employer's pension scheme *(Pers, Soz)* Betriebsrente *f*, Firmenrente *f*
employers *(Pers)* Arbeitgeberschaft *f*, Arbeitgeber *mpl*, Unternehmer *mpl*
employers' association *(Gen, Pers)* Arbeitgeberverband *m*
employment *(Pers)* Arbeitsverhältnis *n*, Beschäftigung *f*, Dienstverhältnis *n*
employment agency *(Admin, Gen, Pers)* Arbeitsvermittlung *f*, Personalvermittlungsbüro *n*, private Stellenvermittlung *f*
employment and training measures *(Soz)* arbeitsmarktpolitische Maßnahmen *fpl*, arbeitsmarktpolitische Instrumente *npl*
employment and training schemes *(Soz)* arbeitsmarktpolitische Maßnahmen *fpl*, arbeitsmarktpolitische Instrumente *npl*
employment bottleneck *(Pers, WiWi)* Beschäftigungsengpass *m*
employment certificate *(Pers)* Beschäftigungsnachweis *m*, Arbeitsnachweis *m*
employment compensation *(Ind, Pers, Recht)* Arbeitslohn *m*
employment contract *(Gen, Pers)* Arbeitsvertrag *m*
employment creation *(Soz, WiWi)* Arbeitsbeschaffung *f*, Schaffung *f* von Arbeit, Schaffung *f* von Arbeitsplätzen
employment-creation measure *(Soz)* Arbeitsbeschaffungsmaßnahme *f*
employment-creation scheme *(Soz)* Arbeitsbeschaffungsmaßnahme *f*
employment crisis *(Pers, WiWi)* Beschäftigungskrise *f*, Beschäftigungsmisere *f*
employment cutback *(Pers)* Abbau *m* der Beschäftigung, Beschäftigungsabbau *m*
employment documents *(Pers)* Arbeitspapiere *npl*
employment effect *(Pers)* Beschäfti-

gungswirkung *f*, Auswirkung *f* auf die Beschäftigung

employment expenses *(Pers)* Personalkosten *pl*

employment figures 1. *(WiWi)* Beschäftigungszahlen *fpl*; 2. *(Gen)* Beschäftigtenzahlen *fpl*

employment growth *(Pers)* Beschäftigungswachstum *n*, Beschäftigungszunahme *f*

employment guarantee *(Pers)* Beschäftigungsgarantie *f*, Arbeitsplatzschutz *m*, Beschäftigungsschutz *m*

employment impact *(Pers, WiWi)* Beschäftigungseffekt *n*, Auswirkung *f* auf die Beschäftigung

employment incentives *(Pers, Soz)* Beschäftigungsanreize *mpl*, Maßnahmen *fpl* zur Stärkung der Beschäftigung über (finanzielle) Anreize

employment income *(Steuer)* Arbeitslohn *m*

employment intensity *(Pers)* Beschäftigungsintensität *f*

employment legislation *(Pers, Soz)* Arbeitsgesetzgebung *f*

employment liable for contributions *(Soz)* beitragspflichtige Beschäftigung *f*

employment market *(Pers, WiWi)* Arbeitsmarkt *m*, Stellenmarkt *m*

employment office *(Admin, Pers, Soz)* Arbeitsamt *n*

employment opportunities *(Pers)* Arbeitsmöglichkeiten *fpl*, Beschäftigungsmöglichkeiten *fpl*, Beschäftigungschancen *fpl*

employment oriented wage policy *(Gen, WiWi)* beschäftigungsorientierte Lohnpolitik *f (cf productivity orientated wage policy, produktivitätsorientierte Lohnpolitik)*

employment overhead *(RW)* Personalgemeinkosten *pl*

employment permit *(Pers, Recht)* Arbeitserlaubnis *f*

employment-population ratio *(Stat)* Beschäftigungsquote *f (Erwerbstätige in Relation zur Bevölkerung der entsprechenden Altersgruppe)*

employment protection *(Pers)* Beschäftigungsschutz *f*, Beschäftigungsgarantie

employment rate *(Soz, WiWi)* Beschäftigungsquote *f*, Beschäftigungsgrad *m*, Erwerbstätigenquote *f (ratio of labour force to total population)*

employment ratio *(Soz, WiWi)* Beschäftigungsquote *f*, Beschäftigungsgrad *m*, Erwerbstätigenquote *f (ratio of labour force to total population)*

employment record *(Pers)* beruflicher Werdegang *m*, Beschäftigungsnachweis *m*

employment security *(Pers)* Arbeitsplatzsicherheit *f*

employment service *(AE) (Admin, Pers)* Arbeitsamt *n*, Arbeitsvermittlung *f*

employment standards *(Pers)* Arbeitsnormen *fpl*, arbeitsrechtliche Normen *fpl*, Beschäftigungsnormen *fpl*

employment statistics *(Pers, Stat)* Beschäftigtenstatistik *f*

employment status *(Pers)* Stellung *f* im Erwerbsleben

employment structure *(Pers)* Beschäftigtenstruktur *f* Beschäftigungsstruktur *f*

employment subject to contributions *(Soz)* beitragspflichtige Beschäftigung *f*

employment target *(Pers, WiWi)* Beschäftigungsziel *n*

employment threshold *(WiWi)* Beschäftigungsschwelle *f (der Prozentsatz des Wirtschaftswachstums, ab dem die Beschäftigung zunimmt; je nach Anreizstruktur und Rahmenbedingungen bei ca. 1,5-4 % Wachstum des BNE)*

employment trend *(Pers)* Beschäftigungsentwicklung *f* Beschäftigungstrend *m*

empower *v* 1. *(Gen)* bevollmächtigen; 2. *(Recht)* beauftragen

empower *v* **sb to do sth** *(Gen)* jmdn. ermächtigen, etw. zu tun

empowerment 1. *(Recht)* Bevollmächtigung *f*, Ermächtigung *f*; 2. *(Soz)* Hilfe zur Selbsthilfe, Förderung *f* des Selbstbewusstseins, Befähigung *f* zum selbstständigen Handeln

EMS *s.* 1. European Monetary System; 2. electronic manufacturing services

EMU *s.* 1. Economic and Monetary Union; 2. European Monetary Union

enable *v* 1. *(Comp)* einschalten, aktivieren *(software)*; 2. *(Gen, Pers)* befähigen

enabling clause *(Recht)* Ermächtigungsklausel *f*
enact *v* *(Recht)* erlassen *(legislation)*
encashment 1. *(RW)* Inkasso *n*; 2. *(Bank)* Einkassierung *f*, Inkasso *n*; 3. *(Börse)* Einlösung *f*
enclose *v* 1. *(Komm)* beifügen, beilegen; 2. *(Gen)* beifügen, beiheften
enclosed *adj* *(Komm)* als Anlage, anbei *(in letter)*; beigeheftet • **please find enclosed** *(Komm)* anbei schicken wir Ihnen
encourage *v* *(Gen)* ermutigen *(person)*; fördern, unterstützen *(trade)*
encroach *v* *(Recht)* beeinträchtigen, übergreifen
encroach *v* **on** *(Recht)* beeinträchtigen *(right)*
encryption method *(Komm)* Kryptoverfahren *n*, Verschlüsselungsverfahren *n* *(data protection)*
encumber *v* *(Recht)* belasten
encumbrance 1. *(Recht)* Belastung *f*, dingliche Belastung *f*, Grundstücksbelastung *f* *(property)*; 2. *(Grund)* Schuldenlast *f*
end consumer *(WiWi, V&M)* Endabnehmer(in) *m(f)*, Endverbraucher(in) *m(f)*
end-of-month account *(RW, Bank)* Ultimoabschluss *m*, Monatsabschluss *m*
end-of-pipe measures 1. *(Gen, WiWi)* End-of-Pipe-Maßnahmen *fpl*; 2. *(Umwelt)* nachgeschaltete Umweltschutzmaßnahmen *fpl*
end-of-season sale 1. *(Gen)* Schlussverkauf *m*; 2. *(V&M)* Saisonschlussverkauf *m*
end of work *(Pers)* Arbeitsschluss *m*
end-of-year 1. *(Bank, Fin, RW)* Jahresultimo *n*; 2. *(Gen)* Jahresend..., Jahresultimo... *(in compounds)*
end-of-year transactions *(Bank, RW)* Jahresultimodispositionen *fpl*
end product *(Gen)* Endprodukt *n*
end-use good *(Imp/Exp, V&M)* Verwendungsgut *n*
end-user 1. *(Comp)* Benutzer(in) *m(f)*, Anwender(in) *m(f)*; 2. *(WiWi)* Endabnehmer(in) *m(f)*, Endverbraucher(in) *m(f)*, Endanwender(in) *m(f)* *(certificate)*; 3. *(Gen)* Endempfänger(in) *m(f)*
ending inventory *(RW)* Abschlussinventar *n*, Schlussbestand *m*, Endbestand *m*
endogenous variable *(Stat, WiWi)* endogene Variable *f*
endorse *v* 1. *(Bank, Gen)* indossieren; 2. *(Recht)* vermerken, billigen, zulassen; 3. *(V&M)* bestätigen
endorsement 1. *(Bank)* Indossament *n* *(bill, cheque)*; 2. *(Recht)* Indossament *n*, Vermerk *m*; 3. *(V&M)* Bestätigung *f*
endorsement and delivery *(Bank, Recht)* Indossament *n* und Übergabe *f*
endorsements *(Fin, RW)* Wechselindossamente *npl*, Indossamente *npl* auf Wechseln, Indossamentsverbindlichkeiten *fpl* (aus weitergegebenen Wechseln) *(liabilities arising out of the endorsement of rediscounted bills; ein Posten "unter dem Strich" in der Bankbilanz)*
endorser *(Bank, Recht, V&M)* Indossant *m*
endorsor *s.* endorser
endowment *(Recht)* Stiftung *f* *(gift)*
endowment assurance *(Versich)* gemischte Lebensversicherung *f*, Versicherung *f* auf den Todes- und Erlebensfall
endowment insurance *(Versich)* gemischte Lebensversicherung *f*, Versicherung *f* auf den Todes- und Erlebensfall
endowment with capital *(Mgt, WiWi)* Kapitalausstattung *f*, Kapitalausrüstung *f*
energy company 1. *(Gen, Ind)* Energieunternehmen *n*; 2. *(Pol, Umwelt)* Energiekonzern *m*
energy consumption *(Gen, Umwelt)* Energieverbrauch *m*
energy efficiency *(Gen, Umwelt)* Energieeinsparung *f*, Energienutzungsgrad *m*
energy intensity *(Umwelt, WiWi)* spezifischer Energieverbrauch *m*, Primärenergieverbrauch *m* je BIP-Einheit
energy reserves *(Umwelt)* Energiereserven *fpl*, Energieressourcen *fpl*, Energievorräte *mpl*
energy resources *(Umwelt)* Energieressourcen *fpl*, Energiequellen *fpl*
energy saving *(Umwelt)* Energieeinsparung *f*

energy supply *(Gen)* Energieversorgung *f*
enforce *v* 1. *(Gen)* erzwingen, durchsetzen *(rights)*; 2. *(Recht)* vollstrecken, vollziehen, erzwingen
enforce *v* **a claim** *(Recht)* einen Anspruch durchsetzen
enforceability *(Recht)* Klagbarkeit *f*, Vollstreckbarkeit *f*
enforceable legal document *(Recht)* Schuldtitel *m*
enforceable right *(Recht)* einklagbares Recht *n*
enforceable right to compensation *(Recht)* Anspruch *m* auf Schadenersatz
enforcement *(Recht)* Durchsetzung *f*, Vollstreckung *f*, Vollziehung *f*, Geltendmachung *f*
enforcement powers *(Recht)* Eingriffsbefugnisse *fpl*
enforcement procedure *(Gen)* Vollstreckungsverfahren *n*
enfranchise *v (Gen)* konzessionieren, zulassen
engage *v* 1. *(Gen)* beschäftigen; 2. *(Pers)* einstellen *(staff)*; 3. *(Recht)* verpflichten
engage *v* **in political activity** *(Gen, Pol)* sich politisch betätigen
engaged *adj* 1. *(Komm) (BE)* besetzt *(telephone line)*; 2. *(Gen)* beschäftigt *(person)* • **be engaged in** *(Mgt)* arbeiten an, sich beschäftigen mit
engaged signal *(BE) (Komm)* Besetztzeichen *n (telephone)*
engaged tone *(BE) (Komm)* Besetztzeichen *n (telephone)*
engagement 1. *(Gen)* Engagement *n*; 2. *(Recht)* Verpflichtung *f*
engagement to sell short *(Börse)* Baisseengagement *n*
English Channel *(Transp)* der Ärmelkanal *m*, Kanal *m*
enhance *v* 1. *(Comp)* erweitern, verbessern; 2. *(WiWi)* erhöhen, steigern *(purchasing power)*; 3. *(Gen)* verbessern
enhanced competition *(WiWi)* verschärfter Wettbewerb *m*
enlarge *v (Gen)* vergrößern
enlargement *(Gen)* Erweiterung *f*
enlargement negotiations *(Pol)* Beitrittsverhandlungen *fpl (EU)*
enlargement of the European Union *(Pol)* Erweiterung *f* der Europäischen Union *(EU)*
enquire *v* 1. *(Comp)* abfragen, anfragen; 2. *(Gen)* anfragen; 3. *(Mgt, Recht)* untersuchen; 4. *(V&M)* erkundigen, umfragen, untersuchen
enquiry 1. *(Gen)* Anfrage *f*, Erkundigung *f*; 2. *(WiWi)* Untersuchung *f (study)*; 3. *(Stat)* Umfrage *f*, Erhebung *f*, Befragung *f (survey)*
enquiry period *(Pers, Stat)* Erhebungszeitraum *m*, Befragungszeitraum *m*
enrich *v* 1. *(Komm)* erweitern; 2. *(Steuer)* erhöhen
enrichment 1. *(Gen)* Ausweitung *f (of job)*; 2. *(Recht)* Bereicherung *f*
ensure *v (Recht)* sicherstellen
enter *v* 1. *(RW)* verbuchen; 2. *(Comp)* eingeben *(data)*; 3. *(Gen)* etw. vermerken; 4. *(Pol)* beitreten
enter *v* **an appeal** *(Recht, Steuer)* in Revision gehen *(court decision)*
enter *v* **employment** *(Pers)* ins Erwerbsleben eintreten
enter *v* **into a contract with** *(Gen)* einen Vertrag schließen mit
enter *v* **into an agreement** *(Gen)* eine Vereinbarung treffen
enter *v* **into force** *(Pat, Recht)* in Kraft treten, rechtswirksam werden, wirksam werden
enter *v* **on the books** *(RW)* buchen, verbuchen
enter *v* **the labor force** *(AE) (Pers) s.* enter the labour force
enter *v* **the labor market** *(AE) (Pers, WiWi) s.* enter the labour market
enter *v* **the labour force** *(BE) (Pers)* ins Erwerbsleben eintreten
enter *v* **the labour market** *(BE) (WiWi, Pers)* auf den Arbeitsmarkt treten, in den Arbeitsmarkt eintreten
enter *v* **the market** *(WiWi)* auf den Markt kommen
enter *v* **working life** *(Pers, Soz)* ins Erwerbsleben eintreten, ins Arbeitsleben eintreten, ins Berufsleben eintreten, berufstätig werden
enterprise 1. *(Mgt, WiWi)* Unternehmen *n*, Unternehmung *f*, Wirtschaftsunternehmen *n*, Privatunternehmen *n (business firm)*; 2. *(Gen)* Unternehmen *n*, Unternehmung *f (project)*; Unternehmungsgeist *m (entrepreneurial spirit)*; Initiative *f*

enterprise applications *(Comp, Gen)* Unternehmensanwendungen *fpl*
enterprise level *(Gen, Mgt)* Unternehmensebene *f*
enterprise zone *(WiWi)* Industrie(förder)gebiet *n*, Wirtschaftsentwicklungsgebiet *n*, Fördergebiet *n*, Gewerbegebiet *n*
enterprising *adj (Gen)* wagemutig, ideenreich, zupackend
entertainment 1. *(Gen)* Bewirtung *f (of client)*; 2. *(Frei)* Unterhaltung *f*, Vergnügung *f*
entertainment allowance 1. *(RW)* Aufwandsentschädigung *f*; 2. *(Gen)* Bewirtungspauschale *f*
entitle *v* 1. *(Gen)* ermächtigen; 2. *(Recht)* berechtigen
entitled person *(Recht)* Rechtsinhaber(in) *m(f)*
entitled to file an application *(Recht)* antragsberechtigt
entitled to priority *adj (Recht)* bevorrechtigt
entitlement 1. *(Gen, Pol)* Anspruchsdenken *n*; 2. *(Pers)* Anspruch *m*; 3. *(Recht, Soz)* Berechtigung *f*; 4. *(Steuer)* Steuerhoheit *f*, Besteuerungsrecht *n*, Besteuerungsanspruch *m*
entitlement to benefits *(Pers, Soz)* Anspruchsberechtigung *f* (auf Leistungen), Anspruch *m* auf Leistung, Leistungsberechtigung *f*
entitlement to the goods *(Recht)* Eigentumsrecht *n* an den Waren
entity 1. *(Gen)* Wirtschaftseinheit *f*, wirtschaftliche Einheit *f*, Unternehmen *n*, Organisation *f (an economic unit with a distinct identity, a trade or business with or without a view to profit; eine abgrenzbare Wirtschaftseinheit, ein Unternehmen oder Geschäft mit oder ohne Gewinnabsicht = gainful intent)*; 2. *(Gen, WiWi)* Einheit *f*; Gebilde *n*, reales Gebilde *n*; 3. *(Pat, Recht)* Rechtspersönlichkeit *f (legal entity; legal personality)*
entrance 1. *(Gen)* Eingang *m*; Eintrittsgeld *n*, Eintritt *m*, Eintrittsgebühr *f (fee)*; 2. *(Pers, Soz)* Zugang *m* • **limit entrance** *(Pers)* Zugang beschränken • **restrict entrance** *(Gen, Pers)* Zugang beschränken
entrance limitation *(Gen, Pers)* Zugangsbeschränkung *f*
entrance requirement *(Gen, Pers)* Zugangsvoraussetzung *f*, Zugangsbedingung *f*
entrance restriction *(Gen, Pers)* Zugangsbeschränkung *f*
entrants *(Pers)* Personen *fpl* in Einarbeitungsphase
entrepreneur 1. *(WiWi)* Unternehmer(in) *m(f)*, Privatunternehmer(in) *m(f)*; 2. *(Gen)* Geschäftsfrau *f*, Geschäftsmann *m*, Unternehmer(in) *m(f)*; 3. *(Mgt)* Unternehmer(in) *m(f)*
entrepreneurial *adj (WiWi)* unternehmerisch, Unternehmer…
entrepreneurial income *(WiWi)* Unternehmereinkommen *n*
entrepreneurial risk *(Gen, WiWi)* unternehmerisches Risiko *n*, Unternehmerrisiko *n*, Unternehmensrisiko *n*, Unternehmerwagnis *n*
entrepreneurship *(WiWi)* Unternehmergeist *m*, Unternehmertum *n*; Unternehmensleitung *f*, Unternehmensführung *f*
entrust *v (Gen)* anvertrauen
entrust *v* **sb with the management** *(Mgt, Pers)* jmdn. mit der Geschäftsführung beauftragen
entry 1. *(RW)* Posten *m*, Verbuchung *f*; 2. *(Gen)* Eintragung *f*, Vermerk *m*; 3. *(Imp/Exp)* Einreise *f*, Zolldeklaration *f*; 4. *(Pol)* Beitreten *n*, Beitritt *m*; 5. *(Börse)* Eintritt *m*, Zutritt *m*, Markteintritt *m*, Marktzutritt *m (into market)*; 6. *(Frei)* Einreise *f*; 7. *(Pers)* Zugang *m*, Eintritt *m* • **limit entry** *(Pers)* Zugang beschränken • **on [upon] entry** *(Bank, RW)* nach Eingang, nach Zahlungseingang *(payment transactions, Zahlungsverkehr)*
entry barrier 1. *(WiWi)* Marktzutrittsschranke *f*, Markteiontrittsbarriere *f*, Marktzugangsbeschränkung *f*; 2. *(Imp/Exp)* Zollschranke *f (customs)*
entry into force *(Pat, Recht)* Inkrafttreten *n*, Wirksamwerden *n*
entry into self-employment *(Pers)* Aufnahme *f* einer selbstständigen Tätigkeit
entry into the labor force *(AE) (Pers) s.* entry into the labour force
entry into the labour force *(BE) (Pers)* Eintritt *m* ins Erwerbsleben

entry into working life *(Pers)* Eintritt *m* ins Erwerbsleben
entry-level wages *(Pers)* Einstiegsgehälter *npl*, Einstiegslöhne *mpl*, Anfangsgehälter *npl*
entry requirement *(Gen, Pers)* Zugangsvoraussetzung *f*, Zugangsbedingung *f*
entry standards *(Gen, Pers)* Zugangsvoraussetzung *f*, Zugangsbedingung *f*
enumerate *v (Gen)* aufzählen
environment 1. *(Comp)* Umgebung *f*; 2. *(Umwelt)* Umwelt *f*; 3. *(Gen)* Umfeld *n*, Rahmenbedingungen *fpl*
environmental analysis *(Mgt, Umwelt)* Umweltuntersuchung *f*, Umfeldanalyse *f*
environmental assessment *(Umwelt)* strategische Frühaufklärung *f*, Umweltprüfung *f*
environmental association *(Pol, Umwelt)* Umweltverband *m*
environmental audit *(Umwelt)* Umweltschutz-Audit *n*, *(ugs.)* Umwelt-Audit *n*
environmental concerns *(Umwelt)* Umweltfragen *fpl*
environmental conditions *(Umwelt)* Umweltbedingungen *fpl*
environmental cost *(Umwelt, WiWi)* Umweltkosten *fpl*
environmental damage *(Gen, Pol, Umwelt)* Umweltschaden *m*
environmental expert *(Umwelt)* Umweltschutzexperte *m*
environmental hazards *(Umwelt)* Umweltgefahren *fpl*
environmental impact analysis *(Gen)* Umweltverträglichkeitsprüfung *f*
environmental impact assessment *(Umwelt)* Bewertung *f* der Umweltbelastung, Umweltverträglichkeitsprüfung *f*
environmental label *(Umwelt, V&M)* Umweltzeichen *n*
environmental levy *(Steuer, Umwelt, WiWi)* Umweltabgabe *f*
environmental liability law *(Recht, Umwelt)* Umwelthaftungsrecht *n*
environmental pollution *(Umwelt)* Umweltverschmutzung *f*
environmental protection *(Pol, Umwelt)* Umweltschutz *m*
environmental protection measures *(Umwelt)* Umweltschutzmaßnahmen *fpl*
environmental quality *(Umwelt)* Umweltqualität *f*, Umweltgüte *f*
environmental report *(Umwelt)* Umweltbericht *m*
environmental supervisory authority *(Recht, Umwelt)* Umweltaufsichtsbehörde *f*
environmentally aware *adj (Umwelt)* umweltbewusst
EONIA *(Abk. für euro overnight index average) (Bank, Fin, WiWi)* Euro-Tagesgeldsatz *m*, durchschnittlicher Euro-Tagesgeldsatz *m (European Central Bank: a measure of the effective interest rate prevailing in the euro interbank overnight market, calculated as a weighted average = gewogener Durchschnitt of the interest rates on unsecured overnight lending transactions denominated in euro; effektiver gewichteter Interbanksatz)*
EPS *s.* earnings per share
equal *adj* 1. *(Gen)* gleich und gegensätzlich; 2. *(Stat)* gleich • **all else being equal** *(Gen)* ceteris paribus, unter sonst gleichen Umständen • **equal pay for work of equal value** *(Pers)* gleicher Lohn für gleichwertige Arbeit • **on equal terms** *(Gen)* zu den gleichen Bedingungen
equal *(Pers)* Gleichgestellte(r) *f(m) (person)*
equal conditions *(Recht)* gleiche Bedingungen *fpl*
equal educational opportunity *(Pers)* gleiche Bildungschancen *fpl*
equal footing *(Gen)* gleiche Basis *f*
equal opportunities in education *(Pers)* gleiche Bildungschancen *fpl*
equal opportunity *(BE) (Pers)* Chancengleichheit *f*
equal pay *(Pers, Pol)* Gleichheit *f* des Arbeitsentgelts, gleicher Lohn *m*
equal pay for equal work *(Pers)* gleicher Lohn *m* für gleiche Arbeit *(given equal productivity)*
equal product curve *(WiWi)* Isoquante *f*, Kurve *f* gleicher Produktion
equal rights *(Recht)* Gleichberechtigung *f*
equal status *(Recht)* Gleichstellung *f*

equal treatment *(Recht)* Gleichbehandlung *f*
equal treatment of men and women *(Pers)* Gleichbehandlung *f* von Frauen und Männern *(EU)*
equality management *(Mgt, Pers)* Personalführung *f* nach dem (Chancen-) Gleichheitsprinzip
equality of men and women *(Pers, Pol, Recht)* Gleichberechtigung *f* von Mann und Frau
equality of opportunity *(Pers)* Chancengleichheit *f*
equality of rights of men and women *(Pers, Pol, Recht)* Gleichberechtigung *f* von Mann und Frau
equalization 1. *(Bank)* Nivellierung *f*; 2. *(Gen)* Ausgleich *m*, Gleichsetzung *f*
equalization claim *(Bank, Pol)* Ausgleichsforderung *f*
equalization fund *(Versich)* Ausgleichsfonds *m*, Schwankungsfonds *m*, Schwankungsrückstellung *f*
equalization levy *(Imp/Exp)* Ausgleichsabgabe *f (on cross-border EU goods)*
equalize *v (Gen)* gleichsetzen, ausgleichen
equation *(Stat)* Gleichung *f*
equilibrium *(WiWi)* Gleichgewicht *n*
equilibrium GNP *(WiWi)* güterwirtschaftliches Gleichgewicht *n*
equilibrium on the labor market *(AE) (Pers) s.* equilibrium on the labour market
equilibrium on the labour market *(BE) (Pers)* Arbeitsmarktgleichgewicht *n*
equilibrium output *(WiWi)* Gleichgewichtsmenge *f*, Gleichgewichtsproduktion *f*
equilibrium price *(WiWi)* Gleichgewichtspreis *m*
equilibrium unemployment *(Soz)* Gleichgewichtsarbeitslosigkeit *f*, Sockelarbeitslosigkeit *f*
equilibrium wage rate *(WiWi)* Lohngleichgewicht *n*, Tarifgleichgewicht *n*
equip *v* 1. *(Comp)* ausstatten; 2. *(Gen)* ausrüsten, ausstatten; 3. *(Ind)* bestücken
equipment 1. *(Comp)* Ausstattung *f*; 2. *(Gen)* Ausrüstung *f*, Ausstattung *f*; 3. *(Ind)* Bestückung *f*
equipment goods *(WiWi)* Ausrüstungsgegenstände *mpl*, Investitionsgüter *npl*
equipment leasing 1. *(WiWi)* Investitionsgüter-Leasing *n*; 2. *(Fin)* Ausrüstungsvermietung *f*; 3. *(Ind)* Geräteleasing *n*, Geräteverleih *m*; 4. *(Grund)* Geräteleasing *n*
equitable *adj* 1. *(Gen)* gerecht, recht und billig *(fair)*; 2. *(Recht)* billigkeitsrechtlich
equities *(Bank, Fin)* Dividendenwerte *mpl*, Beteiligungspapiere *npl*, Beteiligungstitel *mpl*; *(BE)* Stammaktien *fpl*; Teilhaberwerte *mpl*, Teilhaberpapiere *npl (synonymous: equitiy securities)*
equity 1. *(Fin, WiWi)* Aktienkapital *n*, Eigenkapital *n*; Beteiligungskapital *n*, außerbörsliches Beteiligungskapital *n*; *(obs.)* Stammkapital *n (GmbH)*; 2. *(Gen)* Ausgleich *m*, Billigkeit *f (fairness)*; 3. *(Recht)* Billigkeit *f*, Billigkeitsrecht *n*; 4. *(Pol)* Gerechtigkeit *f*, Verteilungsgerechtigkeit *f* • **have an equity stake** *(Fin)* eine Kapitalbeteiligung haben
equity accounting *(RW)* Equity-Methode *f*, Eigenkapitalmethode *f (Bilanzierung von Beteiligungen am stimmberechtigten Kapital eines anderen Unternehmens nach angelsächsischer Methode, die durch zeitkongruente Berücksichtigung von Beteiligungserträgen keine stillen Rücklagen entstehen läßt; nach § 311 HGB nicht im Einzelabschluss, sondern nur im Konzernabschluss zulässig; synonymous: equity method of accounting)*
equity and debt capital *(Fin, RW)* Eigen- und Fremdkapital *n*, Gesamtkapital *n (equity and liabilities)*
equity borrowing *(Fin)* Kapitalaufnahme *f*
equity capital *(Fin, RW, WiWi)* Aktienkapital *n*, Eigenkapital *n*, (außerbörsliches) Beteiligungskapital *n*
equity/debt ratio *(Fin, WiWi)* Verschuldungskoeffizient *m*, Eigenkapital-Fremdkapital-Verhältnis *n*, Verhältnis *n* von Eigenkapital zu Fremdkapital *(Kehrwert des Verschuldungskoeffizienten = Verschuldungsgrad = FK : EK = Fremdkapital : Eigenkapital)*
equity dilution *(Fin, WiWi)* Kapitalverwässerung *f*, Verwässerung *f* des Ei-

genkapitals *f*, Verwässerung *f* des Aktienkapitals
equity financing *(Fin)* Beteiligungsfinanzierung *f*, Eigenfinanzierung *f*
equity fund *(Börse)* Aktienfonds *m*, Aktieninvestmentfonds *m*
equity holder *(Fin, RW)* Aktionär *m*; Gesellschafter(in) *m(f)*, Anteilseigner(in) *m(f)*
equity holder *(Börse)* Aktionär(in) *m(f)*, Anteilseigner(in) *m(f)*
equity holding 1. *(Fin)* Beteiligung *f*, Kapitalbeteiligung *f*; 2. *(Börse)* Aktienbesitz *m*
equity issue *(Börse)* Aktienemission *f*, Emission *f* von Stammaktien
equity market *(Börse)* Beteiligungsmarkt *m*, Aktienmarkt *m*
equity method (of accounting) *(RW)* Equity-Methode *f*, Eigenkapitalmethode *f (Bilanzierung von Beteiligungen am stimmberechtigten Kapital eines anderen Unternehmens nach angelsächsischer Methode, die durch zeitkongruente Berücksichtigung von Beteiligungserträgen keine stillen Rücklagen entstehen läßt; nach § 311 HGB nicht im Einzelabschluss, sondern nur im Konzernabschluss zulässig; synonymous: equity accounting)*
equity movement schedule *(Fin, RW)* Eigenkapitalspiegel *m (IFRS/IAS)*
equity position *(Fin)* Eigenkapitalausstattung *f*, Eigenkapitaldecke *f*
equity ratio *(Fin, RW)* Eigenkapitalquote *f (ratio of equity to total assets, Verhältnis von Eigenkapital zu Gesamtkapital)*
equity return *(Fin, WiWi)* Aktienrendite *f*, Eigenkapitalrendite *f*, EKR *f*, Eigenkapitalrentabilität *f*, Kapitalrendite *f (Bezug: eingesetztes Eigenkapital)*
equity share *(AE) (Börse)* Stammaktie *f (cf BE ordinary share)*
equity stake *(Mgt, Recht)* Beteiligung *f*, Kapitalbeteiligung *f*, Eigenkapitalbeteiligung *f*; Beteiligungskapital *n*
equity turnover 1. *(Fin)* Kapitalumschlag *m*, Umschlaghäufigkeit *f* des Eigenkapitals; 2. *(Börse)* Umsatz *m* in Aktien
equity value *(Fin)* Equity-Wert *m (wertorientierte Unternehmensführung)*
equivalent *adj (Gen)* äquivalent, gleichwertig
equivalent amount *(Gen)* Gegenwert *m*
erect *v* **Chinese walls** *(Bank, Fin)* Vertraulichkeitsbereiche einrichten
ERM II *s.* Exchange Rate Mechanism II
ERP *s.* European Recovery Programme
erratic *adj* 1. *(Gen)* heftig, sprunghaft; 2. *(Börse)* ungleichmäßig *(performance, work)*; heftig, sprunghaft, schwankend, erratisch *(price movements)*
error in measurement *(Stat)* Messfehler *m*
error margin *(Stat)* Fehlerspanne *f*, Fehlerbereich *m*, Fehlergrenze *f*
errors and omissions *(WiWi)* Saldo *m* nicht aufgliederbarer Transaktionen, Restposten *m*, Restposten *mpl* der Zahlungsbilanz *(balance of payments)*
ESA 95 *s.* European System of Accounts 1995
ESCB *s.* European System of Central Banks
ESCB business day *(Bank, Börse)* ESZB-Geschäftstag *m*
ESF *s.* Exchange Stabilization Fund
essential commodities *(Gen, V&M)* Güter *npl* des täglichen Bedarfs
essential feature *(Pat)* Wesensmerkmal *n*, wesentliche Eigenschaft *f*, wesentliches Merkmal *n*
essential foodstuffs *(Gen)* Grundnahrungsmittel *npl*
essential goods *pl (WiWi)* unentbehrliche Güter *npl*
essential industry *(WiWi, Ind)* Schlüsselindustrie *f*
essential operating capital *(Bank, Fin)* betriebsnotwendiges Kapital *n*
essentials 1. *(WiWi)* Güter *npl* des Grundbedarfs, unentbehrliche Güter *npl*, Güter *npl* des täglichen Bedarfs *(essential goods)*; 2. *(Gen)* das Wesentliche *n*; die wesentlichen Punkte *mpl (text, lecture)* • **the essentials** *(Gen)* das Wesentliche *n*, die wesentlichen Punkte *mpl*
establish *v (Gen)* anerkennen; festlegen *(date)*; feststellen, ermitteln *(fact)*
establish *v* **a branch** *(Bank)* eine Zweigniederlassung einrichten, eine Zweigniederlassung errichten
establish *v* **a company** *(Gen)* Unternehmen gründen

established *adj (Gen)* anerkannt, gegründet, gegr.
established brand *(V&M)* bekannte [eingeführte] Marke *f*
established image *(V&M)* Ansehen *n*, guter Ruf *m*
established market *(V&M)* etablierter Markt *m*
established post *(Pers)* Planstelle *f*, feste Anstellung *f*
establishment 1. *(Admin)* Unternehmung *f*; 2. *(Gen)* Unternehmen *n*, Firma *f*, Fa.; 3. *(Pers)* Betrieb *m*; Gründung *f*, Geschäftsgründung *f*, Errichtung *f (new business)* • **at establishment level** *(Gen, Ind, Mgt)* auf Betriebsebene, auf betrieblicher Ebene, auf Unternehmensebene
establishment census *(Pers)* Betriebszählung *f*
establishment of higher education *(Bil)* höhere Lehranstalt *f*, Hochschule
establishment of new industry *(Ind, Pol)* Industrieansiedlung *f*, Ansiedlung *f* von Industrie
establishment size *(Gen)* Betriebsgröße *f*, Unternehmensgröße *f*
estate agency *(BE) (Grund)* Immobilienbüro *n*
estate agent *(Grund)* Grundstücksmakler(in) *m(f)*, Immobilienmakler(in) *m(f)*, Wohnungsmakler(in) *m(f)*
estate tax *(AE) (Steuer)* Erbschaftssteuer *f*
estimate *v* 1. *(RW)* veranschlagen; 2. *(Gen)* taxieren; berechnen, schätzen, ansetzen, vorkalkulieren *(cost)*; 3. *(Börse, Mgt)* vorkalkulieren
estimate *v* **cost** *(RW)* kalkulieren, vorkalkulieren *(synonymous: cost)*
estimate 1. *(Admin, Pol)* Haushaltsausgabenansatz *m*; 2. *(Fin)* Haushaltsansatz *m*, Haushaltsvoranschlag *m*; 3. *(Gen)* Schätzung *f*, Schätzansatz *m*, Berechnung *f*, Taxe *f*; 4. *(V&M)* Angebot *n*; Kostenvoranschlag *m*, Voranschlag *m*, Vorkalkulation *f (of cost)*
estimate of current market value *(Fin)* Verkehrswertschätzung *f*
estimated *adj* 1. *(RW)* veranschlagt, vorkalkuliert; 2. *(Gen, Mgt, Börse)* geschätzt, vorkalkuliert
estimated cost system *(RW)* Vorkalkulationssystem *n*
estimated costs *(WiWi)* Sollkosten *pl*
estimates 1. *(Fin)* Ausgabenansätze *mpl*, Etat *m*, Plan *m*, Budget *n*; 2. *(Gen)* Schätzungen *fpl*, Schätzwerte *mpl*
estimating approach *(Bank)* Schätzansatz *m*
estimating function *(Stat)* Schätzfunktion *f*
estimation 1. *(RW)* Veranschlagung *f*, Vorkalkulierung *f*; 2. *(Gen)* Schätzung *f*, Vorkalkulierung *f* • **in one's own estimation** *(Gen)* in das Ermessen gestellt, nach eigenem Ermessen
ETF *s.* exchange-traded fund
ethical investment 1. *(Bank, Fin)* ethisch verantwortliche Kapitalanlage *f*, ethisch verantwortliche Investition *f*, ethische Geldanlage *f (nur sogenannte gesellschaftlich korrekte Anlagen, keine Rüstungs-, Nuklear- oder Erotikindustrie z. B., oder, wie beim Islamic Banking, keine agrar- oder vergnügungswirtschaftlichen Anlagen in die Schweinezucht oder in Spielcasinos, cf Scharia-kompatible Finanzinstrumente)*; 2. *(Börse)* ethische Investition *f (e. g. excluding armament and nuclear industries)*
ethics *(Mgt, Recht)* Ethik *f*, Standesethik *f*
ethics of the profession *(Recht)* Standesrichtlinien *fpl*, Berufsethos *n*
EU *s.* European Union
EU Directive *(Recht)* EU-Richtlinie *f (legally binding in EU Member States)*
EU Directive on Data Protection *(Comp, Recht)* EU-Datenschutzrichtlinie *f*
EU Directive on Distance Selling *(Recht, V&M)* EU-Fernabsatzrichtlinie *f*
EURIBOR *(Abk. für Euro Interbank Offered Rate) (Bank, Fin)* Euribor *m*, Euro Interbank-Angebotssatz *m (the rate at which a prime bank is willing to lend funds in euro to another prime bank, calculated daily as the average of the daily offer rates of a representative panel of prime banks; the benchmark rate for the Euro-zone money market, since 1999 Frankfurt-based benchmark competitor of Euro LIBOR; Referenzzinssatz für den Geldmarkthandel erster*

Bankadressen im Euro-Währungsgebiet)
Euro- *(Gen, Pol)* Euro...
euro *(Bank)* Euro *m (plural: euros; ECB)*
euro area *(Bank)* Eurogebiet *n*, Eurowährungsgebiet *n (ECB)*
euro-area-wide *adj (Bank)* im gesamten Euro-Raum (geltend) *(ECB)*
euro commercial paper *(Fin)* Euro--Commercial-Paper *n*, Euro-CP *n*
Euro-Med *(Abk. für Euro-Mediterranean Free Trade Area, EMFTA) (Imp/Exp, Pol)* Euromediterrane Freihandelszone *f*
Euro-Mediterranean Free Trade Area *(EMFTA, Euro-Media) (Imp/Exp, Pol)* Euromediterrane Freihandelszone *f*
euro overnight index average *(EONIA) (Bank, Fin, WiWi)* durchschnittlicher Eurotagesgeldsatz *m*
euro overnight interest rate *(Bank, WiWi)* Eurotagesgeldsatz *m*
euro zone *(Bank, WiWi) (ugs.)* Euro-Zone *f, (ugs.)* Euroland *n*, Eurogebiet *n*, Euro--Währungsraum *m*, Euro-Währungsgebiet *n*, Eurowährungsgebiet *n (ECB)*
eurobond 1. *(Bank)* Euroanleihe *f*; 2. *(Fin)* am Euromarkt begebener Schuldtitel *m*; 3. *(Börse)* Euroanleihe *f*, Eurobond *m*
eurocurrency *(Bank, Börse, Fin, WiWi)* Eurowährung *f*
eurocurrency loan *(Bank, Fin)* Euroanleihe *f*, Eurowährungsanleihe *f*, Eurowährungskredit *m*
eurocurrency market 1. *(WiWi)* Fremdwährungsmarkt *m*, Euro(geld)markt *m*; 2. *(Börse)* Eurowährungsmarkt *m*
Eurodollar *(WiWi)* Eurodollar *m*
Eurodollar bond *(WiWi)* Eurodollaranleihe *f*
Eurodollar deposit *(Bank, WiWi)* Eurodollareinlage *f*
Eurodollar time deposit *(Börse)* Eurodollar-Termineinlage *f*
eurojargon *(Gen, Recht)* EU-Jargon *m*; *(ugs.)* Euro-Chinesisch *n (synonymous: eurospeak)*
Euromarket *(WiWi)* Euromarkt *m*
European A4 *(Media)* DIN A4 *(paper size, 210 x 297 mm)*
European affairs *(Gen, Pol)* Europa betreffende Angelegenheiten *fpl*, europäische Angelegenheiten *fpl*
European Article Number *(EAN) (Comp, V&M)* Europäische Artikelnummer *f*, EAN
European Central Bank *(ECB) (WiWi)* Europäische Zentralbank *f*, EZB
European Commission *(WiWi)* Europäische Kommission *f*
European Community *(EC) (Pol)* Europäische Gemeinschaft *f*, EG
European Cooperative *(SCE) (Recht)* Europäische Genossenschaft *f*, SCE *f (EU; SCE = Societas Cooperativa Europaea)*
European Council *(WiWi)* Europäischer Rat *m*
European Court of Human Rights *(Recht)* Europäischer Gerichtshof *m* für Menschenrechte *(Straßburg)*
European Court of Justice *(Recht)* Europäischer Gerichtshof *m*, EuGH, Gerichtshof *m* der Europäischen Union *(in Luxemburg)*
European currency *(Bank)* europäische Währung *f*
European Currency Unit *(ECU) (WiWi, Fin) (obs.)* Europäische Währungseinheit *f*
European Economic Area *(EEA) (WiWi)* Europäischer Wirtschaftsraum *m*, EWR
European Economic Community *(EEB) (WiWi)* Europäische Wirtschaftsgemeinschaft *f*, EWG
European Economic Interest Grouping *(EEIG) (WiWi)* Europäische Wirtschaftliche Interessenvereinigung *f*, EWIV
European Energy Charter *(Gen, Umwelt)* Europäische Energiecharta *f*
European Environmental Bureau *(EEB) (Umwelt)* Europäisches Umweltbüro *n*, EEB
European Financial Reporting Advisory Group *(EFRAG) (Fin, RW) Europäische Beratende Expertengruppe für IFRS/IAS-Bilanzierung*
European Foundation *(Gen)* Europäische Stiftung *f*
European Free Trade Association *(WiWi)* Europäische Freihandelszone *f*
European Member of Parliament *(EMP) (Pol)* Abgeordnete(r) *f(m)* des Europaparlaments, Mitglied *n* des Europaparlaments, MEP *n*
European Monetary Fund *(WiWi)* Europäischer Währungsfonds *m*, EWF

European Monetary Institute *(Pol, WiWi)* Europäisches Währungsinstitut *n*, EWI *n (Vorläufer der EZB)*
European Monetary System *(EMS)* *(WiWi)* Europäisches Währungssystem *n*, EWS *n*
European Monetary Union *(EMU) (WiWi)* Europäische Währungsunion *f*, EWU *f*
European Parliament *(Pol)* Europäisches Parlament *n*, Europaparlament *n*
European patent *(Pat)* europäisches Patent *n*, Europapatent *n*
European Patent Convention *(Pat, Recht)* Europäisches Patentübereinkommen *n*, EPÜ *n*
European Recovery Program *(ERP)* *(AE) (Pol, WiWi) s.* European Recovery Programme
European Recovery Programme *(ERP)* *(BE) (Pol, WiWi)* Marshall-Plan, Europäisches Wiederaufbauprogramm *n*, ERP *n*
European Single Market *(Pol, WiWi)* EU-Binnenmarkt *m*
European Social Charter *(Soz, WiWi)* Europäische Sozialcharta *f*
European Social Fund *(Soz)* Europäischer Sozialfonds *m*, ESF *m*
European Stability and Growth Pact *(Pol, WiWi)* Europäischer Stabilitäts- und Wachstumspakt *m (EU)*
European Stock Corporation *(SE)* *(Recht)* Europäische Aktiengesellschaft *f*, SE *f (EU; SE = Societas Europaea)*
European Summit *(Pol) (jarg.)* Europagipfel *m*, Europäischer Gipfel *m*, Europäisches Gipfeltreffen *n*, EU-Gipfel *m*, Gipfeltreffen *n* des Europäischen Rats
European System of Accounts 1995 *(ESA 95) (Stat, WiWi)* Europäisches System *n* Volkswirtschaftlicher Gesamtrechnungen 1995, ESVG 95 *n*
European System of Central Banks *(ESCB) (Bank, WiWi)* Europäisches System *n* der Zentralbanken, ESZB *n*
European Union *(WiWi, Pol)* Europäische Union *f*, EU *f*
European Union Treaty *(Gen)* Vertrag *m* über die Europäische Union, VEU *m*
eurospeak *(ugs.) (Gen, Recht)* EU-Jargon *m*; *(ugs.)* Euro-Chinesisch *n (synonymous: eurojargon)*
Eurostat *(Abk. für Statistical Office of the European Communities) (Pol, Stat)* Statistisches Amt *n* der Europäischen Gemeinschaften, Eurostat
eurozone *(Bank, WiWi) (ugs.)* Euro-Zone *f*, *(ugs.)* Euroland *n*, Eurogebiet *n*, Euro-Währungsraum *m*, Euro-Währungsgebiet *n*, Eurowährungsgebiet *n (ECB)*
evade *v (Steuer)* hinterziehen
evaluate *v (Gen)* auswerten, begutachten, bewerten, rechnerisch ermitteln
evaluation *(Gen)* Auswertung *f*, Bewertung *f*
evaluation of economic efficiency *(WiWi)* Wirtschaftlichkeitsrechnung *f*
even-numbered *adj* 1. *(Gen)* geradzahlig; 2. *(Stat)* ganzzahlig *(integer)*
even *v* **out** *(Gen, WiWi)* ausgleichen, einpendeln; ausgleichen
evenly spread *adj (Gen)* gleichmäßig verteilt
event of default *(Fin)* Verzugsfall *m*
event risks *(Versich)* Eintrittswahrscheinlichkeiten *fpl*
evict *v (Grund, Recht, Soz)* räumen lassen, zur Räumung zwingen, *(ugs.)* hinauswerfen *(tenants)*
eviction 1. *(Recht)* Räumung *f*; Zwangsräumung *f (property)*; 2. *(Grund, Soz)* Räumung *f*
evidence *(Recht)* Beweis *m*, Zeugenaussage *f (lawsuit)* • **be in evidence** *(Gen)* sichtbar sein • **give evidence** *(Recht)* vor Gericht aussagen • **give evidence as a witness** *(Recht)* als Zeuge aussagen • **give evidence on behalf of** *(Recht)* Zeugnis ablegen für • **give evidence on oath** *(Recht)* unter Eid aussagen • **give evidence under oath** *(Recht)* unter Eid aussagen • **in evidence** *(Gen)* deutlich sichtbar
evidence of title *(Recht)* Eigentumsnachweis *m (property)*
evidenced by certificates *(Bank, Börse, Fin)* verbrieft
ex ante coordination *(Pol, WiWi)* Vorabkoordinierung *f*
ex-ante variables *(WiWi)* Ex ante-Variablen *fpl*
ex coupon *adv (Börse, Gen)* ex Gratisaktien, ex Kupon, ohne Kupon

ex-directory *adj (BE) (Komm)* nicht im Telefonverzeichnis aufgeführt
ex dividend *adv (Fin)* ex Dividende, ohne Dividende
ex factory *adv (Gen, Imp/Exp, Transp)* ab Fabrik, ab Werk
ex factory price *(Ind)* Preis ab Werk *m*
ex post *adv (WiWi)* ex post, im Nachhinein
exact *v (Fin, Gen, Soz)* eintreiben, fordern *(money)*
examination 1. *(RW)* Prüfung *f*; 2. *(Gen)* Untersuchung *f*; 3. *(Pers)* Prüfung *f (of candidate)*; 4. *(Imp/Exp)* Kontrolle *f*, Untersuchung *f (by customs)*; 5. *(Pat)* Prüfung *f*, Überprüfung *f* • **be admitted to an examination** *(Bil)* zur Prüfung zugelassen werden • **under examination** *(Gen)* in Bearbeitung *f*, wird noch geprüft
examination board *(Bil)* Prüfungsausschuss *m*, Prüfungsgremium *n*
examination certificate *(Pers)* Prüfungszeugnis *n*
examination fee *(Bil)* Prüfungsgebühr *f*
examination of professional competence *(Pers)* beruflicher Eignungstest *m*, berufliche Eignungsprüfung *f*
examination of proposal *(Versich)* Prüfung *f* des Antrags, Prüfung *f* des Vorschlags
examination of witnesses *(Recht)* Vernehmung *f* von Zeugen
examination performance *(Pers)* Abschneiden *n* in der Prüfung, Prüfungsergebnis *n*
examination requirements *(Bil)* Prüfungsanforderungen *fpl*
examination result *(Pers)* Prüfungsergebnis *n*
examine *v* 1. *(Gen)* befragen, untersuchen; prüfen *(application)*; 2. *(Pers)* prüfen *(candidate)*; 3. *(Imp/Exp)* kontrollieren; 4. *(Pat)* überprüfen
examine *v* **carefully** *(Gen)* eingehend untersuchen, sorgfältig prüfen, studieren
exceed *v* 1. *(WiWi)* übersteigen; 2. *(Gen)* übersteigen, übertreffen • **not exceeding** *(Gen)* bis zu, höchstens
excellence *(Gen)* Spitzenleistungen *fpl*
except *(Gen)* außer, ausgenommen
excepted *adj (Gen)* ausgenommen
excepted risks *(Versich)* unversicherte Risiken *npl*
exception 1. *(Gen)* Ausnahme *f (to rule)*; 2. *(Versich)* Risikoausschluss *m*, Vorbehalt *m*
exceptional *adj (Gen)* außergewöhnlich
exceptional expenses *(RW)* außergewöhnliche Ausgaben *fpl*; einmalige Aufwendungen *fpl*, neutrale Aufwendungen *fpl*
exceptional write-off *(RW)* Sonderabschreibung *f*
excess *(BE)* 1. *(WiWi, Fin)* Mehrbetrag *m*; 2. *(Versich)* Abzugsfranchise *f*, Exzedent *m*, Mehrbetrag *m*, Selbstbehalt *m*; 3. *(Gen)* Überhang *m*
excess cash 1. *(Bank, WiWi)* Überschussreserve *f*; 2. *(Fin)* Bargeldüberschuss *m*
excess demand *(WiWi)* Nachfrageüberschuss *m*
excess demand for labor *(AE) (Pers)* s. excess demand for labour
excess demand for labour *(BE) (Pers)* Übernachfrage *f* nach Arbeit(skräften), Nachfrageüberhang *m* nach Arbeit (-skräften)
excess liabilities *(Versich)* Haftung *f* mit Selbstbeteiligung
excess liquidity *(WiWi)* Überschussliquidität *f*
excess supply *(WiWi)* Angebotsüberschuss *m*, Überangebot *n (synonymous: oversupply)*
excessive *adj (Gen)* maßlos, überhöht, übermäßig, unverhältnismäßig hoch
excessive deficit procedure *(Bank, Fin, Pol)* Verfahren *n* bei übermäßigem Defizit *(EU)*
excessive indebtedness *(Recht)* Überschuldung *f*
excessive interest *(Bank, Fin)* Wucherzinsen *mpl*, überhöhte Zinsen *mpl*
excessive taxation *(Steuer)* Überbesteuerung *f*
exchange *v* 1. *(Bank)* umtauschen; 2. *(Komm)* austauschen *(information)*; 3. *(WiWi)* umtauschen, wechseln *(currency)*; 4. *(Gen)* austauschen *(letters)*; tauschen *(places, rooms)*
exchange 1. *(Komm)* Austausch *m*, Vermittlung *f (of views)*; 2. *(WiWi)* Tausch *m*, Austausch *m*, Tauschgeschäft *n*, Um-

tausch *m (goods)*; Devisen *fpl*, Währung *f (foreign currency)*; 3. *(Fin, Gen)* Umtausch *m*, Austausch *m*, Tausch *m*; Tauschgeschäft *n (barter transaction)*; 4. *(Börse)* Börse *f*
exchange charge *(Bank)* Wechselgebühr *f*, Wechselkursgebühr *f*
exchange controls *(WiWi)* Devisenbewirtschaftung *f*, Devisenverkehrsvorschriften *fpl (BOP)*
exchange cross rate *(WiWi)* Kreuzkurs *m*, Cross rate *f*, indirekte Parität *f*
exchange of shares *(BE) (Fin)* Aktientausch *m*
exchange of stock *(AE) (Fin)* Aktientausch *m*
exchange rate *(WiWi, Fin)* Umrechnungskurs *m*, Wechselkurs *m*
exchange rate adjustment *(WiWi)* Wechselkursanpassung *f*
exchange rate agreement *(WiWi)* Währungsabkommen *n*, Wechselkursvereinbarung *f*
exchange-rate band *(Bank, WiWi)* Wechselkursband *n*
exchange-rate fluctuations *(WiWi)* Wechselkursschwankungen *fpl*; Wechselkursentwicklung *f*
exchange-rate management *(WiWi)* Wechselkurssteuerung *f*
Exchange Rate Mechanism II *(ERM II) (WiWi)* Wechselkursmechanismus II *m*, WKM II *m*
exchange rate movements Wechselkursbewegungen *fpl*; Wechselkursentwicklung *f*
exchange rate parity *(Bank)* Wechselkursparität *f*
exchange-rate risk *(Fin, Pol, WiWi)* Wechselkursrisiko *n*
exchange-rate stability *(Pol, WiWi)* Wechselkursstabilität *f*
exchange-rate swings *(WiWi)* Wechselkursausschläge *mpl*, Wechselkursschwankungen *fpl*
exchange-rate target zone *(Pol, WiWi)* Wechselkurszielzone *f*
exchange-rate volatility *(WiWi)* Wechselkursvolatilität *f*
exchange risk *(Bank, Fin)* Wechselkursrisiko *n*
Exchange Stabilization Fund *(Imp/Exp, WiWi)* Ausgleichsfonds *m*, Devisen-Stabilisierungsfonds *m (BOP)*
exchange-traded fund *(ETF) (Börse)* börsengehandelter Fonds *m*, ETF *m*
excise *(Imp/Exp)* Verbrauchssteuer *f*, Warensteuer *f*
excise duty *(Imp/Exp, Steuer)* Verbrauchssteuer *f*
excise taxes *(Fin)* Verbrauch- und Aufwandsteuern *fpl*
exclusion *(Gen)* Ausschließung *f*, Ausschluss *m* • **to the exclusion of** *(Gen)* unter Ausschluss von
exclusion of liability 1. *(Versich)* Haftungsausschluss *m*; 2. *(Recht)* Ausschluss *m* der Gewährleistung, Haftungsausschluss *m*
exclusion principle *(WiWi)* Ausschlussprinzip *n*, Preisausschlussprinzip *n*
exclusive *adj* 1. *(Gen)* ausschließlich, ausschl., exklusive, exkl., Exklusiv... *(not including)*; 2. *(V&M)* exklusiv, exkl.
exclusive agency *(Gen)* Alleinvertretung *f*
exclusive contract *(Gen, Grund)* Alleinauftrag *m*
exclusive dealer arrangement *(V&M)* Ausschließlichkeitsvertrag *m*
exclusive jurisdiction *(Recht)* alleinige Zuständigkeit *f*, ausschließliche Zuständigkeit *f*
exclusive licence *(BE) (Pat)* Alleinlizenz *f*, Alleinverkaufsrecht *n*
exclusive license *(AE) (Pat)* *s.* exclusive licence
exclusive marketing *(V&M)* Alleinvertrieb *m*
exclusive of *(Gen)* ausgenommen, ausschließlich, ausschl.
exclusive of tax *(Steuer, WiWi)* vor Steuern, ohne Steuern
exclusive representation *(Recht)* Alleinvertretungsrecht *n (contracts)*
exclusive right *(Recht)* Exklusivrecht *n*, Ausschlussrecht *n*
exclusive sales contract *(Recht)* Alleinvertriebsabkommen *n*
exculpate *v* 1. *(Bank)* entlasten; 2. *(Recht)* entlasten, freizeichnen
excuse *v (Recht)* befreien, freistellen
executable *adj (Comp)* ausführbar
executable file *(Comp)* ausführbare Datei *f (e. g. file extension *.exe)*

executable program *(Comp)* ausführbares Programm *n*
execute *v* 1. *(Gen)* erfüllen; ausführen, durchführen, umsetzen; 2. *(Recht)* durchführen, vollziehen *(carry out)*; ausfertigen *(a document)*; erfüllen *(a contract)*; vollstrecken *(of a will)*
executed contract *(Recht)* erfüllter Vertrag *m*
execution 1. *(Gen)* Ausführung *f*, Umsetzung *f*; 2. *(Recht)* Ausfertigung *f (of a document)*; Erfüllung *f*, Vollziehung *f (of a contract)*; Vollstreckung *f (of a will)*
execution proceedings *(Recht)* Vollstreckungsverfahren *n*
executive *adj* 1. *(Gen)* leitend *(position, director)*; 2. *(Pol, Recht)* ausführend, verfügend, vollziehend *(powers)*; entscheidend
executive 1. *(Pers)* Führungskraft *f*, leitende(r) Angestellte(r) *f(m)*; 2. *(Recht)* ausführende Gewalt *f*, Exekutive *f*, Sachbearbeiter(in) *m(f)*; 3. *(Mgt)* Führungskraft *f*, leitende(r) Angestellte(r) *f(m)*
executive board *(Mgt)* Vorstand *m*, Executive Board *n (leitet das Tagesgeschäft)*
Executive Board of the ECB *(Bank)* EZB-Direktorium *n*
executive body remuneration *(Mgt, Recht, RW)* Vergütung *f* der Organmitglieder *(reporting on executive body remuneration = Berichterstattung über die Vergütung der Organmitglieder)*
executive competence *(Mgt)* Leitungskompetenz *f*
executive decision *(Mgt, WiWi)* Führungsentscheidung *f*
executive director 1. *(Pers)* hauptberufliche(r) Direktor(in) *m(f)*; 2. *(Mgt)* Generaldirektor(in) *m(f)*, geschäftsführende(r) Direktor(in) *m(f)*, GD
executive grade *(Pers)* Position *f* auf Führungsebene
executive manager *(Pers)* Führungskraft *f*, leitende(r) Angestellte(r) *f(m)*
executive perk *(Pers)* Vergünstigung *f* für leitende Angestellte
executive position *(Pers)* Führungsposition *f*
executive power *(Pol, Recht)* Exekutivgewalt *f*, vollziehende Gewalt *f*, Exekutivmacht *f*, Macht *f* der Exekutive
executive search consultant *(Pers)* Headhunter *m*
executive summary *(Gen, Media)* Zusammenfassung *f*, zusammenfassende Darstellung *f*
executive training *(Mgt, Pers)* Ausbildung *f* von Führungskräften, Weiterbildung *f* von Führungskräften, Nachwuchsförderung *f*, Schulung *f* von Führungskräften
executor *(Recht)* Testamentsvollstrecker(in) *m(f) (of will)*; Nachlassverwalter(in) *m(f) (female or male administrator of an estate)*
executory *adj (Recht)* noch zu vollziehen, unvollzogen
executrix *(Recht)* Testamentsvollstreckerin *f (of will)*; Nachlassverwalterin *f (female administrator of an estate; plural: executrices, executrixes)*
exempt *v (Gen)* befreien, freistellen
exempt *v* **sb from tax** *(Steuer)* jmdn. von der Steuer freistellen
exempt *adj (Gen, Steuer)* befreit
exempt from contribution *adj (Soz)* beitragsbefreit, beitragsfrei • **be exempt from payments** *(Soz)* von Beitragszahlungen befreit sein
exempt from minimum reserve requirements *adj (Bank, WiWi)* reservefrei
exempt from social security contribution *adj (Soz)* sozialversicherungsfrei
exempt from taxation *adj (Steuer)* steuerfrei
exempt from VAT *adj (BE) (Steuer)* mehrwertsteuerfrei, von der Mehrwertsteuer befreit
exemption 1. *(Gen)* Befreiung *f*; 2. *(Steuer)* Nichtbesteuerung *f*
exemption clause 1. *(Gen)* Freistellungsklausel *f*; 2. *(Recht)* Freizeichnungsklausel *f (contract)*
exemption from contributions *(Soz)* Beitragsbefreiung *f*
exemption from tax *(Steuer)* Steuerbefreiung *f*
exemption from taxes *(Steuer)* Steuerfreiheit *f*
exercisable *adj (Börse)* ausübbar *(options)*

exercise *v* 1. *(Gen)* anwenden, ausüben; üben; 2. *(Börse, Recht, V&M)* ausüben *(price restraint)*
exercise *v* **a right** *(Recht)* von einem Recht Gebrauch machen
exercise 1. *(Gen)* Anwendung *f*, Ausübung *f*; 2. *(Börse, Recht)* Ausübung *f*
exercise deadline *(Börse)* Ausübungsfrist *f*, Erklärungsfrist *f*
exercise of occupation *(Gen, Pers)* Berufsausübung *f*
exercise of one's occupation [trade] *(Pers)* Berufsausübung *f*, Ausübung *f* des Berufes
exercise of profession *(Gen, Pers)* Berufsausübung *f*
exercise of the right of residence *(Recht)* Ausübung *f* des Aufenthaltsrechts *(EU)*
exercise price *(Börse)* Basispreis *m*
exert *v (Gen)* anwenden; aufbieten *(authority)*
exhaust *v (Gen, Umwelt)* erschöpfen *(resources)*
exhaust emission *(Umwelt)* Abgasemission *f*
exhaustible resources *(Umwelt)* erschöpfbare Ressourcen *fpl*, nicht erneuerbare Rohstoffe *mpl*
exhaustive *adj (Gen)* erschöpfend
exhibit *v* 1. *(Gen)* ausstellen *(goods)*; 2. *(Pat, V&M)* ausstellen *(at a fair)*
exhibition 1. *(Gen)* Ausstellung *f*, Messe *f*; 2. *(Pat, V&M)* Ausstellung *f*
exit 1. *(Fin)* Ausstieg *m*, Aufgabe *f*, Verkauf *m*; Ausstiegskanal *m (VC-Finanzierung: z. B. Beteiligungsverkauf an einen strategischen Investor, einen Finanzinvestor, Totalverlust oder Börsengang)*; 2. *(Gen)* Ausgang *m*
exit barrier *(WiWi)* Marktaustrittsschranke *f*
exit price 1. *(RW)* Veräußerungspreis *m*, Liquidationspreis *m*, Wert *m* bei Außerbetriebnahme; 2. *(Fin) (ugs.)* Ausstiegspreis *m*, Verkaufspreis *m* beim Ausstieg *(venture capital finance; nach einem finanziellen Engagement in der Wagniskapital-Finanzierung)*
exodus of capital *(Fin)* Abwanderung *f* von Kapital, Kapitalabfluss *m*
exogenous expectations *(WiWi)* exogene Erwartungen *fpl*
exogenous shock *(WiWi)* exogener Schock *m*
exogenous variable *(Stat, WiWi)* exogene Variable *f*, exogene Größe *f*
exonerate *v (Gen)* befreien
expand *v* 1. *(WiWi)* ausweiten, erweitern, expandieren; 2. *(Fin, Gen)* ausdehnen, ausweiten *(activities)*
expand *v* **output** *(Ind)* die Produktion ausweiten
expanded *adj (WiWi)* erweitert, expandiert, ausgeweitet
expansion 1. *(WiWi)* Ausweitung *f*, Erweiterung *f*, Expansion *f (of company)*; 2. *(Fin, Gen)* Ausdehnung *f*, Ausweitung *f*, Erweiterung *f*, Expansion *f*
expansion demand *(Pers, WiWi)* Expansionsbedarf *m*, Zusatzbedarf *m*
expansionary *adj (WiWi)* expansiv
expatriate *(Pers)* im Ausland tätiger Mitarbeiter *m*, im Ausland tätige Mitarbeiterin *f*, im Ausland lebende Bürger(innen) *pl*
expatriation *(Pers)* Versetzung *f* von Mitarbeitern ins Ausland, Abordnung von Mitarbeitern ins Ausland
expectancy 1. *(Recht)* Anwartschaftsrecht *n (sales contract)*; 2. *(Recht)* Erwartungswert *m*
expectations *(Pol, WiWi)* Erwartungshaltung *f*
expected *adj (Gen)* erwartet
expected actual capacity *(WiWi)* erwartete Istkapazität *f*
expected date *(Gen)* voraussichtliches Datum *n*
expected loss *(EL) (Bank, Fin, RW)* erwarteter Verlust *m (Basel II)*
expediency *(Gen)* Zweckdienlichkeit *f (of measures)*
expedient *adj (Gen)* zweckdienlich
expedite *v* 1. *(Gen)* beschleunigen, vorantreiben, beschleunigt abfertigen; 2. *(Pers)* vorantreiben
expend *v* 1. *(Umwelt)* verbrauchen *(resources)*; 2. *(Fin)* verausgaben; 3. *(Gen)* ausgeben, aufwenden
expenditure *(Fin, Gen, RW)* Aufwand *m*, Aufwendungen *fpl*; Ausgabe *f*, Ausg., Ausgaben *fpl*, Barausgaben *fpl*; Kosten *pl*
expenditure budget *(WiWi, Fin, Gen)* Ausgabenetat *m*

expenditure estimates *(Fin)* Ausgabenansätze *mpl*
expenditure function *(WiWi)* Ausgabenfunktion *f*
expenditure multiplier *(WiWi)* Ausgabenmultiplikator *m*
expenditure on education *(Bil)* Ausgaben *fpl* für Bildung, Bildungsausgaben *fpl*
expenditure on personnel *(Pers)* Ausgaben *fpl* für Personal, Personalausgaben *fpl*, Personalaufwand *m*
expenditure tax *(WiWi, Steuer)* Ausgabensteuer *f*
expense *v (Fin, RW)* als Aufwand erfassen, als Aufwand verbuchen, unter Aufwendungen verbuchen *(opposite: capitalize)*
expense *(RW, Fin, Gen, Steuer)* Ausgabe *f*, Ausg., Aufwand *m*, Kosten *pl* • **at one's own expense** *(Gen)* auf eigene Kosten, auf eigene Rechnung
expense account 1. *(RW)* Aufwandskonto *n*; 2. *(Pers)* Spesenkonto *n*
expense allowance 1. *(RW)* Spesenpauschale *f*; 2. *(Gen)* Aufwandsentschädigung *f*
expense budget 1. *(RW)* Etat *m*; 2. *(Fin)* Kostenplan *m*
expense center *(AE) (RW) s.* cost centre
expense centre *(BE) (RW)* Kostenstelle *f*
expense control *(Gen, Mgt)* Kostenkontrolle *f*, Kostenüberwachung *f* *(synonymous: cost control, cost monitoring)*
expense item *(RW)* Aufwandsposten *m*
expense ratio *(Fin, WiWi)* Verhältnis *n* Aufwand zu Umsatzerlös
expenses *(Fin, Gen, RW)* Spesen *pl*, Ausgaben *fpl*, Geschäftsausgaben *fpl*, Auslagen *fpl (outlays)*; Aufwendungen *fpl*, Aufwand *m (statement of income)*; Kosten *pl (e. g. travel expenses)* • **all expenses paid** *(Gen)* auf Geschäftskosten, Spesen werden übernommen
expenses and deferred charges *(AE) (RW)* Rechnungsabgrenzungsposten *mpl*, Kostenabgrenzungen *fpl*, abgegrenzte Kosten *pl (Position auf der Aktivseite der Bilanz)*
experience *v (Gen)* erfahren, erleben *(growth)*
experience *v* **rapid growth** *(WiWi)* rasch anwachsen, schnelles Wachstum erfahren
experienced labor force *(AE) (Pers) s.* experienced labour force
experienced labour force *(BE) (Pers)* berufserfahrene Erwerbspersonen *fpl*, bereits erwerbstätig gewesene Erwerbspersonen *fpl*
experienced workers *(Pers)* eingearbeitete Arbeitnehmer *mpl*, erfahrene Arbeitskräfte *fpl*, eingearbeitete Arbeitskräfte *fpl*
experimental stage *(Ind, Mgt)* Versuchsstadium *n*
expert *adj* 1. *(Comp)* fachmännisch; 2. *(Gen)* fachmännisch, sachkundig; 3. *(Pers)* erfahren, geschickt
expert 1. *(Comp)* Experte *m*, Expertin *f*, Fachmann *m*; 2. *(Gen)* Autorität *f*, Experte *m*, Expertin *f*, Sachverständige(r) *f(m)*; 3. *(Pers)* Experte *m*, Expertin *f*, Fachmann *m*
expert advice *(Pers)* sachkundige Beratung *f*, fachmännische Beratung *f*
expert body *(Gen)* Fachgremium *n*
expert guidance *(Pers)* sachkundige Beratung *f*, fachmännische Beratung *f*
expert knowledge *(Gen, Pers)* Fachwissen *n*, Fachkenntnisse *fpl*
expert opinion *(Recht)* Gutachten *n*
expert salesman *(Pers, V&M)* Fachverkäufer *m*
expert saleswoman *(Pers, V&M)* Fachverkäuferin *m(f)*
expert valuation *(Gen)* Begutachtung *f*
expert witness *(Recht)* sachverständige Zeugin *f*, sachverständiger Zeuge *m*
expertise 1. *(Gen)* Sachkenntnis *f*, Sachverstand *m*; 2. *(Pers)* Erfahrung *f*
expiration 1. *(Bank)* Verfall *m*; 2. *(Gen)* Ende *n*, Ablauf *m*; 3. *(Börse)* Fälligkeit *f*
expiration date *(AE)* 1. *(Bank, Fin)* Verfallsdatum *n*, Verfallstag *m*; Verfalltermin *m (options)*; 2. *(V&M)* Haltbarkeitsdatum *n (cf expiry date BE)*
expiration month *(Börse)* Auslaufmonat *m*, Verfallsmonat *m (futures)*
expiration of time *(Gen)* Fristablauf *m*
expiration period *(V&M)* Haltbarkeit *f*
expire *v* 1. *(Bank)* verfallen; 2. *(Gen)* auslaufen, ablaufen, ungültig werden *(lapse)*
expired *adj* 1. *(Bank)* verfallen; 2. *(Gen)*

abgelaufen, ausgelaufen, ungültig geworden
expired bill *(Bank)* fälliger Wechsel *m*
expired patent *(Pat)* erloschenes Patent *n*
expiry *(Bank)* Verfall *m*, Ablauf *m (time)*; Fälligkeit *f* • **upon expiry** *(Gen)* bei Verfall
expiry date *(BE)* 1. *(Bank, Fin)* Verfallstag *m*; 2. *(Fin)* Verfallsdatum *n (options)*; 3. *(Gen)* Ablaufdatum *n*, Verfallsdatum *n (of food etc)*
explain *v (Gen)* erläutern, erklären, rechtfertigen; sich rechtfertigen
explanatory approach *(Bank, WiWi)* Erklärungsansatz *m*
explanatory variable *(Stat)* erklärende Variable *f*, Erklärungsvariable *f*
explicit *adj (Gen)* deutlich, explizit
explicit cost(s) *(RW, WiWi)* effektive Kosten *pl*; pagatorische Kosten *pl*, zahlungswirksame Kosten *pl*, auszahlungswirksame Kosten *pl (opposite: implicit cost(s) = imputed cost(s) = kalkulatorische Kosten)*
explicitly *adv (Gen)* ausdrücklich
exploit *v* 1. *(WiWi, Umwelt)* verwerten, ausbeuten, abbauen *(natural resources)*; 2. *(Fin, Gen)* ausnutzen, verwerten, nutzen, ausbeuten *(minerals, land, talent)*; 3. *(Pers)* ausnutzen, ausbeuten *(workers)*; 4. *(Ind)* verwerten; 5. *(Pat)* auswerten, (praktisch) verwerten
exploitation 1. *(WiWi, Umwelt)* Abbau *m*, Ausbeutung *f (of natural resource)*; Gewinnung *f (of raw material)*; Abbau *m (of natural resources)*; 2. *(Fin, Gen, Ind)* Ausbeutung *f*, Ausnutzung *f*, Verwertung *f*; 3. *(Pat)* Auswertung *f*, Patentverwertung *f*, Verwertung *f*
exploitation in industry 1. *(Ind)* industrielle Verwertung *f*; 2. *(Pat)* industrielle Nutzung *f*
exploitation right *(Media, Pat, Recht)* Verwertungsrecht *n*
exploited *adj* 1. *(Fin, Gen)* verwertet; 2. *(Pers)* ausgebeutet; 3. *(Ind, Pat)* verwertet
exploited resource *(Umwelt)* genutzte Ressource *f*
exploited workers *(Gen, Pers)* ausgebeutete Arbeiter *mpl*
Exploration and Use of Outer Space *(Bil, Ind, Pol)* Erforschung *f* und Nutzung des Weltraums
exponential smoothing *(Stat)* exponentielle Glättung *f*
export *v (Imp/Exp, WiWi)* ausführen, exportieren
export *(Imp/Exp, WiWi)* Ausfuhr *f*, Ausf., Warenausfuhr *f*, Export *m*, Exp.
export ban *(Gen, Imp/Exp)* Ausfuhrverbot *n*
export business *(Imp/Exp)* Ausfuhrhandel *m*, Exportwirtschaft *f*, Exportgeschäft *n*
export control *(Imp/Exp)* Ausfuhrüberwachung *f*, Exportkontrolle *f*
export declaration *(Gen, Imp/Exp)* Ausfuhrerklärung *f*
export documentation *(Imp/Exp)* Ausfuhrpapiere *npl*, Exportdokumente *npl*, Exportunterlagen *fpl*
export duties and taxes *(Imp/Exp, Steuer)* Ausgangsabgaben *fpl*
export duty *(Imp/Exp, Steuer)* Ausfuhrabgabe *f*, Ausfuhrzoll
export earnings *(WiWi)* Exporterlöse *mpl*
export factoring *(Imp/Exp)* Exportfactoring *n*
export figures *(Imp/Exp)* Ausfuhrzahlen *fpl*, Exportziffern *fpl*
export finance *(Imp/Exp)* Exportfinanzierung *f*
export-intensive industry *(WiWi)* exportintensive Industrie *f*
export-led *adj (WiWi)* exportinduziert, exportgestützt
export-led economic recovery *(WiWi)* exportinduzierter Aufschwung *m*
export-led growth *(Imp/Exp)* exportinduziertes Wachstum *n*
export letter of credit *(Fin)* Exportakkreditiv *n*
export licence *(BE) (Imp/Exp)* Exportlizenz *f*, Ausfuhrbewilligung *f*, Ausfuhrgenehmigung *f*, Exportbewilligung *f*, Exportlizenz *f*
export license *(AE) s.* export licence
export loan *(Bank)* Exportkredit *m*
export lull *(WiWi)* Exportflaute *f*
export marketing manager *(Imp/Exp, Pers)* Leiter(in) *m(f)* Exportmarketing, Leiter(in) *m(f)* Marketing Export
export-oriented *adj (Imp/Exp)* ausfuhrgerecht, exportorientiert

export permit *(Imp/Exp)* Ausfuhrbewilligung *f*, Exportgenehmigung *f*
export prices *(Imp/Exp, WiWi)* Exportpreise *mpl*
export quota *(WiWi)* Ausfuhrkontingent *n*, Ausfuhrquote *f*, Exportquote *f*
export rebate *(Steuer)* Ausfuhrvergütung *f*
export regulations *(Gen, Imp/Exp)* Ausfuhrvorschriften *fpl*, Exportbestimmungen *fpl*
export restrictions *(Imp/Exp)* Ausfuhrbeschränkungen *fpl*, Exportrestriktionen *fpl*
export subsidy *(Imp/Exp)* Ausfuhrbeihilfe *f*, Exportsubvention *f*
export surplus *(WiWi, Imp/Exp)* Ausfuhrüberschuss *m*, Exportüberschuss *m*
export through a relay country *(Imp/Exp)* Ausfuhr *f* über ein drittes Land, Ausfuhr *f* über ein Drittland
export trade *(Imp/Exp)* Ausfuhrhandel *m*
export transactions *(Imp/Exp)* Ausfuhrgeschäft *n*, Exportgeschäft *n*
export turnover *(Imp/Exp)* Auslandsumsatz *m*, Exportumsatz *m*
exportation *(WiWi, Imp/Exp)* Ausfuhr *f*, Ausfuhrhandel *m*, Export *m*
exporter *(Imp/Exp, Pers)* Exporteur *m*
exporter credit *(Bank)* Exportkredit *m*
exporter's acceptance credit *(Bank)* Export-Rembourskredit *m*, Exportakzeptkredit *m*
exporters *(WiWi)* Exportwirtschaft *f*
exporting country *(Imp/Exp)* Ausfuhrland *n*
exposed 1. *(Fin)* engagiert, gefährdet; 2. *(Gen)* exponiert, ungeschützt • **be exposed to** 1. *(Fin)* gefährdet sein, im Risiko stehen; 2. *(Gen)* exponiert sein, ungeschützt sein
exposed net asset position *(Gen)* offene Nettovermögensposition *f*
exposed sector 1. *(Gen)* exponierter Bereich *m*; 2. *(Imp/Exp, Ind)* der Auslandskonkurrenz ausgesetzter Sektor *m*
exposition *(Gen)* Ausstellung *f*
exposure 1. *(Bank)* Engagement *n*; 2. *(Fin)* Obligo *n*, offene Position *f*, Risiko *n*; 3. *(V&M)* Darbietung *f (advertising)*; 4. *(Gen)* Gefährdung *f*
exposure at default *(Bank)* erwartete ausstehende Forderungen *fpl* zum Zeitpunkt des Ausfalls, Kredithöhe *f* im Zeitpunkt des Ausfalls
exposure limits *(Bank, Fin)* Obergrenze *f* für Kredite
express *v (Gen)* ausdrücken, aussprechen, bekunden, zum Ausdruck bringen *(intention)*
express *adj (Gen)* ausdrücklich *(unambiguous)*; Eil..., Express... *(delivery, activity)*
express authority *(Recht)* ausdrückliche Genehmigung *f*, ausdrückliche Vollmacht *f (for transaction)*
express order *(Gen)* Eilauftrag *m*
express telegraphic money transfer *(Bank, Fin)* telegrafische Eilüberweisung *f*
expression of interest *(Pol, Recht, V&M)* Interessenbekundung *f*
expressly *adv (Gen)* ausdrücklich
expropriate *v (Admin, Recht)* enteignen
expropriation *(Admin, Recht)* Enteignung *f*
expunge *v (Gen)* ausstreichen, durchstreichen; löschen *(from record)*
expunged *adj (Gen)* ausgestrichen, durchgestrichen; gelöscht *(from record)*
exr. *s.* executor, executrix
extend *v* 1. *(Bank)* erweitern, prolongieren, verlängern; 2. *(Comp)* erweitern; 3. *(Fin)* ausdehnen; 4. *(Gen)* verlängern *(deadline)*; ausdehnen *(clientele, knowledge)*; übertragen *(carry over)*; 5. *(Recht)* erweitern *(rules)*
extend *v* **a loan** *(Bank)* ein Darlehen gewähren, ein Darlehen herauslegen an
extend *v* **credit** 1. *(Bank)* Kredit gewähren; 2. *(Gen)* übertragen
extend *v* **the time limit for sth** *(Gen)* die Frist für etw. verlängern
extended *adj* 1. *(Bank)* erweitert, verlängert; 2. *(Comp)* erweitert; 3. *(Fin)* ausgedehnt; 4. *(Gen)* verlängert *(deadline)*; ausgedehnt *(clientele, knowledge)*; 5. *(Recht)* erweitert
extended deferment *(RW)* verlängerter Aufschub *m*
extended guarantee *(V&M)* verlängerte Garantiezeit *f*

extended payment *(Bank)* Zahlungsverlängerung *f*
extended reservation of title *(Recht)* verlängerter Eigentumsvorbehalt *m (contracts)*
extension 1. *(Gen)* Tilgungsaufschub *m (of repayments)*; 2. *(Bank)* Erweiterung *f*, Verlängerung *f*; 3. *(Komm)* Anschluss *m*; 4. *(Gen)* Verlängerung *f*, Ausdehnung *f*
extension for returns *(Steuer)* Abgabefristfristverlängerung *f*, Fristverlängerung *f*
extension of original term *(Recht)* Fristverlängerung *f*
extension of time *(Recht)* Fristverlängerung *f*
extension of time for filing *(Steuer)* Abgabefristverlängerung *f*, Einreichungsfristverlängerung *f (tax return)*
extension of time for payment *(Recht)* Zahlungsfristverlängerung *f*, Stundung *f*
extensive farming *(WiWi)* extensive Bewirtschaftung *f (agricultural economics)*
extent *(Pat)* Maß *n*, Umfang *m (of protection)*
extent of damage *(Versich)* Schadenhöhe *f*, Schadenumfang *m*
extenuating circumstances *(Recht)* mildernde Umstände *mpl*
external *adj (Gen)* extern, Außen…, Fremd…
external account *(WiWi)* Ausländerkonto *n*, Auslandskonto *n*
external accounts *(WiWi)* Zahlungsbilanz *f*
external asset position *(WiWi)* Vermögensposition *f* gegenüber dem Ausland *(BOP)*
external assets and liabilities account *(WiWi)* Vermögensposition *f* gegenüber dem Ausland *(BOP)*
external auditing *(RW)* externe Rechnungsprüfung *f*
external balance *(WiWi)* Außenbilanz *f*; Außenbeitrag *m (BOP, balance of goods and services, Saldo der Handels- und Dienstleistungsbilanz)*
external balance sheet comparison *(RW)* externer Bilanzvergleich *m*
external bill *(Bank)* Auslandswechsel *m*
external borrowings *(Recht, WiWi, Fin)* Auslandsverschuldung *f*, Auslandsschulden *fpl*
external costs *(WiWi)* volkswirtschaftliche Kosten *pl*
external customs duty *(Imp/Exp)* Außenzoll *m*
external debt *(WiWi, Fin)* Auslandsverschuldung *f*
external debts *(RW, WiWi, Fin)* Auslandsschulden *fpl*
external diseconomies *(WiWi)* externe Kosten *pl*, externe Nachteile *mpl*, negative externe Effekte *mpl (pollution)*
external economy *(Imp/Exp)* Außenwirtschaft *f*
external economy of scale *(WiWi)* externe Nutzen *mpl*, externe Skalenerträge *mpl*
external effects of consumption *(WiWi)* Konsumexternalitäten *fpl*, externe Effekte *mpl* des Konsums
external financing 1. *(Imp/Exp, WiWi)* Auslandsfinanzierung *f*; 2. *(Fin)* Außenfinanzierung *f*
external liabilities *(Fin, RW, WiWi)* Auslandsschulden *fpl*, Auslandsverbindlichkeiten *fpl*
external loan *(Fin)* Auslandsanleihe *f*
external payments *(Bank)* Zahlungen *fpl* mit dem Ausland, Auslandszahlungen *fpl*
external position *(Fin)* Auslandsposition *f*
external reporting *(Admin)* externes Berichtswesen *n*
external shock *(WiWi)* exogener Schock *m*
external surplus *(Imp/Exp, WiWi)* Zahlungsbilanzüberschuss *m*
external tariff 1. *(WiWi)* Außenzoll *m*; 2. *(Imp/Exp)* Außentarif *m*
external trade *(Gen)* Außenhandel *m (export duty)*
external trade statistics *(WiWi)* Außenhandelsstatistik *f*
external value *(Bank, Imp/Exp)* Außenhandelswert *m*
externality *(WiWi)* externe Effekte *mpl*, Externalität *f*
externalize *v (WiWi)* externalisieren
extinction 1. *(Umwelt)* Aussterben *n*, Umkippen *n*; 2. *(Gen)* Tilgung *f*; 3. *(Recht)* Löschung *f*

extinction of a debt *(Fin)* Rückzahlung *f* einer Schuld
extinguish *v* 1. *(Gen)* löschen, tilgen; 2. *(Recht)* entlasten von *(debt)*; löschen *(legal duty)*
extort *v (Gen)* erpressen *(money)*
extortion 1. *(Fin)* Wucher *m*; 2. *(Gen)* Erpressung *f*
extra *(Börse)* Sonderdividende *f*
extra-budgetary outlay *(Gen)* außerplanmäßige Ausgaben *fpl*
extra charge 1. *(RW)* Aufpreis *m*, Zuschlag *m*; 2. *(Gen)* Aufgeld *n*, Aufschlag *m*, Preisaufschlag *m*
extra charges *(RW)* Nebenkosten *pl*
extra pay *(Pers)* Gehaltszulage *f*
extract *v* 1. *(Gen)* Auszug anfertigen über, herausziehen, gewinnen *(information)*; 2. *(Ind)* fördern *(minerals)*
extract *(Gen, Recht)* Auszug *m (from document)*
extract from the register *(Recht, Pat)* Registerauszug *m*
extraction *(Ind)* Förderung *f*, Gewinnung *f (oil, gas)*
extractive industry *(WiWi, Ind)* Grundstoffindustrie *f*
extrajudicial *adj (Recht)* außergerichtlich
extraordinary account *(Bank)* außerordentliche Rechnung *f*
extraordinary benefits *(RW)* außerordentliche Erträge *mpl*
extraordinary charge *(Fin, RW)* außerordentliche Aufwendung *f*, außerordentlicher Aufwand *m*
extraordinary depreciation *(Fin, RW)* Sonderabschreibung *f*, außerordentliche Abschreibung *f*
extraordinary expenditure *(RW)* außerordentliche Aufwendungen *fpl*
extraordinary expenses *(RW)* außerordentliche Aufwendungen *fpl*
extraordinary gain *(RW)* außerordentlicher Ertrag *m*
extraordinary general meeting *(Mgt)* außerordentliche Hauptversammlung *f*, außerordentliche Vollversammlung *f*
extraordinary income *(RW)* außerordentlicher Ertrag *m*
extraordinary loss *(RW)* außerordentlicher Verlust *m*
extraordinary meeting *(Gen, Mgt)* außerplanmäßige Sitzung *f* [Tagung *f*, Versammlung *f*]
extraordinary profit or loss *(Fin, RW)* außerordentliches Ergebnis *n*
extrapolate *v (WiWi)* hochrechnen
extrapolate *v* **a trend** *(Stat, WiWi)* einen Trend extrapolieren, einen Trend fortschreiben
extrapolation *(Stat)* Extrapolation *f*, Hochrechnung *f*
extremum *(WiWi)* Extremwert *m*
extrinsic value *(Börse)* Option *f* ohne Substanzwert, äußerer Wert *m*
eye-catching *adj (V&M)* auffällig
eyewash *(V&M) (ugs.)* fauler Zauber *m*, *(ugs.)* Geschwätz *n*, *(ugs.)* Augenwischerei *f*

F

fabricate *v (Gen)* herstellen, fertigen *(goods)*
face *v (Gen)* sich stellen
face *v* **a problem** *(Mgt)* vor einem Problem stehen
face *(Grund)* Fassade *f (of building)* • **in the face of** *(Gen)* angesichts
face interest rate *(Bank)* Nominalzinssatz *m*
face of policy *(Versich)* Versicherungssumme *f*
face-to-face selling *(V&M)* persönlicher Verkauf *m*
face value 1. *(Fin)* Nennwert *m*, Nennbetrag *m*, Nominalwert *m*, Nominalbetrag *m*; 2. *(Versich)* Versicherungssumme *f (face amount)* • **at face value** *(Bank, Börse, Fin)* zu pari, zum Nennwert, nominal, zum Nominalwert *(synonymous: at par)*
face value share *(Fin)* Nennwertaktie *f*, Nominalaktie *f (synonymous: nominal value share, par value share; lautet auf einen bestimmten Geldbetrag, z. B. 1 Euro; opposite: non-par value share = no-par stock = Quotenaktie = nennwertlose Aktie)*
facilitate *(Gen, Transp)* einrichten, erleichtern
facilities 1. *(Bank)* Fazilitäten *fpl*; 2. *(Pers)* Einrichtungen *fpl*

facility letter 1. *(Bank)* Kreditbestätigung *f*; 2. *(Imp/Exp)* Bankbürgschaft *f*
facsimile *(Gen, Komm)* Faksimile *n*, Fax *n* *(hardware)*
fact 1. *(Gen)* Tatsache *f*; 2. *(Recht)* Umstand *m*
fact-finding *(Gen)* Tatsachenfeststellung *f*
factor 1. *(Gen)* Faktor *m*; 2. *(Recht)* Umstand *m* • **at factor cost** *(WiWi)* zu Faktorkosten
factor analysis *(Stat, WiWi)* Faktoranalyse *f*
factor costs *(Ind, WiWi)* Faktorkosten *pl*, Produktionskosten *pl (production)*
factor endowment *(WiWi)* Faktorausstattung *f*
factor income *(WiWi)* Faktoreinkommen *n*
factor input *(WiWi)* Faktoreinsatz *m*
factor market *(WiWi)* Faktormarkt *m*
factor of location *(Ind, WiWi)* Standortfaktor *m*
factor of production *(Ind, WiWi)* Produktionsfaktor *m*
factor price equalization theorem *(WiWi)* Faktorpreisausgleichstheorem *n*
factor productivity *(WiWi)* Faktorproduktivität *f*
factorage *(Fin)* Faktoringgebühr *f*, Faktoringentgelt *n*, Provision *f* des Kommissionärs
factorial *adj (Stat)* faktoriell, nach Faktoren aufgeschlüsselt, in Faktoren zerlegt
factorial terms of trade *(WiWi)* faktorielles Austauschverhältnis *n*
factoring *(Fin, RW)* Forderungsverkauf *m*, Factoring *n (of receivables)*
factoring operations *(Bank, Fin)* Factoring-Geschäfte *npl*
factoring with recourse *(Bank, Fin)* Factoring *n* mit Rückgriff
factoring without recourse *(Bank, Fin)* Factoring *n* ohne Rückgriff
factory *(Ind)* Fabrik *f*, Fabrikanlage *f*, Fabrikgebäude *n*, Fertigungsanlage *f*, Betrieb *m*, Werk *n*
factory management *(Ind, Mgt, Pers)* Betriebsleitung *f*
factory outlet *(V&M)* Fabrikverkaufszentrum *n*
factory overheads *(RW, WiWi)* Fertigungsgemeinkosten *pl*
factory-owned apartment *(Grund)* Betriebswohnung *f*, Werkswohnung *f*
factory supplies 1. *(RW)* Hilfs- und Betriebsstoffe *mpl*; 2. *(Ind)* Betriebsstoffe *mpl*
factory worker *(Pers)* Fabrikarbeiter(in) *m(f)*
facts and figures *(Gen)* Daten *pl*, Fakten *mpl* und Zahlen *fpl*
factsheet *(Gen, V&M)* Datenblatt *n*
fail *v* 1. *(Bank)* zusammenbrechen; 2. *(Gen)* untergehen, insolvent werden, scheitern *(company)*; 3. *(Recht)* versäumen
fail *v* **an examination** *(Pers)* eine Prüfung nicht bestehen, bei einer Prüfung durchfallen
fail *v* **to comply** *(Recht)* zuwiderhandeln
fail *v* **to comply with an order** *(Recht)* einer Anordnung zuwiderhandeln
fail *v* **to disclose** *(Recht)* verschweigen
failed takeover bid *(Fin)* gescheiterte Übernahme *f*, gescheitertes Übernahmeangebot *n*
failure 1. *(Bank)* Insolvenz *f*; 2. *(Gen)* Ausfall *m*; Insolvenz *f (of firm)*; 3. *(Recht)* Versäumnis *n*; 4. *(Mgt)* Misserfolg *m*
failure rate *(Gen)* Ausfallquote *f*
failure to comply *(Steuer)* Nichtbefolgung *f*
failure to take advantage *(Gen)* Nichtinanspruchnahme *f*
fair *adj* 1. *(RW, Gen, Pers)* angemessen; 2. *(Recht)* gerecht
fair *(Gen)* Ausstellung *f*, Messe *f (trade fair)*
fair business practices *(Gen)* angemessene Geschäftspraktiken *fpl*
fair competition *(WiWi, Recht)* lauterer Wettbewerb *m (commercial)*
fair dismissal *(Pers)* Entlassung *f* aus triftigem Grund
fair labour standards *(BE) (Pers, Recht, Soz)* gerechte Arbeitsgesetzgebung *f*, gerechte Arbeitsrichtlinien *fpl*
fair market rent *(Grund)* ortsübliche Miete *f*, übliche Miete *f*, übliche Pacht *f*
fair presentation *(AE) (RW)* Buchführung im Sinne der Grundsätze ordnungsgemäßer Buchführung

fair price *(Gen)* angemessener Marktpreis *m*, fairer Preis *m*
fair rate of return *(Fin, RW)* angemessene Verzinsung *f*
fair return *(RW)* angemessene Verzinsung *f*, marktübliche Rendite *f*
fair value *(RW)* angemessener Wert *m*, Zeitwert *m*, Kapitalwert *m (of assets)*
fair wear and tear *(Gen)* übliche Abnutzung *f*
fairness *(Gen)* Kulanz *f (of conditions)*
faith/in good 1. *(Gen)* in gutem Glauben; 2. *(Recht)* nach Treu und Glauben
fall *v (Gen)* fallen, sinken, stürzen *(prices)*; abfallen *(rate)*
fall *v* **apart** *(Gen)* auseinanderbrechen; scheitern *(plan, negotiations)*
fall *v* **back on** *(Gen)* zurückgreifen auf, Hilfe suchen bei
fall *v* **behind** *(Gen)* zurückbleiben
fall *v* **foul of the law** *(Recht)* ein Gesetz verletzen
fall *v* **short of** *(Gen)* nicht erfüllen *(expectations)*
fall *v* **short of expectations** *(Gen)* hinter den Erwartungen zurückbleiben, die Erwartungen nicht erfüllen
fall *(Gen) (rate)* Abfall *m*; Niedergang *m*, Sinken *n*, Rückgang *m (in price)*
fall in demand *(V&M, WiWi)* Nachfragerückgang *m*
fall in prices 1. *(Gen, V&M)* Preissturz *m*, Preisrückgang *m*; 2. *(Börse)* Baisse *f*
fall in supplies *(WiWi)* Angebotsrückgang *m*
fall in the bank rate *(Bank)* Diskontsenkung *f*
fall in unemployment *(Pers, WiWi)* Rückgang *m* der Arbeitslosigkeit
fallback position 1. *(Gen)* Mindestforderung *f*; 2. *(Pol)* Rückzugsposition *f*
fallible *adj (Gen)* fehlbar
falling trend *(Börse)* fallende Tendenz *f*
fallout *(Gen, Pol)* unerwartetes Nebenergebnis *n*
fallow *adj (Gen, Grund)* brach, brachliegend
false *adj (Gen)* falsch, unrichtig
false advertising *(Gen, V&M)* irreführende Werbung *f*
false economy *(WiWi)* falsche Sparsamkeit *f*
false evidence *(Recht)* Falschaussage *f*
false or misleading information *(Recht)* falsche oder irreführende Information *f*
falsification of documents *(Recht)* Urkundenfälschung *f*
familiarize *v* **oneself with one's job [work]** *(Pers)* sich einarbeiten
family benefits *(Soz)* Familienbeihilfen *fpl*
family brands *(V&M)* Dachmarke *f*
family business *(Gen)* Familienbetrieb *m*, Familienunternehmen *n*
family enterprise [establishment] *(Gen)* Familienunternehmen *n*, Familienbetrieb *m*
family-owned business *(Gen)* Familienbetrieb *m*
family-owned company *(WiWi)* Familiengesellschaft *f*
family status *(Pers, Soz)* Familienstand *m*
FAQs *s.* Frequently Asked Questions
far-reaching *adj (Gen)* weitreichend *(consequences)*
far-seeing *adj (Gen)* weitblickend, weitsichtig
far-sighted *adj (Gen)* weitblickend, weitsichtig
farm loan *(WiWi)* Agrarkredit *m*
farm tenancy *(Grund)* Landpacht *f*, landwirtschaftlicher Pachtvertrag *m*
farming *(WiWi)* Agrarwirtschaft *f*, Bewirtschaftung *f*
FAS *s.* free alongside ship
fashion *(Gen, V&M)* Mode *f* • **in fashion** *(Gen, V&M)* hochmodisch, in Mode • **out of fashion** *(Gen)* altmodisch, unmodern
fast *adj (Gen)* rasch, schnell • **be on the fast track** *(Pers)* schnell Karriere machen
fast-growing *adj (WiWi)* schnell wachsend
fast lane *(Transp)* Überholspur *f*
fast-moving article *(Gen, V&M) (ugs.)* Renner *m*
fast-moving goods *(V&M)* Schnelldreher *m*, Renner *m (synonymous: fast-selling merchandise; products with a high turnover rate = Umschlagshäufigkeit; opposite: slow seller = Langsamdreher)*
fast-selling article [product] *(V&M)* Schnelldreher *m*, Renner *m (products with a high turnover rate = Umschlags-*

häufigkeit; opposite: slow seller = Langsamdreher)
fatal error *(Gen)* schwerer Fehler *m*, gravierender Fehler *m*
fault 1. *(Comp, Gen)* Fehler *m*, Verschulden *n*, Versagen *n*; 2. *(Recht)* Schuld *f* • **be at fault** *(Recht)* Schuld haben • **no fault** *(Versich)* Schuldlosigkeit *f (damage insurance)*
faultless *adj (Gen)* fehlerfrei, mängelfrei
faulty *adj (Gen)* fehlerhaft
faulty goods *(V&M)* fehlerhafte Waren *fpl*
favor *v (AE) (Gen) s.* favour
favor *(AE) (Gen) s.* favour
favorable *adj (AE) (Gen) s.* favourable
favorable balance of trade *(AE) (WiWi, Imp/Exp) s.* favourable balance of trade
favorable exchange rate *(AE) (Börse) s.* favourable exchange rate
favorable rate *(AE) (WiWi) s.* favourable rate
favorable trade balance *(AE) (WiWi, Imp/Exp) s.* favourable trade balance
favour *v (BE) (Gen)* begünstigen, bevorzugen
favour *(BE) (Gen)* Gefallen *m*, Gunst *f* • **be in favour of** *(Gen)* einverstanden sein mit • **in favour of** *(Gen)* zugunsten von *(project, suggestion)*
favourable *adj (BE) (Gen)* attraktiv, günstig *(price, conditions)*
favourable balance of trade *(BE) (WiWi, Imp/Exp)* aktive Handelsbilanz *f*
favourable exchange rate *(BE) (Börse)* günstiger Wechselkurs *m*
favourable rate *(BE) (WiWi)* günstiger Tarif *m*
favourable trade balance *(BE) (WiWi, Imp/Exp)* aktive Handelsbilanz *f*
fax *v (Comp, Gen, Komm)* faxen
fax *(Admin, Gen, Komm)* Fax *n*, Faksimile *n*
fax on demand *(Komm)* Faxabruf *m (several documents possible)*
fax polling *(Komm)* Faxabruf *m (one document only)*
faxback *(Komm)* Faxabruf *m (several documents possible)*
fear of prejudice *(Recht)* Besorgnis *f* der Befangenheit
feasibility *(Gen)* Durchführbarkeit *f*, Machbarkeit *f*, Realisierbarkeit *f*
feasibility report *(Gen)* Durchführbarkeitsbericht *m*
feasibility study *(Fin)* Machbarkeitsstudie *f*, Durchführbarkeitsstudie *f*, Durchführbarkeitsuntersuchung *f*, Vorstudie *f*, Projektstudie *f (synonymous: feasibility survey)*
feasibility survey *(Gen)* Projektstudie *f*
feasible *adj (Gen)* durchführbar
feature 1. *(Media)* Feature *n (in newspaper)*; 2. *(Gen, Pat)* Eigenschaft *f*, Merkmal *n*
feature article *(Media)* Dokumentarbericht *m*
fed funds *(AE) (Bank)* Tagesgeld *n*, Zentralbankgeld *n*
Fed/the *s.* Federal Reserve System
federal *adj (WiWi, Pol)* föderal, Bundes…, bundesstaatlich
Federal administration *(Recht)* Verwaltung *f* des Bundes, Bundesverwaltung *f*
Federal authority *(Recht)* Bundesbehörde *f*
Federal Cartel Office *(AE) (WiWi)* Bundeskartellamt *n*, Bundeskartellbehörde *f*
federal deficit *(AE) (WiWi)* Staatsdefizit *n (central government)*
Federal employees *(AE) (Pers)* Bundesbedienstete *pl*, Beschäftigte *pl* beim Bund
federal finance *(AE) (Fin)* bundesstaatliches Finanzwesen *n*
federal funding *(Pol)* Finanzierung *f* aus Bundesmitteln, Bereitstellung *f* aus Bundesmitteln
federal funds *(AE) (Bank)* Tagesgeld *n*, Zentralbankgeld *n (money market)*
federal funds rate *(AE) (Bank)* Tagesgeldsatz zwischen US-Banken
Federal Government employees *(Pers)* Bundesbedienstete *pl*, Beschäftigte *pl* beim Bund
Federal Government workers *pl (Pers)* Bundesangestellte *pl*, Bundesbedienstete *pl*
federal-level *adj (WiWi, Pol)* auf Bundesebene
Federal Open Market Committee *(AE) (WiWi)* Offenmarktausschuss *m* des Federal Reserve System
Federal Reserve Bank *(AE) (Bank, WiWi)*

amerikanische Zentralbank *f*, ≈ Europäische Zentralbank *f*, EZB
Federal Reserve Board *(AE) (Bank, WiWi)* Vorstand *m* des Federal Reserve System
federal reserve note *(AE) (Bank) (jarg.)* Fed-Schuldverschreibung *f*
Federal Reserve System *(AE) (Bank, WiWi) Zentralbanksystem der Vereinigten Staaten*
federal states *(Pol, Recht)* Bundesländer *npl*, Länder *npl (Deutschland)*
Federal Statistical Office *(WiWi)* statistisches Bundesamt *m (Germany)*
federal tax *(Steuer)* Bundessteuer *f*, Steuer *f* des Bundes
federal tribunal *(Recht)* Bundesgerichtshof *m (Germany)*
feed forward *(Mgt, WiWi)* Vorkopplung *f*
feed forward control *(Mgt, WiWi)* Steuerung *f*, Steuern *n*; Vorwärtsregelung *f (process automation)*
feedback *(Gen)* Feed-back *n*, Rückkopplung *f*
feedback control *(Mgt)* Regelung *f*
feedback loop *(Mgt)* Regelkreis *m*, Rückkopplungsschleife *f*, Management-Regelkreis *m (Systemtheorie: Informations-Rückkopplung = feedback; opposite: feed forward = offene Steuerung; feed forward control = Steuerung, Vorwärtsregelung)*
feel of the market *(Gen, V&M)* Marktgespür *n*, Gespür *n* für den Markt, Marktsinn *m*
feel *v* **the pinch** *(WiWi)* die schlechte Lage zu spüren bekommen
fees and expenses *(Recht)* Gebühren *fpl* und Auslagen *fpl*
felonious *adj (Recht)* verbrecherisch
female employment *(Pers, Soz, WiWi)* Frauenerwerbstätigkeit *f*, Erwerbstätigkeit *f* der Frauen, Frauenbeschäftigung *f*
fend *v* **off** *(Gen)* abwehren *(question)*
fibre optics *(BE)* 1. *(Komm)* Glasfaseroptik *f*, Lichtwellenleiter *m (communications technology)*; 2. *(Comp)* Lichtwellenleitertechnik *f*; 3. *(Ind)* Faseroptik *f*
fibreboard *(BE) (Ind)* Faserplatte *f*, Holzfaserplatte *f*, Pappe *f*
fibreglass *(BE) (Ind)* Fiberglas *n*, Glasseide *f (spun)*; Glasfasern *fpl (reinforced)*
fibreoptic cable *(BE) (Ind)* Glasfaserkabel *f*, Lichtleitfaserkabel *f*
fictitious *adj (Gen)* fiktiv, vorgetäuscht
fictitious entry *(RW)* fiktive Buchung *f (synonymous: imputed entry)*
fictitious interest 1. *(RW)* kalkulatorische Zinsen *mpl (synonymous: implicit interest, imputed interest)*; 2. *(Steuer)* fiktive Zinsen *mpl*
fictitious invoice *(Gen)* fingierte Rechnung *f*
fictitious loss *(RW)* Scheinverlust *m (opposite: fictitious profit = Scheingewinn)*
fictitious profit *(RW)* Scheingewinn *m (synonymous: paper profit)*
fictitious transaction *(Recht)* Scheingeschäft *n*
fiddle *v (RW) (ugs.)* frisieren *(a bill)*
fiddle *v* **accounts** *(RW) (ugs.)* die Bücher frisieren
fiddle *v* **the balance** *(BE, ugs.) (RW)* die Bilanz frisieren, die Bilanz verschleiern, die Bilanz manipulieren, die Bilanz schönen, Bilanzverschleierung betreiben
fidelity *(Gen)* Treue *f*
fidelity bonus *(Pers)* Treueprämie *f*
fidelity guarantee *(Versich)* Kaution *f*
fiduciary *adj (Recht)* treuhänderisch, fiduziarisch
fiduciary *(Recht)* Treuhänder(in) *m(f)*
fiduciary account *(Bank)* Treuhandkonto *n*
fiduciary banking *(Bank)* Treuhandgeschäft *n*
fiduciary operation *(Bank)* Treuhandgeschäft *n (investment banking)*
field 1. *(Ind)* Gebiet *n*, Datenfeld *n*, Gesichtsfeld *n (of research)*; 2. *(V&M)* Feld *n*
field force *(V&M)* Außendienstmitarbeiter *mpl*
field of action *(Gen)* Tätigkeitsbereich *m*
field of activity *(Pers)* Arbeitsbereich *m*
field of competence *(Gen, Recht, V&M)* Zuständigkeitsbereich *m*
field organization 1. *(Admin)* Außendienstorganisation *f*; 2. *(V&M)* Niederlassung *f (branch)*; Außendienst *m (sales team)*

field service *(Gen)* Außendienst *m*
field staff *(Pers)* Außendienstmitarbeiter *mpl*
field survey *(V&M)* Marktforschung *f* vor Ort, Absatzforschung *f*
field worker *(Gen, V&M)* Außendienstmitarbeiter(in) *m(f)*, Kundenkontakter(in) *m(f)*; Marktbefrager(in) *m(f)* *(market research)*
fierce *adj (Gen)* heftig *(competition)*
FIFO *s.* first in, first out
fight *v (Gen)* kämpfen, bekämpfen
fight *v* **a losing battle** *(Gen)* eine verlorene Schlacht kämpfen
fight *v* **back** *(Gen)* zurückschlagen
fight against fraud *(Recht)* Betrugsbekämpfung *f*
figure 1. *(Stat)* Zahl *f*, Ziffer *f*; 2. *(Media)* Illustration *f*; 3. *(Pat)* Abbildung *f*, Illustration *f (of a drawing)* • **get the figures wrong** *(Gen)* falsche Zahlen ermitteln
file *v* 1. *(Admin)* ablegen *(document)*; einreichen *(application)*; 2. *(Pat)* zu den Akten geben
file *v* **a claim** *(Recht)* eine Forderung einreichen
file *v* **a lawsuit** *(Recht)* einen Zivilprozess anstrengen
file *v* **a tax return** *(Steuer)* Steuererklärung abgeben
file *v* **an application for** *(Pers)* sich bewerben um
file *v* **for bankruptcy** *(Fin)* Insolvenz anmelden
file *v* **for bankruptcy protection** *(Recht)* Gläubigerschutz beantragen *(according to Chapter 11 US-Bankruptcy Code)*
file *v* **for insolvency** *(Fin, Recht)* Insolvenzantrag stellen, Insolvenz anmelden
file *v* **one's tax return** *(Steuer)* seine Steuererklärung einreichen
file 1. *(Admin)* Akte *f*, Aktenstück *n*; 2. *(Comp)* Datei *f*; 3. *(Gen)* Vorgang *m*; 4. *(Pat)* Akte *f* • **file not found** *(Comp)* Datei nicht gefunden • **on file** *(Recht)* aktenkundig
file attachment *(Comp, Komm)* angehängte Datei *f (E-Mail)*
file copy *(Admin)* Ablagekopie *f*, Aktenkopie *f*
file inspection *(Recht)* Akteneinsicht *f*
file protection *(Comp)* Dateischutz *m*
file structure *(Comp)* Dateiorganisation *f*
filing 1. *(Admin)* Ablage *f*, Archivierung *f*; 2. *(Gen)* Ablage *f (clerical duty)*
filing date *(Gen)* Abgabefrist *f*
filing system *(Admin)* Ablagesystem *n*
fill *v (Pers)* innehaben *(occupy post)*; einnehmen *(take up post)*; besetzen *(recruit for post)*
fill *v* **a gap** *(Gen, V&M)* eine Marktlücke füllen, eine Marktlücke schließen *(in market)*
fill *v* **a vacancy** *(Pers)* eine Stelle besetzen *(employer)*
fill *v* **in** *(Gen)* ausfüllen *(blanks, form)*; eintragen, eintragen in *(date)*
fill-or-kill *v (AE) (Börse)* Option ausüben oder aufgeben
fill *v* **out a form** *(AE) (Pers, Soz)* ein Formular ausfüllen *(synonymous BE: fill in a form)*
fill *v* **out a questionnaire** *(AE) (Pers, Soz)* einen Fragebogen ausfüllen *(synonymous BE: fill in a questionnaire)*
fill-in *(Pers)* Aushilfe *f*, Aushilfskraft *f*
filling of a vacancy *(Pers)* Besetzung *f* einer offenen Stelle
final *adj* 1. *(Gen)* endgültig, letzte, End…; 2. *(Recht)* rechtskräftig
final acceptance *(Gen)* Endabnahme *f (of goods)*
final accounts *(RW)* Endabrechnung *f*
final balance *(RW)* Endbestand *m*, Endsaldo *m*; Schlussbilanz *f (final balance sheet)*
final consumer *(V&M)* Endverbraucher(in) *m(f)*
final date for acceptance *(Gen)* Abgabefrist *f*
final deadline *(Recht)* Abgabetermin *m*, Endtermin *m (contract law)* • **set a final deadline** *(Recht, V&M)* eine letzte Frist setzen
final demand *(RW, WiWi)* Endnachfrage *f*
final good *(WiWi)* Endprodukt *n*
final income 1. *(WiWi)* verfügbares Einkommen *n*; 2. *(Fin, Steuer)* versteuertes Einkommen *n*
final installment *(AE) (Fin) s.* final instalment
final instalment *(BE) (Fin)* Abschlusszahlung *f*, letzte Rate *f*

final trading day *(Börse)* letzter Handelstag *m*
final warning *(Pers)* letzte Warnung *f*
finalize *v (Gen)* abschließen
finance *v (Fin)* finanzieren
finance *(Fin)* Finanzwesen *n*, Finanzierung *f*
finance bill *(Bank, Fin)* Finanzwechsel *m (bank draft)*
finance house *(BE)* 1. *(Bank)* Kundenkreditbank *f*; 2. *(Fin)* Finanzierungsinstitut *n*, Teilzahlungsbank *f*
finance lease *(Fin, Gen)* Financial-Leasing *n (long term)*
finance leasing *(Fin, Gen)* Financial--Leasing *n (long term)*
finance sector *(Fin)* Finanzsektor *m*
financial *adj (Fin, Gen, Steuer)* finanziell, Finanz..., finanzwirtschaftlich • **be in dire financial straits** *(Fin)* sich in akuten finanziellen Schwierigkeiten befinden • **in financial surplus** *(Gen) (ugs.)* finanziell im Plus
financial account *(WiWi)* Kapitalbilanz *f (BOP)*
financial accounting 1. *(RW)* Finanzbuchhaltung *f*, Geschäftsbuchhaltung *f*, externes Rechnungswesen *n (synonymous: general accounting; opposite: cost accounting)*; 2. *(Gen)* Rechnungslegung *f*
financial adviser, **financial advisor** *(Fin, Pers)* Finanzberater(in) *m(f)*
financial alchemy [chemistry] *(infrml) (Fin)* Finanzalchemie *f*
financial assets *(WiWi)* Finanzanlagen *fpl*
financial auditing *(Mgt, RW)* Buchprüfung *f (im Mittelpunkt die Prüfungen im Finanz- und Rechnungswesen, häufig durch externe Prüfer durchgeführt; Gegensatz: operational auditing, Prüfung durch interne, jedoch prozessunabhängige Revisoren im organisatorischen Bereich)*
financial auditor *(Fin, Mgt, RW)* Buchprüfer *m*
financial balance *(WiWi)* finanzielles Gleichgewicht *n*
financial burden *(Fin)* finanzielle Belastung *f*
financial capital *(Fin)* Finanzkapital *n*
financial contribution *(Fin)* Beitrag *m*
financial control *(Fin, RW)* Finanzkontrolle *f*
financial damage *(Fin)* Vermögensschaden *m*
financial disclosure *(Fin)* finanzielle Offenlegung *f*
financial encumbrance *(Fin)* finanzielle Belastung *f*
financial engineering *(Fin)* Finanzierungstechnik *f*, Financial Engineering *n*
financial expenses *(Fin)* Finanzierungskosten *pl*
financial fixed assets *(Fin, RW)* Finanzanlagen *fpl*
financial flow *(WiWi)* Finanzierungsströme *mpl*
financial forecasts *(Fin)* Finanzprognosen *fpl*
financial futures market *(Börse, Fin)* Finanzterminmarkt *m*
financial holding company *(Fin)* Finanzholding *f*
financial incentive *(Fin)* finanzieller Anreiz *m*
financial injection *(Fin) (ugs.)* Finanzspritze *f*
financial innovation *(Bank, WiWi)* Finanzinnovation *f*
financial institution *(Fin)* Finanzinstitut *n*, Geldinstitut *n*, Kreditinstitut *n*
financial instrument *(Fin, RW)* Finanzinstrument *n (IAS 32.5, 39.13 ff)*; Finanzprodukt *n*, Finanzierungsinstrument *n*
financial interest *(Fin)* finanzielle Beteiligung *f*
financial journalism *(Fin)* Finanzjournalismus *m*, Wirtschaftsjournalismus *m*
financial leasing *(Fin, Gen)* Financial--Leasing *n (long term)*
financial leverage *(Fin, WiWi)* Verschuldungsgrad *m (Quotient aus Fremdkapital und Eigenkapital)*; Fremdkapitalaufnahme *f*; Leverage-Effekt *m*, Hebelwirkung *f*, Hebelwirkung der Finanzstruktur, Hebelwirkung der Kapitalstruktur, Hebelwirkung der Fremdkapitalaufnahme, Hebelwirkung des Fremdkapitals, Hebelwirkung des Verschuldungsgrades, Fremdkapital-Leverage *n(f) (synonymous: gearing; positive/negative Wirkung der Variation des Verschuldungsgrades -debt-equity*

ratio- auf die Eigenkapitalrentabilität -equity return-, solange die Gesamtkapitalrentabilität -return on total investment- größer/kleiner als der Fremdkapitalzins -interest on borrowed capital- ist)

financial leverage ratio *(Fin)* Leverage-Kennziffer *f*

financial loss *(Fin)* Vermögensschaden *m*, finanzieller Verlust *m*, Ausfall *m*

financial management 1. *(RW)* Finanzmanagement *n*, Finanzplanung *f*; 2. *(Fin)* Finanzplanung *f*; 3. *(Mgt)* Finanzmanagement *n*, Finanzverwaltung *f*, Finanzwesen *n*

financial management report *(Fin)* Finanzbericht *m*, Finanzplanungsbericht *m*

financial manager *(Pers)* Finanzvorstand *m*; Leiter(in) *m(f)* der Finanzen

financial market *(Fin)* Finanzmarkt *m*

financial market players *(Bank)* Finanzmarktkreise *mpl*

financial muscle *(Fin, V&M)* Finanzkraft *f*, finanzielle Macht *f*

financial needs *pl (Fin, Ind)* Finanzbedarf *m*

financial news *(Fin)* Börsenbericht *m*, Börsennachrichten *fpl*

financial period *(RW)* Geschäftsjahr *n*

financial policy *(Fin)* Finanzpolitik *f*

financial position *(RW)* Finanzlage *f*, Finanzstatus *m*

financial products *(Bank, WiWi)* Finanzinstrumente *npl*

financial ratio *(Fin)* finanzwirtschaftliche Kennzahl *f*

financial report *(Fin)* Jahres(abschluss)-bericht *m*, Lagebericht *m*, Bericht *m* über die Vermögenslage

financial requirements *(Fin)* Finanzbedarf *m*, Kapitalbedarf *m*

financial resources *(Fin)* Finanzkraft *f*

financial restructuring *(Fin)* Umschuldung *f*, Sanierung *f*

financial risk *(Börse)* finanzielles Risiko *n*

financial services *(Fin)* Finanzdienstleistungen *fpl*, finanzielle Dienstleistungen *fpl*

financial situation *(RW)* Finanzlage *f*, Finanzstatus *m*

financial stability *(Fin)* finanzielle Stabilität *f*

financial standard *(Fin)* finanzieller Standard *m*

financial standing *(Fin)* Bonität *f*, Kreditwürdigkeit *f*, Kreditfähigkeit *f*

financial statement 1. *(RW)* Finanzausweis *m*, Abschluss *m*, Jahresabschluss *m*; 2. *(Fin)* Bericht *m* über die Vermögenslage, Vermögensaufstellung *f*, Finanzstatus *m (liquidity)*

financial statistics *(Fin, Stat)* Finanzstatistik *f*

financial straits *(Admin)* finanzieller Engpass *m* • **be in financial straits** *(Fin)* sich in finanziellen Schwierigkeiten befinden

financial strength *(Bank)* Finanzkraft *f*, Kapitalkraft *f*

financial structure *(RW, WiWi, Fin)* Finanzierungsstruktur *f*, Kapitalstruktur *f (balance sheet)*

financial support *(WiWi)* finanzielle Unterstützung *f*

financial vehicles *(Fin)* Finanzinstrumente *npl*, Finanzvehikel *npl*

financial year 1. *(RW)* Bilanzjahr *n*, Wirtschaftsjahr *n*; 2. *(WiWi)* Finanzjahr *n*, Geschäftsjahr *n*, Haushaltsjahr *n*; 3. *(Fin, Steuer)* Bilanzjahr *n*

financially sound *adj (Gen)* finanziell gesund

financing *(Fin)* finanzielle Mittel *npl*, Finanzierung *f*

financing adjustment *(Fin)* Finanzierungsanpassung *f*

financing package *(Fin)* Gesamtfinanzierung *f*, Finanzierung *f* aus einer Hand

find *v* **a job** *(Pers)* Stelle finden, Arbeit finden

find *v* **employment** *(Pers)* Arbeit finden, Beschäftigung finden

find *v* **work** *(Pers)* Arbeit finden, Beschäftigung finden

findings *(Recht)* festgestellter Sachverhalt *m (of fact)*; Feststellungen *fpl (of investigation, tribunal)*

fine 1. *(Pers)* Geldbuße *f*; 2. *(Recht)* Geldstrafe *f (pecuniary penalty)*

fine-tuning 1. *(Comp)* Feineinstellung *f*; 2. *(WiWi)* Feinabstimmung *f*, Feinsteuerung *f*

finish *v (Ind)* veredeln

finish *v* **one's education** *(Bil)* die Ausbildung abschließen, die Ausbildung beenden

finish *v* **one's training** *(Bil, Pers)* seine (berufliche) Ausbildung abschließen

finished goods *(Gen)* Fertigwaren *fpl*

finished product *(Gen)* Fertigprodukt *n*

finished products *(WiWi)* Enderzeugnisse *npl*

finishing *(Ind)* Endbearbeitung *f*, Nachbearbeitung *f*, Veredelung *f*

finite *adj (Umwelt)* begrenzt

fire *v (Pers)* entlassen, *(ugs.)* feuern *(staff)*

fire wall 1. *(Soz, Versich)* Brandmauer *f*, Feuerschutzmauer *f (in building)*; 2. *(Comp)* Zugangsschutzsystem *n*, Firewall *f (data security)*

firm *v (Börse)* anziehen, sich befestigen, fest tendieren

firm *adj* 1. *(WiWi)* stabil, fest *(currency)*; 2. *(Gen)* verbindlich, stabil *(order)*; 3. *(Transp, V&M)* stabil

firm *(Gen, WiWi)* Firma *f*, Unternehmen *n*

firm commitment *(Börse)* feste Übernahmeverpflichtung *f (securities underwriting)*

firm level *(Gen, Mgt)* Unternehmensebene *f*

firm offer *(Gen)* Festangebot *n*, festes Angebot *n*, verbindliche Offerte *f*, verbindliches Angebot *n*

firm order *(V&M)* Fixauftrag *m*

firm quotation *(WiWi)* verbindliche Kursnotierung *f*

firm size *(Gen)* Unternehmensgröße *f*, Größe *f* des Unternehmens

first best economy *(WiWi)* pareto-optimale Volkswirtschaft *f*

first come, first served *(Gen)* wer zuerst kommt, mahlt zuerst *(principle of priority = Prioritätsprinzip; e. g. domain registration)*

first economy *(WiWi, Pol)* offizielle Wirtschaft *f*

first in, first out *(FIFO) (RW)* Fifo-Methode *f (Warenwirtschaft)*

first-instance fiscal court *(Steuer)* Finanzgericht *n*

first lien *(Grund)* erstrangiges Pfandrecht *n*

first-loss tranche *(Bank, Fin)* Erstverlusttranche *f*, Equity-Tranche *f (Verbriefungen, securitizations)*

first mortgage *(Bank)* erste Hypothek *f*

first quarter *(Gen)* erstes Quartal *n*

first-rate *adj (Gen)* erstklassig

first reminder *(RW)* erste Mahnung *f*

fiscal *adj (WiWi, Steuer)* fiskalisch, Fiskal..., steuerlich, Steuer...

fiscal authorities *(Bank, Fin, Steuer)* Finanzbehörden *fpl*, Steuerbehörden *fpl*, Fiskus *m*

fiscal barrier *(WiWi)* fiskalische Schranke *f (international trade)*

fiscal deficit *(RW)* Haushaltsdefizit *n*, Finanzdefizit *n*

fiscal drag *(WiWi, Fin, Steuer)* fiskalische Bremse *f*, kalte Progression *f*, Entzugseffekt *m* der Steuerprogression, Fiscal Drag-Effekt *m*

fiscal evasion *(Steuer)* Steuerhinterziehung *f*

fiscal incidence *(Steuer)* Steuerinzidenz *f*, Steuer(belastungs)wirkung *f*

fiscal inducement *(Steuer)* steuerlicher Anreiz *m*

fiscal multiplier *(WiWi)* Steuermultiplikator *m*

fiscal neutrality *(Steuer)* Steuerneutralität *f*

fiscal period *(RW, Steuer)* Abrechnungsperiode *f*, Buchungszeitraum *m*, Geschäftsperiode *f*, Rechnungsperiode *f*

fiscal policy *(WiWi)* Fiskalpolitik *f*

fiscal revenue *(Steuer, WiWi)* Steuereinnahmen *f*

fiscal year *(Fin, RW, Steuer)* Bilanzjahr *n*, Geschäftsjahr *n*, Rechnungsjahr *n*, Steuerjahr *n*, Wirtschaftsjahr *n*; Finanzjahr *n*, Haushaltsjahr *n (public accounting)*

fiscal year ended *(Steuer)* abgeschlossenes Geschäftsjahr *n*, abgeschlossenes Haushaltsjahr *n*, abgeschlossenes Wirtschaftsjahr *n*

fit *v* 1. *(Gen)* entsprechen *(requirements)*; 2. *(Gen)* einbauen

fit *v* **out** *(Gen)* ausstatten

fit *adj (Börse)* passend

fix *(AE) (Fin)* Bestechung *f* • **be in a fix** *(Gen) (ugs.)* in der Klemme sitzen

fix *v* **quotas** *(Imp/Exp)* Quoten festlegen

fixed *adj* 1. *(Bank)* fest; 2. *(Gen)* bestimmt, fixiert

fixed allowance *(Gen)* Fixum *n*

fixed asset *(RW)* Anlagegegenstand *m*, Gegenstand *m* des Anlagevermögens
fixed asset account *(RW)* Sachanlagenkonto *n*
fixed asset investment *(RW)* Anlageinvestitionen *fpl*
fixed assets 1. *(RW)* Anlagevermögen *n*; 2. *(WiWi)* Sachanlagen *fpl*
fixed capital 1. *(WiWi)* Anlagevermögen *n*; 2. *(Fin)* Anlagekapital *n*
fixed capital formation *(Fin, Mgt, WiWi)* Anlageinvestition(en) *f(pl) (synonymous: fixed investment)*
fixed charge *(RW, WiWi)* feste Belastung *f*
fixed-charge coverage *(RW)* Fixkostendeckung *f*
fixed costs *(RW, WiWi)* fixe Kosten *pl*, Fixkosten *pl*, Gemeinkosten *pl*
fixed demand *(WiWi)* unelastische Nachfrage *f*
fixed deposit *(Bank)* Festgeld *n*, Termineinlage *f*
fixed exchange rate *(WiWi)* fester Wechselkurs *m*
fixed-exchange-rate regime *(WiWi)* Festkurssystem *n*, System *n* fester Wechselkurse *(synonymous: hard peg regime)*
fixed-interest loan *(Bank, Fin)* festverzinsliches Darlehen *n*, Festzinskredit *m*, festverzinsliche Anleihe *f*, Festzinsanleihe *f (synonymous: straight bond; opposite: floater, FRN, floating-rate note = zinsvariable Anleihe = Anleihe mit variabler Verzinsung)*
fixed interest rate *(Bank, Fin)* Festzinssatz *m*
fixed loan *(Bank)* langfristiges Darlehen *n*
fixed maturity *(Bank)* feste Laufzeit *f*
fixed overheads *(RW)* fixe Gemeinkosten *pl*
fixed period (of time) *(Gen)* festgesetzter Zeitraum *m*, bestimmte Dauer *f*
fixed price *(Gen)* Festpreis *m*, gebundener Preis *m*, Richtpreis *m (put options)*
fixed-rate *adj (Bank)* festverzinslich
fixed-rate bond *(Bank, Fin)* festverzinsliche Anleihe *f*, Festzinsanleihe *f (synonymous: straight bond; opposite: floater, FRN, floating-rate note = zinsvariable Anleihe, Anleihe mit variabler Verzinsung)*
fixed-rate interest *(Bank, Fin)* Festzinssatz *m*
fixed-rate mortgage *(Bank)* Festsatzhypothek *f*, Festzinshypothek *f*
fixed salary *(Pers)* Festgehalt *n*, Fixum *n*
fixed supply *(WiWi)* unelastisches Angebot *n*
fixed-term contract *(Pers)* zeitlich befristeter Vertrag *m*
fixed-term deposit *(Bank)* Termingeld *n*, Festgeldanlage *f*
fixed-term employment contract *(Pers)* befristeter Arbeitsvertrag *m*
fixed-term job *(Gen)* befristete Tätigkeit *f*, befristeter Arbeitsplatz *m*
fixed terms *(Admin)* Festkonditionen *fpl*
fixed working hours *(Pers)* starre Arbeitszeit *f*
fixtures *(Grund)* Grundstücksbestandteile *mpl*, unbewegliches Inventar *n*
fixtures and fittings 1. *(RW)* Anschlüsse *mpl* und unbewegliches Inventar *n*; 2. *(Gen)* Betriebs- und Geschäftseinrichtung *f*, Betriebs- und Geschäftsausstattung *f*
flagship site *(Gen)* Hauptgeschäftsbereich *m*, Kernbereich *m*
flagship store *(V&M)* Hauptgeschäft *n*
flat display monitor *(Comp)* Flachbildschirm *m (flat display screen)*
flat fee 1. *(Bank, Pat)* Pauschalgebühr *f*; 2. *(Fin)* Einheitstarif *m*, Grundgebühr *f*
flat market *(Börse)* lustloser Markt *m*
flat organization *(Mgt)* flache Organisation *f (lean organization)*
flat pay *(Admin)* Grundgehalt *n*
flat price *(Börse)* Erwerbskurs *m*
flat-rate *adj (Gen)* pauschal, Pauschal…
flat rate 1. *(V&M)* Einheitstarif *m*; 2. *(Steuer)* Proportionalsatz *m*
flat-rate fee *(Bank, Pat)* Pauschalgebühr *f*
flat rate of pay *(Pers)* Pauschalzahlung *f*
flat-rate payment *(Gen, Soz)* Pauschalzahlung *f*, Pauschalleistung *f*, Pauschalbetrag *m*
flat-rate tax *(Steuer)* Pauschalsteuer *f*
flatten *v (Stat)* abflachen *(curve)*
flawed *adj (Gen)* fehlerhaft
fledgling commercial field *(Gen)* junges

Geschäftsfeld *n*, junger Wirtschaftsbereich *m*
flexibility *(Gen)* Flexibilität *f*, Anpassungsfähigkeit *f*
flexible *adj (Gen)* flexibel, anpassungsfähig, beweglich
flexible accelerator *(WiWi)* flexibler Akzelerator *m*
flexible budget costs *(WiWi)* Sollkosten *pl*
flexible exchange rate *(WiWi)* flexibler Wechselkurs *m*
flexible working hours 1. *(Admin)* Gleitzeit *f*; 2. *(Pers)* flexible Arbeitszeit *f*, Gleitzeit *f*, gleitende Arbeitszeit *f*
flexitime *(BE) (Pers)* gleitende Arbeitszeit *f*, flexible Arbeitszeit *f*, Gleitzeit *f*
flextime *(AE) (Pers) s.* flexitime
flight 1. *(Gen)* Flucht *f*; 2. *(Frei, Transp)* Flug *m*
flight capital *(Fin, Gen)* Fluchtkapital *n*
flight of capital 1. *(WiWi)* Kapitalflucht *f*; 2. *(Fin)* Abwanderung *f* von Kapital
float *v (Fin)* auflegen, begeben
float *v* **an issue** *(Börse)* eine Anleihe auflegen
float *(Bank)* Float *m*, Inkassi *npl*, Wertstellungsgewinn *m*, Valutierungsgewinn *m*; Wechselgeld *n (change)*
floater 1. *(Bank)* zinsvariable Anleihe *f*, Generalpolice *f*, Pauschalversicherung *f*; 2. *(Börse)* zinsvariabler Schuldtitel *m*
floating *(Fin)* Floaten *n*, Floating *n (of currency)*; Wechselkursfreigabe *f*
floating assets *(RW)* Umlaufvermögen *n*
floating capital *(Fin, Mgt)* Betriebskapital *n*
floating debt *(Fin)* schwebende Schuld *f*, kurzfristige Verbindlichkeit *f*
floating exchange rate *(WiWi)* flexibler Wechselkurs *m*
floating interest rate *(Bank)* veränderlicher Zinssatz *m*
floating rate *(WiWi)* freier Wechselkurs *m (of exchange)*
floating-rate *adj (Fin)* variabel verzinslich
floating-rate deposit *(Börse)* zinsvariable Einlage *f (interest rate futures)*
floating-rate loan *(Bank)* zinsvariables Darlehen *n*, Anleihe *f* mit variablem Zinssatz
floating-rate note *(FRN)* 1. *(Fin)* Anleihe *f* mit variabler Verzinsung, Anleihe *f* mit variablem Kupon; 2. *(Börse)* Emission *f* mit variablem Zinssatz, variabel verzinsliche Emission *f (synonymous: floater; opposite: straight bond, fixed--interest loan = Festzinsanleihe)*
floating-rate regime *(WiWi)* System *n* flexibler Wechselkurse
floor 1. *(WiWi)* Talsohle *f*; unterer Interventionspunkt *m (exchange rate)*; 2. *(Börse, Fin)* Mindestpreis *m*; Parkett *n*, Börsenparkett *n (location of trading)*
floor price *(WiWi)* Mindestpreis *m*
floor rate *(Börse)* Mindestzinssatz *m*, Zinsuntergrenze *f*
floor return *(Börse)* Mindestertrag *m*, Mindestrendite *f*
flop *(Gen) (ugs.)* Flop *m*, *(ugs.)* Reinfall *m*, *(ugs.)* Pleite *f*
flotation *(Börse)* Begebung *f* eines Schuld- oder Beteiligungstitels
flow 1. *(RW)* Kapitalfluss *m (of funds)*; 2. *(Comp)* Fluss *m (of data)*; Ablauf *m (operations)*; 3. *(WiWi)* Stromgröße *f*, Strömungsgröße *f*, Flow-Größe *f*
flow analysis *(Bil, Stat, WiWi)* Stromgrößenanalyse *f*, Bewegungsanalyse *f*, Analyse *f* der Zu- und Abgänge *(cf stock analysis = Bestandsanalyse)*
flow chart *(Mgt)* Flussdiagramm *n*
flow of funds 1. *(RW)* Geldstrom *m*, Geldmittelbewegung *f (balance)*; 2. *(WiWi)* Kapitalstrom *m*; 3. *(Fin)* Kapitalfluss *m*
flow-of-funds table *(Fin)* Geldstromtabelle *f (national accounts)*
flow production *(Ind)* Bandproduktion *f*, Fließarbeit *f*, Fließbandarbeit *f*, Fließfertigung *f*
flowchart 1. *(Comp)* Flussdiagramm *n*; 2. *(Gen)* Ablaufdiagramm *n*
fluctuating currency *(WiWi)* frei schwankender Wechselkurs *m*
fluctuating exchange rate *(WiWi)* frei schwankender Wechselkurs *m*, freier Wechselkurs *m*
fluctuation 1. *(WiWi)* Schwankung *f*; 2. *(Gen)* Fluktuation *f*
fluctuation band *(WiWi)* Bandbreite *f*
fluctuations in employment *(Pers)* Beschäftigungsschwankungen *fpl*
fly-by-night worker *(Pers)* Schwarzarbeiter(in) *m(f)*

flyer *(Komm, Media, V&M)* Flugblatt *n* *(advertisement)*
focal point *(Gen)* Kernpunkt *m* *(of discussion)*
focus *v (Gen)* einstellen, fokussieren
focus *(Gen)* Mittelpunkt *m*, Brennpunkt *m*, Zentrum *n*
focus group *(Gen, V&M)* Zielgruppe *f* *(market research)*
follow *v* 1. *(Gen)* befolgen, folgen, folgen auf; 2. *(Pers, Mgt, Soz)* verfolgen *(course)*
follow *v* **through** 1. *(Gen)* *(ugs.)* durchziehen *(project, scheme)*; 2. *(Mgt)* bis zum Ende führen, zu Ende verfolgen
follow *v* **up** 1. *(Gen, Komm)* nachfassen; 2. *(Mgt)* weiteruntersuchen *(plans, suggestions, proposals)*
follow-up 1. *(Gen)* Überwachung *f*, Anschluss *m*, Folgeschritte *mpl*; 2. *(Stat)* nachfassende Untersuchung *f*, Nachfrageaktion *f*
follow-up letter 1. *(Komm)* Erinnerungsschreiben *n*, Nachfassbrief *m*; 2. *(Gen)* Nachfassbrief *m*; 3. *(V&M)* Erinnerungsbrief *m*, Folgebrief *m*
follow-up orders *(Gen)* Anschlussaufträge *mpl*
follow-up program *(AE)* *(Gen)* *s.* follow-up programme
follow-up programme *(BE)* *(Gen)* Anschlussprogramm *n*
foodstuffs *(Gen)* Lebensmittel *npl*, Nahrungsmittel *npl*
footloose industry *(Ind)* standortungebundene Industrie *f*
footnote disclosure *(RW)* gesonderter Ausweis *m* als Anmerkung zur Bilanz
Footsie *(BE)* *(Börse)* Aktienindex *m* der Financial Times
for-profits *pl (ugs.)* *(Soz, WiWi)* gewinnorientierte Einheiten *fpl*, erwerbswirtschaftlich tätige Einheiten *fpl*, erwerbswirtschaftlich ausgerichtete Unternehmen *npl* *(Gegensatz: Nonprofits = gemeinnützige, nicht erwerbswirtschaftlich tätige Einheiten, nicht erwerbswirtschaftlich ausgerichtete Unternehmen)*
force *v (Gen)* durchsetzen, zwingen
force *v* **down** *(WiWi)* drücken *(interest rates)*
force *(Gen)* Kraft *f*, Stärke *f* • **come into force** *(Recht)* in Kraft treten, wirksam werden *(regulations, legislation)* • **in force** *(Recht)* in Kraft *(regulations, legislation)*
force majeure *(Recht, Versich)* höhere Gewalt *f*
forced saving *(WiWi)* Zwangssparen *n*
forecast *v (Gen)* vorhersagen, vorhersehen
forecast 1. *(Gen)* Voraussage *f*, Vorhersage *f*, Prognose *f*; 2. *(Frei)* Vorschau *f*
foreclose *v (Fin)* kündigen
foreclose *v* **a mortgage** *(Recht)* aus einer Hypothek die Zwangsvollstreckung betreiben
foredate *v (Gen)* vordatieren
forefront/at the *(Ind)* bahnbrechend, im Vorfeld *(of research and development)*
forego *v* **a debt** *(Fin)* auf eine Schuld verzichten
foreign *adj (Gen)* ausländisch, Außen..., auswärtig *(trade)*
foreign corporation *(Recht)* ausländische Gesellschaft *f*
foreign currency *(Bank, WiWi, Fin, Recht)* Fremdwährung *f*
foreign currency balances *(Bank)* Devisen *fpl* und Sorten *fpl*
foreign currency conversion rate *(Bank, Gen)* Devisenumrechnungssatz *m*
foreign currency outflow *(WiWi)* Devisenabfluss *m*
foreign currency position *(WiWi)* Fremdwährungsposition *f* *(international trade)*
foreign currency unit *(WiWi)* ausländische Währungseinheit *f*
foreign demand *(WiWi)* Auslandsnachfrage *f*
foreign direct investment *(WiWi, Fin)* ausländische Direktinvestition *f*
foreign exchange *(Gen)* Devisen *fpl*
foreign exchange market 1. *(WiWi)* Devisenbörse *f*, Devisenmarkt *m*; 2. *(Börse)* Devisenmarkt *m*
foreign exchange rate *(WiWi)* Devisenkurs *m*, Wechselkurs *m*
foreign exchange reserves *(WiWi)* Währungsreserven *fpl*
foreign exchange restrictions *(WiWi)* Devisenbeschränkungen *fpl*

foreign exchange risk *(WiWi)* Währungsrisiko *n*
foreign labor *(AE) (Pers) s.* foreign labour
foreign labour *(BE) (Pers)* ausländische Arbeitnehmer *mpl*, ausländische Arbeitskräfte *fpl*
foreign lending 1. *(Bank, WiWi)* Auslandsfinanzierung *f (BOP)*; 2. *(Fin)* Auslandsfinanzierung *f*
foreign money order *(Bank)* internationale Geldanweisung *f*
foreign notes and coins *(Fin)* Sorten *fpl*
foreign-owned *(Bank, Gen, Transp)* in ausländischem Besitz
foreign participation *(Fin, Gen)* Auslandsbeteiligung *f*
foreign trade 1. *(WiWi)* Außenhandel *m*; 2. *(Imp/Exp)* Aktivhandel *m (carried on by domestic firms)*
foreign trade multiplier *(WiWi)* Außenhandelsmultiplikator *m*
foreign trade turnover *(Bank, WiWi)* Außenhandelsumsatz *m*
foreign worker *(WiWi, Pers)* Fremdarbeiter(in) *m(f)*, Gastarbeiter(in) *m(f)*, ausländischer Arbeitnehmer *m*, ausländische Arbeitnehmerin *f*
foreigner *(Gen)* Ausländer(in) *m(f)*
foreman *(Pers)* Meister *m*, Vorarbeiter(in) *m(f)*
foreseeable *adj (Gen)* vorraussagbar *(predictable)* • **in the foreseeable future** *(Gen)* in nächster Zukunft
foreseeable risk *(Börse)* vorhersehbares Risiko *n*
forex account *(Bank)* Devisenkonto *n*
forex position *(WiWi)* Devisenlage *f (BOP)*
forfaiting *(Fin)* Forfaitierung *f (method of international trade finance, Exportfinanzierung durch regresslosen Verkauf mittel- und langfristiger, meist wechselrechtlich besicherter Exportforderungen)*
forge *v (Gen)* fälschen
forgery 1. *(Gen)* Fälschung *f*, Verfälschung *f*; 2. *(Recht)* Herstellung *f* falschen Beweismaterials
form *v (Gen)* bilden *(committee, alliance)*; gründen *(company)*
form *v* **a partnership** *(Gen)* eine Gesellschaft gründen
form *v* **a quorum** *(Mgt)* beschlussfähig sein
form 1. *(Recht)* Ausgestaltungsform *f*; 2. *(Pat)* Form *f*, Gestalt *f*, Schema *n (of the abstract)*; Formblatt *n*, Formular *n*, Vordruck *m (printed)* • **in the form of** *(Gen)* in Form von
form requirement *(Recht)* Formvorschrift *f*
formal *adj (Gen)* formal, förmlich
formal agreement *(Gen)* formale Vereinbarung *f*
formal defect *(Recht)* Formfehler *m*
formal economy *(WiWi)* offizielle Wirtschaft *f*
formal notice *(Gen)* förmliche Mitteilung *f*, formelle Mitteilung *f*
formal receipt *(Gen)* formelle Empfangsbestätigung *f*
formal submission date *(Fin)* offizieller Einreichungstermin *m*
formal tax assessment note *(Steuer)* Steuerbescheid *m*
formation *(Gen, Recht)* Ursprung *f*, Entstehung *f*; Zustandekommen *n (Vertrag)*
formation of market prices *(V&M, WiWi)* Marktpreisbildung *f*
formless *adj (Gen)* formlos
formulate *v* 1. *(Gen)* formulieren; 2. *(Recht)* festlegen *(rules, guidelines, conditions)*; 3. *(Stat, WiWi)* modellieren
forthcoming *adj (Gen)* bevorstehend
fortnight *(Gen)* zwei Wochen *fpl*, vierzehn Tage *mpl*
forward *v* 1. *(Komm)* weiterleiten *(package, document)*; 2. *(Gen)* befördern; 3. *(Transp)* übersenden, transportieren *(shipping)* • **please forward** *(Komm)* bitte weiterleiten
forward buying *(Börse)* Kauf *m* auf Lieferung, Terminkauf *m*
forward commodity *(Börse)* Terminware *f*
forward contract *(Börse, Fin)* Terminkontrakt *m*
forward cover *(Börse)* Terminsicherung *f*
forward currency deal *(WiWi, Börse)* Devisentermingeschäft *n (international trade)*
forward exchange *(Bank, Börse)* Terminbörse *f*, Devisenterminmarkt *m*;

Devisentermingeschäft *n*, Devisenterminhandel *m*
forward exchange transaction *(Bank, Börse)* Devisentermingeschäft *n (synonymous: forward currency operation, forward exchange operation)*
forward indicator *(WiWi)* Frühindikator *m*
forward integration *(WiWi)* Vorwärtsintegration *f (mergers, Unternehmenszusammenschlüsse; synonymous: vertical forward integration = vertikale Vorwärtsintegration; Gegensatz: Rückwärtsintegration = backward integration)*
forward linkage *(WiWi)* absatzorientierte Verflechtung *f*
forward market *(Börse)* Terminmarkt *m*
forward operation *(Börse)* Termingeschäft *n*
forward rate *(Börse)* Terminkurs *m*
forward rate agreement *(Börse, Fin)* FRA, Zinsterminkontrakt *m*
forward-thinking *adj (Gen)* vorausdenkend
fossil energy *(Ind, Umwelt)* fossile Energieressourcen *fpl*, fossile Energie *f*
found *v (Gen)* gründen • **be founded on** *(Gen)* beruhen auf • **if found correct** *(Gen)* nach Richtigbefund
foundation *(WiWi)* Stiftung *f (charitable, educational)*
founder *v* 1. *(Gen)* fehlschlagen, scheitern *(project)*; in die Brüche gehen *(alliance)*; 2. *(Transp)* sinken, untergehen *(shipping)*
founder member *(Gen)* Gründungsmitglied *n*
founder of a company *(Gen)* Unternehmensgründer *m*, Betriebsgründer *m*
fountain pen *(Gen)* Füllfederhalter *m*
fraction *(Stat)* Bruch *m*, gebrochene Zahl *f (opposite: integer = ganze Zahl)*
fragmentation 1. *(Comp)* Fragmentierung *f (disk)*; 2. *(WiWi)* Aufteilung *f*, Fragmentierung *f*, Zersplitterung *f (of market)*
framework *(Fin, Gen)* Rahmen *m (institutional)*
framework agreement *(Gen, Recht)* Rahmenvereinbarung *f*
framework directive *f (Pol, Recht)* Rahmenrichtlinie *f (EU)*
franchise 1. *(Versich)* Franchise *f*; 2. *(V&M)* Franchise *n*, Franchising *n*, Alleinverkaufsrecht *n*
franchise agreement *(Recht)* Konzessionsvertrag *m*, Lizenzvertrag *m*
franchised *adj (Gen)* konzessioniert
franchised dealer *(BE) (Gen)* Vertragshändler(in) *m(f)*
franchisee 1. *(Gen)* Konzessionsinhaber(in) *m(f)*; 2. *(V&M)* Franchisenehmer(in) *m(f)*
franchising *(V&M)* Franchising *n*
franchisor *(Gen, V&M)* Franchisegeber(in) *m(f)*
fraud *(RW, Gen, Recht)* arglistige Täuschung *f*, Betrug *m*
fraud squad *(BE) (Gen)* Betrugsdezernat *n*
free *adj* 1. *(Comp)* frei; 2. *(Gen)* frei, gratis, kostenlos; 3. *(Imp/Exp, Transp)* frei • **there's no such thing as a free lunch** *(Gen)* alles Gute hat seinen Preis
free admission *(Frei)* kostenloser Eintritt *m*
free alongside ship *(Imp/Exp, Transp)* frei Längsseite Schiff *(FAS; Incoterms)*
free and open market *(WiWi)* Wettbewerbsmarkt *m*
free call *(Komm)* kostenfreier Anruf *m*, kostenloses Anrufen *n*
free enterprise economy *(WiWi)* freie Marktwirtschaft *f*
free float *(Börse)* Streubesitz *m* von Aktien
free-for-all *adj (Gen)* allgemein zugänglich
free market economy *(WiWi)* freie Marktwirtschaft *f*
free movement of capital *(WiWi)* freier Kapitalverkehr *m (EU)*
free movement of goods and services *(WiWi)* freier Waren- und Dienstleistungsverkehr *m (EU)*
free movement of labor *(AE) (WiWi, Recht) s.* free movement of labour
free movement of labour *(BE) (WiWi, Recht)* Freizügigkeit *f* der Arbeitnehmer *(EU)*
free of charge *(Gen, V&M)* gebührenfrei, kostenlos, zum Nulltarif, gratis, umsonst
free of charges *(Bank, Gen)* spesenfrei

free of income tax *(Steuer)* einkommenssteuerfrei
free reserves *(RW)* freie Rücklagen *fpl*
free rider *(Gen)* Trittbrettfahrer(in) *m(f)*, Schwarzfahrer(in) *m(f)*
free rider behavior *(AE)* s. free rider behaviour
free rider behaviour *(BE)* *(Gen, WiWi)* Free-Rider-Verhalten *n*, Trittbrettfahrer-Verhalten *n*, *(ugs.)* Trittbrettfahrerei *f*
free sample *(V&M)* kostenloses Muster *n*, Gratismuster *n*
free trade *(WiWi)* Freihandel *m*
free-trade area *(WiWi, Imp/Exp)* Freihandelszone *f*
freedom *(Recht)* Freiheit *f*
freedom of access *(Comp, Recht, WiWi)* Zugangsfreiheit *f (market, Internet)*
freedom of assembly *(Recht)* Versammlungsfreiheit *f*
freedom of association *(Pol)* Vereinigungsfreiheit *f*, Koalitionsfreiheit *f*
freedom of capital movements *(WiWi)* Freiheit *f* des Kapitalverkehrs *(EU)*
freedom of choice *(Gen, Pol)* Entscheidungsfreiheit *f*, Wahlfreiheit *f*
freedom of competition *(WiWi)* Wettbewerbsfreiheit *f*
freedom of contract *(Recht)* Vertragsfreiheit *f*
freedom of establishment *(WiWi, Gen, Pol)* Niederlassungsfreiheit *f (EU)*
freedom of expression *(Recht)* freie Meinungsäußerung *f*
freedom of movement 1. *(WiWi)* Freizügigkeit *f*; 2. *(Gen)* Bewegungsfreiheit *f (of workers, employees in EU)*
freedom of movement of persons *(WiWi)* Freizügigkeit *f* für Personen, Personenfreizügigkeit *f (EU)*
freedom of occupation *(Pers)* Berufsfreiheit *f (freedom to choose a career)*
freehold 1. *(Admin)* Grundeigentum *n*; 2. *(Grund)* freies Grundeigentum *n*
freelance *v (Pers, WiWi)* als freier Mitarbeiter arbeiten, freiberuflich arbeiten, *(ugs.)* als Freiberufler arbeiten
freelance *adj (Pers, WiWi)* freiberuflich arbeitend
freelance *(Pers)* Freiberufler(in) *m(f)*
freelance contract *(Pers)* Honorarvertrag *m*
freelance work *(Pers)* freiberufliche Arbeit *f*, freiberufliche Tätigkeit *f*
freelance worker 1. *(Pers)* Freiberufler(in) *m(f)*, freier Mitarbeiter *m*, freie Mitarbeiterin *f*, Freischaffende(r) *f(m)*; 2. *(Recht, V&M)* freier Mitarbeiter *m*, freie Mitarbeiterin *f*
freelance writer *(Media)* freiberuflicher Journalist *m*, freiberufliche Journalistin *f*
freeze *v* 1. *(Fin)* einfrieren, sperren *(account, prices)*; 2. *(Steuer)* einfrieren
freeze *v* **out** *(Fin)* auskaufen, verdrängen *(minority shareholders)*
freight *(Transp)* Fracht *f*, Frachtkosten *pl*, Frachtgeld *n (charges for goods)*; Fracht *f*, Güter *npl*, Waren *fpl (goods)*
freight futures contract *(Börse, Fin)* Vertrag *m* über Frachttermingeschäfte, Frachtterminkontrakt *m*
freight futures market *(Börse)* Frachtterminmarkt *m*
frequency distribution *(Stat)* Häufigkeitsverteilung *f*
Frequently Asked Questions *(Comp, Komm)* FAQs, häufig gestellte Fragen *fpl*
fresh money *(Fin, Gen)* zusätzliche Mittel *npl*, frisches Geld *n*, zusätzliche Kredite *mpl*
fresh water *(Umwelt)* Frischwasser *n*, Süßwasser *n*
freshman *(AE)* *(Bil)* Student(in) *m(f)* im ersten Studienjahr
frictional unemployment *(WiWi)* friktionelle Arbeitslosigkeit *f*
friendly society *(BE)* *(Fin)* Bausparkasse *f*, Versicherungsverein *m* auf Gegenseitigkeit, VVaG
fringe benefit 1. *(Gen)* Nebenleistung *f (salary)*; Lohnnebenleistung *f*; 2. *(Pers)* Lohnzusatzleistung *f*
fringe market *(Börse)* Nebenmarkt *m*, Zusatzmarkt *m*, Randmarkt *m*
fringe meeting *(Gen)* Unterredung am Rand des Geschehens
front desk *(Gen)* Rezeption *f*
front-end costs *(WiWi)* hohe Anfangskosten *pl*, Anlaufkosten *pl*, Vorabkosten *pl (international trade)*
front-end financing *(Fin)* Zusatzfinanzierung *f*

front-end load *(Börse)* hohe Anfangskosten *pl*
front-end money *(Fin)* hoher Vorschuss *m*
front money *(Fin)* Anfangskapital *n*
front office *(Bank, Fin, Gen)* Front Office *n*, Abteilung *f* mit Kundenkontakt
front runner *(Gen)* Spitzenreiter *m*
frontier worker *(Pers)* Grenzarbeitnehmer(in) *m(f)*, Grenzgänger(in) *m(f)*
frontman *(Börse, Fin, Gen)* Strohmann *m*
frozen account *(Bank)* eingefrorenes Konto *n*, gesperrtes Konto *n*
frozen credits *(Fin)* eingefrorene Kredite *mpl*
fruition/come to *(Gen)* sich verwirklichen
fruitless *adj (Gen)* sinnlos, fruchtlos
frustrate *v (Recht)* vereiteln
frustration *(Recht)* Vereitelung *f*
frustration of contract *(Recht)* Wegfall *m* der Geschäftsgrundlage
fuel *v* 1. *(WiWi)* anheizen, steigern *(inflation)*; 2. *(Gen)* antreiben *(inflation)*
fuel oil tax *(Pol, Steuer, Umwelt)* Mineralölsteuer *f*
fulcrum *(Gen)* Drehpunkt *m*, Angelpunkt *m*
fulfil *v (BE) (Gen)* erfüllen *(commitments)*; nachkommen *(obligations)*
fulfil *v* **the expectations** *(BE) (Gen)* den Anforderungen entsprechen, die Erwartungen erfüllen
fulfill *v (AE) (Gen) s.* fulfil
fulfill *v* **the expectations** *(AE) (Gen) s.* fulfil the expectations
fulfillment of contract *(AE) (Recht) s.* fulfilment of contract
fulfilment of contract *(BE) (Recht)* Vertragserfüllung *f (contract law)*
full *adj (Gen)* ganz, umfassend, vollständig, voll • **be in full swing** *(Pol)* in vollem Gange sein, voll im Gang sein • **in full** *(Gen)* vollständig • **in full knowledge of the facts** *(Recht)* in voller Kenntnis der Sachlage • **in full settlement** *(RW)* zum vollen Ausgleich
full absorption costing *(RW)* Vollkostenrechnung *f (full absorption cost accounting; Umlegung aller Kosten auf die Kostenträger = units of output)*
full amount *(Gen)* ungekürzte Summe *f*
full-cost basis *(RW)* Vollkostenbasis *f*
full-cost pricing *(WiWi)* Vollkostenkalkulation *f*
full costing 1. *(RW)* Vollkostenkalkulation *f*, Vollkostenprinzip *n*; 2. *(Fin)* Vollkostenrechnung *f*
full disclosure *(Recht)* vollständige Offenlegung *f*
full employment *(WiWi)* Vollbeschäftigung *f*
full-employment budget *(WiWi, Pol)* Vollbeschäftigungsbudget *n*
full-employment objective *(WiWi)* Vollbeschäftigungsziel *n*
full exemption *(Steuer)* vollständige Freistellung *f*
full liability *(Gen)* volle Haftung *f*
full particulars *(Gen)* sämtliche Einzelheiten *fpl*
full protection *(Pat)* Vollschutz *m*
full text search *(Comp, Komm)* Volltextsuche *f*
full-time *adj (Pers)* ganztägig, Vollzeit…
full-time employment *(Pers)* Ganztagsbeschäftigung *f*, Vollzeitbeschäftigung *f*
full-time job *(Pers)* Ganztagsbeschäftigung *f*, Vollzeitbeschäftigung *f*, Ganztagsarbeit *f*
full-time work *(Pers)* Ganztagsbeschäftigung *f*, Vollzeitbeschäftigung *f*, Ganztagsarbeit *f*
full-time worker *(Pers)* Vollzeitarbeitskraft *f*, Vollzeitarbeitnehmer(in) *m(f)*
full-year *adj (Gen, Mgt)* ganzjährig *(all-year)*
fully comprehensive insurance *(Versich)* Vollkaskoversicherungspolice *f*
fully diluted earnings per share *(Börse, Fin)* vollverwässertes Ergebnis *n* je Aktie
fully funded *adj (Gen)* vollfinanziert
fully paid *adj (Gen)* vollbezahlt
fully-paid share *(Börse)* volleingezahlte Aktie *f*
function 1. *(Comp, Gen)* Funktion *f*; 2. *(Frei)* Feierlichkeit *f*; 3. *(Stat)* Abbildung *f*, Funktion *f*
functional *adj (Gen)* funktional
functional accounting *(RW)* entscheidungsorientierte Kostenrechnung *f*
functional analysis *(Gen)* Funktionsanalyse *f*

functional area *(WiWi)* Unternehmens(funktions)bereich *m*
functional depreciation *(Grund)* wirtschaftliche Abschreibung *f*
functional income distribution *(WiWi)* funktionelle Einkommensverteilung *f*
functional management *(Mgt)* Mehrliniensystem *n*, Funktionsmeistersystem *n*
functional obsolescence *(V&M)* funktionale Veralterung *f*
functional organization 1. *(Gen)* funktionale Organisation *f*; 2. *(Mgt)* funktionsbezogene Organisation *f*
fund *v (Fin)* finanzieren, refinanzieren, konsolidieren, umschulden
fund *v* **a loan** *(Bank)* eine Anleihe finanzieren, eine Anleihe konsolidieren
fund *(Fin)* Fonds *m*
fund appropriation *(WiWi, Fin, Mgt)* Mittelverteilung *f*, Mittelzuteilung *f*
fund-raising *(Fin)* Geldbeschaffung *f*, Kapitalbeschaffung *f*, Mittelbeschaffung *f*
fundamental *adj (Gen)* fundamental
fundamental analysis *(Fin)* fundamentale Aktienanalyse *f*, Fundamentalanalyse *f (financial statements, investments)*
fundamental data *(Bank)* Grundeinstellungen *fpl*
fundamental equilibrium *(WiWi)* fundamentales Gleichgewicht *n*
fundamental research *(Ind)* Grundlagenforschung *f*
funded *adj (Fin, WiWi)* fundiert
funded debt 1. *(RW)* langfristige Verpflichtung *f*; 2. *(Fin)* fundierte Schuld *f*, konsolidierte Kredite *mpl*, langfristige Verbindlichkeit *f*, Staatsanleihe *f*
funded pension scheme *(Pers, Soz)* kapitalgedeckte Altersvorsorge *f*, kapitalgedecktes System *n* der Altersvorsorge
funding *(Fin)* Finanzierung *f*; Refinanzierung *f*, Anlage *f* in Staatspapieren, Bildung *f* von Rückstellungen
funding scheme *(Fin)* Finanzierungsprogramm *n*
funding source *(Fin)* Refinanzierungsquelle *f*
funds 1. *(Bank)* Geldmittel *npl*; 2. *(Fin)* Kapital *n* • **no funds** *(Bank)* keine Deckung
funds abroad *(Bank)* Auslandsguthaben *npl*
funds flow 1. *(RW)* Geldstrom *m*, Kapitalfluss *m*, Geldmittelbewegung *f*; 2. *(WiWi)* Geldstrom *m*, Geldmittelbewegung *f*
funds statement *(RW)* Bewegungsbilanz *f*, Kapitalflussrechnung *f*
fungibility 1. *(Börse)* Marktgängigkeit *f*; 2. *(Recht)* Fungibilität *f*
fungible *adj* 1. *(Gen)* vertretbar; 2. *(Recht)* fungibel
fungible assets *(Fin)* fungible Vermögenswerte *mpl*
fungible item *(Recht)* Gattungssache *f (sales contract)*
fungibles *(WiWi)* fungible Waren *fpl*, vertretbare Sachen *fpl*, Fungibilien *pl*
furnish *v* **a certificate** *(Admin)* eine Bescheinigung beibringen
furniture and fittings *(Gen, RW)* Betriebs- und Geschäftsausstattung *f*, Betriebs- und Geschäftseinrichtung *f*
further education *(Pers, Soz)* Fortbildung *f*, Weiterbildung *f*
further information *(Gen)* weitere Informationen *fpl*
further to *(Gen)* in Bezug auf, im Anschluss an
fuse *v* 1. *(WiWi)* fusionieren; 2. *(Fin)* fusionieren, verschmelzen; 3. *(Börse)* fusionieren
fusion *(Börse, Fin)* Fusion *f*, Verschmelzung *f*
future *adj (Gen)* zukünftig • **at some future date** *(Gen)* zu einem zukünftigen Termin
future *(Gen)* Zukunft *f* • **at some time in the future** *(Gen)* irgendwann in der Zukunft • **in future** *(Gen)* zukünftig
future commodity *(Börse)* Terminware *f*
future delivery *(Gen)* Terminlieferung *f*
future exchange transaction *(Bank, Börse)* Devisentermingeschäft *n (synonymous: forward currency operation, forward exchange operation)*
future order *(Gen)* Terminorder *f*
future prospects *(Gen)* Zukunftsaussichten *fpl*
future rate agreement *(Börse, Fin)* Zinsterminkontrakt *m*

future trends *(Gen)* Zukunftstrends *mpl*
futures *(Börse, Fin)* Termingeschäfte *npl*, Terminkontrakte *mpl*, Terminwaren *fpl*
futures contract *(Börse, Fin)* Terminkontrakt *m*
futures expiration date *(AE) (Börse)* Verfallsdatum *n* des Termingeschäftes
futures liquidation rate *(Börse)* Veräußerungskurs *m* des Termingeschäftes
futures market *(Börse)* Terminmarkt *m*
futures price *(Börse)* Terminkontraktpreis *m*
futures trading *(Börse)* Terminkontrakthandel *m*
FY *s.* fiscal year
FYI *(Abk. für for your information) (Gen)* z.Kts., zur Kenntnisnahme *f*, zu Ihrer Kenntnisnahme *f*, zur Information *f*

G

G7 *s.* Group of Seven
GAAP *s.* Generally Accepted Accounting Principles
GAAS *s.* Generally Accepted Auditing Standards
gain *v* 1. *(Börse)* gewinnen; 2. *(Gen)* erlangen, verdienen, erhalten
gain *v* **a toehold** *(Gen, V&M)* Fuß fassen
gain *v* **a toehold in the market** *(V&M)* auf dem Markt Fuß fassen
gain *v* **entry to** *(Gen)* sich Zugang verschaffen zu
gain *v* **momentum** *(Gen)* Schwungkraft gewinnen *(trend)*
gain *v* **value** *(Börse)* an Wert gewinnen
gain 1. *(WiWi)* Wechselkursgewinne *mpl (on foreign exchange transactions)*; 2. *(Börse)* Kursgewinn *m*, Wertzuwachs *m (on position values)*
gain on disposal *(RW, Steuer)* Veräußerungsgewinn *m*
gainful activity *(Pers)* Erwerbstätigkeit *f*
gainful intent *(Steuer)* Gewinnabsicht *f*
gains and losses *(AE) (WiWi)* Gewinne und Verluste *mpl*
gains from exchange *(WiWi)* Außenhandelsgewinne *mpl*, Tauschgewinne *mpl*
gains from trade *(WiWi)* Außenhandelsgewinne *mpl*, Tauschgewinne *mpl*
galloping inflation *(WiWi)* galoppierende Inflation *f*
game theory *(Mgt, WiWi)* Spieltheorie *f*
gap *(Fin, Gen)* Lücke *f*
garbage 1. *(Comp)* Datenmüll *m*, unbrauchbare Daten *f*; 2. *(Gen, Umwelt)* Abfall *m*, Müll *m*
gateway 1. *(Comp)* Gateway *m*, Netzübergang *m*, Netzübergangsrechner *m (wide-area networks)*; 2. *(Transp)* Gateway *m (aviation)*
gather *v (Gen)* gewinnen *(intelligence)*
gathering *(Gen)* Versammlung *f*
GATT *s.* General Agreement on Tariffs and Trade
gauge *v (Gen)* abmessen
gauge *(Gen)* Eichmaß *n*, Messgerät *n*; Umfang *m (trends)*
gazette *(Recht)* Veröffentlichungsblatt *n (e. g. Federal Law Gazette = Bundesgesetzblatt)*
GCC *s.* German Chamber of Commerce
GDP *s.* gross domestic product
GDP per capita *(WiWi)* BIP *n* pro Kopf der Bevölkerung
GDP per head *(WiWi)* BIP *n* pro Kopf der Bevölkerung
gear *v* **to** *(Gen)* anpassen an
gear *v* **towards** *(Gen)* ausrichten auf
gearing *(Fin, WiWi)* Verschuldungsgrad *m (Quotient aus Fremdkapital und Eigenkapital)*; Fremdkapitalaufnahme *f*; Leverage-Effekt *m*, Hebelwirkung *f*, Hebelwirkung der Finanzstruktur, Hebelwirkung der Kapitalstruktur, Hebelwirkung der Fremdkapitalaufnahme, Hebelwirkung des Fremdkapitals, Hebelwirkung des Verschuldungsgrades, Fremdkapital-Leverage *n(f) (synonymous: financial leverage; positive/negative Wirkung der Variation des Verschuldungsgrades -debt-equity ratio- auf die Eigenkapitalrentabilität -equity return-, solange die Gesamtkapitalrentabilität -return on total investment- größer/kleiner als der Fremdkapitalzins -interest on borrowed capital- ist)*
gearing ratio *(BE) (Fin)* Verschuldungsgrad *m*
gender discrimination *(Recht)* geschlechtsbezogene Diskriminierung *f*
gender equality *(Pers, Pol, Soz)* (Chancen-)Gleichheit *f* der Ge-

schlechter, Gleichberechtigung *f* der Geschlechter

gender mainstreaming *(Pol, Recht)* Grundsatz *m* der kontinuierlichen Beachtung des Geschlechteraspekts

gender pay gap *(Pers)* Verdienstabstand *n* zwischen den Geschlechtern, Lohnabstand *m* zwischen den Geschlechtern, Lohndifferenz *f* zwischen den Geschlechtern

gender-specific wage gap *(Pers)* geschlechtsspezifische Lohnlücke *f*

gender wage gap *(Pers)* Verdienstabstand *n* zwischen den Geschlechtern, Lohnabstand *m* zwischen den Geschlechtern, Lohndifferenz *f* zwischen den Geschlechtern

general *adj (Gen)* allgemein

general acceptance *(Bank)* uneingeschränktes Akzept *n*

general accountant *(Pers, RW)* Finanzbuchhalter *m*

general accounting *(RW)* allgemeines Rechnungswesen *n*

General Accounting Office *(AE) (RW)* Bundesrechnungshof *m*

General Agreement on Tariffs and Trade *(Pol, WiWi) (obs.)* Allgemeines Zoll- und Handelsabkommen *n*

general authorization *(Gen)* Generalvollmacht *f*

general basis of assessment *(Steuer)* allgemeine Bemessungsgrundlage *f*

general consumption tax *(Steuer)* allgemeine Verbrauchssteuer *f*

general contractor *(Gen)* Generalunternehmer(in) *m(f)*

general cost *(RW)* Gemeinkosten *pl*

general creditor *(RW)* nicht bevorrechtigte(r) Gläubiger(in) *m(f)*

general delivery *(Komm)* postlagernd *(poste restante)*

general economic framework *(Mgt, WiWi)* Rahmenbedingungen *fpl*

general entrepreneurial risk *(RW)* allgemeines Unternehmerwagnis *n*; unternehmerisches Risiko *n*, Unternehmerrisiko *n*

general equilibrium analysis *(WiWi)* Theorie *f* des allgemeinen Gleichgewichts *(theoretical model)*

general executive *(Mgt)* Generaldirektor(in) *m(f)*

General Executive Manager *(Pers)* Generaldirektor(in) *m(f)*

general expenses *(RW)* Gemeinkosten *pl*, Verwaltungsgemeinkosten *pl*

general fund *(Fin, RW)* nicht zweckgebundene Haushaltsmittel *npl*

general government expenditure *(BE) (WiWi)* öffentliche Ausgaben *fpl*

general holiday *(Pers)* Betriebsferien *pl*, Betriebsurlaub *m*

general interest tendency *(WiWi)* Zinsgrundtendenz *f*

general journal *(RW)* Sammelbuch *n*, Sammeljournal *n*

general ledger *(Fin, RW)* Hauptbuch *n*

general liability insurance *(Versich)* allgemeine Haftpflichtversicherung *f*, Betriebshaftpflichtversicherung *f*

general lien *(Grund)* allgemeines Zurückbehaltungsrecht *n*

general management *(Mgt)* allgemeine Verwaltung *f (administration)*; Gesamtgeschäftsführung *f (managers)*

general market equilibrium *(WiWi)* allgemeines Marktgleichgewicht *n*

general meeting of members *(Recht)* Gesellschafterversammlung *f (GmbH)*

general meeting of shareholders *(Börse)* Hauptversammlung *f* der Aktionäre

general mortgage *(Bank)* Gesamthypothek *f*, Pfandrecht *n* am Gesamtvermögen

general operating costs *(RW)* allgemeine Betriebskosten *pl*

general partner *(Gen, Recht)* Komplementär *m*, Vollhafter *m*, persönlich haftender Gesellschafter *m*, persönlich haftender Partner *m (synonymous: full partner, unlimited partner; opposite: limited partner = special partner = Teilhafter = Kommanditist)*

general partnership *(Gen, Recht)* (allgemeine) Personengesellschaft *f (Gesellschaft, die nicht auf Einzelzweck beschränkt ist; opposite: limited partnership, Kommanditgesellschaft)*

general public *(Gen, Recht)* Allgemeinheit *f*

general-purpose *adj (Gen)* Mehrzweck...

general sales tax *(Steuer)* allgemeine Umsatzsteuer *f*

general setting *(Gen)* Rahmenbedingungen *fpl*
general statement *(Gen, RW)* Gesamtbilanz *f*, allgemeiner Ausweis *m (accounts)*
general strike *(Pers)* Generalstreik *m*
general supply contract *(Recht, V&M)* Rahmenliefervertrag *m*
general terms and conditions *(Gen, Recht)* allgemeine Geschäftsbedingungen *fpl*, AGB
general terms and conditions of delivery *(Gen)* allgemeine Lieferbedingungen *fpl*
generalist *(Pers)* Generalist *m (person)*
generalized least squares *(Stat, WiWi)* Methode *f* der kleinsten Quadrate
Generally Accepted Accounting Principles *npl (AE) (RW)* allgemein anerkannte Rechnungslegungsgrundsätze *mpl*, *(in Germany)* Grundsätze *mpl* ordnungsgemäßer Buchführung
Generally Accepted Auditing Standards *(AE) (RW)* allgemein anerkannte Buchprüfungsnormen *fpl*
generally binding *adj (Recht)* allgemein verbindlich
generate *v* 1. *(WiWi)* erwirtschaften *(income)*; 2. *(Gen)* hervorbringen *(ideas)*; erzeugen, generieren *(waste, power, profit)*
generate *v* **a profit** *(Gen)* Gewinn erwirtschaften
generation *(Gen)* Erzeugung *f*, Generation *f (power, profits)*; Original *n*, Vervielfältigung *f*, Generierung *f (broadcast)*
generic *adj (Gen, Pat)* nicht geschützt, markenlos gattungsbedingt
generic brand *(V&M)* Gattungsname *m*
generic job titles *(Pers)* generische Bezeichnungen *fpl* für Arbeitsplätze
generic market *(V&M)* Markt *m* für namenlose Produkte
generic products *(V&M)* markenlose Produkte *npl*
generic term *(Gen)* Gattungsname *m*; Oberbegriff *m (generic name)*
genetic *adj (Gen)* genetisch
genetic engineering *(Gen)* Gentechnik *f*
gentleman's agreement *(Recht)* Absprache *f* unter Ehrenmännern, Gentleman's Agreement *n*
geographical concept *(Stat, WiWi)* Inländerkonzept *n*, Wohnortkonzept *n (VGR)*
geographical trade structure *(WiWi)* geografische Handelsstruktur *f*
geometric mean *(Stat)* geometrischer Mittelwert *m*, geometrisches Mittel *n*
geometric progression *(Stat)* geometrische Folge *f*
German Chamber of Commerce *(Gen)* Deutsche Handelskammer *f*
German Chamber of Industry and Commerce *(Gen)* Deutsche Industrie- und Handelskammer *f*
German Futures Exchange *(Börse)* Deutsche Terminbörse *f*
German Telecommunications Act *(Comp, Komm)* Telekommunikationsgesetz *n*, TKG *(Germany)*
gestation period *(WiWi)* Ausreifungszeit *f (of capital)*
get *v (Gen)* anschaffen
get *v* **a boost** *(WiWi)* Auftrieb erhalten, Auftrieb bekommen
get *v* **a toe in the market** *(Gen)* auf dem Markt Fuß fassen
get *v* **down to work** *(Gen)* sich an die Arbeit machen
get *v* **good value for one's money** *(Gen, V&M)* etw. für sein Geld bekommen, reell bedient werden
get *v* **into debt** *(Gen)* Schulden machen; in Schulden geraten
get *v* **more than one bargains for** *(Gen)* sein blaues Wunder erleben
get *v* **one's cards** *(BE) (Gen)* gekündigt werden
get *v* **results** *(Gen, Pers)* Ergebnisse erzielen
get *v* **rid of** *(Gen)* loswerden
get *v* **sb back into employment [work]** *(Pers, Soz)* jmdn. wieder in Beschäftigung bringen
get *v* **the better of** *(Gen)* übervorteilen
get *v* **the figures wrong** *(Gen)* falsche Zahlen ermitteln
get *v* **the pink slip** *(Gen) (AE)* gekündigt werden
get *v* **the sack** *(Pers)* gekündigt werden, *(ugs.)* rausgeschmissen werden
Giffen paradox *(WiWi)* Giffen-Paradoxon *n*

gift *(Recht)* Schenkung *f* von Todes wegen
gift deed *(Recht)* Schenkungsurkunde *f*
gift in contemplation of death *(Steuer)* Schenkung *f* von Todes wegen
gift inter vivos *(Recht)* Schenkung *f* unter Lebenden
gift tax *(Steuer)* Schenkungsteuer *f*
gift voucher *(Gen)* Geschenkgutschein *m*
gilt *(BE) (Bank, Börse, Fin)* Staatspapier *n*, mündelsicheres Wertpapier *n*
gilt-edged market makers *(Börse)* Staatspapiermarktmacher *mpl*
gilt-edged securities *(Bank, Börse, Fin)* Staatspapiere *npl*, Staatstitel *mpl*
gilt-edged stock *(Börse)* mündelsicheres Wertpapier *n*, Staatsanleihepapiere *npl*
gist 1. *(Gen)* das Wesentliche *n*, Hauptinhalt *m (of conversation)*; 2. *(Pat)* Kern *m*
give *v (Gen)* geben; nachgeben *(material)* • **at a given time** *(Gen)* zu einer angegebenen Zeit, zu einer bestimmten Zeit • **given the circumstances** *(Gen)* unter den gegebenen Umständen
give *v* **a boost to the economy** *(Pol, WiWi)* der Wirtschaft Auftrieb geben, der Wirtschaft Schwung geben
give *v* **a guarantee** *(Gen)* garantieren
give *v* **a lecture** *(Bil)* Vorlesung halten, Vortrag halten
give *v* **a loose interpretation of sth** *(Gen)* etw. weit interpretieren
give *v* **a ruling in favor of sb** *(AE) (Gen) s.* give a ruling in favour of sb
give *v* **a ruling in favour of sb** *(BE) (Gen)* eine Entscheidung zugunsten von jmdm. fällen
give *v* **administrative assistance** *(Recht)* Amtshilfe leisten, Amtshilfe geben *(synonymous: give official assistance)*
give *v* **an expert opinion on** *(Gen)* begutachten
give *v* **away** *(V&M)* verschenken, weggeben
give *v* **due notice to sb** *(Pers)* jmdn. fristgerecht kündigen, jmdn. ordnungsgemäß kündigen
give *v* **evidence** *(Recht)* vor Gericht aussagen
give *v* **evidence as a witness** *(Recht)* als Zeuge aussagen
give *v* **evidence on behalf of** *(Recht)* Zeugnis ablegen für
give *v* **evidence on oath** *(Recht)* unter Eid aussagen
give *v* **evidence under oath** *(Recht)* unter Eid aussagen
give *v* **in** *(Gen)* aufgeben, nachgeben; einreichen *(document)*
give *v* **in one's notice** *(Pers)* kündigen
give *v* **media coverage** *(Media)* in den Medien berichten
give *v* **notice** *(Pers)* kündigen *(employee or employer)*
give *v* **notice of** *(Gen)* benachrichtigen
give *v* **notice of default** *(Recht)* in Verzug setzen
give *v* **notice of sth** *(Recht)* etw. zur Kenntnis bringen, Kenntnis von etw. geben
give *v* **official assistance** *(Recht)* Amtshilfe leisten, Amtshilfe geben *(synonymous: give administrative assistance)*
give *v* **sb a power of attorney** *(Recht)* jmdm. eine Vollmacht erteilen
give *v* **sb access to** *(Gen)* jmdm. Zutritt erteilen zu
give *v* **sb his cards** *(BE) (Gen)* jmdn. an die Luft setzen, jmdn. entlassen
give *v* **sb his notice** *(Pers)* jmdm. kündigen
give *v* **sb the right to do sth** *(Gen)* jmdm. das Recht erteilen, etw. zu tun
give *v* **sb the sack** *(Pers) (ugs.)* jmdn. rausschmeißen
give *v* **the debtor a notice of default** *(Recht)* den Schuldner in Verzug setzen
give *v* **up** 1. *(Recht)* überlassen; verzichten auf *(claim)*; 2. *(Gen)* aufgeben, nachgeben
giver *(Börse)* Reportnehmer *m*
giver for a call *(Börse)* Erwerber *m* einer Kaufoption
giver for a put *(Börse)* Verkäufer *m* einer Rückprämie
gliding shift *(Pers)* Gleitschicht *f*
global *adj (Gen)* global *(comprehensive)*; weltumspannend *(worldwide)*
global balance *(Umwelt)* globales Gleichgewicht *n*

global custody *(Fin)* Globaldepot *n*, globale Aufbewahrung *f*
global market *(WiWi)* Weltmarkt *m*
global marketing *(V&M)* weltweites Marketing *n*
global sourcing *(Gen)* weltweiter Einkauf *m*, globales Beschaffungsmarketing *n*, Beschaffung *f* rund um den Globus
global valuation adjustment *(Fin, RW)* Pauschalwertberichtigung *f*
globalization *(Gen)* Globalisierung *f*
globally *adv (Gen)* weltumspannend, weltweit *(worldwide)*
gloom *(Börse, WiWi)* Pessimismus *m*
glut 1. *(WiWi)* Schwemme *f*, Überangebot *n*; 2. *(Gen)* Überangebot *n*; Schwemme *f (economy, market)* • **a glut of** *(Gen)* ein Überangebot an
glut of money *(Gen)* Geldschwemme *f*
glut on the market *(Gen, V&M)* Marktschaffung *f*, Marktschwemme *f*
GNI *(Abk. für Gross National Income) (WiWi)* Bruttonationaleinkommen *n*, BNE *n*
GNP *s.* gross national product
go *v* **a bull** *(Börse)* auf Hausse spekulieren
go *v* **bankrupt** *(ugs.)* 1. *(Fin)* in Konkurs gehen, *(ugs.)* Konkurs machen, *(ugs.)* Bankrott machen *(synonymous: go to the wall)*; *(ugs.)* den Bach hinuntergehen *(synonymous: go downhill; UK: firms become insolvent)*; insolvent werden, zahlungsunfähig werden; 2. *(Gen) (ugs.)* Bankrott gehen, *(ugs.)* Pleite gehen, *(ugs.)* Pleite machen; in das Verbraucher-Insolvenzverfahren gehen *(households or individuals only)*
go *v* **broke** *(ugs.) (Gen)* Bankrott gehen, *(ugs.)* Pleite machen
go *v* **bust** *(ugs.) (Fin)* in Konkurs gehen, *(ugs.)* Konkurs machen, *(ugs.)* Bankrott machen *(synonymous: go to the wall)*; *(ugs.)* den Bach hinuntergehen *(synonymous: go downhill)*
go *v* **down** *(Gen)* sinken, fallen *(prices)*
go *v* **down in value** *(Börse)* im Wert sinken
go *v* **downhill** *(Gen) (ugs.)* den Bach hinuntergehen
go *v* **halves with sb** *(Gen)* etw. mit jmdm. zu gleichen Teilen teilen
go *v* **into receivership** *(Recht)* die Zwangsverwaltung veranlassen
go *v* **long** *(Bank)* Wertpapiere kaufen
go *v* **on strike against** *(Ind, Pers)* bestreiken *(industrial relations)*
go *v* **on vacation** *(Frei, Gen, Pers)* Ferien machen, in Urlaub gehen
go *v* **out of business** *(Gen)* die Geschäftstätigkeit einstellen
go *v* **out on strike** *(Pers)* in den Streik treten
go *v* **private** 1. *(Versich)* sich privat versichern *(health insurance)*; 2. *(Börse, Fin)* Aktien (vom Publikum) zurückkaufen; Börsenzulassung aufgeben, Börsennotierung aufgeben, sich von der Börse zurückziehen
go *v* **public** *(Fin)* an die Börse gehen, in eine Publikumsgesellschaft umwandeln
go *v* **to court** *(Recht)* prozessieren
go *v* **to press** *(Media)* in Druck gehen *(print)*
go *v* **to work** *(Pers)* zur [auf] Arbeit gehen
go *v* **toes up** *(ugs.) (Gen)* Bankrott gehen, Bankrott machen
go *v* **under** *(Gen)* untergehen *(company)*
go *v* **up** *(Gen)* steigen *(prices)*
go-between *(Gen)* Vermittler(in) *m(f)*
go-go fund *(Fin)* Investmentfonds, der raschen Wertzuwachs anstrebt
go-slow *(BE) (Pers, WiWi)* Bummelstreik *m*, Dienst *m* nach Vorschrift *(workers)*
goal *(Mgt)* Ziel *n*, Zweck *m*
goal-directed *adj (Mgt, WiWi)* zielgerichtet
goal-setting 1. *(Gen)* Zielsetzung *f*; 2. *(Mgt)* Zielbildung *f*, Zielsetzung *f*
goal variable *(Pol)* Zielvariable *f*
going business *(WiWi)* erfolgreiches Unternehmen *n*
going concern *(Gen)* arbeitendes Unternehmen *n*, aktiver Betrieb *m*, erfolgreiches Unternehmen *n*
going-concern concept *(RW)* Grundsatz *m* der Unternehmensfortführung
going-concern principle *(RW)* Grundsatz *m* der Unternehmensfortführung
going-concern value *(RW)* Teilwert *m*, Unternehmenswert *m*
going long *(Börse)* Erwerb *m* von Options- oder Terminkontrakten; Haussespekulation *f*
going price *(Börse)* Tageskurs *m*

going rate 1. *(Admin, Fin)* Marktpreis *m*; 2. *(Gen, Pers)* herrschender Lohnsatz *m*
going short *(Börse)* Baissespekulation *f*, Leerverkauf *m*
going wage *(Pers)* ortsüblicher Lohn *m*, ortsübliche Entlohnung *f*
gold *(Börse)* Gold *n*
gold bullion standard *(WiWi)* Goldkernwährung *f*
gold cover *(WiWi)* Golddeckung *f*
gold currency *(Bank)* Goldumlauf *m*, Goldwährung *f*
gold exchange standard *(WiWi)* Golddevisenwährung *f*
gold export point *(Fin, Imp/Exp, WiWi)* Goldausfuhrpunkt *m*, oberer Goldpunkt *m*
gold import point *(Fin, Imp/Exp, WiWi)* Goldeinfuhrpunkt *m*, unterer Goldpunkt *m*
gold market *(WiWi)* Goldmarkt *m*
gold reserves *(WiWi)* Goldreserven *fpl*
gold rush *(Gen)* Goldrausch *m*
gold standard *(WiWi)* Goldstandard *m*
golden age path *(WiWi)* Golden-Age--Wachstumspfad *m*
golden bank rule *(Bank, Fin)* goldene Bankregel *f (fordert Fristenkongruenz = identical maturities = matching maturities im Aktiv- und Passivgeschäft, also bei der Kapitalbindungs- und –überlassungsfrist; synonymous: golden rule of banking)*
golden handcuffs *(Mgt, Pers) (ugs.)* goldene Handschellen *fpl*
golden handshake *(Pers)* hohe Abfindung *f*
golden share *(Börse, Mgt)* Golden Share *f*, Goldene Aktie *f (government veto power in corporations)*
good *adj* 1. *(Bank)* sicher *(debt)*; 2. *(Fin, WiWi)* sicher; 3. *(Gen)* gut
good commercial practice *(Gen)* nach guter kaufmännischer Sitte, nach Kaufmannssitte, nach guter Kaufmannssitte
good fair average *(Gen)* gute Durchschnittsqualität *f*, mittlere Qualität *f*
good faith 1. *(Versich)* Redlichkeit *f*; 2. *(Recht)* auf Treu und Glauben • **in good faith** *(Gen)* in gutem Glauben
good governance 1. *(Gen)* verantwortliches Führungshandeln *n*; 2. *(WiWi)* Ordnungspolitik *f (Germany)*; verantwortliches Handeln *n* in der Führung von Unternehmen und Verwaltungen; 3. *(Pol)* gute Regierungsführung *f*, verantwortungsvolles staatliches Handeln *n*, verantwortliches Regierungshandeln *n*, überzeugende politische Führung *f*, demokratische und transparente Regierungsführung *f*; Staatskunst *f*; Ordnungspolitik *f (Germany)*
good risk *(Bank, Versich)* gutes Risiko *n*
good title 1. *(Recht)* rechtsgültiger Anspruch *m (transactions)*; 2. *(Grund)* gültiger Rechtsanspruch *m*, gültiger Rechtstitel *m*
good track record *(Gen)* nachweislicher Erfolg *m*
good value *(Gen)* günstig
good value for money *(Gen)* gutes Preis--Leistungs-Verhältnis *n*, preisgünstig; guter Gegenwert *m* (für sein Geld)
goods *(BE)* 1. *(WiWi)* Waren *fpl*, Wa.; 2. *(Pat)* Artikel *mpl*, Art.; 3. *(Transp)* Güter *npl*, Fracht *f*
goods and services *(WiWi)* Waren und Dienstleistungen *fpl*
goods on approval *(Gen)* Ware *f* zur Ansicht
goods on hand *(Gen)* Lagerbestand *m*
goods-producing sector *(Ind, WiWi)* güterproduzierender Sektor *m*, güterproduzierender Wirtschaftssektor *m*; Sekundärsektor *m*, sekundärer Sektor *m* der Volkswirtschaft *(secondary sector)*
goodwill *(Fin, RW)* Geschäftswert *m*, Firmenwert *m*, Goodwill *m*, Fassonwert *m*, Unternehmensmehrwert *m (difference between the separable net assets and the total value of a business; geschäftswertbildende Faktoren: effiziente Entscheidungs- und Produktionsverfahren, Managementqualität, Mitarbeiterqualifikation, Kundenstamm usw.; nur der erworbene = derivative Goodwill darf handelsrechtlich -und muss steuerrechtlich- als immaterielles Wirtschaftsgut aktiviert werden; IFRS/IAS-Geschäftswertabschreibung nur auf der "außerordentlichen" Basis eines Wertminderungstests = impairment test)*
goodwill amortization *(RW)* Firmen-

wert-Abschreibung *f*, Goodwill-Abschreibung *f*

goodwill on consolidation *(RW)* Konzerngoodwill *m*

govern *v (Recht)* regeln

governance 1. *(Mgt)* Governance *f*, Kontrolle *f*, Leitung *f*, verantwortliches Handeln *n*; Entscheidungsstrukturen *fpl (in der Führung von Unternehmen und Behörden)*; 2. *(Gen)* Herrschaft *f*, Gewalt *f*, Kontrolle *f*, Leitung *f*; 3. *(Pol)* Regieren *n*, modernes Regieren *n*, Governance *f*, Staatsführung *f*, Regierungsgewalt *f*; Regierungsform *f*

governing body *(Mgt)* Entscheidungsgremium *n*, Verwaltungsrat *m*

Governing Council of the ECB *(ECB Governing Council) (Bank, WiWi)* EZB--Rat *m*, Rat *m* der Europäischen Zentralbank *(main decision-making body of the ECB, responsible for the monetary policy within the Euro-area; cf ECB General Council = Erweiterter Rat der EZB)*

Governing principle *(Gen)* Leitsatz *m*

government *(Gen, Pol)* Regierung *f*, Reg.

government accounting *(RW)* kameralistische Buchführung *f*, Verwaltungsbuchführung *f (principles and procedures)*

government agency *(Admin)* Behörde *f*

government annuity *(Fin)* Rentenpapier *n*, Staatsanleihe *f*

government assistance *(Pol, Soz)* staatliche Unterstützung *f*, staatliche Beihilfe *f*, staatliche Hilfe

government-backed *adj (Fin)* staatlich unterstützt

government benefit *(Soz)* Beihilfe *f*

government bond *(WiWi)* Staatsanleihe *f*

government budget *(WiWi)* Staatshaushalt *m*, öffentlicher Haushalt *m*

government contract 1. *(Gen)* Staatsauftrag *m*; 2. *(Recht)* öffentlicher Auftrag *m*, Staatsauftrag *m*

government-controlled corporation *(Admin, Fin, Gen, WiWi)* staatliches Unternehmen *n*

government debt-to-GDP ratio *(Bank, Pol, WiWi)* Schuldenquote *f (Stabilitätskriterium des EU-Stabilitätspakts)*

government department *(Admin, Pol)* Ministerium *n*, Ressort *n*

government employee *(Pers)* Beschäftigte(r) *f(m)* im öffentlichen Dienst, öffentlich Bedienstete(r) *f(m)*

government expenditure *(Fin, WiWi)* Ausgaben *fpl* der öffentlichen Hand, öffentliche Ausgaben *fpl*, Staatsausgaben *fpl*

government-financed *adj (Fin)* staatlich finanziert

government funds *(Admin)* öffentliche Mittel *npl*

government grant 1. *(WiWi)* staatliche Zuweisung *f*; 2. *(Fin)* Staatszuschuss *m*, staatliche Subvention *f*

government intervention *(Admin, Pol, WiWi)* Regierungseingriff *m*, staatliche Intervention *f*; Vermittlung *f (mediation)*; staatlicher Eingriff *m (public order)*

government loan *(Fin)* Regierungsanleihe *f*, Staatsanleihe *f*

government-owned *adj (Gen)* staatseigen *(company)*

government procurement *(WiWi)* öffentliches Vergabewesen *n*, Beschaffungswesen *f*

government-regulated *adj (Pol)* staatlich gelenkt

government relations *(Pol)* zwischenstaatliche Beziehungen *fpl*

government report *(Gen)* Regierungsbericht *m*

government revenue *(WiWi)* öffentliche Einnahme *f*, öffentliche Einnahmen *fpl*

government securities *(WiWi)* öffentliche Anleihen *fpl*, Wertpapiere *npl* der öffentlichen Hand

government-sponsored *adj (Fin)* staatlich gefördert *(project)*

government stock *(Börse)* Staatsanleihe *f*

government subsidy *(Fin)* Staatszuschuss *m*, Subvention *f*

government-to-government *adj (Gen)* zwischenstaatlich

government transfer payment *(WiWi)* staatliche Transferzahlung *f*

governmental *adj (Gen)* staatlich, staatl.

governmental level *(Pol)* staatliche Ebene *f*, Hoheitsebene *f*

governments *(AE) (WiWi)* Staatsobligationen *fpl*, *(ugs.)* Öffentliche *pl*

Governors of the national central

banks *(Bank)* Präsidenten *mpl* der Zentralbanken *(ECB)*
grace days *(RW)* Gnadenfrist *f*, Nachfrist *f*
grace period 1. *(RW)* Nachfrist *f*, Respektfrist *f*; 2. *(Fin)* tilgungsfreie Zeit *f*
grade *v (Gen)* sortieren; einteilen *(calibrate)*; einstufen *(classify)*
grade 1. *(Gen)* Sorte *f*; 2. *(Pers)* Lohngruppe *f (of pay scale)*
graded by size *(Gen)* nach Größe geordnet *(produce)*
grading back *(Pers)* Rückstufung *f*
gradual *adj (Gen)* graduell, sukzessiv, schrittweise
graduate *v (Bil)* Hochschulausbildung abschließen, *(AE)* Ausbildungsgang abschließen, *(AE)* Schulabschlussprüfung bestehen
graduate *v* **from high school** *(AE) (Bil)* Schulabschlussprüfung bestehen
graduate in business administration *(Pers)* (graduierter) Betriebswirt *m*, (graduierte) Betriebswirtin *f*
graduate recruitment *(Pers)* Einstellung *f* von Hochschulabsolventen, Rekrutierung *f* von Hochschulabsolventen
graduate student *(AE) (Bil) Student(in) mit Abschluss des ersten akademischen Grades, z. B. nach dem Bachelor*
graduate unemployment *(Pers)* Akademikerarbeitslosigkeit *f*
graduated interest *(Fin)* Staffelzinsen *fpl*
graduated payment mortgage *(Bank)* Hypothek *f* mit gestaffelten, aber steigenden Tilgungsleistungen
graft *(Pol)* Bestechungsgeld *n*, Schmiergeld *n*
grammar school *(Pers)* Gymnasium *n*, Oberschule *f*
grand coalition *(Pol)* Große Koalition *f*
grand jury *(AE) (Recht)* Anklagejury *f*
grand larceny *(AE) (Recht)* schwerer Diebstahl *m*
grand total *(Gen)* Gesamtsumme *f*
grandfather clause *(AE) (Pol)* Besitzstandsklausel *f*
grandfather rights *(AE) (Recht, Transp, WiWi)* Großvaterrechte *npl*, angestammte Rechte *npl*, überkommene Rechte *npl (von Bedeutung bei der Zuteilung knapper Start- und Landerechte –allocation of slots- im Luftverkehr)*
grandfathering *(AE) (Pol, WiWi)* Bestandsschutz *m*, Vertrauensschutz *m*
grant *v* 1. *(Fin)* bewilligen, erteilen, gewähren *(credit)*; 2. *(Gen)* gewähren *(concessions)*; 3. *(Pat)* bewilligen, erteilen *(licence)*; stattgeben *(to request, suggestion, wish)*
grant *v* **a delay** *(Recht)* Aufschub gewähren *(contract)*
grant *v* **a loan** *(Bank)* ein Darlehen geben
grant *v* **administrative relief** *(Steuer)* staatliche Ansprüche erlassen
grant *v* **an allowance** *(Soz)* Zuschuss gewähren, Zuschuss bewilligen
grant *v* **credit** *(Bank)* Kredit *m* gewähren
grant *v* **extended credit** *(Fin)* einen erweiterten Kredit gewähren
grant *v* **respite** *(Recht)* Aufschub gewähren
grant *v* **sb a power of attorney** *(Recht)* jmdm. eine Vollmacht erteilen
grant 1. *(Admin)* Beihilfe *f*, Zuschuss *m*, Stipendium *n (to student)*; 2. *(WiWi)* Zuschuss *m*; 3. *(Fin)* Kapitalzuschuss *m*, Subvention *f*; 4. *(Recht)* Bewilligung *f (agreement)*; Erteilung *f (loan)*; Übertragung *f (property conveyance)*; Zuschuss *m (subsidy)*
granted *adj* 1. *(Fin)* bewilligt, erteilt; 2. *(Gen)* zugestanden; 3. *(Pat)* erteilt, bewilligt
granting of a patent *(Pat, Recht)* Patenterteilung *f*
granting of credit *(Bank)* Kreditgewährung *f*
granting of licence *(BE) (Recht)* Lizenzvergabe *f*
granting of license *(AE) (Recht) s.* granting of licence
grantor *(Recht)* Veräußerer *m (property)*; Übertragende(r) *f(m)*
grants economics *(WiWi)* Übertragungswirtschaft *f*
grants expenditures *(Fin)* Ausgaben *fpl* für Kapitalzuschüsse, Ausgaben *fpl* für Subventionen
grassroots *(Pol)* Basis *f (support)*
grassroots business *(Gen)* Kerngeschäft *n*
gratuitous *adj (Gen)* kostenlos *(loan)*
gratuity *(Gen)* Geldzuweisung *f*

grease *v* **sb's palm** *(Gen)* jmdn. bestechen, *(ugs.)* jmdn. schmieren
green *adj (Umwelt)* grün, umweltbewusst, Umwelt…
green belt *(Umwelt)* Grüngürtel *m*
green light *(Gen)* grünes Licht *n (authorization)*
green product *(Umwelt)* umweltfreundliches Produkt *n*
green tax *(WiWi)* Ökosteuer *f*
green taxes *(Pol, Steuer)* Umweltsteuern *fpl*, Umweltbesteuerung *f (levied to discourage behaviour that might be environmentally harmful; umweltpolitisch motivierte Eingriffe in Produktions- und Konsumprozesse, häufig verbunden mit sachfremden fiskalischen und/oder distributiven Zielen)*
green technology *(Umwelt)* umweltfreundliche Technologie *f*
greenback *(AE) (WiWi)* Dollarschein *m*
greenfield *adj (Umwelt)* ländlich und unerschlossen
greenfield investment *(Gen)* Gewerbeansiedlung *f* auf der grünen Wiese
greenfield site company *(BE) (Pers)* Unternehmen *n* auf der grünen Wiese
greening *(jarg.) (Umwelt)* zunehmende ökologische Orientierung *f (of public opinion)*
greenshoe (option) *(Bank, Fin)* Zeichnungsreserve *f*, Mehrzuteilungsoption *f*, Greenshoe-Reserve *f*, Platzierungsreserve *f*, Greenshoe-Option *f (offered by a company raising the capital for the issue of further shares to cover a short position generated by over-allocation; Zeichnungsreserve bei Neuemissionen zur Vermeidung von Repartierungen bei Überzeichnung)*
grid structure 1. *(Fin)* Gitterstruktur *f*; 2. *(Gen, Mgt)* Matrixstruktur *f*
grievance *(Pers)* Beschwerde *f*
grievance arbitration *(Pers)* Schlichtung *f* von Auseinandersetzungen
gross *adj (Gen)* gesamt, brutto; Gesamt…, Brutto…, Roh… *(in compounds, e. g. gross wage = Bruttolohn, gross yield = Rohgewinn)*
gross *(Stat) (obs.)* Gros *n (12 dozen)*
gross amount *(RW)* Bruttobetrag *m*, Gesamtbetrag *m*
gross billing *(AE) (V&M)* Bruttofakturierung *f*
gross book value *(RW)* Bruttobuchwert *m*, Buchwert *m* vor Abschreibungen
gross capital formation *(Bank, WiWi)* Bruttokapitalbildung *f*
gross cash flow *(Fin)* Bruttocashflow *m*, Cashflow *m* vor Steuern
gross circulation *(V&M)* Bruttoauflagenhöhe *f*
gross cross-border transactions *(Bank)* Brutto-Auslandstransaktionen *fpl (BOP)*
gross debt *(Fin)* Gesamtschulden *fpl*
gross dividend *(Fin, RW)* Bruttodividende *f*
gross domestic product *(WiWi)* Bruttoinlandsprodukt *n*, BIP
gross earnings *(Pers)* Bruttoeinkommen *n*, Bruttoverdienst *m*, Bruttoerlös *m*
gross fault *(Recht)* grobes Verschulden *n*
gross fixed capital formation *(RW)* Bruttoanlageinvestitionen *fpl*
gross income *(RW)* Bruttoeinkommen *n*
gross investment *(RW)* Bruttoinvestitionen *fpl*
gross lease *(Grund)* Bruttomiete *f*, Bruttopacht *f*
gross margin 1. *(RW)* Bruttogewinn *m*, Bruttospanne *f*; 2. *(Fin, WiWi)* Bruttohandelsspanne *f*, Bruttomarge *f*
Gross National Debt *(AE) (WiWi)* Staatsschuld *f*
gross national expenditure *(WiWi)* staatliche Bruttoausgaben *fpl*
Gross National Income *(GNI) (Stat, WiWi)* Bruttonationaleinkommen *n*, BNE *n (bis 1999: Bruttosozialprodukt = BSP, Änderung gem. ESVG 95; cf Gross Domestic Product, GDP = BIP = Bruttoinlandsprodukt; cf ESA 95 = ESVG 95)*
gross national product *(WiWi)* Bruttosozialprodukt *n*, BSP
gross operating profit 1. *(RW)* operatives Ergebnis *n*, operatives Bruttoergebnis *n*; 2. *(Bil, WiWi)* Betriebsergebnis I *n* (des BAB)
gross operating revenue *(RW)* betrieblicher Bruttoertrag *m*
gross pay *(Pers)* Bruttolohn *m*
gross profit *(Fin, WiWi)* Bruttogewinn *m*,

Rohgewinn *m*; (Brutto-)Gewinnmarge *f*, (Brutto-)Gewinnspanne *f (a ratio)*
gross profit margin *(RW)* Betriebshandelsspanne *f*, Bruttogewinnspanne *f*, Rohgewinn *m*
gross profit ratio *(RW)* Bruttogewinnverhältnis *n*
gross redemption yield *(Börse, Fin)* Bruttoertrag *m* bis zur Rückzahlung, Rückzahlungsertrag *m* vor Steuern *(redemption yield before tax)*
gross retail price *(V&M)* Bruttoeinzelhandelspreis *m*
gross return *(Admin)* Bruttorendite *f*
gross salary *(Pers)* Bruttogehalt *n*
gross sales *(RW)* Bruttoerlös *m*, Bruttoumsatz *m*
gross sales revenue *(RW)* Bruttoumsatzerlöse *mpl*
gross spread *(Börse, Fin)* Bruttospanne *f*
gross state product *(WiWi)* Bruttoinlandsprodukt *n* eines US-Bundesstaates
gross trading profit *(RW)* Bruttowarengewinn *m*
gross turnover *(RW)* Bruttoumsatz *m*
gross wage *(Pers)* Bruttolohn *m*
gross weight *(Gen)* Bruttogewicht *n*
groundless *adj (Gen)* unbegründet
grounds *(Pat)* Begründung *f (for opposition, for revocation)* • **on grounds of expediency** *(Gen)* aus Zweckmäßigkeitsgründen • **on the grounds of ill health** *(Pers)* aus Gesundheitsgründen *(retirement or leave)*
grounds for dismissal *(Pers)* Entlassungsgrund *m*, Kündigungsgrund *m*
group *v (Gen)* gruppieren
group 1. *(RW)* Gruppe *f*, Unternehmensgruppe *f*; 2. *(Gen)* Konzern *m* • **across the group** *(Gen)* konzernweit, im ganzen Konzern *(in the whole group)*
group accounting *(Mgt, RW)* Konzernrechnungslegung *f*
group accounts *(RW)* konsolidierter Abschluss *m*, Konzernabschluss *m*
group audit(ing) *(Mgt, RW)* Konzernrevision *f*
group company *(Gen)* Konzerngesellschaft *f*, Konzernunternehmen *n (Unternehmen unter einheitlicher Leitung eines herrschenden Unternehmens)*
Group Executive Board *(Pers)* Konzerndirektion *f*
group financial statements *(RW)* konsolidierter Abschluss *m*, Konzernabschluss *m*
group incentive scheme *(Pers)* Anreizsystem *n* auf Gruppenebene, Gruppenanreizsystem *n*
group of affiliated companies *(Gen)* Unternehmens(beteiligungs)gruppe *f*
group of companies *(Gen)* Unternehmensgruppe *f*, Gruppe *f*, Konzern *m*
Group of Seven *(WiWi)* Siebener-Gruppe *f*, G7 *(international trade)*
group profit *(RW)* Konzerngewinn *m*
group result *(RW)* Konzernergebnis *n*, konsolidiertes Ergebnis *n*
group sales *(Fin)* Konzernumsatz *m*
group supervisory board *(Mgt, Recht)* Gesamtaufsichtsrat *m*, Konzernaufsichtsrat *m*
group working *(Pers)* Gruppenarbeit *f*, Gruppenarbeitssystem *n*
grouping *(Gen)* Gruppierung *f*, Vereinigung *f (of companies)*; Eingruppierung *f (classification)*
grow *v (Gen, WiWi)* wachsen *(funds, business)*
growth 1. *(Bank, WiWi)* Wachstum *n*; 2. *(Gen)* Wachstum *n*, Zuwachs *m*
growth in value *(Börse)* Wertzuwachs *m*
growth industry 1. *(WiWi)* Wachstumsbranche *f*; 2. *(Ind)* Wachstumsindustrie *f*
growth path *(Gen)* Wachstumspfad *m*
growth perspectives *(Gen, WiWi)* Wachstumsaussichten *fpl*
growth policy *(WiWi)* Wachstumspolitik *f*
growth prospects *(Gen, WiWi)* Wachstumsaussichten *fpl*
growth rate 1. *(Comp, WiWi)* Wachstumsrate *f*; 2. *(Börse)* Wachstumsrate *f*, Zuwachsrate *f*
growth stock *(Börse)* Wachstumsaktie *f*, Wuchsaktie *f*
growth strategy *(Gen, WiWi)* Wachstumsstrategie *f*
growth theory of the firm *(WiWi)* Wachstumstheorie *f* des Unternehmens
guarantee *v* 1. *(Gen, Recht)* garantieren, Garantie leisten; 2. *(Fin)* avalieren *(bill of exchange, Wechselaval)*

guarantee 1. *(Gen, Recht)* Garantie *f*, Bürgschaft *f*; Bürgschaftsnehmer *m* *(promise made by a third party, the guarantor – Garantiegeber - that he will be liable if one of the parties to a contract fails to fulfil their contractual obligations)*; 2. *(Bank, Fin)* Aval *n* *(Bankbürgschaft)* • **under guarantee** *(Gen)* unter Garantie *f* • **give a guarantee** *(Gen)* garantieren

guarantee letter *(Börse)* Garantieschreiben *n*

guarantee liability *(RW)* Verbindlichkeiten aus Garantien, Bürgschaften und Avalen, Bürgschaftsverpflichtung *f*, Garantieverpflichtung *f*

guaranteed *adj (Gen)* garantiert

guaranteed bill of exchange *(Börse)* avalierter Wechsel *m*

guaranteed facility *(Fin)* garantierter Kredit *m*

guaranteed income *(Fin)* garantiertes Einkommen *n*, Mindesteinkommen *n*

guaranteed letter of credit *(Bank)* avaliertes Akkreditiv *n*

guaranteed minimum wage *(Pers)* Garantielohn *m*, garantierter Mindestlohn *m*

guaranteed wage *(Pers)* Garantielohn *m*

guarantor *(Gen)* Garant *m*, Garantiegeber *m*, Bürge *m*

guarantor of a bill *(Fin)* Wechselbürge *m*, Wechselbürgin *f*

guaranty *v (Gen)* garantieren *(to undertake obligation)*

guaranty 1. *(Bank)* Bürgschaft *f (debt)*; 2. *(Gen)* Garantie *f*, Gewährleistung *f*, Sicherheit *f (to undertake obligation)*

guardian of the Community Treaties *(Pol)* Hüterin *f* des Gemeinschaftsrechts *(the European Commission)*

guardianship *(Soz)* Vormundschaft *f*

guesstimate *(Gen) (ugs.)* Daumenschätzung *f*, grobe Schätzung *f*

guestworker *(Pers, WiWi)* Gastarbeiter(in) *m(f)*, Fremdarbeiter(in) *m(f)*

guidance *(Gen)* Führung *f*

Guidance Officer *(BE) (Pers)* Berufsberater(in) *m(f)*, Arbeitsberater(in) *m(f)*

guided tour of a firm *(Bil, Gen, V&M)* Betriebsbesichtigung *f*

guideline *(Gen)* Leitlinie *f*, Richtlinie *f*

guiding principle *(Gen)* Grundprinzip *n*

guilty *adj (Recht)* schuldig • **be guilty of gross negligence** *(Recht)* grob fahrlässig handeln

gut feeling *(V&M)* instinktives Gefühl *n*

gutter press *(Media)* Boulevardpresse *f*, Regenbogenpresse *f*, Skandalpresse *f*

H

half-time employment *(Pers)* Halbtagsbeschäftigung *f*, Teilzeitbeschäftigung *f*, Teilzeitarbeit *f*

half-time job *(Pers)* Halbtagsstelle *f*, Halbtagsarbeit *f*

hand *v* **in** *(Gen)* einreichen *(document)*

hand *v* **in one's notice** *(Pers)* kündigen

hand *v* **in one's resignation** *(Pers)* sein Rücktrittsgesuch einreichen

hand-out *(V&M)* Broschüre *f*, Werbeprospekt *m*

handheld *(Comp, Komm, Media, V&M)* Handheld-Gerät *n*, Handgerät *n*, Handheld *m*

handicap *(Soz)* Nachteil *m*, Behinderung *f*

handicapped (person) *(Soz)* Behinderte(r) *f(m)*

handle *v (Gen)* abwickeln, bearbeiten, sich befassen mit

handling 1. *(Gen)* Abwicklung *f*, Bearbeitung *f*; 2. *(Transp)* Handling *n*, Umschlag *m (of goods)*

handling charge *(Gen, V&M)* Bearbeitungsgebühr *f*

handling costs *(Bank)* Bearbeitungskosten *pl*

handover *(Gen)* Übergabe *f*

hands-on experience *(Pers)* praktische Erfahrung *f*

hands-on training *(Pers)* praktische Ausbildung *f*

handset *(Komm)* Mobilfunkgerät *n (mobile phones)*

handsfree car kit *(Komm, Transp)* Freisprecheinrichtung *f (mobile phones)*

handyman *(Pers)* Handwerker *m*

hard *adj (Gen)* hart *(data, facts)*; schwer, schwierig *(difficult)*

hard bargaining *(Gen)* unnachgiebiges Verhandeln *n*

hard cash *(WiWi)* Hartgeld *n*, Metallgeld *n*

hard copy *(Comp)* Ausdruck *m*

hard-core inflation *(WiWi)* Inflationssockel *m*, Preissteigerungssockel *m*
hard core of inflation *(WiWi)* Inflationssockel *m*, Preissteigerungssockel *m*
hard-core unemployed *(WiWi)* schwer oder nicht vermittelbare Personen *fpl*
hard currency *(Pol, WiWi)* harte Währung *f*, konvertierbare Währung *f*
hard goods *(Gen)* langlebige Wirtschaftsgüter *npl*
hard landing *(WiWi) (ugs.)* harte Landung *f*, Rezession *f*
hard money 1. *(WiWi)* Münzgeld *n (coins)*; harte Währung *f*, Hartgeld *n (currency)*; 2. *(Gen)* Bargeld *n (non-credit)*
hard selling *(V&M)* energische Verkaufstechnik *f*
hard skills *(Pers) (ugs.)* harte Fähigkeiten *(wie z. B. fundierte, nachprüfbare Fachkenntnisse oder Ausbildung)*
hard-to-place unemployed *(Pers)* schwer vermittelbare Arbeitslose *pl*
hardcopy invoice *(V&M)* Papierrechnung *f*
hardship clause *(Recht)* Härteklausel *f*
harmful effect *(Recht)* schädliche Auswirkung *f*
harmonization *(Gen)* Angleichung *f*, Harmonisierung *f*
Harmonized Index of Consumer Prices *(HICP) (Stat, WiWi)* harmonisierter Verbraucherpreisindex *m (HVPI)*
harmonized regime *(Pol, Recht)* harmonisierte Regelung *f (EU)*
harsh competition *(WiWi)* harter Konkurrenzkampf *m*, harter Wettbewerb *m*
haulage *(Transp)* Beförderung *f*, Transport *m*, Rollgeld *n (freight charges)*
haulage company *(Transp)* Fuhrunternehmen *n*, Fuhrunternehmer *m*, Transportunternehmen *n*
haulage contractor *(Transp)* Fernspediteur *m*, Rollfuhrunternehmen *n*, Transportunternehmen *n*
hauler *(AE)* s. haulier
haulier *(BE)* 1. *(Imp/Exp)* Spediteur *m*; 2. *(Transp)* Fuhrunternehmer *m*, Spediteur *m*, Transportunternehmer *m*, Rollfuhrunternehmen *n*, Fuhrunternehmen *n*
haven *(Fin, Gen, Steuer)* Oase *f*, Zufluchtsort *m (tax)*
hazard *(Gen)* Gefahr *f*, Risiko *n*
hazardous *adj (Gen)* gefährlich
hazardous waste *(Umwelt)* Sondermüll *m*
head *v (Recht)* leiten *(inquiry)*
head 1. *(Gen)* Chef(in) *m(f) (of department)*; 2. *(Ind)* Stück *n (livestock)*; 3. *(Media)* Schlagzeile *f (of newspaper)*; Kopf *m (of document)* • **per head** *(Gen)* pro Kopf
head of directorate *(Mgt, Pers)* Abteilungsleiter(in) *m(f)*
head of finance *(Fin, Mgt)* Leiter *m* Finanzen, Finanzleiter *m*; *(ugs.)* Finanzchef *m*
Head of Government *(Pol, Recht)* Regierungschef *m*, Regierungschefin *f*
head of household *(Steuer)* Haushaltsvorstand *m*
Head of State *(Pol, Recht)* Staatschef *m*, Staatschefin *f*, Staatsoberhaupt *n*
head office *(Gen)* Hauptsitz *m*, Hauptverwaltung *f*, HV, Hauptgeschäftssitz *m*, Stammhaus *n*
headhunter *(Pers)* Abwerber(in) *m(f)*, Kopfjäger(in) *m(f)*
headhunting *(Pers)* Abwerbung *f*
heading 1. *(RW)* Überschrift *f (of balance sheet)*; 2. *(Media)* Rubrik *f*, Titel *m*
heading into surplus *(WiWi)* Aktivierung *f (balance of payments)*
headline inflation *(WiWi)* maßgebliche Inflationsrate *f*, statistisch ausgewiesene Inflationsrate *f*
headquarters 1. *(Bank, Gen, Pers)* Hauptbüro *n*, Hauptsitz *m*, Hauptverwaltung *f*, HV; 2. *(Mgt)* Hauptverwaltung *f*, HV, Zentrale *f*
health *(Gen)* Gesundheit *f*
health benefits *(Soz, Versich)* Kassenleistungen *fpl*, Krankenversicherungsleistungen *fpl*
health economics *(WiWi)* Gesundheitsökonomik *f*
health hazard *(Soz)* Gesundheitsrisiko *n*
health insurance *(Pers, Soz, Versich)* Gesundheitsversicherung *f*, Krankenversicherung *f*
health insurance cover *(Soz)* Krankenversicherungsschutz *m*
health record *(Soz)* Anamnese *f*, Krankengeschichte *f*
health risk *(Soz)* Gesundheitsgefährdung *f*, Gesundheitsrisiko *n*

health sector *(WiWi)* Gesundheitswesen *n*
health system *(Soz)* Gesundheitswesen *n*, Gesundheitssystem *n*
healthy *adj (Gen)* gesund *(competition)*
hear *v (Recht)* anhören, verhandeln *(case)*
hearing *(Recht)* Anhörung *f*
heavily in debt *(Bank, RW, WiWi)* überschuldet
heavily mortgaged *(Bank, RW, WiWi)* hochbelastet, überschuldet
heavily traded *(Börse)* lebhaft gehandelt
heavy *adj (Börse)* gedrückt *(market)*
heavy demand *(WiWi)* starke Nachfrage *f*
heavy duties *(Steuer)* hohe Steuern *fpl*
heavy industry *(Ind)* Schwerindustrie *f*
heavy mortgaging *(Bank, RW, WiWi)* hohe Belastung *f*, Überschuldung *f*
hedge *v* **an exchange rate** *(Stock)* einen Devisenkurs (ab)sichern *(mit Futures oder Optionen am Terminmarkt, z. B. durch ein Devisentermingeschäft = forward exchange transaction = forward currency operation)*
hedge 1. *(Gen)* Absicherung *f*; 2. *(Stock)* Hedgegeschäft *n*, Hedginggeschäft *n*, Sicherungsgeschäft *n (e. g. hedging assets against price risks, currency risks or interest risks, z. B. Sicherung gegen Kurs-, Währungs- oder Zinsrisiken)*
hedge against inflation *(Versich)* Absicherung *f* gegen Inflation
hedge fund *(Fin)* Hedgefonds *m (a high-risk, highly leveraged fund, operating without any or very little regulation or transparency in its investment policy, hochspekulativer Investmentfonds)*
hedge period *(Börse)* Sicherungszeitraum *m*
hedge trading *(Börse)* Sicherungshandel *m*
hedged asset *(RW)* abgesichertes Vermögen *n*
hedged liability *(RW)* abgesicherte Verbindlichkeit *f*
hedging *(Börse, Fin)* Risikoabsicherung *f*, Hedging *n (protecting assets against price risks, currency risks or interest risks, Absicherung von Vermögenspositionen gegen Kurs-, Währungs- oder Zinsrisiken)*
hedging operation 1. *(Fin)* Sicherungsoperation *f*; 2. *(Börse)* Kurssicherungsgeschäft *n*
hedging strategy *(Börse)* Sicherungsstrategie *f*
heir *(Recht)* Erbe *m*
heiress *(Recht)* Erbin *f*
heirs and assigns *(Recht)* Rechtsnachfolger *mpl (deeds and wills)*
help supply service *(Pers)* Zeitarbeitsfirma *f*
heuristic *adj (Comp, Gen, Mgt)* heuristisch *(problem-solving)*
HICP *s.* Harmonized Index of Consumer Prices
hidden asset *(RW)* versteckter Vermögenswert *m*, verstecktes Vermögen *n*
hidden defect *(Recht)* verborgener Mangel *m*, versteckter Mangel *m*
hidden economy *(WiWi)* Schattenwirtschaft *f*, Untergrundwirtschaft *f*
hidden inflation *(WiWi)* verdeckte Inflation *f*
hidden liabilities *(RW)* verborgene Verbindlichkeiten *fpl*
hidden message *(Comp, Frei, Komm)* versteckte Botschaft *f*, *(ugs.)* Osterei *n (Software)*
hidden persuaders *(V&M)* geheime Verführer *mpl*
hidden price increase *(V&M)* versteckter Preisanstieg *m*, versteckte Preiserhöhung *f*
hidden profit distribution *(RW, Steuer)* verdeckte Gewinnausschüttung *f*
hidden reserves *(RW)* stille Reserven *fpl*, stille Rücklagen *fpl*; verdeckte Gewinne *mpl*, Bewertungsreserven *fpl (reserves that are not shown on the balance sheet; synonymous: undisclosed reserves, secret reserves, concealed reserves, off-balance sheet reserves; das Ergebnis unterbewerteter Aktiva oder überbewerteter Passiva)*
hidden unemployment *(WiWi)* unsichtbare Arbeitslosigkeit *f*
hierarchy *(Pers)* Hierarchie *f*
hierarchy of needs *(Pers)* Bedürfnishierarchie *f*
hierarchy of objectives *(Gen)* Zielhierarchie *f*
high *(Börse, Gen)* Höchstkurs *m*, Höchststand *m*

high achiever *(Gen, Pers)* Spitzenkraft *f*, *(ugs.)* Spitzenmann *m*
high added-value product *(WiWi)* Produkt *n* mit hoher Wertschöpfung
high-cost labor *(AE) (Pers)* *s.* high-cost labour
high-cost labour *(BE) (Pers)* Hochlohn-Arbeitskräfte *fpl*
high flier 1. *(Gen)* Spitzenunternehmen *n* *(company)*; 2. *(Pers)* Hochbegabte(r) *f(m)*, Erfolgsmensch *m* *(personnel)*; 3. *(Mgt) (ugs.)* Ehrgeizling *m*, *(ugs.)* Senkrechtstarter *m* *(person)*; 4. *(Börse)* Spitzenwert *m*
high-grade bond *(Börse)* erstklassige Schuldverschreibung *f*
high-level decision *(Gen)* Entscheidung *f* auf höchster Ebene
high leverage *(AE) (Fin)* hohe Fremdfinanzierung *f*
high-pollution area *(Umwelt)* Belastungsgebiet *n*, hochbelastetes Gebiet *n*
high potentials *(Pers)* vielversprechende Nachwuchskräfte *fpl*
high-powered *adj (Gen)* hochrangig, leistungsstark *(person)*
high-pressure selling *(V&M)* aggressive Verkaufspolitik *f*
high-profile company *(V&M)* hochangesehenes Unternehmen *n*
high-quality product 1. *(Gen)* hochwertiges Produkt *n*; 2. *(V&M)* Qualitätsprodukt *n*
high-ranking *adj (Pers)* hochrangig, von hohem Rang
high-risk *adj (Börse)* risikoreich *(market)*
high-speed data access *(Komm)* Hochgeschwindigkeits-Datenzugriff *m*, High-Speed-Daten-Zugriff *m*
high standard of living *(Soz)* hoher Lebensstandard *m*
high standards *(Gen)* hohe Standards *mpl*
high-stream *adj (Ind)* hochentwickelt
high-street spending *(BE) (WiWi)* Ausgaben *fpl*, Konsumausgaben *fpl*
high-tech *adj (Comp, Gen, Ind)* hochtechnologisch, technisch ausgereift, Hightech...
high-tech industry *(Ind)* High-tech Industrie *f*, Hochtechnik-Industrie
high technology *(Comp, Gen, Ind)* Hochtechnologie *f*
high technology industry *(Ind)* Spitzenindustrie *f*, Hightechindustrie *f*
high-yield *(Gen)* ertragreich
high-yield bonds *(Bank, Fin)* hochverzinsliche Anleihen *fpl*, Hochzinsanleihen *fpl*; Risikoanleihen *fpl*, spekulative Anleihen *fpl* *(bonds with "non-investment grade" rating, risikoreiche Anleihen-Anlageklasse mit geringer Bonität, hoher Risikoprämie und einem Rating unter BBB- oder Baa3; cf Schrottanleihen, Ramschanleihen)*
high-yield financing *(Fin)* Hochzinsfinanzierung *f*
higher income bracket *(WiWi)* hohe Einkommensgruppe *f*, hohe Einkommensstufe *f*
higher-paid job, higher-paying job *(Pers)* besserbezahlte Beschäftigung *f*, höherbezahlte Beschäftigung *f*, besserbezahlte Tätigkeit *f*, höherbezahlte Stelle *f*, besserbezahlte Arbeit *f*
highest bid *(Börse)* Höchstgebot *n*
highest price 1. *(Gen)* Bestpreis *m*; 2. *(Börse)* Höchstkurs *m*, Höchstpreis *m*
highest tender *(Gen)* Höchstgebot *n*
highlight *v (Gen)* hervorheben *(differences)*
highlights *(Gen)* Glanzlichter *npl*, Highlights *npl*
highly competitive *adj (Gen)* wettbewerbsfähig *(company)*; wettbewerbsintensiv, wettbewerbsorientiert *(market, strategy)*
highly geared *adj* 1. *(Börse)* überkapitalisiert; 2. *(Fin)* mit hohem Fremdkapitalanteil
highly gifted *adj (Gen, Pers)* hochbegabt
highly indebted poor countries *(HIPC)* *(Fin, WiWi)* hochverschuldete arme Länder *npl*
highly qualified workers *pl (Pers)* hochqualifizierte Arbeitskräfte *fpl*
highly skilled *adj (Pers)* hochqualifiziert
highly skilled job *(Pers)* hochqualifizierter Arbeitsplatz *m*, hochqualifizierte Tätigkeit *f*
highly skilled occupation *(Pers)* hochqualifizierte Tätigkeit *f*, hochqualifizierter Beruf *f*
HIPC *s.* highly indebted poor countries
hire *v* 1. *(Gen)* mieten; 2. *(Pers)* chartern, einstellen *(staff)*

hire *v* **and fire** *v (Pers)* einstellen und entlassen, *(ugs.)* heuern und feuern
hire *v* **out** *(Gen)* verleihen
hire *(Gen)* Mieten *n*, Leihen *n*, Lohn *m (wages)*
hire car *(BE) (Gen)* Mietwagen *m*
hire purchase *(BE)* 1. *(V&M)* Ratenkauf *m*; 2. *(Recht)* Abzahlungskauf *m*, Mietkauf *m*
hire-purchase agreement 1. *(Fin)* Ratenkaufvertrag *m*, Teilzahlungsvertrag *m*; 2. *(Recht)* Mietkaufvertrag *m*
hire-purchase contract *(BE) (Fin)* Abzahlungsvertrag *m*
hire-purchase transaction *(BE) (Gen)* Abzahlungsgeschäft *n*
hired *adj (Pers)* eingestellt *(person)*
hired car *(BE) (Frei)* Mietwagen *m*
hiring freeze *(Pers)* Einstellungsstopp *m*, Einstellungssperre *f*
hiring needs *(Pers)* Einstellungsbedarf *m*
hiring out *(Gen)* Verleihung *f*
historic burden *(Gen, Pol)* Erblast *f*
historical *adj (Gen, Grund, Transp, WiWi)* historisch
historical cost *(RW)* Anschaffungskosten *pl*, AK *pl*; Herstellungskosten *pl*, HK *pl*; Anschaffungs- oder Herstellungskosten *pl*, AK/HK *pl*, historische Kosten *pl*; Istkosten *pl* der Vergangenheit *(opposite: current cost = Wiederbeschaffungskosten)*
historical cost accounting *(RW)* Istkostenrechnung *f*
historical cost concept *(RW)* Anschaffungswertprinzip *n*
historical loss *(RW)* Verlustvortrag *m*
hit *v* **a low** *(Gen)* einen Tiefstand erreichen
hit *v* **the market** *(V&M)* einschlagen *(product)*
hit-and-run strike *(Pers)* kurzer Warnstreik *m*
hit-or-miss *adj (Gen)* aufs Geratewohl *(decision)*
hit rate *(V&M)* Trefferquote *f*
hive *v* **off** 1. *(WiWi)* abstoßen, ausgründen *(shares)*; 2. *(Gen)* ausgliedern *(department, section)*
hive-off *(Gen)* Ausgliederung *f* von Betriebsteilen *(department, section)*
hoarding *(V&M)* Anschlagtafel *f*, Plakatwand *f*, Reklamefläche *f*
hoarding site *(V&M)* Standort *m* von Plakatwand
hog cycle *(WiWi)* Schweinezyklus *m*
hold *v* 1. *(Gen)* durchführen *(enquiry)*; abhalten *(referendum)*; 2. *(Mgt)* veranstalten, abhalten, durchführen *(conference)*; 3. *(Pol)* vertreten *(opinion)*; innehaben *(post)*
hold *v* **a call** *(Komm)* makeln, eine Verbindung parken
hold *v* **a job** *(Pers)* einen Arbeitsplatz haben, beschäftigt sein, erwerbstätig sein, eine Stelle innehaben
hold *v* **a position** *(Börse)* eine Wertpapierposition halten
hold *v* **a post** *(Pers)* eine Stelle innehaben, eine Stelle bekleiden, eine Position innehaben
hold *v* **in check** *(WiWi)* in Schach halten *(prices)*
hold *v* **in custody** *(Recht)* verwahren
hold *v* **one's ground** *(Gen)* sich behaupten
hold *v* **property** *(Gen, Recht)* Vermögen besitzen
hold the line! *(Komm)* bleiben Sie am Apparat!
holdback *(Grund)* einbehaltener Teil *m* der Vertragssumme, Zurückbehaltung *f*
holder in due course *(Recht)* rechtmäßiger Inhaber *m*, rechtmäßige Inhaberin *f*
holder of a right *(Recht)* Rechtsinhaber(in) *m(f)*
holder of an office *(Pers)* Amtsinhaber(in) *m(f)*
holding 1. *(Recht)* Besitzen *n*; 2. *(Fin)* Paket *n*; 3. *(Börse)* Besitz *m*, Paket *n (of shares and stock)*
holding company 1. *(RW)* Dachgesellschaft *f*; 2. *(Bank, Fin, Gen, Recht)* Holdinggesellschaft *f*, Muttergesellschaft *f*
holding in a bank *(Bank)* Anteil *m* an einer Bank
holding of securities *(Bank)* Wertpapierbestand *m*
holding period *(Börse)* Besitzdauer *f*, Verwahrzeitraum *m*
holiday allowance *(BE) (Pers)* Urlaubsgeld *n*
holiday bonus *(BE) (Pers)* Urlaubsgeld *n*

holiday entitlement *(Pers)* Urlaubsanspruch *m*
holiday pay *(BE) (Pers)* Urlaubsgeld *n*
holiday(s) without pay *(Pers)* unbezahlter Urlaub *m*, Urlaub *m* unter Wegfall der Bezüge
home *(Soz)* Heim *n (institution)* • **at home and abroad** *(Gen)* im In- und Ausland
home affairs *(Pol)* Inlandsangelegenheiten *fpl*, innere Angelegenheiten *fpl*, Innenpolitik *f*, innenpolitische Fragen *fpl (domestic policy)*
home banking *(Bank)* Home Banking *n*
home contents insurance *(Versich)* Hausratversicherung *f*
home country *(Fin, Gen)* Mutterland *n*
home economics *(WiWi)* Hauswirtschaft(slehre) *f*
home equity loan *(Bank)* Wohnungsbaudarlehen *n*
home loan *(Bank)* Hypothek *f*, Wohnungsbaudarlehen *n*
home-made *adj (Gen)* aus Eigenproduktion
home market *(WiWi)* Binnenmarkt *m*, Inlandsmarkt *m*
Home Office *(BE) (Pol)* Innenministerium *n*
home ownership *(Grund)* Eigenheimbesitz *m*, Hausbesitz *m*, Wohneigentum *n*, Wohnungseigentum *n*
home page *(Comp, Komm)* Homepage *f*, Hauptseite *f*, Startseite *f*
home product *(Gen)* Inlandsprodukt *n*
home sales 1. *(Admin)* Inlandsumsatz *m*; 2. *(V&M)* Inlandsverkäufe *mpl*
homestead tax exemption *(AE) (Steuer)* Steuerermäßigung *f* für Eigenheime
homework *(Pers, WiWi)* Heimarbeit *f*
homework on contract *(Pers, WiWi)* Heimarbeit *f*
homeworker *(Pers)* Heimarbeiter(in) *m(f)*
homogeneous good *(WiWi)* homogenes Gut *n*
homogeneous market *(V&M)* homogener Markt *m*
honorary activity *(Pers, Soz)* ehrenamtliche Tätigkeit *f*
honorary chairman *(Pers)* Ehrenvorsitzende(r) *f(m)*
honour *v (BE)* 1. *(Bank)* einlösen, honorieren *(debt, bill)*; bezahlen *(cheque)*; 2. *(Gen)* erfüllen *(commitment)*
honour *v* **a bill** *(BE) (Fin)* einen Wechsel honorieren
horizontal *adj (Gen)* horizontal
horizontal amalgamation *(Gen, WiWi)* horizontale Fusion *f*, horizontaler Zusammenschluss *m*, Unternehmenszusammenschluss *m*
horizontal channel integration *(Mgt)* horizontale Integration *f*
horizontal combination *(Gen, WiWi)* horizontaler Zusammenschluss *m*, Unternehmenszusammenschluss *m*
horizontal equity *(Steuer)* horizontale Steuergerechtigkeit *f*
horizontal expansion *(WiWi)* horizontales Wachstum *n*
horizontal integration *(WiWi)* horizontale Integration *f*
horizontal merger *(Gen, WiWi)* horizontaler Zusammenschluss *m*, Unternehmenszusammenschluss *m*
horse trading *(Pers, Pol) (ugs.)* Kuhhandel *m*
hospital daily rate *(Soz)* Krankenhauspflegesatz *m*
host country *(Frei, Gen, WiWi)* Gastland *n*
hostile takeover *(Gen, Mgt)* feindliche Übernahme *f*
hot money *(Admin, Gen)* Fluchtgelder *npl*, heißes Geld *n*
hot-selling line *(V&M)* Verkaufsschlager *m*
hot stock 1. *(Gen) (ugs.)* heiße Ware *f*; 2. *(Börse)* neu emittierte Aktien, die stark im Preis steigen
hotline 1. *(Komm)* heißer Draht *m*; 2. *(Comp)* Hotline *f*, Schnellberatung *f* am Telefon; 3. *(Pol)* heißer Draht *m*, Bürgertelefon *n*
hotspot 1. *(Comp)* W-Lan-Zugang *m*, W-Lan-Zugangsbereich *m*, Funknetzzugang *m*, Funknetzzugangsbereich *m (Zugang zu lokalen Funknetzen im Bereich von Hotels, Flughäfen, Schulgebäuden, Cafés usw.)*; 2. *(Gen)* drahtloser Internetzugang *m (über ein lokales Funknetz)*
hour *(Gen)* Stunde *f*, Std.
hour compensation *(Pers)* Stundenvergütung *f*
hour paid employee *(Pers)* Stundenlohnempfänger(in) *m(f)*

hour wage *(Pers)* Stundenlohn *m*
hour worker *(Pers)* Stundenlohnempfänger(in) *m(f)*
hourly earnings *(Pers)* Stundenverdienste *mpl*, Stundenverdienst *m*
hourly productivity of labour *(BE) (Pers, WiWi)* Arbeitsproduktivität *f* je Stunde, Ertrag *m* pro eingesetzte Arbeitsstunde; *(ugs.)* Stundenproduktivität *f (the ratio of physical total output to hours of labour input, definiert als Output--Menge insgesamt : Input-Menge an geleisteten Arbeitsstunden, ohne Berücksichtigung weiterer Inputfaktoren; Gegensätze: Produktivität je Erwerbstätiger = productivity per gainfully employed person, Kapitalproduktivität = capital productivity)*
hourly (wage) rate *(Pers)* Stundenlohn *m*, Lohnsatz *m* je Stunde, Stundenlohnsatz *m*
hours of business *(Gen)* Geschäftszeiten *fpl*
hours of work *(Gen, Pers)* Arbeitszeit *f*
house prices *(Grund)* Hauspreise *mpl*
house search *(Recht)* Hausdurchsuchung *f*
house-to-house *(Imp/Exp)* von Haus zu Haus
house-to-house sampling *(V&M)* Probenverteilung *f* an Haushalte
house-to-house selling *(V&M)* Haustürverkauf *m*
housebuilding *(Grund)* Wohnungsbau *m*
household *(Gen)* Haushalt *m*
household behavior *(AE) (WiWi) s.* household behaviour
household behaviour *(BE) (WiWi)* Haushaltsverhalten *n*
household commodities *(Gen)* Haushaltswaren *fpl*
household durables *(V&M)* dauerhafte Konsumgüter *npl*
household effects *(Versich)* Hausrat *m*
housing *(Gen)* Wohnungsbau *m*
housing allowance *(Pers, Soz)* Mietzuschuss *m*, Wohngeld *n*
housing construction *(Grund)* Wohnungsbau *m (new houses)*
housing development *(Grund)* Neubaugebiet *n*
housing estate *(Grund)* Wohnsiedlung *f*
housing industry *(Ind)* Wohnungswirtschaft *f*
housing loan *(Bank)* Wohnungsbaudarlehen *n*
HR *(Abk. für Human Resources, Human Resources Department) (Pers)* Personalabteilung *f*
html *(Comp, Komm)* Dateierweiterung *f* für HTML-Seiten *(HyperText Markup Language, file extension *.html)*
HTML *s.* HyperText Markup Language
hub *(Transp)* Verkehrskreuz *n*, Luftverkehrskreuz *n*
hub branch *(Bank)* zentrale Zweigstelle *f*
hub of activity *(Gen)* Geschäftsmittelpunkt *m*
human asset accounting *(Pers)* Humanvermögensrechnung *f*
human capital *(WiWi)* Arbeitsvermögen *n*, Humankapital *n*
human engineering 1. *(Admin)* Arbeitsplatzgestaltung *f*; 2. *(Pers)* Ergonomie *f*
human factors *(Pers)* Humanfaktoren *mpl (industrial psychology)*
human relations *(Gen, Pers)* Human Relations *pl*, zwischenmenschliche Beziehungen *fpl (management theory)*
human resource administration *(Pers)* Personalverwaltung *f*
human resource development *(Admin, Pers)* Personalentwicklung *f*
human resource management *(Pers)* Personalmanagement *n*
human resource planning *(Pers)* Personalplanung *f*
human resources *(Admin, Pers)* Arbeitskräfte *fpl*, Humankapital *n*, Humanvermögen *n*
human resources departement *(HR) (Pers)* Personalabteilung *f*
human resources management *(Pers)* Personalmanagement *n*
human rights *(Recht)* Menschenrechte *npl*
human-scale economics *(WiWi)* humane Skaleneffekte *mpl*
hurdle rate *(WiWi)* erwartete Mindestrendite *f (budgeting capital expenditures)*
hurdle rate of return *(Fin)* erwartete Mindestrendite *f*
hush money *(Gen)* Bestechungsgeld *n*, Schweigegeld *n*

hybrid system *(Fin, Gen)* Mischsystem *n*
hydroelectric power *(Umwelt)* Strom *m* aus Wasserkraftwerk, Wasserkraftstrom *m*
hydropower *(Ind, Umwelt)* Wasserkraft *f*
hydropower station *(Ind, Umwelt)* Wasserkraftwerk *n*
hype *v (Gen)* täuschen
hype 1. *(Komm, Media) (ugs.)* Rummel *m*, *(ugs.)* Medienrummel *m*; 2. *(Gen)* Täuschungsmanöver *n*, übertriebene Werbung *f (action)*; Täuscher *m*, *(ugs.)* Hype *m (person)*; 3. *(V&M)* Reklametrick *m*, übertriebene Werbung *f*
hyperinflation *(WiWi)* Hyperinflation *f*
hyperlink *(Comp, Komm)* Hyperlink *m*, Link *m*
hypermarket *(V&M)* Verbrauchergroßmarkt *m*
hypertext *(Comp, Komm)* Hypertext *m*, Hypertext-Link *m*, Link *m (clickable text linked with other text locations)*
HyperText Markup Language *(Comp, Komm)* Hypertext-Auszeichnungssprache *f (HTML)*
hypothecation *(Grund)* Verpfändung *f (expenditure)*
hypothesis *(Gen, WiWi)* Hypothese *f*
hypothesis testing *(Stat)* Hypothesentest *m*, Überprüfung *f* einer Hypothese

I

I owe you *(Gen)* Schuldschein *m*, Zahlungsversprechen *n*
IAS *s.* International Accounting Standards
IBAN *(Abk. für International Bank Account Number) (Bank)* IBAN *f*, Internationale Bankkontonummer *f*, inter-Bank-AccNr *f (EU; cf Internationale Bankkontonummer, Sepa)*
ICT *s.* information and communication technology
ID number *s.* identification number
ideal capacity *(WiWi)* Betriebsoptimum *n*
ideal standard cost *(RW)* Sollkosten *pl*, Normkosten *pl*
identical maturity/with *(Fin, WiWi)* laufzeitkongruent
identification card *(Comp, Gen, Recht)* Identifikationskarte *f*, Ausweis *m*, Ausweiskarte *f*; Personalausweis *m (issued by the government)*
identification number *(Gen)* Identifikationsnummer *f*, ID-Nummer *f*
identified reserves *(Bank)* statistisch erfasste Reserven *fpl*
identity theft *(Comp, Komm, Recht)* Identitätsdiebstahl *m*
idle *adj* 1. *(Bank, Mgt)* unrentabel, unproduktiv; 2. *(Gen)* stillstehend; 3. *(Pers)* frei, ungenutzt
idle balance 1. *(WiWi)* Spekulationskasse *f*; 2. *(Fin)* brachliegende Guthaben *npl*, anlagebereite Mittel *npl*; *(jarg.)* Kriegskasse *f (for takeover purposes)*
idle capacity 1. *(WiWi)* freie Kapazität *f*, ungenutzte Kapazität *f*; 2. *(Gen)* Kapazitätsreserve *f*; 3. *(Ind)* freie Kapazität *f*, Leerlaufkapazität *f*
idle money 1. *(WiWi)* brachliegendes Geld *n*, Spekulationskasse *f*; 2. *(Fin)* Überschussreserven *fpl*
idle time 1. *(Admin)* Leerzeit *f*; 2. *(Gen)* Stillstandszeit *f*; 3. *(Pers)* ungenutzte Zeit *f*
IFRS *s.* International Financial Reporting Standards
IFRS for SMEs *(Abk. für International Financial Reporting Standard for Small and Medium-sized Entities) (Acc)* IFRS für KMU, International Financial Reporting Standard *m* für kleine und mittelgroße Unternehmen; *(ugs.)* IFRS für kleine und mittelgroße Unternehmen, *(ugs.)* IFRS für kleine und mittelständische Unternehmen *(Rechnungslegungspflicht nach IFRS besteht -Stand 05/2008- nur für die Konzernbilanzen kapitalmarktorientierter Unternehmen, der sog. Publikumsgesellschaften, mit breit gestreutem Aktienkapital und geringem Einfluss der Aktionäre auf die Geschäftsführung; die EU-Kommission und der IFRS-Standardsetter IASB verfolgen mit der Einführung eines neuen Abgrenzungskriteriums, der öffentlichen Rechenschaftspflicht = public accountability, die Ausdehnung der IFRS-Rechnungslegung auf die große Zahl kleiner und mittlerer Unternehmen in Europa; cf öffentlich rechenschaftspflichtige Unternehmen,*

publicly accountable enterprises, IFRS light)

IFRS light *(ugs.) (Acc) (ugs.)* Light-Version *f* der IFRS, *(ugs.)* IFRS light *pl (mit dem Ziel einer Einbeziehung der »zur öffentlichen Rechenschaft verpflichteten« KMU in die IFRS-Rechnungslegung sehen die Europäische Kommission und das International Accounting Standards Board, IASB, »vereinfachte« IFRS-Rechnungslegungsstandards für kleine und mittlere Unternehmen vor, z. B. durch den Verzicht auf den aufwendigen, gesondert durchzuführenden Werthaltigkeitstest = impairment test für Geschäftswertabschreibungen; cf öffentlich rechenschaftspflichtige Unternehmen, IFRS for SMEs)*

ill-paid *adj (Pers)* schlechtbezahlt

illegal *adj (Recht)* gesetzwidrig, illegal, unrechtmäßig, unzulässig

illegal content *(Komm, Recht)* strafbare Inhalte *fpl*

illegal employment *(Pers, Soz)* illegale Beschäftigung *f*

illegal strike *(Pers)* wilder Streik *m*

illiquid *adj (Bank, Fin)* fest angelegt, illiquide, nicht flüssig

illiquid assets *(Fin)* illiquides Aktivvermögen *n*

illusory profit *(Fin)* Scheingewinn *m*

imbalance *(Fin)* Ungleichgewicht *n*, gestörtes Gleichgewicht *n*

imbalance of orders *(Börse)* Auftragsmissverhältnis *n*

imbalance of trade *(Imp/Exp, Pol, WiWi)* Handelsbilanzungleichgewicht *n*

imbalance on the labor market *(AE) (Pers) s.* imbalance on the labour market

imbalance on the labour market *(BE) (Pers)* Arbeitsmarktungleichgewicht *n*, Ungleichgewicht *n* auf dem Arbeitsmarkt

IMF *s.* International Monetary Fund

immediate *adj (Gen)* augenblicklich, unverzüglich • **for immediate attention** *(Gen)* zur sofortigen Kenntnisnahme • **for immediate delivery** *(Gen)* zur unverzüglichen Lieferung

immediate-or-cancel order *(Börse)* Auftrag *m* zur sofortigen Ausführung

immigration ban *(Pers, Pol)* Einwanderungsstopp *m*, Zuwanderungsstopp *m*, Zuwanderungssperre *f*

immigration country *(Pers)* Einwanderungsland *n*, Zuwanderungsland *n*

immigration stop *(Pers, Pol)* Einwanderungsstopp *m*, Zuwanderungsstopp *m*, Zuwanderungssperre *f*

imminent danger *(Versich)* drohende Gefahr *f*, akute Gefahr *f*, unmittelbare Gefahr *f*

immobilize *v (Fin)* stilllegen

immovable estate *(Grund)* Liegenschaft *f*

immovable property *(Grund)* unbewegliches Vermögen *n*

immunity from taxes *(Steuer)* Steuerfreiheit *f*

IMO *s.* international money order

impact *(Gen)* Anstoß *m*, Auswirkung *f*, Stoßwirkung *f* • **have an impact on** *(Gen)* sich auswirken auf

impact analysis *(WiWi)* Wirkungsanalyse *f*

impact effect *(WiWi)* Anstoßwirkung *f*

impact multiplier *(WiWi)* Impaktmultiplikator *m*, Wirkungsmultiplikator *m*

impair *v (Gen, WiWi)* beeinträchtigen, schädigen

impaired capital *(RW)* verringertes Kapital *n*, herabgesetztes Kapital *n (aufgrund von vorausgegangenen Verlusten)*

impairment loss *(RW)* Wertminderungsverlust *m*, Wertminderungsaufwand *m*, Abwertungsverlust *m (IAS 16)*

impairment of performance *(Recht)* Leistungsminderung *f*, Leistungsstörung *f*

impairment test *(RW)* Werthaltigkeitstest *m*, Niederstwerttest *m*, Wertminderungstest *m*, Impairment-Test *m (laut IFRS/IAS 36/IAS 38 und US GAAP/SFAS 142 nach gesonderter Einzelüberprüfung für Firmenwert-Abschreibungen)*

impartial *adj (Gen)* unparteiisch

impede *v (Gen)* behindern

imperfect competition *(WiWi)* unvollständiger Wettbewerb *m*

imperfect market *(WiWi)* unvollkommener Markt *m*

impetus *(Gen)* Anstoß *m*, Impuls *m*

impinge *v* **on sb's rights** *(Recht)* in die Rechte eines anderen eingreifen
implement *v* 1. *(Comp)* implementieren *(system)*; 2. *(Gen)* ausführen, durchsetzen *(plans)*
implementation *(Gen)* Ausführung *f*, Durchführung *f*, Realisierung *f*
implementation lag *(WiWi)* Durchführungsverzögerung *f*
implementation package *(Bank)* Implementierungspaket *n (ECB)*
implicated *adj (Recht)* mitschuldig
implicit *adj* 1. *(Gen)* implizit; 2. *(Recht)* stillschweigend
implicit basis of contract *(Recht)* Geschäftsgrundlage *f*
implicit cost(s) *(WiWi)* kalkulatorische Kosten *pl*; nicht zahlungswirksame Kosten *pl*; Opportunitätskosten *pl*, Alternativkosten *pl (synonymous: imputed costs; opposite: explicit costs, cash outlay costs; Gegensatz: ausgabengleiche Kosten, pagatorische Kosten)*
implicit price deflator *(WiWi)* impliziter Deflator *m*
implied *adj (Recht)* stillschweigend *(acceptance)*
implied condition *(Gen)* stillschweigende Bedingung *f*
implied contract *(Recht)* konkludent geschlossener Vertrag *m*
implied price index *(WiWi)* impliziter Preisindex *m*
implied repo rate *(Fin)* implizite Repo--Rate *f*, geltende Rückkaufrate *f*
implied warranty *(Recht)* gesetzliche Gewährleistung *f*, stillschweigende Mängelhaftung *f*
imply *v (Gen)* beinhalten, implizieren
import *v (Imp/Exp, Steuer, WiWi)* einführen, importieren
import *(Imp/Exp, WiWi)* Einfuhr *f*, Import *m*, Imp.
import admission *(Imp/Exp)* Einfuhrerlaubnis *f*
import allowance *(Imp/Exp)* zollfreie Einfuhrmenge *f*
import-demand function *(WiWi)* Importnachfragefunktion *f*
import duty *(Imp/Exp, Steuer)* Einfuhrzoll *m*, Importabgabe *f*, Importzoll *m*
import letter of credit *(Fin, Imp/Exp)* Importakkreditiv *n*
import licence *(BE) (Imp/Exp)* Einfuhrbewilligung *f*, Einfuhrgenehmigung *f*, Importbewilligung *f*, Importgenehmigung *f*, Importlizenz *f*
import license *(AE) (Imp/Exp) s.* import licence
import penetration ratio *(Imp/Exp)* Importanteil *m*, Importquote *f*
import permit *(Imp/Exp)* Importerlaubnis *f*
import pull *(WiWi)* Importsog *m (BOP)*
import quota *(Imp/Exp, WiWi)* Einfuhrkontingent *n*, Importquote *f*
import restriction *(Imp/Exp)* Einfuhrbeschränkung *f*
import surplus *(Imp/Exp, WiWi)* Importüberschuss *m*
import tariff *(Imp/Exp, Steuer)* Einfuhrzoll *m*, Importabgabe *f*, Importzoll *m*
import trade *(Imp/Exp)* Importgeschäft *n*, Importhandel *m*
import value-added tax *(Recht)* Einfuhrumsatzsteuer *f*
import/export company *(BE) (Imp/Exp)* Außenhandelsunternehmen *n*
importation *(Imp/Exp, WiWi)* Einfuhr *f*, Einf., Einführung *f*, Import *m*, Imp.
imported goods 1. *(WiWi)* Importwaren *fpl*; 2. *(Imp/Exp)* Importgüter *npl*, Importwaren *fpl*
imported inflation *(WiWi)* importierte Inflation *f*
imported services *(Steuer, WiWi)* importierte Dienstleistungen *fpl*
imports into free circulation *(Imp/Exp, WiWi)* Einfuhren *fpl* in den freien Verkehr
impose *v (Gen, Recht)* auferlegen, verhängen *(limits)*
impose *v* **a fine on** *(Recht)* zu einer Geldstrafe verurteilen
impose *v* **a tax on sb** *(Steuer)* jmdm. eine Steuer auferlegen
imposition 1. *(WiWi)* Besteuerung *f*; 2. *(Gen)* Auferlegung *f (burden, request)*; 3. *(Recht)* Verhängung *f*; 4. *(Steuer)* Abgabe *f*, Besteuerung *f*, Steuer *f*
imposition of a fine *(Recht)* Verhängung *f* einer Geldbuße
impound *v (Recht)* beschlagnahmen, pfänden, sicherstellen, verwahren
imprest *(Fin)* Vorschuss *m*

imprest account *(RW)* Vorschusskonto *n*
imprest fund *(RW)* Spesenkasse *f*, kleine Kasse *f*, Vorschusskasse *f*
imprest system *(RW)* Kassenvorschusssystem *n*
imprint 1. *(Media)* Impressum *n (of book, newspaper)*; 2. *(V&M)* Abdruck *m*, Aufdruck *m*
improper fraction *(Stat)* unechter Bruch *m*
improve *v* 1. *(Gen)* verbessern; 2. *(WiWi)* sich aktivieren *(BOP)*
improve *v* **profitability** *(Fin)* die Ertragskraft verbessern
improvement *(Gen)* Verbesserung *f*
improvement in balance of trade *(WiWi)* Verbesserung *f* der Handelsbilanz
impulse *adj (Gen, V&M)* spontan
impulse buy *(V&M)* Spontankauf *m*
impulse buying *(Gen, V&M)* Impulskauf *m*
impulse purchase *(V&M)* Spontankauf *m*
impure public good *(WiWi)* Mischgut *n*
imputation 1. *(WiWi)* fiktive Buchung *f*, unterstellte Transaktion *f*; 2. *(Steuer)* Anrechnung *f*
imputation credit *(Steuer)* Anrechnungsguthaben *n*
imputed *adj (RW)* kalkulatorisch
imputed business risks *(RW)* kalkulatorische Wagnisse *npl*, kalkulatorische Risiken *npl*
imputed costs *pl (Fin, RW, WiWi)* kalkulatorische Kosten *pl*; nicht zahlungswirksame Kosten *pl (synonymous: implicit costs; opposite: explicit costs, cash outlay costs; Gegensatz: ausgabengleiche Kosten, pagatorische Kosten)*
imputed depreciation *(RW)* kalkulatorische Abschreibung *f (synonymous: implicit depreciation, implicit depreciation allowance)*
imputed depreciation allowance *(RW)* kalkulatorische Abschreibung *f (synonymous: implicit depreciation, implicit depreciation allowance)*
imputed income 1. *(RW)* unterstelltes Einkommen *n*, fiktives Einkommen *n*; 2. *(WiWi)* zugerechnetes Einkommen *n*, zurechenbares Einkommen *n*
imputed interest *(RW, Steuer)* kalkulatorische Zinsen *mpl*, fiktive Zinsen *mpl* *(synonymous: implicit interest, fictitious interest)*
imputed interest charge *(RW)* kalkulatorische Zinsen *mpl*
imputed profit *(RW)* kalkulatorischer Gewinn *m*
imputed risks *(Fin)* kalkulatorische Wagnisse *npl*
in-balance budget *(Fin)* ausgeglichener Haushalt *m*, ausgeglichenes Budget *n*
in-company *adj (Gen, Pers, WiWi)* innerbetrieblich
in-company training *(Pers)* betriebliche Schulung *f*, innerbetriebliche Schulung *f*, betriebsinterne Schulung *f*, firmeninterne Schulung *f*
in-depth analysis *(Gen)* gründliche Analyse *f*
in-depth discussion *(Gen)* tiefgreifende Diskussion *f*, umfassende Diskussion *f*
in-house *adj (Gen)* innerbetrieblich, firmeneigen, hauseigen, intern, Innen...
in-house audit *(Admin)* Innenrevision *f*
in-house training *(Pers)* betriebliche Schulung *f*, innerbetriebliche Schulung *f*
in-line *adj (Gen)* ausgeglichen
in-line budget *(Fin)* ausgeglichener Haushalt *m*, ausgeglichenes Budget *n*
in personam *(Recht)* persönlich, schuldrechtlich
in-plant *adj (Gen)* innerbetrieblich, firmeneigen, hauseigen, betriebsintern
in-plant training *(Pers)* betriebliche Ausbildung *f*
in-service training *(Ind, Pers)* innerbetriebliche Schulung *f*
in-the-money call *(Börse)* Kaufoption, deren Abschlusspreis unter dem Marktpreis des Wertpapiers liegt
in-the-money put *(Börse)* Verkaufsoption, deren Abschlusspreis über dem Marktpreis des Wertpapiers liegt
inability *(Gen)* Unfähigkeit *f*
inability to pay *(Bank, Gen)* Insolvenz *f*; Zahlungsunfähigkeit *f (synonymous: insolvency; die nicht bloß vorübergehende bzw. kurzfristige Zahlungsunfähigkeit ist, neben der Überschuldung, ein zwingender Grund zur Beantragung des Insolvenzverfahrens; opposite: solvency = solvability = Zahlungsfähigkeit)*

inability to perform *(Recht)* subjektive Unmöglichkeit *f* der Leistung
inability to work *(Pers)* Arbeitsunfähigkeit *f*
inaccuracy *(Gen)* Ungenauigkeit *f*, Unkorrektheit *f*
inactive *adj* 1. *(Gen)* inaktiv; 2. *(Börse)* umsatzlos
inactive account *(Bank)* umsatzloses Konto *n*
inactive bond *(Börse)* Obligation *f* mit geringem Umsatzvolumen
inactive stock *(Börse)* Aktien *fpl* mit geringem Umsatzvolumen, unregelmäßig gehandelte Aktien *fpl*
inadmissable *adj (Recht)* unzulässig
inalienable *adj (Recht)* unveräußerlich *(right)*
inappropriate *adj (Gen)* unangebracht, unangemessen, ungeeignet
inbound investor *(WiWi)* inländischer Investor *m*
incalculable *adj (Gen)* unberechenbar
incapable *adj (Gen, Pers, Recht)* unfähig
incapacitated *adj (Recht)* geschäftsunfähig
incapacity for work *(Pers, Soz)* Erwerbsunfähigkeit *f*, Arbeitsunfähigkeit *f*, Invalidität *f*
incapacity to work *(Pers, Soz)* Erwerbsunfähigkeit *f*, Arbeitsunfähigkeit *f*, Invalidität *f*
incentive 1. *(Gen)* Anreiz *m*, Antrieb *m*; 2. *(Pers)* Leistungsanreiz *m*
incentive bonus *(Pers)* Leistungszulage *f*
incentive commission *(V&M)* Leistungsprovision *f*, Verkaufsprovision *f* als Anreiz
incentive fee 1. *(Admin)* Erfolgshonorar *n*; 2. *(V&M)* Prämie *f*
incentive for work *(Pers)* Arbeitsanreiz *n*
incentive measure *(Pers, WiWi)* Anreizmaßnahme *f*, Fördermaßnahme *f*, Leistungsanreiz *m*
incentive pay 1. *(Admin)* Leistungslohn *m*; 2. *(Pers)* Leistungszahlung *f*
incentive period *(Ind)* Förderphase *f*
incentive scheme *(Pers)* Leistungssystem *n*, Anreizsystem *n*
incentive system *(WiWi)* Anreizsystem *n*
incentive to work *(Pers)* Arbeitsanreiz *m*
incentive wage *(Pers)* gewinnbezogene Bezahlung *f*
incentive wage plan *(Pers)* Leistungslohnprogramm *n*
incidence *(Pers)* Häufigkeit *f (rate of occurrence)*
incidence of taxation *(Steuer)* Steuerinzidenz *f*
incidental *adj (Gen)* zufällig
incidental charge *(Fin)* Nebenkosten *pl*
incidental damages *(Recht)* Schaden(s)ersatz für Kosten, die bei der Vertragserfüllung entstanden sind
incidental expenses *(Fin, Pers)* Nebenkosten *pl*
incidentals allowance *(Fin)* Rückstellung *f* für Nebenkosten
incipient processing *(V&M)* Verarbeitungsansatz *m*
include *v (Gen)* einbeziehen, einschließen
inclusive rate *(Admin)* Pauschaltarif *m*
inclusive terms *(Gen)* Inklusivpreise *mpl*
income 1. *(WiWi)* Einkommen *n*, Einnahmen *fpl*; 2. *(RW)* Ertrag *m*, Erträge *mpl (synonymous: revenue)*; Einnahmen *fpl (retailing; im Einzelhandel)*; 3. *(Gen)* Gewinn *m (synonymous: earnings, profit)*; Einkommen *n*; Ertrag *m*, Erträge *mpl*, Einkünfte *pl*; 4. *(Pers)* Verdienst *m*; 5. *(Steuer)* Einkommen *n*, Einkünfte *pl*; *(AE)* Bruttoeinkommen *n (gross income)*
income accounts *(RW)* Aufwands- und Ertragskonten *npl*, GuV-Konten *npl*, unterjährige Ergebnisrechnung *f*; Gewinn- und Verlustrechnung *f*, GuV--Rechnung *f*, Ergebnisrechnung *f*, Erfolgsbilanz *f*, Aufwands- und Ertragsrechnung *f*
income accruing to capital *(WiWi)* Einkommen *n* aus Unternehmertätigkeit und Vermögen *(national accounting)*
income after tax *(Soz, Steuer)* Einkommen *n* nach Steuern, Einkommen *n* nach Abzug der Steuern
income and expenditure account *(RW)* Gewinn- und Verlustrechnung *f*, GuV, Ergebnisrechnung *f*, unterjährige Ergebnisrechnung *f*, Erfolgsbilanz *f*, Aufwands- und Ertragsrechnung *f*
income and expense accounts *(RW)* Aufwands- und Ertragskonten *npl*, GuV-Konten *npl*, unterjährige Ergebnisrechnung *f*; Gewinn- und Verlust-

rechnung *f*, GuV-Rechnung *f*, Ergebnisrechnung *f*, Erfolgsbilanz *f*, Aufwands- und Ertragsrechnung *f*
income and expenses *(AE) (RW)* Erträge *mpl* und Aufwendungen *fpl*; Einnahmen und Ausgaben *fpl*
income bracket *(Admin)* Einkommensgruppe *f*
income-consumption curve *(WiWi)* Einkommenskonsumkurve *f*
income differential *(Pers, WiWi)* Einkommensdifferenz *f*, Einkommensgefälle *n*, Einkommensabstand *m*
income distribution *(WiWi)* Distribution *f*, Einkommensverteilung *f*
income-elasticity of demand *(jarg.) (WiWi)* Einkommenselastizität *f* der Nachfrage
income from investments 1. *(Fin, WiWi)* Beteiligungserträge *mpl*, Vermögenserträge *mpl*, Kapitalertrag *m (synonymous: investment income; not to be confused with return on capital employed = ROCE = Ertrag aus dem investierten Kapital)*; 2. *(RW)* Erträge *mpl* aus Finanzanlagen, Erträge *mpl* aus Wertpapieren des Anlagevermögens
income from property and entrepreneurship *(WiWi)* Einkommen *n* aus Unternehmertätigkeit und Vermögen *(System of National Accounts = SNA = VGR = Volkswirtschaftliche Gesamtrechnung)*
income from subsidiaries *(Fin)* Erträge *mpl* von Tochtergesellschaften
income from trade or business *(Steuer)* Einkünfte *pl* aus Gewerbebetrieb *(income taxation)*
income from trades and professions *(Steuer)* Einkünfte *pl* aus Gewerbebetrieb und selbstständiger Arbeit
income gap *(Pers)* Einkommensabstand *m*, Einkommensdifferenz *f*, Einkommensgefälle *n*, Einkommensschere *f*, Einkommenslücke *f*
income level *(Admin)* Einkommensniveau *n*
income maintenance *(Pers, Soz)* Einkommenssicherung *f*, Sicherung *f* der Einkommen, Erhaltung *f* des Einkommens, Einkommensgarantie *f*
income per capita *(WiWi)* Pro-Kopf--Einkommen *n*
income received *(Steuer)* zugeflossene Einkünfte *pl*
income received under deduction of tax *(Steuer)* quellenbesteuerte Erträge *mpl*
income-related *(Pers, Soz)* einkommensabhängig
income spread *(Fin)* Einkommensspanne *f*
income statement *(BE) (RW)* Gewinn- und Verlustrechnung *f*, GuV *f*, GuV--Rechnung *f*, Ergebnisrechnung *f*, Erfolgsbilanz *f*, Erfolgsrechnung *f*, Aufwands- und Ertragsrechnung *f (synonymous: profit and loss statement)*
income tax *(Steuer) (Deu)* Einkommensteuer *f (ESt)*
income tax law *(Recht)* Einkommensteuergesetz *n*
income tax repayment claim *(Steuer)* Einkommenssteuerrückzahlungsanspruch *m*
income tax return *(RW)* Einkommenssteuererklärung *f*
income transfer *(Soz)* Einkommensübertragung *f*, Einkommenstransfer *m*
income year *(Recht, Steuer)* Veranlagungszeitraum *m*, Vz.
incoming business *(Gen)* Auftragseingang *m*
incoming invoice *(Gen, V&M)* Eingangsrechnung *f*
incoming order *(V&M)* hereinkommender Auftrag *m*
incompatibility *(Comp, Gen)* Inkompatibilität *f*, Unverträglichkeit *f*
inconsistency *(Gen)* Inkonsistenz *f*, Unvereinbarkeit *f*, Widersprüchlichkeit *f*
inconsistent quartet *(WiWi)* magisches Viereck *n*
inconsistent trinity *(WiWi)* magisches Dreieck *n*
incontestable *adj* 1. *(Gen)* unbestreitbar; 2. *(Pat)* unanfechtbar
incorporate *v* 1. *(Gen)* eingliedern *(include)*; einschließen *(company)*; gründen *(establish)*; 2. *(Recht)* gründen *(company)*; 3. *(Media)* einbauen
incorporated *adj (AE) (Gen, Recht)* (amtlich) als Aktiengesellschaft eingetragen; verbunden
incorporated company *(Gen) (AE)* Akti-

engesellschaft *f*, *(BE)* rechtsfähige Gesellschaft *f*

incorporation *(AE) (Recht)* Eintragung *f* als Aktiengesellschaft, Gründung *f (of a company)*

Incoterms *s.* international commercial terms

increase *v* **capital** *(Fin)* das Kapital erhöhen

increase *(Gen)* Anstieg *m*, Aufstockung *f*, Erhöhung *f*, Steigerung *f*, Vergrößerung *f*, Zunahme *f*, Zuwachs *m*

increase in employment *(Pers)* Zunahme *f* der Beschäftigung, Beschäftigungsausweitung *f*, Ausweitung *f* der Beschäftigung, Beschäftigungsanstieg *m*, Beschäftigungszunahme *f*

increase in purchasing power *(V&M, WiWi)* Kaufkraftzuwachs *m*, Kaufkraftgewinn *m*

increase in unemployment *(Soz, WiWi)* Anstieg *m* der Arbeitslosigkeit, Zunahme *f* der Arbeitslosigkeit, Anwachsen *n* der Arbeitslosigkeit

increasing *(Gen)* Anheben *n*, Anwachsen *n*

increasing opportunity costs law *(WiWi)* Gesetz *n* der steigenden Opportunitätskosten

increasing returns to scale *(WiWi)* zunehmende Skalenerträge *mpl*

increment *(Gen)* Wertzuwachs *m*, Zunahme *f*, Steigerung *f*, Aufschlag *m*; Zuwachs *m (marginal change in the value of a variable)* • **annual increment** *(Gen)* jährlicher Zuwachs

incremental *adj* 1. *(Comp)* anwachsend, inkremental; 2. *(Gen)* inkremental *(cost)*; 3. *(Steuer)* inkremental

incremental cost 1. *(RW)* Grenzkosten *pl (synonymous: marginal cost)*; 2. *(WiWi)* entscheidungsrelevante Kosten *pl*, relevante Kosten *pl*, zielbedeutsame Kosten *pl*, zweckerhebliche Kosten *pl*, Differenzkosten *pl (synonymous: relevant costs, differential costs, alternative cost; Bereitstellung relevanter, zweckneutraler Kosten für die entscheidungsorientierte Kostenrechnung - functional accounting - insbesondere die Einzelkosten- und Grenzplankostenrechnung; cf relevant costs)*

incur *v (Gen)* verursachen

incur *v* **debts** *(Bank)* Schulden machen

incurred *adj (RW)* entstanden *(expenses)*

indebted *adj (WiWi)* verschuldet

indemnification 1. *(Versich)* Schadloshaltung *f*; 2. *(Recht)* Wiedergutmachung *f*

indemnification payments *(Pol)* Wiedergutmachungsleistungen *fpl*

indemnify *v* 1. *(Fin, Gen)* abfinden; 2. *(Versich)* entschädigen, Schaden(s)ersatz leisten, sichern, sicherstellen

indemnity 1. *(Versich)* Entschädigung *f*, Haftungsfreistellung *f*; 2. *(Recht)* Abfindung *f*, Schadloshaltung *f*, Haftungsausschluss *m*

indemnity payment *(Versich)* Zahlung *f* der Versicherungssumme

indent *v* 1. *(Comp, Media)* einziehen, einrücken *(indent a line to mark a new paragraph)*; 2. *(Imp/Exp)* (im Ausland) bestellen, (im Ausland) ordern *(Güter)*; 3. *(Recht)* in (bestimmter) Ausfertigung aufsetzen *(draw up a legal document in exact duplicate; Urkunde, Rechtsdokument in zweifacher, dreifacher, mehrfacher Ausfertigung)*

indention *(Comp, Media)* Einrückung *f*, Einzug *m*

indenture *(Börse)* Anleihevertrag *m*

independent auditor *(RW)* außerbetriebliche(r) Revisor(in) *m(f)*, außerbetriebliche(r) Wirtschaftsprüfer(in) *m(f)*

independent inquiry *(Recht)* unabhängige Untersuchung *f*

independent taxation *(BE) (Steuer)* selbstständige Besteuerung *f*

independent variable *(Stat)* unabhängige Variable *f*

indeterminate obligation *(Recht)* Gattungsschuld *f*

index *v* 1. *(Comp, Steuer, WiWi)* indexieren; 2. *(Stat)* indizieren

index 1. *(Comp)* Index *m*, Verzeichnis *n*; 2. *(Börse, Gen)* Index *m*

index-card file *(Admin)* Kartei *f*

index clause *(Gen, Recht)* Wertsicherungsklausel *f*, Indexklausel *f*

index figure *(WiWi)* Messziffer *f*

index linking *(Pers, WiWi)* Indexbindung *f*

index number 1. *(Gen, WiWi)* Kennziffer *f*; 2. *(Stat)* Messzahl *f*, Indexzahl *f*, Indexziffer *f*, Messgröße *f*, Messziffer *f*

index of lagging indicators *(Fin)* Index *m* der Spätindikatoren
index of leading indicators 1. *(Fin)* Index *m* führender Indikatoren, Index *m* der Frühindikatoren; 2. *(Börse)* Trendbarometer *n* der US-Wirtschaft
index point *(Börse)* Indexpunkt *m*
index price *(Börse)* Indexpreis *m*
indexation 1. *(WiWi)* Indexierung *f*; 2. *(Pers)* Indexbindung *f*
indexed *adj (Stat)* indiziert
indexed pay *(Pers)* Indexlohn *m*
indexing 1. *(WiWi)* Indexbindung *f*; 2. *(Börse)* Indexierung *f*
indicative exchange rate *(Bank, WiWi)* Referenzkurs *m*
indicator *(WiWi)* Indikator *m*
indicator of economic sentiment *(WiWi)* Indikator *m* der wirtschaftlichen Einschätzung
indicator of industrial confidence *(Ind, WiWi)* Indikator *m* für das Vertrauen der Wirtschaft
indifference curve *(WiWi)* Indifferenzkurve *f*
indigenous worker *(Pers)* einheimischer Arbeitnehmer *m*, einheimische Arbeitnehmerin *f*, einheimische Arbeitskraft *f*
indirect *adj (Gen)* indirekt
indirect costs *(Fin, RW, WiWi)* indirekte Kosten *pl*
indirect demand *(WiWi)* abgeleitete Nachfrage *f*
indirect financing *(Fin)* Umwegfinanzierung *f*
indirect labor costs *(AE) s.* indirect labour costs
indirect labour costs *(BE)* 1. *(RW)* indirekte Lohnkosten *pl*, Lohngemeinkosten *pl*; 2. *(WiWi)* Fertigungsgemeinkosten *pl*
indirect production *(WiWi)* Umwegproduktion *f*
indirect tax *(Steuer)* indirekte Steuer *f*
indirect taxation *(Steuer)* indirekte Besteuerung *f*
individual *(Gen)* Einzelperson *f*
individual assessment *(Admin)* Einzelbewertung *f*
individual insolvency *(BE) (Recht)* Insolvenz *f* der natürlichen Personen, Insolvenz *f* privater Haushalte, Insolvenz *f* von Privatpersonen; Privatkonkurs *m*
individual proprietor *(Gen)* Einzelunternehmer *m*, Einzelunternehmerin *f* *(synonymous: sole trader, proprietor)*
individual right of action *(Recht)* individuelles Klagerecht *n*
individual safe custody of securities *(Fin)* Streifbanddepot *n*
indivisibility *(WiWi)* Unteilbarkeit *f*
indorse *s.* endorse
induce *v (Fin, WiWi)* induzieren
induced demand *(WiWi)* induzierte Nachfrage *f*
induced draft *(Fin)* induzierter Wechsel *m*
inducement 1. *(Gen)* Anreiz *m*; 2. *(Recht)* Verleitung *f*
inducement mechanism *(WiWi)* Leistungsanreizmechanismus *m*
inducement to circumvent the regulations *(Bank, Recht)* Umgehungsanreiz *m*
induct *v (Pers)* einführen
induction 1. *(Gen)* Induktion *f*, Einarbeitung *f*; 2. *(Pers)* Einführung *f*
inductive reasoning *(Mgt)* induktives Denken *n*
industrial *adj* 1. *(Gen)* gewerblich, industriell; 2. *(Börse, Ind)* industriell
industrial accident *(Pers)* Arbeitsunfall *m*, Betriebsunfall *m*
industrial action 1. *(WiWi)* Arbeitskampf *m*; 2. *(Gen, Ind, Pers)* Arbeitskampf *m*, Streik *m*
industrial capacity *(Ind)* Produktionskapazität *f*
industrial classification *(WiWi)* Wirtschaftszweigsystematik *f*
industrial conflict *(Pers)* Arbeitskonflikt *m*
industrial cost accounting *(RW)* Betriebsabrechnung *f*, periodische Kostenrechnung *f* *(synonymous: internal cost accounting, periodical cost accounting, operating cost and revenue statement)*
industrial court *(Pers, Recht)* Arbeitsgericht *n* *(synonymous: industrial relations tribunal)*
industrial disease *(Pers)* Berufskrankheit *f*
industrial engineering *(Ind)* Betriebstechnik *f*, Fertigungsorganisation *f*, In-

dustrial Engineering *n*, Fertigungsvorbereitung *f (production planning)*; Industriebetriebslehre *f (theory)*

industrial enterprise, **industrial establishment** *(Ind)* Industrieunternehmen *f*, Industriebetrieb *m*

industrial espionage 1. *(Gen)* Betriebsspionage *f*; 2. *(Ind)* Industrie..., Werks..., Wirtschaftsspionage *f*

industrial estate 1. *(Ind)* Industriegebiet *n*, Industriegelände *n*, Industriezone *f*; 2. *(Grund)* Gewerbefläche *f*, Gewerbegebiet *n*, Gewerbepark *m*, Industriepark *m*

industrial firm *(Ind)* Industrieunternehmen *f*, Industriebetrieb *m*

industrial inertia *(Ind)* industrielle Flaute *f*

industrial injury *(Pers)* Berufsunfall *m*, Arbeitsunfall *m*, Unfall *m* am Arbeitsplatz

industrial law *(BE) (Pers, Recht)* Arbeitsrecht *n*

industrial marketing *(V&M)* Investitionsgüter-Marketing *n*

industrial output *(Ind)* Industrieproduktion *f*

industrial peace *(Pers)* Arbeitsfrieden *m*

industrial product 1. *(Gen)* Zwischenprodukt *n*; 2. *(Ind)* gewerbliches Erzeugnis *n*, Industrieerzeugnis *n*

industrial property *(Gen, Pat)* gewerbliches Eigentum *n*, gewerbliche Schutzrechte *npl*

industrial property protection *(Pat, Recht)* gewerblicher Rechtsschutz *m*

industrial relations tribunal *(Pers, Recht)* Arbeitsgericht *n (synonymous: industrial court)*

industrial safety 1. *(Admin)* Arbeitssicherheit *f*; 2. *(Pers)* Arbeitsschutz *m*, Betriebssicherheit *f*; 3. *(Ind)* Betriebssicherheit *f*

industrial security 1. *(Fin)* Industriewert *m (shares)*; 2. *(Pers)* Betriebssicherheit *f (safety)*

industrial settlement *(WiWi)* Industrieansiedlung *f*, Ansiedlung *f* von Industrien

industrial statistics *(WiWi)* Industriebericht *m*

industrial tribunal *(BE) (Pers, Recht)* Arbeitsgericht *n*, gewerbliches Schiedsgericht *n*

industrialized country *(Ind, WiWi)* Industrieland *n*, Industriestaat *m*

industry 1. *(WiWi)* Industrie *f*, Wirtschaftszweig *m*; 2. *(Gen)* Tüchtigkeit *f (efficiency)*; 3. *(Ind)* Industrie *f*, Branche *f*, Gewerbe *n (sector)* • **at industry level** *(Ind)* auf Wirtschaftszweigebene, auf Industrieebene

industry leader *(V&M)* Branchenführer *m*

industry sector *(Ind, WiWi)* Branchenbezeichnung *f*

industry-wide wage agreement *(Pers)* Branchentarifvertrag *m*

inefficiency *(WiWi)* Ineffizienz *f*, Unwirtschaftlichkeit *f*

inelastic demand *(WiWi)* unelastische Nachfrage *f*

inelastic supply *(WiWi)* unelastisches Angebot *n*

inertia *(V&M)* Trägheit *f*

inexhaustible *adj (Umwelt)* unerschöpflich *(natural resources)*

inexpedient *adj (Gen)* unzweckmäßig

infant industry *(Ind, WiWi)* junger Wirtschaftszweig *m*, schutzzollbedürftige Industrie *f*

inferior *adj (Gen)* untergeordnet

inferior goods *(WiWi)* inferiore Güter *npl*

inflate *v* 1. *(WiWi)* hochtreiben, inflationieren, steigern, aufblähen, übermäßig steigern; 2. *(Gen)* überhöhen

inflation *(WiWi)* Geldentwertung *f*, Inflation *f*

inflation-adjusted income *(WiWi)* inflationsbereinigtes Einkommen *n*

inflation illusion *(WiWi)* Geldillusion *f*

inflation rate *(WiWi)* Inflationsrate *f*

inflation targeting *(WiWi)* Inflationssteuerung *f*, direkte Inflationssteuerung *f*

inflation tax 1. *(WiWi)* Inflationsgewinn *m* des Staates, inflationsinduzierter Gewinn *m* des Staates; 2. *(Steuer)* Inflationssteuer *f*

inflationary *adj (WiWi)* inflationär

inflationary gains *(WiWi)* Inflationsgewinne *mpl*

inflexible price *(WiWi)* starrer Preis *m*

inflow of capital *(Fin, RW, WiWi)* Kapitalzufluss *m*

inflow of ethnic Germans *(Pol)* Übersiedlerstrom *m*

inflow of funds *(Fin, RW, WiWi)* Kapitalzufluss *m*
inflow of orders *(Gen)* Auftragseingang *m*
inflow of unemployed *(Pers)* Zugang *m* an Arbeitslosen
influence *v (Gen)* einwirken auf, beeinflussen
influx of ethnic Germans *(Pol)* Übersiedlerstrom *m*
info *(Abk. für 2. information)* 1. *(Comp, Komm)* info *(*.info, top-level domain for information sites; Top-Level Domain für Informationsangebote)*; 2. *(Gen) (ugs.)* Info *(Information)*; *(ugs.)* Infos *(Informationen)*; Benachrichtigung *f*, Verständigung *f*
informal *adj (Gen)* formlos, informell *(unstructured)*; inoffiziell, nicht förmlich *(unofficial)*; zwanglos, ungezwungen *(casual)*
informal economy *(WiWi)* Schattenwirtschaft *f*, informelle Wirtschaft *f*
informal sector *(WiWi)* informeller Sektor *m*, Schattenwirtschaft *f*
informatics *(Comp)* Informatik *f*
information *(Gen)* Information *f*, Info, Informationen, Infos, Benachrichtigung *f*, Verständigung *f*
information and communication technology *(Komm, WiWi)* Informations- und Kommunikationstechnologie *f (IKT)*
information highway *(Comp) (jarg.)* Datenautobahn *f*
information processing *(Comp)* Informationsbearbeitung *f*, Informationsverarbeitung *f*
information science *(Bil, Comp)* Informatik *f*, Informatikwissenschaft *f*
information scientist *(Comp, Pers)* Informatiker(in) *m(f)*
information society *(Gen, Komm)* Informationsgesellschaft *f*, E-Society *f*
information technology *(Comp, Ind)* Informationstechnik *f*, IT, Informationstechnologie *f*
informative labeling *(AE) (V&M) s.* informative labelling
informative labelling *(BE) (V&M)* Herkunftsbezeichnung *f*, Ursprungsauszeichnung *f (country of origin)*
informed decision *(Mgt)* sachkundige Entscheidung *f*
infrastructure facility [installation] *(Ind, Pol)* Infrastruktureinrichtung *f*
infringe *v* 1. *(Recht)* vergehen gegen, verstoßen gegen, verletzen *(rule)*; 2. *(Pat)* verletzen *(copyright)*
inherent strength *(Gen, Pers)* innere Stärke *f*
inheritance 1. *(Fin)* Erbschaft *f*; 2. *(Recht)* Erbfall *m*, Erbe *n*
inheritance, legacies or donations *(Recht)* Erbschaft *f*, Vermächtnis *n* oder Schenkung *f*
inheritance tax return *(Steuer)* Erbschaftssteuererklärung *f*
inherited burden *(Gen, Recht)* Erblast *f*, Altlast *f*
inherited burdens *(WiWi)* Altlasten *fpl*
inhibit *v (Gen)* behindern, hemmen, sperren, unterbinden
initial *adj (Gen)* anfänglich
initial deposit *(Börse)* Einschuss *m*
initial investment *(Fin)* Anfangsauszahlung *f*
initial outlay *(RW)* Anschaffungskosten *pl*
initial placing of securities *(Börse)* Erstplatzierung *f*
initial public offering *(IPO) (AE) (Bank, Fin)* Börsengang *m*, Gang *m* an die Börse, Börseneinführung *f*, Aktienerstemission *f*, öffentliches Erstzeichnungsangebot *n (synonymous: BE flotation; erstmalige Aktieneinführung)*
initial-stage financing *(Fin)* Startphasenfinanzierung *f*, Anfangsfinanzierung *f*
initial stages *(Ind, WiWi)* Anlaufzeit *f*
initial vocational training *(Pers)* berufliche Erstausbildung *f*
injection *(WiWi)* Geldzuschuss *m*, Injektion *f*
injection of fresh funds *(Fin, RW)* Kapitalzuführung *f* von außen, *(ugs.)* Kapitalspritze *(synonymous: injection of capital; corporate view: procurement of outside capital)*
injection of funds *(Fin, Gen)* Zuführung *f* von Mitteln, *(jarg.)* Finanzspritze *f*, zusätzliche Mittel *npl*, *(jarg.)* frisches Geld *n*

injection of new capital *(WiWi) (ugs.)* Kapitalspritze *f*, Kapitalzuführung *f*
injection of new funds *(Fin, RW)* s. injection of fresh funds
injured party *(Recht)* Geschädigte(r) *f(m)*, Verletzte(r) *f(m)*
inland *adj (Imp/Exp, Transp)* inländisch, Binnen..., Inland...
inland postage *(Komm)* Inlandsporto *n*
Inland Revenue *(BE) (Steuer)* Steuerbehörde *f*
Inland Revenue Office *(BE) (Steuer)* Finanzamt *n*
innovation *(Ind, Pat, V&M)* Innovation *f*, Neuentwicklung *f*, Neuerung *f*
input *v (Comp, Komm)* eingeben *(data, text)*
input 1. *(Comp, Komm)* Eingabe *f (of data, text)*; Eingabefeld *n (field, box)*; 2. *(Gen)* Einsatz *m*, Eingabe *f*, Input *m*; 3. *(Steuer)* Eingangsumsatz *m*, Eingangsleistung *f*
input cost *(RW)* Eingabekosten *pl*
input market *(WiWi)* Faktormarkt *m*
input-output-table *(Comp, Fin, Stat, WiWi)* Eingabe-Ausgabe-Tabelle *f*, Input/Output-Tabelle *f*
input tax *(Steuer)* Vorsteuer *f*
inputs *(WiWi)* Einsatzgüter *npl*, Produktionsfaktoren *mpl*
inquiry *(Pers, Stat)* Erhebung *f*, Befragung *f*
inquiry committee *(Pers, Recht)* Untersuchungsausschuss *m*
inquiry period *(Pers, Stat)* Erhebungszeitraum *m*, Befragungszeitraum *m*
insertion *(V&M)* Platzierung *f*
inside *(Gen)* innerhalb
inside director *(Mgt)* Inside Director *m(f)*, Executive Director *m(f) (Mitglied des Board of Directors mit einem Anstellungsvertrag des Unternehmens; Gegensatz: ehrenamtliche Outside Directors = Non-Executive Directors ohne Geschäftsbereich, jedoch mit Kontroll- und Überwachungsfunktion)*
inside information *(Gen)* Informationen *fpl* aus erster Hand, Insiderinformation *f*, Interna *pl (confidential)*
insider dealing *(Börse, Fin)* Insidergeschäfte *npl*, Insiderhandel *m*
insolvency *(Bank, Gen)* Insolvenz *f*, Zahlungsunfähigkeit *f*; Konkurs *m (bankruptcy; opposite: solvency, solvability = Zahlungsfähigkeit)*
Insolvency Act *(Recht)* Insolvenzgesetz *n*
Insolvency Code *(Recht)* Insolvenzordnung *f*
insolvency decision *(Recht)* Insolvenzentscheidung *f*
insolvency judgment *(Recht)* Insolvenzeröffnung *f*, Insolvenzentscheidung *f*
insolvency law *(Recht)* Insolvenzrecht *n*
insolvency of individuals *(BE) (Recht)* Insolvenz *f* der natürlichen Personen, Insolvenz *f* privater Haushalte
insolvency petition *(Recht)* Insolvenzantrag *m*
insolvent *adj (Bank, Fin, Recht, RW)* zahlungsunfähig, insolvent
inspect *v* 1. *(Gen)* prüfen *(cf check, monitor)*; kontrollieren *(thorough examination e. g. customs or of a car)*; untersuchen; 2. *(Recht)* einsehen *(files, Akten)*; inspizieren
inspection *(Gen)* Prüfung *f*, gründliche Überprüfung *f*, Kontrolle *f (thorough examination, e. g. car inspection)* • **on inspection** *(Gen)* zur Ansicht *(checking)*
inspection of records *(Recht)* Akteneinsicht *f*
installment *(AE) (Bank, Fin) s.* instalment
instalment *(BE) (Bank, Fin)* Rate *f*, Teilzahlung *f* • **in instalments** *(Bank, Fin)* in Raten • **on the instalment plan** *(Fin)* auf Abzahlungsbasis, auf Raten
instance/in the first *(Gen)* an erster Stelle
instant dismissal *(Pers)* fristlose Entlassung *f*
instant messenger *(Komm)* Programm *n* für Sofort-Nachrichten, Instant-Messenger *m*
institution *(Gen)* Institution *f*
institution incorporated under public law *(Recht)* Anstalt *f* des öffentlichen Rechts
institution of higher education *(Pers)* höhere Lehranstalt *f*; Hochschule *f*
institutional economics *(WiWi)* Institutionenökonomik *f*
instruct *v* 1. *(Gen)* beauftragen, anwei-

sen; 2. *(Recht)* instruieren, belehren *(jury)*

instruction 1. *(Comp)* Befehl *m (program)*; 2. *(Gen)* Anweisung *f*, Instruktion *f*; 3. *(Pers)* Ausbildung *f (training)*; 4. *(Recht)* Instruktion *f*, Belehrung *f (jury)*; 5. *(Pol)* Weisung *f (directive)*

instruction to pay *(BE) (Bank, RW)* Zahlungsanweisung *f*

instructive *(Gen)* aussagekräftig

instructor *(Pers)* Ausbilder(in) *m(f)*

instrument 1. *(Bank)* Handelspapier *n*; 2. *(Fin)* Dokument *n*; 3. *(Gen)* Instrument *n*; 4. *(Ind)* Instrument *n*

instrument variable *(WiWi)* Instrumentenvariable *f*

instrumentality *(Fin)* Zweckdienlichkeit *f*

insufficient funds *(Fin)* ungenügende Deckung *f*

insurable *adj (Versich)* versicherbar, versicherungsfähig

insurance *(RW, Versich)* Versicherung *f*, Vers.

insurance benefit *(Versich)* Versicherungsleistung *f*

insurance charge *(Versich)* Versicherungskosten *pl*

insurance claim *(Versich)* Versicherungsanspruch *m*

insurance company *(Versich)* Versicherer *m*, Versicherungsgesellschaft *f*

insurance cover *(BE) (Versich)* Deckung *f*, Deckungsumfang *m*, Versicherungsschutz *m*

insurance coverage *(AE) (Versich)* Deckung *f*, Deckungsumfang *m*, Versicherungsschutz *m*

insurance payable at death *(AE) (Versich)* Lebensversicherung *f* auf den Todesfall, Todesfallversicherung *f*

insurance regulator *(Versich)* Versicherungsaufseher *m*, Versicherungsaufsicht *f*

insurance supervisor *(Versich)* Versicherungsaufseher *m*, Versicherungsaufsicht *f*

insured *adj (Versich)* versichert • **the insured** *(Versich)* die versicherte Person *f*, der Versicherte *m*, die Versicherte *f*

insurer *(Versich)* Versicherer *m*, Assekurant *m*

intake 1. *(Gen)* Eingang *m (of new orders)*; 2. *(Soz)* Zugang *m (of students)*

intake capacity *(Pers)* Aufnahmekapazität *f*

intangible *adj (Fin, Recht, RW, WiWi)* immateriell

intangible assets *(Fin, RW)* immaterielle Aktiva *pl*, immaterielle Vermögenswerte *mpl*, immaterielle Vermögensgegenstände *mpl*, immaterielle Wirtschaftsgüter *npl*, immaterielles Vermögen *n (synonymous: intangibles)*

intangible fixed assets *(Fin, RW)* immaterielles Anlagevermögen *n*

intangible property *(RW)* immaterielles Vermögen *n*

intangible value *(RW)* immaterieller Wert *m*

integer *(Stat)* ganze Zahl *f (opposite: fraction = Bruch = gebrochene Zahl)*

integral part *(Gen)* wesentlicher Bestandteil *m*

integrate *v (Gen)* eingliedern, integrieren, verflechten

integrate *v* **into working life** *(Pers, Soz)* in das Erwerbsleben eingliedern [integrieren], in das Arbeitsleben eingliedern [integrieren]

integrated circuit *(Comp)* integrierter Schaltkreis *m*, IS

integration into employment *(Pers, Soz)* berufliche Eingliederung *f*

integration into working life *(Pers, Soz)* Eingliederung *f* in das Erwerbsleben

intellectual property rights *(Pat, Recht)* gewerblicher Rechtsschutz *m*, gewerbliche Schutz- und Urheberrechte *npl*, Schutz *m* geistigen Eigentums

intellectual work *(Pers)* geistige Arbeit *f*

intended *adj (Recht)* beabsichtigt; vorsätzlich *(by design, planned)*

intensify *v (Gen)* intensivieren, verschärfen

intent *(Recht)* Absicht *f*

intent to realize a profit *(Mgt, Steuer)* Gewinnerzielungsabsicht *f*, Gewinnziel *n (einkommensteuerliche Gewinnerzielungsabsicht, ein Ausschlusskriterium der sog. Liebhaberei)*

intention *(Recht)* Absicht *f*

intention of the contracting parties *(Recht)* Vertragswille *m* der Parteien

intention to deceive *(Recht)* Arglist *f*, arglistige Täuschung *f*
intention to earn income *(Recht, Steuer)* Einkünfteerzielungsabsicht *f (die Absicht, mit seiner Tätigkeit einen steuerpflichtigen Überschuss zu erzielen, eine Voraussetzung der Steuerpflicht und damit der steuerlichen Absetzbarkeit von Verlusten)*
intentional *adj (Recht)* beabsichtigt; vorsätzlich
intentionally *adv (Recht)* vorsätzlich
inter-bank *adj (Bank)* institutsübergreifend
inter-company *(Gen, WiWi)* zwischenbetrieblich
inter-firm comparison *(Mgt)* zwischenbetrieblicher Vergleich *m*
interaction *(Pol, WiWi)* Wirkungszusammenhang *m*, Wechselwirkung *f*
interactive *adj (Comp, Gen)* interaktiv
interactive access *(Komm)* interaktiver Zugriff *m*
interactive system *(Comp)* Dialogsystem *n*
interactive television *(Komm, Media)* interaktives Fernsehen *n (iTV)*
interbank business *(Bank, Fin, WiWi)* Interbankengeschäft *n*
interbank market *(Bank, WiWi)* Interbankenmarkt *m*
interbank money market *(Bank)* Interbank-Geldmarkt *m*
interbank offered rate *(Bank, WiWi)* Interbankenangebotssatz *m*
interbank operations *(Bank)* Interbankenhandel *m*
interbank rate *(Bank, WiWi)* Interbankenrate *f*, Refinanzierungszins *m* einer Bank, Tagesgeldsatz *m*
interchange *(Gen)* Austausch *m*
interchange of know-how *(Gen)* Erfahrungsaustausch *m*
interchangeable *adj (Gen)* austauschbar
intercompany *(Gen)* zwischenbetrieblich; konzernweit *(intergroup)*
intercompany clearing account *(RW)* Konzern-Verrechnungskonto *n*
intercompany prices *(RW)* Konzern--Verrechnungspreise *mpl*
interdepartmental *adj (Admin)* abteilungsübergreifend
interdepartmental settlement *(Recht)* interministerielle Regelung *f*
interdependence *(Gen)* gegenseitige Abhängigkeit *f*, Interdependenz *f*, Verflechtung *f*
interdependent economy *(WiWi)* interdependente Volkswirtschaft *f*, offene Volkswirtschaft *f*
interest *(int.)* 1. *(Bank, RW)* Zinsen *mpl*; 2. *(WiWi)* Zins *m*; 3. *(Fin)* Zins *m*; Beteiligung *f (holding)*; 4. *(Gen)* Zins *m (on borrowings)*; Interesse *n*, Anteil *m* • **and interest** *(Bank)* Stückzinsen, plus Stückzinsen *(bond prices on contract note, Vermerk auf einer Effektenabrechnung)*
interest accrued *(Bank)* Stückzinsen *mpl*
interest and similar receipts *(Bank, RW)* Zinsen *mpl* und zinsähnliche Erträge *mpl*, zinsähnliche Erträge *mpl*
interest-bearing *adj (Bank, Fin, RW)* zinstragend
interest-bearing bond *(Börse)* verzinsliche Schuldverschreibung *f*, verzinsliche Anleihe *f*
interest-bearing eligible liabilities *(BE) (Bank)* verzinsliche mindestreservepflichtige Einlagen *fpl*
interest burden *(RW)* Zinslast *f*
interest charge 1. *(RW)* Sollzinsen *mpl (on loan)*; 2. *(Fin)* Zinsbelastung *f*
interest coupon *(c., cp.) (Fin)* Zinsschein *m*, Zinskupon *m*, Kupon *m*; Nominalzins *m (synonymous: bond coupon, verbrieft als Zins- oder Dividendenschein den Zins- oder Dividendenanspruch des Inhabers)*
interest earned *(Bank)* Habenzinsen *mpl*, Zinsertrag *m*
interest formula *(Bank)* Zinsformel *f*
interest-free *adj (Bank, Fin)* zinsfrei
interest income *(Bank, Fin)* Zinseinkommen *n*, Zinseinkünfte *pl*
interest-induced *adj (Bank, WiWi)* zinsbedingt
interest paid *(RW)* Zinsaufwand *m*
interest penalty *(Bank)* Negativzins *m*, Strafzins *m*
interest rate *(Bank, Börse, Fin, RW, WiWi)* Zinsfuß *m*, Zinssatz *m*
interest rate ceiling *(Bank)* Höchstzins *m*
interest rate differential *(Bank)* Zinsgefälle *n*

interest rate exposure *(Bank, Fin)* Zinsrisiko *n*
interest rate future *(Börse)* Zinsterminkontrakt *mpl*
interest rate gap *(Fin, WiWi)* Zinsdifferenz *f*, Zinsschere *f*
interest rate instrument *(Börse)* Zinsinstrument *n*
interest rate range *(Bank, Börse, Fin, RW, WiWi)* Zinsspanne *f*
interest rate risk *(Bank, Fin)* Zinsrisiko *n*
interest rate terms *(Börse, Fin, WiWi)* Zinsbedingungen *fpl*
interest received *(Bank, RW)* Ertragszinsen *mpl*, Habenzinsen *mpl*, Zinsertrag *m*, Zinserträge *mpl*
interest-related product *(Bank, Fin)* Zinsprodukt *n*
interest roll-over date *(Bank)* Zinsanpassungsdatum *n*
interest spread *(Bank, Fin)* Zinsdifferenz *f*, Zinsspanne *f*, *(jarg.)* Zinsspread *m*
interest withholding tax *(Steuer) (Deu)* Zinsabschlagsteuer *f*, ZASt *f*; Zinsabgeltungssteuer *f*
interested party 1. *(Gen)* beteiligte Partei *f*; 2. *(Recht)* Beteiligte(r) *f(m)*
interface 1. *(Comp)* Interface *n*, Schnittstelle *f*; 2. *(Gen)* Schnittstelle *f*
interfere *v* **with** *(Recht)* beeinträchtigen, verletzen
interfirm pricing *(WiWi)* Verrechnung *f* von Konzernumlagen, System *n* der Konzernverrechnungspreise
intergenerational *(WiWi)* intergenerativ
intergenerational distribution of income *(WiWi)* intergenerative Einkommensverteilung *f*
intergenerational equity *(WiWi)* Generationenvertrag *m*
intergovernmental agreement *(Pol)* Regierungsabkommen *n*
intergroup *adj (Pers)* konzernintern
intergroup (transfer) prices *(RW)* Konzern-Verrechnungspreise *mpl*
interim *adj (Gen)* einstweilig, vorläufig
interim *(Gen, Pol)* Interim *n*, Zwischenzeit *f* • **in the interim** *(Gen)* einstweilig
interim audit *(Admin)* Zwischenaudit *n*
interim dividend *(Börse)* Abschlagsdividende *f*, Interimsdividende *f*, Zwischendividende *f*
interim financial statements *(RW)* Zwischenabschluss *m*
interim injunction *(Pat)* einstweilige Verfügung *f*
interim loan *(Bank)* Überbrückungskredit *m*, Zwischenkredit *m*
interim profit *(Bank, RW)* Zwischengewinn *m*
interim storage *(Umwelt)* Zwischenlagerung *f*
interindustry competition *(Ind, WiWi)* Inter-Branchen-Wettbewerb *m*
interlace *v (Gen)* verflechten
interlinked transaction *(WiWi)* Kopplungsgeschäft *n*
interlinking of capital *(WiWi)* Kapitalverflechtung *f*
interlocking *(Gen)* Verflechtung *f*
intermediary 1. *(Bank)* Durchleitungsbank *f*; 2. *(Gen)* Intermediär *m*, zwischengeschaltete Vertragspartei *f*, Mittelsmann *m*, Mittler *m*, Vermittler(in) *m(f)*
intermediary bank *(Bank)* zwischengeschaltete Bank *f*, Durchleitungsbank *f*
intermediary financing *(Bank, Fin)* Zwischenfinanzierung *f*
intermediary good *(Ind)* Vorprodukt *n*, Zwischenerzeugnis *n*
intermediary target *(Pol, WiWi)* Etappenziel *n*, mittelfristiges Ziel *n*
intermediary technology *(Ind)* weiche Technologie *f*
intermediate goods industry *(WiWi)* Vorleistungsgüterindustrie *f*
intermediate input *(WiWi)* Vorleistung *f* *(BOP)*
intermediate money *(Bank)* mittlere Geldmenge *f* M2 *(ECB)*
intermediation *(Fin)* Geldanlage *f* über Banken und Finanzinstitute
intern *(AE) (Pers)* Praktikant(in) *m(f)*
internal *adj (Gen)* Binnen..., Inland..., Inlands... *(within country)*; innerbetrieblich, intern, Innen... *(within organization)*
internal audit *(Gen, Mgt)* Innenrevision *f*, interne Revision *f*, interne Prüfung *f* *(synonymous: internal auditing; it is one of the principal concerns of an internal audit to ensure that internal controls work properly so that external auditors can have faith in the accounts produced*

by the company; umfasst Ordnungsmäßigkeitsprüfungen sowie die Prüfung der aufbau- und ablauforganisatorischen Zweckmäßigkeit betrieblicher Aufgabenerfüllung, Teil des IKS = Internes Kontrollsystem = internal control system)

internal audit department *(Mgt, RW)* Revisionsabteilung *f*, *(jarg.)* Revision *f*, Innenrevision *f*, Abteilung *f* interne Revision

internal border *(Pol)* Binnengrenze *f (EU)*

internal clock rate *(Comp)* interne Taktrate *f*, Systemtakt *m (system clock rate)*

internal consumption *(Umwelt, WiWi)* Inlandsverbrauch *m*

internal control (system) *(Gen, Mgt)* Internes Kontrollsystem *n*, IKS *n*, innerbetriebliche Überwachung *f*, innerbetriebliches Revisionssystem *n (synonymous: system of internal audits; designed to reassure the management of the integrity of its operations and to ensure that external auditors can have faith in the accounts produced; komplexes, gesamtbetriebliches internes Überwachungssystem einschließlich einer prozessunabhängigen internen Revision)*

internal cost accounting *(RW)* Betriebsabrechnung *f*, periodische Kostenrechnung *f (synonymous: industrial cost accounting, periodical cost accounting, operating cost and revenue statement)*

internal debt *(WiWi)* Inlandsschuld *f*, interne Schuld *f*

internal economy *(WiWi)* Binnenwirtschaft *f*

internal expansion *(WiWi)* internes Wachstum *n*

internal financing *(Fin)* interne Finanzierung *f*, Innenfinanzierung *f*; Selbstfinanzierung *f*

internal funds *(Bank, Fin)* Eigenfinanzierungsmittel *npl*

internal growth *(WiWi)* internes Wachstum *n*

internal labor market *(AE) (WiWi)* s. internal labour market

internal labour market *(BE) (WiWi)* (ein)heimischer Arbeitsmarkt *m*

internal lines of communication *(Mgt)* innerbetriebliche Kommunikationswege *mpl*

internal market *(WiWi)* Binnenmarkt *m*

internal price *(Gen, V&M)* Verrechnungspreis *m*

internal rate of discount *(RW, WiWi)* Kalkulationszinsfuß *m*

internal rate of return *(IRR) (Bank, Fin, WiWi)* interner Zinsfuß *m*

internal rate of return method *(Fin)* Interne-Zinsfuß-Methode *f (synonymous: discounted cash flow method)*; dynamische Methoden *f* der Investitionsrechnung *(synonymous: time-adjusted methods)*

internal rating-based approach *(IRB approach) (Bank)* Interner Rating-Ansatz *m*, IRB-Ansatz *m (risk assessment, Basel II)*

internal resources *(Fin, WiWi)* Eigenfinanzierungsmittel *npl*

internal revenue *(AE) (Steuer)* Steueraufkommen *n*, Steuereinnahmen *fpl*

Internal Revenue Authority *(AE) (Steuer)* (US-)Steuerbehörde *f*

internal trade *(WiWi)* Binnenhandel *m*

internal transactions *(RW)* Buchungsvorfälle *mpl*

internalization *(WiWi)* Internalisierung *f (of costs or benefits)*

internalize *v (WiWi)* internalisieren *(of costs or benefits)*

internally funded pensions *(Fin, Pers)* selbstfinanzierte (Betriebs-)Renten *fpl*

internally generated funds *(Fin, RW)* eigenerwirtschaftete Mittel *npl*, intern erwirtschaftete Geldmittel *npl*, selbsterwirtschaftete Mittel *npl*

international *adj (Gen)* international, int. • **at an international level** *(Gen)* auf internationaler Ebene • **on an international scale** *(Gen)* auf internationaler Ebene, weltweit

International Accounting Standards *(IAS) (Recht, RW)* International Accounting Standards *pl*, Internationale Rechnungslegungsgrundsätze *mpl* nach IAS *(heute meist: nach IAS/IFRS)*

international auditing standards *(RW)* internationale Grundsätze *mpl* der betriebsinternen Revision, internationale Prüfungsrichtlinien *fpl*

International Bank Account Number *(IBAN) (Bank)* internationale Bankkontonummer *f*, IBAN *f*, interBank-AccNr *f* *(ISO standard, für den internationalen Zahlungsverkehr standardisierte Kontonummer)*
International Bank for Reconstruction and Development *(IBRD) (Bank)* Internationale Bank *f* für Wiederaufbau und Entwicklung, IBWE, Weltbank *f*
International Court of Justice *(Recht)* Internationaler Gerichtshof *m*, IGH
international business *(Gen)* Auslandsgeschäft *n*
international business law *(Recht)* internationales Wirtschaftsrecht *n*
international commercial terms *(WiWi)* Incoterms *pl (internationale Regeln der Internationalen Handelskammer, Paris, für die Auslegung von Handelsklauseln)*
international department *(Fin, Pers)* Auslandsabteilung *f*
international division of labor *(AE)* *(Pers) s.* international division of labour
international division of labour *(BE)* *(Pers)* internationale Arbeitsteilung *f*
international driver's license *(AE) (Admin, Transp) s.* international driving licence
international driving licence *(BE) (Admin, Transp)* internationaler Führerschein *m*
International Financial Reporting Standards *(IFRS) (Acc, Fin) Internationale Standards der Abschlussberichterstattung, für kapitalmarktorientierte Muttergesellschaften bei der Erstellung des Konzernabschlusses; EU--weit verbindlich vorgeschriebene Rechnungslegungsgrundsätze des IASB = International Accounting Standards Board, die auch die von der Vorgängerorganisation, dem IASC = International Accounting Standards Committee, erarbeiteten IAS mit einschließen und von den US-Wertpapieraufsichtsbehörden ohne Überleitungsrechnung auf US-GAAP anerkannt werden*
International Labour Office *(Pers)* Internationales Arbeitsamt *n*, IAA *(UN)*
International Labour Organization *(Ind)* Internationale Arbeitsorganisation *f*, IAO *(UN)*
international law *(Recht)* Völkerrecht *n*
international law firms *(Recht)* internationale Anwaltskanzleien *fpl*
international liquidity *(WiWi)* internationale Liquidität *f*, Weltwährungsreserven *fpl*
International Monetary Fund *(WiWi)* Internationaler Währungsfonds *m*, IWF
international monetary system *(WiWi)* Weltwährungssystem *n*
international money draft *(Bank)* Auslandsgeldanweisung *f*
international money order *(Bank, Komm)* Auslandspostanweisung *f*
International Organization for Standardization *(ISO) (Gen)* Internationale Organisation *f* für Normung, ISO
international payment order *(Bank)* internationaler Zahlungsauftrag *m*
international payments *(Bank, WiWi)* internationaler Zahlungsverkehr *m*
international registration *(Pat)* internationale Eintragung *f*
international reply coupon *(Komm)* internationaler Antwortschein *m* für Postsendungen
international sales contract *(Recht)* Auslandsliefervertrag *m*
international securities identification number *(Bank, Börse)* Internationale Wertpapier-Identifikationsnummer *f*
international standard *(Gen, Ind, Umwelt)* internationale Norm *f*
International Standard Book Number *(Media)* internationale Standardbuchnummer *f*, ISBN
International Standard Industrial Classification of all Economic Activities *(AE) (Ind)* Internationale Systematik *f* der Wirtschaftszweige
international trade *(Gen)* Außenhandel *m*, Welthandel *m*
international trade organization *(Gen)* internationale Außenhandelsorganisation *f*
international trade policy *(WiWi)* internationale Handelspolitik *f*
international treaty *(Recht)* internationales Abkommen *n*, Staatsvertrag *m*
Internet *(Comp, Komm)* Internet *n* *(worldwide connected computer networks)*

internet access *(Comp, Komm)* Internet--Zugang *m*

internet advertising *(Comp, Komm)* Internet-Werbung *f*

internet applications *(Comp, Komm)* Internet-Anwendungen *fpl*

internet-based payment *(Bank, Comp)* Bezahl(ungs)vorgang *m* im Internet, Internet-basierter Bezahl(ungs)-vorgang *m*, Internet-basierte Zahlung *f*, Internet-gestützte Zahlung *f*

internet broadcast *(Comp, Komm)* Internet-Sendung *f*, Webcast *m*

internet-capable services *(Comp, Komm)* internetfähige Dienstleistungen *fpl*

internet community *(Komm)* Netzgemeinde *f*

internet content *(Comp, Komm)* Internet-Inhalte *mpl*

internet crime *(Comp, Recht)* Internet--Kriminalität *f*, Netz-Kriminalität *f*, Computer-Kriminalität *f*, Cybercrime *n*

internet domain *(Comp, Komm)* Internet-Domain *f*, Internet-Domäne *f*

internet economy *(Komm, V&M)* Internet-Wirtschaft *f*, Netzwirtschaft *f*

internet flat rate *(Comp, Komm, V&M)* Internetpauschale *f*, Internet-Flatrate *f*

internet home *(Comp, Komm)* Internet--Haus *n*

internet house *(Comp, Komm)* Internet--Haus *n*

internet page *(Comp, Komm, V&M)* Webseite *f (web page)*; Internet-Seite *f*

internet-positive *adj (Komm)* Netz-affin

internet presence *(Frei, Komm, Media)* Internetpräsenz *f*, Internet-Auftritt *m*, Web-Auftritt *m*

internet provider *(Comp, Gen, Komm)* Internet-Anbieter *m*

internet query *(Comp, Komm)* Internet--Abfrage *f*

internet ready *adj (Komm)* Internet--ready, Internet-tauglich *(suitable for Internet use)*

internet services *(Komm, V&M)* Internet--Dienste *mpl*

internet site *(Komm, V&M)* Website *f*, Internet-Standort *m (website)*

internet telephony *(Komm)* Internet-Telefonie *f*

internet television *(Komm)* Internet--Fernsehen *n*

internet user *(Comp, Komm)* Internet-anwender(in) *m(f)*, Internet-Nutzer(in) *m(f)*

internship *(Pers)* Praktikum *n*, Praktikumsplatz *m*

interoffice dealings *(Börse)* Telefonhandel *m*, Telefonverkehr *m*

interoffice trading *(Börse)* Telefonhandel *m*, Telefonverkehr *m*

interpersonal utility comparison *(WiWi)* interpersoneller Nutzenvergleich *m*

interpolation *(Stat)* Interpolation *f*

interpret *v* 1. *(Komm)* dolmetschen *(translate language)*; interpretieren, auslegen *(understand)*; 2. *(Comp)* auswerten *(programming)*; 3. *(Gen)* auswerten *(evaluate)*; 4. *(Recht)* auslegen

interpretation 1. *(Comp)* Auswertung *f*; 2. *(Gen)* Interpretation *f*; 3. *(Recht)* Auslegung *f* • **give a loose interpretation of sth** *(Gen)* etw. weit interpretieren

interpretative regulations *(Recht)* Auslegungsrichtlinien *fpl*

interpreter *(Komm)* Dolmetscher(in) *m(f)* *(of languages)*

interpretive regulations *(Recht)* Auslegungsrichtlinien *fpl*

interrelationship *(Pol, WiWi)* Wirkungszusammenhang *m*, Wechselwirkung *f*

interservice *adj (Admin, Gen)* dienststellenübergreifend

interstate highway *(Frei)* Autobahn *f* *(toll-free)*

interurban *adj (WiWi)* städteverbindend

intervene *v (Fin, Pers, Pol, WiWi)* eingreifen, intervenieren

intervention *(Fin, Pers, Pol, WiWi)* Intervention *f*

intervention currency *(Fin, WiWi)* Interventionswährung *f*

intervention obligation *(Pol, WiWi)* Interventionsverpflichtung *f*

intervention rate *(Fin, WiWi)* Interventionskurs *m*

interview *v (Pers)* Vorstellungsgespräch führen, befragen

interview *(Pers)* Einstellungsgespräch *n*, Interview *n*

interviewee *(Pers)* Befragte(r) *f(m)*, Proband(in) *m(f)*

interviewer bias *(V&M)* Vorurteil *n* des Interviewers
intestate *adj (Recht)* testamentslos, ohne Testament
intra-Community trade *(WiWi)* innergemeinschaftlicher Handel *m*
intra-day *adj (Bank, Fin)* gleichtägig *(transaction, credit, value date, e. g. intraday liquidity = Innertagesliquidität)*
intra-EU trade *(WiWi)* Binnenhandel *m*, innergemeinschaftlicher Handel *m*
intra-group *(Gen, Mgt)* konzernintern
intra-industry trade *(Ind)* brancheninterner Handel *m*
intracompany transfer price *(WiWi)* innerbetrieblicher Verrechnungspreis *m*; Schattenpreis *m*
intraday credit *(Bank)* Innertageskredit *m*
intradepartmental *adj (Admin)* abteilungsintern
intragenerational *adj (Soz, WiWi)* generationengerecht
intragovernmental *adj (Admin, Pol)* regierungsintern
intragroup *adj (Pers)* konzernintern
intraindustrial *adj (Ind)* branchenintern
intrinsic motivation *(Pers)* innere Motivation *f*
intrinsic stability *(Bank, WiWi)* innere Stabilität *f*
intrinsic strength *(Pol, WiWi)* innere Stärke *f*
intrinsic value *(Fin, WiWi)* innerer Wert *m*, Substanzwert *m*, Sachwert *m*
introduce *v* 1. *(Gen)* einführen; 2. *(Pol, Recht)* vorlegen *(draft bill)*; einbringen *(legislation)*
introduce *v* **a motion** *(Pol)* einen Antrag stellen
introductory offer *(V&M)* Einführungsangebot *n (advertising)*
invalid *adj (Gen)* ungültig
invalidate *v* 1. *(Gen)* ungültig machen; 2. *(Recht)* außer Kraft setzen, für ungültig erklären *(judgment)*
invalidity 1. *(Gen)* Ungültigkeit *f*; 2. *(Versich)* Invalidität *f (disability)*; 3. *(Recht)* Ungültigkeit *f*
invalidity pension *(Pers, Versich)* Erwerbsunfähigkeitsrente *f*
invariant *adj (Gen)* konstant
invasion of privacy *(Komm, Recht)* Verletzung *f* der Privatsphäre
invent *v (Ind, Pat)* erfinden
inventive *adj (Ind, Pat)* erfinderisch
inventive step *(Pat)* Erfindungshöhe *f*
inventor *(Ind, Pat)* Erfinder(in) *m(f)*
inventories *(Gen)* Vorratsvermögen *n*, Warenbestand *m*, Warenvorräte *mpl*
inventory 1. *(RW)* Inventar *f*, Lagerbestände *mpl (list of stocks)*; Inventur *f*, Bestandsaufnahme *f (stocktaking)*; 2. *(Ind)* Bestandsnachweis *m*, Inventarliste *f*, Inventarverzeichnis *n*, Lagerbestandsverzeichnis *n*, Inventarliste *f*; 3. *(Versich)* Bestandsverzeichnis *n (list of goods)*
inventory adjustments *(RW)* Bestandsberichtigungen *fpl*, Abwertung *f* auf Fertigerzeugnisse *(finished goods)*; Abwertung *f* auf Roh-, Hilfs- und Betriebsstoffe *(raw materials and supplies)*
inventory book *(RW)* Inventarbuch *n*, Lagerbestandsbuch *n*
inventory control *(RW)* Lagerwirtschaft *f*, Lager(bestands)kontrolle *f*
inventory cycle *(WiWi)* Lager(haltungs)-zyklus *m*
inventory item *(RW)* Bestandsposten *m*
inventory liquidation *(RW)* Abbau *m* von Lagerbeständen
inventory shrinkage *(WiWi)* Beständeschwund *m*
inventory turnover *(RW)* Lagerumschlag *m*
inventory valuation *(RW)* Vorratsbewertung *f*
inventory valuation adjustment *(RW)* Berichtigung *f* des Inventarwerts, Wertberichtigung *f* auf Vorratsvermögen
inverse *(Stat)* Kehrwert *m*
inverse sign *(Stat)* umgekehrtes Vorzeichen *n*
inverse value *(Stat)* Kehrwert *m*
invert *v (Stat)* invertieren, umkehren
inverted market *(Börse)* umgekehrter Markt *m*
inverted yield curve *(WiWi)* inverse Zinsstrukturkurve *f*
invest *v* 1. *(Bank, Fin, WiWi)* investieren *(capital)*; 2. *(Gen)* investieren *(time, money)*; 3. *(Börse)* anlegen, investieren *(capital)*

invest *v* **in property** *(Grund)* in Eigentum investieren

invest *v* **with** *(Pol)* ausstatten mit *(powers)*

invested capital 1. *(Fin)* eingesetztes Kapital *n*, investiertes Kapital *n (synonymous: capital employed = sum of the shareholders' equity in a company + long-term debts = Eigenkapital + langfristiges Fremdkapital = langfristig zur Verfügung stehendes Kapital)*; 2. *(RW)* Eigenkapital *n (paid-in capital + surplus)*

invested pay *(Pers)* Investivlohn *m*

invested with power of attorney *(Recht, RW)* bevollmächtigt

investigate *v* 1. *(Gen)* recherchieren, aufklären, ermitteln, untersuchen, nachforschen *(evaluate)*; 2. *(Mgt, Recht, V&M)* untersuchen

investigation *(Recht)* Untersuchung *f*, Aufklärung *f*

investigatory powers *(Recht)* Ermittlungsbefugnisse *fpl*

investment 1. *(Bank)* Anlage *f*, Kapitalanlage *f*, Investment *n*; Beteiligung *f*; 2. *(WiWi)* Investition *f*; Investitionsaufwendungen *fpl (investment spending)*

investment abroad *(Gen)* Auslandsinvestition *f (synonymous: foreign investment)*

investment activity *(WiWi)* Investitionstätigkeit *f*

investment analysis 1. *(Fin)* Investitionsrechnung *f (Wirtschaftlichkeitsrechnung zur Überprüfung der Vorteilhaftigkeit -profitability- alternativer Investitionsobjekte)*; 2. *(Bank)* Wertpapieranalyse *f*, Analyse *f* von Kapitalanlagen

investment appraisal 1. *(WiWi)* Rentabilitätsrechnung *f*, Wirtschaftlichkeitsrechnung *f*; 2. *(Börse, Fin)* Bewertung *f* einer Kapitalanlage

investment bank *(Bank)* Investmentbank *f*, Emissionsbank *f*

investment banking *(IB) (AE) (Bank, Fin)* Investment Banking *n*; Wertpapier- und Emissionsgeschäft *n (activities: Mergers & Acquisitions = Fusionen und Übernahmen, Capital Markets = Emission und Platzierung von Wertpapieren, Corporate Finance = Unternehmensfinanzierung, Structured Finance = strukturierte Finanzierungen wie Projektfinanzierung und ABS, Sales & Trading = Sekundärhandel in umlaufenden Papieren, Asset Management = Kapitalanlage für Kunden, Principal Investment = Eigengeschäft der Bank = Principal-Geschäft; das Wertpapier- und Emissionsgeschäft i. w. S. der Investmentbanken -investment banks- wurde in den USA nach der Weltwirtschaftskrise durch den Banking Act 1933 vom Einlagen- und Kreditgeschäft der Geschäftsbanken -commercial banks- funktional getrennt: es entstand das Trennbanksystem = system of functional separation of banking activities, Gegensatz: das europäische Universalbanksystem)*

investment banking *(Bank)* Investment Banking *n*

investment class *(Fin)* Anlageklasse *f (Aktien, Anleihen, Derivate, Immobilien usw.)*

investment climate *(WiWi)* Investitionsklima *n*

investment company *(Börse, Fin)* Investmentgesellschaft *f*, Kapitalanlagegesellschaft *f*, Beteiligungsgesellschaft *f*, Investitionsgesellschaft *f*

investment consultant *(Börse, Fin)* Anlageberater(in) *m(f)*

investment contract *(Fin)* Verwaltungsvertrag *m*

investment counseling *(AE) (Börse, Fin)* *s.* investment counselling

investment counselling *(BE) (Börse, Fin)* Anlageberatung *f*

investment counsellor *(BE) (Börse, Fin)* Anlageberater(in) *m(f)*

investment counselor *(AE) (Börse, Fin)* *s.* investment counsellor

investment criteria *(Fin)* Investitionskriterien *fpl*

investment curb *(Fin)* Investitionsdrosselung *f*

investment currency *(Fin)* Anlagewährung *f*

investment demand *(WiWi)* Investitionsnachfrage *f*

investment department *(Fin)* Effektenabteilung *f*

investment financing *(Bank, Fin)* Anlagefinanzierung *f*, Investitionsfinanzierung *f*

investment firm *(Fin)* Investmentgesellschaft *f*, Kapitalanlagegesellschaft *f*, Beteiligungsgesellschaft *f*, Investitionsgesellschaft *f*

investment fund *(Fin)* Investmentfonds *m*, Investitionsfonds *m (synonymous: unit trust; bei einer KAG gebildetes Sondervermögen u. a. aus Wertpapieren, Immobilien und/oder Beteiligungen, das in Anteilscheinen = Investmentzertifikaten = investment fund certificates verbrieft ist)*

investment fund for shares *(Börse)* Aktienfonds *m*

investment goal *(Fin)* Anlageziel *n*

investment goods *(Fin)* Investitionsgüter *npl*, Anlageinvestitionsgüter, Kapitalgüter *npl*

investment grade *(Fin)* investive Anlage *f*, investiver Bereich *m*, Anlagekategorie *f (investments eligible for institutional investors or for investment under US banking regulations, Rating-Einstufung BBB- bzw. Baa3 oder höher; opposite: non-investment grade = speculative grade = below BBB- or Baa3-rating = spekulative Anlage)*

investment holdings *(Fin)* Anteilsbesitz *m*

investment in education *(Bil)* Bildungsinvestition *f*

investment in new plant *(Fin, WiWi)* Erweiterungsinvestition *f*, Kapazitätsinvestition *f*, Investition zur Kapazitätserweiterung *f (investment in capacity extension)*; Anlageinvestition *f*

investment in plant and equipment *(Fin, WiWi)* Anlageinvestition *f*

investment incentive *(Bank)* Investitionsanreiz *m*

investment income 1. *(Gen)* Vermögenserträge *mpl*; Kapitalertrag *m (not to be confused with the return on capital employed = ROCE = Ertrag aus dem investierten Kapital)*; Anlageerträge *mpl*; 2. *(Steuer, WiWi)* Besitzeinkommen *n*, Vermögenseinkommen *n (opposite: earned income = Arbeitseinkommen)*

investment location *(Mgt, WiWi)* Investitionsstandort *m*

investment management 1. *(Bank)* Vermögensverwaltung *f*; 2. *(Fin)* Anlageverwaltung *f*, Abwicklung *f* von Investitionen, Verwaltung *f* von Kapitalanlagen

investment multiplier *(WiWi)* Investitionsmultiplikator *m*

investment objective *(Fin)* Anlageziel *n*

investment opportunity *(Bank)* Investitionsmöglichkeit *f*

investment outlet *(Bank, Börse, Fin)* Anlagemöglichkeit *f*

investment portfolio *(Bank, Börse, Fin)* Beteiligungsportefeuille *n*, Effektenportefeuille *n*, Wertpapierbestand *m*

investment project *(Fin)* Investitionsprojekt *n*

investment property *(Grund)* Investitionsgrundstück *n*

investment rate of interest *(Fin)* Anlagezinsfuß *m*

investment reserve system *(Fin)* Wertberichtigungen *fpl* auf Beteiligungen

investment risk *(Fin)* Anlagerisiko *n*

investment services *(Fin)* Effektenberatungstätigkeit *f*

investment trust *(BE) (Fin)* Investmentgesellschaft *f*

investment vehicle *(Bank, Fin)* Anlagemöglichkeit *f (BOP)*

investment yield *(Bank)* Anlagenverzinsung *f*

investments *(Bank, Börse, Fin, WiWi)* Anlagen *fpl*, Beteiligungen *fpl*, Finanzanlagen *fpl*, Wertpapiere *npl*

investor *(Bank, Börse, Fin, WiWi)* Anleger(in) *m(f)*, Investor *m*

investor group *(Bank, Fin)* Investorengruppe *f*, Kapitalanlegergruppe *f*

investor protection *(Börse)* Anlegerschutz *m*

invisible balance *(Imp/Exp, WiWi)* Bilanz *f* der unsichtbaren Transaktionen, Bilanz *f* der unsichtbaren Leistungen

invisible current transactions *(Imp/Exp, WiWi)* unsichtbare Leistungstransaktionen *(BOP: including services, income and current transfers; ZB: Dienstleistungen, Erwerbs- und Vermögenseinkommen sowie laufende Übertragungen)*

invisible economy *(WiWi)* Schattenwirtschaft *f (synonymous: hidden econo-*

my, black economy, underground economy)
invisible exports *(Imp/Exp, WiWi)* unsichtbare Exporte *mpl (BOP: mostly exported services, meist Dienstleistungsexport)*
invisible hand *(WiWi)* unsichtbare Hand *f (of the market; bringt Angebot und Nachfrage zum Ausgleich; Adam Smith, 1776)*
invisible items *(Imp/Exp, WiWi)* unsichtbare Posten *m*, unsichtbare Transaktionen *(BOP; synonymous: invisibles; including services, income and current transfers; dazu gehören Dienstleistungen, Erwerbs- und Vermögenseinkommen sowie laufende Übertragungen)*
invisible trade *(WiWi)* unsichtbarer Handel *m (BOP: mostly services, meist Dienstleistungen)*
invitation to bid *(Recht)* Ausschreibung *f*
invitation to make an offer *(Recht)* öffentliche Angebotseinholung *f*, öffentliche Ausschreibung *f (tender)*
invite *v* **subscriptions** *(Fin)* auflegen
invite *v* **subscriptions for** *(Fin)* ein Zeichnungsangebot machen
invite *v* **subscriptions to shares** *(Börse)* Aktien zur Zeichnung auflegen
invite *v* **tenders** *(Gen)* zur Abgabe von Angeboten auffordern, Ausschreibung vornehmen
invoice *v (Gen)* in Rechnung stellen
invoice *(Gen)* Rechnung *f*, Rechn., Faktur *f*, *(obs.)* Faktura *f*, Verkaufsrechnung *f*
invoice amount *(Fin)* Rechnungsbetrag *m*
invoice outstanding *(Gen)* fällige Rechnung *f*, offene Rechnung *f*
invoice price *(Börse)* Rechnungspreis *m*
invoices not yet received *(RW)* ausstehende Rechnungen *fpl*
invoicing 1. *(RW)* Abrechnung *f*; 2. *(Gen)* Fakturierung *f*, Rechnungsschreibung *f*
invoicing amount *(Fin)* Rechnungsbetrag *m*
invoicing currency *(Gen, RW)* Fakturierungswährung *f*
invoke *v (Recht)* sich berufen auf
involuntary bankruptcy *(Recht)* Insolvenz *f* auf Antrag eines Gläubigers
involuntary investment *(Fin)* Zwangsinvestition *f*
involuntary liquidation *(Fin)* unfreiwillige Liquidation *f*, Zwangsliquidation *f*
involuntary part-time work *(Pers)* unfreiwillige Teilzeitarbeit *f*
involuntary unemployment *(WiWi)* unfreiwillige Arbeitslosigkeit *f*
involve *v (Gen, Pol)* einbinden
involved party *(Recht)* Beteiligte(r) *f(m)*
inward flow *(WiWi)* Zufluss *m (BOP)*
inward or outward processing *(Ind)* aktive oder passive Veredelung *f*
inwards mission *(V&M)* Auslandsdelegation *f*
IOU *(Abk. für I owe you) (Fin, Gen)* Schuldschein *m*
IPO-trading *(Bank, Börse)* IPO-Handel *m*, Handel *m* per Erscheinen, vorbörslicher Handel *m*
IRC *s.* international reply coupon
iron *(Ind)* Eisen *n*
iron law of wages *(WiWi)* ehernes Lohngesetz *n*, eisernes Lohngesetz *n*, Existenzminimumtheorie *f* des Lohnes
iron ore *(Ind)* Eisenerz *n*
ironworks *(Ind)* Eisenhütte *f*
IRR-method *(Fin)* Interne-Zinsfuß-Methode *f (preinvestment analysis; dynamische Investitionsrechnung)*
irrecoverable *adj (Fin)* unersetzbar, unersetzlich *(loss)*
irredeemable *adj (Börse)* nicht rückzahlbar, unkündbar, untilgbar
irrefutable *adj (Recht)* unwiderlegbar
irregularity *(Gen)* Unregelmäßigkeit *f*
irreparable *adj (Gen)* irreparabel, unersetzlich *(damage)*
irreplaceable *adj (Gen)* unersetzbar, unersetzlich
irreversible *adj (Gen)* irreversibel, unwiderruflich
irrevocable *adj (Bank, Recht)* unwiderruflich
irrevocable credit *(Bank)* unwiderruflicher Kredit *m*
irrevocable credit line *(Bank)* unwiderruflicher Kreditrahmen *m*
irrevocable letter of credit *(Bank)* unwiderrufliches Akkreditiv *n*
irrevocable trust *(Recht)* unwiderrufliches Treuhandverhältnis *n*

ISBN *s.* International Standard Book Number
ISIN *s.* international securities identification number
ISO *s.* International Organization for Standardization
isoquant *(WiWi)* Isoquante *f*
issue *v* 1. *(Bank, Fin)* ausgeben, in Umlauf setzen, emittieren *(bills, money)*; ausstellen, ausfertigen *(cheque)*; auflegen *(loan)*; 2. *(Gen)* ausstellen *(documents, certificate)*; 3. *(Media)* herausgeben, veröffentlichen *(magazine, newspaper, book)*; 4. *(Börse)* ausgeben, emittieren *(shares)*
issue 1. *(Bank, Fin)* Ausgabe *f*, Ausg., Emission *f (bills, money)*; Ausstellung *f*, Ausfertigung *f (cheque)*; Auflegung *f (loan)*; 2. *(Gen)* Gegenstand *m* des Interesses *(of documents, problem)*; 3. *(Recht)* Streitfrage *f*, Streitpunkt *m (dispute)*; 4. *(Media)* Herausgabe *f*, Ausgabe *f (of magazine, newspaper, book)*; 5. *(Börse)* Ausgabe *f*, Emission *f*, Begebungszeit *f (of shares)* • **be at issue** *(Gen)* streitig sein • **the issue at stake** *(Gen)* das zur Diskussion stehende Problem *n*
issue date *(Börse)* Ausgabetermin *m*, Emissionsdatum *n*
issue of a loan *(Fin)* Begebung *f* einer Anleihe
issued *adj (Bank, Börse, Fin)* ausgegeben, emittiert
issued and floating shares *(Börse)* emittierte Aktien *fpl*
issuing bank *(Bank)* Akkreditivbank *f*, Emissionsbank *f*
issuing house *(Börse)* Emissionshaus *n*
issuing price *(Börse)* Ausgabepreis *m*, Erstausgabepreis *m*
IT *s.* information technology
IT occupation *(Pers)* Informationsberuf *m*, Beruf *m* der Informationstechnologie
item 1. *(RW)* Eintrag *m*, Posten *m (entry)*; 2. *(Admin)* Punkt *m*, Posten *m*; 3. *(Comp)* Element *n*; 4. *(Gen)* Stück *n*; 5. *(V&M)* Artikel *m*
item mark-up *(V&M)* Artikelaufschlag *m*
item number *(V&M)* Artikelnummer *f*
item on the agenda *(Pol)* Tagesordnungspunkt *m (TOP)*
itemize *v (Gen)* aufgliedern, einzeln aufführen, einzeln nennen
itemize *v* **costs** *(RW)* Kosten aufgliedern, Kosten aufschlüsseln
itemized *adj (Gen)* aufgegliedert
itemized deductions *(Steuer)* einzeln aufgeführte Abzüge *mpl*
itemized pay statement *(Pers)* Lohnstreifen *m*
itinerant selling *(V&M)* ambulanter Handel *m*
itinerary *(Transp)* Fahrstrecke *f*
iTV *s.* interactive television

J

J curve *(Stat, WiWi)* J-Kurve *f*
jingle *(Media, V&M)* Erkennungsmelodie *f*, Jingle *m (advertising)*
JIT *s.* just-in-time, just-in-time production
job 1. *(Comp)* Auftrag *m*, Job *m*; 2. *(Gen)* Beruf *m (profession)*; Arbeitsplatz *m (employment)*; Aufgabe *f (specific project)*; 3. *(Pers)* Beruf *m*, Posten *m*, Stellung *f (position)*; Arbeitsplatz *m (employment)*; Job *m*, Arbeitsaufgabe *f*, Aufgabe *f (task)* • **do a bad job** *(Pers)* schlechte Arbeit leisten • **do a good job** *(Pers)* gute Arbeit leisten • **in addition to one's job** *(Bil, Pers)* berufsbegleitend, zusätzlich zur beruflichen Tätigkeit • **parallel to one's job** *(Bil, Pers)* berufsbegleitend, neben der beruflichen Tätigkeit
job advertisement *(Pers)* Stellenausschreibung *f*
job analysis *(Pers)* Arbeitsanalyse *f*, Arbeitsplatzanalyse *f*
job application *(Pers)* Bewerbung *f*, Stellengesuch *n*
job appraisal *(Pers)* Arbeitsplatzbewertung *f*
job aptitude test *(Pers)* berufliche Eignungsprüfung *f* beruflicher Eignungstest *m*
job assignment *(Gen, Mgt, Pers)* Aufgabenverteilung *f*
job bank *(Pers)* Arbeitsplatz-Datenbank *f*
job breakdown *(Pers)* Arbeitsunterteilung *f*
job candidate *(Pers)* Bewerber(in) *m(f)*
job change *(Pers)* Arbeitsplatzwechsel *m*

job choice *(Pers)* Arbeitsplatz(aus)wahl *f*, Wahl *f* des Arbeitsplatzes
job classification *(Pers)* Berufsklassifizierung *f*
job competence *(Pers)* berufliche Kompetenz *f*
job confirmation *(Pers)* Einstellungszusage *f*
job cost system *(RW)* Kostenartenrechnung *f*, Zuschlagskalkulation *f*
job costing *(Pers)* Zuschlagskalkulation *f*
job-creating measures *(Pers)* Arbeitsbeschaffungsmaßnahmen *fpl*, ABM
job creation *(Pers)* Schaffung *f* von Arbeitsplätzen
job-creation measure *(Soz)* Arbeitsbeschaffungsmaßnahme *f*
job creation program *(AE)* *(WiWi)* *s.* job creation programme
job creation programme *(BE)* *(WiWi)* Arbeitsbeschaffungsprogramm *n*
job database *(Pers)* Arbeitsplatz-Datenbank *f*
job description *(Pers)* Arbeitsplatzbeschreibung *f*, Stellenbeschreibung *f*
job destruction *(Pers, WiWi)* Arbeitsplatzvernichtung *f*, Vernichtung *f* von Arbeitsplätzen
job displacement *(Pers, WiWi)* Arbeitsplatzvernichtung *f*, Arbeitsplatzverlagerung *f*, Verlagerung *f* von Arbeitsplätzen
job duties *(Pers)* Berufsaufgaben *fpl*, berufliche Aufgaben *fpl*
job enlargement 1. *(Pers)* Job Enlargement *n*; 2. *(Mgt)* Erweiterung *f* des Aufgabengebietes, Erweiterung *f* des Tätigkeitsbereiches
job enrichment 1. *(Pers)* Arbeits(platz)bereicherung *f*, Job Enrichment *n*; 2. *(Mgt)* Bereicherung *f* des Aufgabengebietes, Bereicherung *f* des Tätigkeitsbereiches
job entrant *(Pers)* Berufsanfänger(in) *m(f)*
job environment *(Pers)* Arbeitsumfeld *n*, Arbeitsumgebung *f*, berufliches Umfeld *n*
job evaluation *(Pers)* Arbeitsplatzbewertung *f*
job experience *(Pers)* Berufserfahrung *f*, Arbeitserfahrung *f*
job flexibility *(Pers)* Arbeitsplatzflexibilität *f*
job for life *(Pers)* lebenslange Anstellung *f*
job freeze *(Pers)* Einstellungsstopp *m*
job hopper *(Pers)* Person *f*, die häufig die Arbeitsstelle wechselt, Job Hopper *m*
job hunting *(Pers)* Stellensuche *f*, private Stellenvermittlung *f*
job improvement *(Pers)* Arbeitsplatzverbesserung *f*
job interview *(Pers)* Vorstellungsgespräch *n*, Einstellungsgespräch *n*, Bewerbungsgespräche *n*
job loss *(Pers)* Verlust *m* des Arbeitsplatzes, Wegfall *m* des Arbeitsplatzes, Wegfall *m* der Stelle
job lot *(Gen)* Restposten *m*
job market *(Pers)* Arbeitsmarkt *m*
job market disequilibrium *(Pers, WiWi)* Arbeitsmarktungleichgewicht *n*, Ungleichgewicht *n* am Arbeitsmarkt
job market for training places *(Bil, Pers)* Ausbildungsstellenmarkt *m (synonymous: job market for apprenticeships)*
job market imbalance *(Pers, WiWi)* Arbeitsmarktungleichgewicht *n*, Ungleichgewicht *n* am Arbeitsmarkt
job mobility *(Pers)* berufliche Mobilität *f*
job on offer *(Pers)* Stellenangebot *n*
job opening *(Pers)* offene Stelle *f*, freie Stelle *f*
job opportunity *(Pers)* Arbeitsmöglichkeit *f*, Beschäftigungschance *f*
job order *(Gen, Ind)* Arbeitsauftrag *m*
job order costing *(Ind)* Zuschlagskalkulation *f*
job outlook *(Pers, WiWi)* Arbeitsplatzaussichten *fpl*, Beschäftigungssaussichten *fpl*, Berufsaussichten *fpl*
job performance *(Pers)* Arbeitsleistung *f*
job placement *(Pers)* Arbeitsvermittlung *f*, Stellenvermittlung *f*
job placing *(Pers)* Vermittlung *f* von Arbeitskräften, Stellenvermittlung *f*
job placing [placement] agency *(Pers)* Arbeitsvermittlungsfirma *f*, (private) Stellenvermittlung *f*, gewerbsmäßige Stellenvermittlung *f*
job profile *(Pers)* Tätigkeitsprofil *n*
job protection *(Pers)* Arbeitsplatzschutz *m*, Arbeitsplatzgarantie *f*; Beschäftigungsschutz *m*, Beschäftigungsgarantie *f (z. B. bei Mutterschutz)*; Kündigungsschutz *m*

job rating *(Pers)* Arbeitplatzbewertung *f*, Arbeitsbewertung *f*
job-related accommodation *(Grund)* Betriebswohnung *f*, Werkswohnung *f*
job-related injury 1. *(Pers)* arbeitsplatzbezogene Verletzung *f*, Betriebsunfall *m*; 2. *(Versich)* Betriebsunfall *m*
job requirement *(Pers)* Stellenanforderung *f*
job safety *(Pers)* Sicherheit *f* am Arbeitsplatz *(vor Arbeitsunfällen)*
job satisfaction 1. *(Pers)* Arbeitszufriedenheit *f*; 2. *(Mgt)* Befriedigung *f* im Beruf, Zufriedenheit *f* mit der beruflichen Tätigkeit
job scarcity *(Pers)* Arbeitsplatzmangel *m*, Knappheit *f* an Arbeitsplätzen, Mangel *m* an Arbeitsplätzen, Arbeitsplatzdefizit *n*
job security *(Pers)* Sicherheit *f* des Arbeitsplatzes, Arbeitsplatzsicherheit *f*
job-seeking *adj (Pers)* arbeitsuchend
job sharing *(Pers)* Arbeitsplatzteilung *f*, Job Sharing *n*
job shop production *(Ind)* Werkstattfertigung *f*
job shortage *(Pers)* Arbeitsplatzmangel *m*, Knappheit *f* an Arbeitsplätzen, Mangel *m* an Arbeitsplätzen, Arbeitsplatzdefizit *n*
job site *(Gen)* Arbeitsplatz *m*
job situation *(Pers)* Beschäftigungssituation *f*, Arbeitsmarktlage *f*
job skills *(Pers)* berufliche Fähigkeiten *fpl*
job specialization *(Pers)* berufliche Spezialisierung *f*
job-specific *adj (Pers)* berufsspezifisch
job specification *(Pers)* Anforderungsprofil *n*
job splitting *(Pers)* Arbeitsplatzteilung *f*
job success *(Pers)* Berufserfolg *m*, beruflicher Erfolg *m*
job title *(Mgt, Pers)* Berufsbezeichnung *f*
job training *(Pers)* berufliche Ausbildung *f*, Berufsbildung *f*
job-training program *(AE) (Soz)* berufliches Fort- und Weiterbildungsprogramm *n*
job vacancy *(Pers)* offene Stelle *f*
jobber 1. *(Gen)* Großhändler(in) *m(f)*, *(ugs.)* Schieber(in) *m(f)*; 2. *(Börse)* Jobber *m*, Wertpapierhändler(in) *m(f)*
jobbing 1. *(Gen)* Gelegenheitsarbeit *f*; 2. *(Pers)* Jobben *n*; 3. *(Ind)* Stücklohnarbeit *f*, Akkordarbeit *f (job work)*; Akzidenzarbeit *f (graphic)*; 4. *(Börse)* Großhandel *m*, Wertpapier-Eigen- und Großhandel *m*
Jobcentre *(BE) (Admin, Pers, Soz)* Arbeitsamt *n*, Arbeitsvermittlung *f*
jobholder *(Pers)* Arbeitnehmer(in) *m(f) (in einer festen Beschäftigung)*; *(AE auch:)* Staatsbedienstete(r) *f(m)*
jobless *adj (Pers, Soz, WiWi)* arbeitslos • **the jobless** *(Pers, Soz, WiWi)* die Arbeitslosen *pl*
jobless *(Pers, Soz, WiWi)* Arbeitslose *pl*
jobless person *(Pers, Soz, WiWi)* Arbeitslose(r) *f(m)*
jobless rate *(Pers, WiWi)* Arbeitslosenquote *f*
joblessness *(Pers, Soz, WiWi)* Arbeitslosigkeit *f*
jobs for graduates *(Bil, Pers)* Akademikerarbeitsplätze *mpl*
jobs for university graduates *(Bil, Pers)* Akademikerarbeitsplätze *mpl*
jobseeker *(Pers)* Arbeitssuchende(r) *f(m)*
Jobseeker's Allowance *(BE) (Soz)* Arbeitslosengeld *n*, Arbeitslosenunterstützung *f*
jobseeking *(Pers)* Arbeitsuche *f*, Stellensuche *f*
jockey *(Fin)* Handlanger *m*
join *v* 1. *(Pers)* beitreten *(union)*; 2. *(Recht)* beitreten *(profession)*
join *v* **together** *(Gen)* sich zusammenschließen *(companies)*
joining of the EU *(WiWi)* EU-Beitritt *m*
joint *adj (Gen)* gemeinsam *(communiqué)*
joint account *(Bank)* gemeinsames Konto *n*, Gemeinschaftskonto *n*
joint and several liability *(Recht)* gesamtschuldnerische Haftung *f*
joint and several obligation *(Recht)* gesamtverbindliche Verpflichtung *f*
joint auditors *(RW)* gemeinsame Prüfer *mpl (auditing)*
joint costs *(WiWi)* Kosten *pl* der Kuppelproduktion
joint demand *(WiWi)* Komplementärnachfrage *f*, verbundene Nachfrage *f*
joint floating *(WiWi)* Gruppenfloating *n*
joint goods *(V&M, WiWi)* komplementäre Güter *npl*
joint heir *(Recht)* Miterbe *m*, Miterbin *f*

joint heirs *(Recht)* Erbengemeinschaft *f*
joint liability *(Bank, Recht)* gemeinsame Haftung *f*, gemeinsame Verbindlichkeit *f*
joint negotiations *(Gen, Pers)* gemeinsame Verhandlungen *fpl*, Gemeinschaftsverhandlung *f (industrial relations)*
joint owner 1. *(Bank, Recht)* Miteigentümer(in) *m(f)*; 2. *(Grund)* gemeinsamer Eigentümer *m*, gemeinsame Eigentümerin *f*
joint ownership *(Bank, Grund, Recht)* Miteigentum *n*
joint partnership *(Gen)* Personengesellschaft *f*
joint product cost *(RW)* Kosten *pl* der Kuppelprodukte
joint products *(WiWi)* Kuppelprodukte *npl*
joint return *(Steuer)* gemeinsame Steuererklärung *f*
joint tenancy *(Recht)* Gesamteigentum *n*
joint tenant *(Grund, Recht)* Miteigentümer(in) *m(f)*
joint use *(Komm)* Mitbenutzung *f*
joint venture 1. *(Gen, RW, WiWi)* Gemeinschaftsunternehmen *n*, Joint Venture *n*; 2. *(Pers)* Arbeitsgemeinschaft *f*; 3. *(Börse, Mgt)* Beteiligungsgeschäft *n*
jointly and severally *adv (Recht)* gesamtschuldnerisch *(liability)*
jointly liable *adj (Recht)* gesamtschuldnerisch haftbar
journal 1. *(RW)* Tagebuch *n*, Journal *n (bookkeeping)*; 2. *(Gen)* Journal *n (academic, professional periodical)*; 3. *(Media)* Zeitschrift *f (periodical)*
journal entry *(RW)* Journalbuchung *f*, Journaleintrag *m*
journal voucher *(RW)* Buchungsbeleg *m*
judge *v (Gen)* beurteilen
judgment 1. *(Gen)* Beurteilung *f (assessing)*; Urteilsvermögen *n (faculty)*; 2. *(Recht)* Urteilsvermögen *n (faculty)*; Urteil *n (verdict)*; Beurteilung *f (assessing)*
judgment on the merits *(Recht)* Sachurteil *n*
judgment proof *(Recht)* unpfändbar
judicial *adj (Recht)* gerichtlich
judicial arbitrator *(Recht)* gerichtlicher Schiedsrichter *m*
judicial foreclosure *(Recht)* Zwangsvollstreckung *f*
judicial judgment *(Recht)* Gerichtsurteil *n*, Rechtsurteil *n*
judicial proceedings *(Recht)* Gerichtsverfahren *npl*
judicial system *(Recht)* Rechtsprechungssystem *n*
junior *(Gen, Recht)* Junior *m*, Jr.
junior creditor *(Bank)* nachrangiger Gläubiger *m*
junior debt *(Fin)* nachrangige Schuld *f*
junior management *(Mgt)* Führungsnachwuchs *m*, untergeordnete Führungsebene *f*
junior market *(Fin)* nachrangiges Marktsegment *n*
junk bonds *(ugs.) (Bank, Fin) (ugs.)* Ramschanleihen *fpl*, *(ugs.)* Schrottanleihen *fpl (bonds with non-investment grade rating below BBB- or Baa3; risikoreiche, spekulative Anleihen geringer Bonität, mit hoher Risikoprämie im Zins und einem Rating unter BBB- oder Baa3 = non-investment grade = Risikobereich = spekulative Anlage; cf high-yield bonds = Risikoanleihen = Hochzinsanleihen)*
junk mortgage *(infrml) (Bank, Grund) (infrml)* Ramschhypothek *f*
juridical person *(Pat, Recht)* juristische Person *f*
juridical personality *(Recht)* Rechtspersönlichkeit *f*
jurisdiction *(Recht)* Gerichtsbezirk *m (physical area)*; Zuständigkeit *f (range of authority)*; Gerichtsbarkeit *f* • **come under sb's jurisdiction** *(Recht)* unter eine Rechtsprechung fallen
juror *(Recht)* Geschworene(r) *f(m)*, Schöffe *m*, Schöffin *f*
jury *(Recht)* Geschworenengericht *n*, Schöffengericht *n*
jury trial *(Recht)* Geschworenenprozess *m*
just *adj (Recht)* angemessen *(appropriate)*; gerecht *(fair)*
just cause *adj (Recht)* aus triftigem Grund, gerechtfertigt
just cause dismissal *(Pers)* Entlassung *f* aus triftigem Grund

just compensation *(Recht)* angemessene Entschädigung *f*
just-in-time *(Ind, Pers)* Just-in-time--Produktion *f*, JIT
just-in-time procurement *(Ind)* einsatzsynchrone Beschaffung *f*
just-in-time production *(Ind, Pers)* Just--in-time-Produktion *f*
just-in-time purchasing *(Ind)* fertigungssynchrone Materialwirtschaft *f*
just price *(WiWi)* gerechter, angemessener Preis *m*
justice *(Recht)* Gerechtigkeit *f (fairness)*; Gerichtsbarkeit *f*, Justiz *f (judicial system)*; Richter(in) *m(f) (judge)*
justifiable *adj* 1. *(Gen)* berechtigt, vertretbar; 2. *(Recht)* berechtigt, rechtlich vertretbar
justification *(Gen)* Rechtfertigung *f (reason)*
justified *adj (Gen)* gerechtfertigt *(reason)*
justified price *(Börse)* gerechtfertigter [angemessener] Preis *m*
justify *v (Gen)* rechtfertigen *(reason)*
juvenile *(Recht)* Minderjährige(r) *f(m)*
juvenile court *(Recht)* Jugendgericht *n*

K

kB *s.* kilobyte
KBS *s.* knowledge-based system
keen price *(V&M)* extrem niedriger Preis *m*, scharfkalkulierter Preis *m*
keep *v* 1. *(Comp, RW)* führen *(records)*; 2. *(Gen)* führen *(maintain)*; einhalten *(appointment)*; 3. *(Ind)* sich halten *(food, goods)*
keep *v* **a low profile** *(Gen)* sich zurückhalten
keep *v* **abreast of** *(Gen)* Schritt halten mit *(changing conditions and legislation)*
keep *v* **an appointment** *(Gen)* eine Verabredung einhalten
keep *v* **in custody** *(Recht)* verwahren
keep *v* **in touch with sb** *(Komm)* in Verbindung mit jmdm. bleiben
keep *v* **sb informed** *(Gen, Komm)* jmdn. auf dem Laufenden halten
keep *v* **up with** *(Gen)* nachkommen *(payments)*; Schritt halten mit *(developments)*
keeping of an account *(Bank)* Kontoführung *f*
key 1. *(Gen)* Schlüssel *m*; 2. *(Comp)* Taste *f (on keyboard)*
key currency *(WiWi)* Leitwährung *f*
key data *(Gen)* Schlüsseldaten *pl*
key in *(Comp)* eingeben
key industry *(Ind, WiWi)* Schlüsselindustrie *f*
key interest rate *(Bank)* Leitzins *m*, Leitzinssatz *m*; Schlüsselzinssatz *m*
key position *(Gen)* Schlüsselposition *f*
key skills *(Bil, Pers)* Schlüsselqualifikation *f*
keyboarder *(Admin, Comp)* Datentypist(in) *m(f)*
keyed advertisment *(V&M)* Chiffreanzeige *f*
Keynesian *adj (WiWi)* keynesianisch
Keynesian economics *(WiWi)* keynessche Lehre *f*, keynesianische Wirtschaftstheorie *f*
kilobyte *(Comp)* Kilobyte *n*, kB, KByte
kilogram *(Gen)* Kilogramm *n*, kg, Kilo
kilogramme *(Gen)* Kilogramm *n*, kg, Kilo
kilometer *(AE) (Gen) s.* kilometre
kilometre *(BE) (Gen)* Kilometer *m*, km
kind/in *(Gen)* in natura, in Sachwerten *(instead of cash)*
kind of activity *(Pers)* Art *f* der Tätigkeit
kind of job *(Pers)* Art *f* der Arbeit, Art *f* der Tätigkeit
kinked demand curve *(WiWi)* geknickte Preis-Absatz-Kurve *f*
kite 1. *(Bank)* ungedeckter Scheck *m*; 2. *(Fin)* Gefälligkeitswechsel *m*; 3. *(Börse)* Kellerwechsel *m*
kiting *(Börse)* Wechselreiterei *f*
km *s.* kilometer, kilometre
knock *v* **down** 1. *(Gen, V&M)* herunterhandeln *(price)*; 2. *(Ind)* zerlegen *(machinery)*
knock-on effect *(Gen, WiWi)* Anstoßwirkung *f*
knock-on financing *(Fin)* Anschubfinanzierung *f*
knockdown price *(Gen)* Schleuderpreis *m*, Spottpreis *m*, Werbepreis *m*, äußerster Preis *m (auction)*; Mindestpreis *m*
know-how 1. *(Gen) (ugs.)* Know-how *n*; 2. *(Pat)* Fachkenntnisse *fpl*, *(ugs.)* Know--how *n*

know-how agreement *(Recht)* Know--how-Vertrag *m (intellectual property)*

knowledge *(Gen)* Bekanntheit *f (of subject)*; Wissen *n*, Kenntnis *f (awareness)*

knowledge base 1. *(Mgt, WiWi)* Wissensbasis *f (knowledge stored in a knowledge-based system = wissensbasiertes System)*; 2. *(Bil, Comp)* Wissensdatenbank *f*

knowledge-based goods *pl (Ind, V&M)* wissensintensive Güter *npl*

knowledge-based management system *(Mgt, WiWi)* wissensbasiertes Managementsystem *n (cf communities of practice)*

knowledge-based system *(Mgt, WiWi)* Expertensystem *n*, wissensbasiertes System *n*, wissensbasiertes Softwaresystem *n* der künstlichen Intelligenz *(artificial intelligence = AI = künstliche Intelligenz = KI; cf communities of practice = virtuelle Expertengemeinschaften)*

knowledge industry *(Ind)* Informationsindustrie *f*, wissensbasierte Industrie *f*

knowledge management *(Comp, Mgt)* Knowledge-Management *n*, Wissensmanagement *n*

knowledgeable *adj (Gen)* gebildet, kenntnisreich, bewandert, klug

known by name/be *(Gen)* mit Namen bekannt sein, namentlich bekannt sein

known loss *(Versich)* bekannter [erkannter] Verlust *m*

kursmakler *(WiWi)* amtlicher Kursmakler *m*

L

l-o-w principle *(Abk. für let-others-work principle) (Gen)* Aal-Prinzip *n*, Andere--arbeiten-lassen-Prinzip *n (Aktivierung von Internetnutzern für die geschäftlichen Interessen von Internetunternehmen)*

label 1. *(Comp)* Etikett *n*, Kennung *f*; 2. *(Gen)* Schild *n*, Aufschrift *f*

labelling provisions [rules] *(BE) (Recht, V&M)* Etikettierungsvorschriften *fpl*

labor *(AE) s.* labour

labor ... *(AE) siehe auch labour ...*

labor-... *adj (AE) siehe auch labour-...*

laborer *(AE) (Pers) s.* labourer

labour *(BE)* 1. *(WiWi)* Arbeit *f*; 2. *(Pers)* Arbeit *f*, Arbeitnehmer *mpl*

labour contract *(BE) (Gen, Pers)* Arbeitsvertrag *m*

labour costs *(BE) (WiWi)* Arbeitsaufwand *m*, Arbeitskosten *pl*, Arbeitslöhne *mpl*, Lohnkosten *pl*

labour court *(BE) (Pers, Soz)* Arbeitsgericht *n* (der ersten Instanz)

labour dispute *(BE) (Ind, Pers, WiWi)* Arbeitskampf *m*

labour efficiency *(BE) (Pers)* Arbeitsproduktivität *f*

labour exchange *(BE) (Admin, Pers)* Arbeitsamt *n*

labour force *(BE)* 1. *(WiWi)* Erwerbsbevölkerung *f*, Erwerbstätige *pl*, Arbeitskräfte *fpl*, Belegschaft *f (within a firm)*; Beschäftigtenanzahl *f (of a country)*; 2. *(Pers)* Personalbestand *m*, Belegschaft *f*; 3. *(Ind)* Arbeitskraft *f*, Arbeitskräftereserven *fpl*; 4. *(Mgt)* Personalbestand *m*

labour force behaviour *(BE) (Pers)* Erwerbsverhalten *n*

labour force participation rate *(BE) (Pers, WiWi)* Erwerbsquote *f*

labour hoarding *(BE)* 1. *(WiWi)* verdeckte Arbeitslosigkeit *f*; 2. *(Pers)* Hortung *f* von Arbeitskräften

labour income share *(BE) (WiWi)* Lohnquote *f*

labour input *(BE) (Pers)* Personaleinsatz *m*

labour-intensive *adj (BE) (Ind, Pers, WiWi)* arbeitsintensiv

labour law *(BE) (Pers, Recht)* Arbeitsgesetz *n*, Arbeitsrecht *n*

labour legislation *(Pers, Recht)* arbeitsrechtliche Vorschriften *fpl*

labour market *(BE) (Gen, Pers, WiWi)* Arbeitsmarkt *m*

labour market disequilibrium *(Pers)* Arbeitsmarktungleichgewicht *n*

labour market flexibility *(BE) (Pers, WiWi)* Flexibilität *f* des Arbeitsmarktes, Arbeitsmarktflexibilität *f*

labour market imbalance *(BE) (Pers)* Arbeitsmarktungleichgewicht *n*

labour-market policy *(BE) (Pol, WiWi)* Arbeitsmarktpolitik *f*

labour market segmentation *(BE) (Pers,*

WiWi) Arbeitsmarktsegmentation *f*, Aufteilung *f* des Arbeitsmarktes, Segmentation *f* des Arbeitsmarktes
labour-market situation *(BE) (Gen)* Beschäftigungssituation *f*
labour market tightness *(BE) (Pers, WiWi)* Anspannung *f* auf dem Arbeitsmarkt, Arbeitsmarktanspannung *f*
labour needs *(BE) (Pers)* Arbeitskräftebedarf *n*, Personalbedarf *n*
labour productivity *(BE) (Pers)* Arbeitsproduktivität *f*
labour regulations *(BE) (Pers, Recht)* arbeitsrechtliche Vorschriften *f*, arbeitsrechtliche Regelungen *fpl*
labour relations *(BE) (Pers, WiWi)* Arbeitsbeziehungen *fpl*, Arbeitgeber-Arbeitnehmer-Beziehungen *fpl*
labour representative *(BE) (Pers)* Arbeitnehmervertreter(in) *m(f)*
labour requirements *(BE) (Pers)* Arbeitskräftebedarf *m*
labour resources *(BE) (Pers)* verfügbare Arbeitskräfte *fpl*, Arbeitskräftereserven *fpl*, Arbeitskräftepotenzial *n*
labour-saving *adj (BE) (Pers)* arbeitssparend
labour shortage *(BE) (Pers)* Arbeitskräftemangel *m*
labour supply *(BE) (WiWi)* Arbeitsangebot *n*, Arbeitskräfteangebot *n*
labour turnover *(BE) (WiWi)* Arbeitskräftefluktuation *f*
labour's share of national income *(BE) (WiWi)* Lohnquote *f*
labourer *(BE) (Pers)* Hilfsarbeiter(in) *m(f)*, ungelernter Arbeiter *m*, ungelernte Arbeiterin *f*
lack 1. *(Fin)* Fehlen; 2. *(Gen)* Mangel *m*, Fehlen *n*
lack of capital *(Fin)* Kapitalknappheit *f*, Kapitalmangel *m*
lack of education *(Bil, Pers)* Mangel *m* an Bildung, Bildungsmangel *m*
lack of experience *(Pers)* Erfahrungsmangel *m*, Mangel *m* an Erfahrung
lack of forex *(Bank)* Devisenknappheit *f*, Devisenmangel *m*
lack of skilled labor *(AE) (Pers) s.* lack of skilled labour
lack of skilled labour *(BE) (Pers)* Qualifikationsdefizit *n*, Fachkräftemangel *m*
lack of skilled manpower *(Pers)* Qualifikationsdefizit *n*, Fachkräftemangel *m*
lag *v (Gen)* zurückbleiben, nachhinken
lag 1. *(WiWi)* Lag *m*, Verzögerung *f*; 2. *(Gen)* Verzögerung *f*
lag response 1. *(WiWi)* Lag-Reaktion *f*; 2. *(Gen)* verzögerte Reaktion *f*
laggard *(jarg.) (Börse, V&M)* Nachzügler *m*
lagged variable *(Stat)* verzögerte Variable *f*
lagging indicator *(WiWi)* nachlaufender Indikator *m*, nachhinkender Indikator *m*, Spätindikator *m*
laisser-faire economy *(WiWi)* Wirtschaftsliberalismus *m*
lame duck *(Gen)* nicht lebensfähiges Unternehmen *(company)*
land 1. *(WiWi)* Boden *m*; 2. *(Gen)* Land *n*, Grundbesitz *m*
land acquisition tax *(Grund, Steuer)* Grunderwerbsteuer *f*
land certificate *(Grund)* Grundbuchauszug *m*, Grundstücksbescheinigung *f*
land contamination *(Recht, Umwelt)* Bodenverschmutzung *f*
land development *(Grund, Ind, Soz, Umwelt)* Erschließung *f* von Bauland
land lease *(Grund)* Landpacht *f*
land mortgage bank *(Bank)* Bodenkreditanstalt *f*
land office *(AE) (Admin)* Grundbuchamt *n*, Liegenschaftsamt *n*
land ownership *(WiWi)* Grundbesitz *m*
land registration *(Grund)* Grundbucheintragung *f*
land registry 1. *(Admin)* Grundbuchamt; 2. *(Grund)* Katasteramt *n*
land rent *(Grund)* Grundstücksmiete *f*, Grundstückspacht *f*
land tax *(Steuer)* Grundsteuer *f*
land use *(Umwelt)* Flächennutzung *f (local level)*; Bodennutzung *f (national level)*
land-use planning *(WiWi)* Flächennutzungsplanung *f*
land value tax *(Steuer)* Bodenwertzuwachssteuer *f*
landed property *(Grund)* Grundbesitz *m*
landmark 1. *(Gen)* Wahrzeichen *n*, Meilenstein *m*; 2. *(Grund)* Grenzstein *m*
language of a contract *(Gen, Pol, Recht)* Vertragstext *m*

language skills *(Bil)* Sprachkenntnisse *fpl*
lapse *v* 1. *(Gen, RW)* auslaufen, erlöschen, verstreichen; zurückverfallen in; 2. *(Versich)* ablaufen; 3. *(Recht)* verfallen
lapse 1. *(Gen, RW)* Auslaufen *n*, Erlöschen *n*, Verstreichen *n*; 2. *(Versich)* Policenablauf *m*, Versicherungsende *(policy termination)*; 3. *(Recht)* Verfall *m*
lapse of time *(Gen)* Fristablauf *m*
lapsed *adj (Recht)* abgelaufen, verfallen
lapsed option *(Börse)* abgelaufene Option *f*
large *adj (Gen)* groß • **to a large extent** *(Gen)* in großem Umfang, in hohem Maße • **on a large scale** *(Gen)* in großem Maßstab
large-scale *adj (Gen, WiWi)* großangelegt, umfassend, umfangreich, Massen..., Groß... *(project)*
large-scale industry *(Ind)* Großindustrie *f*
large-scale production *(Ind)* Großserie (-nfertigung) *f*
large-scale unemployment *(Pers)* Massenarbeitslosigkeit *f*
larger-than-average risk of defaulting *(Fin)* überdurchschnittliches Kreditausfallrisiko *n*
last *v (Gen)* andauern
last *adj (Gen)* letzte • **last in position** *(Gen)* auf letzter Position • **last in first out** *(RW)* last-in-first-out, LIFO-Methode *f*
last instance *f (Recht)* letzte Instanz *f*
last trading day *(Börse)* letzter Handelstag *m*
last will and testament *(Recht)* letzter Wille *m* und Testament *n*
late *adj (Gen)* verspätet
late acceptance *(Recht)* verspätete Annahme *f (goods, contract of delivery)*
late entrant *(Bil, Pol)* Späteinsteiger(in) *m(f)*, Seiteneinsteiger(in) *m(f)*
late-night opening *(Gen)* Dienstleistungsabend *m*
late shift *(Pers)* Spätschicht *f*
latent defect *(Recht)* versteckter Mangel *m (property)*
latent demand *(V&M)* latente Nachfrage *f*
latent tax *(Steuer)* latente Steuer *f*
lateral *adj (Gen)* seitlich *(movement)*
lateral integration *(WiWi)* horizontale Integration *f*
lateral thinker *(Media, Pol)* Querdenker *m*
latest *adj (V&M)* jüngst *(development)* • **at the latest** *(Gen)* spätestens
latest estimate *(Gen)* jüngste [letzte] Schätzung *f*
latest findings *(Mgt, WiWi)* neueste Erkenntnisse *fpl*
launch *v* 1. *(Fin)* auflegen, begeben *(share issue)*; 2. *(Pers)* beginnen, starten *(career)*; 3. *(V&M)* einführen, starten, in Gang setzen, herausbringen *(product)*
launch *v* **a bond issue** *(Börse)* eine Anleihe(emission) auflegen
launch *v* **a business** *(Gen)* ein Geschäft aufmachen
launch *v* **a new model** *(V&M)* ein neues Modell auf den Markt bringen *(marketing)*
launch *v* **an issue** *(Bank)* eine Emission begeben
launching costs *(Fin, RW)* Anlaufkosten *pl*
launching of a loan *(Fin)* Begebung *f* einer Anleihe
launder *v (Fin, Gen)* waschen *(money)*
law *(Recht)* Gesetzgebung *f (legislation)*; Gesetz *n (rule)*; Recht *n (system)* • **by law** *(Recht)* von Rechts wegen • **in compliance with the law** *(Gen, Recht)* nach dem Gesetz, gemäß dem Gesetz • **in the eyes of the law** *(Recht)* vor dem Gesetz
law-based state *(Recht)* Rechtsstaat *m*
law enforcement *(Recht)* Gesetzesvollzug *m*
law firm *(Recht)* Anwaltskanzlei *f*
law governing contractual obligations *(Recht)* Recht *n* der Schuldverhältnisse, Vertragsrecht *n*, Schuldrecht *n*
law of contract *(Recht)* Vertragsrecht *n*
law of diminishing marginal utility *(WiWi)* Gesetz *n* vom abnehmenden Grenznutzen
law of diminishing returns *(WiWi)* Ertragsgesetz *n*, Gesetz vom abnehmenden Ertragszuwachs
law of diminishing utility *(V&M, WiWi)* Gesetz *n* des abnehmenden Nutzens
law of equi-marginal returns *(WiWi)* Gesetz *n* vom Ausgleich der Grenz-

nutzen, Grenznutzenausgleichsgesetz *n*

law of large numbers *(Stat)* Gesetz *n* der großen Zahl

law of sales *(Recht, V&M)* Kaufrecht *n*

law of supply and demand *(WiWi)* Gesetz *n* von Angebot und Nachfrage

law of variable proportions *(WiWi)* Ertragsgesetz *n*, Gesetz *n* vom abnehmenden Ertragszuwachs

law office *(Recht)* Anwaltskanzlei *f*, Kanzlei *f*

law relating to bankruptcy *(Recht, RW)* Konkursrecht *n*

law/within the *(Gen, Recht)* rechtens

lawful *adj (Recht)* gesetzmäßig, rechtlich

lawful means *(Recht)* rechtmäßige Mittel *npl*

laws *(Recht)* Gesetze *npl*; Rechtswesen *n (als System)*

laws and regulations *(Recht)* Rechtsvorschriften *fpl*

lawsuit *(Recht)* Klage *f*

lawyer *(AE) (Recht)* Anwalt *m*, Anwältin *f*, Rechtsanwalt *m*, Rechtsanwältin *f (attorney; cf BE barrister)*

lawyer-client privilege *(Recht)* anwaltliche Schweigepflicht *f*, Verschwiegenheitspflicht *f* (des Anwalts)

lay *v* **claim to** *(Gen, Pat, Recht)* Anspruch erheben, beanspruchen

lay *v* **down** *(Recht)* niederlegen, verankern, festlegen *(in contract, in constitution)*; aufstellen *(principle, rule, norm)*

lay *v* **off** *(Pers)* entlassen *(workers)*

lay *v* **off staff** *(Pers)* Personal freisetzen

lay-off pay *(Pers)* Abfindung *f*, Entlassungsgeld *n*

layer of management *(Mgt)* Führungsebene *f*, Leitungsebene *f*

layoff notice *(Pers)* Entlassungsmitteilung *f*

layout of items in the balance sheet and the profit and loss account *(RW)* Gliederung *f* der Posten der Bilanz und der Gewinn- und Verlustrechnung

layout of the balance sheet *(RW)* Bilanzgliederung *f*

lcm, **LCM** *(Abk. für lowest common denominator) (Pol, Stat)* kleinster gemeinsamer Nenner *m*

lead bank 1. *(Bank)* führende Bank *f*, Konsortialführer(in) *m(f)*; 2. *(Fin)* Konsortialführer(in) *m(f)*

lead-free *adj (Transp, Umwelt)* bleifrei *(petrol)*

lead management *(Fin)* Federführung *f*

lead manager *(Bank, Fin)* Konsortialführer *m*, Federführer *m*

lead time 1. *(Admin, Gen)* Bearbeitungszeit *f*; 2. *(Ind)* Vorlaufzeit *f (plan)*; 3. *(V&M)* Einführungszeit *f (of new product)*; Realisierungszeit *f (plan)*; Beschaffungszeit *f (stock)*

leader 1. *(Gen)* Geschäftsführer(in) *m(f)*, Anführer(in) *m(f)*; 2. *(Pers)* Vorsitzende(r) *f(m)*; 3. *(Versich)* führender Versicherer *m*, Erstversicherer *m*; 4. *(Recht)* erster, leitender Anwalt in einem Verfahren; 5. *(Media)* Leitartikel *m (editorial)*; 6. *(Pol)* Vorsitzende(r) *f(m)*; 7. *(V&M)* Lockartikel *m*, Zugartikel *m (to attract consumers)*; Marktführer *m (most successful)*; 8. *(Börse)* Standardwert *m*

leaders and laggards *(Börse)* Spitzenwerte und Nachzügler *mpl*

leadership ability *(Mgt, Pers)* Führungseigenschaft *f*, Führungsqualität *f*

leading indicator *(WiWi)* Frühindikator *m (econometrics)*

leading stock *(Börse)* Standardwert *m*

leading underwriter *(Bank, Fin)* Erstversicherer *m*, Konsortialführer(in) *m(f) (organization)*

leads and lags 1. *(WiWi)* Leads *pl* und Lags *pl*, vorauseilende und nachhinkende Indikatoren *mpl*; 2. *(Börse)* Vorauszahlungen *fpl* und Stundungen *fpl* im Auslandszahlungsverkehr

leaflet *(V&M)* Werbeblatt *n*, Zettel *m*

leak *v (Media, Pol)* zuspielen *(information)*

leak *v* **out** *(Media, Pol)* bekanntwerden, durchsickern *(information)*

leak *v* **to the press** *(Media, Pol)* der Presse zuspielen

leakage 1. *(WiWi)* Schwund *m*, Verlust *m*; 2. *(Fin)* Kapitalverlust *m (of capital)*; 3. *(Media, Pol)* Durchsickern *n (of information)*

lean production *(Ind)* schlanke Produktion *f*, straffe Produktion *f*, *(jarg.)* abgespeckte Produktion *f*, geringe Fertigungstiefe *f*

lean year *(WiWi)* mageres Jahr *n*

leapfrog *v (Pers)* überspringen

learn *v* **the ropes** *(Pers)* sich einarbeiten
learning-by-doing *(WiWi)* Learning by doing *n*
lease *v (Grund)* mieten, pachten *(from sb)*; verpachten *(to sb)*
lease 1. *(Bank)* Mietvertrag *m*; 2. *(Recht)* Pachtvertrag *m (usually commercial)*; Mietvertrag *m*; 3. *(Grund)* Miete *f*, Pacht *f (renting an object)*
lease agreement *(Bank, Recht)* Mietvertrag *m*
lease asset *(Fin, Gen)* Leasingobjekt *n*, Mietsache *f*, Vermögenswert *m*
lease company *(Gen)* Leasinggesellschaft *f*
lease financing *(Bank)* Mietfinanzierung *f*, Leasing-Finanzierung *f*
leased asset *(Fin, Gen)* Leasingobjekt *n*, Mietsache *f*, Vermögenswert *m*
leased property *(Fin, Gen)* Leasingobjekt *n*, Mietsache *f*
leasehold 1. *(RW)* Pachtbesitz *m*; 2. *(Grund)* Pachtgrundstück *n*
leasehold improvements *(Fin)* Werterhöhungen *fpl* während der Pacht
leasehold property *(Grund, Recht)* Pachtgrundstück *n*
leaseholder *(Gen)* Pächter(in) *m(f)*
leaselend *(Grund)* Pacht- und Leihvertrag *m*
leaselend with option to purchase *(Grund)* Pacht *f* mit Vorkaufsrecht, Mietvertrag *m* mit Vorkaufsrecht
leasing agreement *(Fin, Gen)* Leasingvertrag *m*
leasing charges *(Bank, Fin)* Leasing--Zahlungen *fpl*
leasing company *(Gen, Grund)* Leasinggesellschaft *f*
least cost 1. *(RW)* Mindestkosten *pl*; 2. *(WiWi)* Minimalkosten *pl (synonymous: minimum cost; lowest average cost or lowest total cost for optimum capacity working; niedrigste Durschnittskosten oder niedrigste Gesamtkosten bei kostenoptimalem Beschäftigungsverhältnis, die Realisierung ist –theoretisch- Voraussetzung der Gewinnmaximierung)*
least cost combination *(WiWi)* Minimalkostenkombination *pl (synonymous: minimum cost combination; factor combination leading to minimum cost at specific factor prices, a precondition for profit maximization, Faktorkombination, die bei gegebenen Faktorpreisen minimale Kosten bewirkt; die Realisierung ist –theoretisch- Voraussetzung der Gewinnmaximierung)*
least-square regression *(Stat)* geringstquadrate Regression *f*
least squares method *(Stat)* Methode *f* der kleinsten Quadrate
leave *v* 1. *(Gen)* austreten aus, verlassen; 2. *(Recht)* überlassen
leave *v* **a telephone message** *(Komm)* eine telefonische Nachricht hinterlassen
leave *v* **the matter open** *(Gen)* die Angelegenheit offenlassen
leave *(Frei, Pers)* Urlaub *m*, Ferien *pl* • **on leave** *(Pers)* in Urlaub
leave of absence *(Pers)* Beurlaubung *f*
leave pay *(Pers)* Urlaubsgeld *n*
lecturing post *(Bil, Pers)* Dozentenstelle *f*, Stelle *f* als Dozent(in)
ledger *(Fin)* Hauptbuch *n*
ledger account *(Fin, RW)* Hauptbuchkonto *n*
ledger balance *(Fin, RW)* Hauptbuchkontenstand *m*, Hauptbuchsaldo *m*
ledgerless accounting *(RW)* Belegbuchhaltung *f*
left 1. *(Gen)* linke Seite *f*; 2. *(Pol)* Linke *f*, linker Flügel *m* • **on the left** *(Gen, Pol)* links
left column *(RW)* Sollseite *f*
left-wing *adj (Pol)* links, linksgerichtet, linksorientiert
legacy *(Recht)* Vermächtnis *n*
legacy duty *(BE) (Recht)* Erbschaftsteuer *f*
legacy tax *(AE) (Steuer)* Erbschaftssteuer *f*
legal *adj (Recht)* rechtlich, juristisch *(concerning law)*; gesetzmäßig *(lawful)* • **be under a legal obligation to do sth** *(Recht)* rechtlich verpflichtet sein, etw. zu tun
legal action *(Recht)* gerichtliche Schritte *mpl*, Klage *f* im ordentlichen Zivilprozess • **take legal action** *(Recht)* gerichtlich vorgehen
legal advice *(Recht)* Rechtsberatung *f*

legal agreement *(Recht)* rechtliche Vereinbarung *f*
legal aid *(Recht, Soz)* Prozesskostenhilfe *f*
legal capacity *(Recht)* Rechtsfähigkeit *f*
legal case *(Recht)* Rechtsfall *m*
legal claim *(Recht)* Rechtsanspruch *m*
legal counsel *(Recht)* Anwalt *m*, Anwältin *f*
legal disclosure requirements *(Mgt, Recht)* Publizitätsvorschriften *fpl*, rechtliche Publizitätsanforderungen *fpl*
legal dispute *(Recht)* Rechtsstreitigkeit *f*
legal eagle *(Pol, Recht) (ugs.)* Rechtsverdreher *m*
legal enactment *(Recht)* Rechtsverordnung *f*
legal entitlement *(Recht)* Rechtsanspruch *m*, Berechtigung *f*
legal entity 1. *(Recht)* juristische Person *f*; 2. *(Pat)* Rechtspersönlichkeit *f*, Rechtsträger *m*
legal expense insurance *(Versich)* Rechtsschutzversicherung *f (personal)*
legal fees *(Recht)* Anwaltsgebühren *fpl*
legal form *(Recht)* Rechtsform *f (of an enterprise, eines Unternehmens; synonymous: legal structure)*
legal framework *(Recht)* rechtlicher Rahmen *m*, rechtliche Rahmenbedingungen *fpl*, rechtliche Rahmenrichtlinien *fpl*
legal heir *(Recht)* gesetzlicher Erbe *m*
legal holiday *s.* bank holiday
legal immunity *(Recht)* gesetzliche Immunität *f*
legal incapacity *(WiWi)* Rechts- und Geschäftsunfähigkeit *f*
legal instrument *(Recht)* Rechtsinstrument *n*
legal insurance *(Recht)* Rechtsschutz *m*
legal investment *(Börse, WiWi)* mündelsichere Kapitalanlage *f*, mündelsicheres Wertpapier *n*
legal issue *(Gen)* Rechtsfrage *f*
legal language *(Gen, Recht)* Rechtssprache *f*
legal liability *(Recht)* gesetzliche Haftpflicht *f*
legal name *(Recht)* rechtmäßiger Name *m (administrative)*; Firmenname *m*, Firmenbezeichnung *f (company)*
legal notice *(Recht)* Gerichtsbekanntmachung *f (anouncement)*; gesetzliche Kündigungsfrist *f (period of notification)*
legal obligation *(Recht)* rechtliche Verpflichtung *f*
legal opinion *(Recht)* Rechtsgutachten *n*, Rechtsauffassung *f (commercial)*
legal person *(Pat, Recht)* juristische Person *f*
legal personality *(Recht)* Rechtspersönlichkeit *f*
legal position *(Recht)* rechtliches Verhältnis *n*; Rechtslage *f*
legal proceedings *(Recht)* Gerichtsverfahren *pl*
legal protection *(RW)* Rechtsschutz *m*
legal provision *(Recht)* Rechtsvorschrift *f*
legal recognition *(Recht)* gesetzliche Anerkennung *f*
legal redress *(Recht)* Rechtsbehelf *m (breach of contract)*
legal requirement *(Recht)* gesetzliche Verpflichtung *f (obligation)*; Rechtsvorschrift *f (regulation)*
legal reserves *(RW)* Barreserve *f*, gesetzliche Rücklagen *fpl*
legal residence *(Recht)* gesetzlicher Wohnsitz *m*
legal right *(Recht)* subjektives Recht *n (entitlement)*
legal section *(Recht)* Rechtsabteilung *f (of a company)*
legal settlement *(Recht)* Zwangsvergleich *m*
legal situation *(Recht)* rechtliche Lage, Rechtslage *f*
legal suit *(Recht)* Zivilprozess *m*
legal tender *(Fin, Gen)* gesetzliches Zahlungsmittel *n (money)*
legal term *(Recht)* juristischer Fachausdruck *m*, juristischer Terminus *m*
legal terminology *(Gen, Recht)* Rechtsterminologie *f*
legal transaction *(Recht)* Rechtsgeschäft *n*
legal working hours [time] *(Pers)* gesetzliche Arbeitszeit *f*
legal wrong *(Recht)* Rechtsverletzung *f*
legality *(Gen)* Rechtmäßigkeit *f*, Legalität *f*, Gesetzlichkeit *f*
legalized *adj (Recht)* amtlich beglaubigt, notariell beglaubigt, öffentlich beglaubigt
legally binding *(Recht)* rechtsverbindlich

legally bound *(Recht)* rechtlich verpflichtet
legally effective *(Recht)* rechtswirksam
legally enforceable *adj (Recht)* rechtlich durchsetzbar
legatee *(Recht)* Vermächtnisnehmer(in) *m(f) (property)*
legislate *v (Recht)* erlassen
legislation *(Recht)* Gesetzgebung *f*
legislative *adj (Recht)* gesetzgebend, legislativ
legislative power *(Recht)* gesetzgebende Gewalt *f*
legitimacy *(Gen, Recht)* Rechtmäßigkeit *f*
legitimate *adj (Gen, Recht)* legitim, berechtigt
legitimate claim *(Recht)* berechtigter Anspruch *m*
legitimate portion *(Recht)* Pflichtteil *m*
leisure *(Frei)* Freizeit *f*
leisure activity *(Pers)* Freizeitgestaltung *f*, Freizeitaktivitäten *fpl*
leisure industry *(Frei)* Freizeitindustrie *f*
lend *v* 1. *(Bank)* verleihen, ausleihen; 2. *(Fin)* ausleihen; 3. *(Börse)* Kredit gewähren
lend *v* **against security** *(Bank, Gen)* gegen eine Sicherheit ausleihen
lend *v* **money** *(Fin)* Geld leihen
lender *(Bank)* Kreditgeber(in) *m(f)*, Darlehensgeber(in) *m(f)*, Kapitalgeber(in) *m(f)*
lender of last resort *(Bank)* Lender *m* of last resort, letztinstanzliche Kapitalgeber *mpl*, Refinanzierungsinstitut *n* der letzten Instanz
lending *(Bank, Fin)* Aktivgeschäft *n (bilanzbezogene Sicht)*; Kredit *m*, Ausleihung *f*, Darlehensvergabe *f*, Kreditgewährung *f*, Kreditvergabe *f*, Verleihung *f*
lending business 1. *(Bank)* Kreditgeschäft; 2. *(Fin)* Aktivgeschäft *n*
lending ceiling *(Fin)* Kreditlinie *f*; Beleihungsgrenze *f*
lending collateral *(Bank, Fin)* Kreditsicherheiten *fpl*
lending facility *(Bank)* Kreditfazilität *f*
lending limit *(Gen)* Beleihungsgrenze *f*
lending power *(Bank)* Kreditpotenzial *n*
lending rate *(Bank)* Kreditzins *m*, Zinssatz *m* für Ausleihungen
length of employment *(Pers)* Beschäftigungsdauer *f*
length of service *(Pers)* Beschäftigungsdauer *f*, Dienstalter *n*, Dienstzeit *f*
length of time to maturity *(WiWi)* Laufzeit *f*
length of training *(Bil, Pers)* Dauer *f* der Berufsausbildung, berufliche Ausbildungsdauer *f*, berufliche Ausbildungszeit *f*
length of unemployment *(Pers)* Dauer *f* der Arbeitslosigkeit, Arbeitslosigkeitsperiode *f*
less-developed country *(WiWi)* Entwicklungsland *n*
less qualified *adj (Pers)* geringqualifiziert
less than or equal to *(Comp, Stat)* kleiner als oder gleich *(synonymous: equal to or less than = gleich oder kleiner als = not greater than = nicht größer als)*
let *v (Grund)* vermieten • **to let** *(Grund)* zu vermieten
let *v* **on lease** *(Grund)* verpachten
let *v* **out a contract to sb** *(Gen)* an jmdn. einen Auftrag vergeben
let *(Grund)* Vermietung *f*
let-others-work principle *(l-o-w principle) (Gen)* Andere-arbeiten-lassen--Prinzip *n*, Aal-Prinzip *n (Aktivierung von Internetnutzern für die geschäftlichen Interessen von Internetunternehmen)*
letter 1. *(Komm)* Brief *m*, Schreiben; 2. *(Comp, Media)* Buchstabe *m*
letter of advice *(Komm)* Ankündigungsschreiben *n*, Benachrichtigungsschreiben *n*
letter of allotment *(Komm)* Zuteilungsbenachrichtigung *f*, Zuteilungsschein *m (stock exchange)*
letter of application *(Komm)* Bewerbungsschreiben *n (candidate)*; Zeichnungserklärung *f (investor)*
letter of appointment *(Pers)* Einstellungsschreiben *n*, Anstellungsschreiben *n*, Ernennungsschreiben *n*, Berufungsschreiben *n*, Nominierungsschreiben *n*
letter of attorney *(Recht)* Vollmachtsurkunde *f*
letter of authority *(Gen)* Ermächtigungsschreiben *n*, Genehmigungsschreiben *n*
letter of comfort *(Fin, Gen)* Patronatserklärung *f*

letter of confirmation *(Recht)* Bestätigungsschreiben *n (trade)*
letter of credit *(Bank)* Akkreditiv *n*
letter of dismissal *(Pers)* Entlassungsschreiben *n*
letter of intent *(LOI)* 1. *(Gen)* vorläufige Auftragserteilung *f*; 2. *(Mgt, Recht)* schriftliche Absichtserklärung *f*; 3. *(Börse)* Absichtserklärung *f*
letter of introduction *(Komm)* Empfehlungsschreiben *n*
letter of recommendation *(Pers)* Empfehlungsschreiben *n*
letter of renunciation *(Börse)* Abtretungsformular für Bezugsrechte *(rights issue)*
letter of resignation *(Pers)* Rücktrittsschreiben *n*, Rücktrittsgesuch *n*
letter of subrogation *(BE) (Komm)* Abtretungserklärung *f*
letter of transmittal *(Gen)* Anschreiben *n*, Begleitschreiben *n*
letter of understanding *(Gen, Recht)* Vorvertrag *m*
letterfoot *(Komm)* Briefende *n*
letterhead *(Komm)* Briefkopf *m*
level 1. *(Comp)* Ebene *f*; 2. *(Gen)* Höhe *f*, Niveau *n*, Stand *m (e. g. of interest rates)*; 3. *(Ind, Umwelt)* Pegel *m (of noise)* • **at the highest level** *(Pers)* auf höchster Ebene
level of contributions *(Pers, Soz)* Beitragshöhe *f*
level of debt *(Fin)* Schuldenstand *m*, Verschuldungsniveau *n*
level of employment *(WiWi)* Beschäftigungsstand *m*
level of expenditure *(WiWi)* Ausgabenniveau *n*, Ausgabenhöhe *f*
level of holding *(Bank)* Beteiligungsschwelle *f (Schwellenwerte –trigger points- beim Aktienkauf, die von allen Investoren beachtet werden müssen, da sie unterschiedliche Publizitäts- oder andere Pflichten auslösen oder aber mit bestimmten Rechten verbunden sind)*
level of industrialization *(Ind, WiWi)* Industrialisierungsgrad *m*
level of management *(Pers)* Leitungsebene *f*
level of orders *(V&M)* Auftragsbestand *m*
level of pay *(Gen, Pers)* Höhe *f* der Bezahlung, Lohnniveau *n*, Besoldungsniveau *n*
level of protection *(Recht)* Schutzniveau *n*
level of return *(Steuer)* Renditeniveau *n*
level of support *(WiWi)* Subventionsniveau *n*, Höhe *f* der finanziellen Unterstützung *(subsidies)*
level of training *(Pers)* Ausbildungsniveau *n*, Ausbildungsstand *m*
level out *(Gen)* sich ausgleichen
level-payment mortgage *(AE) (Fin)* Tilgungshypothek *f*, Annuitätenhypothek *f*
level repayment *(Bank)* Tilgungszahlung *f*
leveling out *(AE) (WiWi)* s. levelling out
levelling effect *(BE) (Gen)* Angleichungseffekt *m*, ausgleichende Wirkung *f*
levelling out *(BE) (WiWi)* Nivellierung *f*
leverage *(AE)* 1. *(Fin)* Hebelwirkung *f (auf die Eigenkapitalrendite)*; Verhältnis von Fremd- zu Eigenkapital, Fremdkapital/Eigenkapital-Verhältnis; Fremdkapitalaufnahme *f*; Einfluss *m (influence)*; 2. *(Pol)* Macht *f*, politischer Hebel *m*; 3. *(Börse)* Fremdkapitalaufnahme *f*; Verhältnis *n* von Obligationen und Vorzugsaktien zu Stammaktien
leverage adjustment *(AE) (Fin)* (Neu-)Anpassung *f* von Fremd- und Eigenkapital, Fremdkapitaljustierung *f*, Verschuldungsanpassung *f (zur Optimierung von Rendite- und Risikostruktur und -verhältnis)*
leverage effect *(WiWi)* Hebelwirkung *f* (der Kapitalstruktur)
leverage effect of borrowed capital *(Fin)* Hebelwirkung *f* des Fremdkapitals, Hebelwirkung *f* aufgenommener Fremdmittel
leverage effect of the capital structure *(Fin)* Hebelwirkung *f* der Kapitalstruktur [Finanzstruktur]
leverage effect of the debt-equity ratio *(Fin)* Hebelwirkung *f* des Verschuldungsgrades
leverage effect of the financial structure *(Fin)* Hebelwirkung *f* der Kapitalstruktur [Finanzstruktur]
leverage ratio *(AE)* 1. *(Bank, RW)* Verschuldungsgrad *m*; 2. *(Fin)* Verhältnis

zwischen Fremd- und Eigenkapital; 3. *(Gen)* Kapitalstrukturkennziffer *f*

leverage up *(Fin)* den Fremdkapitalanteil erhöhen

leveraged bid *(Börse)* fremdfinanziertes Submissionsangebot *n*

leveraged buyout *(LBO)* 1. *(Fin)* fremdfinanzierte Übernahme *f*, Leveraged-Buy-out *n*, LBO; 2. *(Gen)* schuldenfinanzierte Übernahme *f*

leveraged company *(RW)* verschuldetes Unternehmen *n*, verschuldete Firma *f* *(durch Fremdkapitalaufnahme zur Erzielung einer Hebelwirkung auf die Eigenkapitalrendite)*

levy *v* 1. *(Gen)* erheben *(raise, collect)*; 2. *(Recht)* pfänden *(seize)*; auferlegen *(impose)*; 3. *(Steuer)* eintreiben, erheben

levy *v* **a tax on sth** *(Steuer)* besteuern, eine Steuer erheben auf

levy 1. *(Fin)* Erhebung *f*, Umlage *f (action)*; Abgabe *f (tax)*; 2. *(Imp/Exp)* Erhebung *f*, Steuer *f (action)*; 3. *(Recht)* Auferlegung *f*, Beschlagnahme *f*, Eintreibung *f (seizure of tax)*

levy on property *(Steuer, WiWi)* Vermögensabgabe *f*

liabilities *(RW)* Schulden *fpl (amount of money owed to a third party)*; Verbindlichkeiten *fpl*, Kreditoren *mpl (synonymous: accounts payable)*; Passiva *npl (opposite: assets; oft benutzt als Gegensatz zu den Aktiva, die Passivseite umfasst jedoch neben dem Fremdkapital auch das Eigenkapital = equity)*

liabilities and equity *(RW)* Fremd- und Eigenkapital *n*, Passivseite *f (balance sheet, das bilanziell auf der rechten Seite ausgewiesene Kapital; opposite: assets = Aktiva, Vermögenswerte, asset side = Aktivseite, Vermögensseite)*

liabilities side *(RW)* Passivseite *f*, Verschuldungsseite *f (balance sheet; opposite: asset side = Aktivseite, Vermögensseite)*

liability 1. *(RW)* Verbindlichkeit *f*; 2. *(Admin, Fin)* Obligo; 3. *(Gen)* Haftung *f*, Verpflichtung *f (responsibility)*; 4. *(Recht)* Haftbarkeit *f*, Haftpflicht *f*, Schuld *f*, Verbindlichkeit *f*

liability account *(RW)* Passivkonto *n (das Konto "nimmt zu" durch Zugänge auf der Passivseite: Schulden, Rückstellungen, Eigenkapitalpositionen; opposite: asset account = Aktivkonto)*

liability and equity side *(RW)* Passivseite *f (balance sheet; opposite: asset side = Aktivseite, Vermögensseite)*

liability capital *(Fin)* Haftkapital *n*, Hafteinlage *f*, haftendes Kapital *n*

liability for breach of warranty *(Gen)* Gewährleistungshaftung *f*

liability for damage *(Recht)* Schadenhaftung *f*

liability for links *(Comp, Komm, Recht)* Linkhaftung *f*

liability for material defects *(Recht)* Sachmängelhaftung *f*

liability insurance *(Versich)* Haftpflichtversicherung *f*

liability item *(RW)* Schuldposten *m*

liability limitation clause *(Recht, Versich)* Haftungsbeschränkungsklausel *f*

liability management *(Börse, Fin)* Debt Management *n*; Umschichtung *f* von Verbindlichkeiten; Schuldenmanagement *n*, Verschuldungspolitik *f*, Verschuldungsmanagement *n (public finance)*

liability side *(RW)* Passivseite *f (balance sheet; opposite: asset side = Aktivseite, Vermögensseite)*

liability under a guarantee *(Recht)* Garantiehaftung *f*

liability under a letter of credit *(Fin, Imp/Exp)* Akkreditivverpflichtung *f*

liable *adj (Gen, Recht)* haftbar, haftpflichtig • **be liable for** *(Recht, Versich)* haften für

liable capital *(Bank, Fin)* Haftungskapital *n*, Haftkapital *n*; haftendes Eigenkapital *n (Basel II, Verbriefungen, securitization)*

liable equity capital *(Fin, RW, WiWi)* Risiko-Kapital *n*, haftendes Eigenkapital *n*, Haftungskapital *n*, Haftkapital *n*

liable for damages *adj (Recht)* schaden(s)ersatzpflichtig

liable in corporate [corporation] income tax *(Recht, Steuer)* körperschaftsteuerpflichtig

liable to pay taxes *(Recht, Steuer)* steuerpflichtig, abgabenpflichtig

liable to prosecution *(Recht)* strafbar

liable to tax *(Recht, Steuer)* steuerpflichtig, abgabenpflichtig
libel *v (Recht)* verleumden
libel *(Recht)* üble Nachrede *f*, Beleidigung *f*, Verleumdung *f*
libel proceedings *(Recht)* Verleumdungsverfahren *n*
liberal profession *(Pers)* freier Beruf *m*
liberal trade policy *(WiWi)* liberale Handelspolitik *f*
liberalization *(Gen, Recht, WiWi)* Liberalisierung *f*
liberalization of trade *(Imp/Exp, Recht, WiWi)* Handelsliberalisierung *f*, Liberalisierung *f* des Handels
LIBOR *s.* London Interbank Offered Rate
licence *(BE)* 1. *(Bank)* Lizenz *f*; 2. *(Imp/Exp)* Genehmigung *f*, Lizenz *f*; 3. *(Recht)* Lizenz *f*, Konzession *f*, Zulassung *f*, Genehmigung *f*, Erlaubnis *f (permit)*; 4. *(Pat)* Patentausnützung *f*, Zulassung *f*
licence fee *(BE) (Gen)* Lizenzgebühr *f*
licence holder *(BE) (Gen)* Lizenzinhaber(in) *m(f)*
licence laws *(BE) (Recht)* Konzessionsrecht *n (commercial)*
licensable *adj (Imp/Exp)* genehmigungspflichtig, lizenzfähig
license *v* 1. *(Gen)* erlauben; 2. *(Recht)* lizenzieren, konzessionieren, zulassen, genehmigen
license *s.* licence
licensed *adj* 1. *(Fin)* zugelassen; 2. *(Gen)* erlaubt; 3. *(Recht)* konzessioniert, geschützt, lizenziert *(intellectual property = geistiges Eigentum)*
licensed banks *(Bank)* lizenzierte Banken *fpl*, Banken *fpl* mit Zulassung, zugelassene Banken *fpl (e. g. Ireland)*
licensed construction *(Gen)* Lizenzbau *m*
licensed premises *(BE) (Recht)* Schankwirtschaft *f*
licensee *(Recht)* Konzessionär(in) *m(f)*, Benutzungsberechtigte(r) *f(m)*, Lizenzinhaber(in) *m(f)*, Konzessionsinhaber(in) *m(f) (intellectual property)*
licensing *(Pat, WiWi)* Lizenzerteilung *f*
licensing agreement *(Pat, Recht)* Lizenzabkommen *n*
licensing law *(Recht)* Lizenzvertragsrecht *n*
licensing laws *(BE) (Recht)* Schankgesetze *pl*
licensing procedure *(WiWi)* Genehmigungsverfahren *n*
licensor 1. *(Gen)* Lizenzgeber(in) *m(f)*; 2. *(Pat, Recht)* Konzessionserteiler(in) *m(f)*
lie *v* **idle** *(Bank)* nicht arbeiten, brachliegen *(money, Maschinen)*
lien 1. *(WiWi)* Zurückbehaltungsrecht; 2. *(Fin, Recht)* Pfandrecht *n*
life 1. *(Gen)* Lebensdauer *f*; 2. *(Versich)* Leben; 3. *(Börse)* Laufzeit *f (of an option)*
life annuity *(Versich)* Leibrente *f*, Lebensrente *f*
life assurance *(BE) (Versich)* Lebensversicherung *f*
life cycle *(Umwelt, V&M, WiWi)* Lebenszyklus *m (of a company or product)*
life-cycle hypothesis *(WiWi)* Lebenszyklushypothese *f*
life expectancy 1. *(Gen)* erwartete Nutzungsdauer *f (object)*; 2. *(Versich)* Lebenserwartung *f (person)*
life insurance *(Versich)* Lebensversicherung *f*
life insurance policy *(Versich)* Lebensversicherungspolice *f*, Versicherung *f* auf den Todesfall
life interest 1. *(Fin)* lebenslänglicher Nießbrauch *m*; 2. *(Recht)* dingliches Recht *n* auf Lebenszeit
life period method *(Fin, RW)* digitale Abschreibung *f*, arithmetisch-degressive Abschreibung *f*
life span 1. *(Bank)* Laufzeit *f*; 2. *(Fin, RW)* Lebensdauer *f*, Nutzungsdauer *f (e. g. of depreciable fixed assets, abnutzbarer Wirtschaftsgüter z. B.)*
life tenancy *(Grund)* lebenslängliches Pachtrecht *n*, Pacht *f* auf Lebenszeit
life tenure *(Pers)* lebenslange Anstellung *f*, Anstellung *f* auf Lebenszeit
lifeless *adj (Börse)* flau, lustlos
lifetime *(Börse, Gen)* Lebenszeit *f*
lifetime gift *(BE) (Steuer)* Schenkung *f* unter Lebenden, Schenkung *f* zu Lebzeiten
lifted *adj (Gen, WiWi)* aufgehoben *(price controls, restrictions)*
lifting *(Gen, Recht)* Aufhebung *f (of restrictions, laws)*

lightning rise *(Mgt, Pers)* rasanter Aufstieg *m*
lightning strike *(Pers)* Blitzstreik *m*
limit 1. *(WiWi)* Grenze *f*; 2. *(Börse)* Limit *n*, Kurslimit *n (price of shares)*; 3. *(Fin)* Limit *n*, Kreditlimit *n (of a loan)*
limit *v* **access** *(Pers)* Zugang beschränken
limit *v* **entrance** *(Pers)* Zugang beschränken
limit *v* **entry** *(Pers)* Zugang beschränken
limit order *(Börse)* Limitauftrag *m*, limitierte Order *f*
limitation 1. *(Gen)* Begrenzung *f*, Beschränkung *f*; 2. *(Recht)* Verjährung *f (of liability)*
limitation of actions *(Recht)* Verjährung *f*
limitation of liability *(Recht, Versich)* Haftungsbeschränkung *f*
limitation of time *(Recht)* Verjährung *f (sentencing)*
limitation on access *(Pers, Soz)* Zugangsbeschränkung *f*
limitation on entrance *(Pers, Soz)* Zugangsbeschränkung *f*
limitation on entry *(Pers, Soz)* Zugangsbeschränkung *f*
limitation on profit distribution *(Recht)* Ausschüttungssperre *f*
limitations *(Comp, Recht)* Schranken *fpl*
limited *adj (Gen)* begrenzt, eingeschränkt • **for a limited period of time** *(Gen)* zeitlich begrenzt • **limited in time** *(Recht)* befristet
limited audit *(RW)* beschränkte Prüfung *f*
limited authorization *(Imp/Exp)* befristete Genehmigung *f*, befristete Zulassung *f*
limited company *(BE) (Gen)* Gesellschaft *f* mit beschränkter Haftung; GmbH *(in Germany)*; Ges.m.b.H. *(in Austria)*; Personengesellschaft *f (in the US)*
limited discretion *(Börse)* begrenzte Entscheidungsfreiheit *f*
limited jurisdiction *(Recht)* begrenzte Zuständigkeit *f*
limited liability *(Gen, Recht)* Teilhaftung *f*, beschränkte Haftung *f (legal responsibility for the debts of a company only to the extent of the nominal value of one's shares, Haftung nur bis zur Höhe der Kommanditeinlage)*
limited liability company *(BE) (Gen)* Gesellschaft *f* mit beschränkter Haftung; GmbH *(Germany)*; Ges.m.b.H. *(Austria)*
limited-life asset *(RW, WiWi)* abnutzbares Wirtschaftsgut *n*
limited partner *(Recht)* Teilhafter(in) *m(f)*, Kommanditist(in) *m(f)*
limited partner's share *(Recht)* Kommanditanteil *m*
limited partnership *(Recht)* Kommanditgesellschaft *f*, KG *(company)*
limited partnership capital contribution *(Recht)* Kommanditeinlage *f*
limited risk *(Börse)* begrenztes Risiko *n*
line 1. *(Gen) (AE)* Warteschlange *f (of people)*; 2. *(Pers)* Linie *f*; 3. *(Mgt)* Marschroute *f (policy)*; 4. *(V&M)* Zeile *f (advertising)*; Sortiment *(products)*; 5. *(Börse)* Aktienpaket *(of shares)*; 6. *(Transp)* Strecke *f (railway)* • **in line with** *(Gen)* entsprechend *(inflation, expectations)*
line and staff organization *(Mgt)* Stablinienorganisation *f*
line manager *(Ind, Mgt, Pers)* Linienmanager(in) *m(f)*, Produktionsleiter(in) *m(f)*
line of business *(WiWi)* Sparte *f*
line of command 1. *(Pers)* Leitungsstruktur *f*; 2. *(Mgt)* Führungshierarchie *f*
line of credit *(Fin)* Kreditlinie *f*
line of duty *(Gen)* Aufgabenbereich *m*
line of occupation *(Pers)* Berufszweig *m*
line production *(Ind)* Produktion *f* am Fließband
line rate *(Media)* Zeilenpreis *m (print)*
line-up *(WiWi)* Warteschlange *f*
linear programming 1. *(Comp, WiWi)* lineare Programmierung *f*; 2. *(Stat)* lineare Optimierung *f*, lineare Planungsrechnung *f*
linear relationship *(Stat)* lineare Beziehung *f*
linguistic versions of a draft Regulation *(Mgt, Recht)* sprachliche Versionen des Entwurfs einer Verordnung *(EU)*
link *v* 1. *(Comp)* verbinden *(peripherals, connections)*; 2. *(Gen)* verbinden
link 1. *(Comp, Gen)* Verbindung *f*; 2. *(Media, Pol)* Querverbindung *f*
linkage *(Gen)* Verflechtung *f*
linkage effect *(WiWi)* Verkettungseffekt *m*, Verknüpfungseffekt *m*, Überwälzungseffekt *m*

linkage model *(BE) (WiWi)* Verknüpfungsmodell *n (econometrics)*
liquid *adj* 1. *(RW)* liquid; 2. *(Bank, Fin)* flüssig, liquid *(funds)*
liquid assets *(Fin, RW)* flüssige Mittel *pl*
liquid assets ratio *(Fin)* Liquiditätskennziffer *f*
liquid capital *(Fin, RW)* flüssige Mittel *npl* und kurzfristige Forderungen, Einzugsliquidität *f*, flüssige Mittel *npl* *(synonymous: quick assets, liquid assets, realizable assets, i. e. cash and other assets readily convertible into cash = cash + deposits in a bank current account + trade debts + marketable investments; cf Liquidität zweiten Grades = Einzugsliquidität)*
liquid cash resources *(Fin)* Barliquidität *f*
liquid debt *(Fin)* kurzfristige Verbindlichkeit *f*
liquid funds *(Fin, RW)* flüssige Mittel *pl*, Barmittel *pl*, liquide Mittel *pl*
liquid market *(Börse)* liquider Markt *m*
liquid ratio *(Fin, RW)* Liquidität *f* zweiten Grades *(synonymous: quick ratio, acid test ratio, acid ratio; the ratio of quick assets or liquid assets or liquid capital or realizable assets to current debts, or: relation of current assets minus stock to current liabilities = Umlaufvermögen minus Vorräte dividiert durch kurzfristige Verbindlichkeiten = monetäres Umlaufvermögen dividiert durch kurzfristige Verbindlichkeiten = current financial assets to current liabilities = sum of cash + bank deposits + current receivables + current securities in relation to current liabilities)*
liquid savings *(Fin)* sofort auszahlbare Ersparnisse *fpl*
liquidate *v* 1. *(RW)* abwickeln, tilgen; 2. *(Fin)* tilgen, verwerten; 3. *(Gen)* liquidieren
liquidate *v* **a liability reserve** *(RW, Steuer)* eine Rückstellung auflösen *(synonymous: reverse a liability reserve, liquidate a reserve for uncertain liabilities and anticipated losses)*
liquidate *v* **a position** *(Börse)* eine Position liquidieren, eine Position abwickeln
liquidate *v* **a reserve** *(RW, Steuer) s.* liquidate a liability reserve
liquidate *v* **inventory** *(WiWi)* Lager abbauen
liquidated *adj (Fin)* getilgt *(debt)*; verwertet *(options)*
liquidated damage *(Recht)* Vertragsstrafe *f*
liquidated damages *(Recht)* bezifferter Schaden(s)ersatz *m*
liquidated debt *(RW)* beglichene Schulden *fpl*, getilgte Schulden *fpl*
liquidating dividend *(Fin)* Kapitalrückzahlung *f*
liquidating value *(RW)* Liquidationswert *m*, Veräußerungswert *m (of an asset)*
liquidation 1. *(RW)* Auflösung *f*, Konkurs *m*, Liquidation *f*, Tilgung *f*; 2. *(Fin)* Konkurs *m*, Liquidation *f*, Verwertung *f* *(of option)*; 3. *(Gen, Recht)* Abwicklung *f*, Liquidation *f*; 4. *(Mgt)* Abwicklung *f*; 5. *(Börse)* Ablösung *f*, Realisierung *f*
liquidation of reserves *(RW)* Rücklagenauflösung *f*
liquidation of the assets *(Recht)* Verwertung *f* des Vermögens, Liquidation *f* des Vermögens
liquidation period *(Recht)* Abwicklungszeitraum *m*
liquidation sale *(WiWi)* Räumungsverkauf *m*
liquidity *(Fin)* Zahlungsfähigkeit *f*, Liquidität *f* • **in decreasing liquidity order** *(Bank, RW)* nach abnehmender Liquidität *(layout and breakdown of the asset side of the bank balance sheet; Bilanz: Anordnung der Bank-Aktiva nach ihrer Liquidisierbarkeit, der Geldnähe = shiftability)*
liquidity diversification *(Börse)* Liquiditätsstreuung *f*
liquidity of credit institutions *(Bank, Fin)* Liquidität *f* von Kreditinstituten, Liquidität *f* der Kreditinstitute, Bankenliquidität *f*
liquidity preference *(WiWi)* Liquiditätspräferenz *f*
liquidity ratio 1. *(Fin, RW)* Liquiditätsgrad *m*; 2. *(Gen)* Liquiditätskennziffer *f*, Liquiditätsquote *f*
liquidity shortfall *(Bank, Fin)* Liquiditätsengpass *m*, Liquiditätsdefizit *n*
liquidity squeeze *(Fin)* Liquiditätsengpass *m*, Liquiditätsklemme *f*

liquidity strain *(Bank)* Liquiditätsengpass *m*, Liquiditätsdefizit *n*
liquidity trap *(WiWi)* Liquiditätsfalle *f*
liquidization *(Börse)* Glattstellung *f*
list *v* 1. *(Börse)* an der Börse notieren [zulassen]; 2. *(Comp, Gen)* aufführen, auflisten
list *(Gen)* Aufstellung *f*
list of tax assessments *(Steuer)* Steuerliste *f*
list price 1. *(V&M)* Katalogpreis *m*, Listenpreis *m (sales, retail)*; 2. *(Börse)* Börsenkurs *m (shares, securities)*
listable *adj* 1. *(Börse)* börsenfähig, kursfähig *(shares)*; 2. *(Steuer)* steuerpflichtig
listed bank *(Bank)* börsennotierte Bank *f*
listed company *(Börse, Gen, WiWi)* börsennotierte Gesellschaft *f*, börsennotiertes Unternehmen *n*
listed on a stock exchange/officially *(Börse)* zur amtlichen Notierung an einer Wertpapierbörse zugelassen
listed on the stock exchange *(Börse, RW)* an der Börse notiert, börsennotiert
listed option *(Börse)* börsennotierte Option *f*
listed securities *(Börse, WiWi)* börsennotierte Wertpapiere *pl*
listed share *(Börse)* börsennotierte Aktie *f*
listing 1. *(Comp)* Auflistung *f*, Liste *f*; 2. *(Recht)* Beauftragung *f (property)*; 3. *(Börse)* Börsenzulassung *f*
listing agent *(AE) (Grund)* Grundstücksmakler(in) *m(f)*
listing committee *(Börse)* Börsenzulassungsausschuss *m*
listing of a security *(Börse)* Zulassung *f* eines Wertpapiers; Kursnotiz *f* eines Wertpapiers
listing particulars *(Börse)* Angaben *fpl* zur Börsenzulassung
listing procedure *(Börse)* Börsenzulassungsverfahren *n*
listing requirements *(Börse)* Zulassungsvorschriften *fpl*
listless *adj (Gen)* lustlos *(market, trading)*
litigate *v (Recht)* prozessieren
litigation *(Recht)* Prozess *m*, Rechtstreit *m*
little board *(WiWi)* American Stock Exchange
little dragons *(WiWi) (ugs.)* kleine Tiger *mpl*, Tigerstaaten *mpl (South-East Asian countries)*
live *v* **on the dole** *(BE) (Soz)* von Arbeitslosenunterstützung leben, *(ugs.)* stempeln gehen, *(ugs.)* von der Stütze leben
live *v* **on unemployment benefit** *(Soz)* von Arbeitslosenunterstützung leben
livestock *(Gen, WiWi)* lebendes Inventar *n*
living *(Soz)* Lebensunterhalt *m*, Existenz *f*
living accommodation *(Steuer)* Wohnraum *m*, Wohnung *f*
living costs *(Gen, Soz)* Lebenshaltungskosten *pl*
living expenses *(Gen, Soz)* Lebenshaltungskosten *pl*
LM curve *(WiWi)* LM-Kurve *f*
load time *(Comp, Komm, Media)* Ladezeit *f*
loading port *(Imp/Exp, Transp)* Ladehafen *m*; Verladehafen *m (cargo)*
loan 1. *(Bank)* Darlehen *n*, Kredit *m*; 2. *(Fin, WiWi)* Anleihe *f*
loan account *(Bank)* Darlehenskonto *n*
loan agreement 1. *(Bank)* Darlehensvertrag *m*; 2. *(Börse)* Anleihevertrag *m*
loan approval *(Bank)* Kreditzusage *f*
loan authorization *(Bank)* Kreditzusage *f*
loan capital *(Fin, RW, WiWi)* festverzinsliche Wertpapiere *pl*, Fremdkapital *n*
loan charges *(Bank)* Darlehenskosten *pl*
loan commitment *(Bank)* Darlehenszusage *f*
loan default *(Bank)* Kreditausfall *m*
loan demand *(Bank)* Kreditnachfrage *f*
loan discount *(Bank)* Damnum *n*, Abgeld *n*, Disagio *n*
loan exposure *(Fin)* Gesamtausleihungen *fpl*, Kreditengagement *n*
loan fee *(Bank)* Kreditbearbeitungsgebühr *f*
loan financing *(Bank, Fin)* Kreditfinanzierung *f*
loan guarantee *(Fin)* Kreditbürgschaft *f*
loan insurance *(Fin)* Kreditversicherung *f*
loan interest rate *(Fin)* Anleihezins *m (coupon)*
loan issue *(Fin)* Anleiheemission *f*
loan liabilities *(Bank)* Darlehensverbindlichkeiten *fpl*
loan loss *(Bank)* Kreditausfall *m*

loan loss provision *(RW)* Kreditausfallrückstellung *f*
loan origination *(Bank)* Kreditausreichung *f*; Kreditgewährung *f*
loan portfolio *(Bank)* Anleiheportefeuille *n*, Darlehensbestand *m*, Kreditvolumen *n*
loan recipient *(Bank)* Darlehensempfänger(in) *m(f)*
loan repayment *(Bank, Fin)* Darlehenstilgung *f*, Kreditrückzahlung *f*
loan shark *(Fin) (ugs.)* Kredithai *m*
loan stock 1. *(RW, WiWi)* festverzinsliche Wertpapiere *pl*; 2. *(Fin)* Schuldverschreibung *f*; 3. *(Börse)* Schuldverschreibung *f*, festverzinslicher Schuldtitel *m*
loan to value *(LTV) (Bank)* Beleihungsauslauf *m (ratio of the loan amount to the assessed value of a property; Quotient aus dem Darlehensbetrag zur Finanzierung von Immobilien im Verhältnis zum Beleihungswert einer Immobilie)*
loan value *(Fin, Versich)* Beleihungswert *m*; Kreditertrag *m*
loan write-off *(Bank)* Debitorenausfall *m*
loan yield *(Börse)* Anleiherendite *f*
loans in transit *(Bank, Fin)* durchlaufende Kredite *mpl*
loans to related companies *(RW)* Forderungen *fpl* gegen verbundene Unternehmen *(annual accounts)*
lobby *v (Pol)* über Interessengruppen Einfluss nehmen *(auf Abgeordnete, Politiker, Behörden usw.)*
lobby *(Pol)* Interessengruppe *f*, Interessenvertretung *f*, Lobby *f*
lobbyist *(Recht)* Lobbyist(in) *m(f)*
local *adj (Gen)* einheimisch, örtlich, vor Ort, lokal, Lokal...
local authority *(Recht)* örtliche Behörde *f*, Kommunalbehörde *f*
local authority loan *(BE) (Fin)* Kommunalanleihe *f*, städtische Anleihe *f (issued by local government)*
local businesses *(Gen)* ortsansässige Unternehmen *npl*
local call *(Komm)* Ortsgespräch *n*
local conditions *(Mgt, WiWi)* Standortbedingungen *fpl*
local firm *(Gen)* ortsansässige Firma *f*, örtliches Unternehmen *n*
local government 1. *(Recht)* örtliche Verwaltung *f*, Kommunalverwaltung *f*, Kommunalregierung *f*; 2. *(Pol)* örtliche Behörden *fpl*, örtliche Gebietskörperschaft *f*
local labor *(AE) (Pers, WiWi)* s. local labour
local labour *(BE) (Pers, WiWi)* einheimische Arbeitskräfte *fpl*, ortsansässige Arbeitskräfte *fpl*
local line *(Komm)* Ortsleitung *f*
local loop *(Komm)* Amtsleitung *f*
local produce *(Gen)* heimisches Erzeugnis *n*
local rates *(BE) (Steuer)* Gemeindesteuern *fpl* auf Haus- und Grundbesitz
local rent *(WiWi)* ortsübliche Miete *f*
local tax *(Steuer)* Gemeindesteuer *f*, Kommunalsteuer *f*
local trade *(WiWi)* Platzhandel *m*
local workers *(WiWi)* einheimische [ortsansässige] Arbeitskräfte *fpl*
localize *v (Comp)* lokalisieren *(software)*
locally *adv (Gen)* örtlich, vor Ort
located *adj (Gen)* gelegen, stationiert
location *(Gen)* Standort *m*
location decision *(Gen, Mgt)* Standortentscheidung *f*
location factor *(Mgt, WiWi)* Standortfaktor *m*
location of production *(Ind, Mgt)* Produktionsstandort *m*
location of property *(Grund, Recht)* Belegenheit *f* eines Gegenstandes
locational *adj (Gen, Mgt)* standortmäßig
locational analysis *(Mgt, WiWi)* Standortanalyse *f*
locational conditions *(WiWi)* Standortbedingungen *fpl*
locational factor *(Mgt, WiWi)* Standortfaktor *m*
locational planning *(Mgt, WiWi)* Standortplanung *f*
lock *v* **in** *(Börse)* festlegen, festschreiben
lock *v* **out** 1. *(Börse)* ausschließen; 2. *(Pers)* aussperren *(strike)*
lock *v* **up** *(Fin)* binden *(funds)*
lock-out *(Gen, Pers)* Aussperrung *f (strike)*
lock-up period *(Börse, Mgt, Steuer)* Lock-up-Frist *f*, Pflichthaltefrist *f* für Altaktionäre
lock-up time limit *(Börse, Mgt, Steuer)*

Lock-up-Frist *f*, Pflichthaltefrist *f* für Altaktionäre

locked-in knowledge 1. *(WiWi)* gebundenes Fachwissen; 2. *(Ind)* standortgebundenes Wissen *n*

lockout *(Pers)* Aussperrung *f (bei Streik)*

lodge *v* **a claim** *(Recht)* eine Forderung anmelden

lodge *v* **a complaint with sb** *(Gen)* Beschwerde bei jmdm. einlegen

lodge *v* **an appeal** *(Steuer)* Rechtsmittel einlegen

log-in *(Comp, Komm)* Einloggen *n*, Anmeldung *f*

log-off *(Komm)* Ausloggen *n*, Abmeldung *f*

log-on *(Comp, Komm)* Einloggen *n*, Anmeldung *f*

log-out *(Comp, Komm)* Ausloggen *n*, Abmeldung *f*

login *(Comp, Komm)* Einloggen *n*, Anmeldung *f*

logistics *(Gen, Ind, Stat, Transp)* Logistik *f*

logo 1. *(Gen)* Firmenzeichen *n*, Logo; 2. *(V&M)* Firmenschriftzug *m*, Signum *n*

logoff *(Komm)* Ausloggen *n*, Abmeldung *f*

logon *(Comp, Komm)* Einloggen *n*, Anmeldung *f*

logout *(Comp, Komm)* Ausloggen *n*, Abmeldung *f*

LOI *(Abk. für Letter of Intent) (Recht)* schriftliche Absichtserklärung *f*

lombard loan *(Bank, Fin)* Lombardkredit *m*

Lombard rate *(Bank)* Lombardsatz *m*

London Interbank Offered Rate *(LIBOR) (Bank, Börse)* Londoner Interbankangebotssatz *m*

long *adj (Gen)* lang • **be long in a currency** *(WiWi)* mit Devisen versorgt sein *(international trade)* • **go long** *(Börse)* Terminkontrakte kaufen, Wertpapiere kaufen • **in the long run** 1. *(Bank)* langfristig gesehen; 2. *(Gen)* auf lange Sicht • **in the long term** *(Bank, Gen, Versich)* langfristig • **over the long term** *(Gen)* auf lange Sicht

long bond *(Börse)* langfristige Schuldverschreibung *f*, Langläufer *m*

long butterfly call *(Börse)* Terminkaufoption *f (options)*

long butterfly put *(Börse)* Terminverkaufsoption *f (options)*

long calls *(Börse)* Terminkontraktkaufoptionen *fpl*

long-distance call *(Komm)* Ferngespräch *n*

long filename *(Comp)* langer Dateiname *m*

long-haul destination *(Transp)* Langstreckenziel *n*

long-haul strategy *(Transp)* Langstreckenstrategie *f*

long-lasting *adj (Gen)* dauerhaft

long lease *(Fin, Grund)* langjähriger Mietvertrag *m*, langjähriger Pachtvertrag *m*

long position *(Fin)* Hausseposition *f*

long-range forecast *(Gen)* Langzeitprognose *f*

long-range planning *(Gen)* Langfristplanung *f*

long-run *adj (Gen)* langfristig, Langzeit...

long-run effect *(Gen)* Langzeitwirkung *f*

long straddle *(Börse)* langfristiger Straddle *m (options)*

long tail business *(Comp, Komm, V&M)* Long Tail-Geschäft *n*, Long Tail *m (Zusammenfassung dezentraler Nischenmärkte im Internet und Transformation in ein profitables Geschäftsmodell mit ausgefallenen, auch selten nachgefragten individuellen Nischenprodukten im Web 2.0; eine moderne Alternative zur herkömmlichen Vermarktung von Massenprodukten)*

long tail risk *(Versich)* Langfristrisiko *n*, langfristiges Risiko *n*

long-term *adj (Gen)* langfristig, mit langer Laufzeit, Langzeit...

long-term debt *(Fin)* langfristige Schuld *f*

long-term financing *(Fin)* langfristige Finanzierung *f*

long-term investment *(Fin)* langfristige Anlage *f*

long-term investments *(RW)* Wertpapiere *npl* des Anlagevermögens

long-term liability 1. *(RW)* langfristige Verbindlichkeit *f*, langfristige Verpflichtung *f (balance sheets)*; 2. *(Fin)* fundierte Schuld *f*

long-term loan *(Bank)* langfristiges Darlehen *n*

long-term planning *(Gen)* langfristige Planung *f*, Langfristplanung *f*
long-term trend 1. *(WiWi)* Langzeittrend *m*; 2. *(Gen)* langfristiger Trend *m*
long-term unemployed *(Pers, WiWi)* Langzeitarbeitslose *pl*
long-term unemployment *(Pers, WiWi)* langfristige Arbeitslosigkeit *f*
long wave *(WiWi)* langer Zyklus *m* *(Kondratieff cycle)*
longer-term *adj (Gen)* längerfristig
longer-term forecast *(Stat, WiWi)* längerfristige Vorausschau *f*
longevity pay *(Pers)* Gehaltserhöhung *f* nach Dauer der Betriebszugehörigkeit
longevity risk *(Gen, Versich)* Langlebigkeitsrisiko *f*
longitudinal study *(Stat, WiWi)* Längsschnittuntersuchung *f (Untersuchung im zeitlichen Ablauf; Gegensatz: Querschnittuntersuchung)*
longitudinal survey *(Stat)* Längsschnitterhebung *f (Erhebung zu verschieden Zeitpunkten)*
longs *(Börse)* Langläufer *mpl*, langfristige Schuldtitel *mpl*
loophole *(Recht)* Gesetzeslücke *f*, *(ugs.)* Hintertürchen *n*
loose oligopoly *(WiWi)* weites Oligopol *n*
lose *v (Recht)* verlieren *(protection)*
lose *v* **ground** *(Gen)* an Boden verlieren *(in competition)*
lose *v* **one's job** *(Pers)* den Arbeitsplatz verlieren, seine Stelle verlieren
losing bargain *(WiWi)* Verlustgeschäft *n*
loss 1. *(Bank)* Verlust *m (capital)*; 2. *(Recht)* Verlust *m*
loss carry-back *(RW, Steuer)* Verlustrücktrag *m (taxation)*
loss carry-forward *(RW, Steuer)* Verlustvortrag *m (taxation)*
loss compensation *(RW, Steuer)* Verlustausgleich *m*
loss contingency *(RW, Steuer)* Verlustrücklage *f (balance sheets)*
loss deduction *(Steuer)* Verlustabzug *m*
loss in purchasing power *(V&M, WiWi)* Kaufkraftverlust *m*, Kaufkrafteinbuße *f*
loss leader *(V&M)* Lockartikel *m*, Lockvogel *m (marketing)*
loss of job *(Pers)* Verlust *m* des Arbeitsplatzes, Arbeitsplatzverlust *m*, Wegfall *m* des Arbeitsplatzes
loss of custom *(V&M)* Kundenverlust *m*
loss of earnings *(Fin)* Ertragsausfall *m*
loss of pay *(Pers)* Lohnausfall *m*
loss of production *(Ind)* Produktionsausfall *m*
loss on exchange *(WiWi)* Wechselkursverlust *m*, Kurseinbuße *f*
loss on takeover *(WiWi)* Übernahmeverlust *m*
loss-pricing *(V&M)* Verkauf *m* unter Einstandspreis, Verlustpreissystem *n* *(marketing)*
loss provision *(RW)* Verlustrückstellung *f*
loss suffered *(Recht)* eingetretener Verlust *m*
losses carried forward *(RW)* Verlustvortrag *m*
lossmaker *(V&M)* Verlustbringer *m*
low *adj (Gen)* tief, niedrig • **be low on sth** *(Gen)* knapp sein an etw. • **with a low margin** *(V&M)* scharfkalkuliert
low *(WiWi)* Tiefstand *m*, Tiefstkurs *m*
low achiever *(Pers)* leistungsschwache Person *f*
low-cost *adj* 1. *(Gen)* kostengünstig; 2. *(Gen)* billig
low-cost housing *(Soz)* sozialer Wohnungsbau *m*, Sozialwohnung *f*
low earner *(Pers, Soz)* Geringverdiener(in) *m(f)*
low end of the market *(V&M)* Markt *m* der unteren Preisklasse, unterer Marktbereich *m*
low for the year *(Bank, Börse, Fin)* Jahrestiefstkurs *m*
low-geared *adj (Fin)* unterkapitalisiert
low-geared capital *(Fin)* zu kurze Kapitaldecke *f*
low-income *(Pers)* einkommensschwach
low-income household *(Soz, V&M)* Haushalt *m* mit geringem Einkommen
low-key *adj (Gen, V&M)* zurückhaltend, unaufdringlich
low-paid *adj (Pers)* geringbezahlt, weniger gut bezahlt • **the low-paid** *(Pers, Soz)* Geringverdiener *mpl*, Einkommensschwache *pl*
low pay *(Pers)* Niedriglohn *m*
low-pay sector *(Pers)* Niedriglohnsektor *m*, Niedriglohnbereich *m*
low productivity sector 1. *(WiWi)* Sektor *m* geringer Produktivität; 2. *(Gen)* Be-

reich *m* geringer Produktivität *(Niedriglohnsektor = low-wage sector)*
low profile 1. *(Gen)* schwaches Geschäftsprofil *n*; 2. *(V&M)* Zurückhaltung *f*
low risk *(Börse, Fin)* niedriges Risiko *n*, geringes Risiko *n*
low-risk securities *(Börse)* risikoarme Wertpapiere *pl*
low season *(Gen)* Nebensaison *f*
low-skilled workers *pl (Pers)* geringqualifizierte Arbeitskräfte *pl*
low-tech *adj (Ind)* niedertechnologisch, mit weicher Technologie *(production)*
low-tech industry *(Ind)* Industrie *f* mit einfacher Technologie, Industrie *f* mit niedriger Technologie
low wage *(Pers)* Niedriglohn *m*
low-wage country *(Pers, Pol, Soz)* Niedriglohnland *n*, Billiglohnland *n*
low-wage earner *(Pers)* Niedriglohnbezieher(in) *m(f)*
low-wage job *(Pers)* Niedriglohnarbeitsplatz *m*
low-wage worker *(Gen)* Niedriglohnarbeiter(in) *m(f)*, Hilfsarbeiter(in) *m(f)*
low-yielding *adj (Börse)* niedrigverzinslich
lower *v (Gen)* herabsetzen, senken
lower *v* **the value** *(Gen)* den Wert mindern
lower income bracket *(Steuer, WiWi)* untere Einkommensteuergruppe *f*, untere Einkommensstufe *f*
lower limit *(Pers, Soz)* Untergrenze *f*
lower quartile *(Stat)* unteres Quartil *n*
lower than average *(WiWi)* unterdurchschnittlich
lowest bidder *(Börse)* niedrigster Bieter *m*
lowest common denominator *(Gen)* kleinster gemeinsamer Nenner *m*
lowest level [point] *(Gen)* Tiefstpunkt *m*, Tiefststand *m*
lowest price 1. *(WiWi)* Tiefstpreis *m*; 2. *(Gen)* äußerster Preis *m*; 3. *(Börse)* niedrigster Preis *m*, Tiefstkurs *m*
lowest tender *(Gen)* preisgünstigstes Angebot *n*
loyalty *(Gen, V&M)* Loyalität *f (of customer, employee)*
loyalty discount *(V&M)* Treuerabatt *m*
Ltd. *s.* limited company
lucrative *adj (Gen)* lukrativ
lull *(Gen)* Flaute *f*
lumber industry *(AE) (Ind)* Holzindustrie *f*
lump *(Pers)* Masse *f*
lump sum 1. *(Fin, Gen, Pers)* Pauschalsumme *f*, Pauschalbetrag *m*; 2. *(Versich)* Depotzahlung *f*, Einmalzahlung *f*, Pauschale *f*
lump sum contribution *(Pers, Soz, Versich)* Pauschalbeitrag *m*, Pauschalabgabe *f*
lump-sum payment *(Pers, Soz, Versich)* Einmalzahlung *f*, Pauschalzahlung *f*
lump sum price *(Gen)* Pauschalpreis *m*
lump sum tax *(Steuer)* Pauschalsteuer *f*
lure *(V&M)* Lockartikel *m*
luxury tax *(Steuer)* Luxussteuer *f*

M

M1 *(BE) (WiWi)* enge Geldmengendefinition *f*, Geldvolumen *n* M1
M2 *(BE) (WiWi)* Geldvolumen *n* M2
M3 *(BE) (WiWi)* weitgefasste Geldmengendefinition, Geldvolumen *n* M3
Maastricht convergence criteria *(Pol, Recht, WiWi)* Maastricht-Konvergenzkriterien *npl (Preisstabilität, Schuldenstandsquote = Verschuldungsquote, Neuverschuldung des Staatshaushalts, Wechselkurs; EU)*
machine-based *adj (Comp)* maschinell
machine idle time *(Ind)* Brachzeit *f*
machine-readable code *(Comp)* maschinenlesbarer Code *m*
machinery 1. *(Ind, WiWi)* Maschinen *fpl*, Apparat *m*, Maschinenpark *m*, maschinelle Anlagen *fpl (in factory)*; 2. *(Recht)* Apparat *m (of law)*
macro virus *(Comp, Komm)* Makrovirus *n (infects documents)*
macroeconomic *adj (WiWi)* makroökonomisch
macroeconomic accounting *(RW, WiWi)* volkswirtschaftliche Gesamtrechnung *f*
macroeconomic policy *(WiWi)* Wirtschaftspolitik *f*
macroeconomics *(WiWi)* Makroökonomik *f*
made out in *(Bank)* ausgestellt in *(dollars)*
made-to-bearer instrument *(WiWi)* Inhaberpapier *n*

made-to-measure *adj (Ind)* maßgearbeitet, maßgeschneidert, nach Kundenangaben gefertigt *(tailoring)*
made-to-order *adj (V&M)* kundenspezifisch
magic quadrilateral *(WiWi)* magisches Viereck *n*
mail order *(Komm)* Mailorder *f*, Versandbestellung *f*, Versandhandel *m*
mail processing *(Admin, Komm)* Postbearbeitung *f*
mail transfer *(WiWi)* briefliche Auszahlung *f*, Postüberweisung *f*
mailbox 1. *(Admin, Komm) (AE)* Briefkasten *m*, *(AE)* Briefeinwurf *m*; 2. *(Comp, Komm)* Mail-Box *f*, elektronischer Briefkasten *m*
mailing 1. *(Komm)* Posteinlieferung; 2. *(V&M)* Postversand *m*, Mailing *n (advertising)*
mailing list *(Komm)* Adressenliste *f*, Postliste *f*, Verteiler *m*
main branch *(Gen)* Hauptstelle *f*
main business *(Gen)* Kerngeschäft *n*, Hauptgeschäft *n*
main earner *(Pers)* Hauptverdiener(in) *m(f)*
main residence *(Grund)* Hauptwohnsitz *m*
main rival *(Bank, V&M)* Hauptkonkurrent(in) *m(f)*
main road *(BE) (Transp)* Hauptstraße *f*
main street *(AE) (V&M)* Haupteinkaufsstraße *f*, Hauptstraße *f*
main wage earner *(Pers)* Hauptverdiener(in) *m(f)*
maintain *v* 1. *(Admin)* unterhalten *(office)*; 2. *(Gen)* behaupten *(assert)*; 3. *(Recht)* unterhalten
maintaining jobs *(Pers)* Erhaltung *f* von Arbeitsplätzen, Sicherung *f* von Arbeitsplätzen
maintenance 1. *(Comp)* Wartung *f*; 2. *(Recht)* Unterhalt *m*; 3. *(Transp)* Wartung *f*
maintenance and repair work *(Gen)* Ausbesserungen *fpl*
maintenance costs *(Grund)* laufende Instandhaltungskosten *pl*
maintenance department *(Ind)* Instandsetzungsabteilung *f*, Wartungsabteilung *f*, Kundendienstabteilung *f*, Serviceabteilung *f (servicing)*
maintenance fee *(Bank)* Kontoführungsgebühr *f*
maintenance margin *(Börse)* Mindestsaldo *m* eines Nachschusskontos *(futures)*
maintenance of full employment *(Pers)* Aufrechterhaltung *f* der Vollbeschäftigung, Sicherung *f* der Vollbeschäftigung
maintenance of price stability *(WiWi)* Gewährleistung *f* der Preisstabilität
Majesty's Treasury/Her *(BE) (Pol)* Schatzamt *n*, Finanzministerium *n*
major *adj (Gen)* führend
major currency *(WiWi)* Leitwährung *f*, wichtige Währung *f*
major customer *(Gen)* Großkunde *m*, Großkundin *f*
major field of study *(Bil)* Hauptfach *n*, Hauptstudienfach *n*, Hauptstudienrichtung *f*
major holding *(Fin)* bedeutende Beteiligung *f*
majority 1. *(Gen, Pers, Pol)* Mehrheit *f*; 2. *(Recht)* Volljährigkeit *f (age)*; Mehrheit *f (greater number)*
majority decision *(Pol)* Mehrheitsentscheidung *f*
majority interest *(Börse, Gen)* Mehrheitsbeteiligung *f*
majority-owned subsidiary *(Recht)* Tochtergesellschaft *f (über 50 % Beteiligung)*
majority stake *(Gen)* Mehrheitsbeteiligung *f*, Mehrheitsanteil *m*
make *v* 1. *(Gen)* machen, erzielen; 2. *(Pat)* machen *(invention)*
make *v* **a bid** *(Gen)* bieten
make *v* **a check payable to sb** *(AE) (Bank)* *s.* make a cheque payable to sb
make *v* **a cheque payable to sb** *(BE) (Bank)* einen Scheck auf jmdn. ausstellen
make *v* **a deal** *(WiWi)* sich arrangieren
make *v* **a decision** *(Gen, Mgt)* eine Entscheidung fällen, eine Entscheidung treffen
make *v* **a donation** *(Soz, Steuer)* spenden
make *v* **a down payment** *(Bank, WiWi)* Anzahlung leisten
make *v* **a living** *(WiWi)* seinen Lebensunterhalt verdienen

make *v* **a loan** *(Bank)* ein Darlehen gewähren
make *v* **a market** *(Börse)* Geld- und Briefkurse stellen, einen Markt *m* machen
make *v* **a profit** *(Bank, RW)* Gewinn erzielen, *(ugs.)* Gewinn machen
make *v* **allowances for** *(Gen)* Zugeständnisse machen *(exceptional occurrences)*
make *v* **amends** *(Recht)* wiedergutmachen
make *v* **an advance** *(Gen)* einen Vorschuss zahlen
make *v* **an advance payment** *(Gen)* Anzahlung leisten, eine Vorauszahlung leisten
make *v* **an application for** 1. *(Gen)* einen Antrag stellen auf; 2. *(Pers)* sich bewerben um
make *v* **an arrangement** *(Gen)* eine Vereinbarung treffen
make *v* **an entry of s.th.** *(RW)* etwas buchen, etwas verbuchen, etwas einbuchen
make *v* **an offer** *(Gen)* Angebot unterbreiten
make *v* **available** *(Gen)* bereitstellen *(money)*
make *v* **enquiries** *(Mgt, V&M)* Erkundungen einziehen
make *v* **full use of sth** *(Gen)* etw. auslasten, etw. voll nutzen
make *v* **further enquiries** *(Gen)* nachhaken
make *v* **gains** 1. *(RW)* Gewinn machen; 2. *(Börse)* Gewinne erzielen
make *v* **out** *(Gen)* ausstellen *(invoice, cheque, receipt)*
make *v* **payable to** *(Bank)* ausstellen auf
make *v* **profits** *(RW)* Gewinn machen
make *v* **public** *(Gen)* bekanntmachen
make *v* **redundant** *(Pers)* entlassen, freisetzen
make *v* **sense** *(Gen)* sinnvoll sein, Sinn machen
make *v* **up** 1. *(Bank)* abschließen, aufstellen *(account)*; 2. *(WiWi)* ausgleichen, decken *(deficit)*; 3. *(Gen)* anfertigen, ausgleichen *(list)*; aufholen *(lost time)*
make *v* **up for** *(Gen)* kompensieren *(compensate)*
make *v* **use of** *(Gen)* benutzen, verwenden
make *v* **work pay** *(Pol, WiWi)* Arbeit muss sich lohnen *(strategic approach to unemployment)*
make *(Gen)* Fabrikat *n*, Sorte *f (of machine)*
make-or-buy decision *(Gen)* Entscheidung *f* über Eigenfertigung oder Kauf
make-work *(AE) (WiWi)* Arbeitsbeschaffung *f*
maker 1. *(Gen)* Hersteller(in) *m(f)*; 2. *(Ind)* Erzeuger(in) *m(f)*, Fabrikant(in) *m(f)*, Produzent(in) *m(f)*; 3. *(Recht)* Aussteller(in) *m(f) (of a note)*
makeshift *adj (Gen)* behelfsmäßig
makeshift solution *(Gen)* Notlösung *f*
making 1. *(Pers)* Schaffung *f (of a position)*; 2. *(Ind)* Fabrikation *f (of product)* • **have the makings of** *(Gen)* das Zeug haben für
making up *(Bank)* Aufstellung *f*, Abschluss *m (of accounts)*
making up for losses *(RW)* Verlustausgleich *m*
mala fide *adj (Recht)* bösgläubig, in böser Absicht, malafide
maliciously *adv (Recht)* böswillig
malingerer *(Pers)* Simulant(in) *m(f)*, Scheinkranke(r) *f(m)*
malperformance *(Recht)* Schlechterfüllung *f (contracts)*
malpractice *(Recht)* Verletzung *f* der Berufspflicht *(doctor, lawyer)*
mammoth *adj (Gen)* riesengroß • **on a mammoth scale** *(Gen)* auf breitester Basis
man *v (Pers)* bemannen, mit Personal besetzen
man-hour *(Mgt)* Arbeitsstunde *f*, Mannstunde *f*
man-made *adj (Ind)* künstlich, nachgemacht, synthetisch
man-made material *(Ind, Umwelt)* Kunststoff *m*
manage *v* 1. *(Gen)* verwalten, bewerkstelligen, leiten *(supervise)*; *(ugs.)* manipulieren *(manipulate)*; 2. *(Recht)* verwalten; 3. *(Mgt)* leiten, führen, managen
managed account *(RW)* treuhänderisch verwaltetes Konto *n*
managed economy *(Pol, WiWi)* Planwirtschaft *f*

managed floating system *(WiWi)* schmutziges Floating *n*, schmutziges Floaten *n*

management 1. *(Admin)* Management *n*, Verwaltung *f*; 2. *(Fin)* Gewinn *m*, Liquidität *f*, Management *n*; 3. *(Gen)* Unternehmensführung *f*, Leitung *f*; 4. *(Mgt)* Führung *f*, Unternehmensführung *f*, Unternehmensleitung *f*, Verwaltung *f*, Bewirtschaftung *f*

management audit *(Pers, RW)* Leistungsbeurteilung *f* und -bewertung *f* von Führungskräften

management board 1. *(Gen)* Vorstand *m*; 2. *(Pers)* Vorstandsgremium *n*, Leitungsgremium *n*, Board *n*

management buy-in *(Börse, Fin, WiWi)* Management-Buy-in *n*

management buy-out *(Fin, WiWi)* Management-Buy-out *n*

management by alternatives *(Mgt)* *Führungsidee, die darauf fokussiert ist, dass nur unter Berücksichtigung alternativer Lösungsansätze eine optimale Wahl der Mittel möglich ist*

management by breakthrough *(Mgt)* Führung per Strukturbruch *(Idee: ohne das Aufbrechen bestehender Strukturen sind keine grundlegenden Veränderungen erreichbar; Vorläufer des Business Process Reengineering, von dem sich manche heute wieder Quantensprünge erhoffen)*

management by communication and participation *(Mgt)* Führung *f* durch Kommunikation und Mitarbeiterbeteiligung

management by control and direction *(Mgt)* autoritärer Führungsstil *m (setzt auf klare Vorgaben und Anweisungen plus Ausführung)*

management by delegation *(MbD) (Mgt)* Führung *f* durch Aufgabendelegation *(mit begrenzter Übertragung von Entscheidungsfreiheit und Verantwortung; ähnlich das ältere Harzburger Modell: Führung im Mitarbeiterverhältnis; statisches Führungskonzept)*

management by exception *(MbE) (Mgt)* Führung *f* durch Abweichungskontrolle, Führung *f* im Ausnahmefall, Management *n* nach dem Ausnahmeprinzip, Management *n* by Exception, MbE *n (without feed forward = ohne Vorkopplung; Idee: nur nach festgestellter Abweichung vom Toleranzwert erfolgt ein Eingriff)*

management by objectives *(MbO) (Mgt)* Führung *f* durch Zielvereinbarung, zielgesteuerte Unternehmensführung *f*, Management nach Zielvorgabe(n), Management *n* by objectives *(das mehrdimensionale Führungskonzept integriert wichtige Elemente des Harzburger Modells, d. h. von MbD und MbE)*

management by participation *(Mgt)* Führung *f* durch Mitarbeiterbeteiligung

management by results *(Mgt)* ergebnisorientierte Führung *f*

management by system *(MbS) (Mgt)* Führung *f* durch Systemsteuerung, Führung *f* per Delegation und Selbstregelung *(integriertes Management--Planungs-, -Informations- und –Control-System, mit weitgehender Informatisierung und Entscheidungsdezentralisation, Integration von MbE, MbD und MbO; die "reale Utopie" der Systemplaner und -vertreiber)*

management-by techniques *(Mgt)* Management-by-Techniken *fpl (e. g. MbD, MbE, MbO and many others; meist mit Fokussierung auf einem herausgehobenen Aspekt des Führungsprozesses)*

management consultant *(Comp, Mgt)* Unternehmensberater(in) *m(f)*

management fee 1. *(Bank)* Führungsprovision *f*, Vermögensverwaltungsgebühr *f*, Verwaltungsgebühr *f*; 2. *(Börse)* Konsortialgebühr *f (managing portfolio)*

management game *(Mgt)* Planspiel *n*

management information system *(Comp, Mgt)* Führungsinformationssystem *n*, Management-Informationssystem *n*, MIS

management level *(Pers)* Leitungsebene *f*, Führungsebene *f*

management principles *(Mgt, WiWi)* Führungsgrundsätze *mpl*

management ratio 1. *(Pers)* Verhältnis *n* der leitenden Angestellten zur Belegschaft; 2. *(Mgt)* Leitungsverhältnis *n*

management reshuffle *(Mgt)* Leitungsumbildung *f*

management skills *(Mgt)* Führungsqualitäten *fpl*
management staff 1. *(Pers)* Führungskräfte *fpl*; 2. *(Mgt)* Führungskräfte *fpl*, Führungspersonal *n*
management technique *(Mgt)* Führungsinstrument *n*, Leitungsmethode *f*, Managementtechnik *f*
manager 1. *(Gen)* Direktor(in) *m(f)*, Verwalter(in) *m(f)*; 2. *(Pers)* Leiter(in) *m(f)*, Manager(in) *m(f)*; 3. *(Recht)* Verwalter(in) *m(f)*; 4. *(Mgt)* Betriebsleiter(in) *m(f)*, Geschäftsführer(in) *m(f)*
manageress 1. *(Gen)* Direktorin *f*, Verwalterin *f*; 2. *(Pers)* Leiterin *f*, Managerin *f*; 3. *(Recht)* Verwalterin *f*; 4. *(Mgt)* Betriebsleiterin *f*, Geschäftsführerin *f*
managerial *adj (Mgt)* betrieblich, geschäftlich, leitend
managerial accounting *(RW)* entscheidungsorientiertes Rechnungswesen *n*
managerial level *(Pers)* Leitungsebene *f*, Führungsebene *f*
managerial staff *(Mgt, Pers)* Führungskräfte *fpl*
managing *adj* 1. *(Admin)* geschäftsführend, leitend; 2. *(Gen)* verwaltend
managing director 1. *(Gen)* Geschäftsführer(in) *m(f)*; 2. *(Pers)* Generaldirektor(in) *m(f)*, Vorsitzende(r) *f(m)* des Vorstandsgremiums; 3. *(Mgt)* Hauptgeschäftsführer(in) *m(f)*
managing partner *(Pers)* geschäftsführender Gesellschafter *m*, geschäftsführende Gesellschafterin *f*
mandant *(RW)* Auftraggeber(in) *m(f)*
mandarin *(Pol) (ugs.)* Apparatschik *m*, *(ugs.)* Bonze *m (government)*
mandate 1. *(Gen)* Vollmacht *f*, Geschäftsbesorgungsvertrag *m*; 2. *(Recht)* Mandat *n*, Vollstreckungsbeschluss *m*
mandatory *adj (Recht)* zwingend, obligatorisch *(obligatory)*
mandatory *(Recht)* Beauftragte(r) *f(m)*
mandatory formal requirement *(Bank, Recht)* zwingendes Formerfordernis *n*
mandatory provision *(Versich)* Mussvorschrift *f*, unabdingbare Bestimmung *f*
mandatory retirement *(AE) (Pers)* Zwangspensionierung *f*
manipulate accounts *(RW) (ugs.)* die Bücher frisieren
manipulate the market *(Börse)* Börsenkurse manipulieren
manpower *(Gen, Mgt, Pers)* Mitarbeiter *mpl*, Personalbestand *m*
manpower audit *(Pers, RW)* Beurteilung *f* von Personal
manpower costs *(RW)* Lohnkosten *pl*
manpower-hour *(Pers)* Arbeiterstunde *f*, Arbeitskräftestunde *f*
manpower management 1. *(Pers)* Personalverwaltung *f*, Personalwirtschaft *f*; 2. *(Mgt)* Arbeitskräfteeinsatz *m*
manpower supply *(Pers)* Arbeitskräfteangebot *n*, Angebot *n* an Arbeit (-skräften)
manual *adj (Gen, Pers)* manuell
manual *(Gen)* Handbuch *n (reference)*
manual skill *(Pers)* manuelle Fertigkeit *f*
manual work *(Pers)* körperliche Arbeit *f*
manual worker *(Pers)* Arbeiter(in) *m(f)*
manufacture *v (Ind)* erzeugen, herstellen, fertigen, produzieren
manufacture *(Ind)* Erzeugnis *n*, Produkt *n (product)*; Erzeugung *f*, Fertigung *f*, Herstellung *f (production)*
manufactured *adj* 1. *(Gen)* hergestellt; 2. *(Ind)* produziert, prod.
manufactured goods *(WiWi)* Industriegüter *npl*
manufacturer 1. *(Gen)* Hersteller(in) *m(f)*; 2. *(Ind)* Erzeuger(in) *m(f)*, Fabrikant(in) *m(f)*, Herstellerfirma *f*, Produzent(in) *m(f)*
manufacturer's recommended price *(V&M)* Herstellerrichtpreis *m (sales)*
manufactures *(WiWi)* Industriegüter *npl*
manufacturing *(Ind)* Fabrikation *f*, Herstellung *f*, Verarbeitung *f*
manufacturing capacity *(Ind)* Fabrikationskapazität *f*, Fertigungskapazität *f*, Produktion(skapazität) *f*
manufacturing cost *(RW)* Fertigungskosten *pl*, Produktionskosten *pl (profit and loss account)*
manufacturing costs 1. *(WiWi)* Fertigungskosten; 2. *(Ind)* Erzeugungskosten *pl*
manufacturing expenses *(RW)* Herstellungskosten *pl*
manufacturing industry *(Ind)* Ferti-

gungsindustrie *f*, (weiter)verarbeitende Industrie *f*

manufacturing overheads 1. *(RW)* Herstellungskosten; 2. *(WiWi)* Fertigungsgemeinkosten *pl*, Fertigungskosten *pl*

manufacturing price *(Gen)* Herstellerpreis *m*

manufacturing risk *(Imp/Exp, Versich)* Herstellungsrisiko *n*, Fabrikationsrisiko *n (Risiko vor Versendung der Ware)*

manufacturing sector 1. *(WiWi)* Fertigungsbereich *m*; 2. *(Ind)* Produktionssektor *m*, Produktionszweig *m*

manufacturing wages *(RW, WiWi)* Fertigungslöhne *mpl*

margin 1. *(RW)* Gewinnspanne *f*, Margenaufschlag *m*, Handelsspanne *f*; 2. *(Admin)* Marge *f*, Spanne *f*; 3. *(Comp)* Seitenrand *m (printed page)*; 4. *(Media)* Papierrand *m*, Rand *m*, Satzrand *m*, Satzkante *f*, Seitenrand *m (printed page)*; 5. *(V&M)* Rand *m (printed page)*; Handelsspanne *f*, Gewinnspanne *f*, Verdienstspanne *f (difference)*; 6. *(Börse)* Marge *f*, Einschuss *m*, Einschusszahlung *f*, Sicherheitsleistung *f*, Eigenleistung *f (futures)* • **on margin** *(Börse, Fin)* kreditfinanziert *(purchase)*

margin account *(Börse)* Effektenkreditkonto *n*, Einschusskonto *n*

margin between the rates of interest *(WiWi)* Zinsspanne *f*, Differenz *f* zwischen Zinssätzen

margin call *(Börse)* Nachschussforderung *f*

margin for wage increases *(Pers)* Spielraum *m* für Lohnerhöhungen

margin of error 1. *(RW)* Sicherheitsspanne *f*, Spielraum *m*; 2. *(Admin)* Fehlergrenze *f*

margin of fluctuation *(Fin)* Bandbreite *f*, Schwankungsbreite *f*

margin of profit *(RW)* Gewinnspanne *f*

margin of safety *(Fin, Pers)* Sicherheitszuschlag *m*

marginal *adj (Gen)* marginal, Grenz…

marginal accounts *(WiWi)* schlechte Adressen *fpl*

marginal analysis 1. *(RW)* Grenzwertanalyse *f*; 2. *(Fin)* Grenzbetrachtung *f*, Marginalanalyse *f*

marginal cost *(WiWi)* Grenzkosten *pl*, marginale Kosten *pl*

marginal cost curve *(WiWi)* Grenzkostenkurve *f*

marginal cost pricing *(WiWi)* Grenzplankostenkalkulation *f*

marginal costing 1. *(Fin, RW)* Grenzkostenrechnung *f*, Direct Costing *n (synonymous: direct costing)*; 2. *(WiWi)* Grenzplankostenrechnung *f*, Deckungsbeitragsrechnung *f*, Teilkostenrechnung *f (opposite: full costing = Vollkostenrechnung)*

marginal efficiency of capital *(WiWi)* Grenzleistungsfähigkeit *f* des Kapitals

marginal firm *(WiWi)* Grenzbetrieb *m*, Grenzproduzent *m*

marginal income tax rates *(Steuer)* marginale Einkommenssteuersätze *mpl*

marginal lending rate *(Bank)* Spitzenrefinanzierungssatz *m (ECB)*

marginal physical product *(WiWi)* physisches Grenzprodukt *n*

marginal pricing 1. *(RW)* Grenzkostenrechnung *f*, marginale Preisfestsetzung *f*; 2. *(WiWi)* Grenzpreisbildung *f*; 3. *(V&M)* kostendeckende Preisfestsetzung *f*

marginal product *(Ind)* Grenzprodukt *n*

marginal product of labor *(AE) (WiWi)* s. marginal product of labour

marginal product of labour *(BE) (WiWi)* Grenzprodukt *n* der Arbeit

marginal productivity *(WiWi)* Grenzproduktivität *f*

marginal profit *(WiWi)* Grenzerlös *m*, Grenzumsatz *m*

marginal propensity to consume *(WiWi)* marginale Konsumquote *f*

marginal propensity to invest *(WiWi)* marginale Investitionsquote *f*

marginal propensity to save *(WiWi)* marginale Sparquote *f*

marginal rate *(WiWi)* Grenzkurs *m*

marginal rate of substitution *(WiWi)* Grenzrate *f* der Substitution

marginal rate of transformation *(WiWi)* Grenzrate *f* der Transformation

marginal return *(WiWi)* Grenzertrag *m*

marginal return on capital *(Fin)* Grenzertrag *m* des investierten Kapitals

marginal revenue *(WiWi)* Grenzerlös *m*

marginal tax rate *(Steuer)* Grenzsteuersatz *m*

marginal utility *(WiWi)* Grenznutzen *m*
marginal worker *(Pers, Soz)* Arbeitnehmer(in) *m(f)* der Randbelegschaft *(Arbeitnehmer, der nicht in einem festen, ununterbrochenen Beschäftigungsverhältnis mit nur einem Arbeitgeber steht)*
marginal yield *(WiWi)* Grenzertrag *m*
mark *v (Gen)* bezeichnen
mark *v* **down** *(V&M)* herabsetzen, reduzieren *(price)*
mark *v* **to the market** *(RW)* zum aktuellen Preis [Kurs] bewerten
mark *v* **up** *(V&M)* höher auszeichnen, heraufsetzen *(price)*
mark *(Pat)* Eigentumszeichen *n*, Fabrikmarke *f*, Fabrikzeichen *n*, Handelsmarke *f*, Handelszeichen *n*, Marke *f*, Schutzmarke *f*, Schutzzeichen *n*, Warenmarke *f*, Warenzeichen *n*
mark-up 1. *(Fin)* Preiserhöhung *f*; 2. *(V&M)* Preisaufschlag *m*, Aufschlag *m* *(price)*; Preisheraufsetzung *f*, Preiserhöhung *f (sales, margin)*
mark-up pricing 1. *(WiWi)* Vollkostenkalkulation *f*; 2. *(V&M)* Zuschlagskalkulation *f*
marked to market *adj (Börse, WiWi)* zum letzen Börsenkurs bewertet
market *v (Gen, V&M)* vertreiben, auf den Markt bringen
market 1. *(V&M, WiWi)* Markt *m*; 2. *(Börse)* Börse *f* • **at market** *(Börse)* zum letzten Kurs, bestens *(price)* • **at the market call** *(Börse)* zur Börsenkursnotierung • **at the market price** 1. *(Fin)* zu Marktpreisen; 2. *(Börse)* zum Börsenkurs • **away from the market** *(Börse)* außerhalb der Börse • **come onto the market** *(V&M)* auf den Markt kommen • **on the market** *(Grund)* auf dem Markt
market access *(V&M, WiWi)* Marktzugang *m*
market anticipation *(V&M)* Markterwartung *f*
market area *(V&M)* Absatzgebiet *n*, Marktbereich *m*
market basket *(WiWi)* Warenkorb *m* *(commodities)*
market capitalization *(Börse)* Börsenkapitalisierung *f*, Marktkapitalisierung *f*
market capitalization of the shares of a company *(Börse, Fin)* Börsenkurswert *m* der Aktien einer Gesellschaft, Börsenwert *m* einer Gesellschaft, Marktkapitalisierung *f* einer Gesellschaft
market coverage *(V&M)* Marktanteil *m*, Absatzbereich *m*
market day *(Börse)* Börsentag *m*
market dealing *(Fin)* Börsenhandel *m*
market demand *(WiWi)* Gesamtnachfrage *f*, Marktnachfrage *f*
market distortion *(WiWi)* Marktverzerrung *f*
market domination *(V&M)* Marktbeherrschung *f*
market-driven *adj (Gen, V&M)* marktbestimmt
market economy *(WiWi)* Marktwirtschaft *f*
market entry *(V&M)* Marktzugang *m*, Markteinstieg *m*
market failure *(WiWi)* Marktmängel *mpl*, Marktversagen *n*
market forces *(V&M, WiWi)* Marktkräfte *fpl*
market gap *(V&M)* Marktlücke *f*
market leader *(Gen, V&M)* Marktführer *m*
market maker *(Börse)* Marktmacher *m*, Market Maker *m*, Primärhändler *m*
market monitoring *(V&M, WiWi)* Marktüberwachung *f*
market niche *(V&M)* Marktlücke *f*
market-oriented *adj (V&M, WiWi)* marktorientiert
market outperformer *(Börse)* Marktführer *m*
market penetration *(V&M)* Marktdurchdringung *f*, Marktpenetration *f*
market power *(WiWi)* Marktmacht *f*
market price *(Gen, V&M, WiWi)* Marktpreis *m*, Marktwert *m*, Tageskurs *m* • **at the market price** 1. *(Fin)* zu Marktpreisen; 2. *(Börse)* zum Börsenkurs
market pull *(WiWi)* Markt-Nachfrageimpulse *mpl*, Nachfrageimpuls *m*
market rate *(Börse)* Effektivverzinsung *f*
market rate of interest *(WiWi)* Marktzins *m*, Effektivzins *m*
market regulation 1. *(Bank, Börse)* Marktpflege *f*; 2. *(Pol, WiWi)* Marktregulierung *f*
market-related valuation *(Bank, Börse, WiWi)* marktnahe Bewertung *f*
market research *(V&M)* Marktforschung *f*

market risk premium *(Börse)* Marktrisikoprämie *f*
market saturation *(Gen, V&M)* Marktsättigung *f*
market-sensitive *adj* 1. *(V&M)* marktempfindlich; 2. *(Börse)* marktreagibel
market share *(Gen, V&M)* Marktanteil *m*
market sharing *(V&M, WiWi)* Marktaufteilung *f*
market system *(WiWi)* Marktwirtschaft *f*
market target selection *(V&M)* Zielgruppenauswahl *f*
market transparency *(Gen, V&M)* Markttransparenz *f*
market trend 1. *(WiWi)* Preistendenz *f*; 2. *(Gen)* Markttrend *m*
market value 1. *(RW)* Tageswert *m*, Zeitwert *m*, Marktwert *m (balance sheets)*; 2. *(Fin)* Verkehrswert *m*, Börsenwert *m*, Kurswert *m*; 3. *(V&M)* Marktwert *m*
marketable *adj* 1. *(Gen)* verkäuflich; 2. *(V&M)* marktfähig; 3. *(Börse)* börsenfähig *(shares)*
marketable equities *(Börse)* börsengängige Dividendenwerte *mpl*
marketable title *(Grund)* Eigentumsrecht *n*, rechtsmängelfreier Grundbesitz *m*
marketing *(V&M)* Absatzlehre *f*, Marketing *n*
marketing and sales *(V&M)* Marketing *n* und Vertrieb *m*
marketing authorization *(V&M)* Marktzulassung *f (for pharmaceuticals)*
marketing channel *(V&M)* Absatzkanal *m*
marketing costs *(V&M)* Vertriebskosten *pl*
marketing department *(V&M)* Vertriebsabteilung *f*
marketing manager 1. *(Pers)* Absatzleiter(in) *m(f)*, Marketingdirektor(in) *m(f)*; 2. *(Mgt)* Marketingdirektor(in) *m(f)*
marketing mix *(V&M)* Marketingmix *m*
marketing objective *(V&M)* Absatzziel *n*
marketing of products *(V&M, WiWi)* (Produkt-)Vermarktung *f*
marketing research *(V&M)* Marktforschung *f*, Absatzanalyse *f*
marketplace 1. *(Gen)* Marktplatz *m*; 2. *(V&M)* Markt *m*
marking 1. *(Fin)* Kennzeichnung *f*, Kursfeststellung *f*, Kurskennzeichen *n*, Notierung *f*; 2. *(Gen)* Beschriftung *f*
marking down *(V&M)* Preisherabsetzung *f*, Preissenkung *f*, Reduzierung *f*
marking to market approach *(Fin, RW)* Marktbewertungsansatz *m*
marking up *(Börse)* Preisanhebung *f*, Anheben *n*
markup language *(Comp)* Markierungssprache *f*, Bezeichnersprache *f*, Textauszeichnungssprache *f*
Marshall Plan *(Pol, WiWi)* Marshall-Plan *m (European Recovery Program, ERP)*
Maslow's hierarchy of needs *(Mgt)* maslowsche Bedürfnispyramide *f (motivation theory)*
mass *(V&M)* Masse *f*
mass-produced *adj (Ind)* in Großserie hergestellt, serienmäßig hergestellt
mass-produced goods *pl (Ind)* Massengüter *npl*
mass production *(Ind)* fabrikmäßige Herstellung *f*, Massenfertigung *f*, Massenproduktion *f*, Mengenfertigung *f*, Großserienanfertigung *f*, Serienproduktion *f*, serienmäßige Herstellung *f*
mass redundancy *(Pers)* Massenentlassung *f*
mass unemployment *(WiWi)* Massenarbeitslosigkeit *f*
massage *v* 1. *(RW) (ugs.)* frisieren; 2. *(Fin)* manipulieren *(figures)*
massive *adj (Gen)* groß
master budget *(RW)* Gesamtbudget *n*
master document *(Comp)* Ursprungsbeleg *m*
master file 1. *(Comp)* Stammdatei *f*; 2. *(Gen)* Hauptdatei *f*
Master of Business Administration *(MBA) (Bil, Pers)* Diplom-Betriebswirt(in) *m(f)*, Diplomkaufmann *m*, Diplom-Kaufmann *m*, Diplomkauffrau *f*, MBA *m*, Magister *m* der Betriebswirtschaft
Master of Science (Engineering) *(Bil, Pers)* Diplom-Ingenieur *m*
Master of Science (Industrial Engineering) *(Bil, Pers)* Diplom-Wirtschaftsingenieur *m*
master plan *(Mgt, WiWi)* Gesamtplan *m*, Rahmenplan *m*
match *v* 1. *(Gen)* entsprechen, übereinstimmen, sich decken *(results of pre-*

vious year); 2. *(V&M)* mithalten können mit *(contend with)*

matching *adj (V&M)* zusammenpassend

matching *(Comp, Gen)* Abgleich *m* von Daten, Datenabgleich *m*

matching maturities *(Bank, Fin, RW)* Fristenkongruenz *f*

matching of data *(Comp, Gen)* Abgleich *m* von Daten, Datenabgleich *m*

matching principle *(AE) (RW)* Grundsatz *m* der Periodenabgrenzung, Kongruenzprinzip *n (costs with revenues)*

matching supply and demand *(WiWi)* Ausgleich *m* von Angebot und Nachfrage

material *adj* 1. *(Gen)* materiell *(significant)*; 2. *(Recht)* wesentlich

material 1. *(Gen)* Substanz *f*, Rohstoff *m*; 2. *(Ind)* Werkstoff *m*, Grundstoff *m*; 3. *(Media)* Material *n (information)*

material alteration *(Recht)* wesentliche Änderung *f* des Inhalts [Vertragsinhalts] *(of contract)*

material barrier *(WiWi)* materielles Handelshemmnis *n*

material circumstances *(Recht, Versich)* rechtserhebliche Umstände *mpl*, wesentliche Umstände *mpl*

material damage *(Recht, Versich)* Sachschaden *m*

material good *(WiWi)* materielles Gut *n*

material interest *(Steuer, WiWi)* wesentliche Beteiligung *f (in a company)*

materiality *(RW)* Bilanzierungsgrundsatz *m* der Wesentlichkeit, Erheblichkeit *f*, Wesentlichkeit *f (accounting reports)*

materiality flow system *(WiWi)* Materialflusssystem *n*

materiality handling *(Gen)* Materialtransport *m*

maternity allowance *(Pers)* Mutterschaftsgeld *n*

mathematics of finance [investment] *(Fin, WiWi)* Finanzmathematik *f (applied mathematics, e. g. using time-weighted methods of investment analysis; Teilbereich der angewandten Mathematik, berücksichtigt mit der Verwendung dynamischer Verfahren die zeitliche Verteilung der Zahlungen durch Auf- und Abzinsung)*

matrix form/in *(Stat)* in Matrixdarstellung

matrix organization *(Mgt, Stat)* Matrixmanagement *n*, Matrixorganisation *f*

matter *(Gen)* Angelegenheit *f* • **the matter is sub judice** *(Recht)* die Angelegenheit ist rechts(an)hängig

matter at hand *(Gen)* vorliegende Sache *f*

matter in dispute *(Recht)* Streitgegenstand *m*

mature *adj* 1. *(Bank, Fin)* abgelaufen, verfallen; 2. *(Gen)* fällig *(debt)*; reif *(person)* • **become mature** *(Bank)* fällig werden

mature market *(V&M)* gesättigter Markt *m*

matured *adj (Börse)* fällig

matured bonds *(Börse)* fällige Obligationen *fpl*, fällige Schuldverschreibungen *fpl*

maturing security *(Börse)* Wertpapier *n* mit kurzer Restlaufzeit

maturity 1. *(Bank)* Fälligkeit *f*, Verfall *m*; 2. *(Fin)* Fristigkeit *f*, Laufzeit *f* • **at maturity** *(Börse, Fin)* bei Fälligkeit, zum Fälligkeitstermin • **on maturity** *(Börse, Fin)* bei Fälligkeit

maturity date *(Fin)* Verfall *m (bill of exchange, Wechsel)*

maturity risk *(Fin)* Fristenrisiko *n (risk of a maturity gap, Anschlussfinanzierungsrisiko)*

maturity transformation *(Fin)* Fristentransformation *f*

maturity value *(Bank, WiWi)* Fälligkeitswert *m*

maturity/with identical *(Fin, WiWi)* laufzeitkongruent *adj*

maturity yield *(Börse)* langfristige Rendite *f (bond)*

maximize *v (Fin, Gen, RW)* maximieren

maximum *adj (Gen, Stat)* höchstzulässig, maximal, max.

maximum *(Gen, Stat)* Maximum *n* • **up to a maximum of** *(Gen)* bis höchstens

maximum amount *(Gen, V&M)* Höchstbetrag *m*, Höchstmenge *f*

MBA *s.* Master of Business Administration

MbD *(Abk. für management by delegation) (Mgt)* Führung *f* durch Aufgabendelegation *(mit begrenzter Übertragung von Entscheidungsfreiheit und Verantwortung)*

MbE *(Abk. für management by exception)*

(Mgt) Führung im Ausnahmefall, Führung durch Abweichungskontrolle, Management by Exception, MbE *(Idee: nur nach festgestellter Abweichung vom Toleranzwert erfolgt Eingriff "von oben", ohne Vorkopplung = feed forward)*

MBS *(Abk. für 1. mortgage-backed security, AE, 2. management by system)* 1. *(Fin)* Hypothekenanleihe *f*, hypothekenbesicherte Anleihe *f*, hypothekarisch gesicherter Titel *m*, hypothekenbesicherter Pfandbrief *m*, hypothekengesicherter Pfandbrief *m*, hypothekarisch gesichertes Wertpapier *n*, Hypothekenpfandbrief *m (backed by a pool of mortgage loans; durch einen Pool gewerblicher Hypothekendarlehen = CMBS = commercial mortgage-backed securities oder privater Hypothekendarlehen = RMBS = residential mortgage-backed securities gedecktes Papier)*; 2. *(Mgt)* Führung *f* durch Systemsteuerung, Führung *f* per Delegation und Selbstregelung *(integriertes Management-Planungs-, -Informations- und –Control-System, weitgehende Informatisierung und Entscheidungsdezentralisation, Integration von MbE, MbD und MbO; die "reale Utopie" der Systemplaner und -vertreiber)*

me-too-product *(WiWi)* Eigenentwicklung *f (imitation)*

mean *(Stat)* Mittelwert *m*

mean deviation *(Stat)* mittlere Abweichung *f*

mean rate of exchange *(Bank, Gen)* Mittelkurs *m (synonymous: middle rate)*

mean value *(Stat)* Mittelwert *m*

means *(Gen, WiWi)* Mittel *npl* • **have the means to do sth** *(Gen)* über die Mittel verfügen, etw. zu tun • **live beyond one's means** *(Gen)* über seine Verhältnisse leben

means-end relation *(Gen)* Zweck-Mittel-Beziehung *f*

means of exchange *(WiWi)* Tauschwährung *f*

means of payment *(Bank)* Zahlungsmittel *n*

means test *(Soz)* Bedürftigkeitsprüfung *f*

measure 1. *(WiWi)* Messung *f*; 2. *(Gen)* Messung *f*, Maß *n (measuring)*; Maßnahme *f (step)*; 3. *(Recht)* Bemessungsgrundlage *f*; 4. *(Stat)* Messung *f*; 5. *(Steuer)* Bemessungsgrundlage *f*, Maßeinheit *f (standard unit)*

measure of economic welfare *(WiWi)* Maß *n* des wirtschaftlichen Wohlstands

measure of performance *(WiWi)* Erfolgskriterium *n*, Leistungskennzahl *f*

measure *v* **sb's performance** *(Pers)* jmds. Leistung messen

measured value *(Stat)* Messwert *m*

measurement 1. *(Gen, WiWi)* Messung *f*, Messen *n*; 2. *(Stat)* Maß *n (measure)*; Messung *f*, Messen *n (measuring)*; Maßeinheit *f (unit)*; Messwert *m (value)*; 3. *(Transp)* Tonnengehalt *m (nautical)*

measurement of ordinal utility *(WiWi)* ordinale Nutzenmessung *f*

measures to enhance competitiveness *(WiWi)* wettbewerbsstärkende Maßnahmen *fpl*

measures to improve competitiveness *(WiWi)* wettbewerbsstärkende Maßnahmen *fpl*

measuring capital adequacy *(Börse)* Messung *f* der Eigenkapitalausstattung, Messung *f* der Kapitaladäquanz

mechanical engineering *(Ind)* Maschinenbau *m*

mechanism design theory *(Pol, WiWi)* Mechanismus-Design-Theorie *f (the art and science of designing rules of a game to achieve a specific outcome, even though each participant may be self-interested; branches of mechanism design are the creation of markets, auctions and combinatorial auctions, the design of matching algorithms, the provision of public goods or the optimal design of taxation schemes; abstraktes Forschungsgebiet der Wirtschaftsnobelpreisträger 2007 Hurwicz, Maskin und Myerson mit neuen Erkenntnissen zur Bedeutung asymmetrischer Information; praktische Anwendungen u. a.: Versicherungs- und Personalwesen, Prinzipal-Agent-Problem, Auktionsdesign, Versorgung mit öffentlichen Gütern)*

mechanize *v (Gen, Ind, Transp)* mechanisieren, auf mechanischen Betrieb umstellen

media *(Gen, Media, V&M)* Medien *npl (mass media, collectively)*
media coverage *(Media, V&M)* Medienberichterstattung *f* • **give media coverage** *(Media)* in den Medien berichten
media mix *(V&M)* Medienmischung *f*, Medienmix *m*
median income *(WiWi)* mittleres Einkommen *n*
mediate *v (Pers)* vermitteln
mediation 1. *(WiWi)* Schlichtung *f*; 2. *(Pers)* Vermittlung *f*
mediation procedure *(Pers, Pol)* Vermittlungsverfahren *n*
mediator's proposal *(Pers, Pol)* Schlichtungsvorschlag *m*
mediator's suggestion *(Pers, Pol)* Schlichtungsvorschlag *m*
medical *adj (Gen, Soz)* medizinisch, ärztlich
medical certificate *(Pers)* Arbeitsunfähigkeitsbescheinigung *f*
medical grounds *(Pers)* gesundheitliche Gründe *mpl*, medizinische Gründe *mpl*
medical insurance *(Pers, Soz, Versich)* Krankenversicherung *f*
medium *adj (Gen)* mittelmäßig • **in the medium term** *(Gen)* mittelfristig
medium 1. *(Gen)* Medium *n (communication)*; 2. *(Media, V&M)* Medium *n (radio, television)*
medium account *(WiWi)* mittlerer Betrieb *m*
medium-dated *adj (Börse)* mittelfristig
medium-sized enterprise *(Gen)* mittelständischer Betrieb *m*
medium-sized firm *(Gen)* mittelgroßes Unternehmen *f*, mittelständisches Unternehmen *f*
medium-term *adj (Fin, Gen)* mittelfristig
medium-term instrument *(Börse)* mittelfristiges Handelspapier *n*
meet *v* 1. *(WiWi)* befriedigen; 2. *(Fin)* begleichen *(costs)*; 3. *(Gen)* treffen, erfüllen, einhalten *(conditions)*; erreichen, bestreiten *(costs, targets)*; nachkommen *(obligations)*; 4. *(Mgt)* erreichen *(goal)*
meet *v* **a deadline** *(Gen)* einen Termin einhalten
meet *v* **demand** *(V&M, WiWi)* Nachfrage decken, Nachfrage befriedigen
meet *v* **the costs** *(Gen)* die Kosten tragen
meet *v* **the expenses** *(Gen)* die Kosten übernehmen
meet *v* **the risk** *(Bank)* das Risiko abdecken
meeting 1. *(Gen)* Treffen *n*, Zusammenkunft *f*; 2. *(Mgt)* Beratung *f*, Sitzung *f*, Versammlung *f*, Meeting *n*
meeting of partners *(Recht)* Gesellschafterversammlung *f (Personengesellschaft)*
meeting of shareholders [stockholders] *(Recht)* Gesellschafterversammlung *f (Kapitalgesellschaft)*
member *(Pers)* Mitglied *n (of a union)*; Aktionär(in) *m(f) (of company)*
member of the board *(Mgt, Pers)* Board-Mitglied *n*, Vorstandsmitglied *n*
Member of the European Parliament *(Pol)* Abgeordnete(r) *f(m)* des Europaparlaments, Mitglied *n* des Europaparlaments, MEP
member of the staff *(Pers)* Mitarbeiter(in) *m(f)*, Belegschaftsangehörige(r) *f(m)*, Betriebsangehörige(r) *f(m)*
membership *(Gen)* Mitgliedschaft *f*, Zugehörigkeit *f*
membership fee *(Gen)* Beitragssatz *m*, Mitgliedsbeitrag *m*
memorandum *(Admin)* kurzer Vermerk *m*, Memorandum *n*, Memo
memorandum of association *(Recht)* Gründungsvertrag *m (corporation)*
memorandum of intent *(Gen)* Absichtserklärung *f*
mention *v (Gen)* erwähnen, zur Sprache bringen
mentioned above *(Gen)* oben erwähnt
mentioned below *(Gen)* unten erwähnt
MEP *s.* Member of the European Parliament
mercantile agency *(V&M)* Auskunftei *f*
mercantile exchange *(Börse)* Produktenbörse *f*
mercantile law *(Recht)* Handelsgesetz *n*
merchandise *(V&M)* Waren *fpl*
merchandise inventory *(RW)* Bestände *mpl* an Handelswaren
merchandise samples *(WiWi)* Warenproben *fpl*
merchandise trade *(WiWi)* Warenhandel *m*
merchandising *(V&M)* Merchandising *n*, Steuerung *f* von Vertrieb und Verkauf

merchant bank *(Bank)* Merchantbank *f*
merchant navy *(Transp)* Handelsmarine *f*
merchantable *adj* 1. *(Gen, WiWi)* handelsfähig; 2. *(V&M)* lieferbar
merchantable quality 1. *(WiWi)* handelsübliche Qualität *f*; 2. *(V&M)* marktgängige Ware *f (legal)*
merge *v* 1. *(Fin)* verschmelzen; 2. *(Börse)* fusionieren, sich zusammenschließen
merger *(Börse, Fin)* Fusion *f*, Unternehmenszusammenschluss *m*, Verschmelzung *f*
merger business amalgamation [combination] *(Bank, Fin)* Unternehmenszusammenschluss *m*
merger company *(Fin)* fusionierende Gesellschaft *f*
mergers and acquisitions 1. *(WiWi)* Fusionen und Akquisitionen *fpl*, Fusionen und Übernahmen *fpl*; 2. *(Bank)* Beteiligungs- und Fusionsberatungsservice *m*
merit bad *(WiWi)* meritorisches Ungut *n*
merit good *(WiWi)* meritorisches Gut *n*
merit pay *(Pers)* Leistungslohn *m*
merit wants *(WiWi)* meritorische Bedürfnisse *npl*
message 1. *(Comp, Komm)* Meldung *f*; 2. *(Gen)* Mitteilung *f*; 3. *(V&M)* Botschaft *f*
message box *(Komm)* Nachrichtenbox *f (unified messaging)*
metalworking industry *(Ind, WiWi)* Metall verarbeitende Industrie *f*, Metall verarbeitendes Gewerbe *n*
meteoric *adj (Gen)* rasant
meteoric rise *(Mgt, Pers)* rasanter Aufstieg *m*
method *(Mgt)* Arbeitsweise *f*, Methode *f*, Verfahren *n*
method of calculation 1. *(Bank)* Bemessungsverfahren *n*; 2. *(Gen)* Berechnungsmethode *f*; 3. *(Stat)* Berechnungsmethode *f*, Berechnungsverfahren *n*
method of payment *(Fin)* Zahlungsmodus *m*, Zahlungsweise *f*
methods of depreciation *(WiWi)* Abschreibungsmethoden *fpl*, Abschreibungsarten *fpl*
metrication *(Gen)* metrische Messung *f*
metropolitan *adj (Gen)* großstädtisch
mezzanine finance *(Fin)* Mezzanine-Finanzierung *f*, gemischte Eigen- und Fremdkapitalfinanzierung *f*; ungesicherte Restfinanzierung *f (high-yielding hybrid financial instrument with bells and whistles as equity-kickers, frequently used in leveraged buy-out transactions; a form of quasi-equity combining features of both debt and equity; Finanzierung durch hochverzinsliche, nachrangig haftende Darlehen in Verbindung mit einer Kaufoption auf Unternehmensanteile als Equity--Kicker zur Anreizverstärkung; hybrides Finanzierungsinstrument mit einer Rechtsstellung zwischen dem vollhaftenden Eigenkapital und den dinglich besicherten erstrangigen Darlehen)*
mezzanine financing *s.* mezzanine finance
mezzanine funding *s.* mezzanine finance
microeconomics *(WiWi)* Mikroökonomie *f*, Mikroökonomik *f*
mid-point rate *(Bank, Fin, WiWi)* Devisenmittelkurs *m*, Mittelkurs *m*
mid price *(Börse)* Mittelkurs *m*
middle income bracket *(WiWi)* mittlere Einkommens(steuer)gruppe *f*
middle management *(Pers)* Mittelmanagement *n*, mittlere Führungsebene *f*
middle rate *(Fin, WiWi)* Devisenmittelkurs *m*
middling quality *(WiWi)* Mittelsorte *f*
migrant labor *(AE) (Pers, WiWi) s.* migrant labour
migrant labour *(BE) (Pers, WiWi)* Wanderarbeiter *mpl*, Gastarbeiter *mpl*
migrant worker *(Pers, WiWi)* ausländischer Arbeitnehmer *m*, ausländische Arbeitnehmerin *f*, Wanderarbeiter *m (mobile within country)*
migration 1. *(Comp)* Systemumstellung *f (data)*; 2. *(Pol, WiWi)* Wanderung *f*
migration movement *(Pers)* Wanderungsbewegung *f*
migration of workers *(Pers)* Wanderung *f* von Arbeitskräften
migratory movement *(Pers)* Wanderungsbewegung *f*
migratory worker *(Pers, WiWi)* Wanderarbeiter *m*
mileage allowence *(Steuer)* Kilometergeld *n*
milk *v* 1. *(Gen) (ugs.)* ausnehmen, *(ugs.)*

melken; 2. *(V&M)* ausbeuten *(opportunity)*

million/a thousand *(Stat, WiWi)* eine Milliarde *f (synonymous AE, BE: a billion = 10^9 = 1,000,000,000.00 = Deu 1.000.000.000,00 = 1 000 000 000 = eine Milliarde)*

mineral oil reserves *(Ind, Umwelt)* Erdölvorräte *mpl*

mineral right *(Grund, Recht)* Abbaurecht *n*

minimax *(WiWi)* Minimax-Regel *f (games theory)*

minimize *v (Fin, Gen, RW)* minimieren

minimum *adj (Gen, Stat)* minimal, Mindest...

minimum acceptable rate of return *(Fin)* erstrebte Mindestverzinsung *f*

minimum amount *(V&M)* Mindestmenge *f*

minimum charge *(Transp)* Mindestgebühr *f*

minimum cost combination *(WiWi)* Minimalkostenkombination *f (synonymous: least cost combination; factor combination leading to minimum cost at specific factor prices, a precondition for profit maximization; Faktorkombination, die bei gegebenen Faktorpreisen minimale Kosten bewirkt; die Realisierung ist Voraussetzung der Gewinnmaximierung)*

minimum lending rate *(BE) (Bank)* Mindestzins *m*, Mindestzinssatz *m*

minimum level *(Gen, Soz)* Untergrenze *f*

minimum levels of capital *(Bank)* Mindeststandards *mpl* für die Eigenkapitalausstattung

minimum reserve requirement *(WiWi)* Mindestreservesoll *n*

minimum standards *(Bank, Gen, Ind)* Mindeststandards *mpl*, Mindestanforderungen *fpl (EU)*

minimum wage 1. *(WiWi)* garantierter Mindestlohn *m*; 2. *(Pers)* (gesetzlicher) Mindestlohn *m*

minimum yield *(WiWi)* Mindestrendite *f*

minor *adj (Gen)* gering

minor defect *(Recht)* geringfügiger Mangel *m (contracts)*

minority *(Börse, Gen, RW)* Minderheit *f*

minority holding *(Gen)* Minderheitsbeteiligung *f*

minority interest 1. *(RW)* Minderheitsbeteiligung *f*; 2. *(Gen)* Minderheitsanteil *m*, Fremdbeteiligung *f*

minority interests *(RW)* Anteile *mpl* anderer Gesellschafter, Anteile *mpl* in Fremdbesitz

minority investment *(Börse)* Minderheitsbeteiligung *f*

minority stake *(Börse)* Minderheitsbeteiligung *f*

mint *v (WiWi)* ausprägen, prägen *(coins)*

minutes *(Admin)* Niederschrift *f*, Protokoll *n (legal)*

mirror contract *(WiWi)* Gegengeschäft *n*

MIS *(Abk. für management information system) (Gen, Mgt)* FIS *n*, Führungsinformationssystem *n*, MIS *n*, Managementinformationssystem *n*, integriertes Managementinformationssystem *n (synonymous: EIS = executive information system)*

misallocation *(WiWi)* Fehlleitung *f*, Fehlallokation *f (resources)*

misappropriation *(Fin)* Unterschlagung *f*, Veruntreuung *f*, Zweckentfremdung *f*, widerrechtliche Verwendung *f*

miscarriage of justice *(Recht)* Fehlurteil *n*, Rechtsbeugung *f (false judgment)*

miscellaneous *adj (Gen)* Verschiedenes *n*, Versch.

miscellaneous expenses *(RW)* verschiedene Kosten *pl*

misdirected capital spending *(Bank, Fin)* Fehlinvestition *f*

misfile *v (Gen)* falsch ablegen

misleading advertising *(Gen, V&M)* irreführende Werbung *f*

mismanagement *(Mgt)* Missmanagement *n*, Misswirtschaft *f*

mismatch *(Fin)* Inkongruenz *m*

mismatched maturity *(Bank, WiWi)* divergierende Laufzeiten *fpl*, Fristeninkongruenz *f*

misperformance *(Recht)* Schlechterfüllung *f (contract law)*

misrepresentation *(Recht)* falsche Angaben *fpl (transaction)*

misrepresentation intended to deceive *(Recht)* arglistige Täuschung *f*

mission *(V&M)* Auftrag *m*, Ziel *n*

mission budgets *(V&M)* aufgabenorientierte Budgets *npl*

mistake *(Gen)* Fehler *m*, Irrtum *m*

mistake of law *(Recht)* Rechtsirrtum *m*
mistaken *adj (Gen, Versich)* irrtümlich
misused funds *(WiWi)* zweckentfremdete Mittel *npl*
mitigating circumstances *(Recht)* mildernde Umstände *mpl*
mix 1. *(Gen)* Mix *m*, Zusammensetzung *f*; 2. *(Media)* Mischung *f*; 3. *(V&M)* Gemischtwaren *fpl*, Mischung *f (recording)*
mixed bundling *(V&M)* Mischbündelung *f (sales)*
mixed cost *(RW)* Mischkosten *pl*
mixed economy *(WiWi)* Mischwirtschaft *f*
mobile *(Komm) (ugs.)* Handy *n*, mobiles Telefon *n*, Mobiltelefon *n*, schnurloses Telefon *n (telephone)*
mobile communication *(Komm)* Mobilfunk *m*
mobile communications *(Komm)* Mobilfunk *m*
mobile messages *(Komm)* mobile Nachrichten *fpl*
mobile network *(Komm)* Mobilfunknetz *n*
mobile payment *(Komm)* Bezahlung *f* per Handy, Mobile-Payment *n*
mobile phone *s.* mobile
mobility *(Pers, WiWi)* Mobilität *f*, Arbeitsmobilität *f*
mobilize *v (WiWi)* flüssigmachen, mobilisieren
model articles of association *(WiWi)* Mustersatzung *f*
modeling *(AE) (Stat) s.* modelling
modelling *(BE) (Stat)* Modellbildung *f*
modernization investment *(Mgt, WiWi)* Rationalisierungsinvestition *f*, Modernisierungsinvestition *f*
modest *adj* 1. *(WiWi)* gemäßigt, moderat; 2. *(Gen)* bescheiden *(increase)*
modify *v* 1. *(RW, WiWi)* modifizieren; 2. *(Gen)* anpassen, modifizieren, verändern, abändern *(product)*; 3. *(Stat, V&M)* modifizieren
modular *adj (Ind)* erweiterbar
modular concept *(Ind)* Baukastenprinzip *n*
modular production *(Ind)* Modularproduktion *f*, Produktion *f* nach dem Baukastensystem
modus *(Recht)* Auflage *f*
modus operandi *(Gen)* Vorgehensweise *f*, Arbeitsweise *f*
mom-and-pop store *(AE) (V&M)* Tante-Emma-Laden*m*,Nachbarschaftsladen *m*
monetary *adj (Fin, Gen, WiWi)* monetär, Geld..., Währungs...
monetary aggregate *(BE) (WiWi)* Geldmengenaggregat *n*
monetary and foreign exchange policy *(Bank)* Geld- und Währungspolitik *f (ECB)*
monetary area *(Pol, WiWi)* Währungsgebiet *n*
monetary assets *pl* 1. *(WiWi)* Geldwerte *mpl (synonymous: money assets; unterliegen der Werterosion durch Inflation; opposite: real assets = Sachwerte = Realwerte)*; 2. *(RW)* Geldvermögen *n*
monetary authorities *(Bank)* Währungsbehörden *fpl*
monetary economics *(WiWi)* Geldtheorie *f* und -politik *f*, Geldwirtschaft *f*
monetary growth *(WiWi)* Geldmengenwachstum *n*
monetary issues *(WiWi)* Geld- und Währungsfragen *fpl*
monetary item *(RW)* Geldposten *m (balance sheets)*
monetary overhang *(WiWi)* Geldüberhang *m*
monetary policy *(WiWi)* Geldpolitik *f*, Währungspolitik *f*
monetary policy stance *(Bank, WiWi)* geldpolitischer Kurs *m*
monetary reserves *(WiWi)* Währungsreserven *fpl*
monetary stability *(WiWi)* Geldwertstabilität *f*
monetary target *(WiWi)* Geldmengenziel *n*
monetary tightness *(WiWi)* Geldknappheit *f*
monetary turbulence *(Pol, WiWi)* Währungsunruhe *f*
monetary turmoil *(Pol, WiWi)* Währungsunruhe *f*
monetary unit *(Fin)* Geldeinheit *f*, Währungseinheit *f*
monetary veil *(WiWi)* Geldschleier *m*
money 1. *(WiWi)* Geld *n*, Münze *f*, Geldbetrag *m (wealth, amount)*; 2. *(Fin, Gen)* Geld *n*, *(ugs.)* Kohle *f*
money at call *(Bank, Fin)* Tagesgeld *n*

money compensation *(Fin)* Abfindung *f*, Barabfindung *f*
money illusion *(WiWi)* Geldillusion *f*
money income *(WiWi)* Geldeinkommen *n*
money launderer *(Bank, Gen)* Geldwäscher *m*
money laundering *(Fin)* Geldwäscherei *f*
money market *(Bank)* Geldmarkt *m*
money market certificate *(AE) (Fin)* Geldmarktzertifikat *n*
money market instrument *(Börse)* Geldmarktdokument *n*, Geldmarkturkunde *f*
money market rate *(Börse)* Geldmarktsatz *m*
money multiplier *(WiWi)* Geldmultiplikator *m*
money squeeze *(WiWi)* Geldverknappung *f*
money stock *(Bank, WiWi)* Geldvolumen *n*, Geldmenge *f*, Geldversorgung *f*
money supply *(WiWi)* Geldangebot *n*, Geldmenge *f*
money supply target *(Fin, WiWi)* Geldmengenziel *n*
money transactions *(Fin)* Zahlungsverkehr *m*
money up front *(Gen)* Vorauszahlung *f*, Vorauskasse *f*, Vorausgebühren *fpl*, Vorabgebühren *fpl*
monies in *(Fin)* Einzahlungen *fpl*, Geldeingänge *mpl*
monies received *(Fin)* Einzahlungen *fpl*, Geldeingänge *mpl*
monitor *v* 1. *(Gen, Mgt, Pers)* überwachen *(performance)*; 2. *(V&M)* überwachen *(market, rates)*
monitoring *(Fin)* Überwachung *f*
monitoring on a consolidated basis *(Bank)* Kontrolle *f* auf konsolidierter Basis
monopolistic competition *(WiWi)* monopolistische Konkurrenz *f*
monopoly 1. *(WiWi)* Monopol *n*, Monopolstellung *f*; 2. *(Ind)* Alleinherstellungsrecht *n*
monthly *adj (Gen)* monatlich • **in monthly instalments** *(RW)* in Monatsraten
monthly *adv (Gen)* monatlich
monthly average *(Gen)* Monatsdurchschnitt *m*
monthly bulletin *(Gen)* Monatsbericht *m* *(synonymous: monthly report)*
monthly compounding of interest *(Bank)* monatliche Zinsberechnung *f*, monatliche Aufzinsung *f*
monthly sales *(V&M)* monatliche Verkäufe *mpl*
moonlight economy *(WiWi)* Schattenwirtschaft *f*
moonlighter *(Pers)* Doppelverdiener(in) *m(f)*, Schwarzarbeiter(in) *m(f)*
moral hazard *(Bank, Versich)* moralisches Risiko *n*, Moral Hazard *m*, Risiko unehrlichen Verhaltens, subjektives Risiko
morale *(Pers)* Arbeitsmoral *f*
moratorium *(Fin)* Moratorium *n*, Zahlungsaufschub *m*
moratorium on interest payments *(Bank, Pol, WiWi)* Zinsmoratorium *n*
mortgage *v (Bank, Grund)* hypothekarisch belasten, verpfänden
mortgage *v* **out** *(Bank, Fin, Grund)* voll finanzieren
mortgage *(Bank, Grund)* Hypothek *f*, Hyp.
mortgage-backed loan *(Bank, Fin, Grund)* grundpfandrechtlich gesichertes Darlehen *n*
mortgage-backed security *(MBS) (AE) (Fin, Grund)* hypothekarisch gesicherter Titel *m*, hypothekarisch besichertes Wertpapier *n*, Hypothekenanleihe *f*; hypothekenbesicherter Pfandbrief *m*, Hypothekenpfandbrief *m (backed = gedeckt = besichert by a pool of mortgage loans; durch einen Pool gewerblicher Hypothekendarlehen = CMBS = commercial mortgage-backed securities oder privater Hypothekendarlehen = RMBS = residential mortgage-backed securities gedecktes Papier)*
mortgage bond *(Börse, Fin, RW)* Pfandbrief *m*
mortgage ceiling *(Grund)* Beleihungsplafond *m*, Hypothekenobergrenze *f*
mortgage commitment *(Fin)* Hypothekenkreditzusage *f*
mortgage lendings *(Fin)* Aktivhypotheken *fpl*
mortgage lien *(Grund, Recht)* Grundpfandrecht *n*
mortgage loan *(Bank)* Hypothekendarlehen *n*

mortgage loan company *(Bank)* Hypothekenbank *f*
mortgage rate *(Bank)* Hypothekenkonditionen *fpl*, Hypothekenzins *m*
mortgaged *adj (Grund)* verpfändet
mortgagee *(Bank)* Hypothekengläubiger(in) *m(f)*
mortgager *(Bank)* Hypothekenschuldner(in) *m(f)*
mortgaging *(Grund)* Verpfändung *f*
most active list *(Börse)* Liste *f* der umsatzstärksten Aktien
most favoured nation clause *(BE) (Recht, WiWi)* Meistbegünstigungsklausel *f*
motif *(Gen)* Firmenzeichen *n*, Motiv *n*, Leitidee *f (idea)*
motion *(Recht)* Antrag *m*
motion for discovery *(Recht)* Beweisantrag *m*
motivation *(Gen, Mgt, Pers, V&M)* Motivation *f*, Motivierung *f*
motivation to work *(Pers)* Arbeitsmotivation *f*
motivational *adj (Gen, Mgt, Pers, V&M)* motivierend
motor mileage allowance *(BE) (Steuer)* Kilometergeld *n*
motor show *(Ind, V&M)* Automobilausstellung *f*
motor vehicle liability insurance *(Recht, Transp)* Kraftfahrzeug-Haftpflichtversicherung *f*
motorail train *(Frei, Transp)* Autoreisezug *m*
mould *v (BE) (Media)* bilden, formen *(public opinion)*
mounting competition *(WiWi)* zunehmender Wettbewerb *m*
mouse-controlled interface *(Comp)* mausgesteuerte Oberfläche *f*
move 1. *(WiWi)* Schwankung *f (in currency)*; 2. *(Gen)* Umzug *m (to new premises)*; Maßnahme *f (measure)*; 3. *(Transp)* Umzug *m*
move *v* **into the money** *(Börse)* Gewinn erzielen *(short calls, short puts)*
moveable *adj (Gen)* beweglich *(goods, objects)*
moveable property *(Recht)* bewegliches Eigentum *n*, bewegliches Vermögen *n*
moveables *(Recht)* bewegliche Sachen *fpl*
movement 1. *(Gen)* Bewegung *f (market)*; 2. *(Pol)* Bewegung *f*
movement of operations *(WiWi)* Betriebsverlegung *f*
movements on shareholders' equity *(RW)* Eigenkapitalentwicklung *f*
mover and shaker *(Mgt)* bewegende Kraft *f*
moving average *(Stat)* gleitender Durchschnitt *m*
moving-average method *(Stat)* Methode *f* der gleitenden Mittelwerte
moving into surplus 1. *(WiWi)* Aktivierung *f (balance of payments)*; 2. *(Imp/Exp)* Aktivierung *f*
multi-accident *(Transp)* Großunfall *m*
multi-year operational plan *(Fin)* operativer Mehrjahresplan *m*
multi-year restructuring agreement *(Fin)* mehrjährige Umschuldungsvereinbarung *f*
multibrand strategy *(V&M)* Mehrmarkenstrategie *f*
multicurrency rate *(WiWi)* gespaltener Wechselkurs *m*, multiple Wechselkurse *mpl*
multilateral agency *(WiWi)* multilaterale Behörde *f*
multilateral aid *(WiWi)* multilaterale Hilfe *f*
multilateral donor *(WiWi)* multilaterale Geberorganisation *f*
multilateral trade negotiations *(WiWi)* multilaterale Handelsgespräche *npl*
multilevel *(V&M)* Multilevel-Marketing *n*, mehrschichtiges Marketing *n*
multimedia ready *(Comp, Media)* multimediafähig
multimodal transport *(Transp)* kombinierter Transport *m*, multimodaler Verkehr *m*, kombinierter Verkehr *m*
multinational *adj (Bank, Gen, Imp/Exp, Transp)* multinational
multinational company *(Gen)* multinationales Unternehmen *n*
multiple *adj (Gen)* mehrfach, Mehrfach…
multiple *(Stat)* Vielfache(s) *n*
multiple-choice question *(V&M)* Mehrfachauswahlfrage *f*, Multiplechoicefrage *f*
multiple exchange rate *(WiWi)* multipler Wechselkurs *m*
multiple jobholder *(Pers)* Person *f* mit

mehreren Beschäftigungsverhältnissen, Person *f* mit Nebentätigkeiten
multiple risk insurance *(Versich)* kombinierte Versicherung *f*
multiple trades *(Börse)* Mehrfachabschlüsse *mpl (multiple trades are often used by institutional investors to avoid a single significant order that might adversely affect the price on the market; Mehrfachabschlüsse sollen unerwünschte Marktpreiswirkungen verhindern, die durch große "signifikante Orders" ausgelöst werden können)*
multiplier *(WiWi)* Multiplikator *m*
multiplier accelerator model *(WiWi)* Multiplikator-Akzelerator-Modell *n*
multiplier effect *(WiWi)* Multiplikatoreffekt *m*
multiply *v (Stat)* vervielfachen, multiplizieren
multipurpose *adj (Gen)* Mehrzweck..., Vielzweck...
multipurpose card *(Bank)* multifunktionale Karte *f*, Multifunktionskarte *f*, multifunktionale Chipkarte *f*
multipurpose tax *(Steuer)* Mehrphasen-(umsatz)steuer *f*
multistorey *(BE) (Grund, Soz)* Hochhaus *n*
multistorey car park *(BE) (Grund, Transp)* mehrgeschossiges Parkhaus *n*
multistory *(AE) (Grund, Soz) s.* multistorey
multistory car park *(AE) (Grund, Transp) s.* multistorey car park
municipal *adj (Gen)* kommunal, Kommunal...
municipal administration *(Admin, Pol)* Stadtverwaltung *f*
municipal authority *(Admin)* Kommunalbehörde *f*
municipal bond *(Börse)* Kommunalobligation *f*, Kommunalschuldverschreibung *f*
municipal corporation *(BE) (Admin, Pol)* Kommunalregierung *f*, Kommunalverwaltung *f*, Stadtverwaltung *f*
municipal government *(AE) (Admin, Pol)* Kommunalregierung *f*, Kommunalverwaltung *f*, Stadtverwaltung *f*
municipal loan *(AE) (Fin)* Kommunalanleihe *f*
municipal waste management *(Umwelt)* städtischer Abfallwirtschaftsbetrieb *m*
municipality 1. *(Admin)* örtliche Gebietskörperschaft *f*, Kommunalverwaltung *f*; 2. *(Pol)* Kommune *f*, Kreis *m (area)*; Kommunalverwaltung *f*, Magistrat *m (governing body)*
mutatis mutandis *(Recht, WiWi)* analog, sinngemäß, entsprechend, mit den nötigen Abänderungen, mutatis mutandis
mutual *adj (Gen)* beiderseitig, wechselseitig, gemeinschaftlich • **by mutual agreement** *(Gen, Recht)* in gegenseitigem Einvernehmen, in gegenseitigem Einverständnis • **by mutual consent** 1. *(Gen)* in gegenseitigem Einvernehmen *(private agreement)*; 2. *(Recht)* in gegenseitigem Einvernehmen
mutual benefit *(Gen)* beiderseitiger Vorteil *m*
mutual benefit society *(Versich)* Versicherungsverein *m* auf Gegenseitigkeit, VVaG
mutual consent *(Recht)* Willenserklärung *f*
mutual contract *(Recht)* gegenseitiger Vertrag *m*
mutual fund *(AE) (Fin)* (offener) Investmentfonds *m*
mutual insurance *(Versich)* Versicherung *f* auf Gegenseitigkeit
mutual recognition *(Recht)* gegenseitige Anerkennung *f (EU)*
mutual recognition of qualifications *(Pers)* gegenseitige Anerkennung *f* der Bildungsabschlüsse, gegenseitige Anerkennung *f* der Berufsbefähigungsnachweise *(EU)*
mutual savings bank *(Bank, WiWi)* genossenschaftsähnliche Bank *f*, genossenschaftsähnliche Sparkasse *f*
mutually *adv (Gen)* wechselseitig
mutually exclusive *(Gen)* beiderseitig ausgeschlossen, sich gegenseitig ausschließend

N

naked call *(Börse)* ungedeckte Kaufoption *f*
naked option *(Börse)* Nacktoption *f*, ungedeckte Option *f*
naked position *(Börse)* ungesicherte Long- oder Short-Position *f*
naked put *(Börse)* ungedeckte Verkaufsoption *f*
name 1. *(Comp, Komm)* name *(e. g. *.name)*; 2. *(Gen)* Firma *f*, Fa.; Handelsname *m*, Name *m*, N *(company)*
name and shame list *(Fin, Gen)* Name-and-Shame-Liste *f*
name brand *(V&M)* Markenname *m*
name of an account *(RW)* Kontobezeichnung *f*
name of business *(Gen)* Firmenname *m*, Firmenschild *n*
named *adj (Gen)* bezeichnet
nanny state *(WiWi)* Bevormundungsstaat *m*
narcodollars *(WiWi)* Drogengeld *n*
narrow *adj (Börse)* begrenzt
narrow market *(Börse)* begrenzter [enger, flauer] Markt *m*
narrowly defined money supply *(WiWi)* eng definierte Geldmenge *f*, Geldmenge *f* in der engen Definition, M1
nation state *(Pol, Recht)* Nationalstaat *m*
nation-wide *adj (WiWi)* überregional; bundesweit
national *adj (Gen)* staatlich, inländisch, überregional, Bundes…, einzelstaatlich *(EU)*
national *(Admin)* Staatsbürger(in) *m(f)*
national accounting *(RW, WiWi)* volkswirtschaftliche Gesamtrechnung *f*
national agency *(Admin)* nationale Behörde *f*
national average *(WiWi)* nationaler Durchschnitt *m*
national balance sheet *(WiWi)* Volksvermögensrechnung *f*
national brand *(V&M)* überregionale Herstellermarke *f*
national budget *(Pol, WiWi)* Staatshaushalt *m*
national currency *(WiWi)* Landeswährung *f*
national debt *(WiWi)* öffentliche Verschuldung *f*, Staatsschuld *f*
national economy *(WiWi)* Gesamtwirtschaft *f*, Volkswirtschaft *f*
national expenditure *(WiWi)* Staatsausgaben *fpl*
national income *(WiWi)* Volkseinkommen *n*
national industry *(Ind)* heimische Industrie *f*
national jurisdiction *(Recht)* einzelstaatliche Gerichtsbarkeit *f*
national labor market *(AE) (Pers) s.* national labour market
national labour market *(BE) (Pers)* inländischer Arbeitsmarkt *m*
national law *(Recht)* Bundesgesetz *n (in US, Germany)*; einzelstaatliches Gesetz *n (in EU)*
national legislation *(Recht)* nationale Gesetzgebung *f*, Bundesgesetzgebung *f (in US, Germany)*; einzelstaatliche Rechtsvorschriften *fpl (in EU)*
national patent *(Pat)* Inlandspatent *n*
national product *(WiWi)* Sozialprodukt *n*
national trend *(WiWi)* Inlandstrend *m*
national wealth *(WiWi)* Volksvermögen *n*
national worker *(Pers)* einheimischer Arbeitnehmer(in) *m(f) (synonymous: native worker; Gegensatz: foreign worker)*
nationality *(Pol)* Staatsangehörigkeit *f*
nationalization *(WiWi)* Verstaatlichung *f*
nationalize *v* 1. *(Gen)* verstaatlichen; 2. *(Pol)* in Gemeineigentum überführen
nationalized industry *(Ind, WiWi)* verstaatlichter Industriezweig *m*
nationwide *adj (Gen)* landesweit
native file *(Recht)* unveränderte Datei *f (Beweisermittlung)*
native industry *(Ind)* einheimische Industrie *f*
natural gas *(Umwelt)* Erdgas *n*
natural monopoly *(WiWi)* natürliches Monopol *n*
natural person *(Recht)* natürliche Person *f*
natural population movement *(Pers, Stat)* natürliche Bevölkerungsbewegung *f*
natural price *(WiWi)* natürlicher Preis *m*
natural rate of growth *(WiWi)* natürliche Wachstumsrate *f*

natural rate of unemployment *(WiWi)* natürliche Arbeitslosigkeit *f*
natural resources *(Umwelt, WiWi)* Bodenschätze *mpl*, natürliche Ressourcen *fpl*, Naturressourcen *fpl*
natural rights *(Recht)* natürliche Rechte *npl*, naturrechtliche Ansprüche *mpl*
natural wastage 1. *(WiWi)* natürlicher Verschleiß *m*; 2. *(Umwelt)* Naturverschwendung *f*; 3. *(Pers)* natürlicher Arbeitskräfteabgang *m*
natural wear and tear *(WiWi)* natürlicher Verschleiß *m*
nature 1. *(Gen)* Art *f (character)*; 2. *(Pat)* Art *f*
nature of the invention *(Pat)* Art *f* [Zweck *m*] der Erfindung
NBO *(Abk. für non-business organization) (Gen, Soz, Steuer)* nicht erwerbswirtschaftlich tätige Organisation *f*; Nonprofit-Organisation *f (cf non-profit organization)*
NC *s.* numerical control
near bank *(WiWi)* bankähnliches Institut *n*, Near Bank *f*, Quasibank *f*
near cash 1. *(WiWi)* kurzfristige Anlagen *fpl*; 2. *(Börse)* kurzfristige, hochliquide Anlagen *fpl*
near completion *(Gen)* fast fertig
near money *(RW, WiWi)* geldähnliche Forderungen *fpl*, Geldsurrogat *n*, leicht liquidierbare Einlagen *fpl*, Quasigeld *n*
necessitate *v (Gen)* erfordern
necessities *(V&M)* lebensnotwendige Güter *npl (home comforts)*
need *(Gen)* Bedarf *m*, Bedürfnis *n (of client)*
need satisfaction *(Mgt)* Bedürfnisbefriedigung *f*
needs analysis *(V&M)* Bedarfsanalyse *f*
needy/the *(Soz)* die Bedürftigen *pl*
negative cash flow *(RW, Fin)* negativer Cashflow *m*
negative feedback *(Comp)* negative Rückkopplung *f*
negative income tax *(Steuer)* negative Einkommenssteuer *f*
negative interest *(Bank)* Negativzins *m*, Strafzins *m*
negative investment *(Fin)* Desinvestition *f*, Verkauf *m* von Anlagen
negative net worth *(WiWi)* negatives Eigenkapital *n*
negative prescription *(Recht)* Verjährung *f*
negative saving *(WiWi)* Entsparen *n*, negative Ersparnis *n*
negative yield curve *(WiWi)* negative Zinsstrukturkurve *f*
neglect clause *(Versich)* Fahrlässigkeitsklausel *f*, Versäumnisklausel *f*
neglect *v* **one's duties** *(Gen)* seine Sorgfaltspflicht verletzen
negligence *(Recht)* Fahrlässigkeit *f*
negligent *adj (Recht)* fahrlässig
negligible *adj (Gen)* geringfügig, unbedeutend, zu vernachlässigen
negotiable *adj* 1. *(Bank, Fin)* begebbar, negoziierbar; 2. *(Gen)* übertragbar, verhandelbar; 3. *(Börse)* bankfähig, börsenfähig • **not negotiable** *(Bank)* nicht übertragbar, nur zur Verrechnung
negotiable bill *(Bank)* durch Indossament übertragbarer Wechsel *m*
negotiable debt securities *(Börse, Fin)* börsenfähige Schuldverschreibungen *fpl*
negotiable instrument 1. *(Bank)* übertragbares Wertpapier *n*; 2. *(WiWi)* begebbares Instrument *n*; 3. *(Recht)* umlauffähiges Wertpapier *n (transactions)*; 4. *(Börse)* umlauffähiges Wertpapier *n*
negotiable securities *(Börse)* (frei) begebbare Wertpapiere *npl*
negotiate *v* 1. *(Bank)* aushandeln, begeben *(loan)*; 2. *(Fin)* begeben; 3. *(Gen, Pers)* aushandeln; 4. *(Börse)* aushandeln, begeben
negotiate *v* **a loan** *(Bank)* ein Darlehen aushandeln
negotiated wage *(Pers)* Tariflohn *m*
negotiated wages *pl (Pers)* Tariflohn *m*
negotiating bank *(Bank)* einlösende Bank *f*, negoziierende Bank *f*
negotiating partner *(Gen)* Verhandlungspartner(in) *m(f)*
negotiating range *(Pers)* Verhandlungsspielraum *m*
negotiation *(Gen)* Negoziierung *f*, Verhandlung *f*
negotiation fee *(Bank)* Konsortialprovision *f*
negotiations on joining *(Pol)* Beitrittsverhandlungen *fpl (EU)*
neighborhood ... *(AE) siehe auch neighbourhood ...*

neighboring country *(AE) (Gen) s.* neighbouring country
neighbourhood effect *(BE) (WiWi)* externe Effekte *mpl*, Externalität *f*
neighbourhood store *(BE) (V&M)* Nachbarschaftsladen *m*, Tante-Emma-Laden *m*
neighbouring country *(BE) (Gen)* Nachbarland *n*, Nachbarstaat *m*
nepotism *(Pers)* Vetternwirtschaft *f*
nerd *(AE, jarg.) (Comp, Komm)* Internet-Freak *m*
nest egg *(Gen, WiWi)* Notgroschen *m*
net *v* 1. *(Bank)* verrechnen; 2. *(Fin)* netto erbringen, netto verdienen; aufrechnen, ausgleichen
net *adj (Gen)* per saldo, netto
net of taxes *(Gen, RW, Steuer, WiWi)* nach Steuern, versteuert
net amount *(WiWi)* Nettobetrag *m*
net asset value *(Fin, RW)* Liquidationswert *m*, Nettoinventarwert *m*, Inventarwert *m*, Substanzwert *m*
net assets *(Fin, RW)* Nettovermögen *n*, Reinvermögen *n (total assets minus total liabilities, Summe Aktiva minus Verbindlichkeiten)*
net book value *(Fin)* Buchwert *m* nach Abschreibungen, Nettobuchwert *m*
net capital requirement *(Börse)* Nettokapitalbedarf *m*
net capital spending *(WiWi)* Nettoinvestitionsaufwand *m*
net cash *(Gen, RW)* Barzahlung *f* ohne Abzug
net cash flow *(RW)* Netto-Cashflow *m*
net current assets *(Fin, RW)* Nettoumlaufvermögen *n*, Net Working Capital *n*, Working Capital *n*, Betriebskapital *n (a liquidity ratio: the amount by which the value of the current assets exceeds the current liabilities = current assets minus current liabilities = Umlaufvermögen minus kurzfristige Verbindlichkeiten; synonymous: working capital, WC, net working capital, NWC; Liquiditätskennzahl; anders: die drei Liquiditätsgrade und der Liquiditätskoeffizient, auch sie horizontale Bilanzkennzahlen, sind jedoch als Quotienten definiert)*
net domestic investment *(WiWi)* Nettoinlandsinvestition *f*
net earnings *(RW)* Nettoverdienst *m*
net equity *(Fin, RW)* Nettovermögen *n*, Reinvermögen *n*, Nettoeigenkapital *n (total assets minus total liabilities, Summe Aktiva minus Verbindlichkeiten)*
net foreign investment *(RW)* Nettoauslandsinvestition *f*
net income 1. *(Fin, RW)* Nettogewinn *m*, Reingewinn *m*, Jahresüberschuss *m (US-GAAP)*; Reinertrag *m*, Gewinn *m*; Nettoüberschuss *m*; 2. *(Gen)* Nettoverdienst *m*
net income for the year *(Mgt, RW)* Jahresüberschuss *m (synonymous: annual net profit; after-tax profit before profit distribution; nach Steuern, vor Gewinnverwendung durch Vorstand, Aufsichtsrat und Hauptversammlung)*
net income per share of common stock *(RW)* Nettogewinn *m* je Stammaktie
net income shown on the balance sheet *(Mgt, RW)* Bilanzgewinn *m (net profit for the year, after taxes; nach Steuern und nach teilweiser Gewinnverwendung durch Vorstand und Aufsichtsrat, die Vorlage zum Gewinnverwendungsbeschluss auf der Hauptversammlung)*
net income to net worth ratio *(Admin, Gen)* Eigenkapitalrendite *f*, Verhältnis *n* von Reingewinn zum Eigenkapital
net inflow *(WiWi)* Netto-Zufluss *m (BOP)*
net lending *(Bank)* Nettoausleihung *f*
net loss *(Fin, RW)* Reinverlust *m*, Nettoverlust *m*, Bilanzverlust *m*
net loss for the year *(RW)* Jahresfehlbetrag *m*, Bilanzverlust *m*
net margin *(Fin, RW, WiWi)* Nettogewinnspanne *f*, Reingewinn *m*
net national income *(WiWi)* Volkseinkommen *n*, Nettosozialprodukt *n* zu Faktorkosten
net national product *(WiWi)* Nettosozialprodukt *n*
net operating income *(RW)* Nettobetriebseinkommen *n*
net operating income or loss *(RW)* Nettobetriebsgewinn oder Nettobetriebsverlust *m*, Ergebnis *n* der gewöhnlichen Geschäftstätigkeit, Ergebnis *n* der normalen Geschäftstätigkeit
net operating margin *(Fin, WiWi)* Umsatzgewinnrate *f*, Umsatzrentabilität *f*,

Umsatzrendite *f (profit in percent of turnover)*

net operating profit *(RW)* Nettobetriebsgewinn *m*, Reingewinn *m* vor Steuern

net police *(Comp, Recht)* Netzpolizei *f*

net present value *(Fin, RW, WiWi)* Barwert *m*, Kapitalwert *m*

net present value method *(Fin, WiWi)* Kapitalwertmethode *f (preinvestment analysis, dynamische Investitionsrechnung)*

net proceeds *(Grund)* Reinertrag *m*

net profit 1. *(RW, WiWi)* Reingewinn *m*; 2. *(Fin)* Nettogewinn *m*, Reinerlös *m*, Reingewinn *m*

net profit for the year *(RW)* Bilanzgewinn *m*, Jahresüberschuss *m*

net profit margin *(RW)* Nettoumsatzrendite *f*

net quick assets *(Fin, RW)* Nettoumlaufvermögen *n*, Betriebskapital *n (Liquiditätskennzahl; Liquiditätskoeffizient = current assets minus current liabilities = Umlaufvermögen minus kurzfristige Verbindlichkeiten; anders: die Liquiditätsgrade als horizontale Bilanzkennzahlen sind als Quotienten definiert)*

net quick ratio 1. *(Fin)* Liquidität *f* zweiten Grades, Einzugsliquidität *f (financial assets : current liabilities; Quotient aus monetärem Umlaufvermögen und kurzfristigen Verbindlichkeiten)*; 2. *(Bank, Gen)* Liquidität *f* zweiten Grades von 100 %, Acid Test *m (liquidity ratio; synonymous: 1:1-ratio, acid test; Liquiditätsregel aus Erfahrungswerten, nicht wissenschaftlich begründbar, u. a. Vorgabe des Acid Test; cf liquid ratio, acid test ratio, acid ratio)*

net rate of return after tax *(RW, Steuer)* Nettorendite *f* nach Steuern

net realizable value 1. *(RW)* Nettorealisationswert *m*, realisierbarer Nettowert *m*; 2. *(Fin)* realisierbarer Verkaufserlös *m*

net receipts *(RW)* Nettoeinnahmen *fpl*

net result *(Gen)* Endergebnis *n*

net return *(Fin)* Nettoverzinsung *f*, Nettorendite *f*

net sales *(RW)* Nettoabsatz *m*, Nettoauftragseingang *m*

net surplus *(Fin, RW)* Reingewinn *m*, Reinertrag *m*

net total assets 1. *(RW, WiWi)* Nettovermögen *n*, Eigenkapital *n (bilanzielles Eigenkapital = Differenz zwischen Vermögen und Schulden)*; 2. *(Versich)* Eigenkapital *n (synonymous: capital at risk)*

net trading surplus *(RW)* Nettobetriebsgewinn *m*

net value *(RW)* Nettowert *m*

net wage *(Pers)* Nettolohn *m*, Nettogehalt *n*, Nettoverdienst *m*

net wealth *(RW)* Nettovermögen *n*, Reinvermögen *n*

net weight *(Gen)* Nettogewicht *n*

net working capital *(RW, WiWi)* Nettobetriebskapital *n*, Nettoumlaufvermögen *n*, Working Capital *n*

net worth 1. *(Fin, RW)* Nettovermögen *n*, Reinvermögen *n*, Nettovermögenswerte *mpl*, Nettowert *m (synonymous: net assets; total assets minus total liabilities, Summe Aktiva minus Verbindlichkeiten)*; 2. *(RW, WiWi)* Eigenkapital *n (bilanzielles Eigenkapital = Differenz zwischen Vermögen und Schulden)*

net yield *(RW)* Nettorendite *f*, Reinertrag *m (of a share)*

netiquette *(Comp, Komm)* Netiquette *f (from net + etiquette, code of internet manners)*

netto netto *(Gen, Imp/Exp, Transp)* frei von Abzügen, netto netto *(terms of payment)*

network marketing *(V&M)* Absatz *m* über Händlernetz

network of sales outlets *(V&M)* Verkaufsstellennetz *n*

networking 1. *(Comp)* Netzwerkbetrieb *m*, vernetztes Arbeiten *n*; 2. *(Gen)* Nutzung *f* von Geschäftskontakten; 3. *(Media)* Sendernetz *n (broadcasting)*

neutral budget *(Pol, WiWi)* ausgeglichenes Budget *n*, neutraler Haushaltsplan *m*

neutral technical progress *(WiWi)* neutraler technischer Fortschritt *m*

neutrality of goals *(WiWi)* Zielindifferenz *f*, Zielneutralität *f*

neutrality of money *(WiWi)* Geldneutralität *f*

new *adj (Gen)* neu

New Earnings Survey *(BE) (WiWi)* Einkommens- und Verbrauchsstichprobe *f*
New Economy *(Komm, V&M, WiWi)* New Economy *f*, Neue Wirtschaft *f*, neue Ökonomie *f*; Internet-Wirtschaft *f*, Internet-Ökonomie *f*, Web-Wirtschaft *f*, Netzwirtschaft *f*, Netzökonomie *f*; Informationsökonomie *f*
new hiring *(Pers)* Neueinstellungen *fpl*
new orders *(Gen, WiWi)* Auftragseingang *m*
new plant and equipment *(WiWi)* Anlageinvestitionen *fpl*
new staff members *(Pers)* Neuzugang *m* an Mitarbeitern, Neuzugang *m* an Arbeitskräften
new stock *(Fin)* junge Aktie *f*
new technologies *(Gen)* neue Technologien *fpl*
newbie *(Comp, Komm)* Anfänger *m*, Newbie *m*, Neuling *m (Internet)*
newly hired *adj (Pers)* neu eingestellt
newly industrialized country *(Ind, WiWi)* Schwellenland *n*
news blackout *(Media)* Nachrichtensperre *f*
news item *(Media)* Pressemeldung *f*, Pressenotiz *f*
newsflash *(Media)* Kurznachricht *f*
newsgroup *(Komm, Media)* Newsgroup *f*, Diskussionsgruppe *f*, Forum *n*
newsletter *(Gen, Media)* Mitteilungsblatt *n*
newspaper 1. *(Komm)* Blatt *n*; 2. *(Gen)* Zeitung *f*; 3. *(Media)* Blatt *n*
newspaper advertisement *(Media, V&M)* Zeitungsanzeige *f*, Zeitungsannonce *f*
newspaper advertising *(V&M)* Zeitungsanzeige *f*, Zeitungswerbung *f*
newspaper announcement *(Media, V&M)* Zeitungsannonce *f*
newsroom *(Media)* Nachrichtenredaktion *f*
NGO *s.* nongovernmental organization
niche 1. *(Pers)* Niche *f*; 2. *(V&M)* Marktlücke *f*, Nische *f*
niche market *(V&M)* Nischenmarkt *m*, Marktlücke *f*
night depository *(Bank)* Nachtschalter *m*, Nachttresor *m*
night shift *(Pers)* Nachtschicht *f*
night watchman state *(Pol, WiWi)* Nachtwächterstaat *m*
nil *(Gen)* Null *f*
NIMBY principle *(Pol, Umwelt)* Sankt-Florians-Prinzip *n (NIMBY = not in my backyard; when it comes to e. g. new refuse disposal units or motorways)*
n.n. *s.* netto netto
no. *s.* number
no-account *adj (Bank)* keine Deckung, kein Konto
no-growth *adj (WiWi)* statisch
no-lien affidavit *(Recht)* eidesstattliche Versicherung *f*
no-name brands *(Gen, V&M)* No-Name-Produkte *npl*, weiße Produkte *npl*, Gattungsmarken *fpl*
no-name product *(V&M)* markenfreies Produkt *n*, No-Name-Produkt *n*
no-par stock *(Börse)* nennwertlose Aktie *f*, Quotenaktie *f*
no-par-value share *(Börse)* nennwertlose Aktie *f*
no-par value stock *(Fin)* nennwertlose Aktie *f*, Anteilsaktie *f*, Quotenaktie *f (US companies issue shares that have no nominal value, the share capital being defined by the number of shares; synonymous: no-par stock, non-par value share, no-par value share; 2 Formen: a) unechte nennwertlose Quotenaktien = Stückaktien verkörpern einen Anteil am gezeichneten Kapital in Höhe von mindestens 1 Euro; b) in Deutschland nicht zulässige echte nennwertlose Quotenaktien = Anteilsaktien hingegen verbriefen einen Bruchteil am Reinvermögen der Aktiengesellschaft, weshalb auch kein rechnerischer Nennwert = fiktiver Nennwert = fictitious nominal value zu ermitteln ist; opposite: par value share = nominal value share = Nennwertaktie = Nominalaktie)*
noise *(Ind)* Geräusch *n*, Verzerrung *f*
noise abatement *(Umwelt)* Lärmbekämpfung *f*, Lärmschutz *m*
noise emission *(Umwelt)* Lärmemission *f*, Schallabgabe *f*
noise insulation *(Umwelt)* Lärmisolierung *f*
noise level *(Umwelt)* Geräuschpegel *m*, Lärmpegel *m*

noise limit *(Recht, Umwelt)* Lärmgrenzwert *m*
noise prevention *(Umwelt)* Schallschutz *m*
noise protection *(Umwelt)* Lärmschutz *m*
nominal *adj* 1. *(Gen)* unbedeutend *(negligible)*; 2. *(WiWi)* nominal, nominell, Nenn... *(theoretical)*
nominal assets *(RW)* Nominalvermögen *n*
nominal capital 1. *(RW)* Nominalkapital *n*; 2. *(Fin)* Stammkapital *n*
nominal GDP *(WiWi)* nominales BIP *n*
nominal growth *(WiWi)* Nominalwachstum *n*
nominal interest rate *(Fin)* Nominalverzinsung *f*, Nominalzins *m*
nominal pay *(Gen)* Nominalgehalt *n*
nominal tax rate *(Steuer)* Nominalsteuersatz *m*
nominal value *(RW)* Nennwert *m*
nominal value share *(Fin)* Nennwertaktie *f*, Nominalaktie *f (synonymous: par value share, face value share; lautet auf einen bestimmten Geldbetrag, mindestens 1 Euro; die Summe der Aktiennennbeträge = ; opposite: non-par value share = no-par stock = Quotenaktie = nennwertlose Aktie)*
nominal wage *(Pers)* Nominallohn *m*
nominal yield *(Fin)* Nominalverzinsung *f*, Rendite *f*, Ertrag *f* aus der Normalverzinsung
nominally *adj (Gen)* nur dem Namen nach *(in name only)*
nominate *v (Gen)* nominieren, ernennen
nomination 1. *(Gen)* Ernennung *f*; 2. *(Pol)* Kandidatur *f*
nominee 1. *(Pol)* Kandidat *m*; 2. *(Börse)* Strohmann *m*
nominee account *(Börse)* Strohmannkonto *n*
nominee company *(Börse)* Briefkastengesellschaft *f*, Strohmanngesellschaft *f*
nominee shareholder *(Börse)* als Aktionär vorgeschobener Strohmann *m*
non-active population *(Pers, Soz, WiWi)* Nicht-Erwerbspersonen *fpl*, nichterwerbstätige Bevölkerung *f*, Nicht-Erwerbstätige *pl*
non-aligned *adj (Pol)* neutral, ungebunden
non-appealability *(Gen, Recht)* Unanfechtbarkeit *f*
non-attached *adj (Pol, Recht)* fraktionslos *(EP)*
non-business day *(Bank, V&M)* geschäftsfreier Tag *m*
non-business organization *(NBO) (Gen, Soz, Steuer)* nicht erwerbswirtschaftlich tätige Organisation *f*; Nonprofit-Organisation *f (cf non-profit organization)*
non-cash benefit *(Soz)* Sachleistung *f*
non-committed *adj (Pol)* blockfrei, ungebunden
non-core activities *(Gen)* Randaktivitäten *f*, nicht dem Kerngeschäft zurechenbare Geschäftstätigkeit *f*
non-cyclical stocks *(Bank)* konjunkturresistente Werte *mpl*
non-defective *adj (Recht)* mängelfrei
non-earning deposit *(Bank)* unverzinsliche Einlage *f*
non-EU national *(Gen)* Nicht-EU-Bürger(in) *m(f)*
non-executive director *(Mgt, Pers)* Non-Executive Director *m(f)*, nicht geschäftsführender Director [Direktor], Direktor(in) *m(f)* ohne Geschäftsbereich *(synonymous: outside director, non-executive officer, non-executive member of the Board; meist ehrenamtlich tätiges, nicht an der Geschäftsführung des Unternehmens beteiligtes Mitglied des Board of Directors mit Aufsichts- und Überwachungsfunktionen)*
non-fulfillment of obligations *(AE) (Recht)* s. non-fulfilment of obligations
non-fulfilment of obligations *(BE) (Recht)* Nichterfüllung *f* der Pflichten
non-interest-bearing deposit *(Bank)* unverzinsliche Einlage *f*
non-interest earning *adj (Bank)* unverzinslich
non-member country *(Pol)* Drittstaat *m*, Drittland *n (EU)*
non-monetary capital *(WiWi)* Produktivkapital *n*, Sachkapital *n*, Realkapital *n*, nicht monetäres Kapital *n (the aggregate of the capital goods in an economy = capital stock = Kapitalstock = Realkapitalausstattung; VWL: dritter Produktionsfaktor, Summe der Pro-*

duktionsmittel des volkswirtschaftlichen Produktionsprozesses)

non-negotiable *adj (Gen)* nicht begebbar, nicht übertragbar

non-negotiable cheque *(Bank)* Verrechnungsscheck *m*

non-negotiable instrument *(Bank)* nicht übertragbares Wertpapier *n*

non-par value share *(Fin, WiWi)* nennwertlose Aktie *f*, Anteilsaktie *f*, Quotenaktie *f (US companies issue shares that have no nominal value, the share capital being defined by the number of shares; synonymous: no-par stock, no-par value share; 2 Formen: a) unechte nennwertlose Quotenaktien = Stückaktien verkörpern einen Anteil am gezeichneten Kapital in Höhe von mindestens 1 Euro; b) in Deutschland nicht zulässige echte nennwertlose Quotenaktien = Anteilsaktien hingegen verbriefen einen Bruchteil am Reinvermögen der Aktiengesellschaft, weshalb auch kein rechnerischer Nennwert = fiktiver Nennwert = fictitious nominal value zu ermittln ist; opposite: par value share = nominal value share = Nennwertaktie = Nominalaktie)*

non-performing loan *(NPL) (Bank, Fin)* notleidender Kredit *m*, Kredit *m* im Verzug

non-profit-making *adj (Fin, Gen, RW, Steuer)* gemeinnützig

non-profit-making company *(Gen)* gemeinnützige Gesellschaft *f*

non-profit organization *(NPO) (AE) (Recht, Soz, Steuer)* Nonprofit-Organisation *f*, nicht gewinnorientierte Organisation *f*, nicht erwerbswirtschaftlich tätige Organisation *f (synonymous: third sector organization, not-for-profit organization, non-business organization, NBO; Kennzeichen: Freiwilligkeit, Selbstbestimmtheit, keine Gewinnausschüttungen; Verkauf nicht individuell konsumierbarer Güter und Dienstleistungen durch nicht primär erwerbswirtschaftlich tätige Organisationen in privater Trägerschaft)*; gemeinnützige Organisation *f*

non-scheduled depreciation *(RW)* außerplanmäßige Abschreibung *f*

non-seller *(V&M)* Ladenhüter *m (ähnlich: slow seller = Langsamdreher; Gegensatz: Schnelldreher = fast seller = fast-selling article)*

non-standard employment *(Pol)* atypische Beschäftigung *f*, atypische Beschäftigungsverhältnisse *npl*

non-standard work *(Pers)* atypische Arbeitsverhältnisse *npl*, atypische Beschäftigung *f*, atypische Beschäftigungsverhältnisse *npl*

non-viable enterprise *(Gen)* nicht lebensfähiges Unternehmen *n*

non-wage labor costs *(AE) (Pers)* s. non-wage labour costs

non-wage labour costs *(BE) (Pers)* Lohnnebenkosten *pl*

non-zero-sum game *(WiWi)* Nichtnullsummenspiel *n*

nonacceptance *(Gen)* Annahmeverweigerung *f*

nonacceptance of delivery *(Recht)* Annahmeverweigerung *f*

nonappearance *(Recht)* Nichterscheinen *n*

nonbank bank *(Bank)* Nonbank *f*

nonbank financial institution *(Fin, WiWi)* intermediäres Finanzinstitut *n*

nonbank sector *(Fin)* bankfremder Sektor *m*, Nichtbankensektor *m*

noncallable securities *(Börse)* unkündbare Wertpapiere *npl*

noncash benefit *(WiWi)* Sachleistung *f*

noncash contribution *(WiWi)* Sachleistung *f*

noncash payment *(Bank)* bargeldlose Zahlung *f*

noncash payment system *(Bank)* bargeldloser Zahlungsverkehr *m*

noncompetitive bid *(Börse)* nicht wettbewerbsfähiges Angebot *n*

noncompulsory contribution *(Versich)* freiwillige Leistung *f*

nonconforming *adj* 1. *(Gen, WiWi)* nicht vertragsgemäß; 2. *(Ind)* fehlerhaft

nonconforming use *(Grund, Recht)* nicht vorschriftsmäßige Benutzung *f*

noncontribution clause *(Versich)* Klausel *f* zur Beitragsbefreiung

noncontributory pension fund *(Pers)* Pensionsplan *m* ohne Beitragsleistungen der Arbeitnehmer

noncontributory pension scheme 1. *(Fin)* beitragsfreie Betriebspension *f*,

beitragsfreier Pensionsplan *m*; 2. *(Pers)* nicht beitragspflichtiger Rentenplan *m*
noncumulative preferred stock *(AE) (Börse)* nichtkumulative Vorzugsaktie *f*, Vorzugsaktie *f* ohne Nachbezugsrecht
noncurrent asset *(RW)* Anlagevermögen *n*
nondeductibility of employer contributions *(Pers)* Nichtabzugsfähigkeit *f* der Arbeitgeberbeiträge
nondeductible *adj (Gen, Steuer)* nicht abzugsfähig *(expenditures)*
nondefaulting party *(Fin, Recht)* vertragstreue Partei *f*
nondisclosure *(Versich)* Unterlassen *n* einer Mitteilung, Verschweigen *n*
nondurable goods *(V&M)* kurzlebige Verbrauchsgüter *npl*
nondurables *(V&M)* kurzlebige Verbrauchsgüter *npl*
nonemployment *(Pers)* Beschäftigungslosigkeit *f*
nonexecution *(Recht)* Nichtausführung *f*, Nichterfüllung *f*
nonfactor income *(WiWi)* Transfereinkommen *n*
nonfinancial assets *(WiWi)* Sachvermögen *n*
nonforfeitable *adj (Recht, WiWi)* nicht verfallbar
nonforfeiture *(Recht, WiWi)* Nichtverfallbarkeit *f*
nonfulfillment *(AE) (Recht)* s. nonfulfilment
nonfulfilment *(BE) (Recht)* Nichterfüllung *f*
nonfungible goods *(RW)* nichtfungible Waren *fpl*, nichtvertretbare Waren *fpl*
nongovernmental organization *(Gen)* Nichtregierungsorganisation *f*
nonintervention *(WiWi)* Nichteinmischung *f*
nonleviable *adj (Fin)* unpfändbar
nonliability *(Recht, Versich)* Haftungsausschluss *m*
nonlinear programming *(Comp, Stat)* nichtlineare Programmierung *f*
nonmarket sector *(WiWi)* Nichtmarkt-Sektor *m*
nonmember bank *(AE) (Bank)* nicht dem Zentralbanksystem angeschlossene Bank *f (Federal Reserve)*
nonmonetary compensation *(Gen, Pers)* Sachbezug *m*
nonmonetary economy *(WiWi)* Tauschwirtschaft *f*
nonobservance of conditions *(Gen, Recht)* Missachtung *f* von Bedingungen
nonoccupying owner *(Grund)* nicht im Eigentum wohnender Eigentümer
nonoperating expense *(RW)* betriebsfremder Aufwand *m*, neutrale Kosten *pl*, nichtbetriebliche Kosten *pl*
nonoperating result *(WiWi)* neutrales Ergebnis *n*
nonoperating revenue *(RW)* neutrale Einnahmen *fpl*, nichtbetriebliche Einnahmen *fpl*
nonpar share *(WiWi)* nennwertlose Aktie *f*
nonpartisan expert *(WiWi)* unparteiischer Gutachter *m*, unparteiische Gutachterin *f*
nonpayment *(Gen)* Nichtbezahlung *f*
nonpecuniary returns *(Pers)* nichtmaterieller Lohn *m*, Sachbezüge *mpl*
nonperformance *(Recht)* Nichterfüllung *f*
nonperforming credit *(Bank)* notleidender Kredit *m*, notleidendes Darlehen *n*
nonprice competition *(V&M, WiWi)* außerpreislicher Wettbewerb *m*
nonprofit enterprise *(WiWi)* gemeinnütziges Unternehmen *n*, nicht erwerbswirtschaftlich ausgerichtetes Unternehmen *n*
nonprofit organization *(AE)* s. non-profit organization
nonrecourse *adj (Fin)* regresslos
nonrecourse export financing *(Fin)* Forfaitierung *f*, regresslose Exportfinanzierung *f*
nonrecurrent income 1. *(RW)* außerordentlicher Ertrag *m*; 2. *(WiWi)* einmalige Erträge *fpl*
nonrecurring charge *(Fin, RW)* außerordentlicher Aufwand *m (annual accounts)*
nonrecurring expenditure *(RW)* einmalige Aufwendungen *fpl*, einmalige Ausgabe *f*
nonrecyclable *adj (Umwelt)* nicht recycelfähig, nicht wiederverwertbar
nonrefundable *adj (Steuer)* nicht erstattungsfähig
nonrenewable natural resources *(Um-*

welt) nicht erneuerbare Bodenschätze *mpl*

nonrenewable resource *(Umwelt, WiWi)* nicht erneuerbarer Rohstoff *m*, nicht nachwachsender Rohstoff *m*

nonresident 1. *(Gen)* Devisenausländer(in) *m(f)*; 2. *(Recht)* Gebietsfremde(r) *f(m)*

nonresident deposits *(Bank)* Auslandsguthaben *npl*

nonresident issuer *(Fin)* ausländische Emittentin *f*, ausländischer Emittent *m*

nonresident's holding *(WiWi)* Auslandsbesitz *m*

nonreturnable packaging *(V&M)* Einwegverpackung *f*

nonstatutory *adj (Recht)* nicht satzungsgemäß

nonstore retailing *(V&M)* Einzelhandel *m* ohne Ladengeschäft

nontariff barrier *(Gen, Imp/Exp, WiWi)* nichttarifäres Handelshemmnis *n (international trade)*

nontariff trade barrier *(WiWi)* nichttarifäres Handelshemmnis *n*

nontax income *(Steuer)* steuerfreies Einkommen *n*

nontaxable transactions *(Fin)* nicht steuerpflichtige Umsätze *mpl*

nonterminable *adj (Recht)* unkündbar

nontrading partnership *(Recht)* Dienstleistungsgesellschaft *f*

nonutilized *adj (Gen)* nicht in Anspruch genommen

nonvariable *adj (RW)* fest, fix *(cost)*

nonverbal communication *(Mgt, V&M)* nonverbale Kommunikation *f*

nonvoting share *(Börse)* stimmrechtslose Aktie *f*

nonwarranty clause *(Recht)* Freizeichnungsklausel *f*

normal *adj (Gen)* üblich, normal

normal capacity *(WiWi)* Normalkapazität *f*

normal cost rate *(RW)* Normalkostensatz *m*

normal cost system *(RW)* Normalkostenrechnung *f (an average standard set to be applied over a future period during which conditions are unlikely to change; synonymous: normal costing, average standard cost system)*

normal costing *s.* normal cost system

normal distribution *(Stat)* gaußsche Normalverteilung *f*, Normalverteilung *f*

normal rate 1. *(Gen)* Normaltarif *m*; 2. *(Steuer)* Regelsteuersatz *m*

normal sustainable capacity *(WiWi)* normale Kapazität *f*

normal wear and tear *(RW)* gewöhnliche Abnutzung *f*

normal working hours *(Pers)* übliche Arbeitszeit *f*

normal working time *(Pers)* übliche Arbeitszeit *f*

normalcy *(AE) (Gen)* Normalität *f*

normality *(BE) (Gen)* Normalität *f*

normative *adj (WiWi)* normativ

normative economics *(WiWi)* normative Wirtschaftswissenschaft *f*

North American Free Trade Agreement *(WiWi)* Nordamerikanische Freihandelsvereinbarung *f*

nosedive *(WiWi)* Kursverfall *m*, Preissturz *m*

not-for-profit *adj (Gen)* gemeinnützig

not-for-profit entity *(Gen, Steuer)* gemeinnütziges Unternehmen *n*, gemeinnützige Einheit *f*, nicht gewinnorientierte Organisation *f (synonymous: non-profit entity)*

not-for-profit organization *(Gen, Soz, Steuer)* Nonprofit-Organisation *f*, nicht gewinnorientierte Organisation *f*, nicht erwerbswirtschaftlich tätige Organisation *f (cf non-profit organization)*

notarial *adj (Recht)* notariell

notarial authentication *(Recht)* notarielle Beglaubigung *f*, notarielle Beurkundung *f*

notarize *v (Recht)* notariell beglaubigen, notariell beurkunden

notary public *(Recht)* Notar *m*

note *v (Gen)* aufzeichnen, vermerken

note 1. *(Bank, Fin)* Wechsel *m (payable, receivable draft)*; *(BE)* Banknote *f*, Schein *m (money)*; 2. *(Gen)* Aufzeichnung *f*, Vermerk *m*

note receivable *(RW, Fin)* ausstehender Schuldschein *m*, Besitzwechsel *m*, Schuldscheinforderung *f*, Wechselforderung *f*

notes 1. *(RW)* Abschlusserläuterungen *fpl*; 2. *(Börse, Fin)* Notes *fpl*; 3. *(Gen)* Aufzeichnungen *fpl*; 4. *(Media)* Notizen *fpl*; 5. *(Pat)* Merkblatt *n*

notes on consolidated accounts *(RW)* Anhang *m* des konsolidierten Abschlusses
notes payable *(RW, Fin)* Schuldwechsel *mpl*, Wechselverbindlichkeiten *fpl*
notes receivable *(AE) (RW, Fin)* Besitzwechsel *mpl*, Wechselforderungen *fpl*
notes to the accounts *(RW)* Anmerkungen *fpl*
notes to the financial statements *(RW)* Anhang *m* zur Bilanz
notice 1. *(Gen)* Avis *m(n)*, Benachrichtigung *f*; 2. *(Recht)* Unfallmeldung *f (of accident)* • **at two days' notice** *(Gen)* mit einer Frist von zwei Tagen • **give notice of** *(Gen)* benachrichtigen • **give notice of sth** *(Recht)* etw. zur Kenntnis bringen, Kenntnis von etw. geben • **give sb his notice** *(Pers)* jmdm. kündigen
notice board *(BE)* 1. *(Komm)* Anschlagbrett *n*, Nachrichtentafel *f*; 2. *(Pers)* schwarzes Brett *n*
notice of appeal *(Pat)* Berufungseinlegung *f*
notice of default *(Fin)* Anzeige *f* der Nichterfüllung, Inverzugsetzung *f*
notice of defect *(Recht)* Mängelrüge *f*
notice of opposition *(Pat)* Einspruchseinlegung *f*
notice period *(Pers)* Kündigungsfrist *f*
notice to quit *(Grund)* Kündigung *f*, Pacht- und Mietkündigung *f*
notification 1. *(Gen)* Avis *m(n)*; 2. *(Recht)* Benachrichtigung *f (transactions)*; 3. *(Pat)* Anzeige *f*, Mitteilung *f*, Notifikation *f*
notification of illness *(Pers)* Krankmeldung *f*
notification of sickness *(Pers)* Krankmeldung *f*
notifier *(Recht)* Übermittler *m*
notify *v* 1. *(Gen)* avisieren, informieren, in Kenntnis setzen, unterrichten, verständigen; 2. *(Pat, Pol)* mitteilen
notional *adj (Fin)* fiktiv, imaginär, nominell, rechnerisch
notional rent *(Grund)* fiktive Miete *f*
notwithstanding *adv (Gen)* ungeachtet
nought *(Gen)* Nichts *n*
novation *(Recht)* Novation *f (commercial)*
novelty *(Pat)* Neuheit *f*
novelty value *(V&M)* Neuheitswert *m*
NOW account *(AE) (Bank, Fin)* NOW--Konto *n*, verzinsliches Kontokorrentkonto *n*, verzinstes Sparkonto *n (NOW = negotiable order of withdrawal)*
NPL *(Abk. für non-performing loan) (Bank, Fin)* notleidender Kredit *m*, Kredit *m* im Verzug
NPO *(Abk. für non-profit organization, AE) (Gen, Soz, Steuer)* Nonprofit-Organisation *f*, nicht gewinnorientierte Organisation *f*, nicht erwerbswirtschaftlich tätige Organisation *f (synonymous: third sector organization, not-for-profit organization, non-business organization, NBO; Verkauf nicht individuell konsumierbarer Güter und Dienstleistungen durch nicht primär erwerbswirtschaftlich tätige Organisationen in privater Trägerschaft)*; gemeinnützige Organisation *f*
NPV *s.* net present value
NPV-method *(Fin, WiWi)* Kapitalwertmethode *f (preinvestment analysis, dynamische Investitionsrechnung)*
nuclear *adj (Ind, Umwelt)* Atom..., Kern...
nuclear-based industry *(Ind)* Atomwirtschaft *f*
nuclear energy *(Ind, Umwelt)* Kernkraft *f*
nuclear plant *(Ind)* Kernreaktoranlage *f*
nuclear power *(Ind, Umwelt)* Kernkraft *f*
nuclear reactor *(Ind)* Atommeiler *m*, Kernreaktor *m*, Reaktor *m*
nuclear waste *(Ind, Umwelt)* Atommüll *m*
nugatory payment *(Fin, Recht)* rechtsunwirksame Zahlung *f*
nuisance 1. *(Gen)* Ärgernis *n*; 2. *(Recht)* besitzstörende Tätigkeit *f*
null and void *(Recht)* null und nichtig
nullify *v (Recht)* aufheben
nullity *(Recht)* Ungültigkeit *f*
nullity suit *(Recht)* Nichtigkeitsklage *f*
number *v (Gen)* nummerieren
number *v* **consecutively** *(Media, Pat)* fortlaufend nummerieren
number 1. *(Gen)* Anzahl *f*, Ausgabe *f (of magazine)*; 2. *(Stat)* Nummer *f*, Anzahl *f*, Zahl *f*
number crunching *(RW)* Zahlenverarbeitung *f*
number of jobs *(Pers)* Zahl *f* der Arbeitsplätze
number one priority *(Gen)* höchste Priorität *f*

number processing *(Fin, RW, WiWi)* Zahlenverarbeitung *f*
numbered account *(Bank)* Nummernkonto *n*
numéraire *(WiWi)* Bezugsgröße *f* des Währungssystems
numerator *(Gen, Stat)* Zähler *m*
numeric *adj (Comp)* numerisch
numeric character *(Stat)* numerisches Zeichen *n*
numeric keypad *(Comp)* Zifferntastatur *f (keyboard)*
numerical control 1. *(Fin)* numerische Kontrolle *f*; 2. *(Stat)* numerische Steuerung *f*
numerical filing *(Gen)* numerische Ablage *f*
nurse a business *(WiWi)* ein Unternehmen wieder hochbringen
nursing home daily rate *(Soz)* Pflegesatz *m*

O

oath *(Recht)* Eid *m* • **under oath** *(Recht)* unter Eid
obey *v (Recht)* befolgen *(ruling)*; nachkommen *(summons)*
object *v (Recht)* Einwände erheben *(make objections)*
object *v* **to** 1. *(Gen)* ablehnen *(proposal)*; 2. *(Recht)* einwenden gegen
object *(Gen)* Objekt *n*, Ziel *n (aim)*
objection 1. *(Gen)* Einwand *m*; 2. *(Recht)* Einspruch *m*; 3. *(Pat)* Widerspruch *m* • **have no objection** *(Gen)* keinen Einwand haben
objective *adj (Gen)* objektiv, sachlich
objective *(Gen)* Ziel *n*, Zielvorstellung *f*, Zweck *m*
objective indicators *(Gen)* Zielindikatoren *mpl*
objective-oriented *adj (Mgt, WiWi)* zielgerichtet
objective-setting *(Mgt)* Zielsetzung *f*
obligation 1. *(Gen)* Verpflichtung *f*; 2. *(Recht)* Pflicht *f*, Schuldverhältnis *n*, Verbindlichkeit *f* • **no obligation to buy** *(V&M)* ohne Kaufverpflichtung
obligation bond *(Fin)* Anleiheschuld *f*
obligation to accept *(Recht)* Annahmepflicht *f*
obligation to deliver *(Recht, V&M)* Erfüllungszwang *m (Online-Auktionen)*
obligation to pay *(Bank, Fin)* Zahlungsverpflichtung *f*
obligation under a contract *(Recht)* Vertragspflicht *f*
obligatory *adj (Gen)* verbindlich, verpflichtend
oblige *v (Gen)* verpflichten, zwingen
obliged *adj (Gen)* verpflichtet *(compelled)*; dankbar, verbunden *(grateful)* • **be obliged to** *(Gen)* verpflichtet sein zu
obligee *(Recht)* Gläubiger(in) *m(f)*, Berechtigte(r) *f(m)*
obligor *(Recht)* Schuldner(in) *m(f)*, Verpflichtete(r) *f(m)*
observance *(Recht)* Einhaltung *f (of rule)*
observance of contract *(Recht)* Vertragseinhaltung *f*
observe *v* 1. *(Gen)* beobachten *(watch)*; 2. *(Recht)* einhalten *(rules)*
OBSF *(Abk. für off-balance-sheet financing) (Fin)* außerbilanzielle Finanzierung *f*, bilanzunwirksame Finanzierung *f*, bilanzneutrale Finanzierung *f (financing by means other than debt and equity instruments, e. g. joint ventures, leases, partnerships)*
obsolescence *(Gen)* Veralterung *f*, Obsoleszenz *f*
obsolescent product *(V&M)* veraltetes Produkt *n*
obsolete *adj (Gen)* (technisch) überholt; überaltert, veraltet • **become obsolete** *(Gen)* veralten
obstacle *(Gen)* Hindernis *n*
obstruct *v* 1. *(Gen)* hindern, behindern *(growth)*; 2. *(Recht)* vereiteln
obtain *v* 1. *(Bank, Fin)* aufnehmen *(loan, funds)*; 2. *(Gen)* erzielen, erhalten, erlangen; 3. *(Pat, Recht)* erhalten *(permission, consent)*
obtain *v* **a loan** *(Bank)* ein Darlehen aufnehmen
occasion *(Gen)* Gelegenheit *f (point in time)*; Fall *m (circumstance)*; Veranlassung *f (reason)*
occasional *adj (Gen)* gelegentlich
occasional worker *(Pers)* Gelegenheitsarbeiter(in) *m(f)*
occupancy *(Grund)* Belegung *f*, Besitz *m*
occupant 1. *(Pers)* Inhaber(in) *m(f)*; 2.

(Grund) Bewohner(in) *m(f) (of a position, post)*

occupation 1. *(Gen)* Beruf *m*, Tätigkeit *f (employment)*; 2. *(Pers)* Besetzung *f (union action)*; 3. *(Recht)* Besitz *m*; 4. *(Grund)* Besetzung *f* • **by occupation** *(Pers)* von Beruf

occupation group *(Pers)* Berufsgruppe *f*

occupation in informatics *(Comp, Pers)* Informatikberuf *m*, Beruf *n* der Informationstechnologie

occupational accident *(Pers, Soz, Versich)* Betriebsunfall *m*, Berufsunfall *m*

occupational aptitude *(Pers)* berufliche Eignung *f*

occupational classification *(Pers)* Berufssystematik *f*, Berufsklassifikation *f*

occupational development *(Pers)* Berufslaufbahn *f*, berufliche Laufbahn *f*, beruflicher Werdegang *m*

occupational duties *(Pers)* Berufsaufgaben *fpl*, berufliche Aufgaben *fpl*

occupational flexibility *(Pers)* berufliche Flexibilität *f*

occupational hazard *(Pers, Soz)* Berufsrisiko *n*, Arbeitsplatzrisiko *n*

occupational injury *(Pers, Soz)* Arbeitsunfall *m*, Berufsunfall *m*

occupational invalidity *(Soz)* Berufsunfähigkeit *f*, Erwerbsunfähigkeit *f*

occupational liberty *(Pers)* Berufsfreiheit *f*

occupational mobility *(Pers)* berufliche Mobilität *f*

occupational outlook *(Pers)* Berufsaussichten *fpl*, berufliche Aussichten *fpl*, Berufsvorausschau *f*, Laufbahnaussichten *fpl*

occupational prospects *(Pers)* Berufsaussichten *fpl*, berufliche Aussichten *fpl*, Berufsvorausschau *f*, Laufbahnaussichten *fpl*

occupational qualification *(Pers)* beruflicher Bildungsabschluss *m*, Berufsabschluss *m*, abgeschlossene Berufsausbildung *f*, berufliches Bildungszeugnis *n*

occupational rehabilitation *(Soz)* berufliche Rehabilitation *f (berufliche Weiterbildung oder Umschulung zur Wiedereingliederung in das Erwerbsleben)*

occupational retraining *(Pers)* Umschulung *f*

occupational skills *(Pers)* berufliche Qualifikation *f*, Berufsqualifikation *f*, berufliche Fähigkeiten *fpl*

occupational title *(Pers)* Berufsbezeichnung *f*, Berufsbenennung *f*, Tätigkeitsbezeichnung *f*

occupations in computer [information] science *(Comp, Pers)* Informatikberufe *mpl*, Berufe *mpl* der Informationsverarbeitung

occupations in information technology *(Comp, Pers)* Berufe *mpl* der Informationstechnologie, Informatikberufe *mpl*

occupied *adj (Gen)* belegt • **be occupied as** *(Pers)* beschäftigt sein als • **be occupied with** *(Pers)* beschäftigt sein mit

occupy *v* 1. *(Gen)* innehaben *(position, post)*; beschäftigen *(person)*; 2. *(Grund)* besitzen, bewohnen

occupy *v* **a post** *(Pers)* Stelle innehaben, Stelle bekleiden, Position innehaben, Amt innehaben

odd *adj (Comp, Stat)* ungerade, restlich *(number)*

odd jobs *(Pers)* Gelegenheitsarbeit *f*

odd sizes *(Ind)* ausgefallene Größen *fpl*, nicht gängige Größen *fpl*

OECD *s.* Organization for Economic Cooperation and Development

OEM *(Abk. für original equipment manufacturer, other equipment manufacturer; software manufacturer under a license)* 1. *(Gen)* Originalteilgerätehersteller *m*; 2. *(Comp)* OEM *m*; Fremdfabrikatehersteller, Hersteller von Fremdfabrikaten, Firma der Geräteendfertigung *(synonymous: other equipment manufacturer)*; Wiederverkäufer *m*; Software-Lizenzhersteller *m (software manufacturer under a license)*

off-balance-sheet *adj* bilanzneutral, bilanzunwirksam

off-balance-sheet financing *(Fin, RW)* bilanzneutrale Finanzierung *f*

off-balance sheet reserves *(RW)* stille Reserven *fpl*, stille Rücklagen *fpl (synonymous: hidden reserves, hidden assets, undisclosed reserves, secret reserves, concealed reserves; das Ergebnis unterbewerteter Aktiva oder überbewerteter Passiva; opposite: un-*

disclosed charges, hidden charges, undisclosed impairment of assets = stille Lasten)

off-balance sheet transactions *(Bank, Fin, RW)* außerbilanzmäßiges Geschäft *n*, bilanzunwirksames Geschäft *n*, bilanzneutrales Geschäft *n*

off-board trading *(Börse)* außerbörslicher Handel *m*, ungeregelter Freiverkehr *m*

off-line *adj (Comp)* offline, systemunabhängig, Offline…

off-peak *adj (Komm, Transp)* außerhalb der Haupt(verkehrs)zeit(en)

off-the-job training *(BE) (Pers)* außerbetriebliche Weiterbildung *f*

off-the-peg *adj (Gen)* von der Stange *(clothing)*

offence *(BE)* 1. *(Recht)* strafbare Handlung *f*, Vergehen *n*, Verstoß *m*; 2. *(Pat)* Verstoß *m*

offence against property *(BE) (Recht)* Eigentumsdelikt *n*

offend *v (Recht)* verstoßen gegen

offense *(AE)* 1. *(Recht)* strafbare Handlung *f*, Vergehen *n*, Verstoß *m*; 2. *(Pat)* Verstoß *m*

offer *v* 1. *(Gen)* anbieten, bieten *(scope)*; 2. *(Pers)* anbieten *(job)*

offer *v* **for subscription** 1. *(Börse, Fin)* zur Zeichnung auflegen, auflegen *(synonymous: invite subscriptions)*; 2. *(Media, V&M)* Subskriptionen einwerben, um Subskriptionen werben, Abonnements einwerben

offer 1. *(Gen)* Angebot *n*; 2. *(Börse)* Briefkurs *m (selling rate)*

offer and acceptance *(Recht)* Angebot *n* und Annahme *f (commercial)*

offer price 1. *(Gen)* Angebotspreis *m*; 2. *(Börse)* Brief(kurs) *m*

offering date *(Börse)* Emissionsdatum *n (new issue)*

offering price *(Börse)* Emissionskurs *m*, Zeichnungskurs *m*

office 1. *(Gen)* Büro *n*, Amt *n (public position)*; 2. *(Recht)* Kanzlei *f* • **be in office** 1. *(Pers)* im Amt sein *(person)*; 2. *(Pol)* an der Regierung sein • **for office use only** *(Admin)* nur zum Dienstgebrauch *m*

office employees *(Pers)* Büropersonal *n*, Büroangestellte *pl*, Bürokräfte *fpl*

office equipment *(Admin)* Büroausstattung *f*, Büromaschinen *fpl*

office hours *(Gen)* Bürostunden *fpl*, Bürozeiten *fpl*, Geschäftszeiten *fpl*, Arbeitsstunden *fpl*

office premises *(Grund)* Büroräume *mpl*, Geschäftsräume *mpl*

office stationery *(Admin)* Büromaterial *n*, Bürobedarf *m*

office supplies *(Admin)* Bürobedarfsartikel *mpl*

officer *(Pers)* Vorstandsmitglied *n*, Beamter *m*, Beamtin *f*

official *adj (Gen)* amtlich, offiziell, Dienst… • **for official use only** *(Gen)* nur für den Dienstgebrauch • **not official** *(Gen, Recht)* nicht amtlich

official *(Pers)* Beamter *m*, Beamtin *f*, Funktionär(in) *m(f)*

official approval *(Recht)* amtliche Genehmigung *f*

official broker *(Börse)* amtlicher Kursmakler *m*, amtliche Kursmaklerin *f*

official channel(s) *(Gen, Mgt)* Dienstweg *m*; Amtsweg *m*

official document *(Admin)* amtliches Dokument *n*

official duties *(Pers)* Amtsgeschäfte *npl*, Amtspflichten *fpl*

official exchange rate *(Fin, WiWi)* offizieller Wechselkurs *m*, amtlicher Wechselkurs *m*

Official Journal *(Admin, Pol)* Amtsblatt *n*, ABl., Amtsblatt *n* der Europäischen Union

official language *(Mgt, Pol)* Geschäftssprache *f (EU)*

official quotation *(Börse)* amtliche Börsennotiz *f*

official rate *(Bank)* amtlicher Kurs *m*

officially *adv (Gen)* offiziell, amtlich

officially attested *adj (Recht)* amtlich beglaubigt

officially authenticated *adj (Recht)* amtlich beglaubigt

officially listed *adj (Börse)* amtlich zugelassen

officially listed on a stock exchange *adv (Börse)* zur amtlichen Notierung an einer Wertpapierbörse zugelassen

officially quoted *adj (Börse)* amtlich zugelassen

offline *adj (Comp)* offline *(not connected to the network)*
offset *v (Fin, RW)* verrechnen, aufrechnen *(counterbalance)*; ausgleichen, kompensieren *(compensate)*; neutralisieren
offset *v* **an account** *(Bank, RW)* ein Konto ausgleichen
offset *adj (Fin, RW, WiWi)* aufgerechnet, ausgeglichen, verrechnet *(counterbalancing)*; kompensiert *(compensatory)*
offset 1. *(Fin, RW)* Ausgleich *f*, Kompensation *f (compensation)*; Verrechnung *f*, Aufrechnung *f (counterbalancing)*; 2. *(Media)* Offsetdruck *m (printing)*; 3. *(Börse)* Glattstellung *f*
offsetting *(Fin, RW)* Aufrechnung *f*, Ausgleich *m*, Kompensation *f*, Verrechnung *f*
offsetting entry *(RW)* Ausgleichsbuchung *f*, Gegenbuchung *f*
offsetting item *(RW)* Ausgleichsposten *m*
offshore *adj (Bank, Fin)* ausländisch, auswärtig, exterritorial
offshore banking *(Bank)* Offshore-Banking *n*, Offshore-Bankgeschäfte *npl*
oil-exporting country *(Ind, Umwelt, WiWi)* ölexportierendes Land *n*
oil glut *(Umwelt)* Ölschwemme *f*
oil pollution *(Umwelt)* Ölverschmutzung *f*, Ölverseuchung *f*
oil-producing country *(Ind, Umwelt, WiWi)* Erdöl produzierendes Land *n*, Ölförderland *n*, Ölproduzent *m*
oil *v* **sb's palm** *(Gen)* jmdn. bestechen, *(ugs.)* jmdn. schmieren
OJ *s.* Official Journal
old-age allowance *(BE) (Steuer)* Altersfreibetrag *m*
old-age pension *(Pers, Soz)* Altersrente *f*, Rente *f*
old-age pensioner *(BE) (Pers, Soz)* Pensionär(in) *m(f)*, Rentner(in) *m(f)*
oligopoly *(WiWi)* Oligopol *n*
OMC *s.* Open Market Committee
omission 1. *(Gen)* Auslassen *n (omitting)*; Auslassung *f (thing omitted)*; 2. *(Recht)* Unterlassung *f*, Versäumnis *n (lapse)*
omit *v* 1. *(Gen)* auslassen, weglassen *(leave out)*; 2. *(Recht)* versäumen *(lapse)*
omit *v* **to do** *(Recht)* unterlassen
on-balance-sheet *adj (RW)* bilanzwirksam
on-balance-sheet activities *(Bank, RW)* bilanzpflichtige Geschäfte *npl*, On-Balance-Sheet-Geschäfte *npl*, bilanzwirksame Geschäfte *npl*, bilanzielle Aktiv- oder Passivgeschäfte *npl*; On--Balance-Sheet-Geschäft *n*, bilanzwirksames Geschäft *n (synonymous: on-balance-sheet transactions, above the line activities; opposite: off-balance-sheet activities, Gegensatz: bilanzunwirksames Geschäft)*
on-line *adj (Comp)* online, rechnerabhängig, Online...
on-site service *(V&M)* Vor-Ort-Service *m*
on-the-job training *(Pers)* innerbetriebliche Weiterbildung *f*
one-man-firm *(Ind, WiWi)* Einmannunternehmen *n*, Einmannbetrieb *m*, Einpersonenbetrieb *m*, Einzelunternehmen *n (synonymous: one-person-firm)*
one month's notice *(Gen)* Monatsfrist *f*
one-off *adj (Gen)* einzeln (an)gefertigt
one-off payment *(Fin)* einmalige Zahlung *f*
one-off production *(Ind)* Einmalfertigung *f*
one-person-business *(Ind, WiWi)* Einmannunternehmen *n*, Einmannbetrieb *m*, Einpersonenbetrieb *m*, Einzelunternehmen *n*
one-stop financing *(Fin, WiWi)* Allfinanz *f*, Finanzierung *f* aus einer Hand
one thousand million *(Stat, WiWi)* eine Milliarde *f (synonymous AE, BE: a billion = 10^9 = 1,000,000,000.00 = Deu 1.000.000.000,00 = 1 000 000 000 = eine Milliarde; im britischen Sprachgebrauch ist "milliard" nicht mehr gebräuchlich; the former term "a milliard" = a thousand million is superseded in English by the term "billion")*
ongoing *adj (Gen)* andauernd, im Gang befindlich, laufend, fortbestehend
ongoing concern *(Gen)* Daueranliegen *n*, laufende Angelegenheit *f*
online *adj (Comp, Komm)* online *(connected to a network; seldom: on-line)*
online application 1. *(Comp, Komm)* Online-Anwendung *f (software)*; 2. *(Pers)* Online-Bewerbung *f (career)*
online business *(Komm, V&M)* Online--Geschäft *n*
online community *(Comp, Komm)* On-

line-Gemeinde *f*, Online-Gemeinschaft *f*, *(jarg.)* E-Community *f*, *(jarg.)* Community *f*
online company *(Gen, Recht)* Online-konzern *m*
online counsel 1. *(V&M)* Online-Berater(in) *m(f)*; 2. *(Recht)* Online-Rechtsberatung *f (attorney)*
online counseling *(AE) (V&M) s.* online counselling
online counselling *(BE) (V&M)* Online--Beratung *f*
online crime *(Recht)* Online-Kriminalität *f*
online dictionary *(Media)* Online-Wörterbuch *n*
online form *(Komm, Recht)* Online-Formular *n*
online music exchange *(Komm, Media, V&M)* Online-Musiktauschbörse *f*
online retail commerce [trade] *(Comp, Gen, V&M)* Online-Einzelhandel *m*
online retailer *(Komm, V&M)* Online--Händler(in) *m(f)*
online service *(Komm, V&M)* Online--Dienst *m*, Onlinedienst *m*
online shopping *(Komm, V&M)* Online--Shopping *n*, Online-Einkauf *m*
online store *(Komm, V&M)* Online-Laden *m*
OPEC *s.* Organization of Petroleum-Exporting Countries
open *v* 1. *(Bank)* eröffnen *(account)*; 2. *(Comp)* öffnen *(file)*
open *v* **a business** *(Gen)* ein Geschäft aufmachen
open *v* **an account with** *(Bank)* ein Konto eröffnen bei *(a particular bank)*
open *v* **up** *(Gen, V&M)* erschließen *(market)*; sich öffnen, sich auftun *(opportunities)*
open access *(Bil)* freier Zugang *m*
open for subscription *(Börse, Fin)* aufgelegt
open bid *(Mgt)* offenes Angebot *n*
open check *(AE) (Bank, Fin) s.* open cheque
open cheque *(BE) (Bank, Fin)* Barscheck *m*
open competition *(WiWi)* offener Wettbewerb *m*
open dating *(AE) (V&M)* Haltbarkeitsangabe *f*
open economy *(WiWi)* offene Volkswirtschaft *f*
open-end contract *(Recht)* Vertrag *m* auf unbestimmte Dauer
open-end fund *(Fin)* offener Investmentfonds *m*
open-ended *adj* 1. *(Comp)* ausbaufähig, offen; 2. *(Gen)* ohne feste Grenze
open-ended contract *(Recht)* Vertrag *m* auf unbestimmte Dauer
open-ended fund *(Fin)* offener Investmentfonds *m*
open-ended investment company *(Fin)* offene Investmentgesellschaft *f*
open market *(WiWi)* freier Markt *m*, Freiverkehr *m*, offener Markt *m*, Offenmarkt *m*
Open Market Committee *(AE) (Bank, WiWi)* Offenmarktausschuss *m (Federal Reserve)*
open-market operation *(WiWi)* Offenmarktgeschäft *n*
open-market rate *(Bank)* Offenmarktsatz *m*
open outcry *(Börse)* offener Zuruf *m (on the floor)*
open position *(Börse)* offene Position *f*
open tendering *(Gen)* offene Ausschreibung *f*
open university *(Soz)* Fernuniversität *f*
open user group *(Comp, Komm)* offene Benutzergruppe *f*
opening *(Börse)* Eröffnung *f*, Beginn *m (of day's trading)*
opening balance *(RW)* Anfangsbestand *m*, Eröffnungsbilanz *f*
opening bank *(Bank)* Akkreditivbank *f*, akkreditiveröffnende Bank *f*
opening hours *(Admin, Gen)* Öffnungszeiten *fpl*, Parteienverkehr *m*
opening inventory *(RW)* Anfangsbestand *m*
opening of a business *(Gen, Recht, Steuer)* Geschäftseröffnung *f*, Betriebseröffnung *f*
opening of tenders *(Gen)* Ausschreibung *f* von Angeboten, Angebotseröffnung *f*
operate *v* 1. *(Gen)* betreiben; 2. *(Recht)* gelten; 3. *(Gen)* funktionieren
operating *(Gen)* Arbeits…, Betriebs… *(in compounds)*; laufend

operating account 1. *(Bank)* Kontokorrentkonto *n*; 2. *(RW)* Erfolgskonto *n*
operating area *(Gen, Mgt)* Geschäftsfeld *n*
operating capacity *(Ind, WiWi)* Betriebskapazität *f*
operating capital *(WiWi)* Betriebskapital *n*
operating capital requirements *(Fin)* betriebsnotwendiger Kapitalbedarf *m*
operating costs *(RW)* Betriebsaufwand *m*, betriebliche Aufwendungen *fpl*
operating efficiency *(WiWi)* Gesamtrentabilität *f*
operating expenditure *(RW)* Betriebsaufwand *m*, betriebliche Aufwendungen *fpl*
operating expenses *(RW)* Betriebsaufwand *m*, Betriebskosten *pl*, betriebliche Aufwendungen *fpl*
operating hours *(Pers)* Betriebszeiten *fpl*, Betriebslaufzeiten *fpl*
operating income *(Fin, RW)* Betriebsertrag *m*, betriebliche Erträge *mpl (synonymous: operating revenue)*; positives operatives Ergebnis *n*; Betriebsgewinn *m*, Betriebsergebnis *n*, operatives Ergebnis *n* vor Zinsen und Ertragsteuern, Gewinn *m* vor Zinsen und Steuern *(synonymous: operating result = operating profit = operating revenue minus operating costs = net profit or net loss; das Ergebnis des betrieblichen Leistungsprozesses und Maß der Ertragskraft im operativen Kerngeschäft)*
operating income statement *(Fin, RW)* Ergebnisrechnung *f*, Betriebsergebnisrechnung *f*, unterjährige Ergebnisrechnung *f*; Gewinn- und Verlustrechnung *f*, GuV, Erfolgsbilanz *f*, Aufwands- und Ertragsrechnung *f (financial and quantitative statements recording the performance achieved and covering a period of less than a financial year)*
operating instructions *(Ind)* Bedienungsanleitung *f*
operating lease *(Fin)* kurzfristiger Leasingvertrag *m*
operating leasing *(Fin)* Operating-Leasing *n*
operating loss *(RW)* Betriebsverlust *m*
operating manager *(Pers)* Betriebsleiter(in) *m(f)*
operating margin *(Fin, WiWi)* Gewinnspanne *f*, Gewinnmarge *f*, Handelsspanne *m (synonymous: gross profit, gross margin)*
operating performance *(Gen)* Auslastungsgrad *m*, Auslastung *f*, Betriebsleistung *f (synonymous: capacity utilization rate)*
operating profit *(RW)* Betriebsgewinn *m*
operating rate *(Ind)* Ausnutzungsgrad *m*, Auslastung *f*
operating result *(RW)* Betriebsergebnis *n*, Betriebserfolg *m*, operatives Ergebnis *n*, Betriebsgewinn oder –verlust *m (synonymous: operating income = operating profit = operating revenue minus operating costs = net profit or net loss; das Ergebnis des betrieblichen Leistungsprozesses und Maß der Ertragskraft im operativen Kerngeschäft)*
operating results *(RW)* Betriebsergebnis *n*
operating revenue *(RW)* betriebliche Erträge *mpl*
operating statement *(Fin, RW)* Ergebnisrechnung *f*, Betriebsergebnisrechnung *f*, unterjährige Ergebnisrechnung *f*; Gewinn- und Verlustrechnung *f*, GuV, Erfolgsbilanz *f*, Aufwands- und Ertragsrechnung *f (financial and quantitative statements recording the performance achieved and covering a period of less than a financial year)*
operation *(Gen)* Vorgang *m*, Arbeitsvorgang *m*, Betrieb *m (process)*; Geschäftsbereich *m*, Unternehmen *n*, Konzernunternehmen *n*, Operation *f*, Unternehmensbereich *m*, Zweigwerk *n (enterprise)* • **be in operation** *(Ind, Recht)* in Kraft sein, gültig sein, in Betrieb sein • **be out of operation** *(Ind)* außer Betrieb sein, nicht mehr funktionieren • **come into operation** *(Recht)* wirksam werden
operation time *(Gen)* Laufzeit *f*
operational *adj (Gen)* betrieblich
operational auditing *(Gen, Mgt)* Innenrevision *f*, interne Revision *f*; Systemprüfung *f (die Prüfung erfolgt durch interne prozessunabhängige Revisoren und umfasst Ordnungsmäßigkeitsprüfungen sowie die Prüfung der aufbau- und ablauforganisatori-*

schen Zweckmäßigkeit betrieblicher Prozesse der Leistungserstellung; opposite: financial auditing = Prüfung im Finanz- und Rechnungswesen = Buchprüfung)

operational data *(Pers, RW)* Betriebsunterlagen *fpl*

operational objectives *(Bank, Gen)* Betriebsziele *npl*

operational plan *(Fin, Mgt)* Geschäftsplan *m (synonymous: business plan, operating plan)*

operational plan framework *(Mgt)* operativer Rahmenplan *m*

operational planning *(Mgt)* Ablaufplanung *f*, betriebliche Planung *f*

operational profit *(Fin)* operativer Gewinn *m*, Betriebsgewinn *m*

operational ratio *(Mgt, WiWi)* betriebswirtschaftliche Kennzahl *f*

operational research *(Mgt, V&M)* Operations-Research *n*, OR

operations *(Gen)* Geschäftsprozesse *mpl*, betriebliche Prozesse *mpl (business transactions)*; Geschäftsbereich *m (division)*

operations management *(Mgt)* Betriebsleitung *f*, Unternehmensleitung *f*

operations research *(Mgt, V&M)* Operations-Research *n*, OR, Unternehmensforschung *f*

operative *adj* 1. *(Gen)* Arbeits..., Betriebs..., betrieblich; 2. *(Recht)* wirksam, rechtswirksam

operative expenses *(Gen)* Sachaufwand *m*

operator 1. *(Comp)* Operator *m*; 2. *(Gen)* Unternehmer *m (company)*; 3. *(Ind)* Bediener *m (of electrical equipment)*; Maschinenarbeiter(in) *m(f) (of machinery)*

opinion 1. *(Gen)* Meinung *f*, Ansicht *f (judgment, belief)*; Stellungnahme *f*, Gutachten *n (stance)*; 2. *(Pol)* Anschauung *f* • **give an expert opinion on** *(Gen)* begutachten

opinion leader *(V&M)* Meinungsführer *f*

opinion poll *(V&M)* Meinungsumfrage *f*

opinion survey *(V&M)* Meinungsumfrag

opportunity *(Fin, Gen, Pol, WiWi)* Chance *f*, Gelegenheit *f*, Möglichkeit *f*, Opportunität *f*

opportunity cost(s) *(WiWi)* Opportunitätskosten *pl*, Alternativkosten *pl*, alternative Kosten *pl (the cost of any action is measured in terms of foregone opportunities, i. e. the cost of using a resource in one activity is measured in terms of its best alternative use; synonymous: alternative cost, cost of foregone alternatives; Opportunitätskosten sind entgangene Deckungsbeiträge der nächstbesten nicht gewählten Alternative; generell sind sie entgangener Ertrag möglicher alternativer Verwendungen, z. B. die entgangenen Zinsen der Bargeldhaltung: Zinsen sind Schattenpreise = shadow prices)*

opportunity to realize a profit *(Gen)* Gewinnchance *f*

oppose *v* 1. *(Gen)* ablehnen, Einspruch erheben gegen, sich widersetzen; 2. *(Recht)* widersprechen

opposite number *(Pers)* Gegenspieler(in) *m(f) (in organization)*

opposition 1. *(Gen)* Widerstand *m*, Opposition *f (resistance)*; 2. *(Recht)* Anfechtung *f*, Widerspruch *m*; 3. *(Pat)* Patentanfechtung *f*

opposition to a patent *(Pat)* Patentanfechtung *f*, Patenteinspruch *m*

oppress *v (Pol)* unterdrücken

oppression *(Recht)* Druckausübung *f (contract law)*

opt *v (Mgt)* optieren, sich entscheiden, wählen

opt *v* **for** *(Mgt)* optieren für, sich entscheiden für, wählen

opt *v* **in** *(Mgt)* optieren für

opt *v* **out** 1. *(Mgt)* optieren gegen; 2. *(WiWi)* auf sein Optionsrecht verzichten; 3. *(Gen)* auf die Teilnahme verzichten, abspringen, sich dagegen entscheiden, *(ugs.)* aussteigen

optical card *(Comp)* optische Speicherkarte *f*, optische Karte *f*

optical disc *(Comp)* optische Speicherplatte *f*, Bildplatte *f*

optical disk *(Comp)* optische Speicherplatte *f*, Bildplatte *f*

optical memory *(Comp)* optischer Speicher *m*

optical storage *(Comp)* optischer Speicher *m*

optimal *adj (Gen)* optimal, günstigst

optimal rate of pollution *(Umwelt, WiWi)* optimale Verschmutzungsrate *f*
optimization *(Gen)* Optimierung *f*
optimize *v* **the objective function** *(Gen)* die Zielfunktion optimieren
optimum *adj (Gen)* optimal, günstigst
optimum allocation of resources *(WiWi)* optimale Ressourcenallokation *f*
optimum capacity 1. *(WiWi)* Optimalkapazität *f*; 2. *(Ind)* optimales Fassungsvermögen *n*, optimales Leistungsvermögen *n*
optimum currency area *(WiWi)* optimaler Währungsraum *m*
option 1. *(Fin)* Option *f*; 2. *(Gen)* Entscheidungsfreiheit *f*, freie Wahl *f (ability to choose)*; Alternative *f*, Wahlmöglichkeit *f (alternative)*; Vorkaufsrecht *n (right to buy)*; 3. *(Börse)* Option *f*
option on actuals *(Börse)* Option *f* auf Kassakontrakte
option on futures *(Börse)* Option *f* auf Terminkontrakte
option to capitalize *(RW, Steuer)* Aktivierungswahlrecht *n*
OR *s.* 1. operational research; 2. operations research
oral contract *(Recht)* mündliche Vereinbarung *f*
oral examination *(Bil)* mündliche Prüfung *f*
oral proceedings *(Recht)* mündliche Verhandlung *f*
order *v (Gen)* bestellen
order 1. *(Gen)* Auftrag *m*, Order *f*, Reihenfolge *f (sequence)*; 2. *(Recht)* Weisung *f*, Anordnung *f*, Verfügung *f*, Beschluss *m (courts)* • **as per order** *(Gen)* auftragsgemäß • **in ascending order** *(Gen)* in aufsteigender Reihenfolge • **in order of priority** *(Gen)* nach Priorität • **out of order** *(Gen)* außer Betrieb
order bond *(Fin)* Orderschuldverschreibung *f (synonymous: order debt certificate)*
order book *(Gen)* Auftragsbuch *n*
order by mail *(AE) (Komm, V&M)* Versandbestellung *f*
order by post *(BE) (Komm, V&M)* Versandbestellung *f*
order driven *adj (Börse, V&M)* auftragsgesteuert, auftragsgetrieben *(trading system)*
order entry *(V&M)* Auftragseingang *m*
order for relief *(WiWi)* Insolvenzbeschluss *m*, Vergleichsbeschluss *m*
order handling *(Gen)* Auftragsabwicklung *f*
order intake *(Gen)* Auftragseingang *m*
order of preference *(WiWi)* Präferenzstruktur *f*
order process *(jarg.) (V&M)* Auftragsabwicklung *f*, Auftragsbearbeitung *f (synonymous: order handling; cf Auftragsabwicklungsprozess)*
order processing *(Gen)* Auftragsabwicklung *f*
order to pay *(Fin, RW)* Zahlungsauftrag *m*, Zahlungsanweisung *f*
ordering procedure *(V&M)* Bestellverfahren *n*
orders on hand *(Gen)* Auftragsbestand *m*
ordinal utility *(WiWi)* ordinaler Nutzen *m*
ordinarily resident *adj (Recht)* wohnhaft
ordinary account *(Bank)* normalverzinsliches Sparkonto *n*
ordinary and necessary business expenses *(Steuer)* gewöhnliche und notwendige Geschäftsausgaben *fpl*
ordinary capital reduction *(Fin, RW)* ordentliche Kapitalherabsetzung *f (reduction in the issued share capital of a company and repayment to the shareholders; Herabsetzung des Nominalwerts der ausgegebeben Aktien und Rückzahlung an die Aktionäre = effektive Kapitalherabsetzung)*
ordinary diligence *(Recht)* verkehrsübliche Sorgfalt *f*
ordinary income *(Steuer)* gewöhnliches Einkommen *n*
ordinary interest *(Fin)* gewöhnlicher Zins *m*
ordinary profit before taxation *(RW)* ordentlicher Gewinn *m* vor Steuern
ordinary share *(BE) (Börse, Fin)* Stammaktie *f*
organic *adj (WiWi)* organisch *(structure, growth)*
organization *(Gen)* Organisation *f (enterprise, arrangement)*; Unternehmen *n*, Gründungs... *(enterprise)*
organization chart *(Mgt)* Organigramm *n*, Organisationsplan *m*, Geschäftsverteilungsplan *m*

organization cost *(Fin, RW)* Gründungsaufwand *m*, Gründungskosten *pl*
organization expense *(Fin, RW)* Gründungsaufwand *m*, Gründungskosten *pl*
Organization for Economic Cooperation and Development *(OECD) (WiWi)* Organisation für wirtschaftliche Zusammenarbeit und Entwicklung (OECD) *(think tank = Denkfabrik = Ideenschmiede mit Sitz in Paris)*
organization meeting *(Mgt)* Gründungsversammlung *f*
Organization of Petroleum-Exporting Countries *(OPEC) (Pol, Umwelt, WiWi)* Organisation erdölexportierender Länder, OPEC
organizational behavior *(AE) (Mgt, V&M)* s. organizational behaviour
organizational behaviour *(BE) (Mgt, V&M)* Organisationsverhalten *n*
organizational change *(Mgt)* organisatorische Veränderung *f*
organizational chart *(Mgt)* Organigramm *n*, Organisationsplan *m*, Geschäftsverteilungsplan *m*
organizational economics *(WiWi)* (ökonomische) Organisationstheorie *f*
organizational environment *(WiWi)* Betriebsumfeld *n*
organizational skills *(Mgt, Pers)* Organisationstalent *n*
organizational symbol *(Gen)* Firmenlogo *n (logo)*
organize *v (Gen)* organisieren, veranstalten
organized crime *(Recht)* organisiertes Verbrechen *n*
organized securities market *(Börse)* geregelter Wertpapiermarkt *m*
organized stock market *(WiWi)* geregelter Wertpapiermarkt *m*
origin principle *(Steuer)* Ursprungslandprinzip *n (VAT, MWSt)*
original *adj (Gen)* original *(not copy)*
original *(Gen)* Erstausfertigung *f*, Original *n*
original capital *(Fin)* Anfangskapital *n*, Gründungskapital *n*, Grundkapital *n*
original cost *(RW)* Herstellungskosten *pl*, Anschaffungskosten *pl*, Gestehungskosten *pl*
original document *(Gen, Recht)* Originalurkunde *f*
original entry *(RW)* Eingangsbuchung *f*, Grundbuchung *f*
original equipment manufacturer *(OEM)* 1. *(Gen)* Originalteilgerätehersteller *m*; 2. *(Comp)* OEM *m*; Fremdfabrikatehersteller, Hersteller von Fremdfabrikaten, Firma der Geräteendfertigung *(synonymous: other equipment manufacturer)*; Wiederverkäufer *m*; Software-Lizenzhersteller *m*
original impossibility *(Recht)* anfängliche Unmöglichkeit *f*
original invoice *(Gen)* Originalfaktura *f*, Originalrechnung *f*
original issue discount *(Börse, Fin)* Abzinsungsbetrag *m*, Emissionsdisagio *n*
original maturity *(Börse)* ursprüngliche Laufzeit *f*
original slip *(Versich)* Originalbeleg *m*
original subscriber *(Börse)* Erstzeichner(in) *m(f)*
originate *v (Gen)* herstammen, seinen Ursprung haben; erzeugen, schaffen; ausreichen *(loan, Kredit)*
originate-to-distribute business model *(Bank, WiWi)* Originate-to-distribute-Geschäftsmodell *n (a business model that combines classic bank lending business with modern forms of risk transfer: whilst the debt is generated = originated as normal, whereas traditionally it was held on the originating bank's balance sheet, it is instead bundled and broken up into tranches by the originating bank for sale to investors; each tranche has a different credit rating with the higher risk tranches carrying the lowest ratings and highest yield; the first-loss position = FLP in true-sale or synthetic securitizations is not always held by the originator so that the risk of default = Kreditausfallrisiko no longer remains on the books of the originating bank -resulting in a possible slipping of its lending standards!- but is spread = distributed among untraceable investors who are willing to take high risk on the global capital markets for high returns; so the positive capital allocation function of the model is combined with the negative consequences of intransparency about the resulting*

risk distribution and an inclination to worsening lending standards; Verbindung des klassischen Bankkreditgeschäfts mit modernen Formen des Risikotransfers: Kredite werden von der Originator-Bank kreiert, ausgereicht, gebündelt, tranchiert, verbrieft und im Markt weiterplatziert, und zwar teilweise einschließlich der risikoreichsten Tranche, der Equitytranche = Erstverlusttranche = first loss piece = FLP = first loss position = equity piece, womit der Anreiz der Bank, auf angemessene Kreditstandards zu achten, verlorengeht; originate-and-distribute model; cf warehouse holdings)

originator 1. *(Bank, Fin)* ursprünglicher Kreditgeber *m*, Originator *m (Institut, das ein verbrieftes Portfolio für eigene Rechnung begründet oder dessen Portfolio zu Verbriefungszwecken –for securitization purposes- angekaufte Forderungen enthält; the first-loss position = FLP = Erstverlustposition in true-sale or synthetic securitizations is normally held by the originator)*; 2. *(Gen)* Begründer *m*, Urheber *m*; Auftraggeber(in) *m(f)*

ostensible company *(WiWi)* Scheingesellschaft *f*

OTC *s.* over-the-counter

other assets *(Fin)* sonstige Aktiva *pl*

other business/any *(Gen)* Sonstiges *n (agenda)*

other income *(RW)* betriebsfremde Erträge *mpl*, sonstige Erträge *mpl*

other liabilities *(RW)* sonstige Verbindlichkeiten *fpl*

other receivables *(RW)* sonstige Forderungen *fpl (assets)*

other revenue *(RW)* betriebsfremde Erträge *mpl*, neutrale Erträge *mpl*

out-of-court *adj (Recht)* außergerichtlich

out-of-court settlement *(Recht)* außergerichtlicher Vergleich *m*

out-of-the-money call *(Börse)* Call *m* aus dem Geld, *(jarg.)* Call *m* out of the money

out-of-the-money put *(Börse)* Put *m* aus dem Geld, *(jarg.)* Put *m* out of the money

out-of-town center *(AE) (V&M) s.* out-of--town centre

out-of-town centre *(BE) (V&M)* Geschäftszentrum *n* auf der grünen Wiese

out-of-town supermarket *(V&M)* Verbrauchergroßmarkt *m* auf der grünen Wiese, Verbrauchermarkt *m* auf der grünen Wiese, außerstädtisches Einkaufszentrum *n*

outage time *(Ind)* Ausfallzeit *f*

outbid *v (V&M)* überbieten *(auction)*

outcome *(Gen)* Ausgang *m*, Ergebnis *n*, Folge *f*, Resultat *n*

outcry market *(Börse)* Auktionsmarkt *m*

outdated *adj (Gen)* überholt, veraltet *(idea, product)*

outflow *(Fin, RW, WiWi)* Abfluss *m*, Kapitalabfluss *m (of funds)*

outflow of funds *(Bank, WiWi)* Mittelabfluss *m (BOP)*

outflows *(Fin)* Ausgaben *fpl (in pre-investment analysis)*

outgoing goods *(Gen)* Warenausgang *m*

outgoing invoice *(V&M)* Ausgangsrechnung *f*

outgoing mail *(Komm)* ausgehende Post *f*, Ausgangspost *f*

outgoings *(Fin)* Ausgang *m*, Ausgaben *fpl*

outlay *(Fin, RW)* Ausgaben *fpl*, Auslagen *fpl*, Barausgaben *fpl (cash)*

outlay tax *(Steuer)* indirekte Steuer *f*, Ausgabensteuer *f*

outlet *(V&M)* Absatzgebiet *n*, Verkaufsstelle *f*, Händler *m (shop)*

outline *v (Gen)* umreißen, grob umreißen, entwerfen

outline *(Gen)* Grundriss *m*, Entwurf *m*, Übersicht *f*, Rohskizze *f (summary)*

outpaced *adj (Gen)* überholt

outperform *v* 1. *(WiWi)* übertreffen *(growth, trade volume)*; 2. *(Börse)* sich überdurchschnittlich entwickeln *(price)*

outperform *v* **the market** *(Börse)* über dem Marktdurchschnitt liegen

outplacement *(Pers)* Outplacement *n*

outplacement agency *(Pers)* Outplacement-Beratung *f*

output *v* 1. *(Comp)* ausgeben *(data, text)*; 2. *(Ind)* produzieren

output 1. *(RW)* Ertrag *m*, Output *m (amount)*; 2. *(Comp)* Ausgabe *f*, Output *m (data, text)*; 3. *(WiWi)* Ausstoß *m (quantity)*; 4. *(Pers)* Arbeitsleistung *f*

(work); 5. *(Ind)* Produktion(smenge) *f* *(process, amount)*
output gap *(WiWi)* Produktionslücke *f*
output method *(WiWi)* Entstehungsrechnung *f (VGR; commodity-service method; Berechnung des BIP von der Produktionsseite her; Gegensatz: Verwendungsrechnung = consumption--plus-investment method)*
output objective *(WiWi)* Leistungsziel *n*
output per head *(Ind)* Leistung *f* pro Kopf
output per hour *(Ind)* Stundenleistung *f*
outright *adj (Gen)* direkt, bedingungslos, vollständig *(ownership)*
outright consolidation *(WiWi)* Fusion *f*
outright forward transaction *(Börse)* einfaches Termingeschäft *n*
outright gift *(Steuer)* bedingungslose Zuwendung *f*
outside capital *(Bank, Fin, WiWi)* Fremdmittel *npl*, Fremdkapital *n*
outside director *(Mgt)* Outside Director *m*, Director *m* ohne Geschäftsbereich, Boardmitglied *m* ohne Geschäftsbereich *(synonymous: non-executive director; member of the board of directors without a contract of employment, Mitglied des Board of Directors ohne Festanstellungsvertrag, meist als ehrenamtliche Tätigkeit, "unabhängige" Position mit Überwachungsfunktionen zur Wahrung der Corporate Governance; Gegensatz: inside director = executive director, mit Festanstellungsvertrag)*; nebenamtlicher Geschäftsführer *m*
outside facilities *(Ind)* Außenanlagen *fpl*
outside finance *(Fin, RW)* Außenfinanzierung *f*
outside lag *(WiWi)* äußere Verzögerung *f*, Wirkungsverzögerung *f*
outside production *(WiWi)* Fremdproduktion *f*
outsider 1. *(Gen)* Außenseiter(in) *m(f)*; 2. *(Pers)* Nichtmitglied *n*, Außenstehende(r) *f(m)*
outsourcing 1. *(Ind)* Produktionsverlagerung *f*; 2. *(Mgt)* Outsourcing *n*
outstanding *adj (Gen)* ausstehend, unbeglichen *(debt, amount, obligation)*; unerledigt *(affairs)*
outstanding amount *(Gen)* ausstehender Betrag *m*
outstanding amounts *(RW)* Forderungen *fpl*, Buchforderungen *fpl*
outstanding capital stock *(Börse)* ausstehende Aktien *fpl*, ausstehende Einlagen *fpl*
outstanding contributions *(RW)* ausstehende Einlagen *fpl*
outstanding debt *(Bank, Fin)* Restschuld *f*
outstanding debts *(RW)* Außenstände *mpl*
outstanding orders *(Gen)* unerledigte Aufträge *mpl*
outstanding shares *(Börse)* ausgegebene Aktien *fpl*
outturn *(Ind, WiWi)* Ist-Zahlen *fpl*
over-achiever *(Soz)* leistungsorientierte Person *f*
over-the-counter *adj* 1. *(Börse)* im Freiverkehr; 2. *(Soz)* rezeptfrei, frei verkäuflich
over-the-counter derivative instrument *(AE) (Börse)* OTC-Derivat *n*, derivatives OTC-Instrument *n*
over-the-counter market *(AE) (Börse, WiWi)* OTC-Markt *m*, Freiverkehr *m*
overall *(Gen)* insgesamt, insg.
overall concept *(V&M)* Leitbild *n*
overall demand *(WiWi)* gesamtwirtschaftliche Nachfrage *f*, volkswirtschaftliche Gesamtnachfrage *f*
overall development *(WiWi)* Gesamtentwicklung *f*
overall economic plan *(WiWi)* gesamtwirtschaftlicher Rahmenplan *m*
overall expenses method *(RW)* Gesamtkostenmethode *f*
overall unemployment *(Pers, WiWi)* Gesamtarbeitslosigkeit *f*, Arbeitslosigkeit *f* insgesamt
overbid *v (V&M)* überbieten
overbooked *adj (Admin, Frei, Transp)* überbucht *(flight, hotel)*
overcapacity *(Gen)* Überkapazität *f*
overcapitalized *adj (Gen)* überkapitalisiert
overcharge *(V&M)* zu viel berechneter Betrag *m*
overcharged *adj (WiWi)* überhöht
overcome *v (Gen)* überwinden *(prejudice)*
overdraft *(Bank)* Kontoüberziehung *f*, Überziehung *f*

overdraft facility *(Bank)* Dispo(sitions)-kredit *m*, Kreditlinie *f*, Überziehungskredit *m*
overdraft rate *(Bank)* Überziehungskreditsatz *m*
overdraw *v (Bank)* überziehen *(bank account)*
overdrawn *adj (Bank)* überzogen
overdue *adj* 1. *(RW)* überfällig; 2. *(Admin, Fin, Gen)* rückständig
overdue claim *(RW)* überfällige Forderung *f*
overemployment *(WiWi)* Überbeschäftigung *f*
overestimate *v (Fin, RW, WiWi)* überschätzen, überbewerten
overexploitation *(Umwelt)* Raubbau *m*
overextended credit *(Bank)* ungenügend gedeckter Kredit *m*
overfund *v (Fin)* überfinanzieren
overhang *(Gen, WiWi)* Überhang *m*
overhaul 1. *(Gen)* Überholung *f*; 2. *(Mgt)* gründliche Überprüfung *f*, Revision *f (of system)*
overhead *(BE) (RW)* Gemeinkosten *pl*
overhead capital *(WiWi)* Infrastruktur *f*
overhead charge *(RW)* Gemeinkosten *pl*, indirekte Kosten *pl*
overhead cost(s) *(Gen, RW)* Gemeinkosten *pl*, fixe Kosten *pl*, Overhead *pl*, Overhead Cost *pl*
overhead expenses *(Gen, RW)* Gemeinkosten *pl*,
overhead labour costs *(BE) (Pers, RW)* Arbeitsgemeinkosten *pl*, Personalfixkosten *pl*
overheads *(BE)* 1. *(Fin, RW)* Gemeinkosten *pl*; 2. *(Bil, Gen)* Folien *fpl* • **absorb overheads** *(RW)* Gemeinkosten verrechnen • **allocate overheads** *(RW)* Gemeinkosten verrechnen
overheads recovery *(Fin, RW)* Gemeinkostendeckung *f*
overheated economy *(WiWi)* überhitzte Volkswirtschaft *f*
overinsured *adj (Versich)* überversichert
overlap *v (Gen, Pers)* sich überschneiden, überlappen *(dates, holidays, responsibilities)*
overly aged population *(WiWi)* überalterte Gesellschaft *f*
overmanned *adj (Pers)* überbesetzt
overnight *(Gen)* über Nacht
overnight interest rate *(Bank)* Tagesgeldsatz *m (ECB)*
overnight loan *(Bank, Fin)* Überlassung *f* von Tagesgeld, Tagesgeldausleihung *f*, Übernachtkredit *m (ECB)*
overnight money *(Bank, Fin)* Tagesgeld *n*
overnight rate *(Bank, Fin)* Tagesgeldsatz *m*
overpaid *adj (Pers)* überbezahlt
overprice *v (V&M)* den Preis zu hoch ansetzen für
overpriced *adj (V&M)* überteuert
overproduction *(WiWi)* Überproduktion *f*
overprovision *(WiWi)* Überversorgung *f*
overrated *adj (Fin, RW, WiWi)* überbewertet, überschätzt
overrepresent *v (V&M)* überrepräsentieren *(on the market)*
overriding *adj* 1. *(Gen)* überragend *(importance)*; vorrangig, vordringlich *(trend, factor, consideration)*; 2. *(Pol)* überragend *(importance)*
overrule *v (Gen, Pol)* aufheben *(decision)*; überstimmen *(person)*
overrun *v* 1. *(WiWi)* überschreiten; 2. *(Ind)* überlaufen
overseas *adj (Gen)* ausländisch
overseas assets *(WiWi)* Auslandsaktiva *pl*
overseas branch *(Bank, Imp/Exp)* Auslandsniederlassung *f*
overseas company *(Gen)* ausländisches Unternehmen *n*, Auslandsunternehmen *n*
overseas countries and territories *(Pol)* überseeische Gebiete *npl (of EU member states)*
oversee *v (Gen, Mgt, Pers)* beaufsichtigen
overshoot *v (Gen)* hinausschießen über, übertreiben
overshooting *(Stat, WiWi)* überschnelle Reaktion *f*, überstarke Reaktion *f*, übermäßige Reaktion *f*
overshooting price *(Börse, WiWi)* überschießender Kurs *m*
overspend *v (Fin, RW, WiWi)* überschreiten
overspend *v* **a target** *(Fin)* Ausgabengrenze überschreiten
overstaffed *adj (Pers)* überbesetzt
overstate *v (Fin, WiWi)* überbewerten
overstrain *v (Pers)* überlasten

overstress *(Pers)* Überlastung *f*
overstretch *v* **oneself** *(Fin)* sich finanziell übernehmen
oversupply *(Gen, WiWi)* Überangebot *n*
oversupply of labor *(AE) (Pers) s.* oversupply of labour
oversupply of labour *(BE) (Pers)* Arbeitskräfteüberangebot *n*, Überangebot *n* an Arbeitskräften, Arbeitskräfteüberschuss *m*, Überschuss *m* an Arbeitskräften
oversupply of manpower *(Pers)* Arbeitskräfteüberangebot *n*, Überangebot *n* an Arbeitskräften, Arbeitskräfteüberschuss *m*, Überschuss *m* an Arbeitskräften
overtime *(Pers)* Überstunden *fpl*
overtime pay *(Pers)* Überstundenvergütung *f*
overtime premium *(Pers)* Überstundenzuschlag *m*
overtime work(ing) *(Pers)* Überstundenarbeit *f*
overtrading *(Börse)* Überspekulation *f*
overvaluation *(Fin, RW, WiWi)* Überbewertung *f*, Überschätzung *f*
overvalued currency *(WiWi)* überbewertete Währung *f*
overview *(Gen)* Überblick *m*
overwork *v (Pers)* überanstrengen
overwork *(Pers)* Überarbeitung *f*
owe *v (Gen)* verdanken *(under obligation)*; schulden, schuldig sein *(money)* • **I owe you** *(Gen)* Schuldschein *m*; Zahlungsversprechen *n*
owing *adj (Gen)* unbezahlt
own *v (Gen)* besitzen
own *adj (Gen)* eigen
own account trading *(WiWi)* Eigenhandel *m*
own label *(V&M)* eigene Marke *f*, Hausmarke *f*
own resources *pl (Fin)* Eigenmittel *npl*, eigene Mittel *npl*
own shares *(BE) (Börse, RW)* eigene Aktien *fpl*
owner 1. *(Gen)* Besitzer(in) *m(f)*, Eigentümer(in) *m(f)*, Inhaber(in) *m(f) (of enterprise)*; 2. *(Grund)* Bewohner(in) *m(f)*, Eigentümer(in) *m(f)*; 3. *(Transp)* Eigner *m (of ship)*
owner-manager *(Mgt)* Eigentümer-Unternehmer(in) *m(f)*, Leiter(in) *m(f)* im eigenen Betrieb
owner-occupation *(Grund)* Eigennutzung *f*
owner-occupied apartment *(AE) (Grund)* selbst genutzte Eigentumswohnung *f*
owner-occupied flat *(BE) (Grund)* selbst genutzte Eigentumswohnung *f*
owner-operator *(Gen)* Eigenbetrieb *m*
ownership *(Gen)* Eigentum *n*, Eigentumsrecht *n*, Besitz *m* • **under new ownership** *(Gen)* unter neuer Leitung

P

P/B ratio *(Abk. für price-to-book ratio) (Fin)* Kurs-Buchwert-Verhältnis *n*, KBV *n (synonymous: price-equity ratio; the ratio compares a stock's market value to its book value; ein Indikator für den Kursaufschlag, den Aktionäre über den reinen Buchwert einer Aktie hinaus zu zahlen bereit sind)*
P/E ratio, **PER** *(Abk. für price-earnings ratio) (Fin)* KGV *n*, Kurs-Gewinn-Verhältnis *n*
pace of work *(Pers)* Arbeitstempo *n*
pacesetter *(Gen)* Schrittmacher *m (company)*
pack *v* 1. *(Comp, Komm)* packen *(data)*; 2. *(Gen)* einpacken, verpacken; 3. *(Transp)* packen
package 1. *(Komm)* Päckchen *n*, Paket *n*, Bündel *n*, Packung *f*; 2. *(Fin)* Paket *n*; 3. *(V&M)* Packstück *n*, Bündel *n*
package deal 1. *(Gen)* Gesamtvereinbarung, die mehrere Verhandlungspunkte regelt; 2. *(Pers)* Verhandlungspaket *n*; 3. *(Recht)* Kopplungsgeschäft *n*; 4. *(Frei)* Inklusivangebot *n*, Pauschalangebot *n*
package offer *(WiWi)* Pauschalangebot *n*
package pay *(WiWi)* Lohn *m* mit Nebenleistungen
packaging 1. *(Ind)* Packmaterial *n*, Verpackung *f*; 2. *(Transp)* Emballagen *fpl*
packaging cost *(Ind, V&M)* Verpackungskosten *pl*
packaging credit *(Bank, Imp/Exp)* Ak-

kreditivbevorschussung *f*, Versandbereitstellungskredit *m*
packet *(Komm, Transp)* Päckchen *n*, Paket *n*
page impressions *(Comp, Komm, Media, V&M)* Seitenabrufe *fpl (Internet)*
page load *(Comp, Komm, Media)* Seitenaufbau *m*
page loading *(Comp, Komm, Media)* Seitenaufbau *m*
page views *(Comp, Komm, Media, V&M)* Seitenabrufe *mpl (Internet)*
page visits *(Komm)* Seitenbesuche *mpl*
paginate *v (Comp, Media)* paginieren, umbrechen
paid *adj* 1. *(Bank, Fin)* beglichen; 2. *(Gen)* beglichen, bezahlt • **be paid by the hour** *(Pers)* stundenweise bezahlt werden
paid by the piece *(Pers)* bezahlt pro Stück
paid educational leave *(Bil, Pers)* bezahlter Bildungsurlaub
paid employment *(Pers)* abhängige Beschäftigung *f* • **be in paid employment** *(Pers)* abhängig beschäftigt sein
paid in advance *(Gen)* im Voraus bezahlt
paid-in capital *(RW)* eingezahltes Kapital *n*, Kapitalrücklage *f (synonymous: contributed capital, additional paid-in capital)*
paid in cash *(Gen)* in bar bezahlt
paid leave *(BE) (Pers)* bezahlter Urlaub *m*
paid on delivery *(Transp)* bezahlt bei Lieferung
paid piece rate *(Pers)* nach Akkord bezahlt
paid-up capital *(Fin)* eingezahltes Grundkapital *n*, volleingezahltes Kapital *n*
paid vacation *(AE) (Pers)* bezahlter Urlaub *m*
painstaking *adj (Gen)* gewissenhaft
palletize *v (Ind, Transp)* auf Paletten packen, palettisieren, palettieren
palm *v* **off** *(ugs.) (Gen)* andrehen
panel 1. *(Gen)* Ausschuss *m*; 2. *(Pol)* Gremium *n*, Sondergruppe *f*, Fachgruppe *f*; 3. *(V&M)* Panel *n*, Fachgruppe *f*
panel data *(V&M)* Paneldaten *pl*
panel envelope *(Admin)* Fensterbriefumschlag *m*
panel of experts *(Mgt)* Expertengruppe *f*
panel testing *(V&M)* Panelerhebung *f*
paper 1. *(Komm)* Blatt *n*; 2. *(Fin)* Wechsel *m*, Schuldtitel *m*; 3. *(Gen)* Ausarbeitung *f*, Papier *n*; 4. *(Media)* Schrift *f*, Blatt *n*
paper company *(Gen)* Scheinfirma *f*, Übungsfirma *f*
paper currency *(WiWi)* Papierwährung *f*
paper eligible for discount *(Bank)* rediskont- und lombardfähiges Papier *n*, bankfähiges Papier *n*
paper feed *(Comp)* Papiereinzug *m*
paper loss *(Börse)* nicht realisierter Kursverlust *m*
paper money *(Bank)* Banknoten *fpl*, Papiergeld *n*
paper profit *(Börse, RW)* rechnerischer Gewinn *m*, Buchgewinn *m*, Gewinn *m* auf dem Papier, nicht realisierter Kursgewinn *m (unrealized appreciation; an increase in the value of an investment that the investor has no immediate intention of realising; synonymous: book profit, accounting profit)*; Scheingewinn *m (synonymous: fictious profit; phantom profit; opposite: fictitious loss = Scheinverlust)*
paper shredder *(Admin, Comp)* Reißwolf *m*
paper size *(Media)* Papierformat *n*
paperless entry *(Bank)* beleglose Buchung *f*
par *(Bank, Börse, Fin)* Parikurs *m*, Pariwert *m* • **above par** *(Bank, Gen)* über dem Nennwert • **at par** *(Bank, Fin)* zu pari, zum Nennwert, zum Nominalwert *(synonymous: at face value)*
par value *(Fin, RW)* Nennbetrag *m*, Nennwert *m*, Wert *m* al pari, Nominalbetrag *m*, Nominalwert *m (synonymous: nominal value, face value)*
par value of currency *(Börse)* Währungsparität *f*
par value share *(Börse)* Nennwertaktie *f*
par value share/no *(Börse)* Quotenaktie *f*
paragraph 1. *(Admin)* Absatz *m*, Abschnitt *m*; 2. *(Recht)* Paragraf *m (law)*
paralegal *adj (Recht)* rechtskundig
parallel *(Gen)* Parallele *f*
parallel currency *(WiWi)* Parallelwährung *f*
parallel import *(Imp/Exp)* Parallelimport *m*

parallel loan *(Bank, Fin)* Parallelanleihe *f*, Paralleldarlehen *n*, Parallelkredit *m*
parallel port *(Comp, Komm)* parallele Schnittstelle *f (e. g. printer connection)*
parameter *(Comp, Stat, WiWi)* Parameter *m*
parametric programming 1. *(Comp)* parametrisches Programmieren *n*; 2. *(Stat)* parametrische Programmierung *f*
parcel 1. *(Komm)* Bündel *n*, Päckchen *n*, Paket *n*; 2. *(Grund)* Grundstück *n*, Parzelle *f (of land)*; 3. *(Börse)* Aktienpaket *n (of shares)*
parcel post *(Komm)* Paketpost *f*, Paketsendung *f*
parent company *(Gen, RW)* Dachgesellschaft *f*, Muttergesellschaft *f*, Stammhaus *n*
parent population *(Stat)* Grundgesamtheit *f*
Pareto analysis *(WiWi)* Pareto-Analyse *f*
Pareto efficiency *(WiWi)* Pareto-Effizienz *f*
Pareto improvement *(WiWi)* Pareto--Verbesserung *f*
pari passu *(Gen)* gleichberechtigt, gleichrangig
paring down 1. *(Gen)* Kürzung *f*; 2. *(WiWi)* Beschneidung *f*
parity *(Bank, Comp, Pol, Recht, WiWi)* Parität *f (amtlicher Wechselkurs)* • **at parity** *(Bank)* zum Parikurs
parity of exchange *(Bank)* Kursparität *f*, Wechselkursparität *f*
parity rate *(Bank)* Paritätskurs *m*
parity realignment *(WiWi)* Realignment *n*, Wechselkursanpassung *f*
parliamentary appropriation 1. *(RW)* Mittelbewilligung *f* aus dem Nachtragshaushalt; 2. *(Fin)* parlamentarische Haushaltsmittelbereitstellung *f*
part 1. *(Gen)* Teil *m (portion, share)*; 2. *(Ind)* Teil *n (component, piece of equipment)*
part payment *(Fin)* Abschlagszahlung *f*, Ratenzahlung *f*, Teilzahlung *f* • **as part payment** *(Gen)* als Teilzahlung • **in part payment** *(Pers)* auf Abschlag
part-time *adj (Pers)* Teilzeit...
part-time employment *(Pers)* Teilzeitbeschäftigung *f*
part-time work *(Pers)* Teilzeitarbeit *f*
part *v* **with** *(Grund, Recht)* aufgeben
partial *adj (Gen)* teilweise
partial acceptance *(Gen)* Teilakzept *n*, teilweise Annahme *f*
partial consideration *(RW)* Teilentschädigung *f*
partial delivery *(Börse)* Teillieferung *f*
partial equilibrium *(WiWi)* partielles Gleichgewicht *n*
partial invalidity *(Recht)* Teilunwirksamkeitsklausel *f (trade contract)*
partial supplier *(Gen, Ind)* Teillieferant *m*
partial write-off *(RW)* Teilausbuchung *f*
participate *v (Gen)* teilnehmen
participating States *(Pol, Recht)* Teilnehmerstaaten *mpl*
participation *(RW)* Beteiligung *f*
participation in working life *(Pers, WiWi)* Beteiligung *f* am Erwerbsleben, Beteiligung *f* am Arbeitsleben
participation rate 1. *(Soz, WiWi)* Erwerbsquote *f*, Erwerbsbeteiligung *f*; 2. *(Gen)* Beteiligungsverhältnis *n*; 3. *(Pers)* Erwerbsquote *f*
particulars *(Gen)* Angaben *fpl*, Einzelheiten *fpl*
parties to a collective agreement *(Pers)* Tarifpartner *mpl*
partition *v (V&M)* aufteilen
partly finished goods *(Gen, RW, WiWi)* Halbfabrikate *npl*, unfertige Erzeugnisse *npl*
partner *(Gen, Pers)* Gesellschafter(in) *m(f)*, Partner(in) *m(f)*, Teilhaber(in) *m(f)*, Beteiligte(r) *f(m) (in a business)*
partner's loan *(Fin)* Gesellschafterdarlehen *n*
partners' meeting *(Recht)* Gesellschafterversammlung *f (Personengesellschaft)*
partnership 1. *(WiWi)* Gesellschaftsvertrag *m*; 2. *(Gen)* Gesellschaft *f* bürgerlichen Rechts, offene Handelsgesellschaft *f*, Personengesellschaft *f*, Partnerschaft *f*
partnership agreement *(WiWi)* Gesellschaftsvertrag *m*
party 1. *(Recht)* Partei *f*, Teil *m (in a contract)*; 2. *(Pol)* Partei *f*
party affected *(Recht)* Betroffener *m*
party autonomy *(Recht)* Parteiautonomie *f (contracts)*
party in default *(Recht)* in Verzug be-

findliche Partei *f*, säumige Partei *f* *(contract law)*
party to a contract *(Recht)* Vertragspartei *f*
party to a negotiation *(Gen)* Verhandlungspartner(in) *m(f)*
party to an agreement *(Pers)* Vertragspartei *f*
party's intention *(Recht)* Parteiwille *m* *(contracts)*
pass *v* 1. verabschieden; 2. *(Recht)* verabschieden *(act)*; annehmen, beschließen *(a bill)*
pass *v* **a dividend** *(Börse, Fin)* eine Dividende ausfallen lassen
pass *v* **a law** *(Recht)* ein Gesetz beschließen
pass *v* **a resolution** *(Recht)* eine Resolution verabschieden
pass *v* **along** *(Fin, WiWi)* abwälzen, überwälzen *(costs)*
pass *v* **an exam** *(Pers)* eine Prüfung bestehen
pass *v* **an examination** *(Pers)* eine Prüfung bestehen
pass *v* **into the ownership of** *(Recht)* übergehen auf
pass *v* **on** 1. *(Fin, WiWi)* abwälzen, überwälzen *(costs)*; 2. *(Gen)* weitergeben, weiterleiten *(information)*
pass *v* **on costs** *(Bank, WiWi)* Kosten weiterwälzen
pass *v* **sentence on sb** *(Recht)* Strafe über jmdn. verhängen
pass *(Admin)* Passierschein *m* *(permit)*
pass-along *(WiWi)* Abwälzung *f*, Überwälzung *f*
passed *adj* 1. *(Gen)* mit Erfolg geprüft; 2. *(Recht)* verabschiedet
passed dividend *(Fin)* nicht ausgeschüttete Dividende *f*, rückständige Dividende *f*
passenger *(Frei, Transp)* Insasse *m*, Insassin *f*, Passagier *m*
passer-by *(Gen, V&M)* Passant(in) *m(f)*
passing 1. *(Gen)* Übergang *m*; 2. *(Recht)* Verabschiedung *f* *(of law)*
passing of risk *(Versich)* Gefahrübergang *m*, Risikoabwälzung *f*
passing-on *(WiWi)* Überwälzung *f*, Weiterwälzung *f*, Weitergabe *f*
passive *adj* *(Gen)* passiv *(advertising)*
passive trade *(WiWi)* Einfuhrhandel *m*
password protection *(Comp, Komm)* Kennwortschutz *m*
patent *v* *(Pat)* patentieren
patent 1. *(Recht)* Patent *n*; 2. *(Pat)* Freibrief *m*, Konzession *f*, Patent *n* • **patent pending** *(Pat)* Patent angemeldet
patent agent *(Pat)* technische Patentanwältin *f*, technischer Patentanwalt *m*
patent appeals court *(Pat, Recht)* Patentberufungsgericht *n*
patent applicant *(Pat)* Patentanmelder *m*
patent application proceedings *(Pat)* Anmeldeverfahren *n*
patent certificate *(Pat)* Patenturkunde *f*
patent infringement *(Pat, Recht)* Patentverletzung *f*
patent life *(Recht)* Dauer *f* des Patentschutzes, Patentdauer *f*
patent of invention *(Recht)* Erfindungspatent *n*
patent office *(Pat, Recht)* Patentamt *n*
patent proprietor *(Pat)* Patentinhaber(in) *m(f)*
patent protection *(Pat, Recht)* Patentschutz *m*
patent register *(Pat)* Patentregister *n*
patent right *(Pat, Recht)* Patentrecht *n*
patent specification 1. *(Recht)* Patentschrift *f*; 2. *(Pat)* Beschreibung *f*, Patentbeschreibung *f*, Patentschrift *f* *(printed)*
patent trading *(Pat)* Patenthandel *m*
patentability *(Pat, Recht)* Patentfähigkeit *f*, Patentierbarkeit *f*
patentable *adj* *(Pat, Recht)* patentfähig, patentierbar
patentable invention *(Pat)* patentfähige Erfindung *f*
patented *adj* *(Pat)* patentiert
patentee *(Pat)* Patentinhaber(in) *m(f)*
patenting *(Pat, Recht)* Patentierung *f*
pattern 1. *(Comp)* Muster *n*; 2. *(Gen)* Probe *f*; Muster *n*, Musterkarte *f*, Modell *n*, Struktur *f* *(of consumption)*; 3. *(V&M)* Muster *n*
pattern of economic activity *(WiWi)* Muster *n* der Wirtschaftsaktivität
pattern of repayment *(Fin)* Rückzahlungsmodalitäten *fpl*, Tilgungsmodalitäten *fpl*
paucity of information *(Gen)* Informationsdefizit *n*

pave *v* **the way for** *(Gen)* den Weg bahnen für
pawn *v (Recht)* verpfänden
pawn *(Fin)* Pfand *n*, Pfandsache *f* • **in pawn** *(Fin)* verpfändet
pawnbroker *(Fin)* Pfandleiher *m*
pawnshop *(Fin)* Leihhaus *n*, Pfandhaus *n*, Pfandleihanstalt *f*
pay *v (Gen)* begleichen, bezahlen *(invoice, debt)*; zahlen *(make financial settlement)* • **it does not pay** *(Gen)* das rechnet sich nicht
pay *v* **a dividend** *(Börse, Fin)* eine Dividende ausschütten
pay *v* **a sum into an account** *(Bank)* auf ein Konto einen Betrag einzahlen
pay *v* **an installment** *(AE) (Fin) s.* pay an instalment
pay *v* **an instalment** *(BE) (Fin)* eine Rate zahlen
pay *v* **back** 1. *(RW)* abtragen, zurückzahlen; 2. *(Bank)* tilgen, zurückzahlen
pay *v* **by the year** *(Gen)* jährlich entlohnen, jährlich zahlen
pay *v* **cash** *(Gen)* bar zahlen
pay *v* **in** *(Bank)* einzahlen
pay *v* **in cash** *(Gen)* bar zahlen
pay *v* **in full** *(Fin)* restlos bezahlen
pay *v* **in kind** *(Fin)* in Sachwerten bezahlen
pay *v* **in specie** *(Gen)* in barer [klingender] Münze zahlen
pay *v* **interest on** *(Bank)* verzinsen
pay *v* **off** 1. *(RW)* abtragen, zurückzahlen; 2. *(Bank)* tilgen, zurückzahlen; 3. *(Fin)* abfinden, auszahlen; 4. *(Gen)* amortisieren; 5. *(Recht)* befriedigen
pay *v* **off in installments** *(AE) (Fin) s.* pay off in instalments
pay *v* **off in instalments** *(BE) (Fin)* abzahlen
pay *v* **off one's debts** *(Gen)* Schulden zurückzahlen
pay *v* **the bill** *(Gen)* die Rechnung zahlen
pay *(Pers)* Lohn *m*
pay as paid *(Gen)* Zug-um-Zug-Zahlung *f*
pay-as-you-earn 1. *(RW)* Quellenabzugsverfahren *n (deductions at source)*; 2. *(Pers)* Quellenabzugsverfahren *n*; 3. *(Steuer)* Abzüge *mpl* vom Lohn oder Gehalt, Quellenabzug *m*
pay as-you-go *(AE) (Pers)* Quellenbesteuerung *f*
pay-as-you-go system *(AE)* 1. *(Steuer)* Quellenabzug *m*, Quellenbesteuerung *f*, Quellenabzugsverfahren *n*; 2. *(Fin, Gen, Soz)* umlagenfinanziertes System *n*
pay and conditions *(Pers)* Arbeits- und Gehaltsbedingungen *fpl*
pay bill *(AE) (Pers, RW)* Gehaltsliste *f*, Lohnliste *f*
pay differentials *(BE) (Pers)* Lohngefälle *n*
pay freeze *(Pers, WiWi)* Lohnpause *f*, Lohnstopp *m*, Lohn- und Gehaltsstopp *m*
pay-in slip *(AE) (Bank)* Einzahlungsbeleg *m*, Einzahlungsschein *m*
pay increase *(Pers)* Lohnzunahme *f*, Lohnsteigerung *f*, Lohnzuwachs *m*, Lohnerhöhung *f*
pay level *(Pers)* Lohn- und Gehaltsniveau *n*, Lohnniveau *n*, Besoldungsniveau *n*
pay-off method *(Fin)* Kapitalwertmethode *f*, Diskontierungsmethode *f*, Barwertmethode *f*
pay pause *(Pers, WiWi)* Lohn- und Gehaltsstopp *m*, Lohnpause *f*, Lohnstopp *m*
pay-per-view television *(Media)* Gebührenfernsehen *n*
pay phone *(BE) (Komm)* Münztelefon *n*
pay rise *(Pers)* Lohnerhöhung *f*, Lohnzunahme *f*, Lohnsteigerung *f*, Lohnzuwachs *m*
pay round *(Pers)* Lohnrunde *f*, Tarifrunde *f*
pay slip *(Pers)* Lohnstreifen *m*
pay TV channel *(Media)* Bezahlsender *m*
payable *adj* 1. *(Bank)* einlösbar; 2. *(Gen, WiWi)* fällig, zahlbar *(due)* • **make payable to** *(Bank)* ausstellen auf
payable at sight *(Fin, Gen)* zahlbar bei Sicht
payable in advance *(Gen)* im Voraus zahlbar
payable on demand *(Gen)* zahlbar bei Sicht
payable three months after date *(Gen)* zahlbar drei Monate ab dato
payables *(AE) (RW)* Verbindlichkeiten *fpl*
payables at year-end *(AE) (RW)* Verbindlichkeiten *fpl* beim Jahresabschluss
payback *(Fin)* Amortisation *f*, Wiederge-

winnung *f*, Rückzahlung *f*, Rendite *f*, Kapitalrückfluss *f (synonymous: payoff)*
payback analysis *(Fin, WiWi)* Amortisationsrechnung *f*, Kapitalrückflussrechnung *f (synonymous: payback method, payoff analysis; statische Investitionsrechnung)*
payback method *(Fin)* Amortisationsrechnung *f*, Kapitalrückflussrechnung *f*
payback period 1. *(Fin)* Amortisationsdauer *f*, Pay-off-Periode *f*, Kapitalrückflussdauer *f*; 2. *(Pers)* Amortisationszeit *f*, Rückzahlungszeitraum *m*
PAYE *s.* pay-as-you-earn
payee *(Bank, Gen)* Zahlungsempfänger(in) *m(f)*, Zahlungspartner(in) *m(f)*
payer *(Bank, Gen)* Zahlungspartner(in) *m(f)*
paying agent 1. *(Fin)* Einlösungsstelle *f*; 2. *(Steuer)* Zahlstelle *f*
paying bank *(Bank)* beauftragte Bank *f*, einlösende Bank *f*, Zahlstellenbank *f*, auszahlende Bank *f*
payment 1. *(Fin)* Abgeltung *f*, Entrichtung *f*; 2. *(Gen)* Auszahlung *f*, Bezahlung *f*, Entlohnung *f*, Zahlung *f* • **in lieu of payment** *(Gen)* an Zahlungs Statt
payment before due date *(Gen)* vorzeitige Zahlung *f*
payment by installment *(AE) (RW) s.* payment by instalment
payment by instalment *(BE) (RW)* Zahlung *f* in Raten
payment by results *(Pers)* Leistungslohn *m*
payment by schemes [systems] *(Pers)* leistungsabhängige Lohnformen *fpl*, Entlohnung *f* nach Leistung *(esp. piecework)*
payment due *(Fin)* fällige Zahlung *f*
payment guarantee *(RW)* Zahlungsgarantie *f*
payment guaranty *(Recht)* Zahlungsgarantie *f*
payment in advance *(RW)* Vorauszahlung *f*
payment in arrears *(RW)* rückständige Zahlung *f*
payment in kind 1. *(WiWi)* Sachbezug *m*, Sachleistung *f*; 2. *(Pers)* Deputat *n*
payment method *(V&M)* Zahlungsmethode *f*
payment of annuity *(Steuer)* Rentenzahlung *f*
payment of debts *(Fin, Recht, WiWi)* Tilgung *f* von Verbindlichkeiten
payment of interest *(Bank)* Verzinsung *f*
payment on account *(Bank)* Abschlagszahlung *f*, Akontozahlung *f*, Anzahlung *f*, Teilzahlung *f*
payment order *(Bank, Fin, RW)* Zahlungsauftrag *m*
payment risk *(WiWi)* Ausfallrisiko *n*
payment system *(WiWi)* Zahlungs(verkehrs)system *n*
payment transactions *(Fin)* Zahlungsverkehr *m*
payment transfer *(Bank)* Überweisung *f*, Umbuchung *f*
payoff 1. *(Fin)* Auszahlung *f*, Amortisation *f*; 2. *(Gen)* Bestechung *f*, Bestechungsgeld *n*, Schmiergeld *n (bribe)*; 3. *(Pers)* Abfindung *f*
payoff analysis [method] *(RW)* Amortisationsrechnung *f (preinvestment analysis, statische Investitionsrechnung; synonymous: payback analysis, payback method, payoff method)*
payout *(Fin, V&M)* Amortisation *f*
payroll *(BE) (Pers, RW)* Lohnliste *f*, Gehaltsliste *f* • **off the payroll** *(Pers)* arbeitslos • **on the payroll** *(Pers)* zur Belegschaft gehörend, auf der Lohn- oder Gehaltsliste stehend
payroll costs *(Pers)* Personalkosten *pl*
payroll deductions *(RW)* Lohn- und Gehaltsabzüge *mpl*
payroll tax *(Steuer)* Sozialversicherungssteuer *f*
PC-based *adj (Comp)* computergestützt, computerunterstützt, PC-gestützt, rechnergestützt
pcm *(Abk. für per calendar month) (Gen, Grund)* pro Kalendermonat, pro Monat, p.M., monatlich, monatl. • **rent to be paid pcm** *(Gen, Grund)* monatl. zu zahlende Miete
peak *v (WiWi)* einen Höchststand erreichen
peak *(WiWi)* Höchststand *m*, Spitze *f*
peak period *(Transp, Umwelt)* Spitzenzeit *f*
peak rate *(Gen)* Spitzentarif *m*, Hochtarif *m*
peak season *(WiWi)* Hauptsaison *f*

peak time *(V&M)* Spitzenzeit *f (television viewing)*
peculation *(Fin, Recht)* Veruntreuung *f (public money)*
pecuniary *adj* 1. *(Gen)* finanziell, geldlich; 2. *(Fin)* vermögensrechtlich
pecuniary damage *(Fin)* Vermögensschaden *m*
pecuniary external economy *(WiWi)* pekuniäre externe Ersparnisse *fpl*
pecuniary spillover *(WiWi)* monetärer externer Effekt *m*
pedlar *(Gen)* fliegender Händler *m*, Hausierer *m*, Straßenhändler(in) *m(f)*, Straßenverkäufer(in) *m(f)*
peer 1. *(Comp, Komm)* gleichrangiges Gerät *n*; 2. *(Pers)* gleichrangiger Mitarbeiter *m*, gleichrangige Mitarbeiterin *f*; 3. *(Mgt, Pol, V&M)* Gleiche(r) *f(m)*, Gleichrangige(r) *f(m)*, Ebenbürtige(r) *f(m)*
peg *v* 1. *(WiWi)* binden *(price of a currency)*; 2. *(Gen)* stützen, fixieren, festschreiben
peg point *(WiWi)* Interventionspunkt *m*
pegged *adj (Gen, WiWi)* fixiert, gestützt, fest
pegged exchange rate *(WiWi)* fester Wechselkurs *m*
pegged price *(WiWi)* gestützter Kurs *m (currency)*
pegging system *(WiWi)* Interventionssystem *n*, Stützsystem *n*
penal provisions *(Recht)* Strafvorschriften *fpl*
penalize *v (Recht)* mit einer Strafe belegen
penalty *(Recht)* Strafe *f*; Vertragsstrafe *f*, Pönale *f*, Konventionalstrafe *f*, Strafgeld *n (contracts)*
penalty clause *(Recht)* Konventionalstrafklausel *f*
penalty for breach of contract *(Recht)* Konventionalstrafe *f* wegen Vertragsbruch
penalty for noncompliance *(Recht)* Konventionalstrafe *f*
penalty interest (rate) *(Bank)* Strafzins *m*
penalty notice *(Recht)* Bußgeldbescheid *m*
pending *adj* 1. *(Gen)* noch nicht entschieden, schwebend; 2. *(Recht)* unentschieden, unerledigt
pending business *(Gen, WiWi)* schwebende Geschäfte *npl*
pending case *(Recht)* anhängige Rechtssache *f*
pending tray *(Gen)* Ablage *f* für Unerledigtes, Ablagekorb *m* für Unerledigtes
penetrate *v* 1. *(Gen)* eindringen in; 2. *(V&M)* durchdringen
penetrate *v* **a market** *(V&M, WiWi)* in einen Markt eindringen, einen Markt erobern
penetration pricing 1. *(Gen)* Niedrigpreisstrategie *f*; 2. *(V&M)* Penetrationspreispolitik *f*
penny shares *(BE) (Börse)* Billigaktien *fpl*, Kleinaktien *fpl*
penny stock *(AE) (Börse)* Billigaktien *fpl*, Kleinaktien *fpl*
pension *(Fin, Pers, Soz)* Pension *f*, Ruhegehalt *n*, Rente *f*
pension contributions *(Steuer)* Beiträge *mpl* zur Altersversorgung
pension costs *(RW)* Rentenbeitrag *m*
pension eligibility *(Recht, Soz)* Rentenanspruch *m*, Ruhegehaltsanspruch *m*
pension for occupational invalidity *(Soz)* Berufsunfähigkeitsrente *f*
pension fund *(Fin, RW, Versich)* Pensionsfonds *m*, Pensionskasse *f*
pension payment *(Steuer)* Pensionszahlung *f*
pension plan *(Pers, Soz)* betriebliches Alterssicherungssystem *n*, Betriebsrente *f*, Betriebsrentensystem *n*
pension scheme *(Versich)* Alterssicherungssystem *n*
pensionable *adj (Pers, Soz, Versich)* pensionsberechtigt; pensionsfähig, ruhegehaltsfähig
pensionable age *(Pers, Soz)* Pensionsalter *n*, Rentenalter *n*
pent-up demand *(WiWi)* aufgestaute Nachfrage *f*, Nachholbedarf *m*
PER *s.* price-earnings ratio
per annum *(Gen)* per annum, p. a., pro Jahr
per calendar month *(pcm) (Gen, Grund)* pro Kalendermonat, pro Monat, p.M., monatlich, monatl.
per capita *(Gen)* pro Kopf
per capita GDP *(WiWi)* Pro-Kopf-BIP *n*
per capita gross national product *(Stat, WiWi)* Bruttosozialprodukt *n* pro Kopf

per capita income *(WiWi)* Pro-Kopf--Einkommen *n*
per-kilometer rate *(AE)* *(Transp)* *s.* per--kilometre rate
per-kilometre rate *(BE)* *(Transp)* Kilometersatz *m (taxis)*
per pro *(Gen)* per procura, pp., ppa.
per proxy *(Recht)* per Prokura, p. p.
per-unit tax *(Steuer)* Stücksteuer *f*
percentage 1. *(Gen)* Prozent *n*; 2. *(Stat)* Prozentsatz *m*
percentage change *(Fin)* prozentuale Änderung *f*
percentage margin *(WiWi)* Prozentspanne *f*, prozentuale Spanne *f*
percentage-of-completion basis *(RW)* Prorata-temporis-Basis *f*
percentage of depreciation *(Fin)* Abschreibungssatz *m*, Prozentsatz *m* der Wertminderung
percentage-of-sales method *(V&M)* Umsatzprovisionsmethode *f*
percentage return on sales *(Fin)* Umsatzrendite *f*, Umsatzrentabilität *f*
perception 1. *(Bank, RW)* Bewertung *f*; 2. *(Gen)* Auffassung *f*, Wahrnehmung *f*
perfect *adj (Gen)* vollkommen • **in perfect condition** *(Gen)* makellos
perfect competition *(WiWi)* vollständige Konkurrenz *f*, vollständiger Wettbewerb *m*
perfect market *(WiWi)* vollkommener Markt *m*
perfect monopoly *(WiWi)* reines Monopol *n*
perform *v* 1. *(Gen)* erfüllen, Leistung erbringen, verrichten, darbieten, vorführen; 2. *(Steuer)* ausüben
perform *v* **a service** *(Pers)* Dienstleistung erbringen
perform *v* **an obligation** *(Mgt, Recht, Steuer)* eine Leistung erbringen
performance 1. *(RW)* Leistung *f (of company)*; 2. *(Gen)* Ist-Ergebnis *n*; Vorführung *f*, Erfüllung *f*, Ausführung *f*, Durchführung *f*, Verrichtung *f (of services)*; Leistung *f (planning)*; 3. *(Recht)* Erfüllung *f (of contractual duty)*; 4. *(V&M)* Leistung *f*; 5. *(Börse)* Entwicklung *f*, Wertentwicklung *f*, Anlageerfolg *m*, Performance *f*, Performanz *f (securities)*; 6. *(Steuer)* Ausübung *f*
performance analysis *(WiWi)* Ergebnisanalyse *f*
performance appraisal *(Mgt, Pers)* Leistungsbewertung *f*, Leistungseinschätzung *f*, Leistungsbeurteilung *f*
performance appraisal interview *(Pers)* Leistungsbeurteilungsgespräch *n (work)*
performance bonus *(Fin)* Leistungsbonus *m*, Leistungsprämie *f*
performance by a third party *(Gen)* Leistung *f* durch Dritte
performance characteristics *(Ind)* Arbeitskenngrößen *fpl*
performance contract *(Gen)* Leistungsvertrag *m*
performance evaluation *(Mgt, Pers)* Leistungsbewertung *f*, Leistungsbeurteilung *f*
performance in kind *(Gen)* Sachlieferung *f*
performance indicator *(Pers)* Leistungsindikator *m*
performance-linked payment systems [schemes] *(Pers)* leistungsabhängige Lohnformen *fpl*, Entlohnung *f* nach Leistung
performance measurement *(Mgt, Pers)* Leistungsmessung *f*
performance-minded *(Gen)* leistungsorientiert
performance monitoring 1. *(Gen, Pers)* Leistungsüberwachung *f*; 2. *(Ind)* Betriebskontrolle *f*, Fertigungsüberwachung *f*; 3. *(Mgt)* Leistungskontrolle *f*
performance objective *(WiWi)* Leistungsziel *n*
performance of contract *(Recht)* Vertragserfüllung *f*
performance-oriented *adj (Pers)* leistungsorientiert
performance principle *(Gen, Mgt, WiWi)* Leistungsprinzip *n*
performance rating 1. *(Fin)* Leistungsbewertung *f*, Leistungseinstufung *f (investment)*; 2. *(Ind, Pers)* Leistungsgradschätzen *n*
performance-related pay *(Pers)* gewinnbezogene [leistungsbezogene] Bezahlung *f*, Leistungslohn *m*
performance review 1. *(RW)* Leistungsüberprüfung *f*; 2. *(Pers)* Leistungsbewertung *f*, Leistungsbeurteilung *f*

performance standard 1. *(RW)* Leistungsstandard *m*; 2. *(Pers)* Leistungsmaßstab *m*
performance target 1. *(WiWi)* Ertragsziel *n*; 2. *(Mgt)* Leistungsziel *n*, Vorgabe *f*
performance testing *(Ind)* Funktionsprüfung *f*, Leistungsprüfung *f (packaging term)*; Eignungsprüfung *f (staff psychology)*
performer *(WiWi)* Umsatzträger *m*
period 1. *(WiWi)* Zeitdauer *f*, Dauer *m*, Zeitraum *m*; 2. *(Gen)* Frist *f*, Laufzeit *f*, Periode *f (of time)*; 3. *(Media) (AE)* Punkt *m* • **for the period** *(RW)* für den Zeitraum • **over a period of time** *(Gen)* über eine Zeitdauer, über einen längeren Zeitraum • **over the period of** *(Gen)* in der Zeit von
period cost *(RW)* wiederkehrende Aufwendungen *fpl*
period for discussion and deliberation *(Mgt, Pol, Recht)* Beratungs- und Überlegungsfrist *f (laut UMAG, Gesetz zur Unternehmensintegrität und Modernisierung des Anfechtungsrechts vom 22.9.2005, vorgesehen zwischen dem Abschluss der Entscheidungsvorbereitungsphase -pre-decision--making period- und dem Moment der eigentlichen Entscheidung)*
period of a loan *(Fin)* Laufzeit *f* einer Anleihe
period of deliberation *(Mgt, Pol, Recht)* Überlegungsfrist *f (UMAG)*
period of extension *(Steuer)* Stundungsfrist *f*
period of grace 1. *(Fin)* tilgungsfreie Zeit *f*; 2. *(Recht)* Gnadenfrist *f*; 3. *(Pat)* Aufschub *m*
period of notice *(Pers)* Kündigungsfrist *f*
period of payment 1. *(WiWi)* Zahlungsfrist *f*; 2. *(Gen)* Zahlungsziel *n*
period of probation *(Pers)* Probezeit *f*
period of redemption *(Fin)* Laufzeit *f*, Tilgungsfrist *f*, Amortisationszeit *f*
period of time *(Gen)* Zeitspanne *f*
period of time for discussion and deliberation *(Mgt, Pol, Recht) s.* period for discussion and deliberation
period under review *(Gen, WiWi)* Berichtszeitraum *m*
periodical cost accounting *(RW)* Betriebsabrechnung *f*, periodische Kostenrechnung *f (synonymous: internal cost accounting, industrial cost accounting, operating cost and revenue statement)*
peripheral *adj* 1. *(Comp, WiWi)* peripher; 2. *(Gen)* nebensächlich
peripheral matter *(Gen)* Nebensache *f*
perishable goods *(Gen, WiWi)* leichtverderbliche Güter *npl* [Waren *fpl*]
perishables 1. *(Gen, WiWi)* leichtverderbliche Waren *fpl*; 2. *(V&M)* kurzlebige Konsumgüter *npl*
perjury *(Recht)* Meineid *m*
perk 1. *(Pers)* Nebenleistung *f*; 2. *(Mgt)* Vergünstigung *f*
perks of the job *(Pers)* Nebeneinkünfte *pl* der Tätigkeit
permanent *adj (Gen)* beständig, fest, fortlaufend, dauerhaft, langfristig
permanent address *(Komm)* ständige Adresse *f*
permanent appointment *(Pers)* Festanstellung *f*
permanent contract *(Pers)* unbefristeter Vertrag *m*, Dauervertrag *m*
permanent employment *(Pers)* Dauerbeschäftigung *f*
permanent employment relationship *(Pers)* unbefristetes Arbeitsverhältnis *n*, unbefristeter Arbeitsvertrag *n*
permanent establishment abroad *(Steuer)* ausländische Betriebsstätte *f*
permanent labor *(AE) (Pers) s.* permanent labour
permanent labour *(BE) (Pers)* feste Arbeitskräfte *fpl*, fest beschäftigte Arbeitskräfte *fpl*, fest angestellte Arbeitskräfte *n*
permanent labour force *(BE) (Pers, WiWi)* fest angestellte Arbeitskräfte *pl*, fest angestelltes Personal *n*
permanent post *(Pers)* Dauerarbeitsplatz *m*, Festanstellung *f*
permanent residence *(Recht)* ständiger Wohnsitz *m*
permanent resident *(Recht)* Person *f* mit ständigem Wohnsitz
permanent work force *(Pers, WiWi)* fest angestellte Arbeitskräfte *pl*, fest angestelltes Personal *n*
permanently *adv (Gen)* fest
permissible error *(Gen)* zulässiger Fehler *m*

permission *(Comp)* Berechtigung *f*
permit *v (Recht)* erlauben, genehmigen
permit *(Recht)* Erlaubnis *f*, Genehmigung *f*, Lizenz *f*
perpetual inventory *(RW)* Buchinventur *f*, laufende Inventur *f*, permanente Inventur *f (accounting)*
perquisite 1. *(Pers)* Nebenleistung *f*, Vergünstigung *f*; 2. *(Mgt)* Vergünstigung *f*
persistent demand *(V&M)* anhaltende Nachfrage *f*
persistent unemployment *(Pers, WiWi)* Dauerarbeitslosigkeit *f*, hartnäckige Arbeitslosigkeit *f*
person *(Gen)* Person *f (administrative)* • **in person** *(Gen)* persönlich • **the persons concerned** *(Gen)* die betreffenden Personen *fpl*, die Betreffenden *pl*
person affected (by sth) *(Recht)* Betroffener *m*
person of independent means *(Gen)* finanziell Unabhängige(r) *f(m)*, Rentier *m*
person on fixed income *(Fin, Pers)* Bezieher(in) *m(f)* eines festen Einkommens
person receiving benefit *(BE) (Pers)* Wohlfahrtsempfänger(in) *m(f)*
person with full capacity to contract *(Recht)* Geschäftsfähige(r) *f(m)*
personal assistant 1. *(Admin, Pers)* Chefsekretär(in) *m(f)*, Privatsekretär(in) *m(f)*; 2. *(Mgt)* Chefsekretär(in) *m(f)*, persönlicher Mitarbeiter *m*, persönliche Mitarbeiterin *f*
personal credit line *(Bank)* Dispokredit *m*, Dispositionskredit *m*
personal data *(Recht)* personenbezogene Daten *pl*
personal data sheet *(Admin)* Personalbogen *m*, Bogen *m* mit Personalangaben, tabellarischer Lebenslauf *m*
personal disposable income *(WiWi)* persönliches verfügbares Einkommen *n* (nach Steuern), persönliches Nettoeinkommen *n*
personal dossier *(Gen)* Personalakte *f*
personal effects *(Admin)* persönliche Gegenstände *mpl*
personal file *(Admin)* Personalakte *f*
personal income distribution *(WiWi)* persönliche [personelle] Einkommensverteilung *f*
personal liability *(Recht)* persönliche Haftung *f*
personal particulars *(Admin)* Personalangaben *fpl*
personal pension scheme *(BE) (Fin, Soz)* private Rentenversicherung *f (tax)*
personal property *(Grund)* (bewegliches) Privateigentum *n*
personal record *(Pers)* Personalakte *f*, Personalbogen *m*
personal requirements *(RW)* Eigenbedarf *m*
personal sector *(WiWi)* Haushaltssektor *m*
personal sector liquid assets *(Fin)* verfügbare Mittel *npl* des Haushaltssektors
personal share *(Börse)* Namensaktie *f*
personality *(Mgt)* Persönlichkeit *f*
personalization *(V&M)* Personalisierung *f (advertising)*
personally liable *adv (Recht)* persönlich haftbar
personally responsible *adv (Recht)* persönlich haftbar
personalty *(Steuer)* bewegliches Vermögen *n*
personam/in *(Recht)* persönlich, schuldrechtlich
personnel 1. *(Gen)* Belegschaft *f*; 2. *(Mgt, Pers)* Personal *n*
personnel administration *(Pers)* Personalverwaltung *f*
personnel dialogue *(Pers)* Mitarbeitergespräch *n*
personnel expenses *(Pers)* Personalkosten *pl*
personnel-intensive *adj (Pers)* personalintensiv *(industry)*
personnel manager *(Mgt, Pers)* Personalchef(in) *m(f)*, Personalleiter(in) *m(f)*
personnel overheads *(Pers)* Personalgemeinkosten *pl*
personnel rating *(Pers)* Leistungsbewertung *f*, Leistungsbeurteilung *f*
persons not in the labour force *(BE) (Pers, Soz, WiWi)* Nicht-Erwerbspersonen *fpl*, nichterwerbstätige Bevölkerung *f*, Nicht-Erwerbstätige *pl*
pertaining to *adj (Gen)* betreffend *(a document)*

pertinent *adj (Gen, Recht)* sachdienlich, sachlich
petition 1. *(Gen)* Eingabe *f*, Ersuchen *n*, Gesuch *n*, Bittschrift *f*; 2. *(Recht)* Petition *f*, Verfahrensantrag *m*
petition for relief *(AE) (Fin)* Insolvenzantrag *m*
petition in bankruptcy *(BE) (Fin)* Insolvenzantrag *m*
petty *adj (Fin, Gen, RW)* klein
petty cash *(RW)* Handkasse *f*, kleine Kasse *f*, Nebenkasse *f*, Portokasse *f* *(book-keeping)*
petty cash book *(Admin, RW)* Kassenbuch *n*
petty expenses 1. *(RW)* kleine Ausgaben *fpl*; 2. *(Fin)* kleine Ausgaben *fpl*, kleine Spesen *fpl*
Ph. D. *(Abk. für Doctor of Philosophy) (Bil, Pers)* Doktortitel *m*, Doktorgrad *m*, Promotion *f*
phantom profit *(RW)* Scheingewinn *m* *(synonymous: paper profit, fictious profit; Gegensatz: Scheinverlust = fictitious loss)*
pharmaceutical industry *(Ind)* Arzneimittelindustrie *f*, Pharmaindustrie *f*
phase *(Gen)* Etappe *f*, Phase *f*, Stadium *n*, Stufe *f (of project)* • **be going through a critical phase** *(Gen, Mgt)* sich in einer kritischen Phase befinden, sich in einer entscheidenden Phase befinden, ein kritisches Stadium durchlaufen
phase *v* **in** *(Gen)* einlaufen lassen, schrittweise anheben, schrittweise einführen *(technology, service, system)*
phase *v* **out** *(Gen)* auslaufen lassen, schrittweise abbauen, schrittweise aufheben *(technology, service, system)*
phishing *(Bank, Comp, Recht)* Phishing *n* *(password fishing)*
phone card *(Komm)* Telefonkarte *f*
phone number *(Komm)* Anschluss *m*, Anschlussnummer *f*, Telefonnummer *f*
physical *adj (Gen)* materiell, Sach...
physical asset *(Gen)* Sachwert *m*
physical assets *(WiWi)* materielle Güter *npl*, Wirtschaftsgüter *npl*, Sachanlagevermögen *n*
physical commodity *(Börse)* Effektivware *f*, physische Ware *f*
physical depreciation *(RW)* verbrauchsbedingte Wertminderung *f* *(annual accounts)*
physical distribution *(V&M)* Verteilung *f* *(merchandise)*
physical efficiency *(Gen, Mgt)* technischer Wirkungsgrad *m*; Produktivität *f*
physical impossibility of performance *(Recht)* objektive Unmöglichkeit *f* der Leistung *(contracts)*
physical inventory *(RW)* effektive Bestandsaufnahme *f*, körperliche Inventur *f*
physical world *(Comp, Gen)* reale Welt *f*, Erscheinungswelt *f (the flesh-and--blood real world; meatspace colloquial; opposite: cyberspace = virtuelle Welt)*
pick *v* **up** 1. *(WiWi)* sich erholen *(recover)*; 2. *(Gen)* aufholen *(prices)*; abholen
pick-up service *(Transp)* Abholdienst *m*, Abholungsservice *m*
picket *(Gen, Ind, Pers)* Streikposten *m*
picture 1. *(Gen)* Bild *n*, Erscheinungsbild *n*; 2. *(Frei, Media)* Kinofilm *m (outlook, prospects)*
piddling sum *(ugs.) (Fin, WiWi)* Bagatellbetrag *m*
piece *(Gen)* Stück *n*, Teil *m*
piece rate *(Ind, Pers)* Akkordlohnsatz *m*, Akkordlohn *m* • **at piece rate** *(Pers)* zum Akkordlohnsatz
piece wage *(Pers)* Stücklohn *m*
piece work 1. *(Gen, Pers)* Akkordarbeit *f*; 2. *(Versich)* Akkord *m*
piercing the corporate veil *(Recht)* Durchgriffshaftung *f*
pigeonhole *v (Gen)* einstufen
piggyback loan *(Fin)* Huckepackanleihe *f*
piggyback selling *(V&M)* Huckepackverkauf *m*
pilot order *(Gen)* Erstauftrag *m*
pilot project *(Mgt)* Pilotprojekt *n*
pink sheets *(AE) (Börse)* Kursblatt *n*
pink slip *(AE)* 1. *(WiWi)* Entlassungsschreiben *n*; 2. *(Pers)* Begleitnotiz *f*, Entlassungspapiere *pl* • **get the pink slip** *(Gen) (AE)* gekündigt werden
pioneer *(Gen, Ind)* Bahnbrecher(in) *m(f)*, Pionier(in) *m(f)*, Vorkämpfer(in) *m(f)*, Vorreiter(in) *m(f)*, Wegbereiter(in) *m(f)*
pioneering *adj (Gen)* bahnbrechend, einführend
pioneering advertising *(V&M, WiWi)* Einführungswerbung *f*

pip *(Bank, Börse)* Pip *m (1/100 $-Cent, hundertster Teil eines US-Dollar-Cent)*
pipeline 1. *(Komm)* Rohrleitung *f*; 2. *(Ind, Transp)* Haupt(rohr)leitung *f*, Pipeline *f* • **be in the pipeline** *(Gen)* in Vorbereitung sein *(orders)*; geplant sein, in Bearbeitung sein *(project)*
piracy 1. *(Comp, Ind, V&M)* Plagiat *n*; 2. *(WiWi)* Raubkopieren *n*; 3. *(Gen)* Raubdruck *m (book)*; Raubpressung *f (record)*; 4. *(Recht)* unzulässiger Nachdruck *m*; 5. *(Media)* Raubkopieren *n*
pirate *v (Comp, Media, Recht)* illegal kopieren
pit *(Börse)* Bieterraum *m*, Maklerstand *m*
pitfall *(Gen)* Fallstrick *m*, Falle *f*
pittance *(Gen)* Hungerlohn *m*
place *v* 1. *(Fin)* unterbringen; 2. *(Gen)* vergeben, erteilen *(order)*; 3. *(Börse)* platzieren
place *v* **an issue** *(Bank)* eine Emission unterbringen
place *v* **emphasis on** *(Gen)* betonen
place *v* **on record** *(Gen)* beurkunden
place *(Gen)* Ort *m*, Örtlichkeit *f*, Platz *m*
place of abode *(Recht)* Aufenthaltsort *m*
place of delivery *(Transp)* Erfüllungsort *m*, Lieferort *m*
place of destination *(Gen)* Bestimmungsort *m*, Zielort *m*
place of offer *(Recht, Steuer, V&M)* Ort *m* des Leistungsangebots
place of origin *(Transp)* Herkunftsland *n*, Herkunftsort *m*
place of performance *(Recht)* Erfüllungsort *m*
place of residence *(Recht)* Aufenthaltsort *m*
place of work 1. *(Gen, Pers)* Arbeitsort *m*, Arbeitsplatz *m*, Betrieb *m*; 2. *(Ind, Steuer)* Arbeitsstätte *f*
placed *adj (Gen)* erteilt *(order)*
placement 1. *(Komm)* Vemittlung *f (job)*; 2. *(Pers)* Volontärstelle *f*; 3. *(Börse)* Platzierung *f*, Unterbringung *f (bonds)*
placement service *(Pers)* Arbeitsvermittlung *f*, Stellenvermittlung *f*
placing *(Börse)* Platzierung *f*, Unterbringung *f*
placing of orders *(Gen)* Auftragsvergabe *f*
placing service *(Pers)* Arbeitsvermittlung *f*, Stellenvermittlung *f*
plain/be *(Gen)* eine deutliche Sprache sprechen
plain language/in *(Gen)* mit deutlichen Worten
plain vanilla bond *(AE, ugs.) (Bank, Fin)* konventionelle Anleihe *f*
plain vanilla model *(ugs.) (WiWi)* Basismodell *n*
plan *v (Gen)* entwerfen, planen, vorhaben
plan *(Gen)* Konzept *n*, Plan *m*, Programm *n*, Projekt *n*, Vorhaben *n* • **the plan does not hold water** *(Gen)* der Plan ist nicht wasserdicht, der Plan ist nicht hieb- und stichfest • **the plan has no substance** *(Gen)* der Plan hat weder Hand noch Fuß
plan targets *(Mgt)* Planvorgaben *fpl*
planned economy *(Pol, WiWi)* Planwirtschaft *f*
planned obsolescence *(V&M, WiWi)* geplanter Verschleiß *m*, geplantes Veralten *n*
planning *(Gen)* Einteilung *f*, Planung *f*
planning approval *(Grund)* Baugenehmigung *f*
planning authority *(Admin, Umwelt)* Baubehörde *f*, Planungsbehörde *f*
planning committee *(Gen)* Planungsausschuss *m*
planning horizon *(WiWi)* Planungshorizont *m*
planning permission *(Admin, Grund, Recht)* Baugenehmigung *f*
planning, programming and budgeting *(PPB) (Fin, Mgt, RW, WiWi)* Planung, Programmierung und Budgetierung *f*, PPB
planning, programming and budgeting system *(PPBS) (Fin, Mgt, RW, WiWi)* Planungs-, Programmierungs- und Budgetierungssystem *n*, PPBS
planning programming budget *(Pol)* Programmbudget *n*, outputorientiertes Budget *n*
plant *(Ind)* Anlage *f*, Betriebsanlage *f*, Einrichtung *f*, Fabrikgrundstück *n*, Installation *f*
plant and machinery *(Ind)* technische Anlagen und Maschinen *fpl*
plant capacity *(Gen, Ind)* Betriebskapazität *f*

plant closure *(Ind)* Betriebsschließung *f*, Betriebsstilllegung *f*
plant incentive scheme *(Pers)* betriebliches Anreizsystem *n*
plant level *(Gen, Ind)* Betriebsebene *f*, betriebliche Ebene *f* • **at plant level** *(Gen, Ind)* auf Betriebsebene, auf betrieblicher Ebene
plant location *(Gen)* Betriebsstandort *m*, Standort *m*
plant management *(Ind, Mgt)* Betriebsleitung *f*, Werksleitung *f*
plant manager *(Ind, Mgt)* Betriebsführer(in) *m(f)*, Betriebsleiter(in) *m(f)*
plant utilization rate *(Ind)* Ausnutzungsgrad *m*
plastic waste *(Ind, Umwelt)* Kunststoffmüll *m*
plat book *(AE) (Admin, Grund)* Grundbuch *n*, Kataster *m*
play *v (Börse)* spekulieren
play *v* **down** *(Gen, Pol)* herunterspielen
play *v* **it by ear** *(Gen)* improvisieren
play *v* **safe** *(Gen)* auf Nummer sicher gehen
plead *v (Recht)* plädieren
plead *v* **guilty** *(Recht)* sich schuldig bekennen
plead *v* **ignorance** *(Recht)* sich auf Unwissenheit berufen
pleasure shopping *(V&M)* Vergnügungseinkauf *m*, Erlebniseinkauf *m*
pledge *v (Recht)* verpfänden
pledged *adj (Recht)* verpfändet
plenary powers *(Fin)* unbeschränkte Vollmachten *fpl*
plenary sittings *(Pol, Recht)* Plenum *n*
plot *v (Stat)* auftragen *(graph)*
plot 1. *(Gen)* Anschlag *m*, Gelände *n*, Grundriss *m*, Grundstück *n*, Intrige *f*; 2. *(Recht)* Verschwörung *f*; 3. *(Grund)* Baugrundstück *n (of land)*
plough *v* **back** *(BE)* 1. *(Fin)* reinvestieren; 2. *(Gen)* einbehalten, nicht ausschütten, thesaurieren
ploughback *(BE) (RW)* reinvestierter Gewinn *m*
ploughed-back profits *(BE) (RW)* thesaurierte Gewinne *mpl*
plow *v* **back** *(AE) (Fin, RW)* reinvestieren, thesaurieren; einbehalten, nicht ausschütten *(profit, earnings, Unternehmensgewinn, Erträge; synonymous: plough back BE)*
plowback *(AE) (RW)* reinvestierter Gewinn *m*
plug *(Media, V&M)* Gratiswerbesendung *f*, Schleichwerbung *f (advertising)*
plunge *(Börse, Fin)* Kurssturz *n*, Reinfall *m*
plus or minus signs *(Gen, Stat)* Vorzeichen *npl*
plus tick *(Börse)* Mindestkursschwankung *f* aufwärts
PO *s.* 1. postal order; 2. post office
PO box *s.* post office box
poach *v* 1. *(Pers)* abwerben *(employees)*; 2. *(V&M)* abwerben *(customers)*
point 1. *(Fin)* ein Prozentpunkt *m*; 1 % *(e. g. of nominal value)*; 2. *(Gen)* Punkt *m (for discussion)*; Standpunkt *m (stance, position)*; 3. *(Börse)* Einheit *f* bei Kursschwankungen, Punkt *m*, 1 %
point elasticity *(WiWi)* Punktelastizität *f*
point of entry 1. *(Gen)* Grenzübergangsstelle *f*, Zollhafen *m*; 2. *(Transp)* Zollhafen *m*
point of origin *(Transp)* Herkunftsland *n*, Herkunftsort *m*
point of purchase *(V&M)* Verkaufsstelle *f*
point-of-sale *(V&M)* Ort *m* des Verkaufs, Point-of-Sale *m* (POS), Verkaufsort *m*, Verkaufspunkt *m*, Verkaufsstelle *f*; POS-Terminal *m*, computergesteuerte Kasse *f*
point-of-sale promotion *(V&M)* Werbung *f* am Verkaufspunkt
point of view *(Gen)* Gesichtspunkt *m*, Standpunkt *m*, Meinung *f*
points rating *(Mgt, Pers, Versich)* Punktbewertung *f*
policy 1. *(Versich)* Police *f*; 2. *(Mgt)* Marschroute *f*, Methode *f*, Verfahrensweise *f*; 3. *(Pol)* Politik *f*
policy holder *(Versich)* Versicherungsnehmer(in) *m(f)*
policy lag *(Pol)* politische Zeitverzögerung *f*
policy loan *(Versich)* Beleihung *f* einer Versicherungspolice, Policendarlehen *n*
policy makers *(Pol)* politische Entscheidungsträger *mpl*, Politiker(innen) *mpl (fpl)*
policy mix 1. *(WiWi)* Methodenvielfalt *f*; 2.

(Mgt) Policy Mix *m*, Kombination *f* wirtschaftspolitischer Instrumente *(normally not translated)*; 3. *(Pol)* Kombination *f* politischer Mittel
policy strictly oriented to stability *(Pol, WiWi)* stabilitätsorientierte Politik *f* *(ECB)*
political *adj (Pol)* politisch, staatspolitisch
political advertising *(Pol, V&M)* politische Werbung *f*, politische Propaganda *f*
political affairs *(Pol)* Politik *f*, politische Angelegenheiten *fpl*, politische Beziehungen *fpl*
political economy *(Pol, WiWi)* Nationalökonomie *f*, politische Ökonomie *f*, politische Ökonomik *f*, Volkswirtschaft *f*
political risk *(Pol)* politisches Risiko *n*
poll *(V&M)* Stichprobenerhebung *f*, Umfrage *f*
polling *(Comp)* Polling *n*, Sendeaufruf *m*, Umfragebetrieb *m (network, modem)*
polluter *(Umwelt)* Verschmutzer *m*, Umweltverschmutzer *m*
polluter pays principle *(Umwelt)* Verursacherprinzip *n (international and EU legislation)*
polluter principle *(Umwelt)* Verursacherprinzip *n (international and EU legislation)*
pollution 1. *(Umwelt)* Belastung *f*, Umweltbelastung *f*, Verschmutzung *f*; 2. *(Ind)* Verunreinigung *f (of a product)*
pollution monitoring *(Ind, Umwelt)* Umwelt(verschmutzungs)überwachung *f*
pollution tax *(Pol, Steuer, Umwelt)* Umweltsteuer *f*
pool 1. *(WiWi)* Kartell *n* höherer Ordnung; 2. *(Fin, Gen)* gemeinsamer Fonds *m*; 3. *(Versich)* Pool *m*, Konsortium *n*, Interessengemeinschaft *f*
pool *v* **resources** *(WiWi)* Mittel vereinen, Mittel zusammenfassen
pooling *(Gen)* Zusammenlegung *f*, Poolung *f*, Bündelung *f*
pooling arrangements *(Gen)* Gewinnpoolungsvertrag *m*
pooling of interests *(AE) (RW)* Interessenzusammenführung *f*
poor market *(WiWi)* schleppender Absatz *m*
poor service *(V&M)* schlechter Service *m*
pop-up 1. *(Comp)* Pop-up *n*, Pop-up-Fenster *n (pop-up-window; selbstöffnendes Zusatzfenster mit unangeforderter Werbebotschaft als Werbeinstrument im Internet)*; 2. *(V&M)* hochklappbare Reklame *f (advertising)*
pop-up-blocker *(Comp)* Pop-up-Blocker *m (verhindert das Aufgehen unerwünschter Pop-up-Fenster beim Surfen im Internet)*
popular request/by *(Gen)* auf allgemeinen Wunsch
population 1. *(WiWi)* Bevölkerung *f*; 2. *(V&M)* Grundgesamtheit *f*, statistische Menge *f (marketing, statistics)*
population census *(Gen, Stat)* Volkszählung *f*
porcupine provisions *(Fin)* Übernahmeabwehr-Klausel *f (takeovers)*
porn tax *(Fin, Steuer)* Pornosteuer *f (a stiff new tax on pornography and sex goods)*
port 1. *(Comp)* Anschluss *m*, Port *m*; 2. *(Transp)* Hafen *m*
port charges *(Steuer, Transp)* Hafengebühren *fpl*
portfolio 1. *(Bank, Fin, WiWi)* Portefeuille *n*, Wertpapierbestand *m*, Portfolio *n*; 2. *(Gen)* Aktenmappe *f*; 3. *(Pol)* Geschäftsbereich *m*, Referat *n*, Portefeuille *n*, Ressort *n (of government activity)*
portfolio analysis *(V&M)* Portfolio-Analyse *f*
portfolio approach *(Fin, WiWi)* Portfolio-Ansatz *m*, Portfolio-Investment *n (strategic corporate planning; strategische Unternehmensplanung)*
portfolio investment *(Fin, WiWi)* Portfolio-Investition *f (an investment abroad = Auslandsinvestition; als Finanzinvestition in Unternehmensbeteiligungen bzw. Eigentumstiteln; opposite: direct investment = Direktinvestition = Beteiligungsinvestition als –meist- strategische Investition in überseeische Unternehmen und Gesellschaften)*; indirekte Investition *f*
portfolio investments *(Fin, WiWi)* Wertpapieranlagen *fpl*
portfolio management 1. *(Bank)* Vermögensverwaltung *f*; 2. *(Fin)* Effektenverwaltung *f*

portfolio management theory *(Börse, Fin)* Portfolio-Managementtheorie *f*, Vermögensverwaltungstheorie *f*
portfolio selection *(Fin)* Anlagenauswahl *f*, optimales Depotmanagement *n*, Portfolio-Selektion *f*
portfolio turnover *(Fin)* Portefeuille--Umschichtung *f*
POS *s.* point-of-sale
pose *v (Gen)* aufwerfen *(question, problem)*
pose *v* **a threat** *(Gen)* eine Bedrohung darstellen
position *v* 1. *(Gen)* positionieren; 2. *(Börse)* auf eigene Rechnung kaufen, eine Position eröffnen
position *v* **a product** *(Gen, V&M)* ein Produkt positionieren
position 1. *(RW)* Finanzlage *f*; 2. *(Admin)* Stellung *f*; 3. *(Bank)* Bestand *m*; 4. *(Gen)* Standpunkt *m (point of view)*; Arbeitsplatz *m*, Lage *f (situation)*; 5. *(Pers)* Position *f*, Stelle *f*, Stellung *f*, Wertpapierposition *f*, Position *f* • **be in a position to** *(Gen)* in der Lage sein zu
position-keeping *(Börse)* Positionsführung *f*
positioning 1. *(Fin)* Positionierung *f*; 2. *(V&M)* Platzierung *f*
positioning of advertising *(V&M)* Anzeigenplatzierung *f*
positive *adj (Gen)* konstruktiv, positiv *(favourable)*
positive confirmation *(RW)* positive Bestätigung *f*, vorbehaltslose Bestätigung *f (auditing)*
positive economics *(WiWi)* positive Wirtschaftswissenschaften *fpl*
positive feedback *(WiWi)* positive Rückmeldung *f*, positive Reaktion *f*
possession *(Recht)* Besitz *m (property)*
possessor *(Recht)* Besitzer(in) *m(f)*
possessory claim *(Recht)* Besitzanspruch *m*
possibility *(Gen)* Möglichkeit *f*, Chance *f*
post *v* 1. *(RW)* ausweisen, buchen, eintragen, verbuchen; 2. *(Admin)* anschlagen; 3. *(Gen)* aufgeben, abschicken, einstecken, einwerfen *(through letterbox)*
post *v* **an entry** *(RW)* einen Eintrag verbuchen, einen Posten einbuchen
post *(Gen)* nach • **post meridiem** *(Gen)* nachmittags
post 1. *(Komm)* Post *f*; 2. *(Gen)* Arbeitsplatz *m*; 3. *(Pers)* Posten *m*, Stelle *f*, Stellung *f*; 4. *(Börse)* Stand *m* • **by post** *(Komm)* auf dem Postweg • **by the same post** *(Gen)* mit gleicher Post
post-balance-sheet event *(RW)* Ereignis *f* nach dem Bilanzstichtag
post-free *adj (Komm)* gebührenfrei
post-industrial society *(WiWi)* nachindustrielle Gesellschaft *f*
post office *(Komm)* Post *f*, Postamt *n*
post office box *(Komm)* Postfach *n*, Schließfach *n*
post-purchase remorse *(V&M)* Reue *f* nach dem Kauf
post-sales service *(V&M)* Kundendienst *m*
postage *(Komm)* Frankierung *f*, Porto *n*, Portospesen *pl*
postage and packing *(Komm)* Porto *n* und Verpackung *f*
postage due *(Komm)* Nachporto *n*, Nachgebühr *f*
postage expenses *(Komm)* Portospesen *pl*
postage paid *(Komm)* franko, Gebühr bezahlt, Porto bezahlt, portofrei, postfrei, gebührenfrei
postage stamp *(Komm)* Briefmarke *f*
postal address *(Komm)* Post(zustell)-adresse *f*
postal money order *(AE) (Bank, Fin, Gen)* Postanweisung *f*
postal order *(BE) (Bank, Fin, Gen)* Postanweisung *f*
postal remittance *(RW)* Postüberweisung *f*
postal zone *(Komm)* Postleitzone *f*, Postzustellbereich *m*
postbox *(BE) (Admin, Komm)* Briefeinwurf *m*, Briefkasten *m*
postcode *(BE) (Gen, Komm)* Postleitzahl *f*, PLZ
postdate *v* 1. *(Komm)* nachdatieren, später datieren; 2. *(Gen)* vordatieren *(cheque, document)*
postdated *adj* 1. *(Komm)* nachdatiert; 2. *(Gen)* vordatiert
poste restante *adj (Komm)* postlagernd
posthedging transaction *(WiWi)* Sicherungsgeschäft *n*

posting 1. *(Komm)* Posteinlieferung *f*; 2. *(RW)* Verbuchung *f*; 3. *(Gen, Pers)* Versetzung *f (job)*; 4. *(Recht)* Aufstellen *n*, Buchungsverfahren *n*, Eintragungsverfahren *n*; öffentliche Bekanntmachung *f (civil procedure)*
posting error *(RW)* Fehlbuchung *f*
posting of workers *(Pers)* Entsendung *f* von Arbeitskräften
postmark *(Komm)* Datumsstempel *m*, Poststempel *m*, Tagesstempel *m*
postpaid *adj (Komm)* im Voraus bezahlt, Porto bezahlt, portofrei
postpone *v (Gen)* aufschieben, verschieben, vertagen, zurückstellen
postponement *(Gen)* Aufschub *m*, Verschiebung *f*, Vertagung *f*, Zurückstellung *f*
postponement of payment *(Fin, Recht)* Stundung *f*, Zahlungsaufschub *m*
postscript 1. *(Komm)* Nachschrift *f*, Nachtrag *m*, Postscriptum *n*, P.S.; 2. *(Gen)* Nachsatz *m*
potential *adj (Gen)* möglich, potenziell
potential *(Gen)* Möglichkeit(en) *f(pl)*; Leistungsvermögen *n*, Potenzial *n*, Leistungskraft *f*; Hilfsquelle *f*; Kapazität *f* • **have potential** *(Gen)* über Potenzial verfügen
potential buyer *(V&M)* potenzielle Käuferin *f*, potenzieller Käufer *m*
potential customer *(WiWi)* Interessent(in) *m(f)*
potential income *(WiWi)* potenzielles Einkommen *n*
potential investor *(Börse)* potenzielle Anlegerin *f*, potenzieller Anleger *m*
potential output *(WiWi)* potenzieller Ausstoß *m* einer Volkwirtschaft
pour *v* **money into** *(WiWi)* investieren in
power *v (Comp, Ind)* betreiben
power 1. *(Comp)* Strom *m*, Spannung *f (electricity)*; 2. *(Gen)* Macht *f*, Vermögen *n (capability)*; Befugnis *f*, Ermächtigung *f (authorization)*; 3. *(Ind)* Energie *f*, Kraft *f*, Leistung *f*, Netzstrom *m*, Starkstrom *m*, Spannung *f (electrical)* • **give sb a power of attorney** *(Recht)* jmdm. eine Vollmacht erteilen
power consumption *(Ind, Umwelt)* Energieverbrauch *m*, Stromverbrauch *m*
power generation *(Ind)* Energieerzeugung *f*
power industries *(Ind)* Energiewirtschaft *f*
power of attorney *(Recht)* Bevollmächtigung *f*, (schriftliche) Vollmacht *f*, Vollmachtsurkunde *f*
power supply *(Ind, Umwelt)* Energieversorgung *f*
power to sign *(Admin)* Zeichnungsberechtigung *f*
powerful *adj (Gen)* überzeugend, bedeutend, kraftvoll, leistungsstark, einflussreich
p&p *s.* postage and packing
pp *s.* per pro
PPB *s.* planning, programming and budgeting
PPBS *s.* planning, programming and budgeting system
PR agency *(V&M)* PR-Agentur *f*, Werbeagentur *f*
practice *v (AE) s.* practise
practice *(Recht)* Praxis *f* • **in practice** *(Gen)* in der Praxis
practice firm *(Bil, Gen)* Übungsfirma *f (for the training of people in the commercial sector, apart from a few "simulated" units, e. g. the payment system, similar to "on-the-job" training)*
practise *v (BE)* 1. *(Gen)* üben *(exercise)*; 2. *(Recht)* praktizieren
practise *v* **a profession** *(BE) (WiWi)* einen freien Beruf ausüben
practise *v* **as** *(BE) (Recht)* tätig sein als
pre-arranged *adj (Gen)* fixiert, im Voraus vereinbart
pre-decision phase [stage] *(Mgt, Pol, Recht)* entscheidungsvorbereitende Phase *f*, Entscheidungsvorbereitungsphase *f (UMAG; pre-decision-making period)*
pre-eminent *adj (Gen)* überragend, herausragend, hervorragend
pre-emptive bid *(Börse)* großzügiges Übernahmeangebot, das mögliche Mitbieter abschreckt
pre-emptive right *(AE) (Recht)* Vorkaufsrecht *n*
pre-operating expenses *(Fin, RW)* Anlaufkosten *pl*
pre-tax *adj (Steuer)* vor Steuern

pre-tax earnings *(Steuer)* Gewinn *m* vor Steuern

pre-tax profit *(Steuer, WiWi)* Gewinn *m* vor Steuern, *(ugs.)* Vorsteuergewinn *m* *(Ebit minus Zinsergebnis = Ebit minus net interest income = income after interest, but before taxes; synonymous: pre-tax earnings, pretax earnings)*

pre-tax profit margin *(Steuer, WiWi)* Vorsteuer-Gewinnspanne *f*, Vorsteuer-Gewinnmarge *f*, Umsatzrendite *f* vor Steuern, Umsatzrentabilität *f* vor Steuern *(percentage return on sales before taxes)*

pre-test *(V&M)* Pretest *m*

pre-treat *v (Umwelt)* vorbehandeln

preamble 1. *(Gen)* Einleitungsformeln *fpl*, Vorrede *f (to agreement, contract)*; 2. *(Mgt, Recht)* Präambel *f*; 3. *(Pat)* Einleitung *f*, Vorbemerkung *f*

prebill *v (V&M)* vorfakturieren

precarious employment *(Pers)* instabile Beschäftigung *f*, prekäre Beschäftigung *f*

precarious employment relationship *(Pers, WiWi)* prekäres Beschäftigungsverhältnis *n*, instabiles Beschäftigungsverhältnis *n*

precautionary demand for money *(WiWi)* Vorsorgemotiv *n* der Geldnachfrage

precedence rating *(WiWi)* Dringlichkeitsstufe *f*

precedent *(Recht)* Präzedenzfall *m (case law)*

preceding year basis *(PYB) (Gen, Stat)* Vorjahresbasis *f*

precise *adj (Gen)* präzise, genau, pünktlich

precision engineering *(Ind)* Feinmechanik *f*, Feintechnik *f*, Präzisionstechnik *f*

preclusive buying *(V&M)* Ausschlusskauf *m*

precondition *(Gen)* Vorbedingung *f*, Bedingung *f*

preconditions for a claim *(Recht)* Anspruchsvoraussetzungen *fpl*

predate *v (Gen)* vorausgehen, (zu)rückdatieren *(document)*

predatory competition *(Gen)* Verdrängungswettbewerb *m*

predatory pricing policy *(WiWi)* Verdrängungswettbewerb *m*

predetermine *v (Börse, Gen, Mgt)* vorausbestimmen, vorher ermitteln, vorgeben

predict *v (Gen)* prognostizieren, vorausberechnen

predictable *adj (Gen)* berechenbar, voraussagbar, vorhersehbar

predicted cost *(RW)* Plankosten *pl*, Sollkosten *pl*, Vorgabekosten *pl* *(budgetary control = Prognosekostenrechnung)*

prediction *(Gen)* Voraussage *f*, Prognose *f*

predictive power *(Stat, WiWi)* Prognosequalität *f*

predictive quality *(Stat, WiWi)* Prognosequalität *f*

prefabricated *adj (Grund)* vorgefertigt

prefabricated house *(Grund)* Fertighaus *n*

prefer *v (Fin, Gen, RW, V&M)* bevorzugen

preference *(Gen)* Bevorzugung *f*, Vorrang *m*; Neigung *f (inclination)*

preference system *(WiWi)* Bedarfsstruktur *f*

preferential *adj (V&M)* bevorzugt

preferential interest rates *(Bank)* Vorzugszinsen *mpl*

preferential price *(WiWi)* Vorzugspreis *m*

preferential terms *(Gen)* Vorzugskonditionen *fpl*

preferential treatment *(Gen)* Bevorzugung *f*, Vorzugsbehandlung *f*

preferred *adj (Fin, Gen, RW, V&M)* bevorzugt

preferred claim *(Gen, Recht)* bevorrechtigte Forderung *f (synonymous: preferential debt, preferential claim)*

preferred creditor *(Recht, RW)* bevorrechtigter Gläubiger *m (in bankruptcy; synonymous: preferential creditor)*

preferred debt *(Gen, Recht)* bevorrechtigte Forderung *f (synonymous: preferential debt, preferential claim)*

preferred dividend *(AE) (RW)* Vorzugsdividende *f*

preferred stock *(AE) (Börse, Fin)* Vorzugsaktie *f*

preinvestment analysis *(WiWi)* Wirtschaftlichkeitsrechnung *f*, Investitionsrechnung *f*; Rentabilitätsrechnung *f*, Rentabilitätsvergleichsrechnung *f*

prejudice *v (Recht)* beeinflussen

prejudice *(Gen)* Befangenheit *f*, Voreingenommenheit *f*, Vorurteil *n (damage)*
prejudicial *adj (Gen)* nachteilig, schädlich • **be prejudicial to** *(Gen)* sich nachteilig auswirken auf
preliminary *(Gen)* vorbereitende Maßnahme *f*
preliminary agreement *(Recht)* Vorvertrag *m (contract)*
preliminary calculation *(RW)* Vorkalkulation *f*
preliminary draft *(Fin)* Vorentwurf *m*
preliminary estimate *(Gen)* Vorausschätzung *f*
preliminary investigation *(Recht)* vorläufige Untersuchung *f*
preliminary VAT return *(BE) (Steuer)* USt-Voranmeldung *f*
premature *adj (Gen)* verfrüht, voreilig, vorzeitig
premerger notification duty *(Recht)* Anzeigepflicht *f* bei Fusionen
premise *(Gen)* Voraussetzung *f* • **on the premise that** *(Gen)* unter der Voraussetzung, dass
premises 1. *(Ind)* Grund und Boden; 2. *(Grund)* Anwesen *n*, Räumlichkeiten *fpl*, Geschäftsräume *mpl (commercial building)*
premium 1. *(Fin)* Agio *n*; 2. *(Gen)* Aufschlag *m*, Bonifikation *f*; 3. *(Pers)* Zulage *f*, Bonus *m*; 4. *(Versich)* Prämie *f*, Versicherungsprämie *f*; 5. *(V&M)* Vorzugsangebot *n (advertising)*; 6. *(Börse)* Aufgeld *n*, Report *m* • **at a premium** *(Börse, Fin)* mit einem Agio
premium default *(Fin, Versich)* Prämienverzug *m*
premium price *(V&M)* Höchstpreis *m*
premium rate *(Versich)* Prämiensatz *m*, Tarifbeitrag *m*
prenuptial agreement *(Recht)* Ehevertrag *m*, vorehelicher Vertrag *m*
prepackaging *(V&M)* Vorverpackung *f*
prepaid *adj (Fin, Gen, Transp, V&M)* vorausbezahlt
prepaid costs *(V&M)* vorausbezahlte Kosten *pl*
prepaid expenses *(RW)* transitorischer Posten *mpl*
preparation of a balance sheet *(RW)* Bilanzaufstellung *f*
preparatory phase [stage] *(Gen, Mgt)* Vorbereitungsstadium *n*, Vorbereitungsphase *f*
preparatory work *(Gen)* Vorarbeit *f*, vorbereitende Arbeiten *fpl*
prepare *v* 1. *(RW)* aufstellen; 2. *(Gen)* erstellen, vorbereiten, ausarbeiten, erarbeiten
prepare *v* **the annual financial statements** *(Fin, RW)* den Jahresabschluss aufstellen
prepay *v (Bank, Fin, RW, Steuer)* vorauszahlen
prepayment 1. *(RW)* Vorauszahlung *f*; 2. *(Bank)* Vorfälligkeit *f*; 3. *(Gen)* Anzahlung *f*
prepayment penalty *(Bank)* Vorfälligkeitsentschädigung *f*
preproduction cost *(RW)* Vorlaufkosten *pl*
prerequisite *(Gen)* Bedingung *f*, Erfordernis *n*, Voraussetzung *f*, Vorbedingung *f*
prerequisite for accession *(Pol, Recht, WiWi)* Eintrittsvoraussetzung *f*
prerequisite for entry *(Pol, Recht, WiWi)* Eintrittsvoraussetzung *f*
prerogative *(Recht)* Vorrecht *n*
presale service *(V&M)* Dienst *m* am Kunden vor dem Verkauf, Vorverkaufskundendienst *m*
prescribe *v (Recht)* vorschreiben *(requirements)*
prescribed price *(Gen)* vorgeschriebener Preis *m*
preselection *(Komm)* Voreinstellung *f*
present *v* 1. *(Bank)* einreichen; 2. *(Gen)* vorlegen *(report, bill)*; 3. *(Recht)* vorlegen *(evidence)*; 4. *(V&M)* vorführen
present *v* **a draft for acceptance** *(Bank, Fin, Gen)* eine Tratte zur Annahme vorlegen
present *v* **fairly** *(RW)* ordnungsgemäß darstellen, wirtschaftlich angemessen darstellen *(auditing)*
present *v* **in an easy format** *(Gen)* leichtverständlich darlegen
present *adj (Gen)* präsent, anwesend, gegenwärtig, augenblicklich *(current)*
present *(Media, V&M)* Präsent *n*
present value 1. *(RW)* Barwert *m*; 2. *(Fin)* Barwert *m*, Gegenwartswert *m*
present value approach *(Fin)* Zeitwertmethode *f*

present value factor *(Fin)* Barwertfaktor *m*
present value method 1. *(WiWi)* Kapitalwertmethode *f*; 2. *(Fin, RW)* Zeitwertmethode *f*
presentation 1. *(Bank)* Einreichung *f*; 2. *(Gen)* Vorlage *f*; 3. *(Recht)* Vorlegung *f*; 4. *(Mgt)* Darstellung *f*; 5. *(V&M)* Präsentation *f*, Vorführung *f* • **on presentation** *(Fin, Recht)* bei Vorlage *f*, gegen Vorlage *f*
preservation of full employment *(Pers)* Aufrechterhaltung *f* der Vollbeschäftigung, Sicherung *f* der Vollbeschäftigung
preservatives *(Ind, V&M)* Konservierungsmittel *npl* • **no preservatives or additives** *(Ind, V&M)* ohne Konservierungs- oder Zusatzstoffe
preside *v (Gen)* den Vorsitz haben *(at meeting)*
preside *v* **over** *(Gen)* vorsitzen *(meeting, commission)*
presidency *(Mgt, Pol)* Präsidentschaft *f*, Vorsitz *m*
president 1. *(Pers)* Präsident(in) *m(f)*, Vorsitzende(r) *f(m)*, Vorstandsvorsitzende(r) *f(m)*; 2. *(Mgt)* Generaldirektor(in) *m(f) (of business)*
President *(Gen, Pol)* Präsident(in) *m(f)*, Präs.
President of the Treasury Board *(AE) (Fin)* Präsident(in) *m(f)* des Schatzamtes
press *(Media, Pol, V&M)* Presse *f* • **go to press** *(Media)* in Druck gehen *(print)* • **have a bad press** *(Gen)* eine schlechte Presse haben • **have a good press** *(Gen)* eine gute Presse haben
press campaign *(Media)* Pressecampagne *f (print)*
press conference *(Media)* Pressekonferenz *f (print)*
press coverage *(Media)* Presseberichterstattung *f (print)*
press office 1. *(Media)* Presseamt *n*, Pressestelle *f*; 2. *(Pol)* Presseamt *n*
press release *(Media)* freigegebene Pressemitteilung *f*, freigegebene Presseverlautbarung *n*
press report *(Media)* Pressebericht *m*
press statement *(Media)* Pressemitteilung *f*
pressure *(Gen)* Beanspruchung *f*, Belastung *f*, Druck *m* • **come under pressure** *(Gen)* unter Druck geraten *(to do sth)*
pressure group *(Pol)* Interessengruppe *f*, Lobby *f*, Interessenverband *m*, Interessenvereinigung *f*, Interessenvertretung *f*
pressurize *v (Pers, WiWi)* unter Druck setzen *(person)*
prestigious *adj (Gen)* angesehen, repräsentativ, vornehm, renommiert, einflussreich *(influential)*
presumable *adj (Gen)* voraussichtlich
presumption of ownership *(Gen)* Eigentumsvermutung *f*
pretence *(Recht)* Vortäuschung *f*
prevail *v* **against** *(Gen)* sich durchsetzen gegen
prevailing *adj (Gen)* gängig, handelsüblich, herrschend, maßgeblich
prevention *(Gen)* Verhütung *f*, Verhinderung *f*, Vermeidung *f*, Vorbeugung *f*
preventive measure *(Gen)* vorbeugende Maßnahme *f*
previous *adj (Gen)* vorherig
previous application *(Pat)* Voranmeldung *f*
previous year *(Gen)* vorhergehendes Jahr *n*, Vorjahr *n*
price *v* 1. *(Fin)* berechnen; 2. *(Gen, V&M)* auszeichnen
price 1. *(Fin, WiWi)* Kurs *m*; 2. *(Gen)* Preis *m*; 3. *(Grund)* Angebotspreis *m*; 4. *(V&M)* Kaufpreis *m*, Marktpreis *m*; 5. *(Börse)* Briefkurs *m*, Kurs *m* • **price on application** *(Gen)* Preis *m* auf Anfrage • **at ruling prices** *(Börse, Fin)* zu gegenwärtigen Börsenkursen, zu Tagespreisen, zu Tageskursen
price behavior *(AE) (Börse) s.* price behaviour
price behaviour *(BE) (Börse)* Preisverhalten *n (of options)*
price bid *(Börse)* Geldkurs *m*, Preisangebot *n*
price comparison *(Gen, V&M)* Preisvergleich *m*
price control *(WiWi)* Preiskontrolle *f*
price-controlled *adj (Gen, V&M)* preisgebunden
price cut *(Fin, V&M, WiWi)* Preisreduzierung *f*, Preissenkung *f*

price-demand elasticity *(V&M)* Preisnachfrageelastizität *f*
price-demand function *(WiWi)* Preisabsatzfunktion *f*
price determinant *(V&M)* Preisbildungsfaktor *m*
price differential 1. *(Pers, WiWi)* Preisgefälle *n*, Preisunterschied *m*; 2. *(V&M)* Preisdifferenzierung *f*; 3. *(Börse)* Kursgefälle *n*
price discrimination *(V&M)* Preisdiskriminierung *f*
price-earnings multiple *(Fin)* Kurs-Gewinn-Verhältnis *n*, KGV
price-earnings ratio *(Fin)* Kurs/Gewinn--Verhältnis *n*, KGV
price effect *(WiWi)* Preiseffekt *m*
price elasticity of demand *(WiWi)* Preiselastizität *f* der Nachfrage
price-equity ratio *(Fin)* Kurs-Buchwert--Verhältnis *n*, KBV *n (synonymous: price-to-book ratio, P/B ratio; the ratio compares a stock's market value to its book value; ein Indikator für den Kursaufschlag, den Aktionäre über den reinen Buchwert einer Aktie hinaus zu zahlen bereit sind)*
price-fixing *(Recht, V&M)* Preisabsprache *f*, Preisbindung *f*, Preisfestsetzung *f*; illegale Preisabsprache *f*
price formation *(V&M, WiWi)* Preisbildung *f*
price freeze *(Gen, V&M, WiWi)* Preisstopp *m*
price gap 1. *(Börse)* Kurssprung *m*, Kursdifferenz *f (significant price movement of a security or commodity between two trading sessions, e. g. such that the second day's opening price is outside the first day's trading range = Kursspanne)*; 2. *(Gen)* Preissprung *m*, Preisdifferenz *f*; Preisschere *f*
price guarantee *(V&M)* Preisgarantie *f*
price incentive *(V&M)* Preisanreiz *m*
price increase 1. *(WiWi)* Preissteigerung *f*; 2. *(Fin, V&M)* Preisanstieg *m*, Preiserhöhung *f*
price index *(Börse, Fin, RW, WiWi)* Preisindex *m*
price label *(V&M)* Preisetikett *n*, Preisschild *n*
price leader *(V&M, WiWi)* Lockvogel *m (low-priced article)*; Preisführer *m (firm)*
price level 1. *(Gen)* Kursniveau *n*; 2. *(V&M, WiWi)* Preisniveau *n*
price list *(Recht, V&M)* Preisverzeichnis *n*, Preisliste *f*
price maintenance *(Fin, Recht, V&M)* Preisbindung *f*, Preisbindung *f* der zweiten Hand
price maintenance scheme *(V&M)* Preisbindungsregelung *f*
price maker *(WiWi)* Preisfixierer *m*
price mechanism *(WiWi)* Marktpreismechanismus *m*
price nosedive *(Börse)* Kurssturz *m*, Kursrutsch *m*
price of delivery *(Gen)* Bezugspreis *m*
price of goods *(WiWi)* Warenwert *m*
price offered *(Börse)* Brief *m*, Briefkurs *m*
price-performance ratio *(Gen)* Preis--Leistungs-Verhältnis *n*
price-quality ratio *(V&M)* Preis-Qualitätsverhältnis *n*
price range 1. *(WiWi)* Preisbereich *m*; 2. *(Gen)* Preislage *f*; 3. *(V&M)* Preisskala *f*, Preisspanne *f*, Preisspektrum *n*
price reduction *(V&M)* Preisnachlass *m*
price rigidity *(WiWi)* Preisstarrheit *f*
price-sensitive *adj (V&M, WiWi)* preisempfindlich
price spread *(V&M)* Preisspanne *f*
price stability *(V&M, WiWi)* Preisstabilität *f*
price tag *(V&M)* Preisschild *n*
price taker *(WiWi)* Mengenanpasser *m*
price volatility *(Börse)* Kursvolatilität *f*, Kursvariabilität *f*
price war *(V&M, WiWi)* Preiskrieg *m*
pricey *adj (Gen) (ugs.)* happig, kostspielig, teuer
pricing 1. *(RW)* Preiskalkulation *f*; 2. *(V&M)* Preisfestlegung *f*, Preissetzung *f*, Preisverhalten *n*; 3. *(Fin)* Ermittlung *f* des Fair Value, Fair-Value-Ermittlung *f (Bonds, Options, Futures)*; 4. *(Börse)* Preisfestlegung *f*, Preisgestaltung *f*
pricing policy *(V&M)* Preis(bildungs)-politik *f*
pricy *adj s.* pricey
prima facie *(Gen)* nach dem ersten Anschein
primarily *adv (Gen)* hauptsächlich, in der

Hauptsache, in erster Linie, primär, vor allem

primary *adj (Gen)* hauptsächlich, primär, Primär…

primary activities *(Gen)* Kerngeschäft *n*, Primärgeschäft *n*

primary capital *(Bank, Fin)* primäres Eigenkapital *n*

primary commodity *(WiWi)* Grundstoff *m*, Rohstoff *m*

primary data *(V&M)* Primärdaten *pl*

primary dealer *(WiWi)* Primärhändler *m*

primary deficit *(WiWi)* Primärdefizit *n*

primary industry *(WiWi)* Grundstoffindustrie *f*

primary labor market *(AE) (Pers, WiWi)* s. primary labour market

primary labour market *(BE) (Pers, WiWi)* Hauptarbeitsmarkt *m*, Primärarbeitsmarkt *m*, primärer Arbeitsmarkt *m*

primary liquidity *(Bank)* Primärliquidität *f*

primary market *(Börse)* Markt *m* für Neuemissionen, Primärmarkt *m*

primary production *(Ind, Recht)* Primärproduktion *f (EU)*

primary resource *(Umwelt)* Primärressource *f*

primary sector *(WiWi)* primärer Sektor *m*

prime *adj (Gen)* erstklassig, Haupt…

prime bill *(Börse)* erstklassiger Wechsel *m*

prime costs *(WiWi)* Fertigungseinzelkosten *pl*, Gestehungskosten

prime interest rate *(Fin)* Bankzinssatz *m* für erste Adressen, Leitzinssatz *m* *(synonymous: prime, prime rate, prime lending rate)*

prime lending rate *(Fin)* Bankzinssatz *m* für erste Adressen, Leitzinssatz *m*

prime location *(Grund)* bevorzugte Lage *f*

prime quality *(Gen)* erste Wahl *f*

prime rate of interest *(Bank)* Kreditzins *m* für erste Adressen, Prime-Rate *f*

prime time *(Media)* Hauptsendezeit *f*, Haupteinschaltzeit *f*

prime viewing time *(Media)* Hauptfernsehzeit *f (TV)*

prime working age *(Pers)* im besten Erwerbsalter *n*

principal *adj (Gen)* hauptsächlich, Haupt…

principal 1. *(RW)* Auftraggeber(in) *m(f)*; 2. *(Bank)* Erstverpflichtete(r) *f(m)*; 3. *(Fin)* Auftraggeber(in) *m(f)*

principal agent relation *(WiWi)* Principal-Agent-Beziehung *f*

principal agent theory *(WiWi)* Principal--Agent-Theorie *f*

principal contractor *(Gen)* Hauptlieferant *m*

principal customer *(Gen)* Hauptkunde *m*, Hauptkundin *f*

principal debtor *(Fin, V&M)* Hauptschuldner(in) *m(f)*

principal establishment *(Gen)* Hauptniederlassung *f*

principal place of business *(Gen, Mgt)* Hauptniederlassung *f*, Hauptsitz *m*

principal stockholder *(Börse)* Großaktionär(in) *m(f)*, Hauptaktionär(in) *m(f)*

principal sum *(Fin)* Kapitalbetrag *m (insurance)*

principal value *(Börse)* Kapitalwert *m*, Nennwert *m*

principal wage earner *(Pers)* Hauptverdiener(in) *m(f)*

principle *(Gen)* Grundsatz *m*, Leitsatz *m*, Prinzip *n*

principle of accrual *(RW)* Prinzip *n* der Periodenabgrenzung

principle of causality [causation] *(Gen, RW)* Verursachungsprinzip *n (cost accounting, Kostenrechnung)*

principle of equal treatment *(Recht)* Gleichbehandlungsgrundsatz *m*

principle of equivalence *(Versich)* Äquivalenzprinzip *n*

principle of unanimity *(Pol, Recht)* Einstimmigkeitsprinzip *n*

principles of management *(Mgt, WiWi)* Führungsgrundsätze *mpl*

print quality *(Comp, Media)* Druckqualität *f*

print resolution *(Comp)* Druckauflösung *f (e. g. 600 dpi)*

print settings *(Comp)* Druckeinstellungen *fpl*

printed form *(Gen)* Vordruck *m*, vorgedrucktes Formular *n*

printed matter *(Gen, Media)* Drucksache *f*

printer resolution *(Comp)* Druckerauflösung *f (e. g. 1200 dpi)*

printing house *(Comp, Media)* Druckerei *f*

printing plant *(Comp, Media)* Druckerei *f*
printout *(Admin, Comp)* Ausdruck *m*
prior *adj (Gen)* früher, vorherig, vorrangig • **prior to** *(Gen)* vor
prior art *(Pat)* Stand *m* der Technik
prior commitment *(Gen)* früher eingegangene Verpflichtung *f*, frühere Verpflichtung *f*
prior consent *(Gen)* vorherige Zusage *f*
prior debt *(Fin)* Altschulden *fpl*
prior mortgage *(Grund)* vorrangige Hypothek *f*
prior patent *(Pat)* älteres Patent *n*, Vorzugspatent *n*
prior turnover tax *(Steuer)* Vorsteuer *f*
priority *adj (Gen)* vorrangig
priority 1. *(Gen)* Hauptziel *n*, Priorität *f (goal, target)*; Vorrang *m (precedence)*; Rangfolge *f (order of preference)*; Dringlichkeit *f (urgency)*; 2. *(Pat)* Vorrang *m*, Vorrecht *n*
priority date *(Pat, Recht)* Prioritätsdatum *n*
priority right *(Pat, Recht)* Vorzugsrecht *n*
privacy *(Komm, Recht)* Privatsphäre *f*, Privatleben *n (civil rights)*
privacy officer *(Komm, Recht)* Datenschutzbeauftragter *m*
privacy policy *(Komm, Recht)* Datenschutzrichtlinie *f (Internet)*
private *adj (Gen)* persönlich, privat, vertraulich • **by private contract** 1. *(Gen)* freihändig; 2. *(Recht)* durch privatschriftlichen Vertrag • **private and confidential** *(Gen)* streng vertraulich, vertraulich
private brand *(V&M)* Hausmarke *f*
private call *(Komm)* Privatgespräch *n*
private company 1. *(Gen)* personenbezogene Kapitalgesellschaft *f*, Privatunternehmen *n*; 2. *(Recht)* privatrechtliches Unternehmen *n*
private consumption 1. *(WiWi)* privater Konsum *m*; 2. *(Gen)* Eigenverbrauch *m*
private employment agency *(Pers)* private Arbeitsvermittlung *f*, private Stellenvermittlung *f*
private employment service *(Pers)* private Arbeitsvermittlung *f*, private Stellenvermittlung *f*
private enterprise 1. *(WiWi)* Privatwirtschaft *f*, (freie) Marktwirtschaft *f (economic system)*; 2. *(Gen)* Privatbetrieb *m*, Privatunternehmen *n (firm)*
private equity *(Fin)* Unternehmensbeteiligungen *fpl (Beteiligungen an nicht börsengehandelten Unternehmen)*; privates Beteiligungskapital *n*
private equity industry 1. *(Fin)* Private-Equity-Branche *f*, Beteiligungsbranche *f*; Beteiligungsfonds *mpl*; 2. *(Media, Pol) (ugs.)* Heuschrecken *fpl*, *(ugs.)* Barbaren *mpl*, *(ugs.)* Aussauger *mpl*, *(ugs.)* Ausbeiner *mpl*, *(ugs.)* Aasgeier *mpl*
private good *(WiWi)* Individualgut *n*
private household *(Gen)* Privathaushalt *m*
private individual *(Gen)* Privatperson *f*
private institution *(Grund)* private Anstalt *f*, private Einrichtung *f*, private Institution *f*, privates Institut *n*
private job placement agency *(Pers)* private Arbeitsvermittlung *f*
private job placing agency *(Pers)* private Arbeitsvermittlung *f*
private law *(Recht)* Privatrecht *n (civil law)*
private limited company *(BE) (Gen, Recht)* beschränkt haftende Gesellschaft *f (synonymous: limited company; a company with limited liability to the extent of the amount of capital invested; die Firma ist ein Rechtssubjekt -legal entity, legal person- und muss den Zusatz "Limited" oder "Ltd." enthalten, ähnlich Deu: Gesellschaft mit beschränkter Haftung, GmbH, Öst: Ges.m.b.H.)*
private limited partnership *(Börse, Recht)* Kommanditgesellschaft *f*, KG
private ownership *(Gen, Grund)* Privatbesitz *m*, Privateigentum *n*
private patient *(Soz)* Privatpatient(in) *m(f)*
private placing service *(Pers)* private Arbeitsvermittlung *f*, private Stellenvermittlung *f*
private sector *(WiWi)* privater Sektor *m*, Privatwirtschaft *f*
private sector company *(Gen, WiWi)* privates Unternehmen *n*
privately-owned company *(WiWi)* Privatunternehmen *n*, Unternehmen *n* in Privatbesitz
privatization *(Gen, Pol, WiWi)* Entstaatlichung *f*, Privatisierung *f*

privatize *v (WiWi)* entstaatlichen, privatisieren
privilege 1. *(Gen)* Privileg *n*, Vorrecht *n*; 2. *(Mgt, Pers)* Vergünstigung *f*; 3. *(Börse)* Option *f*
pro forma *adj (Admin, Gen, Imp/Exp)* pro forma
pro forma balance sheet *(RW)* Probebilanz *f*
pro forma invoice *(Admin, Gen, Imp/Exp, RW, V&M)* Proformarechnung *f*, vorläufige Rechnung *f*
pro rata *(Gen)* verhältnismäßig
proactive *adj (Mgt)* proaktiv
probability *(Stat)* Wahrscheinlichkeit *f*
probable *adj* 1. *(Gen)* glaubhaft, mutmaßlich, voraussichtlich, wahrscheinlich; 2. *(Stat)* wahrscheinlich
probate duty *(Recht)* Erbschaftssteuer *f*
probation *(Recht)* Bewährung *f*
probation period *(Pers)* Probezeit *f* • **after expiration of the probation period** *(Gen, Pers)* nach Ablauf der Probezeit
problem *(Gen)* Problem *n*
problem analysis *(Mgt, Stat)* Problemanalyse *f*
problem loan *(Bank, Fin)* Problemkredit *m*, Risikokredit *m*, *(ugs.)* fauler Kredit *m*
problem solving *(Gen)* Problemlösung *f*
procedural *adj (Admin, Gen, Mgt, Recht)* verfahrensrechtlich
procedure 1. *(Admin, Gen)* Ablauf *m*, Arbeitsweise *f*, Verfahren *n*, Vorgehen *n*, Verfahrensweise *f*; 2. *(Pol)* Geschäftsordnung *f*
proceedings *(Recht)* Verfahren *n*, Verhandlung *f*
proceeds *(Gen)* Erlös *m*
proceeds from the realization of securities *(Börse, Fin)* Erlöse *mpl* aus der Verwertung von Sicherheiten
proceeds in cash *(Gen)* Barerlös *m*
proceeds of an issue *(Fin)* Emissionserlös *m*
proceeds of sales *(Gen)* Verkaufserlös *m*
process *v* 1. *(Comp)* abarbeiten, abfertigen, verarbeiten *(data)*; 2. *(Gen)* abfertigen, abwickeln, bearbeiten *(incoming mail)*; 3. *(Ind)* bearbeiten *(machining)*; aufbereiten, verarbeiten *(production)*
process *v* **an order** *(Admin)* einen Auftrag bearbeiten
process 1. *(Comp)* Prozess *m*; 2. *(Gen)* Verfahren *n*; 3. *(Pers)* Arbeitsablauf *m*; 4. *(Ind)* Prozess *m*, Verarbeitung *f*, Vorgang *m*, Arbeitsweise *f (method)*
process automation *(Mgt, WiWi)* Prozessautomatisierung *f*
process chain *(Bank, Gen, WiWi)* Prozesskette *f*
process chart *(Comp)* Ablaufdiagramm *n*
process control 1. *(Gen)* Fertigungskontrolle *f*; 2. *(Ind)* Prozessleitsystem *n*, Prozesssteuersystem *n (by computer)*; Prozessführung *f*, Prozessleitung *f*, Prozesslenkung *f (progress)*; Fertigungskontrolle *f (of production)*; Qualitätskontrolle *f (of quality)*
process costing 1. *(RW)* Divisionskakulation *f*; 2. *(Ind)* Kostenrechnung *f* für Serienfertigung
process engineering *(Ind)* Fertigungsplanung *f*, Verfahrenstechnik *f*
process of adjustment 1. *(WiWi)* Ausgleichsprozess *m (BOP)*; 2. *(Gen)* Anpassungsprozess *m*
process planning *(Ind, Mgt)* Arbeitsvorbereitung *f*
processed product *(Ind)* Veredelungserzeugnis *n*
processing 1. *(Bank)* Bearbeitung *f (of cheques)*; 2. *(Comp)* Verarbeitung *f*; 3. *(Gen)* Bearbeitung *f*, Abwicklung *f*; 4. *(Ind)* Zubereitung *f*, Verarbeitung *f*
processing industry *(Ind)* (weiter)verarbeitende Industrie *f*
processing time 1. *(Admin, Comp)* Bearbeitungszeit *f*; 2. *(Gen)* Abwicklungszeit *f*
proclamation of a judgment *(Recht)* Urteilsverkündung *f*
procuration *(Recht)* Vollmacht *f*, Bevollmächtigung *f*; *(Deu)* Prokura *f (Plural: Prokuren; p. p.)* • **per procuration, by procuration** *(Recht)* per Prokura, p. p., per p. • **per p. signature** *(Gen, Recht)* Prokuraunterschrift *f*
procurement *(Fin)* Anschaffung *f*, Beschaffung *f*, Bezug *m*; Vermittlung *f*; Beschaffungswesen *f (resourcing, supply and materials management)*
procurement contract *(Fin)* Beschaffungsvertrag *m*

procurement of capital *(Fin, Mgt)* Kapitalbeschaffung
procurement of outside capital *(Fin)* Fremdkapitalaufnahme *f*
produce *v* 1. *(WiWi)* erzeugen, herstellen; abwerfen *(yield)*; 2. *(Gen)* vorführen; 3. *(Ind)* produzieren; 4. *(Recht)* vorlegen *(evidence)*
produce *(Gen, WiWi)* landwirtschaftliche Produkte *npl*
producer 1. *(WiWi)* Erzeuger(in) *m(f)*; 2. *(Gen, Ind, V&M)* Hersteller(in) *m(f)*
producer durable good *(Ind, WiWi)* langlebiges Investitionsgut *n*
producer durable goods *(WiWi)* dauerhafte Produktionsmittel *n*, langlebige Produktionsmittel *n*
producer durables *s.* producer durable goods
producer goods *(WiWi)* Produktionsgüter *npl*
producer price index *(WiWi)* Erzeugerpreisindex *m*
producer's risk *(WiWi)* Lieferantenrisiko *n*, Produzentenrisiko *n*
producer's surplus *(WiWi)* Produzentenrente *f*
product 1. *(Gen)* Produkt *n*, Ware *f*, Artikel *m*, Erzeugnis *n*, Fabrikat *n*; 2. *(RW)* Kostenträger *m (trägt die Istkosten, die Normalkosten oder die Plankosten)*; 3. *(Stat)* Produkt *n (result of the multiplication of two factors)*
product awareness *(V&M)* Produktbekanntheit *f*
product benefit *(V&M)* Produktnutzen *m*, Produktvorteil *m*
product cost accounting *(RW)* Kostenträgerrechnung *f*
product costing 1. *(RW)* Kostenträgerrechnung *f*, Stückkalkulation *f*; Produktkostenberechnung *f*; 2. *(V&M)* Herstellungsaufwand *m*
product costing per period *(RW)* Kostenträgerzeitrechnung *f*
product costing scheme *(RW)* Kalkulationsschema *n*
product cycle *(V&M)* Produktzyklus *m*
product defectiveness *(Recht, V&M)* Mangelhaftigkeit *f* der Sache
product development cycle *(V&M)* Produktentwicklungszyklus *m*
product differentiation *(V&M)* Produktdifferenzierung *f*
product engineering *(V&M)* Fertigungstechnik *f*
product introduction *(V&M)* Produkteinführung *f*
product launch *(V&M)* Produkteinführung *f (marketing)*
product liability *(Versich)* Produkthaftung *f*
product life cycle *(V&M)* Lebenszyklus *m* eines Produktes
product life expectancy *(V&M)* Lebenserwartung *f* eines Produktes
product markets *(WiWi)* Produktmärkte *npl (including services)*
product mix *(V&M)* Produktmix *n*
product performance *(V&M)* Produktleistung *f*
product placement *(Media, V&M)* Produktplatzierung *f*
product-plus *(V&M)* Produktvorteil *m*
product portfolio 1. *(Fin)* Produktbestand *m*; 2. *(V&M)* Produktinvestitionen *fpl*; 3. *(Börse)* Produktportfolio *n*
product positioning *(V&M)* Produktpositionierung *f*
product range *(V&M)* Produktpalette *f*
product standard *(Recht)* Warennorm *f*, Produktnorm *f*
product strategy *(V&M)* Produktstrategie *f*
production 1. *(Gen)* Erzeugung *f*, Vorlage *f*, Vorführung *f*; 2. *(Ind)* Fabrikation *f*, Fertigung *f*, Herstellung *f*, Produktion *f*; Gewinnung *f (extract, mine)*; Zubereitung *f (preparation)*; 3. *(Recht)* Vorlegung *f*
production area *(Gen)* Erzeugungsgebiet *n*
production capacity *(Ind)* Produktionskapazität *f*
production changeover *(Ind)* Produktionsumstellung *f*
production costs 1. *(RW)* Herstellungskosten *pl*; 2. *(WiWi)* Fertigungskosten *pl*, Produktionskosten; 3. *(Ind)* Erzeugungskosten *pl*, Fertigungsaufwand *m*, Produktionsaufwand *m*
production cutback *(Ind)* Produktionseinschränkung *f*, Produktionskürzung *f*
production engineering *(Ind, Mgt)* Be-

triebstechnik *f*, Produktionstechnik *f*, Fertigungstechnik *f*
production function *(WiWi)* Ertragsfunktion *f*, Produktionsfunktion *f*
production incentive *(Pers)* Akkordprämie *f*
production line *(Ind)* Förderband *n*
production management *(Ind, Mgt)* Produktionssteuerung *f*
production manager 1. *(Ind, Pers)* Fertigungsleiter(in) *m(f)*, Betriebsleiter(in) *m(f)*; 2. *(Mgt)* Produktionsleiter(in) *m(f)*
production method *(Ind)* Produktionsmethode *f*, Produktionsverfahren *n*
production planning and control *(Ind, Mgt)* Fertigungsplanung und -kontrolle *f*, Produktionsplanung und -steuerung *f*
production plant *(Gen, Ind)* Produktionsanlage *f*, Produktionsstätte *f*
production possibility frontier *(WiWi)* Produktionsmöglichkeitenkurve *f*
production scheduling *(Ind, Mgt)* Fertigungsplanung *f*, Fertigungsvorbereitung *f*, Produktionsplanung *f*, Terminplanung *f*, Arbeitsvorbereitung *f (work)*
production technology *(Ind)* Fertigungstechnik *f*, Herstellungstechnik *f*
productive *adj* 1. *(WiWi)* gewinnbringend *(profitable)*; 2. *(Gen)* ertragreich; 3. *(Ind, Pers)* produktiv *(workforce)*
productive capital *(WiWi)* produktiv eingesetztes Kapital *n*
productive potential *(WiWi)* Produktionspotenzial *n*
productivity *(Ind, Pers)* Produktivität *f*, Leistungsfähigkeit *f*, Ergiebigkeit *f*, Ertragsfähigkeit *f*
productivity drive *(Ind)* Produktivitätsfeldzug *m*
productivity gains *(Ind)* Produktivitätszuwachs *m*
productivity oriented wage policy *(Pol, WiWi)* produktivitätsorientierte Lohnpolitik *f (das lohnpolitische Konzept fordert Nominallohnerhöhungen in Höhe des Produktivitätsfortschritts, um die Lohnstückkosten und das Preisniveau konstant zu halten, es ist kein Beitrag zum Abbau von Arbeitslosigkeit, wohl aber zur Abbremsung weiterer Zunahme von Arbeitslosigkeit!)*
profession *(Gen, Pers)* (freier) Beruf *m* • **by profession** *(Pers)* von Beruf
professional *adj (Gen)* beruflich, professionell, Fach...
professional *(Gen)* Professional *m*, Profi *m (sport)*
professional association *(Gen, WiWi)* Fachverband *m*, Berufsverband *m*
professional body *(Gen)* Berufsverband *m*, Fachgremium *n*
professional competence *(Pers, V&M)* fachliche Kompetenz *f*
professional experience *(Pers)* Berufserfahrung *f*
professional fee *(Admin, Gen)* Honorar *n*
professional indemnity insurance *(Versich)* Berufshaftpflichtversicherung *f*
professional liability *(Recht)* Berufshaftung *f*
professional misconduct *(Recht)* standeswidriges Verhalten *n*
professional secrecy *(Gen)* Berufsgeheimnis *n*
professional services *(Gen)* (frei)berufliche Dienstleistungen *fpl*
professional title *(Recht)* Berufsbezeichnung *f (EU)*
professionalism *(Gen)* Professionalismus *m*, Fachwissen *n*, Spezialistentum *n*
proficiency pay *(WiWi)* Leistungszulage *f*
profit *v (Gen)* profitieren
profit *(Gen)* Gewinn, Profit *m* • **on a profit-making basis** *(Gen)* gewinnorientiert *(synonymous: profit-oriented, profit-orientated, profit-seeking)*
profit and loss *(RW)* Gewinn und Verlust *m*
profit and loss account *(RW)* Gewinn- und Verlustrechnung *f*, GuV *f*, GuV--Rechnung *f*, Ertragsrechnung *f*
profit and loss ratios *(RW)* Kennzahlen *fpl* der Gewinn- und Verlustrechnung, GuV-Kennziffern *fpl*, GuV-Kennzahlen *fpl*, Ergebniskennzahlen *fpl*
profit and loss statement *(RW)* Gewinn- und Verlustrechnung *f*
profit as shown on the balance sheet *(RW, Steuer)* Bilanzgewinn *m*; Jahresgewinn *m (net income after taxes)*
profit before interest and tax(es) *(Fin, RW)* Gewinn *m* vor Zinsen und Steuern, Gewinn *m* vor Ertragsteuern und Zinsaufwand; Ergebnis *n* vor Ertrag-

steuern und Zinsen, Ergebnis *n* vor Zinsen und Steuern, EBIT *m(n)*, Ebit *m(n)*; operatives Ergebnis *n* vor Zinsen und Ertragsteuern, Betriebsergebnis *n* (Ebit) *(synonymous: earnings before interest and tax, Ebit; this figure is frequently used to calculate ratios, thus enabling comparisons between different companies in different countries; Maß der Ertragskraft im operativen Kerngeschäft, wichtige Kennzahl mit international guter Vergleichbarkeit wegen der Eliminierung unterschiedlicher Finanzierungs- und Steuerstrukturen; cf Ebit)*
profit before taxes *(RW)* Gewinn *m* vor Steuern
profit carried forward *(RW)* Gewinnvortrag *m*
profit center *(AE)* 1. *(RW)* Profit-Center *n*; 2. *(Fin)* Ergebniseinheit *f*
profit center accounting *(AE) (Fin, RW)* Profit-Center-Rechnungswesen *n*, Abteilungserfolgsrechnung *f*, Bereichserfolgsrechnung *f (section or area of a company to which revenue and appropriate costs can be traced: divisions, subsidiaries, departments; synonymous: activity accounting)*
profit centre *(BE)* 1. *(RW)* Profit-Center *n*; 2. *(Fin)* Ergebniseinheit *f*
profit contribution *(Gen, WiWi)* Deckungsbeitrag *m*
profit distribution *(Fin)* Gewinnausschüttung *f*
profit figures *(Gen, Mgt)* Gewinnzahlen *f*
profit for the financial year *(RW)* Jahresgewinn *m*
profit improvement 1. *(Fin)* Gewinnverbesserung *f*; 2. *(Gen)* Gewinnsteigerung *f*, Gewinnverbesserung *f*
profit/loss after tax *(RW)* Ergebnis *n* nach Steuern
profit-making enterprise *(Gen)* gewinnbringendes Unternehmen *n*
profit margin *(Fin, WiWi)* Gewinnmarge *f*, Gewinnspanne *f*, Umsatzrendite *f*, Umsatzrentabilität *f*
profit objective *(WiWi)* Gewinnziel *n*
profit or loss brought forward *(RW)* Ergebnisvortrag *m*
profit-orientated *(Gen)* gewinnorientiert *(cf profit-oriented)*
profit-oriented *(Gen)* gewinnorientiert
profit performance 1. *(Fin)* Ergebnis *n*, Unternehmenserfolg *m*; 2. *(Gen)* Unternehmenserfolg *m*
profit planning 1. *(Fin, Gen)* Erfolgsplanung *f*, Gewinnplanung *f*, Ergebnisplanung *f*; 2. *(Mgt)* Gewinnplanung *f*
profit potential *(Börse)* Gewinnpotenzial *n*
profit retentions *(RW)* thesaurierte Gewinne *mpl*
profit share *(Fin)* Gewinnquote *f*, Beteiligung *f* am Gewinn
profit-sharing *(Pers, RW, WiWi)* Erfolgsbeteiligung *f*, Gewinnbeteiligung *f*
profit-sharing plan *(AE) (RW)* Gewinnbeteiligungsplan *m*, Gewinnbeteiligungssystem *n*
profit-sharing scheme *(BE) (RW)* Gewinnbeteiligungsplan *m*, Gewinnbeteiligungssystem *n*
profit situation *(Fin)* Ertragslage *f*
profit taking *(WiWi)* Gewinnmitnahme *f*
profit-turnover ratio *(Fin, RW)* Umsatzrendite *f*, Umsatzrentabilität *f*
profitability *(Fin, WiWi)* Rentabilität *f* *(return on investment = capital turnover × percentage return on sales = Kapitalumschlag × Umsatzrendite)*; Ertragskraft *f*, Ertragslage *f*; Vorteilhaftigkeit *f (preinvestment analysis; Auswahlkriterium der Investitionsrechnungen bei alternativen Investitionsobjekten)*; Wirtschaftlichkeit *f*
profitability ratio *(Fin)* Erfolgskennzahl *f*, Rentabilitätskennzahl *f*
profitable *adj* 1. *(RW)* gewinnbringend, rentabel; 2. *(Gen)* nutzbringend
profits tax *(RW, Steuer)* Ertragssteuer *f*, Gewinnsteuer *f*
prognosticate *v (Gen)* vorhersagen
program *v (AE) (Gen) s.* programme
program *(AE) (Gen) s.* programme
programme *v (BE) (Gen)* programmieren
programme *(BE)* 1. *(Gen)* Plan *m*, Programm *n (plan)*; 2. *(Media)* Programm *n (broadcast)*
programmed instruction *(Comp)* programmierte Unterweisung *f*
programmed learning *(Soz)* programmierter Unterricht *m*
programming knowledge *(Pers)* Programmierkenntnisse *fpl*

progress *v (Gen)* fortschreiten
progress *(Gen)* Fortschritt *m*
progress control 1. *(Gen)* Arbeitskontrolle *f*, Fertigungskontrolle *f*; 2. *(Ind)* Entwicklungskontrolle *f*, Fortschrittsüberwachung *f*; 3. *(Mgt)* Ablaufkontrolle *f*, Terminkontrolle *f*
progress of the arts *(Pat)* technischer Fortschritt *m*
progress payments *(Fin)* Abschlagszahlungen *fpl*, Anzahlungen *fpl*
progress report *(Gen)* Arbeitsfortschrittsbericht *m*, Tätigkeitsbericht *m*, Sachstandbericht *m*, Sachstandsbericht *m*
progressive *adj (Gen)* fortschreitend, progressiv
prohibit *v (Recht)* (gesetzlich) verbieten
project *v (Gen)* vorhersagen *(forecast)*
project *(Comp, Fin, Gen, Mgt, Pers, Transp, WiWi)* Projekt *n*
project appraisal *(Mgt)* Projektabschätzung *f*
project approval *(Gen)* Projektbewilligung *f*
project assessment *(Fin, Mgt)* Projektbewertung *f*
project management *(Mgt, Pers)* Projektleitung *f*, Projektmanagement *n*
projection 1. *(Gen)* Planung *f*, Prognose *f*, Vorhersage *f (prediction)*; Schätzung *f*, Projektion *f (estimate)*; 2. *(Frei)* Vorschau *f*
proliferation 1. *(WiWi)* Ausbreitung *f*, Vordringen *n*; 2. *(Pol)* Verbreitung *f (nuclear weapons)*
prolong *v* **a line of credit** *(Fin)* eine Kreditlinie verlängern
prolonged *adj (Gen)* gestundet, verlängert
promise 1. *(Gen)* Versprechen *n*; 2. *(Recht)* bindendes Versprechen *n (contract)*
promise to pay 1. *(Fin)* Wechsel *m*, Zahlungsversprechen *n*; 2. *(Gen)* Zahlungszusicherung *f*
promise to sell *(V&M)* Verkaufszusage *f*
promising *adj (Gen)* vielversprechend *(prospects)*
promissory note *(Bank, Fin)* Eigenwechsel *m*, Schuldanerkenntnis *f*, Schuldschein *m*, Solawechsel *m*
promoter *(Gen)* Projektentwickler(in) *m(f)*, Bauherr *m*, Auftraggeber(in) *m(f)*
promotion 1. *(WiWi)* Arbeitsförderung *f (employment, work)*; 2. *(Gen)* Unterstützung *f*; 3. *(Pers)* Beförderung *f (personnel)*; 4. *(V&M)* Reklame *f*, Förderung *f*, Verkaufsförderung *f (of product, service)*
promotion ladder *(Pers)* Karriereleiter *f*
prompt *v (Gen)* veranlassen
prompt note *(Fin, RW)* Zahlungserinnerung *f*
prompt payment *(Fin)* prompte Zahlung *f*
proof 1. *(Recht)* Beweis *m*; 2. *(Media)* Kontrollabzug *m*, Probeabzug *m (printing, photography)*
proof of ability *(Gen)* Befähigungsnachweis *m*
proof of delivery *(Transp)* Liefernachweis *m*
proof of identity *(Recht)* Ausweis *m*
proof of loss *(Recht, Versich)* Schadenbeweis *m*, Schadennachweis *m*
proof of ownership *(Börse)* Eigentumsnachweis *m*, Eigentumsurkunde *f*
proof of title *(Recht)* Eigentumsnachweis *m*
prop *v* **up** *(WiWi)* stützen *(currency)*
propensity to consume *(WiWi)* Konsumbereitschaft *f*, Konsumneigung *f*
propensity to invest *(WiWi)* Investitionsneigung *f*
propensity to save *(WiWi)* Sparneigung *f*, Sparquote *f*
proper *adj (Recht)* sachgerecht
proper fraction *(Stat)* echter Bruch *m*
proper law of the contract *(Recht)* anwendbares Recht *n*
property 1. *(RW)* Vermögen *n*, Vermögensgegenstand *m*, Vermögensgut *n*; 2. *(Gen)* Besitz *m*, Eigentum *n*; 3. *(Grund)* Grundeigentum *n*, Grundstück *n*, Objekt *n*, Immobilien *fpl*, Anlageobjekt *n (advertising)*; 4. *(V&M)* Merkmal *m*, Ausprägung *f (survey, product)*
property damage *(Grund)* Sachschaden *m*
property developer *(Grund)* Bauträger *m*
property held in joint names *(Grund)* gemeinsames Eigentum *n*
property law *(Grund, Recht)* Vermögensrecht *n*

property market *(Grund)* Grundstücksmarkt *m*
property owner *(Grund)* Immobilieneigentümer(in) *m(f)*
property, plant and equipment *(RW)* Sachanlagen *fpl*
property rights *(Recht)* Eigentumsrechte *npl*
property tax *(Fin, Steuer, WiWi)* Vermögensteuer *f*
proportion *(Stat)* Anteil *m*, Verhältnis *n* • **as a proportion of** *(Gen)* als ein Anteil von, als ein Teil von • **in proportion to** *(Stat)* im Verhältnis zu
proportional *adj (Gen)* proportional, verhältnismäßig
proportional rate *(Steuer)* Proportionaltarif *m*
proportionality *(Gen)* Verhältnismäßigkeit *f*
proposal *(Gen)* Angebot *n*, Vorschlag *m* • **the proposal still stands** *(Gen)* der Vorschlag gilt noch immer
propose *v* 1. *(Gen)* planen; 2. *(Mgt)* vorhaben, vorschlagen *(meeting)*
propose *v* **a motion** *(Pol)* einen Antrag stellen
proposition 1. *(Gen)* Angebot *n*, Vorhaben *n*; 2. *(Recht)* Leitsatz *m*
proprietary *adj (Gen)* urheberrechtlich geschützt
proprietary brand *(Gen)* Handelsname *m*, Markenname *m*
proprietary equity *(Fin)* Eigenkapital *n*
proprietary goods 1. *(Gen)* Markenartikel *mpl*, Markenwaren *fpl*; 2. *(V&M)* Markenartikel *mpl*
proprietary rights *(Börse)* Eigentumsrechte *npl*
proprietor 1. *(Gen)* Einzelunternehmer(in) *m(f) (sole trader)*; Eigentümer(in) *m(f)*, Inhaber(in) *m(f)*, Besitzer(in) *m(f) (of a business)*; 2. *(Pat, Recht)* Inhaber(in) *m(f) (intellectual property)*
prorate *v (Gen)* anteilmäßig aufteilen, umlegen
prorated cost *(RW)* anteilige Kosten *pl*
pros and cons *(Gen)* Für *n* und Wider *n*, Vor- und Nachteile *mpl*
prosecute *v* 1. *(Recht)* strafrechtlich verfolgen, verfolgen; 2. *(Pat)* durchführen *(application)*
prosecution *(Recht)* Verfolgung *f*
prospect *(Gen)* Aussicht *f*
prospective *adj* 1. *(Gen)* voraussichtlich; 2. *(V&M)* zukünftig *(customer)*
prospective buyer *(V&M)* Kaufinteressent(in) *m(f)*
prospective candidate *(Pers)* möglicher Bewerber *m*, potenzieller Bewerber *m* *(synonymous: prospective applicant)*
prospective customer *(V&M)* Interessent(in) *m(f) (potential buyer)*
prospectus *(Börse, Fin)* Emissionsprospekt *m*, Gründungsprospekt *m*
prosperity *(WiWi)* Reichtum *m*, Wohlstand *m*
prosperous *adj (WiWi)* reich, wohlhabend
protected *adj (Recht)* protegiert, geschützt
protected by copyright *(Recht)* urheberrechtlich geschützt
protected by patent *(Pat)* patentrechtlich geschützt
protected designation of origin *(Recht)* geschützte Ursprungsbezeichnung *f*
protection 1. *(WiWi)* Protektion *f*, Schutz *m*; 2. *(Gen)* Abwehr *f*; 3. *(Recht)* Schutz *m (intellectual property)*
protection against wrongful dismissal *(Pers, Recht)* Kündigungsschutz *m*
protection by copyright *(WiWi)* Urheberrechtsschutz *m*
protection of privacy *(Recht)* Schutz *m* der Privatsphäre
protection of the environment *(Pol, Umwelt)* Umweltschutz *m*
protectionist policy *(WiWi)* protektionistische Politik *f*
protective covenant *(Fin)* Schutzbestimmung *f*
protective quota *(WiWi)* Abwehrquote *f*
protective tariff *(WiWi)* Abwehrzoll *m*, Schutzzoll *m*
protest 1. *(Gen)* Protest *m*; 2. *(Pat)* Widerspruch *m*
protest charges *(Recht)* Protestkosten *pl*
protest strike *(Pers)* Proteststreik *m*
prove *v* 1. *(Gen)* belegen, Beweis erbringen, beweisen; 2. *(Recht)* antreten, beweisen
prove *v* **a debt** *(RW)* eine Schuld nachweisen

prove *v* **an assertion** *(Gen)* eine Behauptung beweisen
proven *adj (Gen)* bewährt
provenance *(Gen)* Herkunft *f*, Ursprung *m*, Provenienz *f*
provide *v* 1. *(Fin)* anschaffen *(cover)*; bereitstellen *(funds)*; 2. *(Gen)* leisten *(assistance)*; versorgen mit, bereitstellen, beschaffen *(goods and services)*; 3. *(Recht)* vorschreiben • **not provided for** *(Bank)* keine ausreichende Deckung • **provided that** 1. *(Gen)* vorausgesetzt, dass; 2. *(Recht)* vorbehaltlich
provide *v* **access** *(Comp, Komm, Recht)* Zugang zur Nutzung vermitteln *(service provider)*
provide *v* **against** *(Gen)* Maßnahmen treffen gegen, verhindern
provide *v* **the base for sth** *(Bank)* die Grundlage für etw. bilden *(market)*
provider *(Gen)* Lieferant(in) *m(f)*, Lieferer *m*; Provider *m (internet access)* • **important provider of services** *(Gen)* Leistungsträger *m*
provision 1. *(RW)* Wertberichtigung *f*, Rückstellung *f*; 2. *(Bank)* Vorkehrung *f*; 3. *(Fin)* Rückstellung *f*; 4. *(Gen)* Bereitstellung *f*; 5. *(Recht)* Bereitstellen *n (data)*; Bestimmung *f*, Vorschrift *f*, Paragraf *m (of a law)*; Vertragsbestimmung *f (contract)*; 6. *(Frei)* Versorgung *f*; 7. *(Steuer)* Rückstellung *f*
provision for bad debts *(RW)* Wertberichtigung *f* auf uneinbringliche Forderungen
provision for contingent losses *(RW)* Delkredererückstellung *f*
provision for depreciation *(RW)* Rückstellung *f* für Abschreibungen
provision for old age *(Soz)* Altersvorsorge *f*
provisional *adj (Gen, Pat, Versich)* einstweilig, vorläufig, vorübergehend *(temporary)*
provisional agreement *(Recht)* vorläufige Vereinbarung *f*
provisional deposit *(WiWi)* Bietungsgarantie *f*
provisional invoice *(Gen, Imp/Exp)* vorläufige Rechnung *f*
provisions *(RW, Steuer)* Rückstellungen *fpl (synonymous: accrued liabilities)*
proviso clause *(Recht)* Vorbehaltsklausel *f* • **with the proviso that** *(Recht)* vorbehaltlich
proxy 1. *(Gen)* Stellvertreter(in) *m(f)*; 2. *(Börse)* Vollmacht *f*; 3. *(Comp, Komm)* Proxy *m (proxy server)*; 4. *(Recht)* Vollmachtsurkunde *f*, Vollmacht *f*, Stimmrechtsvollmacht *f*; Beauftragte(r) *f(m)*; 5. *(Stat)* Näherungsgröße *f*
prudence principle *(RW)* Vorsichtsgrundsatz *m*, Grundsatz *m* der Vorsicht, Vorsichtsprinzip *n (GoB, § 252 I Nr. 4 HGB, fundamentales handelsrechtliches Bilanzierungsprinzip: umfasst Höchst- und Niederstwert-, Imparitäts- und Realisationsprinzip; weniger stringent interpretiert nach IAS/IFRS, damit sollen für die potenziellen und aktuellen Anteilseigner das Vermögen und der periodengerechte Erfolg tendenziell "richtig" abgebildet werden)*
prudent *adj (Gen)* sorgfältig, umsichtig, vorsichtig
prudent businessman *(Recht, RW)* ordentlicher Kaufmann *m*
prudent man *(Recht, RW)* ordentlicher Kaufmann *m*
prudent man principle *(Recht, RW)* (Grundsatz *m* der) Sorgfalt *f* eines ordentlichen Kaufmanns *(synonymous: prudent man rule; trustees who make financial decisions on behalf of third persons are supposed to act as carefully as a normal prudent person would; Verpflichtung zur Wahrung der Interessen Dritter)*
pruning *(Gen)* Kürzung *f*, Reduzierung *f*, Zusammenstreichen *n*
public *adj (Gen)* öffentlich • **go public** *(Fin)* an die Börse gehen
public 1. *(Gen)* Publikum *n*, Öffentlichkeit *f*; 2. *(Recht)* Allgemeinheit *f*
public accountability *(Gen, Recht)* öffentliche Rechenschaftspflicht *f*
public administration *(Admin)* behördliche Verwaltung *f*
public at large 1. *(Gen)* breite Öffentlichkeit *f*, Allgemeinheit *f*; 2. *(Recht)* Allgemeinheit *f*
public authorities *(WiWi)* Behörden *fpl*
public authority *(Gen)* öffentliche Hand *f*, Behörde *f*, Staatsgewalt *f*
public body 1. *(Admin)* öffentlicher Rechtsträger *m*, Anstalt *f* des öffentli-

chen Rechts; 2. *(Gen)* Körperschaft *f* des öffentlichen Rechts

public company *(Gen)* Publikumsgesellschaft *f*, Aktiengesellschaft *f*

public consumption *(WiWi)* öffentlicher Verbrauch *m*

public contract 1. *(Gen)* öffentlicher Auftrag *m*, Staatsauftrag *m*; 2. *(Recht)* Staatsauftrag *m*

public corporation *(Admin)* Körperschaft *f* des öffentlichen Rechts

public credit institution *(Bank)* öffentlich-rechtliches Kreditinstitut *n*, öffentliches Kreditinstitut *n*

public debt *(Fin, WiWi)* öffentliche Schuld *f*, öffentliche Verschuldung *f*, Schulden *fpl* der öffentlichen Hand, Verschuldung *f* der öffentlichen Hand, Staatsverschuldung *f*

public domain *(Recht)* Staatseigentum *n*

public employee *(Pers)* Beschäftigte(r) *f(m)* im öffentlichen Dienst, Mitarbeiter(in) *m(f)* im öffentlichen Dienst, öffentlich Bedienstete(r) *f(m)*

public employment *(Pers)* Beschäftigung *f* im öffentlichen Dienst, Beschäftigung *f* im öffentlichen Sektor

public expenditure 1. *(WiWi)* Ausgaben *fpl* der öffentlichen Hand, Staatsausgaben *fpl*; 2. *(Fin)* Ausgaben *fpl* der öffentlichen Hand

public finance *(WiWi)* Finanzwissenschaft *f*, Lehre *f* von den öffentlichen Finanzen *(public sector economics)*; öffentliche Finanzwirtschaft *f*, Staatswirtschaft *f*, staatliche Finanzwirtschaft *f*, öffentliches Finanzwesen *n*

public finances *(Fin, WiWi)* öffentliche Finanzen *fpl*, öffentliche Finanzwirtschaft *f*, Staatsfinanzen *fpl*

public financial policy *(Fin, Pol)* staatliche Finanzpolitik *f*

public fiscal policy *(Fin, Pol)* staatliche Finanzpolitik *f*

public GDP ratio *(Pol, WiWi)* öffentliche Schuldenquote *f*, öffentliche Verschuldungsquote *f (Anteil der staatlichen Gesamtverschuldung an den staatlichen Gesamtausgaben)*; (öffentliche) Schuldenstandsquote *f (Maastricht--Kriterium: Anteil des Schuldenstandes am BIP = public debt to GDP)*

public good *(WiWi)* öffentliches Gut *n*

public health system *(Pers)* öffentliches Gesundheitswesen *n*

public housing *(Soz)* sozialer Wohnungsbau *f*; Sozialwohnung *f*

public interest *(Recht)* Gemeinwohl *n*

public invitation to bid *(Gen)* öffentliche Angebotseinholung *f*, öffentliche Ausschreibung *f*

public law *(Recht)* öffentliches Recht *n*

public order *(Recht)* öffentliche Ordnung *f*

public ownership *(Fin, Pol, WiWi)* Staatseigentum *n*, Gemeineigentum *n* • **be under public ownership** *(Pol, WiWi)* in öffentlichem Eigentum sein

public power *(Recht)* öffentliche Gewalt *f*

public procurement *(WiWi)* öffentliches Vergabewesen *n*, öffentliches Auftragswesen *n*

public prosecutor *(Recht)* Staatsanwältin *f*, Staatsanwalt *m*

public purse *(Pol, WiWi)* Staatskasse *f*, Staatssäckel *m*

public records *(Admin)* Staatsurkunden *fpl*

public relations *(Pers, V&M)* Öffentlichkeitsarbeit *f*, Publicrelations *pl*

public relations agency *(V&M)* Werbeagentur *f*, PR-Agentur *f*

public relations company [firm] *(V&M)* PR-Firma *f*

public school *(Soz)* *(AE)* öffentliche Schule *f*, *(AE)* staatliche Schule *f*, *(AE)* städtische Schule *f*; *(BE)* Privatschule *f*

public sector *(WiWi)* öffentlicher Sektor *m*, staatlicher Sektor *m*

public sector employment *(Pers)* Beschäftigung *f* im öffentlichen Dienst, Beschäftigung *f* im öffentlichen Sektor

public-sector enterprise *(Gen)* staatliches Unternehmen *f*, öffentliches Wirtschaftsunternehmen *f*, Staatsbetrieb *m*

public service 1. *(Admin)* Staatsdienst *m*; 2. *(Gen)* Verwaltungsdienst *m*

public service employee *(Pers)* Beschäftigte(r) *f(m)* im öffentlichen Dienst, Mitarbeiter(in) *m(f)* im öffentlichen Dienst, öffentlich Bedienstete(r) *f(m)*

public service employment *(Pers)* Beschäftigung *f* im öffentlichen Dienst, Beschäftigung *f* im öffentlichen Sektor

public spending *(WiWi)* öffentliche Ausgaben *fpl*, Staatsausgaben *fpl*
public spending ratio *(WiWi)* Staatsquote *f*
public switched telephone network *(PSTN) (BE) (Komm)* Festnetz *n*, öffentliches Telefonnetz *n*
public utility company *(Gen, WiWi)* (öffentliches) Versorgungsunternehmen *n*
public wants *(WiWi)* öffentliche Bedürfnisse *fpl*
public welfare *(Soz)* öffentliche Wohlfahrt *f*, Sozialfürsorge *f*
public works *(Gen, WiWi)* öffentliche Bauarbeiten *fpl*, staatliche Bauvorhaben *npl*
publication *(Media)* Herausgabe *f*, Publikation *f*, Schrift *f*, Veröffentlichung *f*
publicity 1. *(Media)* Publizität *f*; 2. *(V&M)* Werbewesen *n*, Werbung *f*
publicity department *(V&M)* Werbeabteilung *f*
publicly *adv (Gen, Pol)* öffentlich, in der Öffentlichkeit; für die Öffentlichkeit, für das Volk, für alle
publicly accountable enterprises *(Pol, RW)* zur öffentlichen Rechenschaft verpflichtete Unternehmen *npl*, öffentlich rechenschaftspflichtige Unternehmen *npl (Rechnungslegungspflicht nach IFRS besteht nur für die Konzernbilanzen kapitalmarktorientierter Unternehmen, der "Publikumsgesellschaften", mit breit gestreutem Aktienkapital und geringem Einfluss der Aktionäre auf die Geschäftsführung; die EU-Kommission und der IFRS-Standardsetter IASB verfolgen mit dem neuen Abgrenzungskriterium "öffentliche Rechenschaftspflicht = public accountability" die Ausdehnung der IFRS-Rechnungslegung auf die große Masse kleiner und mittlerer Unternehmen in Europa; Stand 05/2006)*
publicly assisted housing *(Soz)* sozialer Wohnungsbau *m*
publicly funded *(Gen)* öffentlich gefördert
publicly owned company *(WiWi)* Staatsbetrieb *m*
publish *v* 1. *(Gen)* bekanntgeben, herausgeben, publizieren; 2. *(Media)* veröffentlichen, verlegen
publish *v* **in loose-leaf form** *(Media)* als Loseblattsammlung herausgeben
published *adj* 1. *(Gen)* herausgegeben, publiziert; 2. *(Media)* veröffentlicht
publisher *(Media)* Verlag *m (organization)*; Herausgeber(in) *m(f)*, Verleger(in) *m(f) (person)*
publishing house *(Media)* Verlag *m*
publishing industry *(Media)* Verlagswesen *n*
publishing trade *(Media)* Verlagswesen *n*
pull *v* **in sales** *(V&M)* Umsatz bringen
pull *v* **off a deal** *(Gen)* einen Handel erfolgreich abschließen
pull *v* **strings** *(BE) (Gen)* Beziehungen spielen lassen, Einfluss geltend machen
pull *v* **wires** *(AE) (Gen)* Beziehungen spielen lassen, Einfluss geltend machen
pump *v* **funds into sth** *(Fin)* in etw. Kapital stecken
punctuality *(Gen)* Pünktlichkeit *f*
punishable *adj (Recht)* strafbar
purchase *v (Gen)* anschaffen, kaufen
purchase *v* **forward** *(Börse)* auf Termin kaufen
purchase 1. *(WiWi)* Erwerb *m*; 2. *(Gen)* Ankauf *m*, Kauf *m*
purchase acquisition *(Fin)* käuflicher Erwerb *m*
purchase commitment *(Recht)* Abnahmeverpflichtung *f (contract law)*
purchase invoice *(Gen)* Eingangsrechnung *f*, Einkaufsrechnung *f*
purchase on credit *(V&M)* Zielkauf *m*
purchase order 1. *(RW)* Auftrag *m*, Bestellung *f*; 2. *(Gen)* Auftrag *m*
purchase price *(V&M, WiWi)* Einkaufspreis *m*, Kaufpreis *m*, Anschaffungspreis *m*
purchase returns and allowances *(V&M)* Warenrücksendungen und Gutschriften *fpl*
purchase tax *(Imp/Exp, Steuer)* Verbrauchssteuer *f*
purchased *adj (V&M)* gekauft
purchased company *(Fin, RW, WiWi)* übernommene Gesellschaft *f*
purchased goods [merchandise] *(V&M)* gekaufte Ware *f*
purchaser *(Gen, V&M)* Aufkäufer(in) *m(f)*, Erwerber(in) *m(f)*, Käufer(in) *m(f)*

purchasing 1. *(RW)* Anschaffung *f*; 2. *(Gen)* Anschaffung *f*, Einkauf *m*; 3. *(V&M)* Einkauf *m (procurement)*
purchasing power *(Gen, WiWi)* Kaufkraft *f*
purchasing power parity *(WiWi)* Kaufkraftparität *f*
purchasing power standard *(PPS) (Stat, WiWi)* Kaufkraftstandard *m*, KKS *m (ECB, statistics)*
pure competition *(WiWi)* vollständige Konkurrenz *f*, vollständiger Wettbewerb *m*
purification *(Umwelt)* Klärung *f*, Reinigung *f*
purpose *(Gen)* Zweck *m*
purpose-built *adj (Grund, Transp)* speziell gebaut
purpose-built vehicle *(Transp)* Zweckfahrzeug *n*
purpose loan *(Börse)* zweckgebundenes Darlehen *n*
purposes *(Recht)* Zwecke *mpl*, Zweckbestimmungen *fpl*
pursuant to article *(Recht)* gemäß Artikel
pursue *v* 1. *(Gen)* verfolgen; 2. *(Soz)* betreiben
push *v* **up prices** *(V&M)* Preise hochschleusen
put *v* **a call through** *(Admin, Gen)* ein Gespräch durchstellen
put *v* **a cap on** *(Gen)* begrenzen
put *v* **a house on the market** *(Grund)* ein Haus auf den Markt bringen
put *v* **a plan into action** *(Gen)* einen Plan realisieren, einen Plan umsetzen
put *v* **a plan into effect** *(Gen)* einen Plan realisieren
put *v* **away** *(Bank)* sparen, zurücklegen *(money)*
put *v* **forward proposals** *(Mgt)* Vorschläge einbringen
put *v* **in a claim** *(Recht)* einen Anspruch erheben
put *v* **in a job application** *(Pers)* sich um eine Stelle bewerben
put *v* **into effect** *(Gen)* realisieren *(policies)*
put *v* **into force** *(Recht)* in Kraft setzen *(ruling, act)*
put *v* **into operation** *(Gen)* in Kraft setzen
put *v* **money down** *(Fin)* Geld investieren, Geld anlegen
put *v* **off** *(Gen)* aufschieben *(postpone)*
put *v* **out for tender** *(Börse, Gen, V&M)* ausschreiben
put *v* **pressure on sb** *(Gen)* auf jmdn. Druck ausüben
put *v* **sb in the picture** *(Gen)* jmdn. ins Bild setzen
put *v* **sth on the agenda** *(Admin, Mgt)* etw. auf die Tagesordnung setzen
put *v* **sth off** *(Gen)* etw. auf die lange Bank schieben, etw. auf Eis legen
put *v* **the final touch to sth** *(Gen)* einer Sache den letzten Schliff geben
put *v* **up** 1. *(Fin)* aufnehmen *(capital)*; aufbringen *(money)*; 2. *(Gen)* anschlagen
put and call *(Börse)* Rück- und Vorprämiengeschäft *n*, Stellage *f*
put option *(Börse)* Rückprämie *f*
put premium *(Börse)* Rückprämie *f*
put strike *(Börse)* Basispreis *m* einer Verkaufsoption *(options)*
PYB *(Abk. für preceding year basis) (Gen, Stat)* Vorjahresbasis *f*, auf Vorjahresbasis

Q

qualification 1. *(RW)* Einschränkung *f*, Vorbehalt *m*; 2. *(Gen)* Qualifikation *f*, Eignung *f (suitability)*; Qualifizierung *f (academic)*; 3. *(Pers)* Befähigung *f*, Qualifikation *f*; 4. *(Soz)* Abschluss *m (act of qualifying)*; Befähigungsnachweis *m (certificate)*; Eignung *f (aptitude)*
qualification pattern *(WiWi)* Qualifikationsstruktur *f*
qualification shares *(Börse)* Pflichtaktien *fpl*
qualified *adj (Gen)* geeignet, qualifiziert
qualified approval *(Gen)* eingeschränkte Genehmigung *f*
qualified auditor's certificate *(RW)* eingeschränkter Bestätigungsvermerk *m*
qualified certificate *(RW)* eingeschränkter Bestätigungsvermerk *m*
qualified endorsement *(Bank)* eingeschränktes Indossament *n*, Indossament *n* ohne Obligo
qualified minority holding *(Mgt, Recht, Steuer)* Schachtelbeteiligung *f (at least*

25 % = blocking minority = Sperrminorität)

qualified opinion *(RW)* eingeschränkter Bestätigungsvermerk *m*

qualified report *(RW)* eingeschränkter Bestätigungsvermerk *m*; Annahme *f* unter Vorbehalt

qualified staff *(Pers)* geschultes Personal *n*, qualifiziertes Personal *n*

qualify *v* 1. *(Gen, Pers)* befähigen, qualifizieren; 2. *(Gen)* sich qualifizieren; 3. einschränken

qualify *v* **for** *(Pers)* berechtigt sein (für), Anspruch haben (auf), anspruchsberechtigt sein

qualifying holding *(Fin)* maßgeblicher Anteil *m*

qualitative *adj (Gen, V&M)* der Güte nach, qualitativ

qualitative analysis *(Gen, WiWi)* qualitative Analyse *f*

qualitative characteristic *(Ind)* Attribut *n*

quality *(Gen)* Ausführung *f*, Qualität *f*, Sorte *f*, Güte *f*

quality assessment *(Gen, Ind, Mgt, V&M)* Qualitätsurteil *n*, Qualitätsbewertung *f*

quality assurance *(Gen, Ind, Mgt, V&M)* Qualitätssicherung *f*

quality circle *(Ind, Mgt, Pers)* Qualitätszirkel *m*

quality control 1. *(Mgt)* Qualitätssteuerung *f*, Qualitätslenkung *f (maintenance of quality standards, e. g. in auditing; Maßnahmen zur Aufrechterhaltung und Verbesserung der Qualität von Prüfungen, z. B. Jahresabschlussprüfungen)*; Qualitätsüberwachung *f (quality surveillance)*; 2. *(V&M)* Qualitätskontrolle *f*, Qualitätsüberwachung *f*, Gütekontrolle *f*

quality goods *pl (Gen)* Qualitätserzeugnisse *npl*

quality label *(Gen)* Gütezeichen *n*

quality management *(Mgt)* Qualitätssicherung *f*, Qualitätswesen *n*, Qualitätsmanagement *n*, QM; Qualitätsüberwachung *f (quality surveillance; cf total quality management)*

quality of life *(Pers, WiWi)* Lebensqualität *f*

quality-price ratio *(Gen)* Verhältnis *n* Preis-Qualität

quality requirement *(Ind)* Qualitätsanforderung *f*

quality specification *(Ind)* Qualitätsvorschrift *f*

quantify *v (Admin, Stat)* quantifizieren

quantitative *adj* 1. *(WiWi)* quantitativ; 2. *(Gen)* mengenmäßig

quantitative analysis *(Gen)* quantitative Analyse *f*

quantitative controls *(Bank)* Mengenbeschränkungen *fpl*

quantitative target *(WiWi)* quantitative Zielvorgabe *f*

quantity 1. *(Gen)* Menge *f*, Quantität *f*, Quant.; 2. *(Stat)* Anteil *m*

quantity buyer *(Gen)* Großabnehmer *m*

quantity discount *(Gen, RW, V&M)* Mengenrabatt *m*

quantity theory of money *(WiWi)* Quantitätstheorie *f*

quarter *(Gen)* Quartal *n*, Viertel *n*

quarter-end accounts *(RW)* Quartalsabschluss *m*

quarterly *adv (Gen)* quartalsweise, vierteljährlich

quasi *adv (Gen)* gewissermaßen, gleichsam, quasi, Quasi…

quasi-autonomous nongovernmental organization *(BE) (Pol)* quasi-autonome nichtstaatliche Organisation *f*

quasi-money 1. *(WiWi)* Beinahgeld *n*; 2. *(Gen)* Beinahgeld *n*, Quasigeld *n*

query *v (Gen)* infrage stellen

query *v* **an account** *(Bank, Comp, Soz)* ein Konto abfragen *(from May 2005 financial and social security agencies have the right to detect accounts and gain an insight into master data of account holders; Einblicknahme der Finanz- und Sozialversicherungsbehörden in die Kontenstammdaten der Kunden deutscher Banken ohne Vorabinformation der Betroffenen)*

query 1. *(Comp)* Abfrage *f*; 2. *(Gen)* Monitum *n*, Rückfrage *f*

question *v (Gen)* befragen, bezweifeln

questionable *adj (Gen)* fraglich, fragwürdig

questionnaire *(Gen, V&M)* Fragebogen *m*

queue *(BE) (Gen)* Warteschlange *f*

queue *v (BE) (Gen)* Schlange stehen, sich anstellen

queue *v* **up** *(BE) (Gen)* Schlange stehen, sich anstellen
queueing system *(WiWi)* Warteschlangenmodell *n*
quick *adj (Gen)* aktiv, gewandt, prompt, schnell
quick assets *(Fin, RW)* flüssige Mittel *npl* und kurzfristige Forderungen, Einzugsliquidität *f (synonymous: liquid assets, liquid capital, realizable assets, i. e. cash and other assets readily convertible into cash = cash + deposits in a bank current account + trade debts + marketable investments = Kasse + Bankguthaben + Schecks + Wechsel + kurzfristige Forderungen + sonstige kurzfristig liquidisierbaren Wertpapiere; cf Liquidität zweiten Grades)*
quick assets ratio *(Fin, RW)* Liquidität *f* zweiten Grades *(ratio of current assets minus inventories to current debts; cf liquid ratio, quick ratio, quick assets)*
quick ratio *(Fin, RW)* Liquidität *f* zweiten Grades, Einzugsliquidität *f (liquidity ratio; synonymous: liquid ratio, acid test ratio, acid ratio; the ratio of quick assets or liquid assets or liquid capital or realizable assets to current debts, or: relation of current assets minus stock to current liabilities = Umlaufvermögen minus Vorräte dividiert durch kurzfristige Verbindlichkeiten; cf quick assets)*
quick tender *(Bank, WiWi)* Schnelltender *m (ECB)*
quid pro quo *(Gen, Recht)* Gegenleistung *f*
quiet *adj (Gen)* flau, ruhig *(market, business)*
quiet possession *(Grund, Recht)* ungestörter Besitz *m*
quit *v* **one's job** *(Pers)* seine Stelle aufgeben, seinen Arbeitsplatz kündigen
quitting *(Pers)* Kündigung *f* (durch Arbeitnehmer)
quorate/be *(Mgt)* beschlussfähig sein
quorum *(Gen)* Beschlussfähigkeit *f*, Quorum *n* • **have a quorum** *(Mgt)* beschlussfähig sein
quota 1. *(Gen)* Kontingent *n*; 2. *(Imp/Exp)* Quote *f*; 3. *(Mgt)* Pensum *n*
quota agreement *(WiWi)* Quotenkartell *n*
quota fixing *(Gen)* Kontingentierung *f*
quota sample *(V&M)* Quotenauswahl *f*, Quotenstichprobe *f*
quota sampling *(Gen, V&M)* Quotenauswahlverfahren *n*
quota system *(Gen, Imp/Exp)* Kontingentierungssystem *n*, Quotensystem *n*
quotable *adj (Börse)* notierbar
quotation 1. *(Gen)* Angebot *n (offer)*; Zitat *n (from book)*; 2. *(Börse)* Notierung *f*
quote *v* 1. *(Gen)* notieren, zitieren *(from book)*; 2. *(Börse)* notieren
quote *v* **a reference number** *(Komm)* ein Geschäftszeichen angeben
quote *v* **in the official list** *(Börse)* amtlich notieren
quote *(Gen)* Angebot *n*
quoted company *(Börse, Gen, WiWi)* börsennotierte Gesellschaft *f*
quoted on the stock exchange *(Börse, RW)* börsennotiert
quoted price 1. *(WiWi)* Angebotspreis *m*, Kursnotierung *f*; 2. *(Börse)* Kurs *m*
quoted securities *(Börse, WiWi)* börsennotierte Wertpapiere *npl*
quoted share *(Börse)* börsennotierte Aktie *f*

R

R&D *s.* research and development
R&D intensity *(WiWi)* F&E-Intensität *f (F&E-Aufwendungen als Prozentsatz des BIP)*
raid *v* 1. *(Gen)* ausnehmen, plündern; 2. *(Börse)* Kurse drücken
raid *v* **the market** *(Börse)* den Kurs einer Aktie durch Verkäufe drücken
rail *(Transp)* Bahn *f*, Eisenbahn *f*
rail shipment *(Transp)* Bahnversand *m*
raise *v* 1. *(Umwelt)* steigern *(awareness)*; 2. *(Fin)* aufbringen, beschaffen *(money)*; aufnehmen *(loan)*; 3. *(Gen)* aufheben, erhöhen, steigern *(value)*; 4. *(Pers)* aufbessern *(staff salary)*; 5. *(Börse)* beschaffen *(capital)*
raise *v* **a loan** *(Bank)* ein Darlehen aufnehmen
raise *v* **an objection** *(Gen)* einen Einwand erheben
raise *v* **credit** *(Bank)* Kredit aufnehmen *(cf raise a loan)*

raise *v* **external funds** *(Gen)* Fremdkapital aufnehmen
raise *v* **funds** *(Fin)* Geldmittel beschaffen
raise *v* **money on sth** *(Gen)* Geld auf etw. aufnehmen
raise *v* **the alarm** *(Mgt)* Alarm geben
raise *(AE) (Pers)* Erhöhung *f*, Gehaltserhöhung *f*, Gehaltssteigerung *f*
rake *v* **in** *(Gen) (ugs.)* scheffeln
rake *v* **in profits** *(Gen) (ugs.)* Gewinne einstreichen, Gewinne einheimsen
rake it in *(Gen) (ugs.)* Geld scheffeln
rake-off *(Gen) (ugs.)* Absahnen *n*; Gewinnanteil *m*
rally *v* 1. *(Börse)* aufholen; 2. *(Börse)* anziehen, sich erholen
random access *(Comp)* Direktzugriff *m*
random/at *(Gen)* aufs Geratewohl, willkürlich, ziellos
random error *(Admin, Stat)* Zufallsfehler *m*
random factor *(WiWi)* Zufallseinfluss *m*, Zufallsfaktor *m*
random number generator *(Stat)* Zufallszahlengenerator *m*
random sample *(Stat, V&M, WiWi)* Zufallsstichprobe *f*
random test *(Gen, V&M)* Stichprobe *f*
random variable *(Stat)* stochastische Zufallsvariable *f*
random variation *(Stat, WiWi)* Zufallsabweichung *f*
range 1. *(Gen)* Bereich *m*, Serie *f (of products)*; 2. *(Börse)* Schwankungsbreite *f (futures market)*
range of activity *(Gen)* Tätigkeitsbereich *m*
range of goods *(Gen)* Auswahl *f*, Sortiment *n*
range of products *(V&M)* Produktpalette *f*
range of services *(Gen)* Dienstleistungspalette *f*
rank *v* **above** *(Gen)* bedeutender sein als, einen höheren Rang einnehmen als
rank *v* **after** *(Börse)* im Rang nachgehen
rank 1. *(Gen)* Stand *m*; 2. *(Börse)* Stellung *f*
rank-and-file 1. *(Gen)* Fußvolk *n*; 2. *(Pers)* Belegschaft *f*
rank order *(Stat)* Rangordnung *f*
ranking 1. *(Gen)* Rangfolge *f*, Rang *m*, Rangordnung *f (listing in order)*; 2. *(Bank)* Beurteilung *f* unter dem Aspekt der Wertentwicklung, (rein) quantitative Beurteilung *f* von Investmentfonds; 3. *(Pers)* Rangordnung *f*
rapid *adj (Gen)* rasant, schnell, stürmisch
rapid growth *(WiWi)* starkes Wachstum *n*
rapid technological progress *(WiWi)* rasanter technischer Fortschritt *m*
RAROC *(Abk. für risk-adjusted return on capital) (Bank, Fin, WiWi)* risikoadjustierte Eigenkapitalrendite *f*, risikobereinigte Eigenkapitalrendite *f (risk--based capital allocation; Renditekennzahl auf Basis risikoadjustierter Kapitalallokation; RAROC = [Erträge – Standardrisikokosten - Verwaltungskosten] dividiert durch das zugeordnete ökonomische Kapital)*
rat race *(Gen)* (ständiger) Konkurrenzkampf *m*
ratchet effect *(WiWi)* Sperrklinkeneffekt *m*
rate *v (Gen)* tarifieren, taxieren
rate 1. *(Comp)* Geschwindigkeit *f*, Rate *f*; 2. *(WiWi)* Geschwindigkeit *f*, Satz *m*, Tempo *n (speed)*; 3. *(Fin)* Satz *m (of pay, tax)*; 4. *(Gen)* Rate *f*, Tarif *m*; 5. *(Börse)* Notierung *f*, Kurs *m (currencies)* • **at the going rate** *(Gen)* zu Marktpreisen
rate below cost *(Transp)* nicht kostendeckender Tarif *m*
rate fixing 1. *(Fin)* Kursfestsetzung *f*; 2. *(Pers)* Festlegung *f* von Akkordsätzen; 3. *(Steuer)* Tariffestsetzung *f*
rate of capacity utilization *(Ind)* Ausnutzungsgrad *m*
rate of contribution *(Soz)* Beitragssatz *m*
rate of depreciation *(RW)* Abschreibungssatz *m*
rate of exchange *(WiWi)* Devisenkurs *m*, Wechselkurs *m*
rate of increase *(WiWi)* Expansionsrate *f*, Zuwachsrate *f*
rate of inflation *(WiWi)* Inflationsrate *f*
rate of interest *(Bank, Fin, Gen, WiWi)* Zinsfuß *m*, Zinssatz *m*
rate of inventory turnover *(Fin)* Umschlagshäufigkeit *f* des Lagerbestands, Lagerumschlag *m*
rate of pay *(Pers, WiWi)* Lohnsatz *m*, Lohn *m*
rate of profit *(Fin, WiWi)* Rentabilität *f (capital turnover × percentage return on*

sales = Kapitalumschlag × Umsatzrendite = ROI = return on investment)

rate of relief *(Steuer)* Freibetragsatz *m*

rate of return 1. *(RW)* Kapitalverzinsung *f*, Rendite *f*; 2. *(Fin, WiWi)* Kapitalverzinsung *f*; 3. *(Steuer)* Rendite *f*

rate of return on capital employed *(RORCE) (Fin, WiWi)* Rückfluss *m* auf das investierte Kapital, Ertrag *m* aus dem investierten Kapital; Rentabilität *f* des Kapitaleinsatzes, Rentabilität *f* des eingesetzten Kapitals; Kapitalrentabilität *f (synonymous: profitability; Rentabilität = ROI = capital turnover × percentage return on sales = Kapitalumschlag × Umsatzrendite)*

rate of return on equity *(Fin, WiWi)* Eigenkapitalrentabilität *f*, EKR *f*

rate of return on investment *(Fin, WiWi)* Kapitalrendite *f*, Gewinn *m* in % des investierten Kapitals

rate of taxation *(Steuer)* Steuersatz *m*

rate of the day *(Bank)* Tageskurs *m*

rate of turnover *(Fin)* Umschlagsgeschwindigkeit *f*, Umschlaghäufigkeit *f*, Umsatzgeschwindigkeit *f*

rateable *adj* 1. *(WiWi)* anteilig; 2. *(Gen)* bewertbar, schätzbar; 3. *(Steuer)* steuerpflichtig

rateable value *(BE) (Grund, Steuer)* Einheitswert *m*

rated/not *(Fin)* nicht klassifiziert, *(ugs.)* nicht geratet

ratepayer *(Steuer)* Grundsteuerzahler *m*

rates 1. *(Fin, Gen, WiWi)* Gebühren *fpl*, Tarif *m*; 2. *(Steuer)* Gemeindegrundsteuern *fpl*, Gemeindesteuer *f* auf Grundbesitz

ratify *v (Gen)* genehmigen, ratifizieren *(treaty)*

rating 1. *(Bank, Börse, Fin)* Bonitätsbewertung *f*, Rating *n*; Bonitätsbewertung *f* nach qualitativen Kriterien, qualitative Bewertung *f (credit rating)*; Bewertung *f*, Klassifizierung *f* von Emittenten, Klassifizierung *f* von Schuldtiteln; Tariffestsetzung *f (setting of rates)*; 2. *(V&M)* Klassifizierung *f*; 3. *(Steuer)* Tariffestsetzung *f* • **with outperform rating** *(Bank, Fin)* mit überdurchschnittlichem Rating *n*

rating agency *(Bank, Börse, Fin)* Ratingagentur *f*, Rating-Agentur *f*, Ratingstelle *f*, Kreditbewertungsagentur *f*, Bewertungsagentur *f*, Bonitätsbewertungsinstitut *n*, Kreditratingagentur *f*, Kreditrating-Agentur *f (credit rating agency)*; *(obs.)* Kreditsauskunftei *f*

rating scale *(Gen)* Beurteilungsskala *f*, Bewertungsskala *f*

ratio 1. *(Gen)* Verhältnis *n*; 2. *(Stat)* Quotient *m*, Verhältniszahl *f (general term, Oberbegriff)*; Messzahl *f*, Beziehungszahl *f*, Gliederungszahl *f (mit jeweils unterschiedlicher Quotientenstruktur)*; 3. *(WiWi)* Kennzahl *f*, Kennziffer *f*, Quote *f*, Quotient *m* • **1:1-ratio** *(Fin)* Liquidität zweiten Grades von 100 %, Acid Test, 1:1-Regel *(liquidity ratio, current financial assets divided by current liabilities = monetäres Umlaufvermögen : kurzfristige Verbindlichkeiten ≥ 1:1 ≥ 1 ≥ 100 %; Praxisregel, nicht wissenschaftlich fundierbare Liquiditätsvorgabe; synonymous: acid test, net quick ratio; Liquiditätsvorgabe des Acid Test; cf liquid ratio, acid test ratio, acid ratio)* • **2:1-ratio** *(Fin, RW)* Liquidität dritten Grades von 200 %, 2:1-Regel *f (current assets : current liabilities = kurzfristiges Umlaufvermögen: kurzfristige Verbindlichkeiten ≥ 2:1; nicht wissenschaftlich fundierbare Praxisregel)*

ratio analysis 1. *(WiWi)* Kennziffernanalyse *f*, betriebswirtschaftliche Kennziffernanalyse *f*; 2. *(RW)* Analyse *f* der Bilanzkennzahlen, Kennzahlenanalyse *f (analytic methods of horizontal and vertical analysis based on an organization's financial statements; horizontale und vertikale Bilanzanalyse)*

ratio scale *(Stat)* einfach-logarithmischer Maßstab *m*

rational *adj (Gen)* rational, vernünftig, zweckmäßig

rational decision *(Gen)* rationale Entscheidung *f*

rational expectations *(WiWi)* rationale Erwartungen *fpl*

rational management *(Mgt)* rationaler Führungsstil *m*

rationale *(Gen)* Begründung *f*, Beweggrund *m*, Grund *m*, Grundsatzerklärung *f (principles)*

rationalization 1. *(Fin, Mgt, WiWi)* Ra-

tionalisierung *f*; 2. *(Ind)* Wirtschaftlichkeit *f*
rationalization investment *(Fin)* Rationalisierungsinvestition *f*
rationalize *v* 1. *(Gen)* zweckmäßiger gestalten, wirtschaftlich gestalten; 2. *(Ind, Mgt)* rationalisieren
rationally *adv (Gen)* vernünftig
rationing *(WiWi)* Rationierung *f*
raw *adj (Comp)* roh, unbearbeitet
raw data 1. *(Comp)* Ausgangsdaten *pl*, Rohdaten; 2. *(Stat)* Rohdaten *pl*
raw material *(Ind)* Ausgangsmaterial *n*, Rohmaterial *n*, Rohstoff *m*
re *(Komm)* Betr., Betreff *m*, betreffs
re-admission *(Gen, Soz)* Wiederaufnahme *f*
re-employment chance [opportunity] *(Pers)* Wiederbeschäftigungschance *f*
re-enactment *(Recht)* Wiederinkraftsetzung *f*
re-engage *v (Gen, Pers)* wieder einstellen
re-establishment *(Gen)* Neugründung *f*, Wiedereinsetzung *f*, Wiederherstellung *f*
re-examine *v (Gen)* erneut überprüfen
re-exportation *(Imp/Exp)* Reexport *m*, Wiederausfuhr *f*
reach *v (Gen, Recht)* erzielen
reach *v* **a deal** *(Gen)* einen Abschluss erreichen, einen Abschluss tätigen
reach *v* **a stalemate** *(Gen)* ein Patt erreichen
reach *v* **an all-time high** *(Börse)* einen historischen Höchststand erreichen
reach *v* **an impasse** *(Gen)* einen toten Punkt erreichen
reach *v* **saturation point** *(Gen)* den Sättigungspunkt erreichen
reach *v* **the age limit** *(Gen)* die Altersgrenze erreichen
reach *(V&M)* Einflussbereich *m*, Reichweite *f*
reach and frequency *(Media, V&M)* Reichweite *f* und Häufigkeit *f*
reaction function *(WiWi)* Reaktionsfunktion *f*
reactive response *(Gen)* Gegenreaktion *f*
reactive strategy *(Gen)* Gegenstrategie *f*
read *v* 1. *(Comp)* einlesen, lesen; 2. *(Media, V&M)* lesen
read *v* **for a university degree** *(Pers)* studieren
reader involvement *(V&M)* Leserbeteiligung *f*
readership *(Media)* Leserschaft *f*
readership profile *(V&M)* Leserprofil *n*
readiness to compromise *(Mgt, Pol, Recht)* Kompromissbereitschaft *f*
ready *adj (Gen)* bereit, präsent
ready for signature *adj (Gen, Mgt)* unterschriftsreif
ready to move into *adj (Grund)* bezugsfertig
ready to operate *adj (Ind)* betriebsbereit
ready cash *(BE) (Gen)* Bargeld *n*
ready, willing and able *(Börse, Gen)* handlungsbereit und verfügungsberechtigt
reafforestation *(Umwelt)* Wiederaufforstung *f*
real *adj* 1. *(Gen, Recht)* tatsächlich; 2. *(Stat, WiWi)* real, zu konstanten Preisen, in konstanten Preisen *(Ggs. nominal = in money terms)* • **in real terms** *(Stat, WiWi)* real, zu konstanten Preisen, in konstanten Preisen, preisbereinigt, in realen Größen *(e. g. national accounting, Volkswirtschaftliche Gesamtrechnung; synonymous: adjusted for price changes; opposite: in money terms = in nominal terms = nominal)* • **in terms of real value** *(Stat, WiWi)* real, zu konstanten Preisen, in konstanten Preisen
real agreement *(Recht)* dinglicher Vertrag *m (contract)*; Liegenschaftsvertrag *m (real estate)*
real assets *(WiWi)* Realwerte *mpl*, Sachwerte *mpl*, Sachvermögen *n*, Realkapital *n*, reale Vermögenswerte *mpl (z. B. Immobilien als Inflationsschutz; opposite: monetary assets = Geldwerte, Geldvermögen)*
real capital *(WiWi)* Produktivkapital *n*, Sachkapital *n*, Realkapital *n (the aggregate of the capital goods in an economy = capital stock = Kapitalstock = Realkapitalausstattung; VWL: dritter Produktionsfaktor, Summe der Produktionsmittel des volkswirtschaftlichen Produktionsprozesses)*
real cost *(RW)* Realkosten *pl*
real earnings *(Pers)* Realeinkommen *n*
real economy *(WiWi)* güterwirtschaftli-

che Seite *f* der Wirtschaft, reale Wirtschaft *f*, Realwirtschaft *f*
real economy of scale *(WiWi)* realer Größenvorteil *m*, realer Skaleneffekt *m*
real estate *(Grund, WiWi)* Immobilien *fpl*
real-estate industry *(Grund)* Immobilienbranche *f*
real-estate investment trust *(REIT, Reit) (AE) (Fin)* Immobilien-Aktiengesellschaft *f*, Immobilien-Investmentgesellschaft *f (Mischform aus Immobilienfonds und börsennotierter Immobilienaktiengesellschaft, in Deutschland neue Form einer steuerbegünstigten Aktiengesellschaft mit dem Geschäftszweck des Erwerbs sowie der Veräußerung, Vermietung und Verpachtung von Immobilien; hohe Ausschüttungsquote von mindestens 85 %, Besteuerung jedoch nicht auf Unternehmensebene, sondern in voller Höhe beim Investor; cf steuerbegünstigte Immobilienaktiengesellschaft)*
real-estate market *(Grund)* Immobilienmarkt *m*
real exchange rate *(Börse)* realer Wechselkurs *m*
real GDP growth *(WiWi)* reales Wachstum *n* des BIP [Bruttoinlandsprodukt]
real growth *(WiWi)* reales Wachstum *n*
real income *(RW)* Realeinkommen *n*
real investment *(WiWi)* Sachinvestition *f*
real items *(WiWi)* Sachwerte *mpl (synonymous: real assets; e. g. real property for inflation protection, z. B. Immobilien als Inflationsschutz; opposite: monetary assets = Geldwerte)*
real net national product *(WiWi)* reales Nettosozialprodukt *n*
real net output *(WiWi)* Wertschöpfung *f (synonymous: value added; im Unternehmenssektor: Verkaufserlöse minus Vorleistungen; VGR)*
real price *(WiWi)* Realpreis *m*
real property *(Grund)* unbewegliches Vermögen *n*
real property tax *(Steuer)* Grundsteuer *f (levied by local authorities, eine Gemeindesteuer)*
real rate of return *(RRR)* 1. *(Bank, Fin)* effektive Rendite *f*, Effektivverzinsung *f*; 2. *(WiWi)* Realzins *m*, Realzinssatz *m*
real security *(Recht)* dingliche Sicherheit *f*
real time *(Comp, RW, WiWi)* Echtzeit *f*, Realzeit *f*
real time transfer *(Comp, Komm)* Echtzeit-Übertragung *f*
real wage *(Pers, RW, WiWi)* Reallohn *m*
realizable *adj* 1. *(RW)* realisierbar; 2. *(Fin)* kapitalisierbar, verkäuflich; 3. *(Börse)* realisierbar
realizable assets *(Fin, RW)* flüssige Mittel *npl* und Forderungen *fpl*
realization 1. *(Gen)* Verkauf *m*, Veräußerung *f*, Verwertung *f*; 2. *(WiWi)* Veräußerung *f*, Realisierung *f*
realization of assets *(RW)* Veräußerung *f* von Vermögen
realize *v* 1. *(RW)* realisieren *(profit)*; 2. *(Fin)* kapitalisieren, verkaufen *(profit)*; 3. *(Gen)* verwirklichen *(goal)*; 4. *(Börse)* realisieren *(profit)*
realize *v* **assets** *(Börse)* Vermögenswerte flüssigmachen
realized gains *(Fin, RW)* realisierte Gewinne *mpl*
realized losses *(Fin)* realisierte Verluste *mpl*
realized profits *(Fin, RW)* realisierte Gewinne *mpl (cf realized gains)*
reallocate *v (RW)* umschichten *(funds)*
reallocation 1. *(RW)* Umschichtung *f*; 2. *(Fin)* Neuverteilung *f*, Neuzuteilung *f*; 3. *(WiWi)* Reallokation *f*
reallowance *(Börse)* Wiederverkäuferrabatt *f*
reap *v* **rewards** *(Gen)* Belohnungen erhalten
reason *(Gen)* Begründung *f*, Beweggrund *m*, Motiv *n*
reasonable *adj (Gen)* angemessen, tragbar, vernünftig
reasonable compensation *(Gen)* angemessene Entschädigung *f* [Vergütung *f*]
reasonable price *(Gen)* angemessener Preis *m*, vernünftiger Preis *m*
reasonable time *(RW)* angemessene Frist *f*
reassessment *(RW, WiWi)* Neubewertung *f*
rebate 1. *(Fin)* Rabatt *m*, Preisnachlass *m*, Nachlass *m (discount)*; Rückvergütung *f (of money paid)*; 2. *(Börse, Gen)* Rabatt *m*

rebate law *(Recht, V&M)* Rabattgesetz *n (Germany)*
rebateable *adj (Gen)* nachlassfähig
rebuilding *(WiWi)* Wiederaufbau *m*
recall *v (Börse)* zurückrufen *(option)*
recall *(Börse)* Rückruf *m (of option)*
recapitalization *(Fin, WiWi)* Kapitalumschichtung *f*, Sanierung *f*
recapitalization balance sheet *(WiWi)* Sanierungsbilanz *f*
recapitalization gains *(WiWi)* Sanierungsgewinne *mpl*
receipt *v (Gen)* Empfang bestätigen, quittieren *(payment)*; den Empfang bescheinigen
receipt 1. *(Gen)* Annahme *f*, Erhalt *m (of goods)*; Bon *m*, Quittung *f*, Empfangsbescheinigung *f (for goods, payment)*; 2. *(V&M)* Annahme *f* • **be in receipt of** *(Gen)* erhalten haben • **on receipt of** *(Gen)* bei Erhalt von
receipt book *(Gen)* Quittungsblock *m*
receipt for payment *(Gen)* Quittung *f*
receipt stamp *(Komm)* Eingangsstempel *m*
receipts *(Gen)* Einnahmen *fpl*, Quittungen *fpl*
receipts and payments account *(RW)* Einnahmen-Ausgaben-Rechnung *f*
receivables *(RW)* Forderungen *fpl*
receivables turnover *(Fin)* Debitorenumschlag *m*, Forderungsumschlag *m*
receive *v (Gen)* empfangen, erhalten, *(ugs.)* kassieren
receive *v* **an allowance** *(Soz)* Zuschuss erhalten
receive *v* **unemployment benefit [compensation]** *(Pers, Soz)* Arbeitslosengeld erhalten, Arbeitslosenunterstützung empfangen, Arbeitslosenunterstützung beziehen *(cf be on welfare AE)*
received *adj (Gen)* empfangen, bezahlt *(payment)*
receiver 1. *(Pers)* Empfänger(in) *m(f)*; 2. *(Recht)* Insolvenzverwalter(in) *m(f)*, Zwangsverwalter(in) *m(f) (bankruptcy)*
receivership *(BE)* 1. *(RW)* Insolvenzverwaltung *f*, Konkursverwaltung *f*; 2. *(Fin, Recht)* Zwangsverwaltung *f* • **go into receivership** *(Recht)* die Zwangsverwaltung veranlassen
receiving country *(WiWi)* Aufnahmeland *n*, Bestimmungsland *n*
receiving office *(Gen, Pat)* Anmeldeamt *n*, Annahmestelle *f*
reception 1. *(Admin, Gen)* Empfang *m*; 2. *(Frei)* Empfang *m*, Rezeption *f*
receptionist 1. *(Fin, Gen)* Rezeptionist(in) *m(f)*; 2. *(Pers)* Empfangschef(in) *m(f) (in hotel)*; Empfangssekretär(in) *m(f) (in office)*
recession *(WiWi)* Konjunkturrückgang *m*, Rezession *f*
recessionary *adj (WiWi)* rezessiv
recessionary phase *(WiWi)* Rezessionsphase *f*, rezessive Phase *f*
recipient *(Gen, Recht)* Empfänger(in) *m(f)*
recipient country *(Imp/Exp)* Empfängerland *n*
recipient of an allowance *(Pers)* Empfänger(in) *m(f)* eines Zuschusses
reciprocal *adj (Gen)* gegenseitig, reziprok, wechselseitig
reciprocal *(Stat)* reziproker Wert *m*
reciprocal agreement *(Pers)* Gegenseitigkeitsabkommen *n*
reciprocal buying *(V&M)* wechselseitige Lieferbeziehungen *fpl*
reciprocal principle *(WiWi)* Reziprozitätsprinzip *n*
reciprocal ratio *(Stat)* reziprokes Verhältnis *n*
reciprocity *(Bank)* Gegenseitigkeit *f*
reckoning *(RW)* Abrechnung *f*, Rechnen *n*
recognition 1. *(RW)* Ausweis *m*, Ansatz *m (balance sheet)*; 2. *(Gen, Recht)* Anerkennung *f (of claim)*
recognition and measurement *(RW)* Ansatz *m* und Bewertung *f (IAS 39)*
recognition lag *(WiWi)* Erkennungsverzögerung *f*
recognize *v* 1. *(RW)* ausweisen, verbuchen; 2. *(Gen)* anerkennen *(acknowledge)*; wiedererkennen
recognized *adj (Gen)* anerkannt
recognized professional body *(Fin)* anerkannter Berufsverband *m*
recognized profit *(Steuer)* ausgewiesener Gewinn *m*
recommend *v (Gen)* empfehlen
recommended price *(Gen)* empfohlener Preis *m*, Richtpreis *m*
recommended retail price *(V&M)*

Preisempfehlung *f*, unverbindliche Preisempfehlung *f*

reconcile *v* 1. *(RW)* abstimmen, ausgleichen, berichtigen *(account, figures)*; 2. *(Fin)* aussöhnen, versöhnen *(people)*

reconcile *v* **an account** *(Bank, RW)* ein Konto abstimmen

reconciliation of cash *(WiWi)* Kassenabstimmung *f*

recondition *v (Gen)* aufarbeiten, überholen

reconsider *v (Gen)* neu bedenken, nochmals erwägen

reconstruction 1. *(WiWi)* Reorganisation *f*, Umbau *m (of company)*; Wiederaufbau *m*; 2. *(Gen)* Rekonstruktion *f*

reconveyance *(Grund)* Rückübereignung *f*

record *v* 1. *(RW)* aufzeichnen, eintragen *(accounts, register)*; 2. *(Admin)* protokollieren; 3. *(Gen)* erfassen, registrieren, beurkunden *(contract)*; aufnehmen, aufzeichnen *(meeting)*

record *v* **a positive EBIT** *(Fin, RW)* einen positiven EBIT erzielen

record 1. *(Admin)* Niederschrift *f*; 2. *(Comp)* Datensatz *m*; 3. *(Gen)* Aufzeichnung *f*, Vorgang *m (written)*; 4. *(Steuer)* Beleg *m (bookkeeping)* • **on record** *(Recht)* aktenkundig

record date *(Fin)* Bezugsrechtsstichtag *m*

record high *(WiWi)* historischer Höchststand *m*, Rekordhöhe *f*, Spitzenwert *m (profits, unemployment)*

record keeping *(Recht)* Aktenführung *f*

recorded *adj* 1. *(Gen)* erfasst, eingetragen; 2. *(Frei, Media)* aufgezeichnet

recorded by a notary *(Recht)* notariell beglaubigt, notariell beurkundet

recorded economy *(WiWi)* offizielle Wirtschaft *f*

recording 1. *(Admin)* Registrierung *f*; 2. *(Comp)* Aufzeichnung *f*

recording of business transactions *(WiWi)* Erfassung *f* von Geschäftsvorfällen

records 1. *(Admin, RW)* Aufzeichnungen *fpl*; 2. *(Gen)* Unterlagen *fpl*

records management *(Mgt)* Aktenverwaltung *f*

recoup *v (Gen)* ausgleichen, wettmachen *(loss)*

recourse 1. *(Gen)* Rückgriff *m*, Regress *m*; 2. *(Versich)* Rückgriff *m* • **with recourse** *(Gen)* mit Rückgriff, mit Regress

recover *v* 1. *(Comp)* wiederherstellen; 2. *(WiWi)* eintreiben, wiedererlangen, zurückerhalten; 3. *(Umwelt)* rückgewinnen *(for recycling)*; 4. *(Gen)* wiedereinbringen *(expenditure)*; einholen, eintreiben *(debts)*; wiederhereinholen *(assets)*; 5. *(WiWi)* sich erholen

recoverable debt *(RW)* beitreibbare Forderung *f*

recoverable input tax *(Steuer)* anrechenbare Vorsteuer *f*

recoverable reserves *(Umwelt)* abbauwürdige Vorräte *mpl*, förderwürdige Reserve *f (of raw materials)*

recovered bad debt *(RW)* eingetriebene Forderung *f*

recovered sums *(Fin)* beigetriebene Beträge *mpl*

recovery 1. *(WiWi)* Belebung *f*; 2. *(Umwelt)* Rückgewinnung *f*; 3. *(Fin)* Eintreibung *f*; Einzug *m*

recovery CD *(Comp)* Recovery-CD *f (after system crash)*

recovery of losses *(RW)* Wiederausgleich *m* von Verlusten

recovery program *(AE) (WiWi) s.* recovery programme

recovery programme *(BE) (WiWi)* Programm *n* zur Belebung der Konjunktur, Wiederaufbauprogramm *n*

recruit *v (Pers)* einstellen

recruit *v* **labor** *(AE) (Pers) s.* recruit labour

recruit *v* **labour** *(BE) (Pers)* Arbeitskräfte einstellen, Personal einstellen

recruitment *(Pers)* Anwerbung *f*, Einstellung *f*, Personalbeschaffung *f*

recruitment ban *(Pers)* Einstellungsstopp *m*, Einstellungssperre *f (synonymous: recruitment stop)*; Anwerbestopp *m (z. B. für ausländische Arbeitnehmer)*

recruitment fee *(Pers)* Anwerbegebühr *f*

recruitment needs *(Pers)* Einstellungsbedarf *m*

recruitment rate *(Gen)* Einstellungsrate *f*, Zugangsrate *f (the percentage of newly hired employees of the average* *total employment; synonymous: accession rate; Verhältnis aus neu eingestellten Beschäftigten zur Durchschnittsbeschäftigung innerhalb eines bestimmten Zeitraumes)*

rectification 1. *(Gen)* Behebung *f*, Berichtigung *f*; Abänderung *f (amendment)*; Richtigstellung *f*, Entzerrung *f (situation)*; 2. *(Recht, V&M)* Nacherfüllung *f (Vertragsrecht)*

rectified *adj (Gen)* berichtigt

rectify *v (Gen)* beheben, berichtigen, abändern *(amend)*; entzerren, richtigstellen *(situation)*

recto *(Media)* Vorderseite *f (front of page)*

recyclable *adj (Umwelt)* recycelfähig, wiederverwertbar

recycle *v (Umwelt)* rückgewinnen, recyceln, wiederverwenden, wiederverwerten, zurückführen *(re-use)*

recycled paper *(Umwelt)* Recyclingpapier *n*, Umweltschutzpapier *n*

recycling of waste *(Umwelt)* Abfallwiederaufbereitung *f*

red-herring (prospectus) *(Börse)* vorläufiger Börseneinführungsprospekt *m* [Emissionsprospekt]

red/in the *(Bank, Gen)* in den roten Zahlen, *(ugs.)* in den Roten

redeem *v* 1. *(Bank, Fin, Gen)* rückzahlen; 2. *(Börse)* rückzahlen, tilgen

redeemable bonds *(RW)* ablösbare Schuldverschreibungen *fpl*

redeemed share *(Börse)* eingezogene Aktie *f*

redelivery *(Gen, Transp)* Rücklieferung *f*

redemption 1. *(RW)* Tilgung *f*; 2. *(Bank)* Auslösung *f*; 3. *(Fin)* Tilgung *f*; 4. *(Gen)* Einlösung *f (of token, pawned object)*

redemption before due date *(Fin)* vorzeitige Tilgung *f*

redemption bond *(Börse)* Amortisationsanleihe *f*, Tilgungsanleihe *f*

redemption commitments *(Fin)* Tilgungsverpflichtungen *fpl*

redemption date *(Börse)* Rückzahlungstermin *m*

redemption-free year *(Fin)* tilgungsfreies Jahr *n*

redemption installment *(AE) (Fin) s.* redemption instalment

redemption instalment *(BE) (Fin)* Tilgungsrate *f*

redemption mortgage *(Fin)* Tilgungshypothek *f*, Annuitätenhypothek *f*

redemption of a loan *(Fin)* Tilgung *f* einer Anleihe

redemption of capital *(Fin)* Kapitalrückzahlung *f*

redemption period *(Fin)* Einlösungsfrist *f*

redemption price *(Fin)* Rückzahlungskurs *m (bonds)*; Rücknahmepreis *m (investment fund share; opposite: issue price = Ausgabepreis)*

redemption rate 1. *(Bank)* Grundtilgung *f*; 2. *(Fin)* Tilgungsquote *f*, Tilgungssatz *m*

redemption yield *(Bank, Fin)* Effektivverzinsung *f*, Rückzahlungsrendite *f (cf YTM)*

redeploy *v* 1. *(Admin)* versetzen; 2. *(Gen)* versetzen, umgruppieren *(restructure)*; 3. *(Pers)* versetzen *(transfer)*

redevelopment *(Grund, WiWi)* Sanierung *f*

redhibition *(Recht)* Gewährsmangel *m*

redhibitory defect *(Recht)* Sachmangel *m*

rediscount rate *(RW)* Rediskontsatz *m*

redistribution *(Bank)* Umverteilung *f* (der Liquidität)

redistributive effect *(WiWi)* Umverteilungseffekt *m*

redraft *v (Admin)* umformulieren

redress *v* 1. *(Gen)* wiederherstellen *(balance)*; bereinigen *(situation)*; 2. *(Recht)* abhelfen *(grievance)*

redress *(Recht)* Abhilfe *f*, Entschädigung *f*, Wiedergutmachung *f*

reduce *v* 1. *(WiWi)* verringern, herabsetzen, reduzieren, zurückführen *(prices, investment)*; 2. *(Gen)* ausdünnen, nachlassen, abbauen, verringern, ermäßigen, verbilligen *(prices)*; ermäßigen *(inflation rate)*

reduce *v* **in size** *(Gen)* verkleinern

reduce *v* **staff** *(Pers)* Personal abbauen

reduce *v* **the number of jobs** *(Pers)* die Zahl der Arbeitsplätze verringern

reduce *v* **the workforce** *(Pers)* Personal abbauen, Arbeitskräfte abbauen

reduced *adj* 1. *(WiWi)* herabgesetzt, verringert *(price, price support)*; 2. *(Gen)* reduziert, verbilligt

reduced price *(V&M)* herabgesetzter Preis *m*

reduced tax *(Steuer)* ermäßigte Steuer *f*
reducing-balance depreciation *(RW)* degressive Abschreibung *f (applies a constant percentage reduction; Verminderung des Restbuchwerts um einen konstanten Abschreibungssatz)*
reducing balance method *(RW)* degressive Abschreibung *f (depreciation)*
reducing-installment system *(AE) (WiWi) s.* reducing-instalment system
reducing-instalment system *(BE) (WiWi)* degressive Abschreibung *f*
reduction 1. *(WiWi)* Herabsetzung *f*, Verringerung *f*, Reduzierung *f*; 2. *(Gen)* Ermäßigung *f*, Nachlass *m*, Verkürzung *f*, Rabatt *m (discount)*; 3. *(Recht)* Minderung *f*
reduction in size *(Gen)* Verkleinerung *f*, Verringerung *f*
reduction in value *(Fin)* Wertminderung *f*, Wertverlust *m*
reduction in working hours *(Pers)* Arbeitszeitverkürzung *f*
reduction of liability *(Recht, Versich)* Haftungsminderung *f (contracts)*
reductions in profit *(Fin)* Ertragseinbußen *fpl*
redundancy 1. *(Comp)* Redundanz *f*; 2. *(Pers)* Entlassung *f*
redundancy letter *(BE) (Mgt, Pers)* Kündigungsschreiben *n (notice in writing)*
redundancy payment 1. *(Gen)* Entlassungsabfindung *f*; 2. *(Pers)* Abfindungszahlung *f*
redundant *adj (Gen)* überflüssig *(unneeded)* • **be made redundant** *(Pers)* den Arbeitsplatz verlieren • **make redundant** *(Pers)* entlassen
refer *v (Gen)* sich beziehen auf, verweisen
refer *v* **to** 1. *(Gen)* verweisen (auf), sprechen von, erwähnen *(mention)*; sich wenden an *(consult person)*; sich beziehen auf *(relate to)*; 2. *(Recht)* verweisen, weiterleiten *(case)*; 3. *(Pat)* verweisen auf, Bezug nehmen auf *(previous, single claim)*
reference 1. *(Komm)* Bezugnahme *f (in document)*; 2. *(Gen)* Verweis *m*, Aktenzeichen *n*, Geschäftszeichen *n*; 3. *(Pers)* Zeugnis *n*, Referenz *f (testimonial)*; 4. *(Media)* Quellenangabe *f* • **reference to** *(Pat)* Bezugnahme auf • **our reference** *(Gen)* unser Zeichen • **with reference to** 1. *(Komm)* Bezug nehmend auf; 2. *(Gen)* unter Bezugnahme auf • **with reference to your enquiry** *(Komm)* Bezug nehmend auf Ihre Anfrage
reference benchmark *(Bank)* Referenzwert *m (ECB)*
reference currency *(WiWi)* Referenzwährung *f*
reference date *(Gen)* Stichtag *m*
reference day *(Gen)* Stichtag *m*
reference exchange rate *(Bank)* Referenzkurs *m*
reference figure 1. *(RW)* Bezugsgröße *f*; 2. *(Gen)* Bezugswert *m*, Referenzwert *m*, Referenzgröße *f*, Vergleichswert *m*, Eckwert *m (synonymous: benchmark, reference value)*
reference number 1. *(Gen)* Kennziffer *f*; 2. *(Pers)* Chiffrenummer *f*
reference price *(Gen)* Bezugspreis *m*, Vergleichspreis *m*; Mindestpreis *m*, Referenzpreis *m (synonymous: floor price)*
reference rate *(Bank, Fin)* Referenzzins *m*, Referenzzinssatz *m (e. g. Euribor, Libor)*
referring to *(Gen)* Bezug nehmend auf, unter Bezugnahme auf
refinance *v (Fin)* umschulden
refinancing *(Fin)* Refinanzierung *f*, Umschuldung *f*
reflation 1. *(WiWi)* Reflation *f*; 2. *(Gen, Pol)* Ankurbelung *f*
refloat *v* 1. *(Bank)* umstrukturieren; 2. *(WiWi)* sanieren
reflotation *(Bank)* Umstrukturierung *f*
refocusing *(Gen)* Umorientierung *f*
reform *v (Gen)* reformieren; neu gestalten
refresher course *(Bil)* Auffrischungskurs *m*, Wiederholungskurs *m*
refresher training *(Gen)* auffrischende Ausbildung *f*
refrigerated *adj (Ind)* kühl aufbewahrt, tiefgekühlt, Kühl...
refuel inflation *(WiWi)* die Inflation anheizen
refund *v* 1. *(Bank, Fin)* rückzahlen; 2. *(Gen)* erstatten
refund 1. *(Bank, WiWi, Fin, Gen)* Rückerstattung *f*, Rückzahlung *f*; 2. *(Steuer)* Rückerstattung *f*

refund of premium *(Versich)* Beitragsrückerstattung *f*
refundable expenses *(Gen)* erstattungsfähige Kosten *pl*
refunding *(Fin)* Refinanzierung *f*, Umfinanzierung *f*, Umschuldung *f*
refusal *(Gen)* Ablehnung *f*, Absage *f*, Verweigerung *f*, abschlägige Antwort *f (negative response)*
refusal to accept *(Recht)* Annahmeverweigerung *f (contracts)*
refusal to fulfil an obligation *(BE) (Recht)* Erfüllungsverweigerung *f*, Leistungsverweigerung *f*
refusal to fulfill an obligation *(AE) (Recht) s.* refusal to fulfil an obligation
refuse *v (Gen)* verweigern
refuse *v* **a job offer** *(Pers)* ein Stellenangebot ablehnen
refutable *adj (Stat)* anfechtbar
regard to/with *(Gen)* in Bezug auf
regarding *adv* 1. *(Komm)* betreffs, bezüglich; 2. *(Gen)* in Bezug auf
region 1. *(Comp)* Bereich *m*; 2. *(WiWi)* Region *f*; 3. *(Gen)* Bereich *m*, Gebiet *n*
regional *adj (Gen)* räumlich begrenzt, regional, Regional...
regional development *(WiWi)* Regionalentwicklung *f*
regional office *(Pol, Recht)* Regionalbüro *n*
regional planning policy *(WiWi)* Raumordnungspolitik *f*
regional policy *(WiWi)* Regionalpolitik *f*
register *v* 1. *(Admin)* eintragen *(in book, file)*; registrieren *(fact, figure)*; 2. *(Gen)* registrieren, beurkunden, anmelden, eintragen lassen *(change of name)*; 3. *(Recht)* eintragen *(business name)*
register *v* **a high** *(Gen)* ein Hoch verzeichnen *(on stock market)*
register *v* **as unemployed** *(Pers)* sich arbeitslos melden
register *(Pat)* Patentrolle *f*, Register *n*, Verzeichnis *n*
register of bills payable *(RW)* Akzeptebuch *n*
register of companies *(Admin)* Gesellschaftsregister *n*
Register of Members *(Recht)* Aktienbuch *n*, Aktionärsregister *m (of corporation, public limited company)*
registered *adj* 1. *(Komm)* eingeschrieben, per Einschreiben; 2. *(Gen)* registriert, eingetragen
registered bond *(Bank, Fin)* Namensschuldverschreibung *f (opposite: bearer bond = Inhaberschuldverschreibung, Inhaberobligation)*
registered company *(Admin, Recht)* eingetragene Gesellschaft *f*
registered design *(BE) (Pat, Recht)* Geschmacksmuster *n (synonymous: design; AE: design patent)*
registered job-seekers *(Soz)* registrierte Arbeitssuchende *pl*, gemeldete Arbeitssuchende *pl*
registered letter *(Komm)* eingeschriebener Brief *m*, Einschreiben *n*
registered market maker *(Börse)* eingetragener Marktmacher *m*, zugelassener Marktmacher *m*
registered office *(Admin, Recht)* eingetragener Sitz *m*
registered parcel *(Komm)* Wertpaket *n*
registered post *(BE) (Komm)* Einschreiben *n* • **by registered post** *(Komm)* per Einschreiben
registered proprietor *(Grund)* eingetragener Eigentümer *m*, eingetragene Eigentümerin *f*
registered representative *(Börse)* registrierter Vertreter *m*, registrierte Vertreterin *f*, registrierte(r) Bevollmächtigte(r) *f(m)*
registered share *(Börse, RW)* Namensaktie *f*
registered shareholder *(BE) (Börse)* im Aktionärsregister eingetragener Aktionär, im Aktienregister eingetragener Aktionär *m*, registrierter Aktionär *m (registered shares, Namensaktien)*
registered society *(Börse, Gen, Pol)* eingetragener Verein *m*
registered stockholder *(AE) (Börse)* (im Aktionärsregister) eingetragener Aktionär *m*, im Aktienregister eingetragener Aktionär *m*, registrierter Aktionär *m (registered shares, Namensaktien)*
registered title *(Recht)* eingetragener Rechtsanspruch *m*
registered trademark *(Pat, Recht)* eingetragene Marke *f*, geschützte Marke *f*, Registriermarke *f*; *(obs.)* eingetragenes Markenzeichen *n*
registered trademark symbol *(Pat,*

Recht) Registriermarke-Zeichen *n*; registrierte Marke *f (® symbol; keyboard ALT+0174, used only for registered trademarks = eingetragene Marken)*

registered unemployed 1. *(Gen)* als arbeitslos gemeldet; 2. *(Soz)* gemeldete Arbeitslose *pl*, registrierte Arbeitslose *pl*; registrierte(r) Arbeitslose(r) *f(m)*

registration 1. *(Admin, Gen)* Eintragung *f*, Registrierung *f*; 2. *(Recht)* Anmeldung *f*, Zulassung *f (of car)*

registration fee 1. *(Gen)* Anmeldegebühr *f*, Registrierungsgebühr *f*; 2. *(Bil, V&M)* Tagungsgebühr *f*

registration form *(Bil, V&M)* Anmeldeformular *n*

registration office *(Admin)* Anmeldestelle *f*, Einwohnermeldeamt *n*

registry of deeds *(Grund, Recht)* Grundbuchamt *n*

registry office *(Admin)* amtliches Register *n*, Standesamt *n*

regression analysis *(Stat, WiWi)* Regressionsanalyse *f*

regression line *(Stat)* Regressionsgerade *f*

regressive tax *(Steuer)* regressive Steuer *f (indirect)*

regroup *v* 1. *(Gen)* umgruppieren; 2. *(Stock)* umschichten *(investments, Anlagen)*

regular accounting practices *(WiWi)* übliche Rechnungslegungsverfahren *npl*

regular annual payment *(Fin)* Annuität *f*

regular depreciation *(RW, Steuer)* planmäßige Abschreibung *f (allocation of the cost of fixed assets over the estimated useful life, planmäßige Verteilung der AK/HK abnutzbarer Wirtschaftsgüter über die betriebsgewöhnliche Nutzungsdauer; synonymous: scheduled depreciation, systematic depreciation, normal depreciation; opposite: non-scheduled depreciation = außerplanmäßige Abschreibung)*

regular employment *(Pers)* reguläre Beschäftigung *f*, normalerweise ausgeübte Tätigkeit *f*

regular hours 1. *(Gen)* normale Zeiten *fpl*; 2. *(Pers)* normale Arbeitszeiten *fpl*

regular income *(Fin)* regelmäßige Einnahmen *fpl*, feste Einnahmen *fpl*

regular job *(Pers)* reguläre Beschäftigung *f*, feste Stelle *f*, normalerweise ausgeübte Tätigkeit *f*

regular labour market *(BE) (Gen, WiWi)* erster Arbeitsmarkt *m*, regulärer Arbeitsmarkt *m (opposite: secondary labour market = sekundärer Arbeitsmarkt = zweiter Arbeitsmarkt)*

regulate *v* 1. *(Fin, WiWi)* lenken, ordnen, regeln, regulieren *(industry, market)*; 2. *(Recht)* regulieren

regulated *adj (Fin, WiWi)* reguliert

regulated investment company 1. *(WiWi)* steuerbegünstigte Investmentgesellschaft *f*; 2. *(Fin)* regulierter Investmentfonds *m*

regulated market *(Fin)* regulierter Markt *m*

regulated prices *(Pol, WiWi)* regulierte Preise *mpl*, geregelte Preise *mpl*

regulation 1. *(Recht)* Verordnung *f (Community law = EU-Gemeinschaftsrecht: a regulation immediately binds EU member states legally in every respect; "EU-Gesetz" mit sofortiger rechtlicher Bindungswirkung gemeinschaftsweit; anders: Richtlinie = directive)*; Verwaltungsvorschrift *f*, Durchführungsverordnung *f*, Durchführungsbestimmung *f*, Ausführungsverordnung *f (general administration)*; 2. *(WiWi)* Regulierung *f*, (Maßnahme der) staatliche(n) Wirtschaftslenkung *(government action or intervention)*; Regelung *f*, Vorschrift *f*, Richtlinie *f (directive)*; Bestimmung *f*

regulation on abuse *(Pol, Recht)* Missbrauchsregelung *f*

regulation on misuse *(Pol, Recht)* Missbrauchsregelung *f*

regulatory arbitrage *(Bank, Fin)* Regulierungsarbitrage *f*, Aufsichtsarbitrage *f*, regulatorische Arbitrage *f*, regulatorische Kapitalarbitrage *f (the reduction of regulatory capital requirements by outsourcing and securitizing exposures; cf regulatory capital arbitrage; durch umfangreiche Forderungsverbriefungen, Bündelung und Tranchierung zweitklassiger Hypotheken, Auslagerung der Risiken auf* *außerbilanzielle Zweckgesellschaften = SPVs = special purpose vehicles wie ABCP-conduits und SIVs = structured investment vehicles = strukturierte Anlagevehikel und Weiterplatzierung als kurzlaufende ABCP-Papiere = asset-backed commercial paper bei institutionellen Anlegern wurde vor dem Inkrafttreten von Basel II eine Reduzierung/Umgehung regulatorischer Eigenkapitalanforderungen = regulatory capital requirements erreicht; die 'technische' Voraussetzung für das Entstehen der US-Hypotheken- und schließlich der Finanzkrise ab Sommer 2007)*

regulatory body *(Recht)* Regulierungsbehörde *f*; Kontrollbehörde *f (synonymous: regulatory agency)*

regulatory capital relief *(Bank, Fin)* regulatorische Kapitalentlastung *f (Basel II, securitization, Verbriefungen)*

regulatory constraints *(Recht)* Auflagen *fpl*

regulatory framework *(Pol, Recht, WiWi)* ordnungspolitischer Rahmen *m*, Ordnungsrahmen *m*

regulatory policy *(Pol, WiWi)* Ordnungspolitik *f (no precise English equivalent to the German term)*

regulatory procedure with scrutiny *(Pol, Recht)* Regelungsverfahren *n* mit Kontrolle; *(ugs.)* kontrolliertes Regelungsverfahren *n (EU, new legislative process replacing the comitology procedure; neues EU-Rechtssetzungsverfahren, ersetzt das Komitologieverfahren)*

rehabilitate *v* 1. *(Umwelt)* sanieren *(dumping site)*; 2. *(Gen)* rehabilitieren *(reputation, company)*; 3. *(Recht)* wieder eingliedern

reimbursable *adj (Bank, Börse, Fin, Gen)* rückzahlbar

reimburse *v* 1. *(Bank, Fin)* rückzahlen; 2. *(Gen)* entschädigen *(person)*; 3. *(Pat)* abgelten, entschädigen; 4. *(Steuer)* erstatten

reimbursement of cost(s) *(Gen)* Kostenerstattung *f*, Rückzahlung *f* der Kosten

reimbursement of travel expenses *(Gen)* Reisekostenerstattung *f*

reinforce *v* 1. *(WiWi)* stützen; 2. *(Gen)* stützen, untermauern, verstärken

reinforce *v* **capital** *(WiWi)* Kapital erhöhen

reinforcement *(Gen)* Stärkung *f*, Verstärkung *f*

reinstatement 1. *(Gen)* Wiedereinsetzung *f (of employee)*; 2. *(Pers)* Wiedereinstellung *f*; 3. *(Recht)* Wiederherstellung *f*

reinsurance *(Versich)* Rückversicherung *f*

reinsurance company *(Versich)* Rückversicherungsgesellschaft *f*

reintegration *(Recht)* Wiedereingliederung *f*

reintermediation *(Bank)* Mittelrückfluss *m* ins Banksystem

reinvest *v (Fin, RW)* reinvestieren, wieder anlegen

reinvested earnings *(WiWi)* einbehaltene Gewinne *mpl*

reinvestment 1. *(RW)* Ersatzinvestition *f*, reinvestierter Gewinn *m*; 2. *(Börse)* Reinvestition *f*

REIT *(Abk. für real-estate investment trust, AE) (Fin, Recht)* Immobilien-Aktiengesellschaft *f*; Immobilien-Investmentgesellschaft *f*, Immobilienfonds *m (cf real-estate investment trust; die Reit-AG ist eine Mischform aus Immobilienfonds und börsennotierter Immobilienaktiengesellschaft; cf steuerbegünstigte Immobilienaktiengesellschaft)*

reiterate *v (Gen)* wiederholen

reject *v* 1. *(Gen)* verweigern; 2. *(Recht)* zurückweisen *(contract)*; 3. *(Pat)* ablehnen, zurückweisen

reject *v* **an application** *(Pers)* eine Bewerbung ablehnen

rejects *(Ind)* Ausschuss *m*

related *adj (Recht)* verwandt

related company *(Gen)* verbundenes Unternehmen *n*

relationship *(Gen)* Beziehung *f*, Verhältnis *n*

relationship management *(Bank, Mgt)* Beziehungsmanagement *n*, Kundenbetreuung *f*

relative *adj (Gen)* bezüglich, relativ, verhältnismäßig

relative *(Stat)* Verhältniszahl *f*, Messziffer *f*
relative concentration *(Stat)* relative Konzentration *f*
relative price *(WiWi)* relativer Preis *m*
relaunch *v* 1. *(Gen)* wieder auflegen, wieder einführen *(programme, product)*; 2. *(V&M)* erneut einführen
relax *v* 1. *(Gen, Mgt)* lockern *(control, restrictions)*; nachlassen *(efforts)*; 2. *(Frei)* sich entspannen
release *v* 1. *(RW)* auflösen; 2. *(Comp)* freigeben *(software, product)*; 3. *(Fin)* erlassen; 4. *(Gen)* freigeben *(publish)*
release *v* **a debt** *(Gen)* eine Forderung erlassen
release *v* **sb from a debt** *(Recht)* jmdm. eine Schuld erlassen
release 1. *(RW)* Auflösung *f*; 2. *(Comp)* Freigabe *f (of software, product)*; 3. *(Recht)* Erlass *m*
release from liability *(Recht, Versich)* Haftungsfreistellung *f*
release from obligations *(Recht)* Befreiung *f* von Verbindlichkeiten
release from one's duties [work] *(Pers)* Freistellung *f* von der Arbeit
release of debt *(Recht)* Schulderlass *m*
relevant cost approach *(Mgt)* Differenzkostenmethode *f*, Methode *f* der relevanten Kosten
relevant costs *(RW, WiWi)* entscheidungsrelevante Kosten *pl*, relevante Kosten *pl*, zielbedeutsame Kosten *pl*, zweckerhebliche Kosten *pl*, Differenzkosten *pl (the cost of using a resource in one activity is measured in terms of its best alternative use; if several opportunities are given up relevant costs are the value assigned to the best or highest alternative; synonymous: incremental cost, alternative cost; Bereitstellung relevanter, zweckneutraler Kosten für die entscheidungsorientierte Kostenrechnung = functional accounting, insbesondere die Einzelkosten- und Grenzplankostenrechnung)*
relevant documents *(Admin, Recht)* sachdienliche Unterlagen *fpl*
relevant information *(Recht, RW)* sachdienliche Information *f*
reliability *(Gen)* Zuverlässigkeit *f*, Kreditwürdigkeit *f*, Bonität *f (financial)*; Vertrauenswürdigkeit *f (personal)*
reliable *adj (Gen)* verlässlich, vertrauenswürdig, zuverlässig
reliable source *(Gen)* zuverlässige Quelle *f*
relief *(Steuer)* Entlastung *f*
relief on business assets *(RW)* Sonderabschreibung *f* auf das Anlagevermögen
relief shift *(Pers)* zusätzliche Schicht *f*
relieve *v* 1. *(Gen)* ablösen; 2. *(Recht)* befreien; 3. *(Steuer)* entlasten
religious discrimination *(Pers)* religiöse Diskriminierung *f*
relinquish *v (Gen, Recht)* verzichten auf, aufgeben, überlassen
relocate *v* 1. *(WiWi)* umsiedeln; 2. *(Gen)* versetzen *(employee)*; verlegen *(company, headquarters)*; 3. *(Ind)* umsiedeln *(company, headquarters)*; 4. *(Gen)* umsiedeln; 5. *(Grund, Transp)* umziehen
relocated *adj (Admin, Pers)* versetzt
rely *v* **on** 1. *(Gen)* sich verlassen auf, vertrauen *(person)*; 2. *(Recht)* vertrauen
remain *v* **employed** *(Pers)* beschäftigt bleiben
remain *v* **in employment** *(Pers)* in Arbeit bleiben, in Beschäftigung bleiben
remaining *adj (Gen)* restlich
remaining debt *(Bank, Fin)* Restschuld *f*
remaining maturity *(Fin)* Restlaufzeit *f (bis zur Endfälligkeit)*
remaining stock *(Gen)* Restposten *m*
remaining term *(Fin)* Restlaufzeit *f (bis zur Endfälligkeit)*
remargining *(Fin)* Nachschießen *n*, Nachschuss *m*
remind *v (Fin, Recht, RW)* mahnen
reminder 1. *(Fin, RW)* Mahnung *f*, Anmahnung *f*; 2. *(Gen)* Erinnerung *f*; 3. *(Recht)* Mahnbescheid *m*
reminder advertising *(V&M)* Erinnerungswerbung *f*
remission 1. *(WiWi)* Rückerstattung *f*; 2. *(Recht)* Erlass *m (of sentence)*; 3. *(Steuer)* Rückerstattung *f*, Rückzahlung *f*
remission of charges *(Steuer)* Gebührenerlass *m*
remission of debt *(Recht)* Schulderlass *m*

remit *v* 1. *(WiWi)* überweisen; 2. *(Fin)* anschaffen
remit *v* **a debt** *(Gen)* eine Forderung erlassen
remittance *(Fin)* Überweisung *f*, Überweisungsanzeige *f*
remittance for collection *(Bank)* Inkassoüberweisung *f*, Überweisung *f* zum Inkasso
removal 1. *(Gen)* Behebung *f*, Beseitigung *f (of problem)*; Umzug *m (new home)*; Entfernung *f (of attachment, cover, office)*; Aufhebung *f (of tariff barriers, restrictions)*; 2. *(Transp)* Umzug *m*
remove *v* 1. *(Comp)* entfernen; 2. *(WiWi)* abbauen; 3. *(Gen)* beseitigen *(obstacle, problem)*; aufheben, beheben
remuneration 1. *(Admin)* Honorar *n*; 2. *(Gen)* Bezahlung *f*, Dienstbezüge *mpl*, Entlohnung *f*, Vergütung *f*; 3. *(Pers)* Arbeitsentgelt *n*
remuneration schemes *(V&M)* Vergütungssysteme *f*
render *v (Gen)* vorlegen *(report)*
render *v* **a service** *(Pers)* Dienstleistung erbringen, Leistung erbringen
render *v* **null and void** *(Recht)* null und nichtig machen
rendering of services *(Gen)* Erbringung *f* von Dienstleistungen
renegotiate *v (Gen)* erneut verhandeln, neu aushandeln
renew *v (Gen)* erneuern, prolongieren, verlängern
renewable energy *(Umwelt)* erneuerbare Energien *fpl*
renewable resource *(WiWi)* erneuerbarer Rohstoff *m*, nachwachsender Rohstoff *m*
renewal *(Gen)* Verlängerung *f*
renewal coupon *(Börse)* Talon *m*
renounce *v* 1. *(Gen)* aufgeben, ausschlagen, verzichten auf; 2. *(Recht)* aufgeben
renounce *v* **an inheritance** *(Recht)* eine Erbschaft ausschlagen
renovate *v (Grund)* renovieren
renowned *adj (Gen)* angesehen, namhaft, renommiert
rent *v* 1. *(Gen)* mieten; 2. *(Grund)* mieten, verpachten
rent *v* **out** *(AE) (Grund)* vermieten
rent *(WiWi)* Miete *f* • **for rent** *(Grund) (AE)* zu vermieten
rent allowance *(Soz)* Mietbeihilfe *f*, Mietzuschuss *m*
rent-free *adj (Grund, Pers, Soz)* mietfrei
rent rebate *(Soz)* Mietbeihilfe *f*, Mietnachlass *m*, Mietzuschuss *m*
rent seeking society *(Pol, Soz, WiWi)* Besitzstandswahrergesellschaft *f*, Gesellschaft *f* von Besitzstandswahrern, Gesellschaft *f* der Besitzstandswahrer
rent subsidy *(Pers, Soz)* Wohngeld *n*
rentable area *(Grund)* vermietbare Fläche *f*
rental 1. *(Imp/Exp)* Miete *f*; 2. *(Grund)* Mieteinnahme *f*, Pachteinnahme *f*, Miete *f*; 3. *(Soz, Transp)* Miete *f*
rental agreement *(Gen)* Mietvertrag *m*
rental rate *(Grund)* Mietpreis *m*
rental term *(Grund)* Mietdauer *f*
renunciation *(Recht)* Verzicht *m*
renvoi *(Recht)* Renvoi *n (conflict of laws)*
reopen *v (Recht)* wieder aufnehmen *(case, proceedings)*
reorder *v (Gen)* nachbestellen
reorder point *(RW)* kritischer Lagerbestand *m*
reorganization 1. *(WiWi)* Sanierung *f*; 2. *(Gen)* Umorganisation *f*; 3. *(Pers)* Umbesetzung *f*; 4. *(Mgt)* Reorganisation *f*, Umgestaltung *f*, Umstrukturierung *f*
reorganize *v* 1. *(Fin, WiWi)* umstrukturieren; 2. *(Gen)* umorganisieren, umbesetzen; 3. *(Mgt)* reorganisieren, umgestalten
rep. *s.* representative
repackaging of risks *(Fin)* Risikoumstrukturierung *f*, Risikoumbündelung *f*
reparation for damage *(Versich)* Schaden(s)ersatz *m*, Schaden(s)ersatzzahlung *f*
repatriate *v (WiWi)* repatriieren *(profits)*
repatriation of profits *(WiWi)* Gewinnrückführung *f*
repay *v* 1. *(RW)* abtragen, zurückzahlen *(debt, mortgage)*; 2. *(Bank)* tilgen, rückzahlen *(debt, mortgage)*; 3. *(Fin)* abbauen, einlösen; 4. *(Gen)* einlösen
repayable *adj (Bank)* rückzahlbar, tilgbar
repayable on demand *(Bank, Fin)* auf Verlangen rückzahlbar
repayment 1. *(RW)* Tilgung *f*; 2. *(Bank,*

Fin, Gen) Rückerstattung *f*, Rückzahlung *f*
repayment conditions *(Bank, WiWi)* Rückzahlungsmodalitäten *fpl*
repayment period *(Fin)* Tilgungsperiode *f*, Abzahlungsperiode *f*
repayment procedure *(Fin)* Tilgungsverfahren *n*, Rückzahlungsverfahren *n*
repayment term *(Fin)* Tilgungsfrist *m*, Kreditlaufzeit *f*, Rückzahlungszeitraum *m*
repeal *v (Recht)* aufheben *(regulations)*
repeal *v* **a law** *(Recht)* ein Gesetz abschaffen, ein Gesetz aufheben
repeating audit *(WiWi)* periodische Prüfung *f*
repercussion *(Gen)* Auswirkung *f*, Rückwirkung *f*
replace *v* 1. *(Gen)* ersetzen *(stolen or lost goods)*; auswechseln *(machine part)*; austauschen, verdrängen *(exchange)*; 2. *(Recht)* wiederherstellen
replaced asset *(Steuer)* Ersatzinvestition *f*
replacement 1. *(Gen)* Anlageerneuerung *f*, Ersatzbeschaffung *f (purchase of substitute)*; Wiederbeschaffung *f (repurchase)*; Ersatzlieferung *f (delivery of substitute)*; Ersatzmann *m*, Nachfolger(in) *m(f) (person)*; Ersatz *m (substitute, substitution)*; 2. *(Recht)* Wiederherstellung *f*
replacement capital *(Fin)* Ersatzinvestition *f*
replacement costing *(RW)* Buchführung *f* zu Wiederbeschaffungskosten
replacement costs *(RW)* Wiederbeschaffungskosten *pl*, Wiederherstellungskosten *pl*
replacement investment *(Mgt, WiWi)* Ersatzinvestition *f*, Erhaltungsinvestition *f*
replacement method of depreciation *(Fin, RW)* Abschreibung *f* auf Basis der Wiederbeschaffungskosten
replacement need *(Pers)* Ersatzbedarf *m*
replacement part *(Gen)* Ersatzteil *n*
replacement requirement *(Pers)* Ersatzbedarf *m*
replacement value *(RW)* Wiederbeschaffungswert *m*
replenishment of inventories *(Mgt)* Auffüllung *f* von Lagerbeständen
reply 1. *(Gen)* Beantwortung *f*; 2. *(Recht)* Erwiderung *f* • **in reply to your letter** *(Komm)* in Beantwortung Ihres Schreibens
reply paid *(Komm)* bezahlte Rückantwort *f*
reply-paid envelope *(Admin, Komm)* Freiumschlag *m*
répondez s'il vous plaît *(RSVP) (Komm)* um Antwort wird gebeten, u.A.w.g.
report *v* 1. *(RW)* ansetzen, ausweisen; 2. *(Gen)* melden *(accident, crime)*; 3. *(Gen)* berichten, Bericht erstatten
report *v* **a loss** *(RW)* einen Verlust ausweisen
report *v* **a profit** *(RW)* einen Gewinn ausweisen
report *v* **at market value** *(Fin, RW)* zum Kurswert ausweisen
report *v* **to sb** *(Gen)* jmdm. unterstehen *(be answerable to)*
report 1. *(Admin)* Rechenschaftsbericht *m*; 2. *(Comp, Gen)* Bericht *m*
reported *adj (Gen)* ausgewiesen
reported earnings *(RW)* ausgewiesener Gewinn *m*
reported equity *(RW)* ausgewiesene Eigenmittel *npl*
reported equity capital *(RW)* ausgewiesenes Eigenkapital *n*
reporting 1. *(RW)* Rechenschaftslegung *f (rendering an account)*; 2. *(Gen)* Berichtswesen *n*, Berichterstattung *f*
reporting company *(Gen)* berichtende Gesellschaft *f*
reporting corporation *(Gen)* berichtende Gesellschaft *f*
reporting date 1. *(RW)* Stichtag *m*; 2. *(Gen)* Berichtszeitpunkt *m*
reporting period *(Gen, WiWi)* Berichtszeitraum *m*
repositioning *(V&M)* Neupositionierung *f*
repossession 1. *(Fin)* Rückkaufvereinbarung *f*; 2. *(Grund, Recht)* Wiederinbesitznahme *f*
repost *v (RW)* umbuchen
represent *v (Gen)* darstellen *(depict)*; vertreten
representation 1. *(Gen)* Darstellung *f*, Repräsentation *f*; Stellvertretung *f (by deputy)*; Agentur *f*, Vertretung *f (of a firm by an agent)*; 2. *(Recht)* Schilderung *f*
representative *adj (Gen)* repräsentativ

representative 1. *(Gen)* Repräsentant(in) *m(f)*, Vertreter(in) *m(f)*, Beauftragte(r) *f(m)*, Bevollmächtigte(r) *f(m)*; 2. *(Pat)* Beauftragte(r) *f(m)*; 3. *(V&M)* Vertreter(in) *m(f)*
representative firm *(WiWi)* Durchschnittsfirma *f*, repräsentatives Unternehmen *n*
representative sample *(Stat)* repräsentative Stichprobe *f*
reprimand *(Pers)* Verweis *m*
reprivatize *v (WiWi)* reprivatisieren
reproduction 1. *(WiWi)* Nachbildung *f*, Reproduktion *f*, Vervielfältigung *f*; 2. *(Gen)* Abdruck *m*
reproduction costs *(RW)* Wiederherstellungskosten *pl*
reproduction right *(Media, Recht)* Vervielfältigungsrecht *n*
repudiate *v* 1. *(Gen)* zurückweisen; 2. *(Pers)* ablehnen *(industrial action)*; 3. *(Recht)* zurückweisen *(claim)*
repurchase *(Fin)* Rückkauf *m (own shares, eigene Aktien)*
repurchase agreement *(Fin, Gen)* Wertpapierpensionsgeschäft *n*, Rückkaufvereinbarung *f*
repurchase rate *(Bank, Fin)* Pensionssatz *n*, Rücknahmekurs *m*
reputation *(Gen)* Ansehen *n*, guter Name *m*, Leumund *m*, Ruf *m*, Renommee *n (renown)*
request *v (Gen)* anfordern, nachsuchen um, verlangen
request 1. *(Gen)* Anforderung *f*, Aufforderung *f*, Verlangen *n*, Bitte *f*, Wunsch *m (desire)*; 2. *(Pat)* Anfrage *f*, Antrag *m*
• **at the request of** *(Gen)* auf Bitte von
• **upon request** *(Gen)* auf Antrag
request for file inspection *(Pat)* Antrag *m* auf Akteneinsicht *(synonymous: request for inspection of records)*
request for information *(Recht)* Auskunftsersuchen *n*
request for payment *(Fin, Gen)* Zahlungsaufforderung *f*
request to pay *(WiWi)* Zahlungsaufforderung *f*
require *v (Gen)* Bedarf haben an, brauchen, erfordern, verlangen, fordern *(demand)*
require *v* **sth of sb** *(Gen)* etw. von jmdm. verlangen
required action *(Gen)* erforderliches Handeln *n*
required rate of return *(Fin)* angestrebte Mindestverzinsung *f*
required reserves *(Bank)* Mindestreserven *fpl*
requirement 1. *(Gen)* Anforderung *f*, Bedürfnis *n*, Bedarf *m*, Erfordernis *n*, Forderung *f (condition)*; 2. *(Recht)* Auflage *f*
requiring intensive consulting *adj (Mgt, Pol)* beratungsintensiv *(Gegensatz: beratungsarm = requiring little consulting)*
resale *(Börse, Gen)* Weiterverkauf *m*, Wiederverkauf *m*
resale price *(V&M)* Wiederverkaufspreis *m*
resale price maintenance *(Fin, Recht, V&M)* Preisbindung *f* der zweiten Hand, vertikale Preisbindung *f*
reschedule *v (Fin)* umschulden *(loan)*
rescheduling 1. *(Fin, RW)* Umschuldung *f (synonymous: debt rescheduling, rescheduling of debt)*; 2. *(Bank)* Fristentransformation *f*
rescind *v* 1. *(Recht)* aufheben, annullieren, rückgängig machen, für ungültig erklären, wandeln, anfechten, widerrufen; 2. *(Pat)* anfechten *(dispute, claim)*
rescind *v* **a contract** *(Recht)* einen Vertrag aufheben
rescission *(Recht)* Ungültigkeitserklärung *f*, Widerruf *m*, Rückgängigmachung *f*, Anfechtung *f*, Rücktritt *m* vom Vertrag, Annullierung *f*, Aufhebung *f (of contract)*
rescission of sale *(Recht)* Wandlung *f*
rescue company *(Pers)* Auffanggesellschaft *f*
research *v (Gen)* forschen
research *(Gen)* Forschung *f*
research and development *(Ind)* Forschung *f* und Entwicklung *f*, F&E
research fellowship *(Bil)* Forschungsstipendium *n*
research institute *(Bil, Gen)* Forschungsinstitut *n*, Forschungseinrichtung *f*
research-intensive *adj (Ind)* forschungsintensiv
research-oriented *adj (Ind)* forschungsorientiert

reseller *(Gen, V&M)* Fachhändler(in) *m(f)*, Wiederverkäufer(in) *m(f)*

reservation 1. *(Gen)* Buchung *f*, Vorbehaltsklausel *f (of company name)*; 2. *(Frei)* Vorbestellung *f*, Reservierung *f (booking)*

reservation of title *(Recht)* Eigentumsvorbehalt *m (contracts)*

reserve *v* 1. *(Gen)* buchen, reservieren, sich vorbehalten *(room, seat)*; 2. *(Frei)* reservieren *(room, seat)*

reserve 1. *(RW)* Wertberichtigung *f*; 2. *(Fin)* Reserve *f*, Rücklage *f*

reserve-assets ratio *(Fin)* Mindestreservesatz *m*

reserve balances *(WiWi)* Währungsreserven *fpl*

reserve base *(Bank)* Basisgeldreserven *fpl*

reserve currency *(Fin, Gen)* Reservewährung *f*

reserve for doubtful accounts *(WiWi)* Rückstellung *f* für zweifelhafte Forderungen

reserve price *(Gen)* Preislimit *n*, Vorbehaltspreis *m (auction)*

reserve requirement *(Bank)* Mindestreserve *f*

reserve-stock control *(Gen)* Lagerhaltungssteuerung *f*

reserves *(Fin, RW)* Rücklagen *fpl*, Reserven *fpl (shown as equity in the balance sheet, aus einbehaltenen Gewinnen –revenue reserves = Gewinnrücklagen- oder durch Zuführung "von außen" -capital reserves = Kapitalrücklagen-, als Eigenkapital in der Bilanz ausgewiesen)*

resettlement 1. *(WiWi)* Umsiedlung *f*; 2. *(Gen)* Neubesiedlung *f*, Umsiedlung *f*, Wiedereingliederung *f*; 3. *(Pol)* Wiedereingliederung *f*

reshape *v (Fin, Mgt, WiWi)* umstrukturieren

reshuffle 1. *(Fin, Mgt, WiWi)* Umstrukturierung *f*; 2. *(Pol)* Umbesetzung *f* des Kabinetts *(cabinet)*

residence *(Gen)* Aufenthalt *m*

residence for tax purposes *(Steuer)* steuerlicher Wohnsitz *m*

resident *adj (Gen)* wohnhaft, (gebiets)-ansässig

resident account *(Bank)* Deviseninländerkonto *n*

resident alien *(Admin)* Ausländer(in) *m(f)* mit Aufenthaltsgenehmigung

resident for tax purposes *(Steuer)* Steuerinländer(in) *m(f)*

resident population *(WiWi)* Wohnbevölkerung *f*

resident taxpayer *(Steuer)* Steuerinländer(in) *m(f)*

residential *adj (Grund)* Wohn...

residential accommodation *(Gen)* Wohngebäude *n*, Wohnraum *m*

residential area *(Grund)* Wohngebiet *n*

residential property *(Grund, V&M)* Wohnimmobilien *fpl*

residential suburb *(Pers)* Wohnvorort *m*

residual book value *(RW)* Restbuchwert *m*

residual claim *(Fin, RW)* Restforderung *f*

residual error *(WiWi)* Restfehler *m*

residual financing 1. *(Bank)* Spitzenausgleich *m*; 2. *(Fin)* Restfinanzierung *f*

residual maturity *(Fin, RW)* Restlaufzeit *f*

residual value *(Fin)* Altwert *m*, Restwert *m*, Veräußerungswert *m*

residue *(Ind, Umwelt)* Rückstand *m*, Rest *m*

residuum *(Gen)* Rückstand *m*, Rest *m*, Residuum *n*

resign *v* 1. *(Gen)* zurücktreten; 2. *(Pers)* kündigen

resign *v* **without notice** *(Pers)* fristlos kündigen *(Arbeitnehmer)*

resignation 1. *(Admin)* Rücktritt *m (action)*; 2. *(Pers)* Kündigung *f (action)*; Rücktrittsgesuch *n (letter)*

resit *v* **for an examination** *(Bil)* eine Prüfung wiederholen

resolution 1. *(Gen)* Beschlussfassung *f*, Entschluss *m*; 2. *(Recht)* Resolution *f*; 3. *(Mgt)* Beschluss *m*, Lösung *f*

resolve *v* 1. *(Gen)* beheben, beilegen, beseitigen *(differences)*; 2. *(Mgt)* lösen

resolve *(Gen)* Entschluss *m*

resource 1. *(Gen)* Lieferant *m*, Bezugsquelle *f (supplier)*; 2. *(Ind, WiWi)* Produktionsfaktor *m*, Ressource *f*; Rohstoff *m*; Vermögen *n (wealth)*; Betriebsmittel *n (operating resources of an organization)*

resource allocation *(Fin, Mgt, WiWi)* Mittelbewilligung *f*, Mittelverteilung *f*,

Mittelzuteilung *f*, Mittelzuweisung *f*, Allokation *f* der Ressourcen

resource availability *(Fin)* Mittelverfügbarkeit *f*

resource economics *(WiWi)* Ressourcentheorie *f*

resource market *(WiWi)* Faktormarkt *m*

resources *(Fin, Pers, WiWi)* Mittel *npl*, Hilfsmittel *npl*, Ressourcen *fpl*, Vermögenswerte *mpl*

resourcing *(Gen)* Beschaffung *f*, Beschaffungswesen *npl*, Ressourcenbereitstellung *f*; Ressourcenplanung *f*

respect *v (Gen)* achten, respektieren *(person, customs)*

respect *(Recht)* Achtung *f* • **in other respects** *(Gen)* in sonstiger Hinsicht • **in respect of** *(Gen)* hinsichtlich • **in this respect** *(Gen)* in dieser Hinsicht

respond *v (Gen)* antworten

respond *v* **to** *(Gen)* antworten auf *(invitation, advertisement)*

respondent bank *(Bank)* Korrespondenzbank *f*

response 1. *(WiWi)* Reaktion *f*; 2. *(Gen)* Antwort *f* • **in response to** *(Gen)* als Antwort auf

responsibility 1. *(Gen)* Verantwortung *f*, Verantwortlichkeit *f*; 2. *(Recht)* Haftbarkeit *f*, Haftpflicht *f*, Haftung *f*

responsibility centre *(BE) (Mgt, RW)* Verantwortungszentrum *n (organizational function whose performance is the direct responsibility of a specific manager; cf responsibility accounting)*

responsible *adj* 1. *(Gen)* haftbar, verantwortlich, verantwortungsvoll; 2. *(Pers)* zuständig; 3. *(Recht)* haftbar • **be responsible for** 1. *(Recht)* haften für; 2. *(Versich)* haften für

responsible *adj* **for** *(Gen)* verantwortlich für

responsive *adj* **to business fluctuations** *(V&M, WiWi)* konjunkturreagibel

responsive *adj* **to cyclical fluctuations** *(V&M, WiWi)* konjunkturreagibel

restart 1. *(WiWi)* Wiederanlauf *m*, Wiederbelebung *f (economic recovery)*; 2. *(Gen)* Wiederbelebung *f*

restitution *(Recht)* Rückerstattung *f (of price)*

restock *v* 1. *(WiWi)* Lager auffüllen; 2. *(V&M)* wieder auf Lager nehmen

restore *v (Gen)* wiederherstellen *(confidence)*; rehabilitieren *(reputation)*

restore *v* **law and order** *(Recht)* Recht und öffentliche Ordnung wiederherstellen

restrain *v (Gen)* zurückhalten

restraint *(Gen, Pol)* Zurückhaltung *f*

restraint on trade 1. *(WiWi)* Wettbewerbsbeschränkung *f*; 2. *(Recht)* wettbewerbsbeschränkendes Verhalten *n*

restrict *v* 1. *(Gen)* begrenzen, beschränken; 2. *(Recht)* beeinträchtigen, eingrenzen, einschränken *(rights)*

restrict *v* **access [entrance]** *(Bil, Gen, Pers)* Zugang beschränken, Zutritt beschränken, Zugang begrenzen

restrict *v* **entry** *(Bil, Gen, Pers)* Zugang beschränken

restricted *adj (Gen)* begrenzt, eingeschränkt

restricted list *(Bank, Fin)* Verbotsliste *f*, Sperrliste *f*

restricted market *(WiWi)* beschränkter Markt *m*

restricted trading *(Börse)* beschränkter Handel *m*

restriction *(Gen)* Begrenzung *f*, Beschränkung *f*

restriction of competition *(V&M, WiWi)* Wettbewerbsbeschränkung *f*, Wettbewerbseinschränkung *f*

restriction of credit *(Bank, Fin, WiWi)* Kreditverknappung *f*

restriction to entry *(Imp/Exp, WiWi)* Zugangsbeschränkung *f*, Eintrittssperre *f*

restrictions on capital movements *(Imp/Exp, WiWi)* Kapitalverkehrskontrollen *fpl*

restrictive *adj (Gen, WiWi)* restriktiv, kontraktiv, beschränkend

restrictive monetary policy *(WiWi)* restriktive Geldpolitik *f*

restrictive practices 1. *(WiWi)* Kartelle *npl*, wettbewerbsbeschränkende Praktiken *fpl*, wettbewerbsbeschränkende Verhaltensweisen *fpl*; 2. *(Gen, Recht)* wettbewerbsbeschränkendes Verhalten *n*

restrictive trade practices *(Recht, WiWi)* wettbewerbsbeschränkende Praktiken *fpl*

restrictive trading agreement *(Recht, V&M, WiWi)* wettbewerbsbeschränkende Vereinbarung *f*
restructure *v* 1. *(WiWi)* umstrukturieren, sanieren *(company)*; 2. *(Fin)* umschulden; 3. *(Mgt)* reorganisieren
restructuring 1. *(WiWi)* Restrukturierung *f*; 2. *(Fin)* Sanierung *f*, Umschuldung *f*, Umstrukturierung *f*; 3. *(Mgt)* Neuordnung *f*
result *(Gen)* Ausgang *m*, Ergebnis *n*, Resultat *n* • **as a result** *(Gen)* als Ergebnis, als Resultat, infolgedessen • **with the result that** *(Gen)* mit dem Ergebnis, dass, mit der Folge, dass
results *(Gen)* Ergebnisse *npl (trading figures)* • **get results** *(Gen, Pers)* Ergebnisse erzielen
résumé 1. *(Admin) (AE)* Lebenslauf *m (career outline)*; 2. *(Gen)* zusammengefasste Darstellung *f (summary)*
resume *v* **work** *(Pers, Soz)* Arbeit wieder aufnehmen, Beschäftigung wieder aufnehmen
resumption *(Comp, Pol, Recht)* Wiederaufnahme *f*
retail *(V&M)* Einzel…, Einzelhandels…, Detail…
retail bank *(Bank)* Retail-Bank *f*
retail business 1. *(WiWi)* Einzelhandelsbetrieb *m*; 2. *(V&M)* Einzelhandel *m*, Einzelhandelsunternehmen *n*
retail cooperative *(V&M)* Einzelhandelsgenossenschaft *f*
retail margin *(V&M)* Einzelhandelsspanne *f*
retail price *(V&M)* Einzelhandelspreis *m*
retail price maintenance *(V&M)* Preisbindung *f* der zweiten Hand
retail sale *(V&M)* Ladenverkauf *m*
retail sales *(Fin)* Einzelhandelsumsätze *mpl*
retail store *(V&M)* Einzelhandelsgeschäft *n*
retail trade *(Ind)* Einzelhandel *m*, Einzelhandelsgewerbe *n*
retail trader *(V&M)* Einzelhändler(in) *m(f)*
retailer 1. *(Gen)* Wiederverkäufer(in) *m(f)*; 2. *(V&M)* Einzelhändler(in) *m(f)*; 3. *(Börse)* Wiederverkäufer(in) *m(f)*
retailers *(V&M)* Fachhandel *m*; Fachhändler *fpl*
retain *v (Fin, RW, Steuer)* einbehalten, thesaurieren
retained earnings *(Fin, RW)* thesaurierter Gewinn *m*, thesaurierte Gewinne *mpl*, einbehaltener Gewinn *m*, einbehaltene Gewinne *mpl*, nicht ausgeschüttete Gewinne *mpl*, nicht ausgeschütteter Gewinn *m*; Rücklagen *fpl (synonymous: retained income, retained profits; shown as equity on the balance sheet after profit appropriation; Gewinnverwendung, als Eigenkapital in der Bilanz ausgewiesen; nicht ausgewiesen = undisclosed sind stille Rücklagen = stille Reserven = hidden reserves = undisclosed reserves = secret reserves)*
retained income *(Fin, RW)* thesaurierte Gewinne *mpl*, einbehaltene Gewinne *mpl*, nicht ausgeschüttete Gewinne *mpl*, nicht ausgeschütteter Gewinn *m*, thesaurierter Gewinn *m*; Rücklagen *fpl (synonymous: retained earnings, retained profits; cf retained earnings)*
retained profits *(Fin, RW)* thesaurierte Gewinne *mpl*, einbehaltene Gewinne *mpl*, nicht ausgeschüttete Gewinne *mpl*, nicht ausgeschütteter Gewinn *m*, thesaurierter Gewinn *m*; Rücklagen *fpl (synonymous: retained income, retained earnings; cf retained earnings)*
retainer *(Recht)* Vorschuss *m*, Honorarvorschuss *m*
retaliation *(Gen, Recht)* Vergeltung *f* • **in retaliation for** *(Recht)* als Vergeltung für
retaliatory measure *(Gen)* Repressalie *f*, Vergeltungsmaßnahme *f*
retention 1. *(Versich)* Selbstbehalt *m*, Zurückbehaltung *f*; 2. *(Steuer)* Einbehaltung *f*
retention money 1. *(Gen)* Sicherheitssumme *f*; 2. *(Grund)* einbehaltene Garantiesumme *f*
retire *v (Gen, Pers)* in den Ruhestand treten
retire *v* **from working life** *(Pers)* sich aus dem Erwerbsleben zurückziehen, sich aus dem Arbeitsleben zurückziehen, sich aus dem Berufsleben zurückziehen
retire *v* **on a pension** *(Pers)* sich pensionieren lassen

retired *adj* 1. *(Pers)* pensioniert; 2. *(Versich)* pensioniert

retiree *(AE) (Fin, Gen)* Pensionär(in) *m(f)*, Rentner(in) *m(f)*

retirement 1. *(Admin)* Rücktritt *m*; 2. *(Fin, Pers, Soz, Versich)* Pensionierung *f*; 3. *(Pers)* Ausscheiden *n*, Ruhestand *m*

retirement age *(Pers)* Pensionierungsalter *n*, Rentenalter *n*

retirement pay *(Fin, Soz)* Ruhegehalt *n*, Altersrente *f*, Pension *f*

retirement plan *(Pers)* Pensionssystem *n*

retirement scheme *(Fin, Pers)* Pensionsplan *m*

retiring age *(Pers, Soz)* pensionsfähiges Alter *n*

retiring allowance *(Fin, Soz)* Altersrente *f*, Altersversorgung *f*, Pension *f*, Ruhegehalt *n*

retortion *(Recht)* Vergeltung *f*

retrain *v (Pers)* umschulen

retraining course *(Pers)* Umschulungslehrgang *m*

retraining scheme *(Pers)* Umschulungsmaßnahme *f*

retranslation *(WiWi)* Rücktausch *m (of foreign currency)*

retribution *(Recht)* Vergeltung *f*

retrieval *(Comp)* Wiederherstellung *f*, Wiedergewinnung *f*; Retrieval *n (Wiederauffinden der in Datenbanksystemen abgelegten Daten oder Datensätze)*

retrieval system *(Comp)* Retrievalsystem *n*, Datenwiedergewinnungs-System *n (zum Wiederauffinden der in Datenbanksystemen –data warehouses- abgelegten Daten oder Datensätze)*

retroactive *adj (Gen)* rückwirkend • **with retroactive effect** *(Recht)* rückwirkend

retroactive law *(Recht)* rückwirkendes Gesetz *n*

retroactively *adv (Gen)* rückwirkend

retrogress *v (WiWi)* sich verschlechtern, zurückgehen

retrospective *adj (Gen)* rückblickend, retrospektiv, rückwirkend

return *v* 1. *(Komm)* rückliefern *(package)*; 2. *(Fin)* abwerfen *(interest)*; 3. *(Gen)* zurückgeben, zurückbringen *(borrowed article)*; zurückkehren, zurückkommen; 4. *(V&M)* zurücksenden *(goods sold to supplier)*

return *v* **to sender** *(Komm)* zurück an Absender

return *v* **to work** *(Pers, Soz)* Arbeit wieder aufnehmen, an die Arbeit zurückkehren *(after a strike)*

return 1. *(Fin, RW)* Ertrag *m*; Rendite *f*, Rentabilität *f (on investment)*; Ertrag *m*, Verzinsung *f*, Gewinn *m (yield)*; 2. *(Gen)* Herausgabe *f*; Rückgabe *f*, Rücksendung *f (giving back)*; 3. Rückkehr *f*; Rückfahrt *f*, Rückreise *f (journey)*; Wiederkehr *f (arrival)*; 4. Bericht *m (report)*; 5. *(Steuer)* Steuererklärung *f* • **by return of post** *(Komm)* postwendend • **in return for** *(Recht)* als Gegenleistung

return address *(Komm)* Adresse *f* des Absenders

return on assets *(RW)* Gesamtkapitalrentabilität *f*

return on capital *(Fin, RW, WiWi)* Kapitalverzinsung *f*, Rendite *f* des eingesetzten [investierten] Kapitals

return on capital employed *(ROCE) (Fin, RW, WiWi)* Rendite *f* des eingesetzten Kapitals, Rendite *f* des investierten Kapitals, Kapitalrentabilität *f*; Rentabilität *f* des Kapitaleinsatzes, Rentabilität *f* des eingesetzten Kapitals, Rentabilität *f* des betriebsnotwendigen Kapitals; Ertrag *m* aus dem investierten Kapital, Ertrag *m* des genutzten Kapitals, Rückfluss *m* auf das investierte Kapital, Kapitalverzinsung *f*, Ertrag *m* aus Kapitalanlage; Gesamtkapitalrentabilität *f*, GKR *f*

return on equity *(Börse, Fin, RW, WiWi)* Eigenkapitalrentabilität *f*

return on investment *(ROI) (Fin, WiWi)* Rentabilität *f*, Ertrag *m* des investierten Kapitals, Kapitalrendite *f*, Gesamtkapitalrentabilität *f*, GKR *(capital turnover × percentage return on sales = Kapitalumschlag × Umsatzrendite)*

return on investment analysis *(Fin, WiWi)* Rentabilitätsanalyse *f*

return on net assets *(Fin, WiWi)* Eigenkapitalrendite *f*, EKR, Eigenkapitalrentabilität *f*

return on net assets employed *(Fin,*

WiWi) Eigenkapitalrendite *f*, Eigenkapitalrentabilität *f*, EKR

return on sales 1. *(Fin, WiWi)* Umsatzgewinnrate *f*, Umsatzrentabilität *f*, Umsatzrendite *f (profit in percent of turnover)*; 2. *(V&M)* Gewinnspanne *f*

return on total assets *(ROTA) (Fin, RW)* Gesamtkapitalrentabilität *f (Summe aus Jahresüberschuss und Fremdkapitalzinsen dividiert durch das Gesamtkapital)*

return on total capital employed *(Fin, RW)* Gesamtkapitalrentabilität *f (synonymous: return on total investment; Summe aus Jahresüberschuss und Fremdkapitalzinsen dividiert durch das Gesamtkapital)*

return to work *(Pers)* Wiederaufnahme *f* der Arbeit, Wiederaufnahme *f* der Beschäftigung, Wiederaufnahme *f* der Erwerbstätigkeit

returned goods *(Gen)* Rückwaren *fpl*, Retouren *fpl*

returned mail *(Comp, Komm)* zurückgeschickte E-Mail *f (bounced mail)*

returns *(Gen)* Rückwaren *fpl*

returns to scale *(WiWi)* Niveaugrenzerträge *mpl*, Skalenerträge *mpl*

reusable *adj (Gen, Umwelt)* wiederverwendbar, wiederverwertbar, Mehrweg...

revaluation 1. *(RW)* Zuschreibung *f*; 2. *(Fin, WiWi)* Aufwertung *f (of currency)*

revaluation of assets *(Fin)* Neubewertung *f* von Vermögenswerten

revaluation rate *(WiWi)* Aufwertungssatz *m*

revalue *v (RW, WiWi)* aufwerten, neu bewerten

revamp *v (Gen)* auf Vordermann bringen *(improve)*; umorganisieren *(reorganize)*; *(ugs.)* aufpolieren

revealed preference *(WiWi)* offenbarte Präferenz *f*

revenue 1. *(Gen)* Einnahmen *fpl*, Einnahme *f*; Einkommen *n*; 2. *(Steuer)* Einkünfte *fpl (of a taxable person)*; Steueraufkommen *n (national budget, Staatshaushalt)*; 3. *(RW) (AE)* Erlös *m*, Umsatz *m*, Umsatzerlös *m*, Umsatzerlöse *mpl (synonymous: sales revenues)*; Ertrag *m (IAS/IFRS)*; 4. *(Pol)* Staatseinnahme *f*

revenue and expense *(RW)* Ertrag *m* und Aufwand *m*, Aufwand *m* und Ertrag *m*; Einnahmen *fpl* und Ausgaben *fpl (synonymous: income and expense)*

revenue and expense accounts *(RW)* Aufwands- und Ertragskonten *npl*, Erfolgskonten *npl*

revenue and expenses *(RW)* Aufwand *m* und Ertrag *m*

revenue dilution *(Gen)* Ertragsverwässerung *f*

revenue-enhancing *adj (Gen, WiWi)* ertragssteigernd

revenue expenditure *(RW)* erfolgswirksamer Aufwand *m*, aufwandsgleiche Ausgaben *fpl (opposite: capital expenditure, capex)*

revenue office *(Steuer)* Finanzamt *n*

reversal 1. *(RW)* Rückbuchung *f*, Stornierung *f (bookkeeping)*; 2. *(Recht)* Aufhebung *f*

reversal of the burden of proof *(Recht)* Beweislastumkehr *f*

reverse *v* 1. *(RW)* stornieren; 2. *(WiWi)* umkehren; 3. *(Recht)* aufheben

reverse *v* **a liability reserve** *(RW, Steuer)* eine Rückstellung auflösen *(synonymous: liquidate a liability reserve, liquidate a reserve, liquidate a reserve for uncertain liabilities and anticipated losses)*

reverse *v* **the charges** *(BE) (Komm)* R-Gespräch anmelden

reverse *adj* 1. *(Stat)* invers; 2. *(Gen)* umgekehrt

reverse charge call *(BE) (Komm)* R-Gespräch *n*

reverse entry *(RW)* Rückbuchung *f*

reverse income tax *(Steuer)* negative Einkommenssteuer *f*

reverse leverage *(AE) (RW)* negative Hebelwirkung *f*

reverse note *(Bank, Fin)* umgekehrte zinsvariable Anleihe *f*, Umkehrfloater *m*, umgekehrter Floater *m*, Bull-Floater *m (the coupon rate is a high fixed rate less the variable rate, e. g. 12 % less 3 months' Euribor, umgekehrte zinsvariable Anleihe; Anleger profitieren von fallenden Zinsen; synonymous: reverse floater, bull floater, yield curve note; cf reverse floating rate note)*

reverse repurchase agreement *(Fin)* Wertpapierpensionsgeschäft *n*
reverse yield gap *(Börse)* inverses Renditegefälle *n*
reversibility *(Gen)* Umkehrbarkeit *f*, Korrekturmöglichkeit *f*
reversible *adj (Gen)* reversibel
reversing *(Gen)* Stornierung *f*, Rückbuchung *f*
reversing entry *(RW)* Gegenbuchung *f*, Gegeneintrag *m*, Storno *m(n)*
review *v (Gen, Mgt)* überprüfen, durchsehen
review *(Gen)* Überprüfung *f*, Überblick *m*
revise *v* 1. *(Gen)* überarbeiten, verbessern; 2. *(Recht)* abändern
revised *adj (Gen, Media)* überarbeitet, verbessert
revised figures *(Gen)* bereinigte Zahlen *fpl*, berichtigte Zahlen *fpl*
revision 1. *(Admin)* Überarbeitung *f*; 2. *(Gen)* Durchsicht *f*, Neuregelung *f*, Revision *f (of guidelines)*; 3. *(Pol, Recht)* Abänderung *f*
revival of sales *(WiWi)* Absatzbelebung *f*
revocable *adj (Gen)* widerruflich, zurücknehmbar
revoke *v (Fin)* aufheben, widerrufen, zurückziehen
revolving *adj (Fin, WiWi)* revolvierend
reward *(Gen, V&M)* Anerkennung *f*, Belohnung *f*
rewarding *adj* 1. *(Gen)* einträglich *(financially)*; 2. *(Pers)* lohnend *(job)*
rewritable *adj (Comp)* wieder beschreibbar
rewritable DVD *f (Comp)* DVD-RW *f*
rich oil strike *(Umwelt)* reiches Ölvorkommen *n*
ride *v* **the clock** *(AE) (Pers)* die Stempeluhr umgehen
right *(Recht)* Recht *n (the right to do something, subjective law; das Recht etw. zu tun, subjektives Recht)* • **be in the right** *(Gen)* im Recht sein • **in its own right** *(Gen)* in eigenem Recht • **with no right of appeal** *(Recht)* ohne Rechtsmittel
right column *(Fin, RW)* Habenseite *f*
right-hand column 1. *(RW)* Habenseite *f*; 2. *(Gen)* rechte Spalte *f*
right of appeal *(Recht)* Rechtsmittel *n*, Rechtsweg *m* • **there is no right of appeal** *(Recht)* der Rechtsweg ist ausgeschlossen • **with no right of appeal** *(Recht)* ohne Rechtsmittel
right of disposal *(Recht)* Verfügungsrecht *n*
right of entry into a country *(Recht)* Einreiserecht *n*
right of establishment *(Recht)* Niederlassungsrecht *n*
right of first refusal *(Recht, WiWi)* Vorkaufsrecht *n*
right of ownership *(WiWi)* Eigentumsrecht *n*
right of preemption *(Börse)* Vorkaufsrecht *n*
right of recourse *(Fin)* Regressanspruch *m*
right of rescission *(Recht)* Aufhebungsrecht *n*, Rücktrittsrecht *n*
right of residence *(Gen, Pol)* Aufenthaltsgenehmigung *f*; Aufenthaltsrecht *m (EU)*
right of resumption *(Recht)* Recht *n* zur Wiederaufnahme
right to capitalize *(RW)* Aktivierungsrecht *n*
right to cure *(Recht, V&M)* Nacherfüllungsrecht *n (Vertragsrecht)*
right to dispose of *(Recht)* Verfügungsrecht *n*
right to education *(Bil)* Recht *n* auf Bildung
right to free movement *(Pol, Recht)* Recht *n* auf Freizügigkeit *(EU)*
right to information *(Media, Pol, Recht)* Informationsrecht *f*, Auskunftsrecht *n*
right to know *(Pol)* Auskunftsrecht *n*
right to manage *(Pers)* Leitungsrecht *n*, Vorrecht *n* der Unternehmensleitung
right to withdraw from performance *(Recht)* Leistungsverweigerungsrecht *n*
rightful *adj (Gen, Recht)* berechtigt
rightful claim *(Recht)* berechtigter Anspruch *m*
rightful heir *(Recht)* berechtigter Erbe *m*
rightful owner *(Recht)* rechtmäßiger Besitzer *m*, rechtmäßige Besitzerin *f*, rechtmäßiger Eigentümer *m*, rechtmäßige Eigentümerin *f*
rights *(Recht)* Recht *n* am geistigen Eigentum *(intellectual property)* • **all**

rights reserved *(Recht)* alle Rechte vorbehalten
rights and obligations *(Recht)* Rechte und Pflichten *pl*
rip-off merchant *(V&M) (ugs.)* Nepper *m*
rise *v* 1. *(WiWi)* ansteigen; 2. *(Fin)* anziehen *(income, earnings)*; 3. *(Gen)* anziehen, steigen
rise 1. *(WiWi)* Hausse *f*; 2. *(Gen)* Anstieg *m*, Zunahme *f*, Aufwärtsbewegung *f*, Steigen *n*, Steigerung *f (in prices)*; 3. *(Pers) (BE)* Erhöhung *f*, Gehaltserhöhung *f (in salary)*; 4. *(Börse)* Aufwärtsbewegung *f*, Hausse *f*
rise in employment *(Pers)* Zunahme *f* der Beschäftigung, Beschäftigungszunahme *f*
rising *adj* 1. *(WiWi)* anziehend, steigend; 2. *(Gen)* anziehend
risk *v (Gen)* wagen
risk *(Börse, Fin, Stat, Versich)* Risiko *n*; Wagnis *n* • **all risks, A/R** *(Versich)* alle Gefahren, jedes Risiko • **at buyer's risk** *(Bank)* auf Risiko des Käufers • **at owner's risk** *(Gen)* auf eigene Gefahr, auf eigenes Risiko, zum Selbstbehalt • **at receiver's risk** *(Gen)* auf Risiko des Empfängers • **at risk** *(Bank, Börse)* auf Risiko • **no risk after discharge, nrad** *(Versich)* kein Risiko nach Löschung • **no risk until, nr confirmed** *(Versich)* kein Risiko bis zur Bestätigung • **prepared to take risks** *(Fin)* risikofreudig • **risk passes with property** *(Recht)* Risiko geht mit Eigentum über *(trade terms, Vertragsprinzip)* • **willing to take a risk** *(Fin)* risikofreudig
risk-adjusted *adj (Fin, WiWi)* risikoadäquat, risikoangepasst, risikoadjustiert, risikogerecht, risikobereinigt
risk-adjusted discount rate *(Fin)* risikoangepasster Diskontsatz *m*
risk-adjusted performance measurement *(RAPM) (Fin, WiWi)* risikoadjustierte Performance-Messung *f*, risikobereinigte Anlageerfolgsmessung *f*, risikoadäquate Erfolgsmessung *f*, risikogerechte Anlageerfolgsmessung *f*
risk adverse *adj (Fin, Gen)* risikoavers, risikoscheu *(synonymous: risk-averse)*
risk appraisal *(Fin, Mgt)* Risikobewertung *f*, Risikobeurteilung *f*, Risikoeinschätzung *f*
risk assessment 1. *(Fin, Versich)* Risikobewertung *f*; 2. *(Mgt)* Risikobeurteilung *f*
risk-averse *adj (Gen)* risikoscheu
risk-avoiding *adj (Fin)* risikomeidend
risk-bearing capital *(Fin)* Wagniskapital *n*, Risikokapital *n*; haftendes Eigenkapital *n*, Haftungskapital *n*, Haftkapital *n*, risikotragendes Kapital *n*; Spekulationskapital *n (cf risk capital)*
risk capital *(Bank, Fin, WiWi)* Wagniskapital *n*, Risikokapital *n*, risikotragendes Kapital *n*, haftendes Eigenkapital *n*, Haftungskapital *n*, Haftkapital *n*
risk exposure *(RW)* Kreditrisiko *n*
risk-free debt instrument *(Börse)* risikolose Schuldurkunde *f*, risikoloser Schuldtitel *m (Treasury bills)*
risk management 1. *(Fin)* Risikomanagement *n*; 2. *(Börse, Mgt)* Risikostreuung *f*
risk monitoring *(Mgt)* Risikoüberwachung *f*, Risikokontrolle *f*
risk of financial reliability *(Recht, Versich)* Bonitätsrisiko *n (contracts)*
risk of liability *(Recht, Versich)* Haftungsrisiko *n (contracts)*
risk-oriented *adj (Gen)* risikoorientiert
risk premium *(Bank, Fin, Stat, Versich, WiWi)* Risikoprämie *f*, Risikozuschlag *m*
risky *adj* 1. *(Bank)* risikobehaftet; 2. *(Gen)* gewagt, risikofreudig
rival product *(Gen, V&M)* Konkurrenzprodukt *n*
roadmap 1. *(Gen, Mgt)* Zeitplan *m*; 2. *(Transp)* Straßenkarte *f*, Autokarte *f*
roadshow 1. *(Fin, Gen, V&M)* Roadshow *f*; 2. *(Frei)* Wanderkino *n*
robotics *(Ind)* Robotertechnik *f*, Robotik *f*
ROC *(Abk. für return on capital) (Fin, WiWi)* Kapitalertrag *m*, Kapitalverzinsung *f*, Kapitalrendite *f*, Verzinsung *f* des eingesetzten Kapitals *(cf ROCE)*
ROCE *(Abk. für return on capital employed) (Fin, WiWi)* Kapitalrendite *f*, Kapitalrentabilität *f*, Kapitalverzinsung *f*, Ertrag *m* aus dem investierten Kapital, Ertrag *m* des genutzten Kapitals, Rückfluss *m* auf das investierte Kapital, Rendite *f* des eingesetzten Kapitals, Rendite *f* des investierten Kapitals, Rentabilität *f* des betriebsnotwendigen Kapitals, Rentabilität *f* des Kapitalein-

satzes, Ertrag *m* aus Kapitalanlage; Gesamtkapitalrentabilität *f*, GKR *f*

rock-bottom price 1. *(WiWi)* Tiefstpreis *m*; 2. *(Gen)* niedrigster Kurs *m*, Tiefstpreis *mpl*

ROE *(Abk. für return on equity) (Fin, WiWi)* Eigenkapitalrendite *f*, Eigenkapitalrentabilität *f*, EKR, Eigenkapitalverzinsung *f*

ROI *(Abk. für return on investment) (Fin, WiWi)* Rentabilität *f (capital turnover × percentage return on sales = Kapitalumschlag × Umsatzrendite = Gewinn in % des investierten Kapitals)*; Ertrag *m* des investierten Kapitals, Kapitalrendite *f*, Rendite *f* einer Kapitalanlage, Gesamtkapitalrentabilität *f*, GKR *f*

ROI analysis *(Fin, WiWi)* Rentabilitätsanalyse *f*

roll-back *(WiWi)* Preisherabsetzung *f*

roll-over *(Börse, Fin)* Erneuerung *f* einer Optionsposition

rollover loan *(Bank)* Rollover-Kredit *m*

RORAC *(Abk. für return on risk-adjusted capital) (Bank, Fin, WiWi)* risikoadjustierte Eigenkapitalrendite *f*, risikobereinigte Eigenkapitalrendite *f (cf RAROC mit unterschiedlicher Behandlung der Standardrisikokosten)*

RORCE *(Abk. für rate of return on capital employed) (Fin, WiWi)* Rückfluss *m* auf das investierte Kapital, Ertrag *m* aus dem investierten Kapital; Rentabilität *f* des Kapitaleinsatzes, Rentabilität *f* des eingesetzten Kapitals, Kapitalrentabilität *f*

ROTA *(Abk. für return on total assets) (Fin)* Gesamtkapitalrentabilität *f*

rotating shift *(Pers)* Wechselschicht *f*

rotation principle *(Pers)* Rotationsprinzip *n*

rough draft *(Recht)* erster Entwurf *m*, Vorentwurf *m*

rough estimate *(Gen)* grobe Schätzung *f*

rough guide *(Gen)* Faustregel *f*

round *adj (Gen)* rund • **in round figures** *(Gen)* in runden Zahlen

round *v* **down** *(Stat)* abrunden

round *v* **off** *(Gen)* abschließen, beschließen *(meeting)*

round *v* **up** *(Stat)* aufrunden

round table discussion *(Gen, V&M)* Round-Table Gespräch *n*

round-the-clock service *(Gen)* Dienstbereitschaft *f* rund um die Uhr, Tag- und Nachtdienst *m*

round-trip trade *(Börse)* Durchhandeln *n*

roundabout production *(WiWi)* Umwegproduktion *f*

rounding error *(Stat)* Rundungsfehler *m*

route planning *(Comp, Frei, Transp)* Routenplanung *f*, Streckenplanung *f*

routine *adj (Gen)* gewohnheitsmäßig, routinemäßig

routine *(Gen)* Formsache *f*, Gewohnheit *f*, Routine *f* • **as a matter of routine** *(Gen)* gewohnheitsmäßig, routinemäßig

routine check *(Gen)* laufende Kontrolle *f*

routine symbol *(Fin)* Bankleitzahl *f*

royalty 1. *(WiWi)* Abgabe *f*; 2. *(Gen)* Lizenzgebühr *f (to author, composer)*; Abgabe *f (to landowner)*; 3. *(Pat)* Patentgebühr *f*, Tantieme *f*

RRR *(Abk. für real rate of return) (Bank, Fin)* effektive Rendite *f*, Effektivverzinsung *f*

rub *v* **out** *(Gen)* ausradieren

rubber stamp *(Gen)* Gummistempel *m*

rubbish *(BE) (Gen, Umwelt)* Abfall *m*, Müll *m*

rule 1. *(Mgt)* Norm *f*, Regel *f*, Vorschrift *f*; 2. *(Pat)* Richtlinie *f*, Verfügung *f*, Vorschrift *f*

rule of thumb *(Gen, Mgt)* Faustregel *f*, Erfahrungswert *m*

rule *v* **off** *(RW)* die Bücher abschließen, das Konto abschließen

rule *v* **off an account** *(Bank, RW)* ein Konto abstimmen

rules *(Recht)* Statuten *npl*

rules of competition *(Gen, Recht, WiWi)* Wettbewerbsregeln *fpl*

rules of fair practice *(Börse)* Regeln *fpl* über faires [angemessenes] Geschäftsgebaren

rules of procedure *(Recht)* Verfahrensordnung *f*, Verfahrensregeln *fpl*

rules of professional conduct *(Recht)* berufsrechtliche Regeln *fpl*, Berufsordnung *f*

ruling *(Recht)* Entscheidung *f* • **give a ruling in favour of sb** *(Gen)* eine Entscheidung zugunsten von jmdm. fällen

ruling price 1. *(V&M)* geltender Preis *m*; 2. *(Börse)* Tageskurs *m*, Tagespreis *m*

run *v* 1. *(Comp)* laufen lassen *(program)*; 2. *(Gen)* betreiben *(manage)*
run *v* **a business** *(Gen)* ein Geschäft betreiben
run *v* **a deficit** *(WiWi)* Verlust machen
run *v* **a surplus** *(WiWi)* Gewinn erwirtschaften, Gewinn machen
run *v* **down** 1. *(WiWi)* abbauen, verringern *(liquid assets)*; 2. *(Gen, Pol) (ugs.)* herunterwirtschaften, *(ugs.)* kaputtmachen *(a firm, a country, ein Unternehmen, ein Land)*
run *v* **into debt** *(Gen)* in Schulden geraten
run *v* **into debt** *(Bank)* in Schulden geraten, verschulden
run *v* **short** *(Gen)* knapp werden
run *v* **the risk of** *(Gen)* Gefahr laufen, das Risiko eingehen
run *v* **up a debt** *(Bank, Gen)* in Schulden geraten, Schulden anhäufen, Schulden machen
run *v* **up a deficit** *(Fin)* ein Defizit auflaufen lassen
run *(Ind)* Durchgang *m*, Durchlauf *m* • **be out of the running** *(Gen)* aus dem Rennen sein • **in the short run** *(Gen)* kurzfristig
run-of-the-mill *adj (Gen)* gewöhnlich, durchschnittlich, Routine..., Standard...
runaway capital *(Gen)* Fluchtkapital *n*
runaway inflation *(WiWi)* galoppierende Inflation *f*
runner 1. *(Komm)* Bote *m*, Botin *f*; 2. *(Gen)* Bote *m*, Botin *f (messenger)*; Geschäftsführer(in) *m(f) (manager)*
running costs *(Fin)* laufende Kosten *pl*, Betriebskosten *pl*
running expense *(Fin, Gen)* laufender Aufwand *m*, laufende Ausgabe *f*, laufende Ausgaben *fpl*, laufende Kosten *pl*, Betriebskosten *pl*
running interest *(Fin)* Stückzinsen *mpl*
running order/in *(Gen)* funktionstüchtig
running total *(RW)* laufende Summe *f*
running yield *(WiWi)* Umlaufrendite *f (Rendite der im Umlauf befindlichen, festverzinslichen Wertpapiere; sie liegt meist leicht über der Emissionsrendite = issuing yield)*
rush *(V&M)* Andrang *m*
rush hour *(Gen)* Feierabendverkehr *m*
rush on the dollar *(Bank)* lebhafte Dollarnachfrage *f*

S

S-Commerce *(Abk. für street commerce) (V&M)* Straßenhandel *m*
sack *v (BE) (Pers)* entlassen, *(ugs.)* rausschmeißen, *(ugs.)* feuern, *(ugs.)* hinauswerfen
sack *(BE) (Pers)* Entlassung *f*, *(ugs.)* Rausschmiss *m* • **get the sack** *(Pers)* gekündigt werden, *(ugs.)* rausgeschmissen werden • **give sb the sack** *(Pers) (ugs.)* jmdn. rausschmeißen
sacrifice *v (Versich)* aufgeben, verzichten auf
safe *adj (Bank, Fin, WiWi)* sicher • **be on the safe side** *(Gen)* auf Nummer sicher gehen
safe *(Bank)* Tresor *m*, Panzerschrank *m*, Safe *m(n)*
safe-deposit box *(Bank)* Schließfach *n*
safe-deposit fee 1. *(Bank)* Safemiete *f*; 2. *(Fin)* Aufbewahrungsgebühr *f*
safe-deposit vault *(Bank)* Tresor *m*
safe functioning 1. *(Bank)* Funktionssicherheit *f (ECB)*; 2. *(Gen)* Funktionssicherheit *f*
safeguard *v (Gen)* sichern *(assets)*; schützen *(secret)*
safeguard *(Recht)* Schutzklausel *f (clause)*
safeguard mechanism *(Pol, Recht)* Schutzmechanismus *m*
safeguarding *(Gen)* Sicherung *f*
safeguarding full employment *(Pers)* Sicherung *f* der Vollbeschäftigung, Aufrechterhaltung *f* der Vollbeschäftigung
safeguarding of a location *(Ind, Pol, WiWi)* Standortsicherung *f*
safeguarding of employment *(Pers)* Beschäftigungssicherung *f*, Sicherung *f* der Beschäftigung
safeguarding of jobs *(Pers)* Arbeitsplatzsicherung *f*, Sicherung von Arbeitsplätzen, Erhaltung *f* von Arbeitsplätzen, Beschäftigungssicherung *f*, Sicherung *f* der Beschäftigung
safekeeping of assets *(Bank)* Depotverwahrung *f* von Vermögenswerten
safety *(Gen)* Sicherheit *f*
safety and health protection at work

(Pers) Sicherheit *f* und Gesundheitsschutz *m* am Arbeitsplatz *(EU)*
safety deposit box *(Bank)* Bankschließfach *n*, Safe *m(n)*, Tresorfach *n*
safety regulations *(Gen)* Sicherheitsbestimmungen *fpl*, Sicherheitsvorschriften *fpl*
safety vault *(Bank)* Stahlkammer *f*
sag *v (Bank, Börse, V&M)* abschwächen, nachgeben, sinken
sagging *adj (Bank, Börse, V&M)* nachgebend *(prices, rates)*
salable *adj (AE) s.* saleable
salaried person *(Pers)* Gehaltsempfänger(in) *m(f)*
salaries, wages and fringe benefits *(Pers, WiWi)* Löhne *mpl (paid by employer)*; Gehälter *npl* und Nebenleistungen *fpl*
salary *(Gen, Pers)* Gehalt *n (monthly)*; Jahresgehalt *n (yearly)*
salary account *(Bank, Pers)* Gehaltskonto *n*
salary adjustment *(Pers)* Gehaltsanpassung *f*
salary advance *(Pers)* Gehaltsvorschuss *m*
salary bracket *(Pers)* Gehaltsgruppe *f*
salary deduction *(Pers, RW)* Gehaltsabzug *m*
salary demands *(Pers)* Gehaltsforderung *f*
salary level *(Gen, Pers)* Gehaltsniveau *n*
salary review *(Pers)* Gehaltsüberprüfung *f*, Gehaltsrevision *f*
salary sacrifice scheme *(BE) (Steuer)* Gehaltsverzichtplan *m*
salary to be negotiated *(Pers)* Gehalt *n* nach Vereinbarung
sale 1. *(Grund, Recht)* Veräußerung *f (alienation)*; 2. *(V&M)* Verkauf *m (act of selling)*; Geschäft *n*, Abschluss *m (transaction)*; Ausverkauf *m (at reduced prices)* • **for sale** *(V&M)* zu verkaufen • **not for sale** *(V&M)* unverkäuflich • **sale as is** *(Gen)* tel quel
sale and leaseback *(Fin, Gen)* Verkauf *m* mit anschließender Rückmiete [Rückvermietung]
sale and purchase agreement *(Börse)* Pensionsgeschäft *n*
sale and repurchase agreement *(repo) (Bank)* Pensionsgeschäft *n (ECB)*
sale by court order *(Recht)* Zwangsversteigerung *f*
sale by tender *(V&M)* Submissionsverkauf *m*
sale commission *(V&M)* Verkaufsprämie *f*, Verkaufsprovision *f*
sale on approval *(V&M)* Kauf *m* auf Probe
sale on commission *(V&M)* Kommissionsgeschäft *n*
sale or return *(V&M)* Kauf *m* mit Rückgaberecht • **on sale or return** *(V&M)* Kauf *m* mit Rückgaberecht
sale price *(V&M)* Ausverkaufspreis *m*
saleable *adj (BE)* 1. *(Gen)* veräußerlich; 2. *(V&M)* verkäuflich *(fit for selling)*; marktfähig *(marketable)*
sales *(V&M)* Absatz *m*, Umsatz *m (turnover)*
sales account *(V&M)* Verkaufskonto *n*, Warenausgangskonto *n*
sales appeal *(V&M)* Kaufanreiz *m*
sales area *(V&M)* Verkaufsbereich *m (in store)*; Verkaufsgebiet *n (territory)*
sales charge 1. *(V&M)* Abschlussgebühr *f*; 2. *(Börse)* Abschlussgebühr *f*, Ankaufgebühren *fpl*
sales contract *(V&M)* Kaufvertrag *m*
sales coverage *(V&M)* Verkaufsreichweite *f*
sales discount *(V&M)* Kundenrabatt *m*
sales executive *(Mgt, Pers, V&M)* Verkaufsdirektor(in) *m(f)*, Vertriebsdirektor(in) *m(f)*, Verkaufsleiter(in) *m(f)*
sales figures *(V&M)* Absatzzahlen *fpl*
sales force *(V&M)* Absatzorganisation *f*, Verkaufsaußendienst *m*, Außendienst *m*
sales forecast *(V&M)* Absatzprognose *f*, Verkaufsvoraussage *f*
sales goal *(V&M)* Absatzziel *n*
sales incentive *(V&M)* Kaufanreiz *m*
sales law *(Recht, V&M)* Kaufrecht *n*
sales literature *(V&M)* Verkaufsprospekt *m*, Werbematerial *n*
sales management *(V&M)* Absatzleitung *f*, Vertriebsleitung *f*, Verkaufsmanagement *n*
sales manager *(Mgt, Pers, V&M)* Verkaufschef(in) *m(f)*, Vertriebsdirektor(in) *m(f)*, Vertriebsleiter(in) *m(f)*
sales manual *(V&M)* Verkaufshandbuch *n*
sales meeting *(V&M)* Vertretertagung *f*

sales order *(Gen)* Auftrag *m*
sales organization *(V&M)* Verkaufsorganisation *f*
sales orientation *(V&M)* Verkaufsorientierung *f*
sales outlet *(V&M)* Verkaufsstelle *f*
sales personnel *(V&M)* Verkaufspersonal *n*
sales pitch *(V&M)* Verkaufsargument *n*
sales promotion *(V&M)* Verkaufsförderung *f*
sales prospects *(V&M)* Verkaufsaussichten *fpl*, Absatzchancen *fpl*
sales push *(V&M)* Verkaufsanstrengungen *fpl*
sales receipt *(V&M)* Verkaufserlös *m*
sales rep *s.* sales representative
sales representative *(Pers, V&M)* Handelsvertreter(in) *m(f)*, Vertreter(in) *m(f)*, Reisende(r) *f(m)*
sales resistance *(V&M)* Kaufunlust *f*, Verkaufswiderstand *m*
sales returns *(V&M)* Retouren *fpl*, Rücksendungen *fpl*, Rückwaren *fpl* *(unsold items)*; Verkaufserlöse *mpl*, Erträge *mpl (profits)*
sales revenue 1. *(RW)* Umsatzertrag *m*; 2. *(V&M)* Umsatzerlös *m*
sales service *(V&M)* Kundendienst *m*
sales slump *(V&M)* rückläufige Verkaufsergebnisse *npl*
sales talk *(V&M)* Verkaufsgespräch *n*
sales tax refund *(AE) (Steuer)* Umsatzsteuerrückvergütung *f*, Umsatzsteuervergütung *f*
sales training *(V&M)* Verkaufsschulung *f*
sales turnover *(V&M)* Warenumsatz *m*
sales volume *(V&M)* Verkaufsvolumen *n*, Absatz *m*
salesman 1. *(Gen)* Kaufmann; 2. *(Pers, V&M)* Verkäufer *m*, Vertreter *m*
salvage costs *(Transp)* Bergungskosten *pl*
salvage value *(WiWi)* Restwert *m*, Schrottwert *m*, Veräußerungswert *m*
same-day *adj (Imp/Exp, Transp)* taggleich *(courier service)*
same-day delivery *(Komm, Transp)* Lieferung *f* am gleichen Tage, Sofortlieferung *f*
same-day service *(Komm, Transp)* 24-Stunden-Service *m*
same size *(V&M)* gleiche Größe *f*
sample 1. *(Comp)* Probe *f*; 2. *(Gen)* Muster *n*, Musterkarte *f*, Handelsmuster *n*; 3. *(Stat)* Sample *n*, Stichprobe *f*
sample case *(V&M)* Musterkoffer *m*
sample check *(V&M)* Stichprobe *f*
sample consignment *(V&M)* Mustersendung *f*
sample drawing *(Stat)* Stichprobenentnahme *f*
sample mean *(Stat)* Stichprobendurchschnitt *m*
sample of households *(Stat, WiWi)* Haushaltsstichprobe *f*
sample size *(Stat)* Stichprobenumfang *m*
sample survey 1. *(Stat)* Stichprobenerhebung *f*; 2. *(V&M)* Teilerhebung *f*, repräsentative Erhebung *f*, Stichprobenerhebung *f (market research)*
sampling by attributes *(Ind)* Attributenkontrolle *f*
sanction *v (Gen)* sanktionieren *(approve)*
sanction 1. *(WiWi)* Sanktion *f (measure taken)*; 2. *(Gen)* Zustimmung *f*, Billigung *f (approval)*
satellite communications *(Komm)* Satellitenkommunikation *f*, Satellitenverkehr *m*
satisfaction 1. *(Fin)* Tilgung *f*, Zahlung *f (of debt)*; 2. *(Gen)* Befriedigung *f*, Nutzen *m*, Zufriedenheit *f*
satisfaction level *(WiWi)* Nutzenniveau *n*
satisfaction of requirements *(WiWi)* Bedarfsdeckung *f (synonymous: supply of needs)*
satisfaction of wants *(WiWi)* Bedürfnisbefriedigung *f*
satisfactory *adj (Gen)* befriedigend, zufriedenstellend
satisfy *v* 1. *(Fin)* tilgen *(debt)*; 2. *(Gen)* zufriedenstellen, befriedigen, abgelten *(requirement)*
satisfy *v* **demand** *(V&M, WiWi)* Nachfrage befriedigen, Nachfrage decken
satisfy *v* **the demand for sth** *(Gen)* den Bedarf an etw. decken
saturate *v (V&M, WiWi)* sättigen *(market)*
saturated market *(V&M)* gesättigter Markt *m*
saturation *(V&M, WiWi)* Sättigung *f (of market)*
save *v* 1. *(Comp)* sichern *(data)*; 2. *(Gen)* sparen *(money)*; einsparen *(materials, costs)*

save *v* **as** *(Comp)* speichern unter, speichern als *(data)*
save *v* **for a rainy day** *(Gen) (ugs.)* etw. auf die hohe Kante legen, *(ugs.)* einen Notgroschen zurücklegen
save *v* **jobs** *(Pers)* Arbeitsplätze erhalten
save *v* **up** *(Gen)* sparen
saving *(Gen)* Sparen *n (of money)*; Einsparung *f (of materials, costs)*; Ersparnis *n (amount saved)*
saving energy *(Umwelt)* Energiesparen *n*
saving period *(Bank, Versich)* Ansparphase *f*
savings *(Bank)* Spareinlagen *fpl*
savings bank *(Bank)* Sparkasse *f*
savings bond *(AE) (Bank)* Sparbrief *m*
savings function *(WiWi)* Sparfunktion *f*
savings premium *(Bank, Versich)* Sparbeitrag *m*
savings-to-income ratio *(WiWi)* Sparquote *f*
say in sth/have a *(Gen)* bei etw. Mitspracherecht haben, bei etw. ein Wörtchen mitzureden haben
say/that is to *(Gen)* das heißt, d. h.
scalable *adj (Comp)* skalierbar
scale *v (Gen)* stufenweise anordnen
scale *v* **down** 1. *(Gen)* (maßstäblich) verkleinern, verringern; 2. *(Börse)* repartieren, zuteilen
scale *v* **down production** 1. *(Ind)* Produktion herunterfahren; 2. *(Gen)* Produktion einschränken
scale *v* **down securities** *(Bank, Börse)* Wertpapiere repartieren
scale *v* **up** *(Gen)* aufstocken, maßstäblich vergrößern
scale 1. *(Gen)* Maßstab *m*, Leiter *f*; 2. *(Gen)* Umfang *m*, Ausmaß *n*; 3. *(Pers)* Skala *f*, Tabelle *f (wages)*
scale of charges *(Gen)* Gebührenordnung *f*, Gebührentabelle *f*, Tarif *m*
scale of commission *(Börse)* Provisionstabelle *f*
scale of fees *(Bank, Versich)* Gebührenordnung *f*
scale economies *(WiWi)* Größenvorteile *mpl*
scalping *(Börse)* Scalping *n*, Arbitragehandel *m (trading for small gains over a short period)*; Vorkaufen *n*
scam *(ugs.) (Comp, Recht)* Masche *f*, Betrug *m*
scan *v (Comp)* abtasten, scannen
scanner *(Gen)* Scanner *m*, elektronischer Belegleser *m*
scanning 1. *(Gen)* Abtasten *n*, Scannen *n*; 2. *(WiWi)* Frühaufklärung *f*
scanning cash register *(Comp, V&M)* Scanner-Kasse *f*
scant coverage *(Media)* knappe Deckung *f* [Abdeckung *f*]
scant funds *(Fin)* knappe Ressourcen *fpl*, knappe Mittel *npl*
scanty *(Gen)* knapp
scarce *adj (WiWi)* knapp *(resources)* • **in scarce supply** *(Gen)* bei geringem Angebot
scarce resources *(Umwelt, WiWi)* knappe Mittel *npl*, knappe Ressourcen *fpl*
scarcity *(WiWi)* Knappheit *f*, Mangel *m*
scarcity of jobs *(Pers)* Arbeitsplatzmangel *m*, Knappheit *f* an Arbeitsplätzen
scarcity of labour *(BE) (Pers)* Arbeitskräfteknappheit *f*, Arbeitskräftemangel *m*
scaremongering *(Börse, Fin, Media) (ugs.)* Panikmache *f*
scatter diagram *(Mgt, Stat)* Streudiagramm *n*
scattered shareholdings *(Bank, Fin)* Aktienstreubesitz *m*
scenario 1. *(Media)* Drehbuch *n (of film)*; 2. *(Mgt, WiWi)* Szenario *n (method)*
scenario-writing *(Mgt)* Verfassen *n* eines Szenarios
schedule *v (Gen)* planen, festlegen *(programme)*; auflisten, tabellarisch zusammenstellen *(list)*
schedule 1. *(Gen)* Plan *m*, Programm *n*, Zeitplan *m (programme of events)*; Liste *f*, Verzeichnis *n*, Aufstellung *f (list)*; 2. *(Transp)* Fahrplan *m (timetable)* • **be on schedule** *(Gen)* im Plan liegen, im Zeitplan liegen • **on schedule** *(Gen)* planmäßig, termingerecht
schedule of assets *(AE) (RW)* Vermögensaufstellung *f*
scheduled *adj (Gen)* planmäßig, zeitlich geplant • **as scheduled** *(Gen)* nach Plan, plangemäß • **be scheduled for** *(Gen)* anberaumt sein für *(meeting)*
scheduled arrival *(Transp)* planmäßige Ankunft *f*

scheduled cost *(RW)* Plankosten *pl*, Sollkosten *pl*, Vorgabekosten *pl* *(budgetary control = Prognosekostenrechnung; synonymous: budget cost, budgeted cost, standard cost)*

scheduled depreciation *(RW)* planmäßige Abschreibung *f*

scheduled service *(Frei, Transp)* Liniendienst *m*

scheduled start *(Gen)* vorgesehener Beginn *m*

scheduling *(Gen)* Ablaufplanung *f*, Planung *f (programming)*; Auflistung *f*, Terminierung *f*, Zeitplanung *f*

Schengen area *(Pol, Recht)* Schengen-Gebiet *n*

school achievement *(Pers)* schulische Leistung *f*, schulische Leistungen *fpl*, Schulleistungen *fpl*, Leistung *f* in der Schule, Leistungen *fpl* in der Schule, Abschneiden *n* in der Schule

school enrolment *(Bil)* Einschulung *m*, Schulbeginn *m*

school entry *(Bil)* Einschulung *m*, Schulbeginn *m*

school failure *(Pers)* Schulversagen *n*

school-leaving age *(Pers)* Schulabgangsalter *n*, Schulentlassungsalter *n*

school leaving certificate *(Pers)* Schulentlassungszeugnis *n*, Schulabgangszeugnis *n*

school performance *(Pers)* schulische Leistung *f*, schulische Leistungen *fpl*, Schulleistungen *fpl*, Leistung *f* in der Schule, Leistungen *fpl* in der Schule, Abschneiden *n* in der Schule

schooling *(Pers)* Schulausbildung *f*, schulische Ausbildung *f*

science *(Recht)* Wissenschaft *f*

scientific *adj (Gen)* wissenschaftlich

scientific management *(Gen, Mgt)* wissenschaftliche Betriebsführung *f*

scope 1. *(Gen)* Spielraum *m*; 2. *(Pat)* Bereich *m*, Gültigkeitsbereich *m*, Umfang *m (of claims)*

scope for advancement *(Pers)* Aufstiegschancen *fpl*

scope for borrowing *(Fin, WiWi)* Verschuldungsmöglichkeiten *fpl*

scope for raising funds *(Fin, WiWi)* Verschuldungsmöglichkeiten *fpl*

scope for valuation *(Bank, WiWi)* Bewertungsspielräume *mpl*

scope of application *(Gen)* Anwendungsbereich *m*, Geltungsbereich *m*, Wirkungskreis *m*

scope of bargaining *(Pers)* Verhandlungsrahmen *m*

scope of coverage 1. *(Gen)* Erfassungsbereich *m*; 2. *(Versich)* Deckungsbereich *m*

scope of responsibility *(Gen, Recht, V&M)* Zuständigkeitsbereich *m*

score *(Stat, WiWi)* Punktwert *m*, Punktzahl *f*

scrap *v* 1. *(Gen)* fallen lassen; 2. *(Ind)* verschrotten

scrap 1. *(Gen)* Stück, Fetzen *m (paper)*; 2. *(Ind)* Schrott *m*, Abfall *m*, Ausschuss *m*

scrap metal *(Ind)* Altmetall *n*

scrap of evidence *(Gen)* Spur *f* eines Beweises

scrap paper *(Gen, Umwelt)* Altpapier *n*

scrap value *(Gen)* Restwert *m*

scrapping *(Ind)* Verschrottung *f*

scratch card *(V&M)* Rubbelkarte *f*

screen *v (Gen)* (gründlich) überprüfen *(applicants)*; abschirmen, schützen *(protect)*

screen *v* **out** *(Pers)* aussieben

screen *(Comp)* Bildschirm *m*, Raster *m*

screen advertising *(V&M)* Bildschirmwerbung *f*

screen-based system *(Börse, Comp)* Bildschirmhandel *m*

screen resolution *(Comp)* Bildschirmauflösung *f*

screen trading system *(Börse, Comp)* Computerbörse *f*

screened *adj (Gen)* abgeschirmt, geschützt *(protected)*

screening 1. *(Gen)* Überprüfung *f*; 2. *(Pers)* Auswahl *f (of candidates for a job)*; Vorauswahl *f*, Screening *n (preliminary)*

screensaver *(Comp)* Bildschirmschoner *m*

screenshot *(Comp)* Bildschirmkopie *f*, Abbild *n*

scrip *(Börse, Fin)* Interimsschein *m*, vorläufiges Zertifikat *n*

scrip issue *(Börse, Fin)* Emission *f* von Berichtigungsaktien

scrutiny/come under *(Gen)* einer genauen Prüfung unterzogen werden

SDD *(Abk. für Sepa direct debit scheme)*

(Bank, V&M) SEPA-Lastschriftverfahren *n*, Sepa-Lastschriftverfahren *n (mit der europäischen Lastschrift sollen im EWR voraussichtlich ab 11/2009 nach Mandaterteilung von jedem Konto im Binnenmarkt Forderungen bei kurzen Transaktionszeiten, kostengünstig und effizient grenzüberschreitend eingezogen werden können, ähnlich der Einzugsermächtigung = direct debit authorization; cf SEPA = Sepa = Single Euro Payments Area = einheitlicher Euro-Zahlungsverkehrsraum)*

SDR *s.* special drawing rights

SEA *s.* Single European Act

seafarming *(WiWi)* Hochseefischerei *f*

seal *v* 1. *(Komm)* versiegeln *(letter, parcel)*; 2. *(Gen)* besiegeln *(deal)*; 3. *(Recht)* versiegeln, siegeln *(document)*

seal 1. *(Gen, Recht)* Siegel *n*; 2. *(Imp/Exp, Ind)* Plombe *f* • **under seal** *(Komm, Recht)* verplombt, versiegelt

seal of quality *(Gen)* Qualitätssiegel *n*

sealed *adj (Komm, Recht)* verplombt, versiegelt • **in a sealed envelope** *(Gen)* in versiegeltem Umschlag

sealed tender *(Gen)* versiegeltes Angebot *n*

search *v* 1. *(Gen)* suchen, prüfen, durchsuchen *(examine)*; forschen, recherchieren *(research)*; 2. *(Pat)* prüfen

search 1. *(Comp)* Suchen *n*; 2. *(Gen)* Suche *f*, Suchen *n*, Durchsuchung *f*, Überprüfung *f (examination)*; Nachforschung *f*, Recherche *f (research)*

search engine *(Comp, Komm)* Suchmaschine *f (Internet)*

search report *(Pat)* Nachforschungsbericht *m*, Prüfbericht *m*

search unemployment *(Pers)* Sucharbeitslosigkeit *f*

seasonal *adj (Gen)* saisonal, saisonbedingt, Saison…

seasonal adjustment *(Fin, Gen, Pers, WiWi)* Saisonbereinigung *f*

seasonal concentration *(V&M)* saisonbedingte Konzentration *f*

seasonal discount *(V&M)* Nachlass *m* außerhalb der Saison

seasonal fluctuation *(WiWi)* Saisonbewegung *f*, Saisonschwankung *f*

seasonal labor *(AE) (Pers) s.* seasonal labour

seasonal labour *(BE) (Pers)* Saisonarbeitskräfte *pl*, Saisonbelegschaft *f*

seasonal level *(Gen, Ind)* saisonübliches Ausmaß *n*

seasonal occupation *(Pers)* Saisonberuf *m*

seasonal unemployment *(Pers)* saisonbedingte Arbeitslosigkeit *f*

seasonal variation *(WiWi)* Saisonschwankung *f*

seasonally adjusted *adj (Fin, Gen, Pers, WiWi)* saisonbereinigt

seasonally-adjusted figure *(Fin)* saisonbereinigte Zahl *f*

seat 1. *(Gen)* Firmensitz *m*, Sitz *m (principal place of business)*; 2. *(Frei)* Platz *m*; 3. *(Pol)* Amtssitz *m*, Regierungssitz *m*, Sitz *m (in Parliament)*

SEC *s.* Securities and Exchange Commission

second-best *adj (WiWi)* zweitbeste *(Pareto optimum)*

second-class mail *(Komm)* langsamere [billigere] Postzustellung *f*

second economy *(WiWi)* Schattenwirtschaft *f*

second half of the year *(Gen)* zweites Halbjahr *n*

second-hand *adj (Gen)* gebraucht, aus zweiter Hand

second home *(Grund)* Zweitwohnung *f*

second instance *f (Recht)* zweite Instanz *f*

second job *(Pers)* Nebenbeschäftigung *f*

second labour market *(BE) (WiWi)* zweiter Arbeitsmarkt *m (synonymous: secondary labour market; subventionierter sog. "Überbrückungsarbeitsmarkt")*

second market *(Bank, WiWi)* Sekundärmarkt *m*

second mortgage *(Bank, Fin)* nachrangige Hypothek *f*, zweite Hypothek *f*

second offence *(BE) (Recht)* Rückfalltat *f*

second offense *(AE) (Recht) s.* second offence

second quarter *(Gen)* zweites Quartal *n*

second residence *(Recht)* Zweitwohnsitz *m*

second round effect *(WiWi)* Zweitrundeneffekt *m (on prices)*

secondary *adj (Gen)* sekundär, zweitrangig, nebensächlich, subsidiär

secondary claim *(RW)* Nebenforderung *f*
secondary education *(Soz)* höhere Schulbildung *f*
secondary employment *(Pers)* Nebenerwerb *m*, Zweitbeschäftigung *f*
secondary income *(Fin)* Sekundäreinkommen *n*
secondary labor market *(AE) (Pers) s.* secondary labour market
secondary labour market *(BE) (Pers)* Sekundärarbeitsmarkt *m*, zweiter Arbeitsmarkt *m*
secondary need *(V&M)* sekundäres Bedürfnis *n*, Sekundärbedürfnis *n*
secondary workers *(Pers, Soz)* Beschäftigte *fpl* mit instabilen Beschäftigungsverhältnissen; Beschäftigte *fpl* mit prekären Beschäftigungsverhältnissen *(nicht dauerhaft beschäftigte Arbeitskräfte, die z. B. aufgrund ihrer Qualifikation wenig gefragt sind und infolgedessen wegen mangelnder Arbeitsmöglichkeiten -u. a. im Konjunkturablauf- häufig in den/aus dem Arbeitsmarkt ein-/austreten)*
secrecy of telecommunications *(Recht)* Fernmeldegeheimnis *n*
secret reserves *(RW)* stille Reserven *fpl*, stille Rücklagen *fpl (reserves that are not shown on the balance sheet; synonymous: hidden reserves, hidden assets, undisclosed reserves, off-balance sheet reserves, concealed reserves; im Rahmen des HGB-Vorsichtsprinzips –prudence concept- entstanden aus unterbewerteten Aktiva oder überbewerteten Passiva; opposite: undisclosed charges, hidden charges, undisclosed impairment of assets = stille Lasten)*
Secretary of State *(Pol) (AE)* Außenminister(in) *m(f)*, *(BE)* Kabinettsminister(in) *m(f)*
Secretary of the Treasury *(AE) (Fin, WiWi)* Finanzminister(in) *m(f)*, Schatzkanzler(in) *m(f)*
section 1. *(Gen)* Abschnitt *m*, Abteilung *f (department)*; 2. *(Recht)* Artikel *m*, Kapitel *n*, Paragraf *m (of act)*
section sign *(Pat, Recht)* Paragraf-Zeichen *n (§ symbol; Keyboard ALT+0167, in Europe)*
sector 1. *(WiWi)* Branche *f*, Sektor *m*; 2. *(Gen)* Bereich *m*
sector analysis *(Fin, Gen)* Branchenanalyse *f*
sector-specific *adj (WiWi)* branchenspezifisch
sectoral *adj (Mgt, WiWi)* sektoral *(interests)*
sectoral unemployment *(Mgt, WiWi)* sektorale Arbeitslosigkeit *f*
secular trend *(WiWi)* säkularer Trend *m*
secure *v* 1. *(Bank)* besichern; 2. *(Gen)* befestigen; 3. *(Börse)* absichern, sichern *(price in futures contract)*
secure *v* **new orders** *(Gen)* Aufträge beschaffen, Aufträge hereinholen
secure *adj* 1. *(Bank)* sicher; 2. *(WiWi)* gesichert, sicher
secured advance *(Bank)* besichertes Darlehen *n*
secured debt *(Fin)* gesicherte Verbindlichkeit *f*
secured personal loan *(Bank)* besicherter Personalkredit *m*
securities *(Börse)* Effekten *pl*, Wertpapiere *npl*
Securities and Exchange Commission *(AE) (Börse)* US-Börsenaufsichtsbehörde *f*
securities dealer *(Börse)* Wertpapierhändler(in) *m(f)*
securities deposited under wrapper *(Fin)* Streifbanddepot *n*
securities held in trust *(Börse)* treuhänderisch verwaltete Wertpapiere *npl*
securities holdings *(Bank, Börse)* Wertpapierbestand *m*
securities of short maturity date *(Börse) (jarg.)* Kurzläufer *mpl*
securities portfolio *(Bank, Fin)* Wertpapierportefeuille *n*, Wertpapierportfolio *n*, Wertpapierbestand *m (synonymous: securities holdings)*
securities-repurchase agreement *(repo) (Bank, WiWi)* Wertpapierpensionsgeschäft *n*, Repo *(ECB)*
securities trade *(Börse)* Effektenhandel *m*, Wertpapierhandel *m*
securities transactions *(Bank)* Wertpapierverkehr *m (BOP)*
securitization *(Bank, Börse, Fin)* Verbriefung *f* (von Kredit- und Einlagepo-

sitionen) • **for securitization purposes** *(Bank, Fin)* zu Verbriefungszwecken
securitization chain *(Bank, Fin)* Verbriefungskette *f*
securitization transaction *(Bank, Fin)* Verbriefungstransaktion *f (transaction either involving the transfer of receivables -true-sale securitisation- or not involving the transfer of receivables -synthetic securitisation-; any uniformly documented transaction in which the credit risk from a portfolio is distributed across at least two securitization tranches with differing risk profiles and the payments to investors depend upon the performance of the underlying portfolio; jede einheitlich dokumentierte Transaktion, bei der das Kreditrisiko aus einem Portfolio wenigstens auf zwei Verbriefungstranchen mit unterschiedlichen Risikoprofilen aufgeteilt wird und die Zahlungen an die Investoren von der Entwicklung des zugrunde liegenden Portfolios abhängen; entweder Transaktionen mit Forderungsübertragung = True-Sale-Verbriefungen oder Transaktionen ohne Forderungsübertragung = synthetische Verbriefungen)*
securitized *(Bank, Börse, Fin)* verbrieft
security 1. *(Admin)* Sicherheit *f (safety, protection)*; 2. *(Bank)* Wertpapier *n*; 3. *(Fin)* Wertpapier *n (share)*; Bürgschaft *f*, Garantie *f*, Sicherheit *f*, Kaution *f (pledge)*; 4. *(Pers)* Sicherheit *f (of job)*; 5. *(Börse)* Titel *m*, Wertpapier *n (certificate, asset)*
security analyst *(Börse)* Wertpapieranalyst *m*
security borrowing *(Fin)* Wertpapierlombardierung *f*
security breach *(Recht)* Sicherheitsverletzung *f*
security flotation *(Börse)* Wertpapieremission *f*
security issue *(Börse)* Wertpapieremission *f*
security label *(V&M)* Sicherheitsetikett *n*
security leak *(Gen)* Sicherheitsleck *n*
security lending *(Fin)* Lombardkredit *m*, Wertpapierleihe *f*
security level *(Comp, Komm, Recht)* Sicherheitsstufe *f*
security loan *(Fin)* Effektenkredit *m*
security price *(Börse)* Wertpapierkurs *m*
security risk *(Comp, Gen, Versich)* Sicherheitsrisiko *n*
seed capital *(Fin)* Gründungskapital *n*, Startkapital *n (seed money)*
seek *v (Gen)* fragen um *(advice)*; erbitten *(approval, help)*; suchen, sich bewerben um *(employment)*
seek *v* **employment** *(Pers)* Arbeit suchen, Beschäftigung suchen
seek *v* **legal advice** *(Recht)* sich anwaltlich beraten lassen
seek *v* **work** *(Pers)* Arbeit suchen, Beschäftigung suchen
segment *v (Comp, Mgt, V&M)* segmentieren
segment 1. *(Gen)* Segment *n*; 2. *(V&M)* Bereich *m*, Segment *n (of the market)*
segment reporting *(Gen, RW)* Segmentberichterstattung *f (IAS 14)*; segmentorientierte Berichterstattung *f*
segmental reporting *(Mgt, RW)* Segmentberichterstattung *f (IAS 14)*
segmentation *(Gen)* Segmentierung *f*
segregate *v* 1. *(Gen)* trennen; 2. *(Recht)* aussondern
seigniorage *(Fin)* Münzgewinn *m*
seize *v* 1. *(Fin, Recht)* pfänden; 2. *(Imp/Exp)* beschlagnahmen
seizure *(Imp/Exp)* Beschlagnahme *f*, Beschlagnahmung *f*
select *adj (Gen)* auserwählt, auserlesen *(chosen)*; exklusiv *(exclusive)*
selected *adj (Gen)* auserlesen, exklusiv
selected dealer agreement *(Börse)* Exklusivhandelsvertrag *m*
selection *(Gen)* Auswahl *f*, Wahl *f*, Auslese *f (choosing)*
selection board *(Pers)* Auswahlkommission *f*
selection function *(Bank, WiWi)* Auslesefunktion *f*
selective *adj (Gen)* selektiv
selective attention *(V&M)* selektive Aufmerksamkeit *f*
self-addressed envelope *(Komm)* Rückumschlag *m*
self-appraisal *(Pers)* Eigenbeurteilung *f*
self-assessment *(Pers)* Selbsteinschätzung *f*, Selbstevaluation *f*
self-catering *(Frei)* Selbstverpflegung *f*

self-dealing *(Fin, Recht)* Selbstkontrahierung *f (contracts)*
self-employed *adj (Pers, Steuer)* selbstständig, freiberuflich
self-employment *(Pers, Steuer)* selbstständige Tätigkeit *f*
self-evaluation *(Pers)* Selbsteinschätzung *f*, Selbstevaluation *f*
self-financing *(Fin, RW)* Eigenfinanzierung *f*, Selbstfinanzierung *f*
self-financing ratio *(Börse, Fin)* Eigenfinanzierungsquote *f*, Selbstfinanzierungsquote *f*
self-fulfilling prophecy *(Gen)* eine sich selbst bewahrheitende Voraussage *f*
self-generated funds *pl (Fin, RW)* eigene Mittel *npl*, Eigenmittel *npl*
self-generated goodwill *(RW)* originärer Geschäftswert *m*, originärer Firmenwert *m*, selbst geschaffener Firmenwert *m*, selbst geschaffener Geschäftswert *m*, selbst geschaffener Goodwill *m (no inclusion under assets, nicht aktivierungsfähig; synonymous: unpurchased goodwill, company-developed goodwill; opposite: acquired goodwill = entgeltlich erworbener Firmenwert, derivativer Firmenwert)*
self-governing *adj (Pol)* autonom, selbstständig, souverän
self-government *(Pol)* Selbstverwaltung *f*
self-help *(Gen, Pers)* Selbsthilfe *f*
self-managed *adj (Mgt, Pers)* autonom
self-management *(Mgt, Pers)* Selbstmanagement *n*, Selbstverwaltung *f*
self-motivation *(Mgt, Pers)* Selbstmotivation *f*
self perception *(V&M)* selektive Wahrnehmung *f*
self-perpetuating process *(Mgt, V&M, WiWi)* (sich) selbstverstärkender Prozess *m*
self-sufficiency *(Gen, WiWi)* Autarkie *f*, Selbstversorgung *f*
self-sufficient economy *(WiWi)* autarke Wirtschaft *f*
self-supporting *adj (Gen)* selbsttragend, wirtschaftlich unabhängig
self-sustained recovery *(WiWi)* sich selbst tragender Aufschwung *m*, selbsttragender Aufschwung *m*
self-sustaining process *(WiWi)* sich selbst verstärkender Prozess *m*, selbsttragender Prozess *m*
sell *v* 1. *(Fin)* begeben; 2. *(Gen)* verkaufen, absetzen, veräußern *(goods)*; umsetzen *(turn over)*; vertreiben *(deal in)*; verkaufen *(person)*; sich verkaufen *(product)*
sell *v* **a bear** *(Börse)* Leerverkäufe abschließen
sell *v* **by** *(Gen)* haltbar bis, verwendbar bis *(best before)*
sell *v* **for future delivery** *(Gen)* auf Termin verkaufen
sell *v* **forward** *(Börse)* auf Termin verkaufen
sell *v* **on credit** *(V&M)* auf Kredit verkaufen
sell *v* **short** *(Börse)* fixen, Leerverkäufe abschließen
sell *v* **spot** *(Börse)* per Kasse verkaufen, am Kassamarkt verkaufen
sell *v* **sth for scrap** *(Gen)* etw. zum Schrottwert verkaufen
sell-by date *(V&M)* Mindesthaltbarkeitsdatum *n (food)*
sell-off *(Börse)* Glattstellungsverkauf *m*
seller *(Gen)* Verkäufer(in) *m(f)*, Veräußerer *m*
seller's liability *(Recht, V&M)* Haftung *f* des Verkäufers
seller's market *(Börse, Grund, WiWi)* Verkäufermarkt *m*
sellers over *(Börse)* Angebotsüberhang *m*
selling *(Börse, Gen, V&M)* Verkauf *m*
selling and repurchase agreement *(Bank)* Pensionsgeschäft *n*
selling commission *(Fin, V&M)* Bonifikation *f*, Verkaufsprovision *f*
selling expenses 1. *(RW)* Vertriebsgemeinkosten *pl*; 2. *(Gen)* Verkaufskosten *pl*
selling price *(V&M)* Verkaufspreis *m*
selling proposition *(V&M)* Verkaufsvorschlag *m*
selling rate 1. *(Bank)* Briefkurs *m*, Briefsatz *m*; 2. *(Börse)* Emissionsrate *f*
selling stop order *(Börse)* Stop-Loss-Auftrag *m*
semantic differential *(V&M)* semantischer Unterschied *m*
semi-black market *(WiWi)* grauer Markt *m*

semi-detached house *(BE) (Grund)* Doppelhaushälfte *f*
semi-finished product *(Ind)* Halberzeugnis *n*, Halbfabrikat *n*, Halbfertigprodukt *n*
semi-fixed costs *(Fin, RW, WiWi)* teilvariable Kosten *pl*
semi-skilled *adj (Pers)* angelernt
semi-variable costs *(Fin, RW, WiWi)* teilvariable Kosten *pl*
send *v (Komm)* senden, übersenden, (ver)schicken, übermitteln *(electronically)*
send *v* **in** *(Gen)* einsenden, schicken *(order)*; einreichen *(request)*
send *v* **out** *(Gen)* verschicken, versenden *(mail)*; hinausschicken *(person)*
send *v* **under plain cover** *(Komm)* in neutralem Umschlag versenden, in neutraler Verpackung versenden
sender *(Komm)* Absender(in) *m(f)*, Versender(in) *m(f)*
senior *adj (Gen)* senior, vorgesetzt, übergeordnet *(in rank)*; älter *(in age)*; leitend *(leading)*
senior *(Gen)* Vorgesetzte(r) *f(m)*
senior creditor *(Fin, WiWi)* bevorrechtigter Gläubiger *m*, bevorrechtigte Gläubigerin *f*
senior debt 1. *(RW)* erstrangig besichertes Fremdkapital *n*; 2. *(Börse, Fin)* erstrangig besicherter Schuldtitel *m*, vorrangig besicherter Schuldtitel *m*; erstrangig besicherte Anleihe *f*, vorrangig besicherte Anleihe *f*; erstrangige Schuld *f*, vorrangige Schuld *f*; vorrangige Verbindlichkeit *f*, vorrangiger Schuldtitel *m*, erstrangig besicherte Verbindlichkeit *f*
senior executive *(Mgt, Pers)* leitende(r) Angestellte(r) *f(m)*, gehobene Führungskraft *f*
senior loan *(Bank)* erststelliges Darlehen *n*, im Rang vorgehendes Darlehen *n*, vorrangiges Darlehen *n*
senior management *(Mgt, Pers)* Führungskräfte *fpl*, obere Leitungsebene *f*, oberes Management *n*, Unternehmensspitze *f*
senior management level *(Mgt, Pers)* obere Leitungsebene *f*
senior mortgage *(Bank, Fin, Grund)* erstrangige Hypothek *f*, erststellige Hypothek *f*
senior officer *(Pers)* höherer Beamter *m*, höhere Beamtin *f*, leitende(r) Angestellte(r) *f(m)*
seniority *(Pers)* Dienstalter *n (length of service)*; Seniorität *f (rank)*
seniority bonus *(Pers)* Dienstalterszulage *f*
seniority principle *(Pers)* Dienstaltersprinzip *n*
sense of responsibility *(Gen)* Verantwortungsgefühl *n*
sensible *adj (Gen)* vernünftig
sensitive *adj (Börse)* empfindlich, marktreagibel, sensibel
sensitivity *(Gen)* Feingefühl *n*, Sensibilität *f*, Sensitivität *f*; Empfindlichkeit *f*
sensitivity analysis *(Fin, Stat, WiWi)* Sensibilitätsanalyse *f*, Sensitivitätsanalyse *f*, Empfindlichkeitsanalyse *f*
sentence *(Recht)* Strafurteil *n*
sentiment 1. *(Gen)* Empfindung *f*, Gefühl *f*, Haltung *f*, Meinung *f*; 2. *(Börse)* Stimmung *f*, Marktstimmung *f*, Marktklima *n*, Meinung *f*, Haltung *f*
sentiment index *(Börse, Stat, V&M)* Sentiment-Index *m*, Erwartungsindex *m*, Index *m* der Erwartungen
sentimental value *(Gen)* Erinnerungswert *m* • **price paid for sth of sentimental value** *(V&M)* Liebhaberpreis *m*
Sepa card payment *(Bank, V&M)* SEPA--Kartenzahlung *f*, Sepa-Kartenzahlung *f* *(SEPA = Sepa = Single Euro Payments Area = einheitlicher Euro-Zahlungsverkehrsraum)*
Sepa credit transfer *(Bank, V&M)* SEPA--Überweisung *f*, Sepa-Überweisung *f* *(grenzüberschreitende Euro-Überweisungen sollen ab 2008 so einfach und sicher wie Inlandsüberweisungen durchgeführt werden können; organization and processing of european cross-border retail payments by 2008; einheitlicher Euro-Zahlungsverkehrsraum = Single Euro Payments Area = Sepa)*
Sepa direct debit scheme *(SDD) (Bank, V&M)* Sepa-Lastschriftverfahren *n (mit der europäischen Lastschrift sollen voraussichtlich ab 11/2009 von jedem Konto im Binnenmarkt Forderungen bei*

kurzen Transaktionszeiten kostengünstig und effizient grenzüberschreitend eingezogen werden können, ähnlich der Einzugsermächtigung = direct debit authorization; SEPA = Sepa = Single Euro Payments Area = einheitlicher Euro-Zahlungsverkehrsraum)

separable costs *(WiWi)* zurechenbare Kosten *pl*

separate *v (Gen)* trennen

separate trading of registered interest and principal *(AE) (Börse)* getrennter Handel *m* von Zins- und Kapitalanspruch

separately disclosed *(RW)* getrennt ausgewiesen

separation *(Gen)* Abtrennung *f*, Teilung *f*, Trennung *f*

sequence *(Gen)* Aufeinanderfolge *f*, Reihenfolge *f*, Folge *f*

sequence orders *(Gen)* Anschlussaufträge *mpl*

sequencing number *(Gen)* fortlaufende Nummer *f*

sequency *(Gen)* Sequenz *f*, Zeitprofil *n*, Abfolge *f* von Schritten

sequential *adj* 1. *(Comp)* sequenziell; 2. *(Gen)* aufeinanderfolgend, der Reihe nach, in regelmäßiger Folge

sequestrate *v (Recht)* sequestrieren, konfiszieren, beschlagnahmen

sequestrator *(Recht)* Zwangsverwalter(in) *m(f)*

series *(Stat)* Reihe *f*, Datenreihe *f*, Zahlenreihe *f*

series-produced goods *(WiWi)* in Serie *f* gefertigte Produkte, Serienprodukte *npl*

serve *v* 1. *(Gen)* dienen *(community)*; abfertigen, bedienen *(customer)*; 2. *(Recht)* zustellen *(order)*

serve *v* **a purpose** *(Gen)* einem Zweck dienen

service *v (Gen)* bedienen, pflegen *(market)*

service *v* **a loan** *(Fin)* ein Darlehen bedienen

service *(Gen)* Dienst *m*, Dienstleistung *f*, Service *m*, Leistung *f*, Wartung *f* • **service not included** *(Gen)* Bedienung nicht inbegriffen *(restaurant)*

service agreement *(Gen)* Dienstvereinbarung *f*, Dienstvertrag *m*, Wartungsvertrag *m*

service charge 1. *(Admin)* Bearbeitungsgebühr *f*; 2. *(Gen)* Bedienungsaufschlag *m (restaurant)*

service company *(Gen)* Dienstleistungsbetrieb *m*, Wartungsfirma *f (firm)*; Dienstleistungsgewerbe *n (service industry)*

service contract *(Gen)* Dienstvertrag *m*, Wartungsvertrag *m*, Werkvertrag *m*

service degree *(Gen, Mgt)* Servicegrad *m*, Lieferbereitschaftsgrad *m*

service department *(V&M)* Kundendienstabteilung *f*

service economy *(WiWi)* Dienstleistungsgesellschaft *f*

service engineer *(Pers)* Kundendiensttechniker(in) *m(f)*

service enterprise *(Gen)* Dienstleistungsbetrieb *m*, Dienstleistungsunternehmen *n*

service fee *(Gen)* Bearbeitungsgebühr *f*, Grundgebühr *f*

service firm *(WiWi)* Dienstleistungsunternehmen *n*

service industry *(Ind, WiWi)* Dienstleistungsgewerbe *n*, Dienstleistungssektor *m*

service life *(RW, WiWi)* Nutzungsdauer *f*

service occupation *(Pers)* Dienstleistungsberuf *f*

service provider 1. *(Gen, Pers)* Leistungsträger *m*; 2. *(Comp, Komm, Media)* Dienstanbieter *m*, Dienstleister *m*

service sector *(WiWi)* Dienstleistungssektor *m*

services *(Gen)* Dienstleistungen *fpl* • **for services rendered** *(Gen)* für erbrachte Leistungen

services account *(WiWi)* Dienstleistungsbilanz *f (BOP)*

servicing 1. *(Comp)* Wartung *f*; 2. *(Fin)* Bedienung *f (of debt)*; 3. *(Ind)* Wartung *f*

session 1. *(Admin)* Tagung *f*; 2. *(Comp)* Arbeitssitzung *f*, Sitzung *f*; 3. *(Mgt)* Tagung *f*

set *v* 1. *(WiWi)* festlegen, festsetzen *(value)*; 2. *(Gen)* setzen *(record)*

set *v* **a date** *(Gen)* ein Datum festsetzen

set *v* **a final deadline** *(Recht, V&M)* eine letzte Frist setzen

set *v* **a trend** *(Gen)* die Richtung geben, richtungsweisend sein
set *v* **against** *(Fin, RW)* aufrechnen, verrechnen
set *v* **in motion** *(Gen)* in Bewegung setzen
set *v* **off** 1. *(Fin, RW)* saldieren, verrechnen; 2. *(Gen)* auslösen *(panic, reaction, dispute)*; 3. *(Recht)* aufrechnen
set *v* **out** *(Gen)* aufstellen, darlegen *(conditions)*
set *v* **the pace** *(Gen)* das Tempo angeben
set *v* **the standard** *(Mgt)* Richtlinien aufstellen
set *v* **up** 1. *(Comp)* einstellen, einrichten; 2. *(Gen)* errichten, geltend machen, eröffnen, gründen, sich niederlassen *(business)*
set *v* **up a business** *(Gen)* Betrieb gründen, Unternehmen gründen
set *v* **up a claim** *(Recht)* eine Forderung stellen
set *v* **up a liability reserve** *(RW, Steuer)* Rückstellung bilden
set *v* **up in business** *(Gen)* ein Geschäft aufmachen
set 1. *(Comp)* Set *n (data, values)*; 2. *(Fin)* Reihe *f*; 3. *(Gen)* Satz *m*
set of chattels *(Recht)* bewegliche Sachen *fpl*, Mobiliar *n*
set-off 1. *(Fin, RW)* Verrechnung *f*; 2. *(Recht)* Aufrechnung *f*
set rules *(Gen)* festgelegte Regeln *fpl*, Vorschriften *fpl*
setback 1. *(Gen)* Rückschlag *m*, Verschlechterung *f*; 2. *(Börse)* Einbruch *m*
setting-up costs *(Fin, RW)* Gründungskosten *pl*
setting of a time limit *(Gen, Recht)* Fristsetzung *f*
setting up one's own business *(Gen, WiWi)* Gründung *f* eines Unternehmens, Gründung *f* einer Firma
settle *v* 1. *(Bank, RW)* saldieren; Saldenausgleich vornehmen, begleichen, ausgleichen *(account)*; glattstellen *(transactions)*; 2. *(Fin)* abwickeln; ausgleichen *(account)*; 3. *(Gen)* begleichen; sich vergleichen mit, schlichten, beilegen *(dispute)*; ausgleichen *(sum, figures)*; klären, bereinigen *(question)*; 4. *(Gen)* sich niederlassen *(in job, residence, country)*; bezahlen *(pay)*
settle *v* **a dispute** *(Pers)* Streitigkeiten schlichten
settle *v* **a transaction** *(Gen)* ein Geschäft durchführen
settle *v* **amicably** *(Pers)* sich gütlich einigen
settle *v* **an account** *(Bank, RW)* ein Konto ausgleichen, ein Konto abschließen
settle *v* **costs** *(Gen)* für die Kosten aufkommen
settle *v* **in cash** *(Gen)* bar abrechnen
settle *v* **the expenses** *(Gen)* die Kosten übernehmen
settled *adj* 1. *(Bank, Fin)* beglichen; 2. *(Gen)* bereinigt, bezahlt *(debt)*; sesshaft *(resident)*
settlement 1. *(Bank, Börse)* Abrechnung *f*, Erfüllung *f*; 2. *(Gen)* Beilegung *f*, Ausgleich *m*, Zahlung *f*, Bereinigung *f* *(of dispute)*; 3. *(Pers)* Abfindung *f* • **in full settlement** *(RW)* zum vollen Ausgleich • **in settlement of** *(Bank, Fin)* zum Ausgleich von, zur Tilgung von *(debt)*
settlement account *(Bank)* Verrechnungskonto *n*
settlement day *(Börse)* Abrechnungstag *m*, Erfüllungstag *m*, Liquidationstermin
settlement of account *(Bank)* Kontoausgleich *m*
settlement of balances *(Bank, WiWi)* Schuldenregulierung *f*, Rückführung *f* der Verschuldung
settlement period *(Bank, Börse)* Abwicklungszeit *f*; Abrechnungsperiode *f*
settlement price *(Börse)* Abrechnungskurs *m*, Schlusswert *m*
settlement procedure *(Bank)* Abrechnungsverfahren *n*
settlement process *(Bank)* Abrechnungsverfahren *n*
settlement risk *(Bank, Börse)* Erfüllungsrisiko *n*, Abwicklungsrisiko *n*
settling of inter-bank transactions *(Bank)* Bankenabrechnung *f*, Interbanken-Clearing *n*
severance 1. *(Recht)* Abtrennung *f*; 2. *(Grund)* Trennung *f*
severance pay *(Pers)* Abfindungszahlung *f*, Entlassungsabfindung *f*
severance payment *(Pers)* Abfindungszahlung *f*
severely *adv (Gen)* streng

severely-disabled worker *(Pers)* schwerbehinderter Arbeitnehmer *m*, schwerbehinderte Arbeitnehmerin *f*
sewage disposal *(Umwelt)* Abwasserbeseitigung *f*
sex discrimination *(Pers, Recht)* sexuelle Diskriminierung *f*
sexual discrimination *(Recht)* geschlechtsbezogene Diskriminierung *f*
sexual harassment *(Pers, Recht)* sexuelle Belästigung *f (at work)*
shadow economy *(WiWi)* Untergrundwirtschaft *f*, Parallelwirtschaft *f*, Schattenwirtschaft *f*
shadow price 1. *(WiWi)* Schattenpreis *m (relative prices for goods, services and resources which are proportional to their true opportunity costs for the economy; Zinsen sind die Schattenpreise der Bargeldhaltung; cf Opportunitätskosten)*; 2. *(Gen)* Verrechnungspreis *m*, innerbetrieblicher Verrechnungspreis *m*, Konzernverrechnungspreis *m (synonymous: transfer price)*
shadowing *(Bank, Börse)* Nachbildung *f (of indices)*
shady practices *(Recht)* unsaubere Geschäftsmethoden *fpl*
shake *v* **off** *(Gen)* abschütteln, loswerden
shake *v* **up** *(Gen)* umbesetzen, umorganisieren
shake-out 1. *(Börse, Gen, Ind)* Gesundschrumpfen *n*; 2. *(Pers)* Personalabbau *m*
shake-up *(Fin, Gen)* Umbesetzung *f*, Umorganisation *f*
shakedown *(AE) (Gen)* Angleichung *f*, Anpassung *f*, Umstrukturierung *f*
sham transaction *(Fin)* Scheingeschäft *n (fictitious transaction)*
shape 1. *(WiWi)* Zustand *m (of economy)*; 2. *(Stat)* Form *f*
shape *v* **up** *(Gen)* sich entwickeln
share *v* 1. *(Comp)* gemeinsam benutzen; 2. *(Gen)* teilen
share *v* **in the cost** *(Gen)* Kosten mittragen, sich an den Kosten beteiligen
share *(Börse, Fin, RW)* Anteil *m*, Fondsanteil *m*, Wertpapier *n*, Aktie *f*, Beteiligung *f (of profits)* • **have a share in a business** *(Gen)* einen Geschäftsanteil an einem Unternehmen besitzen
share acquisition *(Börse, Fin)* Aktienübernahme *f*
share buyback *(Börse)* Aktienrückkauf *m*
share capital *(BE) (WiWi)* Aktienkapital *n*, Betriebskapital *n*, Grundkapital *n*, Geschäftskapital *n*, Stammkapital *n*
share certificate *(BE) (Börse)* Aktienurkunde *f*, Aktienzertifikat *n*, Anteilschein *m*
share dividend *(Börse)* Aktiendividende *f*
share incentive scheme *(Börse)* Aktienerwerb *m* durch leitende Angestellte *(options)*
share investments in other companies *(RW)* Beteiligungen *fpl* an anderen Gesellschaften *(annual accounts)*
share of market *(V&M)* Marktanteil *m*
share option right *(Börse)* Aktienbezugsrecht *n*
share portfolio *(BE) (Börse)* Aktienbestand *m*, Aktienportefeuille *n*
share premium account 1. *(RW)* Emissionsagiokonto *n*; 2. *(Fin)* Kapitalrücklage *f*, Emissionsagiorücklage *f (the excess received from stockholders over the par value of the stock issued, von außen durch die Anteilseigner/Aktionäre über den Nominalwert hinaus zusätzlich eingezahltes Kapital)*
share premium reserve *(BE) (RW)* Agiorücklage *f*, Kapitalrücklage *f*
share price performance *(Börse, Fin)* Aktienkursentwicklung *f*
share prices *(BE) (Börse)* Aktienkurse *mpl*
share purchase warrant *(Börse)* Aktienbezugsrecht *n*
share quotation *(Börse)* Kursnotierung *f*
share register *(Börse)* Aktienregister *n*, Aktionärsbuch *n*
share repurchase plan *(Börse)* Aktienrückkaufplan *m*
shared-cost *(Gen)* Kostenbeteiligung *f*
shareholder *(Gen)* Aktionär(in) *m(f)*, Anteilseigner(in) *m(f)*; Aktieninhaber(in) *m(f)*
shareholder activist *(Börse)* Aktionärsaktivist *m*, aktiver Aktionär *m*
shareholder behaviour *(BE) (Börse, Fin, Mgt)* Aktionärsverhalten *n*
shareholder employee *(Börse)* Belegschaftsaktionär(in) *m(f)*
shareholder value 1. *(WiWi)* Shareholder

Value *m*, Marktwert *m* des Eigenkapitals, Marktwert *m* einer Beteiligung *(sum of future discounted net cash flows)*; 2. Reinvermögenswert *m*, Netto-Unternehmenswert *m*; 3. *(Gen, Mgt)* Shareholder Value *m*, Unternehmenswert *m* für Aktionäre, Unternehmenswert *m* aus Aktionärssicht; 4. *(Pol)* Berücksichtigung *f* der Aktionärsinteressen

shareholder value approach *(Mgt)* Shareholder Value-Ansatz *m*; Shareholder Value-Konzept *n*; wertorientierte Unternehmensführung *f*, marktwertorientierte Unternehmensführung *f* *(search for and implementation of activities which enhance the shareholder value; synonymous: shareholder value concept; der Wert des Unternehmens in diesem Sinn ist die Summe der Barwerte aller erwarteten Einzahlungsüberschüsse; cf discounted cash-flow method)*

shareholder value concept 1. *(WiWi)* Shareholder Value-Konzept *n*; 2. *(Mgt)* marktwertorientierte Unternehmensführung *f*, wertorientierte Unternehmensführung *f* *(cf shareholder value approach)*

shareholders' annual meeting *(Börse)* Hauptversammlung *f*, HV

shareholders' equity *(AE) (Fin, RW)* Aktienkapital *n*, Reinvermögen *n*, Eigenkapital *n* *(total assets minus total liabilities, Summe Aktiva minus Verbindlichkeiten)*

shareholders' general meeting *(Börse)* Aktionärshauptversammlung *f*

shareholders' meeting *(Börse)* Aktionärsversammlung *f*

shareholding *(Börse)* Aktienbesitz *m*, Aktienbeteiligung *f*

shares outstanding *(Börse)* im Umlauf befindliche Aktien *fpl*

sharia-compliant *adj (Bank, Fin)* Scharia-kompatibel *(Islamic financial ethics)*

shark repellant *(Fin, Mgt)* Übernahme-Abwehrmaßnahme *f*, Abwehrmaßnahme *f* gegen feindliche Übernahmen

shark repellant strategy *(Fin, Mgt)* Übernahme-Abwehrstrategie *f*, Abwehrstrategie *f* gegen feindliche Übernahmen

sharp drop 1. *(Gen, WiWi)* drastischer Rückgang *m*; 2. *(Börse)* Baissebewegung *f*

sharp rise *(Gen, WiWi)* drastischer Anstieg *m*

shattered finance *(WiWi)* zerrüttete Finanzen *fpl*

shed *v* **labor** *(AE) (Pers) s.* shed labour

shed *v* **labour** *(BE) (Pers)* Personal abbauen, Personal freisetzen, Arbeitskräfte abbauen, Arbeitskräfte freisetzen

shedding of labor *(AE) (Pers) s.* shedding of labour

shedding of labour *(BE) (Pers)* Abbau *m* von Arbeitskräften, Abbau *m* von Personal, Freisetzung *f* von Arbeitskräften, Freisetzung *f* von Personal

shelf display *(V&M)* Regalauslage *f*

shelf price *(V&M)* Regalauszeichnung *f*

shelf space *(V&M)* Lagerfläche *f*, Regalfläche *f*

shell company 1. *(Gen, Recht)* Firmenmantel *m*; 2. *(Steuer)* Strohfirma *f*

shell corporation *(Gen, Recht)* Firmenmantel *m*

shell operation *(Börse)* Übernahme *f* eines Unternehmens

shelve *v (Gen)* aufschieben, zurückstellen

shield *v (Gen)* abschirmen, absichern, schützen vor

shift *v* 1. *(Fin)* umschichten; 2. *(Gen)* verschieben *(emphasis)*; 3. *(Pers)* umsetzen *(redeploy)*; 4. *(Steuer)* überwälzen

shift *v* **on to** *(Gen)* abwälzen auf *(responsibility)*

shift *(Pers)* Schicht *f* *(working hours)*

shift in consumption *(V&M)* Konsumverlagerung *f*

shift in demand *(V&M)* Nachfrageverschiebung *f*

shift in demand curve *(WiWi)* Verschiebung *f* der Nachfragekurve

shift in reserves 1. *(Bank)* Reserveumschichtung *f*; 2. *(Fin, RW)* Reservenumschichtung *f*

shift in supply curve *(WiWi)* Verschiebung *f* der Angebotskurve

shift of the burden of proof *(Recht)* Umkehr *f* der Beweislast, Beweislastumkehr *f*

shift rotation *(Pers)* Schichtwechsel *m*
shiftability *(Fin, RW)* Liquidisierbarkeit *f*, Liquidierbarkeit *f*, Liquiditätsgrad *m*, Abtretbarkeit *f*, Geldnähe *f* von Vermögensgütern *(layout of the balance sheet: breakdown of the asset side; objektive Liquidität, liquiditätsorientiertes Gliederungskriterium der Aktivseite einer Bilanz)*
shifting 1. *(Fin)* Umschichtung *f*; 2. *(Gen)* Verlagerung *f*; 3. *(Steuer)* Steuerüberwälzung *f*, Überwälzung *f*
shifting of target dates *(WiWi)* Terminverlagerung *f*
shiftwork *(Pers)* Schichtarbeit *f*
ship *v (Imp/Exp, Komm, Transp)* befördern, übersenden, verschicken, versenden
shipment *(Imp/Exp, Komm, Transp)* Beförderung *f*, Übersendung *f*, Verladen *n*, Verladung *f*, Versand *m*, Verschiffung *f* • **on shipment** *(Imp/Exp, Komm, Transp)* bei Versand
shipping business *(Gen)* Reederei *f*
shipping company *(Transp)* Reederei *f*
shipping office *(Imp/Exp, Transp)* Reederei *f*
shirker *(Pers) (ugs.)* Drückeberger *m*
shock treatment *(Pol, WiWi)* Schocktherapie *f*
shocks *(WiWi)* Schocks *mpl*, Störeinflüsse *mpl*, Störimpulse *mpl*, Störeinwirkungen *fpl*
shoestring majority *(Pol)* hauchdünne Mehrheit *f*
shop *v (V&M)* einkaufen, Einkäufe machen
shop *v* **around** *(Gen, V&M)* sich umsehen *(in a shop or on the market, im Geschäft oder auf dem Markt)*; Angebote vergleichen, Preise vergleichen *(before buying, vor einer Kaufentscheidung)*
shop *(BE) (V&M)* Laden *m*, kleines Unternehmen *n*
shop assistant *(BE) (Pers, V&M)* Verkäufer(in) *m(f)*
shop closing times *(BE) (Gen)* Ladenschlusszeiten *fpl*
shop floor 1. *(Gen)* Werkstatt *f*; 2. *(Ind)* Produktion *f*, Werkstatt *f (place)*; Fabrikarbeiter *mpl (staff)*; 3. *(V&M)* Verkaufsfläche *f*
shop front *(V&M)* Ladenfront *f*, Schaufenster *n*, Auslage *f*
shop window *(V&M)* Schaufenster *n*, Schaufensterscheibe *f*
shopkeeper *(BE) (V&M)* Ladeninhaber(in) *m(f)*
shoplifting *(V&M)* Ladendiebstahl *m*, Warenhausdiebstahl *m*
shopper *(V&M)* Käufer(in) *m(f)*
shopping *(Gen)* Einkäufe *mpl (items purchased)*; Einkaufen *n (act)*
shopping center *(AE) (Gen) s.* shopping centre
shopping centre *(BE) (Gen)* Einkaufszentrum *n*, Geschäftszentrum *n*
shopping mall *(AE) (Gen)* Einkaufszentrum *n*, Geschäftszentrum *n*
shopping precinct *(BE) (Gen)* Einkaufszentrum *n*
short *adj (Gen)* kurz • **be in short supply** *(Gen)* nur beschränkt lieferbar sein • **be on short time** *(Pers)* Kurzarbeit leisten • **in the short run** *(Gen)* kurzfristig
short *(Börse)* Leerverkauf *m*, Baisseposition *f*
short bill *(Fin)* kurzfristig fälliger Wechsel *m*
short call position *(Börse)* Baisse-Kauf-Optionsposition *f*
short-circuit *(Ind)* Kurzschluss *m*
short-dated *adj (Börse)* kurzfristig
short filename *(Comp)* kurzer Dateiname *m*, 8.3 Dateiname *m*
short futures position *(Börse)* Verkaufsposition *f* am Terminkontraktmarkt
short-handed/be *(Pers)* unter Personalmangel leiden
short hedge *(Börse)* Verkaufssicherungsgeschäft *n*
short notice *(Gen)* kurze Frist *f*
short of cash *(Fin)* knapp an Bargeld
short position *(Börse)* Baisseposition *f*, Baisseengagement *n*, Leerverkaufsposition *f*
short-range *adj (Gen)* kurzfristig
short-range planning *(Fin, Mgt)* Kurzfristplanung *f*, Kurzzeitplanung *f*, kurzfristige Planung *f*
short run *(Ind)* Kleinauflage *f*
short seller *(Börse)* Blankoverkäufer(in) *m(f)*
short-sighted *adj (Gen, Mgt)* kurzsichtig

short-staffed/be *(Pers)* unter Personalmangel leiden
short-term *adj (Gen)* kurzfristig
short term *(Börse)* kurzfristige Laufzeit *f*
• **in the short term** *(Gen)* kurzfristig
short-term deposit *(Börse)* kurzfristige Einlage *f*
short-term interest rate *(WiWi)* Zinssatz *m* für kurzfristige Kredite
short-term interest rate futures contract *(Börse)* kurzfristiger Zinsterminkontrakt *m*
short-term liability *(Börse, RW)* kurzfristige Verbindlichkeit *f*
short-term monetary support *(Pol, WiWi)* kurzfristiger Währungsbeistand *m*
short-term objective *(Gen)* kurzfristiges Ziel *n*
short-term planning *(Fin, Mgt)* Kurzfristplanung *f*
short-term security *(Börse)* kurzfristiges Wertpapier *n*
short-time work *(Pers)* Kurzarbeit *f*, Teilbeschäftigung *f*
short-time worker *(Pers)* Kurzarbeiter(in) *m(f)*
short-time working *(Pers)* Kurzarbeit *f*
shortage 1. *(WiWi)* Knappheit *f*, Mangel *m*; 2. *(Gen)* Defizit *n*; Fehlbetrag *m (cash, stock)*
shortage of forex *(WiWi)* Devisenknappheit *f*, Devisenmangel *m*
shortage of jobs *(Pers)* Arbeitsplatzmangel *m*, Knappheit *f* an Arbeitsplätzen
shortage of labor *(AE) (Pers) s.* shortage of labour
shortage of labour *(BE) (Pers)* Arbeitskräftemangel *m*
shortage of skilled labor *(AE) (Pers) s.* shortage of skilled labour
shortage of skilled labour *(BE) (Pers)* Qualifikationsdefizit *n*, Fachkräftemangel *m*
shortage of skilled manpower *(Pers)* Qualifikationsdefizit *n*, Fachkräftemangel *m*
shortage of skilled workers *(Pers)* Facharbeitermangel *m*
shortage of staff *(Pers)* Personalmangel *m*, Personalknappheit *f*, Arbeitskräftemangel *m*
shortage of work *(Pers)* Arbeitsmangel *m*
shortcut *(Comp, Komm)* Abkürzung *f*; Tastenkürzel *n*; abgekürztes Tastaturkommando *n*, abgekürzter Tastaturbefehl *m (abbreviated keyboard command)*
shorten *v* 1. *(Gen)* verkürzen; 2. *(Versich)* abkürzen; 3. *(Börse)* kürzen, reduzieren, verkürzen
shortening 1. *(Gen)* Verkürzung *f*; 2. *(Börse)* Kürzung *f*, Verkürzung *f*
shortfall *(RW)* Fehlmenge *f (goods)*; Fehlbetrag *m (money)*
shortfall in demand *(WiWi)* Nachfrageausfall *m*
shortfall in earnings *(Gen)* Gewinnausfall *m*, Gewinndefizit *n*
shortfalls of cash *(Bank, WiWi)* Liquiditätsanspannungen *fpl*
shorthand *(Admin)* Kurzschrift *f*, Stenografie *f*
shortlist *v (Gen, Pers)* eine Vorauswahl treffen, in die engere Auswahl nehmen
• **be shortlisted** *(Gen, Pers)* in die engere Wahl [Auswahl] kommen
shortlist *(Gen, Pers)* Auswahlliste *f*, Vorauswahl *f*, Kandidatenliste *f*
shorts *(Börse)* kurzfristige Staatspapiere *npl*, Kurzläufer *mpl*
shorttermism *(Bank, Fin, Mgt)* Kurzfristorientierung *f*, kurzfristige Erfolgsorientierung *f*; *(ugs.)* Kurzfristdenke *f (im Zusammenhang mit der Zinsbindung bei Immobilienkrediten oder mit der Quartalsberichterstattung und der unangemessen engen Fokussierung der Tagesaufmerksamkeit auf Monatszahlen; Gegensatz: Langfristkultur)*
shoulder *v (Gen)* übernehmen, tragen *(burden)*
show *v* 1. *(RW)* ansetzen; 2. *(Gen)* bekunden, anzeigen, zeigen
show *v* **a balance of sth** *(RW)* einen Saldo von etw. ausweisen
show *v* **a loss** *(RW)* einen Verlust ausweisen
show *v* **a surplus** *(RW)* einen Überschuss aufweisen *(show a profit)*
show *v* **good performance** *(Gen, Pers)* gute Ergebnisse erzielen
show *v* **on the books** *(RW)* ausweisen, in der Bilanz ausweisen

show business *(Frei, Media)* Showbusiness *n*, Vergnügungsindustrie *f*, Unterhaltungsindustrie *f*

showdown *(Gen)* Kraftprobe *f*

showpiece *(Gen)* Ausstellungsstück *n*, Glanzstück *n*

shredder *(Admin)* Dokumentenvernichter *m*, Papiervernichter *m*, Aktenvernichter *m*, Reißwolf *m*

shrink *v (WiWi)* abnehmen, sinken, schwinden

shrinkage 1. *(WiWi)* Rückgang *m*, Schwund *m*; 2. *(V&M)* Ladendiebstahl *m (shoplifting)*

shrinking *adj (Börse)* rückläufig

shrinking industry *(Gen, WiWi)* schrumpfender Wirtschaftszweig *m*, schrumpfende Industrie *f*

shrinking labour force *(BE) (Pers, WiWi)* schrumpfende Erwerbsbevölkerung *f*, abnehmende Erwerbsbevölkerung *f*

shrinking profits *(Gen)* schrumpfende Gewinne *mpl*

shrinking work force *(Pers, WiWi)* schrumpfende Erwerbsbevölkerung *f*, abnehmende Erwerbsbevölkerung *f*

shunt *v* **to the sidelines** *(WiWi)* vom Markt verdrängen

shunter *(BE) (Börse, Fin, Pers)* Arbitrageur *m*

shut *adj (Gen)* stillgelegt

shut *v* **down** 1. *(Gen)* schließen, *(ugs.)* zumachen *(branch, company)*; 2. *(Ind)* stilllegen *(factory)*

shut *v* **off** *(Gen)* abschalten, abstellen, ausschalten

shut *v* **up shop** *(Gen)* das Geschäft schließen

shutdown *(Gen)* Betriebsschließung *f*, Schließung *f*, Stilllegung *f (factory)*

sick/be off *(Pers)* aus Krankheitsgründen abwesend sein, aus gesundheitlichen Gründen abwesend sein, krankheitsbedingt fehlen

sick leave *(Pers)* Fehlen *n* wegen Krankheit, Krankheitsperiode *f* • **be on sick leave** *(Pers)* wegen Krankheit fehlen, krankgeschrieben sein

sick pay *(Pers)* Krankengeld *n*

sickness *(Pers, Soz, Versich)* Krankheit *f*

sickness benefit *(Pers)* Krankengeld *n*

sickness insurance *(Pers, Soz, Versich)* Krankenversicherung *f*

sickness level [rate] *(Pers, Soz)* Krankenstand *n*

side deal *(WiWi)* Nebenabsprache *f*

side effects *(Gen)* Nebenwirkungen *fpl*

side/on the *(Gen)* nebenher

side payments *(Fin, Gen)* Kompensationszahlungen *fpl*

sideline job *(Pers)* Nebenbeschäftigung *f*

sideways market *(Börse)* uneinheitlich tendierender Markt *m*

sight *(Fin)* Sicht *f* • **at sight, a/s** *(Fin)* bei Sicht, bei Vorlage, gegen Vorlage, bei Vorlegung • **after sight, A/S** *(Fin)* nach Sicht

sight bill *(Bank, Fin)* Sichtwechsel *m*

sight deposit *(Bank)* Sichteinlage *f*, Giroeinlage *f*

sight deposits *(Bank)* Sichtgelder *npl*

sight draft *(Bank)* Sichttratte *f*, Sichtwechsel *m*

sight liabilities *(Bank)* Sichtverbindlichkeiten *fpl*

sign *v (Gen)* zeichnen, unterschreiben, unterzeichnen

sign *v* **on the dotted line** *(Admin)* auf der punktierten Linie unterschreiben *(on form)*

sign *v* **in** *(Pers)* registrieren *(seminar, hotel)*

sign *v* **off** *(Pers)* kündigen

sign *v* **on** *(Soz)* sich als arbeitslos registrieren lassen

sign *v* **up** *(Gen)* sich verpflichten

sign 1. *(Gen)* Anzeichen *n*, Spur *f (indication)*; Schild *n (plate)*; 2. *(Stat)* Zeichen *n (symbol)*

signatory *(Pol, Recht)* Unterzeichner(in) *m(f) (of contract, of treaty)* • **be a signatory to sth** *(Pol, Recht)* Unterzeichner von etw. sein *(agreement, convention)*

signature *(Admin, Comp, Gen, Komm, Recht)* Unterschrift *f*, Unterzeichnung *f*, Zeichnung *f* • **for signature** *(Admin, Gen)* zur Unterzeichnung

signed *adj (Gen)* gezeichnet, gez., unterschrieben

signed personally *adj (Gen, Recht)* eigenhändig unterschrieben

significance *(Gen)* Bedeutung *f*, Belang *m*, Signifikanz *f*

significance test *(Stat)* Signifikanztest *m*

significant *adj (Gen)* bedeutsam, wichtig, bedeutend
significant digits [figures] *(AE) (Stat, WiWi)* signifikante Zahlen *fpl*
significant information *(Mgt, Stat, WiWi)* verwertbare Information *f*
signify *v (Gen)* bedeuten, erkennen lassen, mitteilen, zum Ausdruck bringen *(indicate)*
signing *(Gen)* Zeichnung *f*
signing authority *(WiWi)* Zeichnungsvollmacht *f* • **have signing authority** *(Bank)* unterschriftsberechtigt sein
silent partner *(AE) (Fin, Gen, Recht, WiWi)* stiller Gesellschafter *m*, stille Gesellschafterin *f*
similar *adj (Gen)* ähnlich, gleichartig • **of a similar kind** *(Gen)* ähnlicher Art
similarity *(Pat)* Ähnlichkeit *f*, Gleichartigkeit *f*
simple fraction *(Stat)* gewöhnlicher Bruch *m*, einfacher Bruch *m*, gemeiner Bruch *m (synonymous: vulgar fraction, common fraction; opposite: decimal fraction = Dezimalbruch)*
simplification *(Gen)* Vereinfachung *f*
simplified procedure *(Gen, Recht)* vereinfachtes Verfahren *n*
simplified reduction of capital *(Fin, RW)* vereinfachte Kapitalherabsetzung *f (reduction of the issued share capital of a company without repayment of capital to the shareholders; synonymous: simplified capital reduction; Ziel: Verlustabdeckung; nach Auflösung der Gewinnrücklagen ist zunächst die Kapitalrücklage zu dotieren)*
simplify *v (Gen)* vereinfachen
simulate *v (Gen)* simulieren *(artificially recreate)*; vorgeben, vortäuschen *(feign)*
simulation 1. *(Gen)* Simulation *f (recreation)*; Vortäuschung *f (feigning)*; 2. *(WiWi)* Modellrechnung *f*
simultaneous *adj (Gen)* gleichzeitig, simultan
sincere *adj (Gen)* aufrichtig
sincerity *(Gen)* Aufrichtigkeit *f*
single *adj* 1. *(Gen)* einzeln, einzige; 2. *(Recht, Steuer)* ledig, unverheiratet *(unmarried)*
single capacity *(BE) (Börse)* strikte Trennung der Broker- und Jobberfunktion
single currency *(Gen)* einheitliche Währung *f*
single-currency area *(Bank)* einheitlicher Währungsraum *m*, Euro-Währungsgebiet *n (ECB)*
single-currency zone *(Bank, Pol)* gemeinsame Währungszone *f*, gemeinsames Währungsgebiet *n*, einheitliches Währungsgebiet *n*
single earner *(Pers, Soz)* Alleinverdiener(in) *m(f)*
single-entity financial statement *(Fin, RW)* Einzelabschluss *m*
single-entry bookkeeping *(RW)* einfache Buchführung *f*
Single European Act *(Recht)* Einheitliche Europäische Akte *f*, EEA
single European currency *(WiWi)* einheitliche europäische Währung *f*
single European market *(WiWi)* einheitlicher Binnenmarkt *m*
single finance *(Fin)* Finanzierung *f* aus einer Hand
single monetary policy *(Bank)* einheitliche Geldpolitik *f (ECB)*
single *v* **out** *(Gen)* auswählen
single-person household *(V&M)* Einpersonenhaushalt *m*
single-tier board system *(Mgt)* einstufiges Boardsystem *n*, einstufige Unternehmensleitung *f*; Vereinigungsmodell *n*, monistisches System *n* der Unternehmensleitung, monistisches Unternehmensleitungssystem *n (es vereinigt sowohl die Führung des Tagesgeschäfts –durch die executive directors = executive officers- als auch die Überwachung und Kontrolle der Geschäftsführung –durch nicht notwendig festangestellte outside directors, non--executive directors- in einem einzigen Führungsgremium, dem Board, oft als Verwaltungsrat bezeichnet; das Vereinigungsmodell kennt damit keine institutionalisierte laufende Fremdkontrolle; opposite: two-tier board system with a management board –Vorstand- and, separately, a supervisory board = Aufsichtsrat; Gegensatz: zweistufige Unternehmensleitung, Trennungsmodell,*

Aufsichtsratssystem, Two-Tier Board--System)
single-user computer *(Comp)* Einbenutzersystem *n*
sink *v (Fin)* anlegen *(money, funds)*; amortisieren, tilgen
sinking fund *(Fin)* Amortisationsfonds *m*, Tilgungsfonds *m*
sinking-fund bond issue *(Fin)* Tilgungsanleihe *f*
sinking-fund loan *(Fin)* Tilgungsanleihe *f*
sinking-fund method *(Fin)* Rücklagentilgung *f*
siphon *v* **off** *(Gen)* abschöpfen *(funds)*
sit *v (Pol)* tagen *(parliament)*
sit *v* **an exam** *(Pers)* eine Prüfung machen, eine Prüfung ablegen
sit *v* **an examination** *(Pers)* eine Prüfung machen, eine Prüfung ablegen
sit *v* **for an exam** *(Pers)* eine Prüfung machen, eine Prüfung ablegen
sit *v* **for an examination** *(Pers)* eine Prüfung machen, eine Prüfung ablegen
sit *v* **in judgment** *(Recht)* zu Gericht sitzen
sit *v* **on the fence** *(Gen)* das Ergebnis abwarten, neutral bleiben, sich neutral verhalten
sit-in strike *(Pers)* Sitzstreik *m*
site *(Gen)* Platz *m*, Standort *m*, örtliche Lage *f*, Bau *m*, Bauplatz *m*, Baustelle *f* *(building work)*
site advantage *(V&M)* Standortvorteil *m* *(local, regional)*
site development *(Grund, Ind, Soz, Umwelt)* Erschließung *f* von Bauland
siting *(Ind)* Aufstellung *f*, Standortwahl *f*, Standortbestimmung *f*
sits. vac. *s.* situations vacant
situation 1. *(Gen)* Lage *f*, Situation *f* *(profile)*; 2. *(Pers)* Stellung *f (job)*
situation report *(Gen)* Lagebericht *m*
situations vacant *(BE) (Pers)* offene Stellen *fpl*
SIV *(Abk. für structured investment vehicle) (Bank, Fin)* strukturiertes Anlagevehikel *n*, strukturiertes Anlageinstrument *n*, strukturiertes Investmentvehikel *n (used by banks to keep risks off their balance sheets before Basel II came into effect in 2008; wie die Conduits die besondere Form einer Zweckgesellschaft = special purpose vehicle = SPV, in die Eigenkapital-belastende Liquiditäts-, Fristentransformations- und andere Risiken vor Inkrafttreten von Basel II aus Bankbilanzen ausgelagert wurden; cf ABCP, conduit)*
six-month moving average *(WiWi)* gleitender 6-Monatsdurchschnitt *m*
size 1. *(Comp)* Format *n*, Größe *f*; 2. *(WiWi)* Größe *f*, Umfang *m (of economy, population)*
size of the firm [enterprise] *(Gen)* Größe *f* des Unternehmens, Unternehmensgröße *f*
size *v* **up** *(Gen)* abschätzen, einschätzen
sizeable *adj (WiWi)* beträchtlich, erheblich
skeleton contract *(Gen)* Rahmenvertrag *m*
skeleton service *(Transp)* Notdienst *m*
skeleton staff *(Pers)* Stammbelegschaft *f*
skill *(Gen, Pers)* Fähigkeit *f*, Fertigkeit *f*, geistige Fähigkeit *f*, Geschicklichkeit *f*
skill level *(Pers)* Qualifikationsniveau *n*
skill requirements *pl (Bil, Pers)* Qualifikationsanforderungen *fpl*
skill shortage *(Pers)* Qualifikationsdefizit *n*, Fachkräftemangel *m*
skilled *adj (Pers, WiWi)* gelernt, Fach…
skilled labor *(AE) (Pers, WiWi) s.* skilled labour
skilled labour *(BE) (Pers, WiWi)* Facharbeiter(in) *m(f)*, gelernte Arbeitskräfte *fpl*
skilled occupation *(Pers)* qualifizierter Beruf *m*
skilled staff *(Pers)* geschultes Personal *n*, ausgebildetes Personal *n*
skilled worker *(Pers)* Facharbeiter(in) *m(f)*
skills *(Gen, Pers)* Qualifikationen *fpl*
skimming policy *(V&M)* Abschöpfungspolitik *f*
skip *v (Comp)* übergehen, überlesen, überspringen
skip *v* **the details** *(Gen)* die Einzelheiten übergehen
skip *v* **work** *(Pers) (ugs.)* blaumachen
skyrocket *v (Gen)* sprunghaft ansteigen, scharf ansteigen
slack *adj (Gen, WiWi)* flau, schwach *(trade)* • **be slack** *(Pers)* nachlässig sein *(neglect one's duties)*
slack *(Gen)* Nachlassen *n*

slack labor market *(AE) (Pers, WiWi) s.* slack labour market

slack labour market *(BE) (Pers, WiWi)* wenig aufnahmefähiger Arbeitsmarkt *m*

slack period *(Gen)* Flaute *f*, stille Saison *f*

slack season *(Gen) (ugs.)* Saure-Gurken--Zeit *f*

slack *v* **off** *(Gen)* nachlassen

slacken *v (WiWi)* abflauen, nachgeben, nachlassen

slacken *v* **off** *(Gen)* nachlassen

slander *v (Recht)* verleumden *(person)*

slander *(Recht)* Beleidigung *f*, Verleumdung *f*

slander action *(Recht)* Verleumdungsverfahren *n*

sleeper *(V&M)* potenzieller Verkaufsschlager *m*

sleeping beauty *(Börse)* potenzielles Übernahmeobjekt *n*

sleeping partner *(BE) (Fin, Gen, Recht, WiWi)* stiller Gesellschafter *m*, stille Gesellschafterin *f*

slice of the market *(V&M)* Marktanteil *m*

slide *(Börse)* Nachgeben *n (in prices)*

slide in prices *(Bank, Fin)* Kurssturz *n*

sliding-price clause *(Recht)* Preisgleitklausel *f*

sliding wage scale *(Pers)* gleitende Lohnskala *f*, gleitender Lohntarif *m*

slight *adj (Gen)* geringfügig, leicht, unbedeutend

slim *v (Mgt, Pers)* abbauen *(workforce)*

slim *v* **down** *(Mgt, Pers)* verkleinern, *(ugs.)* abspecken

slip *v (Börse)* fallen, zurückgehen

slip *(Steuer)* Beleg *m*

slope *(Gen)* Gefälle *n*, Richtungskoeffizient *m*

slot 1. *(Comp)* Steckplatz *m*, *(jarg.)* Slot *m (for expansion card)*; 2. *(Gen)* Platz *m*, Zeitnische *f (time)*; Slot *m*, Start- und Landerecht *n*, Schlitz *m*, Einschnitt *m (airport)*

slow *v (WiWi)* sich verlangsamen

slow *v* **down** *(Gen, WiWi)* abflauen, sich abschwächen, sich verlangsamen

slow payer *(Fin)* säumiger Zahler *m*

slow rise *(Börse)* langsamer Anstieg *m (currency expectation)*

slow seller *(V&M)* Langsamdreher *m (Gegensatz: Renner, Schnelldreher = fast-selling product)*

slowdown 1. *(WiWi)* Abschwächung *f*, Konjunkturrückgang *m (of the economy)*; 2. *(Pers) (AE)* Bummelstreik *m*

slowdown in the trend *(WiWi)* trendmäßige Verlangsamung *f*

slump *v (Börse, WiWi)* stürzen *(market)*

slump in sales *(V&M)* Absatzeinbruch *m*, Absatzrückgang *m*

small *adj (Gen)* gering, klein *(purchase, amount)* • **on a small scale** *(Gen)* in geringem Maße

Small and Medium-sized Entities [Enterprises] *pl (SMEs) (Gen, WiWi)* kleine und mittelständische unternehmerische Einheiten *fpl*, kleine und mittelständische Unternehmenseinheiten *fpl*, kleine und mittelständische Unternehmen *npl*, kleine und mittlere Unternehmen *npl*, Klein- und Mittelunternehmen *npl*, KMU *(EU)*

small business *(Gen)* Kleinbetrieb *m*, Kleinunternehmen *n*, kleines Unternehmen *n*, Kleinfirma *f*

small change *(Gen, Komm)* Kleingeld *n (coins)*; Lappalie *f*

small-claims court *(Recht)* Amtsgericht *n*

small earnings *(BE) (Steuer)* niedrige Einkommen *npl*

small employer *(Pers)* Kleinbetrieb *m*

small enterprise *(Gen)* Kleinbetrieb *m*, Kleinunternehmen *n*

small firm *(Gen)* Kleinbetrieb *m*, Kleinfirma *f*, Kleinunternehmen *n*

small industry *(Ind)* Kleinindustrie *f*

small investor *(Fin)* Kleinanleger(in) *m(f)*

small manufacturers and traders *(Gen)* Kleingewerbe *n*

small parcel *(Komm, Transp)* Päckchen *n*

small print/in *(Recht)* Kleingedrucktes *n (in contract)*

small-scale industry *(WiWi)* Kleinindustrie *f*, kleine Handwerksbetriebe *mpl*

small-scale technology *(WiWi)* sanfte Technologie *f*, weiche Technologie *f*

smaller than *(Comp, Stat)* kleiner als *(b<a = b is smaller than a = b ist kleiner als a)*

smart card *(Bank, Comp)* Chipkarte *f*, Computerkarte *f*, Smartcard *f*

smart clothing 1. *(Gen)* elegante Kleidung *f*; 2. *(V&M)* intelligente Kleidung *f*

smart money *(Fin)* rentable Anlage *f*
SMEs *(Abk. für Small and Medium-sized Entities, Small and Medium-sized Enterprises) (Gen, WiWi)* KMU, kleine und mittelständische Unternehmenseinheiten *fpl*, kleine und mittelständische unternehmerische Einheiten *fpl*, kleine und mittelständische Unternehmen *npl*, kleine und mittlere Unternehmen *npl*, Klein- und Mittelunternehmen *npl (EU)*
smooth *adj (Gen)* glatt, reibungslos, störungsfrei
smooth *v* **out** 1. *(WiWi)* ausgleichen, verstetigen *(fluctuations)*; 2. *(Gen)* ausräumen, glätten
smooth running *(Gen)* reibungsloser Ablauf *m*
smoothly *adv (Gen)* reibungslos
SNA *s.* System of National Accounts
snail mail *(Komm)* normale Briefpost *f*, Schneckenpost *f*
snip *(V&M)* günstiger Kauf *m*, Schnäppchen *n*
so-called *adj (Gen)* angeblich, sogenannt
soar *v (Gen)* in die Höhe schnellen, sprunghaft ansteigen
soaring *adj (Gen)* rasch aufsteigend, schnell zunehmend
social *adj (Gen)* gesellschaftlich, sozial
social acceptability *(Soz)* Sozialverträglichkeit *f*
social accounting *(Soz, WiWi)* Sozialberichterstattung *f*
social balance *(Pol, Soz)* soziale Ausgewogenheit *f*, soziale Gerechtigkeit *f*, soziale Balance *f*
social capital *(Fin, WiWi)* Sozialkapital *n*
Social Charter *(Gen)* Sozialcharta *f*
social compatibility *(Soz, WiWi)* Sozialverträglichkeit *f*
social cost *(Soz, WiWi)* gesellschaftliche Kosten *pl*, soziale Kosten *pl;* volkswirtschaftliche Kosten *pl*
social cost of unemployment *(Pers, WiWi)* soziale Kosten *pl* der Arbeitslosigkeit
social good *(WiWi)* öffentliches Gut *n*, Kollektivgut *n*
social insurance *(Pers, Soz, WiWi)* Sozialversicherung *f*
social legislation *(Recht, Soz)* Sozialgesetzgebung *f*
social market economy *(WiWi)* soziale Marktwirtschaft *f*
social origin *(Soz)* soziale Herkunft *f*
social overhead capital *(Fin, WiWi)* Infrastruktur *f*
social partners *(Pers)* Sozialpartner *mpl*, Tarifpartner *mpl*, Tarifvertragsparteien *fpl*
social product *(WiWi)* Sozialprodukt *n*
social protection *(Soz)* sozialer Schutz *m*, Sozialschutz *m*
social rate of discount *(Fin, WiWi)* soziale Zinsrate *f*
social security *(Soz, WiWi)* Sozialversicherung *f* • **be on social security** *(Soz)* Sozialhilfe beziehen, *(ugs.)* auf Stütze leben, *(ugs.)* auf Stütze sein, *(ugs.)* von der Stütze leben, *(ugs.)* Stütze haben
social security benefits *(Soz)* Sozialversicherungsunterstützung *f*, Sozialversicherungsleistungen *fpl*
social security benefits in cash *(Soz)* Geldleistungen *fpl* der Sozialversicherung
social security contributions *(Pers, Soz)* Sozialversicherungsbeitrag *m*
social security funds *(Soz)* Sozialversicherung *f*, Sozialversicherungsträger *m*
social security tribunal *(Soz)* Sozialgericht *n*
social spending *(Fin)* Sozialausgaben *fpl*
social wants *(Soz, WiWi)* Kollektivbedürfnissse *npl*
social welfare *(Soz)* öffentliche Wohlfahrt *f*, soziales Wohl *n*, Sozialfürsorge *f*, Sozialhilfe *f*
social welfare function *(WiWi)* gesellschaftliche Wohlfahrtsfunktion *f*
social worker *(Pers, Soz)* Sozialarbeiter(in) *m(f)*
socially conscious investing *(Börse, Fin, Pol)* sozial verantwortliches Anlageverhalten *n*, ethisches Anlageverhalten *n*, ethisches Investitionsverhalten *n (synonymous: ethical investing, socially responsible investing, SRI, sustainable investing; investments only in companies whose policies meet the specific ethical criteria, e. g. excluding casinos, tobacco, weapons, nuclear and erotic industries, sometimes casinos, pork and alcohol production etc.; opposite: cf vice fund = Lasterfonds)*

socially conscious investment *(Börse, Fin, Pol)* ethische Anlage *f*, ethische Investition *f*, nachhaltige Anlage *f*; sozialverantwortliche Anlage *f (synonymous: ethical investment, socially responsible investing, SRI; investments only in companies whose policies meet the specific ethical criteria; opposite: socially irresponsible investment, cf vice fund = Lasterfonds)*

socially responsible investing *(Börse, Fin, Pol) s.* socially conscious investing

socially responsible investment *(Börse, Fin, Pol) s.* socially conscious investment

socially just *adj (Soz)* sozial gerecht

Societas Europaea *(SE) (Recht)* Societas Europaea *f*, SE *f*, Europäische Gesellschaft *f (EU)*

society *(Gen)* Gesellschaft *f (social community)*; Gesellschaft *f (company)*; Verein *m*, Gesellschaft *f*

Society for Worldwide Interbank Financial Telecommunications *(SWIFT) (Bank)* SWIFT *(internationales Datenfernübertragungsnetz für Auslandszahlungen)*

socioeconomic *adj (Soz, V&M, WiWi)* sozioökonomisch

soft currency *(Gen, WiWi)* weiche Währung *f*

soft landing *(WiWi)* weiche Landung *f*, sanfte Landung *f*

soft law *(Pol, Recht)* weiches Recht *n*, *(ugs.)* Recht *n* von zweifelhafter Natur; informelle Handlungsinstrumente *npl (EU; z. B. Rahmenrichtlinien und sonstige rechtlich nicht bindende Verhaltensregeln wie international vereinbarte und anerkannte Grundprinzipien, Kodizes, Mindeststandards)*

soft loan *(Fin, WiWi)* zinsbegünstigte Anlage *f*, zinsgünstiger Kredit *m*

soft money *(Fin)* Papiergeld *n*

soft-pedal *(Gen)* dämpfen, herunterschrauben, herunterspielen; *(ugs.)* zurückstecken

soft technology *(Umwelt, WiWi)* sanfte Technologie *f*, weiche Technologie *f*

software *(Comp)* Software *f*

software company *(Comp)* Software--Haus *n*, Software-Unternehmen *n*, Software-Firma *f*

software compatibility *(Comp)* Softwarekompatibilität *f*

software-driven *adj (Comp)* softwaregesteuert

software house *(Comp)* Software-Haus *n*, Software-Unternehmen *n*

software liability *(Comp, Recht)* Softwarehaftung *f*

software licensing contract *(Recht)* Softwareüberlassungsvertrag *m*

solar energy *(Umwelt)* Sonnenenergie *f*, Solarenergie *f*, Sonnenkraft *f*

solar power *(Umwelt)* Solarenergie *f*, Sonnenenergie *f*

solar technology *(Umwelt)* Solartechnik *f*

sold goods *(Recht, V&M)* verkaufte Ware *f*

sold ledger *(V&M)* Verkaufsjournal *n*, Verkaufsbuch *n*

sold merchandise *(Recht, V&M)* verkaufte Ware *f*

sold note *(Börse)* Effektenverkaufsabrechnung *f*

sole agency *(V&M, WiWi)* Alleinvertretung *f*

sole buyer *(Gen)* Alleinabnehmer(in) *m(f)*

sole earner *(Gen, Soz)* Alleinverdiener(in) *m(f)*

sole heir *(Recht)* Alleinerbe *m*, Alleinerbin *f*

sole owner 1. *(Recht)* Alleineigentümer(in) *m(f)*; 2. *(Grund)* Alleinbesitzer(in) *m(f)*

sole ownership *(Recht)* alleiniges Eigentumsrecht *n*

sole proprietor *(Mgt)* Alleineigentümer(in) *m(f)*, Alleininhaber(in) *m(f)*

sole proprietorship 1. *(Gen)* Einzelfirma *f (type of firm)*; 2. *(Recht)* alleiniges Eigentumsrecht *n (ownership)*

sole tradership *(Gen, Recht)* Einzelunternehmen *n (synonymous: sole proprietorship, individual proprietorship)*

solicit *v (Gen)* erbitten, sich bemühen um, sich bewerben um

solicit *v* **new business** *(Gen)* Aufträge beschaffen, Aufträge hereinholen

solicitor *(Recht)* Anwalt *m*, Anwältin *f*, Rechtsanwalt *m*, Rechtsanwältin *f*

solidarity pact *(Pol)* Solidarpakt *m (West and East Germany)*

solution *(Gen)* Behebung *f*, Lösung *f*

solvability *(Bank, Fin, RW)* Solvenz *f*, Zahlungsfähigkeit *f*, Solvabilität *f (opposite: insolvency = Insolvenz, Zahlungsunfähigkeit)*

solve *v (Gen)* aufklären, lösen

solvency 1. *(Bank, Fin)* Solvenz *f*, Zahlungsfähigkeit *f*, Solvabilität *f (opposite: insolvency = Insolvenz, Zahlungsunfähigkeit)*; 2. *(RW)* Liquidität *f*

solvency ratio *(Fin, RW)* Liquiditätskennzahl *f*, Liquiditätsgrad *m*

solvent *adj (Bank, Fin, RW)* solvent, zahlungsfähig, liquide

solvent debtor *(Bank)* solventer Schuldner *m*, zahlungsfähiger Schuldner *m*

sophisticated *adj (Gen)* auf hohem Niveau stehend, hochdifferenziert, hochtechnisiert, ausgeklügelt, technisch ausgereift

sophistication 1. *(Gen)* Differenziertheit *f*, hohes Niveau *n*, hoher Entwicklungsstand *m*; 2. *(V&M)* Differenzierung *f*

sought *adj (Gen)* gefragt, gesucht

sound *adj* 1. *(Bank)* gesund, kreditfähig, solide; 2. *(Gen)* einwandfrei, fehlerfrei, unversehrt, kreditwürdig • **on a sound footing** *(Gen)* auf solider Grundlage

sound 1. *(Komm)* Ton *m*; 2. *(Comp, Media)* Klang *m*, Ton *m*

sound carrier *(Komm, Media)* Tonträger *m*

sound recording *(Komm, Media)* Tonträger *m*

sound recording manufacturer *(Ind, Media)* Tonträgerhersteller *m*

sound recording royalties *(Komm, Media, Recht)* Tonträgervergütungen *fpl*

soundness *(Pol, Recht)* Unbedenklichkeit *f*

source *(Fin, Gen)* Herkunft *f*, Quelle *f*, Ursprung *m (of funds, information)*

source and application of funds *(Fin, RW)* Mittelherkunft und –verwendung *f (as shown on the balance sheet)*

source and application of funds statement *(Fin, RW)* Bewegungsbilanz *f*

source and disposition of funds *(Fin, RW)* Mittelherkunft und –verwendung *f (as shown on the balance sheet)*

source language 1. *(Komm)* Ausgangssprache *f (translation)*; 2. *(Comp)* Quellensprache *f*, Ursprungssprache *f*, Quellsprache *f*

source of capital *(RW)* Kapitalherkunft *f (right column of the balance sheet; ausgewiesen auf der rechten Seite der Bilanz; synonymous: sources of finance)*

source of forex revenue *(Bank)* Deviseneinnahmequelle *f*

source of funds *(Fin, RW)* Mittelherkunft *f (as shown on the liability side of the balance sheet, ausgewiesen auf der Passivseite, der rechten Seite der Bilanz)*

source of revenue *(Gen)* Einnahmequelle *f*

sources of finance *(RW)* s. source of capital

sourcing *(V&M)* Akquisition *f*, Einkaufspolitik *f*

sovereign 1. *(Pol)* Herrscher(in) *m(f)*, Souverän *m (person)*; 2. *(Bank) obsolete coin: britische Goldmünze*

sovereign entities *(Bank, Börse, Fin)* staatliche Emittenten *mpl*, Staatsadressen *fpl*

sovereign loan *(Börse, Fin)* staatliche Anleihe *f*, staatliches Darlehen *n*

sovereign risk *(Börse, Fin)* Länderrisiko *n*, staatliches Risiko *n*

SPAC *(Abk. für special purpose acquisition company) (Bank, Fin)* Akquisitionsvehikel *n*, Objekt-Akquisitionsvehikel *n*, Zweck-Akquisitionsgesellschaft *f*; *(jarg.)* Blankoscheck-Unternehmen *n*, *(jarg.)* Blankoscheck-Gesellschaft *f (banknahe Zweckgesellschaft ohne operatives Geschäft, das an der Börse Kapital aufnimmt, um damit im Wettbewerb oder gemeinsam mit außerbörslichen Beteiligungsfonds -Private Equity- andere Unternehmen zu kaufen; cf special purpose acquisition company)*

spacial strategy *(WiWi)* räumliche Strategie *f*, räumliche Entwicklungsstrategie *f*, Raumstrategie *f*

spam *(Komm, Media)* Spam *f (unsolicited e-mail advertising)*

spam over internet telephony *(spit) (Comp, Komm)* Spit *n (spam using in-*

ternet telefony; lästiger Internet-Telefonanruf für Werbezwecke)
spamming *(V&M)* Überflutung *f* mit unerwünschter Werbung
span of control *(Gen)* Kontrollspanne *f*
spare *(Ind)* Ersatzteil *n*
spare cash *(Gen)* Bargeldreserve *f*
spare time *(Frei)* Freizeit *f*
special account *(RW)* Sonderkonto *n*
special arrangement *(Gen)* Sondervereinbarung *f*
special authority *(Mgt, Pers, Recht)* Sondervollmacht *f*
special delivery *(Komm)* Eilzustellungsdienst *m*
special drawing rights *(Bank)* Sonderziehungsrechte *npl*, SZR
Special Economic Zone *(WiWi)* Sonderwirtschaftszone *f (China)*
special employment measures *(Pers, WiWi)* Arbeitsbeschaffungsmaßnahmen *fpl*, ABM
special feature *(V&M)* Besonderheit *f*
special offer *(V&M)* Sonderangebot *n (advertising)*
special purpose acquisition company *(SPAC) (Bank, Fin)* Akquisitionsvehikel *n*, Objekt-Akquisitionsvehikel *n*, Zweck-Akquisitionsgesellschaft *f*; *(jarg.)* Blankoscheck-Unternehmen *n*, *(jarg.)* Blankoscheck-Gesellschaft *f (banknahe Zweckgesellschaft ohne operatives Geschäft, das an der Börse Kapital aufnimmt, um damit im Wettbewerb oder gemeinsam mit außerbörslichen Beteiligungsfonds -Private Equity- andere Unternehmen zu kaufen; traditionell von Finanzbetrügern genutzte Unternehmenshülle, zunehmend als Finanzierungsinstrument bei Investmentbanken und Management-Teams wieder entdeckt wegen der Aussicht auf hohe Gebühreneinnahmen und Provisionen bei begrenzten eigenen Risiken -die risikotragenden Kapitalanteile werden im Markt weiterplatziert- sowie u. U. wegen mangelnder Transparenz der Risikostruktur auf der Investorenseite; cf Angliederungsfinanzierung; a publicly--traded buyout company that raises blind money from the public in order to pursue the acquisition of an existing but unspecified company, often in a targeted industry like the high-tech sector; if the acquisition is not made within a specified period of time -typically 18 months to two years- the money is returned to the original investors; for this transaction investment banks and management teams collect high fees, whilst most of the risk is passed on to investors; synonymous: targeted acquisition company, TAC)*
special purpose entity *(Bank, Fin)* Zweckgesellschaft *f*, Einzweckgesellschaft *f*, Objektgesellschaft *f* (mit Sonderaufgaben), Sondergesellschaft *f (synonymous: special purpose vehicle, SPV; Gründung erforderlich zur Übernahme von Aktiva als Besicherung der Emission von Asset-backed Securities = ABS oder asset-backed commercial paper = ABCP)*
special purpose vehicle *(SPV) (Mgt, Recht)* Zweckgesellschaft *f*, Einzweckgesellschaft *f*, Projektgesellschaft *f*, Objektgesellschaft *f* (mit Sonderaufgaben), Sondergesellschaft *f (synonymous: special purpose entity; Gründung erforderlich zur Übernahme von Aktiva als Besicherung der Emission von Asset-backed Securities = ABS oder asset-backed commercial paper = ABCP)*
special terms for the trade *(Gen)* Sonderkonditionen *fpl* für den Handel
specialist *adj (Gen)* fachmännisch
specialist 1. *(Gen)* Fachmann *m*, Fachfrau *f*, Experte *m* Expertin *f*; Facharzt *m*, Fachärztin *f*; 2. *(Börse)* amtlicher Kursmakler *m*, amtliche Kursmaklerin *f*
specialist consulting *(Komm, Recht)* wissenschaftliche Beratung *f*
specialist field *(Gen)* Fachgebiet *n*
specialist knowledge *(Gen)* Fachkenntnisse *fpl*, Fachwissen *n*
specialist sales person *(Pers, V&M)* Fachverkäufer(in) *m(f) (synonymous: expert salesman, expert saleswoman)*
specialist shop *(Börse)* Fachgeschäft *n*
speciality *(Gen)* besonderes Merkmal *n*, Spezialität *f*, Besonderheit *f (selling point)*; Spezialgebiet *n (field)*
speciality retailer *(V&M)* Facheinzelhändler(in) *m(f)*

speciality store *(Börse)* Fachgeschäft *n*
specialization *(Gen)* Fachgebiet *n*, Spezialisierung *f*
specialize in *(Gen)* sich spezialisieren auf
specialized *adj (Gen, Ind)* spezialisiert
specialized dictionary *(Media)* Fachwörterbuch *n*
specialized fund 1. *(Börse)* Spezialitätenfonds *m (a mutual fund investing primarily in the securities of a particular industry, sector, type of security or geographic region; they are often higher risk because of the lack of diversification but they are potentially higher reward than most other types of mutual funds; synonymous: specialty fund; Publikumsfonds mit besonderen Anlageschwerpunkten, wie z. B. nach Branchen, Regionen, ethischen Kriterien usw.)*; 2. *(Börse) (Deu)* Spezialfonds *m (Fonds, dessen Anteile am Sondervermögen nach § 1 II KAGG nur einem begrenzten Kreis meist institutioneller Anleger -maximal zehn- angeboten wird, kein Publikumsfonds)*
specialized knowledge *(Gen)* Fachkenntnisse *fpl*, Fachwissen *n*
specialty fund *s.* specialized fund
specific *adj (Gen)* bestimmt, deutlich, kennzeichnend, spezifisch
specific amount *(Gen)* bestimmter Betrag *m*
specific duty *(Imp/Exp, Steuer)* spezifischer Zoll *m*
specific offer *(V&M)* spezielles Angebot *n*
specific training *(Pers)* Spezialausbildung *f*
specifically *adv (Gen)* speziell
specification of goods *(Pat)* Warenverzeichnis *n*
specification of services *(Pat)* Dienstleistungsverzeichnis *n*
specifications technische Daten *pl (COMP hardware)*
specified *adj* 1. *(RW)* spezifiziert; 2. *(Gen)* einzeln aufgeführt
specified rate *(Transp)* spezifizierter Tarif *m*
specify *v (Gen, Pat)* beschreiben, festsetzen
specimen invoice *(Gen)* Musterrechnung *f*
speculate *v (Börse, Gen)* spekulieren
speculate *v* **for a fall in prices** *(Börse)* auf Baisse spekulieren
speculation *(Gen)* Spekulation *f* • **on speculation** *(Gen)* auf Verdacht
speculative *adj (Gen)* spekulativ
speculative application *(Pers)* Blindbewerbung *f*, Initiativbewerbung *f*
speculative bubble *(Börse)* spekulative Blase *f*, Spekulationsblase *f (cf asset price bubble, bubble economy)*
speculative buyer *(Gen)* Aufkäufer(in) *m(f)*
speculative demand for money *(WiWi)* spekulative Geldnachfrage *f*
speculative grade [investment] *(Fin)* Spekulationskategorie *f*, spekulative Anlage *f*, spekulativer Bereich *m*, Risikobereich *m (synonymous: non-investment grade, e. g. junk bonds = Schrottanleihen = Ramschanleihen; ratings below BBB- or Baa3, investments non-eligible for many institutional investors or for investment under US banking regulations; Rating-Kategorie mit Einstufungen unter BBB- bzw. Baa3, wie z. B. bei Risikoanleihen; opposite: investment grade = Investmentkategorie)*
speculative trading *(Börse)* Spekulationshandel *m*
speed *(Gen)* Geschwindigkeit *f*
speed-up *(Gen, Pers)* Beschleunigung *f*, Steigerung *f*, Vorantreiben *n*
speed *v* **up** *(Gen)* beschleunigen, vorantreiben *(work)*
speedily *adv (Gen)* schnell
speedy *adj (Gen)* prompt, zügig
spell *v* **out** *(Gen)* darlegen, klarmachen, verdeutlichen
spend *v (Gen)* (Geld) ausgeben, verausgaben
spending authority 1. *(Fin)* Ausgabeermächtigung *f*; 2. *(Pol)* Ausgabenbefugnis *f*
spending limitation *(Bank, Pers, WiWi)* Ausgabenbegrenzung *f*
spending money *(Gen)* Taschengeld *n*
spending power *(Gen)* Kaufkraft *f*
sphere *(Gen)* Bereich *m*
sphere of action *(Gen)* Tätigkeitsbereich *m*
sphere of activity *(Gen)* Aufgabenbe-

reich *m*, Geschäftsbereich *m*, Wirkungskreis *m*

sphere of influence *(Gen, Pol, V&M)* Einflussbereich *m*

spill *v* **over** *(Gen, WiWi)* überschwappen, sich ausbreiten *(effects)*; sich hinziehen *(meeting)*

spillover *(WiWi)* externe Wirkung *f*, Nebenwirkungen *fpl*

spillover effect *(WiWi)* externer Effekt *m*

spin-off 1. *(Fin, Gen, WiWi)* Ausgliederung *f*, Abspaltung *f (separation)*; Ableger *m*, Firmenableger *m*, Firmenausgründung *f*, Unternehmensabspaltung *f*, Unternehmensentflechtung *f (company)*; 2. *(Ind)* Nebenentwicklung *f (development)*; 3. *(V&M)* Nebenprodukt *n (product)*

spin-off-effect *(WiWi)* Ausstrahlungseffekt *m*

spiralling inflation *(WiWi)* Inflationsspirale *f*

spit *(Abk. für spam over internet telephony) (Comp, Komm)* Spit *n (spam using internet telefony; lästiger Internet-Telefonanruf für Werbezwecke)*

split *v (Bank)* aufspalten, aufteilen

split *v* **the difference** *(Gen)* sich auf einen Kompromiss einigen

split *v* **up** 1. *(Admin, Gen)* aufteilen, spalten; sich spalten; 2. *(Pol)* spalten

split *(Bank)* Aufteilung *f*

split rating *(Fin)* gespaltene Einstufung *f*

splog *(Comp, Komm)* Splog *n (Spam--Blog)*

spoil *v (Gen)* beeinträchtigen, verderben

spokesman *(Media, Pol)* Sprecher *m*, Pressesprecher *m*

spokesperson *(Media, Pol)* Sprecher(in) *m(f)*, Pressesprecher(in) *m(f)*

spokeswoman *(Media, Pol)* Sprecherin *f*, Pressesprecherin *f*

sponsor *v* 1. *(Gen)* fördern, unterstützen; 2. *(Frei)* die Schirmherrschaft übernehmen *(event)*; 3. *(V&M)* sponsern

sponsor 1. *(Gen)* Förderer *m*, Förderin *f*; 2. *(Frei)* Schirmherr(in) *m(f) (of event)*; 3. *(V&M)* Sponsor *m*, Geldgeber(in) *m(f)*

sponsorship 1. *(Gen)* Förderung *f*, Unterstützung *f*; 2. *(Frei)* Schirmherrschaft *f (of event)*; 3. *(Pol)* Befürwortung *f (of bill)*; 4. *(V&M)* Sponsern *n*, Sponsoring *n*

spontaneous *adj (Gen, V&M)* spontan

spontaneous combustion *(Ind)* Selbstentzündung *f*, Selbstverbrennung *f*

sporadic *adj (Gen)* sporadisch, vereinzelt

sporadic maintenance *(Gen)* unregelmäßige Wartung *f*

sporting event *(Frei, Gen)* Sportveranstaltung *f*

spot *(Media, V&M)* Werbespot *m (advertising)* • **on the spot** *(Gen)* an Ort und Stelle, sofort

spot business *(Gen)* Lokogeschäft *n*

spot check *(Gen)* Prüfung *f* an Ort und Stelle

spot commodity *(Börse)* Effektivware *f*, Kassaware *f*

spot currency market *(WiWi)* Devisenkassamarkt *m*

spot deal *(Bank, Börse)* Spotgeschäft *n*, Lokogeschäft *n*, Kassageschäft *n*

spot delivery *(Börse)* Lieferung *f* zwei Tage nach Geschäftsabschluss *(currency futures)*

spot delivery month *(Börse)* sofortiger Lieferungsmonat *m*

spot exchange rate *(Bank, Börse, WiWi)* Kassakurs *m*, Devisenkassakurs *m*

spot market *(Börse)* Kassamarkt *m*

spot market transaction *(Börse)* Effektivgeschäft *n*

spot quotation *(Börse)* Kassanotierung *f*

spot rate *(Börse)* Kassakurs *m*, Devisenkassakurs *m*; Loko-Preis *m (commodities)*

spot terms *(Börse)* Kassakonditionen *fpl*

spot trading *(Börse)* Kassahandel *m*

spot transaction *(Börse)* Kassageschäft *n*

spouse *(Gen)* Ehegatte *m*, Ehepartner *m*, Gatte *m*, Gattin *f (husband, wife)*

spread *v* 1. *(RW)* verteilen *(costs)*; 2. *(Komm)* verbreiten; 3. *(Gen)* ausbreiten

spread *v* **costs** *(RW)* Kosten zeitlich verteilen, Kosten verteilen

spread *v* **risks** *(Bank, Versich)* Risiken streuen, Risiken mischen, Risiken verteilen *(Versicherung)*

spread 1. *(WiWi)* Bandbreite *f*, Spanne *f*, Marge *m*; 2. *(V&M)* Streuung *f (of stores in particular area)*; 3. *(Börse, Fin)* Stellage *f*; Spread *m*, Renditeabstand *m*, Risikoaufschlag *m*

spread of interest rates *(Bank)* Spreizung *f* der Zinssätze

spread trading *(Börse)* Arbitrage *f*, Spreading *n*, gleichzeitige Eröffnung *f* von Kauf- und Verkaufspositionen
spreading *(Börse)* Spreading *n*
spreadsheet *(Gen)* Abschlussblatt *n*, Tabellenkalkulation *f*, Arbeitsblatt *n*, Spreadsheet *n*
spur *v (Gen)* treiben, vorantreiben
spur *(Gen)* Anreiz *m*
SPV *s.* special purpose vehicle
squandering *(Gen)* Vergeudung *f*, Verschwendung *f*
square *v* 1. *(RW)* abstimmen; 2. *(Gen)* begleichen *(an account)*; 3. *(Börse)* glattstellen
squeeze *v (WiWi)* unter Druck setzen *(prices)*
squeeze *v* **out** *(Fin)* verdrängen *(minority shareholders = Minderheitsaktionäre, Zwangsausschlussverfahren = squeeze out)*
squeeze *v* **sb out of the market** *(Gen)* jmdn. vom Markt verdrängen
squeeze *v* **the bears** *(Börse)* die Baissiers unter Druck setzen
squeeze *v* **the shorts** *(Börse)* die Baissiers zu Deckungskäufen zwingen
squeeze-out *(Bank, Fin)* Zwangsausschluss *m*, Zwangsabfindung *f*, Zwangsausschlussverfahren *n (Deu: das Übernahmegesetz erlaubt ab 2002 den Zwangsausschluss von Minderheitsaktionären -minority shareholders- gegen angemessene Barabfindung, sobald der übernehmende Großaktionär über mindestens 95 % der Aktien verfügt)*
SRI *(Abk. für 1. socially responsible investing, 2. socially responsible investment)* 1. *(Börse, Fin, Pol)* sozial verantwortliches Anlageverhalten *n*, sozial verantwortliches Investitionsverhalten *n*, sozial verantwortliches Investieren *n*, sozialethisches Anlageverhalten *n*; 2. *(Börse, Fin, Pol)* ethische Anlage *f*, ethische Investition *f*, nachhaltige Anlage *f (synonymous: ethical investment, socially conscious investment; investments only in companies whose policies meet specific ethical criteria, e. g. excluding casinos, tobacco, weapons, nuclear and erotic industries, sometimes casinos, pork and alcohol production etc.; opposite: socially irresponsible investment, vice fund = Lasterfonds)*
stability 1. *(Bank)* Wertbeständigkeit *f*; 2. *(WiWi)* Stabilität *f*
stability abroad *(Pol, WiWi)* äußere Stabilität *f*
Stability and Growth Pact *(Pol, WiWi)* Stabilitäts- und Wachstumspakt *m (EU, Maastricht Treaty)*
stability at home *(Pol, WiWi)* innere Stabilität *f*
stabilization *(WiWi)* Stabilisierung *f (of exchange rates)*
stabilize *v (WiWi)* festigen, stabil halten, stabilisieren
stabilized currency *(Fin)* stabilisierter Wechselkurs *m*
stabilizer *(WiWi)* Stabilisator *m*
stable *adj* 1. *(WiWi)* stabil; 2. *(Gen)* beständig *(constant)*; dauerhaft, fest *(permanent, durable)*; haltbar, stabil *(tenable)*; 3. *(Transp, V&M)* stabil
stable equilibrium *(WiWi)* stabiles Gleichgewicht *n*
stable-rate funds *(Bank)* Festzinsmittel *npl*
staff *v (Gen, Mgt, Pers)* (mit Personal) besetzen *(office)*
staff *v* **up** *(Gen, Mgt, Pers)* den Personalbestand erhöhen
staff *(Gen, Mgt, Pers)* Belegschaft *f*, Mitarbeiter *mpl*, Personal *n*, Stab *m (workforce)*
staff assistant *(Pers)* Bürogehilfe *m*, Bürogehilfin *f*
staff association *(Pers)* Personalvertretung *f*
staff audit *(Mgt, Pers)* innerbetriebliche Prüfung *f*, Personalbeurteilung *f*
staff cost *(Fin, Pers)* Personalaufwand *m*
staff council *(Admin, Mgt, Pers)* Personalrat *m*
staff cut *(Pers)* Personalkürzung *f*, Personalreduzierung *f*, Personalverringerung *f*, Verringerung *f* des Personals, Verringerung *f* der Belegschaft, Reduzierung *f* der Belegschaft, Personalabbau *m*, Abbau *m* des Personals
staff cutback *(Pers)* Personalabbau *m*
staff cuts *(Pers) s.* staff cut
staff development *(Mgt, Pers)* Perso-

nalentwicklung *f*, Mitarbeiterförderung *f*

staff manager *(Mgt, Pers)* Personalchef(in) *m(f)*, Personalleiter(in) *m(f)*, Stabsleiter(in) *m(f)*

staff meeting *(Pers)* Mitarbeiterversammlung *f*, Personalversammlung *f*, Betriebsversammlung *f*, Belegschaftsversammlung *f*

staff member *(Pers)* Mitarbeiter *m*, Mitarbeiterin *f*, Belegschaftsangehörige *f*, Belegschaftsangehöriger *m*, Betriebsangehörige *f*, Betriebsangehöriger *m*

staff mobility *(Pers)* Personalmobilität *f*

staff position *(Recht)* Stabstelle *f*

staff reduction *(Pers)* Personalkürzung *f*, Personalreduzierung *f*, Personalverringerung *f*, Verringerung *f* des Personals, Verringerung *f* der Belegschaft, Reduzierung *f* der Belegschaft, Personalabbau *m*, Abbau *m* des Personals

staff representation *(Mgt, Pers)* Personalvertretung *f*

staff representative *(Mgt, Pers)* Personalvertreter(in) *m(f)*

staff resourcing *(Mgt, Pers)* Personalbeschaffung *f*

staff selection *(Pers)* Personalauswahl *f*, Auswahl *f* des Personals

staff training *(Mgt, Pers)* Mitarbeiterschulung *f*, Personalschulung *f*, Weiterbildung *f* der Mitarbeiter, Weiterbildung *f* des Personals, Personalfortbildung *f*, Fortbildung *f* des Personals

staff training centre *(BE) (Bil, Pers)* (inner-)Betriebliches Schulungszentrum *n*; Schulungszentrum *n*, Bildungszentrum *n*, Bildungsstätte *f (für Mitarbeiter)*

staff turnover *(Gen, Pers, WiWi)* Fluktuationsrate *f*

staffing *(Gen, Mgt, Pers)* Personalbeschaffung *f*, Stellenbesetzung *f*

stage *(Gen)* Etappe *f*, Stufe *f (of a project)*; Stand *m*, Stadium *n*, Phase *f (state)* • **be going through a critical stage** *(Gen, Mgt)* sich in einer kritischen Phase befinden, sich in einer entscheidenden Phase befinden, ein kritisches Stadium durchlaufen • **by stages** *(Gen)* in Stufen, stufenweise • **in stages** *(Gen)* in Stufen, phasenweise

stagflation *(WiWi)* Stagflation *f*

stagger *v (Gen)* staffeln *(costs)*

staggered *adj* 1. *(Fin)* gestaffelt; 2. *(Gen)* erschüttert, gestaffelt

staggered working hours *(Pers)* Gleitzeit *f*, gestaffelte Arbeitszeit *f*

staggering *adj (Gen)* Schwindel erregend *(prices)*

staggering *(Gen)* Staffelung *f (action)*

staggering maturities *(Börse)* gestaffelte Fälligkeiten *fpl*

stagnate *v (WiWi)* stagnieren, stocken

stagnation *(WiWi)* Stagnation *f*, Stillstand *m*

stake *v (Gen)* unterstützen

stake 1. *(Fin)* Beteiligung *f*, Kapitalanlage *f (in company)*; 2. *(Gen)* Einsatz *m*; Anteil *m (financial interest)* • **the stakes are high** *(Gen)* der Einsatz ist hoch

stake in a bank *(Bank)* Beteiligung an einer Bank *f*

stakeholder approach *(Mgt, WiWi)* Stakeholder-Ansatz *m*, interessengruppenorientierter Ansatz *m (cf stakeholder value; cf shareholder value approach)*

stakeholder management *(Mgt, WiWi)* Anspruchsgruppenmanagement *n*

stakeholder-oriented policy *(Gen, Mgt, WiWi)* stakeholderorientierte Politik *f*, stakeholderorientierte Unternehmenspolitik *f*

stakeholder value *(WiWi)* Unternehmenswert *m* aus Sicht der Anspruchsgruppen, Unternehmenswert *m* aus Sicht der Interessengruppen *(Wert eines Unternehmens aus der Sicht der Interessengruppen-Mitglieder, dazu gehören z. B. Mitarbeiter, Lieferanten, Fiskus, Management, Aufsichtsrat, Kunden, Banken, Investoren…; anders: shareholder value = Unternehmenswert ausschließlich aus Sicht der Anteilseigner/Aktionäre oder potenziellen Investoren)*

stakeholders *(Gen)* Interessengruppen *f*

stale market *(Gen, WiWi)* flauer Markt *m*, lustloser Markt *m*

stalemate *(Gen, Pol)* Flaute *f*, Sackgasse *f*

stalemated *adj (Gen, Pol)* festgefahren *(talks)*

stall *v (Gen)* hinauszögern, hinhalten, abwürgen *(motor)*

stamp *v* 1. *(Komm)* stempeln; 2. *(Gen)* abstempeln

stamp *v* **out** 1. *(WiWi)* beseitigen, unterdrücken *(inflation)*; 2. *(Gen)* ausmerzen, niederschlagen; 3. *(Ind)* ausstanzen

stamped addressed envelope *(BE) (Komm)* frankierter Rückumschlag *m*

stand *v* **a loss** *(Fin)* einen Verlust tragen

stand *v* **as guarantor for sb** *(Fin)* als Bürge für jmdn. agieren

stand *v* **at** *(Gen)* sich belaufen auf, liegen bei, stehen bei

stand *v* **at a premium** *(Bank, Börse, Fin)* über dem Nennwert notiert werden *(shares)*

stand *v* **by** 1. *(Gen, Soz)* jmdm. zur Seite stehen; 2. *(Komm)* auf Empfang bleiben, auf Empfang sein

stand *v* **in for sb** *(Pers)* für jmdn. einspringen

stand *v* **in line** *(AE) (Gen)* Schlange stehen, sich anstellen

stand *v* **one's ground** *(Gen, Mgt)* seine Position halten, seinen Mann stehen, sich behaupten, sich durchsetzen

stand-alone *adj (Comp)* autonom, unvernetzt, eigenständig

stand-by arrangement *(Pol, WiWi)* Bereitschaftskreditvereinbarung *f (BOP)*

standard *adj (Gen)* einheitlich, regulär, normal, üblich

standard 1. *(Bank)* Feingehalt *m (precious metal)*; 2. *(Gen)* Standard *m*, Norm *f* • **be up to standard** *(Pers)* den Anforderungen genügen

standard agreement *(Gen, Recht)* Einheitsvertrag *m*, Standardvertrag *m (contract)*

standard business rounding *(Gen)* kaufmännische Rundung *f*

standard commodity *(Börse)* Standardware *f*

standard conditions *(Recht)* Einheitsbedingungen *fpl (contracts)*

standard contract *(Gen, Recht)* Einheitsvertrag *m*

standard cost *(RW)* Plankosten *pl*, Sollkosten *pl*, Standardkosten *pl*, Richtkosten *pl*, Budgetkosten *pl*, Vorgabekosten *pl*; Kostenvorgaben *fpl (budgetary control = Prognosekostenrechnung; auf eine Leistungseinheit bezogene, fest vorgegebene Plankosten zur nachträglichen Kostenkontrolle; synonymous: budget cost, budgeted cost, scheduled cost, predicted cost; cf standard cost system)*

standard cost accounting *(RW)* Plankostenrechnung *f*, Sollkostenrechnung *f*, Standardkostenrechnung *f (on the basis of normal costing; auf der Normalkostenrechnung aufgebaute Form der Plankostenrechnung mit Vorgabe vorausbestimmter Standardkosten zur nachträglichen Kostenkontrolle)*; Plankostenrechnung *f (cf standard cost system)*

standard costing *(RW)* Plankostenrechnung *f*, Normalkostenrechnung *f*

standard costs 1. *(WiWi)* Sollkosten *pl*; 2. *(Fin, RW)* Standardkosten *pl*, Normalkosten *pl*

standard cost system *(Fin, RW)* Standardkostensystem *n*, Standardkostenrechnung *f*, Plankostenrechnung *f*, Sollkostenrechnung *f (synonymous: standard costing; the setting of standard costs -Kostenvorgaben- for products and operations and their periodical comparison with actual costs incurred -Soll-Ist-Vergleich- in order to establish any variances, on the basis of normal costing = Normalkostenrechnung; auf eine Leistungseinheit bezogene, fest vorgegebene Plankosten zur nachträglichen Kostenkontrolle, Soll-Ist--Vergleich)*

standard deviation *(Stat)* Standardabweichung *f*

standard direct costing *(Fin)* Grenzplankostenrechnung *f*, Deckungsbeitragsrechnung *f*, Teilkostenrechnung *f (opposite: full costing = Vollkostenrechnung, Kostenrechnung)*

standard error of estimate *(Stat)* Standardschätzfehler *m*

standard form *(Gen)* Einheitsformular *n*

standard grade *(Gen)* Einheitssorte *f*, Standard *m*, standardisierte Qualität *f*

standard industrial classification *(Ind)* amtliche Branchenklassifikation *f*

standard international trade classification *(Gen)* internationales Warenverzeichnis *n* für den Außenhandel

standard legal contract *(Recht)* Standardvertrag *m*

standard letter *(Gen, V&M)* Standardbrief *m*
standard of living *(Soz, WiWi)* Lebensstandard *m*
standard of valuation *(RW)* Bewertungsgrundsatz *m*
standard of value *(Recht, Steuer)* Bewertungsgrundsatz *m*
standard performance *(Gen, Pers)* Normalleistung *f*
standard portfolio *(Bank, Börse)* Musterportfolio *n*
standard portfolio analysis of risk *(Fin)* Standard-Portfeuille-Risikoanalyse *f*
standard practice 1. *(Gen)* übliche Praxis *f*; 2. *(Recht)* Gepflogenheiten *fpl*
standard price 1. *(Fin)* Einheitspreis *m*, fester Verrechnungspreis *m*; 2. *(V&M)* Standardpreis *m*
standard-rated *adj (Steuer)* zum Einheitssatz, zum Einheitssteuersatz, zum Normalsatz
standard-rate tax *(Steuer)* proportionale Steuer *f*
standard setting *(Gen)* Standardsetzung *f*, Standardfestlegung *f*
standard tender *(Bank, WiWi)* Standardtender *m (ECB)*
standard terms and conditions *(Pers, Recht)* allgemeine Geschäftsbedingungen *fpl*
standard time 1. *(Gen)* Einheitszeit *f*, Vorgabezeit *f*; 2. *(Pers)* Normal(arbeits)zeit *f*
standard wage(s) *(Pers)* Tariflohn *f*
standard weekly hours *(Pers)* tarifliche Wochenarbeitszeit *f*
standard working week *(Pers)* tarifliche Wochenarbeitszeit *f*
standardization *(Gen)* Standardisierung *f*, Vereinheitlichung *f*
standardization agreement *(Gen, Recht)* Standardisierungsabkommen *n*
standardize *v* 1. *(Bank)* regulieren; 2. *(Gen, Recht, V&M)* standardisieren, typisieren, vereinheitlichen, normen
standardized *adj* 1. *(Bank)* reguliert; 2. *(Gen, Recht, V&M)* genormt, standardisiert, vereinheitlicht, typisiert
standardized deduction *(Gen)* pauschaler Abzug *m*
standby *adj (Comp, Fin)* Bereitschafts…, Standby… • **on standby** *(Comp)* auf Stand-by, auf Stand-by gestellt, auf Stand-by geschaltet *(Gerät; TV)*
standby credit *(Bank, Fin)* Beistandskredit *m*, Bereitschaftskredit *m*, Stützungskredit *m*, Standby-Kredit *m*
standby facility *(Bank, Fin)* Standby--Kredit *m*, Standby-Fazilität *f*, Standby--Fazilität *f* über Bereitstellungskredit, Beistandskredit *m (IMF)*
standby fees *(Bank, Fin)* Bereitstellungsgebühren *fpl*
standing *adj* 1. *(Bank)* laufend; 2. *(Gen)* beständig
standing 1. *(Gen)* Ansehen *n*, Ruf *m*, Bonität *f (reputation)*; 2. *(Börse)* Stellung *f*
standing advance *(Bank)* laufender Kredit *m*
standing authorization *(Imp/Exp)* Dauergenehmigung *f*
standing facility 1. *(Bank)* ständige Fazilität *f*; 2. *(Fin)* Dauerrefinanzierungsfazilität *f*
standing of the debtor *(Bank)* Bonität *f* des Schuldners
standing order *(Bank)* Dauerauftrag *m*
standing travel advance *(Gen)* Dauerreisekostenvorschuss *m*
standstill *(Gen, WiWi)* Stillstand *m* • **come to a standstill** 1. *(Gen)* zum Stillstand kommen; 2. *(Ind)* zum Erliegen kommen
standstill agreement *(Gen)* Moratorium *n*, Stillhalteabkommen *n*
staple commodities *(Gen)* Stapelwaren *fpl*
star product *(V&M)* wachstumsstarkes Produkt *n* mit großem Marktanteil
start *v (Gen) (ugs.)* aufmachen *(firm, company)*; beginnen, gründen
start *v* **a business** *(Gen)* Betrieb gründen, Unternehmen gründen
start *v* **from scratch** *(Gen)* ganz neu beginnen, ganz von vorne anfangen
start *v* **in business** *(Gen)* ein Geschäft aufmachen
start *v* **one's working life** *(Pers, Soz)* ins Erwerbsleben eintreten, (erstmals) berufstätig werden
start *v* **up** 1. *(WiWi)* gründen; 2. *(Gen)* anfangen, aufnehmen, eröffnen *(business)*; 3. *(Ind)* in Betrieb nehmen
start *v* **work** *(Pers)* Arbeit beginnen, Be-

schäftigung beginnen, Arbeit aufnehmen, Beschäftigung aufnehmen, an die Arbeit gehen

start *(Gen)* Anfang *m*, Beginn *m (commencement)*

start-up 1. *(WiWi)* Neugründung *f*, Unternehmensgründung *f*, Existenzgründung *f*, Start-up *n (business)*; 2. *(Gen)* Anfang *m*, Anlauf *m*, Inbetriebnahme *f*; 3. *(Ind)* Inbetriebnahme *f*

start-up capital *(Fin)* Gründungskapital *n*, Startkapital *n*

start-up costs *(Fin, RW)* Anlaufkosten *pl*, Startkosten *pl*

start-up funding *(Fin, RW)* Anfangskapital *n*; Anlauffinanzierung *f*, Gründungsfinanzierung *f*

start-up losses *(Fin, RW)* Anlaufverluste *mpl*

starting salary *(Pers)* Anfangsgehalt *n*

starting wage *(Pers)* Anfangslohn *m*

startup *s.* start-up

state *v* 1. *(RW)* ansetzen; 2. *(Gen)* angeben, bekunden, nennen *(account)*

state 1. *(Gen)* Status *m*; 2. *(Pol)* Staat *m* • **in a state of neglect** *(Gen)* in verwahrlostem Zustand

state aid [assistance] *(Pol, Soz)* staatliche Beihilfe *f*, staatliche Hilfe; staatliche Unterstützung *f*, öffentliche Förderung *f*

State Department *(AE) (Pol)* Außenministerium *n*

state intervention *(Gen, Pol, WiWi)* staatlicher Eingriff *m*, staatliche Intervention *f*

state law *(Recht)* Landesrecht *n*; einzelstaatliches Recht *n*

state of the art *(Gen)* neuester Entwicklungsstand *m*, Stand *m* der Technik

state of the economy *(Pol, WiWi)* Konjunkturlage *f*

state-owned enterprise 1. *(Admin)* staatliches Unternehmen *n*; 2. *(WiWi)* Staatsbetrieb *m*, Staatsunternehmen *n*

state ownership *(Fin, WiWi)* Staatseigentum *n*

state pension *(Fin, Soz)* Pension *f*, Rente *f*, Ruhegehalt *n*

state-run enterprise *(Gen, Pol)* staatliches Unternehmen *n*

stated *adj* 1. *(RW)* angegeben; 2. *(Gen)* ausgewiesen, erwähnt

stated capital *(RW)* ausgewiesenes Kapital *n*, Grundkapital *n*

statement 1. *(RW)* Bilanz *f*; 2. *(Bank)* Kontoauszug *m*; 3. *(Comp)* Anweisung *f*; 4. *(Gen)* Angabe *f*, Aussage *f*, Erklärung *f (written)*; 5. *(Pers)* Angabe *f*; 6. *(Recht)* Behauptung *f*, Protokoll *f (claim)* • **as per statement** *(Bank)* laut Kontoauszug

statement for the press *(Media)* Presseerklärung *f*

statement of account 1. *(RW)* Rechnungsauszug *m*; 2. *(Bank)* Auszug *m*

statement of affairs 1. *(Bank)* Insolvenzbilanz *f*, Vermögensaufstellung *f* des Insolvenzschuldners; 2. *(Recht)* Vermögensaufstellung *f*; Sachverhalt *m (of case facts)*

statement of assets and liabilities *(RW)* Aufstellung *f* der Aktiva und Passiva, Bilanzstatus *m*, Status *m*; Vermögensaufstellung *f*

statement of changes in equity *(RW)* Eigenkapitalveränderungsrechnung *f (IFRS/IAS)*

statement of condition *(AE) (Bank, Fin)* Finanzstatus *m*, Liquiditätsstatus *m*, Bilanzaufstellung *f*

statement of earnings *(RW)* Gewinn- und Verlustrechnung *f*, GuV *f*, Ergebnisrechnung *f*, Erfolgsbilanz *f*, Aufwands- und Ertragsrechnung *f*; unterjährige Ergebnisrechnung *f*

statement of financial position *(RW)* Bilanz *f*, Finanzbericht *m*

statement of income *(RW)* Gewinn- und Verlustrechnung *f*, GuV *f*, Ergebnisrechnung *f*, Erfolgsbilanz *f*, Aufwands- und Ertragsrechnung *f*; unterjährige Ergebnisrechnung *f*

statement of net assets *(RW)* Nettovermögensaufstellung *f*

statement of revenue and expense 1. *(RW)* Aufwands- und Ertragsrechnung *f*; 2. *(Steuer)* Einnahmen-Ausgaben--Rechnung *f*

statement of terms and conditions *(Pers)* Geschäftsbedingungen *fpl*

static *adj (WiWi)* statisch

stationary economy *(WiWi)* stationäre Volkswirtschaft *f*

stationary equilibrium *(WiWi)* stationäres Gleichgewicht *n*

stationery *(Gen)* Büromaterial *n*, Schreibwaren *fpl*
statistic *(Stat)* statistische Maßzahl *f*, statistische Zahl *f*; Statistik *f (a set of figures, Zusammenstellung von Zahlen); (plural:)* Statistiken *fpl (cf statistics = Statistikwissenschaft)*
statistical *adj (Gen, Stat, WiWi)* statistisch
statistical population *(Stat)* statistische Grundgesamtheit *f*
statistical quality control *(Stat)* statistische Qualitätskontrolle *f*
statistical series *(Stat)* statistische Datenreihe *f*, Zahlenreihe *f*
statistically significant *adj (Stat, WiWi)* statistisch signifikant
statistically significant information *(Stat, WiWi)* statistisch verwertbare Information *f*
statistics *(Stat, WiWi)* Statistik *f (scientific statistical methods; no plural)*; Statistikwissenschaft *f*
status 1. *(RW)* Status *m*, Finanzlage *f*; 2. *(Admin)* Stellung *f*; 3. *(Gen)* Lage *f*, Zustand *m*
status report *(Gen, Mgt)* Bericht *m* einer Auskunftei, Lagebericht *m*
status symbol *(Gen)* Statussymbol *n*
statute *(Recht)* Gesetz *n*, Satzung *f*, Statut *n* • **by statute** *(Recht)* durch Gesetz, gesetzlich, satzungsgemäß
statute-barred *adj (Recht)* verjährt
statute law *(Pat, Recht)* kodifiziertes Recht *n*
statutory *adj* 1. *(Gen, Recht, Versich)* gesetzlich; 2. *(Pol)* rechtskräftig • **have statutory effect** *(Recht)* Gesetzeskraft haben
statutory accounts *(RW)* gesetzlicher Jahresabschluss *m*
statutory appropriation *(RW)* satzungsmäßige Rücklage *f*, satzungsmäßige Gewinnverteilung *f*
statutory audit *(RW)* Pflichtprüfung *f*
statutory auditing *(Recht, RW)* Pflichtprüfung *f*
statutory authority *(Pol)* gesetzliche Vollmacht *f*, gesetzliche Ermächtigung *f*
statutory body *(Recht)* öffentlich-rechtliche Anstalt *f*
statutory deductions *(Pers, RW)* gesetzliche Abzüge *mpl*
statutory exemption *(Recht)* gesetzliche Ausnahme *f*
statutory expenditure 1. *(Gen)* satzungsmäßige Ausgabe *f*; 2. *(Pol, WiWi)* gesetzlich festgelegte Ausgaben *fpl*
statutory foreclosure *(Recht)* gesetzliches Hindernis *n*
statutory health insurance *(Versich)* gesetzliche Krankenversicherung *f (GKV)*
statutory health insurance fund *(Versich)* gesetzliche Krankenversicherung *f (GKV)*
statutory holiday *(AE) (Gen, Pers, Recht)* gesetzlicher Feiertag *m*, Bankfeiertag *m*
statutory instrument *(Recht)* Rechtsverordnung *f*
statutory insurance *(Pers, Soz)* Pflichtversicherung *f*, Zwangsversicherung *f*, gesetzliche Versicherung *f*
statutory meeting *(Recht)* (gesetzlich vorgeschriebene) Gründungsversammlung *f (corporation)*
statutory merger *(Recht)* gesetzliche Fusion *f*
statutory notice *(Recht)* gesetzliche Kündigungsfrist *f*
statutory notice of termination *(Pers)* ordentliche Kündigung *f*
statutory obligation *(Recht)* gesetzliche Verpflichtung *f*
statutory pension fund *(Soz)* gesetzliche Rentenversicherung *f*
statutory pension scheme *(Soz)* gesetzliche Rentenversicherung *f*
statutory provision 1. *(Bank)* gesetzliche Bestimmung *f (ECB)*; 2. *(Recht)* Vorschrift *f*, Gesetz *n*
statutory rate *(Steuer)* Regelsatz *m (e. g. VAT)*
statutory regulation *(Bank)* gesetzliche Bestimmung *f (ECB)*
statutory requirement *(Pol)* gesetzliche Vorschrift *f*, gesetzliche Voraussetzungen *fpl*
statutory retirement age *(Pers, Soz)* gesetzliches Rentenalter *n*
statutory right *(BE) (Recht)* Gesetzesrecht *n*
statutory school-leaving age *(Pers, Soz)* gesetzliches Schulentlassungsalter *n*

statutory tax rate *(Steuer)* Regelsatz *m (e. g. VAT)*
statutory working hours [time] *(Pers)* gesetzliche Arbeitszeit *f*
stave *v* **off** *(Gen)* abwehren, abwenden, hinhalten *(defer)*
staying power 1. *(Fin)* Standfestigkeit *f*; 2. *(Mgt)* Stehvermögen *n*
steadily *adv (Gen)* fest, stetig
steady *adj* 1. *(WiWi)* beständig; 2. *(Gen)* fest, stetig
steady-as-she-goes policy *(Pol)* Politik *f* der ruhigen Hand
steady state economy *(WiWi)* stationäre Volkswirtschaft *f*
steady-state growth *(WiWi)* Wachstumsgleichgewicht *n*
steady-state inflation *(WiWi)* antizipierte Inflation *f*
steel securities *(Börse)* Stahlwerte *mpl*
steel shares *(BE) (Börse)* Stahlaktien *fpl*, Stahlwerte *mpl*
steel stocks *(AE) (Börse)* Stahlaktien *fpl*, Stahlwerte *mpl*
steer *v (Recht)* lenken
steering *(Grund, Recht)* Lenkung *f*
steering committee *(Bank, Fin)* Lenkungsausschuss *m*
steering group *(Mgt, Pol)* Lenkungsausschuss *m*
stem *v (Gen)* eindämmen, einer Sache Einhalt gebieten
stem *v* **from** *(Gen)* herrühren von, stammen aus
step *(Gen)* Schritt *m*, Maßnahme *f*, Stufe *f*
step by step *(Gen)* schrittweise
step-variable cost *(RW)* Sprungkosten *pl*
step *v* **in** *(Gen)* eingreifen, sich einschalten
step *v* **up** *(Gen)* erhöhen
sterling *(Bank, Börse, Fin)* Sterling *m*
sterling area *(Gen)* Sterlinggebiet *n*
sterling balance *(Fin)* Sterlingguthaben *n*, Sterlingsaldo *m*
sticky *adj (Gen)* starr, stabil *(prices)*; heikel, schwierig *(situation, person)*
stiff competition *(Gen, WiWi)* scharfer Wettbewerb *m*
stiffen *v (Gen)* enger fassen, verschärfen
stimulate *v (WiWi)* beleben, stimulieren, ankurbeln, anregen
stimulated *adj (WiWi)* belebt
stimulating *adj (Pers, WiWi)* stimulierend
stimulating forces *(WiWi)* Antriebskräfte *fpl*
stimulative *adj (Pers, WiWi)* stimulierend
stimulus *(Gen)* Anreiz *m*, Ansporn *m*, Anstoß *m*, Impuls *m*
stipulate *v (Gen)* sich ausbedingen, vereinbaren, festsetzen, vertraglich festlegen • **as stipulated in the contract** 1. *(Gen)* vereinbarungsgemäß; 2. *(Recht)* vertragsgemäß
stipulation 1. *(Gen)* Vereinbarung *f*, Festsetzung *f*; 2. *(Recht)* Bedingung *f*, Vertragsbestimmung *f*, Vertragsklausel *f (contract law)* • **by stipulation** *(Recht)* einverständlich *(contract law)* • **on [with] the stipulation that** *(Gen)* mit der Auflage, dass, unter der Bedingung, dass
stochastic process *(Gen)* stochastischer Prozess *m*
stock 1. *(WiWi)* Bestandsgröße *f (opposite: flow = Stromgröße = Strömungsgröße)*; 2. *(Fin) (AE)* Aktie *f*, Stammaktie *f*, Anteil *m*, Wertpapier *n*, Aktienkapital *n (quasi synonymous: share)*; *(BE)* Schuldverschreibung *f*, Obligation *f*, Rentenpapier *n (fixed-interest security issued by the government, a local authority or a company)*; Staatsanleihe *f (synonymous: debenture bond)*; 3. *(Gen, V&M)* Vorrat *m*, Lager *n*, Lag., Bestand *m*, Lagerbestand *m*, Lagerbestände *mpl (synonymous: inventory)* • **in stock, i.s.** *(Gen)* vorrätig • **out of stock, o.s.** *(Gen)* ausverkauft, nicht auf Lager, nicht vorrätig
stock analysis *(Stat, WiWi)* Bestandsanalyse *f*, Bestandsdatenanalyse *f (im Gegensatz zur Analyse der Zu- und Abgänge = Bewegungen = flows)*
stock and flows of fixed capital *(Gen, RW)* Bestand *m* und Entwicklung *f* des Sachkapitals
stock buyback *(Fin)* Aktienrückkauf *m*
stock certificate *(AE) (Börse)* Aktienurkunde *f*, Aktienzertifikat *n*, Aktiensammelurkunde *f*
stock control *(RW)* Bestandsführung *f*, Lagerkontrolle *f*, Lagerwirtschaft *f*
stock corporation *(Gen)* Aktiengesellschaft *f*, AG

stock corporation law *(Recht)* Aktienrecht *n*, Gesellschaftsrecht *n*
stock data 1. *(Bank, Ind)* Bestandszahlen *fpl*; 2. *(WiWi)* Bestandsdaten *pl*, Bestandsgrößen *fpl*
stock dividend *(AE) (RW)* Stockdividende *f*
stock exchange *(Börse, Fin, WiWi)* Aktienbörse *f*, Effektenbörse *f*, Wertpapierbörse *f*
stock exchange listing *(Börse)* Notierung *f* an einer Wertpapierbörse
stock exchange quotation *(Börse)* Börsenkurs *m*
stock exchange securities *(Börse, Fin)* Effekten *pl (z. B. Aktien, Investmentzertifikate, Anleihen, Pfandbriefe)*
stock figure *(Stat, WiWi)* Bestandszahl *f*, Bestandsgröße *f*
stock in hand *(Gen)* verfügbare Ware *f*, Vorratslager *n*, Vorratsvermögen *n*, Warenbestand *m*
stock index arbitrage *(Börse)* Aktienindex-Arbitrage *f*
stock index futures market *(Börse)* Markt *m* für Terminkontrakte auf Börsenindizes
stock inventory *(Gen, RW, V&M)* Bestandsaufnahme *f*
stock issue premium *(AE) (Börse)* Aktienemissionsagio *n*
stock list 1. *(Gen)* Bestandsliste *f*, Inventar *n*; 2. *(Börse)* Kursblatt *n*
stock market *(Bank, Börse, Fin)* Aktienbörse *f*, Börse *f* • **breadth of stock markets** *(Bank, Fin)* Marktbreite
stock market data *(Börse, Media)* Börsendaten *pl*
stock market listing *(Börse)* Börsenkursnotierung *f*
stock market prices *(Börse)* Aktienkurse *mpl*, Effektennotierung *f*, Börsenpreise *mpl*
stock market slump *(Börse)* Baisse *f*
stock market supervisory authority *(Börse)* Börsenaufsichtsbehörde *f*
stock market tier *(Börse)* Börsensegment *n*
stock of bullion *(Gen)* Edelmetallvorräte *mpl*
stock option *(Börse)* Aktienoption *f*
stock option plan *(Börse, Mgt)* Aktienoptionsplan *m*
stock portfolio *(Börse, Fin)* Aktienbestand *m*, Aktienportefeuille *n*
stock prices *(Börse)* Aktienkurse *mpl*
stock purchase warrant *(Börse)* Aktienbezugsrecht *n*, Bezugsrecht *n*
stock quotation *(Börse)* Aktiennotierung *f*
stock record *(Börse)* Aktienregister *n*, Aktionärsverzeichnis *n*
stock register 1. *(Gen)* Inventarbuch *n*, Lagerbuch *n*; 2. *(Börse)* Aktienbuch *n*, Aktienverzeichnis *n*
stock rotation *(V&M)* Lagerumschlag *m*
stock sheet *(Gen)* Bestandsliste *f*, Lagerliste *f*
stock split *(AE) (RW)* Aktiensplit *m*
stock splitdown *(Gen)* Aktienzusammenlegung *f*
stock statistics *(Stat)* Bestandsstatistik *f*, Statistik *f* des Bestandes
stock takeover *(Börse, Fin)* Aktienübernahme *f*
stock trading 1. *(Fin)* Effektenhandel *m*; 2. *(Börse)* Aktienhandel *m*
stock turn *(Gen)* Warenumschlag *m*
stock turnover 1. *(RW, WiWi)* Lagerumsatz *m*, Lagerumschlag *m*; 2. *(Gen)* Lagerumschlag *m*
stock valuation 1. *(RW)* Bewertung *f* von Aktien; 2. *(Gen)* Lagerbestandsbewertung *f*, Vorratsbewertung *f*
stock yield *(Börse)* Aktienrendite *f*
stockbroker *(Börse, Fin)* Börsenmakler(in) *m(f)*, Effektenmakler(in) *m(f)*, Wertpapierhändler(in) *m(f)*
stockbroking *(Börse, Fin)* Aktienhandel *m*
stockholder 1. *(Mgt)* Gesellschafter(in) *m(f)*, Anteilseigner(in) *m(f)*; 2. *(Börse, Gen)* Aktionär(in) *m(f)*, Aktieninhaber(in) *m(f)*
stockholder activist *(Börse, Mgt)* Aktionärsaktivist *m*, aktiver Aktionär *m*
stockholder behavior *(AE) (Börse, Fin, Mgt)* Aktionärsverhalten *n*
stockholders' equity *(Börse, RW)* Eigenkapital *n*, Aktienkapital *n*
stockholders' meeting *(Recht)* Gesellschafterversammlung *f*, Aktionärsversammlung *f*
stockholding 1. *(WiWi)* Lagerhaltung *f*; 2. *(Börse, Fin)* Aktienbestand *m*

stockist *(BE) (Gen)* einschlägiges Geschäft *n*, Fachgeschäft *n*
stockmarket value *(RW)* Börsenwert *m*
stockpiling *(Gen)* Bevorratung *f*, Vorratshaltung *f*, Vorratswirtschaft *f*
stocks 1. *(Gen)* Vorräte *mpl*, Bestände *mpl*, Lagerbestände *mpl*; 2. *(Bank, Börse, Fin)* Aktien *fpl*, *(BE)* Wertpapiere *npl (Beteiligungs- und Gläubigerwerte)*; *(BE)* Staatsanleihen *fpl* • **while stocks last** *(V&M)* solange vorrätig, solange Vorrat, solange der Vorrat reicht
stocks and bonds *(Bank, Börse, Fin)* Effekten *pl (z. B. Aktien, Investmentzertifikate, Anleihen, Pfandbriefe)*
stocks reported *(Bank)* Bestandsmeldung *f*
stocks resistant to cyclical [economic] trends *(WiWi)* konjunkturresistente Werte *mpl*
stocks responsive to cyclical [economic] trends *(WiWi)* konjunkturabhängige Aktien *fpl*, konjunkturreagible Aktien *fpl*, konjunkturabhängige Werte *mpl*, konjunkturempfindliche Werte *mpl*, konjunkturreagible Werte *mpl (opposite: stocks resistant to economic trends = konjunkturresistente Werte)*
stocktaking *(Gen, WiWi)* Bestandsaufnahme *f*, Inventur *f*
stocktaking value *(RW)* Inventurwert *m*
stop-and-go *(Pol, WiWi)* Zickzackkurs *m*
stop-go policy *(BE) (WiWi)* Stop-and-go-Politik *f*
stop limit order *(Börse)* Stop-Limit-Order *f*
stop loss order *(Börse)* Stop-Loss-Order *f*
stop order 1. *(Fin)* Schecksperre *f*; 2. *(Börse)* Stop-Order *f*
stop-payment order *(Bank)* Auszahlungssperre *f*
stopover 1. *(Frei)* Flug *m* mit Umsteigen, Zwischenstopp *m (air travel)*; 2. *(Transp)* Reiseunterbrechung *f*, Zwischenlandung *f*, Zwischenstation *f*
stoppage of trade *(Gen)* Einstellung des Handels *f*, Handelssperre *f*
stoppage of work *(BE) (Pers)* Arbeitsniederlegung *f*
stopping of a cheque *(BE) (Fin)* Schecksperre *f*
stopwatch studies *(Mgt)* Zeitnahme *f*, Arbeitszeitstudien *fpl*
storage 1. *(Comp)* Speicher *m (place)*; Speichern *n*, Speicherung *f (action)*; 2. *(Gen, Ind, Transp)* Lagerung *f*, Einlagerung *f (action)*; Lager *n (place)*
storage capacity *(Gen)* Lagerkapazität *f*, Speicherkapazität *f*
storage charges *(Gen, Transp)* Lagerspesen *pl*, Lagergebühren *fpl*, Lagergeld *n*
store *v (Gen, Ind, Transp)* lagern *(goods)*
store *(AE) (Gen, V&M)* Geschäft *n*, Laden *m (cf shop BE)*
store accounting *(RW)* Lagerbuchhaltung *f*
store brand *(V&M)* Handelsmarke *f*, Eigenmarke *f*
store closing hours *(Recht)* Ladenschlusszeiten *fpl*
store closing times *(Gen)* Ladenschlusszeiten *fpl*
store group *(V&M)* Einzelhandelskette *f*, Einzelhandelskonzern *m*
store of value *(WiWi)* Wertaufbewahrungsmittel *n (money)*
store promotion *(V&M)* Verkaufsförderung *f* im Laden
storehouse *(Gen)* Depot *n*, Dep., Lager *n*, Lag., Lagergebäude *n*, Lagerhaus *n*, Speicher *m*
storekeeper *(AE)* 1. *(Gen)* Lagerhalter(in) *m(f)*, Lagerverwalter(in) *m(f)*; 2. *(V&M)* Ladeninhaber(in) *m(f)*
storeroom *(Gen, Imp/Exp, Transp)* Speicher *m*, Lager *n*, Vorratskammer *f*, Vorratsraum *m (food)*
straight bond *(Bank, Fin)* konventionelle Anleihe *f*, festverzinsliche Anleihe *f*, Festzinsanleihe *f*; Festsatzbond *m*, festverzinsliche Inhaberschuldverschreibung *f (a bond issued in the primary market that carries no equity or other incentive to attract the investor; synonymous: fixed-interest loan; opposite: floater, floating rate note, FRN = zinsvariable Anleihe, Anleihe mit variabler Verzinsung)*
straight fixed rate bond *(Börse)* klassische festverzinsliche Anleihe *f*
straight investment *(Bank)* klassische Anlage *f*
straight-line depreciation *(RW)* lineare

Abschreibung *f (the cost of a fixed asset is spread equally over each year of its anticipated lifetime; AK/HK eines Anlageguts werden gleichmäßig auf die Nutzungsdauer verteilt)*

straight-line letter of credit *(Bank, Fin, Imp/Exp)* Dokumenten-Akkreditiv *n*, Akkreditiv *n (synonymous: straight credit; opposite: commercial letter of credit = CLC = Handelskreditbrief)*

straight loan 1. *(Bank)* ungesichertes Darlehen *n*; 2. *(Fin)* Festzinskredit *m*, ungesichertes Darlehen *n*

stranded assets *(RW, WiWi)* Fehlinvestitionen *fpl*, *(ugs.)* in den Sand gesetzte Investitionen *fpl*, entwertete Investitionen *fpl*, entwertete Vermögenswerte *mpl*, gescheiterte Investitionen *fpl*, verlustreiche Vermögenswerte *mpl*

stranded costs *(WiWi)* verlorene Kosten *pl*

strategic *adj (Gen, Mgt, WiWi)* strategisch

strategic alliance *(Mgt)* strategisches Bündnis *n*

strategic business area *(WiWi)* strategischer Geschäftsbereich *m*, strategisches Geschäftsfeld *n*, SGF

strategic interdependence *(Mgt)* strategische Verflechtung *f*

strategic plan *(Gen, Mgt)* strategischer Plan *m*, langfristiger Geschäftsplan *m*

strategy *(Gen, WiWi)* Strategie *f*

strategy formulation 1. *(WiWi)* Strategiebestimmung *f*; 2. *(Gen, Mgt)* Entwicklung *f* einer Strategie

strategy implementation *(Gen, Mgt)* Durchsetzung *f* einer Strategie, Realisierung *f* einer Strategie

stratification *(V&M)* Schichtung *f*

stratifying the market *(V&M)* Aufteilung *f* des Marktes in Schichten

stream/be on *(Ind)* in Betrieb sein *(go into operation)*

stream/come on *(Ind)* in Betrieb gehen

stream of data *(Comp, Komm, Media)* Datenfluss *m*

streamline *v* 1. *(WiWi)* rationalisieren; 2. *(Ind, Mgt)* modernisieren, straffen *(company)*

street commerce *(V&M)* Straßenhandel *m*

street dealings *(Börse)* Nachbörse *f*

strength *(Börse)* Stärke *f (of currency)*

strength of materials *(Ind)* Materialfestigkeit *f*, Werkstofffestigkeit *f*

strength-weakness analysis *(Mgt)* Stärken-/Schwächen-Analyse *f*, Stärken-Schwächen-Analyse *f (Instrument des strategischen Managements zur Erweiterung der Potenzialanalyse: Ressourcenanalyse und Benchmarking; cf SWOT analysis)*

strengthen *v (Gen)* festigen *(relations)*; verstärken *(material, building)*; steigern *(efforts)*

strengthening 1. *(WiWi)* Stärkung *f (of currency)*; 2. *(Gen)* Festigung *f*, Verstärkung *f*

strengths, weaknesses, opportunities and threats analysis *(SWOT analysis) (Mgt, V&M)* Analyse *f* von Stärken, Schwächen, Chancen und Bedrohungen, Analyse *f* von Stärken, Schwächen, Chancen und Risiken, SWOT--Analyse *f (an instrumental framework in Value Based Management for analyzing the internal strengths –value creating factors like assets, skills or resources– the weaknesses –value destroying factors- and the external value creating or destroying factors that cannot be controlled by the firm, i. e. the opportunities and threats emerging from the competitive dynamics of the markets or from economic, political, technical, social, legal or cultural factors; Konzept der wertorientierten Unternehmensführung zur Analyse der strategischen Position eines Unternehmens im Vergleich zum wettbewerblichen Umfeld)*

stress *v (Gen)* hervorheben

stress 1. *(Gen)* Hervorhebung *f (emphasis)*; 2. *(Pers)* Stress *m (strain)*

stress interview *(Pers)* Stress-Interview *n*

stress test *(Mgt, WiWi)* Härtetest *m*, Stresstest *m*

strict *adj (Gen)* streng

strict adherence to the contract *(Recht)* strikte Vertragseinhaltung *f*

strict liability *(Recht)* verschuldensunabhängige Haftung *f (e. g. product liability)*

strict time limit *(Gen)* fester Fristablauf *m*, fester Schlusstermin *m*

strictly *adv (Gen)* streng
strictly confidential *(Gen)* streng vertraulich
strike *v* 1. *(Ind, Pers)* streiken; 2. *(Gen)* sich einigen auf *(agreement)*
strike *v* **a balance** *(Gen)* (die) Bilanz ziehen
strike *v* **a bargain** 1. *(Gen)* ein Geschäft abschließen; 2. *(Recht)* handelseinig werden
strike *v* **a deal** *(Gen)* ein Geschäft abschließen
strike *v* **off the list** *(Gen)* aus der Liste streichen
strike *(Gen, Ind, Pers)* Streik *m*, Ausstand *m* • **on strike** *(Gen, Ind, Pers)* im Streik • **go on strike against** *(Ind, Pers)* bestreiken *(industrial relations)*
strike action *(Pers)* Streik *m*
strike call *(Gen, Ind, Pers)* Streikaufruf *m*
strike price *(Börse)* Basispreis *m*, Ausübungspreis *m*
strike vote *(Pers)* Urabstimmung *f*
strikebound *adj (Pers)* bestreikt
strikebreaker *(Gen, Ind, Pers)* Streikbrecher(in) *m(f)*
striker *(Gen, Ind, Pers)* Streikende(r) *f(m)*
strikes, riots and civil commotions *(Recht)* Streik *m*, Aufruhr *m* und innere Unruhen *fpl*
striking price *(Börse)* Bezugspreis *m*, Basiskurs *m*, Basispreis *m*, Ausübungspreis *m*
stringent *adj (Gen)* streng, zwingend, energisch
stringent money market *(Fin)* angespannter Geldmarkt *m*
strings attached/no *(Gen)* ohne Klauseln, ohne Nebenklauseln, ohne Bedingungen
STRIP *s.* separate trading of registered interest and principal
strip *v* **a bond** *(Börse, Fin)* Zinskupon vom Mantel einer Anleihe trennen
strippable *adj (Fin)* stripbar *(splitting of strippable bonds into their component parts of coupons and principal; Trennung von Zinszahlungs- und Kapitalrückzahlungsansprüchen bei bestimmten Anleihen; cf STRIPS)*
stripped security *(Börse)* leeres Wertpapier *n*, gestripptes Papier *n (bond without interest coupons)*
stripping *(Börse, Fin)* Trennung *f* (und getrennter Handel) von Wertpapierzins- und Kapitalanspruch *(bonds)*
STRIPS *(Abk. für Separate Trading of Registered Interest and Principal of Securities, AE) (Bank, Fin)* getrennter Handel von Kapital- und Zinsansprüchen *(strippable bonds may be split into their component parts of coupons and principal, separation in interest-only strip and principal-only strip, i. e. in zero bonds; Trennung stripbarer Anleihen in den Zinskupon, den verbrieften Zinsanspruch, und in den Anleihemantel = bond certificate, den verbrieften Anspruch auf die Kapitalrückzahlung; die verbleibenden Einzel-Strips werden so zum Nullkupon = Zero Bond)*
strong *adj (Gen)* stark *(indication)*; gut *(reputation)*
strong equilibrium *(WiWi)* stabiles Gleichgewicht *n*
strongroom *(Bank)* Tresor *m*
structural adjustment *(Mgt)* Strukturanpassung *f*
structural adjustment facility *(Fin)* Strukturanpassungsfazilität *f (IMF)*
structural change *(Mgt)* Strukturwandel *m*
structural deficit *(WiWi)* strukturelles Defizit *n*, Strukturdefizit *n*
structural fund *(WiWi)* Strukturfonds *m (EU)*
structural inflation *(WiWi)* strukturelle Inflation *f*
structural transformation *(Fin, Mgt, WiWi)* Umstrukturierung *f*
structural unemployment *(Pers, WiWi)* strukturelle Arbeitslosigkeit *f*
structure *v (Gen)* gliedern, strukturieren, zusammenstellen
structure 1. *(Fin)* Ausstattung *f*; 2. *(Gen)* Aufbau *m*, Struktur *f*, Gliederung *f*, Gefüge *n*, Zusammenstellung *f*, Anordnung *f (arrangement)*; 3. *(Grund)* Bauwerk *n*
structure of service providers *(Bank, Komm)* Anbieterstruktur *f*
structured *adj (Gen)* gegliedert, strukturiert, zusammengestellt
stub equity *(Börse)* Restkapitallaufzeit *f*
student grant *(Bil)* Studienbeihilfe *f*, Studienförderung *f*, Stipendium *n*

study *v* 1. *(Gen)* studieren, untersuchen; 2. *(Pers)* studieren
study *v* **for a law degree** *(Recht)* Jura studieren
study 1. *(Gen, Pers)* Studie *f*, Studium *n*, Untersuchung *f*; 2. *(Soz)* Studie *f*
stump *v* **up** *(BE) (Gen) (ugs.)* berappen , aufbringen
style *(Mgt)* Führungsstil *m*, Stil *m (of management)*
sub-branch *(Gen)* Zweigstelle *f*
sub-index *(Bank)* Teilindex *m*
sub-item *(RW, WiWi)* Unterposition *f (statistics)*
sub-office *(Pat)* Dienststelle *f*
sub-period *(Gen)* Teilzeitraum *m*
sub-sector *(Ind, WiWi)* Teilsektor *m*, Teilbereich *m*
sub-total *(RW)* Zwischensumme *f*
subaccount *(RW)* Unterkonto *n*, Teilbilanz *f*
subagreement *(Recht)* Nebenabrede *f*
subchapter *(Media, Steuer)* Unterkapitel *n*
subclassify *v (Gen)* aufschlüsseln
subcontract *v (Gen, Ind, Pers, Recht)* einen Untervertrag abschließen für, einen Unterauftrag vergeben für, Unteraufträge vergeben für *(order)*
subcontract *(Gen, Ind, Pers, Recht)* Nebenabrede *f*, Untervertrag *m*, Unterauftrag *m*, Zuliefervertrag *m*, Werkvertrag *m*
subcontracting 1. *(WiWi)* Auswärtsvergabe *f*, Untervergabe *f*; 2. *(Gen)* Untervergabe *f*, Vergabe *f* von Zulieferverträgen
subcontractor *(Gen, Ind, WiWi)* Zulieferer *m*, Unterauftragnehmer(in) *m(f)*, Subunternehmer(in) *m(f)*, Unterlieferant(in) *m(f)*
subcontracts *(Ind, WiWi)* Zulieferungen *fpl*
subdivide *v* 1. *(Gen)* aufschlüsseln, untergliedern, unterteilen; 2. *(Mgt)* untergliedern, unterteilen
subdivision 1. *(Gen)* Aufschlüsselung *f*; 2. *(Mgt)* Unterabteilung *f*, Untergliederung *f*, Unterteilung *f*
subdued *adj (Börse, Gen)* gedämpft, verhalten, lustlos
subject *(Gen)* Gegenstand *m*, Thema *n (of agreement, of speech)*
subject area *(Gen)* Sachgebiet *n*, Themenbereich *m*, Materie *f*
subject choice *(Pers)* Wahl *f* des (Unterrichts-)Fachs, Fachwahl *f*
subject index *(Admin)* Sachregister *n*
subject item Sachposition *f*
subject line *(Komm)* Subject-Zeile *f*, Subjekt-Zeile *f*, Betreff-Zeile *f (e-mail)*
subject matter *(Gen)* behandelter Gegenstand *m*, Inhalt *m*, Stoff *m*, Thema *n*
subject matter of contract *(Recht)* Vertragsgegenstand *m*
subject of discussion *(Gen)* Beratungsgegenstand *m*
subject teacher *(Bil)* Fachlehrer(in) *m(f)*
subject to *(Gen, Recht, Versich)* vorbehaltlich • **be subject to** *(Recht)* unterliegen
subject to approval *(Gen, V&M)* genehmigungspflichtig *(synonymous: subject to authorization)*
subject to change without notice *(Gen)* Änderungen vorbehalten
subject to collection *(Bank)* Eingang vorbehalten
subject to confirmation *(Gen)* freibleibend
subject to limited tax liability *(Recht, Steuer)* beschränkt steuerpflichtig
subject to pay tax *(Steuer)* abgabenpflichtig
subject to taxation *(Steuer)* steuerpflichtig
subjective *adj (Gen, V&M)* einseitig, subjektiv
sublease *(Gen)* Untermiete *f*, Unterpacht *f*, Untervermietung *f*, Unterverpachtung *f*
subloan *(Fin)* Teildarlehen *n*
submission 1. *(WiWi)* Unterbreitung *f*; 2. *(Gen)* Vorlage *f*; 3. *(Pat, Recht)* Einreichung *f*, Vorlegung *f*; 4. *(Pol)* Unterwerfung *f*
submission of bids *(Gen, Mgt)* Abgabe *f* von Angeboten, Angebotsabgabe *f*
submit *v* 1. *(Gen)* unterbreiten, abgeben *(bid)*; 2. *(Recht)* stellen, einreichen, erheben, vorlegen, vorbringen *(claim, application)*; 3. *(Mgt)* einbringen *(proposal)*
submit *v* **a certificate** *(WiWi)* eine Bescheinigung beibringen

submit *v* **a proposal** *(Mgt)* einen Vorschlag unterbreiten
submit *v* **a report** *(Gen)* einen Bericht vorlegen
submit *v* **for approval** *(Gen)* zur Bestätigung einreichen, zur Bestätigung vorlegen
submitted contract offer *(Recht)* abgegebenes Vertragsangebot *n*
suboffice *(Gen)* Filiale *f*, Nebenstelle *f*, Zweigbüro *n*, Zweigstelle *f*
suboptimization *(Fin, Gen, WiWi)* Suboptimierung *f*
suboptimize *v (Gen, WiWi)* suboptimieren
subordinate *v (Gen)* nachstellen, unterordnen, unterstellen
subordinate *adj* 1. *(Gen)* untergeordnet; 2. *(Börse)* nachgeordnet
subordinate assets *(RW)* nachrangiges Vermögen *n*
subordinate bond *(Börse)* nachrangige Schuldverschreibung *f*
subordinate debt *(Fin, Gen, Ind)* nachrangige Verbindlichkeiten *fpl (cf. subordinated debt)*
subordinated capital *(Fin)* nachrangiges Haftkapital *n*, nachrangig haftendes Kapital *n*
subordinated debenture *(Börse)* nachrangige Schuldverschreibung *f*
subordinated debt *(Bank, Fin)* nachrangige Verbindlichkeiten *fpl*; nachrangiger Schuldtitel *m*, nachrangige Schuldverschreibung *f (synonymous BE: subordinated debenture)*
subordinated interest 1. *(Bank)* nachrangiges Eigentumsrecht *n*; 2. *(Fin)* nachrangiger Zins *m*
subordinated liabilities *(Bank)* nachrangige Verbindlichkeiten *fpl (verbriefte oder unverbriefte Verbindlichkeiten, die im Falle der Insolvenz oder der Liquidation erst nach den vorrangig besicherten Forderungen anderer Gläubiger befriedigt werden)*
subordinated loan *(BE) (Fin)* nachrangige Verbindlichkeiten *fpl*; Nachrangdarlehen *n*, nachrangiges Darlehen *n*
subordinated loan-capital *(Fin)* nachrangiges Darlehen *n*, nachrangiges Darlehenskapital *n*
subordinated mortgage *(Fin)* nachrangige Hypothek *f*, Nachranghypothek *f (synonymous: junior mortgage; anders: subprime mortgage)*
subordinated security *(Fin)* nachrangige Sicherheit *f (synonymous: junior security)*
subordinates *(Pers)* Untergebene *pl*
subordination *(Pol, WiWi)* Unterordnung *f*
subordination agreement *(Admin, Recht)* Beherrschungsvertrag *m*
subparagraph *(Admin)* Unterparagraf *m*
subprime mortgage *(Fin)* Sub-Premium--Hypothek *f*, Suprime-Hypothek *f*, Hypothek *f* an zweitklassige (und drittklassige) Schuldner, zweitrangiger Hypothekenkredit *m*, zweit- und drittrangiger Hypothekenkredit *m*, schlechtbesichertes Hypothekendarlehen *n*, Hypothekenkredit *m* niedriger/schwacher/zweifelhafter/schlechter Bonität *(a type of mortgage that is –normally- made out to borrowers with low credit scores or ratings = Schuldner mit niedriger Bonitätseinstufung, i. e. with a tainted or limited credit history and a larger-than-average risk of defaulting = überdurchschnittliches Kreditausfallrisiko; mit kurzfristigen Lockvogel-Festzinsen vereinbarte US-Hypothekenkreditverträge mit finanzschwachen Schuldnern, darunter Vermögens-, Einkommens- oder Arbeitslose oder solchen, deren Einkommens- und/oder Vermögensverhältnisse weder von den vertreibenden Maklerfirmen noch von den Originatoren noch von den in das Hochzinssegment investierenden institutionellen Anlegern hinreichend geprüft wurden)*
subscribe *v (Börse)* zeichnen *(for shares)*
subscribe *v* **for a loan** *(Bank)* Anleihe zeichnen
subscribe *v* **for shares** *(Bank)* Aktien zeichnen
subscribe *v* **to** *(Gen)* abonnieren *(magazine)*
subscribe *v* **to an issue** *(Fin)* eine Emission zeichnen
subscribed capital *(Gen)* gezeichnetes Kapital *n*
subscriber 1. *(Media)* Abonnent(in) *m(f)*,

Bezieher(in) *m(f)*; 2. *(Börse)* Zeichner(in) *m(f)*
subscription 1. *(RW)* Zeichnung *f (of shares)*; 2. *(Fin)* Beitrag *m*, Subskription *f*; 3. *(Gen)* Abonnement *n*, Abo, Mitgliedsbeitrag *m*, Bezug *m*; 4. *(Media)* Vorbestellung *f (print)*; 5. *(Börse)* Bezug *m*
subscription charges *(Bank)* Zeichnungsgebühr *f*
subscription day *(Fin)* Zeichnungstermin *m*
subscription fee *(Gen, Media)* Abonnementsgebühr *f*
subscription for shares *(Börse)* Aktienzeichnung *f*
subscription price 1. *(Fin)* Emissionskurs *m*, Zeichnungskurs *m*; 2. *(Gen)* Abonnementspreis *m*, Subskriptionspreis *m*
subscription ratio *(Börse)* Bezugsverhältnis *n*
subscription right *(Börse)* Bezugsrecht *n*, Zeichnungsrecht *n*
subsequent *adj (Gen)* folgend, nachfolgend, nachträglich, anschließend *(in time)* • **at a subsequent date** *(Gen)* zu einem späteren Termin
subsequent performance *(Recht, V&M)* Nacherfüllung *f (Vertragsrecht)*
subsidiarity *(Gen, WiWi)* Subsidiarität *f (EU)*
subsidiary *adj* 1. *(Gen)* subsidiär, Tochter…, Hilfs…; 2. *(Pers)* untergeordnet
subsidiary *(Admin, Fin, Gen)* Tochtergesellschaft *f*
subsidiary account *(RW)* Nebenkonto *n*, Unterkonto *n*
subsidiary budget *(Fin, Pol)* Nebenhaushalt *m*
subsidiary company *(BE) (Gen)* Tochtergesellschaft *f*
subsidiary corporation *(AE) (Gen)* Tochtergesellschaft *f*
subsidiary costs *(Bank, Fin)* Nebenkosten *pl*
subsidiary firm *(Gen)* Tochterfirma *f*, Tochterunternehmen *n*
subsidization *(WiWi)* Subventionierung *f*
subsidize *v (WiWi)* subventionieren
subsidized *adj (WiWi)* subventioniert
subsidized housing *(Soz)* sozialer Wohnungsbau *m*, Sozialwohnungen *fpl*
subsidizing *(Gen)* Bezuschussung *f*
subsidy *(Fin, Gen)* Subvention *f*, Zuschuss *m*
subsidy mentality *(Pol, WiWi)* Subventionsmentalität *f*
subsistence *(Soz)* Lebensunterhalt *m*
subsistence allowance *(Pers, Soz)* Unterhaltszuschuss *m*
subsistence level *(Soz)* Existenzminimum *n*
subsistence payment *(Soz)* Unterhaltszuschuss *m*, Unterhaltsgeld *n*, Unterhaltszahlung *f*
subsistence wage *(Soz)* Existenzlohn *m*; Existenzminimum *n (Lohn)*; Mindestlohn *m (zur Bestreitung des Lebensunterhaltes)*
substance 1. *(WiWi)* Substanz *f (intrinsic value)*; 2. *(Ind)* Masse *f*, Materie *f*
substance over form *(RW)* Inhalt vor Form *(accounting principles)*
substandard *adj (Gen, Ind)* unterdurchschnittlich, unter der Norm (liegend), unzulänglich *(work, quality, knowledge)*
substantial *adj (Gen)* beträchtlich, erheblich, namhaft *(amount of money)*; kapitalkräftig, solide, wesentlich *(financial standing)*
substantial investment *(Steuer, WiWi)* wesentliche Beteiligung *f*
substantial risk *(Börse, Fin)* erhebliches Risiko *n*
substantially *adv (Gen)* beträchtlich, im Wesentlichen
substantiate *v* **sth** *(Gen)* etw. begründen
substantive law *(Recht)* materiell rechtliches Gesetz *n*
substitute *v (WiWi)* substituieren
substitute 1. *(Gen)* Vertreter(in) *m(f) (person)*; 2. *(Recht, V&M)* Ersatz *m*
substitute delivery *(Recht)* Ersatzlieferung *f*
substitute goods *(WiWi)* Substitutionsgut *n*
substitution *(WiWi)* Ersetzung *f*, Substitution *f*
substitution coefficient *(WiWi)* Substitutionskoeffizient *m*
substitution effect *(WiWi)* Substitutionseffekt *m*
subsystem *(Comp, Gen)* Teilsystem *n*
subtotal *(RW)* Zwischensumme *f*
subtract *v (Stat)* subtrahieren

suburb *(Gen, Grund)* Vorort *m*
suburban *adj (Gen)* Vorstadt-, vorstädtisch
succeed *v* 1. *(Gen)* Erfolg haben, gelingen *(achieve success)*; 2. *(Recht)* erben; 3. *(Gen)* folgen, folgen auf, nachfolgen *(follow)*
success *(Gen)* Erfolg *m*
success story *(V&M)* Erfolgsgeschichte *f*
successful application *(Pers)* erfolgreiche Bewerbung *f*
successful candidate *(Pers)* erfolgreicher Bewerber *m*
successful outcome *(Gen)* erfolgreiches Ergebnis *n*
successful venture *(WiWi)* erfolgreiches Unternehmen *n*
succession 1. *(Gen)* Reihenfolge *f*; 2. *(Recht)* Erbfolge *f*
successive *adj (Gen)* aufeinanderfolgend, sukzessiv
successors in title *(Pat, Recht)* Rechtsnachfolger *mpl*
sudden exchange-rate fluctuations *(WiWi)* hektische Wechselkursausschläge *mpl*
sue *v (Recht)* klagen, prozessieren, belangen, verklagen
sue *v* **sb for libel** *(Recht)* jmdn. wegen übler Nachrede verklagen
suffer *v* 1. *(Gen, WiWi)* erleiden, leiden; 2. *(Pat)* erleiden
suffer *v* **a loss** *(Gen)* eine Einbuße erleiden
suffer *v* **damage** *(WiWi)* Schaden erleiden, Schaden nehmen
suffer *v* **loss** *(Recht)* einen Verlust erleiden
suffer *v* **losses** *(WiWi)* Verluste *mpl* hinnehmen
suffer *v* **the consequences** *(Gen)* die Folgen tragen
sufficient *adj (Gen)* auskömmlich, ausreichend, genügend, hinreichend
suffix *(Comp)* Erweiterung *f*, Suffix *n* *(filename, e. g. *.doc)*
suggest *v (Gen)* vorschlagen
suggestion *(Gen)* Vorschlag *m*
suggestion scheme *(Gen, Pers)* (betriebliches) Vorschlagswesen *n*
suit *(Recht)* Klage *f*, Verfahren *n*
suitable *adj (Gen)* geeignet, passend, sachdienlich
sum *(Gen)* Summe *f*
sum advanced *(Gen)* Vorschusssumme *f*
sum assured *(Versich)* Versicherungssumme *f*
sum insured *(Recht, Versich)* Deckungssumme *f*, Versicherungssumme *f*
sum-of-the-years-digit method of depreciation *(Fin, RW)* digitale Abschreibung *f*, arithmetisch-degressive Abschreibung *f*
sum *v* **up** *(Gen, Recht)* zusammenfassen, resümieren *(give summary)*
summarize *v (Gen)* kurz zusammenfassen, resümieren
summary 1. *(Gen)* Abriss *m*, Kurzbericht *m*, kurze Übersicht *f*, Kurzfassung *f*, Zusammenfassung *f*, zusammengefasste Darstellung *f*, Resümee *n*, Übersicht *f*; 2. *(Gen, Media)* Kurzfassung *f*
summary dismissal *(Pers)* fristlose Entlassung *f*
summary proceedings 1. *(Gen)* Schnellverfahren *n*; 2. *(Recht)* abgekürztes Verfahren *n*
summing up *(Recht)* Plädoyer *n*, Resümee *n*
summon *v (Recht)* vorladen
sundries *(RW)* Verschiedenes *pl*, Versch.
sundry expenses *(RW)* sonstige Aufwendungen *fpl*
sunk costs *(RW)* versunkene Kosten *pl*, Sunk Costs *pl*
sunrise industries *(Ind, WiWi)* neue Technologien *fpl*
sunrise industry *(Ind)* aufstrebende Industrie *f*, Hochtechnologieindustrie *f*
sunset act *(AE) (Pol)* Gesetz *n* mit begrenzter Geltungsdauer
sunset clause *(Recht)* Überprüfungsvorbehalt *m*, Überprüfungsvorbehaltsklausel *f*
sunset industry *(Ind)* Altindustrie *f*
sunset law *(AE) (Pol)* Gesetz *n* mit begrenzter Geltungsdauer
superabundant *adj (Gen)* überreichlich
superannuation *(Fin, Pers, Soz, Versich)* Pension *f*, Ruhegehalt *n*
superdividend *(Fin)* außerordentliche Dividende *f*, Superdividende *f*
superintendence *(Gen)* Betriebsleitung *f*, Oberaufsicht *f*

superior *adj (Gen)* überlegen
superior *(Pers)* Vorgesetzte(r) *f(m)*, Chef(in) *m(f) (manager)*
superior knowledge *(Gen)* Informationsvorsprung *m*
superior market position *(Recht, WiWi)* überragende Marktstellung *f (Kartellrecht)*
supermarket *(V&M)* Supermarkt *m*
supersede *v* 1. *(Gen)* ablösen, abschaffen, einstellen; 2. *(Recht)* aufheben, an die Stelle treten von
supervise *v (Gen, Mgt, Pers)* beaufsichtigen, überwachen, kontrollieren
supervision *(Gen, Mgt, Pers)* Aufsicht *f*, Beaufsichtigung *f*, Kontrolle *f*, Überwachung *f*
supervision of credit institutions *(Fin)* Bankenaufsicht *f*
supervision on a consolidated basis *(Recht, RW)* Beaufsichtigung auf konsolidierter Basis
supervisor *(Mgt, Pers, V&M)* Aufseher(in) *m(f)*, Kontrolleur(in) *m(f)*
supervisory *adj (Gen)* überwachend, beaufsichtigend
supervisory authority *(Recht)* Weisungsrecht *n*
supervisory board *(Mgt, Recht)* Aufsichtsrat *m*, Überwachungsorgan *n (hat im dualistischen europäischen Unternehmensmodell = Trennungsmodell = two-tier board system die Überwachungsfunktion inne)*; Kontrollorgan *n*
supervisory body *(Bank, Versich, WiWi)* Aufsichtsorgan *n*
supervisory function *(Mgt)* Überwachungsfunktion *f*, Kontrollfunktion *f*
supervisory law *(Recht)* Überwachungsverordnung *f*
supervisory personnel *(Pers)* Aufsichtspersonal *n*
supplement *v* 1. *(Gen)* ergänzen, vervollständigen; 2. *(V&M)* beilegen
supplement 1. *(Gen)* Ergänzung *f*, Supplement *n*; 2. *(Recht)* Vertragsergänzung *f (to contract)*; 3. *(V&M)* Beilage *f*
supplemental agreement *(Gen)* Zusatzabkommen *n*, Zusatzvereinbarung *f*
supplemental budget *(Fin)* Nachtragshaushalt *m*
supplementary *adj (Gen)* ergänzend, nachträglich
supplementary agreement *(Recht)* Nebenabrede *f*
supplementary capital *(Bank, Fin, WiWi)* Ergänzungskapital *n*
supplementary charge *(Versich)* Zuzahlung *f*
supplementary company pension scheme *(Fin)* Betriebszusatzrente *f*, Betriebsrentensystem *n*
supplementary cost *(Fin, RW)* Zusatzkosten *pl*, direkte und indirekte Gemeinkosten *pl*
supplementary depreciation *(Fin, RW)* Sonderabschreibung *f*
supplementary entry *(RW)* Nachbuchung *f*
supplementary pension scheme *(Fin)* Zusatzrente *f*
supplemented *adj (Gen)* vervollständigt, ergänzt
supplier *(Gen, WiWi)* Lieferant(in) *m(f)*, Anbieter(in) *m(f)*
supplier credit *(Fin, Gen)* Lieferkredit *m*, Lieferantenkredit *m*
supplies *(Gen, WiWi)* Lieferungen *fpl*, Betriebsstoffe *mpl*
supply *v (Gen)* bereitstellen, (be)liefern *(information)*
supply *v* **security for** *(Fin)* besichern
supply 1. *(Gen)* Versorgung *f (power, mains)*; 2. *(WiWi)* Angebot *n*; 3. *(Gen)* Bereitstellung *f*
supply and demand *(Gen, WiWi)* Angebot *n* und Nachfrage *f*
supply chain *(Gen)* Versorgungskette *f (procurement system)*
supply committee *(Pol)* Haushalts-Bewilligungsausschuss *m*
supply contract *(Recht, V&M)* Liefervertrag *m*
supply control *(WiWi)* Steuerung *f* des Angebots
supply curve *(WiWi)* Angebotskurve *f*
supply function *(WiWi)* Angebotsfunktion *f*
supply industry *(Gen)* Zulieferindustrie *f*, Ausrüstungsindustrie *f*
supply management *(Mgt, Transp)* Beschaffungsmanagement *n (softwaregestützte Verwaltung firmenübergreifender Logistikketten: Management der*

gesamten Einkaufsprozesse und –strukturen, einschließlich des Lieferkettenmanagements = SCM; erheblich weiter gefasst als Einkauf = purchasing, wo die kostenoptimierte Beschaffungs- und Bestelltätigkeit im Vordergrund steht)

supply of applicants [candidates] *(Pers)* Bewerberangebot *n*

supply of goods *(WiWi)* Güterangebot *n*

supply of jobs *(Pers)* Stellenangebot *n*, Angebot *n* an Arbeit(splätzen), Arbeitsplatzangebot *n*

supply of labor *(AE) (Pers) s.* supply of labour

supply of labour *(BE) (Pers)* Arbeitskräfteangebot *n*, Angebot *n* an Arbeit (-skräften)

supply of needs *(WiWi)* Bedarfsdeckung *f (synonymous: satisfaction of requirements)*

supply of services *(WiWi)* Erbringung *f* von Dienstleistungen

supply-oriented economic policy *(WiWi)* angebotsorientierte Wirtschaftspolitik *f*

supply price *(WiWi)* Angebotspreis *m*, Lieferpreis *m*

supply risk *(Mgt)* Beschaffungsrisiko *n*, Supply Risk *n (i. e. S. euphemistisch für den Umgang mit dem –zunehmenden- Korruptionsrisiko)*

supply risk management *(Mgt)* Supply Risk Management *n*, Beschaffungsrisiko-Management *n (über die gesamte Wertschöpfungskette hinweg; i. e. S. euphemistisch für den Umgang mit dem –zunehmenden- Korruptionsrisiko)*

supply shock *(WiWi)* Angebotsschock *m*

supply-side economics *(WiWi)* angebotsorientierte Wirtschaftspolitik *f*

supply side of the labor market *(AE) (Pers, WiWi) s.* supply side of the labour market

supply side of the labour market *(BE) (Pers, WiWi)* Angebotsseite *f* des Arbeitsmarktes

supply-side shock *(WiWi)* Angebotsschock *m*

supply source *(Gen)* Bezugsquelle *f*

support *v* 1. *(WiWi)* (unter)stützen *(currency)*; 2. *(Gen)* begünstigen, verfechten; 3. *(Recht)* unterhalten

support 1. *(Comp, WiWi)* Unterstützung *f*; 2. *(Gen)* Beistand *m*, Stützung *f (financial, moral)*; 3. *(Recht)* Unterhalt *m*

support buying *(Fin)* Stützungskäufe *mpl*

support operations *(Fin)* Stützungskäufe *mpl*

support points *(Fin)* Interventionspunkte *mpl*

supported price *(Gen)* Stütz(ungs)preis *m*, gestützter Preis *m*

supporter *(Gen)* Anhänger(in) *m(f)*, Befürworter(in) *m(f)*, Verfechter(in) *m(f)*

supporting book entry *(RW)* Buchungsbeleg *m*

supporting data *(RW)* Belege *mpl*

supporting documents 1. *(Admin)* sachdienliche Unterlagen *fpl*; 2. *(Gen)* Unterlagen *fpl*; 3. *(Recht)* Belegdokumente *npl*

supporting receipt *(Gen)* Quittungsbeleg *m*

suppose *v (Gen)* annehmen, voraussetzen

suppressed inflation *(WiWi)* zurückgestaute Inflation *f*

supranational *adj (Gen, Pol, WiWi)* überstaatlich, supranational

Supreme Court *(Recht)* Oberster Gerichtshof *m*

supreme Federal authority *(Recht)* oberste Bundesbehörde *f*

surcharge *(Gen)* Aufschlag *m*, Ergänzungsabgabe *f*, Zuschlag *m*

surety *(Fin)* Bürgschaftsleistung *f*, Sicherheit *f*

surety liability *(Bank)* Bürgenhaftung *f*

suretyship *(Recht)* Bürgschaft *f*

surplus *adj (Gen)* überschüssig

surplus *(Gen)* Überhang *m*, Überschuss *m*, Gewinn *m (profit)*

surplus country *(WiWi)* Überschussland *n*

surplus of assets over liabilities *(RW)* Überschuss *m* des Vermögens über die Schulden

surplus of selling orders *(Börse)* Angebotsüberhang *m*

surplus on current account *(Imp/Exp, WiWi)* Leistungsbilanzüberschuss *m*

surplus reserve *(Fin, RW)* Rücklagen *fpl*, Gewinnrücklage *f (shown as equity on* *the balance sheet; synonymous: revenue reserve; aus einbehaltenen Gewinnen als Eigenkapital in der Bilanz ausgewiesen; nicht ausgewiesen sind stille Rücklagen = stille Reserven = hidden reserves = undisclosed reserves = secret reserves)*

surplus value *(Fin)* Mehrwert *m*

surrender *v* **foreign exchange** *(Bank)* Devisen andienen *(BOP)*

surrender of export proceeds *(Bank)* Ablieferung *f* von Exporterlösen *(BOP)*

surrender value *(Fin, Versich)* Rückkaufwert *m*, Rückvergütung *f (einer Versicherungspolice)*; Rückgabewert *m (shares)*

surtax *v (Steuer)* einen Steuerzuschlag anwenden, mit einem Steuerzuschlag belegen

surtax *(Pol, Steuer)* Ergänzungsabgabe *f*, Steuerzuschlag *m*, Zusatzsteuer (auf Einkommen), Steuerzuschlag *m*, Einkommensteuerzuschlag *m*

surveillance *(Mgt, Recht)* Kontrolle *f*, Überwachung *f (e. g. electronic surveillance)*

survey *v* 1. *(Gen)* erheben, begutachten *(examine)*; prüfen, untersuchen *(investigate)*; befragen *(question)*; überwachen *(monitor)*; 2. *(Grund)* vermessen *(land)*

survey 1. *(Gen)* Untersuchung *f (investigation)*; Gutachten *n*, Prüfung *f (expert opinion)*; Umfrage *f*, Erhebung *f (questionnaire)*; Übersicht *f (overview)*; Vermessung *f*, Überblick *m*; 2. *(Grund)* Vermessung *f (of land)*

survey research *(V&M)* Marktuntersuchung *f*, Erhebungsforschung *f*

survival strategy *(Gen, WiWi)* Überlebensstrategie *f*

survive *v (Gen)* überleben, überstehen

survivorship insurance *(Versich)* Hinterbliebenenversicherung *f*, Überlebensversicherung *f*

suspend *v* 1. *(Bank)* einstellen *(halt)*; 2. *(Gen)* unterbrechen, zeitweilig aufheben *(trading, authorization)*; 3. *(Pers)* suspendieren *(from job)*; 4. *(Recht)* zeitweilig aussetzen, aussetzen; 5. *(Börse, Steuer)* aussetzen *(quotation of shares)* • **be suspended** *(Gen)* ruhen

suspend *v* **from** *(Pers)* beurlauben von, suspendieren von *(job, office, duty)*

suspend *v* **payments** *(Fin, Gen)* Zahlungen einstellen

suspend *v* **trading** *(Bank, Börse)* den Handel aussetzen *(stock exchange)*

suspended sentence *(Recht)* ausgesetzte Strafe *f*

suspense/in *(Gen)* in der Schwebe, schwebend

suspension 1. *(Bank)* Einstellung *f*; 2. *(Gen)* zeitweilige Aufhebung *f*, Aussetzung *f*, Unterbrechung *f*; 3. *(Pers)* Suspension *f*; 4. *(Recht)* zeitweilige Aussetzung *f*

suspension from office *(Pers)* Beurlaubung *f*

suspension of benefit(s) *(Gen, Pers, Soz)* (vorübergehende) Einstellung *f* der Sozialleistungen, Aussetzung *f* der (Zahlung von) Sozialleistungen

suspension of convertibility *(Bank, WiWi)* Aussetzung *f* der Konvertierbarkeit, Aussetzung *f* der Konvertibilität

suspension of entitlement *(Soz, Versich)* Ruhen *n* des Anspruchs

suspension of payments *(Bank, Gen)* Zahlungseinstellung *f*

suspensive condition *(BE) (Recht)* auflösende Bedingung *f*, aufschiebende Bedingung *f*

sustain *v* 1. *(RW)* erleiden *(loss)*; 2. *(WiWi)* aufrechterhalten *(economic growth)*; 3. *(Gen)* stattgeben, bewahren *(confidence)*; 4. *(Recht)* ertragen *(loss, injury)*

sustain *v* **an action** *(Recht)* einer Klage *f* stattgeben

sustain *v* **losses** *(WiWi)* Verluste hinnehmen

sustainability 1. *(WiWi)* Tragfähigkeit *f*, Zukunftsfähigkeit *f*, Nachhaltigkeit *f*; 2. *(Umwelt)* Nachhaltigkeit *f*

sustainable *adj (Umwelt, WiWi)* tragfähig, zukunftsfähig, auf Dauer tragbar, auf Dauer vertretbar, verkraftbar, nachhaltig

sustainable development *(WiWi)* nachhaltige Entwicklung *f*

sustainable economic growth rate *(WiWi)* nachhaltige Wachstumsrate *f*

sustainable growth *(WiWi)* nachhaltiges Wachstum *n*, stetiges Wachstum *n*

sustainably managed expanses *(Pol,*

Umwelt, WiWi) nachhaltig bewirtschaftete Flächen *fpl*
sustained *adj (Gen)* dauernd, andauernd, stetig
sustained non-inflationary growth *(WiWi)* stetiges inflationsfreies Wachstum *n*
sustained rally *(Börse)* anhaltende Kurserholung *f*
swap *v* 1. *(Comp)* auslagern; 2. *(Gen)* tauschen, wechseln
swap 1. *(Gen)* Tausch *m*; 2. *(WiWi)* Tauschgeschäft *n*; 3. *(Börse)* Swap *m*, Swapgeschäft *n*
swap contract *(Recht)* Devisentauschgeschäft *n*
swap market *(Börse)* Swapmarkt *m*
swaprate *(WiWi)* Swapsatz *m*
swaption *(Fin)* Optionsswap *m*, Swaption *f*
swear *v (Recht)* schwören
swear *v* **an affidavit that** *(Recht)* eine eidesstattliche Erklärung abgeben, dass
swear *v* **on affidavit that** *(Recht)* eine schriftliche Aussage beschwören
sweat *v (ugs.) (Gen) (ugs.)* malochen, *(ugs.)* schuften; ausbeuten
sweat *(ugs.) (Gen) (ugs.)* Schufterei *f (hard work)*
sweater *(obs.) (Gen, Pol)* Ausbeuter *m*, *(ugs.)* Blutsauger *m (employer of sweated labour)*
sweating system *(Gen, Pol)* Ausbeutungssystem *n*
sweeping *adj (Gen, Pol)* drastisch, grundlegend, radikal
sweet equity *(Fin, Mgt)* Kapitalanteile *mpl* zu Vorzugsbedingungen, Kapital *n* zu Vorzugsbedingungen, Sweet Equity(-Kapital) *n ("versüßter" = günstiger Erwerb von Kapitalanteilen als Anreiz zur Übernahme "bitterer" zusätzlicher Risiken, z. B. bei LBOs oder MBOs; cf equity sweetener, mezzanine finance)*
sweetener *(ugs.)* 1. *(Fin)* Zusatzanreiz *m*, zusätzlicher Anreiz *m*, Anreizzusatz *m*, Anreizverstärker *m (a condition attached to a security issue to increase its attraction, a compensation for taking additional risk, e. g. ordinary shares at call as a sweetener with mezzanine finance; synonymous: kicker, bells and whistles; ein "Bonbon" in der Form einer Eigenkapitalkomponente, z. B. einer attraktiven Kaufoption auf einen Anteil am gezeichneten Kapital als Ausgleich für die Übernahme – u. U. zusätzlicher - "bitterer" Risiken, wie z. B. eine nachrangige Anleihenbesicherung; cf equity kicker)*; 2. *(Bank)* hochprofitabler Wert *m*, hochprofitabler Einzelwert *m (zur Durchschnittsverbesserung der Gesamtrendite eines Portfolios)*; 3. *(Gen)* Bestechungsgeld *n*, *(ugs.)* Schmiergeld *n (bribe)*
SWIFT *s.* Society for Worldwide Interbank Financial Telecommunications
swindle *(Gen)* Betrug *m*, Schwindel *m*, Schwindelgeschäft *n*
swing 1. *(Bank)* Swing *m*; 2. *(WiWi)* Fluktuation *f*; 3. *(Gen)* Bewegung *f*, Schwankung *f*, Umschwung *m (of market)*
swing line *(Fin)* Bedarfs-Kreditlinie *f*
swing loan *(Bank)* zinsloser Überziehungskredit *m*
swing *v* **the deal** *(Gen)* das Geschäft perfekt machen, ein Geschäft unter Dach und Fach bringen
swing to the left *(Pol)* Linksruck *m*
swing to the right *(Pol)* Rechtsruck *m*
swing voter *(Pol)* Wechselwähler *m*
switch *v* 1. *(Fin)* einwechseln, umschichten; 2. *(Gen)* umstellen, tauschen
switch *v* **off** *(Gen)* ausschalten
switch *v* **on** *(Gen)* einschalten, anschalten
switch *v* **over to** *(Gen)* sich umstellen auf, wechseln zu
switch *v* **production** *(Ind)* die Produktion umstellen
switch 1. *(WiWi)* Kompensations(gegen)geschäft *n*, Switch-Geschäft *n*; 2. *(Gen)* Umstellung *f*, Tausch *m (exchange)*; 3. *(Pol)* Änderung *f (in policy)*
switch-over clause *(Steuer)* Switch-over-Klausel *f (exemption clause in modern double taxation treaties with Germany; in neueren Doppelbesteuerungsabkommen, DBA, die Zusage der Freistellungsmethode auf bestimmte, durch Deutsche im Ausland erzielte ausländische Einkünfte)*
switching 1. *(Comp)* Schalten *n*; 2. *(Fin)*

Umschichtung *f*; 3. *(Gen)* Tausch *m*, Umstellung *f*

switchover *(Gen)* plötzlicher Wandel *m*, Umstellung *f*

switchover to *(Gen)* Umstellung *f* auf

sworn *adj (Recht)* beeidigt

sworn *adv (Gen, Recht)* verschworen

SWOT *s.* strengths, weaknesses, opportunities and threats analysis

SWOT analysis *(Abk. für strengths, weaknesses, opportunities and threats analysis) (Mgt, WiWi)* SWOT-Analyse *f*, Analyse *f* von Stärken, Schwächen, Chancen und Risiken, Analyse *f* von Stärken, Schwächen, Chancen und Bedrohungen *(an instrumental framework in Value Based Management for analyzing the internal strengths –value creating factors like assets, skills or resources– the weaknesses –value destroying factors- and the external value creating or destroying factors –the opportunities and threats emerging from the competitive dynamics of the markets or from economic, political, technical, social, legal or cultural factors– that cannot be controlled by the firm; Konzept der wertorientierten Unternehmensführung zur Analyse der strategischen Position eines Unternehmens im Vergleich zum wettbewerblichen Umfeld)*

symbol *(Comp, Gen, Pat, V&M)* Kennzeichen *n*, Symbol *n*

symmetry *(Börse, Stat)* Symmetrie *f*

symposium *(Gen)* Symposium *n*, wissenschaftlicher Meinungsaustausch *m*

synchronized *adj (Gen)* aufeinander abgestimmt, synchronisiert

synchronous *adj (Comp)* synchron

syndicate 1. *(Bank)* Bankenkonsortium *n*, Konsortium *n*; 2. *(Fin)* Syndikat *n*; 3. *(Gen)* Finanzgruppe *f*, Versicherungsgruppe *f*, Interessengemeinschaft *f*, Konsortium *n*; 4. *(Börse, Grund, Pers, Recht)* Konsortium *n*

syndicate agreement *(Börse)* Konsortialvertrag *m*

syndicate leader *(Gen)* Konsortialführer(in) *m(f)*

syndicate member *(Bank)* Konsortialmitglied *n*

syndicated loan 1. *(Bank)* Konsortialkredit *m*; 2. *(Fin)* Gemeinschaftskredit *m*, Konsortialkredit *m*, syndizierte Anleihe *f*

syndicated swap *(Fin)* syndizierter Swap *m*

synergetic *adj (Gen)* synergetisch, zusammenwirkend *(z. B. Unternehmensteile, Investitionen, interdisziplinär besetzte Gremien)*

synergetic effect *(WiWi)* Synergieeffekt *m (the combined effect of two investments that exceeds the sum of the individual effects of each investment on its own; Verbundwirkung zweier Investitionen, die über die Summe der unverbundenen Einzelinvestitionen hinaus geht, oder: durch Freisetzung von Synergien ist die Gesamtleistung größer als die Summe der Einzelleistungen; wird bei Fusionen oft unterstellt/behauptet, jedoch selten in erhoffter Höhe realisiert; synonymous: synergistic effect)*

synergistic *adj (Gen)* synergetisch, zusammenwirkend *(z. B. Unternehmensteile, Investitionen, interdisziplinär besetzte Gremien)*

synergistic effect *(WiWi)* Synergieeffekt *m (synonymous: synergetic effect)*

synergy *(Gen, WiWi)* Synergie *f*, Zusammenwirken *n*

synopsis *(Gen, Media, V&M)* Übersicht *f*, Synopse *f*, Zusammenfassung *f*

synoptic table *(Gen)* Übersichtstabelle *f*

synthetic bond *(Börse)* synthetische Anleihe *f*

synthetic fuels *(Ind, Umwelt)* synthetische Kraftstoffe *mpl*

synthetic securitization *(Bank, Fin)* synthetische Verbriefung *f (securitization transaction not involving the transfer of receivables; the hedging of a pool of exposures by means of guarantees or credit derivatives with or without a special-purpose vehicle = SPV, as well as with or without a refinancing function; Absicherung eines Forderungspools mittels Garantien oder Kreditderivaten mit oder ohne Zwischenschaltung einer Zweckgesellschaft = SPV sowie mit oder ohne Refinanzierungsfunktion; Zweck: Risikomanagement oder regulatorisches* *und ökonomisches Eigenkapitalmanagement; opposite: true-sale securitization = True-Sale-Verbriefung)*

system *(Gen)* System *n*, Methode *f*

system administrator *(Comp)* Systemverwalter(in) *m(f)*

system clock rate *(Comp)* Systemtakt *m (internal clock rate)*

system of accounts *(RW)* Kontensystem *n*

system of internal audits *(Gen, Mgt)* Internes Kontrollsystem *n*, IKS *n*, innerbetriebliches Überwachungssystem *n*, innerbetriebliches Revisionssystem *n (synonymous: internal control system; komplexes, gesamtbetriebliches internes Überwachungssystem einschließlich Revision, cf internal control system, IKS)*

System of National Accounts *(obs.) (WiWi)* System *n* Volkswirtschaftlicher Gesamtrechnungen, SVGR *(national accounting; EU)*

system of peaceful co-existence *(Pol)* Friedensordnung *f*

system of taxation *(WiWi)* Steuersystem *n*

system-provider *(Comp)* Systemanbieter *m*

system uptime *(Bank)* Betriebszeit *f (ECB)*

systematic *adj (Gen)* planmäßig, systematisch

systematic consultation *(Mgt, Pol, Recht)* planmäßige Abstimmung *f (EU; gemäß dem sog. Regelungsverfahren mit Kontrolle = regulatory procedure with scrutiny, dem neuen EU-Rechtssetzungsverfahren = legislative process; Stand 2/2008)*

systematic depreciation *(RW, Steuer)* planmäßige Abschreibung *f (allocation of the cost of fixed assets over the estimated useful life, Verteilung der AK/HK abnutzbarer Wirtschaftsgüter über die betriebsgewöhnliche Nutzungsdauer; opposite: non-scheduled depreciation = außerplanmäßige Abschreibung; cf Wertminderungstest)*

systemic *(Bank, WiWi)* systembedingt, systemisch, System…

systemic credit risk *(Bank)* systembedingtes Bonitätsrisiko *n*, systemisches Bonitätsrisiko *n (banking supervision)*

systemic effects *(WiWi)* Auswirkungen *fpl* auf das ganze System, Systemwirkungen *fpl*

systemic risk *(Börse)* systematisches Risiko *n*, Systemrisiko *n*

systems analysis *(Comp)* Systemanalyse *f*

systems analyst *(Comp)* Systemanalytiker(in) *m(f)*

systems approach *(Mgt, WiWi)* Systemansatz *m*

systems engineering *(Comp)* Systementwicklung *f*

systems programmer *(Comp)* Systemprogrammierer(in) *m(f)*

systems theory *(Mgt)* Systemtheorie *f*

T

T *(Abk. für thickness) (Bank, Fin)* Dicke *f (thickness of the securitization tranche of which the securitization exposure is a part; Dicke der Verbriefungstranche, an der die Verbriefungsposition einen Anteil hat)*

T-account *(RW)* T-Konto *(double-entry bookkeeping = doppelte Buchführung: the two sides of the account record debits and credits)*

T-bill *s.* Treasury bill

table *v (Gen, Pol) (BE)* vorlegen *(draft bill)*; *(AE; ugs.)* auf die lange Bank schieben, zurückstellen

table *v* **a motion** *(BE) (Pol) (ugs.)* einen Antrag einbringen

table *v* **an amendment** *(BE) (Recht)* eine Abänderung vorlegen

table heading *(Gen, Stat)* Tabellenüberschrift *f*

tabloid *(Media)* Boulevardzeitung *f*

tabloid press *(Media)* Boulevardpresse *f*, Regenbogenpresse *f*

tabular *adj (Gen)* tabellarisch

tabular bookkeeping *(RW)* amerikanische Buchführung *f*

tabulate *v (Comp, Media, Stat)* tabellarisch anordnen • **in tabulated form** *(Comp, Media, Stat)* tabellarisch angeordnet

tabulation 1. *(Comp)* Aufstellung *f*, tabellarische Anordnung *f*; 2. *(Media, Stat)* Tabellierung *f*

tacit *adj (Recht)* stillschweigend *(acceptance)*

tacit agreement *(Recht)* stillschweigendes Übereinkommen • **by tacit agreement** *(Recht)* nach stillschweigender Vereinbarung

tacit renewal *(Gen)* stillschweigende Verlängerung *f*

tackle *v* 1. *(Gen)* behandeln *(treat)*; 2. *(Mgt)* anpacken, in Angriff nehmen *(problem)*

tactical planning *(Gen)* taktische Planung *f*

tag *(Comp, Transp, V&M)* Anhänger *m*, Etikett *n*, Kennzeichen *n (for identification of cargo)*

tagboard *(AE) (Gen)* Anschlagtafel *f*

tail 1. *(Gen)* Ende *n*, Schluss *m (of list)*; 2. *(Börse)* Kursdifferenz *f (insurance, treasury auctions, underwriting)*

tailor-made *adj* 1. *(Gen)* maßgeschneidert *(package)*; 2. *(V&M)* kundenspezifisch, zugeschnitten *(advertising)*

tailor *v* **to** *(Gen)* abstimmen mit, ausrichten auf, zuschneiden auf

tailored *adj (Gen, V&M)* zugeschnitten, ausgerichtet

take *v* 1. *(Gen)* abnehmen, einnehmen; 2. *(Börse)* mitnehmen *(profit)* • **be taken in** *(Gen)* getäuscht werden, hereinfallen

take *v* **a bath** *(jarg.) (Börse) (ugs.)* baden gehen *(speculation)*

take *v* **a break** *(Gen)* Pause machen

take *v* **a cleaning** *(Fin)* einen hohen finanziellen Verlust erleiden

take *v* **a day off** *(Pers)* einen Tag freinehmen, einen Tag Urlaub nehmen

take *v* **a holiday** *(BE) (Frei, Gen, Pers)* Ferien machen, in die Ferien gehen, Urlaub nehmen

take *v* **a job** *(Pers)* Arbeit aufnehmen

take *v* **a loss** *(Börse)* einen Verlust in Kauf nehmen

take *v* **a reading** *(Gen, Ind)* ablesen *(from equipment)*

take *v* **a risk** *(Gen)* ein Risiko eingehen

take *v* **a turn** *(Gen)* eine Wendung nehmen *(for the better, worse)*

take *v* **a vacation** *(AE) (Frei, Gen, Pers)* Ferien machen, in die Ferien gehen, Urlaub nehmen

take *v* **account of** *(Gen)* berücksichtigen, einkalkulieren, in Betracht ziehen

take *v* **action** *(Gen, Mgt)* Maßnahmen ergreifen, Schritte unternehmen, tätig werden

take *v* **advantage of** *(Gen)* ausnutzen, sich zunutze machen *(situation, person)*

take *v* **an accommodation credit** *(Fin)* einen Überbrückungskredit aufnehmen

take *v* **an average** *(Stat)* den Durchschnitt nehmen

take *v* **an equity stake in** *(Börse)* eine Kapitalbeteiligung erwerben in

take *v* **an exam** *(Pers)* eine Prüfung machen, eine Prüfung ablegen

take *v* **an examination** *(Pers)* eine Prüfung machen, eine Prüfung ablegen

take *v* **an extra day off** *(Pers)* einen Tag Sonderurlaub nehmen

take *v* **apart** *(Gen)* auseinander nehmen

take *v* **at face value** *(Gen)* für bare Münze nehmen

take *v* **away** *(Gen)* wegnehmen, abnehmen *(licence, passport)*

take *v* **back** *(Gen)* wieder einstellen *(former employee)*; zurücknehmen *(returned goods)*

take *v* **bribes** *(Gen, Pol)* sich bestechen lassen

take *v* **control of sth** *(Gen)* die Kontrolle übernehmen

take *v* **down** *(Gen)* aufzeichnen, notieren *(in writing)*

take *v* **drastic action** *(Mgt, Pol)* eisern durchgreifen

take *v* **effect** 1. *(Gen)* wirksam werden *(date)*; 2. *(Recht)* in Kraft treten *(enter into force)*; wirksam werden *(date)*

take *v* **effect from** *(Gen, Pol, Recht)* wirksam werden ab

take *v* **employment** *(Pers)* Beschäftigung annehmen, Arbeit annehmen

take *v* **in** *(Gen)* übernehmen *(work)*; in Zahlung nehmen *(car)*

take *v* **in payment** *(Gen)* in Zahlung nehmen

take *v* **in stock** 1. *(Gen)* Lager *n* aufstocken; 2. *(Börse)* Aktien hereinnehmen

take *v* **into account** *(Gen)* anrechnen, in Betracht ziehen, einkalkulieren, in die Rechnung einbeziehen, berücksichtigen

take *v* **into consideration** 1. *(Bank)* berücksichtigen *(problems)*; 2. *(Gen)* berücksichtigen, in Betracht ziehen, in Erwägung ziehen
take *v* **into custody** *(Recht)* verhaften
take *v* **inventory** *(RW)* Inventur machen, Bestände aufnehmen
take *v* **legal action** *(Recht)* gerichtlich vorgehen
take *v* **measures** *(Gen, Recht)* Maßnahmen ergreifen
take *v* **off the market** *(Gen, V&M)* vom Markt nehmen
take *v* **on** 1. *(Gen)* übernehmen *(responsibility)*; 2. *(Pers)* einstellen *(staff)*
take *v* **on employees** *(Pers)* Arbeitskräfte einstellen, Personal einstellen
take *v* **on workers** *(Pers)* Arbeitskräfte einstellen, Personal einstellen
take *v* **one's doctor's degree** *(Bil)* seinen Doktor machen, promovieren
take *v* **one's pick** *(ugs.) (Gen)* seine Auswahl treffen, wählen
take *v* **orders** *(Gen)* Bestellungen annehmen
take *v* **out** 1. *(Bank)* abschließen, aufnehmen *(loan)*; 2. *(Versich)* abschließen
take *v* **over** *(Gen)* aufkaufen *(buy)*; übernehmen *(company, business, debts, issue, liabilities, stock)*; die Leitung übernehmen *(take control)*
take *v* **over an issue** *(Bank)* eine Emission übernehmen
take *v* **over from sb** *(Gen)* jmdn. ablösen
take *v* **over sb's debts** *(Gen)* jmds. Schulden übernehmen
take *v* **part in sth** *(Gen)* an etw. teilnehmen, sich an etw. beteiligen
take *v* **place** *(Gen)* stattfinden
take *v* **possession of** *(Grund)* Besitz ergreifen von
take *v* **shape** *(Gen)* Gestalt annehmen, sich herauskristallieren *(idea)*
take *v* **steps** *(Gen)* Schritte unternehmen
take *v* **stock** 1. *(RW)* Bestände aufnehmen; 2. *(Gen)* den Bestand aufnehmen, inventarisieren, Inventur machen
take *v* **the final examination** *(Bil)* Abschlussprüfung machen
take *v* **the initiative** *(Mgt)* die Initiative ergreifen
take *v* **the minutes of** *(Gen)* protokollieren *(a meeting)*
take *v* **the risk of** *(Gen)* wagen
take *v* **time off** *(Pers)* frei nehmen
take *v* **up** 1. *(Bank)* aufnehmen *(loan)*; 2. *(Gen)* annehmen *(challenge)*; beziehen, einnehmen *(stance)*; Gebrauch machen von *(offer)*
take *v* **up a loan** *(Fin)* eine Darlehen aufnehmen
take *v* **up employment** *(Pers)* eine Arbeit aufnehmen, eine Beschäftigung aufnehmen
take *v* **up legal residence** *(Admin, Gen)* Wohnsitz nehmen *(person)*; Gesellschaftssitz nehmen *(corporate domicile)*
take-home pay *(Pers)* Nettolohn *m*, Nettogehalt *n*, Nettoverdienst *m*
takeoff 1. *(WiWi)* Anstieg *m*, Aufstieg *m*; 2. *(Gen)* wirtschaftlicher Aufschwung *m*; 3. *(Transp)* Start *m (of aircraft)*
takeover *(Gen, WiWi)* Geschäftsübernahme *f*, Übernahme *f*, Aufkauf *m*
takeover bid *(Börse, Fin, RW)* Übernahmeangebot *n*
taker for a put and call *(Börse)* Optionsgeber *m* für eine Verkaufs- und Kaufoption
taking delivery *(Börse)* Abnahme *f (of commodities, securities)*
talk *v* **business** *(Gen)* fachsimpeln, über das Geschäft reden, zur Sache kommen *(get to the point)*
talk *v* **shop** *(Gen)* fachsimpeln, über das Geschäft reden
talon *(Börse)* Erneuerungsschein *m*, Talon *m*
tamper-proof *adj (Gen, Ind)* fälschungssicher *(machinery)*
tandem account *(Bank)* Gemeinschaftskonto *n*
tangible *adj* 1. *(RW)* materiell, greifbar; 2. *(Gen)* Sach...
tangible assets 1. *(RW)* Sachanlagen *fpl*; 2. *(WiWi)* materielles Vermögen *n*
tangible assets in course of construction *(RW)* Anlagen *fpl* im Bau
tangible capital property *(RW)* Sachanlage(vermögen *n*) *f*
tangible fixed assets *(RW)* Realkapital *n*, Sachkapital *n*, Sachanlagen *fpl*, Sachanlagevermögen *n*, materielles Anlagevermögen *n (monetary or intangible items are excluded; opposite: intangi-*

ble fixed assets = immaterielles Anlagevermögen; betriebswirtschaftlich: Summe der Betriebsmittel; Gegensatz allgemein: Geldkapital, Humankapital, immaterielle Wirtschaftsgüter)

tangible net worth *(RW)* materielles Unternehmensvermögen *n*, Betriebsvermögen *n* abzüglich immaterieller Anlagewerte

tangible wealth *(Gen, RW)* Sachvermögen *n*

tantième *(Mgt, Pers)* Tantieme *f (share of profits)*

tap *v* 1. *(Komm)* abhören, mithören *(telephone line)*; 2. *(Umwelt)* ausbeuten *(resources)*; 3. *(Gen)* ausbeuten, erschließen *(resources)*; erschließen, *(ugs.)* anzapfen *(market)*

tap *v* **the market for** *(V&M)* den Markt erschließen für

tap *(Bank, Börse)* Daueremission *f*

tap issue *(Bank, Börse)* Daueremission *f*

tape *(Comp, Komm, Media)* Band *n* • **on tape** *(Media)* auf Band

taper *v* **off** *(Steuer, WiWi)* auslaufen, zu Ende gehen *(tax relief, subsidies)*

tapping *(Gen)* Anzapfen *n (resources)*; Mithören *n (telephone)*

tare *(Ind, Transp)* Tara *f (packaging)*

tare weight 1. *(Gen)* Verpackungsgewicht *n*; 2. *(Transp)* Eigengewicht *n*, Leergewicht *n*, Tara *f*

target *v* 1. *(Gen)* abzielen auf, als Zielgruppe haben *(customer)*; zum Ziel bestimmen, anpeilen, anvisieren *(goal)*; 2. *(V&M)* anstreben

target *v* **at** *(Gen, V&M)* abzielen auf

target 1. *(Gen)* Sollvorgabe *f*, Ziel *n*; 2. *(V&M)* Zielgruppe *f (customers)*

target-actual comparison *(WiWi)* Soll--Ist-Vergleich *m*

target audience *(Gen)* Interessentenkreis *m*, Zielkundenkreis *m*, Zielpublikum *n*

target balancing *(Bank, Fin)* Saldenkonzentration *f (transfer of funds from different bank accounts of a company or a group of companies to minimize overdrawn positions; synonymous: balance sweeping, balance concentration, concentration banking; Zusammenführung der Salden verschiedener Konten zur effizienten Liquiditätssteuerung)*

target buyer *(Gen, V&M)* Zielkäufer(in) *m(f)*

target company *(Börse, Fin, Mgt)* Zielunternehmen *n*, Zielgesellschaft *f*, Zielfirma *f*, Übernahmeziel *n (targeted company; of a friendly or hostile takeover, einer freundlichen oder feindlichen Übernahme)*

target cost *(RW)* Budgetkosten *pl*, Plankosten *pl*, Zielkosten *pl*, Sollkosten *pl*, Vorgabekosten *pl*; Kostenziel *n*

target date *(Gen)* angestrebter Termin *m*, Endtermin *m*, Fertigstellungstermin *m*, Zieltermin *m*, Stichtag *m*

target figure *(Admin, Mgt)* Zielgröße *f*

target function *(WiWi)* Zielfunktion *f*

target group *(V&M)* Zielgruppe *f*

target market *(Gen, V&M)* Zielmarkt *m*

target marketing *(V&M)* zielorientiertes Marketing *n*

target performance comparison *(Mgt, WiWi)* Soll-Ist-Vergleich *m*

target planning *(Mgt, WiWi)* Zielplanung *f*

target price 1. *(WiWi)* Richtpreis *m*, Übernahmepreis *m*, Vertragspreis *m*; 2. *(Gen, V&M)* angestrebter Preis *m*, Orientierungspreis *m*

target pricing 1. *(Fin, RW)* Gewinnzielkalkulation *f (Preisfindungsmethode mit dem Ziel, Absatzmengen und –kosten so zu steuern, dass geplanter Erlös minus geplante Gesamtkosten = Gewinnziel)*; 2. *(Gen)* Zielpreisbildung *f*, Zielpreisfestsetzung *f*

target range *(WiWi)* Zielkorridor *m*

target rate of return *(Fin)* Rentabilitätsziel *n*, angestrebte Kapitalverzinsung *f*

target segment *(V&M)* Zielsegment *n (marketing)*

target setting 1. *(Gen)* Zielstellung *f*; 2. *(V&M)* Zielsetzung *f*

target variable *(WiWi)* Zielvariable *f*

targeted campaign *(V&M)* gezielte Campagne *f*

targeted goal 1. *(RW)* Planzahl *f*; 2. *(Mgt, WiWi)* angestrebtes Ziel *n*, Planziel *n*

targeted goal accomplishment *(Mgt, WiWi)* angestrebte Zielerreichung *f*

targeted measure *(Pers, Pol)* gezielte Maßnahme *f*, zielgerichtete Maßnahme *f*

targeted objective *(Mgt, WiWi)* angestrebtes Ziel *n*, Planziel *n*
targeting 1. *(WiWi)* gezielter Einsatz *m*; 2. *(Gen)* Zielbestimmung *f*; 3. *(V&M)* Abzielen *n*
tariff 1. *(WiWi)* Preisliste *f*, Preisverzeichnis *n*; 2. *(Gen)* Tarif *m*, Preisliste *f* *(price list)*; 3. *(Imp/Exp)* Zoll(tarif) *m*, Zollgebühr *f*
tariff barrier *(Imp/Exp, WiWi)* Zollschranke *f*
tariff-free *adj (Imp/Exp)* zollfrei
tariff legislation *(Recht)* Zollgesetzgebung *f*
tariff protection *(Imp/Exp, WiWi)* Zollschutz *m*
tariff quota *(Gen, Imp/Exp, WiWi)* Zollkontingent *n*
tariff rate *(Imp/Exp)* Zollsatz *m*
tariff schedule *(Imp/Exp)* Zolltarif *m*
tariffication *(Fin, Steuer)* Tariffestsetzung *f*, Tarifierung *f (EU)*
task 1. *(Comp)* Aufgabe *f*; 2. *(Gen)* Arbeit *f*, Aufgabe *f*, Auftrag *m*; 3. *(Pers)* Aufgabe *f*
task force *(Mgt, Pers)* Arbeitsstab *m*, Projektgruppe *f*, Arbeitsgruppe *f*, Ausschuss *m*, Sondereinheit *f*
task work *(Gen)* Akkordarbeit *f*
taste 1. *(WiWi)* Bedürfnis *n*, Bedarf *m*; 2. *(V&M)* Geschmack *m (customer preferences)*
tax *(Steuer, WiWi)* Abgabe *f*, Steuer *f*, Taxe *f (fee)*; Beitrag *m*, Gebühr *f (contribution)* • **tax paid** *(Gen, RW, Steuer, WiWi)* versteuert
tax abatement *(Steuer)* Steuernachlass *m*
tax allowance for depreciation *(RW, Steuer)* steuerliche Abschreibung *f*
tax anticipation note *(AE) (Steuer)* Steuergutschein *m*
tax appeal *(Steuer)* Einspruch *m* gegen einen Steuerbescheid
tax arrears *(Steuer)* Steuerrückstände *mpl*
tax assessment *(Steuer)* Steuerbescheid *m*; Steuerveranlagung *f*
tax authority *(Steuer)* Finanzbehörde *f*, Steuerbehörde *f*
tax avoidance *(Gen, Steuer, WiWi)* Steuerausweichung *f*, Steuervermeidung *f*
tax base 1. *(WiWi)* Steuerbasis *f*; 2. *(Steuer)* Steuerbemessungsgrundlage *f*, Bemessungsgrundlage *f*
tax basis *(Steuer, WiWi)* Steuerbemessungsgrundlage *f*
tax-bracket creep *(WiWi)* schleichende Steuererhöhung *f*
tax break *(Steuer)* Steuererleichterung *f*, Steuervergünstigung *f*, steuerliche Entlastung
tax burden *(Steuer)* Steuerbelastung *f*, Steuerlast *f*
tax capitalization *(Steuer, WiWi)* Steueramortisation *f*, Steuertilgung *f*
tax category *(Steuer)* Steuerklasse *f*
tax code *(Recht)* Abgabenordnung *f*
tax collected at the source *(Steuer)* Quellensteuer *f*
tax collector *(Gen, Steuer)* Steuerbeamter *m*, Finanzamt *n*, Steuerbehörde *f* *(person)*
tax concession *(Steuer)* Steuererleichterung *f*, Steuervergünstigung *f*
tax consultant *(Steuer)* Steuerberater(in) *m(f)*
tax court *(Steuer)* Finanzgericht *n*
tax credit 1. *(WiWi)* Steuergutschrift *f*; 2. *(Steuer)* Steueranrechnung *f*
tax credit certificate *(BE) (Steuer)* Steuergutschein *m*
tax declaration *(Steuer)* Steuererklärung *f*
tax-deductible *adj (RW, Steuer)* (steuerlich) abzugsfähig
tax-deductible donation *(Recht, Steuer)* abzugsfähige Spende *f*
tax-deductible expenditure *(AE) (Steuer)* steuerlich abzugsfähige Ausgaben *fpl*
tax-deductible expenses *(BE) (Steuer)* steuerlich abzugsfähige Ausgaben *fpl*
tax deduction *(Steuer)* Steuerabzug *m*, steuerliche Absetzung *f*
tax deduction at source *(Steuer)* Steuerabzug *m* an der Quelle
tax depreciation *(RW, Steuer)* steuerliche Abschreibung *f*
tax depreciation table *(Steuer)* AfA-Tabelle *f (useful lives of assets, Nutzungsdauer von Wirtschaftsgütern)*
tax dodger *(ugs.) (Steuer)* Steuerumgeher *m*

tax domicile *(Steuer)* steuerlicher Wohnsitz *m*
tax erosion *(Steuer)* Aushöhlung *f* der Steuerbasis
tax evasion *(Steuer)* Steuerhinterziehung *f*
tax-exempt *adj (Steuer)* steuerfrei
tax-exempt income *(Steuer)* steuerfreies Einkommen *f*, nicht zu versteuerndes Einkommen *f*
tax-exempt security *(Steuer)* steuerfreies Wertpapier *n*
tax exemption *(Steuer)* Steuerbefreiung *f*, Befreiung *f*, Steuerfreiheit *f*
tax-free *adj* 1. *(Imp/Exp)* nicht zollpflichtig, zollfrei *(goods)*; 2. *(Steuer)* steuerfrei
tax-free allowance *(Steuer)* steuerfreier Betrag *m*
tax-free amount *(Steuer)* Steuerfreibetrag *m*, Freibetrag *m*
tax-free income *(Steuer)* steuerfreies Einkommen *n*
tax harmonization *(Steuer, WiWi)* Steuerharmonisierung *f (EU)*
tax haven *(Steuer, WiWi)* Steueroase *f*
tax incentive *(Steuer, WiWi)* steuerlicher Anreiz *m*, Steueranreiz *m*
tax incidence *(Steuer, WiWi)* Steuerinzidenz *f*
tax installment *(AE) (Steuer) s.* tax instalment
tax instalment *(BE) (Steuer)* Steuerrate *f*
tax law *(Recht)* Steuerrecht *n*
tax loophole *(ugs.) (Steuer)* Steuerschlupfloch *n*
tax loss carryback *(RW, Steuer)* steuerlicher Verlustrücktrag *m*
tax loss carryforward *(Steuer)* steuerlicher Verlustvortrag *m*
tax losses *(Steuer)* Steuerausfälle *mpl*
tax on speculative profits *(Steuer)* Spekulationssteuer *f*
tax-privileged *adj (Steuer)* steuerbegünstigt
tax provision *(RW, Steuer)* Steuerrückstellung *f*
tax purpose *(RW)* Steuerzweck *f*
tax rate *(Steuer)* Steuersatz *m*
tax receipts *npl (Steuer)* Steueraufkommen *n*
tax reform *(Pol, Steuer, WiWi)* Steuerreform *f*
tax refund *(Steuer)* Steuerrückzahlung *f*
tax relief *(Steuer)* Steuererleichterung *f*, Steuervergünstigung *f*
tax-reserve certificate *(Steuer)* Steuergutschein *m*
tax return *(Steuer)* Steuererklärung *f*
tax schedule *(Steuer)* Steuertarif *m*
tax-sheltered *adj (Steuer)* steuerbegünstigt
tax stamp *(Steuer)* Steuermarke *f*
tax stimuli *(Steuer)* Steueranreize *mpl*
tax threshold *(Steuer)* Steuereingangsstufe *f*
tax transparency *(Steuer)* Steuertransparenz *f*
tax unit *(Steuer, WiWi)* Besteuerungseinheit *f*
tax voucher *(Börse, Steuer)* Steuergutschein *m*, Steuergutschrift *f*
tax withholding system *(Steuer)* Steuerabzugsverfahren *n*
tax withholdings *(Steuer)* einbehaltene Steuern *fpl (synonymous: withheld taxes)*
tax write-off *(RW, Steuer)* steuerliche Abschreibung *f*
tax writeoff *(RW, Steuer)* steuerliche Abschreibung *f*
tax year *(Fin, Gen, RW, Steuer)* Haushaltsjahr *n*, Steuerjahr *n*, Veranlagungszeitraum *m*
tax yield *(Steuer)* Steueraufkommen *n*
taxable *adj (Recht, Steuer)* abgabenpflichtig, steuerpflichtig
taxable base *(Steuer)* Bemessungsgrundlage *f*
taxable capacity *(Steuer, WiWi)* Steuerkraft *f*, steuerliche Leistungsfähigkeit *f (taxation principle)*
taxable event *(Recht, Steuer)* Steuertatbestand *m*
taxable income *(Gen, RW, Steuer, WiWi)* steuerpflichtiges Einkommen *n*, zu versteuerndes Einkommen *n*, versteuerbares Einkommen *n*
taxable profit *(RW)* steuerpflichtiger Gewinn *m*
taxation *(Steuer, WiWi)* Besteuerung *f*
taxation at source *(Steuer)* Quellenbesteuerung *f*, Quellenabzugsbesteuerung *f*
taxed at source *adj (Fin, RW, Steuer)* quellenbesteuert

taxes due *(RW)* fällige Steuern *fpl*
taxes withheld *(RW, Steuer)* einbehaltene Steuern *fpl*
taxman *(Steuer)* Finanzamt *n*, Steuerbehörde *f*
taxpayer *(Gen, RW, Steuer)* Steuerzahler *m*
taxpayer's reference number *(Steuer)* Steuernummer *f*
TB *(Abk. für Treasury Bond, AE) (Börse, Fin)* Staatschuldverschreibung *f*
team *(Mgt, Pers)* Team *n*, Mannschaft *f*
team briefing *(Mgt)* Gruppenbesprechung *f*, Gruppeneinweisung *f*, Teambesprechung *f*
team spirit *(Pers)* Gemeinschaftssinn *m*
teamwork *(Mgt, Pers)* Teamarbeit *f*
tech bubble *(Börse, Fin, WiWi)* Technologie-Blase *f*
technical *adj (Gen)* fachlich, fachmännisch, fachspezifisch, technisch
technical analysis *(Börse)* technische Analyse *f (shares)*
technical analyst *(Börse)* Wertpapieranalyst *m*
technical assistance *(Comp, Ind)* technische Hilfe *f*
technical barrier *(Pol)* technische Handelsschranke *f (to trade in EU)*
technical barrier to trade *(Imp/Exp, WiWi)* technisches Handelshemmnis *n*
technical college *(BE) (Soz)* Fachhochschule *f*
technical cooperation *(Ind)* technische Zusammenarbeit *f (overseas development)*
technical data 1. *(Gen)* technische Daten *pl*; 2. *(Ind)* technische Unterlagen *fpl*
technical efficiency 1. *(Gen, Ind)* technischer Wirkungsgrad *m*, physischer Wirkungsgrad *m*; 2. *(Mgt)* Produktivität *f*
technical field *(Pat)* technischer Bereich *m*
technical hitch *(Gen, Ind)* technische Schwierigkeit *f*, technische Störung *f*
technical innovation *(Ind, V&M)* technische Innovation *f*
technical knowledge *(Gen, Pers)* Fachkenntnisse *fpl*
technical language *(Gen)* Fachsprache *f*
technical press *(V&M)* Fachpresse *f*
technical standards *(Comp, Ind)* technische Normen *fpl (EU)*
technical support *(Comp, Ind)* technische Betreuung *f*, technische Hilfe *(for developing countries)*
technical university *(Soz)* Technische Hochschule *f*, TH
technicality *(Gen, Ind)* technische Einzelheit *f*, Formsache *f (formality)*
technically *adv (Gen)* technisch, fachlich
technician *(Pers)* Techniker(in) *m(f)*
technique *(Ind)* Methode *f*, Verfahren *n*
technological *adj (Ind)* technologisch
technological advance *(Ind)* technischer Fortschritt *m*
technological change *(Ind)* technologischer Wandel *m*
technological edge *(Ind)* technologischer Vorsprung *m*
technological efficiency *(Mgt, WiWi)* technische Effizienz *f*; Produktivität *f*
technological gap *(Ind)* technische Lücke *f*, technischer Rückstand *m*
technological innovation *(Ind)* technische Neuerung *f*, technologische Innovation *f*
technological obsolescence *(Ind)* technische Veralterung *f (product)*
technological progress *(Ind)* technischer Fortschritt *m*
technologically advanced *adj (Ind, WiWi)* mit modernster Technologie, technisch fortgeschritten
technology *(Ind)* Technik *f*, Technologie *f*
technology-based *adj (Ind)* technologieintensiv, technologieorientiert
technology-based industry *(Ind)* Hightechindustrie *f*
technology park *(Ind)* Technologiepark *m*, Technologiezentrum *n*
technology transfer *(Ind, WiWi)* Technologietransfer *m*
tel quel *(Gen)* Tel quel
telcon *s.* telephone conversation
tele... *(Comp, Komm, WiWi)* Tele...
telebanking *(Bank)* Telebanking *n*
telecommunication *(Komm)* Telekommunikation *f*, Datenfernübertragung *f*, DFü
telecommunication links *(Komm)* Telekommunikationsverbindungen *fpl*
telecommunication network *(Komm)* Fernmeldenetz *n*

telecommunication technology *(Komm)* Fernmeldetechnik *f*
telecommunications *(Komm)* Telekommunikation *f*, Fernmeldetechnik *f*, Fernmeldewesen *n*
telecommunications network *(Komm)* Telekommunikationsnetz *n*
telecommunications privacy *(Comp, Komm, Recht)* Fernmeldegeheimnis *n*
telecommunications secrecy *(Comp, Komm, Recht)* Fernmeldegeheimnis *n*
telecommuter *(Comp, Pers)* Telearbeitnehmer(in) *m(f)*, Telebeschäftigte(r) *f(m)*
telecommuting *(Comp, Pers)* Telearbeit *f* *(teleworking)*
teleconference *(Comp, Komm, V&M)* Telekonferenz *f*
telegraphic address *(Komm)* Telegrammadresse *f*
telegraphic money order *(Bank, Fin)* telegrafische Geldanweisung *f*
telegraphic transfer *(Bank, Fin)* telegrafische Überweisung *f*
telelearning *(Comp, Komm, Soz)* Telelearning *n (IT & multimedia)*
telemarketing *(Fin, Komm, V&M)* Telemarketing *n*
telematics *(Comp, Komm)* Telematik *f*
telemessage *(Komm)* Telegramm *n*
teleordering *(Comp, V&M)* elektronische Bestellung *f*
telephone *(Comp, Komm)* Fernsprecher *m*, Telefon *n*, Tel. • **over the telephone** *(Komm)* am Telefon, per Telefon, telefonisch *(talk, negotiate)*
telephone advertising *(V&M)* Telefonwerbung *f*
telephone answering service *(Komm, V&M)* Anrufbeantwortungsdienst *m*
telephone book *(Komm)* Telefonbuch *n*
telephone booth *(Komm)* Telefonzelle *f*
telephone box *(Komm)* Telefonzelle *f*
telephone charges *(Komm)* Fernsprechgebühren *fpl*
telephone conversation *(Komm)* Telefongespräch *n*
telephone dealing *(Börse)* Telefonhandel *m*
telephone directory *(Komm)* Telefonbuch *n*
telephone extension *(Komm)* Nebenstelle *f*
telephone operator *(Komm)* Auskunft *f*
telephone rates *(AE) (Komm)* Fernsprechgebühren *fpl*
telephone receiver *(Komm)* Telefonhörer *m*
telephone sales *(V&M)* Telefonverkauf *m*
telephone subscriber *(Komm)* Fernsprechteilnehmer(in) *m(f)*
telephone tapping *(Comp, Gen, Komm)* Abhören *n* [Anzapfen *n*] der Telefonleitung
telephone traffic *(Börse, Komm)* Telefonverkehr *m*
teleprocessing 1. *(Admin)* Datenfernverarbeitung *f*; 2. *(Comp)* Fernverarbeitung *f*
telesales *(V&M)* Televerkauf *m (division)*; Telefonverkauf *m (transactions)*
teleservices *(Komm, V&M)* Teledienste *mpl*
teleshopping *(Fin)* Teleshopping *n*
teletex *(Comp, Media)* nicht dialogfähiges Videotextsystem *n*, Bildschirmtext *m*, Btx *(broadcast)*
teletyper *(AE) (Admin, Komm)* Fernschreiber *m (machine)*
television *(Media)* Fernsehen *n*, FS, Television *f*, TV
television law *(Media, Recht)* Fernsehrecht *n*
televisual audience data *(Media, V&M)* TV-Media-Daten *npl*
telework *(Comp, Pers)* Telearbeit *f*
teleworker *(Comp, Pers)* Telearbeiter(in) *m(f)*
teleworking *(Pers)* Telearbeit *f*
telewriter *(Admin, Komm)* Fernschreiber *m (machine)*
telex *(Admin, Komm)* Telex *n*, Fernschreiber *m (machine)*; Fernschreiben *n*, Telex *n (message)*
teller *(Bank)* Kassierer(in) *m(f)*
temp *v (Gen, Pers)* Zeitarbeit machen
temp *(Gen, Pers)* Aushilfskraft *f*, Zeitarbeitskraft *f*
temping agency *(Gen, Pers)* Stellenvermittlung *f* für Aushilfskräfte
temporarily *adv (Gen)* provisorisch, zeitweilig
temporary *adj (Gen)* behelfsmäßig, einstweilig, temporär, vorübergehend, vorläufig, zeitweilig, provisorisch
temporary administrator *(Recht)* vor-

läufiger Verwalter *m* *(insolvency = Insolvenz)*

temporary employment *(Gen, Pers)* Aushilfsarbeit *f*

temporary employment agency *(Pers)* Zeitarbeitsfirma *f*, Zeitarbeitsunternehmen *n*, Leiharbeitsunternehmen *n*, Leiharbeitsfirma *f*, Arbeitnehmerüberlassungsfirma *f*, Arbeitnehmerüberlassungsunternehmen *n*, Verleiher *m* (von Arbeitskräften)

temporary employment bureau *(Pers)* Zeitarbeitsfirma *f*, Zeitarbeitsunternehmen *n*, Leiharbeitsunternehmen *n*, Leiharbeitsfirma *f*, Arbeitnehmerüberlassungsfirma *f*, Arbeitnehmerüberlassungsunternehmen *n*, Verleiher *m* (von Arbeitskräften)

temporary employment business *(Pers)* Zeitarbeitsfirma *f*, Zeitarbeitsunternehmen *n*, Leiharbeitsunternehmen *n*, Leiharbeitsfirma *f*, Arbeitnehmerüberlassungsfirma *f*, Arbeitnehmerüberlassungsunternehmen *n*, Verleiher *m* (von Arbeitskräften)

temporary equilibrium *(WiWi)* temporäres Gleichgewicht *n*

temporary injunction *(Recht)* gerichtliche einstweilige Verfügung *f*

temporary layoff *(Pers)* vorübergehende Entlassung *f*, Ausstellung *f*, Entlassung *f* auf Rückruf

temporary measure *(Gen)* Provisorium *n*

temporary residence permit *(Soz)* zeitlich beschränkte Aufenthaltsgenehmigung *f*

temporary resident *(Soz)* vorübergehend Ansässige(r) *f(m)*

temporary secretary *(Pers)* Aushilfssekretär *m*

temporary staff *(Pers)* Zeitpersonal *n*, Zeitarbeitskräfte *fpl*

temporary unemployment *(Pers)* vorübergehende Arbeitslosigkeit *f*

temporary worker *(Gen, Pers)* Aushilfe *f*, Aushilfskraft *f*, Aushilfsarbeiter(in) *m(f)*

tenancy *(Grund, Recht)* Mietverhältnis *n*, Pachtverhältnis *n*

tenancy in common *(Grund, Recht)* Immobilie *f* als Bruchteilseigentum, Bruchteilseigentum *n*

tenant *(Gen, Grund)* Pächter(in) *m(f)* *(of farm, shop)*; Mieter(in) *m(f)* *(of house, flat)*

tend *v* *(Börse, Fin)* tendieren *(in certain direction)*

tendency *(Gen, V&M)* Trend *m*, Entwicklungstendenz *f* *(direction of trend)*; allgemeine Richtung *f* *(general trend)*; Neigung *f* *(inclination)*

tender *v* 1. *(Gen)* ein Angebot unterbreiten [abgeben], sich an einer Ausschreibung beteiligen; anbieten, bieten; 2. *(Börse)* einreichen, vorlegen

tender *v* **for** *(Gen)* sich bewerben um *(project)*

tender *v* **performance** *(Gen)* leisten, Leistung anbieten, Leistung erbringen

tender 1. *(Fin)* Ausschreibungsverfahren *n*; 2. *(Gen)* Angebot *n*, Offerte *f*, Tender *m*, Submissionsangebot *n* *(buying)*; 3. *(Börse)* Tender *m*, Zeichnungsangebot *n* *(of exercise notice)* • **by tender** *(Admin, V&M)* durch Ausschreibung, auf dem Submissionsweg

tender by private contract *(V&M)* freihändige Angebotsabgabe *f*

tender price *(Gen)* Angebotspreis *m*

tender rate *(Fin)* Emissionssatz *m*

tender system *(Börse)* Tenderverfahren *n*

tender to contract 1. *(Gen)* Ausschreibung *f*; 2. *(Recht)* Auftragsangebot *n*

tenderer *(Gen)* Anbieter(in) *m(f)*

tendering procedure *(Gen)* Ausschreibungsverfahren *n*

tenor bill *(Gen)* Laufzeitwechsel *m*

tentative agenda *(Gen)* vorläufige Tagesordnung *f*

tentative agreement *(Recht)* Vorvertrag *m*

tentative estimate *(Gen)* vorläufige Schätzung *f*

tenure 1. *(Gen)* Besitz *m*; 2. *(Pers, Pol)* Amtszeit *f* *(of office)*

tenured job *(Pers)* Festanstellung *f*, Anstellung *f* auf Lebenszeit, Dauerarbeitsplatz *m*

tenured position *(Bil, Pers)* Daueranstellung *f*, Anstellung *f* auf Lebenszeit *(usually in higher education)*

tenured post *(Pers)* Lebensstellung *f*

TER *(Abk. für total expense ratio)* *(Bank)* TER *f*, Gesamtkostenquote *f* *(comprehensive cost ratio of funds; Gesamtkostenbelastung; aussagekräftige,*

umfassende Kostenkennziffer von Investmentfonds)
terabyte *(Tb) (Stat, WiWi)* Terabyte *n*, TB *(1 Tb = 10^{12} bytes = AE 1 trillion bytes = Deu 1 Billion Bytes)*
term 1. *(Bank)* Laufzeit *f*; 2. *(Gen)* Begriff *m*, Bezeichnung *f*, Wort *n*; 3. *(Pol)* Amtsperiode *f (of government, office)*; Dauer *f (of treaty)* • **in the longer term** *(Gen)* längerfristig
term account *(Fin)* Festgeldkonto *n*
term bill *(Fin)* Nachsichtwechsel *m*
term deposit *(Bank)* Festgeld *n*, Termineinlage *f*
term draft *(Bank)* Nachsichtwechsel *m*, Zeitsichtwechsel *m*
term loan *(Fin)* mittelfristiger Kredit *m*
term of a loan *(Fin)* Anleihelaufzeit *f*
term of limitation *(Gen, Recht)* Ausschlussfrist *f*, Verjährungsfrist *f*
term of office *(Gen, Pers, Pol)* Amtsperiode *f*, Amtszeit *f*, Dienstzeit *f*
term of patent *(Pat)* Patentdauer *f*, Schutzfrist *f*
term of payment *(Bank)* Zahlungsziel *n*
term of validity *(Fin)* Laufzeit *f* eines Kredits
term purchase *(Gen)* Terminkauf *m*
term structure *(Fin)* Laufzeitstruktur *f* *(Fälligkeitsstruktur von Schulden, Ausleihungen oder Forderungen)*
term structure of interest rates *(WiWi)* Zinsstruktur *f*
term to maturity *(Fin)* Restlaufzeit *f (bis zur Endfälligkeit = final maturity)*
terminable *adj (Recht)* befristet, kündbar
terminal payment *(Fin)* letzte Ratenzahlung *f*
terminal value *(Fin)* Restwert *m*
terminate *v* 1. *(Gen)* beenden *(meeting)*; lösen, kündigen *(contract, lease)*; 2. *(Recht)* aufheben, beenden
terminate *v* **a collective bargaining agreement** *(Pers)* einen Tarifvertrag kündigen
terminate *v* **a trade agreement** *(Pers)* einen Tarifvertrag kündigen
terminate *v* **a wage agreement** *(Pers)* eine Lohnvereinbarung kündigen, einen Tarifvertrag kündigen, eine Tarifvereinbarung kündigen
terminate *v* **sb's employment** *(Pers)* jmds. Arbeitsvertrag auflösen
terminated *adj* 1. *(Gen)* aufgehoben, gelöst; 2. *(Pers)* aufgelöst, beendet *(employment)*; 3. *(Recht)* beendet, aufgehoben *(contract)*
termination 1. *(Pers)* Auflösung *f*, Beendigung *f*, Kündigung *f*, Lösung *f (of employment)*; 2. *(Recht)* Beenden *n*, Aufhebung *f*, Beendigung *f*, Kündigung *f*, Vertragsbeendigung *f (of contract)*; 3. *(Grund)* Mietkündigung *f*, Pachtkündigung *f (of lease)*
termination benefits *(Pers)* Entlassungsabfindung *f*
termination of employment *(Pers)* Beendigung *f* des Beschäftigungsverhältnisses, Beendigung *f* des Arbeitsverhältnisses
termination of the employment contract *(Pers, Soz)* Beendigung *f* des Beschäftigungsverhältnisses, Beendigung *f* des Arbeitsverhältnisses
termination papers *(Pers)* Entlassungspapiere *fpl (dismissal)*
termination pay *(Pers)* Abfindungszahlung *f*
terms 1. *(Bank)* Bedingungen *fpl*, Konditionen *fpl*, Modalitäten *fpl (provisos)*; Ausstattung *f (of loan)*; 2. *(Fin)* Konditionen *fpl*; 3. *(Gen, Recht)* Wortlaut *m (of agreement)*; Bedingungen *fpl (contract)* • **come to terms with sb** *(Recht)* mit jmdm. handelseinig werden, sich mit jmdm. einigen *(contract law)* • **in real terms** *(Stat, WiWi)* real, zu konstanten Preisen, in konstanten Preisen, preisbereinigt, in realen Größen *(e. g. national accounting, Volkswirtschaftliche Gesamtrechnung; synonymous: adjusted for price changes; opposite: in money terms = in nominal terms = nominal)* • **in terms of** *(Gen)* in Form von, als, im Sinne, ausgedrückt in, hinsichtlich • **under the terms of the contract** *(Recht)* gemäß den vertraglichen Bedingungen
terms and conditions 1. *(Gen)* Verkaufs- und Lieferbedingungen *fpl*; 2. *(Versich)* Versicherungsbedingungen *fpl*
terms and conditions of an issue *(Börse)* Emissionsbedingungen *fpl*, Ausstattung *f* einer Emission
terms and conditions of employment *(Pers)* Anstellungsbedingungen *fpl*

terms of acceptance *(Fin)* Annahmebedingungen *fpl*
terms of contract *(Recht)* Vertragsbedingungen *fpl*
terms of credit *(Bank)* Kreditkonditionen *fpl*
terms of employment *(Pers)* Anstellungsbedingungen *fpl*, Beschäftigungsbedingungen *fpl*
terms of issue *(Fin)* Emissionskonditionen *fpl*, Ausstattung *f*
terms of payment *(Bank)* Zahlungsbedingungen *fpl*
terms of redemption *(Fin)* Tilgungsmodalitäten *fpl*
terms of reference *(Gen)* Zuständigkeitsbereich *m*, Aufgabenstellung *f (of committee)*
terms of sale *(Imp/Exp, V&M)* Verkaufsbedingungen *fpl*
terms of shipment *(Imp/Exp)* Versandbedingungen *fpl*
terms of tender *(Gen)* Ausschreibungsbedingungen *fpl*
terms of the arrangement *(Recht)* Vorschriften *fpl* des Übereinkommens (über Leitlinien), Bestimmungen *fpl* des Übereinkommens (über Leitlinien)
terms of trade *(WiWi)* reales Austauschverhältnis *n*
terms policy *(Fin)* Konditionenpolitik *f*
territory 1. *(Gen)* Bezirk *m (of agent)*; Gebiet *n*, Hoheitsgebiet *n*, Territorium *n (of state)*; 2. *(Mgt, Pers)* Bezirk *m*, Gebiet *n*
territory manager 1. *(Pers)* Bezirksleiter(in) *m(f)*; 2. *(Mgt)* Gebietsleiter(in) *m(f)*
tertiary activities *(Gen)* Tertiärgeschäft *n*
tertiary sector *(WiWi)* Dienstleistungssektor *m*, tertiärer Sektor *m*
test *v (Gen)* (aus)probieren, prüfen, (aus)testen
test *(Comp, Gen, V&M)* Erprobung *f*, Prüfung *f*, Test *m*
test area *(V&M)* Testgebiet *n (marketing)*
test certificate *(Recht)* Prüfbescheinigung *f*
test equipment *(Comp, Ind)* Messgerät *n*, Prüfeinrichtung *f*, Prüfgerät *n*, Testgerät *n*
test marketing *(V&M)* Durchführung *f* eines Markttests
test report *(Gen, Mgt)* Prüfbericht *m (Prüfprotokoll)*
test run *(Gen)* Probelauf *m (system, machine)*
test statistic 1. *(WiWi)* Prüfmaß *n*; 2. *(Stat)* Prüfgröße *f*
testamentary gift *(Recht)* Vermächtnis *n*
testee *(Gen)* Testperson *f*
testify *v (Recht)* bekunden, bezeugen
testimony *(Recht)* Zeugenaussage *f*, Bekundung *f*
testing *(Ind)* Prüfung *f (for products)*
testing procedure *(Ind)* Prüfverfahren *n*, Prüfung *f*
text *(Comp, Gen, V&M)* Text *m*
text in full *(Gen)* voller Wortlaut *m*, vollständiger Text *m*
text of a contract *(Recht)* Vertragstext *m*
text of a law *(Recht)* Gesetzestext *m*
text processing *(Comp)* Textverarbeitung *f*
textbook case *(Gen)* Musterbeispiel *n*, Paradefall *m*
textbook operation *(Gen)* Musterbetrieb *m*
thank-you letter *(Gen)* Dankschreiben *n*
theft *(Gen, Transp, Versich)* Diebstahl *m*
theft risk *(Versich)* Diebstahlrisiko *n*
theme advertising *(V&M)* thematische Werbung *f*
theory *(Gen)* Theorie *f* • **in theory** *(Gen)* theoretisch
theory of clubs *(WiWi)* Klubtheorie *f*
theory of comparative costs *(WiWi)* Theorie *f* der komparativen Kosten
theory of property rights *(WiWi)* Theorie *f* der Eigentumsrechte
thickness *(T) (Bank, Fin)* Dicke *f (thickness of the securitization tranche of which the securitization exposure is a part; Dicke der Verbriefungstranche, an der die Verbriefungsposition einen Anteil hat)*
thin capitalization *(Gen)* knappe Eigenkapitalausstattung *f*, *(ugs.)* kurze Kapitaldecke *f*
thin equity basis *(Fin)* (zu) kurze Kapitaldecke *f*, *(ugs.)* dünne Kapitaldecke *f*
thin market *(Börse)* enger Markt *m*, begrenzter Markt *m*
think-tank *(ugs.) (Gen)* Denkfabrik *f*
thinking *(Gen)* Gesinnung *f (attitude)*;

Meinung *f (opinion)*; Gedankengang *m (reasoning)*
third-class mail *(AE) (Komm)* Drucksache *f*
third country *(WiWi)* Drittland *n (EU)*
third-country cooperation *(WiWi)* Einbeziehung *f* von Drittländern, Zusammenarbeit *f* mit Drittländern *(international trade)*
third country national *(Pol, Recht)* Drittstaatsangehörige(r) *f(m) (EU)*
third market *(Börse, Fin, WiWi)* ungeregelter Freiverkehr *m*
third party *(Pat, Recht, Versich)* Dritte(r) *f(m)*
third-party account *(Fin)* Anderkonto *n*
third-party beneficiary *(Fin, Recht)* Drittbegünstigte(r) *f(m)*
third-party claim *(Recht)* Anspruch *m* eines Dritten
third-party damage *(Recht)* Drittschaden *m (contracts)*
third-party insurance cover *(Versich)* Haftpflichtdeckung *f*, Haftpflichtversicherungsschutz *m*
third-party liability *(Recht)* gesetzliche Haftpflicht *(insurance)*
third-party manufacturer *(Ind, V&M)* Fremdhersteller *m*
third-party motor vehicle insurance *(Transp, Versich)* Kfz-Haftpflichtversicherung *f*
third person *(Gen)* Dritte(r) *f(m)*
third quarter *(Gen)* drittes Quartal *n*
third-rate *adj (Gen)* drittklassig, minderwertig
third sector organization *(Gen, Soz, Steuer)* Drittsektor-Organisation *f*, Nonprofit-Organisation *f*, nicht erwerbswirtschaftlich tätige Organisation *("dritter Sektor" neben dem Markt und dem Staat)*
third way *(WiWi)* dritter Weg *m*
thrash *v* **out** *(ugs.) (Gen)* ausdiskutieren *(problem)*
thread *(Komm)* Faden *m (in newsgroup postings)*
threat effect *(WiWi)* Droheffekt *m*
threat of loss *(Gen, Recht, Versich)* drohender Schaden *m*
threatened with unemployment *(Pers)* von Arbeitslosigkeit bedroht
three-month call *(Börse)* dreimonatige Kündigungsfrist *f (money repayable)*
three-month funds *(Fin)* Dreimonatsgeld *n*
three-month rate *(Fin)* Dreimonatsrate *f*
three-way switch deal *(Imp/Exp)* Dreiecksgeschäft *n*
threshold agreement *(Pers)* Schwellenvereinbarung *f*
threshold level *(Gen)* Schwellenwert *m*, Meldeschwelle *f (reporting)*
threshold point *(Börse)* Schwellenpunkt *m*
threshold price *(Gen)* Eingangspreis *m*, Schwellenpreis *m*
threshold rate *(Pers)* Schwellentarif *f*
threshold worker *(AE)* 1. *(WiWi)* Auszubildende(r) *f(m)*, Azubi; 2. *(Pers)* Auszubildende(r) *f(m)*, Azubi, Praktikant(in) *m(f)*, Anlernling *m*
thrift *(AE) (Bank)* Sparkasse *f*
thrift account *(AE) (Fin)* Sparkonto *n*
thrift bank *(AE) (Bank)* Sparkasse *f*
Thrift Institutions *(AE) (Bank)* Sparkassen *fpl (US)*
thrift price *(AE) (Gen)* Niedrigpreis *m*
thrift shop *(AE) (Gen)* Gebrauchtwarengeschäft *n*
thrive *v (Gen)* florieren, gedeihen
thriving *adj (Gen, WiWi)* blühend, florierend, gutgehend
through fare *(Transp)* Durchgangsfahrpreis *m*
through flight *(Transp)* Direktflug *m*
throughput *(Fin)* Durchlauf *m*, Durchsatz *m*
throughput rate *(Ind)* Durchsatzleistung *f*, Mengenleistung *f*
throughput time *(BE) (Gen)* Durchlaufzeit *f*
throwaway society *(Gen, Umwelt, WiWi)* Wegwerfgesellschaft *f*
thruput time *(AE) (Gen)* Durchlaufzeit *f*
tick *v (BE) (Gen)* abhaken *(mark)*
tick *(BE)* 1. *(Gen)* Haken *m*, Häkchen *n*, Kontrollzeichen *n (mark)*; 2. *(Börse)* Mindestkursschwankung *f (rate deviation)*
tick size *(Börse)* Umfang *m* der Mindestkursschwankung
ticker *(Börse)* Börsenticker *m*
ticker day *(BE) (Börse)* Aufgabetag *m*, Skontrierungstag *m*

ticker tout *(Frei)* Kartenschwarzhändler *m*
tide *v* **over** *(Gen)* überbrücken
tie *(Gen)* Band *n (bond)*
tie-in advertising *(V&M)* Verbundwerbung *f*
tie-in sale *(V&M)* Kopplungsverkauf *m*
tie-on label *(Gen)* Anhänger *m*
tie *v* **up** *(Fin)* festlegen, binden *(funds)*
tied aid *(Imp/Exp, Pol)* gebundene Entwicklungshilfe *f (Darlehen, Zuschüsse oder verbundene Finanzierungspakete mit einem Zuschusselement von mehr als 0 %, die an den Bezug von Waren und Dienstleistungen aus dem Geberland gebunden sind)*
tied credit *(Fin)* gebundener Kredit *m*
tied development assistance loans *(Fin)* gebundene Entwicklungshilfedarlehen *npl (cf tied aid)*
tied up *adj* 1. *(Fin)* fest angelegt; 2. *(Börse, Gen, Mgt)* festgelegt
tied-up capital *(RW)* festgelegtes Kapital *n*
Tier One assets *(BE) (Börse)* erstklassige Anlagen *fpl*
TIES *(Abk. für Transatlantic Information Exchange System) (Pol, Recht)* Transatlantischer Informationsaustausch-Service *m*
tiger economies *(Pol, WiWi)* Tigerstaaten *mpl*, südostasiatische Volkswirtschaften *fpl (South Korea, Taiwan, Hongkong, Singapur; sometimes including the Celtic Tiger, Ireland)*
tight *adj* 1. *(Gen)* straff, rigoros; 2. *(WiWi)* restriktiv *(monetary policy)*; 3. *(Pol)* gespannt *(situation)*; 4. *(Börse)* begrenzt *(market)* • **be in a tight spot** *(Gen) (ugs.)* in der Klemme sitzen • **be on a tight budget** *(Fin)* über ein knappes Budget verfügen
tight control *(Recht)* strenge Kontrolle *f*
tight fiscal policy *(Steuer, WiWi)* restriktive Finanzpolitik *f*
tight labor market *(AE) (Pers, WiWi) s.* tight labour market
tight labour market *(BE) (Pers, WiWi)* angespannter Arbeitsmarkt *m*
tight liquidity position *(Fin)* angespannte Liquiditätslage *f*
tight market *(Börse)* enger Markt *m*
tight monetary policy *(WiWi)* kontraktive Geldpolitik *f*
tight money *(Fin)* Geldknappheit *f*
tight money policy *(WiWi)* Politik *f* des teuren Geldes
tight ship *(ugs.) (Mgt)* straffe Betriebsführung *f*
tighten *v (Gen, WiWi)* verschärfen, straffen *(credit controls)*
tighten *v* **one's belt** *(Gen, WiWi)* den Gürtel enger schnallen
tightening *(Gen, WiWi)* Verschärfung *f*, Straffung *f (of credit controls)*
tightening bias *(Fin, WiWi)* Neigung *f* [Tendenz *f*] zur geldpolitischen Straffung [Versteifung]
till canceled *(AE) (V&M) s.* till cancelled
till cancelled *(BE) (V&M)* bis auf Widerruf, b. a. W., bis zur Stornierung
till money *(WiWi)* Kassenhaltung *f*
till receipt *(Bank)* Kassenstreifen *m*
tilt *v* **the balance** *(Gen)* den Ausschlag geben
time *(Gen)* Zeit *f* • **be on half-time** *(Gen)* halbtags arbeiten • **for the time being** *(Gen)* vorläufig • **time is of the essence** *(Recht)* Fristeinhaltung ist Vertragsgrundlage
time-adjusted rate of return *(Fin, WiWi)* interner Zinsfuß *m*
time agreement *(Gen)* Zeitvertrag *m*
time allowed for payment *(V&M)* Zahlungsziel *n*
time and motion study *(Gen, Mgt)* Arbeitsplatzstudie *f*, Bewegungs-Zeit-Studie *f (efficiency in workplace)*
time arbitrage *(Gen)* Zeitarbitrage *f*
time-barred *adj (Recht)* verjährt
time bill *(BE) (Bank)* Nachsichtwechsel *m*, Zielwechsel *m*
time budget *(Mgt, WiWi)* Zeitbudget *n*, verfügbare Zeit *f*
time card *(Ind, Pers)* Stechkarte *f*
time clock *(Ind, Pers)* Kontrolluhr *f*, Stechuhr *f*, Stempeluhr *f*
time constraint *(Gen, Ind, Pers)* Zeitbegrenzung *f*
time-consuming *adj (Gen)* zeitaufwendig, zeitraubend
time deposit *(AE) (Bank)* Festgeld *n*, Termineinlage *f*
time draft *(AE) (Bank)* Nachsichtwechsel *m*

time for payment *(Gen)* Ziel *n (Zahlungsziel)*
time frame *(Gen)* Zeitrahmen *m*
time horizon *(Mgt)* Zeithorizont *m*
time lag 1. *(WiWi)* Wirkungsverzögerung *f*; 2. *(Steuer)* zeitliche Verzögerung *f*
time limit 1. *(Gen)* Frist *f*, Termin *m*, Zeitlimit *n*; 2. *(Recht)* Ausschlussfrist *f*
time limitation *(Gen, Komm)* Zeitbeschränkung *f*
time of going to press *(Media)* Redaktionsschluss *m*
time off *(Frei, Pers)* Freizeit *f*
time-out *(Gen)* Zeitüberschreitung *f*
time rate *(WiWi)* Zeitlohn *m*
time recording *(Gen)* Zeiterfassung *n*
time series analysis *(Stat, WiWi)* Zeitreihenanalyse *f (method of breaking down time series into their components; Zeitreihenzerlegung in einzelne Komponenten)*
time-sharing 1. *(Comp)* Gemeinschaftsbetrieb *m*, Timesharing *n*; 2. *(Grund, Pers)* Timesharing *n*
time sheet *(Pers)* Arbeitszeitnachweis *m*
time span of discretion *(Gen)* Ermessenszeitraum *m*
time study 1. *(Gen)* Arbeitszeitstudie *f*; 2. *(Ind, Stat)* Zeitstudie *f*
time to maturity 1. *(Fin)* Restlaufzeit *f (bis zur Endfälligkeit = final maturity)*; 2. *(WiWi)* Laufzeit *f*
time value 1. *(Bank)* Aufgeld *n*; 2. *(Börse)* Zeitwert *m (Wert der Restlaufzeit einer Option)*
time-weighted methods of investment analysis *(Fin, WiWi)* dynamische Methoden *fpl* der Investitionsrechnung, dynamische Verfahren *npl* der Investitionsrechnung, finanzmathematische Verfahren *npl*, finanzmathematische Verfahren *npl* der Investitionsrechnung
timed sequence *(Ind)* Takt *m*
timely *adj (Gen)* fristgemäß, rechtzeitig, zeitgemäß
timely objection *(Recht)* fristgemäßer Widerspruch *m (contracts)*
timeout *(Gen)* Zeitüberschreitung *f*
timescale *(Fin, Gen, Mgt, WiWi)* Zeitplan *m*, zeitlicher Rahmen *m*
timetable 1. *(Frei, Transp)* Flugplan *m (of airline)*; Kursbuch *n*, Fahrplan *m (of bus, boat, train service)*; 2. *(Mgt)* Programm *n*, Zeitplan *m (for project)*
timewise *adv (Gen)* zeitlich
timing *(Gen)* Timing *n*, Bestimmung *f* der (richtigen) Zeitstrukur *(of repayments)*
timing the market *(Börse)* Market Timing *n (synonymous: market timing; investment strategy: market timers believe that it is possible to predict future changes of market directions; opposite: buying and holding strategy = Kaufen--und-Halten-Strategie;Anlagestrategie, die auf das frühzeitige Erkennen und Ausnutzen künftiger Richtungsänderungen des Marktes setzt)*
TIN *(Abk. für Taxpayer Identification Number, AE) (Recht, Steuer)* US--Steuernummer *(TIN)*
tip *(Gen)* Tipp *m (advice)*; Trinkgeld *n (gratuity)*
tip *v* **the scales** *(Gen)* den Ausschlag geben
TIPS *s.* Treasury Inflation Protection Securities
tips and gratuities *(Gen, RW)* Bedienungsgelder *npl*
title 1. *(Gen)* Anspruch *m (to goods)*; 2. *(Recht)* Rechtsanspruch *m*, Titel *m*
title deed *(Grund, Recht)* Besitzurkunde *f*, Eigentumsurkunde *f*
title under a right *(Recht)* Anspruch *m* aus einem Recht
titular head of an organization *(Mgt, Pers)* Galionsfigur *f*
TKG *s.* German Telecommunications Act
today's rate *(Bank, Fin)* Tageskurs *m (of exchange)*
toe in the market/get a *(Gen)* auf dem Markt Fuß fassen
toehold 1. *(Gen)* Ansatzpunkt *m*; 2. *(Mgt, V&M)* Brückenkopf *m*; Einstiegsposition *f*, Ausgangsposition *f*
toehold purchase *(Börse, Fin, Mgt)* Einstiegsengagement *n (buying less than 5 % of a company's outstanding stock as a possible precursor to a subsequent larger purchase; when 5 % or more is accumulated, the SEC and the target must be notified; Anschaffung einer Einstiegsposition unterhalb der Meldeschwelle von 5 % als Ausgangspunkt für weitere Zukäufe)*

toes up/go *(ugs.) (Gen)* Bankrott gehen, Bankrott machen
token coin *(Bank)* Scheidemünze *f*
token money *(Fin)* Ersatzgeld *n*, Geldsurrogat *n*
token payment *(Bank, Gen)* symbolische Bezahlung *f*
token strike *(Pers)* Warnstreik *m*
tolerate a loss *(Bank)* einen Verlust *m* in Kauf nehmen
toll call *(AE) (Komm)* Ferngespräch *n*
toll-free call *(AE) (Komm, V&M)* kostenloser Anruf *m*
toll-free number *(AE) (Komm, V&M)* gebührenfreie Rufnummer *f*
toll model *(WiWi)* Gebührenmodell *n*
tombstone *(WiWi)* Finanzanzeige *f*
tool 1. *(Comp) (jarg.)* Tool *n*; Werkzeug *n*; 2. *(Gen, Ind)* Instrument *n*, Werkzeug *n*; 3. *(Media)* Mittel *n (of reference)*
tools of the trade *(Gen)* Handwerkszeug *n*
top *v (Gen)* übertreffen *(surpass)*
top *v* **out** *(Gen)* einen Höchststand erreichen *(rate, price, cost)*
top *v* **up** *(Gen)* aufstocken *(savings)*
top *(Gen)* Spitze *f* • **at the top end** *(Gen)* am oberen Ende *(of a scale)* • **at the top rate** *(Steuer)* zum Spitzensteuersatz • **be on top of one's job** *(Pers)* die Arbeit im Griff haben • **top wages paid** *(Pers)* wir zahlen Spitzenlöhne *(job offers, recruitments)*
top copy *(Gen)* Original *n*
top-down *(Gen, Mgt)* retrograd, Top--Down... *(planning)*
top-down approach *(Mgt, WiWi)* Top--Down-Ansatz *m (corporate top-down planning; Informationsfluss bei der retrograden Unternehmensplanung "von oben nach unten"; opposite: bottom-up approach)*
top-down corporate planning *(Mgt, WiWi)* retrograde Unternehmensplanung *f*, Top-down-Planung *f (corporate top-down planning; Informationsfluss der Unternehmensplanung "von oben nach unten"; opposite: bottom-up approach, Gegensatz: progressives Verfahren)*
top-down method *(Mgt)* retrogrades Verfahren *n*, Top-Down-Verfahren *n (corporate top-down planning; opposite: bottom-up method = progressives Verfahren)*
top-down planning *(Mgt, WiWi)* Top--down-Planung *f (corporate top-down planning; Informationsfluss der retrograden Unternehmensplanung "von oben nach unten"; opposite: bottom--up approach, Gegensatz: progressives Verfahren)*
top-down planning system *(Mgt, WiWi)* Top-down-Planung *f*, retrogrades Planungssystem *n*, retrograde Unternehmensplanung *f (corporate top-down planning; Informationsfluss der retrograden Unternehmensplanung "von oben nach unten"; opposite = bottom--up method, Gegensatz: progressives Verfahren)*
top-down principle *(Gen, Mgt)* hierarchisches Prinzip *n*
top end of the market *(V&M)* Markt *m* für Qualitätsprodukte, ober(st)er Marktbereich *m*
top end of the range *(V&M)* ober(st)er Bereich *m* der Skala *(marketing)*
top hand *(AE) (Gen, Pers)* Spitzenkraft *f*, *(ugs.)* Spitzenmann *m*
top-heavy *adj* 1. *(Admin)* kopflastig *(organization)*; 2. *(Fin, Gen)* überbewertet, überkapitalisiert *(structure, organization, price)*
top management *(Mgt)* oberste Unternehmensführung *f*, oberste Leitungsebene *f*, Top-Management *n*
top of the line *(Gen)* Markenführer *m*, Spitzenmarke *f*
top of the range *(Gen)* Spitzenstellung *f*
top performer *(Mgt)* Leistungsträger *m*
top price *(Börse, Gen)* Spitzenpreis *m*, Höchstkurs *m*
top quality *(Gen)* beste Qualität *f*, Spitzenqualität *f*
top-rank product *(Gen, V&M)* erstklassiges Erzeugnis *n*, Spitzenprodukt *n*
top-ranking *adj (Gen)* hochgestellt, hochrangig
top rate of tax *(Steuer)* Spitzensteuersatz *m*
top salary *(Pers)* Spitzengehalt *n*
top-selling article *(V&M)* Verkaufsschlager *m*
topic *(Gen)* Thema *n*
tort *(Recht)* Delikt *n (England and Wales)*

tort feasor *(Recht)* Gesetzesübertreter(in) *m(f)*, Missetäter(in) *m(f)*
tort liability *(Recht)* Haftung *f* aus unerlaubter Handlung *(civil law)*
total *(Gen)* Gesamtbetrag *m*, Summe *f*
total amount *(RW)* Gesamtbetrag *m*
total assets *(RW)* Gesamtvermögen *n*
total balance sheet *(RW)* Bilanzsumme *f*
total capitalization *(Fin)* Gesamtkapitalisierung *f*
total costs *(Gen, WiWi)* Gesamtkosten *pl*
total demand *(V&M, WiWi)* Gesamtnachfrage *f*, gesamtwirtschaftliche Nachfrage *f*
total domestic expenditure *(WiWi)* Absorption *f*
total equity and liabilities *(RW)* Passiva *npl*; bilanziell ausgewiesenes Kapital *n*, bilanzielles Gesamtkapital *n (right column of the balance sheet; rechte Seite der Bilanz, zeigt die Kapitalherkunft = sources of finance bzw. die Ansprüche der mit verschiedenen Rechtstiteln ausgestatteten Kapitalgeber auf das links ausgewiesene Vermögen = Aktiva = assets)*
total expense ratio *(TER) (Bank)* Gesamtkostenquote *f*, Gesamtkostenbelastung *f (comprehensive cost ratio of investment funds; umfassende Kostenkennziffer von Fonds)*
total productivity *(WiWi)* Gesamtproduktivität *f*
total public debt *(Pol, WiWi)* öffentliche Verschuldung *f*
total public spending *(Pol, WiWi)* öffentliche Gesamtausgaben *fpl*
total quality management *(TQM) (Mgt)* unternehmensweite Qualitätssicherung *f*, Gesamtqualitätsüberwachung *f*, Gesamtqualitätssicherung *f*, Total Quality Management *n*, TQM *(Verbesserung der Kundenzufriedenheit durch Optimierung der Qualität aller Leistungen über alle Funktionsbereiche und Mitarbeiter)*
total revenue 1. *(Steuer, WiWi)* Gesamtsteueraufkommen *n*; 2. *(RW)* Gesamtumsatz *m*, Gesamterlös *m*, Gesamtertrag *m*
total wages and salaries *(Pers, RW)* Lohn- und Gehaltssumme *f*
total yield *(Ind, V&M, WiWi)* Gesamtrendite *f*
totalize *v (Gen)* zusammenzählen
touch-and-go *adj (WiWi)* gefährlich, riskant, offen *(uncertain)*
touch-tone phone *(Komm)* Tastentelefon *n*
tough *adj (Gen)* hart, schwierig *(conditions)*
tough competition *(Gen)* harter Wettbewerb *m*, scharfe Konkurrenz *f*
tough competitor *(Gen)* harter Konkurrent *m*, harte Konkurrentin *f*
tour guide *(Frei, Pers)* Reiseleiter(in) *m(f)*
tourist information office *(Frei)* Fremdenverkehrsbüro *n*, Touristeninformation *f*
tourist visa *(Admin)* Touristenvisum *n*
tourists' rate *(Bank, WiWi)* Touristenkurs *m*
tout *v (Frei)* anbieten *(tickets)* • **tout for business** *(Gen)* (G: ugs.) Käufer anreißen • **tout for custom** *(Gen)* auf Kundenfang sein
tout *(Frei, Gen)* Schwarzhändler(in) *m(f)*
town administration *(Admin, Pol)* Stadtverwaltung *f*
town bill *(Bank)* Platzwechsel *m*
town center *(AE) (Gen)* s. town centre
town centre *(BE) (Gen)* Stadtmitte *f*, Stadtzentrum *n*
town council *(Admin, Pol)* Stadtrat *m*
town hall *(Admin, Gen, Pol)* Rathaus *n*
toxic waste *(Umwelt)* Giftmüll *m*
TQM *(Abk. für total quality management) (Mgt)* unternehmensweite Qualitätssicherung *f*, Gesamtqualitätsüberwachung *f*, Gesamtqualitätssicherung *f*, Total Quality Management *n*, TQM
trace *v* 1. *(Gen)* lokalisieren, nachfolgen *(follow trail of)*; 2. *(Transp)* verfolgen
trace *v* **a payment** *(Bank)* eine Zahlung zurückverfolgen
trace *v* **back** *(Gen)* zurückverfolgen
track *v (Gen)* kontrollieren, verfolgen *(spending)*
track record 1. *(Gen)* bisherig gezeigte Leistungen *fpl*; 2. *(Pers)* nachweisbarer Berufsverlauf *m*; 3. *(V&M)* Verkaufserfolg *m*
tracking *(Gen)* Kontrolle *f (turnover, costs, expenses)*; Überwachung *f (electronic)*

tracking system *(Gen)* Kontrollsystem *n*, Überwachungssystem *n*
tradability *(Gen, WiWi)* Handelsfähigkeit *f*, Negoziierbarkeit *f*
tradable *adj (Gen, WiWi)* gängig, handelbar
tradable discharge permit *(Umwelt, WiWi)* handelbares Emissionszertifikat *n*
tradable emission permit *(Umwelt, WiWi)* handelbares Emissionszertifikat *n*
tradables *(WiWi)* handelbare Güter *npl*, international gehandelte Güter *npl*, Außenhandelsgüter *npl*, Handelsgüter *npl*
trade *v (Gen, WiWi)* Handel treiben, handeln; handeln mit *(deal in)*; austauschen *(exchange)*
trade *v* **as** *(Gen)* ein Gewerbe betreiben als, tätig sein als
trade *v* **at** 1. *(Bank, WiWi)* notieren bei *(currency rate)*; 2. *(Börse)* handeln an; einen Kurs haben von, liegen bei *(shares)*
trade *v* **in** *(Börse, Gen)* eintauschen, in Zahlung geben
trade *v* **off** *(WiWi)* ausgleichen, eintauschen
trade *v* **off market share against profit margins** *(WiWi)* Marktanteile gegen Gewinnmargen eintauschen
trade *v* **for one's account** *(Börse)* auf eigene Rechnung handeln
trade *adj (Gen)* gewerblich
trade 1. *(Gen, WiWi)* Wirtschaftszweig *m*, Branche *f (sector of economy)*; Handel *m*, Handelsverkehr *m*, Geschäft *n (commerce)*; Güteraustausch *m (exchange)*; 2. *(Pers)* Beruf *m (job, profession)* • **by trade** *(Pers)* von Beruf
trade account receivables *(AE) (RW)* Forderungen *fpl* aus Lieferungen und Leistungen
trade account payables *(AE) (RW)* Verbindlichkeiten *fpl* aus Lieferungen und Leistungen
trade agreement *(Recht, WiWi)* Handelsabkommen *n*, Handelsvereinbarung *f*
trade allowance *(Gen)* Großhandelsrabatt *m*, Rabatt *m* für Wiederverkäufer
trade and industry *(WiWi)* gewerbliche Wirtschaft *f*
trade association *(Gen, WiWi)* Fachverband *m*, Berufsvereinigung *f*, Gewerbeverband *m*, Handelsverband *m*, Unternehmerverband *m*
trade balance *(Imp/Exp, WiWi)* Handelsbilanz *f*
trade barrier *(Gen, Imp/Exp, WiWi)* Handelsschranke *f*
trade bill *(Fin)* Tratte *f*; Handelswechsel *m*, Warenwechsel *m*
trade buyers *(V&M)* Fachhandel *m*, Fachhändler *fpl*
trade channel *(Gen)* Absatzkanal *m*, Beschaffungsweg *m*
trade credit 1. *(RW)* Handelskredit *m*; 2. *(Bank)* Warenkredit *m*
trade creditors *(Gen, RW)* Verbindlichkeiten aus Lieferungen und Leistungen *fpl*
trade cycle *(WiWi)* Konjunkturphase *f*, Konjunkturzyklus *m*
trade debtors [debts] *(Fin)* Forderungen *fpl* aus Lieferungen und Leistungen, Forderungen *fpl* aus Warenlieferungen und Leistungen
trade deficit *(Imp/Exp, Pol, WiWi)* Handelsdefizit *n*, Außenhandelsdefizit *n*, passive Handelsbilanz *f*
trade discount *(Gen, RW, V&M)* Nachlass *m*, Skonto *m(n)*
trade distortion *(WiWi)* Handelsverzerrung *f*
trade entrance *(Gen)* Lieferanteneingang *m*
trade fair 1. *(Gen)* Messe *f*; 2. *(V&M)* Gewerbeausstellung *f (advertising)*; Fachmesse *f (professionals only)*
trade figures *(Gen, Pol, WiWi)* Außenwirtschaftszahlen *fpl*, Handelsziffern *fpl*
trade flow *(WiWi)* Handelsstrom *m*
trade gap *(Imp/Exp, Pol, WiWi)* Außenhandelsdefizit *n*, Handelsbilanzdefizit *n*
trade journal *(Gen, Media)* Fachblatt *n*, Fachorgan *n*, Fachzeitschrift *f*, Verbandszeitung *f*
trade liberalization *(Gen, Recht, WiWi)* Handelsliberalisierung *f*
trade mart *(Gen, V&M)* Handelszentrum *m*, Großhandelszentrum *n*
trade name *(Gen, V&M)* Firmenname *m*, Handelsbezeichnung *f*, Markenname *m (of product)*
trade-off *(WiWi)* Austauschbeziehung *f*,

Trade-off *m*, Ausgleich *m (between growth and profitability)*; Abwägungszusammenhang *m*; Kompromiss *m (unemployment, inflation)*
trade organization *(Gen)* Fachorganisation *f*
trade park *(AE) (Grund)* Gewerbegebiet *n*, Gewerbepark *m*
trade policy *(Imp/Exp, WiWi)* Außenhandelspolitik *f*, Handelspolitik *f*
trade practice rules *(Gen, Recht, WiWi)* Wettbewerbsregeln *fpl*
trade practices *(Gen)* Handelspraktiken *fpl*
trade press *(Media)* Fachpresse *f (print)*
trade protectionism *(Imp/Exp, WiWi)* Handelsprotektionismus *m (international trade)*
trade restriction *(Imp/Exp, WiWi)* Handelsbeschränkung *f*, Handelsrestriktion *f (quotas)*
trade sanctions *(Pol, WiWi)* Wirtschaftssanktionen *fpl*
trade secret *(Gen)* Berufsgeheimnis *n*, Geschäftsgeheimnis *n*
trade show *(V&M)* Fachausstellung *f*, Fachmesse *f*
trade sign *(Gen)* Firmenzeichen *n*, Gewerbezeichen *n*
trade strategy *(Gen, WiWi)* Handelsstrategie *f*
trade surplus *(Imp/Exp, WiWi)* Außenhandelsüberschuss *m*
trade tax *(Steuer)* Gewerbesteuer *f (local tax)*
trade tax on earnings *(Steuer) (Deu)* Gewerbeertragsteuer *f*, GewESt *(local tax on profits or earnings)*
trade terms *(Gen, Recht)* Handelsbedingungen *fpl*, handelsübliche Vertragsformeln *fpl (trade agreements)*
trade union *(BE) (Gen, Pers, Pol)* Gewerkschaft *f*
trade volume *(Gen, WiWi)* Handelsvolumen *n*
trade war *(WiWi)* Handelskrieg *m*
trade-weighted *adj (Imp/Exp, Stat, WiWi) (ugs.)* handelsgewichtet, mit den Handelsanteilen gewichtet, mit den Außenhandelsanteilen gewogen
trade-weighted exchange rate *(WiWi)* gewogener Außenwert *m* einer Währung
trade-weighted external value *(WiWi)* gewogener Außenwert *m (of currency)*
trade within the EU *(Gen, Pol, V&M, WiWi)* Binnenhandel *m*, EU-Handel *m*
tradeability *(Gen, WiWi)* Handelsfähigkeit *f*, Negoziierbarkeit *f*
tradeable *adj s.* tradable
traded option *(Börse)* handelbare Option *f*
trademark *v (Pat, Recht)* als Marke schützen (lassen), als Marke registrieren (lassen) *(provide with a trademark)*
trademark 1. *(Recht)* Marke *f*; 2. *(Pat, V&M)* Marke *f*; Markenzeichen *n*, Handelsmarke *f (obs.: Warenzeichen)*
trademarked goods *(Pat)* Markenartikel *mpl*
trademarked names *(Pat)* geschützte Markennamen *mpl*
trader *(Gen, V&M)* Händler(in) *m(f)*, Wertpapierhändler(in) *m(f)*, Unternehmer(in) *m(f)*, Geschäftsmann *m*, Geschäftsfrau *f*
trades *(Börse)* Abschlüsse *mpl* • **multiple trades** *(Börse)* Mehrfachabschlüsse *(often used by institutional investors to avoid a single significant order that might adversely affect the price on the market; Mehrfachabschlüsse sollen unerwünschte Marktpreiswirkungen verhindern, die durch große "signifikante Orders" ausgelöst werden können)*
tradesman *(Pers)* Handwerker *m (z. B. Bauhandwerker)*; Händler *m*, Einzelhändler *m*
trading 1. *(Gen)* Geschäft *n*, Handel *m*, Verkehr *m*; 2. *(Börse)* Handeln *n*; Traden *n (kurzfristige Käufe und Verkäufe, speculation)* • **Separate Trading of Registered Interest and Principal of Securities, STRIPS** *(Bank, Fin)* getrennter Handel von Kapital- und Zinsansprüchen *(strippable government bonds can be split into their component parts of coupons and principal, separation in interest-only strip and principal-only strip, i. e. in zero bonds; Trennung stripbarer Anleihen in Zinskupon und Anleihemantel, die jeweils zum Zero Bond werden)*
trading account *(Bank, RW)* Erfolgskonto *n*

trading area 1. *(Gen)* Absatzgebiet *n*; 2. *(V&M)* Verkaufsgebiet *n (shop territory)*
trading authorization *(Gen)* Gewerbeerlaubnis *f*
trading company *(Gen, Imp/Exp)* gewerbliches Unternehmen *n*, Handelsgesellschaft *f*
trading estate 1. *(Ind)* Industriegebiet *n*; 2. *(Grund)* Gewerbegebiet *n*, Gewerbepark *m*, Industriegebiet *n*; 3. *(Gen)* Geschäftszentrum *n*
trading floor *(Börse)* Parkett *n*
trading fund *(Bank, Fin)* Fonds *m* ohne Ausgabeaufschlag, *(jarg.)* "Trading-Fonds" *m*, Fonds *m* für kurzfristige Anlagen *(synonymous: no-load fund; no sales charge, ohne Abschlussgebühr oder Verkaufsprovision)*
trading halt *(Börse)* Aussetzen *n* der Notierung
trading limit *(Börse)* Kurslimit *n*, maximale Preisfluktuation *f (futures)*
trading links *(Gen, Imp/Exp, Pol)* Handelsbeziehungen *fpl*
trading loss *(RW)* Betriebsverlust *m*
trading name *(Gen, Pat, Recht)* Handelsname *m*
trading nation *(Imp/Exp)* Handelsnation *f*
trading on the equity *(WiWi)* Ausdehnung *f* der Fremdfinanzierung, Variation *f* der Finanzierungsquoten *(company capital structure)*
trading partner *(Pol, WiWi)* Handelspartner *m*
trading pattern *(Börse)* Handelsstruktur *f*
trading portfolio *(Bank, Fin)* Handelsbestand *m*
trading profit *(BE) (Fin, RW)* Betriebsgewinn *m*, operativer Gewinn *m*, Betriebsergebnis *m*, operatives Ergebnis vor Zinsen und Ertragsteuern, Ergebnis *n* vor Zinsen und Steuern, EBIT *n(m)*, Ebit *n(m)*, Gewinn *n* vor Ertragsteuern und Zinsaufwand *(synonymous: operating income = operating profit = operating revenue minus operating costs = net profit or net loss; das Ergebnis des betrieblichen Leistungsprozesses und Maß der Ertragskraft im operativen Geschäft, wichtige Kennzahl mit international guter Vergleichbarkeit wegen der Eliminierung unterschiedlicher Finanzierungs- und Steuerstrukturen)*
trading range *(Börse)* Kursspanne *f (commodities, securities)*
trading result *(Fin, Gen, RW)* Betriebsergebnis *n*, Handelsergebnis *n*
trading room *(Börse)* Börsensaal *m (synonymous: board room)*
trading rules *(Börse)* Aktienhandelsbestimmungen *fpl*
trading stamp *(Komm, Pat)* Rabattmarke *f*
trading standards *(Gen)* Handelsnormen *fpl*
Trading Standards Office *(AE) (WiWi)* Gewerbeaufsichtsamt *n*
trading unit *(Börse)* Kontraktgröße *f*
trading up *(V&M)* Handel *m* mit Waren höherer Preislage und Gewinnspanne
trading variation *(Börse)* Abschlussspanne *f*
trading volume *(Gen)* Handelsumfang *m*, Umsatzvolumen *n*
trading year *(Gen, RW)* Berichtsjahr *n*, Geschäftsjahr *n*
traditional *adj (Gen)* herkömmlich, traditionell
traffic 1. *(Gen)* Handel *m*, Handelsverkehr *m (trade)*; 2. *(Transp)* Verkehr *m*
traffic-free *adj (Frei, Transp)* autofrei
traffic gridlock *(Transp)* völliger Verkehrsstillstand *m*, Zusammenbruch *m* des Verkehrs
traffic laws *(Recht, Transp)* Straßenverkehrsrecht *n*
traffic limit *(Comp, Komm)* Traffic-Kontingent *n*
trafficker *(Gen)* Dealer(in) *m(f)*, Schieber(in) *m(f)*, Schwarzhändler(in) *m(f)*
trailblazing *adj (Gen, Ind, Media)* bahnbrechend *(campaign)*
train *v (Pers)* sich ausbilden lassen *(as chemist, nurse)*
train *v* **for sth** *(Pers)* sich zu etwas ausbilden lassen *(as chemist, nurse etc.)*
trained staff *(Pers)* geschultes Personal *n*, qualifiziertes Personal *n*
trainee *(Pers)* Auszubildende(r) *f(m)*, *(ugs.)* Azubi *m*; Praktikant(in) *m(f)*, Anlernling *m*
traineeship *(Pers)* Praktikum *n*, Volontariat *n*
trainer *(Gen, Mgt, Pers)* Ausbilder(in) *m(f)*
training *(Gen, Pers)* Ausbildung *f*, Einarbeitung *f*, Schulung *f*

training and education system *(Pers)* Bildungswesen *n*
training center *(AE) (Pers) s.* training centre
training centre *(BE) (Pers)* Ausbildungsstätte *f*, Schulungszentrum *n*
training course *(Pers)* Ausbildungslehrgang *m*
training facility *(Pers)* Schulungszentrum *n*, Schulungsstätte *f*
training manager *(Gen, Mgt, Pers)* Ausbildungsleiter(in) *m(f)*, Schulungsleiter(in) *m(f)*
training needs *(Gen, Pers, V&M)* Ausbildungsbedarf *m*
training of trainers *(Pers)* Ausbildung *f* der Ausbilder, AdA
training program *(AE) (Pers) s.* training programme
training programme *(BE) (Pers)* Fortbildungsprogramm *n*, Ausbildungsprogramm *n*, Schulungsprogramm *n*
training scheme *(BE) (Pers)* Ausbildungsprogramm *n*
training voucher *(Bil, Soz)* Bildungsgutschein *m*
training within industry *(Ind, Pers)* innerbetriebliche Weiterbildung *f*
training workshop *(Pers)* Lehrwerkstätte *f*, Lehrwerkstatt *f*
transact *v* 1. *(RW)* abschließen; 2. *(Gen)* abschließen, durchführen, handeln, umsetzen, vorgehen *(business)*; 3. *(V&M)* tätigen
transaction 1. *(RW)* Abschluss *m*; 2. *(Gen)* Handel *m*, Transaktion *f*, Umsatz *m*, Vorgang *m*, Durchführung *f*, Abschluss *m*
transaction carrying an option *(Börse)* Optionsgeschäft *n*
transaction charge *(Fin)* Buchungsgebühr *f*
transaction cost economics *(WiWi)* Transaktionskostenökonomie *f*
transaction exposure *(Börse)* Abschlussrisiko *n*, Transaktionsrisiko *n*
transaction file *(Comp)* Änderungsdatei *f*, Bewegungsdatei *f*
transaction risk *(Börse)* Abschlussrisiko *n*, Transaktionsrisiko *n*
transaction slip *(Börse)* Abschlussbestätigung *f*
transaction tax *(Börse)* Umsatzsteuer *f*, USt
transaction volume *(Bank, Börse)* Geschäftsvolumen *n*
transactional analysis *(Fin, Mgt)* Transaktionsanalyse *f*
transactions balance *(WiWi)* Transaktionskasse *f*
transactions costs *(WiWi)* Transaktionskosten *pl*
transactions holdings *(WiWi)* Transaktionskasse *f*
transactions in goods *(WiWi)* Warenverkehr *m (BOP; not: merchandise transactions)*
transactions in services 1. *(Bank)* Dienstleistungsgeschäfte *npl*; 2. *(WiWi)* Dienstleistungsverkehr *m*
transatlantic *adj (Gen, Pol)* transatlantisch
Transatlantic Information Exchange System *(TIES) (Gen, Pol, Recht)* Transatlantischer Informationsaustausch-Service *m*
transatlantic partnership *(Pol)* transatlantische Partnerschaft *f*
transatlantic relationship *(Pol)* transatlantisches Verhältnis *n*
transcribe *v* 1. *(Comp)* transkribieren, umschreiben; 2. *(Gen)* abschreiben *(copy)*; übertragen *(from shorthand)*; mitschreiben *(speech)*; aufzeichnen *(meeting)*
transcript *(Recht)* Protokoll *n*
transcription 1. *(Comp)* Umschreibung *f*, Transkription *f*; 2. *(Gen)* Aufzeichnung *f (of meeting)*; Übertragung *f (from shorthand)*; Mitschreibung *f (of speech)*
transfer *v* 1. *(RW)* umbuchen; 2. *(Admin)* versetzen; 3. *(Bank)* überweisen; 4. *(Fin, WiWi)* übertragen, überweisen *(funds)*; 5. *(Gen)* versetzen; 6. *(Pers)* versetzen, umsetzen *(person)*; 7. *(Versich)* zedieren; 8. *(Recht)* abtreten, veräußern, übereignen, überschreiben; 9. *(Grund)* übertragen; 10. *(Börse)* umschreiben, übertragen; 11. *(Steuer)* abführen; 12. *(Transp)* umsteigen *(change train, bus)*
transfer *v* **a debt** *(RW)* eine Schuld übertragen
transfer *v* **by endorsement** *(Fin, Recht)* durch Indossament übertragen

transfer *v* **by endorsement** *(Bank)* durch Indossament übertragen

transfer *v* **ownership of sth** 1. *(Recht)* etw. übereignen; 2. *(Grund)* das Eigentum einer Sache übertragen

transfer 1. *(RW)* Umbuchung *f*; 2. *(Admin)* Versetzung *f*; 3. *(Bank)* Überweisung *f*, Umbuchung *f (of funds)*; 4. *(Comp, Fin)* Transfer *m*; 5. *(Gen)* Übertragung *f*, Versetzung *f (of responsibilities, liabilities)*; 6. *(Pers)* Umsetzung *f*, Versetzung *f*, Transfer *m*; 7. *(Recht)* Abtretung *f*, Übereignung *f*, Veräußerung *f*; 8. *(Grund)* Übertragung *f (of property)*; 9. *(Börse)* Umschreibung *f*, Übertragung *f*; 10. *(Steuer)* Abführung *f (of money)*; 11. *(Transp)* Transfer *m*

transfer fee *(Pers)* Ablösesumme *f (sports)*

transfer income *(WiWi)* Transfereinkommen *n*

transfer limit *(Comp, Komm, Media)* Volumenbeschränkung *f (Menge der übertragenen Daten zum oder vom eigenen Rechner)*

transfer of a business *(Recht)* Unternehmensübertragung *f*

transfer of assets *(RW)* Vermögensübertragung *f*

transfer of funds voucher *(Bank)* Überweisungsbeleg *m*

transfer of ownership *(Recht)* Eigentumsübertragung *f*, Übertragung *f* der Eigentumsrechte

transfer of property inter vivos *(Recht, Steuer)* Schenkung *f* unter Lebenden

transfer of stock *(Gen)* Bestandsübertragung *f*

transfer of technology *(Ind, WiWi)* Technologietransfer *m*

transfer of voting rights for consideration *(Börse, Pol, Recht)* Übertragung *f* von Stimmrechten gegen Entgelt

transfer payment *(WiWi)* Transferzahlung *f*

transfer payments *(WiWi)* Übertragungen *fpl*

transfer price *(Gen)* Verrechnungspreis *m*, Transferpreis *m (transfer pricing is a means of allocating costs and, hence, profits between units of large organizations for goods and services supplied; Problem der Preisverrechnung im Konzern)*

transfer rate *(Comp, Komm, Media)* Datenübertragungsmenge *f*, Übertragungsrate *f*, Transferrate *f*

transfer time *(Bank)* Überweisungsdauer *f*

transferability *(Börse)* Abtretbarkeit *f*, Transferierbarkeit *f (of registered shares)*

transferable *adj (Börse)* abtretbar, übertragbar *(options)*

transferable loan instruments *(Fin)* übertragbare Kreditinstrumente *npl*

transferable security *(Börse, Fin)* frei transferierbares Wertpapier *n*, umschreibbares Wertpapier *n*; übertragbares Wertpapier *n (opposite: non-transferable security = nicht übertragbares Wertpapier)*

transferee 1. *(Bank)* Erwerber(in) *m(f)*; 2. *(Recht)* Abtretungsempfänger(in) *m(f)*, Zessionar *m*

transferee company *(Fin, Gen)* übernehmende Gesellschaft *f*

transferor *s.* transferrer

transferral *(Pers)* Umsetzung *f*

transferred *adj (Admin, Pers)* versetzt

transferrer 1. *(Bank)* Übergeber *m*; 2. *(Versich)* Abtretende(r) *f(m)*; 3. *(Recht)* Abtretende(r) *f(m)*, Übertragende(r) *f(m)*, Treugeber *m*, Veräußerer *m*, Zedent *m*; 4. *(Steuer)* Zedent *m (inheritance tax)*

transferrer company *(Gen)* übertragende Gesellschaft *f*

transform *v* 1. *(WiWi)* transformieren, umgestalten, umwandeln *(economy)*; 2. *(Versich)* umformen; 3. *(Stat)* abbilden, transformieren

transformation 1. *(Comp)* Umwandlung *f*; 2. *(WiWi)* Transformation *f*; 3. *(Gen)* Übergang *m*, Umgestaltung *f*, Umwandlung *f*; 4. *(Stat)* Abbildung *f*, Transformation *f*

transformation curve *(WiWi)* Kapazitätslinie *f*, Transformationskurve *f*

transformation industries *(Ind)* Transformationsindustrien *fpl (in transition)*

transformation of maturities 1. *(Fin, Gen)* Änderung *f* der Fristen, Fristenveränderung *f*; 2. *(WiWi)* Fristentransformation *f*

transfrontier *adj (Gen, Imp/Exp, V&M)* grenzüberschreitend
Transfrontier Television *(Komm, Media)* grenzüberschreitendes Fernsehen *n*
transient *adj (Gen)* kurzlebig, vorübergehend
transit *(Frei, Imp/Exp, Transp)* Transit *m*, Transport *m*
transit credit *(Bank)* Transitkredit *m*
transit document *(Imp/Exp, Transp)* Transitdokument *n*, Transitpapier *n*
transit number *(Fin)* Bankleitzahl *f (BLZ)*
transit time *(Imp/Exp, Transp)* Transportzeit *f*
transit trade 1. *(WiWi)* Zwischenhandel *m*; 2. *(Imp/Exp, Transp)* Transithandel *m*
transition period *(Gen)* Übergangsperiode *f*, Übergangszeit *f*
transitional *adj (Gen)* übergangsweise
transitional economy *(WiWi)* Transformationswirtschaft *f*, Übergangswirtschaft *f (Central and Eastern Europe)*
transitional provisions *(Steuer)* Übergangsbestimmungen *fpl*
transitory income *(RW, WiWi)* durchlaufende Einnahmen *fpl*, transitorische Einnahmen *fpl*
translate *v* 1. *(Komm)* übersetzen; 2. *(WiWi)* umrechnen *(currency)*
translated *adj (Gen)* übersetzt; umgerechnet *(currency)*
translation difference *(RW)* Umrechnungsdifferenz *f (from consolidation of foreign subsidiaries)*
translation differential *(Fin, WiWi)* Umrechnungsdifferenz *f*
translation loss *(Fin, WiWi)* Umrechnungsverlust *m (international trade)*
translation profit *(Fin, WiWi)* Umrechnungsgewinn *m (international trade)*
translation risk *(Fin, WiWi)* Währungsrisiko *n*
translation software *(Comp, Gen)* Übersetzungssoftware *f*
transmission mechanism *(WiWi)* Transmissionsmechanismus *m (monetary policy)*
transmit *v* 1. *(Komm)* senden *(broadcast, signal)*; übermitteln *(information)*; 2. *(Comp)* übertragen; 3. *(Gen)* überliefern, weiterleiten
transmitted credit *(Fin)* Durchlaufkredit *m*
transnational *adj (Gen, Imp/Exp)* grenzüberschreitend, transnational
transnational corporation *(Gen, WiWi)* transnationale Gesellschaft *f*, multinationales Unternehmen *n*
transnationally *adv (Gen)* multinational
transparent *adj (Pol, Recht, V&M, WiWi)* transparent, durchschaubar
transport *v (Gen, Transp)* befördern, transportieren
transport *(Transp)* Beförderung *f*, Transport *m*, Verkehr *m*, Transportwesen *n*
transport agent *(Imp/Exp, Transp)* Spediteur *m*
transport company 1. *(Imp/Exp)* Speditionsunternehmen *n*; 2. *(Transp)* Beförderungsunternehmen *n*, Speditionsunternehmen *n*
transport expenses *(Transp)* Beförderungskoste *pl*
transport facilities 1. *(Gen, Transp)* Beförderungsmittel *npl*; 2. *(Transp)* Transportmöglichkeiten *fpl*; 3. *(Transp)* Verkehrseinrichtungen *fpl*
transport link *(Transp)* Verkehrsanbindung *f*, Verkehrsverbindung *f*
transportable *adj (Transp)* transportabel, transportfähig, transportierbar, versandfähig
transportation *(Transp)* Beförderung *f*, Transport *m*, Transportwesen *n*, Verkehr *m*
transportation contract *(Recht)* Beförderungsvertrag *m*
transportation expenses *(Transp)* Transportkosten *pl*
transposal *(Recht)* Umstellung *f (EU)*
transship *v (Transp)* umladen, umschlagen
trash *(AE) (Gen, Umwelt)* Abfall *m*
trashy goods *(AE) (Gen)* Kitsch *m*, minderwertige Waren *fpl*, Schund *m*
travel accident insurance *(Frei)* Reise-Unfallversicherung *f*
travel advance *(Gen, WiWi)* Reisekostenvorschuss *m*
travel agent *(Frei)* Reisebüroangestellte(r) *f(m) (person)*; Reisebüro *n (agency)*
travel allowance *(Gen)* Reisekostenzuschuss *m*, Reisespesen *pl*
travel cancellation insurance *(Frei)* Reiserücktrittskosten-Versicherung *f*
travel costs *(Pers)* Reisekosten *pl*

travel document *(Frei)* Reisedokument *n*, Reisepapier *m*
travel expenses *(Gen, RW, Steuer, Transp)* Reisekosten *pl*
travel health insurance *(Frei)* Reise-Krankenversicherung *f*
travel insurance *(Frei)* Reiseversicherung *f*
traveler *(AE) (Frei) s.* traveller
traveler's cheque *(AE) (Bank) s.* traveller's cheque
traveling allowance *(AE) (Gen) s.* travelling allowance
traveller *(BE) (Frei)* Reisende(r) *f(m)*
traveller's cheque *(BE) (Bank)* Reisescheck *m*
travelling allowance *(BE) (Gen)* Reisekostenzuschuss *m*, Reisespesen *fpl*
treasure *(Gen)* Schatz *m*
treasurer *(Fin, Mgt, Pers)* Finanzdirektor(in) *m(f)*
treasurer check *(AE) (Bank) s.* treasurer cheque
treasurer cheque *(BE) (Bank)* Bankscheck *m*
treasury 1. *(Gen)* Fiskus *m*; 2. *(WiWi)* Staatskasse *f*, *(jarg.)* Staat *m*
Treasury *(WiWi)* Schatzamt *n*, Finanzministerium *n*
Treasury bill *(AE) (Fin)* Schatzwechsel *m*, Schatzwechsel *m* mit dreimonatiger Laufzeit
Treasury bond *(AE) (Fin)* Schatzobligation *f*
Treasury Inflation Protection Securities *(AE) (Börse, WiWi)* (durch Indexierung) inflationsgeschützte US-Staatsanleihen, TIPS *pl*
treasury manager 1. *(Gen, Pers)* Finanzdirektor *m*; 2. *(Bank)* Treasury-Leiter *m*, Leiter *m* Treasury, Leiter *m* der Treasury *(er verantwortet weit über das traditionelle Liquiditäts-, Zins- und Währungsmanagement hinaus die zentral oder dezentral organisierte Querschnittsfunktion des integrierten Aktiv-Passiv-Managements als Kapitalallokations- und -strukturmanagement der gesamten Bankbilanz)*
Treasury note *(AE) (Börse, Fin)* Schatzanweisung *f*
treasury operations 1. *(Bank)* Treasury-Dispositionen *fpl*; Aktiv-Passiv-Geschäft *n*; Geld-, Devisen- und Derivatehandel *m*; 2. *(Fin)* Gelddispositionen *fpl*, Liquiditätsdispositionen *fpl*
treasury stock *(AE)* 1. *(RW)* eigene Aktien *fpl*; 2. *(Börse)* Vorratsaktien *fpl*
Treasury stock *(BE) (Börse)* langfristige Staatspapiere *npl*
treat *v* 1. *(Umwelt)* behandeln *(sewage, waste)*; 2. *(Gen)* abhandeln; 3. *(Ind)* behandeln, bearbeiten
treat *v* **unfavorably** *(AE) (Recht) s.* treat unfavourably
treat *v* **unfavourably** *(BE) (Recht)* diskriminieren
treating 1. *(Umwelt)* Behandlung *f*; 2. *(Ind)* Bearbeitung *f*, Behandlung *f (material)*
treaty *(Gen, Pol)* Vertrag *m*, Staatsvertrag *m*, völkerrechtliches Abkommen *n*
Treaty of Rome *(Pol, WiWi)* Römische Verträge *mpl (EC)*
tree structure *(Comp)* Baumstruktur *f*
trend *(Gen)* Trend *m*, Tendenz *f*
trend analysis *(Stat, WiWi)* Trendanalyse *f (of time series: e. g. compares the same firm over a number of account periods to see if any detectable trends are evident; Analyse von Zeitreihen mit dem Ziel, eine nachhaltig wirkende Grundrichtung, z. B. einen linearen oder exponentiellen Trend, zu erkennen)*
trend of profits *(Fin)* Ertragsentwicklung *f*
trend reversal *(Gen)* Trendwende *f*
trendsetter *(Gen)* Schrittmacher *m*, Trendsetter *m*
trendsetting *adj (Gen)* richtungsweisend
trendy *adj (Gen, V&M)* in Mode, hochmodisch
trial 1. *(Gen)* Probe *f*, Versuch *m (testing)*; 2. *(Recht)* Prozess *m* • **on a trial basis** *(Gen)* probeweise
trial and error method *(WiWi)* Versuch-und-Irrtum-Methode *f*
trial balance *(RW)* Probebilanz *f*, Rohbilanz *f*
trial court *(Recht)* Gericht *n* der ersten Instanz
trial jury/the *(Recht)* die Geschworenen *pl*
trial lawyer *(AE) (Recht)* Prozessanwalt *m*, Prozessanwältin *f*
trial offer *(Gen, V&M)* Probeangebot *n*
trial period *(Gen)* Probezeit *f* • **after**

expiration of the trial period *(Gen)* nach Ablauf der Probezeit
trial proof *(Media)* Probedruck *m*
trial purchase *(V&M)* Probekauf *m*
trial run *(Gen)* Probefahrt *f*, Probelauf *m*
trial subscription *(Media, V&M)* Probeabonnement *n*, Probeabo *n*
triangular *adj (Gen, Stat)* dreieckig
triangular operation *(WiWi)* Dreiecksgeschäft *n*
triangulation *(Imp/Exp)* Dreieckshandel *m*
tribunal *(Recht)* Tribunal *n*
trickle *v* **in** *(Gen)* in kleinen Gruppen kommen
tricks of the trade *(Gen)* Branchenkenntnisse *fpl*, Handelskniffe *mpl*
tricky *adj (Gen)* heikel
tricky situation *(Gen)* kniffliges Problem *n*, schwierige Situation *f*
tried and tested *adj (Gen)* bewährt
trifle *(Fin, WiWi)* Bagatellbetrag *m (small sum of money)*
trifling amount *(Fin, WiWi)* Bagatellbetrag *m*
trigger *v (Gen)* verursachen *(cost increases)*; auslösen *(panic, reaction, dispute)*
trigger mechanism *(Gen)* Auslösemechanismus *m*
trigger point *(Bank, Fin)* Schwellenwert *m*
trigger price *(Imp/Exp)* Schwellenpreis *m*
trigger pricing *(Gen)* Mindestpreissystem *n*
trimmings *(Gen)* Zubehör *n*, Extras *npl*
• **with no trimmings** *(Gen)* ohne Extras, ohne Zubehör
triple *adj (Gen)* dreifach
triple-A *adj (Börse, Fin, Gen)* höchstklassifiziert
triple-A bond *(Börse)* höchstklassifizierte Schuldverschreibung, AAA-Anleihe *f*, Triple-A-Anleihe *f*
triple-A rating 1. *(Fin)* Triple-A-Rating *n*, Dreifach-A-Rating *n*, *(ugs.)* Top-Rating *n (AAA- or Aaa-rated, mit AAA oder Aaa bewertet, höchstmögliche Bonitätseinstufung für Länder, Unternehmen oder Wertpapiere)*; 2. *(Gen)* Spitzenrating *n*, Höchsteinstufung *f*
TRIPS-Agreement *(Abk. für Agreement on Trade-Related Aspects of Intellectual Property Rights) (Imp/Exp, Pat, Pol, Recht)* TRIPS-Abkommen *n*, Abkommen *n* über handelsbezogene Aspekte der Rechte des geistigen Eigentums *(EU, GATT/WTO; Abkommen zum Schutz handelsrelevanter geistiger Eigentumsrechte)*
trouble spot *(Gen, Pol)* Gefahrenherd *m*, Krisenzentrum *n*, Unruheherd *m*
troubled *adj (ugs.) (Fin)* finanziell angeschlagen
troubled waters *(ugs.) (Fin, Gen)* schwierige finanzielle Lage *f*, finanzielle Schieflage *f*
troubleshooter *(Comp, Gen)* Krisenmanager *m*, Schlichter *m*
trough *(WiWi)* Talsohle *f*, Konjunkturtief *n*, Tief *n*, Tiefpunkt *n (of graph, curve)*
trucking company *(AE) (Transp)* Güterkraftverkehrsunternehmen *n*
true and fair *adj (RW)* den tatsächlichen Verhältnissen entsprechend *(audit, view)*
true and fair view *(BE) (RW)* Ausweis *m* im Sinne der Grundsätze ordnungsmäßiger Buchführung, Rechnungslegung entsprechend den Grundsätzen ordnungsmäßiger Buchführung und Bilanzierung
true owner *(Recht)* rechtmäßiger Eigentümer *m*, rechtmäßige Eigentümerin *f*, rechtmäßiger Besitzer *m*, rechtmäßige Besitzerin *f*
true rate of return *(Bank)* Effektivverzinsung *f*, Effektivzins *m*
true sale *(Gen)* echter Verkauf *m*, tatsächlicher Verkauf *m*
true-sale securitization *(Bank, Fin)* True-Sale-Verbriefung *f (ABS; securitization transaction involving the transfer of receivables; der Investor, eine Zweckgesellschaft = SPV = special purpose vehicle, erwirbt das Eigentum an Forderungen z. B. aus Kredit-, Leasing- oder Hypothekenkreditverträgen; opposite: synthetic securitization which does not involve the transfer of receivables, only the credit risk is transferred by means of a financial derivative; Gegensatz: synthetische Verbriefung, die Forderung bleibt hier zwar bilanziell ausgewiesenes Eigentum der Bank, nur das Kreditrisiko wird abgespalten und*

als Finanzderivat verkauft; cf true-sale transaction)

true-sale transaction *(Bank, Fin)* True--Sale-Transaktion *f (a securitization transaction involving the transfer of receivables, a legally binding transfer of a pool of exposures to a special purpose vehicle = SPV; the originators' motivation: balance sheet structure management, management of risk and of regulatory and economic capital, refinancing; opposite: synthetic securitization -synthetische Verbriefung- which does not involve the transfer of receivables; anders als bei synthetischen Transaktionen werden hier die Forderungen effektiv abgetreten und am Markt refinanziert mit entsprechender Risiko- und Eigenkapitalentlastung; es erfolgt eine rechtswirksame Übertragung eines Forderungspools aus einer Bankbilanz in die Bilanz einer Zweckgesellschaft = SPV = special purpose vehicle; Zweck: Bilanzstrukturmanagement, Risikomanagement, regulatorisches und ökonomisches Eigenkapitalmanagement, Refinanzierung; cf ABCP, SIV, conduit)*

truncate *v* 1. *(Comp)* abbrechen, abschneiden; 2. *(Gen)* beschneiden, kürzen

truncation 1. *(Bank)* begleoses Verfahren *n (cheque)*; 2. *(Comp)* Abbruch *m*; 3. *(Gen)* Beschneidung *f*, Kürzung *f*

trunk *(Transp)* Überseekoffer *m*, Schrankkoffer *m*, *(AE)* Kofferraum *m (of car)*

trunk road *(BE) (Transp)* ≈ Bundesstraße *f*, Fernstraße *f*

trust *v (Gen, Recht)* vertrauen

trust 1. *(Bank)* Treuhand *f*; 2. *(WiWi)* Treuhandvermögen *n*; 3. *(Recht)* Treuhandverwaltung *f*, Trust *m*

trust agreement *(Recht)* Treuhandvereinbarung *f*, Treuhandvertrag *m*

trust bank *(Bank)* Treuhandbank *f*

trust banking *(Bank)* Treuhandbankgeschäft *n*

trust – but verify *(Gen, Mgt)* Vertrauen ist gut – Kontrolle ist besser

trust fund *(WiWi)* Treuhandfonds *m*, Treuhandvermögen *n*

trustbusting *(AE) (Gen)* Trust-Entflechtung *f*

trustee 1. *(Bank, Fin)* Vermögensverwalter(in) *m(f)*; 2. *(Recht)* Treuhänder(in) *m(f)*

trustee in bankruptcy *(Bank)* Insolvenzverwalter(in) *m(f)*

trustor *(AE) (Recht)* Treugeber *m*

trustworthy *adj (Gen)* glaubwürdig, vertrauenswürdig

try *v (Gen)* probieren, versuchen

tube *(BE) (Transp)* U-Bahn *f*, Untergrundbahn *f*

tuition fee *(Soz)* Studiengebühr *f*

tuition fees *(Soz)* Schulgeld *n*

tumble *v* 1. *(WiWi)* stürzen *(prices)*; 2. *(Gen)* plötzlich fallen, stark fallen *(rate, prices)*; 3. *(Börse)* stürzen *(prices)*

turf accountant *(Frei)* Buchmacher *m (sport)*

turn *(Börse)* Provision *f* eines Wertpapierhändlers

turn *v* **around** 1. *(Fin)* wenden; 2. *(Ind)* fertig stellen *(goods)*

turn *v* **away** *(Gen)* ablehnen, zurückweisen *(business)*

turn *v* **down a candidate** *(Pers)* Bewerber(in) ablehnen

turn *v* **down a job** *(Pers)* Stelle ablehnen *(task)*

turn *v* **down a job offer** *(Pers)* ein Stellenangebot ablehnen

turn *v* **out to vote** *(Pol)* zur Wahl gehen

turn *v* **over** 1. *(Gen, V&M)* umsetzen; 2. *(Transp)* umschlagen

turn *v* **round** *(Fin)* wenden

turnabout 1. *(Fin)* Tendenzwende *f*, Umschwung *m (financing established)*; 2. *(Gen)* Kurswechsel *m*, Wende *f*

turnaround *(AE)* 1. *(Fin, Gen)* Umschwung *m*, Wende *f*, Tendenzwende *f*, Turnaround *m (of company; cf BE turnround)*; 2. *(Transp)* Umschlag *m (Seeverkehr: Hafenabfertigung)*; Turnaround *m (Luftverkehr)*; Wendeplatz *m (Straßenverkehr)*

turnaround fund *(Börse)* Sanierungsfonds *m*, Turnaround-Fonds *m (private equity fund focussing on restructuring firms; auf Sanierungen spezialisierter Beteiligungsfonds)*

turning point *(Gen)* Wendepunkt *m*

turnkey *adj* 1. *(Gen)* bezugsfertig,

schlüsselfertig *(system, project)*; 2. *(Grund)* bezugsfertig
turnout 1. *(Gen)* Teilnehmerzahl *f*; 2. *(Imp/Exp)* Inspektion *f*; 3. *(Pol)* Beteiligung *f (in election)*
turnover 1. *(RW)* Lagerumschlag *m (inventory)*; 2. *(Gen)* Umsatz *m*, Volumen *n*; 3. *(Pers)* Fluktuation *f (of staff)*; 4. *(Börse)* Volumen *n*, Umsatz *m*
turnover of labor *(AE) (Pers) s.* turnover of labour
turnover of labour *(BE) (Pers)* Arbeitskräfteumschlag *m*, Fluktuation *f*, Arbeitsplatzwechsel *m*
turnover rate 1. *(Gen)* Umsatzhäufigkeit *f*; 2. *(Börse)* Umsatzgeschwindigkeit *f*
turnover ratio *(Pers)* Fluktuationsquote *f*
turnover tax *(Steuer)* Umsatzsteuer *f*, USt
turnover tax burden *(Steuer, WiWi)* Umsatzsteuer-Zahllast *f*
turnover tax ID number *(Steuer)* Umsatzsteuer-Identifikations-Nummer *f*, USt-IdNr *f*
turnover tax refund *(Steuer)* Umsatzsteuerrückvergütung *f*, Umsatzsteuervergütung *f*
turnround *(BE) (Gen)* Umschwung *m*, Wende *f*, Tendenzwende *f*, Turnaround *m*
turnround time *(BE)* 1. *(WiWi)* Umschlagszeit *f*; 2. *(Gen)* Postlaufzeit *f*, Umlaufzeit *f*
TV tax *(ugs.) (Media, Recht)* Fernsehgebühr *f* , Fernsehgebühren *fpl (synonymous BE: TV licence fee, AE: TV license fee)*
twenty-four-hour trading *(Börse)* Handel *m* rund um die Uhr, Rund-um-die--Uhr-Handel *m*
twin-track strategy *(Mgt)* Doppelstrategie *f*
two-digit inflation *(Fin, WiWi)* zweistellige Inflationsrate *f*
two-pillar strategy *(WiWi)* Zwei-Säulen--Strategie *f (ECB)*
two-rate system *(Steuer)* System *n* mit gespaltenem Steuersatz
two-sided printing *(Comp, Media)* beidseitiges Drucken *n*
two-tier system *(Gen)* zweischichtiges System *n*, Zweistufensystem *n*
tycoon *(Gen, Pers)* Großindustrielle(r) *f(m)*, Tycoon *m*, Magnat *m*
tying arrangement *(WiWi)* Kopplungsvertrag *m*
tying contract *(WiWi)* Kopplungsvertrag *m*
tying transaction *(Recht)* Kopplungsgeschäft *n (competition law, Wettbewerbsrecht)*
type *v (Admin, Comp)* mit der Maschine schreiben, *(ugs.)* tippen
type *v* **in** *(Comp)* eingeben
type of costs *(Fin)* Kostenart *f*
type of work *(Pers)* Art *f* der Arbeit, Art *f* der Tätigkeit
typed *adj (Admin, Gen, Pat)* maschinegeschrieben
typewrite *v (Admin, Gen)* mit der Maschine schreiben, *(ugs.)* tippen
typewritten *adj (Admin, Gen, Pat)* maschinegeschrieben, *(ugs.)* getippt
typical *adj (Gen)* bezeichnend, typisch
typing error 1. *(Gen)* Druckfehler *m*, Schreibfehler *m*, Tippfehler *m*; 2. *(Media)* Druckfehler *m*, Schreibfehler *m (misprint)*; *(jarg.)* Setzfehler *m (print)*
typing pool *(Pers)* Schreibzimmer *n*
typist *(Admin)* Schreibkraft *f*, Typist(in) *m(f)*
typo *s.* typographical error
typographical error *(Gen)* Druckfehler *m*, Schreibfehler *m*, Tippfehler *m (misprint)*

U

UB *(Abk. für use by…) (V&M)* verbrauchen bis…, mindestens haltbar bis…
UK *(Pol)* VK *(Vereinigtes Königreich von Großbritannien und Nordirland)*; *(ugs.)* UK *(United Kingdom of Great Britain and Northern Ireland)*
UL *(Abk. für unexpected loss) (Bank, Fin)* unerwarteter Verlust *m*, unerwartet auftretender Verlust *m (Basel II)*
ULCM *(Abk. für unit labour costs in manufacturing) (Stat, WiWi)* LSK/VG, Lohnstückkosten *pl* im verarbeitenden Gewerbe
ULCT *(Abk. für unit labour costs in the total industry) (Stat, WiWi)* LSKsol;GW,

Lohnstückkosten *pl* in der Gesamtwirtschaft
ultimate consumer *(Gen, V&M)* Endverbraucher *m*
ultimately *adv (Gen)* letztlich
ultra vires *(Recht)* in Überschreitung der satzungsgemäßen Befugnisse, vollmachtsüberschreitend
umbrella association *(Gen)* Dachverband *m*
umbrella brand name *(Pat)* Dachmarke *f*
umbrella fund *(Fin)* zentraler Dachfonds *m*
umbrella of/under the *(Gen)* unter dem Schutz von, unter der Kontrolle von
umbrella project *(Gen)* Rahmenprojekt *n*
unable *adj (Gen, Pers, Recht)* unfähig
unable *adj* **to pay** *(RW)* zahlungsunfähig
unable *adj* **to work** *(Pers, Soz)* erwerbsunfähig, arbeitsunfähig
unabsorbed *adj (RW)* nicht verrechnet
unabsorbed balance of VAT *(RW, Steuer)* MWSt-Überschuss *m*, Mehrwertsteuerüberschuss *m*
unabsorbed overhead(s) *(RW)* nicht verrechnete Gemeinkosten *pl*
unaccounted for *adj (Gen)* nicht ausgewiesen, ungeklärt
unacknowledged *adj (Gen)* nicht anerkannt, unbestätigt, unbeantwortet *(letter)*
unadjusted *adj (Stat)* unbereinigt • **in unadjusted figures** *(Gen)* in unbereinigten Zahlen
unadvisable *adj (Gen)* nicht empfehlenswert
unaffected *adj (Recht)* unberührt
unaffiliated *adj (WiWi)* selbstständig, unabhängig
unallocated *adj (Comp)* nicht zugeteilt, nicht zugewiesen
unaltered *adj (Börse, Gen)* unverändert *(share prices)*
unambiguous *adj (Recht)* eindeutig
unamortized *adj (RW)* nicht abgeschrieben
unamortized premium *(Börse)* nicht abgeschriebenes Agio *n*
unanimous resolution *(Gen)* einstimmiger Beschluss *m*
unanimously accepted *(Gen)* einstimmig angenommen
unappropriated profit *(RW)* nicht zweckgebundener Gewinn *m*, freie Rücklage *f*
unappropriated surplus *(Gen)* Bilanzgewinn *m*
unassignable *adj (Recht)* nicht übertragbar
unattainable *adj (Gen, Komm)* unerreichbar *(objective)*
unauthenticated *adj (Recht)* unverbürgt, unbeglaubigt
unauthenticated signature *(Recht)* unbeglaubigte Unterschrift *f*
unauthorized *adj* 1. *(Gen)* unbefugt; 2. *(Recht)* unberechtigt
unauthorized immigration *(Pol, Recht)* illegale Einwanderung *f*, illegale Zuwanderung *f*
unauthorized use *(Gen, V&M)* missbräuchliche Verwendung *f*
unavailable *adj (Gen)* nicht erhältlich, nicht verfügbar, nicht vorhanden, nicht zu erreichen *(person)*
unbalanced budget *(Fin, Pol, WiWi)* unausgeglichener Haushalt *m*, nicht ausgeglichener Haushalt *m*
unbalanced growth *(WiWi)* ungleichgewichtiges Wachstum *n*
unbiased *adj (Gen)* unparteiisch, unvoreingenommen
unblock *v (Fin)* entsperren, freigeben
unbranded goods *(Gen)* markenfreie Waren *fpl*, Waren *fpl* ohne Markenzeichen
unbundle *v* 1. *(Bank)* zerlegen *(risks)*; 2. *(Gen)* entflechten
uncalled capital *(Fin, RW)* nicht eingefordertes Kapital *n*
uncertain *adj* 1. *(WiWi)* unsicher; 2. *(Gen)* ungewiss; 3. *(Recht)* unklar
uncertified *adj (Recht)* unbeglaubigt
unchecked *adj (Gen)* nicht überprüft, unkontrolliert *(figures)*
unclear *adj* 1. *(Gen)* undeutlich; 2. *(Recht)* unklar
uncollateralized loan *(Bank, Fin)* unbesichertes Darlehen *n*
uncollectable *adj (Steuer)* uneinbringlich *(revenue, claim)*
uncollectable account *(RW)* uneinbringliche Forderung *f*
uncollected receivables *(RW)* Außenstände *mpl*

uncommitted reserves *(RW)* freie Rücklagen *fpl*
uncompromising *adj (Gen)* kompromisslos, unnachgiebig
unconditional *adj* 1. *(Fin)* bedingungslos; 2. *(Gen)* unbedingt, uneingeschränkt
unconditional acceptance *(Gen)* uneingeschränktes Akzept *n*
unconditional grant *(Fin)* uneingeschränkte Beihilfe *f*
unconfirmed *adj (Gen)* unbestätigt
unconscionable contract *(Recht)* sittenwidriger Vertrag *m*
unconsolidated basis/on an *(Fin, RW)* nicht konsolidiert, unfundiert *(debts)*
uncontested claims *(Recht)* unbestrittene Forderungen *fpl*
uncontrollable *adj (Fin, Gen, WiWi)* nicht beeinflussbar, unkontrollierbar *(inflation, costs, increase)*
uncontrolled *adj (Gen)* unkontrolliert, unbeeinflusst
unconverted *adj (Bank)* nicht gewandelt
uncorrected *adj (Gen)* unberichtigt, nicht korrigiert
uncovered *adj (Fin)* ungedeckt
uncovered balance *(Fin)* ungedeckter Saldo *m*
uncovered call *(Börse)* ungesicherte Kaufoption *f*
uncovered check *(AE) (Bank) s.* uncovered cheque
uncovered cheque *(BE) (Bank)* Scheck *m* ohne Deckung, ungedeckter Scheck *m*
uncovered option *(Börse)* ungedecktes Optionsgeschäft *n*
uncovered put *(Börse)* ungedeckte Verkaufsoption *f*
uncurtailed *adj (Fin, Gen)* uneingeschränkt *(competition, rights)*
undamaged *adj (Gen)* unbeschädigt, unversehrt makellos *(reputation)*
undated *adj (Gen)* undatiert
undecided *adj (Gen)* unentschieden, unentschlossen
undeliverable *adj (Komm)* unzustellbar
undelivered please return to sender/if *(Komm)* falls unzustellbar, bitte an Absender zurück
under law *(Recht)* rechtsstaatlich *(subject to laws)*
under-the-counter sale *(V&M) (ugs.)* Verkauf *m* unter dem Ladentisch
underassess *v (Steuer)* steuerlich unterbewerten
underbid *v (Gen)* unterbieten
undercapitalized *adj (Fin, Gen)* unterkapitalisiert
undercut *v* 1. *(WiWi)* unterbieten *(competitor)*; 2. *(Gen)* unterschreiten *(competitor)*; 3. *(V&M)* unter Preis verkaufen *(goods)*
underemployed *(Pers)* unterbeschäftigt, unausgelastet, nicht ausgelastet
underemployment *(Pers, WiWi)* Unterbeschäftigung *f*
underestimate *v (Gen)* unterbewerten, unterschätzen
underestimation *(Gen)* Unterbewertung *f*, Unterschätzung *f*
underfunded *adj (Fin)* unterkapitalisiert
underground economy *(WiWi)* Schattenwirtschaft *f*, Untergrundwirtschaft *f*
underinvestment *(Bank)* Unterinvestition *f*
underline *v (Comp, Media)* unterstreichen *(text)*
underlying *adj (Fin)* fundamental, Kern…, tendenziell
underlying assets 1. *(Fin)* zugrunde liegende Vermögen *npl*; 2. *(Börse)* Basiswerte *mpl*, Basisobjekte *npl*, Basisprodukte *npl*, Kassawerte *mpl*, Kontraktgegenstände *mpl*
underlying conditions *(WiWi)* Rahmenbedingungen *fpl*
underlying futures *(Börse)* zugrunde liegende Termingeschäfte *npl*, zugrunde liegende Terminkontrakte *mpl*
underlying futures contract *(Börse)* zugrunde liegender Terminkontrakt *m*
underlying inflation rate *(WiWi)* Inflationssockel *m*
underlying instrument *(Fin)* Basiswert *m*, Basisprodukt *n*
underlying net assets *(Fin)* zugrunde liegende Nettovermögen *npl*
underlying rate *(WiWi)* Trendrate *f*, grundlegende Rate *f (cost, inflation)*
underlying security *(Börse)* zugrunde liegendes Wertpapier *n*, Basiswert *m*, Basisprodukt *n*
underlying tendency *(Gen, WiWi)* Grundtendenz *f*

underlying trend *(Gen, WiWi)* zugrunde liegender Trend *m*
undermanning *(Pers)* Unterbesetzung *f*
undermentioned *adj (Gen)* unten erwähnt
undermine *v (Gen)* schwächen, untergraben *(influence, power)*
underpay *v (Gen, Pers)* schlecht entlohnen, unterbezahlen
underperform *v* 1. *(WiWi)* sich unterdurchschnittlich entwickeln; 2. *(Gen)* hinter den Erwartungen zurückbleiben
underperforming *(Pers)* leistungsschwach
underpin *v (Gen, WiWi)* stützen *(currency)*
underprice *v* 1. *(WiWi)* unterbieten *(competitor)*; 2. *(V&M)* unter Preis anbieten; 3. *(Börse)* unterbewerten
underprivileged *adj (Gen)* benachteiligt, unterprivilegiert
underrate *v (Gen)* unterschätzen
underreporting *(Gen)* zu niedriges Ausweisen *n*
underrepresent *v (Gen)* unterrepräsentieren, zu wenig vertreten
underscore *v* 1. *(Comp)* unterstreichen *(text)*; 2. *(Gen)* hervorheben; 3. *(Media)* unterstreichen
underselling *(V&M)* Preisunterbietung *f (prices)*
undershoot *v (WiWi)* unterschreiten *(exchange rates)*
undersign *v (Gen)* unterschreiben, unterzeichnen
underspend *v (Fin, Pol, WiWi)* zu wenig ausgeben
underspend *v* **the budget** *(RW)* das Budget nicht voll ausschöpfen
understaffing *(Pers)* Unterbesetzung *f*
understand *v (Gen)* verstehen *(language)*; begreifen *(concept, difficulty)*
understanding 1. *(Gen)* Übereinkommen *n*; 2. *(Recht)* Verständigung *f* • **come to an understanding** 1. *(Gen)* sich einigen; 2. *(Recht)* sich verständigen • **on the understanding that** *(Gen)* unter der Voraussetzung, dass
understate *v (RW, WiWi)* unterbewerten
understated *adj (RW)* unterbewertet
undertake *v* 1. *(WiWi)* unternehmen; 2. *(Gen)* eingehen *(risk)*; versprechen *(promise)*; übernehmen *(task, responsibility)*
undertaking 1. *(Gen)* Projekt *n*, Unterfangen *n*, Betrieb *m*, Versprechen *n (promise)*; Unternehmen *n*, Ausführung *f (venture)*; 2. *(Recht)* Verpflichtung *f*, Zusicherung *f*
undertax *v (Steuer)* zu niedrig besteuern
undervalue *v* 1. *(Fin, RW)* unterbewerten; 2. *(Gen)* unterbewerten, unterschätzen, zu niedrig bewerten
undervalued currency *(Fin, WiWi)* unterbewertete Währung *f*
underwrite *v (Versich)* versichern, zeichnen
underwrite *v* **an issue** *(Bank)* eine Emission übernehmen*(investment fund share; opposite: redemption price = Rückzahlungspreis)*
underwriter 1. *(Fin)* Konsortialmitglied *n*; 2. *(Versich)* Versicherer *m*, Versicherungsgeber(in) *m(f)*
underwriting *(Versich)* Zeichnung *f*, Risikoübernahme *f*
underwriting agreement *(Börse)* Konsortialvertrag *m*
underwriting business *(Börse, Fin)* Effektenemissionsgeschäft *n*
underwriting commission *(Fin)* Übernahmeprovision *f*
underwriting fee *(Bank)* Übernahmeprovision *f*
underwriting group *(Bank, Fin)* Emissionskonsortium *n*
underwriting profit *(Fin)* Emissionsgewinn *m*
underwriting prospectus *(Fin)* Emissionsprospekt *m*
underwriting spread *(Börse)* Konsortialspanne *f*
underwriting syndicate 1. *(Fin)* Emissionskonsortium *n*, Übernahmekonsortium *n*; 2. *(Versich)* Garantiekonsortium *n*
undetermined *adj (Gen)* unbestimmt
undeveloped *adj (Grund)* unerschlossen
undifferentiated *adj (Gen)* undifferenziert
undischarged commitment *(RW)* unbezahlte Verpflichtung *f*
undisclosed *adj (Gen)* ungenannt
undisclosed impairment of assets *(RW, Versich) (Deu)* stille Lasten *fpl*, unreali-

sierte Verluste *mpl (not shown in the balance sheet; opposite: undisclosed reserves = stille Reserven; das Ergebnis überbewerteter Aktiva oder unterbewerteter Passiva)*

undisclosed reserves *(RW)* stille Reserven *fpl*, stille Rücklagen *fpl (reserves that are not shown in the balance sheet; synonymous: hidden reserves, hidden assets, off-balance sheet reserves, concealed reserves, secret reserves; das Ergebnis unterbewerteter Aktiva oder überbewerteter Passiva; opposite: stille Lasten = undisclosed charges, hidden charges, undisclosed impairment of assets)*

undisclosed sum *(Fin, Gen)* nicht offengelegter Betrag *m*

undistributable reserves *(RW)* nicht zweckgebundene Rücklage *f*

undistributed income *(RW)* einbehaltener Gewinn *m*

undistributed profit 1. *(RW)* unverteilter Gewinn *m*; 2. *(Fin)* nicht ausgeschütteter Gewinn *m*

undivided *adj (Gen)* ungeteilt *(profits)*

undivided interest *(Fin)* Nutznießung *f* zur gesamten Hand

undivided property *(Grund)* ungeteilter Besitz *m*

undue influence *(Gen)* unzulässige Beeinflussung *f*

unearned *adj (Gen, RW, Steuer)* unverdient

unearned income 1. *(Steuer, WiWi)* Einkommen *n* aus Vermögen, Vermögenseinkommen *n*, Besitzeinkommen *n*, Kapitaleinkommen *n*, fundiertes Einkommen *n*, ohne Arbeit erzieltes Einkommen *n*, Nicht-Arbeitseinkommen *n (income received from sources other than employment; nicht arbeitsbezogenes Einkommen; synonymous: investment income; opposite: earned income = Arbeitseinkommen)*; 2. *(RW)* transitorische Passiva *npl (synonymous: prepaid income)*

unearned increment *(Fin, Grund)* unverdienter Wertzuwachs *m*

unearned premium reserve *(Versich)* Deckungskapital *n*, Deckungsrückstellung *f*

uneasy quadrangle *(WiWi)* magisches Viereck *n*

uneconomic *adj (Gen, WiWi)* unrentabel, unwirtschaftlich, unökonomisch

uneconomical *adj (Gen)* unökonomisch, unrentabel, unwirtschaftlich

unemployable *adj (Pers)* beschäftigungsunfähig

unemployed *adj (Pers, Soz, WiWi)* arbeitslos

unemployed/the *(Pers, Soz, WiWi)* die Arbeitslosen *pl*

unemployed labor force *(AE) (Pers, Soz, WiWi) s.* unemployed labour force

unemployed labour force *(BE) (Pers, Soz, WiWi)* arbeitslose Arbeitskräfte *fpl*

unemployed person *(Pers, Soz, WiWi)* Arbeitslose(r) *f(m)*

unemployment *(Pers, Soz, WiWi)* Arbeitslosigkeit *f*

unemployment assistance *(Pers, Soz)* Arbeitslosenhilfe *f*

unemployment benefit *(BE) (Pers, Soz, WiWi)* Arbeitslosengeld *n*, Arbeitslosenunterstützung *f*

unemployment figures *(Pers, WiWi)* Arbeitslosenzahlen *fpl*

unemployment insurance *(Pers, Versich, WiWi)* Arbeitslosenversicherung *f*

unemployment pay *(Pers, Soz, WiWi)* Arbeitslosenunterstützung *f*

unemployment rate *(Pers, WiWi)* Arbeitslosenquote *f*

unemployment relief *(Pers, Soz)* Arbeitslosenhilfe *f*

unemployment risk *(Pol, Soz)* Arbeitslosigkeitsrisiko *n*

unencumbered *adj (Grund)* unbelastet

unencumbered property *(Grund)* schuldenfreies Eigentum *n*

unenforceable contract *(Recht)* nicht einklagbarer Vertrag *m*, nicht erzwingbarer Vertrag *m*, nicht klagbarer Vertrag *m*

uneven *adj (Gen)* ungleichmäßig *(trend)*; ungerade *(odd figure)*

unexcused absence from work *(Pers) (ugs.)* Blaumachen *n*

unexpected loss *(UL) (Bank, Fin)* unerwarteter Verlust *m*, unerwartet auftretender Verlust *m (Basel II)*

unexpended *adj (Fin)* nicht ausgegeben

unexpired cost *(WiWi)* nicht erfolgswirksame Kosten *pl*
unexpired term *(Fin)* Restlaufzeit *f (bis zur Endfälligkeit = final maturity)*
unexploited *adj (WiWi)* unerschlossen
unfair *adj (Gen)* ungerecht
unfair competition *(Recht)* unlauterer Wettbewerb *m*
unfair dismissal *(Pers)* grundlose Entlassung *f*, ungerechtfertigte Entlassung *f*
unfair trading practices *(Gen)* unlauterer Wettbewerb *m*, unlauteres Geschäftsgebaren *n*
unfavorable *adj (AE) (Gen) s.* unfavourable
unfavorable balance of trade *(AE) (Imp/Exp, Pol, WiWi) s.* unfavourable balance of trade
unfavorable rate of exchange *(AE) (Fin) s.* unfavourable rate of exchange
unfavourable *adj (BE) (Gen)* ungünstig, unvorteilhaft *(price, conditions)*
unfavourable balance of trade *(BE) (Imp/Exp, Pol, WiWi)* passive Handelsbilanz *f*
unfavourable rate of exchange *(BE) (Fin)* ungünstiger Wechselkurs *m*
unfeasible *adj (Gen)* undurchführbar
unfilled job opening *(Pers)* (noch) unbesetzte Stelle *f*, freie Stelle *f*
unfilled orders *(Gen)* Auftragsrückstand *m*, unerledigte Aufträge *mpl*
unfilled vacancy *(Pers)* (noch) unbesetzte Stelle *f*, freie Stelle *f*
unfinished *adj (Ind)* unbearbeitet
unfit *adj (Pers)* untauglich
unfit for consumption *(Gen)* nicht zum Verzehr geeignet
unforeseeable *adj (Gen)* unabsehbar, unvorhersehbar
unforeseeable expenditure *(RW)* unvorhergesehene Ausgaben *fpl*
unforeseen circumstances *(Gen)* unvorhergesehene Umstände *mpl*
unfounded *adj (Gen)* leer, unbegründet *(rumour, allegation)*
unfriendly takeover *(Fin, Gen, Mgt)* feindliche Übernahme *f*, unfreundliche Übernahme *f*
unfriendly takeover attempt *(Fin, Gen)* feindlicher Übernahmeversuch *m*
unfunded debt *(Fin)* nicht konsolidierte Schuld *f*, schwebende Schuld *f*
unhedged *adj (Börse)* ungesichert
unidentified *adj (Gen)* unerkannt
unification *(Gen)* Vereinheitlichung *f*, Wiedervereinigung *f*, Vereinigung *f (of Germany)*
unification of law *(Recht)* Rechtsvereinheitlichung *f*
unified *adj (Gen)* vereinheitlicht, wieder vereinigt, vereinigt *(Germany)*
unified form *(Gen)* Einheitsformular *n*
uniform *adj (Gen)* einheitlich, konstant
uniform accounting *(RW)* einheitliche Buchführung *f*
uniform price *(Fin)* Einheitspreis *m*
uniform principles *(Pol, Recht)* einheitliche Grundsätze *f*
uniform rules for collections *(Bank)* einheitliche Inkassorichtlinien *fpl*
uniformity *(Gen)* Einheitlichkeit *f*
unify *v (Gen)* einigen, vereinheitlichen
unilateral *adj (Pers, Pol, WiWi)* einseitig
unilateral agreement *(WiWi)* einseitiges Abkommen *n*, unilaterales Abkommen *n*
unilateral measure *(Pol, Umwelt)* einseitige Maßnahme *f*
unilaterally *adv (Gen)* einseitig
uninsurable *adj (Versich)* unversicherbar
uninsured *adj (Versich)* nicht versichert, unversichert
unintended *adj (Gen)* unbeabsichtigt
union 1. *(Gen, Pers)* Gewerkschaft *f (workers)*; 2. *(Pol)* Gewerkschaft *f*, Vereinigung *f (workers)*
union affiliation *(Pers)* Gewerkschaftszugehörigkeit *f*
union agreement *(AE) (Pers)* Tarifvertrag *m*
union contract negotiations *(AE) (Pers, WiWi)* Tarifverhandlung *f*
union demands *pl (Pers)* gewerkschaftliche Forderungen *fpl*, Gewerkschaftsforderungen *fpl*, Forderungen *fpl* der Gewerkschaft
union membership *(Pers)* Gewerkschaftsmitgliedschaft *f*
union rate *(Pers)* Mindestlohnsatz *m*, Tariflohn *m*
union structure *(Pers)* Gewerkschaftsstruktur *f*

union wage policy *(Pers)* gewerkschaftliche Tarifpolitik *f*
unique *adj (Gen)* außergewöhnlich, einmalig, einzigartig, unvergleichlich
unique opportunity *(V&M)* einmalige Gelegenheit *f*
unique position *(Pat)* Alleinstellung *f*
unique selling point *(V&M)* einmaliges Verkaufsargument *n*
unique selling proposition *(V&M)* einmaliges Verkaufsargument *n*, einzigartiges Verkaufsversprechen *n*
unissued capital *(Börse)* nicht gezeichnetes Kapital *n*
unissued capital stock *(Börse)* nicht ausgegebenes Aktienkapital *n*
unissued shares *(BE) (Börse)* zur Ausgabe genehmigte, aber noch nicht emittierte Aktien *fpl*
unissued stock *(AE) (Börse)* zur Ausgabe genehmigte, aber noch nicht emittierte Aktien *fpl*
unit *(Gen)* Stück *n*
unit cost *(RW)* Stückkosten *pl*
unit cost accounting *(RW)* Kostenträgerrechnung *f*
unit costing per period *(RW)* Kostenträgerzeitrechnung *f*
unit labor costs *(AE) (Pers, RW, WiWi) s.* unit labour costs
unit labour costs *(BE) (Pers, RW, WiWi)* Lohnstückkosten *pl*
unit labour costs in manufacturing *(ULCM) (BE) (Stat, WiWi)* Lohnstückkosten *pl* im verarbeitenden Gewerbe, LSKsol;VG
unit labour costs in the total industry *(ULCT) (BE) (Stat, WiWi)* Lohnstückkosten *pl* in der Gesamtwirtschaft, LSKsol;GW
unit of account *(RW)* Rechnungseinheit *f*
unit of account costing *(RW)* Kostenträgerrechnung
unit of measure *(Gen)* Maßeinheit *f*
unit of output 1. *(Gen)* Fertigungseinheit *f*, Produktionseinheit *f*, Produkteinheit *f (synonymous: unit of production, unit of product)*; 2. *(RW)* Kostenträger *m (trägt die Istkosten -actual cost-, die Normalkosten -standard cost- oder die Plankosten -budgeted cost-)*
unit of product *s.* unit of production
unit of production 1. *(Gen)* Produktionseinheit *f*, Fertigungseinheit *f*; 2. *(RW)* Kostenträger *m (synonymous: unit of output)*
unit of trading *(Börse)* Kontrakteinheit *f*, Schlusseinheit *f*
unit price 1. *(Gen)* Stückpreis *m*; 2. *(V&M)* Einzelpreis *m*
unit trust *(BE) (Börse, Fin)* Investmentgesellschaft *f*; Investmentfonds *m (z. B. Aktien-, Renten-, Immobilien- und sonstige Fonds des Anlageuniversums)*
unit value *(Gen)* Einheitswert *m*, Wert *m* pro Einheit
unite *v (Gen)* zusammenschließen, zusammenfassen
unite *v* **with** *(Gen)* sich verbinden mit, sich vereinigen mit
united *adj (Gen)* vereinigt
United Kingdom of Great Britain and Northern Ireland *(Pol)* Vereinigtes Königreich von Großbritannien und Nordirland *(UK)*
United Nations Economic Commission for Europe *(UNECE) (Pol, WiWi)* Wirtschaftskommission *f* der Vereinten Nationen für Europa; UN-Wirtschaftskommission *f* für Europa, Wirtschaftskommission *f* der UN für Europa *(formal: Economic Commission for Europe, ECE; a UN agency seated in Geneva; eine Unterorganisation der Vereinten Nationen mit Sitz in Genf)*
unity *(Pat)* Einheit *f*, Übereinstimmung *f*
universal *adj (Fin)* universal
universal bank *(Bank)* Universalbank *f*
university degree *(Pers)* Hochschulabschluss *m*, Universitätsabschluss *m*
university graduate *(Pers)* Akademiker(in) *m(f)*, Hochschulabsolvent(in) *m(f)*, Universitätsabsolvent(in) *m(f)*
university graduate job *(Bil, Pers)* Akademikerarbeitsplatz *f*
unjust *adj (Gen)* unbillig, ungerecht
unknown *adj (Gen)* unbekannt • **of unknown origin** *(Gen)* unbekannten Ursprungs
unknown at this address *(Komm)* Adressat unbekannt
unlawful *adj (Recht)* gesetzwidrig, rechtswidrig, unrechtmäßig
unlawful act *(Recht)* Delikt *n*, unerlaubte Handlung *f*

unless otherwise agreed *(Gen, Recht)* sofern nicht anders vereinbart
unless otherwise specified *(Gen, Recht)* sofern nicht anders angegeben
unlicensed broker *(Börse)* nicht zugelassener Broker *m*
unlimited 1. *(Gen)* unbefristet, unbegrenzt, unbeschränkt; 2. *(Börse)* unlimitiert
unlimited company *(Gen)* Kapitalgesellschaft *f* mit unbeschränkter Haftung
unlimited letter of credit *(Bank)* unbeschränktes Akkreditiv *n*
unlimited liability *(Gen, Recht)* unbegrenzte Haftung *f*, unbeschränkte Haftung *f*
unlimited partner *(Gen, Recht)* Komplementär *m*, Vollhafter *m*, persönlich haftender Gesellschafter *m*, persönlich haftender Partner *m (synonymous: general partner; opposite: limited partner = Kommanditist; special partner)*
unlisted company *(Börse)* nicht börsennotierte Gesellschaft *f*
unlisted market *(Börse)* Freiverkehr *m*
Unlisted Securities Market *(BE) (Börse)* Freiverkehrsbörse *f*, geregelter Freiverkehr *m*
unlisted security 1. *(Fin)* amtlich nicht notierter Wert *m*; 2. *(Börse)* Freiverkehrswert *m*
unlisted trading *(Börse)* Handel *m* in Freiverkehrswerten
unload *v* 1. *(Fin)* abstoßen; 2. *(Gen, Ind)* abladen, ausladen
unload *v* **stocks on the market** *(Börse)* Aktien auf dem Markt abstoßen
unmanageable *adj (Gen)* schwer zu handhaben *(object)*; unkontrollierbar *(situation)*
unmanufactured material *(Ind)* Rohmaterial *n*
unmarketable *adj (Gen)* nicht marktfähig
unmatched *adj (Börse)* konkurrenzlos
unmortgaged *adj (Bank)* nicht hypothekarisch belastet
unnegotiable *adj* 1. *(Bank)* nur zur Verrechnung; 2. *(Gen)* nicht begebbar
unoccupied *adj (Grund)* unbewohnt
unofficial *adj (Admin, Gen, Pol)* inoffiziell
- **in an unofficial capacity** *(Gen)* in nichtoffizieller Eigenschaft

unpack *v (Gen)* auspacken
unpaid *adj (Fin, Gen, RW)* unbeglichen, unbezahlt *(bill, debt)*
unpaid balance *(Bank, Fin)* Restschuld *f*
unpaid call on capital *(BE) (RW)* ausstehende Einlagen *fpl*
unpaid dividend *(Fin)* zur Ausschüttung vorgesehene, aber noch nicht ausgezahlte Dividende *f*
unpaid employment *(Pers)* unentgeltliche Beschäftigung *f*, unbezahlte Beschäftigung *f* unentgeltliche Tätigkeit *f*
unpaid family workers *(Pers)* unbezahlt mithelfende Familienangehörige *mpl (-fpl)*, mithelfende Familienangehörige *mpl(fpl)*
unpaid trainee *(Pers)* Volontär(in) *m(f)*
unpatented *adj (Pat)* nicht patentiert
unplanned depreciation *(RW)* außerplanmäßige Abschreibung *f*
unplug *v (Gen)* den Stecker herausziehen von
unpopular *adj (Gen)* unbeliebt, unpopulär
unprecedented *adj (Gen)* beispiellos, noch nicht abgelaufen
unpredictable *adj (Gen)* unberechenbar, unvorhersehbar
unprejudiced *adj (Gen)* unparteiisch, unvoreingenommen
unpriced *adj (Gen)* nicht ausgepreist, ohne Preisangabe
unproductive *adj* 1. *(Ind, Mgt)* unproduktiv; 2. *(Börse)* unergiebig
unproductive labor *(AE) (Pers) s.* unproductive labour
unproductive labour *(BE) (Pers)* nicht produktive Arbeitskräfte *fpl*, unproduktive Arbeitskräfte *fpl*
unprofessional behavior *(AE) (Pers) s.* unprofessional behaviour
unprofessional behaviour *(BE) (Pers)* unprofessionelles Verhalten *n*
unprofessional conduct *(Gen)* berufsstandswidriges Verhalten *n*
unprofitable *adj* 1. *(Fin, WiWi)* unrentabel; 2. *(Gen)* unrentabel
unprofitable investment *(Bank)* Fehlinvestition *f*
unproven *adj (Gen)* unbewiesen
unqualified *adj* 1. *(Gen)* uneingeschränkt *(agreement, approval)*; 2. *(Pers)* unqualifiziert *(worker)*

unqualified acceptance *(Fin)* uneingeschränktes Akzept *n*
unqualified audit opinion *(Mgt, RW)* uneingeschränkter Bestätigungsvermerk *m*
unqualified certificate *(Mgt, RW) s.* unqualified audit opinion
unqualified opinion *(RW)* uneingeschränkter Bestätigungsvermerk *m*
unquestionable *adj (Gen)* unbestreitbar, unzweifelhaft
unquoted shares *(Börse)* nicht amtlich notierte Aktien *fpl*
unrated *adj (Bank, Fin)* ohne Rating, ohne Bonitätsbeurteilung; *(jarg.)* ungeratet *(credit rating, Kredit-Rating)*
unrated securitization position *(Bank, Fin)* ungeratete Verbriefungsposition *f* *(Basel II)*
unrealized gains *pl (Fin, RW, Steuer)* nicht realisierte Gewinne *mpl*, unrealisierter Gewinn *m*, unrealisierte Gewinne *mpl*, verdeckte Gewinne *mpl*; stille Reserven *fpl*
unrealized profit *(Fin, RW, Steuer) s.* unrealized gains
unreasonable *adj (Gen)* unangemessen, ungerechtfertigt, unpassend *(demand, price, behaviour)*
unreceipted *adj (Gen)* unquittiert *(invoice)*
unrecorded *adj (Gen)* nicht eingetragen
unrecorded employment *(Pers)* Schwarzarbeit *f*
unrecoverable *adj (Fin, Gen)* nicht eintreibbar, uneinbringlich *(debt)*
unrecoverable loans *(Fin, RW)* uneinbringliche Forderungen *fpl*
unregistered *adj (Recht)* auf den Inhaber lautend, Inhaber...
unregistered stock *(Börse)* Inhaberaktie *f*
unregistered trademark *(Gen)* nicht eingetragenes Warenzeichen *n*
unreliable *adj (Gen, Pers)* unzuverlässig *(information, estimate)*
unresolved *adj (Mgt)* ungeklärt, ungelöst *(problem, question)*
unrestricted *adj (Fin, Gen)* unbeschränkt, uneingeschränkt *(competition, rights)*
unrestricted access *(Gen)* uneingeschränkter Zugang *m*
unrewarding *adj (Gen)* nicht lohnend
unrivaled *adj (AE) (Gen) s.* unrivalled
unrivalled *adj (BE) (Gen)* konkurrenzlos, unerreicht, unübertroffen
unsalable *adj (AE) (V&M) s.* unsaleable
unsaleable *adj (BE) (V&M)* nicht marktfähig
unsatisfactory *adj (Gen)* unbefriedigend, ungenügend
unscreened *adj (Gen)* nicht überprüft *(unchecked)*; nicht abgeschirmt, ungeschützt *(unprotected)*
unscrupulous *adj (Gen)* bedenkenlos, gewissenlos, skrupellos
unsecured creditor *(RW)* nicht gesicherter Gläubiger *m*, nicht gesicherte Gläubigerin *f*
unsecured debt *(Fin)* unbesicherte Forderung *f*
unsecured loan *(RW)* nicht gesichertes Darlehen *n*
unsettled *adj (Fin, Gen)* unbeglichen, unbezahlt *(bill, debt)*
unsettled times *(Gen)* unruhige Zeiten *fpl*
unskilled *adj (Pers, Soz)* unausgebildet, ungelernt
unskilled labor *(AE) s.* unskilled labour
unskilled labour *(BE)* 1. *(WiWi)* ungelernte Arbeitskräfte *mpl*; 2. *(Pers)* ungelernte Hilfskräfte *mpl*
unskilled worker *(Pers)* Hilfsarbeiter(in) *m(f)*
unsold goods *(V&M)* unverkaufte Ware *f*
unsolicited *adj (Gen)* freiwillig, unaufgefordert
unsolicited application *(Pers)* unaufgeforderte Bewerbung *f*
unspent *adj (Fin)* nicht verbraucht
unstructured interview *(V&M)* unstrukturiertes Interview *n*
unsubscribe *v* 1. *(Media, V&M)* abbestellen; 2. *(Comp, Komm) (jarg.)* ababonnieren *(Newsletter)*
unsubsidized *adj (Gen)* unsubventioniert
unsubstantiated *adj (Gen) (ugs.)* aus der Luft gegriffen, unbegründet
unsuitable *adj* 1. *(Gen)* unangemessen, ungeeignet, unzulässig, unzweckmäßig, zweckwidrig; 2. *(Pers)* untauglich
unsustainable *adj (Gen)* auf Dauer untragbar, auf Dauer inakzeptabel
untapped *adj (Gen)* unerschlossen, ungenutzt *(resources, market)*

untargeted *adj (V&M)* ungezielt *(consumer base)*
until further notice *(Gen)* bis auf weitere Nachricht, bis auf Weiteres
untrained *adj (Pers, Soz)* unausgebildet, ungelernt, ungeschult
untransferable *adj (Börse)* nicht übertragbar
unused *adj (Gen)* brachliegend, nicht beansprucht, ungenutzt, unbenutzt *(new)*
unwarranted *adj (Gen)* ohne Gewähr, ungerechtfertigt, unverbürgt
unweighted *adj (WiWi)* ungewogen *(index, figures)*
unwritten agreement *(Gen)* mündliche Abmachung *f*, mündliche Vereinbarung *f*
up *v (Gen)* hinaufsetzen *(bid, offer)*
up-and-coming *adj (Gen)* aufstrebend, vielversprechend
up front *(Gen)* im Voraus *(in advance)*
up-front cost *(Gen)* Investitionskosten *pl*, Anschaffungskosten *pl*
up-market *adj (V&M)* anspruchsvoll *(clientele)*; exklusiv *(product)*
up-market segment *(Gen)* gehobene Preisklasse *f*, oberes Marktsegment *n*
up-to-date *adj (Gen)* aktuell, auf dem Laufenden, modern, zeitgemäß
up-to-date information *(Gen)* aktuelle Information *f*
update *v (Gen)* aktualisieren, auf den neuesten Stand bringen, modernisieren
update *(Gen)* letzte Information *f*, neueste Information *f*
upgrade *v* 1. *(Comp)* verbessern, ausbauen, erweitern *(memory)*; 2. *(Gen)* aufwerten *(in quality)*; 3. *(Frei)* Angebot verbessern
upgrading 1. *(Comp)* Ausbau *m*, Erweiterung *f*; 2. *(Gen, Pers)* Beförderung *f*, Höherstufung *f (of post)*
upgrading course *(Bil)* Förderlehrgang *m*, Lehrgang *m* zur Verbesserung des Ausbildungsstandes
uphold *v* **a complaint** *(Recht)* Klage *f* stattgeben
uplink *(Komm)* Aufwärts-Strecke *f*, Uplink-Strecke *f*
upload *v (Comp, Komm)* übermitteln, *(ugs.)* hochladen *(data)*; heraufladen, *(ugs.)* uploaden
upload *(Comp, Komm)* Heraufladen *n*, Uploaden *n*
upload limit *(Comp, Komm, Media)* Volumenbeschränkung *f (Menge der übertragenen Daten vom eigenen Rechner)*
upright *adj (Transp)* aufrecht, senkrecht, stehend
upscale product *(AE) (Gen)* hochwertiges Produkt *n*
upside breakeven point *(Börse)* oberer Break-Even-Punkt *m*
upside potential *(Fin)* Kursspielraum *m* nach oben
upside profit potential *(Börse)* Gewinnpotenzial *n* nach oben *(options)*
upstream *adj (Gen, WiWi)* vorgeordnet; vorgelagert *(markets)*
upstream *adv (Gen)* vorgelagert
upswing *(WiWi)* Aufschwung *m*
upturn 1. *(WiWi)* Aufschwung *f*, Belebung *f*, Besserung *f*; 2. *(Gen)* Aufschwung *m*, Aufwärtsbewegung *f*
upvaluation *(Gen)* Aufwertung *f*, Höherbewertung *f*
upward *adv (Gen)* aufwärts *(move)*
upward movement *(Gen)* Aufwärtsbewegung *f*
upward pressure *(WiWi)* Aufwertungsdruck *m (on budget)*
upward spiral *(Gen)* Aufwärtsspirale *f (in wages, prices)*
upwards *adv (Gen)* aufwärts *(move)*
urban area 1. *(Admin)* Stadtgebiet *n*; 2. *(Gen)* geschlossene Ortschaft *f*; 3. *(Pol)* Stadtgebiet *n*
urban renewal 1. *(Admin)* Stadterneuerung *f*; 2. *(Gen, WiWi)* Stadtsanierung *f*; 3. *(Pol)* Stadterneuerung *f*
urban waste *(Umwelt)* Siedlungsabfall *m*
urbanize *v (WiWi)* urbanisieren, verstädtern
urgent *adj (Gen)* akut, dringend • **be in urgent need of** *(Gen)* dringend brauchen, dringend nötig haben
urgent order *(Gen)* Eilauftrag *m*, Eilbestellung *f*
urgently *adv (Gen)* dringend
US Treasury bond *(Börse)* US-Schatzanleihe *f (T-Bond)*
usable *adj (Gen)* verwendbar

usance *(Bank, Fin)* Laufzeit *f*, Usance *f* • **at thirty days' usance** *(Fin)* zu einer Laufzeit von dreißig Tagen, zu einer Wechselfrist von dreißig Tagen
use *v* 1. *(Umwelt)* verbrauchen *(natural resources)*; 2. *(Gen)* benutzen, verwenden
use *v* **to capacity** *(Gen)* auslasten
use 1. *(Gen)* Benutzung *f*; 2. *(Pat)* Gebrauch *m*, Nutzung *f*
use as intended *(Recht, V&M)* bestimmungsgemäßer Gebrauch *m*
use by... *(UB) (V&M)* verbrauchen bis..., mindestens haltbar bis...
use of funds *(RW)* Verwendung *f* von Mitteln
use value *(WiWi)* Gebrauchswert *m*
useable floor space *(Grund)* Nutzfläche *f*
useful *adj (Gen)* nützlich, zweckmäßig
useful economic life *(RW, WiWi)* wirtschaftliche Nutzungsdauer *f*
useful life *(Gen, RW, WiWi)* Nutzungsdauer *f (of asset, machine)*
user 1. *(Comp)* Auftraggeber(in) *m(f)*, Benutzer(in) *m(f)*, User *m*; 2. *(Gen)* Benutzer(in) *m(f)*, Nutzer(in) *m(f)*, Anwender(in) *m(f)*
user costs *(Fin, RW)* kalkulatorische Abschreibungen *fpl*
user-defined *adj (Comp)* benutzerdefiniert
user-friendly *adj (Comp, V&M)* anwenderfreundlich, benutzerfreundlich
user guidance *(Comp, Komm, Media)* Benutzerführung *f*
user-oriented *adj* 1. *(Comp)* anwenderorientiert; 2. *(V&M)* benutzerorientiert
user-unfriendly *adj (Comp, V&M)* anwenderfeindlich, benutzerfeindlich, benutzerunfreundlich
USP *s.* unique selling proposition
usual *adj (Gen)* üblich
usual conditions *(Gen)* übliche Bedingungen *fpl*
usual terms *(Gen)* übliche Bedingungen *fpl*
usufruct *(Recht)* Nießbrauch *m (right to utilize)*
usurer *(Fin)* Wucherer *m*
usurious *adj (Bank, Fin)* wucherisch
usurious interest *(Bank, Fin)* Wucherzinsen *mpl*
util *(WiWi)* Nutzeneinheit *f*
utilities *(Börse)* Energiewerte *mpl*
utilities sector *(Ind)* Versorgungsbereich *m*
utility 1. *(WiWi)* Nützlichkeit *f*, Nutzen *m*; 2. *(Ind)* Versorgungsbetrieb *m*
utility function *(WiWi)* Nutzenfunktion *f*
utility maximization *(WiWi)* Nutzenmaximierung *f*
utility model *(Pat)* Gebrauchsmuster *n*
utility possibility frontier *(WiWi)* Nutzenmöglichkeitskurve *f*
utilization *(Gen)* Nutzung *f*, Verwendung *f*, Einsatz *m (of natural resources)*
utilization percent *(Gen)* Ausnutzungsgrad *m*
utilize *v* 1. *(Umwelt)* einsetzen, nutzen; 2. *(Gen)* ausnutzen, verwenden, verwerten, wahrnehmen *(opportunity)*
utilized *adj (Fin, Gen, Ind, Pat)* verwertet
utilized capacity *(Ind)* benutzte Kapazität *f*, verwertete Kapazität *f*
utmost good faith 1. *(Versich)* höchste Gutgläubigkeit *f*, unbedingte Beachtung *f* von Treu und Glauben; 2. *(Recht)* höchste Gutgläubigkeit *f*
utter *v* 1. *(Recht, WiWi)* in Umlauf setzen, verbreiten *(notes, especially counterfeit)*; 2. *(Gen)* zum Ausdruck bringen

V

v *s.* versus
vacancies registered *(Pers)* registrierte offene Stellen *fpl*
vacancy *(Pers)* freie Stelle *f*
vacant *adj (Grund)* unbewohnt, frei
vacant lot *(AE) (Grund)* unbebautes Grundstück *n*
vacate *v (Grund)* verlassen
vacation *(AE) (Frei, Gen, Pers)* Ferien *pl*, Urlaub *m* • **go on vacation** *(Frei, Gen, Pers)* Ferien machen, in Urlaub gehen
vacation allowance *(AE) (Pers)* Urlaubsgeld *n*
vacation job *(AE) (Pers)* Ferienarbeit *f*, Ferientätigkeit *f*, Ferien(arbeits)stelle *f*
vacation pay *(AE) (Pers)* Urlaubsgeld *n*
vacation period *(AE) (Frei)* Urlaubszeit *f*
vacation work *(AE) (Pers)* Ferienarbeit *f*, Ferientätigkeit *f*, Ferien(arbeits)stelle *f*
val. *s.* valuta
valid *adj* 1. *(Admin)* (rechts)gültig; 2. *(Gen)*

stichhaltig *(argument, excuse)* • **no longer valid** *(Gen)* abgelaufen
valid claim *(Recht)* berechtigter Anspruch *m*
valid law *(Recht)* geltendes Recht *n*
valid passport *(Admin)* gültiger Reisepass *m*
valid reason *(Gen)* triftiger Grund *m*
validate *v* 1. *(Comp)* validieren; 2. *(Gen)* bestätigen, für gültig erklären *(document, claim)*
validity 1. *(Gen)* Stichhaltigkeit *f*, Richtigkeit *f*; Geltung *f*, Berechtigung *f (of claim)*; 2. *(Recht)* Gültigkeit *f*, Gültigkeitsdauer *f*, Rechtswirksamkeit *f*, Wirksamkeit *f (contracts)*; 3. *(Stat, WiWi)* Validität *f*, Gültigkeit *f*; 4. *(Transp)* Gültigkeit *f*, Gültigkeitsdauer *f (ticket, Flugticket, Fahrkarte)*
valorization 1. *(WiWi)* Valorisation *f*, Preisregelung *f*, Valorisierung *f (by state)*; 2. *(Gen)* behördliche Preisfestsetzung *f* [Preisregelung *f*]
valorize *v (Gen)* valorisieren
valuable consideration *(Gen)* geldwerte Gegenleistung *f*
valuables *(Gen)* Valoren *fpl*, Wertgegenstände *mpl*, Wertsachen *fpl*
valuation 1. *(Gen)* Bewertung *f*, Begutachtung *f*, Taxe *f*; 2. *(Grund)* Schätzung *f (of property)*
valuation adjustment *(RW)* Wertanpassung *f*, Wertberichtigung *f (correction)*
valuation allowance *(RW)* Wertberichtigung *f (bonds)*
valuation criteria *(RW)* Bewertungskriterien *npl*, Bewertungsgrundlagen *fpl*
valuation losses *(Bank, RW)* Bewertungsverluste *mpl*
valuation of stock *(RW)* Lagerbewertung *f*
valuation principles *(RW)* Bewertungsgrundlagen *fpl*
valuation report *(Gen)* Wertgutachten *n*, Gutachten *n*
value *v (Gen)* schätzen, bewerten, taxieren *(estimate value)*
value *(val.)* 1. *(RW)* Werthaltigkeit *f (receivables, securities, Forderungen, Wertpapiere)*; 2. *(Bank)* Valuta *f*; 3. *(Fin)* Substanzwert *m*; 4. *(Gen)* Wert *m*, Substanz *f*, Nutzen *m (usefulness)* • **at face value** 1. *(Börse, Fin)* zu pari, zum Nennwert, nominal, zum Nominalwert *(synonymous: at par)*; 2. *(Gen)* oberflächlich betrachtet • **no value declared, NVD** *(Imp/Exp)* ohne Wertangabe *(customs)* • **be good value for money** *(WiWi)* sein Geld wert sein, preisgünstig sein; ein guter Gegenwert sein, einen guten Gegenwert darstellen
value added *(WiWi)* Wertschöpfung *f*, Mehrwert *m (an addition in the value chain of original purchase, manufacture and distribution)*
value-added *adj (Comp, Fin, Steuer, WiWi)* Mehrwert...
value-added services *(Gen)* Mehrwertdienste *mpl*
value-added tax *(VAT, vat) (Steuer)* Mehrwertsteuer *f*, MWSt *f*, MwSt *f*
value-added tax on input *(Steuer)* abziehbare Vorsteuer *f (synonymous: deductible input tax, deductible portion of the prior turnover tax)*
value analysis *(Gen, WiWi)* Wertanalyse *f (analysis of the value and the value added of product components; synonymous: value engineering; Untersuchung des Wertbeitrags von Komponenten und Bauteilen eines Produkts)*
value at border *(Imp/Exp)* Grenzwert *m*
value at cost *(RW)* Herstellungswert *m*
value chain *(Fin)* Wertkette *f*, Wertschöpfungskette *f*, Leistungskette *f (from original purchasing over manufacturing to distribution)*
value-creating activity *(WiWi)* Wertschöpfung *f*
value date *(Bank, Fin)* Wertstellung *n*, Wertstellungsdatum *n*, Valuta *f*, Valutierungstag *m (on a bank account; opposite: date of entry = Buchungsdatum)*
value-driven management *(Mgt)* wertorientierte Unternehmensführung *f*, wertbasierte Unternehmensführung *f*, marktwertorientierte Unternehmensführung *f (shareholder value concept; search for and implementation of activities which enhance the shareholder value; der Wert des Unternehmens in diesem Sinn ist die Summe der Barwerte aller erwarteten Einzahlungsüberschüsse, cf discounted cash-flow method)*
value engineering *(Fin, Gen, WiWi)*

Wertanalyse *f*, Konzeptwertanalyse *f*, Wertanalyse *f* im Entstehungsstadium *(analysis of the value and the value added of product components; synonymous: value analysis; Untersuchung des Wertbeitrags von Komponenten und Bauteilen eines Produkts)*
value for collection *(RW)* Inkassowert *m*
value for money *(Gen)* Geldwert *m*, Preis-Leistungs-Verhältnis *n*
value in exchange *(WiWi)* Tauschwert *m*
value in use *(WiWi)* Gebrauchswert *m*
value of a basis point *(Bank, Fin)* Basispunktwert *m*, Basispunkt-Sensitivität *f (measuring the market risk of a portfolio, absolute Sensitivitätskennzahl für Zinsinstrumente zur Analyse des zinsreduzierten Kursrisikos; synonymous: present value of a basis point, price value of a basis point, basis point value = BPV = dollar value of an 01 = DV01)*
value of an asset as part of an enterprise *(RW, Steuer)* Teilwert *m (synonymous: going concern value; value of an asset or a project under the assumption that the business entity will continue in operational existence for the foreseeable future; Kaufpreis, den der Erwerber eines Unternehmens bei unterstellter Unternehmensfortführung für ein einzelnes Wirtschaftsgut ansetzen würde; § 61 Nr. 1 EStG, § 10 BewG)*
value of an enterprise as a whole *(Gen, RW)* Unternehmenswert *m*
value of money *(WiWi)* Geldwert *m*
value of the contract *(Börse)* Vertragswert *m (futures)*
value safeguarding clause *(Bank, Recht, WiWi)* Indexklausel *f*, Wertsicherungsklausel *f*
value share *(Börse)* Nennwertaktie *f*
value share/no par *(Börse)* Quotenaktie *f*
value shares *(BE) (Bank, Fin)* werthaltige Aktien *fpl*, unterbewertete Aktien *fpl*, niedrig bewertete Aktien *fpl*, Substanzwerte *mpl*, Value-Aktien *fpl (stock market analysis; Aktienbewertungsmaßstab: KGV –PER- oder am Verhältnis von Kurs- und Buchwert)*
valued at/be *(Börse)* bewertet sein mit
valuta *(Bank)* Wertstellung *f*, Valutierung *f*
variability *(Gen, Stat, WiWi)* Schwankung *f*, Variabilität *f*
variable *(Stat, WiWi)* Größe *f*, Variable *f*
variable budget *(WiWi)* flexibles Budget *n*
variable charge *(Gen)* variable Gebühr *f*
variable cost *(Fin, RW, WiWi)* variable Kosten *pl*
variable expense *(Fin, RW, WiWi)* variable Kosten *pl*
variable gross margin *(RW)* Deckungsbeitrag *m*
variable interest rates *(Bank)* Gleitzinsen *mpl*, variable Zinsen *mpl*
variable labour costs *(BE) (Pers, RW)* variable Arbeitskosten *pl*, variable Personalkosten *pl*
variable lending rate *(Fin)* variabler Zinssatz *m* für Ausleihungen
variable overhead cost *(Fin)* variable Gemeinkosten *pl*
variable-rate *adj (Fin)* variabel verzinslich
variable rate 1. *(Bank, WiWi)* variabler Zins *m*; 2. *(Fin)* variabler Kurs *m*
variable-rate mortgage *(Bank, Grund)* variabel verzinsliche Hypothek *f*
variable rates of interest *(Bank, Fin, WiWi)* variable Zinsen *mpl*
variance 1. *(RW)* Uneinigkeit *f (disagreement)*; 2. *(Fin)* Abweichung *f*, Unvereinbarkeit *f (discrepancy)*; 3. *(Gen)* Veränderung *f*; 4. *(Recht)* Unvereinbarkeit *f (discordance)*; 5. *(Stat)* Varianz *f*
variance analysis *(RW)* Abweichungsanalyse *f*
variation 1. *(WiWi)* Schwankung *f (revenue, expenditure)*; 2. *(Gen)* Abweichung *f*, Variation *f*, Veränderung *f*
variation margin *(Börse)* Nachschusszahlung *f*
variety reduction *(Gen, WiWi)* Sortimentseinschränkung *f*
vary *v (Gen)* variieren, wechseln, (sich) ändern *(change)*
vat *(Abk. für value added tax) (Steuer)* MWSt, MwSt, Mehrwertsteuer *f*
VAT *s.* value-added tax
VAT Directive *(Recht, Steuer)* MWSt--Richtlinie *f (EU)*
VAT number *(Steuer)* Umsatzsteuer--Identifikations-Nummer *f*, USt-IdNr *f*

VAT paid *(BE) (Steuer)* Mehrwertsteuer bezahlt
VAT refund *(Steuer)* Umsatzsteuerrückvergütung *f*, Umsatzsteuervergütung *f*
VAT registration number *(Steuer)* Umsatzsteuer-Identifikations-Nummer *f*, USt-IdNr *f*
vault cash *(Bank)* Barreserve *f*
vault reserve *(AE) (Bank)* Barreserve *f*
VCC *(Abk. für venture capital company) (Fin, Gen)* VCG, Venture-Capital-Gesellschaft *f*, Wagniskapitalgesellschaft *f*, Kapitalbeteiligungsgesellschaft *f*, Unternehmensbeteiligungsgesellschaft *f*
VDU job *(Abk. für visual display unit job) (Comp)* Bildschirmarbeitsplatz *m*
velocity *(Gen)* Geschwindigkeit *f*, Tempo *n*
velocity of circulation of money *(WiWi)* Umlaufgeschwindigkeit *f* des Geldes
vendee *(AE) (Gen)* Erwerber(in) *m(f)*
vendor 1. *(Gen, Pers, Recht, V&M)* Verkäufer(in) *m(f)*; 2. *(Grund)* Veräußerer *m*
vendor company *(Gen)* veräußernde Gesellschaft *f*
venture *v (Gen)* wagen, riskieren
venture *v* **on** *(Gen)* sich einlassen auf, sich wagen an *(project)*
venture 1. *(WiWi)* Risiko *n*, Unternehmung *f*, Wagnis *n*; 2. *(Gen)* risikoreiches Unternehmen *n*
venture capital *(Bank, Fin, Gen, WiWi)* Risikokapital *n*, Wagniskapital *n*
venture capital company *(Bank, Fin, Gen, WiWi)* Wagniskapital-Beteiligungsgesellschaft *f*
venture capital interest *(Fin)* Wagniskapital-Beteiligung *f*, VC-Beteiligung *f*
venture capitalist *(Bank, Fin, WiWi)* Risikokapitalgeber *m*, Wagniskapitalgeber *m*, Risikounternehmer *m*, risikofreudiger Investor *m*, risikobereiter Investor *m*
venture company *(Bank, Fin, Gen)* Wagniskapital-Beteiligungsgesellschaft *f*, Wagniskapitalgesellschaft *f*, VC-Gesellschaft *f*, VC-Gesellschaft *f*, VCG *f*
venture financing *(Fin)* Wagnisfinanzierung *f*, Wagniskapitalfinanzierung *f*, Bereitstellung *f* von Wagniskapital, Venture-Finanzierung *f (Wagnisfinanzierung mit Risiko- oder Wagniskapital, meist ohne beleihungsfähige Sicherheiten)*
venture fund *(Fin)* Wagnisfinanzierungsfonds *m*
venture trust *(Fin)* Wagniskapitalfonds *f*
venturesome *adj (Gen)* risikofreudig
venturous *adj (Gen)* risikofreudig
venue *(Gen)* Treffpunkt *m (for meeting, conference)*
verbal *adj (Gen)* mündlich *(offer, promise)*
verbal agreement *(Gen)* mündliche Absprache *f*, mündliche Vereinbarung *f*
verbal offer *(Gen)* mündliches Angebot *n*
verdict *(Recht)* Urteil *n*, Strafurteil *n (jury trial)*
verification 1. *(Gen, RW)* Beurkundung *f*, Bestätigung *f*, Prüfung *f*, Verifizierung *f*; 2. *(Recht)* Beglaubigung *f*
verified by independent auditors *(RW)* von unabhängigen Buchprüfern geprüft
verify *v (Gen, RW)* auf Richtigkeit prüfen, beglaubigen, bestätigen, beurkunden, verifizieren • **if verified** *(Gen)* nach Richtigbefund
versatility *(Gen, V&M)* Vielseitigkeit *f (of product)*
versed in the law *(Gen, Recht)* rechtskundig
version *(Gen)* Fassung *f*, Variante *f*, Version *f*
verso *(Media)* Rückseite *f (back of page)*
versus *(Gen)* gegen, versus, vs.
vertical *adj (Gen)* vertikal
vertical amalgamation *(Gen, WiWi)* vertikaler Zusammenschluss *m*
vertical analysis 1. *(RW)* vertikale Bilanzanalyse *f*, vertikale Analyse *f (examination of ratios of items of only one side of the balance sheet, e. g. debt-to--equity ratio = Verschuldungsgrad = Verhältnis von Fremdkapital zu Eigenkapital = FK/EK)*; 2. *(Stat, WiWi)* Querschnittsanalyse *f*, Querschnittsuntersuchung *f*, Vertikalanalyse *f (looks at different ratios at the same time or at the same period of time; synonymous: cross-section analysis; opposite: longitudinal analysis, horizontal analysis; Untersuchung verschiedener Kennzahlen oder Indikatoren, die sich auf einen Zeitpunkt oder Zeitraum bezie-*

hen; Gegensatz: Horizontalanalyse, Zeitreihenanalyse)

vertical business combination *(Gen, WiWi)* vertikaler Unternehmenszusammenschluss *m*

vertical communication *(Gen)* vertikale Kommunikation *f*

vertical expansion *(Gen)* vertikale Expansion *f*

vertical integration *(Gen, WiWi)* vertikale Integration *f*

vertical market *(WiWi)* Vertikalmarkt *m (der Kette vor- und nachgelagerter Märkte)*

vertical merger *(Gen, WiWi)* vertikale Fusion *f*

vertical mobility *(Pers, Soz)* vertikale Mobilität *f*

vertical profit and loss account format *(RW)* Gewinn- und Verlustrechnung *f* in Staffelform

vertical specialization *(Gen)* vertikale Spezialisierung *f*

vertical system *(Bank, Börse, Gen)* vertikales System *n*, Vertikalsystem *n*, vertikal integriertes System *n*, Vertikalmodell *n (vertically integrated business system, e. g. an exchange system including trading, clearing, settlement, custody and management; vertikal integriertes Geschäftsmodell mit langer Wertschöpfungskette, z. B. ein Börsensystem einschließlich Handel, Verrechnung, Abwicklung, Verwahrung und Verwaltung)*; *(ugs.)* Silo-System *n*, Silo-Modell *n (slightly pejorative, leicht abschätzig verwendet im Finanzbereich)*

vertically integrated exchange system *(Börse)* vertikal integriertes Börsensystem *n*, vertikal integriertes Börsenmodell *n (including trading, clearing, settlement, custody and management; einschließlich Handel, Verrechnung, Abwicklung, Verwahrung und Verwaltung; cf vertical system)*

vest *v* 1. *(Gen)* übergeben; 2. *(Recht)* verleihen

vest *v* **with** *(Gen, Pol)* ausstatten mit

vested interest *(Gen)* gesichertes Recht *n* • **have a vested interest in sth** *(Gen)* ein begründetes Anrecht auf etw. besitzen

vested rights *(Gen)* Besitzstand *m*

vet *v (Gen)* auf Herz und Nieren prüfen, genauestens überprüfen

vetting *(Gen, Pol)* Sicherheitsüberprüfung *f*

via *(Komm)* per, via

viability 1. *(Fin)* finanzielle Leistungsfähigkeit *f*; 2. *(Gen)* Erfolgsaussicht *f*, Lebensfähigkeit *f*, Realisierbarkeit *f*, Durchführbarkeit *f (of project)*

viable *adj (Fin, Gen)* entwicklungsfähig, lebensfähig, realisierbar

vicarious liability *(Recht)* Haftung *f* für Verschulden Dritter

vice-chairman *(Mgt, Pers)* stellvertretende(r) Vorsitzende(r) *f(m)*

vice president finance *(AE) (Pers)* Finanzvorstand *m*

vicious circle *(WiWi)* Teufelskreis *m*

vicious cycle *(WiWi)* Teufelskreis *m*

video conference *(Comp, Komm, V&M)* Videokonferenz *f*

video surveillance *(Gen)* Monitorüberwachung *f*

videophone *(Komm)* Bildtelefon *n*

vie *v (Gen)* konkurrieren

vie *v* **with** *(Gen)* wetteifern mit

view *v (Comp)* lesen *(word processed document)*

view *(Gen)* Anschauung *f*, Ansicht *f*, Meinung *f (opinion)*

viewer *(Comp, Komm)* Viewer *m*, Datei--Betrachtungsprogramm *n*

viewing *(Grund)* Besichtigung *f (of house, business premises)*

viewing by appointment only *(Grund)* Besichtigung nur nach Voranmeldung

viewpoint *(Gen)* Sicht *f*, Standpunkt *m (opinion)*

vindicate *v* 1. *(Gen)* rehabilitieren *(person)*; rechtfertigen *(opinion, action)*; bestätigen *(right)*; 2. *(Recht)* verteidigen

violate *v (Recht)* verletzen, verstoßen gegen *(law, regulations)*; brechen *(contract, law)*

violation 1. *(Recht)* Bruch *m*, Verletzung *f*, Verstoß *m*; 2. *(Pat)* Verletzung *f*, Verstoß *m*

violation of contract *(Recht)* Vertragsverletzung *f*

violation of the law *(Recht)* Gesetzesübertretung *f*

virtual *adj (Comp)* virtuell

virtual desk *(Comp, Komm)* Helpdesk *m (help desk)*
visible *adj (Fin, Gen, Imp/Exp)* sichtbar
visible balance *(Gen, WiWi)* Handelsbilanz *f*
visible export *(Imp/Exp, WiWi)* sichtbarer Export *m*
visible import *(Imp/Exp, WiWi)* sichtbarer Import *m*
visibles *(WiWi)* sichtbare Ein- und Ausfuhren *fpl (commodities)*
vision *(Gen, Mgt)* Vision *f*, Vorstellung *f*
visit *v (Gen)* besuchen
visiting card *(Gen)* Visitenkarte *f*
visiting professor *(Bil)* Gastdozent(in) *m(f) (synonymous: visiting lecturer)*; Gastprofessor(in) *m(f)*, außerordentlicher Professor *m (at university)*
visits *(Komm, Media, V&M)* Zahl *f* der Besucher *(Internet website, number of visitors)*
visual aid *(Media, V&M)* Anschauungsmaterial *n*
visual demonstration material *(V&M)* Anschauungsmaterial *n*
visual telephone *(Komm)* Bildtelefon *n*
visuals *(Gen, V&M)* Anschauungsmaterial *n (for presentation)*
vital industry *(WiWi)* lebenswichtige Industrie *f*
vital interest *(Recht)* berechtigtes Interesse *n*
vital problem *(Gen)* entscheidendes Problem *n*, Kernproblem *n*
vital statistics *(Stat)* Bevölkerungsstatistik *f*
vocation *(Gen, Pers)* Beruf *m*
vocational *adj (Pers)* beruflich, Berufs...
vocational aptitude test *(Pers)* beruflicher Eignungstest *m*, berufliche Eignungsprüfung *f*
vocational counseling *(AE) (Pers, Soz) s.* vocational counselling
vocational counselling *(BE) (Pers, Soz)* Berufsberatung *f*
vocational education *(Pers)* Berufsausbildung *f*, berufliche (Aus-)Bildung *f*
vocational education reform *(Bil)* Berufsbildungsreform *f*, Reform *f* der beruflichen Bildung
vocational education system *(Bil)* berufsbildendes Schulwesen *n*
vocational experience *(Pers)* Berufserfahrung *f*
vocational guidance *(Pers)* Berufsberatung *f*
vocational preparation course *(Bil)* berufsvorbereitender Lehrgang *m*
vocational qualifications *(Pers)* berufliche Qualifikationen *fpl*
vocational retraining *(Pers)* Umschulung *f*
vocational school system *(Bil)* berufsbildendes Schulwesen *n*
vocational school teacher *(Bil)* Berufsschullehrer(in) *m(f)*
vocational skills *(Pers)* berufliche Qualifikation *f*, Berufsqualifikation *f*
vocational teacher *(Bil)* Berufsschullehrer(in) *m(f)*
vocational training *(Pers, Soz)* Berufsausbildung *f*, berufliche Bildung *f*
vocational training reform *(Bil)* Berufsbildungsreform *f*, Reform *f* der beruflichen Bildung
voice-activated *adj (Comp)* sprachaktiviert
voice-actuated *adj (Comp)* sprachgesteuert
voice mail *(Comp)* Sprachpost *f*
voice messages *(Komm)* Sprachnachrichten *fpl*
voice recognition *(Comp)* Spracherkennung *f*
void *adj (Gen)* ungültig
voidable contract *(Recht)* anfechtbarer Vertrag *m*
volatile *adj* 1. *(Comp)* flüchtig; 2. *(WiWi)* schwankend, unstetig; 3. *(Pol)* brisant *(situation)*; 4. *(Börse)* volatil *(prices)*
volatile memory *(Comp)* flüchtiger Speicher *m*
volatility *(Börse, WiWi)* Volatilität *f*, Schwankungsanfälligkeit *f*, Schwankungsintensität *f (measure of fluctuations in the price of financial instruments within a certain period, identical with the standard deviation = Standardabweichung)*
volume 1. *(WiWi)* Volumen *n*, Vol.; 2. *(Gen)* Umsatz *m*, Umsatzvolumen *n*, Vol. *(of trade)*; Umfang *m (extent)*; 3. *(Media)* Band *m (book)*; 4. *(Börse)* Volumen *n*
volume discount *(Gen)* Mengenrabatt *m*
volume index *(Gen)* Mengenindex *m*

volume of deposits *(Bank)* Einlagenbestand *m*
volume of exports *(Imp/Exp, WiWi)* Exportvolumen *n*, Ausfuhrvolumen *n*
volume of foreign trade *(Imp/Exp, WiWi)* Außenhandelsvolumen *n*
volume of orders *(Gen)* Auftragsumfang *m*
volume of output [production] *(Gen, Ind)* Produktionsvolumen *n*
volume of trading 1. *(WiWi)* Handelsvolumen *n*; 2. *(Gen)* Geschäftsumfang *m*
volume of work *(Pers)* Arbeitsvolumen *n*, Arbeitsanfall *m*
voluntary *adj (Gen, Soz)* freiwillig
voluntary arrangement *(Recht)* freiwillige Vereinbarung *f*
voluntary benefit *(Pers, Soz)* Kann--Leistung *f*
voluntary contribution *(Soz, Steuer)* Spende *f*
voluntary controls *(V&M)* freiwillige Kontrollen *fpl*
voluntary export restraint *(Imp/Exp)* freiwillige Ausfuhrbeschränkung *f*, freiwillige Exportbeschränkung *f*
voluntary liquidation *(Fin)* freiwillige Liquidation *f*
voluntary redundancy [severance] scheme *(Pers)* Sozialplan *m (für Arbeitnehmer, die auf eigenen Wunsch das Unternehmen verlassen, vgl. redundancy pay, severance pay = Abfindungszahlung)*
voluntary settlement *(Recht)* außergerichtlicher Vergleich *m*
voluntary winding up *(Fin, Gen)* freiwillige Liquidation *f (of company)*
volunteer *v (Gen)* sich anbieten, sich (freiwillig) melden
volunteer *(Pers)* Freiwillige(r) *f(m)*, Volontär(in) *m(f)*
vote *v (Pers, Pol)* abstimmen, wählen *(elections)*
vote *(Pers, Pol)* Stimme *f*, Wahl *f*, Abstimmung *f*, Votum *n*, Bewilligung *f* durch Abstimmung *(act of voting)*; Wahlergebnis *n (result)*
vote weighting *(Recht)* Stimmgewichtung *f (EU)*
voter turnout *(Pol)* Wahlbeteiligung *f*
voting 1. *(Mgt, Pers)* Abstimmung *f*, Beschlussfassung *f*, Stimmabgabe *f (at board meetings)*; 2. *(Pol)* Wahl *f*
voting capital *(Börse)* stimmberechtigtes Kapital *n*
voting procedures *(Pol, Recht)* Abstimmungsverfahren *n*, Wahlverfahren *n*
voting right *(Pers, Pol)* Stimmrecht *n*
voting rights attaching to shares *(Börse, Recht)* Stimmrechte *npl* aus Aktien
voting share *(Börse, Fin)* stimmberechtigte Aktie *f*
voting stock *(Börse, Fin)* stimmberechtigte Aktie *f*
voucher 1. *(RW)* Buchungsbeleg *m*; 2. *(Gen)* Beleg *m*, Bon *m*, Gutschein *m (coupon)*
voucher system *(RW)* Belegsystem *n*, Belegbuchhaltung *f*
vulgar fraction *(Stat)* gewöhnlicher Bruch *m*, einfacher Bruch *m*, gemeiner Bruch *m (synonymous: common fraction, simple fraction; opposite: decimal fraction = Dezimalbruch)*
vulnerable *adj* 1. *(WiWi)* wehrlos; 2. *(Gen)* verletzlich; 3. *(Pers)* ungeschützt

W

wad 1. *(Bank)* Banknotenbündel *n (of notes)*; 2. *(Gen) (ugs.)* Packen *m*
wage 1. *(WiWi)* Arbeitslohn *m*; 2. *(Gen, Pers)* Lohn *m*; 3. *(Transp)* Heuer *f (shipping)*
wage agreement *(Pers)* Lohnvereinbarung *f*
wage and salary survey *(Pers)* Lohn- und Gehaltsrevision *f*
wage bargaining *(Pers)* tarifliche Lohnverhandlungen *fpl*
wage bargaining committee *(Pers)* Tarifkommission *f*
wage bargaining round *(Pers)* Tarifrunde *f*
wage bracket *(Pers)* Lohnstufe *f*
wage cartel *(infrml) (Pol) (infrml)* Lohnkartell *n*, Tarifkartell *n*
wage claim *(Pers)* Lohnforderung *f*
wage clause *(Pers)* Lohngleitklausel
wage cost in manufacturing *(RW, WiWi)* Fertigungslohnkosten *pl (synonymous: wages in manufacturing)*
wage costs *(Pers)* Lohnkosten *pl*

wage cut *(Pers)* Lohnkürzung *f*
wage differentials *(Pers, WiWi)* Lohngefälle *n*
wage disparity *(Pers, WiWi)* Lohnspreizung *f*
wage dispersion *(Pers, WiWi)* Lohnverteilung *f*, Lohnstreuung *f*, Lohnspreizung *f*
wage dispute *(Pers)* Tarifstreit *m*, Lohnauseinandersetzung *f*
wage distribution *(Pers, WiWi)* Lohnverteilung *f*, Lohnstreuung *f*, Lohnspreizung *f*
wage drift *(Pers, WiWi)* Lohndrift *f*
wage equalization *(Pers)* Lohnangleichung *f*
wage escalator clause *(Pers)* Lohngleitklausel *f*
wage flexibility *(Pers, WiWi)* Lohnflexibilität *f*
wage floor *(Pers)* Grundlohn *m*
wage formation process *(Pers)* Lohnbildungsprozess *m*, Lohnfindungsprozess *m*
wage freeze *(Pers)* Lohn- und Gehaltsstopp *m*, Lohnstopp *m*
wage guarantee *(Pers, Soz, WiWi)* Lohngarantie *f* Verdienstgarantie *f*
wage incentive *(Pers)* gewinnbezogene Bezahlung *f*, gewinnbezogenes Arbeitsentgelt *n*
wage income *(Pers, WiWi)* Lohneinkommen *n*, Lohn- und Gehaltseinkommen *n*
wage increase *(Pers)* Lohnerhöhung *f*
wage increment *(Pers)* Lohn- und Gehaltszuwachs *m*, Lohn- und Gehaltserhöhung *f (auf automatischer oder regelmäßiger Basis)*
wage indexation *(Pers)* Lohnindexbindung *f*
wage indexation clause *(Pers)* Lohngleitklausel *f*
wage inequality *(Pers)* Lohnungleichheit *f*, Lohnunterschied *f*, Lohngefälle *n*
wage inflation *(WiWi)* Lohninflation *f*
wage negotiations *(Mgt, Pers)* Lohnverhandlungen *fpl*
wage package *(Pers)* Lohnpaket *n*, Gehaltspaket *n (d. h. Basislohn, Zulagen und Sonderzahlungen)*
wage payment *(Pers)* Lohnzahlung *f*
wage per hour *(Pers)* Stundenlohn *m*
wage pressure *(Pers)* Lohndruck *m*
wage-price spiral *(WiWi)* Lohn-Preis--Spirale *f*
wage push *(Pers)* Lohndruck *m*
wage push inflation *(WiWi)* Lohndruckinflation *f*
wage rate *(WiWi)* Lohnsatz *m*, Arbeitslohn *m*
wage replacement *(Soz)* Lohnersatz *m*
wage replacement rate [ratio] *(Soz)* Lohnersatzquote *f*
wage restraint *(Pers, Pol, WiWi)* Selbstbeschränkung *f* bei Lohnforderungen
wage rigidity *(WiWi)* Starrheit *f* der Löhne
wage scale *(Pers)* Lohntarif *m*, Lohnskala *f*
wage settlement *(Pers)* Lohnabschluss *m*, Tarifabschluss *m*
wage slip *(ugs.) (Pers)* Lohnbeleg *m*, Gehaltsbeleg *m*; Lohn- und Gehaltsabrechnung *f*; *(obs.)* Lohnzettel *m*, Lohnstreifen *m*
wage stop *(Pers)* Lohnstopp *m*
wage structure *(Pers)* Lohngefüge *f*
wage supplement *(Pers)* Lohnzulage *f*
wage talks *(Mgt, Pers)* Lohnverhandlungen *fpl*
wages in manufacturing *(RW, WiWi)* Fertigungslöhne *mpl (synonymous: wage cost in manufacturing)*
wait-and see policy *(WiWi)* abwartende Haltung *f*, Politik *f* des Abwartens
waiter 1. *(Frei, Pers)* Kellner *m*; 2. *(Börse) (BE)* Börsendiener *m*
waiting list *(Gen)* Vormerkliste *f*, Warteliste *f*
waiting period *(Bank, Börse)* Sperrfrist *f (Verkaufsbeschränkung für Altaktien)*
waive *v* 1. *(Fin)* erlassen; 2. *(Pat, Recht, Steuer)* aufgeben, verzichten auf *(claim)*
waiver of priority *(Recht)* Rangrücktritt *m (Rangänderung für Grundstücksrechte und –lasten)*
waiving 1. *(Fin)* Erlassung *f (debt)*; 2. *(Pat, Recht, Steuer)* Aufgeben *n*, Verzicht *m (claim)*
walk *v* **out** *(Ind, Pers)* in den Streik treten, streiken
walkout *(Gen, Ind, Pers)* Arbeitsniederlegung *f*, Ausstand *m*, Streik *m*
wane *v (Gen)* nachlassen
want *(Gen)* Bedürfnis *n (requirement)*
ward *(Recht)* Mündel *n (under a guardian)*

warehouse *v (Gen, Imp/Exp, Transp)* lagern, speichern
warehouse *(Gen)* Depot *n*, Dep., Lager (-gebäude) *n*, Magazin *n*, Mag., Speicher *m*, Warenlager *n*
warehouse holdings *(Bank, Fin)* Warehouse-Bestand *m (loans issued by a bank and intended for resale from the outset as part of the originate-to-distribute business model; kurzfristig von der Originator-Bank gehaltene Kredite, die meist einschließlich der verbundenen Risiken zur Weiterplatzierung am Kapitalmarkt vorgesehen sind; cf originate-to-distribute business model)*
warehouse receipt *(Imp/Exp, Ind, Recht, Transp)* Einlagerungsschein *m*, Lagerschein *m*
warehouse supervisor *(Gen, Imp/Exp, Transp)* Lageraufseher(in) *m(f)*
warehouse warrant 1. *(Recht)* Lagerschein *m*, Orderlagerschein *m (commercial)*; 2. *(V&M)* Lagerschein *m*
warehousing 1. *(Gen, Imp/Exp)* Lagerhaltung *f*, Magazinverwaltung *f (storekeeping)*; 2. *(Ind, Transp)* Einlagerung *f*, Lagerhaltung *f*, Lagerung *f (storage)*
warning *(Pers)* Abmahnung *f (prior to disciplinary action)*
warning strike *(Pers)* Warnstreik *m*
warrant *v (Gen)* zusichern
warrant 1. *(Fin)* Garant *m*, Optionsschein *m (certificate)*; 2. *(Recht)* Gerichtsbefehl *m*, Haftbefehl *m (for arrest)*; 3. *(Pol)* Berechtigung *f*, Befugnis *f (authority)*; Vollmacht *f (mandate)*; 4. *(Börse)* Optionsschein *m*
warrant bond *(Bank)* Optionsanleihe *f*
warrant issue *(Fin)* Optionsanleihe *f*
warranted *adj (Versich)* garantiert, gerechtfertigt, zugesichert
warranted rate of growth *(WiWi)* Gleichgewichtswachstumsrate *f*
warrantee *(Gen, Recht)* Garantieinhaber(in) *m(f)*
warranter *(Gen, Recht)* Zusichernde(r) *f(m)*
warranty 1. *(Gen)* Garantie *f*; 2. *(Versich)* Gewährleistung *f*; 3. *(Recht)* Zusicherung *f*
warranty card *(Bank)* Garantiekarte *f*
warranty obligation *(Gen)* Gewährleistungspflicht *f*
warranty of quality *(Recht)* Sachmängelhaftung *f*
warranty of title *(Gen)* Rechtsmängelgewähr *f*
wash sale *(Börse)* Scheingeschäft *n (securities)*
wastage *(Gen)* Verschwendung *f*, Vergeudung *f*, Verlust *m*, Materialverlust *m*
waste *v (Gen)* vergeuden *(time, money)*; verschwenden *(resources)*
waste *(Gen, Umwelt)* Abfall *m*
waste bin *(Umwelt)* Abfalleimer *m*
waste disposal *(Gen, Umwelt)* Abfallbeseitigung *f*
waste disposal industry *(Gen, Umwelt)* Abfallwirtschaft *f*
waste disposal systems *(Umwelt)* Entsorgungssysteme *fpl*
waste dumping *(Umwelt)* Lagerung *f* von Abfall
waste management *(Umwelt)* Abfallwirtschaft *f*
waste product *(Umwelt)* Abfallprodukt *n (recyclage)*
waste recycling *(Umwelt)* Abfallaufbereitung *f*, Abfallrecycling *n*
waste treatment *(Gen, Umwelt)* Müllbehandlung *f*
wastepaper *(Gen, Umwelt)* Altpapier *n*
wastewater disposal *(Umwelt)* Abwasserbeseitigung *f*
watch *v (Börse, Fin, Gen)* beobachten *(markets, performance, value)*
watch list 1. *(Börse, Fin)* Beobachtungsliste *f*, Liste *f* beobachteter Unternehmen *(research, investment analysis, rating: z. B. SAP steht bei ca. 80-100 Unternehmen des Finanzsektors auf der Beobachtungsliste)*; 2. *(Bank, Recht)* Kontrollliste *f*, Watchlist *f (generally any companies being advised by Investment Banking –IB- are put on a watch list and the research department –investment analysis- stops producing research; however they may still assist their IB colleagues on the assignment, an attempt to avoid a conflict of interests, i. e. not a very strong divide between the two units, cf Chinese walls; Firmenliste der Compliance-Abteilung: alle Unternehmen, von denen ein IB-Beratungsmandat vorliegt, kommen auf die "Watch List"*

der beratenden Investment Bank, worauf die Investment-Analyse für das auf der Beobachtungsliste stehende Unternehmen zur Sicherung einer gewissen Vertraulichkeit eingestellt wird); 3. *(Frei, Pol, Recht) (AE)* Personenbeobachtungsliste *f*, Watchlist *f*

watchdog *(Gen)* Überwachungsorganisation *f*, Aufsichtsbehörde *f (consumer interests)*

watchdog agency *(Bank, Börse, Fin, Versich)* Aufsichtsbehörde *f*

water damage *(Gen, Versich)* Wasserschaden *m*

water *v* **down** 1. *(Mgt)* abschwächen, verwässern *(e. g. idea, policy measure, statement, resolution; cf dilution of capital, Kapitalverwässerung)*; 2. *(Gen)* panschen *(wine, milk)*

water pollution *(Ind, Umwelt)* Gewässerverschmutzung *f*

water supply *(Ind, Umwelt)* Wasserversorgung *f*

water system *(Ind, Umwelt)* Wasserversorgung *f*

watered capital *(Fin)* verwässertes Kapital *n*

watered stock *(Fin)* verwässerte Aktien *fpl (shares in a company that are worth less than the total capital invested, e. g. through the issue of new stock below par value = Ausgabe junger Aktien unter pari; illegal practice in many countries, including Germany; cf dilution of capital)*

watering *(Fin)* Verwässerung *f (cf dilution of capital, Kapitalverwässerung)*

watermark *(Gen, WiWi)* Wasserzeichen *n*

waterproof *adj (Gen, Ind, Transp)* wasserdicht

watertight *adj (Gen)* einwandfrei, wasserdicht, unanfechtbar

wave of immigration *(Pol, Soz)* Zuwanderungswelle *f*, Einwanderungswelle *f*

way of life *(Gen)* Lebensart *f*, Lebensgewohnheit *f*

waybill *(Imp/Exp, Transp)* Frachtbrief *m (detailing route, cost)*

ways and means *(WiWi)* Mittel *npl* und Wege *mpl*

WDV *(Abk. für written-down value) (Fin, RW)* Restwert *m*, Buchwert *m (value of an asset after deducting amounts for depreciation or for capital allowances = steuerliche Abschreibungen)*

weak *adj (Recht, WiWi)* schwach *(protection)*

weak market *(Börse)* schwacher Markt *m*

weaken *v (Gen, WiWi)* (ab)schwächen *(currency value)*

wealth *(WiWi)* Vermögen *n*, Reichtum *m*, Wohlstand *m*

wealth distribution *(WiWi)* Wohlstandsverteilung *f*

wealth effect *(WiWi)* Realkasseneffekt *m*, Vermögenseffekt *m*

wealth of opportunities *(Gen, Pers)* Fülle *f* von Möglichkeiten

wealth tax *(Fin, Steuer, WiWi)* Vermögensteuer *f*

wealthy *adj* 1. *(WiWi)* reich, wohlhabend; 2. *(Gen)* wohlhabend

wear and tear *(Gen)* Gebrauchsabnutzung *f*, Verschleiß *m*

weather *v (WiWi)* überstehen *(recession)*

web community *(Comp, Komm)* Webgemeinde *f*

web content *(Comp, Komm, Media, V&M)* Web-Inhalt *m*, Webinhalt *m*

web counter *(Komm, V&M)* Webcounter *m*, Webzähler *m*

web economy *(V&M, WiWi)* Web-Wirtschaft *f*, Netzwirtschaft *f*, Internet-Wirtschaft *f*

web page *(Komm, Media, V&M)* Webseite *f (Internet page)*

web page address *(Comp, Komm, Media)* Webpage-Adresse *f*, URL *(Uniform Resource Locator, e. g. http://www.w3c.org)*

web radio *(Komm)* Webradio *n*

web ring *(Komm)* Webring *m*

web television *(Comp, Komm, Media)* Web-TV *n*, Web-Television *n*, Web-Fernsehen *n*

web TV *(Comp, Komm, Media)* Web-TV *n*, Web-Television *n*, Web-Fernsehen *n*

web washer *(Comp, Komm, Media, V&M)* Werbungsfilter *m*

website *(Comp, Komm, Media, V&M)* Website *f (Internet site)*

website address *(Komm, Media)* Website-Adresse *f*, URL *(Uniform Resource Locator, e. g. http://www.w3c.org)*

weed *v* **out** *(Gen)* auskämmen, aussondern
week *(Gen)* Woche *f*
weekdays/on *(Gen)* an Werktagen
weekend work [working] *(Pers)* Arbeit *f* am Wochenende, Wochenendarbeit *f*
weekly hours *(Pers)* Wochenstunden *fpl*
weekly hours of work *(Pers)* Wochenarbeitszeit *f*, wöchentliche Arbeitszeit *f*, Arbeitswoche *f*
weekly pay *(Pers)* wöchentliche Bezahlung *f*
weigh *v (Gen)* abwägen *(idea, proposal)*; wiegen *(object)*
weigh *v* **the pros and cons** *(Gen)* Vor- und Nachteile abwägen
weight *v (Börse)* gewichten *(option positions)*
weight *(Gen, Stat, Transp)* Gewicht *n*, Gw.
weighted *adj* 1. *(Stat, WiWi)* gewogen; 2. *(Steuer)* gewichtet
weighted average 1. *(Stat, WiWi)* gewichteter Durchschnitt *m*, gewichtetes Mittel *n*, gewogenes Mittel *n*, gewogener Mittelwert *m*; 2. *(Gen)* gewogenes Mittel *n*, Bewertungsdurchschnitt *m*
weighted average cost *(RW)* gewogene Durchschnittskosten *pl*
weighted index *(Gen)* gewichteter Index *m*, gewogener Index *m*
weighting of votes *(Pol, Recht)* Stimmgewichtung *f (EU)*
weighting schedule [scheme] *(Stat)* Gewichtungsschema *n*
weights and measures *(Gen)* Maße und Gewichte *npl*
welcome *v (Gen)* begrüßen, willkommen heißen
welfare 1. *(Pers)* Wohlfahrt *f (of employee)*; 2. *(Soz)* Sozialhilfe *f (assistance)* • **be on welfare** *(Pers, Soz)* Sozialhilfe beziehen
welfare agency *(Pers, Soz)* Sozialamt *n*
welfare benefits *(Soz)* Sozialhilfe *f*
welfare case *(Soz)* Sozialfall *m*
welfare centre *(Soz)* Sozialstation *f*, Sozialzentrum *n*
welfare department *(Pers, Soz)* Sozialabteilung *f*
welfare economics *(WiWi)* Wohlfahrtsökonomik *f*
welfare facility *(Soz)* Sozialeinrichtung *f*
welfare institution *(Soz)* Sozialeinrichtung *f*
welfare net *(Soz)* soziales Netz *n*
welfare recipient *(AE) (Pers, Soz)* Wohlfahrtsempfänger(in) *m(f)*
welfare state *(Pol, Soz, WiWi)* Bevormundungsstaat *m*, Wohlfahrtsstaat *m*
welfare-to-work *(Soz)* Arbeit statt Sozialhilfe *(ein Konzept welches Arbeitslose dazu bringen soll, auch eine weniger qualifizierte oder weniger gut bezahlte Tätigkeit anzunehmen)*
welfare trap *(Soz)* Wohlfahrtsfalle *f*
well *adv (Gen)* gut
well-balanced *adj (Gen)* (gut)ausgewogen
well-being *(Gen, V&M)* Wohlergehen *n*, Wohlbefinden *n*
well-educated *adj (Gen)* gutausgebildet
well-established *adj (Gen)* (gut)eingeführt, (gut)etabliert *(business)*
well-known mark *(Pat, V&M)* vertrautes Markenzeichen *n* [Warenzeichen *n*]
well-motivated *adj (Pers)* gutmotiviert
well-placed *adj (Gen)* in guter Position • **be well-placed** *(Gen)* gut im Rennen liegen
well-positioned *adj (Gen)* am rechten Platz
well-qualified *adj (Pers)* gutqualifiziert
well-to-do *adj (Gen)* wohlhabend
wellhead prices *(Gen)* Preis *m* ab Bohrturm, Quellenpreis *m (oil industry)*
wet signature *(Gen, Recht)* handschriftliche Zeichnung *f*; eigenhändige Unterschrift *f*, Originalunterschrift *f (as opposed to a fax copy or to an agreement offered electronically or verbally; eigenhändig vollzogene Unterschrift für alle Rechtsgeschäfte, die der Schriftform bedürfen)*
WFTC *(Abk. für Working Families' Tax Credit, BE) (Soz) Steuergutschrift für Familien mit geringem Einkommen*
wheeler-dealer *(ugs.) (Gen)* (gerissener) Geschäftemacher *m*, Schlitzohr *n*
wheeling and dealing 1. *(Gen)* intensives Verhandeln *n*; 2. *(Börse)* intensive Verhandlung *f*
when due *(Fin)* bei Verfall *m (bill of exchange)*
whistles/with bells and *(ugs.)* 1. *(Fin) (ugs.)* mit Bonbon, *(ugs.)* aufgemotzt;

mit Zusatzanreiz *m*, mit zusätzlichem Anreiz *m (synonymous: with a sweetener, with a kicker; Extraausstattung einer Emission)*; 2. *(Gen) (ugs.)* mit (allerlei) Schnickschnack *m*

white coal *(Umwelt)* Wasserkraft *f*

white-collar crime *(Recht)* Wirtschaftsverbrechen *n*

white-collar job *(Pers)* Bürotätigkeit *f*

white-collar worker *(Pers)* Angestellte(r) *f(m)*

white goods *(Gen, V&M)* weiße Ware *f (large domestic appliances)*

White House/the *(AE) (Pol)* das Weiße Haus *(die offizielle Residenz des Präsidenten der USA; wird oft als Synonym für die amerikanische Regierung verwendet)*

white knight *(Fin) (ugs.)* Retter *m* in der Not *(takeovers)*

White Paper *(BE) (Recht)* Gesetzesvorlage *f*

Whitehall *(BE) (Pol) die britische Regierung, the British Government; Whitehall ist der Name der Straße in London, an der die wichtigsten Ministerien ihren Sitz haben, a street in London in which important Government offices are situated*

whitewash *v (Gen)* rehabilitieren, rein waschen, schönfärben, wieder zahlungsfähig erklären

whittle *v* **down** *(Gen)* beschneiden, kürzen *(costs, commissions)*

whiz kid 1. *(Gen)* Genie *n*, *(ugs.)* kluger Kopf *m*, Wunderkind *n*; 2. *(Mgt) (ugs.)* Senkrechtstarter *m*

wholesale *adj (V&M)* Großhandels-...

wholesale *(Gen)* Großhandel *m*

wholesale business *(Gen)* Großhandel *m*, Großhandelsgeschäft *n*

wholesale customer *(Bank, Gen)* Firmenkunde *m*, Geschäftskunde *m*

wholesale dealer *(Gen, V&M, WiWi)* Großhandelsbetrieb *(firm)*; Großhändler(in) *m(f)*, Grossist *m (person)*

wholesale deposits *(Bank, Fin)* Geldanlage *f* im Interbankgeschäft, Geldmarktanlagen *fpl*

wholesale goods *(Gen, Ind, WiWi)* Großhandelserzeugnisse *npl*

wholesale market *(Gen)* Großmarkt *m*, Großhandelsmarkt *m*

wholesale money market *(Fin)* Interbankengeldmarkt *m*

wholesale price index *(Stat)* Großhandelspreisindex *m*

wholesale trade *(V&M, WiWi)* Großhandel *m*

wholesale trader *(Gen, V&M, WiWi)* Großhandelsbetrieb *m (firm)*; Großhändler(in) *m(f)*, Grossist *m (person)*

wholesaler *(V&M, WiWi)* Großhandelsbetrieb *m (firm)*; Großhändler(in) *m(f)*, Grossist *m (person)*

wholesaling *(V&M, WiWi)* Großhandel *m*

wholly-owned subsidiary *(Recht)* Tochtergesellschaft *f* (100 %), 100 %ige Tochtergesellschaft *f*

wide *adj (Gen)* breit

wide-margin *adj (Bank, Gen)* margenstark

wide range *(Gen, V&M)* breites Sortiment *n*

widely recognized *(Gen)* allgemein anerkannt

widen *v* 1. *(Gen)* ausdehnen, erweitern, vertiefen; 2. *(Steuer)* erweitern *(tax base)*

widespread *adj (Gen)* üblich, weitverbreitet

widow-and-orphan stock *(Börse)* sichere Aktien *fpl* mit hoher Dividende, mündelsichere Wertpapiere *npl*

wildcat strike *(Pers)* wilder Streik *m*

wildcat venture *(Gen)* gewagte [riskante] Sache *f*

will *(Recht)* Testament *n*

willing to work *(Pers, Soz)* arbeitswillig

win *v (Gen, V&M)* werben *(customers)*

win *v* **over** *(Gen)* überreden, herumkriegen, für sich gewinnen

wind *v* **down** *(Gen)* reduzieren *(activities)*; zurückfahren *(production)*

wind *v* **up** 1. *(RW)* abwickeln; 2. *(Gen)* auslaufen lassen *(meeting)*; liquidieren *(company, firm)*; 3. *(Mgt)* beenden *(meeting)*

wind power *(Ind, Umwelt)* Windenergie *f*, Windkraft *f*

wind power plant *(Ind, Umwelt)* Windkraftwerk *n*

windfall gain *(Gen, WiWi)* Zufallsgewinn *m*

windfall loss *(WiWi)* unerwarteter Verlust *m*

windfall profit *(Gen, WiWi)* Zufallsgewinn *m*
windfall tax *(Steuer)* Spekulationssteuer *f*
winding down *(Gen)* Reduzierung *f*
winding up 1. *(Gen, Recht)* Auflösung *f*, Liquidation *f*; 2. *(Mgt)* Abwicklung *f (of company)*; Beenden *n (of meeting)*
winding up by the court *(Recht)* Liquidation *f*, gerichtliche Liquidation *f*
winding-up procedure *(Recht)* Abwicklungsverfahren *n*
winding-up sale *(Gen)* Ausverkauf *m* wegen Geschäftsaufgabe
winding-up value *(RW)* Liquidationswert *m (final value liquidation)*
window 1. *(Comp)* Fenster *n*; 2. *(Gen)* Schalter *m (for tickets)*; Schaufenster *n (in shop)*; Gelegenheit *f (opportunity)*
window display *(Gen, V&M)* Schaufensterauslage *f*, Auslage *f*
window-dressing 1. *(RW)* Window--Dressing *n*, Bilanzkosmetik *f (annual accounts)*; 2. *(Gen, V&M)* Schaufensterdekoration *f*, Dekoration *f (shop display)*
window envelope *(Admin)* Fensterbriefumschlag *m*
window-shopping *(Gen)* Schaufensterbummel *m*
winner 1. *(Gen)* Sieger(in) *m(f)*; 2. *(Börse)* Gewinner *m*, Kursgewinner *m*; 3. *(V&M)* Renner *m (product)*
winning *adj (Gen)* siegreich
winter sales *(V&M)* Winterschlussverkauf *m*
wipe *v* **off** *(Fin)* zurückzahlen *(debt)*
wipe *v* **out** *(Gen)* ausradieren, ausrotten
wiretapping *(Komm)* Abhören *n*
withdraw *v* 1. *(Bank)* abheben *(money)*; 2. *(Fin, Gen, WiWi)* abheben, entziehen, zurücknehmen *(offer)*; zurückziehen *(charge)*; 3. *(Gen)* sich zurückziehen
withdraw *v* **from** *(Gen)* austreten aus, zurücktreten von *(contract)*
withdraw *v* **from employment** *(Pers, Soz)* sich aus dem Berufsleben zurückziehen, sich aus dem Arbeitsleben zurückziehen
withdraw *v* **from working life** *(Pers, Soz)* sich aus dem Arbeitsleben zurückziehen, sich aus dem Berufsleben zurückziehen, aus dem Erwerbsleben ausscheiden, aus dem Arbeitsleben ausscheiden
withdrawal 1. *(Bank)* Abhebung *f (money)*; 2. *(Fin, Gen, WiWi)* Abhebung *f*, Entziehung *f*, Rückzug *m*, Ausscheiden *n*, Rücknahme *f*, Zurückziehung *f (charge)*
withdrawal from employment *(Pers, Soz)* Ausscheiden *n* aus dem Berufsleben *n*, Ausscheiden *n* aus dem Erwerbsleben, Rückzug *m* aus dem Berufsleben *n*, Rückzug *m* aus dem Erwerbsleben
withdrawal from stock *(Admin, RW)* Lagerentnahme *f*
withdrawal from the labour force *(BE) (Pers, Soz)* Ausscheiden *n* aus dem Erwerbsleben, Rückzug *n* aus dem Erwerbsleben
withdrawal from work *(Pers, Soz)* Ausscheiden *n* aus dem Berufsleben *n*, Ausscheiden *n* aus dem Erwerbsleben, Rückzug *m* aus dem Berufsleben *n*, Rückzug *m* aus dem Erwerbsleben
withdrawal from working life *(Pers, Soz)* Ausscheiden *n* aus dem Erwerbsleben, Zurückziehen *n* aus dem Berufsleben
withdrawal of authorization *(Bank, Recht)* Entzug *m* der Zulassung
withdrawal of capital *(Bank)* Kapitalentnahme *f*
withdrawal of labour *(BE) (Pers)* Streik *m*
withdrawal plan *(Bank, Börse)* Entnahmeplan *m*
withheld taxes *(Steuer)* einbehaltene Steuern *fpl (synonymous: tax withholdings)*
withhold *v (Gen)* einbehalten, zurückhalten *(information)*
withholding *(Börse)* Abzug *m*, Einbehaltung *f (securities, taxes)*
withholding at source *(Steuer)* Quellenbesteuerung *f*, Quellenabzugsverfahren *n*
withholding tax *(Fin, Steuer)* Abschlagsteuer *f (e. g. interest withholding tax = Zinsabschlagsteuer)*; Abgeltungssteuer *f (e. g. interest withholding tax = Zinsabgeltungssteuer)*; Quellensteuer *f (a tax collected by its source, e. g. withholding tax on capital invested = einbehaltene Kapitalertragsteuer)*; Abzugsteuer *f*, einbehaltene Kapitaler-

tragsteuer *f (on capital invested)* • **income received after deduction of withholding tax** *(RW)* quellenbesteuerte Erträge *mpl*
withholding tax on investment income *(Fin, Recht)* Abgeltungssteuer *f* auf Kapitalerträge
within *(Gen)* innerhalb
within reach *(Gen)* in Reichweite
within the framework of *(Gen)* im Rahmen von
within the law *(Recht)* rechtens
within the prescribed time *(Gen)* innerhalb der vorgeschriebenen Zeit
without *(Gen)* exklusive, ohne
without any liability on our part *(Gen, Recht)* ohne jegliche Haftung unsererseits
without authorization *(Gen)* unbefugt
without charge *(Gen)* gebührenfrei, kostenlos
without delay *(Gen)* unverzüglich
without engagement *(Gen)* freibleibend, unverbindlich
without just cause *(Recht)* unbegründet
without notice *(Gen)* fristlos
without obligation *(Gen)* freibleibend, unverbindlich
without pay *(Pers)* ohne Bezahlung *f*, unentgeltlich
without permanent residence *(Recht)* ohne festen Wohnsitz
without prejudice 1. *(Gen)* ohne Verbindlichkeit, unvoreingenommen *(unprejudiced)*; 2. *(Recht)* unbeschadet
without qualification 1. *(RW)* uneingeschränkt, ohne Vorbehalt *m (auditing)*; 2. *(Recht)* bedingungslos *(contracts)*
without reservation *(Gen, Pol, Recht)* ohne Bedenken
witness *v (Gen)* bestätigen *(signature)*
witness *v* **sth** *(Recht)* Zeuge von etw. sein *(observe)*; bezeugen *(in court)*
witness *(Gen, Recht)* Zeuge *m*, Zeugin *f*
women returners *(Pers)* Berufsrückkehrerinnen *fpl*
women's share of employment *(Pers, Soz)* Frauenanteil *m* an der Beschäftigung
wood *(Ind)* Holz *n* • **be out of the woods** *(Gen)* über den Berg sein
word *(Gen)* Wort *n*
word of advice *(Gen, Mgt)* Hinweis *m*, Rat(schlag) *m*
word-of-mouth advertising *(V&M)* Mund-zu-Mund-Werbung *f*
word of warning *(Gen)* mahnendes Wort *n*, Warnung *f*
word-perfect *adj (AE) (Admin)* textsicher, sicher in Textbeherrschung
word processing *(Comp)* Textverarbeitung *f*
wording *(Gen, Recht)* Formulierung *f*, Wortlaut *m (of contract)*
work *v* 1. *(Gen)* funktionieren *(machine)*; arbeiten *(person)*; 2. *(Pat)* ausnutzen, auswerten, praktisch verwerten
work *v* **as part of a team** *(Pers)* im Team arbeiten
work *v* **flat out** *(Gen) (ugs.)* auf Hochtouren arbeiten, sich voll verausgaben
work *v* **for a living** *(Pers, Soz)* seinen Lebensunterhalt verdienen
work *v* **full-time** *(Pers, Soz)* ganztags arbeiten
work *v* **half-time** *(Gen)* halbtags arbeiten
work *v* **in partnership with** *(Gen, Mgt)* sich assoziieren mit, zusammenarbeiten mit
work *v* **in shifts** *(Pers)* Schichtarbeit machen
work *v* **in the black economy** *(Soz, WiWi)* schwarzarbeiten
work *v* **off** 1. *(Fin)* abarbeiten *(debts)*; 2. *(Gen)* abarbeiten, abbauen
work *v* **out** *(Gen)* herbeiführen *(settlement)*; festlegen *(terms, details)*; berechnen, ausrechnen *(total, interest)*
work *v* **overtime** *(Pers)* Überstunden machen, Überstunden arbeiten
work *v* **part-time** *(Pers)* Teilzeit arbeiten
work *v* **shifts** *(Pers)* Schicht arbeiten
work *v* **short-time** *(Pers)* Kurzarbeit leisten, kurzarbeiten
work *v* **through** *(Pers)* durcharbeiten
work *v* **to a very tight schedule** *(Gen)* ein volles Programm haben, nach knapp bemessenem Zeitplan arbeiten
work *v* **to contract** *(AE) (Pers)* Dienst nach Vorschrift machen *(eine Form des Streiks im öffentlichen Dienst)*; Arbeit nach Vorschrift erledigen *(vorgabegemäß arbeiten)*
work *v* **to rule** *(Mgt, Pers, WiWi)* Arbeit

nach Vorschrift machen, Dienst nach Vorschrift machen

work *(Gen)* Arbeit *f* • **be out of work** *(Pers)* keine Arbeit haben, ohne Arbeit sein, ohne Beschäftigung sein, arbeitslos sein • **be up to one's neck in work** *(Pers)* mit Arbeit eingedeckt sein • **be without work** *(Pers)* ohne Arbeit sein, ohne Beschäftigung sein, arbeitslos sein • **get down to work** *(Gen)* sich an die Arbeit machen • **"make work pay"** *(Pol, WiWi)* "Arbeit muss sich lohnen" *(strategic approach to unemployment)*

work area *(Gen)* Arbeitsbereich *m*, Arbeitsplatz *m*

work attitude *(Pers)* Arbeitsmoral *f*

work backlog *(Gen, Ind)* Angebotsüberhang *m*, Rückstand *m*, unerledigte Aufträge *mpl*

work climate *(Pers)* Betriebsklima *n*, Arbeitsklima *n*

work-creation programme *(Pers, Pol)* Arbeitsbeschaffungsmaßnahme *f*, Arbeitsbeschaffungsprogramm *n*

work-creation scheme *(Pers, Pol) s.* work-creation programme

work cycle 1. *(Gen)* Arbeitstakt *m*; 2. *(Pers)* Arbeitsgang *m*; 3. *(Ind)* Produktionszyklus *m*

work environment *(Pers)* Arbeitsumfeld *n*, Arbeitsumgebung *f*

work ethic *(Mgt, Pers)* Arbeitsethos *n*

work experience *(Gen, Mgt, Pers)* Arbeitserfahrung *f*

work flow planning *(Gen, Mgt)* Arbeitsablaufplanung *f*

work group 1. *(Ind, Recht, V&M)* Arbeitsgemeinschaft *f*, ARGE, ARGE-Arbeitsgemeinschaft *f (in Unternehmen und Verbänden, besonders häufig im Baugewerbe bei größeren Vorhaben, meist in der Rechtsform einer GrundR = Gesellschaft des bürgerlichen Rechts = non-trading partnership)*; 2. *(Gen)* Arbeitsgemeinschaft *f*, AG *f (Einzelpersonen, Gruppen oder Institutionen, die sich zur Verfolgung gemeinsamer Interessen zusammenschließen)*

work habits *(Pers)* Arbeitsgewohnheiten *fpl*, Arbeitshaltung *f*, Einstellung *f* zu Arbeit

work in process *(AE) (Gen, RW, WiWi)* laufende Arbeit *f*; unfertige Erzeugnisse *npl*

work in progress *(BE) (Gen, RW, WiWi)* laufende Arbeit *f*; unfertige Erzeugnisse *npl*

work incentive *(Pers)* Arbeitsanreiz *m*

work intensification *(Pers)* Arbeitsverdichtung *f*

work on Sunday *(Pers)* Arbeit *f* am Sonntag, Sonntagsarbeit *f*

work opportunity *(Recht, Soz)* Arbeitsgelegenheit *n*

work pace *(Pers)* Arbeitstempo *n*

work performance *(Pers)* berufliche Leistung *f*, Arbeitsleistung *f*

work permit *(Pers)* Arbeitserlaubnis *f*

work program *(AE) (Pers) s.* work programme

work programme *(BE) (Pers)* Arbeitsprogramm *n*

work prospects *(Pers)* Berufsaussichten *fpl*

work sample *(Pers)* Arbeitsprobe *f*

work-sharing *(Pers)* Arbeitsaufteilung *f*

work-shy *adj (Gen, Mgt, Pers)* arbeitsscheu *(disinclined to work)*

work station 1. *(Admin)* Dienstort *m*; 2. *(Comp)* Datenstation *f*, Workstation *f*; 3. *(Gen)* Arbeitsplatz *m*; 4. *(Pers)* Datenstation *f*

work structuring *(Gen, Pers)* Arbeitsgestaltung *f*

work time study *(Gen, Ind, Mgt, Pers)* Arbeitszeitermittlung *f*, Arbeitszeitstudie *f*

work title *(Media, Recht)* Werktitel *m*

work to rule *(Admin, Mgt, Pers)* Dienst *m* nach Vorschrift; Bummelstreik *m (go-slow)*

work trial *(Pers)* Probebeschäftigung *f*

workable *adj (Gen)* funktionsfähig

workable competition *(WiWi)* effektiver Wettbewerb *m*, funktionsfähiger Wettbewerb *m*

workaholic *(Pers)* Arbeitsbesessene(r) *f(m)*, Workaholic *m*

workday *(AE) (Gen, Ind, Pers)* Arbeitstag *m*

worker *(Pers)* Arbeiter(in) *m(f)*, Arbeitskraft *f*

worker occupation *(Pers)* Sitzstreik *f*, Betriebsbesetzung *f*

worker on short-time *(Pers)* Kurzarbeiter(in) *m(f)*
worker participation *(Pers)* Arbeitspartizipation *f*
worker participation in management (decision-making) *(Mgt, Pers)* Arbeitermitverwaltung *f*
worker representative *(Pers)* Arbeitnehmervertreter(in) *m(f)*
workers' representation *(Pers)* Arbeitnehmervertretung *f*
workers' self-management *(Pers)* Arbeiterselbstverwaltung *f*
workfare *(WiWi)* Sozialleistungen *fpl* mit Gegenleistung
workforce *(Gen, Ind, Pers)* Arbeiterschaft *f*, Belegschaft *f*, Beschäftigte *pl*, Personalbestand *m (staff)*
working *adj (Gen)* arbeitend • **have a working knowledge of sth** *(Gen, Pers)* Grundkenntnisse von etw. haben • **in working order** *(Gen, Ind)* funktionstüchtig *(equipment)*
working 1. *(Gen)* Verwertung *f (utilization of resources)*; 2. *(Ind, Pat)* Auswertung *f*, Patentauswertung *f*, Verwertung *f*
working age *(Pers, Soz)* arbeitsfähiges Alter *n*, erwerbsfähiges Alter *n*
working area *(Pers)* Arbeitsbereich *m (in office)*
working atmosphere *(Pers, Pol)* Arbeitsklima *n*
working capital *(WC) (Fin, RW)* Betriebskapital *n*, Betriebsmittel *n (synonymous: current operating capital)*; Nettoumlaufvermögen *n*, Working Capital *n*, WC *n (a liquidity ratio: the amount by which the value of the current assets exceeds the current liabilities = current assets minus current liabilities = Umlaufvermögen minus kurzfristige Verbindlichkeiten; synonymous: net current assets, current capital, AE net working capital = NWC; Liquiditätskennzahl; anders: die Liquiditätsgrade und der Liquiditätskoeffizient -working capital ratio-, auch sie horizontale Bilanzkennzahlen, sind jedoch als Quotienten definiert)*
working capital ratio *(Fin)* Liquiditätskoeffizient m (liquidity ratio = Liquiditätskennzahl; defined as the ratio of current assets : current liabilities = Umlaufvermögen : kurzfristige Verbindlichkeiten; anders: Nettoumlaufvermögen = net current assets; cf working capital, net working capital)
working class *(Pers)* Arbeiterklasse *f*
working conditions *(Pers)* Arbeitsbedingungen *fpl*
working environment *(Pers)* Arbeitsumfeld *n*, Arbeitsumgebung *f*, Arbeitsumwelt *f*
working group *(Gen, Pol)* Arbeitsgruppe *f*
working hours *(Gen, Pers)* Arbeitszeit *f*
working hypothesis *(Gen, WiWi)* Arbeitshypothese *f*
working language *(Pol)* Arbeitssprache *f*
working life *(Pers)* Berufsleben *n*
working meeting *(RW)* Arbeitssitzung *f*
working paper *(Admin, Pol)* Arbeitspapier *n*
working party *(Gen, Pol)* Arbeitsgruppe *f*
working population *(Pers)* Erwerbsbevölkerung *f*
working pressure *(Ind)* Arbeitsdruck *m*
working program *(AE) (Pers) s.* working programme
working programme *(BE) (Pers)* Arbeitsprogramm *n*
working proprietor *(Mgt, Pers)* mitarbeitender Geschäftsinhaber *m*, mitarbeitende Geschäftsinhaberin *f*, Eigentümer-Unternehmer *m*, Eigentümer--Unternehmerin *f*, tätige(r) Betriebinhaber(in) *m(f)*
working session *(Gen)* Arbeitssitzung *f*
working time regulation *(Pers)* Arbeitszeitregelung *f*
working week *(BE) (Pers)* Arbeitswoche *f*
workload *(Gen, Ind, Mgt, Pers)* Arbeitsbelastung *f*
workmanship *(Gen)* Arbeitsqualität *f*
workplace *(Admin, Gen, Pers)* Arbeitsplatz *m*, Betrieb *m*
workplace risk *(Pers)* gesundheitliches Berufsrisiko *n*, gesundheitliches Risiko *n* am Arbeitsplatz
works *(Ind)* Fabrik *f*, Betrieb *m*, Werk *n*
works committee *(BE) (Pers)* Betriebsrat *m*
works contract *(Gen, Recht)* Werkvertrag *m*
works council *(BE) (Pers)* Betriebsrat *m*

works holidays *(BE) (Pers)* Betriebsurlaub *m*, Betriebsferien *pl*, Werksferien *pl*
works meeting *(Pers)* Betriebsversammlung *f*
works rules *(Pers)* Betriebsordnung *f*, Betriebsregelungen *fpl*, Arbeitsordnung *f*
workshop 1. *(Gen)* Werkstatt *f*; Arbeitskreis *m (for training)*; 2. *(Ind)* kleiner Betrieb *m*, Werkstatt *f*; 3. *(Pers)* Arbeitstagung *f*, Arbeitstreffen *n*
world *(Gen)* Welt *f* • **all over the world** *(Gen)* in der ganzen Welt, weltweit
world consumption *(Umwelt, WiWi)* Weltverbrauch *m*
World Economic Forum *(WEF) (Pol, WiWi)* Weltwirtschaftsforum *n*
world economic order *(Pol, WiWi)* Weltwirtschaftsordnung *f*
world economy *(WiWi)* Weltwirtschaft *f*
world market *(WiWi)* Weltmarkt *m*
world monetary reserve assets *(Fin)* Weltwährungsreserven *fpl*
world monetary system *(Fin)* Weltwährungssystem *n*
world of finance *(Fin)* Finanzwelt *f*
world trade *(WiWi)* Welthandel *m*
world trading system *(Imp/Exp, Pol)* Welthandelsordnung *f*
worldwide *adj (Gen)* global, weltumspannend, weltweit
WORM *(Abk. für write once read many) (Comp)* einmal schreiben, mehrmals lesen *(Speicher)*
worn out *adj* 1. *(Gen)* ausgedient; 2. *(Pers)* erschöpft *(person)*
worry *v (Gen)* beunruhigen
worse off *adj (Gen)* schlechtergestellt
worsen *v (Gen)* sich verschlechtern
worst-case scenario *(Gen, WiWi)* Szenario *n* für den ungünstigsten Fall
worth *adj (Börse)* wert sein
worthless *adj (Gen)* wertlos
wrap *v* **up** *(Gen)* zu Ende bringen *(meeting, discussion)*; einwickeln *(package)*
wrap-up *(AE) (Pol)* Abschlussrede *f*
writ *(Recht)* Verfügung *f*
writ of sequestration *(Recht)* gerichtliche Einsetzung *f* eines Zwangsverwalters
writ of summons *(Recht)* Ladung *f*
writable *adj (Comp)* beschreibbar
write *v (Comp, Gen)* schreiben *(to disk, memory)*
write *v* **a stock option** *(Börse)* eine Aktienoption verkaufen
write *v* **back** *(RW)* auflösen *(reserves)*
write *v* **down** 1. *(RW)* abschreiben; 2. *(Gen)* aufschreiben *(make note of)*
write *v* **down to the stockmarket value** *(RW)* auf den Börsenwert abschreiben
write *v* **off** 1. *(RW)* abbuchen, ausbuchen; 2. *(Fin)* abschreiben
write *v* **out** 1. *(Gen)* ausstellen *(cheque, receipt)*; 2. *(Recht)* ausfertigen
write *v* **up** *(RW)* zuschreiben *(as an asset)*
write-down of capital *(Fin)* Kapitalschnitt *m*, Kapitalherabsetzung *f (restructuring, Sanierung)*
write-down of share capital *(Fin)* Kapitalschnitt *m*, Kapitalherabsetzung *f (restructuring, Sanierung)*
write-off 1. *(Fin, RW)* Ausbuchung *f*; 2. *(Gen)* Abschreibung *f*, Reinfall *m (event)*; 3. *(Versich)* Totalschaden *m (vehicle)*
write-up 1. *(RW)* Zuschreibung *f*; 2. *(Gen)* Höherbewertung *f*; 3. *(Media)* Bericht *m*, Pressebericht *m (in press)*
writing *(Gen, Komm)* Schrift *f* • **in writing** *(Gen, Komm)* schriftlich
writing back *(RW)* Rückbuchung *f*, Auflösung *f (reserves)*
writing-down allowance *(Steuer)* Abschreibungsbetrag *m*
writing naked *(Börse)* ungedeckter Verkauf *m*
writing-off *(RW)* Abschreibung *f*
written agreement *(Gen, Recht)* schriftliche Vereinbarung *f*
written comments *(Recht)* schriftliche Stellungnahmen *fpl*
written declaration *(Gen, Recht)* schriftliche Erklärung *f*
written-down value *(RW)* Restwert *m*
written evidence *(Recht)* schriftlicher Beweis *m*
written exam [examination] *(Bil)* schriftliche Prüfung *f*
written off *adj (RW)* abgeschrieben
written offer *(Gen)* schriftliches Angebot *n*
written test *(Bil)* schriftlicher Test *n*, schriftliche Prüfung *f*
wrong *adj (Gen)* falsch, unrichtig *(answer)*

• **be in the wrong job** *(Pers)* im falschen Job sein • **be on the wrong track** *(Gen)* auf der falschen Fährte sein, auf der falschen Spur sein
wrong connection *(Komm)* falsche Verbindung *f (telephone)*
wronged party *(Recht)* Geschädigte(r) *f(m)*, Verletzte(r) *f(m)*
wrongful *adj (Recht)* schuldhaft, nicht rechtens, unrechtmäßig
wrongful *adv (Recht)* vorwerfbar
wrongful death *(Recht)* fahrlässige Tötung *f*, schuldhafte Tötung *f*
wrongful dismissal *(Pers, Recht)* ungerechtfertigte Entlassung *f*
wrongful injury *(Recht)* fahrlässige Verletzung *f*
wrongly *adv (Gen)* fälschlicherweise, zu Unrecht

X

X-efficiency *(WiWi)* X-Effizienz *f*
x-ship *(Imp/Exp, Transp)* ex Schiff *(shipping)*
X-Y plotter *(Comp)* Kurvenschreiber *m*, XY-Plotter *m*
xerox *(Gen)* Fotokopie *f*
xerox *v (Gen)* fotokopieren

Y

Yankee bond *(AE) (Börse)* Yankee Bond *m*
Yankees *(jarg.) (Börse)* amerikanische Wertpapiere *npl*
yardstick *(Gen)* Kriterium *n*, Maßstab *m*
year-end adjustment *(RW)* Jahresendberichtigung *f*
year-end adjustments *(RW)* Rechnungsabgrenzung *f*, Periodenabgrenzung *f*
year-end audit *(RW)* Jahresabschlussprüfung *f*
year ended *(RW)* Geschäftsjahrende *n*
year-end procedures *(RW)* Jahresabschlussarbeiten *fpl*
year of acquisition *(RW)* Zugangsjahr *n*
year of assessment *(RW)* Veranlagungsjahr *n*
year of contribution *(Pers)* Beitragsjahr *n*
year of issue *(Börse)* Emissionsjahr *n (bonds)*
year-over-year *adj (Mgt, RW)* gegenüber Vorjahr *(comparison)*
year under review *(RW)* Berichtsjahr *n*
yearly *adv (Gen)* jährlich
yearly average *(Gen)* Jahresdurchschnitt *m*
yearly salary *(Gen, Pers)* Jahresgehalt *n*
Yellow Pages® *(Komm)* Gelbe Seiten® *fpl (telephone directory)*
yield *v* 1. *(Fin)* einbringen *(interest)*; 2. *(Gen)* abwerfen
yield 1. *(Börse, Fin)* Rendite *f*, Effektivverzinsung *f (net income from a bond if held to maturity)*; 2. *(Gen, WiWi)* Ernte *f (agriculture)*; Ertrag *m (output; opposite: expenditure = Aufwand)*; Nominalverzinsung *f (nominal yield)*
yield comparison *(Börse)* Zinsertragsvergleich *m*
yield curve *(Fin)* Zinsstrukturkurve *f*, Renditestrukturkurve *f*, Ertragskurve *f* • **flat yield curve** *(Fin, WiWi)* flache Renditestruktur-Kurve, flache Renditekurve *(die Renditen sind in allen Laufzeitbereichen ähnlich hoch)* • **riding the yield curve** *(Fin, WiWi) (ugs.)* auf der Zinsstrukturkurve reiten, einen Ritt auf der Renditestrukturkurve machen *(maturity arbitration and maturity transformation, Laufzeitarbitrage und Fristentransformation, der Zinsunterschied zwischen den, bei normalem Verlauf, niedrigeren kurzfristigen und den höheren langfristigen Zinsen muss als Risikoprämie mindestens das Zinsänderungsrisiko und die Transaktionkosten abdecken; zusätzliches Währungsrisiko bei den Carry Trades)*
yield gap *(WiWi)* Renditegefälle *n*
yield on bonds outstanding *(WiWi)* Umlaufrendite *f (Rendite der im Umlauf befindlichen, festverzinslichen Wertpapiere; sie liegt meist leicht über der Emissionsrendite = issuing yield)*
yield spread *(Fin)* Renditedifferenz *f*
yield to call *(Gen)* Rendite *f* einer kündbaren Anleihe
yield to maturity *(YTM)* 1. *(Börse)* Rückzahlungsrendite *f*, Rendite *f* auf den Verfall, Verfallsrendite *f*, Rendite *f* auf die Endfälligkeit *(synonymous: yield*

to redemption); 2. *(Fin)* interner Zinsfuß *m (Zins, der den Kapitalwert einer Investition zu null werden lässt)*
yield to redemption 1. *(Fin)* Rückzahlungsrendite *f*, Rendite *f* auf den Verfall, Verfallsrendite *f*, Rendite *f* auf die Endfälligkeit *(synonymous: yield to maturity)*; 2. *(Fin)* interner Zinsfuß *m*
yield variance *(Gen)* Ertragsabweichung *f*
young/the *(Gen)* Jugendliche *pl*, die Jugendlichen *pl*
young upwardly mobile professional *(AE) (Gen, V&M) (ugs.)* Yumpie *m*
young urban professional *(BE) (Gen, V&M) (ugs.)* Yuppy *m*
youth unemployment *(Pers)* Jugendarbeitslosigkeit *f*
YTM *(Abk. für yield to maturity)* 1. *(Börse)* Rückzahlungsrendite *f*, Rendite *f* auf den Verfall, Verfallsrendite *f*, Rendite *f* auf die Endfälligkeit *(synonymous: yield to redemption)*; 2. *(Fin)* interner Zinsfuß *m*
yumpie *s.* young upwardly mobile professional
yuppy *s.* young urban professional

Z

zero *v (Comp)* auf null setzen
zero *(Gen)* Null *f*
zero-base budget *(Fin, RW)* Nullbasis-Budget *n*
zero-base budgeting *(Fin, RW)* Nullbasis-Budgetierung *f*, Zero-Base-Budgeting *n*
zero-coupon bond *(Börse)* Nullkuponanleihe *f*, Zero-Bond *m*
zero-coupon convertible *(Börse, Fin)* Nullkupon-Wandelanleihe *f (a) a zero-coupon bond issued by a corporation which can be converted into that corporation's common stock at a certain price, or b) a zero-coupon bond issued by a municipality which may be converted into an interest-bearing bond under certain circumstances; a) eine Nullkuponanleihe eines Unternehmens mit Wandlungsrecht in Stammaktien dieses Unternehmens, oder b) eine Nullkupon-Kommunalobligation mit Wandlungsrecht; synonymous: split coupon bond)*
zero-coupon security *(Börse)* Nullkuponwertpapier *n*
zero growth *(WiWi)* Nullwachstum *n*
zero option *(Pol)* Nulllösung *f*
zero profit *(Fin)* Nullgewinn *m*
zero-rated *adj (Steuer)* mehrwertsteuerfrei, MWSt-befreit, von der Mehrwertsteuer *f* befreit, nicht mit Umsatzsteuer *f* belegt
zero-rated goods *(Steuer)* von der Mehrwertsteuer befreite Ware *f*
zero-rating *(Steuer)* Mehrwertsteuerbefreiung *f (for sales)*
zero short-time working *(Pers)* Kurzarbeit *f* "Null"
zero-sum game *(Mgt, Pol, WiWi)* Nullsummenspiel *n*
zip code *(AE) (Komm)* Postleitzahl *f*, PLZ
zone *(Gen)* Bereich *m*, Gebiet *n*, Zone *f*
zone of monetary stability *(Pol, WiWi)* stabile Währungszone *f*
zone pricing *(V&M)* Preisfestsetzung *f* nach Zonen
zoning *(Grund)* Flächenaufteilung *f*

Deutsch – Englisch

A

abänderbar *adj* 1. *(Gen)* modifiable, open to change; 2. *(Recht)* commutable *(Urteil)*; subject to amendment *(Gesetz)*

abändern *v* 1. *(Gen)* amend *(Bedingungen)*; correct, rectify *(verbessern)*; modify, change *(Produkt)*; 2. *(Recht)* commute *(Urteil)*; revise *(Entscheidung)*; amend *(Gesetz)*

Abänderung *f* 1. *(Gen)* change, rectification; 2. *(Pol, Recht)* amendment, revision, modification

Abänderungsantrag *m (Pol, Recht)* proposed amendment, proposed revision

Abandon *m (Recht, Versich)* abandonment

abandonnieren *v (Börse, Versich)* abandon *(Optionsaufgabe)*

abarbeiten *v* 1. *(Comp)* execute, process; 2. *(Gen)* work down *(Liste)*; work off *(Schuld, Vorschuss)*

Abbau *m* 1. *(Gen, Mgt, Pers)* scaling--down, downsizing *(von Personal)*; 2. *(WiWi)* exploitation *(von Mineralien, Kohle)*; dismantling *(von Restriktionen)*; 3. *(Umwelt)* exploitation, degradation *(von natürlichen Ressourcen)*

Abbau *m* **von Arbeitskräften** *(Pers)* shedding of labo(u)r, reducing the workforce, reduction of staff

Abbau *m* **von Lagerbeständen** *(Fin, Gen, V&M)* inventory liquidation, stock reduction

Abbau *m* **von Personal** *(Pers)* staff cut, staff cuts, staff reduction, reduction in staff, reduction in staffing levels, shedding of labo(u)r

abbaubarer Rohstoff *m (WiWi)* depletable resource

abbauen *v* 1. *(Fin)* repay *(Schulden)*; 2. *(Gen)* abolish gradually, dismantle, cut down, reduce *(System)*; work off, abolish *(Schulden)*; 3. *(Mgt, Pers)* cut down, downsize, slim *(Personalstand, Belegschaft)*; 4. *(Umwelt)* exploit *(natürliche Ressourcen)*; 5. *(WiWi)* cut down, run down, remove, dismantle, abolish *(Handelsschranken)*

abbestellen *v* 1. *(Gen)* cancel (one's order); 2. *(Media, V&M)* unsubscribe *(Zeitschrift)*

Abbildung *f* 1. *(Comp)* map; 2. *(Stat)* transformation *(von Koordinaten, Variablen)*; mapping, function *(Logik)*; 3. *(Pat)* figure

abbrechen *v* 1. *(Comp)* abort, truncate, cancel *(Programm)*; 2. *(Gen)* abort *(Versuch, Kampagne)*; break off *(Verhandlungen, Gespräche)*; 3. *(Grund)* demolish, pull down *(Gebäude)*

Abbrecherquote *f (Pers)* dropout rate, drop-out rate *(Schule, Ausbildung)*

abbuchen *v* 1. *(Bank)* debit; 2. *(Gen)* debit, charge off; 3. *(RW)* write off, charge off, debit

Abbuchung *f* 1. *(Bank)* payment by standing order; 2. *(RW)* charge off

Abbuchungsauftrag *m (Bank, Gen)* debit order

ABC-Analyse *f* 1. *(Fin, WiWi)* ABC analysis, ABC evaluation analysis; 2. *(Gen, Mgt)* ABC inventory control (system) *(Verfahren der Schwerpunktbildung, cf ABC-Verfahren)*

ABC-Verfahren *n (Fin, WiWi)* ABC method *(Methode der Schwerpunktbildung, z. B. in der Material- und Lagerwirtschaft die Klassifizierung von Teilen nach dem Mengen-Wert-Verhältnis: A-Teile = geringer mengenmäßiger und hoher wertmäßiger Anteil, C-Teile = hoher mengenmäßiger und geringer wertmäßiger Anteil, B-Teile dazwischen)*

Abdruck *m* 1. *(Gen)* copy, reprint, reproduction; 2. *(V&M)* imprint, stamp *(eines Stempels, Siegels)*

Abendschule *f (Pers)* evening school, night school

aberkennen *v (Pers)* deprive, disallow

Abfall *m* 1. *(Gen)* refuse, waste, *(AE)* garbage, *(BE)* rubbish, *(AE)* trash; 2. *(WiWi)* drop, fall *(Kurs)*

Abfallaufbereitung *f (Umwelt)* waste recycling

Abfallbeseitigung *f (Gen, Umwelt)* waste disposal

Abfallbilanz *f (Recht, Umwelt)* waste report

Abfallentsorgung *f (Gen, Umwelt)* waste disposal

Abfallprodukt *n (Umwelt)* waste product

Abfallvermeidung *f (Umwelt)* waste prevention
Abfallverminderung *f (Umwelt)* waste reduction
Abfallwiederaufbereitung *f (Umwelt)* recycling of waste
Abfallwirtschaft *f* 1. *(Gen)* waste disposal industry; 2. *(Umwelt)* waste management
abfangen *v (Gen)* absorb; deaden *(negative Wirkung)*
abfassen *v (Gen, Recht, V&M)* draft *(Reklametext)*
abfedern *v (Gen)* smooth; deaden *(negative Wirkung)*
Abfederung *f (Pol, Soz)* cushioning
abfertigen *v (Gen)* attend to, process, serve
abfinden *v* 1. *(Fin)* buy out, pay off, indemnify *(Aktionäre)*; 2. *(Gen)* compensate, indemnify
Abfindung *f* 1. *(Fin)* compensation; 2. *(Gen, Pat)* damages; 3. *(Pers)* ex gratia payment *(Arbeit)*; payoff *(Entlassung)*; 4. *(Recht)* indemnity; 5. *(Steuer)* termination payments
Abfindungszahlung *f (Pers)* severance pay, severance payment, termination pay, *(BE)* redundancy pay
Abflachen *n* **der Hierarchien** *(Pers)* flattening of hierarchies
abflauen *v (Gen, WiWi)* ease off, flag, slacken, slow down, tail away *(Wachstum)*
Abfluss *m* 1. *(Fin)* outflow; 2. *(Umwelt)* effluent, efflux; 3. *(WiWi)* drain *(Geldabfluss)*
Abfolge *f* **von Schritten** *(Gen)* sequency
Abfrage *f (Gen)* enquiry, query
Abführung *f (Steuer)* transfer
Abgabe *f* 1. *(Fin)* levy; 2. *(Gen)* royalty, charge, tax; 3. *(Imp/Exp)* levy; 4. *(Steuer)* imposition; 5. *(WiWi)* charge, tax, royalty *(Förderabgabe)* • **zur Abgabe von Angeboten auffordern** *(Gen)* invite tenders
Abgabe *f* **von Angeboten** *(Gen)* bidding, submission of bids
Abgabe *f* **von Geboten** *(Gen)* bidding
Abgabefrist *f (Gen)* closing date, due date, filing date, final date for acceptance *(Annahmeschluss)*
Abgabekurs *m (Börse)* issue price
abgabenfrei *adj (Steuer)* tax-free, duty-free, free from tax, free from duty *(Waren)*
Abgabenordnung *f (AO) (Recht, Steuer)* (German) Fiscal Code, fundamental (German) tax code *(eine Art Steuergrundgesetz, das die für alle Steuern geltenden materiellen und verfahrensrechtlichen Vorschriften zusammenfasst)*
abgabenpflichtig *adj* 1. *(Imp/Exp, Steuer)* dutiable; 2. *(Recht, Steuer)* liable to tax, taxable
abgabenpflichtige Waren *fpl (Imp/Exp, Steuer)* chargeable goods, dutiable goods
Abgabepreis *m (Gen)* selling price
Abgabetermin *m (Recht)* final deadline
Abgang *m* **von flüssigen Mitteln** *(Fin)* cash drain
Abgänge *mpl (Pers)* persons leaving, people leaving, workers leaving, leavers
Abgangsquote *f (Pers)* rate of outflow
Abgangsquote *f* **aus Arbeitslosigkeit** *(Soz)* escape rate
Abgangswahrscheinlichkeiten *fpl (Pers, Stat)* outflow probabilities
Abgangszeugnis *n* 1. *(Pers)* leaving certificate, certificate of successful completion *(of a stage of education)*; *(AE)* diploma; 2. *(Bil)* school leaving certificate
abgeändert *adj (Gen)* altered, changed, modified; amended *(Gesetz)*
abgeben *v* 1. *(Gen)* submit *(Angebot)*; deliver *(Ware)*; 2. *(Versich)* cede; 3. *(Recht)* submit *(Vertragsangebot)*; communicate *(Willenserklärung)*
abgebende Gesellschaft *f (Gen)* ceding company
abgeführte Mehrwertsteuer *f (Steuer)* *(BE)* value-added tax paid, *(BE)* VAT paid
abgegebene Willenserklärung *f (Recht)* communicated declaration of intent
abgekürzt *adj (Versich)* deferred
abgekürzter Tastaturbefehl *m (Comp)* keyboard shortcut
abgelaufen *adj* 1. *(Bank)* mature; 2. *(Börse)* lapsed; 3. *(Fin)* mature; 4. *(Gen)* expired, no longer valid

abgeleitete Nachfrage *f (WiWi)* derived demand, indirect demand
abgelten *v (Gen)* compensate, satisfy
Abgeltungssteuer *f* **auf Kapitalerträge** *(Fin, Steuer)* withholding tax on investment income
abgemacht *adj (Gen)* agreed
abgerechnet *adj (Bank, Fin)* cleared, cld
abgerufenene Ware *f (Gen)* goods called forward
abgeschlossen *adj (Gen)* completed, closed
abgeschlossene Berufsausbildung *f (Pers)* occupational qualification, vocational qualification
abgeschlossene Hypothek *f (Bank)* closed-end mortgage
abgeschlossenes Geschäftsjahr *n* 1. *(RW)* accounting year ended; 2. *(Steuer)* fiscal year ended
abgeschlossenes Haushaltsjahr *n* 1. *(RW)* accounting year ended; 2. *(Steuer)* fiscal year ended
abgeschlossenes Wirtschaftsjahr *n* 1. *(RW)* accounting year ended; 2. *(Steuer)* fiscal year ended
abgeschrieben *adj (RW)* written off
abgeschriebene Forderungen *fpl (Fin)* written-off receivables
abgeschriebener Betrag *m (RW)* depreciated amount
abgesicherte Verbindlichkeit *f (RW)* hedged liability
abgesicherter Kredit *m (Fin)* secured credit
abgestimmt *adj (Gen)* concerted, fine--tuned • **aufeinander abgestimmt** *(Gen)* coordinated, synchronized
abgestimmtes Verhalten *n (WiWi)* concerted action *(Kartellbildung)*
abgewickelt *adj (Börse)* closed-out
abgewirtschaftet *adj (Gen)* run-down
abgezeichnet *adj (Gen)* acknowledged
abgezielt sein *v* **auf** *(Gen)* be aimed at
abgezinst *adj (Fin, RW)* discounted
abgezinster Cash-Flow *m (Fin, RW)* discounted cash flow, DCF
Abgleich *m (Fin, RW)* balancing
abgrenzen *v (RW)* adjust, accrue
Abgrenzung *f* 1. *(RW)* accruals and deferrals; assignment of cost [expense] not relating to (the) accounting period; 2. *(Recht)* differentiation; deferral; 3. *(Gen)* definition; adjustment
abhängen *v* **von** *(Gen)* depend on *(Ereignis)*
abhängig Beschäftigte *pl (Pers)* employees, persons in dependent employment, wage earners and salaried employees, wage and salary earners, *(AE)* wage and salary workers, *(BE)* employees in employment, workers *(gesamtwirtschaftlich als Sammelbegriff für Arbeitnehmer)*; labo(u)r *(im volkswirtschaftlichen Sinn als Sammelbegriff für die Arbeitnehmer)*
abhängige Beschäftigung *f (WiWi)* dependent employment
abhängige Gesellschaft *f (Fin, RW)* controlled company
abhängige Variable *f (Stat)* dependent variable
abhängiger Auftragnehmer [Lieferant] *m (Gen)* captive contractor
abhängiges Unternehmen *n (Mgt, Steuer)* controlled company, dependent company
Abhängigkeit *f (Gen)* dependence, dependency
abheben *v (Bank, Fin, Gen, WiWi)* draw, withdraw *(Geld)*
Abhebung *f (Bank, Fin, Gen, WiWi)* withdrawal
abhelfen *v* 1. *(Gen)* remedy; 2. *(Recht)* redress
abhören *v (Komm)* tap, tap into *(Telefon)*
Abhören *n (Comp, Gen, Komm)* telephone tapping, wiretapping
Abkommen *n (Gen)* agreement
Abkömmling *m (Recht)* descendant, issue *(Erben)*
Abkühlungszeit *f (Börse, Pers, Versich)* cooling-off period
abkürzen *v* 1. *(Gen)* abbreviate, shorten; 2. *(Komm)* abridge *(Inhalt)*
Abkürzung *f* 1. *(Gen)* abbreviation; 2. *(Komm)* abridgement *(Inhalt)*
ABl. *s.* Amtsblatt
abladen *v (Gen, Ind, Transp)* offload, unload
Abladen *n (Gen, Ind, Transp)* offloading, unloading
Ablauf *m (Gen)* procedure, expiry, expiration
Ablaufdiagramm *n (Gen)* flowchart

ablaufen *v* 1. *(Gen)* come to an end *(Ereignis)*; expire *(Frist)*; 2. *(Versich)* lapse
Ablaufleistungen *fpl (Versich)* outpayments on expiration of contracts
Ablaufplanung *f* 1. *(Gen)* scheduling; 2. *(Mgt)* operational planning
Ablauftermin *m* 1. *(Bank)* date of maturity, DOM; 2. *(Gen)* expiry date
ablegen *v (Gen)* file *(Dokumente)*
ablehnen *v* 1. *(Gen)* decline, turn away, oppose, object to *(Vorschlag)*; 2. *(Pers)* repudiate *(Streik)*; 3. *(Recht)* decline, reject
Ablehnung *f* 1. *(Gen)* refusal; 2. *(Pat)* refusal, rejection; 3. *(Recht)* repudiation
ablesen *v (Gen)* take a reading
Ablieferungspflicht *f (Bank, Imp/Exp, Pol)* surrender requirement
ablösbar *adj (Gen)* redeemable
ablösbare Schuldverschreibungen *fpl (RW)* redeemable bonds
ablösen *v (Gen)* relieve, redeem, commute *(Verpflichtung)*; supersede *(Vorgänger)*
Ablösung *f* 1. *(Börse)* liquidation *(Verbindlichkeiten)*; 2. *(Fin)* anticipated redemption
ABM *s.* Arbeitsbeschaffungsmaßnahme
abmachen *v (Gen)* make arrangements
Abmachung *f (Pol)* memorandum of understanding
abmelden *v/sich* 1. *(Comp)* log off, log out *(Benutzer)*; 2. *(Frei)* check out
Abmessungen *fpl (Gen)* dimensions
Abnahme *f* 1. *(Börse)* taking delivery; 2. *(Media)* acceptance *(von Manuskripten)*; 3. *(Transp, Versich, V&M)* acceptance; 4. *(WiWi)* decline *(Wachstum)*
Abnahme *f* **der Beschäftigung** *(Pers)* decline in employment
Abnahmeverpflichtung *f (Recht)* guarantee to purchase, purchase commitment *(Vertragsrecht)*
abnehmen *v* 1. *(Gen)* take away, accept, buy, take *(Waren)*; 2. *(Gen)* dwindle, tail away *(Nachfrage)*; 3. *(WiWi)* contract, decline, shrink
abnehmende Bevölkerung *f (Pers, WiWi)* declining population
abnehmende Erträge *mpl (WiWi)* diminishing returns
abnehmende Grenzrate *f* **der Substitution** *(WiWi)* diminishing marginal rate of substitution
abnehmende Skalenerträge *mpl (WiWi)* diminishing returns to scale
abnehmender Anteil *m (WiWi)* declining share
Abnehmer *m (Gen)* buyer; customer *(Kunde)*; consumer *(Verbraucher)*
• **keine Abnehmer finden** *(Gen)* find no market
Abnehmerin *f s.* Abnehmer
abnutzbare Güter *npl (RW)* assets subject to depreciation, depreciable assets
abnutzbare Wirtschaftsgüter *npl* **des Anlagevermögens** *(RW)* depreciable fixed assets *(Synonym: abnutzbares Anlagevermögen)*
abnutzbares unbewegliches Vermögen *n (RW)* depreciable real estate
abnutzbares Vermögen *n (RW)* depreciable asset, depreciable property
abnutzbares Wirtschaftsgut *n (RW) (AE)* wasting asset
abnutzen *v (WiWi)* erode
Abnutzung *f* 1. *(Gen)* wear and tear; 2. *(WiWi)* erosion
Abnutzung *f* **durch Gebrauch** *(Gen)* wear and tear
Abo *n (Börse, Media) (BE)* sub
Abonnement *n (Börse, Media)* subscription, sub
Abonnementsgebühr *f (Media)* subscription fee, subscription charge
Abonnementspreis *m (Gen)* subscription price
Abonnent *m (Media, V&M)* subscriber
Abonnentin *f s.* Abonnent
abonnieren *v* 1. *(Gen)* subscribe to *(Zeitungen, Bücher)*; 2. *(Media, V&M)* take out a subscription
abordnen *v (Pers)* second
abrechnen *v* 1. *(Bank)* clear, account for; 2. *(Gen)* cash up; 3. *(RW)* make up one's accounts
Abrechnung *f* 1. *(Bank)* clearing; 2. *(Gen)* billing; 3. *(RW)* invoicing
Abrechnungskurse *mpl (Börse)* strike price
Abrechnungsperiode *f* 1. *(Börse)* settlement period; 2. *(RW)* accounting period, accounting year; 3. *(Steuer)* fiscal period

Abrechnungssaldo *m (Bank, WiWi)* clearing balance
Abrechnungsstelle *f (Bank, Fin)* clearing house
Abrechnungstag *m (Börse)* settlement day
Abrechnungsverkehr *m (Bank)* clearing system
Abrufauftrag *m (Gen)* blanket order
abrufbereit *adj (Pers)* on call
Abrufdienst *m (Komm, V&M)* on-demand service
abrufen *v (Comp)* retrieve
abrunden *v (Stat)* round down *(Zahl)*
Absage *f (Gen)* cancellation
Absatz *m* 1. *(RW, V&M)* sales, *(BE)* turnover; 2. *(Gen)* paragraph
Absatz *m* **über Händlernetz** *(V&M)* network marketing
Absatzaktivität *f (V&M)* sales activity
Absatzbelebung *f (WiWi)* revival of sales
Absatzbereich *m (V&M)* market coverage
Absatzeinbruch *m (V&M)* slump in sales
Absatzfeld *n (V&M)* outlet
Absatzgebiet *n* 1. *(Gen)* trading area, distribution area; 2. *(V&M)* sales territory, outlet, market area
Absatzkanal *m* 1. *(Gen)* distribution channel; 2. *(V&M)* channel of sales
Absatzkette *f (V&M)* marketing chain
Absatzkooperation(en) *f(pl) (Bank, V&M)* co-branding
Absatzmarkt *m (V&M)* market, outlet
Absatzmodalitäten *fpl (Imp/Exp)* terms of sale
Absatzmöglichkeit *f (V&M)* sales opportunity, market opportunity
Absatznetz *n (V&M)* sales network
Absatzorganisation *f (V&M)* sales force
absatzorientierte Verflechtung *f (WiWi)* forward linkage
Absatzpolitik *f* 1. *(Gen, Transp)* distribution policy; 2. *(V&M)* marketing policy, sales policy
Absatzprognose *f (V&M)* sales forecast
Absatzrückgang *m (V&M)* slump in sales
Absatzweg *m (V&M)* trade channel, distribution channel
Absatzwirtschaft *f (V&M)* marketing, distributive trade
Absatzzahlen *fpl (V&M)* sales figures
Absatzziel *n (V&M)* sales target, marketing objective
abschaffen *v (Gen)* abolish, supersede
abschalten *v* 1. *(Comp)* turn off; 2. *(Gen)* shut off
abschätzen *v* 1. *(Gen)* estimate *(Anzahl, Umfang)*; assess *(Qualität, Lage)*; size up *(abschätzend betrachten)*; 2. *(Mgt)* anticipate *(Folgen einer Entscheidung)*
abschicken *v (Gen)* post
Abschiebung *f (Pol)* deportation
abschirmen *v (Gen)* insulate, screen, shield
Abschlag/auf *(Pers)* in part payment
abschlägige Antwort *f (Gen)* refusal, negative reply
Abschlagsdividende *f (RW)* interim dividend
Abschlagsteuer *f (Fin, Steuer)* withholding tax
Abschlagszahlung *f* 1. *(Bank)* payment on account; 2. *(Fin)* part payment
Abschlagszahlungen *fpl (Fin)* progress payments
abschließen *v* 1. *(Bank)* make up, take out, balance; 2. *(Fin)* balance; 3. *(Gen)* complete, finalize, transact *(Vertrag)*; conclude *(beenden)*; 4. *(RW)* transact, balance, close *(Bücher)*; 5. *(Recht)* complete, conclude; 6. *(Versich)* take out • **die Bücher abschließen** *(RW)* balance the books
Abschluss *m* 1. *(Bank)* making up; 2. *(Börse, Fin)* bargain; 3. *(Gen)* bargain, completion, deal, conclusion, transaction; 4. *(RW)* transaction, financial statement *(Vertrag)*; 5. *(Recht)* conclusion *(Vertrag)*; 6. *(Soz)* qualification; 7. *(V&M)* sale • **einen Abschluss erreichen [tätigen]** *(Gen)* reach a deal
Abschluss *m* **auf Basis von Marktpreisen** *(Gen, Steuer, V&M)* arm's--length transaction
Abschluss *m* **mit Bestätigungsvermerk** *(RW)* certified financial statement
Abschlussalter *n (Versich)* age at entry
Abschlussbesprechung *f (Mgt)* debriefing • **eine Abschlussbesprechung durchführen** *(Mgt)* debrief
Abschlussbestätigung *f (Börse)* transaction slip
Abschlussbilanz *f (Bank, Fin, RW)* ending balance

Abschlussblatt *n (Fin, RW)* balance sheet, spreadsheet, work sheet
Abschlussbuchung *f (RW)* closing entry
Abschlussdividende *f (Börse)* final dividend
Abschlüsse *mpl (Börse)* dealings
Abschlusserläuterungen *fpl (RW)* notes, notes to the financial statements
Abschlussgebühr *f (Börse, V&M)* sales charge
Abschlusskosten *pl (Fin)* closing costs
Abschlussprovision *f (Versich)* acquisition commission
Abschlussprüfer *m (Mgt, RW)* auditor of annual accounts, balance sheet auditor, auditor *(der externe Prüfer darf zur Prüfung des gesetzlichen Jahresabschlusses Prüfungsergebnisse der internen Revision zur Kenntnis nehmen, aber nicht übernehmen)*
Abschlussprüferin *f s.* Abschlussprüfer
Abschlussprüfung *f* 1. *(RW)* audit; 2. *(Soz)* finals, final examination *(Hochschule)*
Abschlussrechnung *f (RW)* accounting report
Abschlussstichtag *m (RW)* balance sheet closing date
Abschlussübersicht *f* 1. *(Gen) (AE)* work sheet; 2. *(RW)* balance sheet in schedule form *(Synonym: Betriebsübersicht; cf Hauptabschlussübersicht)*
Abschlusswert *m (RW)* winding-up value
Abschlusszahlen *fpl (RW)* accounting data
Abschlusszahlung *f (Fin)* final instal(l)ment
Abschnitt *m* 1. *(Börse)* apron; 2. *(Gen)* chapter, section, paragraph; 3. *(Media)* leg
abschöpfen *v* 1. *(Gen)* cream off, siphon off; 2. *(WiWi)* absorb
Abschöpfung *f* 1. *(Gen)* skimming; 2. *(WiWi)* absorption, drain *(Liquidität)*
Abschöpfung *f* **im Rahmen der gemeinsamen Agrarpolitik** *(WiWi)* CAP levy, Common Agricultural Policy levy
abschotten *v (Gen)* compartmentalize, insulate
Abschreckungsmittel *n (Gen)* deterrent
abschreibbar *adj (RW)* amortizable
abschreiben *v* 1. *(Bank)* amortize *(Vermögenswerte, Aktiva)*; 2. *(Fin)* write off; 3. *(Gen)* write off *(Forderung, Verlust)*; transcribe *(Text)*; 4. *(RW)* write down, amortize, depreciate *(Vermögenswerte, Aktiva)*; 5. *(Versich)* write off; 6. *(WiWi)* depreciate *(Vermögenswerte, Aktiva)*
Abschreibung *f* 1. *(Fin, RW)* writedown, depreciation, allowance for depreciation, depreciation allowance *(Sachanlagevermögen)*; amortization *(immaterielles Anlagevermögen = intangible fixed assets, insbesondere der Geschäftswert = Firmenwert = goodwill; IAS 38)*; write-off, writeoff *(außerplanmäßige Vollabschreibung, non-scheduled depreciation)*; *(BE)* capital allowance, writing-off; *(AE)* allowance for depreciation; 2. *(Grund)* depreciation; 3. *(WiWi)* capital consumption, capital consumption allowance
Abschreibung *f* **auf Anlagevermögen** *(Bank)* depreciation of fixed assets
Abschreibungen *fpl* **auf Fertigerzeugnisse** *(RW)* inventory adjustments - finished goods
Abschreibungen *fpl* **auf Finanzanlagen** *(RW)* depreciation on financial assets, writedown of investments
Abschreibungen *fpl* **auf immaterielle Vermögenswerte** *(RW)* amortization of intangible fixed assets
Abschreibungsarten *fpl (WiWi)* methods of depreciation
Abschreibungsbetrag *m* 1. *(RW) (AE)* allowance for depreciation, *(BE)* capital allowance; 2. *(Steuer)* writing-down allowance
Abschreibungssatz *m (RW)* rate of depreciation
Abschreibungsverfahren *n (RW, WiWi)* method of depreciation, depreciation method, depreciation procedure
Abschreibungszeitraum *m (Steuer, WiWi)* depreciable life
abschwächen *v* 1. *(Bank, Börse)* sag; 2. *(Gen)* water down, weaken *(Idee, Politik, Aussage)*; 3. *(WiWi)* level off, weaken *(Kurse, Andrang)*
Abschwächung *f (WiWi)* slowdown
Abschwung *m* 1. *(Gen)* downturn; 2. *(WiWi)* contraction, downswing, downturn

absenden *v (Komm, Transp)* dispatch
absetzbar *adj (Steuer)* allowable
absetzen *v (Gen)* sell
Absetzung *f (Steuer)* deduction *(Einkommensteuer)*
Absetzung *f* **für Abnutzung** *(RW)* allowance for depreciation
absichern *v* 1. *(Börse)* secure; 2. *(Gen)* shield
Absicherung *f (Börse)* safe hedge
Absicherung *f* **gegen Inflation** *(Versich)* hedge against inflation
Absicherungsklausel *f (Börse)* hedge clause
Absicht *f (Recht)* intention, intent • **in der Absicht etw. zu tun** *(Gen)* with a view to doing sth
Absichtserklärung *f* 1. *(Börse)* letter of intent; 2. *(Gen)* memorandum of intent; 3. *(Recht)* declaration of intent *(Vertragsrecht)*
absolut *adv (WiWi)* in absolute terms
absolute Abweichung *f (Stat)* absolute deviation
absolute Klassenhäufigkeit *f (Stat)* absolute class frequency
absolute Konzentration *f (WiWi)* absolute concentration
absoluter Fehler *m (Stat)* absolute error
absoluter Höchststand *m (Börse, Gen)* all-time high
Absolutzahl *f (Stat)* absolute number
absolvieren *v (Bil)* finish *(Schule etc.)*; *(AE)* graduate; complete *(Kurs etc.)*; attend; pass *(Prüfung, examination)*
absorbieren *v (Gen)* absorb
Absorption *f* 1. *(Gen)* absorption; 2. *(WiWi)* absorption, total domestic expenditure
Absprache *f (Gen)* accord • **nur nach Absprache** *(Gen)* by appointment only *(Termin)*
Absprache *f* **treffen** *(Gen)* agree
absprechen *v***/sich** *(Gen)* agree
abspringen *v (Gen)* opt out
Abstandsgeld *n (WiWi)* compensation
absteigende Folge *f (Comp)* decreasing order *(Ordnung)*
absteigende Reihenfolge *f (Comp)* decreasing order *(Ordnung)*
abstellen *v* 1. *(Gen)* shut off; 2. *(Pers)* second; 3. *(Umwelt)* abate
Abstellung *f (Pers)* secondment, temporary transfer
abstempeln *v (Gen)* stamp
Abstiegsmobilität *f (Pers)* downward mobility
abstimmen *v* 1. *(Gen)* agree; 2. *(RW)* agree, balance, reconcile; 3. *(Pers, Pol)* vote • **aufeinander abstimmen** *(Gen)* coordinate
Abstimmung *f* 1. *(Fin)* reconciliation; 2. *(Gen)* tuning, coordination *(Maßnahmen, Listen)*; 3. *(Mgt)* voting, coordination *(von Plänen)*; 4. *(Pers, Pol)* voting, vote; 5. *(RW)* reconciliation
Abstimmung *f* **von Konten** *(RW)* account matching, account reconciliation
Abstimmung *f* **von Positionen** *(Bank, RW)* matching
Abstimmungsverfahren *n (Recht)* voting procedures
Abstimmungsvorgang *m (Bank, RW)* matching process
abstoßen *v* 1. *(Börse)* sell off; 2. *(Fin)* divest, unload; 3. *(Gen)* sell off, shed; 4. *(Recht)* divest; 5. *(WiWi)* hive off *(Beteiligung)*
Abstoßen *n (Börse)* dumping, unloading
abstufen *v (Bank)* downgrade
Abstufung *f (Bank, Fin)* downgrading *(Rating)*
Absturz *m* 1. *(Comp)* system crash, abnormal system end, breakdown, crash *(Programme)*; 2. *(Transp)* crash *(Flugzeug)*
abstürzen *v* 1. *(Comp)* crash *(Programm, Computer)*; 2. *(Transp)* crash *(Flugzeug)*
Abteilung *f* 1. *(Gen)* department, dept., division, section; 2. *(WiWi)* department, dept.
Abteilung *f* **Interne Revision** *(Mgt, RW)* auditing department
Abteilungsgliederung *f (Gen, Mgt)* departmental structure
abteilungsintern *adj (Gen, Mgt)* intradepartmental
Abteilungskostenrechnung *f (RW)* departmental costing
Abteilungsleiter *m (Gen)* departmental head, departmental manager
Abteilungsleiterin *f s.* Abteilungsleiter
abteilungsübergreifend *adj (Gen, Mgt)* interdepartmental
abtragen *v* 1. *(Bank, RW)* repay, amor-

tize, pay off, pay back *(Schulden, Hypothek)*; 2. *(Fin)* acquit

Abtrennung *f* 1. *(Gen)* separation; 2. *(Recht)* severance

abtretbar *adj* 1. *(Börse)* transferable; 2. *(Recht)* assignable *(Vertragsrecht)*

Abtretbarkeit *f* 1. *(Börse)* transferability; 2. *(Recht)* assignability

abtreten *v (Recht, RW, Versich)* assign, cede, make over, transfer

Abtretende *m(f)* 1. *(Gen)* assignor; 2. *(Recht, Versich)* assignor, transferor, transferrer, cedent *(Zedent)*

Abtretung *f* 1. *(Gen)* cession; 2. *(RW)* assignment; 3. *(Recht, Versich)* assignment, cession, transfer

Abtretungsempfänger *m (Recht)* assignee, transferee

Abtretungsempfängerin *f s.* Abtretungsempfänger

Abtretungserklärung *f* 1. *(Komm) (BE)* letter of subrogation; 2. *(Recht)* assignment document, declaration of assignment *(Vertragsrecht)*

Abtretungsurkunde *f (Gen)* deed of assignation

Abtretungsvertrag *m* 1. *(Grund)* bargain and sale; 2. *(Recht)* contract of assignment *(Vertragsrecht)*

Abverkauf *m (V&M)* sale, selling-off

abwägen *v (Gen)* weigh up *(Vorschlag)*

abwälzen *v (Fin, WiWi)* pass along, pass on

abwälzen *v* **auf** 1. *(Gen)* shift on to *(Verantwortlichkeit)*; 2. *(WiWi)* pass on to *(Kosten)*

Abwanderung *f (Pers)* drift, outward migration

Abwanderung *f* **von Kapital** *(Fin)* exodus of capital

Abwanderung *f* **von Wissenschaftlern** *(Pers) (ugs.)* brain drain

Abwärtsbewegung *f (Gen)* downstream float, downward movement

Abwärtstrend *m* 1. *(Fin)* downside trend; 2. *(WiWi)* downtrend; 3. *(Gen)* down market

Abwasser *n (Umwelt)* effluent, wastewater

Abwasserabgabe *f (Umwelt)* sewage levy

Abwasseraufbereitung *f (Umwelt)* wastewater treatment

abwechselnd *adj (Gen)* alternate

Abwehrargumente *npl (Gen, Pol)* defensive points

abwehren *v (Gen)* fend off *(Frage)*; stave off *(Gefahr)*

Abwehrkonditionen *fpl (Gen)* defensive conditions

Abwehrpreis *m (V&M)* keep-out price

Abwehrzoll *m (WiWi)* protective tariff

abweichen *v (Gen)* depart (from), diverge *(Wechselkurs)*

abweichend *adj (Gen)* differing

abweichende Meinung *f* 1. *(Mgt)* dissenting view, divergent thinking; 2. *(Recht)* dissenting opinion, dissenting vote, dissent

Abweichung *f* 1. *(Fin)* variance; 2. *(Gen)* anomaly, discrepancy, variance, variation *(Variation)*; 3. *(RW)* variance; 4. *(Recht)* deviation, nonconformity *(vom Gesetz)*

Abweichungsanalyse *f (RW)* cost variance analysis

Abweichungsindikator *m (WiWi)* divergence indicator

Abweichungsschwelle *f (Fin, WiWi)* divergence threshold

abweisen *v (Recht)* reject, refuse

abwenden *v (Gen)* stave off *(Unheil)*

abwerben *v* 1. *(Pers)* bid away, contract away, entice away, poach *(Arbeitskräfte)*; headhunt *(Führungskräfte)*; 2. *(Recht)* alienate, contract away, divert custom

Abwerben *n* **von Arbeitskräften** *(Pers)* poaching

Abwerber *m (Pers)* headhunter *(Führungskräfte)*

Abwerberin *f s.* Abwerber

Abwerbung *f* 1. *(Pers)* labo(u)r piracy, poaching, headhunting *(von Führungskräften)*; 2. *(Recht)* diverting custom; 3. *(V&M)* alienation, contracting away, diverting custom, poaching

abwerfen *v* 1. *(Fin)* return; 2. *(Gen)* yield *(Ertrag, Gewinn)*; 3. *(WiWi)* produce

abwerten *v* 1. *(RW)* depreciate; 2. *(WiWi)* depreciate, devaluate, devalue *(Währung)*

Abwertung *f* 1. *(Grund)* depreciation; 2. *(WiWi)* currency devaluation, devalorization, devaluation

Abwertungsdruck *m (Bank, WiWi)* downward pressure *(Wechselkurs)*
Abwertungstendenz *f (Bank, WiWi)* tendency to depreciate
Abwertungswettlauf *m (Bank, V&M, WiWi)* competitive devaluation
abwesend *adj (Gen)* absent
Abwesenheit *f (Gen)* absence
abwickeln *v* 1. *(Fin)* complete, settle; 2. *(Gen)* carry out, handle, process; 3. *(RW)* liquidate, wind up
Abwickler *m (Recht, RW)* liquidating authority, liquidator
Abwicklung *f* 1. *(Gen)* processing, winding up, handling, liquidation *(einer Firma)*; 2. *(Mgt, Recht)* winding up, liquidation; 3. *(Versich)* run-off
Abwicklung *f* **aller Kauf- und Verkaufsaufträge** *(Börse)* clearing the market
Abwicklungsgebühr *f (Bank)* agency fee
Abwicklungsgesellschaft *f (Recht)* company in liquidation
Abwicklungssystem *n (Bank)* settlement system
Abwicklungstermin *m (Börse)* settlement date
Abwicklungsverfahren *n (Recht)* liquidation procedure, winding-up procedure
Abwicklungszeitraum *m (Recht)* liquidation period, winding-up period
abwirtschaften *v (Gen)* run down *(Synonym: herunterwirtschaften)*
abzahlen *v (Fin)* pay off in instal(l)ments
Abzahlung kaufen *v***/auf** *(V&M) (BE)* buy on hire purchase, *(AE)* buy on the installment plan
Abzahlungsbasis kaufen *v***/auf** *(Fin) (BE)* buy on hire purchase, *(AE)* buy on the installment plan
Abzahlungshypothek *f (Fin)* constant payment mortgage, instal(l)ment mortgage
Abzahlungskauf *m (Recht) (BE)* hire purchase, instal(l)ment sale *(Vertragsrecht)*
Abzahlungskredit *m (Fin)* instal(l)ment credit
Abzahlungsperiode *f (Fin)* repayment period
Abzahlungspreis *m (Gen) (BE)* hire-purchase price, instal(l)ment price
Abzahlungsvertrag *m (Fin) (BE)* hire-purchase contract, instal(l)ment contract
Abzahlungszeitraum *m (Fin, V&M) (BE)* hire-purchase period, instal(l)ment sale period
abzeichnen *v (Gen)* acknowledge
Abzeichnen *n (Recht)* initialling
abziehbare Vorsteuer *f (Steuer)* deductible input tax, value added tax on input
abziehen *v* 1. *(Fin)* alienate *(Kapital)*; 2. *(Stat)* deduct; 3. *(Recht)* alienate
abzielen *v (Gen, V&M)* target at
abzielen *v* **auf** *(Gen, V&M)* target at
abzinsen *v (Fin, RW)* discount
Abzinsung *f (Fin, RW)* discounting
Abzinsungsbetrag *m (Börse, Fin)* original issue discount, OID
Abzinsungsfaktor *m (Fin)* discount factor
Abzinsungspapier *n (Fin)* discounted paper
Abzinsungstabelle *f (Fin)* discount table
Abzug *m* 1. *(Börse)* withholding, discount; 2. *(Fin)* alienation *(Kapital)*; 3. *(Gen)* deduction; 4. *(Steuer)* deduction *(Gehalt)*; 5. *(Versich)* deduction; 6. *(V&M)* allowance • **nach Abzug von Steuern** *(RW, Steuer)* after-tax basis • **vor Abzug der Steuern** *(RW, Steuer)* before tax, pre-tax
Abzug *m* **an der Quelle** *(Steuer)* deduction at source
Abzüge *mpl (Soz, Steuer)* deductions from salary
abzüglich *(Gen)* less
abzugsfähig *adj* 1. *(Fin)* deductible; 2. *(Steuer)* allowable, tax-deductible
Abzugsfähigkeit *f (Gen, Steuer)* deductibility
Abzugsfähigkeit *f* **des Arbeitgeberanteils** *(Steuer)* deductibility of employer contributions
Abzugssteuer *f (Steuer)* withholding tax
adaptive Erwartungen *fpl (WiWi)* adaptive expectations
addieren *v* 1. *(Gen)* add up, *(AE)* foot up, *(BE)* tot up; 2. *(Stat)* cast up; 3. *(RW)* cast up
Addieren *n (Gen)* adding, *(AE)* footing
Addition *f* 1. *(Gen)* addition, summation,

(AE) footing; 2. *(Stat)* addition, *(AE)* footing

Ad-hoc-Ausschuss *m (Gen)* ad hoc committee

Ad-hoc-Entscheidung *f (Gen, Pol, WiWi)* ad hoc decision *(z. B. geldpolitische Entscheidung)*

Ad-hoc-Meldung *f (Börse, Gen)* ad hoc information, ad hoc publication

Ad-hoc-Mitteilung *f (Börse, Fin, Mgt)* ad hoc announcement *(Börsen-Pflichtmitteilung)*

Ad-hoc-Verband *m (Recht)* single-purpose association

administrativ *adj (Gen, Imp/Exp, RW)* administrative

administrative Handelshemmnisse *npl (Imp/Exp, WiWi)* administrative barriers to trade

administrierte Inflation *f (WiWi)* administered inflation

administrierte Preisfestsetzung *f (WiWi)* administered pricing

Adressat *m (Komm)* addressee • **Adressat unbekannt** *(Komm)* unknown at this address

Adresse *f (Gen)* address

Adresse *f* **des Absenders** *(Komm)* return address

Adressenausfallrisiko *n (Bank)* counterparty risk

Adressenliste *f* 1. *(Komm)* mailing list; 2. *(Pers)* list of addresses

Adressenrisiko *n (Bank)* counterparty risk

AfA *s.* Absetzung für Abnutzung

AfA-Tabelle *f (RW, Steuer)* tax depreciation table, tax depreciation-rate table *(Nutzungsdauer von Wirtschaftsgütern, useful live of assets)*

AG *s.* 1. Aktiengesellschaft; 2. Arbeitsgemeinschaft; 3. Amtsgericht

AGB *s.* allgemeine Geschäftsbedingungen

Agenda stehen *v***/auf der** *(Gen, Mgt)* be on the agenda

Agent *m* 1. *(Gen)* commercial agent; 2. *(Imp/Exp, Transp)* distributor; 3. *(V&M)* representative selling agent

Agentin *f s.* Agent

Agentur *f (Gen)* agency, agcy

Agenturgeschäft *n (Gen)* agency business

Agenturhandel *m (Gen)* agency trade

Agenturvergütung *f (Gen)* agency commission

Agglomeration *f (WiWi)* agglomeration

Aggregation *f (Fin, Stat, WiWi)* aggregation

Aggregationsmethode *f (Fin, Stat)* bottom-up approach, bottom-up method

Aggregationsproblem *n (WiWi)* aggregation problem

aggregierte Zahlen *fpl (WiWi)* aggregate data

aggressive Preispolitik *f (V&M)* aggressive pricing

aggressive Verkaufspolitik *f (V&M)* high-pressure selling

aggressive Werbung *f (V&M)* aggressive advertising

agieren *v (Gen)* act

Agio *n (Börse, Fin)* agio, premium • **mit einem Agio** *(Börse, Fin)* at a premium

Agioanleihe *f (Börse)* premium bond

Agrareinkommen *n (WiWi)* farm income

Agrarerzeugnis *n (WiWi)* agricultural product, farm produce

Agrarmarktordnung *f (Pol, WiWi)* agricultural market organization *(EU)*

Agrarpolitik *f (WiWi)* agricultural policy, farm policy

Agrarproduktion *f (WiWi)* agricultural production

Agrarsektor *m (WiWi)* agricultural sector

Agrarstruktur *f (WiWi)* farm structure

Agrarsubventionen *fpl (WiWi)* agricultural subsidy, farm subsidy

Agrarüberschuss *m (WiWi)* farm surplus

Agroindustrie *f (Ind)* agroindustry

ähnlich *adj (Gen)* analogous, similar

Akademie *f (Bil)* academy, college *(Fachschule, Fachhochschule)*; university *(e. g. University of Cooperative Education = Berufsakademie)*

Akademikerarbeitslosigkeit *f (Pers)* graduate unemployment, unemployment amongst graduates

akademische Bildung *f (Bil)* university education

akademischer Beruf *m (Pers)* graduate occupation, graduate profession, professional occupation

akademischer Grad *m (Pers)* degree, academic qualification, university degree

akademischer Titel *m (Bil)* (academic) degree, academic qualification, university degree

akkommodierende Geldpolitik *f (Pol, WiWi)* accommodative policy

Akkord *m* 1. *(Gen)* amicable settlement of dispute; 2. *(Ind)* breakeven quantity, piecework *(Arbeit)*; 3. *(Recht)* composition proceedings • **nach Akkord bezahlt** *(Pers)* paid piece rate

Akkordarbeit *f* 1. *(Gen)* piecework; 2. *(Pers)* piecework

Akkordlohn *m (Ind)* piecework rate, piecework wage

Akkordlohnsatz *m (Pers)* piecework rate

Akkordprämie *f (Pers)* production incentive

Akkordzuschlag *m (Ind)* bonus increment

akkreditiert *adj (V&M)* accredited

Akkreditierung *f (Soz)* accreditation *(Institutionen, Personen)*

Akkreditiv *n (Bank)* letter of credit, L/C

Akkreditivbank *f (Bank)* issuing bank, opening bank

akkreditiveröffnende Bank *f (Bank)* issuing bank, opening bank

akkumulierte Abschreibung *f (RW)* accumulated depreciation

Akontozahlung *f (Bank)* payment on account

Akquisiteur *m (Gen)* canvasser

Akquisitionskosten *pl (Gen, RW, Versich, V&M)* acquisition costs, canvassing costs

Akquisitionsvehikel *n (Bank, Fin)* special purpose acquisition company, SPAC; targeted acquisition company, TAC *(Synonym: Zweck-Akquisitionsgesellschaft, Blankoscheck-Gesellschaft; banknahe Zweckgesellschaft ohne operatives Geschäft, das an der Börse Kapital aufnimmt, um damit im Wettbewerb oder gemeinsam mit außerbörslichen Beteiligungsfonds -Private Equity- andere Unternehmen zu kaufen; traditionell von Finanzbetrügern genutzte Unternehmenshülle, zunehmend als Finanzierungsinstrument bei Investmentbanken und Management--Teams wieder entdeckt wegen der Aussicht auf hohe Gebühreneinnahmen und Provisionen bei begrenzten eigenen Risiken -die risikotragenden Kapitalanteile werden im Markt weiterplatziert- sowie u. U. wegen mangelnder Transparenz der Risikostruktur auf der Investorenseite; cf Angliederungsfinanzierung; a publicly-traded buyout company that raises blind money from the public in order to pursue the acquisition of an existing but unspecified company, often in a targeted industry like the high-tech sector; if the acquisition is not made within a specified period of time -typically 18 months to two years- the money is returned to the original investors; for this transaction investment banks and management teams collect high fees, whilst most of the risk is passed on to investors)*

Akte *f* 1. *(Gen)* case papers; 2. *(Gen, Pat)* file; 3. *(Pol)* act • **zu den Akten geben** *(Pat)* file • **zu den Akten legen** 1. *(Gen)* file away; 2. *(Pat)* file

Akteneinsicht *f (Recht)* inspection of records, file inspection

Aktenteil *m (Pat, Recht)* part of the file, part of the record

Aktenvermerk *m (Recht)* memorandum for file, memorandum, memo

Aktenverwaltung *f (Mgt)* records management

Aktenzeichen *n (Gen)* file number, reference

Aktie *f (Börse, Fin, RW) (BE)* share, *(AE)* stock

Aktie *f* **mit überdurchschnittlicher Entwicklung** *(Börse, Fin)* overperformer

Aktie *f* **mit unterdurchschnittlicher Entwicklung** *(Börse, Fin)* underperformer

Aktien *fpl (Fin) (BE)* shares, *(AE)* stock, shares of stock; equity *(Aktienkapital)* • **Aktien auf dem Markt abstoßen** *(Gen)* unload stocks on the market • **Aktien auf dem offenen Markt kaufen** *(Gen)* buy shares on the open market • **Aktien hereinnehmen** *(Gen)* take in stock • **Aktien übernehmen** *(Gen)* take up stocks • **Aktien zeichnen** *(Bank, Gen)* subscribe to shares, apply for shares • **Aktien zur Zeichnung auflegen** *(Gen)* invite subscriptions to shares • **Aktien zeichnen** *(Börse)* apply for shares, subscribe for shares • **Aktien zuteilen** *(Bank, Gen)* allot shares • **in Aktien investieren** *(Bank, Gen)* invest in shares

Aktien *fpl* **konjunkturreagibler Unternehmen** 1. *(Börse)* cyclical shares; 2. *(WiWi)* cyclical stock

Aktien *fpl* **mit geringen Umsatzvolumen** *(Börse)* inactive stock

Aktienagio *n (Börse, Fin, RW) (BE)* share premium

aktienähnliche Obligationen *fpl (Börse)* equity-related bonds

aktienähnliche Termingeschäfte *npl (Börse)* equity-related futures

Aktienarten *fpl (Börse)* types of shares

Aktienaustausch *m (Fin)* exchange of shares, exchange of stock

Aktienbesitz *m (Börse)* equity holding, shareholding

Aktienbestand *m (Börse, Fin)* share portfolio, stock portfolio

Aktienbesteuerung *f (Steuer)* equity taxation

Aktienbeteiligung *f (Börse)* equity interest, equity stake, shareholding

Aktienbeteiligungsplan *m (Börse)* share scheme

Aktienbewertung *f (Börse)* stock valuation

Aktienbezugsplan *m (Börse)* stock purchase plan

Aktienbezugsrecht *n (Börse)* share [stock] option right, share [stock] purchase warrant

Aktienbörse *f (Börse, Fin, WiWi)* stock exchange, stock market

Aktienbuch *n (Gen, Recht) (BE)* share register, *(AE)* stock register; *(BE)* register of shareholders, *(AE)* register of stockholders *(für Namensaktien oder vinkulierte Namensaktien: Verzeichnis der Aktionäre; digital register for registered shares)*

Aktiendividende *f (Börse)* share dividend

Aktienemission *f (Börse, Fin, RW)* equity issue, share [stock] issue

Aktienemissionsagio *n (Börse, Fin, RW) (BE)* share premium, *(AE)* stock issue premium

Aktienemissionsaufgeld *f (RW)* stock issue bonus

Aktienerwerbsplan *m* **für Arbeitnehmer** *(Börse)* employee share [stock] ownership plan

Aktienfinanzierung *f (Fin)* equity financing

Aktienfonds *m (Börse)* equity fund, investment fund for shares

Aktiengesellschaft *f (AG)* 1. *(Gen) (BE)* public company, *(AE)* public corporation; 2. *(Recht) (BE)* public limited company, *(BE)* plc, *(BE)* PLC; *(AE)* Corporation, Corp., *(AE)* stock corporation

Aktiengesetz *n (Recht) (BE)* Companies Act, *(Deu)* German Stock Corporation Act

Aktienhandel *m (Börse, Fin)* stockbroking

Aktienhausse *f (Börse)* bull market

Aktienindex *m (Börse)* share index

Aktieninhaber *m (Börse)* shareholder, stockholder

Aktieninhaberin *f s.* Aktieninhaber

Aktieninvestmentfonds *m (Börse, Fin)* common stock fund

Aktienkapital *n* 1. *(Börse, Fin)* share capital, stockholders' equity; 2. *(RW)* equity; 3. *(WiWi)* share capital

Aktienkurse *mpl (Börse)* share prices, stock market prices

Aktienkursentwicklung *f (Börse, Fin)* share price performance

Aktienmakler *m (Börse, Fin)* stockbroker

Aktienmaklerin *f s.* Aktienmakler

Aktienmarkt *m (Börse)* share market, equity market

Aktiennotierung *f (Börse)* stock quotation

Aktienoption *f (Börse)* stock option • **eine Aktienoption verkaufen** *(Börse)* write a stock option

Aktienpaket *n (Börse)* block, line, *(ugs.)* chunk of stock

Aktienportefeuille *n (Börse, Fin)* share portfolio, stock portfolio, equity portfolio

Aktienrecht *n (Recht)* stock corporation law

Aktienregister *n (Börse)* share register, stock record

Aktienrendite *f (Börse)* stock yield

Aktienrückkaufplan *m (Börse)* share repurchase plan

Aktiensplit *m* 1. *(Börse)* share split, *(AE)* stock split; 2. *(Fin)* *(BE)* share bonus
Aktiensplitting *n* **fünf zu eins** *(Börse)* *(BE)* five-for-one split
Aktienstreubesitz *m* *(Bank, Fin)* *(BE)* scattered shareholdings, *(AE)* scattered stockholdings *(der Anteil an der Gesamtzahl ausgegebener Aktien ist Maßstab für die Aufnahme von Aktien in viele Börsenindizes)*
Aktienübernahme *f* *(Börse, Fin)* share acquisition, stock takeover
Aktienübertragung *f* *(Börse)* share transfer
Aktien- und Kursindizes *mpl* *(Börse)* stock indexes and averages
Aktienurkunde *f* *(Börse)* *(BE)* share certificate, *(AE)* stock certificate
Aktienverhältnis *n* *(RW)* stock ratio
Aktienverzeichnis *n* *(Börse)* stock register
Aktienzeichner *m* *(Börse, Fin)* applicant (for shares)
Aktienzeichnerin *f s.* Aktienzeichner
Aktienzeichnung *f* *(Börse)* application for shares, subscription for shares
Aktienzertifikat *n* *(Börse)* *(BE)* share certificate, *(AE)* stock certificate
Aktienzusammenlegung *f* 1. *(Fin)* reverse split, share consolidation; 2. *(Gen)* stock splitdown
Aktienzuteilung *f* *(Börse)* share [stock] allotment
Aktionär *m* *(Pers)* member, equity holder, shareholder, stockholder
Aktionärin *f s.* Aktionär
Aktionärsaktivist *m* *(Börse, Mgt)* stockholder activist, shareholder activist *(Synonym: aktiver Aktionär)*
Aktionärsbeschluss *m* *(Gen, Recht)* shareholders' resolution, stockholders' resolution, stockholders' decision
Aktionärsbuch *n* *(Börse)* share register
Aktionärshauptversammlung *f* *(Börse)* shareholders' general meeting
Aktionärsinformation *f* *(Recht)* proxy statement
Aktionärsregister *m* *(Recht)* Register of Members
Aktionärsversammlung *f* 1. *(Börse)* shareholders' meeting; 2. *(Gen)* company meeting
Aktionärsverzeichnis *n* *(Börse)* stock record
aktiv *adj* 1. *(Gen)* active; 2. *(WiWi)* buoyant
aktiv tätig *adj* *(Pers)* in active employment
Aktiv... 1. *(Bank, Fin)* asset; 2. *(Gen)* active; 3. *(RW)* asset
Aktiva *npl* *(RW)* assets
aktive Abgrenzung *f* *(RW)* deferred accruals
aktive Arbeitsmarktpolitik *f* *(Pers, Pol)* active employment policy, active labo(u)r market policy, active manpower policy
aktive Bevölkerung *f* *(Pers)* active population *(Arbeit)*
aktive Handelsbilanz *f* *(Imp/Exp, WiWi)* active trade balance, favo(u)rable balance of trade, favo(u)rable trade balance
aktive Leistungsbilanz *f* *(Fin, Imp/Exp)* surplus on current account
aktive Rechnungsabgrenzung *f* *(RW)* accruals
aktive Rechnungsabgrenzungposten *mpl* *(Recht)* accrued income, accrued revenue
aktive Zahlungsbilanz *f* *(Fin, WiWi)* active balance of payments
aktiver Gesellschafter *m* *(Mgt)* acting partner, active partner
Aktivgeschäft *n* *(Fin)* lending business
Aktivhandel *m* *(Imp/Exp)* foreign trade
aktivieren *v* 1. *(Gen)* activate; 2. *(RW)* capitalize, charge to capital
Aktivierung *f* 1. *(Comp)* enablement; 2. *(Fin, RW)* capitalization, carrying as assets; 3. *(WiWi)* heading into surplus, moving into surplus
aktivierungspflichtiger Aufwand *m* *(RW, Steuer)* capital expenditure, capex *(Gegensatz: erfolgswirksamer Aufwand = revenue expenditure)*
aktivierungspflichtiger Leasingvertrag *m* *(Fin, Gen)* capital lease
Aktivierungsrecht *n* *(RW)* right to capitalize
Aktivierungsverbot *n* *(RW)* legal prohibition to capitalize
Aktivierungswahlrecht *n* *(RW, Steuer)* option to capitalize
aktivisch abgegrenzt *adj* *(RW)* deferred

Aktivkonto *n (RW)* asset account
Aktiv-Passiv-Management *n (Bank, Fin)* asset and liability management, assets and liabilities management
Aktiv-Passiv-Steuerung *f (Bank, Fin)* asset and liability management, asset/liability management
Aktivposten *m* 1. *(Gen)* asset; 2. *(RW)* asset item
Aktivseite *f (RW)* asset side
Aktivtausch *m (RW)* asset swap
Aktivüberhang *m (Börse)* long position
Aktivum *n (RW)* asset
Aktiv- und Passivsteuerung *f (Bank, Fin)* asset and liability management, assets and liabilities management
Aktivvermögen *n (Fin)* actual assets
aktualisieren *v (Fin)* actualize, bring sth up to date
Aktualisierung *f* 1. *(Comp)* update; 2. *(Gen)* updating
aktuell *adj* 1. *(Fin)* actual; 2. *(Gen)* current, up-to-date, up-to-the-minute
aktuell verfügbar *adj (Gen)* available on a current basis
aktuelle Bewertungsgrundlagen *fpl* **für die Kostenrechnung** *(RW)* current cost basis
aktuelle Ertragslage *f (Fin)* current profitability
aktuelle Information *f (Gen)* up-to-date information
aktueller Betriebsgewinn *m (RW)* current operating profit
aktueller Kontostand *m (Gen) (BE)* current account balance
aktuelles Vermögen *n (RW)* current asset
akute Gefahr *f (Versich)* imminent danger, imminent peril
Akzelerationskoeffizient *m (WiWi)* acceleration coefficient
Akzelerationsprinzip *n (WiWi)* acceleration principle
Akzelerator *m (WiWi)* accelerator
Akzept *n (Bank, Fin)* acceptance • **zum Akzept vorgelegter Wechsel** *(Bank)* acceptance bill • **mit Akzept versehen** *(Gen)* accepted
Akzept-Akkreditiv *n (Fin, Imp/Exp)* acceptance credit
Akzeptant *m (Bank)* drawee, acceptor *(eines Wechsels)*
Akzeptanz *f* 1. *(Fin)* approval; 2. *(Pol)* acceptance; 3. *(V&M)* (consumer) acceptance, market acceptance
Akzeptbank *f (Bank, Fin)* acceptance bank, accepting house
Akzeptebuch *n* 1. *(Bank, Fin)* acceptance ledger; 2. *(RW)* register of bills payable
akzeptgebende Bank *f (Bank, Fin)* accepting bank
Akzeptgebühr *f (Bank)* acceptance fee
Akzepthaus *n (Bank)* acceptance house
akzeptierende Bank *f (Bank, Fin)* acceptance bank, accepting banker, accepting house
akzeptiert *adj* 1. *(Bank, Comp)* accepted; 2. *(Gen)* accepted, approved of
akzeptiert *adj*/**nicht** 1. *(Bank)* dishono(u)red; 2. *(Gen, RW)* unaccepted
akzeptierter Wechsel *m (Bank)* accepted draft, acceptance
Akzeptierung *f (Fin)* acceptance
Akzeptkonto *n (Bank)* acceptance account
Akzeptkredit *n (Bank)* acceptance facility, acceptance credit
Akzeptlinie *f (Bank) (AE)* acceptance line
Akzeptobligo *n (RW)* bills payable
Akzeptverbindlichkeiten *fpl (Fin)* acceptance commitments, acceptance liabilities
Akzeptverweigerung *f (Fin)* dishono(u)r by non-acceptance
akzessorisch *adj (Recht)* accessory
akzessorische Sicherheit *f* 1. *(RW)* asset coverage; 2. *(Recht)* collateral security
aleatorischer Vertrag *m* 1. *(Recht)* aleatory contract, hazardous contract; 2. *(Versich)* aleatory contract
algebraisch *adj (Stat)* algebraic, algebraical
Aliasname *m (Comp, Komm)* alias *(Ersatz für die E-Mail-Adresse)*
alle Rechte vorbehalten *(Media, Recht)* all rights reserved
Allein... *(Gen)* exclusive, sole
Alleinauftrag *m (Gen)* exclusive contract
Alleinbetrieb *m (Gen)* one-man business, sole trader
Alleineigentümer *m* 1. *(Gen)* sole proprietor; 2. *(Grund, Recht)* sole owner
Alleineigentümerin *f s.* Alleineigentümer

Alleinherstellungsrecht *n (Ind)* monopoly
alleinige Zuständigkeit *f (Recht)* exclusive jurisdiction
alleiniger Inhaber *m (Gen)* sole trader
alleiniges Eigentumsrecht *n (Recht)* sole ownership, sole proprietorship
alleiniges Vertriebsrecht *n (V&M)* sole selling right
Alleinrecht *n (Pat)* exclusive right
Alleinstellungsmerkmal *n (V&M)* unique selling proposition *(USP)*
Alleinverdiener *m (Pers, Soz)* single earner, sole earner
Alleinverdienerin *f s.* Alleinverdiener
Alleinvertreter *m (V&M, WiWi)* sole agent
Alleinvertreterin *f s.* Alleinvertreter
Alleinvertretung *f (Gen)* sole agency, exclusive agency • **die Alleinvertretung haben für** *(Gen)* have exclusive agency for *(Firma)*
Alleinvertretungsrecht *n (Recht)* exclusive representation *(Vertragsrecht)*
Alleinvertretungsvertrag *m (Recht)* exclusive agency agreement *(Handelsrecht)*
Alleinvertriebsvertrag *m (Recht)* agreement for exclusiveness
Allfinanz *f (Bank, Versich, V&M)* bancassurance
Allfinanzaufsicht *f (Bank, Börse, Versich)* integrated financial supervision
Allfinanz-Konzern *m (Bank, Fin, Versich)* financial conglomerate, integrated financial conglomerate
allgemein anerkannt *(Gen)* widely recognized
allgemeine Bedingungen *fpl (Recht)* general terms, general terms and conditions
allgemeine Bemessungsgrundlage *f (Steuer)* general basis of assessment
allgemeine Betriebskosten *pl (RW)* general operating costs
allgemeine Exportförderung *f (Pol, WiWi)* across-the-board export promotion
allgemeine Geschäftsbedingungen *fpl (Recht)* general terms and conditions, standard terms and conditions *(Vertragsrecht)*
allgemeine Geschäftskosten *pl (Fin)* indirect expenses
allgemeine Hochschulreife *f (Pers)* general certificate of aptitude for higher education, upper secondary leaving certificate *(general)*
allgemeine Kapitalgesellschaft *f (Gen)* public corporation, publicly held company
allgemeine Kosten *pl (Ind, RW)* oncost
allgemeine Kostenstelle *f (RW)* general cost center
allgemeine Lieferbedingungen *fpl (Gen)* general terms and conditions of delivery
allgemeine Nutzungsbedingungen *fpl (Gen, Komm, Recht)* general terms and conditions of use
allgemeine Rückstellungen *fpl (RW)* general provisions
allgemeine Steuermittel *npl (Steuer) (AE)* general revenue
allgemeine Verbrauchssteuer *f (Steuer)* general consumption tax
allgemeine Verwaltungskosten *pl (Gen)* administrative expenses
allgemeine Vollmacht *f (Pat, Recht) (AE)* general authorization, *(BE)* general authorisation
allgemeiner Feiertag *m (Gen, Pers, Recht) (BE)* bank holiday, *(AE)* legal holiday
allgemeiner Preisanstieg *f (Gen, WiWi)* across-the-board price increase
allgemeiner Verhaltenscodex *m (Gen)* common code of practice
allgemeines Lohnniveau *n (WiWi)* general wage level
allgemeines Zoll- und Präferenzsystem *n (Imp/Exp)* generalized system of tariffs and preferences
Allgemeinheit *f (Gen, Recht)* (general) public, public at large
Allgemeinwohl *n (Pol, Soz)* general good
allmähliche Abschaffung *f (Gen)* phasing-out
allmonatlich *adv (Gen)* every month, monthly
Allokation *f* **externer Kosten** *(WiWi)* allocation of social costs
Allokation *f* **von Ressourcen** *(WiWi)* allocation of resources
Allokationseffizienz *f (WiWi)* allocative efficiency
Allround... *(Gen)* all-round

Allzweck... *(Gen)* all-purpose, general--purpose
Altaktionär *m (Börse)* existing shareholder
Altaktionärin *f s.* Altaktionär
Altbausanierung *f (Gen)* area rehabilitation, modernizing and refitting older buildings
alte Ausgabe *f (Media)* back issue, back number
älter *adj (Gen, Recht)* senior
ältere Arbeitskraft *f (Pers)* older worker, elderly worker, elderly employee
älterer Arbeitnehmer *m (Pers)* older worker, elderly worker, elderly employee
älteres Patent *n (Pat)* prior patent
Alternative *f (Gen)* alternative, option
alternative Energie *f (Umwelt)* alternative energy
alternative Kosten *pl (WiWi)* opportunity costs
alternative Technologie *f (Ind, Umwelt)* alternative technology
Alternativkosten *pl* 1. *(Fin)* alternative costs; 2. *(WiWi)* alternative [opportunity] costs
Alternativplan *m (Gen)* contingency plan
alternde Bevölkerung *f (WiWi)* ageing population
alternde Gesellschaft *f (Soz)* ageing population
alternieren *v (Gen)* alternate
Altersaufbau *m* 1. *(Pers, Pol, WiWi)* age distribution *(der Bevölkerung)*; 2. *(Fin)* age ranking *(Anlagevermögen)*
Altersfreibetrag *m (Steuer) (BE)* old-age allowance
Altersgrenze *f (Gen)* age limit
Altersgruppe *f (Gen, V&M)* age bracket, age group *(Marktforschung)*
Altersjahrgang *m (Pers)* age cohort, one-year age group
Altersrente *f (Fin)* old-age pension, retirement pension
Altersruhegeld *n (Pers)* retirement benefit • **Altersruhegeld beziehen** *(Pers)* draw an old-age pension, draw a retirement pension, draw a pension
Alterssicherungssystem *n (Soz, Versich)* pension scheme
altersspezifisch *adj (Gen)* age-specific
Altersteilzeit *f (Pers, Soz, Versich)* partial retirement, part-time work for older employees
Altersversorgung *f (Fin)* retirement pension
Altersvorsorge *f (Soz)* provision for old age, provision for retirement
Altindustrie *f (Ind) (AE)* sunset industry
Altlast *f (Gen, Umwelt)* inherited burden
Altlasten *fpl* 1. *(Umwelt)* contaminated site; 2. *(WiWi)* inherited burdens
Altlastensanierung *f (Umwelt)* cleanup operation
Altöl *n (Umwelt)* waste oils
Altschulden *fpl (Fin)* prior debt
ambulante Versorgung *f (Soz)* medical care to out-patients
ambulanter Handel *m (V&M)* itinerant selling
ambulanter Verkauf *m (V&M)* door-to--door selling
amerikanische Buchführung *f (RW)* columnar bookkeeping, tabular bookkeeping
amerikanische Parität *f (WiWi)* American parity, American terms
amerikanische Tonne *f (Gen)* American short ton
amerikanischer Zinstender *m (Fin)* US--style variable tender
Amortisation *f* 1. *(Fin)* payback, payout; 2. *(RW)* amortization; 3. *(V&M)* payback, payout
Amortisationsanleihe *f* 1. *(Börse)* redemption bond; 2. *(Fin)* amortization loan
Amortisationsdauer *f (Fin)* pay-off time, pay-back period
Amortisationsfonds *m (Fin)* amortization fund, sinking fund
Amortisationsrechnung *f (RW)* payoff method *(statische Investitionsrechnung, preinvestment analysis)*
Amortisationszeit *f* 1. *(Fin)* period of redemption; 2. *(Pers)* payback period *(Finanzwesen)*
amortisierbar *adj (Bank, Fin)* amortizable
amortisieren *v* 1. *(Gen)* pay off; 2. *(RW)* amortize *(Vermögenswerte, Aktiva)*
amortisierter Wert *m (RW)* amortized value
Amortisierung *f (Bank, RW)* amortization
Amt *n* 1. *(Gen)* office; *(AE)* bureau; 2. *(Pat)* authority; 3. *(Pers)* position; 4. *(Recht)*

agency • **ein Amt antreten** *(Pers)* take office • **im Amt sein** 1. *(Pers)* be in office; 2. *(Pol)* hold office • **ein Amt antreten** *(Pol)* accede to an office • **ein Amt innehaben** *(Pers)* hold an office, hold a position • **von Amts wegen** *(Pers)* ex officio *(Arbeit)*
amtlich *adj (Gen)* official
amtlich anerkannt *adj (Recht)* officially recognized
amtlich beglaubigt *adj (Recht)* certified, legalized, officially attested, officially authenticated
amtlich beglaubigte Kopie *f (Recht)* certified copy
amtlich nicht notierter Wert *m (Börse, Fin)* unlisted security
amtlich notieren *v (Börse)* quote in the official list
amtlich notierte Aktien *fpl (Börse)* shares [stock] quoted officially
amtlich zugelassen *adj (Börse)* officially listed, officially quoted
amtliche Bekanntmachung *f (Recht)* official announcement
amtliche Börsennotiz *f (Börse)* official quotation
amtliche Genehmigung *f (Recht)* official approval
amtliche Statistik *f (Stat)* official statistics
amtliche Systematik *f* **der Betriebsstätten** *(Ind)* standard industrial classification, SIC
amtliche Währungsreserven *fpl (Fin)* official reserves
amtliche Zahlen *fpl (Gen)* official figures
amtlicher Devisenkurs *m (Fin)* official foreign exchange quotation
amtlicher Kurs *m (Bank)* official rate
amtlicher Markt *m (WiWi)* official market [trading]
amtlicher Wechselkurs *m (Fin)* official exchange rate
Amtsantritt *m (Pers, Pol)* entry on office
Amtsbezeichnung *f (Pers)* title, job title, official designation
Amtsblatt *n (Pol, Recht)* Official Journal, OJ
Amtseid *m (Pol, Recht)* oath of office
Amtsgeheimnis *n (Pol, Recht)* official secret, official secrecy
Amtsgericht *n (AG) (Recht)* (German) local court, county court, small-claims court, *(AE)* district court; registrar of companies *(Registergericht)*
Amtsgewalt *f (Gen)* authority
Amtshilfe *f (Recht)* administrative cooperation, administrative assistance, official assistance • **Amtshilfe leisten** *(Pers, Recht)* give official assistance, give administrative assistance
Amtsmissbrauch *m (Gen)* abuse of administrative authority
Amtsniederlegung *f (Pers)* resignation
Amtsperiode *f (Gen)* term of office
Amtsrichter *m (Recht)* magistrate
Amtsrichterin *f s.* Amtsrichter
Amtsvorsteher *m (Pol)* head official
Amtsvorsteherin *f s.* Amtsvorsteher
Amtszeit *f* 1. *(Gen)* term of office; 2. *(Pers)* tenure
Analyse *f (Gen)* analysis
Analyse *f* **der Umweltwirkungen** *(Umwelt)* environmental impact analysis
Analyse *f* **von Stärken, Schwächen, Chancen und Risiken** *(V&M)* strengths, weaknesses, opportunities and threats analysis, SWOT
analysieren *v (Gen) (BE)* analyse, *(AE)* analyze
anbahnen *v (Gen)* initiate *(Verhandlungen)*
anbauen *v (WiWi)* cultivate *(Landwirtschaft)*
anbei *adv (Komm)* enclosed • **anbei schicken wir Ihnen** *(Komm)* please find enclosed
anberaumt sein *v* **für** *(Gen)* be arranged for, be scheduled for
anbieten *v* 1. *(Gen)* bid for, offer, tender, *(AE)* bid on; 2. *(Pers)* offer *(Stellung)*
anbieten *v/sich (Gen)* volunteer
Anbieter *m (Gen)* bidder, offerer, tenderer, supplier *(Lieferant)*
Anbieter *m* **von Dienstleistungen** *(Gen)* purveyor of services
Anbieter *m* **von Inhalten** *(Komm, V&M)* content provider
Anbieterabsprache *f (WiWi)* collusive bidding, collusive tendering
Anbieterin *f s.* Anbieter
Anbieterin *f* **von Dienstleistungen** *s.* Anbieter von Dienstleistungen
Anbieterin *f* **von Inhalten** *s.* Anbieter von Inhalten

andauernd *adj (Gen)* ongoing
Anderkonto *n* 1. *(Bank)* escrow account; 2. *(Fin)* third-party account; 3. *(RW)* client account
ändern *v* 1. *(Gen)* alter, change, vary; 2. *(Pol)* switch; 3. *(Versich)* adjust
Änderung *f* 1. *(Gen)* alteration, altering, change, modification *(von Daten)*; 2. *(Pat)* amendment; 3. *(Recht)* amendment; 4. *(WiWi)* change *(Angebot und Nachfrage)*
Änderung *f* **der Rechtsform des Unternehmens** *(Recht)* transformation of legal form of business organization
Änderungen *fpl* **und Verbesserungen** *fpl (Gen)* alterations and improvements
Änderungen *fpl* **von Rechtsvorschriften** *(Recht)* amendments to legal provisions
Änderungen *fpl* **vorbehalten** *(Gen)* subject to change without notice
Änderungsanfrage *f (Transp)* change request
Änderungsdatei *f (Comp)* change file
Änderungsentwurf *m (Recht)* draft amendment
Änderungsgesetz *n (Recht)* amending statute
anderweitig spezifiziert/nicht *(Gen)* not elsewhere specified, not otherwise specified
andrehen *v (Gen) (ugs.)* palm off • **jmdm. etw. andrehen** *(Gen)* palm sth off on sb, fob sth off on sb
aneignen *v***/sich** 1. *(Gen)* acquire; 2. *(Recht)* appropriate
anerkannt *adj* 1. *(Gen)* accepted, acknowledged, recognized; 2. *(V&M)* accredited
anerkannter Ausbildungsbetrieb *m (Pers)* approved training company, firm authorized to provide training, firm authorized to provide apprenticeship training
anerkannter beruflicher Abschluss *m (Pers)* recognized vocational qualification
anerkannter Berufsabschluss *m (Pers)* recognized vocational qualification
anerkannter Praxiscode *m (Gen)* approved code of practice
anerkannter Verhaltenscodex *m (Gen)* approved code of practice
anerkennen *v (Gen)* recognize, accept, acknowledge, establish *(Rechte)*; allow, admit *(Forderung)*
Anerkenntnis *f (Bank, Fin, Gen, Recht)* acknowledgement
Anerkennung *f* 1. *(Gen)* acceptance, acknowledgement, recognition, reward; 2. *(Recht)* recognition *(eines Anspruchs)*; 3. *(V&M)* reward
Anerkennung *f* **der Bildungsabschlüsse** *(Pers)* recognition of qualifications, recognition of educational qualifications
Anfang *m (Gen)* outset, start, start-up
anfangen *v (Gen)* begin, start, start up
Anfängerkurs *m (Bil)* beginners course
anfänglich *adj (Gen)* initial, start-up
Anfangsarbeitsplatz *m*, **Anfangsbeschäftigung** *f (Pers)* entry-level job, entry-level position
Anfangsausgabe *fpl (Fin)* initial outlay
Anfangsauszahlung *f (Fin)* initial investment
Anfangsbestand *m (RW)* opening balance, opening inventory
Anfangsbilanz *f (RW)* opening balance sheet
Anfangsdividende *f (Fin)* initial dividend
Anfangsgehalt *n (Pers)* starting salary
Anfangskapital *n (Fin)* initial capital, original capital, start-up capital
Anfangswert *m (Gen)* initial value
anfechtbar *adj* 1. *(Stat)* refutable; 2. *(Recht, Versich)* contestable, voidable
anfechten *v (Recht)* rescind, avoid, dispute, contest, challenge *(Testament)*; appeal against *(Urteil)*
Anfechtung *f* 1. *(Recht)* appeal, avoidance, challenge, contestation, opposition, rescission; 2. *(Versich)* avoidance
anfordern *v (Comp, Gen, Komm)* ask for, request
Anforderung *f* 1. *(Gen)* requirement, request; 2. *(Komm)* request • **den Anforderungen entsprechen** *(Gen)* to meet the demands, fulfil(l) the expectations • **den Anforderungen genügen** *(Pers)* be up to standard *(Arbeit)*
Anforderungsprofil *n (Pers) (ugs.)* job spec, job specification
Anfrage *f* 1. *(Comp)* enquiry; 2. *(Pat)* request

anfragen *v (Comp, Gen)* enquire
Angabe *f (Gen, Pers)* statement
Angabe *f* **der Bedingungen** *(Pers)* statement of terms and conditions
Angaben *fpl (Gen)* details, particulars • **absichtlich falsche Angaben machen** *(Recht)* wilfully misrepresent the facts *(bei Vertragsschluss)*
Angaben *fpl* **zur Person** *(Pers, Recht)* personal data
Angabepflicht *f (RW)* disclosure requirement
angeben *v (Gen)* indicate, state
angeblich *adj* 1. *(Gen)* alleged, so-called; 2. *(Recht)* alleged *(behauptet, mutmaßlich)*
Angebot *n* 1. *(Börse)* offer; 2. *(Gen)* tender, proposition, offer, proposal, quotation, quote, bid; 3. *(Recht)* offer; 4. *(WiWi)* supply • **im Angebot** 1. *(Grund) (BE)* under offer *(Haus)*; 2. *(V&M)* on offer • **ein Angebot abgeben** *(Mgt)* tender *(Ausschreibung)* • **das Angebot ablehnen** *(Recht)* decline the offer *(Vertragsrecht)* • **Angebot und Annahme stimmen überein** *(Recht)* offer and acceptance correspond *(Vertragsrecht)* • **das Angebot erhöhen** *(WiWi)* increase the supply • **um Angebote ersuchen** *(Gen)* appeal for tenders • **Angebot liegt vor** *(Gen)* bid is received • **Angebot machen** *(Gen)* bid • **oder Angebot** *(V&M)* or near offer, or nearest offer • **Angebot unterbreiten** *(Gen)* make an offer, tender • **Angebot verbessern** *(Gen)* upgrade
Angebot *n* **an Arbeitskräften** *(Pers)* labo(u)r supply, supply of labo(u)r, manpower supply
Angebot *n* **an Arbeitsplätzen** *(Pers)* supply of jobs, job supply
Angebot *n* **an Stellen** *(Pers)* supply of jobs, job supply
Angebot *n* **und Annahme** *f (Recht)* offer and acceptance
Angebot *n* **und Nachfrage** *f (Gen, WiWi)* supply and demand
Angebotsabgabe *f (Gen, Mgt)* submission of bids, tendering
Angebotsbreite *f (V&M)* breadth of offer
Angebotselastizität *f (WiWi)* elasticity of supply
Angebotsempfänger *m (Gen)* offeree
Angebotsempfängerin *f s.* Angebotsempfänger
Angebotsfunktion *f (WiWi)* supply function
angebotsinduziert *(WiWi)* supply-induced
Angebotskurs *m* 1. *(Bank)* bid rate; 2. *(Börse)* asked price
Angebotskurve *f (WiWi)* supply curve
angebotsorientierte Wirtschaftspolitik *f (WiWi)* supply-oriented economic policy, supply-side economics
Angebotspreis *m* 1. *(Gen)* tender price; 2. *(Grund)* asked price; 3. *(WiWi)* bid price, offer price, quoted price, supply price
Angebotsschock *m (WiWi)* supply shock, supply-side shock
Angebotsüberhang *m (Börse)* sellers over, surplus of selling orders
Angebotsüberschuss *m (WiWi)* excess supply, surplus offers
angegeben *adj (RW)* stated • **alles angegeben** *(Gen)* all told • **sofern nicht anders angegeben** *(Gen, Recht)* unless otherwise specified
angegebene Verzinsung *f (Börse)* indicated yield
angegebener Wert *m (RW)* stated value
angegliedert *adj (Bank, Gen, Pers)* affiliated
angegliederte Gesellschaft *f (Gen)* associated company
angehängte Datei *f (Comp, Komm)* attached file, file attachment, attachment
angehen *v (Gen)* affect, address, concern *(Problem)*
Angehörige *m(f) (Soz)* relative *(Familienangehörige allgemein)*; dependant *(abhängige Angehörige)*
Angeklagte *m(f) (Recht)* defendant, accused *(Strafrecht)*
Angelegenheit *f (Gen)* affair, business, matter
angelegter Betrag *m (RW)* amount invested
angelernte Arbeitskraft *f (Pers, WiWi)* semi-skilled labo(u)r
angemeldetes Patent *n (Pat)* patent applied for, patent pending
angemessen *adj (Gen)* fair, reasonable, proportionate, commensurate, adequate *(entsprechend)*

angemessene Entschädigung *f* 1. *(Gen)* reasonable compensation; 2. *(Recht)* just compensation
angemessene Finanzierung *f (Gen)* adequate funding
angemessene Frist *f (RW)* reasonable time
angemessene Geschäftspraktiken *fpl (Gen)* fair business practices
angemessene Kapitalausstattung *f (Bank)* capital adequacy
angemessene Sorgfalt *f (Fin, Recht)* due diligence *(Unternehmensprüfung)*
angemessene Vergütung *f (Gen)* reasonable compensation
angemessene Verzinsung *f (Fin, RW)* fair rate of return, fair return
angemessener Anteil *m (Gen)* fair share
angemessener Marktpreis *m (Gen)* fair price
angemessener Marktwert *m (Gen)* fair market value
angemessener Preis *m (Gen)* bona fide price, reasonable price
angemessener Wert *m (RW)* fair value
Angemessenheit *f (Gen)* adequacy
angepasst *adj* 1. *(Börse, RW)* adjusted; 2. *(V&M)* upgraded *(an höheres Niveau)*
angeschlagene Branche *f (WiWi)* ailing industry
angeschlagene Industrie *f (WiWi)* ailing industry
angeschlagene Volkswirtschaft *f (WiWi)* ailing economy
angeschlossen an *(Gen)* affiliated to
angesehen *adj (Gen)* renowned, prestigious
angespannte Liquiditätslage *f (Fin)* tight liquidity position
angespannter Arbeitsmarkt *m (WiWi)* tight labo(u)r market
angespannter Geldmarkt *m (Fin)* stringent money market
angestellt sein *v* **bei** *(Pers)* work for, be employed by
Angestellte *m(f) (Gen, Pers)* employee, salaried employee *(Gehaltsempfänger)*; clerical worker, white-collar worker *(in einem Büro)*
angestrebte Kapitalverzinsung *f (Fin)* target rate of return
angestrebte Mindestverzinsung *f (Fin)* required rate of return *(Investitionsrechnung)*
angestrebter Preis *m (Gen, V&M)* target price
angestrebter Zinssatz *m (Börse)* target rate
angetrieben von *(Gen)* driven by
angewandte Forschung *f (Mgt)* applied research
angleichen *v* 1. *(Gen)* align, harmonize; 2. *(Recht, RW)* assimilate; 3. *(Versich)* adjust; 4. *(WiWi)* align, harmonize • **aneinander angleichen** *(Gen)* coordinate • **nach oben angleichen** *(WiWi)* adjust upwards*(Preise)* • **nach unten angleichen** *(WiWi)* adjust downwards *(Preise)*
Angleichung *f* 1. *(Gen)* adaptation, adjustment, alignment; *(AE; ugs.)* shakedown; 2. *(Recht)* harmonization *(des EU-Rechts)*
Angleichung *f* **der Gesetze** *(Recht)* legal harmonization *(EU)*
Angleichungsprozess *m (Gen)* harmonization process
angliedern *v (Gen)* affiliate
angreifen *v (Gen)* affect, attack, break into, draw on *(Reserven)*
angrenzend *adj (Gen)* adjoining, neighbo(u)ring
Angstkäufe *mpl* 1. *(Gen)* panic buying; 2. *(V&M)* scare buying
anhaltend *adj (Gen)* continuing, sustained
anhaltende Kurserholung *f (Börse)* sustained rally
anhaltende Nachfrage *f (V&M)* persistent demand
anhaltender Erfolg *m (Gen)* continued success
Anhang *(RW)* notes to the financial statements
Anhang zum Jahresabschluss *(RW)* notes to the accounts, notes to the financial statements
anhängig *adj (Recht)* pending
anhängiger Rechtsstreit *m (Recht)* lis pendens, proceeding pending before a court
anhäufen *v* 1. *(Fin)* accrue, accumulate; 2. *(Gen)* accumulate, amass *(Besitz, Waren, Geld)*

anheben *v* 1. *(Börse)* mark up; 2. *(Gen)* increase, raise; 3. *(Transp)* lift

Anheben *n* 1. *(Börse)* marking up; 2. *(Gen)* increasing, raising; 3. *(Transp)* lifting

anheizen *v* 1. *(Gen, V&M)* whip up *(Interesse, Zuhörer)*; 2. *(WiWi)* fuel *(Inflation)*

Anhörung *f* 1. *(Gen)* consultation; 2. *(Recht)* hearing *(mündliche Verhandlung)*

Ankauf *m (Gen)* acquisition, purchase

Ankaufkurs *m (Fin)* buying rate

Ankaufskurs *m (Bank)* buying rate of exchange

Ankerwährungsfunktion *f (Bank, WiWi)* anchor-currency function

Anklage *f (Recht)* accusation, charge

anklagen *v (Recht)* accuse, charge

Anklageschrift *f (Recht)* (bill of) indictment

Ankündigung *f (Gen)* announcement, notice

Ankündigungseffekt *m (WiWi)* announcement effect

Ankunft *f (Gen, Transp)* arrival

ankurbeln *v* 1. *(Gen)* stimulate *(Nachfrage)*; 2. *(WiWi)* boost, *(ugs.)* pep up

Ankurbelungspolitik *f (WiWi)* reflationary policy

Anlage *f* 1. *(Bank, Börse)* investment; 2. *(Comp)* system, attachment *(E-Mail)*; 3. *(Fin)* investment; 4. *(Gen)* appendix, enclosure, enclosed *(am Ende eines Schreibens)*; 5. *(Ind)* plant; 6. *(Recht)* *(AE)* annex, *(BE)* annexe; 7. *(WiWi)* investment • **als Anlage** *(Komm)* enclosed

Anlageberater *m (Börse, Fin)* investment consultant

Anlageberaterin *f s.* Anlageberater

Anlageberatungsservice *m (Börse) (AE)* Investment Advisory Service

Anlageerfolg *m (Bank, Börse)* performance

Anlagegegenstand *m (RW)* fixed asset

Anlagegut *n (Fin)* capital asset

Anlagegüter *npl* 1. *(Gen)* capital goods; 2. *(Steuer)* capital assets

Anlageinvestitionen *fpl* 1. *(RW)* fixed asset investment; 2. *(WiWi)* business capital spending, new plant and equipment

Anlagekapital *n* 1. *(Fin)* fixed capital, capital employed; 2. *(RW)* capital employed; 3. *(Steuer)* capital assets

Anlagekategorie *f (Fin)* investment grade *(Rating, Bewertungskategorie für Anlagen institutioneller Anleger und nach US-bankaufsichtlichen Vorschriften geeignet, Rating-Einstufung BBB- oder Baa3 oder höher, investments of this category are eligible for investment of institutional investors and/or under US banking regulations; Synonym: Investmentkategorie, Anlagebereich; Gegensatz: Risikobereich = spekulative Anlage = non-investment grade = speculative investment, i. e. ratings below BBB- or Baa3)*

Anlageklasse *f (Fin)* investment class *(Aktien, Anleihen, Derivate, Immobilien usw.; anders beim Kredit-Rating: Anlagekategorie = investment grade = Rating-Einstufung BBB- oder Baa3 oder höher, Gegensatz hier: spekulative Kategorie = non-investment grade = Rating-Einstufung BBB- oder Baa3 oder schlechter)*

Anlagemöglichkeit *f (Fin)* investment outlet, investment vehicle

Anlagen *fpl* 1. *(Bank, Börse)* investments; 2. *(Fin)* assets, investments

Anlagenabgang *m (RW)* assets disposal, loss in fixed assets, fixed assets disposal

Anlagenauslastung *f (Gen)* capacity use *(in der Fertigung, in manufacturing)*

Anlagendeckung *f* 1. *(Fin, WiWi)* equity--to-fixed-assets ratio, ratio of equity to fixed assets *(Kennzahl der horizontalen Bilanzanalyse; Eigenkapital : Nettoanlagevermögen = equity : net fixed assets = Anlagendeckungsgrad I; alternativ Anlagendeckungsgrad II = Eigenkapital+langfristiges Fremdkapital : Nettoanlagevermögen = equity+long--term debt : net fixed assets; ratios defined on the basis of the concept of matching maturities = Fristenkongruenz)*; 2. *(Gen)* equity-assets ratio

Anlagenintensität *f (Gen)* capitalization ratio

anlagenintensiv *adj (WiWi)* capital-intensive

Anlageninvestition *f (WiWi)* capital investment
Anlagenrendite *f (Fin)* return on assets
Anlagenspiegel *m (Fin, RW)* fixed-assets development table, fixed-asset movement schedule *(zeigt im Anhang zur Bilanz, wie sich die Posten des Anlagevermögens = fixed assets über das Geschäftsjahr mit Zu- und Abgängen entwickeln; Synonym: Anlagengitter)*
Anlagenstreuung *f (Fin)* asset diversification
Anlagen-Umsatzrendite *f (RW)* net resource income
Anlagenverwaltung *f (Fin, Mgt, RW)* asset management
Anlagenverzinsung *f* 1. *(Bank)* investment yield; 2. *(Börse)* asset return
Anlagenwirtschaft *f (Mgt, RW)* (fixed) asset management
Anlagenzugang *m (RW)* addition of fixed asset units, addition to plant and equipment
Anlagepolitik *f (Fin, Pol, WiWi)* investment policy
Anlagerisiko *n (Fin)* investment risk
Anlageverhalten *n (Fin)* investment behavio(u)r *(Investitionsverhalten, Befolgung von Anlagestrategien)* • **sozial verantwortliches Anlageverhalten** *(Börse, Fin, Pol)* socially responsible investing, SRI, socially conscious investing, *(BE)* socially conscious investment behaviour, *(AE)* socially conscious investment behavior
Anlagevermögen *n* 1. *(RW)* fixed assets; 2. *(Steuer)* capital assets; 3. *(WiWi)* fixed capital
Anlagewährung *f (Fin)* investment currency
Anlageziel *n (Fin)* investment goal, investment objective
Anlagezinsfuß *m (Fin)* investment rate of interest
Anlaufen *n (Gen)* start-up *(Betriebsgründung)*
Anlaufkosten *pl (Fin, RW)* launching costs, pre-operating expenses, start-up costs, starting-load costs, front-end costs
Anlaufphase *f* 1. *(Gen)* start-up phase; 2. *(WiWi)* phase-in period
Anlaufverluste *mpl (Fin, RW)* start-up losses
Anlaufzeit *f (Fin, Gen)* initial stages
anlegen *v* 1. *(Bank, Börse)* invest, sink *(Kapital)*; 2. *(Fin, WiWi)* invest, sink *(Geld)*; 3. *(Gen)* invest *(Zeit)*
Anleger *m (Börse, Fin)* investor
Anlegerin *f s.* Anleger
Anlegerschutz *m (Börse)* investor protection
Anleihe *f (Fin, WiWi)* bond, loan • **eine Anleihe auflegen** 1. *(Fin)* launch a bond offering; 2. *(Börse)* float a loan, float an issue • **eine Anleihe aufnehmen** *(Fin)* contract a loan, raise a loan, take up a loan • **Anleihe zeichnen** *(Bank)* subscribe for a loan
Anleihe *f* **mit beigehefteten Optionsscheinen** *(Börse)* bond with warrants attached
Anleihe *f* **mit Endfälligkeit** *(Bank)* bullet loan
Anleihe *f* **mit Optionsschein** *(Börse)* bond cum warrant
Anleihe *f* **mit Umtauschrecht** *(Fin)* convertible bond; convertible issue *(Synonym: Wandelanleihe)*
Anleihe *f* **mit variablem Zinssatz** *(Bank)* floating-rate loan
Anleihe *f* **mit variabler Verzinsung** *(Fin)* floating rate note, FRN, floater *(Synonym: zinsvariable Anleihe; Gegensatz: Festzinsanleihe = fixed interest loan, straight bond)*
Anleihe *f* **ohne laufende Tilgung** *(Bank)* bullet
Anleihe *f* **ohne Optionsscheine** *(Börse)* bond ex warrants
Anleiheausstattung *f (Börse)* bond features, bond terms
Anleihebewertung *f (Börse)* bond rating, bond valuation
Anleihedisagio *n (Börse, Fin)* discount on bond-issue
Anleiheemission *f* 1. *(Börse)* bond flotation, bond issue; 2. *(Fin)* loan issue • **eine Anleiheemission auflegen** *(Börse)* launch a bond issue
Anleiheerlös *m (Fin)* bond proceeds
Anleihefinanzierung *f (Fin)* bond financing
Anleihekapital *n (Börse)* bond capital, bond principal

Anleihekündigung *f (Fin)* call-in of a loan
Anleihekupon *m (Börse)* bond coupon
Anleihekurs *m (Fin)* bond price
Anleihelaufzeit *f (Fin)* term of a loan
Anleihen *fpl* **geringer Bonität** *(Börse, Fin) (ugs.)* junk bonds
Anleihen *fpl* **guter Bonität** *(Börse, Fin)* investment grade bonds, investment grade debt
Anleiheninhaber *m (Börse, Fin)* bond holder
Anleiheninhaberin *f s.* Anleiheninhaber
Anleiherating *n (Börse, Fin)* bond rating
Anleiherendite *f* **nach Steuern** *(RW, Steuer)* after-tax bond yield
Anleiheschuld *f* 1. *(Börse)* bond debt, bonded debt, funded debt; 2. *(Fin)* obligation bond
Anleihestückelung *f (Börse)* bond denomination
Anleiheumlauf *m (Börse)* bonds outstanding
Anleiheverbindlichkeit *f (Börse)* bonded debt, bonded indebtedness
Anleihevolumen *n (Fin)* bond volume
Anleihewährung *f (Bank)* bond-issue currency
Anleihezins *m (Gen)* coupon
Anliegerstaat *m (Recht)* bordering state
anmelden *v* 1. *(Gen)* register; 2. *(Pat)* apply for
anmelden *v/sich* 1. *(Comp)* log in, log on *(Benutzer)*; 2. *(Frei)* book in, check in *(Hotel)*; 3. *(Gen)* register
Anmeldeschluss *m (Gen)* closing date, deadline
Anmeldeverfahren *n* 1. *(Gen)* application procedure; 2. *(Pat)* patent application proceedings
Anmeldungsschwelle *f (Steuer)* registration threshold
Anmerkungen *fpl (RW)* notes to the accounts
Anmerkungen *fpl* **und Verweise** *mpl (Gen, RW)* notes and references
annähern *v (Gen, Stat)* approximate
Annahme *f* 1. *(Bank)* acceptance; 2. *(Fin)* approval *(eines Vorschlags)*; 3. *(Gen)* assumption *(Vermutung)*; acceptance, presumption *(von Waren, Vertrag)*; receipt *(von Waren)*; 4. *(Ind, Media)* acceptance; 5. *(Pat)* presumption; 6. *(Recht)* acceptance, passage *(Vertrag)*; 7. *(V&M)* receipt *(von Waren)*; 8. *(Versich)* acceptance; 9. *(WiWi)* adoption
• **die Annahme einer Tratte verweigern** *(Bank)* refuse acceptance of a draft
Annahme *f* **einer Abfindung** *(Fin, Pers)* acceptance of lump sum settlement
Annahme *f* **unter Vorbehalt** *(RW)* qualified report
Annahmebedingungen *fpl (Fin)* terms of acceptance
Annahmebestätigung *f (Gen)* acknowledgement of receipt
Annahmepflicht *f* 1. *(Bank)* acceptance duty; 2. *(Recht)* obligation to accept *(Vertrag)*
Annahmestelle *f* 1. *(Gen)* receiving office, point of acceptance; 2. *(Pat)* receiving office
Annahmeunterlassung *f (Gen)* failure to accept
Annahmeverweigerung *f* 1. *(Bank)* dishono(u)r *(Wechsel)*; 2. *(Gen)* nonacceptance; 3. *(Recht)* refusal to accept, nonacceptance of delivery *(Vertrag)*
Annahmeverzug *m (Recht)* default in acceptance, default in accepting the delivery of goods
annehmbar *adj (Gen, Transp, WiWi)* acceptable
annehmen *v* 1. *(Bank)* accept *(Kreditkarte)*; 2. *(Gen)* presume, suppose, proceed on the assumption, take up *(Herausforderung)*; agree to, assume *(Aufgabe)*; 3. *(Komm)* accept *(Anruf)*; 4. *(Media)* presume; 5. *(Recht)* pass
Annonce *f (Media, V&M) (ugs.)* ad, *(ugs.)* advert, advertisement, classified advertisement
annoncieren *v (V&M)* advertise
Annualisierung *f (Fin, Gen)* annualization *(Umrechnung einer prozentualen Verzinsung auf ein Jahr)*
Annuität *f* 1. *(Fin)* annuity, regular annual payment, annual instal(l)ment; 2. *(RW)* debt service
Annuitätendarlehen *n (Fin)* annuity loan *(Rückzahlung der veränderlichen Zins- und Tilgungsanteile in gleichbleibenden Monats- oder Jahressummen; repayable by fixed annuities made-up by interest + redemption)*

Annuitätenmethode *f (Fin)* annuity method *(Verfahren der dynamischen Investitionsrechnung, time-weighted method of investment analysis)*

annullieren *v* 1. *(Bank, Gen)* cancel, annul; 2. *(Recht)* declare null and void, avoid, rescind, annul *(Vertrag)*; set aside *(Urteil)*

Annullierung *f* 1. *(Bank, Gen)* annulment, cancellation; 2. *(Recht)* avoidance, setting aside *(Urteil)*; rescission, annulment *(Vertrag)*

anomale Angebotskurve *f (WiWi)* backward-bending supply curve

anonym *adj (Gen)* anonymous, anonymously

anonymisieren *v (Stat, V&M)* render anonymous

anordnen *v (Gen)* command, arrange *(arrangieren)*

Anordnung *f* 1. *(Gen)* arrangement, structuring, structure; 2. *(Recht)* order • **einer Anordnung zuwiderhandeln** *(Recht)* fail to comply with an order

Anordnung *f* **zur Zwangsenteignung** *(Grund) (BE)* compulsory purchase order

anpacken *v (Mgt)* tackle

anpassen *v* 1. *(Gen)* align, modify; 2. *(RW)* assimilate; 3. *(Versich)* adjust; 4. *(WiWi)* align

anpassen *v* **an** 1. *(Gen)* adjust to, gear to; 2. *(Recht)* align with; 3. *(Versich)* adjust to

anpassen *v* **an Kundenspezifikationen** *(Comp)* customize *(Hardware, Software)*

anpassen *v***/sich** *(Gen)* adapt

anpassende Politik *f (Pol, WiWi)* accommodative policy

Anpassung *f* 1. *(Gen)* accommodation, adaptation, adjustment, alignment; *(AE; ugs.)* shakedown; 2. *(RW)* assimilation

Anpassung *f* **der Gesetzgebung** *(Recht)* adjustment of the laws, amendment of the laws, reform of the laws

anpassungsfähig *adj (Gen)* adaptable, flexible, tailorable

Anpassungsfähigkeit *f (Gen, Pers)* adaptability, flexibility

Anpassungsfaktor *m (Gen)* adjustment factor

Anpassungsgeschwindigkeit *f (WiWi)* adjustment speed

anpeilen *v (ugs.) (Gen)* target

anrechenbare Vermögenswerte *mpl (Steuer)* chargeable assets, creditable assets

anrechenbare Vorsteuer *f (Steuer)* recoverable input tax

anrechenbarer Betrag *m (Steuer)* creditable amount

Anrechenbarkeit *f (Bank)* deductibility

anrechnen *v (Gen)* charge against, take into account

Anrechnung *f* 1. *(Gen)* charge, debit *(Belastung)*; deduction, allowance *(Abzug)*; credit *(Kreditposten)*; 2. *(WiWi)* imputation

anrechnungsfähig *adj (Gen)* eligible

anrechnungsfähige Versicherungsjahre *npl (Pers)* eligible insured years

Anrecht *n* 1. *(Gen)* entitlement, claim; 2. *(Recht)* title

anregen *v (Gen)* stimulate *(Nachfrage)*

Anreiz *m* 1. *(Gen)* stimulus, inducement, spur, appeal; 2. *(V&M)* incentive; 3. *(WiWi)* stimulation

Anreizmaßnahme *f (Pers)* incentive scheme

Anreizprovision *f (V&M)* incentive commission

Anreizsystem *n* 1. *(Pers)* incentive scheme; 2. *(WiWi)* incentive system

Anreizsystem *n* **für Mitarbeiter** *(Pers)* staff incentives *(Arbeit, Produktivität, Motivation)*

Anrufbeantworter *m (Comp, Gen, Komm)* answering machine, answerphone

Anrufumleitung *f (Komm)* call forwarding

Anrufweiterleitung *f (Komm)* call forwarding

Ansammlung *f* 1. *(Bank)* accrual *(Zinsen)*; 2. *(Gen)* concentration, build-up, congestion, accumulation; 3. *(WiWi)* accrual *(Zinsen)*

ansässig sein *v* **in** *(Gen)* be based in

ansässige Industrie *f (Ind)* local industry

Ansatz *m (Gen, WiWi)* approach

Ansatzpunkt *m (Gen)* starting point

Ansatz- und Bewertungsvorschriften *fpl (RW)* recognition and measurement rules *(Gesamtheit handels- und steu-*

errechtlicher Bilanzierungsgrundsätze = accounting policies)

Ansatzvorschriften *(RW)* capitalization rules, recognition rules

anschaffen *v* 1. *(Fin)* procure, provide *(Deckung)*; remit *(einzahlen)*; 2. *(Gen, RW)* acquire, purchase; 3. *(WiWi)* buy

Anschaffung *f* 1. *(Gen)* purchase, acquisition; 2. *(Recht, RW)* acquisition; 3. *(Fin)* procurement

Anschaffungs- oder Herstellungskosten *pl (RW)* costs of acquisition or production, historical cost *(GOB)*; cost, cost of asset *(IAS 38)*

Anschaffungsjahr *n (RW)* year of acquisition, year of purchase

Anschaffungskosten *pl (AK)* 1. *(Gen)* acquisition cost, cost; 2. *(Fin, RW)* historical cost, original cost, purchase cost, up-front cost, initial cost, book cost, cost, costs of purchase *(IFRS/IAS; Gegensatz: Wiederbeschaffungskosten = replacement cost = current cost)*

Anschaffungskostenprinzip *n (RW)* cost value method, cost method, historical cost principle *(GOB)*; *(AE)* historical cost concept

Anschaffungspreis *m (Gen, RW)* purchase price

Anschaffungswert *m* 1. *(Fin, WiWi)* net cash outflow, initial outlay *(Synonym: Anschaffungsausgabe; Investitionsrechnung)*; 2. *(Recht, RW)* acquisition cost, historical cost, original cost, purchase cost *(Gegensatz: Wiederbeschaffungswert = replacement cost = current cost)*; initial outlay *(Anschaffungsausgabe)*

Anschauung *f (Gen)* opinion, view

Anschauungsmaterial *n* 1. *(Gen)* visuals; 2. *(Media)* visual aid; 3. *(V&M)* visual aid, visual demonstration material, visuals

Anschlagbrett *n (Komm)* bulletin board, BB, *(BE)* notice board

anschlagen *v (Gen)* put up, post

anschließen *v (Comp, Komm)* connect

anschließen *v/sich* 1. *(Gen)* affiliate oneself; 2. *(Recht)* contract in

anschließen *v/sich* **nicht** *(Recht)* contract out

anschließend *adj (Gen)* subsequent

Anschluss *m* 1. *(Comp)* port; 2. *(Gen)* follow-up; 3. *(Komm)* phone number, extension *(Nebenstelle)*; 4. *(Transp)* connection • **im Anschluss an** *(Gen)* in the aftermath of, further to

Anschlussaufträge *mpl* 1. *(Börse)* backup support; 2. *(Gen)* follow-up orders, renewal orders, sequence orders

Anschlüsse *mpl* **und unbewegliches Inventar** *n (RW)* fixtures and fittings

Anschlussfinanzierung *f (Fin)* follow-up financing

Anschlussgebühr *f (Comp, Komm)* connection fee, connection charge

Anschlussprogramm *n (Gen)* follow-up program(me)

Anschlusswerbung *f (V&M)* follow-up advertising

Anschreiben *n (Komm)* letter of transmittal *(Begleitschreiben)*

Anschrift *f (Gen, Komm)* address

Anschriftfeld *n (Comp)* address field

Anschubfinanzierung *f (Fin)* knock-on financing

Ansehen *n* 1. *(Gen)* standing, reputation; 2. *(V&M)* established image

ansetzen *v* 1. *(Gen)* calculate, estimate *(Kosten)*; fix *(Preis)*; arrange *(Treffen)*; 2. *(RW)* show, state

Ansicht *f* 1. *(Gen)* view; 2. *(V&M)* belief • **zur Ansicht** *(Gen)* on approval, on appro, on inspection • **seine Ansichten äußern** *(Gen)* air one's views, state one's opinions

Ansichtsexemplar *n (Gen)* inspection specimen

Ansparphase *f (Bank, Versich)* saving period

Ansporn *m (Gen)* stimulus

ansprechen *v (Gen)* address

Ansprechpartner *m (Recht, V&M)* contact person

Anspruch *m* 1. *(Gen)* title *(auf Sachen)*; 2. *(Pat)* claim; 3. *(Pers)* entitlement; 4. *(Soz)* claim *(Sozialfürsorge)*; 5. *(Steuer, Versich)* claim • **Anspruch haben auf** *(Pers, Soz)* be eligible for, be entitled to, qualify for • **seinen Anspruch aufrechterhalten** *(Recht)* sustain one's claim • **einen Anspruch begründen** *(Recht)* substantiate a claim • **einen Anspruch durchsetzen** *(Recht)* enforce a claim *(Vertragsrecht)* • **Anspruch erheben auf** *(Recht)* lay claim to • **einen Anspruch erheben** *(Recht)* put in a claim, set up a claim • **einen Anspruch geltend machen** *(Recht)* advance a claim, assert a claim, bring forward a claim *(Vertragsrecht)* • **jeglichen Anspruch fallen lassen** *(Recht)* abandon any claim • **Anspruch zurückweisen** *(Recht)* reject a claim

Anspruch *m* **auf Abfindung** *(Pers, Soz)* entitlement to redundancy pay, redundancy pay entitlement *(bei Entlassungen)*

Anspruch *m* **auf Schaden(s)ersatz** *(Recht)* enforceable right to compensation

Anspruch *m* **eines Dritten** *(Recht)* third-party claim

Anspruch *m* **gegen Dritte** *(Recht)* claim against third parties

Ansprüche *mpl* **derselben Kategorie** *(Pat)* claims of the same category

Ansprüche *mpl* **derselben Klasse** *(Pat)* claims of the same category

anspruchminderndes Mitverschulden *n (Recht)* comparative negligence

anspruchsberechtigt sein *v* 1. *(Pers)* be eligible, be eligible for, be entitled to, qualify, qualify for; 2. *(Soz)* be eligible for benefit, be entitled to benefit, qualify for benefit • **für etw. anspruchsberechtigt sein** *(Gen)* be eligible for sth

Anspruchsberechtigte *m(f) (Recht, Versich)* beneficiary, claimant

Anspruchsberechtigung *f* 1. *(Pers)* entitlement to benefits, benefit entitlement, eligibility for benefits *(auf Leistungen)*; 2. *(Soz)* entitlement to benefits, benefit entitlement, eligibility *(auf Sozialleistungen usw.)*

Anspruchsgrundlage *f (Recht)* basis of a claim

Anspruchsgruppen *fpl (Mgt, WiWi)* stakeholders

Anspruchsniveau *n (V&M, WiWi)* aspiration level

Anspruchsteller *m (Versich)* claimant

Anspruchstellerin *f s.* Anspruchsteller

anspruchsvoll *adj* 1. *(Gen)* critical, demanding, exacting; 2. *(V&M)* up-market

Anspruchsvoraussetzungen *fpl (Pers, Soz)* qualifying conditions, eligibility criteria, conditions of entitlement, eligibility requirements, conditions for eligibility • **Anspruchsvoraussetzungen erfüllen** *(Pers, Soz)* be eligible for benefit, be entitled to benefit, be entitled to claim benefit

Anstalt *f (Gen)* institution, institute

Anstalt *f* **des öffentlichen Rechts** 1. *(Gen)* public body; 2. *(Media)* institution incorporated under public law

ansteigen *v (WiWi)* increase, rise, climb *(Zinsen, Gewinne)*

anstellen *v (Gen)* employ

Anstellung *f (Pers)* employment, appointment

Anstellung *f* **auf Lebenszeit** *(Pers)* life tenure, permanent tenure

Anstellungsschreiben *n (Pers)* letter of appointment

Anstieg *m* 1. *(Bank, Börse)* advance; 2. *(Gen)* increase, rise; 3. *(RW)* advance; 4. *(WiWi)* takeoff *(der Preise)*

Anstieg *m* **der Lebenserwartung** *(Soz)* rising life expectancy *(Individuum)*; ageing population *(Gesellschaft)*

Anstoßwirkung *f* 1. *(Gen)* knock-on effect; 2. *(WiWi)* impact effect

anstreben *v (V&M)* aim, aspire to, target

Ansturm *m* 1. *(Bank)* run; 2. *(V&M)* rush

Anteil *m* 1. *(Börse, Fin) (BE)* share, *(AE)* stock; 2. *(Gen)* stake, interest, share *(an einem Unternehmen)* • **dem Anteil entsprechend** *(Gen, Pers)* pro rata • **Anteil an etw. erwerben** *(Gen)* acquire an interest in sth

Anteil *m* **an einer Bank** *(Bank)* holding in a bank, interest in a bank

Anteil *m* **investiver Ausgaben** *(WiWi)* capital-outlay ratio

Anteile *mpl* **anderer Gesellschafter** *(RW)* minority interests *(Synonym: Anteile in Fremdbesitz)*

anteilig *adj (Gen)* pro rata, proportionate

anteilige Kosten *pl (RW)* prorated cost

anteilige Zinsen *mpl (Steuer)* interest accrued

anteiliger Bilanzverlust *m (RW)* proportionate share in loss

Anteilsbesitz *m (Fin)* investment holdings

Anteilseigner *m (Mgt, Pers) (BE)* shareholder, *(AE)* stockholder

Anteilseignerin *f s.* Anteilseigner

Anteilsschein *m (Börse)* certificate
anti-inflationär *adj (WiWi)* anti-inflationary
Antimarketing *n (Pol, Umwelt, V&M)* demarketing *(auch: Demarketing; Ziel ist nicht die Steigerung, sondern die Reduzierung der Nachfrage nach bestimmten, politisch-ideologisch meritorisierten Gütern, z. B. mittels Aufklärungskampagnen über die "Gefahren von Alkohol und Tabak" oder zur "Schonung unserer natürlichen Ressourcen und Rohstoffe")*
Antitrustrecht *n (Recht)* antitrust acts, antitrust law
Anti-Übernahme-Strategie *f (WiWi)* poison pill
antizipativ *adj (Bank, RW)* accrued
antizipative Aktiva *pl (RW)* accrued income
antizipative Passiva *pl (RW)* accruals, accrued expense
antizipativer Aktivposten *m (RW)* accrued asset, accrued revenue
antizipieren *v (Gen)* anticipate
antizipierte Inflation *f (WiWi)* steady-state inflation
antizyklisch *adj (WiWi)* anticyclical
antizyklische Finanzpolitik *f (WiWi)* compensatory finance
antizyklische Fiskalpolitik *f (WiWi)* anticyclical fiscal policy
Antrag *m* 1. *(Gen)* application; 2. *(Pat)* request • **auf Antrag** *(Gen)* upon application, upon request • **einen Antrag ablehnen** 1. *(Gen)* reject a request; 2. *(Recht)* dismiss a notion • **einen Antrag stellen** 1. *(Pol) (BE)* table a motion; 2. *(Versich)* file a claim • **einen Antrag stellen auf** *(Gen)* make an application for
Antrag *m* **auf Akteneinsicht** *(Pat, Recht)* request for file inspection, request for inspection of records
Antrag *m* **auf Börsennotierung** *(Börse)* application for quotation
Antrag *m* **auf Börsenzulassung** *(Börse)* application for listing
Antrag *m* **auf Erteilung eines Patents** *(Pat)* patent application, request for a grant of a patent
Antrag *m* **auf Klageabweisung** *(Pat, Recht)* motion to dismiss
Antrag *m* **auf Reisekostenerstattung** *(Gen)* travel expense claim
antragsberechtigt *adv (Recht)* entitled to file an application
Antragsfrist *f (Recht)* filing application deadline
Antragsrecht *n (Pol)* right to propose motions
Antragsteller *m* 1. *(Gen)* applicant, proposer; 2. *(Pat)* applicant; 3. *(Pers)* claimant; 4. *(Recht)* applicant
Antragstellerin *f s.* Antragsteller
antreiben *v (Gen)* whip up, drive, fuel *(Inflation)*
antreten *v* 1. *(Gen)* begin; 2. *(Recht)* adduce, prove *(Beweis)*
Antrieb *m* 1. *(Gen)* drive, incentive; 2. *(WiWi)* stimulation
Antriebskraft *f (Gen)* driving force
Antriebskräfte *fpl (WiWi)* propellant forces, stimulating forces
Antrittsvorlesung *f (Bil)* inaugural lecture
Antwort *f* 1. *(Gen)* response; 2. *(Recht)* answer *(Bescheid)* • **als Antwort auf** *(Gen)* in response to • **die Antwort hinausschieben** *(Gen)* be slow to respond • **um Antwort wird gebeten** *(Komm)* répondez s'il vous plaît, RSVP
antworten *v* **auf** *(Gen)* answer, respond to, reply to
Antwortquote *f (Pers)* response rate
anvertrauen *v (Gen)* entrust
anvisieren *v (Gen)* target
anwachsend *adj (Gen)* growing, increasing
Anwahl *f (Komm)* dial-up, dial(l)ing
Anwalt *m* 1. *(Gen)* advocate; 2. *(Recht) (AE)* attorney, *(BE)* barrister, legal counsel, *(AE)* practicing lawyer, *(BE)* practising lawyer, *(BE)* solicitor *(Bevollmächtigter)* • **jmdn. als Anwalt [Anwältin] zulassen** *(Recht) (AE)* admit sb to the bar, *(BE)* call sb to the bar
Anwältin *f s.* Anwalt
Anwaltschaft *f (Recht)* bar, legal profession
Anwaltsgebühren *fpl (Recht)* legal fees
Anwaltshonorar *f (Recht)* attorney's fee, lawyer's fee
Anwaltskanzlei *f (Recht)* law firm
Anwaltskosten *pl (Recht)* legal expenses, *(AE)* attorney's fees, *(AE)* attorneys' fees

Anwalts- und Gerichtskosten *pl (Recht)* legal expenses, attorneys' and court fees
Anwärter *m (Gen, Pers)* candidate (for), aspirant (to)
Anwärterin *f s.* Anwärter
Anwartschaft *f* 1. *(Pers)* legal right to future pension payments; 2. *(Recht)* right in course of acquisition
Anwartschaftsrecht *n* 1. *(Pers)* reversionary interest; 2. *(Recht)* contingent right *(Vertragsrecht)*
Anwartschaftszeit *f (Soz)* qualifying period
anweisen *v (Gen)* instruct
Anweisung *f (Gen)* instruction
Anweisungen *fpl (Gen)* briefing
anwendbar auf *adj (Gen)* applicable to
anwendbares einzelstaatliches Recht *n (Recht)* applicable national law
Anwendbarkeit *f (Pat, Recht)* appropriability
Anwendbarkeit *f* **des Gemeinschaftsrechts** *(Recht)* applicability of Community law *(EU)*
anwenden *v* 1. *(Gen)* apply, exert, exercise *(legal)*; employ *(Methode)*; 2. *(Recht)* apply *(Gesetz)*
Anwender *m* 1. *(Comp)* end-user; 2. *(Gen)* user
anwenderfreundlich *adj* 1. *(Comp)* easy to use, user-friendly; 2. *(V&M)* user--friendly
Anwenderin *f s.* Anwender
anwenderunfreundlich *adj (Comp)* user--unfriendly
Anwendung *f* 1. *(Comp)* application *(Programme)*; 2. *(Gen)* application, appliance, exercise; 3. *(Mgt)* adoption *(einer Methode)*
Anwendungsbereich *m (Gen)* area of application, scope of application
anwendungsbezogene Forschung *f (Mgt)* applied research
Anwerbung *f (Pers)* recruitment
Anwesen *n (Grund)* premises
anwesend *adj (Gen)* present
Anwesenheit *f (Gen)* presence
Anzahl *f (Gen)* amount, number, no.
Anzahl *f* **der Arbeitslosen** *(Soz)* number of unemployed
Anzahl *f* **der Beschäftigten** *(Gen)* number of employees
anzahlen *v (Gen)* make a down payment
Anzahlung *f* 1. *(Bank)* advance, payment on account; 2. *(Gen)* deposit; 3. *(RW)* advance, deposit, down payment; 4. *(V&M)* cash deposit, down payment • **Anzahlung leisten** *(Bank)* make a down payment, make an advance payment
anzapfen *v (Gen)* tap *(Ressourcen)*
Anzapfen *n* **der Telefonleitung** *(Komm)* telephone tapping
Anzeichen *n (Gen)* sign
Anzeige *f* 1. *(Comp)* display; 2. *(Gen, Komm)* advice; 3. *(Media)* advertisement, ad; 4. *(Pat)* notification; 5. *(V&M)* advertisement, ad
anzeigen *v* 1. *(Comp)* display; 2. *(Gen)* indicate, show
Anzeigenbrett *n (Komm)* bulletin board, BB, *(BE)* notice board
Anzeigenkauf *m (V&M)* space buying
Anzeigenkunde *m (Media, V&M)* advertiser
Anzeigenpreis *m (V&M)* ad rate
Anzeigenwerbung *f (V&M)* press advertising
Anzeigepflicht *f* **bei Fusionen** *(Recht)* premerger notification duty
anziehen *v* 1. *(Börse)* firm, rally, advance; 2. *(Fin)* rise *(Einkünfte, Gewinne)*; 3. *(Gen)* rise, advance *(Preise)*
anziehend *adj* 1. *(Börse)* advancing, firming, moving up; 2. *(Gen)* advancing; 3. *(WiWi)* rising
Anziehungskraft *f (V&M)* appeal *(Signalreiz)*
anzuwendendes Recht *n (Recht)* governing law
AO *s.* Abgabenordnung
Apparat *m* 1. *(Gen)* gadget; 2. *(Ind)* apparatus; 3. *(Recht)* claim *(Gesetze)*; 4. *(WiWi)* machinery *(Verwaltung)*
äquivalent *adj (Gen)* equivalent
Äquivalenzprinzip *n* 1. *(Fin)* compensatory principle of taxation; 2. *(Steuer, WiWi)* benefit principle, benefit-received principle; 3. *(Versich)* principle of equivalence
Arbeit *f* 1. *(Gen)* task, work, workmanship; 2. *(Pers, WiWi)* labo(u)r • **Arbeit annehmen** *(Pers)* take employment, take a job, accept a job • **Arbeit aufgeben** *(Pers)* give up work • **Arbeit**

aufnehmen *(Pers)* take a job • **Arbeit beginnen** *(Pers)* start a job, start work, begin work • **die Arbeit beenden** 1. *(Gen)* finish work; 2. *(Pers)* cease work, stop working • **sich an die Arbeit machen** *(Gen)* get down to work
arbeiten *v (Gen)* work • **arbeiten an** *(Mgt)* be engaged in
arbeiten *v/nicht* *(Bank) (ugs.)* lie idle *(Geld)*
arbeitendes Kapital *n (Fin)* active capital
Arbeiter *m* 1. *(Pers)* working man, workman, manual worker; 2. *(WiWi)* blue-collar worker
Arbeiterbewegung *f (Pers)* labo(u)r movement
Arbeiterin *f (Pers)* female worker
Arbeiterklasse *f (Pers)* labo(u)ring class, working class
Arbeiterschaft *f (Gen)* workforce
Arbeiterstunde *f (Pers)* man-hour
Arbeitgeber *m (Fin, Gen, Pers, Steuer)* employer
Arbeitgeberanteil *m (Fin, Pers)* employer's contribution
Arbeitgeber-Arbeitnehmer-Beziehungen *fpl (Pers, WiWi)* industrial relations, labo(u)r relations
Arbeitgeberbeitrag *m (Fin, Pers)* employer's contribution
Arbeitgeberhaftpflicht *f (Steuer)* employer's liabilities
Arbeitgeberorganisation *f (Mgt, Pers)* employers' organization
Arbeitnehmer *m (Gen, Pers)* employee
Arbeitnehmeranteil *m (Pers)* employee contribution
Arbeitnehmerbeitrag *m (Pers)* employee contribution
Arbeitnehmerbeteiligung *f (Pers)* employee participation scheme
Arbeitnehmerin *f s.* Arbeitnehmer
Arbeitnehmerrechte *npl (Pers)* workers' rights, employees' rights
Arbeitnehmer-Sparzulage *f (Pers)* employee savings premium
Arbeitnehmerüberlassung *f (Pers)* temporary work; temporary employment, supply of temporary workers *(by employment businesses/agencies)*; hiring-out of labo(u)r
Arbeitnehmerverband *m (Pers)* employee association
Arbeitnehmervertretung *f (Pers)* employee-elected representation
Arbeitsablauf *m* 1. *(Gen)* work flow; 2. *(Pers)* operational sequence, process
Arbeitsablaufplanung *f (Gen)* task scheduling, work flow planning
arbeitsadditiver technischer Fortschritt *m (WiWi)* labo(u)r-augmenting technical progress
Arbeitsamt *n (Pers, Soz) (BE)* employment office, *(AE)* employment service, *(BE)* Job Centre
Arbeitsanfall *m (Pers)* work load, volume of work
Arbeitsangebotskurve *f (Pers)* labo(u)r supply curve
Arbeitsanreiz *m (Pers)* work incentive, incentive to work
Arbeitsanweisung *f (Pers)* job instruction, work assignment, work order *(an den Arbeitnehmer)*
Arbeitsauftrag *m (Gen, Ind)* job order, labo(u)r voucher, work order
Arbeitsaufwand *m (WiWi)* labo(u)r cost(s)
Arbeitsaufwand *m* **je Produkteinheit** *(WiWi)* unit labo(u)r cost
Arbeitsausfall *m (Pers)* loss of work, loss of working time, loss of working hours, stoppage of work
Arbeitsbedingungen *fpl (Pers)* conditions of employment, working conditions
Arbeitsbefreiung *f (Pers)* release from work
Arbeitsbelastung *f (Gen, Pers)* workload
Arbeitsbereich *m* 1. *(Ind)* work area, work space; 2. *(Pers)* area of operations, working area
Arbeitsbereicherung *f (Pers)* job enrichment
Arbeitsbeschaffungsmaßnahme *f (ABM) (Pers, Soz)* job-creation measure, job-creation scheme, employment-creation measure, employment-creation scheme, community program(me)
Arbeitsbeziehungen *fpl (Pers, WiWi)* industrial relations, labo(u)r relations
Arbeitseinkommen *n* 1. *(Pers)* earnings; 2. *(WiWi)* service income
Arbeitseinstellung *f (Pers)* attitude to work, work habits

Arbeitseinteilung *f (Mgt, Pers)* work management
Arbeitsentgelt *n (Pers)* compensation, remuneration
Arbeitserfahrung *f (Gen, Mgt, Pers)* work experience
Arbeitserlaubnis *f (Pers)* work permit
Arbeitsethik *f (Pers)* work ethic
arbeitsfähig *adj (Pers, WiWi)* able to work, employable, fit for work
Arbeitsfähigkeit *f* 1. *(Gen)* capacity to work; 2. *(Pers, WiWi)* ability to work, employability
Arbeitsförderung *f (Pers)* promotion of work, promotion of employment, employment promotion, work promotion
arbeitsfreier Tag *m (Pers)* day off
Arbeitsgelegenheit *f (Gen, Soz)* work opportunity *(1-Euro-Jobs)*
Arbeitsgemeinschaft *f* 1. *(Gen)* study group, work group *(Einzelpersonen, Gruppen oder Institutionen, die sich zur Verfolgung gemeinsamer Interessen zusammenschließen)*; consortium, joint venture; 2. *(Recht)* de facto corporation, special partnership
Arbeitsgericht *n (Pers, Recht) (BE)* industrial tribunal, *(AE)* labor court
Arbeitsgesetz *n (Pers, Recht)* labo(u)r law, *(BE)* employment law
Arbeitsgesetzgebung *f (Recht)* job legislation
Arbeitsgrundlage *f (Gen, Pers)* work basis, working basis
Arbeitsgruppe *f (Gen, Pers, Pol)* study group, working group, working party, task force
arbeitsintensiv *adj (Ind, Pers, WiWi)* labo(u)r-intensive
Arbeitskampf *m (Ind, Pers, WiWi)* industrial action, industrial dispute, labo(u)r dispute
Arbeitskonflikt *m (Pers)* industrial conflict, industrial dispute
Arbeitskosten *pl* 1. *(RW)* cost of labo(u)r; 2. *(WiWi)* labo(u)r costs
Arbeitskraft *f (Ind)* labo(u)r force, worker *(Arbeiter)*; workforce *(Arbeiterschaft)*
Arbeitskräfte *fpl* 1. *(Gen, Ind)* workforce; 2. *(Pers)* human resources; 3. *(WiWi)* labo(u)r force • **Arbeitskräfte abbauen** *(Pers)* reduce the workforce, reduce staff, shed labo(u)r • **Arbeitskräfte einstellen** *(Pers)* recruit labo(u)r, recruit workers, hire workers, hire labo(u)r, take on workers, take on new workers, take on employees • **Arbeitskräfte freisetzen** *(Pers)* shed labo(u)r • **Arbeitskräfte verleihen** *(Pers)* hire out workers
Arbeitskräfte *fpl* **auf Zeit** *(Pers)* contract labo(u)r
Arbeitskräfteabbau *m (Pers)* reduction of the workforce, labo(u)r shedding
Arbeitskräfteabgang *m (Pers)* attrition, labo(u)r wastage
Arbeitskräfteangebot *n (WiWi)* labo(u)r supply
Arbeitskräftebedarf *m (Pers)* manpower requirements, manpower needs, labo(u)r requirements, labo(u)r needs, demand for manpower
Arbeitskräfteeinsatz *m (Mgt)* manpower management
Arbeitskräfteengpass *m (Pers)* labo(u)r bottleneck, manpower bottleneck
Arbeitskräfteknappheit *f (Pers, WiWi)* labo(u)r shortage, manpower shortage, shortage of labo(u)r, shortage of manpower, lack of labo(u)r, lack of manpower, scarcity of labo(u)r, labo(u)r scarcity; staff shortage *(innerhalb des Unternehmens)*
Arbeitskräftemangel *m (Pers, WiWi)* labo(u)r shortage, manpower shortage, shortage of labo(u)r, shortage of manpower, lack of labo(u)r, lack of manpower, scarcity of labo(u)r, labo(u)r scarcity; staff shortage *(innerhalb des Unternehmens)*
Arbeitskräftenachfrage *f (WiWi)* labo(u)r demand
Arbeitskräftereserve *f (Pers)* labo(u)r reserve, manpower reserve, reserve of labo(u)r, reserve of manpower, manpower resources, labo(u)r resources
Arbeitskräfteüberangebot *n (Pers)* labo(u)r surplus, manpower surplus, excess supply of labo(u)r, excess supply of manpower, oversupply of labo(u)r, oversupply of manpower
Arbeitskräfteüberschuss *m (Pers)* labo(u)r surplus, manpower surplus, excess supply of labo(u)r, excess supply of manpower, oversupply of labo(u)r, oversupply of manpower

Arbeitskräftewanderung *f (Pers, WiWi)* labo(u)r migration, migration of labo(u)r, manpower migration

Arbeitskreis *m (Pers)* working party, working group, workshop

Arbeitsleistung *f* 1. *(Pers)* job performance; 2. *(WiWi)* output

Arbeitslohn *m* 1. *(Ind)* employment compensation; 2. *(Steuer)* employment income; 3. *(WiWi)* wage, wage rate

Arbeitslöhne *mpl (Pers, WiWi)* wages, labo(u)r costs

arbeitslos *adj (Pers, Soz, WiWi)* unemployed, jobless, off the payroll, be out of work, workless, *(AE)* at liberty • **arbeitslos sein** *(Pers)* be out of work • **als arbeitslos gemeldet** *(Gen)* registered unemployed • **sich arbeitslos melden** *(Pers)* register as unemployed, *(BE)* sign on

Arbeitslose *m(f) (Pers, WiWi)* unemployed person, jobless person

Arbeitslosengeld *n (Gen, Soz, WiWi)* *(BE)* unemployment benefit, *(AE)* unemployment compensation

Arbeitslosengeld *n* **II** *(ALG II) (Soz)* unemployment benefit II *(a flat-rate unemployment benefit)*

Arbeitslosengeldbezieher *m (Soz)* recipient of unemployment benefits, recipient of unemployment allowance, recipient of unemployment compensation, persons in receipt of unemployment benefits

Arbeitslosengeldbezieherin *f s.* Arbeitslosengeldbezieher

Arbeitslosenhilfe *f (Soz)* unemployment assistance, *(AE)* unemployment relief

Arbeitslosenquote *f (Pers, WiWi)* unemployment rate, jobless rate

Arbeitslosenunterstützung *f (Gen, Pers, Soz, WiWi) (BE)* unemployment benefit; *(BE; ugs.)* dole, *(AE)* unemployment compensation, unemployment pay • **Arbeitslosenunterstützung beziehen** *(Soz)* draw unemployment benefit, *(AE)* collect unemployment compensation

Arbeitslosenversicherung *f (Pers, Versich, WiWi)* unemployment insurance

Arbeitslosenzahl *f (Pers, Soz, WiWi)* unemployment figure

Arbeitsloser *m s.* Arbeitslose

Arbeitslosigkeit *f (Pers, Soz, WiWi)* unemployment, unemployment rate

Arbeitslosigkeit *f* **insgesamt** *(WiWi)* overall unemployment, total unemployment

Arbeitslosigkeitsdauer *f (Pers, WiWi)* duration of unemployment, length of unemployment, spell of unemployment

Arbeitslosigkeitssockel *m (Soz, WiWi)* hard-core unemployment

Arbeitsmarkt *m (Gen, Pers, WiWi)* job market, labo(u)r market • **in den Arbeitsmarkt eintreten** *(Pers, WiWi)* enter the labo(u)r market • **was den Arbeitsmarkt angeht** *(Pers, Pol, WiWi)* on the employment front

Arbeitsmarktentwicklung *f (Pers, WiWi)* labo(u)r market trend, job market trend, employment (market) trend, development of the labo(u)r market, development of the job market, development of the employment market

Arbeitsmarktlage *f (Pers, WiWi)* labo(u)r market situation, job situation, employment situation, manpower situation, situation on the labo(u)r market

Arbeitsmarktstatistik *f (Pers, Stat)* labo(u)r market statistics, labo(u)r statistics

Arbeitsmarktungleichgewicht *n (Pers, WiWi)* imbalance on the labo(u)r market, disequilibrium on the labo(u)r market, labo(u)r market imbalance, labo(u)r market disequilibrium, labo(u)r market maladjustment, job market imbalance, job market disequilibrium, job market maladjustment, imbalanced labo(u)r market

Arbeitsmobilität *f (Pers, WiWi)* mobility, mobility of labo(u)r, labo(u)r mobility

Arbeitsmöglichkeit *f (Pers)* job opportunity

Arbeitsmotivation *f (Pers)* motivation to work

Arbeitsnachnachweis *m (Pers)* employment record, certificate of employment *(beruflicher Werdegang)*

Arbeitsniederlegung *f* 1. *(Gen) (ugs.)* walkout; 2. *(Pers) (BE)* stoppage of work, *(ugs.)* walkout

Arbeitsökonomik *f (WiWi)* labo(u)r economics

Arbeitsorganisation *f (Gen)* work organization
Arbeitspapier *n (WiWi)* working paper
Arbeitspapiere *npl (Pers)* employment documents
Arbeitspartizipation *f (Pers)* employee involvement, *(BE)* employee involvement and participation, worker involvement
Arbeitspensum *n (Mgt, Pers)* workload, amount of work
Arbeitsplatz *m* 1. *(Gen)* duty station, work station, post, *(AE)* work center, *(BE)* work centre, place of work, workplace, job site, position *(Platz)*; job *(Arbeit)*; 2. *(Ind)* work area, works; 3. *(Pers)* working area, work location *(Stelle)* • **den Arbeitsplatz verlieren** *(Pers)* be made redundant, lose one's job
Arbeitsplatzabbau *m (Pers)* job cuts, reduction of jobs
Arbeitsplatzanalyse *f (Pers)* job analysis, job description, occupational analysis
Arbeitsplatzangebot *n* 1. *(Pers)* job offer; 2. *(WiWi)* availability of jobs, supply of jobs
Arbeitsplatzbeschreibung *f (Pers)* job description
Arbeitsplatzbesitzer *m (Pers)* job holder
Arbeitsplatzbesitzerin *f s.* Arbeitsplatzbesitzer
Arbeitsplatzbewertung *f (Pers)* job appraisal, job evaluation
Arbeitsplätze schaffen *(Gen)* create jobs
Arbeitsplatzerwartungen *fpl (Pers)* job expectations
Arbeitsplatzgarantie *f (Pers)* job guarantee
Arbeitsplatzgestaltung *f (Pers)* job engineering, workplace layout, human engineering *(Ergonomie)*
Arbeitsplatzmangel *m (Pers)* job shortage, shortage of jobs, job scarcity, scarcity of jobs, lack of jobs
Arbeitsplatzmobilität *f (Pers)* job mobility
Arbeitsplatzrechner *m (Comp, Komm)* work station
Arbeitsplatzrisiko *n (Pers)* occupational hazard
Arbeitsplatzsicherung *f (Pers)* safeguarding of jobs
Arbeitsplatzverlagerung *f (Pers)* job displacement, displacement of jobs
Arbeitsplatzverlust *m (Pers, Soz)* loss of job, job loss, redundancy
Arbeitsplatzvernichtung *f (Pers)* job destruction, destruction of jobs, elimination of jobs
Arbeitsplatzwechsel *m* 1. *(Pers)* job change, job shift; 2. *(WiWi)* labo(u)r turnover
Arbeitsproduktivität *f* 1. *(Pers)* labo(u)r efficiency; 2. *(WiWi)* productivity [efficiency] of labo(u)r
Arbeitsproduktivität *f* **je Stunde** *(Pers, WiWi)* hourly productivity of labour *(definiert als Output-Menge : Input--Menge an geleisteten Arbeitsstunden, the ratio of physical total output to hours of labour input; Synonym: Ertrag pro eingesetzte Arbeitsstunde, Stundenproduktivität; Gegensätze: Produktivität je Erwerbstätiger; Kapitalproduktivität)*
Arbeitsqualität *f (Gen)* workmanship
Arbeitsrecht *n (Pers)* labo(u)r law, *(BE)* industrial law
arbeitsrechtliche Regelungen *fpl (Pers, Recht)* labo(u)r regulations
arbeitsrechtliche Vorschriften *fpl (Pers, Recht)* labo(u)r legislation [rules]
Arbeitsrückstand *m (Gen)* backlog (of work)
arbeitsscheu *adj (Pers)* work-shy; disinclined to work *(der Arbeit abgeneigt)*
Arbeitsschutz *m (Pers)* industrial safety
Arbeitsschutzrechte *npl (Pers)* employment protection rights *(des Arbeitnehmers)*
Arbeitssicherheit *f* 1. *(Pers)* on-the-job safety; 2. *(Gen)* industrial safety
arbeitssparend *adj (Pers)* labo(u)r--saving
Arbeitsstätte *f (Ind)* place of work
Arbeitsstunden *fpl (Pers)* hours of work, working hours, hours worked, man hours
Arbeitssuche *f (Pers)* job search, job seeking, work seeking
arbeitssüchtig sein *v (Pers)* be a workaholic

Arbeitsteilung *f* 1. *(Pers)* work-sharing; 2. *(WiWi)* division of labo(u)r

Arbeitsstelle *f (Pers)* job *(general everyday usage)*; position *(employee's place or rank within an undertaking)*; post *(higher level work, Position)*

Arbeitstempo *n (Pers)* pace of work

Arbeitsumfeld *f (Pers)* working environment

Arbeits- und Gehaltsbedingungen *fpl (Pers)* pay and conditions *(Arbeitsvertrag)*

arbeitsunfähig adj *(Pers)* unable to work, not able to work, not employable, not capable of work

Arbeitsunfähige *m(f) (Pers, Soz)* person unable to work, unemployable person

Arbeitsunfähigkeit *f (Pers)* inability to work

Arbeitsunfall *m* 1. *(Ind)* industrial injury; 2. *(Pers)* industrial [occupational] accident

Arbeitsunterbrechung *f (Pers)* interruption of work

Arbeitsverdichtung *f (Pers)* intensification of work, work intensification

Arbeitsverhältnis *n (Pers)* employment relationship • **ein Arbeitsverhältnis kündigen** *(Pers)* terminate a contract of employment

arbeitsvermehrender technischer Fortschritt *m (WiWi)* labo(u)r--augmenting technical progress

Arbeitsvermittlung *f (Pers)* job placement, placement of employees, employment agency *(Stelle)*; *(BE)* Job Centre, *(AE)* employment service *(staatlich)*

Arbeitsvertrag *m (Pers)* contract of employment, employment contract, labo(u)r contract • **jmds. Arbeitsvertrag auflösen** *(Pers)* terminate sb's employment

Arbeitsverwaltung *f (Pers, Soz)* (public) employment service, labo(u)r administration, *(AE)* manpower service, *(AE)* manpower administration

Arbeitsvorbereitung *f (Ind)* planning of process layout, process planning, work scheduling, production scheduling *(Einteilung)*

arbeitswillig *adj (Pers)* willing to work

Arbeitszeit *f (Gen, Pers)* hours of work, working hours, working time

Arbeitszeitausfall *m (Pers)* loss of working hours

Arbeitszeitermittlung *f (Gen, Ind, Pers)* work time study

Arbeitszeitkonto *n (Pers)* working time account

Arbeitszeitmodell *n (Pers)* working hours scheme, working time scheme

Arbeitszeitnachweis *m (Pers)* time sheet

Arbeitszeitregelung *f (Pers)* working time regulations, working hours code

Arbeitszeitstudie *f (Gen)* time study, work time study

Arbeitszeitverkürzung *f (Pers)* reduction in working hours

Arbeitszeugnis *n (Pers)* certificate of employment

Arbeitszufriedenheit *f (Pers)* job satisfaction

Arbitrage *f* 1. *(Bank)* arbitrage; 2. *(Börse)* spread trading; 3. *(Recht)* arbitration

Arbitragegeschäft *n* 1. *(Börse)* arbitrage dealing, arbitrage transaction; 2. *(Gen)* arbitraging

Arbitragehandel *m (Börse)* arbitrage trading

Arbitragespanne *f (Börse) (BE)* arbitrage margin

Arbitrage-Transaktion *f (Börse)* arbitrage dealing [operation, transaction]

Arbitrageur *m (Börse, Fin, Pers)* arbitrager, arbitrageur, *(BE)* shunter

arbitrieren *v (Börse, Fin)* arbitrate

Archiv *n (Gen)* archive storage *(Dokumentensammlung)*

Archivbestände *mpl (Gen)* archive *(Registratur)*

Arglist *f (Gen, Recht, RW)* fraudulence, intention to deceive *(Betrug)*

arglistig *adj (Recht)* fraudulent *(betrügerisch)*

arglistige Täuschung *f (Recht)* fraud, intention to deceive

arithmetische degressive Abschreibung *f (RW)* sum-of-the-year's digit method of depreciation

arithmetisches Mittel *n (Stat)* arithmetic mean

Armenrecht *f (Recht)* right to cost exemption, legal aid *(Rechtshilfe)*

Armut *f (Soz)* poverty

Armutsgrenze *f (Soz)* poverty line
Arrangeur *m (Fin)* arranger *(Kreditsyndizierungen und Emissionen)*
arrangieren *v***/sich** *(Gen, WiWi)* make a deal, come to an arrangement
Art *f (Gen)* nature, type
Art *f* **der Tätigkeit** *(Pers)* kind of activity, type of activity, kind of job, type of job
Artikel *m* 1. *(Gen)* article, product; 2. *(Pat) (BE)* goods; 3. *(Recht)* article, section *(Teil des Gesetzes)*; 4. *(V&M)* item
Artikel *m* **des persönlichen Bedarfs** *(Gen)* article for personal use
Artikelnummer *f (V&M)* item number
Arzneimittel *n (Gen)* drug
Arzneimittelindustrie *f (Gen)* pharmaceutical industry
ärztliche Bescheinigung *f (Umwelt)* doctor's certificate, medical certificate
ärztliches Attest *n (Pers)* doctor's certificate, medical certificate
asoziales Verhalten *n (Gen, Soz)* antisocial behaviour
Asset Swap *m (Bank)* asset swap
Asset-Klasse *f (Fin)* asset class *(Synonym: Forderungsklasse)*
Assimilation *f* 1. *(Gen)* adjustment, assimilation; 2. *(RW)* assimilation
Assistent *m* **der Geschäftsleitung** *(Pers)* executive assistant
Assistentin *f* **der Geschäftsleitung** *s.* Assistent der Geschäftsleitung
assortieren *v (V&M)* assort
assortieren *v* **mit/sich** *(Gen, Mgt)* work in partnership with
assoziiertes Unternehmen *n (Gen)* associated company, associated enterprise
AStV *s.* Ausschuss der Ständigen Vertreter
Atomausstieg *m (Ind, Pol, Umwelt)* opting out of nuclear energy
atomistische Konkurrenz *f (WiWi)* atomistic competition
Atomkraftwerk *n (Ind)* nuclear power station
Atommüll *m (Ind, Umwelt)* nuclear waste
Atomwirtschaft *f (Gen)* nuclear-based industry
Attest *n (Gen)* bill of health *(Gesundheit)*
Attest *n* **ohne gesundheitliche Einschränkungen** *(Gen)* clean bill of health *(Gesundheit)*
attraktiv *adj* 1. *(Börse)* attractive; 2. *(Gen)* favo(u)rable
attraktive Ausstattung *f (Gen)* attractive terms *(Emission)*
atypische Arbeitsverhältnisse [Beschäftigungsverhältnisse] *npl (Pers)* non-standard jobs, non-standard (forms of) employment, atypical work, atypical employment, non-standard work
audio-visuelle Ausrüstung *f (V&M)* audiovisual equipment
Audit *n (Fin, RW)* audit
auf Antrag *(Pers, Soz)* on application
auf Betriebsebene *(Pers)* at plant level, at establishment level, on the shop floor
auf Sicht *(Fin)* at sight, on demand *(Wechsel)*
aufarbeiten *v (Gen)* recondition
Aufbau *m (Gen)* structure
Aufbau *m* **eines Unternehmens** *(Gen)* company structure
aufbauen *v* 1. *(Gen)* build up *(Firma)*; 2. *(Ind)* erect
aufbereiten *v* 1. *(Comp)* edit; 2. *(Gen)* recycle; 3. *(Ind)* process; 4. *(WiWi)* organize
Aufbereitung *f* **von Daten** 1. *(Comp)* data editing; 2. *(Gen)* data organization
Aufbereitungsanlage *f (Ind)* processing plant
aufbessern *v* 1. *(Gen)* brush up; 2. *(Pers)* raise *(Gehalt)*
Aufbewahrung *f* 1. *(Bank)* safekeeping; 2. *(Börse)* custody, retention
Aufbewahrungsfrist *f (Börse)* retention period
Aufbewahrungsgebühr *f (Fin)* safe deposit fee
aufbieten *v (Gen)* bring into play
aufblähen *v (WiWi)* inflate
aufbrauchen *v (Gen)* use up
aufbringen *v (Fin) (ugs.)* cough up, put up, raise; *(BE; ugs.)* stump up
aufeinander abgestimmt *adj (Gen)* coordinated, synchronized
aufeinander abstimmen *v (Gen)* coordinate
aufeinanderfolgend *adj (Gen)* consecutive, successive, sequential
Aufenthalt *m (Gen)* domicile, residence *(Wohnsitz)*

Aufenthaltserlaubnis *f (Pers)* residence permit
Aufenthaltsgenehmigung *f* 1. *(Gen, Pol) (AE)* green card; 2. *(Recht)* residence permit
Aufenthaltsort *m (Recht)* abode, (place of) residence *(Wohnort)*
Aufenthaltsrecht *n* right of residence *(EU)*
auferlegen *v* 1. *(Gen)* impose *(Restriktionen)*; 2. *(Recht, Steuer)* impose, levy, inflict *(Beschränkungen, Vorschriften, Geldstrafe)*
Auferlegung *f* 1. *(Gen)* imposition; 2. *(Recht)* levy
auffällig *adj (V&M)* eye-catching
Auffang... *(Bank, Fin)* backing, backup
auffangen *v* 1. *(Gen)* absorb, cushion; 2. *(WiWi)* counterbalance
Auffanggesellschaft *f (Pers)* rescue company
Auffanglinie *f (Bank, Fin)* backup line *(Kredit)*
auffordern *v (Gen)* demand, urge, request
Aufforderung *f* 1. *(Gen)* calling, demand, request; 2. *(Recht)* invitation
Aufforderung *f* **zur Angebotsabgabe** 1. *(Fin)* appeal for tenders, request for proposals; 2. *(Recht)* invitation to make an offer *(Vertragsrecht)*
auffrischen *v* 1. *(Comp)* refresh; 2. *(Gen)* brush up *(Kenntnisse)*
Auffüllung *f* **von Lagerbeständen** *(RW)* inventory build-up, replenishment of inventories, stockbuilding, addition to stock *(Material)*
Aufgabe *f* 1. *(Comp)* task; 2. *(Gen)* job, task, abandonment *(Preisgabe)*; 3. *(Pat)* abandonment; 4. *(Pers)* duty, job, task *(Arbeit, Pflicht)*; 5. *(Recht)* disclaimer, discontinuance *(Anspruch)*
Aufgabe *f* **der Börsennotierung** *(Börse, Fin)* going private, delisting *(durch das Unternehmen veranlasst)*
Aufgabenbereich *m (Gen)* area of responsibility, line of duty, sphere of activity, terms of reference *(eines Ausschusses)*
aufgabenorientierte Kostenerfassung *f (V&M)* mission costing
Aufgabenstellung *f (Gen)* task setting, terms of reference
Aufgabenverteilung *f (Gen, Mgt, Pers)* allocation, job assignment, allocation of responsibilities *(Arbeitsvorbereitung, Produktionsplanung)*
aufgearbeitet *adj (Gen)* reconditioned
aufgeben *v* 1. *(Börse)* abandon *(Option)*; 2. *(Gen)* abandon, relinquish, renounce, post *(Plan)*; 3. *(Pat)* waive; 4. *(Recht)* waive *(Gebühr)*; part with *(Besitz)*; renounce, give up, abandon, disclaim *(Anspruch)*; 5. *(Steuer)* waive
aufgehen *v (Gen, Stat)* add up *(Zahlen, Ergebnisse)*
aufgelaufen *adj* 1. *(Bank)* accrued; 2. *(Börse, Fin, RW)* accrued, accumulated
aufgelaufene Dividende *f* 1. *(Börse)* dividend in arrears; 2. *(RW)* accrued dividend
aufgelaufene Zinsen *mpl* 1. *(Fin)* accrued interest; 2. *(RW)* accrual, accumulated interest
aufgelaufene Zinseszinsen *mpl (Bank)* accrued compound interest
aufgelaufener Gewinn *m (RW)* accumulated surplus
Aufgeld *n* 1. *(Börse)* agio, premium; 2. *(Fin)* agio; 3. *(Gen)* surcharge
aufgenommene Kredite *mpl (Bank)* borrowings
aufgenommene Mittel *npl (Fin)* borrowed funds
aufgeschlüsselt *adj (Gen)* broken down
aufgeschoben *adj (Gen)* deferred
aufgeschobene Zahlungen *fpl (Fin)* deferred payments
aufgestaute Nachfrage *f (WiWi)* pent-up demand
aufgeteilter Markt *m (Gen)* fragmented market
aufgliedern *v* 1. *(Gen)* break down, classify, itemize; 2. *(RW)* break down
Aufgliederung *f* 1. *(Gen)* breakdown, classification, itemization; 2. *(RW)* breakdown
Aufgliederung *f* **der Bilanz** *(RW)* account format
Aufgliederung *f* **eines Gesamtbetrages** *(Börse, Gen)* break-out
aufheben *v* 1. *(Fin)* revoke; 2. *(Gen)* abolish, remove *(Restriktionen)*; annul *(Urteil)*; overrule, make void *(Entscheidung)*; lift, override, raise *(Embargo, Sanktionen)*; 3. *(Stat)* cancel; 4. *(RW)*

lift, abolish, cancel; 5. *(Recht)* abrogate, disaffirm, nullify, rescind, terminate *(Vertrag)*; annul, repeal, reverse, strike down *(Gesetz)*; lift *(Beschränkungen)*; avoid, cancel *(Vorschriften)*

aufheben v/sich *(RW, Stat)* cancel out

Aufhebung *f* 1. *(Gen)* removal, abolition, annulment, avoidance, lifting *(von Beschränkungen)*; 2. *(RW)* abolition; 3. *(Recht)* abrogation, disaffirmance, disaffirmation, nullification, rescission, termination *(eines Vertrags)*; annulment, repeal, reversal, striking down *(eines Gesetzes)*; lifting *(Beschränkungen)*; avoidance, cancellation *(Vorschriften)*

Aufhebung *f* **der Börsennotierung** *(Börse)* delisting

Aufhebung *f* **der Börsenzulassung** *(Börse, Fin)* delisting *(durch die Börsenaufsicht)*

Aufhebung *f* **einer Sperrzeit** *(Soz)* lifting of benefit suspension, withdrawal of benefit suspension *(bei Sozialleistungen)*

Aufhebung *f* **von Beschränkungen** *(Recht)* abolition of restrictions *(EU)*

Aufhebungsverfahren *n* *(Recht)* action for cancellation *(Vertrag)*

aufholen *v* 1. *(Börse)* rally; 2. *(Gen)* catch up, gain ground, pick up, make up *(verlorene Zeit)* • **verlorene Zeit aufholen** *(Gen)* make up for lost time

Aufkauf *m* 1. *(Börse, Fin)* buyout, acquisition *(Übernahme)*; 2. *(Gen)* buying up, takeover; 3. *(WiWi)* acquisition

aufkaufen *v* *(Fin)* corner, acquire, buy out, buy up *(Unternehmen)*

aufklären *v* *(Gen)* solve, investigate

Aufklärung *f* *(Recht)* investigation

aufkleben *v* *(Gen, Komm, V&M)* affix

Aufkleber *m* *(Gen)* adhesive label, sticker

Aufkommen *n* *(Fin, Steuer)* yield, revenue, proceeds

Auflage *f* 1. *(Gen, Media)* print run *(Druck)*; circulation *(Zeitungen oder Zeitschriften)*; 2. *(Recht)* condition, requirement *(Bedingung)*; 3. *(WiWi)* burden • **mit der Auflage, dass** *(Gen)* on condition that, with the stipulation that

Auflassung *f* 1. *(Grund)* closing *(Eigentumsübertragung beim Grunderwerb)*; 2. *(Recht)* conveyance by agreement

Auflassungsdatum *n* *(Grund)* closing date

auflaufen *v* 1. *(Gen)* accrue, accumulate, run on *(Zinsen)*; 2. *(Transp)* run aground, run ashore *(Schiff)*

auflegen *v* 1. *(Bank)* issue; 2. *(Fin)* float, invite subscriptions, issue, launch; 3. *(Gen)* announce; 4. *(Komm)* put down, hang up *(Telefonhörer)*

Auflockerung *f* *(WiWi)* easing, relaxation *(Geld- und Kapitalmarkt)*

auflösen *v* 1. *(Fin)* close, unlock; 2. *(Gen)* break up; 3. *(Pol)* dissolve *(Parlament, Partnerschaft)*; 4. *(RW)* release, withdraw, return to source, retransfer, write back; 5. *(Recht)* cancel, dissolve; 6. *(Pers)* terminate *(Arbeitsvertrag)*

auflösende Bedingung *f* *(Recht)* *(AE)* condition subsequent, *(BE)* suspensive condition *(Vertrag)*

Auflösung *f* 1. *(Comp)* resolution *(Bildschirm, Drucker)*; 2. *(Fin)* absorption, closing; 3. *(Gen)* break-up, disintegration, dissolution, winding up; 4. *(Pers)* termination, dissolution *(eines Vertrags)*; 5. *(RW)* liquidation, retransfer, writing back, release, withdrawal, *(AE)* reversal; 6. *(Recht)* dissolution *(Gesellschaftsrecht)*

Auflösung *f* **des Arbeitsverhältnisses** *(Pers)* termination of the employment relationship

Auflösung *f* **stiller Reserven** *(Bank, RW)* release of undisclosed reserves

Auflösung *f* **von Anlagen** *(Bank, RW)* liquidation of investment

aufmachen *v* *(Gen)* start *(Firma)*

Aufmacher *m* *(Media)* splash, lead *(Druck)*

Aufmerksamkeit *f* *(Gen, V&M)* attention *(für ein Produkt)* • **jmds. Aufmerksamkeit erregen** *(Gen)* attract sb's attention

Aufmerksamkeit, Interesse, Wunsch, Aktion *(Gen, V&M)* attention, interest, desire, action, AIDA

Aufnahme *f* 1. *(Börse)* take-up *(einer neuen Emission)*; assimilation *(von Wertpapieren)*; 2. *(Gen)* absorption, admission

Aufnahme *f* **einer Beschäftigung** *(Pers)* entry into employment, taking up a job, taking up work, taking up employment

Aufnahme *f* **einer selbstständigen Tätigkeit** *(Pers)* taking up self-employment, entry into self-employment
Aufnahme *f* **von Fremdmitteln** *(Gen)* borrowing external funds
Aufnahmeantrag *m (Börse) (BE)* application for admission
aufnahmefähiger Markt *m (Börse)* broad market, ready market *(Wertpapiere und Waren)*
Aufnahmefähigkeit *f* 1. *(Börse)* absorbing capacity *(des Marktes)*; 2. *(Gen, WiWi)* absorptive capacity, absorption capacity *(des Marktes)*
Aufnahmegebühr *m (Gen)* admission fee
Aufnahme-Mitgliedstaat *m (Pol, Recht)* host Member State *(EU)*
aufnehmen *v* 1. *(Bank)* obtain, borrow, take out, take up *(Kredit, Darlehen)*; 2. *(Börse)* assimilate *(Wertpapiere)*; 3. *(Fin)* obtain, put up, raise; 4. *(Gen)* absorb *(Warenbestand)*; start up *(den Betrieb)*; record *(Sitzung)*; 5. *(Pers)* admit *(neue Geschäftspartner)* • **Bankkredit aufnehmen** *(Bank, Fin)* arrange a loan, borrow from a bank
Aufpasser *m (Börse, Gen)* watchdog
Aufpreis *m (RW)* extra charge
aufrechnen *v* 1. *(Fin)* offset; 2. *(RW)* counterbalance, offset, set against; 3. *(Recht)* set off • **etw. gegen etw. aufrechnen** *(RW)* balance sth against sth
Aufrechnung *f* 1. *(Fin)* offset, offsetting; 2. *(RW)* balancing against, counterbalancing, offset, offsetting; 3. *(Recht)* set-off
aufrechterhalten *v* 1. *(Gen)* preserve; 2. *(Recht)* uphold; 3. *(WiWi)* sustain
aufrufen *v* 1. *(Comp)* call; 2. *(Fin)* call in, call up; 3. *(Gen)* appeal *(Öffentlichkeit)*
aufrunden *v* 1. *(Gen)* even up; 2. *(Stat)* round up *(Zahl)*
aufsaugen *v (Gen)* absorb *(Unternehmen)*
aufschieben *v* 1. *(Gen)* put off, defer *(Entscheidung)*; delay *(Plan)*; postpone *(Treffen)*; 2. *(Mgt)* adjourn
aufschiebende Bedingung *f (Recht) (AE)* condition precedent, *(BE)* suspensive condition
Aufschiebung *f* 1. *(Gen)* delay, deferral, postponement; 2. *(Mgt)* adjournment *(einer Entscheidung)*
Aufschlag *m* 1. *(Bank, Fin)* load, loading; 2. *(Gen)* surcharge, extra charge, premium, mark-up *(Gebühren, Preis, Tarif)*; 3. *(Transp)* recargo *(Fracht)*
aufschlüsseln *v* 1. *(Gen)* allocate, apportion, break down, subdivide, classify, subclassify *(Klassifizierung)*; 2. *(RW)* break down
Aufschrift *f (Gen)* address, label *(Etikett)*
Aufschub *m* 1. *(Gen)* deferment, delay, postponement; 2. *(Pat)* period of grace • **ohne Aufschub** *(Komm)* without respite • **Aufschub gewähren** *(Recht)* grant a delay, grant respite *(internationales Vertragsrecht)*
Aufschwung *m* 1. *(Gen)* boom, upturn; 2. *(WiWi)* upswing, upturn *(der Wirtschaft)* • **rapiden Aufschwung nehmen** *(WiWi)* boom
Aufseher *m* 1. *(Fin)* comptroller, controller; 2. *(Mgt, Pers)* supervisor, overseer
Aufseherin *f s.* Aufseher
aufsetzen *v (Recht)* draw, draw up *(Urkunde, Vertrag)*
Aufsicht *f* 1. *(Gen)* care, supervision; 2. *(Mgt, Pers)* supervision; 3. *(WiWi)* control • **unter Aufsicht der Behörden** *(Pol)* government-regulated
Aufsichtsbehörde *f* 1. *(Gen)* regulatory agency, watchdog *(Durchführung)*; inspectorate *(Aufsichtsamt)*; 2. *(Recht)* regulatory authority *(zuständig)*
Aufsichtsorgan *n (Pol)* supervisory body, regulator
Aufsichtsrat *m (Deu)* 1. *(Gen)* supervisory board; 2. *(Mgt)* board of directors, supervisory board
Aufsichtsratmitglied *n (Deu) (Mgt)* top executive, board member
Aufsichtsratsvorsitzende *f s.* Aufsichtsratsvorsitzender
Aufsichtsratsvorsitzender *m (Deu) (Mgt)* chairman of the (supervisory) board
aufsichtsrechtlich *adj (Bank, Pol)* regulatory, prudential
aufsteigen *v (Pers)* be promoted, rise
Aufsteiger *m (Pers)* climber, social climber, careerist, success(ful) person
aufstellen *v* 1. *(Bank)* make up *(Konto)*; 2. *(Gen)* set out, draw up, prepare *(Bedingungen)*; make up *(Liste)*; 3. *(Ind)*

install, erect; 4. *(Pers)* post; 5. *(RW)* draw up, prepare *(Bilanz)*; 6. *(Recht)* lay down *(Grundsätze, Regeln, Norm)*

Aufstellung *f* 1. *(Bank)* making up; 2. *(Gen)* breakdown, list, *(AE)* schedule *(Aufschlüsslung)*; 3. *(Ind)* siting, installation; 4. *(RW)* drawing up, preparation

Aufstellung *f* **einer Bilanz** *(RW)* drawing-up of a balance sheet, making-up of a balance sheet

Aufstieg *m (Pers)* advancement, career development

Aufstiegschancen *fpl (Pers)* career development prospects, scope for advancement • **mit Aufstiegschancen** *(Pers)* upgradable *(Stellung)*

Aufstiegsleiter *f (Soz)* mobility chain

Aufstiegsmobilität *f (Pers)* upward mobility

Aufstiegsmöglichkeit *f (Pers)* opportunity for advancement

aufstocken *v (Gen)* increase, scale up, build up, *(BE)* top up *(Ersparnisse)*

aufstrebend *adj (Gen, Soz)* up-and-coming, upwardly mobile

aufstrebende Wirtschaftsnationen *fpl (WiWi)* newly industrializing economies *(Südostasien)*

aufteilen *v* 1. *(Bank)* split; 2. *(Fin)* apportion; 3. *(Gen)* split up *(Bereiche, Unternehmen)*; apportion *(anteilig festlegen)*; allocate *(zuteilen)*; 4. *(Grund)* apportion *(anteilig festlegen)*; 5. *(Pat)* apportion; 6. *(RW)* divide; 7. *(V&M)* partition, divide split up *(Bereiche, Unternehmen)*; 8. *(WiWi)* allocate *(Mittel)*

Aufteilung *f* 1. *(Bank)* split; 2. *(Fin)* apportionment; 3. *(Gen)* break-up, apportionment *(anteilige Festlegung)*; allocation *(Zuteilung)*; 4. *(Grund)* apportionment; 5. *(Mgt)* subdivision; 6. *(Pat)* apportionment; 7. *(RW)* division; 8. *(Recht)* distribution *(Grundbesitz)*; 9. *(V&M)* partition, carving-up, division; 10. *(WiWi)* fragmentation *(eines Marktes)*

Aufteilung *f* **der Kosten** *(RW)* allocation of costs

Auftrag *m* 1. *(Börse)* order; 2. *(Comp)* job; 3. *(Gen)* task, order *(Aufgabe)*; sales order, purchase order *(Bestellung)*; brief, contract *(Anweisung)*; 4. *(RW)* purchase order; 5. *(Recht)* mandate; 6. *(V&M)* order, mission • **im Auftrag von** *(Gen)* order of • **im Auftrag Dritter handeln** *(Recht)* act on sb's behalf • **Aufträge hereinholen** 1. *(Gen)* solicit new business, secure new orders; 2. *(WiWi)* attract new business • **in Auftrag geben** *(WiWi)* commission

auftraggebende Bank *f (Bank)* principal bank *(im internationalen Zahlungsverkehr oder Wertpapiergeschäft)*

Auftraggeber *m* 1. *(Bank)* originator; 2. *(Comp)* user; 3. *(Fin)* principal; 4. *(Gen)* customer, client; 5. *(RW)* mandant, principal

Auftraggeberin *f s.* Auftraggeber

Auftragnehmer *m (Pers)* contractor

Auftragnehmerin *f s.* Auftragnehmer

Auftragsabwicklung *f* 1. *(Comp)* job handling; 2. *(Gen)* order filling, order handling, order processing

Auftragsabwicklungsprozess *m (Mgt, V&M, WiWi)* order-to-payment-process; *(jarg.)* order process *(Synonym: Order-to-payment-Prozess; Leistungsprozess von der Kundenbestellung bis zum Eingang der Bezahlung des Kunden)*

Auftragsbearbeitung *f (V&M)* order processing, order handling

Auftragsbestand *m* 1. *(Gen)* backlog of orders, orders on hand; 2. *(V&M)* level of orders

Auftragsbestätigung *f (Gen, Komm)* acknowledgement of order, order confirmation

Auftragsbuch *n (Gen)* order book

Auftragseingang *m (Gen)* incoming business, inflow of orders, new orders, orders received, orders taken, order intake

auftragsgemäß *adj (Gen)* as per order

Auftragslage *f (Gen, V&M)* order situation

Auftragsrückgang *m (WiWi)* drop in orders

Auftragsrückstand *m (Gen)* backlog of orders, unfilled orders

Auftragswert *m (Börse)* contract value

Auftrieb *m (Gen, WiWi)* boost

Auftriebskräfte *fpl (WiWi)* buoyant forces

Aufwand *m* 1. *(Fin, Gen, RW, Steuer)*

expense *(GuV)*; 2. *(WiWi)* cost, expenditure • **als Aufwand verbucht** *(RW)* expensed

Aufwandsentschädigung *f (Gen)* expense allowance, reimbursement, representation allowance

Aufwands-Ertrags-Verhältnis *n (Bank, Fin)* cost-income-ratio, CIR *(allgemein: Verhältnis zwischen Verwaltungsaufwand und operativen Erträgen; i. e. S. definiert als allgemeine Verwaltungsaufwendungen dividiert durch die Summe aus Zins- und Provisionsüberschuss; breit akzeptierter Effizienzmaßstab für das operative Bankgeschäft; Synonym: Aufwandsrentabilität, Aufwand/Ertrag-Relation;)*

aufwandsgleiche Kosten *pl (RW)* current outlay costs, cash outlay costs *(Synonym: Istkosten der Gegenwart)*

Aufwandskonto *n (RW)* expense account

Aufwandskosten *pl (RW)* current outlay cost

Aufwandsrentabilität *f (Bank, RW)* cost--income ratio, CIR *(Synonym: Aufwands-Ertrags-Verhältnis, Aufwand/-Ertrag-Relation; Verhältnis zwischen Verwaltungsaufwand und operativen Erträgen; der breit akzeptierte Effizienzmaßstab für das operative Bankgeschäft gibt an, wieviele Einheiten durchschnittlich aufgewendet werden müssen für die Erwirtschaftung einer Geldeinheit als Ertrag)*

Aufwands- und Ertragskonsolidierung *f (RW)* consolidation of revenue and expenditure *(Konzern-Gewinn- und Verlustrechnung = consolidated statement of income)*

Aufwands- und Ertragskonten *npl (RW)* profit and loss accounts, revenue and expense accounts, *(AE)* income accounts *(Gewinn- und Verlustrechnung)*

Aufwands- und Ertragsrechnung *f (RW)* income statement *(GuV)*

Aufwärtsbewegung *f* 1. *(Gen)* rise, upturn, upward movement; 2. *(WiWi)* upside trend, uptrend *(Entwicklung)*

aufwenden *v (Gen)* expend, spend

aufwendig *adj (Gen)* costly, expensive

Aufwendungen *fpl* 1. *(Fin)* expenditure, outgoings; 2. *(Gen)* expenditure; 3. *(RW)* charges, expenses

aufwerten *v* 1. *(Gen)* upgrade, valorize *(Waren)*; 2. *(RW)* revalue; 3. *(WiWi)* revalue, appreciate *(Währung)*

Aufwertung *f* 1. *(Fin)* revaluation; 2. *(Gen)* valorization, revaluation, upvaluation *(Währung)*; 3. *(WiWi)* revalorization

Aufwertung *f* **des Vermögens** *(RW)* revaluation of assets

Aufwertungsdruck *m (WiWi)* upward pressure

Aufwertungsgewinn *m (Bank, Fin)* appreciation gain

Aufwertungssatz *m (WiWi)* revaluation rate

aufzählen *v (Gen)* enumerate

aufzeichnen *v* 1. *(Gen)* record, transcribe, note, take down, put down *(notieren)*; 2. *(Media, RW)* record

Aufzeichnungen *fpl (RW)* records *(Rechnungsprüfung)*

aufzinsen *v (Fin, Stat)* accumulate, compound *(regelmäßiger Zuschlag der aufgelaufenen Zinsen zum Kapital und damit Mitverzinsung der aufgelaufenen Zinsen in der Zinseszinsrechnung = compound interest calculation; compounded interest through regular addition of interest to the principal; Gegensatz: abzinsen = discount)*

Aufzinsung *f (Fin, Stat)* accumulation, act of compounding *(regelmäßiger Zuschlag der aufgelaufenen Zinsen zum Kapital und damit Mitverzinsung der aufgelaufenen Zinsen in der Zinseszinsrechnung = compound interest calculation; Gegensatz: Abzinsung, Diskontierung = discounting; compounded interest through regular addition of interest to the principal)*

Aufzinsungsanleihe *f (Börse, Fin)* capital growth bond

Aufzinsungsfaktor *m (Fin)* accumulation factor

Auktion *f* 1. *(Gen, RW)* auction, sale at [by] auction; 2. *(V&M)* public sale, auction *(öffentliche Versteigerung)*

ausarbeiten *v (Gen)* draw up, prepare

Ausbau *m* 1. *(Comp)* upgrade, upgrading *(System)*; 2. *(Gen)* completion, extension, improvement

ausbaufähig *adj* 1. *(Comp)* open-ended; 2. *(Mgt)* extensible
Ausbesserungen *fpl (Gen)* maintenance and repair work
ausbeuten *v* 1. *(Gen)* exploit, tap *(Ressourcen)*; 2. *(Pers) (jarg.)* exploit; 3. *(Umwelt, WiWi)* exploit, tap *(Ressourcen)*; 4. *(V&M)* milk
ausbeutend *adj (Pol, Recht, WiWi)* exploitative *(EU-Wettbewerbsrecht)*
Ausbeutung *f* 1. *(Gen, Umwelt, WiWi)* exploitation *(von Ressourcen)*; 2. *(V&M)* milking strategy *(eines Unternehmens)*
Ausbildende *m(f) (Pers)* training officer
Ausbilder *m (Pers)* trainer *(von Berufsanfängern)*
Ausbilderin *f s.* Ausbilder
Ausbildung *f (Pers)* education, instruction, training
Ausbildung *f* **am Arbeitsplatz** *(Pers)* on--the-job training, training on-the-job
Ausbildung *f* **der Ausbilder** *(Pers)* training of trainers
Ausbildung *f* **von Führungskräften** *(Gen, Mgt, Pers)* executive development, executive training
Ausbildungsbetrieb *m (Pers)* firm providing (apprenticeship) training, training company, training establishment
Ausbildungsdauer *f (Pers)* duration of training, duration of education, length of training, length of education
Ausbildungseinrichtung *f (Pers)* educational establishment, training establishment
Ausbildungsgang *m (Bil)* educational course, training course, course of training
Ausbildungslehrgang *m (Pers)* training course
Ausbildungsplatz *m (Bil)* training place, apprenticeship, apprenticeship place, traineeship
Ausbildungsplatzangebot *n (Pers)* supply of training places
Ausbildungsstand *m (Pers)* level of training
Ausbildungsstätte *f (Pers) (AE)* training center, *(BE)* training centre, teaching company, educational establishment, training establishment
Ausbildungsvergütung *f (Pers)* training pay, training allowance
Ausbildungsverhältnis *n (Pers)* training relationship, traineeship, training agreement, apprenticeship
Ausbildungsvertrag *m (Pers)* training contract, apprenticeship contract
Ausbildungsvorschriften *fpl (Pers)* training rules, training guidelines, rules for training, guidelines for training
Ausbildungszeit *f (Pers)* training period, period of training, training, period of education, education
Ausbildungszentrum *n (Bil)* education centre, training centre, training establishment *(beruflich)*; staff training centre *(betrieblich)*
ausbreiten *v (Gen)* spread
ausbreiten *v/sich (Gen)* spill over
Ausbreitungseffekt *m (WiWi)* spread effect, spill over effect
ausbuchen *v* 1. *(Fin)* balance; 2. *(Gen)* charge off, debit, enter a debit against; 3. *(RW)* close out, write off, charge off
Ausbuchung *f* 1. *(Fin)* balancing, debit; 2. *(RW)* charge off, closing out, write-off, balancing, debit
ausdehnen *v (Gen)* expand, extend, widen *(Befugnisse)*
ausdrücken *v (Gen)* express
ausdrückliche Bedingungen *fpl (Recht)* express conditions, express terms
ausdrückliche Einwilligung *f (Recht)* explicit consent
ausdrückliche Genehmigung *f (Recht)* express authority
ausdrücklicher Vertrag *m (Recht)* explicit contract, express contract
ausdünnen *v (Gen)* thin (out), reduce
Ausfall *m* 1. *(Comp)* breakdown; 2. *(Fin)* deficiency, financial loss; 3. *(Gen)* failure
Ausfall *m* **des Einkommens** *(Pers)* loss of income, income loss
Ausfallbürgschaft *f (Recht) (BE)* indemnity bond
Ausfalldaten *npl (Bank, Fin, Stat)* default data *(Basel II; Rating)*
Ausfallquote *f* 1. *(Gen)* failure rate; 2. *(RW)* delinquency ratio
Ausfallrate *f (Bank, WiWi)* default rate
Ausfallrisiko *n (WiWi)* non-payment risk, risk of default
Ausfallwahrscheinlichkeit *f (Bank, Fin)* probability of default, PD, expected

default frequency, EDF *(von Risikoanleihen z. B.)*

ausfertigen *v* 1. *(Bank, Fin)* issue *(Scheck)*; 2. *(Gen)* copy; 3. *(Recht)* draw up, write out *(Urkunde)*

Ausfertigung *f* 1. *(Bank, Fin)* issue *(Scheck)*; 2. *(Gen)* copy, counterpart

Ausfuhr *f (Imp/Exp, WiWi)* exportation, exporting, export

Ausfuhrabgabe *f (Imp/Exp, Recht)* export duty

ausführbares Programm *n (Comp, Komm) (AE)* executable program

Ausfuhrbeschränkung *f (Imp/Exp, Recht)* import restriction

ausführen *v* 1. *(Börse)* execute; 2. *(Gen)* carry out, put into execution, accomplish, execute, implement *(Entscheidung)*; 3. *(Imp/Exp)* export

Ausfuhrerklärung *f* 1. *(Gen)* export declaration; 2. *(Imp/Exp)* clearance outwards

Ausfuhrfinanzierung *f (Fin)* export financing

Ausfuhrgeschäft *n (Imp/Exp)* export transaction

Ausfuhrhandel *m (Imp/Exp)* export trade, export business

Ausfuhrland *n (Imp/Exp)* exporting country

ausführlich *adj (Gen)* in depth, detailed

ausführliche Berichterstattung *f (Media)* full coverage

Ausfuhrpapiere *npl (Imp/Exp)* export documentation

Ausfuhrüberschuss *m (WiWi)* export surplus

Ausfuhrüberwachung *f (Imp/Exp)* export control

Ausführung *f* 1. *(Börse)* execution; 2. *(Gen)* undertaking, carrying out, accomplishment, achievement *(einer Aufgabe)*; execution, implementation *(einer Anordnung)*; quality *(Qualität)*; 3. *(Pat)* carrying out, design; 4. *(Recht, WiWi)* implementation *(des EU-Gemeinschaftsrechts)*

Ausführungsbestimmungen *fpl (Recht)* implementing regulations

Ausgabe *f* 1. *(Bank)* issue *(Geld)*; 2. *(Börse)* issue *(Aktien)*; output *(Daten)*; computer output; 3. *(Gen)* edition, outlay, expense, expenditure *(Kosten)*; 4. *(Media)* copy number, edition, issue

Ausgabe *f* **einer Zeitung** 1. *(Gen)* copy; 2. *(V&M)* run of paper

Ausgabe *f* **von Gratisaktien** 1. *(Börse)* cap(italization) issue; 2. *(Fin) (BE)* bonus issue

Ausgabeautomat *m (Bank)* cash dispenser, automated teller machine *(ATM)*

Ausgabeermächtigung *f (Fin)* spending authority, *(AE)* budget authority, *(BE)* total obligational authority

Ausgabekurs *m (Börse)* issuing price, initial offering price

Ausgaben *fpl* 1. *(Fin, Gen)* expenditure, outflows, outgoings, outlays; 2. *(WiWi)* expenditure, *(BE)* high-street spending, outlay • **Ausgaben (auf einen bestimmten Zeitraum) abgrenzen** *(RW)* apply expenses to a period • **Ausgaben kürzen** *(WiWi)* cut spending, make cuts in spending

Ausgaben *fpl* **der öffentlichen Hand** *(Fin, WiWi)* government expenditure, public expenditure

Ausgabenbefugnis *f (Pol)* spending authority

Ausgabenbewilligung *f* 1. *(Fin)* budget (-ary) appropriation; 2. *(RW)* authorization for expenditure

ausgabengleiche Kosten *pl (RW, WiWi)* cash outlay costs

Ausgabenkompetenz *f (Gen)* spending power

Ausgabenkurve *f (WiWi)* outlay curve

Ausgabenreste *mpl (WiWi)* unspent budget balances

Ausgabensteuer *f (Steuer, WiWi)* expenditure tax

Ausgabepreis *m* 1. *(Fin)* issue price; 2. *(RW)* asked price

Ausgänge *mpl (Fin)* outgoings

Ausgangsabgaben *fpl (Steuer)* export duties and taxes

Ausgangskapital *n (Fin)* initial capital

Ausgangsrechnung *f (Gen, V&M)* outgoing invoice

Ausgangszahl *f (Gen)* benchmark figure

ausgeben *v* 1. *(Bank, Börse)* issue; 2. *(Fin)* issue; 3. *(Gen)* expend, spend, lay out, pay out, disburse

ausgebildetes Personal *n (Pers)* skilled staff, qualified staff, trained staff
ausgedehnt *adj* 1. *(Fin)* extended; 2. *(Gen)* extended, widened
ausgefallene Dividende *f (RW)* omitted dividend
ausgegebene Aktien *fpl (Börse)* outstanding shares, issued shares
ausgegebenes Aktienkapital *n* 1. *(Börse)* outstanding capital stock, issued share capital; 2. *(Fin, RW)* capital stock issued
ausgeglichen *adj* 1. *(Fin)* offset; 2. *(Gen)* in-balance, in-line; 3. *(RW)* balanced, offset • **ausgeglichen abschließen** *(RW, WiWi)* break even *(ZB)*
ausgeglichener Haushalt *m* 1. *(Fin)* balanced budget, in-balance budget, in-line budget; 2. *(WiWi)* balanced budget
ausgeglichenes Konto *n (RW)* account in balance, closed account
ausgelaufen *adj (Gen)* expired
ausgeloste Anleihe *f (Börse)* drawn bond
ausgereichte Kredite *mpl (Bank)* credits outstanding
ausgeschiedenes Wirtschaftsgut *n (Steuer)* retired asset
ausgeschüttete Dividende *f (Fin)* cash dividend
ausgeschütteter Gewinn *m (Fin, RW)* distributed profit
ausgesetzter Handel *m (Börse)* suspended trading
ausgesperrt *adj (Pers)* locked-out
ausgeweitet *adj (WiWi)* expanded
ausgewiesen *adj (Gen)* accounted for, reported, stated *(Gewinn)*
ausgewiesene Dividende *f (RW)* reported [declared] dividend
ausgewiesene eigene Mittel *npl (RW)* reported equity
ausgewiesene Kosten *pl (WiWi)* explicit cost
ausgewiesener Gewinn *m (RW)* reported earnings, reported income
ausgewogener Wertpapierbestand *m (Börse)* balanced portfolio
ausgezeichnet *adj (Pers)* excellent • **über ausgezeichnete Referenzen [Zeugnisse] verfügen** *(Pers)* have excellent references
Ausgleich *m* 1. *(Fin)* offset, offsetting; 2. *(Gen)* adjustment, balance *(eines Kontos)*; compensation, equalization *(eines Mangels)*; settlement, squaring *(einer Summe)*; 3. *(RW)* offset, offsetting, balance, reconciliation *(eines Kontos)*; 4. *(WiWi)* compensation
Ausgleich *m* **der Grenznutzen** *(WiWi)* consumer equilibrium
Ausgleich *m* **von Einnahmen und Ausgaben** *(Fin)* equalization of revenue and expenditure
ausgleichen *v* 1. *(Fin)* average out, offset, balance, balance out, settle *(Konto)*; 2. *(Gen)* balance, balance out, cancel out, compensate, equalize, even out, level out, make up, recoup, settle *(Summe, Zahlen)*; 3. *(RW)* balance, offset, reconcile *(Konto)*; 4. *(WiWi)* make up, trade off, smooth out *(Fluktuationen)*
ausgleichen *v/sich* 1. *(Gen)* level up; 2. *(RW)* balance out
Ausgleichsabgabe *f* 1. *(Imp/Exp)* compensatory levy, equalization levy; 2. *(Steuer)* compensatory tax, compensation tax
Ausgleichsbuchung *f* 1. *(Bank)* charge back; 2. *(RW)* offsetting entry
Ausgleichsfunktion *f (WiWi)* compensatory function *(ZB)*
Ausgleichslager *n (WiWi)* buffer stock, buffer store
Ausgleichsposten *m* 1. *(RW)* per contra item, offsetting item; 2. *(WiWi)* balancing item
Ausgleichsprozess *m (WiWi)* process of adjustment *(ZB)*
Ausgleichsverlust *m (Börse) (BE)* compensating loss
Ausgleichszahlung *f* 1. *(Fin)* deficiency payment, equalization payment; 2. *(Imp/Exp)* compensatory levy *(EU)*; 3. *(Steuer)* compensatory payment
ausgliedern *v (Gen)* hive off
Ausgliederung *f (Gen, WiWi)* spin-off *(eines Unternehmensbereichs)*
ausgründen *v (WiWi)* hive off
aushandeln *v* 1. *(Bank)* arrange, negotiate *(Kredit)*; 2. *(Börse, Gen, Pers)* negotiate
Aushändigung *f (Gen)* delivery, handing-over
Aushändigungsvorschrift *f (Gen,*

Komm) delivery instruction *(eigenhändig = to addressee only, gegen Empfangsbescheinigung = against receipt)*
Aushilfe *f (Pers)* fill-in, temporary worker, *(ugs.)* temp
aushilfsweise arbeiten *v (Pers, Soz)* work temporarily
aushöhlen *v (Gen, WiWi)* erode *(Kaufkraft)*
Aushöhlung *f* **der Steuerbasis** *(WiWi)* tax erosion
auskalkulieren *v (Gen)* make a complete estimate of
auskaufen *v (Fin)* buy out
Auskommen *n (Soz)* livelihood • **sein Auskommen haben** *(Soz)* make a living, make a decent living
Auskunftspflicht *f (Gen)* duty to disclose information
Auskunftsrecht *n (Pol)* right to information, right to know
Auslage *f* 1. *(Komm)* display; 2. *(V&M)* shop front, window display
Auslagen *fpl (Gen, RW)* expenses, outlays
Auslagenersatz *m (Gen)* reimbursement (of expenses)
auslagern *v* 1. *(Comp)* swap *(Dateien)*; 2. *(Gen, Ind)* outsource *(Produktion, Teile der Wertschöpfungskette)*
Ausland *n (Gen)* foreign country • **im Ausland** *(Gen)* abroad • **im In- und Ausland** *(Gen)* at home and abroad
ausländisch *adj* 1. *(Bank, Fin)* offshore; 2. *(Gen)* foreign, from abroad, overseas • **in ausländischem Besitz** *(Bank, Gen, Transp)* foreign-owned
ausländische Arbeitskräfte *fpl (Pers)* foreign labo(u)r, foreign workers, migrant workers
ausländische Betriebsstätte *f (Steuer)* permanent establishment abroad
ausländische Direktinvestition *f (Fin, WiWi)* direct foreign investment, direct outward investment, foreign direct investment
ausländische Einkünfte *pl (Steuer)* foreign-source income
ausländische Tochtergesellschaft *f (Gen, Recht, Steuer)* foreign subsidiary
ausländischer Bankplatz *m (Bank)* offshore place
ausländischer Emittent *m (Fin)* nonresident issuer
ausländisches Recht *n (Pat, Recht)* foreign law
ausländisches Unternehmen *n (Gen)* foreign company
Auslandsaktiva *npl* 1. *(Gen)* assets held abroad; 2. *(WiWi)* overseas assets
Auslandsanleihe *f (Fin)* external loan, foreign bond, foreign loan
Auslandsanteil *m (Imp/Exp, WiWi)* foreign portion *(EU; der Anteil der Lieferungen und Leistungen mit Herkunft aus einem dritten Land)*
Auslandsaufenthalt *m (Pers)* stay abroad
Auslandsgeschäft *n (Gen)* international business
Auslandsgespräch *n (Komm)* international call
Auslandsguthaben *npl (Bank)* foreign assets, funds abroad, nonresident deposits
Auslandsinvestition *f (WiWi)* foreign investment
Auslandsmarkt *m (Gen, WiWi)* foreign market, external market
Auslandsnachfrage *f (WiWi)* foreign demand
Auslandsniederlassung *f (Bank, Gen)* foreign branch, overseas branch
Auslandsposition *f (Bank, Fin)* external position
Auslandsschulden *fpl (Fin, RW, WiWi)* external borrowings, external debts, external liabilities
Auslandsumsatz *m (Imp/Exp)* export turnover
Auslandsunternehmung *f (Gen)* foreign venture
Auslandsvermögen *n (Gen)* assets held abroad
Auslandsverschuldung *f (Fin, WiWi)* external debt, external borrowings
auslasten *v (Gen)* make full use of, use to capacity *(Maschinen)*
auslastungsbezogene [auslastungsorientierte] Budgetierung *f (Fin, RW)* activity based budgeting
auslaufen *v* 1. *(Gen)* die, expire, run out; 2. *(Steuer)* taper *(Steuervergünstigung)*; 3. *(WiWi)* taper off • **auslaufen**

lassen *(Gen)* phase out, wind up *(Produktion)*
Auslaufmonat *m (Börse)* expiration month
Auslaufsphase *f (WiWi)* phase-out period
auslegen *v* 1. *(Gen, Grund, Ind)* construct, design; 2. *(Komm, Recht)* interpret
Auslegungsrichtlinien *fpl (Recht)* interpret(at)ive regulations
ausleihen *v (Börse, Fin)* lend
Ausleihungen *fpl* 1. *(Bank)* asset exposure, bank lending; 2. *(Fin)* assets, lendings
Auslieferung *f (Gen, Transp)* delivery
auslösen *v (Gen)* ignite, set off, trigger, spark off *(Panik, Streit)*; set off, expunge *(Reaktion)*
Auslösung *f* 1. *(Bank)* redemption; 2. *(Pers)* severance payment, termination payment; 3. *(Recht)* bail
ausmachender Betrag *m (Fin)* actual amount
Ausmaß *n* **des Schadens** *(Versich)* extent of the damage
Ausnahme *f (Gen)* exception • **mit Ausnahme von** *(Gen)* with the exception of
Ausnahmebestimmung *f (Recht)* derogation
Ausnahmeregelung *f* 1. *(Gen)* exemption; 2. *(Pol)* opt-out *(EU, Nichtbeteiligung)*
ausnehmen *v (Gen)* milk, *(ugs.)* raid
ausnehmen *v* **von** make an exception of
ausnutzen *v* 1. *(Gen)* exploit, utilize, take advantage of; 2. *(Pat)* work; 3. *(Pers)* exploit
Ausnutzungsgrad *m (Ind)* operating rate, plant utilization rate
ausreichen *v (Bank)* originate
ausreichend *adj* 1. *(Fin)* adequate; 2. *(Gen)* adequate, sufficient; 3. *(Recht, Versich)* adequate
ausreichende Kapitalausstattung *f (Fin)* capital adequacy
ausreichende Sorgfalt *f (Recht)* adequate care
Ausreißer *m (Stat, WiWi)* outlier
ausrichten *v (Gen)* align, aim
ausrichten *v* **auf** *(Gen)* gear towards, tailor to *(anpassen)*
ausrüsten *v* 1. *(Gen)* equip; 2. *(Transp)* fit out
Ausrüstungsgegenstände *mpl (WiWi)* equipment goods
Ausrüstungsindustrie *f (Gen)* supply industry
Aussage *f (Gen)* statement
ausschalten *v (Gen)* eliminate *(Fehlerquelle)*; switch off, turn off, shut off *(Gerät)*
ausscheiden *v (Gen, Pers)* retire
Ausscheiden *n (Gen, Pers)* retirement
Ausschlachten *n* **von Unternehmen** *(ugs.) (RW, WiWi)* asset stripping
Ausschlag *m (Gen)* decisive factor • **den Ausschlag geben** *(Gen)* tip the scales
ausschlagen *v (Gen)* renounce *(Angebot)*
ausschlaggebende Stimme *f (Pers)* decisive vote, tiebreaking vote
ausschlaggebender Aktienanteil *m (Börse)* control stock
ausschließen *v* 1. *(Börse)* lock out; 2. *(Gen)* bar, exclude, expel, preclude, crowd out, eliminate, rule out, *(ugs.)* boot off; 3. *(Recht)* bar
ausschließend *adj (Pol, Recht, WiWi)* exclusionary *(EU-Wettbewerbsrecht, missbräuchliche Verhaltensweise)*
ausschließlich Dividende *(Fin)* ex dividend
ausschließliche Zuständigkeit *f (Recht)* exclusive jurisdiction
Ausschließlichkeitsvertrag *m* 1. *(Pat)* exclusive licensing arrangement; 2. *(V&M)* exclusive dealer arrangement
Ausschluss *m* 1. *(Bank) (jarg.)* redlining, bar *(Kreditgewährung)*; 2. *(Fin)* foreclosure *(Markt)*; 3. *(Gen)* elimination, exclusion • **unter Ausschluss von** *(Gen)* to the exclusion of, with the exception of • **unter Ausschluss der Öffentlichkeit** *(Recht)* closed to the public, in camera
Ausschluss *m* **der Gewährleistung** *(Recht)* exclusion of liability *(Vertragsrecht)*
Ausschlussfrist *f* 1. *(Gen)* term of limitation; 2. *(Recht)* time bar, time limit
Ausschlussprinzip *n (WiWi)* exclusion principle *(öffentliches Gut)*
Ausschlussrecht *n (Pat, Recht)* exclusive right

ausschreiben *v (Börse, Gen, V&M)* put out for tender

Ausschreibung *f* 1. *(Gen)* advertised bidding, tender to contract; 2. *(Recht)* invitation to bid; 3. *(V&M)* competitive tendering • **durch Ausschreibung** *(V&M)* by tender • **sich an einer Ausschreibung beteiligen** *(Gen)* tender • **Ausschreibung vornehmen** *(Gen)* invite tenders

Ausschreibungsbedingungen *fpl* 1. *(Gen)* bidding requirements, conditions [terms] of tender; 2. *(Recht)* contract specifications

Ausschreibungsfrist *f (Gen)* bidding period

Ausschreibungsverfahren *n* 1. *(Fin)* tender; 2. *(Gen)* bidding procedure, tendering procedure

Ausschuss *m* 1. *(Gen)* commission, committee, wastage, spoilage *(industriell)*; bad work *(fehlerhafte Arbeit)*; 2. *(Ind)* rejects, defective units, lost units *(fehlerhafte Arbeit)*

Ausschuss *m* **der Regionen** *(Recht)* Committee of the Regions *(EU)*

Ausschuss *m* **der Ständigen Vertreter** 1. *(Recht)* Standing Representatives Committee *(EU)*; 2. *(WiWi)* Committee of Permanent Representatives of the EU, COREPER

Ausschuss *m* **zur Bekämpfung des unlauteren Wettbewerbs** *(Pol, WiWi)* *(AE)* Federal Trade Commission

Ausschussvorsitzende *m(f) (Gen)* committee chairman [chairwoman]

ausschütten *v (Fin)* distribute

Ausschüttung *f (Börse)* distribution *(der Dividenden)*

Ausschüttung *f* **in einer Summe** *(Börse)* lump sum distribution

Ausschüttung *f* **realisierter Kursgewinne** *(Börse)* capital gains distribution

Ausschüttungspolitik *f (Börse, Fin)* dividend policy

Ausschüttungssatz *m* 1. *(Fin)* payout rate; 2. *(RW)* dividend payout ratio

Außen... *(Gen, Mgt, Pers, Pol, WiWi)* outer, external, foreign

Außenarbeit *f (Pers)* outwork *(Heimarbeit)*

Außenbeitrag *m (Imp/Exp, WiWi)* external balance, foreign balance *(ZB)*; external component of GDP *(VGR)*

Außenbilanz *f (WiWi)* external balance

aussenden *v (Komm)* send, push *(Daten)*

Außendienst *m* 1. *(Gen)* field service, field organization; 2. *(V&M)* field sales force

Außendienstmitarbeiter *mpl* 1. *(Gen, Pers, V&M)* field workers, field operators, field force, field staff; 2. *(WiWi)* outdoor staff

Außendiensttätigkeit *f (Pers, V&M)* field sales, direct sales

Außenfinanzierung *f (Fin, RW)* external financing, outside finance

Außenhandel *m* 1. *(Gen)* external trade, international trade; 2. *(WiWi)* foreign trade

Außenhandelsbilanzdefizit *n (Imp/Exp, Pol, WiWi)* trade deficit

Außenhandelsdefizit *n (Imp/Exp, Pol, WiWi)* trade deficit

Außenhandelsgewinne *mpl (WiWi)* gains from trade

Außenhandelsgüter *npl (WiWi)* tradables

Außenhandelsüberschuss *m (WiWi)* (foreign) trade surplus

Außenhandelsumsatz *m (WiWi)* foreign trade turnover *(ZB)*

Außenhandelsverflechtung *f (WiWi)* foreign trade links

Außenhandelsvolumen *n (Imp/Exp, WiWi)* volume of foreign trade

Außenhandelswert *m (WiWi)* external value

Außenminister *m (Pol)* foreign minister, *(AE)* Secretary of State, *(BE)* Foreign Secretary

Außenministerin *f s.* Außenminister

Außenministerium *n (Pol)* foreign ministry, *(BE)* Foreign and Commonwealth Office, FCO, *(AE)* State Department

Außenmitarbeiter *m (Pers, V&M)* field associate

Außenmitarbeiterin *f s.* Außenmitarbeiter

Außenstände *mpl (RW)* outstanding, accounts receivable, uncollected receivables, outstanding debts *(Schulden)*

Außenstelle *f (Gen, Mgt)* branch office

Außenwirtschaft *f (Gen)* external economy
außenwirtschaftliche Daten *npl (WiWi)* balance-of-payments figures *(ZB)*
außenwirtschaftliche Lage *f (WiWi)* external position
Außenwirtschaftsrecht *n (Recht)* foreign trade law
Außenzoll *m (Imp/Exp, WiWi)* external tariff
außerbetrieblich *adj (Gen, Mgt, Pers)* external
außerbetriebliche Weiterbildung *f (Pers) (BE)* off-the-job training *(Bildung, Ausbildung)*
außerbilanziell *adj (RW)* off-balance sheet
außerbörsliche Geschäfte *npl (Bank, Börse)* over-the-counter transactions
außerbörslicher Handel *m (Börse)* off--board trading
außerbörslicher Handel *m* **mit börsennotierten Aktien** *(WiWi)* third market
außerbörsliches sekundäres Handelspapier *n (Börse) (AE)* over-the--counter derivative instrument
äußere Stabilität *f (Pol, WiWi)* stability abroad
äußere Verschuldung *f (Gen)* borrowing abroad
außereuropäisch *adj (Pol)* non-European *(EU)*
außergerichtlich *adj (Recht)* extrajudicial, out-of-court
außergerichtlicher Vergleich *m (Recht)* out-of-court settlement, amicable settlement, voluntary settlement *(freiwillig)*
außergewöhnliche Aufwendungen *fpl (RW)* extraordinary expenditure
Außerkraftsetzung *f (Recht)* abrogation *(eines Gesetzes)*
außerordentliche Abschreibung *f (RW)* extraordinary depreciation
außerordentliche Aufwands- oder Ertragspositionen *fpl (Fin)* extraordinary items
außerordentliche Aufwendungen *fpl (RW)* extraordinary expenditure, extraordinary expenses, nonrecurring charges
außerordentliche Erträge *mpl (RW)* extraordinary income
außerordentliche Kündigung *f (Pers)* summary dismissal, dismissal without notice *(employer)*; termination without notice, resignation without notice *(worker)*
außerordentliche Positionen *fpl (Fin)* extraordinary items
außerordentlicher Ertrag *m* 1. *(Fin)* extraordinary item; 2. *(RW)* extraordinary gain, extraordinary income
außerordentlicher Verlust *m (RW)* extraordinary loss
außerordentliches Ergebnis *n (RW)* extraordinary profit or loss
außerplanmäßig *adj* 1. *(Gen)* unscheduled *(Sitzung)*; 2. *(Pers)* nonscheduled
außerplanmäßige Abschreibung *f (RW)* non-scheduled depreciation, unplanned depreciation *(IAS 36)*
äußerster Preis *m (Gen)* bottom price, knockdown price
außertarifliche Angestellte *pl (Pers)* salaried employees exempt from collectively agreed terms
aussetzen *v (Börse, Gen, Recht, Steuer)* suspend
Aussetzen *n* **der Notierung** *(Börse)* trading halt
Aussetzung *f (Börse, Gen, Steuer)* suspension
Aussetzung *f* **der Zahlungen** 1. *(Fin, Gen)* suspension of payment; 2. *(Soz)* suspension of benefit *(Sozialleistungen)*
aussortieren *v (Gen)* sort out
aussperren *v (Mgt, Pers)* lock out
Aussperrung *f (Gen, Pers)* lock-out *(bei Streik)*
ausstatten *v (Gen)* fit out, equip
ausstatten *v* **mit** 1. *(Gen)* vest with *(Befugnissen)*; 2. *(Pol)* invest with, vest with *(Vollmacht)*
Ausstattung *f* 1. *(Bank)* terms *(eines Kredits)*; 2. *(Fin)* provision of funds, structure, terms of issue; 3. *(Gen)* equipment
Ausstattung *f* **mit Barmitteln** *(Fin)* cash resources
ausstehend *adj* 1. *(Gen)* outstanding; 2. *(RW)* active
ausstehende Aktien *fpl (Börse)* outstanding capital stock
ausstehende Einlagen *fpl (Börse)* out-

standing capital stock, *(BE)* unpaid call on capital
ausstehender Betrag *m (Gen, RW)* amount outstanding, outstanding amount
ausstehendes Aktienkapital *n (Börse, RW)* outstanding capital stock, issued share capital
aussteigen *v* 1. *(Gen)* back out, drop out, bail out, bale out; 2. *(WiWi)* opt out
Aussteigen *n (ugs.) (Börse)* bailing out
ausstellen *v* 1. *(Bank, Fin)* issue *(Scheck)*; 2. *(Gen, RW)* make out, write out, issue *(Scheck, Quittung)*; accredit *(Garantie)*; exhibit *(Ware)*; draw up, exhibit *(Vertrag, Dokumente)*; issue *(Zeugnisse)*; 3. *(Pat, V&M)* exhibit
ausstellen *v* **auf** *(Bank, Fin)* make payable to *(Scheck)*
Ausstellen *n* 1. *(Bank, Fin)* issue; 2. *(RW)* billing
ausstellende Behörde *f (Recht)* issuing authority
Aussteller *m* 1. *(Bank)* drawer, issuer; 2. *(Bank, Fin)* issuer; 3. *(Recht)* maker *(einer Urkunde)*
Ausstellerin *f s.* Aussteller
Ausstellung *f* 1. *(Bank)* issue *(Scheck)*; 2. *(Börse)* exposition; 3. *(Fin)* issue; 4. *(Gen)* exhibition, fair, show, issue; 5. *(Komm)* display *(Dokumente, Zeugnisse)*; 6. *(Pat)* exhibition; 7. *(V&M)* exhibition, show
Ausstellungsraum *m (Gen)* exhibition room
Ausstellungstag *m (Gen)* issuing date, date of issue
ausstempeln *v (Pers)* clock out
Ausstiegsklausel *f (Pol)* let-out clause
Ausstoß *m (WiWi)* output
Austausch *m* 1. *(Gen)* exchange, interchange; 2. *(Ind)* replacement; 3. *(Komm)* exchange *(Informationen, Meinungen)*; 4. *(WiWi)* exchange
austauschbar *adj* 1. *(Gen)* exchangeable, interchangeable, replaceable; 2. *(Komm, WiWi)* exchangeable, replaceable
Austauschbeziehung *f (WiWi)* trade-off
austauschen *v* 1. *(Gen)* exchange, interchange, replace, trade; 2. *(Komm)* exchange; 3. *(WiWi)* trade
Austauschrelationen *fpl (Imp/Exp, WiWi)* terms of trade
Austauschverhältnis *n (Bank, Pol, WiWi)* parity, exchange ratio
austreten *v* 1. *(Gen)* leave, opt out, resign *(kündigen)*; 2. *(Recht)* withdraw, contract out
Austritt *m (Recht, Versich)* withdrawal
ausüben *v* 1. *(Börse)* exercise; tender notice; 2. *(Gen, Recht)* exercise, *(AE)* practice, *(BE)* practise; 3. *(Steuer)* perform; 4. *(V&M)* exercise *(Privileg)*
Ausübung *f* 1. *(Börse, Gen, Recht)* exercise; 2. *(Steuer)* performance
Ausübung *f* **von Rechten** *(Börse)* exercise of rights
Ausübungsfrist *f (Börse)* exercise deadline
Ausübungspreis *m (Börse)* striking price
Ausverkauf *m (Gen, V&M)* sale
Ausverkauf *m* **wegen Geschäftsaufgabe** *(Gen)* closing-down sale, winding-up sale
ausverkaufter Markt *m (Börse)* sold-out market
Auswahl *f* 1. *(Gen)* assortment, choice, range of goods, selection; 2. *(Pers)* screening *(unter Stellenbewerbern)* • **in die engere Auswahl kommen** *(Gen, Pers)* be shortlisted *(Bewerbung)* • **in die engere Auswahl nehmen** *(Gen, Pers)* shortlist • **seine Auswahl treffen** *(Gen) (ugs.)* take one's pick
auswählen *v (Gen)* select, single out
Auswahlkriterium *n (Pers)* selection criterion, eligibility criterion
Auswahlliste *f (Gen, Pers)* shortlist • **eine Auswahlliste aufstellen** *(Pers)* draw up a shortlist *(Selektion)*
Auswahlverfahren *n (Pers)* screening technique
auswandern *v (Gen, Pol)* emigrate
auswärtig *adj* 1. *(Bank, Fin)* offshore; 2. *(Pol)* foreign
Auswärtsvergabe *f (WiWi)* subcontracting
auswechseln *v (Gen)* replace
Ausweis *m* 1. *(Bank, RW)* statement (of account); 2. *(Recht)* identity card, identification card, proof of identity, pass
Ausweis *m* **der Kapitalverwendung** *(RW)* application-of-funds statement

ausweisen *v (RW)* post, report, show on the books
ausweisen *v/sich (Recht)* prove one's identity
Ausweisgewohnheiten *fpl (Bank, RW, WiWi)* disclosure practices
Ausweiskontrolle *f (Pol, Recht)* identity check
Ausweispapiere *npl (Pol, Recht)* identification papers
ausweiten *v (Gen, WiWi)* expand
Ausweitung *f* 1. *(Fin)* expansion; 2. *(Gen)* expansion *(Produktion)*; enrichment *(Tätigkeit)*
Ausweitung *f* **der Beschäftigung** *(Pers)* increase in the number of jobs
auswerfen *v (Gen)* eject, produce *(Zahlen)*
auswerten *v* 1. *(Gen)* appraise, evaluate, interpret; 2. *(Mgt) (BE)* analyse, *(AE)* analyze *(Daten)*
Auswertung *f* 1. *(Comp)* interpretation; 2. *(Gen)* appraisal, evaluation; 3. *(Ind)* working; 4. *(Mgt)* analysis *(von Daten)*; 5. *(Pat)* exploitation, working; 6. *(Pers, Stat)* analysis, evaluation; 7. *(Recht)* exploitation *(of rights)*
Auswertung *f* **der Rechnungslegung** *(RW)* accounting analysis
Auswirkung *f (Gen)* consequence, effect, impact, implication
Auswirkung *f* **auf den Gewinn** *(Gen)* profit implication
auszahlbar *adj (Fin)* disbursable, payable
auszahlen *v* 1. *(Fin)* buy out, disburse, pay off, pay out; 2. *(Gen)* buy out *(Teilhaber, Aktionär)*; 3. *(Pers)* pay off *(Arbeitnehmer)*
Auszahler *m (Fin)* disburser, payer
Auszahlung *f* 1. *(Fin)* payback; 2. *(Gen)* payment; 3. *(Pers)* payoff *(Entlassung)*; 4. *(RW)* amount paid out, disbursement *(Kreditbetrag)*; 5. *(WiWi)* payoff
Auszahlung *f* **in bar** *(Bank)* cash payment
Auszahlungsprovision *f (Gen)* disbursement commission
Auszahlungssperre *f (Bank)* stop-payment order
Auszahlungsstelle *f (Bank)* paying agent
auszeichnen *v (Gen, V&M)* price, label
Auszeichnung *f* 1. *(Gen)* hono(u)r *(für Leistung)*; 2. *(V&M)* label(l)ing, price marking
Auszubildende *m(f) (Pers, WiWi)* apprentice, trainee
Auszug *m* 1. *(Bank)* statement of account; 2. *(Gen)* abstract *(Zusammenfassung)*; extract *(Auszug)*; 3. *(Pat)* abstract • **einen Auszug anfertigen über** *(Gen)* extract *(Informationen)*
Auszug *m* **aus dem Register** *(Pat)* extract from the register
autark *adj (Gen, WiWi)* autarchic, self-reliant, self-sufficient *(Wirtschaft)*
Autarkie *f (Gen, WiWi)* autarky, self-sufficiency
Autarkiebestrebungen *fpl (WiWi)* efforts to achieve self-sufficiency *(ZB)*
Auto... 1. *(Gen)* self..., automatic; 2. *(Ind)* automotive, auto...
Autobahngebühr *f (Transp)* toll
Autodidakt *m (Soz)* self-educated person, self-taught person
Automat *m (Gen)* automatic vending machine, slot machine, vending machine
Automatenverkauf *m (V&M)* automatic merchandising
Automation *f (Comp)* automation
automatisch *adj (Gen, Ind)* automatic
automatische Überweisung *f (Bank)* automatic transfer
automatische Verarbeitung *f (Gen)* automatic processing
automatische Wahlwiederholung *f (Komm)* automatic redial(l)ing *(Telefon)*
automatische Wiederanlage *f (Börse)* automatic reinvestment
automatische Worterkennung *f (Komm)* automatic word recognition *(Handy SMS)*
automatischer Bankschalter *m (Bank, Fin)* automated teller (machine)
automatischer fiskalpolitischer Konjunkturstabilisator *m (WiWi)* automatic fiscal stabilizer, built-in stabilizer
automatischer Inflationsverstärker *m (WiWi)* built-in inflator
automatischer Informationsaustausch *m (Bank, Fin, Pol, Steuer)* automated exchange of information *(EU-Vereinbarung zur Zinsbesteuerung, EU agreement on interest taxation)*

automatischer Konjunkturstabilisator *m (WiWi)* built-in flexibility
automatischer Stabilisator *m (WiWi)* automatic stabilizer, built-in stabilizer *(Konjunktur)*
automatischer Überweisungsverkehr *m (Bank) (BE)* automatic transfer service
automatischer Zahlungsverkehr *m (Bank, Fin, RW)* automatic funds transfer
automatisches Clearingsystem *n (Bank)* Automated Clearing Settlement System
automatisches Verrechnungssystem *n (Bank)* Automated Clearing Settlement System
automatisieren *v (Ind)* automate, robotize
automatisierte Abrechnungsstelle *f (Bank, Fin)* Automated Clearing House, ACH
automatisierte Datenverarbeitung *f (Comp)* automatic data processing, ADP
automatisierter Überweisungsverkehr *m (Bank, Fin, RW)* automatic funds transfer
automatisiertes Banken-Clearing--System *n (Bank)* Banks Automated Clearing Services
automatisiertes Banküberweisungssystem *n (Bank) (BE)* bank giro credit system
automatisiertes Clearinghaus *n (Bank, Fin)* Automated Clearing House, ACH
automatisiertes Kontenabrufverfahren *n (Bank, Comp, Fin, Soz)* automated account retrieval procedure *(nach § 93 Abs. 7, 8 und § 93b AO sowie gemäß § 24c KWG)*
Automatisiertes Zahlungssystem *n* **der Clearinghouses** *(Bank) (BE)* Clearing House Automated Payments System
Automobilindustrie *f (Ind, Transp)* car industry, motor industry
Automobilwerte *mpl* 1. *(Börse)* automotive stock; 2. *(WiWi)* motors
Automobilwirtschaft *f (WiWi)* autoeconomy
autonom *adj* 1. *(Comp)* stand-alone; 2. *(Gen)* autonomous; 3. *(Mgt)* self-managed; 4. *(Pers)* self-managed, autonomous; 5. *(Pol)* self-governing
autonome Ausgaben *fpl (WiWi)* autonomous expenditure
autonome Investition *f (WiWi)* autonomous investment
autonomer Konsum *m (WiWi)* autonomous consumption
Autorenhonorar *n (Media, Recht)* author's royalties
Autorenrechte *npl (Media, Recht)* author's rights *(Urheberrecht)*
Autorisation *f (Bank, Gen)* authorization
autorisieren *v (Bank, Gen)* authorize
autorisierte Übersetzung *f (Gen)* authorized translation
autorisiertes Aktienkapital *n* 1. *(Fin, RW)* authorized share capital; 2. *(WiWi)* authorized capital
autorisiertes Grundkapital *n (WiWi)* authorized capital (stock)
autorisiertes Kapital *n (Fin, RW)* authorized capital
Autorisierungsszentrale *f (Bank) (AE)* authorization center, *(BE)* authorization centre
autoritärer Führungsstil *m (Pol)* directive style of leadership
autoritäres Management *n (Pers)* authoritarian management
Autorität *f* 1. *(Gen)* authority, expert; 2. *(Pers)* authority *(von Führungskräften)*
Autosteuer *f (Steuer)* car tax
Autotelefon *n (Komm)* car phone
Autoverleih *m (Ind)* car hire (service), *(AE)* car rental (service), rent-a-car (service)
Autovermietung *f (Frei, Transp) (BE)* car hire, *(AE)* car rental
Autoversicherung *f (Versich) (BE)* motor insurance, *(AE)* automobile insurance
autovervollständigen *v (Comp, Komm)* autocomplete
Aval *m (Bank, Fin)* credit by way of bank guaranty
Avalakzept *n (Bank, Fin)* collateral acceptance
avalierter Wechsel *m (Bank)* guaranteed bill of exchange
avaliertes Akkreditiv *n (Bank)* guaranteed letter of credit
Avalkredit *m (Bank, Fin)* credit by way of bank-guaranty *(Synonym: Bankaval)*

Avalprovision *f (Fin)* commission on guaranty
Avis *m(n) (Gen)* advice, notice, notification • **kein Avis** *(Gen)* no advice, N/A • **ohne Avis** *(Gen)* no advice, N/A
avisieren *v (Gen)* advise, advise on, give advice to, inform, notify
avisierter Wechsel *m (Bank)* advised bill
Azubi *s.* Auszubildende

B

BA *s.* Berufsakademie
BAB *(Abk. für Betriebsabrechnungsbogen) (Bil, RW)* expense distribution sheet, cost distribution sheet, assignment sheet for non-manufacturing cost, overhead allocation sheet, cost apportionment sheet, overhead distribution sheet *(zur Verteilung der primären Gemeinkosten nach dem Verursachungsprinzip auf die Kostenstellen; wird nur noch für Lehrzwecke verwendet, for teaching purposes only)*
BaFin, Bafin *f (Abk. für Bundesanstalt für Finanzdienstleistungsaufsicht; Deu) (Bank, Börse, Fin, Versich)* Federal Agency for Financial Services Supervision, Federal Financial Supervisory Authority (BaFin) *(integrierte deutsche Finanzmarktaufsicht, integrated financial services supervision, comprises banks, the security markets and insurances; umfasst die ehemaligen Bundesämter für das Kreditwesen -BAK, BAKred-, für den Wertpapierhandel –BAWe- und für das Versicherungswesen –BAVers-; die BaFin hat in der zweiten Stufe des Enforcement-Verfahrens die Funktion einer "Bilanzpolizei", sie ist dem BMF zugeordnet)*
BaföG *n (Abk. für Bundesausbildungsförderungsgesetz) (Bil, Recht)* Federal Law on Support for Education and Training *(Bafög)*
Bagatellbetrag *m (Fin, WiWi)* trifle, trifling amount, *(ugs.)* piddling sum
Bagatellfall *m (Fin)* de minimis case
Bagatellschaden *m (Versich)* petty damage
Bahn *f (Transp)* rail, *(BE)* railway, *(AE)* railroad
bahnbrechend *adj (Gen, Ind)* epoch-making, pioneering, *(ugs.)* trailblazing, at the forefront
Bahnbrecher *m (Gen, Ind)* pioneer
Bahnbrecherin *f s.* Bahnbrecher
Bahnreservierung *f (Frei, Gen)* train reservation
Baisse *f* 1. *(Börse)* falling prices, sharp drop, stock market slump; 2. *(Fin)* downturn phase • **auf Baisse spekulieren** *(Börse)* bear, speculate for a fall in prices
Baissebewegung *f (Börse)* bearish downward movement
Baisseengagement *n (Börse)* bear position, engagement to sell short, short account, short position
Baissegeschäft *n (Börse)* bear transaction, short selling
Baissemarkt *m (Börse)* bear market
Baisseposition *f (Börse)* bear account, short (position), short account
Baissespekulation *f (Börse)* bear operation, bear speculation, bear transaction, going short
Baissetendenz *f (Börse)* bearish tone, bearishness
Baissier *m (Börse, Fin)* bear
Balkendiagramm *n (Stat)* bar chart, bar graph, histogram
Ballungsraum *m (WiWi)* agglomeration
Ballungszentrum *n (WiWi)* agglomeration
Bancomat *m (Schweiz) (Bank)* automated [automatic] cash dispenser, cash-dispensing machine
Bandbreite *f* 1. *(Comp)* bandwidth *(Datenübertragung)*; 2. *(Fin)* currency band, exchange margins, margin of fluctuation, official spread; 3. *(WiWi)* spread, (fluctuation) band *(für Kursschwankungen)*
Bandfertigung *f (Ind)* synchronous assembly-line production, flow production
Bandproduktion *f (Ind)* synchronous assembly-line production, flow production
Bank *f (Bank)* bank, banking house
Bankabrechnungsverkehr *m (Bank)* bank settlement system
Bankabrufverfahren *n (Fin)* automatic debit transfer system

Bankaktien *fpl (Bank)* bank shares
Bankakzept *n (Bank)* bank acceptance, bank bill, bank draft, banker's acceptance
Bankangestellte *m(f) (Bank)* bank clerk, bank officer, banker
Bankanweisung *f (Bank)* banker's order
Bankaufsichtsbehörde *f (Bank, Fin)* banking supervisory authority; *(AE)* bank regulatory agency
Bankauskunft *f (Bank)* banker's reference
Bankausweis *m (Bank) (BE)* bank return
Bankauszug *m (Bank)* bank statement
Bankautomat *m (Bank, Fin)* automatic teller
Bankaval *m (Bank, Fin)* credit by way of bank-guaranty *(Synonym: Avalkredit)*
bankbestätigter Scheck *m (WiWi) (AE)* certified check, *(BE)* certified cheque
Bankbeteiligung *f (Bank)* banking interest
Bankbetrieb *m (Bank)* banking business, banking operations
Bankbriefkurs *m (Bank)* bank selling rate
Bankbürgschaft *f (Bank)* bank guarantee
Bankdarlehen *n (Bank)* bank advance, bank loan, bank accommodation
Bankdienstleistungen *fpl (Bank)* banking services
Bankdiskont *m (Bank)* bank discount (rate)
Bankeinlage *f (Bank)* bank deposit
Bankeinlagenversicherung *f* bank deposit insurance
Bankenabrechnung *f (Bank)* bank clearing, settling of inter-bank transactions
Bankenapparat *m (Bank, Fin)* banking system
Bankenaufsichtsbehörde *f (Bank, Fin)* banking supervisory authority; *(AE)* bank regulatory agency
Banken-Clearing *n (Bank)* bank clearing, settling of inter-bank transactions
Bankengruppe *f (Bank)* bank(ing) group
bankenindossiert *adj (Bank)* bank-endorsed
Bankenkonsortium *n (Bank)* bank(ing) group, consortium of banks, syndicate
Bankenliquidität *f (Bank)* bank liquidity
Bankensektor *m (Bank)* banking sector
Bankensystem *n (Bank, Fin)* banking system
Bankfach *n (Bank)* banking; safe box, safe-deposit box *(Stahlfach)*
bankfähig *adj* 1. *(Bank)* bankable; 2. *(Börse)* negotiable
bankfähiger Wechsel *m (Bank)* bankable bill
bankfähiges Papier *n (Bank)* paper eligible for discount
Bankfazilitäten *fpl (RW)* bank facilities, credit facilities
Bankfeiertag *m (Gen, Pers, Recht) (BE)* bank holiday, *(AE)* legal holiday, *(AE)* statutory holiday
Bankfiliale *f (Bank)* bank branch, *(BE)* high-street bank
Bankfinanzierung *f (Bank)* bank financing
Bankforderungen *fpl (Bank, RW)* bank assets *pl (aus Sicht der Bank)*
Bankgarantie *f (Bank)* bank guarantee
Bankgebühren *fpl (Bank)* banking charges, bank charges, charges on banking transactions
Bankgeheimnis *n (Bank)* banking secrecy, confidentiality of banking operations
Bankgeschäft *n (Bank)* banking, banking business, banking operation *(Betrieb)*; banking transaction *(Abschluss)*
Bankgewerbe *n (Bank)* banking industry
bankgiriert *adj (Bank)* bank-endorsed
Bankguthaben *n (Bank)* balance in bank, bank balance, cash in bank, cash balance
Bankhaus *n (Bank)* banking establishment, banking house
Bank-Holding *n (Bank, Gen)* bank holding company
Bankier *m (Bank)* banker
Bankinstitut *n (Bank)* bank, bk, banking establishment, banking house
Bankkarte *f (Bank)* bank card
Bankkassierer *m (Bank)* bank teller
Bankkassiererin *f s.* Bankkassierer
Bankkonto *n (Bank)* account, bank account, bank accommodation • **Bankkonto überziehen** *(Bank)* overdraw
Bankkontrolle *f (Bank)* bank audit
Bankkonzession *f (Bank)* bank charter
Bankkosten *pl (Bank)* bank charges

Bankkredit *m (Bank)* bank advance, bank credit, bank loan • **Bankkredit aufnehmen** *(Bank)* arrange a loan, borrow from a bank

Bankkredite *mpl (Bank)* bank lending

Bankleistungen *fpl (Bank)* banking services

Bankleitzahl *f (Bank)* bank code, *(BE)* sort code, bank routing number

Banklombardgeschäft *n (Fin)* collateral loan business

bankmäßig *adj (Bank)* in terms of banking

Banknote *f* 1. *(Bank, Fin) (AE)* bank bill, *(BE)* banknote, *(AE)* bill, *(BE)* note; 2. *(Fin) (BE)* bill, *(AE)* check

Banknotenfälschung *f (Bank)* counterfeiting

Banknotenumlauf *m (WiWi)* active circulation of bank notes

Banköffnungszeiten *fpl (Bank)* banking hours

Bankpapier *n (Bank)* bank paper, security issued by a bank

Bankplatz *m (Bank) (BE)* banking centre, *(AE)* banking center

Bankpleite *f (ugs.) (Bank, Fin)* banking insolvency

Bankprovision *f (Bank)* bank commission

Bankprüfung *f (Bank)* bank audit

Bankrevision *f (Bank)* banking audit, bank audit, *(AE)* bank examination

bankrott *adj (Bank, Fin, Gen)* bankrupt; *(ugs.)* broke, *(ugs.)* bust • **jmdn. offiziell für bankrott erklären** *(Recht, RW)* adjudge sb bankrupt, adjudicate sb bankrupt • **bankrott sein** *(Gen)* be bankrupt; *(ugs.)* be on the rocks

Bankrott gehen *v (Gen)* go bankrupt; *(ugs.)* go toes up

Bankrott machen *v (Gen)* go bankrupt; *(ugs.)* go broke; *(ugs.)* go bust; *(ugs.)* go toes up

Bankscheck *m (Bank) (AE)* bank check, *(BE)* bank cheque, bank draft, *(AE)* banker's check, *(BE)* banker's cheque, banker's draft, *(AE)* cashier's check, *(BE)* cashier's cheque

Bankschließfach *n (Bank)* safety deposit box

Banksparbriefe *mpl (Bank)* bank savings bonds

Banktochter *f (Bank)* banking subsidiary

Banktratte *f (Bank)* bank draft, banker's draft

Banktresor *m (Bank)* bank vault

Banküberweisung *f (Bank)* bank (credit) transfer, *(BE)* bank giro, bank remittance

Bankumsätze *mpl (Fin)* bank turnovers

Bankvalutierungsgewinn *m (Bank)* bank float

Bankverbindlichkeiten *fpl (Bank)* bank debts, indebtedness to banks

Bankverbindung *f (Bank)* bank account *(Konto)*; bank connection, banking connection *(eines Kunden)*

Bankvorschriften *fpl (Bank)* bank requirements

Bankwechsel *m (Bank)* bank acceptance, bank bill, bank draft, bank paper, banker's bill, banker's draft

Bankwerte *mpl (Bank)* bank shares

Bankwertpapiere *npl (Bank)* bank securities

Bankzinsen *mpl (Bank)* bank interest

Bankzinssatz *m (Bank, Fin) (BE)* bank rate *(B.R.)*

Bankzinssatz *m* **für erste Adressen** *(Fin)* prime lending rate

Banner *n (Komm, Media, V&M)* banner *(Werbefläche)*

Bannerwerbung *f (Komm, Media, V&M)* banner advertising

bar *adj (Fin, Gen)* cash, for [in] cash

bar *adv (Gen)* cash, in cash • **in bar** *(Gen)* for cash, in cash, in specie • **bar abrechnen** *(Gen)* settle in cash • **bar zahlen** *(Gen)* pay cash, pay in cash

bar ohne Abzug *(Fin)* net cash *(Zahlungsklausel)*

Barabfindung *f (Börse, Fin)* cash settlement

Barabhebung *f (Bank, RW)* cash drawdown, cash withdrawal

Barabzug *m (Gen)* cash deduction

Barausgaben *fpl (Fin)* expenditure, outlay

Barausgleich *m (Bank, Börse, Fin, Mgt)* cash settlement *(Übernahme, Optionen)*

Barauslagen *fpl (Fin, RW, WiWi)* cash outlay, cash expenditure, cash payments

Barausschüttung *f (Fin)* cash distribution, cash dividend
Barbestand *m (Gen, RW)* cash on hand
Barcodelesegerät *n*, **Barcodeleser** *m* *(Comp, V&M)* bar code reader
Bareinkaufspreis *m (RW)* cash purchase price
Bareinlage *f* 1. *(Bank)* cash deposit *(Einzahlung)*; 2. *(RW, Fin)* cash contribution
Bareinnahmen *fpl* 1. *(Fin)* cash earnings; 2. *(RW)* cash receipts
Barentnahme *f (Bank, RW)* cash withdrawal
Barerlös *m (Gen)* proceeds in cash
bares Geld *n (Fin, Gen)* cash, ready cash
Bargegenwerte *mpl (Fin)* cash equivalents
Bargeld *n (Gen)* cash, hard money, cash in hand, *(BE)* ready cash
Bargeldbedarf *m (Fin)* cash needs
Bargeldbestand *m (Bank, Gen)* cash inventory
Bargeldbestände *mpl (RW)* cash holdings
Bargeldkarte *f (Bank)* cash card
Bargeldknappheit *f (Fin)* cash shortage, cash squeeze
bargeldlos *adj (Bank, V&M)* cashless
bargeldlose Lohn- und Gehaltszahlung *f (Fin)* cashless pay
bargeldlose Zahlung *f (Bank)* cashless payment, noncash payment, *(BE)* bank giro
bargeldloser Zahlungsverkehr *m* *(Bank)* cashless [noncash] payment system, *(BE)* bank giro credit system
Bargeldtransaktionen *fpl (Bank, Fin, Gen)* cash transactions
Bargeldüberschuss *m (Bank, Fin)* excess cash
Bargeldumlauf *m (WiWi)* currency in circulation
Bargeschäft *n (RW)* cash deal, cash transaction
Barguthaben *n (RW)* cash balance, cash in hand
Barkauf *m (Bank, V&M)* cash purchase
Barkredit *m (Gen)* cash credit, C/C
Barleistung *f (Pers, Soz)* cash benefit, benefit in cash
Barliquidität *f* 1. *(Fin)* absolute liquidity ratio, cash ratio *(Liquidität 1. Grades)*; 2. *(Gen)* available cash, cash position, liquid cash resources
Barmittel *npl (Fin)* cash, liquid funds
Barmittelstrom *m (Fin, RW)* cash flow
Barmittelzufluss *m (Fin)* cash inflow
Barposition *f (RW)* cash position
Barpreis *m (Gen)* cash price
Barreserve *f* 1. *(Bank)* cash reserve, vault cash; 2. *(RW)* legal reserves
Barreserven *fpl (Bank)* working balances *(Bundesbank)*
Barreservesatz *m (Bank)* cash deposits ratio
Barscheck *m (Bank) (AE)* cashier's check, *(BE)* cashier's cheque, *(AE)* cashable check, *(BE)* cashable cheque, *(AE)* open check, *(BE)* open cheque
Bartergeschäft *n* 1. *(Gen)* barter transaction *(Abschluss)*; 2. *(WiWi)* barter economy, barter *(Handel)*
Bartransaktion *f (Fin)* cash operation, cash transaction
Barverkauf *m (Gen, RW)* cash transaction
Barvermögen *n (Fin)* cash assets
Barwert *m* 1. *(Fin, RW)* (actual) cash value, (net) present value; 2. *(WiWi)* net present value
Barwert *m* **künftiger Gewinne** *(WiWi)* present value of future profits
Barwertfaktor *m (Fin)* present value factor
Barzahlung *f (Bank)* cash payment
• **gegen Barzahlung** *(Gen)* for cash, f/c, on a cash basis
Barzahlung *f* **bei Lieferung** *(Gen, Imp/Exp)* cash on delivery
Barzahlung *f* **ohne Abzug** *(RW)* net cash
Barzahlungsrabatt *m (Fin, Gen, V&M)* cash discount *(Skonto)*
Basel II *(Bank, Fin)* Basel II *(Kurzbezeichnung für die Eigenkapital-Unterlegungsvorschriften des Baseler Ausschusses für Bankenaufsicht -Basel Committee on Banking Supervision, BCBS- für Kreditinstitute: Internationale Konvergenz der Kapitalmessung und Eigenkapitalanforderungen, International Convergence of Capital Measurement and Capital Standards. BCBS, Juni 2004; G10: in Europa voraussichtlich in Kraft ab 2008, in den*

USA bei ca. 12 Banken voraussichtlich ab 2009)

Basis *f* 1. *(Börse)* basis *(Terminkontrakte)*; 2. *(Gen)* base; 3. *(Steuer)* basis • **auf der Basis von** *(Gen)* on the basis of • **auf Basis von Marktpreisen** *(Gen, Steuer, V&M)* arm's-length

Basisbudget *n (RW)* base budget

Basisdollar *mpl (WiWi) (AE)* constant dollars

Basisinstrument *n (Börse)* actuals *(Terminkontrakt)*

Basisjahr *n (Fin, WiWi)* base year

Basiskurs *m (Börse)* striking price

Basispreis *m* 1. *(Börse)* exercise price, strike price, striking price; 2. *(Gen)* basic price

Basispreis *m* **einer Kaufoption** *(Börse)* call exercise price

Basispreis *m* **einer Verkaufsoption** *(Börse)* put strike

Basispunkt *m (Börse, Fin)* basis point

Basisswap *m (Fin)* basis swap

Basiswert *m* 1. *(Fin)* underlying instrument [security]; 2. *(Börse)* actuals *(Terminkontrakt)*

Basiszins *m (Bank, Fin, WiWi)* base lending rate

Bau *m* 1. *(Gen)* site; 2. *(Grund, Ind)* building, construction, structure *(Gebäude)*; construction *(Bauen)*; building site, construction site *(Baustelle)* • **im Bau** *(Ind)* under construction • **im Bau befindliche Anlagen** *(RW)* assets under construction

Bauarbeiten *pl (Transp)* construction work, roadworks *(Straßenarbeiten)*

Bauauflagen *fpl (Grund)* planning restrictions

Bauaufsicht(sbehörde) *f (Ind, Recht)* building supervisory authority, building inspectorate

Bauaufwand *m (Grund)* cost of construction

Baudarlehen *n (Bank)* construction loan, house-building loan

Baudarlehensvertrag *m (Bank)* building loan agreement

bauen *v (Grund, Ind)* build, construct, erect

Baufälligkeit *f (Grund)* dilapidation

Baufinanzierung *f (Bank, Grund)* housing loan, construction loan

Baufirma *f (Grund, Ind)* construction firm, builders and contractors

Baugelände *n (Grund)* building area, building site *(Baustelle)*

Baugenehmigung *f (Grund)* planning approval, *(AE)* building permit, *(BE)* planning permission

Baugewerbe *n (Grund, Ind)* construction industry

Baugrundstück *n (Grund)* building lot [site], plot

Bauhauptgewerbe *n (Grund, Ind, WiWi)* building industry proper, construction industry

Bauherr *m (Gen)* building owner, promoter

Bauhypothek *f (Fin)* building mortgage

Bauindustrie *f (Grund, Ind)* construction industry, building industry

Baujahr *n (Gen, Grund, Ind)* construction year

Baukastenprinzip *n* 1. *(Ind)* building block concept, modular concept; 2. *(Stat)* modularity

Baukonjunktur *f (WiWi)* overall construction activity

Bauleiter *m (Grund, Ind)* site manager

Bauleiterin *f s.* Bauleiter

Baumängel *mpl (Recht)* construction defects *(Verbraucherrecht)*

Baumwollbörse *f (Börse)* cotton exchange

Bauplatz *m* 1. *(Gen)* site; 2. *(Grund, Ind)* building site, construction site

Baurezession *f (WiWi)* construction slump

Bauspardarlehen *npl (Bank, Grund)* loans under savings contracts

Bauspareinlagen *fpl (Bank, Grund)* deposits with building and loan associations

Bausparer *m (Fin) (BE)* member of building society, *(AE)* member of savings and loan association

Bausparerin *f s.* Bausparer

Bausparkasse *f (Bank, Fin)* benefit society, *(AE)* building and loan association, *(BE)* building society

Bausparsumme *f (Bank, Grund)* targeted amount of savings

Bausparvertrag *m (Bank, Fin, Grund)* building savings agreement

Baustein *m (Gen)* component

Baustelle *f* 1. *(Gen)* site; 2. *(Grund, Ind)* building site, construction site
Baustoff *m (Ind)* building materials
Baustopp *m (Grund, Recht)* building freeze, halt on building • **einen Baustopp verhängen** *(Grund, Recht)* impose a halt on building, impose a freeze on building
Bauträgerfirma *f (Grund)* property developer
Bauunternehmen *n (Grund, Ind)* construction firm, construction company
Bauunternehmer *m (Grund)* construction firm, commercial developer *(Grundstückserschließung)*
Bauunternehmerin *f* s. Bauunternehmer
Bauvorhaben *n* 1. *(Grund)* construction project; 2. *(Soz) (AE)* housing project, *(BE)* housing scheme *(Wohnsiedlung)*
Bauwerk *n (Grund, Ind)* structure
Bauwesen *n (Grund, Ind)* construction industry, building industry, structural engineering
Bbk *s.* Deutsche Bundesbank
beabsichtigen *v* 1. *(Gen)* intend, plan; 2. *(Recht)* contemplate
Beachtung *f (Gen)* attention
Beamtenlaufbahn *f (Pers)* civil service career
Beamter *m (Pers)* civil servant, official, officer
beanspruchen *v (Gen, Pat, Recht)* claim, lay claim to • **nicht beansprucht** *(Gen)* unused *(Kredit)*
Beanspruchung *f (Gen, Pat, Recht)* pressure, claim
beanstanden *v (Gen, V&M)* object to, complain about, find fault with *(gekaufte Ware)*
beantragen *v* 1. *(Gen)* apply for *(Lizenz, Pass)*; 2. *(Mgt)* put forward *(Vorschlag)*
Beantragung *f* 1. *(Gen)* application; 2. *(Mgt)* proposal *(Vorschlag)*
Beantwortung *f (Gen)* answer, reply • **in Beantwortung Ihres Schreibens** *(Komm)* in answer [reply] to your letter
bearbeiten *v* 1. *(Bank)* process; 2. *(Gen)* handle, process *(Eingänge)*; adapt *(Text)*; 3. *(Ind)* process, treat *(Material)*; 4. *(Pat)* process; 5. *(WiWi)* cultivate *(Land)*
Bearbeitung *f* 1. *(Bank)* processing; 2. *(Gen)* handling, processing *(von Eingängen)*; adapting *(eines Textes)*; 3. *(Ind)* processing, treating *(von Materialien)*; 4. *(Pat)* processing; 5. *(WiWi)* cultivation *(des Landes)* • **in Bearbeitung** *(Gen)* under examination
Bearbeitungsgebühr *f* 1. *(Bank)* bank service charge; 2. *(Gen)* handling charge, service fee, service charge
Bearbeitungskosten *pl (Gen)* handling costs
beaufsichtigen *v (Gen, Mgt)* supervise, oversee
Beaufsichtigung *f (Gen, Mgt)* supervision
beauftragen *v* 1. *(Gen)* charge with, commission, instruct; 2. *(Recht)* authorize, empower
Beauftragter *m* 1. *(Gen)* agent, representative; 2. *(Pat)* assignee, representative; 3. *(RW)* assignee; 4. *(Recht)* mandatory, private attorney, *(AE)* attorney-in-fact; commissioner, *(AE)* commissary
bebauen *v (Grund)* build up, develop
Bebauung *f (Grund, Ind)* building
Bedarf *m* 1. *(Gen)* need, requirement, demand; 2. *(WiWi)* demand • **den Bedarf an etw. decken** *(Gen)* meet the needs of, satisfy the demand for sth
Bedarfsanalyse *f (V&M)* demand analysis, needs analysis
Bedarfsdeckung *f* 1. *(WiWi)* supply of needs, satisfaction of requirements; 2. *(V&M)* demand coverage
bedarfsgerecht *adj (V&M)* demand-oriented, tailored
Bedarfsgüter *npl (V&M)* consumer goods
bedarfsorientiert *adj (WiWi)* demand-driven, need-based
Bedarfsschätzung *f (Fin, Mgt)* assessment of financial needs
Bedarfsstruktur *f (WiWi)* order of preference, preference system
Bedarfsvorwegnahme *f (WiWi)* anticipated demand
Bedarfswirtschaft *f (WiWi)* subsistence economy, needs economy *(bloße Bedarfsdeckung als Ziel des Wirtschaftens; Gegensatz: Erwerbswirtschaft = an economy operating on a profit basis)*
Bedenkzeit *f (Gen)* respite, cooling-off period *(Streik)*

bedeuten *v (Gen)* signify, stand for *(Initialen)*
bedeutend *adj (Gen)* significant, powerful, considerable
bedeutende Beteiligung *f (Fin)* major holding
bedeutsam *adj (Gen)* significant
Bedeutsamkeit *f (Recht)* significance
Bedeutung *f (Gen)* importance, meaning, significance
bedienen *v* 1. *(Gen)* service *(Markt)*; serve, attend to *(Kunden)*; 2. *(V&M)* serve
Bediener *m (Ind)* plant operator, operator
bedienerfreundlich *adj (Komm)* user-friendly *(Internet)*
Bedienstete *pl* **des Bundes** *(Pers, Pol)* Federal employees, *(AE)* Federal workers, Federal government employees
Bedienung *f* **der Rücklage** *(RW)* appropriation to a reserve
Bedienung *f* **von Hypothekenkrediten** *(Fin)* mortgage servicing, servicing *(von Schulden)*
Bedienungsaufschlag *m (Gen)* service charge
Bedienungsgelder *npl (Gen, RW)* tips and gratuities
bedingt *adj (Recht)* conditional (on), contingent
bedingt *adv (Recht)* conditionally
bedingte Annahme *f (Recht)* conditional acceptance *(Vertragsrecht)*
bedingter Vertrag *m (Recht)* conditional contract
bedingtes Angebot *n (Recht)* conditional offer *(Vertragsrecht)*
bedingtes Fremdkapital *n (RW)* contingent assets
bedingtes Kapital *n (Fin)* authorized but unissued capital
Bedingung *f* 1. *(Comp)* condition; 2. *(Gen)* condition, precondition, prerequisite; 3. *(Recht)* condition, stipulation • **unter der Bedingung, dass** *(Gen)* on condition that, on the stipulation that, with the stipulation that
Bedingungen *fpl* 1. *(Bank)* terms; 2. *(Recht)* conditions, terms *(eines Vertrags)* • **zu den üblichen Bedingungen** *(Gen)* on usual terms
bedingungslos *adj* 1. *(RW)* without qualification; 2. *(Recht)* absolute, without qualification, without stipulation *(uneingeschränkt, absolut)*; unconditional *(vorbehaltslos)*
bedingungslose Annahme *f* 1. *(Bank)* general acceptance; 2. *(Gen)* unconditional acceptance
Bedürfnis *n (Gen)* need, requirement, want
Bedürfnisbefriedigung *f (Mgt)* need satisfaction, satisfaction of wants
bedürftig *adj (Soz)* needy, in need
Bedürftigkeit *f (Soz)* need, insufficient means, lack of means
beeidigt *adj (Recht)* sworn
beeindruckend *adj (Gen)* impressive
beeinflussbar *adj (Gen)* impressionable, susceptible *(Mensch)*
beeinflussen *v* 1. *(Gen)* affect, influence; 2. *(Recht)* affect, prejudice
beeinträchtigen *v* 1. *(Gen)* spoil, impair, affect; 2. *(Recht)* interfere with, encroach (on) *(Vertrag)*; restrict, curtail *(Rechte)*; 3. *(WiWi)* impair *(Kaufkraft)*
Beeinträchtigung *f* 1. *(Gen)* abridgement, encroachment, interference; 2. *(Recht)* derogation, encroachment *(eines Vorrechts)*
beenden *v* 1. *(Gen)* cease, complete, terminate; 2. *(Mgt)* wind up *(Sitzung)*; 3. *(Recht)* terminate *(Vertrag)*
Beendigung *f* **des Arbeitsverhältnisses [Beschäftigungsverhältnisses]** *(Pers)* termination of employment, cessation of employment, termination of the employment contract
befähigen *v (Gen, Pers)* enable, qualify
Befähigung *f (Gen, Pers)* ability, aptitude, capacity, enablement, qualification *(nach Ausbildung)*
Befähigungsnachweis *m* 1. *(Gen)* evidence of formal qualification, proof of ability; 2. *(Recht)* certificate of qualification; 3. *(Soz)* paper qualifications, qualification
befangen *adj* 1. *(Gen)* inhibited, self-conscious; 2. *(Recht)* biased, biassed; 3. *(Stat)* biased, biassed • **sich für befangen erklären** *(Recht)* declare oneself to be prejudiced
Befangenheit *f (Gen)* bias, prejudice
befassen *v* **mit/sich** *(Gen)* deal with, handle

Befehle abarbeiten *(Comp)* execute commands

Befehlswirtschaft *f (Pol, WiWi)* command economy

befestigen *v***/sich** *(Börse)* advance, firm

Befestigung *f* 1. *(Börse)* advance; 2. *(Gen)* fastening, securing

befolgen *v* 1. *(Gen)* abide by, adhere to, follow, obey *(Regelung, Anweisung)*; 2. *(Recht)* obey *(beachten)*; comply with *(Gesetz)*

befördern *v* 1. *(Gen)* advance, convey, carry, transport, forward *(Waren)*; 2. *(Komm)* dispatch, ship; 3. *(Pers)* promote *(Arbeitnehmer)*; 4. *(Transp)* convey, dispatch *(abschicken)*; carry *(Waren, Lasten)* • **befördert werden** *(Pers)* be promoted, be upgraded

Beförderung *f* 1. *(Gen)* advancement, upgrading *(Beschäftigungspolitik)*; 2. *(Imp/Exp)* freighting, shipment; 3. *(Komm)* shipment; 4. *(Pers)* advancement, upgrading, promotion *(Aufstieg)*

Beförderungskosten *pl (Transp)* carriage expenses, cost of transport, cost of transportation, freight, transport expenses, *(AE)* trucking charges

Beförderungsunternehmen *n (Transp)* carrier, private carrier, transport company

Beförderungsunternehmer *m (Transp)* carrier

Befrachter *m* **und Beförderer** *m (Imp/ Exp, Transp)* shipper and carrier

befragen *v (Gen)* examine, question *(ausfragen)*; survey *(Öffentlichkeit)*; consult *(zurate ziehen)*

Befragung *f* 1. *(Pers, Stat)* survey, enquiry, inquiry; 2. *(V&M)* opinion poll, poll, survey, canvass *(Meinungsforschung)* • **eine Befragung durchführen** *(Pers, Stat)* carry out a survey, conduct a survey

befreien *v* 1. *(Fin)* discharge *(Schulden)*; 2. *(Gen)* discharge, exempt, exonerate, free, relieve; 3. *(Recht)* excuse, insulate against, insulate from, relieve

befreit *adj (Gen, Steuer)* exempt

Befreiung *f* **von Verbindlichkeiten** *(Recht)* acquittal [discharge, release] from obligations

befriedigen *v* 1. *(Gen)* gratify, satisfy; 2. *(Recht)* pay off; 3. *(WiWi)* meet *(Nachfrage)*

befriedigend *adj (Gen)* satisfactory

befristen *v (Gen)* set a time limit on

befristet *adj (Recht)* limited in time, terminable *(Vertrag)*

befristete Einlage *f (Bank)* time deposit

befristeter Arbeitsvertrag *m (Pers)* fixed-term contract of employment, fixed-term employment contract

Befristung *f (Gen)* (setting) a time limit

Befugnis *f* 1. *(Bank)* authorization; 2. *(Gen)* authority, competence, power

befugt *adj (Gen)* authorized

befürworten *v* 1. *(Gen)* advocate, back up, back *(Projekt)*; 2. *(Pol)* sponsor; 3. *(WiWi)* back up

Befürworter *m* 1. *(Gen)* supporter, backer; 2. *(Pol)* sponsor

Befürworterin *f s.* Befürworter

Befürwortung *f* 1. *(Gen)* backing; 2. *(Pol)* sponsorship

Begabung *f (Pers)* aptitude, talent, faculty

begebbar *adj* 1. *(Bank, Börse, Fin)* negotiable; 2. *(Recht)* assignable *(Vertragsrecht)*

begebbares Instrument *n (WiWi)* negotiable instrument

Begebbarkeit *f (Recht)* negotiability, transferability

begeben *v* 1. *(Bank, Börse)* negotiate; 2. *(Fin)* negotiate, float, issue, launch, sell *(Anleihe)*

begebene Wertpapiere *npl (Börse)* floating securities

Begebung *f (Börse, Fin)* flotation, issue

Begebung *f* **eines Schuldtitels** *(Börse)* flotation

Beggar-my-neighbour-Politik *f (WiWi)* beggar-my-neighbo(u)r policy

Beginn *m* 1. *(Gen)* beginning, commencement, onset, start, outset; 2. *(Börse)* opening *(der Börsensitzung)*

Beginn *m* **der Kreditlaufzeit** *(Fin)* starting point of a credit

beginnen *v* 1. *(Gen)* begin, commence, start; 2. *(Pers)* launch

beglaubigen *v* 1. *(Börse)* authenticate; 2. *(Gen, RW)* verify; 3. *(Recht)* attest to, authenticate, certify, legalize

beglaubigte Abschrift *f (Recht)* certified copy, certified true copy

beglaubigte Kopie *f (Recht)* certified copy, certified true copy
beglaubigte Urkunde *f (Recht)* authenticated document
Beglaubigung *f (Börse, Gen, Recht)* authentication, certification, verification
begleichen *v* 1. *(Bank)* settle, balance *(Rechnung)*; 2. *(Fin)* meet, balance *(Kosten)*; 3. *(Gen)* square *(Kosten)*; settle, pay, defray, discharge *(Rechnung)*; 4. *(Pat)* pay • **alte Rechnungen begleichen** *(Gen)* settle old scores
Begleichung *f (Bank, Fin)* settlement
Begleichungstermin *m (Fin)* settlement date
Begleitbrief *m (Komm)* accompanying letter, covering letter
Begleitdokument *n (Komm)* accompanying document
begleitend *adj (Gen)* accompanying, collateral
Begleitzettel *m (Komm)* compliments slip *(z. B. auf Versandunterlagen oder zusammen mit Anlagen)*
beglichene Schulden *fpl (RW)* liquidated debt
begrenzen *v* 1. *(Börse)* limit, narrow *(Risiko)*; 2. *(Gen)* restrict, set limits on, limit; 3. *(Komm)* frame, delimit; 4. *(Recht)* limit
begrenzte Entscheidungsfreiheit *f (Börse)* limited discretion
begrenzter Markt *m (Börse, WiWi)* narrow market, thin market, tight market, limited market
begrenztes Risiko *n (Börse)* limited risk
Begrenzung *f* 1. *(Gen)* containment, limitation, restriction, boundary *(Grenze)*; 2. *(Pol)* containment; 3. *(WiWi)* cap
Begriff *m (Gen)* concept, term
Begründung *f (Gen)* rationale, reason, substantiation
begünstigen *v* 1. *(Gen)* benefit, favo(u)r, foster, promote, support *(unterstützen)*; 2. *(Recht)* benefit
Begünstigte *m(f)* 1. *(Fin, Gen, Grund)* beneficiary; 2. *(Recht)* beneficiary; 3. *(Versich)* beneficiary, creditor beneficiary
begünstigte Bank *f (Bank)* beneficiary's institution
Begünstigter *m s.* Begünstigte
begutachten *v (Gen)* appraise, assess, evaluate, give an expert opinion on, survey *(Experte)*
begutachten lassen *v (Gen, Mgt)* obtain an expert's opinion on
Begutachtung *f (Gen)* appraisal, (expert) valuation
behandeln *v* 1. *(Gen)* deal with, tackle, treat *(Problem)*; 2. *(Ind, Umwelt)* treat *(Abwasser)*
Behandlung *f* **von Ansprüchen** *(Versich)* claims procedure
behaupten *v (Gen)* assert, claim, maintain
Behauptung *f* 1. *(Gen)* allegation, assertion, claim, contention; 2. *(Recht)* allegation, statement • **eine Behauptung beweisen** *(Gen)* prove an assertion
beheben *v (Gen)* remove, rectify, resolve *(Meinungsverschiedenheiten)*
beherrschen *v (Gen)* dominate, control *(Markt)*
beherrschende Gesellschaft *f (Börse, WiWi)* controlling company
beherrschende Stellung *f (WiWi)* dominant position
Beherrschung *f (Gen)* containment, control, dominance
behindern *v (Gen)* inhibit, obstruct, jeopardize *(in Gefahr bringen)*; hamper, hinder, impede *(Wachstum)*
Behörde *f* 1. *(Gen)* board, public authority; 2. *(Pat)* authority; 3. *(Recht)* agency, administrative agency, government agency *(Amt)*; *(AE)* bureau; 4. *(WiWi)* agency, agcy
Behörden *fpl (WiWi)* public authorities
Behördenauflage *f (Recht)* administrative stipulation
behördlich *adj (Recht)* official
behördliche Zulassung *f (Steuer)* concession
beiderseitiger Vorteil *m (Gen)* mutual benefit
beidrücken *v (Komm)* affix *(Siegel)*
Beifahrer *m (Pers, Transp)* front passenger *(PKW)*; driver's mate *(Lkw)*; co-driver *(Rennen)*
Beifahrerin *f s.* Beifahrer
beifügen *v (Gen, Komm)* add, append, enclose

beigefügtes Dokument *n (Komm)* enclosed document
beigefügtes Zeugnis *n (Recht)* enclosed testimonial *(Bescheinigung)*
Beilage *f (V&M)* supplement
Beilagen *fpl (V&M)* loose inserts
Beilegung *f* **eines Streitfalls** 1. *(Pers)* dispute resolution; 2. *(Recht)* settlement of dispute
beiliegend *adj (Gen, Komm)* enclosed • **beiliegend (über)senden wir Ihnen ...** *(Gen, Komm)* enclosed please find ..., please find enclosed ... *(Anlage = enclosure)*
beimessen *v (Gen)* ascribe, attribute • **jmdm. etw. beimessen** *(Gen)* ascribe sth to sb, attribute sth to sb
beinhalten *v (Gen)* comprise, imply
Beistand *m* 1. *(Gen)* aid, assistance, support; 2. *(Recht)* legal advisor
Beistandskredit *m (Bank, Fin)* standby credit
Beistandsmechanismus *m (Pol, WiWi)* credit mechanism *(ZB)*
beistehen *v (Gen, WiWi)* back up
beisteuern *v (Gen)* contribute
Beitrag *m* 1. *(Fin)* subscription, financial contribution; 2. *(Gen, Steuer, WiWi)* contribution, tax
beitragen *v (Gen)* contribute
Beitragsabrechnung *f (Fin)* premium statement
Beitragsaufkommen *n (Soz)* contribution income
Beitragsbemessungsgrenze *f (Soz, Versich)* income threshhold for assessing contributions, income limit for assessing contributions, upper earnings limit, contribution assessment ceiling *(Sozialversicherungsbeiträge)*
Beitragseinnahmen *fpl (Versich)* premiums received
Beitragserhöhung *f (Soz)* increase in contributions
Beitragsermäßigung *f (Soz)* exemption from contribution
beitragsfrei *adj (Soz, Versich)* noncontributory
Beitragsfreistellung *f (Versich)* exemption from payment of premium
Beitragsjahr *n (Pers, Soz)* contribution year, year of contribution
Beitragsleistungssystem *n (Mgt, RW)* defined contribution plan *(Synonym: betriebliches Altersversorgungssystem mit beitragsorientierter Zusage; garantiert die Einzahlungsbeträge und die Verzinsung, jedoch nicht die Höhe der Rentenleistungen; Durchführungsformen: Unterstützungskasse, Pensionskasse, Pensionsfonds, Direktversicherung; Gegensatz: Rentenleistungssystem = defined benefit plan)*
beitragspflichtig *adj (Soz)* liable for contributions, subject to contributions, subject to payment of contributions
Beitragsrückerstattung *f (Versich)* refund of premium
Beitragssatz *m* 1. *(Gen)* membership fee; 2. *(Soz)* rate of contribution
Beitragszahler *m (Soz)* contributor
Beitragszahlerin *f s.* Beitragszahler
Beitragszusage *f (Mgt, RW)* defined contribution *(Synonym: beitragsorientierte Zusage; Zusage fest vereinbarter Beitragszahlungen an einen externen Fonds im Rahmen der betrieblichen Altersversorgung; Gegensatz: Leistungszusage = leistungsorientierte Zusage = defined benefit)*
beitreibbare Forderung *f (RW)* recoverable debt
beitreten *v* 1. *(Fin)* contract in; 2. *(Pers)* join *(einer Gewerkschaft)*
Beitritt *m (Pol)* accession, entry
Beitritt *m* **neuer Mitgliedstaaten** *(Pol)* accession of new Member States *(EU)*
Beitrittsantrag stellen *(Pol)* apply for membership *(EU)*
Beitrittskandidat *mpl (Pol, Recht)* candidate country *(EU)*
Beitrittskriterien *npl (Pol, WiWi)* accession criteria, criteria for entry *(EU)*
Beitrittsvertrag *m (Pol)* accession Treaty *(EU)*
beizulegender Wert *m (RW)* current value accounting
bejahend *adj (Gen)* affirmative, approving
bekämpfen *v* 1. *(Gen)* combat, fight *(Arbeitslosigkeit, Kriminalität)*; 2. *(Umwelt)* abate *(Lärm)*
bekannt *adj* 1. *(Gen)* big-name, well-known; 2. *(V&M)* well-known • **bekanntgeben** 1. *(Gen)* air, announce, disclose, publish *(Veröffentlichung)*; 2.

(Pat) publish • **bekanntmachen** *(Gen)* announce, disclose, make public • **bekanntwerden** 1. *(Gen)* become known, leak out; 2. *(Komm)* break *(Nachrichten)*; 3. *(Media, Pol)* leak out

bekannte Marke *f (V&M)* established brand

Bekanntgabe *f (Gen)* announcement

Bekanntheit *f* **auf dem Markt** *(V&M)* market awareness

Bekanntheitsgrad *m (V&M)* customer awareness *(von Werbung beim Verbraucher)*

Bekanntmachung *f* 1. *(Gen)* announcement; 2. *(Recht)* public notice

Beklagte *m(f) (Recht)* defendant *(Antragsgegner)*

Bekleidungsbranche *f (Ind) (AE)* apparel and wool industry, *(BE)* clothing trade

Bekleidungsindustrie *f (Ind) (AE)* apparel and wool industry, *(BE)* clothing trade

Bekräftigung *f (Recht)* confirmation, substantiation, *(BE)* affirmation

bekunden *v* 1. *(Gen)* express, show, state; 2. *(Recht)* attest to, testify *(aussagen)*

bekundete Präferenz *f (Gen)* revealed preference

Bekundung *f* 1. *(Recht)* testimony; 2. *(V&M)* expression

Belang *m (Gen)* importance, significance • **ohne Belang** *(Gen)* irrelevant

belangbar *adj (Gen)* actionable

belangen *v (Recht)* sue

belasten *v* 1. *(Bank)* charge, debit *(Konto)*; 2. *(Gen)* charge against; 3. *(RW)* charge, debit *(Konto)*; 4. *(Recht)* burden, charge, encumber; 5. *(Umwelt)* pollute

Belastung *f* 1. *(Gen)* burden, load, pressure *(Last)*; 2. *(Fin)* debit; 3. *(RW)* debit, charge; 4. *(Recht)* burden, charge, encumbrance; 5. *(Steuer)* burden; 6. *(WiWi)* charge, burden; 7. *(Umwelt)* pollution

belaufen *v* **auf/sich** 1. *(Gen)* add up to, amount to, come to, stand at *(Angebot, Preis, Gebot)*; 2. *(Stat)* aggregate

beleben *v (Gen, WiWi)* reinvigorate, revitalize, revive, stimulate

Belebung *f (WiWi)* recovery, upturn

Belebung *f* **der Konjunktur** *(WiWi)* (economic) recovery, (economic) upswing, (economic) revival, cyclical upswing, increase in business activity

Beleg *m* 1. *(Gen)* voucher; 2. *(Steuer)* document, record, voucher *(Gutschein)*; slip *(Zettel)*

Belegdokumente *npl (Recht)* supporting documents

belegen *v* 1. *(Gen)* prove; 2. *(Recht)* situate

beleglos *adj (Börse)* dematerialized

beleglose Buchung *f (Bank)* paperless entry

belegloser Überweisungsverkehr *m (Fin)* electronic funds transfer, EFT

belegloser Zahlungsverkehr *m (Fin)* electronic funds transfer, EFT

Belegschaft *f* 1. *(Gen)* employees, personnel, staff, workforce; 2. *(Ind)* commonality, workforce, shop floor; 3. *(Pers)* labo(u)r force, rank-and-file *(Betrieb, Unternehmen)*; 4. *(WiWi)* labo(u)r force, workforce • **Belegschaft abbauen** *(Pers)* reduce staff, reduce the workforce • **Belegschaft reduzieren** *(Pers)* reduce staff, reduce the workforce

Belegschaftsaktionär *m (Börse)* shareholder employee

Belegschaftsaktionärin *f s.* Belegschaftsaktionär

Belegschaftsangehörige *m(f) (Pers)* company employee

Belegschaftsvergrößerung *f (Pers)* staff increase, increase of the workforce

Belegschaftsversammlung *f (Pers)* staff meeting

Belegstreifen *m* 1. *(Gen)* tear strip; 2. *(RW)* detail strip

belehren *v (Recht)* instruct

beleihbar *adj (Bank, Fin)* eligible as collateral

beleihen *v (Bank, Börse, WiWi)* use as loan capital

Beleihung *f (Recht)* lending

Beleihungsauslauf *m (Bank)* loan to value, LTV *(Quotient aus Hypothekenkreditvolumen und Beleihungswert einer Immobilie; ratio of the loan amount to finance the purchase of a property to the assessed value of a property)*

Beleihungsgrenze *f (Gen)* lending ceiling, lending limit

Beleihungskredit *m (Gen)* advance on collateral
Beleihungsobjekt *n (Fin, Grund)* real estate used as collateral
Beleihungssatz *m (Fin)* loan-to-value ratio, LTV ratio
beliefern *v (Gen)* supply
beliehene Wertpapiere *npl (Bank, Fin)* collateralized securities
belohnen *v (Gen)* reward
bemannen *v (Pers)* man
bemerken *v (Gen)* comment, remark, notice *(wahrnehmen)*
bemerkenswert *adj (Gen)* remarkable
bemessen *v* 1. *(Gen)* assess, determine; 2. *(Recht)* award to
Bemessung *f (Gen)* assessment
Bemessungsgrundlage *f* 1. *(Gen)* basis for assessment; 2. *(Recht)* measure; 3. *(Steuer)* measure, taxable base • **auf breiter Bemessungsgrundlage** *(Steuer)* broad-based
benachrichtigen *v (Gen)* advise, give notice of, inform, notify
Benachrichtigung *f* 1. *(Gen)* advice, information, notice; 2. *(Pat)* communication; 3. *(Recht)* notification
Benachrichtigungsschreiben *n (Komm)* letter of advice
benachteiligt *adj* 1. *(Gen)* underprivileged, disadvantaged *(gesellschaftlich)*; 2. *(WiWi)* less-favo(u)red *(Gebiet, Menschen)*
Benachteiligung *f (Recht)* discrimination, unfavo(u)rable treatment
Benehmen *n (Gen, Pers)* behaviour, conduct, manners • **sich ins Benehmen setzen mit** *(Gen)* get in touch with
benutzen *v (Gen)* make use of, use
Benutzer *m* 1. *(Comp)* end-user, user; 2. *(Gen)* user
benutzerfreundlich *adj* 1. *(Comp)* user-friendly, easy to use; 2. *(V&M)* user-friendly
benutzerfreundliche Schnittstelle *f (Comp)* user friendly interface *(UFI)*
Benutzerführung *f (Comp, Komm, Media)* user guidance
Benutzergruppe *f (Comp)* user group
Benutzerhandbuch *n (Comp)* user manual
benutzerorientiert *adj* 1. *(Comp)* user-oriented; 2. *(V&M)* consumer-oriented
Benutzung *f (Gen)* use
Benutzungsanleitung *f (Gen)* directions for use
beobachten *v* 1. *(Börse, Fin)* watch; 2. *(Gen)* observe, waste
beraten *v* 1. *(Gen, Mgt)* advise; 2. *(Recht)* counsel; deliberate
beratende Aufgabe *f* 1. *(Gen)* advisory capacity; 2. *(Pers)* advisory function
beratende Funktion *f (Pers)* advisory function, advisory capacity *(bei Verhandlungen, Konferenzen)*
beratender Ausschuss *m (Bank, Fin, Pol)* advisory committee, consultative committee
Berater *m* 1. *(Gen)* advisor, aide, consultant, counsel(l)or; 2. *(Mgt)* consultant; 3. *(Pers)* advisor, consultant; 4. *(Pol)* aide • **als Berater** *(Gen)* in an advisory capacity
Berater *m* **einer Partei** *(Recht)* adviser of a party
Beraterhonorar *n (Gen)* consulting fee
Beraterin *f s.* Berater
Beraterin *f* **einer Partei** *s.* Berater einer Partei
Beratervertrag *m (Gen)* advisory contract, consultancy agreement, consulting contract
Beratung *f* 1. *(Gen)* advice, counsel(l)ing; consultation, consulting *(Konsultation)*; 2. *(Mgt)* meeting; 3. *(Recht)* deliberation
beratungsarm *adj (Pol, WiWi)* requiring little consulting
Beratungsausschuss *m (Gen)* advisory committee, *(AE)* prudential committee
Beratungsfirma *f (Gen)* consultancy, consulting firm
Beratungsgegenstand *m (Gen)* subject of discussion
beratungsintensiv *adj (Mgt, Pol)* requiring intensive consulting
Beratungsorgan *n (Mgt, Pol)* advisory body
Beratungsstelle *f* 1. *(Fin)* advisory service; 2. *(Gen)* advisory body, advisory service; consulting agency
Beratungstätigkeit *f (Gen)* advisory activity, consultancy work, consulting activity
Beratungs- und Überlegungsfrist *f (Mgt, Pol, Recht)* period (of time) for discussion and deliberation, period of

deliberation and reflection, reflection and deliberation period *(laut UMAG, Gesetz zur Unternehmensintegrität und Modernisierung des Anfechtungsrechts vom 22.9.2005, vorgesehen zwischen dem Abschluss der Entscheidungsvorbereitungsphase = pre--decision-making period und dem Moment der eigentlichen Entscheidung)*

Beratungsunternehmen *n (Gen)* consulting firm

berechenbar *adj* 1. *(Gen)* predictable; 2. *(Stat)* calculable

berechnen *v* 1. *(Fin)* price; 2. *(Gen)* calculate, charge, estimate, work out; 3. *(Stat)* calculate; 4. *(V&M)* charge *(Preis, Gebühr)*

Berechnung *f* 1. *(Comp)* calculation, computation; 2. *(Gen)* calculation, estimate

Berechnungsformel *f (Bank, WiWi)* calculation formula

Berechnungsgrundlage *f (Fin)* basis of calculation

Berechnungsmethode *f (Gen)* method of calculation

berechtigen *v (Recht)* entitle

berechtigt *adj (Recht)* entitled, legitimate, justifiable, rightful *(gesetzlich)*

Berechtigte *m(f)* 1. *(Grund)* beneficiary; 2. *(Recht)* beneficiary, obligee, promisee; 3. *(Versich)* beneficiary

berechtigter Anspruch *m (Recht)* legitimate claim, rightful claim, valid claim

berechtigtes Interesse *n (Recht)* vital interest

Berechtigung *f* 1. *(Comp)* permission *(Zugriff)*; 2. *(Gen)* validity; 3. *(Pol)* amendment, warrant; 4. *(Recht)* entitlement *(Anrecht)*; 5. *(Soz)* entitlement; 6. *(Versich)* warrant

Bereich *m* 1. *(Gen)* domain, region, sector *(Gebiet)*; area, range, sphere, zone *(Umfang)*; 2. *(Pat)* scope; 3. *(V&M)* segment *(eines Marktes)*; 4. *(WiWi)* domain • **in den Bereich fallen von** *(Pat)* fall within the scope of

Bereicherung *f* **des Aufgabengebietes** *(Mgt)* job enrichment

Bereicherungsabsicht *f (Recht)* intent to enrich oneself

Bereichsleiter *m (Mgt, Pers)* area manager, division head, division manager, *(BE)* divisional director

Bereichsleiterin *f* s. Bereichsleiter

Bereichsleitung *f (Mgt, Pers)* divisional management

bereinigen *v* 1. *(Bank)* adjust, account for; 2. *(Gen)* correct, redress, settle; 3. *(RW, WiWi)* adjust

bereinigte Zahlen *fpl (Gen)* revised figures, adjusted figures

bereinigter Index *m (RW)* adjusted index

bereinigtes Ergebnis *n* **je Aktie** *(Fin, RW)* diluted earnings per share *(IAS 33; Verwässerungseffekt durch eine maximal mögliche Aktienzahlerhöhung aus eingeräumten Bezugsrechten)*

Bereinigung *f* 1. *(Gen)* adjustment, correction, settlement; 2. *(Ind)* streamlining

Bereithalten *n (V&M)* provision of sth

Bereitschaftsdarlehen *n (Fin)* standby loan

Bereitschaftsdienst *m (Pers)* standby duty; emergency service *(Notdienst)* • **Bereitschaftsdienst haben** *(Pers)* be on call

bereitstellen *v* 1. *(Fin)* allocate, provide, earmark *(Mittel, Gelder)*; 2. *(Gen)* make ready for use, make available, furnish, provide, supply; 3. *(RW)* appropriate

Bereitstellen *n (Gen, Komm)* provision

Bereitstellung *f* 1. *(Fin)* earmarking, allocation; 2. *(Gen)* supply, allocation, provision; 3. *(RW)* appropriation

Bereitstellung *f* **von Dienstleistungen** *(Gen)* provision of services, service delivery

Bereitstellungsdarlehen *n (Fin)* standby loan

Bereitstellungsgebühren *fpl (Fin)* standby fees

Bereitstellungsprovision *f (Bank)* commitment fee

Bereitstellungszins *m (Fin)* commitment interest

Bergbau *m (Stat, WiWi)* mining, mining industry

Bergbauaktien *fpl (Börse) (BE)* mining shares, *(AE)* mining stocks

bergrechtliche Gewerkschaft *f (Gen, Ind)* mining company

Bericht *m* 1. *(Gen)* report, account, return; 2. *(Media)* write-up • **Bericht er-**

statten *(Gen)* report • **einen Bericht vorlegen** *(Gen)* issue a report, present a report, submit a report • **Berichten zufolge** *(Komm)* as reported *(in den Medien)*

Bericht *m* **über die Vermögenslage** *(Fin)* financial report, financial statement

berichten *v (Gen, Media)* report

Berichterstattung über einzelne Geschäftsbereiche *(RW)* business segment reporting

Berichterstattungsnormen *fpl (Gen)* reporting standards

berichtigen *v* 1. *(Bank)* adjust; 2. *(Gen)* adjust, rectify, correct *(Fehler)*; amend *(Text)*; 3. *(Stat)* adjust *(Fehler)*; 4. *(RW)* adjust, reconcile *(Konto)*

berichtigt *adj* 1. *(Bank)* adjusted; 2. *(Gen)* adjusted, rectified, corrected *(Fehler)*; amended *(Text)*; 3. *(Stat)* adjusted *(Fehler)*; 4. *(RW)* adjusted, reconciled *(Konto)*

berichtigte Bilanz *f (RW)* adjusted balance sheet

berichtigte Rechnung *f (Fin)* corrected invoice

berichtigte Zahlen *fpl (Gen)* revised figures

Berichtigung *f* 1. *(Bank, Gen)* adjustment, rectification, correction; 2. *(Pat)* correction; 3. *(RW)* adjustment, reconciliation

Berichtigungsaktien *fpl (Fin)* capitalization shares *(Gratisaktien)*

Berichtigungsbuchung *f (RW)* adjusting entry, correcting entry; adjusted trial balance

Berichtsjahr *n (Gen, RW)* year under review

Berichtsnormen *fpl (RW)* reporting standards

Berichtspflichten *fpl (Recht)* reporting requirements

berichtspflichtig *adj (Fin)* subject to reporting requirements

Berichtswesen *n (Gen)* reporting

Berichtszeitraum *m (Gen, WiWi)* period under review, reporting period

berücksichtigen *v (Gen)* take into consideration, take into account, take account of, make allowance for, allow for, account for, bear in mind

Berücksichtigung *f (Gen, Versich)* consideration • **nach Berücksichtigung der Steuern** *(RW, Steuer)* after-tax basis • **unter Berücksichtigung der Umstände** *(Gen)* in view of the circumstances • **unter Berücksichtigung von** *(Gen)* making allowance for *(Versandkosten)*

Beruf *m (Gen, Pers)* occupation, vocation, profession, career *(Laufbahn)*; job *(Stellung)*; trade *(Geschäftszweig)*

beruflich *adj (Gen, Pers)* professional

berufliche Aufgaben *fpl (Pers)* occupational duties

berufliche Ausbildung *f (Pers)* vocational education, vocational training, training

berufliche Ausbildungsstelle *f (Pers)* training place, apprenticeship (place), traineeship

berufliche Bildung *f (Pers)* vocational training

berufliche Chancen *fpl (Pers)* job opportunities, job prospects, career opportunities

berufliche Eignung *f (Pers)* occupational aptitude

berufliche Eignungsprüfung *f*, **beruflicher Eignungstest** *m (Pers)* job aptitude test, vocational aptitude test, examination of professional competence

berufliche Entscheidung *f (Pers)* occupational decision, career decision

berufliche Fähigkeiten *fpl (Pers)* job skills

berufliche Fortbildung *f (Pers)* further training

berufliche Herausforderung *f (Mgt)* job challenge

berufliche Laufbahn *f (Pers)* career

berufliche Leistung *f (Pers)* (job) performance, performance on the job

berufliche Mobilität *f (Pers)* job mobility, occupational mobility

berufliche Planung *f (Pers)* career planning, vocational planning

berufliche Qualifikationen *fpl (Pers)* professional qualifications, vocational qualifications

berufliche Qualifizierung *f (Pers)* training

berufliche Spezialisierung *f (Pers)* job specialization

berufliche Stellung *f (Recht)* professional status *(EU)*
berufliche Tätigkeit *f (Pers)* profession, professional work, occupation, job, employment, position, work, working life, career
berufliche Umschulung *f (Pers, Soz)* retraining, vocational retraining
berufliche Weiterbildung *f (Pers)* further training
beruflicher Abschluss *m (Pers)* vocational qualification, professional qualification, vocational certification
beruflicher Aufstieg *m (Pers)* career advancement
beruflicher Ausbildungsplatz *m (Pers)* training place, apprenticeship *(place)*; traineeship
beruflicher Wechsel *m (Pers)* occupational change, change of occupation
beruflicher Werdegang *m (Pers)* career path, work history
berufliches Fortkommen *n (Pers)* career advancement
Berufsabschluss *m (Bil, Pers)* occupational qualification, vocational qualification, professional qualification, vocational certification
Berufsakademie *f (BA) (Bil)* college of advanced vocational studies; University of Cooperative Education *(BA)*
Berufsanfänger *m (Pers)* new entrant to the workforce, new entrant to the labo(u)r force, job entrant
Berufsanfängerin *f s.* Berufsanfänger
Berufsaufstieg *m (Pers)* career advancement, career progression, occupational advancement, professional advancement, career development
Berufsausbildung *f (Pers, Soz)* apprenticeship, vocational training
Berufsausbildungsplatz *m (Pers)* apprenticeship
Berufsausbildungsverhältnis *n (Pers)* training relationship
Berufsaussichten *fpl (Pers)* work prospects
Berufsbenennung *f (Pers)* occupational title, job title
Berufsberater *m (Pers, Soz)* career adviser, vocational counsel(l)or
Berufsberaterin *f s.* Berufsberater
Berufsbezeichnung *f (Mgt, Pers)* occupational title, job title
berufsbezogene Ausbildung *f (Pers, Soz)* vocational training
berufsbildendes Schulwesen *n (Bil)* vocational school system, vocational education system
Berufsbildung *f (Pers)* vocational training
Berufsbildungswesen *n (Bil, Pers)* vocational training system
Berufschancen *fpl (Pers)* job opportunities, job prospects, career opportunities
Berufsentwicklung *f (Pers)* career, occupational career, professional career, work history, career history, occupational development, career development
berufserfahren *adj (Pers)* experienced
Berufserfahrung *f (Pers)* professional experience, vocational experience
Berufserfolg *m (Pers)* job success, occupational success
Berufserwartung *f (Pers)* career expectation, occupational expectation
Berufsfreiheit *f (Pers)* freedom of occupation
Berufsgeheimnis *n (Gen)* professional secrecy, trade secret
Berufsgruppe *f (Pers)* occupational group, occupation group
Berufshaftung *f (Recht)* professional liability
Berufshändler *m (WiWi)* professional trader
Berufsklassifizierung *f (Pers)* job classification
Berufskollege *m (Pers)* fellow-worker, co-worker, colleague
Berufskollegin *f s.* Berufskollege
Berufskrankheit *f (Pers, Soz)* industrial disease, occupational disease, occupational illness
Berufslaufbahn *f (Pers)* career pattern, career, work history, occupational history, job history
Berufsleben *n (Pers)* working life
Berufsordnung *f (Gen, Recht)* professional code of conduct
Berufsplanung *f (Pers)* career planning
Berufspraxis *f (Pers)* work experience, professional experience

Berufsschule *f (Bil)* vocational school, *(BE)* college of further education
Berufsschüler *m (Bil, Pers)* student at a vocational school
Berufsschülerin *f s.* Berufsschüler
berufsspezifisch *adj (Pers)* job specific
berufsstandswidriges Verhalten *n (Gen)* unprofessional conduct, *(AE)* unprofessional behavior, *(BE)* unprofessional behaviour
Berufsstatistik *f (Pers, Stat)* occupational statistics
berufstätig *adj (Pers)* employed, working, have a job
Berufstätige *pl (Pers)* employed, employed persons, working persons
berufstätiger Ehepartner *m (Pers)* working spouse
Berufstätigkeit *f (Pers)* occupation, job, employment, work, working life, career
Berufsunfähigkeit *f (Pers)* occupational invalidity, occupational disability
Berufsunfall *m* 1. *(Ind)* industrial injury; 2. *(Soz)* occupational accident
Berufsverband *m (Gen)* professional association, professional body; trade association *(Berufsvereinigung)*
Berufsverkehr *m (Transp)* rush-hour traffic
Berufswahl *f (Pers)* career options, career choice(s), occupational choice, choice of occupation, vocational choice
Berufswechsel *m (Pers)* occupational change, change of occupation
Berufswunsch *m (Pers)* career aspiration
Berufszweig *m (Pers)* line of occupation
Berufung *f* 1. *(Pat)* appeal; 2. *(Pers)* appointment; 3. *(Recht)* appeal • **Berufung einlegen** *(Recht)* appeal against • **in Berufung gehen** *(Recht)* enter an appeal
Berufungsgericht *n (Recht)* appeal court, court of appeal *(Appellationsgericht)*; appellate court *(Revisionsgericht)*
Berufungsgründe *mpl (Pat, Recht)* grounds for appeal
Berufungsschreiben *n (Pers)* letter of appointment, appointment letter
berühren *v (Recht)* affect
Besatzung *f* 1. *(Pers)* crew *(eines Flugzeugs, Schiffs etc.)*; 2. *(Pol)* occupying forces *(militärisch)*
Beschädigung *f (Ind)* damage
beschaffen *v* 1. *(Börse, Fin)* raise *(Geld, Kapital)*; 2. *(Gen)* procure, provide, collect
Beschaffenheit *f (Recht)* quality, condition
Beschaffung *f* 1. *(Gen)* collection, procurement *(Besorgung)*; 2. *(V&M)* procurement *(Besorgung)*
Beschaffung *f* **von Barmitteln** *(Fin)* cash generation
Beschaffungsabteilung *f (Gen)* procurement department
Beschaffungsamt *n (BeschA) (Gen, Recht)* Procurement Agency
Beschaffungskosten *pl (Gen)* procurement costs, purchasing costs
Beschaffungskredit *m (Bank)* buyer credit
Beschaffungsmanagement *n (Mgt)* supply management, procurement management *(softwaregestützte Verwaltung firmenübergreifender Logistikketten: Management der gesamten Einkaufsprozesse und –strukturen, einschließlich Lieferkettenmanagement = SCM und Beschaffungsmarketing = sourcing)*
Beschaffungsmarketing *n (V&M, WiWi)* sourcing
Beschaffungsrahmenvertrag *m (Gen, Recht)* open-end contract
Beschaffungsrisiko *n (Mgt)* supply risk *(i. e. S. Euphemismus für den Umgang mit dem in vielen Bereichen zunehmenden Korruptionsrisiko)*
beschaffungsseitige Verflechtung *f (WiWi)* backward linkage
Beschaffungsweg *m (Gen)* trade channel
beschäftigen *v* 1. *(Gen)* engage, occupy; 2. *(Pers)* employ
beschäftigen *v* **mit/sich** 1. *(Gen)* deal with; 2. *(Mgt)* be engaged in
beschäftigt *adj* 1. *(Gen)* busy, engaged, preoccupied; 2. *(Pers)* employed • **beschäftigt sein** *(Pers)* be employed, have a job • **mit etw. beschäftigt sein** *(Gen)* be busy doing sth
Beschäftigte *pl* 1. *(Gen, Ind)* workforce; 2. *(Mgt, Pers)* workforce, employees

Beschäftigte *m(f) (Pers, Mgt)* employee
Beschäftigtenanzahl *f (Pers)* labo(u)r force, number of employees
Beschäftigtenprognose *f (Pers, WiWi)* employment forecast
Beschäftigter *m s.* Beschäftigte
Beschäftigung *f* 1. *(Pers)* employment; 2. *(WiWi)* activity • **Beschäftigung aufnehmen** *(Pers)* take up employment, take up work, to start a job • **Beschäftigung beenden** *(Pers)* stop working, cease employment • **Beschäftigung beginnen** *(Pers)* start a job, start work, begin work • **Beschäftigung suchen** *(Pers)* seek employment, look for employment, seek a job, look for a job, seek work, look for work
Beschäftigung *f* **auf Probe** *(Pers)* probationary employment
Beschäftigungsbedingungen *fpl (Pers)* conditions of employment, conditions of service, terms of employment
Beschäftigungschance *f (Pers)* job opportunity
Beschäftigungsdauer *f (Pers)* length of employment, length of service
Beschäftigungseffekt *n (WiWi)* effect on employment, impact on employment, employment impact
Beschäftigungseinbruch *m (Pers)* drop in employment, decline in employment
Beschäftigungsförderung *f (Pers)* promotion of employment, employment promotion
Beschäftigungsgesellschaft *f (Pers, Soz)* job creation company, employment initiative
Beschäftigungsgrad *m (RW, WiWi)* activity level
Beschäftigungskrise *f (Pers, WiWi)* employment crisis
Beschäftigungslage *f (Pers, WiWi)* employment situation, labo(u)r market situation, job situation, manpower situation
Beschäftigungslosigkeit *f (Pers)* nonemployment *(Statistik)*
Beschäftigungsmöglichkeit *f (Pers)* job opportunity, job prospect
Beschäftigungsnachweis *m (Pers)* employment record
beschäftigungsneutral *adj (Pers, WiWi)* with no effect on employment • **beschäftigungsneutral sein** *(Pers, WiWi)* have no effect on employment, having no effect on employment
beschäftigungsorientiert *adj (Pers, WiWi)* employment-oriented, employment-orientated
beschäftigungsorientierte Lohnpolitik *f (Pers)* employment orient(at)ed wage policy
Beschäftigungsperiode *f (Pers)* period of employment, duration of employment
Beschäftigungspolitik *f (Pers)* manpower policy, employment policy
beschäftigungspolitisch *adj (Pol, WiWi)* relating to employment policy, regarding employment policy, in terms of employment policy
Beschäftigungsprognose *f (Gen)* manpower forecasting
Beschäftigungsprogramm *n (WiWi)* job creation program(me), job creation scheme
Beschäftigungsquote *f (Pers)* employment rate
Beschäftigungsrückgang *f (Pers)* decline in employment, reduction of employment
Beschäftigungsschwankungen *fpl (Pers)* fluctuations in the level of employment, fluctuations in employment
Beschäftigungsschwelle *f (Pers, WiWi)* employment threshold
Beschäftigungssicherheit *f (Pers)* employment security, job security
Beschäftigungssicherung *f (Pers)* safeguarding of employment
Beschäftigungsstand *m (WiWi)* level of employment
beschäftigungssteigernd *adj (Pers)* employment-increasing, employment-enhancing
Beschäftigungsverhältnis *n (Pers)* employment relationship
Beschäftigungszahlen *fpl (WiWi)* employment figures
Beschäftigungszeit *f (Pers)* period of employment, duration of employment
Beschäftigungszusage *f (Pers)* confirmation of employment, job confirmation

Bescheid *m (Recht)* administrative decision
bescheinigen *v (Gen, Recht)* certify • **jmdn. etwas bescheinigen** *(Gen, Recht)* attest sb sth • **den Empfang bescheinigen von** *(Gen, Recht)* acknowledge receipt of • **hiermit wird bescheinigt, dass ...** *(Gen, Pers, Recht)* this is to certify that ...
Bescheinigung *f* 1. *(Gen)* certificate; 2. *(Komm)* certificate, advice; 3. *(Recht)* certification
Beschlagnahme *f* 1. *(Grund)* distraint; 2. *(Imp/Exp)* confiscation, seizure; 3. *(Recht)* arrest, sequestration, levy *(von Besitz)*; distraint *(von Grundbesitz)*; 4. *(Transp)* detention; 5. *(Versich)* attachment
beschlagnahmen *v* 1. *(Imp/Exp)* confiscate, seize, impound; 2. *(Recht)* sequester, sequestrate, impound; 3. *(Transp)* detain
Beschlagnahmung *f* 1. *(Grund)* distraint; 2. *(Imp/Exp)* confiscation, seizure; 3. *(Recht)* sequestration, levy *(von Besitz)*; distraint *(von Grundbesitz)*; 4. *(Transp)* detention; 5. *(Versich)* attachment
beschleunigen *v (Gen)* accelerate, expedite, speed up
beschleunigte Abschreibung *f (Fin, RW)* accelerated depreciation
beschleunigte Amortisation *f (RW)* accelerated amortization
beschleunigtes Wachstum *n (WiWi)* accelerated growth
Beschleunigung *f* 1. *(Gen)* speed-up, acceleration; 2. *(WiWi)* acceleration *(Wirtschaftswachstum)*
beschließen *v* 1. *(Fin)* declare; 2. *(Gen)* adopt, decide on, round off *(Meeting)*; 3. *(Recht)* adopt, pass *(Gesetz)*
Beschluss *m* 1. *(Gen, Mgt)* decision, resolution *(des Vorstands)*; 2. *(Pol)* act; 3. *(Recht)* order, ord. *(des Gerichts)*
beschlussfähig sein v *(Mgt)* be quorate, form a quorum, have a quorum
Beschlussfähigkeit *f (Mgt)* quorum
beschränken *v* 1. *(Börse)* limit *(Risiko)*; 2. *(Gen)* constrain, limit, restrict
beschränkt steuerpflichtig *adj (Recht, Steuer)* subject to limited tax liability
beschränkte Haftung *f (Gen, Recht)* limited liability
beschränkte Vollmacht *f (Recht)* limited authority
beschränkter Handel *m (Börse)* restricted trading
beschränktes Eigentumsrecht *n (Versich)* short tail
beschränktes Erbrecht *n (Versich)* short tail
Beschränkung *f (Gen)* curtailment, limitation, restriction, barrier *(Hindernis)*
Beschränkung *f* **des Kapitalverkehrs** *(Imp/Exp)* restrictions on capital movements
beschreibbar *adj (Comp)* writable
beschreibbare CD *f (Comp)* CD recordable, CD-R
beschreiben *v (Gen, Pat)* describe, specify
Beschreibung *f* 1. *(Gen)* description; 2. *(Pat)* description, patent specification
Beschriftung *f* 1. *(Gen)* marking; 2. *(Media)* lettering
Beschuldigte *m(f) (Recht)* accused
Beschuldigung *f (Recht)* accusation, charge
Beschwerde *f* 1. *(Gen)* complaint; 2. *(Pat)* appeal; 3. *(Pers)* grievance *(Arbeit)*; 4. *(Recht)* appeal • **Beschwerde führen** *(Recht)* appeal against a decision, take an appeal to court • **Beschwerde bei jmdm. einlegen** *(Gen)* lodge a complaint with sb
beschwindeln *v* 1. *(Gen)* cheat, swindle; 2. *(RW, Recht)* defraud
beseitigen *v* 1. *(Gen)* remove, resolve, eliminate *(Meinungsverschiedenheiten, Unstimmigkeiten)*; abolish *(abschaffen)*; 2. *(Recht)* redress; 3. *(WiWi)* stamp out, abolish *(Inflation)*
beseitigt *adj (Gen)* eliminated
Beseitigung *f* 1. *(Gen)* abolition, removal; 2. *(RW, Recht)* abolition
Beseitigung *f* **der Arbeitslosigkeit** *(Pers, WiWi)* elimination of unemployment
besetzt *adj* 1. *(Comp)* busy; 2. *(Komm)* *(AE)* busy, *(BE)* engaged *(Telefon, Fax)*
Besetzung *f* 1. *(Grund)* occupation; 2. *(Pers)* staffing, *(BE)* occupation *(eines Betriebs als Arbeitskampfmaßnahme)*
besichern *v* 1. *(Bank, Börse)* secure; 2. *(Fin)* collateralize, supply security for *(Anleihe)*

besicherte Wertpapiere *npl (Bank, Fin, RW)* asset-backed securities *(ABS)*; collateralized securities
besicherten Kredit gewähren *(Börse)* lend on security
besichertes Darlehen *n (Bank)* secured advance, collateral loan
besiegeln *v (Gen)* seal
Besitz *m* 1. *(Börse)* holding; 2. *(Gen)* property, ownership; 3. *(Grund)* occupancy; 4. *(Recht)* possession, occupation *(Innehaben)* • **Besitz entziehen** *(Grund) (AE)* dispossess • **Besitz ergreifen von** 1. *(Grund)* take possession of; 2. *(Recht, WiWi)* appropriate
Besitzanspruch *m (Recht)* possessory claim
Besitzeinkommen *n (Fin, RW, Steuer)* unearned income
besitzen *v* 1. *(Gen)* own *(gekaufte Waren)*; 2. *(Grund)* occupy
Besitzen *n* 1. *(Grund)* occupancy; 2. *(Recht)* holding
Besitzer *m* 1. *(Gen)* owner, proprietor; 2. *(Recht)* possessor • **den Besitzer wechseln** *(V&M)* change hands
Besitzerin *f s.* Besitzer
Besitzstand *m* 1. *(Gen)* acquired rights, vested rights; 2. *(Recht)* status of possession
Besitzstandswahrung *f (Pol, Soz)* maintenance of vested rights, preservation of vested rights, *(AE)* grandfathering
Besitzsteuern *fpl (Fin, Steuer)* taxes from income and property
Besitzurkunde *f (Recht)* title deed
Besitzwechsel *mpl (RW)* bills receivable
Besoldung *f (Pers)* salary *(Vergütung der Beamten)*; pay *(Militärdienst: Sold)*; remuneration
Besoldungsgruppe *f (WiWi)* salary grade
Besoldungsniveau *n (Pers)* pay level, level of pay
besondere Rücklage *f (RW)* special reserve
besonderes Merkmal *n (Gen)* special(i)ty
Besonderheit *f* 1. *(Gen)* exceptional quality, special(i)ty, unusual quality; 2. *(V&M)* special feature
besonders *adv (Gen)* especially, esp., specially
Besorgnis *f (Gen)* doubt, worry
Besorgnis *f* **der Befangenheit** *(Recht)* doubt as to impartiality, fear of prejudice
Besorgung *f (Gen)* procurement *(Beschaffung)*; purchase *(Einkauf)*; dealing *(Erledigung)*; errand *(Auftrag, Weg, Geschäftsgang)*
besprechen *v* 1. *(Gen)* discuss; 2. *(Media)* review *(Film, Theaterstück)*
Besprechung *f* 1. *(Gen)* discussion, meeting *(Sitzung)*; 2. *(Media)* review *(Theaterstück)*
besser *adv (Gen)* better
bessergestellt *adj (Gen)* better-off
Besserung *f (WiWi)* upturn
Besserverdienende *pl (Pers, Pol)* higher paid, higher paid employees, better paid, better paid people
Bestand *m* 1. *(Bank, Fin)* outstanding amount, position, portfolio *(Portefeuille)*; 2. *(Gen)* holding, stock *(Lager)* • **den Bestand aufnehmen** *(Gen)* take stock *(Lagerbestand aufnehmen)*
Bestand *m* **an Anlagewerten** *(Börse, Fin)* asset portfolio
Bestand *m* **an festen Aufträgen** *(Gen)* backlog of final orders
Bestand *m* **an Wertpapieren** *(Bank, Fin, WiWi)* portfolio
Bestände *mpl (Gen, WiWi)* supplies • **Bestände aufnehmen** *(RW)* take inventory, take stock
Bestände *mpl* **an Handelswaren** *(RW)* merchandise inventory
Beständeschwund *m (WiWi)* inventory shrinkage
beständig *adj* 1. *(Gen)* stable, standing, consistent, steady *(stabil)*; permanent *(stabil)*; 2. *(WiWi)* steady
Bestandsanpassung *f (WiWi)* stock flow adjustment
Bestandsaufnahme *f (Gen, RW, V&M)* stocktaking, inventory, stock inventory
Bestandsbewertung *f (RW)* valuation of inventory, valuation of stocks
Bestandsdaten *pl* 1. *(Gen, WiWi)* stock data; 2. *(Komm, Recht)* contractual data, data necessary for a contract *(IuKDG)*
Bestandserhebung *f (Gen)* survey of stocks

Bestandsfehlbetrag *m (WiWi)* inventory shortage
Bestandsgröße *f (Gen, WiWi)* stock
Bestandskonto *n (RW)* asset account
Bestandskontrolle *f (RW)* inventory control
Bestandsposten *m (RW)* inventory item
Bestandsschutz *m (WiWi) (AE)* grandfathering
Bestandsstatistik *f (Stat, WiWi)* stock statistics, statistics on stocks
Bestandsverwaltung *f* 1. *(Fin)* inventory management; 2. *(RW)* stock control
Bestandteil *m (Gen, Ind)* component part, component
bestätigen *v* 1. *(Comp)* acknowledge *(Befehl)*; 2. *(Gen)* acknowledge, confirm, accredit, validate, verify, vindicate *(Anspruch)*; witness *(Zeuge)*; 3. *(Komm)* acknowledge; 4. *(RW)* verify; 5. *(Recht)* acknowledge; 6. *(V&M)* endorse, indorse
Bestätigung *f* 1. *(Bank)* approval; 2. *(Gen)* acknowledgement, certification, verification *(Echtheit)*; confirmation *(Termin)*; validation, vindication *(Anspruch)*; 3. *(Komm)* acknowledgement *(Unterschrift, Initialen auf Dokumenten)*; certificate *(Dokument)*; 4. *(RW, Recht)* confirmation, attestation; 5. *(V&M)* endorsement • **zur Bestätigung vorlegen** *(Gen)* submit for approval
Bestätigung *f* **der Echtheit einer Unterschrift** *(Bank)* guarantee of signature
Bestätigungsmitteilung *f (Gen)* confirmation notice
Bestätigungsstelle *f (Gen, Recht)* trust center, certification authority *(Signaturgesetz)*
Bestätigungsvermerk *m (RW)* accounts certification, audit certificate, auditor's certificate, auditor's opinion, auditor's report, auditor's statement, audit report *(Bericht)*
bestechen *v (Gen)* bribe • **jmdn. bestechen** *(Gen)* bribe sb, give sb bribes, *(ugs.)* grease sb's palm, *(ugs.)* oil sb's palm • **sich bestechen lassen** *(Gen, Pol)* take bribes
bestechlich sein *v (Fin, Pol)* be open to bribery
Bestechlichkeit *f (Fin, Pol, Recht)* corruptibility
Bestechung *f* 1. *(Fin) (AE)* fix; 2. *(Gen)* bribe, bribery, payoff
Bestehen *n* 1. *(Gen)* existence; 2. *(Bil)* passing *(einer Prüfung)* • **seit Bestehen der Firma** *(Gen)* ever since the firm was founded
bestehen *v* **auf** *(Gen)* insist on
Bestellbuch *n (Gen, V&M)* order book
bestellen *v* 1. *(Gen)* order, book, reserve *(Eintrittskarte, Platz)*; 2. *(Recht)* appoint, nominate *(Buchprüfer)*; create *(Hypothek)*; 3. *(WiWi)* commission
bestellt *adj* 1. *(Recht)* appointed, nominated; 2. *(V&M)* appointed; 3. *(Pers)* on order *(Waren)*
Bestellung *f* 1. *(Gen)* appointment *(für ein Amt)*; 2. *(RW)* purchase order; 3. *(Recht)* appointment *(für ein Amt)* • **Bestellungen annehmen** *(Gen)* take orders
Bestellung *f* **eines (Insolvenz-) Verwalters** *(Recht)* appointment of a liquidator
bestens *adj (Börse)* at best
Bestens-Auftrag *m (Börse)* discretionary order
besteuern *v (Steuer)* tax, impose a tax on, *(BE)* levy a tax on; rate *(zur Kommunalsteuer veranlagen)*
Besteuerung *f (Steuer, WiWi)* imposition, taxation
Besteuerungsgegenstand *m (Recht, Steuer)* taxable event
Besteuerungsgrundlage *f (Steuer)* tax basis, taxable amount
Besteuerungsgrundsätze *mpl (Steuer)* canons of taxation
bestimmen *v* 1. *(Fin)* ring-fence; 2. *(Gen)* value *(Wert)*; 3. *(Pers)* appoint *(Ausschuss)*; 4. *(WiWi)* determine, earmark *(Preis)*
bestimmt *adj (Gen)* particular, specific *(Artikel)*; fixed *(festgesetzter Preis oder Tag)*; definite *(genau genannt)* • **jmdn. mit einer bestimmten Aufgabe betrauen** *(Gen)* entrust sb with a specific task • **an einen bestimmten Zweck binden** *(Gen)* earmark
Bestimmung *f* 1. *(RW)* appropriation *(von Geldern)*; 2. *(Recht)* stipulation, provision *(Vorschrift)*; 3. *(Versich)* clause

(Klausel); 4. *(WiWi)* appropriation, regulation
Bestimmungsfaktoren *mpl (Gen)* determinants
bestimmungsgemäße Produktbenutzung *f*, **bestimmungsgemäßer Produktgebrauch** *m* 1. *(Gen)* intended use; 2. *(Recht)* contractual use *(Herstellerhaftpflicht, Produzentenhaftpflicht)*
Bestimmungsland *n* 1. *(Imp/Exp, Transp)* country of destination; 2. *(WiWi)* receiving country
Bestimmungslandprinzip *n (Steuer)* destination principle
Bestimmungsort *m (Gen)* place of destination, destination
bestmögliche Methode *f (Gen)* optimal practice
bestmögliche Verfahrensweise *f (Gen)* optimal practice
bestreiken *v (Pers)* go on strike against
bestreitbar *adj* 1. *(Gen)* contestable, disputable; 2. *(Recht)* traversable
bestreitbarer Markt *m (WiWi)* contestable market
Bestreitbarkeit *f (WiWi)* contestability
bestreiten *v* 1. *(Gen)* bear, meet *(Kosten)*; 2. *(Recht)* dispute *(Forderung)*; deny *(Anrecht)* • **die Kosten bestreiten** *(Gen)* bear the costs, defray the costs, meet costs
bestücken *v (Ind)* equip, tool up
Bestückungsbetrieb *m (Ind)* component factory
Besuch *m (Gen)* visit
besuchen *v (Gen)* visit, pay a visit to
Beta-Aktie *f (Börse)* beta stock
Beta-Fehler *m (Stat)* beta error, type-II error
betätigen *v (Ind)* activate
Betätigung *f (Gen, Pers, Soz)* activity, work
Beteiligte *m(f)* 1. *(Gen)* partner; 2. *(Recht)* interested party, involved party, party concerned; 3. *(Imp/Exp)* user *(Zoll)*
beteiligte Partei *f (Gen)* interested party
Beteiligung *f* 1. *(Börse)* stake; 2. *(Fin)* equity holding, interest; 3. *(Gen)* stake, involvement *(an einem Unternehmen)*; 4. *(RW)* participation, share; 5. *(WiWi)* trade investments • **eine Beteiligung an etw. erwerben** *(Gen)* acquire an interest in sth
Beteiligung *f* **am Arbeitsleben [Erwerbsleben]** *(Pers, WiWi)* participation in working life
Beteiligungen *fpl* 1. *(Bank, Börse, Fin)* investments; 2. *(RW)* long-term financial investments; 3. *(WiWi)* investments
Beteiligungsbuchwert *m (RW)* book value of an investment
Beteiligungserträge *mpl (Börse)* income from investments
Beteiligungserwerb *m* 1. *(Börse)* acquisition of stock; 2. *(Fin)* acquisition of participations
Beteiligungsfinanzierung *f (Fin)* equity financing
Beteiligungsgesellschaft *f* 1. *(Börse)* joint-venture company; 2. *(Gen)* associated company, affiliate, affiliate company
Beteiligungskapital *n (Bank, Fin, Gen, WiWi)* equity capital
Beteiligungskäufe *mpl (Börse)* acquisition of shareholdings
Beteiligungsportfolio *n (Bank, Fin, Mgt)* investment portfolio
Beteiligungs- und Fremdfinanzierung *f (Fin, RW)* external financing *(Außenfinanzierung)*
Beteiligungsverhältnis *n (Gen)* participation rate
betonen *v (Gen)* emphasize, lay the emphasis on
beträchtlich *adj* 1. *(Gen)* appreciable, considerable, substantial; 2. *(WiWi)* sizeable
Betrachtungszeit *f (Comp, Komm, Media, V&M)* view time *(Internet)*
Betrag *m (Fin, Gen)* amount • **einen Betrag von einem Bankkonto abheben** *(Bank)* withdraw a sum from a bank account • **fällige Beträge einziehen** *(Fin)* collect sums due
Beträge *mpl (Fin, RW)* amounts, dividends
betragen *v* 1. *(Gen)* amount to, come to, work out at; 2. *(RW)* add up to
Betreff *m (Gen)* reference, re *(am Briefbeginn)*
betreffen *v (Gen)* concern, refer to
betreffend *adj (Gen)* in question *(Person)*; pertaining to *(Sache)* • **die betreffen-**

den Personen *(Gen)* the persons concerned
betreffs *(Komm)* regarding, re, concerning
Betreff-Zeile *f (Komm)* subject line *(E-Mail Subject-Zeile)*
betreiben *v* 1. *(Comp)* power; 2. *(Gen)* run, operate *(Unternehmen)*; conduct *(Gewerbe)*; 3. *(Ind)* operate, power; 4. *(Soz)* pursue *(Studium)*
Betreiber *m* 1. *(Gen, Recht)* operator; 2. *(Mgt)* person running an enterprise
Betreibergesellschaft *f (Gen, Recht)* operating company
Betreiberin *f s.* Betreiber
Betreuer *m (Soz)* minder, child minder, social worker, nurse, companion, au pair
Betreuerin *f s.* Betreuer
Betrieb *m* 1. *(Comp)* mode; 2. *(Gen)* concern, business, workplace, operation *(Firma)*; 3. *(Ind)* factory, works *(Fabrik)*; operation *(von Maschine)*; 4. *(Pers)* workplace, place of work, establishment *(Arbeitsstelle)* • **außer Betrieb** *(Gen)* out of order, out of action • **in Betrieb nehmen** *(Ind)* start up • **in Betrieb sein** *(Ind)* be on stream • **in Betrieb setzen** *(Ind)* activate
betrieblich *adj* 1. *(Gen)* operational; 2. *(Mgt)* managerial
betriebliche Altersversorgung *f (Gen, Pers)* company pension plan, company pension scheme, pension plan
betriebliche Aufwendungen *fpl (RW)* operating cost [expenditure, expense]
betriebliche Ausbildung *f (Pers)* in-plant training
betriebliche Ausgaben *fpl (Steuer)* corporate spending
betriebliche Erträge *mpl (RW)* operating income, operating revenue
betriebliche Hierarchie *f (Mgt, Pers)* corporate hierarchy
betriebliche Mitbestimmung *f (Mgt, Pers)* codetermination at plant level, involvement of employees *(der Arbeitnehmer)*
betriebliche Personalplanung *f (Pers)* company manpower planning, personnel planning in the enterprise, personnel planning in the undertaking, personnel planning in the firm
betriebliche Schulung *f (Pers)* in-plant training, in-house training
betriebliche Zusatzrente *f (Fin)* supplementary company pension scheme
betrieblicher Bruttoertrag *m (RW)* gross operating revenue
betrieblicher Vergleich *m (Gen)* inter-firm comparison
betriebliches Rechnungswesen *n (Fin)* corporate finance
betriebliches Schulungszentrum *n (Bil, Pers)* staff training centre
betriebliches Umfeld *n (Gen)* business environment
Betriebsablauf *m (Pers)* sequence of operations
Betriebsabrechnung *f (RW)* cost accounting, periodical cost accounting, industrial cost accounting, internal cost accounting; operating cost and revenue statement *(Synonym: periodische Kostenrechnung; Vollkostenrechnung, periodenbezogene Verrechnung aller Kosten nach dem Verursachungsprinzip auf die Hauptkostenstellen im BAB; Kostenarten-, Kostenstellen- und Kostenträgerrechnung)*
Betriebsabrechnungsbogen *m (BAB) (Bil, RW)* expense [cost] distribution sheet, assignment sheet for non-manufacturing cost, overhead allocation sheet, cost apportionment sheet, overhead distribution sheet *(verteilt die primären Gemeinkosten nach dem Verursachungsprinzip auf die Kostenstellen; wird nur noch für Lehrzwecke verwendet, for teaching purposes only)*
Betriebsangehörige *m(f) (Gen, Pers)* staff member, member of the staff, staff, employee
Betriebsanlage *f (Ind)* plant, operating plant, fixed plant
Betriebsanleitung *f (Gen)* instruction book
Betriebsaufwand *m (RW)* operating costs, operating expenditure, operating expenses
Betriebsausflug *m (Pers)* (annual) work outing, (annual) staff outing
Betriebsausgaben *fpl (Gen)* business expenses, business charges

Betriebsausgabenabzug *m (RW, Steuer)* business expense deduction
betriebsbedingt *adj (Gen, RW)* operational
betriebsbedingter Aufwand *m (RW)* operating cost, operating expenditure, operating expense
Betriebsbefragung *f*, **Betriebserhebung** *f (Pers, Stat)* establishment survey, employer survey
Betriebsbesichtigung *f (Gen, V&M)* company tour, guided tour
Betriebsbuchhaltung *f (RW)* cost accounting management accounting, internal accountancy, industrial accountancy *(mit der Informations- und Steuerungsfunktion der Kosten- und Leistungsrechnung; Gegensatz: externes Rechnungswesen = financial accounting)*
Betriebseinstellung *f (Gen)* shutdown
Betriebsergebnis *n* 1. *(Fin, Gen)* trading result; 2. *(RW)* operating result
Betriebsergebnis I *n* **(des BAB)** *(RW)* gross operating profit *(Synonym: operatives Ergebnis)*
Betriebsergebnisrechnung *f (RW)* operating statement
betriebsfremde Erträge *mpl (RW)* other income, other revenue
Betriebsführung *f (Mgt, WiWi)* business management
Betriebsgeheimnis *n (Pers)* trade secret
Betriebsgesellschaft *f (Gen, Ind)* operating company
Betriebsgewinn *m (RW)* operating profit
betriebsgewöhnliche Nutzungsdauer *f* 1. *(Gen)* average life; 2. *(RW, Recht)* asset depreciation range
Betriebsgründung *f (Gen, WiWi)* business start-up, start-up, setting up one's own business
Betriebshandelsspanne *f (RW)* gross profit margin
Betriebsinhaber *m (Gen, Recht)* company owner, proprietor, operator
betriebsintern *adj (Gen)* in-house, in-company, in-plant
betriebsinterne Schulung *f (Pers)* in-company training
Betriebskalkulation *f (RW)* cost accounting
Betriebskapazität *f* 1. *(Gen, Ind)* plant capacity; 2. *(WiWi)* operating capacity
Betriebskapital *n* 1. *(Fin)* net current assets, working capital; 2. *(Gen)* working capital; 3. *(RW)* net quick assets; 4. *(WiWi)* circulating capital, share capital, operating capital
Betriebskosten *pl* 1. *(Fin)* current expenditure, running costs, running expense; 2. *(Gen)* operating expenses, running expense; 3. *(RW)* operating expenses, running expense, operating costs
Betriebsleistung *f* 1. *(WiWi)* capacity utilization rate, degree of utilization, operating rate, operating performance *(die tatsächliche Auslastung im Verhältnis zur maximalen Auslastung, the ratio of actual to potential output; Synonym: Auslastungsgrad)*; 2. *(Gen)* degree of manpower utilization, overall performance *(Personalauslastung)*
Betriebsmittel *n* 1. *(Gen, Ind)* resource; 2. *(Pers)* working area
Betriebsmittelkredit *m (Bank, Fin)* short-term operating credit
betriebsnotwendiger Kapitalbedarf *m (Fin)* operating capital requirements
Betriebsoptimum *n (WiWi)* ideal capacity, maximum practical capacity
Betriebsplanung *f (Gen, Mgt)* operational planning, business planning
Betriebsprogramm *n (Comp)* operating system *(OS)*
Betriebsrat *m (Pers)* employees' committee, *(BE)* works council
Betriebsrente *f (Pers, Soz)* employer's pension scheme, company pension, occupational pension
Betriebsrentensystem *n (Soz)* company pension plan, group annuity contract
Betriebsrisiko *n (Bank)* operational risk
Betriebsschließung *f* 1. *(Gen)* shutdown; 2. *(Ind)* plant closure
Betriebssicherheit *f (Ind, Pers)* industrial safety, industrial security
betriebsspezifisch *adj (Gen)* company-specific, firm-specific
Betriebsstätte *f* 1. *(Gen, Ind)* plant, operational facility, operating unit; 2. *(Steuer)* permanent establishment
Betriebsstillstand *m (Ind)* operations breakdown

Betriebsstoffe *mpl* 1. *(Gen)* expendable goods; 2. *(Ind)* (factory) supplies
Betriebsstörung *f (Ind, Mgt)* stoppage, breakdown *(Maschine etc.)*
Betriebstechnik *f (Ind)* industrial engineering, production engineering *(Produktion)*
Betriebsüberschuss *m* 1. *(Fin, RW)* operating profit, *(BE)* trading profit; 2. *(WiWi)* operating surplus
Betriebsübersicht *f* 1. *(Gen) (AE)* work sheet; 2. *(RW)* balance sheet in schedule form *(Synonym: Abschlussübersicht; cf Hauptabschlussübersicht)*
Betriebs- und Geschäftsausstattung *f (Gen)* fixtures and fittings
Betriebsunfall *m (Pers, Versich)* industrial accident, industrial injury, occupational accident, job-related injury
Betriebsunterbrechung *f (Transp)* breakdown
Betriebsvereinbarung *f (Pers)* plant agreement, *(BE)* shop-floor agreement
Betriebsverlust *m (RW)* operating loss
Betriebsvermögen *n (Fin, Gen, RW)* business assets
Betriebswirtschaft *f* 1. *(Mgt)* science of business management, managerial economics; business administration; 2. *(WiWi)* business studies, applied economics
betriebswirtschaftliche Fakultät *f (Bil)* business economics department, business economics faculty
betriebswirtschaftliche Kennzahl *f* 1. *(Mgt, WiWi)* management ratio, operational ratio; 2. *(Gen)* ratio, activity ratio, business ratio, corporate key ratio *(Synonym: betriebswirtschaftliche Kennziffer)*
Betriebswirtschaftslehre *f* 1. *(Mgt)* science of business management, managerial economics; business administration; 2. *(WiWi)* business studies
Betriebswissenschaft *f (Mgt)* scientific management
Betriebszeit *f* 1. *(Bank)* uptime *(EZB)*; 2. *(Pers)* operating period • **während der üblichen Betriebszeiten** *(Gen, Recht)* during normal business hours
Betriebsziele *npl (Mgt, WiWi)* operational objectives
Betriebszuschuss *m (Fin)* operating subsidy
betrifft *adv (Gen)* concerning, regarding
Betroffener *m (Gen, Recht)* party affected, person affected
Betrug *m* 1. *(Gen)* fraud, swindle, *(BE; ugs.)* ramp; 2. *(RW, Recht)* fraud *(arglistige Täuschung)*
betrügen *v* 1. *(Gen)* cheat, swindle; 2. *(RW, Recht)* defraud
Betrüger *m* 1. *(Gen)* confidence trickster, embezzler, swindler, *(ugs.)* con artist; 2. *(RW, Recht)* defrauder
Betrügerin *f s.* Betrüger
betrügerisch *adj (Gen, RW, Recht)* fraudulent
betrügerischer Bankrott *m (Gen, RW, Recht)* fraudulent bankruptcy
betrügerischer Konkurs *m (Recht)* fraudulent bankruptcy
Betrugsbekämpfung *f (Recht)* anti--fraud, fight against fraud
beurkunden *v* 1. *(Gen)* authenticate, place on record, register, verify, record *(Vertrag)*; 2. *(RW)* verify; 3. *(Recht)* acknowledge, attest to
Beurkundung *f* 1. *(Gen)* document; 2. *(RW)* authentication, verification; 3. *(Recht)* (act of) acknowledgement
beurlauben *v (Pers)* suspend, suspend from office, suspend from duty *(Synonym: suspendieren)*
Beurlaubung *f (Pers)* leave of absence, *(AE)* furlough *(Arbeitsmarkt)*; suspension from office
beurteilen *v* 1. *(Gen)* judge, assess, appraise *(Wert, Leistung)*; 2. *(Mgt)* appraise *(Projekt)*
Beurteilung *f* 1. *(Gen)* appraisal, assessment, judgment; 2. *(Mgt)* appraisal; 3. *(Recht)* judgment
Beurteilungsgespräch *n (Pers)* appraisal interview
Bevölkerung *f (WiWi)* population
Bevölkerungsprognose *f (Pol, WiWi)* population forecast, population projection
Bevölkerungsstatistik *f (Stat, WiWi)* population statistics, census of population, demographic statistics
Bevölkerungsvorausschätzung *f (Stat, WiWi)* population forecast, population projection

Bevölkerungswachstum *n (WiWi)* population growth
bevollmächtigen *v* 1. *(Gen)* authorize, empower; 2. *(RW, Recht)* appoint as attorney-in-fact
bevollmächtigt *adj* 1. *(Gen)* authorized, empowered; 2. *(RW, Recht)* invested with power of attorney; 3. *(V&M)* accredited
Bevollmächtigte *m(f)* 1. *(Gen)* authorized agent, representative, agent; 2. *(RW, Recht)* attorney-in-fact
Bevollmächtigung *f* 1. *(Gen)* agency, agcy, authorization; 2. *(Recht)* authorization, power of attorney, PA
bevorrechtigt *adj* 1. *(Fin, Gen)* privileged; 2. *(Recht)* entitled to priority
bevorrechtigter Gläubiger *m (Fin, RW, WiWi)* secured creditor, senior creditor
Bevorrechtigung *f (Recht)* privilege, priority
Bevorschussung *f (Bank, Gen)* advance
bevorzugen *v (Fin, Gen, RW, V&M)* favo(u)r, prefer
bevorzugt *adj (Fin, Gen, RW, V&M)* preferred
bevorzugt *adv* 1. behandeln; 2. *(Gen)* prioritize
Bevorzugung *f (Fin, Gen, RW, V&M)* preference, preferential treatment
bewahren *v (Gen)* preserve, sustain *(Vertrauen)*
bewährt *adj (Gen)* proven, tried and tested, well-tried
Beweggrund *m (Gen)* motive, rationale, reason
beweglich *adj (Gen)* moveable, mobile, flexible
bewegliche Güter *npl (Recht)* moveable goods, chattels
bewegliche Sachen *fpl (Recht)* moveables, set of chattels
bewegliches Eigentum *n (Recht)* moveable property
bewegliches Vermögen *n* 1. *(Grund)* chattels personal, moveable property, personal estate; 2. *(Recht)* moveable property
Bewegung *f (Gen)* movement, swing *(Markt)*
Bewegungsanalyse *f (Stat, WiWi)* flow analysis *(Analyse der Zu- und Abgänge, der Güterbewegungen)*
Bewegungsbilanz *f (Fin, RW)* source and application of funds statement, funds statement
Bewegungsdatei *f (Comp)* change file, transaction file
Bewegungszahl *f (Stat, WiWi)* flow figure *(Gegensatz: Bestandszahl)*
Beweis *m (Recht)* evidence *(Gerichtsverfahren)*; proof *(Nachweis)* • **Beweis erbringen** *(Gen)* prove
Beweisantrag *m (Recht)* motion to receive evidence
Beweisaufnahme *f (Recht)* discovery, taking of evidence
beweisen *v (Gen, Recht)* prove
beweiserheblich *adj (Recht)* evidentiary
Beweislast *f (Recht)* burden of proof
Beweislastumkehr *f (Recht)* reversal of the burden of proof
Beweisstück *n (Recht)* exhibit
beweisunerheblich *adj (Recht)* immaterial
bewerben *v* **um/sich** 1. *(Gen)* solicit, tender for, apply for *(Arbeitsstelle)*; seek; 2. *(Mgt)* tender *(Auftrag)*; 3. *(Pers)* apply for *(Arbeitsstelle)*
Bewerber *m* 1. *(Fin, Gen)* bidder; 2. *(Pers)* applicant, job candidate *(für eine Arbeitstelle)*
Bewerberangebot *n (Pers)* supply of candidates, supply of applicants
Bewerberin *f s.* Bewerber
Bewerberländer *fpl (Gen, Recht)* applicant countries *(EU)*
Bewerbung *f* 1. *(Gen)* application; 2. *(Pers)* application, job application *(Arbeitsmarkt)*
Bewerbungs(frage)bogen *m (Pers)* (job) application form
Bewerbungsfrist *f (Pers)* application deadline, deadline for applications, deadline for the receipt of applications, deadline for the submission of applications
Bewerbungsgespräch *n (Pers)* job interview, interview
Bewerbungskosten *pl (Pers)* expenses connected with an application *(for a job)*; costs of applying for a job
Bewerbungsschreiben *n (Komm, Pers)* application, letter of application
Bewerbungsunterlagen *fpl (Pers)* application documents, application

bewerkstelligen *v (Gen)* manage
bewerten *v* 1. *(Gen)* make a valuation of, assess, evaluate, value *(schätzen)*; 2. *(Mgt)* appraise *(Projekt)*; 3. *(Pers)* appraise • **bewertet sein mit** *(Börse)* be valued at
Bewertung *f* 1. *(Fin)* rating *(Unternehmen)*; 2. *(Gen)* assessment, evaluation, valuation; 3. *(Mgt)* appraisal; 4. *(Pers)* appraisal
Bewertung *f* **des Anlagevermögens** *(RW)* fixed asset assessment
Bewertung *f* **des Lagerbestands** *(RW)* valuation of inventory, valuation of stocks
Bewertung *f* **eines Investitionsprojekts** *(WiWi)* capital project evaluation
Bewertungsabschlag *m* 1. *(Gen, Recht, Steuer)* downward valuation adjustment; 2. *(WiWi)* import allowance *(ZB)*; 3. *(Börse, Fin)* conglomerate discount *(komplexe, diversifizierte Konzerne –Mischkonzerne = conglomerates- werden von den Kapitalmärkten als intransparent und schwerer führbar angesehen und deshalb bei der Bewertung bis ca. 10-25 %)*
Bewertungsdurchschnitt *m (Gen)* weighted average
Bewertungsergebnis *n (RW)* net income or net charges from the valuation of assets, net result from the valuation of assets
Bewertungsmaßstab *m (Mgt, WiWi)* benchmark
Bewertungsmethode *f* 1. *(Fin)* cost method; 2. *(RW)* method of valuation
Bewertungsskala *f (Gen)* rating scale
bewilligen *v* 1. *(Fin)* grant *(Kredit)*; 2. *(Gen)* allow, authorize; 3. *(Pat)* grant *(Lizenz)*
bewilligt *adj* 1. *(Fin)* granted; 2. *(Gen)* allowed, authorized; 3. *(Pat)* granted
Bewilligung *f (Pat, Recht)* grant
Bewilligung *f* **von Haushaltsmitteln** *(Fin, Pol)* budget appropriation
bewirten *v (Gen)* accommodate, entertain
Bewirtschaftung *f* 1. *(Mgt)* management; administration; 2. *(WiWi)* control, farming, cultivation *(des Landes)*
Bewirtung *f* 1. *(Frei)* catering; 2. *(Gen)* entertainment
Bewirtungsgewerbe *n (Frei, Gen)* catering trade
Bewirtungspauschale *f (Gen)* entertainment allowance
bewohnen *v (Grund)* occupy
Bewohner *m (Grund)* occupant, occupier, owner *(Eigentümer)*
Bewohnerin *f s.* Bewohner
bezahlbar *adj (Gen)* affordable
Bezahl-Content *m (Komm, V&M)* content for cash *(C4C)*
bezahlen *v* 1. *(Bank)* hono(u)r *(Scheck)*; 2. *(Gen)* pay, pay for
bezahlt *adj* 1. *(Bank)* hono(u)red *(Scheck)*; 2. *(Gen)* paid, paid for, settled, received
bezahlte Rückantwort *f (Komm)* reply paid
Bezahlung *f (Gen)* payment, PYT, remuneration, settlement • **gegen Bezahlung** *(Gen)* against payment
Bezahlung *f* **nach Leistung** *(Pers)* performance-related pay, performance pay, incentive wage
Bezahlung *f* **per Handy** *(Komm, V&M)* mobile payment *(M-Commerce)*
Bezahl(ungs)vorgang *m* **im Internet** *(Bank, Comp)* internet-based payment, ternet-based payment transaction
bezeichnen *v (Gen)* designate, mark *(kennzeichnen)*
bezeichnend *adj (Gen)* characteristic, typical
Bezeichnung *f* 1. *(Gen)* term *(Wort)*; 2. *(Pat)* designation; 3. *(WiWi)* denomination
bezeugen *v* 1. *(Gen)* attest to; 2. *(Recht)* attest to, testify *(aussagen)*
beziehen *v* 1. *(Gen)* take up *(Position)*; 2. *(WiWi)* buy • **sich beziehen auf** *(Gen)* refer to • **sich beziehend auf** *(Gen)* referring to
Bezieher *m* **von Arbeitslosengeld** *(Soz)* recipient of unemployment benefits, recipient of unemployment allowance, recipient of unemployment compensation, persons in receipt of unemployment benefits
Bezieher *m* **von Leistungen** *(Soz)* person in receipt of benefit, person drawing benefit, recipient of benefit, benefit recipient, claimant
Bezieher *m* **von Sozialhilfe** *(Soz)* recip-

ient of social assistance, *(AE)* welfare recipient, *(BE)* recipient of income support

Bezieherin *f* **von Arbeitslosengeld** *s.* Bezieher von Arbeitslosengeld

Bezieherin *f* **von Leistungen** *s.* Bezieher von Leistungen

Bezieherin *f* **von Sozialhilfe** *s.* Bezieher von Sozialhilfe

Beziehung *f (Fin, Gen)* relationship, interrelation

Beziehungen *fpl (Gen)* relations

Beziehungen spielen lassen *v (Gen) (BE)* pull strings, *(AE)* pull wires

Beziehungsmanagement *n (Bank, Mgt)* relationship management

beziehungsweise *adv (Gen)* respectively

Bezirk *m* 1. *(Gen)* territory, district *(Verwaltungseinheit)*; 2. *(Pol)* borough

Bezug *m* 1. *(Börse)* subscription; 2. *(Gen)* procurement *(Waren)*; subscription *(Zeitungen, Zeitschriften)* • **in Bezug auf** *(Gen)* concerning, regarding, with reference to, with regard to • **in Bezug auf Ihr Schreiben vom** *(Komm)* further to your letter of • **Bezug nehmen auf** *(Gen, Pat)* refer to • **Bezug nehmend auf** 1. *(Gen)* referring to; 2. *(Komm)* with reference to

Bezug *m* **von Leistungen** *(Soz)* receipt of benefit, drawing of benefit

Bezüge *mpl (Gen)* emolument

Bezugnahme *f (Komm)* reference • **Bezugnahme auf** *(Pat)* reference to • **unter Bezugnahme auf** *(Gen)* with reference to, referring to

Bezugsberechtigte *m(f)* 1. *(Börse, Fin)* allottee; 2. *(Recht, Versich)* beneficiary

Bezugsdatum *n (Pers, Soz)* reference date, reference day

Bezugsgröße *f* **des Währungssystems** *(WiWi)* numeraire

Bezugskosten *pl* 1. *(Gen)* purchasing costs; 2. *(RW)* delivery costs

Bezugsmarke *f (Comp, Gen)* benchmark

Bezugspreis *m* 1. *(Fin)* subscription price; 2. *(Gen)* price of delivery

Bezugspunkt *m* 1. *(Gen)* reference point; 2. *(WiWi)* benchmark

Bezugsquelle *f (Gen)* supply source, resource

Bezugsrecht *n* 1. *(Börse)* stock [share] purchase warrant, subscription right; 2. *(Versich)* right to life insurance benefits • **mit Bezugsrecht** *(Börse)* cum warrant

Bezugsrechtsemission *f (Börse, Fin, RW)* rights issue

Bezugsverhältnis *n (Börse)* exchange ratio, subscription ratio

Bezugswährung *f (WiWi)* base currency

Bezugszeitraum *m (Gen, Soz, Stat)* reference period

bezuschussen *v (Gen, Soz)* subsidize

Bezuschussung *f (Gen)* subsidizing, subsidy *(Betrag)*

bieten *v (Gen)* make a bid, bid *(auf Auktion)*; tender *(Geld, Dienstleistung)*; offer *(Möglichkeit)*

Bietende *m(f) (Gen)* bidder

Bieter *m (Gen)* bidder

Bieterin *f s.* Bieter

Bieterkonsortium *n (Gen, Recht)* bidding consortium

Bilanz *f (RW)* annual accounts, asset and liability statement, balance (sheet), statement of financial position • **außerhalb der Bilanz** *(Fin)* off-balance • **die Bilanz ziehen** 1. *(Gen)* strike a balance; 2. *(RW)* balance the books

Bilanz *f* **der laufenden Posten** *(WiWi)* balance on current account *(VGR, ZB)*

Bilanz *f* **der unentgeltlichen Leistungen** *(WiWi)* unrequited transfers account *(VGR, ZB)*

Bilanz *f* **der unsichtbaren Leistungen** *(Fin, WiWi)* invisible balance

Bilanz *f* **des Warenhandels** *(WiWi)* visible (trade) balance

Bilanz *f* **in laufender Rechnung** *(WiWi)* current account (of the balance of payments) *(VGR, ZB)*

Bilanzanalyse *f (RW)* statement analysis

Bilanzanlage *f (RW)* balance sheet supplement

Bilanzaufstellung *f* 1. *(Bank, Fin)* statement of condition; 2. *(RW)* preparation of a balance sheet

Bilanzdelikt *n (RW)* accounting fraud

Bilanzgerade *f (WiWi)* budget line

Bilanzgewinn *m* 1. *(Gen)* unappropriated surplus; 2. *(RW)* net profit for the year, unappropriated retained earnings, accumulated profits

Bilanzgleichung *f* 1. *(RW)* accounting

equation, accounting identity; 2. *(WiWi)* budget equation *(Haushalt)*

Bilanzgliederung *f (RW)* account format, accounting plan

bilanzielle Abschreibung *f (RW)* book depreciation

bilanzieren *v (RW)* capitalize, show in the balance sheet, report in the balance sheet *(in der Bilanz ansetzen, in der Bilanz ausweisen)*; draw up the balance sheet, make up the balance sheet, prepare the balance sheet *(Bilanz erstellen)*

Bilanzierung *f (Fin, RW)* balancing (of an account), financial accounting

Bilanzierungsgrundsätze *mpl (RW)* accounting principles, accounting rules

Bilanzierungsperiode *f (Fin)* accounting period

Bilanzierungspraxis *f (RW)* accounting practice

Bilanzierungsregeln *fpl (RW)* accounting conventions

Bilanzierungsrichtlinie *f (RW)* accounting convention *(EU)*

Bilanzjahr *n (Fin, RW, Steuer)* accounting year, financial year, fiscal year

Bilanzkennzahl *f (RW)* accounting ratio, balance sheet ratio

Bilanzkosmetik *f (RW)* window-dressing

bilanzneutral *adj (Bank, RW)* off-balance sheet, off-balance

Bilanzpolizei *f (ugs.) (RW) (ugs.)* balance sheet police *(Finanzmarktaufsicht; Funktion der BaFin in der 2. Stufe des sog. "Enforcement-Verfahrens", wo sich der Staat gemäß Bilanzkontrollgesetz mit hoheitlicher Gewalt bei nicht freiwillig kooperierenden Aktiengesellschaften einschalten und durchsetzen kann; cf BaFin)*

Bilanzposten *m (RW)* balance item, balance sheet item

Bilanzrecht *n (Recht)* accounting laws, accounting legislation

Bilanzrichtlinie *f (Recht, RW)* accounting directive

Bilanzstatus *m (RW)* statement of assets and liabilities

Bilanzstichtag *m (Bank, RW)* balance sheet date

Bilanzsumme *f (RW)* total balance sheet

bilanzunwirksam *adj (Fin, RW, WiWi)* off the balance sheet, off-balance-sheet

Bilanzwert *m (RW)* carrying value, value of a balance sheet item

bilanzwirksam *adj (RW)* as reflected in the balance sheet, on-balance-sheet; on-balance-sheet transaction

Bilanzziehung *f (Gen)* balancing

Bildmaterial *f (Media, V&M)* visual material

Bildpunkte *mpl (Comp)* pixels *(Bildschirm)*; dots per inch, dpi *(Drucker)*

Bildschärfe *f* 1. *(Media)* focus, sharpness *(Foto)*; 2. *(Comp)* resolution *(Bildschirm)*

Bildschirmarbeitsplatz *m (Comp, Pers)* VDU job *(VDU = visual display unit = DSG = Datensichtgerät, Bildschirmgerät)*

Bildschirmauflösung *f (Comp)* screen resolution, monitor resolution *(z. B. 1024 x 768)*

Bildschirmhandel *m (Börse, Comp)* screen based system

Bildschirmkopie *f (Comp)* screenshot

Bildschirmschoner *m (Comp)* screensaver

Bildschirmschrift *f (Comp)* screen font

Bildtext *m (Media, V&M)* picture caption

Bildung *f* **von Netzwerken** *(Bil, Mgt, Pers)* networking

Bildung *f* **von Seilschaften** *(ugs.) (Gen) (BE)* backscratching, *(AE)* log-rolling

Bildungsabschluss *m (Pers)* educational attainment, educational achievement *(Lebenslauf)*; certificate, leaving certificate, qualification, educational qualification *(Zeugnis)*

Bildungsausgaben *fpl (Pers, Pol)* educational expenditure, expenditure on education

Bildungsaussichten *fpl (Bil, Pers)* educational prospects

Bildungsbedarf *m (Pers)* educational need, educational requirement

Bildungsbeteiligung *f (Bil, Pers)* participation in education

Bildungsdefizit *n (Bil, Pers, Pol)* educational deficit, deficit in education, lack of education

Bildungsgutschein *m (Bil, Soz)* training voucher

Bildungsinhalt *m (Pers)* content of edu-

cation, curricula, content of educational curricula
Bildungsinvestition *f (Bil, Gen)* investment in education
Bildungslehrgang *m (Bil, Pers)* training course, course of training, educational course
Bildungsmangel *m (Bil, Pers, Pol)* lack of education, educational deficit
Bildungsnachfrage *f (Bil, Pers)* educational demand
Bildungsnachweis *m (Bil)* educational qualification, qualification, diploma
Bildungsniveau *n (Pers)* educational level, level of education, educational attainment
Bildungsökonomie *f (WiWi)* economics of education
Bildungssystem *n (Pers)* educational system, training system
Bildungsträger *m (Pers)* training provider
Bildungsweg *m (Soz)* educational background
Bildungswesen *n (Pers)* training and education system
Bildungszertifikat [Bildungszeugnis] *n (Bil)* educational qualification, qualification, diploma
billig *adj (Gen)* cheap, inexpensive, low--cost, low-priced
billige Handelsflagge *f (Transp)* convenience flag, flag of convenience
billigen *v* 1. *(Gen)* approve; 2. *(Recht)* endorse, indorse
billiges Geld *n (Bank)* cheap money
Billigflagge *f (Transp)* convenience flag
Billigkeit *f (Recht, WiWi)* equity
billigkeitsrechtlich *adj (Recht, WiWi)* equitable
billigst *adj (Börse)* at best
billigst kaufen *v (Börse)* buy at market, buy at best *(Order)*
Billigung *f* 1. *(Gen)* acceptance, approval, assent, confirmation, sanction *(Bestätigung)*; 2. *(Recht)* approval; 3. *(WiWi)* sanction
Bimetallismus *m (WiWi)* bimetallism
bimodale Verteilung *f (Stat)* bimodal distribution
binär *adj (Comp, Stat)* binary
Binärziffer *f (Comp, Stat)* binary digit, bit *(Zahlensysteme)*
binden *v* 1. *(Fin)* lock up, tie up *(Kapital)*; 2. *(Gen)* commit, bind
bindend *adj (Recht)* binding *(verpflichtende Verträge)*
bindendes Angebot *n (Gen)* binding bid, binding offer, binding tender
Bindung *f (Gen)* absorption
Bindung *f* **von Währungen** *(WiWi)* linking of currencies
Binnen... 1. *(Imp/Exp)* domestic, inland; 2. *(Transp)* domestic, inland; 3. *(WiWi)* domestic, home, internal *(Handel)*
Binnengrenze *f* internal border, internal frontier *(EU)*
Binnenhandel *m (WiWi)* domestic trade, home trade, internal trade, intra-EU trade, trade within the EU
Binnenmarkt *m (WiWi)* domestic market, home market, internal market, single market *(EU)*
Binnennachfrage *f (WiWi)* domestic demand
Binnenschiffer *m (Transp)* inland waterway carrier
Binnenumschlagplatz *m (Umwelt)* onshore terminal
Binnenwanderung *f (Pers, WiWi)* internal migration
Binnenwirtschaft *f (WiWi)* internal economy, domestic economy
binnenwirtschaftliche Lage *f (WiWi)* domestic situation
binnenwirtschaftliche Liquidität *f (WiWi)* domestic liquidity
binnenwirtschaftliches Gleichgewicht *n (WiWi)* internal balance
biografische Daten *npl (Pers)* biographical data
Bioinformatik *f (Comp, Komm)* bioinformatics
biologisch *adj* 1. *(Ind)* biological; 2. *(Umwelt, WiWi)* organic, biological
biologisch abbaubar *adj (Umwelt)* biodegradable
Bionik *f (Bil, Comp, Ind)* bionics *(Nutzung biologischer Funktionen in der Hochtechnologie)*
Bioökonomie *f (WiWi)* bioeconomics
Biosphäre *f (Umwelt)* biosphere
Biotechnik *f (Ind)* bioengineering
Biotechnologie *f (Ind)* biotechnology
BIP *s.* Bruttoinlandsprodukt

BIP pro Kopf der Bevölkerung *(WiWi)* GDP per capita, GDP per head
BIP-Deflator *m (WiWi)* GDP deflator
bis auf Weiteres *(Gen)* until further notice
bis auf Widerruf 1. *(Gen)* till countermanded; 2. *(V&M)* till cancel(l)ed, till forbid *(Werbung)*
bis dato *(Gen)* to date
bis höchstens *(Gen)* up to a maximum of
bisher *adv (Gen)* to date
bisherig gezeigte Leistungen *fpl (Gen)* track record
bisherige Dauer *f* **der Arbeitslosigkeit** *(Pers, Soz)* current spell of unemployment, current period of unemployment, duration of unemployment in progress
bisherige Dauer *f* **der Beschäftigung** *(Pers)* current spell of employment, current period of employment
Bitte *f (Gen)* request • **auf Bitte von** *(Gen)* at the request of
bitte beachten *(Gen)* nota bene, NB, please note
bitte weiterleiten *(Komm)* please forward
bitte wenden *(Komm)* please turn over
Blanko... *(Gen)* blank
Blankoauftrag *m (Gen)* blank order, blanket order
Blankodarlehen *n (Börse)* uncovered advance
Blankokredit *m (Bank, Fin)* clean credit *(unbesichert)*
Blankoscheck *m (Bank) (AE)* blank check, *(BE)* blank cheque
Blankoscheck-Gesellschaft *f (jarg.) (Bank, Fin)* special purpose acquisition company, SPAC; targeted acquisition company, TAC *(Synonym: Akquisitionsvehikel, Blankoscheck-Unternehmen, Zweck-Akquisitionsgesellschaft; cf Akquisitionsvehikel)*
Blankounterschrift *f (Bank)* blank signature
Blasenwirtschaft *f (Börse, WiWi)* bubble economy
Blatt *n (Komm, Media)* sheet, leaf, page *(Seite)*; paper, newspaper *(Zeitung)*
Blaupause *f (Gen)* blueprint
bleifreies Benzin *n (Umwelt) (AE)* lead-free gas, *(BE)* lead-free petrol, *(AE)* unleaded gas, *(BE)* unleaded petrol
Blickfang *m (V&M)* attention getter, eye-catcher
Blickkontakt *m (V&M)* eye contact
Blindbewerbung *f (Pers)* speculative application
blinde Durchschrift *f (Komm)* blind carbon copy *(bcc)*
blinde Kopie *f (Komm)* blind carbon copy *(bcc)*
blinder Durchschlag *m (Komm)* blind carbon copy *(bcc)*
Blindkopie *f (Komm)* blind carbon copy *(bcc)*
Blisterpackung *f (V&M)* blister pack
Blitzstreik *m (Pers)* lightning strike
blocken *v (Comp)* block
Blockfinanzierung *f (RW)* block funding
Blockhandel *m (Börse)* block trading *(Pakethandel)*
blockieren *v (Recht, WiWi)* block *(Gesetzentwurf)*
blockiert *adj* 1. *(Comp)* deadlocked; 2. *(Gen, WiWi)* blocked
BLZ *s.* Bankleitzahl
BNE *(Abk. für Bruttonationaleinkommen) (Stat, WiWi)* GNI, Gross National Income *(ehemaliges BSP = Bruttosozialprodukt, Änderung gem. ESVG 95; anders: Bruttoinlandsprodukt = BIP = Gross Domestic Product = GDP; Zusammenhang: BIP + Saldo der Primäreinkommen mit der übrigen Welt = BNE)*
BNE-Deflator *m (WiWi)* GNI deflator, gross national income deflator *(BNE = Bruttonationaleinkommen = GNI = gross national income; sie alle entsprachen vor der Einführung des ESVG 95 im Jahr 2000 dem BSP = Bruttosozialprodukt = gross national product = GNP)*
Boden *m (Grund)* land, ground
Bodennutzung *f (Umwelt)* land use
Bodenrente *f (Grund)* ground rent
Bodenschätze *mpl (Umwelt)* natural resources, mineral resources
Bodentransport *m (Transp)* ground transportation, surface transport
Bodenwert *m (Grund, Steuer)* land value
Bodenwertzuwachssteuer *f (Steuer)* land value tax
Bodmereidarlehen *n (Fin)* maritime loan
Bogen *m* 1. *(Fin)* coupon sheet; 2. *(Gen)*

sheet *(Papier)*; 3. *(Komm)* sheet; 4. *(Media)* sheet
Bohrinsel *f (Ind)* mobile offshore drilling unit, oil platform, oil rig
Bohrlochkosten pl *(Fin, Ind)* wellhead cost
Bohrturm *m (Ind)* oil rig
Bon *m* 1. *(Fin)* credit slip; 2. *(Gen)* cash register slip, issue voucher, coupon, voucher *(Gutschein)*; receipt *(Quittung)*
Bond-Analyse *f (Fin)* fixed-interest research
Bonifikation *f* 1. *(Bank)* agency commission; 2. *(Börse)* concession; 3. *(Gen)* bonus, premium; 4. *(V&M)* selling commission
Bonität *f* 1. *(Bank)* credit standing; 2. *(Fin)* creditworthiness, financial standing; 3. *(Gen)* reliability, standing *(Kredit)*
Bonitätsanalyse *f (Bank, Börse, WiWi)* credit analysis
Bonitätsbewertung *f (Fin)* credit rating *(standardisierte Bewertung der Kreditwürdigkeit)*
Bonitätseinstufung *f (Bank, Fin)* credit assessment
bonitätsmäßige Einstufung *f* **einer Anleihe** *(Börse)* bond rating
bonitätsmäßige Klassifizierung *f* **einer Anleihe** *(Börse)* bond rating
Bonitätsprüfer *m (Bank)* credit analyst
Bonitätsprüferin *f s.* Bonitätsprüfer
Bonus *m* 1. *(Börse)* bounty, extra dividend; 2. *(Fin)* bonus
boolesche Algebra *f (Stat)* Boolean algebra
Boom *m (Gen, WiWi)* boom
bootfähige Diskette *f (Comp)* bootable disk
Börse *f* 1. *(Börse)* market, exchange, stock market; 2. *(Fin, WiWi)* stock market • **außerhalb der Börse** *(Börse)* away from the market • **an der Börse notiert** *(Börse, RW)* listed [quoted] on the stock exchange
Börsenbaisse *f (Börse)* bear market
Börsenbericht *m* 1. *(Börse)* market report, stock exchange report; 2. *(Fin)* financial news
Börsendaten *pl (Börse, Komm)* stock market data
Börseneinführung *f (Börse)* admission to listing
Börseneinführungskosten pl *(Börse)* flotation cost, stock exchange admission fee
Börsenerstemission *f (Börse)* initial public offering of shares *(IPO)*
börsenfähig *adj (Börse)* listable, marketable, negotiable
börsenfähige Schuldverschreibungen *fpl (Börse, Fin)* negotiable debt securities
Börsengang *m (Fin)* initial public offering, IPO, flotation, going public *(Börseneinführung; opposite: Rückzug von der Börse = going private)*
börsengängige Dividendendwerte *mpl (Börse)* marketable equities
börsengängige Obligation *f (Börse)* marketable bond
börsengängige Schuldverschreibung *f (Börse)* marketable bond
börsengehandelt *adj***/nicht** *(Börse) (AE)* over-the-counter, OTC
Börsengeschäft *n* 1. *(Börse)* stock exchange transaction; 2. *(Fin) (BE)* bargain
Börsenhandel *m* 1. *(Börse)* stock exchange dealings; 2. *(Fin)* market dealing
Börsenhandelsbuch *n (Fin)* trading book
Börsenhändler *m* 1. *(Börse)* stock exchange trader; 2. *(Fin)* broker
Börsenhändlerin *f s.* Börsenhändler
Börsenhausse *f*, **Börsenhoch** *n (Börse)* bull market
Börsenindex *m (Börse)* market index
Börsenkapitalisierung *f (Börse)* (market) capitalization
Börsenkurs *m (Börse)* list price, stock exchange price, stock exchange quotation • **zum Börsenkurs** *(Börse)* at the market price
Börsenkursnotierung *f (Börse)* stock market listing • **zur Börsenkursnotierung** *(Börse)* at the market call
Börsenmakler *m (Börse)* board broker, stockbroker
Börsenmaklerin *f s.* Börsenmakler
Börsennachrichten *fpl (Fin)* financial news
börsennotiert *adj (Börse, RW)* listed on the stock exchange, quoted on the stock exchange

börsennotierte Aktie *f (Börse)* listed share, quoted share

börsennotierte Gesellschaft *f (Börse, Gen, WiWi)* listed company, quoted company

börsennotiertes Unternehmen *n (Börse, Gen, WiWi)* listed company, quoted company

Börsenparkett *n (Börse)* (trading) floor

Börsen-Pflichtmitteilung *f*, **Börsen--Pflichtmeldung** *f (Börse, Fin, Mgt)* ad hoc announcement *(Synonym: Ad--hoc-Mitteilung, Pflichtmeldung)*

Börsenpreise *mpl (Börse)* stock market prices

Börsenrückzug *m (Börse)* delisting, going private

Börsensaal *m (Börse)* trading room, floor (of the Exchange); boardroom

Börsenschluss *m (Börse)* close

Börsenschlusseinheit *f (Börse)* trading unit

Börsenspekulant *m (Börse)* stock exchange speculator

Börsenspekulantin *f* s. Börsenspekulant

Börsenstimmung *f (Börse)* market tone

Börsentief *n (Börse)* bear market

Börsenumsatzsteuer *f (Steuer)* stock exchange transfer tax

Börsenwert *m (Börse, Fin)* exchange value, market value, listed company

Börsenwert *m* **einer Gesellschaft** *(Börse, Fin)* market capitalization (of the shares) of a company, market value *(Synonym: Marktkapitalisierung, Börsenkapitalisierung)*

Börsenzulassung *f (Börse)* listing, *(BE)* admission to listing

Börsenzulassungsverfahren *n (Börse)* listing procedure

bösgläubig *adj (Recht)* mala fide *(unredlich)*

böswillig *adj (Recht)* maliciously

Bottom-Up-Ansatz *m (Mgt, WiWi)* bottom-up approach *(Informationsfluss bei der progressiven Unternehmensplanung "von unten nach oben"; corporate bottom-up planning)*

Boulevardpresse *f (Media)* gutter press, tabloid press

Boulevardzeitung *f (Media)* tabloid

boykottieren *v (Pers, Recht, WiWi)* boycott

brach *adj (Gen, Grund)* fallow

brachliegen *v (Gen, Grund)* lie fallow, lie idle, be uncultivated

brachliegend *adj (Gen)* unused *(Kapital)*

brachliegende Guthaben *npl (Fin, WiWi)* idle balance

brachliegendes Geld *n (WiWi)* idle money

Brachzeit *f (Ind)* dead time, downtime, lost time, machine idle time *(ablaufbedingt)*; machine downtime *(störungsbedingt)*; machine interference time *(überlappend)*

Branche *f* 1. *(Gen)* trade, industry, line of business; 2. *(Admin)* branch; 3. *(WiWi)* sector

Branchenanalyse *f (Fin, Gen)* sector analysis

Branchenbezeichnung *f (Gen, Ind)* industry sector

Branchenführer *m (V&M)* industry leader

branchenintern *adj (Ind)* intraindustrial

branchenspezifisch *adj (WiWi)* sector--specific

Branchenstrategie *f (Mgt)* sectoral strategy

Branchenverzeichnis *n (Gen)* trade directory, yellow pages

branchenweite Vereinbarung *f (Pers)* industry-wide agreement

brandmarken *v (Gen)* brand

Brauchbarkeit *f* 1. *(Gen)* acceptability; 2. *(WiWi)* acceptability

brauchen *v (Gen)* need, require

Break-Even-Analyse *f (Fin, WiWi)* breakeven analysis

Break-Even-Punkt *m (Börse, Fin, WiWi)* breakeven point

brechen *v* 1. *(Gen, Pers, Recht)* break, violate *(Vertrag, Versprechen, Gesetz)*; 2. *(WiWi)* break *(Monopol)*

breit *adj (Gen)* wide

breite Öffentlichkeit *f (Gen)* public at large

breites Sortiment *n (Gen, V&M)* wide range *(an Waren)*

bremsen *v (WiWi)* dampen *(Wachstum)*

Brief *m* 1. *(Börse)* asked, offer price, price offered; 2. *(Komm)* letter

Brief *m* **und Geld** *n (Börse)* asked and bid

Briefkastenadresse *f (Komm) (BE)* accommodation address *(Deckadresse)*

Briefkastengesellschaft *f (Börse)* nominee company
Briefkopf *m (Komm)* letterhead
Briefkurs *m (Börse)* asked price, offer, offer price, price, price offered, seller's rate
briefliche Anfrage *f (Komm)* letter of enquiry
Briefmarke *f (Komm)* postage stamp, stamp
Briefquotierung *f (Bank)* asked quotation
Briefspanne *f (Bank)* asked spread
Briefwechsel *m (Komm)* correspondence
bringen *v (Bank, Fin)* earn
Britenrabatt *m (ugs.) (Fin, Pol, Recht)* British rebate *(britischer Beitragsrabatt)*
britisch *adj (Recht)* British
britische Staatsanleihen *fpl (Börse)* UK government stocks
britische Staatsanleihepapiere *npl (Börse)* UK gilt-edged stocks
Broker *m* 1. *(Börse)* broker-dealer; 2. *(Fin)* broker
Brokerauftrag *m (Börse)* broker's order
Broschüre *f* 1. *(Frei, Gen)* brochure; 2. *(V&M)* hand-out
Bruch *m* 1. *(Gen)* breakage; 2. *(Komm)* break; 3. *(Stat)* fraction; 4. *(Recht)* violation *(von Vertragsbestimmungen)*
Bruch *m* **der Geheimhaltung** *(Gen)* breach of secrecy
bruchartig *adj (Gen)* disruptive
Bruchstelle *f (Gen)* break point
Bruchteilseigentümer *m (Recht)* owner of a fractional share of property
Bruchteilseigentümerin *f s.* Bruchteilseigentümer
brutto *adj (Gen)* gross
Bruttoallphasenumsatzsteuer *f (Steuer)* all-stage gross turnover tax
Bruttoanlageinvestitionen *fpl (RW)* gross fixed capital formation
Bruttoarbeitseinkommen *n (Pers, Steuer)* earned income before deductions
Bruttoauflagenhöhe *f (V&M)* gross circulation
Bruttobetrag *m (RW)* gross amount
Bruttobuchwert *m (RW)* book value before adjustment, gross book value
Bruttocashflow *m (Fin)* gross cash flow
Bruttodividende *f* 1. *(Fin, RW)* gross dividend; 2. *(WiWi)* gross dividend yield
Bruttodividendenrendite *f (Börse)* gross dividend yield
Bruttoeinkommen *n* 1. *(Pers)* gross earnings; 2. *(RW)* gross income
Bruttoeinzelhandelspreis *m (V&M)* gross retail price, GRP
Bruttoentlohnung *f (Pers)* gross pay
Bruttoerlös *m* 1. *(Pers)* gross earnings; 2. *(RW)* gross sales
Bruttofakturierung *f (V&M) (AE)* gross billing
Bruttogehalt *n (Pers)* gross salary, gross pay
Bruttogeschäft *n (Bank)* gross deal
Bruttogewicht *n (Gen)* gross weight, gr.wt.
Bruttogewinn *m* 1. *(Fin)* gross margin [profit]; 2. *(RW)* contribution margin, gross margin [profit]
Bruttogewinnspanne *f (RW)* gross profit margin
Bruttogröße *f (Gen, RW)* gross figure
Bruttoinlandsprodukt *n (WiWi)* gross domestic product, GDP
Bruttoinvestitionen *fpl (RW)* gross investment
Bruttokapitalbildung *f (Bank, Mgt, WiWi)* gross capital formation
Bruttolohn *m (Pers)* gross pay, gross wage *(Arbeitsentgelt)*
Bruttomarge *f (Fin, WiWi)* gross margin, GM
Bruttonationaleinkommen *n (BNE) (Stat, WiWi)* Gross National Income, GNI *(ehemaliges Bruttosozialprodukt = BSP; Änderung gem. ESVG 95 = ESA 95; anders: Bruttoinlandsprodukt = BIP = Gross Domestic Product = GDP; Zusammenhang: BIP + Saldo der Primäreinkommen mit der übrigen Welt = BNE)*
Bruttoregistertonne *f (Gen)* gross register ton, gross registered tonnage
Bruttorendite *f (Admin)* gross return
Bruttosozialprodukt *n (WiWi)* gross national product, GNP
Bruttosozialprodukt *n* **pro Kopf** *(Stat, WiWi)* per capita gross national product, per capita GNP
Bruttospanne *f* 1. *(Börse)* gross spread; 2. *(Fin, RW, WiWi)* gross margin

Bruttoumsatz *m (RW)* gross sales, gross turnover
Bruttoumsatzerlöse *mpl (RW)* gross sales revenue
Bruttoverdienst *m (Pers)* gross earnings
Bruttovergütung *f (Pers)* gross pay
Bruttovolkseinkommen *n (WiWi)* gross national income, GNI
BSP *s.* Bruttosozialprodukt
Buba *s.* Deutsche Bundesbank
Buch *n (Börse, Media, RW)* book • **Buch führen über** 1. *(Gen)* keep track of; 2. *(RW)* keep accounts for
Bucheintrag *m (RW)* book entry
buchen *v* 1. *(Gen)* book, reserve *(reservieren)*; 2. *(RW)* enter on the books, make an entry in the accounts, post
Bücher *npl (RW)* books • **die Bücher abschließen** *(RW)* balance the books, rule off • **die Bücher frisieren** *(RW)* manipulate accounts; *(ugs.)* fiddle accounts
Buchforderung *f (RW)* book debt, book receivables
Buchforderungen *fpl (RW)* outstanding amounts
Buchführung *f (Pers, RW, Admin)* accountancy, accounting, book-keeping
Buchführung *f* **auf Einnahmen- und Ausgabenbasis** *(RW)* cash basis of accounting
Buchführung *f* **zu Wiederbeschaffungskosten** *(RW)* replacement cost accounting, replacement costing
Buchführungsgrundsätze *mpl (RW)* accounting principles, accounting rules
Buchführungsunterlagen *fpl (RW)* accounting records
Buchgeld *n* 1. *(Bank)* deposit currency, deposit money, bank money; 2. *(Fin)* *(BE)* credit money; 3. *(WiWi)* deposit money
Buchgewinn *m (RW)* accounting profit, book profit
Buchhalter *m (Pers, RW, Admin)* accounting officer, AO, accounting clerk, book-keeper
Buchhalterin *f s.* Buchhalter
Buchhaltung *f (Pers, RW, Admin)* accountancy, acc., accy, accounting, book-keeping, accounts department, accounting department, accounting office *(Abteilung)*
Buchhaltungsmethode *f (RW)* accounting method, method of preparation
Buchhaltungs- und Bilanzierungsrichtlinien *fpl (RW, Admin)* accounting rules
buchmäßiger Gewinn *m (RW)* book profit
buchmäßiger Verlust *m (RW)* book loss
Buchprüfung *f (Mgt, RW)* accounting control, audit; financial auditing *(im Mittelpunkt stehen die Prüfungen im Finanz- und Rechnungswesen, häufig durch externe Prüfer; Gegensatz: operational auditing, Prüfung durch interne, jedoch prozessunabhängige Revisoren im organisatorischen Bereich)*
Buchstabenwahl *f (Komm)* vanity number
Buchstaben-Wahl-Rufnummer *f (Komm)* vanity number
buchtechnische Behandlung *f (RW)* accounting treatment
Buchung *f* 1. *(Gen)* reservation, booking *(Reservierung)*; 2. *(RW)* accounting entry • **Buchung aufgeben** *(Gen)* book in • **eine Buchung stornieren** *(RW)* reverse an entry
Buchungsbeleg *m (RW)* journal voucher, supporting book entry, vouch mark
Buchungsfehler *m (RW)* accounting error
buchungspflichtiger Beleg *m (RW)* accountable receipt
Buchungsrichtlinien *fpl (RW)* conceptual framework
Buchungsvorfall *m (RW)* accounting event *(Buchungsvorgang; interner oder externer ausgewiesener Vorgang, internal or external transaction recognized by the accounting system)*
Buchungsvorfälle *mpl (RW)* internal transactions
Buchungsvorgang *m (RW)* entry, accounting event, bookkeeping operation *(Synonym: Geschäftsvorfall, Buchungsvorfall)*
Buchungszahlen *fpl (RW)* accounting data

Buchungszeitraum *m (Steuer)* fiscal period

Buchverlust *m (RW)* book loss

Buchwert *m* 1. *(Fin)* book value; 2. *(Gen)* written-down value; 3. *(RW)* accounting value, book cost, carrying value; 4. *(WiWi)* cost

Buchwert *m* **des Anlagevermögens** *(RW)* net investment in property, plant and equipment

Buchwert *m* **nach Abschreibungen** *(Fin)* net book value

Buchwert *m* **vor Abschreibungen** *(Fin)* gross book value

Budget *n (Fin, Gen, RW, Pol, WiWi)* budget, estimates • **ein Budget aufstellen** *(Fin, Mgt, RW, WiWi)* prepare a budget

Budgetberichtigung *f (Fin, RW, WiWi)* budgetary adjustment

Budgetdefizit *n (Fin, WiWi)* budget deficit

Budgeteinigung *f (Fin, Gen, Recht, WiWi)* budget agreement

Budgeterstellung *f (Fin, Mgt, RW, WiWi)* budget preparation

budgetierte Kosten *pl (RW)* budgeted cost

Budgetierung *f (Fin, Gen, RW)* budgeting

Budgetierung *f* **der Investitionen** *(RW)* capital budgeting

Budgetinzidenz *f (WiWi)* budget incidence

Budgetkosten *pl (Fin, WiWi)* target cost, budgeted cost, ideal standard cost; budgetary costs *(Synonym: Sollkosten)*

Budgetrestriktion *f (Fin, RW, WiWi)* budget constraint

Budgetüberschuss *m (Fin, WiWi)* budget surplus

Bummelstreik *m (Pers, WiWi) (BE)* go-slow, *(AE)* slowdown

Bund *m* 1. *(Gen)* alliance, association; 2. *(Pol)* alliance, confederation

Bündel *n* 1. *(Komm)* parcel, package; 2. *(Media)* batch; 3. *(Transp)* bundle; 4. *(V&M)* package

bündeln *v (Comp, V&M)* bundle

Bündelung *f* 1. *(Gen)* pooling; 2. *(Steuer)* bunching

Bündelungsstrategien *fpl (V&M)* bundling strategies

Bundesagentur *f* **für Arbeit** *(BA) (Deu) (Pers, Pol)* Federal Employment Agency, Federal Employment Service *(bis 2004: Bundesanstalt für Arbeit)*

Bundesagentur *f* **für Außenwirtschaft** *(bfai) (Imp/Exp, V&M)* German Office for Foreign Trade *(ersetzt ab 3/2003 die ehemalige Bundesstelle für Außenhandelsinformation, bfai)*

Bundesanstalt *f* **für Arbeit** *(Deu) (Pers, Soz)* Federal Employment Service(s), Federal Labour Office

Bundesanstalt *f* **für Finanzdienstleistungsaufsicht** *(BaFin, Bafin) (Bank, Börse, Versich)* Federal Financial Supervisory Authority *(integrierte deutsche Allfinanzaufsicht, integrated financial services supervision comprising banks, the security and insurance markets; die BaFin ist dem BMF zugeordnet und hat in der zweiten Stufe des "Enforcement-Verfahrens" die Funktion einer "Bilanzpolizei")*; Federal Agency for Financial Services Supervision

Bundesarbeitsgericht *n (Recht) Federal Labour Court*

Bundesbank *f (ugs.) (Bank) Deutsche Bundesbank, German central bank; bleibt unübersetzt, usually left untranslated!*

Bundesbedienstete *pl (Pers, Pol)* Federal employees, *(AE)* Federal workers, Federal government employees

Bundesbehörde *f (Pol)* federal authority, *(AE)* federal agency

Bundesgesetz *n (Recht)* national legislation

Bundesgesetzblatt *n (Deu) (Pol, Recht) Federal Gazette, official Federal Gazette, Federal Law Gazette, Federal Gazette Reference; not to be translated, bleibt unübersetzt!*

Bundesgesetzgebung *n (Deu) (Recht) (AE)* national legislation

Bundeskartellamt *n (WiWi) (AE)* Federal Cartel Office, FCO

Bundeskartellbehörde *f* 1. *(Pol, WiWi) (AE)* Federal Trade Commission; 2. *(WiWi) (AE)* Federal Cartel Office

Bundeskassenscheine *mpl (Deu) (Bank, Fin)* cash bills *(kurzfristiges, abgezinstes Diskontpapier des Bundes)*

Bundesmittel *pl (Fin, Pol)* federal funds, federal resources
Bundesrat *m* 1. *(Pol) (BE)* ≈ House of Lords, H of L, *(AE)* ≈ Senate; 2. *(Pol) upper house of German parliament*
Bundesrecht *n (Recht)* federal law
Bundesregierung *f (Recht)* federal government
Bundessozialhilfegesetz *n (BSHG) (Deu) (Recht, Soz)* Federal Social Assistance Act
bundesstaatlich *adj (Pol, WiWi)* federal
Bundesstelle *f* **für Außenhandelsinformation** *(obs.) (Imp/Exp, V&M)* Federal Office of Foreign Trade Information *(seit 3/2003: Bundesagentur für Außenwirtschaft, bfai, German Office for Foreign Trade)*
Bundessteuer *f (Recht, Steuer)* federal tax
Bundestag *m (Pol)* lower house of German parliament, *(BE)* ≈ House of Commons, H of C, *(AE)* ≈ House of Representatives
Bundesverwaltung *f (Pol)* Federal administration
bundesweite Tageszeitung *f (Gen)* national newspaper
Bundeszuschuss *m (Soz)* flat grant
Bündnis *n (Pol)* alliance
Bürge *m (Bank, Fin)* guarantor • **als Bürge für jmdn. agieren** *(Fin)* stand as guarantor for sb
Bürger *m (Pol)* citizen
Bürgerbeauftragte *m(f) (Pol, WiWi)* ombudsman, ombudsperson *(EU)*
Bürgerin *f s.* Bürger
Bürgerinitiativen *fpl (Pol)* grassroots groups
Bürgerliches Gesetzbuch *n (BGB) (Recht)* German Civil Code
bürgerliches Recht *n (Recht)* civil law
Bürgerversicherung *f (Soz) a levy of health fund contributions on all personal income (einschließlich Zinsen und Mieteinnahmen; including interest and rental income)*
Bürgschaft *f* 1. *(Bank)* guarantee, guaranty; 2. *(Fin)* security; 3. *(Recht)* bail, suretyship • **Bürgschaft für jmdn. leisten** *(Bank)* stand surety for sb • **mit Bürgschaft gesichert** *(Gen)* guaranteed
Bürgschaftsbank *f (Bank)* guarantee bank
Bürgschaftsverpflichtung *f (RW)* guarantee liability
Büro *n (Gen)* office
Büroangestellte pl *(Pers)* clerical staff
Büroarbeit *f (Pers)* clerical work, office work
Büroarbeitsplatz *m (Gen, Pers)* white-collar job, office job
Büroautomation *f (Comp, Ind, Admin)* office automation, OA
Bürobedarf *m (Admin)* office requisites, office stationery
Büroberuf *m (Pers)* clerical occupation, office occupation
Bürogebäude *n (Grund)* office block, office building
Bürokommunikation *f (Gen)* office communication
Bürokosten pl *(RW)* office expenses
Bürokräfte *fpl (Pers)* clerical workers, clerical employees, clerical staff, office workers, office employees, office personnel, office staff
Bürokratie *f (Pers, Admin)* bureaucracy
Bürokratieabbau *m (Pol)* streamlining of the bureaucracy
Bürokratiekosten *pl (Gen, Pol)* cost of bureaucracy, administrative cost of regulation, compliance costs, administrative burden *(bürokratische Lasten; cf Normenkontrollrat)*
Bürokratie-TÜV *m (ugs.) (Gen, Pol, Recht)* bureaucracy inspection unit *(cf Normenkontrollrat = council for judicial review)*
Büroleiter *m (Mgt)* chief clerk, head clerk, office manager, senior clerk
Büroleiterin *f s.* Büroleiter
Büromaschinen *fpl (Admin)* office equipment
Büromaterial *n (Gen)* stationery
Büroräume *mpl (Grund)* office accommodation, office space, office premises
Bürotätigkeit *f (Pers)* white-collar job, office job
Bußgeld *n (Recht, Versich)* administrative fine, monetary fine, *(AE)* civil penalty *(zivilrechtliche Geldstrafe)*
Bußgeldbescheid *m (Recht)* penalty notice
Buy-out *n (Börse, Fin)* buyout

C

Cash-Cow-Produkte *npl (Gen, V&M)* cash cow products

Cashflow *m (Fin)* cash flow

Cashflow *m* **vor Steuern** *(Fin)* before-tax cash flow, gross cash flow

Cashflow-Bericht *m (Fin)* cash flow statement

Cashflow-Prognose *f (RW)* cash flow forecast

CD-Markt *m (Bank)* certificate of deposit market

CD-Rohling *m (Comp, Media)* blank CD-R, blank CD-Recordable

CD-RW-Laufwerk *n (Comp, Media)* CD writer, CD-RW drive

Cent-genau gerundet *adj (Bank, Gen)* rounded to the nearest full cent

CES-Produktionsfunktion *f (WiWi)* CES production function *(CES = constant elasticity of substitution)*

ceteris paribus *(Gen)* ceteris paribus, all else being equal

Ceteris-paribus-Bedingung *f (c.p.) (WiWi)* ceteris paribus condition

Chance *f* 1. *(Gen)* opportunity, chance, *(ugs.)* break *(Wetten)*; 2. *(Fin, Pol, WiWi)* opportunity • **eine Chance ergreifen** *(Gen)* take advantage of an opportunity

Chancengleichheit *f (Pers) (BE)* equal opportunity, *(AE)* affirmative action *(Arbeit)*

Chancengleichheit *f* **am Arbeitsmarkt** *(Pers)* equal employment opportunity

charakteristisches Merkmal *n (Pat)* characterizing portion

Chargengröße *f (Ind)* batch size

Chartanalyse *f (Bank, Fin, WiWi)* chart analysis, technical analysis

Charter *f (Transp)* charter • **ohne Charter** *(Transp)* off hire

chartern *v* 1. *(Gen, Pers)* hire; 2. *(Imp/Exp, Transp)* charter *(Flugzeug oder Schiff)*

Chartervertrag *m (Transp)* charter party, C/P, charter contract

checken *v (Gen)* check

Checkliste *f (Gen)* check list

Chef *m* 1. *(Gen)* superior, *(ugs.)* boss *(Manager)*; head *(einer Abteilung)*; 2. *(Mgt)* chief operating officer

Chef *m* **des Rechnungswesens** *(Mgt)* controller, comptroller

Chefbuchhalter *m (RW)* head accountant

Chefbuchhalterin *f s.* Chefbuchhalter

Chefgespräche *npl (WiWi)* bilaterals

Chefin *f s.* Chef

Chefin *f* **des Rechnungswesens** *s.* Chef des Rechnungswesens

Chef-Justiziar *m (Recht)* general counsel

Chefredakteur *m (Media)* chief editor, *(BE)* chief subeditor, chief sub

Chefredakteurin *f s.* Chefredakteur

Chefunterhändler *m (Gen)* chief negotiator

Chefunterhändlerin *f s.* Chefunterhändler

Chefvolkswirt *m (Bank, Mgt)* chief economist

Chefvolkswirtin *f s.* Chefvolkswirt

Chemie *f* 1. *(Gen) (ugs.)* chemistry; 2. *(Ind, Umwelt)* chemicals, chemistry

Chemieindustrie *f (Ind)* chemical industry

chemische Erzeugnisse *npl* 1. *(Ind, V&M)* chemicals; 2. *(WiWi)* chemical products and man-made fibres *(ZB, Statistik)*

chemische Industrie *f (Ind)* chemical industry

chemischer Eintrag *m (Umwelt)* chemical input

Chief-Executive-Officer *m (Pers) (AE)* chief executive officer, CEO *(Unternehmensleitung)*

Chiffre *f (Komm)* cipher

Chiffreanzeige *f (V&M)* blind advertisement, keyed advertisement

Chiffrenummer *f (Pers)* box number, reference number

Chiffrierschlüssel *m (Comp, Gen)* private key, secret key

Chipkarte *f* 1. *(Bank, V&M)* smart card *(mit Prozessor)*; 2. *(Komm)* chip card, chip-based card, smart card

CI *s.* Corporate Identity

cif 1. *(Imp/Exp, Transp) (auch: CIF)* CIF, cif *(cost, insurance, freight; Kosten, Versicherung, Fracht)*; 2. *(Komm, Media)* CIF *(Common Intermediate Format; allgemeines Austauschformat für Videobilder)*

cif einschließlich Löschen *(Imp/Exp)* CIF landed *(Lieferklausel)*
cif-Vertrag *m (Imp/Exp)* CIF contract
Clearing *n (Bank)* clearing
Clearingforderung *f (Bank)* clearing credit
Clearinghaus *n (Fin)* clearing house
Clearingstelle *f (Bank) (AE)* clearing center, *(BE)* clearing centre
Clearingsystem *n* **für den Massenwertpapierverkehr** *(Bank)* high-volume paper clearings
Club-Gut *n (WiWi)* club good
Cluster *m (Gen)* cluster *(Daten)*
Clusteranalyse *f (V&M)* cluster sampling, cluster analysis
Cobb-Douglas-Produktionsfunktion *f (WiWi)* Cobb Douglas production function *(makroökonomische Produktionsfunktion)*
Cobweb-Theorem *n (WiWi)* cobweb theorem *(Modell der Preisbildung)*
Code *m* 1. *(Comp)* code; 2. *(Komm)* cipher
Codex *m* 1. *(Comp)* code; 2. *(Gen)* code of conduct *(Verhaltensregeln)*; 3. *(Recht)* code
Codier... *(RW)* coding
codieren *v (Comp)* encode, encrypt
Codierung *f* 1. *(Bank, Gen)* encoding; 2. *(Comp)* encryption, coding
Comeback erleben *v/ein* *(Gen)* make a comeback
Computeranimation *f (V&M)* computer animation
Computerbediener *m (Comp)* computer operator
Computerbedienerin *f s.* Computerbediener
Computerbörse *f (Börse)* screen trading system
Computerfachkenntnisse *fpl (Bil, Comp, Pers)* computer literacy
computergesteuert *adj (Comp)* computer-controlled, computer-operated
computergesteuerte Kasse *f (Bank)* point of sale *(POS)*
computergestützt *adj (Comp)* computer-aided, computer-assisted, computer-based, PC-based
computergestützte Clearingstelle *f (Fin)* Automated Clearing House, ACH
computergestützte Verwaltung *f (Comp)* computerized management *(Daten, Systeme)*
computergestützte Wertpapiertransaktionen *fpl (Börse, Comp)* program trading
computergestützter Unterricht *m (Bil)* computer-assisted instruction, computer-aided instruction
computergestützter Verkauf *m (V&M)* computer aided selling *(CAS)*
computergestütztes Buchungssystem *n (RW)* computerized accounting system
computergestütztes Lernen *n (Pers)* computer-aided learning
computerintegrierte Fertigung *f (Comp, Ind)* computer-integrated manufacturing, CIM
computerintegrierte Herstellung *f (Comp, Ind)* computer-integrated manufacturing, CIM
Computerkasse *f (Comp)* electronic till
Computerkenntnisse *fpl (Bil, Comp, Pers)* computer knowledge
Computerkleidung *f (Comp, Frei, Komm, V&M)* wearable computing
Computerkommunikation *f (Comp)* computer communication *(Datenübertragung)*
Computerkonferenz *f (Comp)* computer conferencing *(Datenübertragung)*
Computerkriminalität *f (Comp, Recht)* computer crime; cyber crime
Computerkriminalitäts-Versicherung *f (Versich)* computer crime insurance
Computernetzwerk *n (Comp)* computer network
Computerprotokoll *n (Comp)* computer log
Computersteuererklärung *f (Steuer)* computer return
Computersteuerung *f (Comp)* computer control
Computertechnik *f (Comp)* computer engineering, computer technology
Computertechniker *m (Comp)* computer engineer
Computertechnikerin *f s.* Computertechniker
computerunterstützt *adj (Comp)* computer-aided, computer-assisted, computer-based, PC-based
computerunterstützte Entwicklung *f*

und Fertigung *f (Comp, Ind)* computer--aided design and manufacturing, CAD/CAM, computer-assisted design and manufacturing, CAD/CAM
computerunterstützte Qualitätssicherung *f (Comp, Ind)* computer-aided quality assurance, CAQ
computerunterstützte Software-Erstellung *f (Comp)* computer-aided software engineering, CASE, computer-assisted software engineering, CASE
computerunterstützte Übersetzung *f (Comp)* computer-aided [computer--assisted] translation, CAT
computerunterstütztes Konstruieren *n* **und technisches Zeichnen** *n (Comp, Ind)* computer-assisted design and drafting, computer-aided design and drafting, CADD
computerunterstütztes Lernen *n* **von Sprachen** *(Comp)* computer-aided language learning, CALL, computer--assisted language learning
Computerwissenschaft *f (Comp)* computing
Container *m (Transp)* container • **in Container laden** *(Transp)* containerize • **auf Container umgestellt** *(Transp)* containerized
Container *m* **für kombinierten Transport** *(Transp)* intermodal container
Containergebühren *fpl (Transp)* container dues
containerisieren *v (Transp)* containerize
Containerkai *m (Transp)* container dock
Containerladung *f (Transp)* container load
Containernutzung *f (Transp)* container utilization
Containerplatzzuteilung *f (Transp)* container space allocation
Containerspediteur *m (Transp)* container operator
Containerspedition *f (Transp)* containerized shipping, container operation
Containerstückgut *n (Transp)* container partload
Containerverkehr *m (Transp)* container traffic, trunking
Containerverschiffung *f (Transp)* containerized shipping
Containerzelle *f (Transp)* cell *(Laderaum)*
Controller *m (Fin, RW)* comptroller, controller, financial controller
Copyright *n (Comp, Recht)* copyright
Copyrightvermerk *m (Media, Recht)* copyright notice
Corporate Identity *f (V&M)* corporate identity (CI)
CO_2-Steuer *f (Steuer)* CO_2 tax, carbon dioxide tax
Coupon *m (Fin)* coupon, interest coupon, dividend coupon, c., cp. *(Synonym: Kupon; verbrieft als Zins- oder Dividendenschein den Zins- oder Dividendenanspruch des Wertpapierinhabers)*
Courtage *f* 1. *(Bank)* commission rate; 2. *(Börse)* broker's commission
Courtagerechnung *f (Börse)* brokerage statement, broker's statement
CPM-Methode *f (Stat)* critical path method, CPM *(Netzplantechnik)*
Cross Hedge *m (Börse)* cross hedge
Cross Rate *f (WiWi)* cross rate
Crowding-Out *n (WiWi)* crowding out
Curriculum *n (Soz)* curriculum
customs rules *(Imp/Exp, Recht)* Zollregelungen *fpl*
Cutoff-Verfahren *n (RW)* cutoff method
Cyber-Recht *n (Comp, Komm, Recht)* cyberlaw, cyber law

D

DAAD *m (Abk. für Deutscher Akademischer Austausch Dienst) (Bil, Gen)* German Academic Exchange Service
Dach... *(Gen, Grund, Transp)* umbrella, parent, roof
Dachgesellschaft *f (Gen)* parent company, holding company
Dachkonzern *f (Fin)* umbrella group
Dachmarke *f* 1. *(Pat)* umbrella brand name; 2. *(V&M)* family brands
Dachorganisation *f*, **Dachverband** *m (Gen, Recht)* umbrella organization, umbrella association
Damenbekleidungsindustrie *f (V&M) (ugs.)* rag trade
Damnum *n (Bank)* debt discount, loan discount
dämpfen *v* 1. *(Gen)* slow down, curb, *(ugs.)* soft-pedal; dampen *(Begeiste-*

rung); 2. *(WiWi)* dampen, slow down *(Wachstum)*

Dankschreiben *n (Gen)* thank-you letter

darbieten *v (Gen)* perform

Darbietung *f (V&M)* exposure, presentation

darlegen *v (Gen)* spell out, set forth, set out *(Bedingungen)*

Darlehen *n* 1. *(Bank)* advance, loan; 2. *(Gen, RW)* advance *(Verbindlichkeit)* • **ein Darlehen aufnehmen** 1. *(Bank)* raise a loan, obtain a loan; 2. *(Fin)* contract a loan • **ein Darlehen auf Abruf aufnehmen** *(Bank)* borrow at call • **ein Darlehen aushandeln** *(Bank)* arrange a loan, negotiate a loan • **ein Darlehen beantragen** *(Bank, Fin)* apply for a loan • **ein Darlehen bedienen** *(Fin)* service a loan • **ein Darlehen geben** *(Bank)* a loan • **ein Darlehen gewähren** *(Bank)* extend a loan

Darlehen *n* **der Tochtergesellschaft an die Muttergesellschaft** *(Fin)* upstream loan

Darlehen *npl* **, Investitionen** *fpl* **und Vorschusszahlungen** *fpl (RW)* loans, investments and advances

Darlehen *n* **mit konstanten Raten** *(Bank) (BE)* constant payment loan

Darlehen *n* **mit konstanten Ratenzahlungen** *(Bank) (BE)* constant payment loan

Darlehensantrag *m (Bank)* loan application

Darlehensaufnahme *f (Bank)* borrowing

Darlehensbank *f (Bank)* lending banker

Darlehensbestand *m (Bank)* loan portfolio

Darlehensempfänger *m (Bank)* borrower, loan recipient

Darlehensempfängerin *f s.* Darlehensempfänger

Darlehensgeber *m (Bank)* lender

Darlehensgeberin *f s.* Darlehensgeber

Darlehenskosten *pl (Bank)* cost of a loan, loan charges

Darlehensnehmer *m (Bank)* advance holder, borrower

Darlehensnehmerin *f s.* Darlehensnehmer

Darlehensrückzahlung *f (Gen)* amortization of a loan

Darlehenstilgungsplan *m (Bank, Fin)* loan repayment schedule

Darlehensverbindlichkeiten *fpl (Bank)* loan liabilities

Darlehensvertrag *m (Bank)* loan agreement

Darlehenszinssatz *m (Bank)* borrowing rate

Darlehenszusage *f (Bank)* loan commitment

darstellen *v (Gen)* represent, describe *(beschreiben)*; portray *(ein Bild entwerfen)*

Darstellung *f* 1. *(Gen)* description, representation, account *(Bericht)*; 2. *(Mgt)* presentation *(der Unternehmenspläne)*

Dateierweiterung *f (Comp, Komm)* file extension

Dateiname *m***/8.3** *(Comp)* 8.3 filename, short filename *(Kurzformat für Dateinamen, z. B. computer.exe)*

Daten 1. *(Gen)* facts and figures; 2. *(RW)* aggregate data; 3. *(Admin, WiWi)* data • **beide Daten eingeschlossen** *(Gen)* both dates inclusive

Daten *npl* **und Fakten** *npl (Gen, V&M)* facts and figures

Datenabfrage *f (Comp)* data query

Datenabruf *m (Comp)* data retrieval

Datenaufbereitung *f (Admin, Comp)* data preparation

Datenaufbewahrung *f (Comp, Komm, Recht)* data retention *(EU)*

Datenaufzeichnung *f (Comp, Stat)* data recording

Datenaustausch *m (Comp, Komm, Recht)* data exchange

Datenautobahn *f (jarg.) (Comp, Gen)* information highway

Datenbank *f (Comp)* data bank, database

Datenbankverwaltung *f (Comp)* database management

Datenbestand *m (Comp, Stat)* database

Datenempfang *m (Comp, Komm)* downstream *(flussabwärts)*

Datenendpunkte *mpl (Comp, Komm)* data end points

Datenerfassung *f (Comp)* data acquisition, data capture, data collection *(Sammeln)*

Datenerfassungskasse *f (V&M)* POS machine

Datenerhebung *f (WiWi)* data acquisition, data collection
Datenfernverarbeitung *f (Admin)* remote data processing, teleprocessing
Datenfluss *m* 1. *(Comp)* data flow; 2. *(Gen)* data stream
Datenflussplan *m (Stat)* data flow chart, flowchart
Datenfunk *m (Komm)* data broadcasting
Datenintegrität *f (Admin, Comp)* data integrity
Datenkommunikation *f (Komm)* data communications
Datenlager *n (Comp)* data warehouse, DWH
Datenmanagement *n (Comp, Komm)* data management
Datenmüll *m (Comp) (AE)* garbage
Datenquellen *fpl (Comp, Stat)* data sources, sources of data
Datenrundfunk *m (Komm)* data broadcasting
Datenschutz *m (Comp, Pers)* data protection
Datenschutzbeauftragte *m(f) (Comp, Komm, Recht)* privacy officer, data protection commissioner
Datenschutzgesetz *n (Recht)* Data Protection Act
Datensicherheit *f (Comp)* computer security, *(AE)* data security
Datensicherung *f (Comp)* backup
Datenstruktur *f (Comp)* data structure
Datenträger *m (Comp)* data carrier *(Speicher)*
Datentypist *m (Comp, Pers)* keyboarder
Datentypistin *f s.* Datentypist
Datenübertragung *f (Comp)* data communication, data transfer
Datenübertragungseinrichtung *f (Comp)* data communications equipment, data transmission facility
Datenübertragungsmenge *f (Comp, Komm, Media)* transfer rate
Datenübertragungsnetz *n (Comp)* communications network
Datenverarbeitung *f (Comp)* data processing, DP
Datenverbiegung *f (WiWi)* data mining
Datenverschlüsselung *f (Comp, Komm, Recht)* data encryption
Datenverwaltung *f (Comp)* data management
Datenwiedergewinnung *f (Comp)* data retrieval
Datenwiedergewinnungssystem *n (Comp)* retrieval system *(zum Wiederauffinden der in Datenbanksystemen –data warehouses- abgelegten Daten oder Datensätze)*
datiert *adj (Gen)* dated
Datum *n (Gen)* date • **das Datum tragen** *(Gen)* bear the date
Datum *n* **der Abschrift** *(Gen)* copy date
Datum *n* **des Angebots** *(Gen)* date of quotation
Datum *n* **des Inkrafttretens** *(Recht)* effective date
Datum *n* **des Poststempels** *(Komm)* date as postmarked
Datumsangabe *f (V&M)* date marking
Datumsstempel *m (Komm)* postmark
Dauer *f* 1. *(Gen)* duration; 2. *(Pol)* term; 3. *(WiWi)* period
Dauer *f* **der Arbeitslosigkeit** *(Pers)* duration of unemployment, length of unemployment, spell of unemployment
Dauer *f* **der Beitragszahlung** *(Versich)* premium paying term
Dauer *f* **der Beschäftigung** *(Pers)* duration of employment, period of employment, duration of service, length of employment, length of service
Dauer *f* **der Lehre** *(Pers)* duration of apprenticeship, duration of training
Dauer *f* **der Rechte** *(Media, Pat, Recht)* term of protection
Dauer *f* **des Anspruchs auf Leistungen** *(Pers, Soz)* duration of benefit entitlement
Dauer *f* **des Beschäftigungsverhältnisses** *(Pers)* duration of employment, period of employment, job tenure, length of service, tenure with a firm
Dauerarbeitslosigkeit *f (Soz, WiWi)* persistent unemployment
Dauerarbeitsplatz *m (Pers)* permanent job, permanent post
Dauerarbeitsverhältnis *n (Pers)* permanent employment
Dauerauftrag *m (Bank)* money transfer order, banker's order, standing order
Dauerbeschäftigung *f (Pers)* permanent employment
Dauerbeteiligung *f (RW)* permanent participation

Daueremission *f* 1. *(Bank)* tap (issue); 2. *(Börse)* tap issue, constant issue
Dauerfinanzierung *f (Fin)* continuous funding, permanent financing
dauerhaft *adj (Gen)* durable, long-lasting, stable, permanent
dauerhafte Beschäftigung *f (Pers)* permanent employment
dauerhafte Haushaltskonsumgüter *npl (V&M)* household durables
dauerhafte Konsumgüter *npl (WiWi)* consumer durables
dauerhafter Arbeitsplatz *m (Pers)* permanent job, permanent post
dauerhaftes Konsumgut *n (V&M, WiWi)* consumer durable, durable consumer good
Dauerprüfung *f (RW)* continuing audit
Dauerreisekostenvorschuss *m (Gen)* standing travel advance
Dauerstelle *f (Pers)* permanent job, permanent post
Daumenschätzung *f (ugs.) (Gen)* guesstimate
deaktivieren *v (Komm)* deactivate
Deaktivierungsgebühr *f (Komm)* deactivation charge, deactivation fee *(z. B. für Handys)*
Debet *n (Fin)* debit
Debetsaldo *m (Fin)* debit balance
Debitoren *mpl (RW)* accounts receivable
Debitorenausfall *m (Bank)* loan write-off
Debitorenbuchhaltung *f (RW)* accounts receivable accounting
Debt-Equity-Swap *m (Fin)* debt equity swap
Dechiffrierschlüssel *m (Comp, Gen)* public key *(encryption)*
Deckelung *f* **der Verdienste** *(Pers)* earnings cap, cap on earnings
decken *v* 1. *(Bank, Börse, Fin)* cover; 2. *(WiWi)* make up *(Fehlbetrag)*; cover *(Kosten)*
Deckname *m (Recht)* pseudonym, alias
Deckung *f* 1. *(Börse)* covering purchase, short covering, cover; 2. *(Fin)* cover; 3. *(Gen)* coverage; 4. *(Versich) (BE)* (insurance) cover, *(AE)* insurance coverage; 5. *(WiWi)* backing *(Währung)* • **keine Deckung** 1. *(Bank)* no-account; 2. *(Gen)* no funds • **ohne Deckung** 1. *(Bank)* no-account; 2. *(Gen)* no funds
Deckungsbeitrag *m (RW)* contribution margin, variable gross margin
Deckungsbeitragsanalyse *f (Fin)* contribution analysis
Deckungsbeitragsrechnung *f* 1. *(Fin)* breakeven analysis, direct costing; 2. *(RW)* contribution costing, direct costing, marginal costing
Deckungsbereich *m (Versich)* scope of coverage
Deckungsbestätigung *f (Versich)* cover note
deckungsgleich *adj* 1. *(Gen)* identical *(übereinstimmend)*; 2. *(Stat)* congruent
Deckungsgrad *m (Fin)* cash ratio, cover ratio
Deckungskapital *n* 1. *(Bank)* guaranty fund; 2. *(Versich)* premium reserve, reimbursement fund, unearned premium reserve, *(BE)* cover of assurance
Deckungskauf *m (Recht)* buying in, covering purchase *(Vertragsrecht)*
Deckungslinie *f* 1. *(Bank, Fin)* backup line; 2. *(Gen)* backup facility
Deckungslücke *f (Gen)* budgetary deficit, shortfall
Deckungspunkt *m (Fin)* breakeven point
Deckungsquote *f (Fin)* cover ratio
Deckungssatz *m* 1. *(Bank)* reserve ratio; 2. *(Versich)* cover ratio
Deckungsumfang *m (Versich) (BE)* insurance cover, *(AE)* insurance coverage; scope of coverage
Deckungszusage *f (Versich)* cover note
Decodierung *f (Komm)* decryption
defensive Anlagestrategie *f (Börse)* defensive investment *(Bevorzugung wertstabiler, konjunkturresistenter, schwankungs- und risikoarmer Werte)*
Definitionsbereich *m (Stat)* domain *(einer Funktion)*
definitiver Abschluss *m (Bank, Börse)* outright transaction
Defizit *n* 1. *(Fin)* deficit; 2. *(Gen)* shortage, deficiency *(Mangel)*
Defizit *n* **der öffentlichen Haushalte** *(WiWi)* public sector deficit
Defizit *n* **der Zahlungsbilanz** *(WiWi)* balance of payments deficit, BOP deficit
defizitär *f* 1. *(Börse)* adverse movement; 2. *(Fin)* in deficit

Defizitfinanzierung *f (WiWi)* deficit spending
Defizitquote *f (Bank, WiWi)* deficit ratio, deficit-to-GDP ratio *(EU, Maastricht--Kriterium, Stabilitäts- und Wachstumspakt)*
Deflation *f (WiWi)* deflation
deflationär *adj (WiWi)* deflationary
Deflationsdruck *m (WiWi)* contractionary pressure
Deflator *m* **für das Bruttonationaleinkommen** *(WiWi)* gross national income deflator, GNI deflator *(Synonym: BNE--Deflator; Bruttonationaleinkommen = BNE = GNI = gross national income entsprechen alle bis zur Einführung des ESVG 95 im Jahr 2000 dem ehemaligen BSP = Bruttosozialprodukt = gross national product = GNP)*
deflatorische Lücke *f (WiWi)* deflationary gap
Degenerationsphase *f* 1. *(Gen)* shoulder period *(Produktlebenszyklus)*; 2. *(V&M)* decline stage
Degressionsgewinn *m (WiWi)* economies of scale
degressive Abschreibung *f* 1. *(RW)* declining-balance method *(US-GAAP)*; diminishing-balance method, reducing-balance method; 2. *(WiWi)* reducing-instal(l)ment system
degressive Steuer *f (Steuer)* degressive tax
Dekartellisierung *f* 1. *(Bank)* deconcentration; 2. *(Gen)* decartelization
Deklaration *f (Imp/Exp)* declaration, entry
dekomprimieren *v (Comp)* extract, expand *(Software)*
dekontaminieren *v (Umwelt)* clean
delegieren *v (Mgt)* delegate *(Befugnis)*
Delikt *n (Recht)* unlawful act, delict, tort *(unerlaubte Handlung)*
Delkredere *n (Gen)* del credere
Delkredererückstellung *f (RW)* provision for contingent losses
demeritorisches Gut *n (WiWi)* demerit good
De-minimis-Regel *f (Recht)* de minimis rule *(EU-Wettbewerbsrecht)*
Demonetisierung *f (WiWi)* demonetization
demonstrieren *v (Gen)* demonstrate
Demontagekosten *pl (Gen)* cost of demolition, cost of dismantling
demotivieren *v (Pers)* demotivate
Denkansatz *m (Gen, Mgt, Admin, WiWi)* approach
Denkfabrik *f (ugs.) (Gen)* think-tank
Deport *m (Börse)* backwardation
Deportgeschäft *n (Börse)* backwardation business
Deportsatz *m (Fin)* backwardation rate
Depositen *(Bank)* deposits
Depositenbank *f (Bank)* deposit bank
Depositenzertifikat *n (Gen)* certificate of deposit
Depot *n* 1. *(Bank)* securities account; 2. *(Gen, Imp/Exp, Transp, WiWi)* depot, storehouse, warehouse
Depotbank *f (Bank)* depository bank, custodian, custodian bank
Depotgebühr *f* 1. *(Bank)* custodian fee, custody charge; 2. *(Imp/Exp)* depot charge
Depotkonto *n (Bank)* custodianship account, custody account, securities account *(Wertpapiere)*
Depotkontoaufstellung *f (Bank)* safe--custody-account list
Depotschein *m (Bank)* deposit receipt, DR, deposit slip
Depotverwahrung *f (Bank)* safe custody department
Depression *f (WiWi)* depression
Deputat *n (Pers)* payment in kind
dequalifizieren *v (Pers)* deskill *(Synonym: entwerten der beruflichen Qualifikation, entqualifizieren)*
Dequalifizierung *f (Pers)* deskilling *(Synonym: Entwertung der beruflichen Qualifikation)*; deskilling of jobs *(Synonym: Entwertung von Arbeitsplätzen, Entwertung von Tätigkeiten)*
deregulieren *v (Gen, WiWi)* deregulate
Deregulierung *f* **des Arbeitsmarktes** *(Pers)* labour market deregulation, deregulation of the labour market
Derivat *n (Fin)* derivative instrument
derivativ *adj (Börse)* derivative
derivative Nachfrage *f (WiWi)* derived demand
derivatives Finanz-Instrument *n (Fin)* derivative financial instrument
derivatives Instrument *n (Fin)* derivative instrument

derzeitiger Satz *m (Gen)* current rate
designiertes Amt *n (Pat)* designated office
Desinflation *f (WiWi)* disinflation
Desinformation *f (Gen, Pol)* disinformation
Desintegration *f (Gen, WiWi)* disintegration
Desinvestition *f (Fin)* disinvestment
Desk *n (Börse)* desk
deskriptive Statistik *f (Stat)* descriptive statistics
detaillierte Berichterstattung *f (RW)* segmental reporting
detaillierter Geschäftsplan *m (Gen)* in-depth business plan
Detailplanung *f (Mgt)* detailed planning
Determinanten *fpl (Gen)* determinants
deutlich *adj (Gen)* clear-cut, appreciable, evident, explicit, specific *(offensichtlich)*
deutsch *adj (Recht)* German
deutsch-deutsch *adj (Pol)* intra-German, inner-German
Deutsche Bundesbank *f (Bank, WiWi)* German central bank, ≈ Bank of England, BE, B of E, *(AE)* ≈ Federal Reserve Bank, Fed
Deutsche Industrie- und Handelskammer *f (Gen)* German Chamber of Industry and Commerce, GCIC
Deutscher Industrie- und Handelstag *m (Ind)* ≈ Association of British Chambers of Commerce, ABCC, ≈ American Board of Trade, ABT, ≈ British Chamber of Commerce, BCC
deutscher Staatsbürger *m (Recht)* German citizen
Deutscher Standardisierungsrat *m (DSR) (RW)* German Accounting Standards Board, GASB *(entwickelt und beschließt im Auftrag des DRSC moderne, international abgestimmte Rechnungslegungsstandards für Konzerne und KMU, privately organized German standard-setter for accounting principles)*
deutsches Recht *n (Recht)* German law
• **nach deutschem Recht** *(Recht)* according to German law
devaluieren *v (WiWi)* devalue *(Währung)*
Devisen *fpl* 1. *(Gen)* foreign exchange, forex; 2. *(WiWi)* (foreign) exchange, forex
Devisen *fpl* **und Sorten** *fpl (Bank)* foreign currency balances
Devisenabfluss *m (WiWi)* foreign currency outflow, outflow of foreign exchange
Devisenabsicherung *f (RW)* foreign exchange hedge
Devisenarbitrage *f* 1. *(Börse)* currency arbitrage, exchange arbitrage; 2. *(Fin)* arbitration of exchange
Devisenausländer *m (Gen)* non-resident
Devisenausländerin *f s.* Devisenausländer
Devisenbeschränkungen *fpl (WiWi)* currency restrictions, foreign exchange restrictions
Devisenbestände *mpl* 1. *(Bank)* foreign exchange holdings; 2. *(WiWi)* currency holdings
Devisenbewirtschaftung *f (WiWi)* exchange control
Devisenbilanz *f (WiWi)* balance of foreign exchange payments
Devisenbörse *f (WiWi)* currency market, foreign exchange market
Deviseneinnahmequelle *f (Imp/Exp, WiWi)* source of foreign exchange *(ZB)*
Devisenhandel *m* 1. *(Bank)* forex trading; 2. *(WiWi)* agiotage
Devisenkassageschäft *n (Bank)* foreign exchange spot transaction
Devisenkassakurs *m (Börse, WiWi)* spot exchange rate
Devisenkassamarkt *m (WiWi)* spot currency market
Devisenknappheit *f (WiWi)* lack of forex, shortage of forex, dearth of forex
Devisenkurs *m (WiWi)* foreign exchange rate, rate of exchange
Devisenkurs (ab)sichern *v (Bank, Börse, Imp/Exp)* hedge an exchange rate *(durch ein Devisentermingeschäft = forward exchange transaction = forward currency operation)*
Devisenkursarbitrage *f (Fin)* foreign exchange arbitrage
Devisenmangel *m (WiWi)* lack of forex, shortage of forex, dearth of forex
Devisenmarkt *m (Börse, WiWi)* currency market, foreign exchange market

Devisenmittelkurs *m (Fin, WiWi)* middle rate
Devisenpensionsgeschäft *n (Bank)* foreign exchange repurchase agreement, foreign exchange repo agreement *(EZB)*
Devisenreserven *fpl (Bank)* foreign exchange holdings [reserves]
Devisenspekulation *f* 1. *(Fin)* foreign exchange speculation; 2. *(WiWi)* currency speculation
Devisentermingeschäft *n (Bank, Börse)* forward exchange transaction, forward currency operation, forward currency deal, forward exchange dealing
Devisenterminhandel *m* 1. *(Börse)* forward exchange trading, forward exchange dealing; 2. *(WiWi)* forward exchange
Devisenterminkurs *m* 1. *(Bank, Börse)* forward exchange rate, forward currency conversion rate; 2. *(Fin)* forward rate; 3. *(WiWi)* forward exchange rate
Devisenterminmarkt *m (Börse)* forward exchange market
Devisentransaktion *f (Imp/Exp, WiWi)* foreign currency transaction
Devisenumrechnungskurs *m (Fin)* foreign exchange conversion rate
Devisenumrechnungssatz *m (Bank)* currency conversion rate
dezentrale Leitung *f (Mgt)* decentralized management
dezentrale Marktwirtschaft *f (Pol, WiWi)* decentralized market economy
dezentrale Planung *f (Mgt)* decentralized planning
dezentralisieren *v (Mgt, Pol)* decentralize
Dezimal... *(Comp, Stat)* decimal
Dezimaldarstellung *f (Stat)* decimal notation
Dezimalpunkt *m (Comp, Stat)* decimal point
Dezimalstelle *f (Comp, Stat)* decimal digit
Dezimalzahl *f (Comp, Stat)* decimal number
Diagramm *n (Gen)* chart, diagram
Dialog *m (Comp, Gen)* dialog(ue)
Dialogverkehr/im *(Comp)* interactive
dichtbesiedelt *adj (WiWi)* densely populated
dichtbevölkertes Gebiet *n (WiWi)* densely populated area
Diebstahl *m (Gen, Transp, Versich)* theft
dienen *v (Gen)* serve
dienlich *adj (Gen)* instrumental, conducive to
Dienst *m (Gen)* duty, service • **seine Dienste anbieten** *(Gen)* offer one's services
Dienst *m* **am Kunden vor dem Verkauf** *(V&M)* presale service
Dienst *m* **nach Vorschrift** *(Pers)* work-to--rule, working to rule
Dienstalter *n (Pers)* length of service, seniority
Dienstaltersprinzip *n (Pers)* seniority principle
Dienstälteste *m(f) (Gen)* longest-serving employee
Dienstanbieter *m (Comp, Komm)* service provider
Dienstbereitschaft *f* **rund um die Uhr** *(Gen)* round-the-clock service
Dienstbezüge *mpl (Pers) (Deu)* remuneration, salary *(normal salary/remuneration for public service officials in the event of being incapacitated for work until retirement on grounds of ill health)*
Dienstgebrauch/nur für den *(Gen)* for official use only, restricted *(Applikation)*
Dienstgeheimnis *n* 1. *(Pers)* business secret; 2. *(Pol)* official secret
Dienstgespräch *n (Gen, Komm)* business call, official call
Dienstgrad *m (Pers)* (service) grade
diensthabend *adj (Gen)* on duty
Dienstleistung *f* 1. *(Gen)* business service, service; 2. *(WiWi)* tertiary product • **Dienstleistung erbringen** *(Pers)* render a service, provide a service, perform a service
Dienstleistungen *fpl (Gen, Pat, Pers, V&M, WiWi)* services
Dienstleistungsabend *m (Gen)* late--night opening
Dienstleistungsangebot *n (V&M)* offer of services, services offered
Dienstleistungsberuf *m (Pers)* service occupation
Dienstleistungsbetrieb *m (Gen)* service company, service enterprise
Dienstleistungsbilanz *f (WiWi)* invisible

trade balance, balance on services, balance of invisible trade, invisible balance

Dienstleistungsexporte *mpl (Imp/Exp, WiWi)* invisible exports

Dienstleistungsfreiheit *f (Recht)* freedom to provide services *(EU)*

Dienstleistungsgesellschaft *f* 1. *(Recht)* nontrading partnership; 2. *(WiWi)* service economy

Dienstleistungsgewerbe *n* 1. *(Ind)* service industry; 2. *(Pers)* service company; 3. *(WiWi)* service industry

Dienstleistungsimporte *mpl (Imp/Exp, WiWi)* invisible imports

Dienstleistungsmarke *f (Pat, Recht)* service mark

Dienstleistungspalette *f (Admin)* range of services

Dienstleistungsrichtlinie *f (ugs.) (Pol, Recht)* services directive; Directive on Services in the Internal Market *(formell: Richtlinie für Dienstleistungen im Binnenmarkt; EU)*

Dienstleistungssektor *m (WiWi)* service industry, tertiary sector, service sector

Dienstleistungsunternehmen *n (Gen)* service company, service enterprise

Dienstleistungsverkehr *m (WiWi)* invisible trade, service transactions

Dienstleistungsvertrag *m* 1. *(Gen)* service contract; 2. *(Recht)* contract for services, agreement of service

Dienstleistungszentrum *n (Gen, Mgt, WiWi) (AE)* cost center, *(BE)* cost centre *(erbringt Leistungen für das Gesamtunternehmen zu geringstmöglichen Kosten; opposite: profit center, profit centre: erwirtschaftet maximale Deckungsbeiträge zur Fixkostendeckung = covering of fixed costs)*

dienstliche Zwecke/nur für *(Admin)* for office use only

Dienstort *m (Pers)* duty station

Dienstreise *f (Gen)* business trip

Dienststelle *f* 1. *(Recht)* agency; 2. *(Admin)* administrative office, official agency, *(AE)* bureau; 3. *(WiWi)* agency

Dienststunden *fpl (Gen)* office hours

diensttuend *adj (Gen)* on duty

Dienstvertrag *m* 1. *(Gen)* service agreement, service contract; 2. *(Recht)* agreement of service

Dienstweg *m (Gen)* official [authorized] channels • **den Dienstweg nehmen** *(Gen)* go through the proper channels

Dienstzeit *f (Pers)* length of service, term of office

Differenz *f (Gen)* difference

Differenz *f* **zwischen Anleihenennwert und Beleihungswert** *(RW)* safety margin

Differenzialanalyse *f (Mgt)* differential analysis

Differenzialinzidenz *f* **der Besteuerung** *(Steuer)* differential tax incidence

differenzieren *v (Gen)* differentiate

differenzierte Produktanforderungen *fpl (V&M)* demand for sophisticated products

Differenziertheit *f (Gen)* sophistication

Differenzierung *f (V&M)* differentiation, sophistication *(des Marktes)*

Differenzkosten *pl* 1. *(Gen)* avoidable costs; 2. *(WiWi)* differential cost

differieren *v (Gen)* differ

Diffusion *f (Ind, V&M, WiWi)* diffusion

Diffusionsgeschwindigkeit *f (Ind)* diffusion rate

digital *adj (Comp, Komm)* digital *(Kommunikationstechnik)*

digital darstellen *(Comp, Komm)* digitize

digitale Abschreibungsmethode *f (Fin, RW)* sum-of-the-digits method, sum-of-the-digits method of depreciation, sum-of-the-years digit method of depreciation, life period method

digitale Angebote *npl (Comp, Komm, V&M)* digital products

digitale Bildverarbeitung *f (Comp, Komm, Media)* digital image processing

digitale Signatur *f (Comp, Komm, Recht)* digital signature

digitaler Druck *m (Comp, Komm, Media)* digital printing

digitalisieren *v (Comp, Komm, Media) (AE)* digitalize, *(BE)* digitalise

DIHT *s.* Deutscher Industrie- und Handelstag

diktieren *v (Admin, Gen)* dictate

dimensionslose Maßzahl *f (Stat)* absolute measure

DIN-Format *(Gen, Komm)* German standard paper size *(Papiergröße)*

dinglich *adj (Recht)* in rem

dingliche Belastung *f (Recht)* encumbrance *(Grundstück)*
dingliche Klage *f (jarg.) (Recht)* actio in rem
dingliche Sicherheit *f* 1. *(Fin)* collateral security; 2. *(Recht)* real security
dinglicher Anspruch *m (Recht)* claim in rem *(Vertragsrecht)*
dinglicher Vertrag *m (Recht) (AE)* real agreement
DIN-Norm *f (Gen, Ind)* German industrial standard, DIN standard *(Synonym: Deutsche Norm, Deutsche Industrienorm)*
Diplom *n (Gen)* diploma
Diplombetriebswirt *m (Pers)* ≈ Master of Commerce, MCom, Master of Business Administration, M.B.A.
Diplombetriebswirtin *f s.* Diplombetriebswirt
Diplom-Ingenieur *m (Bil)* Master of Science *(Engineering)*; graduate in engineering, engineering graduate
Diplomkauffrau *f*, **Diplomkaufmann** *m (Bil)* Master of Business Administration, MBA
Diplomkauffrau (grad.) *f*, **Diplomkaufmann (grad.)** *m (Bil)* Bachelor of Business Administration, BBA
Diplomprüfung *f (Bil)* diploma examination *(at university, college etc.)*
Diplom-Sozialwirt *m (Bil)* Master of Social Science, Master of Arts *(Sociology)*
Diplom-Sozialwirtin *f s.* Diplom-Sozialwirt
Diplomvolkswirt *m (Gen)* Master of Economics, MEcon
Diplomvolkswirtin *f (Gen)* Master of Economics, MEcon
Diplomvorprüfung *f (Bil)* university preliminary examination, college preliminary examination
Diplom-Wirtschaftsingenieur *m (Bil)* Master of Science *(Industrial Engineering)*; graduate in industrial engineering
Diplom-Wirtschaftsingenieurin *f s.* Diplom-Wirtschaftsingenieur
Direct Costing *n (Fin, RW, WiWi)* direct costing
direkt *adj (Gen)* direct, plain-spoken
• **jmdm. direkt unterstellt sein** *(Gen)* be directly responsible to sb
Direktabfragesprache *f (Comp)* query language
Direktbestellung *f (V&M)* direct order
Direktbezug *m (V&M)* direct order
direkte Inflationssteuerung *f (WiWi)* inflation targeting *(Gegensatz: Geldmengensteuerung)*
direkte Kosten *pl (Fin, RW, WiWi)* direct costs
direkte Lohnkosten *pl (RW)* direct labo(u)r costs
direkte Produktrentabilität *f (V&M)* direct product profitability, DPP
direkte Steuer *f (Steuer)* direct tax
direkte und indirekte Besteuerung *f (Steuer, WiWi)* direct and indirect taxation
direkte und indirekte Gemeinkosten *pl (Fin)* supplementary cost
Direkteinkauf *m (Gen)* direct purchase
Direktinvestition *f (Fin)* direct investment *(Auslandsinvestition; Gegensatz: Portfolio-Investition)*
Direktinvestition *f* **aus dem Ausland** *(Fin, WiWi)* direct foreign investment, DFI
Direktinvestitionen *fpl (Börse)* portfolio investment
Direktinvestitionen *fpl* **im Ausland** *(Fin, WiWi)* direct outward investment
Direktmarketing *n (V&M)* direct marketing
Direktor *m* 1. *(Gen)* manager; 2. *(Pers)* director
Direktor *m* **einer Niederlassung** *(Gen, Mgt, Pers)* branch office manager
Direktor *m* **ohne Geschäftsbereich** *(Mgt)* non-executive director, outside director
Direktorin *f s.* Direktor
Direktorin *f* **einer Niederlassung** *s.* Direktor einer Niederlassung
Direktorin *f* **ohne Geschäftsbereich** *s.* Direktor ohne Geschäftsbereich
Direktorium *n (Mgt)* board of directors, board of management
Direktorium *n* **des Zentralbankensystems** *n (WiWi) (AE)* Board of Governors of the Federal Reserve System
Direktplatzierung *f (Bank)* direct placement
Direkttausch *m (V&M)* peer to peer *(P2P; mit Kontakten auf gleicher Marktstufe)*

Direktverkauf *m (V&M)* direct sales, direct selling *(ohne Zwischenhändler)*
Direktverkauf *m* **durch Vertreter** *(V&M)* personal selling, door-to-door selling *(Haustürverkauf)*
Direktversicherung *f (Versich)* direct insurance
Direktwerbung *f (V&M)* direct advertising
Direktzugriffsspeicher *m (RAM) (Comp)* random access memory *(RAM)*
Direktzusage *f (Pers)* employer's pension commitment
Disaggregation *f (Stat, WiWi)* disaggregating, disaggregation, breakdown, breaking down
disaggregieren *v (Stat, WiWi)* disaggregate, break down
Disagio *n* 1. *(Bank)* discount, debt discount, loan discount; 2. *(Gen)* disagio • **mit einem Disagio von** *(Börse)* at a discount of • **mit einem Disagio notiert werden** *(Börse)* stand at a discount
Discounter *m (V&M)* discount house, discounter
Disincentive-Effekt *m (WiWi)* disincentive effect
Diskont *m* 1. *(Bank, Börse, V&M, WiWi)* discount; 2. *(Fin)* hard discount, settlement discount, discount
Diskontbank *f* 1. *(Bank)* acceptance house, discounting bank; 2. *(Fin)* discount house, discounting bank
Diskontertrag *m (Börse)* discount yield
diskontfähig *adj (Bank)* bankable, discountable, eligible for discount
diskontfähiger Wechsel *m* 1. *(Bank)* bankable paper; 2. *(Fin)* discountable bill
Diskontgefälle *n (Fin)* discount rate differential
Diskontgeschäft *n* 1. *(Fin)* discount business, discounting; 2. *(RW)* discounting
Diskonthaus *n (Fin)* discount house
diskontierbar *adj (Bank, Börse, Fin)* discountable
diskontieren *v (Bank, Börse, Fin)* discount
diskontierte Anleihe *f (Bank)* discounted loan
diskontierter Aktienpreis *m (Börse)* discounted share price
diskontierter Barwert *m (Fin)* discounted present value
diskontierter Cashflow *m (Fin, RW)* discounted cash flow
diskontierter Einnahmeüberschuss *m (Fin, RW)* discounted cash flow
diskontierter Wechsel *m (Bank)* discounted bill
Diskontierungssatz *m (WiWi)* discount rate
Diskontinstrument *n (Börse)* discount instrument
diskontinuierlich *adj (Stat, WiWi)* discrete
Diskontsatz *m (Bank)* private rate of discount *(der Geschäftsbanken)*; bank rate, discount rate *(der Notenbank)*
Diskontsenkung *f (Bank)* reduction [cut] in the bank rate
Diskontspesen *(RW)* discount charges
Diskontwechsel *m* 1. *(Bank)* bill discounted, bill for discount, discounted bill; 2. *(RW)* discount bill
diskrete Variable *f (Stat)* discontinuous variable
diskretionär *adj (Gen, Steuer, WiWi)* discretionary
diskretionäre Fiskalpolitik *f (WiWi)* discretionary fiscal policy
diskriminieren *v* 1. *(Gen, WiWi)* discriminate, discriminate against; 2. *(Recht)* discriminate, discriminate against, treat unfavo(u)rably
diskriminierende Besteuerung *f (Steuer)* discriminatory taxation
Diskriminierungsverbot *n (Recht, WiWi)* prohibition of discrimination *(Wettbewerbsrecht)*
Diskussion *f (Gen)* discussion • **das zur Diskussion stehende Problem** *(Gen)* the issue at stake
Diskussionspapier *n (RW)* discussion paper
Disparität *f (Gen, WiWi)* disparity
Dispokredit *m (Bank, Fin)* personal credit line, current account loan, overdraft facility, retail customer credit *(Einzelhandel)*
Disponibilität *f (WiWi)* availability *(Geld)*
Dispositionskredit *m (Bank, Fin)* personal credit line, current account loan, overdraft facility, retail customer credit *(Einzelhandel)*

Distribution *f* 1. *(V&M)* distribution; 2. *(WiWi)* (income) distribution
Distributionskette *f (Ind)* chain of distribution
Disziplin *f (Gen, Pers)* discipline
Disziplinar... *(Pers, Recht)* disciplinary
Disziplinargewalt *f (Pers, Recht)* disciplinary authority
Disziplinarstrafe *f (Pers, Recht)* disciplinary punishment
Divergenz *f (Gen)* divergence
diverse Artikel *mpl (RW)* sundry articles
Diversifikation *f (V&M)* diversification
Diversifikationsvorteil *m (WiWi)* economies of scale
diversifizieren *v (Gen, Mgt, Pers)* diversify
Diversifizierung *f (Gen, Mgt, Pers)* diversification
Dividende *f (Börse, Versich)* dividend • **ohne Dividende** *(Fin)* ex dividend • **eine Dividende ausschütten** *(Fin)* distribute a dividend, pay a dividend
Dividende *f* **nach Steuern** *(RW, Steuer)* after-tax dividend
Dividende *f* **pro Aktie** *(Fin) (BE)* dividend per share, DPS
Dividendenanteilschein *m (Fin)* dividend warrant
Dividendeneinkommen *n (Börse)* dividend income
Dividendeneinnahme *f (Börse)* dividend income
Dividendenertrag *m (Börse)* dividend yield
Dividendenpolitik *f* 1. *(Börse)* dividend policy; 2. *(Fin)* dividend payout policy
Dividendenquellensteuer *f (Steuer)* dividend withholding tax
Dividendenschein *m (Fin)* dividend coupon, dividend warrant
Dividendensteuer *f (Steuer)* dividend tax
Dividenden-Stripping *n (Fin)* dividend stripping
Dividendenwerte *mpl (Börse, Fin)* equities, corporate securities
Divisionalisierung *f (Gen)* divisionalization
Divisionskakulation *f (RW)* process costing
Doktorarbeit *f (Pers)* thesis, dissertation
Doktorprüfung *f (Bil)* doctorate, Ph. D., PhD; Doctor of Philosophy
Dokument *n* 1. *(Comp)* document *(Textverarbeitung)*; 2. *(Fin)* instrument; 3. *(Gen, Recht)* document • **gegen Dokumente** *(Gen)* against documents
Dokumentar... *(Media, V&M)* documentary
dokumentarisch *adj (Gen)* documentary
Dokumentation *f (Comp, Gen)* documentation
Dokumente *npl* **gegen Akzept** *(Gen)* documents against acceptance, DA
Dokumente *n* **gegen Barzahlung** *(Bank, Fin)* documents against cash *(DC)*
Dokumente *n* **gegen Zahlung** *(Gen)* documents against payment, DAP
Dokumentenakkreditiv *n* 1. *(Bank)* documentary letter of credit; 2. *(Fin)* documentary credit
Dokumenteninhaber *m (Gen)* document holder
Dokumenteninhaberin *f s.* Dokumenteninhaber
Dokumenteninkasso *n (Recht)* collection of commercial documents *(Vertragsrecht)*
Dokumenten-Management-System *(DMS) (Comp, Mgt)* document management system
Dokumentenretrievalsystem *n (Comp)* document retrieval system
Dokumententratte *f* 1. *(Bank)* acceptance bill *(Außenhandel)*; 2. *(Admin, Gen, Imp/Exp)* documentary draft
Dokumentenvernichter *m (Admin)* shredder
Dokumentenwiedergewinnung *f (Comp)* document retrieval system
dokumentieren *v (Gen, Recht)* document
Dollar gerechnet/in jeweiligen *(Bank, WiWi)* in current dollar terms *(ZB, Statistik)*
Dollar *m* **zum Tageskurs** *(Fin)* current dollars
Dollarabfluss *m (WiWi)* dollar drain
Dollaraufgeld *n (Börse)* dollar premium
Dollarblock *m (WiWi)* dollar area
Dollarkurs *m (Börse)* dollar bid, dollar rate, dollar price
Dollarpreis *m* 1. *(Börse)* dollar rate; 2. *(Gen)* dollar price
Dollarraum *m (WiWi)* dollar area

Dollarschein *m (WiWi) (AE)* dollar bill, *(AE; ugs.)* greenback
Dollartitel *mpl (Fin)* dollar securities
dolmetschen *v (Komm)* interpret
Dolmetschen *n (Komm)* interpreting
Dolmetscher *m (Komm)* interpreter
Dolmetscherin *f s.* Dolmetscher
Domäne *f* 1. *(Grund)* domain, estate *(staatlicher land- und forstwirtschaftlicher Grundbesitz)*; 2. *(Comp, Recht)* domain *(Synonym: Domain)* • **eine Domäne [Domain] registrieren lassen** *(Comp, Recht)* have a domain registered
Domei *n (Pers)* Domei
Domestizierung *f (WiWi)* domestication
dominant *adj (Gen)* dominant
dominante Werbung *f (V&M)* dominant advertising
Dominanz *f (Gen)* dominance
Dominoeffekt *m (Bank, Börse, Fin, WiWi)* contagion effect
Dongle *m (jarg.) (Comp)* dongle
Donoghues-Geldfondsdurchschnitt *m (Börse) (AE)* Donoghue's Money Fund Average
Donovan-Kommission *f (Ind, Pers) (BE)* Donovan Commission
Doppelakquisition *f (Gen)* dual sourcing
Doppelarbeitsverhältnis *n (Pers, Soz)* dual jobholding
Doppelbelastung *(Recht, Steuer)* double economic burden
Doppelbeschäftigung *f (Pers, Soz)* dual jobholding
Doppelbesteuerung *f (Steuer)* double taxation
Doppelbesteuerungsabkommen *n (Steuer)* double tax agreement
Doppelfunktion *f (Börse)* dual capacity
Doppelhaushälfte *f (Grund)* duplex, *(BE)* semi-detached house
Doppelrezession *f (WiWi)* double dip *(w-förmiger Konjunkturverlauf)*
Doppelspalte *f (Media, V&M)* double column
Doppelstrategie *f (Mgt)* twin-track strategy
doppelte Buchführung *f (RW)* double-entry accounting, double-entry bookkeeping
doppelte Staatsbürgerschaft *f (Pers)* dual citizenship, dual nationality
Doppelung *f (Gen)* doubling
Doppelverdiener *m (Pers)* dual job holder, moonlighter
Doppelverdiener *pl (Pers)* working couple *(Ehepaar)*
Doppelverdienerhaushalt *m (WiWi)* double income household
Doppelverdienst *(Pers, Soz)* dual earnings, double income
Doppelzählung *f (Fin)* double counting
Dotierung *f (Fin)* provision of funds
Dow-Jones-Industrieaktienindex *m (Börse)* Dow Jones Industrial Average, DJIA
Dozent *m (Bil)* lecturer, university lecturer, *(BE)* reader, *(AE)* assistant professor
Dozentenstelle *f (Bil, Pers)* lecturing post
Dozentin *f s.* Dozent
drahtlos *adj (Komm)* wireless; cordless *(schnurlos)*
drahtlose Netze *f (Komm)* wireless networks
drahtlose Netzwerke *f (Komm)* wireless networks
drastische Maßnahmen *fpl (WiWi)* drastic measures
drastischer Anstieg *m (WiWi)* sharp rise
drastischer Rückgang *m (WiWi)* sharp drop *(der Preise)*
Drehpunkt *m (Gen)* fulcrum
dreidimensional *adj (3D) (Komm, Media)* three-dimensional
Dreiecksfusion *f (Gen)* triangular merger
Dreiecksgeschäft *n* 1. *(Imp/Exp)* three-way switch deal; 2. *(WiWi)* triangular operation
Dreieckshandel *m (Imp/Exp)* triangulation
dreifach *adj (Gen)* treble, triple, triplicate, in triplicate
Dreifach... *(Gen, Transp)* three-way, triple
dreifache Senkung *f (Gen) (AE)* triple reduction
dreimonatige Kündigungsfrist *f (Börse)* three-month call
Dreimonatsgeld *n (Fin)* three-month funds
Dreimonats-US-Schatzwechsel *mpl (Börse)* three-month US Treasury bills
dreistellig *adj (Gen)* three-digit *(Zahl)*
dringend *adv (Gen)* urgently • **jmdn. dringend bitten, etw. zu tun** *(Gen)*

urge sb to do sth • **dringend brauchen** *(Gen)* be in urgent need of
dringende Angelegenheit *f (Gen)* matter of urgency
dringender Kapitalbedarf *m (WiWi)* pressing financial needs
Dringlichkeit *f (Gen)* priority
Dritt... *(Gen, Recht, Versich)* three, third, third party
Dritte *m(f)* 1. *(Gen)* third person; 2. *(Pat, Recht, Versich)* third party
Dritte Welt *f (Gen)* Third World *(Entwicklungsländer)*
dritter Markt *m (Börse, WiWi) (AE)* over-the-counter market, OTCM, *(BE)* Third Market
drittklassig *adj* 1. *(Gen)* third-rate; 2. *(Transp)* third-class
Drittland *n (WiWi)* third country *(EU)*
Drittstaat *m (Pol)* non-member country, third country *(EU)*
Drittstaatsangehörige *m(f) (Pol, Recht)* third country national *(EU)*
Drittvergleichsgrundsatz *m (Recht, Steuer)* arm's-length principle
Drittwährung *f* 1. *(Gen)* third currency; 2. *(Imp/Exp)* third-party currency
Drogenhandel *m (Gen, Imp/Exp)* drug trafficking
Drogenwirtschaft *f (WiWi)* drug economy
drohende Gefahr *f (Versich)* imminent peril, imminent danger
drohende Verluste *mpl (Versich)* unexpired risks
drosseln *v (WiWi)* curb, restrict
Drosselung *f (Bank)* credit rationing
Druck *m* 1. *(Gen)* pressure; 2. *(Media)* print, printing; 3. *(Pol)* leverage; 4. *(Transp)* compression; 5. *(V&M)* letterpress • **auf jmdn. Druck ausüben** *(Gen)* bring pressure to bear on sb, put pressure on sb • **unter Druck geraten** *(Gen)* come under pressure • **unter Druck handeln** *(Gen)* act under pressure • **unter Druck setzen** *(Pers, WiWi)* pressurize, squeeze *(Preise)*
Druckauflage *f (Media)* print run
Druckauflösung *f (Comp)* print resolution
Druckbogen *m (Media)* printing sheet, printed sheet
drucken *v (Comp, Media)* print
drücken *v* 1. *(Comp)* press *(Taste)*; 2. *(Ind)* activate *(Schalter)*; 3. *(WiWi)* drive down, force down *(Preis, Zinsen)*
Druckerauflösung *f (Comp)* printer resolution *(z. B. 600 dpi)*
Druckereinstellungen *fpl (Comp, Media)* printer settings
Druckerspeicher *m (Comp, Media)* printer memory
Druckfehler *m (Admin, Comp, Gen)* typing error, typographical error, misprint
Druckkosten *pl (Comp)* printing costs
Druckqualität *f (Comp, Media)* print quality
Drucksache *f* 1. *(Gen)* printed matter; 2. *(Komm) (AE)* third-class mail
Druckseite *f (Comp, Media)* print side *(Papier)*
DSR *m (Abk. für Deutscher Standardisierungsrat) (RW)* German Accounting Standards Board, GASB *(entwickelt und beschließt im Auftrag des DRSC moderne, international abgestimmte Rechnungslegungsstandards für Konzerne und KMU; privately organized German standard-setter for accounting principles)*
Dualband-Handy *n (Komm)* dual-band mobile phone
dualer Arbeitsmarkt *m (WiWi)* dual labo(u)r market
dualer Wechselkurs *m (WiWi)* dual exchange rate
duales Berufsausbildungssystem *n (Pers)* dual system of (initial) vocational education and training
duales System *n* **der beruflichen Ausbildung** *(Bil)* dual system of (initial) vocational education and training
Dualzahl *f (Stat)* binary number
dünnbesiedeltes Gebiet *n (WiWi)* sparsely populated area
Duopol *n (WiWi)* duopoly
Durationsanalyse *f (Fin)* duration analysis
durcharbeiten *v (Pers)* work through
Durchbruch *m (Admin, WiWi)* breakthrough
Durchfallquote *f (Pers)* failure rate
durchführbar *adj (Gen)* feasible
Durchführbarkeit *f (Gen)* feasibility, viability

Durchführbarkeitsuntersuchung *f (Gen)* feasibility study
durchführen *v* 1. *(Gen)* carry out, transact, effect *(Einigung)*; hold, execute *(Untersuchung)*; conduct *(Aktienverkauf)*; 2. *(Mgt)* execute, hold *(Konferenz, Tagung)*; 3. *(Recht)* execute
Durchführung *f* 1. *(Gen)* performance, transaction; 2. *(Mgt)* execution *(einer Politik)*; implementation *(einer Reorganisation)*
Durchführung *f* **eines Markttests** *(V&M)* test marketing
Durchführungsbefugnisse *fpl (Recht)* implementing powers
Durchführungsbestimmungen *fpl (Recht)* rules and regulations, implementing regulations
Durchführungskosten *pl* **von Verwaltungsvorschriften** *(Admin)* administrative costs of regulation
Durchführungsmaßnahmen *fpl (Recht)* implementing measures
Durchführungsverordnung *f (Gen)* regulation [implementing] ordinance
Durchführungsverzögerung *f (WiWi)* administration lag, implementation lag
Durchführungsvorschriften *fpl (Pat)* ancillary regulations *(EPA)*
durchgehend *adj (Gen)* continuous, round-the-clock
durchgehend geöffnet *adv (Gen)* open all day
durchgesetzt *adj (Recht)* enforced
Durchlässigkeit *f* **des Bildungssystems** *(Bil, Pol)* (high) permeability of the educational system *(Synonym: Durchlässigkeit des Bildungswesens)*
Durchlaufdarlehen *n (Fin)* pass-through loan
durchlaufende Einnahmen *fpl (WiWi)* transitory income
durchlaufende Kredite *mpl (Bank, Fin)* flow-through credits, loans in transit
durchlaufende Zahlungsmittel *npl (RW)* cash in transit
Durchlaufkredit *m (Fin)* transmitted credit
Durchlaufzeit *f (Gen, V&M)* lead time, *(BE)* throughput time, *(AE)* thruput time; time from receipt of order till dispatch
durchleiten *v* 1. *(Bank, Fin)* pass through *(Kredit)*; 2. *(Gen)* handle
Durchleitungsbank *f (Bank, Fin)* pass--through agency, pass-through agent, pass-through bank, intermediary
Durchleitungsinstitut *n (Bank, Fin)* pass-through agency, pass-through agent, pass-through bank, intermediary
Durchluftfrachtbrief *m (Imp/Exp, Transp)* through air waybill, TAWB
durchmachen *v (Gen)* undergo
durchpeitschen *v (ugs.) (Gen)* Projekt steamroller through
durchrechnen *v (Gen)* calculate
Durchreise *f (Transp)* passage
Durchreisevisum *n (Admin)* transit visa
durchrutschen *v (Gen)* scrape through
durchsagen *v (Gen)* Ergebnis announce, broadcast
Durchsatz *m (Comp, Fin, Ind)* throughput, *(AE)* thruput
Durchsatzleistung *f (Ind)* throughput rate, *(AE)* thruput rate
durchschaubar *adj (Recht, V&M)* transparent
Durchschnitt *m (Gen, RW, Stat)* average • **im Durchschnitt** *(Gen)* at an average • **über dem Durchschnitt** *(Gen, WiWi)* above average • **unter dem Durchschnitt** *(Gen)* below-average • **den Durchschnitt ermitteln von** *(Fin)* average out, average *(Kosten, Gewinn)*
durchschnittlich *adj (Gen)* average, at an average, *(ugs.)* run-of-the-mill
durchschnittliche Auslastung *f (Ind)* average utilization
durchschnittliche Bindungsdauer *f (Fin)* duration
durchschnittliche Fixkosten *pl (RW)* average fixed cost
durchschnittliche Gesamtkosten *pl (RW)* average total cost
durchschnittliche Konsumquote *f (WiWi)* average propensity to consume
durchschnittliche Kosten *pl (Admin, RW)* average costs
durchschnittliche Laufzeit *f (Börse)* average maturity
durchschnittliche Sparneigung *f (WiWi)* average propensity to save
durchschnittliche Stückkosten *pl (RW)* average unit cost
durchschnittlicher Preisaufschlag *m (Gen)* average mark-up

durchschnittlicher Steuersatz *m (Steuer)* average tax rate
durchschnittlicher Stundenlohn *m (Pers)* average hourly earnings
durchschnittlicher Stundenverdienst *m (Pers)* average hourly earnings
Durchschnittsbetrag *m (Gen)* average amount
Durchschnittsbezahlung *f (Pers)* average pay, average remuneration
Durchschnittsbildung *f (Börse, Gen, Steuer)* averaging
Durchschnittseinkommen *n* 1. *(Pers)* average income; 2. *(RW)* average pay
Durchschnittserlös *m (Fin, RW)* average revenue
Durchschnittsertrag *m (Fin, RW)* average yield
Durchschnittsgehalt *n (Pers)* average salary
Durchschnittskosten *pl* 1. *(RW)* average costs, mean cost; 2. *(Admin, WiWi)* average costs
Durchschnittskurs *m* 1. *(Börse)* average, average market price, average rate; 2. *(RW)* average rate
Durchschnittslohn *m (Pers)* average wage
Durchschnittsnote *f (Pers)* average mark
Durchschnittsqualität *f (Gen, Imp/Exp)* fair average quality
Durchschnittsrendite *f* 1. *(Börse)* mean return; 2. *(Fin, RW)* average yield
Durchschnittssatz *m* 1. *(Bank)* blended rate; 2. *(Börse, RW)* average rate
Durchschnittssteuersatz *m (Steuer)* average tax rate
Durchschnitts-Stundenverdienst *m (Pers)* average hourly earnings
Durchschnittswerte *mpl (Börse)* market averages
durchsetzbar *adj (Recht)* enforceable
durchsetzen *v* 1. *(Börse)* put through; 2. *(Gen)* force, enforce *(Anspruch)*; implement *(Maßnahme)*
Durchsetzung *f (Recht)* enforcement
Durchsetzung *f* **einer Strategie** *(Gen, Mgt)* strategy implementation
Durchsetzungsfähigkeit *f (Pol)* acceptability
Durchsetzungsvermögen *n (Pers)* assertiveness
durchsickern *v (Gen)* leak out
Durchsickern *n (Media, Pol)* leakage
Durchstehvermögen *n (Mgt)* staying power, stamina
durchstreichen *v (Gen)* delete, expunge
Durchsuchung *f (Gen)* search
Durchwahl *f (Komm)* direct dial(l)ing
Dynamik entfalten *(Gen, WiWi)* build up momentum
dynamisch *adj (Gen)* dynamic
dynamische Analyse *f (WiWi)* dynamic analysis
dynamische Lebensversicherung *f (Versich)* indexed life insurance
dynamische Planung *f (Gen)* dynamic programming
dynamische Veralterung *f (V&M)* dynamic obsolescence
dynamische Verfahren *npl* **der Investitionsrechnung** *(Fin, WiWi)* DCF-methods, *(BE)* discounted cash flow methods, time-weighted methods of investment analysis *(Synonym: finanzmathematische Verfahren)*
dynamische Verträge *mpl (Versich)* adjustable contracts
dynamischer Prozess *m (WiWi)* continuous process
dynamisches Absichern *n (Fin)* dynamic hedging
DZ *s.* Dokumente gegen Zahlung

E

e-... *(Abk. für elektronisch) (Comp, Komm, Media)* e-... *(electronic)*
E-... *(Abk. für elektronisch) (Comp, Komm, Media)* e-... *(electronic)*
EBIT *s.* Ergebnis vor Zinsen und Steuern
Ebit *s.* Ergebnis vor Zinsen und Steuern
echt *adj (Comp)* actual
Echt/365 *(jarg.) (Bank)* exact interest
echter Ermessensspielraum *m (Admin)* pure discretion
echtes Angebotsmonopol *n (WiWi)* absolute monopoly, pure monopoly
echtes Geld *n (Bank, WiWi)* good money
Echtheitsbescheinigung *f (Börse)* authentication
Echtheitsmerkmal *n (Bank)* authentication feature *(EZB)*

Echtheitszertifikat *n (Comp, Recht)* certificate of authenticity
Echtzeit *f (Comp, RW, WiWi)* real time
Ecklohn *m* 1. *(Pers)* base pay rate; 2. *(WiWi)* basic pay
Eckwert *m (Gen, Mgt)* benchmark, reference figure, reference value
Eckzins *m (Fin)* base lending rate, base rate
E-Commerce-Richtlinie *f (Comp, Komm, Recht)* e-commerce directive *(EU)*
ECU *s.* Europäische Währungseinheit
ECU-Leitkurs *m (Fin)* ECU central rate
Edelmetall *n (Gen)* precious metal
Edelmetallbarren *m (Bank)* bullion
Edelstahl *m (Ind)* stainless steel
Edelsteine *mpl (Gen, Ind)* precious stones
EDV *s.* elektronische Datenverarbeitung
EDV-System *n (Comp)* computer system, IT system
e-Fachwörterbuch *n (Media)* electronic specialized dictionary
Effekten *pl* 1. *(Börse)* stock exchange securities, stocks and bonds; 2. *(Fin)* stocks and bonds
Effektenabrechnung *f (Fin)* contract note
Effektenberatungstätigkeit *f (Börse, Fin)* investment consultancy, investment services
Effektenbörse *f (Börse, Fin, WiWi)* bourse, stock exchange, stk exch
Effektendarlehen *n (Börse)* securities loan
Effektenemissionsgeschäft *n (Börse, Fin)* underwriting business
Effektenhandel *m* 1. *(Börse)* securities trade; 2. *(Fin)* stock trading
Effektenkauf *m* **mit Einschuss** *(Börse)* buying on margin
Effektenkaufabrechnung *f (Börse)* bought note
Effektenkredit *m (Fin)* security loan
Effektenlombard *m (Börse)* advance on securities
Effektennotierung *f (Börse)* stock market prices
Effektenportefeuille *n (Bank, Börse, Fin)* investment portfolio
Effektensammeldepot *n (Fin)* collective securities deposit
Effektenverkaufsabrechnung *f (Börse)* sold note
Effektenverwaltung *f (Fin, Mgt)* portfolio management
effektiv *adj (Gen)* actual, effective
Effektiv... *(Gen)* actual, effective
effektive Bestandsaufnahme *f (RW)* physical inventory
effektive Kreditgebühr *f (Bank)* effective loan charges
effektive Lieferung *f (Bank, Börse)* actual delivery
effektive Nachfrage *f (WiWi)* effective demand
effektive Preise *mpl (Ind, WiWi)* outturn prices
effektive Rendite *f (Bank, Fin)* real rate of return, true rate of return
effektiver Diskontsatz *m (Gen)* market rate of discount
effektiver Jahreszins *m (Fin)* annual percentage rate, annualized percentage rate
effektiver Wechselkurs *m (WiWi)* effective exchange rate
effektiver Wettbewerb *m (WiWi)* workable competition
effektiver Zins *m* 1. *(Bank)* effective interest rate; 2. *(RW)* effective rate
effektiver Zinssatz *m* 1. *(Bank)* effective interest rate; 2. *(RW)* effective rate
Effektivgeschäft *n (Börse)* spot market transaction
Effektivität *f (Gen)* effectiveness
Effektivklausel *f (Fin)* currency clause
Effektivlohn *m (Pers, RW)* actual earnings, actual wage *(Arbeitsentgelt)*
Effektivrendite *f (Börse)* dividend yield
Effektivverdienst *m (Pers, RW)* actual earnings
Effektivverzinsung *f* 1. *(Bank)* true rate of return, effective rate [yield]; 2. *(Börse)* market rate, redemption yield
Effektivware *f (Börse)* spot commodity, physical commodity *(Terminbörse)*
Effektivzins *m* 1. *(Bank)* true rate of return, effective rate [yield], effective interest rate; 2. *(Börse)* market rate
effizient *adj (Gen)* efficient
effiziente Allokation *f (WiWi)* efficient allocation
Effizienz *f (Gen)* efficiency

Effizienzgewinn *f (Gen, Mgt)* efficiency gain
Effizienzkontrolle *f (Mgt)* efficiency review, performance review
Effizienzverlust *m (Gen, Mgt)* efficiency loss
Effizienzwirkung *f (Gen, Mgt)* efficiency effect
EG *(obs.)* 1. *(Pol)* EC *(European Community, European Communities; umfassten EWG, EAG und EGKS; Europäische Gemeinschaft/en; obs.)*; 2. *(Recht) (eingetragene Geschossenschaft)* registered cooperative *(co-op)*
EGB *s.* Europäischer Gewerkschaftsbund
EG-Binnenmarkt *m (WiWi)* European Single Market
EG-Einheitspapier *n (Imp/Exp, WiWi)* EC single document *(ZB)*
E-Geld *n (Bank, Comp, WiWi)* e-money
EG-Kommission *f (WiWi)* Commission of the European Community, CEC
EGKS *s.* Europäische Gemeinschaft für Kohle und Stahl
EG-Richtlinie *f (Recht)* EC Directive *(mit rechtlich bindender Wirkung in den EU--Mitgliedstaaten)*
EGV *s.* EG-Vertrag
EG-Vertrag *m (Pol, Recht)* EC Treaty *(Treaty establishing the European Community, Treaty of Rome, 1957, Vertrag zur Gründung der Europäischen Gemeinschaft)*
EG-Waren *fpl (Imp/Exp)* Community goods
E-Handel *m (Comp)* e-commerce
Ehegattenabzug *m (Steuer)* marriage deduction
Ehegattenfreibetrag *m (Steuer)* marriage allowance
Ehrenakzept *n (Gen)* acceptance for hono(u)r
ehrenamtlich *adv (Pers)* in an honorary capacity
ehrenamtliche Tätigkeit *f (Pers)* voluntary work *(Arbeit)*
Ehrenannahme *f (Gen)* acceptance for hono(u)r
Ehrencodex *m (Gen)* code of conduct [ethics, honour]
Ehrenvorsitzende *m(f) (Pers)* honorary chairman
Ehrenwort *n (Recht)* word of honour
ehrgeizig *adj (Gen, Mgt)* ambitious
ehrlich *adj (Gen)* above board, honest *(Geschäft)*
ehrliches Geschäftsgebaren *n (Gen)* clean hands
EIB *s.* Europäische Investitionsbank
Eid *m (Recht)* oath • **unter Eid** *(Recht)* under oath *(Aussage)* • **unter Eid aussagen** *(Recht)* give evidence on [under] oath *(vor Gericht)*
eidliche Versicherung *f (Recht)* assertory oath
eigen *adj (Gen)* own • **nach eigenem Eingeständnis** *(Gen)* by one's own admission • **nach eigenem Ermessen** *(Gen)* in one's own estimation • **auf eigene Gefahr** 1. *(Gen)* at one's own peril; 2. *(Versich)* at owner's risk • **auf eigene Kosten** *(Gen)* at one's own expense • **auf eigene Rechnung** *(Gen)* on one's own account, at one's own expense • **auf eigenes Risiko** *(Gen)* at owner's risk
Eigen... *(Gen)* self-, own, personal
Eigenarbeit *f (Pers)* do-it-yourself work, DIY work
Eigenbedarf *m (RW)* personal requirements
Eigenbetrieb *m (Gen)* owner-operator, public utility *(Gemeinden)*
Eigenbeurteilung *f (Pers)* self-appraisal *(Arbeit)*
Eigendynamik entfalten *(Gen, WiWi)* build up momentum
Eigendynamik entwickeln *(Gen, WiWi)* build up momentum
eigene Aktien *fpl (RW) (BE)* own shares, *(AE)* treasury stock
eigene Akzepte *npl (RW)* acceptances outstanding
eigene Anteile *mpl (Börse, RW)* own shares
eigene Marke *f (V&M)* own label
Eigenentwicklung *f (WiWi)* me-too--product
eigenerwirtschaftete Mittel *npl (Fin, RW)* internally generated funds
Eigenfinanzierung *f* 1. *(Fin)* autofinancing, equity financing; 2. *(RW)* self--financing
Eigenfinanzierungsquote *f (Börse, Fin)* self-financing ratio

Eigengeschäfte *npl (Bank)* business for a bank's own account
Eigenhandel *m (WiWi)* own account trading
eigenhändig *adj (Komm)* to addressee only
eigenhändig unterschrieben *adj (Gen, Recht)* signed personally
eigenhändige Unterschrift *f (Gen, Recht)* personal signature; wet signature *(cf handschriftliche Zeichnung)*
Eigenhändler *m (V&M)* proprietary trader
Eigenheimbesitz *m (Grund)* home ownership
Eigenkapital *n* 1. *(Fin)* equity capital, equity; 2. *(RW)* capital and reserves, equity, net worth, *(AE)* stockholders' equity, shareholders' equity; 3. *(WiWi)* equity; net total assets, net worth *(i. S. v. bilanzielles Eigenkapital = Differenz zwischen Vermögen und Schulden)*; 4. *(Gen)* personal capital *(privater Wohnungsbau)*
Eigenkapital *n* **je Aktie** *(Fin)* net assets per share
Eigenkapitalanforderungen *fpl (Bank, Fin)* capital standards *(Basel II: risikoadäquate Allokation des Eigenkapitals)*
Eigenkapitalarbitrage *f (Bank, Fin)* capital arbitrage *(Basel II)*
Eigenkapitalausstattung *f (Fin)* equity position
Eigenkapitalbasis *f (RW)* equity base, equity capital base
Eigenkapitaldecke *f (Fin)* equity position
Eigenkapitalgeber *m (Fin) (BE)* shareholder, equity supplier
Eigenkapitalgeberin *f s.* Eigenkapitalgeber
Eigenkapitalhypothek *f (Fin)* equity-linked mortgage
Eigenkapitalmethode *f (RW)* equity accounting, equity method of accounting, equity method of consolidation *(Bilanzierung von Beteiligungen am stimmberechtigten Kapital eines anderen Unternehmens nach angelsächsischer Methode, die durch zeitkongruente Berücksichtigung von Beteiligungserträgen keine stillen Rücklagen entstehen läßt; nach § 311 HGB nicht im Einzelabschluss, sondern nur im Konzernabschluss zulässig; Synonym: Equity-Methode)*
Eigenkapitalpolster *n (Bank, Fin)* capital cushion
Eigenkapitalquote *f* 1. *(Bank)* capital ratio, equity ratio; 2. *(RW)* capital-to-assets ratio *(Anteil des Eigenkapitals am Gesamtkapital, ratio of equity to total assets)*
Eigenkapitalrendite f *(EKR) (Fin, WiWi)* return on equity, ROE, equity return, return on net assets, return on net assets employed *(Synonym: Eigenkapitalrentabilität, Eigenkapitalverzinsung)*
Eigenkapitalrentabilität *f (EKR) (Fin, WiWi)* return on equity, ROE, equity return, return on net assets, return on net assets employed *(Synonym: Eigenkapitalrendite, Eigenkapitalverzinsung)*
Eigenkapitalrichtlinie *f (Bank, Fin)* Capital Requirements Directive, CRD *(EU-Richtlinie zur Umsetzung der neuen Eigenkapitalanforderungen -capital standards- von Basel II in nationales Recht; cf Basel II)*
Eigenkapitalspiegel *m (RW)* statement of changes in equity, equity movement schedule *(IFRS/IAS; Synonym: Eigenkapitalveränderungsrechnung)*
Eigenkapitalunterlegung *m (Bank, Fin)* capital charge, capital requirement *(Basel II: risikoadäquate Allokation des Eigenkapitals)*; required capital (quantity)
Eigenkapitalveränderungsrechnung *f (RW)* statement of changes in equity, equity movement schedule *(Synonym: Eigenkapitalspiegel; IFRS/IAS)*
Eigenkapitalverzinsung *f (Fin)* return on equity, rate of return on equity *(Synonym: Eigenkapitalrendite, Eigenkapitalrentabilität, EKR)*
Eigenkapitalwert *m (Bank)* equity value
Eigenleistung *f (Fin)* borrower's own funding
eigenmächtig *adj (Gen)* arbitrary, unauthorized
eigenmächtig *adv (Gen)* off one's own bat, without official backing, without official consent, without asking
Eigenmarke *f (V&M)* own [house] brand
Eigenmittel *npl* 1. *(Fin)* own funds, self-

generated funds; 2. *(RW)* capital and reserves, self-generated funds; 3. *(WiWi)* capital resources

Eigennutzung *f (Grund)* owner-occupation

Eigenschaft *f* 1. *(Gen)* attribute; 2. *(Pat)* feature

Eigenschaften *fpl* **einer Marke** *(V&M)* brand properties

Eigentum *n* 1. *(Gen)* ownership; 2. *(Grund)* property • **in Eigentum investieren** *(Grund)* invest in property • **das Eigentum einer Sache übertragen** *(Grund)* transfer ownership of sth

Eigentümer *m (Gen)* owner, proprietor

Eigentümerin *f s.* Eigentümer

Eigentümer-Unternehmer *m (Mgt)* owner-manager

Eigentumsanspruch *m (Gen, Recht)* claim to ownership

Eigentumsnachweis *m* 1. *(Börse)* proof of ownership; 2. *(Grund)* certificate of ownership, certificate of title *(Grundbuchauszug)*; 3. *(Recht)* proof of title, evidence of title *(Besitz)*

Eigentumsrecht *n* 1. *(Grund)* marketable title, legal title; 2. *(WiWi)* right of ownership

Eigentumsrechte *npl (Recht, WiWi)* proprietary rights, property rights

Eigentumsurkunde *f* 1. *(Börse)* proof of ownership; 2. *(Grund)* certificate of ownership; 3. *(Recht)* document of title, title deed

Eigentumsvermutung *f (Gen)* presumption of ownership

Eigentumsvorbehalt *m* 1. *(Recht)* conditional sale, reservation of title *(Vertragsrecht)*; 2. *(V&M)* conditional sale

Eigentumsvorbehaltsklausel *f (Recht, V&M)* clause of reservation of title

Eigen- und Fremdkapital *n (Recht)* equity and debt capital

eigenverantwortlich *adj (Pers) (BE)* self-managed, *(AE)* self-directed

Eigenverbrauch *m (Gen)* private consumption

Eignung *f* 1. *(Gen)* qualification; 2. *(Pers)* aptitude *(Arbeitsmarkt)*; 3. *(Soz)* qualification

Eignungsprüfung *f* 1. *(Ind)* performance testing; 2. *(Pers, V&M)* aptitude test, occupational test

Eignungstest *m (Pers, V&M)* aptitude test *(Arbeitsmarkt)*

Eil... *(Gen, Komm, Transp)* express, urgent

Eilauftrag *m (Gen)* rush job, express order, rush order, urgent order

Eilfracht *f (Transp) (BE)* express freight, *(AE)* fast freight

Einarbeitung *f (Gen)* training, settling-in

Einarbeitungszeit *f (Pers)* settling-in period, time necessary for a worker to familiarize herself/himself with a job

einbauen *v (Gen)* build in, install

einbehalten *v* 1. *(Börse)* retain, withhold; 2. *(Gen) (BE)* plough back, *(AE)* plow back; 3. *(Steuer)* retain

einbehalten *adj (Gen)* retained, undistributed, withheld

einbehaltene Kapitalertragssteuer *f (Steuer)* withholding tax (on capital)

einbehaltene Steuern *fpl (Steuer)* withheld taxes, tax withholdings, taxes withheld

einbehaltener Gewinn *m (RW)* undistributed income, retained earnings, retained profits, accumulated profits

Einbehaltung *f* 1. *(Börse)* retention, withholding; 2. *(Grund)* holdback; 3. *(Steuer)* retention

einberufen *v (Mgt)* convene *(Sitzung)*

einbeziehen *v (Gen)* include

Einbeziehung *f (Gen)* inclusion, integration

Einbeziehung *f* **von Drittländern** *(WiWi)* third-country cooperation

einbinden *v (Pol, WiWi)* involve

einbringen *v* 1. *(Fin)* yield; 2. *(Gen)* bring in *(Gewinn, Bestellungen)*; 3. *(Mgt)* submit, put forward *(Vorschlag)*; 4. *(Pol)* introduce *(Parlamentsantrag)*; 5. *(Recht)* bring in *(Gesetz)*; 6. *(WiWi)* earn, contribute *(Kapital)*

Einbruch *m* 1. *(Börse)* slump; 2. *(Gen)* setback; 3. *(Recht)* burglary; 4. *(WiWi)* slump

Einbruchdiebstahl *m (Recht)* burglary

Einbürgerung *f (Pers, Recht)* naturalization

Einbuße erleiden *(Gen)* suffer a loss

eindämmen *v (Gen)* stem, contain *(Nachfrage, Inflation)*

eindecken *v* **mit/sich** *(Gen)* buy in
Eindeckung *f (Börse, Fin)* short covering *(nach Leerverkäufen, after selling short)*
eindringen *v* **in** *(Gen)* penetrate *(Markt)*
Eindruck *m (Gen)* impression
einfache Buchführung *f (RW)* single--entry bookkeeping
einfache lineare Regression *f (RW)* simple linear regression
einfache Mehrheit *f (Pol)* qualified majority, simple majority
einfache Option *f (Börse)* single option
einfache Rendite *f (Börse)* simple yield
einfache Tätigkeit *f (Pers)* menial job, low-grade job *(Einfacharbeitsplatz)*
einfacher Ertrag *m (Börse)* simple yield
einfacher Zinsswap *m (Fin) (ugs.)* plain vanilla swap
einfaches Termingeschäft *n (Börse)* outright forward transaction
Einfachfertigung *f (Ind)* single-process production
Einfallsreichtum *m (Gen)* ingenuity
Einfluss *m (Gen)* influence • **Einfluss auf den Gewinn** *(Gen)* profit impact • **Einfluss geltend machen** *(Gen) (BE)* pull strings, *(AE)* pull wires
Einflussbereich *m (V&M)* reach, halo
Einflussfaktoren *mpl (Gen)* determinants
einflussreich *adj (Gen)* influential, powerful, prestigious
Einflusssphäre *f (Gen, Pol, V&M)* sphere of influence
Einforderung *f (Fin)* call
einfrieren *v* 1. *(Bank)* block; 2. *(Fin, Steuer)* freeze *(Konto)*
Einfuhr *f (Imp/Exp, WiWi)* import, importation *(Zoll)*
Einfuhrabgabe *f (Imp/Exp, Recht)* import duty
Einfuhrbeschränkung *f (Imp/Exp, Recht)* import restriction
einführen *v* 1. *(Gen)* introduce; 2. *(Imp/Exp)* import; 3. *(Recht)* bring in *(Gesetz)*; 4. *(Soz)* induct; 5. *(V&M)* launch
Einfuhrerklärung *f* 1. *(Bank)* bill of entry; 2. *(Imp/Exp)* clearance inwards, bill of entry
Einfuhrerlaubnis *f (Imp/Exp)* import admission
Einfuhrhandel *m (WiWi)* passive trade
Einfuhrkontingent *n (Imp/Exp)* import quota
Einfuhrtätigkeit *f (Imp/Exp)* importing
Einführung *f* 1. *(Imp/Exp)* importation; 2. *(Pers)* induction *(in ein Amt)*; 3. *(V&M)* launching *(auf dem Markt)*
Einführungspreis *m (V&M)* introductory price, advertising price *(Werbepreis)*
Einführungsstadium *n (V&M)* introductory stage
Einführungswerbung *f* 1. *(V&M)* announcement advertising; 2. *(V&M)* pioneering advertising
Einfuhrverbot *n (Imp/Exp, Steuer)* ban on imports
Einfuhrzoll *m (Imp/Exp, Steuer)* import duty, import tariff
Einfuhrzölle *mpl (Steuer)* customs
Eingabe *f (Gen)* input, petition *(Gesuch)*
Eingabefeld *n (Comp, Komm)* input field, input
Eingabekosten *pl (RW)* input cost
Eingang *m (Gen)* entrance, intake, arrival *(Brief)* • **Eingang vorbehalten** *(Bank)* subject to collection
Eingänge *mpl (Gen)* receipts
Eingangsdatum *n (Gen)* date of receipt
Eingangspreis *m (Gen)* threshold price
Eingangsrechnung *f (Gen)* purchase invoice
Eingangsstempel *m (Komm)* receipt stamp
Eingangssteuersatz *m (Steuer)* basic tax rate *(der progressiven ESt)*
eingebaut *adj* 1. *(Comp)* built-in, on--board; 2. *(Gen)* installed; 3. *(WiWi)* built--in
eingeben *v (Comp)* enter, input, key in, type in *(Daten)*
eingefordertes Kapital *n (Fin, RW)* called-up share capital
eingefroren *adj* 1. *(Bank)* blocked; 2. *(WiWi)* frozen *(Löhne, Preise)*
eingefrorene Guthaben *npl (Fin)* frozen assets
eingeführte Marke *f (V&M)* established brand
eingegliedert *adj (Bank, Gen, Pers)* affiliated
eingehen *v* 1. *(Gen)* undertake *(Risiko)*; enter into *(Vertrag)*; 2. *(Komm)* arrive *(Post)*

eingehende Analyse *f (Gen, V&M)* in-depth analysis
eingelöster Scheck *m***/nicht** *(Bank)* dishono(u)red cheque
eingepreiste Information *f (Fin, WiWi)* discounted information *(Synonym: eskomptierte Information; alle kursrelevanten und öffentlich verfügbaren Informationen sind bereits voll in den Kursen und Marktpreisen enthalten und können deshalb nichts mehr verändern; publicly available relevant information is already fully reflected in the market price)*
eingeschränkt *adj (Gen)* limited, restricted
eingeschränkte Mehrheit *f (Pol)* qualified majority, simple majority
eingeschränkte Rationalität *f (WiWi)* bounded rationality
eingeschränkter Bestätigungsvermerk *m (RW)* qualified opinion, qualified report *(Abschlussprüfung)*
eingeschriebener Brief *m (Komm)* registered letter
eingesetzte Mittel *npl (Fin)* total funds applied
eingesetztes Kapital *n (Fin, RW)* capital employed
Eingeständnis *n (Gen)* admission, acknowledgement
eingestehen *v (Gen)* acknowledge *(Irrtum)*
eingestellt *adj* 1. *(Ind)* discontinued; 2. *(Pers)* hired
eingetragen *adj (Admin, Gen, Pat, Versich)* recorded, registered
eingetragene Marke *f (Pat, Recht)* registered mark, registered trademark (®)
eingetragener Eigentümer *m (Grund)* registered proprietor *(im Grundbuch)*
eingetragener Lizenznehmer *m (Pat)* registered user *(Warenzeichenbenutzer)*
eingetragener Marktmacher *m (Börse)* registered market maker
eingetragener Rechtsanspruch *m (Admin)* registered title
eingetragener Sitz *m (Recht)* registered office
eingetragener Verein *m (Börse, Gen, Pol)* registered society
eingetragenes Firmenzeichen *n (Pat)* registered mark, registered trademark
eingetragenes Gebrauchsmuster *n (Recht)* registered design
eingetragenes Warenzeichen *n* 1. *(Pat)* registered mark, registered trademark; 2. *(Recht)* registered trademark
eingetretene Substanzverringerung *f (RW)* accumulated depletion
eingezahltes Grundkapital *n (Fin)* paid-up capital
eingezahltes Kapital *n (RW)* paid-in capital
eingezogene Aktie *f (Börse)* called-in share, redeemed share
eingipflige Verteilung *f (Stat)* unimodal distribution
eingliedern *v (Gen)* classify, absorb, incorporate, integrate
eingliedern *v* **in** *(Pers, Soz)* integrate into *(in den Arbeitsmarkt, in das Erwerbsleben)*
Eingliederung *f* **in den Arbeitsmarkt** *(Pers, Soz) (BE)* integration into the labour market, *(AE)* integration into the labor market
eingreifen *v* 1. *(Gen)* step in; 2. *(Pers, Pol, WiWi)* intervene
Eingreifen *n (Gen)* intervention
eingrenzen *v (Gen, Pol)* contain, restrict
Eingriff *m (Gen)* infringement
Eingruppierung *f (Gen)* grouping
einhalten *v* 1. *(Gen)* meet, keep *(Verabredung)*; adhere to *(Vertrag)*; abide by *(Regeln)*; 2. *(Recht)* comply with *(Klausel)*; observe *(Vorschriften, Gesetze)*
Einhaltung *f (Gen, Recht)* adherence, compliance, observance *(der Vorschriften)*
einheimisch *adj (Pers, WiWi)* domestic, local
einheimische Arbeitskräfte *fpl (Pers, WiWi)* local labo(u)r, local workers
einheimische Erzeugnisse *npl (WiWi)* home production
einheimische Industrie *f (Ind)* native industry
einheimische Wirtschaft *f (Ind, WiWi)* domestic economy, national economy
einheimischer Arbeitsmarkt *m (WiWi)* internal labo(u)r market
Einheit *f (Comp, Gen, Pat, WiWi)* unity

Einheit *f* **der Erfindung** *(Pat)* unity of invention

einheitlich *adj (Gen)* coherent, standard, uniform

Einheitliche Europäische Akte *f (Recht)* Single European Act, SEA *(EU)*

einheitliche europäische Währung *f (WiWi)* single European Currency *(EU)*

einheitliche Geldpolitik *f (Bank, WiWi)* single monetary policy *(EZB)*

einheitliche Grundsätze *f (Gen, Pol, Recht)* uniform principles

einheitliche Preisstruktur *f (V&M)* single price structure

einheitliche Rahmenbedingungen *fpl (Gen, Pol, WiWi)* uniform framework *(Basel II)*

einheitlicher Binnenmarkt *m (Gen, WiWi)* single European market *(EU)*

einheitlicher Markt *m (Börse, V&M)* single market

einheitliches Kaufrecht *n (Recht, V&M)* Uniform Sales Law, *(AE)* Uniform Commercial Code

einheitliches Vorgehen *n (Mgt, Pol)* collective policy

Einheitlichkeit *f (Gen)* uniformity, coherence

Einheits... *(Recht)* standard, uniform

Einheitsbedingungen *fpl (Recht)* standard conditions

Einheitskurs *m (Börse)* middle price

Einheitspreis *m (Fin)* standard price, uniform price

Einheitsrente *f (Soz)* flat-rate (basic) state pension

Einheitssatz *m (Steuer)* standard rate • **zum Einheitssatz** *(Steuer)* standard-rated

Einheitssorte *f (Gen)* standard grade

Einheitssteuersatz *m (Steuer)* standard rate

Einheitstarif *m* 1. *(Fin)* flat fee; 2. *(V&M)* flat rate

Einheitsvertrag *m (Gen, Recht)* standard agreement, standard contract

Einheitswährung *f (Gen)* single currency *(EU)*

Einheitswert *m* 1. *(Gen)* unit value; 2. *(Grund, Steuer)* rateable [assessed] value; 3. *(WiWi)* unit value

einigen *v/sich (Gen)* come to an understanding, come to terms, agree • **sich mit jmdm. einigen** 1. *(Gen)* come to an understanding with sb; 2. *(Recht)* come to terms with sb • **sich einigen auf** *(Gen)* agree on, agree upon *(Preis, Bedingungen, Lösung)*; agree *(Vorschlag)* • **sich gütlich einigen** *(Pers)* settle amicably

Einigung *f (Gen)* agreement • **keine Einigung erzielen** *(Gen)* fail to reach an agreement

Einigungsprozess *m (Deu) (Pol)* process of unification

einkalkulieren *v (Gen)* take account of, take into account

Einkauf *m (Gen, V&M)* buying, purchasing

Einkaufbuch *n (RW)* bought ledger

einkaufen *v* 1. *(Gen)* buy in; 2. *(WiWi)* buy, shop

Einkaufsabteilung *f (Gen)* purchasing department

Einkaufserlebnis *n (V&M)* the purchasing experience

Einkaufsleiter *m* 1. *(Gen)* head buyer; 2. *(Mgt, Pers)* purchasing manager

Einkaufsleiterin *f s.* Einkaufsleiter

Einkaufspreis *m (WiWi)* buying-in price, purchase price

Einkaufsprovision *f (V&M)* buying commission

Einkaufsrechnung *f (Gen)* purchase invoice

Einkaufsverhalten *n (V&M)* buying [purchasing] pattern

Einkaufsvollmacht *f (Gen)* authority to purchase

Einkaufswagen *m (Comp, V&M)* shopping cart

Einkaufszentrum *n (Gen, V&M) (AE)* shopping center, *(BE)* shopping centre, *(AE)* shopping mall

einklagbar *adj (Gen, Recht)* actionable, enforceable

einklagbares Recht *n (Recht)* enforceable right

Einkommen *n (Fin, RW, Steuer, WiWi)* income

Einkommen *n* **aus unselbstständiger Arbeit** *(WiWi)* compensation of employees

Einkommen *n* **aus Unternehmertätigkeit und Vermögen** 1. *(Fin, Steuer)* income accruing to capital; 2. *(WiWi)*

income from property and entrepreneurship *(VGR)*

Einkommen *n* **aus Vermögen** *(Fin, RW, Steuer)* unearned income

Einkommen *n* **nach Abzug der Steuern** *(Soz, Steuer)* income after tax

Einkommen *n* **pro Kopf der Bevölkerung** *(Stat, WiWi)* per capita income

einkommensabhängig *adj (Pers, Soz)* income-related, earnings-related; means-tested *(Bedürftigkeit bei Sozialhilfe)*

einkommensabhängiger Zuschuss *f (Soz)* income-based allowance

Einkommensdifferenz *f (WiWi)* income differential

Einkommenseffekt *m (Admin, WiWi)* income effect

einkommenselastisch *adj (WiWi)* income-elastic

Einkommenselastizität *f* **der Nachfrage** *(WiWi)* income-elasticity of demand

Einkommensersatz *m (Versich)* income replacement

Einkommensgarantie *f (Pers, WiWi)* income guarantee

Einkommensgefälle *n (Pers)* earnings differential *(Arbeit)*

Einkommensgruppe *f* 1. *(V&M)* income group *(Marktforschung)*; 2. *(Admin)* income bracket

Einkommenskonsumkurve *f (WiWi)* income-consumption curve, ICC

Einkommenskreislaufgeschwindigkeit *f* **des Geldes** *(WiWi)* income velocity of money

Einkommensniveau *n (Admin)* income level

Einkommen-Splitting-System *n (RW)* income-splitting system

einkommensschwach *adj (Soz, WiWi)* with low incomes, on low incomes, low-income

Einkommensspanne *f (Fin)* income spread

Einkommensteuer *f (RW, Steuer)* income tax

einkommensteuerbefreit *adj (RW, Steuer)* exempt from income tax

Einkommensteuererklärung *f (RW)* income tax return

einkommensteuerfrei *adj (RW, Steuer)* free of income tax

Einkommensteuergesetz *n (Deu) (Steuer)* (German) Income Tax Law

Einkommensteuergewinn *m (Steuer)* income tax gain

Einkommensteuergrenzsatz *m (Steuer)* marginal income tax rate

Einkommensteuergrundtabelle *f (Steuer)* basic income tax scale

Einkommensteuerrückzahlung *f (Steuer)* income tax refund

Einkommensteuerschuld *f (Steuer)* income tax liability

Einkommensteuerstattung *f (Steuer)* tax refund

Einkommensteuerzwecke/für *(Steuer)* for income tax purposes

Einkommensübertragung *f (Soz, WiWi)* income transfer

Einkommensumverteilung *f (WiWi)* income redistribution

Einkommens- und Substitutionseffekt *m (WiWi)* income and substitution effect

Einkommensunterschied *m (Pers, Soz, Steuer, WiWi)* income differential, income gap

Einkommensverteilung *f (Fin)* income distribution

Einkommenszuschuss *m (Soz)* income supplement

Einkünfte *pl (Fin, Gen)* earnings, income, revenue, emoluments

Einkünfte *pl* **aus Dienstleistungen** *(WiWi)* invisible earnings *(ZB)*

Einkünfte *pl* **aus Gewerbebetrieb** *(Steuer)* income from trade or business, business income *(Einkommensteuer)*

Einkünfte *pl* **aus Kapitalvermögen** *(Steuer)* unearned income

Einkünfteerzielungsabsicht *f (Recht, Steuer)* intention to earn income *(die Absicht, mit seiner Tätigkeit einen steuerpflichtigen Überschuss zu erzielen, ist Voraussetzung der Steuerpflicht und damit der steuerlichen Absetzbarkeit von Verlusten; § 19 UStG)*

Einlagen *fpl (Bank)* deposits • **Einlagen abziehen** *(Bank, Gen)* withdraw deposits

Einlagenbestand *m (Bank)* volume of deposits

Einlagengeschäft *n (Bank)* deposit-taking business

Einlagenschein *m (Bank)* deposit certificate

Einlagensicherungsfonds *m (Bank)* deposit guarantee fund

Einlagensicherungssystem *n (Bank, Recht)* deposit-guarantee scheme

Einlagenverbindlichkeiten *fpl (Bank)* deposit liabilities

Einlagenzertifikat *n* 1. *(Bank)* deposit certificate; 2. *(Fin)* certificate of deposit

Einlagenzins *m (Bank)* (bank) deposit rate, deposit interest

einleiten *v (Recht)* initiate, start, open, commence, institute

Einleitung *f (Gen, Pat)* introduction, preamble

einloggen *v (Comp, Komm)* log in, log on, sign on *(anmelden)*

einlösbar *adj* 1. *(Bank)* cashable, payable; 2. *(Börse)* encashable

einlösen *v* 1. *(Bank)* hono(u)r *(Schecks)*; 2. *(Börse)* collect, encash; 3. *(Fin, Gen)* repay

Einlösung *f* 1. *(Börse)* collection, encashment; 2. *(Fin, Gen)* payment, redemption

Einlösungsfrist *f (Fin)* redemption period

Einlösungstermin *m* 1. *(Börse)* redemption date; 2. *(RW)* encashment schedule

Einmal... *(Börse, WiWi)* one-off

Einmalfertigung *f (Ind)* one-off production

einmalige Aufwendungen *fpl* 1. *(Börse)* nonrecurring expenditure; 2. *(RW)* exceptional expenses

einmalige Erträge *mpl (WiWi)* nonrecurrent income

einmalige Gelegenheit *f (V&M)* unique opportunity

einmalige Zahlung *f (Fin)* one-off payment

einmaliges Verkaufsargument *n (V&M)* unique selling point USP, unique selling proposition, USP

Einmalzahlung *f* 1. *(Fin)* single payment; 2. *(Versich)* lump sum

Einmannbetrieb *m (Gen)* one-man business

Einnahme *f (RW, WiWi)* revenue

Einnahmen *fpl* 1. *(Börse)* receipts; 2. *(Fin)* revenue; 3. *(Frei)* box-office takings, gate (money); 4. *(Gen)* revenue, accruals; 5. *(WiWi)* income

Einnahmen *fpl* **und Ausgaben** *fpl (RW)* income and expenditure

Einnahmen-Ausgaben-Rechnung *f (RW)* statement of revenue and expenditure, cash basis of accounting, receipts and payments method, cash accounting *(ohne Periodenabgrenzung)*

Einnahmenkurve *f (WiWi)* revenue curve

Einnahmequelle *f (Gen)* source of revenue

einnehmen *v* 1. *(Gen)* take *(Geld)*; take up *(Haltung)*; 2. *(Pers)* fill

einordnen *v (Gen)* classify

einpendeln *v/sich (WiWi)* adjust *(Löhne)*; even out, settle down *(Preise)*

Einpersonenhaushalt *m (V&M)* single--person household

Einpersonenunternehmen *n (Gen, WiWi)* one-person-business, one-person--firm, one-man firm *(Synonym: Einpersonenbetrieb, Einmannunternehmen)*

einplanen *v (Fin, Gen, WiWi)* budget

einprägsam *adj (Media, V&M)* catchy

einpreisen *v (ugs.) (Börse)* reflect *(neue Nachrichten)*; discount *(neue Nachrichten in den Aktienkursen berücksichtigen)*

einräumen *v (Gen)* admit, allow

Einräumung *f (Recht)* granting, concession

Einrede *f (Recht) (BE)* defence, *(AE)* defense • **eine Einrede vorbringen** *(Recht)* put in a plea *(Gesuch einreichen)*

einreichen *v* 1. *(Bank)* present; 2. *(Börse)* tender; 3. *(Gen)* send in *(Anfrage)*; file *(Antrag, Bewerbung)*; 4. *(Pat)* submit; 5. *(Pers)* lodge *(Beschwerde)*; tender *(Kündigung)*; 6. *(Pol, Recht)* submit *(Forderung, Antrag)*

Einreichung *f* 1. *(Bank)* presentation; 2. *(Pat, Pol, Recht, WiWi)* submission

Einreichungsschluss *m (Börse)* bid closing, bid closing date

einreihen *v (Gen)* categorize

einrichten *v (Gen)* arrange, facilitate, organize

Einrichtung *f* 1. *(Comp, Gen)* facility; 2. *(Ind)* apparatus, plant

Einrichtungen *fpl (Pers)* facilities

Einsatz *m* 1. *(Fin)* stake; 2. *(Gen)* input, stake, deployment *(von Arbeitskräften)*; utilization *(von Dingen)*
Einsatzbesprechung *f (Gen)* briefing session
Einsatzgüter *npl (WiWi)* inputs
Einsatzmaterial *n (Ind, WiWi)* feedstocks
Einsatzpreis *m (Börse)* starting price
einsatzsynchrone Beschaffung *f (Ind)* just-in-time purchasing, JIT purchasing
einschalten *v* 1. *(Gen)* switch on; 2. *(Ind, Komm)* turn on
Einschalten *n (Gen, Komm)* turning-on
einschalten v/sich *(Gen)* step in
einschätzen *v* 1. *(Gen)* assess, *(ugs.)* size up; 2. *(Mgt)* appraise
Einschätzung *f* 1. *(Gen)* assessment, *(ugs.)* sizing up; 2. *(Mgt)* appraisal
einschlagen *v (V&M)* hit the market *(Produkt)*
einschlägig *adj (Recht)* appropriate, relevant
einschlägige Technologie *f (Umwelt)* appropriate technology
einschließen *v (Gen)* comprise, include, enshrine, incorporate *(Betrieb)*
einschließlich *(Gen)* included, inclusive
einschließlich Dividende *(Börse)* cum dividend, cd
Einschluss *m (Gen)* inclusion
einschränken *v* 1. *(Fin)* cut back; 2. *(Gen)* restrict
einschränkend *adj (Gen)* restrictive
Einschränkung *f* 1. *(Fin)* cutback; 2. *(Gen)* restriction; 3. *(RW)* qualification *(Gutachten)*
Einschreiben *n (Komm) (AE)* certified mail, *(AE)* registered mail, *(BE)* registered post; registered letter • **per Einschreiben** *(Komm) (AE)* by registered mail, *(BE)* by registered post; registered
einschreiben v/sich *(Gen)* register
Einschreibung *f (Gen)* enrol(l)ment
einschreiten *v (Gen)* step in
einschüchtern *v (Pers)* intimidate
Einschulung *m (Bil)* school enrolment, school entry, schooling
Einschuss *m (Börse)* initial deposit
Einschussbedarf *m (Börse)* margin requirement(s)
Einschusseinzahlung *f (Börse)* margin deposit
Einschusskonto *n* 1. *(Bank)* marginal account; 2. *(Börse)* margin account
Einschussleistung *f (Börse, Fin)* margin payment
Einschusszahlung *f (Börse)* margin deposit
einseitig *adj* 1. *(Gen)* one-sided, subjective *(Urteil)*; 2. *(Pers, Pol, WiWi)* unilateral; 3. *(V&M)* subjective *(Urteil)*
einseitig *adv (Gen)* unilaterally
einseitige Maßnahme *f (Pol, Umwelt)* unilateral measure
einseitiges Abkommen *n (WiWi)* unilateral agreement
einsenden *v (Gen)* send in
Einsendeschluss *m (Media, V&M)* closing date
einsetzen *v* 1. *(Gen)* bring into play, call into play, utilize *(Fähigkeiten, Mittel)*; add in *(Details, Zahlen)*; deploy *(Arbeitskräfte)*; 2. *(Ind, Umwelt)* utilize
einsparen *v (Gen)* save *(Material, Kosten)*
Einsparung *f (Gen)* saving, economy *(von Materialen, Kosten)*
Einsparung *f* **von Arbeitskräften** *(Pers)* labo(u)r-saving
Einsparungen *fpl (Admin)* economies
Einspruch *m* 1. *(Pat)* appeal, caveat; 2. *(Recht)* objection • **Einspruch erheben** *(Gen)* raise an objection • **Einspruch erheben gegen** *(Gen)* oppose • **dem Einspruch wird stattgegeben** *(Recht)* objection sustained • **dem Einspruch wird nicht stattgegeben** *(Recht)* objection overruled
Einstandspreis *m (RW)* cost price, acquisition cost *(Kostenrechnung)*
einstellbar *adj (Gen)* adjustable
einstellen *v* 1. *(Bank)* suspend; 2. *(Gen)* take on, cease, appoint *(beenden)*; sign up *(Arbeitskräfte)*; focus, employ *(Verfahren)*; 3. *(Ind)* discontinue; 4. *(Pers)* engage, recruit *(Arbeitskräfte)*; hire, take on, appoint *(Mitarbeiter)*; 5. *(Recht)* stop *(Vergleichsverfahren)*; abate *(gerichtliche Anordnung)*; 6. *(V&M)* close *(Verkauf)*; 7. *(Versich)* adjust • **zusätzliches Personal einstellen** *(Pers)* take on additional staff
einstellen *v* **in** *(RW)* allocate to
einstellen *v* **und entlassen** *v (Pers)* hire and fire
einstellig *adj (Stat)* single-digit

Einstellung *f* 1. *(Bank)* suspension; 2. *(Comp)* set-up, setting; 3. *(Gen)* cessation, closure, stoppage, frame of mind, adjustment *(eines Geräts)*; stance *(Haltung)*; 4. *(Pers)* recruitment; 5. *(V&M)* attitude

Einstellung *f* **der Tätigkeit** *(Recht)* cessation of operation

Einstellung *f* **der Zahlungen** 1. *(Gen)* suspension of payment; 2. *(Soz)* suspension of benefit *(vorübergehend)*

Einstellung *f* **des Verfahrens** *(Recht)* closing; plea in abatement *(Antrag)*

Einstellung *f* **in die Rücklage** *(RW)* appropriation to a reserve

Einstellung *f* **von Zinszahlungen** *(Bank)* *(BE)* cessation of interest

Einstellungsfragebogen *m* *(Pers)* (job) application form

Einstellungsgespräch *n* *(Pers)* interview

Einstellungskosten *pl* *(Pers)* hiring costs

Einstellungsprüfung *f* *(Pers)* employment test

Einstellungsschreiben *n* *(Pers)* letter of appointment, appointment letter

Einstellungssperre *f* *(Pers)* recruitment stop, stop on recruitment, recruitment ban, hiring freeze

Einstellungsstopp *m* *(Pers)* job freeze

Einstellungstest *m* *(Pers)* employment test *(Arbeit)*

Einstellungszusage *f* *(Pers)* job confirmation, confirmation of employment

Einstiegsgehalt *n* *(Pers)* entry-level salary, entry-level wage

Einstiegsinvestition *f* *(WiWi)* bridge--head investment

einstimmig *adj* *(Gen, Pol)* unanimous

einstimmig *adv* *(Gen, Pol)* by common consent, unanimously

einstimmig angenommen *adj* *(Gen)* unanimously accepted *(Vorschlag)*

Einstimmigkeitsprinzip *n* *(Pol, Recht)* principle of unanimity *(EU)*

einstufen *v* *(Gen)* categorize, grade, classify

Einstufung *f* *(Gen)* classification, categorization

Einstufungsskala *f* *(Gen)* rating scale

Einstufungstest *m* *(Pers)* placement test *(Arbeit)*

einstweilig *adj* *(Gen, Recht)* ad interim, interim, provisional, temporary

einstweilige Verfügung *f* 1. *(Pat)* interim injunction; 2. *(Recht)* temporary injunction

eintauschen *v* 1. *(Börse, Gen)* trade in; 2. *(WiWi)* exchange, trade off

einteilen *v* *(Gen)* classify, compartmentalize, grade

Einteilung *f* 1. *(Gen)* classification, planning *(Arbeit)*; 2. *(Mgt)* subdivision

Einteilung *f* **in Leistungsklassen** *(Bil)* ability grouping

Eintrag *m* *(RW)* item • **einen Eintrag verbuchen** *(RW)* post an entry

eintragen *v* 1. *(Börse)* post; 2. *(Gen)* fill in *(Datum, Name)*; 3. *(RW)* record, post; 4. *(Admin, Recht)* register *(Firmennamen)*

einträglich *adj* *(Gen)* profitable, rewarding, remunerative

Eintragung *f* 1. *(Gen)* booking, enrol(l)ment, registration; 2. *(Pat)* registration *(amtliche)*; 3. *(Admin)* entry, registration

Eintragungsdatum *n* *(Pat)* date of registration

eintreibbar *adj* *(Fin, Gen, Steuer)* unrecoverable

eintreiben *v* 1. *(Fin, Gen)* collect, exact, recover *(Schulden)*; 2. *(Steuer)* levy

Eintreibung *f* 1. *(Fin, Gen)* collection, recovery *(Kosten)*; 2. *(Steuer)* levy

Eintritt *m* 1. *(Börse)* entry; 2. *(Gen)* admission, admittance, entrance, entrance fee

Eintrittsalter *n* *(Versich)* age at entry

Eintrittsgeld *n* *(Gen)* admission fee, entrance, entrance fee

Eintrittsvoraussetzung *f* *(Pol, WiWi)* prerequisite for entry, prerequisite for accession *(EU)*

Einvernehmen kommen *v***/zu einem** *(Gen)* come to an understanding

einvernehmlich *adj* *(Gen)* amicable

einverstanden sein *v* *(Gen)* agree

Einverständnis *n* *(Recht)* consent

Einwand *m* *(Gen)* objection • **einen Einwand anmelden** *(Recht)* enter a plea • **einen Einwand erheben** *(Gen)* make [raise] an objection

Einwanderer *m* *(Admin, WiWi)* immigrant

Einwanderung *f* *(Admin, WiWi)* immigration

einwandfrei *adj* *(Gen)* accurate, sound, watertight *(Plan, Argument)*

einwandfreie Übergabe *f (Börse)* good delivery
einwandfreier äußerer Zustand *m* **der Waren** *(Transp)* apparent good order of the goods
Einweg... *(Umwelt)* nonreusable, disposable, non-returnable *(Verpackung)*
Einwegkommunikation *f (Komm)* one-way transmission, simplex
Einwegverpackung *f (V&M)* disposable packaging, nonreturnable packaging
einweisen *v (Pers)* assign
Einweisung *f (Mgt)* briefing
einwenden *v* 1. gegen; 2. *(Recht)* object to
einwilligen *v (Gen)* consent
Einwilligung *f (Gen)* assent, acceptance
einwirken *v* 1. auf; 2. *(Gen)* affect, influence
Einwohner *m (Gen)* inhabitant
Einwohnerin *m s.* Einwohner
Einwohnermeldeamt *n (Admin)* registration office
einzahlen *v (Bank)* pay in, bank
Einzahlung *f (RW)* deposit
Einzahlungsbeleg *m* 1. *(Bank) (AE)* pay-in slip, *(BE)* paying-in form; deposit receipt; 2. *(Fin)* credit memorandum, credit slip
Einzel... *(Gen)* individual, single, sole
Einzelabschluss *m (Fin, RW)* single-entity financial statement(s)
Einzelangaben *fpl (Bank, Stat, WiWi)* figures relating to individual enterprises *(Statistik, ZB)*
Einzelanleger *m (Börse)* individual investor
Einzelanlegerin *f s.* Einzelanleger
Einzelauftrag *m (Gen)* individual order
Einzelbewertung *f (Admin)* individual assessment
Einzelfirma *f (Gen)* individual firm, sole proprietorship, sole trader
Einzelgeschäft *n (Gen)* individual transaction
Einzelhandel *m* 1. *(Ind)* retail trade, retailing; 2. *(V&M)* retail business
Einzelhandel *m* **ohne Ladengeschäft** *(V&M)* nonstore retailing
Einzelhandels... *(V&M)* retail
Einzelhandelsbetrieb *m (WiWi)* retail business
Einzelhandelsgenossenschaft *f (V&M)* retail cooperative, retailers' cooperative
Einzelhandelsgeschäft *n (V&M)* retail store
Einzelhandelsgewerbe *n (Ind)* retail trade
Einzelhandelsgewinnspanne *f (V&M)* retail margin
Einzelhandelskette *f (V&M)* store group
Einzelhandelsnetz *n (V&M)* retail network
Einzelhandelspreis *m (V&M)* retail price
Einzelhandelsumsätze *mpl (Fin)* retail sales
Einzelhandelszentrum *n (Grund) (AE)* retail center, *(BE)* retail centre
Einzelhändler *m (V&M)* retail trader, retailer
Einzelhändlerin *f s.* Einzelhändler
Einzelheit *f (Gen)* detail, particular
Einzelheiten *fpl (Gen)* details, particulars, minutiae • **die Einzelheiten auslassen [übergehen]** *(Gen)* skip the details • **die Einzelheiten bekanntgeben** *(Gen)* announce the details
Einzelkaufmann *m* 1. *(Gen)* sole trader; 2. *(Mgt)* sole proprietor
Einzelklage *f (Recht)* individual proceedings *(ein von einer Person betriebenes Verfahren; Gegensatz: Kollektivverfahren = collective proceedings)*
Einzelkosten *pl (RW)* direct expense [cost]
angefertigt *(Gen)* one-off
einzeln aufgeführte Abzüge *mpl (Steuer)* itemized deductions
einzeln *adj (Gen)* single, individual
einzeln *adv (Gen)* individually, singly • **einzeln angefertigt** *(Gen)* one-off • **einzeln aufgeführt** *(Gen)* specified • **einzeln nennen** *(Gen)* itemize
Einzelnachweis *m (Comp, Komm, Recht)* detailed record • **Einzelnachweis aufführen** *(Gen)* itemize *(Rechnung)* • **Einzelnachweise erstellen** *(Comp, Komm, Recht)* establish detailed records *(IuKDG)*
Einzelperson *f (Gen, Pers)* individual
Einzelpreis *m (V&M)* unit price
einzelstaatlich *adj (Gen)* national • **auf einzelstaatlicher Ebene** *(Pol)* at national level

einzelstaatliche Gerichtsbarkeit *f (Recht)* national jurisdiction *(EU)*
Einzelteil *n (Ind)* component part
Einzelunternehmen *n (Gen)* individual firm
Einzelunternehmer *m (Gen)* (sole) proprietor
Einzelunternehmerin *f* s. Einzelunternehmer
Einzelverfolgung *f (Recht)* individual proceedings *(ein von einer Person betriebenes Verfahren; Gegensatz: Kollektivverfahren = collective proceedings)*
Einzelvollmacht *f (Mgt, Pers, Recht)* individual power of representation
Einzelvorhaben *n (Gen, Mgt)* individual project
einziehen *v (Börse, Gen)* collect
Einziehung *f* 1. *(Bank, Börse, Fin)* collection; 2. *(Steuer)* collection of public money *(öffentlicher Gelder)*
Einziehung *f* **einer Forderung** *(Recht, RW)* collection of a claim
Einziehung *f* **eines Rechnungsbetrages** *(RW)* collection of a bill
einzig *adj (Gen)* single
einzigartig *adj (Gen)* unique
einzigartiges Verkaufsargument *n (V&M)* unique selling proposition *(USP; Alleinstellungsmerkmal)*
einzigartiges Verkaufsversprechen *n (V&M)* unique selling proposition *(USP; Alleinstellungsmerkmal)*
Einzug *m (Bank, RW)* collection
Einzugsbereich *m (V&M)* catchment area
Einzugsermächtigung *f (Bank, Fin)* direct debit authorization
Einzugsermächtigungsverfahren *n (Bank)* collection authorisation procedure
Einzugsliquidität *f (Fin)* acid test, net quick ratio *(Liquidität zweiten Grades)*
Einzugstermin *m (Grund)* completion date
Einzugsverfahren *n* 1. *(Bank)* direct debit; 2. *(Fin)* automatic debit transfer system, direct debit
Einzweckgesellschaft *f (Bank, Fin)* special purpose entity, SPE; special purpose vehicle, SPV *(Synonym: Zweckgesellschaft, Objektgesellschaft; Zweck: gezielte Risikostreuung und Weiterplatzierung verbriefter Forderungsrechte; cf ABS, asset-backed securities, conduits, SIVs)*
eisern durchgreifen *(Mgt, Pol)* take drastic action
eiserner Bestand *m (Gen, Ind)* base stock *(Lagerwirtschaft)*
EKR s. Eigenkapitalrentabilität
elastische Nachfrage *f (WiWi)* elastic demand
elastisches Angebot *n (WiWi)* elastic supply
Elastizität *f (WiWi)* elasticity
Elastizität *f* **der Arbeitskräftenachfrage** *(Pers, WiWi)* elasticity of labo(u)r demand
Elastizität *f* **des Arbeitskräfteangebots** *(Pers, WiWi)* elasticity of labo(u)r supply
E-Learning *n (Abk. für elektronisches Lernen) (Comp, Komm, Media)* e-learning *(Internet)*; distance learning *(Fernunterricht)*; telelearning *(Multimedia)*
elektrischer Strom *m (Ind, Umwelt)* electric current, electric power, electricity
Elektronik *f (Ind)* electronics
elektronisch abrufbar *adj (Komm)* electronically accessible
elektronische Abwicklung *f* **von Bankgeschäften** *(Bank)* electronic banking
elektronische Bankleistungen *f (Bank)* electronic banking
elektronische Bestellung *f (Comp, V&M)* teleordering
elektronische Bezahlung *f (Comp, Komm, V&M)* e-payment
elektronische Datenverarbeitung *f* electronic data processing (system), EDP
elektronische Form *f (Comp, Komm, Recht)* electronic form *(z. B. digitale Unterschrift)*
elektronische Geldbörse *f (Comp, Komm, V&M)* electronic purse, electronic wallet, wallet
elektronische Geldkartenzahlung *f (Bank)* POS-banking
elektronische Medien *npl (V&M)* electronic media

elektronische Post *f (Admin, Comp)* electronic mail, e-mail
elektronische Signatur *f (Comp, Komm, Recht)* electronic signature
elektronische Steuererklärung *f (Elster) (Comp, Steuer)* electronic tax return
elektronische Überweisung *f (Bank) (BE)* automatic transfer service
elektronische Unterschrift *f (Comp, Recht)* electronic signature
elektronische Zahlung *f (Comp, Komm, V&M)* e-payment
elektronischer Dokumentenaustausch *m (Komm)* electronic document interchange
elektronischer Geschäftsverkehr *m (EGG) (Comp, Komm, V&M)* e-business
elektronischer Handel *m (E-Commerce) (Comp, Komm, Media)* e-commerce
Elektronischer Massenzahlungsverkehr *m (EMZ) (Bank)* (electronic) Retail Payment System, RPS
elektronischer Zahlungsverkehr *m (Admin, Bank, Fin)* automatic funds transfer, electronic funds transfer
elektronisches Bauelement *n (Comp, Ind)* electronic component
elektronisches Beschaffungswesen *n (Admin, Gen, Ind)* E-procurement
elektronisches Formular *n (Comp, Recht)* e-form
elektronisches Geld *n (Bank, Comp, WiWi)* e-money
elektronisches Geschäft *n (E-Business) (Comp, Komm, Media)* e-business
elektronisches Informationssystem *n (Comp)* electronic information system, EIS
elektronisches Lernen *n (Comp, Komm, Media)* e-learning *(Internet)*; distance learning *(Fernunterricht)*; telelearning *(Multimedia)*
Elektrotechnik *f (Ind)* electrical engineering
Elite *f* 1. *(Gen)* elite; 2. *(Pers) (ugs.)* cream of the crop *(Kandidaten, Mitarbeiter)*
E-Mail *f (Comp, Gen)* e-mail, electronic mail *(Datenübertragung)*
E-Mail-Werbung *f (Komm, Media, V&M)* e-mail advertising
Embargo *n (Gen, Imp/Exp, Transp)* embargo
Emission *f* 1. *(Bank)* issue *(Geld)*; 2. *(Börse)* issue *(Aktien)*; 3. *(Fin)* issue; 4. *(Umwelt)* emission *(von Gasen)* • **eine Emission begeben** *(Börse)* launch an issue • **eine Emission übernehmen** *(Börse)* take over an issue • **eine Emission zeichnen** *(Fin)* subscribe to an issue
Emission *f* **eines Schuldtitels** *(Bank)* note issue
Emission *f* **von Gratisaktien** *(Börse)* capitalization issue, cap issue
Emission *f* **von Kommunalschuldverschreibungen** *(Bank)* municipal bond offering
Emission *f* **von Stammaktien** *(Börse)* equity issue
Emissionsagio *n (Börse)* issue premium
Emissionsanzeige *f (Fin)* tombstone ad
Emissionsbedingungen *fpl (Börse, Recht)* conditions of issue
Emissionsdisagio *n (Börse, Fin)* original issue discount, OID
Emissionserlös *m (Fin)* proceeds of an issue
Emissionsgebühr *f (Umwelt)* emission fee *(Verschmutzung)*
Emissionsgewinn *m (Fin)* underwriting profit
Emissionskonditionen *fpl (Fin)* terms of issue
Emissionskonsortium *n (Fin)* underwriting syndicate
Emissionskosten *pl* 1. *(Börse)* flotation cost; 2. *(Fin)* cost of issue
Emissionskurs *m (Börse)* issue price, offering price
Emissionsprospekt *m (Fin)* (underwriting) prospectus
Emissionsrendite *f (WiWi)* issuing yield *(Zinsniveau liegt meist leicht unter der Umlaufrendite)*
Emissionsüberhang *m (Börse)* placing backlog
Emissionsübernahmekonsortium *n (Fin)* underwriting syndicate
Emissionsvertrag *m (Bank)* underwriting agreement
Emittent *m (Bank, Börse, Fin)* issuer, issuing company
emittieren *v (Bank, Börse, Fin)* issue *(Wertpapiere)*
emittierende Gesellschaft *f (Börse)* issuing company

emittiert *adj (Bank, Börse)* issued
Empfang *m (Frei, Gen)* reception (area) • **den Empfang von etw. bestätigen** *(Gen, Komm)* acknowledge receipt of sth • **den Empfang durch Brief bestätigen** *(Komm)* acknowledge receipt by letter
empfangen *v (Gen)* receive
Empfänger *m* 1. *(Imp/Exp, Transp)* consignee; 2. *(Komm)* addressee; 3. *(Pers)* receiver
Empfänger *m* **von Leistungen** *(Soz)* person in receipt of benefit, person drawing benefit, recipient of benefit, benefit recipient, claimant
Empfängerbank *f (Bank)* beneficiary bank, recipient bank, receiving bank
Empfängerin *f s.* Empfänger
Empfängerin *f* **von Leistungen** *s.* Empfänger von Leistungen
Empfängerland *n (Imp/Exp)* recipient country
Empfangsberechtigte *m(f) (Grund)* beneficiary
Empfangsbescheinigung *f* 1. *(Gen)* receipt; 2. *(Komm)* advice of delivery; 3. *(Pat)* receipt of documents
Empfangsbestätigung *f (Gen, Komm)* acknowledgement, acknowledgement of receipt
Empfangsdatum *n* 1. *(Gen)* date of receipt; 2. *(Transp)* delivery date
empfehlen *v (Gen)* advise, recommend
empfehlenswert *adj (Gen)* advisable
Empfehlung *f (Gen)* recommendation
Empfehlungsschreiben *n* 1. *(Komm)* letter of introduction; 2. *(Pers)* letter of recommendation
Empirie *f (WiWi)* empirics
empirisch *adj (Gen, Stat)* empirical
empirische Befunde *f (WiWi)* empirical findings
empirischer Nachweis *m (WiWi)* empirical evidence
emporschnellen *v (Gen)* shoot up, *(ugs.)* rocket; soar *(Preise)*
EMZ *(Abk. für Elektronischer Massenzahlungsverkehr) (Bank)* RPS, (electronic) Retail Payment System • **unmittelbar über den EMZ erreicht** *(Bank)* directly accessed by RPS
en gros verkaufen *(V&M)* sell in bulk
End... *(Gen)* end, final
Endabnahme *f (Gen)* final acceptance [inspection] *(von Waren)*
Endabnehmer *m (WiWi)* end consumer, end-user
Endabnehmerin *f s.* Endabnehmer
Endabrechnung *f (RW)* final accounts
Endalter *n (Versich)* age at expiry
Endbestand *m (RW)* closing inventory, ending inventory, final balance
Ende *n* 1. *(Gen)* end, tail, expiration *(der Liste)*; 2. *(V&M)* final • **das dann zu Ende gegangene Geschäftsjahr** *(RW) (BE)* financial year then ended, *(AE)* fiscal year then ended • **zu Ende bringen** *(Gen)* bring to an end, wrap up, wind up *(Produktion)* • **am oberen Ende** *(Gen)* at the top end • **am Ende des Tages** *(Gen)* at the end of the day • **zu Ende verfolgen** *(Mgt)* follow through *(Projekt)*
Ende *n* **des Finanzjahres** *(RW)* end of financial year
Endempfänger *m (Gen)* end-user
Endempfängerin *f s.* Endempfänger
Endergebnis *n (Fin, Gen, WiWi)* end result, net result, *(ugs.)* bottom line
endfällige Anleihe *f (Bank)* bullet
Endgewinn *m (Fin, RW) (ugs.)* bottom line
endgültig *adj* 1. *(Gen)* absolute, conclusive, final; 2. *(Recht)* absolute
endgültige Vereinbarung *f (Steuer) (AE)* closing agreement
endgültiger Bescheid *m (Gen)* final notice
Endkorrektur *f (Media)* final proof
endliche Anzahl *f (Stat)* finite number
endlicher Rohstoff *m (Umwelt, WiWi)* depletable resource
Endnachfrage *f (WiWi)* final demand
Endnote *f (Bil)* final mark
endogene Größe *f (Stat, WiWi)* endogenous determinant
endogene Variable *f (WiWi)* endogenous variable
Endprodukt *n* 1. *(Gen)* final product; 2. *(WiWi)* final good
Endsaldo *m* 1. *(Bank)* closing balance; 2. *(RW)* final balance
Endtermin *m* 1. *(Gen)* target date; 2. *(Recht)* final deadline
Endverbrauch *m (Imp/Exp)* end use
Endverbraucher *m* 1. *(Gen, V&M)* ulti-

mate consumer; 2. *(WiWi)* end consumer, end-user
Endverbraucherin *f s.* Endverbraucher
Endverlust *m (Fin, RW) (ugs.)* bottom line
Endwert *m (Bank, Fin)* accumulated value
energetische Rohstoffe *mpl*/**nicht** *(Ind, Umwelt, WiWi)* non-energy raw materials, raw materials (excluding energy)
Energie *f (Ind)* energy, power
Energieeinsparung *f (Gen, Umwelt)* energy saving, energy conservation, energy efficiency
Energieerzeugung *f (Ind)* power generation
Energiekonzern *m (Ind, Umwelt)* energy group, energy conglomerate, energy company
Energienachfrage *f (WiWi)* energy demand
Energienutzungsgrad *m (Gen, Umwelt)* energy efficiency
Energieressourcen *fpl (Umwelt)* energy reserves, energy resources
Energierückgewinnung *f (Umwelt)* energy recovery
Energiesparen *n (Umwelt)* saving energy, conservation of energy
energiesparend *adj (Umwelt)* energy--saving
Energieversorgung *f (Gen)* energy supply
Energievorräte *mpl (Ind, Umwelt)* energy reserves
Energiewerte *mpl (Börse)* utilities
energisch *adj (Gen)* stringent *(Maßnahme, Programm)*; vigorous *(Protest, Maßnahme)*
energische Verkaufstechnik *f (V&M)* hard sell, aggressive selling
Enforcement-Verfahren *n (Recht, RW)* enforcement procedure *(zweistufiges externes Bilanzprüfungsverfahren gem. Bilanzrechtsreformgesetz; erste Stufe: die Deutsche Prüfstelle für Rechnungslegung, DPR, nimmt Stichproben und geht Verdachtsfällen der Bilanzfälschung nach; zweite Stufe: bei Nichtkooperation der zu prüfenden AG Einschaltung der BaFin in ihrer hoheitlichen Funktion als "Bilanzpolizei")*
eng *adj (Gen)* close • **in die engere Auswahl kommen** *(Gen, Pers)* be shortlisted *(Bewerbung)* • **in die engere Auswahl nehmen** *(Gen, Pers)* shortlist
eng definierte Geldmenge *f (WiWi)* narrowly defined money supply
eng gefasste Geldmenge *f (Bank, WiWi)* narrowly defined money supply, narrow money *(EZB, M1)*
Engagement *n* 1. *(Frei)* commitment; 2. *(Gen)* booking, engagement *(Handelsposition an Börse)*
Engagement *n* **des Personals** *(Pers)* staff commitment *(Arbeit)*
engagiert 1. *(Börse, Fin)* exposed; 2. *(Gen)* committed, engaged • **sich engagiert einsetzen für** *(Pol)* be a strong supporter of
enger Markt *m (Börse)* narrow market, tight market
engere Wahl *f (Pers)* shortlist *(Auswahlliste)* • **in der engeren Wahl sein** *(Pers)* be on the shortlist, be shortlisted • **in die engere Wahl kommen** *(Pers)* be on the shortlist, be shortlisted • **in die engere Wahl nehmen** *(Pers)* put on the shortlist
Engpass *m (Gen, WiWi)* bottleneck • **die Engpässe beseitigen** *(Admin, WiWi)* debottleneck
Engpassfaktor *m (WiWi)* constraining factor
Engrosverkauf *m (Gen)* wholesale business
enteignen *v (Admin, Recht)* expropriate
Entfaltung *f (Gen)* development, growth
entfernt *adj (Gen)* aloof, remote, eliminated
Entfernung *f* 1. *(Gen)* removal, elimination; 2. *(Transp)* distance
entflechten *v (Gen)* unscramble *(Konzern)*; unbundle *(Preise)*
Entflechtung *f* 1. *(Gen)* unbundling *(Preise)*; *(ugs.)* trustbusting *(Trusts)*; 2. *(WiWi)* demerger
entführen *v (Gen, Pol)* abduct
Entführer *m (Gen, Pol)* abductor
entfusionieren *v (Gen, WiWi)* demerger
Entgegenkommen *n (Gen)* accommodation *(Zugeständnis)*
entgegenwirkend *adj (Gen)* adverse
Entgelt *n* 1. *(Börse)* financial reward; 2. *(WiWi)* compensation • **als Entgelt für**

(Gen) as a reward for • **gegen Entgelt** *(V&M)* for a fee, subject to a fee

Entgeltfortzahlung *f (Pers, Soz)* continued payment of wages, continued payment of salaries

entgeltlich *adj (Gen)* against payment *(ZB)*

entgeltlich erwerben *v (Gen, Recht)* acquire for valuable consideration

Entgeltvereinbarung *f (WiWi)* compensation agreement

Enthaltung *f (Gen, Pol)* abstention

enthüllen *v (Gen)* bring to light, unveil *(Plan)*

entladen *v* 1. *(Ind)* offload; 2. *(Transp)* unload

entlassen *v* 1. *(Gen)* shed *(Arbeitskräfte)*; 2. *(Pers) (BE)* make redundant; lay off, dismiss, *(ugs.)* fire, discharge, *(BE; ugs.)* sack *(Arbeitskräfte)* • **jmdn. entlassen** *(Pers) (BE; ugs.)* give sb his cards, *(BE; ugs.)* give sb the sack

Entlassung *f (Pers)* dismissal, *(ugs.)* firing, *(BE; ugs.)* sack *(Arbeit)*

Entlassung *f* **aus triftigem Grund** *(Pers)* fair dismissal, just cause dismissal

Entlassung *f* **ohne triftigen Grund** *(Pers)* unfair dismissal

Entlassungsabfindung *f (Gen)* redundancy payment, termination benefits, severance pay

Entlassungsankündigung *f (Pers)* layoff announcement

Entlassungsgehalt *n (Pers)* dismissal wage

Entlassungsgrund *m (Pers)* grounds for dismissal

Entlassungskosten *pl (Pers)* lay-off costs, costs for lay-offs

Entlassungsmitteilung *f (Pers)* layoff notice

Entlassungspapiere *pl (Pers) (AE; ugs.)* pink slip, *(BE; ugs.)* cards

Entlassungsproduktivität *f (WiWi)* dismissal productivity *(Einstellungen/Entlassungen senken/erhöhen ceteris paribus die Produktivität produktiver Einheiten und der Gesamtwirtschaft, wenn die individuelle Produktivität der Eingestellten/Entlassenen geringer ist als die des Durchschnitts der Beschäftigten bei der Wiedereinstellung von Arbeitslosen; the dismissal/employment of less productive workers increases/decreases the productivity of the rest of the producing unit or in the economy as a whole)*

Entlassungsschreiben *n (WiWi) (BE; ugs.)* pink slip

Entlassungszahlung *f (Pers)* lay-off pay

entlasten *v* 1. *(Bank, Recht)* exculpate; 2. *(Steuer)* relieve

Entlastung *f (Steuer)* relief

Entlastung *f* **auf dem Arbeitsmarkt** *(WiWi)* relief in the labour market, easing of the strain on the labour market, relief of labour market problems

Entleiher *m* **von Arbeitskräften** 1. *(Pers)* business to which temporary workers are supplied, business in which temporary workers are placed; 2. *(Recht)* lessee

entlohnen *v (Pers)* remunerate, pay

Entlohnung *f (Gen)* remuneration, payment

Entlohnung *f* **in Sachwerten** *(Gen)* payment in kind *(Sachbezug)*

Entlohnung *f* **nach Leistung** *(Pers)* performance-related pay, performance pay, incentive wage

Entnahme *f* 1. *(Fin)* withdrawl *(Kapital)*; 2. *(Ind)* sampling

entnehmen *v (Bank)* withdraw, draw [take] from

entqualifizieren *v (Pers)* deskill *(Synonym: dequalifizieren, entwerten der beruflichen Qualifikation)*

Entqualifizierung *f (Pers)* deskilling *(Synonym: Dequalifizierung, Entwertung der beruflichen Qualifikation)*

Entrichtung *f (Fin)* payment

entsandte Arbeitskräfte *fpl (Pers)* detached workers, posted workers *(EU)*

entschädigen *v* 1. *(Gen, Pat)* reimburse; 2. *(Pers)* compensate; 3. *(Recht, Versich)* compensate, indemnify; 4. *(WiWi)* compensate

Entschädigung *f* 1. *(Gen, Pat)* damages, reimbursement; 2. *(Pers, WiWi)* compensation; 3. *(Recht)* compensation, indemnity, redress; 4. *(Versich)* compensation, indemnity

Entschädigungsanspruch *m (Recht)* claim of compensation, indemnity claim, right of recovery *(Regressanspruch)*

Entschädigungsvertrag *m (Versich)* contract of indemnity
entschärfen *v (Pers)* defuse
Entscheid *m (Recht)* decision, ruling, order, award
entscheiden *v* 1. *(Gen)* adjudicate, decide; 2. *(Recht)* find • **sich dagegen entscheiden** *(Gen)* opt out • **sich entscheiden für** *(Mgt)* opt for
entscheidend *adj (Gen, Mgt, Pers)* decisive
entscheidende Phase *f (Gen, Mgt)* critical phase, critical stage • **sich in einer entscheidenden Phase befinden** *(Gen, Mgt)* be going through a critical phase, be going through a critical stage
Entscheidung *f* 1. *(Gen)* decision; 2. *(Recht)* ruling *(Entscheid)* • **eine Entscheidung anfechten** *(Recht)* appeal against a decision • **eine Entscheidung aufschieben** *(Gen)* shelve a decision • **eine Entscheidung fällen [treffen]** *(Gen, Mgt)* make a decision • **eine spontane Entscheidung treffen** *(Gen)* make a snap decision
Entscheidung *f* **über Eigenfertigung oder Kauf** *(Gen)* make-or-buy decision
Entscheidungsbaum *m (Mgt, Pers)* decision tree
Entscheidungsgremium *n (Gen, Mgt, Pol)* decision-making body *(nach UMAG: Vorstand und Aufsichtsrat)*; governing body
Entscheidungskonflikt *m (Recht)* conflict of judgments
Entscheidungsprozess *m (Mgt)* decision process, decision-making process
Entscheidungsstrukturen *fpl (Admin, Ind, Mgt, Pol)* governance
Entscheidungsträger *m (Gen, Mgt)* decision maker, decision-making unit
Entscheidungsträgerin *f s.* Entscheidungsträger
Entscheidungsverantwortlicher *m (Mgt, Pol, Recht)* decision maker *(UMAG, Gesetz zur Unternehmensintegrität und Modernisierung des Anfechtungsrechts vom 22.9.2005; Synonym: Entscheider)*
entscheidungsvorbereitende Phase *f (Mgt, Pol, Recht)* pre-decision phase, pre-decision period, pre-decision stage, pre-decision-making period *(UMAG)*
entschieden *adj (Gen)* decided • **noch nicht entschieden** *(Gen)* pending
Entschließung *f (Recht)* resolution
Entschluss *m (Gen)* resolution, resolve
entschlüsseln *v (Gen, Komm)* decrypt, decode unscramble
entschlussfreudig *adj (Gen)* decisive
Entschuldung *f (Fin)* debt relief
entsenden *v (Pers)* post, assign *(in ein anderes Land, to a job in another country)*
Entsendung *f* **von Arbeitskräften** *(Pers)* detachment of workers, posting of workers
Entsorgung *f* 1. *(Gen)* refuse disposal *(Müll)*; 2. *(Umwelt)* disposal
Entsorgungssysteme *f (Umwelt)* disposal systems, waste disposal systems
Entsparen *n (WiWi)* dissaving, negative saving
entsprechen *v (Gen)* correspond to, fit *(Erfordernissen)*; comply with *(Normen)*; match, conform *(Vorjahreszahlen)*
entsprechend *adj (Gen)* commensurate, corresponding, in line with, analogous *(Erwartungen)*
entsprechend *adv (Gen)* accordingly
entstaatlichen *(Gen, WiWi)* privatize
entstanden *adj (RW)* accrued, incurred *(Kosten)*
entstandene Aufwendungen *fpl (RW)* incurred expenses
entstandene Kosten *pl (RW)* incurred costs
entstandener Schaden *m (Transp, Versich)* damage done *(DD)*
entstehen *v (Fin, Gen, RW)* accrue *(Kosten)*
entwerfen *v* 1. *(Gen)* plan, sketch, design, outline; 2. *(Recht)* draft
entwerten *v (RW, WiWi)* depreciate
Entwertung *f (WiWi)* depreciation, invalidation
Entwertung *f* **der beruflichen Qualifikation** *(Pers)* deskilling *(Synonym: Dequalifizierung, Entqualifizierung)*
Entwertung *f* **von Arbeitsplätzen [Tätigkeiten]** *(Pers)* deskilling of jobs

entwickeln *v (Gen)* develop • **sich sehr schnell entwickeln** *(WiWi)* boom
entwickelte Volkswirtschaft *f (WiWi)* developed economy
entwickelter Markt *m (V&M)* developed market
Entwicklung *f* 1. *(Comp)* development; 2. *(Gen)* advancement, evolution *(Ertrag)*; 3. *(Ind)* development; 4. *(V&M)* development, trend *(eines Produkts)*; 5. *(WiWi)* development, trend
Entwicklung *f* **einer Eigendynamik** *f (WiWi)* self-fulfilling prophecy
entwicklungsfähig *adj (Gen)* capable of development, viable
Entwicklungshilfe *f* 1. *(Bank)* aid; 2. *(WiWi)* budget payment, development aid [assistance], donor aid, economic aid *(wirtschaftlich)*
Entwicklungspotenzial *n (Gen)* development potential
Entwicklungsregion *f (WiWi)* development area, development region
Entwicklungsrichtung *f* 1. *(Gen)* tendency; 2. *(WiWi)* direction *(des Zinsniveaus)*
Entwicklungstendenz *f (Gen)* tendency
Entwurf *m* 1. *(Comp)* draft *(Drucker)*; 2. *(Gen)* sketch, design, outline; 3. *(RW)* layout; 4. *(Recht)* draft
Entwurf *m* **des Haushaltsplans** *(RW)* draft budget
Entwurf *m* **einer Verordnung** *(Recht)* draft regulation *(EU; ugs. Verordnungsentwurf)*
Entwurfsphase *f (Recht)* draft stage
entzerren *v (Gen)* correct a distorted pattern in, rectify *(Preiszinsstruktur)*
entziehen *v (Fin, Gen, WiWi)* withdraw
entziffern *v (Gen)* decipher
Entzug *m (WiWi)* drain *(Kaufkraftentzug)*
Entzug *m* **der Zulassung** *(Bank, Recht)* withdrawal of authorization
EPI *(Abk. für Erzeugerpreisindex) (Stat)* PPI, Producer Price Index
Equity-Methode *f (RW)* equity accounting, equity method of accounting, equity method of consolidation *(Bilanzierung von Beteiligungen am stimmberechtigten Kapital eines anderen Unternehmens nach angelsächsischer Methode, die durch zeitkongruente Berücksichtigung von Beteiligungserträgen keine stillen Rücklagen entstehen läßt; nach § 311 HGB nicht im Einzelabschluss, sondern nur im Konzernabschluss zulässig; Synonym: Eigenkapitalmethode)*
erarbeiten *v (Mgt)* prepare
Erarbeitung *f (Mgt)* preparation *(Bericht)*
Erbanteil *m (Recht)* share of the inheritance
Erbe *m (Recht)* heir
Erbe *n (Recht)* inheritance *(Nachlass)*
erben *v (Recht)* inherit
Erbfall *m (Recht)* devolution, inheritance *(Vermögen)*
Erbin *f (Recht)* heiress
erbitten *v (Gen)* solicit, seek *(Bestätigung)*
Erblast *f* 1. *(Gen)* unwelcome legacy; 2. *(Pol)* inherited burden, historic burden
Erbpacht *f* 1. *(Grund)* hereditary lease; 2. *(Recht)* rental right
Erbrecht *n (Recht)* succession law
erbringen *v (Recht)* adduce, produce, effect *(Beweismaterial)*
Erbringung *f* **von Dienstleistungen** 1. *(Gen)* performance of services, rendering of services, service delivery; 2. *(WiWi)* supply of services
Erbschaft *f (Fin)* inheritance
Erbschaftssteuer *f* 1. *(Fin)* inheritance tax; 2. *(Recht)* probate duty *(bei Testamentserbfolge)*; 3. *(Steuer) (BE)* inheritance tax, *(BE)* death duty, *(BE)* legacy duty, *(AE)* estate [legacy] tax
Erbschaftssteuererklärung *f (Steuer)* inheritance tax return
Erbschafts- und Schenkungssteuer *f (Steuer) (BE)* capital transfer tax
Erde *f (Umwelt)* earth, planet earth
Erderwärmung *f (Umwelt)* global warming
Erdgas *n (Umwelt)* natural gas
erdgebunden *adj (Gen, Media)* terrestrial *(Übertragungstechnik, Funk, Fernsehen)*
Erdöl *n (Ind, Umwelt)* oil, petroleum
Erdölfeld *n (Ind, Umwelt)* oilfield
Erdölindustrie *f (Ind, Umwelt)* oil industry, petroleum industry
Erdölvorräte *mpl (Ind, Umwelt)* mineral oil reserves
Erdölwerte *mpl (Börse)* oils
ERE *s.* Europäische Rechnungseinheit

Ereignis *n (Gen)* event
Ereignis *n* **nach dem Bilanzstichtag** *(RW)* post-balance-sheet event
erfahren *adj* 1. *(Gen)* seasoned, experienced; 2. *(Pers)* experienced, expert *(Arbeit, Laufbahn)*
erfahren *v (Gen)* experience
Erfahrung *f* 1. *(Gen)* experience; 2. *(Pers)* background, expertise
Erfahrungsaustausch *m (Gen)* exchange of know-how
Erfahrungsbericht *m (Media)* report
erfassen *v (Gen)* record, collect *(Daten)*
Erfassung *f* 1. *(Gen)* collection; 2. *(Admin)* coverage
Erfassung *f* **von Geschäftsvorfällen** *(WiWi)* recording of business transactions
Erfassungsbereich *m (Gen)* scope of coverage
erfinden *v (Ind, Pat)* invent
Erfinder *m (Ind, Pat)* inventor
Erfinderin *f s.* Erfinder
erfinderisch *adj (Ind, Pat)* inventive
Erfindung *f* 1. *(Gen)* brainchild; 2. *(Ind, Pat, WiWi)* invention
Erfindungshöhe *f (Pat)* inventive step
Erfolg *m (Gen)* success • **Erfolg haben** *(Gen)* succeed
erfolglose Bewerbung *f (Pers)* unsuccessful job application *(Stellensuche)*
erfolgreich *adj (Gen, V&M)* successful • **erfolgreich sein** *(Gen)* succeed
erfolgreicher Bewerber *m (Pers)* successful candidate
erfolgreiches Unternehmen *n (WiWi)* going business, successful venture *(Projekt)*
erfolgsabhängige Bezahlung *f (Pers)* profit-related pay
Erfolgsaussicht *f (Gen)* viability
Erfolgsbeteiligung *f (Fin, Pers, RW)* profit-sharing
Erfolgsbilanz *f (RW) (BE)* income statement, profit and loss account, profit and loss statement *(Synonym: Ergebnisrechnung, Gewinn- und Verlustrechnung, Aufwands- und Ertragsrechnung)*
Erfolgsgeschichte *f* **eines Unternehmens** *(Börse, Gen)* equity story *(New Economy)*
Erfolgshonorar *n* 1. *(Gen)* contingent fee; 2. *(Admin)* incentive fee
Erfolgskennzahl *f (Fin)* profitability ratio
Erfolgskontrolle *f (Mgt)* performance review, efficiency review
Erfolgskriterium *n (WiWi)* measure of performance
Erfolgsquote *f (Pers, Soz)* success rate, rate of success *(Bildung, Maßnahme)*; pass rate *(Prüfungen)*
erfolgswirksam *adj (Fin, RW)* affecting the current result, affecting the operating result
erfolgswirksamer Aufwand *m (RW, Steuer)* revenue expenditure
Erfolgszurechnung *f (Pers)* allocation of earnings *(Gewinn- und Verlustrechnung, Bilanz, Steuern)*
erforderliche Investitionsrendite *f (Fin)* hurdle rate of return
erforderliche Kapitaldecke *f (Bank)* capital adequacy
erfordern *v (Gen)* require, necessitate
Erfordernis *n (Gen)* requirement, prerequisite
erforschen *v (Ind, V&M, WiWi)* explore
Erforschung *f (Ind, V&M, WiWi)* exploration
Erforschung *f* **und Nutzung** *f* **des Weltraums** *(Ind, Recht)* exploration and use of outer space
erfüllen *v* 1. *(Gen)* meet *(Anforderungen)*; comply with *(Formalitäten, Bedingungen)*; perform *(Pflicht, Aufgabe)*; hono(u)r *(seine Verpflichtungen)*; fulfil(l) *(Verpflichtungen)*; 2. *(Recht)* complete, execute; 3. *(Admin)* execute • **Forderungen erfüllen** *(Mgt)* meet demands
erfüllen *v***/nicht** *(Gen)* fall short of *(Erwartungen)*
Erfüllung *f* 1. *(Gen)* compliance, performance; 2. *(Recht)* execution, performance; 3. *(V&M)* fulfil(l)ment
Erfüllungsfrist *f (Recht)* completion deadline *(Vertragsrecht)*
Erfüllungshindernis *n (WiWi)* obstacle of performance
Erfüllungskosten *pl (RW, Umwelt)* compliance costs
Erfüllungsort *m* 1. *(Recht)* place of performance *(Vertragsrecht)*; 2. *(Transp)* place of delivery
Erfüllungstag *m (Börse)* settlement day

Erfüllungszwang *m (Recht, V&M)* duty of performance, obligation to deliver *(Online-Auktionen)*
ergänzen *v* 1. *(Gen)* supplement, complement, complete; 2. *(Recht)* supplement
ergänzend *adj* 1. *(Gen)* complementary, ancillary; 2. *(Pat)* supplementary
ergänzt *adj (Gen)* completed, supplemented
Ergänzung *f* 1. *(Gen)* add-on, addition, supplement; 2. *(Pat)* amendment
Ergänzungsabgabe *f (Gen)* surcharge
Ergänzungskapital *n (Bank, Fin)* supplementary capital, additional capital; tier-2-capital *(Baseler Bankenausschuss)*
Ergänzungsrendite *f (Börse)* add-on yield
Ergebnis *n* 1. *(Fin)* performance; 2. *(Gen)* outcome, result • **als Ergebnis** *(Gen)* as a result • **das Ergebnis abwarten** *(Gen)* sit on the fence • **über seine Ergebnisse berichten** *(Gen)* report one's findings • **Ergebnisse erzielen** *(Gen, Pers)* get results
Ergebnis *n* **der gewöhnlichen [normalen] Geschäftstätigkeit** *(RW)* profit or loss on ordinary activities, net operating result, net operating income or loss; result of ordinary activities *(IAS 1.75)*
Ergebnis *n* **je Aktie** *(Bank, Fin)* earnings per share
Ergebnis *n* **vor Ertragsteuern und Zinsen** *(Fin, RW)* earnings before interest and tax(es), EBIT, Ebit, profit before interest and tax, operating income, operating profit, trading profit
Ergebnis *n* **vor Zinsen und Steuern** *(Fin, RW)* earnings before interest and tax(-es), EBIT, Ebit, profit before interest and tax, operating income, operating profit, trading profit
ergebnisabhängige Bezahlung *f (Mgt, Pers)* outcome-dependent payment
Ergebnisanalyse *f (Fin, WiWi)* performance analysis
Ergebniseinheit *f (Fin, Mgt, WiWi) (AE)* profit center, *(BE)* profit centre
ergebnisorientierte Führung *f (Mgt)* management by results
Ergebnisrechnung *f (RW)* operating [earnings] statement *(GuV)*
Ergebnisübernahmevertrag *m (Fin, Recht)* profit transfer agreement, profit and loss transfer agreement *(Synonym: Ergebnisabführungsvertrag, Gewinnabführungsvertrag)*
Ergebnisvortrag *m (RW)* profit or loss brought forward; profit or loss transferred to new account *(Ergebnisvortrag auf neue Rechnung)*
Ergiebigkeit *f* 1. *(Gen)* abundance, plentifulness; 2. *(Ind, WiWi)* productivity *(des Faktoreinsatzes)*
ergonomisch konstruiert *adj (Ind)* ergonomically-designed *(Arbeitsplatz)*
Erhalt *m (Gen)* receipt • **bei Erhalt von** *(Gen)* on receipt of
erhalten *v* 1. *(Gen)* gain, obtain, receive; 2. *(Pat)* obtain; 3. *(Recht)* recover, obtain *(Geschehmigung)*; 4. *(Umwelt)* preserve *(bewahren)* • **erhalten haben** *(Gen)* be in receipt of *(Brief, Zahlung)* • **nicht erhalten** *(Börse)* fail to receive
erhältlich *adj (Gen)* available, obtainable
Erhaltung *f (Umwelt)* conservation, preservation *(von Lebensräumen)*
Erhaltung *f* **von Arbeitsplätzen** *(Pers, Soz)* safeguarding jobs, safeguarding existing jobs, maintaining jobs, maintaining existing jobs, employment protection
Erhaltungsaufwand *m (Steuer)* maintenance expenditures
Erhaltungsinvestition *f (Mgt, WiWi)* replacement investment
erheben *v* 1. *(Gen)* survey *(Daten)*; 2. *(Stat)* ascertain; 3. *(Recht)* submit *(Anspruch, Forderung)*; 4. *(Steuer)* levy *(Steuern, Gebühren)*; 5. *(WiWi)* ascertain
erheblich *adj* 1. *(Gen)* considerable, substantial; 2. *(WiWi)* sizeable
erhebliches Risiko *n (Börse)* substantial risk
Erheblichkeit *f (RW)* materiality, relevance
Erhebung *f* 1. *(Fin)* levy; 2. *(Gen)* survey, collection; 3. *(Imp/Exp)* levy *(Abgaben, Zollgebühren)*; 4. *(V&M)* survey • **eine Erhebung durchführen** *(Pers, Stat)* carry out a survey, conduct a survey
Erhebung *f* **bei Unternehmen [Betrieben]** *(Stat, V&M)* employer survey, establishment survey

Erhebungszeitraum *m (Stat)* survey period, enquiry period
erhöhen *v (Gen, V&M)* advance, step up *(Produktion)*; increase *(Preis, Produktion)*; *(ugs.)* jack up *(Preise)*; raise *(Wert)*; heighten *(Wirkung)*
erhöht *adj (Gen)* advanced, increased
erhöhte Grundlage *f (Steuer)* stepped--up basis
erhöhter Wert *m (Gen)* increased value
erhöhtes Risiko *n (Versich)* abnormal risk
Erhöhung *f* 1. *(Fin) (AE)* raise, *(BE)* rise; 2. *(Gen)* boost, increase, advance
Erhöhung *f* **des Kapitals** *(WiWi)* capital increase
erholen *v*/**sich** 1. *(Börse)* rally; 2. *(Gen)* revive; 3. *(WiWi)* pick up, recover *(Wirtschaft)*
Erholung *f* 1. *(Börse)* rallying; 2. *(WiWi)* *(ugs.)* pick-up • **die Erholung ist im Gang** *(WiWi)* the recovery is under way
Erholung *f* **am Rentenmarkt** *(Börse)* bond market rally
Erholung *f* **der Wirtschaft** *(WiWi)* recovery, economic recovery, upswing, economic upswing
Erinnerung *f (Gen)* reminder
Erinnerungsschreiben *n (Komm)* follow--up letter *(nachfassen)*
Erinnerungstest *m (V&M)* aided recall test
erkennbarer Mangel *m (Recht)* apparent defect *(Vertragsrecht)*
Erkenntnis *f (Mgt)* cognition
Erkennungsmelodie *f (Media, V&M)* signature tune, theme tune jingle
Erkennungsverzögerung *f (WiWi)* recognition lag
erklären *v* 1. *(Gen)* explain; 2. *(Imp/Exp, Steuer)* declare *(anmelden)*
erklärende Variable *f (Stat)* explanatory variable
Erklärung *f* 1. *(Gen)* declaration, statement, explanation; 2. *(Media, Pol)* statement • **eine Erklärung abgeben** *(Media)* put out a statement • **eine eidesstattliche Erklärung abgeben, dass** *(Recht)* swear an affidavit that
Erklärungsansatz *m (WiWi)* explanatory approach
Erklärungsfrist *f (Börse)* exercise deadline
erkundigen *v (V&M)* enquire
Erkundigung *f (V&M)* enquiry • **Erkundigungen einziehen** *(Mgt, V&M)* make enquiries
erlangen *v (Gen)* acquire, obtain, gain
Erlass *m* 1. *(Pol)* decree; 2. *(Recht)* remission, enactment, release, remittal *(einer Strafe, von Schulden)*
erlassen *v* 1. *(Fin)* waive, release; 2. *(Recht)* enact, legislate *(Gesetz)*; abate *(Strafe)*
Erlassung *f* **einer Schuld** *(Fin)* waiving of a debt
erlauben *v* 1. *(Bank, Gen, Pat)* allow; 2. *(Recht)* allow, permit
Erlaubnis *f* 1. *(Bank, Gen, Pat)* authorization; 2. *(Recht)* permit, *(BE)* licence, *(AE)* license
erlaubt *adj* 1. *(Gen)* admissible, allowable, authorized, licensed; 2. *(Recht)* permitted
erlaubte Fangquote *f (Pol, WiWi)* allowable catch
erläutern *v (Gen)* comment, explain
Erläuterung *f (Gen)* commentary, explanation
erleben *v (Gen)* experience, undergo
erledigen *v (Gen)* attend to, settle • **etw. erledigen** *(Gen)* arrange for sth to be done
Erledigung *f (Gen)* settlement, discharge, dispatch *(Pflicht)*
erleichtern *v* 1. *(Gen, Transp)* facilitate; 2. *(WiWi)* ease *(Kreditbedingungen)*
erleiden *v* 1. *(Gen, Pat)* suffer; 2. *(RW)* sustain; 3. *(WiWi)* suffer *(Schaden)* • **einen Fehlschlag erleiden** *(Gen)* suffer a setback
Erliegen kommen *v*/**zum** *(Ind)* come to a standstill
erlittener Verlust *m (Recht)* loss suffered
Erlös *m (Gen)* proceeds, revenue
erlöschen *v* 1. *(Gen, RW)* lapse; 2. *(Recht)* discharge, expire
Erlöschen *n* 1. *(Gen)* discharge; 2. *(RW)* lapse
erloschenes Patent *n (Pat)* expired patent
Erlösspanne *f (Fin, RW)* profit margin
ermächtigen *v (Gen)* authorize, entitle
Ermächtigung *f* 1. *(Bank)* authorization; 2. *(Gen)* authorization, power

Ermächtigungsschreiben *n (Gen)* letter of authority
Ermangelung eines Gegenbeweises/in *(Recht)* in the absence of evidence to the contrary
ermäßigen *v (Gen)* bring down, abate, reduce *(Preise, Inflationsrate)*
ermäßigte Steuer *f (Steuer)* reduced tax
ermäßigter Beitrag *m (Pol, WiWi) (BE)* abated contribution *(EU)*
ermäßigter Satz *m (Steuer)* reduced rate
Ermäßigung *f (Gen)* abatement, reduction
Ermessen *n (Gen)* discretion, judgement • **nach Ermessen von** *(Gen)* at the discretion of
Ermessensgrenze *f (Bank)* discretionary limit
Ermessensüberschreitung *f (Recht)* exceeding discretion
ermitteln *v* 1. *(Gen)* ascertain, establish, investigate *(Preis)*; 2. *(WiWi)* ascertain
Ermittlung *f (Gen)* ascertainment
Ermittlung *f* **des Bruttobetrags** *(RW)* grossing-up
Ermittlung *f* **des Finanzbedarfs** *(Fin, Mgt)* assessment of financial needs
Ermittlungsbefugnisse *fpl (Recht)* investigatory powers
ermutigen *v (Gen)* encourage
Ernährer *m (WiWi)* breadwinner
Ernährerin *f s.* Ernährer
ernannt *adj* 1. *(Gen)* appointed; 2. *(Recht)* constituted *(Treuhänder)*
ernennen *v (Gen, Recht)* appoint, nominate
Ernennungsschreiben *n (Gen)* letter of assignment
erneuerbare Energien *fpl (Umwelt)* renewable energy
erneuerbare Ressourcen *fpl*/**nicht** *(Umwelt)* nonrenewable natural resources
erneuerbare Rohstoffe *mpl*/**nicht** *(Umwelt)* non-renewable resources, non--renewable raw materials, exhaustible resources
erneuerbarer Rohstoff *m (Umwelt, WiWi)* renewable resource
erneuern *v (Gen)* renew, revive
Erneuerung *f (Gen)* renovation, renewal
Erneuerungsschein *m (Börse)* talon
erneut überprüfen *(Gen)* re-examine
ernstes Anzeichen *n (Gen)* warning sign
Ernte *f* 1. *(Gen)* crop; 2. *(Umwelt)* harvest; 3. *(WiWi)* yield, crop
erodieren *v (Umwelt)* erode
eröffnen *v* 1. *(Bank)* open *(Konto)*; 2. *(Gen)* set up, start up *(Geschäft)* • **ein Konto eröffnen bei** *(Bank)* open an account with
Eröffnung *f (Bank, Börse)* opening
Eröffnung *f* **des Insolvenzverfahrens** *(Fin, Recht, RW)* adjudication in bankruptcy
Eröffnungsbilanz *f (Bank, RW)* opening balance
Eröffnungshandel *m (Börse)* early trading
Eröffnungssonderpreise *mpl (Gen, V&M)* special opening prices
erörtern *v (Gen)* debate, discuss
ERP *s.* Europäisches Wiederaufbauprogramm
erpressen *v (Gen)* blackmail, extort
Erpressung *f (Gen)* blackmail, extortion
erprobt *adj (Gen)* well-tried, seasoned
Erprobung *f (Gen, V&M)* test, tryout
errechnen *v (Stat)* calculate
Errechnung *f (Stat)* calculation, computation
erregen *v (Gen)* give rise to
erreichbar *adj (Gen)* accessible *(Ort)*; achievable, obtainable *(Ziel)* • **nicht erreichbar** 1. *(Gen)* not available, unavailable; 2. *(Komm)* unobtainable
Erreichbarkeit *f (Gen)* accessibility
erreichen *v (Gen, Mgt)* achieve, attain, meet *(Ziel, Wachstum)* • **nicht zu erreichen** *(Gen, Komm)* not available, unavailable *(Person)*
errichten *v (Gen)* build up, construct, set up *(gründen)*; erect *(Zollschranken)*
Errichtung *f (Recht)* establishment
Errichtung *f* **eines Inventars** *(Recht)* making of an inventory
Errungenschaft *f (Gen)* achievement
Ersatz *m* 1. *(Gen)* replacement; 2. *(Recht, V&M)* substitute
Ersatzbedarf *m (Pers, WiWi)* replacement requirement, replacement need, replacement demand
Ersatzbeschaffung *f (Gen)* replacement
Ersatzgüter *npl (V&M)* substitute goods
Ersatzinvestition *f (Steuer)* replaced

asset, replacement capital, reinvestment
Ersatzlieferung *f* 1. *(Gen)* replacement; 2. *(Recht)* substitute delivery *(Vertragsrecht)*
Ersatznachfrage *f (WiWi)* replacement demand
Ersatzstoff *m (WiWi)* substitute
Ersatzteil *n* 1. *(Gen)* replacement part; 2. *(Ind)* spare (part)
ersatzweise *adv (Gen)* as an alternative
erscheinen *v* 1. *(Gen)* appear; 2. *(Media)* come out, appear *(Buch, Zeitschrift)*
Erscheinungsbild *n (Gen)* appearance, picture
Erscheinungsdatum *n (Media)* publication date
erschließen *v (Gen)* tap, open up *(Markt, Gebiet)*
Erschließung *f (Grund)* development, opening-up
Erschließungsunternehmen *n (Grund)* developer
erschlossenes Gelände *n (Grund, Umwelt)* improved land, developed site
erschöpfbare Ressourcen *fpl (Umwelt, WiWi)* exhaustible resources, depletable resources
erschöpfen *v* 1. *(Gen)* exhaust *(Vorrat)*; 2. *(Umwelt)* deplete *(Rohstoff)*
erschöpfend *adj (Gen)* exhaustive *(Aufzählung)*
erschwinglich *adj (Gen)* affordable
ersetzen *v (Gen)* supersede, replace
ersetztes Wirtschaftsgut *n (Steuer)* replaced asset
Ersetzung *f (WiWi)* replacement, substitution
Ersitzung *f* 1. *(Grund) (AE)* prescription *(Art der Landerwerbung)*; 2. *(Recht)* acquisition of ownership by occupancy
Ersparnis *n (Bank, WiWi)* saving(s) • **Ersparnisse angreifen** *(Gen)* dip into savings • **auf seine Ersparnisse zurückgreifen** *(Fin)* draw on one's savings
Ersparnisbildung *f (WiWi)* savings
Ersparnisbildung *f* **der privaten Haushalte** *(WiWi)* private saving(s) *(VGR)*
Ersparnisschwemme *f (WiWi)* saving glut *(der Begriff kennzeichnet den starken Anstieg der globalen Sparquote und damit der globalen Ungleichgewichte, bewirkt u. a. von extrem hohen Sparquoten Chinas und Indiens, deren Exportüberschüsse nicht konsumiert, sondern weitgehend als Währungsreserven gehortet werden; Stand 2007)*
Erst... *(Börse, Gen)* initial, issuing, first, original
erstatten *v (Gen)* refund, reimburse
Erstattung *f (Gen)* reimbursement
Erstattungsanspruch *m (Steuer)* claim for refund
erstattungsfähig *adj (Gen, Steuer, V&M)* refundable
erstattungsfähige Kosten *pl (Gen)* refundable expenses
Erstauftrag *m (Gen)* original order, initial order, pilot order
Erstausbildung *f (Pers)* initial training
Erstausfertigung *f (Gen)* original
Erstausgabepreis *m (Börse)* initial offering price, issuing price
erste *adj (Gen)* first, prime • **nach dem ersten Anschein** *(Gen)* prima facie • **in erster Linie** *(Gen)* primarily • **an erster Stelle** *(Gen)* in the first instance • **an erster Stelle stehen** *(Gen)* top the list
erste Adresse *f* 1. *(Börse)* first-class; 2. *(Gen)* blue-chip customer, top-rated firm
erste Hypothek *f (Bank)* first mortgage
erste Instanz *f (Recht)* first instance
erste Mahnung *f (RW)* first reminder
erste Qualität *f (Gen)* prime quality
erste Wahl *f (Gen)* prime quality, top quality
erstellen *v* 1. *(Gen)* draw up *(Bericht)*; 2. *(Mgt)* prepare
Erstellung *f (Gen, Mgt)* preparation *(Plan)*
Erstellungskosten *pl (Gen)* cost of construction
erster Entwurf *m (Recht)* rough draft
erster Kurs *m (Börse)* initial quotation
erstes Gossensches Gesetz *n (WiWi)* law of satiable wants
erstes öffentliches Zeichnungsangebot *n (Börse) (AE)* initial public offering, IPO
erstinstanzliches Gericht *n (Recht)* court of first instance *(Erstgericht)*
erstklassig *adj* 1. *(Börse)* top-grade, blue-chip, prime; 2. *(Gen)* first-rate,

first-class, top-flight, A1 *(Güter)*; high--class

erstklassig bewertet *adj (Börse)* triple-A rated, AAA-rated

erstklassige Aktie *f (Börse)* blue-chip (stock)

erstklassige Schuldverschreibung *f (Börse)* high-grade bond

erstklassige Wertpapiere *npl (Börse)* top-grade securities

erstklassiger Wechsel *m (Börse)* approved bill of exchange, prime bill

Erstplatzierung *f (Börse)* initial placing of securities

erstrangig *adj (Fin)* senior, having priority *(vorrangig)*

erstrangig besicherter Schuldtitel *m (Fin, RW)* senior debt *(Synonym: vorrangig besicherter Schuldtitel, vorrangige Schuld, erstrangig besicherte Verbindlichkeit, vorrangig besicherte Verbindlichkeit)*

erstrangige Hypothek *f (Bank, Fin, Grund)* senior mortgage

erstrebte Mindestverzinsung *f (Fin)* minimum acceptable rate of return

erststellige Hypothek *f (Bank, Fin, Grund)* senior mortgage

erststelliges Darlehen *n (Bank)* senior loan

Erstverlustposition *f (Bank, Fin)* first--loss position, FLP, equity piece *(bei True-Sale- oder synthetischen Verbriefungen, true-sale or synthetic securitizations; Synonym: Erstverlusttranche; ist allen anderen Tranchen nachrangig, trägt mögliche auftretende Verluste zuerst und hat die höchste Risikoprämie)*

Erstverpflichtete *m(f) (Bank)* principal *(Wechsel)*

Erstzeichner *m (Börse)* original subscriber

Erstzeichnerin *f s.* Erstzeichner

Ersuchen *n (Gen)* application, petition, appeal

ersuchen *v* **um** *(Gen)* appeal for • **jmdn. ersuchen, etw. zu tun** *(Gen)* urge sb to do sth

erteilen *v* 1. *(Fin)* grant *(Kredit)*; 2. *(Gen)* award, place *(Auftrag)*; 3. *(Mgt)* delegate *(Vollmacht)*; 4. *(Pat)* grant *(Lizenz)*; 5. *(Recht)* confer

Erteilung *f* 1. *(Gen)* award; 2. *(Mgt)* delegation *(Vollmacht)*; 3. *(Pat, Recht)* grant, conferral

Erteilung *f* **von Patenten** *(Pat)* grant of patents

Ertrag *m* 1. *(Gen)* return, yield, income; 2. *(RW)* output, return; 3. *(Admin)* earnings; 4. *(WiWi)* yield

Ertrag *m* **aus Beteiligungen** *(RW)* income from investments

Ertrag *m* **aus dem investierten Kapital** *(Fin, WiWi)* return on capital employed, ROIC *(Synonym: Rückfluss auf das investierte Kapital, Ertrag des genutzten Kapitals)*

Ertrag *m* **aus Immobilien** *(Grund)* return on real estate

Ertrag *m* **aus investiertem Kapital** *(Fin, RW, WiWi)* return on capital employed, ROCE

Ertrag *m* **des investierten Kapitals** *(Fin, RW, WiWi)* return on invested capital, ROIC, return on investment, ROI

Ertrag *m* **nach Steuern** *(RW, Steuer)* after-tax income

Ertrag *m* **vor Steuern** *(Fin, RW)* earnings before tax(es) *(EBT, Ebt)*; profit before taxes *(EBIT minus Zinsergebnis = EBIT minus net interest income)*

Erträge *mpl* 1. *(Gen)* income; 2. *(RW)* Revenue *(IAS 18)*

Erträge *mpl* **und Aufwendungen** *fpl (RW)* income and expenses

ertragen *v* 1. *(Recht)* sustain *(Schaden, Verletzung)*; 2. *(Admin)* earn; 3. *(WiWi)* yield

ertragreich *adj (Gen)* productive, high--yield, gainful

ertragsabhängige Bezahlung *f (Pers)* profit-related pay

Ertragsausfall *m (Fin)* loss of earnings

Ertragseinbußen *fpl (Fin)* reductions in profit

Ertragsentwicklung *f (Fin)* trend of profits

Ertragsfähigkeit *f (Ind)* earning power

Ertragsfunktion *f (WiWi)* production function

Ertragsgesetz *n (WiWi)* law of diminishing returns, law of variable proportions

Ertragskapazität *f (Gen)* earning capacity

Ertragskraft *f (Gen, RW)* earning power

• **die Ertragskraft verbessern** *(Fin)* improve profitability
Ertragskraft *f* **eines Unternehmens** *(WiWi)* corporate earning power
Ertragskurve *f (Bank)* yield curve
Ertragslage *f (Fin)* earnings position, profit situation, profitability
Ertragsminderung *f (Fin)* reduction of profit
Ertragsrate *f (Fin, WiWi)* rate of return
Ertragsrechnung *f (Fin, RW)* profit and loss account *(GuV)*
Ertragsrückgang *m* 1. *(Fin)* drop in earnings; 2. *(WiWi)* diminishing returns
Ertragsschwelle *f (RW, WiWi)* breakeven point
ertragsstarkes Geschäftsfeld *n (Gen)* cash cow
ertragssteigernd *adv (Fin, Gen)* revenue enhancing
Ertragsteuer *f (RW, Steuer)* profits tax, taxes on income
Ertragsverwässerung *f (Gen)* revenue dilution
Ertragszentrum *n (Gen) (AE)* revenue [profit] center, *(BE)* revenue [profit] centre
Ertragsziel *n (WiWi)* performance target
Ertragszinsen *mpl (Bank, RW)* interest received, interest earned
erwachsene Bevölkerung *f (Gen)* adult population
Erwachsenenbildung *f (Pers)* adult education
erwähnen *v (Gen)* mention, refer to
erwähnt *adj (Gen)* stated
erwarten *v (Gen)* anticipate, expect
erwartet *adj (Gen)* expected, anticipated
erwartete Mindestrendite *f (Fin, WiWi)* hurdle rate (of return)
erwartete Nutzungsdauer *f (Gen)* life expectancy
erwarteter Gewinn *m (RW)* anticipated profit
erwarteter Verlust *m (Bank, Fin, RW)* expected loss, EL *(Basel II)*
Erwartung *f (Gen, Stat, WiWi)* expectation, anticipation • **in Erwartung von** *(Gen)* in expectation of • **die Erwartung erfüllen** *(Gen)* fulfil(l) the expectations • **hinter den Erwartungen zurückbleiben** *(Gen)* underperform
• **die Erwartungen zurücknehmen** *(Gen)* scale back expectations
Erwartungselastizität *f (WiWi)* elasticity of expectations, elasticity of anticipation
erweiterbar *adj (Ind)* modular, expandable
erweitern *v* 1. *(Bank)* extend; 2. *(Comp)* extend, enhance, upgrade *(Speicher)*; 3. *(Gen)* expand, widen; 4. *(Komm)* enrich; 5. *(Recht)* extend; 6. *(Steuer)* widen; 7. *(WiWi)* expand
Erweiterter Rat *m* **der EZB** *(Bank, WiWi)* ECB General Council *(EZB-Entscheidungsorgan)*
Erweiterung *f* 1. *(Bank)* extension; 2. *(Comp)* enhancement, upgrade, upgrading, extension *(Dateinamen)*; 3. *(Fin)* expansion; 4. *(Gen)* enlargement, widening, expansion; 5. *(Recht)* extension
Erweiterung *f* **der Europäischen Union** *(Pol)* enlargement of the European Union *(EU)*
Erweiterung *f* **des Aufgabengebietes** *(Mgt)* job enlargement
Erweiterung *f* **des Tätigkeitsspektrums** *(Mgt)* job enlargement
Erweiterungsinvestition *f* 1. *(Gen)* capital (expenditure) expansion, expansion investment; 2. *(WiWi)* capital widening
Erwerb *m* 1. *(Gen, Steuer)* acquisition; 2. *(WiWi)* purchase
Erwerb *m* **einer Beteiligung** *(Bank, Fin)* acquisition of a holding
erwerben *v* 1. *(Börse)* gain, acquire; 2. *(Fin, Gen)* earn, acquire *(Ruf)*; 3. *(Grund)* acquire; 4. *(WiWi)* buy • **käuflich erwerben** *(WiWi)* buy, purchase
erwerbende Gesellschaft *f (Gen)* acquiring company
Erwerber *m* 1. *(Bank)* transferee; 2. *(Gen)* buyer, purchaser, *(AE)* vendee; 3. *(Recht)* grantee; 4. *(V&M)* purchaser
Erwerbsarbeit *f (Pers, WiWi)* gainful employment
Erwerbsbevölkerung *f* 1. *(Pers)* working population; 2. *(WiWi)* labo(u)r force
Erwerbseinkommen *n (Admin)* earned income
erwerbsfähig *adj (Pers, WiWi)* able to work, employable
Erwerbsfähigkeit *f* 1. *(Pers)* ability to

work, earning power *(Arbeit)*; 2. *(WiWi)* ability to work
Erwerbskurs *m (Börse)* basic price, flat price
Erwerbsleben *n (Pers)* working life, career, work, employment, professional life, occupational life • **ins Erwerbsleben eintreten** *(Pers, Soz)* enter the labo(u)r force, enter employment, enter working life
erwerbslos *adj (Pers, Soz)* unemployed, jobless, out of work, out of employment, *(BE; ugs.)* on the dole
Erwerbslose *m(f) (Pers, Soz)* unemployed (person), jobless person, person out of work
Erwerbsminderung *f (Pers, Soz)* reduction of [in] earning capacity
erwerbsorientiert *adj (Gen)* acquisitive
Erwerbspersonenprognose *f*, **Erwerbspersonenvorausschätzung** *f (Stat, WiWi)* labour force projection
Erwerbsquote *f* 1. *(Pers)* participation rate, labo(u)r force participation rate; 2. *(WiWi)* activity rate
erwerbstätig *adj (Pers, WiWi)* gainfully employed, in gainful employment, economically active, working
Erwerbstätige *pl* 1. *(Pers)* employed persons, employed; 2. *(Soz)* employment; 3. *(WiWi)* labo(u)r force, workforce
erwerbstätige Bevölkerung *f (Pers, WiWi)* labo(u)r force, economically active population, working population
Erwerbstätigenquote *f (Soz, WiWi)* employment ratio
Erwerbstätigkeit *f (Pers, WiWi)* gainful employment, gainful occupation, economic activity
Erwerbstätigkeit *f* **der Frauen** *(Pers, Soz, Stat)* female employment
Erwerbs- und Vermögenseinkommen *n (WiWi)* factor income *(VGR)*
erwerbsunfähig *adj (Pers)* unable to work, not able to work, not employable, not capable of work
Erwerbsunfähigkeit *f* 1. *(Versich)* disability; 2. *(Pers)* inability to work, incapacity to work, occupational invalidity, occupational disability
Erwerbswirtschaft *f (WiWi)* commercial activity, business activity
erwerbswirtschaftlich *adj (Gen, Steuer)* business, profit-oriented, commercial, for profit
erwerbswirtschaftlich tätiges Unternehmen *n (Gen, Steuer)* profit-oriented company, profit-oriented enterprise, for profit company
erwerbswirtschaftlich tätiges Unternehmen *n*/**nicht** *(Gen, Steuer)* non-profit enterprise, NPE, non-profit company
erwerbswirtschaftliches Prinzip *n (WiWi)* commercial principle
Erwerbszweck verfolgen *v (Gen, Steuer)* be profit-oriented
erwirtschaften *v (WiWi)* generate
erworben *adj (Gen)* acquired
erworbene Gesellschaft *f (Mgt, Recht)* acquired company
erworbener Firmenwert *m (RW)* derivative goodwill *(darf handelsrechtlich und muss steuerrechtlich als immaterielles Wirtschaftsgut des Anlagevermögens aktiviert werden; IFRS/IAS- und US-GAAP-Abschreibung des Firmenwerts ist allerdings nur zulässig auf der außerordentlichen Basis eines Wertminderungstests = impairment test)*
erworbenes Eigentum *n (Grund)* property acquired
erzeugen *v* 1. *(Gen)* generate *(Energie, Gewinn, Abfall)*; 2. *(Ind)* manufacture *(herstellen)*; 3. *(WiWi)* produce
Erzeuger *m* 1. *(Ind)* maker, manufacturer, mfr; 2. *(WiWi)* producer
Erzeugerhandel *m (V&M)* direct selling
Erzeugerindustrie *f (Ind)* manufacturing industry
Erzeugerpreisindex *m (WiWi)* producer price index
Erzeugnis *n (Gen, Ind)* product
Erzeugung *f* 1. *(Gen)* generation, production; 2. *(Ind)* manufacture, production
Erzeugungsgebiet *n (Gen)* production area, manufacturing area
Erzeugungskosten *pl (Ind)* production costs, manufacturing costs
erzielen *v* 1. *(Gen)* effect, fetch *(Preis)*; reach *(Einigung)*; obtain *(Ergebnis)*; make *(Gewinn)*; achieve *(Wachstum, Niveau)*; 2. *(Recht)* reach *(Einigung)*

erzwingen v *(Gen, Recht)* enforce
eskomptieren v *(Börse)* anticipate
eskomptierte Information f *(Fin, WiWi)* discounted information *(Synonym: eingepreiste Information; alle kursrelevanten, öffentlich verfügbaren Informationen sind bereits voll in den Kursen und Marktpreisen enthalten und können deshalb nichts mehr verändern; publicly available relevant information is already fully reflected in the market price)*
Establishment n *(Gen)* Establishment
ESVG 95 s. Europäisches System Volkswirtschaftlicher Gesamtrechnungen 1995
ESZB s. Europäisches System der Zentralbanken
etablieren v/sich *(Gen)* establish oneself
etablierte Interessen npl *(WiWi)* vested interests
Etappe f *(Gen)* phase, stage
Etappenziel n *(Pol)* intermediate target
Etat m 1. *(Fin)* estimates; 2. *(RW)* budget, expense budget; 3. *(V&M)* account • **im Etat veranschlagte Ausgaben** *(Pol)* budgetary spending • **im Etat veranschlagte Einnahmen** *(Pol)* budgetary revenue • **Etat aufstellen** *(Fin, Gen, WiWi)* budget
Etatansatz m *(Fin)* budget appropriation
etatisieren v 1. *(Fin, Gen)* budget; 2. *(RW)* budget for; 3. *(WiWi)* budget
Etatkürzung f *(Fin, RW)* budget reduction
ethisch verantwortliche Investition f *(Bank, Fin)* ethical investment
ethisch verantwortliche Kapitalanlage f *(Bank, Fin)* ethical investment
ethische Anlage f *(Pol, WiWi)* ethical investment, socially conscious investment, socially responsible investment, socially responsible investing, SRI *(gekennzeichnet durch ethische, nachhaltige oder "sozialverantwortliche" Anlagen; keine Rüstungs-, Erotik- oder Nuklearindustrie z. B.; Synonym: nachhaltige Anlage; Gegensatz: unethische Anlage = unethical investment; cf Lasterfonds = vice fund)*
ethische Geldanlage f *(Bank, Fin)* ethical investment
ethische Investition f *(Börse)* ethical investment
Etikett n *(Comp, Transp, V&M)* label, tag
Etikettierung f *(V&M)* label(l)ing *(Auszeichnung)*
Etikettierungsvorschriften fpl *(Recht, V&M)* labelling rules, labelling provisions
EU s. Europäische Union
EU-Beitritt m *(WiWi)* accession to the EU, joining of the EU
EU-Gipfel m *(Pol)* European Summit *(EU; Treffen des Europäischen Rats)*
EuGH s. Europäischer Gerichtshof
EU-Handel m *(Gen)* trade within the EU
EU-Jargon m 1. *(Recht)* eurojargon; 2. *(Gen)* eurospeak
EuK s. Europäische Kommission
EU-Mitgliedstaaten mpl *(Recht)* EU member states
EuRAG *(Abk. für Gesetz über die Tätigkeit europäischer Rechtsanwälte in Deutschland) (Recht)* Law regulating the activity of European lawyers in Germany
EURATOM s. Europäische Atomgemeinschaft
EU-Rechtsbestand m *(Pol)* acquis communautaire *(französisch; Synonyme: gemeinschaftlicher Besitzstand, der Acquis Communautaire)*
EURIBOR *(Abk. für Euro Interbank Offered Rate, Euro Interbank-Angebotssatz) (Bank, Fin)* EURIBOR *(Referenzzinssatz für den Geldmarkthandel im Euro-Währungsgebiet)*
EU-Richtlinie f *(Recht)* EU directive
EU-Richtlinie f **zur Umwelthaftung** *(Recht, Umwelt)* EU Environmental Liability Directive
Euro... *(Gen, Pol)* Euro...
Euroanleihe f 1. *(Bank)* eurobond, eurocurrency loan; 2. *(Börse)* eurobond, Eurocapital market issue
Eurobefürworter m *(Bank, Pol, WiWi)* advocate of the euro, champion of the euro, euro enthusiast
Eurobefürworterin f s. Eurobefürworter
Eurocheque m *(Fin, WiWi)* eurocheque
Eurodollar m *(WiWi)* Eurodollar
Eurodollaranleihe f *(WiWi)* Eurodollar bond
Eurodollareinlage f *(Bank, WiWi)* Eurodollar deposit

Eurodollarmarkt *m (WiWi)* Eurodollar market
Eurodollar-Terminkontrakt *m (Börse)* Eurodollar future
Eurogebiet *n (Bank)* euro area, eurozone, *(ugs.)* euroland *(EZB)*
Eurogeldmarkt *m (Börse, WiWi)* eurocurrency market
Eurokapitalmarktanleihe *f (Börse)* Eurocapital market issue
Eurokredit aufnehmen *(Gen)* borrow in the Euromarket
Eurokreditgeschäft *n (Fin)* Euromarket lending business
Euromarkt *m (WiWi)* Euromarket, eurocurrency market
Euronet *n (Komm)* Euronet
Europagipfel *m* European Summit
europäisch *adj (Gen)* European • **auf europäischer Ebene** *(Gen, Pol)* at European level
Europäische Aktiengesellschaft *f (SE) (Recht)* European Stock Corporation, SE *(EU; SE = Societas Europaea)*
Europäische Artikelnummer *f (Comp, V&M)* European Article Number, EAN
Europäische Atomgemeinschaft *f (Ind, WiWi)* European Atomic Energy Community, EAEC, EURATOM
Europäische Bank *f* **für Wiederaufbau und Entwicklung** *(WiWi)* European Bank for Reconstruction and Development, EBRD
europäische Festland *n*/**das** *(Gen) (BE)* the Continent
Europäische Freihandelszone *f (WiWi)* European Free Trade Association, EFTA
Europäische Gemeinschaft *f (Pol)* European Community, EC
Europäische Gemeinschaft *f* **für Kohle und Stahl** *(WiWi)* European Coal and Steel Community, ECSC
Europäische Genossenschaft *f (SCE) (Recht)* European Cooperative (SCE) *(EU; SCE = Societas Cooperativa Europaea)*
Europäische Gesellschaft *f (SE) (Recht)* European Corporation (SE), Societas Europaea, SE *(EU)*
Europäische Gesetzesvorlage *f (Recht)* Commission White Paper
Europäische Investitionsbank *f (Bank)* European Investment Bank, EIB
Europäische Kommission *f (Pol)* European Commission, EC
Europäische Menschenrechtskonvention *f (Soz)* European Convention on Human Rights
europäische Normen *fpl (Gen)* European standard specifications
europäische Patentanmeldung *f (Pat)* European patent application
Europäische Patentorganisation *f (Pat)* European Patent Organization, EPO
Europäische Rechnungseinheit *f (Fin, WiWi)* European Unit of Account, EUA
Europäische Sozialcharta *f (WiWi)* European Social Charter
Europäische Union *f (Pol, WiWi)* European Union, EU
Europäische Währungseinheit *f (Fin, WiWi) (bis 31.12.98)* European Currency Unit, ECU
europäische währungspolitische Zusammenarbeit *f (WiWi)* European monetary cooperation
Europäische Währungsunion *f (WiWi) (ab 1.1.99)* European Monetary Union, EMU
Europäische Wirtschaftliche Interessenvereinigung *f (WiWi)* European Economic Interest Grouping, EEIG
Europäische Wirtschaftsgemeinschaft *f (obs.) (WiWi)* European Economic Community, EEC
Europäische Zentralbank *f (WiWi)* European Central Bank, ECB
Europäischer Agrarfonds *m (WiWi)* European Agricultural Fund
europäischer Binnenmarkt *m (Gen, WiWi)* single European market
Europäischer Fonds *m* **für regionale Entwicklung** *(WiWi)* European Regional Development Fund, ERDF
Europäischer Fonds *m* **für währungspolitische Zusammenarbeit** *(Bank, WiWi)* European Monetary Cooperation Fund, EMCF *(EU)*
Europäischer Gerichtshof *m (Recht)* European Court of Justice, ECJ *(EU)*
Europäischer Gerichtshof *m* **für Menschenrechte** *(Recht)* European Court of Human Rights *(Sitz in Straßburg;*

anders: Europäischer Gerichtshof = EuGH mit Sitz in Luxemburg)

Europäischer Gewerkschaftsbund *m (Pers)* European Trade Union Confederation, ETUC

Europäischer Gipfel *m (Pol)* European Summit *(Staats- und Regierungschefs)*

Europäischer Rat *m (WiWi)* European Council

Europäischer Sozialfonds *m (WiWi)* European Social Fund, ESF

Europäischer Stabilitäts- und Wachstumspakt *m (Pol, WiWi)* European Stability and Growth Pact *(EU)*

Europäischer Wirtschaftsraum *m (WiWi)* European Economic Area

Europäisches Amt *n* **für Personalauswahl** *(Pers, Recht)* European Personnel Selection Office, EPSO *(EU)*

Europäisches Komitee *m* **für elektrotechnische Normung** *(WiWi)* European Committee for Electrotechnical Standardization, CENELEC

Europäisches Komitee *m* **für Normung** *(WiWi)* European Committee for Standardization, CEN

Europäisches Parlament *n (Pol)* European Parliament, EP

europäisches Patent *n (Pat)* European patent

Europäisches Patentamt *n (Pat)* European Patent Office, European Patent Organization, EPO

europäisches Recht *n (Pol, Recht)* European law

Europäisches System *n* **der Zentralbanken** *(Bank, WiWi)* European System of Central Banks, ESCB *(anders: Eurosystem)*

Europäisches System *n* **Volkswirtschaftlicher Gesamtrechnungen 1995** *(Bank, RW, WiWi)* European System of Accounts 1995, ESA 95 *(VGR)*

europäisches Währungsgebiet *n (Bank)* euro area, eurozone, *(ugs.)* euroland *(EZB)*

Europäisches Währungsinstitut *n (obs.) (Pol, WiWi)* European Monetary Institute, EMI *(EU)*

Europäisches Währungssystem *n (WiWi)* European Monetary System, EMS

Europäisches Wiederaufbauprogramm *n (WiWi)* European Recovery Program(me), ERP *(Marshall-Plan)*

Europaparlament *n (Pol)* European Parliament, EP

Europapatent *n (Pat)* European patent

Europarat *m (Pol)* Council of Europe

Europarecht *n (Recht)* European law, law of the European Union

europaweite Abstimmung *f (Bank, Pol)* Europe-wide coordination

Euro-PCT-Anmeldung *f (Pat)* Euro-PCT-Application *(eröffnet die Möglichkeit, durch eine nationale, europäische oder internationale Patentanmeldung Schutz als nationales, europäisches bzw. regionales Patent in allen in der Anmeldung genannten Mitglieds- bzw. Vertragsstaaten zu erlangen)*

Euroscheck *m (Bank, Fin)* eurocheque

euroskeptisch *adj (Pol) (BE)* eurosceptical

Eurostat *(Abk. für Statistisches Amt der Europäischen Gemeinschaften) (Pol, Stat)* Statistical Office of the European Communities

Eurosystem *n (Bank, WiWi)* Eurosystem *(EZB und die nationalen Zentralbanken der an der WWU teilnehmenden Mitgliedstaaten; anders: Europäisches System der Zentralbanken)*

Eurotagesgeld *n (Bank)* Euromoney

Eurowährung *f (Bank, Börse, WiWi)* eurocurrency

Eurowährungsanleihe *f (Bank)* eurocurrency loan

Eurowährungsgebiet *n (Bank, WiWi)* euro zone, euro area, EMU area, *(ugs.)* euroland, single currency area

Eurowährungsraum *m (Bank, WiWi)* euro zone, euro area, EMU area, *(ugs.)* euroland, single currency area

Eurozone *f (ugs.) (Bank, WiWi)* euro zone, euro area, EMU area, *(ugs.)* euroland

EU-Vertrag *m (Pol, Recht)* Treaty on European Union *(formal)*; Maastricht Treaty *(Vertrag von Maastricht)*

Eventual... *(Gen, Recht, RW)* contingent

Eventualforderung *f (RW)* contingent asset, contingent claim

Eventualhaushalt *m (Fin)* contingency budget

Eventualverbindlichkeit *f* 1. *(Fin)* contingent liability; 2. *(Gen)* contingency; 3. *(Recht, RW)* contingent liability

Evidenzzentrale *f (Fin)* Central Risk Service

EWG *s.* Europäische Wirtschaftsgemeinschaft

EWI *s.* Europäisches Währungsinstitut

ewige Rente *f (Börse, Fin)* perpetuity

EWIV *s.* Europäische Wirtschaftliche Interessenvereinigung

EWK *(Abk. für effektiver Wechselkurs) (WiWi)* EER, effective exchange rate *(EZB; gewichtetes Mittel der bilateralen Wechselkurse gegenüber den Währungen der wichtigsten Handelspartner; vgl. nominaler Wechselkurs, realer Wechselkurs)*

EWR *s.* Europäischer Wirtschaftsraum

EWR-Staaten *mpl (Pol, WiWi)* EEA countries *(Europäischer Wirtschaftsraum = EWR = EWA = European Economic Area = EU 27 + Island + Liechtensten + Norwegen)*

EWS *s.* Europäisches Währungssystem

EWU *s.* Europäische Währungsunion

ex Anspruch *(Recht)* ex claim

ex Bezugsrecht *(Fin, RW)* ex rights, ex new, ex allotment

ex Dividende *(Fin)* ex dividend, ex div., x-d.

ex Kupon *(Börse, Gen)* ex coupon ex cp., x-c.

Ex-ante-Variablen *fpl (WiWi)* ex ante variables

Exekutivausschuss *m* 1. *(Pers) (BE)* executive committee, *(BE)* principal executive committee; 2. *(Recht)* executive committee

Exekutive *f* 1. *(Pol)* administration; 2. *(Recht)* executive

Exekutivgewalt *f (Recht)* executive power

Exekutivkomitee *n (Mgt)* executive committee *(führt unter Leitung des Chief Executive Officer, CEO, wie ein Vorstand das Tagesgeschäft im im Board-System)*

Existenz *f (Gen, Soz)* existence, livelihood, living, subsistence • **sich eine Existenz aufbauen** *(Gen, Soz)* build oneself an existence, start one's own business *(Unternehmensgründung)*

Existenzgründer *m (Gen)* person setting up his [her] own business; founder of a firm, founder of a company, founder of a enterprise *(Betriebsgründer)*

Existenzgründerin *f s.* Existenzgründer

Existenzgründung *f (Gen)* business start-up *(Unternehmensgründung)*; start one's own business *(sich selbstständig machen)*

Existenzgründungswelle *f (WiWi)* spate of new establishments

Existenzgründungszuschuss *m (Pol, Soz)* business start-up allowance, (new) business start-up grant

Existenzlohn *m (Soz)* subsistence wage

Existenzminimum *n* 1. *(Pers)* minimum living wage; 2. *(Soz)* subsistence level, minimum acceptable standard of living

Existenzsicherung *f (Soz)* securing sb's livelihood

exklusiv *adj* 1. *(Gen)* select, exclusive; 2. *(V&M)* exclusive, up-market

Exklusiv... *(Gen, Media, Pat)* exclusive

exklusive *(Gen)* without

Exklusivhandelsvertrag *m (Börse)* selected dealer agreement

Exklusivität *f (V&M)* exclusivity

Exklusivrecht *n* 1. *(Gen)* exclusive dealing right; 2. *(Pat, Recht)* exclusive right

exogene Erwartungen *fpl (WiWi)* exogenous expectations

exogene Größe *f (Bank)* exogenous variable, exogenous instrument *(EZB)*

exogene Variable *f (WiWi)* exogenous variable

exogener Schock *m (WiWi)* external shock; exogenous shock

exogener Schock *m (WiWi)* exogenous shock

exorbitant *adj (Gen)* exorbitant

exotische Währungen *fpl (Börse)* exotics

expandieren *v (WiWi)* expand

Expansion *f (Fin, Gen, WiWi)* expansion

Expansionsrate *f (WiWi)* rate of increase

expansiv *adj (WiWi)* expansionary *(Fiskalpolitik)*

Expedient *m* 1. *(Komm)* dispatcher; 2. *(Pers)* forwarding clerk *(Versandabteilung, Spedition)*; 3. *(Transp)* dispatcher, shipping clerk

Experte *m (Gen, Pers)* expert *(Arbeit, Gutachten)*

Expertenbefragung *f (Mgt, Pers, WiWi)* expert interview
Expertengruppe *f (Mgt)* panel of experts
Expertensystem *n (Comp)* knowledge--based system, expert system *(künstliche Intelligenz)*
Expertin *f s.* Experte
Expertise *f (Versich)* survey report
explizit *adj (Gen)* explicit
Exponent *m (Stat)* exponent
Exponential... *(Comp, Stat)* exponential
Exponentialfunktion *f (Comp, Stat)* exponential function
Exponentialschreibweise *f (Comp, Stat)* exponential notation
exponentielle Glättung *f (Fin, Stat)* exponential smoothing
exponiert *adj (Bank, Fin, Gen)* exposed • **exponiert sein** *(Fin, Gen)* be exposed to, be vulnerable to • **an exponierter Stelle** *(Gen)* in an exposed position
Export *m (Imp/Exp, WiWi)* export, exportation
Exportabteilung *f (Imp/Exp)* export department
Exportakkreditiv *n (Fin)* export letter of credit
Exportauftrag *m (Imp/Exp, Ind)* export order
Exportdokumente *npl (Imp/Exp)* export documentation
Exportergebnis *n (Imp/Exp)* export performance
Exporterlöse *mpl (WiWi)* export earnings
Exporteur *m (Imp/Exp, Pers)* exporter
Exportfinanzierung *f* 1. *(Fin)* export financing; 2. *(Imp/Exp)* export finance
Exportfirma *f (Imp/Exp)* export house
Exportflaute *f (Imp/Exp, WiWi)* export lull *(ZB)*
Exportgenehmigung *f (Imp/Exp)* export permit
Exportgeschäft *n (Imp/Exp)* export business, export transactions
exportgestützt *adj (Imp/Exp, WiWi)* export-led *(ZB)*
Exporthandel *m (Imp/Exp)* export trade
exportieren *v (Imp/Exp, WiWi)* export
exportinduzierter Aufschwung *m (WiWi)* export-led economic recovery
exportintensive Industrie *f (WiWi)* export-intensive industry
Exportkommissär *m (Imp/Exp)* export commission agent
Exportkonnossement *n (Imp/Exp)* outward bill of lading
Exportkontrolle *f (Imp/Exp)* export control
Exportleistung *f (Imp/Exp)* export performance
Exportmarketing *n (Imp/Exp, V&M)* export marketing
Exportmarkt *m (Imp/Exp, WiWi)* export market
Exportmesse *f (Imp/Exp, V&M)* export fair
exportorientiert *adj (Imp/Exp)* export--oriented
Exportpreise *mpl (Imp/Exp, WiWi)* export prices
Exportquote *f (WiWi)* export quota
Exportrechnung *f (Imp/Exp)* export invoice
Exportsektor *m (Imp/Exp, WiWi)* open sector
Exportsubvention *f (Imp/Exp)* export subsidy
Exportüberhang *m (Imp/Exp, WiWi)* export surplus
Exportumsatz *m (Imp/Exp)* export turnover
Exportverkaufsbedingungen *fpl (Imp/Exp)* terms of export sale
Exportvertrag *m (Imp/Exp, Recht)* agreement on export
Exportvertreter *m* 1. *(Imp/Exp)* manufacturer's export agent; 2. *(WiWi) (BE)* confirming house
Exportvertreterin *f s.* Exportvertreter
Exportvolumen *n (Imp/Exp, WiWi)* volume of exports
Exportwirtschaft *f (Imp/Exp)* export sector, export business
Ex-post-Variablen *fpl (WiWi)* ex post variables
extensive Bewirtschaftung *f (WiWi)* extensive farming
externalisieren *v (WiWi)* externalize
Externalität *f (WiWi)* externality, neighbo(u)rhood effect
externe Effekte *mpl (WiWi)* externality, neighbo(u)rhood effect
externe Effekte *mpl* **des Konsums** *(WiWi)* external effects of consumption
externe Flexibilität *f (Mgt, Pers)* external

flexibility *(durch Änderung der Zahl der im Unternehmen Beschäftigten)*
externe Kosten *pl (WiWi)* external diseconomies *(z. B. negative externe Effekte wie Umweltverschmutzung)*
externe Nachteile *mpl (WiWi)* external diseconomies *(z. B. negative externe Effekte wie Umweltverschmutzung)*
externe Nutzen *mpl (WiWi)* external economies
externe Rechnungsprüfung *f (Recht, RW)* external auditing
externe Skalenerträge *mpl (WiWi)* external economies of scale
externe Verschuldung *f (Gen)* borrowing abroad
externer Arbeitsmarkt *m (WiWi)* external labo(u)r market
externer Bilanzvergleich *m (RW)* external balance sheet comparison
externer Buchprüfer *m (RW)* independent auditor
externes Berichtswesen *n (Admin)* external reporting
externes Rechnungswesen *n (RW)* financial accounting *(Synonym: Finanzbuchhaltung, Geschäftsbuchhaltung)*
exterritorial *adj (Bank, Fin)* offshore
Extra *n (Gen)* extra
Extradividende *f (Fin)* bonus
Extrapolation *f (Stat)* extrapolation *(von Werten)*
extrapolieren *v (Stat)* extrapolate (a trend)
extrapolierende Erwartungen *fpl (WiWi)* extrapolative expectations
Extras *npl (Gen)* trimmings
Extremwert *m (WiWi)* extremum
EZB *s.* Europäische Zentralbank
EZB-Direktorium *n (Bank, WiWi)* Executive Board of the ECB
EZB-Rat *m (Bank, WiWi)* ECB Governing Council, Governing Council of the ECB *(Hauptbeschlussorgan der EZB; anders: Erweiterter Rat der EZB = General Council)*
EZR *m (Abk. für Europäischer Zahlungsverkehrsrat) (Bank, Pol)* European Payments Council, EPC *(Interessenvertretung und zentrales Beschlussorgan der europäischen Kreditwirtschaft)*

F

F&E *s.* Forschung und Entwicklung
F&E-Intensität *f (Stat, WiWi)* R&D intensity *(F&E-Aufwendungen in Prozent des BIP)*
Fa. *s.* Firma
Fabrik *f (Ind)* factory, manufacturing plant • **ab Fabrik** *(Gen, Imp/Exp, Transp)* ex factory, ex works, EXW
Fabrikanlage *f (Ind)* factory, industrial plant
Fabrikant *m (Ind)* manufacturer, producer
Fabrikantin *f s.* Fabrikant
Fabrikarbeiter *m* 1. *(Gen)* factory hand; 2. *(Ind)* shop-floor
Fabrikarbeiterin *f s.* Fabrikarbeiter
Fabrikat *n* 1. *(Gen)* brand, product; 2. *(Versich, V&M)* make; 3. *(WiWi)* manufactured product
Fabrikation *f (Ind)* manufacturing, production, making
Fabrikgebäude *n (Ind)* factory
Fabrikgrundstück *n (Ind)* factory site, plant
fabrikneu *adj (Gen)* brand-new
Fach *n (Bil)* subject, discipline
Fach... *(Gen, Ind, Pers)* skilled, specialist, specialized, professional
Facharbeiter *mpl (Pers, WiWi)* skilled labo(u)r, skilled worker *(manuelle Arbeit)*
Facharbeiterbedarf *m (Pers)* need for skilled workers
Facharbeitermangel *m (Pers)* shortage of skilled workers
Fachausbildung *f (Ind)* special training
Fachausstellung *f (V&M)* trade exhibition, trade show *(Messe)*
Fachbereich *m (Pers)* department, field of studies, faculty *(Universität)*
Fachberuf *m (Pers, Recht)* profession, skilled trade
Facheinzelhändler *m (V&M)* specialized retailer
Facheinzelhändlerin *f s.* Facheinzelhändler
Fachfrau *f* 1. *(Gen)* expert, specialist; 2. *(Pers)* expert, specialist, professional, professional woman
Fachgebiet *n* 1. *(Gen)* area of expertise,

specialist field, specialization; 2. *(Pers)* subject area, subject group, subject; 3. *(Recht)* area of practice
fachgebundenes Gymnasium *n (Bil)* specialized academic secondary school, specialized upper secondary school *(Synonym: Fachgymnasium)*
Fachgeschäft *n (V&M) (BE)* specialist shop, *(AE)* speciality store
Fachgespräch *n (Pers)* expert discussion, technical discussion
Fachgremium *n (Gen)* expert body, professional body
Fachgymnasium *n (Bil)* specialized academic secondary school, specialized upper secondary school *(Synonym: fachgebundenes Gymnasium)*
Fachhandel *m (V&M)* resellers, retailers, trade buyers
Fachhochschulausbildung *f (Pers) (non-university type)* higher education
Fachhochschule *f (Soz)* specialized institution of higher education, *(BE)* technical college
Fachhochschulreife *f (Soz) (BE)* Higher National Certificate
Fachkenntnisse *fpl (Gen)* expert [specialist, technical] knowledge, *(ugs.)* know-how
Fachkraft *f (Pers)* specialist, skilled worker, qualified worker, qualified employee
Fachkunde *f (Comp, Komm, Recht) (BE)* specialised knowledge, *(AE)* specialized knowledge
fachkundig *adj (Gen)* informed
fachlich *adj (Gen)* technical
fachliche Begutachtung *f (Gen)* expert valuation
fachliche Eignung *f (Pers)* professional qualifications
fachliche Kompetenz *f (Pers, V&M)* professional competence
Fachliteratur *f (Pers)* specialist literature, technical literature
Fachmann *m* 1. *(Gen)* expert, specialist; 2. *(Pers)* expert, specialist, professional, professional man, professional woman • **einen Fachmann zurate ziehen** *(Gen)* take expert advice
fachmännisch *adj (Gen)* expert, specialist, technical
fachmännische Beratung *f (Pers)* expert advice, expert guidance
Fachmesse *f (V&M)* trade fair, trade show
Fachoberschulreife *f (Bil)* certificate of aptitude for specialized upper secondary studies
Fachorgan *n (Media)* trade journal
Fachpresse *f (Media)* trade press, technical press
Fachrichtung *f (Bil)* subject area, subject
Fachschule *f (Soz)* technical college
Fachschulreife *f (Bil)* vocational extension certificate, certificate of aptitude for technical college studies
fachsimpeln *v (ugs.) (Gen)* talk shop
fachspezifisch *adj (Gen)* technical
Fachsprache *f (Gen)* jargon, technical language, terminology
fachübergreifend *adj (Gen, WiWi)* multi--disciplinary, interdisciplinary
Fachverband *m (WiWi)* professional association, trade association
Fachwissen *n (Gen, Pers)* expert knowledge
Fachwörterbuch *n (Gen, Media)* specialized dictionary
Fachzeitschrift *f (Media)* professional journal, trade journal, trade magazine
Factoring *n (Fin, RW)* (debt) factoring
Factoring-Institut *n (Fin)* factoring company
Factoring-Unternehmen *n (Fin)* factoring company
fähig *adj (Gen)* able, capable, competent, efficient
Fähigkeit *f (Gen)* ability, capability, competence, skill *(Kompetenz)*; efficiency *(Leistungsfähigkeit)*
fahrlässig *adj (Recht)* negligent
Fahrlässigkeit *f (Recht)* negligence
Fahrzeug *n (Gen, Transp)* vehicle
faire Beschäftigung *f (Pers)* fair employment
fairer Preis *m (Gen)* fair price
Faksimile *n (Gen, Komm)* facsimile, fax
Fakten *mpl (Gen)* facts
Fakten *mpl* **und Zahlen** *fpl (Gen)* facts and figures
faktisch *adj (WiWi)* effective
Faktor *m* 1. *(Fin)* factoring company; 2. *(Gen)* factor *(Einflussgröße)* • **nach Faktoren aufgeschlüsselt** *(Stat)* fac-

torial *(Synonym: faktoriell, in Faktoren zerlegt)*

Faktoranalyse *f (Stat)* factor analysis

Faktorausstattung *f (WiWi)* factor endowment

Faktoreinkommen *n (WiWi)* factor income

Faktoreinsatz *m (WiWi)* factor input

faktoriell *adj (Stat)* factorial *(nach Faktoren aufgeschlüsselt, in Faktoren zerlegt)*

faktorielles Austauschverhältnis *n (WiWi)* factorial terms of trade

Faktorkosten *pl (Ind, WiWi)* factor costs *(Produktion)*

Faktormarkt *m (WiWi)* factor market, input market, resource market

Faktorproduktivität *f (WiWi)* factor productivity

Faktura *f (Gen)* account, invoice, *(BE)* bill

Fakturierung *f (Gen)* billing, invoicing

Fakultät *f* 1. *(Gen)* faculty *(Universität)*; 2. *(Stat)* factorial

fakultativ *adj (Gen)* facultative

Fall *m* 1. *(Börse, Fin)* drop, fall *(Kurs)*; 2. *(Gen)* case, instance, occasion *(Gegebenheit)*; 3. *(Pol)* downfall *(einer Regierung)*; 4. *(Recht)* case *(gerichtlich)* • **in diesem Fall** *(Gen)* in this case, in this instance • **auf keinen Fall** *(Gen)* on no account

Fallbeispiel *n (Gen)* case history

Falle *f (Gen)* pitfall, trap *(figurativ)*

fallen *v* 1. *(Börse, Fin)* fall, drop, slip *(Kurse)*; 2. *(WiWi)* drop, fall *(Absatz, Preise)*

fallen lassen *v* 1. *(Gen)* abandon *(Plan, Projekt)*; scrap *(Plan, Idee)*; 2. *(Pat)* abandon

fallende Tendenz *f (Börse)* falling trend

fällig *adj* 1. *(Bank, Börse, Fin)* matured; 2. *(Gen)* due, due and payable, payable, mature *(Schulden)*; 3. *(WiWi)* payable • **fällig werden** 1. *(Bank)* become due; 2. *(Fin)* mature *(Schulden)* • **fällige Beträge einziehen** *(Fin)* collect sums due • **täglich fälliges Geld** *(Bank)* day loan

fällige Obligationen *fpl (Börse)* matured bonds

fällige Rechnung *f (Gen)* invoice outstanding

fällige Steuern *fpl (RW)* taxes due

fälliger Betrag *m (Fin)* amount due

fälliger Wechsel *m* 1. *(Bank)* expired bill; 2. *(Fin) (AE)* due bill; 3. *(RW)* bill payable

Fälligkeit *f* 1. *(Bank)* maturity; 2. *(Börse) (AE)* expiration; 3. *(Fin)* due date, maturity • **bei Fälligkeit** *(Börse, Fin)* at maturity, on maturity, when due • **vor Fälligkeit** 1. *(Fin)* ahead of schedule; 2. *(Gen)* anticipated • **nach (ihrer) Fälligkeit aufschlüsseln** *(RW)* age

Fälligkeitsdatum *n (Börse, Gen)* date of maturity, due date

Fälligkeitsstruktur *f (WiWi)* maturity structure

Fälligkeitstermin *m* 1. *(Bank)* date of maturity; 2. *(Börse)* delivery date; 3. *(Pers)* date of delivery; 4. *(Admin)* due date • **zum Fälligkeitstermin** 1. *(Börse)* at maturity; 2. *(Gen)* at due date

Fälligwerden *n (Gen, RW)* expiration

Fallmethode *f* 1. *(Gen)* case method; 2. *(Mgt)* case study method

Fallrecht *n (Recht)* case law

Fallstudie *f (Gen, Mgt, V&M)* case study

falsch *adj (Gen)* false, incorrect, wrong, erroneous *(fehlerhaft)*; artificial *(künstlich)* • **auf der falschen Fährte sein** *(Gen)* be on the wrong track • **falsche Zahlen ermitteln** *(Gen)* get the figures wrong

falsch *adv (Gen)* falsely, wrongly • **falsch darstellen** *(Gen)* misrepresent

Falschaussage *f (Recht)* false evidence

falsche Angaben *fpl* 1. *(Recht)* misrepresentation; 2. *(Admin)* false statement

falsche Sparsamkeit *f (WiWi)* false economy

fälschen *v* 1. *(Gen)* forge; 2. *(Recht)* falsify *(Original)*

Fälschen *n (Recht)* counterfeiting

falscher Anreiz *m (WiWi)* disincentive

fälschlicherweise *adv (Gen)* wrongly

Fälschung *f* 1. *(Gen)* forgery; 2. *(RW)* falsification; 3. *(Recht)* falsification *(Dokumente)*; counterfeit *(Münzen)*

fälschungssicher *adj (Gen)* tamper-proof, unforgeable *(Dokument)*

Faltblatt *n (Gen)* folder

Familienbetrieb *m (Gen)* family business, family-owned business

Familieneinkommen *n (Soz, Steuer)* family income

Familienstand *m (Pers)* marital status, family status
Familienunternehmen *n (Gen)* family business
Familienvorstand *m (Pers)* head of the family, family head
Familienzuschlag *m (Soz)* family allowance
Farb... *(Comp, Media)* colo(u)r
Farbe *f (Comp, Media)* colo(u)r
Fassung *f (Gen)* version • **in der Fassung von** *(Recht)* as amended
Fassungsvermögen *(Ind)* at full capacity
fauler Kredit *m (ugs.) (Bank, Fin) (ugs.)* bad loan, problem loan
fauler Scheck *m (ugs.) (Bank) (AE)* dud check, *(BE)* dud cheque
fauler Wechsel *m (ugs.) (Bank)* bad paper
Faustregel *f (Gen)* rough guide, rule of thumb
Fax *n (Komm)* fax, facsimile • **per Fax übermitteln** *(Komm)* send by fax
faxen *v (Komm)* fax, send by fax
Faxübermittlung *f (Komm)* fax transmission
Faxübertragung *f (Komm)* fax transmission
Fazilitäten *fpl (Bank, Fin)* facilities
Federführung *f (Fin)* lead management
Fed-Schuldverschreibung *f (jarg.) (Bank) (AE)* federal reserve note
Feedback *n (Gen)* feedback
Fehl... *(Gen)* false, mis...
Fehlallokation *f (WiWi)* misallocation *(Ressourcen)*
Fehlanreiz *m (Pers, WiWi)* disincentive
fehlbar *adj (Gen)* fallible
Fehlbestand *m (Gen)* deficiency
Fehlbetrag *m* 1. *(Fin)* deficit; 2. *(Gen)* shortage, shortfall; 3. *(RW)* shortfall; 4. *(Steuer)* deficiency
Fehlbuchung *f (RW)* posting error
Fehlen *n (Fin, Gen)* absence, lack
fehlen *v* **an** *(Gen)* be short of, lack
fehlender Markt *m (WiWi)* missing market
Fehlentwicklung *f (Gen, WiWi)* undesirable development, unwelcome development
Fehler *m* 1. *(Comp)* error, fault *(Software)*; 2. *(Gen)* flaw, mistake, erratum, fault *(Irrtum)*; 3. *(Stat)* error • **einen Fehler machen** *(Gen)* make a mistake
Fehler *m* **zweiter Ordnung** *(Stat)* beta error
Fehlerbereich *m (Stat)* margin of error, error margin
Fehlerbeseitigung *f (Comp)* debugging, error recovery
fehlerfrei *adj* 1. *(Comp)* error-free; 2. *(Gen)* faultless, free from defects, sound, without fault
Fehlerfreiheit *f (Recht)* faultlessness *(Vertragsrecht)*
fehlerhaft *adj* 1. *(Gen)* deficient, faulty, flawed, less-than-perfect; 2. *(Recht)* defective
fehlerhafte Arbeit *f (Gen)* faulty [flawed] work
fehlerhafte Montage *f (Versich)* faulty installation
fehlerhafte Waren *fpl (V&M)* faulty goods
fehlertolerantes System *n (Comp)* fault-tolerant system
Fehlinvestition *f (Bank, Fin)* bad investment, unprofitable investment
Fehlinvestitionen *fpl (Fin, RW, WiWi)* stranded assets
Fehlleitung *f (WiWi)* misallocation *(Ressourcen)*
Fehlmenge *f (Gen, RW)* shortfall
Fehlschlag erleiden *v/einen (Gen)* suffer a setback
Fehlurteil *n (Recht)* miscarriage of justice, misjudgment
Fehlverhalten *n (Gen)* misconduct, faux-pas *(taktlos)*
Fehlzeiten *fpl (Pers)* working time lost, working hours lost
Feierschicht *f (Pers)* unworked shift
feilschen *v* **um** *(Gen, V&M)* bargain about, haggle over
fein *adj (Ind)* refined
Fein... *(Ind, WiWi)* precision, fine-tuned
feinabstimmen *v (WiWi)* fine-tune
Feinabstimmung *f (Ind)* fine-tuning *(eines Geräts)*
feindliche Übernahme *f (Fin, Gen, Mgt)* unfriendly takeover, hostile takeover
feindliche Übernahmeofferte *f (Fin, Gen)* hostile takeover bid, unfriendly takeover attempt
Feineinstellung *f (Comp, Gen)* fine-tuning

Feingehalt *m* 1. *(Bank)* standard; 2. *(Fin, Gen)* fineness • **den Feingehalt feststellen** *(Gen)* assay
Feingehaltsstempel *m (Bank)* hallmark
Feinmechanik *f (Ind)* light engineering, precision engineering
Feinplanung *f (Mgt)* detailed planning
Feinsteuerung *f (WiWi)* fine-tuning *(der Wirtschaft)*
Feld *n (Comp, Ind, V&M)* field *(Textverarbeitung, Fachgebiet, Marktforschung)*
Feldforschung *f (V&M)* field research
Feldversuch *m (V&M)* field testing
Fensterbriefumschlag *m (Admin)* panel envelope, window envelope
Ferien *(Frei, Gen, Pers) (BE)* holiday, *(AE)* vacation; leave • **in die Ferien gehen** *(Frei, Gen, Pers) (BE)* go on holiday, *(AE)* go on vacation, *(BE)* take a holiday, *(AE)* take a vacation; take leave
Ferienarbeit *f (Pers)* vacation job, vacation work
Ferientätigkeit *f (Pers) (BE)* holiday job, *(AE)* vacation job, *(AE)* vacation work
fern *adj* 1. *(Gen)* absent, aloof, remote; 2. *(Pers)* absent
Fern... *(Comp, Komm, Transp)* remote, long-distance
Fernakademie *f (Soz)* correspondence college, correspondence school
Fernbleiben *n (Gen)* absence
Ferngespräch *n (Komm)* long-distance call, *(BE)* trunk call, *(AE)* toll call
ferngesteuert *adj (Comp)* remote-controlled
Fernkauf *m (V&M)* catalog(ue) buying
Fernmelde... *(Komm)* telecommunications
Fernmeldegeheimnis *n (Komm, Recht)* telecommunications privacy; telecommunications secrecy • **unter Wahrung des Fernmeldegeheimnisses** *(Komm, Recht)* while complying with telecommunications secrecy
Fernmeldenetz *n (Komm)* telecommunication network
Fernmeldeverkehr *m (Komm)* telecommunications
Fernmeldewesen *n (Komm)* telecommunication(s)
fernmündlich mitteilen *(Komm)* telecommunicate
Fernseh... *(Komm, Media)* television, TV
Fernsehgebühr *f (Media, Recht) (BE)* TV licence fee, *(AE)* TV license fee; *(ugs.)* TV tax
Fernsehunterstützung *f (V&M)* television support
Fernsehwerbezeit kaufen *(V&M)* buy airtime
Fernspediteur *m (Transp)* haulage contractor
Fernsprechadresse *f (Komm)* telephone address
Fernsprechauftragsdienst *m (Komm)* answering service
Fernsprechgebühren *fpl (Komm)* telephone charges, *(AE)* telephone rates
Fernsprechkonferenz *f* 1. *(Komm)* audio conference, teleconference; 2. *(V&M)* teleconference
Fernsprechteilnehmer *m (Komm)* telephone subscriber
Fernsprechteilnehmerin *f s.* Fernsprechteilnehmer
Fernsprechteilnehmerverzeichnis *n (Komm)* (tele)phone book, telephone directory
Fernsteuerung *f (Komm)* remote control *(Geräte)*
Fernstudium *n (Soz)* correspondence course, distance learning, home study course
Fernüberwachung *f (Bank)* remote monitoring
Fernuniversität *f (Soz)* correspondence school, open university
Fernunterstützung *f (Comp)* remote support
Fernwartung *f (Comp)* remote maintenance
fertig stellen *v (Ind)* finish, accomplish
Fertig... *(Gen, Ind)* ready, finished, (vorgefertigt) prefabricated, ready-made *(vollendet)*
Fertigerzeugnisse *npl (Ind)* finished goods, finished products
Fertighaus *n (Grund)* manufactured home, prefabricated house
Fertigkeit *f (Gen, Pers)* skill
Fertigprodukt *n (Gen)* finished product
Fertigstellung *f (Gen)* completion
Fertigstellungstermin *m (Gen)* target date, completion date

Fertigung *f (Ind)* manufacture, production
Fertigungsabteilung *f (Ind)* production department
Fertigungsanlage *f (Ind)* (manufacturing) plant [factory]
Fertigungsaufwand *m (Ind)* production costs
Fertigungsbereich *m (WiWi)* manufacturing sector
Fertigungsbetrieb *m (Ind)* manufacturing company
Fertigungseinzelkosten *pl (RW, WiWi)* prime cost(s)
Fertigungsgemeinkosten *pl* 1. *(RW)* factory overheads, manufacturing overheads; 2. *(WiWi)* indirect labo(u)r costs
Fertigungsindustrie *f (Ind)* manufacturing industry
Fertigungskapazität *f (Ind)* manufacturing capacity
Fertigungskontrolle *f* 1. *(Gen)* progress control; 2. *(Ind)* process control, production control
Fertigungskosten *pl (RW)* manufacturing cost(s), production costs
Fertigungslohn *m (Fin, Ind, WiWi)* direct labo(u)r *(Kostenrechnung)*
Fertigungsmaterial *n (WiWi)* direct and indirect material
Fertigungsplanung *f (Ind, Mgt)* process engineering, production scheduling
Fertigungsplanung *f* **und -steuerung** *f (Gen, Ind, Mgt)* production planning and control
Fertigungssektor *m (WiWi)* secondary sector
Fertigungssteuerung *f (Ind)* manufacturing control
fertigungssynchrone Materialwirtschaft *(Ind)* just-in-time materials management
Fertigungstechnik *f (Ind)* production technology, production engineering, product engineering
Fertigungsvorbereitung *f (Ind)* production scheduling
Fertigwaren *fpl (Gen)* finished goods
fest *adj* 1. *(Bank)* fixed, nonvariable; 2. *(Gen)* stable, steady, permanent, pegged; 3. *(WiWi)* firm, pegged • **ein festes Angebot machen** *(Gen)* make a firm offer • **ohne festen Wohnsitz** *(Recht)* without permanent residence, of no fixed abode
fest *adv (Gen)* steadily, firmly, permanently • **fest angelegt** *(Bank, Fin)* illiquid, tied up • **fest daran glauben, dass** *(Gen)* be convinced that, stand firm in the belief that
fest angestelltes Personal *n (Pers)* permanent staff, permanent labo(u)r, permanent personnel
Fest... *(Gen)* binding, firm
Festangebot *n (Gen)* binding offer, firm offer
Festanlage *f (Bank)* fixed-term deposit
Festanstellung *f (Pers)* permanent appointment *(Arbeit)*
festbleiben *v (Gen)* stand firm
feste Arbeitskräfte *fpl (Pers)* permanent labo(u)r
feste Arbeitszeit *f (Pers)* fixed working hours
feste Einkünfte *pl (Börse)* fixed income
feste Laufzeit *f (Bank)* fixed maturity
feste Leistungen *fpl (Gen)* fixed benefits
feste Notierung *f (Börse)* firm price
feste Übernahmeverpflichtung *f (Börse)* firm commitment
fester Arbeitsplatz *m (Pers)* permanent job, permanent post
fester Fristablauf *m (Gen)* strict time limit
fester Kundenkreis *m (Gen)* established clientele
fester Kurs *m (Börse)* firm price
fester Wechselkurs *m (WiWi)* fixed exchange rate, pegged exchange rate
festes Angebot *n (Gen)* binding offer, firm offer
Festgebot *n (Admin)* firm bid
Festgehalt *n (Pers)* fixed salary
Festgeld *n (Bank)* fixed deposit, fixed-period deposit, time deposit, term deposit
Festgeldkonto *n* 1. *(Bank)* investment account, *(AE)* time deposit account; 2. *(Fin)* term account
festgelegt *adj (Börse, Gen, Mgt)* locked-in, tied up • **in der festgelegten Reihenfolge** *(Gen)* in the order specified
festgelegter Verfalltag *m (Börse)* fixed expiration date
festgeschrieben *adj (Börse)* locked-in
festgesetzt *adj (Gen)* arranged, set,

specified • **zum festgesetzten Zeitpunkt** *(Gen)* at the appointed time
festgesetzter Preis *m (Börse)* predetermined price
festgesetzter Termin *m (Gen)* appointed day
festgestellte Tatsache *f (Gen)* ascertained fact
festgestellter Sachverhalt *m (Recht)* findings
festhalten *v* **an** *(Gen)* abide by *(Entscheidung, Regelung)*; adhere to *(Grundsatz)*
Festkonditionen *fpl (Gen)* fixed terms
festlegen *v* 1. *(Börse) (jarg.)* lock in, lock away *(Wertpapiere)*; 2. *(Fin)* tie up; 3. *(Gen)* schedule, appoint *(Datum, Ort)*; establish, work out, fix *(Termin)*; 4. *(Recht)* lay down *(Vertrag)*; formulate *(Bedingungen)*; 5. *(WiWi)* set *(Wert)*; determine *(Preis)* • **Regeln festlegen** *(Gen)* lay down the rules
Festlegung *f* **der Kosten** *(Börse)* fixing of costs
Festlegung *f* **einer Obergrenze** *(Bank)* capping
Festnetz *n (Komm) (BE)* Public Switched Telephone Network *(PSTN)*; plain old telephone system *(POTS)*
Festpreis *m (Börse, RW)* fixed price
Festrente *f (Versich)* fixed annuity
festschreiben *v (Börse)* lock in
festsetzen *v* 1. *(Börse)* declare; 2. *(Gen)* arrange, set, specify; 3. *(WiWi)* set *(Wert)*
Festsetzung *f* **von Verrechnungspreisen** *(Gen)* transfer pricing
feststellen *v* 1. *(Gen)* adopt, ascertain, establish *(Preis)*; 2. *(Pol, Recht)* adopt; 3. *(Admin)* adopt, ascertain
Feststellung *f (Gen)* ascertainment
Feststellung *f* **der Höhe des Schadenersatzes** *(Recht)* assessment of compensation
festverzinslich *adj (Börse, Fin)* fixed-interest bearing, fixed-rate
festverzinsliche Anleihe *f (Börse, Fin)* fixed-rate bond, fixed-interest loan
festverzinsliche Inhaberschuldverschreibung *f (Börse, Fin)* fixed-rate bearer bond, straight bond
festverzinsliche Kapitalanlage *f (Börse)* fixed-income investment
festverzinsliches Darlehen *n (Fin)* fixed-interest loan
Festzinsanleihe *f (Börse)* straight bond
Festzinshypothek *f (Bank)* fixed-rate mortgage
Festzinskredit *m* 1. *(Bank)* fixed-rate loan; 2. *(Fin)* straight loan
Festzinssatz *m (Bank, Fin)* fixed-rate interest, fixed interest rate
feuern *v (ugs.) (Pers)* fire, *(BE; ugs.)* sack
Feuerwehrfonds *m (RW)* firefighting fund *(Einlagensicherung)*
Fianzierungsstruktur *f (Fin, WiWi)* financial structure
fiduziarisch *adv (Recht)* fiduciary *(treuhänderisch)*
Fifo-Methode *f (RW)* first in, first out, FIFO *(Warenwirtschaft)*
fiktiv *adj* 1. *(Fin)* notional; 2. *(Gen)* fictitious
fiktive Miete *f (Grund)* notional rent *(eigengenutzte Wohnung)*
fiktive Zinsen *mpl (Steuer)* imputed interest
fiktiver Wert *m (RW, WiWi)* imputed value
fiktives Einkommen *n (RW, WiWi)* imputed income
Filialbanksystem *n (Bank)* branch banking system
Filialbankwesen *n (Bank)* branch banking, *(AE)* chain banking
Filiale *f* 1. *(Bank)* area office, branch; 2. *(Gen)* branch, branch office, branch operation, suboffice; 3. *(V&M)* chain store
Filialkette *f (V&M)* chain store
Filialnetz *n (Bank)* branch network
Finanz... *(Fin, Steuer)* financial, fiscal
Finanzalchemie *f (infrml) (Fin)* financial alchemy [chemistry]
Finanzamt *n* 1. *(Pol) (BE)* the Exchequer; 2. *(Steuer) (BE)* Inland Revenue Office, *(AE)* Internal Revenue Service, revenue office; taxation office
Finanzanlagen *fpl* 1. *(Bank, Börse, Fin)* investments; 2. *(RW, WiWi)* financial assets
Finanzausweis *m (RW)* financial statement
Finanzbedarf *m (Fin)* financial requirements
Finanzberater *m (Fin, Pers)* financial adviser, financial advisor

Finanzberaterin *f s.* Finanzberater
Finanzbereich *m (Fin)* financial field
Finanzbuchhaltung *f (Fin, RW)* financial accounting
Finanzbudget *n* 1. *(Admin)* financial budget; 2. *(WiWi)* capital budget
Finanzchef *m (ugs.) (Admin, Mgt)* Chief Financial Officer *(CFO)*; financial manager, corporate treasurer
Finanzchefin *f s.* Finanzchef
Finanzcontrolling *n (Gen, Mgt)* financial controlling
Finanzdefizit *n (RW)* fiscal deficit
Finanzderivate *npl (Bank, Fin)* financial derivatives
Finanzdienstleistungen *fpl (Fin)* financial services
Finanzer *m (ugs.) (Admin, Mgt, Pers)* financial manager
Finanzföderalismus *m (Pol, Steuer)* fiscal federalism
Finanzgericht *n (Steuer)* first-instance fiscal court, tax court
Finanzgutachten *n (Fin)* financial appraisal
Finanzhilfe *f (WiWi)* financial aid, financial assistance
finanziell *adj (Gen)* financial, pecuniary • **in finanziellen Schwierigkeiten** *(Fin)* cash-strapped • **sich in finanziellen Schwierigkeiten befinden** *(Fin)* be in financial straits
finanziell *adv (Gen)* financially • **finanziell gesund** *(Gen)* financially sound • **finanziell schwach** *(Fin)* cash-strapped
finanzielle Belastung *f (Fin)* financial burden, financial encumbrance
finanzielle Beteiligung *f (Fin)* financial involvement
finanzielle Dienstleistungen *fpl (Fin)* financial services
finanzielle Lage *f (Fin)* financial position [standing]
finanzielle Leistungsfähigkeit *f (Fin)* financial strength
finanzielle Macht *f (Admin, V&M)* financial muscle
finanzielle Mittel *npl (Fin)* financial means, finance
finanzielle Offenlegung *f (Fin)* financial disclosure
finanzielle Sanktionen *fpl (Bank)* financial penalties *(EZB)*
finanzielle Stabilität *f (Fin)* financial stability
finanzielle Unterstützung *f (Fin)* financial backing [aid, assistance, support]
finanzielle Vermögenswerte *mpl (Fin, RW)* financial assets
finanzieller Anreiz *m (Börse, Fin)* financial incentive, *(AE; ugs.)* kicker; *(ugs.)* bells and whistles; *(ugs.)* sweetener *(besondere Ausstattung einer Emission)*
finanzieller Anspruch *m (RW)* financial claim
finanzieller Engpass *m (Admin)* financial straits
finanzieller Vermögenswert *m (Fin)* financial asset
finanzielles Engagement *n (RW)* capital commitment
finanzielles Gleichgewicht *n (WiWi)* financial balance
finanzielles Risiko *n (Börse)* financial risk
finanzieren *v (Fin)* finance, fund
Finanzierung *f (Fin)* finance, financing, funding *(Projekt)*
Finanzierung *f* **aus einer Hand** *(Fin, WiWi)* one-stop financing, financing package, single finance
Finanzierung *f* **durch Forderungsabtretung** *(RW)* accounts receivable financing
Finanzierungsbedarf *m* 1. *(Bank)* borrowing requirements; 2. *(Fin)* capital requirements
Finanzierungsgesellschaft *f (Fin) (BE)* finance house
Finanzierungskosten *pl* 1. *(Bank)* finance charges; 2. *(Admin)* financial expenses
Finanzierungs-Leasing *n (Fin)* capital lease, finance lease
Finanzierungslücke *f (Fin)* funding gap
Finanzierungsmaßnahme *f (Fin)* financing transaction; financing operation
Finanzierungsmittel *n* 1. *(Börse)* credit instrument; 2. *(Fin)* financial means
Finanzierungsplan *m (Fin)* financing plan
Finanzierungsquelle *f (Fin)* funding source

Finanzierungsstrategie *f (Fin)* financial strategy
Finanzierungsströme *mpl (WiWi)* financial flows
Finanzierungstechnik *f (Fin)* financial engineering
Finanzinnovation *f (Bank, Fin)* financial innovation
Finanzinstitut *n (Fin)* financial institution
Finanzinstrument *(Bank, Fin)* financial instrument, financing instrument, financing vehicle
Finanzjahr *n (Fin, RW, Steuer)* fiscal year, FY, financial year
Finanzkontrolle *f (Fin, RW)* budgetary control, financial control
Finanzkraft *f* 1. *(Bank)* financial strength [power]; 2. *(Admin, V&M)* financial muscle
Finanzkreise *mpl (Fin)* financial circles [community]
Finanzlage *f (RW)* financial position, financial situation, position
Finanz-Leasing *n (Fin)* capital lease, finance lease
Finanzlücke *f (Fin)* funding gap
Finanzmanagement *n (Fin, RW)* financial management, cash management
Finanzmarkt *m (Fin)* financial market
Finanzmarktaufsicht *f (Bank, Börse, Versich)* financial market supervision *(cf Bundesanstalt für Finanzdienstleistungsaufsicht, Bafin)*
finanzmathematische Verfahren *npl (Fin, WiWi)* DCF-methods, *(BE)* discounted cash flow methods *(Synonym: dynamische Methoden, dynamische Verfahren; Gegensatz: statische Verfahren)*
finanzmathematische Verfahren *npl* **der Investitionsrechnung** *(Fin, WiWi)* DCF-methods, *(BE)* discounted cash flow methods, time-weighted methods of investment analysis *(Synonym: dynamische Methoden der Investitionsrechnung; Gegensatz: statische Verfahren der Kostenvergleichs-, Gewinnvergleichs-, Rentabilitätsvergleichs- und Amortisationsvergleichsrechnung)*
Finanzminister *m (Fin, Pol, WiWi)* Finance Minister, *(BE)* Chancellor of the Exchequer, *(AE)* Secretary of the Treasury
Finanzministerium *n (Fin, Pol, WiWi)* Ministry of Finance, *(AE)* Department of the Treasury, *(BE)* Her Majesty's Treasury, *(BE)* Treasury, *(BE)* the Exchequer
Finanzmittel *npl (Fin)* finance, funds
Finanzperiode *f (Fin)* budgetary period
Finanzplan *m (Fin, Mgt, RW)* budget
Finanzplanung *f (Fin, Mgt, RW)* budgeting, budgetary planning, financial management [planning]
Finanzpolitik *f (Fin)* financial [fiscal] policy
Finanzprognosen *fpl (Fin)* financial forecasts
Finanzquelle *f (Fin)* funding source
Finanzreform *f (Fin, Pol)* fiscal reform
Finanzsektor *m (Fin)* finance sector
Finanzspritze *f (Fin)* financial injection, injection of funds
Finanzstatistik *f (Fin, Stat)* financial statistics
Finanzstatus *m* 1. *(Bank, Fin)* financial statement *(Liquidität)*; 2. *(RW)* asset and liability statement, statement of financial position
Finanzstrategie *f (Gen)* financial strategy
Finanzsystem *n (Fin)* financial system
Finanzterminmarkt *f (Börse, Fin)* financial futures market
Finanzvermögen *n (RW)* financial assets
Finanzverwaltung *f* 1. *(Admin, Fin, Mgt)* financial administration, financial management; 2. *(Steuer)* revenue department
Finanzvorlage *f (WiWi)* financial proposal, *(BE)* Finance Bill
Finanzvorstand *m (Pers)* financial director, finance director, financial executive, financial manager, vice president finance
Finanzwechsel *m* 1. *(Bank)* finance bill; 2. *(Fin)* accommodation bill, finance bill
Finanzwerte *mpl (Fin)* finance company papers
Finanzwesen *n* 1. *(Fin)* finance; 2. *(Mgt)* financial management
Finanzwirtschaft *f* 1. *(Fin, Mgt)* business [corporate] finance, financial management *(eines Unternehmens)*; 2. *(WiWi)* public finance

finanzwirtschaftlich *adj (Fin)* financial
finanzwirtschaftliche Kennzahl *f (Fin)* financial ratio, accounting ratio
Finanzwissenschaft *f (WiWi)* public finance *(Lehre von der öffentlichen Finanzwirtschaft, den wirtschaftlichen Wirkungen staatlicher Aktivität)*
Finanzzentrum *n (Fin) (AE)* financial center, *(BE)* financial centre
fingierte Rechnung *f (Gen)* fictitious invoice
Fire-Wall-Abschottung *f (Comp)* firewall
Firma *f (Gen)* business, business enterprise, *(BE)* company, Co., *(AE)* corporation, corp.; establishment, firm
Firmen... *(Gen)* corporate
Firmen-Abschreibung *f (RW)* goodwill amortization
Firmenangelegenheiten *fpl (Gen)* company's affairs
Firmenchef *m (Mgt)* company boss, company head
Firmenchefin *f s.* Firmenchef
firmeneigen *adj (Gen)* company-owned, in-house
firmeneigener Außendienst *m (Gen, V&M)* company's own field organization
Firmenfahrzeug *n (Transp)* company vehicle
Firmengruppe *f (Gen)* group, group of companies; conglomerate, *(BE)* combine *(unter einheitlicher Leitung eines herrschenden Unternehmens: Konzern)*
Firmenimage *n (Gen, V&M)* corporate image
Firmeninsolvenzen *fpl (Fin)* corporate insolvencies
firmenintern *adj (Gen)* in-house, in--company
firmeninterne Schulung *f (Pers)* in--company training
Firmenkampagne *f (V&M)* corporate campaign
Firmenkredite *mpl (Bank)* corporate lending
Firmenkreditmarkt *m (Bank)* corporate lending market
Firmenkunde *m* 1. *(Bank)* corporate client, corporate customer; 2. *(Bank, V&M)* business customer
Firmenkundengeschäft *n (Bank)* corporate banking
Firmenkundenkredit *m (Bank)* corporate credit
Firmenkundschaft *f (Bank, V&M)* business customers, corporate customers
Firmenleitung *f (Mgt)* corporate management
Firmenlogo *n (Gen, V&M)* company logo
Firmenmantel *m (Gen)* shell company, shell corporation
Firmenname *m (Gen)* corporate name, trade name, name of business
Firmenregister *n (Admin)* register of companies
Firmenschriftzug *m (Gen, V&M)* logotype, logo
Firmensiegel *n (Recht)* company seal
Firmensitz *m (Gen, Mgt, Recht)* headquaters, head office
firmenspezifisch *adj (Gen)* firm-specific, company-specific
Firmenverzeichnis *n (Gen)* trade directory
Firmenwagen *m (Transp)* company car
Firmenwebsite *f (Comp, Gen, Komm, V&M)* company website
Firmenwert *m (Gen, RW)* goodwill
Firmenzeichen *n (Gen, V&M)* logotype, logo, motif, trade sign
Firmenzusammenbruch *m (Gen, Mgt, Recht)* business failure, business collapse
FIS *(Abk. für Führungsinformationssystem) (Mgt)* MIS, management information system, EIS, Executive Information System *(Synonym: Management Informationssystem, MIS; cf Führungsinformationssystem)*
Fiskal... *(Fin, Pol, Steuer, WiWi)* fiscal
fiskalisch *adj (Fin, Pol, Steuer, WiWi)* fiscal
fiskalische Bremse *f (Steuer, WiWi)* fiscal drag
Fiskalpolitik *f (WiWi)* fiscal policy
fiskalpolitische Sparmaßnahmen *fpl (WiWi)* fiscal austerity
Fiskus *m (selten im Plural: Fisken, Fisci) (Gen, Steuer)* tax authorities, fiscal authorities; *(ugs., BE)* taxman *(Steuerbehörde)*; *(BE)* the Crown, Exchequer, Exch., *(AE)* state government (as a tax collector), *(AE)* federal government (as a tax collector)
fix *adj (Bank)* nonvariable

Fix... *(Gen)* firm, fixed
Fixauftrag *m (V&M)* firm order
fixe Gemeinkosten *pl (RW)* fixed overheads
fixe Kosten *pl* 1. *(RW)* fixed costs, committed costs; 2. *(Admin)* constant cost; 3. *(WiWi)* fixed costs
Fixgeschäft *n* 1. *(Börse)* time bargain; 2. *(Recht)* contract where time is of the essence *(Vertragsrecht)*
fixiert *adj* 1. *(Gen)* fixed, pegged, pre-arranged; 2. *(WiWi)* pegged
Fixkosten *pl (RW, WiWi)* fixed charge [costs, expenses]
Fixkostendeckung *f (RW)* fixed-charge coverage
Fixpunkt *m (Gen)* benchmark
Fixum *n* 1. *(Gen)* fixed allowance; 2. *(Pers)* fixed salary
Fläche *f (WiWi)* area, surface area
flache Hierarchien *fpl (Mgt, Pers)* flat hierarchies
flache Organisation *f (Mgt)* flat organization
flache Renditekurve *f (Fin, WiWi)* flat yield curve *(Synonym: flache Renditestruktur-Kurve)*
flache Renditestruktur-Kurve *f (Fin, WiWi)* flat yield curve *(Synonym: flache Renditekurve; die Renditen sind in allen Laufzeitbereichen ähnlich hoch)*
Flächenaufteilung *f (Grund)* zoning
Flächenstichprobe *f (V&M)* area sample
Flächentarifverhandlungen *fpl (Mgt, Pers)* centralised pay bargaining, centralised wage bargaining, industry-wide wage bargaining
Flächentarifvertrag *m (Mgt, Pers)* centralised pay bargaining agreement, centralised wage bargaining agreement, industry-wide wage agreement
flankieren *v* 1. *(Bank)* accompany; 2. *(Gen)* flank, support
flankierend *adj (Gen)* collateral
Flaschenhals *m (Gen, WiWi)* bottleneck
flau *adj* 1. *(Börse)* lifeless; 2. *(Gen)* flat, slack, quiet; 3. *(WiWi)* slack *(Geschäft)*
flauer Markt *m* 1. *(Börse)* narrow market; 2. *(Gen)* stale market
Flaute *f (Gen)* slack period, lull, stalemate
Fleiß *m (Gen, Pers)* diligence, industry, hard-working *(Mühe)*; industriousness *(Eifer, Geschäftigkeit)*
fleißig *adj (Gen, Pers)* diligent, hard-working, busy, industrious *(arbeitsam)*
flexibel *adj (Gen)* flexible
Flexibilität *f (Gen)* flexibility
flexible Altersgrenze *f (Pers)* flexible retirement age, flexible pensionable age
flexible Arbeitszeit *f (Pers)* flexible time, flexible working hours, *(BE)* flexitime, *(AE)* flextime, flexible schedule
flexible Jahresarbeitszeit *f (Pers)* annualisation of working time
flexible Planung *f (Mgt)* contingency planning
flexibler Wechselkurs *m (WiWi)* flexible exchange rate, floating exchange rate
flexibles Budget *n (WiWi)* flexible budget, variable budget
flexibles Büro *n (Mgt, Pers)* flexible office
flexibles Fertigungssystem *n (Ind)* flexible manufacturing system
flexibles Ruhestandsalter *n (Pers)* flexible retirement age, flexible pensionable age
Fließ... *(Ind)* assembly, flow
Fließarbeit *f (Ind)* (continuous) flow production
Fließband *n (Ind, Pers)* assembly-line
Fließbandarbeit *f (Ind)* assembly line work, flow production
Fließfabrikation *f (Ind)* (continuous) flow production
Fließfertigung *f (Ind)* continuous flow production
Fließprozess *m (WiWi)* continuous process
Float *m (Bank, Fin)* float *(Wertstellungsdifferenz)*
Floaten *n (Fin)* floating *(Währung)*
Flop *m (ugs.) (Gen)* flop
florieren *v (Gen)* flourish, thrive *(Handel)*
florierend *adj (Gen)* flourishing, thriving *(Handel)*
Flow-Größe *f (WiWi)* flow
Fluchtgelder *n (Admin, Gen)* hot money
Fluchtkapital *n (Fin, Gen)* runaway capital
Flugblatt *n* 1. *(Gen)* pamphlet; 2. *(Komm)* flyer; 3. *(Media)* flyer, broadsheet, broadsheet newspaper, pamphlet; 4. *(V&M)* flyer *(Zeitung)*
Fluggastdatensätze *mpl (Frei, Pol, Recht)* Passenger Name Records, PNR

Flugverkehr *m (Transp)* air traffic
Flugzeug *n (Transp)* aircraft, *(BE)* aeroplane, *(AE)* airplane • **per Flugzeug transportieren** *(Transp)* transport by air
Flugzeugbau *m (Ind, WiWi)* aviation (industry)
Fluktuation *f* 1. *(Gen)* fluctuation; 2. *(Pers)* turnover *(Personalbestand)*
Fluktuation *f* **der Arbeitskräfte** *(Pers)* labo(u)r turnover, turnover of labo(u)r
Fluktuationsrate *f (Pers)* staff turnover
Fluss *m (Gen)* flow, flux *(Verlauf)*; river *(Gewässer)*
Flussdiagramm *n* 1. *(Gen)* flowchart; 2. *(Stat)* flow diagram
flüssig *adj (Bank, Fin)* liquid • **flüssig machen** *(Ind)* smelt *(WiWi: s. a. flüssigmachen)*
flüssige Mittel *n* 1. *(Börse)* liquidity; 2. *(Fin)* cash resources, liquid assets, liquid funds; 3. *(RW)* available funds, liquid assets
flüssige Mittel *n* **und Forderungen** *fpl (Fin, RW)* quick assets, realizable assets
Flüssiggas *n (Ind, Umwelt)* liquid petroleum gas
flüssigmachen *v (WiWi)* mobilize
fokussieren *v (Gen)* focus
Folge *f (Gen)* sequence *(Aufeinanderfolge)*; consequence, outcome *(Ergebnis)* • **mit der Folge, dass** *(Gen)* with the result that • **zur Folge haben** *(Gen)* result in • **die Folgen tragen** *(Gen)* suffer the consequences
Folgebrief *m (V&M)* follow-up letter *(nachfassen)*
Folgeerscheinung *f (Gen)* aftereffect
Folgekosten *pl (Ind, RW)* oncost
folgen *v (Gen)* follow, succeed • **einem ähnlichen Muster folgen** *(Gen)* follow a similar pattern
folgen *v* **auf** *(Gen)* follow, succeed
folgend *adj (Gen)* subsequent, succeeding
folglich *adv (Gen)* accordingly, hence
Fonds *m (Fin)* fund
Fondsverwaltung *f (Bank)* fund management
forciertes Wirtschaftswachstum *n (WiWi)* accelerated growth
Förder... *(Gen, Ind)* assisted, promoted, conveyor
Förderband *n (Ind)* production line, conveyor belt
Förderer *m* 1. *(Gen, Komm)* booster; 2. *(Gen)* sponsor
förderfähig *adj (Gen)* eligible
Fördergebiet *n (WiWi)* assisted area, enterprise zone, development area
Förderlehrgang *m (Bil)* upgrading course
förderlich *adj (Gen)* instrumental
Fördermaßnahme *f (Soz)* incentive measure
fordern *v (Gen)* claim, demand, exact, require
fördern *v* 1. *(Gen)* benefit, encourage, promote, sponsor; 2. *(Ind)* extract *(Mineralien, Bodenschätze)*; 3. *(V&M)* promote, sponsor; 4. *(WiWi)* aid *(Entwicklungsländer)*
Förderprogramm *n (Mgt)* development program(me)
Förderrecht *n (Recht, WiWi)* Funding Law
Fördertätigkeit *f (V&M)* sponsorship
Forderung *f* 1. *(Gen, RW)* debt, requirement; 2. *(Recht)* claim • **Forderung an** *(RW)* debt owed by • **eine Forderung einreichen** *(Recht)* file a claim • **eine Forderung stellen** *(Recht)* set up a claim
Förderung *f* 1. *(Gen)* boost, advancement, encouragement, sponsorship; 2. *(Ind)* extraction *(Bodenschätze)*; 3. *(V&M)* promotion; 4. *(Admin)* advancement *(berufliche Laufbahn)*
Förderung *f* **der Beschäftigung** 1. *(Pers)* promotion of employment, employment promotion; 2. *(Soz)* employment promotion
Forderung *f* **gegen den Gemeinschuldner** *(Recht)* claim on the bankrupt *(Konkursrecht)*
Forderungen *fpl* 1. *(Pat)* set of claims; 2. *(RW)* accounts receivable, receivables • **Forderungen erfüllen** *(Mgt)* meet demands
Forderungen *fpl* **aus Lieferungen und Leistungen** *(RW)* trade debtors, *(AE)* trade account receivables
Forderungen *fpl* **aus Warenlieferungen** *(RW)* trade receivables

Forderungen *fpl* **gegen verbundene Gesellschaften** *(RW)* loans to related companies

Forderungen *fpl* **und Verbindlichkeiten** *fpl (Fin) (BE)* receivables and liabilities

Forderungsabtretung *f (RW)* assignment of claims [debts]

Forderungsausfall *m (Gen, RW)* loss of receivables, bad debt loss

Forderungsausfallquote *f (Bank, Fin, RW)* loan charge-off ratio

Forderungsausfallrisiko *n (Fin)* bad debt risk

Forderungsberechtigte *m(f) (Recht)* claimant

forderungsbesicherte Anleihen *fpl (Bank, Fin)* asset-backed securities, ABS *(durch Forderungsrechte unterlegte Anleihen = ABS-Papiere)*; pay-through bonds *(ABS-Papiere mit Pay-through-Struktur und vermindertem Rückzahlungsrisiko nach dem Anleihekonzept, with reduced prepayment risk; cf ABS, asset-backed securities)*

Forderungsbestand *m (Bank, RW)* loan book

Forderungseinziehung *f (RW)* collection of accounts receivable

forderungsgedecktes Geldmarktpapierprogramm *n (Bank, Fin)* asset-backed commercial paper program, ABCP *(Emissionsprogramm, das revolvierend Geldmarktpapiere überwiegend mit einer Ursprungslaufzeit von längstens einem Jahr begibt – oftmals zur Refinanzierung langlaufender ABS-Anleihen; issues of revolving paper, predominantly with an original maturity of up to one year)*

Forderungsklasse *f (Bank, Fin)* asset class *(Synonym: Asset-Klasse)*

Forderungsnachweis *m (Fin)* proof of debt

Forderungsübernehmer *m (Pat, RW)* assignee

Forderungsübernehmerin *f s.* Forderungsübernehmer

Forderungsumschlag *m* 1. *(Fin)* receivables turnover; 2. *(RW)* collection period, collection ratio

Forderungsverkauf *m (Fin, RW)* factoring, sale of receivables

Förderzuschuss *m (Fin) (BE)* enterprise allowance

Forfaitierung *f (Fin)* forfaiting

Form *f* 1. *(Stat)* shape; 2. *(Pat)* embodiment, form • **in Form von** *(Gen)* in the form of

formale Vereinbarung *f (Gen)* formal agreement

formalisieren *v (Gen)* formalize

Formalität *f (Gen)* formality

Formatumwandlung *f (Media)* encoding

formbedürftiger Vertrag *m (Recht)* contract requiring specific form

Formblatt *n* 1. *(Gen)* blank form, business form; 2. *(Pat)* form

formelle Mitteilung *f (Gen)* formal notice

Formfehler *m (Recht)* formal defect *(Urkunde)*

Formfreiheit *f (Recht)* absence of formal requirements *(Verträge)*

förmlich *adj (Gen)* formal

förmliche Mitteilung *f (Gen)* formal notice

Förmlichkeiten *fpl (Gen, Recht)* formalities

formlos *adj (Gen)* formless *(gestaltos)*; informal *(zwanglos)*

formlose Befragung *f (Pers)* informal interview

formlose Organisation *f (Mgt)* informal organization

Formsache *f (Gen)* technicality, routine

Formular *n (Pat)* form

Formulierung *f* 1. *(Gen)* wording *(Vertrag)*; 2. *(Mgt)* formulation *(einer Politik)*; 3. *(Recht)* wording

Formvorschrift *f (Recht)* form requirement, formal requirement

forschen *v (Gen)* research, search

Forschung *f (Gen)* research

Forschung *f* **und Entwicklung** *f (Ind)* research and development, R&D

Forschung *f* **und technologische Entwicklung** *f (FTE)* Pat Research and Technological Development *(EU)*

Forschungsaufwand *m (RW, Steuer) (BE)* scientific research expenditure

Forschungsbudget *n (RW)* research budget

Forschungseinrichtung *f (Bil, Ind)* research establishment, research institute

Forschungsinstitut *n (Bil, Ind)* research

institute, *(BE)* research centre, *(AE)* research center

forschungsintensiv *adj (Ind)* research-intensive

forschungsorientiert *adj (Ind)* research-oriented, research-based

Forschungsprojekt *n (Bil, Ind)* research project

Forschungsstipendiat *m (Bil)* research fellow

Forschungsstipendiatin *f s.* Forschungsstipendiat

Forschungsstipendium *n (Bil)* research fellowship

Forschungsvorhaben *n (Bil, Ind)* research project

Forschungszentrum *f (Bil, Ind) (BE)* research centre, *(AE)* research center, research institute

Forschungsziel *n (Gen)* research objective

fortbestehend *adj (Gen)* ongoing

Fortbildung *f (Pers)* advancement, further education

Fortbildungskurs *m (Pers, Soz)* course of further training, further training course

Fortbildungslehrgang *m (Bil)* course of further training, training course

Fortbildungsprogramm *n (Pers)* employee development program(me), training program(me)

fortführen *v (Gen)* continue

Fortführung *f* **des Geschäfts** *(Recht)* continuance of business

fortgeführte Anschaffungskosten *pl (RW)* amortized costs *(IFRS)*

fortgeschritten *adj (Comp, WiWi)* advanced

fortgesetzt *adj (Gen)* continued

fortlaufend *adj (Gen)* continuous

fortlaufend *adv (Media, Pat)* consecutively • **fortlaufend nummerieren** *(Media, Pat)* number consecutively

fortlaufende Abrechnung *f (Börse)* rolling settlement

fortschreiben *(Stat)* project, extrapolate, carry forward, update

Fortschreibung *f* 1. *(Comp, RW)* updating; 2. *(Steuer)* adjustment of assessed value

fortschreiten *v (Gen)* advance, progress

fortschreitend *adj (Gen)* progressive

Fortschritt *m (Gen)* advance, progress

fortschrittlich *adj (Gen)* advanced

fortschrittliche Technik *f (Ind)* advanced engineering

fortschrittlicher Betrieb *m (Ind)* advanced factory

fortsetzen *v (Gen)* continue

Fortsetzung *f (Gen)* continuation

fossile Energie *f*, **fossile Energieressourcen** *fpl (Gen, Ind, Umwelt)* fossil energy

Fotokopie *f (Admin)* photocopy, Xerox, photostat

Fracht *f (Transp)* cargo, freight, load, *(BE)* goods • **Fracht bezahlt** *(Imp/Exp, Transp)* carriage paid • **Fracht bezahlt Empfänger** *(Imp/Exp, Transp)* freight forward, freight prepaid, frt ppd • **Fracht und Versicherung bezahlt** *(Imp/Exp, Transp, Versich)* freight and insurance paid, carriage and insurance paid, CIP • **Fracht im Voraus bezahlt** *(Imp/Exp, Transp)* freight prepaid • **Fracht gegen Nachnahme** *(Imp/Exp, Transp)* freight collect, freight forward

Fracht-, Versicherungs- und Transportgebühren *fpl (Imp/Exp)* freight, insurance and shipping charges

Frachtabfertigung *f (Imp/Exp)* cargo clearance *(Zoll)*

Frachtanspruch *m (Transp)* cargo claim

Frachtbörse *f (Börse)* freight market

Frachtbrief *m (Imp/Exp, Transp, Versich)* shipping bill, waybill, bill of lading, bill of freight, trucking bill of lading, consignment note, letter of content, bill

Frachtbrief *m* **ohne Vorbehalt** *(Imp/Exp)* clean bill of lading

Frachterklärung *f (Transp)* cargo declaration

Frachterlass *m (Imp/Exp)* freight release

frachtfrei *adj (Imp/Exp, Transp)* carriage free, carriage paid, freight prepaid

Frachtführer *m (Transp)* carrier, common carrier

Frachtführer-Haftpflicht *f (Versich)* carrier's liability

Frachtgebühren *fpl (Transp)* cargo dues

Frachtgeld *n (Transp)* carriage, carriage charge, freight

Frachtgewicht *n (Transp)* weight of cargo

Frachtgut *n (Transp)* cargo
Frachtkapazität *f (Transp)* cargo capacity, CC
Frachtkosten *pl (Transp)* carriage expenses, cost of freight, freight, truckage
Frachtlieferbedingungen *fpl (Transp)* cargo delivery terms
Frachtmarkt *m (Börse)* freight market
Frachtraum *m (Transp)* cargo tonnage
Frachttermingeschäftsmarkt *m (Börse)* freight futures market
Frachtterminkontrakt *m (Börse, Fin)* freight futures contract
Frachttransportunternehmen *n (Transp)* freight forwarder
Frachtumschlagkosten *pl (Transp)* cargo handling charge, CHC
Frachtumschlagplatz *m (Transp) (AE)* cargo center, *(BE)* cargo centre
Frachtunternehmen *n (Transp)* carrier haulage, ocean carrier *(Schifffahrt)*
Frachtverkehr *m (Transp)* movement of freight, freight traffic
Frachtvorschuss *m (Transp)* advance freight, AF
Frachtzuschlag *m (Transp)* extra freight
Frage *f (Gen)* question • **infrage stellen** *(Gen)* query
Fragebogen *m* 1. *(Gen)* questionnaire; 2. *(Steuer)* information return *(zur Überprüfung von Steuerangaben)*; 3. *(V&M)* questionnaire
fraglich *adj (Gen)* doubtful, questionable
fragmentierter Market *m (Gen, WiWi)* fragmented market
Fragmentierung *f (WiWi)* fragmentation *(eines Marktes)*
fragwürdig *adj (Gen)* dubious, questionable
fraktionslos *adj (Pol, Recht)* non-attached *(EP)*
Franchise *f (Versich)* excess insurance
Franchise *n (V&M)* franchise, franchising
Franchisegeber *m (Gen, V&M)* franchisor
Franchisegeberin *f s.* Franchisegeber
Franchisenehmer *m (V&M)* franchisee
Franchisenehmerin *f s.* Franchisenehmer
Franchising *n (V&M)* franchising, franchise
franco *adv (Gen, Komm) s.* franko
frankierter Rückumschlag *m (Komm, V&M)* self-addressed stamped envelope, *(BE)* stamped addressed envelope
Frankierung *f (Komm)* postage
franko *adv (Gen, Komm)* delivered free *(Transport- oder Portokosten werden vom Absender bezahlt; im kaufmännischen Gebrauch ist franko allmählich veraltend)*; postage paid, postage-free *(postage paid, Porto für eine Postsendung wird vom Absender bezahlt)*
Frauenanteil *m* **an der Beschäftigung** *(Pers, Soz)* women's share of employment
Frauenbeschäftigung [Frauenerwerbstätigkeit] *f (Pers, Soz, Stat)* female employment
Free-Rider-Verhalten *n (Gen, WiWi) (BE)* free rider behaviour, *(AE)* free rider behavior *(Synonym: Trittbrettfahrer--Verhalten)*
frei *adj* 1. *(Comp, Gen)* free; 2. *(Imp/Exp)* free, franco; 3. *(Pers)* idle; 4. *(Transp)* free, franco; 5. *(Admin)* idle • **frei Kai** *(Imp/Exp, Transp)* ex quay, x-quay • **frei an Bord** *(Imp/Exp, Transp)* free on board, FOB *(Incoterms)* • **frei von Rechten Dritter** *(Recht) (AE)* free and clear • **frei von Schäden** *(Versich)* free of damage
frei *adv (Transp)* ex
frei schwanken lassen *v (WiWi)* allow to float freely *(Wechselkurs)*
frei schwankender Wechselkurs *m (WiWi)* flexible exchange rate, floating exchange rate, fluctuating exchange rate, fluctuating currency
frei transferierbares Wertpapier *n (Fin)* transferable security
frei vereinbarte Übernahme *f (WiWi)* agreed takeover
frei verfügbares Einkommen *n (WiWi)* discretionary income
Frei... *(Gen)* free, complimentary
Freiberufler *m (Pers)* freelance, freelance worker, self-employed person
Freiberuflerin *f s.* Freiberufler
freiberuflich *adj (Pers, Steuer)* self-employed
freiberufliche Arbeit *f (Pers)* freelance work

freiberufliche Dienstleistungen *fpl (Gen)* professional services
freiberufliche Tätigkeit *f (Pers)* freelance work
Freibetrag *m (Steuer) (BE)* allowance, *(AE)* tax credit; tax exemption, tax relief
Freibetrag *m* **für Einkünfte aus selbstständiger Tätigkeit** *(Pers)* earned income allowance
freibleibend *adj (Gen)* not binding *(Angebot)*; subject to confirmation, without engagement
freie Berufe *mpl (Pers)* the professions, free-lance workers
freie Fläche *f (Grund)* open space
freie Kapazität *f (Ind, Transp, WiWi)* excess capacity, idle capacity, spare capacity
freie Marktwirtschaft *f (WiWi)* free enterprise economy, free market economy
freie Meinungsäußerung *f (Media, Recht)* freedom of expression
freie Preisbildung *f (Gen, Recht, V&M)* freedom to set prices
freie Rücklagen *fpl (RW)* unappropriated reserves, uncommitted free reserves, free reserves *(unappropriated profit)*
freie Stelle *f (Pers)* appointment vacant, unfilled vacancy, vacancy *(Arbeitsmarkt)*
freie Wahl *f* **des Arbeitsplatzes** *(Recht)* free choice of employment
freie Zeit *f (Frei)* leisure time
freier Arbeitsplatz *m (Pers)* vacancy, job vacancy
freier Kapitalverkehr *m (WiWi)* free movement of capital *(EU)*
freier Markt *m (WiWi)* open market
freier Mitarbeiter *m (Pers)* freelance worker, contract worker, contractor
freier Tag *m (Gen, Pers)* day off, non--working day *(Synonym: arbeitsfreier Tag)*
freier Waren- und Dienstleistungsverkehr *m (WiWi)* free movement of goods and services *(EU)*
freier Wechselkurs *m (WiWi)* flexible exchange rate, floating (exchange) rate, fluctuating exchange rate
freier Wettbewerb *m* 1. *(Gen, Steuer, V&M)* arm's length bargaining; 2. *(WiWi)* free competition
freies Gut *n (WiWi)* free good
freies Unternehmertum *n (WiWi)* free enterprise
Freiexemplar *n (Media)* presentation copy, complimentary copy *(Buch)*
Freigabe *f* 1. *(Fin)* unblocking, unfreezing; 2. *(Gen)* release; 3. *(Transp)* release note
Freigabedatum *n (Börse)* release date
freigeben *v* 1. *(Comp)* release *(Softwareversion, Produkt)*; 2. *(Fin)* unblock *(Konto)*; 3. *(Gen)* release
freigebig *adj (Steuer)* generous
Freigrenze *f* 1. *(Imp/Exp) (BE)* duty-free allowance *(Zoll)*; 2. *(Steuer)* tax-free amount
Freihandel *m (WiWi)* free trade
Freihandelsabkommen *n (WiWi)* Free Trade Agreement
Freihandelszone *f (Imp/Exp, WiWi)* free--trade zone, free-trade area
freihändig *adj (Gen)* by private contract
freihändige Angebotsabgabe *f (V&M)* tender by private contract
freihändiger Verkauf *m (Grund)* private treaty
Freiheit *f* **des Dienstleistungsverkehrs** *(Pol, WiWi)* freedom to provide services *(EU)*
Freiheit *f* **des Kapitalverkehrs** *(Pol, WiWi)* freedom of capital movements *(EU)*
Freiheit *f* **des Warenverkehrs** *(Pol, WiWi)* free movement of goods *(EU)*
Freiheitsgrad *m (Stat, WiWi)* degree of freedom
freinehmen *v (Pers)* take (a day, a week etc.) off
freisetzen *v (Pers)* make redundant, displace
Freisetzung *f (Pers)* redundancy *(Entlassung)*
Freisprechanlage *f (Komm, Transp)* handsfree car kit
Freispruch *m (Recht)* acquittal *(eines Angeklagten)*
freistellen *v* 1. *(Gen)* exempt; 2. *(Recht)* excuse
Freistellung *f* **von der Arbeit** *(Pers)* release from one's work
Freiumschlag *m (Admin, Komm)* business reply envelope, business reply mail, reply-paid envelope

Freiverkehr *m (Börse, WiWi)* unlisted market, open market, *(AE)* over-the--counter market • **im Freiverkehr** *(Börse)* over-the-counter *(OTC)*
Freiverkehrsbörse *f (Börse) (BE)* Unlisted Securities Market, USM, *(AE)* over--the-counter market, OTCM
Freiverkehrshandel *m (Fin)* over-the--counter trading
Freiverkehrswert *m (Börse)* unlisted security
freiwillig *adj (Gen)* voluntary, noncompulsory, unsolicited
freiwillig *adv (Gen)* voluntarily • **sich freiwillig melden** *(Gen)* volunteer
freiwillige Arbeitslosigkeit *f (Pers, Pol, WiWi)* voluntary unemployment
freiwillige Beiträge *mpl (Steuer) (BE)* voluntary contributions
freiwillige Kontrollen *fpl (V&M)* voluntary controls
freiwillige Liquidation *f* 1. *(Fin)* voluntary liquidation; 2. *(Gen)* voluntary winding up
freiwillige Pensionierung *f (Pers)* optional retirement
freiwillige Selbstkontrolle *f (WiWi)* self--regulation
freiwillige Vereinbarung *f (Recht) (BE)* voluntary arrangement
freiwillige Zuzahlung *f (RW, Versich)* additional voluntary contribution
freizeichnen *v (Recht)* contract out, disclaim
Freizeichnung *f (Recht)* contracting out
Freizeichnungsklausel *f (Recht)* contracting out clause, exemption clause, nonwarranty clause
Freizeit *f* 1. *(Frei)* leisure time, spare time, time off, time off work; 2. *(Pers)* time off, time off work *(Arbeit)*
Freizeitausgleich *m (Pers)* lieu days
Freizeitindustrie *f (Frei)* leisure industry
Freizügigkeit *f (Pol, WiWi)* freedom of movement
Freizügigkeit *f* **der Arbeitnehmer** *(Recht, WiWi)* free movement of labo(u)r *(EU)*
Freizügigkeit *f* **des Personenverkehrs** *(Pol)* freedom of personal movement and travel *(EU)*
fremd *adj (Gen)* alien • **in fremdem Namen handeln** *(Recht)* act on sb's behalf
Fremd... *(Gen)* external, foreign
Fremdarbeiter *m (Pers)* foreign worker, guestworker
Fremdarbeiterin *f s.* Fremdarbeiter
Fremdbestand *m (Bank)* third-party holding
fremde Inhalte *mpl (Komm, Media, Recht)* third-party content
Fremdenverkehr *m (Frei)* tourism, tourist trade
fremdfinanzierte Transaktion *f (Fin)* leveraged transaction
fremdfinanzierte Übernahme *f (Fin)* leveraged buyout, LBO
fremdfinanziertes Management-Buy--in *n (Fin, Mgt)* leveraged management buy-in
fremdfinanziertes Management-Buy--out *n (Fin, Mgt)* leveraged management buy-out
fremdfinanziertes Übernahmeangebot *n (Fin)* leveraged buyout
Fremdfinanzierung *f* 1. *(Bank)* borrowing; 2. *(Fin, RW)* debt financing
Fremdfinanzierungsquote *f (RW)* borrowing ratio
Fremdhersteller *m (Ind, Mgt)* third-party manufacturer
Fremdkapital *n* 1. *(Bank)* borrowed capital, borrowings, outside capital; 2. *(Fin)* outside capital; 3. *(RW)* loan capital; 4. *(WiWi)* loan capital • **Fremdkapital aufnehmen** *(Gen)* raise external funds
Fremdkapitalaufnahme *f* 1. *(Börse) (BE)* gearing; 2. *(Fin)* procurement of outside capital
Fremdkapital-Eigenkapital-Tausch *m (Fin)* debt equity swap *(in Restrukturierungsfällen Umwandlung von Schulden in Eigenkapital, capital reconstruction)*
Fremdmittel *npl (Bank, Fin)* borrowed capital, borrowed funds, outside capital • **Fremdmittel aufnehmen** *(Bank)* borrow funds
Fremdmittelbedarf *m (Bank)* borrowing requirement
Fremdproduktion *f (WiWi)* outside production
Fremdvergabe *f* **von Lieferungen oder Leistungen** *(Ind)* outsourcing

Fremdwährung *f (Bank, Fin, Recht, WiWi)* foreign currency
Fremdwährungsanleihe *f (Fin)* foreign currency loan (issue)
Fremdwährungskredit *m (WiWi)* foreign currency loan
Fremdwährungskreditaufnahme *f (Bank)* foreign currency borrowing
Fremdwährungsposition *f (WiWi)* foreign currency position
Friedenspflicht *f (Pers)* duty to maintain industrial peace, obligation to maintain industrial peace, duty to refrain from industrial action, obligation to refrain from industrial action
Friedensrichter *m (Pers) (BE)* Justice of the Peace
friktionelle Arbeitslosigkeit *f (Pers, WiWi)* frictional unemployment
frisches Geld *n (ugs.)* 1. *(Fin)* fresh funds, injection of new funds, fresh finance *(zusätzliche Mittel)*; 2. *(Gen)* cash, cash flow; *(jarg.)* fresh money
frisieren *v (ugs.) (RW)* dress up, massage, *(ugs.)* fiddle *(Zahlen)* • **die Bücher frisieren** *(ugs.)* fiddle accounts, manipulate accounts *(Rechnung)*
Frisieren *n (ugs.) (RW)* window-dressing *(Bilanzkosmetik)*; doctoring *(Täuschung)*
Frisieren *n* **der Bilanz** *(RW) (ugs.)* fiddling the books, earnings management *(Gewinnausweis-Beeinflussung)*; window-dressing *(legale Bilanzkosmetik)*
Frist *f (Gen)* time limit, time span, period • **die Frist für etw. verlängern** *(Gen)* extend the time limit for sth • **mit einer Frist von zwei Tagen** *(Gen)* at two days' notice
Fristablauf *m (Gen)* expiration of time, lapse of time
Fristeinhaltung ist Vertragsgrundlage *(Recht)* time is of the essence *(beim Fixgeschäft)*
Fristeninkongruenz *f* 1. *(Bank)* maturity mismatch, mismatched maturity; 2. *(WiWi)* mismatched maturity
Fristenrisiko *n (Fin)* maturity risk, risk of maturity *(Risiko im Hinblick auf die Finanzierungsbedingungen zum Zeitpunkt der Anschlussfinanzierung = follow-up financing)*
Fristentransformation *f (Bank)* maturity transformation
fristgemäß *adj (Gen)* on time, at due date
fristgemäßer Widerspruch *m (Recht)* timely objection *(Vertragsrecht)*
fristgerecht kündigen *v (Pers)* give due notice
fristgerechte Kündigung *f (Pers)* dismissal with due notice
fristlos *adj (Gen)* instant, without notice • **jmdn. fristlos entlassen** *(Pers)* dismiss sb without notice
fristlose Entlassung *f (Pers)* dismissal without notice, instant dismissal, summary dismissal
fristlose Kündigung *f (Pers)* summary dismissal *(employer)*; dismissal without notice *(employer)*; termination without notice, resignation without notice *(worker)*
Fristsetzung *f (Recht)* fixing of a time limit, setting of a time limit *(Vertragsrecht)*
Fristverlängerung *f* 1. *(Pat)* extension of time limits; 2. *(Recht)* extension of time; extension of original term *(Vertragsrecht)*; extension of time for payment *(Zahlungen)*
Front Office *n (Admin)* front office
Front-running *n (Börse)* front running
frühe Übernehmer *mpl (V&M, WiWi)* early adopters
früher *adj (Gen)* prior
früher *adv (Gen)* earlier • **früher als geplant** 1. *(Gen)* with time to spare; 2. *(Komm)* ahead of schedule
früher Schulabgang *m (Bil)* early school leaving, leaving school early
frühere Anmeldung *f (Pat)* earlier application
frühere Priorität *f (Pat)* earlier priority
frühere Rechte *npl (Pat, Recht)* prior rights
frühere Verpflichtung *f (Gen)* prior commitment
Frühindikator *m (WiWi)* forward indicator, leading indicator
Frühphasenfinanzierung *f (Fin)* early-stage financing
Frührente *f (Pers)* early-retirement benefit
Frührentner *m (Pers, Soz)* person retiring early, *(AE)* early retiree, *(ugs.)* early retirer

Frührentnerin *f s.* Frührentner

Frühschicht *f (Pers)* early shift

Frühstadium *n (Gen)* early stage(s), initial stage(s) • **im Frühstadium** *(Gen)* at an early stage, in its early stages

Frühwarnfunktion *f (Mgt, Pol, Recht)* early warning function, early alert function *(vorgeschrieben laut UMAG, Gesetz zur Unternehmensintegrität und Modernisierung des Anfechtungsrechts vom 22.9.2005, es formuliert in Deutschland gesetzlich die Sorgfaltspflicht und Verantwortlichkeit der Vorstandsmitglieder und regelt erstmalig detailliert die Anforderungen an unternehmerische Entscheidungen, zu denen neben vielen anderen die im Unternehmen institutionalisierte Frühwarnfunktion gehört)*

führen *v* 1. *(Gen)* lead *(leiten)*; keep *(Akten, Aufzeichnungen)*; 2. *(Mgt)* manage

führend *adj* 1. *(Gen)* top-flight, leading, major; 2. *(V&M)* leading • **eine führende Position in der Welt haben** *(Ind)* be a world leader

führende Bank *f (Bank)* lead bank

führende Industriewerte *mpl (Börse)* blue-chip industrials

führende Marke *f (V&M)* leading line

führende Position *f (Gen)* top of the range

Führer *m* 1. *(Gen)* leader, head; 2. *(Transp)* driver, pilot *(von Flugzeug)*

Führer *m* **des Handelsregisters beim Amtsgericht** *(Admin)* registrar of companies

Führerin *f s.* Führer

Führerin *f* **des Handelsregisters beim Amtsgericht** *s.* Führer des Handelsregisters beim Amtsgericht

Fuhrpark *m (Transp)* car pool, fleet, pool of vehicles

Führung *f* 1. *(Gen)* guidance, leadership *(Leitung)*; 2. *(Mgt)* management *(Leitung)*; directors, leadership *(Vorstand)*; 3. *(Pers)* conduct *(Verhalten)*; leadership *(Leitung)* • **die Führung übernehmen** *(Gen)* take the lead

Führung *f* **durch Abweichungskontrolle** *(Mgt)* management by exception, MbE *(Synonym: Führung im Ausnahmefall; Idee: nur nach festgestellter Abweichung vom Toleranzwert erfolgt Eingriff "von oben"; ohne Vorkopplung = no feed forward)*

Führung *f* **durch Aufgabendelegation** *(Mgt)* management by delegation, MbD *(mit begrenzter Übertragung von Entscheidungsfreiheit und Verantwortung; ähnlich das ältere Harzburger Modell: Führung im Mitarbeiterverhältnis; statisches Führungskonzept)*

Führung *f* **durch Kommunikation und Mitarbeiterbeteiligung** *(Mgt)* management by communication and participation

Führung *f* **durch Mitarbeiterbeteiligung** *(Mgt)* management by participation

Führung *f* **durch Systemsteuerung** *(Mgt)* management by system, MbS *(integriertes Management-Planungs-, -Informations- und –Control-System, weitgehende Informatisierung und Entscheidungsdezentralisation, Integration von MbE, MbD und MbO; die "reale Utopie" der Systemplaner und -vertreiber)*

Führung *f* **durch Zielvereinbarung** *(Mgt)* management by objectives, MbO *(mehrdimensionales Führungskonzept, integriert wichtige Elemente des MbD und MbE)*

Führung *f* **im Ausnahmefall** *(Mgt)* management by exception, MbE *(Synonym: Führung durch Abweichungskontrolle; Idee: nur nach festgestellter Abweichung vom Toleranzwert erfolgt Eingriff "von oben", ohne Vorkopplung = no feed forward)*

Führung *f* **per Strukturbruch** *(Mgt)* management by breakthrough *(Idee: ohne das Aufbrechen bestehender Strukturen sind keine grundlegenden Veränderungen zu erreichen, Vorläufer des Business Process Reengineering, von dem sich viele heute wieder Quantensprünge erhoffen)*

Führungsbank *f (Bank, Börse, Fin)* arranger, lead bank, facility agent *(eines Konsortiums, of a tender panel)*

Führungsebene *f (Pers)* management level

Führungseigenschaften *fpl (Pers)* leadership ability, managerial talent, management skills

Führungsentscheidung *f (Mgt, WiWi)* executive decision
Führungsfunktion *f (Mgt)* managerial function
Führungsgröße *f (Mgt, Stat, WiWi)* controller *(Synonym: Sollgröße, Steuergröße, Regler; Management--Regelkreis, Systemtheorie)*
Führungsgrundsätze *mpl (Mgt, WiWi)* principles of management, management principles
Führungsinformationssystem *n (FIS) (Mgt)* management information system, MIS, executive information system, EIS *(Synonym: Management Informationssystem; Softwaresystem zur Lieferung von Informationen für die Vorbereitung strategischer nd taktischer Entscheidungen der Unternehmensführung, Grundlage computergestützter Unternehmensplanung)*
Führungsinstrument *n (Mgt)* management technique
Führungskraft *f* 1. *(Mgt, Pers)* executive, executive manager *(Unternehmensleitung)*; 2. *(Admin)* company executive
Führungskräfte *fpl (Mgt, Pers)* management staff, managerial staff, senior management
Führungskräftenachwuchs *m (Pers)* junior managers, new junior managers, young executives, new young executives, junior management
Führungskräftevermittlung *f (Pers)* headhunting firm, executive search agency
Führungslehre *f (Mgt)* management science, management theory
Führungsmannschaft *f (Mgt)* management team
Führungsmethode *f (Mgt)* management method
Führungsmodell *n (Mgt)* managerial model
Führungsnachwuchs *m (Mgt)* junior management
Führungspersonal *n (Mgt, Pers)* management staff
Führungsposition *f (Mgt, Pers)* managerial position
Führungspotenzial *n (Mgt)* management potential
Führungsqualitäten *fpl (Mgt)* management skills
Führungsstärke *f (Mgt, Pers)* leadership
Führungsstil *m (Mgt)* management style, managerial style
Führungsstruktur *f (Mgt)* management structure
Fuhrunternehmen *n (Transp)* haulage company, haul(i)er, road haulage company, *(AE)* trucking contractor
Fülle *f* **von Möglichkeiten** *(Gen, Pers)* wealth of opportunities
Fundamentalanalyse *f (Fin)* fundamental analysis
fundamentale Aktienanalyse *f (Fin)* fundamental analysis
fundamentales Gleichgewicht *n (WiWi)* fundamental equilibrium
fundiert *adj* 1. *(Börse, Fin)* funded; 2. *(Gen)* sound, well-established
fundierte Schuld *f* 1. *(Börse)* funded debt; 2. *(Fin)* funded debt, long-term liability
Fünf Weisen *mpl*/**die** *(ugs.; Deu) (Pol, WiWi) (ugs.)* Five Wise Men *(formell: Sachverständigenrat zur Begutachtung der gesamtwirtschaftlichen Entwicklung = SVR = German Council of Economic Experts)*
Fünfjahresplan *m (RW, WiWi)* five-year plan
fungibel *adj (Recht)* fungible
Fungibilität *f (Recht)* fungibility
fungible Vermögenswerte *mpl (Fin)* fungible assets
fungible Waren *fpl (WiWi)* fungibles
funkelnagelneu *adj (ugs.) (Gen)* brand new
Funktion *f (Comp, Gen, Stat)* function
• **als Funktion von** *(Gen)* as a function of
funktional *adj (Gen)* functional
funktionale Beziehungen *fpl (Gen)* functional relations
funktionale Organisation *f (Gen)* functional organization
funktionale Verantwortung *f (Gen)* functional responsibility
funktionell *adj (Gen)* functional
funktionelle Einkommensverteilung *f (WiWi)* functional income distribution
funktionelle Methode *f (Gen)* functional approach

funktionelle Struktur *f (Gen)* functional layout
funktionieren *v (Gen)* act, function, operate, work
Funktionsanalyse *f (Gen)* functional analysis
Funktionsbeziehungen *fpl (Mgt)* functional relations
funktionsbezogene Organisation *f (Mgt)* functional organization
funktionsbezogene Verantwortung *f (Mgt)* functional responsibility
funktionsfähig *adj (Gen)* workable
funktionsfähiger Wettbewerb *m (WiWi)* workable competition
funktionsgestört *adj (Mgt)* dysfunctional
Funktionsmeistersystem *f (Ind)* functional management
Funktionsstörung *f (Gen)* malfunction
funktionstüchtig *adj (Gen)* in running order, in working order
funktionstüchtig *adj*/**nicht** *(Gen)* out of order
Funktionsweise *f* 1. *(Gen, Pol)* operating procedure; 2. *(Bank)* mechanics
Für *n* **und Wider** *n (Gen)* advantages and disadvantages, pros and cons
Fürsprecher *m (Gen)* advocate
Fürsprecherin *f s.* Fürsprecher
fürstliches Gehalt *n (ugs.) (WiWi)* princely salary
Fusion *f* 1. *(Börse, Fin)* merger *(von Unternehmen)*; 2. *(Admin)* amalgamation *(Zusammenlegung)*
Fusionen *fpl* **und Akquisitionen** *fpl (Börse, WiWi)* mergers and acquisitions, M&A
fusionieren *v (Börse, Fin, WiWi)* amalgamate, merge *(Unternehmen, Bereiche)*
fusionierende Gesellschaft *f (Fin)* merger company
fusionierte Bank *f (Bank)* amalgamated bank
Fusionsarbitrage *f (Börse)* merger arbitrage
Fusionswelle *f (WiWi)* merger wave
Fuß *m (Gen)* foot *(Maßeinheit)* • **Fuß fassen auf** *(Gen)* gain [get] a toehold in
Fußvolk *n (Gen)* rank-and-file
Futuregeschäfte *npl (Fin)* dealings in futures

G

GAA *s.* Geldausgabeautomat
Galionsfigur *f* 1. *(Gen)* figurehead; 2. *(Mgt, Pers)* titular head of an organization
galoppierende Inflation *f (WiWi)* galloping inflation, runaway inflation
Gang *m (Gen)* aisle *(zwischen Sitzreihen)* • **im Gang sein** *(Gen)* be at work, be under way *(schon angefangen haben)* • **in Gang bringen** *(Gen) (ugs.)* get off the ground • **in Gang kommen** *(Gen) (ugs.)* get off the ground, rise • **in Gang setzen** 1. *(Ind)* actuate; 2. *(V&M)* launch *(Kampagne)*
gängeln *v (Gen)* spoon-feed
gängig *adj* 1. *(Börse)* active; 2. *(Gen)* trad(e)able, prevailing *(Ware)*
gängige Aktie *f (Börse)* active share
ganz *adj (Gen)* whole, full, entire, intact *(unversehrt)*
ganz *adv (Gen)* completely, reasonably
ganzjährig *adj (Gen, Mgt)* full-year, all--year; all-season
ganztägig *adj (Pers)* full-time
ganztägig arbeiten *v (Pers, Soz)* work full-time
ganztägiger Handel *m (Börse)* all-day trading
Ganztags... *(Pers)* full-time
ganztags arbeiten *v (Pers, Soz)* work full-time
Ganztagsarbeit *f (Pers, Soz)* full-time work, full-time job
Ganztagsbeschäftigung *f (Pers)* full--time job, full-time work, full-time employment
ganzzahlig *adj (Comp, Stat)* integer
Garant *m* 1. *(Fin)* warrant; 2. *(Gen)* guarantor
Garantie *f* 1. *(Bank)* guarantee; 2. *(Fin)* security; 3. *(Gen)* guarantee, guaranty, warranty
Garantiedauer *f (Gen)* duration of guaranty
Garantieinhaber *m (Gen, Recht)* warrantee
Garantieinhaberin *f s.* Garantieinhaber
Garantiekarte *f (Bank)* warranty card
Garantiepreis *m (Fin)* guaranteed price
garantieren *v (Gen)* guarantee

garantierte Mindestzahlung *f (Pers)* guaranteed pay
garantierter Kredit *m (Fin)* guaranteed facility
Garantierücksendung *f (Gen)* return of guarantee
Garantieverletzung *f (Recht)* breach of warranty
Garantieverpflichtung *f (RW)* guarantee liability
Garantieversprechen *n (Recht)* maintenance bond, guarantee for fulfil(l)ment of contract *(Vertragsrecht)*
Garantiezeit *f (Recht, V&M)* warranty period
Gasgewinnung *f (Ind)* gas exploitation
GASP *(Abk. für gemeinsame Außen- und Sicherheitspolitik) (Pol, Recht)* common foreign and security policy, CFSP *(EU)*
Gastarbeiter *mpl (Pers, WiWi)* migrant labo(u)r
Gastarbeiter *m (Pers, WiWi)* guest-worker, foreign worker
Gastarbeiterin *f s.* Gastarbeiter
Gastdozent *m (Bil)* visiting lecturer, visiting professor
Gastdozentin *f s.* Gastdozent
Gastland *n (Frei, Gen, WiWi)* host country
Gastronomie *f (Frei)* catering, catering trade
Gaswirtschaft *f (Umwelt)* gas industry
Gatte *m (Recht)* spouse *(husband)*
Gattin *f (Recht)* spouse *(wife)*
Gattungsmarken *fpl (Gen, V&M)* no--name brands
Gattungssache *f (Recht)* fungible item, generic good *(Kaufvertrag)*
Gattungsschuld *f (Recht)* undetermined [generic] obligation
geändert durch *(Recht)* amended by
Gebäude *n (Gen, Grund)* building
Gebäude-Richtlinie *f (Recht, Umwelt)* Buildings Directive *(EU)*
geben *v (Gen)* award, give • **Anlass geben** *(Gen)* give rise to
Geber *m (Soz, WiWi)* donor
Geberbank *f (Bank, WiWi)* donor bank *(Entwicklungshilfe)*
Gebiet *n* 1. *(Gen)* area, region, territory *(Region)*; 2. *(Ind)* field; 3. *(WiWi)* area
Gebietsfremde *m(f) (Recht)* nonresident
Gebietskörperschaft *f* 1. *(Fin)* administrative subdivision; 2. *(Admin)* local [regional] government
Gebot *n (Gen)* bid *(Kauf)*
geboten *adj (Recht)* required, necessary
Gebrauch *m (Gen, Pat, V&M)* use • **zum privaten Gebrauch** *(Recht)* for private use *(Urheberrecht)*
Gebrauchsabschreibung *f (RW)* physical depreciation
Gebrauchsanweisung *f (Gen)* directions for use
Gebrauchsgegenstand *m (Gen)* article of consumption
Gebrauchsgüter *npl* 1. *(Gen)* consumer hardgoods; 2. *(V&M)* consumer durables
Gebrauchsmuster *n (Pat)* utility model
Gebrauchswert *m (WiWi)* use value, value in use
gebraucht *adj (Gen)* second-hand
Gebraucht... *(Gen)* second-hand, used
Gebrauchtwarengeschäft *n (Gen) (BE)* second-hand shop, *(AE)* thrift shop
Gebühr *f* 1. *(Fin)* charge; 2. *(Gen, Pat)* fee; 3. *(Steuer)* benefit tax; 4. *(WiWi)* charge, tax • **Gebühr bezahlt** *(Gen, Komm)* postage paid
Gebühr *f* **für Mehrgepäck** *(Frei)* excess baggage charge
Gebühr *f* **für Übergepäck** *(Frei)* excess baggage charge
Gebühr *f* **nach Gebührenordnung** *(Recht)* scale fee
Gebühren *fpl* 1. *(Bank)* charges; 2. *(Fin, WiWi)* charges, fees • **Gebühren bezahlt** *(Imp/Exp, Transp)* charges paid *(ch.pd.)*
Gebühren *fpl* **für Bankgeschäfte** *(Bank)* charges on banking transactions
Gebühren *fpl* **und Auslagen** *fpl (Gen, Recht)* fees and expenses
gebührend *adj (Fin)* due, appropriate, suitable
gebührende Sorgfalt *f (Fin, Recht)* due diligence *(Unternehmensprüfung)*
Gebühreneinzugszentrale *f* **der öffentlich-rechtlichen Rundfunkanstalten in der Bundesrepublik Deutschland** *(GEZ) (Media)* Central Office for Fee Collection of Radio and TV Licence Fees, *(ugs.)* TV tax agency
Gebührenfernsehen *n (Media, V&M)* pay-per-view television

gebührenfrei *adj (Gen)* free of charge, without charge, charges prepaid postage paid, *(AE)* toll-free
gebührenfrei *adv (Gen)* at no charge, free of charge
gebührenpflichtige Autobahn *f (Transp) (BE)* toll motorway, *(AE)* turnpike
Gebührenrechnung *f* 1. *(Fin)* bill of costs; 2. *(RW)* bill of charges
Gebührentabelle *f (Gen)* scale of charges
gebündelt *adj (Pol, WiWi)* concerted *(EU)*
gebündeltes Angebot *n (V&M)* banded offer
gebundene Entwicklungshilfedarlehen *n (Fin, Imp/Exp)* tied development assistance loans
gebundener Kredit *m (Fin)* tied credit
gebundenes Fachwissen *n (WiWi)* locked-in knowledge
geburtenschwache Jahrgänge *mpl (Pers, Soz)* years with a low birth rate *(nach 1970)*
geburtenstarke Jahrgänge *mpl (V&M)* baby boomers *(Zielgruppe)*
geburtenstarke Periode [Zeit] *f (Pers, Soz)* baby boom *(bis ca. 1970, Pillenknick = baby bust, due to the introduction of the pill)*
Geburtsurkunde *f (Gen)* birth certificate
Gedanken... *(Gen)* cognitive
Gedankenaustausch *m (Gen)* exchange of ideas [views]
Gedankenblitz *m (Gen)* flash of inspiration, *(ugs.)* brainwave
gedeckte Option *f (Börse)* covered option
gedeckte Position *f (Börse)* matched book, *(BE)* covered position
gedeckte Short-Position *f (Börse)* covered short
gedeckte Verkaufsoption *f (Börse)* covered put
gedeckter Optionsschein *m (Börse)* covered warrant
gedeckter Scheck *m (Bank) (AE)* certified check, *(BE)* certified cheque
gedeihen *v (Gen)* thrive
geeignet *adj* 1. *(Gen)* applicable, qualified, suitable *(qualifiziert)*; 2. *(Recht)* fit and proper *(Person)* • **für etw. geeignet sein** *(Gen)* be eligible for sth
geeignete Technologie *f (Umwelt)* appropriate technology
Gefahr *f* 1. *(Gen)* hazard, risk, danger; 2. *(Versich)* peril of • **auf eigene Gefahr** 1. *(Gen)* at one's own peril; 2. *(Versich)* at owner's risk • **in Gefahr** *(Gen)* at risk • **auf Gefahr des Eigentümers** *(Versich)* at owner's risk • **auf Gefahr des Empfängers** *(Gen)* at receiver's risk • **gegen alle Gefahren** *(Versich)* against all risks • **Gefahr laufen** *(Gen)* run the risk
gefährden *v (Gen)* endanger, jeopardize
gefährdet *adj* 1. *(Gen)* at risk; 2. *(Umwelt)* endangered
gefährdet sein *v (Fin)* be exposed
Gefährdung *f (Fin, Gen)* exposure
Gefährdungshaftung *f (Recht)* strict liability
Gefahrenzulage *f (Pers)* danger money
Gefahrgut *n (Transp)* dangerous cargo, hazardous cargo, igniter
Gefahrgut-Datenbank *f (Recht, Transp)* dangerous goods data base
Gefahrgüter *npl (Recht)* dangerous goods
Gefahrgutlogistik *f (Gen, Transp)* dangerous goods logistics *(logistische Prozesse im Hinblick auf Gefahrgüter)*
gefährlich *adj (Gen)* dangerous, hazardous
gefährliche Abfälle *mpl (Umwelt)* dangerous waste
gefährliche Stoffe *mpl (Recht, Transp, Umwelt)* hazardous substances *(cf Gefahrstoffverordnung)*; dangerous substances
Gefahrstoffverordnung *f (Deu) (Recht, Transp, Umwelt)* hazardous substances regulation *(Verordnung zum Schutz vor gefährlichen Stoffen)*
Gefahrtragung *f (Mgt, Recht)* bearing of risk
Gefahrübergang *m (Versich)* passing of risk
Gefahrübernahme *f (Recht)* assumption of the risk *(Vertragsrecht)*
gefallen *v (Gen)* appeal to
Gefälligkeit *f (Bank, Fin, Gen)* accommodation
Gefälligkeitsakzept *n (Gen)* accommodation acceptance
Gefälligkeitswechsel *m* 1. *(Bank)* ac-

commodation note; 2. *(Börse)* kite; 3. *(Fin)* accommodation bill, accommodation draft, kite
gefälschte Produkte *npl (Recht, V&M)* counterfeit goods
gefälschter Scheck *m (Bank) (AE)* forged check, *(BE)* forged cheque
gefestigt *adj (Gen)* strengthened
geförderte Ereignisse *npl (Frei, V&M)* sponsored events
gefragt *adj (Gen, Pers)* sought-after, in demand
gefühlte Inflation *f (ugs.) (Gen, Media, WiWi)* perceived inflation *(Synonym: wahrgenommene Inflation; der Index der wahrgenommenen Inflation = IWI = index of perceived inflation misst subjektiv-verzerrt wahrgenommene Preissteigerungen bei der überschaubaren Anzahl häufig gekaufter Waren und Dienstleistungen des täglichen Bedarfs = convenience goods; Verlustaversion = loss aversion verstärkt die Verzerrung, weil Preiserhöhungen als Verlust doppelt so stark und länger wahrgenommen werden als Preissenkungen; sie lag im Januar 2002, dem Zeitpunkt der Euro-Bargeldeinführung, bei ca. 11%, im Oktober 2007 bei ca. 6,4%; Gegensatz: statistisch ausgewiesene Inflationsrate = headline inflation, wie z. B. HVPI = HCPI)*
gegebenenfalls *adv (Gen)* should the occasion arise
gegen *(Gen)* against, versus
Gegen... *(Gen)* counter, reverse, opposite, against
Gegenangebot *n (V&M)* competitive bid, counter offer
Gegenargumente *npl (Gen, Pol)* defensive points
Gegenbuchung *f (RW)* contra [offsetting, reversing] entry
Gegendarstellung *f (V&M)* against text
Gegeneintrag *m (RW)* reversing entry
Gegenfinanzierung *f (Fin, Pol)* counter-financing
Gegenforderung *f (Recht)* counterclaim *(Widerklage)*
Gegengeschäft *n* 1. *(Bank)* back-to-back transaction, counter deal; 2. *(Gen)* opposite transaction
Gegengeschäfte *npl (Gen)* counter trade
Gegenkredit *m (Bank)* back-to-back credit
gegenläufig *adv (Pol, WiWi)* in opposite directions; compensatory *(ZB)*
Gegenleistung *f* 1. *(Börse)* consideration; 2. *(Gen)* quid pro quo; 3. *(Recht)* consideration, counterperformance *(Vertragsrecht)* • **als Gegenleistung** *(Recht)* in return for
Gegenmacht *f (WiWi)* countervailing power *(Galbraith)*
Gegenmaßnahme *f (Gen)* countermeasure
Gegenpartei *f (Gen, Recht)* counterparty • **als Gegenpartei eintreten** *(Bank)* be the substituted counterparty
Gegenposition *f (Fin)* hedge
Gegenposten *m (RW)* contra
Gegenprüfung *f (Bank)* crosscheck
gegenseitig *adj (Gen)* reciprocal • **in gegenseitigem Einvernehmen** *(Gen, Recht)* by mutual agreement, by mutual consent
gegenseitig *adv (Gen)* reciprocally • **gegenseitig abhängig** *(Gen)* interdependent • **sich gegenseitig aufheben** *(Stat)* cancel each other out
gegenseitige Anerkennung *f (Recht)* mutual recognition
gegenseitige Bürgschaften *fpl (Bank, Fin)* cross guarantees
gegenseitige Kapitalbeteiligung *f* **zwischen Unternehmen** *(Börse)* cross-holdings between companies
gegenseitiger Vertrag *m (Recht)* bilateral contract, mutual contract, reciprocal agreement *(geistiges Eigentum)*
Gegenseitigkeit *f (Bank)* mutuality, reciprocity
Gegenseitigkeitsgeschäft *n (Gen)* barter
Gegenstand *m (Gen)* article, subject
Gegenstand *m* **der Auseinandersetzung** *(Gen)* issue
Gegenstand *m* **des Anlagevermögens** *(RW)* fixed asset
Gegenstimmen *fpl (Pol)* opposing [dissenting] votes
Gegenstromverfahren *n (Mgt, WiWi)* combined top-down/bottom-up method, combined bottom-up/top-down planning system *(Unternehmensplanung = corporate planning;*

gekennzeichnet durch den gegenläufigen Informationsfluss bei der hierarchischen Unternehmens- oder Investitionsplanung: eine Kombination aus Top-down-Vorgaben der Unternehmensleitung mit "von unten" -bottom-up- erhobenen Informationen)

gegenteilig *adv (Gen)* conversely

gegenüber *(Gen)* against, vis-à-vis

gegenwärtig *adj* 1. *(Gen)* current; 2. *(WiWi)* actual • **zu gegenwärtigen Börsenkursen** *(Börse)* at current prices, at ruling prices • **beim gegenwärtigen Rechtsstand** *(Recht)* as the law stands at present • **der gegenwärtige Stand der Technik** *(Gen)* state of the art

Gegenwartswert *m (Fin)* present value

Gegenwartswert *m* **der Kaufkraft** *(WiWi)* current purchasing power

Gegenwert *m (Gen)* equivalent amount

gegliedert *adj (Gen)* structured

gegründet *adj (Börse, Gen)* constituted, established

Gehalt *n (Gen, Pers)* salary *(monatlich)* • **Gehalt nach Vereinbarung** *(Pers)* salary to be negotiated *(Stellenangebot)*

Gehaltsabrechnung *f (Pers)* wage and salary administration

Gehaltsabzug *m* 1. *(Pers)* salary deduction, payroll deduction *(vom Bruttolohn)*; 2. *(RW)* salary deduction

Gehaltsbeleg *m (Pers, Soz)* salary statement, pay statement, *(ugs.)* pay slip

Gehaltsempfänger *mpl (Pers)* salaried staff

Gehaltsempfänger *m (Pers)* salaried employee, salaried person, salary earner

Gehaltsempfängerin *f s.* Gehaltsempfänger

Gehaltserhöhung *f (Pers)* salary increase, *(AE)* raise, *(BE)* rise

Gehaltsfortzahlung *f (Pers)* continued payment of remuneration, continued payment of salary

Gehaltsgrundlage *f (Pers)* salary base

Gehaltsgruppe *f (Pers)* salary bracket

Gehaltskonto *n (Bank, Pers)* salary account, current account *(Girokonto)*

Gehaltsniveau *n (Pers)* salary level, pay level

Gehaltspaket *n (Pers)* remuneration package, *(AE)* compensation package, *(BE)* salary package *(bestehend aus Gehalt und verschiedenen, teilweise erfolgsabhängigen, Zusatzleistungen)*

Gehaltssteigerung *f (Pers) (AE)* raise, *(BE)* rise

Gehaltsstruktur *f (Pers, WiWi)* salary structure

Gehaltsüberprüfung *f (Pers)* salary review

Gehaltsunterschiede *mpl (Pers)* salary differentials

Gehaltsvorschuss *m (Pers)* salary advance, advance on salary

Gehaltszahlung *f (Pers)* salary payment

Gehaltszulage *f (Pers)* extra pay

gehandeltes Volumen *n (Börse)* amount of business

geheim *adj* 1. *(Gen)* secret; 2. *(Pol)* restricted *(Dokumente)*

geheime Verführer *mpl (V&M)* hidden persuaders

geheimer Vorbehalt *m (Recht)* mental reservation *(Vertragsrecht)*

Geheimhaltung *f (Gen)* secrecy

Geheimhaltungsvertrag *m (Recht)* confidentiality agreement

gehen *v (Fin)* go • **baden gehen** *(Börse) (ugs.)* take a bath *(Aktien, Kurse)* • **bergab gehen** *(Gen)* go downhill • **auf Fang gehen** *(Gen) (ugs.)* be on the take • **auf Nummer sicher gehen** *(Gen)* be on the safe side, play safe

gehobene Führungskraft *f (Mgt, Pers)* senior executive

gehobene Preisklasse *f (Gen)* up-market segment

Geistesprodukt *n (Gen) (ugs.)* brainchild

geistige Arbeit *f (Pers)* intellectual work

geistige Eigentumsrechte *npl (Recht)* intellectual property rights

geistige Fähigkeit *f (Gen, Pers)* skill

geistiges Eigentum *n (Pat, Recht)* intellectual property

gekaufte Ware *f (Recht, V&M)* purchased merchandise, purchased goods

geknickte Preis-Absatz-Kurve *f (WiWi)* kinked demand curve

gekreuzt *adj (Bank)* crossed *(Scheck)*

gekündigt werden *v (Gen)* be dismissed,

(BE; ugs.) get one's cards, *(AE; ugs.)* get the pink slip, *(BE; ugs.)* get the sack
Gelände *n* 1. *(Gen)* plot; 2. *(Grund)* premises
Geländefahrt *f (Gen)* field trip
Geld *n* 1. *(Börse)* bid buyer's rate; 2. *(Fin, Gen, WiWi)* money, *(ugs.)* bread, *(ugs.)* dough, *(BE)* dosh • **Geld anlegen** *(Gen)* invest money, put money down • **Geld aufnehmen** *(Bank)* borrow funds, borrow money • **Geld ausgeben** *(Gen)* spend • **etw. für sein Geld bekommen** *(WiWi)* get good value for money • **Geld auf eine Hypothek aufnehmen** *(Gen)* raise money on a mortgage • **Geld leihen** 1. *(Fin)* lend money; 2. *(Bank)* borrow money • **Geld von jmdm. leihen** *(Gen)* borrow money from sb • **Geld sparen** *(Bank)* save money
Geld *n* **auf Abruf** *(Bank, Fin)* money at call
Geld- oder Kapitalanlage *f (Fin)* financial investment
Geldabfindung *f (Börse, Fin)* cash settlement
geldähnliche Forderungen *fpl (WiWi)* near money
Geldakkord *m (Pers)* money piecework
Geldangebot *n (WiWi)* money supply
Geldangelegenheiten *fpl (Gen)* money matters
Geldanreiz *m (Fin)* monetary inducement
Geldausgabeautomat *m (Bank)* (automated) cash dispenser, cash dispensing machine
Geldautomat *m (Bank, Fin)* (automated) cash dispenser, cash dispensing machine, automatic teller
Geldbasis *f (WiWi)* monetary base
Geldbedarf *m (RW)* cash requirement
Geldbeschaffung *f (Fin)* fund-raising
Geldbeschaffungsmaßnahme *f (Fin)* fund-raising operation
Geldbestand *m (RW)* cash balance, money
Geldbetrag *m (WiWi)* sum of money
Geldbörse *f (Fin) (BE)* purse
Gelddisposition *f (Pers, Pol, WiWi)* cash management
Gelddispositionen *fpl (Fin)* treasury operations
Geldeingänge *mpl (Fin)* monies in, monies received
Geldeinheit *f (Fin)* monetary unit
Geldentwertung *f (WiWi)* inflation
Geldersatz *m (Fin)* token money
Geldgeber *m* 1. *(Bank)* financier; 2. *(Fin)* money lender, (financial) backer; 3. *(Gen) (ugs.)* angel *(Theater)*; backer; 4. *(V&M)* sponsor
Geldgeberin *f s.* Geldgeber
Geldgrad *m (Bank, Fin, RW)* degree of moneyness *(EZB, Geldnähe)*
Geldhandel *m (WiWi)* money dealing [trading]
Geldhandelsabteilung *f (Bank)* money desk
Geldinstitut *n* 1. *(Bank)* bank, bk; 2. *(Fin)* financial institution
Geldknappheit *f* 1. *(Fin)* tight money; 2. *(WiWi)* monetary tightness
Geldkurs *m* 1. *(Bank)* bid rate, buying rate of exchange; 2. *(Börse)* demand price, bid price, price bid, bid, buyer's rate *(für Devisen)*; 3. *(Fin)* buying rate; 4. *(WiWi)* demand price
Geldmarkt *m* 1. *(Bank)* money market; 2. *(Börse)* money mart
Geldmarktfonds *m (Fin) (AE)* money market mutual fund
Geldmarktinstrument *n (Börse, Fin)* money market instrument *(z. B. Schecks, Wechsel, Depositenzertifikate)*; monetary asset
Geldmarktkonto *n (Bank)* money-market account
Geldmarktpapier *n (Börse)* money market paper
Geldmarktpapiere *npl (Börse, Fin)* money-market instruments
Geldmarktsatz *m (Börse)* money market rate
Geldmenge *f (WiWi)* money supply
Geldmenge *f* **in ihrer weitesten Abgrenzung** *(Bank)* broad money
Geldmenge *f* **M1** *(Bank, WiWi)* Money Supply M1, narrow money M1, M1 *(Geldvolumen M1, eng gefasste Geldmengendefinition)*
Geldmenge *f* **M2** *(Bank, WiWi)* Money Supply M2, intermediate money M2, M2 *(Geldvolumen M2, mittlere Geldmenge M2)*
Geldmenge *f* **M3** *(Bank, WiWi)* Money M3, broad money M3, M3 *(Geldvolumen M3, weit abgegrenzte Geldmenge M3)*

Geldmengenaggregat *n (WiWi) (BE)* monetary aggregate
Geldmengensteuerung *f (WiWi)* money supply control *(EZB; Gegensatz: direkte Inflationssteuerung)*
Geldmengenwachstum *n (Bank, WiWi)* monetary growth *(EZB)*
Geldmengenziel *n (Bank, WiWi)* money supply target, monetary target *(EZB--Referenzwert für den Zuwachs der Geldmenge M3 = 4,5% mittelfristig)*
Geldmittel *npl (Bank, Fin)* cash, financial means, funds, exchequer • **Geldmittel beschaffen** *(Fin)* raise funds • **Geldmittel leihen** *(Bank)* borrow funds
Geldmultiplikator *m (WiWi)* money multiplier
Geldnachfrage *f (WiWi)* demand for money
Geldnähe *f (Bank, Fin, RW)* degree of moneyness *(EZB, Geldgrad)*
Geldpolitik *f (WiWi)* monetary policy • **Geldpolitik festlegen und ausführen** *(Bank, WiWi)* define and implement monetary policy *(EZB)*
geldpolitische Restriktion *f (WiWi)* monetary restriction
geldpolitische Steuerung *f (Fin, Pol)* monetary regulation
geldpolitische Transmission *f (WiWi)* monetary transmission
geldpolitischer Kurs *m (Bank, WiWi)* monetary policy stance *(EZB)*
geldpolitisches Ziel *n (Fin)* monetary target
Geldschein *m (Bank) (AE)* bank bill, *(BE)* banknote
Geldschleier *m (WiWi)* monetary veil
geldschöpfende Finanzinstitute *npl (Bank, WiWi)* Monetary Financial Institutions, MFIs *(EZB; Monetäre Finanzinstitute; früher: Monetäre finanzielle Institute)*
Geldschöpfungsmultiplikator *m (WiWi)* deposit multiplier
Geldspanne *f (Bank, Börse, Fin)* bid spread
Geldstrom *m (RW, WiWi)* flow of funds, funds flow
Geldstück *n (Gen)* coin
Geldsurrogat *n (Fin)* substitute [token] money
Geldumlaufgeschwindigkeit *f (WiWi)* velocity of circulation (of money)
Geld- und Briefkurse *mpl (Börse)* bid and asked quotations
Geld- und Währungspolitik *f (Bank)* monetary and foreign exchange policy *(EZB)*
Geldverknappung *f (WiWi)* contraction of money supply, money squeeze
Geldvermögen *n (RW)* monetary assets
Geldvolumen *n (Bank, WiWi)* money stock
Geldwäsche *f (Bank)* money laundering
Geldwäscher *m (Bank, WiWi)* money launderer
Geldwert *m (WiWi)* value of money
Geldwerte *mpl (WiWi)* monetary assets, money assets *(unterliegen der Werterosion durch Inflation; Gegensatz: Sachwerte = Realwerte = real assets)*
geldwerte Leistung *f (Pers, Steuer)* payment in kind, remuneration in kind
geldwerter Gewinn *m (Fin)* pecuniary profit
geldwerter Verlust *m (Fin)* pecuniary loss
Geldwertstabilität *f (WiWi)* monetary stability, currency stability
Gelegenheit *f* 1. *(Gen)* opportunity, window; 2. *(Pol, WiWi)* opportunity • **die Gelegenheit haben, etw. zu tun** *(Gen)* have the opportunity to do sth
Gelegenheitsarbeit *f* 1. *(Gen)* jobbing; 2. *(Pers)* casual work, odd jobs, casual jobs, casual labo(u)r
Gelegenheitspreis *m (Gen)* bargain price
gelegentlich *adj (Gen)* occasional
geleistete Arbeitsstunden *fpl (Pers)* hours worked
geleistete Zahlungen *fpl (RW)* payments account
gelenkte Wirtschaft *f (WiWi)* controlled economy
gelernte Arbeitskräfte *fpl (Pers, WiWi)* skilled labo(u)r
gelingen *v (Gen)* succeed
geltend *adj (Gen)* prevailing • **geltend machen** *(Gen)* set up • **zu geltenden Preisen** *(Börse, Fin)* at ruling prices
geltende Fassung *f (Recht)* current version *(Gesetze, Dokumente)*

geltende Rechtsvorschriften *fpl (Recht)* applicable provisions of law

geltendes Recht *n (Recht)* law in force, valid law, current law, established law

Geltendmachung *f (Recht)* enforcement

Geltung *f (Gen)* validity

Geltungsbereich *m* 1. *(Gen)* scope of application; 2. *(Admin)* coverage

Geltungskonsum *m (WiWi)* conspicuous consumption

gemäß *(Gen, Recht)* according to, in accordance with, in conformity with • **gemäß Artikel** *(Recht)* pursuant to article • **gemäß den vertraglichen Bedingungen** *(Recht)* under the terms of the contract

gemäßigt *adj (WiWi)* modest

Gemeinde *f* 1. *(Gen)* community; 2. *(Pol)* borough

Gemeinde *f* **im ländlichen Raum** *(WiWi)* rural community

Gemeindegrundsteuern *fpl (Steuer)* *(BE)* rates

Gemeineigentum *n (Pol, WiWi)* public ownership, collective ownership • **in Gemeineigentum überführen** *(Pol, WiWi)* nationalize, bring under public ownership

Gemeinkosten *pl* 1. *(Fin, RW)* overhead, overheads, overhead charge, overhead cost, *(BE)* on cost, oncost, general cost, indirect cost, general expense; 2. *(WiWi)* burden, common cost, general cost • **Gemeinkosten verrechnen** *(RW)* absorb overheads, allocate overhead cost

Gemeinkostenverrechnung *f (RW)* allocation of overheads

Gemeinkostenzuschlag *m (RW)* absorption rate

gemeinnützig *adj (Fin, Gen, RW, Steuer)* non-profit-making

gemeinnützige Arbeit *f (Soz)* community work, *(AE)* community service

gemeinnützige Organisation *f (WiWi)* non-profit-making organization, *(AE)* nonprofit organization

gemeinnütziges Unternehmen *n (WiWi)* nonprofit enterprise

Gemeinnützigkeitsrecht *n (Recht)* charity law

gemeinsam *adj* 1. *(Gen)* collective, common, joint; 2. *(Pers)* collaborative *(Projekt)* • **gemeinsam haften** *(Gen)* be jointly liable • **gemeinsam mit** *(Gen)* in association with, in tandem with

gemeinsame Außen- und Sicherheitspolitik *f (GASP) (Recht)* common foreign and security policy, CSFP *(EU)*

gemeinsame Grenze *f (Imp/Exp)* mutual border

gemeinsame Haftung *f (Bank, Recht)* joint liability

gemeinsame Handelspolitik *f (Pol, Recht)* common commercial policy *(EU)*

gemeinsame Steuererklärung *f (Steuer)* consolidated tax return, joint return

gemeinsame Währung *f (Bank, Pol)* single currency *(EU, EZB)*

gemeinsamer Antrag *m (Komm)* round robin

gemeinsamer Außenzoll *m (WiWi)* common external tariff *(EU)*

gemeinsamer Besitzstand *m (Recht)* Acquis communautaire *m (französisch; Synonym: EU-Rechtsbestand, gemeinschaftlicher Besitzstand; Summe der gemeinsamen Rechte und Verpflichtungen der EU-Mitgliedstaaten)*

gemeinsamer Datenzugriff *m (Comp)* data sharing

gemeinsamer Eigentümer *m (Grund)* joint owner

gemeinsamer Markt *m (WiWi)* Common Market *(EU)*

gemeinsamer Nenner *m (Gen)* common denominator *(Entscheidungsfindung)*

gemeinsamer Standpunkt *m (Pol, Recht)* common position *(EU)*

gemeinsames Eigentum *n (Grund)* property held in joint names

gemeinsames Recht *n* **der Vertragsstaaten** *(Pol, Recht)* law common to the Contracting States *(EU)*

gemeinsames Währungsgebiet *n (Pol, WiWi)* single currency zone, single currency area *(EU)*

Gemeinschaft *f (Gen)* community

gemeinschaftlich *adj (Gen)* collective

gemeinschaftliche Leitung *f (Mgt)* joint management

gemeinschaftliche Verfügungsberechtigung *f (Bank)* joint authority to operate an account *(über ein Konto)*

Gemeinschaftsanleihen *fpl (Bank, Pol)* Community loan mechanisms
Gemeinschaftsarbeit *f (Bil, Pers)* team-work, group-work, teamworking
Gemeinschaftsdurchschnitt *m (Pol, WiWi)* Community average *(EU)*
Gemeinschaftsebene *f (Recht)* Community level *(EU)*
Gemeinschaftsfinanzierung *f (Fin, WiWi)* cooperative financing facilities *(CFF; EU)*
Gemeinschaftsgeist *m (Gen)* community spirit, esprit de corps
Gemeinschaftsgesetzgebung *f (Pol, Recht)* Community legislation *(EU)*
Gemeinschaftshaushalt *m (WiWi)* Community budget
Gemeinschaftsmaßnahme *f (Gen)* Community action *(Entscheidungsfindung)*
Gemeinschaftsorgane *npl (Pol)* Community institutions *(EU)*
Gemeinschaftspatent *n (Pat, Recht)* Community patent *(EU)*
Gemeinschaftsrecht *n (Recht)* Community legislation, Community law *(EU)*
Gemeinschaftssinn *m* 1. *(Gen)* community spirit; 2. *(Pers)* team spirit
Gemeinschaftsunternehmen *n (Gen)* joint venture
Gemeinschaftsverträge *mpl (Pol, Recht)* Community Treaties *(EU)*
Gemeinschaftsvertretung *f (Gen, Mgt, Pers)* joint representation
Gemeinschaftsvorhaben *n (Recht)* Community initiative *(EU)*
Gemeinschaftsvorschriften *fpl (Recht)* Community rules *(EU)*
Gemeinschaftswährung *f (WiWi)* common currency
Gemeinschuldner *m (Recht)* (the) bankrupt *(Konkursrecht)*
Gemeinwesen *n (Gen)* community
Gemeinwohl *n (Pol, Soz)* general good
gemeldete Arbeitslosigkeit *f (Pers)* registered unemployment
gemeldete offene Stellen *fpl (Pers, Soz)* vacancies notified, vacancies registered
gemietete Leitung *f (Komm)* leased line
gemildertes Niederstwertprinzip *n (Fin, RW)* alleviated lower of cost or market principle, modified lower of cost or market principle *(Bewertungsgebot im Anlagevermögen nach dem handelsrechtlichen Vorsichtsprinzip; Gegensatz: strenges Niederstwertprinzip = strict lower of cost or market principle)*
gemischt *adj (Gen)* composite
gemischte Lebensversicherung *f (Versich)* endowment (life) assurance, endowment (life) insurance
gemischte Schule *f (Bil)* coeducational school, coeducational institution
gemischte Wirtschaft *f (WiWi)* mixed economy *(mit Elementen einer kapitalistischen und sozialistischen Wirtschaftsordnung)*
Gemischtwaren *fpl (Gen)* general merchandise
gemischtwirtschaftliches System *n (WiWi)* mixed economic system
genau *adj* 1. *(Gen)* accurate; 2. *(Stat)* exact
genaue Prüfung *f (Gen)* close examination
Genauigkeit *f (Gen, RW)* accuracy
genehmigen *v* 1. *(Bank)* approve *(Darlehen)*; 2. *(Gen)* approve, allow, ratify, authorize; 3. *(RW)* appropriate for *(Gelder)*; 4. *(Recht)* permit
genehmigt *adj* 1. *(Versich)* approved; 2. *(WiWi)* appropriated
genehmigte Aktien *fpl (Börse)* approved [authorized] shares
genehmigter Kredit *m (Bank)* authorized credit
genehmigter Preis *m (Gen, Pol)* approved price
genehmigtes Kapital *n (Fin)* approved capital
Genehmigung *f* 1. *(Bank, Gen)* approval, authorization; 2. *(Pat)* authorization; 3. *(Recht)* permit • **zur Genehmigung** *(Gen)* for approval
Genehmigung *f* **des Jahresabschlusses** *(RW)* approval of the accounts
genehmigungsbedürftig *adj (Recht)* *(AE)* subject to license, *(BE)* subject to licence
genehmigungsfrei *adj (Recht)* permit-free
Genehmigungspflicht *f (Pol, WiWi)* licensing requirement
genehmigungspflichtig *adj (Gen, V&M)*

subject to authorization, subject to approval
Genehmigungsprozess *m (Bank)* approval process
Genehmigungsschreiben *n (Gen)* letter of authority
Generaldirektor *m* 1. *(Mgt)* general executive, general manager, executive director, president, chief executive; 2. *(Pers) (BE)* managing director *(eines Unternehmens)*; director general *(EU)*
Generaldirektorin *f s.* Generaldirektor
Generalstaatsanwalt *m (Recht) (AE)* Attorney General
Generalstreik *m (Pers)* general strike
Generalunternehmer *m* 1. *(Gen)* general contractor; 2. *(WiWi)* main contractor
Generalversammlung *f (Pol, Recht)* General Assembly *(UN)*
Generalvertrag *m* 1. *(Gen, Pers)* blanket agreement; 2. *(Recht)* blanket agreement, blanket contract
Generalvollmacht *f (Recht)* full power of attorney, unlimited power of attorney, general power of representation; general authorization, GA *(Generalvollmacht eines Geschäftsleiters z. B.; Gegensatz: Sondervollmacht = special authority, Einzelvollmacht = individual power of representation)*
Generationenvertrag *m (WiWi)* intergeneration pact
Generationsproblem *n (Soz)* generation gap
generelle Erhöhung *f (Börse)* across--the-board increase *(Kursniveau)*
generelle Lohnerhöhung *f (Pers)* across-the-board wage increase
genereller Preisanstieg *f (Gen, WiWi)* across-the-board price increase
genetisch veränderte Organismen *pl (Ind, Recht)* genetically modified organisms, GMOs
genormt *adj (Gen)* standardized
Genossenschaft *f (Gen)* association, cooperative society, cooperative
genossenschaftlicher Sektor *m (Bank)* cooperative sector *(Synonym: Genossenschaftsbereich)*
genossenschaftliches Kreditinstitut *n (Bank)* cooperative credit institution
Genossenschaftsrecht *n (Recht)* Law of Cooperatives
Gentechnik *f (Gen)* genetic engineering
geometrisch-degressive Abschreibungsmethode *f (Fin, RW)* diminishing balance method *(IFRS/IAS)*; declining balance method *(US-GAAP)*
geometrische Folge *f (Stat)* geometric progression
geometrisches Mittel *n (Stat)* geometric mean *(GM)*
geordnete monetäre Verhältnisse *npl (WiWi)* orderly monetary conditions *(EZB)*
Gepäckübergewichtsgebühr *f (Frei, Transp)* excess baggage charge
gepfändetes Eigentum *n (Grund)* distressed property
Gepflogenheiten *fpl* 1. *(Pers)* custom and practice; 2. *(Recht)* standard practice *(Vertragsrecht)*
geplante Umsätze *mpl (V&M)* anticipated sales
geplanter Verschleiß *m (V&M, WiWi)* built-in obsolescence, planned obsolescence
geplatzter Scheck *m (Bank, Gen) (AE)* bounced check, *(BE)* bounced cheque
geprüfter Abschluss *m (RW)* audited accounts
geprüftes Unternehmen *n (RW)* auditee
geradzahlig *adj (Gen)* even-numbered
Gerät *n* 1. *(Comp)* device, hardware device; 2. *(Gen)* appliance, device, gadget
Geräteentwicklung *f (Comp, Ind)* equipment development
Geräteleasing *n (Grund, Ind)* equipment leasing
geräumt *adj (Gen)* unstocked *(Lager)*
gerecht *adj* 1. *(Gen)* equitable; 2. *(Recht)* fair, just *(angemessen)*
gerechte Verteilung *f (Gen)* equitable distribution
gerechter Lohn *m (WiWi)* just wage
gerechter Preis *m (WiWi)* just price
gerechter Wettbewerb *f (V&M, WiWi)* fair competition *(fairer Wettbewerb)*
gerechtfertigter Preis *m (Börse)* justified price
geregelte Preise *mpl (Bank, V&M)* regulated prices *(EZB)*
geregelter Freiverkehr *m (Börse)* regulated over-the-counter-market, regulated free market

geregelter Wertpapiermarkt *m (WiWi)* organized stock market
Gericht *n (Recht)* court • **vor Gericht aussagen** *(Recht)* give evidence • **vor Gericht erscheinen** *(Recht)* appear in court, come before court
Gericht *n* **erster Instanz** *(Recht)* Court of First Instance
Gericht *n* **letzter Instanz** *(Recht)* court of last instance
Gericht *n* **zweiter Instanz** *(Recht)* court of second instance
gerichtlich *adj (Recht)* judicial *(richterlich)*
gerichtlich *adv (Recht)* judicially *(gerichtlich)*
gerichtliche Schritte *mpl (Recht)* legal action
gerichtliche Zuständigkeit *f (Recht)* court jurisdiction
gerichtlicher Liquidationsbeschluss *m (Recht)* winding-up order *(Gesellschaftsrecht)*
gerichtliches Verfahren *n (Recht)* court proceedings
gerichtliches Vergleichsverfahren *n (Recht)* judicial arrangement
Gerichtsbarkeit *f (Recht)* jurisdiction • **es fällt unter unsere Gerichtsbarkeit** *(Recht)* it comes under our jurisdiction
Gerichtsentscheid *m (Recht)* court decision, court ruling
Gerichtskosten *pl* 1. *(Recht)* legal charges; 2. *(WiWi)* costs
Gerichtsstand *m (Recht)* venue *(Verträge)*
Gerichts- und Anwaltskosten *pl (Recht)* legal expenses, court and attorneys' fees
Gerichtsverfahren *npl (Recht)* court procedures, legal proceedings
gering *adj (Gen)* small, minor, light • **bei geringem Angebot** *(Gen)* in scarce supply • **in geringem Maße** *(Gen)* on a small scale • **in geringerem Maße** *(Gen)* to a lesser extent
geringbezahlt *adj (Pers)* low paid
geringe Attraktivität *f (Gen, V&M)* relative unattractiveness
geringfügig *adj (Gen)* trifling, slight
geringfügig *adv (Gen)* modestly
geringfügig Beschäftigte *m(f) (Pers)* "marginal" part-time worker *(sozialversicherungsfrei)*
geringfügig beschäftigte Arbeitnehmer *pl (Pers)* marginal part-time workers
geringfügige Beschäftigung *f (Pers)* minor employment, marginal employment, minor jobs, marginal part-time work
geringfügiger Mangel *m (Recht)* minor defect *(Vertragsrecht)*
geringfügiger Schaden *m (Versich)* small damage
geringqualifiziert *adj (Pers)* less qualified, low-skilled
geringqualifizierte Arbeitskräfte *pl (Pers)* less qualified workers
geringstquadrate Regression *f (Stat)* least-square regression
Gerücht *n (Gen)* rumo(u)r, hearsay
Ges.m.b.H. *s.* Gesellschaft mit beschränkter Haftung
gesamt *adj* 1. *(Gen)* all-in, all-inclusive, all-out, overall, whole; 2. *(RW)* gross; 3. *(WiWi)* aggregate
Gesamt... *(Gen, Versich, WiWi)* aggregate, all-in, all-round, collective, overall
Gesamtabschreibung *f (WiWi)* aggregate depreciation
Gesamtangebotskurve *f (WiWi)* aggregate supply curve
Gesamtarbeitslosigkeit *f (WiWi)* overall unemployment, total unemployment
Gesamtaufsichtsrat *m (Mgt)* group supervisory board
Gesamtausleihungen *fpl (Fin)* loan exposure
Gesamtbetrag *m* 1. *(Fin)* total; 2. *(Gen)* full lot; 3. *(RW)* total, total amount, grand total; gross amount *(Bruttobetrag)*
Gesamtbetrag *m* **der Staatsausgaben** *(WiWi)* total public spending
Gesamtbilanz *f* 1. *(Imp/Exp, WiWi)* overall balance; 2. *(RW)* consolidated balance sheet
Gesamtbudget *n* 1. *(Fin)* total budget; 2. *(RW)* master budget
Gesamteigentum *n (Recht)* joint ownership
Gesamteinnahmen *fpl (WiWi)* total revenue

Gesamtgeschäftsführung *f (Mgt)* general management, joint management
gesamtgesellschaftlich *adj (Pol, Soz, WiWi)* relating to society as a whole
Gesamtheit *f (Gen)* entirety • **als Gesamtheit** *(Gen)* collectively
Gesamtjahresabschluss *m (WiWi)* comprehensive annual financial report, CAFR
Gesamtkapitalrentabilität *f (Fin, RW)* return on total assets, return on total investment
Gesamtkosten *pl (Gen, WiWi)* total cost(s)
Gesamtkostenverfahren *f (RW)* type of expenditure format
Gesamtleistung *f (WiWi)* overall performance
Gesamtnachfrage *f (WiWi)* market demand
Gesamtnachfragekurve *f (WiWi)* aggregate demand curve
Gesamtproduktion *f (WiWi)* aggregate production
Gesamtqualitätssicherung *f (Mgt)* total quality management
Gesamtrendite *f (Fin)* total yield
Gesamtrentabilität *f (WiWi)* operating efficiency
Gesamtschulden *fpl (Fin)* gross debt
gesamtschuldnerisch *adv (Recht)* jointly and severally • **gesamtschuldnerisch haftbar** *(Recht)* jointly liable
gesamtschuldnerisch haften *v (Fin, Recht)* be jointly (and severally) liable
gesamtschuldnerische Haftung *f (Recht)* joint and several liability
Gesamtsteueraufkommen *n (Steuer, WiWi)* total revenue
Gesamtstückzahl *f (Bank)* total piece count *(money; EZB)*
Gesamtsumme *f* 1. *(Fin)* principal sum; 2. *(Gen)* grand total, full lot
Gesamtverantwortung *f (Gen)* comprehensive responsibility
Gesamtvermögen *n (RW)* total assets
Gesamtwirtschaft *f (WiWi)* national economy, economy as a whole
gesamtwirtschaftlich *adj (WiWi)* aggregate, macroeconomic • **auf gesamtwirtschaftlicher Ebene** *(WiWi)* at the level of the economy as a whole
gesamtwirtschaftliche Ersparnis *f (WiWi)* national savings
gesamtwirtschaftliche Leistung *f (WiWi)* output
gesamtwirtschaftliche Lohnquote *f (Pers, WiWi)* overall wage ratio
gesamtwirtschaftliche Nachfrage *f (WiWi)* aggregate demand, overall demand, total demand
gesamtwirtschaftliche Nachfrage *f* **nach Arbeitskräften** *(WiWi)* overall demand for labour, aggregate demand for labour, total demand for labour
gesamtwirtschaftliche Produktion *f (WiWi)* aggregate production
gesamtwirtschaftliche Vermögensbildung *f (WiWi)* aggregate wealth formation
gesamtwirtschaftliche Wertschöpfung *f (WiWi)* aggregate value added
gesamtwirtschaftliches Rechnungswesen *n (RW)* System of National Accounts
gesamtwirtschaftliches Stellenangebot *n (Pers, WiWi)* job supply, supply of jobs
gesättigter Markt *m (V&M)* mature market
Geschädigte *m(f)* 1. *(Recht)* aggrieved party, injured party; 2. *(Versich)* claimant
geschädigte Partei *f (Recht)* aggrieved party
Geschäft *n* 1. *(Gen)* business, trade, dealing *(Handel, Kommerz)*; deal, transaction, bargain *(Abschluss)*; business, enterprise, operation *(Firma)*; *(BE)* shop, *(AE)* store *(Laden)*; office *(Büro)*; 2. *(V&M)* sale • **ein Geschäft abschließen** *(Gen)* strike a deal, strike a bargain • **ein Geschäft aufmachen** *(Gen)* start in business, open a business • **aus einem Geschäft aussteigen** *(Börse)* cash in • **ein Geschäft betreiben** *(Gen)* run a business • **von Geschäft zu Geschäft** *(Gen)* business to business • **das Geschäft ist ruhig** *(Gen)* business is slack • **das Geschäft perfekt machen** *(Gen)* swing the deal • **über das Geschäft reden** *(Gen)* talk business • **ein Geschäft unter Dach und Fach bringen** *(Gen)* swing the deal

• **sich vom Geschäft zurückziehen** *(Gen)* retire from business
Geschäfte *npl* 1. *(Gen)* operations, business; 2. *(Mgt)* dealings
geschäftlich *adj* 1. *(Gen)* on business; 2. *(Mgt)* managerial
geschäftlich *adv (Gen)* commercially • **geschäftlich ausgerichtet** *(Gen)* business-oriented
geschäftliche Angelegenheiten *fpl (Gen)* business affairs, mercantile affairs
geschäftliche Aussichten *fpl (WiWi)* business prospects
geschäftliche Beziehungen *fpl (Mgt)* business relations
Geschäftsabschluss *m (Gen)* deal
Geschäftsanteil *m (Fin)* share, interest • **einen Geschäftsanteil an einem Unternehmen besitzen** *(Gen)* have a share in a business
Geschäftsausgaben *fpl (RW)* expenses
Geschäftsaussichten *fpl (WiWi)* business outlook
Geschäftsbank *f (Bank, Fin, WiWi)* commercial bank
Geschäftsbedingungen *fpl (Gen)* business conditions
Geschäftsbereich *m* 1. *(Gen)* area of responsibility, sphere of activity, sphere of responsibility; 2. *(Pol)* portfolio; 3. *(Admin, Mgt, V&M)* business segment
Geschäftsbericht *m (RW)* annual report
Geschäftsbezeichnung *f (Recht)* business identifier
Geschäftsbeziehung *f (Gen, Mgt)* relationship
Geschäftsbeziehungen *fpl (Gen)* business relations
Geschäftsbrief *m (Gen)* business letter
Geschäftsbuchhaltung *f (Fin)* financial accounting
Geschäftseinheit *f* 1. *(Gen)* business unit; 2. *(V&M) (BE)* shop unit
Geschäftsergebnisse *fpl (Gen)* company results
Geschäftsfähige *m(f) (Recht)* person with full [legal] capacity to contract
Geschäftsfähigkeit *f (Gen, Recht)* capacity to contract, contractual capacity
Geschäftsfeld *n (Admin, Mgt)* business segment
Geschäftsfeld-Berichterstattung *f (Admin)* business segment reporting
geschäftsführend *adj* 1. *(Gen)* acting; 2. *(Mgt)* active; 3. *(Admin, Pers)* managing
geschäftsführender Gesellschafter *m (Pers)* managing partner
geschäftsführender Vorstand *m (Mgt)* executive committee
Geschäftsführer *m* 1. *(Gen)* managing director; 2. *(Mgt)* manager, managing agent, business manager; 3. *(Pers)* business manager, director
Geschäftsführerin *f s.* Geschäftsführer
Geschäftsführung *f (Mgt, WiWi)* business management • **jmdn. mit der Geschäftsführung beauftragen** *(Admin)* entrust sb with the management
Geschäftsführungsausschuss *m (Mgt)* management committee
Geschäftsgegenstand *m (Admin, WiWi)* business purpose
Geschäftsgeheimnis *n* 1. *(Gen)* trade secret; 2. *(Pers)* business secret
Geschäftsgründung *f (Gen)* business creation, establishment
Geschäftsimmobilien *fpl (Grund)* industrial real estate
Geschäftsinhaber *m (Gen, Mgt)* business owner, owner (of the firm), proprietor; shopkeeper, *(AE)* storekeeper *(Ladenbesitzer)*
Geschäftsinhaberin *f s.* Geschäftsinhaber
Geschäftsjahr *n* 1. *(Gen)* business year, trading year; 2. *(RW)* accounting year, financial period, fiscal year, trading year; 3. *(Steuer)* accounting year, fiscal year
Geschäftskapital *n (Fin) (AE)* capital stock, *(BE)* share capital
Geschäftskatalog *m (V&M)* business catalog(ue)
Geschäftslage *f* **des Unternehmens** *(Gen)* company's affairs
Geschäftsleitung *f (Admin, Mgt)* business management
Geschäftsleute *pl (Gen)* business people, tradespeople
Geschäftslokal *n* 1. *(Gen)* business premises; 2. *(Admin, Recht)* business office
Geschäftsmann *m (Gen)* businessman, entrepreneur

Geschäftsmittelpunkt *m (Gen)* hub of activity
Geschäftsmodell *n (Gen, Mgt, V&M)* business model
Geschäftsordnung *f* 1. *(Bank)* bylaw; 2. *(Pol)* procedure
geschäftsorientiert *adj (Gen)* business--oriented
Geschäftsplanung *f (Mgt)* corporate planning *(Unternehmensplanung)*
Geschäftspolitik *f (Gen, WiWi)* business policy
geschäftspolitische Fragen *fpl (Gen, Mgt, Pol)* policy issues
Geschäftsprozess *m (Mgt)* business process
Geschäftsräume *mpl* 1. *(Gen)* business premises; 2. *(Grund)* office premises
Geschäftsreise *f* 1. *(Frei)* business travel; 2. *(Gen)* business trip
Geschäftssitz *m* **des Schuldners** *(Recht)* centre of administration of the debtor *(der Ort, an dem der Schuldner üblicherweise seine Hauptinteressen wahrnimmt; Gesellschaften und juristische Personen: satzungsmäßiger Sitz)*
Geschäftssprache *f* 1. *(Gen)* commercial language, general commercial language; 2. *(Mgt, Pol)* official language *(EU)*
Geschäftsstelle *f* 1. *(Admin, Börse, Gen)* agency, branch; 2. *(Admin)* agency
Geschäftsstellennetz *n (Bank)* branch network
Geschäftstätigkeit *f (Gen)* business activity, business operations
Geschäftstrend *m (Gen)* business trend, economic trend
Geschäftstüchtigkeit *f (Gen)* commercial acumen
Geschäftsübernahme *f* 1. *(Gen)* takeover; 2. *(Mgt)* under new management
Geschäftsumfang *m (Gen)* business volume, volume of trading, amount of business
Geschäftsumschwung *m* **eines Unternehmens** *(Gen)* corporate turnaround
geschäftsunfähig *adj (Recht)* incapacitated
Geschäftsvermögen *n (Fin, Gen, RW)* business assets
Geschäftsvorfall *m (Gen)* transaction, business transaction
Geschäftswagen *m (Gen)* company car, business car
Geschäftswert *m (RW)* goodwill
Geschäftswertabschreibung *f (RW)* amortization of goodwill *(Synonym: Firmenwertabschreibung, Goodwill--Abschreibung, Abschreibung auf den Firmenwert, Abschreibung auf den Geschäftswert; nur der erworbene Goodwill -derivative goodwill- darf handelsrechtlich und muss steuerrechtlich als immaterielles Wirtschaftsgut des Anlagevermögens aktiviert werden; IFRS/IAS- und US--GAAP-Abschreibung des Geschäftswerts sind allerdings nur zulässig auf der außerplanmäßigen Basis eines Wertminderungstests = impairment test)*
Geschäftszeiten *fpl (Gen, V&M)* hours of business, h.b., office hours
Geschäftszentrum *n (Gen) (AE)* business [shopping] center, *(BE)* business [shopping] centre, *(AE)* shopping mall
Geschäftszweig *m (Gen)* branch of a business
geschätzter Wert *m* 1. *(Grund)* appraised value; 2. *(Versich)* estimated value
gescheiterte Investitionen *fpl (RW, WiWi)* stranded assets
gescheiterte Steuerreform *f (Pol, Steuer)* abortive tax reform
gescheiterte Übernahme *f (Fin)* failed takeover bid
geschichtetes Zufallsstichprobenverfahren *n (Stat)* stratified random sampling
geschlechtsspezifisch *adj (Pers)* gender-specific
geschlechtsspezifische Unterschiede *mpl (Pol, Soz)* gender gap
geschlossene Benutzergruppe *f (Comp, Komm)* closed user group
geschlossene Investmentgesellschaft *f (Fin) (BE)* closed-end management company
geschlossene Volkswirtschaft *f (WiWi)* closed economy
geschlossener Investmentfonds *m* 1. *(Börse)* closed-end mutual fund; 2. *(Fin)* closed-end fund

geschlossener Vertrag *m (Recht)* closed contract
Geschmacksmuster *n (Pat) (BE)* (registered) design, *(AE)* design patent
geschriebenes Recht *n (Gen)* codified law, lex scripta
geschuldeter Betrag *m (Fin)* amount due
geschultes Personal *n (Pers)* skilled staff, qualified staff, trained staff
geschützte Beschäftigung *f (Soz)* sheltered employment, employment in a sheltered workshop *(in einer beschützenden Werkstatt für Behinderte)*
geschützte Ursprungsbezeichnung *f (Pat, Recht, V&M)* protected designation of origin
geschützter Wirtschaftssektor *(Pol, WiWi)* sheltered economic sector
Geschworenengericht *n (Recht)* jury
Gesellschaft *f* 1. *(Gen)* association, company, society; 2. *(Recht, WiWi)* company *(Vertragsrecht)*
Gesellschaft *f* **bürgerlichen Rechts** *(Deu) (Gen)* civil-code company; *(USA)* non-trading partnership
Gesellschaft *f* **mit beschränkter Haftung** *(Gen) (AE)* Incorporated, Inc., *(BE)* limited company, Ltd, *(BE)* limited liability company; private limited company, Plc, proprietary company, Pty
Gesellschaft *f* **mit geringer Mitgliederzahl** *(Gen, WiWi) (BE)* close company, *(AE)* closed corporation, *(AE)* closely-held corporation
Gesellschaft *f* **von Besitzstandswahrern** *(Pol, Soz, WiWi)* rent seeking society
Gesellschafter *m (Gen, Pers)* partner, associate
Gesellschafterdarlehen *n (Fin)* partner's loan
Gesellschafter-Geschäftsführer *m (Gen, Recht)* managing partner
Gesellschafterin *f s.* Gesellschafter
Gesellschafterversammlung *f* 1. *(Gen)* general meeting, company meeting; 2. *(Recht)* partners' meeting, meeting of partners *(Personengesellschaft)*; meeting of stockholders, stockholders' meeting, meeting of shareholders *(Kapitalgesellschaft)*; general meeting of members *(GmbH)*
gesellschaftlich *adj (Gen)* corporate, social
gesellschaftliche Wohlfahrtsfunktion *f (WiWi)* social welfare function
Gesellschaftskapital *n (Gen)* company capital
Gesellschaftsrecht *n (Recht)* corporate law, *(BE)* company law
Gesellschaftsregister *n (Recht)* Companies Registration Office
Gesellschaftssatzung *f (Recht)* charter
Gesellschaftssitz *m (Recht, Steuer)* domicile
Gesellschaftsstruktur *f (Gen)* company structure
Gesellschaftsvertrag *m* 1. *(Recht) (USA)* articles of incorporation, deed of partnership; 2. *(WiWi)* partnership agreement
Gesetz *n (Recht)* law, act, statute • **durch Gesetz** *(Recht)* by statute *(geschriebenes Recht, Statut, Satzung)* • **ein Gesetz abschaffen [aufheben]** *(Recht)* repeal a law • **das Gesetz einhalten** *(Recht)* respect the law • **dem Gesetz zuwiderhandeln** *(Recht)* fail to observe the law
Gesetz *n* **der großen Zahl** *(Stat)* law of large numbers
Gesetz *n* **der steigenden Opportunitätskosten** *(WiWi)* law of increasing opportunity costs
Gesetz *n* **der Unterschiedslosigkeit der Preise** *(WiWi)* law of indifference
Gesetz *n* **des abnehmenden Ertrags** *(WiWi)* law of diminishing returns
Gesetz *n* **des abnehmenden Grenznutzens** *(V&M, WiWi)* law of diminishing marginal utility
Gesetz *n* **des komparativen Vorteils** *(Imp/Exp, WiWi)* law of comparative advantage
Gesetz *n* **gegen Wettbewerbsbeschränkungen** *(Recht, WiWi)* German Antitrust Act, *(BE)* Fair Trading Act
Gesetz *n* **über die Mitbestimmung der Arbeitnehmer** *(Pol, Recht)* Act on the Co-determiniation by Employees; Co--determination Act *(Synonym: Mitbestimmungsgesetz)*
Gesetz *n* **über Kapitalgesellschaften** *(Recht) (AE)* business corporation law
Gesetz *n* **vom abnehmenden Ertrags-**

zuwachs *(WiWi)* law of diminishing returns, law of variable proportions
Gesetz *n* **vom abnehmenden Grenznutzen** *(WiWi)* law of diminishing marginal utility
Gesetz *n* **vom Ausgleich der Grenznutzen** *(WiWi)* law of equi-marginal returns
Gesetz *n* **von Angebot und Nachfrage** *(WiWi)* law of supply and demand
Gesetzbuch *n (Recht) (BE)* statute book *(Gesetzessammlung)*
Gesetzentwurf *m (Pol, Recht)* bill, draft law
Gesetzesanwendung *f (Recht)* application of law
Gesetzeskraft haben *(Recht)* have statutory effect
Gesetzesnovelle *f (Recht)* amendment of a law
Gesetzestext *m (Recht)* text of a law; draft of proposed legislation *(Referentenentwurf)*
Gesetzesübertretung *f (Recht)* violation of the law
Gesetzesvollzug *m (Recht)* law enforcement
Gesetzesvorlage *f (Recht)* bill *(Gesetzgebungsverfahren)*
gesetzgebende Gewalt *f (Recht)* legislative power
Gesetzgeber *m (Recht)* legislature, *(BE)* Parliament, *(AE)* Congress *(institution)*; lawmaker, legislator *(person)*
Gesetzgebung *f (Recht)* legislation
gesetzlich *adj* 1. *(Gen, Pol)* statutory; 2. *(Recht)* by statute, statutory, lawful, legal
gesetzlich festgelegte Ausgaben *fpl (Pol, WiWi)* statutory expenditure
gesetzlich zulässige Übertragung *f (Börse)* legal transfer
gesetzliche Abzüge *mpl (Pers, Soz)* statutory deductions
gesetzliche Arbeitszeit *f (Pers)* statutory working time, statutory working hours, legal working time, legal working hours
gesetzliche Aufgaben *fpl (Recht)* statutory duties
gesetzliche Bestimmung *f (Bank, Recht)* statutory regulation, statutory provsision *(EZB)*
gesetzliche Buchprüfung *f (RW)* statutory audit
gesetzliche Erbin *f (Recht)* legal heiress
gesetzliche Formvorschriften *fpl (Recht)* statutory forms *(Vertragsrecht)*
gesetzliche Gewährleistung *f (Recht)* implied warranty
gesetzliche Haftpflicht *f (Recht)* legal liability, third-party liability *(Versicherung)*
gesetzliche Inzidenz *f (Steuer)* statutory incidence
gesetzliche Krankenversicherung *f (Soz)* statutory health insurance scheme, statutory sickness insurance scheme, compulsory health insurance (scheme), compulsory sickness insurance (scheme), compulsory health insurance funds, compulsory sickness insurance funds
gesetzliche Kündigungsfrist *f (Recht)* legal notice, statutory notice
gesetzliche Rentenversicherung *f (Soz)* statutory pension scheme [fund], compulsory pension insurance scheme
gesetzliche Rücklagen *fpl (RW)* legal reserves *(Gewinnrücklagen)*
gesetzliche Verjährungsvorschriften *fpl (Recht)* statute of limitations
gesetzliche Verpflichtung *f (Recht)* legal requirement, statutory obligation
gesetzliche Vorschrift *f (Pol)* statutory requirement
gesetzliche Wochenarbeitszeit *f (Pers)* statutory working week
gesetzlicher Erbe *m (Recht)* legal heir
gesetzlicher Feiertag *m (Gen, Pers, Recht) (BE)* bank holiday, *(AE)* legal holiday, public holiday, *(AE)* statutory holiday
gesetzlicher Rahmen *m (Pol, Recht)* legal framework
gesetzlicher Wohnsitz *m (Recht)* legal residence
gesetzliches Rentenalter *n (Soz)* statutory retirement age
gesetzliches Zahlungsmittel *n* 1. *(Bank)* currency; 2. *(Fin)* legal tender, currency; 3. *(Gen)* legal tender
gesetzliches Zurückbehaltungsrecht *n (Recht)* statutory right of lien

gesetzmäßig *adj (Recht)* lawful *(rechtmäßig)*; legal *(gesetzlich)*
gesetzwidrig *adj (Recht)* illegal, unlawful
gesicherte Forderung *f (Fin)* secured debt
gesicherte Verbindlichkeit *f (Fin)* secured debt
gesicherter Arbeitsplatz *m (Pers)* secure job
gesicherter Gläubiger *m (Fin, RW, WiWi)* secured creditor
gesicherter Kredit *m (Fin)* secured credit
gespaltener Steuersatz *m (Steuer)* split tax rate
gespaltener Wechselkurs *m (WiWi)* split exchange rate
gesperrte Datei *f (Comp)* locked file
gesperrtes Konto *n (Bank)* frozen account, blocked account
Gesprächsgebühr *f (Komm)* call charge
gestaffelte Arbeitszeiten *fpl (Pers)* staggered working hours
gestaffelte Schuldverschreibung *f (Börse)* stepped bond
gestatten *v (Gen)* allow
Gestehungskosten *pl* 1. *(Gen)* prime costs; 2. *(RW)* original cost, replacement costs, replacement; 3. *(WiWi)* prime costs
gestundet *adj (Gen)* prolonged
gestundete Steuerverbindlichkeiten *fpl (Fin, Steuer)* deferred tax liabilities
gestützter Kurs *m (Fin, WiWi)* pegged price
gestützter Preis *m (Gen)* subsidized price, supported price
gesucht *adj (Gen)* sought-after
gesund *adj* 1. *(Bank)* sound; 2. *(Gen)* healthy *(Wettbewerb, Markt)*
gesunder Menschenverstand *m (Gen)* common sense
Gesundheit *f* **und Sicherheit** *f (Pers)* health and safety
gesundheitliche Einschränkungen *fpl (Pers, Soz)* health problems
Gesundheitsgründen *mpl***/aus** *(Pers)* on the grounds of ill health
Gesundheitsökonomik *f (WiWi)* health economics
Gesundheitspass *m* **mit Einschränkungen** *(Soz)* foul bill of health
Gesundheitsprämie *f (Pers, Pol)* flat rate health premium
Gesundheitsreform *f (Soz)* health reform
Gesundheitsrisiko *n (Soz)* health hazard, health risk
Gesundheitsschädigung *f (Versich)* damage to health
Gesundheitsvorsorge *f (Soz)* health care
Gesundheitszeugnis *n (Soz)* bill of health, BH, certificate of health
Gesundschrumpfen *n (Gen)* shake-out
Getreidesaatgut *n (Ind, Umwelt)* grain seed
getrennt *adj (Gen)* segregated • **mit getrennter Post** *(Komm)* under separate cover
getrennt ausgewiesen *adj (RW)* separately disclosed
getrennte Veranlagung *f (Steuer)* separate tax return
Gewähr/ohne 1. *(Bank)* without recourse; 2. *(Gen)* unwarranted, not binding, subject to confirmation, without engagement
gewähren *v* 1. *(Bank)* accommodate *(Kredit)*; 2. *(Fin)* grant *(Kredit)*; 3. *(Gen)* award, grant, allow
Gewährleistung *f* 1. *(Gen)* guarantee, guaranty; 2. *(Versich)* warranty
Gewährleistung *f* **der Preisstabilität** *(Bank)* maintenance of price stability *(EZB)*
Gewährleistungsfrist *f (Recht, V&M)* guarantee period, warranty period *(Verkaufsrecht)*
Gewährleistungsgarantie *f (Bank)* performance bond
Gewährleistungspflicht *f (Gen)* warranty obligation
Gewährung *f (Pat)* grant
Gewährung *f* **der Meistbegünstigung** *(WiWi)* most favo(u)red nation treatment
Gewalt *f (Recht)* force, power
Gewalt *f* **von außen** *(Recht)* outside force, force majeure
Gewässerverschmutzung *f (Ind, Umwelt)* water pollution
Gewerbe *n (Ind)* industry, trade • **ein Gewerbe betreiben als** *(Gen)* trade as
Gewerbeaufsicht *f (Ind, Pers)* labour inspectorate, labour inspection office
Gewerbeausstellung *f (V&M)* trade fair *(Handelsmesse)*

Gewerbebetrieb *m (Gen)* business enterprise [establishment]
Gewerbeerlaubnis *f (Gen)* trading authorization, business license
Gewerbeertrag *m (Deu) (Steuer)* trade earnings, trade profits *(Besteuerungsgrundlage der Gewerbesteuer, basis of trade taxation)*
Gewerbefreiheit *f (Pol, WiWi)* freedom of trade
Gewerbeimmobilien *fpl (Grund)* commercial real estate
Gewerbeordnung *f (Deu) (Ind)* Industrial Code
Gewerbepark *m (Grund) (BE)* industrial estate, *(AE)* trade park; trading estate
Gewerbesteuer *f (GewSt) (Deu) (Steuer)* (German) trade tax *(local tax on profits or earnings)*
Gewerbetreibende *m(f) (Pers)* person engaged in a trade, person engaged in a business, person carrying on a trade, person carrying on a business, businessman
Gewerbeverband *m (Gen)* trade association
gewerblich *adj (Gen)* commercial, trade, industrial
gewerbliche Ausbildung *f (Bil)* industrial training, industrial apprenticeship
gewerbliche Kundschaft *f (Bank, V&M)* business customers
gewerbliche Schutzrechte *npl (Pat)* industrial property rights
gewerbliche Schutz- und Urheberrechte *npl (Pat, Recht)* intellectual property rights
gewerbliche Stellenvermittlung *f (Pers)* employment agencies, private employment agencies, placing service provided by private employment agencies
gewerbliche Tätigkeit *f (Ind)* commercial [industrial] activity
gewerblicher Rechtsschutz *m (Pat, Recht)* industrial property protection, protection of industrial property rights
gewerbliches Eigentum *n (Gen, Grund, Pat)* industrial property
gewerbliches Unternehmen *n (Gen)* business enterprise, trading company
gewerblich-technische Ausbildung *f (Bil)* industrial training, industrial apprenticeship
gewerbsmäßig *adj (Gen)* for profit, for gain, commercial; industrial
gewerbsmäßige Stellenvermittlung *f (Pers)* employment agencies, private employment agencies, placing service provided by private employment agencies
Gewerkschaft *f (Gen, Pers, Pol) (AE)* labor union, *(BE)* trade union, union
gewerkschaftlich organisieren *v/sich (Pers) (BE)* unionise, *(AE)* unionize
gewerkschaftlich organisierte Mitarbeiter *mpl (Pers)* organized labo(u)r
gewerkschaftlicher Organisationsgrad *m (Mgt, Pers, Soz)* union density
Gewerkschaftsforderungen *fpl (Pers)* union demands, demands of the unions
Gewerkschaftsverband *m (Pers) (AE)* national union
gewichten *v (Börse)* weight
gewichteter Durchschnitt von... *(Stat, WiWi)* weighted average of...
gewichteter Preisindex *m (WiWi)* price--weighted index
gewichtetes Mittel *n (Stat)* weighted average
Gewichtskosten *pl (Transp)* weight charge
Gewichtung *f* 1. *(Fin, WiWi)* weighting; 2. *(Pers)* loading
Gewichtungsschema *n (Stat, WiWi)* weighting scheme, weighting schedule
Gewinn *m* 1. *(Fin)* earnings, surplus; 2. *(Gen, RW)* profit, surplus, income • **Gewinn erwirtschaften** *(WiWi)* run a surplus • **Gewinn erzielen [machen]** 1. *(Börse)* move into the money; 2. *(Gen, RW)* make a profit, make a turn, run a surplus • **einen Gewinn melden** *(RW)* report a profit
Gewinn *m* **je Aktie** *(Fin, RW)* earnings per share
Gewinn *m* **nach Steuern** *(RW, Steuer)* after-tax income, after-tax profit
Gewinn *m* **und Abschreibungen** *fpl (Fin)* cash flow
Gewinn *m* **und Verlust** *m (RW)* profit and loss
Gewinn *m* **vor Ertragsteuern und Zinsaufwand** *(Fin, RW)* earnings be-

fore interest and tax(es), profit before interest and tax, operating income [profit]

Gewinn *m* **vor Steuern** 1. *(Fin, RW)* earnings before tax(es) *(EBT, Ebt)*; profit before taxes; 2. *(Steuer)* pre-tax earnings

Gewinn *m* **vor Zinsen, Steuern, Abschreibungen und Aktienoptionen** *(Fin, RW)* earnings before interest, taxes, depreciation, amortization and stock options, Ebitdaso

Gewinn *m* **vor Zinsen, Steuern und Abschreibungen** *(Fin, RW)* earnings before interest, taxes and amortization *(EBITA, Ebita)*

gewinnabhängige Bezahlung *f (Pers)* profit-related pay

Gewinnabsicht *f (Fin)* profit goal, gainful intent

Gewinnanteil *m* 1. *(Fin, Gen)* share in the profits; 2. *(Media)* royalty

Gewinnausfall *m (Gen)* loss of profit

Gewinnausschüttung *f (Fin)* profit distribution

Gewinnaussichten *fpl (Fin, Gen, WiWi)* profit outlook

Gewinnbereich/im *(WiWi)* in financial surplus

Gewinnbeteiligung *f (Fin, Pers, RW)* profit-sharing

gewinnbringend *adj* 1. *(Gen)* advantageous, beneficial, gainful; 2. *(RW)* profitable; 3. *(WiWi)* productive

gewinnbringendes Unternehmen *n (Gen)* profit-making enterprise

Gewinndruck *m* 1. *(Gen)* profit squeeze *(auf Margen)*; 2. *(WiWi)* profit push *(Inflation)*

Gewinne *mpl* **und Verluste** *mpl (Börse) (BE)* rises and falls, *(AE)* gains and losses *(securities)*

Gewinneffekt *m (Fin)* profit impact

gewinnen *v* 1. *(Börse)* gain; 2. *(Gen)* win, gain, gather *(Kenntnisse)*

Gewinnentwicklung *f (Fin, Gen, RW)* earnings performance

Gewinnerwartung *f (Gen)* profit expectation

Gewinnerzielung *f (Gen)* profit realization

Gewinnkennzahl *f (Börse)* earnings ratio

Gewinnkennziffer *f (Börse)* earnings ratio

gewinnlose Konkurrenz *f (WiWi)* no--profit competition

Gewinnmarge *f (Fin, WiWi)* profit margin

gewinnmaximierend *adj (Gen, Mgt)* profit-maximizing

Gewinnmaximierung *f (Fin, Gen, WiWi)* profit maximization

Gewinnmitnahme *f (WiWi)* profit taking

Gewinnoptimierung *f (Fin, Gen, WiWi)* profit optimization

gewinnorientiert *adj* 1. *(Gen)* profit-oriented; 2. *(WiWi)* acquisitive

gewinnorientierte Organisation f/nicht *(Soz, WiWi)* non-profit organization, non profit-making organization, not--for-profit organization

Gewinnpotenzial *n (Börse)* profit potential

Gewinnprognose *f (Fin)* profit projection, earnings forecast

Gewinnpunkt *m (WiWi)* breakeven point *(der Gewinn ist dort gleich null, wo Gesamtkosten = Gesamterlös)*

Gewinnpunktanalyse *f (WiWi)* breakeven analysis

Gewinnpunktberechnung *f (WiWi)* breakeven analysis

Gewinnpunktrechnung *f (WiWi)* breakeven analysis

Gewinnquote *f (WiWi)* profit share

Gewinnrate *f (Gen, Mgt, Pol)* profit rate

Gewinnrealisierung *f (Börse)* profit taking

Gewinnrückführung *f (WiWi)* repatriation of profits

Gewinnrücklage *f (RW)* revenue reserve

Gewinnschuldverschreibung *f* 1. *(Börse)* adjustment bond, income bond; 2. *(Steuer)* income bond

Gewinnschwelle *f (Gen)* breakeven point • **die Gewinnschwelle erreichen** *(WiWi)* break even

Gewinnspanne *f* 1. *(Fin, WiWi)* profit margin; 2. *(RW)* margin of profit; 3. *(V&M)* margin

Gewinnsteuer *f (RW, Steuer)* profits tax, tax on income

Gewinnung *f* 1. *(Gen)* extraction *(Rohstoffe)*; 2. *(Ind)* production *(Mineralstoffe)*; 3. *(WiWi)* exploitation

Gewinn- und Kapitalbeteiligung *f (Fin,*

Mgt, Pol) participation in the capital and profits of firms

Gewinn- und Verlustrechnung *f (RW)* income statement, operating statement, profit and loss account, profit and loss statement, statement of income, income accounts, statement of earnings

Gewinnverbesserung *f (Fin, Gen)* profit improvement

Gewinnvergleichsrechnung *f (Fin, WiWi)* comparative earnings analysis, profit comparison method *(statische Investitionsrechnung)*

Gewinnverwendung *f (Admin)* appropriation of earnings [income]

Gewinnvortrag *m (RW)* profit carried forward, accumulated profits, accumulated surplus

Gewinnwachstum *f (Gen)* profit growth

Gewinnziel *n (RW)* profit target

Gewinnziel-Kalkulation *f (Fin, RW)* target pricing *(Preisfindungsmethode wonach Absatzmengen und Kosten so zu steuern sind, dass geplanter Erlös minus geplante Gesamtkosten = Gewinnziel = profit target)*

Gewinnzone *f (RW, WiWi)* profit wedge • **in der Gewinnzone** *(RW, WiWi)* in financial surplus

Gewinnzunahme *f (Gen)* increase in profit, profit increase

gewissenlos *adj (Gen)* unscrupulous

Gewissheit *f (WiWi)* certainty

gewogen *adj (Stat, WiWi)* weighted

gewogene Durchschnittskosten *pl (RW)* weighted average cost

gewogener Außenwert *m* **einer Währung** *(WiWi)* trade-weighted exchange rate

gewogener Mittelwert *m (WiWi)* weighted average

gewogener Währungskorb *m (WiWi)* weighted currency basket *(ZB)*

gewöhnlich *adj (Gen)* straight

gewöhnliche Abnutzung *f (RW)* normal wear and tear

gewöhnliche und notwendige Geschäftsausgaben *fpl (Steuer)* ordinary and necessary business expenses

gewohnt *adj (Gen)* customary

gezeichnetes Kapital *n (Gen)* subscribed capital

gezielt *adj (V&M)* targeted

gezielte Kampagne *f (V&M)* targeted campaign

gezielte Maßnahme *f (Pers, Pol)* targeted measure, selective measure

gezielter Einsatz *m (WiWi)* targeting

gezogener Wechsel *m* 1. *(Bank)* draft; 2. *(WiWi)* drawn bill

GEZ-pflichtig *adj (Media, Recht)* obligated to pay TV tax *(GEZ = Gebühreneinzugszentrale der öffentlich--rechtlichen Rundfunkanstalten in der Bundesrepublik Deutschland = Central Office for Fee Collection of Radio and TV Licence Fees, ugs.: the German TV tax agency)*

Gießkannenprinzip *n (ugs.) (Pol, Soz, WiWi)* watering can principle

Giftpillen *fpl (ugs.) (Fin, Mgt) (ugs.)* poison pills *(vorsorgliche Abwehrmaßnahmen gegen feindliche Übernahmen)*

Giralgeld *n (Bank, WiWi) (BE)* book [bank] money, credit money

Girokonto *n (Bank) (AE)* checking account, *(BE)* cheque account, *(BE)* current account; credit account

Girosammeldepot *n (Bank, Börse)* collective safe-custody account

Giroverkehr *m (Bank)* banking transfer system, giro payments

glattstellen *v* 1. *(Bank)* settle *(Transaktionen)*; 2. *(Börse)* sell off, sell out *(Wertpapierpositionen)*

Glattstellung *f (Börse)* liquidization, offset, evening out

glaubhaft *adj (Gen)* convincing, probable

Glaubhaftmachung *f (Recht)* authentication *(von Ansprüchen)*

Gläubiger *m* 1. *(Fin, Gen)* creditor; 2. *(Recht)* obligee *(Berechtigter)*; 3. *(Admin)* creditor

Gläubigergemeinschaft *f (RW)* body of creditors

Gläubigerin *f s.* Gläubiger

Gläubigerstellung *f (Fin)* creditor position

Gläubigerverzug *m (Recht)* creditor's fault of acception, delay of the creditor *(Abnahmeverzug)*

glaubwürdig *adj (Gen)* trustworthy

Glaubwürdigkeit der Informationsquelle *(V&M)* source credibility

gleich *adj (Stat)* equal • **alles andere bleibt gleich** *(WiWi)* all else being equal • **gleicher Lohn für gleiche Arbeit** *(Pers) (BE)* equal pay for work of equal value • **unter sonst gleichen Umständen** *(WiWi)* all else being equal • **zu den gleichen Bedingungen** *(Gen)* on the same terms, on equal terms • **zu gleichen Teilen** *(Gen)* in equal proportions
gleichartig *adj (Gen)* similar
Gleichbehandlung *f* **von Frauen und Männern** *(Pers, Pol, Recht)* equal treatment of men and women *(EU)*
Gleichbehandlung *f* **von Mann und Frau** *(Pol, Recht, Soz)* equal treatment of men and women
Gleichbehandlungsgrundsatz *m (Recht)* principle of equal treatment
gleichberechtigt *adj (Gen)* of equal rank, pari passu
Gleichberechtigung *f (Recht, Soz)* equality, equality of rights
Gleichberechtigung *f* **der Geschlechter** *(Pers, Recht, Soz)* gender equality
Gleichberechtigung *f* **von Mann und Frau** *(Recht, Soz)* equality of men and women, equality of rights of men and women
gleichbleiben *v (Gen, WiWi)* remain constant, remain unchanged
gleichbleibendes Risiko *n (Versich)* constant risk
gleiche Basis *f (Gen)* equal footing
gleiche Bedingungen *fpl* 1. *(Gen, Pol)* level playing field; 2. *(Recht)* equal conditions
gleiche Bildungschance *f (Pers)* equal opportunities in education, equality of opportunity in education, equal educational opportunity, equality of educational opportunity
gleiche Produktivität *f (Pers)* comparable worth
gleiche Spielregeln *fpl (Pol, Recht, WiWi)* level playing field
gleiche Startchancen *fpl (Pol, Recht, WiWi)* level playing field
gleicher Lohn *m* **für gleiche Arbeit** *(Pers, Pol, WiWi)* equal pay for equal work
gleichgerichtete Preisgestaltung *f (WiWi)* parallel pricing
Gleichgestellte *m(f) (Pers)* equal
Gleichgewicht *n (WiWi)* equilibrium • **ins Gleichgewicht bringen** *(Gen)* redress
Gleichgewichtsarbeitslosigkeit *f (Soz, WiWi)* equilibrium unemployment
Gleichgewichtsbasis *f (Börse)* equilibrium basis
Gleichgewichtsmarkt *m (WiWi)* clearing market
Gleichgewichtsmenge *f (WiWi)* equilibrium output
Gleichgewichtspreis *m (WiWi)* equilibrium price, market clearing price
Gleichgewichtswachstum *n (WiWi)* balanced growth
gleichgültig *adj (Gen)* unresponsive *(Markt)*
Gleichheit *f (Pers)* equality *(Gleichberechtigung)*
Gleichheit *f* **der Geschlechter** *(Pers, Recht, Soz)* gender equality
Gleichheit *f* **vor dem Gesetz** *(Recht) (AE)* Equal Protection of the Laws, equality before the law *(Garantie in der Verfassung)*
gleichkommen *v (Gen)* correspond
gleichlaufender Indikator *m (WiWi)* concurrent indicator, coincident indicator *(Konjunkturpolitik)*
gleichlautende Abschrift *f (Recht)* confirmed copy
Gleichmacherei *f (ugs.) (Pol)* egalitarianism
gleichmäßig *adv* 1. verteilt; 2. *(Gen)* evenly spread
gleichrangig *adj (Gen)* of equal rank, pari passu
gleichsetzen *v (Gen)* equalize
Gleichstellung *f (Recht)* equal status
gleichtägig *adj (Bank, Fin)* intra-day, same-day *(Transaktion, Kredit, Wertstellung)*
Gleichung *f (Stat)* equation
gleichwertig *adj (Gen)* equivalent
Gleichwertigkeit *f (Gen)* equal value
gleichzeitig *adj (Gen)* simultaneous
Gleit... *(Gen)* sliding, flexible, gliding
gleitende Arbeitszeit *f (Pers)* flexitime, flexible time, flexible working hours
gleitende Lohnskala *f (Pers)* sliding wage scale
gleitender Durchschnitt *m (Stat)* moving average

gleitender Übergang *m* **in den Ruhestand** *(Pers, Soz)* gradual transition to retirement
Gleitklausel *f (Pers, WiWi)* threshold agreement, escalator clause *(Indexklausel)*
Gleitparität *f (WiWi)* crawling peg
Gleitzeit *f (Pers)* flexitime, flexible time, flexible working hours
Gleitzeitarbeit *f (Pers)* flexible working hours, flexible hours of work, flexitime
gliedern *v (Gen)* structure
Gliederung *f (Gen)* arrangement, classification, structure
Gliederung *f* **der Posten der Bilanz und der Gewinn- und Verlustrechnung** *(RW)* layout of items in the balance sheet and the profit and loss account
Gliederung *f* **in Geschäftsbereiche** *(Gen)* divisionalization
global *adj (Gen)* worldwide, all-in, all-inclusive, global
globale Bankgarantie *f (Bank)* comprehensive bank guarantee
globales Beschaffungsmarketing *n (Gen)* global sourcing
globalisieren *v (Gen)* globalize
Globalisierung *f (Gen)* globalization
Globalkürzung *f (Mgt, Pers)* across-the--board cut
Glockenkurve *f (Stat)* bell-shaped curve
Glockenpolitik *f (Umwelt, WiWi)* bubble policy
Glotze *f (ugs.) (Media) (BE)* box *(Fernseher)*
GmbH *s.* Gesellschaft mit beschränkter Haftung
Gnadenfrist *f* 1. *(RW)* grace days; 2. *(Recht)* period of grace
GOB *(Abk. für Grundsätze ordnungsmäßiger Buchführung) (RW)* financial reporting standards, principles of orderly accounting, principles of proper accounting; German (Generally) Accepted Accounting Principles, (German) GAAP *(Ziel gemäß § 264 II HGB: ein den tatsächlichen Verhältnissen entsprechendes Bild der Vermögens-, Finanz- und Ertragslage einer Kapitalgesellschaft vermitteln; cf Grundsätze ordnungsmäßiger Buchführung und Bilanzierung)*
Goldbarrenmarkt *m (Börse)* bullion market
Goldbestand *m (Bank, WiWi)* gold holding *(ZB)*
Golddeckung *f (WiWi)* gold cover
goldgerändertes Papier *n (Fin, WiWi)* blue chip
Goldgewinnung *f (Ind)* gold mining
Goldkernwährung *f (WiWi)* gold bullion standard
Goldpunkt *m* 1. *(Gen)* specie point; 2. *(Imp/Exp)* gold point
Goldrausch *m (Gen)* gold rush
Goldstandard *m (WiWi)* gold standard
Goodwill-Abschreibung *f (RW)* goodwill amortization
Grad *m (Gen)* degree
graduell *adj (Gen)* gradual
graduierter Betriebswirt *m (Bil, Pers)* graduate in business administration; Bachelor of Business Administration, BBA
grafische Benutzeroberfläche *f (Comp)* graphical user interface
grafischer Ideengestalter *m (V&M)* visualizer
Gratifikation *f (Pers)* special bonus
gratis *adj (Gen)* free, gratis, free of charge
Gratisaktie *f (Fin)* bonus share [stock]
Gratisaktien *fpl (RW)* free issue of new shares [stocks]
grauer Markt *m (WiWi) (BE)* grey market, *(AE)* gray market
Grauzone *f (WiWi)* intermediate area
gravierender Fehler *m (Gen)* fatal error
greifen *v (Gen)* snatch
Gremium *n* 1. *(Gen)* body; 2. *(Pol)* commission, committee
Grenz... *(Gen, WiWi)* marginal
Grenzarbeitnehmer *m (Pers)* frontier worker, border worker, cross-border worker
Grenzausgaben *fpl (V&M)* incremental spending
Grenzausgleichzahlungen *fpl (WiWi)* Monetary Compensatory Amount *(EU)*
Grenzbetrachtung *f (Fin)* marginal analysis
Grenzbetrieb *m (WiWi)* marginal firm
Grenze *f* 1. *(Gen)* frontier; 2. *(Grund)* boundary; 3. *(WiWi)* cap, limit
Grenzerlös *m (WiWi)* marginal profit, marginal revenue

Grenzerlösprodukt *n (WiWi)* marginal revenue product
Grenzertrag *m (Fin, WiWi)* marginal yield, marginal return
Grenzertrag *m* **des investierten Kapitals** *(Fin)* marginal return on capital
Grenzfall *m (Gen)* borderline case
Grenzgebiet *n (Pol, Recht)* border area, border region
Grenzhandel *m (Imp/Exp)* border trade
Grenzkosten *pl* 1. *(Fin, RW)* marginal costs, alternative costs; 2. *(WiWi)* incremental cost, marginal costs
Grenzkosten *pl* **der Arbeit** *(Pers, WiWi)* marginal cost of labo(u)r
Grenzkostenkurve *f (WiWi)* marginal cost curve
Grenzkostenrechnung *f (Fin, RW)* marginal costing, *(AE)* direct costing *(Gegensatz: Vollkostenrechnung = full costing)*
Grenzkurs *m (Bank, WiWi)* marginal rate
Grenzleistungsfähigkeit *f* **des Kapitals** *(WiWi)* marginal efficiency of capital
Grenznutzen *m (WiWi)* marginal utility
Grenzpendler *m (Pers)* border commuter
Grenzpendlerin *f s.* Grenzpendler
Grenzplankostenkalkulation *f (WiWi)* marginal cost pricing
Grenzplankostenrechnung *f* 1. *(Fin)* standard direct costing *(Kostenrechnung)*; 2. *(RW)* accounting by functions, direct costing; 3. *(WiWi)* accounting by functions, differential costing, activity accounting, direct costing, marginal costing *(Synonym: Deckungsbeitragsrechnung, Teilkostenrechnung; Gegensatz: Vollkostenrechnung)*
Grenzprodukt *n (Ind)* marginal product
Grenzprodukt *n* **der Arbeit** *(WiWi)* marginal product of labo(u)r
Grenzproduktivität *f (WiWi)* marginal productivity
Grenzproduzent *m (WiWi)* marginal firm, marginal producer
Grenzrate *f* **der Substitution** *(WiWi)* marginal rate of substitution
Grenzrate *f* **der Transformation** *(WiWi)* marginal rate of transformation
Grenzregion *f (Pol, Recht)* border area, border region
Grenzsteuersatz *m (Steuer)* marginal tax rate
Grenzübergang *m (Transp)* border crossing-point, checkpoint
Grenzübergangsstelle *f (Gen)* point of entry
grenzüberschreitend *adj* 1. *(Gen)* cross-border, transnational; 2. *(V&M)* transfrontier
grenzüberschreitende Fusion *f (Börse, Gen, WiWi)* cross-border merger
grenzüberschreitende Transaktion *f (WiWi)* cross-border transaction
grenzüberschreitender Handel *m (Imp/Exp, WiWi)* cross-border trade
Grenzverkehr *m (Gen)* border traffic
Griffel *m (Comp)* stylus
grob fahrlässig handeln *v (Recht)* be guilty of gross negligence
grob fahrlässige Unkenntnis *f (Recht)* gross ignorance *(Vertragsrecht)*
grob umreißen *v (Gen)* outline, sketch
grobe Schätzung *f (Gen)* rough estimate
grobes Fehlverhalten *n (Pers)* gross misconduct
grobes Verschulden *n (Recht)* gross fault *(Vertragsrecht)*
groß *adj (Gen)* great, massive, large • **in großem Umfang** *(Gen)* to a large extent • **sich in große Unkosten stürzen** *(Gen)* go to great expense
Großabnehmer *m (Gen)* bulk buyer, bulk purchaser, quantity buyer
Großaktionär *m (Börse)* principal stockholder
Großaktionärin *f s.* Großaktionär
großangelegt *adj (Gen, WiWi)* large-scale *(Projekte)*
Großanleger *m (Fin)* big investor
Großanlegerin *f s.* Großanleger
Großauftrag *m (Gen)* bulk order, large order
Großbetrieb *m (Gen)* big business
Größe *f* 1. *(Comp)* size; 2. *(WiWi)* size, bulk • **nach Größe geordnet** *(Gen)* graded by size
Große Koalition *f (Pol, Recht)* grand coalition
Großeinkauf *m (Gen)* bulk purchase, *(ugs.)* spending spree
Größennachteile *mpl (WiWi)* diseconomies of scale
Größenordnung *f (Stat)* order of magnitude

Größenvorteile *mpl (WiWi)* economies of scale
größer als *(Stat, V&M)* larger than, greater than
Großer Lauschangriff *m (ugs.) (Pol, Recht)* great eavesdropping attack
großer Name *m (Gen)* big name
Großhandel *m* 1. *(Börse)* jobbing; 2. *(Gen)* wholesale, wholesale business [trade]; 3. *(V&M, WiWi)* wholesale trade
Großhandelsartikel *mpl (Gen, Ind, WiWi)* wholesale goods
Großhandelsgeschäft *n (Gen)* wholesale business
Großhandelsgewerbe *n (V&M, WiWi)* wholesaling
Großhandelspreis *m (Gen, V&M)* wholesale price
Großhandelsrabatt *m (Gen)* trade allowance
Großhändler *m (Gen, V&M)* jobber, wholesale dealer [merchant, trader], wholesaler
Großhändlerin *f s.* Großhändler
Großindustrie *f* 1. *(Gen)* big business; 2. *(Ind)* large-scale industry
Großindustrielle *m(f)* 1. *(Fin)* business magnate; 2. *(Gen)* tycoon; 3. *(Pers)* captain of industry, tycoon
Grossist *m (Gen, V&M)* wholesale dealer [merchant, trader], wholesaler
Grossistin *f s.* Grossist
Großkredit *m (Bank)* jumbo [large-scale] loan
Großkredite *mpl* **von Kreditinstitutionen überwachen und kontrollieren** *(Bank, Fin)* monitor and control large exposures of credit institutions
Großkunde *m (Gen)* big customer, major customer
Großkundenbetreuer *m (Gen, Mgt)* relationship manager, key account manager
Großkundengeschäft *n (Bank)* wholesale business
Großmarkt *m (Gen)* wholesale market
Großpackung *f* 1. *(Gen)* bulk package, economy-sized packet; 2. *(V&M)* economy-sized packet
Großproduktion *f (Ind)* large-scale production
Großraumbüro *n (Admin)* open-plan office
Großschreibung *f (Comp, Gen, Media)* capitalization
Großstadtgebiet *n (WiWi)* metropolitan area
Großteil *m (WiWi)* bulk
Großunternehmen *n (Gen, WiWi)* large-scale enterprise, big firm
Großvaterrechte *npl (Recht, Transp, WiWi) (AE)* grandfather rights *(Synonym: angestammte Rechte, überkommene Rechte; Besitzstands-Privilegien aufgrund früherer Nutzung, Besetzung, Anwesenheit oder Zugriffe; von Bedeutung heute z. B. im Luftverkehr bei der Zuteilung knapper Start- und Landerechte = allocation of slots)*
Großzählung *f (Gen)* census
großzügig *adj (Gen, Steuer)* generous
großzügige Abfindung *f (Fin) (ugs.)* golden parachute
Grund *m (Gen)* rationale
Grund *m* **und Boden** *m (Ind)* real estate [property]
Grundausbildung *f (Bil)* basic education, basic training *(work-orientated)*
Grundbedürfnisse *npl (WiWi)* basic needs, bare necessities
Grundbegriff *m (Gen)* basic concept
Grundbesitz *m* 1. *(Grund)* freehold property; 2. *(WiWi)* land ownership, real estate
Grundbetrag *m (Gen)* basic amount
Grundbilanz *f (Imp/Exp, WiWi)* basic balance
Grundbildung *f (Bil)* basic education
Grundbuch *n* 1. *(Admin, Grund) (BE)* land register, *(AE)* plat book; 2. *(Fin, RW)* book of first [original, prime] entry
Grundbuchamt *n* 1. *(Grund, Recht)* registry of deeds; 2. *(Admin)* land registry, *(AE)* land office
Grundbuchauszug *m (Grund)* extract from the land register, land certificate
Grundbuchung *f (RW)* original entry
Grunddaten *npl (Börse, WiWi)* fundamentals
Grundeigentum *n (Admin, Grund)* freehold, freehold property
Grundeinkommen *n (WiWi)* basic income
gründen *v* 1. *(Gen)* form, found, start *(Firma)*; incorporate, set up *(Unternehmen)*; 2. *(Recht)* incorporate *(Un-*

ternehmen); 3. *(WiWi)* start up *(Unternehmen)* • **gründen auf** *(Gen)* base on

Gründer *m (Gen)* founder

Gründerstaaten *mpl (Pol)* founding States *(EU)*

Grunderwerb *m (Grund, Recht)* acquisition of land, property acquisition, land acquisition

Grunderwerbsteuer *f (Grund, Steuer) (BE)* land transfer tax, *(AE)* realty transfer tax, property acquisition tax, tax on land acquisition *(auch: Grunderwerbssteuer)*

Gründerzentrum *n (Gen)* business incubator

Grundfläche *f (Grund)* floor space

Grundfreibetrag *m (Steuer)* basic relief [exemption]

Grundfreiheiten *fpl (Pol, Recht)* fundamental freedoms

Grundgehalt *n (Pers) (BE)* basic pay, *(AE)* base salary

Grundgesamtheit *f* 1. *(Stat)* parent population; 2. *(V&M)* universe

Grundgeschäft *n* 1. *(Fin) (ugs.)* bottom line; 2. *(Gen) (ugs.)* bread-and-butter line

Grundinflation *f (WiWi)* underlying inflation

Grundkapital *n* 1. *(Fin)* equity capital, capital stock; 2. *(RW)* capital; 3. *(WiWi)* share capital, base capital

Grundkenntnisse haben *(Gen, Pers)* have a working knowledge

Grundlage *f* 1. *(Gen)* substructure; 2. *(Steuer)* basis • **die Grundlage für etw. bilden** *(Bank)* provide the base for sth • **die Grundlage für etw. schaffen** *(Gen)* lay the ground for sth

Grundlagen *fpl (Gen)* basics

Grundlagendokument *n (Pol, Recht)* baseline requirements document

Grundlagenforschung *f (Gen)* basic research

grundlegend *adj (Gen)* sweeping *(Veränderungen)*

gründlich *adj (Gen)* in-depth

gründlich überprüfen *v (Gen)* check thoroughly

gründliche Analyse *f (Gen)* in-depth analysis

Grundlohn *m (Pers) (BE)* basic pay, *(AE)* base pay; basic wage, wage floor, basic rate

Grundnahrungsmittel *npl (Gen)* basic foodstuffs, essential foodstuffs

Grundpfandrecht *n (Grund, Recht)* mortgage lien

grundpfandrechtlich gesichertes Darlehen *n (Fin, Grund, Recht)* mortgage--backed loan

Grundprinzip *n (Gen)* guiding principle

Grundprinzipien *npl (Pol, Recht)* basic principles

Grundriss *m* 1. *(Gen)* ground plan, plot, outline; 2. *(Grund)* floor plan

Grundsatz *m (Gen)* convention, principle

Grundsatz *m* **der Periodenabgrenzung** *(RW)* accrual concept, *(AE)* matching principle

Grundsatz *m* **der Unabhängigkeit** *(Gen, Steuer, V&M)* arm's-length principle

Grundsätze *mpl* **der Rechnungslegung** *(RW)* generally accepted accounting principles, GAAP, (financial) reporting standards, accounting principles *(cf Grundsätze ordnungsmäßiger Buchführung, GOB)*

Grundsätze *mpl* **ordnungsmäßiger Buchführung** *(GOB) (RW)* financial accounting standards, principles of orderly accounting, principles of proper accounting; German (Generally) Accepted Accounting Principles, (German) GAAP *(cf Grundsätze ordnungsmäßiger Buchführung und Bilanzierung)*

Grundsätze *mpl* **ordnungsmäßiger Buchführung und Bilanzierung** *(RW)* financial accounting standards, principles of orderly accounting, principles of proper accounting, financial reporting standards; German (Generally) Accepted Accounting Principles, (German) GAAP; *(BE)* Statement of Standard Accounting Practice, SSAP *(Ziel gemäß § 264 II HGB: ein den tatsächlichen Verhältnissen entsprechendes Bild der Vermögens-, Finanz- und Ertragslage einer Kapitalgesellschaft vermitteln)*

Grundsätze *mpl*/**tragende** *(Recht)* fundamental principles

Grundsatzentscheidung *f* 1. *(Gen)* policy decision; 2. *(Recht)* landmark decision, fundamental decision, basic decision

grundsätzlich *adj (Recht)* on principle, basic

grundsätzlich *adv (Gen, Recht)* principally, as a matter of principle, in general, in principle, on principle

Grundsatzpapier *n (Pol)* position paper

Grundschulbildung *f (Bil)* primary education

Grundschuld *f (Fin, Grund, Recht)* land charge, charge on real property, encumbrance of real property

Grundschulwesen *n (Bil)* primary education

Grundsicherung *f (Pol, Soz)* basic benefit, minimum level of income

Grundsteuer *f (Steuer)* land tax, real property tax

Grundsteuerzahler *m (Steuer) (BE)* ratepayer

Grundsteuerzahlerin *f s.* Grundsteuerzahler

Grundstoff *m* 1. *(Börse)* primary commodity; 2. *(Gen)* primary product; 3. *(WiWi)* basic commodity, basic material, primary commodity

Grundstoffindustrie *f* 1. *(Ind)* basic industry, extractive industry *(Bergbau, Öl- und Gasförderung)*; 2. *(WiWi)* basic industry, extractive industry, primary industry

Grundstück *n (Grund)* parcel, plot, premises

Grundstücksbelastung *f (Recht)* encumbrance

Grundstücksbestandteile *mpl (Grund)* fixtures

Grundstückseigentum *n (Grund)* fee simple

Grundstückseigentümer *m (Grund)* freehold owner

Grundstückseigentümerin *f s.* Grundstückseigentümer

Grundstückserschließung *f (Grund)* land improvement, property development

Grundstücksgrenze *f (Grund)* lot line

Grundstücksmakler *m (Grund) (BE)* estate agent, *(AE)* listing agent, *(AE)* listing broker

Grundstücksmaklerin *f s.* Grundstücksmakler

Grundstücksmarkt *m (Grund)* property market

Grundstücksmiete *f (Grund)* land rent

Grundstückspacht *f (Grund)* land rent

Grundstücksspekulant *m (Grund)* property speculator

Grundstücksspekulantin *f s.* Grundstücksspekulant

Grundstücksüberlassungsvertrag *m (Grund)* land contract

Grundstücksübertragung *f (Recht)* conveyance *(Eigentum)*

Grundstücksurkunde *f (Grund, Recht)* title deed

Grundtarif *m (Gen) (BE)* base rate

Grundtendenz *f (Gen, WiWi)* basic trend, underlying tendency

Grundüberzeugungen *fpl (Mgt, Pol)* core beliefs

Gründung *f (Recht)* incorporation, the Establishment *(einer Gesellschaft)*

Gründung *f* **eines Unternehmens** *(Gen, WiWi)* business start-up, setting up one's own business

Gründungsaufwand *m (RW)* organization cost, organization expense, original cost

Gründungsfinanzierung *f (Fin, RW)* start-up funding

Gründungskapital *n (Fin)* initial capital, original capital, seed capital, start-up capital

Gründungskosten *pl* 1. *(Fin)* setting-up costs, promotion cost; 2. *(RW)* organization cost, preliminary expenses

Gründungsmitglieder *npl (Recht)* Founder Members *(EURid)*

Gründungsurkunde *f (Recht)* charter *(Gesellschaftsrecht)*; *(BE)* articles of association, *(AE)* articles of incorporation *(Satzung)*; certificate of incorporation *(Vertragsrecht)*

grüne Energie *f (Umwelt)* green energy

grünes Licht *n (Gen)* green light *(Erlaubnis)*

Gruppe *f* 1. *(Gen)* body, group of companies; 2. *(RW)* group

Gruppenabschluss *m (RW)* group accounts

Gruppenakkord *m (Pers)* group piecework

Gruppenanreizsystem *n (Pers)* group incentive scheme

Gruppenarbeit *f (Pers)* group working
Gruppenbesprechung *f (Mgt)* team briefing
Gruppendruck *m (Gen, Pol)* peer pressure
Gruppenfloat *n (WiWi)* joint float, joint floating
Gruppenfloating *n (WiWi)* joint float, joint floating
Gruppenklage *f (Recht)* class action suit
Gruppenzwang *m (Gen, Pol)* peer pressure
gruppieren *v (Gen)* align
Gruppierung *f* 1. *(Gen)* alignment, grouping; 2. *(Stat)* grouping
gültig *adj (Admin)* valid • **für gültig erklären** *(Gen)* validate *(Dokument)*
Gültigkeit *f (Gen, Pat)* validity
Gültigkeit erlangen *v (Recht)* become valid, become effective
Gültigkeitsbereich *m (Pat)* scope
günstig *adj* 1. *(Börse)* attractive, favo(u)rable; 2. *(Gen)* advantageous, attractive, good value *(preiswert)*
günstige Konditionen *fpl (Gen)* concessional terms
günstige Wirtschaftslage *f (WiWi)* favourable economic conditions
günstiger Kauf *m* 1. *(Gen)* lucky buy; 2. *(V&M)* bargain, snip
günstigst *adj (Gen)* optimal, optimum
günstigste Situation *f (Gen, WiWi)* best-case scenario
gut *adj (Gen)* good, strong
gut *adv (Gen)* well • **gutausgebildet** *(Pers)* well-grounded, well-educated *(schulisch)* • **gut beraten sein** *(Gen)* be well advised • **gutdotiert** *(Pers)* well-paid *(Position)* • **guteingeführt** *(Gen)* well-established *(Position)* • **sich gut entwickeln** *(Gen)* thrive • **gutgehend** *(Gen, WiWi)* thriving • **gutinformiert** *(Gen, Pol)* well-informed • **gutsituiert** *(Gen)* well-off
Gut *n* 1. *(WiWi)* good *(Wirtschaftsgut, z. B. öffentliches Gut = public good = social good; opposite: bad = Übel = negatives Gut)*; 2. *(Grund)* property *(Besitz)*; estate *(Landgut)*; 3. *(RW)* asset *(Vermögensgut)*
Gutachten *n (Gen)* survey, appraisal, appraisal report, opinion, evaluation report • **ein Gutachten einholen** *(Gen)* ask for an expert opinion
Gutachter *m* 1. *(Gen)* adjudicator; 2. *(Mgt)* consultant, surveyor *(Ziviltechniker)*
Gutachtergebühr *f (Gen)* survey fee
Gutachterin *f s.* Gutachter
Güte *f (V&M)* quality • **der Güte nach** *(Gen)* qualitative, qualitatively
gute Börsenverfassung *f (Bank, Börse)* buoyant stock market, buoyant stock market conditions
gute Durchschnittsqualität *f (Gen)* fair average quality, good fair average
gute Durchschnittsware *f (Transp)* fair merchantable, f.m.
Gütebestätigung *f (Gen, Ind, Mgt, V&M)* quality assessment
Gütekontrolle *f (Gen, Ind, V&M)* quality control, QC
Gütepass *m (Imp/Exp)* quality certificate
Güter *npl (Gen, WiWi)* goods, commodities
Güter *npl* **des Grundbedarfs** 1. *(Gen, WiWi)* basic goods; 2. *(WiWi)* essentials
Güter *npl* **des täglichen Bedarfs** *(Gen, V&M)* convenience goods, essential commodities
guter Glaube *m (Recht, RW)* good faith, bona fides
guter Name *m (Gen)* renown, good reputation
guter Ruf *m* 1. *(Gen)* renown; 2. *(V&M)* established image
Güterangebot *n (WiWi)* supply of goods
Güteraustausch *m (Gen)* trade
Güterbündel *n (WiWi)* composite commodity
Güterkraftverkehr *m (Transp)* road haulage
Gütermarkt *m (WiWi)* commodity market
Güternachfrage *f (WiWi)* demand for goods
güterproduzierender Sektor *m (Ind, WiWi)* goods-producing sector, goods-producing industry
Güterverkehrsgewerbe *n (Transp)* carriage of goods *(i. w. S., in the broad sense: the industry)*
güterwirtschaftliche Seite *f* **der Wirtschaft** *(WiWi)* real economy
güterwirtschaftliches Gleichgewicht *n (WiWi)* equilibrium in real terms

Gütesicherung *f (Gen, Ind, Mgt, V&M)* quality assessment
Gütezeichen *n* 1. *(Bank)* hallmark; 2. *(Gen)* quality label; 3. *(Pat, Recht)* certification mark; 4. *(V&M)* brand name
gutgläubig *adj (Gen)* in good faith
gutgläubig erwerben *v (Recht)* acquire in good faith
gutgläubiger Erwerber *m (Gen)* bona fide purchaser
gutgläubiger Inhaber *m (Börse)* bona fide holder
Guthaben *n (Bank)* credit balance, credit
Guthaben *npl* **bei Zentralnotenbanken** *(Bank, RW)* balances with central banks
Guthabensaldo *m (Bank)* bank balance, deposit balance
gütlich *adj (Gen)* amicable *(Einigung, Beilegung)*
gütliche Beilegung *f (Gen, Recht)* amicable settlement *(Rechtsstreit)*
gütliche Einigung *f (Gen)* private arrangement
gütlicher Vergleich *(Recht)* amicable arrangement, amicable agreement
Gutschein *m (Gen)* issue voucher, coupon, voucher, credit note
gutschreiben *v (RW)* credit • **gutgeschrieben auf** *(Fin)* credited to
Gutschrift *f* 1. *(Fin)* credit memorandum; 2. *(Gen)* credit note; 3. *(RW)* credit entry • **zur Gutschrift auf** *(RW)* credited to
Gutschriftsanzeige *f* 1. *(Fin)* credit memorandum, credit note; 2. *(Gen)* credit note
Gutschriftstag *m (Bank)* date of settlement *(EZB)*
Gutschriftzettel *f (Fin)* credit slip
GuV *s.* Gewinn- und Verlustrechnung
GuV-Rechnung *f (RW)* P&L account *(profit and loss account)*
Gymnasium *n (Pers)* academic secondary school, upper secondary school

H

Haben *n (RW)* credit, credit side • **im Haben** 1. *(RW)* on the credit side *(Buchung)*; 2. *(Bank)* (be) in credit, (show a) credit balance *(Habensaldo = Guthaben aufweisen)*; *(ugs.)* (be) above the line *(Habenbestand)* • **im Haben buchen** *(RW)* enter on the credit side *(Buchung)*
Habenbuchung *f (RW)* credit entry
Habensaldo *m (Bank, Fin, RW)* credit balance in bank
Habenseite *f (Fin, RW)* credit side, right column
Habenzinsen *mpl (Bank, RW)* interest earned
Habilitation *f (Bil)* postdoctoral thesis *(in Deutschland erforderlich zur Erlangung einer Professur)*
Hack-Angriffe *mpl (Comp)* hack attacks, intrusions *(Computereindringung)*
hackersicher *adj (ugs.) (Comp)* hacker-proof
Hackordnung *f (Pers, Soz)* gorilla scale, pecking order
Hafen *m (Transp)* harbo(u)r, port • **ab Hafen** *(Imp/Exp, Transp)* ex wharf, x-wharf
Hafeneinrichtungen *fpl (Transp)* port facilities, harbo(u)r facilities
Hafengebühren *fpl (Steuer, Transp)* harbo(u)r dues, port charges, port dues
haftbar *adj* 1. *(Gen)* answerable, accountable; 2. *(Recht, Versich)* liable, responsible • **jmdn. für etw. haftbar machen** *(Recht)* hold sb liable for sth
Haftbarkeit *f (Recht, Versich)* liability, responsibility
Haftbefehl *m (Recht)* warrant
Hafteinlage *f (Fin)* liability capital contribution, equity contribution *(Vorgang, transaction)*; liable equity capital
haften *v* **für etw.** 1. *(Gen)* answer for sth; 2. *(Recht, Versich)* accept liability for sth, be liable [responsible] for sth
haftendes Eigenkapital *n (Fin, RW)* liable equity capital
Haftkapital *n (Fin)* liability capital; risk capital *(Wagniskapital-Finanzierung; Eigenkapital oder nachrangig besichertes Fremdkapital; Synonym: risi-*

kotragendes Kapital, Hafteinlage; Gegensatz zum erstrangig besicherten Fremdkapital)

Haftkaution *f (Recht)* bail bond

Haftpflicht *f (Recht, Versich)* liability, responsibility

haftpflichtig *adj (Recht, Versich)* liable

Haftpflichtrisiko *n (Versich)* third-party risk

Haftpflichtversicherung *f (Versich)* errors and omissions insurance, liability insurance

Haftpflichtversicherung *f* **mit Vollkaskoversicherung** *(Versich)* fully comprehensive insurance policy

Haftpflichtversicherungsschutz *m (Versich)* third-party insurance cover

Haftprüfung *f (Recht)* remand

Haftung *f (Recht, Versich)* liability, responsibility • **Haftung für etw. anerkennen** *(Recht)* accept liability for sth • **ohne jegliche Haftung unsererseits** *(Recht)* without any liability on our part • **die Haftung für etw. übernehmen** *(Recht)* take responsibility for sth, accept liability for sth

Haftung *f* **aus unerlaubter Handlung** *(Recht)* tort liability *(zivilrechtlich)*

Haftung *f* **des Verkäufers** *(Recht, V&M)* seller's liability

Haftung *f* **für Geschäftsrisiken** *(Recht)* business exposures liability

Haftung *f* **mit Selbstbeteiligung** *(Versich)* excess liabilities

Haftungsausschluss *m (Recht, Versich)* exclusion of liability, nonliability *(Vertragsrecht)*

Haftungsbeschränkung *f* 1. *(Gen)* corporate veil; 2. *(Recht, Versich)* limitation of liability *(Vertragsrecht)*

Haftungsfreistellung *f (Recht, Versich)* release from liability *(Vertragsrecht)*

Haftungsgrund *m (Recht, Versich)* cause of liability

Haftungsminderung *f (Recht, Versich)* reduction of liability

haftungsrechtlich *adj (Recht)* relating to liability

haftungsrechtlicher Gleichbehandlungsgrundsatz *m (Recht)* principle of equal treatment in respect of liability

Haftungsrisiko *n (Recht, Versich)* risk of liability *(Vertragsrecht)*

Haftungsübernahme *f (Recht, Versich)* assumption of liability *(Vertragsrecht)*

Haken haben *v/***einen** *(Gen)* have a string attached to it *(Vertrag, Klausel)*

Halb... *(Gen)* half, semi...

Halbeinkünfteverfahren *n (Steuer)* half-income system, half-income method *(Deutschland, Besteuerungsverfahren für Aktionäre)*

halber Preis *m (Gen)* half fare • **zum halben Preis** *(Gen)* at half-price

Halberzeugnis *n (Ind)* semi-finished product

halbes Dutzend *n/***ein** *(Gen)* half a dozen

Halbfabrikat *n (Ind)* semi-finished product

Halbfabrikate *npl (Ind)* partly finished goods, semi-finished goods

Halbfertigerzeugnis *n (Ind, RW)* semi-finished product, semi-finished good

Halbfertigprodukt *n (Ind)* semi-finished product

Halbjahr *n (Gen)* half-year, (period of) six months

Halbjahres... *(Gen)* biannual, half-yearly, six-monthly

Halbjahresabschluss *m (RW)* half-yearly accounts

Halbjahresbericht *m (Mgt)* biannual report

Halbjahresfrist *f (Gen)* six-monthly period

Halbjahresperiode *f (Gen)* six-monthly period

halbjährlich *adj (Gen)* half-yearly, biannual

Halbjahrs... *(Gen)* biannual, half-yearly, six-monthly

Halbleiter *m (Comp, Ind)* semiconductor

halbtags *adj (Pers)* half-time

halbtags arbeiten *(Gen)* be on half-time, work half-time

Halbtagsbeschäftigung *f (Pers)* half-time work, half-time employment

haltbar *adj* 1. *(Gen)* stable; 2. *(Ind)* durable, hardwearing

haltbar sein *v (Ind)* stand up to wear, keep well *(Lebensmittel)*

Haltbarkeit *f (Ind, V&M)* shelf life

Haltbarkeitsdatum *n (Gen, V&M)* use-by date

Haltung *f (Gen, Mgt)* attitude, stance, frame of mind

Hand *f (Gen)* hand • **unter der Hand** *(Gen)* by private contract • **zur Hand** *(Gen)* ready to hand • **zu Händen von** *(Gen, Komm)* Attn., for the attention of • **in den Händen Dritter** *(Gen)* in the hands of a third party
Handbuch *n (Gen)* guide, handbook, manual
Handel *m* 1. *(Gen)* commerce, trade, trading *(Gewerbe)*; bargain, deal, transaction *(Abschluss)*; traffic *(von illegalen Waren)*; 2. *(V&M)* distributive trades • **den Handel aussetzen** *(Börse)* suspend trading • **Handel (be)treiben** *(WiWi)* trade
Handel *m* **auf Reziprozitätsbasis** *(WiWi)* reciprocal trading
Handel *m* **in Freiverkehrswerten** *(Börse)* unlisted [OTC] trading
Handel *m* **in unnotierten Werten** *(Börse)* off-floor trading, off-board trading
Handel *m* **mit Umweltverschmutzungszertifikaten** *npl (Umwelt)* emissions trading
Handel *m* **rund um die Uhr** *(Börse)* twenty-four-hour trading
handelbar *adj (Börse, Fin, WiWi)* trad(e)able
handelbares Emissionszertifikat *n (Umwelt, WiWi)* trad(e)able discharge permit, TDP, trad(e)able emission permit
Handeln *n (Gen)* bargaining, haggling *(Feilschen)*; trade, trading *(Gewerbe)*
handeln *v (Gen)* barter, trade • **handeln mit** 1. *(Gen)* traffic in *(illegale Waren)*; 2. *(WiWi)* trade *(Waren, Produktion)* • **im Namen von jmdm. handeln** *(Recht)* act on sb's behalf • **in gutem Glauben handeln** *(Recht)* act in good faith
Handelsabkommen *n (Gen)* commercial agreement, trade agreement
Handelsakzept *n (Gen)* trade acceptance
Handelsauskunft *f (Recht)* commercial agency report
Handelsbedingungen *fpl (Gen)* trade terms
Handelsbeschränkung *f (Imp/Exp, WiWi)* trade restriction
Handelsbestand *m* 1. *(Bank, Börse)* trading portfolio; 2. *(Gen)* commercial stock
Handelsbezeichnung *f* 1. *(Gen)* trade name; 2. *(V&M)* brand name
Handelsbeziehungen *fpl (Gen)* trading links
Handelsbilanz *f (Imp/Exp, Pol, WiWi)* (merchandise) balance of trade, trade balance
Handelsbilanzdefizit *n (Imp/Exp, Pol, WiWi)* trade deficit
Handelsbilanzsaldo *m (WiWi)* balance of trade *(ZB)*
Handelsbilanzüberschuss *m (Imp/Exp, Pol, WiWi)* trade surplus
Handelsbilanzungleichgewicht *n (Imp/Exp, Pol, WiWi)* imbalance of trade
Handelsbrauch *m (Gen)* trade custom, commercial usage
Handelsdefizit *n (Imp/Exp, Pol, WiWi)* trade deficit
Handelsdesk *n (Börse)* desk
Handelseinheit *f (Börse)* lot, trading unit
Handelsergebnis *n (Fin)* trading results
Handelserlaubnis *f (Gen)* trading authorization
handelsfähig *adj* 1. *(Börse, Recht)* negotiable; 2. *(WiWi)* merchantable, trad(e)able
handelsfähige Güter *npl***/nicht** *(WiWi)* nontrad(e)ables
Handelsgeschäft *n* 1. *(Bank)* trading operation; 2. *(Gen)* commercial business
Handelsgesellschaft *f (Gen)* trading [commercial] company
Handelsgesetz *n* 1. *(Gen)* commercial law; 2. *(Recht)* mercantile law
Handelsgesetzbuch *n (Recht)* German Commercial Code
handelsgewichtet *adj (ugs.) (Imp/Exp, Stat, WiWi)* trade-weighted *(Synonym: mit den Außenhandelsanteilen gewogen, mit den Handelsanteilen gewichtet)*
Handelsgut *n (Gen)* commodity
Handelshemmnis *n (Imp/Exp, WiWi)* barrier to trade, trade barrier
Handelskammer *f (Gen)* Chamber of Commerce, Chamber of Trade, *(AE)* board of trade
Handelskette *f* 1. *(Gen)* chain store; 2. *(V&M)* retail store group
Handelsklasse *f (V&M)* commercial grade, grade

Handelskrieg *m (WiWi)* trade war
Handelsliberalisierung *f (Recht, WiWi)* liberalization of trade, trade liberalization
Handelsmarine *f (Transp)* commercial marine, merchant navy
Handelsmarke *f* 1. *(Pat)* mark; 2. *(V&M)* trademark, brand
Handelsmuster *n* 1. *(Börse)* trading pattern; 2. *(Gen)* sample
Handelsname *m* 1. *(Gen)* proprietary name [brand]; 2. *(Pat)* trading name
Handelsnation *f (Imp/Exp)* trading nation
Handelsniederlassung *f (Gen)* commercial establishment
Handelsnormen *fpl (Gen)* trading standards
Handelspapier *n (Bank, Börse, Fin)* commercial paper
Handelspartner *m* 1. *(Gen, Pol)* commercial partner; 2. *(WiWi)* trading partner
Handelspolitik *f (Imp/Exp, WiWi)* commercial policy, trade policy
Handelspraktiken *fpl (Pers)* custom and trade practices
Handelsprotektionismus *m (Imp/Exp, WiWi)* trade protectionism
Handelsrechnung *f (Recht, RW)* commercial invoice
Handelsrecht *n (Recht)* commercial [business] law
Handelsregister *n (Gen)* Companies Registration Office, trade register
Handelsregister-Eintragung *f (Gen)* entry in the commercial register, commercial registration
Handelsreisender *m (Pers)* commercial travel(l)er, travel(l)ing salesman
Handelsrestriktion *f (Imp/Exp, WiWi)* barrier to trade, trade restriction
Handelsschranke *f (Imp/Exp, WiWi)* barrier to trade, trade barrier
Handelsspanne *f (RW, V&M)* operating [price] margin
Handelssperre *f (Gen)* trade embargo
Handelsüberschuss *m (Imp/Exp)* trade surplus *(Zahlungsbilanz, BoP)*
handelsüblich *adj (Gen)* prevailing, commercial standard
handelsübliche Qualität *f (WiWi)* merchantable quality
handelsübliche Vertragsformeln *fpl (Gen)* trade terms
Handelsungleichgewicht *n (WiWi)* disequilibrium in the balance of trade
Handelsunternehmen *n (Gen)* business [commercial] enterprise
Handelsverband *m (Gen)* trade association
Handelsverkehr *m (Gen)* commerce, trade, traffic
Handelsvertreter *m* 1. *(Pers)* agent, agt, commercial agent, commercial representative; 2. *(V&M)* sales agent, *(ugs.)* (sales) rep *(sales representative)*
Handelsvertreterin *f s.* Handelsvertreter
Handelsvertretung *f (Gen)* commercial representation
Handelsverzerrung *f (WiWi)* trade distortion
Handelsvolumen *n (Gen)* trade volume, volume of trading
Handelsvorschriften *fpl (Gen)* business regulations
Handelsvorteil *m (Gen)* commercial advantage
Handelsware *f (Gen)* merchandise (for resale)
Handelswechsel *m* 1. *(Bank, Börse)* business paper, trade bill, commercial bill; 2. *(Gen)* trade acceptance
Handelswert *m (Gen)* market value, commercial value • **ohne Handelswert** *(Gen)* no commercial value
Handelsziffern *fpl (Pol, WiWi)* trade figures
Handelszone *f (Gen)* trading area
handgemacht *adj (Ind)* handmade *(Produktion)*
handgeschrieben *adj (Gen)* handwritten
Handhabung *f (Gen)* management
Handkasse *f (RW)* petty cash
Handlanger *m (Gen)* labo(u)rer, odd-job man, *(ugs.)* dogsbody
Händler *m* 1. *(Börse)* trading member, dealer, broker-dealer; 2. *(Gen)* dealer, trader, agent; 3. *(V&M)* vendor
Händlerin *s.* Händler
Händlermarke *f (V&M)* dealer brand, distributors' brand
Händlerorganisation *f (Börse)* dealer network
Händlerrabatt *m (V&M)* trade discount
Handlung *f (Gen)* act, action

Handlungsbefugnis *f (Gen)* acting allowance
Handlungsbevollmächtigte *m(f)* 1. *(Mgt)* registered manager; 2. *(Admin, Pers)* agent general
Handlungsgehilfe *m (obs.) (Pers)* commercial employee
handlungsorientiert *adj (Gen)* action-oriented
Handlungsspielraum *m (Mgt, WiWi)* action scope
Handlungsvollmacht *f (Deu) (Mgt, Pers, Recht)* authority to act; limited authority to act and sign, limited commercial authority *(sie umfasst alle Geschäfts- und Rechtshandlungen, die der Betrieb eines Handelsgewerbes normalerweise mit sich bringt, mit wenigen Ausnahmen wie z. B. der Belastung von Grundstücken, der Eingehung von Wechselverbindlichkeiten, der Darlehensaufnahme, wofür jeweils eine Sondervollmacht -special authority- erforderlich ist)*
Handschrift *f (Gen, Komm)* handwriting
handschriftlich *adj (Gen, Komm)* handwritten
handschriftliche Zeichnung *f (Gen, Recht)* wet signature *(eigenhändig vollzogene Unterschrift für alle Rechtsgeschäfte, die der Schriftform bedürfen, as opposed to a fax copy or to an agreement offered electronically or verbally)*
Handwerk *n (Pers, WiWi)* craft, trade, craft business
Handwerker *m (Pers)* artisan, tradesman, craftsman, workman
Handwerkerin *f s.* Handwerker
handwerklicher Beruf *m (Gen, Pers) s.* Handwerksberuf
Handwerksberuf *m (Gen, Pers)* craft trade, occupation in crafts
Handwerksbetrieb *m (Pers, WiWi)* craft establisment, craft business, craft undertaking, craft enterprise
Handwerkskammer *f (Ind, Recht)* Chamber of Crafts, Chamber of Trades
Handwerksmeister *m (Bil, Pers)* master craftsman, master craftswoman, qualified tradesman, qualified tradeswoman
Handwerksmeisterin *f s.* Handwerksmeister
Handwerkssektor *m (Gen, Ind)* craft sector
Handwerksunternehmen *n (Pers, WiWi)* craft establisment, craft business, craft undertaking
Handwerkszeug *n (Gen)* tools of the trade
Handy *n (ugs.) (Komm)* mobile (phone), cellphone
Hardware-Verbindung *f (Comp)* interface *(Schnittstelle)*
harmonisches Mittel *n (Stat)* harmonic mean
harmonisieren *v (Gen)* harmonize
harmonisierte Regelung *f (Recht)* harmonized regime *(EU)*
harmonisierter Verbraucherpreisindex *m (WiWi)* Harmonized Index of Consumer Prices, HICP *(EZB)*
Harmonisierung *f (Gen, WiWi)* harmonization
hart *adj (Gen)* tough *(Bedingungen)*; hard *(Fakten)*
hart *adv (Steuer)* harshly • **hart verhandeln** *(Gen)* drive a hard bargain
Härte *f (Soz, WiWi)* hardship
harte Landung *f (ugs.) (Gen, WiWi)* hard landing *(Konjunktur)*
harte Währung *f (Pol, WiWi)* hard currency, hard money
Härtefall *m (Soz)* case of hardship
harter Kern *m* **der Arbeitslosigkeit** *(Pers, Soz, WiWi)* hard-core unemployment, the hard core of unemployment, hard-core unemployed
harter Konkurrenzkampf *m (Gen)* harsh competition, tough competition
Hartgeld *n (Gen)* coins, coinage, specie, hard cash
hartnäckig *adj (Gen)* persistent
hartnäckige Arbeitslosigkeit *f (Soz, WiWi)* persistent unemployment
Hartz IV *(Deu; ugs.) (Recht)* Hartz IV Law, Fourth Act Promoting Modern Labour Market Services *(Viertes Gesetz für moderne Dienstleistungen am Arbeitsmarkt)*
häufiger Stellenwechsel *m (Pers)* job hopping *(Arbeitsmarkt)*
Häufigkeit *f (V&M)* frequency

Häufigkeitsverteilung *f (Stat)* frequency distribution
häufigster Wert *m (Stat)* mode
Häufung *f (Gen)* accumulation
Haupt... *(Gen, WiWi)* main, chief, principal, primary, prime, key
Hauptabschlussübersicht *f* 1. *(Gen) (AE)* work sheet; 2. *(RW)* general ledger trial balance, general ledger trial balance sheet, balance sheet in schedule form
Hauptaktionär *m (Börse)* principal stockholder
Hauptaktionärin *f s.* Hauptaktionär
hauptamtlicher Geschäftsführer *m (Mgt)* executive director
Hauptanbieter *m (Gen)* principal bidder, main bidder
Hauptanbieterin *f s.* Hauptanbieter
Hauptanspruch *m (Pat)* independent claim
Hauptanteil *m (Gen)* the lion's share
Hauptarbeitsmarkt *m (WiWi)* primary labo(u)r market
Hauptbelastungszeit *f (Gen, Media)* peak hour
Hauptberuf *m (Pers)* main occupation, main job, regular job
hauptberuflich *adj (Pers)* full-time, mainly employed as, as a regular occupation
Hauptbuch *n (Fin, RW)* book of final [secondary] entry, (general) ledger
Hauptbuchkonto *n (Fin, RW)* ledger account
Hauptbüro *n (Gen)* head office, headquarters
Haupteinschaltzeit *f (Media)* prime (listening) time
Hauptfach *n (Bil)* main subject
Hauptfernsehzeit *f (Media)* prime viewing time
Hauptgeschäft *n* 1. *(Gen)* head office, headquarters *(Büro)*; main business *(Dienstleistungen)*; 2. *(V&M)* flagship store
Hauptgeschäftsbereich *m (Gen)* core business
Haupthandelspartner *m (WiWi)* main [major] trading partner
Haupthandelspartnerin *f s.* Haupthandelspartner
Hauptkonkurrent *m (Gen, WiWi)* main contender, main rival
Hauptkonkurrentin *f s.* Hauptkonkurrent
Hauptkunde *m (Gen)* principal customer, key account
Hauptlieferant *m (Gen)* prime contractor, prime supplier
Hauptmerkmal *n (Gen)* key feature
Hauptniederlassung *f (Gen)* principal establishment, principal place of business
Hauptproblem *n (Gen)* key issue
Hauptprodukt *n (V&M)* main [primary] product
Hauptpunkt *m (Gen)* key point
hauptsächlich *adj (Gen)* primary, principal, main
hauptsächlich *adv (Gen)* primarily, principally
Hauptsaison *f (Gen)* peak season
Hauptschulabschluss *m (Pers)* lower secondary leaving certificate, lower secondary school-leaving certificate
Hauptschule *f (Pers)* lower secondary school
Hauptsendezeit *f (Media)* peak hour, prime time
Hauptsitz *m (Gen)* head office, headquarters
Hauptsparte *f (Fin) (ugs.)* bottom line
Hauptspeicher *m (Comp)* random access memory *(RAM)*
Hauptstadt *f (Frei)* capital, capital city
Hauptstelle *f (Gen)* main branch
Hauptstraße *f* 1. *(Transp)* major road, *(AE)* main line, *(BE)* main road; 2. *(V&M) (BE)* high street, *(AE)* main street
Hauptstudienfach *n (Pers)* major field of study
Hauptstudienrichtung *f (Pers)* major field of study
Haupttätigkeit *f (Pers)* main occupation, main job
Hauptteil *m (Gen)* bulk
Hauptuntersuchung *f (Transp)* main inspection
Hauptursache *f (Recht)* main cause, procuring cause
Hauptverdiener *m (Pers)* principal earner, principal wage earner, main earner, main wage earner
Hauptversammlung *f (Mgt)* annual

general meeting, shareholders' annual meeting

Hauptversammlung *f* **der Aktionäre** *(Börse)* general meeting of shareholders

Hauptversicherer *m (Versich)* principal insurer

Hauptvertrag *m (Recht)* primary [main] contract

Hauptverwaltung *f* 1. *(Gen)* head office, headquarters; 2. *(Admin) (AE)* administrative center, *(BE)* administrative centre

Hauptverzeichnis *n (Comp)* root directory, main directory

Hauptwohnsitz *m (Grund)* main residence

Hausarbeit *f* 1. *(Bil)* housework; assignment *(Fachaufsatz oder Facharbeit in der Schule)*; 2. *(Gen)* housework; homework *(school; Achtung: homework bedeutet auch Heimarbeit = outwork)*

Hausbank *f* 1. *(Bank, Gen)* principal bank, principal banker *(langfristige Bankbeziehung, long-term banking connections)*; 2. *(Fin)* principal bank *(konzerneigene Banken)*

Hausbesitzer *m (Grund)* homeowner; landlord *(Vermieter)*

Hausbesitzerin *f (Grund)* homeowner; landlady *(Vermieterin)*

Hauseigentümer *m (Grund)* homeowner, houseowner; landlord *(Vermieter)*

Hauseigentümerin *f (Grund)* homeowner, houseowner; landlady *(Vermieterin)*

Haushalt *m* 1. *(Fin)* budget; 2. *(Gen)* household; 3. *(Pol, RW)* budget • **im Haushalt veranschlagen** *(RW)* budget for

Haushalt *m* **mit geringem Einkommen** *(V&M)* low-income household

Haushaltsabschluss *m (Pol)* budgetary statement

Haushaltsanpassung *f (Fin, RW, WiWi)* budgetary adjustment

Haushaltsansatz *m (Fin)* estimate

Haushaltsausgaben *fpl (Fin, Pol, WiWi)* budgetary spending, budgetary expenditure

Haushaltsbefragung *f (V&M)* household survey *(HS)*

Haushaltsbewilligung *f (Pol)* budgetary appropriation

Haushaltsdefizit *n* 1. *(Fin, Gen, Pol)* budget deficit, budgetary deficit; 2. *(RW)* fiscal deficit

Haushaltseinkommen *n (Soz, WiWi)* household income

Haushaltseinnahmen *fpl (Fin)* budgetary revenue

Haushaltserhebung *f (V&M)* household survey

Haushaltsgesetz *n (Fin)* appropriation act, appropriation bill

Haushaltsgleichgewicht *n (Fin, WiWi)* budget equilibrium

Haushaltshilfe *f* domestic help, domestic aid

Haushaltsjahr *n (Fin, Pol, RW, Steuer)* accounting year, budget year, financial year, fiscal year, tax year

Haushaltskontrolle *f (Fin, RW)* audit, budgetary control, BC

Haushaltskürzung *f (Fin, RW, WiWi)* budget cut

Haushaltsperiode *f (Fin, Pol, RW, WiWi)* budget period

Haushaltsplafond *m (RW)* budget ceiling

Haushaltsplanung *f (Fin, Pol, RW)* budgetary planning, budgeting

Haushaltsrecht *n (Fin, Recht)* budgetary law, law of the budget

Haushaltsüberschreitung *f (RW)* overspend

Haushaltsüberschuss *m (Fin, Gen, Pol, WiWi)* budget surplus

Haushaltsübersicht *f (Pol)* budgetary statement

Haushaltsvoranschlag *m (Fin)* estimate

Haushaltsvorlage *f* 1. *(Fin)* budget proposal, budgetary submission; 2. *(Pol)* budget paper; 3. *(WiWi)* budget proposal, budgetary submission

Haushaltsvorstand *m (Steuer)* head of household

Hausse *f (Börse, Fin, WiWi)* boom, bullish movement, rise

Haussegeschäft *n (Börse)* bull transaction

Hausseposition *f (Börse, Fin)* bull account, long position

Haussespekulant *m (Börse, Fin)* bull

Haussier *m (Börse, Fin)* bull

Haustürgeschäft *n (V&M)* door-to-door

sales, door-to-door selling, doorstep selling

Hauswirtschaftslehre *f (Pers)* home economics, *(BE)* domestic science

Hebelwirkung *f (WiWi)* leverage effect

Hebelwirkung *f* **der Finanzstruktur** *(Fin)* leverage effect of the financial structure, leverage effect of the capital structure, leverage effect *(cf Leverage-Effekt)*

Hebelwirkung *f* **der Fremdkapitalaufnahme** *(Fin)* leverage effect of stocking-up borrowed capital, leverage effect *(cf Leverage-Effekt)*

Hebelwirkung *f* **der Kapitalstruktur** *s.* Hebelwirkung der Finanzstruktur

Hedger *m (Börse)* hedger

heftig *adj* 1. *(Börse)* erratic *(Kursbewegungen)*; 2. *(Gen)* violent, fierce

heikel *adj (Gen)* delicate, tricky

Heim... *(Gen)* home, domestic, return

Heimarbeit *f* 1. *(Ind)* domestic industry; 2. *(Pers)* homework; 3. *(WiWi)* domestic system

Heimarbeiter *m (Pers)* homeworker, outworker

Heimarbeiterin *f s.* Heimarbeiter

Heimarbeitsgesetz *n (Pers, Recht, Soz)* Act on Outwork

Heimatland *n (Recht)* home country

Heimelektronik *f (Media, V&M)* home electronics

heimische Industrie *f (Ind, WiWi)* domestic industry, national industry

heimische Wirtschaft *f (Ind, WiWi)* domestic economy, national economy

heimischer Arbeitsmarkt *m (Pers, WiWi)* local [domestic] labo(u)r market

heimischer Wirtschaftszweig *m (Ind)* domestic industry

heimisches Erzeugnis *n (Gen)* local produce

heimliche Absprache *f (Recht, WiWi)* collusion

heimliche Steuerprogression *f (Fin, Steuer, WiWi)* tax-bracket creep, fiscal drag

Heiratsurkunde *f (Pers)* marriage certificate, certificate of marriage

heiße Phase *f (ugs.) (Gen, Mgt, Pol)* critical phase, critical stage *(entscheidende Phase, z. B. eines Wahlkampfs)*

heiße Ware *f (ugs.) (Gen)* hot stock, hot property

heißes Geld *n (jarg.) (Fin, Gen, WiWi) (jarg.)* hot money, refugee capital

hemmen *v (Gen)* block, inhibit

herabgesetzt *adj (V&M, WiWi)* reduced

herabsetzen *v* 1. *(Gen)* belittle, disparage *(Person)*; 2. *(Recht)* abate; 3. *(V&M)* reduce *(Preis)*; 4. *(WiWi)* bring down, lower *(Inflationsrate)*

Herabsetzung *f* 1. *(Gen)* belittling, disparagement *(von einer Person)*; 2. *(Recht)* abatement; 3. *(V&M)* cut, cutting, reduction *(Preise)*; 4. *(WiWi)* lowering *(Inflationsrate)*

herabstufen *v (Fin, Pers)* downgrade

Herabstufung *f (Pers)* downgrading

Herabstufung *f* **von Arbeitsplätzen** *(Pers)* deskilling

heraufladen *v (Comp, Komm)* upload

heraufsetzen *v (Gen)* advance

Heraufsetzen *n* **der Ausbildungserfordernisse [Bildungserfordernisse]** *(Bil, Pers)* upgrading of educational requirements *(für Tätigkeiten, Berufe usw., für die diese Ausbildung bisher nicht notwendig war)*

Heraufsetzung *f* **der Altersgrenze** *(Pers, Soz)* introduction of a higher retirement age, introduction of a higher pensionable age, raising of the retirement age, raising of the pensionable age

Heraufsetzung *f* **des Rentenalters [Ruhestandsalters]** *(Pers, Soz)* introduction of a higher retirement age, introduction of a higher pensionable age, raising of the retirement age, raising of the pensionable age

herausbringen *v* 1. *(Media)* put out *(Buch)*; 2. *(V&M)* launch *(Produkt)*

herausfordern *v (Gen)* challenge

Herausgabe *f* 1. *(Gen)* return *(Rückgabe)*; 2. *(Media)* publication, issue

herausgeben *v (Media)* issue, publish *(Zeitschrift)*

Herausgeber *m (Media)* publisher, editor *(Redakteur)*

Herausgeberin *f s.* Herausgeber

herausgereichte Kredite *mpl (Gen)* credits outstanding; credits originated *(besser: ausgereichte Kredite)*

herausragend *adj (Gen)* pre-eminent

herausrücken *v (ugs.) (Fin)* cough up
herbeiführen *v (Gen)* work out *(Einigung)*
hereinfallen *v (Gen)* be taken in
hereinholen *v* 1. *(Gen)* attract *(Aufträge)*; 2. *(WiWi)* recapture *(Kosten)*
hereinlassen *v (Gen)* admit
hergestellt *adj (Gen)* manufactured
herkömmlich *adj (Gen)* conventional, traditional
Herkunft *f (Fin, Gen)* source
Herkunftsbescheinigung *f (Imp/Exp)* certificate of origin
Herkunftsbezeichnung *f (V&M)* informative label(l)ing
Herkunftsland *n (Imp/Exp)* country of origin
Herkunftsort *m (Transp)* place of origin, point of origin
Hermesdeckung *f (Fin, Imp/Exp)* Hermes export credit guarantee
Hermes-gesichert *adj (Fin, Imp/Exp)* secured by Hermes export guarantees *(ZB)*
hermetisch abgeschlossen *(Ind)* airtight
herrschend *adj* 1. *(Gen)* prevailing; 2. *(Pol)* ruling *(Partei)*
herrühren *v* **von** *(Gen)* stem from
herstammen *v (Gen)* originate
herstellen *v* 1. *(Gen)* build up *(Kontakt, Beziehung)*; 2. *(Ind)* fabricate, manufacture, produce *(Produkt)* • **fabrikmäßig herstellen** *(Ind)* mass-produce, manufacture
Hersteller *m (Gen, Ind, V&M)* maker, manufacturer, producer
Hersteller *m* **von Werkzeugmaschinen** *(Gen, Ind)* machine-tool maker
Herstellerangaben *fpl (Recht, V&M)* manufacturer's data, manufacturer's instructions
Herstellerin *f s.* Hersteller
Herstellermarke *f (V&M)* manufacturer's brand, producer's brand
Herstellerpreis *m (Gen)* manufacturing price
Herstellerrichtpreis *m (V&M)* manufacturer's recommended price
Herstellkosten *pl (RW)* production cost, manufacturing cost *(Kostenrechnung)*
Herstellung *f (Ind)* manufacture, manufacturing, production • **in der Herstellung sein** *(Gen)* be in process
Herstellung *f* **nach Kundenbestellung** *(Ind)* customized production
Herstellungsgemeinkosten *pl (WiWi)* manufacturing overheads
Herstellungskosten *pl (RW)* cost of goods manufactured, manufacturing expenses, production costs
Herstellungspreis *m (V&M)* manufacturing price
Herstellungswert *m (RW)* cost value
herunterdrücken *v (Fin)* pull down *(Gewinn)*; cut back *(Kosten)*
herunterhandeln auf *v (Gen)* bargain down, beat down, knock down
herunterladbar *adj (Comp, Komm)* downloadable
herunterstufen *v (Pers)* downgrade
herunterwirtschaften *v (ugs.) (Gen, Pol)* run down *(ein Unternehmen, ein Land, a firm, a country)*
hervorbringen *v (Gen)* generate *(Ideen)*
hervorheben *v (Gen)* emphasize, highlight, stress, underscore
hervorragend *adj (Gen)* excellent, pre--eminent
Heterogenität *f (Gen, Stat)* heterogeneity
heuern und feuern *(ugs.) (Pers)* hire and fire
HGB *s.* Handelsgesetzbuch
hieb- und stichfest *adj (Gen)* watertight *(Argument)*
Hierarchie *f* **des Führungspersonals** *(Mgt, Pers)* management hierarchy
Hierarchieabbau *m (Mgt, Pers)* delayering (of the hierarchy), elimination of hierarchical levels
Hierarchieebene *f (Pers)* level of hierarchy, layer of hierarchy, hierarchy level, hierarchical level
hiesige Industrie *f (Ind)* local industry
Hilfe *f* **zur Selbsthilfe** *(Soz)* empowerment
Hilfeleistung *f (Soz)* assistance, rescue
Hilfs... 1. *(Comp)* auxiliary *(Speicher, Programm)*; 2. *(Gen)* auxiliary, subsidiary
Hilfsarbeiter *m* 1. *(Gen)* low-wage worker; 2. *(Pers)* labo(u)rer, unskilled worker, daily paid worker
Hilfsarbeiterin *f s.* Hilfsarbeiter
Hilfskraft *f (Gen, Pers)* assistant, helper
Hilfspersonal *n (Gen, Pers)* ancillary staff, ancillary workers, helpers, aides

Hilfs- und Betriebsstoffe *mpl (Ind)* (manufacturing) supplies
hinaufschnellen *v (Gen)* soar
hinaufsetzen *v (Gen)* advance, raise up *(Angebot, Preis)*
hinausdrängen *v (WiWi)* crowd out
Hinausdrängen *n* 1. *(Gen, Pers)* squeezing out, displacement; 2. *(Fin)* squeeze out
hinausschießen *v* **über** *(Gen)* overshoot
hinauswerfen *v (ugs.)* 1. *(Gen)* evict, *(ugs.)* splash out *(Geld)*; 2. *(Pers) (BE; ugs.)* sack; 3. *(Recht)* evict
hinausziehen *v* 1. *(Gen)* delay, draw out; 2. *(WiWi)* lag
hindern *v (Gen)* obstruct
Hindernis *n* 1. *(Gen)* obstacle, obstruction; 2. *(WiWi)* barrier *(Handel)*
hinreichend *adj* 1. *(Gen)* sufficient; 2. *(WiWi)* adequate
Hinsicht/in dieser *(Gen)* in this respect
Hinsicht/in sonstiger *(Gen)* in other respects
hinsichtlich *(Gen)* in terms of, in respect of
Hinter... *(Gen)* back, rear
Hintergrund *m (Gen)* backdrop, background
Hintergrundbericht *m (Media)* background story
Hintergrundinformation *f (Gen)* background information
hinterherhinken *v (WiWi)* lag behind
hinterlegen *v (Bank, Gen, Recht)* deposit
Hinterleger *m (Bank, Gen, Recht)* bailor, depositor
Hinterlegerin *f s.* Hinterleger
Hinterlegung *f (Bank, Gen)* bailment, deposit
Hinterlegungsstelle *f (Admin)* deposit facility, deposit institution, depositary
Hintermann *m (Fin)* backer
Hintertürchen *n (Gen)* loophole
hinterziehen *v (Steuer)* evade, defraud
Hinweis *m (Gen, Mgt)* hint, pointer
hinzufügen *v* 1. *(Comp)* attach *(Datei)*; 2. *(Gen)* add in *(Einzelheiten, Zahlen)*; 3. *(Media, Stat)* add *(Zahlen, Text)*
Hinzuverdienst *m (Pers, Soz)* second income
historische Entwicklung *f (Gen)* track record
historischer Rekord *m (Gen)* all-time record, all-time high
hoch *adj (Gen)* high *(Preis, Schätzung, Steuer)*; exacting *(Anspruch, Standard)* • **in hohem Maße** 1. *(Gen)* substantially, to a large extent, heavily; 2. *(Steuer)* heavily • **auf hohem Niveau stehend** *(Gen)* sophisticated
Hoch... *(Gen)* high, peak
hochbelastet *adj (Bank, Grund)* heavily mortgaged
hochbelastetes Gebiet *n (Umwelt)* high--pollution area
hochbewertete Aktien *fpl (Börse)* high--flying stock
hochbezahlte Arbeit *f* high-paid job
hochentwickelt *adj* 1. *(Gen)* advanced, sophisticated; 2. *(Ind)* high-stream • **mit hoch entwickelter Technologie** *(Ind)* technologically advanced
hochentwickelte Volkswirtschaft *f (Gen, WiWi)* advanced economy
hochentwickelter Markt *m (Börse)* sophisticated market
hochfahren *v (Comp)* boot up, boot *(Rechner)*
Hochgeschwindigkeits-Datenübertragung *f (Comp, Komm)* broadband, high-speed data transmission *(Internet)*
Hochgeschwindigkeits-Datenzugriff *m (Comp, Komm)* high-speed data access
hochkarätig *adj* 1. *(Gen)* top-flight; 2. *(Pers)* high-powered, *(AE)* high-caliber, *(BE)* high-calibre
Hochkonjunktur *f* 1. *(Gen)* bonanza; 2. *(WiWi)* boom
Hochleistungs- 1. *(Gen)* high performance, high-power, high-powered; 2. *(Ind)* high-duty
Hochpreispolitik *f (V&M)* premium pricing
hochprofiliert *adj (V&M)* high-profile
hochqualifiziert *adj (Pers)* highly qualified, highly skilled
hochqualifizierte Arbeitskräfte *fpl (Pers)* highly qualified manpower
hochqualifizierte Tätigkeit *f (Pers)* highly skilled occupation, highly skilled job
hochrangig *adj (Gen)* high-powered, top-ranking

hochrechnen *v (WiWi)* extrapolate, project forward(s) *(ZB)*
Hochrechnung *f (Stat)* extrapolation
Hochschulabschluss *m (Pers)* university degree
Hochschulabsolvent *m (Soz)* graduate, *(AE)* postgraduate
Hochschulabsolventin *f s.* Hochschulabsolvent
Hochschulausbildung *f (Pers, Soz)* higher education, tertiary education
Hochschuldiplom *n (Bil)* university degree
Hochschullaufbahn *f (Pers, Soz)* academic career
Hochschulstudium *n (Bil)* university education, tertiary education, higher education
hochspekulative Anlage *f (Fin)* aggressive investment
Höchst... *(Börse, Gen)* premium, highest, maximum
Höchstanspruch *m (Versich)* claims limit
Höchstbetrag *m (Fin)* ceiling
Höchstbietende *m(f) (Gen)* best bidder
Höchstdauer *f (Gen, Soz)* maximum duration
höchste Priorität *f (Gen)* number one priority
höchstens *adj (Gen)* not exceeding
Höchstgebot *n* 1. *(Börse)* highest bid, best bid; 2. *(Gen)* closing bid, highest tender
Höchstgrenze *f* 1. *(Gen)* upper limit; 2. *(RW)* ceiling
Höchstkapazität *f (Ind)* maximum capacity *(Produktion)*
Höchstkurs *m (Börse, Gen)* all-time high, high, highest price
Höchstlaufzeit *f (Fin)* maximum repayment term
Höchstmenge *f (Gen, Umwelt)* maximum level, maximum amount
Höchstpreis *m* 1. *(Börse)* highest price; 2. *(Gen)* chief value, top price; 3. *(V&M)* maximum price, premium price; 4. *(WiWi)* ceiling price, price ceiling • **zum Höchstpreis** *(Börse)* at best • **zu Höchstpreisen kaufen** *(V&M)* buy at the top of the market
Höchstsatz *m (Bank)* maximum rate
Höchststand *m* 1. *(Börse)* high; 2. *(Gen)* high; 3. *(WiWi)* peak • **einen historischen Höchststand erreichen** *(Börse)* reach an all-time high
Höchstzins *m (Bank)* interest rate ceiling, capitalization rate, cap rate
hochtechnisiert *adj (Comp, Ind)* sophisticated
Hochtechnologie *f (Comp, Ind)* high technology, high-tech
Hochtechnologieindustrie *f (Ind)* technology-based industry
hochtreiben *v (WiWi)* inflate *(Preise)*
Hoch- und Tiefbau *m (Gen, Ind)* civil engineering
hochverschuldet *adj (Bank)* badly in debt
hochverzinsliche Anleihen *fpl (Börse, Fin)* high-yield bonds
hochwertiges Produkt *n (Gen) (BE)* high-quality product, *(AE)* upscale product
Hochzahl *f (Stat)* exponent
Hochzinsanleihen *fpl (Bank, Fin)* high--yield bonds *(risikoreiche Anleihen geringer Bonität mit einem Rating unter BBB- oder Baa3; Synonym: Risikoanleihen, spekulative Anleihen; cf Schrottanleihen ugs., Ramschanleihen ugs.; high yield bonds with 'non-investment grade' rating)*
Hochzinsfinanzierung *f (Fin)* high-yield financing
Höhe *f (Gen)* height, hgt, level *(Preise)* • **in die Höhe schießen** *(Gen) (ugs.)* rocket *(Preise)*; shoot up • **in die Höhe schnellen** *(Gen)* soar, escalate *(Preise)*
hohe Abfindung *f (Pers) (ugs.)* golden handshake *(Führungskraft)*
hohe Anfangskosten *pl* 1. *(Börse)* front--end load; 2. *(WiWi)* front-end costs
hohe Belastung *f (Bank, Grund)* heavy mortgaging
Höhe *f* **der Bezahlung** *(Pers)* pay level, level of pay
hohe Einkommensstufe *f (WiWi)* higher income bracket
hohe Kante legen *v***/etw. auf die** *(ugs.) (Gen)* save for a rainy day
hohe Leistung *f (Gen)* high performance
hohe Rendite *f (Börse)* high return
Hoheitsgewalt *f (Recht)* jurisdiction
höher bezahlt *adj (Pers)* higher paying, higher paid, better paid

hoher Lebensstandard *m (Soz)* high standard of living
hoher Zins *m (Börse)* balloon interest
Höherbewertung *f (Gen)* upvaluation, write-up
höhere Bildung *f (Soz)* higher education, advanced education
höhere Gewalt *f (Recht, Versich)* act of God, force majeure
höhere Schulbildung *f (Soz)* secondary education
höhere Schule *f (obs.) (Pers)* upper secondary school, pre-university secondary school
höherstufen *v (Pers)* promote, upgrade
Höherstufung *f (Pers)* upgrading
hohes Amt *n (Pers)* high office, important office
hohes Tier *n (ugs.) (Gen) (ugs.)* brass, very important person, VIP, *(BE; ugs.)* big cheese
Holding *f (Recht, RW)* holding company
Holdinggesellschaft *f (Bank, Börse, Fin, Recht, RW)* holding company
holländisches Zuteilungsverfahren *n (Bank)* Dutch auction, single rate auction *(EZB bis März 1999)*
Holschuld *f (Recht)* liability to be discharged at the domicile of the debtor *(Vertragsrecht)*
homogener Markt *m (V&M)* homogeneous market
homogenes Gut *n (WiWi)* homogeneous good
Honorar *n (Gen)* honorarium, professional fee, remuneration
Honorarvertrag *m (Pers)* freelance contract
Honorarvorschuss *m (Recht)* retainer, fees paid in advance
horizontale Fusion *f (WiWi)* horizontal amalgamation
horizontale Integration *f* 1. *(Mgt)* horizontal merger; 2. *(WiWi)* horizontal integration, lateral integration
horizontale Steuergerechtigkeit *f (Steuer)* horizontal equity
horizontaler Zusammenschluss *m (WiWi)* horizontal amalgamation, horizontal merger
Hotelbuchungsservice *m (Frei)* hotel reservation service
Hotelreservierung *f (Frei)* hotel reservation
Hotel- und Gaststättengewerbe *n (Frei)* catering trade
Hotline *f (Comp)* support hotline, hotline *(Produktberatung)*
HR-Eintragung *f (Gen, Recht)* commercial registration *(Handelsregister-Eintragung)*
Huckepack... *(Börse, Fin, Recht, Transp, V&M)* piggyback, pickaback
Huckepackanleihe *f (Fin)* piggyback loan
Huckepacksystem *n (Fin, Imp/Exp, Transp)* piggyback system *(Marketing, Außenhandel, Transportwesen)*
Huckepackverkauf *m (V&M)* piggyback selling
Humankapital *n* 1. *(Admin, Pers)* human resources; 2. *(WiWi)* human capital
Humankapitalrechnung *f (Admin, Pers)* human resource accounting
Humanvermögen *n (Admin, Pers)* human resources
Humanvermögensrechnung *f (Admin, Pers)* human resource accounting, human asset accounting
HVPI *s.* harmonisierter Verbraucherpreisindex
Hypothek *f (Bank, Grund, WiWi)* home loan, mortgage
hypothekarisch belastet *adj (Bank, Grund, WiWi)* mortgaged
hypothekarisch gesicherter Pfandbrief [Titel] *m (Fin) (AE)* mortgage-backed security, MBS *(Pfandbrief-ähnliches Papier)*
hypothekarisch gesichertes Wertpapier *n (Fin) (AE)* mortgage-backed security
Hypothekarkredit *m (Bank, Fin, Grund)* mortgage loan
Hypothekenabschlusszahlung *f (Fin)* final mortgage payment
Hypothekenbank *f (Bank)* mortgage bank, mortgage loan company
Hypothekendarlehen *n (Bank)* mortgage loan
hypothekengesichert *m (Fin)* mortgage-backed
Hypothekengläubiger *m (Bank)* lender, mortgagee

Hypothekengläubigerin *f s.* Hypothekengläubiger
Hypothekenkreditzusage *f (Fin)* mortgage commitment
Hypothekenrückzahlung *f (Bank)* mortgage repayment
Hypothekenschuld *f (Bank)* mortgage debt
Hypothekenschuldner *m (Bank)* borrower, mortgager
Hypothekenschuldnerin *f s.* Hypothekenschuldner
Hypothekentilgung *f (Bank)* mortgage redemption, mortgage repayment
Hypothekenzins *m (Bank)* mortgage rate
hypothetisch *adj (Gen)* academic, hypothetical
hypothetische Bedingungen *fpl (Gen)* hypothetical conditions
hypothetische Frage *f (Gen)* academic question, hypothetical question

I

i-... *(Abk. für Internet) (Comp, Komm, Media)* i-... *(z. B. i-business, I-Business, i-Business)*
Ideenfindung *f (Mgt)* brainstorming
Identifikationsnummer *f (Comp, Steuer)* identification number, ID Number
Identifizierung *f (Gen)* identification, ownership
Identitätsdiebstahl *m (Comp, Recht)* identity theft
Identitätsgleichung *f (Stat)* identity
ID-Nummer *f (Comp, Steuer)* identification number, ID Number
IHK *s.* Industrie- und Handelskammer
IKS *n (Abk. für Internes Kontrollsystem)* 1. *(Gen)* internal control, internal control system; 2. *(Mgt, RW)* system of internal audits, internal audits *(komplexes, gesamtbetriebliches internes Überwachungssystem einschließlich einer prozessunabhängigen internen Revision; das verfahrensorientierte IKS hat instrumentellen Charakter für das ergebnisorientierte Controlling, dessen Aufgabenbereich erheblich weiter gefasst ist, cf Internes Kontrollsystem)*
illegal beschäftigt *adv (Pers, Recht)* illegally employed
illegal Beschäftigte *pl (Pers, Recht)* illegally employed undocumented workers
Illegale *f s.* Illegaler
illegale Beschäftigung *f (Pers, Recht)* illegal employment
illegale Kopie *f (Comp, Gen, Recht)* pirate copy
Illegaler *m (Pol, Recht)* illegal alien, illegal immigrant, undocumented migrant
illiquide Aktiva *npl (Fin)* illiquid assets
illiquides Aktivvermögen *n (Fin)* illiquid assets
illustrieren *v (Media)* illustrate
illustrierte Präsentation *f (V&M)* pictorial presentation
Image *n (V&M)* image
Imagewerbung *f (V&M)* image advertising
imaginär *adj (Fin)* notional
Imitation *f (Ind)* counterfeit
Immaterialgüterrecht *n (Recht)* intellectual property law
immateriell *adj* 1. *(Fin, RW, WiWi)* intangible; 2. *(Recht)* incorporeal, intangible
immaterielle Aktiva *pl (Fin, RW)* intangible assets
immaterielle Entlohnung *f (WiWi)* intangible reward
immaterielle Gegenstände *mpl (Recht)* incorporeal items
immaterielle Vermögensgegenstände *mpl (Fin, RW)* intangible assets, intangibles *(Synonym: immaterielle Vermögenswerte, immaterielle Wirtschaftsgüter, immaterielle Aktiva; IAS 38)*
immaterielle Vermögenswerte *mpl (Fin, RW)* intangible assets
immaterieller Wert *m (RW)* intangible item [asset]
immaterielles Anlagevermögen *n (Fin, RW)* intangible fixed assets
immaterielles Eigentum *n (Recht)* incorporeal property
immaterielles Vermögen *n* 1. *(Fin)* intangible assets; 2. *(RW)* intangible property
Immatrikulation *f (Pers) (AE)* enrolment, *(BE)* enrollment
Immobilie *f (Grund, WiWi)* property
Immobilien *fpl (Grund, WiWi)* (real) property, real estate

Immobilienaktiengesellschaft *f (Bank, Grund)* real-estate investment trust, Reit *(Synonym: Immobilieninvestmentgesellschaft; in Deutschland neue Form einer steuerbegünstigten AG mit dem Geschäftszweck des Erwerbs sowie der Veräußerung, Vermietung und Verpachtung von Immobilien; hohe Ausschüttungsquote von mindestens 85 %, Besteuerung nicht auf Unternehmensebene, sondern in voller Höhe beim Investor, d. h. nicht im Halbeinkünfteverfahren = half-income method; wurde in Deutschland 2008 eingeführt)*

Immobilienfonds *m (Bank, Grund, RW)* real-estate fund, *(AE)* real-estate investment trust

Immobilienmakler *m (Grund) (BE)* estate agent, *(AE)* real-estate agent, *(AE)* realtor

Immobilienmaklerin *f* s. Immobilienmakler

Immobilienmarkt *m (Grund)* real-estate market

Immobilienvermögen *n (Grund)* real assets, real property, real estate

implementieren *v (Comp, Gen)* implement *(System)*

Implementierung *f (Comp)* implementation *(eines Systems)*

implizieren *v (Gen)* imply

implizit *adj (Gen)* implicit

implizite Repo-Rate *f (Fin)* implied repo rate

Import *m (Imp/Exp, WiWi)* import, importation

Importabgabe *f (Imp/Exp, Steuer)* import duty, import tariff

Importakkreditiv *n (Fin, Imp/Exp)* import letter of credit

Importbeschränkung *f (Imp/Exp, Recht)* import restriction

Importerlaubnis *f (Imp/Exp)* import permit

Importfirma *f (Imp/Exp)* importer

Importgenehmigung *f (Imp/Exp) (BE)* import licence, *(AE)* import license

Importgüter *npl (Imp/Exp)* imported goods

importieren *v* 1. *(Comp)* import *(Daten)*; 2. *(Imp/Exp, Steuer, WiWi)* import

importierte Inflation *f (WiWi)* imported inflation

Importnachfragefunktion *f (Bank)* import-demand function

Importneigung *f (Imp/Exp, WiWi)* propensity to import

Importpreis *m (WiWi)* import price

Importquote *f (Imp/Exp, WiWi)* import quota, import penetration ratio

Importsog *m (Imp/Exp, WiWi)* import pull, demand for imports *(ZB)*

Importsubstitution *f (WiWi)* import substitution

Importüberschuss *m (Imp/Exp, WiWi)* import surplus

Importwaren *fpl (Imp/Exp, WiWi)* imported goods

Impuls *m* 1. *(Comp)* pulse; 2. *(WiWi)* stimulus, impetus *(Konjunktur)*

Impulskauf *m (Gen, V&M)* impulse buying

in natura *(Gen)* in kind

in Vertretung *(i. V.) (Gen, Mgt)* for and on behalf of *(+ Unterschrift)*

inaktiv *adj (Gen)* inactive

inbegriffen/alles *(Gen)* all-in, all-inclusive

Inbetriebnahme *f* 1. *(Gen)* start-up; 2. *(WiWi)* start-up

Index *m* **der Exporterlös-Kaufkraft** *(jarg.) (Imp/Exp, WiWi)* Income Terms of Trade *(cf Index der Importkapazität)*

Index *m* **der Frühindikatoren** *(Fin)* index of leading indicators

Index *m* **der Importkapazität** *(Imp/Exp, WiWi)* Income Terms of Trade *(Definition: Exporterlöse dividiert durch die Importpreise; Terms of Trade-Konzept, das gegenüber den herkömmlichen Commodity Terms of Trade zusätzlich auch die Veränderung der Exportmenge berücksichtigt und Aussagen zur Wettbewerbsfähigkeit und zu Wohlstandseffekten erlaubt; Synonym: Einkommens-Austauschverhältnis, Index der Kaufkraft der Exporterlöse; anders: Commodity Terms of Trade = Terms of Trade = Exportgüterpreisindex dividiert durch Importgüterpreisindex = Kehrwert der Nettotauschgeschäftsbedingungen = net barter terms of trade)*

Index *m* **der Lebenshaltungskosten** *(Soz)* cost-of-living index

Index *m* **der Spätindikatoren** *(Fin)* index of lagging indicators

Index *m* **der Verbraucherpreise** *(WiWi)* consumer price index
Indexanleihe *f (Bank)* indexed bond, indexed loan
Indexbindung *f (WiWi)* index linking, indexing
indexgebundenes Darlehen *n (Fin)* index-linked loan
indexieren *v (Börse, Comp, Fin, Steuer, WiWi)* index
indexiert *adj (Versich)* index-linked
indexierte Anleihe *f (Börse)* index-linked bond
Indexierung *f* 1. *(Börse)* indexing; 2. *(WiWi)* indexation
Indexpunkt *m (Börse)* index point
Indexsuche *f (Comp)* indexed search
Indexzahl *f (Stat, WiWi)* index number
Indifferenzkurve *f (WiWi)* indifference curve
Indikator *m (WiWi)* measure, indicator
Indikator *m* **der wirtschaftlichen Einschätzung** *(WiWi)* indicator of economic sentiment
Indikator *m* **für das Vertrauen der Wirtschaft** *(Ind)* indicator of industrial confidence
indirekt *adv (Gen)* indirectly • **indirekt verbunden mit** *(Gen)* indirectly related to
indirekte Besteuerung *f (Steuer)* indirect taxation
indirekte Kosten *pl* 1. *(Fin, RW, WiWi)* indirect costs, overhead charges; 2. *(Ind)* oncost
indirekte Steuer *f* 1. *(Steuer)* duty; 2. *(WiWi)* indirect [outlay] tax
Individualgut *n (WiWi)* private good
individuelle Kosten *pl (WiWi)* private cost
individuelles Klagerecht *n (Recht)* individual right of action
Indiz *n (Recht)* clue
indiziert *adj (Comp, Stat)* indexed
Indossament *n (Recht)* endorsement, backing, indorsement • **durch Indossament übertragen** *(Bank)* transfer by endorsement
Indossament *n* **ohne Obligo** *(Bank)* qualified endorsement
Indossament *n* **und Übergabe** *f (Bank, Recht)* endorsement and delivery *(Orderpapiere)*
Indossamente *npl* **auf Wechseln** *(Bank, RW)* endorsements on bills
Indossant *m* 1. *(Bank, Recht)* endorser, indorser; 2. *(Gen)* backer
Indossantin *f s.* Indossant
Indossatar *m (Bank)* endorsee, indorsee
indossieren *v* 1. *(Bank, Gen)* endorse, indorse; 2. *(Recht)* back
induktives Denken *n (Mgt)* inductive reasoning
industrialisiert *adj (Ind, WiWi)* industrialized
Industrialisierungsgrad *m (Ind, WiWi)* degree of industrialization, level of industrialization
Industrie *f (Ind, WiWi)* industry
Industrie *f* **in der Anfangsphase** *(Ind, WiWi)* infant industry *(junger Wirtschaftszweig)*
Industrieabfälle *mpl (Ind, Umwelt)* industrial waste
Industrieaktie *f (Börse)* industrial share
Industriebetrieb *m (Gen, Ind)* manufacturing plant, industrial plant, industrial establishment, industrial firm
Industriebetriebslehre *f* 1. *(Ind)* industrial engineering [management]; 2. *(WiWi)* industrial economics, industrial management, industrial organization
Industriegebiet *n* 1. *(Grund, Ind)* industrial estate, *(AE)* trading estate industrial site; 2. *(WiWi)* enterprise zone
Industriegesellschaft *f (WiWi)* industrial society, manufacturing-based economy
Industriegüter *npl (WiWi)* manufactured goods, manufactures
Industrieland *n (Ind, WiWi)* developed country, DC, industrial country, industrialized country
industriell *adj (Gen, Ind)* industrial
industrielle Großforschung *f (Ind)* big science
industrielle Revolution *f (WiWi)* industrial revolution
industrielle und kommerzielle Unternehmen *npl (WiWi)* industrial and commercial companies
Industriemeister *m (Pers)* qualified foreman, certificated foreman
Industriemüll *m (Ind, Umwelt, WiWi)* industrial waste

Industrienation *f (Gen, WiWi)* advanced economy, industrial nation
Industrieobligationen *fpl* **und -anleihen** *fpl (Börse, Fin, Ind)* corporate bonds and loans
Industriepark *m* 1. *(Grund)* industrial estate, *(AE)* trading estate; 2. *(Ind)* industrial park
Industrieprodukte *npl (Ind)* industrial goods
Industrieproduktion *f (WiWi)* industrial production
Industriespionage *f (Ind)* industrial espionage
Industriestaat *m (Ind, WiWi)* developed country, industrialized country
Industrie- und Handelskammer *f (Ind, WiWi)* Chamber of Commerce and Industry, CCI, American Chamber of Commerce, ACC
Industrieunternehmen *n (Gen, Ind)* industrial enterprise, industrial firm, industrial plant
Industriewaren *fpl (Gen, Ind)* industrial commodities, manufactured goods
Industriewert *m (Fin)* industrial security
Industriezweig *m (Ind)* branch of industry
induzieren *v (Fin, WiWi)* induce
induzierte Nachfrage *f (WiWi)* induced demand
induzierter technischer Fortschritt *m (WiWi)* induced technical progress
ineffizient *adj (Gen, WiWi)* inefficient
Ineffizienz *f (Gen, WiWi)* inefficiency
Inelastizität *f (WiWi)* inelasticity
inferiore Güter *npl (WiWi)* inferior goods
Inflation *f (WiWi)* inflation • **die Inflation anheizen** *(WiWi)* fuel [stoke] inflation • **mit der Inflation steigen** *(WiWi)* rise in line with inflation *(Preis)* • **gegen Inflation sichern** *(WiWi)* safeguard against inflation
Inflation *f* **durch Nachfragestrukturveränderungen** *(WiWi)* demand-shift inflation
inflationär *adj (WiWi)* inflationary
inflationieren *v (WiWi)* inflate
Inflationsabsicherung *f (Börse, Fin)* hedge against inflation
inflationsbereinigt *adj (WiWi)* adjusted for inflation
Inflationsbereinigung *f (WiWi)* accounting for inflation
Inflationserwartungen *fpl (WiWi)* inflationary expectations
Inflationsgewinne *mpl (WiWi)* inflationary gains
Inflationslücke *f (WiWi)* inflationary gap
Inflationsrate *f (WiWi)* inflation rate, rate of inflation
Inflationssockel *m (WiWi)* hard-core inflation, hard-core of inflation
Inflationsspirale *f (WiWi)* inflationary spiral
Inflationssteuerung *f (WiWi)* inflation targeting *(Gegensatz: Geldmengensteuerung)*
inflatorische Lücke *f (WiWi)* inflationary gap
Info *(ugs.) s.* Information
Infobahn *f (jarg.) (Comp)* information highway *(Internet)*
infolge von *(Gen)* as a consequence of, as a result of
Informatik *f (Comp)* computer science, informatics
Informatikberufe *mpl (Comp, Pers)* occupations in computer science, occupations in information technology, IT occupations
Informatiker *m (Comp)* computer scientist
Informatikerin *f s.* Informatiker
Informatikwissenschaft *f (Bil, Comp)* information science, computer science, *(BE)* informatics
Information *f (Gen)* information, info • **Information vertraulich behandeln** *(Recht)* treat information confidentially • **Information zurückhalten** *(Recht)* withhold information
Informationsbarriere *f (Bank, Börse)* Chinese wall
Informationsbearbeitung *f (Comp, Gen)* information handling, information processing
Informationsfluss *m (Comp, Gen)* information flow
Informationsgesellschaft *f (Comp, Komm)* information society, e-society
Informationsindustrie *f (Comp, Gen, Ind)* knowledge industry, knowledge--based industry

Informationsrecht *n (Media, Recht)* right to information
Informationsrückfluss *m (Gen, Komm)* feed-back
Informationsschalter *m (Frei)* information desk
Informationstechnologie *f (Comp)* information technology, IT
Informationsverarbeitung *f (Comp)* information processing
Informationsvorsprung *m (Gen)* superior knowledge
Informationswiedergewinnung *f (Comp)* information retrieval
informell *adj (Gen)* informal
informelle Vereinbarung *f (Gen)* informal arrangement
informieren *v* 1. *(Gen)* inform, notify, brief; 2. *(Komm)* brief • **jmdn. über etw. informieren** *(Komm)* acquaint sb of sth, acquaint sb with sth
informierte Öffentlichkeit *f (Gen)* informed public
infrage stellen *v (Gen)* query
Infrastruktur *f* 1. *(Gen)* infrastructure; 2. *(WiWi)* infrastructure, social overhead capital
Infrastruktureinrichtung *f (Gen, Ind)* unfrastructural installation, unfrastructural facility
Ingenieurschule *f (Bil)* college of engineers, school of engineers, academy of engineers
Ingenieurwesen *n (Ind)* engineering
Inhaber *m* 1. *(Bank, Fin)* bearer *(Wechsel)*; 2. *(Gen)* proprietor; 3. *(Pat)* owner, proprietor; 4. *(Pers)* occupant *(Position)*; 5. *(Recht)* proprietor *(geistiges Eigentum)* • **auf den Inhaber lautend** *(Recht)* made out to bearer, unregistered *(Aktie)*
Inhaber *m* **eines akademischen Grades** *(Gen)* hono(u)rs graduate
Inhaberaktie *f (Börse)* bearer share, bearer stock, unregistered stock
Inhaberin *f s.* Inhaber
Inhaberin *f* **eines akademischen Grades** *s.* Inhaber eines akademischen Grades
Inhaberobligation *f* 1. *(Börse)* bearer debenture; 2. *(Fin)* bearer bond
Inhaberpapier *n (WiWi)* negotiable [made-to-bearer] instrument
Inhaberscheck *m (Bank) (AE)* bearer check, *(BE)* bearer cheque
Inhaberschuldverschreibung *f* 1. *(Börse)* bearer debenture; 2. *(Fin)* bearer bond
Inhaberschuldverschreibung *f* **cum Kupon** *(Börse)* full coupon bond
Inhaberschuldverschreibung *f* **mit Kupon** *(Börse)* full coupon bond
Inhaberzertifikat *n (Börse, Fin)* bearer certificate
Inhalt *m* 1. *(Gen)* content(s) *(Text)*; subject matter *(Gespräch)*; contents *(Brief, Paket)*; 2. *(Pat)* content • **Inhalt vor Form** *(RW)* substance over form
Inhalts-Anbieter *m (Comp, Gen, Komm)* content provider
Inhaltserstellung *f (Comp, Komm, Media)* content authoring
inhaltsreich *adj (Gen)* comprehensive
Inhaltsverwaltungssystem *n (Comp, Media)* content management system, CMS
Inhaltsverzeichnis *n (Gen, Media)* table of contents
initialisieren *v (Comp)* initialize *(Vorgang)*
initiativ *adj (Gen)* enterprising
Initiative *f* 1. *(Gen)* enterprise, campaign *(Aktion)*; 2. *(Mgt)* initiative • **die Initiative ergreifen** *(Mgt)* take the initiative
initiieren *v (Comp)* initiate *(Vorgang)*
Inkasso *n (Bank, RW)* collection, encashment
Inkassoauftrag *m (Fin)* debt collection order
Inkassobüro *n* 1. *(Fin)* debt collection agency; 2. *(Imp/Exp)* collector's office
Inkassoprovision *f (Versich)* collecting commission
Inklusivangebot *n (Frei)* package deal
inklusive *adj (Gen)* included, inclusive
Inklusivpreise *mpl (Gen)* inclusive terms
Inkrafttreten *n* 1. *(Pat, Recht)* entry into force, come into force, come into effect, become effective; 2. *(Versich)* commencement *(einer Police)*
In-Kraft-Treten *n* 1. *(Pat, Recht)* entry into force, come into force, come into effect, become effective; 2. *(Versich)* commencement *(einer Police)*
inkrementale Analyse *f (Steuer)* incremental analysis
Inland... 1. *(Gen)* domestic, home, in-

ternal, national; 2. *(Imp/Exp)* inland; 3. *(Transp)* domestic, internal *(Flug)*; inland *(Schifffahrt)*; 4. *(WiWi)* domestic, home
inländisch *adj (Transp, WiWi)* domestic, inland, national
inländische Absorption *f (WiWi)* domestic absorption
inländische Ersparnis *f (WiWi)* domestic savings *(VGR)*
inländische Faktorkosten *pl (WiWi)* domestic resource cost, DRC
inländische Gesamtnachfrage *f (WiWi)* absorption
inländische Industrie *f (Ind)* domestic industry
inländische Nachfrage *f (WiWi)* domestic demand
inländische Produktion *f (WiWi)* domestic output
inländische Tochter *f (jarg.) (WiWi)* domestic subsidiary
inländische Wirtschaft *f (Ind, WiWi)* domestic economy, national economy
inländischer Arbeitnehmer *m (Pers)* domestic worker, national worker, indigenous worker
inländischer Arbeitsmarkt *m (Pers)* domestic labo(u)r market, national labo(u)r market
inländischer Geldmarkt *m (WiWi)* domestic money market
Inlands... *(Gen)* internal
Inlandsabsatz *m (V&M)* domestic sales
Inlandsbank *f (Bank)* domestic bank
Inlandsgeschäft *n (Gen)* domestic business
Inlandsinvestition *f (WiWi)* domestic investment
Inlandsmarkt *m (WiWi)* domestic market, home market
Inlandsnachfrage *f (WiWi)* domestic demand
Inlandsprodukt *n (WiWi)* domestic product
Inlandsproduktion *f (WiWi)* home production
Inlandsschuld *f (WiWi)* internal debt
Inlandstrend *m (WiWi)* national trend
Inlandsumsatz *m (Admin)* home sales
Inlandsverbindlichkeiten *fpl (Bank)* domestic liabilities
Inlandszahlung *f (Fin)* inward payment
inmaterieller Wohlstand *m (WiWi)* intangible wealth
innehaben *v* 1. *(Gen)* occupy *(Stellung)*; 2. *(Pers)* fill; 3. *(Pol)* hold
Innen... *(Admin, Gen, RW, WiWi)* interior, internal, in-house
Innenfinanzierung *f (Fin)* internal financing
Innenrevision *f (Gen, Mgt)* internal audit, internal auditing, operational auditing, operational audit, operations audit, in-house audit *(Ordnungsmäßigkeitsprüfungen sowie Prüfung der aufbau- und ablauforganisatorischen Zweckmäßigkeit betrieblicher Aufgabenerfüllung; Synonym: interne Revision)*
Innenstadt *f (Gen) (AE)* city center, *(BE)* city centre; inner city
innerbetrieblich *adj (Ind, Pers)* in-house, internal
innerbetriebliche Ausbildung *f (Ind, Pers)* in-house training, industrial training • **eine innerbetriebliche Schulung abhalten** *(Pers)* hold in-house training
innerbetriebliche Hierarchie *f (Mgt, Pers)* corporate ladder, corporate hierarchy
innerbetriebliche Schulung *f (Ind, Pers)* in-house training, industrial training • **eine innerbetriebliche Schulung abhalten** *(Pers)* hold in-house training
innerbetriebliche Weiterbildung *f (Pers)* on-the-job training, training within industry, *(BE)* employment training
innerbetrieblicher Verrechnungspreis *m (RW, WiWi)* shadow price, accounting price, intracompany transfer price *(Synonym: Schattenpreis)*
innere Stabilität *f (Pol, WiWi)* stability at home, intrinsic stability
innere Wirkungsverzögerung *f (Pol, WiWi)* inside lag
innerer Wert *m (Fin, WiWi)* intrinsic value
innergemeinschaftlicher Handel *m (WiWi)* intra-community trade, intra-EU trade
innerhalb einer Frist von *(Gen)* within a period of
innerhalb vorgeschriebener Grenzen *(Recht)* within prescribed limits
innerstaatlich *adj (Pol)* intra-state, national, domestic

innerstaatliches Recht *n (Recht)* national law, domestic law *(EU; einzelstaatliches Recht)*
Innertagesliquidität *f (Fin, WiWi)* intraday liquidity *(EZB; ist generell zinsfrei)*
Innovation *f (Ind)* innovation *(Produktion)*
innovativ *adj (Gen, Pat, V&M)* innovative
Innovator *m (V&M)* innovator
Innovatorin *f s.* Innovator
Innung *f (Gen)* guild
inoffiziell *adj* 1. *(Gen)* informal, unofficial *(Erklärung, Aussage)*; 2. *(Admin, Pol)* off-the-record, unofficial *(Erklärung, Aussage)*
Input *m (Gen)* input
Input-Output-Analyse *f (Stat, WiWi)* input [output] analysis
Input-Output-Tabelle *f (Stat, WiWi)* input-output-table
Inserat *n (Gen, Media, V&M)* advertisement, *(ugs.)* ad, classified advertisement, classified ad
Inserent *m (V&M)* advertiser, advertising space buyer
Inserentin *f s.* Inserent
inserieren *v (Media, V&M)* advertise
insgesamt *adv (Gen)* altogether, overall, in the aggregate • **insgesamt ergeben** *(Gen)* reach a total of
Insidergeschäfte *npl (Börse, Fin)* insider dealing
InsO *s.* Insolvenzordnung
insolvent *adj (Bank, Fin, Gen)* bankrupt, insolvent
Insolvenz *f (Bank, Gen)* (business) failure, insolvency *(Zahlungsunfähigkeit)*; bankruptcy *(Überschuldung)*
Insolvenz *f* **der juristischen Personen** *(Recht) (BE)* company insolvency
Insolvenz *f* **der natürlichen Personen** *(Recht) (BE)* insolvency of individuals
Insolvenz *f* **von Nichtkaufleuten** *(Recht)* insolvency of non-traders
Insolvenzantrag *m (Recht)* insolvency petition • **Insolvenzantrag stellen** *(Fin, Recht)* file for insolvency
Insolvenzeröffnung *f (Recht)* insolvency judgment
Insolvenzeröffnungsstaat *m (Recht)* country of the insolvency
Insolvenzforderungen *fpl (Recht)* claims of creditors in insolvency
Insolvenzgericht *n (Recht)* court adjudicating insolvency
Insolvenzgesetz *n (Recht)* Insolvency Act *(UK)*
Insolvenzgläubiger *mpl (Recht)* general body of creditors
Insolvenzmasse *f (Recht)* insolvency assets
Insolvenzordnung *f (Recht)* German Insolvency Law *(ab 1999)*
Insolvenzrecht *n (Recht)* insolvency law
Insolvenzverfahren beendigen *v (Recht)* close insolvency proceedings
Insolvenzverwalter *m (Recht)* administrator, liquidator (in insolvency)
instabile Beschäftigung *f (Pers)* precarious employment (relationship)
Installation *f* 1. *(Comp, Gen)* installation; 2. *(Ind)* plant *(Anlage)*
Instandhaltungskosten *pl (Grund)* maintenance fee
Instandsetzung *f (Gen, Ind)* correction maintenance
Instanzenweg *m (Recht)* stages of appeal
institutioneller Anleger *m (Börse)* institutional investor
Institutionenökonomik *f (WiWi)* institutional economics
institutsübergreifend *adj (Bank)* inter-bank
instruieren *v* 1. *(Gen)* brief, instruct; 2. *(Recht)* instruct
Instruktionen *fpl (Gen)* brief
Instrument *n (Gen, Ind)* apparatus, instrument, tool
Integration *f (Gen)* integration
Integration *f* **in das Arbeitsleben [Berufsleben, Erwerbsleben]** *(Pers, Soz)* integration into working life
Integration *f* **in den Arbeitsmarkt** *(Pers, Soz) (BE)* integration into the labour market, *(AE)* integration into the labor market
integrieren *v (Gen)* integrate
integrierte Finanzplanung *f (Fin, WiWi)* integrated financial planning
integrierter Schaltkreis *m (Comp)* integrated circuit
integriertes Führungssystem *n (Mgt)* integrated management system
integriertes Management-Informationssystem *n (Mgt)* (integrated) man-

agement information system, MIS *(Synonym: Führungsinformationssystem, FIS, Management Informationssystem, MIS; Softwaresystem zur Lieferung von Informationen für die Vorbereitung strategischer und taktischer Entscheidungen der Unternehmensführung, Grundlage computergestützter Unternehmensplanung)*

integriertes Projektmanagement *n (Mgt)* integrated project management

Integrität *f (Comp, Gen)* integrity *(Daten, Personen)*

intelligente Kreditkarte *f (Bank, Comp)* smart card

intelligente Speicherchipkarte *f (Comp, Komm)* logical card *(z. B. Telefonkarte)*

intensiv *adj* 1. *(Gen)* intensive; 2. *(Pers)* hands-on; 3. *(WiWi)* intensive

intensivieren *v (Gen)* intensify

Intensivverkauf *m (V&M)* intensive selling

interaktiver Zugriff *m (Komm, Recht)* interactive access

interaktives Fernsehen *n (Comp, Frei, Komm, Media, V&M)* interactive television *(iTV)*

Interaktivität *f (Comp, Komm)* interactivity

Interbankangebotssatz *m (Bank)* interbank offered rate

Interbank-Geldmarkt *m (Fin)* wholesale money market

Interbankgeschäft *n (Bank, Fin, WiWi)* interbank business, interbank transactions

Interbank-Kreditgeschäft *n (Bank)* bank-to-bank lending

Interbankmarkt *m (Bank, WiWi)* interbank market

interdependente Volkswirtschaft *f (WiWi)* interdependent economy

interdisziplinär *adj (WiWi)* multi-disciplinary

Interesse *n (Gen, Recht)* interest • **jmds. Interessen wahrnehmen** *(Gen)* protect sb's interests

Interessenabwägung *f (WiWi)* trade-off

Interessenbekundung *f (Pol, V&M)* expression of interest

Interessengemeinschaft *f* 1. *(Gen)* consortium, syndicate, community of interests; 2. *(RW) (AE)* pooling of interests; 3. *(Versich)* pool

Interessengruppe *f* 1. *(Gen)* interest group, reference group, stakeholders; 2. *(Pol)* lobby, pressure group

Interessenkonflikt *m (Gen)* conflict of interest

Interessent *m* 1. *(Gen)* prospective customer; 2. *(WiWi)* potential customer

Interessentenkreis *m (Gen)* target audience

Interessentin *f s.* Interessent

Interessenvertreter *m (Pol, Recht)* stakeholder *(EU; cf Interessengruppe)*

Interfunktionsfähigkeit *f (Ind)* interoperability *(Produktion)*

intergenerationelle Einkommensverteilung *f (WiWi)* intergenerational distribution of income

intergenerativ *adj (Gen, WiWi)* intergenerational

intergenerative Einkommensverteilung *f (WiWi)* intergenerational distribution of income

Interimsdividende *f (Börse)* interim dividend

interkulturelles Marketing *n (V&M)* intercultural marketing

intermedialer Vergleich *m (Media, V&M)* intermediate comparison

intermediäres Finanzinstitut *n (Fin, WiWi)* nonbank financial institution, financial intermediary

intern *adj* 1. *(Comp)* in-house; 2. *(Gen, WiWi)* in-house, internal

intern erwirtschaftete Geldmittel *npl (Fin, RW)* internally generated funds

internalisieren *v (WiWi)* internalize

Internalisierung *f* **externer Effekte** *(WiWi)* internalizing an externality

international *adj (Gen)* international • **auf internationaler Ebene** *(Gen)* at an international level, on an international scale

international gehandelte Güter *npl (WiWi)* tradables

internationale Arbeitsnormen *fpl (Pers, Recht)* international labour standards *(von der Internationalen Arbeitsorganisation = IAO = ILO = International Labour Organization verabschiedete arbeitsrechtliche Normen)*

Internationale Arbeitsorganisation *f (Ind)* International Labour Organization
internationale Arbeitsteilung *f (WiWi)* international division of labo(u)r
internationale Bankfazilität *f (Bank)* international banking facility
internationale Bankkontonummer *f (Bank)* International Bank Account Number *(IBAN; ISO Norm)*
Internationale Deutsche Handelskammer *f (Gen)* German International Chamber of Commerce
internationale Geldanweisung *f (Bank)* foreign money order
internationale Gremien *npl (Recht)* international bodies
internationale Handelserlaubnis *f (Imp/Exp)* international trading certificate
Internationale Handelskammer *f (Gen)* International Chamber of Commerce
internationale Liquidität *f (WiWi)* international liquidity
Internationale Organisation *f* **für Normung** *(Gen)* International Organization for Standardization, ISO
internationale Prüfungsrichtlinien *fpl (RW)* international auditing standards
internationale Standardbedingungen *fpl (Recht)* international standard conditions *(Vertragsrecht)*
internationale Standardklassifikation *f* **der Berufe** *(WiWi)* international standard classification of occupations
Internationale Systematik *f* **der Wirtschaftszweige** *(Ind) (AE)* International Standard Industrial Classification of all Economic Activities, ISIC
internationale Unternehmen *npl (Recht, V&M)* international companies
Internationale Wertpapieraufsichtsbehörde *f (Börse)* International Securities Regulatory Organization, ISRO
internationale Wettbewerbsfähigkeit *f (WiWi)* international competitiveness
internationale wirtschaftliche Zusammenarbeit *f (WiWi)* international economic cooperation
internationaler Antwortschein *m* **für Postsendungen** *(Komm)* international reply coupon
Internationaler Ausschuss *m* **für Rechnungslegungsgrundsätze** *(RW)* International Accounting Standards Committee, IASC
internationaler Führerschein *m (Admin, Transp)* international driving permit, *(AE)* international driver's license, *(BE)* international driving licence
internationaler Kapitalverkehr *m (Fin)* international capital movements
internationaler Spediteur *m (Transp)* international freight forwarder, international haul(i)er
internationaler Vergleich *m* **der Lebenshaltungskosten** *(WiWi)* international comparison of the cost of living
Internationaler Währungsfonds *m (WiWi)* International Monetary Fund, IMF
internationaler Währungskorb *m (Börse, Fin, WiWi)* basket of currencies
internationaler Warenverkehr *m (WiWi)* cross-border trade
internationaler Zahlungsauftrag *m (Bank)* international payment order, IPO
internationales Abkommen *n (Recht)* international agreement
Internationales Arbeitsamt *n (Pers)* International Labour Office
Internationales Strafrecht *n (Recht)* international criminal law
internationales Warenverzeichnis *n* **für den Außenhandel** *(Gen)* standard international trade classification
internationales Wirtschaftsrecht *n (Recht)* international business law
internationalisieren *v (Pol, WiWi)* internationalize
interne Bewertung *f (Grund)* in-house valuation
interne Finanzierung *f (Fin)* internal financing
interne Kommunikation *f (Komm)* internal communications
interne Revision *f (Mgt, RW)* internal audit, internal auditing *(Ordnungsmäßigkeitsprüfungen sowie Prüfung der aufbau- und ablauforganisatorischen Zweckmäßigkeit betrieblicher Aufgabenerfüllung, Teil des IKS)*; administrative audit
interne Schuld *f (WiWi)* internal debt
interne Taktrate *f (Comp)* internal clock rate, internal core speed, system clock rate *(Chip Systemtakt)*

interne Uhr *f (Comp)* internal clock
interne Zinsfuß-Methode *f (Fin, WiWi)* discounted cash flow method, internal rate of return method
interner Buchprüfer *m (Mgt, RW)* internal financial auditor, internal auditor
interner Markt *m (V&M, WiWi)* internal market *(innerhalb eines Konzerns, within a group)*
interner Prüfer *m (Mgt, RW)* internal auditor
Interner Rating-Ansatz *m (Bank, Fin)* internal ratings-based approach, IRB--approach, IRBA *(bankinterner Ansatz zur Kreditrisikomessung; zwei Formen: Basis-IRB-Ansatz = basic approach und Fortgeschrittener Ansatz = advanced approach; Basel II; Synonym: IRB-Ansatz; Gegensatz: Standardansatz = standardised approach, STA)*
interner Zinsfuß *m (Fin, WiWi)* internal rate of return
internes Berichtswesen *n (Mgt)* internal reporting
internes Einstufungsverfahren *n (Bank, Fin)* Internal Assessment Approach, IAA *(Bestimmung der Eigenkapitalanforderungen für ungeratete Verbriefungspositionen in ABCP-Programmen; determination of the capital requirements for unrated securitization positions in ABCP programs; Basel II)*
Internes Kontrollsystem *n (IKS)* 1. *(Gen)* internal control, internal control system; 2. *(Mgt, RW)* system of internal audits, internal audits *(komplexes, gesamtbetriebliches internes Überwachungssystem einschließlich einer prozessunabhängigen internen Revision, u. a. mit Organisations-, Dienst- und Kontenplänen, Kontroll-, Datenzugriffs- und Programmänderungs-Dokumentationen; das verfahrensorientierte IKS hat instrumentellen Charakter für das ergebnisorientierte Controlling, dessen Aufgabenbereich erheblich weiter gefasst ist)*
internes Wachstum *n (WiWi)* internal expansion, internal growth
Internet-Abfrage *f (Comp, Komm)* internet query
Internet-Anbieter *m (Comp, Komm)* internet provider
Internet-Anwender *m (Comp, Komm)* internet user
Internet-Auftritt *m (Comp, Komm)* internet presence
Internet-Datenverkehr *m (Comp, Komm)* traffic
Internet-Domain [-Domäne] *f (Comp, Komm, Recht)* internet domain
Internet-Freak *m (Comp, Komm) (AE)* nerd, *(BE)* geek
Internetidentität *f (Comp, Komm, Recht)* internet identity
Internet-Inhalte *mpl (Comp, Komm, Recht)* internet content
Internet-Konto *n (Comp, Komm)* internet account
Internet-Kriminalität *f (Comp, Komm, Recht)* internet crime, cybercrime
Internet-Ökonomie *f (Gen, WiWi)* internet economy, net-based economy, new economy
Internetpauschale *f (Comp, Komm)* internet flat rate
Internet-Präsenz *f (Comp, Frei, Komm, Media)* internet
Internet-Speicherplatz *m (Comp, Komm)* webspace
Internet-tauglich *adj (Comp, Komm)* internet ready
Internetverwaltung *f (Komm, Recht)* internet governance
Internet-Wirtschaft *f (Komm, V&M)* internet economy, New Economy
Interoperabilität *f (Comp)* interoperability
interpersoneller Nutzenvergleich *m (WiWi)* interpersonal utility comparison
interpretieren *v (Komm)* interpret • **etw. breit interpretieren** *(Gen)* give a loose interpretation of sth
Intervallschätzung *f (Stat)* interval estimate
intervenieren *v (Fin, Pers, Pol, WiWi)* intervene
Intervention *f* **am Devisenmarkt** *(WiWi)* exchange intervention
Interventionskurs *m (Fin, WiWi)* intervention rate
Interventionspflicht *f (Pol)* obligatory intervention *(ZB)*
Interventionspunkte *mpl (Fin)* support points
Interview *n (Pers)* interview

intuitives Management *n (Mgt)* intuitive management
Invalide *m(f) (Soz)* disabled
Invalidenrente *f (Versich)* disability annuity, *(AE)* disability insurance income
Invalidität *f (Fin, Versich)* invalidity *(Behinderung)*
Invaliditätsgrad *m (Versich)* degree of disablement
Inventar *f (Gen, Ind, RW, Versich)* inventory, stock list • **Inventar nach Alter aufstellen** *(RW)* age inventories
inventarisieren *v (Gen, Ind, RW)* take stock
Inventarverzeichnis *n (Ind)* inventory
Inventarwert *m (Fin, RW)* net asset value, book value
Inventarwert *m* **je Anteil** *(Fin, RW)* net asset value per share, NAV per share *(Nettowert des Fondsvermögens dividiert durch die Anzahl der ausgegebenen Anteile)*
Inventur *f* 1. *(Gen)* stocktaking; 2. *(Ind, RW)* inventory; 3. *(WiWi)* stocktaking • **Inventur machen** 1. *(Gen, Ind)* take stock; 2. *(RW)* mark stock, take inventory
inverse Zinsstrukturkurve *f (WiWi)* inverted yield curve
inverses Renditegefälle *n (Börse)* reverse yield gap
Inverzugsetzung *f (Fin, Recht)* formal notice of default *(Vertragsrecht)*
investieren *v* 1. *(Bank, Börse)* effect investments *(Kapital)*; 2. *(Fin, Gen, WiWi)* invest *(Zeit, Kapital)* • **nicht investiert** *(Bank)* uninvested
investiertes Kapital *n (Fin, RW)* capital employed
Investition *f* 1. *(Bank, Börse, Fin)* investment; 2. *(WiWi)* capital investment [expenditure]
Investitionsanreiz *m (Bank)* investment incentive
Investitionsaufwand *m* 1. *(Fin, RW)* capital expenditure; 2. *(WiWi)* capital outlay, capital spending
Investitionsausgaben *fpl (WiWi)* capital outlay, capital spending
Investitionsbeurteilung *f (Börse, Fin)* investment appraisal
Investitionsbudget *n* 1. *(Fin)* investment budget; 2. *(RW)* capital expenditure budget, investment budget
Investitionsfinanzierung *f (Bank, Fin)* investment financing
Investitionsfonds *m (Bank, Fin)* investment fund
investitionsgebundener technischer Fortschritt *m (WiWi)* embodied technical progress
Investitionsgüter *npl* 1. *(Fin, Gen)* investment goods; 2. *(Gen)* capital goods, industrial goods, equipment goods *(Synonym: Anlageinvestitionsgüter)*
Investitionsgüterindustrie *f (Gen, Ind)* capital goods industry, investment goods industry
Investitionsgüter-Leasing *n (WiWi)* equipment leasing
Investitionsgüter-Marketing *n (V&M)* industrial marketing
Investitionshaushalt *m (RW)* capital budget
Investitionskapital *n (Börse, Fin, WiWi)* investment capital
Investitionskosten *pl* 1. *(Gen)* up-front cost; 2. *(WiWi)* capital costs
Investitionskostenzuschuss *m (Fin, Pol)* investment subsidy, investment grant
Investitionskredit *m (Bank, Fin)* development loan
Investitionskriterien *fpl (Fin)* investment criteria
Investitionslenkung *f (Mgt, Pol)* investment control
Investitionsmultiplikator *m (WiWi)* investment multiplier
Investitionsnachfrage *f (WiWi)* investment demand
Investitionsneigung *f (WiWi)* propensity to invest
Investitionsobjekt *n (Fin)* investment object, capital investment project, capital project
Investitionsplan *m* 1. *(Fin)* investment budget; 2. *(RW)* investment budget, capital expenditure budget, capital budget
Investitionsplanung *f (WiWi)* capital budgeting
Investitionsprogramm *n (Fin)* capital

(expenditure) program(me), investment program(me)

Investitionsprojektsbewertung *f (Fin)* capital project evaluation

Investitionsquote *f* 1. *(Fin)* investment ratio; 2. *(WiWi)* propensity to invest

Investitionsrechnung *f* 1. *(Fin)* capital investment appraisal, capital project evaluation, investment analysis, preinvestment analysis; 2. *(RW)* capital budgeting, capital expenditure appraisal *(Wirtschaftlichkeitsrechnung zur Überprüfung der Vorteilhaftigkeit -profitability- alternativer Investitionsobjekte)*

Investitionsrentabilität *f (Fin, RW, WiWi)* return on investment, ROI

Investitionsstandort *m (Gen, WiWi)* investment location

Investitionssumme *f (Fin)* amount to be invested

Investitionstätigkeit *f (WiWi)* investment activity

Investitionsvolumen *n (Fin, RW)* capital commitment

Investitionsvorhaben *n (Fin, RW)* capital [investment] project

Investitionszuschuss *m (Fin, Pol)* investment subsidy, investment grant

Investivlohn *m (Pers)* investment wage, invested pay

Investment *n (Bank, Börse, Fin, WiWi)* investment

Investmentbank *f (Bank)* investment bank

Investmentfonds *m* 1. *(Fin) (BE)* mutual fund unit trust; 2. *(WiWi) (BE)* managed fund

Investmentgesellschaft *f* 1. *(Börse)* investment company, *(BE)* unit trust; 2. *(Fin)* investment firm, *(BE)* investment trust

Investmentgesellschaft f/geschlossene *(Fin)* closed-end investment trust

Investor *m (Bank, Fin, WiWi)* investor

Investor *f (Bank, Fin, WiWi)* investor

Investorengruppe *f (Bank, Fin)* investor group

Investorenverhalten *n (Börse, Fin, Gen) (BE)* investor behaviour, *(AE)* investor behavior

Inzahlungnahme *f (Gen)* trade-in

IRB-Ansatz *m (Bank)* IRB-approach, Internal Rating-Based Approach

irreführen *v (Gen, Pat, Recht, V&M)* mislead, deceive

irreführend *adj (Gen, Pat, Recht, V&M)* misleading, deceptive

irreführende Verpackung *f (V&M)* deceptive packaging

irreführende Werbung *f (Gen, V&M)* deceptive advertising, misleading advertising

irreparabel *adj (Gen)* irreparable, beyond repair

irreversibel *adj (Gen)* irreversible

Irrtum *m* 1. *(Gen)* mistake; 2. *(Recht, Versich)* error • **Irrtum vorbehalten** *(Gen)* errors and omissions excepted

irrtümlich *adj (Gen)* mistaken, erroneous

Irrtumswahrscheinlichkeit *f (Stat)* level of significance

ISCO *s.* internationale Standardklassifikation der Berufe

ISO *s.* Internationale Organisation für Normung

isolationistisch *adj (Pol)* isolationist

isolieren *v (Gen)* isolate, insulate *(Kälte)*

isoliert *adj (Gen, Pol)* isolated

Isoquante *f (WiWi)* equal products curve, isoquant

ISO-Währungscode *m (Bank)* ISO currency code *(EUR, USD oder GBP)*

Istausgaben *fpl (RW)* actual expenditure

Istbeschäftigung *f (Ind)* actual output

Istbestand *m* 1. *(Bank, RW)* actual balance; 2. *(Gen) (AE)* actual inventory, *(BE)* actual stock

Istbetrag *m (Bank, RW)* actual amount, actual balance

Ist-Einnahmen *fpl (Gen)* actual receipts

Istergebnis *n (Gen)* performance

Istkosten *pl* 1. *(RW)* actual cost; 2. *(Admin)* effective cost

Istkostenrechnung *f (RW)* actual cost system

Istleistung *f (Ind)* actual output [performance]

Istmenge *f (Ind)* real volume

Iststunden *fpl (Pers)* actual man-hours

Istsystem *n* **der Rechnungslegung** *(RW)* cash accounting, cash basis of accounting

Ist-Zahlen *fpl (RW)* actual figures *(erforderlich für die Gegenüberstellung mit*

den Planzahlen und die Abweichungsanalyse)

IT *s.* Informationstechnologie

IT-Berufe *mpl (Comp, Media, Pers)* IT professions

IT-Fachkräfte *fpl (Comp, Pers)* IT experts

IT-Leiter *m (Mgt, Pers)* CIO, chief information officer; IT manager, IT director

IT-Leiterin *f s.* IT-Leiter

IT-Markt *m (Comp, Komm, V&M)* IT market

IT-Vorstand *m (Mgt, Pers)* CIO, chief information officer; IT manager, IT director

IWF *s.* Internationaler Währungsfonds

J

Jahr *n (Gen)* year • **pro Jahr** *(Gen)* per annum, p. a.

Jahrbuch *n* 1. *(Media)* yearbook; 2. *(V&M)* annual

Jahresabonnement *n (Gen)* annual subscription

Jahresabrechnung *f (RW)* yearly settlement

Jahresabschluss *m (Fin, RW)* accounts, annual accounts, annual financial statements *(i. w. S.: Jahresbilanz, Gewinn- und Verlustrechnung und, u. a. bei Kapitalgesellschaften, Anhang, Lagebericht sowie Prüfungsbericht; annual balance sheet, income statement, notes, annual report and audit report)* • **dem Jahresabschluss zustimmen** *(Fin, RW)* approve the accounts • **den Jahresabschluss aufstellen** *(Fin, RW)* prepare the annual financial statements • **den Jahresabschluss feststellen** *(Fin, RW)* approve the year-end financial statements, *(BE)* adopt the annual accounts

Jahresabschluss *m* **einer Unternehmung** *(RW)* year-end company accounts

Jahresabschlussarbeiten *fpl (RW)* year-end procedures

Jahresabschlussbericht *m (Fin, RW)* financial report

Jahresabschlussdividende *f (RW)* year-end dividend

Jahresabschlussprüfung *f (RW)* year-end audit

Jahresbasis *f (Stat)* annual basis • **auf Jahresbasis umgerechneter Zinssatz** *(Stat)* annualized interest rate • **auf Jahresbasis umrechnen** *(Fin, Gen)* annualize

Jahresbericht *m* 1. *(Fin)* financial report; 2. *(Recht, RW)* annual report

Jahresbilanz *f (Fin)* annual balance sheet

Jahresdurchschnitt *m (Stat)* annual average, yearly average

Jahreseinkommen *n (Pers)* annual income

Jahreseinkünfte *pl (Pers)* annual income

Jahresende *n (RW)* year-end, year ended

Jahresertrag *m* 1. *(Gen)* annual proceeds; 2. *(RW)* annual yield

Jahresgebühr *f (RW)* annual fee

Jahresgehalt *n (Gen, Pers)* annual [yearly] salary

Jahresgewinn *m* 1. *(Fin)* annual net cash inflow; 2. *(RW)* annual earnings, annual net profit

Jahresgewinn *m* **nach Steuern** *(RW, Steuer)* profit for the year after tax

Jahreshauptversammlung *f (Gen, Mgt)* annual general meeting, annual shareholders' [stockholders'] meeting

Jahreshöchststand *m (Börse)* annual high

Jahreshonorar *n (RW)* annual fee

Jahresleistung *f (Ind)* annual output

Jahresmitte *f (Gen)* midyear

Jahresproduktion *f (Ind)* annual output

Jahresrate *f* 1. *(Fin, Gen, RW)* annual instal(l)ment; 2. *(Stat)* annual rate

Jahresreihen *fpl (Stat)* annual series *(Zeitreihen mit Jahreswerten)*

Jahresrendite *f (Fin, RW)* annual return, annual yield

Jahresrevision *f (RW)* annual audit

Jahressteuererklärung *f (RW, Steuer)* annual tax return

Jahrestag *m (Gen)* anniversary

Jahrestiefpunkt *m (Börse)* annual low

Jahrestiefstkurs *m (Bank, Börse)* low for the year

Jahresüberschuss *m (Fin, RW)* annual net profit, profit for the (financial) year

Jahresultimo *m (Bank, RW)* end-of-year

Jahresumsatz *m (RW)* annual sales [turnover]

Jahresurlaub *m (Pers)* annual leave *(Angestellte)*
Jahresverdienst *m (Pers)* annual earnings [wage]
Jahresvergleich *(Mgt, RW)* year-to-year comparison
Jahresvollversammlung *f (Gen, Mgt)* annual general meeting
Jahreswachstumsrate *f (WiWi)* annual growth rate
Jahreswirtschaftsbericht *m (Pol)* annual economic report
Jahreszahlung *f (Gen)* yearly payment, annual payment
Jahrgang *m* 1. *(Media)* age group *(Personen)*; 2. *(Gen)* vintage *(Wein)*
jährlich *adj (Gen)* year-to-year, yearly, annual
jährliche Abschreibung *f (Gen, RW)* annual depreciation
jährliche Gehaltsüberprüfung *f (Pers)* annual salary review
jährliche Mietkosten *pl (Steuer)* annual rental charges
jährliche Rate *f (Gen)* annual instal(l)ment
jährliche Revision *f* **der Gehälter** *(Pers)* annual salary review *(Angestellte)*
jährliche Rückzahlung *f (Gen)* annual repayment
jährliche Steuererklärung *f (RW, Steuer)* annual tax return
jährliche Tilgungsrate *f (Versich)* annual amortization
jährlicher Cashflow *m (RW)* annual cash flow
jährlicher Einnahmeüberschuss *m (RW)* annual cash flow
jährlicher Freibetrag *m (Steuer)* annual exemption
jährlicher Schuldendienst *m (Bank)* annual debt service
Jahrzehnt *n (Gen)* decade
jeweilige Preise *mpl (Ind, WiWi)* outturn prices
JIT *s.* Just-in-time-Produktion
Job *m* 1. *(Comp)* job, batch job; 2. *(Pers)* job
Job *m* **Enlargement** *n (Pers)* job enlargement
Job *m* **Enrichment** *n (Pers)* job enrichment
Job *m* **Sharing** *n (Pers)* job sharing the job queue *(Teilzeitarbeit)*
Jobben *n (Pers)* jobbing
Joint Venture *n (Gen)* joint venture
Journal *n (Gen, RW)* daybook, journal • **ins Journal eintragen** *(RW)* journalize
Journalbuchung *f (RW)* journal entry
Jubiläumsschrift *m (Media)* anniversary publication
Jugendarbeitslosigkeit *f (Pers, Soz)* youth unemployment, unemployment of young people, unemployment among young people
Jugendarbeitsschutzgesetz *n (Pers, Recht)* Protection of Young Persons Employment Act
Jugendgericht *n (Recht)* juvenile court
Jugendvertretung *f (Pers)* youth delegation, youth representation
junge Aktie *f (Börse)* new share
junger Wirtschaftszweig *m (Ind)* infant industry
junges Geschäftsfeld *n (Gen)* fledgling commercial segment
Jungunternehmer *m (Gen)* young entrepreneur
Juniorpartner *m (Gen, Recht)* junior partner
Junktim *n (Gen, Pol)* linkage
Jura *pl (Recht, Soz)* law study, law studies, legal study, legal studies *(Studium)* • **Jura studieren** *(Recht)* study for a law degree
Jurastudent *m (Recht)* law student
Jurastudentin *f s.* Jurastudent
Jurisprudenz *f (Recht)* jurisprudence
juristisch *adj (Recht)* legal
juristische Person *f* 1. *(Pat, Recht)* legal [artificial] person, juridical person, legal entity *(Rechtspersönlichkeit)*; 2. *(Admin)* corporate body
juristischer Fachausdruck [Terminus] *m (Recht)* legal term *(Rechtsterminus)*
justierbar *adj (Gen)* adjustable
Just-in-time-Produktion *f (Ind)* just-in--time production, JIT
Just-in-time-Zahlung *f (Bank)* just-in--time payment
Justiz *f (Recht)* justice
justiziabel *adj (Gen)* actionable
Justizminister *m (Recht)* minister of justice, *(BE)* Lord Chancellor, *(AE)* Attorney General

K

Kabelfernsehnetz *n (Komm)* cable television network
KAG *f (Abk. für Kapitalanlagegesellschaft) (Bank, Börse, Fin)* investment company, investment firm; investment trust
Kai *m (Imp/Exp, Transp)* quay, wharf • **ab Kai** *(Transp)* ex quay, x-quay
Kalender-Spread *m (Börse)* calendar spread
Kalendertag *m (Gen)* calendar day
Kalenderwoche *f (Gen)* calendar week
Kalkulation *f (Fin)* cost estimating, costing
Kalkulationsaufschlag *m (RW)* markup
Kalkulationsgrundlage *f (Gen)* base of calculation
Kalkulationsspanne *f (WiWi)* pricing margin
Kalkulationstabelle *f (Admin, Börse, Comp, Fin, RW)* spreadsheet
Kalkulationsverfahren *n (RW)* costing technique
Kalkulationszinsfuß *m (Fin)* adequate target [discount] rate, required rate of return
Kalkulationszinssatz *m (Fin)* discounting rate
kalkulatorisch *adj (RW)* imputed, implicit, calculatory
kalkulatorische Abschreibung *f (RW)* implicit [imputed] depreciation allowance
kalkulatorische Bewertung *f (RW)* pricing of input factors
kalkulatorische Kosten *pl (RW)* imputed costs
kalkulatorische Wagnisse *npl (RW)* imputed risks
kalkulatorische Zinsen *mpl (RW)* imputed [implicit] interest
kalkulatorischer Gewinn *m (RW)* imputed profit
kalte Aussperrung *f (ugs.) (Pers) (ugs.)* cold lockout *(vorübergehende Arbeitseinstellung als Streikfolge in anderen Betrieben; temporary layoff as a result of strike action elsewhere)*
kameralistische Buchführung *f (RW)* government accounting
Kampagne *f (Pol, V&M)* campaign
Kanal *m* 1. *(Transp)* canal; 2. *(V&M)* channel *(Distribution)*
Kandidat *m (Pers)* applicant, candidate *(Bewerbung)*
Kandidatenliste *f* 1. *(Pers)* shortlist; 2. *(Pol)* list of candidates
Kannbestimmung *f (Pol)* discretionary clause
Kann-Leistung *f (Pers, Soz)* discretionary benefit, voluntary benefit
Kapazität *f* 1. *(Gen)* capacity, potential; 2. *(Pers, WiWi)* capacity
Kapazitätsauslastung *f* 1. *(Transp)* load factor; 2. *(Versich, WiWi)* capacity charge, capacity utilization (rate)
Kapazitätseffekt *m (WiWi)* capacity effect
Kapazitätsgrenze *f (Gen)* capacity limit • **an der Kapazitätsgrenze** *(RW)* full to capacity
Kapazitätsinvestition *f (Mgt, WiWi)* investment in capacity extension, capital widening, investment in new plant
Kapazitätslinie *f (WiWi)* transformation curve
Kapazitätsreserve *f* 1. *(Gen)* idle capacity; 2. *(Ind, Transp, WiWi)* spare capacity
Kapital *n* 1. *(Fin)* principal *(Hauptsumme, ohne Zins)*; 2. *(RW, WiWi)* capital, funds • **Kapital auflösen** *(Fin)* unlock funds • **Kapital erhöhen** *(WiWi)* reinforce capital • **in etw. Kapital stecken** *(Fin) (ugs.)* pump funds into sth
Kapital, Vermögen, Management, Ertrag, Liquidität *(Fin, WiWi)* capital, assets, management, earnings, liquidity, CAMEL
Kapitalabfindung *f (Börse, Fin)* cash settlement
Kapitalabfluss *m (Fin, RW, WiWi)* (cash) outflow, capital outflow
Kapitalanlage *f (Fin)* (capital) investment
Kapitalanlagegesellschaft *f (KAG) (Bank, Börse, Fin)* investment company, investment firm; investment trust
Kapitalanlagegüter *npl (RW, WiWi)* capital assets
Kapitalanlagen *fpl (Fin)* capital assets [investments]
Kapitalansammlung *f (WiWi)* capital accumulation

Kapitalanteile *mpl (Bank, Börse, Fin)* equity holdings
kapitalarm *adj (Bank, RW, WiWi)* undercapitalized
Kapitalaufbringung *f (Fin)* capital raising
Kapitalaufnahme *f (Fin)* capital raising, equity borrowing
Kapitalaufwandverhältnis *n (Fin)* capital-outlay ratio
Kapitalausstattung *f* **mit geringem Eigenkapitalanteil** *(RW)* thin capitalization
Kapitalbedarf *m (Fin)* financial requirements, capital needs, capital requirement
Kapitalbeschaffung *f (Bank, Börse, Fin)* capital raising, fund-raising, capital procurement
Kapitalbeschaffung *f* **von außen** *(Fin, Mgt)* procurement of outside capital *(Eigen- oder Fremdkapitalaufnahme als Beteiligungs- oder Fremdfinanzierung = Außenfinanzierung = external financing; Gegensatz: Innenfinanzierung = internal financing)*
Kapitalbestand *m (Fin, WiWi)* capital stock
Kapitalbeteiligung *f* 1. *(Börse)* equity sharing; 2. *(Fin)* capital interest • **eine Kapitalbeteiligung erwerben in** *(Börse)* take an equity stake in
Kapitalbetrag *m (Fin)* principal sum, capital sum *(Hauptsumme)*
Kapitalbewegung *f (Fin, WiWi)* capital flow
Kapitalbilanz *f (Imp/Exp, WiWi)* balance of capital movements, capital account
Kapitalbildung *f (Fin, WiWi)* accumulation of capital, capital formation
Kapitalbindung *f* 1. *(Fin)* capital lockup; 2. *(RW)* capital commitment
Kapitalbudget *n (Fin)* capital budget
Kapitaldecke *f (Fin)* equity basis, capital resources • **(zu) kurze Kapitaldecke** *(Fin)* low-geared capital, thin equity basis *(Synonym: dünne Kapitaldecke)*
Kapitaldeckung *n (Bank)* capital cover
Kapitaldienst *m* debt service
Kapitaleinkommen *n (Fin, RW, Steuer)* unearned income
Kapitaleinkünfte *pl (Fin, Steuer)* unearned income, capital income
Kapitaleinlage *f (RW)* capital contribution
Kapitaleinleger *m (Gen)* contributor of capital
Kapitaleinsatz *m (Fin, RW)* capital commitment, capital employed
Kapitalentnahme *f (Bank)* withdrawal of capital
Kapitalertrag *m (Fin, RW, WiWi)* return on capital, capital yield
Kapitalerträge *mpl (RW, Steuer)* investment income
Kapitalertragsteuer *f (Steuer)* capital gains tax, dividend tax
Kapitalflucht *f (WiWi)* flight of capital
Kapitalfluss *m* 1. *(Fin)* capital flow, cash flow, flow of funds; 2. *(RW)* funds flow
Kapitalflussrechnung *f* 1. *(Fin)* (cash) flow statement; 2. *(RW)* application of funds statement, funds statement
Kapitalfonds *m (Fin)* capital fund
Kapitalgeber *mpl (Fin)* capital owners
kapitalgedeckt *adj* 1. *(Fin)* funded; 2. *(Versich)* capital-backed
Kapitalgesellschaft *f (Gen) (BE)* public limited company, plc, PLC; incorporated firm
Kapitalgesellschaft *f* **mit unbeschränkter Haftung** *(Gen) (BE)* unlimited company
Kapitalgewinn *m (Fin, RW, Steuer, WiWi)* capital gains [yield, profit]
Kapitalgewinn *m* **nach Steuern** *(RW, Steuer)* capital gains after tax
Kapitalgewinnsteuer *f (Steuer)* capital gains tax *(auf Wertzuwächse)*
Kapitalgut *n (Fin)* capital asset
Kapitalgüter *npl* 1. *(Fin)* investment goods; 2. *(Gen)* capital goods
Kapital-Hebelwirkung *f (Fin)* capital leverage, leverage effect *(durch Fremdkapitalaufnahme)*
Kapitalherabsetzung *f (Fin)* capital reduction, reduction of capital, write-down of share capital, capital write-down
Kapitalherkunft *f (Fin)* source of capital
Kapitalintensität *f* 1. *(RW)* capitalization ratio *(Anlagenintensität)*; 2. *(WiWi)* capital-labo(u)r ratio
kapitalintensiv *adj (Fin, WiWi)* capital-intensive
kapitalisieren *v* 1. *(RW)* capitalize *(in der*

Bilanz aktivieren = carry as an asset; Gegensatz: als Aufwand verbuchen = expense); realize; 2. *(WiWi)* capitalize *(Barwerte künftiger Nettoüberschüsse summieren)*

Kapitalisierung *f (Börse, Fin)* capitalization

Kapitalisierungszinsfuß *m (Fin, WiWi)* capitalization rate, internal rate of return *(IRR)*; discounting rate *(interner Zinsfuß)*

kapitalistisch *adj (WiWi)* capitalist, capitalistic

Kapitalknappheit *f (Fin)* scarcity of capital, capital deficiency; lack of capital *(Kapitalmangel)*

Kapitalkoeffizient *m (Fin, WiWi)* capital-output ratio

Kapitalkonto *n (Bank, WiWi)* capital account

Kapitalkosten *pl (Fin, WiWi)* capital costs

Kapitalkraft *f (Bank, Fin)* financial strength

kapitalkräftig *adj (Gen)* substantial, financially strong [powerful] *(Firma)*

Kapitallebensversicherung *f (Versich)* capital-sum life insurance

Kapitalmarkt *m (Fin, WiWi)* capital market

Kapitalmarktpapiere *npl (Bank)* capital market securities

Kapitalmarktzins *m (Bank)* capital market interest rate

kapitalmäßig unverbundene Unternehmen *npl (Fin, RW, Steuer)* enterprises without capital ties

Kapitalnutzung *f (WiWi)* capital utilization

Kapitalproduktivität *f (WiWi)* capital productivity

Kapitalrendite *f (Fin, RW, WiWi)* return on capital employed, return on investment, ROI, return on capital

Kapitalrückflussrechnung *f (Fin)* payback method *(Amortisationsrechnung)*

Kapitalrückführung *f (WiWi)* repatriation of funds *(ins Inland)*

Kapitalrücklage *f (RW)* capital reserve *(IFRS)*; capital paid in excess of par value; paid-in capital, additional paid-in capital *(US-GAAP)*; capital reserves, contributed capital *(Außenfinanzierung: Kapitalzuführung von außerhalb des Unternehmens, z. B. über ein Agio -share premium- bei der Aktienausgabe oder durch Zuzahlungen der Aktionäre = additional contribution of shareholders; the excess received from stockholders over the par value of the stock issued; anders: Gewinnrücklage, gebildet aus den im Unternehmen erwirtschafteten und einbehaltenen Gewinnen = retained earnings)*

Kapitalrückzahlung *f (Fin)* capital repayment

Kapitalschnitt *m (Fin)* write-down of capital, capital write-down • **einen Kapitalschnitt vornehmen** *(Fin)* write down the capital *(Sanierung; Synonym: das Kapital herabsetzen)*

Kapitalspritze *f (ugs.) (WiWi)* injection of (new) capital

Kapitalstock *m (Fin)* capital fund, capital stock

Kapitalstrom *m (WiWi)* flow of funds

Kapitalstruktur *f (Fin, RW, WiWi)* capital structure, financial structure

Kapitalsumme *f (Fin, Gen)* capital sum; principal *(zinstragende Hauptsumme ohne die Zinsen, die zum Zinstermin entweder entzogen/verbraucht oder dem Kapital zugeschlagen werden; Kapital + Zinsen = principal + interest)*

Kapitalübertragung *f (Fin)* capital transfer

Kapitalumschichtung *f (Fin, RW) (AE)* recapitalization

Kapitalumschlag *m (Fin)* equity turnover

Kapitalumstrukturierung *f (Börse)* capital reorganization

Kapitalunterlegung *f (Bank, Fin, RW)* capital charge, capital requirement *(Basel II: risikoadäquate Allokation des Eigenkapitals)*

Kapitalverflechtung *f (WiWi)* interlinking of capital

Kapitalverkehr *m (Imp/Exp, WiWi)* capital movements [transactions]

Kapitalverkehrsbilanz *f (WiWi)* capital account, balance of capital movements

Kapitalverlust *m (Fin, WiWi)* capital loss, leakage

Kapitalvermögen *n (Steuer)* capital assets *(Einkünfte)*

Kapitalvernichtung *f* 1. *(Börse, Fin, Mgt) (ugs.)* burning of capital; 2. *(WiWi)* destruction of capital

Kapitalverschleiß *m (WiWi)* capital consumption, capital consumption allowance

Kapitalverwässerung *f (Börse, Fin)* dilution of equity, equity dilution *(Synonym: Verwässerung des Aktienkapitals, Eigenkapitalverwässerung)*

Kapitalverzinsung *f (Fin, RW, WiWi)* rate of return, return on capital employed, return on capital

Kapitalwert *m* 1. *(Börse)* principal value *(Wertpapier)*; 2. *(Fin, WiWi)* net present value, NPV, capital value, actual cash value, a.c.v., capitalized value *(Summe der einer Investition zurechenbaren und auf einen definierten Zeitpunkt zum Kalkulationszinssatz diskontierten Nettorückflüsse, einschließlich Anschaffungsauszahlung und Liquidationserlös; ein positiver Kapitalwert - oder einer, der über dem einer Alternativinvestition liegt = relative Vorteilhaftigkeit - lässt die Investition als vorteilhaft erscheinen; value of an investment calculated as the sum of its initial cost and the present value of expected future cash flows)*; 3. *(Versich)* cash value

Kapitalwertmethode *f (Fin, WiWi)* discounted cash flow method, DCF method, cash flow method, net present value method, present value method

Kapitalwertzuwachs *m (Fin, WiWi)* capital profit

Kapitalzinsen *mpl (Bank)* simple interest

Kapitalzufluss *m* 1. *(RW)* inflow; 2. *(WiWi)* capital inflow

Kapitalzuführung *f (WiWi)* injection of new capital

Kapitalzuführung *f* **von außen** *(Fin, RW)* injection of fresh funds, injection of funds from outside, injection of new funds (from outside); *(ugs.)* capital infusion *(Kapitalspritze; Eigen- oder Fremdkapitalaufnahme als Beteiligungs- oder Fremdfinanzierung = Außenfinanzierung = external financing; Gegensatz: Innenfinanzierung = internal financing; corporate view: procurement of outside capital)*

Kapitalzuschuss *m (Fin)* grant

Kapitalzuteilung *f* 1. *(Fin)* capital allotment; 2. *(WiWi)* capital rationing [allocation]

Kapitalzuwachs *m* 1. *(Börse)* capital growth; 2. *(WiWi)* capital increase, capital gains [appreciation]

Kapitalzuwachssteuer *f (Fin, Steuer)* capital gains tax

Kapitel *n (Recht)* section *(eines Gesetzes)*

kardinaler Nutzen *m (WiWi)* cardinal utility

Karenztage *mpl (Soz)* waiting days, waiting period

Karriere *f (Pers)* career

Karriereerwartungen *fpl (Pers)* career expectations

Karrierefrau *f (Pers)* career woman

Karrierehindernis *n (Pers)* career obstacle, career barrier

Karriereschritt *m (Pers)* career move

Karte *f* 1. *(Comp)* card *(Hardware)*; 2. *(Frei, Gen)* ticket; 3. *(Pers)* card index; 4. *(Transp)* ticket

Kartei *f* 1. *(Comp)* index file; 2. *(Admin)* card index, index-card file

Kartell *n* 1. *(Pers)* cartel; 2. *(Recht)* combine; 3. *(WiWi)* restrictive practices, cartel

Kartellamt *n (V&M) (Deu)* Federal Cartel Office, *(Großbritannien)* Office of Fair Trading, Anti-Trust Office

Kartellbehörde *f (V&M) (Deu)* Federal Cartel Office, *(Großbritannien)* Office of Fair Trading, Anti-Trust Office

Kartellgesetz *n (Recht)* antitrust law

Kartellkommission *f (Fin, Pol)* antitrust commission

Kartellrecht *n (Recht)* antitrust laws, cartel law, competition laws

Karteninhaber *m (Bank)* cardholder

Karteninhabergebühr *f (Bank)* cardholder fee

Karteninhaberin *f s.* Karteninhaber

Kartenlesegerät *n (Comp, Komm)* smart card reader, chip card reader

Karton *m (Ind)* cardboard *(Pappe)*; carton *(Packung)*

Kassageschäft *n (Börse)* spot transaction

Kassageschäfte *npl (Börse)* cash dealings

Kassakurse *mpl (Börse)* spot rates

Kassamarkt *m (Börse)* spot market, cash market • **am Kassamarkt verkaufen** *(Börse)* sell spot
Kassamittelkurs *m (Bank, Börse)* spot middle rate
Kassanotierung *f (Börse)* spot quotation
Kassa- und Termin-Dollarkurs *m (Fin)* dollar spot and forward
Kassa- und Terminkurse *mpl (Bank, Börse)* exchange rates for spot and forward purchases
Kasse *f* 1. *(Bank)* cash desk; 2. *(Fin)* cash; 3. *(Frei)* ticket office *(Sportvertanstaltung)*; box office *(Theater)*; 4. *(Gen)* cash desk *(Zahlstelle)*; till, cash, cash on hand *(Bargeld)*; 5. *(V&M)* checkout, till *(Supermarkt)* • **Kasse gegen Dokumente** *(Imp/Exp)* cash against documents • **Kasse vor Lieferung** *(Gen)* cash before delivery • **Kasse machen** 1. *(Fin) (BE; ugs.)* cash up; 2. *(RW)* balance the cash *(Kassenabrechnung)* • **per Kasse verkaufen** *(Börse)* sell spot
Kassenabstimmung *f (WiWi)* reconciliation of cash
Kassenausgang *m (RW)* cash disbursement
Kassenbeleg *m* 1. *(RW)* cash record, cash voucher; 2. *(V&M)* sales record
Kassenbericht *m (RW)* cash statement
Kassenbestand *m* 1. *(Fin)* cash in hand; 2. *(RW)* cash balance
Kassenbuchung *f (Admin, RW)* cash entry
Kasseneingänge *mpl (RW)* cash receipts
Kasseneinnahmen *fpl (RW)* cash receipts
Kassenhaltung *f (Fin, RW)* cash management
Kassensaldo *m (RW)* cash balance
Kassenscheck *m (Bank) (AE)* cashier's check, *(BE)* cashier's cheque *(Bankscheck)*
Kassenstand *m (RW)* cash position
Kassenzettel *m (Gen)* sales slip
kassieren *v (Gen)* collect, encash
Kassierer *m* 1. *(Bank)* teller; 2. *(V&M)* cashier *(Kassenführer)*
Kassiererin *f s.* Kassierer
Katalogpreis *m* 1. *(Gen)* catalog(ue) price; 2. *(V&M)* list price
Katasteramt *n (Grund)* land registry *(Grundbuchamt)*
Kategorie *f* 1. *(Gen)* category; 2. *(Pat)* category, class; 3. *(Steuer)* class
Kauf *m (Gen)* purchase
Kauf *m* **auf Kredit** *(V&M)* credit sale
Kauf *m* **auf Probe** *(V&M)* sale on approval
Kauf *m* **auf Ziel** *(V&M)* purchase, purchase on credit, credit buying *(Synonym: Zielkauf; Kaufvereinbarung, bei der ein Zahlungsziel -period of payment- gewährt wird)*
Kauf *m* **mit Rückgaberecht** *(V&M)* (on) sale or return
Kauf *m* **unter Eigentumsvorbehalt** *(V&M)* conditional sales agreement
Kaufabrechnung *f (Börse)* bought note
Kaufangebot *n (Gen)* bid
kaufen *v (Gen)* purchase, buy *(erwerben)*; *(ugs.)* bribe *(bestechen)*
Käufer *m* 1. *(Gen)* buyer, purchaser; 2. *(V&M)* shopper, purchaser
Käuferin *f s.* Käufer
Käuferkredit *m (Bank)* buyer credit
Käufermarkt *m (Börse, Grund, WiWi)* buyer's market
Käuferverhalten *n (V&M)* buyer behavio(u)r
Kaufgewohnheiten *fpl (Gen)* buying habits
Kaufhaus *n (V&M)* department store
Kaufinteressent *m (V&M)* prospective buyer
Kaufinteressentin *f s.* Kaufinteressent
Kaufkosten *pl (RW)* purchase cost
Kaufkraft *f* 1. *(Gen)* spending [purchasing] power; 2. *(WiWi)* purchasing power *(einer Währung)*
Kaufkraft *f* **des Geldes** *(WiWi)* value of money
Kaufkrafteinbuße *f (V&M, WiWi)* decline in purchasing power, loss in purchasing power, drop in purchasing power
Kaufkraftparität *f (WiWi)* purchasing power parity
Kaufkraftverlust *m s.* Kaufkrafteinbuße
Kaufkraftvorteil *m* purchasing-power advantage *(ZB)*
Kaufkraftzuwachs *m (V&M, WiWi)* increase in purchasing power
käuflicher Erwerb *m (Fin)* (acquisition by) purchase

Kaufmann *m (Gen)* businessman, merchant, salesman *(Ladenverkäufer)*
kaufmännisch *adj (Gen)* commercial
kaufmännische Arbeitskräfte *pl (Pers)* office personnel, office staff, office workers, clerical staff
kaufmännische Ausbildung *f (Pers)* commercial training
kaufmännische Rundung *f (Gen)* standard business rounding
kaufmännisches Personal *n (Pers)* clerical staff, office staff
Kaufmannssitte/nach *(Gen)* good commercial practice
Kaufmannssitte/nach guter *(Gen)* good commercial practice
Kaufoption *f* 1. *(Börse)* call option; 2. *(Gen)* buyer's option
Kaufpreis *m* 1. *(Gen)* buying [purchase] price; 2. *(V&M)* purchase price
Kaufrecht *n (Recht, V&M)* law of sales, sales law
Kaufsignal *n (Börse)* buying signal
Kauf- und Verkaufsstrategie *f (Börse)* buy-and-write strategy
Kaufverhalten *n (V&M)* buying behav-io(u)r
Kaufverpflichtung *f (V&M)* obligation to buy
Kaufvertrag *m* 1. *(Recht)* contract of sale; 2. *(V&M)* sales contract
Kaution *f* 1. *(Fin)* security; 2. *(Grund)* key money, deposit *(Miete)*; 3. *(Pat)* deposit; 4. *(Recht)* caution money, bail; 5. *(Versich)* fidelity guarantee • **jmdn. gegen Kaution freilassen** *(Recht)* release sb on bail • **jmdn. durch Kaution aus der Haft freibekommen** *(Recht)* bail sb out, bale sb out
Kautionsverpflichtung *f (Recht)* fiduciary bond *(Treuhänder)*
KBV *(Abk. für Kurs-Buchwert-Verhältnis) (Börse, Fin)* P/B ratio, price-to-book ratio, price-equity ratio *(ein Indikator für den Kursaufschlag, den Aktionäre über den reinen Buchwert einer Aktie hinaus zu zahlen bereit sind; the ratio compares a stock's market value to its book value)*
Kehrwert *m (Stat)* inverse
Kenntnis *f (Gen)* acquaintance, knowledge • **in Kenntnis** *(Gen)* aware • **Kenntnis von etw. geben** *(Recht)* give notice of sth • **jmdn. von etw. in Kenntnis setzen** *(Gen)* acquaint sb with sth • **in voller Kenntnis der Sachlage** *(Recht)* in full knowledge of the facts
kenntnisreich *adj (Gen)* knowledgeable, well-informed
Kennwort *n (Comp)* password
Kennwortschutz *m (Comp, Komm)* password protection
Kennzahl *f* 1. *(Gen)* reference number, code number *(Kennziffer)*; 2. *(WiWi)* ratio *(Quote, Quotient)*; index *(Indexzahl)*; indicator *(Indikator)*
Kennzahlenanalyse *f (Mgt, WiWi)* ratio analysis
Kennzeichen *n* 1. *(Bank)* hallmark; 2. *(Comp)* flag, symbol; 3. *(Gen, Pat, V&M)* symbol
kennzeichnen *v* 1. *(Gen)* brand; 2. *(V&M)* label; 3. *(WiWi)* earmark
Kennziffer *f* 1. *(Gen)* reference number *(Kennzahl)*; index number; 2. *(RW)* code number *(Kontenplan, identification of accounting items)*; 3. *(WiWi)* indicator *(Indikator)*
Kern *m* 1. *(Gen)* core, gist *(Problem)*; 2. *(Ind) (AE)* center, *(BE)* centre
Kernbereich *m (Gen)* core business
Kernfähigkeiten *fpl (Pers)* core competencies
Kernfinanzierung *f (Fin)* core funding
Kerngeschäft *n (Gen)* bottom line, core business *(Grundgeschäft)*
Kerninflation *f (WiWi)* core inflation
Kernkompetenzen *fpl (Pers)* core competencies
Kernproblem *n (Gen)* vital problem
Kernpunkt *m (Gen)* focal point
Kernzeit *f* 1. *(Ind)* core hours; 2. *(Pers)* core time *(Gleitzeit)*
Kettenladen *m (V&M)* chain store
Kettenregel *f (Stat)* chain rule, composite function rule
KGV *s.* Kursgewinnverhältnis
KI *s.* künstliche Intelligenz
Kicker *m (ugs.) (Fin) (AE; ugs.)* kicker *(Anreiz für Eigen- oder Fremdkapitalgeber zur Hebung der Attraktivität einer Emission, z. B. in der Form einer Eigenkapitalkomponente als Option auf Aktienerwerb zu günstigen Konditionen; a condition attached to a security*

issue to increase its attraction; synonymous: bells and whistles, sweetener; cf equity kicker)
Kilo *n (Gen)* kilo, kilogram(me)
Kilogramm *n (Gen)* kilo, kilogram(me)
Kilometergeld *n (Steuer)* ≈ mileage allowance, *(BE)* ≈ motor mileage allowance
Kinderermäßigung *f (Frei)* reduction for children
Kinderfreibetrag *m (Soz, Steuer) (BE)* child allowance, *(AE)* children's allowance
Kindergeld *n (Soz, Steuer) (AE)* child allowance, *(BE)* child benefit, *(BE)* family allowance
Kinderzuschlag *m (Soz)* child allowance, child benefit
Kinderzuschuss *m (Soz)* child allowance, child benefit
klagbar *adj (Recht)* actionable
klagbarer Vertrag *m***/nicht** *(Recht)* unenforceable contract
Klage *f (Recht)* suit, lawsuit, action, complaint *(Zivilprozess)* • **gegen jmdn. Klage erheben** *(Recht)* bring an action against sb • **Klage im ordentlichen Zivilprozess erheben** *(Recht)* take legal action
Klageabweisungsantrag *f (Pat, Recht)* motion to dismiss
Klagebegründung *f (Recht)* statement of claim
Klageerwiderung *f (Gen)* answer
Klagefrist *f (Recht)* period to file a suit, time limit for taking legal action
Klagegrund *m (Recht)* cause of action
klagen *v (Recht)* sue
Kläger *m (Recht)* plaintiff
Klägerin *f s.* Kläger
Klageschrift *f (Recht)* bill of complaint
klar *adj (Gen)* clear, coherent • **etw. klar darstellen** *(Gen)* make sth clear • **klar umrissen** *(Gen)* clear-cut
klären *v (Gen)* settle *(Frage)*
Klarierung *f (Imp/Exp)* (customs) clearance
Klasse *f* 1. *(Gen)* class; 2. *(Pat)* category, class; 3. *(Pol)* class; 4. *(Steuer)* bracket, class
Klassengrenze *f (Stat)* class boundary
Klassengröße *f (Pers)* class size
Klassenhäufigkeit *f (Stat)* class frequency
Klassifikation *f (Admin, Gen)* classification
Klassifikation *f* **der Wirtschaftszweige** *(Stat, WiWi)* industrial classification
klassifizieren *v (Admin, Gen)* categorize, classify
Klassifizierung *f* 1. *(Gen)* categorization, classification; 2. *(V&M)* rating
Klassifizierung *f* **von Emittenten** *(Fin)* rating
Klassifizierung *f* **von Schuldtiteln** *(Fin)* rating
klassische festverzinsliche Anleihe *f (Börse)* straight fixed rate bond
Klausel *f (Pers, Recht, Versich)* clause • **ohne Klauseln** *(Gen) (ugs.)* no strings attached
Kleidungs- und Strickwarenherstellung *f (Ind) (AE)* apparel and wool industry, *(BE)* clothing trade
klein *adj (Fin, Gen, RW)* petty, small
Kleinaktien *fpl (Börse) (BE)* penny shares, *(AE)* penny stock
Kleinanleger *m (Fin)* small investor
Kleinanlegerin *f s.* Kleinanleger
Kleinanzeige *f (V&M)* classified ad, classified advertisement, small ad
Kleinbetragszahlungen *fpl (Bank)* retail payments
Kleinbetrieb *m (Gen)* small business, small firm, small enterprise
kleine Ausgaben *fpl (Gen, RW)* petty cash
kleine und mittelständische Unternehmen *npl (Gen)* small and medium--sized enterprises, SME, SMEs
kleine und mittlere Unternehmen *npl (KMU) (Gen, WiWi)* small and medium--sized undertakings, SMU; small and medium-sized enterprises, SME; small and medium-sized firms, small and medium-sized businesses
kleiner als *(Gen, Stat)* smaller than, less than *(<)*
kleiner als oder gleich *(Gen, Stat)* less than or equal to, equal to or less than *(gleich oder kleiner als, ≤)*
kleingedruckt *adj (Recht)* in small print *(in einem Vertrag)*
Kleingeld *n (Gen)* loose change, small

change, *(ugs.)* peanuts, *(AE; ugs.)* chicken feed

Kleingewerbe *n (Gen, WiWi)* trade, small trade, small manufacturers and traders

Kleinindustrie *f (Ind)* small industry

Kleininserat *n (V&M)* classified ad, classified advertisement, small ad

kleinster gemeinsamer Nenner *m (Gen, Pol)* lowest common denominator

Klein- und Mittelbetriebe *mpl (KMB) (Gen)* small and medium-sized businesses, SMBs, small and medium-sized companies, small and medium-sized firms *(cf Klein- und Mittelunternehmen)*

Klein- und Mittelunternehmen *npl (KMU) (Gen)* small or medium enterprises, small and [or] medium-sized enterprises, SME, SMEs; small and medium-sized entities *(Synonym: kleine und mittlere Unternehmen, kleine und mittelständische Unternehmen, kleine und mittelständische Unternehmenseinheiten)*

Kleinunternehmen *n (Gen)* small business, small enterprise, small firm

Klemme helfen *v/aus der* *(ugs.) (Gen)* bail out, bale out

Klemme sitzen *v/in der* *(ugs.) (Gen)* be in a jam, be in a fix, be in a tight spot

KLR *(Abk. für Kosten- und Leistungsrechnung) (RW)* cost accounting, cost and activity accounting, cost accounting and results accounts

Klubgut *n (WiWi)* club good

klug *adj (Gen)* knowledgeable, clever

kluger Kopf *m (ugs.) (Gen)* child prodigy, *(ugs.)* whiz kid

Klumpenauswahlverfahren *n (V&M)* cluster sampling [analysis] *(Marktforschung)*

Klüngelei *f (Gen, Pol) (ugs.)* backscratching

KMB *pl (Abk. für Klein- und Mittelbetriebe) (Gen)* SMBs, small and medium-sized businesses, small and medium-sized companies, small and medium-sized firms *(s. kleine und mittelständische Unternehmen)*

KMU *s.* kleine und mittelständische Unternehmen

knapp *adj* 1. *(WiWi)* scarce; 2. *(Gen)* concise • **knapp bei Kasse sein** *(Gen)* be skint • **knapp werden** *(Gen)* run short

knappe Mittel *npl* 1. *(Fin)* scant funds; 2. *(WiWi)* scarce resources

knappe Ressourcen *fpl* 1. *(Fin)* scant funds; 2. *(Umwelt, WiWi)* scarce resources

Knappheit *f (WiWi)* scarcity, shortage

Knappheit *f* **an Arbeitsplätzen** *(Pers)* job shortage, shortage of jobs, job scarcity, scarcity of jobs, lack of jobs

knausern und sparen *(Gen)* scrimp and save

Knebelungsvertrag *m (Recht)* adhesion contract

Knete *f (ugs.) (Gen) (ugs.)* bread, *(ugs.)* dough, *(ugs.)* lolly, money, *(BE; ugs.)* dosh

Know-how *n (Gen, Pat)* know-how

Koalitionsfreiheit *f (Pol)* freedom of association

Koalitionsrecht *n (Pol)* right to associate

kodifizieren *v (Pat, Recht)* codify

kodifiziertes Recht *n* 1. *(Gen)* codified law; 2. *(Pat, Recht)* statute law

Koeffizient *m (Stat)* coefficient

kognitiv *adj (Gen)* cognitive

Kohäsion *f (Gen)* cohesion

Kohäsionsfonds *m (WiWi)* cohesion fund *(EU)*

Kohle *f* 1. *(Gen) (ugs.)* bread *(Geld)*; cash, *(ugs.)* dough, *(BE; ugs.)* dosh; 2. *(Ind)* carbon, coal

Kohlenlagerstätte *f (Umwelt)* coal deposit

Kohlepapier *n (Komm)* carbon paper

Kollege *m* 1. *(Pers)* colleague, fellow worker; 2. *(Recht)* adjunct

Kollegin *f s.* Kollege

kollektiv *adj (Gen)* collective

Kollektivbedürfnissse *npl (Soz, WiWi)* social wants

Kollektiventscheidungen *fpl (WiWi)* public choices

Kollektivgut *n (WiWi)* social good, collective good

Kombilohn *n (Pers)* wages top-up benefit, wage plus top-up benefit *(staatlich subventionierter Niedriglohn; a combination of a low market wage plus a state subsidy)*

Kombinat *n (WiWi)* combine

Kombination *f (Gen)* combination

kombinierbare Daten *npl (Comp, Stat)* combinable data
kombinieren *v (Gen)* combine
kombiniert *adj* 1. *(Gen)* combined; 2. *(Transp)* multimodal
kombinierte Police *f (Versich)* comprehensive policy, mixed policy
kombinierte Versicherung *f (Versich)* comprehensive insurance, multi-risk insurance
kombinierter Abschluss *m (Fin)* combined financial statement
kombinierter Handel *m (Gen)* combined trade
kombinierter Transport/Verkehr *m (Transp)* combined transport, combined transport operation, intermodal/multimodal transport
Kombiwagen *m (Transp) (BE)* estate car, *(BE; ugs.)* estate, *(AE)* station wagon
Komitee *n (Gen)* committee, commission
Kommanditanteil *m (Gen, Recht)* limited partner's share
Kommanditeinlage *f (Recht)* limited partnership capital contribution, limited partner's contribution
Kommanditgesellschaft *f (Gen, Recht)* limited (commercial) partnership, private limited partnership, public limited partnership
Kommanditist *m (Recht)* limited partner
Kommanditistin *f (Recht)* limited partner
Kommandowirtschaft *f (Pol)* command economy *(Sozialismus, Kommunismus)*
Kommentar *m (Gen)* commentary
Kommentierung *f (Pol)* wording *(eines Votums)*
kommerzialisieren *v (Gen)* commercialize
kommerziell *adj (Gen)* commercial
kommerzielle Bestandsfestigkeit *f (Gen)* commercial viability
kommerzielle Effizienz *f (WiWi)* commercial efficiency
kommerzieller Handel *m (WiWi)* commercial trade
kommerzieller Zweck *m (Gen)* commercial purpose
kommerzielles Fernsehen *n (Media)* commercial television
kommerzielles Risiko *n (Fin, Gen)* commercial credit risk
kommerzielles Wagnis *n (Mgt)* commercial venture
Kommission *f (Gen)* commission, committee *(Komitee)*; commission *(Provision)*
Kommission *f* **der Europäischen Gemeinschaft** *(obs.) (WiWi)* Commission of the European Community
Kommissionär *m (Pers)* commission agent
Kommissionsbasis verkaufen *v***/auf** *(V&M)* sell on commission
Kommissionsgeschäft *n (V&M)* sale on commission
Kommissionsgüter *npl (WiWi)* commission goods
Kommissionsware *f (V&M)* consignment goods
kommunal *adj (Gen)* communal, municipal
Kommunal... *(Gen)* communal, municipal
Kommunalanleihe *f (Fin) (BE)* local authority loan, *(AE)* municipal loan
Kommunalbehörde *f (Admin)* municipal authority, *(BE)* local authority
kommunale Finanzen *fpl (Pol)* local government finance
kommunale Schuldverschreibung *f (Bank)* municipal notes
kommunaler Eigenbetrieb *m (Admin) (AE)* public service corporation; municipal enterprise
Kommunalobligation *f* 1. *(Bank)* municipal bond; 2. *(Börse) (AE)* general obligation bond
Kommunalregierung *f (Admin, Pol)* local government, municipal government
Kommunalschuldverschreibung *f (Börse)* municipal bond
Kommunalsteuer *f (Steuer)* local tax
Kommunalverwaltung *f (Admin, Pol)* local government, municipal government, municipality
Kommune *f* 1. *(Pol)* municipality; 2. *(WiWi)* commune
Kommunikation *f (Gen)* communication
Kommunikationsfähigkeiten *fpl (Pers)* communication skills
Kommunikationskanal *m (Mgt, Pers)* channel of communication
Kommunikationslücke *f (Mgt, Pers)* communication gap

Kommunikationsnetze *npl (Komm)* communication networks
Kommunikationsverbindung *f* 1. *(Comp)* data link; 2. *(Mgt, Pers)* communication link
Kommunikationsweg *m (Mgt, Pers)* channel of communication
komparativ *adj (WiWi)* comparative
komparativer Vorteil *m (WiWi)* comparative advantage
kompatibel *adj* 1. *(Comp)* compatible *(Hardware, Software)*; 2. *(Ind, Pers)* compatible
Kompensation *f (Gen)* compensation, offset, offsetting
Kompensationsgegengeschäft *n* 1. *(Recht)* offset agreement *(Aufrechnungsgeschäft)*; 2. *(WiWi)* counter purchase, switch
Kompensationsgeschäft *n (Imp/Exp, WiWi)* barter transaction
Kompensationshandel *m (WiWi)* counter trade
Kompensationskriterium *n (WiWi)* compensation principle
kompensatorisch *adj (Gen)* compensatory
kompensatorische Fiskalpolitik *f (Steuer)* compensatory fiscal policy
kompensieren *v* 1. *(Fin)* offset; 2. *(Gen)* compensate, make up for; 3. *(RW)* offset
Kompetenz *f* 1. *(Gen)* authority; 2. *(Pers)* competency; 3. *(Recht)* competence
Kompetenzstreitigkeit *f* 1. *(Mgt, Pers)* *(BE)* demarcation dispute; 2. *(Recht)* jurisdiction dispute
Kompetenzverteilung *f (Gen, Pol)* assignment
kompetitive Abwertung *f (Pol, WiWi)* competitive devaluation
komplementär *adj (Gen)* complementary
Komplementär *m (Gen)* general partner *(Vollhafter)*
komplementäre Güter *npl (V&M, WiWi)* complementary goods, complements, joint goods
Komplementärin *f s.* Komplementär
Komplementarität *f (V&M, WiWi)* complementarity *(Waren, Dienstleistungen, Unternehmen)*
Komplementärnachfrage *f (V&M, WiWi)* joint demand, complementary demand
Komplex *m (Grund)* complex
komplexe Kapitalstruktur *f (WiWi)* complex capital structure
Komplikation *f (Gen)* complication
Komplize *m (Recht)* accessory
komplizieren *v (Gen)* complicate
Komplizin *f s.* Komplize
Komponente *f (Comp, Gen, Ind)* component, component part
komprimieren *v* 1. *(Comp)* compress *(Dateien)*; 2. *(Pers, Transp)* compress
Kompromiss *m (Gen)* compromise • **sich auf einen Kompromiss einigen** *(Gen)* split the difference • **einen Kompromiss schließen** *(Gen)* compromise
Kompromissbereitschaft *f (Gen, Mgt, Pol)* readiness to compromise
kompromisslos *adj (Gen)* uncompromising
Kompromisslösung *f (Gen)* compromise decision [solution]
Konditionen *fpl (Bank, Fin)* conditions, terms
Konditionengefälle *n (Börse)* rate differential
Konditionenkartell *n (Deu) (Recht)* conditions cartel
Konferenz *f (Gen)* conference, convention
Konferenzschaltung *f (Komm)* audio conference, audio conferencing, conference call, *(AE)* three-way call *(Telefon)*
Konfidenz... *(Stat)* confidence
konfiszieren *v* 1. *(Gen)* confiscate; 2. *(Recht)* sequester, sequestrate
Konfiszierung *f* 1. *(Gen)* confiscation; 2. *(Recht)* sequestration
Konflikt *m (Gen)* conflict • **in Konflikt geraten mit** *(Gen)* fall foul of
Konfliktvermeidung *f (V&M)* conflict avoidance
konformgehen *v* **mit** *(Gen)* agree with, *(ugs.)* be on the same wavelength as
Konformitätsbescheinigung *f (Ind, Recht)* certificate of conformity
Konfrontation *f (Gen)* confrontation
konfrontieren *v (Gen)* confront
konglomerater Zusammenschluss *m (Pol, WiWi)* conglomerate merger

Kongress *m (Mgt)* congress, convention
Kongruenzprinzip *n (RW) (AE)* matching principle
Konjunktur *f (Gen)* economic activity [situation, trends]
konjunkturabhängig *adj (Börse, WiWi)* cyclical
Konjunkturabkühlung *f (WiWi)* economic slowdown, business slowdown
Konjunkturablauf *n (WiWi)* the course of the business cycle *(Synonym: Konjunkturverlauf)* • **im Konjunkturablauf** *(WiWi)* over the business cycle, over the course of the business cycle
Konjunkturabschwächung *f (WiWi)* economic slowdown
Konjunkturabschwung *n (WiWi)* business slowdown, business downswing, cyclical downturn, economic downturn
Konjunkturaufschwung *m* 1. *(Mgt)* business expansion; 2. *(WiWi)* economic upswing, economic boom
Konjunkturaussichten *fpl (WiWi)* business [economic] outlook, economic prospects
konjunkturbedingt *adj (WiWi)* cyclical, due to cyclical factors, cyclically induced
Konjunkturbelebung *f (WiWi)* (economic) recovery, (economic) upswing, (economic) revival, cyclical upswing, increase in business activity
Konjunkturbericht *m (WiWi)* economic report
konjunkturell *adj (WiWi)* cyclical, economic, business
konjunkturelle Arbeitslosigkeit *f (WiWi)* cyclical unemployment
konjunkturelle Erholung *f (WiWi)* recovery, economic recovery, upswing, economic upswing
konjunkturelle Situation *f* economic situation, business situation, business climate, state of the economy
konjunkturelle Überhitzung *f (WiWi)* overheating of the economy
konjunkturempfindliche Branche *f (WiWi)* cyclical industry
Konjunkturentwicklung *f (WiWi)* economic development, economic trend
Konjunkturerholung *f s.* konjunkturelle Erholung
Konjunkturkrise *f (V&M, WiWi)* economic crisis
Konjunkturlage *f (WiWi)* economic conditions [situation], state of the economy
konjunkturorientierte Finanzpolitik *f (WiWi)* active [anticyclical] fiscal policy
Konjunkturphase *f (WiWi)* trade cycle
Konjunkturpolitik *f (Pol, WiWi)* trade cycle policy
Konjunkturprognose *f (WiWi)* economic forecasting, business forecasting
konjunkturreagibel *adj (V&M, WiWi)* responsive to business fluctuations, responsive to cyclical fluctuations, responsive to economic fluctuations
konjunkturreagible Werte *mpl* 1. *(Bank)* cyclical stocks, cyclically sensitive stocks; 2. *(WiWi)* stocks responsive to cyclical trends, stocks responsive to economic trends, stocks responsive to economic fluctuations *(Synonym: konjunkturempfindliche Werte, konjunkturabhängige Werte; Gegensatz: konjunkturresistente Werte)*
konjunkturresistente Werte *mpl* 1. *(WiWi)* cyclically resistant stocks, stocks resistant to economic trends, stocks resistant to cyclical trends; 2. *(Bank)* non-cyclical stocks, cyclically insensitive stocks *(Gegensatz: konjunkturempfindliche Werte, konjunkturreagible Werte, konjunkturabhängige Werte)*
Konjunkturrückgang *m (WiWi)* recession, downtrend, slowdown
Konjunkturschwankungen *fpl (WiWi)* cyclical variations [fluctuations]
Konjunkturtheorie *f (WiWi)* business cycle theory, trade cycle theory
Konjunkturtief *n (WiWi)* economic trough [low], bottom
Konjunkturtrend *m (WiWi)* economic trend
Konjunkturüberhitzung *f (WiWi)* overheating of the economy
Konjunkturumfrage *f (V&M, WiWi)* business survey
Konjunkturverlangsamung *f (WiWi)* business slowdown
Konjunkturverlauf *m (WiWi)* economic trend

Konjunkturzyklus *m (WiWi)* trade [business, economic] cycle
konkludent geschlossener Vertrag *m (Recht)* implied contract
konkludentes Verhalten *n (Recht)* action implying intention *(Vertragsrecht)*
Konkretisierung *f (Recht)* appropriation *(Vertrag)*
Konkurrent *m (Gen)* competitor, rival
Konkurrentin *f s.* Konkurrent
Konkurrenz *f (Gen)* competition • **mit der Konkurrenz Schritt halten** *(Gen)* keep in step with one's competitors
Konkurrenzdruck *m (V&M, WiWi)* competitive pressure
Konkurrenzerzeugnis *n (V&M)* rival goods
konkurrenzfähig *adj (Gen)* competitive
Konkurrenzfähigkeit *f (Gen)* competitiveness
Konkurrenzgeschäft *n (Gen)* competitive business
Konkurrenzkampf *m* 1. *(Gen) (ugs.)* rat race; 2. *(WiWi)* competitive struggle
konkurrenzlos *adj* 1. *(Börse)* unmatched; 2. *(Gen)* unrival(l)ed
Konkurrenzmarke *f (V&M)* rival brand
Konkurrenzpreis *m (V&M)* competitive price
Konkurrenzunternehmen *n (Gen)* competitor
konkurrieren *v (Gen)* compete
konkurrieren *v* **mit** *(Gen)* compete with
konkurrierende Bedürfnisse *npl (Gen)* competing requirements
konkurrierende Gerichtsbarkeit *f (Recht)* concurrent jurisdiction
konkurrierende Zuständigkeit *f (Recht)* concurrent jurisdiction
konkurrierender Anspruch *m (V&M)* competitive claim
Konkurs *m (Fin, RW)* bankruptcy *(Überschuldung)*; insolvency, liquidation *(Zahlungsunfähigkeit; Deutschland: ab 1999 ersetzt die "Insolvenzordnung" "Konkurs" durch "Insolvenz")* • **Konkurs anmelden** *(Fin)* file for bankruptcy • **in Konkurs gehen** *(Fin)* fail, go bankrupt • **Konkurs eröffnen** *(WiWi)* adjudicate bankruptcy
Konkursantrag *m (Fin) (AE)* petition for relief, *(BE)* petition in bankruptcy
Konkursbeschluss *m (Fin)* order for relief
Konkurseröffnung *f (Fin, Recht, RW)* adjudication in bankruptcy
Konkursforderung *f (Fin, Recht)* claim in bankruptcy, bankruptcy claim, claim against a bankrupt estate
Konkursgericht *n (Recht)* bankruptcy court, superintendent of bankruptcy
Konkursgesetz *n (Recht, RW)* bankruptcy act
Konkursgläubiger *m (Recht)* creditor in bankruptcy
Konkursgläubigerin *f s.* Konkursgläubiger
Konkursmasse *f (Recht)* bankruptcy property, bankruptcy estate
Konkursordnung *f (Recht, RW)* German Insolvency Law, bankruptcy act *(ab 1999 "Insolvenzordnung")*
Konkursrecht *n (Recht, RW)* bankruptcy law
Konkursschuldner *m (Recht)* (the) bankrupt
Konkursverfahren *n* 1. *(RW)* bankruptcy; 2. *(Recht)* bankruptcy proceedings
Konkursverwalter *m* 1. *(Bank)* assignee in bankruptcy, trustee in bankruptcy; 2. *(Recht)* official receiver, receiver, liquidator, administrator in bankruptcy
Konkursverwalterin *f s.* Konkursverwalter
Konkursverwaltung *f (RW)* receivership
Konnossement *n (Imp/Exp, Transp)* bill of lading, (shipping) bill
Konsens *m (Gen, Pol)* consensus
konsequent *adj (Mgt)* consistent, consequent *(Methoden)*
konservative Schätzung *f (Gen)* conservative estimate
Konsistenz *f (WiWi)* consistency
konsolidieren *v* 1. *(Bank, Fin)* consolidate, fund; 2. *(RW, WiWi)* consolidate
konsolidiert *adj (Bank, Fin, RW, WiWi)* consolidated • **auf konsolidierter Basis** *(Fin, RW)* on a consolidated basis
konsolidiert *adj*/**nicht** *(RW)* unconsolidated
konsolidierte Bilanz *f (RW)* consolidated balance sheet
konsolidierte Kredite *mpl (Fin)* funded debt

konsolidierte Zahlen *fpl (RW)* consolidated figures
konsolidierter Abschluss *m (RW)* consolidated [group] accounts, consolidated financial statement
konsolidierter Jahresabschluss *m (RW)* consolidated annual accounts
konsolidierter Lagebericht *m (Mgt)* consolidated annual reports
konsolidierter Reingewinn *m (RW)* consolidated net profit
konsolidiertes Konzernvermögen *n (Fin)* consolidated assets
Konsolidierung *f* 1. *(Bank, Fin)* consolidation; 2. *(RW) (BE)* merger accounting
Konsolidierungsgrundsätze *mpl (RW)* consolidation method
Konsortialbank *f (Bank, Fin)* consortium bank
Konsortialführer *m (Bank, Fin)* leading [prime] underwriter, syndicate leader, *(Unternehmen)* lead bank
Konsortialführerin *f s.* Konsortialführer
Konsortialführung *f (Bank, Börse)* lead management
Konsortialgebühr *f (Börse)* management fee
Konsortialgeschäft *n (Bank)* underwriting business
Konsortialmitglied *n (Fin)* underwriter
Konsortialprovision *f (Bank)* negotiation fee, spread
Konsortialspanne *f (Börse)* underwriting spread
Konsortialvertrag *m* 1. *(Börse)* syndicate agreement, underwriting agreement; 2. *(Recht)* cooperation agreement *(Vertragsrecht)*
Konsortium *n (Bank, Börse, Fin, Grund, Recht)* consortium, syndicate
konstant *adj (Gen)* constant, uniform • **bei konstanten Preisen** *(Gen)* at constant prices • **zu konstanten Preisen** *(Gen)* at constant prices
Konstante *f* 1. *(Comp)* constant; 2. *(Stat)* absolute term, constant
konstante Preise *mpl (Stat, WiWi)* constant prices, base-period prices *(Preise der Basisperiode)* • **bei konstanten Preisen** *(Gen)* at constant prices • **zu konstanten Preisen** *(Stat, WiWi)* at constant prices, in real terms, in terms of money at constant prices *(Synonym: real, in realen Größen, in konstanten Preisen; Gegensatz: nominal = in money terms)*
konstanter Skalenertrag *m (WiWi)* constant returns to scale
konstituieren *v (Pat)* constitute
konstitutionelle Ebene *f (Recht, WiWi)* constitutional level *(Verfassungsebene; cf constitutional economics = Konstitutionenökonomik)*
konstruieren *v* 1. *(Ind)* develop, design *(Prototyp)*; 2. *(Stat)* construct
Konstrukteur *m (Ind)* design engineer
Konstrukteurin *f s.* Konstrukteur
Konstruktion *f* 1. *(Gen)* construction, design; 2. *(Grund)* construction; 3. *(Ind)* construction, development
Konsulat *n (Pol)* consulate
Konsulatserklärung *f (Pol)* consular declaration, CD
Konsulatsfaktura *f (Admin, RW)* certified invoice
Konsultation *f (Gen)* consultation
konsultieren *v (Gen, Mgt)* consult
Konsultierung *f (Gen)* consultation
Konsum *m (V&M, WiWi)* consumption, C
Konsumausgaben *fpl (WiWi)* consumer expenditure, high-street spending
Konsumbedarf *m (V&M)* consumer needs
Konsumbereitschaft *f (WiWi)* propensity to consume
Konsument *m (V&M, WiWi)* consumer
Konsumentenkredit *m (Bank, V&M)* consumer credit, consumer loan
konsumentenorientiert *adj (V&M)* consumer-oriented
Konsumentenpräferenz *f (V&M)* consumer preference
Konsumentenrente *f (WiWi)* consumer's surplus
Konsumentenverhalten *n (V&M) (BE)* consumer behaviour, *(AE)* consumer behavior
Konsumentin *f s.* Konsument
Konsumexternalitäten *fpl (WiWi)* external effects of consumption
Konsumgesellschaft *f (WiWi)* consumer society
Konsumgüter *npl (V&M)* consumer goods, consumer products
Konsumgütermarkt *m (V&M)* consumer market

konsumieren *v (V&M, WiWi)* consume
Konsumnachfrage *f (V&M, WiWi)* consumer demand
Konsumneigung *f (WiWi)* propensity to consume
Konsumverhalten *n (WiWi)* consumption pattern, consumption behavio(u)r
Konsumverlagerung *f (V&M)* shift in consumption
Kontakt *m (Gen)* contact
kontaktbehaftete Chipkarte *f (Comp, Komm)* contact smart card
Kontakter *m (Media)* account executive
kontaktlose Chipkarte *f (Comp, Komm)* contactless smart card
Kontaktperson *f (Gen)* contact
Kontaktstudium *(Bil)* continuing education courses, academic education courses (for graduates)
kontaminieren *v (Umwelt)* contaminate
Konten *npl (Bank, Fin, RW)* accounts • **Konten abstimmen** *(RW)* agree [reconcile] accounts
Kontenabfrage *f (Bank, Comp)* account query
Kontenabrufverfahren *n (Deu) (Bank, Comp, Fin, Soz)* account retrieval procedure *(nach §§ 93 Abs. 7, 8 und 93b AO sowie § 24c KWG: das effiziente Ermitteln der und die Einblicknahme in die Kontenstammdaten der Kunden deutscher Banken durch die Finanz- und Sozialbehörden ohne Vorabinformation der Betroffenen; from May 2005 financial and social security agencies have the right to detect accounts and gain an insight into master data of account holders)*
Kontenform *f (RW)* account form
Kontenformat *n (Comp)* horizontal format
Kontenführung *f (RW)* accountancy, accy
Kontengliederung *f (RW)* classification of accounts
Kontengliederung *f* **der Bilanz** *(RW)* format [layout] of balance sheet
Kontenplan *m (RW)* chart of accounts
Kontenrahmen *m (RW)* standard chart of accounts
kontestabler Markt *m (WiWi)* contestable market *(Wettbewerb)*
kontextabhängig *adj (Comp, Gen)* context-sensitive
Kontingent *n (Gen)* quota
kontingentieren *v (Gen)* fix a quota
Kontinuität *f* 1. *(RW)* consistency *(Bilanzgrundsatz)*; 2. *(V&M, WiWi)* continuity
Konto *n (Bank, RW, V&M)* account • **auf Konto von** *(Bank)* account of • **à Konto** *(Bank)* account of, on account • **ein Konto abschließen** *(Bank, Fin, RW)* balance an account • **ein Konto abstimmen** *(Bank, Fin, RW)* balance [reconcile] an account • **ein Konto ausgleichen** *(Bank, Fin, RW)* balance an account, settle an account • **einem Konto einen Betrag gutschreiben** *(Bank)* credit a sum to an account
Kontoabschluss *m (Fin, RW)* balancing of an account
Kontoabstimmung *f* **zwischen Bank und Kunde** 1. *(Bank)* bank reconciliation; 2. *(RW)* account reconciliation, account matching
Kontoauszug *m (Bank)* bank statement, account statement
Kontoauszugsdrucker *m (Bank)* account statement printer
Kontoform *f (RW)* account form
Kontoführungskosten *pl (Bank)* maintenance charge
Kontoinhaber *m (Bank)* account holder
Kontoinhaberin *f s.* Kontoinhaber
Kontokorrentguthaben *n (Bank) (AE)* checking account balance [surplus], *(BE)* current account balance [surplus]
Kontokorrentkonto *n (Bank) (AE)* checking account, *(BE)* cheque account, *(BE)* current account; credit account
Kontokorrentkredit *m (Bank) (AE)* checking account loan, *(BE)* current account loan; open credit
Kontonummer *f (Bank, RW)* account number
Kontostand *m (Bank, RW)* account balance, actual balance, balance
Kontoüberziehung *f (Bank)* overdraft, O/D
Kontoumsatz *m* 1. *(Bank)* activity; 2. *(RW)* account turnover
Kontrahent *m* 1. *(Börse) (BE)* counter-

party; 2. *(Recht)* contracting party; 3. *(WiWi)* counterpart
Kontrahentin *f s.* Kontrahent
kontrahieren *v (Gen)* contract
Kontrakt *m (Börse, Transp, WiWi)* contract
Kontrakteinheit *f (Börse)* contract size
kontraktive Geldpolitik *f (WiWi)* tight monetary policy, tight money policy
kontraktive Offenmarktpolitik *f (WiWi)* contractionary open market policy
Kontraktkurve *f (WiWi)* contract curve
Kontrollbehörde *f (Recht)* regulatory body
Kontrolle *f* 1. *(Gen)* control, supervision, tracking *(Umsatz, Kosten, Ausgaben)*; 2. *(Imp/Exp)* examination *(Zoll)*; 3. *(Mgt, Pers)* supervision; 4. *(WiWi)* control • **unter Kontrolle bringen** *(WiWi)* bring under control *(Inflation)* • **die Kontrolle übernehmen** *(Gen)* take control
Kontrollerwerb *m (Börse, Mgt, RW)* acquisition of control, control acquisition *(Übernahmerichtlinie-Umsetzungsgesetz = Takeover Directive Implementation Law; bei Überschreitung bestimmter Beteiligungs-Schwellenwerte werden verschiedene Rechtsfolgen ausgelöst)*
Kontrollgruppe *f (V&M)* control group
kontrollieren *v* 1. *(Gen)* control *(Kosten)*; track *(Ausgaben)*; 2. *(Imp/Exp)* examine; 3. *(Mgt, Pers)* supervise; 4. *(WiWi)* control *(Inflation)*
Kontrollkosten *pl (WiWi)* monitoring costs
Kontrollmaßnahme *f (WiWi)* measure of control
Kontrollspanne *f (Gen)* span of control
Kontrollverfahren *n (Bank)* monitoring procedure *(EZB)*
Kontrollzentrum *n (Gen, Mgt)* control center, *(BE)* control centre
Konvent *m (Pol)* convention *(EU-Verfassungskonvent)*
Konventionalstrafe *f (Recht)* penalty for noncompliance *(wegen Zuwiderhandlung)*
Konventionalstrafe *f* **wegen Vertragsbruch** *(Recht)* penalty for breach of contract
Konventionalstrafklausel *f (Recht)* penalty clause
konventionelle Anleihe *f (Fin)* straight bond
Konvergenz *f* **der Schuldenstände** *(Bank)* debt convergence *(EZB)*
Konvergenzkriterien *npl (Pol)* convergence criteria *(EU, EZB)*
konvergieren *v (Gen)* converge
Konversion *f (Börse, Fin, WiWi)* conversion
Konversionsleistungen *fpl (Bank)* conversion services
Konvertibilität *f (Fin, Pol, WiWi)* convertibility
konvertierbare Währung *f (Pol, WiWi)* convertible currency, hard currency
Konvertierbarkeit *f (Fin, Pol, WiWi)* convertibility
konvertieren *v (Börse, Comp, Fin, WiWi)* convert
Konvertierung *f (Börse, Comp, Fin, WiWi)* conversion
Konzentration *f (Gen, WiWi)* concentration
Konzentrationsmaß *n (WiWi)* concentration ratio
konzentrieren *v (Gen)* concentrate
Konzept *n* 1. *(Gen)* approach, plan; 2. *(Mgt)* approach; 3. *(RW, V&M)* concept; 4. *(Admin, WiWi)* approach
Konzeption *f (Gen, V&M)* conception, idea *(Idee)*
Konzern *m (Gen)* (affiliated) group, group of companies, concern
Konzernabschluss *m (RW)* consolidated accounts, consolidated financial statement, group accounts
Konzernaufsichtsrat *m (Mgt)* group supervisory board
Konzernbilanz *f (Fin, RW)* consolidated balance sheet, consolidated financial statement
Konzernbilanzsumme *f (Bank)* consolidated balance-sheet total
Konzernergebnis *n (RW)* consolidated result, group result, consolidated income
Konzerngesellschaft *f (WiWi)* corporate affiliate
Konzerngewinn *m (RW)* group profit
Konzern-Gewinn- und Verlustrechnung *f (RW)* consolidated statement of income
konzernintern *adj (Gen)* intergroup, in-

tragroup; captive *(not for the market, limited to the group; nicht für den Markt, begrenzt auf den Konzern: z. B. Industrieversicherungen)*

konzerninterner Markt *m (V&M, WiWi)* internal market, market within the group, intercompany market

Konzern-Kapitalflussrechnung *f (Fin)* group cash flow statement

Konzernrevision *f* 1. *(Mgt, RW)* group audit, group auditing; 2. *(Steuer)* group tax audit

Konzernstruktur *f (Gen)* group structure

Konzerntochter *f (RW)* subsidiary

Konzernunternehmen *n (Gen)* group company, affiliate, affiliate company, associated company *(Unternehmen unter einheitlicher Leitung –under common control- gem. § 18 AktG)*

Konzernverbund *m (Fin)* affiliated group

Konzern-Verrechnungspreise *mpl (RW)* intergroup prices, intercompany prices, intergroup transfer prices

Konzernzentrale *f (Mgt)* headquarters

Konzertation *f (Pol, WiWi)* concertation *(EU)*

konzertiert *adj (Pol, WiWi)* concerted *(EU)*

Konzertierung *f (Pol, WiWi)* concertation *(EU)*

Konzession *f* 1. *(Gen)* concession, franchise; 2. *(Pat)* patent; 3. *(Recht)* concession, *(BE)* licence, *(AE)* license

Konzessionär *m* 1. *(Gen)* concessionaire; 2. *(Recht)* concessionaire, licensee; 3. *(Steuer)* concessionaire

Konzessionärin *f s.* Konzessionär

konzessioniert *adj* 1. *(Gen)* chartered, franchised; 2. *(Recht)* licensed

konzessionierte Bank *f (Bank) (AE)* chartered bank

Konzessionserteiler *m (Pat, Recht)* licensor

Konzessionserteilerin *f s.* Konzessionserteiler

Konzessionsinhaber *m* 1. *(Gen)* concessionaire, franchisee; 2. *(Recht)* licensee

Konzessionsinhaberin *f s.* Konzessionsinhaber

Konzessionsvertrag *m (Recht)* franchise agreement

Kooperationsabkommen *n (Pol, WiWi)* cooperation agreement *(EU)*

Kooperationsrahmen *m (Bank, Pol)* cooperative framework

kooperieren *v (Gen)* cooperate

Koordinator *m (Pers)* coordinator

Koordinatorin *f s.* Koordinator

koordinieren *v (Gen)* coordinate

Koordinierungsprovision *f (Bank)* arrangement fee

Kopf/pro *(Gen, WiWi)* per capita, per head

Kopfjäger *m (Pers)* headhunter

kopflastig *adj (Admin)* top-heavy *(Organisation)*

Kopfprämie *f (Soz)* per capita premia *(Synonym: Kopfpauschale; lump sum per capita health fund premia)*

Kopfsteuer *f (Soz, Steuer) (BE)* capitation [head, poll] tax

Kopie *f* 1. *(Comp)* copy *(Textverarbeitung)*; 2. *(Gen)* copy; 3. *(Komm)* carbon copy • **amtlich beglaubigte Kopie** *(Recht)* certified copy

Kopierschutz *m (Comp)* copy protection *(Disketten)* • **mit Kopierschutz versehen** *(Comp)* copy-protected *(Diskette)*

Kopierschutzsystem *n (Comp, Media, Recht)* copy protection system

Kopplung *f (Fin)* tie-in

Kopplungsgeschäft *n* 1. *(Recht)* package deal; 2. *(V&M)* tie-in sale; 3. *(WiWi)* linked transaction

Kopplungsvertrag *m (WiWi)* tying arrangement [contract]

Korbwährung *f (WiWi)* basket [composite] currency

körperlich *adj (Gen)* physical

körperliche Arbeit *f (Pers)* manual work

körperliche Inventur *f (RW)* physical inventory

Körperschaft *f (Admin)* corporate body

Körperschaft *f* **des öffentlichen Rechts** *(Gen)* public body, public(-law) corporation

Körperschaftsteuer *f (Steuer)* corporate tax, corporation income tax, *(BE)* corporation tax

Körperschaftsteuerpflicht *f (Steuer)* corporation tax liability

körperschaftsteuerpflichtig *adj (Steu-*

er) liable in corporate income tax, liable in corporation income tax
Körpersprache *f (Gen, Pers)* body language
korporatistischer Staat *m (Pol)* corporate state
korrekt *adj (Gen)* accurate, correct
Korrektheit *f (Gen)* accuracy
Korrektur *f (Media)* correction
Korrekturmaßnahme *f (Gen)* corrective action
Korrekturposten *m* **in der Bilanz** *(RW)* balancing item in the balance sheet *(EZB)*
Korrelation *f (Stat)* correlation
Korrelationsanalyse *f (Stat)* correlation analysis
korrelieren *v (Stat)* correlate
Korrespondent *m (Bank, Media)* correspondent
Korrespondentin *f s.* Korrespondent
Korrespondenz *f (Komm)* correspondence, communication
korrespondieren *v* 1. *(Gen)* correspond *(entsprechen)*; 2. *(Komm)* correspond *(in Briefwechseln)*
Korruption *f (Gen)* corruption
kosten *v (Gen)* cost
Kosten *pl* 1. *(Gen, RW)* cost *(amount of money needed to pay for a thing, value in alternative uses)*; costs *(money that must be spent regularly, e. g. running costs -laufende Kosten- for labour or energy)*; expenditure *(Ausgaben; action of spending)*; expense, expenses *(Ausgaben, Aufwand; money spent on a specific task, e. g. travel expenses)*; outlay *(Auslagen, Barausgaben)*; charges *(Aufwendungen, Nebenkosten)*; 2. *(WiWi)* cost • **die Kosten steigen auf Milliardenhöhe** *(Gen)* costs are running into billions • **die Kosten tragen** *(Gen)* bear the costs, defray the costs, meet the costs • **die Kosten übernehmen** *(Gen)* assume the expenses, meet the expenses, settle the expenses • **für die Kosten aufkommen** *(RW)* meet costs, defray costs, settle costs • **Kosten auf bestimmten Konten verrechnen** *(RW)* allocate costs to certain accounts • **Kosten auf die entsprechenden Konten umlegen** *(RW)* allocate costs to the appropriate accounts • **Kosten auffangen** *(Fin, RW)* absorb cost • **Kosten aufgliedern** *(Fin, RW)* break down expenses, itemize costs *(Kosten aufschlüsseln)* • **Kosten bestimmten Konten zuordnen** *(RW)* allocate costs to certain accounts • **Kosten bewerten** *(RW)* cost • **Kosten, die für jmdn. steuerpflichtig sind** *(Steuer)* costs taxable to sb • **Kosten kontrollieren** *(Gen)* control costs • **Kosten per Nachnahme zu erheben** *(Gen, Transp)* charges forward, ch. fwd *(Lieferklausel)* • **Kosten sind per Nachnahme zu erheben** *(Gen)* charge forward, Ch Fwd • **Kosten umlegen** *(RW)* assign costs, allocate costs • **Kosten verrechnen** *(RW)* allocate costs • **Kosten verteilen, Kosten zeitlich verteilen** *(RW)* spread costs • **Kosten zuweisen** *(RW)* allocate costs • **sich an den Kosten beteiligen** *(Gen, Mgt)* share (in) the expenses
Kosten *pl* **der Kuppelproduktion** *(WiWi)* common costs, joint costs
Kosten *pl* **und Fracht** *f* 1. *(Gen)* cost and freight, C&F, C/F, CAF *(Lieferklausel)*; 2. *(Imp/Exp, Transp)* cost and freight, CFR *(Incoterms)*
Kosten *pl* **und Frachtnachnahme** *f (Gen, Transp)* charges forward, ch. fwd *(Lieferklausel)*
Kosten *pl* **, Versicherung** *f* **und Fracht** *f (Imp/Exp, Transp)* cost, insurance and freight *(Lieferklausel)*
Kostenabweichung *f (Fin)* cost variance
Kostenanalyse *f (Fin, RW)* cost analysis
Kostenanstieg *m (Mgt, RW)* rise in cost(s), increase in cost(s), cost increase
Kostenart *f (Fin)* type of costs
Kostenartenrechnung *f (Fin, RW)* analysis of costs by type [nature]
Kostenaufgliederung *f (RW)* breakdown of costs, cost split-up
Kostenaufteilung *f (RW)* cost allocation
kostenaufwendig *adj (Gen)* costly
Kostenbeschränkung *f (WiWi)* cost constraint *(Kostenrestriktion)*
Kostenbewertung *f* **von Lagerbeständen** *(RW)* inventory costing, inventory evaluation

Kostenbewusstsein *n (Gen)* cost awareness
kostendämpfend *adj (Gen, Mgt, RW)* cost saving
kostendeckend *adj (Gen)* cost-covering • **kostendeckend arbeiten** *(Fin)* break even
kostendeckende Menge *f (V&M)* breakeven quantity
Kostendeckungspunkt *m (Fin)* break-even point • **den Kostendeckungspunkt erreichen** *(Fin)* break even
Kostendeckungsschwelle *f (Fin, WiWi)* breakeven level, breakeven point *(Breakeven-Punkt, Breakeven--Schwelle: Kosten = Erlöse, Gewinn = 0)*
Kostendruckinflation *f (WiWi)* cost--push inflation
kosteneffektiv *adj (Gen)* cost-effective, cost-efficient
Kosteneindämmung *f (WiWi)* cost containment
Kosteneinsparung *f (Mgt, RW)* cost saving, economy, saving
Kostenentlastung *f (Bank)* cost relief
Kostenerstattung *f (Gen, Mgt)* reimbursement of cost(s), reimbursement of expenses, refund of cost(s), refund of expenses
Kostenfestsetzung *f (Börse)* fixing of costs
Kostenführer *m (WiWi)* cost leader
Kostenführerschaft *f (Gen)* cost leadership
Kostengefüge *n (Fin)* cost structure
Kostengliederung *f (Fin, RW)* breakdown of expenses • **eine Kostengliederung aufstellen** *(Fin, RW)* break down expenses
kostengünstig *adj (Gen)* cost-effective, low-cost
kosteninduzierte Inflation *f (WiWi)* cost--push inflation
kostenlos *adj (Gen)* at no charge, free (of charge), gratuitous, without charge
kostenloser Eintritt *m (Frei)* free admission
Kostenminimierung *f (Mgt, RW, WiWi)* cost minimization
kostenneutral *adj (Fin, RW, WiWi)* cost--neutral
Kosten-Nutzen-Analyse *f (Fin, RW, WiWi)* cost-benefit analysis
kostenpflichtig *adj (V&M)* fee-based, subject to a charge
Kostenprognose *f (Admin)* cost forecast
Kostenprogression *f (WiWi)* increase in (marginal) unit cost, diseconomy
kostenreagibel *adj (WiWi)* cost-sensitive
Kostenrechnung *f (RW)* cost accounting, cost and activity accounting, cost accounting and results accounts *(Synonym: Kosten- und Leistungsrechnung, KLR, Betriebsbuchführung)*
Kostenreduzierung *f (Fin, WiWi)* cost reduction
Kostenreport *m (Gen, V&M)* cost report
Kostensenkung *f (Gen)* cost trimming, cost cutting, cost containment, cost reduction
Kostensenkungsprogramm *n (Mgt, WiWi)* cost containment program
kostensparend *adj (Gen, Mgt, RW)* cost saving
Kostenstelle *f (RW) (AE)* cost center, *(BE)* cost centre
Kostensteuerung *f (RW)* cost control
Kostenstruktur *f (Fin)* cost structure
Kostenträger *m (RW)* unit of output, product *(trägt die Istkosten, die Normalkosten oder die Plankosten)*
Kostenträgerrechnung *f (RW)* cost-unit accounting, product cost accounting, unit cost accounting, product costing
Kostenträgerstückrechnung *f (RW)* cost unit accounting
Kostenträgerzeitrechnung *f (RW)* unit costing per period, product costing per period, cost unit period accounting
Kostenumlage *f (RW)* allocation [apportionment] of costs, cost allocation [apportionment]
Kosten- und Leistungsrechnung *f (RW)* cost accounting
Kosten *pl* **und Versicherung** *f (Imp/Exp, Transp)* cost and insurance *(Lieferklausel)*
Kostenverlauf *m (Fin)* cost behavio(u)r pattern
Kostenverrechnung *f (RW)* cost allocation
Kostenverteilung *f (RW)* cost allocation
Kostenvoranschlag *m* 1. *(Gen)* (cost) estimate; 2. *(RW)* cost forecast, estimated charges
Kostenvorgabe *f (WiWi)* cost objective

Kosten-Wirksamkeits-Analyse *f (WiWi)* cost-effectiveness analysis
Kostenzurechnung *f (RW)* cost allocation [apportionment]
Kraft *f* 1. *(Gen)* force; 2. *(Ind)* energy, power • **in Kraft** *(Recht)* in force *(Gesetze)* • **außer Kraft setzen** *(Recht)* invalidate *(Gesetz)*; override *(Regel)* • **in Kraft setzen** 1. *(Mgt)* activate *(Krisenplan)*; 2. *(Recht)* put into force *(Gesetz)* • **in Kraft treten** *(Recht)* come [enter] into force, take effect *(Gesetz)*
Kraftfahrzeug *n (Gen)* vehicle
Kraftfahrzeugemissionen *fpl (Ind, Umwelt)* automobile emissions
Kraftfahrzeughaftpflichtversicherung *f (Transp, Versich)* third-party motor (vehicle) insurance
Kraftfahrzeugindustrie *f (Ind, Transp)* car industry, motor industry
Kraftfahrzeugsteuer *f (Steuer, Transp)* motor vehicle tax, *(BE)* road tax
Kraftfahrzeugversicherung *f (Versich)* *(AE)* automobile insurance, *(BE)* car insurance; motor (vehicle) insurance
Kraftfahrzeugzulassung *f (Transp)* car registration
Kraftwerk *n (Ind)* power [generating] station
Krankengeld *n* 1. *(Pers)* sick pay, sickness benefit; 2. *(Versich)* daily compensation
Krankengeldregelung *f (Pers) (BE)* sick pay scheme
Krankenkasse *f (Pers, Soz)* health insurance scheme
Krankenmeldung *f (Pers, Soz)* notification of illness, notification of sickness
Krankenpflichtversicherung *f (Pers, Soz)* statutory health insurance, compulsory health insurance
Krankenstand *n (Pers, Soz)* sickness rate, sickness level
Krankenversicherung *f (Pers, Soz, Versich)* health insurance, medical insurance
Krankenversicherungsbeitrag *m (Soz)* health insurance contribution, sickness insurance contribution
Krankenversicherungsleistungen *fpl (Soz, Versich)* health benefits
Krankenversicherungsschutz *m (Soz)* health insurance cover
krankgeschrieben sein *v (Pers)* be on sick leave
Krankheit *f (Pers, Soz, Versich)* sickness
Krankheitsbescheinigung *f (Pers, Soz)* medical certificate
Krankmeldung *f (Pers, Soz)* notification of illness, notification of sickness
kreative Buchführung *f (ugs.) (RW)* creative accounting
kreative Zerstörung *f (WiWi)* creative destruction
Kreativschmiede *f (Pol, V&M, WiWi)* creative think unit, creative think tank
Kredit *m* 1. *(Bank)* advance, bank accommodation, loan, credit; 2. *(Fin)* advance, credit; 3. *(RW)* advance • **auf Kredit** *(Fin)* on credit • **Kredit aufnehmen** *(Bank)* borrow funds • **einen Kredit aufnehmen** *(Fin)* contract a loan • **einen Kredit aufschieben** *(RW)* defer a debt • **gegen Kredit** *(Gen)* on account • **auf Kredit verkaufen** *(V&M)* sell on credit
Kredit *m* **mit fester Laufzeit** *(Bank)* fixed-term loan
Kreditaufnahme *f (Bank, Fin)* borrowing
Kreditausfall *m (Bank)* loan default, loan loss
Kreditausfallrisiko *n (Bank)* default risk, risk of default
Kreditausfallwahrscheinlichkeit *f (Bank)* probability of default
Kreditauskunft *f* 1. *(Bank)* banker's reference; 2. *(Fin)* credit information
Kreditbearbeitungsgebühr *f (Bank)* loan fee
Kreditbedarf *m (Bank, Fin)* borrowing [credit] requirements, credit demand
Kreditbedarf *m* **der öffentlichen Hand** *(WiWi) (BE)* public sector borrowing requirement
Kreditbedingungen *fpl* 1. *(Bank)* terms of credit; 2. *(WiWi)* credit conditions
Kreditbeschränkung *f (Bank, Fin, WiWi)* credit rationing, credit squeeze
Kreditbetrag *m (Bank, Fin)* credit line, credit sum, loan amount • **Kreditbetrag jederzeit verfügbar** *(Bank, Fin, Imp/Exp)* credit amount available at any one time (caaot) *(Außenhandelsfinanzierung, foreign trade financing)*
Kreditbewertungsagentur *f (Fin)* credit rating agency, rating agency

Kreditbürgschaft *f (Fin)* loan guarantee
Kreditdrosselung *f (Bank, Fin, WiWi)* credit restriction, credit squeeze
Krediteinräumung *f (Bank)* credit granting
Krediteinschränkung *f (Bank, Fin, WiWi)* credit restriction
Kreditexpansion *f (WiWi)* domestic credit expansion
Kreditfähigkeit *f (Fin)* financial standing, borrowing potential
Kreditfazilität *f (Bank, Fin)* borrowing facility, credit facility • **Kreditfazilität zusammenstellen** *(Bank, Fin)* arrange a loan
kreditfinanziert *adj (Börse, Fin)* on margin
kreditfinanzierte Transaktion *f (Bank, Fin)* leveraged transaction
Kreditfinanzierung *f (Bank, Fin)* loan financing
Kreditforderungen *fpl (RW)* loan claims
Kreditgeber *m (Bank)* lender
Kreditgeberin *f s.* Kreditgeber
Kreditgenossenschaft *f (Bank)* credit cooperative
Kreditgeschäft *n* **der Banken** *(Bank)* bank lending
Kreditgewährung *f (Bank)* granting of credit, lending
Kreditinanspruchnahme *f (Bank)* draw
Kreditinstitut *n* 1. *(Bank)* bank; 2. *(Fin)* credit institution, financial institution
Kreditkarte *f (Bank, Fin)* credit card
Kreditkartenaussteller *m (Fin)* credit card issuer
Kreditkarteninhaber *m (Bank, Fin)* cardholder, credit cardholder
Kreditkarteninhaberin *f s.* Kreditkarteninhaber
Kreditkauf *m (V&M)* credit sale
Kreditklemme *f (Bank, Fin, WiWi)* credit crunch
Kreditknappheit *f (Bank, Fin, WiWi)* credit crunch, credit squeeze
Kreditkonditionen *fpl (Bank)* credit terms, terms of credit
Kreditkonto *n (Bank) (AE)* checking account, *(BE)* cheque account; credit account
Kreditkosten *pl (Gen)* borrowing cost, borrowing fee
Kreditkunde *m (V&M) (BE)* charge buyer, *(AE)* credit buyer
Kreditlaufzeit *f (Fin)* repayment term
Kreditlinie *f* 1. *(Bank)* credit [lending] line; 2. *(Fin)* line of credit
Kreditmarkt *m (Bank, Fin)* credit market
Kreditnachfrage *f (Bank)* credit demand, loan demand
Kreditoren *mpl (RW)* accounts payable, *(BE)* creditors
Kreditplafond *m (Bank)* credit ceiling
Kreditpolitik *f (Bank)* lending policy
Kreditportefeuille *n (Börse, Fin)* asset portfolio
Kreditportfolio *n (Bank, Fin)* asset portfolio
Kreditrahmen *m (Bank, Fin)* credit facility
Kreditrestriktion *f (Bank, Fin, WiWi)* credit crunch, credit squeeze
Kreditrisiko *n* 1. *(Fin)* credit risk; 2. *(RW)* risk exposure; 3. *(V&M)* business [credit] risk
Kreditrisiko-Bewertung *f (Bank, Fin)* credit risk assessment *(Rating, Basel II)*
Kreditrisikograd *m (Bank, Fin)* degree of credit risk
Kreditrückzahlung *f (Bank, Fin)* loan repayment
Kreditsachbearbeiter *m (Bank, Fin)* credit officer, lending officer, loan officer
Kreditsachbearbeiterin *f s.* Kreditsachbearbeiter
Kreditsicherheiten *fpl (Fin)* collateral
Kreditüberwachung *f (Fin)* credit surveillance
Kreditverbesserung *f (Bank, Fin)* credit enhancement, CE *(eine Vereinbarung zur Erhöhung der Kreditqualität eines verbrieften Portfolios, einer Verbriefungstransaktion, Verbriefungstranche oder Verbriefungsposition, insbesondere durch Nachordnung von Zahlungsansprüchen; any contractual agreement to enhance the credit quality of a securitized portfolio or securitization transaction, tranche or position, in particular through the subordination of pecuniary claims; cf first loss piece, first-loss position, equity piece, Erstverlusttranche)*
Kreditvergabepolitik *f (Bank)* lending policy

Kreditverkehr *m (Bank, Fin, WiWi)* credit operations *(ZB)*
Kreditverknappung *f (Bank, Fin, WiWi)* restriction of credit, credit squeeze
Kreditversorgung *f* **der Wirtschaft** *(Bank, Fin)* credit supplied to the economy *(EZB)*
Kreditvertrag *m (Fin)* credit agreement
Kreditvolumen *n* 1. *(Bank)* loan portfolio; 2. *(Börse, Fin)* asset portfolio; 3. *(RW)* outstanding credits
Kreditwirtschaft *f (Bank)* banking industry
kreditwürdig *adj (Bank, Fin)* creditworthy, sound
Kreditwürdigkeit *f* 1. *(Bank, Fin)* creditworthiness, financial standing; 2. *(V&M)* credit standing
Kreditwürdigkeitsprüfung *f* 1. *(Bank)* credit analysis; 2. *(Fin)* credit rating [scoring]
Kreditzins *m (Bank)* lending rate
Kreditzinssatz *m (Bank)* bank lending rate, borrowing rate
Kreditzusage *f (Bank, Fin)* loan approval, loan authorization, credit commitment
Kreis *m* 1. *(Gen)* circle; 2. *(Pol)* district, municipality
Kreislauf *m (WiWi)* circular flow
Kreuzpreiselastizität *f* **der Nachfrage** *(WiWi)* cross price elasticity of demand
Kriegskasse *f (jarg.) (Fin)* idle balance, *(AE)* war chest
Krise *f (Gen)* crisis
krisenhafte Zuspitzung *f (Pol, WiWi)* crisis-like development, crisis-like proportions, critical situation
Krisenmanagement *n (Mgt)* crisis management
Krisenmanager *m (Comp, Gen)* troubleshooter
Krisenplan *m (Fin, Mgt)* contingency plan
Kriterium *n (Gen)* criterion, yardstick
Kritiker *m (Media)* critic
Kritikerin *f s.* Kritiker
kritische Menge *f (V&M, WiWi)* critical mass
kritische Phase *f*, **kritisches Stadium** *(Gen, Mgt)* critical phase, critical stage • **sich in einer kritischen Phase befinden** *(Gen, Mgt)* be going through a critical phase, be going through a critical stage
kritischer Bereich *m (Stat)* critical region
kritischer Lagerbestand *m (RW)* reorder point
kritischer Pfad *m (Stat)* critical path *(Netzplan)*
kritischer Weg *m (Stat)* critical path *(Netzplan)*
kritischer Wert *m (Stat)* critical value
kritisieren *v (Gen)* criticize, level criticism at
Kuhhandel *m (ugs.) (Pers, Pol)* horse trading
kühlen *v (Ind)* refrigerate
Kühlung *f (Ind)* refrigeration
Kulanz *f (Gen)* fairness, accomodation *(von Bedingungen)*
Kulanzzahlung *f (Fin, Versich)* ex gratia payment
kultivieren *v (WiWi)* cultivate *(Landwirtschaft)*
kulturell *adj (Gen)* cultural
Kulturschock *m (Gen)* culture shock
Kulturwirtschaft *f (Media)* creative arts industry
kumulativ *adj (Börse, Fin, Steuer)* cumulative
kumulative Steuer *f (Steuer)* cumulative tax
kumulatives Einkommen *n (Steuer)* cumulative income
kumulieren *v (Börse, Fin, Steuer, Versich)* accumulate
kumulierter Schuldenstand *m (Bank)* accumulated stock of debt
Kumulierung von Risiken *(Versich)* accumulation of risk
kündbar *adj (Gen)* terminable
kündbares Darlehen *n (Bank)* callable loan
Kunde *m (V&M)* client, customer, account • **Kunden werben** *(V&M)* canvass
Kunde *m* **höchster Bonität** *(Gen)* blue-chip customer
Kundenabrechnung *f (RW)* customer accounting, customer billing
Kundenabteilung *f (V&M)* customer service
Kundenangaben gefertigt/nach *(Ind)* made-to-measure
Kundenbedürfnisse *npl (V&M)* customer needs

Kundenbestand *m (V&M)* customer base
Kundenbetreuer *m (V&M)* account manager
Kundenbetreuerin *f s.* Kundenbetreuer
Kundenbetreuung *f* 1. *(Fin)* account management; 2. *(V&M)* customer care [support]
Kundenbindung *f (V&M)* customer relationship management *(CRM)*; customer relations management *(CRM)*
Kundendienst *m (V&M)* after-sales service, backup service, customer service, post-sales service
Kundendienstabteilung *f* 1. *(Ind)* maintenance department; 2. *(V&M)* customer service department
Kundendiensttechniker *m (Pers)* service engineer
Kundendiensttechnikerin *f s.* Kundendiensttechniker
Kundenfänger *m (Gen)* tout
Kundenfängerin *f s.* Kundenfänger
Kundenfirma *f (V&M)* client firm
Kundeninformation *f (V&M)* customer-information service
Kundenkreditkarte *f (Bank, V&M)* charge card
Kundennutzen *m (V&M)* customer value
kundenorientiert *adj (V&M)* customer-oriented
kundenorientierte Marketingpolitik *f (V&M)* client-led marketing policy
Kundenorientierung *f (V&M)* customer orientation
Kundenrabatt *m (V&M)* sales discount
Kundenservice *m (V&M)* customer service
kundenspezifisch *adj (V&M)* customized, tailor-made, made-to-order
Kundenstamm *m (V&M)* established clientele
Kundenunterstützung *f (V&M)* customer support
Kundenverlust *m (V&M)* loss of custom
Kundenvertrauen *n (V&M)* customer confidence *(in ein Produkt)*
Kundenwerber *m (V&M)* canvasser
Kundenwerberin *f s.* Kundenwerber
Kundenwerbung *f (V&M)* canvassing
Kundenzufriedenheit *f (V&M)* customer satisfaction
kündigen *v* 1. *(Fin)* call in *(Kredit)*; 2. *(Gen)* terminate *(Beschäftigungsverhältnis)*; annul *(Vertrag)*; 3. *(Recht)* terminate; 4. *(Grund)* give notice to quit *(Mieter)*; 5. *(Pers)* resign, sign off *(Arbeitnehmer)*; give [hand] in one's notice *(Stellung)* • **jmdm. kündigen** *(Pers)* dismiss sb, give sb his notice *(Arbeitgeber)*; hand in one's notice to sb *(Arbeitnehmer)*
Kündigung *f* 1. *(Gen)* annulment *(eines Vertrags)*; termination *(Beschäftigung)*; 2. *(Grund)* notice to quit; 3. *(Pers)* resignation *(Arbeitnehmer)*; dismissal *(Arbeitgeber)*; 4. *(Recht)* termination
Kündigung *f* **ohne triftigen Grund** *(Pers)* unfair dismissal *(durch den Arbeitgeber)*
Kündigungsfrist *f (Pers)* period of notice, notice period
Kündigungsgrund *m (Pers)* grounds for dismissal
Kündigungsmitteilung *f (Pers)* notice of termination, dismissal notice, *(ugs., AE)* pink slip
Kündigungsschreiben *n (Mgt, Pers) (AE)* pink slip, *(BE)* redundancy letter
Kündigungsschutz *m* 1. *(Börse)* call protection *(Anleiheemissionen)*; 2. *(Pers, Recht)* protection against wrongful dismissal *(Arbeitsrecht)*
Kündigungsschutzbestimmungen *fpl (Pers, Soz)* dismissal provisions, dismissal protection, provisions for dismissal protection, protection against dismissal
Kündigungsschutzrecht *n (Pers, Recht)* employment protection legislation
Kundin *f s.* Kunde
künstlich *adj* 1. *(Gen)* artificial; 2. *(Ind)* man-made
künstliche Intelligenz *f (Gen)* artificial intelligence, AI
künstliches Veralten *n (V&M)* artificial obsolescence
Kunststoffe *mpl (Ind, Umwelt)* plastics
Kupon *m (Börse, V&M)* coupon • **ohne Kupon** *(Börse, Gen)* ex coupon
Kuponsteuer *f (Steuer)* dividend withholding tax, coupon tax
Kuppelprodukte *npl (WiWi)* joint products
Kurs *m* 1. *(Börse)* (quoted) price, rate; 2. *(Mgt, Pers, Soz)* course *(Lehrgang)*; 3. *(WiWi)* price *(Wertpapiere)* • **einen**

Kurs haben von *(Börse)* trade at • **Kurs einschließlich aufgelaufener Zinsen** *(Fin)* flat • **Kurse sind niedriger notiert worden** *(Börse)* prices have been marked down
Kursabschlag *m (Imp/Exp)* backwardation
Kursabschwächung *f (Börse)* decline
Kursauftrieb *m (Börse)* price surge
Kursblatt *n (Börse)* stock list, daily official list, *(AE)* pink sheets, *(BE)* Stock Exchange Official List
Kurs-Buchwert-Verhältnis *n (KBV) (Börse, Fin)* price-to-book ratio, P/B ratio, price-equity ratio *(ein Indikator für den Kursaufschlag, den Aktionäre über den reinen Buchwert einer Aktie hinaus zu zahlen bereit sind; the ratio compares a stock's market value to its book value)*
Kursdifferenz *f* 1. *(Börse) (AE)* tail; 2. *(Imp/Exp, WiWi)* exchange differences
Kurseinbruch *m (Börse)* break, *(AE)* market plunge
Kurseinsturz *m (Börse)* market slump
Kursentwicklung *f (Börse)* price move [trend]
Kursgefälle *n (Börse)* price differential
Kursgewinn *m (Börse)* appreciation, gain
Kursgewinnverhältnis *n* 1. *(Fin)* price-earnings ratio, P/E ratio; 2. *(RW)* price-earnings multiple
kursieren *v (Komm)* circulate *(Nachrichten)*
Kursindexniveau *n (Börse)* price index level
Kurskorrektur *f (WiWi)* change of stance, policy adjustment, course correction
Kurslimit *n (Börse)* price limit
Kursmakler *m (Börse)* broker-dealer
Kursmaklerin *f s.* Kursmakler
Kursmanipulation *f (Börse)* market rigging
Kursnotierung *f* 1. *(Börse)* quoted price, share quotation; 2. *(Imp/Exp, WiWi)* foreign exchange table
Kursnotiz *f* **eines Wertpapiers** *(Börse)* listing of a security
Kursparität *f (Bank)* parity of exchange
Kurspflege *f (Bank, Fin)* market-smoothing, market-smoothing operations *(Synonym: Marktpflege)*
Kursrisiko *n (Bank)* price risk
kursrisikofrei *adj (Bank)* carrying no price risk
Kursrückgang *m* 1. *(Börse)* decline; 2. *(WiWi)* depreciation
Kursspanne *f* 1. *(Börse)* trading range; 2. *(WiWi)* exchange differences
Kurssprung *m (Börse)* price gap *(significant price movement of a security or commodity between two trading sessions, e. g. such that the second day's opening price is outside the first day's trading range = Kursspanne)*
Kurssteigerung *f (Börse)* appreciation, price advance
Kurssturz *n (Börse, Fin)* plunge
Kursstützungsniveau *n (Fin, WiWi)* price support level
Kurstendenz *f (Fin)* price trend
Kursverlust *m (Börse)* price loss
Kursvolatilität *f (Börse)* price volatility
Kurswert *m (Börse, Fin)* market value
kurswertgewichteter Index *m (Börse)* market-value-weighted index
Kurve *f* **gleicher Produktion** *(WiWi)* product indifference curve
kurz *adj (Gen)* brief, short, concise, summary, condensed *(gedrängt)* • **von kurzem Bestand** *(Gen)* short-lived
kurz *adv (Gen)* briefly • **kurz zusammenfassen** *(Gen)* summarize
Kurzarbeit *f (Pers)* short-time working *(Auftragsmangel)* • **Kurzarbeit leisten** *(Pers)* be on short time
kurzarbeiten *v (Pers, Soz)* work short-time, be on short time
Kurzarbeiter *m (Pers, Soz)* worker on short time, short-time worker, partially unemployed worker
Kurzarbeiterin *f s.* Kurzarbeiter
Kurzbericht *m (Gen)* condensed report, brief, summary (report)
kurze Frist *f (Gen)* short notice
kurze Kapitaldecke *f/zu (Fin)* low-geared capital
Kürzel *n (Gen)* acronym
kürzen *v* 1. *(Börse)* shorten; 2. *(Fin)* cut; 3. *(Gen)* truncate, prune, whittle [pare] down *(Kosten)*
kurzer Dateiname *m (Comp)* short filename, 8.3 filename
Kurzfassung *f (Gen)* abstract, summary

kurzfristig *adj (Gen)* short-term, short--range, short-dated
kurzfristig *adv (Gen)* in the short run [term] • **kurzfristig lieferbar [verfügbar]** *(Gen)* available at short notice
kurzfristig fällige Wechsel *mpl (Fin, RW)* short bills, SB
kurzfristige Anlagen *fpl (Börse)* near cash
kurzfristige Einlage *f (Bank, Börse)* bank demand deposit, short-term deposit
kurzfristige finanzielle Verbindlichkeiten *fpl (RW)* current financial liabilities *(IFRS/IAS)*
kurzfristige finanzielle Vermögenswerte *mpl (RW)* current financial assets *(IFRS/IAS)*
kurzfristige hochliquide Anlagen *fpl (Börse)* near cash
kurzfristige oder einmalige Maßnahmen *fpl (Bank)* short-term or one-off measures *(EZB)*
kurzfristige Planung *f (Fin, Mgt)* short--range planning, short-term planning
kurzfristiger Fälligkeitstermin *m (Börse)* short-range maturity date
kurzfristiger Kredit *m (Börse, Fin)* short credit, short loan
kurzfristiges Darlehen *n (Bank)* call loan, accommodation (loan)
kurzfristiges Ziel *n (Gen)* short-term objective
kurzfristiges Zinsrisiko *n (Börse)* short--term interest rate risk
Kurzfristorientierung *f (Bank, Fin)* shorttermism
Kurzfristplanung *f (Fin, Mgt)* short-term planning
Kurzfristprognose *f (Börse, Mgt, WiWi)* short-term forecast
kurzlebig *adj (Gen)* transient, short-lived
kurzlebige Konsumgüter *npl* 1. *(V&M)* perishables, nondurable goods, nondurables; 2. *(WiWi)* soft goods
kurzlebige Verbrauchsgüter *npl* 1. *(V&M)* perishables, nondurable goods, nondurables; 2. *(WiWi)* soft goods
kurzlebiges Konsumgut *n (V&M, WiWi)* non-durable good, soft good
kurzsichtig *adj (Gen)* short-sighted
Kürzung *f* 1. *(Börse)* shortening; 2. *(Fin)* cut; 3. *(Gen)* cut, pruning, whittling down, paring down, truncation, abatement *(von Kosten)*
Kurzzeitplanung *f (Fin, Mgt)* short-range planning
Kybernetik *f (Gen)* cybernetics

L

Lade... *(Gen, Transp)* cargo, load, stowage, loading
Ladehafen *m (Imp/Exp, Transp)* port of lading, loading port
Laden *m (V&M) (BE)* shop, *(AE)* store
laden *v* 1. *(Comp)* download, load *(Programm)*; 2. *(Recht)* issue a summons
Ladenaufsicht *f (V&M)* floorwalker
Ladenbesitzer *m (Gen, V&M)* shopkeeper, *(AE)* storekeeper
Ladenbesitzerin *f s.* Ladenbesitzer
Ladendiebstahl *m (V&M)* shoplifting, *(ugs.)* shrinkage
Ladenhüter *m (V&M)* non-seller *(ähnlich: Langsamdreher = slow seller; Gegensatz: Renner, Schnelldreher = fast--selling article)*
Ladeninhaber *m (V&M) (BE)* shopkeeper, *(AE)* storekeeper
Ladeninhaberin *f s.* Ladeninhaber
Ladenkasse *f (Gen, V&M)* till
Ladenöffnungszeiten *fpl (Gen, V&M)* shop opening hours
Ladenpreis *m (Gen, V&M)* published price
Ladenschlussgesetz *n (Recht, V&M)* Shop Closing Hours Act, store closing law, shop closing law
Ladenschlusszeiten *fpl (Gen) (BE)* shop closing times, *(AE)* store closing times
Ladentisch *m (Gen)* counter
Ladenverkauf *m (V&M)* retail sale
Ladeschein *m* 1. *(Imp/Exp)* bill of lading, shipping note; 2. *(Transp)* bill of lading, consignment note, certificate of shipment, shipping note
Ladung *f* 1. *(Ind)* batch; 2. *(Recht)* (writ of) summons, service of a writ; 3. *(Transp)* cargo, lading, load, disembarkation
Ladung *f* **der Zeugen** *(Recht)* convocation of witnesses *(zur Einvernahme)*
Ladung *f* **von Zeugen** *(Recht)* attendance of witnesses *(im allgemeinen)*

Ladungskapazität *f (Transp)* cargo capacity
Ladungsverzeichnis *n (Imp/Exp)* manifest • **im Ladungsverzeichnis anzeigen** *(Imp/Exp)* manifest
Lag *m (WiWi)* lag
Lage *f (Gen)* position, situation, status • **bei derzeitiger Lage der Dinge** *(Gen)* in the present state of affairs • **in der Lage sein zu** *(Gen)* be in a position to • **nach Lage der Dinge** *(Gen, Recht)* under the circumstances • **die Lage prüfen** *(Gen)* size up the situation
Lage *f* **auf dem Arbeitsmarkt** *m (Pers, WiWi)* the job situation, the labour market situation
Lage *f* **des Tagungsortes** *(Mgt)* conference site location
Lagebericht *m* 1. *(Fin)* annual [financial] report; 2. *(Gen)* situation report, status report
Lager *n* 1. *(Gen)* stock, stockpile, storage, storehouse, warehouse, storeroom; 2. *(Imp/Exp)* warehouse, storeroom; 3. *(Ind)* storage; 4. *(Transp)* stockpile, storage, warehouse; 5. *(Admin)* repository • **ab Lager** *(Imp/Exp, Transp)* ex warehouse, x-warehouse • **auf Lager haben** *(V&M)* in stock, to be in stock • **Lager abbauen** *(WiWi)* liquidate inventory • **Lager auffüllen** *(WiWi)* restock • **nicht auf Lager** *(V&M)* out of stock
Lagerbestand *m (Gen)* goods on hand
Lagerbestand *m* **im Fertigungsbereich** *(Ind)* manufacturing inventory
Lagerbestände *mpl (RW)* inventory stocks • **Lagerbestände nach Alter aufstellen** *(RW)* age stocks • **seine Lagerbestände aufstocken** *(Gen)* replenish one's stocks
Lagerbeständigkeit *f (V&M)* shelf life
Lagerbestandsbewertung *f* 1. *(Gen)* stock valuation; 2. *(RW)* inventory pricing
Lagerbestandskontrolle *f* 1. *(Gen)* reserve-stock control; 2. *(RW)* inventory control
Lagerbestandsverzeichnis *n (Ind, RW)* inventory
Lagerbestandswechsel *m (V&M)* stock rotation
Lagerbildung *f (Ind, Mgt, WiWi)* stockpiling, stockbuilding
Lagerbuchhaltung *f (RW)* store accounting
Lagerempfangsschein *m (Gen, Transp)* warehoue receipt, W/R
Lagerentnahme *f (Admin, RW)* withdrawal from stocks
Lagerfinanzierung *f (RW)* inventory financing
Lagerfläche *f* 1. *(Gen)* storage area; 2. *(V&M)* shelf space
Lagergebäude *n* 1. *(Gen)* storehouse, warehouse; 2. *(V&M)* warehouse
Lagergebühren *fpl (Gen, Transp)* storage charges
Lagerhaltung *f* 1. *(Gen)* storage; 2. *(Imp/Exp)* warehousing; 3. *(Ind)* storage, warehousing; 4. *(Mgt)* inventory management; 5. *(WiWi)* stockholding
Lagerhaltungszyklus *m (WiWi)* inventory cycle
Lagerhaus *n* 1. *(Gen)* storehouse, warehouse; 2. *(Imp/Exp, Transp, V&M)* warehouse
Lagerkapazität *f (Gen)* storage capacity
Lagerkontrolle *f* 1. *(RW)* inventory control, stock control; 2. *(WiWi)* stock control
Lagerkosten *pl (Gen)* storage charges
Lagerliste *f (Gen)* stock sheet
lagern *v (Gen, Ind, Transp)* store *(Fracht, Waren)*
Lagerquittung *f (Gen, Transp)* warehoue receipt *(W/R, Lagerempfangsschein)*
Lagerschein *m* 1. *(Imp/Exp)* bill of store, warehouse receipt; 2. *(Recht, Transp, V&M)* warehouse receipt, warehouse warrant
Lagerspesen *pl* 1. *(Gen)* storage charges; 2. *(Imp/Exp)* warehouse charges
Lagerstätte *f (Ind, Umwelt)* deposit
Lagerumsatz *m (Ind, RW, WiWi)* stock turnover
Lagerumschlag *m* 1. *(Gen, Ind)* stock turnover; 2. *(RW)* inventory [stock turnover, turnover]
Lagerumschlagsrate *f (Ind)* stock turn, inventory turnover rate
Lagerung *f* 1. *(Gen)* storage; 2. *(Ind, Transp)* storage, warehousing
Lagerung *f* **von Abfall** *(Umwelt)* waste dumping

Lagerungsgebühren *fpl (Gen, Transp)* warehouse charges
Lagerverwalter *m (Gen)* storekeeper, storeman, warehouse keeper, warehouseman, *(AE)* stockman
Lagerverwaltung *f (V&M)* stock management
Lagerwirtschaft *f (RW)* inventory [stock] control
Lagerzugang *m (Admin)* addition to stock
Lag-Reaktion *f (WiWi)* lag response
lahmend *adj (Börse, Gen)* depressed
Laisser-faire-Führungsstil *m (Pers)* free-rein leadership
Laisser-faire-Liberalismus *m (WiWi)* laisser-faire economy
Land *n (Imp/Exp, Pol, Transp, WiWi)* country
Land *n* **in Anwartschaft** *(Recht)* land in abeyance
Land *n* **mit Meistbegünstigungsstatus** *(WiWi)* most favo(u)red nation
Landbesitzer *m (Grund)* landowner
Landbesitzerin *f s.* Landbesitzer
Länder *npl (Pol, Recht)* Federal States *(Bundesländer in Deutschland)*
Länder *npl* **im Wartestand** *(ugs.) (Pol)* pre-ins *(noch nicht zum Eurogebiet gehörende EU-Staaten)*
Länder *npl* **in der Warteschleife** *(ugs.) (Pol)* pre-ins *(noch nicht zum Eurogebiet gehörende EU-Staaten)*
Länderbericht *m (WiWi)* country report
Ländercode *m (Bank)* country code
Ländergruppe *f (V&M)* group of countries
Länderrisiko *n* 1. *(Börse)* country exposure; 2. *(Fin)* country risk; 3. *(WiWi)* country exposure
Landesbank *f (Bank)* regional bank
Landesgrenze *f (Imp/Exp, Pol)* national boundary
Landeshauptstadt *f (Frei, Recht)* state capital, state capital city
Landesplanung *f (Gen)* regional planning
landesspezifisch *adj (WiWi)* country-specific
Landeswährung *f (WiWi)* national [domestic, local] currency
landesweit *adj (Gen)* nationwide
Landkreis *m (Recht)* district
ländliche Gemeinde *f (WiWi)* rural community
ländliche Immobilien *fpl (Grund, V&M)* rural property
ländliches Gebiet *n (WiWi)* rural area
Landschaftsschutzgebiet *n (Umwelt)* environmentally sensitive zone
Landwirtschaft *m (Gen)* agriculture
landwirtschaftlich *adj (WiWi)* agricultural
landwirtschaftliche Arbeitskräfte *fpl (Ind, Pers)* agricultural workers, farm workers
landwirtschaftlicher Großbetrieb *m (WiWi)* large-scale farming
landwirtschaftlicher Mischbetrieb *m (WiWi)* mixed farming
landwirtschaftlicher Pächter *m (Versich, WiWi)* agricultural tenant
landwirtschaftlicher Pachtvertrag *m (Grund)* farm tenancy
landwirtschaftlicher Sektor *m* 1. *(Ind)* rural sector; 2. *(WiWi)* agricultural sector
landwirtschaftliches Erzeugnis *n (WiWi)* agricultural product
Landwirtschaftskredit *m (Bank)* agricultural loan
Landwirtschaftslobby *f (Pol)* farm lobby, farming lobby
lang *adj (Gen)* long • **mit langer Laufzeit** *(Versich)* long-term • **auf lange Sicht** *(Gen)* in the long run
Länge *f (Gen, Transp)* length
langer Dateiname *m (Comp)* long filename
langer Konjukturzyklus *m (WiWi)* long wave
längerfristig *adj (Gen, Mgt)* (in the) longer-term
längerfristige Finanzierung *f (Bank, Fin)* longer-term financing
längerfristige Vorausschau *f (Gen, Mgt)* longer-term forecast
langes Ende *n* **des Kapitalmarkts** *(Bank, Fin)* long end of the capital market
langfristig *adj (Gen)* long-term, permanent • **langfristig gesehen** *(Bank, Gen, Versich)* in the long run [term]
langfristig Arbeitslose *pl (Pers, Soz)* long-term unemployed, long-term unemployed persons

langfristige Anlage *f (Fin)* long-term investment; permanent investment *(i. S. v. dauerhafte Anlage)*
langfristige Anlagen *fpl* **des Finanzvermögens** *(Fin)* long-term financial investments
langfristige Anleihe *f (WiWi)* long-term bond
langfristige Finanzanlage *f (RW)* long-term financial investment
langfristige Planung *f (Gen)* long-range planning, long-term planning
langfristige Schuldtitel *mpl (Börse)* longs
langfristige Schuldverschreibung *f (Börse)* long bond
langfristige Verbindlichkeit *f* 1. *(Fin)* funded debt, long-term liability; 2. *(RW)* long-term liability
langfristige Verpflichtung *f* 1. *(Fin)* funded debt; 2. *(RW)* funded debt, long-term liability; 3. *(Recht)* long-term obligation
langfristiger Geschäftsplan *m (Gen, Mgt)* strategic plan
langfristiger Kredit *m* 1. *(Börse, Fin)* funded debt; 2. *(RW)* long-term credit
langfristiger Trend *m (Gen)* long-term trend
langfristiges Darlehen *n (Bank)* fixed loan, long-term loan
langfristiges Darlehen *n* **mit Höchstzinssatz** *(Börse)* cap rate loan
langfristiges Ziel *n (Gen)* long-term objective, strategic goal
Langfristorientierung *f (Fin)* long-termism *(von Anlagen)*
Langfristplanung *f (Gen)* long-range planning
Langläufer *m (Börse)* long bond
langlebig *adj (Gen)* durable, made-to-last
langlebige Gebrauchsgüter *npl (V&M)* consumer durables, durables *(dauerhafte Konsumgüter)*
langlebiges Konsumgut *n (WiWi)* durable consumer good, durable
Langlebigkeitsrisiko *f (Gen, Versich)* longevity risk
Langsamdreher *m (V&M)* slow seller *(ähnlich: Ladenhüter = non-seller; Gegensatz: Schnelldreher, Renner = fast-selling article)*
langsamer Anstieg *m (Börse)* slow rise
langsamer Rückgang *m (Börse)* slow decline
Längsschnitterhebung *f (Stat)* longitudinal survey, panel survey
Längsschnittreihe *f (Stat)* longitudinal data
Längsseite *f (Imp/Exp, Transp)* broadside *(shipping)* • **frei Längsseite Schiff** *(Imp/Exp, Transp)* free alongside ship, FAS *(Incoterms)*
längsseits Schiff *(Transp)* alongside ship
Langstreckennetz *n (Transp)* long-haul network
Langzeit... *(Gen, WiWi)* long-term, long-range
Langzeitarbeitslose *(Pers, WiWi)* long-term unemployed *(Arbeitsmarkt)*
Langzeitarbeitslosigkeit *f (Pers, Soz)* long-term unemployment
Langzeitmieter *m (Grund)* anchor tenant
Langzeitplanung *f (Mgt)* long-range planning
Lärmemission *f (Umwelt)* noise emission
Lärmgrenzwert *m (Recht, Umwelt)* noise limit
Lärmisolierung *f (Umwelt)* noise insulation
Lärmpegel *m (Umwelt)* noise level
Laspeyres-Preisindex *m (WiWi)* Laspeyres index
Last *f* 1. *(Fin)* burden; 2. *(Transp)* load; 3. *(WiWi)* burden • **zu Lasten von** 1. *(Bank)* charged to, account of; 2. *(Gen)* to the disadvantage of; 3. *(RW)* debited to
Lasterfonds *m (ugs.) (Bank, Fin)* vice fund, unethical fund *(Vice-Fonds, Sündenfonds; investiert in konjunkturresistente Branchen wie Kernenergie, Waffen, Tabak, Alkohol, Glücksspiel und Erotik; das Gegenstück zu Ethik-, Nachhaltigkeits- oder sonstigen Fonds mit »politisch korrekten« Anlageuniversen; Motto: »der Scheck heiligt die Mittel«, oder »wenn es gut ist, ist es gut, wenn es schlecht ist, ist es besser« - »if it's good, it's good, if it's bad, it's better«, so-called socially irresponsible investment funds dedicated to putting money in companies shunned by ethical investment campaigners but*

praised by investors who prefer stocks resistant to cyclical trends)

last-in-first-out *(Pers)* last in first out, LIFO

Lastkraftwagen *m (Transp)* heavy goods vehicle, *(BE)* lorry, *(AE)* truck

Lastschrift *f* 1. *(Bank)* debit entry; 2. *(Börse)* debits; 3. *(Fin)* debit; 4. *(RW)* debit entry, debit

Lastschriftanzeige *f (Gen)* debit note

Lastwagen *m (Transp) (BE)* lorry, *(AE)* truck

latente Arbeitslosigkeit *f (WiWi)* concealed unemployment

latente Nachfrage *f (V&M)* latent demand

latente Steuer *f (Steuer)* deferred tax, latent tax

laufen *v (Comp)* run *(Programm)* • **am Laufen halten** *(Gen)* keep afloat

laufend *adj (Gen)* ongoing, standing • **auf dem Laufenden** *(Gen)* au fait, up-to--date • **auf dem Laufenden sein mit** *(Gen)* be abreast of, be au fait with, be up-to-date on • **auf dem Laufenden halten** *(Admin)* keep up to date *(Ablage)*

laufend *adv (Admin)* constantly, continuously

laufende Arbeit *f (Gen, RW, WiWi) (AE)* work in process, *(BE)* work in progress

laufende Ausgaben *fpl* 1. *(Fin)* current expenditure, running expense; 2. *(WiWi)* current spending

laufende Instandhaltungskosten *pl (Grund)* maintenance costs

laufende Kontrolle *f (Gen)* routine check

laufende Kosten *pl* 1. *(Fin)* overheads, running expense; 2. *(Gen)* running cost, running expense; 3. *(RW)* continuing cost, current cost, overheads

laufende Nachfrage *f (V&M)* current demand

laufende Pflichten *fpl (Gen)* routine duty

laufende Prüfung *f (RW)* continuing audit

laufende Rechnung *f (Bank, Fin)* account current, current account

laufende Überwachung *f (Bank, Fin)* ongoing monitoring

laufende Verzinsung *f (Bank, Fin)* current yield, current rate, flat rate

laufende Wartung *f (Gen)* routine maintenance

laufender Verlust *m (Fin, Gen)* ongoing loss

laufendes Geschäftsjahr *n (Fin)* current business year

laufendes Jahr *n (Gen)* current year

laufendes Konto *n (Bank) (AE)* checking account, *(BE)* cheque account, *(BE)* current account

Laufzeit *f* 1. *(Bank)* term; 2. *(Börse)* life; 3. *(Comp)* runtime; 4. *(Fin)* period of redemption; 5. *(Gen)* operation time, period; 6. *(RW)* currency; 7. *(WiWi)* length of time to maturity, running time, maturity band

Laufzeit *f* **der Maschinen** *(Ind, Mgt)* machine running time, machine operating time *(Synonym: Maschinenlaufzeit)*

Laufzeit *f* **einer Anleihe** *(Fin)* duration of a bond, period of a loan, repayment period (of a bond)

Laufzeit *f* **eines Kredits** *(Fin)* term of validity, duration of a credit

Laufzeiteninkongruenz *f (Bank)* maturity mismatch, mismatched maturity

Laufzeitentransformation *f (Fin)* maturity transformation

Laufzeitstruktur *f (Fin)* term structure

Lauschangriff *m (Pol, Recht)* wiretapping

laut *(Gen)* according to • **laut Anzeige von** *(Gen)* as per advice from [of] • **laut Avis von** *(Gen)* as per advice from [of] • **laut Kontoauszug** *(Bank)* as per statement • **laut Übereinkunft** *(Gen)* as per agreement

lauterer Wettbewerb *m (Recht, WiWi)* fair competition

LBO *s.* Leveraged Buy-out

Leasing *n (Gen, Grund)* leasing *(Miete, Pacht)*

Leasinggeber *m (Fin, Gen)* lessor *(Gegensatz: lessee)*

Leasinggesellschaft *f* 1. *(Gen)* lease company, leasing company; 2. *(Grund)* leasing company

Leasingnehmer *m (Fin)* lessee *(Gegensatz: lessor)*

Leasingvertrag *m (Fin, Gen)* leasing agreement

Leasingzahlungen *fpl (Fin, Gen)* leasing charges

lebendes Inventar *n (Gen)* livestock *(Landwirtschaft)*
Lebensarbeitszeit *f (Soz)* the number of years people work, number of hours worked during working life
Lebenserwartung *f (Versich, V&M)* life expectancy
Lebenserwartung *f* **eines Produktes** *(Versich, V&M)* product life expectancy
lebensfähig *adj (Fin, Gen)* viable
lebensfähiges Unternehmen *n***/nicht** *(Gen)* non-viable enterprise; *(ugs.)* lame duck
Lebensfähigkeit *f (Gen)* viability
Lebenshaltung *f (Gen, Soz, WiWi)* cost of living
Lebenshaltungsindex *m (Gen, Soz, WiWi)* cost-of-living index
Lebenshaltungskosten *pl* 1. *(Gen, Soz)* living expenses; 2. *(WiWi)* cost of living
lebenslange Beschäftigung *f (Pers, Soz)* lifetime employment, permanent tenure
lebenslanges Lernen *n (Bil)* lifelong learning
lebenslänglicher Nießbrauch *m (Fin)* life interest
lebenslänglicher Nießbraucher *m (Grund)* life tenant
lebenslängliches Pachtrecht *n (Grund)* life tenancy
Lebenslauf *m (Admin, Pers) (BE)* curriculum vitae, CV, *(AE)* résumé
Lebensmittel *npl (Gen)* foodstuffs
Lebensmitteleinzelhandel *m (V&M)* food retailing
Lebensmittelgeschäft *n (V&M)* food store, grocery
Lebensmittelkennzeichnung *f (Ind, Komm, V&M)* food labelling
Lebensmittelkette *f (WiWi)* food chain
Lebensmittelzusatz *m (Ind, Umwelt)* food additive
lebensnotwendige Güter *npl (V&M)* necessities
Lebensqualität *f (WiWi)* quality of life
Lebensrente *f (Pers, Versich)* life annuity
Lebensstandard *m (WiWi)* standard of living
Lebensstil *m (Gen, V&M)* lifestyle
Lebensstilkonzept *n (V&M)* lifestyle concept
Lebensunterhalt *m* 1. *(Gen)* livelihood, *(ugs.)* bread; 2. *(Soz)* subsistence **• seinen Lebensunterhalt verdienen** 1. *(Gen)* earn one's keep; 2. *(Pers, Soz)* work for a living; 3. *(WiWi)* earn [make] a living
Lebensversicherung *f (Versich) (BE)* assurance, *(BE)* life assurance, *(AE)* life insurance
Lebensversicherung *f* **auf den Todesfall** *(Versich) (BE)* assurance payable at death, *(AE)* insurance payable at death; whole-life assurance [insurance]
Lebensversicherung *f* **auf den Todes- und Erlebensfall** *(Versich)* endowment life assurance
Lebensversicherungspolice *f (Versich) (BE)* life assurance policy, *(AE)* life insurance policy
Lebensversicherungsprämie *f (Versich)* life insurance premium
Lebenszyklus *m (V&M)* life cycle
Lebenszyklus *m* **eines Produktes** *(V&M)* product life cycle
Lebesmittelvorrat *m (WiWi)* food supply
lebhaft *adj* 1. *(Börse)* brisk, active *(Handel)*; 2. *(V&M)* active; 3. *(WiWi)* brisk, buoyant
lebhaft *adv* 1. *(Fin)* actively; 2. *(Gen)* briskly **• lebhaft gehandelt** *(Börse)* active, actively traded, heavily traded glamo(u)r stock
lebhaft gefragte Aktien *fpl (Börse)* glamo(u)r issue
lebhafter Handel *m* 1. *(Börse)* broad market, active dealings, active trading; 2. *(V&M)* active trading
ledig *adj (Recht, Steuer)* single
leeres Wertpapier *n (Börse)* stripped security
Leerlauf/im *(Transp)* down, idle
Leerlaufzeit *f (Comp)* idle time
Leerverkauf *m (Börse)* bear sale, going short, short, selling short **• Leerverkäufe abschließen** *(Börse)* sell a bear, sell short
Leerverkaufsposition *f (Börse)* short position
Leerzeit *f (Admin)* idle time
Legalisierung *f (Pol)* legalization
Legislative *f (Recht)* legislature
legitim *adj (Gen, Recht)* legitimate
Lehrabschlussprüfung *f (Bil)* apprenticeship examination

Lehrabschlusszeugnis *f (Bil)* certificate of apprenticeship, apprenticeship certificate

Lehrauftrag *m (Bil)* teaching appointment, lecturing post *(Universität)*

Lehrausbildungsstätte *f (Bil)* training centre, training establishment

Lehrbeauftragte *m(f) (Pers)* lecturer

Lehrbetrieb *m* 1. *(Gen)* training company, training establishment; 2. *(Pers)* teaching activity, teaching

Lehre *f (Pers, WiWi)* apprenticeship • **bei jmdm. in die Lehre gehen** *(Pers)* be apprenticed to sb

lehren *v (Bil)* teach, instruct, train

Lehrer *m (Bil, Gen, Pers)* teacher, instructor

Lehrerin *f s.* Lehrer

Lehrgang *m (Pers)* course

Lehrgangsgebühr *f (Pers)* course fee, training fee

Lehrgangskosten *f (Bil)* training costs

Lehrgangsteilnehmer *m (Bil)* participant in a (training) course

Lehrgangsteilnehmerin *f s.* Lehrgangsteilnehmer

Lehrinhalte *mpl (Pers)* content of teaching

Lehrkörper *m (Bil)* teaching staff

Lehrling *m (Pers, WiWi)* apprentice

Lehrlingsausbildung *f (obs.) (Pers)* apprenticeship training

Lehrstelle *f (Pers)* apprenticeship [trainee] place

Lehrstellenbewerber *m (Bil, Pers)* applicant for an apprenticeship, applicant for a training place

Lehrstellenbewerberin *f s.* Lehrstellenbewerber

Lehrstellenvermittlung *f (Bil, Pers)* placement in apprenticeships, placement of applicants in training places

Lehrtätigkeit *f (Pers)* teaching activity, teaching, lecturing

Lehrvertrag *m (Pers)* training contract, apprenticeship contract

Lehrwerkstatt *f (Pers)* training workshop, trainee workshop, apprentice workshop

Lehrzeit *f (Bil, Pers)* apprenticeship (period), duration of apprenticeship, apprenticeship, duration of training

leicht *adj* 1. *(Gen)* easy, light, slight; 2. *(Transp)* light

leicht liquidierbare Einlagen *fpl (WiWi)* near money

Leichtmetallindustrie *f (Ind)* light metals industry, *(BE)* aluminium industry, *(AE)* aluminum industry

leichtverderbliche Güter *npl (Gen, WiWi)* perishable goods

leichtverderbliche Waren *fpl (Gen, WiWi)* perishable goods, perishables

leichtverdientes Geld *n (WiWi)* easy money

leiden *v (Gen, Pers, WiWi)* suffer

leidenschaftlich *adj (Gen)* passionate, heated *(Debatte)*

Leiharbeit *f (Pers)* temporary work *(via employment agencies)*; temporary employment, supply of temporary workers *(by employment businesses/agencies)*; hiring-out of labo(u)r

Leiharbeitnehmer *m (Pers)* temporary worker *(supplied by an employment business)*; agency worker

Leiharbeitnehmerin *f s.* Leiharbeitnehmer

Leiharbeitsfirma *f (Pers)* temporary employment business, temporary employment agency, temporary employment bureau, *(AE)* temporary help agency

Leiharbeitsunternehmen *n (Pers)* temporary employment business, temporary employment agency, temporary employment bureau, *(AE)* temporary help service, *(AE)* temporary help agency

leihen *v* **von** *(Bank)* borrow from

Leihhaus *n (Fin)* pawnshop

leisten *v (Gen)* provide *(Hilfe)* • **einen Beitrag leisten** *(Gen)* make a contribution • **sich etw. leisten können** *(WiWi)* be able to afford to buy sth

Leistung *f* 1. *(Gen)* service, achievement, output, performance; 2. *(Ind)* power; 3. *(Pers)* accomplishment, achievement; 4. *(RW, V&M)* performance • **Leistung beanspruchen** *(Soz)* claim benefit *(Unterstützungszahlungen)* • **Leistung bewilligen** *(Soz)* grant benefit • **Leistung erbringen** *(Gen)* perform

Leistung *f* **pro Kopf/Stunde** *(Ind)* output per head/hour

Leistungen *fpl (Soz, Versich)* benefits • **Leistungen beantragen** *(Soz)* claim benefits *(Unterstützungszahlungen)* • **Leistungen beziehen** *(Soz)* draw benefits

leistungsabhängige Lohnformen *fpl (Pers)* payment by results schemes, payment by results systems, performance-related payment schemes, performance-linked payment schemes, incentive pay *(insbesondere Akkordarbeit; especially piecework)*

Leistungsanreiz *m (Pers, WiWi)* incentive, inducement

Leistungsantrag *m (Soz)* benefit claim

leistungsberechtigt *adj (Soz)* entitled to benefit, entitled to benefits, eligible for benefit, eligible for benefits • **leistungsberechtigt sein** *(Soz)* be eligible for benefit, be entitled benefit, qualify for benefit

Leistungsberechtigte *m(f) (Soz)* beneficiary

Leistungsberechtigung *f (Soz)* entitlement to benefits, benefit entitlement, eligibility

Leistungsbereitschaft *f (Pers)* motivation, willingness to achieve sth, readiness to achieve sth

Leistungsbetrug *m (Soz)* benefit fraud, social security benefit fraud, fraudulent benefit claims

Leistungsbeurteilung *f* 1. *(Gen)* merit rating; 2. *(Mgt, Pers)* personnel rating, performance appraisal [review, evaluation], merit rating

Leistungsbeurteilungsgespräch *n (Pers)* performance appraisal interview

Leistungsbewertung *f* 1. *(Fin)* performance rating; 2. *(Gen)* merit rating; 3. *(Mgt, Pers)* performance appraisal [evaluation, review], personnel rating, merit rating

Leistungsbewertung *m* **von Führungskräften** *(Mgt)* management audit

leistungsbezogene Bezahlung *f (Pers)* incentive pay, performance-related pay, profit-related pay

leistungsbezogene Entlohnung *f (Pers)* performance-related pay, performance pay, incentive wage

Leistungsbezug *m (Soz)* receipt of benefit, drawing of benefit

Leistungsbilanz *f (WiWi)* balance on current account, current account

Leistungsbilanzungleichgewicht *n (WiWi)* current account imbalance, current account disequilibrium *(ZB)*

Leistungsdauer *f (Soz, Versich)* indemnity period

Leistungseinstufung *f (Fin)* performance rating

Leistungsempfänger *m (Soz)* person in receipt of benefit, person drawing benefit, recipient of benefit, benefit recipient, claimant, beneficiary

Leistungsempfängerin *f s.* Leistungsempfänger

leistungsfähig *adj (Gen, WiWi)* efficient

Leistungsfähigkeit *f* 1. *(Gen)* ability, efficiency; 2. *(Pers)* capability; 3. *(WiWi)* efficiency

Leistungsfähigkeitsprinzip *n (Steuer, WiWi)* ability-to-pay principle

Leistungsgarantie *f* 1. *(Gen)* contract bond, performance bond; 2. *(V&M)* performance guarantee

Leistungsgradschätzen *n (Ind, Pers)* performance rating

leistungshemmender Effekt *m (WiWi)* disincentive effect

Leistungshemmnis *n (WiWi)* disincentive

Leistungshöhe *f (Soz)* level of benefit, benefit level *(Zahlung von Sozialtransfers)*

Leistungskette *f (Fin, Mgt)* value chain *(Synonym: Wertschöpfungskette)*

Leistungskontrolle *f (Mgt, Pers)* performance monitoring

Leistungskraft *f (WiWi)* efficiency

Leistungskürzung *f (Soz)* benefit cuts

Leistungslohn *m* 1. *(Pers)* performance-related pay, profit-related pay, incentive wage, incentive pay, wage incentive, payment by results, merit pay *(Arbeitsentgelt nach Leistung)*; 2. *(WiWi)* efficiency wage

Leistungslohnsystem *n (Mgt, Pers)* incentive pay scheme

Leistungsminderung *f (Recht)* impairment of performance

Leistungsmotiv *n (Mgt, Pers)* achievement motive

Leistungsniveau *n (Soz)* ability level

leistungsorientiert *adj (Pers)* achievement-oriented, performance-oriented
leistungsorientierte Bezahlung *f (Pers)* performance-related pay, performance pay
leistungsorientierte Person *f (Pers)* over-achiever
Leistungspflichtige *m(f) (WiWi)* contributor
Leistungsprämie *f* 1. *(Fin)* performance bonus; 2. *(Ind)* production bonus
Leistungsprinzip *n (Pers)* performance principle
Leistungsprovision *f (V&M)* incentive commission
Leistungsprüfung *f (Ind)* performance testing
leistungsschwache Person *f (Pers)* low achiever
Leistungsstandard *m (RW)* performance standard
leistungsstark *adj (Gen)* powerful
Leistungsstörung *f (Recht)* impairment of performance *(Verträge)*
Leistungstest *m (Pers)* achievement test, performance test
Leistungstransaktion *f (WiWi)* current-account transaction *(ZB)*
Leistungsüberprüfung *f (RW)* performance review
Leistungsüberwachung *f (Gen, Mgt, Pers)* performance monitoring
Leistungs- und Kapitalverkehr *m (WiWi)* current and financial transactions *(ZB)*
Leistungsvermögen *n* 1. *(Gen)* potential, capability; 2. *(Pers)* capability; 3. *(WiWi)* efficiency
Leistungsverweigerung *f (Recht)* refusal to fulfil(l) an obligation
Leistungsziel *n (Mgt)* performance target
Leistungszulage *f* 1. *(Pers)* incentive bonus; 2. *(WiWi)* proficiency pay
Leit... *(Comp, Gen, Media, WiWi)* key, leader, major, central
Leitbild *n (Mgt, V&M)* overall concept, guiding image
leiten *v* 1. *(Gen)* be in charge of, lead, manage; 2. *(Mgt)* manage, direct *(Organisation)*; 3. *(Recht)* head *(Untersuchung)*; 4. *(Transp)* route
leitend *adj* 1. *(Gen)* executive, senior; 2. *(Mgt)* managerial; 3. *(Admin, Pers)* managing
leitende Angestellte *f s.* leitender Angestellter
leitende Direktorin *f s.* leitender Direktor
leitender Angestellter *m* 1. *(Gen)* executive; 2. *(Mgt, Pers)* executive, general manager, senior executive
leitender Direktor *m* 1. *(Mgt)* managing director; 2. *(Pers)* general manager, chief executive
Leiter *m (Mgt, Pers)* manager, MGR, manageress, director, dir., chief, head *(einer Abteilung, eines Bereichs)*
Leiter *m* **der volkswirtschaftlichen Abteilung** *(Gen)* chief economist *(Chefvolkswirt)*
Leiterin *f s.* Leiter
Leiterin *f* **der volkswirtschaftlichen Abteilung** *s.* Leiter der volkswirtschaftlichen Abteilung
Leitkurs *m (WiWi)* central rate
Leitlinie *f (Gen, Pol)* guideline
Leitsatz *m (Gen)* governing principle
Leitung *f* 1. *(Gen, Pers)* leadership, management; 2. *(Admin)* administration • **die Leitung einer Firma übernehmen** *(Gen)* take administrative control of a company • **die Leitung übernehmen** *(Gen)* take over
Leitung *f* **eines Unternehmens** *(Mgt)* corporate management
Leitungsaufbau *m (Mgt)* management structure
Leitungsebene *f (Pers)* management level, level of management
Leitungsfunktion *f (Gen, Mgt, Pers)* executive function, management function
Leitungskompetenz *f (Mgt)* executive [management] competence
Leitungsorgan *n (Mgt, Recht)* governing body
Leitungsverantwortung *f (Mgt)* accountability in management
Leitwährung *f (WiWi)* key currency
Leitweg *m (Gen)* routing
Leitzins *m* 1. *(Bank, Fin)* base [key] lending rate; 2. *(WiWi)* key (interest) rate, base lending rate
Leitzinssatz *m* 1. *(Fin)* prime lending rate; 2. *(WiWi)* key rate
lenken *v* 1. *(Fin)* regulate; 2. *(Grund, Recht)* steer; 3. *(WiWi)* regulate

Lenkung *f* **von Ressourcen** *(WiWi)* allocation of resources *(Synonym: Zuteilung von Ressourcen, Ressourcenallokation f, Ressourcenlenkung f, Ressourcenaufteilung)*
Lenkungsausschuss *m (Bank, Fin)* steering committee
Lernen *n (Soz)* learning, study
Lernen *n* **mithilfe von elektronischen Medien** *(Bil, Media)* e-learning *(Synonym: Lernen mithilfe elektronischer Medien)*
lesen *v* 1. *(Comp)* read, view *(Bildschirm)*; 2. *(Gen)* read
Leser *m (Comp, Media, V&M)* reader
Leserin *f s.* Leser
Leserprofil *n (V&M)* readership profile
Leserschaft *f (Media)* readership *(einer Zeitung)*
Lese- und Schreibfertigkeit *f (Bil, Pers)* literacy
letzte *adj (Gen)* final, last • **in letzter Instanz** *(Gen)* as a last resort • **in den letzten Jahren** *(Gen)* in recent years • **während des letzten Jahrzehnts** *(Gen)* over the last decade
letzte Frist *f (Recht)* final deadline
letzte Instanz *f (Recht)* last instance
letzte Warnung *f (Pers)* final warning
letzter Ausweg *m (Gen)* last resort
letzter Handelstag *m (Börse)* final trading day, last day of trading, last trading day
letzter Kündigungstag *m (Pers)* last notice day
letzter Stand *m (Gen)* status
letzter Wille *m* **und letztes Testament** *n (Recht)* last will and testament
Letztgericht *n (Recht)* court of last instance
letztinstanzlicher Geldgeber *(Bank, Fin, WiWi)* lender of last resort
letztinstanzlicher Kreditgeber *m (Bank)* lender of last resort
Leumund *m (Gen)* reputation
Leverage *f (Börse, Fin) (BE)* gearing, *(AE)* leverage
Leveraged Buy-out *m (Fin)* leveraged buyout, LBO
Leverage-Effekt *m (Fin, WiWi)* leverage effect, capital leverage, *(BE)* gearing, *(AE)* leverage *(positive/negative Wirkung der Variation des Verschuldungsgrades -debt-equity ratio- auf die Eigenkapitalrentabilität -equity return-, solange die Gesamtkapitalrentabilität -return on total investment- größer/kleiner als der Fremdkapitalzins -interest on borrowed capital- ist; Synonyma: Hebelwirkung, Hebelwirkung der Finanzstruktur, Hebelwirkung der Kapitalstruktur, Hebelwirkung der Fremdkapitalaufnahme, Fremdkapital--Leverage)*
Leverage-Kennziffer *f (Fin)* debt ratio, financial leverage ratio
liberale Handelspolitik *f (WiWi)* liberal trade policy
Liberalisierung *f* **des Handels** *(Gen, Recht, WiWi)* liberalization of trade, trade liberalization
LIBOR *s.* Londoner Interbankangebotssatz
Liebhaberei *f* 1. *(Gen)* hobby, favo(u)rite pastime; 2. *(Steuer)* hobby
Liefer... *(Gen)* delivery, supply
Lieferangebot *n (Gen)* offer to supply (goods), tender
Lieferanspruch *m (Gen, Recht)* delivery right
Lieferant *m* 1. *(Gen, Pers)* contractor; 2. *(WiWi)* provider, supplier
Lieferantenkredit *m (Imp/Exp)* supplier credit
Lieferauftrag *m (Transp)* delivery order
lieferbar *adj* 1. *(Börse)* deliverable; 2. *(Gen)* available; 3. *(V&M)* merchantable *(absetzbar)* • **nur beschränkt lieferbar sein** *(Gen)* be in short supply
Lieferbarkeit *f (Gen)* availability
Lieferbedingungen *fpl (Gen, Imp/Exp)* delivery terms, terms and conditions (of sale)
Lieferbestätigung *f (Imp/Exp, Transp)* delivery receipt
Lieferer *m (WiWi)* provider, supplier
Liefererfüllung *f (Imp/Exp, Transp)* delivery performance
Lieferfrist *f (Börse)* delivery time
Lieferkette *f (Gen, Mgt)* supply chain *(Beschaffung)*
liefern *v* 1. *(Börse)* make delivery of *(Währung)*; 2. *(Gen)* supply *(Information)*; deliver *(Waren, Dienstleistungen)*; 3. *(Imp/Exp)* consign; 4. *(Transp)* consign, deliver *(Güter)*

Liefernachweis *m (Transp)* proof of delivery
Lieferort *m (Transp)* place of delivery
Lieferpreis *m* 1. *(V&M)* delivery price; 2. *(WiWi)* supply price
Lieferschein *m* 1. *(Fin, Transp)* delivery note; 2. *(RW)* goods received note
Liefertermin *m* 1. *(Börse)* delivery date; 2. *(Fin)* date of delivery
Lieferung *f (Gen, Transp)* delivery
Lieferung *f* **frei Haus** *(Transp)* delivered domicile
Lieferung *f* **gegen Barzahlung** *(RW, Transp)* on a cash received basis
Lieferung *f* **gegen Nachnahme** *(RW, Transp)* cash on delivery
Lieferung *f* **gegen Zahlung** 1. *(Bank, Fin)* delivery versus payment *(DVP, Wertpapiere)*; 2. *(Transp)* delivery versus payment *(Lieferklausel)*
Liefervertrag *m (Recht, V&M)* supply contract, delivery contract
Lieferverzug *m* 1. *(Gen)* delayed delivery; 2. *(Recht)* default in delivery *(Handelsvertrag)*
Lieferzeitraum *m (Börse)* delivery period
liegen *v* **bei** 1. *(Börse)* trade at *(Kurs)*; 2. *(Gen)* stand at *(Angebot, Preis, Gebot)*
Liegenschaft *f (Grund)* immovable estate
Liegenschaften *fpl (Recht)* corporeal hereditaments, real property
LIFO *s.* last-in-first-out
LIFO-Bestandsbewertung *f* 1. *(Gen, RW)* last in first out inventory valuation, LIFO, lifo *(Bewertungsvefahren der Warenwirtschaft)*; 2. *(Steuer)* last in first out, LIFO, lifo *(Bewertung des Vorratsvermögens)*
LIFO-Methode *f* 1. *(Pers, RW)* last in first out *(Lagerbewertung)*; 2. *(Steuer, WiWi)* last in first out, LIFO
Limitauftrag *m (Börse)* limit order
limitierender Faktor *m (Stat, WiWi)* constraint *(Engpassfaktor)*
lindern *v (Gen)* alleviate *(Probleme)*
lineare Abschreibung *f (RW)* straight--line depreciation
lineare Beziehung *f (Stat)* linear relationship
lineare Entwicklung *f (WiWi)* linear trend
lineare Optimierung *f (Stat)* linear programming
lineare Planungsrechnung *f (Stat)* linear programming
linearer Zusammenhang *m (Stat, WiWi)* linear relationship
Linienfunktion *f (Gen)* line function
Linienorganisation *f (Mgt, Pers)* line organization
Linkhaftung *f (Comp, Komm, Recht)* liability for links
liquid *adj* 1. *(Bank, Fin, RW)* liquid, solvent; 2. *(Gen)* afloat
Liquidation *f* 1. *(Fin, Recht, RW)* liquidation; 2. *(Mgt)* winding up
Liquidation *f* **des Vermögens** *(Fin, Recht)* liquidation of the assets
Liquidationstermin *m (Börse)* account day, settlement day
Liquidationswert *m (Fin, RW)* break-up value, liquidating value, net asset value, winding-up value
liquide Mittel *npl (Fin)* available funds, liquid funds
Liquidierbarkeit *f (Fin, RW)* shiftability
liquidieren *v (Gen)* liquidate, wind up
Liquidierung *f (Fin)* disinvestment *(Desinvestition)*
Liquidität *f* 1. *(Bank, RW)* solvency; 2. *(Börse)* liquidity; 3. *(Fin)* assets, earnings, liquidity, solvency
Liquidität *f* **1. Grades** 1. *(Fin)* cash ratio; 2. *(RW)* acid test (ratio), available cash, liquid ratio, liquidity adequacy; 3. *(WiWi)* cash deposits ratio
Liquidität *f* **2. Grades** *(RW)* quick ratio
Liquidität *f* **3. Grades** *(Fin, RW)* current ratio
Liquiditätsabfluss *m (Fin, RW, WiWi)* cash outflow
Liquiditätsabschöpfung *f (WiWi)* absorption of liquidity
Liquiditätsdisposition *f (Fin)* liquidity management, cash management
Liquiditätsenge *f (Fin)* cash shortage
Liquiditätsengpass *m (Fin)* liquidity squeeze
Liquiditätsfalle *f (WiWi)* liquidity trap
Liquiditätsgrad *m (Fin)* cash ratio, liquidity ratio, solvency ratio
Liquiditätshilfe *f (Bank, WiWi)* liquidity assistance
Liquiditätskennziffer *f* 1. *(Bank)* bank cash ratio; 2. *(Fin)* liquid assets ratio
Liquiditätskoeffizient *m (Fin)* working

capital ratio *(definiert als Umlaufvermögen : kurzfristige Verbindlichkeiten = current assets : current liabilities; Synonym: Liquidität dritten Grades)*
Liquiditätsposition *f (Bank, WiWi)* liquidity position, cash position
Liquiditätspräferenz *f (WiWi)* liquidity preference
Liquiditätssicherungen *fpl (Bank)* liquidity safeguards
Liquiditätsstatus *m (Bank)* cash and debt position
Liquiditätssteuerung *f (Mgt, RW)* cash [liquidity] management
Liste *f (Gen)* list • **eine Liste von etw. erstellen** *(Gen)* keep a tally of • **ganz oben auf der Liste stehen** *(Gen)* top the list
Listenpreis *m (V&M)* list price
Lizenz *f* 1. *(Bank, Imp/Exp) (BE)* licence, *(AE)* license; 2. *(Pat)* patent; 3. *(Recht) (BE)* licence, *(AE)* license; permit • **unter Lizenz herstellen** *(Ind) (BE)* manufacture under licence, *(AE)* manufacture under license
Lizenzabkommen *n (Pat, Recht)* licensing agreement
Lizenzbau *m (WiWi)* licensed construction
Lizenzerklärung *f (Recht)* licence declaration
Lizenzerteilung *f (Gen, Pat)* licensing
Lizenzgeber *m (Gen, Pat)* licensor
Lizenzgeberin *f s.* Lizenzgeber
Lizenzgebühr *f (Gen)* royalty, *(BE)* licence fee, *(AE)* license fee
lizenzieren *v (Recht)* license
lizenziert *adj (Recht)* licensed *(geistiges Eigentum)*
Lizenzinhaber *m* 1. *(Gen) (BE)* licence holder, *(AE)* license holder; 2. *(Recht)* licensee *(geistiges Eigentum)*
Lizenzinhaberin *f s.* Lizenzinhaber
Lizenzvertragsrecht *n (Recht)* licensing law
Lizenzvorschriften *fpl (Imp/Exp)* licensing requirements
LM-Kurve *f (WiWi)* LM curve
Lockartikel *m* 1. *(V&M)* bait, loss leader; 2. *(WiWi)* lure
Lockvogel *m* 1. *(Börse) (ugs.)* lowballer; 2. *(V&M, WiWi)* price leader
Lockvogelangebot *n (Gen, V&M)* bait, loss leader
Lockvogelwerbung *f (V&M) (AE)* bait and switch advertising, *(AE)* bait advertising
Logistik *f (Gen, Transp)* logistics
logistisch *adj (Gen, Ind, Stat, Transp)* logistical
Logo *n (Admin, Gen, V&M)* logo *(logotype)*
Lohn *m* 1. *(Gen, Pers) (BE)* wage(s); pay, hire *(Wochenlohn)*; 2. *(WiWi)* wages
Lohn *m* **mit Nebenleistungen** *(WiWi)* package pay
Lohnabschluss *m (Pers)* wage settlement
Lohnabstand *m (Pers, WiWi)* wage gap, wage differential
Lohnabstand *m* **zwischen den Geschlechtern** *(Pers, Soz)* gender wage gap, gender pay gap
Lohnabstandsgebot *m (Soz)* wage gap principle *(die Sozialtransfers sollten unterhalb des zu erzielenden Lohnes liegen, um den Anreiz zur Beschäftigungsaufnahme zu erhalten)*
Lohnabzüge *mpl (Pers)* deduction from wages
Lohnanpassung *f (Gen, Pers)* wage adjustment
Lohnanteil *m* **am Volkseinkommen** *(WiWi)* labo(u)r's share of national income
Lohnaufwendungen *fpl (Pers)* wage expenditure, wage costs
Lohnbeleg *m (Pers)* pay statement, pay slip *(less formal)*
Lohnbildung *f (WiWi)* wage formation
Lohndifferenz *f* **zwischen den Geschlechtern** *(Pers, Soz)* gender wage gap, gender pay gap
Lohndifferenzierung *f (Pers)* wage differentiation
Lohndrift *f* 1. *(Pers, WiWi)* wage drift, wage gap; 2. *(WiWi)* earnings drift
Lohndruck *m (Pers, WiWi)* wage pressure, wage push
Lohndruckinflation *f (WiWi)* wage push inflation
Löhne *mpl (Pers, WiWi)* wages
Löhne *mpl* **und Gehälter** *npl (Pers, WiWi)* wages and salaries
Lohneinbehaltung *f (Pers)* retention of wages, wage withholding

Lohneinbuße *f (Pers, Soz)* loss of wage(s), loss of pay
Lohneinkommen *n (Pers, WiWi)* wage income, earned income
Lohneinzelkosten *pl (Pers, RW, WiWi)* direct labo(u)r
Lohnempfänger *m (Pers)* wage earner [worker]
Lohnempfängerin *f s.* Lohnempfänger
lohnend *adj* 1. *(Gen)* worthwhile; 2. *(Pers)* rewarding *(Tätigkeit)*
Lohnerhöhung *f (Pers)* rise in wages, wage increase *(Arbeitsentgelt)*
Lohnerhöhung *f* **auf breiter Ebene [Front]** *(Pers)* across-the-board wage increase, across-the-board wage rise
Lohnersatz *m (Pers, Soz)* wage replacement
Lohnfestsetzung *f (Pers, WiWi)* wage fixing
Lohnforderung *f (Pers)* wage claim
Lohnfortzahlung *f* **im Krankheitsfall** *(Pers, Soz)* continued payment of wages in case of sickness, continued wage payments in case of sickness
Lohngefüge *f (Pers)* wage structure
Lohngemeinkosten *pl (Pers, RW)* indirect labo(u)r costs
Lohngleitklausel *f (Pers)* wage escalator clause, wage indexation clause
Lohngruppe *f (Pers)* grade, pay bracket
Lohnhöhe *f (Pers, WiWi)* wage level
Lohnindexbindung *f (Pers)* wage indexation *(Arbeitsentgelt)*
Lohninflation *f (WiWi)* wage inflation
Lohnkontrolle *f (Pers, WiWi)* wage control
Lohnkosten *pl* 1. *(RW)* manpower costs; 2. *(Steuer, WiWi)* cost of labo(u)r, labo(u)r costs
Lohnkosteninflation *f (WiWi)* wage cost inflation
Lohnkürzung *f (Pers)* wage cut, cut in wages, pay cut
Lohnliste *f (Pers, RW)* payroll *(Arbeitsentgelt)*
Lohnminderung *f (Pers)* reduction of [in] wages, cut in wages
Lohnnebenkosten *pl (Admin, Pers, RW, WiWi)* add-on costs, *(BE)* non-wage labour costs
Lohnnebenleistung *f (Gen, Pers)* fringe benefit
Lohnniveau *n (Pers, WiWi)* wage level *(Arbeitsentgelt)*
Lohn- oder Gehaltsliste stehend/auf der *(Pers)* on the payroll
lohnpolitisch *adj (WiWi)* in terms of wage-rate policy
Lohn-Preis-Spirale *f (WiWi)* wage-price spiral *(Inflationsursache)*
Lohnquote *f* 1. *(Pers)* wage ratio, wage share; 2. *(WiWi)* labo(u)r's share of national income
Lohnrunde *f* 1. *(Pers)* pay round; 2. *(WiWi)* wage round
Lohnsatz *m (Pers, WiWi)* wage rate, rate of pay
Lohnsenkung *f (Pers)* wage cut, cut in wages, pay cut, reduction of [in] wages
Lohnspanne *f (Pers)* wage spread
Lohnstarrheit *f (Pers, WiWi)* wage rigidity
Lohnsteigerung *f (Pers)* wage increase, wage rise, pay increase, pay rise
Lohnsteuer *f (Steuer)* wage(s) tax
Lohnstillstand *m (Pers)* pay pause, wage freeze
Lohnstopp *m (Pers)* wage freeze, pay pause *(Auftragslage, Inflationsbekämpfung)*
Lohnstruktur *f (Pers)* wage structure, earnings distribution
Lohnstückkosten *pl (RW, WiWi)* unit labo(u)r costs *(einzelwirtschaftliche Sicht)*
Lohnstückkosten *pl* **in der Gesamtwirtschaft** *(LSK/GW) (Stat, WiWi)* unit labour costs in the total industry, ULCT
Lohnstufe *f (Pers)* wage bracket *(Arbeitsentgelt)*
Lohn- und Gehaltsabrechnung *f (Pers)* payroll accounting; pay statement
Lohn- und Gehaltseinkommen *n (WiWi)* earnings
Lohn- und Gehaltsempfänger *pl (Pers)* wage and salary earners, wage earners and salary employees
Lohn- und Gehaltsliste *f (Pers)* payroll, paysheet
Lohn- und Gehaltsniveau *n (Pers, WiWi)* pay level, level of pay, wage and salary level
Lohn- und Gehaltsstopp *m (Pers, WiWi)* pay freeze, pay pause, wage freeze *(Inflationsbekämpfung)*
Lohn- und Gehaltszahlung *f (Pers)* wage

and salary payment, payment of wages and salaries

Lohnungleichheit *f (Pers, Soz)* wage inequality, pay inequality

Lohnuntergrenze *f (Pers)* wage floor, minimum wage

Lohnverhandlungen *fpl (Pers)* wage negotiations, pay talks *(Arbeitsentgelt)*; wage talks *(Tarifverhandlungen)*

Lohnzahlung *f (Pers)* payment of wages, wage payment

Lohnzettel *m (Pers)* pay statement, pay slip, wage slip

Lohnzurückhaltung *f (Pers, WiWi)* wage restraint, wage moderation

Lohnzusatzleistung *f (Pers)* fringe benefit

Lohnzuschlag *m (Pers)* premium pay

lokal *adj (Comp, Gen)* local

lokale Beschäftigungsgesellschaft *f (Gen, Pol, Soz)* local employment initiative

lokalisieren *v* 1. *(Comp)* localize *(Software)*; 2. *(Gen)* trace

Lokogeschäft *n (Gen)* spot business

Lombarddarlehen *n (Bank)* collateral loan

lombardfähig *adj* 1. *(Bank)* acceptable; 2. *(Fin)* eligible as collateral

lombardieren *v (Bank)* collateralize [pledge] securities

Lombardkredit *m* 1. *(Bank)* collateral loan; 2. *(Börse)* advance on securities, securities loan

Lombardsatz *m (Bank)* Lombard rate

Londoner Interbankangebotssatz *m (Bank, Börse)* London Interbank Offered Rate, LIBOR

Long-Tail-Geschäft *n (Comp, Komm, V&M)* long tail business *(Zusammenfassung dezentraler Nischenmärkte im Internet und Transformation in ein profitables Geschäftsmodell mit ausgefallenen, auch selten nachgefragten, individuellen Nischenprodukten im Web 2.0; eine moderne Alternative zur herkömmlichen Vermarktung von Massenprodukten)*

Los *n (Ind)* batch

Löschhafen *m (Transp)* port of delivery, port of discharge

Löschung *f* 1. *(Comp)* clearing, deletion, erasure; 2. *(Pat)* cancellation *(eines Warenzeichens im Register)*; 3. *(Recht)* discharge, extinction *(Schuld)*; 4. *(Transp)* discharge, landing, unloading

lose *adj (Gen)* unpacked

lose Waren *fpl (Transp)* bulk, bulk goods

Loseblattausgabe *f (Media)* loose-leaf edition

lösen *v (Gen)* terminate *(Vertrag)*; solve *(Problem)*; resolve *(Konflikt)*

Losgröße *f (Ind)* batch size

Lösung *f* 1. *(Gen)* termination *(eines Vertrags)*; solution *(eines Problems)*; 2. *(Mgt)* solution *(eines Problems)*; resolution *(eines Konflikts)*

loswerden *v (Gen)* get rid of, shake off

Lotse *m (Pers)* pilot *(Schifffahrt)*

Lotsin *f s.* Lotse

Löwenanteil *m (Gen)* the lion's share

LSK/GW *(Abk. für Lohnstückkosten in der Gesamtwirtschaft) (Stat, WiWi)* ULCT, unit labour costs in the total industry

Lücke *f* 1. *(Börse)* break; 2. *(Fin, Gen)* gap • **Lücke schließen** *(WiWi)* bridge the gap, plug a gap

Lückenfinanzierung *f (Fin)* gap financing

Luft *f (Ind, Umwelt)* air • **aus der Luft gegriffen** *(Gen)* unsubstantiated • **jmdn. an die Luft setzen** *(Pers)* dismiss sb, *(BE; ugs.)* give sb his cards, *(BE; ugs.)* give sb the sack

luftdicht *adj (Ind)* airtight

Lüfter *m (Ind)* fan

Luftfahrt *f (Transp)* aviation

Luftfahrtindustrie *f (Transp, WiWi)* aircraft industry, aviation industry

Luftfahrtunternehmen *n (Frei, Gen, Recht)* air carrier

Luftfracht *f (Transp)* air freight, air cargo

Luftfrachtbrief *m (Imp/Exp, Transp)* air bill of lading, air waybill, AWB

Luftfrachtführer *m (Transp)* air carrier, carrier

Luftpost *f (Komm)* air mail • **per Luftpost** *(Komm)* by air mail

Luftpostbrief *m (Komm)* air letter, air-mail letter

Luftpostleichtbrief *m (Komm)* aerogramme, air letter

Luft- und Raumfahrtindustrie *f (Ind)* aerospace industry

Luftverkehr *m (Transp)* air traffic, air transport

Luftverschmutzung *f (Umwelt)* air pollution
Luftweg/auf dem *(Komm, Transp)* by air *(Beförderungsart)*
lukrativ *adj (Gen)* lucrative
lustlos *adj* 1. *(Börse)* lifeless; 2. *(Gen)* listless
lustloser Markt *m* 1. *(Börse)* flat market; 2. *(Gen)* stale market
Luxus *m (V&M)* luxury *(Waren)*
Luxusgüter *npl (Gen, V&M, WiWi)* luxury goods
Luxuskabine *f (Transp)* deluxe cabin
Luxussteuer *f (Steuer)* luxury tax

M

Maastricht-Konvergenzkriterien *npl (Fin, Pol, Recht, WiWi)* Maastricht convergence criteria *(Preisstabilität, Schuldenstand, Neuverschuldung, Wechselkurs; EU)*
Machbarkeit *f (Gen)* feasibility
Macht *f* 1. *(Gen)* power; 2. *(WiWi)* control, leverage • **an der Macht** *(Pol)* in power • **Macht ausüben über** *(Gen, Pol)* exercise power over
Machtmissbrauch *m (Gen)* abuse of power
Machtpolitik *f (Pol)* power politics, abuse of power
Machtprobe *(Mgt, Pol)* trial of strength; power struggle *(Machtkampf)*
Mädchen für alles *(ugs.) (Gen)* dogsbody
Magazinverwaltung *f (Gen, Imp/Exp)* warehousing
mageres Jahr *n (WiWi)* lean year
magisches Dreieck *n (Pol, WiWi)* uneasy triangle, inconsistent trinity *(Preisstabilität, angemessenes Wachstum, Vollbeschäftigung)*
magisches Viereck *n (WiWi)* magic quadrilateral
Magister *m (Bil)* Master of Arts, MA *(Geisteswissenschaften)*
Magister *m* **der Wirtschaftswissenschaften** *(Pers)* Master of Economics, MEcon
Mahnabteilung *f (Bank)* Debt-Recovery Division, Debt-Recovery Department
Mahnbescheid *m (Recht)* reminder *(Schuldenbegleichung)*
mahnen *v* 1. *(Fin)* remind; 2. *(Gen)* dun; 3. *(Recht, RW)* remind
Mahnung *f (Fin, RW)* reminder
Mailing *n (V&M)* mailing
makellos *adj (Gen)* in perfect condition *(Produkt, Ware)*; undamaged *(Ruf)*
Makler *m (Fin)* broker
Maklerabrechnung *f (Gen)* broker's statement
Maklergebühr *f* 1. *(Börse)* broker's commission, commission rate, *(AE)* brokerage allowance; 2. *(Fin)* commission
Maklergeschäft *n (Gen)* brokerage
Maklerin *f s.* Makler
Maklerprovision *f (Börse)* broker's commission, brokerage commission
Maklerstand *m (Börse)* pit
Makroökonomie *f (WiWi)* macroeconomics
Makroökonomik *f (WiWi)* macroeconomics
makroökonomisch *adj (WiWi)* macroeconomic
makroökonomische Nachfragetabelle *f (WiWi)* macroeconomic demand schedule
Management *n* 1. *(Fin)* management; 2. *(Admin, Gen, Pers)* management
Management *n* **nach Zielvorgaben** *(Admin, Mgt)* management by objectives
Management-Buy-In *n (Fin, Mgt)* management buy-in, MBI *(Unternehmenskauf durch externes Management; cf Management-Buy-Out)*
Management-Buy-out *n (Fin, Mgt)* management buyout
Management-by-Techniken *fpl (Mgt)* management-by techniques *(z. B. MbD, MbE, MbO und viele andere, meist mit Fokussierung auf einem hervorgehobenen Aspekt des Führungsprozesses)*
Managementfunktion *f (Mgt)* managerial function
Management-Informationssystem *n (Comp, Mgt)* management information system
Management-Regelkreis *m (Mgt)* control loop, control circuit, feedback loop *(Systemtheorie: Informations-Rückkopplung = feedback; opposite: feed-*

forward = offene Steuerung; feed forward control = Steuerung, Vorwärtsregelung)

Managementtechnik *f (Mgt)* management technique

managen *v (Mgt)* manage

Manager *m (Mgt, Pers)* manager

Managerhaftung *f (Admin, Mgt, Recht)* manager's liability

Managerkrankheit *f (Pers)* executive stress

Mandat *n* 1. *(Pol)* elected office; 2. *(Recht)* mandate, terms of reference *(Auftrag)*

Mangel *m* 1. *(Gen)* lack; 2. *(Recht)* defect *(Verträge)*; 3. *(WiWi)* scarcity, shortage

Mangel *m* **an Arbeitsplätzen** *(Pers, WiWi)* job shortage, shortage of jobs, scarcity of jobs, lack of jobs

Mangel *m* **an Erfahrung** *(Pers)* lack of experience

Mangel *m* **an Fachkräften** *(Pers)* skill shortages, shortages of skilled manpower, shortages of skilled labo(u)r

Mangel *m* **an Personal** *(Pers)* staff--shortage, short-handedness

Mangel *m* **an qualifiziertem Personal** *(Pers)* skill shortage, shortage of skilled labour, lack of skilled labour, lack of skilled manpower, shortage of skilled manpower

Mangel *m* **an Sorgfalt** *(Recht)* lack of care *(Verträge)*

Mangelberuf *m (Pers)* shortage occupation, *(BE)* short-handed occupation

mängelfrei *adj (Recht)* free of defects *(Verkaufsrecht)*

Mängelfreiheit *f (Recht)* faultlessness *(Verkaufsrecht)*

Mängelgewähr/ohne *(Gen, Recht)* as is *(wie gesehen)*

mangelhaft *adj (Recht)* defective *(Vertragsrecht)*

mangelhafte Erfüllung *f (Recht)* defective performance *(Verträge)*

mangelhafte Leistung *f (Gen)* defective service

mangelhafte Ware *f (Recht, V&M)* defective product

mangeln an *v (Gen)* lack

Mängelrüge *f (Recht)* notice of defect *(Vertragsrecht)*

mangels *(Gen)* in the absence of

• **mangels genauer Informationen** *(Gen)* in the absence of detailed information

Manipulation *f (Gen, Mgt)* manipulation

manipulieren *v* 1. *(Börse)* rig *(Kurs)*; 2. *(Fin)* massage *(Zahlen)*; 3. *(Gen)* manipulate

manipulierte Währung *f (WiWi)* managed currency *(Staat)*

Manko *n (ugs.) (Gen)* shortage, deficiency

Mannschaft *f (Mgt, Pers, Transp)* crew, team

Mannschaftsführer *m (Mgt, Pers)* team leader

Mannschaftsführerin *f s.* Mannschaftsführer

manuell *adj (Gen, Pers)* manual

manuelle Arbeit *f (Pers)* manual work, blue-collar work

manuelle Fertigkeit *f (Pers)* manual skill *(eines Facharbeiters)*

manueller Arbeitsplatz *m (Pers)* blue--collar job

Marge *m* 1. *(Börse, RW)* margin; 2. *(Gen, WiWi)* spread

Margenaufschlag *m (RW)* margin

marginal *adj (Gen)* marginal, incremental

Marginalanalyse *f* 1. *(Fin)* marginal analysis; 2. *(Gen)* incremental analysis; 3. *(WiWi)* marginal analysis, marginal theory

marginale Importquote *f (Imp/Exp)* marginal propensity to import

marginale Investitionsquote *f (WiWi)* marginal propensity to invest

marginale Konsumquote *f (WiWi)* marginal propensity to consume

marginale Kosten *pl (WiWi)* marginal cost

marginale Sparquote *f (WiWi)* marginal propensity to save

marginale Steuer- und Abgabenlast *f (Soz, Steuer, WiWi)* marginal tax wedge, marginal tax burden

marginaler Kapitalkoeffizient *m (Fin)* incremental capital-output ratio

Marginalprinzip *n* **der Allokation** *(WiWi)* marginal principle of allocation

Marke *f* 1. *(Pat, Recht)* trademark; 2. *(V&M)* brand *(eines Produktes)* • **eine Marke entwickeln** *(V&M)* brand, develop a brand

Markenakzeptanz *f (V&M)* brand acceptance
Markenanteil *m (V&M)* brand share
Markenartikel *mpl (Gen, V&M)* branded goods, genuine article, proprietary goods
Markenartikelindustrie *f (Pat, V&M)* brand name industry
Markenaufbau *m (V&M)* brand development
Markenbekanntheit *f (V&M)* brand awareness, brand familiarity
Markenbewusstsein *n (V&M)* brand awareness, brand recognition
Markenbranding *n (Media, V&M)* branding
Markendifferenzierung *f (V&M)* brand differentiation
Markenentwicklung *f (V&M)* brand development
Markenerhalt *m (V&M)* brand maintenance
markenfreie Waren *fpl (Gen)* unbranded goods
markenfreies Produkt *n (Gen)* no-name product
Markenführer *m* 1. *(Gen)* top of the line; 2. *(V&M)* brand leader
Markenführung *f (Komm, Media, V&M)* branding
Markenführung *f* **im Internet** *(Comp, Komm, Media, V&M)* e-branding
Markenleitbild *n (V&M)* overall brand concept
markenlos *adj (Pat)* generic
markenlose Produkte *npl (V&M)* generic products, generics
Markenmanagement *n (Media, V&M)* branding
Markenname *m* 1. *(Gen)* proprietary brand, trade name; 2. *(V&M)* brand name
Markenpflege *f (Mgt, V&M)* brand management
Markenportfolio *n (Börse, Fin)* brand portfolio
Markenpositionierung *f (V&M)* brand positioning
Markenpräferenz *f (V&M)* brand preference
Markenstrategie *f (Fin, V&M)* brand strategy *(Produktstrategie)*
Markentreue *f (V&M)* brand loyalty
Markenwaren *fpl (Gen)* proprietary goods
Markenwert *f (Fin, RW, V&M)* brand value
Markenzeichen *n (Pat)* trademark
Marketing *n* **und Vertrieb** *m (V&M)* marketing and sales
Marketing-Kommunikationskanal *m (V&M)* marketing communications channel
Marketing-Kommunikationsmix *m (V&M)* marketing communications mix
Marketingleiter *m (Mgt, Pers)* marketing director, marketing manager
Marketingleiterin *f s.* Marketingleiter
Marketingmix *n (V&M)* marketing mix
Marketmaker zugelassen/als *(Börse)* authorized to provide market-making *(ein Marketmaker oder Marktmacher organisiert einen Markt für ein Wertpapier, er macht ihn 'liquide' durch den Handel mit diesem Papier und mit der Stellung von Geld- und Briefkursen)*
markieren *v (Gen)* brand
Markt *m* 1. *(V&M)* market, marketplace; 2. *(WiWi)* market • **einen Markt beherrschen** *(Fin)* control a market • **auf den Markt bringen** 1. *(Börse)* bring out *(Emission)*; 2. *(Gen)* commercialize • **in einen Markt eindringen** 1. *(Gen)* break into a market; 2. *(V&M, WiWi)* penetrate a market • **einen Markt erobern** *(V&M)* penetrate a market • **einen Markt erproben** *(WiWi)* probe a market • **den Markt fest im Griff haben** *(V&M, WiWi)* have a stranglehold on the market • **auf dem Markt Fuß fassen** *(Gen, V&M)* get a toehold in the market • **auf den Markt kommen** 1. *(WiWi)* enter the market; 2. *(V&M)* come onto the market • **vom Markt nehmen** *(Gen, V&M)* take off the market • **den Markt dem Wettbewerb öffnen** *(V&M)* open the market up to competition • **einen Markt schaffen** 1. *(Börse)* provide a market; 2. *(V&M)* create a market • **auf einen Markt vorstoßen** *(Gen)* break into a market
Markt *m* **für Billigprodukte** *(V&M)* low end of the market
Markt *m* **für mittel- und langfristige Darlehen** *(Fin)* loan market
Markt *m* **für namenlose Produkte** *(V&M)* generic market

Markt *m* **für Neuemissionen** *(Börse)* primary market
Markt *m* **für Qualitätsprodukte** *(V&M)* top end of the market
Markt *m* **für Termingeschäfte** *(Börse)* forward market
Markt *m* **ohne Zutritts- und Austrittsschranken** *(WiWi)* contestable market
Marktabschöpfung *f (V&M)* market skimming
Marktangebotspalette *f (Börse)* breadth of the market
Marktanpassung *f (WiWi)* market adjustment
Marktanteil *m (V&M)* market share, share of market, slice of the market
Marktaufnahmefähigkeit *f (Börse)* market receptiveness
Marktaufteilung *f (Recht, V&M, WiWi)* market sharing
Marktaustrittsschranke *f (WiWi)* barrier to exit, exit barrier
marktbeherrschend *adj (Pol, Recht, V&M)* dominant, dominant in a market, market-dominating, monopolistic
marktbeherrschendes Unternehmen *n (WiWi)* market-dominant firm
Marktbeherrschung *f (V&M)* market domination
Marktbericht *m (V&M)* market report
Marktbeschränkung *f (Recht, V&M, WiWi)* market restriction
marktbestimmt *adj (Gen, V&M)* market-driven
Marktbewertung *f (V&M)* market evaluation
Marktdurchdringung *f (V&M)* market penetration, sales penetration
Markteinschätzung *f (V&M)* market appraisal
Markteinstieg *m (V&M)* market entry
Markteintritt *f (Gen, V&M)* market entry, entry into the market
Markteintrittsbarriere *f (Imp/Exp)* entry barrier
Marktentwicklung *f (V&M)* market development
Markterkundung *f (V&M)* market exploration, market test, market testing
Markterwartung *f (V&M)* market anticipation
Markterweiterung *f (V&M)* market expansion
marktfähig *adj (V&M)* marketable, sal(e)able
marktfähige Güter *npl* **und Dienste** *mpl* **[Dienstleistungen** *fpl***]** *mpl (Gen, V&M)* marketable goods and services
marktfähige Wertpapiere *npl (Börse)* negotiable securities
Marktform *f (WiWi)* market form
Marktforscher *m (V&M)* market researcher
Marktforscherin *f s.* Marktforscher
Marktforschung *f (V&M)* market research, marketing research
Marktführer *m* 1. *(Börse)* market outperformer; 2. *(Gen, V&M)* market leader
marktgängig *adj (Gen, V&M)* marketable
marktgängige Ware *f (V&M)* merchantable quality
Marktgängigkeit *f (Pers)* fungibility
Marktgegenseite *f (Börse, Gen)* counterparty
marktgerecht *adj (WiWi)* market-related, in line with market conditions, in keeping with market conditions, conforming to market terms
marktgetrieben *adj (Gen, V&M)* market-driven
Marktgleichgewicht *n (WiWi)* market equilibrium
Marktgröße *f (Gen, V&M)* market size
Marktinformationen *fpl (V&M)* marketing intelligence
Marktkapitalisierung *f (Börse)* market capitalization
Marktkonzentration *f (WiWi)* market concentration
Marktkräfte *fpl (V&M, WiWi)* market forces
Marktlage *f (Gen)* market situation
Marktlücke *f (V&M)* market gap, market niche, niche, niche market • **eine Marktlücke füllen** *(Gen, V&M)* fill a gap • **eine Marktlücke schließen** *(Gen)* fill a gap in the market
Marktlücken-Marketing *(V&M)* niche marketing
Marktlückenstudie *f (V&M)* gap study, niche study
Marktmacher *m (Börse)* market maker
Marktmacht *f (WiWi)* market power
Marktmachtmissbrauch *m (WiWi)* abuse of market power

marktmäßig verzinsen *v (Bank, Fin)* pay interest at market rates
Marktmechanismus *m (WiWi)* market mechanism
Marktnachfrage *f (WiWi)* market demand
Marktnachfrageimpulse *mpl (WiWi)* market pull
marktnahe Bewertung *f (Bank, RW, WiWi)* market-related valuation *(ZB)*
Marktnische *f (V&M)* market niche
Marktöffnung *f (V&M)* market opening
marktorientiert *adj (V&M, WiWi)* market--oriented
Marktorientierung *f (V&M)* market orientation
Marktpflege *f (Bank, Börse)* market--smoothing operation, market regulation *(EZB)*
Marktplatz *m (Gen, V&M)* marketplace
Marktposition *f (Börse)* market position
Marktpotenzial *n (V&M)* market potential
Marktpräsenz *f (V&M)* market presence
Marktpreis *m* 1. *(Fin)* going rate; 2. *(Gen)* price; 3. *(RW)* actual price, arm's-length price; 4. *(V&M)* arm's-length price, market price, price; 5. *(WiWi)* actual [market, current] price
Marktpreisbewertung *f (Börse, RW, V&M)* marking to market
Marktpreisbildung *f (V&M, WiWi)* formation of the market price
Marktpreismechanismus *m (WiWi)* price mechanism
marktpreisrelevante Order *f (Bank, Börse)* significant order *(Synonym: signifikante Order, marktrelevante Order; Mehrfachabschlüsse -multiple trades-sollen unerwünschte Marktpreiswirkungen verhindern, die durch große, ungeteilte, sog. "signifikante" Orders ausgelöst werden können; an order to buy or sell securities which is important enough to affect the market price adversely)*
marktreagibel *adj (Börse)* market-sensitive, sensitive
Marktrisiko *n (Bank)* market risk, price risk, position risk
Marktrisikoprämie *f (Börse)* market risk premium
Marktrückgang *m (Börse)* market slump
Marktsättigung *f (Gen, V&M)* market saturation
Marktschaffung *f (V&M)* market creation
Marktschwankungen *fpl (Gen, V&M)* market fluctuations, market swings
Marktschwemme *f (Gen)* glut on the market
Marktsegment *n (V&M)* market segment
Marktsegmentierung *f (V&M)* market segmentation
Marktsektor *m (V&M)* market sector
Marktstellung *f (Recht, V&M)* market position, position in the market, competitive position *(Kartellrecht)*
Marktsteuerung *f (Mgt)* market management
Marktstörung *f (V&M)* market disturbance, disturbance of the market
Marktstruktur *f (Gen, V&M, WiWi)* market structure
Marktstudie *f (V&M)* market study
Marktteilnehmer *m (Börse)* market participant, trading member
Marktteilnehmerin *f s.* Marktteilnehmer
Markttendenz *f (V&M)* market trend
Markttest *m (V&M)* acceptance test, market test, market testing
Markttransparenz *f (Gen, V&M)* market transparency
Markttrend *m (Gen, V&M, WiWi)* market trend
Marktüberwachung *f (Recht, V&M, WiWi)* market monitoring, market surveillance
marktübliche Miete *f (Grund)* fair rent
marktübliche Rendite *f (Fin, RW)* fair return
Marktumfang *m* 1. *(Börse)* breadth of the market; 2. *(Gen)* size of the market
Marktumfeld *n (V&M)* market environment
Markt- und Meinungsforschung *f (V&M)* statistical sampling
Marktuntersuchung *f* 1. *(Gen)* market study; 2. *(V&M)* market survey, survey research *(Marktanalyse)*
Marktverhalten *n (V&M)* market behavio(u)r
Marktverlust *m (Gen, V&M)* loss of market
Marktversagen *n (WiWi)* market failure
Marktverzerrung *f (WiWi)* market distortion

Marktwert *m* 1. *(Börse)* market value; 2. *(Fin)* current value, market value; 3. *(Gen)* actual cash value; 4. *(RW)* cash value, market value; 5. *(V&M)* market value, marketable value *(Verkaufswert)*

marktwertgewichteter Index *m (Börse)* market-value-weighted index

Marktwiderstand *m (V&M)* market resistance

Marktwirtschaft *f (WiWi)* market economy, market system

marktwirtschaftliche Ordnung *f (WiWi)* market economy

marktwirtschaftskonform *adj (Pol, WiWi)* consistent with the free market economy

Marktzersplitterung *f (V&M, WiWi)* market fragmentation

Marktzielsetzung *f (V&M)* market objective

Marktzins *m (WiWi)* market rate of interest

Marktzugang *m (V&M, WiWi)* market access

Marktzugangsbeschränkung *f (Imp/Exp)* entry barrier

Marktzutritt *m (WiWi)* market entry

Maschine schreiben *v (Admin, Gen)* type, typewrite

maschinell *adj* 1. *(Comp)* machine-based; 2. *(Ind)* mechanized

maschinell *adv (Ind)* by machine, mechanically • **maschinell bearbeiten** *(Ind)* machine • **maschinell hergestellt** *(Ind)* machine-made *(Produktion)*

maschinelle Anlagen *fpl (WiWi)* machinery

Maschinen *fpl* **und Fahrzeuge** *mpl (Ind, RW, Transp)* machinery and transport equipment

Maschinenbau *m (Ind)* mechanical engineering

Maschinenfabrik *f (Ind)* engineering works

maschinengestützte Übersetzung *f (Comp)* machine-aided translation, machine-assisted translation

Maschinenlaufzeit(en) *f(pl) (Ind)* machine running time, machine operating time

maschinenlesbar *adj (Comp)* machine-readable

Maschinenübersetzung *f (Comp)* machine translation

Maschinenverleih *m (Ind)* plant hire

maslowsche Bedürfnispyramide *f (Mgt)* Maslow's hierarchy of needs *(Motivationstheorie)*

Maß *n* 1. *(Gen)* measure; 2. *(Stat)* measurement; 3. *(Pat)* extent; 4. *(V&M)* measure • **nach Maß gefertigt** 1. *(Gen)* tailor-made; 2. *(Ind)* made-to-measure

Masse *f* 1. *(Gen)* bulk; 2. *(Ind)* substance; 3. *(Pers)* lump, *(BE)* the lump; 4. *(V&M)* mass; 5. *(WiWi)* aggregate, bulk

Maße *npl* **und Gewichte** *npl (Gen)* weights and measures

Maßeinheit *f* 1. *(Gen)* unit of measure; 2. *(Stat)* measurement

Massenabsatz *m (V&M)* mass marketing

Massenarbeitslosigkeit *f (WiWi)* mass unemployment

Massenartikel *m (WiWi)* staple commodity

Massendrucksachen *fpl (Gen)* bulk mail

Massenentlassung *f (Pers)* mass redundancy, collective dismissal

Massenerzeugnis *n (V&M)* staple product

Massenfabrikation *f (Gen, Ind, WiWi)* wholesale manufacture

Massenfertigung *f (Ind)* mass [large-scale] production

Massengüter *npl (Gen, Ind)* mass-produced goods

Massengutversand *m (Transp)* bulk shipment

Massenmedien *npl (Media)* mass media

Massenproduktion *f (Ind)* mass production

Massenzahlungsverkehr *m (Bank)* retail payments *(EZB)*

maßgearbeitet *adj (Ind)* made-to-measure

maßgeblich *adj* 1. *(Fin)* qualifying; 2. *(Gen)* prevailing, relevant; 3. *(Recht)* authoritative

maßgebliche Beteiligung *f (Fin, Mgt, WiWi)* material interest, controlling interest, substantial interest; qualifying holding

maßgebliche Inflationsrate *f (WiWi)* headline inflation

maßgeblicher Anteil *m (Fin)* qualifying holding

maßgeblicher Wertpapierbestand *m (Fin)* qualifying holding

Maßgeblichkeitsprinzip *n (Recht, RW)* authoritative principle, authoritative concept *(Übertragung der formalen und inhaltlichen handelsrechtlichen Jahresabschlussvorschriften, der GoB, in den Bereich der Steuerbilanz; Gegensatz: umgekehrte Maßgeblichkeit = reverse authority)*

maßgeschneidert *adj* 1. *(Gen)* tailor-made, customized; 2. *(Ind)* made-to-measure; 3. *(V&M)* tailored

maßlos *adj (Gen)* excessive, inordinate *(Forderung)*

Maßnahme *f* 1. *(Börse)* move; 2. *(Gen, V&M)* measure • **Maßnahmen ergreifen** 1. *(Gen)* take measures [action]; 2. *(Mgt)* take action; 3. *(Recht)* take measures • **Maßnahmen ergreifen gegen** *(Gen)* counteract, take action against

Maßnahmenbündel *n (Mgt, Pol)* package of measures

Maßnahmenpaket *n (Fin)* set of measures

Maßnahmenplan *m (Gen, Pers)* action plan

maßregeln *v (Recht)* discipline

maßschneidern *v (Comp, Gen)* customize *(Anwendung)*

Maßstab *m (Gen)* scale, yardstick, benchmark *(Erfolg)* • **den Maßstab setzen** *(Mgt)* set the standard

maßstäblich vergrößern *(Gen)* scale up

maßstäblich verkleinern *(Gen)* scale down

Maßzahl *f (Gen)* measure

Material *n (Gen)* material

Materialabrechnung *f (RW)* materials accounting

Materialflusssystem *n (WiWi)* materials flow system

Materialtransport *m (Gen)* materials handling

Materialwirtschaft *f (Mgt)* materials management [control]

materiell *adj* 1. *(Gen)* corporeal, material, physical; 2. *(RW)* tangible

materiell rechtliches Gesetz *n (Recht)* substantive law

materielle Fragen *fpl (Recht)* matters of substance

materielle Rechte *npl (Gen)* substantial rights

materielles Anlagevermögen *n (Fin)* tangible fixed assets

materielles Gut *n (WiWi)* material good

materielles Vermögen *n (WiWi)* tangible assets

mathematische Statistik *f (Stat)* inferential statistics

Matrix *f (Gen, Stat)* matrix

Matrixdarstellung/in *(Stat, WiWi)* in matrix form

Matrixorganisation *f (Mgt, Stat)* matrix management, matrix organization

Matrixstruktur *f (Gen, Mgt)* grid structure

Matrize *f* 1. *(Gen)* copy platform; 2. *(Recht) (jarg.)* boilerplate; 3. *(Admin)* stencil *(Schablone)*

Maut *f (Transp)* toll

mautfrei *adj (Transp)* toll-free

Mautstation *f (Transp)* tollbooth

maximal *adj (Gen, Stat)* maximal, maximum

Maximal... *(Gen, Stat)* maximal, maximum

maximale Aufmerksamkeit *f (V&M)* maximum awareness

maximale Deckung *f (Börse)* maximum coverage

maximale Kreditlaufzeit *f (Fin)* maximum repayment term

maximaler Ertrag *m (Börse)* maximum return

Maximalertrag *m (WiWi)* maximum output

Maximalschaden *m (Versich)* maximum possible loss

Maximalzinssatz *m (Fin)* cap

maximieren *v (Fin, Gen, RW)* maximize

maximum *adj (Gen, Stat)* maximal, maximum

MBO *s.* Management-Buy-out

mechanisch *adj (Ind)* mechanized

Mechanismus *m (Gen, Ind)* mechanism

Mechanismus-Design-Theorie *f (Mgt, Pol, WiWi)* mechanism design theory *(abstraktes Forschungsgebiet der Wirtschaftsnobelpreisträger 2007 Hurwicz, Maskin und Myerson mit neuen Erkenntnissen zur Bedeutung asymmetrischer Information; Untersuchung der Bedingungen, unter denen bei asymmetrischer oder dezentraler In-*

formationsverteilung effiziente und/ oder wünschenswerte Verhandlungs- oder Prozessergebnisse zu erzielen sind, z. B. wenn Präferenzen verheimlicht werden, indem die individuelle Zahlungsbereitschaft bei nützlichen Gemeinschaftsprojekten –Deichbau, Straßenbeleuchtung, Lärmschutzmaßnahme- nicht offenbart wird; praktische Anwendungen u. a.: Versicherungs- und Personalwesen, Prinzipal-Agent--Theorie, Auktionsdesign, Versorgung mit öffentlichen Gütern)

Median *m (Stat)* median

Mediaplan *m (V&M)* media plan

Mediaplanung *f (Media, V&M)* account planning, media planning

Mediawirtschaft *f (Media)* media industry

Medien *npl (Gen, Media, V&M)* media • **in den Medien Bericht erstatten** *(Media)* give media coverage

Medienanalyse *f (V&M)* media analysis

Medienauswahl *f (Media, V&M)* media selection

Medienberater *m (V&M)* media analyst

Medienberaterin *f s.* Medienberater

Medienereignis *n (Media)* media event

Medienindustrie *f (Ind, Media, WiWi)* media industry

Medienrummel *m (Komm, Media) (ugs.)* hype

medienunabhängig *adj (V&M)* media--independent

Medium *n (Gen, Media, V&M)* medium *(Kommunikation)*

medizinisch *adj (Gen, Soz)* medical

medizinische Kosten *pl (Gen, Soz)* medical costs

medizinische Technik *f (Ind)* medical engineering

Meer *n (Transp)* sea

mehr als *(Gen)* in excess of sth

Mehr... *(Gen)* multi-, additional

Mehrarbeit *f (Pers)* extra work, overtime work *(Überstunden; overtime in excess of statutory maximum working hours)*

Mehrbetrag *m (Fin, Gen, Versich, WiWi)* surplus, *(BE)* excess

mehrdeutig *adj (Gen)* ambiguous

mehrdimensionale Analyse *f (Stat)* multivariate analysis

Mehrfachkäufer *m (V&M)* multiple buyer

Mehrfachkorrelation *f (Stat)* multiple correlation

Mehrfachleserschaft *f (V&M)* multiple readership

Mehrfachqualifizierung *f (Pers)* multi-skilling

Mehrgepäck *n (Frei, Transp)* baggage excess, excess baggage

mehrgeschossig *adj (Grund)* multi-stor(e)y

Mehrgewichtsgebühr *f (Frei, Transp)* excess baggage charge

mehrgipflige Verteilung *f (Stat)* multi-modal distribution

Mehrheit *f (Gen, Pol)* majority

Mehrheitsanteil *m (Gen)* majority stake

Mehrheitsbeteiligung *f* 1. *(Börse)* controlling interest, majority shareholding, majority interest; 2. *(Gen)* majority interest

Mehrheitsentscheidung *f (Pol)* majority decision

Mehrheitsprinzip *n (Pol)* majority rule

Mehrheitswahlsystem *n (Pol)* majority voting system, *(ugs.)* winner-takes-all system

Mehrjahresausgabenplanung *f (Fin)* multi-year spending envelope

mehrjährig *adj (Fin, Gen)* multi-year

Mehrkosten *pl (WiWi)* cost overrun

Mehrliniensystem *n (Mgt)* functional management

Mehrspartenversicherung *f (Versich)* composite insurance

Mehrstückpreis *m (V&M)* multiple unit pricing

mehrstufiges Stichprobensystem *n (Stat)* multistage sampling

Mehrthemenbefragung *f (V&M)* omnibus survey

Mehrwährungs... *(Bank)* multicurrency

Mehrwährungsanleihe *f (Bank)* multicurrency loan

Mehrwegbehälter *m (Umwelt)* returnable container *(Flaschen)*

Mehrwegflasche *f (Umwelt, V&M)* returnable bottle

Mehrwegpackung *f (V&M)* reusable pack

Mehrwert *m* 1. *(Fin)* added value, surplus value; 2. *(Gen)* increased value; 3. *(Steuer)* added value

Mehrwertbericht *m (RW)* value-added statement
Mehrwertdienste *mpl (WiWi)* value-added services
Mehrwertsteuer *f (Gen, Steuer) (BE)* value-added tax, VAT
Mehrwertsteuerbefreiung *f (Steuer) (BE)* exemption from VAT; zero-rating, zero rate
mehrwertsteuerfrei *adj (Steuer)* zero-rated, *(BE)* exempt from VAT
Mehrwertsteuervoranmeldung *f (Steuer) (BE)* preliminary VAT return
Mehrwerttheorie *f (WiWi)* surplus approach
Mehrzuteilungsoption *f (Börse)* greenshoe
Mehrzweck... *(Gen)* multipurpose, general-purpose
Meineid *m (Recht)* perjury
meinerseits *adv (Gen)* for my part
Meinung *f (Gen)* view, opinion, thinking, point of view • **anderer Meinung sein** *(Gen)* be of a different opinion, take a different view • **eine Meinung äußern** *(Pol)* deliver an opinion • **seine Meinung äußern** *(Gen)* air one's opinions • **eine andere Meinung vertreten** *(Gen)* be of a different opinion, take a different view
Meinungsaustausch *m (Gen)* communication, exchange of ideas
Meinungsfreiheit *f (Recht)* freedom of speech
Meinungsführer *f (V&M)* opinion leader
Meinungsumfrage *f* 1. *(RW)* opinion shopping; 2. *(V&M)* opinion survey [poll], Gallup poll
Meinungsverschiedenheit *f (Gen)* disagreement
Meistbegünstigungsklausel *f (Recht, WiWi)* most favo(u)red nation clause
Meistbietende *m(f) (Börse, Gen)* best bidder, highest bidder
Meister *m* 1. *(Gen)* foreman, *(BE)* ganger; 2. *(Pers)* foreman; 3. *(WiWi)* master tradesman
Meisterbrief *m (Bil, Pers)* master craftsman's certificate, master craftsman's diploma
Meisterfachschule *f (Bil)* master craftsmen's college
Meisterprüfung *f (Bil, Pers)* examination for the master craftsman's diploma, master craftsman's certificate, master craftsman's diploma
Meisterschule *f (Bil)* master craftsmen's college
Meldeformular *n (Recht)* notification form, declaration form
melden *v (Gen, Soz)* notify, report, register; sign on *(einschreiben)* • **sich polizeilich melden** *(Recht, Soz)* register with the police • **sich freiwillig melden zu** *(Gen)* volunteer for • **es meldet sich niemand** *(Komm)* there is no reply *(Telefon)* • **sich auf ein Inserat melden** *(Pers)* answer an advertisement
melden *v*/**sich** *(Gen)* volunteer *(freiwillig)*
Meldepflicht *f (Bank)* burden of reporting
meldepflichtig *adj (Recht)* subject to registration
Meldeschwelle *f (Steuer)* registration threshold
Meldewesen *n (Bank, WiWi)* reporting system *(ZB)*
Meldung *f (Komm)* message (feedback)
melken *v (ugs.) (Gen)* milk
Memorandum *n* 1. *(Gen, Pol)* aide-mémoire; 2. *(Admin, Recht)* memorandum, memo
Menge *f* 1. *(Gen)* abundance, bulk, quantity, quantum, amount; 2. *(WiWi)* aggregate
Mengenanpasser *m (WiWi)* price taker
Mengenanpassung *f (WiWi)* price taking
Mengenbeschränkung *f (WiWi)* quantitative restrictions
Mengeneffekt *m (WiWi)* quantity effect
Mengeneinkauf *m (Gen)* bulk buying
Mengenfertigung *f (Ind)* mass production
Mengengeschäft *n (Gen)* bulk business
Mengengleichung *f (Bank, WiWi)* volume equation
Mengenkundengeschäft *n (Bank)* retail banking
Mengenleistung *f (Ind)* throughput rate, *(AE)* thruput rate
mengenmäßig *(Gen)* quantitative, in terms of volume
Mengenrabatt *m* 1. *(Gen)* bulk [volume, quantity] discount; 2. *(V&M)* quantity discount

Mengensteuer *f (Imp/Exp, Steuer)* specific tax
Mengentender *m (Bank, WiWi)* fixed--rate tender *(EZB)*
meritorische Bedürfnisse *npl (WiWi)* merit wants
meritorisches Gut *n (WiWi)* merit good
meritorisches Ungut *n (WiWi)* merit bad
merkantil *adj (Gen, WiWi)* mercantile
Merkantilismus *m (Gen, WiWi)* mercantilism
Merkblatt *n (Gen)* instruction leaflet
Merkmal *n* 1. *(Comp)* feature; 2. *(Gen)* attribute; 3. *(Pat)* feature
Merkmalsklasse *f (Gen)* category
Mess... *(Gen)* measuring, measurement
Messe *f (Gen)* exhibition, fair, trade fair
messen *v (Gen, Stat, WiWi)* measure
Messgröße *f (Gen)* measure
Messlatte *f* 1. *(Gen)* measuring rod; 2. *(Mgt, WiWi)* benchmark
Messung *f (Gen, Stat, WiWi)* measure, measurement, measuring
Messung *f* **der Eigenkapitalausstattung** *(Bank, WiWi)* measuring capital adequacy *(Basel II)*
Messzahl *f (WiWi)* indicator, index figure
Messziffer *f (Bank)* index figure
Metall *n (Gen)* metal
Metallarbeiter *m (Pers)* metalworker
Metallarbeiterin *f s.* Metallarbeiter
Metallgeld *n* 1. *(Gen)* coins; 2. *(WiWi)* hard cash
metallverarbeitende Industrie *f (Ind, Stat)* metalworking industry
Meter *m (Gen) (AE)* meter, m, *(BE)* metre, m
Methode *f* 1. *(Gen)* approach, method, system; 2. *(Mgt)* approach, method, policy; 3. *(WiWi)* approach
Methode *f* **der doppelten Buchführung** *(RW)* double-entry method
Methode *f* **der gleitenden Mittelwerte** *(Stat)* moving-average method
Methode *f* **der kleinsten Quadrate** *(Stat)* least squares method, generalized least squares
Methode *f* **der relevanten Kosten** *(Mgt)* relevant cost approach
Methode *f* **der Zufallsauswahl** *(V&M)* random observation method
Methodik *f (Mgt)* methodology
methodisch *adj (V&M)* methodical
metrisches System *n (Gen)* metric system
Mietanlagen *fpl (WiWi)* rental equipment
Mietbeihilfe *f (Soz)* rent allowance, rent rebate
Mietdauer *f (Grund)* rental term
Miete *f* 1. *(Grund)* lease, rent, rental *(Pacht)*; 2. *(Imp/Exp)* charter, *(AE)* rental, *(BE)* auto hire *(Flugzeug, Schiff)*; 3. *(Soz)* rent charge, rent, rental; 4. *(Transp) (BE)* auto hire, *(AE)* rental; charter; 5. *(WiWi)* rent
Miete *f* **pro Monat** *(Gen, Grund)* rent per month, monthly rent, rent pcm *(rent per calender month)*
Mieteinnahme *f (Grund)* rent receipt, rental *(Pachteinnahme)*
mieten *v* 1. *(Gen)* rent, lease, *(BE)* hire *(Gerät)*; 2. *(Grund)* lease, rent; 3. *(Imp/Exp, Transp)* charter *(Fahrzeug, Flugzeug, Schiff)*
Mieter *m* 1. *(Gen, Grund)* tenant; 2. *(Imp/Exp, Transp)* charterer *(Schiff, Flugzeug)*
Mieterin *f s.* Mieter
Mietkauf *m (Recht) (BE)* hire purchase
Mietkündigung *f (Grund)* termination of lease
Mietleitung *f (Komm)* leased line
Mietpreis *m (Grund)* rental rate
Mietsache *f* 1. *(Fin, RW)* leased asset *(Barwert der zu aktivierenden Nutzungsrechte, mit plan- und außerplanmäßiger Abschreibung)*; 2. *(Gen)* leased property
Mietvertrag *m* 1. *(Bank)* lease, lease agreement; 2. *(Gen)* rental agreement; 3. *(Recht)* lease, lease agreement
Mietwagen *m (Frei) (BE)* hire car, *(AE)* rental car
Migrationshintergrund *m (Soz)* immigration background
Mikrochip *m (Comp)* microchip, microprocessor
Mikroökonomie *f (WiWi)* microeconomics
Mikroökonomik *f (WiWi)* microeconomics
Mikrozensus *m (Soz, Stat)* microcensus
Milliarde *f (Stat, WiWi)* billion, a thousand million *(a billion = 10^9 = 1,000,000,000.00 = Deu*

1.000.000.000,00 = 1 000 000 000 = eine Milliarde)
Million *f (Bank, Gen, Stat)* million
Minderheit *f (Börse, Gen, RW)* minority
Minderheitsbeteiligung *f* 1. *(Börse)* minority interest, minority investment, minority stake; 2. *(Gen)* minority holding; 3. *(RW)* minority participation
Minderjährige *m(f) (Recht)* juvenile, minor
mindern *v* 1. *(Gen)* lessen; 2. *(Recht)* reduce, abate, reduce *(Kaufpreis)*
Minderung *f (Recht)* abatement, reduction *(des Kaufpreises)*
minderwertig *adj* 1. *(Gen)* third-rate, substandard *(Arbeit, Waren)*; 2. *(V&M)* low-grade *(von geringer Qualität)*
Minderwertigkeit *f (Gen, WiWi)* inferiority *(Güter)*
Mindestanforderungen *fpl* 1. *(Bank, Mgt, Pers)* minimum standards, minimum requirements; 2. *(Pers, Soz)* minimum requirements, minimum demand
Mindestanzahl *f (Soz, WiWi)* minimum number
Mindestbedarf *m (Pers, Soz)* minimum demand
Mindestbeitrag *m (Soz)* minimum contribution
Mindestbeitragssatz *m (Soz, Versich)* minimum rate of contribution
Mindestbestand *m (Ind)* safety stock
Mindesteinkommen *n (Fin)* guaranteed income
Mindesteinschuss *m (Börse)* minimum margin
mindestens haltbar bis... *(V&M)* best before... , B-B...
Mindestforderung *f (Gen, Pol)* fallback position
Mindestgebühr *f (Transp)* minimum charge
Mindestgehalt *n (Gen)* minimum pay
Mindestguthaben *n (Bank)* minimum balance
Mindesthaltbarkeitsdatum *n (V&M)* sell-by date *(Lebensmittel)*
Mindesthalteperiode *f (Steuer)* minimum holding period *(von Unternehmensanteilen; ESt, KSt)*
Mindestkursschwankung *f (Börse)* price tick, tick
Mindestkursveränderung *f (Börse)* tick
Mindestlagerbestand *m (Ind)* safety stock
Mindestlohn *m (Pers)* minimum wage
Mindestmenge *f* 1. *(Fin)* full lot; 2. *(RW)* round lot
Mindestnote *m (Pers)* minimum grade
Mindestpreisänderung *f (Börse)* minimum price change
Mindestqualitätsstandard *m (V&M)* minimum quality standard
Mindestrendite *f* 1. *(Börse)* floor return; 2. *(WiWi)* minimum yield
Mindestreserve *f (Bank)* reserve requirement
Mindestreserveerfüllung *f (Bank)* minimum reserve requirements
mindestreservefrei *adj (Bank)* exempt from minimum reserve requirements *(EZB)*
Mindestreserven *fpl (Bank)* required reserves
mindestreservepflichtige Einlage *f (Fin) (BE)* eligible liability
Mindestreservesatz *m* 1. *(Bank)* required reserve ratio, reserve ratio; 2. *(Fin) (BE)* reserve-assets ratio
Mindestreservesoll *n (WiWi)* minimum reserve requirement
Mindeststandards *mpl (Ind, Pers, Soz)* minimum standards
Mindeststeuersatz *m (Steuer)* minimum tax rate, minimum taxation rate
Mindestvoraussetzungen *fpl (Pers, Soz)* minimum requirements
Mindestzinssatz *m* 1. *(Bank)* minimum lending rate, base lending rate; 2. *(Börse)* floor rate; 3. *(Fin, WiWi)* minimum lending rate
Mineralölindustrie *f (Gen)* mineral oil industry
Mineralölsteuer *f (Steuer)* (mineral) oil tax
Minijob *m (Pers)* marginal part-time job, mini-job
Minimalkostenkombination *f (WiWi)* minimum cost combination, least cost combination *(Faktorkombination, die bei gegebenen Faktorpreisen minimale Kosten bewirkt, die Realisierung ist Voraussetzung der Gewinnmaximierung; factor combination leading to*

minimum cost at specific factor prices, a precondition for profit maximization)
minimieren *v (Fin, Gen, RW)* minimize *(Risiken)*
Ministerium *n (Admin, Pol)* administration, admin, department, government department, ministry
Ministerrat *m (Admin, Pol, WiWi)* Council of Ministers *(EU)*
Mischgut *n (WiWi)* impure public good, mixed good
Mischkonzern *m (WiWi)* conglomerate (group)
Mischkosten *pl (RW)* mixed cost
Mischsystem *n (Fin, Gen)* hybrid system
Mischung *f* 1. *(Gen)* mix(ing), mixture; 2. *(V&M)* mix
Mischwirtschaft *f (WiWi)* mixed economy
Mischzins *m (Bank)* blended rate
Missachtung *f (Recht)* contempt, disregard • **unter Missachtung des Gerichts** *(Recht)* in contempt of court • **Missachtung von Bedingungen** *(Gen, Recht)* nonobservance of conditions
Missbrauch *m* 1. *(Gen, Pat)* abuse; 2. *(Umwelt)* misuse; 3. *(V&M)* abusive practice *(Wettbewerb)*; 4. *(WiWi)* abuse
missbrauchen *v (Gen)* abuse
missbräuchliche Ausnutzung *f* **einer beherrschenden Stellung** *(WiWi)* abuse of a dominant position *(EU--Recht)*
missbräuchliche Klauseln *fpl (Recht)* unfair terms
missbräuchliche Verhaltensweise *f (WiWi)* abusive practice
missbräuchlicher Leistungsbezug *m (Soz)* benefit fraud, social security benefit fraud, fraudulent benefit claims
Missbrauchsregelung *f (Pol, Recht)* regulation on abuse, regulation on misuse
Misserfolg *m (Mgt)* failure
Misstrauensvotum *n (Pol)* vote of no confidence
missverständlich *adj (Gen)* ambiguous
Missverständnis *n (Gen)* misapprehension, misunderstanding
Misswirtschaft *f (Mgt)* mismanagement
mit *(Börse)* cum
Mitarbeit *f (Gen)* cooperation, collaboration
mitarbeiten *v (Gen)* cooperate, collaborate
mitarbeitender Geschäftsinhaber *m (Gen, Mgt)* working proprietor, owner--manager
Mitarbeiter *mpl (Gen, Pers)* staff, colleagues, manpower
Mitarbeiter *m (Gen, Pers)* employee, colleague
Mitarbeiterbeteiligung *f (Pers)* employee stock ownership plan, employee participation scheme
Mitarbeiterbeurteilung *f (Mgt, Pers)* staff appraisal
Mitarbeitergespräch *n (Pers)* personnel dialogue
Mitarbeiterin *f s.* Mitarbeiter
Mitarbeiter-Know-how *n (Pers)* staff know-how, employee know-how, employee expertise
Mitarbeiterschulung *f (Mgt, Pers)* staff training
Mitarbeiterversammlung *f (Pers)* staff meeting
Mitarbeitervertretung *f (Pers)* staff association
Mitbestimmung *f (Börse, Pers, WiWi)* codetermination
Miteigentum *n (Bank, Grund, Recht)* joint ownership, co-ownership, joint estate, part ownership
Miteigentümer *m (Bank, Grund, Recht)* co-owner, joint [part] owner
Miteigentümerin *f s.* Miteigentümer
Miterbe *m (Recht)* coheir, joint heir
Mitgift *f (Gen)* dowry
Mitglied *n (Gen)* member
Mitglied *n* **des Aufsichtsrates** *(Pers)* member of the supervisory board
Mitglied *n* **des Board** *(Mgt, Pers)* board member, member of the board
Mitglied *n* **kraft Amtes** *(Pers)* ex officio member
Mitgliedsbeitrag *m (Gen)* membership fee, subscription *(für Verein oder Verband)*
Mitgliedschaft *f (Gen)* membership
Mitgliedsstaaten *mpl* **der Europäischen Union** *(Pol, WiWi)* European Union member states
Mitinhaber *m (Gen)* co-owner

Mitinhaberin *f s.* Mitinhaber
Mitläufereffekt *m (WiWi)* bandwagon effect
mitnehmen *v (Börse)* take *(Gewinn)*
mitschuldig *adj* 1. *(Gen, RW)* partly responsible; 2. *(Recht)* implicated, partly responsible, accessory
Mittäter *m (Recht)* accessory
Mittäterin *f s.* Mittäter
Mitte *f (Gen, Ind) (AE)* center, *(BE)* centre
mitteilen *v* 1. *(Gen)* inform, notify; 2. *(Komm)* advise; 3. *(Pat)* communicate, notify • **wir müssen Ihnen leider mitteilen, dass** *(Gen, Komm)* we regret to inform you that
Mitteilung *f* 1. *(Gen)* communication, message; 2. *(Komm)* advice; 3. *(Pat)* communication, notification
Mittel *n* 1. *(Fin)* funds, resources; 2. *(Gen)* means; 3. *(Media)* tool; 4. *(Pers)* resources; 5. *(WiWi)* means, resources • **Mittel bereitstellen** *(Fin, Mgt, RW)* appropriate funds • **Mittel bewilligen** *(Fin, Mgt, RW)* allocate resources, appropriate funds • **Mittel bündeln** *(WiWi)* pool resources • **über die Mittel verfügen, etw. zu tun** *(Gen)* have the means to do sth
Mittel *npl* **und Wege** *mpl (WiWi)* ways and means
Mittelabfluss *m* 1. *(Fin, RW)* cash outflow, outflow of funds; 2. *(WiWi)* outflow of funds *(ZB)*
Mittelbeschaffung *f (Fin)* fund-raising
Mittelbewilligung *f (Fin, RW)* resource allocation
Mittelbindung *f (Fin, Mgt, RW, WiWi)* appropriation of funds
mittelfristig *adj* 1. *(Börse)* medium-dated; 2. *(Fin, Gen)* medium-term
mittelfristiger finanzieller Beistand *m (Pol, WiWi)* medium-term financial assistance
mittelfristiger Finanzplan *m (Fin)* medium-term finance plan
mittelfristiger Kredit *m (Bank, Fin)* intermediate-term credit, medium-term loan
mittelfristiges Darlehen *n (Bank)* medium-term loan, MTL
mittelfristiges Papier *n (Börse, Fin)* medium-term instrument
Mittelherkunft *f (Fin, RW)* source of funds
Mittelherkunft *f* **und -verwendung** *f (Fin, RW)* source and application of funds
Mittelkurs *m* 1. *(Börse)* middle price; 2. *(RW)* average rate; 3. *(WiWi)* mean price
Mittelmanagement *n (Pers)* middle management
mittelmäßig *adj (Gen)* medium, mediocre
Mittelpunkt *m (Gen) (AE)* center, *(BE)* centre; focus
Mittelsmann *m (Gen)* intermediary, go-between
Mittelsorte *f (WiWi)* middling (quality)
Mittelstand *m (Gen)* small and medium-sized enterprises, SMEs, SME's *(einschließlich Familienbetriebe)*
mittelständischer Betrieb *m (Gen)* medium-sized enterprise
mittelständisches Gewerbe *n (Gen)* small and medium-sized goods-producing businesses
mittelständisches Unternehmen *n (Gen, Ind)* medium-sized enterprise, medium-sized company, medium-sized firm *(Synonym: mittelgroßes Unternehmen)*
Mittelstufe *f (Bil)* intermediate secondary education, the first stage of secondary education, the first stage of secondary schooling
Mittelverfügbarkeit *f (Fin)* resource availability
Mittelverteilung *f (Fin, Mgt, RW, WiWi)* appropriation of funds, fund appropriation, resource allocation
Mittelverwendung *f (RW)* application of funds *(Kapitalflussrechnung)*
Mittelwert *m* 1. *(Gen)* average; 2. *(Stat)* average, mean (value)
Mittelzuteilung *f (Fin, Mgt, RW, WiWi)* appropriation of funds, fund appropriation, resource allocation
Mittelzuweisung *f* 1. *(Fin, RW)* apportionment of funds, appropriation of funds; 2. *(WiWi)* appropriation (of funds), resource allocation
Mittler *m (Gen)* intermediary
mittlere Abweichung *f (Stat)* average deviation, mean deviation

mittlere Einkommensstufe *f (WiWi)* middle income bracket
mittlere Einkommensteuergruppe *f (WiWi)* middle income bracket
mittlere Frist *f (Gen)* intermediate term
mittlere Führungsebene *f (Mgt, Pers)* middle management
mittlere Geldmenge *f* **M2** *(Bank, WiWi)* intermediate money M2
mittlere Lebenserwartung *f (Versich)* average duration of life
mittlere Nutzungsdauer *f (Gen, Ind)* average life *(einer Anlage)*
mittlere Qualität *f (Gen)* average quality, good fair average
mittlerer Schulabschluss *m (Bil)* intermediate leaving certificate, intermediate school leaving certificate
mittleres Einkommen *n (Gen, WiWi)* average income
Mitverschulden *n (Recht)* contributory negligence
Mitversicherung *f (Versich)* coinsurance, joint insurance
mitwirkend *adj (Recht)* contributory
Mitwirkung *f (Fin)* contribution
mobil *adj* 1. *(Gen)* mobile; 2. *(Komm)* portable
mobiles Telefon *n (Komm)* cellular phone, mobile phone, mobile (telephone)
Mobilfunk *m (Komm)* mobile communications
Mobilfunkprovider *m (Komm) (AE)* cellphone provider
Mobilgerät *n (Comp, Komm, Media, V&M)* mobile device
Mobiliar *n (Recht)* set of chattels
Mobiliarvermögen *n (Grund, Recht)* chattels personal, personal estate
mobilisieren *v (WiWi)* mobilize
Mobilität *f (Pers, Soz, V&M)* mobility
Mobilität *f* **der Arbeitnehmer** *(Pers, WiWi)* labo(u)r mobility, mobility of labo(u)r
Mobilität *f* **der Arbeitskräfte** *(Pers, WiWi)* labo(u)r mobility, mobility of labo(u)r
Mobiltelefon *n (Komm)* mobile phone, mobile (telephone), cellphone, cellular phone
Modalitäten *fpl (Bank)* terms
Mode *f (Gen, V&M)* fashion
Modeartikel *mpl* 1. *(Gen)* fancy goods; 2. *(V&M)* fashion goods, fancy goods
Modell *n* 1. *(Gen)* pattern, model *(Muster)*; 2. *(Stat)* model; 3. *(Pat)* design
modellieren *v (Bank)* formulate, devise
Modellrechnung *f (WiWi)* simulation
Modellversuch *m (Mgt, Soz)* pilot project
modern *adj (Gen, Ind, WiWi)* advanced, modern, up-to-date
moderne Technik *f (Ind)* advanced engineering
moderne Technologie *f (Ind)* advanced technology • **mit modernster Technologie** *(Ind, WiWi)* technologically advanced
moderner Industriestaat *m (WiWi)* advanced industrial state
modernisieren *v* 1. *(Gen)* modernize, update; 2. *(Mgt)* streamline
modifizieren *v (Gen)* modify
Modifizierung *f (Gen)* modification
Modularität *f (Gen)* modularity
Modulstruktur *f (WiWi)* modular structure
möglich *adj (Gen)* potential, possible
mögliche Verpflichtung *f (Gen)* potential commitment
möglicher Bewerber *m (Pers)* prospective candidate, prospective applicant
Möglichkeit *f* 1. *(Gen)* opportunity, possibility, potential *(Potential)*; alternative *(Alternative)*; 2. *(Stat)* chance; 3. *(Pol, WiWi)* opportunity *(Gelegenheit)*
Momentaufnahme *f (RW)* measured at a single point in time
Monate *mpl* **nach Sicht** *(Bank)* months after sight
monatlich *adj (Gen)* monthly
monatliche Miete *f (Gen, Grund)* rent per month, monthly rent, rent pcm *(rent per calender month)*
monatliche Vermietung *f (Grund)* month-to-month tenancy
monatliche Zinsberechnung *f (Bank)* monthly compounding of interest
Monatsabschluss *m (Bank, RW)* end-of--month account
Monatsaufstellung *f (Fin)* monthly statement
Monatsdurchschnitt *m (Stat)* monthly average
Monatsende *n (RW)* end of month

Monatserste *m (Gen)* first day of the month
Monatserster *m (Gen)* first day of the month
Monatsertrag *m (RW)* monthly return
Monatsfrist *f (Gen)* one month's notice
Monatsrate *f (Fin)* monthly instal(l)ment
Monatsultimo *m (Gen)* end of month
Mondpreise *mpl (V&M)* unrealistic prices, *(ugs.)* moon prices
monetär *adj (Fin, Gen, WiWi)* monetary
monetäre Entwicklung *f (WiWi)* monetary trend
monetäre Erscheinung *f (WiWi)* monetary phenomenon *(EZB)*
monetäre Größen *fpl (Fin)* monetary aggregates
monetäre Impulse *mpl (Pol)* monetary stimuli *(EZB)*
monetärer Ertrag *m (WiWi)* pecuniary returns
monetäres Umlaufvermögen *n (Fin)* accounts receivable + investments + cash
Monetarismus *m (Fin, Gen, WiWi)* monetarism
Monetarist *m (Fin, Gen, WiWi)* monetarist
Monitum *n (Gen)* query
Monopol *n (Ind, WiWi)* monopoly
Monopolgewinn *m (WiWi)* monopoly profit
Monopolist *m (WiWi)* monopolist
Monopolistin *f s.* Monopolist
monopolistische Konkurrenz *f (WiWi)* monopolistic competition
Monopolkommission *f (WiWi)* Monopolies (and Mergers) Commission, antitrust commission
Monopolpreis *m (WiWi)* monopoly price
Monopolstellung *f (Ind)* monopoly
Monopson *n (WiWi)* monopsony
Montage *f* 1. *(Gen)* assembling, assembly; 2. *(Ind)* assembly
Montageband *n (Ind, Pers)* assembly line *(Produktion)*
Montageplan *m (Gen, Ind)* assembly program(me)
Montagewerk *n (Ind, Pers)* assembly plant
Monteur *m (Pers)* assembler, assemblyman, mechanic, electrician; fitter *(Installateur)*
moralischer Appell *m (Gen, WiWi)* moral suasion hazard
Moratorium *n* 1. *(Fin)* moratorium; 2. *(Gen)* moratorium, standstill agreement
Morgenschicht *f (Pers)* day shift *(Schichtarbeit)*
morphologische Analyse *f (Fin, Stat)* morphological analysis
Motiv *n (Gen)* cause, reason
Motivation *f (Gen, Mgt, Pers, V&M)* motivation
Motivationsanalyse *f (Pers)* motivational analysis
Motivator *m (Gen, Mgt, Pers)* motivator
Motivforschung *f (V&M)* motivational research
motivieren *v (Gen, Mgt, Pers, V&M)* motivate
Motor *m (Transp)* engine, motor
mühselige Arbeit *f (Pers) (ugs.)* slog
Müll *m (Gen, Umwelt)* waste, refuse, *(BE)* rubbish, *(AE)* garbage
Müllabfuhr *f (Gen, Umwelt)* refuse collection
Müllbehandlung *f (Gen, Umwelt)* waste treatment
Müllentsorgung *f (Gen, Umwelt)* waste management [disposal]
Müllverbrennung *f (Ind, Umwelt)* incineration
multifunktional *adj (Gen)* all-purpose
multifunktionale Chipkarte *f (Comp, Komm)* multi-purpose card
Multifunktionskarte *f (Bank, Comp)* multi-purpose card
Multikatoreffekt *m (WiWi)* multiplier effect
multikulturelles Management *n (Mgt)* cross-cultural management
multilaterale Handelsgespräche *npl (WiWi)* multilateral trade negotiations
multilaterale Überwachung *f (Pol, WiWi)* multilateral surveillance
multilaterales Abkommen *n (WiWi)* multilateral agreement
multimediafähig *adj (Comp, Media)* multimedia ready
multinational *adj (Gen)* multinational, transnational
multinationales Unternehmen *n (Gen)* transnational corporation, multinational enterprise, multinational company [corporation]

multiple Korrelation *f (Stat)* multiple correlation
multipler Wechselkurs *m (WiWi)* multiple exchange rate
Multiplikator *m (WiWi)* multiplier
Multiplikatorprinzip *n (WiWi)* multiplier principle
multiplizieren *v (Stat)* multiply
mündelsicher *adj (Fin)* eligible for investment of trust funds *(gilt-edged investment)*
mündelsicheres Wertpapier *n (Bank, Börse)* gilt-edged [eligible] security, legal investment
mündlich *adj (Gen)* verbal *(Vereinbarung, Angebot)*
mündliche Absprache *f (Gen)* verbal agreement
mündliche Prüfung *f (Bil)* oral examination, oral exam, oral test
mündliche Vereinbarung *f* 1. *(Gen)* unwritten agreement, verbal agreement; 2. *(Recht)* oral contract
Mund-zu-Mund-Werbung *f (V&M)* word-of-mouth advertising
Münze *f (Gen)* coin, token
Münzgeld *n (WiWi)* hard money
Münztelefon *n (Komm) (BE)* pay phone, *(AE)* pay station
Mussvorschrift *f (Versich)* mandatory provision
Muster *n* 1. *(Gen)* pattern, sample, model *(Abkommen, Vertrag)*; 2. *(Pat)* design; 3. *(V&M)* pattern
Musterangebot *n (Gen)* sampling offer
Musterbeispiel *n (Gen)* textbook case
Musterformular *n (Admin)* standard form
mustergetreu *adj (Gen)* up-to-sample
Musterlizenz *f (Imp/Exp) (BE)* sample licence, *(AE)* sample license
Musterportfolio *n (Bank)* standard portfolio
Mustersatzung *f (Recht)* model articles of association
Mustersendung *f (Komm)* sample mailing
Mustervertrag *m (Bank)* model agreement, master agreement
Muttergesellschaft *f* 1. *(Gen, RW)* parent company; 2. *(Recht)* holding company
Mutterland *n (Fin, Gen)* home country
Mutterschafts... *(Pers)* maternity
Mutterschaftsgeld *n (Pers)* maternity pay [benefit, allowance]
Mutterschaftsurlaub *m (Pers)* maternity leave
Mutterschutzgesetz *n (Pers, Recht, Soz)* Maternity Protection Act
MwSt. *s.* Mehrwertsteuer
MwSt.-Befreiung *f (Steuer) (BE)* exemption from VAT

N

nach *adj (Gen)* according to
Nachahmung *f (Ind)* counterfeit
nachaktivieren *v (WiWi)* post-capitalize
Nachbarland *n (Gen)* neighbo(u)ring country
Nachbarschaftsladen *m (V&M) (BE)* corner shop, *(AE)* neighborhood store, *(AE)* mom-and-pop store
Nachbarstaat *m (Gen)* neighbo(u)ring country
Nachbearbeitung *f (Ind)* finishing
Nachbesprechung *f (Mgt)* debriefing
nachbestellen *v (Gen)* reorder
Nachbestellung *f (Gen)* repeat order
nachbilden *v (Gen, Recht)* imitate, copy
Nachbildung *f* 1. *(Bank, Börse)* shadowing *(von Indizes)*; 2. *(Gen)* reproduction
Nachbörse *f (Börse, WiWi)* after-hours market [dealing, trading]
nachbörsliche Kurse *mpl (Börse)* after--hours prices
nachbörslicher Handel *m (Börse)* after--hours dealing [trading], kerb trading
nachdatiert *adj (Komm)* postdated, PD
nachdrücklich *adj (Gen)* vigorous
Nacherfüllung *f (Recht, V&M)* subsequent performance, cure, rectification *(Vertragsrecht)*
Nachfassbrief *m (Gen, Komm)* follow-up letter *(Werbung)*
nachfassen *v (Gen, Komm)* follow up
nachfolgen *v (Gen)* succeed, trace
Nachfolger *m (Gen)* follower, replacement, successor
Nachfolgerin *f s.* Nachfolger
nachforschen *v (Gen)* investigate
Nachforschung *f (Gen)* search
Nachfrage *f (WiWi)* demand • **Nachfrage befriedigen** *(Fin)* accommodate the

demand, meet the demand • **Nachfrage schaffen** *(WiWi)* create demand

Nachfrage *f* **nach Arbeit** *(Pers, WiWi)* demand for labo(u)r, labo(u)r demand

Nachfrage *f* **nach Arbeitskräften** *(WiWi)* demand for labo(u)r, labo(u)r demand

Nachfrageausfall *m (Börse, WiWi)* shortfall in demand

Nachfrageausweitung *f (V&M)* expansion of demand

nachfragebedingte Arbeitslosigkeit *f (Pers, WiWi)* demand deficient unemployment

Nachfragefunktion *f (WiWi)* demand function

Nachfrageimpuls *m (WiWi)* demand stimulus, market pull

nachfrageinduzierte Inflation *f (Gen, WiWi)* demand-pull inflation, demand-induced inflation

Nachfrageinflation *f (Gen, WiWi)* demand-pull inflation

Nachfragekurve *f (WiWi)* demand curve

Nachfragekurve *f* **nach Arbeit** *(Pers, WiWi)* labo(u)r demand curve, demand curve for labo(u)r

Nachfragekurve *f* **nach Arbeitskräften** *(Pers, WiWi)* labo(u)r demand curve, demand curve for labo(u)r

Nachfragemuster *n (WiWi)* demand pattern

nachfrageorientiert *adj (V&M, WiWi)* demand-oriented; market-oriented *(marktorientiert)*

Nachfragerückgang *m (WiWi)* contractionary pressure

Nachfrageschrumpfung *f (V&M)* contraction of demand

Nachfrageseite *f (V&M, WiWi)* demand side

Nachfragetabelle *f (WiWi)* demand schedule

Nachfrageüberhang *m (V&M, WiWi)* excess demand

Nachfrageüberschuss *m (WiWi)* excess demand

Nachfrage- und Angebotselastizität *f (WiWi)* elasticity of demand and supply

Nachfrageverschiebung *f (V&M)* shift in demand

Nachfrist *f* 1. *(RW)* days of grace, grace period; 2. *(Recht)* (additional) respite *(Verträge)*

nachgeben *v* 1. *(Bank)* sag *(Zinsen)*; 2. *(Börse)* slide, sag *(Kurse)*; 3. *(Gen)* give in, sag *(Nachfrage)*; give *(Material)*; 4. *(Mgt)* back down *(Auseinandersetzung)*; 5. *(V&M)* sag *(Preise, Verkäufe)*; 6. *(WiWi)* slacken *(Aktienpreise)*

Nachgeben *n* 1. *(Bank, Börse)* slide *(der Kurse)*; sagging *(der Zinsen)*; 2. *(Gen)* slippage; 3. *(V&M)* sagging; 4. *(WiWi)* slackening *(der Aktienpreise)*

nachgelagert *adj (Gen, WiWi)* downstream *(Absatzstufe)*

nachgelagerte Märkte *mpl (Gen)* downstream markets

nachgemacht *adj* 1. *(Bank)* counterfeit *(Geld)*; 2. *(Ind)* man-made

nachgeordnet *adj (Börse)* derivative, subordinate

nachgereichte Unterlagen *fpl (Pat)* subsequently filed items

nachhaken *v (Gen)* come back to, make further enquiries

nachhaltig *adj (Gen, WiWi)* sustainable

nachhaltige Anlage *f (Fin, Pol, WiWi)* sustainable investment, ethical investment, socially conscious investment, socially responsible investment, SRI *(Synonym: ethische Anlage, ethische Investition; Gegensatz: unethische Anlage = unethical investment)*

nachhaltige Entwicklung *f (WiWi)* sustainable development

nachhaltige Wachstumsrate *f (WiWi)* sustainable economic growth rate

nachhaltige Wirkung *f (Gen, Media)* lasting effect

nachhaltiges Wirtschaftswachstum *n (Pol, WiWi)* sustained economic growth, sustainable economic growth

Nachhaltigkeit *f (Umwelt, WiWi)* sustainability

Nachholbedarf *m* 1. *(Gen)* backlog demand; 2. *(WiWi)* backlog of [catch-up, pent-up] demand

Nachholeffekt *m (WiWi)* backlog effect, catching-up effect *(ZB)*

nachindustrielle Gesellschaft *f (WiWi)* post-industrial society

Nachkomme *m (Recht)* descendant, issue

nachkommen *v* 1. *(Gen)* act on *(Entscheidung)*; fulfil(l), meet *(Verpflichtun-*

gen); keep up with *(Zahlungen)*; 2. *(Recht)* obey

Nachlass *m* 1. *(Fin)* rebate; 2. *(Gen)* reduction; 3. *(RW)* trade discount; 4. *(Steuer)* abatement; 5. *(Recht)* deceased estate *(Erbschaft)* • **kein Nachlass** *(V&M)* no discount

nachlassen *v* 1. *(Börse)* run low; 2. *(Gen)* wane, slack off, slacken off *(Arbeiter, Nachfrage)*; 3. *(WiWi)* slacken *(Aufschwung)*; 4. *(Gen)* relax *(Kontrolle)*; reduce *(Preise)*; 5. *(Mgt)* relax *(Kontrolle)*

Nachlassen *n* 1. *(Gen)* slack, abatement; 2. *(WiWi)* slackening

nachlassend *adj (WiWi)* flagging

Nachlassgericht *n (Recht)* probate court

nachlässig *adj (Gen)* careless, slapdash • **nachlässig sein** *(Pers)* be slack • **nachlässig arbeiten** *(Gen)* skimp

Nachlassverwalter *m* 1. *(Grund)* estate administrator, estate executor *(gerichtlich eingesetzter Treuhänder)*; 2. *(Recht)* (estate) executor, estate manager [administrator]

Nachlassverwaltung *f (Grund)* estate administration

nachlaufender Indikator *m (WiWi)* lagging indicator *(Konjunkturpolitik)*

nachmittags *adv (Gen)* post meridiem, p.m.

Nachnahme *f (Fin, Gen, Imp/Exp)* cash on delivery

Nachporto *n (Komm)* postage due

nachprüfbar *adj (Gen, RW)* verifiable

Nachprüfbarkeit *f (Admin, Mgt, RW)* accountability

Nachprüfung *f (Gen)* re-examination

nachrangige Hypothek *f* 1. *(Bank)* second mortgage, submortgage; 2. *(Fin)* second mortgage; 3. *(Grund) (AE)* junior mortgage

nachrangige Verbindlichkeiten *fpl* 1. *(Fin, Gen, Ind)* subordinate debt; 2. *(RW)* subordinated liabilities

nachrangiger Schuldtitel *m (Fin, Gen, Ind)* subordinate debt

nachrangiges Darlehen *n (Fin)* subordinated loan

nachrangiges Haftkapital *n (Fin)* subordinated capital

nachrangiges Pfandrecht *n (Recht)* junior lien

nachrangiges Wertpapier *n (Börse) (AE)* junior security

Nachricht *f* 1. *(Gen)* message, communication; 2. *(Komm)* bulletin; 3. *(Media)* piece of news • **jmdm. die Nachricht mitteilen** *(Komm)* break the news to sb

Nachrichten *fpl (Gen, Media)* news

Nachrichten *fpl* **aus der Wirtschaft** *(Media, WiWi)* economic news

Nachrichtenblatt *n (V&M)* bulletin

Nachschießen *n (Börse, Fin)* remargining

nachschlagen *v (Admin, Comp, Gen)* look up *(Informationen)*

Nachschussforderung *f (Börse)* further call, margin call *(Effektenhandel)*

Nachsichtwechsel *m* 1. *(Bank) (BE)* time bill, *(AE)* time draft; 2. *(Fin)* term bill

Nachsteuer *f (Fin)* supplementary tax

Nachsteuerrendite *f (RW, Steuer)* after--tax yield

nachsuchen *v* **um** *(Gen)* apply for, request

Nachtarbeit *f (Pers)* night work

Nachtarbeitsverbot *n (Pers)* prohibition of night work

Nachtarbeitszuschlag *m (WiWi)* night differential

Nachteil *m* 1. *(Gen)* disadvantage; 2. *(V&M, WiWi)* disutility • **zum Nachteil von** *(Gen)* to the detriment of

nachteilig *adj* 1. *(Gen)* adverse, disadvantageous, prejudicial; 2. *(WiWi)* adverse

Nachtrag *m* 1. *(Gen)* addendum *(Vertrag)*; 2. *(Komm)* postscript *(Briefende)*

nachträglich *adj* 1. *(Gen)* subsequent; 2. *(Pat)* supplementary

nachträgliche Unmöglichkeit *f* **der Leistung** *(Recht)* subsequent impossibility of performance *(Vertragsrecht)*

nachträgliche Vergütung *f (Pers)* deferred compensation

Nachtragshaushalt *m (Fin)* supplemental budget

Nachtschalter *m (Bank)* night depository

Nachtschicht *f (Pers)* night shift, *(ugs.)* graveyard shift

Nachttresor *m (Bank)* night depository, night safe

Nachtwächterstaat *m (WiWi)* night watchman state

Nachverkauf *m (V&M)* after sales

nachwachsender Rohstoff *m (Umwelt, WiWi)* renewable resource
Nachweis *m (Recht)* proof, evidence of proof, evidence
nachweisbar *adj* 1. *(Gen)* verifiable, demonstrable *(Fehler, Defekt)*; 2. *(RW)* verifiable
nachweisen *v (Bank)* account for
Nachwirkung *f (Gen)* aftereffect
Nachwuchs *m* **an Führungskräften** *(Pers)* junior managers, new junior managers, young executives, new young executives, junior management
Nachwuchsförderung *f (Mgt)* executive training *(Führungskräfte)*
Nachwuchsführungskraft *f (Pers)* junior manager, young executive, management trainee
Nachwuchskraft *f (Pers)* junior employee
Nachzahlung *f (Pers)* back pay, back payment *(Lohn, Gehälter)*
Nacktoption *f (Börse)* naked option
Nadelzeit *f (Media)* needle time
nagelneu *adj (ugs.) (Gen)* brand-new
Nahrungsmittel *npl (Gen)* foodstuffs
Nahrungsmittelindustrie *f (Ind)* food-processing industry
Nahrungsmittelversorgung *f (WiWi)* food supply
Nahverkehr *m (Transp)* short haul *(Güter)*; local transport *(Personen)*
Name *m (Gen)* name • **im Namen von** *(Gen)* on behalf of
namenlos *adj (Gen)* anonymous, anonymously
Namensaktie *f (Börse, RW)* registered share [stock]
Namenskonnossement *n (Imp/Exp, Transp)* non-negotiable bill of lading, straight bill of lading
Namensschuldverschreibung *f (Bank, Fin)* registered bond *(Gegensatz: Inhaberschuldverschreibung = bearer bond)*
namhaft *adj (Gen)* renowned, substantial *(Geldbetrag)*
nationale Beihilfesysteme *npl (Pol)* national systems for granting aid *(EU)*
nationale Fluggesellschaft *f (Frei, Transp)* domestic airline, national airline
nationale Gesetzgebung *f (Recht)* national legislation
Nationaleinkommen *n (WiWi)* National Income *(früher: Sozialprodukt; Summe der den Inländern zugeflossenen Primäreinkommen; cf Bruttonationaleinkommen, BNE oder Nettonationaleinkommen, Nettonationalprodukt –NNP- zu Marktpreisen; entspricht konzeptionell dem ehemaligen Nettosozialprodukt)*
nationaler Spitzenreiter *m (Gen)* national champion
nationales Flaggschiff *n (Gen)* national champion
Nationalität *f (Admin, Soz)* citizenship, nationality
Nationalökonom *m (Pers, WiWi)* economist
Nationalökonomie *f (obs.) (WiWi)* economics, political economy
Nationalökonomin *f s.* Nationalökonom
natura/in *(Gen)* in kind
Natural... *(Gen)* in kind
Naturalgeld *n (Börse)* commodity standard
Naturalleistung *f (Gen)* allowance [payment] in kind *(Sachleistung)*
Naturallohn *m (Gen)* wages in kind
Naturaltausch *m (WiWi)* barter
Naturalwirtschaft *f (WiWi)* barter economy
natürliche Arbeitslosenquote *f (Pers, WiWi)* natural rate of unemployment
natürliche Arbeitslosigkeit *f (WiWi)* natural (rate of) unemployment
natürliche Bevölkerungsbewegung *f (Pers, Stat)* natural movement of the population, natural population movement
natürliche Hilfsquellen *fpl (Umwelt, WiWi)* natural resources
natürliche Person *f (Recht)* natural person
natürliche Rechte *npl (Recht)* natural rights
natürliche Ressourcen *fpl (Umwelt, WiWi)* natural resources
natürlicher Abgang *m* 1. *(Pers)* natural staff wastage, natural wastage, natural waste *(natürliche Fluktuation wegen Selbstkündigung, Ruhestand, Tod)*; 2. *(Versich)* natural waste
natürlicher Arbeitskräfteabgang *m (Pers)* natural wastage [attrition]

natürlicher Preis *m (WiWi)* natural price
natürlicher Verschleiß *m (WiWi)* natural wear and tear
natürlicher Zins *m (WiWi)* natural rate of interest
natürliches Monopol *n (WiWi)* natural monopoly
Naturressourcen *fpl (Umwelt, WiWi)* natural resources
Naturschutz *m (Umwelt)* conservation
Nebenabrede *f* 1. *(Gen, Ind, Pers)* side agreement; 2. *(Recht)* subagreement, subsidiary agreement
Nebenabsprache *f (WiWi)* side deal
Nebenanschluss *m (Komm)* telephone extension
Nebenausgaben *fpl (Gen)* accessories, accessory charges
Nebenbedingung *f (WiWi)* constraint
Nebenbeschäftigung *f (Pers)* sideline job, second job
Nebeneinkünfte *pl (Pers, Steuer)* additional income, extra income
Nebenentwicklung *f (Ind)* spin-off (development)
Nebenerwerb *m (Pers)* secondary employment
Nebenforderung *f (RW)* secondary claim
Nebengebühren *fpl (Gen)* accessory charges, accessories
Nebenkasse *f (RW)* petty cash
Nebenklauseln/ohne *(Gen) (ugs.)* no strings attached
Nebenkosten *pl* 1. *(Fin)* incidental charges [expenses]; 2. *(Pers)* ancilliary (staff) expenses; 3. *(Grund)* carrying charge; 4. *(RW)* extra charges
Nebenleistung *f (Pers) (ugs.)* perk, fringe benefit(s)
Nebenleistungen *fpl (Gen)* ancillary [additional] services
Nebenmarkt *m* 1. *(Börse)* fringe market; 2. *(V&M)* sideline market
Nebenprodukt *n* 1. *(Gen, Ind, V&M)* by-product, spin-off *(Abfallprodukt)*; 2. *(WiWi)* by-product, secondary product
nebensächlich *adj (Gen)* accessory, peripheral, secondary
Nebenstudienfach *n (Bil)* minor field of study, subsidiary (subject)
Nebentätigkeit *f* 1. *(Pers)* secondary [sideline] job *(nicht angemeldet)*; 2. *(WiWi) (ugs.)* moonlighting *(Schwarzarbeit)*
Nebenverdienst *m (Gen, Pers, Steuer)* additional earnings [income]
Nebenvereinbarung *f (Admin, Recht)* covenant, side agreement *(Vertrag)*
Nebenvertrag *m (Gen, Ind, Pers, Recht)* secondary contract
Nebenwirkungen *fpl* 1. *(Gen)* side effects; 2. *(WiWi)* spillovers
negativ *adj (Fin, Gen, RW, Steuer, WiWi)* adverse, negative
negative Einkommenssteuer *f (Steuer)* negative income tax, reverse income tax
negative Einkünfte *pl (Steuer)* negative earnings
negative Ersparnis *f (WiWi)* dissaving
negative externe Effekte *mpl (Umwelt, WiWi)* external diseconomies
negative Hebelwirkung *f (RW) (BE)* reverse gearing, *(AE)* reverse leverage
negative Korrelation *f (Stat)* negative correlation
negative Opportunitätskosten *pl (Gen)* avoidable costs
negative Zinsstrukturkurve *f (WiWi)* negative yield curve *(invers)*
negativer Angebotsschock *m (WiWi)* adverse supply shock
negativer Anreiz *m (WiWi)* disincentive
negativer Firmenwert *m (Gen, RW)* bad will
negativer Nutzen *m (V&M, WiWi)* disutility
Negativerklärung *f (Bank)* negative pledge
negatives Betriebskapital *n (RW)* negative working capital
negatives Eigenkapital *n (WiWi)* negative net worth
Negativzins *m (Bank)* interest penalty
Negoziierung *f (Gen)* negotiation
neigen *v* **zu** *(Pers)* lean towards
Neigung *f* 1. *(Gen)* propensity, tendency, preference; 2. *(WiWi)* propensity
Neigung *f* **zu einer restriktiveren Geldpolitik** *(WiWi)* tightening bias *(Fed)*
Neigung *f* **zu einer strafferen Geldpolitik** *(WiWi)* tightening bias *(Fed)*
Neigung *f* **zur Auflockerung der Geldpolitik** *(WiWi)* easing bias *(Fed)*
Nenn... *(Gen)* nominal

Nennbetrag *m (Fin)* face value
nennenswert *adj (Gen)* appreciable
Nenner *m (Gen)* denominator
Nennrisiko *n (Börse)* face risk
Nennwert *m* 1. *(Börse)* principal value; 2. *(RW)* nominal value, par value; 3. *(WiWi)* denomination • **über dem Nennwert** *(Börse, Gen)* above par • **über dem Nennwert notiert werden** *(Börse)* stand at a premium • **zum Nennwert** 1. *(Börse)* at face value, at par; 2. *(Fin, Gen)* at par
Nennwertaktie *f (Börse)* par [face] value share
nennwertlose Aktie *f* 1. *(Börse)* no-par stock, no-par-value share; 2. *(WiWi) (BE)* nonpar share
neoklassische Theorie *f (WiWi)* neoclassical theory
netto *adv (Gen)* net • **netto verdienen** *(Fin)* net
Nettoabsatz *m (RW)* net sales
Nettoauftragseingang *m (RW)* net sales
Nettoauslandsinvestition *f (RW)* net foreign investment
Nettoauslandsvermögen *n (Bank)* net foreign assets
Nettoausleihung *f (Bank)* net lending
Nettobeitrag *m (RW)* net contribution
Nettobetrag *m (WiWi)* net amount
Nettobetriebseinkommen *n (RW)* net operating income
Nettobetriebsgewinn *m (RW)* net operating profit, net trading surplus
Nettobetriebskapital *n (RW, WiWi)* net working capital
Nettobetriebsverlust *m (RW)* net operating loss
Nettobuchwert *m (Fin)* net book value
Netto-Cashflow *m (RW)* net cash flow, net cash inflow
Nettoeinkommen *n* 1. *(Fin)* net income; 2. *(Pers)* net pay; 3. *(RW)* net income [earnings]
Nettoeinnahmen *fpl (RW)* net receipts
Nettoertrag *m (RW)* below-the-line revenue
Nettoforderungen *fpl* **gegenüber der übrigen Welt** *(Bank, WiWi)* net lending to the rest of the world *(EZB, VGR)*
Nettogehalt *n (Pers)* net salary, net pay, take-home pay
Nettogewicht *n (Gen)* net weight
Nettogewinn *m* 1. *(Fin)* net profit; 2. *(RW)* net gain, net income
Nettogewinn *m* **für das laufende Jahr** *(RW)* net profit for the current year
Nettogewinner *m (WiWi)* net gainer
Nettogewinnspanne *f (Fin, RW, WiWi)* net margin
Nettoinvestition *f (Bank, WiWi)* net investment
Nettoinvestitionsausgaben *fpl (WiWi)* net capital expenditure
Nettokapitalbedarf *m (Börse)* net capital requirement
Nettokapitalimport *m (WiWi)* net inflow of capital *(ZB, VGR)*
Nettokapitalwert *m (Fin, WiWi)* net capital gain
Nettokosten *pl (RW)* net cost
Nettolohn *m (Gen, Pers)* take-home pay
Nettolohn- und Gehaltssumme *f (Pers)* total net wages and salaries
Nettonationalprodukt *n (NNP) (WiWi)* Net National Product, NNP *(Nettonationaleinkommen = Bruttonationaleinkommen – Abschreibungen)*
Nettoposition *f (Bank, RW)* netted position
Nettoproduktionswert *m (WiWi)* net output
Nettorendite *f (RW)* net rate of return, net yield
Nettosozialprodukt *n (WiWi)* net national product
Nettosozialprodukt *n* **zu Faktorkosten** *(WiWi)* net national product at factor cost
Nettoumlaufvermögen *n (Fin, RW)* net working capital, working capital, working assts, net current assets, net quick assets *(Liquiditätskennzahl zur Kennzeichnung des langfristig finanzierten Umlaufvermögens; Synonym: Working Capital = Net Working Capital = Umlaufvermögen minus kurzfristige Verbindlichkeiten = current assets minus current liabilities; anders: die Liquiditätsgrade und der Liquiditätskoeffizient sind als Quotienten definiert)*
Nettoverdienst *m* 1. *(Pers)* take home pay; 2. *(RW)* net earnings
Nettoverlust *m (RW)* net loss
Nettovermögen *n* 1. *(Fin)* (actual) net

worth, net equity; 2. *(RW)* actual net worth, net assets
Nettovermögensaufstellung *f (RW)* statement of net assets
Nettovermögensertrag *m (RW)* return on net assets
Nettowert *m* 1. *(Börse)* net worth; 2. *(RW)* net value
Nettowohlfahrtsverlust *m (WiWi)* deadweight loss
Nettozins *m (Fin, WiWi)* pure interest
Nettozinsertrag *m (Fin)* net interest yield
Nettozinssatz *m (Bank)* net rate
Nettozinsspanne *f (RW)* net interest margin
Nettozufluss *m (WiWi)* net inflow *(ZB, VGR)*
Nettozuwanderung *f (Soz)* net immigration
Netz *n (Comp, Ind)* network, *(BE)* mains, *(AE)* supply network *(Strom)*
Netz *n* **der sozialen Sicherheit** *(Soz)* social security net
Netzbetreiber *m (Comp, Komm)* network provider
Netzgeld *n (Bank, Comp, WiWi)* e-money
Netzkriminalität *f (Comp, Komm, Recht)* internet crime, cybercrime
Netzökonomie *f (Gen, WiWi)* internet economy, new economy
Netzpolizei *f (Comp, Komm, Recht)* net police
Netzwerkvolkswirtschaft *f (WiWi)* networking economy
Netzwirtschaft *f (Gen, WiWi)* internet economy, new economy
neu *adj (Gen)* new • **ganz neu** *(Gen)* brand-new • **neu für alt** *(Versich)* new for old
neu berechnen *v (Stat)* recalculate
neu bewerten *v (RW, WiWi)* revalue
neu eröffnet *adj* 1. *(Gen)* newly opened; 2. *(Mgt)* under new management
neu verteilen *v (RW)* reallocate
Neubewertung *f* 1. *(Bank)* marking to market; 2. *(Fin)* revaluation; 3. *(RW, WiWi)* revaluation, margining
Neubewertung *f* **des Vermögens** *(RW)* revaluation of assets
neue Technologien *fpl (Gen, Ind)* new technologies
Neue Wirtschaft *f (Gen, WiWi)* new economy *(mit hoher Produktivität)*
Neueinstellung *f (Pers)* new recruitment, *(AE)* new hire, new worker
Neueinstufung *f* **eines Landes** *(Bank, Fin, Imp/Exp)* reclassification of a country *(Länderrating)*
Neueintritte *mpl (Pers, Soz)* new entrants, newly entered, newly entered persons
Neuemission *f (Börse)* new issue
Neuentwicklung *f (Ind, Pat, V&M)* innovation
Neueröffnung *f (Gen, V&M)* opening, new opening *(Geschäft, shop)*
Neuerung *f (Ind, Pat, V&M)* innovation
neueste Erkenntnisse *(Gen, WiWi)* latest findings, most recent research
neueste Technik *f (Ind)* advanced engineering
neueste Technologie *f (Ind)* advanced technology
neuester Entwicklungsstand *m (Gen)* state of the art *(Stand der Technik)*
Neufestsetzung *f* **der Wechselkurse** *(WiWi)* parity realignment
Neugestaltung *f (Fin)* reorganization
Neugründung *f (WiWi)* start-up *(Unternehmen)*
Neuheit *f (Pat)* novelty
Neuheitswert *m (V&M)* novelty value
Neuland betreten *(Gen)* break new ground
Neuling *m (Comp, Komm)* newbie, beginner
Neuordnung *f (Mgt)* restructuring
Neupositionierung *f (V&M)* repositioning
Neustrukturierung *f (Fin, Mgt)* restructuring, reorganization
neutral *adj (Gen)* neutral • **neutral bleiben** *(Gen)* sit on the fence
neutrale Aufwendungen *fpl (RW)* non-operating expenses
neutraler technischer Fortschritt *m (WiWi)* neutral technical progress
neutrales Ergebnis *n (WiWi)* nonoperating result
neutralisieren *v (Gen)* offset, cancel out
Neuverteilung *f (Fin)* reallocation
Neuzugang *m* **an Arbeitskräften** *(Pers)* new staff members
Neuzugang *m* **an Mitarbeitern** *(Pers)* new staff members
nichtabzugsfähig *adj (Gen, Steuer)* non-deductible

Nichtabzugsfähigkeit *f (Gen, Steuer)* non-deductibility
Nichtanerkennung *f (Steuer)* disallowance *(zum Abzug)*
nichtansässige Gesellschaft *f (Recht)* nonresident company
Nichtausführung *f (Recht)* nonexecution
Nichtbank *f (Bank)* nonbank
Nichtbank-Bankgeschäft *n (Bank)* nonbank banking
Nichtbankensektor *m (Fin)* nonbank sector
Nichtbankunternehmen *n (WiWi)* nonfinancial company
Nichtbefolgung *f (Gen, Recht)* failure to comply
Nichtbeteiligung *f (Pol)* opt-out *(EU)*
nichtbetriebliche Einnahmen *fpl (RW)* nonoperating revenue
nichtbetriebliche Kosten *pl (RW)* nonoperating expense
Nichtbezahlung *f (Gen)* nonpayment
Nichtdiskriminierung *f (Pol, Recht)* non-discrimination
Nichteinhaltung *f* **des Rückzahlungstermins** *(Bank, Fin)* noncompliance with the redemption date
Nichteinhaltung *f* **einer Anordnung** *(Recht)* noncompliance with an order
Nichteinlösen *n (Bank)* dishono(u)ring *(Wechsel)*
Nichteinmischung *f (WiWi)* nonintervention
Nichterbringung *f (Fin, Recht)* default
Nichterfüllung *f (Recht)* nonexecution, nonfulfil(l)ment, nonperformance
Nichterfüllung *f* **eines Vertrags** *(Recht)* nonfulfil(l)ment of contract
Nichterscheinen *n* 1. *(Frei)* no-show; 2. *(Gen)* absence; 3. *(Recht)* absence, failure to appear, nonappearance *(vor Gericht)*
Nichterschienene *m(f) (Gen, Pers)* absentee
nichterwerbstätig *adj (Stat, WiWi)* non-active, economically non-active, not in the labour force
Nicht-Erwerbstätige *pl (Stat, WiWi)* (economically) non-active population
nichtflüchtiger Speicher *m (Comp)* non-volatile memory *(NVM)*
Nichthonorieren *n (Bank)* dishono(u)ring, failure to hono(u)r *(Wechsel)*
Nichtigkeit *f (Gen)* invalidity
nicht öffentlich *adj* 1. *(Gen)* closed *(Versammlung)*; 2. *(Recht)* in camera *(Beweisaufnahme)*
nichtlineare Korrelation *f (Stat)* curvilinear correlation
nichtlineare Programmierung *f (Comp, Stat)* nonlinear programming
Nichtregierungsorganisation *f (Gen)* nongovernmental organization, NGO
Nichts *n (Gen)* nothingness, void
nichtstaatliche Organisation *f (Admin)* nongovernmental organization
nichttarifäre Handelshemmnisse *npl (Imp/Exp, Pol, WiWi)* non-tariff barriers to trade, non-tariff trade barriers *(Gatt/WTO)*
Nichtverfallbarkeit *f (Recht)* non-forfeitability *(Rentenansprüche)*
Nichtverfügbarkeit *f (Gen)* unavailability
Nichtverschulden *n (Versich)* no fault
nichtvertretbare Waren *fpl (RW)* nonfungible goods
Nichtzahlung *f (Recht)* failure to pay
Nichtzahlung *f* **bei Fälligkeit** *(Gen)* delinquency
niederlassen *v***/sich** *(Gen)* settle, set up, establish oneself *(Arbeitsstelle, Wohnung, Land)*
Niederlassung *f* 1. *(Gen)* branch (office); 2. *(V&M)* field organization
Niederlassungsfreiheit *f (Gen, Pol, WiWi)* freedom of establishment *(EU)*
Niederlassungsland *n (Imp/Exp, Pol)* host country
Niederlassungsrecht *n (Recht)* right of establishment
Niederlegung *f (Recht)* resignation, work stoppage, abdication *(Arbeit, Position)*; writing down *(Schrift)*
Niederschrift *f (Admin)* minutes, record
Niederstwert *m (RW)* lower of cost or market *(Bilanzwert)*
niedertechnologisch *adj (Ind)* low-tech *(Produktion)*
niedrig *adj* 1. *(Recht)* low; 2. *(WiWi)* reduced, low *(Kurse)*
niedrig *adv (Fin, Gen, Steuer)* low • **zu niedrig ausweisen** *(RW)* underreport
niedrige Einkommen *npl (Steuer) (BE)* small earnings
niedrigere Einkommensstufe *f (Steuer, WiWi)* lower income bracket

Niedriglohn *m (Pers)* low pay
Niedriglohnarbeitsplatz *m (Pers, Soz)* low-wage job
Niedrigpreis *m* 1. *(Gen)* low price; 2. *(Imp/Exp) (AE)* thrift price
Niedrigpreisstrategie *f (V&M)* penetration pricing
Niedrigpreiswaren *fpl (Gen)* bargain goods
Niedrigsteuergebiet *n (Steuer)* tax haven
niedrigverzinslich *adj (Börse)* low-yielding
niedrigverzinsliches Darlehen *n (Bank)* low-interest loan
Nießbrauch *m (Recht)* usufruct *(Nutzungsrecht)*
Nießbraucher *m (Recht)* usufructuary
Nische *f (Pers, V&M)* niche
Nischenhandel *m (Gen, V&M)* niche trading
Nischenmarketing *n (V&M)* niche marketing
Niveau *n (Gen)* level
Niveaugrenzerträge *mpl (WiWi)* returns to scale
Niveaugrenzprodukt *n (WiWi)* economies of scale, returns to scale *(Mikroökonomie: konstantes, zunehmendes oder abnehmendes Niveaugrenzprodukt -constant, increasing or decreasing returns to scale- bei proportionaler, über- oder unterproportionaler Outputänderung bzw. Ertragsänderung als Folge einer verhältnisgleichen Variation aller Faktoreinsatzmengen bei konstanter Produktionstechnik; das Niveaugrenzprodukt entspricht dem Skalenertrag)*
Nivellierung *f (WiWi)* level(l)ing out
nochmals erwägen *(Gen)* reconsider
nominal *adj (Gen)* nominal
Nominalbetrag *m (Fin)* face value
nominaler Preis *m (RW)* nominal price
nominales BIP *n (WiWi)* money [nominal] GDP
nominales Bruttoinlandsprodukt *n (WiWi)* money [nominal] GDP
nominales Bruttosozialprodukt *n (WiWi)* nominal GNP
Nominalkapital *n (RW)* nominal capital
Nominallohn *m (Pers)* nominal wage
Nominalverzinsung *f (Börse, Fin)* nominal yield
Nominalwachstum *n (WiWi)* nominal growth
Nominalwert *m (Fin)* face value • **zum Nominalwert** *(Börse, Fin)* at face value
Nominalwertprinzip *n (Steuer, WiWi)* nominal value principle
nominell *adj* 1. *(Fin)* notional; 2. *(Gen)* nominal, in money terms
Nonprofit-Organisation *f (NPO) (Soz, WiWi)* nonprofit organization, NPO, not for profit organization, not for business organization, NBO, third sector organization *(Organisation ohne Erwerbscharakter, organisatorische Einheiten mit nicht primär erwerbswirtschaftlich -profit earning- orientierter Aktivität im "dritten Sektor" zwischen Staat und Markt; organization set up for social, political, religious or educational purposes, normally without a profit target = Gewinnziel)*
Nonprofit-Sektor *m (NPO-Sektor) (Gen, Soz, Steuer)* non-profit sector; independent sector, social sector, voluntary sector *(nicht primär erwerbswirtschaftlich -profit earning- orientierte Aktivität im "dritten Sektor" zwischen Staat und Markt)*
Nord-Süd-Gefälle *(Pol, Soz)* North-South divide
Norm *f* 1. *(Comp)* standard, Std; 2. *(Gen)* norm; 3. *(Mgt)* rule • **über der Norm** *(Gen)* above the norm • **einer Norm entsprechen** *(Gen)* conform to a standard • **Normen und Praktiken** *(Gen)* standards and practices
normal *adj (Gen)* normal, standard, average
Normalarbeitsverhältnis *n (Pers)* standard employment relationship, regular employment relationship
Normalarbeitszeit *f* normal working hours *(PERSON)*; standard working hours, standard working time, normal working time *(tarifliche Arbeitszeit)*
normale Arbeitszeiten *fpl (Pers)* regular hours
normale Kapazität *f (WiWi)* normal sustainable capacity
normale und notwendige Geschäfts-

ausgaben *fpl (Steuer)* ordinary and necessary business expenses
Normalgewinn *m (WiWi)* normal profit
Normalgut *n (WiWi)* normal good
Normalkapazität *f (WiWi)* normal capacity
Normalkosten *pl (Fin, RW)* normal cost *(Durchschnitt der Istkosten früherer Perioden)*
Normalkostenrechnung *f (RW)* normal costing, normal cost system
Normalkostensatz *m (RW)* normal cost rate *(auf der Basis des Durchschnitts der Istkosten früherer Perioden)*
Normalleistung *f (Gen, Pers)* standard performance
Normallohn *m (Pers)* standard rate
Normalverbraucher *m (V&M)* average consumer
Normalverbraucherin *f s.* Normalverbraucher
Normalverteilung *f (Stat)* normal distribution
normative Wirtschaftswissenschaft *f (WiWi)* normative economics
normativer Ansatz *m (WiWi)* normative approach
normen *v (Gen, Recht, V&M)* standardize
Normenkontrollrat *m (Deu) (Recht)* council for judicial review, judicial review council *(der unabhängige Rat soll die Regierung dabei unterstützen, die "durch Gesetze verursachten Bürokratiekosten -administrative cost of regulation- durch Anwendung einer standardisierten Bürokratiekostenmessung auf Grundlage des Standardkosten-Modells zu reduzieren"; mit dem Kostenmodell nicht darstellbar sind die schwer erfaßbaren indirekten Folgekosten: die volkswirtschaftlich "kostspieligen" Ausweichreaktionen der Unternehmen, z. B. diejenigen auf das Modell der deutschen Mitbestimmung oder die Steuergesetzgebung; cf: Bürokratie-TÜV)*
normgerecht *adj (Recht)* according to the norm
Normierung *f*, **Normung** *f (Gen, Ind)* standardization
Notar *m (Recht)* notary public, commissioner for oaths
notariell *adv (Recht)* by a notary • **notariell beglaubigen [beurkunden]** *(Recht)* acknowledge, notarize • **notariell beglaubigt [beurkundet]** *(Recht)* attested by a notary, notarized, notarially authenticated
Note *f (Bil)* mark, *(AE)* grade
Notenausgabe *f (Bank)* note issue
Notenbank *f (Bank)* bank of issue, central bank
Notenbankpolitik *f (WiWi)* central bank policy
Notendurchschnitt *m (Pers)* average mark
Notfall *m (Gen)* emergency
Notgroschen *m (Gen, WiWi)* nest egg • **einen Notgroschen zurücklegen** *(Gen)* save for a rainy day
notieren *v* 1. *(Börse)* quote; 2. *(Gen)* put down, quote • **notieren bei** *(Bank)* trade at
Notierung *f (Börse)* quotation *(Kurs)*; rate *(Devisen)*
Notierung *f* **an einer Wertpapierbörse** *(Börse)* stock exchange listing • **zur amtlichen Notierung an einer Wertpapierbörse zugelassen** *(Börse)* officially listed on a stock exchange
Notifikation *f (Fin, Pat)* notification
Notleiden *n (Bank)* dishono(u)ring *(Wechsel)*
notleidend *adj (Bank)* dishono(u)red, ailing, in default *(Wechsel)*
notleidende Aktiva *pl (Börse)* non-performing assets
notleidende Anleihe *f (Börse)* defaulted bond
notleidende Bank *f (Bank)* ailing bank
notleidende Region *f (WiWi)* depressed region
notleidender Kredit *m (Bank)* bad and doubtful debt, bad loan, nonperforming loan
notleidender Wirtschaftszweig *m (WiWi)* ailing industry
notleidendes Darlehen *n (Bank)* non--performing credit
notleidendes Unternehmen *n (Fin, Gen)* ailing enterprise
Notlösung *f (Gen)* makeshift solution
Notstandsplan *m (Fin)* contingency plan
Notverkauf *m (Gen)* emergency [panic] sale, bail-out

Notverkäufe *mpl (Börse)* forced liquidation

notwendig *adj (Gen)* necessary • **notwendig erscheinen** *(Gen)* deem necessary

Novation *f (Recht)* novation

Novellierung *f (Recht)* amendment

NPO *f (Abk. für Nonprofit-Organisation) (Soz, WiWi)* nonprofit organization, NPO, not for profit organization, not for business organization, NBO, third sector organization *(Organisation ohne Erwerbscharakter, organisatorische Einheiten mit nicht primär erwerbswirtschaftlich -profit earning- orientierter Aktivität im "dritten Sektor" zwischen Staat und Markt; organization set up for social, political, religious or educational purposes, normally without a profit target = Gewinnziel)*

NPO-Sektor *m (Abk. für Nonprofit-Organisation-Sektor) (Gen, Soz, Steuer)* non-profit sector; independent sector, social sector, voluntary sector

NRO *s.* Nichtregierungsorganisation

Nuklearindustrie *f (Umwelt)* nuclear industry

null *(Gen)* zero, nil • **nahe null** *(Fin, Pol, WiWi)* close to balance *(staatliche Neuverschuldung, EU Stabilitäts- und Wachstumspakt)*

Null *f (Gen)* zero, nil

null und nichtig machen *v (Recht)* render null and void

Nullkuponanleihe *f (Börse)* zero-coupon bond

Nullkupon-Wandelanleihe *f (Börse, Fin)* zero-coupon convertible, split coupon bond *(a) Nullkuponanleihe eines Unternehmens mit Wandlungsrecht in Stammaktien dieses Unternehmens, oder b) eine Nullkupon-Kommunalobligation mit Wandlungsrecht; a) a zero--coupon bond issued by a corporation which can be converted into that corporation's common stock at a certain price, or b) a zero-coupon bond issued by a municipality which may be converted into an interest-bearing bond under certain circumstances)*

Nulllösung *f (Pol)* zero option

Nullmenge *f (Stat)* empty [null] set

Nullsatz *m (Steuer)* zero-rating

Nullwachstum *n (WiWi)* zero growth

numerisch *adj (Comp)* numeric

numerische Steuerung *f (Comp, Ind)* numerical control

numerisches Zeichen *n (Stat)* numeric character

nummerieren *v (Gen)* number

Nummernkonto *n (Bank)* numbered account *(ohne Namen)*

Nutzanwendung *f (Gen)* practical application

nutzbare Vorräte *mpl (Umwelt)* exploitable [usable] reserves *(Energieressourcen)*

nutzbringend *adj (Gen)* beneficial, profitable *(gewinnbringend)*

nutzen *v* 1. *(Gen)* benefit; 2. *(Gen)* use, utilize, exploit; 3. *(WiWi)* capitalize on

Nutzen *m* 1. *(Frei)* benefit; 2. *(Gen)* advancement, advantage, benefit, value; 3. *(Steuer)* emolument; 4. *(WiWi)* utility • **jmdm. von Nutzen sein** *(Gen)* be useful to sb

Nutzenansatz *m* **der Besteuerung** *(Steuer)* benefit approach to taxation

Nutzeneinheit *f (WiWi)* util

Nutzenentgang *m (WiWi)* loss of use

Nutzenfunktion *f (WiWi)* utility function

Nutzen/Kosten-Analyse f *(Stat, WiWi)* cost-benefit analysis

Nutzenmaximierung *f (WiWi)* utility maximization

Nutzenniveau *n (WiWi)* satisfaction level

Nutzensprinzip *n (Steuer, WiWi)* benefit principle

Nutzer *m (Gen)* user

Nutzfahrzeug *n (Transp)* commercial vehicle

Nutzfläche *f (Grund)* useable floor space

nützlich *adj (Gen)* advantageous, useful

Nützlichkeit *f (WiWi)* utility

nutzlos *adj (Gen)* useless

Nutznießer *m (Grund, Versich)* beneficiary

Nutzschwelle *f (Gen)* breakeven point

Nutzschwellenanalyse *f (Fin, WiWi)* breakeven analysis

Nutzung *f* 1. *(Gen)* utilization; 2. *(Grund)* residential occupancy; 3. *(Pat)* use

Nutzungsausfall *m (WiWi)* loss of use

Nutzungsbedingungen *fpl (Gen)* conditions of use

Nutzungsberechtigte *m(f) (Gen, Recht)* beneficiary
Nutzungsdauer *f* 1. *(Gen)* operating [useful] life *(Maschine)*; 2. *(RW)* useful life; 3. *(Steuer)* depreciable life; 4. *(WiWi)* depreciable [service] life
Nutzungsdauer *f* **eines Vermögensgutes** *(RW)* asset life
Nutzungsrecht *n (Recht)* right of use

O

oben *adv (Gen)* above • **von oben nach unten** *(Mgt)* top down *(Leitungsystem)* • **die oben angegebene Adresse** *(Komm)* the above address • **oben erwähnt** *(Komm)* above, above-mentioned, aforementioned • **oben genannt** *(Komm)* above, above-mentioned, aforementioned
Oberaufsicht *f (Gen)* superintendence
oberer Bereich *m* **der Skala** *(V&M)* top end of the range
oberer Goldpunkt *m (Fin, Imp/Exp, WiWi)* gold exporting point, gold export point
oberer Interventionspunkt *m (Bank, WiWi)* ceiling
oberes Ende *n* **des Bereiches** *(Börse)* high end of the range
oberes Management *n (Mgt, Pers)* senior management
oberes Marktsegment *n* 1. *(Gen)* up-market segment; 2. *(V&M)* top end of the market
oberes Quartil *n (Stat)* upper quartile
Obergrenze *f* 1. *(Börse)* limit, upper limit; 2. *(Fin)* cap *(Zinssatzänderung)*
Obergrenze *f* **für Kredite** *(Bank, Fin)* exposure limits
Oberschule *(Bil)* academic secondary school, upper secondary school
oberste Bundesbehörde *f (Pol, Recht)* supreme Federal authority
oberste Führungsebene *f (Pers)* top management
oberste Leitungsebene *f (Mgt)* top management
oberstes Leitungsorgan *n (Gen, Mgt)* board
Oberstufe *f (Bil)* upper secondary education, upper secondary schooling, second stage of secondary education, second stage of secondary schooling
Oberstufe *f* **des Gymnasiums** *(Bil) upper stage of academic secondary school, upper stage of academic secondary education, upper stage of pre-university secondary school, upper stage of pre-university secondary education*
Objekt *n (Grund)* property, piece of real estate
objektiv *adj (Gen)* objective
objektiver Wert *m (WiWi)* objective value
Objektschutz *m (Grund, Ind)* protection of property, site protection
Obliegenheit *f (Recht)* obligation, duty
Obligation *f (Börse, Fin)* bond, debenture
Obligationär *m (Börse, Fin)* bond holder, debenture holder, loan holder
Obligationärin *f s.* Obligationär
Obligationseigentümer *m (Bank)* bond owner
Obligationseigentümerin *f s.* Obligationseigentümer
Obligationsschuld *f (Börse)* bonded debt
obligatorisch *adj* 1. *(Gen)* compulsory, obligatory, binding; 2. *(Recht)* mandatory *(Richtlinien)*
obligatorische Ausgaben *fpl (WiWi)* compulsory expenditure
obligatorische Einschusszahlung *f (Börse) (BE)* compulsory margin
obligatorisches Recht *n (Recht)* obligatory right
obligatorisches Schiedsgerichtsverfahren *n (Recht)* compulsory arbitration proceedings
Obligo *n (Bank, Fin)* exposure, liability, commitment • **ohne Obligo** *(Bank, Fin)* without recourse
Obligobuch *n (Bank, Fin)* acceptance ledger
Obrigkeit *f (obs.) (Gen)* the authorities
obsiegende Partei *f (Recht)* prevailing party
OECD *s.* Organisation für wirtschaftliche Zusammenarbeit und Entwicklung
offen *adj (Gen)* open, plain-spoken, frank *(Aussprache)*
offenbarte Präferenz *f (WiWi)* revealed preference
offene Ausschreibung *f (Gen)* open tendering

Offene Handelsgesellschaft *f (Gen)* general [ordinary] partnership
offene Hypothek *f (Bank, Fin)* open mortgage, open-end mortgage
offene Investmentgesellschaft *f (Fin)* open-end(ed) investment company
offene Position *f* 1. *(Börse)* open position; 2. *(Fin)* exposure
offene Rechnung *f (Gen)* invoice outstanding
offene Stelle *f (Pers)* job vacancy
offene Stellen *fpl (Pers) (BE)* situations vacant *(Arbeit)*
offene Steuerung *f (Mgt)* feedforward *(Gegensatz: Informations-Rückkopplung = feedback)*
offene Transaktionen *fpl (Bank, Börse)* unsettled transactions
offene Verpflichtungen *fpl (Bank, Börse)* outstanding obligations
offene Volkswirtschaft *f (WiWi)* open economy
offener Buchkredit *m (RW)* advance account
offener Investmentfonds *m (Fin)* open-end fund, *(AE)* mutual fund
offener Kredit *m (Gen)* open credit
offener Markt *m (WiWi)* open market
offener Vertrag *m (Recht)* open-end contract *(auf unbestimmte Dauer)*
offener Wettbewerb *m (WiWi)* open competition
offener Zuruf *m (Börse)* open outcry
offenes Akkreditiv *n (Fin, Imp/Exp)* clean credit *(C/C; Synonym: glattes Akkreditiv, einfaches Akkreditiv)*
offenes Angebot *n (Mgt)* open bid
offene-Stellen-Erhebung *(Pers)* job vacancy survey
offengelegte Rücklagen *fpl (RW)* disclosed reserves
Offenheit *f (Gen)* openness, frankness *(Aussprache)*
Offenlegung *f (Börse, Fin)* disclosure
Offenlegung *f* **der Managergehälter** *(Mgt)* disclosure of executives' pay, disclosure of executives' compensation
Offenlegung *f* **einer Erfindung** *(Pat)* disclosure of an invention
Offenmarkt *m (WiWi)* open market
Offenmarktausschuss *m (WiWi) (AE)* Open Market Committee *(Federal Reserve)*
Offenmarktgeschäft *n (WiWi)* open--market operation
Offenmarktsatz *m (Bank)* open-market rate
offensiv *adj (Gen)* aggressive
öffentlich *adj (Gen)* public • **in öffentlichem Eigentum sein** *(Pol, WiWi)* be under public ownership
öffentlich *adv (Gen)* publicly • **öffentlich zum Ausdruck bringen** *(Gen)* express publicly *(Meinung)* • **öffentlich finanziert** *(WiWi)* financed out of public funds • **öffentlich gefördert** *(Gen)* publicly funded • **öffentlich nutzbar** *(Recht)* public domain • **öffentlich verfügbar** *(Recht)* public domain • **öffentlich versteigern** *(Gen)* sell by auction
öffentlich rechenschaftspflichtige Unternehmen *npl (Pol, RW)* publicly accountable enterprises *(Synonym: zu öffentlicher Rechenschaft verpflichtete Unternehmen, zur öffentlichen Rechenschaft verpflichtete Unternehmen; Rechnungslegungspflicht nach IFRS besteht nur für die Konzernbilanzen kapitalmarktorientierter Unternehmen, der "Publikumsgesellschaften", mit breit gestreutem Aktienkapital und geringem Einfluss der Aktionäre auf die Geschäftsführung; die EU-Kommission und der IFRS-Standardsetter IASB verfolgen mit dem neuen Abgrenzungskriterium "öffentliche Rechenschaftspflicht" -public accountability- die Ausdehnung der IFRS-Rechnungslegung auf die große Menge kleiner und mittlerer Unternehmen in Europa; Stand 02/2008)*
Öffentliche *pl (ugs.) (WiWi)* governments
öffentliche Angebotseinholung *f* 1. *(Gen)* public invitation to bid; 2. *(Recht)* invitation to make an offer
öffentliche Anleihen *fpl (WiWi)* government securities
öffentliche Arbeitsvermittlung *f (Pers)* public employment service, PES
öffentliche Ausgaben *fpl (WiWi)* public spending [expenditure], *(BE)* general government expenditure
öffentliche Ausschreibung *f* 1. *(Gen)*

advertised bidding, public invitation to bid; 2. *(Recht)* invitation to make an offer

öffentliche Bedürfnisse *fpl (WiWi)* public wants

öffentliche Dokumente *npl (Recht)* public documents

öffentliche Einnahme *f (WiWi)* government revenue

öffentliche Finanzen *fpl (WiWi)* public finances

öffentliche Finanzwirtschaft *f (Pol, WiWi)* public finance

öffentliche Gewalt *f (Recht)* public power

öffentliche Hand *f (Fin, Pol)* public authority

öffentliche Körperschaft *f (Pol, Recht)* public corporation, public body *(formell: Körperschaft des öffentlichen Rechts)*

öffentliche Meinung *f (Gen)* public opinion

öffentliche Mittel *npl (Fin)* public resources [funds]

öffentliche Ordnung *f (Pol, Recht)* public policy, public order

öffentliche Rechenschaftspflicht *f (Gen, Recht)* public accountability *(cf öffentlich rechenschaftspflichtige Unternehmen)*

öffentliche Schuld *f (WiWi)* public debt

öffentliche Schuldenlast *f (Fin, Pol)* public debt burden

öffentliche Schuldenquote *f (Bank)* public debt ratio, GDP ratio, government debt ratio, general government debt ratio

öffentliche Schule *f (Soz) (AE)* public school, *(BE)* state school

öffentliche Verhandlung *f (Pol, Recht)* public hearing

öffentliche Verkehrsmittel *npl (Transp) (BE)* public transport, *(AE)* public transportation

öffentliche Verschuldung *f (WiWi)* national [public] debt

öffentliche Versteigerung *f (Gen)* public auction

öffentliche Verwaltung *f (Pol, Recht)* public administration, public service

öffentliche Wohlfahrt *f (Soz)* public welfare, social welfare

öffentlicher Auftrag *m* 1. *(Gen)* public contract; 2. *(Recht)* government contract

öffentlicher Dienst *m (Pol)* civil service

öffentlicher Schlüssel *m (Comp, Gen, Komm)* public key *(Datenverschlüsselung)*

öffentlicher Sektor *m (WiWi)* public sector

öffentlicher Verkehr *m (Transp) (BE)* public transport, *(AE)* public transportation

öffentliches Auftragswesen *n (WiWi)* public procurement

öffentliches Beschaffungswesen *n (Admin, Gen)* government procurement, public procurement

öffentliches Eigentum *n* 1. *(Grund, Recht)* res communis; 2. *(WiWi)* common ownership

öffentliches Finanzwesen *n (Fin)* public finance

öffentliches Gut *n (WiWi)* public good, social good, collective good

öffentliches Kreditinstitut *n (Bank)* public credit institution

öffentliches Recht *n (Recht)* public law

öffentliches Telefonnetz *n (Komm)* public switched telephone network

öffentliches Vergabewesen *n (WiWi)* government [public] procurement

öffentliches Verkehrswesen *n (Transp) (BE)* public transport, *(AE)* public transportation

öffentliches Zeichnungsangebot *n (Börse)* public offering

Öffentlichkeit *f (Gen)* public

Öffentlichkeitsarbeit *f (Pers, V&M)* public relations

öffentlich-rechtliche Anstalt *f (Recht)* statutory body

öffentlich-rechtliches Kreditinstitut *n (Bank)* public credit institution

Offerte *f (Gen)* bid, tender

offiziell *adj (Gen)* official • **in offizieller Funktion handeln** *(Mgt)* act in one's official capacity

offizielle Mitteilung *f (Komm)* formal communication

offizielle Verlautbarung *f (Pol, Recht)* official statement

offizielle Wirtschaft *f* 1. *(Pol)* first economy; 2. *(WiWi)* first economy, formal

economy, recorded economy, *(BE)* blue economy
offizieller Kurs *m (Bank, WiWi)* official rate
Öffnung *f* **des Europäischen Binnenmarktes** *(Imp/Exp, Pol)* opening up of the European Single Market
Öffnungsklauseln *fpl (Pers)* opening clauses *(in Tarifverträgen)*
Öffnungszeiten *fpl (Admin, Gen)* opening hours
Offshore... 1. *(Bank, Fin)* offshore *(Investitionen)*; 2. *(Umwelt)* offshore
Offshore-Bankgeschäfte *npl (Bank)* offshore banking
Offshore-Bankplatz *m (Bank) (BE)* offshore finance centre, *(AE)* offshore finance center
Offshore-Investition *f (Fin)* offshore investment
Offshore-Ölfeld *n (Ind, Umwelt)* offshore oilfield
ohne *(Börse)* ex *(exclusive of)*
ohne Angabe *f (Stat)* not stated, not reported, not specified
Ökokennzeichnung *f (Umwelt)* ecolabel(l)ing
Ökologie *f (Umwelt)* ecology
ökologisch *adj (Umwelt)* ecological
ökologisch sensibler Bereich *m (Umwelt)* environmentally sensitive zone
ökologische Folgen *fpl (Umwelt)* ecological consequences
ökologische Frage *f (Umwelt)* green issue
Ökonom *m (WiWi)* economist
Ökonometrie *f (WiWi)* econometrics
ökonometrisch *adj (WiWi)* econometric
Ökonomie *f (WiWi)* economics
ökonomieverträglich *adj (WiWi)* economically sustainable
ökonomisch *adj (Gen)* economic *(wirtschaftlich)*; economical *(sparsam)*
ökonomische Aktivität *f (WiWi)* economic activity
ökonomische Effizienz *f (WiWi)* economic efficiency
ökonomische Ressourcen *fpl (WiWi)* economic resources
ökonomischer Sachverstand *m (WiWi)* economic intelligence
ökonomisches Prinzip *n (WiWi)* efficiency rule *(Synonym: Wirtschaftlichkeitsprinzip, Rationalprinzip, zwei Ausprägungen: ein definiertes Ergebnis mit minimalem Mitteleinsatz erzielen = Minimalprinzip = Sparsamkeitsprinzip, oder mit einem fest vorgegebenen Mitteleinsatz, z. B. einem Budget, das bestmögliche Ergebnis, z. B. Gewinn oder Output, erzielen = Maximalprinzip = Ergiebigkeitsprinzip)*
Ökosteuer *f (Steuer, Umwelt)* green tax
Ölbohrkonzession *f (Recht, Umwelt) (BE)* oil exploration licence, *(AE)* oil exploration license
Ölbohrlizenz *f (Recht, Umwelt) (BE)* oil exploration licence, *(AE)* oil exploration license
Öldollar *m (Imp/Exp)* petrodollar
Ölfeld *n (Ind, Umwelt)* oilfield *(Bohrfeld)*
Ölfleck *m (Umwelt)* oil slick
Ölförderland *n (WiWi)* oil-producing country
Ölgesellschaft *f (Ind)* petroleum company, oil company
Oligopol *n (WiWi)* oligopoly
Oligopolist *m (WiWi)* oligopolist
Ölkrise *f (WiWi)* oil shock
Ölleitung *f (Ind)* oil pipeline
Ölpreisanstieg *m (WiWi)* oil price increase
Ölpreisschock *m (Gen, Pol)* oil price shock
Ölproduzent *m (WiWi)* oil-producing country
Ölschwemme *f (Umwelt)* oil glut
Öltanker *m (Transp)* oil tanker, oil carrier
Ölteppich *m (Umwelt)* oil slick, oil spill
Ölumschlagstelle *f (Ind, Transp)* oil terminal
Ölverschmutzung *f (Umwelt)* oil pollution
Online-Auktion *(Comp, Komm, V&M)* online auction
Online-Berater *m* 1. *(V&M)* online advisor, online counselor; 2. *(Recht)* online counsel
Online-Beraterin *f s.* Online-Berater
Online-Dienst *m (Komm, V&M)* online service, online access provider
Online-Dienstanbieter *m (Komm, V&M)* online service provider
Online-Einkauf *m (Komm, V&M)* online shopping
Online-Einzelhandel *m (Comp, Gen,*

V&M) online retail commerce, online retail trade
Online-Geschäft *n (Komm, V&M)* online business
Online-Händler *m (Comp, Komm, V&M)* online retailer
Online-Konferenz *f (Komm, V&M)* online conference
Onlinekonzern *m (Recht)* online company, online group
Online-Kriminalität *f (Recht)* online crime, cybercrime
Online-Musiktauschbörse *f (Komm, V&M)* online music exchange
Online-Präsenz *f (Comp, Komm)* online presence
Online-Rechtsberatung *f (Comp, Komm, Recht)* online legal advice
Online-Telefonrechnung *f (Comp, Komm)* online telephone bill
Online-Unterschrift *f (Comp, Komm)* online signature
Online-Wahlen *fpl (Comp, Recht)* online elections, e-voting
Online-Wörterbuch *n (Media)* online dictionary
Operations-Research *n (Mgt, V&M)* operational research, operations research
operativer Gewinn *m (RW)* operating profit
operativer Rahmenplan *m (RW)* operating budget
operatives Ergebnis *n (RW)* gross operating profit *(BAB: Betriebsergebnis I)*
Opportunitätskosten *pl (Fin, RW, WiWi)* opportunity costs, alternative costs
Opportunitätsprinzip *n (Recht)* expediency principle *(Verfolgungsermessen: Einschreiten der Staatsanwaltschaft, wenn das nach ihrem pflichtgemäßen Ermessen im öffentlichen Interesse liegt; Gegensatz: Legalitätsprinzip = principle of upholding the law)*
optieren *v* **für** *(Mgt)* opt for
optieren *v* **gegen** *(Komm, Pol)* opt out
optimal *adj (Gen)* optimal, optimum
Optimalbetrieb *m (WiWi)* optimum firm
optimale Allokation *f* **der Ressourcen** *(WiWi)* optimum allocation of resources
optimale Bestellmenge *f (Ind, WiWi)* economic order quantity
optimale Besteuerung *f (Steuer)* optimal taxation
optimale Fertigungsmenge *f (Ind, Mgt, WiWi)* economic manufacturing quantity
optimale Konditionen *fpl (Gen)* best possible terms
optimale Losgröße *f (Ind, Mgt, WiWi)* economic batch quantity [size]
optimale Ressourcenallokation *f (WiWi)* optimum allocation of resources
optimale Verschmutzungsrate *f (Umwelt, WiWi)* optimal rate of pollution
optimaler Gebrauchswert *m (Gen, V&M)* best use value
Optimalkapazität *f (WiWi)* optimum capacity
optimieren *v (Gen)* optimize
Option *f* 1. *(Börse)* option, privilege; 2. *(Fin, Gen)* option, call • **Option ausüben oder aufgeben** *(Börse) (AE)* fill--or-kill
Option *f* **auf Kassakontrakte** *(Börse)* option on actuals
Option *f* **auf Terminkontrakte** *(Börse)* option on futures
Optionär *m (Börse)* option holder *(Synonym: Optionsinhaber)*
Optionsanleihe *f* 1. *(Bank)* warrant bond; 2. *(Börse)* bond cum warrant; 3. *(Fin)* (equity) warrant issue
Optionsgeschäft *n (Börse, Fin)* transaction carrying an option
Optionshandel *m (Börse, WiWi)* option--trading
Optionsinhaber *m (Börse)* option holder
Optionsinhaberin *f s.* Optionsinhaber
Optionsschein *m (Börse, Fin, Pol)* equity warrant, warrant
Optionsverkäufer *m (Börse)* option writer
Optionsverkäuferin *f s.* Optionsverkäufer
optische Maus *f (Comp)* optical mouse
optischer Speicher *m (Comp)* optical storage, optical memory
optisches Laufwerk *n (Comp)* optical drive
ordentliche Hauptversammlung *f (Admin, Gen, Recht) (BE)* annual general meeting *(AGM)*
ordentliche Kündigung *f (Pers)* dismissal with notice *(Arbeitgeber)*; stat-

utory notice of termination, termination with notice *(Arbeitgeber oder Arbeitnehmer)*; resignation with notice *(Arbeitnehmer)*
ordentliche Produktionsmethoden *fpl (Gen, Ind)* good manufacturing practices
ordentliche Sitzung *f (Mgt)* regular meeting
ordentlicher Professor *m (Bil)* full professor
ordentliches Einkommen *n (Steuer)* ordinary income
Order *f (V&M)* commission, order • **an die Order von** *(V&M)* to the order of
Orderpapier *n (Bank)* order paper, instrument made out to order
ordinaler Nutzen *m (WiWi)* ordinal utility
Ordinalskala *f (Stat)* ordinal scale
ordnen *v* 1. *(Fin)* regulate; 2. *(Admin, Gen)* put in order; 3. *(WiWi)* regulate *(Industrie, Markt)*
Ordnung *f (Gen)* arrangement
ordnungsgemäß *adj (Gen)* regular, orderly
ordnungsgemäß *adv (Gen)* in due form, regularly • **ordnungsgemäß darstellen** *(RW)* present fairly • **ordnungsgemäß kündigen** *(Pers)* give due notice • **ordnungsgemäß vorgehen** *(Gen)* go through the proper channels
ordnungsgemäß gebilligter Jahresabschluss *m (Recht, RW)* duly approved annual accounts
ordnungsgemäße Kündigung *f (Pers)* dismissal with (due) notice *(durch Arbeitgeber)*; resignation with notice *(durch Arbeitnehmer)*
Ordnungsmäßigkeit *f (RW)* correctness
ordnungspolitisch *adj (Pol)* regulatory
ordnungspolitischer Rahmen *m (Pol, Recht, WiWi)* regulatory framework
Ordnungsrahmen *m (WiWi)* regulatory framework
Ordnungszahl *f (Stat)* ordinal number
Organigramm *n (Mgt)* organigram, organizational chart, organization chart
Organisation *f* **für wirtschaftliche Zusammenarbeit und Entwicklung** *(WiWi)* Organization for Economic Cooperation and Development, OECD
Organisation *f* **mit großer Leitungsspanne** *(Mgt)* flat organization
Organisation *f* **ohne Erwerbscharakter** *(WiWi)* non-profit-making organization
Organisationseinheit *f (Admin)* organizational unit
Organisationsform *f (Gen)* organizational shape
Organisationslehre *f (Mgt)* organization theory
Organisationsplan *m (Mgt)* organization chart, organizational chart, organigram
Organisationstalent *n (Pers)* organizational skills
Organisator *m (Gen)* organizer
Organisatorin *f (Gen)* organizer
organisatorische Straffung *f (Ind, Mgt)* streamlining
organisch *adj (Mgt, WiWi)* organic *(Struktur)*
organischbiologische Landwirtschaft *f (Umwelt)* organic farming
organisches Wachstum *n (WiWi)* organic growth
Organisierte Kriminalität *f (Gen, Recht)* organized crime
organisierter Markt *m (WiWi)* organized market
organisiertes Verbrechen *n (Recht)* organized crime
Orientierungspreis *m (V&M)* target price
Original *n* 1. *(Gen)* original, top copy *(eines Schriftstücks)*; 2. *(Media)* generation, master • **ein Original und drei Kopien** *(Admin)* one top and three copies
Originalangebot *n (Gen)* original bid
Originalbeleg *m (Versich)* original slip
Originalfaktura *f (Gen)* original invoice
Originalkopie *f (Gen)* master copy
Originalofferte *f (Gen)* original bid
Originalrechnung *f (Gen)* original invoice
Originalurkunde *f (Admin, Recht)* original document
Ort *m (Gen)* locality, place • **am Ort** *(Imp/Exp)* loco • **an Ort und Stelle** *(Gen)* on the spot • **vor Ort** *(Gen)* local, locally
Ort *m* **der Abnahme** *(Recht, Transp)* place of acceptance
Ort *m* **des Verkaufs** *(V&M)* point-of-sale
örtlich *adj (Gen)* local, regional
örtliche Behörde *f (Admin) (BE)* local authority
örtliche Behörden *fpl (Pol)* local government

örtliche Gebietskörperschaft *f* 1. *(Pol)* local government; 2. *(Admin)* municipality
örtliche Verwaltung *f (Pol)* local government
örtlicher Arbeitsmarkt *m (Pers, WiWi)* local labo(u)r market
ortsabhängige Dienste *mpl (Komm, V&M)* location-based services
ortsansässige Arbeitskräfte *fpl (Pers, WiWi)* local labo(u)r
ortsansässige Firma *f (Gen)* local firm
ortsansässige Unternehmen *npl (Gen)* local businesses
ortsansässiges Gewerbe *n (Pers)* local trades and craftspeople *(manuelle Arbeit, Facharbeiter)*
ortsbezogene Dienstleistungen *fpl (Ind, Komm, V&M)* location-based services
Ortsgespräch *n (Komm)* local call
Ortstarif *m* 1. *(Komm)* local call rate; 2. *(Pers)* local agreement, *(BE)* district agreement
ortsübliche Bezahlung *f (Pers)* local wage rate, going rate, usual wage rate for the area
ortsübliche Entlohnung *f (Pers)* local wage rate, going rate, usual wage rate for the area
ortsübliche Miete *f (Grund)* local rent, fair market rent
ortsüblicher Lohn *m (Pers)* local wage rate, going rate, usual wage rate for the area
Ortszulage *f (Pers)* residential amount *(Sonderleistung)*
Osterweiterung *f* **der EU** *(Pol)* eastward enlargement of the EU, eastward expansion of the EU, enlargement of the EU to the East
Otto-Normalverbraucher *(ugs.) (V&M)* the average consumer, *(ugs.)* man on the street
Output *m (Comp, RW)* output
outputorientiertes Budget *n (Pol)* planning programming budget
Outright-Terminkauf *m (WiWi)* outright forward purchase

P

p.a. *s.* per annum
Pacht *f (Grund)* lease, tenancy, leasehold
Pacht *f* **auf Lebenszeit** *(Grund)* life tenancy
Pacht *f* **mit Vorkaufsrecht** *(Grund)* lease with option to purchase
Pachtabtretung *f (Grund, Recht)* assignment of lease
pachten *v (Grund)* lease
Pächter *m (Grund)* leaseholder, tenant
Pächterin *f s.* Pächter
Pachtgrundstück *n (Grund)* leasehold, leasehold property
Pachtverhältnis *n (Grund, Recht)* tenancy
Pachtvertrag *m (Recht)* lease
Päckchen *n (Komm, Transp)* package, packet, parcel, small parcel *(Post)*
Packung *f* 1. *(Komm, Transp)* pack, package; 2. *(V&M)* banded pack
pagatorische Kosten *pl (RW)* cash-based cost
pagatorische Rechnung *f (RW)* cash basis of accounting
Paket *n* 1. *(Börse, Fin)* lot, block (of shares), holding; 2. *(Komm, Transp)* package, packet, parcel
Paketgeschäft *n (Börse)* bundled deal
Pakethandel *m (Börse)* block trading
Paketpost *f (Komm)* parcel post
Pakt *m* 1. *(Gen)* pact; 2. *(Pol)* alliance
Palette *f* 1. *(Ind, Transp)* pallet, stillage; 2. *(V&M)* range *(Produkte)* • **auf Paletten packen** *(Ind, Transp)* palletize
Panel *n (Gen, Pol, V&M)* panel
Panelerhebung *f (V&M)* panel testing
paneuropäisches Unternehmen *n (Gen)* pan-European company
Panikmacherei *f (Börse, Fin, Media)* scare tactics
Panikverkäufe *mpl (Börse, Fin, Gen)* panic selling
Panzerschrank *m (Bank)* safe
Papierdokument *n (Gen, Komm)* paper document, hardcopy
Papierformat *n (Comp, Komm)* paper size
Papiergeld *n (Bank, Fin)* paper money, soft money
Papiergold *n (Bank)* paper gold *(IWF)*

Papierindustrie *f (Umwelt)* paper industry
Papierrechnung *f (V&M)* hardcopy invoice
Papierwährung *f (WiWi)* paper currency
Papierwarenhändler *m (Admin)* stationer
Papierwarenhändlerin *f s.* Papierwarenhändler
Papierzufuhr *f (Media)* paper feed, paper feeder, built-in feeder *(integriert)*
Pappe *f (V&M)* cardboard
Paradefall *m (Gen)* textbook case
Paradox *n (Gen)* paradox
Paragraf *m (Recht)* paragraph, section
parallel *adj* 1. *(Börse)* matched; 2. *(Fin, Gen, Ind)* parallel
Parallelanleihe *f (Bank, Fin)* parallel loan
parallele Schnittstelle *f (Comp, Komm)* parallel port *(z. B. Druckerverbindung)*
Parallelimport *m (Imp/Exp)* parallel import
Parallelkredit *m (Bank, Fin)* parallel loan, back-to-back loan
Parallelwährung *f (WiWi)* parallel currency
Parallelwirtschaft *f (WiWi)* shadow economy
Parameter *m (Stat)* parameter
Parameterschätzung *f (Stat)* estimation of parameters
parametrische Programmierung *f (Stat)* parametric programming
parametrische Statistik *f (Stat)* parametric statistics
Pareto-Analyse *f (WiWi)* Pareto analysis
Pareto-Effizienz *f (WiWi)* Pareto efficiency
pareto-optimale Volkswirtschaft *f (WiWi)* first best economy
Pareto-Optimum *n (WiWi)* Pareto optimum
pari/über *(Börse, Fin)* above par
pari/unter *(Börse, Fin)* below par
pari/zu *(Börse, Fin)* at face value, at par
Parikurs *m (Börse, Fin)* par price • **zum Parikurs** *(Bank)* at parity
Parität *f (Fin, WiWi)* parity
Paritätspreisbildung *f (WiWi)* parity pricing
Parkett *n* 1. *(Börse)* trading [dealing] floor, floor; 2. *(Frei) (BE)* stalls, *(AE)* parquet *(Theater)*
Parketthändler *m (Börse)* floor trader, floor broker
Parkhaus *n (Grund, Transp)* multistor(e)y car park
Parlament *n (Pol)* Parliament
parlamentarisch *adj (Pol)* parliamentary
Partei *f (Pol, Recht)* party
Parteienverkehr *m* 1. *(Gen)* office hours, opening hours; 2. *(Admin)* opening hours
Parteilichkeit *f (Gen)* bias, partiality
parteiübergreifend *adj (Pol)* cross-party
Parteiwille *m (Recht)* parties' intention *(Vertragsrecht)*
Partie *f (Ind)* batch, lot
partielles Gleichgewicht *n (WiWi)* partial equilibrium
partizipative Unternehmensführung *f (Mgt)* bottom-up management
partizipativer Führungsstil *m (Mgt)* participative leadership
Partner *m (Gen)* associate, joint proprietor, partner • **einen Partner aufnehmen** *(Gen)* take a partner
Partnerin *f s.* Partner
Partnerschaft *f (Gen, Recht)* partnership
Partyverkauf *m (V&M)* party selling
Parzelle *f (Grund)* parcel, plot
Pass *m (Admin, Frei, Transp)* passport
Passageeinnahmen *fpl (Transp)* passenger fare receipts
Passagier *m (Frei, Transp)* passenger
Passagierin *f s.* Passagier
Passant *m (Gen, V&M)* passer-by
Passantin *f s.* Passant
passé *adj (ugs.) (Gen)* out of date
passend *adj* 1. *(Börse)* fit; 2. *(Gen)* suitable
passend *adj* **für** *(Gen)* applicable to
passgenau zugeschnitten *(V&M)* customized
passgenaue Maßnahme *f (Mgt, Pol)* tailor-made measure
passiv *adj* 1. *(Gen)* passive; 2. *(RW)* adverse
Passiva *npl (RW)* (total) equity and liabilities *(rechte Seite der Bilanz, zeigt die Kapitalherkunft bzw. die Ansprüche der mit verschiedenen Rechtstiteln ausgestatteten Kapitalgeber auf das links ausgewiesene Vermögen = Aktiva = assets)*
passive Abgrenzung *f (RW)* accrued

expense, deferred income, deferred revenue

passive Arbeitsmarktpolitik *f (Pers, Pol)* passive labour market policy

passive Handelsbilanz *f (Imp/Exp, WiWi)* adverse trade balance, trade deficit, unfavo(u)rable balance of trade

passive Rechnungsabgrenzung *f s.* passive Abgrenzung

passive Rechnungsabgrenzungsposten *mpl (RW)* accrued expenses, accrued liability

passiver Anleger *m (Fin)* passive investor

Passivgeschäft *n (Bank)* deposit business, borrowing transactions

passivieren *v*/**sich** *(RW, WiWi)* deteriorate *(ZB)*

Passivierungstendenzen *fpl (WiWi)* adverse tendencies *(ZB)*

Passivkonto *n (RW)* liability account *(wächst an durch Zugänge auf der Passivseite: Schulden, Rückstellungen, Positionen des Eigenkapitals)*

Passivraucher *m (Gen, Pers)* passive smoker, *(ugs.)* second-hand smoker

Passivsaldo *m (Fin)* debit balance

Passivseite *f* 1. *(RW)* liability side, liabilities side, liability and equity side; liabilities and equity, liabilities and shareholders' equity *(Bilanz; Gegensatz: Aktivseite = asset side)*; 2. *(Gen)* right column *(Bilanz)*

Passkontrolle *f (Admin, Frei, Transp)* passport check

Patent *n (Pat, Recht)* patent • **ein Patent anmelden** *(Pat)* take out a patent

Patent *n* **angemeldet** *(Pat)* patent applied for, patent pending

Patentamt *n (Pat, Recht)* patent office

Patentanfechtung *f (Pat)* opposition *(Warenzeichen)*

Patentanmelder *m (Pat)* patent applicant

Patentanmelderin *f s.* Patentanmelder

Patentanmeldung *f (Pat)* patent application • **Patentanmeldung läuft** *(Pat)* patent pending

Patentanwalt *m (Pat, Recht)* patent attorney

Patentberufungsgericht *n (Pat, Recht)* patent appeals court

Patentbeschreibung *f (Pat)* patent specification

Patentdauer *f (Pat)* term of patent, patent life

Patenterteilung *f (Pat, Recht)* granting of a patent

patentfähig *adj (Pat, Recht)* patentable

Patentfähigkeit *f (Pat, Recht)* patentability

Patentierbarkeit *f (Pat)* patentability

patentiert *adj (Pat)* patented

patentiert *adj*/**nicht** *(Pat)* unpatented

Patentierung *f (Pat, Recht)* patenting

Patentierungsvoraussetzungen *fpl (Pat, Recht)* conditions of patentability

Patentinhaber *m (Pat)* patent proprietor, patentee

Patentinhaberin *f s.* Patentinhaber

Patentlösung *f (Gen)* patent remedy

Patentprüfung *f (Pat)* patent examination

Patentrecht *n (Pat, Recht)* patent law, patent right

Patentregister *n (Pat)* patent register

Patentrolle *f (Pat)* register

Patentschrift *f (Pat)* (patent) specification

Patentschutz *m (Pat, Recht)* patent protection

Patentstelle *f (Pat, Recht)* patent department

Patenturkunde *f (Pat)* patent certificate

Patentverletzung *f (Pat, Recht)* patent infringement • **jmdn. wegen Patentverletzung verklagen** *(Pat)* sue sb for infringement of patent

Patentverletzungsverfahren *n (Pat, Recht)* patent infringement proceedings

Patentverwertung *f (Pat)* exploitation

Patronatserklärung *f (Börse, Fin, Gen)* letter of comfort, comfort letter

pauschal *adj (Gen)* across-the-board, all-in, all-inclusive

Pauschal... *(Gen)* flat-rate, lump sum, package

Pauschalabgabe *f (Pers, Soz)* lump sum contribution

Pauschalangebot *n* 1. *(Frei)* package deal; 2. *(WiWi)* package offer

Pauschalbeitrag *n (Pers, Soz)* lump sum contribution

Pauschalbetrag *m (Gen)* lump sum

Pauschale *f (Gen)* lump sum
pauschale Absatzprovision *f (Gen) (AE)* override
pauschale Erhöhung *f (Mgt)* across-the--board increase
pauschale Kürzung *f (WiWi)* overall cut, *(ugs.)* meat-axe reduction
Pauschalgebühr *f (Bank, Pat)* flat fee, flat-rate fee
Pauschalgebühren *fpl (Admin)* flat charges
Pauschalhaftpflichtversicherung *f (Versich)* umbrella liability insurance
Pauschalkosten *pl (Admin)* flat charges
Pauschalkürzung *f (Mgt)* across-the--board cut *(in prices, wages, taxes)*
Pauschallohn *m (Pers)* flat-rate wage
Pauschalpreis *m (Gen)* all-inclusive price, flat-rate price, lump sum price
Pauschalrückstellung *f (RW)* general bad-debt provision, lump sum provision, global provision, composite provision *(Pauschalwertberichtigung)*
Pauschalsachversicherung *f (Versich)* block policy
Pauschalsteuer *f (Steuer)* flat-rate tax, lump sum tax
Pauschalsumme *f (Soz, Versich)* lump sum, fixed sum
Pauschaltarif *m* 1. *(Gen)* blanket rate; 2. *(Pers, Steuer)* flat scale; 3. *(Admin)* inclusive rate
Pauschalversicherung *f (Versich)* blanket insurance, *(AE)* floater
Pauschalwertberichtigung *f (Fin, RW)* general bad-debt provision, lump sum provision, global provision, composite provision, general allowance, global valuation adjustment *(Synonym: Pauschalrückstellung; Gegensatz: Einzelabschreibung = single asset depreciation)*; general loan loss reserve *(Basel II)*
Pause *f* 1. *(Frei)* interval *(Theater)*; 2. *(Gen)* break, pause; 3. *(Media)* tracing *(Kopie)*; 4. *(Pers)* break *(Kaffee)*
Pay-off-Periode *f (Fin)* pay-off time, pay--back period
PC-gestützt *adj (Comp)* computer--aided, computer-assisted, computer--based, PC-based
PDF-Datei *f (Comp, Komm)* PDF file
Pegel *m (Ind)* level *(Geräusch, Lärm)*
pendeln *v (Gen, Transp)* commute *(zur Arbeit)*
Pendelverkehr *m (Transp)* shuttle service, commuter traffic, *(AE)* commutation
Pendler *m (Gen, Transp)* commuter
Pendlerin *f s.* Pendler
Penetrationsrate *f (V&M)* penetration rate
Pension *f* 1. *(Fin)* pension, retirement pension [pay], superannuation *(Ruhegehalt)*; state pension *(Staat)*; retirement *(Ruhestand)*; 2. *(Frei)* board *(Unterkunftskosten)*; guest-house, boarding house *(Gästehaus)*; 3. *(Pers, Soz, Versich)* pension, retirement pension [pay] *(Ruhegehalt)*; state pension *(Staat)*; retirement *(Ruhestand)* • **in Pension gehen** *(Soz)* go into retirement *(Ruhestand)*
Pensionär *m (Pers, Soz)* pensioner, *(BE)* old-age pensioner *(OAP)*; retired person, *(AE)* retiree
Pensionärin *f s.* Pensionär
pensionieren *v (Fin, Pers, Soz, Versich)* pension off • **sich pensionieren lassen** *(Pers)* retire on a pension *(Ruhestand)*
pensioniert *adj (Fin, Pers, Soz, Versich)* retired, superannuated *(Ruhestand)*
Pensionierung *f (Fin, Pers, Soz, Versich)* retirement
Pensionsalter *n (Pers, Soz)* pensionable age
pensionsfähiges Alter *n (Pers, Soz)* retiring age
Pensionsfonds *m (Fin, RW, Versich)* retirement [pension] fund, *(AE)* superfund
Pensionsgeschäft *n (Börse, Fin)* sale and repurchase agreement
Pensionskasse *f (Fin, RW, Versich)* pension [retirement] fund, *(AE)* superfund
Pensionsplan *m (Fin, Pers)* retirement scheme
Pensionsrückstellungen *fpl (RW)* provisions for pensions
Pensionssatz *m (Bank, Fin)* repurchase rate
Pensionssystem *n (Pers)* retirement plan
Pensum *n (Mgt, Pers)* quota, workload *(Arbeit)* • **sein Pensum bewältigen** *(Pers)* do one's stint *(Arbeit)*

per Adresse *(Gen, Komm)* care of, c/o
per annum *(Gen)* per annum, p. a.
per procura *(Gen, Recht)* per pro, pp, per procurationem
per saldo *(Gen)* net, on balance
per Termin kaufen *(Börse, Fin)* buy forward
Periodenabgrenzung *f (RW)* accrual concept [principle]
Periodenbetriebsgewinn *m (RW)* current operating profit
periodenfremde Aufwendungen *fpl* **und Erträge** *mpl (RW, WiWi)* below--the-line items
periodengerechte Abgrenzung *f (RW)* accrual accounting
periodengerechter Zinssatz *m (Bank, RW)* accrual interest rate
Periodengewinn *m (RW)* accounting profit [income]
periodisch *adj (Gen)* periodic, periodical
periodische Prüfung *f (RW)* repeating audit
permanente Inventur *f (Fin, RW)* perpetual inventory
permanente Prüfung *f (RW)* continuing audit
Person *f* **mit ständigem Wohnsitz** *(Recht)* permanent resident
Personal *n* 1. *(Gen, Ind)* workforce; 2. *(Mgt, Pers)* personnel, staff, workforce • **das Personal abbauen** *(Pers)* trim the workforce *(Rationalisierung)* • **Personal abwerben** *(Mgt)* headhunt • **Personal einstellen** *(Pers)* recruit workers, recruit new staff, hire workers • **Personal reduzieren** *(Pers)* reduce staff, reduce the workforce • **mit Personal besetzen** *(Pers)* man, staff • **Personal freisetzen** *(Pers)* lay off staff • **zu wenig Personal haben** *(Pers)* be short-staffed
Personalabbau *m (Pers)* reduction in force, demanning, staff cutback
Personalabteilung *f (Pers)* personnel department
Personalakte *f (Admin)* personal dossier, personal file
Personalaufwand *m (Pers, RW)* staff [personnel] costs
Personalausgaben *fpl (Pers)* staff expenditure, expenditure on personnel, staff cost(s)
Personalauswahl *f (Pers)* employee selection, staff selection, pre-employment screening
Personalauswahlverfahren *n (Pers) (AE)* assessment center, *(BE)* assessment centre
Personalausweis *m (Admin, Pol)* identity card, national identity card *(staatlich)*
Personalbedarf *m (Pers)* staff requirements, manpower requirements
Personalberatungsunternehmen *n (Pers)* executive search firm
Personalbeschaffung *f (Mgt, Pers)* staffing, staff resourcing, recruitment
Personalbesetzung *f (Pers)* staffing, staffing [manning] level
Personalbestand *m* 1. *(Gen, Ind)* workforce; 2. *(Mgt, Pers)* labo(u)r force, manning, manpower, staffing level
Personalbeurteilung *f (Mgt, Pers)* staff appraisal, staff audit
Personalbogen *m (Pers)* personal data sheet
Personaleinsparung *f (Pers)* staff savings
Personalengpass *f (Pers)* staff shortage, shortage of staff, manpower shortage
Personalentwicklung *f (Pers)* human resource development
Personalerhöhung *f (Pers)* staff increase, increase of the workforce
Personalfortbildung *f (Pers)* staff training, personnel training
Personalfreisetzung *f (Pers)* lay-off
Personalführung *f* **nach dem (Chancen-)Gleichheitsprinzip** *(Mgt, Pers)* equality management
Personalgemeinkosten *pl (Pers)* personnel overheads
personalintensiv *adj (Pers)* manpower--intensive
Personalknappheit *f (Pers)* staff shortage, shortage of staff, manpower shortage, shortage of manpower
Personalkosten *pl (Pers)* employment [payroll] costs, personnel expenses
Personalleitung *f (Mgt, Pers)* personnel management, staff management
Personalmanagement *n (Pers)* human resource management
Personalmangel *m (Pers)* shortage of manpower, staff shortage, shortage of staff • **unter Personalmangel leiden**

(Pers) be short-handed, be short-staffed
Personalnebenkosten *pl (Pers, RW)* add-on staff costs
Personalplanung *f (Pers)* human resource(s) planning, manpower planning
Personalpolitik *f* 1. *(Gen, Mgt)* staffing policy; 2. *(Pers)* personnel policy, staffing policy
Personalrat *m (Mgt, Pers)* staff council, personnel committee
Personalreduzierung *f (Pers)* staff cut, staff cuts, staff reduction, reduction in staff, reduction in staffing levels
Personalrotation *f (Pers)* staff rotation, rotation of staff *(Synonym: innerbetriebliche Personalumbesetzung)*
Personalsachbearbeiter *m (Pers)* personnel officer
Personalsachbearbeiterin *f s.* Personalsachbearbeiter
Personalschulung *f (Mgt, Pers)* staff training
Personalstand *f (Pers)* staff level(s), manpower level(s) staffing levels
Personalsuche *f (V&M)* recruiting
Personalüberhang *m*, **Personalüberschuss** *m (Pers)* labour surplus, manpower surplus, surplus labour • **Personalüberhang haben** *(Pers)* be overstaffed, be overmanned
Personalvermittlungsbüro *n (Pers)* employment agency
Personalverringerung *f (Pers)* staff cut, staff cuts, staff reduction, reduction in staff, reduction in staffing levels
Personalvertreter *m (Pers)* staff representative
Personalvertreterin *f s.* Personalvertreter
Personalverwaltung *f (Pers)* personnel administration, personnel [staff] management
Personalwechsel *m (Pers)* staff turnover
Personalwesen *n (Pers)* personnel management, human resource management
Personalwirtschaft *f (Pers)* manpower [personnel, staff] management
Personalzusatzkosten *pl (Pers, RW)* additional labour costs, non-wage labour costs *(Lohnnebenkosten)*; add-on costs
Personalzuwachs *m (Pers)* staff growth, workforce growth
Personenbeförderung *f (Transp)* passenger transport
personenbezogene Daten *npl (Comp, Komm, Recht)* personal data • **vor der Erhebung, Verarbeitung und Nutzung personenbezogener Daten** *(Comp, Recht)* prior to the collection, processing or use of personal data *(Datenschutz, IuKDG)*
personenbezogene Kapitalgesellschaft *f (Gen)* private company
Personenfreizügigkeit *f (Pol)* freedom of movement of persons *(EU)*
Personengesellschaft *f (Gen)* partnership, unincorporated firm, *(BE)* limited company
Personenleistung *f (Ind)* output per head
Personenvereinigung *f (Gen)* association
persönlich *adj (Gen)* personal, private
persönlich *adv (Gen)* in person, personally • **persönlich haftbar** *(Recht)* personally liable [responsible]
persönlich haftender Gesellschafter *m (Börse, Gen)* general partner
persönlich haftender Partner *m (Gen, Recht)* unlimited partner, general partner *(Vollhafter, Komplementär; Gegensatz: Teilhafter, Kommanditist = limited partner)*
persönliche Assistentin *f s.* persönlicher Assistent
persönliche Einkommensverteilung *f (WiWi)* personal income distribution
persönliche Gegenstände *mpl (Gen)* personal effects
persönliche Habe *f (Grund)* chattels
persönliche Haftung *f (Recht)* personal liability
persönliche Identifikationsnummer *f (Bank, Comp, Komm)* personal identification number, PIN *(Geheimzahl)*
persönliche Zuständigkeit *f (Recht)* personal jurisdiction
persönlicher Assistent *m (Mgt, Pers)* personal assistant *(PA)*
persönlicher Verkauf *m (V&M) (ugs.)* face-to-face selling

persönliches Einkommen *n (WiWi)* personal income
persönliches Interesse an etw. haben *v***/ein** *(Gen)* have a vested interest in sth
persönliches Nettoeinkommen *n (WiWi)* personal disposable income
persönliches Rentenkonto *n (Bank, Steuer)* individual retirement account
persönliches verfügbares Einkommen *n* **nach Steuern** *(WiWi)* personal disposable income
Persönlichkeit *f (Mgt)* personality
Perspektive *f (Gen)* perspective
perspektivloses Produkt *n (V&M)* dog
Pfand *n* 1. *(Fin)* collateral, pawn, security; 2. *(V&M)* deposit *(Flasche)*
pfändbar *adj (Recht)* distrainable, attachable *(Lohn)*
Pfandbrief *m (Börse, Fin, RW)* mortgage bond
Pfandbriefausstattung *f (Bank, Fin)* terms of mortgage bonds
Pfandbriefinhaber *m (Börse)* mortgage bond creditor [holder]
Pfandbriefinhaberin *f s.* Pfandbriefinhaber
Pfandbriefmarkt *m (Deu) (Börse)* Pfandbrief market
pfänden *v (Recht)* impound, levy, attach
Pfandflasche *f (Umwelt, V&M)* deposit bottle, returnable bottle
Pfandgläubiger *m (Recht)* secured creditor
Pfandleihanstalt *f (Fin)* pawnshop
Pfandleiher *m (Fin)* pawnbroker
Pfandrecht *n (Fin, Recht)* lien, right of lien [distraint]
Pfandrecht *n* **an beweglichen Sachen** *(Bank)* chattel mortgage
Pfandsache *f (Fin)* pawn
Pfändung *f* 1. *(Fin)* pawnage; 2. *(Recht)* distraint of property; 3. *(Versich)* attachment
Pflege *f (Soz)* care
pflegen *v* 1. *(Gen)* service *(Markt)*; foster *(Beziehungen)*; 2. *(Soz)* care for
Pflegesatz *m (Soz)* hospital [nursing] home daily rate, rate of operating costs
Pflegetag *m (Versich)* nursing day
Pflegeversicherung *f (Soz, Versich)* dependency insurance, long term care insurance *(LTC)*
Pflicht *f (Recht)* duty, obligation
Pflichtbeitrag *m (Soz, Versich)* compulsory contribution, statutory contribution
Pflichten *fpl* **im Rahmen des Arbeitsvertrags** *(Pers)* duties under the employment contract
Pflichtfach *(Bil)* compulsory subject
Pflichtintervention *f (Pol, WiWi)* compulsory intervention, obligatory intervention
Pflichtprüfung *f (Recht, RW)* statutory audit(ing)
Pflichtquote *f (Pers, Pol, Soz)* compulsory quota • **Pflichtquote von ...%** *(Pers, Soz)* compulsory quota of ...%
Pflichtteil *m (Recht)* legal [compulsory] portion *(Nachlass)*
Pflichtverletzung *f (Recht)* breach of duty, breach of trust
Pflichtvernachlässigung *f (Recht)* neglect of duty
pflichtversichert *adj (Soz)* compulsory insured
Pflichtversicherte *pl (Soz)* compulsory insured persons
Pflichtversicherung *f (Soz, Versich)* compulsory insurance, statutory insurance
Pflichtwandelanleihe *f (Bank, Fin)* mandatory convertible instrument *(Synonym: Wandelanleihe mit Wandlungspflicht; cf Wandelanleihe = convertible bond)*
Pharmaindustrie *f (Ind)* pharmaceutical industry
Pharmaprodukte *npl (Ind)* pharmaceuticals
Phase *f (Gen)* phase, stage
phasenweise *adv (Gen)* in stages
physisches Grenzprodukt *n (WiWi)* marginal physical product
Pigou-Steuer *f (WiWi)* Pigouvian tax
Pillenknick *m (ugs.)* 1. *(WiWi)* drop in the birthrate; 2. *(Gen) (ugs.)* baby bust *(due to the introduction of the pill)*
Pilotprojekt *n (Mgt)* pilot project
PIN *s.* persönliche Identifikationsnummer
Pionierprodukt *n (Ind, V&M)* pioneer product
plädieren *v (Recht)* plead
plädieren *v* **für** *(Gen)* advocate
Plädoyer *n (Recht)* summing up

Plafondierung *f (Bank)* capping, setting an upper limit
Plagiat *n (Comp, Ind, V&M)* piracy
Plakat *n (V&M)* bill, placard, poster *(Werbung)*
Plakatgröße *f (V&M)* poster size
Plakatwerbung *f (V&M)* outdoor advertising, poster advertising
Plan *m* 1. *(Fin)* estimates; 2. *(Gen)* blueprint, plan, program(me), schedule; 3. *(RW)* budget layout • **nach Plan** *(Gen)* as scheduled, according to schedule • **der Plan hat weder Hand noch Fuß** *(Gen)* the plan makes no sense, the plan has no substance • **der Plan ist nicht hieb- und stichfest** *(Gen) (ugs.)* the plan does not hold water • **im Plan liegen** *(Gen)* be on schedule • **einen Plan implementieren** *(Gen)* put a plan into action, implement a plan • **einen Plan realisieren** *(Gen)* put a plan into action • **einen Plan umsetzen** *(Gen)* put a plan into action, implement a plan
Planabweichung *f (Fin)* budget variance
Planeinstellung *f (Steuer)* discontinuance of plan
planen *v (Gen)* plan, envisage, propose *(vorschlagen)*; schedule *(Zeitablauf)*
Planerlös *m (RW)* budgeted income
plangemäß *adj (Gen)* according to plan, as scheduled
Plan-Ist-Abweichung *f (WiWi)* out-of--line situation
Plankontrolle *f (Fin, RW)* budgetary control
Plankosten *pl (Gen)* budgeted cost, standard cost
Plankostenrechnung *f (RW)* standard cost accounting, standard costing, budget accounting
planmäßig *adj (Gen)* systematic, on schedule, according to schedule
planmäßige Abschreibung *f (RW, Steuer)* scheduled depreciation, regular depreciation, systematic depreciation *(Verteilung der AK/HK abnutzbarer Wirtschaftsgüter über die betriebsgewöhnliche Nutzungsdauer, allocation of the cost of fixed assets over the estimated useful life; Gegensatz: außerplanmäßige Abschreibung = non--scheduled depreciation = unplanned depreciation; cf Wertminderungstest)*
planmäßige Abstimmung *f (Mgt, Pol, Recht)* systematic consultation *(EU; gemäß dem sog. Regelungsverfahren mit Kontrolle = regulatory procedure with scrutiny, dem neuen EU-Rechtssetzungsverfahren = legislative process; Stand 2/2008)*
Planrevision *f (Fin, RW, WiWi)* budget review, budgetary adjustment
Planspiel *n (Mgt)* management (business) game
Planung *f (Gen)* planning, projecting, projection, scheduling
Planung *f* **, Programmierung** *f* **und Budgetierung** *f (Fin, Mgt, RW, WiWi)* planning, programming and budgeting, PPB
Planungs-, Programmierungs- und Budgetierungssystem *n (Mgt)* planning, programming and budgeting system, PPBS
Planungsbehörde *f (Recht, Umwelt)* planning authority
Planungsperiode *f (Fin, RW, WiWi)* budget period
Planvorgaben *fpl (Mgt)* plan targets
Planwirtschaft *f (Pol, WiWi)* command economy, planned economy
planwirtschaftliches System *n (Pol, WiWi)* planned economy
Planzahl *f (RW)* target figure, targeted goal
platzen *v (ugs.) (Bank)* bounce *(Scheck)*
Platzhandel *m (WiWi)* local trade
platzieren *v (Börse)* place, position
Platzierung *f* 1. *(Börse)* placement, placing *(im Wertpapiergeschäft)*; 2. *(V&M)* insertion, positioning *(Anzeige)*
Platzierungsprovision *f (Börse)* selling commission
Platzierungsreserve *f (Börse)* greenshoe *(beim Börsengang, going public; Synonym: Mehrzuteilungsoption)*
plaudern *v (Komm)* chat *(Internet)*
plausibel *adj (Gen)* plausible
pleite *adj (ugs.) (Bank, Fin, Gen)* bankrupt, *(ugs.)* broke *(Person)*; *(ugs.)* bust *(Unternehmen)* • **pleite sein** *(Gen) (ugs.)* be skint
Pleite *f (ugs.) (Gen)* bankruptcy, *(ugs.)* flop *(Misserfolg)* • **Pleite machen** *(Gen)* go bankrupt, *(ugs.)* go bust, *(ugs.)* go to the wall

pleitegehen *v (Gen)* go bankrupt, *(ugs.)* go bust, *(ugs.)* go to the wall
Plenum *n (Pol, Recht)* plenary session, plenary sittings
Plombe *f (Imp/Exp, Ind)* seal
Pluskorrektur *f (Gen)* upward revision *(Preise)*
PLZ *s.* Postleitzahl
Podium *n (Media, Pol)* platform, stage, podium, rostrum *(Erhöhung)*
Podiumsdiskussion *f (Komm, Media)* panel discussion
Point-of-Sale *m (V&M)* point-of-sale, POS *(Einzelhandel)*
Police *f (Versich)* policy
Police *f* **mit Gewinnbeteiligung** *(Versich)* participating profit policy
Police *f* **mit vereinbarter Wertangabe** *(Versich)* valued policy
Police *f* **mit Wertangabe** *(Versich)* valued policy
Policenablauf *m (Versich)* lapse
Policendarlehen *n (Versich)* policy loan
Politik *f* **der ruhigen Hand** *(Pol, WiWi)* steady-as-she-goes policy
Politik *f* **des billigen Geldes** *(Bank, WiWi)* cheap [easy] money policy
Politik *f* **des teuren Geldes** *(WiWi)* tight monetary [money] policy
Politikentscheidung *f (Mgt, Pol)* policy decision
Politiker *m (Pol)* politician
Politikerin *f s.* Politiker
Politiksimulation *f (WiWi)* policy simulation
Politikverdrossenheit *f (Pol)* disillusionment with politics
politisch *adj (Pol)* political
politische Entscheidungsträger *mpl (Pol)* decision-makers in politics, policymakers
politische Gruppierung *f (Pol)* political group
politische Kernfrage *f (Pol)* political issue
politische Klasse *f (Pol)* political class, political office holders *(Entscheidungsträger)*
politische Ökonomie *f (Pol, WiWi)* political economy
politische Ökonomik *f (Pol, WiWi)* political economy
politische Umwälzungen *fpl (Pol)* political upheavals, political turmoil
politische Verstrickung *f (Pol)* political involvement
politische Werbung *f (Pol, V&M)* political advertising
politisches Bewusstsein *n (Pol)* political thinking
politisches Risiko *n (Fin, RW)* political risk *(Länderrating)*
polypolistische Konkurrenz *f (WiWi)* atomistic competition
Pornosteuer *f (Fin, Steuer)* porn tax
Portefeuille *n* 1. *(Bank)* portfolio; 2. *(Börse)* asset portfolio; 3. *(Fin)* (asset) portfolio
Portefeuille-Aufteilung *f (Fin)* portfolio split
Portefeuille-Strukturierung *f (Börse)* asset allocation
Portefeuille-Verwaltung *f (Fin, Mgt)* portfolio management
Portfolio *n (Börse, Fin, Mgt, Versich, V&M)* portfolio
Portfolio-Ansatz *m (Börse, Fin)* asset approach
Portfolio-Diversifizierung *f (Bank)* portfolio diversification *(EZB)*
Portfolio-Investition *f (Fin)* portfolio investment *(als Finanzinvestition in Unternehmensbeteiligungen bzw. Eigentumstitel; Synonym: Portfolio-Investment; Gegensatz: Direktinvestition = direct investment)*
Portfolio-Management *n (Börse, Fin)* portfolio management
Porto *n (Komm)* postage
Porto *n* **und Verpackung** *f (Komm)* postage and packing
portofrei *adj (Komm)* postpaid, postage paid
Portokasse *f (RW)* petty cash
Portonachnahme *f (Imp/Exp, Transp)* carriage forward
Position *f (Börse, Fin, V&M)* position • **eine Position abwickeln** *(Börse)* liquidate a position • **für eine Position in Betracht gezogen werden** *(Pers)* be considered for a post *(Bewerbung)* • **eine Position glattstellen** *(Börse)* close out a position • **seine Position halten** *(Gen)* stand one's ground • **eine Position liquidieren** *(Börse)* liquidate a

position • **eine Position schließen** *(Börse)* close out a position
Position *f* **unter dem Strich** *(Bank, RW)* item below the line *(Synonym: Posten unter dem Strich; z. B. Eventualverbindlichkeiten, Indossamentsverbindlichkeiten aus weitergegebenen Wechseln, Wechsel- und Scheckbürgschaften, Avalkredite; alle mit einem sehr geringen Risiko, "über dem Strich" gewinnwirksam zu werden)*
positionieren *v (Gen)* position
Positionierung *f (Börse, Fin, V&M)* positioning
Positionsbereinigung *f (Börse)* position squaring
Positionsführung *f (Börse)* position-keeping
Positionskonto *n (Börse)* position account
Positionslimit *n (Börse)* position limit
positiv *adj (Gen)* positive
positive Zinsertragskurve *f (WiWi)* positive yield curve
positives Echo *n (WiWi)* positive feedback
Post *f (Komm) (AE)* mail, *(BE)* post; post office *(Amt)* • **mit getrennter Post** *(Komm)* under separate cover • **per Post versenden** *(Komm)* send by post
Postadresse *f (Komm)* mailing address
postalische Befragung *f (Soz, V&M)* postal survey
Postanschrift *f (Komm) (AE)* mailing address, *(BE)* postal address
Postanweisung *f (Bank, Fin, Gen) (AE)* postal money order; postal note; *(BE)* postal order; remittance
Postbearbeitung *f (Komm)* mail processing
Posten *m* 1. *(Ind)* batch; 2. *(Pers)* job, post *(Stelle)*; 3. *(RW)* entry, item • **einen Posten im Hauptbuch verbuchen** *(RW)* enter an item in the ledger
Postfach *n (Komm)* post office box, PO box
Postgebühr *f (Komm)* postage rate
postlagernd *adj (Komm)* poste restante
Postlaufzeit *f (Gen)* turn(a)round time
Postleitzahl *f (Komm) (BE)* postcode, *(AE)* zip code
Postskriptum *n (Komm)* postscript, ps., PS *(am Briefende)*
Poststempel *m (Komm)* date stamp, postmark
Postüberweisung *f (RW)* postal remittance
Postweg/auf dem *(Komm) (AE)* by mail, *(BE)* by post
postwendend *adv (Komm)* by return of post
Postwertzeichen *n (Komm)* postage stamp
Postwurfsendung *f (Komm, V&M)* bulk mail, direct mail
Postzustelladresse *f (Komm)* mailing [postal] address
Postzustellung nicht möglich 1. *(Komm)* mail undeliverable, undeliverable mail; 2. *(Comp)* bounced e-mail *(internet)*
Potenzial *n (Gen)* potential • **über Potenzial verfügen** *(Gen)* have potential
potenziell *adj (Gen)* potential
potenzieller Anleger *m (Börse)* potential investor
potenzieller Ausstoß *m* **einer Volkswirtschaft** *(WiWi)* potential output
potenzieller Bewerber *m (Pers)* prospective candidate, prospective applicant, potential candidate
potenzieller Geldgeber *m (Gen)* prospective lender
potenzieller Kunde *m (V&M)* prospective customer
potenzieller Verbraucher *m (V&M)* prospective customer
potenzieller Verkaufsschlager *m (Pers) (ugs.)* sleeper
potenzielles Übernahmeobjekt *n (Börse) (ugs.)* sleeping beauty
potenzieren *v* **mit** *(Stat, WiWi)* raise to the power of
pp. *s.* per procura
PPS *(Abk. für Produktionsplanung und -steuerung) (Mgt)* production planning and control
PR *s.* Public Relations
Präferenz... *(Gen, WiWi)* preference, preferential
prägen *v (WiWi)* coin, mint
pragmatisch *adj (Gen, Pol)* pragmatic, practical, incremental *(Vorgehen)*
Praktikant *m (Pers)* trainee, *(AE)* intern, threshold worker

Praktikantenausbildung *f (Bil, Pers)* traineeship, *(AE)* internship
Praktikantenstelle *f (Pers)* trainee position, trainee post, internship
Praktikantin *f s.* Praktikant
Praktiker *m (Pers)* practitioner
Praktikerin *f s.* Praktiker
Praktikum *n (Pers)* traineeship
Praktikumsplatz *m (Pers)* internship, apprenticeship, apprenticeship place, trainee place
praktisch *adv (Gen)* practically • **praktisch verwerten** *(Pat)* exploit, work
praktische Ausbildung *f (Pers)* hands-on training
praktische Berufsausbildung *f (Bil)* on-the-job training, training on-the-job
praktische Erfahrung *f (Pers)* hands-on experience
praktizieren *v (Recht) (AE)* practice, *(BE)* practise
Prämie *f* 1. *(Börse, Fin)* bounty, premium; 2. *(Mgt, Pers)* award, bonus, additional pay *(Gehalt)*; 3. *(Versich)* premium
Prämie *f* **auf Risikobasis** *(Versich)* risk-based premium
Prämienabrechnung *f (Fin)* premium statement
Prämienakkordlohn *m (Pers)* piece rate plus bonus(es)
Prämieneinnahmen *fpl (Versich)* collection of premiums, premium income
Prämienerhöhung *f (Versich)* premium increase
Prämieninkasso *n (Versich)* collection of premiums
Prämienlohn *m* 1. *(Börse)* premium bonus; 2. *(Pers)* wage bonus *(Arbeit)*
Prämienlohnsystem *n (Pers)* (premium) bonus scheme *(Arbeit)*
Prämiennotierung *f (Börse)* premium quotations
Prämiensatz *m (Börse, Versich)* premium rate
Prämienzeitlohn *m (Pers)* time rate plus bonus(es)
Präsensindikator *m (WiWi)* coincident indicator
präsent *adj (Gen)* present, ready
Präsent *n (Media, V&M)* present
Präsentation *f (V&M)* presentation
Präsident *m (Pers)* president
Präsidentin *f s.* Präsident
Präsidentschaft *f* 1. *(Mgt, Pers)* chairmanship; 2. *(Pol)* presidency
Praxis *f (Recht)* practice • **in der Praxis** *(Gen)* in practice
praxisbezogen *adj (Pers)* practice-oriented, practice orientated
praxisfremd *adj (Gen, WiWi)* academic
Praxisgebühr *f (Soz)* (non-refundable) payment per consultation
praxisnah *adj (Gen)* hands-on
Präzedenzfall *m (Recht)* precedent
Präzedenzrecht *n (Recht)* case law *(Fallrecht)*
Präzisionsmaß *n (WiWi)* modulus of precision
Präzisionstechnik *f (Ind)* precision engineering
PR-Berater *m (Pers, V&M)* public relations consultant, public relations executive
PR-Beratung *f (Pers, V&M)* public relations consultancy
Preis *m (Gen)* charge, price • **unter Preis anbieten** *(V&M)* underprice • **die Preise gaben nach** *(Gen)* prices receded • **die Preise hochschrauben** *(V&M)* push up prices • **die Preise hochtreiben** *(V&M)* push up prices • **die Preise sind herabgesetzt worden** *(Börse)* prices have been marked down • **Preise hochschleusen** *(V&M)* push up prices • **zu geltenden Preisen** *(Börse, Fin)* at ruling prices • **sich durch zu hohe Preise vom Markt ausschließen** *(V&M)* price oneself out of the market • **Preise reduzieren** *(V&M)* cut prices • **zu Preisen, die zwischen x und y schwanken** *(Gen)* at prices ranging from x to y • **unter Preis verkaufen** *(V&M)* undercut • **Preis auf Anfrage** *(Gen)* price on application • **Preis pro Einheit** *(V&M)* unit price • **Preis über dem Kurswert** *(Börse)* above-market price • **Preis ab Werk** *(Ind)* ex factory [works] price
Preisabsatzfunktion *f (WiWi)* price-demand function
Preisabsprache *f* 1. *(Gen)* common pricing; 2. *(V&M)* price-fixing *(Wettbewerbsrecht)*; collusive tendering *(Ausschreibung)*
Preisabweichung *f (Gen)* price variance
Preisanfrage *f (Gen)* price enquiry

Preisangabe *f (Gen)* (displayed) price, quotation

Preisanstieg *m (Fin, V&M)* price increase [advance]

Preisanstieg *f* **auf breiter Ebene [Front]** *(Gen, WiWi)* across-the-board price increase

Preisaufschlag *m* 1. *(Gen)* price supplement, extra charge; 2. *(V&M)* mark-up

Preisauftrieb *m (WiWi)* rise in prices, upward pressure on prices

Preisauszeichnungsgesetze *npl (Recht)* label(l)ing laws

Preisbereich *m (V&M, WiWi)* price range

Preisbereinigungsindex *m* **für das Bruttonationaleinkommen** *(WiWi)* gross national income deflator, GNI deflator *(Synonym: Preis-Deflator für das Bruttonationaleinkommen; Bruttonationaleinkommen = BNE = GNI = gross national income, sie alle entsprechen, vor der Einführung des ESVG 95 im Jahr 2000, dem ehemaligen BSP = Bruttosozialprodukt = gross national product = GNP)*

Preisberichtigung *f (V&M)* pricing review

Preisbestimmung *f (V&M)* price determination

Preisbildung *f (V&M, WiWi)* price formation

Preisbildung *f* **auf Durchschnittskostenbasis** *(Admin, WiWi)* average cost pricing

Preisbindung *f* **der zweiten Hand** *(Fin, Recht, V&M)* (resale) price maintenance, retail price maintenance

Preis-Deflator *m* **für das Bruttonationaleinkommen** *(WiWi)* gross national income deflator, GNI deflator *(Synonym: Preisbereinigungsindex für das Bruttonationaleinkommen; Bruttonationaleinkommen = BNE = GNI = gross national income, sie alle entsprechen, vor der Einführung des ESVG 95 im Jahr 2000, dem ehemaligen BSP = Bruttosozialprodukt = gross national product = GNP)*

Preisdifferenz *f (Gen)* price gap

Preisdifferenzierung *f (V&M, WiWi)* differential pricing, price differentiation

Preisdiskriminierung *f (V&M, WiWi)* price discrimination

Preisdruck *m (V&M, WiWi)* price [pricing] pressure

Preiseinbruch *m (V&M)* break in the market

preiselastisch *adj (WiWi)* price sensitive

Preiselastizität *f* **der Nachfrage** *(WiWi)* price elasticity of demand

Preisempfehlung *f (V&M)* recommended retail price

preisempfindlich *adj (V&M, WiWi)* price-sensitive

Preisempfindlichkeit *f (V&M)* price sensitivity

Preisetikett *n (Fin, V&M)* price label, price ticket

Preisfestlegung *f (Fin, V&M)* pricing

Preisfestsetzung *f (Fin, Recht, V&M)* price setting, price-fixing

Preisfixierer *m (WiWi)* price maker

Preisführer *m (V&M, WiWi)* price leader

Preisgabe *f* 1. *(Recht)* disclosure, relinquishment *(Information)*; 2. *(Versich)* abandonment

preisgebunden *adj (Recht, V&M)* price-controlled

Preisgefälle *n (Pers, V&M)* price differential

Preisgestaltung *f (Gen, V&M)* pricing

Preisgleitklausel *f* 1. *(Recht)* escalation clause, sliding-price clause *(Vertragsrecht)*; 2. *(V&M)* price variation clause

preisgünstig *adj (Gen)* low-priced

preisgünstigstes Angebot *n (Gen)* lowest tender

Preisherabsetzung *f* 1. *(V&M)* mark-down; 2. *(WiWi)* roll-back

Preisheraufsetzung *f (V&M)* mark-up

Preisindex *m* **für die Lebenshaltung** *(WiWi)* (average) cost-of-living index

Preiskartell *n (WiWi)* price cartel

Preiskonsumkurve *f (WiWi)* price-consumption curve

Preiskontrolle *f (WiWi)* price control
• **der Preiskontrolle unterworfen** *(Ind, WiWi)* subject to price controls

Preiskrieg *m* 1. *(Transp)* fare [rate] war; 2. *(V&M, WiWi)* price war

Preis-Leistungs-Verhältnis *n (Gen)* value for money, price-performance ratio

preisliche Wettbewerbsfähigkeit *f (V&M)* price competitiveness

Preisliste *f* 1. *(Fin)* price current; 2. *(V&M)* price list
Preismechanismus *m (WiWi)* price mechanism
Preisminderung *f (Recht)* diminuation *(des Kaufpreises)*
Preisnachfrageelastizität *f (V&M)* price--demand elasticity
Preisnachlass *m* 1. *(Börse)* concession; 2. *(Fin)* discount, rebate
Preisnehmer *m (WiWi)* price taker
Preisniveau *n (V&M, WiWi)* price level
Preispolitik *f (V&M, WiWi)* pricing policy
Preis-Qualitätsverhältnis *n (V&M)* price-quality ratio
Preisreduzierung *f (Fin, V&M, WiWi)* price cut
Preisrisiko *n (Bank, Börse, WiWi)* price risk, position risk *(Marktrisiko)*
Preisschild *n (V&M)* price label [sticker, ticket]
Preisschub *m (WiWi)* hike
Preisschwankung *f (V&M, WiWi)* price fluctuation
Preissenkung *f* 1. *(Fin, V&M)* price cutting, price mark-down, price cut; 2. *(WiWi)* price cut
Preisskala *f (V&M)* price range
Preisspanne *f (Börse, V&M)* price margin, price range, price spread
Preisspektrum *n (V&M)* price range
Preisstabilisierung *f (V&M, WiWi)* price stabilization
Preisstabilität *f (V&M, WiWi)* price stability
preisstabilitätsgerecht *adj (WiWi)* consistent with price stability *(EZB)*
Preisstand *m (Recht, WiWi)* price level
Preisstarrheit *f (WiWi)* price rigidity
Preisstopp *m (V&M, WiWi)* price freeze
Preistendenz *f* 1. *(Fin)* price trend; 2. *(WiWi)* market trend
Preisüberwachung *f (WiWi)* price supervision
Preisunterbietung *f* 1. *(Börse)* dumping; 2. *(V&M)* price cutting, underselling; 3. *(WiWi)* price cutting
Preisunterschied *m (Pers, V&M)* price differential
Preisvergleich *m (Gen, V&M)* price comparison
Preisverordnung *f (Bank, Recht, V&M)* pricing regulation
Preiswahrnehmung *f (WiWi)* price perception
preiswert *adj (Gen)* good value, inexpensive
prekäre Beschäftigung *f (Pers)* precarious employment (relationship)
Presse *f (Media, Pol, V&M)* press
Presseberichterstattung *f (Media)* press coverage
Pressefreiheit *f (Media, Recht)* freedom of the press
Pressesprecher *m (Media, Pol)* press officer, spokesman, spokesperson
Pressesprecherin *f (Media, Pol)* press officer, spokeswoman, spokesperson
Pressestelle *f (Media)* press office
Prestigekonsum *m (Gen)* conspicuous consumption *(Sozialprestige-bedingte auffällige Lebenshaltung)*
Pretest *m (V&M)* acceptance test, pre--test
PR-Fachleute *pl (Media, V&M)* public relations professionals
PR-Firma *f (Media, V&M)* PR firm, public relations firm, public relations company
primär *adj (Gen)* primary
Primär... *(Gen)* source, primary
Primärarbeitsmarkt *m (WiWi)* primary labo(u)r market
Primäraufwand *m (Fin)* primary input
Primärausbildung *f (Bil)* primary education
Primärdaten *pl (V&M)* primary data
primärer Arbeitsmarkt *m (WiWi)* primary labo(u)r market
primärer Wirtschaftssektor *m (Ind, WiWi)* primary sector *(Synonym: Primärsektor, primärer Sektor; z. B. Land- und Forstwirtschaft, Bergbau)*
primäres Defizit *n (WiWi)* primary deficit
Primärforschung *f (Gen)* field research
Primärgüter *npl (Gen)* primary goods *(Rohstoffe)*
Primärmarkt *m (Börse)* new issue market, primary market
Primärmarkthändler *m (Börse)* primary market dealer
Primärproduktion *f (Ind, WiWi)* primary production
Primärressource *f (Umwelt)* primary resource
Primärsaldo *m (Pol, RW, WiWi)* primary

balance *(öffentliches Haushaltsdefizit ohne Zinszahlungen)*
Primärschulwesen *n (Bil)* primary education
Primärziel *n* 1. *(Fin)* primary objective; 2. *(WiWi)* prime goal
Prinzip *n (Gen)* principle • **aus Prinzip** *(Gen)* on principle
Prinzip *n* **der Periodenabgrenzung** *(RW)* accrual accounting, principle of accrual
Prinzip *n* **der Unabhängigkeit** *(Mgt, Steuer, V&M)* arm's length principle *(cf Drittvergleichsgrundsatz)*
Prinzip *n* **der wirtschaftlichen Unabhängigkeit** *(Mgt, Steuer, V&M)* arm's length principle *(cf Drittvergleichsgrundsatz)*
Prinzip *n* **der Zusätzlichkeit** *(Pers)* principle of additionality
prinzipiell *adv (Gen)* on [in] principle
Priorität *f (Gen)* priority • **nach Priorität** *(Gen)* in order of priority • **etw. Priorität verleihen** *(Gen)* give priority to sth
Prioritätsdatum *n (Pat, Recht)* priority date
Prioritätverlust *m* loss of priority
privat *adv (Gen)* privately • **sich privat versichern** *(Versich) (ugs.)* go private
Privatanleger *m (Fin)* private investor
Privatausgaben *fpl (WiWi)* private expenses
Privatbesitz *m (Grund)* private ownership
private Arbeitsvermittlung *f (Pers, Soz)* private employment agency, private employment service, private placing service, private job placing agency
private Einrichtung *f (Grund)* private institution
private Grenzkosten *pl (WiWi)* marginal private cost
private Investition *f (Fin)* private investment
private Kosten *pl (WiWi)* private cost
private Krankenhausbehandlung *f (Soz)* private hospital treatment
private Krankenversicherung *f (Pers, Soz, Versich) (AE)* commercial sickness insurance policy, *(BE)* private health insurance
private Mittel *npl (Fin)* private means
private stationäre Behandlung *f (Soz)* private hospital treatment
private Stellenvermittlung *f (Pers)* employment agency *(Agentur)*
Private-Equity-Branche *f (Fin)* private equity industry *(Beteiligungsbranche; Finanzinvestoren, im Gegensatz zu den strategischen Investoren)*
Privateigentum *n (Grund)* private ownership
Privateinlage *f (Fin)* private-asset contribution
privater Anleger *m (Börse)* private investor
privater Schlüssel *m (Comp, Gen, Komm)* private key *(Datenverschlüsselung)*
privater Sektor *m (WiWi)* private sector
privater Vertrag *m (Gen)* private contract
privates Zollgutlager *n (Imp/Exp)* private customs warehouse, private bonded warehouse
Privatgespräch *n (Komm)* private call *(Telefonat)*
Privathaushalt *m (Gen)* private household
Privatinvestitionen *fpl (WiWi)* private sector investment
privatisieren *v (WiWi)* privatize
Privatisierung *f (WiWi)* privatization, denationalization
Privatisierungserlös *m (WiWi)* privatization proceeds
Privatkundeneinlage *f (Bank)* retail deposit, retail personal deposit
Privatkundengeschäft *n (Bank)* consumer [retail] banking
Privatmann *m (Gen)* private individual
Privatpatient *m (Soz)* private patient
Privatpatientin *f s.* Privatpatient
Privatperson *f (Gen)* private individual
Privatplatzierung *f (Bank, Fin)* private placement, private placing
Privatrecht *n (Recht)* private law *(Zivilrecht)*
privatrechtliche Forderung *f (Recht)* claim in private law
privatrechtliches Unternehmen *n (Recht)* private company
Privatrente *f (Bank, Soz, Versich)* private pension, personal pension
privatschriftlichen Vertrag/durch *(Recht)* by private contract

Privatschule *f (Gen, Soz)* private school, *(BE)* public school, *(BE)* independent school
Privatsphäre *f (Comp, Gen, Komm, Recht)* privacy, private sphere *(Persönlichkeitsrecht)*
Privatunternehmen *n (Gen)* private company [enterprise, firm], privately-owned company
Privatunternehmer *m (WiWi)* entrepreneur
Privatunterricht *m (Soz)* private tuition
Privatversicherung *f (Versich)* commercial insurance
Privatwirtschaft *f (WiWi)* private sector enterprise, private enterprise system
privatwirtschaftliches System *n (WiWi)* private enterprise system
privatwirtschaftliches Unternehmen *n (Gen)* private sector enterprise
pro Stunde *(Gen, Ind, Transp)* per hour, hourly
proaktiv *adj (Mgt)* proactive
Probe *f (Gen)* sample, test, trial, tryout, pattern *(Muster)* • **etw. auf Probe kaufen** *(Gen)* buy sth on approval
Probeabo *n (Media, V&M)* trial subscription
Probeabonnement *n (Media, V&M)* trial subscription
Probeabzug *m (Media)* proof, pull, proof sheet, repro pull
Probeauftrag *m (Gen, V&M)* trial order
Probebefragung *f (Gen)* pilot study
Probebeschäftigung *f (Pers)* probationary employment, trial employment
Probebetrieb *m (Mgt)* pilot production
Probebilanz *f (RW)* trial balance, pro forma balance sheet
Probebohrung *f (Ind, Umwelt)* test drilling *(Erdöl)*
Probedruck *m (Media)* proof sheet, trial proof, trial print
Probeerhebung *f (Gen)* pilot study
Probeexemplar *n (Media)* author's specimen copy
Probefahrt *f* 1. *(Gen)* trial run; 2. *(Transp)* test drive
Probekauf *m (V&M)* trial purchase
Probelauf *m (Gen)* test [trial, pilot] run
probeweise *adv (Gen)* on a trial basis
probeweise Beschäftigung *f (ugs.) (Pers)* probationary employment
Probezeit *f* 1. *(Gen)* trial period; 2. *(Pers)* probationary [probation, trial] period *(Arbeitsvertrag)*
probieren *v (Gen)* test, try (out)
Problem *n (Gen)* problem, concern • **vor einem Problem stehen** *(Mgt)* face a problem
problemlos *adj (Gen)* trouble-free
Problemlösung *f (Gen)* problem solving
Problemverflechtung *f (Pers)* concatenation of problems
Produkt *n (Ind, V&M, WiWi)* product
Produkt *n* **des gehobenen Marktes** *(V&M)* up-market product
Produkt *n* **des unteren Marktsegments** *(V&M)* down-market product
Produktakzeptanz *f (V&M)* product acceptance
Produktbekanntheit *f (V&M)* product awareness
Produktbestand *m (Fin)* product portfolio
Produkteinführung *f (V&M)* product introduction, product initiation, product launch
Produkteinheit *f (WiWi)* unit of output
Produktenbörse *f (Börse)* mercantile exchange, commodity exchange
Produktentwicklung *f (V&M)* product development
Produktfeld *n (V&M)* product field
Produktforschung *f* **und Entwicklung** *f (Ind)* product research and development
Produktgestaltung *f (V&M)* product design
Produkthaftpflicht *f (Recht)* product liability *(Herstellerhaftung)*
Produkthaftung *f (Versich)* product liability
Produktinnovation *f (Ind, V&M)* product innovation
Produktion *f (Ind)* production, output • **Produktion am Fließband** *(Ind)* line production • **die Produktion ausweiten** *(Ind)* expand output • **die Produktion einschränken** *(Gen, Ind)* scale down production • **die Produktion erhöhen** *(Ind)* increase production
Produktionsanlage *f (Ind)* manufacturing [production] plant
Produktionsaufwand *m (Ind)* production cost(s)

Produktionsfaktor *m (Ind, WiWi)* factor of production
Produktionsfunktion *f (WiWi)* production function
Produktionsgüter *npl* 1. *(Ind)* industrial [production] goods; 2. *(WiWi)* producer goods
Produktionskapazität *f (Ind)* manufacturing [production] capacity
Produktionskosten *pl (Ind, WiWi)* production costs, costs of production, manufacturing cost
Produktionsleistung *f (Ind)* production rate [capacity], output
Produktionsleitung *f (Ind, Mgt, Pers)* production management
Produktionsmenge *f (Ind, WiWi)* output
Produktionsmittel *npl (Pol, WiWi)* means of production
Produktionsmöglichkeitenkurve *f (WiWi)* production possibility frontier
Produktionsperiode *f (Ind)* contract period, manufacturing period
Produktionsplan *m (Ind, Mgt)* production plan, output budget
Produktionsplanung und -steuerung *f (Ind, Mgt)* production planning and control
Produktionspotenzial *n (WiWi)* productive potential
Produktionsstandort *m (Ind)* location of production, production location
Produktionssteuerung *f (Ind, Mgt)* production management
produktionssynchrone Lieferung *f (Gen)* just-in-time delivery
Produktionstätigkeit *f (Ind)* manufacturing activity
Produktionstempo *n (Ind)* production rate [speed]
Produktionsverfahren *n (Ind)* production method, production process
Produktionsverlegung *f (Ind)* relocation of production
Produktionsvolumen *n (Ind)* output volume, production volume
Produktionsziel *n (Ind)* production target
produktiv *adj (Pers, WiWi)* productive
Produktivität *f (Ind)* productivity, technical efficiency, physical efficiency
Produktivitätsanstieg *m (Gen, WiWi)* productivity increase, rise in productivity, productivity gain
Produktivitätsfortschritt *m (Gen, WiWi)* productivity advance, productivity increase, productivity gain *(Synonym: Produktivitätsgewinn, Produktivitätszunahme)*
Produktivitätsmessung *f (Ind)* productivity measurement
produktivitätsorientierte Lohnpolitik *f (Pol, WiWi)* productivity-oriented wage policy *(das lohnpolitische Konzept fordert Nominallohnerhöhungen in Höhe des Produktivitätsfortschritts, um die Lohnstückkosten und das Preisniveau konstant zu halten, es ist kein Beitrag zum Abbau von Arbeitslosigkeit, wohl aber zur Abbremsung weiterer Zunahme von Arbeitslosigkeit)*; output-related wages policy
Produktivitätspeitsche *f (Gen, Pol, WiWi)* productivity whip *(Tarifabschlüsse, die über dem Produktivitätsfortschritt liegen, bilden einen Anreiz zur Kapitalintensivierung und zur Entlassung geringqualifizierter Arbeitnehmer, deren Arbeitsproduktivität unter dem Durchschnitt der Beschäftigten liegt; als Folge steigt die Produktivität der betrachteten produktiven Einheit, eines Unternehmens, einer Branche oder einer Volkswirtschaft, die sog. Entlassungsproduktivität)*
Produktivitätswachstum *n (Gen, WiWi)* productivity growth
Produktivitätszuwachs *m (Ind)* productivity gain
Produktmanager *m (Mgt, Pers, V&M)* product manager, brand manager
Produktmanagerin *f* s. Produktmanager
Produktmärkte *mpl (WiWi)* product markets
Produktpalette *f (V&M)* array of products, product range, range of products
Produktpflege *f (Mgt, V&M)* product management
Produktpositionierung *f (V&M)* product positioning
Produktverbesserung *f (V&M)* product improvement
Produzent *m (Ind)* manufacturer, mfr, maker
Produzentenhaftung *f (Recht)* product liability, manufacturer`s liability *(Herstellerhaftung für Folgeschäden =*

consequential damages aus der bestimmungsgemäßen Produktbenutzung = intended use)

Produzentenrente *f (WiWi)* producer's surplus

Produzentin *f s.* Produzent

produzieren *v (Ind)* manufacture, produce

produzierendes Gewerbe *n (Ind, WiWi)* industry, goods-producing industry, manufacturing and extractive industry, manufacturing and extractive industries, production industries; secondary sector

Professionalisierung *f (Gen)* professionalization

professionell *adj (Gen)* professional

Profi *m (ugs.) (Gen)* pro, professional

Profil *n (Gen)* profile

Profit *m (Gen)* profit

Profit-Center *n (Fin, RW, WiWi) (AE)* profit center, *(BE)* profit centre

profitieren *v (Gen)* profit, benefit

Proformarechnung *f (Imp/Exp, RW, V&M)* pro forma invoice

Prognose *f (Gen)* prognosis, prediction, forecast

Prognosekostenrechnung *f (RW)* budgetary control *(neben der Standardkostenrechnung die zweite Form der Plankostenrechnung)*

prognostizieren *v (Gen)* predict, forecast

Programm *n* 1. *(Comp)* program; 2. *(Gen)* plan, schedule *(Zeitplan)*; 3. *(Media)* program(me) *(Sendung)*; 4. *(Mgt)* agenda, plan, program(me), timetable *(Sitzung)*

Programmbudget *n (Pol)* performance budget, programming budget

programmieren *v* 1. *(Comp)* program; 2. *(Gen, Mgt)* program(me)

Programmierkenntnisse *fpl (Comp, Pers)* programming knowledge

programmierte Unterweisung *f (Comp)* programmed instruction

programmierter Unterricht *m (Soz)* programmed learning

Programmierung *f (Comp)* programming, computer programming

Progressionswirkung *f (Fin, Steuer, WiWi)* fiscal drag *(durch Inflation)*

progressiv *adj (Gen)* progressive, accelerated

progressive Besteuerung *f (Steuer)* progressive taxation

progressive Einkommen(s)steuer *f (Steuer)* progressive income tax

progressive Unternehmensplanung *f (Mgt, WiWi)* bottom-up corporate planning, bottom-up planning *(Informationsfluss "von unten nach oben"; corporate planning)*

Projekt *n (Gen)* plan, project

Projektauswertung *f (Fin, Mgt)* project analysis

Projektbewertung *f (Fin, Mgt)* project assessment

projektbezogene Arbeit *f (Pers)* project-tied work

Projektfinanzierung *f (Fin)* project financing

projektgebundenes Darlehen *n (Fin)* nonrecourse loan

Projektgesellschaft *f (Admin, Recht)* special purpose vehicle *(SPV)*; special purpose entity *(Zweckgesellschaft)*

Projektgruppe *f (Mgt)* task force

Projektstudie *f (Gen)* feasibility survey [study]

Projektträger *m (WiWi)* project sponsor

Pro-Kopf... *(WiWi)* per capita

Pro-Kopf-BIP *n (WiWi)* per capita GDP

Pro-Kopf-Einkommen *n (WiWi)* income per head, per capita income, income per capita

Pro-Kopf-Verbrauch *m (WiWi)* consumption per capita

Prokura *f (pl: Prokuren; Deu) (Gen, Recht)* power of procuration, procuration, general commercial power of representation, comprehensive commercial power of attorney, power to act and sign on behalf of the firm *(no direct English or American equivalent; the far-reaching authority needs registration in the Commercial Register –Handelsregister- of the local court; Prokura is indicated by p. p. = pp = ppa. = per pro = per procura = per procuration, followed by the signature; Eintragung im Handelsregister des Amtsgerichts erforderlich; anders: Handlungsvollmacht = limited commercial authority)* • **per Prokura, p. p.** *(Recht)* per procuration, per proxy • **Prokura erteilen** *(Gen, Recht)* grant power of procuration, grant power to act and sign on behalf of the firm *(cf Prokurist, Prokura)* • **Prokura entziehen** *(Gen, Recht)* withdraw power of procuration, withdraw power to act and sign on behalf of the firm *(cf Prokurist)*

Prokurist *m (Deu) (Mgt, Pers, Recht)* Prokurist; Authorized Officer, Authorized Signatory, Officer with Procurement *(officer authorized to act and sign on behalf of the firm, his general or restricted commercial power of attorney is registered in the commercial register –Handelsregister- at the local court –Amtsgericht-; no direct English or american equivalent; eine natürliche Person, der nach § 51 HGB Prokura erteilt und nicht wieder entzogen wurde; cf Prokura)*

proletarisch *adj (Pol, WiWi)* proletarian

Prolongation *f* 1. *(Börse)* carryover, contango *(Report)*; 2. *(Gen)* extension; 3. *(Recht)* renewal *(Wechsel)*

prolongieren *v (Gen)* prolong, renew, extend

promovieren *v (Bil)* take one's doctor's degree, gain a doctorate, obtain a doctorate

prompt *adj (Gen)* speedy, prompt, quick

prompte Zahlung *f (Fin)* prompt payment

proportional *adj (Gen)* proportional

proportionale Steuer *f (Steuer)* standard-rate tax, proportional tax

Proportionalsatz *m (Steuer)* flat rate

Proportionaltarif *m (Fin)* proportional rate

Prorata-temporis-Basis *f (RW)* percentage-of-completion basis

Prospekt *m (Frei, Media, V&M)* brochure, prospectus

prospektive Bewertung *f (Versich)* prospective rating

protegieren *v (Pol, Recht)* protect

Protektionismus *m (WiWi)* protectionism

protestieren *v* 1. *(Gen)* protest *(Wechsel, Scheck)*; 2. *(Gen)* make a protest

Protestkosten *pl (Recht)* protest charges *(Wechsel)*

Protokoll *n* 1. *(Comp)* protocol; 2. *(Pol)* protocol; 3. *(Recht)* transcript *(bei Gericht)*; statement *(bei Polizei)*; 4. *(Mgt)* minutes *(einer Sitzung)*

protokollieren *v* 1. *(Gen)* give record of; record, log; 2. *(Mgt)* take the minutes, keep the minutes *(Sitzung)*

Prototyp *m (Ind, V&M)* prototype

Provision *f (Bank, Börse, V&M)* commission

Provision *f* **der Konsortialführung** *(Bank)* management fee

Provisionsaufwendungen *fpl (Bank, RW)* commissions payable *(Bank-GuV--Posten)*

Provisionserträge *mpl (Bank, RW)* commissions receivable *(Bank-GuV--Posten)*

Provisionskonto *n (Bank)* commission account

Provisionssatz *m (Bank)* commission rate

provisorisch *adv (Gen)* temporarily

Provisorium *n (Gen)* temporary measure

Prozent *n (Gen)* per cent, per cent, percentage

Prozentsatz *m (Stat)* percentage

Prozentsatz *m* **auf Jahresbasis umgerechneter** *(Fin)* annual percentage rate, annualized percentage rate

Prozentsatz *m* **der Wertminderung** *(Fin)* percentage of depreciation

Prozentspanne *f (WiWi)* percentage margin *(Synonym: prozentuale Spanne)*

prozentual *adj (Stat, WiWi)* proportional

prozentuale Abnahme *f (WiWi)* percent decrease

prozentuale Änderung *f (Fin)* percentage change

prozentuale Spanne *f (WiWi)* percentage margin *(Synonym: Prozentspanne)*

prozentuale Zunahme *f (WiWi)* percent increase

prozentualer Anteil *m (Stat, WiWi)* percentage

Prozess *m* 1. *(Comp, Ind)* process; 2. *(Recht)* trial *(Verfahren)*; litigation *(Rechtsstreit)*; case, court case *(Fall)*

Prozessanalyse *f (WiWi)* activity analysis

Prozessanwalt *m (Recht) (BE)* barrister--at-law, *(AE)* trial attorney, *(AE)* trial lawyer; counsel *(Rechtsanwalt)*

Prozessbevollmächtigter *m (Recht)* agent

prozessieren *v (Recht)* litigate, proceed, sue, go to court • **gegen jmdn. prozessieren** *(Recht)* take sb to court

Prozesskette *f (Bank, Gen)* process chain
Prozesskosten *pl (Recht)* cost of litigation, legal costs
Prozesskostenhilfe *f (Recht, Soz)* legal aid
Prozessniveau *n (RW, WiWi)* activity level
Prozesspartei *f (Recht)* litigant
pro-zyklisch *adj (Pol, WiWi)* pro-cyclical
Prüf... *(Comp, Ind, RW, Stat)* test, testing, checking, auditing
Prüfbericht *m* 1. *(Fin)* audit report; 2. *(Gen)* inspection report *(technische Prüfung)*; test report *(Prüfprotokoll)*; 3. *(Pat)* search report
Prüfbescheinigung *f (Recht)* test certificate
prüfen *v* 1. *(Gen)* examine, survey, *(BE)* analyse, *(AE)* analyze; inspect; 2. *(Pat)* search; 3. *(Pers)* examine; 4. *(RW)* audit • **genau prüfen** *(Gen)* vet
Prüfer *m* 1. *(Gen, Pat, Pers)* examiner; 2. *(Fin, RW)* auditor, comptroller, controller
Prüferin *f s.* Prüfer
prüffähig *adj (RW)* auditable
Prüfkette *f (RW)* audit trail
Prüfling *m* 1. *(Gen)* testee; 2. *(Pers)* examinee
Prüfpanel *n (Gen)* control panel
Prüfspur *f (RW)* audit trail
Prüfung *f* 1. *(Comp)* check, test; 2. *(Gen)* analysis, verification, survey, test, inspection, examination; 3. *(Ind)* testing, testing procedure; 4. *(Pat, Pers)* examination; 5. *(RW)* audit, examination, verification; 6. *(V&M)* test • **eine Prüfung bestehen** *(Pers)* pass an examination, pass an exam • **eine Prüfung machen [ablegen]** *(Pers)* sit an examination, sit for an examination, take an examination, sit an exam, sit for an exam, take an exam • **eine Prüfung nicht bestehen** *(Pers)* fail an examination, fail an exam • **einer genauen Prüfung unterzogen werden** *(Gen)* come under scrutiny
Prüfung *f* **der Rechtssache** *(Recht)* examination of the case
Prüfung *f* **des Vorschlags** *(Versich)* examination of proposal
Prüfungsanforderungen *fpl (Bil)* examination requirements
Prüfungsauftrag *m (RW)* audit assignment
Prüfungsausschuss *m* 1. *(Pers)* review body, screening board; 2. *(RW)* audit committee
Prüfungsbericht *m (RW)* audit report, auditors' certificate, auditors' opinion, auditors' report, auditors' statement *(Prüfungsobjekt: Jahresabschluss)*; *(AE)* long-form auditors' report *(ausführliche Langform des Berichts)*
Prüfungsergebnis *n* 1. *(RW)* audit result; 2. *(Soz)* exam result
Prüfungsgrundsatz *m (RW)* audit standard, auditing principle [standard]
Prüfungshandbuch *n (Mgt)* audit manual, audit guide
Prüfungskandidat *m (Pers)* candidate, candidate for an examination
Prüfungskandidatin *f s.* Prüfungskandidat
Prüfungskette *f (RW)* audit trail
Prüfungskommission *f (Bil)* examination board, board of examiners
Prüfungskosten *pl (RW)* audit costs
Prüfungsleiter *m (Mgt)* audit head, chief auditor
Prüfungsleiterin *f s.* Prüfungsleiter
Prüfungspfad *m (RW)* audit trail
Prüfungsrichtlinie *f (RW)* auditing principle, auditing standard
Prüfungstermin *m (Recht)* date of the meeting for the verification of claims *(Insolvenzrecht, Konkursrecht)*
Prüfungsumfang *m (RW)* audit coverage [scope]
Prüfungsvermerk *m (RW)* audit report [certificate]
Prüfungswesen *n (RW)* auditing
Prüfungszeugnis *n (Pers)* examination certificate
Prüfverfahren *n* 1. *(Ind)* testing procedure; 2. *(Pers)* screening process *(Bewerbung)*
Public Relations *pl (Pers, V&M)* public relations, PR
Publikation *f (Media)* publication
Publikum *n (Gen)* public
Publikumsgesellschaft *f (Recht)* publicly held company; public corporation, *(BE)* public company *(Gesellschaften*

mit breit gestreutem Aktienkapital und geringem Einfluss der Aktionäre auf die Geschäftsführung; Gegensatz: Familiengesellschaft, kleine und mittlere Unternehmen, KMU, darunter auch solche, die in der Rechtsform einer AG oder KGaA auftreten können)

Publikumsrenner *m (V&M)* big seller

publikumswirksam *adj (V&M)* with a strong appeal

publizieren *v (Media, Pat)* publish

Publizität *f* 1. *(Börse, Fin)* disclosure; 2. *(Media, V&M)* publicity

Publizitätsanforderungen *fpl (Mgt, Recht)* (legal) disclosure requirements *(Synonym: Publizitätsvorschriften)*

Publizitätserfordernis *f (Börse, Fin)* disclosure requirement

Publizitätsvorschriften *fpl (Mgt, Recht)* legal disclosure requirements

Puffer *m (Comp)* buffer (storage), buffer store *(Daten)*

Pufferbestand *m (Ind)* buffer stock

Pufferzone *f (Grund)* buffer zone

Pump kaufen v/etw. auf *(ugs.) (Gen)* buy sth on tick

Punkt *m* 1. *(Börse)* point; 2. *(Comp)* dot; 3. *(Gen)* point; 4. *(Media) (BE)* full stop, *(AE)* period *(Typografie)* • **der Punkt ist noch unentschieden** *(Gen)* the point is still undecided • **einen toten Punkt erreichen** *(Gen)* reach a deadlock, reach an impasse

Punktbewertung *f (Mgt, Pers, Versich)* points rating

Punktelastizität *f (WiWi)* point elasticity

pünktlich *adj (Gen)* exact, precise, punctual

pünktlich *adv (Transp)* on time • **pünktlich verkehren** *(Transp)* run on time

pünktliche Rechnungsbezahlung *f (Fin)* prompt payment of invoices

Pünktlichkeit *f (Transp)* punctuality

Punktpreis *m (Börse)* point price

Q

QM *s.* Qualitätsmanagement

Quadband-Handy *n (Komm)* quadband mobile phone *(GSM 850, 900, 1800, 1900, damit weltweite Nutzung)*

Quadrat *n (Gen)* square

Quadratkilometer *m (Gen) (AE)* square kilometer, *(BE)* square kilometre

Quadratmeter *m (Gen) (AE)* square meter, *(BE)* square metre

Qualifikation *f (Gen, Pers, Soz)* qualification

Qualifikationen *fpl (Gen, Pers)* skills

Qualifikationsanforderungen *fpl (Bil, Pers)* skill requirements

Qualifikationsdefizit *n (Pers)* skill shortage

Qualifikationsniveau *n (Pers)* skill level, level of skill

Qualifikationsstruktur *f (Pers)* qualification pattern

qualifizieren v/sich *(Gen, Pol, Soz)* qualify (for) *(befähigen)*

qualifiziert *adj (Bil, Pers)* qualified • **gutqualifiziert** *(Pers)* well-qualified • **für etw. qualifiziert sein** *(Pers, Pol)* be eligible for sth

qualifizierter Beruf *m (Bil, Pers)* skilled occupation

qualifizierter Mehrheitsbeschluss *m (Pol)* qualified majority vote

Qualifizierung *f (Gen, Soz)* qualification

Qualität *f (Gen)* quality

Qualität *f* **der Finanzaktiva** 1. *(Bank, Fin)* quality of financial assets; 2. *(RW)* asset quality *(Finanzanlagen)*

Qualität *f* **des Forderungsbestandes** 1. *(Bank, Fin)* quality of accounts receivable; 2. *(RW)* asset quality

Qualität *f* **des Schuldners** *(Bank, Fin)* standing of the debtor

qualitativ *adj (Gen, V&M)* qualitative

Qualitätsanforderung *f (Ind)* quality requirement

Qualitätsarbeit *f (Gen)* high-quality workmanship

Qualitätsgüter *npl (Gen)* quality goods

Qualitätskontrolle *f* 1. *(Bank)* qualitative control; 2. *(Gen)* quality control; 3. *(Ind)* process control, quality control

Qualitätsmanagement *n (Ind)* quality management
Qualitätsmangel *m (Recht)* defect
Qualitätsnormen *fpl (Ind, Mgt)* quality standard
Qualitätsprodukt *n (V&M)* high-quality product
Qualitätssicherung *f (Gen, Ind, Mgt, V&M)* quality assurance, quality protection
Qualitätssiegel *n (Gen)* seal of quality
Qualitätsstandard *m (Gen, Ind, Mgt)* quality standard
Qualitätsüberwachung *f* 1. *(Gen, Ind)* quality monitoring; 2. *(V&M)* quality control
Qualitätsvorschrift *f (Ind)* quality specification
Qualitätswaren *fpl (Gen)* quality goods
Qualitätszirkel *m (Ind, Mgt, Pers)* quality circle
quantifizieren *v (Gen, Stat)* quantify
Quantität *f (Gen, Stat)* quantity
quantitativ *adj (Gen)* quantitative
quantitative Zielvorgabe *f (WiWi)* quantitative target
Quantitätstheorie *f (WiWi)* quantity theory of money
Quartal *n (Gen)* quarter *(Vierteljahr)*
Quartalsabschluss *m (RW)* quarter-end accounts, quarterly balance sheet
quartalsweise *adv (Gen)* quarterly
Quellenabzugsverfahren *n (Pers, RW, Steuer)* pay-as-you-go system, *(BE)* pay-as-you-earn system, PAYE, withholding at source, deduction at source
Quellenangabe *f (Media)* reference
quellenbesteuert *adj (Pers, RW, Steuer)* taxed at source
Quellenbesteuerung *f (Pers, Steuer)* withholding [deduction] at source, source taxation
Quellensteuer *f (Steuer)* withholding tax, tax collected at the source
quelloffene Software *f (Pat, Recht)* open source software
Querschnitt *m (Gen)* cross section, profile
Querschnittsanalyse *f (Stat)* cross--sectional analysis, cross-section analysis
Querschnittsdaten *n (Stat, WiWi)* cross--section data, cross-sectional data
Quersubvention *f (Fin, Gen)* cross-subsidy
Querverweis *m (Comp, Media)* cross--reference
quittieren *v (Gen)* acknowledge *(Brief)*; receipt *(Rechnung)*
Quittung *f* 1. *(Gen)* acknowledgement, receipt (for payment); 2. *(Recht)* acquittance
Quittungsbeleg *m (Gen, RW)* supporting receipt
Quote *f (Imp/Exp, Pol)* quota
Quoten festlegen *v (Imp/Exp)* fix quotas
quotenabhängig *adj (Gen)* subject to quota
Quotenaktie *f (Fin)* no-par stock, no-par value share, non-par value share *(lautet über einen definierten Anteil am Reinvermögen; Synonym: Anteilsaktie, nennwertlose Aktie; Gegensatz: Nennwertaktie)*
Quotenstichprobe *f (V&M)* quota sample
Quotient *m (Stat)* quotient

R

Rabatt *m (Gen)* rebate, discount, dis, disc., deduction, reduction • **mit Rabatt** *(Gen)* at a discount, AAD
Rabattpreis *m (Fin)* discount price
Rabattstaffel *f (Gen)* discount scale, graduated discount scale, discount schedule
radioaktiver Niederschlag *m (Umwelt)* radioactive fallout
Radiowerbung *f (Media, V&M)* radio advertising
Raffinerie *f (Ind)* refinery
raffinieren *v (Ind)* refine
Rahmen *m* 1. *(Comp)* rack, frame *(Datenübertragung)*; 2. *(Fin, Gen)* framework • **im Rahmen von** *(Gen)* within the framework of
Rahmenabkommen *n (Gen)* basic agreement
Rahmenbedingungen *fpl* 1. *(Gen)* general setting; 2. *(Mgt)* conceptual framework; 3. *(Recht)* general conditions; 4. *(WiWi)* underlying conditions, general economic framework; environment
Rahmengeneraleinfuhrlizenz *f (Imp/*

Exp) (BE) open general import licence, *(AE)* open general import license
Rahmengesetz *n (Pol, Recht)* framework law
Rahmenliefervertrag *m (Recht)* general supply contract
Rahmenplan *m (Mgt, WiWi)* strategic [master] plan
Rahmenprojekt *n (Gen)* umbrella project
Rahmenvereinbarung *(Gen, Pol, Recht)* framework agreement, basic agreement
Rahmenvertrag *m (Recht)* basic [skeleton] contract, outline agreement
Ramschanleihen *fpl (ugs.) (Bank, Fin)* junk bonds *(Synonym: Schrottanleihen; risikoreiche Anleihen mit geringer Bonität, hoher Risikoprämie und einem Rating unter BBB- oder Baa3 = non--investment grade; cf Risikoanleihen = Hochzinsanleihen = high-yield bonds)*
Ramschhypothek *f (infrml) (Bank, Grund) (infrml)* junk mortgage
Randbedingungen *fpl (Stat, WiWi)* boundary conditions; constraints
Randbemerkung *f (Admin)* marginal note
Randgebiet *n (Gen)* outlying districts, peripheral area
Randmarkt *m (Börse)* fringe market
Randproblem *n (Gen)* side issue
Rang *m* 1. *(Gen, Recht)* preference, ranking; 2. *(Pers)* rank, status, standing, echelon *(Hierarchie)* • **im Rang vorgehendes Darlehen** *(Bank)* senior loan • **im Rang nachgehen** *(Börse)* rank after
Rangfolge *f (Gen, Recht)* ranking, priority
Rangfolge *f* **der Gläubiger** *(Fin, RW)* ranking of creditors
ranghoher Vertreter *m* **der Geschäftsführung** *(Mgt, Pers)* senior manager
rangmäßige Bewertung *f* **von Gütern** *(WiWi)* ranking of commodities
Rangordnung *f* 1. *(Gen)* ranking order, ranking, order of (ones) priorities; 2. *(WiWi)* preference scale *(Präferenzskala bei Alternativen)*
Rangplatz *m (Gen, Stat)* rank, ranking
Rangrücktritt *m (Recht)* waiver of priority *(Rangänderung für Grundstücksrechte und –lasten)*
Rangskala *f (Stat, WiWi)* ordinal scale
Rangstelle *m (Gen, Stat)* rank, ranking
rapid *adv (Gen, WiWi)* rapidly • **rapid steigen** *(WiWi)* boom *(Aktien)*
rapiden Aufschwung nehmen *v (WiWi)* boom
rasanter Aufstieg *m (Mgt, Pers)* lightning rise, meteoric rise
rasch *adj (Gen)* fast
rasch ansteigend *adj (Gen)* soaring
rasch anwachsen *v (Gen)* experience rapid growth
rascher Aufstieg *m (Gen) (ugs.)* fast track
rascher Kursanstieg *m (Börse)* bulge
rasches Tempo *n (Gen)* fast pace
Rat *m* 1. *(Gen)* (word of) advice; 2. *(Admin, Pol)* council; 3. *(WiWi)* council, European Council *(EU)* • **einen Fachmann zurate ziehen** *(Gen)* take expert advice • **um Rat fragen** *(Gen)* seek advice
Rat *m* **der Europäischen Zentralbank** *(Bank, WiWi)* Governing Council of the European Central Bank *(EZB-Rat)*
Rat *m* **des Europäischen Zentralbanksystems** *(Bank, WiWi)* Governing Council of the European System of Central Banks, Governing Council of the ESCB *(ESZB)*
Rate *f* 1. *(Comp)* rate; 2. *(Gen)* rate, instal(l)ment • **auf Raten** *(Fin) (BE)* on hire purchase, *(AE)* on the instal(l)ment plan • **in Raten** *(Bank)* in instal(l)ments
Ratenkauf *m (V&M) (BE)* hire purchase, instal(l)ment buying
Ratenkredit *m* 1. *(Bank)* consumer instal(l)ment loan; 2. *(Fin)* instal(l)ment credit
Ratenvertrag *m (Recht)* instal(l)ment contract
Ratenzahlung *f (Bank)* instal(l)ment payment
Rathaus *n (Gen, Pol, Recht)* town hall
Rating *n* 1. *(Börse)* rating *(Wertpapiereinstufung)*; 2. *(Fin)* credit rating *(Bonitätsbewertung)* • **mit überdurchschnittlichem Rating** *(Börse, Fin)* with outperform rating, have an "outperform" rating
Rating-Agentur *f (Bank, Fin)* rating agency
rationale Entscheidung *f (Gen)* rational decision

rationale Erwartungen *fpl (WiWi)* rational expectations

rationalisieren *v (Gen)* rationalize, streamline

Rationalisierung *f (Gen)* streamlining, rationalization

Rationalisierungsinvestition *f (Mgt, WiWi)* modernization investment, capital investment for increased efficiency, productivity-oriented capital investment, productivity-orientated capital investment

Rationalisierungsstudie *f (Ind, Mgt, WiWi)* time and motion study

Rationalprinzip *n (WiWi)* efficiency rule *(Synonym: ökonomisches Prinzip, Wirtschaftlichkeitsprinzip, zwei Ausprägungen: 1. ein definiertes Ergebnis mit geringstmöglichem Mitteleinsatz erzielen = Minimalprinzip = Sparsamkeitsprinzip, oder 2. mit einem fest vorgegebenen Mitteleinsatz, z. B. Budget, das bestmögliche Ergebnis, z. B. Gewinn oder Output, erzielen = Maximalprinzip = Ergiebigkeitsprinzip)*

rationell *adj (Gen)* efficient

Rationierung *f (WiWi)* rationing

Ratsverordnung *f (Pol)* Council regulation *(EU)*

Ratsvorsitz *m (Pol)* Presidency of the Council *(EU)*

Raubbau *m (Gen, Umwelt)* overexploitation, *(ugs.)* robber economy

Raubdruck *m (Gen)* piracy *(Buch)*

Raubkopie *f* 1. *(Comp, Gen)* pirate copy; 2. *(Media, WiWi)* bootleg version, pirate version [copy]; 3. *(Recht)* pirate copy

Raum *m* 1. *(Gen)* area, room; 2. *(WiWi)* area

Raum *m* **für Verbesserungen** *(Gen)* scope for improvement

räumlicher Ausgleich *m (WiWi)* spatial equalization

räumlicher Nutzen *m* **eines Gutes** *(WiWi)* place utility

räumliches Monopol *n (WiWi)* local monopoly, spatial monopoly

Räumlichkeiten *fpl (Gen, Grund)* premises

Raumordnungspolitik *f (WiWi)* regional planning policy

Räumung *f* 1. *(Grund, Recht, Soz)* eviction; 2. *(V&M)* clearance • **zur Räumung zwingen** *(Grund, Recht)* evict

Räumungsbefehl *m (Grund, Recht)* eviction order

Räumungsklage *f (Grund, Recht)* action for eviction

Räumungsverkauf *m* 1. *(V&M)* clearance sale; 2. *(WiWi)* liquidation sale

Rauschgifthandel *m (Gen)* drug trafficking

Rausschmiss *m (ugs.) (Pers)* firing; *(BE; ugs.)* sack

Rauswurf *m (ugs.) (Pers)* firing; *(BE; ugs.)* sack

reagibel *adj (WiWi)* responsive

Reaktion *f* 1. *(Gen, Pers, Pol)* reaction; 2. *(WiWi)* response

Reaktionselastizität *f (V&M)* response elasticity

Reaktionsfunktion *f* 1. *(V&M)* response function; 2. *(WiWi)* reaction function *(Preistheorie)*

Reaktionszeit *f (Admin)* reaction time

real *adj (Pers, RW, WiWi)* actual

real *adv (WiWi)* in real terms

reale Sphäre *f (WiWi)* real sphere

reale Vermögenswerte *mpl (WiWi)* real assets

reale Welt *f (Comp, Gen)* physical world *(the flesh-and-blood real world, meatspace; Gegensatz: cyberspace = virtuelle Welt)*

Realeinkommen *n (Pers, WiWi)* real earnings, real income

realer Außenbeitrag *m (WiWi)* real foreign balance *(ZB, VGR)*

realer Größenvorteil *m (WiWi)* real economy of scale

realer Wechselkurs *m (Börse)* real exchange rate

reales Austauschverhältnis *n (WiWi)* terms of trade

reales Nettosozialprodukt *n (WiWi)* real net national product

reales verfügbares Einkommen *n (WiWi)* direct real income

reales Wachstum *n (WiWi)* real growth

Realisationsprinzip *n (RW)* realisation concept

realisierbar *adj* 1. *(Fin)* viable, realizable; 2. *(Gen)* viable *(Plan)*; 3. *(RW)* realizable, implementable; 4. *(Börse)* realizable

realisierbarer Verkaufserlös *m (Fin)* net realizable value
Realisierbarkeit *f* 1. *(Gen)* viability, feasibility; 2. *(Stat)* viability
realisieren *v* 1. *(Börse)* realize *(Gewinn)*; 2. *(Gen)* put into effect, implement *(Maßnahmen)*; 3. *(Fin, RW)* realize, liquidate
realisierte Gewinne *mpl (Fin, RW)* realized gains, realized profits • **nicht realisierte Gewinne** *(Fin, Steuer)* unrealized gains, unrealized profit
realisierte Verluste *mpl (Fin, RW)* realized losses
realisierter Kursverlust *m*/**nicht** *(Börse)* paper loss
realisierter Minimalertrag *m (Börse)* realized minimum return
Realisierung *f* 1. *(Börse)* liquidation *(Sicherheiten)*; 2. *(Gen, Mgt)* implementation, accomplishment, achievement
realistisch *adj (Gen)* realistic
Realkapital *n* 1. *(RW)* tangible fixed assets *(Synonym: Sachkapital; BWL: Summe der Betriebsmittel, monetary or intangible items are excluded; Gegensatz: Geldkapital, Humankapital, immaterielle Wirtschaftsgüter)*; 2. *(WiWi)* real capital, non-monetary capital *(VWL: Produktivkapital, Sachkapital, dritter Produktionsfaktor, Summe der Produktionsmittel des volkswirtschaftlichen Produktionsprozesses)*
Realkasse(n)effekt *m (WiWi)* wealth effect
Realkosten *pl (WiWi)* real cost
Reallohn *m (Pers, WiWi)* actual wage, real wage
Realschulabschluss *m (Pers)* intermediate leaving certificate, intermediate school leaving certificate
Realschule *f (Pers)* intermediate school, intermediate secondary school
Realverzinsung *f (Fin, WiWi)* real rate of interest, real yield, real return *(definiert z. B. als Umlaufrendite festverzinslicher Wertpapiere minus Inflationsrate, gemessen als HVPI; Gegensatz: Nominalverzinsung = nominal interest rate)*
Realwachstum *n* **des BIP** *(WiWi)* real GDP growth
Realwerte *mpl (Fin, WiWi)* real assets *(Sachwerte als Inflationsschutz; Gegensatz: Geldwerte = monetary assets)*
Realwertinflation *f (WiWi)* asset price inflation
Realzins *m (Fin, WiWi)* real rate of interest *(preisbereinigter Zins)*; real yield *(realer Ertrag; Gegensatz: Nominalzins; anders: Effektivzins = effective interest rate)*
Rechen... *(Comp)* computational, computing, calculating
Rechenschaft *f (Gen, Mgt, RW)* account • **jmdn. zur Rechenschaft ziehen** *(Gen)* call sb to account, *(ugs.)* bring sb to book
Rechenschaftsbericht *m (Gen)* report
Rechenschaftslegung *f (RW)* reporting
Rechenschaftspflicht *f (Mgt, RW)* accountability
rechenschaftspflichtig *adj (Gen, RW)* accountable
rechenschaftspflichtige Unternehmen *npl*/**öffentlich** *s.* öffentlich rechenschaftspflichtige Unternehmen
Recherche *f (Gen)* search
recherchieren *v (Gen)* investigate, search
Rechnen *n* 1. *(Comp)* computing; 2. *(Gen)* calculating; 3. *(RW)* reckoning
rechnen *v (Stat)* calculate • **rechnen mit etw.** *(Gen)* depend on sth, plan on sth, rely on sth • **das rechnet sich nicht** *(Gen) (ugs.)* it does not pay
rechnerabhängiges System *n (Comp)* on-line system
rechnerfern *adj (Comp)* remote
rechnergesteuert *adj (Comp)* computer-controlled, computer-driven, computer-operated
rechnergestützt *adj (Comp)* computer-based, computer-aided, computer-assisted, PC-based
rechnergestütztes Börsenhandelssystem *n (Börse)* computer-assisted trading system
rechnerisch *adj (Gen)* arithmetical, calculated, computed
rechnerische Fähigkeiten *f (Bil, Pers)* numeracy *(cf literacy = Lese- und Schreibfertigkeit)*
rechnerische Rendite *f (RW)* accounting rate of return

rechnerischer Gewinn *m (RW)* accounting [book, paper] profit
Rechnerleistung *f (Comp)* computer power
rechnerunabhängig *adj (Comp)* off-line
Rechnung *f* 1. *(Comp)* calculation; 2. *(Gen)* invoice, account, *(BE)* bill, *(AE)* check • **auf eigene Rechnung** *(Gen)* on one's own account, at one's own expense • **auf eigene Rechnung handeln** *(Börse)* trade for one's account • **auf Rechnung** *(V&M)* on account • **auf Rechnung von** *(Bank, Gen)* account of • **in Rechnung stellen** *(Gen)* charge, invoice • **die Rechnung zahlen** *(Gen)* pay the bill
Rechnungsabgrenzung *f (RW)* accruals and deferrals, accruals and deferrals adjustments, year-end adjustments
Rechnungsabgrenzungsposten *mpl* 1. *(RW)* accruals and deferrals, prepaid and deferred items, items of accrual and deferral; 2. *(BE)* prepayments and accrued income, *(AE)* prepaid expenses, *(AE)* expenses and deferred charges *(Aktivseite der Bilanz)*; 3. accruals and deferred income *(Passivseite; handels- und steuerrechtlich dürfen nach § 250 HGB nur transitorische Positionen = deferrals ausgewiesen werden)*
Rechnungsaufschub *m (V&M)* deferred billing
Rechnungsausstellung *f (Gen)* billing
Rechnungsauszug *m (RW)* statement of account
Rechnungsbetrag *m* 1. *(Fin)* invoice amount, invoicing amount; 2. *(Gen)* amount of a bill, invoice value, amount charged
Rechnungsdatum *n (Gen, RW)* date of invoice, *(AE)* billing date
Rechnungsführung *f (RW)* accounting
Rechnungsjahr *n (RW, Steuer)* fiscal year, FY; accounting period, accounting year • **im Rechnungsjahr anfallende Einkünfte** *(Fin)* current revenues *(laufende Einkünfte)*
Rechnungslegung *f* 1. *(RW)* accounting, accounting report; 2. *(Admin)* financial accounting [reporting]
Rechnungslegungsgrundsätze *mpl* *(RW)* accounting principles, accounting rules *(Synonym: Rechnungslegungsstandards)*
Rechnungslegungsmethode *f (RW)* accounting method
Rechnungsperiode *f (Steuer)* fiscal period
Rechnungspreis *m (Gen)* invoice price
Rechnungsprüfer *m (RW)* accountant, auditor
Rechnungsprüferin *f s.* Rechnungsprüfer
Rechnungsprüfung *f (Mgt, RW)* audit, audit of accounts; accounting control *(Revision)*
Rechnungsrabatt *m (V&M)* invoice discount
Rechnungswert *m (Gen)* invoice value
Rechnungswesen *n (RW)* accountancy, accounting
Recht *n (Recht)* right *(etw.as zu tun)*; law *(Rechtsordnung)* • **alle Rechte vorbehalten** *(Recht)* all rights reserved • **von einem Recht Gebrauch machen** *(Recht)* exercise a right • **Recht und (öffentliche) Ordnung wiederherstellen** *(Recht)* restore law and order • **von Rechts wegen** *(Recht)* by law, de jure
Recht *n* **auf Bildung** *(Pers)* right to education
Recht *n* **auf Entschädigung** *(Recht)* right of redress
Recht *n* **auf Freizügigkeit** *(Pol, Recht)* right to free movement
Recht *n* **auf Gegendarstellung** *(Media, Recht)* right of reply
Recht *n* **auf Nießbrauch** *(Recht)* right to usufruct
Recht *n* **auf Wiedergutmachung** *(Recht)* right of redress
Recht *n* **der Stellvertretung** *(Recht)* law of agency *(Verträge)*
recht und billig *(Gen)* equitable
Recht *n* **zur Wiederaufnahme** *(Recht)* right of resumption
Rechte *npl* **und Pflichten** *pl (Recht)* rights and obligations
rechtens *adv (Recht)* within the law
rechtens sein *v (Recht)* be within one's rights
Rechteverwertung *f (Media, Recht)* reproduction rights management

rechtfertigen *v (Gen)* justify, vindicate *(Handlung)*
Rechtfertigung *f (Gen)* justification, explanation, vindication
Rechtfertigungsgrund *m (Recht)* legal justification, legal defence, legal excuse
rechtlich *adj (Recht)* legal *(juristisch)*; lawful *(zulässig)* • **eine rechtliche Vereinbarung unterschreiben** *(Recht)* sign a legal agreement
rechtlich *adv (Recht)* lawfully, legally *(zulässig)* • **rechtlich durchsetzbar** *(Recht)* legally enforceable • **rechtlich verpflichtet** *(Recht)* legally bound
rechtliche Bedeutung *f (Recht)* legal importance, legal meaning, legal significance, legel effect; legal relevance, relevance *(zur Sache)*
rechtliche Lage *f (Recht)* legal situation
rechtliche Rahmenbedingungen *fpl (Recht)* legal framework
rechtliche Verpflichtung *f (Recht)* legal obligation
rechtliches Verhältnis *(Recht)* legal relationship, legal position
rechtmäßig *adj (Recht)* lawful
rechtmäßiger Besitzer *m (Recht)* lawful owner
rechtmäßiger Eigentümer *m (Recht)* rightful owner
rechtmäßiger Inhaber *m (Recht)* holder in due course
Rechtmäßigkeit *f* 1. *(Gen)* legality, legitimacy *(Anspruch)*; 2. *(Recht)* legitimacy
Rechtsakte *fpl (Recht)* legal acts
Rechtsangleichung *f (Recht)* harmonization
Rechtsanspruch *m (Recht)* legal claim, title
Rechtsanwalt *m (Recht) (AE)* attorney (-at-law), *(BE)* solicitor; *(BE)* barrister *(außergerichtlich und bei Gerichten höherer Instanz)*
Rechtsauffassung *f (Recht)* legal opinion
Rechtsbehelf *m (Recht)* appeal, legal redress *(bei Vertragsbruch)*; remedy *(Vertragsrecht)*; legal remedy *(wegen Vertragsverletzung)*
Rechtsbeistand *m* 1. *(Gen)* advocate; 2. *(Recht)* counsel
Rechtsberater *m (Recht)* legal advisor [counsel]
Rechtsberaterin *f s.* Rechtsberater
Rechtsberatung *f (Recht)* legal advice
Rechtsbeschluss *(Recht)* ruling, order, ord. *(des Gerichts)*; court decision
Rechtsbestand *m* **der EU** *(Pol)* acquis communautaire *(Synonym: EU--Rechtsbestand; meist: der Acquis Communautaire)*
Rechtsbeugung *f (Recht)* miscarriage of justice
Rechtsdokument *n (Recht)* legal document
Rechtsdurchsetzung *f (Recht)* enforcement of laws
rechtsfähige Gesellschaft *f (Gen)* incorporated company
Rechtsfähigkeit *f (Recht)* legal capacity
Rechtsfall *m (Recht)* court case, legal case
Rechtsform *f (Recht)* form of an act; legal form, legal structure *(eines Unternehmens, of an enterprise)*
Rechtsformwechsel *m (Recht)* change of (the) legal form, change of legal structure
Rechtsfrage *f* 1. *(Gen)* legal issue; 2. *(Recht)* point of law
Rechtsgebiet *n (Recht)* field of law, legal field
Rechtsgeschäft *n (Recht)* legal transaction [act] *(Verträge)*
rechtsgültig *adj (Recht)* legally effective, valid
Rechtsgültigkeit *f (Recht)* legality, legal validity
Rechtsgutachten *n (Recht)* legal opinion
Rechtshandlung *f (Recht)* legal act • **vom Schuldner vorgenommene Rechtshandlung** *(Recht)* act done by the debtor
Rechtshilfe *f (Recht)* legal assistance
Rechtsinhaber *m (Recht)* entitled person, holder of a right, beneficial owner; copyright owner *(Urheberrecht)*
Rechtsinhaberin *f s.* Rechtsinhaber
Rechtsinstrument *n (Recht)* legal instrument
Rechtskraft *f (Recht)* legal force
Rechtskraft erlangen *(Recht)* become conclusive

rechtskräftig *adj (Gen)* legally effective, final, valid
rechtskräftige Entscheidung *f (Recht)* final judgment by a court
rechtskundige Mitglieder *npl (Pat, Recht)* legally qualified members
Rechtslage *f (Recht)* legal situation, legal position, legal status
Rechtsmangel *m* 1. *(Grund) (AE)* cloud on title; 2. *(Recht)* defect of title, deficiency in title *(Vertragsrecht)* • **mit Rechtsmängeln behafteter Rechtstitel** *(Recht)* defective title
Rechtsmeinung *f (Pol, Recht)* interpretation of the law
Rechtsmittel *n* 1. *(Gen)* remedy; 2. *(Recht)* appeal, right of appeal • **Rechtsmittel einlegen** 1. *(Recht)* appeal; 2. *(Steuer)* lodge an appeal
Rechtsmittelbelehrung *f (Recht)* cautioning as to rights
Rechtsmittelinstanz *f (Recht)* appeal court, court of appeal
Rechtsmittelverfahren *n (Recht)* appeals procedure
Rechtsnachfolger *mpl* 1. *(Bank)* transferees; 2. *(Pat)* successors in title; 3. *(RW)* assignees; 4. *(Recht)* heirs and assigns *(Testament)*
Rechtsnachteil/ohne *(Versich)* without prejudice
Rechtsordnung *f (Recht)* legal system
Rechtspersönlichkeit *f (Recht)* legal entity
Rechtsprechung *f (Recht)* case law *(Fallrecht)*; precedents, precedent cases, precedent case law *(Präzedenz)*; judge-made law *(Richterrecht)*
Rechtsrahmen *m (Recht)* legal framework
Rechtssache *f (Recht)* case, legal case
Rechtsschutz *m (RW)* legal protection, protection from litigation
Rechtssetzung *f (Recht)* lawmaking
Rechtssetzungsprozess *m (Pol, Recht)* legislative procedure, legislative process *(Synonym: Rechtssetzungsverfahren)*
Rechtssprache *f (Recht)* legal language, language of the law
Rechtsspruch *m (Recht)* legal judgment
Rechtsstaat *m (Recht)* law-based state, rule-of-law nation, nation of laws, "one nation under law"
Rechtsstaatlichkeit *f (Recht)* rule of law
Rechtsstellung *f (Recht)* legal status
Rechtsstreit *m (Recht)* legal action, litigation
Rechtsstreitigkeit *f (Recht)* legal dispute, dispute of right
Rechtsterminologie *f (Gen, Recht)* legal terminology
Rechtsübertragung *f (Recht)* transfer of a right
Rechts- und Geschäftsunfähigkeit *f (WiWi)* legal incapacity
rechtsverbindlich *adj (Recht)* legally binding
Rechtsverhältnis *n (Recht)* legal relationship *(Verträge)*
Rechtsverletzung *f (Recht)* breach, encroachment, offence *(Beeinträchtigung)*
Rechtsvermutung *f (Recht)* legal presumption
Rechtsverordnung *f (Recht)* legal enactment, statutory order, administrative instrument
Rechtsvorgänger *m (Pat, Recht)* assignor, legal predecessor, predecessor in title
Rechtsvorgängerin *f s.* Rechtsvorgänger
Rechtsvorschrift *f (Recht)* legal requirement
Rechtsvorschriften *fpl (Recht)* laws and regulations
Rechtsweg ist ausgeschlossen/der *(Recht)* there is no right of appeal *(Teilnahmebedingung)*
Rechtswesen *n (Recht)* legal system, laws
rechtswidrig *adj (Recht)* unlawful
rechtswidriges Betreten *n (Recht)* unlawful trespass
rechtswirksam *adj (Recht)* legally effective • **nicht mehr rechtswirksam sein** *(Recht)* cease to have effect *(Vertrag)* • **rechtswirksam werden** *(Recht)* come into effect, become effective
Rechtswirksamkeit *f (Recht)* validity
Rechtswissenschaft *f (Recht)* jurisprudence
recyceln *v (Umwelt)* recycle

Recycling *n (Umwelt)* recycling *(von Abfallprodukten)*
Redaktion *f (Media)* editing, editorial staff
Rediskont *m (Bank, Fin, RW)* rediscount
rediskontfähig *adj (Bank, Fin)* rediscountable, eligible for discount *(Wechsel)*
rediskontfähige Wechsel *mpl (Bank)* eligible bills
Rediskontfazilität *f* **einer Zentralbank** *(Bank)* discount window lending
Rediskontierung *f (Bank, Fin, RW)* rediscounting
Redundanz *f (Comp, Gen)* redundancy *(Information)*
reduzieren *v* 1. *(Gen)* reduce, decrease, lower *(Ausgaben)*; 2. *(V&M)* mark down; 3. *(WiWi)* reduce *(Preise)*
reduziert *adj* 1. *(Gen)* cut, reduced; 2. *(V&M)* marked down; 3. *(WiWi)* reduced
Reduzierung *f* 1. *(Gen)* reduction, pruning; 2. *(V&M)* marking down; 3. *(WiWi)* reduction
Reduzierung *f* **der Belegschaft** *(Pers)* staff cut, staff cuts, staff reduction, reduction in staff, reduction in staffing levels
Reeder *m (Imp/Exp, Transp)* shipowner, shipping officer
Reederei *f* 1. *(Gen)* shipping business; 2. *(Transp)* shipping office
Referatsleiter *m (Pers)* head of section
Referatsleiterin *f s.* Referatsleiter
Referent *m* 1. *(Gen)* aide; 2. *(Media, Pol)* aide, speaker *(Vortragender)*
Referentin *f s.* Referent
Referenz *f (Pers)* reference *(Bewerbung, Zeugnis)*; reference, referee *(Person)*
Referenzgröße *f (Mgt, WiWi)* benchmark, reference benchmark
Referenzmaterial *n (Admin)* reference material
Referenzniveau *n (Fin)* reference level
Referenzschreiben *n (Pers)* reference (letter)
Referenzwährung *f (WiWi)* reference currency
Referenzwert *m (Bank, WiWi)* reference value, reference benchmark *(EZB)*
Referenzzinssatz *m (Bank)* reference rate
refinanzieren *v (Fin)* refinance
Refinanzierung *f (Fin)* refinancing; refunding *(Umfinanzierung)*
Refinanzierungsinstitution letzter Instanz *(Fin, WiWi)* lender of last resort *(Synonym: letztinstanzliche Refinanzierungsinstitution; national: Zentralnotenbanken; ESZB: EZB; international: teilweise BIZ und IWF)*
Refinanzierungskosten *pl (Fin)* cost of funds
Refinanzierungskredit *m (Bank)* refinance credit
Reformansatz *m (Pol)* reform approach
Reformland *n (Pol, WiWi)* transition country, country in transition *(in Mitteleuropa)*
Refundierungsanleihe *f (Fin)* refunding loan
Regalauszeichnung *f (V&M)* shelf label(l)ing, shelf price
Regalfläche *f (V&M)* shelf space
Regel *f (Gen)* rule • **Regeln festlegen** *(Admin)* lay down the rules
Regelauswahl *f s.* Regelwahl
regelbar *adj (Gen)* adjustable, controllable
Regelgröße *f (Mgt, Stat, WiWi)* controlled quantity, controlled variable, controlled condition *(Management-Regelkreis = controlled loop, Systemtheorie)*
Regelkreis *m (Mgt)* control loop, control circuit, feedback loop *(Synonym: Rückkopplungsschleife; Systemtheorie)*
regelmäßig wiederkehrend *adj (Gen)* periodic
regelmäßige Zahlung *f (Gen)* regular payment
regeln *v* 1. *(Börse, Fin)* regulate; 2. *(Gen)* arrange; 3. *(Recht)* govern; 4. *(WiWi)* regulate
Regeln *fpl (Gen)* rules
Regeln *fpl* **für die Eigenmitteldeckung** *(Bank)* rules for the adequacy of own funds *(Basel II)*
regelnd *adj (Recht)* regulatory
Regelsteuersatz *m (Steuer)* basic tax rate, *(BE)* standard rate
Regelsystem *f (Mgt, WiWi)* rule-based system *(in der künstlichen Intelligenz Wissensdarstellung durch "Regeln": wissensbasiertes System = knowledge-based system)*

Regelstrecke *f (Mgt, Stat, WiWi)* controlled system *(Management-Regelkreis, Systemtheorie)*
Regelung *f* 1. *(Comp)* automatic control; 2. *(Gen, WiWi)* regulation, arrangement
Regelung *f* **des Anspruchs** *(Versich)* adjustment
Regelung von Streitigkeiten *(Recht)* dispute settlement
Regelungsausschuss *m (Pol, Recht)* regulatory committee
Regelungsverfahren *n* **mit Kontrolle** *(Pol, Recht)* regulatory procedure with scrutiny *(neues EU-Rechtssetzungsverfahren, ersetzt 2008 das Komitologieverfahren; new legislative process replacing the comitology procedure)*
Regelwahl *f (WiWi)* choice of rules *(in der Konstitutionenökonomik die wissenschaftliche Analyse der "Regelwahl" auf konstitutioneller Ebene: Wie entstehen Verfassungen? Gegensatz: Wahlhandlungen innerhalb vorgegebener Regeln, der Gesetze, der post--konstitutionellen Ebene; choice of rules either on the constitutional level or the choice 'within' existing rules, i. e. the law; cf constitutional economics = Konstitutionenökonomik)*
regelwidrig *adj (Gen)* irregular, against the rules
regenerieren *v (Gen, WiWi)* revive, regenerate
Regierung *f (Pol)* government, *(AE)* administration
Regierungsabkommen *n (Pol)* intergovernmental agreement
Regierungsanleihe *f* 1. *(Bank)* tap stock; 2. *(Fin)* government loan
Regierungschef *m (Pol, Recht)* Head of Government
Regierungschefin *f s.* Regierungschef
Regierungseingriff *m (Admin, Pol, WiWi)* government intervention
Regierungsumbildung *f (Pol)* Cabinet reshuffle
Region *f (Gen, WiWi)* area, region
regional *adj (Gen)* regional
regionale Entwicklung *f (WiWi)* regional development
regionale Mobilität *f (Pers, WiWi)* regional mobility
regionale Tarifverhandlungen *fpl (Pers)* regional wage bargaining
Regionalfonds *m (Pol)* regional fund *(EU)*
Regionalökonomik *f (WiWi)* regional economics
Regionalpolitik *f (WiWi)* regional policy
Register *n* 1. *(Comp)* register *(Speicher)*; 2. *(Gen, Media)* table of contents; 3. *(Admin, Pat)* register
Registerauszug *m (Pat, Recht)* extract from the register
Registerbetreiber *m (Comp, Komm, Recht)* registry
Registergericht *n (Gen, Recht) (BE)* Registrar of Companies, *(AE)* court of record *(Aktiengesellschaften)*
Registrant *m (Comp, Komm, Recht)* registrant *(Internet-Domäne)*
registrieren *v* 1. *(Comp)* register; 2. *(Gen)* record, register; 3. *(Grund)* list *(Grundbuch)*
Registrierstelle *f (Komm)* registrar *(Internet-Domäne)*
registriert *adj (Gen)* on record, registered
registrierte Arbeitslose *pl (Soz)* registered unemployed
registrierte Arbeitslosigkeit *f (Pers, Soz)* registered unemployment
registrierte Marke *f (Pat, Recht, V&M)* registered mark, registered trademark *(® Symbol)*
Registrierung *f* 1. *(Gen, Pat)* registration; 2. *(Admin)* recording, registration
Registrierungsgebühr *f (Gen)* recording [registration] fee
Registrierverfahren *n (Komm)* registration procedure
reglementieren *v (Pol, WiWi)* regiment, regulate, control
Regler *m* 1. *(Mgt, Stat, WiWi)* controller *(Synonym: Steuergröße, Sollgröße, Führungsgröße; Management-Regelkreis, Systemtheorie)*; 2. *(Steuer)* regulator
Regress *m (Gen)* recourse *(Wechsel)*
Regressbefugnis *f (Recht)* power of recourse
Regressionsanalyse *f (Stat, WiWi)* regression analysis
regressive Steuer *f (Steuer)* regressive tax
regresslose Exportfinanzierung *f (Fin)* nonrecourse export financing

regulär *adj (Bank, Frei, Gen, Mgt)* across--the-counter, standard, regular

reguläre Beschäftigung *f (Pers, Soz, WiWi)* regular employment, regular job, usual employment

regulärer Arbeitsmarkt *m (Pers, Soz, WiWi)* mainstream labour market, regular labour market

reguläres Bankgeschäft *n (Bank)* standard banking

regulatorische Arbitrage *f (Bank, Fin)* regulatory arbitrage *(Synonym: Aufsichtsarbitrage, aufsichtliche Arbitrage, Regulierungsarbitrage; durch umfangreiche Forderungsverbriefungen, Bündelung und Tranchierung mittel- und langfristiger zweitklassiger Hypotheken Auslagerung von Risiken auf außerbilanzielle Zweckgesellschaften = SPVs = special purpose vehicles –wie conduits und SIVs = structured investment vehicles = strukturierte Anlagevehikel- und Weiterplatzierung als kurzlaufende, hochrentierliche ABCP-Papiere = asset-backed commercial paper bei renditehungrigen institutionellen Anlegern wurde vor dem Inkrafttreten von Basel II 2008 die erhebliche Reduzierung bzw. Umgehung regulatorischer Eigenkapitalanforderungen = regulatory capital requirements erreicht)*

regulatorische Eigenkapitalanforderungen *fpl (Bank, Fin, Recht)* regulatory capital requirements *(Basel II)*

regulatorische Kapitalentlastung *f (Bank, Fin)* regulatory capital relief *(Basel II, Verbriefungen, securitization)*

regulatorische Standards *mpl (Bank, Fin)* regulatory standards *(Basel II)*

regulieren *v* 1. *(Fin)* regulate; 2. *(Gen)* regulate, adjust, pay, settle; 3. *(WiWi)* regulate *(Markt)*

reguliert *adj* 1. *(Gen)* adjusted, settled; 2. *(Fin, Pol)* administered; 3. *(Recht)* regulated; 4. *(Versich)* adjusted; 5. *(WiWi)* administered, regulated

Regulierungsbehörde *f (WiWi)* regulatory agency

Regulierungskosten *pl (Versich)* adjustment costs

rehabilitieren *v (Gen)* restore, vindicate *(Wiederherstellung eines Rufes)*; *(ugs.)* whitewash; rehabilitate, restore *(Ruf, Firma)*

reibungslos *adv (Gen)* smoothly, without a hitch

Reibungsverluste *mpl (Gen)* frictional losses

reich *adj* 1. *(Gen)* well-off; 2. *(WiWi)* affluent, prosperous, wealthy • **reich werden** *(Gen)* prosper, become wealthy, become affluent, thrive

reichlich *adj (Gen)* abundant, ample

Reichtum *m (WiWi)* affluence, prosperity, wealth

Reichweite *f (V&M)* reach • **außer Reichweite** *(Gen)* out of reach • **in Reichweite** *(Gen)* within reach

reife Volkswirtschaft *f (WiWi)* mature economy

Reifezeugnis *f (Bil)* secondary school leaving certificate qualifying for higher education, baccalaureate, *(BE)* ≈ Advanced level, A level, *(AE)* ≈ High School Diploma

Reihe *f* 1. *(Börse)* series; 2. *(Fin)* set; 3. *(Gen)* row • **außer der Reihe** *(Gen)* out of order • **der Reihe nach** *(Gen)* in turn, successively

Reihe *f* **von Maßnahmen** *(Fin)* set of measures

Reihenfolge *f (Gen)* order, sequence, succession

reiner Anschaffungspreis *m (RW)* strict cost price

reiner Herstellungspreis *m (RW)* strict cost price

Reinerlös *m (Fin)* net proceeds

Reinertrag *m* 1. *(Fin)* clear profit; 2. *(Grund)* net proceeds; 3. *(RW)* net yield

reines Monopol *n (WiWi)* perfect monopoly, pure monopoly

reines Verpackungsgewicht *n (Gen)* net tare weight

Reingewinn *m (Fin, RW, WiWi)* net income, net margin, net profit, pure profit

Reingewinn *m* **plus Abschreibungen** *fpl (Fin)* cash earnings

Reingewinn *m* **vor Steuern** *(RW)* net operating profit

Reinverlust *m (Fin, RW)* net loss

Reinvermögen *n (Fin, RW)* net worth, net assets, net equity, net wealth; *(AE)* shareholders' equity *(Aktiva minus*

Verbindlichkeiten = total assets minus total liabilities)
reinvestieren *v (Börse, Fin)* reinvest, *(AE)* plow back, *(BE)* plough back *(Gewinne)*
reinvestierter Gewinn *m (RW) (BE)* ploughback, *(AE)* plowback; reinvestment
Reinvestition *f (Börse)* reinvestment
Reisegepäck-Versicherung *f (Frei)* baggage insurance
Reisekosten *pl (Gen, Pers, RW, Steuer, Transp)* travel expenses
Reisekostenerstattung *f (Gen)* reimbursement of travel expenses
Reisekostenvorschuss *m (Gen, WiWi)* travel advance
Reisekostenzuschuss *m (Gen)* travel(l)ing allowance
Reisekrankenversicherung *f (Frei, Versich)* medical insurance for travel, travel health insurance
Reiserücktrittskosten-Versicherung *f (Frei, Versich)* travel cancellation insurance
Reisescheck *m (Bank) (AE)* traveler's check, *(BE)* traveller's cheque
Reisespesen *fpl (Gen)* travel expenses, travel(l)ing allowance
Reiseunfallversicherung *f (Frei, Versich)* travel accident insurance
Reiseunternehmen *n (Frei)* tour operator
Reiseveranstalter *m (Frei)* tour organizer
Reißwolf *m (Admin, Comp)* paper shredder, shredder
Reiz *m (V&M)* attraction
Reizüberflutung *f* **durch Werbung** *(V&M)* advertising overkill
Reklamation *f (Gen)* complaint
Reklame *f (V&M)* advertisement, promotion • **Reklame machen** *(V&M)* advertise
Reklame *f* **durch Geschenke** *(V&M)* gift promotion
Reklamefläche *f (V&M)* hoarding, advertising space *(Werbefläche)*
Reklametrick *m (Gen) (ugs.)* hype
Rekordabsatz *m (V&M)* record sales
Rekordarbeitslosigkeit *f (Pers, WiWi)* record high unemployment
Rekordjahr *n (Gen)* bumper year
rekrutieren *v* 1. *(Gen)* contract; 2. *(Pers)* draw from, recruit *(Personal)*
Rekrutierung *f* **aus dem einheimischen Arbeitsmarkt** *(WiWi)* internal labo(u)r market contracting [recruitment]
Rektakonnossement *n (Imp/Exp, Transp)* straight bill of lading
Rektor *m (Bil)* principal, school principal
Rektorin *f s.* Rektor
relativer Marktanteil *m (V&M)* relative market share
relativer Preis *m (WiWi)* relative price
Relativpreisniveau *n (WiWi)* relative price level
relevante Kosten *pl (RW)* relevant [alternative] costs
Rembourskredit *m (Fin, Imp/Exp)* acceptance credit
Rendite *f (Fin, RW)* yield, nominal yield *(net income from a bond if held to maturity)*; return, accounting rate of return, rate of return *(of a financial instrument without reference to maturity)*
Rendite *f* **auf die Endfälligkeit** *(Bank, Fin)* yield to maturity, YTM *(Synonym: Rückzahlungsrendite, Verfallsrendite, Rendite auf den Verfall)*
Rendite *f* **des eingesetzten Kapitals** *(Fin, RW, WiWi)* return on capital employed
Rendite *f* **des investierten Kapitals** *(Fin, RW, WiWi)* return on capital employed
Rendite *f* **nach Steuern** *(RW, Steuer)* after-tax yield
Rendite *f* **vor Steuern** *(Steuer)* pre-tax rate of return
Renditeabstand *m (Fin)* spread *(Risikoaufschlag auf die Benchmarkrendite, z. B. auf die 10-jährigen Bundesanleihe oder die Fed Funds)*
Renditekennzahl *f (Fin, WiWi)* profitability ratio, profit-level indicator, efficiency ratio *(Synonym: Renditekennziffer, Rentabilitätskennzahl)*
Renditekennziffer *f (Fin, WiWi)* profitability ratio, profit-level indicator, efficiency ratio *(Synonym: Rentabilitätsgröße, Rentabilitätskennzahl, Renditekennzahl)*
Renditeobjekt *n (Fin)* income property *(Immobilie z. B.)*
Renditestrukturkurve *f (Fin, WiWi)* yield curve • **flache Renditestrukturkurve** *(Fin, WiWi)* flat yield curve *(Synonym: flache Renditekurve; die Renditen sind*

hier in allen Laufzeitbereichen ähnlich hoch)

Renner *m (ugs.) (V&M)* fast-selling article, fast-moving article; fast-selling product, fast-selling merchandise, fast-moving goods; best seller, winner *(Synonym: Schnelldreher; Produkte mit hoher Umschlagshäufigkeit = turnover rate; Gegensatz: Langsamdreher, Ladenhüter)*

renommiert *adj (Gen)* prestigious, renowned

renovieren *v (Gen, Grund)* refurbish, renovate

Renovierung *f (Gen, Grund)* refurbishment, renovation *(Altbausanierung)*

rentabel *adj* 1. *(Gen)* cost-efficient, commercially viable, viable *(Betrieb)*; 2. *(RW)* profitable

Rentabilität *f* 1. *(Börse)* return; 2. *(Fin, WiWi)* profitability, rate of profit; rate of return on capital employed; return on investment *(= ROI = Kapitalumschlag x Umsatzrendite = capital turnover x percentage return on sales)*; 3. *(Gen)* return

Rentabilität *f* **des eingesetzten Kapitals** *(Fin, RW, WiWi)* return on capital employed, rate of return on capital employed

Rentabilität *f* **des investierten [gebundenen] Kapitals** *(Fin, RW, WiWi)* return on capital employed, return on invested capital

Rentabilitätsanalyse *f (Fin, WiWi)* profitability analysis, return on investment analysis, ROI analysis

Rentabilitätsgröße *f (Fin, WiWi)* profitability ratio, profit-level indicator, efficiency ratio *(Synonym: Renditekennziffer, Rentabilitätskennzahl)*

Rentabilitätskennzahl *f (Fin)* profitability ratio

Rentabilitätsrechnung *f (Fin, WiWi)* preinvestment analysis, investment appraisal

Rentabilitätsschwelle *f (Mgt)* breakeven point

Rentabilitätsziel *n (Fin)* adequate target rate of return

Rente *f* 1. *(Fin)* pension; 2. *(Gen)* annuity; 3. *(Pers)* pension; 4. *(Soz)* old-age pension, retirement pension, *(AE)* old-age insurance benefit; (state) pension *(im öffentlichen Dienst)*; 5. *(Versich)* annuity; 6. *(WiWi)* economic rent *(Kapitaltheorie)* • **Rente beziehen** *(Pers)* draw an old-age pension, draw a retirement pension, draw a pension

Rente *f* **auf Lebenszeit** *(Versich)* annuity for life

Rentenalter *n (Pers, Soz)* retirement age, pensionable age *(for civil servants)*; age of retirement

Rentenanspruch *m (Soz)* pension claim, pension entitlement

Rentenanwartschaft *f (Pers)* legal right to future pension payments

Rentenbeitrag *m (RW)* pension contribution

Renteneintrittsalter *n (Pers, Soz)* (actual) age at retirement

Rentenempfänger *m (Fin)* pension-holder

Rentenempfängerin *f s.* Rentenempfänger

Rentenfaktor *m (Fin, Versich)* annuity factor

Rentenfonds *m* 1. *(Börse)* bond fund; 2. *(Fin, Pers)* retirement fund; 3. *(Gen)* annuity fund

Rentenhandel *m (Börse)* bond dealings, bond trading

Rentenhändler *m (Börse)* bond broker [dealer]

Rentenkasse *f (Soz)* pension insurance, pension insurance fund, pension fund, pension scheme

Rentenpapier *n (Fin)* bond

Rentenreform *f (Soz)* pension reform

Rentenumsätze *mpl (Börse)* bond turnover

Rentenversicherung *f* 1. *(Soz)* pension insurance, pension fund, pension scheme; 2. *(Versich)* annuity assurance, annuity insurance

Rentenversicherungssystem *n (Versich)* annuity plan

Rentenzahlungen *fpl (Soz)* pension [retirement] payments

Rentner *m (Pers, Soz) (BE)* (old-age) pensioner; retired person, *(AE)* retiree

Rentnerin *f s.* Rentner

Reorganisation *f* 1. *(Mgt)* reorganization; 2. *(WiWi)* reconstruction

reorganisieren *v* 1. *(Mgt)* reorganize, restructure; 2. *(WiWi)* reconstruct
Reparatur *f (Gen)* repair
repartieren *v (Börse)* allot, scale down an allotment
Repartierung *f (Bank, Fin)* apportionment *(bei überzeichneter Aktienausgabe)*
repatriieren *v (WiWi)* repatriate *(Gewinn, Kapital)*
Repogeschäft *n (Bank)* repo operation
Report *m* 1. *(Börse)* contango; 2. *(Fin, Gen)* premium, report
Reportgeschäft *n (Börse)* carry-over business, *(BE)* contango business
Repräsentant *m (Gen, Pat)* representative
Repräsentantin *f s.* Repräsentant
repräsentativ *adj (Gen)* prestigious, representative
repräsentative Stichprobe *f (Stat)* representative sample
repräsentative Verbrauchergruppe *f (V&M)* consumer panel
Repräsentativerhebung *f (Stat)* sample survey
reprivatisieren *v (WiWi)* denationalize, reprivatize
Reprivatisierung *f (WiWi)* denationalization, reprivatization
Reproduktion *f (WiWi)* reproduction
reproduzieren *v (Gen)* reproduce
Reserve *f (Fin)* reserve
Reserveeinlagen *fpl (WiWi)* reserve deposits
reservefrei *adj (Bank)* exempt from minimum reserve requirements
Reserveguthaben *n (Bank, Fin)* reserve assets
Reservekapazität *f (Ind, Transp, WiWi)* spare capacity
Reserven *fpl (Fin, RW)* reserves *(Rücklagen)*
reservepflichtig *adj (Bank)* reserve-carrying, subject to reserve requirements; eligible *(Verbindlichkeiten)*
Reservesatz *m (Bank)* reserve ratio, reserve coefficient
Reservewährung *f (Fin, Gen)* reserve currency
reservieren *v* 1. *(Comp)* dedicate, assign; 2. *(Frei, Gen)* book, make a reservation, reserve; 3. *(WiWi)* earmark
reserviert *adj* 1. *(Comp)* assigned, dedicated; 2. *(Frei, Gen)* reserved, booked, cautious, aloof *(Person)*; 3. *(WiWi)* earmarked
Reservierungsgebühr *f (Frei)* reservation fee
respektieren *v (Gen)* respect
Ressort *n* 1. *(Pol)* portfolio, government department; 2. *(Admin)* government department
Ressourcen *fpl (Pers, WiWi)* resources
Ressourcenallokation *f (WiWi)* allocation of resources
Ressourcenaufteilung *f (WiWi)* allocation of resources
Ressourcenbewirtschaftung *f (Umwelt)* resource management
Ressourcenlenkung *f (WiWi)* allocation of resources
Rest *m* 1. *(Ind)* residue; 2. *(Stat)* remainder; 3. *(V&M)* oddment *(Überbleibsel)*
Restbuchwert *m (RW)* residual book value, net book value
Reste *mpl (Gen)* remnants *(Stoff)*
Restlaufzeit *f* 1. *(Gen)* remaining maturity; 2. *(Börse)* residual maturity; 3. *(Fin)* term to maturity, time to maturity, unexpired term, remaining maturity, remaining term *(bis zur Endfälligkeit)*
restlich *adj (Gen)* remaining
Restposten *mpl* **der Zahlungsbilanz** *(Imp/Exp, WiWi)* balance of unclassifiable transactions, errors and omissions
Restriktion *f (WiWi)* constraint
restriktiv *adj* 1. *(Gen)* restricted; 2. *(WiWi)* tight *(Geldpolitik)*
restriktive Finanzpolitik *f (Steuer, WiWi)* tight fiscal policy
restriktive Geldpolitik *f (WiWi)* monetary stringency, restrictive monetary policy
Restrisiken *npl (Versich)* unexpired risks
Restrukturierung *f (WiWi)* restructuring *(Unternehmen)*
Restschuld *f (Bank, Fin)* remaining debt, outstanding debt • **Restschuld zugunsten des Schuldners** *(Bank)* balance due to debtor
Resturlaub *m (Pers)* residual leave
Restwert *m* 1. *(Fin)* residual value, terminal value; 2. *(RW)* written-down value, amortized value; 3. *(WiWi)* salvage value
Resultat *n (Gen)* outcome, result

Resümee *n* 1. *(Gen)* summary; 2. *(Recht)* summing up

resümieren *v (Gen)* summarize, sum up

Retouren *fpl* 1. *(Gen)* returned goods; 2. *(V&M)* sales returns

retrograde Unternehmensplanung *f (Mgt, WiWi)* top-down corporate planning, top-down planning system *(Informationsfluss der retrograden Unternehmensplanung "von oben nach unten"; Gegensatz: progressives Verfahren = bottom-up method)*

retrogrades Verfahren *n (Mgt)* top-down method *(Synonym: Top-Down-Verfahren; Gegensatz: progressives Verfahren = bottom-up method)*

Retter *m* **in der Not** *(ugs.) (Fin)* white knight

revidieren *v (Mgt)* revise, overhaul

revidiert *adj (Gen)* amended

Revision *f* 1. *(Mgt, RW)* audit, auditing, accounting control; 2. *(Recht, Steuer)* appeal; appeal on a question of law, appeal on a point of law *(Rechtsbeschwerde)*; 3. *(Imp/Exp)* examination *(Zoll)* • **in Revision gehen** *(Recht, Steuer)* enter an appeal *(court decision)* • **Revision einlegen** *(Recht)* appeal, lodge an appeal on a point of law, appeal against *(court decision)*

Revisionsbericht *m (RW)* audit report, auditor's certificate [report, statement]

Revisionshandbuch *n (RW)* auditing manual

Revisor *m (Mgt, RW)* auditor, inspector, internal inspector

revolvierend *adj (Fin, WiWi)* revolving

revolvierender Kredit *m (Bank)* evergreen credit

rezensieren *v (Media)* review

Rezeption *f* 1. *(Frei, Gen)* reception (area); 2. *(Admin)* front desk

Rezession *f* 1. *(Börse)* slump; 2. *(Gen)* recession; 3. *(WiWi)* recession, slump

Rezessionslücke *f (WiWi)* recessionary gap

rezessiv *adj (WiWi)* recessionary

reziprokes Verhältnis *n (Stat)* reciprocal ratio

R-Gespräch *n (Komm) (AE)* collect call, *(BE)* reverse charge call • **R anmelden** *(Komm) (AE)* call collect, *(BE)* reverse the charges

richten *v* 1. *(Gen)* aim *(Kritik)*; 2. *(Recht)* address *(Richtlinie)* • **richten an** *(Recht)* address to • **sich richten nach** *(Gen)* conform to

Richter *m (Recht)* judge

Richter *m* **ad hoc** *(Recht)* ad hoc judge

Richterin *f* s. Richter

richterliche Tätigkeit *f (Recht)* judicial activity

Richterrecht *n (Pat, Recht)* case law

Richtgröße *f (Gen, Mgt)* benchmark

richtig *adj (Gen)* accurate, correct, right • **auf der richtigen Fährte sein** *(Gen)* be on the right track • **auf der richtigen Spur** *(Gen)* on track

richtig *adv (Gen)* accurately, correctly

Richtigkeit *f (Gen)* accuracy, correctness • **auf Richtigkeit prüfen** *(Gen, RW)* verify

richtigstellen *v (Gen)* adjust, rectify *(Situation)*

Richtigstellung *f (Gen)* adjustment, rectification *(einer Situation)*

Richtlinie *f* 1. *(Fin, Recht)* directive *(EU-Richtlinien sind in nationales Recht umzusetzen, bevor sie in Kraft treten können; directives bind EU member staates after implementation by means of national legislation)*; 2. *(Mgt)* normative, general instructions; 3. *(Gen)* rule, guideline *(anders: cf Verordnung = regulation)* • **Richtlinien aufstellen** *(Mgt)* set the standard

Richtlinie *f* **des Rates** *(Pol)* Council Directive *(EU)*

Richtlinie *f* **über die Entsendung von Arbeitnehmern** *(Pers, Pol, Recht)* Posted Workers Directive, Directive on the Posting of Workers *(EU; Entsenderichtlinie)*

Richtlinie *f* **zur Vorratsdatenspeicherung** *(Comp, Komm, Recht)* Directive on Data Retention *(EU)*

Richtlinien aufstellen *(Mgt)* set the standard

Richtlinienentwurf *m (Recht)* draft directive *(EU)*

Richtpreis *m (Gen, V&M)* controlled price, guide price, target price, recommended price

Richtpreis *m* **für den Einzelhandel** *(V&M)* recommended retail price

Richtung *f (Gen)* direction • **die Richtung geben** *(Gen)* set a trend
richtungsweisend *adj (Gen)* trendsetting
riesengroß *adj* 1. *(Gen)* giant, mammoth, mega; 2. *(V&M)* giant
Riesenpackung *f (V&M)* jumbo pack
Riester-Rente *f (Soz)* Riester pension, government-subsidized supplementary private and company pension plans *(staatlich geförderte private Altersvorsorge, subsidized private pension provision scheme)*
rigoros *adj (Gen, WiWi)* tight, rigorous, strict, severe
ringen *v* **um** *(Gen)* battle for *(Existenz)*
Risiken *npl* **mit Eigenkapital [Kapital] unterlegen** *(Bank, Fin)* hold capital against exposure *(Basel II: risikoadäquate Allokation des Eigenkapitals)*
Risiko *n* 1. *(Fin)* exposure; 2. *(Gen)* hazard; 3. *(Stat, Versich)* risk; 4. *(Admin)* exposure; 5. *(WiWi)* venture • **auf eigenes Risiko** *(Gen)* at owner's risk • **auf Risiko des Käufers** *(Börse)* at buyer's risk • **das Risiko abdecken** *(Börse)* cover the risk • **das Risiko tragen** *(Börse)* bear the risk • **ein Risiko eingehen** *(Gen)* take a risk • **kein Risiko eingehen** 1. *(Gen)* play safe; 2. *(Gen)* at receiver's risk • **Risiko geht mit Eigentum über** *(Recht)* risk passes with property *(Vertragsprinzip)* • **Risiken streuen** *(Versich)* spread risks • **Risiken verteilen** *(Versich)* spread risks
Risiko *n* **geht mit Eigentum über** *(Imp/Exp, Recht)* risk passes with property *(Vertragsprinzip, Incoterms)*
Risiko *n* **nach oben** *(Bank, WiWi)* upside risk *(EZB; Preise, Zinsen, Kurse)*
Risiko *n* **vorzeitiger Rückzahlung** *(Bank, Fin, Mgt)* prepayment risk *(Synonym: Rückzahlungsrisiko; z. B. bei Anleihen, Darlehen)*
Risikoabdeckung *f (WiWi)* risk cover
Risikoabsicherung *f (Fin)* hedging
Risikoabwälzung *f (Versich)* passing of risk
risikoadäquat *adj (Fin, WiWi)* risk-adjusted *(Synonym: risikoangepasst, risikoadjustiert, risikogerecht, risikobereinigt)*
risikoadjustierte Eigenkapitalrendite *f (Bank, Fin, WiWi)* risk-adjusted return on capital, RAROC *(durch risikoadäquate Kapitalallokation zur Mikro- und Makrosteuerung von Banken geeignete Renditekennzahl; efficiency ratio for risk-based capital allocation; RAROC = (Erträge – Standardrisikokosten - Verwaltungskosten) : zugeordnetes ökonomisches Kapital)*
risikoadjustierte Erfolgsmessung *f (Fin, WiWi)* risk-adjusted performance measurement, RAPM *(Synonym: risikogerechte Anlageerfolgsmessung, risikoadjustierte Performance-Messung)*
Risikoadjustierung *f (Fin, WiWi)* risk adjustment
Risikoanleihen *fpl (Bank, Fin)* high-yield bonds *(risikoreiche Anleihen mit geringer Bonität, hoher Risikoprämie und einem Rating unter BBB- bzw. Baa3; Synonym: Hochzinsanleihen, spekulative Anleihen; cf Schrottanleihen, Ramschanleihen = junk bonds; high yield bonds with 'non-investment grade' rating)*
risikoarme Wertpapiere *npl (Börse)* defensive securities, low-risk securities
Risikoaufschlag *m (Fin)* spread *(Renditeabstand zur Benchmarkrendite, z. B. zur 10-jährigen Bundesanleihe oder den Fed Funds)*
Risikoausgleich *m (Versich)* balancing of portfolio
Risikoausschluss *m* 1. *(Recht)* exclusion of risk *(Verträge)*; 2. *(Transp)* exceptions clause *(Versicherung)*; 3. *(Versich)* exception
risikoavers *adj (Fin, Gen)* risk-averse, risk adverse
risikobehaftet *adj* 1. *(Gen) (ugs.)* risky; 2. *(Bank)* high-risk
risikobehafteter Vermögenswert *m (Bank)* risk-entailing asset
Risikobereich *m (Fin)* non-investment grade, speculative grade *(Rating: Wertpapiereinstufung unter BBB- oder Baa3, wie z. B. bei Risikoanleihen, securities thought non-eligible for investment for institutional investors or under US banking regulations, cf junk bonds)*
risikobereinigt *adj (Fin, WiWi)* risk-adjusted *(Synonym: risikoangepasst, risi-*

koadjustiert, risikogerecht, risikoadäquat)
risikobereinigte Eigenkapitalrendite *f* *s.* risikoadjustierte Eigenkapitalrendite
Risikobeurteilung *f (Mgt)* risk assessment
Risikobewertung *f (Fin, Mgt)* risk assessment
risikobezogene Prämie *f (Versich)* risk-based premium
Risikobündelung *f (Fin)* repackaging of risks
Risiko-Controlling *n (Bank, Fin)* risk controlling
Risikoeinstufung *f (Versich)* classification of risks
Risikofonds *m (Bank, Fin)* hedge fund
risikofreudig *adj* 1. *(Gen)* venturesome, venturous; 2. *(Fin)* willing to take a risk, prepared to take risks
risikogerecht *adj (Fin, WiWi)* risk-adjusted *(Synonym: risikoangepasst, risikoadjustiert, risikoadäquat, risikobereinigt)*
risikogerechte Anlageerfolgsmessung *f (Fin, WiWi)* risk-adjusted performance measurement, RAPM *(Synonym: risikogerechte Erfolgsmessung, risikoadjustierte Performance-Messung)*
Risikogewicht *n (Bank, Fin, Stat)* risk weight
Risiko-Kapital *n*, **Risikokapital** *n (Fin, WiWi)* risk capital, venture capital; liable equity capital *(Synonym: haftendes Eigenkapital, Haftungskapital)*
Risikoklassifikation *f (Bank)* basic rating
Risikokontrolle *f (Mgt)* risk monitoring
Risikolebensversicherung *f (Versich)* term insurance
risikoloser Geschäftsabschluss *m (Börse)* risk-free transaction
risikoloses Insidergeschäft *n (Börse)* front running
Risikomanagement *n (Börse, Fin, Mgt)* risk management
risikomeidend *adj (Fin)* risk-avoiding
risikoorientiert *adj (Gen)* risk-oriented
risikoorientiertes Bankmanagement *n (Bank)* risk-based banking (standards)
Risikopotenzial *n (Bank, Börse, Fin)* value-at-risk *(VAR, VaR)*
Risikoprämie *f (Versich)* expected loss ratio, risk premium
risikoreich *adj* 1. *(Börse)* high-risk; 2. *(Gen)* aggressive
risikoreiche Unternehmung *f (Gen)* high-risk venture
risikoscheu *adj (Gen)* risk-averse
Risikoscheu *f (Fin, Gen)* risk-aversion
Risikostreuung *f (Börse, Mgt)* risk management [spreading]
Risikoteilung *f (Versich)* risk sharing
risikotragendes Kapital *n (Fin)* liable equity capital, liability capital, risk-bearing capital, risk capital *(Wagniskapital-Finanzierung; Eigenkapital oder nachrangig besichertes Fremdkapital; Synonym: Haftkapital; Gegensatz zum erstrangig besicherten Fremdkapital)*
Risikoüberwachung *f (Mgt)* risk monitoring
Risikoverhalten *n (Fin, Gen)* risk attitude
Risikoverteilung *f (Recht, Versich)* risk distribution, risk pooling *(in einem Geschäft)*
Risikowert *m (Bank, Fin)* value at risk
Risikozuschlag *m (Gen)* risk premium
riskant *adj (Gen, WiWi)* risky, *(ugs.)* touch-and-go
Robotertechnik *f (Ind)* robotics
Rohbilanz *f (RW)* trial balance
Rohgewinn *m (RW)* gross profit margin
Rohmaterial *n (Ind)* raw material, unmanufactured material
Rohöl *n (Ind, Umwelt)* crude oil
Rohskizze *f (Gen)* outline
Rohstoff *m* 1. *(Ind)* raw material; 2. *(WiWi)* basic [primary] commodity
Rohstoffhandel *m (WiWi)* commodity trade
Rohüberschuss *m (RW)* gross earnings
rollender Plan *m (Gen)* rolling plan
Rollfuhrunternehmen *n (Transp)* haulage contractor, haul(i)er
Rollgeld *n (Transp)* cartage, haulage, *(AE)* drayage, *(AE)* trucking charges
Rollover... *(Bank)* rollover
Rollover-Kredit *m (Bank)* rollover loan
Rosinen herauspicken *(Börse, Fin)* *(ugs.)* skim the cream, cherry-pick
Rotation *f* **des Personals** *(Pers)* staff rotation, rotation of staff
Rotationsprinzip *n (Admin, Pers)* rotation principle *(EZB)*
rote Zahlen schreiben *v (Bank, Gen)* operate in the red

routinemäßig *adj (Gen)* as a matter of routine, routine
Rückabwicklung *f* 1. *(Bank, Gen)* reverse transaction; 2. *(Recht)* restitution *(Vertragsrecht)*
Rückantwort *f (Gen, Komm)* business reply card, business reply mail
Rückbehaltungsrecht *n (Recht)* possessory lien, right of retention [lien]
Rückbelastung *f* 1. *(Bank)* charge back; 2. *(Börse, RW)* billback
Rückbuchung *f* 1. *(Gen)* reversing; 2. *(RW)* reverse entry, writing back, cancellation, *(AE)* reversal
rückdatieren *v (Gen)* antedate, backdate, predate*(Scheck)*
Rückdatierung *f (Gen)* backdating, predating
rückerstatten *v (Gen, Versich)* reimburse, refund, repay
Rückerstattung *f* 1. *(Fin, Gen)* repayment, refund; 2. *(Recht)* restitution *(des Kaufpreises)*; 3. *(Steuer, WiWi)* refund
Rückfluss *m (Fin)* amortization
Rückfluss *m* **auf das investierte Kapital** *(Fin, WiWi)* return on capital employed, ROCE *(Synonym: Ertrag aus dem investierten Kapital)*
Rückforderung *f (Fin)* clawback
Rückfracht *f* 1. *(Imp/Exp)* inward cargo; 2. *(Transp)* back freight, return cargo, return freight
Rückfrage *f (Gen)* query
Rückführung *f (WiWi)* repatriation *(Gewinn, Kapital)*
Rückgang *m* 1. *(Gen)* dip, fall *(Preise)*; 2. *(WiWi)* retrogression, shrinkage, decline *(Arbeit)*; drop *(Ausgaben)* • **Rückgang verzeichnen** *(V&M)* go back, go down *(Gewinn, Umsatz)*
Rückgang *m* **der Arbeitslosigkeit** *(Pers, WiWi)* decline in unemployment, decrease in unemployment
Rückgang *m* **der Beschäftigung** *(Pers)* decline in employment, reduction of employment
rückgängig machen *v (Recht)* annul, cancel, rescind *(vertragliche Vereinbarung)*
Rückgängigmachung *f (Recht)* annulment, cancellation, rescission *(Vertrag)*
rückgestellt *adj (RW)* accrued
rückgewinnen *v (Umwelt)* recover, recycle
Rückgewinnung *f (Umwelt)* recovery, recycling
Rückgewinnung *f* **der Gemeinkosten** *(RW)* overheads recovery
Rückgriff *m (Gen, Versich)* recourse, backup • **mit Rückgriff** *(Gen, Versich)* with recourse • **ohne Rückgriff** *(Gen, Versich)* without recourse
Rückkauf *m* 1. *(Fin)* buying back, buy-back, amortization; redemption, bond redemption *(Anleihen)*; repurchase *(eigene Aktien, own shares)*; 2. *(Versich)* surrender, redemption surrender *(Versicherungspolice)*
Rückkaufgeschäft *n (Gen)* buy-back transaction
Rückkaufkurs *m (Fin)* buy-back price, redemption price
Rückkaufpreis *m* **von Anteilen** *(Bank)* bid rate *(Investmenfonds)*
Rückkaufvereinbarung *f* 1. *(Börse, Fin, Gen)* repossession, repurchase agreement; 2. *(Recht, WiWi)* buy-back agreement
Rückkaufwert *m (Fin, Versich)* cash-in value, surrender value *(einer Versicherungspolice)*
Rückkehr *f* **ins Erwerbsleben** *(Pers)* return to working life
Rückkopplung *f (Mgt)* feedback
Rückkopplungseffekt *m (Mgt, WiWi)* feedback effect
Rückkopplungsschleife *f (Mgt)* control loop, control circuit, feedback loop *(Systemtheorie)*
Rücklage *f (Fin)* reserve
Rücklagen *fpl (Fin, RW)* reserves, balance sheet reserves, surplus reserve, appropriated retained earnings *(außenfinanzierte Kapitalrücklage und innenenfinanzierte Gewinnrücklagen, letztere mit der gesetzlichen, der satzungsmäßigen und der anderen Rücklage sowie der Rücklage für eigene Anteile; als Eigenkapital in der Bilanz ausgewiesen; nicht ausgewiesen = undisclosed sind stille Rücklagen = stille Reserven = hidden reserves = undisclosed reserves, secret reserves)*; retained income, retained profits *(aus einbehaltenen Gewinnen)*

Rücklagenauflösung *f (RW)* dissolution of reserves, liquidation of reserves
Rücklagenbildung *f (RW)* creation of reserves
rückläufig *adj* 1. *(Börse)* depressed, shrinking; 2. *(Gen)* decreasing; 3. *(WiWi)* declining
rückläufige Bevölkerungsentwicklung *f (Pol, WiWi)* declining population, shrinking population
rückläufige Konjunktur *f (WiWi)* declining economic activity
rückläufige Tendenz *f (WiWi)* declining trend
rückläufige Verkaufsergebnisse *npl (V&M)* sales slump
rückläufiger Aktienmarkt *m (Börse)* shrinking [soft] market, down-market
Rücklaufquote *f (V&M)* response rate
Rücknahme *f* **einer Klage** *(Recht)* abandonment of a complaint
Rücknahmeangebot *n (Bank)* offer of early repayment
Rücknahmekurs *m (Bank)* repurchase rate
Rücknahmewert *m (Börse)* bid value
Rückprämie *f* 1. *(Börse)* put, put option, put premium; 2. *(Versich)* cancel(l)ing return
Rückruf *m (Börse)* recall
rückrufen *v (Gen)* call in
Rückschlag *m (Gen)* setback
rücksichtsloser Wettbewerb *m (Gen)* unscrupulous competition
Rücksprache *f (Pers)* consultation *(mit Kollegen)*
Rückstand *m* 1. *(Gen, Ind)* residue, slippage, work backlog; 2. *(Umwelt)* residue • **im Rückstand** *(Gen)* in arrears • **im Rückstand sein** *(Gen)* be in arrears, lag behind
Rückstände *mpl (Gen)* arrears
rückständig *adj (Admin, Fin, Gen)* overdue, in arrears
rückständige Zahlungen *fpl (Fin)* arrearages
rückständige Zinsen *mpl (RW)* back interest
rückständiges Gehalt *n (Pers)* pack pay, retrospective pay
rückstellen *v (RW)* accrue
Rückstellung *f (RW, Steuer)* provision, liability reserve • **eine Rückstellung auflösen** *(Steuer)* liquidate a liability reserve, reverse a liability reserve, liquidate a reserve *(for uncertain liabilities and anticipated losses)* • **eine Rückstellung bilden** *(RW, Steuer)* form a liability reserve, set up a liability reserve, accrue a reserve
Rückstellung *f* **für notleidende Kredite** *(Bank, Fin)* bad loan provision
Rückstellung *f* **für zweifelhafte Forderungen** 1. *(Bank, Fin)* bad debt provision; 2. *(RW)* doubtful-debt provision, bad debt provision
Rückstellungen *fpl* 1. *(Fin, RW) (BE)* provisions, *(AE)* accruals; 2. *(RW)* balance sheet reserves
Rückstellungsbildung *f (Bank, Gen, RW)* funding *(Risikovorsorge)*
Rückstufung *f (Pers)* downgrading, grading back *(niedrigere Gehaltsstufe)*; demotion *(niedrigere Position)*
Rücktrag *m (RW) (AE)* carry-back *(Verlust)*
rücktragen *v (Fin, RW) (AE)* carry back *(Verluste)*
Rücktrittsklausel *f* 1. *(Recht)* opt-out clause, cancellation clause, escape clause, cancel(l)ing clause *(Vertrag)*; 2. *(Versich)* cancellation provision clause
Rückumschlag *m (Komm)* self-addressed envelope
Rückumtausch *m (WiWi)* retranslation
Rückvergütung *f* 1. *(Fin)* rebate; 2. *(Gen)* refund, reimbursement; 3. *(Versich)* surrender value *(Rückkaufswert einer Versicherung)*; 4. *(Pat)* refund
Rückversicherung *f (Versich)* reinsurance
Rückversicherungsgesellschaft *f (Versich)* reinsurance company
Rückversicherungsunternehmen *n (Versich)* reinsurance company, reinsurance enterprise
Rückwaren *fpl* 1. *(Gen)* returned goods, returns; 2. *(V&M)* sales returns
rückwärtsgeneigte Arbeitskräfteangebotskurve *f (WiWi)* backward-bending labour supply curve
Rückwärtsintegration *f (Mgt, WiWi)* backward integration *(vertikaler Unternehmenszusammenschluss; Gegensatz: Vorwärtsintegration)*

rückwirkend *adj (Gen)* retroactive, retrospective
rückwirkende Anpassung *f (WiWi)* retroactive adjustment
rückwirkende Entlohnung *f (Pers)* backdated pay
rückwirkendes Gesetz *n (Recht)* law with retroactive effect, retroactive law
Rückwirkung *f* 1. *(Recht)* retroactivity, retrospectivity; 2. *(Steuer)* reachback
rückzahlbar *adj (Bank, Börse, Fin)* redeemable, reimbursable, repayable, amortizable
rückzahlen *v (Gen)* repay, redeem, refund, reimburse
Rückzahlung *f* 1. *(Bank)* repayment; 2. *(Fin)* amortization, repayment; 3. *(Gen)* refund, reimbursement, repayment; 4. *(Steuer)* remission
Rückzahlung *f* **der Kosten** *(Gen)* repayment of cost(s), repayment of expenses
Rückzahlung *f* **einer Schuld** *(Fin)* repayment of a debt, extinction of a debt
Rückzahlung *f* **innerhalb von fünf Jahren** *(Bank, Gen)* repayment over five years
Rückzahlungen verteilen *(Fin)* spread repayments
Rückzahlungsbetrag *m* 1. *(Börse)* redemption amount; 2. *(RW)* amount repayable
Rückzahlungsrendite *f (Fin)* yield to maturity, YTM *(Synonym: Verfallsrendite, Rendite auf den Verfall, Rendite auf die Endfälligkeit)*
Rückzahlungstermin *m (Börse)* redemption date
Rückzahlungsverfahren *n (Fin)* repayment procedure
Rückzug *m* **von der Börse** *(Fin)* going private *(Bezug aufs Unternehmen; Gegensatz: Börsengang = going public)*; delisting *(Bezug: Aktiennotierung)*
Rückzugsposition *f (Pol)* fallback position
Ruf *m* 1. *(Comp)* call; 2. *(Gen)* reputation, standing; 3. *(Komm)* call
Rufweiterschaltung *f (Comp, Komm)* call forwarding
Ruhegehalt *n* 1. *(Pers)* retirement pension, pension, *(AE)* retirement pay; 2. *(Fin, Soz)* pension, retirement pay, retirement pension, retiring allowance, superannuation; state pension *(im öffentlichen Dienst)*; 3. *(Gen)* old-age pension *(Altersrente)*
Ruhegehaltsempfänger *m (Pers, Soz)* retirement pensioner, retired person, *(AE)* retiree, pensioner
Ruhegehaltsempfängerin *f s.* Ruhegehaltsempfänger
ruhen *v (Gen)* be in abeyance *(Gesetz, Regel)*; be suspended *(nicht wirksam sein)*
Ruhen *n* **des Anspruchs** *(Soz, Versich)* suspension of claims, suspension of entitlement
Ruhestand *m (Gen, Pers)* retirement • **in den Ruhestand treten** *(Gen, Pers)* retire • **in den Ruhestand versetzen** *(Fin, Pers)* pension off • **vorzeitig in den Ruhestand treten** *(Pers)* take early retirement, retire early
Ruheständler *m (Gen, Soz)* retired person; old age pensioner, OAP *(ugs. häufig im Plural: OAPs)*
Ruhestandsbezüge *pl (Soz)* old-age pension, retirement pension, retirement benefit, retirement pay
ruinöse Konkurrenz *f (WiWi)* cutthroat competition
ruinöser Wettbewerb *m* **der Systeme** *(Pol, WiWi)* race to the bottom
rund *adj (Gen)* approximately, round, circa
rund um die Uhr *(Gen)* (a)round-the--clock, twenty-four-hour
Rundbrief *m (Gen, Komm)* newsletter
Runden *n (Stat)* rounding
Runden *n* **(von Zahlen)** *(Gen)* rounding (of figures)
Rundschreiben *n (Komm)* circular
Rund-um-die-Uhr-Handel *m (Börse)* all--day trading, *(BE)* twenty-four-hour trading
Rundung *f (Gen)* rounding
Rundungsfehler *m (Stat)* rounding error

S

Sabbatjahr *n (Bil)* sabbatical year
Sach... *(Gen, RW)* physical, tangible
Sachanlagegüter *npl (RW, WiWi)* physical assets
Sachanlagekonto *n (RW)* fixed asset account
Sachanlagen *fpl* 1. *(RW)* tangible assets, tangible fixed assets; property, plant and equipment *(IAS 1, IAS 16)*; 2. *(WiWi)* fixed assets; 3. *(Grund)* property
Sachanlagevermögen *n* 1. *(Fin)* tangible fixed assets; 2. *(WiWi)* physical assets
Sachaufwand *m (Gen)* operative expenses, administrative expenses
Sachbearbeiter *m (Pers)* (specialist) clerk, administrative employee
Sachbearbeiterin *f s.* Sachbearbeiter
Sachbezug *m* 1. *(Gen, Pers)* allowance in kind, benefit in kind, nonmonetary compensation [reward], payment in kind; 2. *(Steuer, Versich)* benefit in kind
Sachbezüge *mpl (Pers)* nonpecuniary compensation
sachdienlich *adj* 1. *(Gen)* pertinent, suitable; 2. *(Recht)* pertinent
sachdienliche Unterlagen *fpl (Admin, Recht)* relevant [supporting] documents
Sache *f (Gen)* business, matter • **zur Sache kommen** *(Gen)* talk business
Sachentlohnung *f (Gen)* payment in kind
Sachgebiet *n* 1. *(Gen, Pers)* subject area, subject group, subject, subject matter, area of expertise; 2. *(Recht)* field of law
sachgemäße Herstellung *f (Gen, Ind, Mgt)* good manufacturing practices
sachgerecht *adj (Recht)* proper
Sachinvestition *f (Fin)* real investment
Sachkapital *n (WiWi)* non-monetary capital, real capital *(Synonym: Realkapital)*
Sachkenntnis *f (Gen)* expertise, expert knowledge
sachkundig *adj (Gen)* expert, informed, competent
sachkundige Beratung *f (Pers)* expert advice, expert guidance
Sachleistung *f* 1. *(Gen, Versich)* allowance [benefit, payment] in kind; 2. *(Pers, Steuer)* benefit in kind; 3. *(WiWi)* noncash benefit [contribution], payment in kind
sachlich *adj (Gen, Recht)* objective, unbiased factual *(auf Tatsachen beruhend)*; pertinent *(zur Sache gehörig)*
sachliche Zuständigkeit *f (Recht)* subject matter jurisdiction
Sachmangel *m (Recht)* defect, redhibitory defect *(Vertragsrecht)*
Sachmängelhaftung *f (Recht)* liability for material defects, warranty of quality
Sachschaden *m (Grund)* property [physical] damage
Sachstandbericht *m (Gen, Mgt)* progress report
Sachverhalt *m* 1. *(Gen)* facts, circumstances; 2. *(Recht)* statement of affairs
Sachvermögen *n (WiWi)* nonfinancial assets, tangible wealth
Sachversicherung *f (Versich)* business [property] insurance
Sachverstand *m (Gen, Pers)* expert knowledge, expertise
Sachverständige *m(f) (Gen)* expert
Sachverständigenrat *m* **für Wirtschaftsfragen** *(Pol, WiWi) (AE)* Council of Economic Advisers *(die Mitglieder werden vom US-Präsidenten berufen)*; Council of Economic Experts
Sachverständigenrat *m* **zur Begutachtung der gesamtwirtschaftlichen Entwicklung** *(SVR) (Pol, WiWi)* German Council of Economic Experts (SVR), GCEE *(der SVR, genannt "die Fünf Weisen", ist ein politisch unabhängiges Gremium der deutschen wirtschaftlichen Politikberatung)*
Sachwert *m* 1. *(Gen)* physical asset, tangible asset; 2. *(Steuer)* asset value; 3. *(WiWi)* intrinsic value, real value *(innerer Wert)* • **in Sachwerten bezahlen** *(Gen)* pay in kind
Sachwertanlage *f (WiWi)* real investment
Sachwerte *mpl (WiWi)* real assets, real items *(oftmals als Inflationsschutz gepriesen, z. B. Immobilien, Aktien; Gegensatz: Geldwerte = monetary assets)*
Safe *m (Bank)* safety deposit box, safe
Saisonabweichung *f (Stat, WiWi)* seasonal variation
saisonal *adj (Gen)* seasonal
saisonale Arbeitslosigkeit *f (Pers, WiWi)* seasonal unemployment

Saisonarbeit *f (Pers, WiWi)* seasonal work
Saisonarbeiter *m (Pers)* seasonal worker
Saisonarbeiterin *f s.* Saisonarbeiter
Saisonarbeitnehmer *m (Pers)* seasonal worker
Saisonarbeitnehmerin *f s.* Saisonarbeitnehmer
Saisonarbeitslosigkeit *f (Pers, WiWi)* seasonal unemployment
Saisonausschlag *m (Stat, WiWi)* seasonal variation
saisonbedingt *adj (Gen)* seasonal
saisonbedingte Arbeitslosigkeit *f (Pers, WiWi)* seasonal unemployment
saisonbereinigt *adj (Fin, WiWi)* seasonally adjusted, sa
saisonbereinigte Beschäftigungsziffer *f*/**nicht** *(Pers, WiWi)* seasonally-unadjusted employment figure
saisonbereinigte Zahl *f (Fin)* seasonally--adjusted figure
Saisonbereinigung *f (WiWi)* seasonal adjustment
Saisonbeschäftigung *f (Pers, WiWi)* seasonal employment
Saisonbetrieb *m (Ind)* seasonal business, seasonal establishment
Saisonbewegung *f (WiWi)* seasonal fluctuation
Saisonschlussverkauf *m (V&M)* end-of--season sale
Saisonschwankung *f (WiWi)* seasonal fluctuation [variation]
saisonübliches Ausmaß *n (WiWi)* seasonal level
säkularer Trend *m (WiWi)* secular trend
Saldenanerkenntnis *f (RW)* confirmation of balance, reconciliation statement
Saldenausgleich *m (Bank)* settlement of balance
saldieren *v (Bank, Fin, RW)* balance, settle
Saldo *m* 1. *(Bank)* account balance; 2. *(RW)* account balance, balance of account • **einen Saldo von etw. ausweisen** *(RW)* show a balance of sth • **Saldo zu ihren Gunsten** *(Bank)* balance in your favo(u)r
saldo/per *(Gen)* net, on balance
Saldo *m* **statistisch nicht aufgliederbarer Transaktionen** *(WiWi)* accommodating items, errors and omissions
Saldovortrag *m (Fin, RW)* balance brought down [forward], balance carried forward, carry-over
Sammel... *(Gen, Transp)* collective, general, bulk, consolidated
Sammelabschreibung *f (RW)* composite depreciation, group depreciation *(Synonym: Gruppenabschreibung, Pauschalabschreibung)*
Sammelauftrag *m (Gen)* bulk order
Sammelbestellung *f (Gen)* joint order, collective order
Sammelbuchung *f (Admin)* compound entry
Sammelgenehmigung *f (Gen, Pol)* collective authorization
Sammelkonto *n (RW)* control account, controlling account
Sammelladung *f* 1. *(Imp/Exp)* groupage; 2. *(Transp)* consolidation, groupage, mixed consignment
sammeln *v* 1. *(Gen)* collect; 2. *(RW)* compile
Sammelobjekt *n (Gen)* collectible
sanfte Landung *f (WiWi)* soft landing *(Konjunktur)*
sanfte Technologie *f* 1. *(Umwelt)* soft technology; 2. *(WiWi)* small-scale technology
sanieren *v* 1. *(Fin)* restructure, reorganize; 2. *(Grund)* redevelop; 3. *(Umwelt)* rehabilitate; 4. *(WiWi)* redevelop, refloat
Sanierung *f* 1. *(Fin)* capital reconstruction, financial adjustment [restructuring]; 2. *(Grund)* redevelopment; 3. *(Gen) (ugs.)* rescue operation; 4. *(Umwelt)* rehabilitation *(von Deponien)*; 5. *(WiWi)* recapitalization, reorganization *(eines Unternehmens)*
Sanierungsbilanz *f (WiWi)* recapitalization balance sheet
Sanierungsfonds *m (Börse)* turnaround fund *(Synonym: Turnaround-Fonds; auf Sanierung spezialisierter Beteiligungsfonds; private equity fund focussing on restructuring businesses)*
Sankt-Florians-Prinzip *n (Pol, Umwelt)* NIMBY principle *(not in my backyard principle)*
Sanktion *f (Recht, WiWi)* sanction
sanktionieren *v (Gen)* sanction
Satellitennetzdienste *mpl (Komm)* satellite network services

Sattelpunkt *m (WiWi)* saddle point
sättigen *v (V&M, WiWi)* saturate *(Markt)*
Sättigung *f* 1. *(V&M, WiWi)* saturation; 2. *(WiWi)* absorption
Sättigung *f* **des Marktes** *(V&M, WiWi)* market saturation, saturation of the market
Satzung *f (Recht)* charter, *(AE)* bylaws, *(BE)* articles of association, *(AE)* articles of incorporation; memoranda and articles *(Kapitalgesellschaft)*
satzungsgemäß *adj (Recht)* statutory, in conformity with the statutes [articles]
satzungsmäßige Gewinnverteilung *f (RW)* statutory appropriation
saubere Technologie *f (Umwelt)* clean technology
sauberes Floaten *n (WiWi)* clean float
säumig *adj (Fin, Gen, Recht)* defaulting, delinquent, in default
säumige Partei *f (Recht)* defaulting party, party in default *(Vertragsrecht)*
säumiger Schuldner *m (Bank, Fin)* defaulter
säumiger Zahler *m (Fin, Gen)* dilatory payer, slow payer
Säumnis *f (Fin)* default, delay
SB-Bankautomat *m (Bank, Fin)* automated teller (machine), automatic telling machine
Schachtelbeteiligung *f (Fin, Mgt, Steuer)* qualified minority holding, equity stake in an affiliated company, intercorporate stockholding *(mindestens 25 % Anteil am stimmberechtigten Kapital, at least 25 % = blocking minority = Sperrminorität)*
Schachtelprivileg *n (Steuer)* affiliation privilege, *(AE)* intercorporate privilege
Schaden *m* 1. *(Pat, Recht)* damage, loss; 2. *(Versich)* claim, damage • **einen Schaden decken** *(Fin)* cover a loss • **einen Schaden regulieren** *(Versich)* adjust a claim • **Schaden erleiden** *(WiWi)* suffer damage • **Schaden nehmen** *(WiWi)* suffer damage • **Schaden taxieren** *(Gen)* appraise damages • **zum Schaden von** *(Gen)* to the detriment of
Schadenabwicklung *f (Versich)* claim settlement
Schadenaufnahme *f (Versich)* damage report
Schadenbearbeitungsverfahren *n (Versich)* claims procedure
Schadenbegleichung *f (Versich)* claims payment
Schadenbegrenzung *f (Gen)* damage limitation
Schadenbericht *m (Versich)* damage report
Schadenbetrag *m (Versich)* amount of damage [loss]
Schadenbeweis *m (Recht, Versich)* proof of loss
Schadenersatz *m* 1. *(Gen)* compensation in damages; 2. *(Recht)* damages, compensation for damage *(Vertragsrecht)*; 3. *(Versich)* reparation for damage • **Schadenersatz leisten** *(Versich)* indemnify • **Schadenersatz verlangen** *(Recht)* claim against sb
Schadenersatzanspruch *m* 1. *(Recht)* claim for damages, claim of compensation, damage claim *(Vertragsrecht)*; 2. *(Versich)* claim for compensation • **Schadenersatzansprüche stellen** *(Recht)* claim damages
Schadenersatzforderung einreichen *v***/eine** *(Recht)* file a claim for damages
Schadenersatzklage *f* 1. *(Recht)* action for damages; 2. *(Versich)* action for damages
schadenersatzpflichtig *adj (Recht)* liable for damages
Schadenersatzzahlung *f (Versich)* reparation for damage
schadenfrei *adj (Gen, Versich)* free of damage
Schadenfreiheitsrabatt *m (Versich) (BE)* no-claims bonus
Schadenhaftung *f (Recht)* liability for damage *(Vertragsrecht)*
Schadenhöhe *f (Versich)* amount of loss, extent of damage
Schadenmeldeformular *n (Versich)* claim form
Schadenminderung *f (Recht)* mitigation of damages
Schadenregulierer *m (Versich)* assessor, claims adjuster
Schadenregulierung *f (Versich)* claim settlement, claims adjustment
Schadenregulierungskosten *pl (Versich)* claims expenses, loss adjustment expense

Schadenrückstellung *f (Versich)* claims reserve
Schadensaufnahme *f (Versich)* damage report
Schadensbegleichung *f (Versich)* claims payment
Schadensbegrenzung *f (Gen)* damage limitation
Schadensbehebung *f (Recht)* remedy of damages
Schadensbericht *m (Versich)* damage report
Schadensersatz... *siehe auch Schadenersatz...*
schadensfrei *adj (Gen, Versich)* free of damage
Schadensfreiheitsrabatt *m (Versich) (BE)* no-claims bonus
Schadenshöhe *f (Versich)* amount of loss, extent of damage
Schadensminderung *f (Recht)* mitigation of damages
Schadensursache *f (Gen)* cause of loss
Schadenumfang *m (Versich)* extent of damage
Schadenursache *f (Gen)* cause of loss
Schadenversicherung *f (Versich)* casualty insurance, indemnity insurance
Schadenzahlung *f (Versich)* claims payment
schädigen *v (Gen, WiWi)* damage, injure, impair
Schädigung *f (Recht, Versich)* damage, detriment, impairment
schädlich *adj (Gen)* detrimental, harmful, prejudicial
Schadstoff *m (Umwelt)* pollutant
schaffen *v (Gen)* create, establish *(Möglichkeiten)* • **etw. schaffen** *(Gen)* succeed
Schaffung *f* **von Arbeitsplätzen** *(Pers)* job creation, employment creation, creation of jobs
Schalldämmung *f (Komm, Umwelt)* sound insulation
Schalter *m* 1. *(Comp)* switch; 2. *(Gen)* counter, window
Schalterstunden *fpl (Bank)* banking hours
Schaltjahr *n (Gen)* leap year
Schaltkreis *m (Comp)* circuit
scharf ansteigen *(Gen)* shoot up, skyrocket, soar *(Preis)*
scharfe Konkurrenz *f (Gen)* tough competition
scharfer Wettbewerb *m (Gen)* stiff [intense, bitter] competition
scharfkalkuliert *adj (V&M)* with a low margin
scharfkalkulierter Preis *n (V&M)* keen price
Scharia-kompatibel *adj (Bank, Fin)* sharia-compliant *(im Einklang mit dem islamischen Gesetz; Islamic financial ethics)*
Scharia-kompatible Finanzinstrumente *npl (Bank, Fin)* sharia-compliant financial instruments *(Finanzprodukte des Islamic Banking, die bestimmte Investitionsvorschriften und das Zinsnahmeverbot des islamischen Gesetzes, der Scharia, beachten; methods used by Islamic banks to address the sharia prohibition on receiving interest)*
Schattenpreis *m* 1. *(Gen)* shadow price, accounting price *(Synonym: innerbetrieblicher Verrechnungspreis)*; 2. *(WiWi)* shadow price *(Zinsen sind die Schattenpreise der Bargeldhaltung; cf Opportunitätskosten)*
Schattenwirtschaft *f (WiWi)* black economy, cash economy, hidden economy, informal economy, moonlight economy, parallel market economy, second economy, shadow economy, underground economy
Schätz... *(Stat, Versich)* estimating, estimation, appraised, estimated
schätzen *v* 1. *(Gen)* appraise, appreciate, value, estimate *(Projekt)*; 2. *(Grund)* appraise; 3. *(Steuer)* assess *(veranlagen)* • **jmdn. hoch schätzen** *(Gen)* have a high regard for sb
Schätzer *m* 1. *(Gen)* assessor, estimator, valuer; 2. *(Grund)* appraiser; 3. *(Versich)* assessor
Schätzpreis *m (Börse)* estimated price
Schätzung *f* 1. *(Gen)* appraisal, estimation, projection; 2. *(Grund)* apportionment, appraisement, valuation; 3. *(Steuer)* assessment • **zu hohe Schätzung** *(Fin, RW, WiWi)* overestimate
Schatzwechsel *m* 1. *(Bank)* bill; 2. *(Fin) (AE)* Treasury bill, T-bill, bill
Schätzwert *m (Versich)* appraised value, estimated value, estimate

Schaufensterauslage *f (Gen, V&M)* window display

Schaufensterdekoration *f (Gen, V&M)* window-dressing

Scheck *m (Bank) (AE)* check, *(BE)* cheque • **einen Scheck ausstellen** *(Bank) (AE)* write out a check, *(BE)* write out a cheque • **einen Scheck auf jmdn. ausstellen** *(Bank) (AE)* make a check payable to sb, *(BE)* make a cheque payable to sb • **einen Scheck einlösen** *(Bank) (AE)* cash a check, *(BE)* cash a cheque • **einen Scheck nicht einlösen** *(Bank)* dishono(u)r a cheque • **einen Scheck zur Einlösung [Zahlung] vorlegen** *(Bank) (AE)* present a check for payment, *(BE)* present a cheque for payment • **einen Scheck zur Verrechnung ausstellen** *(Bank) (AE)* cross a check, *(BE)* cross a cheque

Scheck *m*/**nicht eingelöster** *(Bank)* dishono(u)red cheque

Scheck *m* **ohne Deckung** *(Bank) (AE)* uncovered check, *(BE)* uncovered cheque

Scheckausstellung *f (Bank, Fin) (AE)* check issue, *(BE)* cheque issue

Scheckausstellungsgerät *n (Bank) (AE)* check-writer machine, *(BE)* cheque--writer machine

Scheckbuch *n (Bank) (AE)* check book, *(BE)* chequebook

Scheckfälschung *f* 1. *(Bank) (AE)* check forgery, *(BE)* cheque forgery; 2. *(Fin)* kiting *(illegal oder unethisch)*

Scheckformular *n (Bank) (AE)* check form, *(BE)* cheque form

Scheckheft *n (Bank) (AE)* check book, *(BE)* cheque book

Scheckkarte *f (Bank)* bank card, *(AE)* check card, *(BE)* cheque card

Scheckreiterei *f (Bank) (AE)* check kiting, *(BE)* cheque kiting

Schecksperre *f (Fin) (AE)* check embargo, *(BE)* cancellation [stopping] of a cheque; stop order

Scheckverrechnung *f (Bank) (AE)* check clearing, *(BE)* cheque clearing

Scheckvordruck *m (Bank) (AE)* check form, *(BE)* cheque form

Scheckzahlung *f (Bank) (AE)* check payment, *(BE)* cheque payment

Schein *m* 1. *(Bank, Fin) (BE)* note, *(AE)* bill *(Geld)*; 2. *(Komm)* advice

Schein... *(Gen)* quasi..., illusory, bogus, sham

Scheinarbeitslose *pl (Pers)* bogus unemployed

Scheinasylbewerber *m (Soz)* bogus asylum seeker, phony asylum seeker

Scheinasylbewerberin *f s.* Scheinasylbewerber

Scheinfirma *f (Gen)* bogus firm, *(ugs.)* paper company, *(ugs.)* street name *(Übungsfirma für Ausbildung)*

Scheingeschäft *n* 1. *(Börse)* wash sale; 2. *(Recht)* fictitious transaction, fictitious bargain *(Vertragsrecht)*; sham transaction, dummy transaction

Scheingesellschaft *f* 1. *(Recht)* dummy corporation *(Vertragsrecht)*; 2. *(WiWi)* ostensible company

Scheingewinn *m (RW)* paper profit, fictitious profit, phantom profit *(Gegensatz: Scheinverlust = fictitious loss)*

Scheinhandel *m (Börse)* sham trading

Scheinselbstständige *pl (Pers, Soz)* bogus self-employed, bogus self-employed workers, false self-employed, false self-employed workers

Scheinselbstständiger *m (Gen, Steuer)* deemed employee

Scheinselbstständigkeit *f (Gen, Steuer)* bogus self-employment

Scheinvariable *f (WiWi)* dummy variable

Scheinvorgang *m (Gen)* dummy activity *(Netzplan)*

Scheinwerkvertrag *m (Pers, Soz)* bogus contract for services

scheitern *v (Gen)* fail, *(ugs.)* fall through, fall apart *(Plan)*

Scheitern *n (Pers)* failure, breakdown *(Verhandlungen)*

Schengener Abkommen *n (Pol, Recht)* Schengen Agreement *(EU; Bürger eines Schengen-Staates –Schengen country, Schengen land- brauchen damit für Reisen innerhalb des Schengen-Gebietes –the Schengen area- kein Visum mehr)*

Schengen-Gebiet *n (Pol, Recht)* Schengen area *(cf Schengener Abkommen)*

Schengenland *n (ugs.) (Recht) (ugs.)* Schengen country, Schengen land

Schenkung *f (Recht, Steuer)* gift, donation

Schenkung *f* **unter Lebenden** 1. *(Recht)* gift inter vivos; 2. *(Steuer) (BE)* lifetime gift; transfer of property inter vivos

Schenkung *f* **von Todes wegen** 1. *(Recht)* gift mortis causa; 2. *(Steuer)* gift in contemplation of death

Schenkungsteuer *f (Steuer)* gift tax, *(BE)* capital transfer tax

Schenkungsurkunde *f (Recht)* gift deed

Schicht *f* 1. *(Gen)* layer; 2. *(Pers)* shift

Schichtarbeit *f (Pers)* shiftwork
• **Schichtarbeit machen** *(Pers)* work in shifts

Schichtarbeiter *m (Pers)* shiftworker

Schichtarbeiterin *f s.* Schichtarbeiter

schicken *v* 1. *(Gen)* send; 2. *(Imp/Exp)* consign; 3. *(Komm)* dispatch

Schickschuld *f (Recht)* debt [obligation] to be performed by remittance

Schiedsabkommen *n (Gen, Recht)* arbitration agreement

Schiedsgericht *n* 1. *(Gen)* arbitration tribunal; 2. *(Recht)* court of arbitration

Schiedsgerichtsverfahren *n* 1. *(Ind)* arbitration, arbitration proceedings; 2. *(Pers)* arbitration *(Rechtsstreit)*

Schiedsrichter *m* 1. *(Gen)* adjudicator, awarder; 2. *(Recht)* arbitrator, referee *(Schiedsgericht)*

Schiedsrichterin *f s.* Schiedsrichter

Schiedsspruch *m* 1. *(Pers)* arbitral award; 2. *(Recht)* award

Schiff *n (Transp)* ship, vessel • **ab Schiff** *(Imp/Exp, Transp)* ex ship

Schifffahrtsrecht *n (Recht, Transp)* shipping law

Schiffsbank *f (Bank, Fin)* ship mortgage bank *(Synonym: Schiffsbank; Schiffsbanken gewähren gegen Bestellung von Schiffshypotheken auf versicherte Schiffe Darlehen an Schiffseigner; Refinanzierungsgeschäft durch Schiffspfandbriefe)*

Schiffsbau *m (Ind, Transp)* shipbuilding

Schiffsmakler *m* **und Spediteur** *m (Imp/Exp, Pers, Transp)* shipping and forwarding agent

Schiffspfandbriefbank *f s.* Schiffsbank

Schild *n (Gen)* nameplate, sign, label *(Etikett)*

Schirmherr *m (Frei)* sponsor

Schirmherrschaft *f (Frei)* sponsorship
• **die Schirmherrschaft übernehmen** *(Frei)* sponsor

Schlagzeile *f* 1. *(Media)* head, headline *(Zeitung)*; 2. *(V&M)* catch line

Schlange stehen *(Gen)* wait [stand] in line, *(BE)* queue (up)

schlecht *adj (Gen)* bad, poor *(Qualität)*

schlechte Adressen *fpl (Fin)* marginal accounts

schlechte Führung *f (Mgt)* bad management

schlechte Verwaltung *f (Mgt)* mismanagement

schlechter Ruf *m (Gen)* bad name, bad reputation

schlechter Service *m (V&M)* poor service

Schlechterfüllung *f (Recht)* defective [inferior] performance, malperformance *(Vertragsrecht)*

schlechtergestellt *adj (Gen)* worse off

schleichende Inflation *f (WiWi)* creeping inflation

schleichende Steuererhöhung *f (WiWi)* tax-bracket creep

schleichende Steuerprogression *f (Steuer)* fiscal drag

Schleichwerbung *f* 1. *(Media) (ugs.)* plug; 2. *(V&M)* camouflaged advertising, product placement, *(ugs.)* plug

schleppend *adj (Börse, Gen)* depressed

schleppender Absatz *m (WiWi)* poor market

Schleuderpreis *m (Gen)* knockdown price

schlichten *v* 1. *(Gen)* settle (amicably) *(Konflikt)*; 2. *(Pers)* arbitrate *(Arbeitskonflikt)*; 3. *(Recht)* conciliate, mediate
• **Streitigkeiten schlichten** *(Pers)* settle a dispute

Schlichter *m* 1. *(Pers) (BE)* conciliation officer; conciliator *(bei Arbeitskonflikten)*; 2. *(Recht)* arbiter

Schlichterin *f s.* Schlichter

Schlichtung *f* 1. *(Gen)* mediation, adjustment *(Streit)*; 2. *(Ind)* arbitration; 3. *(Pers)* arbitrage, conciliation

Schlichtungsgespräch *n (Pers)* mediation talks *(bei Arbeitsstreitigkeiten)*

schließen *v* 1. *(Comp)* close *(Datei)*; 2. *(Gen)* close down, shut down

Schließfach *n* 1. *(Bank)* safe-deposit

box; 2. *(Gen) (BE)* left-luggage locker; 3. *(Komm)* post office box, PO box
Schließung *f (Gen)* closing down, closure, shutdown *(Betrieb)*
Schließung *f* **des Betriebs** *(Gen)* plant closure, plant shutdown, pant closing
schludrig *adj (ugs.) (Gen)* slapdash, *(ugs.)* slipshod • **schludrig arbeiten** *(Gen) (ugs.)* skimp
Schlussabrechnung *f (Fin, V&M)* statement of final account
Schlussbericht *m (Gen)* final report *(Synonym: Endbericht)*
Schlussbestand *m (RW)* closing [ending] inventory
Schlussbilanz *f (RW)* final balance sheet
Schlussdividende *f* 1. *(Fin)* final dividend; 2. *(Versich)* terminal bonus
Schlüsseldaten *pl (Gen)* key data
schlüsselfertig *adj* 1. *(Gen)* turnkey *(Projekt)*; 2. *(Imp/Exp)* turnkey *(Lieferklausel)*; 3. *(Grund)* turnkey
Schlüsselindustrie *f (Ind, WiWi)* basic [key] industry
Schlüssel-Management *n (Comp, Komm)* key management *(Verschlüsselung, encryption)*
Schlüsselposition *f (Gen, Mgt, Pers)* prominent position
Schlüsselqualifikation *f (Pers)* key skills, core skills
Schlüsseltechnologie *f (Ind)* key technology
Schlussfolgerung *f (Gen, Mgt)* conclusion
Schlusskurs *m (Börse, Fin)* close, closing price, closing quotation
Schlussrechnung *f (RW)* final accounts
Schlussschein *m (Börse)* bought note, purchase and sale statement, contract note
Schlusstermin *m (Gen)* closing date
Schlussverkauf *m (Gen)* end-of-season sale
Schmiergeld *n* 1. *(Fin) (ugs.)* sweetener; 2. *(Gen)* bribe, payoff, bribery, *(ugs.)* boodle; 3. *(Pol) (ugs.)* graft; 4. *(Transp)* dirty money
schmuggeln *v (Imp/Exp, Recht)* smuggle
Schmuggelware *f* 1. *(Imp/Exp)* contraband articles, prohibited goods, contraband; 2. *(Recht)* smuggled goods
Schmuggler *m (Imp/Exp, Recht)* smuggler
Schmugglerin *f s.* Schmuggler
schmutziges Floaten *n (WiWi)* dirty floating
Schnäppchen *n* 1. *(Gen)* bargain; 2. *(V&M)* snip
Schnäppchenjäger *m (ugs.) (V&M)* bargain hunter
Schneeballvertriebssystem *n (V&M)* pyramid selling
schneidern *v (Gen)* tailor to
schnell *adj (Gen)* fast, quick, rapid, speedy • **schneller werden** *(Gen)* gather speed, speed up • **schnelles Wachstum erfahren** *(WiWi)* experience rapid growth
schnell *adv (Gen)* fast, speedily • **schnell Karriere machen** *(Pers)* be on the fast track • **schnell vorankommen** *(Gen)* make headway • **schnell wachsend** *(WiWi)* fast-growing • **schnell zunehmend** *(Gen)* soaring
schnell umschlagende Ware *f (V&M)* fast-moving consumer goods
Schnell... *(Gen)* fast, high-speed
Schnelldreher *mpl (V&M, WiWi)* fast--selling article, fast-selling product, fast-selling merchandise, fast-moving goods *(Synonym: Renner; Produkte mit hoher Umschlagshäufigkeit = turnover rate; Gegensatz: Langsamdreher = slow seller)*
schneller Anstieg *m (Börse)* fast rise
Schnellinformation *f (Bank, Fin, Media)* provisional information
Schnellsuche *f (Comp, Gen)* quicksearch
Schnittstelle *f* 1. *(Comp)* interface *(Comp-Systeme, Geräte)*; 2. *(Gen)* interface
Schnittstellen-Management *n (Comp, Mgt, WiWi)* interface management *(Planung der Systemübergänge zur Überwindung kommunikativer Barrieren zwischen operativen Subsystemen, z. B. zwischen F&E und Verkauf; meeting and interaction point of operative subsystems)*
schnurlos *adj (Komm)* cordless *(Telefon)*
schnurloses Telefon *n (Komm)* cordless telephone, mobile phone, mobile telephone

Schocktherapie *f (Pol)* shock treatment
Schonfrist *f (Recht)* grace period
Schönheitskonkurrenz *f (ugs.) (Börse, Mgt)* beauty contest *(Topmanager auf Analystenkonferenzen)*
Schönheitsreparaturen *fpl (Grund)* home improvement
Schönheitswettbewerb *m (ugs.) (Börse, Mgt)* beauty contest *(Topmanager auf Analystenkonferenzen)*
schöpferisches Marketing *n (V&M)* creative marketing
Schranke *f (Gen, WiWi)* bar, barrier
Schranken *fpl (Comp, Komm, Recht)* limitations
schrankenfreier Markt *m (WiWi)* contestable market
schrankenloser Wettbewerb *m (Gen)* unrestrained competition, *(ugs.)* free-for-all
Schreibarbeit *f (Gen)* paperwork
Schreibtisch *m (Gen)* desk
Schreibwaren *fpl (Gen)* stationery
Schrift *f* 1. *(Comp)* font, typefont *(Typografie)*; 2. *(Gen, Komm)* handwriting, writing; 3. *(Media)* paper, publication *(Publikation)*; font, typefont *(Typografie)*
schriftlich *adj (Gen, Komm)* written, in writing • **eine schriftliche Aussage beschwören** *(Recht)* swear on affidavit that • **eine schriftliche Erlaubnis erhalten** *(Komm)* obtain permission in writing • **einen schriftlichen Antrag senden** *(Gen)* send a written request • **ein schriftliches Gesuch senden** *(Gen)* send a written request
schriftlich *adv (Gen, Komm)* in writing • **schriftlich antworten** *(Gen, Komm)* answer in writing • **schriftlich bestätigen** *(Gen)* acknowledge receipt by letter
schriftliche Absichtserklärung *f (Mgt)* letter of intent
schriftliche Beweismittel *f (Recht)* documentary evidence
schriftliche Prüfung *f (Bil)* written exam, written examination, written test
schriftliche Stellungnahme *f (Recht)* written comment
schriftliche Vollmacht *f (Recht)* written power of attorney
schriftliches Angebot *n (Gen)* written offer
Schriftstück *n (Gen)* document *(doc.)*; paper, memorandum
Schritt *m (Gen)* step • **Schritt halten mit** *(Gen)* be [keep] abreast of, keep pace with, keep up with • **Schritte ergreifen** *(Gen)* take steps • **Schritte unternehmen** *(Gen, Mgt)* take action [steps]
schrittweise *adj (Gen)* gradual
schrittweise *adv (Gen)* gradually, progressively, step by step • **schrittweise abbauen** *(Gen)* phase out • **schrittweise anheben** *(Gen)* phase in • **schrittweise aufheben** *(Gen)* phase out • **schrittweise einführen** *(Gen)* phase in
schrittweiser Abbau *m (Gen)* phasing-out
Schrottanleihen *fpl (ugs.) (Bank, Fin)* junk bonds *(Synonym: Ramschanleihen; risikoreiche Anleihen geringer Bonität mit einem Rating unter BBB- oder Baa3 = non-investment grade; cf Risikoanleihen = Hochzinsanleihen = high-yield bonds with a 'non-investment grade' rating)*
Schrottimmobilie(n) *f(pl) (Grund, Steuer)* junk property
Schrottwert *m* 1. *(Fin)* residual value; 2. *(Gen)* scrap value; 3. *(WiWi)* salvage value • **etw. zum Schrottwert verkaufen** *(Gen)* sell sth for scrap
schrumpfen *v (WiWi)* contract
schrumpfende Erwerbsbevölkerung *f (Pers, WiWi)* shrinking labour force, shrinking work force, declining labour, declining work
schrumpfende Gewinne *mpl (Gen)* shrinking profits
schrumpfende Industrie *f (Ind)* ailing industry
schrumpfender Wirtschaftszweig *m (Gen, Ind)* declining industry, shrinking industry
Schubladenplanung *f (Gen, Mgt)* contingency planning
Schulabbruch *m (Bil)* dropping out of school, leaving school early; school failure *(Schulversagen)*
Schulabgänger *pl (Bil)* school leavers
Schulabgangszeugnis *n (Bil)* school leaving certificate
Schulabsolventen *mpl (Pers)* school leavers

Schulausbildung *f (Pers)* schooling, school education

Schuld *f* 1. *(Gen)* debt; 2. *(Recht)* blame, fault, liability • **eine Schuld abarbeiten** *(Fin)* work off a debt • **jmdm. eine Schuld erlassen** *(Recht)* release sb from a debt • **die Schuld ist fällig am** *(RW)* debt due by • **Schuld haben** *(Recht)* be at fault • **eine Schuld nachweisen** *(RW)* prove a debt • **eine Schuld übertragen** *(RW)* transfer a debt

schuld sein *v (Recht)* be at fault

Schuldanerkenntnis *f (Bank, Fin, Gen)* acknowledgement of debt [indebtness], promissory note, *(AE)* due bill

Schuldbuchforderung *f (Fin)* Debt Register claim

schulden *v (Gen)* owe

Schulden *fpl (Fin, Gen, WiWi)* debt • **Schulden anhäufen** *(Bank)* run up a debt • **in Schulden geraten** *(Bank)* run into debt • **Schulden machen** 1. *(Bank)* run up a debt, incur debts; 2. *(Gen)* get into debt; 3. *(RW)* incur debts • **Schulden streichen** *(Fin)* delete a debt • **Schulden zurückzahlen** *(WiWi)* pay off one's debts

Schulden *fpl* **der öffentlichen Hand** *(WiWi)* public debt

Schuldendienst *m (RW)* debt service, debt servicing charges *(Zinsen und Tilgung = interest and principal repayment)*

Schuldendienstquote *f (Fin, Imp/Exp, WiWi)* debt service ratio *(Zahlungsbilanz, BoP)*

Schuldenerlass *m (WiWi)* debt relief

schuldenfrei *adj* 1. *(Fin, RW)* clear of debts, debt-free, clean; 2. *(Gen)* debt-free

schuldenfrei *adv (Gen)* afloat

schuldenfreies Eigentum *n (Grund)* unencumbered property

Schuldenlast *f* 1. *(Grund)* encumbrance; 2. *(WiWi)* burden of debts, debt burden

Schuldenmanagement *n (WiWi)* debt management

Schuldenquote *f (Bank, WiWi)* debt ratio, debt/GDP ratio, (central) government debt-to-GDP ratio *(Maastricht-Kriterium)*

Schuldenreduzierung *f (Fin)* debt reduction

Schuldenstandskriterium *n (Bank, Fin, Pol)* level-of-government-debt criterion *(EZB, Maastricht-Vertrag)*

Schuldentilgung *f (Fin)* amortization, debt redemption [repayment]

Schulderlass *m (Recht)* release from debt, remission of debt

schuldhaft *adj (Recht)* culpable

schuldig *adj (Recht)* guilty • **sich schuldig bekennen** *(Recht)* plead guilty *(im Sinne der Anklage)* • **jmdn. für schuldig befinden [erklären]** *(Recht)* find sb guilty • **schuldig sprechen** *(Recht)* find guilty

Schuldnachlässe *mpl* compounding of debts

Schuldner *m* 1. *(Fin)* borrower; 2. *(Gen, RW)* debtor; 3. *(Recht)* obligor *(Verpflichteter)* • **den Schuldner in Verzug setzen** *(Recht)* give the debtor a notice of default

Schuldnerin *f s.* Schuldner

Schuldnerland *n (Bank, Fin, Pol)* debtor country

Schuldnervermögen *n (Recht)* debtor's assets

Schuldnerverzug *m (Recht)* debtor's delay, default of the debtor *(Vertragsrecht, § 286 BGB)*

Schuldposten *m* 1. *(Börse, Fin, Grund)* debit item; 2. *(RW)* liability item

Schuldrecht *n (Recht)* law of obligations, law governing contractual obligations, law of contractual obligations

schuldrechtlicher Anspruch *m (Recht)* claim based upon contract

Schuldschein *m* 1. *(Bank)* acknowledgement of indebtness, promissory note; 2. *(Fin)* promissory note; 3. *(Gen)* I owe you, IOU

Schuldtitel *m* 1. *(Fin)* debt issue; *(ugs.)* paper; 2. *(Recht)* enforceable legal document

Schuldurkunde *f (Gen)* certificate of indebtedness, debt instrument

Schuldverschreibung *f (Börse, Fin)* bond, debenture

Schuldverschreibungen *fpl (Börse, Fin)* debt securities, bonds and notes, *(BE)* loan stock

Schuldwechsel *mpl (RW)* notes payable, bills payable
Schuldzinsen *mpl (Fin)* debt interest, interest on borrowing
Schule besuchen *v/die (Pers)* attend school
Schüler *m (Pers)* schoolboy, schoolchild, pupil, *(AE)* student *(einer Oberschule)*
Schülerin *f (Pers)* schoolgirl, schoolchild, pupil, *(AE)* student *(einer Oberschule)*
schulische Ausbildung *f (Pers)* schooling, school education
schulische Berufsausbildung *f (Pers)* vocational training within the educational system, vocational training in educational establishments
schulische Leistung *f (Pers)* performance at school, performance in school, school performance, school achievement
schulische Leistungen *fpl (Pers)* performance at school, performance in school, school performance, school achievement
schulischer Abschluss *m (Bil)* school leaving certificate
schulisches Bildungssystem *n*, **schulisches Bildungswesen** *f s.* Schulsystem
Schulleistungen *fpl (Pers)* performance at school, performance in school, school performance, school achievement
Schulsystem *n (Bil)* educational system, school system, school education system
Schulung *f (Gen)* training
Schulung *f* **der Mitarbeiter** *(Bil, Pers)* staff training, employee training
Schulung *f* **des Personals** *(Bil, Pers)* staff training, employee training
Schulungen *fpl* training, training courses
Schulungseinrichtung *f (Pers)* training facility, training establishment, educational establishment
Schulungsprogramm *n* 1. *(Ind, Mgt)* training package; 2. *(Pers)* training program(me)
Schutt *m (Gen)* rubble
Schüttgut *n* 1. *(Gen)* bulk goods, bulk material, bulk commodity; 2. *(Transp)* bulk (goods)
Schutz *m (Gen)* protection • **unter dem Schutz von** *(Gen)* under the umbrella of
Schutz *m* **der Beschäftigung** *(Pers)* employment protection
Schutz *m* **der Privatsphäre** *(Recht)* protection of privacy
Schutz *m* **des Arbeitsplatzes** *(Pers)* job protection, job guarantee
Schutz *m* **geistigen Eigentums** *(Pat, Recht)* intellectual property rights
Schutzausrüstung *f (Gen)* safety equipment
schützen *v* 1. *(Gen)* safeguard *(Geheimnis)*; 2. *(Recht)* protect *(nationale Interessen)* • **schützen vor** 1. *(Gen)* screen, shield; 2. *(Steuer)* shelter
Schutzfrist *f (Pat)* term of patent
Schutzgebiet *n (Recht, Umwelt)* protected area
Schutzmarke *f* 1. *(Gen)* trademark; 2. *(Pat)* mark, trademark
Schutzmaßnahme *f (Gen)* safety precaution [measure]
Schutzmechanismus *m (Pol, Recht)* safeguard mechanism
Schutzniveau *n (Recht)* level of protection
Schutzzoll *m* 1. *(Imp/Exp)* protective duties; 2. *(WiWi)* protective tariff
Schutzzollpolitik *f (Imp/Exp, WiWi)* protectionism
schwach *adj* 1. *(Gen)* slack *(Nachfrage, Absatz)*; 2. *(Recht)* weak *(hinfällig)*; 3. *(WiWi)* poor, slack, weak
schwächen *v* 1. *(Gen)* undermine, weaken *(Einfluss, Macht)*; 2. *(WiWi)* weaken *(Währung)*
Schwächephase *f (Bank)* period of weakness, bout of weakness
Schwachstelle *f (Gen)* danger point, potential trouble spot
schwanken *v (Gen)* sway *(Ergebnis)*; fluctuate *(Preise)*
schwankend *adj* 1. *(Börse)* erratic, volatile; 2. *(Gen)* unsteady
Schwankung *f* 1. *(Gen)* swing, variability *(Markt)*; 2. *(WiWi)* variation, fluctuation, variability
Schwankungsanfälligkeit *f (Börse, WiWi)* volatility
Schwankungsbreite *f* 1. *(Börse)* range of fluctuation; 2. *(WiWi)* band of fluctuation

Schwankungsintensität *f (Börse, WiWi)* volatility
schwankungsintensiv *adj (Börse)* volatile
schwarz *adj (Gen)* black • **in den schwarzen Zahlen** *(Fin, RW)* above the line, in the black *(GuV)*
Schwarzarbeit *f (Pers)* unrecorded employment, *(ugs.)* moonlighting
schwarzarbeiten *v (Pers)* moonlight, work in the black economy, work in the black
Schwarzarbeiter *m (Pers)* moonlighter
Schwarzarbeiterin *f s.* Schwarzarbeiter
schwarzes Brett *n* 1. *(Comp, Komm, V&M)* message board, online board *(zum Austausch von Informationen)*; 2. *(Pers)* bulletin board, *(BE)* notice board *(Mitteilungen)*
Schwarzfahrer *m (Gen, Transp)* fare--dodger, free rider
Schwarzfahrerin *f s.* Schwarzfahrer
Schwarzgeld *n (Steuer)* black money
Schwarzhandel *m (Gen)* black trading
Schwarzhändler *m (Gen)* trafficker, *(ugs.)* tout *(Veranstaltungskarten)*
Schwarzhändlerin *f s.* Schwarzhändler
Schwarzmarkt *m (WiWi)* black market
schwebend *adj (Gen)* in abeyance, in suspense, pending • **schwebend unwirksam** *(Recht)* provisionally invalid
schwebende Geschäfte *npl (Gen, WiWi)* pending business
schwebende Schuld *f (Fin)* floating [unfunded] debt
Schweigegeld *n (Gen)* hush money
Schweigepflicht *f (Recht)* lawyer-client privilege *(anwaltliche Verschwiegenheitspflicht)*; physician-patient privilege *(Arzt)*
Schweinezyklus *m (WiWi)* hog [pig] cycle
Schwelle *f (Gen)* threshold
Schwellenland *n (Ind, WiWi)* newly industrialized country, emerging country
Schwellenpreis *m* 1. *(Gen)* threshold price; 2. *(Imp/Exp)* trigger price
Schwellenwert *m* 1. *(Comp)* threshold value; 2. *(Gen)* threshold level
Schwemme *f (Gen, WiWi)* glut
schwer *adj (Gen)* difficult, hard
schwer vermittelbar *adj (Pers)* hard-to--place
Schwerbehindertenquote *f (Pers, Soz)* disabled quota
schwerbehinderter Arbeitnehmer *m (Pers)* severely-disabled worker
schwerer Diebstahl *m (Recht)* grand larceny
schweres Fehlverhalten *n (Pers)* gross misconduct
schweres Heizöl *n (Ind, Umwelt)* heavy fuel
Schwerindustrie *f (Ind)* heavy industry, heavy engineering
Schwestergesellschaft *f (Gen, WiWi)* affiliated company, associated company, sister company
schwierig *adj (Gen)* sticky, vexed, hard, difficult, tough *(Lage)*
schwieriges Marktumfeld *n (Fin, Gen)* difficult market conditions
Schwindelfirma *f (Gen)* bogus company
Schwindelgeschäft *n (Gen)* swindle
schwindendes Vertrauen *n (Pol)* crumbling confidence
schwören *v (Recht)* swear
Schwund *m* 1. *(Transp)* ullage; 2. *(Gen, WiWi)* leakage, shrinkage
Seehafen *m (Transp)* deepwater harbo(u)r, sea port
Seemeile *f (Gen)* nautical mile
Seerecht *n (Recht)* maritime law, sea law *(Seehandelsrecht)*
Seeschaden *m (Transp)* average, sea damage, SD
Segment *n (Gen, V&M)* segment *(Markt)*
Segmentation *f* **des Arbeitsmarktes** *(Pers, WiWi)* segmentation of the labour market, labour market segmentation
segmentierter Arbeitsmarkt *m (Pers, WiWi)* segmented labo(u)r market, dual labo(u)r market
Segmentierung *f (Gen, V&M)* segmentation *(eines Marktes)*
Seitenaufrufe *mpl (Komm, V&M)* page impressions
Seitenbesuche *mpl (Komm, V&M)* page visits
Seitenlayout *n (Media)* page layout, layout
Sektor *m (Gen, WiWi)* sector
sektoral *adj (Mgt, WiWi)* sectoral
sektorale Arbeitslosigkeit *f (Mgt, WiWi)* sectoral unemployment
sekundär *adj (Gen)* secondary

Sekundarabschluss *m* **II** *(Bil)* upper secondary leaving certificate, certificate of aptitude for higher education *(Hochschulreife oder Fachhochschulreife)*

Sekundärarbeitsmarkt *m (Pers)* secondary labo(u)r market

Sekundarbereich *m* **I** *(Bil)* lower (and intermediate) secondary education, lower (and intermediate) secondary schooling, first stage of secondary education, first stage of secondary schooling

Sekundärdaten *pl (V&M)* secondary data

sekundärer Sektor *m (Stat, WiWi)* secondary sector *(institutionelle statistische Abgrenzung der Wirtschaftszweige: industrieller Wirtschaftssektor, verarbeitende Industrie, produzierendes Gewerbe; manufacturing industry, processing industry)*

Sekundärforschung *f (V&M)* desk research

Sekundärmarkt *m (Börse)* after-market, secondary market

Sekundarschulausbildung *f (Bil)* secondary education

sekundärstatistische Auswertung *f (V&M)* desk research

Selbstbedienung *f (V&M)* self-service

Selbstbehalt *m (Versich) (AE)* deductible, *(BE)* excess; excess insurance, retention

Selbstbeschränkungsabkommen *n (WiWi)* orderly market agreement

Selbsteinschätzung *f (Pers)* self-assessment, self-evaluation, self-rating

selbsterwirtschaftete Mittel *npl (Fin, Gen)* internally generated funds, internally generated resources *(Innenfinanzierung)*

selbsterzeugend *adj (Gen)* self-generating

Selbstfinanzierung *f (Fin, RW)* autofinancing, self-financing, internal financing

Selbstkontrahieren *n (Recht)* self-dealing *(Vertragsrecht)*

Selbstkosten *pl (RW)* cost of sales, total production cost

Selbstkostenpreis *m (RW)* cost price

Selbstregulierungskräfte *fpl* **des Marktes** *(WiWi)* self-regulating forces of the market

selbstschuldnerische Bürgschaft *f (Bank, Recht)* guaranty of payment, absolute guaranty of payment *(Gegensatz: Ausfallbürgschaft = guaranty of collection)*

selbstständig *adj* 1. *(Comp)* stand-alone; 2. *(Gen)* self-sufficient, unaffiliated; 3. *(Pers)* self-employed; 4. *(Pol)* self-governing; 5. *(Steuer)* self-employed; 6. *(WiWi)* unaffiliated • **sich selbstständig machen** *(Gen)* start in business

selbstständig Beschäftigte *m(f) (Pers)* self-employed, self-employed person, *(AE)* self-employed worker

Selbstständige *m(f) (Pers)* self-employed person

selbstständige Tätigkeit *f (Pers, Steuer)* self-employment

selbstständiger Unternehmer *(Steuer)* independent contractor

selbsttragend *adj (Gen)* self-supporting

selbsttragender Prozess *m (WiWi)* self-sustaining process

Selbstverpflichtung *f (Gen, WiWi)* discipline, self-commitment

Selbstversorgung *f (WiWi)* self-sufficiency, self-supply

Selbstverwaltungsorgan *n (Pol)* self-government body

selektive Wahrnehmung *f (V&M)* selective perception

Semester *n (Bil)* term, half-year, *(AE)* semester

senden *v* 1. *(Comp)* send *(Daten, Information)*; 2. *(Gen)* broadcast; 3. *(Komm)* transmit; 4. *(Media)* broadcast *(Fernseh-/Rundfunkprogramm)*

Sender *m* 1. *(Komm)* forwarder, transmitter *(Funkgerät)*; 2. *(Transp)* forwarder

Sendung *f* 1. *(Gen)* broadcasting; 2. *(Komm)* transmission; 3. *(Transp)* consignment • **auf Sendung** *(Media, V&M)* on the air

Senioren *pl (Soz)* senior citizens

Senioritätsprinzip *n (Pers)* seniority principle

senken *v* 1. *(Gen)* reduce *(Preise)*; 2. *(WiWi)* cut, lower, reduce *(Preise, Ausgaben)*

Senkung *f (WiWi)* cut, reduction

sensibilisieren *v (Gen)* sensitize, raise awareness
Sensibilitätsanalyse *f (WiWi)* sensitivity analysis
Sepa-Kartenzahlung *f (Bank, V&M)* Sepa card payment *(EZB; SEPA = Sepa = Single Euro Payments Area = einheitlicher Euro-Zahlungsverkehrsraum)*
Sepa-Lastschriftverfahren *n (Bank, V&M)* Sepa Direct Debit Scheme, SDD *(SEPA = Sepa = Single Euro Payments Area = einheitlicher Euro-Zahlungsverkehrsraum)*
separat *adj (Gen)* self-contained, separate
Sepa-Überweisung *f (Bank, V&M)* Sepa credit transfer *(EZB; Sepa = Single Euro Payments Area = einheitlicher Euro--Zahlungsverkehrsraum für grenzüberschreitende Euro-Überweisungen ab 02/2008, einfach, schnell und sicher wie Inlandsüberweisungen; organization and processing of european cross-border retail payments by 2008)*
sequenziell *adj (Comp, Stat)* sequential
Serie *f* 1. *(Gen)* family, range *(Produkte)*; 2. *(Ind)* lot; 3. *(RW)* batch • **in Serie hergestellt** *(Ind)* mass-produced, produced in serial form, serialized
seriell *adj (Comp)* serial • **seriell hergestellt** *(Ind)* mass-produced
Serienbau *m (Ind)* batch production
Serienfertigung *f (Ind)* batch production, mass production
serienmäßige Herstellung *f (Ind)* batch production, mass production
Seriennummer *f (Gen)* serial number
Serienprodukte *npl (WiWi)* series-produced goods
Serienproduktion *f (Ind)* batch [mass] production, large-scale production
Serviceabteilung *f (Ind)* maintenance department
setzen *v (Gen)* set, affix, append *(Unterschrift)* • **setzen auf** *(Gen, Pers)* back, bet on *(Person, Wette)*
sexuelle Belästigung *f (Pers)* sexual harassment *(am Arbeitsplatz)*
SGF *(Abk. für strategisches Geschäftsfeld) (WiWi)* strategic business segment, strategic business area *(Synonym: strategischer Geschäftsbereich)*
Shareholder Value *m (Fin, WiWi)* shareholder value *(Unternehmenswert aus der Sicht des Aktionärs; Definition: barwertige Summe der abgezinsten zukünftigen Nettoeinzahlungen; Synonym: Ertragswert des Eigenkapitals, Marktwert des Eigenkapitals; alternative zur Substanzwert-Unternehmensbewertung; anders: stakeholder value; discounted cash-flow method)*
Shareholder-Value-Ansatz *m (WiWi)* shareholder value approach
Shopping-Erlebnis *n (V&M)* shopping as an event, the shopping experience
sicher *adj (Bank, Fin, WiWi)* good, safe, secure
sichere Anlage *f (Bank, Börse, Fin)* safe investment
sichere Kapitalanlage *f (Bank, Börse, Fin)* secure [safe] investment
sicherer Hafen *m* 1. *(Bank, Börse, Fin)* safe haven *(Investment)*; 2. *(Transp)* safe port
Sicherheit *f* 1. *(Fin)* surety, security; 2. *(Gen)* safety, guaranty; 3. *(Admin, Pers)* security; 4. *(Recht)* collateral • **als Sicherheit halten** *(Versich)* hold as a security • **als Sicherheit zu hinterlegender Barbetrag** *(Fin)* good-faith deposit • **Sicherheit leisten für** *(Bank)* stand security for
Sicherheit *f* **am Arbeitsplatz** *(Pers)* safety at work
Sicherheit *f* **der Lieferung** *(Komm, V&M)* security of delivery *(Online-Einkauf)*
Sicherheit *f* **des Arbeitsplatzes** *(Pers)* job security, security of employment
Sicherheitsbestand *m (Gen)* safety stock [level], inventory reserve (stock) *(Lager)*
Sicherheitsleistung *f* 1. *(Fin)* good-faith deposit, collateral security; 2. *(Recht)* bail; 3. *(Versich)* deposit surety • **jmdn. gegen Sicherheitsleistung aus der Haft entlassen** *(Recht)* release sb on bail
Sicherheitslücke *f (Comp, Gen, Komm)* security gap
Sicherheitsrisikomanagement *n (Fin, Gen, Komm)* security risk management
Sicherheitsstufe *f (Gen, Komm)* security level
Sicherheitssumme *f (Gen)* retention money

Sicherheitsvorschriften *fpl (Gen)* safety regulations, safety code

sichern *v* 1. *(Börse)* secure; 2. *(Comp)* save *(Datei)*; back up *(Daten)*; 3. *(Gen)* safeguard *(Vermögenswerte)*; 4. *(Versich)* indemnify

sicherstellen *v* 1. *(Recht)* ensure, impound; 2. *(Versich)* indemnify

Sicherung *f* **der Einkommen** *(Pers, Soz)* income maintenance, income security

Sicherung *f* **von Arbeitsplätzen** *(Pers, Soz)* safeguarding jobs, safeguarding of jobs, safeguarding existing jobs, maintaining jobs, maintaining existing jobs, employment protection

Sicherungsgeber *m* 1. *(Bank, Versich)* security provider, party providing security, provider of cover, provider of collateral; 2. *(Fin, RW)* transferor of title to property; protection seller *(CDs, institutionelle Anleger = institutional investors)*

Sicherungsgegenstand *m (Fin)* collateral

Sicherungsgeschäft *n* 1. *(Börse)* hedge; 2. *(Fin)* covering transaction

Sicherungshypothek *f (Bank)* trust [covering] mortgage

Sicherungsmaßnahmen *fpl (Recht)* protective measures

Sicherungsoperation *f (Fin)* hedging operation

Sicherungszeitraum *m (Börse)* hedge period

Sicht *f* 1. *(Fin)* sight; 2. *(Gen)* view *(Aussicht)*; perspective *(Betrachtungswinkel)*; visibility *(Sichtverhältnisse)* • **auf lange Sicht** *(Gen)* on a long-term basis; in the long run *(langfristig, auf Dauer)* • **auf Sicht** *(Fin)* at sight, on demand *(Wechsel)* • **bei Sicht** 1. *(Fin)* at sight, a/s; 2. *(RW)* on demand, O/D • **nach Sicht** *(Fin)* after sight, A/S *(Nachsichtwechsel, z. B. zahlbar 30 Tage nach Sicht)*

sichtbare Auswirkung *f (Gen)* visual impact

sichtbare Ein- und Ausfuhren *fpl (WiWi)* visibles

Sichteinlagen *fpl (Bank)* sight [call, demand] deposits

Sichteinlagenkonto *n (Bank)* call account

Sichtgelder *npl (Bank)* sight deposits

Sichttratte *f (Bank)* at sight draft, sight draft

Sichtverbindlichkeiten *fpl (Bank, RW)* sight liabilities

Sichtwechsel *m* 1. *(Bank)* sight draft, sight bill; 2. *(Fin)* demand draft, sight bill; 3. *(RW)* bill payable at sight

Signalwirkung *f (Pol)* announcement effect

Signaturverordnung *f (SigV) (Comp, Komm, Recht)* digital signature ordinance

signifikante Order *f (Bank, Börse)* significant order *(Synonym: marktpreisrelevante Order, marktrelevante Order; Mehrfachabschlüsse -multiple trades- sollen unerwünschte Marktpreiswirkungen verhindern, die durch einzelne, große, ungeteilte = "signifikante" Orders ausgelöst werden können; an order to buy or sell securities which is important enough to affect the market price adversely)*

signifikante Zahlen *fpl (Stat, WiWi)* significant figures, *(AE)* significant digits

Signifikanz *f (Gen)* significance

Siliziumchip *m (Comp, Ind)* silicon chip

Simulation *f* 1. *(Gen)* simulation; 2. *(Pers)* malingering

Simulationsmodell *n (WiWi)* simulation model, simulation model(l)ing

simultan *adj (Gen)* simultaneous

Simultansendung *f (Media)* simultaneous broadcast, simulcast

sinken *v* 1. *(Bank)* sag; 2. *(Börse)* sag, slip back; 3. *(Gen)* decrease, diminish, sag, fall away *(Zahlen)*; 4. *(WiWi)* decline, fall *(Preis)*

Sinken *n (Gen)* fall *(in Preise)*

sinkender Anteil *m (WiWi)* declining share

Sinn machen *(Gen)* make sense

sinngemäß *adj (Gen)* analogical, analogous, corresponding

sinngemäß *adv (Gen, WiWi)* mutatis mutandis

SIS *n (Abk. für Schengener Informationssystem) (Pol, Recht)* SIS, Schengen Information System *(EU; Kernstück des Schengener Abkommens: zentrale Datenerfassungsstelle für den grenz-*

überschreitenden Verkehr = cross--border traffic in Straßburg)
sittenwidriger Vertrag *m (Recht)* unconscionable contract, contract contra bonos mores
sittenwidriges Rechtsgeschäft *n (Recht)* transaction contrary to public policy
Situation *f (Gen)* circumstances, situation
Sitz *m* 1. *(Gen)* headquarters; 2. *(Pol)* seat; 3. *(Recht)* registered office, legal domicile; 4. *(Steuer)* domicile • **mit Sitz in** *(Gen)* based in [at]
Sitz *m* **des Unternehmens** *(Gen)* headquarters, head office, base; location *(Standort)*
Sitzabkommen *n (Pol, Recht)* Headquarters Agreement
Sitzland *n* 1. *(Imp/Exp, Ind)* country of the head office; 2. *(Recht)* country where the undertaking has its seat
Sitzung *f* 1. *(Mgt)* conference, meeting; 2. *(Pol)* session • **die Sitzung beenden** *(Gen, Pol)* adjourn, rise • **eine Sitzung einberufen** *(Admin)* call a meeting
Skala *f (Gen)* scale
Skaleneffekte *mpl (WiWi)* economies of scale
Skalenertrag *m (WiWi)* economies of scale, returns to scale *(Mikroökonomie: konstanter, zunehmender oder abnehmender Skalenertrag -constant, increasing or decreasing returns to scale- bei proportionaler, über- oder unterproportionaler Outputänderung bzw. Ertragsänderung als Folge einer verhältnisgleichen Variation aller Faktoreinsatzmengen bei konstanter Produktionstechnik; der Skalenertrag entspricht dem Niveaugrenzprodukt)*
Skepsis *m (Gen) (BE)* scepticism, *(AE)* skepticism
skeptisch *adj (Gen) (BE)* sceptical, *(AE)* skeptical
Skonto *m(n) (Skto.)* 1. *(Bank, Börse)* discount, dis, disc.; 2. *(Fin)* cash discount, discount, dis, disc., settlement discount; 3. *(RW)* trade discount, cash discount • **mit Skonto** *(Gen)* at a discount, AAD
Slogan *m (V&M)* slogan
Smartcard *f (Bank, Comp)* smart card
so schnell wie platzüblich *(Imp/Exp, Transp)* fast as can as customary, f.a.c.a.c.
Sockel *m (V&M)* plinth
Sockel *m* **der Arbeitslosigkeit** *(Gen, Soz)* hard-core unemployment
Sockelarbeitslosigkeit *f (WiWi)* equilibrium unemployment
sofern *(Gen)* provided that • **sofern nicht anders angegeben** *(Gen, Recht)* unless otherwise specified • **sofern nicht anders vereinbart** *(Gen, Recht)* unless otherwise agreed
sofort *adv (Gen)* immediately, instantly, on the spot • **sofort auszahlbare Ersparnisse** *(Fin)* liquid savings • **sofort fällige Forderung** *(Fin)* liquid debt • **sofort verfügbare Ware** *(Transp)* actuals
Sofort... *(Bank, Gen, Transp, WiWi)* spot, same-day, immediate, emergency
Soforthilfe *f (WiWi)* emergency aid
sofortig *adj (Gen)* instant • **zur sofortigen Kenntnisnahme** *(Gen)* for immediate attention • **zur sofortigen Veröffentlichung** *(Media)* for immediate release
sofortige Entlassung *f (Pers)* dismissal without notice, instant dismissal
sofortige Mitteilung *f (Gen)* prompt notification
sofortige Rechnungsbegleichung *f (Fin)* prompt payment of invoices
sofortiger Einzug *m (Grund)* immediate occupancy
Sofortkredit *m (Bank)* spot credit
Sofortlieferung *f (Komm, Transp)* same--day delivery
Software-Anwendung *f (Comp)* software application
Software-Entwicklung *f (Comp)* software development, software engineering
Software-Firma *f (Comp)* software house, software company
Software-Freigabe *f (Comp)* software release
softwaregesteuert *adj (Comp)* software--driven
Software-Haftung *f (Comp, Recht)* software liability
Software-Haus *n (Comp)* software company, software house

Software-Kompatibilität *f (Comp)* software compatibility
Softwareüberlassung *f (Recht, V&M)* software licensing
Software-Unternehmen *n (Comp)* software company, software house
Solarenergie *f (Umwelt)* solar energy
Solawechsel *m (Bank, Fin)* promissory note
Solidargemeinschaft *f (Pol, Soz)* mutual-benefit association
Solidaritätszuschlag *m (Deu) (Fin, Pol, Steuer)* solidarity surtax, solidarity supplement *(Zusatzsteuer auf die Einkommen- und Körperschaftsteuer, ursprünglich zur Finanzierung der deutschen Einheit vorgesehen)*
solide *adj* 1. *(Bank)* sound; 2. *(Gen)* substantial *(Firma)* • **auf solider Basis** *(Gen)* on solid ground • **auf solider Grundlage** *(Gen)* on a sound footing
Soll *n (Bank, RW)* debit *(Konto)* • **im Soll** *(Bank, RW)* on the debit side
Soll *n* **und Haben** *n (RW)* debit and credit
Sollergebnis *n (RW)* budgeted results
Sollertrag *m (RW)* budgeted income [revenue, proceeds]
Sollgröße *f (Mgt, WiWi)* controller *(Synonym: Steuergröße, Führungsgröße, Regler; Management-Regelkreis, Systemtheorie)*
Soll-Ist-Vergleich *m (WiWi)* target performance comparison, comparison of performance and budget, actual versus target comparison, target-actual comparison
Sollkosten *pl* 1. *(WiWi)* flexible budget costs, budgetary costs, estimated costs, estimated standard costs, target costs, ideal standard cost; ideal standard cost *(Normkosten, Idealstandardkosten)*; 2. *(Gen)* predicted costs
Sollkostenrechnung *f (RW)* standard costing, standard cost accounting *(Synonym: Plankostenrechnung, Standardkostenrechnung)*
Sollposten *m (RW)* debit item
Sollsaldo *m (RW)* debit balance, balance due
Sollseite *f (RW)* debit side, left column, debtor
Sollspalte *f (Fin)* debit column
Sollvorgabe *f (Gen)* target, set point
Sollzahlen *fpl (RW)* target figures
Sollzins *m (Bank)* borrowing rate
Sollzinsen *mpl* 1. *(Fin)* debit interest; 2. *(RW)* interest charges
Sollzinssatz *m (Bank)* borrowing rate
solvent *adj (Gen)* able to pay, solvent
solventer Schuldner *m (Bank)* solvent debtor
Solvenz *f* 1. *(Bank, Fin, RW)* ability to pay, solvability, solvency; 2. *(Gen)* ability to pay *(Synonym: Zahlungsfähigkeit; Gegensatz: Insolvenz, Zahlungsunfähigkeit = insolvency)*
Sommerschlussverkauf *m (V&M)* summer sale
Sommerzeit *f (Gen)* daylight saving time, summer time
Sonder... *(Gen)* special, exceptional
Sonderabgabe *f (Gen, Steuer)* surcharge, special levy
Sonderabschreibung *f (RW)* special [supplementary] depreciation, exceptional [special] write-off
Sonderangebot *n* 1. *(Gen)* bargain; 2. *(V&M)* special offer
Sonderbedingungen *fpl (Gen)* special provisions [terms]
Sonderdividende *f (Börse)* extra (dividend), special dividend
Sondereinzelkosten *pl (Gen)* special direct cost
Sondereinzelkosten *pl* **des Vertriebs** *(Gen)* special direct cost of sales
Sonderfakturierung *f (RW)* extra billing
Sonderkauf *m (V&M)* special purchase
Sonderkonditionen *fpl (WiWi)* special conditions
Sonderkonditionen *fpl* **für den Handel** *(V&M)* special terms for the trade
Sonderkurs *m (Börse)* put-through price
Sondermüll *m (Umwelt)* hazardous [pollutive] waste
Sonderposten *m (Fin, RW)* extraordinary item
Sonderpreis *m (Gen, V&M)* bargain rate, concessionary rate
Sonderprüfung *f (RW)* special audit
Sonderqualität *f (Gen)* exceptional quality
Sonderrücklagen *fpl* 1. *(RW)* special-purpose reserve; 2. *(Versich)* special contingency reserve

Sondersitzung *f (Gen, Mgt)* special meeting
Sonderurlaub *m (Pers)* special leave
Sondervergütung *f* 1. *(Fin)* bonus; 2. *(Pers)* extra pay
Sonderverkauf *m (V&M)* bargain sale
Sondervollmacht *f (Mgt, Pers, Recht)* special authority, specific authority
Sonderwirtschaftszone *f (WiWi)* Special Economic Zone
Sonderzahlung *f (Admin, Börse)* bonus [extra] payment
Sonderziehungsrechte *npl (Bank)* special drawing rights *(IWF)*
Sonderzuschlag *m (Gen)* extra charge
Sonderzuteilung *f (Gen)* special-purpose allotment
Sonnenbatterie *f (Umwelt)* solar battery
Sonnenenergie *f (Umwelt)* solar energy
Sonnenkraft *f (Umwelt)* solar energy, solar power, sun energy
Sonnenkraftwerk *n (Umwelt)* solar power plant
Sonntagsarbeit *f (Pers)* Sunday working, Sunday work, work on Sunday
Sonn- und Feiertage ausgenommen *(Gen)* Sundays and holidays excepted
Sonn- und Feiertage eingeschlossen *(Gen, Transp)* Sundays and holidays included
sonstige Aktiva *pl (RW)* other assets
sonstige Angelegenheiten *fpl (Gen)* any other competent business
sonstige Aufwendungen *fpl (RW)* sundry expenses
sonstige Erträge *mpl (RW)* other income
sonstige Forderungen *fpl (RW)* other receivables
sonstige Kosten *pl (Admin, Mgt)* sundry costs
sonstige laufende Übertragungen *fpl (WiWi)* other current transfers *(ZB)*
sonstige Verbindlichkeiten *fpl (RW)* other liabilities
Sonstiges *n (Gen)* any other business, sundries
sorgen *v* **für** *(Gen)* cater for
Sorgfalt *f* 1. *(Gen)* care; 2. *(Fin, Recht)* diligence
Sorgfalt *f* **eines ordentlichen Kaufmanns** *(Recht, RW)* prudent man principle, due care and diligence of a prudent businessman *(Sorgfaltspflicht: § 347 I HGB)*; reasonable man principle *(allgemeiner Rechtsmassstab, Verpflichtung zur Wahrung der berechtigten Interessen Dritter)*
Sorgfalt f/gebührende *(Fin, Recht)* due diligence *(Unternehmensprüfung)*
sorgfältig *adj (Gen)* careful, diligent
sorgfältig *adv (Gen)* accurately, carefully • **sorgfältig behandeln** *(Gen, Transp)* handle with care • **sorgfältig prüfen** *(Gen)* examine carefully
Sorgfaltspflicht *f (Recht)* duty of care, duty of diligence, due diligence
Sorte *f (Gen)* quality, brand, make *(Marke)*
Sorten *fpl (Bank)* foreign notes and coins
Sortenankaufskurs *m (Bank)* buying rate of exchange
Sortenkurs *m (WiWi)* cash exchange rate
Sortenmarkt *m (Bank, WiWi)* currency market
sortieren *v (Gen)* classify, sort, grade
Sortierfach *n (Admin)* pigeonhole
Sortiment *n* 1. *(Gen)* assortment of goods, choice [range] of goods; 2. *(V&M)* (product) line *(Lieferprogramm)*
Sortimentseinschränkung *f (Gen, WiWi)* variety reduction
sozial *adj (Gen)* social
sozial gerecht *adj (Pol, Soz)* socially just
sozial verantwortliches Anlageverhalten *n (Börse, Fin, Pol)* socially responsible investing, SRI, socially conscious investing, SCI, *(BE)* socially conscious investment behaviour, *(AE)* socially conscious investment behavior; *(BE)* ethical investment behaviour, *(AE)* ethical investment behavior
Sozialabbau *m (Soz)* cuts in social services
Sozialabgaben *fpl (Soz, Steuer)* social security contributions, social security payments, social insurance contributions
Sozialarbeit *f (Soz)* social work, welfare work
Sozialarbeiter *m (Pers, Soz)* social worker
Sozialarbeiterin *f s.* Sozialarbeiter
Sozialausgaben *fpl (Fin)* social spending, social welfare expenditure
Sozialbeiträge *mpl (Pers, Soz)* social (security) contributions
sozialbewusstes [sozialethisches]

Anlageverhalten *n (Börse, Fin, Pol) (BE)* socially conscious investment behaviour, *(AE)* socially conscious investment behavior; socially responsible investing; ethical investment, *(BE)* ethical investment behaviour, *(AE)* ethical investment behavior
Sozialdienste *mpl (Soz)* social services, *(AE)* welfare services
soziale Ausgewogenheit *f (Pol, Soz)* social balance
soziale Ausgrenzung *f (Soz)* social exclusion
soziale Dienste *mpl (Soz)* social services, *(AE)* welfare services
soziale Einrichtung *f (Pol)* social [welfare] organization
soziale Gerechtigkeit *f (Pol, Soz)* social balance, social justice, social equity
soziale Grenzkosten *pl (WiWi)* marginal social cost
soziale Kompetenz *f (Pers)* social skills
soziale Kosten *pl (Soz, Umwelt, WiWi)* social costs *(externe Kosten)*
soziale Kosten *pl* **der Arbeitslosigkeit** *(Pers, WiWi)* social cost of unemployment
soziale Marktwirtschaft *f (WiWi)* social market economy
soziale Schicht *f (Soz)* social stratum, social class
soziale Sicherheit *f (Soz)* social security
soziale Sicherung *f (Soz)* social security
sozialer Aufstieg *m (Soz)* upward social mobility
sozialer Status *m (Soz)* social status
sozialer Wohnungsbau *m (Soz) (BE)* council housing; publicly assisted housing
soziales Netz *n (Soz)* social security net
Sozialfall *m (Soz)* hardship case, case of hardship, welfare case
Sozialfalle *f (Pers, Soz)* welfare trap *(Sozialtransfers höher als erzielbares Erwerbseinkommen)*
Sozialfürsorge *f (Soz)* public [social] welfare
Sozialgericht *n (Soz)* social security tribunal, welfare tribunal
Sozialgesetzbuch *n (Recht, Soz)* Social Security Code, Social Code, Social Law Code
Sozialgesetzgebung *f (Soz)* social legislation
Sozialhilfe *f (Soz)* (social) welfare, welfare benefits, supplementary benefit, *(BE)* income support *(Geld)* • **Sozialhilfe beziehen** *(Pers) (BE)* receive income support, *(AE)* be on social security [welfare]
sozialhilfeberechtigt *adj (Soz)* eligible for social assistance benefit, *(AE)* eligible for welfare (benefits), entitled to welfare (benefits), *(BE)* eligible for income support
Sozialhilfebezieher *m (Soz)* recipient of social assistance, *(AE)* welfare recipient, *(BE)* recipient of income support
Sozialhilfebezieherin *f s.* Sozialhilfebezieher
Sozialhilfeempfänger *m (Soz)* recipient of social assistance, *(AE)* welfare recipient, *(BE)* recipient of income support
Sozialhilfeempfängerin *f s.* Sozialhilfeempfänger
Sozialhilfeprogramm *s.* Sozialprogramm
Sozialinvestitionen *fpl (WiWi)* social capital investments
sozialistische Wirtschaft *f (Pol, WiWi)* socialist economy
Sozialkapital *n (Fin, WiWi)* social (overhead) capital
Sozialkostenrechnung *f (RW)* social accounting
Soziallasten *fpl (Soz, WiWi)* social costs [burden]
Sozialleistungen *fpl (Pers, Soz)* social security benefits
Sozialpartner *mpl (Pers)* the two sides of industry, both sides of industry, management and labo(u)r, management and labo(u)r representatives, trade unions and employers, social partners *(vgl. Tarifkartell)*
Sozialpartnerschaft *f (Pers, Soz)* social partnership
Sozialprodukt *n (WiWi)* national product, social product
Sozialprogramm *n (Soz) (AE)* welfare program, *(BE)* welfare programme
Sozialrecht *n (Soz)* social security law
Sozialstaat *m (Pol, Soz)* welfare state

Sozialstaatskrise *f (Pol, WiWi)* welfare state crisis
Sozialunterstützung *f (Soz)* social assistance (benefit), welfare benefit
sozialversichert *adj (Soz)* covered by social insurance, covered by social security
Sozialversicherung *f* 1. *(Pers)* social security, *(BE)* National Insurance; 2. *(Soz)* social insurance [security]
Sozialversicherungsbeitrag *m (Pers, Soz)* social security contribution
sozialversicherungsfrei *adj (Soz)* exempt from social security contributions
Sozialversicherungsleistung *f (Pers)* social security benefit
Sozialversicherungsnummer *f (Soz)* social security number
sozialversicherungspflichtig beschäftigte Arbeitnehmer *pl (Pers, Soz)* employees subject to social security, *(BE)* employees liable for National Insurance contributions
sozialversicherungspflichtige Beschäftigung *f (Pers, Soz)* employment covered by social security, employment covered by the social security system, employment subject to social security (contributions), *(BE)* employment liable for National Insurance contributions
Sozialversicherungssystem *n (Soz)* social security, social security system, social insurance system
sozialwirtschaftliches Klima *n (WiWi)* socio-economic climate
Sozialwohnung *f (Soz) (BE)* council flat [housing]
Sozietät *f (Recht)* law firm
sozioökonomisch *adj (Soz, V&M, WiWi)* socio-economic
Spalte *f (Comp, Gen, Media)* column
spalten *v (Admin, Gen, Pol)* split up *(Organisation)*
Spaltenüberschrift *f (RW)* column heading
Spaltung *f (Gen)* rift, split(ting) *(zwischen Parteien)*
Spanne *f* 1. *(Börse)* spread; 2. *(Fin, RW)* margin
Spannung *f* 1. *(Gen)* tension, friction; 2. *(Ind, Umwelt)* voltage
Spannweite *f (Gen, WiWi)* range, band, span
Sparbrief *m (Bank)* savings certificate, *(AE)* savings bond
Sparbuch *n (Bank)* bank book, passbook, savings account book
Sparbucheinlagen *fpl (Bank)* deposits in savings accounts evidenced by a passbook
Spareinlage *f (Bank)* savings deposit
Spareinlagen *fpl (WiWi)* savings • **mit Spareinlagen verbunden** *(WiWi)* savings-linked
Spareinlagenbestand *m (Bank)* overall level of savings deposits
sparen *v (Gen)* save, economize, *(ugs.)* put aside *(Geld)*
sparen *v* **an** *(Gen)* skimp on
Sparfunktion *f (WiWi)* savings function
Sparhaushalt *m (Pol)* austerity budget
Sparkasse *f (Bank)* savings bank, *(AE)* thrift bank
Sparkonto *n* 1. *(Bank) (BE)* deposit [savings] account; 2. *(Fin) (AE)* thrift account
Sparmaßnahme *f (WiWi)* savings [economy] measure
Sparneigung *f (WiWi)* propensity to save
Sparpackung *f (V&M)* economy-sized packet, economy pack
Sparpaket *n (Pol) (BE)* austerity programme, *(AE)* austerity program, austerity package
Sparpolitik *f (Gen)* austerity, austerity policy
Sparpreis *m (Gen, V&M)* budget price
Sparquote *f (WiWi)* propensity to save, savings ratio, savings-to-income ratio *(VGR)*
sparsam *adj (Gen)* economical, thrifty
sparsam *adv (Gen)* economically • **sparsam wirtschaften** *(Mgt)* economize
Sparsamkeit *f (WiWi)* economizing, thrift
Sparte *f* 1. *(Gen)* division; 2. *(WiWi)* line of business
Spartenmanager *m (Pers)* division manager
Spartenmanagerin *f s.* Spartenmanager
Spartenorganisation *f (Gen)* division organization
Sparüberschuss *m (Bank, WiWi)* savings surplus

Sparzinsen *mpl (Bank)* interest on savings deposits
später *adj (Gen)* later
später *adv (Gen)* later
spätestens *adv (Gen)* at the latest
Spätfolge *f (Gen)* after-effect
Spätindikator *m (WiWi)* lagging indicator *(Konjunkturpolitik)*
Spätkapitalismus *m (WiWi)* late capitalism
Spätschicht *f (Pers)* late shift
Spätstadium *n (Gen, Mgt)* late stage *(Synonym: Spätphase; Gegensatz: Frühstadium = early stage, initial stage)*
Spediteur *m (Gen, Imp/Exp, Transp)* carrier, forwarder, forwarding agent, freight forwarder, haul(i)er, transport agent
Spedition *f (Imp/Exp, Transp)* carrier haulage, truckage
Speditionsfirma *f (Transp)* forwarding agency, shipping agency
Speditionskosten *pl (RW, Transp)* carrying charge
Speditionsunternehmen *n (Imp/Exp, Transp)* forwarding [transport] company
Speicher *m* 1. *(Comp)* memory, storage; 2. *(Gen, Imp/Exp, Transp)* storehouse, storeroom, warehouse
Speicherchipkarte *f (Comp, Komm)* memory card *(z. B. mit Speichererweiterung)*; logical card *(‚intelligente' Karte mit Sicherheitslogik)*
Speichergebühren *fpl (Imp/Exp)* warehouse charges
Speicherkapazität *f* 1. *(Comp)* memory capacity; 2. *(Gen)* storage capacity
speichern *v (Comp)* store *(Daten)*
Speicherstift *m (Comp, Media)* memory stick
Spekulant *m* 1. *(Börse)* speculator, position trader; 2. *(Fin)* stag *(Aktien)*; 3. *(Gen, WiWi)* speculator
Spekulation *f (Gen)* speculation
Spekulationsblase *f (Fin, WiWi)* bubble, bubble economy
Spekulationshandel *m (Börse)* speculative trading
Spekulationskapital *n* 1. *(Fin)* risk-bearing capital, venture capital; 2. *(Gen, WiWi)* venture capital
Spekulationskasse *f (Fin, WiWi)* idle balance, idle money
Spekulationsmotiv *n (WiWi)* asset [speculative] motive
Spekulationspapiere *npl (Börse) (ugs.)* cats and dogs
Spekulationssteuer *f (Steuer)* tax on speculative profits
spekulativ *adj (Gen)* speculative
spekulative Anlage *f* 1. *(Bank, Börse, Gen)* speculative investment; 2. *(Fin)* non-investment grade, speculative grade *(Rating-Kategorie mit Rating-einstufungen ab BBB- bzw. Baa3 oder niedriger, vgl. Risikoanleihen; ratings from BBB- or Baa3-rating and below, investments non-eligible for most institutional investors or for investment under US banking regulations)*
spekulative Anleihen *fpl (Bank, Fin)* high-yield bonds *(risikoreiche Anleihen geringer Bonität mit einem Rating unter BBB- oder Baa3; Synonym: Risikoanleihen, Hochzinsanleihen; cf Schrottanleihen ugs., Ramschanleihen ugs.; high yield bonds with 'non-investment grade' rating)*
spekulative Blase *f (Fin, WiWi)* bubble, financial bubble *(gekennzeichnet durch unrealistische, fundamental nicht gerechtfertigte Erwartungen)*
spekulative Geldnachfrage *f (WiWi)* speculative demand for money
spekulativer Bereich *m (Fin)* non-investment grade, speculative grade *(Rating-Kategorie für Einstufungen unter BBB- bzw. Baa3)*
spekulieren *v* 1. *(Börse)* take a flier, play, speculate; 2. *(Gen)* speculate • **auf Baisse spekulieren** *(Börse)* bear
Spende *f (Soz, Steuer)* donation, voluntary contribution
spenden *v (Soz, Steuer)* contribute, donate, make a donation
Spendenrecht *n (Recht, Soz)* laws on charitable contributions
Sperr... 1. *(Bank)* blocked; 2. *(Börse)* waiting; 3. *(Gen)* bulky; 4. *(Transp)* restricted, measurement
Sperrauftrag *m (Börse)* stop order
Sperre *f* 1. *(Gen)* ban; 2. *(Imp/Exp, WiWi)* ban, boycott

sperren *v* 1. *(Bank)* block; 2. *(Comp)* lock *(Datei)*; 3. *(Fin)* freeze, block *(Guthaben)*
Sperrfrist *f* 1. *(Börse)* waiting period; 2. *(Recht)* blocking period
Sperrgut *n* 1. *(Gen)* bulky goods; 2. *(Transp)* measurement freight, measurement goods; 3. *(V&M)* bulky goods
sperrig *adj (Gen)* bulky
sperrige Ladung *f (Gen)* bulky cargo
Sperrklinkeneffekt *m (WiWi)* ratchet effect *(Löhne)*
Sperrkonto *n (Bank)* blocked account
Sperrminorität *f (Recht, Steuer)* controlling interest, blocking minority *(Mindestbeteiligung von 25 % = Schachtelbeteiligung; equity stake in an affiliated company of at least 25 %)*
Sperrzeit *f* 1. *(Gen)* blackout period; 2. *(Soz)* benefit suspension, period of disqualification *(bei Sozialleistungen)*
Spesen *pl* 1. *(Fin)* bank charges; 2. *(RW)* expenses, out-of-pocket expenses • **Spesen aufgliedern** *(Fin)* break down expenses • **Spesen werden übernommen** *(Gen)* all expenses paid
spesenfrei *adj (Gen)* free of charges
Spesenkonto *n (Pers, RW)* expense account
Spesenpauschale *f (RW)* expense allowance
Spezial... *(Gen)* special, specific
Spezialartikel *m (V&M)* speciality (goods), *(AE)* specialty (goods)
Spezialausbildung *f (Pers)* special [specialist] training
Spezialfonds *m (Deu) (Börse)* specialized fund *(Fonds, dessen Anteile am Sondervermögen nach § 1 II KAGG nur einem begrenzten Kreis meist institutioneller Anleger -maximal zehn- angeboten wird, kein Publikumsfonds; anders: Spezialitätenfonds = specialty fund)*
Spezialgebiet *n (Gen)* speciality, *(AE)* specialty
Spezialhandel *m (Gen)* special trade
spezialisieren *v* **auf/sich** *(Gen)* specialize in
spezialisiert *adj (Gen, Ind)* specialized
Spezialität *f (Gen)* speciality, *(AE)* specialty
Spezialitätenfonds *m (Börse)* specialty fund, specialized fund *(Publikumsfonds mit besonderen Anlageschwerpunkten wie z. B. nach Branchen, Regionen, ethischen Kriterien; a mutual fund investing primarily in the securities of a particular industry, sector, type of security or geographic region; they are often higher risk because of the lack of diversification but they are potentially higher reward than most other types of mutual funds; anders: Spezialfonds)*
speziell *adj (Gen)* specific
speziell gebaut *adj (Grund, Transp)* purpose-built
spezielle Steuern *fpl (Steuer, WiWi) (AE)* narrow-based taxes
spezielles Angebot *n (V&M)* specific offer
Speziessachen *fpl (Gen)* ascertained goods
Spezifikation *f (Gen)* specification, itemization
spezifisch *adj (Gen)* specific
spezifische Verpflichtung *f (Recht)* specific obligation
spezifischer Zoll *m* 1. *(Imp/Exp)* specific duty; 2. *(Steuer)* fixed duty, specific duty
spezifisches Gewicht *n (Ind)* specific gravity
Spielraum *m* 1. *(Gen)* area, scope; 2. *(Mgt)* latitude *(der Gedanken)*; 3. *(RW)* margin of error
Spielregeln *fpl (Gen)* rules of the game
Spieltheorie *f (Mgt, Pers, WiWi)* game theory
Spinnwebtheorem *n (WiWi)* cobweb theorem *(Preisbildung)*
Spionage *f (Ind, Pol)* espionage
Spirale *f (WiWi)* spiral • **Spirale nach oben** *(Gen)* upward spiral • **Spirale nach unten** *(Gen)* downward spiral
Spitze *f* 1. *(Gen)* top, spearhead, *(ugs.)* top of the tree; 2. *(WiWi)* peak
Spitzenausgleich *m (Bank, Fin)* residual financing, marginal financing
Spitzenbeamter *m (Admin)* top-ranking official
Spitzenbeamtin *f s.* Spitzenbeamter
Spitzengehalt *n (Pers)* top salary
Spitzengespräch *n (Mgt)* top-level talks
Spitzenkraft *f (Gen, Pers)* high achiever, *(AE)* top hand
Spitzenleistungen *fpl (Gen)* excellence

Spitzenmanagement *n (Mgt)* top management
Spitzenmarke *f* 1. *(Gen)* top of the line; 2. *(V&M)* brand leader
Spitzenpapier *n (Börse, Fin)* blue chip
Spitzenposition *f (V&M)* prime position *(in einem Markt)*
Spitzenpreis *m (Gen)* top price
Spitzenprodukt *n (Gen)* top-rank product
Spitzenqualität *f (Gen)* top quality
Spitzen-Refinanzierungssatz *m (SRF-Satz) (Bank)* marginal lending rate *(EZB)*
Spitzenreiter *m (Gen)* front runner, leader • **Spitzenreiter sein** *(Gen)* be top of the league
Spitzensteuersatz *m (Steuer)* top rate of tax • **zum Spitzensteuersatz** *(Steuer)* at the top rate
Spitzentechnik *f (Ind)* advanced technology
Spitzentechnologie *f (Ind)* high [advanced] technology
Spitzenverband *m (Gen, Pol)* central association *(Synonym: Zentralverband, Dachverband)*
Spitzenwert *m (Börse)* high flier, record high *(historisch)*
Spitzenzeit *f* 1. *(Transp)* peak period; 2. *(V&M)* prime [peak] viewing time *(Fernsehzuschauer)*
sponsern *v (V&M)* sponsor *(Werbung)*
Sponsern *n (V&M)* sponsoring *(Werbung)*
Sponsor *m* 1. *(Fin)* backer; 2. *(V&M)* sponsor *(Werbung)*
spontan *adj (Gen, V&M)* spontaneous, impulse
Spontanbewerbung *f (Pers)* speculative application, unsolicited application
spontane Reaktion *f (V&M)* spontaneous [unprompted] response
Spontankauf *m (V&M)* impulse buy [purchase]
Spontanverkauf *m (V&M)* impulse sale
Sportveranstaltung *f (Frei, Gen)* sporting event
Spotgeschäft *n (Bank, Börse)* spot deal
Spottpreis *m (Gen)* bargain price, knockdown price
Sprache *f (V&M)* language • **zur Sprache bringen** *(Gen)* mention
sprachgesteuert *adj (Comp)* voice-actuated
Sprachkenntnisse *fpl (Bil, Pers)* language skills
sprachliche Fähigkeiten *fpl (Bil, Pers)* literacy *(ability to read and write)*; language skills *(Fremdsprachen)*
sprachliche Versionen des Entwurfs einer Verordnung *(Mgt, Recht)* linguistic versions of a draft Regulation *(EU)*
Spreading-Vereinbarung *f (Börse)* spreading agreement
Sprechblase *f (V&M)* balloon line
sprechen *v* **von** *(Gen)* refer to *(erwähnen)*
sprechen *v* **zu** *(Gen)* address *(Thema, Problem ansprechen)*
Sprecher *m* 1. *(Gen)* speaker; 2. *(Media, Pol)* spokesman, spokesperson
Sprecherin *f* 1. *(Gen)* speaker; 2. *(Media, Pol)* spokeswoman, spokesperson
Spreizung *f* **der Zinssätze** *(Bank)* spread of interest rates, fanning out of interest rates
Spruchband *n (V&M)* banner
sprunghaft *adj (Börse, Gen)* erratic *(Kursbewegungen)* • **sprunghaft ansteigen** *(Gen)* skyrocket, soar *(Preise)* • **sprunghaft erhöhen** *(Gen)* escalate
Sprungkosten *pl (RW)* stepped cost, step-variable cost
spürbar *adj (Gen)* appreciable, notable
Staat *m (Pol)* state
staatenlos *adj* 1. *(Pol)* stateless; 2. *(Admin)* nationless; 3. *(WiWi)* stateless
staatlich *adj (Gen)* governmental, national • **unter staatlicher Aufsicht** *(Admin)* government-controlled
staatlich finanziert *(Fin)* government-financed
staatlich gefördert *(Fin)* government-supported, government-sponsored
staatlich gelenkt *(Pol)* government-regulated
staatlich geprüfte Buchhalterin *f s.* staatlich geprüfter Buchhalter
staatlich geprüfte Buchprüferin *f s.* staatlich geprüfter Buchprüfer
staatlich geprüfte Übersetzerin *f* **und Dolmetscherin** *f s.* staatlich geprüfter Übersetzer und Dolmetscher
staatlich geprüfter Buchhalter *m (Pers)* qualified accountant
staatlich geprüfter Buchprüfer *m (Pers)* qualified auditor

staatlich geprüfter Übersetzer *m* **und Dolmetscher** *m (Pers, Recht)* state--examined translator and interpreter
staatlich regulierte Preisfestsetzung *f (WiWi)* administered pricing
staatliche Arbeitsvermittlung *f (Pers, Soz)* public employment service
staatliche Beihilfe *f (Pol, Recht, Soz)* (state) subsidy, (state) grant, state aid
staatliche Ebene *f (Pol)* governmental level
staatliche Einkommensübertragung *f (Admin)* government transfer (payment)
staatliche Emittenten *mpl (Bank, Fin)* sovereign entities
staatliche Förderung *f (Soz)* government aid
staatliche Forschungsbeihilfe *f (Fin)* government research grant
staatliche Hilfe *f (Pol, Soz)* state aid, state assistance, government aid, state help
staatliche Intervention *f* 1. *(Gen)* state intervention; 2. *(Admin, Pol, WiWi)* government intervention
staatliche Investition *f (Fin)* government investment
staatliche Kontrolle *f (WiWi)* state control
staatliche Lohnkontrolle *f (WiWi)* wage control
staatliche Mittel *npl (Admin)* government funds
staatliche Planung *f (Pol, WiWi)* central planning
staatliche Rente *f (Soz)* state pension
staatliche Subvention *f (WiWi)* state subsidy, government grant
staatliche Transferzahlung *f (Admin)* government transfer payment
staatliche Unterstützung *f (Gen, Pol, Soz)* government assistance, government aid, state aid, state assistance
staatlicher Eingriff *m (Admin, Pol, WiWi)* government intervention
staatlicher Gesundheitsdienst *m (Pol, Soz) (AE)* Medicaid, *(AE)* Medicare, *(BE)* National Health Service
staatlicher Investor *m (Fin)* public investor
staatlicher Sektor *m (WiWi)* public sector
staatliches Darlehen *n (Fin)* sovereign loan
staatliches Unternehmen *n (Admin, Fin, Gen, WiWi)* government enterprise, government-controlled corporation, public [state, state-owned] enterprise
Staatsangehörige *m(f) (Pol)* citizen
Staatsangehörigkeit *f (Pol)* citizenship, nationality
Staatsanleihe *f* 1. *(Börse)* government bond; 2. *(Fin)* public [government] loan; 3. *(WiWi)* government bond
Staatsanwalt *m (Recht) (BE)* crown prosecutor, *(AE)* district attorney; public prosecutor
Staatsanwaltschaft *f (Recht) (BE)* Crown Prosecution Service, *(AE)* office of the district attorney; public prosecutor's office
Staatsauftrag *m (Gen, Recht)* government [public] contract
Staatsausgaben *fpl (WiWi)* government [public] expenditure, public spending
Staatsausgaben *fpl* **brutto** *(WiWi)* gross national expenditure
Staatsausgabenquote *f (WiWi)* public spending ratio
Staatsbesitz/in *(Pol)* state-owned
Staatsbürger *m* 1. *(Pol)* citizen; 2. *(Admin)* national
Staatsbürgerin *f s.* Staatsbürger
Staatschef *m (Pers, Recht)* Head of State
Staatschefin *f s.* Staatschef
Staatsdienst *m* 1. *(Gen)* civil service; 2. *(Admin)* public service
staatseigen *adj (Gen)* government--owned
Staatseigentum *n (Fin, Pol, WiWi)* public ownership, state ownership
Staatseinnahmen *fpl (Pol, WiWi)* public revenue
Staatsfinanzen *fpl (WiWi)* public finances
Staatsführung *f (Pol)* governance
Staatsgewalt *f (Gen)* state authority
Staatsgrenze *f* 1. *(Gen)* national border; 2. *(Imp/Exp, Pol)* national boundary
Staatshaushalt *m (WiWi)* government [state] budget • **den Staatshaushalt ausgleichen** *(Fin)* balance the budget
Staatskasse *f* 1. *(Bank) (BE)* the Exchequer; 2. *(WiWi)* public purse, treasury

Staatskunst *f (Pol)* good governance *(verantwortungsvolles Regieren)*

Staatsobligationen *fpl (WiWi) (BE)* government obligations, *(AE; ugs.)* governments

Staatspapiere *npl (Bank, Börse, Fin)* bank annuities, gilt-edged securities, *(BE; ugs.)* gilts

Staatsprüfung *f (Pers, Soz)* degree, state examination

Staatsquote *f (WiWi)* public spending ratio

staatsrechtlich *adj (Recht)* in terms of constitutional law

Staatsschuld *f (WiWi)* national [public] debt

Staatsschuldverschreibung *f (Fin) (BE)* government bond, *(AE)* public bond, *(AE)* state bond

Staatssektor *m (Pol, WiWi)* public sector, state sector

Staatssicherheit *f (Pol, Recht)* national security

Staatstitel *mpl (Fin) (BE)* gilt-edged securities

Staatsunternehmen *n (WiWi)* state--owned enterprise [company]

Staatsverschuldung *f (Fin)* public debt

Stab *m (Pers)* staff

Stab *m* **und Linie** *f (Pers)* line and staff

stabil *adj (Gen, V&M, WiWi)* stable *(Preise)*; firm, stable *(Währung)*

stabile Währungszone *f (Pol, WiWi)* zone of monetary stability

stabiles Gleichgewicht *n (WiWi)* stable equilibrium

Stabilisator *m (WiWi)* stabilizer

stabilisieren *v (WiWi)* stabilize

stabilisierender automatischer Regelmechanismus *m (WiWi)* built-in flexibility

stabilisierender Faktor *m (WiWi)* steadying factor

Stabilisierung *f (WiWi)* stabilization

Stabilität *f (Gen)* firmness, stability *(Preise)*

Stabilitätsgesetz *n (StabG) (Deu) (Pol, Recht, WiWi)* Stabilization Law *(Gesetz zur Förderung der Stabilität und des Wachstums der Wirtschaft, 1967)*

stabilitätsorientierte Politik *f (Pol, WiWi)* policy strictly oriented to stability

Stabilitätspolitik *f (WiWi)* stabilization policy

Stabilitäts- und Wachstumspakt *m (Fin, Pol, WiWi)* Stability and Growth Pact *(EU, EZB, Maastricht-Vertrag)*

Stablinienorganisation *f (Mgt)* line and staff organization

Stabstelle *f (Recht)* staff position

Stadium *n (Gen)* phase, stage

Stadt *f (Pol)* city

Stadterneuerung *f (Admin, Pol)* urban renewal

Stadtgebiet *n (Admin, Pol)* urban area

städtische Anleihe *f (Fin) (BE)* local authority loan

städtischer Abfall *m (Umwelt)* municipal waste

städtisches Krankenhaus *n (Soz)* district hospital

Stadtkern *m (Grund, Umwelt, WiWi)* inner city

Stadtmitte *f (Gen) (AE)* town center, *(BE)* town centre

Stadtökonomie *f (WiWi)* urban economics

Stadtplanung *f (Admin, Grund, Pol)* city planning, town planning, urban development

Stadtsanierung *f (Gen, WiWi)* urban renewal

Stadtstaaten *mpl (Pol)* city states *(Berlin, Bremen, Hamburg)*

Stadtteil *m (Admin, Pol)* borough, district

Stadtverwaltung *f (Admin, Pol)* municipal administration, *(BE)* municipal corporation, *(AE)* municipal government; town administration

Stadtzentrum *n (Gen) (AE)* city [town] center, *(BE)* city [town] centre

Staffelmiete *f (Grund)* graduated lease

staffeln *v (Gen)* stagger *(Kosten)*

Staffeltarif *m (Pers)* graduated wage

Staffelung *f (Gen)* stagger *(Arbeitszeit)*

Stagflation *f (WiWi)* stagflation

Stagnation *f (WiWi)* stagnation

stagnieren *v (WiWi)* stagnate

Stahl *m (Ind, Transp)* steel

Stahlaktien *fpl (Börse)* steel securities, *(BE)* steel shares, *(ugs.)* steels, *(AE)* steel stocks

Stahlarbeiter *m* 1. *(Ind)* steelworker; 2. *(Pers)* steel-collar worker

Stahlarbeiterin *f s.* Stahlarbeiter

Stahlindustrie *f (Ind)* steel industry
Stahlkammer *f (Bank)* strong room, safety vault
Stahlwerk *m (Ind)* steelworks
Stakeholder-Ansatz *m (WiWi)* stakeholder approach *(interessengruppenorientierter Ansatz; zu den Interessen- oder Anspruchsgruppen zählen u. a.: Aktionäre, Staat, Kunden, Lieferanten, Mitarbeiter, Gewerkschafter; Gegensatz: Shareholder-Value-Ansatz)*
Stamm... *(Gen)* main, master root, nominal, share, head, original, parent, core, common
Stammaktie *f (Börse)* common share, common stock, equity share, *(BE)* ordinary share
Stammaktien *fpl (Börse, Fin, RW) (BE)* equities, ordinary shares
Stammbelegschaft *f (Pers)* skeleton staff, *(BE)* core workforce
stammen *v* **aus** *(Gen)* originate in, stem from
Stammhaus *n (Gen)* company headquarters, head office, parent company
Stammkapital *n* 1. *(Fin)* capital stock of a GmbH, nominal capital of a GmbH, share capital of a GmbH *(Deu; gezeichnetes Kapital einer GmbH, entspricht dem Grundkapital der AG)*; capital fund; 2. *(RW)* share capital; equity
Stammkapitalbeteiligung *f (Admin, Gen)* equity interest
Stammkunde *m (V&M)* regular customer
Stammkundin *f s.* Stammkunde
Stand *m* 1. *(Börse)* stand, *(AE)* post; 2. *(Gen)* rank *(Rang)*; stage, level *(der Verhandlungen)*; 3. *(RW)* balance *(Konto)*; 4. *(V&M)* stand *(Ausstellung)*
Stand *m* **der Dinge** *(Gen)* state of affairs
Stand *m* **der Technik** *(Gen)* state of the art
Standard *m* 1. *(Börse)* standard, Std; 2. *(Comp)* default; 3. *(Gen)* standard grade
Standard... *(Börse, Fin) (ugs.)* plain vanilla *(einfache Finanzinstrumente; Gegensatz: derivative oder exotische Finanzinstrumente = derivative or exotic financial instruments = with bells and whistles)*
Standardabweichung *f (Fin, Stat)* standard deviation
Standardansatz *m (STA) (Bank, Fin) (BE)* standardised approach, *(AE)* standardized approach *(Gegensatz: Interner Rating-Ansatz = IRBA = internal rating-based approach; Basel II)*
Standardausführung/in *(ugs.)* 1. *(Börse, Fin) (ugs.)* plain vanilla *(einfache Finanzinstrumente in Standardkonstruktion; Gegensatz: derivative Finanzinstrumente = derivative or exotic financial instruments, with bells and whistles)*; 2. *(Gen)* standard type
Standardausgabenposten *m (Pol, WiWi)* standard item of expenditure
Standardbrief *m (V&M)* standard letter
Standardfestlegung *f (Bank, Gen)* standard setting
standardisieren *v (Gen, Recht, RW, V&M)* standardize
standardisierte Fertigungsmethode *f (Gen)* standard operating procedure
standardisierte Qualität *f (Gen)* standard grade
Standardisierung *f (Gen, Recht, RW, V&M)* standardization
Standardisierung *f* **der Buchführung** *(RW) (BE)* accounting harmonization
Standardisierungsabkommen *n (Gen)* standardization agreement
Standardkosten *pl (RW)* standard cost *(auf eine Leistungseinheit bezogene, fest vorgegebene Plankosten zur nachträglichen Kostenkontrolle durch Soll-Ist-Vergleich)*
Standardkostenrechnung *f (RW)* standard cost accounting *(auf der Normalkostenrechnung aufgebaute Form der Plankostenrechnung mit Vorgabe vorausbestimmter Standardkosten zur nachträglichen Kostenkontrolle durch Soll-Ist-Vergleich)*
Standardkostensystem *n (Gen)* standard cost system
Standardpreis *m (V&M)* standard price
Standardration *f (Pol)* standard allotment
Standardsetzer *m (Bank, Fin, RW)* standard setter *(z. B. IASB, DSR, FASB)*
Standardsetzung *f (Bank, Gen)* standard setting
Standardsorte *f (Pers)* basic grade

Standardsteuersatz *m (Steuer)* basic-rate tax

Standardverfahren *n (Gen)* standard operating procedure

Standardvertrag *m* 1. *(Gen)* standard agreement; 2. *(Recht)* standard contract

Standardwert *m (Börse)* blue chip, leading stock

Standardzuweisung *f (Pol)* standard allotment

Standby-Fazilität *f (Fin)* standby facility

Standby-Kredit *m (Bank, Fin)* standby credit, standby facility

Standesordnung *f (Gen)* code of ethics

Standesrichtlinien *fpl (Recht)* code of professional responsibility, ethics of the profession *(Verhalten von Rechtsanwälten)*

standeswidriges Verhalten *n* 1. *(Gen)* breach of professional etiquette; 2. *(Recht)* professional misconduct *(Arzt)*

ständig *adj (Gen)* persistent *(dauerhaft)*

ständig steigend *adj (Gen)* ever-increasing *(Nachfrage)*

ständige Adresse *f (Komm)* permanent address

ständige Arbeitskräfte *fpl (Pers)* permanent workers, permanent labo(u)r

ständige Beteiligung *f (RW)* permanent participation

ständige Fortbildung *f (Pers)* continuing education, permanent education

ständige Weiterbildung *f (Pers)* continuing education, permanent education

ständiger Wohnsitz *m (Recht)* permanent residence

ständiges Lernen *n (Bil)* continuous learning

Standleitung *f (Comp)* dedicated line, leased line

Standort *m* 1. *(Gen)* location *(für Geschäft, Produktionsstätte)*; 2. *(Grund)* site *(Bau, Bauplatz, Lager)*; 3. *(Ind)* premises • **jeder Standort** *(Versich)* any one location, AOLOC • **Standort festlegen** *(Mgt, WiWi)* locate

Standort *m* **auf der grünen Wiese** *(Gen)* greenfield site

Standort *m* **der Anlage** *(Gen)* plant location

Standort *m* **Deutschland** 1. *(Mgt, WiWi)* German governance *(i. w. S.: rechtliche und wirtschaftliche Rahmenbedingungen; framework of legal and economic conditions)*; *(ugs.)* Germany plc, Germany Inc. *(i. e. S.: Strukturen der Kapitalverflechtung und wirtschaftlichen Entscheidungsfindung in Deutschland; characterization of specific German cross-holdings among companies and/or corporate governance)*; 2. *(Gen)* Germany as a location

Standortanalyse *f (Mgt, WiWi)* locational analysis

Standortänderung *f (Mgt, WiWi)* relocation

Standortbedingungen *fpl (WiWi)* locational conditions

Standortbestimmung *f (Ind)* siting

Standortfaktor *m (Mgt, WiWi)* locational factor, location factor

standortgebundene Industrie *f (Ind)* locked-in-industry, location-specific industry

standortgebundenes Wissen *n (Ind)* locked-in knowledge, location-specific knowledge

standortmäßig *adj (Gen, Mgt)* locational, local

Standortplanung *f (Gen, Grund)* site planning

Standortpräferenz, **Standortpriorität** *f (Mgt, WiWi)* locational preference

Standortprüfung *n (Gen)* site audit

Standortsicherung *f* 1. *(Gen)* safeguarding a location; 2. *(Pol, WiWi)* safeguarding the country's future as an industrial location

Standorttheorie *f (WiWi)* location theory

standortungebundene Industrie *f (Ind)* footloose industry

Standortverlagerung *f (Ind, Mgt)* relocation

Standortwahl *f (Gen, Mgt)* site selection

Standortwechsel *m (Ind, WiWi)* relocation

Standortwettbewerb *m* 1. *(Gen, WiWi)* locational competition; 2. *(Pol, Recht)* interjurisdictional competition *(im Sinne von ‚Wettbewerb der Rechtsordnungen')*

Standpunkt *m* 1. *(Gen)* viewpoint, point, point of view, position; 2. *(Mgt)* attitude • **einen Standpunkt vertreten** *(Gen)* take up a position • **seinen Stand-**

punkt vertreten *(Recht)* argue one's case
Standpunkt *m* **der Unternehmensleitung** *(Mgt)* administrative point of view
Stange/von der *(Gen)* off-the-peg
Stapel *m (Ind, Media)* batch
Stapelwaren *fpl (Gen)* staple commodities, staple goods, staples
stark *adj (Gen)* high-strength, forceful *(Argument)*; strong *(Indikator)*; great *(Nachfrage)*; marked *(Rückgang)* • **ein starker Anhänger sein von** *(Pol)* be a strong supporter of
stark *adv (Gen)* strongly • **stark diversifiziert** *(Gen)* broadly diversified • **stark fallen** *(Gen)* tumble *(Preise, Kurse)*
Stärke *f* 1. *(Börse)* strength *(Währung)*; 2. *(Gen)* force; 3. *(WiWi)* resilience
starke Konkurrenz *f (V&M)* strong competition
starke Nachfrage *f (WiWi)* heavy demand
stärken *v (Gen, WiWi)* bolster
Stärken/Schwächen-Analyse *f (Mgt)* strength-weakness analysis *(Stärken--Schwächen-Analyse; Instrument des strategischen Managements zur Erweiterung der Potenzialanalyse mithilfe der langfristigen Ressourcenanalyse und –häufig- Benchmarking)*
starker Aufschwung *m (Gen)* boom
Stärkung *f* 1. *(Gen)* reinforcement; 2. *(WiWi)* strengthening
starre Arbeitszeit *f (Pers)* inflexible working hours, fixed working hours, rigid working hours
starrer Preis *m (WiWi)* inflexible [sticky] price
Starrheit *f (WiWi)* inflexibility, rigidity
Starrheit *f* **des Arbeitsmarktes** *(WiWi)* labo(u)r-market rigidities
starten *v* 1. *(Comp)* start *(Datei)*; 2. *(V&M)* launch *(Kampagne)*
Startkapital *n (Fin)* seed capital, seed money, start-up capital
Startkosten *pl (Fin, RW)* start-up costs
Startphase *f (Gen)* initial stage; early--stage *(Frühphase)*
stationäre Volkswirtschaft *f (WiWi)* stationary economy, stationary state economy
stationärer Zustand *m (WiWi)* stationary state
stationäres Gleichgewicht *n (WiWi)* stationary equilibrium
stationiert *adj (Gen)* based, located • **stationiert sein in** *(Gen)* be based in
statisch *adj (WiWi)* static
statische Abzinsung *f (RW)* static discounting method *(Barwertmethode)*
statisches Modell *n (WiWi)* static model
Statistik *f (Stat)* statistics
Statistik *f* **der Berufe** *f (Pers, Stat)* occupational statistics
Statistik *f* **der Erwerbstätigkeit** *(Pers, Stat, WiWi)* employment statistics
Statistiken *fpl (Stat)* statistical returns
statistisch *adj (Gen, Stat, WiWi)* statistical • **statistisch erfassen** *(Gen, Steuer, V&M)* collect statistics • **statistisch signifikant** *(Stat)* statistically significant
statistisch verwertbare Information *f (Stat, WiWi)* statistically significant information
statistische Fertigungskontrolle *f (Stat)* statistical process control
statistische Grundgesamtheit *f (Stat)* statistical population
statistische Inferenz *f (Stat)* statistical inference
statistische Menge *f (V&M)* population
statistische Population *f (Stat)* statistical population
statistische Stichprobe *f (V&M)* census sample
statistische Streuung *f (Stat)* statistical spread
statistischer Jahresbericht *m (Stat)* annual abstract of statistics
statistischer Warenkorb *m (Gen)* commodity basket
Statistisches Amt *n* **der Europäischen Gemeinschaften** *(Eurostat) (Pol, Stat)* Statistical Office of the European Communities
Statistisches Jahrbuch *n (WiWi)* statistical yearbook, *(AE)* annual abstract of statistics
stattgeben *v (Gen)* allow, sustain *(Anspruch)*; grant *(Wunsch)*
statthaft *adj (Gen)* allowable
Status *m (Gen)* state, status
Statusgüter *npl (WiWi)* positional goods

Statussymbol *n (Gen)* status symbol
Statusverlust *m (Pers, Soz)* loss of status, status loss
statutarisch *adj (Recht)* by statute
Statuten *npl (Recht) (BE)* articles of association, *(AE)* articles of incorporation, charter *(Satzung einer Kapitalgesellschaft)*; rules, constitution *(Satzung eines Vereins)*; bylaws *(Kapitalgesellschaft)*
Stechen *n (Pers)* clocking *(Arbeitszeit)*
Stechkarte *f (Ind, Pers)* time card • **seine Stechkarte in die Stechuhr stecken** *(Ind, Pers)* clock in, punch the time clock
stehen *v* **bei** *(Gen)* stand at *(Angebot, Gebot, Preis)*
stehen *v* **für** *(Gen)* stand for sth *(Initialen)*
steigen *v (Gen)* go up, increase, rise, *(AE)* hike *(Preise)*
steigend *adj* 1. *(Gen)* mounting; 2. *(WiWi)* buoyant, rising • **in steigender Reihenfolge** *(Gen)* in ascending order
steigende Kosten *pl (WiWi)* rising costs
steigende Nachfrage *f (WiWi)* growing [increasing] demand
steigende Skalenerträge *mpl (WiWi)* increasing returns to scale
steigender Zinssatz *m (WiWi)* rising interest rate
steigern *v* 1. *(Fin)* boost *(Einnahmen)*; 2. *(Gen)* accelerate, strengthen *(Bemühungen)*; raise, increase *(Wert)*; 3. *(Umwelt)* raise *(Bewusstsein)*; 4. *(V&M)* boost *(Verkaufszahlen)*; 5. *(WiWi)* boost *(Nachfrage)*; fuel *(Inflation)*; enhance *(Kaufkraft)*
Steigerung *f* 1. *(Börse)* run-up; 2. *(Gen)* advance, boom, increase, rise, speed-up *(Inflationsrate)*
Steigerungsraten *fpl (Gen, V&M)* rates of increase
Steigung *f (Stat)* slope *(einer Geraden)*
steil *adj (Gen, WiWi)* steep • **steiler werden** *(Stat)* steepen *(Kurve)*
Steinkohlenkraftwerk *n (Ind)* hard-coal-fired power station
Steinkohlenzeche *f (Ind)* colliery
Stellage *f (Börse)* straddle, spread, put and call
Stelle *f* 1. *(Comp)* digit; 2. *(Pers)* position, post • **eine Stelle ablehnen** *(Pers)* turn down a job • **eine Stelle annehmen** *(Pers)* take employment, take a job, accept a job • **eine Stelle besetzen** *(Pers)* fill a vacancy • **sich um eine Stelle bewerben** *(Pers)* apply for a post *(Arbeitsmarkt)* • **eine Stelle suchen** *(Pers)* look for a job • **seine Stelle verlieren** *(Pers)* lose one's job
stellen *v (Pat, Recht)* submit *(Antrag)* • **Anspruch stellen** *(Pat, Recht)* claim
Stellenanforderung *f (Pers)* job requirement
Stellenangebot *n (Pers)* job offer
Stellenangebote *npl (Pers)* Situations Vacant *(in Zeitungen)*
Stellenanzeige aufgeben *v/***eine** *(V&M)* advertise a job
Stellenanzeigen *fpl (V&M)* recruitment advertising
Stellenausschreibung *f (Pers)* job advertisement *(Arbeitsmarkt)*
Stellenbeschreibung *f (Pers)* job description
Stellenbewerber *m (Pers)* applicant *(Arbeitsmarkt)*
Stellenbewerberin *f s.* Stellenbewerber
Stellengesuch *n (Pers)* (job) application
Stellengesuche *npl (Pers)* situations vacant *(Zeitung)*
Stelleninhaber *m (Pers)* jobholder, job incumbent, incumbent of a job, incumbent of a post
Stelleninhaberin *f s.* Stelleninhaber
Stellenplanung *f* 1. *(Mgt)* manpower planning; 2. *(Pers)* staff planning
Stellensuche *f (Pers)* job hunting, job search *(Arbeitsmarkt)*
Stellenvermittlung *f* 1. *(Gen)* employment agency; 2. *(Pers)* job placement
Stellenwert *m (Gen, Pol)* priority, importance, significance
Stellgröße *f (Mgt, WiWi)* regulation variable *(Management-Regelkreis, Systemtheorie)*
Stellung *f* 1. *(Börse)* position, rank, standing, status; 2. *(Pers)* job, position, post, situation • **sich um eine Stellung bewerben** *(Pers)* put in a job application *(Arbeitsmarkt)*
Stellungnahme *f (Gen)* opinion
stellvertretend *adj (Gen)* acting, deputizing
stellvertretender Vorstandsvorsitzender *m (Mgt)* deputy chairman of the

managing board, deputy chairman of the executive board
Stellvertreter *m* **des Vorstandsvorsitzenden** *(Mgt)* deputy chairman of the managing board, vice president
Stellvertreterin *f* **des Vorstandsvorsitzenden** *s.* Stellvertreter des Vorstandsvorsitzenden
Stellvertreterrecht *n (Recht)* agency law
Stellvertreterstimme *f (Pol)* proxy vote
Stellvertretung *f (Gen)* agency, representation
Stempel *m (Gen)* stamp
Stempelkarte *f (Ind)* clock card
stempeln *v* 1. *(Gen)* stamp; 2. *(Komm)* postmark *(Brief)*; 3. *(Pers)* clock in • **stempeln gehen** *(Pers, Soz) (ugs.)* be on the dole
Stempeluhr *f (Ind, Pers)* time clock
Steno *f (Admin)* shorthand
Stenografie *f (Admin)* shorthand
stenografieren *v (Admin)* take down in shorthand
Sterberisiko *n (Versich)* death risk
Sterbetafel *f (Stat)* mortality table, life table
Sterbeurkunde *f (Gen)* death certificate
Sterbewahrscheinlichkeit *f (Stat)* probability of dying
Sterbeziffer *f (Stat)* death rate, mortality rate
Sterblichkeit... *(Versich)* mortality
Sterblichkeitsrate *f (Soz, Versich, WiWi)* mortality (rate)
Sterlinggebiet *n (Gen)* Sterling area
Sterlingguthaben *n (Fin)* sterling balance
stetig *adj (Gen)* steady
stetige Variable *f (Stat)* continuous variable
stetige Zufallsvariable *f (Stat)* continuous variable
stetiges inflationsfreies Wachstum *n (WiWi)* sustained non-inflationary growth
stetiges Wirtschaftswachstum *n (Pol, WiWi)* sustained economic growth
Stetigkeitsprinzip *n (RW)* consistency *(IFRS)*
Steuer *f* 1. *(Imp/Exp)* levy; 2. *(Steuer)* tax, duty, imposition; 3. *(WiWi)* tax • **jmdm. eine Steuer auferlegen** *(Steuer)* impose a tax on sb • **von der Steuer freistellen** *(Steuer)* exempt sb from tax
Steuer *f* **auf Veräußerungsgewinne** *(Steuer)* capital gains tax
Steuerabgrenzung *f (Steuer)* deferral of taxes
Steuerabzug *m (Steuer)* tax deduction
Steuerabzug *m* **an der Quelle** *(Steuer)* tax deduction at source
Steuerabzugsverfahren *n (Steuer)* tax withholding system
Steueramortisation *f (Steuer, WiWi)* tax capitalization
Steuerangleichung *f (Steuer)* tax harmonization *(EU)*
Steueranrechnung *f (Steuer, WiWi)* tax credit
Steueranreiz *m (Steuer)* tax incentive, tax stimulus
Steueraufkommen *n* 1. *(Fin)* revenue from taxes; 2. *(Steuer) (BE)* inland revenue, *(AE)* internal revenue; tax receipt [yield]
Steueraufrechnung *f (Steuer)* tax offset
Steueraufwendung *f (Steuer, WiWi)* tax expenditure
Steuerausfall *m (Steuer)* tax shortfall, shortfall of tax revenue
Steuerausweichung *f (Gen, Steuer, WiWi)* tax avoidance
steuerbare Güter *npl (Steuer)* taxable [excisable] goods
steuerbarer Umsatz *m (Steuer)* taxable activity, tax transaction
steuerbarer Veräußerungsgewinn *m (Steuer)* chargeable capital gains
Steuerbasis *f (WiWi)* tax base
Steuerbeamter *m (Gen, Steuer)* tax collector
Steuerbeamtin *f s.* Steuerbeamter
Steuerbefreiung *f (Steuer)* exemption from tax, tax exemption
steuerbegünstigt *adj (Steuer)* eligible for tax relief, tax-privileged, tax-sheltered
steuerbegünstigte Immobilienaktiengesellschaft *f (Bank, Grund)* REIT, Reit, real estate investment trust, real-estate investment trust *(in Deutschland neue Form einer steuerbegünstigten AG mit dem Geschäftszweck des Erwerbs sowie der Veräußerung, Vermietung und Verpachtung von Immobilien; hohe Ausschüttungsquote von mindestens 85 %, Besteuerung jedoch nicht auf Unternehmensebene, sondern in voller*

Höhe beim Investor, d. h. nicht im Halbeinkünfteverfahren = half-income method; wird in Deutschland 2008 eingeführt)

Steuerbehörde *f (Steuer)* fiscal authority, *(BE)* Inland Revenue, *(AE)* Internal Revenue Authority; tax authority, *(ugs.)* taxman

Steuerbelastung *f (Steuer)* tax burden, tax load

Steuerbelastungswirkung *f (Steuer)* fiscal incidence

Steuerbeleg *m (Börse, Steuer)* tax voucher

Steuerbemessungsgrundlage *f (Steuer, WiWi)* basis of assessment, tax basis

Steuerberater *m* 1. *(Gen, Pers, RW)* accountant; 2. *(Steuer)* tax consultant

Steuerberaterin *f s.* Steuerberater

Steuerbescheid *m (Steuer)* tax assessment, formal tax assessment note

Steuerbetrug *m (Steuer)* tax fraud, tax evasion

Steuerbilanzgewinn *m (RW, Steuer)* profit as shown on the tax balance sheet

Steuereingangsstufe *f (Steuer)* tax threshold

Steuerelastizität *f (Steuer, WiWi)* tax elasticity

Steuerentlastung *f (Steuer)* tax relief, tax break

Steuererhebungskosten *pl (Steuer)* administrative cost(s)

Steuererklärung *f (Steuer)* tax declaration, tax return • **seine Steuererklärung einreichen** *(Steuer)* file one's tax return

Steuererlass *m (Steuer)* abatement of taxes, tax remission

Steuererleichterung *f (Steuer)* tax concession, tax relief

Steuerermäßigung *f (Steuer)* tax reduction

steuerfrei *adj (Steuer)* exempt from taxation, tax-exempt, tax-free

Steuerfreibetrag *m (Steuer) (BE)* allowance, *(AE)* tax credit; tax relief, tax-free amount

steuerfreier Betrag *m (Steuer)* tax-free allowance

steuerfreies Einkommen *n (Steuer)* nontaxable income, tax-free income

steuerfreies Wertpapier *n (Steuer)* tax-exempt security

Steuerfreiheit *f (Steuer)* exemption from taxes, tax exemption, immunity from taxes *(Diplomaten)*

Steuergröße *f (Mgt, Stat, WiWi)* controller *(Synonym: Sollgröße, Führungsgröße; Management-Regelkreis, Systemtheorie)*

Steuer-Grundfreibetrag *m (Steuer)* tax threshold

Steuergutschein *m (Steuer) (AE)* tax anticipation bill, *(AE)* tax anticipation note, *(BE)* tax credit certificate, *(AE)* tax-reserve certificate

Steuergutschrift *f (Steuer) (AE)* tax credit

Steuerharmonisierung *f (Steuer, WiWi)* tax harmonization *(EU)*

Steuerhinterziehung *f (Steuer)* (illegal) fiscal evasion, tax evasion

Steueridentifikationsnummer *f (Recht, Steuer)* tax identification number *(TIN)*

Steuerimmunität *f (Steuer, WiWi)* tax immunity

Steuerinländer *m (Steuer)* resident for tax purposes, resident taxpayer

Steuerinländerin *f s.* Steuerinländer

Steuerinzidenz *f (Steuer)* incidence of taxation, tax incidence

Steuerjahr *n (Fin, RW, Steuer)* assessment year, fiscal year

Steuerklasse *f (Steuer)* tax schedule, tax scale, *(AE)* tax bracket

Steuerkürzung *f (Steuer)* tax cut, tax reduction

Steuerlast *f (Steuer)* tax burden, tax charge, tax load

steuerlich *adj (RW, Steuer)* fiscal

steuerlich absetzbare Kosten *pl (RW)* allowable expenses

steuerlich abzugsfähig *adj (RW, Steuer)* tax-deductible

steuerlich abzugsfähige Ausgaben *fpl (Steuer) (AE)* tax-deductible expenditure, *(BE)* tax-deductible expenses

steuerlich nicht absetzbare Position *f (Steuer) (BE)* disallowable item

steuerliche Abschreibung *f (RW, Steuer)* tax depreciation, tax allowance for depreciation, tax write-off, tax return depreciation, tax write-off, *(BE)* capital allowance *(Gegensatz: bilanzielle Ab-*

schreibung = balance-sheet depreciation)

steuerliche Absetzung *f (Steuer) (AE)* tax deduction

steuerliche Behandlung *f (Steuer)* tax treatment

steuerliche Entlastung *f (Steuer)* tax relief, tax break

steuerlicher Freibetrag *m (Steuer)* tax-free amount, tax-free allowance, *(AE)* tax credit

steuerlicher Wohnsitz *m (Steuer)* residence for tax purposes, tax domicile

Steuerliste *f (Steuer)* assessment roll, list of tax assessments, tax roll

Steuermaut *f (ugs.) (Fin, Pol, Steuer) (ugs.)* tax toll *(EU; Zinsbesteuerung auf Kapitalanlagen von nicht schweizerischen Europäern in der Schweiz: 15 % bzw 35 % Erhebung auf Zinserträge im Rahmen der von verschiedenen Regierungen angestrebten einheitlichen EU-Zinsbesteuerung zur Verhinderung eines funktionierenden europäischen Steuerwettbewerbs)*

Steuermobilität *f (WiWi)* fiscal mobility

Steuermultiplikator *m (WiWi)* fiscal multiplier

Steuern *n (Mgt, WiWi)* control, feed forward control

Steuern *fpl (Steuer)* taxes, taxation • **nach Steuern** *(RW, Steuer)* after tax, after-tax basis • **vor Steuern** *(Steuer)* before tax, pre-tax, exclusive of tax • **Steuern abführen** *(Steuer)* pay tax • **Steuern einziehen** *(Steuer)* collect taxes

Steuernachlass *m (Steuer)* abatement of taxes, tax abatement, tax relief

steuerneutral *adj (RW, Steuer)* without attracting tax, tax-neutral

Steuerneutralität *f (Steuer)* fiscal neutrality

Steuernummer *f (Steuer)* taxpayer's reference number

Steuerpfändung *f (Steuer)* tax foreclosure

steuerpflichtig *adj* 1. *(Recht)* liable to pay a tax, liable to pay taxes; 2. *(Steuer)* assessable, taxable, liable to pay a tax, liable to pay taxes, subject to taxation, *(BE)* rateable *(Gemeindesteuer)*

Steuerpflichtige *m(f) (Steuer)* taxpayer

steuerpflichtige Einkünfte *pl (Steuer)* assessable income

steuerpflichtige Umsätze *mpl*/**nicht** *(Steuer)* nontaxable transactions

steuerpflichtiger Gewinn *m (RW)* taxable profit

steuerpflichtiges Einkommen *n (Steuer)* assessable income, taxable income, subject to income taxation, subject to income tax

Steuerpolitik *f* 1. *(WiWi)* fiscal policy; 2. *(Steuer)* taxation policy

Steuerprogression *f (Steuer, WiWi)* tax progression, progressive taxation

Steuerquelle *f (Steuer)* source of revenue; tax base *(income, property)*

Steuerrecht *n (Recht)* tax law

Steuerreformgesetz *n (Steuer)* tax reform act

Steuerrichtlinien *fpl (Steuer)* tax guidelines

Steuerrückstände *mpl (Steuer)* tax arrears

Steuerrückstellung *f (RW, Steuer)* tax provision

Steuerrückzahlung *f (Steuer)* tax refund

Steuersatz *m (Steuer)* rate of taxation, tax rate

Steuerschlupfloch *n (Steuer)* tax loophole

Steuersenkung *f (Steuer)* tax reduction, tax cut

Steuerstruktur *f (Steuer, WiWi)* tax structure

Steuersystem *n (WiWi)* system of taxation

Steuertarif *m (Steuer)* tax scale [schedule]

Steuertatbestand *m (Recht, Steuer)* taxable event

Steuertilgung *f (Steuer, WiWi)* tax capitalization

Steuerüberwälzung *f (Steuer)* shifting of taxes

Steuerumgeher *m (Steuer) (ugs.)* tax dodger

Steuerumgehung *f (Gen, Steuer, WiWi)* avoidance of tax, tax avoidance, *(ugs.)* tax dodging

Steuer- und Abgabenlast *f (Soz, WiWi)* tax wedge

Steuerung *f* **der Nachfrage** *(WiWi)* demand management *(Synonym: Nachfragesteuerung)*

Steuerung *f* **des Angebots** *(WiWi)* supply control

Steuerung *f* **des Materialflusses** *(Transp)* materials management

Steuerung *f* **interner Märkte** *(Mgt, V&M, WiWi)* control of internal markets *(die Organisation der internen Märkte und das Schnittstellenmanagement -interface management- zwischen internen und externen Märkten –Outsourcing/ Insourcing von Leistungen- ist eine zunehmend komplexe Managementaufgabe in Konzernen)*

Steuerung *f* **von Vertrieb und Verkauf** *(V&M)* merchandising

Steuerveranlagung *f (Steuer)* tax assessment

Steuervergünstigung *f (Steuer)* tax concession, tax privilege

Steuervergünstigungen *fpl (Steuer)* tax expenditure

Steuervermeidung *f (Gen, Steuer, WiWi)* avoidance of tax, tax avoidance

Steuerverwaltung *f (Admin)* tax administration

Steuervorauszahlung *f (Steuer)* advance payment of taxes

Steuervorteil *m (Steuer)* tax advantage

Steuerwert *m (Steuer)* taxable value

Steuerwettbewerb *m (WiWi)* tax competition *(EU)*

Steuerwirkung *f (RW, Steuer)* effect of taxation, fiscal incidence

Steuerzahler *m (Gen, RW, Steuer)* taxpayer

Steuerzahlerin *f s.* Steuerzahler

Steuerzentrum *n (Gen, Mgt)* control center, *(BE)* control centre

Steuerzuflucht *f (Steuer)* tax shelter, tax haven *(meist: Steueroase)*

Steuerzuschlag *m (Pol, Steuer)* surtax, add-on tax, additional tax *(Synonym: Zusatzsteuer)*

Steuerzweck *m (RW)* tax purpose

stichhaltig *adj (Gen)* valid *(Argument)*

Stichprobe *f* 1. *(Gen)* spot check, random test; 2. *(Stat)* sample; 3. *(V&M)* random test • **eine Stichprobe entnehmen** *(Stat)* take a sample • **eine Stichprobe ziehen** *(Stat)* draw a sample

Stichproben *fpl (V&M)* random sampling

Stichprobenerhebung *f (V&M)* poll

Stichprobenfehler *m (Stat)* sampling error

Stichprobenumfang *m (Stat)* sample size, size of sample

Stichprobenziehung *f (Stat)* random sampling, random selection

Stichtag *m* 1. *(Bank, Börse)* date of record, declaration day; 2. *(Fin)* call date, *(AE)* cutoff date, reporting date; 3. *(Gen)* deadline, effective date, key date, target date, reference date, reference day

Stichtagsmethode *f (RW)* current rate method

Stichwahl *f (Pol)* decisive [final] ballot, second ballot, *(AE)* run-off, *(AE)* run-off election

Stiftung *f* 1. *(Recht)* endowment *(Dotation)*; 2. *(WiWi)* foundation

Stil *m* 1. *(Gen)* class; 2. *(Mgt)* style

stille Beschwerdeführer *pl (Gen, V&M)* unvoiced complainers

stille Gesellschaft *f (Deu) (Recht)* silent partnership *(Personengesellschaft, die nicht nach außen in Erscheinung tritt)*

stille Lasten *fpl (Deu) (RW, Versich)* undisclosed charges, hidden charges, undisclosed impairment of assets, undisclosed impairment of equity; unrealised losses *(unrealisierte Verluste, nicht realisierte Eigenkapital-Wertminderungen, deren Höhe aus der Bilanz nicht ersichtlich ist; Ursache: bilanziell überbewertete Aktiva oder unterbewertete Passiva, von außen nicht als potenzieller Verlust erkennbar; nach IFRS 3/IAS 36 ist Wertminderungsaufwand = impairment loss zwingend auszuweisen; Gegensatz: stille Reserven, stille Rücklagen, Bewertungsreserven = undisclosed reserves, hidden reserves, secret reserves, concealed reserves, off-balance sheet reserves)*

stille Reserven *fpl* 1. *(RW)* hidden reserves, undisclosed reserves, secret reserves, concealed reserves *(aus, im Vergleich zum Marktwert, unterbewerteten Aktiva oder überbewerteten Passiva; Synonym: stille Rücklagen; Gegensatz: stille Lasten)*; 2. *(Versich)* balance sheet reserves

stille Rücklagen *fpl (RW)* undisclosed [secret] reserves
stiller Gesellschafter *m (Fin, Gen, Recht, WiWi) (AE)* silent partner, *(BE)* sleeping partner
stiller Teilhaber *m (Fin, Gen, Recht, WiWi) (AE)* silent partner, *(BE)* sleeping partner
stillgelegt *adj* 1. *(Gen)* closed down, shut down; 2. *(Transp)* laid-up; 3. *(Umwelt)* decommissioned *(Kernkraftwerk)* • **stillgelegt werden** *(Ind)* close down, shut down
stillgelegtes Bankkonto *n (Bank)* dormant account
stilllegen *v* 1. *(Fin)* immobilize; 2. *(Gen, Ind)* close down, shut down
Stilllegung *f* 1. *(Fin)* immobilization; 2. *(Gen)* closing down, closure, shutdown; 3. *(Umwelt)* decommissioning *(eines Kernkraftwerkes)*
stillschweigend *adj (Recht)* implicit, implied, tacit *(Annahme)* • **nach stillschweigender Vereinbarung** *(Recht)* by tacit agreement
stillschweigende Bedingung *f (Gen)* implied condition
stillschweigende Verlängerung *f (Gen)* tacit renewal
Stillstand *m (WiWi)* stagnation, standstill
Stillstandszeit *f* 1. *(Comp, Gen)* dead time, downtime, idle time, lost time; 2. *(Pers)* stoppage
stillstehend *adj (Gen, Transp)* down, idle
Stimmabgabe *f (Mgt, Pers)* voting
stimmberechtigte Aktie *f (Börse, Fin)* voting share, voting stock
stimmberechtigtes Kapital *n (Börse)* voting capital
stimmberechtigtes Mitglied *n (Recht)* associate member
Stimme *f (Pers, Pol)* vote • **sich der Stimme enthalten** *(Pol)* abstain *(Wahl)*
stimmen *v* **für** *(Pers, Pol)* vote for
stimmen *v* **gegen** *(Pers, Pol)* vote against
Stimmenthaltung *f (Gen, Pol)* abstention
Stimmgewichtung *f (Pol, Recht)* weighting of votes, vote weighting *(EU)*
stimmig *adj (Gen)* consistent
Stimmrecht *n* 1. *(Börse, Fin)* right to vote, voting power; 2. *(Pers)* voting right; 3. *(Pol)* franchise, suffrage, voting right
stimmrechtslose Aktie *f (Börse)* nonvoting share, nonvoting stock
Stimmung *f (Börse)* mood, tone
Stimmungsbarometer *n (WiWi)* barometer
Stimmungsindikator *m (Gen)* sentiment indicator
Stimmungslage *f* **der Wirtschaft** *(Gen, WiWi)* business climate
Stimmungsmache *f (Gen, Pol, WiWi) (ugs.)* cheerleading *(Seelenmassage)*
Stimmzettel *m (Pers)* ballot paper, voting paper *(geheime Abstimmung)*
stimulieren *v (Gen, Pers, WiWi)* stimulate *(Vertrauen, Nachfrage)*
Stipendium *n (Pers)* scholarship, student grant, *(AE)* grant; fellowship
stochastischer Netzplantechnik/mit *(Mgt) (BE)* programme evaluation and review technique, PERT
stochastischer Prozess *m (Gen)* stochastic process
stocken *v (WiWi)* falter, stagnate
Stop-and-go-Politik *f (WiWi)* stop-go policy
Stop-Limit-Order *f (Börse)* stop limit order
Stopp *m (Gen, Pol)* stop, ban, freeze
Störeinflüsse *mpl (WiWi)* shocks
stören *v (Gen)* be misleading
Störfaktor *m (WiWi)* distorting factor
stornieren *v* 1. *(Gen)* cancel *(Auftrag)*; 2. *(RW)* reverse (an entry) *(Buchung)*; 3. *(Recht)* cancel *(Vertrag)*
Stornierung *f* 1. *(Gen)* cancellation, reversing, REV; 2. *(RW)* cancellation, *(AE)* reversal; 3. *(Recht)* cancellation
Storno *m(n) (RW)* contra entry, reversing entry
Stornobuchung *f (RW)* contra entry, reversing entry
Stornogebühr *f (Versich)* cancellation fee
Stornoquote *f (Versich)* cancellation ratio
Stoßwirkung *f (Gen)* impact
Straddle-Baisse-Position *f (Börse)* long straddle position
Strafanzeige *f (Recht)* complaint *(Strafrecht)*
strafbar *adj (Recht)* liable to prosecution, punishable
strafbare Handlung *f (Recht) (BE)* (criminal) offence, *(AE)* (criminal) offense

strafbare Inhalte *mpl (Comp, Komm, Recht)* illegal content
Strafe *f (Recht)* penalty • **mit einer Strafe belegen** *(Recht)* penalize • **Strafe über jmdn. verhängen** *(Recht)* pass sentence on sb
straff *adj (Gen, WiWi)* tight
straffe Fiskalpolitik *f (Steuer, WiWi)* tight fiscal policy
straffe Geldpolitik *f (WiWi)* tight monetary policy stance
straffen *v (WiWi)* streamline, *(ugs.)* take up the slack *(Unternehmen)*
Straffung *f (WiWi)* streamlining, tightening
Strafgesetzbuch *n (Recht)* Penal Code, Criminal Code
strafmündig *adj (Recht)* accountable
strafrechtlich verfolgen *(Recht)* prosecute
strafrechtliche Vorschriften *fpl (Recht)* criminal law regulations
Strafregister *n (Recht)* police record
Straftat *f (Recht)* crime, *(BE)* criminal offence, *(AE)* criminal offense
Straftäter *m (Recht)* criminal
Straftäterin *f s.* Straftäter
Strafurteil *n (Recht)* sentence, verdict *(Geschworenengericht)*
Strafverfolgung *f (Recht)* prosecution
Strafzins *m* 1. *(Bank)* interest penalty, negative interest, penalty interest, penalty rate; 2. *(Fin)* interest penalty
Straße *f* 1. *(Gen)* street; 2. *(Transp)* road
Straßenbenutzungsgebühr *f (Gen, Transp)* road toll, road-use tax, toll
Straßennetz *n (Transp)* road network
Straßentransport *m (Transp)* road haulage, road transport, motor freight
Straßentransportunternehmen *n (Transp)* road haulage company
Straßenverkäufer *m (Gen)* hawker, *(AE; ugs.)* huckster, *(BE)* street trader, *(AE)* street vendor, pedlar
Straßenverkäuferin *f s.* Straßenverkäufer
Straßenverkehrsrecht *n (Recht, Transp)* traffic laws
Strategie *f* 1. *(Gen)* strategy; 2. *(WiWi)* strategy
Strategiebestimmung *f (WiWi)* strategy formulation
strategisch *adj (Gen, Mgt, WiWi)* strategic
strategische Frage *f (Mgt)* strategic issue
strategische Frühaufklärung *f (Admin, Mgt, Umwelt, WiWi)* environmental assessment [scanning]
strategische Geschäftseinheit *f (Mgt)* strategic business unit
strategische Planung *f (Gen, Mgt)* strategic planning
strategische Preispolitik *f (V&M)* strategic pricing
strategische Unternehmenseinheit *f (Mgt)* strategic business unit
strategischer Geschäftsbereich *m (Mgt, WiWi)* strategic business area *(Synonym: strategisches Geschäftsfeld, SGF)*
strategisches Bündnis *n (Mgt)* strategic alliance
Strecke *f* 1. *(Gen)* distance; 2. *(Ind)* drift, roadway; 3. *(Transp)* line, track *(Eisenbahn)*
Streckennetz *n (Transp) (AE)* railroad network, *(BE)* railway network, *(BE)* railway system
streichen *v* 1. *(Bank)* cancel, withdraw; 2. *(Gen)* delete, erase
Streichung *f* 1. *(Bank)* cancellation, withdrawal; 2. *(Fin)* cancellation; 3. *(Recht)* deletion
Streifband *n (Admin)* postal wrapper
Streifbanddepot *n (Fin)* individual safe custody of securities, securities deposited under wrapper
Streik *m (Gen, Ind, Pers)* industrial action, primary action, strike, *(ugs.)* walkout • **im Streik** *(Gen, Ind, Pers)* on strike • **zum Streik aufrufen** *(Gen, Ind, Pers)* call a strike • **in den Streik treten** *(Gen, Ind, Pers)* go out on strike, take industrial action, walk out
streiken *v (Gen, Ind, Pers)* go on strike, strike, turn out on strike, walk out, take industrial action, *(AE)* hit the bricks
Streikposten *m (Gen, Ind, Pers)* picket *(Arbeitskonflikt)*
Streikrecht *n (Gen, Ind, Pers)* right to strike
Streiktage *mpl (Pers)* striker days
Streikwelle *f (Pers)* strike wave

Streit *m (Gen)* contest, controversy, dispute
Streitbeilegung *f (Recht)* dispute resolution
streiten *v* **um** *(Gen)* battle for
Streitfall schiedsgerichtlich beilegen *v*/**einen** *(Recht)* submit a dispute to arbitration
Streitfrage *f (Recht)* issue
streitig sein *v (Gen)* be at issue
Streitigkeit *f (Pers)* dispute • **Streitigkeiten schlichten** *(Pers)* settle a dispute
streng *adj (Gen)* severe, strict, stringent *(Maßnahme, Programm)*
streng *adv (Gen)* severely, strictly, stringently • **streng nach Vorschrift** *(Gen)* by the book • **streng vertraulich** *(Gen)* private and confidential, strictly confidential
strenge Kontrolle *f (Recht)* tight control
strenges Niederstwertprinzip *n (Fin, RW)* strictly defined principle of the lower of cost or market (value), rigorously defined principle of the lower of cost or market (value), strict lower of cost or market principle *(Bewertungsgebot im Umlaufvermögen nach dem handelsrechtlichen Vorsichtsprinzip = prudence principle = principle of caution; § 252 I Nr. 4 HGB; Gegensätze: als Höchstwertprinzip bei der Bewertung von Passivpositionen, wie Verbindlichkeiten, oder als gemildertes Niederstwertprinzip = alleviated lower of cost or market principle für die Bewertung im Anlagevermögen)* • **das strenge Niederstwertprinzip anwenden** *(RW)* apply the strictly defined principle of the lower of cost or market, apply the rigorously defined principle of the lower of cost or market value
Stress *m (Gen, Pers)* stress
stressig *adj (Pers)* stressful, high-pressure
Streubesitz *m* **von Aktien** *(Börse)* free float
Streuplaner *m (Pers)* media buyer
Streuung *f* 1. *(Börse)* distribution, diversification; 2. *(Stat)* dispersion, scatter; 3. *(V&M)* spread
Streuungskoeffizient *m (Stat)* coefficient of variation
Strich/über dem *(Fin, RW)* above the line
Strich/unter dem *(V&M)* below the line
Strichcodelesegerät *n (Comp)* bar code scanner
strichcodierte Artikelnummer *f (Comp)* bar-coded identification number
strittig sein *v (Pers)* be in dispute
Strohfirma *f (Steuer)* shell company
Strohmann *m* 1. *(Börse)* nominee; 2. *(Media)* frontman; 3. *(Recht)* dummy
Strom *m* 1. *(Comp)* power; 2. *(Transp)* flow
strömen *v (Ind)* flow
Stromerzeugung *f (Ind)* electricity generation
Stromgröße *f (WiWi)* flow
Stromgrößenanalyse *f (Stat)* flow analysis
stromsparend *adj (Umwelt)* energy--saving
Strömungsgröße *f (WiWi)* flow
Struktur *f (Gen)* structure
Struktur *f* **der Beschäftigten** *(Pers)* employment structure, employment pattern, structure of the working population
Strukturangleichung *f (Mgt)* structural adjustment
Strukturanpassung *f (Mgt)* structural adjustment
Strukturanpassungsfazilität *f (Fin)* structural adjustment facility
strukturelle Arbeitslosigkeit *f (Pers, WiWi)* structural unemployment
strukturelle Bereinigung *f (Mgt)* structural adjustment
strukturelle Operationen *fpl (Bank)* structural operations *(EZB)*
strukturelles Defizit *n (RW, WiWi)* primary deficit
Strukturfonds *m (WiWi)* structural funds *(EU)*
strukturieren *v (Gen)* structure
strukturiertes Interview *n (V&M)* guided interview
strukturiertes Vorstellungsgespräch *n (Pers)* structured interview *(Bewerbung)*
strukturschwache Region *f (Gen, Pol)* structurally weak region
Strukturstückliste *f (Ind)* indented parts, indented bill of materials, indented bill of parts

Strukturwandel *m (Mgt)* structural change
Stück *n* 1. *(Börse)* denomination; 2. *(Gen)* item, piece, unit; 3. *(Ind)* head *(Vieh)* • **je Stück** *(Gen, V&M)* apiece
stückeloser Wertpapierverkehr *m (Börse)* non-physical transfer of securities
Stückelung *f (WiWi)* denomination • **die Stückelung angeben** *(WiWi)* denominate
Stückezuteilung *f (Börse)* allotment of securities
Stückgut *n (Transp) (AE)* break bulk cargo, *(AE)* mixed carload, *(AE)* lot; loose cargo, part-load *(Eisenbahn)*
Stückkosten *pl (RW)* cost per unit, unit cost
Stückliste *f (Ind)* bill of materials
Stücklohn *m (Pers)* piece wage *(Akkordarbeit)*
Stücklohnarbeit *f (Ind)* jobbing
Stücklohnsatz/zum *(Pers)* at piece rate
Stückpreis *m (Gen)* unit price
Stücksteuer *f (Steuer)* per-unit tax
Stückzinsen *mpl* 1. *(Bank)* interest accrued; 2. *(Börse)* accrued interest; 3. *(Fin)* running interest, broken period interest; 4. *(RW)* broken period interest
Studie *f (Gen, Pers, Soz)* study
Studienabbruch *m (Bil)* breaking-off of (university) studies, dropping out of university studies
Studienanfänger *m (Pers)* new student, (new) entrant to higher education, (new) entrant to university (education)
Studienanfängerin *f s.* Studienanfänger
Studienbeihilfe *f (Bil)* student grant
Studiendauer *f (Pers)* duration of study, length of study
Studienfach *n (Pers)* subject, field of study, branch of study
Studienförderung *f (Bil)* student grant
Studiengang *m (Bil)* subject, field of study, branch of study
Studiengebühr *f (Soz)* tuition fee
studieren *v* 1. *(Gen)* examine carefully, study; 2. *(Pers)* study for a university degree, go to university, go to college, study at university, study at college
Studierneigung *f (Pers)* propensity to study
Stufe *f (Gen)* bracket, phase, stage • **in Stufen** *(Gen)* in stages, by stages
Stufenmodell *n (Pol, WiWi)* phased model, multi-stage model
stufenweise *adv (Gen)* by stages, gradually • **stufenweise eingliedern** *(Admin, Gen)* phase in
Stundenleistung *f (Ind)* output per hour
Stundenlohn *m (Pers)* hourly wage, wage per hour
Stundenlohnsatz *m (Pers)* hourly wage rate, hourly rate
Stundenproduktivität *f* **der Arbeit** *(Stat, WiWi)* hourly productivity of labo(u)r *(Arbeitsproduktivität je Stunde)*
24-Stunden-Service *m* 1. *(Gen, Komm)* 24-hour service; 2. *(Transp)* same-day service
Stundenverdienste *mpl (Pers)* hourly earnings
Stundenvergütung *f (Pers)* hourly compensation
stündlich *adj (Gen)* hourly, per hour
Stundung *f (Steuer)* extension of time for payment
Stundung *f* **von Forderungen** *(Fin)* prolongation of debt
Stundungsfrist *f (Steuer)* period of extension
stürzen *v (Börse, WiWi)* slump *(Markt)*; drop, fall, tumble, collapse *(Preise, Kurse)*
Stütze leben *v***/von der** *(Pers) (ugs.)* be on the dole, be on social security
stützen *v* 1. *(Gen)* bolster, peg, reinforce, support, underpin, back *(Währung)*; 2. *(Mgt)* support; 3. *(WiWi)* bolster, peg, prop up, reinforce, support, underpin *(Währung)*
Stützpunkt *m (Gen)* base
Stützsystem *n (WiWi)* pegging system
Stützung *f* 1. *(Gen)* support; 2. *(WiWi)* backing
Stützungsfazilität *f (Gen)* backup facilities
Stützungskäufe *mpl* 1. *(Börse)* backing; 2. *(Fin)* support buying, support operations
Stützungskredit *m (Bank, Fin)* standby credit, supporting credit
Stützungsmaßnahme *f (Mgt)* support activity
subjektiv *adj (Gen, V&M)* subjective

subjektive Unmöglichkeit *f* **der Leistung** *(Recht)* inability to perform *(Vertragsrecht)*
subjektive Wahrnehmung *f (V&M)* subjective perception
subjektives Recht *n (Recht)* legal right
Submission *f (Gen)* submission, bid, tender
Submissionsangebot *n (Gen)* tender
Submissionsangebot *n* **im verschlossenen Umschlag** *(Gen)* sealed-bid tendering
Submissionsschluss *m (Börse)* bid closing date
Submissionsverfahren *n (Gen)* competitive bidding procedure
Submissionsvergabe *f (Mgt)* award
Submissionsverkauf *m (V&M)* sale by tender
Submissionsweg/auf dem *(Admin)* by tender
Suboptimierung *f (Fin, Gen, WiWi)* suboptimization
subsidiär *adj (Gen)* secondary, subsidiary
Subsidiaritätsprinzip *n (Pol)* subsidiarity principle, principle of subsidiarity *(EU; Delegation von Entscheidungen auf eine möglichst kompetente, niedrige Ebene, steht den Interessen der Zentralregierungen und der Europäischen Kommission oftmals entgegen)*
Subsistenz *f (Soz)* subsistence
Substanz *f (WiWi)* substance
Substanzwert *m* 1. *(Fin)* intrinsic value; 2. *(RW)* asset value; 3. *(WiWi)* intrinsic value
substituierbar *adj (Bank)* interchangeable
substituieren *v (WiWi)* substitute
Substitutionsbeziehung *f (WiWi)* trade-off
Substitutionseffekt *m (WiWi)* substitution effect
Substitutionselastizität *f (WiWi)* elasticity of substitution
Substitutionsgut *n (WiWi)* substitute good
Substitutionskoeffizient *m (WiWi)* substitution coefficient
subtrahieren *v (Stat)* subtract
Subunternehmer *m (Pers)* subcontractor • **an einen Subunternehmer vergeben** *(Recht)* subcontract
Subunternehmerin *f s.* Subunternehmer
Subvention *f (Fin)* subsidy, government subsidy, grant
subventionieren *v (Pol, WiWi)* subsidize
subventionierte Beschäftigung *f (Pers)* subsidized employment *(zweiter Arbeitsmarkt)*
subventioniertes Darlehen *n (Bank)* low-cost loan
Subventionsmentalität *f (Pol, WiWi)* subsidy psychology, subsidy mentality, grantsmanship
suchen *v* 1. *(Comp)* find *(Datenbank)*; search *(Datei, Dokument)*; 2. *(Gen)* search, seek *(Zustimmung)*
Suchmaschine *f (Comp, Komm)* search engine *(Internet)*
Suggestivfrage *f (V&M)* leading question
sukzessiv *adj (Gen)* gradual, successive
Sukzessivlieferungsvertrag *m (Recht)* apportioned contract, contract for delivery by instal(l)ments, multiple delivery contract
Summe *f* 1. *(Fin)* total; 2. *(Gen)* aggregate, total, amount, *(AE)* footing; 3. *(Stat) (AE)* footing; 4. *(WiWi)* aggregate, amount, total
Summe *f* **der liquiden Mittel** *(RW)* cash on hand
Summe *f* **der Verbindlichkeiten** *(RW)* total liabilities
summieren *v (RW, Stat)* sum up
Sündenfonds *m (ugs.) (Bank, Fin)* vice fund *(Synonym: unethischer Fonds, Vice-Fonds; cf Lasterfonds; Gegensatz: Ethik-Fonds, ethischer Fonds, Nachhaltigkeitsfonds; opposite: ethical fund, socially responsible or socially conscious investment fund)*
Superchipkarte *f (Comp, Komm)* super smart card *(z. B. mit Display, Tastatur)*
Supermarkt *m (V&M)* supermarket
Supermarkt *m* **einer Ladenkette** *(V&M)* chain superstore
supranational *adj (Gen, Pol, WiWi)* supranational
suspendieren *v* 1. *(Gen)* suspend *(Handel)*; 2. *(Pers)* suspend
Suspendierung *f* **(vom Dienst)** *(Pers)* suspension (from office)
Swap *m (Börse, Gen)* swap

Swapsatz *m* 1. *(Bank)* swap point; 2. *(Bank, WiWi)* forward margin, swaprate
Swaptermingeschäft *n (Börse)* forward swap
Swing *m (Bank, Imp/Exp)* swing *(Kreditlinie)*
Swing-Überschreitung *f (Bank)* swing overdraft
Switch-over-Klausel *f (Steuer)* switch-over clause *(in neueren Doppelbesteuerungsabkommen, DBA, die Zusage der Freistellungsmethode auf bestimmte, durch Deutsche im Ausland erzielte ausländische Einkünfte; exemption clause in modern double taxation treaties with Germany)*
SWOT-Analyse *f (Mgt, WiWi)* SWOT analysis *(Konzept der wertorientierten Unternehmensführung zur Analyse der strategischen Position und Stärke eines Unternehmens im Vergleich zum wettbewerblichen Umfeld; an instrumental framework in Value Based Management for analyzing the internal strengths –value creating factors like assets, skills or resources– the weaknesses –value destroying factors- and the external value creating or destroying factors that cannot be controlled by the firm: opportunities and threats emerging from the competitive dynamics of the markets or from economic, political, technical, social, legal or cultural factors)*
Symbol *n* 1. *(Comp)* icon, symbol; 2. *(Gen, Pat, V&M)* symbol
symbolisch *adj (Gen)* symbolic
symbolische Bezahlung *f (Bank, Gen)* token payment
symmetrisch *adj (Börse, Stat)* symmetric
Sympathie... *(Pers)* sympathetic, sympathy
synchron *adj (Comp)* synchronous
synchroner Konjunkturindikator *m (WiWi)* coincident indicator
Syndikat *n* 1. *(Fin, Gen)* consortium, syndicate; 2. *(WiWi)* cartel with joint purchasing or marketing organization
Syndikus *m (Pers)* legal advisor
Syndikus *m* **einer Unternehmung** *(Pers) (AE)* general counsel, *(BE)* head of legal department
Syndikusanwalt *m (Recht) (BE)* company's solicitor, *(AE)* corporate lawyer; legal advisor, staff lawyer
syndizierte Anleihe *f (Fin)* syndicated loan
syndizierter Swap *m (Fin)* syndicated swap
Synergie *f (Gen, WiWi)* synergism, synergy
Synergieeffekt *m (Bank, Mgt, WiWi)* synergy effect, synergetic effect, synergistic effect *(the combined effect of two investments that exceeds the sum of the individual effects of each investment on its own; Verbundwirkung zweier Investitionen, die über die Summe der unverbundenen Einzelinvestitionen hinaus geht; wird regelmäßig bei Fusionen trotz/wegen schwieriger Schätz- und Nachweisprobleme angestrebt/unterstellt/behauptet, jedoch selten in erhoffter Höhe nachgewiesen, regelmäßig wegen unerwartet hoher Kosten der "Vermählung" unterschiedlicher Unternehmenskulturen)*
Synthese *f (Gen)* synthesis
synthetisch *adj* 1. *(Gen)* synthetic, composite; 2. *(Ind)* man-made, synthetic
synthetische Anleihe *f (Börse)* synthetic bond
synthetische Kraftstoffe *mpl (Ind, Umwelt)* synthetic fuels
synthetische Verbriefung *f (Bank, Fin)* synthetic securitization *(Absicherung eines Forderungspools mittels Garantien oder Kreditderivaten mit oder ohne Zwischenschaltung einer Zweckgesellschaft -SPV = special-purpose vehicle- sowie mit oder ohne Refinanzierungsfunktion, die Forderungen verbleiben im Eigentum und in der Bilanz der Bank, nur das Kreditrisiko wird als Finanzderivat verkauft, no transfer of receivables is involved, only the credit risk is transferred by means of a financial derivative; Verbriefungszweck: Risikomanagement, regulatorische Arbitrage und ökonomisches Eigenkapitalmanagement, management of risk and of regulatory and economic capital, refinancing; Gegensatz: True-Sale-Verbriefung = true-sale securitization)*

synthetischer Frühindikator *m (WiWi)* composite leading index
System *n* 1. *(Comp, Gen)* system; 2. *(Pol)* regime; 3. *(Admin)* system
System *n* **der Arbeitsplatzbewertung** *(Pers)* job evaluation scheme
System *n* **flexibler Wechselkurse** *(WiWi)* floating rate system, floating rate regime
System *n* **für den Austausch von Kreditinformationen** *(Bank, Fin)* credit information exchange system
System *n* **Volkswirtschaftlicher Gesamtrechnungen** *(obs.) (WiWi)* System of National Accounts, SNA *(ersetzt durch das ESVG 95)*
Systemanalyse *f (Comp, Gen)* systems analysis
Systemansatz *m (Gen, WiWi)* systems approach
Systematik *f* 1. *(Stat)* classification, nomenclature *(Klassifikation)*; 2. *(WiWi)* methodology *(ZB)*
systematisch *adj (Gen)* systematic
systematische Auswahl *f (Stat)* systematic sampling
systematischer Fehler *m (Stat)* bias
systembedingtes Bonitätsrisiko *n (Bank, Fin)* systemic credit risk
Systeme *npl* **und Verfahren** *npl (Comp)* systems and procedures
Systemrisiko *n (Bank, Börse)* systemic risk
Systemtheorie *f (Mgt)* systems theory
Systemumstellung *f (Comp, Gen)* migration
Systemwechsel *m (WiWi)* regime change
Szenario *n* **des günstigsten Falls** *(Gen, WiWi)* best-case scenario
Szenario *n* **des ungünstigsten Falls** *(Gen, WiWi)* worst-case scenario
SZR *s.* Sonderziehungsrechte

T

Tabakwaren *fpl (Steuer, V&M)* tobacco products
tabellarisch *adv (Comp, Media, Stat)* in tabular form • **tabellarisch angeordnet** *(Comp, Media, Stat)* in tabulated form • **tabellarisch anordnen** *(Comp, Media, Stat)* tabulate
tabellarischer Bericht *m (Admin)* tabular report
tabellarischer Lebenslauf *m* 1. *(Pers)* curriculum vitae in tabular form *(Bewerbung)*; 2. *(Admin)* personal data [record] sheet
Tabelle *f (Comp, Media, Stat)* table
Tabellenform/in *(Stat)* in tabular form
Tabellenführer *m (Gen)* top of the league [table]
Tabellierung *f (Comp, Media, Stat)* tabulation
tadeln *v (Pol, Recht)* reproach, censure
Tag *m* **des Vertragsabschlusses** *(Gen)* contract date
Tage *mpl* **nach Akzept** *(Gen)* days after acceptance
Tagebuch *n (RW)* daybook, journal
Tagegeld *n* 1. *(Gen)* daily allowance; 2. *(Pers)* attendance fees [money] *(Sitzung)*
tagen *v (Gen, Pol)* sit *(Ausschuss)*
Tagesauftrag *m (Börse)* day order
Tagesauszug *m (RW)* daily position statement
Tageseinnahmen *fpl (Gen, V&M)* daily cash receipts
Tagesentschädigung *f (Gen, Versich)* daily allowance
Tagesgeld *n (Bank, Fin)* call money, daily loan, day loan, overnight money, money at call, *(AE)* federal funds, *(AE; ugs.)* fed funds
Tagesgeldsatz *m* 1. *(Bank, Fin)* call money rate, daily money rate, call [overnight] rate; 2. *(WiWi)* interbank rate
Tageskurs *m* 1. *(Bank)* rate of the day, today's rate; 2. *(Börse)* actual [current] price, daily quotation; 3. *(Fin)* today's rate • **zu Tageskursen** *(Börse)* at ruling prices
Tageskursbewertung *f (Börse, RW)* marking to market
Tagesleistung *f* 1. *(Gen)* daily output, daily workload; 2. *(Ind)* daily production, daily output
Tagesordnung *f (Admin, Mgt)* agenda • **eine Tagesordnung aufstellen** *(Admin, Mgt)* draw up an agenda • **etw. auf die Tagesordnung setzen** *(Admin, Mgt)* put sth on the agenda

Tagesordnungspunkt *m (TOP) (Admin, Mgt)* item on the agenda, agenda item, item of business
Tagespreis *m (Börse)* ruling [current, actual] price
Tagesschicht *f (Pers)* day shift *(Schichtarbeit)*
Tagesschluss *m (Bank)* end-of-day
Tagesspekulation *f (Börse)* day trading
Tagesumsatz *m* 1. *(Börse)* daily volume; 2. *(Gen)* daily sales
Tageszins *f (Bank)* daily interest
tageweise Verzinsung *f (Bank)* continuous compounding [interest]
taggenaue Zinsabrechnung *f (Bank)* daily balance interest calculation
taggleich *adj (Bank, Imp/Exp)* same-day *(Wertstellung, Lieferung)*
taggleiche Abrechnung *f (Börse)* same-day settlement
täglich *adj (Gen)* daily, day-to-day
täglich fällig *adj (Bank, Fin)* repayable on demand
täglich fällige Forderungen *fpl (Bank, WiWi)* claims payable on demand
täglich fällige Gelder *npl (Bank, WiWi)* funds payable on demand
täglich kündbares Darlehen *n (Bank)* day-to-day loan
tägliche Neubewertung *f* **der Abschlüsse** *(Börse, RW)* marking to market
täglicher Abschlusssaldo *m (RW)* daily closing balance
täglicher Besuchsbericht *m (V&M)* daily report of calls
tägliches Geld *n (Bank)* call money, day-to-day money
Tag- und Nachtdienst *m (Gen)* (a)round-the-clock service, 24 hour service
Tagung *f (Admin, Mgt)* conference, congress, convention, session
Tagungsbericht *m (Admin)* conference proceedings [report]
Tagungsgebühr *f (V&M)* registration fee *(Konferenzen, Seminare)*
Takt *m* 1. *(Comp)* clock pulse, clock signal; 2. *(Ind)* cycle, timed sequence
taktische Planung *f (Gen)* tactical planning
taktische Preispolitik *f (V&M)* tactical pricing
Taktrate *f (Comp)* clock rate
Talfahrt *f (Börse, WiWi)* downswing *(Konjunktur)*
Talon *m (Börse)* coupon sheet, renewal coupon, talon
Talsohle *f (WiWi)* bottom, floor, trough
Talsohle *f* **der Rezession** *(V&M, WiWi)* bottom of the economic recession, bottom of the economic downswing
Tante-Emma-Laden *m (V&M) (BE)* corner shop, *(AE)* neighborhood store, *(AE)* mom-and-pop store
Tantieme *f* 1. *(Media, Pat)* author's fee, royalty; 2. *(Mgt, Pers)* management bonus, percentage of annual profits, profit-sharing bonus, tantième
Tara *f (Ind, Transp)* tare, tare weight
TARGET-System *n (Abk. für Transeuropäisches Automatisiertes Echtzeit-Brutto-Express-Überweisungssystem) (Bank)* TARGET *(Trans-European Automated Real-time Gross Settlement Express Transfer System; ESZB, EZB)*
Tarif *m* 1. *(Gen)* tariff, rate, scale of charges; 2. *(Imp/Exp)* customs tariff
Tarifabkommen *n (Pers)* collective agreement, wage agreement, wage settlement *(im Sinne von Lohnabkommen/-abschluss)*
Tarifabschluss *m (Pers)* wage settlement
Tarifangleichung *f (Pers)* wage adjustment
Tarifautonomie *f (WiWi)* autonomous wage bargaining, free collective bargaining
Tarifbeitrag *m (Versich)* premium rate
Tarifbindung *f (Pers)* (collective) bargaining coverage
Tariffestsetzung *f (Fin, Steuer)* fixing of tariffs, rate fixing, tariffication
tarifgebunden *adj (Pers)* bound by collective agreements, in line with collective (wage) agreements
Tarifgespräche *npl (Pers)* pay talks, wage talks
tarifieren *v (Gen)* classify, rate
Tarifkartell *n (Mgt, Pol)* wage cartel, wage cartel of trade unions and employers, wage cartel of the two sides of industry, wage cartel of both sides of industry *(cf Tarifpartner)*
Tarifkonflikt *m (Pers)* industrial dispute
tariflich *adj (Pers)* collectively agreed, contractual

tarifliche Arbeitszeit *f (Pers)* collectively agreed working time, collectively agreed working hours, collectively agreed working week, hours of work fixed in a collective agreement, standard working week, standard working hours
tarifliche Lohnverhandlungen *fpl (Pers, Pol)* collective wage bargaining, collective wage negotiations, collective bargaining round; wage talks, pay talks *(manchmal)*
Tariflohn *m (Pers)* negotiated standard [base, union] wage rate
Tarifniveau *n (Steuer)* tariff level
Tarifpartner *mpl (Pers)* both sides of industry, the two sides of industry, management and labo(u)r, management and labo(u)r representatives, trade unions and employers, social partners, parties to a collective agreement, unions and management, bargaining table *(vgl. Tarifkartell, Sozialpartner)*
Tarifpolitik *f (Pers)* collective bargaining policy
Tarifrunde *f (Pers)* negotiating round, pay round, round of wage negotiations
Tarifsatz *m (Imp/Exp)* tariff rate
Tarifsystem *n (Pers)* collective bargaining system
Tarifverhandlung *f (Pers, WiWi)* collective bargaining [negotiations], *(BE)* negotiations for collective agreement
Tarifverhandlung *f* **auf Betriebsebene** *(Pers)* workplace bargaining, workshop bargaining
Tarifvertrag *m (Pers)* collective (bargaining) agreement, collective labo(u)r agreement, *(AE)* union agreement
tarifvertraglich *adj (Pers)* collectively agreed, under the collective wage agreement, under the collective trade agreement
Taschengeld *n (Gen)* pocket money, spending money, pin money
Taschenrechner *m (Comp)* hand calculator, pocket calculator
Tastentelefon *n (Komm)* push-button telephone
Tat *f* 1. *(Gen)* action; 2. *(Recht)* act, *(AE)* offense, *(BE)* offence
Tatbestand *m* 1. *(Gen)* facts, circumstances; state of affairs *(Sachstand)*; 2. *(Recht)* facts of a case
Täter *m (Gen, Pers)* perpetrator, culprit
Täterin *f s.* Täter
tätig *adj (Gen)* active, busy • **tätig sein als** 1. *(Gen)* trade as, do business as; 2. *(Recht) (AE)* practice as, *(BE)* practise as *(Anwalt)* • **tätig werden** 1. *(Gen)* act, take action; 2. *(Mgt)* take action
tätigen *v (V&M)* close, transact *(Abschluss)*
tätiger Teilhaber *m (Mgt)* active partner
Tätigkeit *f* 1. *(Gen)* action, activity; 2. *(Pers)* occupation *(Arbeit, Beruf)*
Tätigkeitsanalyse *f (Pers)* job analysis
Tätigkeitsbereich *m (Gen)* field of action, range of activity
Tätigkeitsbericht *m (Gen)* activity report, progress report
Tätigkeitsbeschreibung *f (Pers)* job description, job specification
Tätigkeitsbezeichnung *f (Pers)* occupational title, job title
Tatsache *f (Gen)* fact • **den Tatsachen ins Auge sehen** *(Gen)* face the facts • **die Tatsachen verdrehen** *(Gen)* gerrymander
Tatsachenfeststellung *f (Gen)* fact-finding
tatsächlich *adj* 1. *(Comp)* actual, effective; 2. *(Gen)* factual, actual
tatsächliche Arbeitslosigkeit *f (WiWi)* actual level of unemployment
tatsächliche Zuhörerschaft *f (Media, V&M)* net audience
tatsächlicher Verlust *m (WiWi)* actual deficit
tatsächliches Defizit *n (WiWi)* actual deficit
tatsächliches Ergebnis *n (Gen)* actual outcome
tauglich *adj (Gen)* suitable, convenient
Tausch *m* 1. *(Gen)* barter, exchange, swop, switch, switching; 2. *(WiWi)* exchange
Tausch *m* **von Vermögenswerten** *(Admin, RW)* asset swap
Tauschbörse *f (Komm, Media, V&M)* exchange, trading post
Tausch-Effizienz *f (WiWi)* exchange efficiency
tauschen *v (Gen)* barter, exchange, swop, switch

Tauschgeschäft *n* 1. *(Fin)* exchange; 2. *(Gen)* barter transaction, exchange, exchange deal; 3. *(WiWi)* exchange, swop
Tauschgewinne *mpl (WiWi)* gains from exchange, gains from trade
Tauschhandel *m (WiWi)* barter (trade), barter transaction, counter trading
Tauschmittel *m (WiWi)* medium of exchange
Tauschsystem *n (Gen, WiWi)* barter system
Täuschung *f (Recht)* fraudulent misrepresentation *(arglistige Falschangabe; deception, fraud)*
Täuschungsmanöver *n (Gen)* red herring, *(ugs.)* hype
Tauschwert *m (WiWi)* exchange value
Tauschwirtschaft *f (WiWi)* barter economy, exchange economy
Taxe *f* 1. *(Börse)* appraised value; 2. *(Gen)* estimate, estimated price, valuation; 3. *(Steuer)* tax
taxieren *v (Gen)* appraise, assess, estimate
Taxigebühr *f (Transp) (AE)* cab charge, *(BE)* taxi charge
Taxkurs *m (Börse)* approximate price
Teamarbeit *f (Mgt, Pers)* teamwork
Teambesprechung *f (Mgt)* team briefing
Technik *f (Ind)* technology, engineering
Techniker *m (Pers)* technician
Technikerin *f s.* Techniker
technisch *adj (Gen)* technical
technisch ausgereift *(Ind)* high-tech
technisch fortgeschritten *(Ind, WiWi)* technologically advanced
technisch hochwertige Güter *npl (Ind, V&M)* high-tech goods
technisch orientierter Analyst *m (Bank, Börse)* chartist
technisch orientierter Wertpapieranalyst *m (Bank, Börse)* chartist
technische Aktienanalyse *f (Börse)* technical analysis
technische Analyse *f (Börse, Fin)* chartism
technische Anlagen *fpl* **und Maschinen** *fpl (RW)* plant and machinery
Technische Anleitungen *fpl (TA) (Recht, Umwelt)* technical guidelines
technische Beratungsfirma *f (Ind)* consulting engineer
technische Betreuung *f (Comp, Ind)* technical support
technische Chartanalyse *f (Börse)* chartism *(Syn.: technische Analyse)*
technische Einrichtungen *fpl (Comp, Ind)* technical devices
technische Einzelheit *f (Gen)* technicality
technische Hilfe *f (Comp, Ind)* technical assistance
technische Innovation *f (Comp, Ind, V&M)* technical innovation
technische Konten *npl (RW, Versich)* operating accounts
technische Neuerung *f (Ind)* technological innovation
technische Normen *fpl (Ind, Pol)* technical standards *(EU)*
technische Unterlagen *fpl (Ind)* technical data
technische Vorkehrungen *fpl (Comp, Ind)* technical precautions
technische Zusammenarbeit *f (Ind)* technical cooperation
technischer Berater *m (Ind, Pers)* engineering consultant
technischer Bereich *m (Pat)* technical field
technischer Fortschritt *m* 1. *(Ind)* engineering progress, techn(olog)ical advance [progress]; 2. *(Pat)* improvement in the art
technischer Wandel *m (Gen, Ind, WiWi)* technological change, technical change
technisches Handelshemmnis *n (WiWi)* technical barrier to trade
technisches Personal *n (Pers)* technical staff
technokratisch *adj (Gen)* technocratic
Technologie *f (Ind)* technics, engineering, technology
Technologiebewertung *f (Ind, WiWi)* technology assessment
technologieintensiv *adj (Gen)* high-tech, technology-based
technologieintensives Unternehmen *n (Gen, Ind)* technology-based firm, high-tech company
technologieorientiert *adj (Gen, Ind)* technology-based
technologieorientiertes Unterneh-

men *n (Ind)* technology-based firm, high-tech [technology] company
Technologietransfer *m (Ind, WiWi)* technology transfer, transfer of technology
Technologieunternehmen *n (Comp, Gen, Komm)* technology company
Technologiezentrum *n (Ind)* technology park
technologisch *adj (Ind)* technological
technologisch hochentwickelt *adj (Ind, WiWi)* technologically advanced
technologische Arbeitslosigkeit *f (Pers)* technological unemployment *(wegen technisch bedingter Umstellungen)*
technologische Veränderung *f (Ind, V&M)* technological change, technical change
technologische Verbesserung *f (Ind)* technological innovation
technologischer Vorsprung *m (Ind)* technological edge
technologischer Wandel *m (Ind)* technological change
Teil *m* 1. *(Gen)* part, piece, portion; 2. *(Recht)* party
Teil *n (Ind)* component
Teilarbeitslose *m(f) (Pers)* partially unemployed, partially unemployed person
Teilarbeitslosigkeit *f (Pers)* partial unemployment
Teilbilanz *f (WiWi)* sub-account (of the Balance of Payments) *(ZB)*
Teildarlehen *n (Fin)* subloan
teilen *v* 1. *(Comp)* divide; 2. *(Gen)* share
Teilentschädigung *f (RW)* partial consideration
Teilerhebung *f (V&M)* sample study [survey]
Teilfreigabe *f (Recht)* partial release
Teilhaber *m (Gen)* associate, partner, co--partner • **einen Teilhaber aufnehmen** *(Gen)* take a partner
Teilhaberin *f s.* Teilhaber
Teilhaberschaft *f (Gen)* partnership
Teilhafter *m (Gen, Recht)* limited partner
Teilhafterin *f s.* Teilhafter
Teilhaftung *f (Gen, Recht)* limited liability *(des Kommanditisten, of the limited partner)*
Teilkaskoversicherung *f (Versich)* part comprehensive cover, partial coverage insurance
Teillieferant *m (Ind, V&M)* partial supplier
Teillieferungsvertrag *m (Recht)* instal(l)ment contract
Teilmarkt *m (V&M)* market segment
Teilmodell *n (Bank, WiWi)* sector of the model
Teilnahmegebühr *f (Gen, V&M)* participation fee
Teilnahmeverzicht *f (Pol, Recht)* opting--out
teilnehmen *v (Gen)* participate
teilnehmen *v* **an** *(Mgt)* attend *(Sitzung)*
teilnehmend *adj (Gen)* attending, participating
Teilnehmer *m* 1. *(Gen)* participant; 2. *(Komm)* subscriber
Teilnehmer *m* **an einem Lehrgang** *(Bil, Pers)* participant in a (training) course
Teilnehmerin *f s.* Teilnehmer
Teilnehmerin *f* **an einem Lehrgang** *s.* Teilnehmer an einem Lehrgang
Teilnehmerstaaten *mpl (Pol, Recht)* participating States *(EU)*
Teilnehmerzahl *f* 1. *(Gen)* number of participants; 2. *(Komm)* number of subscribers
Teilsektor *m (Ind, WiWi)* sub-sector
Teilsystem *n (Comp)* subsystem
Teilung *f (Gen)* division, separation, splitting
Teilung *f* **des Arbeitsplatzes** *(Pers)* job sharing
Teilunwirksamkeitsklausel *f (Recht)* partial invalidity *(Handelsvertrag)*
teilvariable Kosten *pl (Fin, RW, WiWi)* semi-fixed costs, semi-variable costs
Teilverlust *m (Versich)* partial loss
teilweise Annahme *f (Gen)* partial acceptance
teilweiser Totalschaden *m (Versich)* partial total loss, PTL
Teilwert *m* 1. *(RW)* going-concern value; 2. *(Steuer)* value of an asset as part of an enterprise
Teilzahlung *f* 1. *(Bank)* instal(l)ment (payment); 2. *(Gen)* part payment • **als Teilzahlung** *(Gen)* as part payment
Teilzahlungskredit *m* 1. *(Bank)* instal(l)ment loan; 2. *(Fin)* instal(l)ment credit
Teilzahlungsvertrag *m (Fin)* credit sale

agreement, *(BE)* hire-purchase agreement

Teilzeit arbeiten *(Pers)* work part-time

Teilzeitarbeit *f (Pers)* part-time work, part-time job

Teilzeitarbeitsplatz *m (Pers)* part-time job

Teilzeitbeschäftigte *m(f) (Pers)* part-time worker, part-time employee, *(ugs.)* part-timer

Teilzeitbeschäftigung *f (Pers)* part-time employment

Teilzeitnutzung *f* **von Immobilien** *(Frei)* timesharing

Tel quel *(Gen)* sale as is, sale with all faults, tel quel

Tel quel-Kurs *m (Börse, Fin)* tel quel rate

Telearbeit *f (Comp, Pers)* telework, telecommuting

Telearbeiter *m (Comp, Pers)* teleworker

Telearbeiterin *f s.* Telearbeiter

Telebanking *n (Bank)* telebanking

Tele-Einkauf *m (Comp, V&M)* electronic shopping, teleshopping

Telefon *n (Gen, Komm)* phone, telephone • **per Telefon** *(Komm)* over the telephone

Telefonanruf *m (Komm)* phone call

Telefonbuch *n (Komm)* phone book, telephone directory

Telefongespräch *n (Komm)* phone call, telephone conversation

Telefonhandel *m (Börse)* interoffice dealings [trading], telephone dealing

Telefonhörer *m (Komm)* telephone receiver

Telefonie *f (Komm)* telephony *(Telefongespräche im Internet)*

telefonisch *adj (Komm)* by telephone, over the telephone • **telefonisch Geschäfte tätigen** *(Mgt)* do business over the phone • **eine telefonische Nachricht hinterlassen** *(Komm)* leave a telephone message

Telefonkarte *f (Komm)* phone card

Telefon-Marketing *n (V&M)* phone marketing

Telefonnetz *n (Komm) (BE)* Public Switched Telephone Network, PSTN, *(ugs.)* plain old telephone system, POTS *(öffentliches Festnetz)*

Telefonrechnung *f (Komm)* telephone bill

Telefonverkauf *m (V&M)* telephone sales, telephone selling, telesales

Telefonverkehr *m (Börse)* interoffice dealings [trading], telephone traffic

Telefonwerbung *f (V&M)* telephone advertising

Telefonzelle *f (Komm)* call box, telephone booth [box]

telegrafisch *adj (Komm)* telegraphic

telegrafische Auszahlung *f (Bank, Fin)* cable transfer, telegraphic transfer

telegrafische Geldanweisung *f (Bank, Fin)* telegraphic money order

telegrafische Überweisung *f (Bank, Fin)* cable transfer, telegraphic transfer

Telegramm *n (Komm)* cable, cablegram, telegram, telemessage

Telekommunikation *f (Komm)* telecommunications

Telekommunikationsverbindungen *fpl (Comp, Komm, Recht)* telecommunication links

Telemarketing *n (Fin, Komm, V&M)* telemarketing

Telemarkt *m (Fin, Komm, V&M)* telemarket

Telematik *f (Comp, Komm)* telematics

Teleshopping *n (Fin)* teleshopping

Televerkauf *m (Fin, Komm, V&M)* telesales

Televerkäufer *m (Fin, Komm, V&M)* telesales person

Televerkäuferin *f s.* Televerkäufer

Tempo *n* 1. *(Gen)* speed, pace *(Trend)*; 2. *(WiWi)* rate • **das Tempo festlegen** *(Gen)* set the pace

Tempo *n* **der Veränderung** *(Gen)* pace of change

temporär *adj (Gen)* temporary

temporäres Gleichgewicht *n (WiWi)* temporary equilibrium

Tendenz *f (Gen)* tendency, trend

Tendenzänderung *f (Gen, V&M)* change of trend, trend change, change of tendency

tendenziös *adj (Gen)* biased, tendentious

Tendenzwende *f (Fin)* turnabout, turn(a)round

Tender *m (Fin, Gen)* tender

Tenderaufruf *m (Börse, Fin)* appeal for tenders

Tenderverfahren *n (Börse)* tender system
tendieren *v* **zu** *(Gen)* tend towards
Termin *m* 1. *(Gen)* appointed time, appointment, deadline, time limit *(Frist)*; 2. *(Recht)* time limit • **einen Termin einhalten** *(Gen)* meet a deadline • **auf Termin kaufen** *(Börse)* buy for the account, purchase forward • **auf Termin verkaufen** *(Börse)* sell for the account, sell forward • **zu einem Termin in der Zukunft** *(Gen)* at some future date • **Termin nach Vereinbarung** *(Gen)* by appointment only
Terminbörse *f (Bank, Fin)* forward exchange, forward market
Termineinlage *f (Bank) (BE)* fixed deposit, *(AE)* time deposit; term deposit
Termingeld *n (Bank)* fixed-term deposit
termingerecht *adj (Gen)* on schedule
Termingeschäft *n (Börse, Fin)* (financial) futures, forward exchange transaction, forward operation, dealing in futures
Terminhändler *m (Börse, Fin)* futures trader
Terminkauf *m* 1. *(Börse)* forward buying, forwarding; 2. *(Gen)* term purchase
Terminkontrakt *m (Börse, Fin)* forward contract, futures (contract)
Terminkontrakte *mpl (Börse, Fin)* futures • **Terminkontrakte kaufen** *(Börse)* go long
Terminkontrakte *mpl* **auf Aktienbasis** *(Börse)* equity-related futures
Terminkontrakthandel *m (Börse, Fin)* futures trading
Terminkontraktmarkt *m (Börse, Fin)* futures market
Terminkontrolle *f (Mgt)* progress control
Terminkurs *m (Bank, Börse)* forward rate, forward exchange rate
Terminlieferung *f (Gen)* future delivery • **auf Terminlieferung kaufen** *(Gen)* buy for future delivery
Terminmarkt *m (Börse, Fin)* forward market, futures market
Terminnotierungen *fpl (Börse)* forward quotations
Terminposition *f (Börse)* forward position
Terminsicherung *f (Börse)* forward cover
Terminswapgeschäft *n (Fin)* forward swap
Terminverkauf *m (Fin)* forward sale, future sale
Terminvorgabe *f (Bank)* deadline
Terminware *f (Börse)* forward commodity, future commodity, futures
tertiärer Sektor *m (WiWi)* tertiary sector
tertiäres Produkt *n (WiWi)* tertiary product
Testament *n (Recht)* will • **ohne Testament** *(Recht)* intestate
Testamentsvollstrecker *m (Recht)* executor, executrix
Testat *n* 1. *(Mgt, RW)* audit opinion, audit report, audit certificate, auditor's certificate, auditor's opinion, auditor's report, auditor's statement *(Prüfungsobjekt: Jahresabschluss; Synonym: Bestätigungsvermerk, Prüfungsvermerk)*; 2. *(Recht)* attestation
Testaufgabe *f (Gen)* test problem
testen *v (Gen)* test, try out
Testgebiet *n (V&M)* test area
Testieren *n (Recht)* attestation
testierter Abschluss *m (Mgt, RW)* audited accounts, certified financial statement, audited financial statement
Testperson *f (Gen)* testee
Teststudie *f (Gen)* pilot study
teuer *adj (Gen)* costly, dear, expensive, *(ugs.)* pric(e)y
Teuerung *f (V&M, WiWi)* (general) rise in prices, inflation
Teuerungszulage *f (Pers)* cost-of-living allowance, cost of living supplement, *(AE)* cost-of-living adjustment *(Arbeit)*
Teufelskreis *m (WiWi)* vicious circle
Textilien *pl (Ind)* textiles
Textilindustrie *f (Ind)* textile industry, *(AE)* apparel industry, *(BE)* clothing industry
Textteil *m (Komm)* body *(Brief, E-Mail)*
Textverarbeitungsprogramm *n (Comp)* word processor
TFP *f (Abk. für totale Faktorproduktivität) (WiWi)* total factor productivity *(Mikroökonomie)*
Theke *f (V&M)* counter *(im Ladengeschäft)*
Thema *n (Gen)* subject, topic, subject matter
thematische Werbung *f (V&M)* theme advertising
theoretisch *adj (Gen)* theoretical, academic *(Frage)*

theoretisch *adv (Gen)* theoretically, in theory

Theorie *f (Gen)* theory

Theorie *f* **der Eigentumsrechte** *(WiWi)* theory of property rights

Theorie *f* **der komparativen Kosten** *(WiWi)* theory of comparative costs

thesaurieren *v (Fin, RW)* accumulate, *(BE)* plough back, *(AE)* plow back *(Gewinn)*; retain profit

thesaurierte Gewinne *mpl (Fin, RW) (BE)* ploughed-back profits, retained profit, profit retentions, retained earnings

Tick-Größe *f (Börse)* tick *(Mindestpreisschwankung)*

Tief *n (Börse, WiWi)* bottom, trough

Tiefbau *m (Ind)* civil engineering

Tiefe *f (Gen)* depth

Tiefstand *m (Börse, WiWi)* bottom, low • **einen Tiefstand erreichen** *(Börse)* hit a low, reach a low

Tiefstpreis *m (Börse, WiWi)* lowest price, rock-bottom price, bottom price

Tierhalterhaftung *f (Versich)* animal keeper's liability

tilgen *v* 1. *(Bank)* repay, pay back, amortize, pay off *(Schulden)*; 2. *(Börse)* redeem; 3. *(Fin)* liquidate, acquit, satisfy, amortize *(Schulden)*; 4. *(RW)* liquidate, acquit, satisfy, amortize *(Schulden)*

Tilgung *f* 1. *(Bank)* repayment; 2. *(Fin, RW)* repayment, liquidation, satisfaction, amortization, debt retirement, redemption, clearance *(Schuld)* • **zur Tilgung von** *(Bank, Fin)* in settlement of

Tilgung *f* **einer Anleihe** *(Fin)* amortization of a loan, redemption of a loan

Tilgung *f* **von Verbindlichkeiten** *(WiWi)* payment of debts

Tilgung *f* **vor dem Fälligkeit** *(Fin)* redemption before due date

Tilgungsanleihe *f* 1. *(Börse)* redemption bond; 2. *(Fin)* amortization loan, sinking-fund bond

Tilgungsart *f (RW)* amortization method

Tilgungsbetrag *m (Börse)* redemption amount

Tilgungsfonds *m (Fin)* amortization [redemption, sinking] fund

tilgungsfreie Zeit *f (Fin)* grace period, period of grace (for redemption)

Tilgungsfrist *f (Fin)* repayment term, period of redemption

Tilgungshypothek *f* 1. *(Bank)* amortized mortgage loan; 2. *(Fin) (AE)* level-payment mortgage; redemption mortgage

Tilgungsmodalitäten *fpl (Fin)* pattern of repayment, terms of redemption

Tilgungsphase *f (Bank, Fin)* repayment phase

Tilgungsplan *m (Fin)* amortization [call] schedule, redemption table

Tilgungsrate *f (Fin)* redemption [amortization] instal(l)ment, sinking-fund instal(l)ment

Tilgungsrücklage *f (Fin)* amortization reserve, amortization fund, sinking--fund reserve

Tilgungstermin *m* 1. *(Börse)* redemption date; 2. *(Fin)* repayment date

Tilgungszahlung *f (Fin, RW)* amortization expense, redemption payment

Tischvorlage *f (Mgt, Pol)* room document

Titel *m* 1. *(Börse)* security; 2. *(Media)* heading, title *(Zeitschrift)*; 3. *(Recht)* title

T-Konto *n (RW)* T-account *(doppelte Buchführung = double-entry bookkeeping: the two sides of the account record debits and credits)*

Tochterfirma *f (Gen)* subsidiary firm

Tochtergesellschaft *f* 1. *(Gen)* subsidiary, affiliated company, associated company, *(BE)* subsidiary company, *(AE)* subsidiary corporation; 2. *(Recht)* majority-owned subsidiary *(über 50 % Beteiligung)*; wholly-owned subsidiary *(100 % Beteiligung)*

Tochterinstitut *n (Bank)* banking subsidiary

Tochterunternehmen *n (Gen)* subsidiary firm

Todesfallversicherung *f (Versich) (BE)* assurance payable at death, *(AE)* insurance payable at death, *(AE)* straight-life insurance, *(BE)* whole-life assurance, *(AE)* whole-life insurance

Top-Down-Ansatz *m (Mgt, WiWi)* top--down approach *(Informationsfluss bei der retrograden Unternehmensplanung mit zunehmender Konkretisierung der Zielvorgaben "von oben nach unten"; corporate top-down planning; oppo-*

site: bottom-up approach; Gegenstromverfahren, Planungsprinzip)

Top-down-Planung *f (Mgt, WiWi)* top-down planning, top-down corporate planning *(Informationsfluss der retrograden Unternehmensplanung mit zunehmender Konkretisierung der Zielvorgaben "von oben nach unten"; corporate top-down planning; opposite: bottom-up approach; Gegensatz: Bottom-up-Planung)*

total *adj (Gen)* complete, total, all-out

totale Faktorproduktivität *f (TFP) (WiWi)* total factor productivity *(Mikroökonomie)*

Totalerhebung *f (Stat, WiWi)* full survey

Totalschaden *m (Versich)* total loss, write-off *(Auto)*

Totalverlust *m* 1. *(Gen)* dead loss; 2. *(Versich)* total loss • **Totalverlust eingeschlossen** *(Versich)* comprised total loss • **nur gegen Totalverlust versichert** *(Versich)* total loss only

Tourismus *m (Frei)* tourism

Tourismusgeschäft *n (Frei)* tourist trade

Tourist *m (Frei)* tourist

Touristikbranche *f (Frei)* tourist trade

Touristin *f s.* Tourist

Trabantenstadt *f (Grund, Soz, WiWi)* overspill town, satellite town, new town

Trade-off *m (WiWi)* trade-off

traditionell *adj (Gen)* traditional

tragbar *adj* 1. *(Gen)* acceptable, reasonable *(annehmbar)*; portable *(Gerät)*; 2. *(V&M)* hand-held

Tragbarkeit *f (Gen)* acceptability *(Annehmbarkeit)*; portability *(Gerät)*

tragen *v (Gen)* bear, defray, carry *(Kosten)*; shoulder *(Last, Belastung)*

tragende Grundsätze *mpl (Recht)* fundamental principles

Träger *m* 1. *(Ind)* girder; 2. *(Soz)* body, organization, agency *(eines Aufgabenbereichs)*; provider *(Bildungsmaßnahme z. B.)*; promoter *(Auftraggeber)*

Träger *m* **einer Maßnahme** *(Soz)* provider *(insbesondere einer arbeitsmarkt- oder sozialpolitischen Maßnahme)*; promoter, sponsor *(finanzielle Trägerschaft und, oftmals, PR-Aspekte im Vordergrund)*

Trägerorganisation *f (Gen)* promoting agency

Tragfähigkeit *f (Transp)* deadweight capacity, deadweight cargo capacity, deadweight tonnage, carrying capacity, tons deadweight, tonnes deadweight

Tragfähigkeitslücke *f (Fin, Pol)* sustainability gap *(nicht offen ausgewiesene, von der langfristigen, generationenübergreifenden Finanzwirtschaft aufgezeigte Finanzierungslücke des Staates nach Berücksichtigung der Pensionsverpflichtungen für seine ehemaligen Beamten; long-term intergenerational financial gap)*

Trägheit *f (V&M)* inertia

Trägheitseffekt *m (Pol, WiWi)* inertia effect

Transaktion *f (Gen)* transaction

Transaktion *f* **zwischen unabhängigen Partnern** *(Gen, Steuer, V&M)* arm's-length transaction

Transaktionen *fpl* **Gebietsansässiger** *(Bank, Fin)* residents' transactions

Transaktionsanalyse *f (Fin, Mgt)* transactional analysis

Transaktionskasse *f (WiWi)* transactions balance, transactions holdings

Transaktionskosten *pl (WiWi)* transactions costs

Transaktionsrisiko *n (Börse)* transaction risk [exposure]

Transaktionswährung *f (Bank, WiWi)* vehicle currency

transatlantische Beziehungen *fpl (Pol, Recht)* transatlantic relations *(zwischen America und Europa)*

Transatlantischer Informationsaustausch-Service *m (Pol, Recht)* Transatlantic Information Exchange System, TIES

transatlantisches Verhältnis *n (Pol, Recht)* transatlantic relationship

Transfer *m (Gen, WiWi)* transfer

Transfereinkommen *n (WiWi)* transfer [nonfactor] income

Transferzahlung *f (WiWi)* transfer payment

Transformationskurve *f (WiWi)* transformation curve

Transformationsland *n (Pol)* transition country, country in transition *(in Mittelosteuropa)*

transformieren *v* 1. *(Gen, WiWi)* transform; 2. *(Stat)* transformieren
Transitkredit *m (Bank)* transit credit
transitorisch abgrenzen *v (RW)* defer
transitorische Einnahmen *fpl (WiWi)* transitory income
transitorischer Posten *m (RW)* deferred [transitory] item
transitorischer Rechnungsabgrenzungsposten *m (RW)* deferred item, deferral
Transmissionsmechanismus *m (WiWi)* transmission mechanism
transnationale Gesellschaft *f (WiWi)* transnational corporation
Transparent *n* 1. *(Admin)* transparency *(Durchscheinbild)*; 2. *(V&M)* banner, neon sign *(Werbung)*
Transport *m (Transp)* haulage, transit, transport, transportation, conveyance, truckage • **beim Transport beschädigt** *(Transp)* damaged in transit
Transportart *f (Transp)* transport mode
Transportdokument *n (Transp)* transport [transportation] document
transportfähig *adj (Transp)* transportable
transportieren *v (Transp)* transport, forward, convey, carry
Transportkosten bezahlt *(Imp/Exp, Transp)* carriage paid
Transportpapiere *npl (Imp/Exp, Transp)* dispatch papers, shipping documents, shipping papers
Transport- und Spediteurkosten *pl (Transp)* carriage
Transport- und Spediteurkosten *pl* **zu Lasten des Empfängers** *(Imp/Exp, Transp)* carriage forward
Transportunternehmen *n (Imp/Exp, Transp)* forwarding company, haulage company, haulage contractor
Trassant *m (Bank)* drawer, drafter
Trassat *m (Bank)* acceptor, drawee
Tratte *f* 1. *(Bank)* draft; 2. *(Fin)* bill, bill of exchange, B/E • **eine Tratte zur Annahme vorlegen** *(Bank)* present a draft for acceptance • **eine Tratte avisieren** *(Bank)* advise a draft
treffen *v* 1. *(Gen)* meet; 2. *(WiWi)* hit
Treffen *n (Gen)* meeting
Trefferquote *f (V&M)* hit rate, strike rate
Treffgenauigkeit *f (Stat)* accuracy
Treffpunkt *m (Gen)* meeting place, meeting point, venue
treiben *v (Gen)* spur • **jmdn. bis zum Äußersten treiben** *(Gen)* push sb to the limit
treibendes Ölfeld *n (Ind, Umwelt)* spillage
Treiberinstallation *f (Comp)* driver installation
Treibhauseffekt *m (Umwelt)* greenhouse effect
Treibstoffsteuer *f (Steuer)* fuel tax
Treibstoffzuschlag *m (Steuer, Transp)* fuel surcharge
Trend *m (Gen)* tendency, trend • **gegen den Trend laufen** *(Gen) (ugs.)* buck the trend
Trendänderung *f (Stat, V&M)* change of trend, trend change, change of tendency
trendbereinigt *adj (WiWi)* detrended
Trendbruch *m (Stat, V&M)* break in a [the] trend
Trendfortschreibung *f (Stat, V&M)* extrapolation, trend extrapolation, trend estimate
Trendführerschaft *f (WiWi)* barometric firm leadership
Trendgerade *f (Stat)* trend line
Trendgleichung *f (Stat)* trend equation
Trendrate *f (WiWi)* underlying rate
Trendwachstum *n (Bank, WiWi)* trend rate of growth *(EZB)*
Trendwende *f (Gen)* trend reversal • **eine Trendwende herbeiführen** *(Gen)* reverse a trend
trennen *v* 1. *(Comp)* decollate, deleave; 2. *(Gen)* separate, segregate
Trennschärfe *f (Bank, Fin, Stat, WiWi)* discriminatory power *(z. B. Fähigkeit eines Ratingsystems, ex ante zwischen ausfallenden und nicht ausfallenden Kreditnehmern zu diskriminieren, e. g. ability of a rating system to discriminate ex ante between defaulting and non--defaulting borrowers)*
Trennung *f* 1. *(Gen)* separation, segregation; 2. *(Grund)* severance; 3. *(Pol)* segregation *(Rasse, Geschlecht)*
Tresor *m (Bank)* safe deposit vault, safe, strongroom
Tresorfach *n (Bank)* safety deposit box

Treu und Glauben/nach *(Recht)* bona fide, in good faith, on trust
Treueprämie *f (Pers)* fidelity bonus
Treuerabatt *m (V&M)* fidelity rebate, loyalty discount [rebate]
Treugeber *m (Recht)* settlor, transferor, *(AE)* trustor
Treuhand *f (Bank, Recht)* trust
Treuhandbank *f (Bank)* trust bank
Treuhänder *m (Recht)* trustee, fiduciary
Treuhänderin *f s.* Treuhänder
treuhänderisch *adj (Recht)* fiduciary
treuhänderisch *adv (Bank, WiWi)* on a trust basis
Treuhandgeschäft *n* 1. *(Bank)* fiduciary operation, fiduciary banking; 2. *(Recht)* trust transaction
Treuhandkonto *n* 1. *(Bank)* custodial account, fiduciary account; 2. *(Fin)* trust account, *(AE)* agency account
Treuhandschaft *f (Recht)* trusteeship
Treuhandstatus *m (Börse)* trustee status
Treuhandurkunde *f (Recht)* trust instrument
Treuhandverwahrung *f (Recht)* escrow
Treuhandverwalter *m (Fin)* escrow agent
Treuhandverwalterin *f s.* Treuhandverwalter
treuwidrige Verfügung *f (Recht)* breach of trust
Trinkgeld *n (Gen)* tip
Triple-A-Papier *n (Fin)* triple-A security *(Rating: mit AAA oder Aaa bewerteter Titel)*
Triple-A-Rating *n (Börse, Fin)* triple-A rating *(mit AAA oder Aaa bewertet)*
TRIPS-Abkommen *n (Imp/Exp, Pat, Pol)* TRIPS-Agreement, Agreement on Trade-Related Aspects of Intellectual Property Rights *(EU, GATT/WTO; Abkommen über handelsbezogene Aspekte der Rechte des geistigen Eigentums)*
Trittbrettfahrer *m (ugs.)* 1. *(Gen, WiWi)* free rider; 2. *(Transp)* fare-dodger, *(AE)* free rider
Trittbrettfahrer-Verhalten *n (Gen, WiWi)* *(BE)* free rider behaviour, *(AE)* free rider behavior *(Synonym: Free-Rider-Verhalten)*
Trojaner-Angriff *m (Comp, Komm, Recht)* trojan horse, trojan horse attack, trojan attack *(eingeschleustes, selbstständiges Programm mit verdeckter Schadwirkung)*
tropischer Regenwald *m (Umwelt)* tropical rainforest
trostlos *adj (Gen, WiWi)* bleak
trübe Aussichten *fpl (Gen)* bleak [grim, gloomy] outlook
True-Sale-Transaktion *f (Bank, Fin)* true-sale transaction *(anders als bei synthetischen Transaktionen = synthetic transactions werden hier die Forderungen effektiv mit entsprechender Risiko- und Eigenkapitalentlastung abgetreten und am Markt refinanziert; es erfolgt eine rechtswirksame Übertragung eines Forderungspools auf eine Zweckgesellschaft = SPV = special-purpose vehicle; Zweck: Bilanzstrukturmanagement, Risikomanagement, regulatorisches und ökonomisches Eigenkapitalmanagement, Refinanzierung; a securitization transaction involving the transfer of receivables, a legally binding transfer of a pool of exposures to a special-purpose vehicle = SPV; the originators' motivation: balance sheet structure management, management of risk and of regulatory and economic capital, refinancing)*
True-Sale-Verbriefung *f (Bank, Fin)* true-sale securitization *(ABS; der Investor –SPV, Special Purpose Vehicle- erwirbt das Eigentum am Vermögen, die abgetretene Forderung wechselt tatsächlich den Eigentümer und wird in der Bilanz des Erwerbers aktiviert; securitization transaction involving the transfer of receivables; Gegensatz: synthetische Verbriefung = synthetic securitization, die Forderung verbleibt hier im Eigentum und in der Bilanz der Bank, nur das Kreditrisiko wird als Finanzderivat an einen Investor gegen eine angemessene Prämie verkauft)*
Trust *m (Recht)* trust • **in einem Trust zusammenfassen** *(Recht)* trustify
tüchtig *adj (Gen, Pers)* able, capable *(fähig)*; competent, efficient, hard-working *(fleißig)*
Tüchtigkeit *f (Pers)* ability, capability *(Fähigkeit)*; competence, competency, efficiency, diligence

Turnaround *m (Gen)* (corporate) turnaround
Türschild *n (Admin, Gen)* nameplate
TÜV *(Abk. für Technischer Überwachungs-Verein; Deu) (Transp)* safety standards authority
TÜV-Inspektor *m (Deu) (Transp)* safety inspector *(Synonym: TÜV-Prüfer)*
TÜV-Plakette *f (Deu) (Transp) (AE)* safety sticker
typisch *adj (Gen)* typical
typisieren *v (Gen)* standardize, typify
typisiert *adj (Gen, Recht, V&M)* standardized
Typologie *f (V&M)* typology

U

übel *n (WiWi)* bad
überaltert *adj (Gen, WiWi)* obsolete, outdated
überalterte Gesellschaft *f (WiWi)* overaged society, overly aged society
Überalterung *f* **der Bevölkerung** *(WiWi)* ageing of the population
Überangebot *n (Gen, WiWi)* glut, oversupply • **ein Überangebot an** *(Gen)* a glut of
überanstrengen *v (Pers)* overwork
überarbeiten *v* 1. *(Gen)* revise; 2. *(Media)* revise, rework
überarbeiten *v***/sich** *(Pers)* overwork
Überarbeitung *f* 1. *(Media)* revision, revised version *(Ergebnis)*; 2. *(Pers)* overwork *(Überanstrengung)*
Überbesetzung *f (Pers)* overmanning, overstaffing *(einer Abteilung, eines Unternehmens)*
Überbestand *m (Gen)* excessive inventory, excessive stock
Überbesteuerung *f (Steuer)* excessive taxation
überbetriebliche Lehrausbildungsstätte *f (Bil)* inter company training centre, joint training centre, joint training establishment
überbetriebliche Lehrwerkstatt [Lehrwerkstätte] *f (Bil)* inter-company training workshop, inter-firm training workshop, joint trainee workshop
überbewerten *v (Fin, RW, WiWi)* overestimate, overrate, overstate
überbewertet *adj* 1. *(Gen)* top-heavy *(Wertpapiere)*; 2. *(RW, WiWi)* overrated, overvalued
überbewertete Währung *f (WiWi)* overvalued currency
Überbewertung *f* 1. *(Fin, RW)* overstatement, overestimate, overestimation; 2. *(WiWi)* overrating, overvaluation, overestimation *(einer Währung)*
Überbietung *f (Bank)* overbidding
Überblick *m (Gen)* survey, overview, review
Überbringer *m (Bank)* bearer
Überbringerin *f s.* Überbringer
Überbringerscheck *m (Bank) (AE)* bearer check, *(BE)* bearer cheque
überbrücken *v (Gen)* bridge, tide over
Überbrückung *f (Fin)* bridging
Überbrückungsbeihilfe *f (Pers, Soz)* tideover allowance, bridging allowance
Überbrückungsfazilität *f (Bank)* bridging facility
Überbrückungsgeld *n (Pers, Soz)* tideover allowance, bridging allowance
Überbrückungskredit *m* 1. *(Bank)* adjustment credit, bridging advance [loan], interim loan, bridge-over loan, *(AE)* bridge loan; 2. *(RW)* accommodating credit
überbuchen *v (Admin, Frei, Transp)* overbook *(Flüge, Hotels)*
Überbuchung *f (Admin, Frei, Transp)* overbooking *(Flüge, Hotels)*
überdenken *v (Gen)* rethink
überdurchschnittlich *adj (Gen)* better than average
überdurchschnittliches Wachstum *n (WiWi)* above-average growth
übereignen *v* 1. *(Grund)* convey; 2. *(Recht)* assign, transfer • **etw. übereignen** *(Recht)* transfer ownership of sth
Übereignung *f (Recht)* assignment, transfer
übereinkommen *v (Gen)* agree *(Zustimmung, Vereinbarung)* • **mit jmdm. übereinkommen** *(Gen)* agree with sb, come to an agreement [arrangement, understanding] with sb
Übereinkommen *n (Gen)* agreement, arrangement, understanding
Übereinkommen *n* **des Europarats**

(Pol, Recht) Convention of the Council of Europe

Übereinkommen *n* **über die Erteilung europäischer Patente** *(Pat, Recht)* Convention on the Grant of European Patents *(Europarat)*

Übereinkunft *f (Gen)* agreement, accord, arrangement *(Übereinkunft mit Gläubigern)*

übereinstimmen *v* 1. *(Gen)* agree, conform; 2. *(Recht)* coincide, concur *(Meinung)*

übereinstimmen *v* **mit** *(Gen, Recht)* be in agreement with, coincide with

übereinstimmend *adj (Gen, Recht)* concurrent, congruent

übereinstimmend *adj* **mit** 1. *(Gen)* congruent with, in accordance with, in agreement with; 2. *(Recht)* consistent with

Übereinstimmung *f* 1. *(Gen)* agreement, conformity, congruence, consensus, consistency; 2. *(Pat)* unity; 3. *(Recht)* accord, compliance • **in Übereinstimmung mit** *(Recht)* in accordance with, in agreement with, in compliance with *(Gesetz)*

Übereinstimmungsbescheinigung *f (Recht)* Certificate of Conformity, COC *(Synonym: Konformitätsbescheinigung)*

überfällig *adj (Gen, RW)* overdue

überfällige Forderung *f* 1. *(Fin)* delinquent account, overdue account; 2. *(RW)* overdue claim

überfälliger Betrag *m (RW)* amount overdue

überfinanzieren *v (Fin)* overfund

Überfluss *m (Gen, WiWi)* abundance, affluence • **im Überfluss vorhanden sein** *(Gen)* be in abundance

überflüssig *adj (Gen)* redundant, expendable

Übergabe *f (Gen)* delivery, handing-over, handover

Übergabetermin *m (Grund)* completion date

Übergabevereinbarung *f (Ind)* handover agreement

Übergang *m (Gen)* passing, transformation, transition

Übergangsfrist *f (Bank)* transition period

Übergangsperiode *f (Gen)* transition period

Übergangsphase *f (WiWi)* transitional stage

Übergangsregelung *f (Recht)* transitional regulation

Übergangsregierung *f (Pol)* caretaker government, interim government, transitional government

Übergangsstadium *n (WiWi)* stage of transition, transitional stage

Übergangsvorschriften *fpl (Recht)* transitional provisions

Übergangszeit *f (Gen, WiWi)* period of transition, transition period

übergeben *v* 1. *(Bank)* transfer; 2. *(Gen)* deliver, hand over; 3. *(Pers)* transfer

übergehen *v (Gen)* skip

übergehen *v* **auf** *(Recht)* pass into the ownership of, pass to

übergeordnet *adj (Gen, Recht)* senior, superior

Überhang *m* 1. *(Börse)* overhang; 2. *(Gen)* excess, surplus; 3. *(Grund)* hangout; 4. *(RW, WiWi)* surplus

überhitzte Volkswirtschaft *f (WiWi)* overheated economy

überhöhen *v* 1. *(Gen)* inflate *(Risiko, Bestände)*; 2. *(V&M)* overcharge; 3. *(WiWi)* overextend

überhöht *adj* 1. *(Gen)* excessive, too high *(Preis)*; 2. *(WiWi)* overcharged

überhöhte Gebühren *fpl (Bank)* excessive charge

überholen *v* 1. *(Gen)* outdate, outpace, recondition; 2. *(Transp)* overhaul

überholt *adj (Gen)* dated, outdated, out of date, outmoded, outpaced

Überholung *f (Gen, Transp)* overhaul

Überkapazität *f* 1. *(Gen)* overcapacity; 2. *(Ind, WiWi)* excess capacity

überkapitalisieren *v (Fin, Gen)* overcapitalize

überkapitalisiert *adj* 1. *(Börse)* highly geared; 2. *(Fin)* top-heavy; 3. *(Gen)* overcapitalized, top-heavy *(Wirtschaft)*

überkommene Rechte *npl (Recht, Transp, WiWi) (AE)* grandfather rights *(Synonym: angestammte Rechte, Großvaterrechte; von Bedeutung z. B. bei der Zuteilung knapper Start- und Landerechte = allocation of slots im Luftverkehr)*

Überkreuzverflechtung *f (Bank, Fin, Pol)* interlocking shareholding *(gegenseitige Beteiligungen; cf Deutschland AG)*
überlagern *v (Gen)* eclipse, cover over, superimpose, overlap
überlassen *v (Recht)* abandon, give up, leave, relinquish
Überlassung *f (Gen, Recht)* abandonment, giving up, leaving, relinquishment
Überlassungsvertrag *m (Grund)* quitclaim deed
überlasten *v* 1. *(Komm)* congest; 2. *(Pers)* overburden, overstrain
überlastetes Ballungsgebiet *n (WiWi)* congested urban area
Überlastung *f* 1. *(Komm)* congestion; 2. *(Pers)* overburdening, overstrain, overstress
überlaufen *v (Ind)* overrun
Überlebensrente *f* 1. *(Grund)* survivorship annuity; 2. *(Versich) (AE)* joint and survivor annuity; annuity in reversion, reversionary annuity
Überlebensversicherung *f (Versich)* survivorship insurance
überlegen *adj (Gen)* superior • **jmdm. überlegen sein** *(Gen)* have the edge over sb
überlegen *v (Gen)* consider, think about
Überlegung *f (Gen)* consideration
übermäßig *adj (Gen)* excessive, exorbitant
übermäßig *adv (Gen)* excessively, unduly
übermäßige Reaktion *f (Stat, WiWi)* overshooting
übermäßige Steuerbelastung *f (Steuer)* excess burden of a tax
übermitteln *v* 1. *(Comp)* upload *(Dateien)*; 2. *(Komm)* transmit, send *(elektronisch)* • **per Fax übermitteln** *(Komm)* send by fax
Übermittlung *f* 1. *(Komm)* transmission; 2. *(Recht)* conveyance, notification *(Vertragsrecht)*
Übernachfrage *f (V&M, WiWi)* excess demand
Übernachteinlagen *fpl (Bank)* overnight liquidity *(EZB)*
Übernachtliquidität *f (Bank)* overnight liquidity *(EZB)*
Übernahme *f* 1. *(Bank, Börse)* acquisition, takeover; 2. *(Fin)* absorption, buyout; 3. *(Gen)* acquisition, takeover; 4. *(Mgt)* adoption *(einer Methode)*; 5. *(RW, Steuer)* acquisition; 6. *(WiWi)* takeover, acquisition
Übernahme *f* **des Delkredererisikos** *(Versich) (BE)* credit protection insurance
Übernahme *f* **einer Anleihe** *(Börse)* bond underwriting
Übernahme *f* **von Risiken** *(Versich)* cover
Übernahmeangebot *n (Börse, Fin, RW)* bid, takeover bid, tender offer
Übernahmegesetz *n (Recht)* takeover law, mergers and acquisitions law, law of mergers and acquisitions
Übernahmekodex *m (Recht)* takeover code
Übernahmekonsortium *n (Fin)* underwriting syndicate
Übernahmeprovision *f* 1. *(Bank)* underwriting fee; 2. *(Fin)* underwriting commission
Übernahmeziel *n (Börse, Fin, Mgt)* targeted company, target company, target *(Zielunternehmen, Zielgesellschaft einer freundlichen oder feindlichen Übernahme, of a friendly or hostile takeover)*
übernational *adj (Gen, Pol, WiWi)* supranational
übernehmen *v* 1. *(Fin)* carry; 2. *(Gen)* take over, accept, absorb, take on *(Verantwortung)*; assume *(Verpflichtung)*; *(ugs.)* take in *(Arbeit)*; undertake *(Aufgabe, Verantwortung)*; borrow *(Ideen, Methode)*; absorb *(Kosten)*; shoulder *(Verpflichtungen)*; 3. *(Komm)* accept *(Anruf)*; 4. *(WiWi)* absorb • **die Führung übernehmen** *(Gen)* take the lead
übernehmende Gesellschaft *f* 1. *(Fin)* transferee company; 2. *(Gen)* purchasing company, acquiring company, transferee company; 3. *(WiWi)* absorbing company
übernommene Gesellschaft *f (Gen, WiWi)* acquired company, acquisition, purchased company
überprüfen *v* 1. *(Gen)* check, review, screen; 2. *(Mgt)* review, overhaul; 3. *(Pat)* examine; 4. *(Pol)* vet
Überprüfung *f* 1. *(Gen)* screening,

search; 2. *(Mgt)* review; 3. *(Pat)* examination

Überprüfung *f* **einer Hypothese** *(Stat, WiWi)* hypothesis testing

Überprüfungsvorbehalt *m (Recht)* sunset clause

Überprüfungsvorbehaltsklausel *f (Recht)* sunset clause

überragend *adj (Gen)* pre-eminent, paramount, overriding *(Wichtigkeit)*

überreden *v (Gen)* persuade, win over

Überredung *f (Gen)* persuasion

überregional *adj (Pol, WiWi)* supra-regional, nation-wide

überregionale Presse *f (Media)* national press

Überreste *mpl (Gen)* remnants

überschätzen *v (Fin, RW, WiWi)* overestimate, overrate, overvalue

Überschätzung *f (Fin, RW, WiWi)* overestimation, overvaluation, overrating

überschießender Preis *m (WiWi)* overshooting price

überschneiden *v***/sich** *(Gen, Pers, V&M)* overlap *(Daten, Urlaub)*

überschnelle Reaktion *f (Stat, WiWi)* overshooting

überschreiben *v (Pat, Recht)* transfer

Überschreiben *n (Comp)* strikeover *(Drucker)*

überschreiten *v* 1. *(Imp/Exp)* cross *(Grenze)*; 2. *(RW)* overspend; 3. *(WiWi)* overrun

Überschrift *f* 1. *(Komm)* caption; 2. *(Media)* title, leading line *(Zeitschriftenartikel)*; 3. *(RW)* heading

Überschuldung *f (Bank, RW, WiWi)* excessive debts, debt overload

Überschuss *m* 1. *(Fin)* surplus; 2. *(Gen, RW, WiWi)* surplus, overage • **einen Überschuss aufweisen** *(RW)* show a surplus *(Gewinn)*

Überschuss *m* **an Arbeitskräften** *(Pers)* labo(u)r surplus, manpower surplus, excess supply of labo(u)r, excess supply of manpower, oversupply of labo(u)r, oversupply of manpower

Überschuss *m* **der Schulden über das Vermögen** *(Fin, RW)* surplus of liabilities over assets *(Überschuldung)*

Überschuss... *(Gen)* surplus

Überschussbeteiligung *f (Versich)* capital bonus

Überschussbildung *f (WiWi)* accumulation of surpluses *(ZB)*

überschüssig *adj (Gen)* excess, surplus

überschüssige Arbeitskräfte *fpl (Pers)* labo(u)r surplus, surplus of labo(u)r, surplus manpower

Überschusskapazität *f* 1. *(Ind)* surplus capacity; 2. *(WiWi)* excess capacity

Überschussliquidität *f (Bank, WiWi)* excess liquidity *(ZB)*

Überschussreserven *fpl* 1. *(Bank)* excess reserves; 2. *(WiWi)* idle money

überschwappen *v (Gen)* spill over

überseeische Gebiete *npl (Pol)* overseas countries and territories *(der EU)*

übersenden *v* 1. *(Komm)* send, ship; 2. *(Transp)* consign, convey, forward, ship

Übersendung *f* 1. *(Imp/Exp, Komm)* shipment; 2. *(Transp)* consignation, conveyance, forwarding, shipment

übersetzen *v (Komm)* translate

Übersetzer *m (Gen, Komm)* translator

Übersetzerin *f s.* Übersetzer

Übersetzung *f (Komm)* translation

Übersetzungsdienst *m (Admin)* Translation Service *(EU)*

Übersicht *f* 1. *(Gen)* survey, chart, outline, summary, synopsis; 2. *(Media, V&M)* synopsis

Übersichtstabelle *f (WiWi)* synoptic table *(ZB)*

überstaatlich *adj (Gen, Pol, WiWi)* supranational

überstarke Reaktion *f (Stat, WiWi)* overshooting

übersteigen *v (Gen, WiWi)* exceed

überstimmen *v (Gen, Pol)* outvote, overrule *(Leute)*

Überstunden *fpl (Pers)* overtime, overtime hours *(Arbeitszeit)* • **Überstunden machen** *(Pers)* work overtime *(Arbeitszeit)*

Überstundenarbeit *f (Pers)* overtime work

Überstundenvergütung *f (Pers)* overtime pay *(Arbeitszeit)*

Überstundenzuschlag *m (Pers)* overtime premium

übertarifliche Bezahlung *f (Pers)* payment exceeding the collectively agreed wage, payment in excess of the collectively agreed wage

überteuert *adj (Gen, V&M)* overpriced

Übertrag *m* 1. *(Fin, RW)* balance brought down [forward], balance carried forward, carry-over *(Saldo)*; 2. *(Gen)* carried forward

übertragbar *adj* 1. *(Börse)* transferable; 2. *(Gen)* negotiable; 3. *(Recht)* assignable *(Vertragsrecht)*; 4. *(Versich)* negotiable

übertragbarer Kredit *m (Bank, RW)* assignable credit

übertragbares Wertpapier *n* 1. *(Bank)* negotiable instrument; 2. *(Fin)* transferable security

Übertragbarkeit *f (Börse)* assignability, transferability

Übertrageffekt *m (Media)* carry-over effect

übertragen *v* 1. *(Bank)* bring forward; 2. *(Börse)* transfer; 3. *(Comp)* transmit; 4. *(Fin)* assign, bring forward, carry down, carry forward; 5. *(Gen)* broadcast, transcribe, extend; 6. *(Grund)* transfer; 7. *(Komm)* transmit; 8. *(Media)* broadcast *(Veranstaltung)*; 9. *(Mgt)* delegate *(Verantwortung)*; 10. *(RW)* assign, bring forward; 11. *(Recht)* confer *(Rechte)*; assign *(Besitzübergang)*; convey *(Eigentum)*; 12. *(WiWi)* transfer *(Mittel)* • **etw. auf jmdn. übertragen** *(Gen, Recht)* vest sth in sb

Übertragende *m(f) (Recht)* transferrer, grantor

Übertragung *f* 1. *(Börse)* transfer; 2. *(Comp)* transmission; 3. *(Fin)* assignment; 4. *(Gen)* broadcasting, transcription, transfer *(Verbindlichkeiten, Verantwortung)*; 5. *(Grund)* transfer; 6. *(Komm)* transmission; 7. *(Mgt)* delegation *(Befugnisse, Verantwortung)*; 8. *(Pat)* transfer; 9. *(RW)* assignment; 10. *(Recht)* assignment, conferment, conferral, grant; 11. *(WiWi)* transfer

Übertragung *f* **der Eigentumsrechte** *(Recht)* transfer of ownership

Übertragung *f* **von Rechten und Pflichten** *(Recht)* transfer of rights and obligations

Übertragung *f* **von Vermögen** *(RW)* transfer of assets

Übertragungen *fpl (WiWi)* transfer payments *(ZB)*

Übertragungsgebühren *fpl (Recht)* transfer fees

Übertragungskosten *pl (RW)* transmission expenses

Übertragungsurkunde *f (Recht)* bill of sale, deed *(Vertragsrecht)*

übertreffen *v* 1. *(Gen)* surpass, exceed, top; 2. *(WiWi)* outperform *(Wirtschaftsleistung)*

übertreiben *v (Gen)* exaggerate, overshoot

überversichern *v (Versich)* overinsure

Überversicherung *f (Versich)* overinsurance

Überversorgung *f (WiWi)* overprovision

Übervölkerung *f (Pers)* overpopulation

übervorteilen *v (Gen)* get the better of

überwachen *v* 1. *(Gen)* monitor, supervise, survey; 2. *(Mgt, Pers)* monitor, supervise; 3. *(Transp, V&M)* control, monitor

Überwachung *f* 1. *(Gen, Mgt, Pers)* supervision, follow-up; 2. *(Recht)* surveillance *(elektronische Überwachung)*; 3. *(Admin, V&M)* control

Überwachungskosten *pl (Mgt, Soz, WiWi)* monitoring cost

Überwachungsorgan *n (Bank, Versich)* overseer

Überwachungsorganisation *f (Gen) (ugs.)* watchdog *(Verbraucherverbände)*

Überwachungssystem *n (Gen)* tracking system

Überwachungszentrum *n (Gen, Mgt)* control center, *(BE)* control centre

überwälzen *v* 1. *(Steuer)* shift; 2. *(WiWi)* pass along, pass on *(Kosten)*

Überwälzung *f* 1. *(Steuer)* shifting; 2. *(WiWi)* pass-along

überwechseln zu *(Gen)* switch to

überweisen *v (Bank, Fin, WiWi)* remit, transfer *(Geld)*

Überweisung *f* 1. *(Bank)* money transmission, transfer; 2. *(Fin, WiWi)* remittance, transfer • **per Überweisung zahlen** *(Bank)* pay by giro

Überweisungen *fpl* **der einbehaltenen Beträge** *(Steuer) (BE)* PAYE remittances

Überweisungsauftrag *m* 1. *(Bank, Fin) (BE)* bank giro credit; banker's order, transfer order; 2. *(Gen)* remittance order

Überweisungsbeleg *m (Bank)* transfer of funds voucher
Überweisungsdauer *f (Bank)* transfer time
Überweisungsträger *m (Gen)* remittance slip
überwinden *v (Gen)* overcome
überzeichnen *v (Stat, WiWi)* overestimate *(Kurs, Modell)*
überzeugen *v (Gen)* convince, persuade
überzeugend *adj* 1. *(Gen)* convincing, persuasive, powerful *(Vertreter)*; 2. *(WiWi)* compelling
überzeugender Beweis *m (Pat)* conclusive evidence
Überzeugung *f (Gen)* conviction, persuasion
überziehen *v* 1. *(Bank)* overdraw *(Konto)*; 2. *(WiWi)* overextend
Überziehung *f (Bank)* overdraft
Überziehungskredit *m (Bank)* bank overdraft, overdraft facility
Überziehungsmöglichkeit *f (Bank)* overdraft facility
Überziehungszinssatz *m (Bank)* overdraft rate
üblich *adj (Gen)* widespread, customary, normal, usual, standard • **unter dem üblichen Vorbehalt** *(Recht)* with the usual proviso
übliche Abnutzung *f (Gen)* fair wear and tear
übliche Arbeitszeit *f (Pers)* normal working hours, normal working time; standard working hours *(tarifliche Arbeitszeit)*
übliche Bedingungen *fpl (Gen)* usual conditions *(u.c.)*; usual terms *(u.t.)*
übliche Miete *f (Grund)* fair market rent, fair rent
übliche Praxis *f (Gen)* standard practice
üblicher Lohn *m (Pers)* standard rate
üblicher Mietwert *m (Grund)* fair rental value
Übungsfirma *f (Bil, Gen, Pers)* practice firm *(training of people similar to "on-the-job" training; Lernort der kaufmännischen Berufsbildung als Ergänzung und Alternative zum Betrieb, ausgestaltet als Modell eines Wirtschaftsbetriebes, technisch-produktive Aufgaben werden simuliert)*
Ultimatum stellen *v*/**jmdm. ein** *(Gen)* give sb an ultimatum
Ultimoabschluss *m (Bank, RW)* end-of-month account
umändern *v (Gen)* alter
Umbau *m* 1. *(Grund)* conversion; 2. *(WiWi)* reconstruction
umbauen *v* 1. *(Grund)* convert; 2. *(WiWi)* reconstruct
umbesetzen *v (Admin, Gen, Pers)* reassign, reorganize, shake up
Umbesetzung *f (Admin, Gen, Pers)* reassignment, reorganization, shake-up
umbrechen *v* 1. *(Gen)* break down; 2. *(Media)* paginate *(Seiten)*
Umbruch *m* 1. *(Gen)* upheaval; 2. *(Media)* making-up into pages
umbuchen *v (Bank, RW)* transfer
Umbuchung *f* 1. *(Bank)* money transmission, payment transfer, transfer; 2. *(RW)* (book) transfer
Umfang *m* 1. *(Comp)* volume *(Daten, Speicher)*; 2. *(Gen)* bulk, ga(u)ge, scale, volume; 3. *(Pat)* scope, extent; 4. *(WiWi)* size
Umfang *m* **der Deckung** *(Versich)* cover
umfangreich *adj (Gen, WiWi)* large-scale
umfassen *v (Gen)* comprise, encompass
umfassend *adj* 1. *(Gen, Pers)* comprehensive; 2. *(Recht)* blanket *(Lizenzen)*; 3. *(Versich)* comprehensive
umfassende Diskussion *f (Gen)* in-depth discussion
Umfeld *n (Gen)* environment
Umfeldanalyse *f (Mgt, Umwelt)* environmental analysis
Umfeldüberwachung *f (Ind)* environmental monitoring [control]
Umfelduntersuchung *f (Umwelt)* environment scan
Umfinanzierung *f (Fin)* financial adjustment, refinancing
umformen *v (Ind, WiWi)* transform
umformulieren *v (Admin, Pol)* redraft
Umfrage *f* 1. *(Gen)* survey; 2. *(V&M)* enquiry, poll • **eine Umfrage durchführen** *(Gen, V&M)* carry out a survey
umgebaut *adj (Grund)* converted
umgeben *adj (Gen)* surrounded
Umgebung *f* 1. *(Comp)* environment *(Software)*; 2. *(Gen)* environs, surrounding area, neighbo(u)rhood *(der Stadt)*

umgehen *v* 1. *(Gen)* bypass; 2. *(Steuer)* avoid • **das Bankensystem umgehen** *(Bank, WiWi)* bypass the banking system

umgehend *adv (Gen, Komm)* as soon as possible

Umgehungsanreiz *m (Bank, Recht)* incentive to circumvent the regulations, inducement to circumvent the regulations

umgekehrt *adj (Gen)* reversed

umgekehrt *adv (Stat)* inversely

umgekehrte Maßgeblichkeit *f (Deu) (RW)* reverse authority *(Umkehrung der primären Maßgeblichkeit der Handelsbilanz für die Steuerbilanz, wenn bestimmte steuerliche Wahlrechte ausgeübt werden; identity of commercial accounts with tax accounts, the latter being the authoritative basis; vgl. Maßgeblichkeitsprinzip = authoritative principle)*

umgerechnet in *(Gen)* the equivalent of • **umgerechnet in Euro** *(Bank, WiWi)* in euro-terms

umgestalten *v* 1. *(Gen)* transform; 2. *(Mgt)* reorganize

Umgestaltung *f* 1. *(Gen)* transformation; 2. *(Mgt)* reorganization

umgruppieren *v (Gen)* redeploy, regroup

Umgruppierung *f (Gen)* redeployment, regrouping

Umhüllende *f (Stat)* envelope curve

Umhüllung *f (Ind)* clothing, wrapping *(Verpackung)*

umkämpft *adj (Pol, V&M)* contested, disputed

Umkehr *f* **der Beweislast** *(Recht)* shift of the burden of proof

Umkehrbarkeit *f (Gen)* reversibility

umkehren *v* 1. *(Stat)* invert; 2. *(WiWi)* reverse

Umkehrfloater *m (Bank, Fin)* reverse floater, reverse floating rate note, reverse FRN, reverse note, bull floater, yield curve note *(Anleger profitieren von fallenden Zinsen, the coupon rate is a high fixed rate less the variable rate, e. g. 12 % less 3 months' Euribor)*

umkippen *v (Gen) (AE)* go negative

Umkippen *n* 1. *(Transp)* tipping; 2. *(Umwelt)* tipping, extinction *(Wasser)*

umladen *v (Transp)* reload, transship

Umlage *f* 1. *(Fin)* contribution, levy; 2. *(RW)* allocation

umlagefinanzierte Altersversorgung *f (Mgt, Soz)* unfunded pension scheme, pay-as-you-go pension scheme, unfunded pension plan

umlagefinanziertes System *n (Fin, Steuer)* pay-as-you-go system *(Sozialversicherung, social security)*

umlagenfinanziert *adj (Fin, Soz, Steuer)* pay as you go

umlagenfinanziertes System *n s.* umlagefinanziertes System

Umlagefinanzierung *f (Pol, Soz, WiWi)* levy-based financing system

Umlauf *m (WiWi)* circulation • **im Umlauf befindliche Aktien** *(Börse)* shares outstanding • **im Umlauf** *(Gen)* afloat • **im Umlauf sein** *(Komm)* circulate *(Informationen)* • **in Umlauf setzen** *(Bank, Fin)* issue • **aus dem Umlauf ziehen** *(Fin, Gen, WiWi)* withdraw from circulation

umlaufendes Volumen *n (Börse, Fin)* outstanding volume

umlauffähiges Wertpapier *n (Börse, Recht)* negotiable instrument

Umlaufgeschwindigkeit *f* 1. *(Fin)* velocity of circulation; 2. *(WiWi)* cash transactions velocity

Umlaufgeschwindigkeit *f* **des Geldes** *(WiWi)* velocity of circulation (of money)

Umlaufrendite *f (WiWi)* flat yield, running yield, yield on bonds outstanding *(Rendite der im Umlauf befindlichen, festverzinslichen Wertpapiere; sie liegt meist leicht über der Emissionsrendite = issuing yield)*

Umlaufvermögen *n (RW)* current assets

Umlaufzeit *f (Gen, Transp)* time of circulation, turn(a)round time

umlegen *v* 1. *(Börse)* apportion *(Aktien)*; 2. *(Gen)* prorate, assess; 3. *(RW)* apply to; 4. *(WiWi)* allocate *(Mittel)*

umleiten *v (Transp)* divert, reconsign, reroute

Umorganisation *f (Fin, Gen)* reorganization, revamp

umorganisieren *v (Fin, Gen)* shake up, reorganize, revamp

umrechnen *v* 1. *(Fin, RW)* convert; 2. *(WiWi)* translate *(Währung)*

Umrechnung *f* 1. *(Fin)* conversion; 2. *(WiWi)* translation, translating
Umrechnung *f* **von Fremdwährungen** *(WiWi)* foreign currency translation
Umrechnungsdifferenz *f* 1. *(Gen)* translation differential *(Währungen)*; 2. *(RW)* translation difference
Umrechnungsfaktor *m (Stat)* conversion factor
Umrechnungskurs *m (Fin, WiWi)* conversion price, conversion rate, exchange rate, rate of exchange
Umrechnungssatz *m (Fin)* conversion rate
Umrechnungsverlust *m (Fin, WiWi)* translation loss
umreißen *v (Gen)* outline
Umsatz *m* 1. *(Börse)* activity, dealings, turnover; 2. *(Gen)* volume, transaction, turnover; 3. *(V&M)* sales, billing; 4. *(WiWi)* volume of trade • **Umsatz bringen** *(V&M)* pull in sales
Umsatzaufwendungen *fpl (RW)* cost of goods sold, cost of sales
Umsatzerlöse *mpl (RW)* Revenue *(IAS 18)*
Umsatzertrag *m (RW)* sales revenue
Umsatzgeschwindigkeit *f (Börse)* rate of turnover, turnover rate
Umsatzgewinnrate *f* 1. *(Fin, WiWi)* return on sales, percentage return on sales, net operating margin, profit margin, profit-turnover ratio; 2. *(RW) (BE)* profit-turnover ratio *(Gewinn in Prozent vom Umsatz; Synonym: Umsatzrendite, Umsatzrentabilität)*
Umsatzkosten *pl (WiWi)* cost of goods sold
Umsatz-Leverage *n (Fin, RW) (AE)* operating leverage
umsatzlos *adj (Börse)* flat, inactive
umsatzloses Konto *n* 1. *(Bank)* inactive account, dormant account; 2. *(V&M)* dormant account
Umsatzquote *f (Gen)* turnover ratio, turnover rate
Umsatzrendite *f* 1. *(Fin, WiWi)* return on sales, percentage return on sales, net operating margin, profit margin, profit-turnover ratio; 2. *(RW) (BE)* profit-turnover ratio *(Gewinn in Prozent vom Umsatz; Synonym: Umsatzrendite, Umsatzgewinnrate)*
Umsatzrentabilität *f* 1. *(Fin, WiWi)* return on sales, percentage return on sales, net operating margin, profit margin, profit-turnover ratio; 2. *(RW) (BE)* profit-turnover ratio *(Gewinn in Prozent vom Umsatz; Synonym: Umsatzrendite, Umsatzgewinnrate)*
umsatzstark *adj (Börse)* high-volume
Umsatzsteuer *f* 1. *(Börse)* transactions tax; 2. *(Steuer)* turnover tax
Umsatzsteuergesetz *n (Recht)* Turnover Tax Law
Umsatzsteuer-Identifikations-Nummer *f (USt-IdNr) (Steuer)* VAT registration number, *(ugs.)* VAT number, turnover tax ID number
Umsatzsteuer(rück)vergütung *f (Steuer)* VAT refund, turnover tax refund, *(AE)* sales tax refund
Umsatzsteuervoranmeldung *f (Steuer)* advance value-added tax return, advance VAT return, *(AE)* sales tax advance return
Umsatzträger *m (V&M)* performer
Umsatzvolumen *n (RW)* volume
umschichten *v* 1. *(Fin)* shift, switch; 2. *(Gen)* regroup; 3. *(RW)* reallocate
Umschichtung *f* 1. *(Fin)* shifting, switching; 2. *(Gen)* regrouping; 3. *(RW)* reallocation
Umschichtung *f* **von Verbindlichkeiten** *(Fin)* liability management, debt restructuring
Umschlag *m* 1. *(Komm)* envelope; 2. *(Transp)* transshipment, turn(a)round, handling
Umschlaggeschwindigkeit *f (Fin)* velocity of circulation
Umschlaghäufigkeit *f s.* Umschlagshäufigkeit
Umschlagshäufigkeit *f (V&M, WiWi)* rate of turnover, inventory turnover *(Warenwirtschaft; Umschlagsgeschwindigkeit = velocity of circulation = turnover rate = rate of turnover)*
Umschlagshäufigkeit *f* **des Eigenkapitals** *(Fin, Gen)* (rate of) equity turnover
Umschlagshäufigkeit *f* **des Lagerbestands** *(Fin)* rate of inventory turnover
Umschlagzeit *f* 1. *(Gen, Ind)* turn(a)round time; 2. *(WiWi)* replacement period, turn(a)round time

umschreiben *v* 1. *(Börse)* transfer *(Namenspapiere)*; 2. *(Comp)* transcribe, rewrite *(Software)*; 3. *(Gen)* adapt, alter; 4. *(Grund)* convey; 5. *(Media)* rewrite *(Druck)*
Umschreibung *f* 1. *(Börse)* transfer *(Wertpapiere)*; 2. *(Gen)* altering, adaptation, transcription; 3. *(Grund)* conveyance
umschulden *v (Fin)* refund, refinance, reschedule, restructure
Umschuldung *f (Fin)* debt refinancing [refunding, rescheduling, restructuring], financial restructuring
umschulen *v* 1. *(Gen)* re-educate; 2. *(Pers)* retrain
Umschulung *f (Pers)* occupational retraining, retraining, vocational retraining
Umschwung *m* 1. *(Fin, Gen)* turnabout, *(AE)* turnaround, *(BE)* turnround; 2. *(Pol, WiWi)* reversal, swing
umsetzen *v* 1. *(Comp)* convert; 2. *(Gen)* execute, sell, turn over, transact, implement; 3. *(Pers)* shift, transfer; 4. *(V&M)* turn over
Umsetzung *f* 1. *(Comp)* conversion; 2. *(Gen)* execution, implementation; 3. *(Pers)* transfer, transferral
umsichtig *adj (Gen)* cautious, prudent
umsiedeln *v (Gen, Ind, WiWi)* relocate *(Standort, Betrieb)*
Umsiedlung *f (Gen, Ind, WiWi)* relocation, resettlement
Umstand *m (Recht)* circumstance, fact, factor • **unter den gegebenen Umständen** *(Gen, Recht)* under the circumstances, given the circumstances • **unter keinen Umständen** *(Gen, Recht)* under no circumstances • **unter sonst gleichen Umständen** *(WiWi)* other things being equal, ceteris paribus
umsteigen *v (Transp)* change, transfer
umstellen *v (Gen)* switch • **sich umstellen auf** *(Gen)* switch over to
Umstellung *f* 1. *(Gen)* switchover, switch, switching; 2. *(Recht)* changeover, conversion, transposal *(EU Recht)*
umstritten *adj (Gen)* controversial
umstrukturieren *v* 1. *(Bank)* refloat *(Darlehen)*; 2. *(Fin, Gen, Mgt, WiWi)* reorganize, reshape, reshuffle, restructure *(Unternehmen)*
Umstrukturierung *f* 1. *(Bank)* refloatation; 2. *(Fin, Gen, Mgt, WiWi)* reorganization, reshuffle, restructuring, structural transformation, company reconstruction
Umtausch *m* 1. *(Fin)* conversion, exchange; 2. *(Gen)* change; 3. *(WiWi)* conversion, exchange
umtauschen *v* 1. *(Bank, Börse, Fin)* convert, exchange *(Währung)*; 2. *(Gen)* change; 3. *(WiWi)* convert, exchange *(Währung)*
Umtauschparität *f (Börse) (BE)* conversion parity
Umtauschpflicht *f (Bank)* surrender requirement
Umtauschverhältnis *n (Börse)* conversion ratio
Umtauschwert *m* 1. *(Börse)* exchange value; 2. *(Fin)* exchange ratio
UMTS *(Comp, Komm)* UMTS, Universal Mobile Telecommunications System *(3. Gescheration Mobilkommunikation, Multimedia-Wireless)*
UMTS-Handy *n (Komm)* UMTS cellular phone
UMTS-Mobiltelefon *n (Komm)* UMTS mobile phone
Umverteilungseffekt *m (WiWi)* redistributive effect
Umwälzung *f (Gen)* upheaval
umwandeln *v* 1. *(Börse, Fin, Gen)* change, commute, convert, transform; 2. *(Komm)* transcode *(Code)*; 3. *(Mgt)* reorganize; 4. *(Recht)* change, commute, convert *(Strafurteil)*
umwandeln *v* **in** *(Gen)* convert into
Umweg *m* 1. *(Gen)* detour; 2. *(Transp, WiWi)* indirect route
Umwegproduktion *f (WiWi)* indirect [roundabout] production
Umwelt *f (Umwelt)* environment
Umwelt-Audit *n (ugs.) (Umwelt)* environmental audit
Umweltaufsichtsbehörde *f (Recht, Umwelt)* environmental supervisory authority
Umweltbedingungen *fpl (Umwelt)* environmental conditions
Umweltbehörde *f (Umwelt)* environmental office

Umweltbelastung *f (Umwelt)* environmental load [burden, pollution]
Umweltberater *m (Umwelt)* environmental consultant
Umweltbericht *m (Umwelt)* environmental report
Umweltbesteuerung *f (Pol, Steuer)* green taxes *(umweltpolitisch motivierte Eingriffe in Produktions- und Konsumprozesse, häufig verbunden mit sachfremden fiskalischen und/oder distributiven Zielen; levied to discourage behaviour that might be environmentally harmful)*
umweltbewusst *adj (Umwelt)* environmentally aware, environmentally-conscious
Umweltfragen *fpl (Umwelt)* environmental issues
umweltfreundlich *adj (Umwelt)* eco-friendly, environmentally beneficial [friendly]
umweltfreundliche Technologie *f (Umwelt)* environmentally clean technology
umweltfreundliches Produkt *n (Umwelt)* environmentally-friendly product
Umweltgütezeichen *n (Ind)* eco-label(l)ing
Umwelthaftungsrecht *n (Recht, Umwelt)* environmental liability law
Umweltkontrolle *f (Ind, Pol, Umwelt)* environmental [pollution] control
Umweltnorm *f (Umwelt)* environmental standard
Umweltproblem *n (Umwelt)* environmental problem
Umweltqualitätsnorm *f (Umwelt)* environmental quality standard
Umweltschaden *m (Gen, Pol, Umwelt)* environmental damage
Umweltschutz *m (Ind, Pol, Umwelt)* environmental control [protection], pollution control, protection of the environment
Umweltschutz-Audit *n (Umwelt)* environmental audit
Umweltschutzmaßnahmen *fpl (Umwelt)* environmental protection measures
Umweltschutzpolitik *f (Umwelt)* environmental policy
Umweltsteuer *f (Steuer, Umwelt)* environmental [pollution] tax, eco-tax
Umweltstiftung *f (Gen, Umwelt)* environmental foundation
Umweltstudie *f (Mgt, Umwelt)* environmental study
Umweltüberwachung *f (Ind, Umwelt)* environmental [pollution] monitoring
Umweltuntersuchung *f* 1. *(Mgt)* environmental analysis; 2. *(Umwelt)* environment scan
Umweltverschmutzer *m (Umwelt)* polluter
Umweltverschmutzungsüberwachung *f (Ind, Umwelt)* pollution monitoring
Umweltverträglichkeitsprüfung *f (Gen)* environmental impact analysis [assessment]
Umweltzeichen *n (Umwelt)* environmental label
umziehen *v (Grund, Transp)* move (house), relocate
Umzug *m (Gen, Transp)* move, moving, relocation, removal
Umzugskosten *pl (Pers)* removal cost, removal costs, cost of removal, costs of removal, moving expenses, moving costs, relocation expenses
unabhängig *adj* 1. *(Gen)* arm's-length, self-contained, self-sufficient, unaffiliated *(Wettbewerb)*; 2. *(Pol)* independent; 3. *(WiWi)* self-sufficient, unaffiliated; 4. *(Steuer, V&M)* arm's-length *(Wettbewerb)* • **unabhängig von** *(Gen)* independent of, irrespective of
unabhängige Untersuchung *f (Recht)* independent inquiry
unabhängige Variablen *fpl (Stat)* independent variables
unanfechtbar *adj* 1. *(Gen)* unassailable, unimpeachable *(Vertrag)*; watertight *(Plan, Argument)*; 2. *(Pat)* incontestable; 3. *(Recht)* unappealable
Unanfechtbarkeit *f (Gen, Pat, Recht)* incontestability, non-appealability
unangebracht *adj (Gen)* inappropriate, unreasonable
unangemeldeter Besuch *m* **bei Kunden** *(V&M)* cold call, cold calling
unangemessen *adj (Gen)* inappropriate, unsuitable, unreasonable, inadequate *(Forderung, Preis)*
unaufgefordert *adj (Gen)* unsolicited
unaufgeforderte Bewerbung *f (Pers)* unsolicited application

unausgebildet *adj (Pers, Soz)* unskilled, untrained
unausgeglichener Haushalt *m (Fin, Pol)* unbalanced budget
unausgelastet *adj (Ind, Pers)* underemployed *(Kapazität)*
unbeabsichtigt *adj (Gen)* unintended, unintentional
unbebaute Grundstücke *npl (Grund, RW, V&M)* undeveloped land
unbebautes Grundstück *n (Grund, RW, V&M) (BE)* undeveloped land *(unerschlossenes Grundstück)*; *(AE)* vacant lot
Unbedenklichkeit *f (Gen, Umwelt)* soundness
unbedeutend *adj (Gen)* negligible, slight, nominal
unbefriedigend *adj (Gen)* unsatisfactory
unbefristete Beschäftigung *f (Pers)* permanent employment
unbefristeter Arbeitsvertrag *m (Pers)* permanent contract
unbefugt *adj (Gen)* unauthorized
unbefugter Eingriff *m (Recht)* unauthorized interference
unbeglaubigt *adj (Recht)* unauthenticated, uncertified
unbeglaubigte Unterschrift *f (Recht)* unauthenticated signature
unbeglichen *adj* 1. *(Fin, Gen)* due, outstanding, unpaid, unsettled *(Rechnung, Schuld)*; 2. *(RW)* unpaid
unbegrenzte Haftung *f (Gen, Recht)* unlimited liability
unbegründet *adj* 1. *(Gen)* unfounded, groundless, unsubstantiated *(Anschuldigung)*; 2. *(Recht)* without just cause
unbekannt *adj (Gen)* not known, unknown • **unbekannten Ursprungs** *(Gen)* of unknown origin
unbelastet *adj (Grund)* unencumbered
unbelastete Immobilie *f (Grund)* unencumbered estate
unbeliebt *adj (Gen)* unpopular
unbenutzt *adj (Gen)* unused
unberechenbar *adj (Gen)* incalculable, unpredictable
unberechtigt *adj (Gen, Recht)* unauthorized, unjustified
unberücksichtigt lassen *v (Mgt)* disregard, ignore
unbeschadet *(Recht)* without prejudice to
unbeschränkt *adj* 1. *(Börse)* clean; 2. *(Gen)* absolute, unlimited, unrestricted
unbeschränkte Haftung *f (Gen, Recht)* unlimited liability
unbesicherte Forderung *f (Fin, Recht)* unsecured debt *(nicht bevorrechtigte Konkursforderung)*
unbesichertes Darlehen *n (Bank)* unsecured advance
unbeständig *adj (Gen)* unstable, unsteady
unbestätigt *adj (Gen)* unacknowledged, unconfirmed, unverified
unbestimmt *adj (Gen)* indefinite, indeterminate
unbestreitbar *adj (Gen)* unassailable, incontestable, unquestionable *(Tatsache)*
unbestrittene Forderungen *fpl (Recht, RW)* uncontested claims
unbewegliche Vermögensgegenstände *mpl (Recht)* corporeal hereditaments
unbewegliches Inventar *n (Grund)* fixtures
unbewegliches Vermögen *n (Grund)* immovable property, real property
unbewohnt *adj (Grund)* uninhabited, unoccupied, vacant
unbezahlt *adj* 1. *(Fin, Gen)* unpaid, unsettled, owing; 2. *(RW)* unpaid
unbezahlte Beschäftigung [Tätigkeit] *f (Pers)* unpaid employment
unbillig *adj (Gen)* inequitable, unjust
undatiert *adj (Gen)* undated
undichte Stelle *f (Media, Pol)* leak
uneinbringlich *adj* 1. *(Fin, Gen)* unrecoverable; 2. *(RW, Steuer)* uncollectable
uneinbringliche Forderung *f* 1. *(Bank, Fin)* bad debt; 2. *(RW)* uncollectable account
uneingelöster Scheck *m (Bank)* dishono(u)red cheque
uneingeschränkt *adj* 1. *(Bank, Fin)* unrestricted, unconditional, unqualified, uncurtailed *(Rechte)*; 2. *(Gen)* unrestricted, unconditional, unqualified, uncurtailed *(Rechte)*
uneingeschränkter Bestätigungsvermerk *m (RW)* unqualified opinion, un-

qualified audit opinion, unqualified certificate
uneingeschränktes Eigentumsrecht *n (Grund)* absolute title
uneinheitlich tendierender Markt *m (Börse)* sideways market
unelastische Nachfrage *f (WiWi)* fixed demand, inelastic demand
unelastisches Angebot *n (WiWi)* fixed supply, inelastic supply
unendlich *adj (Umwelt)* infinite
unentbehrliche Güter *npl (Gen, WiWi)* essential goods, essentials
unentgeltlich *adj (Gen, V&M)* free of charge
unentgeltliche Beschäftigung [Tätigkeit] *f (Pers)* unpaid employment
unentgeltliche Übertragung *f (Steuer)* gratuitous transfer
unentschieden *adj* 1. *(Gen)* undecided; 2. *(Recht)* pending
unerfahren *adj (Gen)* inexperienced, unfledged
unergiebig *adj* 1. *(Bank) (ugs.)* lying idle; 2. *(Börse)* unproductive; 3. *(Gen)* unprofitable
unerlässlich *adj (Gen)* indispensable
unerlaubte Handlung *f (Recht)* unlawful [tortious] act, civil wrong *(zivilrechtlich)*
unerledigte Arbeit *f (Gen)* arrears of work
unerledigte Aufträge *mpl (Gen, Ind)* backlogged orders, unfilled orders, outstanding orders, work backlog
unerprobt *adj (Gen)* untested, untried
unerreichbar *adj* 1. *(Gen)* unattainable; 2. *(Komm)* unattainable
unerreicht *adj (Gen)* unequal(l)ed, unrival(l)ed
unerreichte Rekordleistung *f (Gen)* all--time record
unerschlossen *adj* 1. *(Gen)* untapped *(Ressourcen)*; 2. *(Grund)* undeveloped; 3. *(WiWi)* unexploited
unerschöpflich *adj* 1. *(Gen)* unfailing; 2. *(Umwelt)* inexhaustible *(Reserven)*
unersetzlich *adj* 1. *(Fin)* irrecoverable; 2. *(Gen)* irreplaceable, irreparable *(Verlust)*
unerwartet *adj (Gen)* unanticipated, unforeseen, without warning
unerwarteter Gewinn *m (Gen, WiWi)* unexpected profit, windfall profit
unerwarteter Verlust *m (WiWi)* unexpected loss, windfall loss
unerwartetes Nebenergebnis *n (Gen, Pol)* fallout
unerwünschte Werbung *f (V&M)* spam
unethischer Fonds *m (Bank, Fin)* vice fund *(Synonym: Vice-Fonds, Sündenfonds; cf Lasterfonds; Gegensatz: Ethik-Fonds, Nachhaltigkeitsfonds; opposite: ethical fund)*
unfähig *adj (Gen, Pers, Recht)* incapable, incompetent, unable
Unfähigkeit *f (Gen)* disablement, inability, incapability, incapacity, incompetence
Unfall *m* 1. *(Gen)* accident, casualty; 2. *(Pers, Versich)* accident
Unfallgefahr *n (Versich)* accident risk
Unfallrisiko *n (Versich)* accident risk
Unfall- und Krankenversicherung *f (Recht, Soz, Versich)* accident and health insurance
Unfallverhütung *f (Pers)* accident prevention
Unfallversicherung *f (Pers, Versich)* accident insurance, worker compensation insurance, casualty insurance
unfertige Erzeugnisse *npl (Gen, RW, WiWi)* partly finished goods; *(AE)* work in process, *(BE)* work in progress
unfreiwillige Arbeitslosigkeit *f (WiWi)* involuntary unemployment
unfreiwillige Liquidation *f (Fin)* compulsory [involuntary] liquidation
unfreundliche Übernahme *f (Fin, Mgt)* unfriendly takeover
ungedeckt *adj* 1. *(Bank)* unsecured *(Kredit)*; 2. *(Fin)* uncovered
ungedeckte Option *f (Börse)* naked option
ungedeckte Verkaufsoption *f (Börse)* naked [uncovered] put
ungedeckter Saldo *m (Fin)* uncovered balance
ungedeckter Scheck *m (Bank) (AE)* bad [bounced, uncovered, dud] check, *(BE)* bad [bounced, uncovered, dud] cheque, *(AE)* kite, *(AE)* check without sufficient funds, *(BE)* cheque without sufficient funds
ungedeckter Vorschuss *m (Bank)* uncovered advance

ungedecktes Optionsgeschäft *n (Börse)* uncovered option
ungeeignet *adj (Gen)* inappropriate, ineligible, unsuitable, unsuited
ungefähr *adv (Gen)* about, approximately, circa
ungeklärt *adj* 1. *(Gen)* unaccounted for; 2. *(Mgt)* unresolved *(Problem)*
ungekürzt *adj (Gen, Media)* unabridged *(Text)*
ungelernt *adj (Pers, Soz)* unskilled, untrained
ungelernte Arbeitskräfte *fpl (Pers, WiWi)* manual labo(u)r, unskilled labo(u)r, unskilled workers
ungelernte Hilfskräfte *fpl (Pers, WiWi)* unskilled labo(u)r, unskilled workers
ungelöst *adj (Mgt)* unresolved *(Frage, Problem)*
ungenannt *adj (Gen)* anonymous, undisclosed
Ungenauigkeit *f (Gen)* inaccuracy
ungenügend *adj* 1. *(Bank, Fin)* insufficient; 2. *(Gen)* unsatisfactory
ungenügende Deckung *f (Fin)* insufficient funds
ungenutzt *adj* 1. *(Gen)* unused, untapped *(Ressourcen)*; 2. *(Pers)* idle
ungenutzte Kapazität *f (Ind, WiWi)* idle [surplus] capacity
ungenutzte Zeit *f (Pers)* idle time
ungeprüft *adj (Gen)* untested, untried
ungerecht *adj* 1. *(Gen)* unfair, unjust; 2. *(Recht)* inequitable
ungerechtfertigt *adj* 1. *(Gen)* unwarranted, unreasonable *(Preis)*; 2. *(Pers)* unfair; 3. *(Recht)* unjustified
ungerechtfertigte Bereicherung *f (Recht)* unjustified enrichment
ungerechtfertigte Entlassung *f* 1. *(Pers)* unfair dismissal, wrongful dismissal; 2. *(Recht)* wrongful dismissal
ungeregelter Freiverkehr *m* 1. *(Börse)* off-board trading, off-floor trading, unregulated free market *(cf over-the--countermarket=Freiverkehr, regulated free market = geregelter Freiverkehr)*; 2. *(WiWi)* third market
ungesichert *adj (Börse)* unhedged, unsecured
ungesicherte Anleihe *f (Börse)* debenture bond, plain [unsecured] bond issue
ungesicherte Kaufoption *f (Börse)* uncovered call
ungesicherter Gläubiger *m (Bank, Fin)* unsecured creditor
ungesichertes Darlehen *n (Bank, Fin)* straight loan
ungestört *adj (Gen)* undisturbed
ungestörter Besitz *m (Grund, Recht)* quiet enjoyment, quiet possession
ungeteilt *adj (Gen)* undivided
ungeteilter Besitz *m (Grund)* undivided property
ungewiss *adj (Gen)* contingent, doubtful, uncertain
Ungewissheit *f (Gen, WiWi)* uncertainty • **in Ungewissheit sein** *(Gen)* be in abeyance, be in suspense
ungewogen *adj (Gen)* unweighted *(Index)*
ungezielt *adj (V&M)* untargeted
ungezielte Kundenwerbung *f (V&M)* cold canvassing
ungezwungen *adj (Gen)* informal
Ungleichgewicht *n* 1. *(Fin)* imbalance; 2. *(WiWi)* disequilibrium
ungleichgewichtiges Wachstum *n (WiWi)* unbalanced growth
Ungleichgewichtstheorie *f (WiWi)* disequilibrium economics
Ungleichheit *f (WiWi)* inequality
ungleichmäßig *adj* 1. *(Börse)* erratic; 2. *(Gen)* uneven
Ungleichung *f (Stat)* inequality
Unglück *n (Gen, Versich)* accident
ungültig *adj (Gen)* invalid, void • **für ungültig erklären** *(Recht)* annul, invalidate, rescind, declare null and void *(Vertragsklausel)* • **ungültig machen** *(Gen)* invalidate • **ungültig werden** *(Gen)* expire
Ungültigkeit *f* 1. *(Gen)* invalidity; 2. *(Recht)* invalidity, nullity
ungünstig *adj* 1. *(Gen)* adverse, unfavo(u)rable *(Preis, Bedingungen)*; 2. *(WiWi)* adverse
unheilbarer Mangel *m (Recht)* incurable defect, irremediable defect *(Vertragsrecht)*
universal *adj (Fin)* all-purpose, universal
Universalbank *f (Deu) (Bank)* universal bank
Universaldienst *m (Komm)* universal service

Universaldienstverpflichtungen *fpl (Pol, Recht)* universal service obligations
Universitätsausbildung *f (Bil)* university education
Universitätsdiplom *n (Pers, Soz)* degree
unklar *adj (Recht)* ambiguous, uncertain, unclear
unkontrollierbar *adj (Fin, Gen)* unmanageable, uncontrollable *(Inflation)*
unkontrolliert *adj (Fin, Gen, WiWi)* unchecked, uncontrolled *(Angaben, Zahlen)*
unkörperliches Vermögen *n (RW)* intangible property
unkündbar *adj* 1. *(Börse)* irredeemable; 2. *(Fin)* uncallable; 3. *(Recht)* nonterminable *(Vertrag)*
unlauterer Wettbewerb *m (Gen)* unfair trading practices
unlauteres Geschäft *n (Gen)* unfair trade
unleserlich *adj (Gen)* illegible
unlimitiert *adj (Börse, Gen)* unlimited
unlösbar *adj (Gen)* insoluble
unmittelbar *adj (Gen)* direct
unmittelbare Gefahr *f (Versich)* imminent danger [peril]
unmittelbare Haftung *f (Recht)* direct liability
unmittelbare Vorgesetzte *f s.* unmittelbarer Vorgesetzter
unmittelbarer Besitz *m* 1. *(Recht)* actual possession; 2. *(Soz)* actual [direct] possession
unmittelbarer Vorgesetzter *m (Pers)* immediate supervisor
unmittelbares Ziel *n (Gen)* immediate aim
unmodern *adj (Gen)* out of fashion
Unmöglichkeit *f (Recht)* impossibility
Unmöglichkeit *f* **der Leistung** *(Recht)* impossibility of performance
unnachgiebig *adj (Gen)* uncompromising
unnachgiebiges Verhandeln *n (Gen)* hard bargaining
unorthodoxe Bilanzierungsmethoden *fpl (RW) (ugs.)* creative accounting practices
unorthodoxe Finanzierung(smethode) *f (ugs.) (Fin) (ugs.)* creative financing
unparteiisch *adj* 1. *(Gen)* impartial, unbiased, unprejudiced; 2. *(Pol)* independent
unparteiischer Gutachter *m (WiWi)* nonpartisan expert
unpfändbar *adj (Fin)* nonleviable
Unpfändbarkeit *f (Recht)* judgment proof *(nicht der Zwangsvollstreckung unterworfen)*
unqualifiziert *adj (Pers)* unqualified
Unrecht *n (Recht)* wrong • **zu Unrecht** *(Gen)* wrongly
unrecht haben *v (Gen)* be in the wrong
unrechtmäßig *adj (Recht)* illegal, unlawful, wrongful
unreell *adj (Gen)* dubious
Unregelmäßigkeit *f (Gen)* anomaly, irregularity
unreif *adj (Börse, Fin, Pers)* immature, *(ugs.)* unfledged
unrentabel *adj* 1. *(Bank)* idle; 2. *(Fin)* unprofitable; 3. *(Gen)* unremunerative, unprofitable, uneconomic, uneconomical; 4. *(WiWi)* uneconomic, unprofitable
unrichtig *adj (Gen)* false, incorrect, wrong
unschätzbar *adj (Gen)* invaluable
unselbstständige Beschäftigung *f (Pers)* dependent employment
unseriös *adj (Gen)* dubious, untrustworthy
unsicher *adj* 1. *(Ind)* unsafe; 2. *(WiWi)* insecure, instable, uncertain
Unsicherheit *f* 1. *(Gen)* uncertainty; 2. *(Ind)* danger; 3. *(WiWi)* insecurity, instability, uncertainty
Unsicherheit *f* **des Arbeitsplatzes** *(Pers)* employment insecurity, job insecurity
unsichtbare Arbeitlosigkeit *f (WiWi)* hidden unemployment
unsichtbare Exporte *mpl (Imp/Exp, WiWi)* invisible exports
unsichtbare Hand *f (WiWi)* invisible hand *(des Marktes; Adam Smith, 1776)*
unsichtbare Leistungen *fpl (Imp/Exp, WiWi)* invisible transactions *(ZB/Dienstleistungsbilanz: Dienstleistungen, Erwerbs- und Vermögenseinkommen sowie laufende Übertragungen)*
unsichtbare Leistungstransaktionen *fpl (Imp/Exp, WiWi)* invisible transac-

tions *(ZB/Dienstleistungsbilanz: Dienstleistungen, Erwerbs- und Vermögenseinkommen sowie laufende Übertragungen)*

unsichtbare Posten *mpl (Imp/Exp, WiWi)* invisible items, invisibles *(ZB; die Positionen der unsichtbaren Leistungstransaktionen in der Dienstleistungsbilanz)*

unsichtbarer Handel *m (Imp/Exp, WiWi)* invisible trade *(ZB; Faktor- und Dienstleistungen im internationalen Leistungsverkehr wie z. B. Schiffsfrachten)*

unsortiert *adj (Gen)* ungraded, unsorted

unsoziales Verhalten *n (Gen, Soz)* antisocial behaviour

unstet *adj (Gen, WiWi)* unsteady, unbalanced

unstetig *adj (Gen, WiWi)* volatile

Unstimmigkeit *f (Gen)* discrepancy, friction *(Konflikt)*

unstrukturiert *adj (Gen)* unstructured

untauglich *adj (Pers)* incompetent, unfit, unsuitable

Unteilbarkeit *f (WiWi)* indivisibility

unten *(Gen)* below • **unten erwähnt** *(Gen)* mentioned below • **nach unten korrigieren [revidieren]** *(Gen)* revise downward

Unterabteilung *f (Mgt)* subdivision

Unterauftrag *m (Gen, Ind, Pers, Recht)* subcontract, order unit • **Unteraufträge vergeben** *(Gen, Ind, Pers, Recht)* subcontract

Unterauftragnehmer *m (Gen, Ind, Pers, Recht)* subcontractor

Unterauftragnehmerin *f s.* Unterauftragnehmer

Unterbeschäftigung *f (Pers, WiWi)* underemployment

unterbesetzt *adj* 1. *(Pers)* undermanned, understaffed; 2. *(Transp)* undermanned

Unterbesetzung *f (Pers)* undermanning, understaffing

unterbewerten *v* 1. *(Bank)* underprice *(Aktie)*; 2. *(Fin)* undervalue; 3. *(Gen)* underestimate, undervalue; 4. *(RW, WiWi)* understate, undervalue

Unterbewertung *f* 1. *(Börse)* underpricing; 2. *(Fin)* undervaluation; 3. *(Gen)* underestimation, undervaluation; 4. *(RW, WiWi)* undervaluation *(Währung)*

unterbieten *v* 1. *(Gen)* underbid, undercut, underquote; 2. *(WiWi)* underprice *(Konkurrenz)*; undercut *(Preise)*

Unterbieten *n (Gen)* undercutting *(Preis)*

unterbrechen *v* 1. *(Comp)* interrupt; 2. *(Gen)* disrupt, suspend, break off *(Verhandlungen, Gespräche)*; 3. *(Mgt)* adjourn *(Sitzung)*

Unterbrechung *f* 1. *(Comp)* interruption *(Programme)*; 2. *(Gen)* suspension; 3. *(Mgt)* adjournment *(einer Sitzung)*; 4. *(Transp)* breakdown

unterbreiten *v (Gen, Mgt)* submit • **eine Bewerbung unterbreiten** *(Pers)* put in an application • **unterbreiten Sie bitte Ihre Angebote** *(Gen)* please submit your quotations

Unterbreitung *f (Gen, WiWi)* submission *(Angebote)*

unterbringen *v* 1. *(Börse, Fin)* place; 2. *(Gen, Soz)* accommodate *(in einer Wohnung)*

Unterbringung *f* 1. *(Börse, Fin)* placement, placing; 2. *(Gen, Soz)* accommodation

unterdrücken *v* 1. *(Comp)* suppress; 2. *(Gen)* bottle up; 3. *(Pol)* oppress, stamp; 4. *(WiWi)* stamp out, suppress *(Inflation)*

Unterdrückung *f* 1. *(Comp)* suppression; 2. *(Pol)* oppression, suppression; 3. *(WiWi)* suppression

unterdurchschnittlich *adj* 1. *(Gen)* below the mark, below-average, substandard *(Arbeit, Ware)*; 2. *(WiWi)* lower than average *(Wachstum)* • **sich unterdurchschnittlich entwickeln** *(WiWi)* underperform

untere Führungsebene *f (Admin)* lower management

untere Preisklasse *f (Gen)* down-market segment

unterentwickeltes Land *n (Gen, Pol, WiWi)* underdeveloped country

unterer Bereich *m (Börse)* low end of the range

unterer Marktbereich *m (V&M)* low end of the market

unteres Marktsegment *n (V&M)* down-market segment, down market

Untergebene *pl (Pers)* down-the-line personnel [staff], subordinates

Untergebene *m(f) (Pers)* subordinate

untergehen *v (Gen)* fail, go under *(Unternehmen)*
untergeordnet *adj* 1. *(Gen)* inferior, subordinate; 2. *(Mgt)* junior; 3. *(Pers)* menial, subsidiary
untergeordnete Tätigkeit *f (Pers)* menial job
untergliedern *v (Gen, Mgt)* subdivide
untergliedert *adj (Gen)* broken down, subdivided
Untergliederung *f* 1. *(Gen)* breakdown; 2. *(Mgt)* subdivision
untergraben *v (Gen)* erode, undermine *(Einfluss, Macht)*
Untergrundwirtschaft *f (WiWi)* black [cash, hidden, underground] economy
Untergruppe *f (Gen)* subgroup
Unterhalt *m (Recht) (BE)* maintenance, *(AE)* support
unterhalten *v* 1. *(Recht)* maintain, support; 2. *(Admin)* maintain *(Geschäftsstelle)* • **ein Konto unterhalten bei** *(Bank)* bank with
Unterhaltsbeihilfe *f (Soz)* income support, cost-of-living allowance
unterhaltsberechtigt *adj (Pers, Soz)* dependant, entitled to maintenance
Unterhaltsgeld *n (Pers, Soz)* maintenance allowance, subsistence allowance, maintenance, maintenance payment
unterkapitalisiert *adj* 1. *(Börse, Fin)* low--geared, underfunded; 2. *(Gen)* undercapitalized
Unterkapitalisierung *f (Fin)* thin capitalization
Unterkonto *n (RW)* auxiliary account, detail account, subaccount, subsidiary account
Unterlage *f (Recht)* document, voucher
Unterlagen *fpl (Gen)* records, supporting documents
Unterlagen *fpl* **über den beruflichen Werdegang** *(Admin)* career record
Unterlagenschutz *m (Pat, Recht)* data exclusivity
unterlassen *v (Recht)* omit to do
Unterlassen *n (Recht)* neglect, omission
Unterlassungserklärung *f (Recht)* cease and desist declaration
Unterlieferant *m (Pers)* subcontractor
unterliegen *v (Recht)* be subject to
Untermieter *m (Grund)* subtenant, underlessee
Untermieterin *f s.* Untermieter
unternehmen *v (WiWi)* undertake
Unternehmen *n* 1. *(Gen)* business, concern, firm, organization; undertaking, operation *(Aktion)*; enterprise, establishment *(Projekt)*; 2. *(Admin)* enterprise *(Geschäft, Firma)* • **ein Unternehmen gründen** *(Gen)* establish a company
Unternehmen *n* **in Privatbesitz** *(WiWi)* privately-owned company
Unternehmensbefragung *f (Stat, V&M)* employer survey, establishment survey
Unternehmensberater *m (Comp, Mgt)* management consultant
Unternehmensberaterin *f s.* Unternehmensberater
Unternehmensberatungsfirma *f (Mgt)* management consultancy
Unternehmensbesteuerung *f (Steuer)* corporate taxation
Unternehmensbeteiligungen *fpl (Fin)* corporate participating interests *(ZB)*; private equity *(Beteiligungen an nicht börsengehandelten Unternehmen; Synonym: privates Beteiligungskapital)*
Unternehmenserhebung *f s.* Unternehmensbefragung
Unternehmensertrag *m (RW)* corporate earnings
Unternehmensfinanzierung *f (Fin)* corporate financing, business finance
Unternehmensform *f (Admin)* business form
Unternehmensforschung *f (Mgt, V&M)* operational research, operations research
Unternehmensführung *f* 1. *(Mgt)* (business) management; 2. *(Admin)* business management [administration]
Unternehmensgewinn *m (RW)* corporate profit
Unternehmensgründer *m* 1. *(Gen)* person setting up his [her] own business; founder of a firm, founder of a company, founder of an enterprise *(Betriebsgründer)*; 2. *(Fin, WiWi) (BE)* company promoter *(Gründer einer Gesellschaft)*
Unternehmensgründerin *f s.* Unternehmensgründer

Unternehmensgründung *f (Gen)* company formation
Unternehmensimage *n (Gen, V&M)* corporate image
Unternehmensinhaber *m (Recht)* company owner
unternehmensinterne Schulung *f (Bil, Pers)* in-house training, in-company training
Unternehmenskalender *m (Mgt)* corporate action time table
Unternehmenskäufe und -verkäufe *mpl (Bank, Fin, Recht)* mergers and acquisitions
Unternehmenskonzentration *f (Ind)* industrial concentration
Unternehmensleiter *m (Mgt, Pers)* managing director, chief executive officer, CEO
Unternehmensleiterin *f s.* Unternehmensleiter
Unternehmensleitung *f* 1. *(Mgt)* management, corporate management, operations management; 2. *(Gen)* administration
Unternehmensliquidität *f (Fin)* company liquidity
Unternehmensnachfolge *f (Recht)* business succession
Unternehmensname *m (Recht)* company name *(Firma: Name unter dem ein Kaufmann im Handel seine Geschäfte betreibt; §§ 17-37a HGB)*
Unternehmensneugründung *f (Gen)* start-up, start-up company
Unternehmensneuorganisation *f (Gen)* company reorganization
Unternehmensphilosophie *f (Gen)* company philosophy [policy], corporate identity [philosophy]
Unternehmensplanung *f* 1. *(Gen)* corporate planning; 2. *(Mgt)* business planning
Unternehmensrecht *n (Recht)* company law, corporate law
Unternehmensrentabilität *f (Fin)* overall rate of return
Unternehmensrisiko *n (Gen, WiWi)* business risk, entrepreneurial risk, corporate risk *(Synonym: unternehmerisches Risiko)*; commercial risk *(kommerzielles Risiko)*
Unternehmenssitz *m (Gen)* headquarters, head office, base; location *(Standort)*
Unternehmensstrategie *f (Gen, Mgt, WiWi)* business [company, corporate] strategy
Unternehmensstruktur *f (Recht)* company structure
Unternehmensvorstand *m (Gen, Mgt)* board, board of management, managing board *(Aufsichtsratssystem = two-tier management system)*; executive committee, board, board of directors *(Board-System = single-tier system)*
Unternehmenswert *m (Börse, Mgt, RW)* corporate value, shareholder value *(Sicht des Investors)*
Unternehmenswert *m* **aus Aktionärssicht** *(Gen, Mgt, WiWi)* shareholder value *(Summe der künftigen abgezinsten Nettoeinzahlungen)*
Unternehmenswert *m* **aus Sicht der Interessengruppen** *(Gen, Mgt, WiWi)* stakeholder value
Unternehmensziel *n (Gen, V&M)* company objective, corporate goal [objective], business objective
Unternehmenszusammenbruch *m (Gen, Mgt, Recht)* business failure, business collapse
Unternehmenszusammenschluss *m (Börse, Fin)* merger
Unternehmenszweck *m (Gen)* corporate mission, company purpose
Unternehmer *m* 1. *(Gen)* operator, businessman; 2. *(Mgt)* entrepreneur; 3. *(Pers, Recht)* contractor; 4. *(Gen, WiWi)* entrepreneur
Unternehmergeist *m (Mgt)* entrepreneurial spirit
Unternehmerin *f s.* Unternehmer
unternehmerisch *adj (WiWi)* entrepreneurial
unternehmerisches Risiko *n (Gen)* entrepreneurial risk
Unternehmerrisiko *n (Fin, Gen)* business risk, entrepreneurial risk; businessman's risk
Unternehmerverband *m (Gen, WiWi)* trade association
Unternehmung *f* 1. *(Gen)* operation; enterprise *(Projekt)*; 2. *(Admin)* establishment; 3. *(WiWi)* enterprise, venture,

firm, undertaking, business, company *(Geschäft, Firma)*
unterordnen *v (Gen, Pol, WiWi)* subordinate
Unterordnungsvereinbarung *f (Admin)* subordination agreement
Unterparagraf *m (Admin)* subparagraph
Unterricht *m* 1. *(Gen)* class, lesson; 2. *(Pers)* instruction, tuition
unterrichten *v (Gen)* brief, notify, inform • **unterrichtet sein über** *(Gen)* be informed about
Unterrichtsfächer *npl (Pers)* subjects, subjects taught, subjects studied, disciplines, disciplines taught, disciplines studied
unterschätzen *v (Gen)* underestimate, underrate, undervalue
unterscheiden *v (Gen)* differentiate
unterscheiden *v* **von/sich** *(Gen)* differ from
unterscheiden *v* **zwischen** *(Gen)* differentiate between, make a distinction between
Unterscheidung *f* 1. *(Gen)* differentiation, distinction; 2. *(Pat)* distinctiveness
unterschiedlich *adj (Gen)* different, differing, varying
unterschlagen *v* 1. *(Fin)* misappropriate; 2. *(Gen)* embezzle *(Gelder)*; 3. *(Recht)* embezzle
Unterschlagung *f* 1. *(Fin)* misappropriation; 2. *(Gen, Recht)* embezzlement
unterschreiben *v (Gen)* sign, undersign *(Vertrag)*
Unterschrift *f (Gen)* signature
unterschriftsberechtigt sein *v (Bank, Recht)* have signing authority, be authorized to sign
Unterschriftsberechtigung *f (Gen, Mgt, Recht)* authority to sign
unterschriftsreif *adj (Gen, Mgt)* ready for signature
unterste Ebene *f (Pers)* bottom *(der Organisation)*
unterstehen *v (Pol, WiWi)* operate under the jurisdiction of • **jmdm. unterstehen** *(Gen)* report to sb
unterstellen *v* 1. *(Gen)* assume, presume, subordinate; 2. *(WiWi)* put under the control of
unterstelltes Einkommen *n (RW)* imputed income
Unterstellung *f (Gen)* presumption
unterstreichen *v (Comp, Media)* underline, underscore *(Text)*
unterstützen *v* 1. *(Comp)* support; 2. *(Gen)* back up, promote, aid, support, encourage, subsidize, sponsor *(fördern)*; back *(Projekt)*; 3. *(Soz)* benefit; 4. *(WiWi)* back up, aid
Unterstützung *f* 1. *(Comp)* support; 2. *(Gen)* aid, boost, backing, backup, encouragement, promotion, subsidization, sponsorship; 3. *(Soz)* benefit; 4. *(WiWi)* backing, support *(finanziell)*
Unterstützungsniveau *n (Fin, WiWi)* price support level
Unterstützungszahlung *f (Soz)* benefit payment, allowance
untersuchen *v* 1. *(Gen)* examine, inspect, investigate, study, survey; 2. *(Mgt, Recht, V&M)* enquire, investigate • **eingehend untersuchen** *(Gen)* examine carefully
Untersuchung *f* 1. *(Gen)* study, survey, examination; 2. *(Mgt, Pers)* study; 3. *(Recht, V&M)* analysis, enquiry, investigation *(Ermittlung, Nachforschung)*
Untersuchungsauftrag *m (Gen)* fact-finding mission
Untersuchungshaft *f (Recht)* custody • **sich in Untersuchungshaft befinden** *(Recht)* be on remand
Untersuchungslabor *n (Ind)* research laboratory
Untertagearbeit *f (Ind)* underground working, underground mining
unterteilen *v (Gen, Mgt)* subdivide
Unterteilung *f (Bank, Mgt)* subdivision
Untertitel *f* 1. *(Media)* subtitle; 2. *(V&M)* subhead, subtitle *(Film)*
Untervergabe *f (Gen, WiWi)* subcontracting *(Auftrag)*
untervergeben *v (Gen)* subcontract *(Auftrag)*
Untervermietung *f (Gen)* sublease
Unterwerfung *f (Pol, WiWi)* submission
unterworfen sein *v (Gen)* be subjected to
unterzeichnen *v (Gen)* sign, undersign
Unterzeichner *m (Pol, Recht)* signatory • **Unterzeichner von etw. sein** *(Pol, Recht)* be a signatory to sth
Unterzeichnerin *f s.* Unterzeichner
Unterzeichnung *f (Gen)* signature
untilgbar *adj (Börse)* irredeemable

unübertroffen *adj (Gen)* unrival(l)ed
unumgänglich *adj (Gen)* unavoidable
unverändert *adj (Gen)* unaltered, unchanged
unverarbeitet *adj (Comp, Gen)* unprocessed
unverbindlich *adj (Gen)* not binding, subject to confirmation, without engagement, without obligation *(Angebot)*
unverbindliche Preisempfehlung *f (V&M)* recommended retail price
unverhältnismäßig hoch *adj (Gen)* excessive
unverkäuflich *adj* 1. *(Gen) (AE)* unsalable; 2. *(V&M)* not for sale
unverkäufliche Ware *f (V&M)* dead stock
unverkaufte Ware *f (V&M)* dead stock, unsold goods
unvermeidbares Risiko *n (Börse)* inherent risk
unvermeidlich *adj (Gen)* inevitable, unavoidable
unveröffentlicht *adj (Gen, Media)* unpublished
unversehrt *adj (Gen)* undamaged, sound, intact
unversichert *adj (Versich)* unassured, uninsured
unverteilter Gewinn *m (RW)* undistributed income [profit], undivided profit
Unverträglichkeit *f (Comp, Gen)* incompatibility
unverzinslich *adj (Bank)* non-interest--bearing, noninterest-earning
unverzinsliche Einlage *f (Bank)* non-interest-bearing deposit, noninterest--earning deposit
unverzüglich *adj (Gen)* immediate, prompt
unverzüglich *adv (Gen)* immediately, at once, promptly, without delay
unvollkommener Markt *m (WiWi)* imperfect market
unvollkommener Wettbewerb *m (WiWi)* imperfect competition
unvollständig *adj* 1. *(Gen)* incomplete; 2. *(Recht)* inchoate *(Dokument, Vertrag)*; 3. *(Transp)* short-landed *(Lieferung)*
unvollständig *adv (Gen)* incompletely
unvollständiges Warenset *n (V&M) (AE)* broken lot
unvoreingenommen *adj (Gen)* unbiased, unprejudiced, without prejudice
unvorhersehbar *adj (Gen)* unforeseeable, unpredictable *(Schwierigkeiten)*
unvorteilhaft *adj (Gen)* unfavo(u)rable
unwesentlich *adj (Gen)* immaterial, insignificant
unwiderlegbar *adj (Recht)* irrebuttable, irrefutable
unwiderruflich *adj* 1. *(Bank)* irrevocable; 2. *(Gen)* irreversible *(Entscheidung)*; 3. *(Recht)* irrevocable
unwiderruflicher Kredit *m (Bank)* irrevocable credit
unwirklich *adj (Gen)* artificial
unwirtschaftlich *adj* 1. *(Gen)* inefficient, uneconomic, uneconomical; 2. *(WiWi)* inefficient, uneconomic
Unwirtschaftlichkeit *f (Gen, WiWi)* inefficiency
Unwissenheit *f (Recht)* ignorance
Unzufriedenheit *f (Pers)* discontent
unzulänglich *adj (Gen)* inadequate, insufficient, substandard
unzulässig *adj* 1. *(Gen)* unsuitable; 2. *(Recht)* illegal, inadmissable • **unzulässig verwenden** *(Recht)* misapply *(Geldmittel)*
unzureichend *adj (Gen)* insufficient, unsatisfactory
unzuständig erklären *v/***sich für** *(Recht)* decline jurisdiction *(Gericht)*
unzustellbar *adj (Komm)* undeliverable
unzweckmäßig *adj (Gen)* inexpedient, unsuitable
üppige Abfindung *f (ugs.) (Gen) (ugs.)* golden handshake, *(ugs.)* golden parachute *(auch beim Abgang nicht nur "erfolgreicher" Manager; häufig verbunden mit Freistellung von der Arbeit)*
Urabstimmung *f (Pers)* strike ballot, strike vote
Urbarmachung *f (WiWi)* cultivation
Urbeleg *m (RW)* original document
Urbelege *mpl (RW)* accounting papers
Urheber *m (Media, Recht)* creator; author *(Urheberrecht)*
Urheberrecht *n (Comp, Recht)* copyright
urheberrechtlich geschützt *adj* 1. *(Gen)* proprietary; 2. *(Recht)* copyright reserved, protected by copyright
Urkunde *f* 1. *(Fin)* certificate, instrument; 2. *(Admin, Pat, Recht)* certificate, in-

strument, legal document, deed *(beurkundeter Vertrag)*

Urkundenbetrug *m (Recht)* documentary fraud

Urkundenfälschung *f (Recht)* adulteration of documents, falsification of documents • **Urkundenfälschung begehen** *(Recht)* alter a document, falsify a document • **jmdn. wegen Urkundenfälschung belangen** *(Recht)* prosecute sb for forgery

Urlaub *m (Frei, Pers) (BE)* holiday, *(AE)* vacation, leave, *(BE)* holiday leave • **auf Urlaub** *(Frei) (BE)* on holiday, *(AE)* on vacation • **in Urlaub** *(Pers)* on leave • **in Urlaub gehen** *(Frei, Gen, Pers) (BE)* go on holiday, *(BE)* take a holiday, *(AE)* take a vacation, take leave

Urlaubsanspruch *m (Pers)* holiday entitlement

Urlaubsgeld *n (Pers) (BE)* holiday allowance [bonus, pay], *(AE)* vacation allowance [bonus, pay] *(Arbeit)*

Ursache *f (Gen, Pol)* cause

Ursprungsbescheinigung *f (Imp/Exp)* certificate of origin

Ursprungsbezeichnung *f* 1. *(Imp/Exp)* designation of origin; 2. *(Pat)* indication of source

Ursprungserklärung *f (Imp/Exp)* declaration of origin

Ursprungsland *n (Gen, Imp/Exp)* country of origin

Ursprungslaufzeit *f (Börse, Fin)* original maturity

Ursprungszertifikat *n (Imp/Exp)* certificate of origin

Ursprungszeugnis *n* 1. *(Fin, Imp/Exp)* certificate of origin; 2. *(Ind)* certificate of manufacture

Urteil *n (Grund, Recht)* judgment • **ein Urteil anfechten** *(Recht)* appeal against a judgment • **Urteil erlassen** *(Recht)* pass judgment

urteilen *v (Gen)* adjudicate

Urteilsverkündung *f (Recht)* proclamation of a judgment

Urteilsvermögen *n (Gen, Pers)* judgement; discernment *(Scharfblick)*

Usance *f (Bank, Gen)* usance

US-Börsenaufsicht *f (Börse, Recht)* Securities and Exchange Commission *(SEC)*

USt *s.* Umsatzsteuer

USt-Erklärung *f (Steuer) (BE)* VAT return

USt-Identifikations-Nummer *f (Steuer) (BE)* VAT registration number, turnover tax ID number

USt-IdNr *f (Abk. für Umsatzsteuer-Identifikations-Nummer) (Steuer) (ugs.)* VAT number, *(BE)* VAT registration number, turnover tax ID number

USt-Voranmeldung *f (Steuer) (BE)* preliminary VAT return

UWG *s.* Gesetz gegen Wettbewerbsbeschränkungen

V

Vakuumverpackung *f (Ind)* vacuum packaging

validieren *v (Comp)* validate

Valoren *fpl* 1. *(Börse)* securities; 2. *(Gen)* valuables

Valorisation *f (Fin, WiWi)* valorization

Valuta *f* 1. *(Bank)* currency *(Währung)*; value *(Wertstellung)*; value date *(Datum)*; 2. *(WiWi)* medium of exchange

Valutierungsgewinn *m (Bank)* float

Valutierungstag *m (Bank)* value date

Vanity-Nummer *f (Komm)* vanity number *(Buchstabenwahl)*

variabel *adj (Gen)* adjustable, subject to change, variable

variabel verzinslich *adj (Fin)* adjustable, floating-rate, variable-rate

variabel verzinsliche Anleihe *f (Börse)* floating-rate note, FRN

variabel verzinsliche Hypothek *f (Bank, Grund)* variable-rate mortgage, adjustable rate mortgage

Variable *f (Comp, Gen, Stat)* variable

variable Arbeitskosten *pl (Pers, WiWi)* variable labo(u)r costs

variable Ausgaben *fpl (Fin, RW, Transp, WiWi)* variable expenses, variable costs

variable Durchschnittskosten *pl (WiWi)* average variable costs

variable Gebühr *f (Gen)* variable charge

variable Kosten *pl (Fin, RW, WiWi)* variable cost [expenses, charges]

variabler Kurs *m (Fin)* variable rate

variabler Zins *m (Bank, Fin, WiWi)* variable rate

Variante *f (Gen)* version
Varianz *f* **der Stichprobe** *(Stat)* sampling variance
Variation *f (Gen)* variation
variieren *v (Gen)* vary
Vaterdatei *f (Comp)* father file *(Datensicherung)*
VC-Beteiligung *f (Fin)* venture capital interest *(Bereitstellung von Wagniskapital = venture capital)*
VC-Finanzierung *f (Fin)* venture capital finance, venture capital financing *(Synonym: Wagniskapital-Finanzierung, Risikokapital-Finanzierung; venture financing)*
Venture-Capital-Gesellschaft *f (VCG) (Fin, Gen)* venture capital company, VCC, venture company *(Synonym: Wagniskapitalgesellschaft, Kapitalbeteiligungsgesellschaft)*
Venture-Finanzierung *f (Fin)* venture financing *(Wagnisfinanzierung mit Risiko- oder Wagniskapital, meist ohne beleihungsfähige Sicherheiten)*
verabredet *adj (Gen)* agreed
Verabredung *f (Gen)* appointment • **eine Verabredung einhalten** *(Gen)* keep an appointment
verabschieden *v* 1. *(Gen)* adopt *(Resolution)*; 2. *(Pers)* dismiss *(entlassen)*; 3. *(Recht)* adopt *(Resolution)*; pass *(Gesetz)*; 4. *(WiWi)* adopt *(Budget)*
Verabschiedung *f* 1. *(Gen)* adoption *(einer Resolution)*; 2. *(Pers)* dismissal *(Enlassung)*; 3. *(Recht)* adoption *(einer Resolution)*; passing *(eines Gesetzes)*; 4. *(WiWi)* adoption *(eines Budgets)*
veralten *v (Gen)* become obsolete
Veralterung *f (Gen)* obsolescence
veraltet *adj (Gen)* obsolete, outdated, outmoded
veraltetes Produkt *n (V&M)* obsolescent product
verändern *v (Gen)* alter, change, modify
verändern *v***/sich** *(Gen)* change one's job
Veränderung *f (Gen)* alteration, change, variance, variation
Veränderung *f* **des Preisniveaus** *(Gen)* price level change
verankern *v (Recht)* enshrine, embody, lay down *(in Gesetz)*
veranlagen *v (Steuer)* assess
veranlagte Einkommensteuer *f (Steuer)* assessed income tax
Veranlagung *f (Steuer)* assessment
Veranlagungsjahr *n (RW, Steuer)* year of assessment
Veranlagungszeitraum *m (VZ, Vz.) (RW, Steuer)* assessment year, assessment period, income year, tax year, fiscal year
veranlassen *v (Gen)* bring about, cause, prompt
Veranlassung *f (Gen)* cause, occasion
veranschlagen *v (RW)* estimate
veranschlagt *adj (RW)* budgeted, estimated
Veranschlagung *f (RW)* estimation
veranstalten *v* 1. *(Gen)* organize; 2. *(Mgt)* stage, hold *(Konferenz, Tagung)*
Veranstaltung *f (Frei)* event
Veranstaltungsort *m (Admin, Mgt)* conference venue
verantwortlich *adj (Gen)* accountable, answerable, responsible • **jmdn. für etw. verantwortlich machen** *(Gen)* hold sb responsible for sth
verantwortlich *adj* **für** *(Gen)* answerable for, responsible for
verantwortlich *adj* **gegenüber** *(Gen)* answerable to
Verantwortlichkeit *f (Gen)* responsibility, accountability
Verantwortung *f (Gen)* responsibility • **die Verantwortung für etw. übernehmen** *(Gen)* assume [take] responsibility for sth
Verantwortungsbereich *m (Gen)* area of responsibility
Verantwortungsrechnung *f (Fin, RW)* responsibility accounting
verantwortungsvoll *adj (Gen)* responsible
Verantwortungszentrum *n (Fin, Mgt) (AE)* responsibility center, *(BE)* responsibility centre
verarbeiten *v (Comp, Ind)* process *(Produktion, Daten)*
verarbeitende Industrie *f (Ind)* manufacturing industry, processing industry
Verarbeitung *f* 1. *(Comp)* processing; 2. *(Ind)* manufacturing, processing
Verarbeitungsbetrieb *m (Ind)* processing plant

Verarbeitungskosten *pl (RW)* conversion [processing] cost
Verarbeitungsstufe *f (Ind)* processing stage
verausgaben *v* 1. *(Fin)* disburse, expend; 2. *(Gen)* spend
verausgabt *adj (Fin)* disbursed • **nicht verausgabtes Guthaben** *(RW)* unspent cash balance
Verausgabung *f (Fin)* disbursement
Veräußerer *m* 1. *(Gen)* seller; 2. *(Grund)* vendor; 3. *(Recht)* assignee, transferor, grantor
veräußern *v* 1. *(Fin)* divest; 2. *(Gen)* sell, dispose of; 3. *(Grund)* alienate; 4. *(Recht)* alienate, transfer, divest
Veräußerung *f* 1. *(Gen)* disposal, realization, sale; 2. *(Grund)* alienation; 3. *(Recht)* alienation, transfer, divestiture
Veräußerung *f* **einer Beteiligung** *(Bank, Fin)* disposal of a holding
Veräußerungserlös *m (WiWi)* proceeds on disposal
Veräußerungsgewinn *m* 1. *(RW)* gain on disposal [sale]; 2. *(Steuer)* capital gain, gain on disposal
Veräußerungspreis *m* 1. *(Fin, RW)* exit price *(nach VC-Finanzierung)*; 2. *(Recht)* transfer price
Veräußerungswert *m* 1. *(Fin)* residual value; 2. *(RW)* liquidating value, scrap [salvage] value *(Schrottwert)*
Verband *m (Gen)* association, league
Verbändesystem *n (Pol)* corporatistic system
Verbandsbürokratie *f (Pol)* bureaucracy of corporations
Verbandsmarke *f (Pat)* collective mark, certification mark
verbergen *v (Gen)* conceal, hide
verbessern *v* 1. *(Comp)* upgrade, enhance; 2. *(Gen)* correct, enhance, improve, revise
Verbesserung *f* 1. *(Bank)* advance; 2. *(Comp)* enhancement; 3. *(Gen)* enhancement, improvement; 4. *(Grund)* betterment *(Melioration)*; 5. *(Pat)* correction; 6. *(RW)* advance
verbesserungsfähig *adj (Gen)* upgradable
verbieten *v* 1. *(Gen)* disallow; 2. *(Recht)* ban, forbid, outlaw, prohibit
verbilligen *v (Gen)* cheapen, reduce *(Preis)*
verbinden *v* 1. *(Comp, Gen)* link, connect; 2. *(Ind)* bind *(Maschinen)*
verbinden *v* **mit/sich** *(Gen)* associate with, unite with
verbindlich *adj* 1. *(Gen)* authentic, firm, obligatory; 2. *(RW)* authentic; 3. *(Recht)* authoritative, binding *(Entscheidung)*
verbindliche Vereinbarung *f (Recht)* binding agreement
verbindliches Angebot *n (Gen)* binding [firm] offer, binding tender
Verbindlichkeit *f* 1. *(RW)* liability; 2. *(Recht)* commitment, liability, obligation • **ohne Verbindlichkeit** *(Gen)* without prejudice
Verbindlichkeiten *fpl (RW)* accounts payable, liabilities, creditors, *(AE)* payables • **andere Verbindlichkeiten** *(RW)* other creditors [liabilities] • **Verbindlichkeiten übernehmen** *(RW)* take over liabilities
Verbindlichkeiten *fpl* **aus Lieferungen und Leistungen** *(RW) (AE)* (trade) accounts payable, *(AE)* trade payables, *(BE)* trade creditors
Verbindlichkeiten *fpl* **des Unternehmens** *(Fin)* company's debts
Verbindung *f* 1. *(Comp, Gen)* connection, link; 2. *(Komm)* circuit, liaison; 3. *(Pers)* joinder
Verbindungen *fpl* 1. *(Gen)* relations; 2. *(Komm)* communications
verborgen *adj (Gen)* concealed
verborgene Verbindlichkeiten *fpl (RW)* hidden liabilities *(nicht in der Bilanz ausgewiesen, z. B. unzureichende Pensionsrückstellungen; vgl. stille Reserven = undisclosed reserves oder stille Lasten = undisclosed charges)*
verborgene Vermögenswerte *mpl (RW)* hidden assets *(nicht in der Bilanz ausgewiesen, vgl. stille Reserven = undisclosed reserves oder stille Lasten = undisclosed charges)*
verborgener Mangel *m (Recht)* hidden defect
verborgener Schaden *m (Versich)* hidden damage
Verbot *n (Gen)* ban, prohibition *(Untersagung)*
Verbrauch *m (WiWi)* consumption

verbrauchen *v* 1. *(Umwelt)* expend, use *(Naturschätze)*; 2. *(V&M)* consume
Verbraucher *m (V&M, WiWi)* consumer
Verbraucherbedürfnisse *npl* consumer wants
Verbraucherbefragung *f (V&M)* consumer survey
Verbrauchergewohnheit *f (V&M)* consumer habit
Verbraucherin *f s.* Verbraucher
Verbraucherkredit *m (Bank)* consumer loan
Verbrauchermarketing *n (V&M)* consumer marketing
Verbrauchernutzen *m (V&M)* consumer benefit
Verbraucherpreis *m (V&M)* consumer price
Verbraucherrecht *n (Recht)* consumer law
Verbraucherschutzgesetzgebung *f (Recht, V&M)* consumer protection legislation
Verbraucherverband *m (V&M)* consumer organization, Consumers' Association
Verbraucherverhalten *n (V&M)* consumer behavio(u)r, consumer patterns
Verbrauchervertrag *m (Recht)* consumer contract
Verbraucherzufriedenheit *f (Gen)* consumer satisfaction
Verbrauchsausgaben *fpl (WiWi)* consumer expenditure
verbrauchsbedingte Wertminderung *f (RW)* physical depreciation, physical deterioration
Verbrauchsgegenstand *m (V&M)* article of consumption
Verbrauchsgewohnheiten *fpl (WiWi)* consumption pattern
Verbrauchsgüter *npl (V&M)* consumer goods [products], consumption goods
Verbrauchsteuer *f (Imp/Exp, Steuer)* commodity tax, purchase tax, excise (duty)
verbrauchsteuerpflichtige Güter *npl (Steuer)* excisable goods
Verbrauch- und Aufwandsteuern *fpl (Steuer)* excise duties, excise taxes
verbreiten *v* 1. *(Komm)* spread, circulate *(Informationen)*; 2. *(Media)* circulate, distribute *(Zeitung)*
Verbreitung *f* 1. *(Komm)* circulation *(von Informationen)*; 2. *(Media)* distribution *(einer Zeitung)*; 3. *(V&M)* circulation
Verbreitung *f* **von Innovationen** *(V&M)* diffusion of innovations
Verbrennung *f (Ind, Umwelt)* incineration *(Müll)*
verbriefen *v (Fin, Gen)* guarantee, securitize, evidence, document *(Forderungen, Einlagen)*
verbrieft *adj (Bank, Börse, Fin)* securitized, evidenced by certificates
verbriefte Forderungen *fpl (Fin, RW)* asset-backed securities *(ABS)*
verbriefte Kreditforderungen *fpl (Fin, RW)* asset-backed securities *(ABS)*
verbriefte Verbindlichkeiten *fpl (Bank, Fin)* debts evidenced by certificates, securitized liabilities *(EZB)*
Verbriefung *f (Bank, Fin, RW)* securitization *(von Einlagenpositionen, Kreditforderungen und anderen Cashflow--generierenden Vermögenspositionen = cash flow generating assets)*
Verbriefungskette *f (Fin)* securitization chain
Verbriefungsposition *f (Bank, Fin)* securitization position *(Teil einer Verbriefungstranche; Basel II)*
Verbriefungstranche *f (Bank, Fin)* securitization tranche *(vertraglich abgegrenzter Teil des mit dem verbrieften Portfolio verbundenen Kreditrisikos; contractually defined part of the credit risk associated with the securitized portfolio; Basel II)*
Verbriefungstransaktion *f (Bank, Fin)* securitization transaction *(jede einheitlich dokumentierte Transaktion, bei der das Kreditrisiko aus einem Portfolio wenigstens auf zwei Verbriefungstranchen mit unterschiedlichen Risikoprofilen aufgeteilt wird und die Zahlungen an die Investoren von der Entwicklung des zugrunde liegenden Portfolios abhängen; any uniformly documented transaction in which the credit risk from a portfolio is distributed across at least two securitization tranches with differing risk profiles and the payments to investors depend upon the performance of the underlying portfolio)*
verbuchen *v (RW)* post, enter (on the

books), recognize • **einen Eintrag verbuchen** *(RW)* post an entry
Verbuchung *f (RW)* entry, posting
verbunden *adj* 1. *(Bank)* affiliated; 2. *(Börse)* linked; 3. *(Gen)* affiliated, associated; 4. *(Ind)* allied
verbundene Gesellschaft *f (Gen, WiWi)* associate company
verbundenes Unternehmen *n* 1. *(Börse)* constituent company; 2. *(Gen)* affiliate, associated company, related company
Verbundunternehmen *n (Admin, Gen, RW)* federated company *(vgl. verbundenes Unternehmen)*
Verbundvorteil *m (WiWi)* economy of scope *(kann sich ergeben, wenn eine Investition bei einem diversifizierten, auf unterschiedlichen Märkten tätigen Unternehmen neben dem unmittelbaren Investitionszweck zusätzliche Vorteile bewirkt, z. B. finanzielle oder technologische Synergieeffekte aus F&E-Investitionen; cf Synergieeffekt; anders: economies of scale = Größenvorteile, Skalenerträge, Skaleneffekte)*
verdecken *v (Gen)* conceal, hide
verdeckt *adj (Gen)* concealed, hidden
verdeckte Arbeitslosigkeit *f (WiWi)* concealed [hidden, camouflaged] unemployment
verdeckte Gewinne *mpl (RW)* unrealised gains *(unrealisierte Gewinne)*; undisclosed profits
verdeckte Inflation *f (WiWi)* camouflaged [hidden] inflation
verderben *v (Gen)* deteriorate, perish, spoil *(Waren)*
verderblich *adj (Gen)* perishable *(Waren)*
verdienen *v* 1. *(Gen)* bring in, gain; 2. *(Pers)* earn
Verdienst *m (Pers)* earnings, income
verdienstabhängig *adj (Pers, Soz)* earnings-related
Verdienstausfall *m (Pers)* loss of earnings, loss of income
verdienstbezogen *adj (Pers, Soz)* earnings-related
verdiente Beiträge *mpl (RW, Versich)* premium income earned
Verdoppelung *f (Gen)* duplication
verdrängen *v* 1. *(Fin)* freeze out, squeeze out *(Minderheitsaktionäre, Zwangsausschluss)*; 2. *(Gen)* drive out, oust, replace *(ersetzen)*; supersede • **jmdn. aus seiner Stellung verdrängen** *(Pers)* oust sb from their job • **jmdn. vom Markt verdrängen** *(Gen, WiWi)* squeeze sb out of the market
Verdrängungswettbewerb *m (WiWi)* crowding-out competition, destructive competition, predatory pricing policy, cutthroat competition
Verdunkelung *f* 1. *(Gen)* blackout; 2. *(Recht)* collusion
veredeln *v (Ind)* finish, refine *(Erdöl)*
Verein *m (Gen)* association, society
vereinbar *adj* 1. *(Gen)* compatible; 2. *(Recht)* consistent *(Aussagen)*
vereinbaren *v* 1. *(Bank)* arrange; 2. *(Gen)* arrange, agree (upon), agree on *(Preis)*; stipulate *(vertraglich)*
Vereinbarkeit *f (Gen)* compatibility
Vereinbarkeit *f* **von Familie und Beruf** *(Pers, Soz)* reconciliation of work and family
vereinbart *adj (Gen, Recht, Versich)* agreed • **sofern nicht anders vereinbart** *(Gen, Recht)* unless otherwise agreed • **zum vereinbarten Preis** *(Gen)* at an agreed price
vereinbarter Zahlungsbeginn *m (Versich)* attachment date
Vereinbarung *f (Gen)* agreement, arrangement, accord *(Abmachung)*; bargain *(Abschluss)* • **nach Vereinbarung** *(Gen)* by arrangement • **eine Vereinbarung treffen** *(Gen)* enter into an agreement, make an arrangement
Vereinbarung *f* **ohne Haken und Ösen** *(ugs.) (Gen)* agreement with no strings attached
vereinbarungsgemäß *adj (Gen)* as per agreement
vereinfachen *v (Gen)* simplify
vereinfachtes Verfahren *n (Recht)* simplified procedure
Vereinfachung *f* 1. *(Gen)* simplification; 2. *(Ind, WiWi)* streamlining
vereinheitlichen *v (Gen)* standardize, unify
vereinheitlichte Fertigung *f (Ind)* standardized production
Vereinheitlichung *f (Gen)* standardization, unification
vereinigt *adj (Gen)* united, unified

Vereinigtes Königreich *n (Pol, Recht)* United Kingdom, UK *(umfasst Großbritannien mit England, Schottland und Wales sowie Nordirland)*
Vereinigung *f* 1. *(Gen)* association, grouping, unification; 2. *(Pol)* union
Vereinigungsfreiheit *f (Pol)* freedom of association
Vereinsrecht *n (Recht)* Law on Associations, Law on Non-Profits
Vereinte Nationen *fpl (Pol)* United Nations, UN, United Nations Organization, UNO
vereinzelt *adj (Gen)* sporadic
vereiteln *v (Recht)* defeat, frustrate, obstruct
vererbbar *adj (Recht)* inheritable
vererbbare Vermögensgegenstände *mpl (Recht)* incorporeal hereditaments
Verfahren *n* 1. *(Gen)* process, procedure; 2. *(Ind)* process, technique; 3. *(Mgt)* method; 4. *(Recht)* suit, proceedings, action *(Rechtsstreit)* • **gegen jmdn. ein Verfahren anstrengen** *(Recht)* bring a lawsuit against sb
Verfahren *n* **bei übermäßigem Defizit** *(Pol, WiWi)* excessive deficit procedure *(EU, EZB)*
Verfahrensantrag *m (Recht)* petition
Verfahrensfragen *fpl (Recht)* procedural matters
Verfahrensordnung *f (Recht)* rules of court, rules of practice, rules of procedure
verfahrensrechtlich *adj (Gen)* procedural
verfahrensrechtliche Frage *f (Mgt)* procedural issue
Verfahrensregeln *fpl* 1. *(Gen)* procedures; 2. *(Recht)* procedural rules, rules of procedure
Verfahrensreihenfolge *f (Recht)* case priority
Verfahrensvereinbarung *f (Pers)* procedure [procedural] agreement
Verfall *m* 1. *(Bank)* expiry, maturity, expiration *(Zeit)*; 2. *(Grund)* disrepair, dilapidation, decay; 3. *(Recht)* forfeit, forfeiture
verfallbar *adj (Recht)* forfeitable
Verfalldatum *n* 1. *(Bank)* due date *(Wechsel)*; 2. *(Gen) (AE)* expiration date, *(BE)* expiry date; 3. *(Pers)* date of expiry
Verfalldatum *n* **des Termingeschäftes** *(Börse) (AE)* futures expiration date
verfallen *v* 1. *(Bank)* become due, expire, mature; 2. *(Fin)* mature; 3. *(Grund)* become dilapidated, decay; 4. *(Recht)* lapse; 5. *(WiWi)* collapse *(Preise)*
verfallen *adj* 1. *(Bank)* due, expired, mature; 2. *(Fin)* mature; 3. *(Grund)* dilapidated; 4. *(Recht)* lapsed, forfeited
verfallend *adj (Ind)* ailing
Verfallsgeschwindigkeit *f (Börse)* rate of decay
Verfallsrendite *f (Fin)* yield to maturity, YTM *(Synonym: Rückzahlungsrendite, Rendite auf den Verfall, Rendite auf die Endfälligkeit)*
Verfalltag *m* 1. *(Börse, Gen)* date of maturity, DOM; 2. *(Pers)* date of expiry
verfälschen *v* 1. *(Gen)* adulterate; 2. *(Recht)* falsify *(Original)*
Verfälschung *f (Gen)* forgery
verfassen *v (Recht)* draw up *(Gesetz)*
Verfasser *m (Media, Recht)* author, writer
Verfasserin *f s.* Verfasser
Verfassung *f (Pol, Recht)* constitution
verfassungsgebender Konvent *m (Pol, Recht)* constitutional convention *(EU)*
verfassungsgemäß *adj (Pol, Recht)* constitutional
Verfassungskonvent *m (Pol, Recht)* constitutional convention *(EU)*
verfechten *v (Gen)* advocate, support
Verfechter *m (Gen)* advocate, champion, supporter
Verfechterin *f s.* Verfechter
verflechten *v (Gen)* integrate, interlace, interlink
Verflechtung *f (Gen)* integration, interlacing, interlocking, linkage
Verflechtung *f* **mit nachgelagerten Wirtschaftszweigen** *(WiWi)* backward linkage
Verflechtung *f* **mit vorgelagerten Wirtschaftszweigen** *(WiWi)* forward linkage
verfolgen *v* 1. *(Gen)* pursue *(Plan)*; track *(Ausgaben)*; 2. *(Mgt, Pers)* follow *(Kurs)*; 3. *(Recht)* prosecute; 4. *(Soz)* follow *(Kurs)*; 5. *(Transp)* trace • **strafrechtlich verfolgen** *(Recht)* prosecute
Verfolgung *f* 1. *(Gen)* pursuit; 2. *(Recht)* prosecution
verfrüht *adj (Gen)* premature

verfügbar *adj (Gen)* available
verfügbare Mittel *npl (Fin, RW)* available cash, available funds
verfügbare Zeit *f* 1. *(Comp)* available time; 2. *(Gen)* time frame; 3. *(Mgt)* time budget
verfügbarer Cashflow *m (RW)* available cash flow
verfügbares Einkommen *n* 1. *(Fin, Steuer)* available income, disposable income; 2. *(WiWi)* final income, personal disposable income *(PDI)*
Verfügung *f* 1. *(Gen)* disposal; 2. *(Pat)* rule; 3. *(Recht)* decree, order, writ
Verfügungsgeschäft *n (Recht)* disposition *(Vertragsrecht)*
Verfügungsgewalt *f (Recht)* power of disposal [disposition]
Vergabe *f (Gen)* allocation, award
Vergabe *f* **von Zulieferungsverträgen** *(Gen)* subcontracting
vergeben *v* 1. *(Gen)* allocate, award *(Arbeit)*; place *(Auftrag)*; 2. *(Pers)* contract out
Vergehen *n (Recht)* misdemeano(u)r, *(BE)* offence, *(AE)* offense
Vergeltung *f* 1. *(Gen)* retaliation; 2. *(Recht)* retaliation, retribution, retortion *(Völkerrecht)*
Vergeltungsmaßnahme *f (Gen)* reprisal, retaliatory measure
Vergesellschaftung *f (Grund, Pol, WiWi)* nationalization
vergeuden *v (Gen)* squander, waste *(Zeit, Geld)*
vergewissern *v* **über/sich** *(Gen)* ascertain *(Preis)*
Vergleich *m* 1. *(Gen)* comparison, arrangement; 2. *(Recht)* comparison, composition, compromise agreement, accord • **einen Vergleich schließen** *(Gen)* come to an arrangement, compromise, effect a compromise
vergleichbar *adj (Gen)* comparable
Vergleichbarkeit *f (Gen)* comparability
vergleichen *v* 1. *(Gen)* compare; 2. *(Media)* collate *(Schriftstücke)*
vergleichen *v* **mit** *(Gen)* compare to
vergleichend *adj (Gen)* comparative
vergleichende Analyse *f (WiWi)* comparative analysis
vergleichende Werbung *f (V&M)* comparative advertising
Vergleichsantrag *m (Recht)* application for a composition
Vergleichsbeschluss *m (WiWi)* order for relief
Vergleichsjahr *n (Fin, WiWi)* base year
Vergleichsmarke *f (WiWi)* benchmark
Vergleichsmaßstab *m (Fin, Gen, Mgt)* benchmark
Vergleichsstichprobe *f (Stat, V&M)* matched sample
Vergleichstermin anberaumen *v (Recht)* appoint a hearing for a composition
Vergleichs- und Insolvenzrecht *n (Recht)* insolvency legislation
Vergleichsverfahren *n* 1. *(Pers)* conciliation procedure, conciliation proceedings; 2. *(Recht)* arrangement proceedings
Vergleichswert *m (Gen, Mgt)* reference figure, reference value, benchmark
Vergnügungseinkauf *m (V&M)* pleasure shopping
vergriffen *adj* 1. *(Gen)* sold out; 2. *(Media)* out of print
vergrößern *v (Gen)* enlarge, augment, increase, add to
Vergrößerung *f (Gen)* addition, augmentation, increase
Vergünstigung *f (Mgt, Pers)* concession, *(ugs.)* perk, perquisite, privilege
Vergünstigungen *fpl (Gen)* facilities
vergüten *v (Gen)* remunerate, compensate
Vergütung *f* 1. *(Gen)* reimbursement, refunding *(Ersatz)*; remuneration *(Entgelt)*; 2. *(Steuer)* emolument
Vergütung *f* **der Organmitglieder** *(Mgt, Recht, RW)* executive body remuneration *(reporting on executive body remuneration, Berichterstattung über die Vergütung der Organmitglieder)*
Vergütungssysteme *f (Pers)* remuneration schemes
verhaften *v (Recht)* arrest, take into custody
Verhalten *n (Pers)* behavio(u)r, conduct
Verhaltenscodex *m (Gen)* code of conduct, code of ethics, code of good practice
Verhaltensforschung *f (Mgt, V&M)* behavio(u)ral research
Verhaltensstudie *f (V&M)* attitude survey

Verhältnis *n* 1. *(Gen)* relationship; 2. *(Stat)* proportion; 3. *(RW)* ratio • **im Verhältnis zu** 1. *(Gen)* relative to; 2. *(Stat)* in proportion to
Verhältnis *n* **Dividende zu Aktienkurs** *(Fin)* dividend-price ratio
Verhältnis *n* **von Fremd- zu Eigenkapital** *(Fin) (BE)* gearing, *(AE)* leverage
verhältnismäßig *adj (Gen)* proportionate, proportional, relative, comparative
verhandelbar *adj* 1. *(Gen)* negotiable; 2. *(Recht)* prosecutable
verhandeln *v* 1. *(Gen)* negotiate; 2. *(Recht)* hear *(Fall)* • **mit jmdm. verhandeln** *(Gen)* bargain with sb
Verhandlung *f* 1. *(Gen)* negotiation, bargaining; 2. *(Recht)* proceedings
Verhandlung *f* **zwischen unabhängigen Partnern** *(Gen)* arm's length bargaining
Verhandlungsmacht *f (Gen)* bargaining power
Verhandlungspartner *m* 1. *(Gen)* negotiating partner, party to a negotiation; 2. *(Pers)* bargaining partner
Verhandlungspartnerin *f s.* Verhandlungspartner
Verhandlungsspielraum *m (Pers)* bargaining range, bargaining scope, negotiating range
Verhandlungstisch *m (Gen)* bargaining [conference, negotiating] table
verhängen *v (Recht)* impose
Verhängung *f* **einer Geldbuße** *(Recht)* imposition of a fine
Verhängung *f* **einer Sperrzeit** *(Soz)* imposition of a benefit suspension *(bei Sozialleistungen)*
Verhängung *f* **von Bußgeldern** *(Recht)* imposition of fines *(EU)*
verheimlichen *v (Gen)* conceal
verhindern *v* 1. *(Gen)* prevent, provide against; 2. *(Recht)* block *(Annahme eines Gesetzentwurfes)*
Verhinderung *f (Gen)* prevention
verhüten *v (Gen)* prevent
Verhütung *f (Gen)* prevention
Verifizierung *f (Gen)* verification
verjähren *v (Recht)* fall under the statute of limitations, *(AE)* become prescribed
verjährt *adj (Recht)* barred by the lapse of time, statute-barred, time-barred
Verjährung *f (Recht)* limitation, limitation of actions, limitation of time, negative prescription, statute of limitations *(Vertragsrecht)*
Verjährungsfrist *f (Recht)* term [period] of limitation [prescription]
Verjährungsrecht *n* statute of limitations
Verkauf *m* 1. *(Gen)* sale, selling, vending; 2. *(V&M)* sales department, sale, selling, vending *(Verkaufsabteilung)*
Verkauf *m* **auf Ratenzahlung** *(Gen)* instal(l)ment sale
Verkauf *m* **durch Auktion** *(V&M)* auction sale
Verkauf *m* **unter Eigentumvorbehalt** *(Bank)* qualified sale
Verkauf *m* **unter Einstandspreis** *(V&M)* loss-pricing
Verkauf *m* **von Anlagen** *(Fin)* negative investment
verkaufen *v* 1. *(Fin)* realize; 2. *(Gen)* sell (off), sell up • **zu verkaufen** *(V&M)* for sale
Verkäufer *m (Pers, V&M)* salesman, salesperson, vendor, *(BE)* shop assistant, *(AE)* sales clerk *(Laden)*
Verkäuferin *f (Pers, V&M)* saleswoman
Verkäufermarkt *m (Börse, Grund, WiWi)* seller's market
Verkäuferoption *f (Börse)* seller's option
verkäuflich *adj* 1. *(Fin)* realizable; 2. *(Gen)* marketable, vendible; 3. *(V&M)* sal(e)-able
Verkaufsabteilung *f (V&M)* sales department
Verkaufsanstrengungen *fpl (V&M)* sales effort, sales push
Verkaufsargument *n (V&M)* selling point, sales pitch, selling proposition
Verkaufsautomat *m (Gen)* slot machine, vending machine
Verkaufsbedingungen *fpl (V&M)* conditions of sale, terms of sale
Verkaufsbüro *n (V&M)* sales office
Verkaufserfolg *m (V&M)* sales record, track record
Verkaufserlös *m (V&M)* proceeds of sales, sales receipts, sales returns
Verkaufsertrag *m (RW, V&M)* sales return
Verkaufsfläche *f (V&M)* selling space, shop floor
Verkaufsförderung *f (V&M)* promotion, sales promotion

Verkaufsförderung *f* **am Verkaufsort** *(V&M)* point-of-sale promotion
Verkaufsförderungsbudget *n (V&M)* promotional budget
Verkaufsförderungsmix *n (V&M)* promotion mix
Verkaufsgebiet *n (V&M)* sales area, trading area
Verkaufsgespräch *n (V&M)* sales talk, pitch
Verkaufsinstrumente *npl (V&M)* sales tools
Verkaufskonto *n (Bank)* trading account
Verkaufskosten *pl* 1. *(Fin)* cost of sales, cost ratio; 2. *(RW)* selling expenses
Verkaufskurs *m (Börse)* offering price, seller's rate
Verkaufsmerkmal *n (V&M)* sales feature
Verkaufsniederlassung *f (V&M)* sales agency
Verkaufsoption *f (Börse)* put option, put *(the option to sell stock at a specified price within a specified time)*
Verkaufsorganisation *f (V&M)* sales organization
Verkaufsort *m (V&M)* point-of-sale, POS
Verkaufspersonal *n (V&M)* sales force, sales personnel
Verkaufspolitik *f (V&M)* sales [selling] policy
Verkaufspotenzial *n (V&M)* sales potential
Verkaufsprämie *f (V&M)* sale commission, *(AE)* push money
Verkaufspreis *m (V&M)* selling price
Verkaufsprognose *f (V&M)* sales forecast
Verkaufsprogramm *n (V&M)* product range
Verkaufsprospekt *m (V&M)* sales literature
Verkaufsprovision *f* 1. *(Fin)* selling commission; 2. *(V&M)* sale [selling] commission
Verkaufspunkt *m (V&M)* point-of-sale, POS
Verkaufsrechnung *f (Gen)* (sales) invoice
Verkaufsschlager *m* 1. *(Media)* best seller *(Buch, Schallplatte)*; 2. *(V&M)* hot--selling line, top-selling article
Verkaufsschulung *f (V&M)* sales training
Verkaufsstart *m (V&M)* sales start
Verkaufsstelle *f (V&M)* point of purchase, point-of-sale, POS, (sales) outlet
Verkaufstätigkeit *f (V&M)* sales activity
Verkaufs- und Lieferbedingungen *fpl (Gen)* terms and conditions
Verkaufsvolumen *n (V&M)* sales volume
Verkaufswert *m* 1. *(Fin)* current value; 2. *(V&M)* sale value
Verkaufswiderstand *m (V&M)* sales resistance
Verkaufsziel *n (V&M)* sales goal [objective, target]
verkaufte Auflage *f (V&M)* net paid circulation
verkaufte Option *f (Börse)* written option
Verkehr *m* 1. *(Börse)* dealing, trading; 2. *(Komm)* communications; 3. *(Transp)* traffic, transport, transportation; 4. *(WiWi)* circulation *(Banknoten)*
Verkehrsanbindung *f (Transp)* transport link
Verkehrsaufkommen *n (Transp)* volume of traffic
Verkehrseinrichtungen *fpl (Transp)* transport facilities
verkehrsgünstig *adj (Gen)* accessible, with easy access to public transport
Verkehrskontrolle *f (Transp)* traffic control
Verkehrssicherungspflicht *f (Recht)* duty of care to the public
Verkehrsstau *m (Transp)* traffic jam [congestion]
Verkehrsträger *m (Recht, Transp)* carrier
verkehrsüblich *adj (Recht, RW)* ordinary diligence, due diligence
verkehrsübliche Sorgfalt *f (Recht)* due diligence, ordinary care, ordinary diligence
Verkehrsunternehmen *n (Recht, Transp)* transport company, carrier
Verkehrsverbindung *f (Transp)* communications, transport link, connection
Verkehrswert *m (Fin)* market value
Verkehrswesen *n (Transp)* transport system
Verkehrszählung *f (Transp)* traffic count [census]
verketten *v (Comp)* chain, concatenate
verklagen *v (Recht)* sue • **jmdn. verklagen** *(Recht)* bring an action against sb, sue sb
verklappen *v (Umwelt)* dump *(im Meer)*

verklausulieren *v (Recht)* guard by clauses, hedge in by clauses
verkleinern *v* 1. *(Gen)* scale down, reduce in size; 2. *(Mgt, Pers)* downsize, slim down *(Personalbestand)*
Verkleinerung *f* 1. *(Gen)* reduction in size, scaling-down; 2. *(Mgt, Pers)* downsizing *(Personalbestand)*
Verknappung *f (WiWi)* crunch, shortage
Verknüpfung *f (Comp, Komm)* link
verkörpern *v (Pat, Recht)* embody
Verkörperung *f (Pat, Recht)* embodiment
verkraftbar *adj (Gen, WiWi)* sustainable
Verkündung *f (Pol, Recht)* proclamation
Verkündung *f* **des Urteils** *(Recht)* delivery of the judgment
verkürzen *v* 1. *(Börse)* shorten; 2. *(Gen)* abridge, curtail, reduce, shorten
Verladen *n (Imp/Exp, Komm, Transp)* loading, shipment, shipping
Verlader *m (Imp/Exp, Komm, Transp)* loading agent, forwarder, shipper
Verlag *m (Media)* publisher, publishing house
Verlagerung *f (Gen)* displacement, relocation *(Unternehmen)*
Verlagerung *f* **von Arbeitsplätzen** *(Pers)* job displacement, displacement of jobs
verlangen *v (Gen)* call for, charge, claim, request, require
Verlangen *n* 1. *(Gen)* request; 2. *(V&M)* desire • **auf Verlangen** *(Gen)* on demand • **auf Verlangen rückzahlbar** *(Bank, Fin)* repayable on demand
verlängern *v* 1. *(Bank)* extend; 2. *(Börse)* lengthen; 3. *(Gen)* extend, renew
verlängert *adj (Gen)* extended, lengthened, prolonged
verlängerter Eigentumsvorbehalt *m (Recht)* extended reservation of title [ownership]
Verlängerung *f (Gen)* extension, renewal
verlangsamen *v* 1. *(Börse)* roll down; 2. *(WiWi)* decelerate, slow (down) *(Wachstum)*
verlassen *v* 1. *(Comp)* abort *(Programm, Betriebszustand)*; 2. *(Gen)* abandon, leave; 3. *(Grund)* vacate *(Wohnung)* • **sich verlassen auf** *(Gen)* depend on, rely on *(Person)*
Verlassen *n (Gen)* leaving, abandonment
verlässlich *adj (Gen)* reliable
Verlauf von/im *(Gen)* in the course of
Verlautbarung *f* 1. *(Pol, Recht)* statement; 2. *(Komm, Media)* announcement • **eine Verlautbarung herausgeben** *(Mgt, Pol, Recht)* release a statement
verlegen *v* 1. *(Gen)* relocate *(Unternehmen)*; 2. *(Mgt)* postpone *(Termin)*; 3. *(Media)* publish
Verleger *m (Media)* publisher
Verlegerin *f s.* Verleger
Verlegung *f (Gen)* relocation
verleihen *v* 1. *(Bank)* lend; 2. *(Gen)* hire out; 3. *(Recht)* bestow, confer, vest *(Titel, Rechte)*
Verleihung *f* 1. *(Bank)* lending; 2. *(Gen)* hiring out; 3. *(Recht)* bestowal, conferment, conferral *(Titel, Rechte)*
Verleitung *f (Recht)* inducement
verletzen *v* 1. *(Pat)* infringe, violate; 2. *(Recht)* violate, injure, interfere with, infringe *(Vorschriften)*
Verletzer *m (Pat, Recht)* infringer, violator
Verletzte *m(f) (Recht)* aggrieved [injured, wronged] party
Verletzung *f* 1. *(Pat)* infringement, violation; 2. *(Pers)* injury *(Körper)*; 3. *(Recht)* infringement, violation • **in Verletzung von** *(Gen)* in violation of
Verletzung *f* **der Berufspflicht** *(Recht)* malpractice *(Arzt, Rechtsanwalt)*
Verletzung *f* **der Geheimhaltung** *(Gen)* breach of confidence, breach of secrecy
Verletzung *f* **der Privatsphäre** *(Komm, Recht)* invasion of privacy
Verletzung *f* **der Treuepflicht** *(Recht)* breach of trust
verleumden *v (Recht)* slander *(mündlich)*; libel *(schriftlich)* • **jmdn. verleumden** *(Recht)* defame sb's credit, defame sb's reputation
verleumderisch *adj (Recht)* defamatory, libel(l)ous *(schriftlich)*; slanderous *(mündlich)*
Verleumdung *f* 1. *(Gen)* backbiting; 2. *(Recht)* defamation, slander *(mündlich)*; libel *(schriftlich)*
verlieren *v* 1. *(Gen)* forfeit; 2. *(Recht)* lose *(Schutz)*
Verlust *m* 1. *(Bank)* loss; 2. *(Gen)* wastage; 3. *(Imp/Exp)* forfeiting; 4. *(Pat)* damage; 5. *(RW)* charge off; 6. *(Recht)* loss; 7. *(WiWi)* leakage • **einen Verlust**

ausweisen *(RW)* report a loss, show a loss • **einen Verlust erleiden** 1. *(RW)* sustain a loss; 2. *(Recht)* suffer loss • **einen Verlust erwirtschaften** *(WiWi)* run a deficit • **einen Verlust in Kauf nehmen** *(Börse)* take a loss • **Verlust machen** *(WiWi)* run a deficit • **einen Verlust melden** *(RW)* report a loss • **einen Verlust tragen** *(Fin)* carry a loss, stand a loss • **Verluste einfahren** *(Fin, RW)* operate in the red

Verlust *m* **des Arbeitsplatzes** *(Pers, Soz)* loss of job, job loss, redundancy

Verlust *m* **des Einkommens** *(Pers)* loss of income, income loss

Verlust *m* **durch uneinbringliche Forderungen** *(WiWi)* bad debt loss

Verlust *m* **von Arbeitsplätzen** *(Gen)* job losses

Verlustabzug *m (Steuer)* loss deduction

Verlustanerkennung *f (RW)* recognition of loss

Verlustgeschäft *n (WiWi)* losing bargain, money-losing deal

Verlustrücklage *f (Fin)* loss contingency

Verlustrückstellung *f* 1. *(Mgt)* contingency reserve; 2. *(RW)* loss provision

Verlustrücktrag *m (RW)* carry-back (of loss), loss carry-back

Verlustträger *m (V&M)* lossmaker

Verlustübernahme *f (Fin, Gen, WiWi)* assumption of losses *(ZB)*

Verlustvortrag *m (RW)* carry-over loss, historical loss, loss carry-forward, losses carried forward

vermachen *v* 1. *(Grund)* devise; 2. *(Recht)* bequeath, devise, dispose by will

Vermächtnis *n (Recht)* bequest, legacy, testamentary gift

Vermarktung *f (V&M)* product marketing, marketing of products

vermehren *v (Gen)* augment

vermeidbares Risiko *n (Fin)* avoidable risk, unsystematic risk

vermeiden *v* 1. *(Gen)* avoid, prevent; 2. *(Steuer)* avoid

Vermerk *m* 1. *(Gen)* entry, note; 2. *(Recht)* endorsement, indorsement *(Urkunde, Wechsel)*

vermerken *v (Recht)* endorse, indorse

vermessen *v (Grund)* survey

vermieten *v (Grund) (BE)* let, *(AE)* rent out • **zu vermieten** *(Grund) (AE)* for rent, *(BE)* to let

Vermieter *m (Recht)* lessor *(Gegensatz: lessee)*

Vermieterin *f s.* Vermieter

Vermietung *f (Grund)* let, letting

vermittelbar *adj (Gen, Pers)* employable

Vermittelbarkeit *f (Pers, Soz, WiWi)* employability

vermitteln zwischen *(Pers)* mediate between

Vermittler *m (Pers)* intermediary, mediator

Vermittlerin *f s.* Vermittler

Vermittlung *f* 1. *(Komm)* exchange *(Telefon)*; 2. *(Pers)* mediation *(zwischen zwei Parteien)*; placement *(Arbeit)* • **durch Vermittlung von** *(Gen)* through the agency of

Vermittlungsaussichten *fpl (Soz)* placement prospects, placing prospects

Vermittlungsverfahren *n (Pol)* mediation procedure

Vermögen *n* 1. *(Fin)* assets; 2. *(Gen)* wealth, capital; 3. *(Pers)* power, capacity; 4. *(RW)* assets, net worth, capital

Vermögen *n* **des Gemeinschuldners** *(Recht)* debtor's assets

Vermögensaufstellung *f* 1. *(RW) (AE)* schedule of net assets; 2. *(Recht)* statement of affairs *(Insolvenzschuldner)* • **die Vermögensaufstellung vorbereiten** *(RW)* prepare the statement of net assets

vermögensbesicherte Anleihen *fpl s.* vermögensgesicherte Anleihen

vermögensbesicherte Forderungen *fpl (Fin, RW)* asset-backed securities *(ABS, cf asset-backed securities)*

vermögensbesicherte Kreditforderungen *fpl (Fin, RW)* asset-backed securities *(ABS, cf asset-backed securities)*

Vermögensbesteuerung *f (Steuer)* capital taxation, *(AE)* assessed valuation

Vermögensbewertung *f (RW)* asset valuation

Vermögensbilanz *f (RW)* asset and liability statement

Vermögenseinkommen *n (Steuer, WiWi)* unearned income, investment income

(Gegensatz: Arbeitseinkommen = earned income)

Vermögenserträge *mpl* 1. *(Börse)* asset return; 2. *(Fin)* investment income

Vermögensgegenstand *m (WiWi)* asset property item

Vermögensgegenstände *mpl (RW)* assets

vermögensgesicherte Anleihen *fpl (Fin, RW)* asset-backed securities, ABS *(cf asset-backed securities)*

vermögensgesicherte Forderungen *fpl (Fin, RW)* asset-backed securities, ABS

vermögensgesicherte Kreditforderungen *fpl (Fin, RW)* asset-backed securities, ABS

Vermögensgut *n (Fin, WiWi)* property, asset *(Wirtschaftsgut)*

Vermögensgut *n* **mit begrenzter Nutzungsdauer** *(RW, WiWi)* wasting asset

Vermogensmasse *f (Recht)* estate

Vermögenspreise *mpl (Fin, WiWi)* asset prices

Vermögensrecht *n (Recht)* property law

Vermögensschaden *m* 1. *(Fin)* damage to property, financial damage, financial loss; 2. *(Versich)* economic loss

Vermögensseite *f (RW)* asset side

Vermögensstatus *m (Bank, Fin)* asset and liability position, asset/liability position

Vermögensteuer *f (Fin, Steuer, WiWi)* property [capital] tax, wealth tax

Vermögensverwaltung *f (Bank, Börse, Fin)* asset management, fund management, investment management, portfolio management, property management

Vermögensverwaltungsgebühr *f (Bank)* agency fee, management fee

Vermögenswert *m (Fin, RW)* asset value, assets • **Vermögenswerte flüssigmachen** *(Börse)* realize assets • **durch Vermögenswerte gesicherte Anlage** *(Fin)* asset-backed investment

vermögenswirksame Leistung *f (Pers, Soz)* asset-formation allowance, asset--formation allowance benefit

Vermögenszuwachs *m (WiWi)* capital appreciation, accession

Vermögenszuwachssteuer *f (Fin, RW, Steuer, WiWi)* capital gains tax

vermutlich *adj (Gen, Recht)* alleged, probable

Vermutung *f (Gen, Recht)* presumption, assumption

Vernehmung *f* **von Zeugen** *(Recht)* examination of witnesses

vernetzt *adj (Bank)* linked

vernetztes Arbeiten *n (Comp)* networking

Vernetzung *f (Comp, Komm, V&M)* networking

Vernichtung *f* 1. *(Umwelt)* destruction; 2. *(WiWi)* abolition *(von Arbeitsplätzen)*

Vernichtungswettbewerb *m (WiWi)* cutthroat competition

vernünftig *adj (Gen)* rational, reasonable, sensible

vernünftige kaufmännische Beurteilung *f (Gen, Recht, RW)* reasonable commercial assessment, sound business judgment *(z. B. die handelsrechtlichen Bewertungsvorschriften)*

vernünftiger Preis *m (Gen)* reasonable price

veröffentlichen *v* 1. *(Media)* issue, publish; 2. *(Pat)* publish

Veröffentlichung *f (Media)* publication

Veröffentlichungen *fpl (Media, Recht)* published works, publications *(Urheberrecht)*

Veröffentlichungsblatt *n (Recht)* gazette *(Deu: Bundesgesetzblatt = Federal Law Gazette)*

Verordnung *f (Recht)* regulation *(EU; regulations bind EU member states legally in every respect; anders: Richtlinie = directive)*; ordinance *(Verfügung, Erlass)*; edict *(Erlass, Edikt)*

verpachten *v (Grund)* lease, let on lease, rent

Verpächter *m (Recht)* lessor *(Gegensatz: lessee = Pächter)*

verpacken *v (Gen)* pack, wrap

Verpacken *n (Gen)* packing, packaging

verpackte Ware *f (V&M)* packaged goods

Verpackung *f* 1. *(Gen)* wrapper, packing, wrapping; 2. *(Ind)* packaging; 3. *(V&M)* wrapper, wrapping

Verpackungsdesign *n (V&M)* package design

Verpackungsgewicht *n (Gen)* tare weight

verpfänden *v* 1. *(Fin)* pawn, pledge; 2. *(Grund)* hypothecate, mortgage
verpfändet *adj (Fin)* in pawn, in pledge, pawned, pledged, hypothecated, mortgaged
Verpfändung *f* 1. *(Fin)* pawning, pledging; 2. *(Grund)* hypothecation, mortgaging
verpflegen *v (Gen)* cater for
verpflichten *v* 1. *(Gen)* oblige, *(AE)* obligate; sign up; 2. *(Recht)* bind, engage • **jmdn. verpflichten, etw. zu tun** *(Gen)* oblige sb to do sth • **sich zu etw. verpflichten** *(Gen)* commit oneself to sth
verpflichtet *adj (Gen, Recht)* committed, obligated, obliged • **verpflichtet sein, etw. zu tun** *(Gen)* be committed to do sth
Verpflichtete *m(f) (Recht)* debtor, obligor
Verpflichtung *f* 1. *(Gen)* liability, obligation; 2. *(Recht)* commitment, engagement, undertaking • **eine Verpflichtung eingehen** *(Gen)* undertake a commitment • **ohne Verpflichtung** *(V&M)* without obligation • **ohne jede Verpflichtung unsererseits** *(Gen, Recht)* without any liability on our part
Verpflichtungsermächtigung *f (Fin)* budgetary appropriation, commitment authority
verrechnen *v* 1. *(Bank)* clear; 2. *(Fin, RW)* offset, set against, set off, absorb, carry back *(Verluste)*
verrechnet *adj* 1. *(Bank)* cleared; 2. *(Fin)* absorbed, offset; 3. *(RW)* allocated
verrechnete Gemeinkosten *pl* 1. *(Fin)* absorbed overheads; 2. *(RW)* applied overheads
Verrechnung *f* 1. *(Bank)* clearing; 2. *(Fin, RW)* absorption, offset, offsetting, set--off, carry-back • **zur Verrechnung** *(Bank)* account payee • **nur zur Verrechnung** *(Bank)* account payee only, for deposit only, not negotiable
Verrechnung *f* **von Verlusten** *(RW)* carry-back of loss
Verrechnungseinheit *f (Bank, WiWi)* unit of account
Verrechnungspreis *m* 1. *(Bank)* accounting price; 2. *(Gen)* transfer price
Verrechnungsscheck *m (Bank) (AE)* account-only [collection-only] crossed check, *(BE)* account-only [collection--only] crossed cheque, non-negotiable cheque
Verrechnungsverkehr *m (Bank, Börse)* clearing
verrichten *v (Gen)* perform
verringern *v* 1. *(Fin)* cut; 2. *(Gen)* diminish, scale down, work down *(Bestand)*; reduce *(Ausgaben)*; 3. *(Mgt, Pers)* downsize *(Personalbestand)*; 4. *(WiWi)* reduce, run down
Verringerung *f* 1. *(Fin)* cut; 2. *(Gen)* reduction, reduction in size, scaling--down; 3. *(Mgt, Pers)* downsizing, scaling-down *(Personalbestand)*; 4. *(WiWi)* reduction
Verringerung *f* **der Belegschaft** *(Pers)* staff cut, staff cuts, staff reduction, reduction in staff, reduction in staffing levels
Versagen *n* 1. *(Comp)* failure, fault; 2. *(Gen)* fault; 3. *(Ind)* breakdown
Versammlung *f* 1. *(Gen)* convention, gathering; 2. *(Mgt)* meeting; 3. *(Pol)* assembly, convention
Versammlungsfreiheit *f (Pol, Recht)* freedom of assembly
Versammlungsleiter *m (Mgt, Pers)* chairman, chairperson
Versammlungsleiterin *f (Mgt, Pers)* chairwoman, chairperson
Versand *m (Imp/Exp, Komm, Transp)* consignment, consignation, dispatch, dispatching, shipment, shipping
Versandbedingungen *fpl (Imp/Exp)* terms of shipment
versandbereit *adj (Transp)* ready for shipment
Versandgebühr *f (Gen)* dispatching [forwarding] charge
Versandhandel *m (Komm, V&M)* mail order
Versandhauskatalog *m (V&M)* mail-order catalog(u)e
Versandpapiere *npl (Imp/Exp, Transp)* dispatch papers, shipping documents [papers]
Versandrechnung *f (Imp/Exp, Komm)* shipping invoice
Versandtag *m (Transp)* day [date] of shipment
versäumen *v (Recht)* fail, omit *(unterlassen)*; neglect *(vernachlässigen)*

Versäumnis *n (Recht)* default, failure, omission
verschärfen *v (Gen)* intensify, tighten (up), stiffen *(Bestimmungen)*
verschärfter Wettbewerb *m (WiWi)* enhanced competition, fiercer competition, keener competition
Verschärfung *f (Gen)* intensification, tightening-up
verschenken *v (V&M)* give away
verschicken *v* 1. *(Gen)* send out; 2. *(Imp/Exp, Komm, Transp)* send, ship *(Fracht)* • **mit der Bahn verschicken** *(Transp)* ship by rail
verschieben *v (Gen)* move, postpone, shift
verschieden *adj (Gen)* diverse, sundry
verschiedene Ausgaben *fpl (RW)* sundry expenses
verschiedene Kosten *pl (RW)* miscellaneous expenses
Verschiedenes *n* 1. *(Gen)* miscellaneous; 2. *(RW)* sundries
Verschiedenheit *f* 1. *(Gen)* diversity; 2. *(Pat)* distinctiveness
Verschiffungsdokumente *npl (Imp/Exp, Transp)* shipping documents, shipping papers
verschlechtern *v*/**sich** *(Gen)* deteriorate, worsen
Verschlechterung *f* 1. *(Gen)* deterioration, worsening, depreciation; 2. *(WiWi)* debasement *(Münzen)*
verschleiern *v (Gen)* conceal, cover up, disguise
Verschleierung *f* **der Verluste** *(Börse)* concealment of losses
Verschleiß *m* 1. *(Gen)* wear (and tear), waste; 2. *(WiWi)* erosion
verschleißen *v (WiWi)* erode, waste
verschlüsseln *v (Comp)* encode, encrypt
Verschlüsselung *f* 1. *(Bank)* encoding; 2. *(Comp)* encryption *(Daten, Text)*
Verschlüsselungsverfahren *n (Komm)* encryption method
verschmelzen *v (Fin)* merge, amalgamate, consolidate, fuse
Verschmelzung *f (Fin)* amalgamation, consolidation *(neue Einheit)*; merger *(durch Aufnahme)*
Verschmutzer *m (Umwelt)* polluter
verschmutzt *adj (Umwelt)* polluted
Verschmutzung *f (Umwelt)* contamination, pollution
verschrotten *v (Ind)* scrap
Verschrottung *f (Ind)* scrapping
verschulden *v (Gen)* cause *(etw. verursachen)*
verschulden *v*/**sich** *(Bank, Gen, RW)* incur debts, run into debt
Verschulden *n* 1. *(Comp, Gen)* fault; 2. *(Recht)* blame
Verschuldenspotenzial *n (Fin, Gen)* borrowing potential
Verschuldensprinzip *n (Recht)* fault principle, principle of fault
verschuldet *adj (Fin, Gen)* indebted, *(ugs.)* in the red
Verschuldung *f (Fin)* indebtedness, level of debt
Verschuldung *f* **pro Kopf der Bevölkerung** *(WiWi)* per capita debt
Verschuldungsgrad *m* 1. *(Bank) (AE)* leverage (ratio); 2. *(Fin)* debit ratio, debt ratio, debt equity ratio, *(BE)* gearing; 3. *(RW)* debt equity ratio, *(AE)* leverage ratio
Verschuldungsgrenze *f (Gen)* borrowing allocation [ceiling]
Verschuldungsmöglichkeiten *fpl (Fin)* scope for borrowing funds, scope for raising funds, borrowing potential
Verschuldungsspielraum *m (Bank, Fin)* borrowing capacity
verschweigen *v (Recht)* conceal, fail to disclose
Verschweigen *n* 1. *(Recht)* concealment *(von Information)*; 2. *(Versich)* nondisclosure
verschwenden *v (Gen)* squander, waste
Verschwender *m (Gen)* spendthrift
Verschwenderin *f s.* Verschwender
Verschwiegenheitspflicht *f (Recht)* lawyer-client privilege *(anwaltliche Schweigepflicht)*; physician-patient privilege *(ärztliche Schweigepflicht)*
versehen *v* **mit** *(Gen)* affix, append
Verselbstständigung *f* 1. *(Gen)* propensity to take an independent course; 2. *(Admin, Mgt)* intrapreneuring
versenden *v* 1. *(Gen)* send out; 2. *(Komm, Transp)* consign, convey, dispatch
Versender *m* 1. *(Imp/Exp, Komm)* consignor, sender; 2. *(Transp)* consignor, sender, shipper

Versendung *f* 1. *(Imp/Exp)* consignment, shipping; 2. *(Gen)* dispatch; 3. *(Komm)* dispatch, shipping; 4. *(Transp)* shipping, conveyance, dispatch, dispatching

versetzen *v (Gen, Pers)* redeploy, relocate, transfer

versetzt *adj (Admin, Pers)* posted, relocated, transferred

Versetzung *f (Admin, Gen, Pers)* posting, redeployment, relocation, transfer *(von Arbeitnehmern)*

verseuchen *v (Umwelt)* contaminate

versicherbar *adj (Versich)* insurable

versicherbares Risiko *n (Versich)* insurable risk

Versicherer *m* 1. *(Fin)* carrier; 2. *(Versich)* insurance company, insurer, underwriter

versichern *v (Versich)* assert, assure, insure, underwrite

versichern v/sich privat *(Versich) (ugs.)* go private

versichert *adj (Versich)* insured

versichert *adj*/**nicht** *(Versich)* unassured, uninsured

versicherte Gefahr *f (Versich)* insured peril

versicherte Person *f*/**die** *(Versich)* the insured

Versicherung *f* 1. *(Gen)* assertion; 2. *(RW)* insurance; 3. *(Versich)* assurance, insurance, cover • **eine Versicherung abschließen** *(Versich)* take out an insurance policy • **durch Versicherung gedeckt sein** *(Versich)* be covered by insurance

Versicherung *f* **auf den Todesfall** *(Versich)* life insurance policy

Versicherung *f* **auf den Todes- und Erlebensfall** *(Versich)* endowment (life) assurance, endowment (life) insurance

Versicherung *f* **auf Gegenseitigkeit** *(Versich)* mutual insurance

Versicherung *f* **gegen alle Gefahren** *(Versich)* all-risk insurance

Versicherungsende *n (Versich)* lapse

Versicherungsfactoring *n (Versich)* insurance factoring

Versicherungsfall *m (Versich)* event insured against

versicherungsfremde Leistungen *fpl (Pol, Soz, Versich) benefits not in conformity with the concept of insurance*

Versicherungsgesellschaft *f (Versich)* insurance company

Versicherungsgewerbe *n (Versich)* insurance industry

Versicherungsleistung *f (Versich)* (insurance) benefit, insurance settlement

Versicherungsmakler *m (Fin, Gen)* insurance broker

Versicherungsmaklerin *f s.* Versicherungsmakler

Versicherungsnehmer *m (Versich)* policy-holder

Versicherungsnehmerin *f s.* Versicherungsnehmer

versicherungspflichtige Beschäftigung *f (Soz)* insurable employment, insured employment

Versicherungspolice *f (Versich)* insurance policy

Versicherungsprämie *f (Versich)* insurance premium

Versicherungsschein *m (Versich)* insurance policy

Versicherungsschutz *m (Versich) (BE)* insurance cover, *(AE)* insurance coverage • **ohne Versicherungsschutz** *(Versich)* bare

Versicherungssparte *f (Versich)* class of insurance

Versicherungssumme *f* 1. *(Gen)* sum insured; 2. *(Versich)* face amount, face of policy, sum assured

versicherungstechnisch *adj (Versich)* actuarial

Versicherungsunternehmen *n (Versich)* insurance company

Versicherungsverein *m* **auf Gegenseitigkeit** 1. *(Fin)* benefit society, *(BE)* friendly society; 2. *(Versich)* mutual benefit society, mutual insurance company, *(BE)* mutual insurance society

Versicherungswirtschaft *f (Versich)* insurance industry

Versicherungszweig *m (Versich)* class of insurance, line of business

versiegeln *v (Gen, Komm, Recht)* seal

versiegelt *adj (Gen, Komm, Recht)* sealed, under seal

versiegeltes Angebot *n (Gen)* sealed tender

versorgen *v* **mit** *(Gen)* furnish, provide, supply *(Informationen)*
Versorgung *f* 1. *(Gen)* supply; 2. *(Frei)* catering, provision *(mit Speisen und Getränken)*
Versorgungsbereich *m (Ind)* utilities sector
Versorgungskette *f (Gen)* supply chain *(Beschaffungswesen)*
Versorgungsunternehmen *n (Admin)* public utility
verspätet *adj (Gen)* delayed, late
verspätete Annahme *f (Recht)* late acceptance *(Liefervertrag)*
verspätete Zahlung *f (Fin)* late payment
Verspätung *f* 1. *(Gen)* delay, lateness; 2. *(Pers)* lateness
versprechen *v (Gen)* promise, undertake
verstaatlichen *v (Gen)* nationalize
verstaatlichter Sektor *m (Ind)* nationalized sector
Verstädterung *f (WiWi)* urbanization
verständigen *v (Gen)* notify, inform
verständigen *v***/sich** *(Recht)* come to an agreement, come to an understanding
Verständigung *f* 1. *(Gen)* information; 2. *(Recht)* agreement, understanding
verstärken *v (Gen)* strengthen, reinforce *(Wirkung)*
verstärkte Sensibilisierung *f (Gen, Pol)* acute awareness
verstecken *v (Recht)* conceal, hide
versteckt *adj (Pol, WiWi)* latent
versteckte Arbeitslosigkeit *f* 1. *(Pers)* disguised unemployment *(Arbeitsmarkt, Statistik)*; 2. *(WiWi)* concealed unemployment
versteckte Inflation *f (WiWi)* hidden inflation
versteckter Mangel *m (Recht)* latent defect, hidden defect *(Vertragsrecht)*
verstehen *v (Gen)* understand
versteigern *v (Gen, V&M, WiWi)* auction off
Versteigerung *f (V&M, WiWi)* auction, public sale
verstetigen *v (WiWi)* smooth out *(Schwankungen, Fluktuationen)*
Verstetigung *f (WiWi)* increasing steadiness
versteuerbar *adj (Steuer)* taxable, liable to taxation
versteuern *v (Gen, Steuer)* pay tax • **zu versteuerndes Einkommen** *(Gen, RW, Steuer, WiWi)* taxable income
versteuert *adj (Gen, Steuer)* net of taxes, tax paid
Versteuerung *f (Gen, Steuer)* payment of tax
Verstoß *m (Pat, Recht)* breach, infringement, *(BE)* offence, *(AE)* offense; violation
Verstoß *m* **gegen die Standesregeln** *(Gen)* unprofessional conduct
verstoßen *v (Recht)* violate
verstreichen *v (Fin, Gen)* lapse *(Zeit)*; expire *(Frist)*
Versuch *m (Gen)* experiment, trial, attempt
versuchen *v (Gen)* attempt, test, try
Versuchsanlage *f (Ind)* pilot plant *(Produktion)*
Versuchsstadium *n (Gen, Ind)* experimental stage
Versuch-und-Irrtum-Methode *f (WiWi)* trial and error method
vertagen *v* 1. *(Gen)* postpone; 2. *(Mgt, Recht)* adjourn *(Sitzung, mündliche Verhandlung)*
Vertagung *f* 1. *(Gen)* postponement; 2. *(Mgt, Recht)* adjournment
verteidigen *v (Gen)* defend, vindicate *(Meinung, Handlung)*
Verteidiger *m (Recht) (BE)* counsel for the defence, *(BE)* defending counsel, *(AE)* attorney for the defense, *(AE)* defense attorney [lawyer]
Verteidigerin *f s.* Verteidiger
Verteidigung *f* 1. *(Gen)* vindication; 2. *(Pol) (BE)* defence, *(AE)* defense; 3. *(Recht) (BE)* defence, *(AE)* defense; vindication • **die Verteidigung führen** *(Recht) (BE)* lead for the defence, *(AE)* lead for the defense
verteilen *v* 1. *(Börse, Fin)* apportion, distribute *(Aktien)*; 2. *(Gen)* share out *(Arbeit, Geld)*; 3. *(Pat)* apportion; 4. *(RW)* allot, apportion, spread *(Kosten)*; 5. *(WiWi)* spread, allocate *(Mittel)*
Verteiler *m* 1. *(Gen, Komm)* mailing list; 2. *(Imp/Exp, Transp)* distributor
verteilt *adj* 1. *(Comp)* distributed; 2. *(Gen)* allocated
verteilter Gewinn *m (Gen)* appropriated surplus, distributed profit
Verteilung *f* 1. *(Börse, Fin)* apportion-

ment, distribution; 2. *(Pat)* apportionment; 3. *(RW)* allotment, apportionment; 4. *(Transp)* distribution, allotment; 5. *(WiWi)* distribution

Verteilung *f* **der Kosten** *(RW)* apportionment of costs

Verteilung *f* **des Volkseinkommens** *(WiWi)* distribution of national income

Verteilung *f* **des Wohlstands** *(WiWi)* wealth distribution

Verteilungseffekt *m (WiWi)* spread effect

Verteilungsgerechtigkeit *f (Pol, Soz, WiWi)* equity

vertiefen *v (Gen)* deepen *(Beziehung)*; widen *(Kluft)*

Vertiefung *f (Gen)* widening

vertikal *adj (Gen)* vertical

vertikal integriertes Börsenmodell *n s.* vertikal integriertes Börsensystem

vertikal integriertes Börsensystem *n (Börse)* vertically integrated exchange system, vertically integrated exchange model *(ein System, das Handel, Verrechnung, Abwicklung, Verwahrung und Verwaltung von Wertpapieren umfasst; including trading, clearing, settlement, custody and management of securities)*

vertikale Expansion *f (Gen)* vertical expansion

vertikale Fusion *f (Gen, WiWi)* vertical amalgamation, vertical merger

vertikale Gliederung *f* **der Gewinn- und Verlustrechnung** *(RW)* vertical layout of the profit and loss account

vertikale Integration *f (Gen, WiWi)* vertical integration

vertikale Mobilität *f (Pers, WiWi)* vertical mobility

vertikale Preisbindung *f (Fin, Recht, WiWi)* resale price maintenance

vertikale Vorwärtsintegration *f (WiWi)* forward vertical integration

vertikaler Aufbau *m (Gen, Mgt)* vertical organization

vertikaler Zusammenschluss *m (Gen, WiWi)* vertical amalgamation

vertikales System *n (Börse, Gen)* vertical system *(vertikal integriertes Geschäftsmodell mit relativ langer Wertschöpfungskette, z. B. ein Börsensystem einschließlich Handel, Verrechnung, Abwicklung, Verwahrung und Verwaltung von Wertpapieren; vertically integrated business system, e. g. an exchange system including trading, clearing, settlement, custody and management of securities)*

Vertikalkonzern *m (WiWi)* vertical group

Vertikalsystem *n s.* vertikales System

Vertrag *m* 1. *(Gen)* agreement, contract, pact, treaty; 2. *(Pol)* treaty, accord; 3. *(Recht)* agreement, contract, covenant, deed *(schriftliche Vereinbarung)* • **das auf den Vertrag anzuwendende Recht** *(Recht)* applicable [governing] law of the contract • **einen Vertrag aufheben** *(Recht)* cancel a contract, rescind a contract • **etw. in einen Vertrag einfügen** *(Recht)* build sth into a contract *(Klausel, Bedingung)* • **einen Vertrag schließen mit** *(Gen)* enter into a contract with • **einem Vertrag zustimmen** *(Recht)* agree to a contract

Vertrag *m***/an Bedingungen geknüpfter** *(Recht)* conditional contract

Vertrag *m* **auf unbestimmte Dauer** *(Recht)* open-end contract

Vertrag *m* **auf Unternehmensebene** *(Pers)* company level agreement

Vertrag *m***/konkludent geschlossener** *(Recht)* implied contract

Vertrag *m* **über den Austausch von Lieferungen und Leistungen** *(Recht)* contract of exchange of goods and services

Vertrag *m* **über die Europäische Union** *(Pol)* Treaty on European Union, TEU

verträglich *adj (Gen)* compatible

vertraglich *adj (Recht)* contractual

vertraglich *adv (Recht)* by contract • **vertraglich ausschließen** *(Recht)* contract out • **vertraglich festlegen** *(Gen)* stipulate by contract

vertraglich vereinbarter Preis *m (Steuer) (AE)* contract price

vertraglich Verpflichtete *m(f) (Recht)* covenantor

vertraglich verpflichtete Partei *f (Recht)* party liable under contract

vertragliche Haftung *f (Recht)* contractual liability

vertragliche Sicherheit *f (Recht)* contractual secured right

vertragliche Vereinbarung *f (Recht, V&M)* contractual agreement

vertraglicher Geltungsbereich *m (Pers)* scope of agreement
vertragliches Wettbewerbsverbot *n (Pers, Recht)* covenant not to compete
Vertragsanfechtung *f (Recht)* avoidance (of contract)
Vertragsangebot *n (Recht)* offer of a contract, tender to contract
Vertragsarbeit *f (Pers)* work by contract
Vertragsaufhebung *f (Recht)* annulment of contract, resolution of contract
Vertragsauflösung *f (Recht)* contract termination
Vertragsausfertigung *f (Recht)* copy of a contract; indent
Vertragsbedingungen *fpl (Recht)* conditions of contract, terms of contract, conditions
Vertragsbeendigung *f (Recht)* termination
Vertragsbeginn *m (Recht)* commencement of contract
Vertragsbestimmung *f (Recht)* contractual, provision, stipulation
Vertragsbestimmungen *fpl (Gen, Recht)* articles of agreement
Vertragsbeziehung *f (Recht)* contractual relationship
Vertragsbruch *m (Pers, Recht)* breach of agreement, breach of contract, violation of a treaty *(Völkerrecht)*
vertragsbrüchig *adj (Recht)* in breach of contract
Vertragsdauer *f (Recht)* contract period, duration of contract
Vertragseingriff *m (Recht)* interference with contract
Vertragseinhaltung *f (Recht)* adherence to contract, compliance with contract, observance of contract
Vertragsentwurf *m (Recht)* draft agreement, draft contract
Vertragserfüllung *f* 1. *(Recht)* discharge of a contract, fulfil(l)ment of contract, performance of contract; 2. *(Admin)* execution of contract
Vertragsfreiheit *f (Recht)* contractual freedom, freedom of contract
Vertragsgegenstand *m (Recht)* subject matter of contract
vertragsgemäß *adj (Gen)* as per agreement
vertragsgemäße Erfüllung *f (Recht)* contractual performance
vertragsgemäße Ware f/nicht *(Gen, WiWi)* nonconforming goods
Vertragsgrundlage *f (Recht)* basis of agreement [contract]
Vertragshändler *m* 1. *(Gen) (BE)* franchised dealer; 2. *(Recht)* authorized dealer
Vertragshändlerin *s.* Vertragshändler
Vertragsinhalt *m (Recht)* contents of contract
Vertragsklage *f (Recht)* action based on contract
Vertragsklausel *f (Recht)* contract clause, stipulation
Vertragskündigung *f (Recht)* contract cancellation
Vertragspartei *f* 1. *(Pers)* party to an agreement; 2. *(Recht)* contract party, contracting party, party to a contract
Vertragspartner *m (Recht)* contract party
Vertragspartnerin *f s.* Vertragspartner
Vertragspflicht *f (Recht)* contractual obligation, obligation under a contract
Vertragsrecht *n (Recht)* law of contract
Vertragsrücktritt *m (Recht)* contract rescission
Vertragsschließende *m(f) (Gen)* contractor
Vertragssprache *f (Recht)* language of contracts
Vertragsstaat *m (Pol, Recht)* contracting state
Vertragsstrafe *f (Recht)* contractual penalty, penalty
vertragstreue Partei *f (Recht)* nondefaulting party, observant party
Vertragsvereinbarung *f (Recht)* contract agreement
Vertragsverhältnis *n (Gen)* contractual relationship
Vertragsverhandlungen *fpl (Pers, Recht)* contract bargaining, contract negotiations
Vertragsverletzung *f (Recht)* breach [violation] of contract
Vertragsverpflichtung *f* 1. *(Gen)* contractual liability; 2. *(Recht)* contractual duty, contractual obligation
Vertragswert *m (Börse)* value of the contract

vertragswidrig *adj (Recht)* contrary to the contract
vertrauen *v (Gen, Recht)* rely on, trust
Vertrauen *n (Gen)* confidence, reliance • **Vertrauen brechen** *(WiWi)* break confidence
Vertrauen ist gut – Kontrolle ist besser *(Gen, Mgt)* trust – but verify
vertrauensbildende Maßnahme *f (Gen, Pol)* confidence-bolstering measure
Vertrauensbildung *f (Pol, V&M)* confidence building
Vertrauensbruch *m (Gen)* breach of confidence [trust]
Vertrauenskrise *f (Gen, Pol)* crisis of confidence
Vertrauensmissbrauch *m (Gen)* abuse of confidence [trust]
Vertrauensschwund *m (Gen, Pol)* crumbling of confidence
vertrauenswürdig *adj (Gen)* trustworthy, reliable
Vertrauenswürdigkeit *f (Gen)* trustworthiness, reliability
vertraulich *adj* 1. *(Gen)* (strictly) confidential, private and confidential; 2. *(Recht)* confidential • **Information vertraulich behandeln** *(Recht)* treat information confidentially
vertrauliche Information *f (Recht)* confidential information
vertraulicher Bericht *m (Admin)* confidential report
Vertraulichkeit *f (Recht)* confidentiality
vertraut *adj (Gen)* au fait, familiar • **vertraut sein mit** *(Gen)* be acquainted [au fait, familiar] with • **sich mit etw. vertraut machen** *(Gen)* acquaint oneself with sth
vertreiben *v (Gen, V&M)* distribute, market, sell
vertretbar *adj* 1. *(Gen)* fungible *(Waren, Wertpapiere)*; 2. *(Recht)* justifiable *(Handlung)*
vertretbare Sachen *fpl (Gen)* fungibles
Vertretbarkeit *f* 1. *(Börse, Fin)* fungibility; 2. *(Gen, Recht)* justifiability
vertreten *v* 1. *(Gen)* represent, act for; 2. *(Recht)* advocate, represent; 3. *(Pol)* hold *(einen Wahlbezirk)*
Vertreter *m* 1. *(Gen, V&M)* agent, door-to--door salesman, representative, alternate; 2. *(Pat)* assignee, representative; 3. *(Pers)* sales representative, salesperson, salesman, *(AE; ugs.)* drummer; delegate *(Abgesandter)*; 4. *(Recht)* agent *(Vertragsrecht)*
Vertreterbesuch *(V&M)* sales call *(Kundenbesuch)*
Vertreterbezirk *m (V&M)* agent's territory
Vertreterin *f s.* Vertreter
Vertreterprovision *f (Gen, Imp/Exp, V&M)* agency fee, agent's commission
Vertretung *f* 1. *(Börse)* agency; 2. *(Gen, V&M)* agency, commercial agency, representation • **in Vertretung, i. V.** *(Gen, Mgt)* for and on behalf of *(+ Unterschrift)*
Vertretungsberechtigte *m(f) (Recht)* authorized representative
Vertretungstheorie *f (WiWi)* agency theory
Vertretungsvertrag *m (Recht)* agency agreement
Vertrieb *m (Gen, Transp, V&M)* distribution
Vertrieb *m* **nach dem Schneeballsystem** *(V&M)* multi-level distributorship, pyramid selling
Vertriebsabteilung *f (V&M)* marketing department
Vertriebsbeschränkungen *fpl (V&M)* restrictions on distribution
Vertriebskosten *pl* 1. *(Gen, Ind, Transp)* distribution costs; 2. *(V&M)* marketing cost, sales cost
Vertriebsorganisation *f* 1. *(Imp/Exp, Transp)* distributor; 2. *(V&M)* marketing [sales] organization
Vertriebsplanung *f (Gen, V&M)* distribution [marketing] planning
Vertriebspolitik *f* 1. *(Gen)* distribution policy; 2. *(V&M)* sales policy
Vertriebsrechte *npl (Recht, V&M)* marketing rights
Vertriebs- und Umsatzplan *m (V&M)* marketing and sales plan
Verunglimpfung *f (Recht)* disparagement
verunreinigen *v (Umwelt)* contaminate, pollute
Verunreinigung *f (Ind, Umwelt)* pollution, contamination
veruntreuen *v* 1. *(Fin)* misappropriate; 2. *(Recht)* embezzle

Veruntreuung *f* 1. *(Fin)* misappropriation; 2. *(Recht)* embezzlement
verursachen *v (Gen)* spark off, incur *(Kosten)*; cause, trigger *(Kostenanstieg)*
Verursacherprinzip *n (Umwelt, WiWi)* polluter(-pays) principle
Verursachungsprinzip *n (Gen, RW)* causation principle, principle of causation, principle of causality *(Kostenrechnung, cost accounting; anders in der Umweltpolitik: Verursacherprinzip = polluter pays principle)*
verurteilen *v (Recht)* condemn, convict, sentence *(strafrechtlich)*
Verurteilung *f (Recht)* condemnation, conviction, sentencing *(strafrechtlich)*
vervielfältigen *v (Gen)* duplicate
Vervielfältigung *f* 1. *(Gen)* duplication; 2. *(Stat)* multiplication; 3. *(Media)* generation; 4. *(WiWi)* reproduction
Vervielfältigungsrecht *n (Media, Recht)* reproduction right
Vervollkommnung *f (Gen)* improvement, perfection
vervollständigen *v (Gen)* complete, supplement
verwahren *v* 1. *(Gen)* enshrine; 2. *(Recht)* hold in custody, keep in custody, keep in safe custody, impound *(gerichtlich)*
Verwahrer *m (Bank, Recht)* bailee, custodian, depositary, *(AE)* safekeeper
Verwahrerin *f* s. Verwahrer
Verwahrung *f* 1. *(Bank)* bailment, custody, deposit, safekeeping, impoundment *(gerichtlich)*; 2. *(Recht)* deposit, custody, safekeeping, bailment, impoundment *(gerichtlich)*
Verwahrungsgeschäft *n (Bank, Börse)* custody business, custodial business; custody transactions
verwalten *v (Gen, Mgt, Pol, Recht)* administer, manage
Verwalter *m (Gen, Mgt)* administrator, manager(ess)
Verwalterin *f* s. Verwalter
Verwaltung *f (Gen)* administration, management
Verwaltung *f* **der Finanzen** *(Admin)* financial administration
Verwaltung *f* **der Währungsreserven** *(Bank, WiWi)* reserve management *(EZB)*
Verwaltung *f* **des Schuldnervermögens** *(Recht)* administration of the debtor's assets
Verwaltungsanordnung *f (Recht)* administrative order
Verwaltungsausgaben *fpl (Admin)* administrative expenses
Verwaltungsbehörde *f* 1. *(Gen)* administrative authority; 2. *(Pol)* administration; 3. *(Admin)* administrative agency
Verwaltungsgebühr *f* 1. *(Bank)* management fee; 2. *(Versich)* administrative charge [fee]
Verwaltungsgemeinkosten *pl* 1. *(Fin)* administration expenses, administrative overheads; 2. *(RW)* administrative overheads, general expenses; 3. *(Steuer)* administrative cost
Verwaltungsgesellschaft *f (WiWi)* management company
Verwaltungskosten *pl* 1. *(Fin)* administration expenses; 2. *(Gen)* administrative cost
Verwaltungsorgan *n (Mgt, Recht)* decision-making body *(UMAG: Vorstand, Aufsichtsrat)*
Verwaltungspersonal *n (Pers)* administrative staff
Verwaltungsrat *m (Mgt)* board of directors, governing body, executive [administrative] board
Verwaltungsratsmitglied *n (Mgt)* member of the administrative board, member of the supervisory board *(Aufsichtsratssystem, two-tier system)*; member of the board of directors, member of the board *(Board-System, single-tier system)*
Verwaltungsratssitzung *f (Mgt)* board meeting
Verwaltungsrecht *n (Admin, Recht)* administrative law
Verwaltungssitz *m (Mgt)* head office
Verwaltungssitz *m* **des Schuldners** *(Recht)* centre of administration of the debtor *(der Ort, an dem der Schuldner üblicherweise seine Hauptinteressen wahrnimmt; Gesellschaften und juristische Personen: satzungsmäßiger Sitz)*
Verwaltungsverfügung *f (Recht)* administrative decree
Verwaltungsvertrag *m* 1. *(Fin)* investment contract; 2. *(Gen)* business management agreement

verwandeln *v (Gen)* change, convert
verwandeln *v* **in** *(Gen)* convert into
Verwandlung *f (Gen)* change, conversion
verwandt *adj* 1. *(Ind)* allied; 2. *(Pat)* associated; 3. *(Recht)* related; 4. *(Soz)* cognate
verwandte Berufe *mpl (Ind)* allied trades
verwandte Fachrichtungen *fpl (Soz)* cognate disciplines
verwandte Industriebereiche *mpl (Ind)* allied industries
verwandtes Warenzeichen *n (Pat)* associated mark
verwässern *v* 1. *(Börse)* dilute *(Kapitalverwässerung)*; 2. *(Gen)* water down *(Idee, Aussage)*
verwässert *adj (Börse, Fin)* diluted, watered *(Kapitalverwässerung)*
verwässertes Kapital *n (Fin)* diluted capital, watered capital
Verwässerung *f (Börse, Fin)* dilution
Verwässerung *f* **des Aktienkapitals** *(Börse)* dilution of equity, equity dilution *(Synonym: Kapitalverwässerung, Eigenkapitalverwässerung)*
verweigern *v (Gen)* deny, refuse, reject
Verweigerung *f (Gen)* denial, refusal, rejection
Verweigerung *f* **des Bestätigungsvermerks** *(Gen, RW)* denial of auditor's opinion
Verweildauer *f (Transp)* turn(a)round time
Verweis *m* 1. *(Gen)* reference; 2. *(Pers)* reprimand
verweisen *v (Gen)* refer to
Verweisung *f (Gen)* reference, referral
verwendbar *adj (Gen)* applicable, usable
verwendbar *adj* **bis** *(Gen)* sell by
verwendbar *adj* **für** *(Gen)* applicable to
Verwendbarkeit *f (Gen)* use, appropriateness
verwenden *v (Gen)* apply, employ, make use of, use, utilize
Verwendung *f (Gen, Pat)* application, utilization
Verwendung *f* **des Reingewinns** *(RW)* appropriation of (net) income
Verwendung *f* **von Mitteln** *(RW)* use of funds
Verwendungsgut *n (Imp/Exp, V&M)* end-use good
Verwendungszweck *m (Bank, Gen)* use, purpose, intended purpose
Verwendungszweckangaben *fpl (Bank)* remittance information
Verwerfungen *fpl (WiWi)* distortions, dislocations *(ZB)*
verwertbare Information *f (Mgt, Stat, WiWi)* significant information
verwerten *v* 1. *(Fin)* liquidate; 2. *(Gen, Umwelt)* exploit, utilize • **praktisch verwerten** *(Pat)* exploit, work
verwertet *adj (Fin, Gen, Ind, Pat)* exploited, liquidated, utilized
Verwertung *f (Fin, Gen, Ind, Pat)* exploitation, liquidation, working
Verwertung *f* **des Vermögens** *(Recht)* liquidation of the assets
Verwertungsrecht *n (Media, Recht)* exploitation right
verwirken *v (Recht, Versich)* forfeit
verwirklichen *v (Gen)* realize, materialize *(Ziel)*
Verwirklichung *f* **einer Strategie** *(Gen, Mgt)* strategy implementation
verwirkte Sicherheit *f (Versich)* forfeited security
Verwirkung *f (Recht)* forfeiture
verzahnen *v (Gen)* interlink
Verzehr *m (Gen)* consumption • **nicht zum Verzehr geeignet** *(Gen)* unfit for consumption
Verzeichnis *n* 1. *(Comp)* directory, index *(Datenbank)*; 2. *(Gen)* catalog(ue), *(AE)* schedule; 3. *(Admin, Pat)* register
verzerren *v (WiWi)* distort
verzerrt *adj (Stat)* biased
verzerrte Auswahl *f (Stat)* selection bias
Verzerrung *f* 1. *(Gen)* distort; 2. *(Stat)* bias; 3. *(WiWi)* distortion
Verzicht *m* 1. *(Gen)* relinquishment; 2. *(Pat)* waiving; 3. *(Recht)* abandonment, disclaimer, waiving, relinquishment, renunciation *(auf ein Recht)*; 4. *(Steuer)* waiving; 5. *(Versich)* sacrifice
verzichten *v* **auf** 1. *(Gen)* forego, renounce *(Macht, Freiheit)*; abandon *(Recht, Anspruch)*; 2. *(Imp/Exp)* abandon *(Zollgüter)*; 3. *(Pat)* waive, abandon; 4. *(Recht)* abandon, relinquish, waive; 5. *(Steuer)* waive; 6. *(Versich)* sacrifice
verzichten *v* **auf Forderungseinzug** *(RW)* forego collection of a debt
verzichten *v* **auf Forderungsinkasso** *(RW)* forego collection of a debt

verzinsen *v/sich (Bank)* bear interest, yield interest
verzinsliche Einlage *f (Bank)* interest-bearing deposit
verzinsliche mindestreservepflichtige Einlagen *fpl (Bank) (BE)* interest-bearing eligible liabilities
verzinsliche Schuldverschreibung *f (Börse)* interest-bearing bond
verzinsliche Verbindlichkeiten *fpl (Bank, RW)* interest-bearing liabilities
verzinslicher Ertrag *m (Börse)* interest-bearing yield
verzinsliches Instrument *n (Börse)* interest-bearing instrument
Verzinsung *f* 1. *(Bank)* payment of interest; 2. *(Börse, Gen)* return
Verzinsungsverbot *n (Bank)* ban on interest payments
verzögern *v (Gen)* delay
verzögerte Reaktion *f (Gen)* lag response
verzögerte Variable *f (Stat)* lagged variable
Verzögerung *f* 1. *(Gen)* delay, lag; 2. *(WiWi)* time lag, lag
Verzögerungsrisiko *n (Bank)* lag risk
Verzögerungstaktik *f (Gen)* delaying tactics
verzollen *v (Imp/Exp, Transp, WiWi)* clear through customs
Verzollung *f (Imp/Exp, Transp)* clearance, customs clearance
Verzollungswert *m (Imp/Exp)* current domestic value *(Ware)*
Verzug *m (Gen, Recht)* default, delay *(bei vertraglicher Leistung)* • **in Verzug befindliche Partei** *(Recht)* party in default
Verzugsfall *m (Fin)* event of default
Verzugstage *mpl (Gen)* days after date
Verzugszinsen *mpl (Bank)* default interest, interest on arrears, interest on the sum due
VEU *s.* Vertrag über die Europäische Union
VGR *s.* Volkswirtschaftliche Gesamtrechnung
via *(Komm)* via
Vibrationsalarm *m (Komm)* vibration alarm *(Handys)*
Videoaufnahme *f (Komm, Media)* video cassette recording, videotape recording
Videoband *n (Komm, Media)* videotape • **auf Videoband aufzeichnen** *(Komm, Media)* videotape
Videokonferenz *f (Comp, Komm, V&M)* video conference, video conferencing
Vielfache *n (Stat)* multiple
Vielfaches *n (Stat)* multiple
Vielseitigkeit *f (Comp, Gen, V&M)* versatility
vielversprechend *adj (Gen)* up-and-coming, promising • **vielversprechend beginnen** *(Gen)* get off to a flying start *(Plan, Projekt)*
vielversprechende Nachwuchskräfte *fpl (Pers)* high potentials
Vielzweck... *(Comp, Gen)* multipurpose
Viertel *n (Gen)* quarter *(des Jahres)*
Vierteljahresrate *f (RW)* quarterly instal(l)ment
vierteljährlich *adj (Gen)* quarterly
vierteln *v (Gen)* quarter
vierzehn Tage *mpl (Gen)* fortnight
vierzehntägig *adj (Gen)* biweekly, fortnightly
Vierzigtagehausrecht *n (Gen, Transp)* quarantine
Vignette *f (Transp, V&M)* vignette
vinkulierte Namensaktien *fpl (Bank, Fin)* registered shares not freely transferable
VIP *(Gen, Mgt, Pol)* VIP, Very Important Person *(wichtige Person, bedeutende Persönlichkeit)*
VIP-Lounge *f (Gen, Transp)* executive lounge
virtuelle Expertengemeinschaften *fpl (Mgt)* communities of practice *(freiwillig, informell, hochmotiviert, hochreagibel, hierarchiefrei, multidisziplinär, funktionsübergreifend und zielorientiert arbeitende Expertengruppen, deren Mitglieder zur Wissensteilung bereit sind; ein Instrument des modernen wissensbasierten Managements = an instrument of modern knowledge-based management)*
virtuelle Welt *f (Comp, Gen)* cyberspace *(virtueller Raum; Gegensatz: die reale Welt = the physical world, the flesh-and-blood real world, meatspace colloquial)*

virtueller Marktplatz *m (Comp, Komm, V&M)* cybermall, cyber market place
virtueller Raum *m (Comp, Komm, Recht)* cyberspace
Visitenkarte *f (Gen)* business [visiting] card
Vitrine *f (V&M)* showcase
VK *s.* Vereinigtes Königreich
VN *s.* Vereinte Nationen
volatiler Markt *m (WiWi) (ugs.)* jumpy market
Volatilität *f (Börse, WiWi)* volatility
Völkerrecht *n (Recht)* international law
Volkseinkommen *(WiWi)* net national income, aggregate income, national income *(Nettonationaleinkommen zu Faktorkosten, früher: Nettosozialprodukt zu Faktorkosten = net national product at factor cost)*
Volksvermögen *n (WiWi)* national wealth
Volksvermögensrechnung *f (WiWi)* national balance sheet
Volkswirtschaft *f* 1. *(Pol)* political economy; 2. *(WiWi)* national economy, economy *(Wirtschaft eines Landes)*
volkswirtschaftlich *adj* 1. *(Gen)* economic; 2. *(WiWi)* aggregate, economic
volkswirtschaftliche Ersparnis *f (WiWi)* national savings
Volkswirtschaftliche Gesamtrechnung *f (WiWi)* macroeconomic accounting, national accounting, System of National Accounts *(UN)*
volkswirtschaftliche Kosten *pl (WiWi)* bad, external cost
volkswirtschaftliche Kosten *pl* **des Monopols** *(WiWi)* social cost of monopoly
volkswirtschaftliche Opportunitätskosten *pl (Börse)* social opportunity cost of foreign exchange
volkswirtschaftliche Theorie *f (WiWi)* economic theory
Volkswirtschaftslehre *f (Pers, WiWi)* economics *(Singular!)*; economic science, public economics *(Vorsicht: economies = Ersparnisse)*
Volkszählung *f (Gen, Stat)* population census, census of population
voll *adj (Gen)* full, complete • **zum vollen Ausgleich** *(RW)* in full settlement • **bei voller Kapazität** *(Gen)* at full capacity • **mit voller Kraft arbeiten** *(Ind)* go full steam • **bei voller Leistung** *(Gen)* at full capacity • **ein volles Programm haben** *(Gen)* work to a very tight schedule
voll *adv (Gen)* fully, completely • **vollbezahlt** *(Gen)* fully paid • **vollfinanziert** *(Admin)* fully funded
voll verwässertes Ergebnis *n* **je Aktie** *(Börse, Fin)* fully diluted earnings per share
Vollanrechnungssystem *n (obs.) (Steuer)* full credit system, full imputation system *(ESt, KSt; Vollanrechnungsverfahren)*
Vollanrechnungsverfahren *n (Deu) (Steuer)* full credit system, full imputation system *(in Kraft bis zum Vz. 2000, wurde als einkommensteuerliches Dividendenbesteuerungsverfahren ab 2001 abgelöst vom Halbeinkünfteverfahren = half-income system; German income taxation)*
Vollauslastung *f (Ind)* full capacity
Vollbeschäftigung *f (WiWi)* full employment
Vollbeschäftigungsbudget *n (WiWi)* full-employment budget *(Finanzwissenschaft)*
Vollbeschäftigungswirtschaft *f (WiWi)* full employment economy *(Synonym: vollbeschäftigte Volkswirtschaft)*
Vollbeschäftigungsziel *n (Pers, WiWi)* full employment objective, full employment target
volle Deckung *f (Admin, Gen, Versich)* full coverage
volle Haftung *f (Gen)* full liability
volleingezahlte Aktie *f (Börse)* fully-paid share
volleingezahltes Kapital *n (Fin)* fully paid-up capital
vollenden *v (Gen)* accomplish, achieve, complete
vollendete Tatsache *f (Gen)* fait accompli
Vollendung *f (Gen)* accomplishment, achievement, completion
Vollendung *f* **des Binnenmarktes** *(Pol)* completion of the single market *(EU; ursprünglich vorgesehen für 1992)*
voller Satz *m (Pers)* full rate
voller Steuerfreibetrag *m (Steuer)* full exemption

voller Terminkalender *m (Mgt)* busy schedule
voller Versicherungsschutz *m (Versich)* full coverage
Vollerhebung *f (Stat, V&M)* full survey
Vollhafter *m (Gen, Recht)* unlimited partner, general partner *(Synonym: Komplementär, persönlich haftender Partner; Gegensatz: Kommanditist = limited partner)*
völliger Stillstand [Zusammenbruch] *m (Gen, Transp)* gridlock
volljährig *adj (Gen, Recht)* having reached the age of majority, of full age, having reached adulthood
Volljährigkeit *f (Recht)* majority
vollkaskoversichert *adj (Versich)* comprehensively covered
Vollkaskoversicherungspolice *f (Versich)* fully comprehensive insurance policy, fully comprehensive cover
vollkommen *adj (Gen)* perfect, accomplished
vollkommene Preisdiskriminierung *f (WiWi)* perfect price discrimination
vollkommener Markt *m (WiWi)* perfect market
Vollkonsolidierung *f (RW)* full consolidation *(volle Konsolidierung; Gegensatz: anteilsmäßige Konsolidierung = pro rata consolidation)*
Vollkosten *pl (Fin, RW)* full cost
Vollkostenbasis *f (RW)* absorbed basis, full cost basis
Vollkostenkalkulation *f (RW)* full costing, full-cost pricing, mark-up pricing
Vollkostenmethode *f (Fin, RW)* full-cost method
Vollkostenrechnung *f (Fin)* absorption, absorption [full] costing
Vollmacht *f* 1. *(Börse)* proxy *(Stimmrecht)*; authority, procuration *(Wechselrecht)*; 2. *(Gen)* mandate; 3. *(Pol)* warrant; 4. *(Recht)* mandate, power of attorney, PA • **Vollmacht erteilen** *(Gen)* authorize • **jmdm. eine Vollmacht erteilen** *(Recht)* confer authority on sb, give sb a power of attorney, grant sb a power of attorney, vest sb with authority • **seine Vollmacht überschreiten** *(Recht)* act ultra vires, exceed one's authority
Vollmachterteilung *f (Recht)* authorization
Vollmachtsübertragung *f (Gen)* delegation of authority
Vollmachtsurkunde *f (Recht)* letter of attorney, procuratory letter, power of attorney, PA *(administrativ)*
Vollmitglied *n (Gen)* full member
vollständig *adj (Gen)* complete, entire, in full • **vollständig abgeschrieben sein** *(Gen) (ugs.)* be a write-off • **vollständig ausgeschüttet** *(Börse)* fully distributed *(Dividende)* • **nicht vollständig gezeichnet** *(Fin)* undersubscribed
vollständige Freistellung *f (Steuer)* full exemption
vollständige Konkurrenz *f (WiWi)* perfect [pure] competition
vollständiger Text *m (Gen)* text in full
vollständiger Wortlaut *m (Gen)* text in full *(Text)*
vollstreckbar *adj (Recht)* enforceable
Vollstreckbarkeit *f (Recht)* enforceability
vollstrecken *v (Recht)* execute, enforce *(Urteil)*
Vollstreckung *f (Recht)* enforcement, execution
Vollstreckungsland *n (Recht)* country of enforcement
Vollstreckungstitel *m (Recht)* enforcement order, order for enforcement
Vollstreckungsverfahren *n (Recht)* enforcement [execution] proceedings, executory proceedings
vollwertiger Ersatz *m (WiWi)* perfect substitute
Vollzeitarbeitskraft *f (Pers)* full-time employee, full-timer
Vollzeitbeschäftigung *f (Pers)* full-time employment
Vollzeitkraft *f (Pers)* full-time employee, full-timer
vollziehen *v (Recht)* accomplish, carry out, enforce, execute
vollziehende Gewalt *f (Recht)* executive power
Vollziehung *f (Recht)* accomplishment, enforcement, execution
Volontär *m (Pers)* unpaid trainee, volunteer
Volontariat *n (Pers)* period of training, traineeship *(Stelle)*
Volontärin *f s.* Volontär

Volumen *n* 1. *(Börse, Gen)* turnover, volume; 2. *(RW, WiWi)* volume
Volumenbeschränkung *f (Comp, Komm, Media)* transfer limit, download limit, upload limit *(Menge der übertragenen Daten)*
vor *(Gen)* ante, before, prior to
Vorabkoordinierung *f (Pol, WiWi)* ex ante coordination
Vorabkosten *pl (WiWi)* front-end costs
vorangehen *v (Gen)* take the lead, precede
vorangehend *adj (Gen)* preceding
Vorankündigung *f (Gen)* advance notice
Voranmeldung *f* 1. *(Gen)* advance notice; 2. *(Pat)* previous application • **nur nach Voranmeldung** *(Gen)* by appointment only
Voranschlag *m* 1. *(Fin)* preliminary budget; 2. *(Gen)* cost estimate, estimate *(Kosten)*
vorantreiben *v* 1. *(Gen)* expedite, spur; 2. *(Pers)* drive, expedite, speed up *(Arbeit, Prozess)*
Vorantreiben *n (Gen)* speed-up
Vorarbeit *f (Gen)* preparatory work
Vorarbeiten *fpl* 1. *(Gen)* groundwork; 2. *(Ind)* mastering *(Hochtechnologieprodukte; für die eigentliche Produktion)*
Vorarbeiter *m (Pers)* charge hand, (sub)foreman, head foreman, overseer, supervisor *(Fertigungsbetrieb)*
Vorarbeiterin *f s.* Vorarbeiter
voraus *adv (Gen)* ahead • **im Voraus** *(Gen)* anticipated, in advance, up front • **im Voraus bestellen** *(Gen)* book in advance • **im Voraus bezahlt** *(Gen, Komm)* paid in advance, prepaid • **etw. im Voraus planen** *(Gen)* plan ahead for sth • **im Voraus zahlbar** *(Gen)* payable in advance
Vorausanzeige *f (Recht)* advance notice
Vorausbenachrichtigung *f (Recht)* advance notice
vorausberechnen *v* 1. *(Fin)* precompute; 2. *(Gen)* predict
vorausbestellen *v (Gen)* book in advance
Vorausbestellung *f (Gen)* advance order
vorausbestimmen *v (Gen)* predetermine
vorausbezahlt *adj (Fin, Gen, V&M)* prepaid
vorausbezahlte Gebühr *f (Transp)* advanced charge [disbursement], prepaid charge
vorausbezahlte Karte *f (Bank)* prepaid card
vorausbezahlte Kosten *pl* 1. *(Transp)* prepaid charges; 2. *(V&M)* prepaid costs
vorausgehen *v (Gen)* precede, predate
Vorauskasse *f (Gen)* prepayment, advance payment, money up-front
vorauslaufender Indikator *m (WiWi)* leading indicator *(Synonym: vorlaufender Indikator)*
vorausplanen *v (Gen)* preplan
Vorausplanung *f (Fin, Gen)* forward planning
Vorausplatzierung *f (Börse)* advance selling
Vorausrechnung *f (Fin, RW)* advance bill [invoice]
Voraussage *f (Gen)* forecast, prediction
Vorausschätzung *f (Gen)* preliminary estimate
Vorausschätzung *f* **der Beschäftigung** *(Pers, WiWi)* employment forecast
vorausschauend *adj (Gen)* forward--looking
voraussehen *v (Gen)* anticipate
voraussetzen *v (Gen)* assume, presume, suppose • **vorausgesetzt, dass** *(Gen)* provided that
Voraussetzung *f (Gen)* assumption, supposition, premise, prerequisite, presumption • **unter der Voraussetzung, dass** *(Gen)* on condition that, on the understanding that • **Voraussetzungen für etw. erfüllen** *(Gen)* be eligible for sth
Voraussetzungen *f* **der Insolvenzeröffnung** *(Recht)* conditions for opening an insolvency procedure
voraussichtlich *adj (Gen)* presumable, probable, prospective
voraussichtliche Sterblichkeit *f (Versich)* expected mortality
voraussichtliches Datum *n (Gen)* expected date
Vorauswahl *f (Gen, Pers)* shortlist • **eine Vorauswahl treffen** *(Gen, Pers)* shortlist
vorauszahlen *v (Bank, Fin, RW, Steuer)* prepay
Vorauszahlung *f* 1. *(Bank, Fin, Gen)* ad-

vance (payment), money up-front; 2. *(RW)* payment in advance, prepayment; 3. *(Steuer)* prepayment
Vorbedingung *f (Gen)* precondition, prerequisite
Vorbehalt *m* 1. *(Gen)* reservation; 2. *(RW)* qualification; 3. *(Transp)* exceptions clause; 4. *(Versich)* exception • **ohne Vorbehalt** 1. *(Gen)* outright; 2. *(RW)* without qualification
Vorbehalte *mpl (Recht)* qualifications, reservations *(Bedenken)*
vorbehalten *v***/sich** *(Gen)* reserve
vorbehaltlich 1. *(Gen)* subject to; 2. *(Recht)* provided that, with the proviso that
vorbehaltlich anderslautender Bestimmungen *(Gen)* except as otherwise herein provided
vorbehaltlos *adj (Gen)* clean
vorbehaltslos *adj (RW)* without qualification
vorbehaltslose Bestätigung *f (RW)* positive confirmation
Vorbehaltspreis *m (Gen)* reserve price *(Auktion)*
Vorbemerkung *f (Recht)* preliminary statement
Vorbemerkungen *fpl (Media)* preliminary pages
Vorbenutzung *f (Pat)* prior use
vorbereiten *v (Gen, Mgt)* prepare
vorbereitende Arbeiten *fpl (Gen)* preparatory work
Vorbereitung *f (Gen, Mgt)* preparation • **in Vorbereitung** 1. *(Komm)* in the pipeline; 2. *(Media)* in preparation
Vorbereitungsstadium *n (Gen, Mgt)* preparatory stage, preparatory phase *(Vorbereitungsphase)*
Vorbestellung *f* 1. *(Frei)* (advance) booking, reservation; 2. *(Gen)* advance order *(Waren)*
vorbeugen *v (Gen, Mgt, Recht)* prevent
vorbeugend *adj (Gen, Mgt)* preventive
vorbeugende Maßnahme *f (Gen, Recht)* preventive measure
Vorbeugung *f (Gen)* prevention
vorbildliche Normen *fpl (Gen, Mgt)* best practice
Vorbildung *f (Pers, Soz)* (educational) background
Vorbörse *f (Börse)* before-hours dealings
vorbörslich *adj (Börse)* before official hours
vorbörslicher Handel *m (Bank, Börse, Fin)* IPO-trading
vorbringen *v* 1. *(Gen)* set forth, air *(Problem)*; 2. *(Recht)* submit *(Anspruch, Antrag)*
vordatieren *v (Gen)* foredate, postdate *(Scheck)*
vordatiert *adj (Gen)* postdated
Vorderseite *f (Media)* front page, recto
Vordiplomprüfung *f (Bil)* university preliminary examination; college preliminary examination
Vordruck *m (Gen)* printed form, blank form
Voreigentümer *m (Pat)* predecessor in title
Voreigentümerin *f s.* Voreigentümer
voreilig *adj (Gen)* premature
voreingenommen *adj (Gen)* biased, prejudiced
Voreingenommenheit *f (Gen)* bias, prejudice
Voreinstellung *f (Komm)* preselection
Vorentwurf *m* 1. *(Fin)* preliminary draft; 2. *(Recht)* rough draft; 3. *(V&M)* rough
Vorfakturierung *f (V&M)* prebill, prebilling
Vorfall *m (Recht)* incident
Vorfälligkeitsentschädigung *f (Bank, Fin)* prepayment fee, prepayment penalty, early-withdrawal penalty, prepayment charge *(in der 'Langfristkultur' der deutschen Immobilienfinanzierung der Preis für zinsgünstige, langlaufende Hypothekenverträge)*
Vorfeld *n (Gen)* run-up • **im Vorfeld** *(Ind)* at [in] the forefront
vorführen *v* 1. *(Gen)* perform, produce *(Unterhaltung)*; 2. *(V&M)* demonstrate, present
Vorführung *f* 1. *(Gen)* performance, production; 2. *(V&M)* demonstration, presentation
Vorgabe *f (Mgt)* performance target
Vorgabekosten *pl (Fin, RW)* budgetary costs, budgeted [ideal] standard [target] cost
Vorgabezeit *f* 1. *(Ind, RW)* standard time; 2. *(Pers)* allowed time
Vorgang *m* 1. *(Gen)* operation, transaction, case (file), record *(Akten)*; 2. *(Ind)* process

vorgeben *v* 1. *(Gen)* simulate, pretend; 2. *(Ind)* predetermine
vorgedrucktes Formular *n (Gen)* printed form
vorgefertigt *adj (Gen, Ind)* prefabricated
vorgegeben *adj (Börse, Gen, Mgt)* predetermined
vorgehen *v* 1. *(Gen)* transact, act; 2. *(Recht)* precede, have priority *(Rang)*
Vorgehen *n* 1. *(Gen)* action, approach, procedure; 2. *(Mgt, WiWi)* approach
Vorgehensweise *f (Admin, Gen, Mgt, WiWi)* approach, modus operandi
vorgelagert *adj (Gen)* upstream *(Märkte)*
Vorgeschichte *f* 1. *(Pers)* previous history *(Bewerber, Unternehmen)*; 2. *(V&M)* case history
vorgeschrieben *adj (Gen, Recht)* stipulated • **zwingend vorgeschrieben** *(Recht)* mandatory • **wie vorgeschrieben** *(Gen, Recht)* as stipulated
vorgeschriebener Preis *m (Gen)* prescribed price
vorgesetzt *adj (Gen)* senior
Vorgesetzte *m(f)* 1. *(Gen)* senior; 2. *(Pers)* chief, superior
vorgezogene Pensionierung *f (Pers, Soz)* early retirement, pre-retirement
vorgezogener Ruhestand *m (Pers, Soz)* early retirement, pre-retirement
vorgezogenes Altersruhegeld *n (Pers)* early retirement pension
vorhaben *v (Gen, Mgt)* aim, plan, propose
vorhanden *adj (Gen)* available
vorhergehend *adj (Gen)* preceding
vorhergehender Zeitraum *m (RW)* prior period
vorhergehendes Jahr *n (Gen)* previous year
vorhergesagt *adj (Gen)* predicted
vorherig *adj (Gen)* previous, prior
vorheriger Eigentümer *m (Pat)* predecessor in title
vorherrschen *v (Gen)* prevail
Vorhersage *f* 1. *(Gen)* forecast, prediction, projection; 2. *(Stat)* forecast; 3. *(V&M)* forecasting
vorhersagen *v* 1. *(Gen)* forecast, predict, project, prognosticate; 2. *(Stat, V&M, WiWi)* forecast
vorhersehbar *adj (Gen)* predictable
vorhersehbares Risiko *n (Börse)* foreseeable risk
Vorjahr *n (Gen)* preceding year, previous year
Vorjahresbasis *f (Stat)* preceding year basis, PYB • **auf Vorjahresbasis** *(Stat)* preceding year basis, PYB
Vorkalkulation *f (RW)* preliminary calculation [costing]
Vorkalkulator *m (RW)* cost estimator
vorkalkulierter Preis *m (Börse)* estimated price
Vorkämpfer *m (Gen)* pioneer, champion
Vorkämpferin *f s.* Vorkämpfer
Vorkasse *f* 1. *(Gen)* advance payment; 2. *(RW)* cash in advance
Vorkaufsrecht *n* 1. *(Börse)* right of preemption; 2. *(Gen)* option; 3. *(Recht, WiWi) (AE)* right of first refusal, pre--emptive right
Vorkehrung *f* 1. *(Bank)* provision; 2. *(Comp, Komm, Recht)* precaution
Vorkommen *n (Umwelt)* deposit
Vorkopplung *f (Mgt, WiWi)* feed forward *(offene Steuerung)*
vorladen *v (Recht)* cite, issue a summons, summon
Vorladung *f (Recht)* citation, summons
Vorlage *f* 1. *(Gen)* production, presentation, submission *(Wechsel)*; 2. *(Pol)* bill • **bei Vorlage** 1. *(Fin)* at sight, on presentation; 2. *(RW)* on demand; 3. *(Recht)* on presentation • **gegen Vorlage** 1. *(Fin)* at sight, on presentation; 2. *(RW)* on demand; 3. *(Recht)* on presentation • **gegen Vorlage der Dokumente** *(Gen, Imp/Exp)* against documents
vorlaufender Indikator *m (WiWi)* leading indicator
vorläufig *adj (Gen)* for the time being, interim, provisional, temporary
vorläufig *adv (Gen)* ad interim, provisionally • **vorläufig unwirksam** *(Recht)* in abeyance
vorläufige Annahme *f (Gen)* provisional acceptance
vorläufige Auftragserteilung *f (Börse, Gen)* letter of intent
vorläufige Deckungszusage *f (Versich) (AE)* binder, *(BE)* cover note; memorandum of insurance

vorläufige Maßnahme *f (Mgt, Recht)* interim measure
vorläufige Vereinbarung *f (Recht)* provisional agreement
vorläufige Versicherungspolice *f (Versich) (AE)* binder, *(BE)* cover note; memorandum of insurance
vorläufiger Emissionsprospekt *m (Börse)* preliminary prospectus
vorläufiger Plan *m (Gen)* tentative plan
vorläufiger Status *m (Recht)* temporary status
vorläufiger Verwalter *m (Recht)* temporary administrator
Vorlaufkosten *pl (RW)* preproduction cost
Vorlaufzeit *f (Ind)* lead time
vorlegen *v* 1. *(Gen)* render, table, present *(Bericht)*; 2. *(Pat)* submit; 3. *(Pol)* lay, introduce, table *(Gesetz)*; 4. *(Recht)* present, produce, adduce, submit *(Beweis)*; introduce *(Gesetz)*
Vorlegung *f* 1. *(Gen)* presentation *(Wechsel)*; 2. *(Pat)* submission; 3. *(Pol)* introduction; 4. *(Recht)* presentation, production, submission • **bei Vorlegung** *(Fin)* at sight
Vorleistung *f* 1. *(Comp)* prerequisite; technical prerequisite *(technische)*; 2. *(Recht)* advance performance, anticipatory performance; 3. *(V&M)* advance delivery *(Lieferung)*; advance payment *(Zahlung)*; 4. *(WiWi)* intermediate input
Vorleistungen *fpl (WiWi)* materials and services bought in *(VGR)*
Vormerkliste *f (Gen)* waiting list
Vormerkung *f (Recht)* pre-emption entry
vormittags *adv (Gen)* ante meridiem, am, in the morning
Vormundschaft *f (Soz)* guardianship • **unter Vormundschaft stellen** *(Soz)* place under guardianship
vornehm *adj (Gen)* prestigious
vornherein/von *(Gen)* a priori
Vorort *m (Gen)* suburb
Vor-Ort-Service *m (Comp, V&M)* on-site service
Vorprodukt *n* 1. *(Gen)* primary product; 2. *(Ind)* intermediate good [product]
Vorprüfung *f (Gen, Pat)* preliminary examination
Vorrang *m* 1. *(Gen)* preference, priority; 2. *(Pat)* priority • **Vorrang haben vor** *(Gen)* take priority over
Vorrang *m* **des Gemeinschaftsrechts** *(Pol, Recht)* primacy of Community law *(EU)*
vorrangig *adj (Gen)* overriding, prior, priority
vorrangig besicherter Schuldtitel *m (Fin, RW)* senior debt
vorrangig besichertes Papier *n (Börse, Fin)* senior security *(a debt issue in the form of a secured loan which, in the event of liquidation, is repaid before junior capital like shareholders' equity; ein Schuldtitel mit Vorrang vor dem nachrangig besicherten Fremd- und Eigenkapital)*
vorrangige Hypothek *f (Bank, Fin, Grund)* prior mortgage, senior mortgage
vorrangige Schuld *f (Fin, RW)* senior debt *(Synonym: erstrangige Schuld, vorrangige Verbindlichkeit)*
vorrangige Verbindlichkeit *f (Bank)* senior debt
Vorrat *m* 1. *(Comp)* repertoire *(Befehle)*; 2. *(Gen)* stock, stockpile
Vorräte *mpl* 1. *(Gen)* inventory, inventory stocks; 2. *(RW)* stocks
vorrätig *adj (Gen, V&M, WiWi)* in stock • **nicht vorrätig** *(V&M)* out of stock • **solange vorrätig** *(V&M)* while stocks last
Vorratsaktien *fpl (Börse)* company's own shares, shares held in treasury, treasury stock
Vorratsbewirtschaftung *f (RW)* inventory management [control]
Vorratsdatenspeicherung *f (Comp, Komm, Recht)* data retention
Vorratshaltung *f (Gen)* stockpiling
Vorratslager *n (Gen)* stock in hand, buffer stock
Vorratsraum *m (Imp/Exp, Transp)* storeroom
Vorratsvermögen *n (Gen)* inventories, stock (in hand)
Vorratswirtschaft *f* 1. *(Gen)* stockpiling; 2. *(WiWi)* inventory management
Vorrecht *n* 1. *(Börse)* preferential right, *(AE)* privilege; 2. *(Pat)* priority; 3. *(Recht)* prerogative • **ohne Vorrecht** *(Gen)* without privilege

Vorredner *m (Gen)* last [preceding, previous] speaker
Vorrednerin *f s.* Vorredner
Vorreiter *m (Gen, Ind)* pioneer
Vorreiterin *f s.* Vorreiter
Vorrichtung *f* 1. *(Gen)* appliance; 2. *(Ind)* apparatus
Vorruhestand *m (Gen, Pers)* early retirement
Vorruhestandsregelung *f (Pers)* early-retirement scheme
Vorruhestandsrente *f (Fin)* early-retirement annuity, early-retirement benefit, preretirement pension
Vorsatz *m (Recht)* intent, intention
vorsätzlich *adv (Recht)* deliberately, intentionally
Vorschau *f* 1. *(Frei)* forecast, projection; 2. *(Gen)* prognostication
vorschießen *v (Gen)* advance
Vorschlag *m (Gen)* proposal, suggestion • **der Vorschlag gilt noch immer** *(Gen)* the proposal still stands • **einen Vorschlag machen** *(Gen)* make a suggestion • **als Vorschlag unterbreiten** *(Mgt)* propose, submit a proposal
vorschlagen *v* 1. *(Gen)* propose, suggest; 2. *(Mgt)* put forward *(Projekt)*; propose *(Treffen, Sitzung)*
Vorschlagswesen *n (Ind, Mgt)* suggestion scheme
vorschreiben *v* 1. *(Mgt)* enjoin; 2. *(Recht)* prescribe, provide for
Vorschrift *f* 1. *(Mgt, Pat)* rule; 2. *(Recht)* provision; 3. *(WiWi)* regulation
Vorschriften *fpl (Recht)* rules and regulations
Vorschub *m (Recht)* aid • **Vorschub leisten** *(Recht)* aid and abet *(Verbrechen)*
Vorschulalter *n (Bil)* pre-school age
vorschulische Betreuung *f (Bil, Soz)* pre-school care
Vorschuss *m* 1. *(Bank)* advance; 2. *(Fin)* imprest *(aus öffentlichen Mitteln)*; 3. *(Pers, RW)* advance; 4. *(Recht)* retainer • **auf Vorschuss** *(Gen)* on a retainer • **als Vorschuss geben** *(Gen)* advance • **einen Vorschuss zahlen** *(Bank)* make an advance
vorschüssige Rente *f (Versich)* annuity due, annuity payable in advance
Vorschusskasse *f (RW)* imprest fund
Vorschusssumme *f (Gen)* sum advanced
Vorschusszahlung *f (Gen)* advance
vorsichtig *adj (Gen)* cautious, conservative, prudent
vorsichtige Schätzung *f (Gen)* conservative [safe] estimate
Vorsichtsprinzip *n (RW)* prudence concept, principle of prudence, prudence principle, principle of caution, principle of conservatism *(Synonym: Vorsichtsgrundsatz; GoB, § 252 I Nr. 4 HGB)*; conservatism *(US-GAAP)*
Vorsitz *m (Mgt)* chairmanship, presidency • **den Vorsitz führen** *(Mgt)* be in the chair, chair a meeting
vorsitzen *v (Gen)* preside over *(Sitzung)*
Vorsitzende *m(f)* **des Aufsichtsrats** *(Pers)* chairman of the supervisory board, chairperson of the supervisory board *(Aufsichtsratssystem = two-tier system)*
Vorsitzende *m(f)* **des Verwaltungsrats** *(Pers)* chairperson of the board, chairman of the board, chairwoman of the board, chairperson of the administrative board of directors; president of the board of directors
Vorsorge *f (Gen)* provision • **Vorsorge treffen für** *(Gen)* make provision for
Vorsorgemanagement *n (Mgt)* contingency management
Vorsorgemaßnahmen *fpl* **zur Instandhaltung** *(Admin)* preventive maintenance
Vorsorgemotiv *n (Gen, WiWi)* precautionary motive
Vorsorgesparen *n (WiWi)* precautionary saving
vorsorglich *adj (Recht)* cautionary
Vorspiegelung *f* **falscher Tatsachen** *(Recht, Versich)* fraudulent misrepresentation
Vorsprung *m (Gen)* edge • **einen Vorsprung haben** *(Gen)* have a head start
Vorstadthochhäuser *npl (Gen, Grund)* suburban tower blocks
vorstädtisch *adj (Gen)* suburban
Vorstadtwohnblock *m (Gen, Grund)* suburban tower block
Vorstand *m (Gen, Mgt)* management board, board of management, execu-

tive board • **in den Vorstand wählen** *(Gen)* elect to the board

Vorstandsbüro *n (Mgt)* executive office

Vorstandsebene *(Mgt)* executive level, management level

Vorstandsmitglied *n (Mgt, Pers)* director, member of the board, member of the management board, managing director

Vorstandssitzung *f (Gen, Mgt)* board meeting

Vorstandsvorsitzende *m(f) (Mgt)* chairman of the executive board, chairperson of the executive board, chairman of the board of management, chairperson of the board of management, chairman of the management board, chairperson of the management board, chairperson of the executive board *(two-tier system = Aufsichtsratssystem)*; chairperson of the executive committee, chief executive, chief executive officer, CEO, *(BE)* managing director *(single-tier system, Board-Führungsmodell)*

Vorstellung *f (Gen, Mgt)* vision, presentation *(des Unternehmens)*

Vorstellungsgespräch *n (Pers)* job interview, interview

Vorsteuer *f (Steuer)* input [prior, turnover] tax

Vorsteuerabzug *m (Steuer)* deduction of input tax

Vorstudie *f (Gen)* pilot [feasibility] study

vortäuschen *v* 1. *(Gen)* simulate; 2. *(Recht)* make a pretence of

Vortäuschung *f* 1. *(Gen)* simulation; 2. *(Recht)* pretence

Vorteil *m* 1. *(Gen)* advantage, avails, benefit, edge; 2. *(Mgt)* benefit

vorteilhaft *adj (Gen)* advantageous, beneficial

Vorteilsprinzip *n (Steuer, WiWi)* benefit principle

Vortrag *m* 1. *(Fin)* balance brought down, balance brought [carried] forward; 2. *(Gen)* carried forward; 3. *(RW)* amount brought forward • **einen Vortrag halten** *(Pers)* give a lecture

vortragen *v* 1. *(Bank)* bring forward; 2. *(Fin, RW)* bring [carry] forward *(Saldo)*

vorübergehend *adj (Gen)* transient, temporary

vorübergehende Arbeitslosigkeit *f (Pers)* temporary unemployment

vorübergehende Einfuhr *f (Imp/Exp)* temporary importation

Vor- und Nachteile *mpl (Gen)* advantages and disadvantages, pros and cons

Voruntersuchung *f (Pat)* preliminary examination

Vorurteil *n (Gen)* bias, prejudice

Vorverkauf *m* 1. *(Frei, Gen, Transp)* advance booking; 2. *(V&M)* advance sale

vorverlegen *v (Gen)* bring [put] forward *(Termin)*; accelerate *(Fälligkeit)*

Vorverlegung *f (Gen)* bringing forward *(Termin)*

Vorverlegung *f* **der Fälligkeit** *(Bank)* acceleration of maturity

Vorvertrag *m* 1. *(Gen)* letter of understanding; 2. *(Recht)* preliminary agreement, tentative agreement, memorandum of understanding *(MoU; Vertragsrecht)*

Vorwahl *f (Komm)* area code, dial(l)ing code

Vorwahlnummer *f (Komm)* area code, dial(l)ing code

Vorwärtsintegration *f (WiWi)* forward integration *(vertikaler Unternehmenszusammenschluss; Gegensatz: Rückwärtsintegration)*

Vorwärtsregelung *f (Mgt, WiWi)* feed forward control *(Systemtheorie; Synonym: Steuerung; Gegensatz: Informations-Rückkopplung = feedback)*

vorweggenommene Reaktion *f (WiWi)* anticipatory response

Vorwegnahme *f (Gen)* anticipation

vorwegnehmen *v (Gen)* anticipate

Vorwerfbarkeit *f (Gen, Recht)* wrongfulness

Vorwurf *m (Gen, Recht)* reproach

Vorzeichen *n* 1. *(WiWi)* plus sign or minus sign; 2. *(Gen)* sign, omen

vorzeitig *adj (Gen)* anticipated, untimely, premature

vorzeitig *adv* 1. *(Gen)* prematurely; 2. *(Komm)* ahead of schedule • **vorzeitig fällig stellen** *(Bank)* accelerate maturity • **sich vorzeitig pensionieren lassen** *(Gen, Pers)* take early retirement

vorzeitige Abhebung *f (Bank)* early withdrawal *(of money out of a deposit account; Auszahlung vom Depositen-*

oder Sparkonto vor dem vereinbarten Verfügungstermin berechtigt Kreditinstitute zur Berechnung von Vorschusszinsen = early withdrawal penalty)

vorzeitige Ausübung *f* **eines Rechtes** *(Börse)* early exercise

vorzeitige Pensionierung *f (Pers, Soz)* early retirement, pre-retirement

vorzeitige Rückzahlung *f* 1. *(Bank)* advance repayment; 2. *(Gen)* advance repayment, anticipated repayment

vorzeitige Rückzahlung *f* **eines Darlehens** *(Bank, Fin)* early repayment of a loan

vorzeitige Tilgung *f* 1. *(Fin)* anticipated redemption, redemption before due date; 2. *(RW)* accelerated amortization

vorzeitige Verfügung *f s.* vorzeitige Abhebung

vorzeitige Zahlung *f (Gen)* payment before due date

vorzeitiger Ruhestand *m (Pers, Soz)* early retirement, pre-retirement

vorzeitiger Schulabgang *m (Bil)* dropping out of school, early school leaving

Vorzugsaktie *f (Börse, Fin) (BE)* preference share, *(AE)* preferred stock

Vorzugsaktie *f* **mit Gewinnbeteiligung** *(Börse, Fin) (BE)* participating preference share, *(AE)* participating preferred stock

Vorzugsbehandlung *f (Gen)* preferential treatment

Vorzugsdividende *f (RW) (BE)* preference dividend, *(AE)* preferred dividend

Vorzugskonditionen *fpl (Gen)* concessions, preferential terms

Vorzugskurs *m (Bank, WiWi)* preferential exchange rate

Vorzugslage *f (Grund)* prime site

Vorzugspreis *m* 1. *(Gen)* bargain price; 2. *(WiWi)* preferential price

Vorzugsrecht *n (Pat, Recht)* priority right

Vorzugszinssatz *m (Bank)* preferential interest rate

Vorzugszuteilung *f (Börse)* priority allocation

Vz., **VZ** *(Abk. für Veranlagungszeitraum) (RW, Steuer)* assessment year, assessment period, income year, tax year; fiscal year

W

wachsen *v* 1. *(Bank)* swell *(Konto)*; 2. *(Gen, WiWi)* grow *(Fonds)*

Wachstum *n (Bank, Gen, WiWi)* growth

Wachstumsbranche *f (WiWi)* growth industry

Wachstumsgleichgewicht *n (WiWi)* balanced growth, steady-state growth

Wachstumsindustrie *f (Ind)* growth industry

Wachstumskapital *n (Fin)* growth capital *(finanzielle Beteiligung, oft ohne laufende Verzinsung, zur Finanzierung von Wachstumsschüben etablierter Unternehmen)*

Wachstumsmotor *m (WiWi)* engine of growth

Wachstumspfad *m (Gen)* growth path

Wachstumspotenzial *n (Gen)* growth potential

Wachstumsrate *f (Börse, Comp, WiWi)* growth rate

Wachstumsrate *f* **im Vorjahresvergleich** *(Bank, WiWi)* twelve-month growth rate *(EZB)*

wachstumsstarkes Produkt *n* **mit hohem Marktanteil** *(V&M)* star product *(strategisches Geschäftsfeld)*

Wachstumsstrategie *f (Gen, WiWi)* growth strategy

Waffengleichheit *f (Mgt, Pol)* level playing field

wagemutig *adj (Gen)* enterprising

wagen *v (Gen)* risk, take the risk of, venture

Wagnis *n (WiWi)* risk, venture

Wagnisausgleich *m (Börse, Fin)* balancing of portfolio

Wagniskapital *n (Bank, Fin)* risk capital, venture capital *(Synonym: Risikokapital)*

Wagniskapitalbeteiligung *f (Fin)* venture capital interest *(Synonym: VC-Beteiligung)*

Wagniskapitalfinanzierung *f (Fin)* venture financing, venture capitalism

Wagniskapitalgesellschaft *f (Bank, Fin)* venture capital company, VCC

Wahl *f* 1. *(Comp)* selection; 2. *(Gen)* choice *(Auswahl)*; alternative *(Mög-*

lichkeit); 3. *(Pers)* vote *(Wählen)*; ballot *(geheim)*; 4. *(Pol)* vote, voting
Wahl *f* **des Arbeitsplatzes** *(Pers)* choice of job, job choice
Wahl *f* **des Studienfaches** *(Pers)* choice of field of study, choice of subject
Wahlen *fpl (Pol, Recht)* elections
wählen *v* 1. *(Gen)* choose, elect *(Vorgehensweise)*; 2. *(Mgt)* opt; 3. *(Pers)* vote; 4. *(Pol)* vote, vote for, elect *(Partei, Kandidat)*
Wahlentscheidung *f (Gen, Pol, WiWi)* choice
Wähler *m (Pol)* voter
Wahlergebnis *n (Pol)* vote, election results
Wählerin *f s.* Wähler
Wählerschaft *f (Gen, Pol)* electorate
Wahlfach *n (Pers)* elective subject, optional subject
Wahlfreiheit *f (Pol)* freedom of choice
Wahlmöglichkeit *f (Gen)* option
Wahlrecht *n (Pol)* right to vote, suffrage
Wahlschuld *f (Recht)* alternative obligation *(Vertragsrecht)*
Wahlverfahren *n (Pers, Pol)* voting procedures
wahrgenommene Inflation *f (Stat, WiWi)* perceived inflation *(Synonym, ugs.: gefühlte Inflation; der Index der wahrgenommenen Inflation = IWI = index of perceived inflation misst subjektiv-verzerrt wahrgenommene Preissteigerungen bei der überschaubaren Anzahl häufig gekaufter Waren und Dienstleistungen des täglichen Bedarfs = convenience goods; Verlustaversion = loss aversion verstärkt die Verzerrung, weil Preiserhöhungen als Verlust etwa doppelt so stark und dauerhafter wahrgenommen werden als Preissenkungen; sie lag im Januar 2002, dem Zeitpunkt der Euro-Bargeldeinführung, bei ca. 11%, im Oktober 2007 bei ca. 6,4%; Gegensatz: statistisch ausgewiesene Inflation = headline inflation, wie z. B. HVPI = HCPI)*
wahrgenommener Nutzen *m (Gen)* perceived benefit
wahrheitsgemäße Darstellung *f (Fin, RW)* fair presentation
wahrnehmen *v (Gen)* utilize, perceive *(Gelegenheit)*; observe *(Termin)*
Wahrnehmung *f (Gen)* perception
wahrscheinlich *adj (Gen)* likely, probable
Wahrscheinlichkeit *f* 1. *(Gen)* likelihood; 2. *(Stat)* chance, probability
Wahrscheinlichkeitsrechnung *f (Stat)* calculus of probability, calculation of probabilities
Wahrscheinlichkeitsverteilung *f (Stat)* probability distribution
Währung *f* 1. *(Bank, Fin)* currency; 2. *(WiWi)* currency, exchange, coinage
Währungsabkommen *n (WiWi)* exchange rate agreement
Währungsabwertung *f (WiWi)* currency depreciation
Währungsanleihe *f (WiWi)* currency bond
Währungsaufwertung *f (WiWi)* currency appreciation [revaluation]
Währungsausgleich *m* 1. *(Bank)* currency adjustment; 2. *(Fin)* monetary compensation; 3. *(WiWi)* exchange equalization
Währungsausgleichsbetrag *m (Fin, Imp/Exp, WiWi)* Monetary Compensatory Amount *(EU)*
Währungsausschuss *m (Bank)* monetary committee *(EZB)*
Währungsbehörden *fpl (Bank)* monetary authorities
Währungsbestand *m (Pol, WiWi)* currency holding
Währungseinheit *f* 1. *(Fin)* monetary unit; 2. *(WiWi)* currency unit
Währungseinlagen *fpl (Fin)* currency deposits
Währungsemission *f (Bank, Börse)* currency issue
Währungsgebiet *n (Pol)* monetary area, currency area *(EU)*
Währungsgewinne *mpl (Fin)* exchange gains
Währungskorb *m* 1. *(Fin)* basket of currencies, *(ugs.)* currency cocktail; 2. *(WiWi)* basket of currencies, currency basket
Währungsspekulation *f (Fin)* foreign exchange speculation
Währungspolitik *f (WiWi)* monetary policy
Währungsraum *m (Bank)* currency area *(EZB)*

Währungsreform *f (WiWi)* currency reform
Währungsreserven *fpl (WiWi)* currency reserves, foreign exchange reserves, monetary reserves
Währungsrisiko *n (WiWi)* currency risk [exposure], foreign exchange risk, translation risk
Währungsstandard *m (WiWi)* monetary standard
Währungsunion *f (WiWi)* monetary union
Währungswettbewerb *m (Bank)* monetary competition, currency competition
Wald- und Forstwirtschaft *f (Gen)* forestry
Wandelanleihe *f (Börse, Fin)* convertible bond [issue], conversion loan
Wandelanleihe *f* **mit Wandlungspflicht** *(Bank, Börse, Fin)* mandatory convertible instrument *(anders: Wandelanleihe = convertible bond)*
wandelbar *adj (Bank)* convertible
wandeln *v* 1. *(Bank, Fin)* convert; 2. *(Recht)* cancel, rescind
Wandelobligation *f (Fin)* convertible bond
Wandelschuldverschreibung *f (Bank, Fin)* convertible bond, convertible debenture *(Synonym: Wandelanleihe)*
Wanderarbeiter *m* 1. *(Pers)* itinerant worker; 2. *(WiWi)* migrant worker
Wanderarbeiterin *f s.* Wanderarbeiter
Wanderung *f* **von Arbeitskräften** *(Pers)* migration of workers
Wanderungsdruck *m (Pers)* migratory pressure
Wanderungssaldo *m (Pers)* balance of migration, migration balance, net migration
Wandlung *f (Recht)* rescission of contract for work and labo(u)r, rescission of sale *(Vertragsrecht)*
wandlungsfähig *adj* 1. *(Börse, Fin)* convertible; 2. *(Gen)* adaptable
Wandlungskurs *m (Fin, WiWi)* conversion price
Ware *f (Gen, WiWi)* article, commodity, product • **Ware zur Ansicht** *(Gen)* goods on approval
Waren *fpl* 1. *(Pat, WiWi) (BE)* goods; 2. *(Transp)* freight; 3. *(V&M)* commodities, merchandise *(Handelsgut)* • **seine Waren absetzen** *(Gen)* sell one's wares
Waren *fpl* **des persönlichen Bedarfs** *(WiWi)* goods to meet personal needs, goods to meet personal requirements
Waren *fpl* **des täglichen Bedarfs** *(V&M)* convenience goods
Waren *fpl* **in schlechtem Zustand** *(Gen, Transp, V&M)* goods in bad order *(g.b.o.)*
Waren *fpl* **ohne Markenzeichen** *(Gen)* unbranded goods
Waren *fpl* **und Dienstleistungen** *fpl (WiWi)* goods and services
Waren *fpl* **unter Zollverschluss** *(Imp/Exp, WiWi)* bonded goods
Warenangebot *n (V&M)* range of goods
Warenausfuhr *f (Imp/Exp, WiWi)* visible export, export
Warenausgang *m (Gen)* outgoing goods
Warenauslage *f (Komm)* display
Warenaustauschverhältnis *n (WiWi)* commodity terms of trade
Warenbeförderung *f (Recht, Transp)* carriage of goods
Warenbestand *m (Gen)* inventories, stock in [on] hand
Warenbilanz *f (WiWi)* merchandise account *(ZB)*
Warenbörse *f (Börse)* commodity exchange
Wareneinfuhr *f (Imp/Exp, WiWi)* visible import
Wareneingang *m (Gen)* incoming goods, stock receipt
Warenforderungen *fpl (RW)* trade accounts receivable
Warengläubiger *m (Gen)* trade creditor
Warengläubigerin *f s.* Warengläubiger
Warengruppe *f (Pat)* category
Warenhandel *m (WiWi)* commodity trade
Warenhandelsbilanz *f (WiWi)* visible trade balance
Warenhaus *n (V&M)* department store
Warenhausdiebstahl *m (V&M)* shoplifting
Warenhauskette *f (V&M)* department store chain
Warenkorb *m* 1. *(Gen)* shopping basket *(Statistik)*; 2. *(WiWi)* basket of commodities [products] *(Statistik)*
Warenkredit *m (Bank)* commodity [trade] credit
Warenlager *n (Gen, Imp/Exp, Transp)* (goods) depot, warehouse

Warenlieferung *f (Gen)* delivery of goods
Warenlombard *m (Bank, Gen)* advance on goods
Warennorm *f (Recht)* product standard
Warenpapiere *npl (Imp/Exp, Transp)* shipping documents
Warenproben *fpl (WiWi)* merchandise samples
Warenrücksendungen *fpl* **und Gutschriften** *fpl (V&M)* purchase returns and allowances
Warenschlüssel *m (WiWi)* goods classification *(ZB)*
Warensortiment *n* 1. *(Gen)* assortment of goods; 2. *(V&M)* array [range] of products
Warenterminbörse *f (Börse)* commodity futures exchange
Warentermingeschäft *n (Börse)* commodity future transaction
Warenumsatz *m (V&M)* sales turnover
Warenumschlag *m (Gen)* stock turn
Warenverkehr *m (WiWi)* merchandise movements
Warenvorräte *mpl (Gen)* inventories
Warenwechsel *m* 1. *(Bank)* commercial bill, trade bill; 2. *(Gen)* trade acceptance
Warenwert *m (Imp/Exp, V&M)* price of goods
Warenzeichen *n (Pat, Recht)* trademark, mark, brand *(Gütezeichen)*
Warenzugänge *mpl (Gen)* incoming goods
Wärmeenergie *f (Umwelt)* thermal energy
Wärmehaushalt *m (Umwelt)* thermal balance, heat balance
Wärmetechnik *f (Ind, Umwelt)* heat technology, heat engineering
Wärmewirtschaft *f (Ind, Umwelt, WiWi)* heat economics, heat economy
Warnanlage *f (Gen)* warning device
Warnschild *n (Gen)* warning sign
Warnstreik *m (Pers)* token stoppage, token strike
Warnung *f* 1. *(Gen)* word of warning; 2. *(Pers)* warning
Warnzeichen *n (Gen)* warning sign
Wartefrist *f (Pers)* qualifying period *(Anwartschaftszeit)*; waiting period *(Karenzzeit)*
Warteliste *f (Frei, Gen, Transp)* waiting list
Warteschlange *f* 1. *(Comp)* queue; 2. *(Gen) (AE)* line, *(BE)* queue; 3. *(WiWi)* line-up
Wartezeit *f (Gen)* waiting time
Wartung *f* 1. *(Comp, Ind)* maintenance, servicing; 2. *(Gen)* service; 3. *(Transp)* maintenance, servicing • **Wartung nicht inbegriffen** *(Gen)* service not included
Wartungsfirma *f (Gen)* service company
Wartungsvertrag *m (Comp, Gen)* service contract
Wäsche *f (Fin, Gen)* laundering *(Geld)*
wasserdicht *adj (Gen, Ind)* watertight, waterproof
Wasserkraftstrom *m (Umwelt)* hydroelectric power
Wasserkraftwerk *n (Ind)* hydroelectric power station
Wasserressourcen *fpl (Umwelt, WiWi)* water resources
Wasserversorgung *f (Ind, Umwelt)* water supply
Wasserwerk *n (Ind)* waterworks
Wasserzeichen *n (WiWi)* watermark
Webapotheke *f (Comp, Komm, V&M)* internet web pharmacy
Webauftritt *m (Comp, Frei, Komm, Media)* internet presence
Weberei *f (Ind)* weaving mill
Weberhandwerk *n (Ind)* weaving trade
Webfernsehen *n (Comp, Komm, Media)* web television, web TV *(Internetinhalte am Fernseher)*
Webgemeinde *f (Comp, Komm)* web community
Webinhalte *mpl* **gegen Bezahlung** *(Comp, Komm, V&M)* content for cash *(C4C; Internet-Handel)*
Webmail *n (Comp, Komm)* webmail *(browser-basierte E-Mail)*
Wechsel *m* 1. *(Bank)* draft; 2. *(Fin)* promise to pay, bill, bill of exchange, B/E, note, *(ugs.)* paper • **einen Wechsel akzeptieren [mit Akzept versehen]** accept a bill • **einen Wechsel honorieren** 1. *(Fin)* hono(u)r a bill; 2. *(Recht)* accept a bill • **einen Wechsel zur Annahme vorlegen** *(Bank)* present a bill for acceptance • **einen Wechsel zur Diskontierung vorlegen** *(Bank)* present a bill for discount

Wechsel *m* **des Arbeitsplatzes** *(Pers)* job change, job changing, change of job
Wechsel *m* **des Wohnorts** *(Pers, Soz)* change of residence
Wechsel, Forderungen oder Wertpapiere *(Fin, RW)* bills, debts or transferable securities
Wechsel *m* **in der Grundstücksnutzung** *(Grund)* land-use succession
Wechsel *m* **mit Rückkaufsvereinbarung** *(RW)* notes under repurchase agreement
Wechsel *m* **zum Einzug** *(Bank)* bill for collection
Wechselbestand *m (Bank)* bill holdings
Wechselbürge *m (Fin)* collateral acceptor, guarantor of a bill
Wechseldiskont *m (Bank)* bank discount
Wechseldiskontierung *f (RW) (BE)* discounting of bills, *(AE)* discounting of notes
Wechseldiskontsatz *m (Fin)* bill (discount) rate
Wechseleinzug *m (RW)* collection of a bill
Wechselfinanzierung *f (Fin)* bill-of-exchange financing
Wechselforderungen *fpl (RW) (AE)* notes receivable, *(BE)* bills receivable
Wechselgebühr *f (Bank)* exchange charge
Wechselgeld *n (Gen)* (small) change
Wechselgeldautomat *n (Gen)* change dispenser
Wechselindossamente *npl (Fin, RW)* endorsements on bills
Wechselinkasso *n (RW)* collection of a bill
Wechselkredite *mpl (Bank, Fin)* bills discounted
Wechselkurs *m (Fin, WiWi)* exchange rate, foreign exchange rate, rate of exchange
Wechselkursanpassung *f (WiWi)* exchange rate adjustment
wechselkursbedingt *adj (Bank, WiWi)* owing to exchange-rate changes *(ZB)*
Wechselkursentwicklung *f (Bank)* exchange-rate movements, exchange--rate fluctuations
Wechselkursgebühr *f (Bank)* exchange charge
Wechselkursgewinne *mpl (WiWi)* currency translation gains
Wechselkursmechanismus *m (obs.) (WiWi)* Exchange Rate Mechanism *(EG)*
Wechselkursparität *f (Bank)* exchange rate parity, parity of exchange
Wechselkursstabilität *f (Pol, WiWi)* exchange-rate stability
Wechselkurssteuerung *f (Pol, WiWi)* exchange-rate management
Wechselkurszielzone *f (WiWi)* exchange rate target zone
wechseln *v (Gen, WiWi)* change; vary
Wechselobligo *n (RW)* acceptance liability, acceptance commitments, acceptance liabilities
Wechselportefeuille *n (Bank)* bill portfolio, bill holding
Wechselrembours *m (Fin, Imp/Exp)* acceptance credit
Wechselschicht *f (Pers)* rotating shift, alternating shift *(Fertigungsbetrieb)*
wechselseitig *adj (Gen)* mutual, reciprocal
wechselseitige Lieferbeziehungen *fpl (V&M)* reciprocal buying
wechselseitiger Anschluss *m (Gen)* interconnection
Wechselstube *f (Bank, Frei)* bureau de change, foreign exchange office
Wechselverbindlichkeiten *fpl (RW)* bills payable, *(AE)* notes payable
Weg *m (Transp)* road • **auf den Weg bringen** *(Gen) (ugs.)* get off the ground • **auf dem Weg sein nach** *(Gen)* be heading for • **den Weg bahnen für** *(Gen)* pave the way for • **den Weg bereiten für** *(Gen)* pioneer • **aus dem Weg räumen** *(Gen)* smooth out • **der Weg ist das Ziel** *(Mgt)* the means is an end within itself
Weg *m* **des geringsten Widerstands** *(Gen)* path of least resistance
Wegerecht *n (Recht)* right of way
Wegfall *m* **der Geschäftsgrundlage** *(Recht)* frustration of contract *(Vertrag)*
Wegfall *m* **des Arbeitsplatzes** *(Pers, Soz)* loss of job, job loss, redundancy
Wegwerfgesellschaft *f/die* *(Gen)* the waste society, *(ugs.)* throwaway society
weiche Landung *f (WiWi)* soft landing
weiche Technologie *f* 1. *(Umwelt)* soft

technology; 2. *(WiWi)* small-scale [soft] technology
weiche Währung *f (Gen, WiWi)* soft currency
weiches Recht *n (Pol, Recht)* soft law *(Recht von zweifelhafter Natur; z. B. Rahmenrichtlinien und sonstige rechtlich nicht bindende Verhaltensregeln wie international vereinbarte und anerkannte Grundprinzipien, Kodizes, Mindeststandards)*
Weinanbau *m (WiWi)* wine growing
Weinbaugebiet *n (WiWi)* wine-growing district, wine-producing area
Weinernte *f* 1. *(Gen)* vintage; 2. *(WiWi)* wine harvest
Weingut *n (Gen)* winery
Weinhandel *m (Gen)* wine trade
Weinhändler *m (Gen)* vintner, wine merchant
Weinhändlerin *f s.* Weinhändler
Weinindustrie *f (Ind)* wine industry
weiße Produkte *npl (Gen, V&M)* no--name brands
Weisung *f (Pol, Recht)* direction, directive, instruction, order
weisungsgebunden *adj (Admin, Pers)* accountable
Weisungsgewalt *f (Gen)* authority
Weisungskette *f (Mgt)* chain of command
Weisungsrecht *n (Pol, Recht)* supervisory authority
weit abgegrenzte Geldmenge *f (Bank, WiWi)* broad money, broad money stock *(M3; EZB)*
weit definierte Geldmenge *f (Bank, WiWi)* broad money *(M3; EZB)*
weitblickend *adj (Gen)* far-seeing, far--sighted
Weite *f* 1. *(Gen)* width *(Breite)*; range, scope; 2. *(Umwelt, WiWi)* expanse *(Größe)*
Weiterbearbeitung *f (Pat)* processing
Weiterbildung *f (Pers, Soz)* continual professional education, further education, further [continuing] training
Weiterbildungsprogramm *n (Ind, Mgt, Pers)* training package
weitere Anweisungen/für *(Gen)* for further instructions
weitere Informationen *fpl (Gen)* further information
Weiterentwicklung *f (Comp, Ind)* continued development
Weitergabe *f (Fin)* passing-on *(Wechsel)*
weitergeben *v (WiWi)* pass on
weiterleiten *v* 1. *(Gen)* pass on, transmit; 2. *(Komm)* forward *(Dokument)*; 3. *(Recht)* refer to *(Fall)*
Weiterleitung *f (Gen)* transmission
weiterverarbeiten *v (Ind, WiWi)* reprocess, manufacture
weiterverarbeitende Industrie *f (Ind)* manufacturing industry, processing industry
Weiterverkauf *m (Börse, Gen)* resale
weiterwälzen *v (Steuer, WiWi)* pass on
weites Oligopol *n (WiWi)* loose oligopoly
weitreichend *adj (Gen)* far-reaching, wide-ranging, long-range *(Planung)*
weitsichtig *adj (Gen)* far-seeing, far--sighted
weitverbreitet *adj (Gen)* widespread
Wellenenergie *f (Ind, Umwelt)* wave power
Welt *f (Gen)* world • **in der ganzen Welt** *(Gen)* all over the world
Weltbilanz *f (WiWi)* global account *(ZB, VGR)*
Weltexporte *mpl (Imp/Exp)* world exports
Weltfinanzierungsrechnung *f (Fin, WiWi)* global financial account *(ZB, VGR)*
Welthandel *m* 1. *(Gen)* international trade; 2. *(WiWi)* world trade
Welthandelsordnung *f (Imp/Exp, Recht, V&M)* world trading system
Welthandelsorganisation *f (Imp/Exp, Pol)* World Trade Organization, WTO *(Nachfolgeorganisation des GATT)*
Weltinnenpolitik *f (Pol, WiWi)* global governance
Weltmarkt *m (WiWi)* world market, global market
Weltordnungspolitik *f (Pol, WiWi)* global governance
weltpolitischer Ordnungsrahmen *m (Pol, WiWi)* global governance
Weltraumsegment *n (Ind, Pol, Recht)* space segment
weltumspannend *adj (Gen)* global, worldwide
Weltverband *m (WiWi)* world confederation

Weltverbrauch *m (Umwelt, WiWi)* world consumption
Weltwährungsreserven *fpl (WiWi)* international liquidity
Weltwährungssystem *n (WiWi)* international monetary system
weltweit *adv (Gen)* all over the world, globally, on an international scale, worldwide
weltweit führendes Unternehmen *n (Gen, Ind, V&M)* world leader
weltweite Inflation *f (WiWi)* world inflation
weltweiter Einkauf *m (Gen, V&M, WiWi)* global sourcing *(globales Beschaffungsmarketing)*
Weltwirtschaft *f (WiWi)* global [world] economy
Weltwirtschaftskrise *f (WiWi)* Great Depression
Wende *f (Gen, Pol)* turnabout, turn(a)round
Wendehals *m (Pol)* turncoat, renegade, flip-flopper; careerist who recognizes which way the wind is blowing
wenden *v (Fin)* turn (a)round
wenden *v* **an/sich** *(Gen)* appeal to *(Öffentlichkeit)*; refer to *(Person)*
Wendepunkt *m (Gen)* turning point
Wendigkeit *f (Gen)* resourcefulness
Wendung nehmen *v*/**eine** *(Gen)* take a turn *(zum Guten oder Schlechten)*
weniger *adv (Gen)* less
Werbeabonnement *n (Gen)* complimentary subscription
Werbeabteilung *f (V&M)* advertising department, art department, creative department, publicity department
Werbeagentur *f (V&M)* advertising agency, public relations agency, PR agency
Werbeaktion *f (V&M)* promotional activities
Werbeaufwand *m (V&M)* advertising expenditure [expense]
Werbeausgaben *fpl (V&M)* publicity expenses
Werbebeilage *f (V&M)* advertising supplement, *(ugs.)* stuffer
Werbeberater *m (Media, V&M)* advertising consultant
Werbeberaterin *f s.* Werbeberater
Werbebestimmungen *fpl (V&M)* advertising regulations
Werbeblatt *n (V&M)* leaflet
Werbeblocker *m (Comp, Media)* advertising blocker
Werbebranche *f (V&M)* advertising trade
Werbebrief *m (V&M)* advertising letter
Werbebudget *n (V&M)* advertising budget
Werbecodex *m (V&M)* code of advertising practice
Werbeeinnahmen *fpl (V&M)* advertising revenue
Werbeerfolg *m (V&M)* advertising effectiveness
Werbeetat *m (V&M)* advertising budget
Werbefachmann *m (Pers)* advertising man, publicity man
Werbefeldzug *m (V&M)* advertising campaign
Werbefernsehen *n (Stat)* commercial television
Werbefläche *f (V&M)* advertising space
Werbeflugblatt *n (V&M)* sales leaflet, flier
Werbefreiheit *f (Media, Recht, V&M)* freedom of advertising
Werbegag *m (V&M)* advertising gimmick, publicity stunt
Werbegeschenk *n (V&M)* business [free] gift, incentive pack
Werbegrafik *f (V&M)* graphic design
Werbegrafiker *m (V&M)* graphic designer, commercial artist
Werbegrafikerin *f s.* Werbegrafiker
Werbekampagne *f (V&M)* advertising campaign
Werbekosten *pl (V&M)* advertising expenditure [expense]
Werbematerial *n (V&M)* sales literature
Werbemelodie *f (V&M)* advertising jingle
Werbemix *m (V&M)* promotional mix
werben *v (Gen, V&M)* win *(Kunden)*
werben *v* **für** *(V&M)* advertise, promote *(Produkt)*
werbend *adj (Gen)* promotional
Werbeplakat *n* 1. *(Gen)* advertising poster; 2. *(V&M)* poster, show card *(Schaufenster)*
Werbepolitik *f (Gen, V&M)* promotional [advertising] policy
Werbeprospekt *m (V&M)* hand-out
Werbereise *f (V&M)* advertising tour
Werbeschreiben *n (V&M)* sales letter

Werbeschrift *f (Frei, Gen)* brochure
Werbesendung *f (Stat, V&M)* commercial
Werbeslogan *m (V&M)* advertising slogan
Werbespot *m* 1. *(Media) (ugs.)* ad, commercial, advertisement, spot *(Rundfunk, Fernsehen)*; 2. *(V&M) (ugs.)* ad, commercial, advertising spot
Werbespruch *m (Media, V&M)* advertising slogan
Werbestrategie *f (V&M)* advertising strategy
Werbetext *m (V&M)* advertising copy, advertising text
Werbetexter *m (Gen)* copy writer
Werbetexterin *f s.* Werbetexter
Werbethema *n (V&M)* advertising theme
Werbeträger *m (V&M)* advertising medium [vehicle]
Werbeträgeranalyse *f (WiWi)* media analysis
Werbeumsatz *m (V&M)* advertising turnover
Werbe- und Informationskosten *pl (RW, V&M)* advertising and publicity charges, advertising and publicity costs
Werbe- und Messekosten *pl (RW, V&M)* advertising and trade fair expenses
Werbeunterbrechung *f (V&M)* commercial break
Werbeverbot *n (Media, Recht)* advertising prohibition
Werbewesen *n (V&M)* advertising, publicity
Werbewirksamkeit *f (V&M)* advertising effectiveness
Werbezeit *f (V&M)* advertising time
Werbezeitschriften *fpl (Stat)* give-away magazines, free magazines *(kostenlos)*
Werbung *f* 1. *(Gen) (ugs.)* ad; 2. *(V&M)* advertisement, advertising, billing, publicity, *(ugs.)* advert *(Inserat)* • **ohne Werbung** *(Gen)* unadvertised *(Produkt)* • **Werbung machen für** *(V&M)* advertise for • **Werbung treiben** *(V&M)* advertise
Werbung *f* **am Verkaufsort** *(V&M)* point-of-sale advertising [promotion], POS advertising [promotion]
Werbung *f* **für Markenartikel** *(V&M)* brand promotion
Werbung *f* **mit Lockartikeln** *(V&M) (AE)* bait advertising
Werbung *f* **von Unternehmen zu Unternehmen** *(V&M)* business-to-business advertising
Werdegang *m (Pers)* background, career *(Bewerbung)*
Werk *n (Ind)* factory, (industrial) plant, works • **ab Werk** 1. *(Gen)* ex factory; 2. *(Transp)* ex factory, free at point of dispatch, ex works
Werkmeister *m (Pers)* foreman
Werkmeisterin *f (Pers)* forewoman
Werksbesichtigung *f (V&M)* facility visit
Werksgelände *n (Gen)* factory site
Werksleitung *f (Ind, Mgt)* plant management
Werkspionage *f (Ind)* industrial espionage
Werkstatt *f (Gen)* garage *(KFZ)*; workshop, shop floor *(Ausbildung, Einzelaufträge)*
Werkstattfertigung *f (Ind)* intermittent production, job shop production
Werkstattwagen *m (Transp) (BE)* breakdown van, *(AE)* tow truck, recovery vehicle *(Bergung)*; maintenance vehicle *(Wartung)*
Werkstoff *m (Ind)* material
Werkstück *n (Ind)* component, workpiece
Werkswohnung *f* 1. *(Grund)* factory-owned apartment [flat]; 2. *(Pers)* job-related accommodation
Werkszeitung *f (Gen, Media)* house journal, in-house magazine
Werktitelschutz *m (Media, Recht)* protection of the title of a literary work, work title protection
Werkvertrag *m (Gen, Recht)* service contract, works contract
Werkzeug *n (Comp, Gen, Ind)* tool • **mit Werkzeugen ausstatten** *(Ind)* tool up
wert *adj (Gen)* useful, valuable • **wert sein** *(Börse)* be worth
Wert *m (Gen)* worth, value
Wert *m* **einer Währung** *(WiWi)* currency value
Wert *m* **eines Wirtschaftsgutes** *(Fin)* asset value • **an Wert gewinnen** *(Börse)* gain value • **den Wert mindern** *(WiWi)* lower the value • **im Wert steigen** *(RW)* appreciate • **an Wert**

verlieren *(RW, WiWi)* depreciate *(Vermögenswerte)*
Wert *m* **pro Einheit** *(Gen)* unit value
Wertanalyse *f* 1. *(Fin)* value analysis; 2. *(RW)* value engineering
Wertangabe *f (Imp/Exp, Transp)* declaration of value • **ohne Wertangabe** *(Imp/Exp)* no value declared
Wertanpassung *f (RW)* valuation adjustment
Wertansatz *m (RW)* valuation
Wertaufbewahrungsmittel *n (WiWi)* store of value
Wertberichtigung *f (RW)* valuation adjustment, valuation allowance *(Abschreibung)*
Wertberichtigung *f* **auf Beteiligungen** *(RW)* allowance business investment loss
Wertberichtigung *f* **auf uneinbringliche Forderungen** 1. *(Bank, Fin)* bad debt provision; 2. *(RW)* allowance for bad debts, provision for bad debts
Wertberichtigung *f* **auf Vorratsvermögen** *(RW)* inventory valuation adjustment
Wertberichtigungen *fpl* **auf ...** *(RW)* value adjustments in respect of ...
Wertberichtigungen *fpl* **auf das Sachanlagevermögen** *(RW)* accumulated depreciation on plant, property and equipment
Wertberichtigungsbuchung *f (RW)* reserve entry
Wertberichtigungskonto *n (RW)* absorption [offset, valuation] account
Wertbestimmung *f* **des Lagerbestands** *(RW)* valuation of inventory [stocks]
Wertbezeichnung *f (WiWi)* denomination
Wertbrief *m (Komm)* insured letter
Werteinbuße *f (Grund)* depreciation
Wertentwicklung *f (Bank, Börse)* performance
Werterhöhung *f (Gen)* increase in value
Wertfortschreibung *f (Steuer)* adjustment of assessed value
Wertgegenstände *mpl (Gen)* valuables
Werthaltigkeitstest *m (RW)* impairment test *(Synonym: Niederstwerttest, Wertminderungstest; US GAAP/SFAS 142 und IFRS/IAS 36/IAS 38 gestatten die Firmenwert-Abschreibung –goodwill amortization- nicht mehr planmäßig, sondern nur noch nach gesonderter Einzelüberprüfung)*
wertlos *adj (Gen)* valueless, worthless, of no value
Wertminderung *f (Grund, RW, WiWi)* depreciation, impairment of value
wertorientierte Unternehmensführung *f (Fin, Mgt)* value-driven management, value-based management, shareholder value approach, shareholder value concept *(Wert des Unternehmens ist die Summe der Barwerte aller erwarteten Einzahlungsüberschüsse; discounted cash-flow method)*
Wertpaket *n (Komm)* insured parcel, registered parcel
Wertpapier *n (Gen) (BE)* share, *(AE)* stock; security, negotiable instrument
Wertpapieranalyse *f (Börse, Fin)* securities analysis, investment analysis
Wertpapieranlagen *fpl* portfolio investment(s) *(ZB)*
Wertpapierbestand *m* 1. *(Bank, Börse)* holding of securities, (investment) portfolio, securities holdings [portfolio]; 2. *(Fin)* (investment) portfolio
Wertpapierbörse *f (Börse, Fin, WiWi)* stock exchange
Wertpapiere *npl* 1. *(Bank, Börse, Fin)* securities, investments, *(BE)* stocks *(Beteiligungs- und Gläubigerwerte, equities and debt securities)*; 2. *(Recht)* investments • **Wertpapiere halten** *(Fin)* carry securities • **Wertpapiere kaufen** *(Bank)* go long • **Wertpapiere repartieren** *(Bank)* scale down securities
Wertpapiere *npl* **der öffentlichen Hand** *(Fin, WiWi)* government securities
Wertpapiere *npl* **des Anlagevermögens** *(Fin, RW)* long-term financial investments, long-term investments
Wertpapieremission *f (Börse)* security flotation, security issue
Wertpapierfirmen *fpl (Börse)* investment firms
Wertpapierhandel *m (Börse)* securities trading
Wertpapierhändler *m* 1. *(Börse)* market maker, securities [investment] dealer; 2. *(Fin)* investment dealer
Wertpapierhändlerin *f s.* Wertpapierhändler

Wertpapierhaus *n (Bank, Börse)* securities house

Wertpapierkredit *m (Bank, Börse)* advance on securities, lending against securities

Wertpapierkredite *mpl (Bank, Börse, Fin)* lending against securities

Wertpapierkurs *m (Börse)* security price

Wertpapierlombardierung *f* 1. *(Bank)* securities borrowing; 2. *(Fin)* security borrowing

Wertpapiermakler zugelassen/als *(Börse)* authorized to provide broking

Wertpapiermarkt *m (Börse, Fin)* securities market

wertpapiermäßige Unterlegung *f* **von Verbindlichkeiten** *(Bank, Börse, Fin, Recht)* securitization *(Synonym: Verbriefung)*

Wertpapierpaket *n (Börse)* block of securities

Wertpapierpensionsgeschäft *n (Fin)* repurchase agreement, repo transaction

Wertpapierportefeuille *n* 1. *(Bank, Börse)* investment [securities] portfolio; 2. *(Fin)* investment portfolio

Wertpapierposition *f (Börse)* position • **eine Wertpapierposition verwerten** *(Börse)* liquidate a position

Wertpapiersteuer *f (Steuer)* securities tax

Wertpapiertermingeschäft *n (Börse)* forward transaction in securities

Wertpapier- und Emissionsgeschäft *n (Bank)* investment banking

Wertpapierverkehr *m (Bank, Börse)* securities transactions, portfolio transactions, portfolio capital flows *(ZB)*

Wertpapierverwaltung *f (Fin)* portfolio management, *(AE)* securities administration

Wertsachen *fpl (Gen)* items of value, valuables

Wertschätzung *f* 1. *(Gen)* appreciation, esteem *(Person)*; 2. *(Grund)* appraisal *(Bewertung)*; appraisement *(Schätzung)*

Wertschöpfung *f (WiWi)* added value, value added; real net output *(im Unternehmenssektor: Verkaufserlöse minus Vorleistungen)*

Wertsendung *f* 1. *(Komm)* insured letter, registered letter; 2. *(Recht)* consignment with value declared *(Vertragsrecht)*

Wertspeicher *m (Bank)* store of value *(Aufbewahrungsmittel)*

Wertsteigerung *f* 1. *(Fin)* increase in value; 2. *(Grund)* appreciation, betterment; 3. *(RW, Steuer)* appreciation

Wertstellung *f (Bank)* availability date, valuta *(val.)*; value date

Wertstellungsgewinn *m (Bank)* float

Wertstellungstag *m (Bank)* availability date, value date

Wertsteuer *f* 1. *(Fin, WiWi)* ad valorem tax; 2. *(Imp/Exp, Steuer)* ad valorem duty, ad valorem tax

Wertsteuersatz *m (Steuer)* ad valorem rate, ad valorem tariff

Wert- und Ursprungszeugnis *n (Imp/Exp) (BE)* certificate of value and origin

Wertverlust *f (Grund, RW, WiWi)* depreciation

Wertzoll *m* 1. *(Imp/Exp, Steuer)* ad valorem (customs) duty, customs duty ad valorem; 2. *(WiWi)* ad valorem tariff

Wertzuschreibung *f (RW)* appreciation in value

Wertzuwachs *m* 1. *(Börse, Fin)* capital growth [gain, gains], increase [growth] in value; 2. *(Gen)* increment, gain; 3. *(RW, Steuer)* appreciation

Wertzuwachssteuer *f (Fin, RW, Steuer)* capital gains tax

wesentlich *adj* 1. *(Gen)* substantial; 2. *(Recht)* material • **das Wesentliche** *(Gen)* the essentials, gist • **im Wesentlichen** *(Gen)* substantially, essentially

wesentliche Beteiligung *f* 1. *(Börse, Fin)* control stock; 2. *(Steuer, WiWi)* material interest, substantial investment

wesentliche Eigenschaft *f (Pat)* essential feature

wesentliche Vertragsbedingung *f (Recht)* fundamental condition, conditio sine qua non *(Vertragsrecht)*

wesentlicher Bestandteil *m (Gen)* essential component part, integral part

wesentliches Merkmal *n (Pat)* essential feature

Wettbewerb *m* 1. *(Gen)* competition, contest; 2. *(V&M)* competition; 3. *(WiWi)* competition, competitive process

• **mit jmdm. im Wettbewerb stehen** *(Gen)* compete against sb
Wettbewerber *m (Gen, V&M, WiWi)* competitor
Wettbewerberin *f s.* Wettbewerber
wettbewerblich *adj (Gen, Steuer, V&M)* arm's-length
Wettbewerbsanreiz *m (V&M, WiWi)* competitive stimulus
wettbewerbsbeschränkend *adj (Fin, V&M, WiWi)* anticompetitive
wettbewerbsbeschränkende Vereinbarung *f (Recht, V&M, WiWi)* restrictive trading agreement
wettbewerbsbeschränkende Verhaltensweisen *fpl (Recht, WiWi)* restrictive practices
Wettbewerbsbeschränkung *f (WiWi)* restraint on trade
Wettbewerbsbeschränkungen *fpl (WiWi)* restrictive practices, barriers to competition
Wettbewerbsdenken *n (Mgt, WiWi)* competitive instinct
wettbewerbsfähig *adj (WiWi)* competitive
wettbewerbsfähiger Preis *m (V&M, WiWi)* competitive price
Wettbewerbsfähigkeit *f (Gen, V&M, WiWi)* competitiveness
wettbewerbsfeindlich *adj (WiWi)* anticompetitive, detrimental to effective competition
Wettbewerbsgesetze *npl (Pol, Recht)* competition laws
Wettbewerbsmarkt *m (WiWi)* competitive market, free and open market
Wettbewerbspolitik *f (Pol)* competition policy
Wettbewerbsposition *f (Gen, WiWi)* competitive position
Wettbewerbspreis *m* 1. *(RW, V&M)* arm's-length price; 2. *(WiWi)* competitive price
Wettbewerbspreisbildung *f (Gen)* competitive pricing
Wettbewerbsrecht *n (Recht)* competition law, cartel law, antitrust law *(EU)*
Wettbewerbsregeln *fpl (Gen, Recht, WiWi)* rules of competition
wettbewerbsschädlich *adj (Fin, WiWi)* anticompetitive
Wettbewerbsstrategie *f (Gen, V&M, WiWi)* competitive strategy
Wettbewerbstaktik *f (WiWi)* competitive tactics
Wettbewerbsverzerrung *f (WiWi)* distortion of competition
Wettbewerbsvorsprung *m (WiWi)* competitive advantage [edge]
Wettbewerbsvorstoß *m (WiWi)* competitive thrust
Wettbewerbsvorteil *m (WiWi)* competitive advantage • **einen Wettbewerbsvorteil gegenüber jmdm. haben** *(WiWi)* have a competitive edge over sb
Wettstreit *m (Gen)* contest
widerlegbar *adj (Recht)* confutable, rebuttable
widerrechtliche Aneignung *f (Recht)* misappropriation
widerrechtliche Verwendung *f (Fin)* misappropriation
Widerruf *m* 1. *(Fin)* revocation; 2. *(Pat)* rescission, revocation; 3. *(Recht)* cancellation *(Vertragsaufhebung)*
widerrufen *v* 1. *(Fin)* revoke; 2. *(Pat)* rescind, revoke *(Lizenz)*; 3. *(Recht)* cancel *(Vertrag)*
widerruflich *adj (Gen)* revocable
Widersacher *m (Recht)* opponent, adversary
widersetzen *v/sich (Gen)* oppose
widerspiegeln *v (Gen)* reflect
widersprechen *v* 1. *(Gen)* counter, conflict *(Antrag)*; 2. *(Recht)* contradict, protest against, oppose *(Einspruch erheben)*
Widerspruch *m* 1. *(Pat)* objection, protest; 2. *(Recht)* contradiction, opposition *(Einspruch)* • **in Widerspruch stehen** *(Gen)* conflict • **ohne Widerspruch** *(Fin)* unprotested
widersprüchliches Beweismaterial *n (Recht)* conflicting evidence
Widersprüchlichkeit *f (Gen)* inconsistency
Widerspruchsfreiheit *f (WiWi)* consistency
Widerstand *m (Gen)* resistance, opposition
widerstandsfähig *adj (Gen)* robust
widerstreitende Ansprüche *mpl (Recht)*

contending claims, interfering claims *(Vertragsrecht)*
widerstreitende Interessen *fpl (Gen)* clashing [conflicting] interests
Widmung *f (Media)* dedication
wie besichtigt *(Gen, Recht)* as is *(Auktion, Antiquitäten)*
wie folgt *(Gen)* as follows
wie oben *(Komm)* as above
wie oben erwähnt *(Komm)* as mentioned above
wie vereinbart *(Gen)* as agreed
wieder anlegen *v (Börse)* reinvest
wieder aufnehmen *v* 1. *(Comp)* resume; 2. *(Frei)* revive; 3. *(Gen)* re-admit; 4. *(Pol)* re-establish, resume *(Beziehungen)*; re-admit *(als Mitglied)*; 5. *(Recht)* revive, reopen, resume *(Verfahren)*
wieder beleben *v (Gen, WiWi)* revive, restart
wieder einführen *v (Gen, V&M)* relaunch *(Programm, Produkt)*
wieder eingliedern *v* 1. *(Recht)* rehabilitate; 2. *(WiWi)* resettle
wieder verkaufen *v s.* wiederverkaufen
wieder verwenden *v (Gen, V&M)* recycle, reuse *(s. a. Umwelt: wiederverkaufen)*
wieder verwertbar *adj (Gen)* recyclable, reusable *(s. a. Umwelt: wiederverkaufen)*
wieder verwerten *v (Gen, V&M)* recycle, reuse *(s. a. Umwelt: wiederverkaufen)*
Wiederanstieg *m* **der Preise** *(Gen)* resurgence in prices
Wiederaufbau *m (WiWi)* rebuilding, reconstruction
Wiederaufbauprogramm *n (Gen)* recovery program(me)
Wiederaufnahme *f* 1. *(Comp)* resumption; 2. *(Frei)* revival; 3. *(Gen)* re-admission; 4. *(Pol)* re-establishment, resumption *(Beziehungen)*; 5. *(Recht)* revival, reopening, resumption *(Verfahren)*
Wiederaufnahme *f* **der Arbeit** *(Pers, Soz)* resumption of work, return to work *(Synonym: Wiederaufnahme der Beschäftigung, Wiederaufnahme der Erwerbstätigkeit)*
Wiederausfuhr *f (Imp/Exp)* re-exportation
Wiederbelebung *f* **der Wirtschaft** *(WiWi)* revival, economic revival, recovery, economic recovery *(Synonym: Wiederaufschwung der Wirtschaft)*
Wiederbeschaffung *f (Gen)* replacement
Wiederbeschaffungskosten *pl (RW, WiWi)* replacement cost, current cost *(Synonym: Wiederbeschaffungswert = replacement value; Gegensatz: Anschaffungskosten = acquisition cost, historical cost, original cost, purchase cost, initial cost)*
Wiederbeschaffungspreis *m (V&M)* replacement price
Wiederbeschäftigungschance *f (Pers)* re-employment chance, re-employment opportunity
wiederbeschreibbare DVD *f (Comp)* rewritable DVD, DVD-RW
Wiedereingliederung *f* 1. *(Gen, Pol)* resettlement; 2. *(Recht)* rehabilitation, reintegration
Wiedereingliederung *f* **in den Arbeitsmarkt** *(Pers)* reintegration into the labo(u)r market, vocational reintegration, reintegration into employment
Wiedereingliederung *f* **ins Erwerbsleben** *(Pers, Soz)* reintegration into working life
Wiedereinsetzung *f (Gen)* reinstatement, re-establishment
Wiedereinstellung *f (Gen, Pers)* reinstatement, re-employment, re-engagement *(entlassener Arbeitnehmer)*
Wiedererkennungstest *m (V&M)* recognition test
wiedererlangen *v (Gen, WiWi)* recover, retrieve
wiedergeben *v (Gen)* give back, reproduce *(Bericht)*
Wiedergutmachung *f (Recht)* amends, compensation, indemnification, redress • **Wiedergutmachung verlangen** *(Recht)* seek redress
wiederhergestellt *adj (Gen, Ind)* rebuilt
wiederherstellen *v* 1. *(Comp)* recover, restore *(Datei)*; 2. *(Gen)* restore, redress *(Balance)*; 3. *(Recht)* reinstate, replace
Wiederherstellung *f* 1. *(Comp)* recovery, restoration *(von Datei)*; 2. *(Gen)* re-establishment; 3. *(Recht)* reinstatement, replacement; 4. *(Umwelt)* rehabilitation
Wiederherstellungskosten *pl (RW)* replacement costs, reproduction costs

wiederholen *v (Gen)* reiterate, repeat, rerun
Wiederholungsgeschäft *n (Gen)* repeat business
Wiederholungskäufe *mpl (V&M)* repeat buying
Wiederkauf *m (Recht)* buy-back construction
Wiederkehr *f (Gen)* return
wiederkehrende Aufwendungen *fpl (Gen)* period cost
Wiedervereinigung *f (Gen, Pol)* reunification
Wiederverkauf *m (Börse, Gen)* resale
wiederverkaufen *v (Börse, Gen)* resell
Wiederverkäufer *m (Börse, Gen)* reseller, retailer *(Einzelhändler)*
Wiederverkäuferin *f s.* Wiederverkäufer
Wiederverkaufsrecht *n (V&M)* right of resale
wiederverwenden *v (Umwelt)* recycle, reuse *(s. a. wieder verwenden)*
wiederverwertbar *adj (Umwelt)* recyclable, reusable *(s. a. wieder verwertbar)*
wiederverwerten *v (Umwelt)* recycle, reuse *(s. a. wieder verwerten)*
Willenserklärung *f (Recht)* declaration of intent, manifestation of intent(ion)
willkürlich *adj (Gen)* arbitrary
Windenergie *f (Umwelt)* wind power
Windhundprinzip *n (Gen)* first-come-first-served principle *(bei Subventionen z. B.)*
Windhundverfahren *n (Gen)* first-come-first-served principle • **nach dem Windhundverfahren** *(Gen)* on a first-come-first-served basis *(Transferzahlungen z. B.)*
Wintergeld *n (Pers)* bad-weather allowance, bad-weather pay
Winterschlussverkauf *m (V&M)* January sales, winter sales
Winzer *m (Gen, WiWi)* wine grower, vintner
Winzerin *f s.* Winzer
wirklicher Eigentümer *m (Recht)* rightful owner, true owner
wirklichkeitsnah *adj (Gen)* realistic
wirksam *adj (Gen)* effective • **wirksam werden** 1. *(Gen)* take effect; 2. *(Recht)* become effective, come into force, come into operation *(in Kraft treten)*
wirksame Unternehmensaufsicht *f (Gen)* corporate governance, CG *(Synonym: gute Unternehmensführung, transparente und verantwortliche Unternehmensleitung und –aufsicht, wertorientierte Unternehmensführung und Verwaltung)*
Wirksamkeit *f (Gen)* effect, effectiveness, efficiency
Wirkung *f (Gen)* effect, impression • **mit Wirkung von** *(Gen)* with effect from
Wirkungen *fpl (Bank, Pol, WiWi)* implications
Wirkungsbereich *m (Steuer)* impacted area
Wirkungskräfte *fpl (Gen, WiWi)* mechanism
Wirkungskreis *m (Gen)* sphere of activity, scope of application
Wirkungsmechanismus *m (Gen)* channel
Wirkungsverzögerung *f (Steuer, WiWi)* time lag
Wirtschaft *f (WiWi)* economy
wirtschaften *v (WiWi)* economize *(sparsam wirtschaften, über knappe Ressourcen entscheiden/verfügen)*
wirtschaftlich *adj (WiWi)* economic *(Bezug: produzierende Wirtschaft, Volkswirtschaft, knappe Güter; nie: economical = sparsam)*; cost-effective, efficient *(i. S. v. effizient, leistungsfähig, rationell, gutfunktionierend)*
wirtschaftliche Entwicklung *f (WiWi)* economic development
wirtschaftliche Erholung *f (WiWi)* (economic) recovery, (economic) upswing, (economic) revival
wirtschaftliche Fehlentwicklung *f (Pol, WiWi)* undesirable economic trend
wirtschaftliche Größenordnung *f (Pol, WiWi)* economic dimensions
wirtschaftliche Konzentration *f (Ind)* industrial concentration
wirtschaftliche Kriterien *npl (WiWi)* economic criteria
wirtschaftliche Lebensdauer *f (Fin, Gen, V&M)* economic life
wirtschaftliche Losgröße *f (Ind)* economic batch quantity, economic order quantity, economic manufacturing quantity

wirtschaftliche Misere *f (Pol, WiWi)* economic gloom

wirtschaftliche Nutzungsdauer *f* 1. *(Fin, Gen, V&M)* economic life; 2. *(RW, WiWi)* useful economic life

wirtschaftlicher Anreiz *m (WiWi)* economic incentive

wirtschaftlicher Eigentümer *m (Recht)* beneficial owner

wirtschaftlicher Fortschritt *m* 1. *(Gen)* economic advancement; 2. *(WiWi)* economic progress

wirtschaftlicher Geschäftsbetrieb *m (Gen, Recht)* economic activity

wirtschaftlicher Nutzen *m (WiWi)* economic benefit

wirtschaftlicher Ressourceneinsatz *m (Umwelt)* economical use of resources

wirtschaftliches Gut *n (WiWi)* economic good

wirtschaftliches Klima *n (WiWi)* economic climate

wirtschaftliches Risiko *n (Versich)* commercial risk

wirtschaftliches Umfeld *n (WiWi)* business conditions

Wirtschaftlichkeit *f* 1. *(Gen)* economic efficiency, operational efficiency, cost-effectiveness *(Streben nach einem günstigen Verhältnis zwischen dem Ertrag und den zu seiner Erlangung aufzuwendenden Mitteln oder zwischen Output-Größen und Input-Größen)*; 2. *(WiWi)* efficiency, economic efficiency

Wirtschaftlichkeitsprinzip *n (WiWi)* efficiency rule *(Synonym: ökonomisches Prinzip, Rationalprinzip; zwei Ausprägungen: ein definiertes Ergebnis mit geringstmöglichem Mitteleinsatz erzielen = Minimalprinzip = Sparsamkeitsprinzip, oder mit einem fest vorgegebenen Mitteleinsatz, z. B. Budget, das bestmögliche Ergebnis, z. B. Gewinn oder Output, erzielen = Maximalprinzip = Ergiebigkeitsprinzip)*

Wirtschaftlichkeitsprüfung *f (RW)* efficiency audit

Wirtschaftlichkeitsrechnung *f* 1. *(Fin)* capital budgeting, capital expenditure evaluation, investment appraisal; preinvestment analysis *(Prüfung der Vorteilhaftigkeit -profitability- alternativer Investitionsvorhaben)*; 2. *(WiWi)* efficiency calculation, evaluation of economic efficiency, economy calculation

wirtschaftlich-materielle Lebenslage *f (Soz, WiWi)* economic well-being

Wirtschaftsaktivität *f (WiWi)* economic activity

Wirtschaftsaufschwung *m (WiWi)* (economic) upswing, (economic) revival, cyclical upswing, economic expansion, increase in business activity

Wirtschaftsaussichten *fpl (WiWi)* economic prospects

Wirtschaftsbelebung *f s.* Wirtschaftsaufschwung

Wirtschaftsbericht *m (WiWi)* economic report

Wirtschaftsdaten *pl (WiWi)* economic data

Wirtschaftsdynamik *f (Ind)* industrial dynamics

Wirtschaftseinheit *f (WiWi)* economic agent

Wirtschaftsflüchtling *m (Pol, Soz)* economic refugee

Wirtschaftsforschung *f (WiWi)* economic research

Wirtschaftsgebiet *n (WiWi)* economic area

Wirtschaftsgesetzgebung *f (WiWi)* economic laws

Wirtschaftsgut *n* 1. *(RW)* capital asset; 2. *(WiWi)* commodity, economic good

Wirtschaftsgüter *npl (RW)* assets

Wirtschaftsjahr *n* 1. *(RW)* business year, financial year, fiscal year; 2. *(Steuer)* accounting year, fiscal year

Wirtschaftsjournalismus *m (Fin)* financial journalism

Wirtschaftsjurist *m (Recht)* business lawyer

Wirtschaftsklima *n (Gen)* economic climate

Wirtschaftskommission *f* **(der UN) für Europa** *(ECE) (Pol, WiWi)* Economic Commission for Europe, ECE; United Nations Economic Commission for Europe, UN-Economic Commission for Europe, UNECE *(Synonym: UN-Wirtschaftskommission für Europa; eine Unterorganisation der Vereinten Nationen mit Sitz in Genf; a UN agency seated in Geneva)*

Wirtschaftskreise *mpl (Gen)* business circles
Wirtschaftskreislauf *m (WiWi)* circular flow
Wirtschaftskriminalität *f (WiWi)* economic crime
Wirtschaftslage *f* 1. *(Fin)* economic conditions, economic situation; 2. *(Gen)* business situation; 3. *(WiWi)* economic conditions, economic situation
Wirtschaftsleistung *f (WiWi)* economic output
Wirtschaftsmisere *f (Pol, WiWi)* economic gloom
Wirtschaftsmodell *n (WiWi)* economic model
Wirtschaftsnachrichten *fpl (Stat, WiWi)* economic news
Wirtschaftsplanung *f (Gen, Mgt, Pol, Umwelt, WiWi)* economic planning
Wirtschaftspolitik *f (Pol, WiWi)* economic policy
Wirtschaftspraxis *f (Gen)* business, business practices
Wirtschaftspresse *f (V&M)* business press
Wirtschaftsprognose *f (Pol, WiWi)* economic forecasting
Wirtschaftsprüfer *m (Pers, RW)* accountant, auditor
Wirtschaftsprüferin *f s.* Wirtschaftsprüfer
Wirtschaftsprüfung *f (Fin, RW)* audit, auditing
Wirtschaftsprüfungsgesellschaft *f (Mgt, RW)* audit firm, audit company
Wirtschaftsrecht *n (Recht)* economic law, business law
Wirtschaftsreform *f (Pol, WiWi)* economic reform
Wirtschaftssanktionen *fpl* 1. *(Pol)* economic sanctions; 2. *(WiWi)* trade sanctions
Wirtschaftssektor *m (Gen)* business sector
Wirtschaftsspionage *f (Ind)* industrial espionage
Wirtschaftsstandort *m (Mgt, WiWi)* business location
Wirtschaftsteil *m (Gen, Media)* business pages, economic section
Wirtschafts- und Währungsunion *f (WWU) (Gen, WiWi)* Economic and Monetary Union, EMU
Wirtschaftsunion *f (Fin, Pol, WiWi)* economic union
Wirtschaftsunternehmen *n (Gen)* business enterprise, enterprise
Wirtschaftsverband *m (Gen)* trade association, industrial association
Wirtschaftsverbrechen *n* 1. *(Recht)* white-collar crime; 2. *(WiWi)* economic crime
Wirtschaftswachstum *n (WiWi)* economic growth
Wirtschaftswissenschaft *f (WiWi)* economics
Wirtschaftswissenschaften *fpl (Pers, WiWi)* economics *(Singular!)*; economic science *(economies = Ersparnisse)*
Wirtschaftswissenschaftler *m (WiWi)* economist
Wirtschaftszeitschrift *f (WiWi)* business journal
Wirtschaftszeitung *f (WiWi)* business paper
Wirtschaftszweig *m* 1. *(Ind)* industry; 2. *(WiWi)* industry, trade
Wissen *n (Pers)* knowledge
wissensbasierte Ökonomie *f (WiWi)* knowledge-based economy
wissensbasiertes System *n (Mgt, WiWi)* knowledge-based system, KBS *(Synonym: Expertensystem; Programm in der künstlichen Intelligenz, Wissensdarstellung durch sog. "Regeln"; cf communities of practice = virtuelle Expertengemeinschaften)*
Wissensbasis *f (Mgt, WiWi)* knowledge base *(Menge des in einem wissensbasierten System -knowledge-based system- vorhandenen problemspezifischen Wissens)*
Wissenschaftler *m (Pers)* scientist *(akademische Ausbildung)*
wissenschaftliche Betriebsführung *f (Mgt, WiWi)* scientific management *(Taylor)*
wissenschaftliche Hochschule *f (Bil)* university, college; school *(in bestimmten Fällen)*
Wissensmanagement *n (Mgt, WiWi)* knowledge management *(Aufgabe: das im Unternehmen vorhandene strategisch bedeutsame Wissen praxisnah*

als organisationale Ressource entwickeln und nutzen; cf communities of practice = virtuelle Expertengemeinschaften)

Wissensökonomie *f (WiWi)* knowledge-based economy

Woche *f (Gen)* week • **eine Woche im Voraus** *(Gen)* a week in advance

Wochenarbeitszeit *f (Pers)* weekly hours of work

Wochenlohn *m (Pers)* weekly wage

wöchentliche Arbeitszeit *f (Pers)* weekly hours of work

wöchentliche Bezahlung *f (Pers)* weekly pay

wohlbegründet *adj (Gen, Recht)* well-grounded

Wohlergehen *n (Gen)* well-being

Wohlfahrt *f (Pers, Soz)* welfare

Wohlfahrtsempfänger *m (Pers, Soz) (BE)* person receiving benefit; social security recipient; *(AE)* welfare recipient *(Sozialwesen)*

Wohlfahrtsgesetzgebung *f (Pers, Pol, Soz)* welfare legislation

Wohlfahrtsökonomik *f (WiWi)* welfare economics

Wohlfahrtsstaat *m* 1. *(Pol, Soz)* welfare state; 2. *(WiWi) (ugs.)* nanny state, welfare state

Wohlfahrtsunterstützung *f (Pers, Soz)* welfare payments

wohlhabend *adj (Gen, WiWi)* prosperous, affluent, wealthy, well-off, well-to-do

Wohlstand *m (WiWi)* prosperity, wealth, affluence

Wohlstandsindikator *m (WiWi)* prosperity indicator

wohltätige Organisation *f (Soz, Steuer)* charity

Wohltätigkeit *f (Soz, Steuer)* charity

Wohlverhalten *n (Gen)* compliance

Wohnbevölkerung *f (WiWi)* resident population

Wohneigentum *n (Grund)* home ownership

Wohngebiet *n (Grund)* residential area

Wohngeld *n (Pers, Soz)* housing [residence] allowance, rent subsidy

wohnhaft *adj (Pers, Recht)* domiciled, ordinarily resident

Wohnhaus *n (Grund)* dwelling, residential building

Wohnimmobilien *fpl (Fin, Grund, V&M)* residential property

Wohnraum *m (Gen, Pers, Soz)* living space, residential accommodation, living accommodation

Wohnsitz *m* 1. *(Pol)* residence, place of residence, abode; 2. *(Recht, Steuer)* domicile, registered office

Wohnsitzprinzip *n (Recht)* principle of domicile, residence requirement

Wohnsitzstaat *m (Steuer)* country of residence

Wohnung *f* 1. *(Grund) (AE)* apartment, *(BE)* flat; 2. *(Pers, Soz)* accommodation; 3. *(Steuer)* living accommodation

Wohnungsbau *m* 1. *(Gen)* housing; 2. *(Grund)* housebuilding, housing [residential] construction

Wohnungsbaudarlehen *n (Bank)* home (equity) loan, housing loan

Wohnungsbauhypothek *f (Bank)* house mortgage, housing mortgage loan, residential mortgage

Wohnungseigentum *n (Gen)* home ownership

Wohnungsmakler *m (Gen, Grund)* estate agent, house agent

Wohnungsmaklerin *f s.* Wohnungsmakler

Wohnungsmarkt *m (Grund)* housing market

Wohnungsnot *f (Grund, Soz)* housing shortage

Wohnungswirtschaft *f (Ind)* housing industry

Wort *n (Gen)* term, word

Wortlaut *m (Gen, Recht)* wording *(Vertrag)*

WTO *s.* Welthandelsorganisation

Wucher *m (Fin)* usurious moneylending, usury

Wucherer *m (Fin)* usurer

Wuchermiete *f (Recht)* extortionate rent

Wucherzinsen *mpl (Bank, Fin)* excessive [usurious] interest

Wunsch *m* 1. *(Gen)* wish, ambition, request; 2. *(V&M)* desire

X

x-Fabrik *(Imp/Exp, Transp)* ex factory, ex works, x-mill, ex mill
x-Kai *(Imp/Exp, Transp)* x-quay, ex quay

Y

Yard *n (Gen)* yard, yd *(Maß)*
Yen-Auslandsanleihe *f (Börse, Fin)* Samurai bond *(zinsgünstige Yen-Verschuldung eines nicht japanischen Unternehmens gegen Übernahme des Wechselkursrisikos)*

Z

Zahl *f* 1. *(Komm)* cipher; 2. *(Stat)* figure, number
Zahl *f* **der Arbeitslosen** *(Soz)* number of unemployed, unemployment figure
zahlbar *adj* 1. *(Gen)* due, due and payable, payable; 2. *(WiWi)* payable
zahlbar *adj* **bei Auftragserteilung** *(Gen)* cash with order
zahlbar *adj* **bei Bestellung** *(Gen)* cash with order
zahlbar *adj* **bei Sicht** 1. *(Fin)* payable at sight; 2. *(Gen)* payable at sight, payable on demand
zahlen *v (Gen)* pay, make a payment of; *(BE; ugs.)* stump up
zählen *v (Stat)* count
Zahlen *fpl (Stat)* numbers • **in nicht bereinigten Zahlen** *(Gen)* in unadjusted figures • **in den roten Zahlen sein** *(Gen, RW) (ugs.)* be in the red *(mit Verlust arbeiten; Synonym: rote Zahlen schreiben)*
zahlender Betrag *m/zu (Gen)* amount to be paid
Zähler *m (Comp, Komm)* counter *(Internet-Besucher)*
Zahlkarte *f (Bank)* payment card
Zahllast *f* 1. *(Steuer)* net VAT payable *(Umsatzsteuer-Zahllast); (USA)* regular tax burden; 2. *(Gen)* burden of payment
Zählung *f (Stat)* count, counting, census
Zahlung *f* 1. *(Fin, Recht)* satisfaction *(Schuld)*; 2. *(Gen)* clearance, payment, settlement; remittance *(Überweisung)* • **eine Zahlung aufschieben** *(RW)* defer payment • **in Zahlung nehmen** *(Gen) (ugs.)* take in • **eine Zahlung zurückverfolgen** *(Bank)* trace a payment • **Zahlung 1/3 bei Auftragserteilung** *(Gen)* payment one third with order *(Zahlungsbedingungen = terms of payment)*
Zahlung *f* **bei Auftragserteilung** *(Gen)* cash with order, c.w.o., payment with order
Zahlung *f* **gegen offene Rechnung** *(Fin)* clean payment
Zahlung *f* **im Namen Dritter** *(RW)* payment on behalf of others
Zahlung *f* **in Raten** *(RW)* payment by instal(l)ments
Zahlung *f* **netto Kasse** *(Recht)* clean payment
Zahlungen *fpl (Gen)* payments • **Zahlungen einstellen** *(Fin, Gen)* suspend payments
Zahlungsabwicklung *f (Comp, Komm, V&M)* payment service, payment
Zahlungsanspruch *m (Bank, Fin, Recht)* pecuniary claim
Zahlungsanweisung *f (Fin)* order to pay
Zahlungsaufforderung *f* 1. *(Börse)* call; 2. *(Fin)* request for payment; 3. *(Gen)* demand note; 4. *(WiWi)* request to pay
Zahlungsaufschub *m (Fin)* moratorium, respite
Zahlungsauftrag *m* 1. *(Bank, Fin)* banker's order, payment order; 2. *(RW)* order to pay, payment order
Zahlungsbedingungen *fpl (Bank)* terms of payment
Zahlungsbestätigung *f (Recht)* confirmation of payment *(Vertragsrecht)*
Zahlungsbilanz *f (ZB) (WiWi)* balance of payments, BoP; external accounts *(System of National Accounts, SNA)*
Zahlungsbilanzdefizit *n (WiWi)* balance of payments deficit, external deficit
Zahlungsbilanzfinanzierung *f (WiWi)* balance-of-payments funding *(ZB)*
Zahlungsbilanzgleichgewicht *n (WiWi)* balance of payments equilibrium
Zahlungsbilanzstörung *f (WiWi)* balance-of-payments disequilibrium *(ZB)*
Zahlungsbilanzüberschuss *m* 1. *(Imp/*

Exp) external surplus; 2. *(WiWi)* balance of payments surplus
Zahlungseinstellung *f (Bank, Fin)* cessation of payment
Zahlungsempfänger *m* 1. *(Gen)* creditor beneficiary; 2. *(RW)* payee
Zahlungsempfängerin *f s.* Zahlungsempfänger
Zahlungserinnerung *f (Fin)* prompt note
Zahlungsermächtigung *f (Fin, Pol, RW)* (budgetary) appropriation
zahlungsfähig *adj (Gen)* able to pay, solvent
zahlungsfähiger Schuldner *m (Bank)* solvent debtor
Zahlungsfähigkeit *f (Fin, Gen)* ability to pay, solvency, liquidity *(Synonym: Solvenz; Gegensatz: Zahlungsunfähigkeit, Insolvenz)*
Zahlungsfrist *f (WiWi)* period of payment
Zahlungsfristverlängerung *f (Recht)* extension of time for payment
Zahlungsgarantie *f* 1. *(RW)* payment guarantee; 2. *(Recht)* payment bond, payment guaranty
zahlungshalber *adj (Recht)* on account of payment
Zahlungskarte *f (Bank)* charge card
Zahlungsmethode *f (V&M)* payment method
Zahlungsmittel generierende Einheit *f s.* zahlungsmittelgenerierende Einheit
zahlungsmittelgenerierende Einheit *f (Mgt, RW)* cash generating unit, cash-generating unit, CGU *(Synonym: Cashflow-generierende Einheit; US-GAAP, IFRS 3, IAS 36; kleinste identifizierbare Gruppe von Vermögenswerten, die messbare Mittelzuflüsse aus der laufenden Nutzung erzeugt und weitgehend unabhängig von den Mittelzuflüssen anderer Vermögenswertegruppen ist; sie darf die Größe eines Segments nach IAS 14 nicht überschreiten; the smallest identifiable group of assets that produces measurable cash flows)*
Zahlungsmoral *f (Gen)* payment behavio(u)r
Zahlungspotenzial *n (Bank, Fin, RW)* ability to pay
Zahlungsrückstände *mpl (RW)* backlog of payments
Zahlungssystem *n (WiWi)* payment system
zahlungsunfähig *adj* 1. *(Fin, Gen)* bankrupt; 2. *(RW)* insolvent, unable to pay; unable to meet one's obligations **• jmdn. für zahlungsunfähig erklären** *(Fin, Gen, Recht)* adjudge sb bankrupt, adjudicate sb bankrupt **• zahlungsunfähig sein** *(Gen)* be insolvent; be bankrupt *(Synonym: bankrott sein, ugs.)*
zahlungsunfähiger Schuldner *m (Bank)* bad debtor, defaulting debtor
Zahlungsunfähigkeit *f* 1. *(RW)* insolvency; 2. *(Recht)* inability to pay, insolvency
Zahlungsverkehr *m (Fin)* money [payment] transactions
Zahlungsverlängerung *f (Bank)* extended payment
Zahlungsverpflichtung *f (Bank, Fin)* obligation to pay
Zahlungsversprechen *n* 1. *(Fin)* promise to pay; 2. *(Gen)* I owe you, IOU
Zahlungsversprechen *n (Gen)* promise to pay
Zahlungsverzug *m (Fin)* default, default in payment, delay in payment, failure to pay on due date
Zahlungsziel *n (Gen)* credit period, period of payment, term of payment
z.B. *(Gen, Komm)* e. g. *(for example)*
Zedent *m* 1. *(Recht)* assignor, transferor, transferrer, cedent; 2. *(Versich)* cedent, ceding company, original insurer *(Unternehmen)*
zedieren *v* 1. *(Recht)* cede; 2. *(Versich)* assign, cede, transfer
Zeichen *n* 1. *(Comp)* character; 2. *(Gen)* signal; 3. *(Stat)* sign *(Symbol)*; 4. *(Media)* character **• unser Zeichen** *(Gen)* our reference
zeichnen *v* 1. *(Börse)* draw, subscribe *(Aktien)*; 2. *(Gen)* design, sign; 3. *(Versich)* underwrite
Zeichner *m* 1. *(Börse)* allottee, subscriber; 2. *(Gen)* draftsman; 3. *(Versich)* underwriter
Zeichnung *f* 1. *(Gen)* design, drawing, signature, signing; 2. *(Börse, Fin, RW)* subscription; 3. *(Versich)* underwriting
Zeichnungsangebot *n (Börse)* subscription offer, tender

Zeichnungsberechtigte *m(f) (Bank)* signing officer
Zeichnungsberechtigung *f (Bank)* authority to sign, power to sign
Zeichnungsbetrag *m* 1. *(Börse)* amount of the subscription, application money; 2. *(Fin)* subscription money
Zeichnungskurs *m (Börse)* offering price
zeigen *v (Gen)* show *(demonstrieren)*
Zeilenpreis *m (Media)* line rate *(Anzeige, Übersetzungsleistungen)*
Zeilenzahl *f (Media)* lineage
Zeit *f (Gen)* time • **vor der Zeit** *(Gen)* with time to spare • **mit der Zeit gehen** *(Gen)* be abreast of the times
zeitabhängige Kosten *pl (RW)* period expense
Zeitablauf/im *(Gen)* over time
Zeitakkord *m (Pers)* time piecework, time-allowed system
Zeitarbeit *f (Pers)* temporary employment, temporary job, temporary work *(vorübergehende Beschäftigung)*; time-work *(Zeitlohn)* • **Zeitarbeit machen** *(Gen, Pers)* be employed as temporary worker
Zeitarbeitsfirma *f (Pers)* temporary employment business, temporary employment agency, temporary employment bureau, *(AE)* temporary help service, *(AE)* temporary help agency
Zeitarbeitskraft *f (Gen, Pers)* temp, temporary worker
Zeitarbeitsunternehmen *n (Pers)* temporary employment business, temporary employment agency, temporary employment bureau, *(AE)* temporary help service, *(AE)* temporary help agency
zeitaufwendig *adj (Gen, Mgt)* time-consuming
Zeitdauer *f (Gen)* period
Zeitdruck *m (Gen, Mgt)* time pressure
Zeiterfassung *f (Comp, Gen)* time recording
zeitgemäß *adj (Gen)* timely, up-to-date
zeitgleiche Externalitäten *fpl (WiWi)* contemporaneous externality
Zeithorizont *m (Mgt)* time horizon
Zeitkarte *f (Transp) (AE)* commutation ticket, *(BE)* season ticket
Zeitkomponente *f (Gen)* time component
zeitlich *adj (Gen)* temporal, chronological *(Reihenfolge)*
zeitlich *adv (Gen)* temporarily, timewise, chronologically *(Reihenfolge)* • **zeitlich begrenzt** *(Gen)* for a limited period of time
zeitlich befristeter Vertrag *m (Pers)* fixed-term contract [deal, agreement]
zeitlich beschränkte Aufenthaltsgenehmigung *f (Recht)* temporary residence permit
zeitliche Abstimmung *f (Gen)* timing
zeitliche Verzögerung *f (Steuer)* time lag
zeitlicher Rahmen *m* 1. *(Gen)* time frame, timescale; 2. *(Mgt)* timescale
Zeitlimit *n (Gen)* time limit
Zeitlohnsatz *m (Pers)* time rate, time wage rate *(for hourly paid workers)*
Zeitnahme *f* 1. *(Gen)* timing; 2. *(Mgt)* stopwatch studies *(mit Stoppuhr für Arbeitsvorbereitung = process planning = production scheduling)*
Zeitnische *f (Gen, Transp)* slot *(aviation)*
Zeitplan *m* 1. *(Gen)* timescale, schedule; 2. *(Mgt)* time budget, timescale, timetable • **im Zeitplan liegen** *(Gen)* be on schedule
Zeitplanung *f (Mgt)* time management
Zeitpunkt *m (Gen)* time; date *(Termin)* • **zu einem frühen Zeitpunkt** *(Gen)* at an early stage
Zeitrahmen *m (Gen)* time frame
zeitraubend *adj (Gen)* time-consuming
Zeitraum *m* 1. *(Gen)* time span; 2. *(Recht)* time limit; 3. *(WiWi)* period • **für den Zeitraum** *(RW)* for the period
Zeitreihenanalyse *f (WiWi)* time series analysis
Zeitschrift *f (Media)* journal, magazine, periodical
Zeitsegment *n (V&M)* time segment
Zeitspanne *f* 1. *(Gen)* period of time, time span; 2. *(WiWi)* time span
zeitsparend *adj (Comp, Gen)* time-saving
Zeitstudie *f (Pers)* work time study
Zeitüberschreitung *f (Gen, Komm)* time-out, timeout
Zeitung *f (Gen)* newspaper
Zeitungsanzeigen *fpl (V&M)* newspaper advertising
Zeitungsausschnitt *m (Media) (AE)* press clipping, *(BE)* press cutting

Zeitungsverleger *m (Media)* newspaper publisher
Zeitungswerbung *f (V&M)* newspaper advertising, press advertisement *(Anzeige)*
Zeitvertrag *m* 1. *(Pers)* fixed-term contract, fixed-duration contract, short-term contract; 2. *(Transp)* time agreement
zeitweilig *adj (Gen)* temporary
zeitweilig aufheben *v (Gen)* suspend *(Handel, Geschehmigung)*
zeitweilig außer Kraft sein *v (Gen)* be in abeyance *(Gesetz, Regel)*
zeitweilig aussetzen *(Recht)* suspend
Zeitwert *m* 1. *(Börse)* time value *(Restlaufzeit einer Option)*; 2. *(Fin)* current value, actual cash value; 3. *(RW)* market value, fair value; 4. *(WiWi)* current value
Zeitwertbilanzierung *f (RW, Steuer)* fair value accounting, current value accounting *(IAS/IFRS)*
Zeitwertmethode *f (Fin)* present value method, present value approach
Zeitzone *f (Gen)* time zone
zensieren *v* 1. *(Gen)* censor; 2. *(Media)* exercise censorship over, censor
Zensur *f (Gen, Media)* censorship
Zentralbank *f (Bank, WiWi)* central bank
zentralbankfähige Aktiva *pl (Bank, Fin)* eligible assets
zentralbankfähige Wechsel *mpl (Bank)* eligible bills, eligible papers
Zentralbankfazilität *f (Bank) (BE)* Central Bank Facility
Zentralbankgeldmenge *f (WiWi)* monetary base
Zentrale *f* 1. *(Gen)* company headquarters; 2. *(Mgt)* head office, headquarters; 3. *(Admin)* switchboard *(Telefon)*
zentrale Gegenpartei *f (Bank, Börse, Gen)* central counterparty, CCP *(zwischen verschiedenen Wertpapierkäufern und -verkäufern)*
zentrale Notenbank *f (WiWi)* central bank
zentraler Dachfonds *m (Fin)* umbrella fund
zentraler Einkauf *m (V&M)* central buying
Zentraler Kontrahent *m (Bank, Börse, Gen)* central counterparty, CCP *(zwischen verschiedenen Wertpapierkäufern und -verkäufern)*
zentrales Reservierungssystem *n (Frei)* central reservation system
zentralisieren *v (Gen)* centralize
Zentralregierung *f (Gen, Pol)* central government
Zentralverwahrer *m (Bank)* Central Securities Depositary *(CSD)*
Zentralverwaltung *f (Admin) (AE)* administrative center, *(BE)* administrative centre
Zentralverwaltungswirtschaft *f (WiWi)* centrally planned economy
Zentrum *n* 1. *(Gen)* focus; 2. *(Ind) (AE)* center, *(BE)* centre
zerlegen *v* 1. *(Bank)* unbundle *(Kosten)*; 2. *(Ind)* break down, disassemble; 3. *(V&M)* knock down
Zerlegung *f* 1. *(Bank)* unbundling *(Kosten)*; 2. *(Ind)* disassembly
Zero-Bond *m (Börse)* zero-coupon bond
Zerrüttung *f* **der Kreditwürdigkeit** *(Recht)* blows to the debtor's credit
Zerschlagung *f (Admin, Gen)* break-up
Zersplitterung *f (WiWi)* fragmentation
zerstören *v (Gen)* destroy
Zerstörung *f* 1. *(Gen)* demolition, destruction, dissolution; 2. *(Umwelt)* destruction *(des Regenwaldes)*
Zertifikat *n (Börse, Gen)* certificate, cert.
Zertifizierungsverfahren *n (Recht)* certification procedure
Zession *f* 1. *(Gen)* cession; 2. *(Recht)* assignment, transfer, cession
Zessionar *m* 1. *(Bank)* assignee, transferee; 2. *(Pat)* assignee; 3. *(Recht, Versich)* assignee, transferee
Zeuge *m (Gen, Recht)* witness • **Zeuge von etw. sein** *(Recht)* witness sth • **als Zeuge aussagen** *(Recht)* give evidence as a witness
Zeugenaussage *f (Recht)* attestation, evidence, statement of witness, testimony
Zeugin *f s.* Zeuge
Zeugnis *n (Pers)* reference *(schriftliche Empfehlung)*
z.H.v., z.Hd.v. *(Gen, Komm)* Attn. *(for the attention of)*
Ziel *n* 1. *(Gen)* aim, object, target, objective; 2. *(Mgt)* goal; 3. *(V&M)* mission, target • **das Ziel nicht erreichen** *(Gen)*

underperform • **das Ziel verfehlen** *(Gen)* fall short of target • **der Weg ist das Ziel** *(Gen, Mgt)* the means is an end within itself

Zielbestimmung *f (Gen)* targeting

zielbewusst *adj (Gen, Mgt)* purposeful

Zielbildung *f (Mgt)* goal-setting

Zieleinkaufspreis *m (RW)* price before cash discount *(in der Preiskalkulation: Zieleinkaufspreis = Rechnungspreis minus vertraglich vereinbarter Rabatt; vom Zieleinkaufspreis ist dann gegebenenfalls der Skonto abzuziehen, was den Bareinkaufspreis ergibt; invoice price minus contractual discount minus cash discount = cash purchase price = Bareinkaufspreis)*

zielen *v* **auf** *(Gen)* aim

Zielerfüllung *f (Mgt, WiWi)* goal fulfilment, *(AE)* goal fulfillment

Zielerreichung *f (Mgt, WiWi)* achievement of objectives

Zielfirma *f (Gen)* target company

Zielformulierung *f (Gen, Mgt)* policy formulation, statement of objectives

Zielfunktion *f (Stat)* objective function • **die Zielfunktion optimieren** *(Gen)* optimize the objective function

zielgenau *adj (Gen, V&M)* accurately targeted, accurate

zielgerichtete Maßnahme *f (Pers, Pol)* targeted measure

Zielgesellschaft *f* 1. *(Börse, Fin, Mgt)* target, target company, targeted company *(Zielunternehmen, Übernahmeziel einer freundlichen oder feindlichen Übernahme, of a friendly or hostile takeover)*; 2. *(Recht)* offeree company *(bei Fusionen; Gegensatz: übernehmende Gesellschaft)*

zielgesteuerte Unternehmensführung *f (Mgt)* management by objectives, MbO *(mehrdimensionales Führungskonzept, integriert wichtige Elemente des MbD und MbE)*

Zielgewährung *f (RW, V&M)* granting credit

Zielgröße *f (Mgt)* target figure

Zielgruppe *f* 1. *(Gen)* focus group; 2. *(V&M)* audience, target [focus] group

Zielhierarchie *f (Gen)* hierarchy of objectives

Zielindifferenz *f (WiWi)* neutrality of goals

Zielindikatoren *mpl (Gen)* objective indicators

Zielkauf *m (V&M, WiWi)* credit sale *(Kreditkauf)*; credit purchase, purchase on credit, credit buying *(Synonym: Kauf auf Ziel; Kaufvereinbarung, bei der ein Zahlungsziel -period of payment- gewährt wird)*

Zielkonflikt *m (WiWi)* inconsistency of goals; trade-off *(Austauschbeziehung)*

Zielkorridor *m (WiWi)* target range *(des Geldmengenwachstums)*

ziellos *adj (Gen)* aimless

ziellos *adv (Gen)* at random, randomly

Zielmarkt *m (Gen, V&M)* target market

zielorientierte Budgetplanung *f (RW)* performance budgeting

zielorientiertes Marketing *n (V&M)* target marketing

Zielort *m (Komm, Transp)* place of destination

Zielpreis *m (Gen)* target price

Zielpreisbildung *f (Gen)* target pricing

Zielpublikum *n (Media, V&M)* target audience

Zielrealisierung *f (Mgt, WiWi)* achievement of objectives, accomplishment of goals

Zielsetzung *f* 1. *(Gen, Mgt)* goal-setting, objective-setting; 2. *(V&M)* target setting

Zielsprache *f (Comp, Gen)* target language *(Übersetzung)*

Zielsuche *f (Fin, Gen, Mgt)* goal-seeking

Zielsystem *n (WiWi)* goal system

Zieltermin *m (Gen)* target date

Zielüberschreitung *f (WiWi)* slippage

Zielunternehmen *n s.* Zielgesellschaft

Zielunterschreitung *f (WiWi)* slippage

Zielverfehlung *f (WiWi)* slippage

Zielvorgaben *fpl (Gen)* defined goals and objectives

Zielzone *f (WiWi)* target zone

Ziffer *f* 1. *(Komm)* cipher; 2. *(Stat)* figure

Zins *m (Bank, Börse, Fin, RW, WiWi)* interest

Zins *m* **für erste Adressen** *(Bank, WiWi)* base rate

Zinsabgeltungssteuer *f (ZASt) (Steuer)* interest withholding tax *(Synonym: Zinsabschlagsteuer; definitiv abgegoltene und an der Quelle einbehaltene Steuer auf Kapitalerträge)*

Zinsanpassung *f (Bank)* interest rate adjustment
Zinsauftrieb *m (WiWi)* upsurge/upswing in interest rates *(ZB)*
Zinsaufwand *m (RW)* interest paid [expense]
Zinsbegrenzung *f* **nach oben** *(Fin)* cap
Zinsbelastung *f (Fin)* interest charge
Zinsberechnungsmethode *f (Bank)* day-count convention
Zinsbewegung *f (Bank)* interest rate movement
Zinsbogen *m (Fin)* interest coupon
Zinsdifferenz *f (WiWi)* interest-rate differential *(ZB)*
Zinseinkommen *n* 1. *(Bank, Fin)* interest income; 2. *(RW)* earned interest
zinsempfindliche Ausgaben *fpl (Fin)* interest-sensitive expenditure
Zinsen *mpl (Bank, Fin, RW, WiWi)* interest • **Zinsen abwerfen** *(Fin)* bear interest, yield interest • **Zinsen berechnen** *(Bank)* charge interest • **Zinsen bringen** *(Fin)* bear interest, yield interest
Zinsergebnis *n (Fin, RW)* net interest income
Zinsertrag *m* 1. *(Bank)* interest received; 2. *(RW)* income from interest, interest earned
Zinserträge *mpl* 1. *(Bank)* interest received; 2. *(RW)* income from interest, interest earned
Zinseszins *m (Bank, Fin, Recht, WiWi)* compound interest
Zinseszinsrechnung *f (Fin, WiWi)* compound interest calculation
Zinsformel *f (Bank)* interest formula
zinsfrei *adj (Bank, Fin)* interest-free
Zinsfuß *m (Bank, Fin, RW, WiWi)* interest rate, rate of interest
Zinsfuß *m* **interner** 1. *(Fin, RW)* capitalization rate, internal rate of return; 2. *(WiWi)* marginal productivity of investment
zinsgebunden *adj (Bank)* interest-linked
Zinsgefälle *n* 1. *(Bank)* interest rate differential; 2. *(Börse)* rate differential
Zinsgleitklausel *f (Bank, WiWi)* flexible-interest-rate clause
zinsgünstiges Darlehen *n (Fin, WiWi)* soft loan *(Entwicklungshilfe)*
Zinsinstrument *n (Börse)* interest rate instrument
Zinskontrakt *m (Börse)* interest rate contract
Zinskupon *m* 1. *(Bank)* bond coupon; 2. *(Fin)* coupon, interest coupon, c., cp. *(zeigt den Nominalzins einer festverzinslichen Anleihe; Synonym: Zinsschein)*
zinsloser Überziehungskredit *m (Bank)* swing
zinsloses Darlehen *n (Bank, Fin)* interest-free loan
Zinsmarge *f (Bank, WiWi)* interest margin
Zinsmaut *f (ugs.) (Fin, Pol) (ugs.)* interest toll *(EU; Zinsabschlagsteuer auf Kapitalanlagen nichtschweizerischer Europäer in der Schweiz im Rahmen der angestrebten einheitlichen EU-Zinsbesteuerung zur Verhinderung eines europäischen Steuerwettbewerbs)*
Zinsobergrenze *f* 1. *(Börse)* ceiling rate; 2. *(WiWi)* rate ceiling, cap rate
zinsreagible Ausgaben *fpl (Fin)* interest-sensitive expenditure
Zinsrisiko *n* 1. *(Bank)* interest rate risk; 2. *(Börse)* interest rate exposure; 3. *(Fin)* interest risk
Zinssatz *m (Bank, Fin, Gen, WiWi)* interest rate, rate of interest • **einen Zinssatz festschreiben** *(Börse)* lock in a rate • **einen Zinssatz nach oben begrenzen** *(Bank)* cap an interest rate
Zinssatz *m* **für Ausleihungen** *(Bank)* lending rate
Zinssatz *m* **für kurzfristige Kredite** *(WiWi)* short-term interest rate
Zinsschein *m* 1. *(Bank, Börse)* bond coupon; 2. *(Fin)* coupon, interest coupon, c., cp. *(zeigt den Nominalzins einer festverzinslichen Anleihe; Synonym: Zinskupon, Zinscoupon)*
Zinsspanne *f* 1. *(Bank)* interest margin [spread], interest rate range; 2. *(Börse)* interest rate range; 3. *(Fin)* interest margin
Zinsstruktur *f (WiWi)* interest rate structure, term structure of interest rates
Zinsstrukturkurve *f (Bank, WiWi)* yield curve
Zinsswap *m (Börse, Fin)* interest rate swap
Zinsterminkontrakt *m (Börse)* interest

rate (futures) contract, interest rate future, forward [future] rate agreement
zinstragend *adj (Bank, Fin, RW)* interest-bearing
Zinsüberschuss *m (Bank, WiWi)* net interest received/income
Zinsuntergrenze *f (Börse)* floor rate
zinsvariable Anleihe *f (Bank)* floater, floating-rate note
zinsvariabler Schuldtitel *m* 1. *(Börse)* floating-rate note, *(AE)* floater; 2. *(Fin)* rolling-rate note
zinsvariables Darlehen *n (Bank)* floating-rate loan
Zinsvorteil *m (Börse)* interest rate advantage
Zinszahlung *f (Bank)* interest payment
Zinszuschlag *m (Bank, RW)* additional interest
Zinszuschuss *m (Fin, Pol)* interest subsidy, interest rate subsidy
zirka *adv (Gen)* about, approximately, circa
Zirkakurs *m (Börse)* approximate price
zivile Erwerbsbevölkerung *f (Stat)* civilian working population *(d. h. Erwerbspersonen = Erwerbstätige und Arbeitslose, jedoch ohne Soldaten)*
zivile Erwerbstätige *pl (Pers)* persons in civilian employment
Zivilprozess *m (Recht)* civil action, legal suit
Zivilrecht *n (Recht)* civil law *(bürgerliches Recht)*
zivilrechtliche Ansprüche *mpl* **und Verpflichtungen** *fpl (Recht)* civil rights and obligations
Zivilsache *f (Recht)* civil matter
Zoll *m* 1. *(Frei)* customs; 2. *(Gen)* customs, inch *(Maß)*; duty *(Gebühr)*; 3. *(Imp/Exp)* customs duty; 4. *(Steuer)* duty, tariff
Zollabfertigung *f (Imp/Exp)* (customs) clearance, customs declaration
Zollabfertigungshafen *m (Imp/Exp)* port of entry
Zollabgabe *f (Imp/Exp)* customs duty
zollamtliche Überwachung *f (Imp/Exp)* customs control
Zollangaben *fpl (Imp/Exp)* customs entry
Zollbegleitschein *m (Imp/Exp)* bond note
Zollbehörde *f (Steuer)* customs
Zollbestimmungen *fpl (Imp/Exp)* customs regulations
Zolldeklaration *f (Bank, Imp/Exp)* customs report, bill of entry, (customs) entry
Zolldeklarierung *f (Imp/Exp)* customs declaration, CD
Zolldurchlauf *m (Imp/Exp)* customs clearance
Zölle *mpl (Steuer)* (customs) duties • **Zölle hinterziehen** *(Steuer)* evade customs duty
Zölle *mpl* **und Abgaben** *fpl (Steuer, WiWi)* customs and excise duties
Zolleinfuhrerklärung *f (Bank, Imp/Exp)* bill of entry
Zolleinnahmen *fpl (WiWi)* customs receipts *(EU)*
Zollerhebung *f (Steuer)* collection of customs duties
Zollerklärung *f* 1. *(Bank)* bill of entry, customs entry; 2. *(Imp/Exp)* bill of entry, customs entry, customs declaration
Zollfaktura *f (Imp/Exp)* customs invoice
Zollformalitäten *fpl (Imp/Exp)* customs formalities
zollfrei *adj (Imp/Exp, Steuer) (BE)* duty-free, *(AE)* tax-free; tariff-free
zollfreie Einfuhrmenge *f (Imp/Exp)* import allowance
Zollgebühr *f (Imp/Exp)* customs duty, tariff
Zollgesetzgebung *f (Recht)* tariff legislation
Zollgutlager *n* 1. *(Gen, Imp/Exp)* warehouse; 2. *(Transp)* warehouse, bonded warehouse
Zollinhaltserklärung *f (Imp/Exp)* customs declaration
Zollkodex *m* **der Gemeinschaft** *(ZKG) (Imp/Exp, Recht)* Community Customs Code, CCC *(EU)*
Zollkontrolle *f (Imp/Exp)* customs check, customs control
Zolllager *n* 1. *(Gen)* bond store; 2. *(Imp/Exp)* bonded warehouse
Zollordnung *f (Imp/Exp)* customs regulations
Zollpassierscheinheft *n (Imp/Exp)* carnet
zollpflichtig *adj (Imp/Exp, Steuer)* dutiable

zollpflichtige Fracht *f (Imp/Exp, Steuer)* dutiable cargo
zollpflichtige Güter *fpl (Imp/Exp)* bonded goods
Zollrechnung *f (Imp/Exp)* customs invoice
Zollregelungen *fpl (Imp/Exp, Recht)* customs rules
Zollsatz *m (Imp/Exp)* tariff rate
Zollschranke *f* 1. *(Gen)* customs barrier, tariff wall; 2. *(Imp/Exp)* entry barrier, tariff wall; 3. *(WiWi)* tariff barrier
Zollschutz *m (Imp/Exp, WiWi)* tariff protection
Zolltarif *m* 1. *(Gen)* tariff schedule; 2. *(Imp/Exp)* customs tariff; 3. *(WiWi)* tariff
Zollunion *f (WiWi)* customs union
Zollverfahren *n (Imp/Exp)* customs procedure
Zollverschluss/unter 1. *(Gen)* bonded, in bond; 2. *(Imp/Exp)* bonded
Zollvorschriften *fpl (Imp/Exp)* customs regulations
Zollwert *m (Imp/Exp)* customs value • **ohne Zollwert** *(Imp/Exp)* no customs value
Zone *f (Comp, Gen)* zone
Zubehör *n* 1. *(Gen)* trimmings; 2. *(V&M)* accessories
Zubereitung *f (Ind)* processing, production *(Lebensmittel)*
zubilligen *v (Gen)* allow
zuerkennen *v (Recht)* award to
Zuerkennung *f (Recht)* adjudication, award
Zufall *m (Gen)* accident, coincidence
zufällig *adj (Gen)* accidental, incidental
zufällige Entwicklung *f (WiWi)* random disturbance
zufälliger Verlust *m (Versich)* fortuitous loss
Zufallsauswahl *f (Stat)* random selection
Zufallsfaktor *m (WiWi)* random factor
Zufallsprinzip *n (WiWi)* principle of random sampling
Zufallsprozess *m (Stat, WiWi)* random walk process
Zufallsprüfung *f (Stat)* random check
Zufallsschwankung *f (Stat)* random fluctuation
Zufallsstichprobe *f (Stat, V&M)* random sample
Zufallsvariable *f (Stat)* chance variable, random variable
Zufallszahl *f (Comp, Stat)* random number
Zufluss *m (WiWi)* inward flow, inflow, influx *(ZB)*
Zufriedenheit *f (Gen)* contentment, satisfaction
zufriedenstellen *v (Gen)* please, satisfy
zufriedenstellend *adj (Gen)* satisfactory
zuführen *v* 1. *(Comp)* feed; 2. *(Fin)* allocate (to), transfer *(Mittel)*
Zuführung *f* **zu den Rücklagen** *(RW)* allocation to reserves
Zuführungen *fpl* **zu den Rückstellungen** *(RW)* allocations to provisions
Zug um Zug mit *(Gen)* as and when *(zeitliche Bedingung)*
Zugabe *f (V&M)* bonus pack, free gift
Zugang *m* 1. *(Gen)* access; 2. *(RW)* addition; 3. *(Soz)* intake; 4. *(Admin)* addition • **Zugang beschränken** *(Pers)* restrict access [entry, entrance], limit access [entry, entrance]
Zugang *m* **an Arbeitslosen** *(Soz)* flow into unemployment, inflow of unemployed, new unemployed, newly unemployed (persons)
Zugang *m* **flüssiger Mittel** *(Fin)* cash inflow
Zugang *m* **zum Kapitalkonto** *(RW)* addition to capital account
Zugänge *mpl (RW)* accruals, additions
zugänglich *adj (Gen)* accessible
Zugangsbarrieren *fpl (Pol, WiWi)* barriers to access
Zugangsbedingungen *fpl (Pers)* entrance requirements, entry requirements, admission requirements, conditions for access, conditions for entry, conditions for entrance
Zugangsberechtigung *f (Comp, Komm, Recht)* account *(Netzwerk)*
Zugangsbeschränkung *f (Imp/Exp, WiWi)* barrier [restriction] to entry, entry restriction
Zugangshemmnis *n (Pers)* barrier to entry, entry barrier
Zugangsjahr *n (RW)* year of acquisition
Zugangskontrolle *f (Comp, Komm, Recht)* access control
Zugangsvoraussetzungen *fpl (Pers)* entrance requirements, entry require-

ments, admission requirements, conditions for access, conditions for entry, conditions for entrance

zugegen *(Gen)* be present • **nicht zugegen** *(Gen, Pers)* absent

zugehörig *adj (Recht)* appurtenant, pertinent

Zugehörigkeit *f (Gen)* affiliation, membership

Zügel lockern *v/die (WiWi)* have a loose rein, slacken the reins

zugelassen *adj* 1. *(Comp)* approved; 2. *(Fin)* licensed

zugelassene Wertpapierfirma *f (Bank, Börse)* authorized investment firm

zugerechnetes Einkommen *n (WiWi)* imputed income

zugesagt *adj* 1. *(Fin)* committed *(Gelder)*; 2. *(Versich)* approved

zugeschnitten *adj (Gen, V&M)* tailor-made, tailored *(auf die Bedürfnisse des Kunden)*

zugesichert *adj (Versich)* warranted

zugestanden *adj (Gen)* admitted, granted

Zugeständnis *n* 1. *(Gen)* acknowledgement, admission; 2. *(Grund)* concession • **Zugeständnisse machen** *(Gen)* make allowances for

Zugewinn *m* 1. *(Fin)* accrual, gain; 2. *(Recht)* after-acquired property

zügig *adj (Gen)* speedy

Zugkraft *f (V&M)* attention value *(Reklamewirkung)*

Zugriff *m (Comp, WiWi)* access • **Zugriff abgelehnt** *(Comp, Komm)* access denied

Zugriffsberechtigung *f (Comp)* access right *(Programme, Dateien)*

Zugriffsmöglichkeit *f (Comp, Gen)* accessibility

zugrunde liegende Terminkontrakte *mpl (Börse)* underlying futures

zugrunde liegender Trend *m (Gen, WiWi)* underlying trend

zugrunde liegendes Wertpapier *n (Börse)* underlying security

Zug-um-Zug-Erfüllung *f (Recht)* contemporaneous performance *(Vertragsrecht)*

Zug-um-Zug-Leistung *f (Recht)* contemporaneous performance *(Vertragsrecht)*

zugunsten von *(Gen)* in favo(u)r of

Zukauf *m* 1. *(Gen)* complementary purchase; 2. *(Börse)* fresh buying, additional purchase

Zukunft *f (Gen)* future • **in nächster Zukunft** *(Gen)* in the foreseeable future

zukunftfähig *adj (Gen)* sustainable

Zukunftfähigkeit *f (WiWi)* sustainability

zukünftig *adj* 1. *(Gen)* future; 2. *(V&M)* prospective *(Kunden)*

zukünftige Gewinne *mpl (Steuer)* future gains

Zukunftstrends *mpl (Gen)* future trends

Zulage *f (Pers)* allowance, bonus, premium *(Gefahrenzulage)*

zulassen *v* 1. *(Gen)* admit of, accredit, approve, enfranchise; 2. *(Pers)* allow *(Organisation)*; 3. *(Recht)* endorse, indorse

zulässig *adj* 1. *(Gen)* admissible, allowable; 2. *(Pat)* admissible; 3. *(Recht)* permissible, permitted, admissible *(Beweis)*

zulässige Beanspruchung *f (Ind)* safe working load

zulässiger Anspruch *m (Pat)* admissible claim

zulässiger Fehler *m (Gen)* permissible error

Zulässigkeit *f (Recht)* admissibility, acceptability

Zulässigkeitskriterien *npl*, **Zulässigkeitsvoraussetzungen** *fpl (Recht)* admissibility criteria

Zulassung *f* 1. *(Gen)* admission, admittance, approval; 2. *(Pat) (BE)* licence, *(AE)* license *(eines Patents)*; 3. *(Recht)* admission *(als Anwalt)*

Zulassung *f* **eines Kreditinstituts** *(Bank, Recht)* authorization of a credit institution

Zulassung *f* **von Wertpapieren** *(Börse, Fin)* admission to listing, admission (of securities) to listing *(zum Börsenhandel)*

Zulassung *f* **zur Universität** *(Bil)* university admission

Zulassungsbedingung *f (Pers, Soz)* condition of admission

Zulassungsbedingungen *fpl (Bank, Recht)* authorization requirements *(für eine Bankzulassung)*

Zulassungsbeschränkung *f (Pers, Soz)*

restriction on admission, admission restriction
zulassungsfrei *adj (Recht)* not subject to licensing
Zulassungsgebühr *m (Gen)* admission fee
Zulassungsprüfung *f (Gen)* entrance examination
Zulassungsverfahren *n (Pers, Soz)* admission procedures
Zulassungsvorschriften *fpl (Börse)* listing requirements
Zulieferauftrag *m (Gen, Ind)* subcontract
Zulieferer *m (Gen)* subcontractor
Zulieferindustrie *f (Gen)* supply industry
Zulieferung *f (Gen)* supply subcontract
Zulieferungen *fpl (Ind)* subcontracts
Zulieferungsvertrag *m (Gen, Ind, Pers, Recht)* subcontract
zumessen *v (Fin)* allocate *(Budget, Geldmittel)*
zumutbar *adj (Recht)* reasonable to expect
zumutbar *adj*/**nicht** *(Recht)* not reasonable to expect
zumutbare Arbeit *f (Pers, Soz)* suitable work, suitable employment, suitable job, reasonable job
zumutbare Beschäftigung *f (Pers, Soz)* suitable work, suitable employment, suitable job, reasonable job
Zumutbarkeit *f (Gen)* appropriateness
Zunahme *f (Gen)* augmentation, increase, rise
Zunahme *f* **der Beschäftigung** *(Pers)* rise in employment, increase in employment
zunehmen *v* 1. *(Gen)* augment, intensify, accelerate, increase *(Inflation)*; 2. *(WiWi)* accelerate
zunehmend *adj (Gen)* increasing, accelerating *(Inflation, Wachstum)*
zunehmende Skalenerträge *mpl (WiWi)* increasing returns to scale
zunehmender Wettbewerb *m (WiWi)* mounting competition
zunutze machen *v*/**sich** *(Gen)* take advantage of
Zuordnung *f (Comp)* allocation *(Speicherplatz, Gerät)*
zupackend *adj (Gen)* enterprising
zurechenbar zu *(Gen)* attributable to
zurechenbare Kosten *pl (RW)* separable costs
zurechenbares Einkommen *n (WiWi)* imputed income *(fiktives Einkommen)*
Zurechenbarkeit *f (Mgt, RW)* accountability
zurechnen *v* 1. *(Gen)* charge to *(Ausgaben)*; 2. *(RW)* assign apply to *(Einkommen)*; allocate to *(Gelder)* • **Kosten zurechnen** *(RW)* assign costs
Zurechnung *f (RW)* allocation, assignment
zurück an Absender *(Komm)* return to sender
Zurückbehaltung *f* 1. *(Grund)* retainage; 2. *(Versich)* retention
Zurückbehaltungsrecht *n* 1. *(Recht)* right of retention *(Vertragsrecht)*; 2. *(WiWi)* lien *(Vertragsrecht)*
zurückbleiben *v (Gen)* fall behind, lag, lag behind
zurückbuchen *v (Gen, RW)* write back
Zurückbuchung *f (RW)* writing back
zurückdatieren *v (Gen)* antedate, backdate *(Scheck)*
zurückfahren *v (Gen)* wind down *(Produktion herunterfahren)*
zurückführen *v (WiWi)* reduce *(Verschuldung)*
zurückgeben *v (Gen)* return
zurückgehen *v* 1. *(Börse)* run back, slip; 2. *(Gen, WiWi)* decrease, retrogress, decline, shrink
zurückgestaute Inflation *f (WiWi)* suppressed inflation
zurückgestellte Erträge *mpl (RW)* deferred revenue
Zurückgewinnung *f (Gen)* recapture
zurückgreifen *v* **auf** *(Gen)* fall back on
zurückhalten *v (Gen)* restrain, withhold *(Information)*
zurückhaltend *adj (Gen)* cautious, low--key, aloof
Zurückhaltung *f* 1. *(Gen, Pol)* containment, restraint; 2. *(V&M)* low profile
zurückkaufen *v* 1. *(Börse)* buy back *(Aktien)*; 2. *(WiWi)* repurchase *(Schuld)*
zurückkehren *v (Gen)* return
zurücklegen *v (Gen)* put away *(Synonym: Notgroschen auf die hohe Kante legen, save for a rainy day)*
zurücknehmen *v* 1. *(Gen)* take back; 2. *(Pat)* revoke *(Lizenz)*

zurückrufen *v* 1. *(Börse)* recall; 2. *(Komm)* return sb's call *(Telefon)*; 3. *(Gen, V&M)* call back
zurücksenden *v (V&M)* return
zurückstecken *v (ugs.) (Gen)* soft-pedal
zurückstellen *v (Gen)* put back, shelve, postpone, *(ugs.)* put on the back burner
Zurückstellung *f (Gen)* postponement
Zurückstufung *f* 1. *(Pers)* demotion; 2. *(Fin)* downgrading *(Rating)*
zurücktragen *v (Fin, RW)* carry back
zurücktreten *v* 1. *(Gen)* step back, resign back out of *(Vertrag, Vereinbarung)*; 2. *(Pers, Pol)* stand down
zurücktreten *v* **von** 1. *(Gen)* withdraw from, repudiate; 2. *(Recht)* back out of, withdraw from *(Vertrag)*
zurückverfolgen *v (Gen)* trace back
zurückverweisen *v* **an** *(Gen, Pers)* refer back to
zurückweisen *v* 1. *(Gen)* reject, repudiate, turn away; 2. *(Pat)* reject, turn away; 3. *(Recht)* dismiss, reject, repudiate *(Anspruch)*
Zurückweisung *f* 1. *(Gen, Pat)* rejection; 2. *(Recht)* dismissal, repudiation, rejection *(Vertragsrecht)*
zurückzahlen *v* 1. *(Bank, RW)* amortize, pay back, pay off *(Schulden)*; 2. *(Fin)* pay back, repay, wipe off; 3. *(Gen)* refund, repay
zurückziehen *v* 1. *(Fin)* revoke; 2. *(Gen)* withdraw *(Angebot)*
zurückziehen *v/sich* *(Gen)* withdraw, *(ugs.)* backtrack, back off *(von einem Versprechen)*
Zurückziehung *f (Fin, Gen)* withdrawal
Zusage *f (Fin, Gen)* commitment
zusagen *v (Gen)* promise, undertake, commit
Zusammenarbeit *f* 1. *(Gen)* cooperation; 2. *(Grund)* cooperative; 3. *(Komm)* liaison; 4. *(Pol)* collaboration • **in Zusammenarbeit mit** *(Gen)* in association with
zusammenarbeiten *v* 1. *(Gen)* cooperate, liaise, work together, pull together; 2. *(Pers)* work together; 3. *(Pol)* collaborate
zusammenbrechen *v* 1. *(Bank)* fail; 2. *(Comp)* break down; 3. *(Gen, WiWi)* collapse *(System, Markt)*
zusammenfassen *v* 1. *(Gen)* sum up, totalize; 2. *(WiWi)* consolidate, unite
zusammenfassende Darstellung *f (Gen)* summary statement
zusammenfassende Meldung *f (Steuer) (BE)* aggregate sales listing *(MwSt.)*
Zusammenfassung *f* 1. *(Fin)* conspectus; 2. *(Gen)* conspectus, summary, synopsis; 3. *(Media)* synopsis; 4. *(Recht)* synopsis *(Exzerpt)*; 5. *(V&M)* synopsis; 6. *(WiWi)* abstract
zusammenfügen *v (Comp)* merge *(Dateien)*
zusammengefasst *adj* 1. *(Gen)* consolidated, summarized; 2. *(V&M)* condensed
zusammengesetzt *adj (Gen)* composite
zusammengesetzte Zahl *f (Stat)* composite number, composite quantity *(Gegensatz: Primzahl = prime)*
zusammengestellt *adj (Gen)* structured
Zusammenhalt *m (Gen)* cohesion, coherence
Zusammenhang *m (Gen)* coherence, cohesion, context • **etw. in Zusammenhang mit etw. bringen** *(Gen)* associate sth with sth
zusammenhängend *adj (Gen)* coherent
zusammenlegen *v* 1. *(Gen, Transp)* collapse; 2. *(Admin)* merge *(Dateien)*; 3. *(WiWi)* amalgamate
zusammenpassend *adj (V&M)* matching
zusammenrechnen *v* 1. *(Gen)* tally up; 2. *(Stat)* add up
Zusammenschaltung *f (Komm, Recht)* interconnection
zusammenschließen *v (Gen)* unite
zusammenschließen *v/sich* 1. *(Börse)* merge; 2. *(Gen)* join together, amalgamate, unite *(Unternehmen)*; 3. *(WiWi)* amalgamate
Zusammenschluss *m* 1. *(Gen)* merger, combination *(Wettbewerbsrecht)*; 2. *(Pers)* amalgamation
zusammensetzen *v* **aus/sich** *(Gen)* be composed of
Zusammensetzung *f (Ind)* combination, make-up
Zusammensetzung *f* **der Eigenmittel** *(Fin, RW)* composition of own funds
zusammenstellen *v* 1. *(Gen)* compile, structure; 2. *(RW)* compile
Zusammenstellung *f* 1. *(Gen)* compila-

tion, structure, structuring; 2. *(RW)* compilation
Zusammenstreichen *n (Gen)* pruning
zusammenwirken *(Gen)* cooperate, combine
Zusammenwirken *n (Gen, WiWi)* synergy
zusammenzählen *v* 1. *(Gen)* add (up), tally up, *(BE)* tot up; 2. *(Stat)* add up
Zusatz *m* 1. *(Comp, Mgt)* add-on; 2. *(Gen)* adjunct, additive, *(AE)* annex, *(BE)* annexe; 3. *(Pat, Pol)* amendment
Zusatzaktien *fpl (Börse)* bonus shares
Zusatzausrüstung *f (Comp, Mgt)* add-on equipment
Zusatzbedingungen *fpl (Versich)* additional conditions
Zusatzbetrag *m (Gen)* add-on
Zusatzdividende *f (Börse)* extra dividend
Zusätze *mpl (Recht)* additional terms *(Vertrag)* • **ohne jegliche Zusätze** *(Gen)* free of all additives
Zusatzfinanzierung *f (Fin)* front-end finance, front-end financing
Zusatzhypothek *f (Bank)* wraparound mortgage
Zusatzkosten *pl (RW)* additional [add-on] costs
zusätzlich *adj* 1. *(Gen)* additional, ancillary, extra, supplementary; 2. *(Steuer)* supplementary
zusätzliche Arbeitskräfte *fpl (Pers)* additional labo(u)r
zusätzliche Dienstleistungen *fpl (Gen)* ancillary services
zusätzliche Eigenschaft *f (Pat)* additional feature
zusätzliche Kapitalkosten *pl (Fin, WiWi)* additional cost of capital, incremental cost of capital
zusätzliche Kreditfazilitäten *fpl (WiWi)* additional financial facilities
zusätzliche Mittel *npl (Gen)* fresh money, fresh funds, fresh finance
zusätzliche Sicherheit *f (Versich)* additional security
zusätzlicher Einschuss *m (Börse)* additional margin
zusätzlicher Versicherungsschutz *m (Versich)* extended cover(age)
zusätzliches Personal einstellen *(Pers)* take on additional staff
Zusätzlichkeit *f (Pers, Pol, Soz)* additionality
Zusatzmerkmal *n (Pat)* additional feature
Zusatzprüfung *f (Pers)* supplementary examination
Zusatzrente *f (Fin)* supplementary pension
Zusatzsteuer *f (Fin)* supplementary tax
Zusatzvereinbarung *f (Gen)* supplemental agreement
Zusatzversicherung *f (Versich)* additional insurance, collateral insurance
Zuschauer *mpl (Frei, Komm, Media)* audience
Zuschlag *m* 1. *(Bank)* add-on; 2. *(Frei)* excess fare; 3. *(Gen)* surcharge, acceptance *(Vertrag, Ausschreibung)*; 4. *(Mgt)* award *(Auftrag)*; 5. *(Pers)* allowance; 6. *(RW)* additional charge, extra charge; 7. *(Transp)* excess fare; 8. *(Versich)* addition • **den Zuschlag erteilen** *(Gen)* accept a bid, accept a tender
Zuschlagskalkulation *f* 1. *(Ind)* job order costing; 2. *(Pers)* job costing; 3. *(RW)* job [order] cost system
zuschneiden *v* **auf** *(Gen)* tailor to
Zuschnitt *m (Gen)* tailoring
zuschreibbar *adj (Media, Pol)* attributable
zuschreiben *v* 1. *(Gen)* ascribe, attribute; 2. *(RW)* apply to, write up
Zuschreibung *f (RW)* appreciation in value, revaluation, write-up *(Bilanz)*
Zuschreibungen *fpl* **zu Forderungen** *(Bank, Fin)* value readjustments in respect of loans and advances
Zuschuss *m* 1. *(Fin)* grant-in-aid, subsidy; 2. *(Recht, WiWi)* grant, contribution *(finanzieller Art)*
Zuschüsse *mpl (Pers)* allowances
zusichern *v (Gen)* assure, guarantee, promise, warrant
Zusicherung *f* 1. *(Grund)* covenant; 2. *(Recht)* warranty, undertaking *(Zusage)*
Zusicherung *f* **der Mindestqualität** *(Gen)* warranty of merchantability
Zuspätkommen *n (Pers)* lateness
zuspielen *v (Gen, Media, Pol)* leak *(Information)*
Zustand *m* 1. *(Comp)* state, status; 2.

(Gen) status; 3. *(WiWi)* shape *(of the economy)*
Zustand *m* **der Volkswirtschaft** *(WiWi)* state of the economy
zustande bringen *(Gen)* bring about, accomplish, achieve
Zustandekommen *n (Recht)* formation
Zustandekommen *n* **eines Vertrages** *(Recht)* formation of a contract
zuständig *adj* 1. *(Pers)* in charge, responsible; 2. *(Recht)* competent
zuständig *adj* **für** *(Gen)* in charge of
zuständige Behörde *f (Recht)* competent authority
zuständige Gerichtsbehörde *f (Recht)* competent legal authority
zuständiges Gericht *n (Recht)* court of competent jurisdiction
Zuständigkeit *f* 1. *(Gen)* competence; 2. *(Pers)* competency; 3. *(Recht)* competence, jurisdiction
Zuständigkeitsbereich *m (Gen, Recht, V&M)* scope of responsibility
Zustandsbericht *m (Gen, Mgt)* status report
Zustandsüberwachung *f (Transp)* condition monitoring
Zustellgebühr *f (Transp)* delivery charge
Zustellung *f (Komm)* delivery *(Post, Brief)*
Zustellungsgebühr *f s.* Zustellgebühr
zustimmen *v* 1. *(Gen)* approve *(Entscheidung)*; agree to, consent *(Projekt)*; 2. *(Pol)* accede *(Gesetzentwurf)*
Zustimmung *f* 1. *(Gen)* accession, approval, assent, consent, sanction, acceptance; 2. *(V&M)* adoption
Zustimmungsprozess *m (V&M)* adoption process
Zustrom *m* 1. *(Gen)* confluence; 2. *(RW)* inflow *(von Kapital)*
zuteilen *v* 1. *(Börse)* scale down, apportion *(Aktien)*; 2. *(Fin)* allot, allocate *(Geld)*; 3. *(RW)* apportion; 4. *(WiWi)* allocate
Zuteilung *f* 1. *(Fin)* allotment, distribution; 2. *(RW)* allocation, apportionment, assignment
Zuteilungsbenachrichtigung *f (Komm)* letter of allotment
Zuteilungskurs *m (Fin)* allotment price
Zuteilungssystem *n (Bank, WiWi)* allocation system
Zuteilungsverfahren *n (Bank)* allocation method, allocation system, allotment system *(EZB)*
Zutrauen *n (Gen)* confidence
zutreffend *adj (Gen)* accurate, applicable, correct
Zutritt *m* 1. *(Börse)* entry; 2. *(Gen)* access, admission, admittance • **Zutritt verboten** *(Gen)* no admittance
Zutrittsschranke *f (Imp/Exp, WiWi)* barrier to entry
zuverlässig *adj (Gen)* reliable
zuverlässige Quelle *f (Gen, Media)* reliable source
Zuverlässigkeit *f (Gen)* reliability
Zuwachs *m* 1. *(Fin)* accession; 2. *(Gen)* accrual, addition, growth, increase, increment
Zuwachsrate *f* 1. *(Börse)* growth rate; 2. *(WiWi)* rate of growth [increase]
zuweisen *v* 1. *(Comp)* assign, allocate to *(Speicherplatz, Gerät)*; 2. *(Fin)* allocate, allot *(Geld)*; 3. *(RW)* assign, allot, appropriate for *(Mittel)*; 4. *(WiWi)* appropriate, allocate *(Mittel für ein Projekt)*
Zuweisung *f* 1. *(Comp)* allocation; 2. *(Fin)* allotment; 3. *(Gen, Komm)* allocation; 4. *(RW)* allocation, allotment, assignment
Zuweisung *f* **an die Rücklagen** *(RW)* transfer to reserves
Zuzahlung *f (Versich)* supplementary charge
zuzuschreiben *adj (Gen)* attributable to
Zwang *m* 1. *(Recht)* constraint; 2. *(WiWi)* compulsion, constraint, duress
zwanglose Zusammenkunft *f (Gen)* informal meeting
Zwangsabfindung *f (Börse, Fin, Recht)* squeeze-out *(Deutschland, Übernahmegesetz)*
Zwangsausschluss *m (Bank, Fin, Recht)* squeeze-out *(Deu; Synonym: der Squeeze-out, Zwangsausschlussverfahren, Zwangsabfindung; das Übernahmegesetz erlaubt ab 2002 gegen angemessene Barabfindung den Zwangsausschluss von Minderheitsaktionären = minority shareholders, sobald der übernehmende Großaktionär mindestens 95 % der Aktien hält)*
Zwangsausschreibung *f (Pol) (BE)* compulsory competitive tendering
Zwangsersparnisse *fpl (Fin, WiWi)* forced savings

Zwangshaftpflichtversicherung *f (Versich)* compulsory third party insurance

Zwangskauf *m (Gen)* compulsory purchase

Zwangsliquidation *f (Fin)* compulsory liquidation, involuntary liquidation

Zwangsschlichtung *f (Pers) (BE)* compulsory arbitration

Zwangssparen *n* 1. *(Fin) (BE)* compulsory saving; 2. *(WiWi)* forced saving

Zwangsvergleich *m (Recht)* legal settlement

Zwangsverkauf *m (Recht)* forced sale

Zwangsversicherung *f (Versich)* compulsory insurance

Zwangsversteigerung *f (Recht)* forced sale, sale by court order, sale under an execution, *(AE)* foreclosure sale

Zwangsverwalter *m (Recht)* official receiver, receiver, sequestrator

Zwangsverwaltung *f* 1. *(Fin)* receivership; 2. *(Recht)* sequestration

Zwangsverwertung *f* **von Vorräten** *(Recht)* forced sale of stock

Zwangsvollstreckung *f* 1. *(Fin)* foreclosure; 2. *(Recht)* judicial foreclosure, compulsory execution

zwangsweise *adj (Fin, Gen)* mandatory

zwangsweise Liquidation *f (Gen)* compulsory liquidation

Zweck *m* 1. *(Gen)* aim, purpose; 2. *(Mgt)* goal, objective • **einem Zweck dienen** *(Gen)* serve a purpose

Zweckbestimmungen *fpl (Gen, Recht)* purposes

Zweckbindung *f (Fin, WiWi)* ringfencing, earmarking

zweckdienlich *adj (Gen)* expedient, relevant, useful, pertinent

Zweckdienlichkeit *f* 1. *(Fin)* instrumentality; 2. *(Gen)* expediency, usefulness

zweckentfremdete Mittel *npl (Fin, Recht)* misused funds

Zweckentfremdung *f (Fin, Recht)* misappropriation, misuse

zweckgebunden *adj* 1. *(Frei)* earmarked; 2. *(WiWi)* appropriated

zweckgebundene Finanzzuweisung *f (Pol)* categorical grant

zweckgebundene Mittel *npl (Fin)* earmarked funds

zweckgebundene Zuweisung *f (Gen)* special-purpose allotment

zweckgebundener Gewinn *m*/**nicht** *(Fin)* unappropriated profit

zweckgebundener Zuschuss *m (Pol)* categorical grant, grant-in-aid

zweckgebundenes Darlehen *n (Börse)* earmarked loan

Zweckgesellschaft *f (Bank, Recht)* special purpose vehicle, SPV; special purpose entity, SPE *(Objektgesellschaft)*

zweckmäßig *adj (Gen)* advisable, suitable, useful, rational

Zweckoptimismus *m (Gen, Mgt, Pol)* calculated optimism

zweifelhaft *adj (Gen)* doubtful, dubious, *(ugs.)* shady

zweifelhafte Forderung *f (Fin, RW)* bad debt, doubtful debt

zweifelhafte Schuldner *mpl (RW)* doubtful debtors

Zweigbetrieb *m (Gen)* branch operation

Zweigbüro *n (Gen)* suboffice

Zweigfirma *f (Gen)* affiliated firm

Zweigniederlassung 1. *(Bank)* branch, branch establishment, branch office, subsidiary; agency, agcy, *(BE)* agency bank, agent bank *(Synonym: Filiale, Zweigbetrieb)*; 2. *(Gen)* affiliated firm • **eine Zweigniederlassung einrichten** *(Bank)* establish a branch

Zweigstelle *f* 1. *(Bank)* branch; 2. *(Gen)* branch, suboffice; 3. *(Admin)* branch office

Zweigstellennetz *n (Bank)* branch network

zweischichtig *adj (Comp, Gen)* double layer

zweiseitiges Monopol *n (WiWi)* bilateral monopoly

zweiseitiges Verrechnungsabkommen *n (Bank)* bilateral clearing agreement

zweistellig *adj (WiWi)* double digit *(Inflationsrate)*

Zweistufensystem *n (Mgt)* two-tier system *(Synonym: Trennungsmodell, Aufsichtsratssystem)*

zweitbeste *adj (WiWi)* second-best

zweite Instanz *f (Recht)* second instance

Zweiteilung *f (Gen)* two-way split

zweiter Arbeitsmarkt *m (Pol, WiWi)* dual labo(u)r market, intermediate labo(u)r market, the second labo(u)r market

(subventionierter, sogenannter Überbrückungsarbeitsmarkt)
zweites Quartal *n (Gen)* second quarter
zweitgrößte *adj (Gen)* second-largest
zweitklassig *adj (Gen)* second-class, second-rate
zweitklassiges Geldmarktpapier *n (Fin)* second-class paper
zweitrangig *adj (Börse, Gen, Pers)* secondary
Zweitrundeneffekt *m (WiWi)* second round effect
Zweitverdiener *m (Pers, Soz)* second-income earner
Zweitwohnsitz *m (Recht)* second domicile, second residence
zwingen *v (Gen)* force, oblige
zwingend *adj* 1. *(Gen)* stringent, compulsory *(Maßnahme)*; 2. *(WiWi)* compelling
zwingender Beweis *m* 1. *(Recht)* conclusive evidence; 2. *(Admin)* conclusive proof
zwingendes Formerfordernis *n (Bank, Recht)* mandatory formal requirement
Zwischenabschluss *m (RW)* interim financial statements
Zwischenbericht *m (RW)* interim report
Zwischenberichterstattung *f (RW)* Interim Financial Reporting *(IAS 34)*
zwischenbetrieblicher Vergleich *m (Gen, Mgt)* inter-firm comparison
Zwischenbilanz *f (Admin)* interim balance
Zwischenerzeugnis *n (WiWi)* intermediate good, intermediate product
Zwischenfinanzierung *f (Fin)* intermediate financing, bridge finance
Zwischenfinanzierungskredit *m (Bank, Fin)* bridging loan
zwischengeschaltete Bank *f (Bank, Fin)* intermediary bank
Zwischenhandel *m* 1. *(Gen)* intermediate trade; 2. *(WiWi)* transit trade
Zwischenkredit *m* 1. *(Bank)* bridge-over [interim, intermediate] loan; 2. *(Fin)* intermediate credit
zwischenstaatliche Organisation *f (Pol)* intergovernmental organization
Zwischensumme *f (Stat)* subtotal
Zwischenvertrag *m (Gen)* provisional [interim] agreement
Zwischenzeit *f (Gen, Pol)* interim (period)
zwischenzeitlich *adj (Gen)* in the meantime
zyklisch *adj (Börse)* cyclical
zyklische Aktien *fpl (Bank, Börse)* cyclical stocks, cyclically sensitive stocks, stocks responsive to economic trends, stocks responsive to cyclical trends *(Synonym: konjunkturempfindliche Aktien, konjunkturabhängige Aktien; Ggs: konjunkturresistente Aktien = stocks resistant to cyclical trends; cf Lasterfonds)*
zyklische Nachfrage *f (WiWi)* cyclical demand
zyklische Schwankungen *fpl (WiWi)* cyclical variations
zyklische Werte *mpl (Börse)* cyclical shares
Zyklus *m (WiWi)* cycle *(Konjunktur)*

Anhang / Appendix

Inhalt / Contents

English Appendix / Englischer Anhang

Deutscher Anhang / German Appendix

Zweisprachiger Anhang / Bilingual Appendix

Business correspondence and documents / Geschäftsbriefe und -dokumente

Job application / Stellenbewerbung

20 August 2008

Dear Mrs Jones,

Application for the position of technical translator

I am writing in response to your advertisement in the August issue of the *ITI Bulletin* for the post of Technical Translator with German.

I am an English native speaker and I am fluent in both German and French. I took my degree in Modern Languages and European Studies at the University of the West of England in 1992 and have been working in various jobs since. At present I am working as a translator in British Telecom's sales and export department, which requires a good command of business and technical German.

While working as an editorial assistant and clerical assistant I have gained general administrative skills, in addition to the organizational skills needed to work as a translator. The use of IT systems was an integral part of my work, and I am also familiar with technical and scientific dictionaries as tools for translation.

I hope my application will be of interest to you and I would appreciate the chance to discuss it further.

I look forward to hearing from you.

Yours sincerely,
Anne Drummond

Curriculum vitae / Lebenslauf

NAME:	**Anne Drummond**
ADDRESS:	10 Keswick Road London SW103BA
TELEPHONE:	0171 772 2890
NATIONALITY:	British
DATE OF BIRTH:	12th September, 1969
EDUCATION	
1993-1994	**University of Westminster** Postgraduate diploma in Technical and Specialized Translation (part-time course) in French and German
1992-1993	**INSEAD (European Institute of Business Administration), Fontainebleau, France** MBA course in French and German
1988-1992	**University of the West of England** BA (Hons) MODERN LANGUAGES AND EUROPEAN STUDIES (French, German and Spanish)
1982-1987	**South Hampstead High School, London** 9 '0' levels: English Language, English Literature, Mathematics, French, German, Biology, Physics, Geography, Home Economics 3 'A' levels: English, French, German
WORK EXPERIENCE	
May 1995-present	**British Telecom, London** Translator from German into English. Duties include coordinating and supervising the work of other translators and undertaking technical and commercial translations for the sales and exports department
January 1995-May 1995	**European Parliament, Strasbourg, France** Translator and ad hoc interpreter for the Department of the Environment

February 1994-November 1994	**Routledge Publishers, London** Editorial Assistant on the Language and Linguistics book list
August 1993-December 1993	**Johnathan Allbright's Ltd, London** Clerical Assistant in Managing Director's office. Duties included general office administration and organizing hotels and travel for Managing Director
1987-1988	**Thomson Holidays** Tour representative on the Costa del Sol, Spain. The position involved greeting guests at the airport and directing them to their respective hotels, offering support and advice during their stay and coordinating excursions
OTHER SKILLS:	Word processing experience (Word for Windows) Excel Database experience
HOBBIES:	I enjoy travelling, skiing, aerobics, reading, singing and going to the cinema, the theatre and art exhibitions
REFERENCES:	available on request

Offer of employment / Stellenangebot

22 August 2008

Dear Ms Drummond,

I have pleasure in formally offering you the position of Technical Translator. The position is based at our offices in central London.

Salary
Your salary will be at the rate of £25,000 per annum, and your appointment will be subject to a probationary period which will not exceed twenty-four weeks. You will be informed by your head of department when your probationary period has ended. Luncheon vouchers are paid at the rate of £52.50 per month.

Hours of work
Your hours of work will be 9am to 5pm Monday to Friday, with one hour for lunch.

Holidays
The holiday year runs with the calendar year, and holiday entitlement is calculated on the basis of 22 working days in the first calendar year after joining, with one extra day per full year of service up to a maximum of 28 days. Holidays for the actual year of joining are calculated pro rata of 22 days. Holiday dates must be agreed with your line manager two weeks prior to the start of the leave period.

Notice Period
The period of notice of termination of employment will be one month on either side.

I would like you to take up your appointment on 29 August 2008. If there are any aspects of this contract you would like to discuss with me, please do not hesitate to telephone.

Will you please be good enough to let me have your acceptance of the appointment on the terms and conditions set out above by signing the attached copy of this letter and returning this to me as soon as possible.

Yours sincerely,

P. Jones
Personnel Manager

I accept the above position in accordance with the terms and conditions set out above.

Signes .... Date ....

Invitation to supply further information / Anforderung weiterer Unterlagen

10 April 2008

Dear Ms Spencer,

Pre-qualification enquiry for Cleaning Contract

We are in receipt of your response to our advertisement for applications from Contractors wishing to be considered to tender the provision of cleaning services at Castle-Fergusson Ltd. As our advertisement explained, applicants will be required to satisfactorily complete pre-qualification documentation. On no account should this letter be construed or interpreted as your Company's automatic inclusion on our list of selected contractors.

We should therefore be pleased if you would provide us with complete and specific information on your organization in the sequence identified. The use of our reply boxes where possible will help facilitate an expeditious evaluation.

Your response should, where applicable, be supported by any relevant company documentation, e.g. policies, manuals, sales literature, procedures etc. Specific reference(s) should be made to page, paragraph or clause as appropriate. Please provide a completed dossier of information and do not refer to information you may have passed us earlier.

It is important that your response be endorsed and dated by an Officer of the Company.

It is essential that you treat this letter and its contents as strictly confidential. On no account should you divulge any of this information to a third party without our specific authorization. Please arrange for two copies of all documentation to arrive at our address by 24 April 2008, marked 'Private and Confidential' and addressed to the Contracts Manager.

Please acknowledge receipt of this letter and attachments by return, confirming your intention to submit the required information by the date specified herein. Please also supply the name of someone in your organization to whom any further queries may be addressed.

We will write on 6 June 2008 to notify you whether your company has been successful in being invited to tender. We will not enter into any correspondence or respond to telephone enquiries on this contract letting procedure.

Yours faithfully,

Mr D. Hammer
Contracts Manager

Invitation to tender for a contract / Angebotsaufforderung

26 January 2008

Dear Ms Spencer,

Contract for the Provision of Cleaning Services

I am pleased to inform you that your company is invited to tender for the above contract.

Please find enclosed a hard copy of the tender document and a copy of the document on disk.

The tendering programme will be as follows:

1. Issue invitations to tender 14 February 2008
2. Tenderers' visit to site 21 February 2008
   a) 10.00 am arrive, coffee
   b) 10.30 am presentation and briefing in Conference Room
   c) 10.45 am site tour
   d) 11.30 am debrief and questions in Conference Room

   Note:
   i) A maximum of three (3) representatives from each company will attend.
   ii) Verbal questions and discussions held during the site visit will not form any part of the Contract.
3. Written questions pertinent to the Contract, are to be received by the end of business on Monday 25 February 2008. Faxes are acceptable but are to be followed by hard copy. Please address questions to the Operations Director.
4. Answers to questions received will be sent to Tenderers on 4 March 2008.
5. Tender bids are to be received at this address by 12 noon on 14 March 2008. Requests for extension of time will not be entertained.
6. Tenderers should return three (3) copies of the documents issued completed as directed. Bids should not be bound except in ring binders.
7. To facilitate the work of the evaluation team and aid acceptance of its bid, the Tenderer should return its bid by completing the form as supplied. Any supplementary information should be supplied under separate cover in triplicate.
8. Award of the contract should be announced on 27 March 2008 with commencement on 13 May 2008.

Yours sincerely,

N. Jackson
Operations Director

Balance sheet / Jahresbilanz

December 31	2007	2006
	(millions of GBP)	
Assets		
Current assets:		
Cash and short-term investments, at cost which approximates market	37.2	50.1
Receivable from sale of property	46.7	–
Accounts receivable	91.9	84.4
Inventories	35.0	31.3
Prepaid expenses and other current assets	32.7	34.6
	243.5	200.4
Property	160.3	155.8
Equipment	76.2	72.8
Goodwill	196.9	156.5
Other assets	34.0	34.7
	710.9	620.2
Liabilities and shareholders' equity		
Current liabilities:		
Short-term indebtedness	1.6	22.4
Accounts payable	136.3	119.8
Deferred revenue	65.1	63.1
Current portion of long-term debt	7.7	2.6
Finance leases	11.0	0.5
	221.7	208.4
Long-term debt	281.6	317.4
Finance leases	31.5	36.2
Other liabilities	46.1	42.9
Deferred income taxes	38.8	34.3
	398.0	430.8
Shareholders' equity:		
Share capital	97.8	85.8
Cumulative translation adjustment	(27.4)	(35.4)
Retained earnings	242.5	139.0
	312.9	189.4
	710.9	620.2

Approved by the Board

Ken Knight, *Director*   Barry Bown, *Director*

Job titles used in commerce and management (selection) Berufs- und Funktionsbezeichnungen aus Wirtschaft und Management (Auswahl)

Translating job titles and transferring them into a different legal and social system can be a problem because it may lead to misconceptions in the target language, e.g. concerning status, functions or key responsibilities of their holders. In practice, it may therefore be helpful if both the German and the English / American equivalents are mentioned.

account executive	Kontakter(in) *m(f) (PR, advertising)*
account manager	Kundenbetreuer(in) *m(f)*
accounting clerk	Buchhalter(in) *m(f)*
administrative assistant	Verwaltungsangestellte *m(f)*
administrative director	Verwaltungsdirektor(in) *m(f)*
administrative officer, AO	Sachbearbeiter(in) *m(f)*; Verwaltungsbeamter *m (public sector)*
administrator	Verwalter(in) *m(f)*; Verwaltungsfachfrau *f*, Verwaltungsfachmann *m*; Verwaltungsbeamter *m (public sector)*; Systemverwalter(in) *m(f) (IT)*
advertising manager	Werbeleiter(in) *m(f)*
after-sales manager	Kundendienstleiter(in) *m(f)*
area manager	Bereichsleiter(in) *m(f)*, Gebietsleiter(in) *m(f)*
asset manager	Anlagenverwalter(in) *m(f)*, Vermögensverwalter(in) *m(f)*
assistant	Assistent(in) *m(f)*, Hilfskraft *f*; Gehilfe *m(f)*
assistant head of section *(BE)*	stellvertretende(r) Abteilungsleiter(in) *m(f)*
assistant manager	stellvertretende(r) Abteilungsleiter(in) *m(f)*
board	Board *n,m*; Verwaltungsrat *m (im einstufigen Board-System, single-tier system)*
board member	Mitglied *n* des Verwaltungsrats *(Board-System, single-tier system)*
board of directors	Board *m,n*; Verwaltungsrat *m (Board-System, single-tier system)*
board of management [managers]	Vorstand *m*
bookkeeper	Buchhalter(in) *m(f)*
brand manager	Produktmanager(in) *m(f)*, Markenbetreuer(in) *m(f)*
business employee	kaufmännische(r) Angestellte(r) *f(m)*
business manager	kaufmännische(r) Leiter(in) *m(f)*
businessman	Geschäftsmann *m*, Kaufmann *m*, Unternehmer *m*
businesswoman	Geschäftsfrau *f*, Kauffrau *f*, Unternehmerin *f*
buyer	Einkäufer(in) *m(f)*
buying agent	Einkäufer(in) *m(f)*
call-center agent	Call-Center-Agent(in) *m(f)*
careers adviser	Berufsberater(in) *m(f)*
careers counsellor	Berufsberater(in) *m(f)*
cash manager	Kassenführer(in) *m(f)*

CFO, chief financial officer	Chef(in) *m(f)* des Rechnungswesens, Finanzchef(in) *m(f)*, kaufmännische(r) Direktor(in) *m(f)*, Leiter(in) *m(f)* Finanzen, Finanzleiter(in) *m(f)*
chair	Vorsitz *m*, Vorsitzende *m(f)*
chairman	Tagungsleiter *m*, Versammlungsleiter *m*, Vorsitzender *m*, Präsident(in) *m(f)*
chairman [chairperson] and chief executive officer, chairman [chairperson] and CEO *(AE)*	Vorsitzende *m(f)* (des Verwaltungsrats) und CEO, Vorsitzende *m(f)* (des Verwaltungsrats) und Generaldirektor(in) *m(f)*, Vorsitzende *m(f)* (des Verwaltungsrats) und geschäftsführende(r) Direktor(in) *m(f)*
chairman [chairperson] and general manager	Vorsitzende *m(f)* (des Verwaltungsrats) und Generaldirektor(in) *m(f) (board system)*
chairman [chairperson] and managing director *(BE)*	Vorsitzende *m(f)* (des Verwaltungsrats) und geschäftsführende(r) Direktor(in) *m(f) (board system)*
chairman [chairperson] of the administrative board	Vorsitzende *m(f)* des Verwaltungsrats, Verwaltungsratsvorsitzende *m(f) (board system)*; Vorsitzende *m(f)* des Aufsichtsrats, Aufsichtsratsvorsitzende *m(f) (Aufsichtsratssystem, two-tier system)*
chairman [chairperson] of the board of directors	Vorsitzende *m(f)* des Verwaltungsrats, Verwaltungsratsvorsitzende *m(f)*
chairman [chairperson] of the board of management	Vorsitzende *m(f)* des Vorstands, Vorstandsvorsitzende *m(f) (Aufsichtsratssystem, two-tier system)*
chairman of the board of managing directors, chairperson of the board of managing directors	Vorsitzende *m(f)* des Vorstands, Vorstandsvorsitzende *m(f) (Aufsichtsratssystem, two-tier system)*
chairman [chairperson] of the executive board	Vorsitzende *m(f)* des Vorstands, Vorstandsvorsitzende *m(f) (Aufsichtsratssystem, two-tier system)*
chairman of the executive committee, chairperson of the executive committee	Vorsitzende *m(f)* des Vorstands, Vorstandsvorsitzende *m(f) (im einstufigen Board-Führungsmodell sind Rechtsstellung, Funktionen und Verantwortungsbereiche nicht deckungsgleich mit denen im deutschen zweistufigen Aufsichtsratsmodell; status, functions and responsibilities in the single-tier board system don't match those of the German two-tier management system)*; Vorsitzende *m(f)* des Exekutivausschusses *(single-tier system)*
chairman of the supervisory board, chairperson of the supervisory board	Vorsitzende *m(f)* des Verwaltungsrats, Verwaltungsratsvorsitzende *m(f)*; Aufsichtsratsvorsitzende *m(f)*, Vorsitzende *m(f)* des Aufsichtsrats *(Aufsichtsratssystem, two-tier system)*
chairmanship of the executive [management] board	Vorstandsvorsitz *m*
chairperson	Tagungsleiter(in) *m(f)*, Versammlungsleiter(in) *m(f)*, Vorsitzende *m(f)*; Präsident(in) *m(f)*
chairwoman	Tagungsleiterin *f*, Versammlungsleiterin *f*, Vorsitzende *f*; Präsidentin *f*

charge hand	Vorarbeiter(in) *m(f) (construction industry)*
chief	Leiter(in) *m(f)*; Vorsitzende *m(f)*; *(infrml)* Chef(in) *m(f)*
chief accountant *(AE)*	Leitende(r) Wirtschaftsprüfer(in) *m(f)*, Chefwirtschaftsprüfer(in) *m(f) (SEC)*
chief buyer	Einkaufsleiter(in) *m(f)*
chief clerk	Bürochef(in) *m(f)*, Büroleiter(in) *m(f)*; leitende(r) Büroangestellte(r) *m(f)*
chief designer	Chefkonstrukteur(in) *m(f)*, Chefdesigner(in) *m(f)*, Entwicklungschef(in) *m(f)* , Leiter(in) *m(f)* Entwicklung, Leiter(in) *m(f)* der Entwicklungsabteilung
chief economist	Chefvolkswirt(in) *m(f)*, Leiter(in) *m(f)* der volkswirtschaftlichen Abteilung
chief executive *(AE)*	Generaldirektor(in) *m(f)*, leitende(r) Direktor(in) *m(f)*; Geschäftsführer(in) *m(f) (z.B. Vorstandsmitglied einer AG)*; Vorsitzende *m(f)* des Vorstands, Vorstandsvorsitzende *m(f) (status, functions and responsibilities in the single-tier board system don't match those of the German two-tier management system)*; Gemeindedirektor(in) *m(f)*
chief executive officer, CEO	Vorsitzende *m(f)* des Exekutiv-Ausschusses, Geschäftsführer(in) *m(f)* (CEO), geschäftsführende(r) Direktor(in) *m(f)* (CEO), Generaldirektor(in) *m(f)* (CEO); Vorstandsvorsitzende *m(f)*, Vorsitzende *m(f)* des Vorstands *(Top-Manager des US-Board-Systems: der CEO hat die operative Leitungs- und Kontrollfunktion, er führt das Tagesgeschäft und berichtet an den Chairman of the Board im monistischen Leitungssystem; im UK entspricht der CEO dem Managing Director; im einstufigen Board-Führungsmodell sind Rechtsstellung, Funktionen und Verantwortungsbereiche nicht deckungsgleich mit denen im deutschen zweistufigen Aufsichtsratsmodell)*
chief financial officer, CFO	Leiter(in) *m(f)* der Finanzabteilung, Finanzleiter(in) *m(f)*, Leiter(in) *m(f)* Finanzen; Leiter(in) *m(f)* Rechnungswesen und Finanzen; *(infrml)* Chef(in) *m(f)* des Rechnungswesens, *(infrml)* Finanzchef(in) *m(f)*; Finanzvorstand(in) *m(f)*; Finanz-Controller *m*; kaufmännische(r) Direktor(in) *m(f)*, kaufmännische(r) Geschäftsführer(in) *m(f)*; Finanzdirektor(in) *m(f) (synonymous: executive financial officer, corporate financial manager)*
chief information officer, CIO	IT-Leiter(in) *m(f)*, Leiter(in) *m(f)* Informationstechnologie; IT-Vorstand *m*
chief investment manager	Leiter(in) *m(f)* der Vermögensverwaltung, Fondsmanager(in) *m(f)*

chief investment officer, CIO	Leiter(in) *m(f)* der Vermögensverwaltung, Fondsmanager(in) *m(f)*
chief operating officer, COO	Betriebsleiter(in) *m(f)*; Geschäftsführer(in) *m(f) (Board-System)*; geschäftsführender Direktor(in) *m(f)*; Geschäftsführer(in) *m(f) (z.B. Vorstandsmitglied einer AG)*; Hauptgeschäftsführer(in) *m(f) (im Verband)*
chief operational officer, COO	Betriebsleiter(in) *m(f)*; Geschäftsführer(in) *m(f) (Board-System)*
chief operations officer	Betriebsleiter(in) *m(f)*; Geschäftsführer(in) *m(f) (Board-System)*
chief purchase officer	Einkaufsleiter(in) *m(f)*
chief scientific officer, CSO	Forschungsdirektor(in) *m(f)*, Forschungsleiter(in) *m(f)*
chief security officer, CSO	Leiter(in) *m(f)* Sicherheitstechnik, sicherheitstechnische(r) Leiter(in) *m(f)*
chief technical officer, CTO	Technische(r) Direktor(in) *m(f)*, technische(r) Leiter(in) *m(f)*, technischer Vorstand *m*; Geschäftsführer Technik *m*
chief technology officer, CTO	Technische(r) Direktor(in) *m(f)*, Technische(r) Leiter(in) *m(f)*, Technischer Vorstand *m*; Geschäftsführer Technik *m*
CIO, chief information officer	IT-Leiter(in) *m(f)*, Leiter(in) *m(f)* Informationstechnologie; IT-Vorstand *m*
claims inspector	Schadensbeauftragte *m(f) (Versicherung)*
claims manager	Leiter(in) *m(f)* der Schadenabteilung *(Versicherung)*
clerk, clerical assistant	Sachbearbeiter(in) *m(f)*
commercial and development manager	Leiter(in) *m(f)* Vertrieb und Entwicklung
commercial director	kaufmännische(r) Direktor(in) *m(f)*
commercial manager	kaufmännische(r) Leiter(in) *m(f)*
company lawyer	Syndikus *m*
company secretary *(BE)*	Company Secretary *(leitender Verwaltungsangestellter mit Director-Status und besonderen rechtlichen Befugnissen, insbesondere in haftungsbeschränkten britischen Gesellschaften; wird nicht übersetzt, da ohne Entsprechung im kontinentaleuropäischen Unternehmensrecht; a senior employee in an organization with director status and administrative and legal authority; he / she may also be a board secretary with appropriate qualifications; the appointment is a legal requirement for all limited companies in the UK)*
company spokesperson	Vorstandssprecher(in) *m(f)*
comptroller	Chef(in) *m(f)* des Rechnungswesens; Controller(in) *m(f)*, Kontroller(in) *m(f)*, Finanz-Controller(in) *m(f)*
confidential secretary	Privatsekretär(in) *m(f)*
consultant	Berater(in) *m(f)*; Chefarzt *m*, Chefärztin *f*
consumer relations manager	Kundendienstleiter(in) *m(f)*

contract labour *(BE)*, contract labor *(AE)*	Arbeitskräfte *fpl* auf Zeit, Leiharbeitskräfte *fpl*; Werkvertragsarbeitnehmer(in) *m(f)*, freie(r) Mitarbeiter(in) *m(f)*
contract worker	Vertragsarbeitnehmer(in) *m(f)*, Werkvertragsarbeitnehmer(in) *m(f)*
controller	Chef(in) *m(f)* des Rechnungswesens; Finanz-Controller(in) *m(f)*, Controller(in) *m(f)*, Kontroller(in) *m(f)*
COO, chief operating officer, chief operational officer	geschäftsführender Direktor(in) *m(f)*; Hauptgeschäftsführer(in) *m(f) (Verband)*
co-owner	Miteigentümer(in) *m(f)*
corporation counsel *(AE)*	Syndikus *m*
counsellor	Berater(in) *m(f)*
credit controller [officer]	Kreditsachbearbeiter(in) *m(f)*
CSO, chief scientific officer	Forschungsdirektor(in) *m(f)*, Forschungsleiter(in) *m(f)*
CSO, chief security officer	Leiter(in) *m(f)* Sicherheitstechnik, sicherheitstechnische(r) Leiter(in) *m(f)*
CTO, chief technical officer, chief technology officer	Technische(r) Direktor(in) *m(f)*, Technische(r) Leiter(in) *m(f)*, Technischer Vorstand *m*; Geschäftsführer Technik *m*
customer relations [service] manager	Kundendienstleiter(in) *m(f)*
department head	Abteilungsleiter(in) *m(f)*
deputy chairman [chairperson]	stellvertretende(r) Vorsitzende(r) *m(f)*
deputy chairman [chairperson] of the administrative board	stellvertretende(r) Verwaltungsratsvorsitzende(r) *f(m)*; stellvertretende(r) Aufsichtsratsvorsitzende(r) *f(m)*
deputy chairman [chairperson] of the board	stellvertretende(r) Verwaltungsratsvorsitzende(r) *f(m)*
deputy chairman [chairperson] of the board of management	stellvertretender Vorstandvorsitzender *m*
deputy chairman [chairperson] of the supervisory board	stellvertretende(r) Aufsichtsratsvorsitzende(r) *f(m)*, stellvertretender Vorsitzender *m* des Aufsichtsrats
deputy head of department	stellvertretende(r) Abteilungsleiter(in) *m(f)*
deputy manager	stellvertretende(r) Leiter(in) *m(f)*
design engineer	Entwicklungsingenieur(in) *m(f)*
direct superior	unmittelbare(r) Vorgesetzte(r) *f(m)*
director	Direktor(in) *m(f)*; Leiter(in) *m(f)*; Geschäftsführer(in) *m(f)*; Vorstandsmitglied *n (z.B. Vorstandsmitglied einer AG)*; Mitglied *n* des Board of Directors, Director *m (zur Hervorhebung einer Position im Board of Directors nach britischem oder amerikanischem Recht)*
director general	Generaldirektor(in) *m(f) (Europäische Kommission)*
director human resource planning	Leiter(in) *m(f)* Personalplanung
director human resources development	Leiter(in) *m(f)* Personalentwicklung
director human resources management	Leiter(in) *m(f)* Personalplanung und -entwicklung

director of industrial relations	Arbeitsdirektor(in) *m(f)*
director of labour relations *(BE)*, director of labor relations *(AE)*	Arbeitsdirektor(in) *m(f)*
director of public relations	PR-Direktor(in) *m(f)*, Leiter(in) *m(f)* (der) Öffentlichkeitsarbeit, PR-Leiter(in) *m(f)*
division head	Abteilungsleiter(in) *m(f)*, Bereichsleiter(in) *m(f)*, Spartenmanager(in) *m(f)*
division manager	Bereichsleiter(in) *m(f)*, Spartenmanager(in) *m(f)*
divisional director	Bereichsleiter(in) *m(f)*
employee	Angestellte(r) *f(m)*, Mitarbeiter(in) *m(f)*, Arbeitnehmer(in) *m(f)*, Beschäftigte *m(f)*
engineering manager	Leiter(in) *m(f)* der technischen Abteilung, technische(r) Leiter(in) *m(f)*
entrepreneur	Unternehmer(in) *m(f)*
executive	leitende(r) Angestellte(r) *m(f)*
executive [management] board	Vorstand *m*
executive committee	Exekutivausschuss *m*, geschäftsführender Ausschuss *m*, Geschäftsführung *f*; Vorstand *m*
executive director	geschäftsführender Vorstand *m*, geschäftsführende(r) Direktor(in) *m(f)*; Exekutivdirektor(in) *m(f) (IMF / IWF)*
executive manager [officer]	leitende(r) Angestellte(r) *m(f)*
export director [manager]	Direktor(in) *m(f)* Export, Exportdirektor(in) *m(f)*, Leiter(in) *m(f)* Export, Exportleiter(in) *m(f)*
export marketing manager	Leiter(in) *m(f)* Exportmarketing
field sales manager	Außendienstleiter(in) *m(f)*
financial director	Finanzvorstand *m*, Finanzdirektor(in) *m(f)*, Finanzleiter(in) *m(f)*
financial executive	Finanzvorstand *m*
financial manager	Finanzleiter(in) *m(f)*
first-line supervisor	unmittelbare(r) Vorgesetzte(r) *f(m)*
foreman	Vormann *m*, Vorarbeiter *m*, Meister *m*
forewoman	Vorarbeiterin *f*, Meisterin *f*
freelance worker	Freiberufler(in) *m(f)*, freie(r) Mitarbeiter(in) *m(f)*
freelance(r)	Freiberufler(in) *m(f)*, freie(r) Mitarbeiter(in) *m(f)*
full partner	persönlich haftende(r) Gesellschafter(in) *m(f)*
general counsel *(AE)*	Chef-Justiziar(in) *m(f)* Leiter(in) *m(f)* der Rechtsabteilung; Generalsyndikus *m*, Syndikus *m*
general executive manager	Generaldirektor(in) *m(f)*
general manager	Generaldirektor(in) *m(f)*; Hauptgeschäftsführer(in) *m(f) (Verband)*; Geschäftsführer(in) *m(f) (kleineres Unternehmen, Ladengeschäft, small business or a shop)*; Generalbevollmächtigte *m(f)*; leitende(r) Inspektor(in) *m(f)*
general partner	persönlich haftende(r) Gesellschafter(in) *m(f)*, Vollhafter(in) *m(f)*, Komplementär(in) *m(f)*
head buyer	Einkaufsleiter(in) *m(f)*
head clerk	Bürochef(in) *m(f)*, Büroleiter(in) *m(f)*
head of administration	Verwaltungsleiter(in) *m(f)*, Verwaltungsdirektor(in) *m(f)*
head of legal department *(BE)*	Leiter(in) *m(f)* der Rechtsabteilung

head of personnel	Leiter(in) *m(f)* der Personalabteilung, Personalchef(in) *m(f)*, Personalleiter(in) *m(f)*
head of the personnel department	Leiter(in) *m(f)* der Personalabteilung, Personaldirektor(in) *m(f)*, Personalchef(in) *m(f)*, Personalleiter(in) *m(f)*
honorary chairman	Ehrenvorsitzende *m(f)*
honorary president *(BE)*	ehrenamtliche(r) Präsident(in) *m(f)*, Ehrenpräsident(in) *m(f)*
independent contractor *(AE)*	selbstständige(r) Unternehmer(in) *m(f)*, Werkvertragsunternehmer(in) *m(f) (allein arbeitender Unternehmer)*
industrial relations director	Koordinator(in) *m(f)* Arbeitgeber-Arbeitnehmer-Interessen; Personaldirektor(in) *m(f)*
information officer	Referent(in) *m(f)* für Öffentlichkeitsarbeit
instructor	Ausbilder(in) *m(f)*
IT director	IT-Leiter(in) *m(f)*, Leiter(in) *m(f)* Informationstechnologie; IT-Vorstand *m*
IT manager	IT-Leiter(in) *m(f)*, Leiter(in) *m(f)* Informationstechnologie; IT-Vorstand *m*
joint director [manager]	Kodirektor(in) *m(f)*, Mitdirektor(in) *m(f)*
junior manager	Nachwuchsführungskraft *f*
key account manager	Großkunden-Betreuer(in) *m(f)*
labor director *(AE)*, labour director *(BE)*	Arbeitsdirektor(in) *m(f)*, Personaldirektor(in) *m(f)*
legal adviser	Justiziar *m*, Syndikus *m*
lending officer	Kreditsachbearbeiter(in) *m(f)*
limited partner	beschränkt haftende(r) Gesellschafter(in) *m(f)*, Teilhafter(in) *m(f)*, Kommanditist(in) *m(f)*
line executive	Linienmanager(in) *m(f)*
line manager	Linienmanager(in) *m(f)*, Fertigungsdirektor(in) *m(f)*, Fertigungsleiter(in) *m(f)*
line supervisor	Vorarbeiter(in) *m(f)* (Produktion)
management board, board of management	Vorstand *m*
management board member, member of the board of management	Vorstandsmitglied *n*
management committee	geschäftsführender Ausschuss *m*, Geschäftsführungsausschuss *m*
manager	Manager(in) *m(f)*, Leiter(in) *m(f)*, Direktor(in) *m(f)*, leitende(r) Angestellte(r) *m(f)*; Geschäftsführer(in) *m(f) (kleineres Unternehmen, Ladengeschäft, small business or a shop)*
managing director, MD *(BE)*	Managing Director *m*, MD *m*; Generaldirektor(in) *m(f)*, leitende(r) Direktor(in) *m(f)*, geschäftsführender Direktor(in) *m(f)*, geschäftsführender Vorstand *m*; Geschäftsführer(in) *m(f) (z.B. einer GmbH)*; Vorstandsmitglied *n (AG)*; Hauptgeschäftsführer(in) *m(f) (Verband) (im einstufigen Board-Führungsmodell sind Rechtsstellung, Verantwortungsbereiche und Funktionen nicht deckungsgleich mit denen im deutschen zweistufigen Aufsichtsratsmodell)*

managing partner	geschäftsführende(r) Gesellschafter(in) *m(f)*
marketing assistant	Marketing-Assistent(in) *m(f)*, Marketing-Mitarbeiter(in) *m(f)*
marketing director [manager]	Leiter(in) *m(f)* Marketing, Marketingdirektor(in) *m(f)*, Marketingleiter(in) *m(f)*
master craftsman	Meister(in) *m(f)*
master craftswoman	Meisterin *f*
member of the administrative board	Mitglied *n* des Verwaltungsrats, Board-Mitglied *n (Board-System, single-tier system)*
member of the board (of directors)	Mitglied *n* des Verwaltungsrats, Board-Mitglied *n (Board-System, single-tier system)*
member of the executive board	Vorstandsmitglied *n*
member of the executive committee *(AE)*	Mitglied *n* des Exekutivausschusses, Vorstandsmitglied *n (Board-System, single-tier system)*
member of the management board	Vorstandsmitglied *n*
member of the supervisory board	Mitglied *n* des Aufsichtsrats, Aufsichtsratsmitglied *n (Aufsichtsratssystem, Trennungsmodell, two-tier board system; this corresponds in the single-tier board system approximately to: non-executive member of the board of directors, non-executive director, outside director, mit Beratungs- und / oder Überwachungsfunktion im Board-System)*
merchandising director	Leiter(in) *m(f)* Verkaufsförderung
merchant	Kaufmann *m*, Einzelhandelskaufmann *m*
non-executive director	nicht-geschäftsführender Director *m*, Director *m* ohne Geschäftsbereich, beratender Director *m (mit Beratungs- und Überwachungsfunktion im Board-System, single-tier system)*
non-executive member of the board (of directors)	beratendes Mitglied *n* des Board (of Directors) *(Board-System, single-tier system)*
office manager	Bürochef(in) *m(f)*, Büroleiter(in) *m(f)*
operational manager	Betriebsleiter(in) *m(f)*
outside director	nicht-geschäftsführender Director *m*, Director *m* ohne Geschäftsbereich, beratender Director *m (mit Beratungs- und Überwachungsfunktion im Board-System, single-tier system)*
outside member of the board (of directors)	nicht-geschäftsführendes Mitglied *n* des Board (of Directors) *(Board-System, single-tier system)*
owner operator	tätige(r) Geschäftsinhaber(in) *m(f)*, Eigentümer-Unternehmer(in) *m(f)*
owner-manager	tätige(r) Geschäftsinhaber(in) *m(f)*, Eigentümer-Geschäftsführer(in) *m(f)*, Eigentümer-Unternehmer(in) *m(f)*
PA, personal assistant	Chefsekretär(in) *m(f)*
partner	Gesellschafter(in) *m(f)*, Teilhaber(in) *m(f)*
personal assistant, PA	Chefsekretär(in) *m(f)*
personal recruitment	Personalbeschaffung *f*
personal secretary, PS, P / Sec	Privatsekretär(in) *m(f)*, Chefsekretär(in) *m(f)*

personnel director	Leiter(in) *m(f)* der Personalabteilung, Personaldirektor(in) *m(f)*, Personalchef(in) *m(f)*, Personalleiter(in) *m(f)*, Arbeitsdirektor(in) *m(f)*
personnel manager	Personalchef(in) *m(f)*, Personalleiter(in) *m(f)*
personnel officer	Personalreferent(in) *m(f)*, Personalsachbearbeiter(in) *m(f)*
plant manager	Betriebsführer(in) *m(f)*, Betriebsleiter(in) *m(f)*, Werksleiter(in) *m(f)*
PR manager	Leiter(in) *m(f)* (der) Öffentlichkeitsarbeit, PR-Leiter(in) *m(f)*
president	Präsident(in) *m(f)*; Vorsitzende *m(f)* des Verwaltungsrats, Verwaltungsratsvorsitzende *m(f)*, Vorsitzende *m(f) (board system)*
press officer	Pressereferent(in) *m(f)*
private secretary	Privatsekretär(in) *m(f)*
procurement director	Beschaffungsleiter(in) *m(f)*, Leiter(in) *m(f)* der Beschaffungsabteilung, Einkaufsleiter(in) *m(f)*
procurement manager	Beschaffungsleiter(in) *m(f)*, Leiter(in) *m(f)* der Beschaffungsabteilung, Einkaufsleiter(in) *m(f)*
product manager	Produktmanager(in) *m(f)*, Markenbetreuer(in) *m(f)*
production director	Direktor(in) *m(f)* Produktion, Produktionsdirektor(in) *m(f)*, Produktionsleiter(in) *m(f)*; Fertigungsdirektor(in) *m(f)*, Fertigungsleiter(in) *m(f)*
production manager	Betriebsleiter(in) *m(f)*; Direktor(in) *m(f)* Produktion, Produktionsleiter(in) *m(f)*; Fertigungsdirektor(in) *m(f)*, Fertigungsleiter(in) *m(f)*, Herstellungsleiter(in) *m(f)*
production worker	Fertigungsarbeiter(in) *m(f)*, Produktionsarbeiter(in) *m(f)*
project leader [manager]	Projektleiter(in) *m(f)*, Projektmanager(in) *m(f)*
PS, P / Sec, personal secretary	Chefsekretär(in) *m(f)*
public relations consultant	PR-Berater(in) *m(f)*
public relations executive	PR-Leiter(in) *m(f)*
public relations officer	PR-Mitarbeiter(in) *m(f)*
publicity manager	Werbeleiter(in) *m(f)*
purchasing executive [manager]	Einkaufsleiter(in) *m(f)*
recruiting	Personalbeschaffung *f*
regional manager	Gebietsleiter(in) *m(f)*
rep *(infrml)*; sales representative	Handlungsreisende *m(f)*
research director	Leiter(in) *m(f)* der Forschungsabteilung, Forschungsdirektor(in) *m(f)*, Forschungsleiter(in) *m(f)*
retailer	Kaufmann *m*, Einzelhandelskaufmann *m*
sales assistant	Verkaufsmitarbeiter(in) *m(f)*, Verkäufer(in) *m(f)*; Kaufmannsgehilfe *m (obs)*
sales director [manager]	Verkaufschef(in) *m(f)*, Verkaufsdirektor(in) *m(f)*, Verkaufsleiter(in) *m(f)*, Vertriebschef(in) *m(f)*, Vertriebsdirektor(in) *m(f)*, Vertriebsleiter(in) *m(f)*
salesman	Kaufmann *m*, Einzelhandelskaufmann *m*
saleswoman	Kauffrau *f*
secretary	Sekretär(in) *m(f)*; Geschäftsführer(in) *m(f) (Verein)*
section head	Abteilungsleiter(in) *m(f)*

senior bookkeeper	Hauptbuchhalter(in) *m(f)*
senior clerk	Bürochef(in) *m(f)*, Büroleiter(in) *m(f)*; leitende(r) Büroangestellte(r) *m(f)*
senior executive	leitende(r) Angestellte(r) *m(f)*, leitende Führungskraft *f*; oberste Führungskraft *f*
senior manager	leitende(r) Angestellte(r) *m(f)*; Hauptgeschäftsführer(in) *m(f) (Verband)*
site foreman	Baustellenleiter(in) *m(f)*
skilled production worker	Fertigungsfacharbeiter(in) *m(f)*, Produktionsfacharbeiter(in) *m(f)*
special agent	Sonderbevollmächtigte *m(f)*
spokesman of the board of management	Vorstandssprecher(in) *m(f)*, Sprecher(in) *m(f)* des Vorstands
staff manager	Personalchef(in) *m(f)*, Personalleiter(in) *m(f)*
staff member	Mitarbeiter(in) *m(f)*
staff recruitment	Personalbeschaffung *f*
staffing	Personalbeschaffung *f*
superior	Vorgesetzte *m(f)*
supervisor	Vorarbeiter(in) *m(f)*; Aufseher(in) *m(f)*, Kontrolleur(in) *m(f)*
team leader	Gruppenleiter(in) *m(f)*, Teamleiter(in) *m(f)*
technical director	Technischer Vorstand *m*, Geschäftsführer Technik *m*, Technische(r) Direktor(in) *m(f)*, Technische(r) Leiter(in) *m(f)*
technical manager	Geschäftsführer Technik *m*, Technische(r) Direktor(in) *m(f)*, Technische(r) Leiter(in) *m(f)*
territory manager	Gebietsleiter(in) *m(f)*
top executive [manager]	Top-Manager *m*
traffic manager	Leiter(in) *m(f)* des Wareneingangs; Versandleiter(in) *m(f)*
trainee	Auszubildende *m(f)*, Azubi *m(f) (under the German dual system; obs: apprentice)*
trainee manager	Manager(in) *m(f)* in Ausbildung
training manager	Ausbildungsleiter(in) *m(f)*
training officer	Ausbildungsleiter(in) *m(f)*, Ausbildende(r) *f(m)*
transport controller	Versandleiter(in) *m(f)*
travel(l)ing salesman [salesperson]	Handlungsreisende *m(f) (obs)*
treasurer *(AE)*	Finanzdirektor(in) *m(f)*
treasury manager	Finanzdirektor(in) *m(f)*
universal agent	Generalvertreter *m*
unlimited partner	Vollhafter(in) *m(f)*, Komplementär(in) *m(f)*
vice-chairman [chairperson]	stellvertretende(r) Vorsitzende(r) *m(f)*, stellvertretender(r) Tagungsleiter(in) *m(f)*, stellvertretende(r) Versammlungsleiter(in) *m(f)*
vice-president *(AE)*	Vizepräsident(in) *m(f)*
vice-president of the supervisory board	stellvertretende(r) Aufsichtsratsvorsitzende(r) *f(m)*, stellvertretende(r) Vorsitzende(r) *f(m)* des Aufsichtsrats
working proprietor	Eigentümer-Unternehmer(in) *m(f)*, tätige(r) Geschäftsinhaber(in) *m(f)*
works manager	Betriebsführer(in) *m(f)*, Betriebsleiter(in) *m(f)*, Werksleiter(in) *m(f)*

Economic indexes and indicators (selection)
Wirtschaftsindizes und -indikatoren (Auswahl)

English name *Englischer Name*	German name *Deutscher Name*
activity rate	Erwerbsquote *f*
adjusted index	bereinigter Index *m*
alphabetization index	Alphabetisierungsindex *m*
automatic wage adjustment	automatische Lohnanpassung *f*
balance of trade	Handelsbilanz *f*
balance on current account	Saldo der Leistungsbilanz, Leistungsbilanz *f* (Saldo)
balance on financial account	Saldo *m* der Kapitalbilanz, Kapitalbilanz *f* (Saldo)
balance on foreign trade	Handelsbilanzsaldo *m*, Handelsbilanz *f* (Saldo)
balance on services	Saldo *m* der Dienstleistungsbilanz; Dienstleistungsbilanz *f* (Saldo)
bank lending survey, BLS *(Eurosystem)*	Umfrage *f* zum Kreditgeschäft *(Eurosystem)*
BERI, business environment risk index	BERI-Index *m*
bond index	Rentenindex *m*
budget deficit ratio	Defizitquote *f* (öffentliche Haushalte) *(Maastricht-Kriterium)*
business climate	Geschäftsklima *n*
business climate index	Geschäftsklimaindex *m*
business environment risk index, BERI	BERI-Index *m*
business indicator, economic indicator	Konjunkturindikator *m*
buyer confidence, consumer confidence, consumer sentiment	Verbrauchervertrauen *n*, Konsumklima *n*
capital transfers *(BoP)*	Vermögensübertragungen *fpl*; Saldo *m* der Vermögensübertragungen *(ZB)*
central parity *(ECB)*	Leitkurs *m (EZB)*
central rate *(ECB)*	Leitkurs *m (EZB)*
code number	Kennzahl *f*, Kennziffer *f (Code)*
coincident indicator	gleichlaufender Indikator *m*
compensation per employee	Arbeitnehmerentgelt *n* je Arbeitnehmer
composite index	Gesamtindex *m*, Kompositindex *m*, Mehrkomponentenindex *m*, synthetischer Index *m*, zusammengesetzter Index *m*
composite leading index	synthetischer Frühindikator *m*, zusammengesetzter Frühindikator *m*, Mehrkomponenten-Frühindikator *m*
composite leading indicator	zusammengesetzter Frühindikator *m*

English name *Englischer Name*	German name *Deutscher Name*
concurrent indicator	gleichlaufender Indikator *m*
confidence indicator	Vertrauensindikator *m*
construction cost index	Baukostenindex *m*
construction price index	Bau(preis)index *m*
consumer confidence, consumer sentiment	Verbrauchervertrauen *n*, Konsumklima *n*
consumer price index, CPI	Index *m* der Verbraucherpreise, Verbraucherpreisindex *m (VPI)*; Preisindex *m* für die Lebenshaltung, Lebenshaltungsindex *m*, Lebenshaltungskostenindex
consumer sentiment	Konsumklima *n*
cost-of-living clause	Verbraucherpreis-Indexklausel *f*
cost-of-living index	Index *m* der Lebenshaltungskosten, Lebenshaltungsindex *m*, Lebenshaltungskostenindex *m*, Preisindex *m* für die Lebenshaltung
CPI, consumer price index	VPI *m*, Verbraucherpreiseindex *m*, Index *m* der Verbraucherpreise
current account *(BoP)*	Leistungsbilanz *f (ZB)*
debt-to-GDP ratio – general government	Schuldenquote *f* (öffentliche Haushalte) *(Maastricht-Kriterium)*
deficit ratio - general government	Defizitquote *f* (öffentliche Haushalte) *(Maastricht-Kriterium)*
diffusion index	Diffusionsindex *m*
discomfort index	Elendsindex *m*, Problemindex *m*
economic activity	Erwerbstätigkeit *f*
economic climate	Wirtschaftsklima *n*
economic conditions	Wirtschaftslage *f*
economic indicator	Wirtschaftsindikator *m*, Konjunkturindikator *m*
economic situation	Wirtschaftslage *f*
economies of scale, scale economies *(reduced cost per unit of output through mass production)*	Skalenerträge *mpl*, Größenvorteile *mpl*, Skaleneffekte *mpl*; positive Größeneffekte mpl (zunehmender Produktion)
effective exchange rate, EER	effektiver Wechselkurs *m (EWK)*
employed persons	Erwerbstätige *mpl*
employment data	Erwerbstätigenzahlen *fpl*
employment figures	Erwerbstätigenzahlen *fpl*
employment index	Anspannungsindex *m*, Beschäftigungsindex *m*
escalator scale	gleitende (Lohn)Skala *f*
escalator clause *(AE)*	Gleitklausel *f*, Indexklausel *f*; (Preis)Gleitklausel *f*, Lohngleitklausel *f*, Zinsgleitklausel *f*
export price index	Ausfuhrpreisindex *m*
exports (fob)	Ausfuhr *f* (fob)

English name *Englischer Name*	German name *Deutscher Name*
external trade in goods	Außenhandel *m (Warenaus- und –einfuhren im Handel mit Ländern außerhalb des Euro-Währungsgebiets)*
fiscal deficit ratio	Defizitquote *f* (öffentliche Haushalte) *(Maastricht-Kriterium)*
fixed-base index	Mengenindex *m* mit fester Basis, Festbasis-Mengenindex *m*
gainful activity	Erwerbstätigkeit *f*
gainful employment	Erwerbstätigkeit *f*
gainful occupation	Erwerbstätigkeit *f*
gross domestic product, GDP *(net value of an economy's total output of goods and services)*	Bruttoinlandsprodukt *n*, BIP *n (Nettogesamtproduktion von Waren und Dienstleistungen einer Volkswirtschaft je Periode)*
gross national product, GNP	Bruttonationalprodukt *n*, BNP *n*
growth index	Wachstumsindex *m*
harmonized index of consumer prices, HICP *(Eurostat)*	Harmonisierter Verbraucherpreisindex *m*, HVPI *(Eurostat)*
i.i.p., international investment position	Auslandsvermögensstatus *m*
IIP, international investment position	Auslandsvermögensstatus *m*
implied price index	impliziter Preisindex *m*
implied volatility *(standard deviation in the rates of change of the price of an asset)*	implizite Volatilität *f (Standardabweichung der Veränderungsrate des Preises eines Vermögensguts)*
import price index	Einfuhrpreisindex *m*
imports (cif)	Einfuhr *f* (cif), Einfuhr *f* (in cif-Werten)
income per capita	Pro-Kopf-Einkommen *n*
income terms of trade	Index *m* der Importkapazität, Index *m* der Kaufkraft der Exporterlöse, Einkommens-Austauschverhältnis *n (definiert als: Exporterlöse dividiert durch die Importpreise)*
index	Indexzahl *f*; Kennziffer *f*, Kennzahl *f*; Messzahl *f*, Messgröße *f*, Messziffer *f*
index adjustment	Indexbereinigung *f*
index clause	Indexklausel *f*
index figure	Messzahl *f*
index linkage	Indexbindung *f*, Indexkoppelung *f*, Indexverknüpfung *f*
index linking	Indexbindung *f*, Indexkoppelung *f*, Indexverknüpfung *f*
index number	Indexzahl *f*, Indexziffer *f*, Kennzahl *f*, Kennziffer *f*, Messzahl *f*
index of concurrent indicators	Index *m* gleichlaufender Indikatoren
index of consumer prices	Index *m* der Verbraucherpreise, Verbraucherpreisindex *m*, VPI *m*

English name *Englischer Name*	German name *Deutscher Name*
index of lagging indicators	Index *m* der Spätindikatoren, Index *m* nachlaufender Indikatoren
index of leading indicators	Index *m* der Frühindikatoren, Index *m* vorlaufender Indikatoren
index of negotiated wages	Index *m* der Tarifverdienste
index of retail prices	Einzelhandelspreisindex *m*, Index *m* der Einzelhandelspreise, EHI *m*
index of unit value *(BoP)*	Durchschnittswertindex *m (ZB)*
index of volume	Volumenindex *m*
index of wholesale prices	Großhandelspreisindex *m*, Großhandelsindex *m*
indexation	Indexierung *f*, Indexbindung *f*, Indexkoppelung *f*, Indexverknüpfung *f*
indexation clause	Indexklausel *f*
indexed pay, index-linked pay	Indexlohn *m*
indexing	Indexierung *f*, Indexbindung *f*, Indexkoppelung *f*, Indexverknüpfung *f*
index-linked pay	Indexlohn *m*
indicator	Indikator *m*, Kennzahl *f*, Messzahl *f*
indicator of price competitiveness (against…)	Indikator *m* der preislichen Wettbewerbsfähigkeit (gegenüber…)
industrial producer prices	industrielle Erzeugerpreise *mpl*
inflation rate	Inflationsrate *f*
inflation-indexed government bond *(coupon payments and principal are linked to a consumer price index)*	inflationsindexierte Staatsanleihe *f (Kuponzahlung und Kapitalbetrag sind an einen Verbraucherpreisindex gekoppelt)*
international investment position, i.i.p., IIP	Auslandsvermögensstatus *m*
invisible current transactions, invisibles *(BoP: services + income + current transfers)*	unsichtbare Leistungstransaktionen *fpl (Zahlungsbilanz: Dienstleistungen + Erwerbs- und Vermögenseinkommen + Übertragungen)*
invisible trade *(BoP: income + services)*	unsichtbarer Handel *m (erfasst in der Dienstleistungsbilanz der ZB nur Faktor- u. Dienstleistungen)*
jobless rate	Arbeitslosenquote *f*
jobless / (the)	Arbeitslose *pl*, die Arbeitslosen
key interest rates *(ECB)*	Leitzinsen *mpl (EZB)*
key lending rates *(ECB)*	Leitzinsen *mpl (EZB)*
labour (force) participation *(BE)*, labor (force) participation *(AE)*	Erwerbsbeteiligung *f*
labour force *(BE)*, labor force *(AE)*	Erwerbsbevölkerung *f*
labour force participation rate *(BE)*, labor force participation rate *(AE)*	Erwerbsquote *f*

English name *Englischer Name*	German name *Deutscher Name*
labour force potential *(BE)*, labor force potential *(AE)*	Erwerbspersonenpotenzial *n*
labour force sample survey *(BE)*, labor force sample survey *(AE)*	Stichprobenerhebung *f* zur Erwerbstätigkeit
labour force statistics *(BE)*, labor force statistics *(AE)*	Erwerbsstatistik *f*
labour market data *(BE)*, labor market data *(AE)*	Arbeitsmarktdaten *npl*
labour productivity *(BE)*, labor productivity *(AE) (GDP at constant prices divided by either total employment or total hours worked)*	Arbeitsproduktivität *f (reales BIP dividiert durch die Gesamtzahl der Beschäftigten oder durch die geleisteten Gesamtarbeitsstunden)*
lagging indicator	Spätindikator *m*, nachlaufender Indikator *m*, nachhinkender Indikator *m*
Laspeyre's index	Laspeyres-Preisindex *m*
leading indicator	Frühindikator *m*, vorauseilender Indikator *m*, vorauslaufender Indikator *m*, vorlaufender Indikator *m*
leading indicator properties	Vorlaufeigenschaften *fpl (eines Indikators)*
life expectancy	Lebenserwartung *f*
literacy index	Bildungsindex *m*
market index	Börsenindex *m*
misery index	Problemindex *m*, Elendsindex *m*
national expenditure	Staatsausgaben *fpl*
national income	Nationaleinkommen *n*; *(früher: Sozialprodukt)*
net national product, NNP	Nettonationalprodukt *n*, NNP *n (früher: Nettosozialprodukt)*
Paasche index	Paasche-Index *m*
potential labour force *(BE)*, potential labor force *(AE)*	Erwerbspersonenpotenzial *n*
PPS, purchasing power standard	KKS *m*, Kaufkraftstandard *m*
price index	Preisindex *m*
price index level	Preisindexniveau *m*
price-weighted index	kursgewichteter (Börsen)Index *m*
producer price index	Erzeugerpreisindex *m*
productivity	Produktivität *f*
purchasing managers' index, PMI	Einkaufsmanagerindex *m*, EMI *m*
purchasing power standard, PPS	Kaufkraftstandard *m*, KKS *m*
rate of inflation	Inflationsrate *f*
ratio	Quotient *m*, Quote *f*; Messzahl *f*, Beziehungszahl *f*, Gliederungszahl *f (mit jeweils unterschiedlicher Quotientenstruktur)*; Verhältniszahl *f*; Kennziffer *f*, Kennzahl *f*
ratio analysis	Kennzahlenanalyse *f*, Kennziffernanalyse *f*

English name *Englischer Name*	German name *Deutscher Name*
real effective exchange rate, real EER	realer effektiver Wechselkurs *m (realer EWK)*
reference number	Kennziffer *f*
reference value *(e.g. for M3 growth)*	Referenzwert *m (z.B. für das M3-Wachstum)*
regional breakdown of foreign trade	Regionalstruktur *f* des Außenhandels
relative	Messziffer *m*
retail price index, RPI	Index *m* der Einzelhandelspreise, Einzelhandelspreisindex *m*, EHI
RPI, retail price index	EHI *m*, Einzelhandelspreisindex *m*, Index *m* der Einzelhandelspreise
salary grade	Gehaltsklasse *f*, Gehaltsstufe *f*; Besoldungsgruppe *f*
scale economies, economies of scale *(reduced cost per unit of output through mass production)*	Skalenerträge *mpl*, Größenvorteile *mpl*, Skaleneffekte *mpl*; positive Größeneffekte mpl *(mögliche Wirkung zunehmender Produktion)*
sector index	Branchenindex *m*
share index	Aktienindex *m*
share price index	Kursindex *m*, Aktienkursindex *m*
SPF, survey of professional forecasters *(ECB)*	Befragung *f* professioneller Prognostiker *(EZB)*
stock exchange price index	Börsenkursindex *m*
stock index	Aktienindex *m*, Börsenindex *m*
stock market index	Aktienindex *m*, Börsenindex *m*
stock price index	Kursindex *m*, Aktienkursindex *m*
survey of professional forecasters, SPF	Befragung *f* professioneller Prognostiker *(EZB, ECB)*
terms of trade	Austauschrelationen *fpl*, Austauschverhältnisse *npl*, reales Austauschverhältnis *n* (im Außenhandel)
trade balance	Handelsbilanz *f*
turnover index	Umsatzindex *m*
unemployed / (the)	Arbeitslose *pl*
unemployment data	Arbeitslosenzahlen *fpl*
unemployment figure	Arbeitslosenzahl *f*
unemployment rate	Arbeitslosenquote *f*
unemployment total	Arbeitslosenzahl *f*
unit labour costs *(BE)*, unit labor costs *(AE)*	Lohnstückkosten *pl*
visible balance	Handelsbilanz *f*
volume index	Mengenindex *m*
wage indexation	Bindung *f* der Löhne an den Index, Indexbindung *f* der Löhne, Lohnindexierung *f*; gleitende Lohnskala *f*

English name *Englischer Name*	German name *Deutscher Name*
weighted index	gewichteter Index *m*, gewogener Index *m*
wholesale price index	Großhandelspreisindex *m*, Großhandelsindex *m*
working population	Erwerbsbevölkerung *f*, Erwerbspersonen *fpl* *(Erwerbstätige + Arbeitslose; total of persons employed plus the number of unemployed)*
yield curve	Zinsstrukturkurve *f*, Renditestrukturkurve

Cardinal and ordinal numbers
Kardinal- und Ordinalzahlen

Cardinal *Kardinalzahlen*	English *Englisch*	German *Deutsch*
1	one	eins
2	two	zwei
3	three	drei
4	four	vier
5	five	fünf
6	six	sechs
7	seven	sieben
8	eight	acht
9	nine	neun
10	ten	zehn
11	eleven	elf
12	twelve	zwölf
13	thirteen	dreizehn
14	fourteen	vierzehn
15	fifteen	fünfzehn
16	sixteen	sechzehn
17	seventeen	siebzehn
18	eighteen	achtzehn
19	nineteen	neunzehn
20	twenty	zwanzig
21	twenty-one	einundzwanzig
22	twenty-two	zweiundzwanzig
23	twenty-three	dreiundzwanzig
24	twenty-four	vierundzwanzig
25	twenty-five	fünfundzwanzig
30	thirty	dreißig
40	forty	vierzig
50	fifty	fünfzig
60	sixty	sechzig
70	seventy	siebzig
80	eighty	achtzig
90	ninety	neunzig
100	hundred	(ein)hundert
101	one hundred and one	(ein)hundert(und)eins
156	one hundred and fifty-six	(ein)hundertsechsundfünfzig
200	two hundred	zweihundert
300	three hundred	dreihundert
400	four hundred	vierhundert
1000	one thousand	(ein)tausend
1001	one thousand and one	(ein)tausend(und)eins
1247	one thousand, two hundred and forty-seven	eintausend zweihundert-(und)siebenundvierzig

Cardinal *Kardinalzahlen*	English *Englisch*	German *Deutsch*
2 000	two thousand	zweitausend
3 000	three thousand	dreitausend
10 000	ten thousand	zehntausend
20 000	twenty thousand	zwanzigtausend
100 000	one hundred thousand	(ein)hunderttausend
200 000	two hundred thousand	zweihunderttausend
1 000 000	one million	eine Million
10 000 000	ten million(s)	zehn Millionen
100 000 000	one hundred million(s)	(ein)hundert Millionen
1 000 000 000	one thousand million(s) *(BE)* one billion *(AE)*	eine Milliarde
1 000 000 000 000	one billion *(BE)* one trillion *(AE)*	eine Billion

Ordinal *Ordinalzahlen*	English *Englisch*	German *Deutsch*
1st	first	erste
2nd	second	zweite
3rd	third	dritte
4th	fourth	vierte
5th	fifth	fünfte
6th	sixth	sechste
7th	seventh	siebte
8th	eighth	achte
9th	ninth	neunte
10th	tenth	zehnte
11th	eleventh	elfte
12th	twelfth	zwölfte
13th	thirteenth	dreizehnte
14th	fourteenth	vierzehnte
15th	fifteenth	fünfzehnte
16th	sixteenth	sechzehnte
17th	seventeenth	siebzehnte
18th	eighteenth	achtzehnte
19th	nineteenth	neunzehnte
20th	twentieth	zwanzigste
21st	twenty-first	einundzwanzigste
22nd	twenty-second	zweiundzwanzigste
23rd	twenty-third	dreiundzwanzigste
24th	twenty-fourth	vierundzwanzigste
25th	twenty-fifth	fünfundzwanzigste
30th	thirtieth	dreißigste
40th	fortieth	vierzigste
50th	fiftieth	fünfzigste

Ordinal *Ordinalzahlen*	English *Englisch*	German *Deutsch*
60th	sixtieth	sechzigste
70th	seventieth	siebzigste
80th	eightieth	achtzigste
90th	ninetieth	neunzigste
100th	one hundredth	(ein)hundertste
101st	one hundred and first	(ein)hundert(und)erste
156th	one hundred and fifty-sixth	(ein)hundertsechsund-fünfzigste
200th	two hundredth	zweihundertste
300th	three hundredth	dreihundertste
400th	four hundredth	vierhundertste
1 000th	one thousandth	(ein)tausendste
1 001st	one thousand and first	(ein)tausend(und)erste
1 247th	one thousand, two hundred andfortyseventh	(ein)tausendzweihundert-(und)siebenundvierzigste
2 000th	two thousandth	zweitausendste
3 000th	three thousandth	dreitausendste
10 000th	ten thousandth	zehntausendste
20 000th	twenty thousandth	zwanzigtausendste
100 000th	one hundred thousandth	(ein)hunderttausendste
200 000th	two hundred thousandth	zweihunderttausendste
1 000 000th	one millionth	(ein)millionste
1 000 000 000th	one thousand millionth *(BE)* one billionth *(AE)*	(ein)milliardste
1 000 000 000 000th	one billionth *(BE)* one trillionth *(AE)*	(ein)billionste

Geschäftsbriefe und -dokumente / Business correspondence and documents

Stellenbewerbung / Job application

Ulm, 20.7.2008

Bewerbung für die Stelle einer Technischen Übersetzerin

Sehr geehrte Frau Finkbeiner,

ich möchte mich für die Stelle einer Technischen Übersetzerin bewerben, die Sie in der Frankfurter Allgemeinen Zeitung vom 27. März ausgeschrieben haben.

Ich habe an der Universität München Anglistik und Germanistik studiert und an der Universität Heidelberg ein Aufbaustudium in Technischer Übersetzung abgeschlossen. Nach meinem Studium war ich als Technische Übersetzerin bei der Firma Manz Maschinenbau GmbH tätig, wo ich unter anderem für das Übersetzen von technischen Dokumenten, Gebrauchsanweisungen und Werbematerial zuständig war.

Seit ich aus familiären Gründen nach Ulm umgezogen bin, arbeite ich freiberuflich als Technische Übersetzerin. Unter meinen Kunden befanden sich im letzten Jahr die Deutsche Telekom und die Ulmer Stadtverwaltung.

Im Laufe meines Studiums und meiner beruflichen Tätigkeiten konnte ich mir gute Kenntnisse im Gebrauch von verschiedenen Softwarepaketen sowie französische und spanische Sprachkenntnisse aneignen. Weitere Einzelheiten können Sie meinem Lebenslauf und den beigefügten Zeugniskopien entnehmen.

Ich würde gerne wieder eine feste Stellung annehmen und bin sehr daran interessiert, für ein großes, internationales Unternehmen wie das Ihre zu arbeiten. Ich würde mich sehr freuen, wenn Sie meine Bewerbung in die engere Wahl ziehen und mir Gelegenheit zu einem persönlichen Gespräch geben würden.

Mit freundlichen Grüßen

Susanne Schneider

Anlagen:
Lebenslauf mit Lichtbild
4 Zeugniskopien

Lebenslauf / Curriculum vitae

Name:	Susanne Schneider
Adresse:	Hauptstraße 25 89013 Ulm Tel: 07 31 / 53 14 68
Geburtsdatum:	8. April 1966
Geburtsort:	Friedrichshafen
Eltern:	Herbert Schneider, Kaufmann Gerda Schneider, geb. Krüger
Familienstand:	ledig

Schulbildung und Studium

1973-1977	Grundschule in Friedrichshafen
1977-1986	Friedrich-Schiller-Gymnasium, Friedrichshafen Leistungskurse: Deutsch und Englisch Abitur Mai 1986 (Note 2,1)
1986-1991	Universität München, Studium der Anglistik und Germanistik, Magisterprüfung Juli 1991 (Note 1,9)
1991-1993	Universität Heidelberg Aufbaustudiengang Technische Übersetzung Diplomprüfung März 1993 (Note 2,2)

Berufserfahrung

Oktober 1993- März 1995	Technische Übersetzerin Manz Maschinenbau GmbH, Mainz
seit April 1995	freiberufliche Übersetzungstätigigkeit (unter anderem für Deutsche Telekom, Stadtverwaltung Ulm, Fischler Formenherstellung KG)

Kenntnisse und Fähigkeiten

Französisch:	fließend in Wort und Schrift
Spanisch:	Grundkenntnisse
EDV-Kenntnisse:	Textverarbeitung (Word für Windows) und Tabellenkalkulation (Excel)

Persönliche Interessen

Klassische Musik, Skifahren, Kochen

Ulm, 20.7.2008
[Unterschrift]

Arbeitsvertrag / Contract of employment

Sehr geehrter Herr Heute,

in Anlehnung an die bereits geführten Gespräche bestätigen wir Ihnen nachfolgenden Arbeitsvertrag, der zwischen Ihnen und der Manz Maschinenbau GmbH – im Folgenden Manz genannt – geschlossen wird.

1. Vertragsbeginn und Aufgabenbereich

1.1. Sie werden von Manz mit Wirkung vom 4. April 2008 als Servicefachkraft im Innendienst in der Niederlassung Mainz eingestellt.

1.2. Sie erklären sich bereit, auch andere Ihrer Vorbildung und Qualifikation entsprechende oder gleichwertige Aufgaben zu übernehmen.

2. Arbeitszeit und Vergütung

2.1. Ihre regelmäßige wöchentliche Arbeitszeit beträgt 38 Stunden. Die Einzelheiten ergeben sich aus den jeweils gültigen Arbeitszeitregelungen.

2.2. Ihre Vergütung setzt sich wie folgt zusammen:

Grundlohn (38 Std. / Woche), Lohngruppe 7:	€	1.700,–
Erschwerniszulage 5%:	€	85,–
Freiwillige Zulage:	€	100,–
Monatlicher Gesamtlohn brutto:	€	1.885,–

Die Höhe der Leistungszulage bestimmt sich nach Ihrer jeweiligen Leistungsbeurteilung. Die freiwillige Zulage kann bei allgemeinen und individuellen Lohnänderungen bzw. Eingruppierungen angerechnet werden.

3. Vertragsdauer

Die Probezeit beträgt sechs Monate. Der Vertrag wird auf unbestimmte Dauer abgeschlossen. Es gelten die gesetzlichen Kündigungsfristen. Manz behält sich vor, Sie nach erfolgter Kündigung unter Fortzahlung der Vergütung lt. Ziffer 2.2. von der Arbeit freizustellen.

Das Arbeitsverhältnis endet ohne Kündigung mit Ablauf des Monats, in dem Sie das 65. Lebensjahr vollenden oder vorher mit dem Ende des Kalendermonats, in dem Sie Erwerbs- oder Berufsunfähigkeitsrente oder vorgezogenes Altersruhegeld beziehen (variable Altersgrenze).

4. Urlaub

Ihr Urlaubsanspruch ist in der Betriebsvereinbarung über Urlaubsgeld / Jahresurlaub und Arbeitsjubiläum geregelt. Hieraus ergibt sich zurzeit ein Anspruch auf 30 Arbeitstage pro Kalenderjahr.

5. Dienstreisen und Nutzung von Firmenfahrzeugen

Bei Dienstreisen haben Sie Anspruch auf Ersatz der Auslagen gemäß den Bestimmungen der Reisekostenrichtlinien in ihrer jeweils gültigen Fassung. Wird Ihnen ein Firmenfahrzeug zur Verfügung gestellt, richtet sich dessen Nutzung nach der jeweils gültigen Firmenwagenordnung.

6. Nebentätigkeit

Während der Dauer dieses Vertrages stellen Sie Ihre berufliche Tätigkeit ganz in den Dienst von Manz. Nebenbeschäftigungen, für die üblicherweise ein Entgelt bezahlt wird, bedürfen der vorherigen schriftlichen Zustimmung von Manz.

7. Geheimhaltung

Sie sind verpflichtet, geschäftliche Angelegenheiten und Unterlagen vertraulicher Natur geheim zu halten und ausschließlich für betriebliche Zwecke zu verwerten. Diese Verpflichtung besteht auch nach Ende des Vertragsverhältnisses fort.

8. Rückgabe von Firmeneigentum

Die in Ihrem Besitz befindlichen Gegenstände und Unterlagen bleiben Eigentum von Manz und sind jederzeit auf Verlangen herauszugeben. Im Falle der Beendigung des Vertragsverhältnisses sind diese unaufgefordert zurückzugeben. Die Geltendmachung eines Zurückhaltungsrechtes wird hiermit ausgeschlossen.

9. Sonstige Bestimmungen

Die gegenseitigen Rechte und Pflichten ergeben sich aus diesem Vertrag. Im Übrigen wird das Arbeitsverhältnis durch die gesetzlichen Bestimmungen, die betrieblichen Vereinbarungen und Regelungen in ihrer jeweils gültigen Fassung und die Arbeitsanweisungen bestimmt.

10. Ausschlussfristen

Ansprüche aus dem Arbeitsverhältnis verfallen, wenn sie nicht innerhalb einer Ausschlussfrist von drei Monaten nach Fälligkeit, spätestens jedoch drei Monate nach Beendigung des Vertragsverhältnisses schriftlich geltend gemacht wurden.

11. Schlussbestimmungen

Jede Kündigung, Änderung oder Aufhebung dieses Vertrages bedarf der Schriftform. Sollten einzelne Vereinbarungen dieses Vertrages unwirksam sein, so wird dadurch die Wirksamkeit der übrigen Vereinbarungen nicht berührt.

Mainz, 2. April 2008

Manz Maschinenbau GmbH — Einverstanden:

....

i.V. R. Ritter   i.V. D. Dreher   Datum / Unterschrift Mitarbeiter

Mahnung / Reminder

Fällige Forderungen € 2.347,40
lt. Kontoauszug vom 21.05.2008

Sehr geehrte Damen und Herren,

unsere schriftlichen und telefonischen Anmahnungen konnten Sie bisher nicht dazu bewegen, die längst fälligen Forderungen auszugleichen.

Wir fordern Sie letztmals dazu auf, Ihren Zahlungsverpflichtungen nachzukommen und den fälligen Saldo in Höhe von € 2.347,40 laut beiliegendem Kontoauszug bis

spätestens 28.05.2008

mit Verrechnungsscheck auszugleichen.

Sollten bis zu diesem Termin keine Zahlungsmittel von Ihnen vorliegen, werden wir die Angelegenheit unverzüglich an unsere Rechtsabteilung weiterleiten. Ebenso wären wir in diesem Fall gezwungen, Sie ab diesem Zeitpunkt nur noch gegen Vorauskasse zu beliefern. Wir hoffen, dass dieser Schritt nicht notwendig sein wird.

Falls es einen Grund für die Nichtbezahlung der Rechnungen gibt, steht Ihnen Herr Hägele (Tel. 0 40 / 82 35 56) zur Verfügung.

Mit freundlichen Grüßen

Haug und Söhne KG Hamburg

Jahresbilanz / Balance sheet

Konzernbilanz zum 31. Dezember 2007

AKTIVA	31.12.07	31.12.06
	T€	T€
A. ANLAGEVERMÖGEN		
I. Immaterielle Vermögensgegenstände		
1. Gewerbliche Schutzrechte und ähnliche Rechte und Werte sowie Lizenzen an solchen Rechten und Werten	2.298	1.878
2. Geleistete Anzahlungen	21	42
	2.319	**1.920**
II. Sachanlagen		
1. Grundstücke, grundstücksgleiche Rechte und Bauten einschließlich der Bauten auf fremden Grundstücken	135.258	123.802
2. Technische Anlagen und Maschinen	26.343	22.466
3. Andere Anlagen, Betriebs- und Geschäftsausstattung	39.621	39.012
4. Geleistete Anzahlungen und Anlagen im Bau	8.331	14.276
	209.553	**199.556**
III. Finanzanlagen		
1. Anteile an verbundenen Unternehmen	23.723	20.145
2. Ausleihungen an verbundene Unternehmen	2.265	2.895
3. Beteiligungen an assoziierten Unternehmen	2.598	2.007
4. Beteiligungen	571	713
5. Ausleihungen an Unternehmen, mit denen ein Beteiligungsverhältnis besteht	1.100	1.070
6. Wertpapiere des Anlagevermögens	1.065	1.067
7. Sonstige Ausleihungen	2.351	2.471
	33.673	**30.368**
	245.545	**231.844**
B. UMLAUFVERMÖGEN		
I. Vorräte		
1. Roh-, Hilfs- und Betriebsstoffe	15.688	16.934
2. Unfertige Erzeugnisse, unfertige Leistungen	24.984	17.522
3. Fertige Erzeugnisse und Waren	869.525	796.154
4. Geleistete Anzahlungen	1.213	4.511
	911.410	**835.121**

II. Forderungen und sonstige Vermögensgegenstände		
1. Forderungen aus Lieferungen und Leistungen	374.641	401.669
2. Forderungen gegen verbundene Unternehmen	1.744	2.417
3. Forderungen gegen Unternehmen, mit denen ein Beteiligungsverhältnis besteht	156	271
4. Sonstige Vermögensgegenstände	24.551	47.799
	401.092	**452.156**
III. Wertpapiere: Sonstige Wertpapiere	**76**	**31**
IV. Schecks, Kassenbestand, Postbankguthaben, Guthaben bei Kreditinstituten	**25.643**	**19.112**
	1.338.221	**1.306.420**
C. RECHNUNGSABGRENZUNGSPOSTEN	**8.192**	**5.003**
	1.591.958	**1.543.267**

PASSIVA	**31.12.06**	**31.12.07**
	T€	**T€**
A. EIGENKAPITAL		
I. Gezeichnetes Kapital	**50.400**	**50.400**
II. Kapitalrücklage	**125.700**	**125.700**
III. Gewinnrücklagen		
1. Gesetzliche Rücklage	19.140	18,710
2. Andere Gewinnrücklagen	67.882	66.013
	87.022	**84.723**
IV. Konzernbilanzgewinn	**6.773**	**6.586**
V. Anteile anderer Gesellschafter	**7.312**	**7.440**
	277.207	**274.849**
B. SONDERPOSTEN MIT RÜCKLAGEANTEIL	**2.377**	**1.265**
C. RÜCKSTELLUNGEN		
1. Rückstellungen für Pensionen und ähnliche Verpflichtungen	123.337	137.377
2. Steuerrückstellungen	560	1.390
3. Sonstige Rückstellungen	117.020	119.475
	240.917	**258.242**

D. VERBINDLICHKEITEN		
1. Verbindlichkeiten gegenüber Kreditinstituten	526.184	462.945
2. Erhaltene Anzahlungen auf Bestellungen	44.119	42.632
3. Verbindlichkeiten aus Lieferungen und Leistungen	321.765	310.770
4. Verbindlichkeiten aus der Annahme gezogener Wechsel und der Ausstellung eigener Wechsel	0	259
5. Verbindlichkeiten gegenüber verbundenen Unternehmen	1.488	1.112
6. Verbindlichkeiten gegenüber Unternehmen, mit denen ein Beteiligungsverhältnis besteht	8	6
7. Sonstige Verbindlichkeiten	174.744	179.311
	1.068.308	**997.035**
E. RECHNUNGSABGRENZUNGSPOSTEN	**3.149**	**11.876**
	1.591.958	**1.543.267**

Berufs- und Funktionsbezeichnungen aus Wirtschaft und Management (Auswahl) / Job titles used in commerce and management (selection)

Die Übersetzung von Berufsbezeichnungen und ihre Übertragung in ein anderes Rechts- und Gesellschaftssystem kann problematisch sein, weil in der Zielsprache u. U. falsche Vorstellungen, z. B. über Rechtsstellung, Funktionen oder Hauptverantwortungsbereich des Trägers, geweckt werden. In der Praxis kann deshalb die Erwähnung sowohl der deutschen als auch der englischen bzw. amerikanischen Bezeichnung zur Klärung beitragen.

in Deutschland *in Germany*	in Großbritannien und / oder in den Vereinigten Staaten *in the UK and / or US*
Abteilungsleiter(in) *m(f)*	department head, departmental manager, division head, section head
Anlagenverwalter(in) *m(f)*	asset manager
Arbeitsdirektor(in) *m(f)*	personnel director, labour director *(BE)*, labor director *(AE)*, director of industrial relations, director of labour relations *(BE)*, director of labor relations *(AE)*
Assistent(in) *m(f)*	assistant
Atelierleiter(in) *m(f)*	art manager
Aufseher(in) *m(f)*	supervisor
Aufsichtsratsvorsitzende *m(f)*	chairman of the supervisory board *(Aufsichtsratssystem, two-tier system)*; chairman of the administrative board
Aufsichtsratsmitglied *n*	member of the supervisory board, supervisory board member *(Aufsichtsratssystem, two-tier board system; the position corresponds in the single-tier board system approximately to: non-executive member of the board of directors, non-executive director, outside director, mit Beratungs- und / oder Überwachungsfunktion im Board-System)*
Ausbildende *m(f)*	training officer, individual providing training; firm providing training
Ausbilder(in) *m(f)*	instructor
Auszubildende *m(f)*, Azubi *m(f)*	trainee *(under the German dual system)*; apprentice *(obs)*
Ausbildungsleiter(in) *m(f)*	training officer, training manager
Außendienstleiter(in) *m(f)*	field sales manager
Berater(in) *m(f)*	consultant, counsellor
Bereichsleiter(in) *m(f)*	area manager, division head, division manager, divisional director
Berufsberater(in) *m(f)*	careers counsellor, careers adviser

in Deutschland *in Germany*	in Großbritannien und / oder in den Vereinigten Staaten *in the UK and / or US*
beschränkt haftende(r) Gesellschafter(in) *m(f)*	limited partner
Betriebsführer(in) *m(f)*	plant manager
Betriebsleiter(in) *m(f)*	chief operating officer, COO; operational manager, plant manager, production manager, works manager
Board-Mitglied *n*	member of the board, member of the board of directors
Buchhalter(in) *m(f)*	bookkeeper, accounting clerk
Bürochef(in) *m(f)*	chief clerk, head clerk, office manager, senior clerk
Büroleiter(in) *m(f)*	chief clerk, head clerk, office manager, senior clerk
Chef(in) *m(f)* des Rechnungswesens, Leiter(in) *m(f)* des Rechnungswesens	controller, comptroller; CFO, chief financial officer
Chefdesigner(in) *m(f)*	chief designer
Chefkonstrukteur(in) *m(f)*	chief designer
Chefvolkswirt(in) *m(f)*, Leiter(in) *m(f)* der volkswirtschaftichen Abteilung	chief economist
Controller(in) *m(f)*	controller, comptroller
Director *m* ohne Geschäftsbereich	non-executive director; outside director *(mit Überwachungs- und Beratungsaufgaben im Board-System = single-tier system)*
Direktor(in) *m(f)*	director, manager
Disponent(in) *m(f)*	managing clerk; fund manager *(Bank)*
Ehrenpräsident(in) *m(f)*	honorary president *(BE)*
Ehrenvorsitzende *m(f)*	honorary chairman
Eigentümer-Geschäftsführer(in) *m(f)*	owner-manager
Eigentümer-Unternehmer(in) *m(f)*	owner-manager, working proprietor, owner operator
Einkäufer(in) *m(f)*	buyer, buying agent
Einkaufsleiter(in) *m(f)*, Chefeinkäufer(in) *m(f)*	head buyer, chief buyer, chief purchase officer, purchasing executive, purchasing manager; procurement manager
Einzelhandelskaufmann *m*	retailer; salesman, merchant
Entwicklungschef(in) *m(f)*	chief designer
Entwicklungsingenieur(in) *m(f)*	design engineer
Exekutivdirektor(in) *m(f) (IWF)*	executive director *(IMF)*
Exportdirektor(in) *m(f)*	export director, export manager
Exportkoordinator(in) *m(f)*	export coordinator
Exportleiter(in) *m(f)*	export manager
Fertigungsarbeiter(in) *m(f)*	production worker

in Deutschland *in Germany*	in Großbritannien und / oder in den Vereinigten Staaten *in the UK and / or US*
Fertigungsfacharbeiter(in) *m(f)*	skilled production worker
Fertigungsleiter(in) *m(f)*	line manager, production director, production manager
Fertigungsprüfer(in) *m(f)*	in-process inspector, production inspector
Finanzchef(in) *m(f) (infrml)*	chief financial officer, CFO
Finanz-Controller(in) *m(f)*	controller, comptroller
Finanzdirektor(in) *m(f)*	chief financial officer, CFO, financial director; treasury manager, treasurer *(AE)*
Finanzleiter(in) *m(f)*	chief financial officer, CFO, financial manager, financial director
Finanzvorstand *m*	chief financial officer, CFO, financial director, financial executive; vice-president finance *(AE)*
Fondsmanager(in) *m(f)*	chief investment officer, CIO, chief investment manager
Forschungsdirektor(in) *m(f)*	research director; chief scientific officer, CSO *(Pharma)*
Forschungsleiter(in) *m(f)*	research director; chief scientific officer, CSO *(Pharma)*
Freiberufler(in) *m(f)*	freelance(r), freelance worker
Fuhrparkleiter(in) *m(f)*	fleet manager, motor transport officer
Führungskraft *f*	manager; top executive, senior executive
Gebietsleiter(in) *m(f)*	area manager, regional manager, territory manager
Generalbevollmächtigte *m(f)*	general manager; universal agent; plenipotentiary *(Staat)*
Generaldirektor(in) *m(f)*	chief executive, chief executive officer, CEO, general manager, general executive manager; managing director *(BE)*; director general *(EU)*
geschäftsführender Ausschuss *m*	executive committee, management committee
geschäftsführender Direktor(in) *m(f)*	executive director, managing director; chief operating officer, COO
geschäftsführende(r) Gesellschafter(in) *m(f)*	managing partner
geschäftsführender Vorstand *m*	executive director, managing director *(BE)*
Geschäftsführer(in) *m(f)*	director, chief executive, chief operating officer, COO *(z.B. Vorstandsmitglied einer AG)*; managing director, senior manager *(z.B. GmbH)*; manager, general manager *(kleineres Unternehmen, Ladengeschäft, small business or a shop)*; secretary *(im Verein)*
Geschäftsführer(in) *m(f)*, Geschäftsführer(in) *m(f)* (COO)	chief operating officer, chief operations officer, chief operational officer, COO *(Board-System = single-tier system)*

in Deutschland *in Germany*	in Großbritannien und / oder in den Vereinigten Staaten *in the UK and / or US*
Geschäftsfrau *f*	businesswoman
Geschäftsmann *m*	businessman
Gesellschafter(in) *m(f)*	partner
Großkunden-Betreuer(in) *m(f)*	key account manager
Gruppenleiter(in) *m(f)*	team leader
Handlungsbevollmächtigte *m(f)*	authorized agent, registered manager *(§ 54 HGB)*
Handlungsgehilfe *m*, Handlungsgehilfin *f (obs)*	commercial clerk, commercial employee
Handlungsreisende *m(f) (obs)*	travel(l)ing salesman, travel(l)ing salesperson, rep
Hauptbuchhalter(in) *m(f)*	senior bookkeeper, chief accounting clerk
Hauptgeschäftsführer(in) *m(f) (Verband)*	general manager, chief manager, senior manager; chief operating officer, COO
Herstellungsleiter(in) *m(f)*	production manager
Inspektor(in) *m(f)*	inspector
IT-Leiter(in) *m(f)*	CIO, chief information officer; IT manager, IT director
IT-Vorstand *m*	CIO, chief information officer; IT manager, IT director
Justiziar *m*	legal adviser
Kassenführer(in) *m(f)*	cash manager
Kauffrau *f*	businesswoman; saleswoman
Kaufmann *m*	businessman; retailer, salesman, merchant
kaufmännische(r) Angestellte(r) *f(m)*	business employee
kaufmännische(r) Direktor(in) *m(f)*	business manager, commercial manager; commercial director; chief financial officer, CFO *(im Board-System = single-tier system)*
kaufmännische(r) Geschäftsführer(in) *m(f)*	chief financial officer, CFO *(im Board-System = single-tier system)*
kaufmännische(r) Leiter(in) *m(f)*	business manager, commercial manager; chief financial officer, CFO *(im Board-System = single-tier system)*
Kommanditist(in) *m(f)*	limited partner
Komplementär(in) *m(f)*	general partner, unlimited partner
Kontakter(in) *m(f)*	account executive *(PR, advertising)*
Kontroller(in) *m(f)*	controller, comptroller
Kontrolleur(in) *m(f)*	supervisor
Koordinator(in) *m(f)* Export	export coordinator
Kreditsachbearbeiter(in) *m(f)*	credit officer, lending officer, loan officer; credit controller
Kundenbetreuer(in) *m(f)*	account manager
Kundendienstleiter(in) *m(f)*	after-sales manager, service manager, consumer relations manager

in Deutschland *in Germany*	in Großbritannien und / oder in den Vereinigten Staaten *in the UK and / or US*
Lagerverwalter(in) *m(f)*	stock controller
leitende(r) Angestellte(r) *m(f)*	manager, senior manager, executive, executive manager, executive officer, senior executive
leitende(r) Direktor(in) *m(f)*	chief executive, managing director *(BE)*
Leitende(r) Wirtschaftsprüfer(in) *m(f)*	chief accountant *(AE; SEC)*
Leiter(in) *m(f)*	director, manager, chief
Leiter(in) *m(f)* Marketing	marketing director, marketing manager
Leiter(in) *m(f)* der Beschaffungsabteilung	procurement director, procurement manager
Leiter(in) *m(f)* Entwicklung, Leiter(in) *m(f)* der Entwicklungsabteilung, Entwicklungsleiter(in) *m(f)*	chief designer
Leiter(in) *m(f)* Export, Exportleiter(in) *m(f)*	export manager, export director
Leiter(in) *m(f)* der Forschungsabteilung, Forschungsleiter(in) *m(f)*	research director
Leiter(in) *m(f)* Informationstechnologie	IT manager, IT director, chief information officer, CIO
Leiter(in) *m(f)* Exportmarketing	export marketing manager
Leiter(in) *m(f)* (der) Öffentlichkeitsarbeit, PR-Leiter(in) *m(f)*	director of public relations, PR manager
Leiter(in) *m(f)* der Personalabteilung, Personalleiter(in) *m(f)*	head of the personnel department; personnel director, head of personnel
Leiter(in) *m(f)* Personalentwicklung	director human resources development
Leiter(in) *m(f)* Personalplanung	director human resource planning
Leiter(in) *m(f)* Personalplanung und –entwicklung	director human resources management
Leiter(in) *m(f)* der Rechtsabteilung	head of legal department *(BE)*, general counsel *(AE)*
Leiter(in) *m(f)* der Schadenabteilung	claims manager *(Versicherung)*
Leiter(in) *m(f)* Sicherheitstechnik	chief security officer, CSO
Leiter(in) *m(f)* der technischen Abteilung, Technische(r) Leiter(in) *m(f)*	engineering manager
Leiter(in) *m(f)* der Vermögensverwaltung	chief investment officer, CIO, chief investment manager

in Deutschland *in Germany*	in Großbritannien und / oder in den Vereinigten Staaten *in the UK and / or US*
Leiter(in) *m(f)* der volkswirtschaftichen Abteilung, Chefvolkswirt(in) *m(f)*	chief economist
Leiter(in) *m(f)* Vertrieb und Entwicklung	commercial and development manager
Leiter(in) *m(f)* des Rechnungswesens,	controller, comptroller; CFO, chief financial officer
Linienmanager(in) *m(f)*	line executive, line manager
Manager(in) *m(f)*	manager; manageress *(selten; gilt besonders in der jungen Generation immer weniger als politisch korrekt)*
Markenbetreuer(in) *m(f)*	brand manager, product manager
Marketingdirektor(in) *m(f)*	marketing director, marketing manager
Marketingleiter(in) *m(f)*	marketing director, marketing manager
Marketing-Mitarbeiter(in) *m(f)*	marketing assistant
Meister(in) *m(f)*	master craftsman, master craftswoman, foreman
Mitarbeiter(in) *m(f)*	staff member, employee
Miteigentümer(in) *m(f)*	co-owner
Mitglied *n* des Aufsichtsrats	member of the supervisory board, supervisory board member *(Aufsichtsratssystem = two-tier system)*; non-executive member of the board, outside member of the board (of directors) *(Board-System = single-tier system)*
Mitglied *n* des Verwaltungsrats	member of the board, board member, member of the board of directors, member of the administrative board *(Board-System = single-tier system)*
Nachwuchsführungskraft *f*	junior manager
Personalbeschaffung *f*	staff recruitment, staffing, personal recruitment, recruiting
Personalchef(in) *m(f)*	personnel director, personnel manager, head of personnel, staff manager; head of the personnel department
Personaldirektor(in) *m(f)*	labour director *(BE)*, labor director *(AE)*, industrial relations director, personnel director; head of the personnel department
Personalleiter(in) *m(f)*	personnel director, personnel manager, head of personnel, staff manager; head of the personnel department
Personalreferent(in) *m(f)*	personnel officer, human resources consultant
Personalsachbearbeiter(in) *m(f) (obs)*	personnel officer
persönlich haftende(r) Gesellschafter(in) *m(f)*	full partner, general partner

in Deutschland *in Germany*	in Großbritannien und / oder in den Vereinigten Staaten *in the UK and / or US*
PR-Berater(in) *m(f)*	public relations consultant
PR-Direktor(in) *m(f)*	director of public relations
PR-Mitarbeiter(in) *m(f)*	public relations officer; PR assistant
Präsident(in) *m(f)*	president, chairman, chairwoman, chairperson
Pressereferent(in) *m(f)*	press officer
Pressesprecher(in) *m(f)*	press officer
Privatsekretär(in) *m(f)*	confidential secretary, personal secretary, private secretary
Produktionsarbeiter(in) *m(f)*	production worker
Produktionsfacharbeiter(in) *m(f)*	skilled production worker
Produktionsdirektor(in) *m(f)*	production director
Produktionsleiter(in) *m(f)*	production director, production manager
Produktmanager(in) *m(f)*	product manager, brand manager
Projektleiter(in) *m(f)*	project leader, project manager
Projektmanager(in) *m(f)*	project manager
Prokurist(in) *m(f)*	(German) Prokurist; Authorized Officer, Authorized Signatory, Officer with Procurement *(an officer authorized to act and sign on behalf of the firm, his general or restricted commercial power of attorney is registered in the commercial register -Handelsregister- at the local court; no direct English or american equivalent; natürliche Person, der nach § 51 HGB -Commercial Code- Prokura erteilt wurde)*
Sachbearbeiter(in) *m(f) (obs)*	clerk, clerical assistant; administrative officer
Schadensbeauftragte *m(f)*	claims inspector
sicherheitstechnische(r) Leiter(in) *m(f)*, Leiter(in) *m(f)* Sicherheitstechnik	chief security officer, CSO
Sonderbevollmächtigte *m(f)*	special agent
Spartenmanager(in) *m(f)*	division head, division manager
stellvertretende(r) Aufsichtsratsvorsitzende(r) *f(m)*	deputy chairman [chairperson] of the supervisory board, deputy chairman [chairperson] of the administrative board, vice-president of the supervisory board
stellvertretende(r) Abteilungsleiter(in) *m(f)*	assistant head of section *(BE)*, assistant section head *(BE)*, deputy head of department, assistant manager
stellvertretende(r) Leiter(in) *m(f)*	deputy director, deputy manager
stellvertretender(r) Tagungsleiter(in) *m(f)*	vice-chairman, vice-chairperson

in Deutschland *in Germany*	in Großbritannien und / oder in den Vereinigten Staaten *in the UK and / or US*
stellvertretende(r) Versammlungsleiter(in) *m(f)*	vice-chairman, vice-chairperson
stellvertretende(r) Verwaltungsratsvorsitzende(r) *f(m)*	deputy chairman [chairperson] of the (administrative) board, vice-president *(AE)*
stellvertretende(r) Vorsitzende(r) *m(f)*	deputy chairman, deputy chairperson, vice-chairman, vice-chairperson
stellvertretender Vorsitzender *m* des Aufsichtsrats	deputy chairman of the supervisory board, deputy chairperson of the supervisory board; deputy chairperson of the administrative board
stellvertretender Vorstandsvorsitzender *m*	deputy chairman of the board of management
Syndikus *m*	legal adviser, legal advisor; company lawyer, corporation counsel *(AE)*, general counsel *(AE)*
Systemverwalter(in) *m(f)*	administrator *(IT)*
Tagungsleiter(in) *m(f)*	chairman, chairperson
tätige(r) Geschäftsinhaber(in) *m(f)*	working proprietor, owner operator, owner-manager
Teamleiter(in) *m(f)*	team leader
Technische(r) Direktor(in) *m(f)*	technical director, technical manager, chief technical officer, chief technology officer, CTO
Technische(r) Leiter(in) *m(f)*	technical director, technical manager, chief technical officer, chief technology officer, CTO
technischer Vorstand *m*	technical director, chief technical officer, chief technology officer, CTO
Teilhaber(in) *m(f)*	partner
Teilhafter(in) *m(f)*	limited partner
Top-Manager *m*, Top-Führungskraft *f*	top executive, senior executive, top manager
unmittelbare(r) Vorgesetzte(r) *f(m)*	first-line supervisor, direct superior
Unternehmer(in) *m(f)*	entrepreneur, businessman, businesswoman
Verkaufschef(in) *m(f)*	sales director, sales manager
Verkaufsdirektor(in) *m(f)*	sales director, sales manager
Verkaufsmitarbeiter(in) *m(f)*	sales assistant
Verkaufsleiter(in) *m(f)*	sales director, sales manager
Vermögensverwalter(in) *m(f)*	asset manager, fund manager
Versammlungsleiter *m*	chairman, chairperson
Versammlungsleiterin *f*	chairwoman, chairperson
Versandleiter(in) *m(f)*	traffic manager, traffic executive, transport controller
Vertriebschef(in) *m(f)* *(infrml)*	sales director, sales manager

in Deutschland *in Germany*	in Großbritannien und / oder in den Vereinigten Staaten *in the UK and / or US*
Vertriebsdirektor(in) *m(f)*	sales director, sales manager
Vertriebsleiter(in) *m(f)*	sales director, sales manager
Verwalter(in) *m(f)*	administrator
Verwaltungsangestellte *m(f)*	administrative assistant
Verwaltungsbeamter *m*	administrative officer, administration officer, AO, administrator *(public sector, öffentlicher Dienst)*
Verwaltungsdirektor(in) *m(f)*	head of administration, administrative director
Verwaltungsfachfrau *f*	administrator, administrative expert
Verwaltungsfachmann *m*	administrator, administrative expert
Verwaltungsleiter(in) *m(f)*	head of administration
Verwaltungsrat *m*	board, board of directors *(Board-System, Vereinigungsmodell = single-tier system)*; administrative board, supervisory board *(Aufsichtsratssystem = two-tier board system)*
Verwaltungsratsvorsitzende *m(f)*	chairman of the board of directors, chairman of the board, chairman, chairwoman, chairperson; *(AE)* president *(Board-System = single-tier system)*; chairman of the administrative board, chairman of the supervisory board *(Aufsichtsratssystem = two-tier system)*
Verwaltungsratsmitglied *n*	member of the administrative board, member of the supervisory board *(Aufsichtsratssystem = two-tier system)*; member of the board of directors, member of the board *(Board-System = single-tier system)*
Vizepräsident(in) *m(f)*	vice-president *(AE)*
Vollhafter(in) *m(f)*	general partner, unlimited partner
Vorarbeiter(in) *m(f)*	foreman, forewoman, supervisor, overseer; charge hand *(construction industry)*
Vorarbeiter(in) *m(f)* (Produktion)	line supervisor
Vorgesetzte(r) *f(m)*	superior
Vormann *m*	foreman, forewoman
Vorsitz *m*, Tagungsleitung *f*	chair
Vorsitzende *m(f)*	chief; chair, chairman, chairwoman, chairperson; president *(board system)*
Vorsitzende *m(f)* des Aufsichtsrats	chairman of the supervisory board, chairperson of the supervisory board *(two-tier system)*; chairman of the administrative board
Vorsitzende *m(f)* des Exekutivausschusses	chairman of the executive committee *(AE)*, chairperson of the executive committee *(AE)*, chief executive officer *(AE)*, CEO *(AE)* *(single-tier system, Board-System)*

in Deutschland *in Germany*	in Großbritannien und / oder in den Vereinigten Staaten *in the UK and / or US*
Vorsitzende *m(f)* des Verwaltungsrats	chairman of the administrative board, chairperson of the administrative board, chairman [chairperson] of the board of directors, president
Vorsitzende *m(f)* des Vorstands, Vorstandsvorsitzende *m(f)*	chairman [chairperson] of the management board, chairman [chairperson] of the board of management, chairman [chairperson] of the board of managing directors, chairman [chairperson] of the executive board *(Aufsichtsratssystem, two-tier system)*; chairman [chairperson] of the executive committee, managing director *(BE)*, chief executive *(AE)*, chief executive officer, CEO *(im einstufigen Board-Führungsmodell sind Rechtsstellung, Funktionen und Verantwortungsbereiche nicht deckungsgleich mit denen im deutschen zweistufigen Aufsichtsratsmodell; status, functions and responsibilities in the single-tier board system don't match those of the German two-tier management system)*
Vorsitzende *m(f)* (des Verwaltungsrats) und Generaldirektor(in) *m(f)*	chairman [chairperson] and CEO *(AE)*, chairman [chairperson] and general manager
Vorsitzende *m(f)* (des Verwaltungsrats) und geschäftsführende(r) Direktor(in) *m(f)*	chairman [chairperson] and chief executive officer *(AE)*, chairman and CEO *(AE)*, chairman [chairperson] and managing director *(BE) (board system)*
Vorstand *m*	management board, board of management; executive board; executive committee *(AE)*
Vorstandsmitglied *n*	member of the executive committee *(AE)*, member of the management board, management board member, member of the executive board, managing director *(BE)*, director
Vorstandssprecher(in) *m(f)*	spokesman of the board of management, managing board spokesperson, company spokesperson
Vorstandsvorsitz *m*	chairmanship, chairmanship of the management board, chairmanship of the executive board
Vorstandsvorsitzende *m(f)*, Vorsitzende *m(f)* des Vorstands	chairman [chairperson] of the management board, chairman [chairperson] of the board of management, chairman [chairperson] of the board of managing directors, chairman [chairperson] of the executive board *(Auf-*

in Deutschland *in Germany*	in Großbritannien und / oder in den Vereinigten Staaten *in the UK and / or US*
	sichtsratssystem, two-tier system); chairman [chairperson] of the executive committee, managing director *(BE)*, chief executive *(AE)*, chief executive officer, CEO *(cf Vorsitzende des Vorstands)*
Werbeleiter(in) *m(f)*	advertising manager, publicity manager
Werksleiter(in) *m(f)*	plant manager, works manager
Werkvertragsarbeitnehmer(in) *m(f)*	contract worker, contract labour *(BE)*, contract labor *(AE)*; consultant; freelance worker
Werkvertragsunternehmer(in) *m(f)*	contractor *(AE)*, independent contractor *(AE)* *(allein arbeitender Unternehmer)*

Wirtschaftsindizes und -indikatoren (Auswahl)
Economic indexes and indicators (selection)

Deutscher Name *German name*	Englischer Name *English name*
aggregiertes Angebot *n*	aggregate supply
Aktienindex *m*	share index, stock index, stock market index
Aktienkursindex *m*	share price index, stock price index
Alphabetisierungsindex *m*	alphabetization index
Anspannungsindex *m*	employment index
Arbeitnehmerentgelt *n* je Arbeitnehmer	compensation per employee
Arbeitslose *pl*	(the) unemployed, (the) jobless
Arbeitslosenquote *f*	unemployment rate, jobless rate
Arbeitslosenzahl *f*	unemployment figure, unemployment total
Arbeitslosenzahlen *fpl*	unemployment data, unemployment figures
Arbeitsmarktdaten *npl*	labour market data *(BE)*, labor market data *(AE)*
Arbeitsproduktivität *f (reales BIP dividiert durch die Gesamtzahl der Beschäftigten oder dividiert durch die geleisteten Arbeitsstunden)*	labour productivity *(BE)*, labor productivity *(AE) (real GDP divided by either total employment or total hours worked)*
Ausfuhrpreisindex *m*	export price index
Austauschrelationen *fpl* (im Außenhandel)	terms of trade
Austauschverhältnisse *npl* (im Außenhandel)	terms of trade
Auslandsvermögensstatus *m*	international investment position, i.i.p., IIP
Außenhandel *m*	external trade in goods *(Warenaus- und –einfuhren im Handel mit Ländern außerhalb des Euro-Währungsgebiets)*
Bauindex *m*	construction price index
Baukostenindex *m*	construction cost index
Befragung *f* professioneller Prognostiker *(EZB)*	survey of professional forecasters, SPF *(ECB)*
bereinigter Index *m*	adjusted index
BERI-Index *m*	business environment risk index, BERI
Beschäftigungsindex *m*	employment index
Börsenindex *m*	stock index, market index, stock market index
Börsenkursindex *m*	stock market price index stock exchange price index
bereinigter Index *m*	adjusted index

Deutscher Name *German name*	Englischer Name *English name*
Beschäftigungsindex *m*	employment index
Besoldungsgruppe *f*	salary grade
Bildungsindex *m*	literacy index
Bindung *f* der Löhne an den [einen] Index	wage indexation
Branchenindex *m*	sector index
Bruttoinlandsprodukt *n (BIP) (Nettogesamtproduktion von Waren und Dienstleistungen einer Volkswirtschaft)*	gross domestic product, GDP *(net value of an economy's total output of goods and services)*
Bruttonationalprodukt *n (BNP)*	gross national product, GNP
Defizitquote *f* (öffentliche Haushalte) *(ein Maastricht-Kriterium)*	deficit ratio - general government, budget deficit ratio, fiscal deficit ratio
Dienstleistungsbilanz *f*	balance on services
Diffusionsindex *m*	diffusion index
Durchschnittswertindex *m (Zahlungsbilanz)*	index of unit value *(balance of payments)*
effektiver Wechselkurs *m (EWK)*	effective exchange rate, EER
Einfuhr *f* (cif)	imports (cif)
Einfuhrpreisindex *m*	import price index
Einkaufsmanagerindex *m (EMI)*	purchasing managers' index, PMI
Einkommens-Austauschverhältnis *n (Exporterlöse dividiert durch die Importpreise)*	income terms of trade
Einzelhandelspreisindex *m*, EHI, Index *m* der Einzelhandelspreise	retail price index, RPI, index of retail prices
Elendsindex *m*	discomfort index, misery index
Erwerbsbeteiligung *f*	labour (force) participation *(BE)*, labor (force) participation *(AE)*
Erwerbsbevölkerung *f*	labour force *(BE)*, labor force *(AE)*, working population
Erwerbspersonen *fpl (Erwerbstätige + Arbeitslose)*	labour force, working population *(total of persons employed plus the number of unemployed)*
Erwerbspersonenpotenzial *n*	labour force potential *(BE)*, labor force potential *(AE)*, potential labour force *(BE)*, potential labor force *(AE)*
Erwerbsquote *f*	activity rate, labour force participation rate *(BE)*, labor force participation rate *(AE)*
Erwerbsstatistik *f*	labour force statistics *(BE)*, labor force statistics *(AE)*
Erwerbstätige *mpl*	employed persons
Erwerbstätigenzahlen *fpl*	employment data, employment figures
Erwerbstätigkeit *f*	gainful employment, gainful activity, gainful occupation, economic activity

Deutscher Name *German name*	Englischer Name *English name*
Erzeugerpreisindex *m*	producer price index
Festbasis-Mengenindex *m*	fixed-base index
Frühindikator *m*	leading indicator
Gehaltsklasse *f*, Gehaltsstufe *f*	salary grade
Geldumlaufgeschwindigkeit *(Synonym: Umlaufgeschwindigkeit des Geldes)*	velocity of money, circulation of money
Gesamtindex *m*, Kompositindex *m*, Mehrkomponentenindex *m*	composite index
Geschäftsklima *n*	business climate
Geschäftsklimaindex *m*	business climate index
gewichteter Börsenindex *m*	price-weighted index
gewichteter Index *m*	weighted index
gewogener Index *m*	weighted index
gleichlaufender Indikator *m*	coincident indicator, concurrent indicator
gleitende Lohnskala *f*	wage indexation
Gleitklausel *f*	escalator clause *(AE)*, escalator *(AE)*
Grenzprodukt *n*	marginal product
Großhandelsindex *m*	wholesale price index, index of wholesale prices
Großhandelspreisindex *m*	wholesale price index, index of wholesale prices
Handelsbilanz *f*	balance on foreign trade, balance of trade, trade balance; visible balance
Handelsbilanzsaldo *m*	balance on foreign trade
Harmonisierter Verbraucherpreisindex *m (HVPI)*	harmonized index of consumer prices, HICP *(Eurostat)*
implizite Volatilität *f*	implied volatility *(Standardabweichung der Veränderungsrate des Preises eines Vermögenswerts, standard deviation in the rates of change of the price of an asset)*
impliziter Preisindex *m*	implied price index
Indexbereinigung *f*	index adjustment
Index *m* der Einzelhandelspreise *(= EHI = Einzelhandelspreisindex)*	retail price index, RPI, index of retail prices
Index *m* der Frühindikatoren	index of leading indicators
Index *m* der Importkapazität	income terms of trade *(definiert als: Exporterlöse dividiert durch die Importpreise)*
Index *m* der Kaufkraft	income terms of trade *(definiert als: Exporterlöse dividiert durch die Importpreise)*
Index *m* der Lebenshaltungskosten	cost-of-living index
Index *m* der Verbraucherpreise *(VPI)*	consumer price index, CPI, index of consumer prices

Deutscher Name *German name*	Englischer Name *English name*
Index *m* der Spätindikatoren	index of lagging indicators
Index *m* der Tarifverdienste	index of negotiated wages
Index *m* gleichlaufender Indikatoren	index of concurrent indicators
Index *m* nachlaufender Indikatoren	index of lagging indicators
Index *m* vorlaufender Indikatoren	index of leading indicators
Indexbindung *f*	indexation, indexing, index linking, index linkage
Indexbindung *f* der Löhne	wage indexation
Indexierung *f*	indexation, indexing, index linking, index linkage
Indexklausel *f*	index clause, indexation clause
Indexkoppelung *f*	indexation, indexing, index linking, index linkage
Indexlohn *m*	index-linked pay, indexed pay
Index-Terminhandel *m*	index futures trading
Indexterminkontrakt *m*	index futures contract
Indexverknüpfung *f*	indexation, indexing, index linking, index linkage
Indexzahl *f*	index number, ratio
Indexziffer *f*	index number, ratio
Indikator *m* der preislichen Wettbewerbsfähigkeit (gegenüber...)	indicator of price competitiveness (against...)
industrielle Erzeugerpreise *mpl*	industrial producer prices
inflationsindexierte Staatsanleihe *f* *(Kuponzahlung und Kapitalbetrag sind an einen Verbraucherpreisindex gekoppelt)*	inflation-indexed government bond *(coupon payments and principal are linked to a consumer price index)*
Inflationsrate *f*	rate of inflation, inflation rate
Kaufkraftstandard *m (KKS)*	purchasing power standard, PPS
Kennzahl *f*	indicator, index, index number; code number *(Code)*; ratio *(Rate, Quotient)*
Kennzahlenanalyse *f*	ratio analysis
Kennziffer *f*	reference number, index number
KKS *m (Kaufkraftstandard)*	PPS, purchasing power standard
Kompositindex *m*	composite index
Konjunkturindikator *m*	business indicator, economic indicator
Konsumklima *n*, Verbrauchervertrauen *n*	buyer confidence, consumer sentiment, consumer confidence
kursgewichteter (Börsen)Index *m*	price-weighted index
Kursindex *m*	share price index, stock price index
Laspeyres-Preisindex *m*	Laspeyre's index
Lebenserwartung *f*	life expectancy
Lebenshaltungs(kosten)index *m*	cost-of-living index, consumer price index, CPI
Leistungsbilanz *f*, Saldo der Leistungsbilanz *(ZB)*	current account, balance on current account *(BoP)*

Deutscher Name *German name*	Englischer Name *English name*
Leitkurs *m (EZB)*	central parity, central rate *(ECB)*
Leitzinsen *mpl (EZB)*	key interest rates, key lending rates *(ECB)*
Lohnindexierung *f*	wage indexation
Lohnstückkosten *pl*	unit labour costs *(BE)*, unit labor costs *(AE)*
Mehrkomponentenindex *m*, Kompositindex *m*	composite index
Mengenindex *m*	volume index
Mengenindex *m* mit fester Basis	fixed-base index
Messzahl *f*	index figure, index number; indicator
Messziffer *m*	relative
nachhinkender Indikator *m*	lagging indicator
nachlaufender Indikator *m*	lagging indicator
Nettonationalprodukt *n (NNP)*	net national product, NNP
Nettowohlfahrtsverlust *m*	deadweight loss
nominales BIP *n*	nominal GDP
öffentliche Ersparnis *f*, staatliche Ersparnis *f*	public saving
Paasche-Index *m*	Paasche index
Preiselastizität *f* der Nachfrage	price elasticity of demand
Preiselastizität *f* des Angebots	price elasticity of supply
Preisindex *m*	price index
Preisindex *m* für die Lebenshaltung	cost-of-living index; consumer price index, CPI
Preisindexniveau *m*	price index level
Problemindex *m*	discomfort index, misery index
Pro-Kopf-Einkommen *n*	income per capita
Produktivität *f*	productivity
reale Größen *fpl*	real variables
realer effektiver Wechselkurs *m*, realer EWK	real effective exchange rate, real EER
reales Austauschverhältnis *n* (im Außenhandel)	terms of trade
reales BIP *n*, reales Bruttoinlandsprodukt *n*	real GDP, real gross domestic product
Referenzwert *m (EZB; M3-Wachstumsrate)*	reference value *(ECB; e.g. for M3 growth)*
Regionalstruktur *f* des Außenhandels	regional breakdown of foreign trade
Renditestrukturkurve *f*, Zinsstrukturkurve *f*	yield curve
Rentenindex *m*	bond index
Reservesatz *m*	reserve ratio
Saldo *m* der Dienstleistungsbilanz	balance on services
Saldo *m* der Leistungsbilanz	balance on current account
Saldo *m* der Kapitalbilanz	balance on financial account
Schuldenquote *f* (öffentliche Haushalte)	debt-to-GDP ratio – general government *(Maastricht-Kriterium)*

Deutscher Name *German name*	Englischer Name *English name*
Skalenerträge *mpl*	economies of scale, returns to scale
Spätindikator *m*	lagging indicator
staatliche Ersparnis *f*, öffentliche Ersparnis *f*	public saving
Staatsausgaben *fpl*	national expenditure
Stichprobenerhebung *f* zur Erwerbstätigkeit	labour force sample survey *(BE)*, labor force sample survey *(AE)*
synthetischer Index *m*	composite index
synthetischer Frühindikator *m*	composite leading index
Umfrage zum Kreditgeschäft *(Eurosystem)*	bank lending survey, BLS *(Eurosystem)*
Umlaufgeschwindigkeit *f* des Geldes, Geldumlaufgeschwindigkeit *f*	velocity of money, circulation of money
Umsatzindex *m*	turnover index
unsichtbare Leistungstransaktionen *fpl (ZB: Dienstleistungen + Erwerbs- und Vermögenseinkommen + Übertragungen)*	invisible current transactions, invisibles *(BoP: services + income + current transfers)*
unsichtbarer Handel *m (ZB: umfasst nur Faktor- u. Dienstleistungen)*	invisible trade *(BoP: income + services)*
Verbraucherpreisindex *m*, VPI	consumer price index, CPI, index of consumer prices
Vermögensübertragungen *fpl*	capital transfers
Verbrauchervertrauen *n*, Konsumklima *n*	buyer confidence, consumer sentiment, consumer confidence
Vertrauensindikator *m*	confidence indicator
Volumenindex *m*	index of volume
vorauseilender Indikator *m*	leading indicator
vorauslaufender Indikator *m*	leading indicator
Vorlaufeigenschaften *fpl (eines Indikators)*	leading indicator properties
vorlaufender Indikator *m*	leading indicator
Wachstumsindex *m*	growth index
Wertgrenzprodukt *n*	value of the marginal product
Wirtschaftsindikator *m*	economic indicator
Wirtschaftsklima *n*	economic climate
Wirtschaftslage *f*	economic conditions, economic situation
Wohlfahrt *f*	welfare
Zahlungsbilanz *f*	balance of payments
Zinsstrukturkurve *f*, Renditestrukturkurve *f*	yield curve
zunehmende Skalenerträge *mpl*	increasing returns to scale
zusammengesetzter Index *m*	composite index
zusammengesetzter Frühindikator *m*	composite leading index, composite leading indicator

Kardinal- und Ordinalzahlen / Cardinal and ordinal numbers

Kardinalzahlen *Cardinal*	Deutsch *German*	Englisch *English*
1	eins	one
2	zwei	two
3	drei	three
4	vier	four
5	fünf	five
6	sechs	six
7	sieben	seven
8	acht	eight
9	neun	nine
10	zehn	ten
11	elf	eleven
12	zwölf	twelve
13	dreizehn	thirteen
14	vierzehn	fourteen
15	fünfzehn	fifteen
16	sechzehn	sixteen
17	siebzehn	seventeen
18	achtzehn	eighteen
19	neunzehn	nineteen
20	zwanzig	twenty
21	einundzwanzig	twenty-one
22	zweiundzwanzig	twenty-two
23	dreiundzwanzig	twenty-three
24	vierundzwanzig	twenty-four
25	fünfundzwanzig	twenty-five
30	dreißig	thirty
40	vierzig	forty
50	fünfzig	fifty
60	sechzig	sixty
70	siebzig	seventy
80	achtzig	eighty
90	neunzig	ninety
100	(ein)hundert	hundred
101	(ein)hundert(und)eins	one hundred and one
156	(ein)hundertsechsundfünf-zig	one hundred and fifty-six
200	zweihundert	two hundred
300	dreihundert	three hundred
400	vierhundert	four hundred
1 000	(ein)tausend	one thousand
1 001	(ein)tausend(und)eins	one thousand, two hundred and forty-seven

1 247	eintausend zweihundert-(und)siebenundvierzig	one thousand, two hundred and forty-seven
2 000	zweitausend	two thousand
3 000	dreitausend	three thousand
10 000	zehntausend	ten thousand
20 000	zwanzigtausend	twenty thousand
100 000	(ein)hunderttausend	one hundred thousand
200 000	zweihunderttausend	two hundred thousand
1 000 000	eine Million	one million
10 000 000	zehn Millionen	ten million(s)
100 000 000	(ein)hundert Millionen	one hundred million(s)
1 000 000 000	eine Milliarde	one thousand million(s) *(BE)* one billion *(AE)*
1 000 000 000 000	eine Billion	one billion *(BE)* one trillion *(AE)*

Ordinalzahlen *Cardinal*	Deutsch *German*	Englisch *English*
1.	erste	first
2.	zweite	second
3.	dritte	third
4.	vierte	fourth
5.	fünfte	fifth
6.	sechste	sixth
7.	siebte	seventh
8.	achte	eighth
9.	neunte	ninth
10.	zehnte	tenth
11.	elfte	eleventh
12.	zwölfte	twelfth
13.	dreizehnte	thirteenth
14.	vierzehnte	fourteenth
15.	fünfzehnte	fifteenth
16.	sechzehnte	sixteenth
17.	siebzehnte	seventeenth
18.	achtzehnte	eighteenth
19.	neunzehnte	nineteenth
20.	zwanzigste	twentieth
21.	einundzwanzigste	twenty-first
22.	zweiundzwanzigste	twenty-second
23.	dreiundzwanzigste	twenty-third
24.	vierundzwanzigste	twenty-fourth
25.	fünfundzwanzigste	twenty-fifth
30.	dreißigste	thirtieth
40.	vierzigste	fortieth
50.	fünfzigste	fiftieth
60.	sechzigste	sixtieth

70.	siebzigste	seventieth
80.	achtzigste	eightieth
90.	neunzigste	ninetieth
100.	(ein)hundertste	one hundredth
101.	(ein)hundert(und)erste	one hundred and first
156.	(ein)hundertsechsundfünfzigste	one hundred and fifty-sixth
200.	zweihundertste	two hundredth
300.	dreihundertste	three hundredth
400.	vierhundertste	four hundredth
1 000.	(ein)tausendste	one thousandth
1 001.	(ein)tausend(und)erste	one thousand and first
1 247.	(ein)tausendzweihundert(und)siebenundvierzigste	one thousand, two hundred and fortyseventh
2 000.	zweitausendste	two thousandth
3 000.	dreitausendste	three thousandth
10 000.	zehntausendste	ten thousandth
20 000.	zwanzigtausendste	twenty thousandth
100 000.	(ein)hunderttausendste	one hundred thousandth
200 000.	zweihunderttausendste	two hundred thousandth
1 000 000.	(ein)millionste	one millionth
1 000 000 000.	(ein)milliardste	one thousand millionth *(BE)* one billionth *(AE)*
1 000 000 000 000.	(ein)billionste	one billionth *(BE)* one trillionth *(AE)*

Wichtige Positionen der Zahlungsbilanz / Major items of the balance of payments

(In Anlehnung an die Deutsche Bundesbank, mit marginalen Abweichungen gegenüber dem Ausweis der Zahlungsbilanz der Europäischen Zentralbank für die Europäische Währungsunion.
Following the example of the Deutsche Bundesbank with only slight differences according to the balance of payments of the European Central Bank for the European Monetary Union.)

	Deutsch	English	Anmerkungen / Comments
I.	**Leistungsbilanz**	**Current account**	
	1. Außenhandel Ausfuhr (fob) Einfuhr (cif) Ergänzungen zum Außenhandel	1. Foreign trade Exports (fob) Imports (cif) Supplementary trade items	Handelsbilanz = Waren(handels)bilanz: erfasst statistisch den Ex- und Import von Sachgütern (Gebrauchs- u. Verbrauchsgüter); Synonym: Ergänzungen zum Warenverkehr; z. B. (Zoll-)Lagerverkehr auf inländ. Rechnung, Absetzungen von Rückware aus Mängelrügen
	2. Dienstleistungen *darunter:* Reiseverkehr	2. Services *of which* Foreign travel	Inanspruchnahme der Dienstleistungen ausländischer Anbieter durch inländische Nachfrager; Auslandsreisen sind somit Dienstleistungsimporte; Saldo aus Außenhandels- und Dienstleistungsbilanz = Außenbeitrag zum BIP
	3. Erwerbs- und Vermögenseinkommen *darunter:* Vermögenseinkommen	3. Income *of which* investment income	grenzüberschreitende Faktorleistungen = cross-border factor services: Zinsen, Dividenden, Einkommen aus unselbständiger Arbeit = Faktoreinkommen = income
	4. Laufende Übertragungen	4. Current transfers	Zahlungen an den EU-Haushalt und weitere internationale Organisationen, Überweisungen ausländischer Arbeitnehmer in ihre Heimatländer, Rentenzahlungen, Entwicklungshilfe

	Saldo der Leistungsbilanz	Balance on current account	Summe aus Außenhandel und unsichtbaren Leistungstransaktionen = invisible current transactions
II.	**Saldo der Vermögensübertragungen**	**Balance of capital transfers**	einschl. Kauf / Verkauf von immateriellen nichtproduzierten Vermögensgütern; z. B. Erbschaften und Steuererstattungen; Saldo der Leistungsbilanz + Saldo der Vermögensübertragungen = Finanzierungssaldo der Zahlungsbilanz
III.	**Kapitalbilanz** 1. Direktinvestitionen 2. Wertpapiere 3. Finanzderivate 4. Übriger Kapitalverkehr 5. Veränderung der Währungsreserven zu Transaktionswerten	**Financial account** 1. Direct investment 2. Portfolio investment 3. Financial derivatives 4. Other investment 5. Change in the reserve assets at transaction values	Synonym: Kapitalverkehrsbilanz 4. Enthält Finanz- u. Handelskredite, Bankguthaben u. sonstige Anlagen. 5. Ohne SZR-Zuteilung und bewertungsbedingte Veränderungen.
	Saldo der Kapitalbilanz	Balance on financial account	Einschließlich Veränderungen der Währungsreserven
IV.	**Saldo der statistisch nicht aufgliederbaren Transaktionen** (Restposten)	**Errors and omissions**	Korrekturposten für den formalen statistischen ZB-Ausgleich, z. B. wg. nicht erfasster Handelskredite oder grenzüberschreitender Bargeldtransaktionen = non-recorded cross-border cash transactions.

Allgemeines:
Die Zahlungsbilanz erfasst statistisch alle wirtschaftlichen Transaktionen zwischen In- und Ausländern = residents and non-residents. Nach dem Inländerkonzept = residence concept der VGR = SNA sind alle wirtschaftlichen Einheiten (Institutionen und Personen, ohne Berücksichtigung der Staatsangehörigkeit) Inländer, die ihren ständigen (Wohn-)Sitz im Inland haben.

Die Zahlungsbilanz ist als Bewegungsbilanz = flow-of-funds statement gekennzeichnet durch Strömungs- oder Stromgrößen = flow data (im Gegensatz zur Unternehmensbilanz, die, außer dem Gewinn, einer Stromgröße, nur Bestandsgrößen = stock data ausweist); sie misst mit ihren Salden also Veränderungen je Periode, z. B. je Monat, Quartal oder Jahr.

Mathematische Symbole – Mathematical Symbols

Symbol	Bedeutung	Anwendung	englische Lesart	deutsche Lesart
+	a) **plus sign** Pluszeichen b) **positive sign** positives Vorzeichen	8 + 7 = 15 + 3	8 and (*od.* plus) 7 are (*od.* make) 15 plus 3	8 und (*od.* plus) 7 ist 15 plus 3
–	a) **minus sign** Minuszeichen b) **negative sign** negatives Vorzeichen	7 – 3 = 4 –8	7 less (*od.* minus) 3 are (*od.* leaves od. make) 4 minus 8	7 weniger (*od.* minus) 3 ist 4 minus 8
±, ∓	a) **plus or minus** plus oder minus b) **positive or negative** positiv oder negativ	5 ± 3 = 8 or 2 $\sqrt{9} = \pm 3$	5 plus or minus 3 are 8 or 2 the (square) root of 9 is plus or minus 3	5 plus oder minus 3 ist 8 oder 2 (Quadrat)Wurzel aus 9 ist 3 *od.* plus / minus 3
× ·	**multiplication sign** Multiplikationszeichen **multiplication dot** Multiplikationspunkt	2 × 4 = 8 7 × 8 = 56 7 · 8 = 56	twice 4 are (*od.* make) 8 7 times 8 make 56 7 (multiplicated) by 8 is equal to 56 minus by minus gives plus	2 mal 4 ist 8 7 mal 8 ist 56 7 mal 8 ist *od.* gleich 56 minus mal minus gibt plus
÷, : –, /	**division sign** Divisionszeichen **fraction bar, slant** Bruchstrich, Schrägstrich	12 ÷ 4 *od.* 12 : 4 *od.* $\frac{12}{4}$ *od.* 12 / 4 = 3 $\frac{a+b+c}{4}$	12 divided by 4 gives (od. makes) 3 a plus b plus c all over d	12 (geteilt) durch 4 ist (*od.* ergibt) 3 a plus b plus c langer (*od.* großer) Bruchstrich d
∺	**geometric proportion** geometrische Proportion	∺ x : a :: b : c (*dt.* x : a = b : c)	x is to a as b is to c	x (verhält sich) zu a wie b zu c

Symbol	Bedeutung	Anwendung	englische Lesart	deutsche Lesart
::	**as** (in ratios), wie (in Verhältnisgleichungen)	::		
=	**sign of equality** Gleichheitszeichen	a = b	a equals (*od.* is equal to) b	a gleich b
ǂ, ≠, ≷	**sign of inequality** Ungleichheitszeichen	a ǂ, (*od.* ≠, *od.* ≷) b	as is not equal to b	a ungleich b
>	**is greater than** ist größer als	a > b	a is greater than b	a (ist) größer als b
<	**is less than** ist kleiner als	b < a	b is less than a	b (ist) kleiner als a
≯, ⋜, ≤	**is not greater than** *od.* **is equal to or less than** ist nicht größer als *od.* ist gleich oder kleiner als	a ≯ (*od.* ⋜ *od.* ≤) b	a is not greater than b *od.* a is equal to or less than b	a (ist) nicht größer als b *od.* a (ist) gleich b oder kleiner als b
≮, ⋝, ≥	**is not less than** *od.* is equal to **or greater than** ist nicht kleiner als *od.* ist gleich oder größer als	b ≮ (*od.* ⋝ *od.* ≥) a	b is not less than a *od.* b is equal to or greater than a	b (ist) nicht kleiner als a *od.* b (ist) gleich a oder größer als a
≈, ≎, ≑	**is approximately equal to** ist ungefähr gleich	a ≈ (*od.* ≎ *od.* ≑) b	a is approximately equal to b	a (ist) ungefähr gleich b
~	**the difference between** die Differenz zwischen	x ~ y	the difference between x and y (according as x or y is the greater)	die Differenz zwischen x und y (je nachdem ob x oder y größer ist)
∞	**sign of infinity** Zeichen für unendlich	y = ∞	y is indefinitely great	y gleich unendlich *od.* ist unendlich groß

Symbol	Bedeutung	Anwendung	englische Lesart	deutsche Lesart
!, ∟	**(the) factorial of** -Fakultät	4! (*od.* $\llcorner^{4)} = 24$	(the) factorial (of) 4 is equal to 24	4-Fakultät ist *od.* gleich 24
$...^n$	**exponent** Exponent	x^n	the n-th power of x *od.* x (raised) to the n-th power	nte Potenz von x *od.* x hoch n
$...^2$		$9 = 3^2$	9 are 3 squared	9 ist 3 hoch 2 *od.* 3 zur 2. (Potenz)
$...^3$		$27 = 3^3$	27 are 3 cube(d)	27 ist 3 hoch 3 *od.* 3 zur 3. (Potenz)
$...^4$		$2^4 = 16$	2 (raised) to the 4th power makes 16	2 hoch 4 ist 16
$...^0$		n^0	the zero power of n *od.* n to the zero power	nullte Potenz von n *od.* n hoch Null
$\sqrt{}$	**radical sign** Wurzelzeichen	$\sqrt{9} = 3$	the (square) root of 9 is 3	(Quadrat)Wurzel aus 9 ist 3
$\sqrt[n]{}$	**index n** Index n	$\sqrt[n]{x}$ $\sqrt[3]{27}$	the n-th root of x the cube (*od.* cubic) root of 27 is 3	nte Wurzel aus x Kubikwurzel (*od.* dritte Wurzel) aus 27 ist 3
(...)	**parentheses** (*od.* **round** *od.* **curved brackets**) runde Klammern	(... ...)	brackets open, brackets closed	Klammer auf, Klammer zu
[...]	**(square) brackets** eckige Klammern	[... ...]	square brackets open square brackets closed	eckige Klammer auf, eckige Klammer zu
{...}	**braces** geschweifte Klammern	{... ...}	braces open, braces closed	geschweifte Klammer auf, geschweifte Klammer zu
f, F	**(a) function (of)** Funktion (von)	f (x)	a function of x	Funktion von x

Symbol	Bedeutung	Anwendung	englische Lesart	deutsche Lesart
...'	a) **prime** Strich b) **foot** *od.* **feet** Fuß	x' 10'	x prime 10 feet	x Strich 10 Fuß
...''	a) **double** (*od.* two *od.* **second)** prime zwei Strich *od.* zweigestrichen b) **inch(es)** Zoll	x'' 4''	x double (*od.* three od. second) prime 4 inches	x zwei Strich *od.* zweigestrichen 4 Zoll
... '''	**triple** (*od.* **three** *od.* **third**) **prime** drei Strich *od.* dreigestrichen	x'''	x triple (*od.* three *od.* third) prime	x drei Strich *od.* dreigestrichen
...*	**star** Stern	x*	x star	x Stern
...1 ...2 ...3	**sub one** eins **sub two** zwei **sub three** drei	x1 x2 x3	x sub one x sub two x sub three	x eins x zwei x drei
∞	**varies (directly) as** *od.* **is directly proportional to** ist direkt proportional zu	y ∞ x	y varies (directly) *od.* y is directly proportional to x	y ist direkt proportional zu x
→	**approaches the limit** nähert sich dem Grenzwert	x → a	x approaches the limit a	x nähert sich dem Grenzwert a *od.* x gegen a